Stöber/Rellermeyer
Forderungspfändung

Forderungspfändung

Zwangsvollstreckung in Forderungen und andere Vermögensrechte

Handbuch für die Praxis
mit Mustern und Beispielen

Begründet von
Kurt Stöber (†)

17., neu bearbeitete Auflage
von
Dipl.-Rpfl. Klaus Rellermeyer (Hamm)

2020

Verlag Ernst und Werner Gieseking – Bielefeld

Wichtiger Hinweis

Formulierungsvorschläge des Autors (im Text gekennzeichnet durch ein Bildschirmsymbol am Seitenrand 💻) können zur Bearbeitung (WORD) heruntergeladen werden unter www.gieseking-verlag.de/extras.

Ihr persönlicher Freischaltcode lautet: **wkp7-f25k-jz7m**

Bibliographische Information der Deutschen Nationalbibliothek

Die Deutsche Nationalbibliothek verzeichnet diese Publikation in der Deutschen Nationalbibliografie; detaillierte bibliografische Daten sind im Internet über http://dnb.ddb.de abrufbar.

2020

Lektorat: Dr. iur. utr. Klaus Schleicher/Dr. iur. Julia Beck
Herstellung: Katja Klesper Verlagsherstellung, Fulda
Druck: Druckerei C. H. Beck, Nördlingen

ISBN: 978-3-7694-1170-6

Vorwort

Mit dem vorliegenden Erläuterungsbuch zur Forderungspfändung ist der Name Kurt Stöber untrennbar verbunden. Er hat das Werk im Jahr 1964 als Handbuch für den praktischen Gebrauch begründet und bis zur 16. Auflage kontinuierlich fortgeführt.

Kurt Stöber ist im Jahr 2016 verstorben. Die 17. Auflage zu begleiten war ihm nicht mehr vergönnt. Dem Wunsch des Verlages, das Buch in seinem Sinne fortzuführen, bin ich gern gefolgt. Dabei war ich mir bewusst, dass eine umfangreiche Neubearbeitung der in mehr als fünfzig Jahren gewachsenen Erläuterungen eine anspruchsvolle und zeitaufwändige Aufgabe darstellt. Die jetzt vorgelegte 17. Auflage trägt deshalb weitestgehend noch die Handschrift Stöbers, dessen Texte ich der Neubearbeitung im Wesentlichen zugrunde gelegt und nur in geringem Umfang sprachlich geglättet habe.

Gesetzgebung, Rechtsprechung und Schrifttum sind bis zum Frühsommer 2019 berücksichtigt. So wurden etwa die Erläuterungen zur elektronischen Antragstellung ergänzt, Hinweise zur Zwangsvollstreckungsformular-Verordnung anhand der höchstrichterlichen Rechtsprechung überarbeitet, die Auswirkungen der Entscheidung des Bundesarbeitsgerichts zur Berechnung des pfändbaren Arbeitseinkommens nach der Nettomethode kommentiert und mit einer Beispielsrechnung unterlegt. Im Übrigen habe ich die Gliederungseinheiten des Werkes übersichtlicher bezeichnet. Randnummern und Fußnoten beginnen jetzt in jedem Teil neu. Formulierungsvorschläge finden sich regelmäßig am Schluss der entsprechenden Erläuterungen. Auf die Wiedergabe der Gesetzestexte im bisherigen Anhang habe ich – mit Ausnahme der schwer zugänglichen Vertretungsanordnungen – verzichtet; sie lassen sich heutzutage auf einfachem Wege in stets aktuellen elektronischen Versionen finden.

Wie bereits Kurt Stöber danke auch ich für Hinweise und Anregungen.

Hamm, im Oktober 2019 Klaus Rellermeyer

Aus dem Vorwort der 1. Auflage (1964)

Dieses Erläuterungsbuch will als Nachschlagewerk ein Berater für alle sein, die sich mit der Zwangsvollstreckung in Forderungen und andere Vermögensrechte befassen müssen. Es will auf diesem wichtigen und vielgestaltigen Rechtsgebiet nicht nur schnell und zuverlässig, sondern auch vollständig unterrichten. Daher sind auch das Lohnpfändungsrecht und andere Sondergebiete der Forderungspfändung eingehend dargestellt.

Erfahrungsgemäß bereitet das Recht der Pfändung von Forderungen und anderen Vermögensrechten zahlreiche und oft eigenartige Schwierigkeiten. Vielfach können sie nicht leicht und schnell ausgeräumt werden. Ihre rasche und zuverlässige Klärung entscheidet aber oft über den Erfolg eines Vollstreckungszugriffs. Mit dieser Arbeit habe ich deshalb versucht, das vielseitige und komplizierte Rechtsgebiet vornehmlich für den praktischen Gebrauch erschöpfend und so zu veranschaulichen, daß auf das Werk gerade auch in nicht alltäglichen Fällen zurückgegriffen werden kann.

Die in den Text eingebauten Muster sollen nicht nur die Darstellung abrunden, sondern vor allem bei Abfassung der Pfändungsbeschlüsse und -anträge behilflich sein. Muster für Lohnpfändungsbeschlüsse sind nicht beigegeben; die eingeführten Formulare sind so allgemein bekannt und weit verbreitet, daß das Buch nicht mit ihrem Abdruck belastet werden mußte.

Kurt Stöber

Inhaltsübersicht

Inhaltsverzeichnis

Seite

Teil B

Seite

Seite

Seite

Abkürzungsverzeichnis

a.A.	anderer Ansicht
AAG	Aufwendungsausgleichsgesetz
a.a.O.	am angeführten Ort
ABl	Amtsblatt
abl.	ablehnend (e, er)
Abs.	Absatz
Abschn.	Abschnitt
AcP	Archiv für civilistische Praxis
AEAO	Anwendungserlass zur Abgabenordnung
a.F.	alte Fassung
AFBG	Aufstiegsfortbildungsförderungsgesetz
AFG	(vormaliges) Arbeitsförderungsgesetz
AG	Amtsgericht, Aktiengesellschaft, Die Aktiengesellschaft (Zeitschrift)
AGBGB	Ausführungsgesetz zum BGB
AHB	Allgemeine Versicherungsbedingungen für die Haftpflichtversicherung
AKB	Allgemeine Bedingungen für die Kraftfahrtversicherung
AktG	Gesetz über Aktiengesellschaften und Kommanditgesellschaften auf Aktien (Aktiengesetz)
ALB	Allgemeine Bedingungen für kapitalbildende Lebensversicherung
ALG	Gesetz über die Alterssicherung der Landwirte
AltZertG	Altersvorsorgeverträge-Zertifizierungsgesetz
AnfG	Gesetz über die Anfechtung von Rechtshandlungen eines Schuldners außerhalb des Insolvenzverfahrens
Anm.	Anmerkung
AnwBl	Anwaltsblatt
AO	Abgabenordnung (1977)
AP	Arbeitsrechtliche Praxis, Nachschlagewerk des Bundesarbeitsgerichts
ArbG	Arbeitsgericht
ArbGG	Arbeitsgerichtsgesetz
AÜG	Arbeitnehmerüberlassungsgesetz
AV	Allgemeine Verfügung
BAföG	Bundesausbildungsförderungsgesetz
BAGE	Entscheidungen des Bundesarbeitsgerichts
BAnz	Bundesanzeiger
BArbG	Bundesarbeitsgericht
BayBS	Bereinigte Sammlung des bayerischen Landesrechts
BayBSVJu	Bereinigte Sammlung der bayerischen Justizverwaltungsvorschriften
BayJMBl	Bayerisches Justizministerialblatt
BayObLG	Bayerisches Oberstes Landesgericht
BayObLGZ	Entscheidungen des Bayerischen Obersten Landesgerichts in Zivilsachen
BayObLGSt	Entscheidungen des Bayerischen Obersten Landesgerichts in Strafsachen
BayRS	Bayerische Rechtssammlung (Stand 1.1.1983)
BayVerfGH	Bayerischer Verfassungsgerichtshof
BB	Der Betriebs-Berater

BBesG	Bundesbesoldungsgesetz
BBG	Bundesbeamtengesetz
BeamtVG	Beamtenversorgungsgesetz
BEEG	Bundeselterngeld- und Elternzeitgesetz
BEG	Bundesgesetz zur Entschädigung für Opfer der nationalsozialistischen Verfolgung (Bundesentschädigungsgesetz)
BetrAVG	Gesetz zur Verbesserung der betrieblichen Altersversorgung
BeurkG	Beurkundungsgesetz
BezG	Bezirksgericht
BFH	Bundesfinanzhof
BFHE	Entscheidungen des Bundesfinanzhofs
BGB	Bürgerliches Gesetzbuch
BGBl	Bundesgesetzblatt (Teil I, II oder III)
BGH	Bundesgerichtshof
BGHZ	Entscheidungen des Bundesgerichtshofs in Zivilsachen
BGH-Rep.	BGH-Report
BJagdG	Bundesjagdgesetz
BKGG	Bundeskindergeldgesetz
BMJ[V]	Bundesminister(ium) der Justiz [und für Verbraucherschutz]
BNotO	Bundesnotarordnung
BPolBG	Gesetz zur Regelung der Rechtsverhältnisse der Polizeivollzugsbeamten des Bundes (Bundespolizeibeamtengesetz)
BRRG	Beamtenrechtsrahmengesetz
BRüG	Bundesrückerstattungsgesetz
BSG	Bundessozialgericht
BSGE	Entscheidungen des Bundessozialgerichts
BSHG	(ehem.) Bundessozialhilfegesetz
BStBl	Bundessteuerblatt (Teil II, früher Teil III)
BT-Drucks.	Drucksache des Deutschen Bundestages
BVerfG	Bundesverfassungsgericht
BVerfGE	Entscheidungen des Bundesverfassungsgerichts
BVerwG	Bundesverwaltungsgericht
BVerwGE	Entscheidungen des Bundesverwaltungsgerichts
BVG	Bundesversorgungsgesetz
BWNotZ	Zeitschrift für das Notariat in Baden-Württemberg
CR	Computer und Recht
DAVorm	Der Amtsvormund
DB	Der Betrieb
DesignG	Designgesetz
DFG	Deutsche Freiwillige Gerichtsbarkeit (Ergänzungsband zur Deutschen Justiz) (bis 1943)
DGVZ	Deutsche Gerichtsvollzieher-Zeitung
DJ	Deutsche Justiz (bis 1943)
DJZ	Deutsche Juristenzeitung (Erscheint nicht mehr)
DNotI-Report	Informationsdienst des Deutschen Notarinstituts
DNotV	Zeitschrift des Deutschen Notarvereins
DNotZ	Deutsche Notarzeitschrift
DR	Deutsches Recht (vereinigt mit Juristische Wochenschrift). Ausgabe A = Wochenausgabe (bis 1944)
DR B	Deutsches Recht. Monatsausgabe (Erscheint nicht mehr)
DRiZ	Deutsche Richterzeitung

DRpfl	Deutsche Rechtspflege mit Rechtsprechungsbeilage (Erscheint nicht mehr)
DRspr	Deutsche Rechtsprechung. Entscheidungsauszüge und Aufsatzhinweise für die juristische Praxis
DStZ	Deutsche Steuer-Zeitung
DtZ	Deutsch-Deutsche Rechts-Zeitschrift
DVO	Durchführungsverordnung
EFG	Entscheidungen der Finanzgerichte
EGAO 1977	Einführungsgesetz zur Abgabenordnung
EhfG	Entwicklungshelfergesetz
ErbbauRG	Gesetz über das Erbbaurecht
FamFG	Gesetz über das Verfahren in Familiensachen und in den Angelegenheiten der freiwilligen Gerichtsbarkeit
FamRZ	Zeitschrift für das gesamte Familienrecht (Ehe und Familie im privaten und öffentlichen Recht)
FG	Finanzgericht
FGB	Familiengesetzbuch der (ehem.) DDR
FGG	(ehem.) Gesetz über die Angelegenheiten der freiwilligen Gerichtsbarkeit
FoVo	Forderung und Vollstreckung
GBO	Grundbuchordnung
GebrMG	Gebrauchsmustergesetz
GenG	Gesetz, betreffend die Erwerbs- und Wirtschaftsgenossenschaften (Genossenschaftsgesetz)
GeschmMG	(vorm.) Gesetz über den rechtlichen Schutz von Mustern und Modellen (Geschmacksmustergesetz)
GKG	Gerichtskostengesetz
GmbH	Gesellschaft mit beschränkter Haftung
GmbHG	Gesetz, betreffend die Gesellschaften mit beschränkter Haftung
GmbHR	Rundschau für GmbH (früher auch GmbH-Rdsch.)
Gruchot	Beiträge zur Erläuterung des Deutschen Rechts (mit Beilageheft: Urteile des Reichsgerichts). Begründet von Gruchot (Erscheint nicht mehr)
GrundG	Grundgesetz
GRUR	Gewerblicher Rechtsschutz und Urheberrecht
GVG	Gerichtsverfassungsgesetz
GVGA	Geschäftsanweisung für Gerichtsvollzieher
HaftpflG	Haftpflichtgesetz
HeimarbG	Heimarbeitsgesetz
HGB	Handelsgesetzbuch
HRR	Höchstrichterliche Rechtsprechung (Ergänzungsblatt zur Deutschen Justiz) (bis 1942)
HWG	Gesetz über die Altersversorgung für das deutsche Handwerk
i.d.F.	In der Fassung
IfSG	Infektionsschutzgesetz
InsO	Insolvenzordnung
InVo	Insolvenz und Vollstreckung
JAmt	Das Jugendamt
JBeitrO	Justizbeitreibungsordnung
JBl	Justizblatt

JFDG	Gesetz zur Förderung von Jugendfreiwilligendiensten (Jugendfreiwilligendienstegesetz)
JFG	Jahrbuch für Entscheidungen in Angelegenheiten der freiwilligen Gerichtsbarkeit und des Grundbuchrechts (Erscheint nicht mehr)
JMBlNRW	Justizministerialblatt für das Land Nordrhein-Westfalen
JR	Juristische Rundschau
JurBüro	Das Juristische Büro
JuS	Juristische Schulung
Justiz	Die Justiz, Amtsblatt des Justizministeriums Baden-Württemberg
JVBl	Justizverwaltungsblatt (Erscheint nicht mehr)
JVEG	Justizvergütungs- und -entschädigungsgesetz
JW	Juristische Wochenschrift (bis 1939)
JZ	Juristenzeitung
Kap.	Kapitel
KG	Kammergericht, Kommanditgesellschaft
KGJ	Jahrbuch für Entscheidungen des Kammergerichts (Erscheint nicht mehr)
KKZ	Kommunal-Kassen-Zeitschrift
KO	(vormalige) Konkursordnung
KostO	(vorm.) Kostenordnung
KostRsp.	Kostenrechtsprechung. Nachschlagewerk wichtiger Kostenentscheidungen
KostVerz.	Kostenverzeichnis
KreisG	Kreisgericht
KTS	Konkurs, Treuhand, Sanierung
LAG	Lastenausgleichsgesetz
LArbG	Landesarbeitsgericht
Leits	abgedruckt ist nur der Leitsatz
LG	Landgericht
LM	Lindenmaier/Möhring, Nachschlagewerk des Bundesgerichtshofs
LPartG	Lebenspartnerschaftsgesetz
LPfVO	Lohnpfändungsverordnung vom 30.10.1940 (nach Eingliederung der Bestimmungen in die ZPO [§§ 850–850i] aufgehoben)
LuftVG	Luftverkehrsgesetz
LZ	Leipziger Zeitschrift für Deutsches Recht (Erscheint nicht mehr)
MarkenG	Markengesetz
MDR	Monatsschrift für Deutsches Recht
MittBayNot	Mitteilungen des Bayer. Notarvereins, der Notarkasse und der Landesnotarkammer Bayern
MittRhNotK	Mitteilungen der Rheinischen Notarkammer (nun: RNotZ)
MMR	MultiMedia und Recht
MOG	Marktorganisationsgesetz
NdsRpfl	Niedersächsische Rechtspflege
NJW	Neue Juristische Wochenschrift
NJW-CoR	NJW-Computer-Report
NJW-RR	NJW-Rechtsprechungs-Report (ab 1986)
NStZ	Neue Zeitschrift für Strafrecht
NVwZ	Neue Zeitschrift für Verwaltungsrecht
NZA	Neue Zeitschrift für Arbeits- und Sozialrecht
NZM	Neue Zeitschrift für Mietrecht

OG	Obergericht
OHG	Offene Handelsgesellschaft
OLG	Oberlandesgericht
OLGE	Die Rechtsprechung der Oberlandesgerichte auf dem Gebiete des Zivilrechts. Herausgegeben von Mugdan-Falkmann (Erscheint nicht mehr)
OLGR	OLG Report
OLGZ	Entscheidungen der Oberlandesgerichte in Zivilsachen (ab 1965; erscheint nicht mehr)
PartGG	Partnerschaftsgesellschaftsgesetz
PatG	Patentgesetz
P-Konto	Pfändungsschutzkonto
PKV	Prozesskostenvorschuss
ProstG	Prostitutionsgesetz
RArbG	Reichsarbeitsgericht; auch Entscheidungssammlung des Reichsarbeitsgerichts
RdA	Recht der Arbeit
RdL	Recht der Landwirtschaft
Rdn.	Randnote
RdSchr	Rundschreiben
Recht	Das Recht. Rundschau für den Deutschen Juristenstand (Erscheint nicht mehr)
RepG	Reparationsschädengesetz
RG	Reichsgericht
RGZ	Entscheidungen des Reichsgerichts in Zivilsachen
RGBl	Reichsgesetzblatt (Teil I)
RGSt	Entscheidungen des Reichsgerichts in Strafsachen
RHeimstG	(ehem.) Reichsheimstättengesetz
RJM	Reichsjustizminister, -ministerium
RNotZ	Rheinische Notar-Zeitschrift
Rpfleger	Der Deutsche Rechtspfleger
RPflG	Rechtspflegergesetz
RpfliB	Zeitschrift für Rechtspflege in Bayern (Erscheint nicht mehr)
RpflJB	Rechtspflegerjahrbuch (bis 1998; wird nicht mehr fortgeführt)
RVG	Gesetz über die Vergütung der Rechtanwältinnen und Rechtsanwälte (Rechtsanwaltsvergütungsgesetz)
RVO	Reichsversicherungsordnung
S.	Seite, Satz
ScheckG	Scheckgesetz
SchiRG	Gesetz über Rechte an eingetragenen Schiffen und Schiffsbauwerken
SchlHA	Schleswig-Holsteinische Anzeigen
SchlHolstOLG	Schleswig-Holsteinisches Oberlandesgericht
Seufferts Archiv	Seufferts Archiv für Entscheidungen der Obersten Gerichte (Erscheint nicht mehr)
SGB	Sozialgesetzbuch
StrEG	Gesetz über die Entschädigung für Strafverfolgungsmaßnahmen
StrVG	Straßenverkehrsgesetz
SVG	Soldatenversorgungsgesetz
UmwG	Umwandlungsgesetz
UrhRG	Urheberrechtsgesetz

USG	Unterhaltssicherungsgesetz
UWG	Gesetz gegen den unlauteren Wettbewerb
VerbrKrG	Verbraucherkreditgesetz
VerglO	(vormalige) Vergleichsordnung
VermBG	Vermögensbildungsgesetz
VersR	Versicherungsrecht
VerwG	Verwaltungsgericht
VHG	Vertragshilfegesetz
VIZ	Zeitschrift für Vermögens- und Investitionsrecht
VMBl	Ministerialblatt des Bundesministeriums für Verteidigung
VO	Verordnung
VOB/B	Verdingungsordnung für Bauleistungen (Teil B)
VRG	Vorruhestandsgesetz
VwGO	Verwaltungsgerichtsordnung
VVG	Gesetz über den Versicherungsvertrag
WarnRspr.	Warneyer. Jahrbuch der Entscheidungen; mit Ergänzungsband: Rechtsprechung des Reichsgerichts
WEG	Wohnungseigentumsgesetz
WG	Wechselgesetz
WM	Wertpapier-Mitteilungen
WoGG	Wohngeldgesetz
WRP	Wettbewerb in Recht und Praxis
WSG	Wehrsoldgesetz
WuM	Wohnungswirtschaft und Mietrecht
ZAP	Zeitschrift für die Anwaltspraxis
z.B.	zum Beispiel
ZBR	Zeitschrift für Beamtenrecht
ZEV	Zeitschrift für Erbrecht und Vermögensnachfolge
ZGB	Zivilgesetzbuch der (ehem.) DDR
ZIP	Zeitschrift für Wirtschaftsrecht und Insolvenzpraxis
ZMR	Zeitschrift für Miet- und Raumrecht
ZPO	Zivilprozessordnung
ZRHO	Rechtshilfeordnung in Zivilsachen
ZRP	Zeitschrift für Rechtspolitik
ZS	Zivilsenat
ZSEG	(vorm.) Gesetz über die Entschädigung von Zeugen und Sachverständigen
ZVG	Gesetz über die Zwangsversteigerung und die Zwangsverwaltung
ZZP	Zeitschrift für Zivilprozessrecht

Einschlägiges Schrifttum

1. Zivilprozessrecht

Baumbach/Lauterbach/Albers/Hartmann, Zivilprozessordnung. 77. Aufl. 2019

MünchKomm/(Autor), Münchener Kommentar zur Zivilprozessordnung. 5. Aufl. 2016

Musielak/(Autor), Zivilprozessordnung. 16. Aufl. 2019

Schuschke/Walker/(Autor), Vollstreckung und Vorläufiger Rechtsschutz. Kommentar. 6. Aufl. 2016

Stein/Jonas/(Autor), Zivilprozessordnung. 23. Aufl. 2014 ff. (tlw. 22. Aufl. 2002 ff.)

Thomas/Putzo/(Autor), Zivilprozessordnung. 40. Aufl. 2019

Wieczorek/Schütze/(Bearbeiter), Zivilprozessordnung. 4. Aufl. 2012 ff.

Zöller/(Autor), Zivilprozessordnung. 32. Aufl. 2018

2. Bürgerliches Recht

BGB-RGRK/(Autor), Bürgerliches Gesetzbuch. Kommentar. hrsgg. von Reichsgerichtsräten und Bundesrichtern. 12. Aufl. 1974 ff.

Erman/(Autor), Bürgerliches Gesetzbuch. Handkommentar. 15. Aufl. 2017

MünchKomm/(Autor), Münchener Kommentar zum Bürgerlichen Gesetzbuch. 8. Aufl. 2018 (tlw. 7. Aufl. 2017)

Palandt/(Autor), Bürgerliches Gesetzbuch. 78. Aufl. 2019

Planck, Bürgerliches Gesetzbuch. Kommentar. 4. Aufl. 1914

RGR.Komm.z.HGB, Kommentar zum Handelsgesetzbuch. Begründet von Staub, weitergeführt von Mitgliedern des Reichsgerichts. 3. Aufl. 1968 ff. (4. Aufl. 1983 ff.)

Soergel/(Autor), Bürgerliches Gesetzbuch. Kommentar. 13. Aufl. 1987 ff.

Staudinger/(Autor), Bürgerliches Gesetzbuch. Kommentar. Neubearb. 2015 ff.

3. Freiwillige Gerichtsbarkeit, Grundbuchrecht, Erbbaurecht, Wohnungseigentum

Bärmann/(Autor), Wohnungseigentumsgesetz. 14. Aufl. 2018

Kuntze/Ertl/Herrmann/Eickmann, Grundbuchrecht. 6. Aufl. 2006

Meikel/(Bearbeiter), Grundbuchordnung. 11. Aufl. 2015

v. Oefele/Winkler, Handbuch des Erbbaurechts. 5. Aufl. 2012

Schöner/Stöber, Grundbuchrecht. 15. Aufl. 2012

Stöber/Otto, Handbuch Vereinsrecht. 11. Aufl. 2018

Weitnauer, Wohnungseigentumsgesetz. 9. Aufl. 2005

Winkler, Der Testamentsvollstrecker. 20. Aufl. 2010

4. Zwangsversteigerungsgesetz

Böttcher/Keller, Zwangsversteigerungsgesetz, Kommentar, 6. Auf. 2016

Dassler/(Autor), Gesetz über die Zwangsversteigerung und die Zwangsverwaltung. Kommentar. 14. Aufl. 2013

Jaeckel/Güthe, Kommentar zum Zwangsversteigerungsgesetz. 7. Aufl. 1937

Korintenberg/Wenz, Gesetz über die Zwangsversteigerung und die Zwangsverwaltung. Kommentar. 6. Aufl. 1935

Steiner/(Autor), Zwangsversteigerung und Zwangsverwaltung. Kommentar. 9. Aufl. 1984–1986

Stöber/(Autor), Zwangsversteigerungsgesetz. Kommentar. 22. Aufl. 2019

Stöber, Zwangsvollstreckung in das unbewegliche Vermögen (ZVG-Handbuch). 9. Aufl. 2010

5. Sonstiges

Bohn, Die Pfändung von Hypotheken, Grundschulden, Eigentümerhypotheken und Eigentümergrundschulden. 6. Aufl. 1964

Bohn/Berner, Pfändbare und unpfändbare Forderungen und andere Vermögensrechte. Hauptband, 1957 mit Nachtrag 1970. 2. Band: Pfändungsschutz für Lohn, Gehalt und sonstiges Arbeitseinkommen. 3. Aufl. 1970

Bülow/Schmidt, Hinterlegungsordnung. 4. Aufl. 2005

Falkmann/Hubernagel, Die Zwangsvollstreckung in das bewegliche Vermögen. Handkommentar. 3. Aufl. 1937–1939

Geimer, Internationales Zivilprozessrecht. 7. Aufl. 2014

Hintzen, Forderungspfändung. 4. Aufl. 2017

Huber, Die Sicherungsgrundschuld. 1965

Jonas/Pohle, Zwangsvollstreckungsnotrecht. Erläuterungsbuch. 16. Aufl. 1954

Merten, Lohnpfändungsrecht. Kommentar. 1941

Vollkommer, Formenstrenge und prozessuale Billigkeit. 1973

Teil A
Zwangsvollstreckung in Geldforderungen

1. Die Zwangsvollstreckung

1.1. Allgemeines zur Zwangsvollstreckung

Zwangsvollstreckung[1] ist Verfahrensrecht zur Durchsetzung des materiellen Anspruchs eines Gläubigers mit staatlichem Zwang[2]. Als Inhaber des Zwangsmonopols[3] handelt der Staat durch seine Organe gegenüber Verfahrensbeteiligten hoheitlich. Zwangsvollstreckung ist als Staatstätigkeit daher öffentlich-rechtlicher Natur[4]. A.1

Die ZPO regelt in ihrem 8. Buch (§§ 704–898) die Zwangsvollstreckung der Ansprüche, die vor die ordentlichen Gerichte als bürgerliche Rechtsstreitigkeiten gehören (§ 3 Abs. 1 EGZPO, § 13 GVG). Die Vollstreckung in Ehesachen (§ 111 Nr. 1, § 121 FamFG) und Familienstreitsachen (§ 112 FamFG) erfolgt entsprechend den ZPO-Vorschriften über die Zwangsvollstreckung (§§ 120, 113 Abs. 1 S. 1 FamFG). Auf die Vollstreckung wegen einer Geldforderung in anderen Familiensachen und Angelegenheiten der freiwilligen Gerichtsbarkeit sind die ZPO-Vorschriften über die Zwangsvollstreckung nach § 95 Abs. 1 Nr. 1 FamFG entsprechend anzuwenden. Es tritt an die Stelle des Urteils der Beschluss (§§ 38, 95 Abs. 2, § 116 Abs. 1 FamFG).

Wegen einer **Geldforderung**[5] (Begriff Rdn. A.10) kann der Gläubiger durch Zwangsvollstreckung Befriedigung suchen aus dem

- beweglichen Vermögen seines Schuldners (§§ 803–863 ZPO) und
- unbeweglichen Vermögen seines Schuldners (Grundstücken, den Grundstücken gleichstehenden Berechtigungen, eingetragenen Schiffen und Schiffsbauwerken, §§ 864–871 ZPO).

---

1 Zur Struktur der Zwangsvollstreckung Gaul, Rpfleger 1971, 1, 41 und 81; Verfahrensgrundsätze der Zwangsvollstreckung: Zöller/Seibel, ZPO, vor § 704 Rdn. 19–33. Zu den Auswirkungen der Garantiefunktionen des Grundgesetzes auf Verfahrensrecht und Verfahrensgestaltung Stöber/Keller, ZVG, Einl. Rdn. 7 ff. m.w.N. Zur Verfassungsmäßigkeit des Vollstreckungszugriffs Vollkommer, Rpfleger 1982, 1.

2 Zöller/Seibel, ZPO, vor § 704 Rdn. 1.

3 BVerfGE 49, 252 (256) = NJW 1979, 538; BVerfGE 61, 126 (136) = NJW 1983, 559.

4 Stein/Jonas/Münzberg, ZPO, vor § 704 Rdn. 16; Zöller/Seibel, ZPO, vor § 704 Rdn. 1.

5 Zwangsvollstreckung wegen anderer Ansprüche kann zur Erwirkung der Herausgabe von Sachen und zur Erwirkung von Handlungen oder Unterlassungen betrieben werden (§§ 883–898 ZPO).

Der Zwangsvollstreckung **in das bewegliche Vermögen** unterliegen

- körperliche Sachen (§§ 808–827 ZPO) sowie
- die dem Schuldner zustehenden Forderungen gegen Dritte und seine anderen Vermögensrechte (§§ 828–863 ZPO).

Die Zwangsvollstreckung in das bewegliche Vermögen, damit auch die in diesem Buch dargestellte Zwangsvollstreckung in Forderungen und andere Vermögensrechte, erfolgt durch **Pfändung** (§ 803 Abs. 1 S. 1 ZPO). Durch sie erwirbt der Gläubiger ein Pfandrecht (sog. Pfändungspfandrecht) an der gepfändeten Forderung oder dem Vermögensrecht seines Schuldners (§ 804 Abs. 1 ZPO, siehe hierwegen Rdn. B.149). Dieses bildet die Grundlage der Pfandverwertung (dazu Rdn. B.191) zur Befriedigung des Vollstreckungsanspruchs des Gläubigers.

1.2. Der Vollstreckungstitel

A.2 Die Zwangsvollstreckung in Forderungen und andere Vermögensrechte setzt einen Vollstreckungstitel (auch Schuldtitel genannt) voraus. Dieser muss den Anspruch des Gläubigers gegen den Schuldner auf die beizutreibende Geldforderung ausweisen. Vollstreckungstitel sind insbesondere

- nach der **ZPO** (End-)Urteile, die rechtskräftig oder für vorläufig vollstreckbar erklärt sind (§ 704 ZPO), gerichtliche Vergleiche[6], Kostenfestsetzungsbeschlüsse, Vollstreckungsbescheide und gerichtliche oder notarielle Urkunden (§ 794 ZPO),
- nach dem **FamFG** gerichtliche Beschlüsse und weitere Vollstreckungstitel im Sinne des § 794 ZPO, soweit die Beteiligten über den Gegenstand des Verfahrens verfügen können (§ 86 Abs. 1 FamFG).

A.3 In **Euro** entsprechend dem Umrechnungskurs sind seit dem 1. Januar 2002 (Ende der Übergangszeit zur Währungsunion) auch Zahlungstitel zu vollstrecken, die auf Deutsche Mark lauten (Erwägungsgrund 20, Art. 14 Verordnung [EG] Nr. 974/98, ABl. EG Nr. L 139 vom 11.5.1998, S. 1). Umrechnungskurs: 1,95583 DM = 1 Euro. Umschreibung des Schuldtitels zur Anpassung erfolgt nicht (gesetzliche Umstellung).

A.4 Vollstreckungstitel über eine Geldforderung ist auch ein **Haftungs-** oder **Duldungstitel** über eine persönliche, jedoch auf bestimmte Gegenstände beschränkte Haftung für eine Geldleistung[7]. Durch Pfändung (§§ 803, 829 ff. ZPO) erfolgt daher auch die Zwangsvollstreckung eines Schuldtitels über die Haftung mit einer Forderung gegen einen Dritten oder mit einem anderen Vermögensrecht (Rdn. A.1) für eine Geldleistung als Duldungsschuldner.

Eine im Titel ausgesprochene Beschränkung der Schuldnerhaftung auf bestimmte Vermögenswerte[8] ermöglicht jedoch nicht die Pfändung anderer Vermö-

---

6 Mit der Verpflichtung (insbesondere eines Unterhaltsschuldners) in einem Prozessvergleich, über einen freiwillig gezahlten Betrag hinaus (Sockelbetrag) eine weitere Zahlung zu leisten, ist ein Vollstreckungstitel (in der Regel) nur in Höhe des Spitzenbetrags geschaffen (BGH, MDR 1993, 650 = Rpfleger 1993, 454).

7 BGHZ 103, 30 (32, 33) = MDR 1988, 395 = NJW 1988, 1026.

8 Dazu auch Zöller/Seibel, ZPO, vor § 704 Rdn. 18.

gensrechte des (Titel-)Schuldners. Deshalb können aus einem Vollstreckungstitel über die Verpflichtung, die Zwangsvollstreckung in ein Grundstück zu dulden (wie z.B. über den – dinglichen – Anspruch aus einer Hypothek, Grundschuld oder Rentenschuld), nicht eine auf dem Grundstück lastende Eigentümergrundschuld oder der Anspruch auf Rückgewähr einer vom Grundstückseigentümer einem Dritten bestellten Grundschuld (Rdn. F.107) gepfändet werden. Eine nach dem Vollstreckungstitel zu duldende Zwangsvollstreckung in das haftende Grundstück hat vielmehr als Immobiliarvollstreckung nach §§ 864 ff. ZPO zu erfolgen. Die Eigentümergrundschuld ist dagegen als (echtes) Grundpfandrecht ein gegenüber dem Eigentum am Grundstück selbstständiges Recht; der Rückgewähranspruch ist selbstständiger (schuldrechtlicher) Anspruch (Rdn. F.107). Die Verpflichtung, die Zwangsvollstreckung in ein Grundstück zu dulden, begründet deshalb nicht auch die Verpflichtung zur Duldung der Zwangsvollstreckung in eine Eigentümergrundschuld, mit der das Grundstück belastet ist[9], oder in den Rückgewähranspruch des Grundstückseigentümers.

Als Vollstreckungsanspruch über eine Geldforderung ist ebenso ein im Anfechtungsprozess erwirktes Urteil zu vollstrecken. Der Gläubiger kann daher mit dem Urteil auf Duldung der Zwangsvollstreckung (§ 11 AnfG) in eine Forderung oder ein anderes Vermögensrecht Pfändungs- (und Überweisungs-)Beschluss gegen den Anfechtungsgegner als Vollstreckungsschuldner erwirken[10].

1.3. Sonstige Vollstreckungsvoraussetzungen

Weitere Voraussetzungen der Zwangsvollstreckung (Bezeichnung von Gläubiger und Schuldner in Vollstreckungstitel oder -klausel, vollstreckbare Ausfertigung, Zustellung, Ablauf der Wartefrist, Sicherheitsleistung usw.) bestimmt die ZPO in den allgemeinen Vorschriften der §§ 724 ff. A.5

1.4. Verwaltungszwangsverfahren

Verwaltungsakte der Finanzbehörden, mit denen eine Geldleistung gefordert wird (§§ 249 ff. AO), Geldstrafen, gerichtlich erkannte Geldbußen, Ordnungs- und Zwangsgelder, Gerichtskosten, sonstige Justizverwaltungsabgaben sowie in gleicher Weise einzuziehende weitere Ansprüche (§§ 1 ff. JBeitrG) und andere öffentlich-rechtliche Geldforderungen (VwVG-Bund und VwVGe der Länder) werden im Verwaltungswege (Verwaltungszwangsverfahren) vollstreckt. In diesen Verfahren bedarf es keines vollstreckbaren Titels. Verwaltungsgerichtliche Vollstreckungstitel (§ 168 VwGO) vollstreckt das erstinstanzliche Verwaltungsgericht (§ 167 Abs. 1 S. 2 VwGO). Verwaltungsakte der Sozialverwaltungsbehörden werden nach dem VwVG-Bund sowie den landesrechtlichen Vorschriften über das Verwaltungsvollstreckungsverfahren vollstreckt (§ 66 Abs. 1–3 SGB X). Aus ei- A.6

---

9 BGHZ 103, 30 (34) (Fn. 7).

10 BGHZ 100, 36 (44) = JR 1987, 410 mit Anm. Gerhardt = MDR 1987, 494 = NJW 1987, 1703.

nem Verwaltungsakt kann Zwangsvollstreckung aber auch in entsprechender Anwendung der ZPO stattfinden (§ 66 Abs. 4 SGB X).

2. Die Parteien und Beteiligten im Zwangsvollstreckungsverfahren

2.1. Parteien im Vollstreckungsverfahren

A.7 Als **Gläubiger** ist derjenige beteiligt, der nach dem vollstreckbaren Schuldtitel (in der für die Zwangsvollstreckung erforderlichen vollstreckbaren Ausfertigung, §§ 724 ff. ZPO) den beizutreibenden vollstreckbaren Geldanspruch zu fordern hat. Er wird vielfach auch **Pfändungsgläubiger** genannt, wenn er durch Pfändung (§ 803 Abs. 1 S. 1 ZPO) ein Pfandrecht an einem Vermögensgegenstand (Rdn. A.1) erlangt hat (§ 804 Abs. 1 ZPO). Als **Verpfändungsgläubiger** (oder kurz auch nur als Pfandgläubiger) wird der Gläubiger bezeichnet, dem durch Rechtsgeschäft ein Pfandrecht an einer Forderung oder einem Recht des Schuldners bestellt ist (§§ 1273 ff. BGB).

Als **Schuldner** ist derjenige beteiligt, der die nach dem Vollstreckungstitel (oder einer titelumschreibenden Vollstreckungsklausel) geschuldete Leistung zu erfüllen hat (= sie schuldet). Vielfach wird dieser Schuldner, gegen den die Vollstreckung betrieben wird, als **Pfändungsschuldner** bezeichnet und damit vom **Verpfändungsschuldner** oder Pfandschuldner unterschieden.

2.2. Weitere Beteiligte

A.8 Beteiligt ist der **Drittschuldner**, der dem Schuldner die Geldforderung (den Anspruch, das Recht) zu leisten hat, die durch Zwangsvollstreckung der Befriedigung oder Sicherung des Gläubigers zugeführt werden soll. Drittschuldner ist jeder Dritte, dessen Leistung zur Ausübung einer gepfändeten Forderung (oder eines gepfändeten Rechts) erforderlich ist oder dessen Rechtsstellung von der Pfändung sonstwie berührt wird[11]. Daher ist jede Person (außer dem Schuldner) Drittschuldner, die an einem zu pfändenden Recht– irgendwie – beteiligt ist.

Wer Drittschuldner ist, lässt sich mitunter nicht leicht klären. Wegen der Einzelheiten wird auf die Erläuterungen in den einzelnen Abschnitten dieses Bandes verwiesen, wegen der Vertretung des Staates als Drittschuldner auch auf die im Anhang abgedruckten Vorschriften.

Als **Dritte** können andere Personen beteiligt sein, in deren Rechte die Pfändung eingreift oder die sich durch einen Antrag am Verfahren beteiligen.

A.9 Die Vorschriften über die **Drittschuldnervertretung** des **Bundes** und der **Länder** sind vielfach nicht leicht festzustellen; sie sind dem Praktiker nur schwer zugänglich und zudem vielfachen Änderungen unterworfen. Im Zweifelsfall empfiehlt es sich daher, Auskunft der mit dem Geschäftsvorfall befassten (oder der übergeordneten) Behörde, bei Einkommenspfändung auch der Beschäftigungsbe-

---

11 RGZ 49, 405 (407); auch BGHZ 49, 197 = MDR 1968, 313 = NJW 1968, 493.

hörde oder Zahlstelle, einzuholen. Der Staat wird als Fiskus für verpflichtet angesehen, Auskunft über die Vertretungsbehörde zu geben[12].

Eine nicht genaue Drittschuldnerbezeichnung im Pfändungsbeschluss unterliegt der Auslegung (Rdn. B.109, B.110). Es genügt, dass der Pfändungsbeschluss bei verständiger Auslegung erkennen lässt, an wen sich das Zahlungsverbot richtet (Rdn. B.109). Daher reicht die Bezeichnung der Zahlstelle statt der Behörde, die die Leistung anzuordnen hat und daher als Drittschuldnervertreter bestimmt ist, aus. Entsprechendes gilt für die (unrichtige) Bezeichnung einer (anderen) Behörde des Geschäftsbereichs, dem die vertretende Drittschuldnerstelle zugeordnet ist, wenn sich diese mit Bezeichnung der zu pfändenden Forderung eindeutig bestimmen lässt, wie z.B. bei Pfändung von Arbeitseinkommen des bei einer benannten Dienststelle angestellten Schuldners. Die Pfändung muss auch in einem solchen Fall mit Zustellung an die im Beschluss (nicht nach einer Drittschuldnervorschrift) bezeichneten Behörde wirksam werden (§ 829 Abs. 3 ZPO). Wenn dann die Leistung an den Schuldner durch die zuständige Behörde oder deren Zahlstelle nicht mehr abgewendet werden kann, ist der Drittschuldnerschutz gewährleistet (wie Rdn. B.166). Wird nach der Zustellung an eine nach den Vorschriften über die Drittschuldnervertretung nicht zuständige Behörde der Pfändungsbeschluss an die zuständige Dienststelle weitergeleitet, dann wird die Pfändung jedenfalls spätestens damit wirksam (§ 189 ZPO). Dem kann die ungenaue (unrichtige) Bezeichnung der Drittschuldnerbehörde im Pfändungsbeschluss bei sonst hinreichend bestimmter Angabe der zu pfändenden Forderung, damit auch des Geschäftsbereichs des Fiskus, von dem sie zu leisten ist, nicht entgegenstehen. Mit der Verpflichtung zu rechtsstaatlichen Verwaltungshandeln kann es jedenfalls nicht zu vereinbaren sein, dass eine nach Verwaltungsbestimmung nicht zuständige Dienststelle aus dem Geschäftsbereich des Drittschuldners den ihr zugestellten Pfändungsbeschluss dem Gläubiger einfach mit dem Hinweis zurückreicht, der Drittschuldner sei nicht korrekt bezeichnet, die Pfändung damit nicht wirksam. Das sollte als schadenhaftungsbegründende Amtspflichtverletzung anzusehen sein. Der auf Sicherheit bedachte Gläubiger wird gleichwohl, wenn er Aufschluss über eine nicht genaue Drittschuldnerbezeichnung erlangt, Berichtigung des Pfändungsbeschlusses erwirken (Rdn. B.115) und (nochmalige) Zustellung an die ermittelte Drittschuldnerstelle veranlassen.

3. Geldforderungen

Geldforderung ist ein auf Geldzahlung gerichteter schuldrechtlicher Anspruch; die geschuldete Leistung ist bei ihm in inländischer oder ausländischer Währung ausgedrückt[13]. Geldforderung und als solche (nach § 829 ZPO) zu pfänden ist auch die Fremdwährungsschuld (Valutaschuld), die auf Geldleistung in fremder (ausländischer) Währung geht[14]. A.10

---

12 Musielak/Heinrich, ZPO, § 18 Rdn. 5; Stein/Jonas/Roth, ZPO, § 18 Rdn. 4; Wieczorek/Schütze/Smid/Zeuner, ZPO, § 18 Rdn. 5; Zöller/Schultzky, ZPO, § 18 Rdn. 3.

13 Siehe RGZ 168, 245.

14 Siehe RGZ 109, 62; auch BGHZ 104, 268 (274) = NJW 1988, 1964; OLG Düsseldorf, NJW 1988, 2185.

A.11 Zu unterscheiden von der Geldforderung sind

- die **Geldstück**schuld, bei der ein bestimmtes Geldstück, z.B. ein Jubiläumstaler, eine bestimmte Münze, ein genau bezeichnetes Goldstück, geschuldet ist; sie ist reine Sachschuld;
- die eigentliche (echte) **Geldsorten**schuld, bei der eine gewisse Menge bestimmter Geldsorten, z.B. 20 Jubiläumstaler, 20 bestimmte Münzen, geschuldet ist; sie ist ebenfalls reine Sachschuld.

Bei einer Geldstückschuld oder einer echten Geldsortenschuld ist eine Sachschuld Gegenstand der Leistung. Der Anspruch muss daher nach §§ 883, 884 ZPO vollstreckt werden. Wegen einer Geldforderung kann der Gläubiger, dessen Schuldner von einem Dritten eine Geldstück- oder Geldsortenschuld zu bekommen hat, in eine solche Sachschuld nach §§ 846 ff. ZPO vollstrecken (siehe Teil G).

A.12 Ein Anspruch auf **Befreiung von einer Verbindlichkeit,** die in einer Geldforderung besteht, ist nicht als Geldforderung nach §§ 803 ff., 829 ff. ZPO, sondern nach § 887 ZPO zu vollstrecken[15].

4. Die Pfändung von Geldforderungen

4.1. Grundsätzliches zur Pfändung und Pfändbarkeit einer Geldforderung

A.13 **Schrifttum:** Diepold, Sind Honorarforderungen von Anwälten, Ärzten und Zahnärzten pfändbar? MDR 1993, 835; Diepold, Hat § 49b BRAO Auswirkungen auf die Pfändbarkeit von Vergütungsforderungen von Rechtsanwälten? MDR 1995, 23; Hillebrand, Zur Unpfändbarkeit zweckgebundener Forderungen, Rpfleger 1986, 464.

A.14 Gepfändet wird eine Geldforderung durch gerichtlichen **Pfändungsbeschluss** (§ 829 Abs. 1 ZPO). Bewirkt (wirksam) wird diese Pfändung mit der Zustellung des Pfändungsbeschlusses an den Drittschuldner (§ 829 Abs. 3 ZPO).

Besondere Vorschriften gelten für Geldforderungen,

- die durch Hypothek gesichert sind (§§ 830, 830a ZPO; siehe Teil F),
- aus Wechseln und anderen indossablen Papieren (§ 831 ZPO; siehe Teil H).

A.15 Geldforderungen sind an sich grundsätzlich und ohne Rücksicht auf ihren Rechtsgrund pfändbar. Gesetzliche Vorschriften regeln jedoch vielfache **Pfändungsbeschränkungen** und **Pfändungsverbote.** Solche können auch aus dem Wesen der Forderung folgen.

Pfändungsbeschränkungen oder -verbote sind vielfach zum Schutze des Schuldners, oft aber auch im öffentlichen Interesse erlassen. Vorwiegend beruhen sie auf der Erwägung, dass der Staat keine Hilfe zur Entziehung der notwendigsten

---

15 BGHZ 25, 1 (7); OLG Hamm, NJW 1960, 923; OLG Hamm, Rpfleger 1963, 248; OLG Köln, FamRZ 1994, 1048; KG, OLGZ 1973, 54 = MDR 1970, 1018 = Rpfleger 1970, 360 m.w.N.; KG, MDR 1999, 118 = NJW-RR 1999, 793; OLG Frankfurt, Rpfleger 1975, 329 (= Freistellung von Unterhaltsansprüchen); OLG Hamburg, FamRZ 1983, 212 (ebenso); Bischof, ZIP 1984, 1444 (auch zu typischen Freistellungsfällen); Zöller/Seibel, ZPO, § 887 Rdn. 3 „Befreiung“.

Lebensbedürfnisse und zur Vernichtung der wirtschaftlichen Existenz des Schuldners leisten darf. Sie sollen deshalb vor allem auch vermeiden, dass der Schuldner infolge Zwangsvollstreckung der öffentlichen Fürsorge anheimfällt[16]. Mitunter sollen sie aber auch die Zweckbindung öffentlicher Mittel sicherstellen.

Außerdem sind Forderungen unpfändbar, wenn sie **nicht übertragen werden** können (§ 851 Abs. 1 ZPO). Dass eine Forderung nicht übertragen (abgetreten) werden kann, kann **A.16**

- durch gesetzliche Vorschrift ausdrücklich bestimmt sein (z.B. §§ 717, 1378 Abs. 3 BGB) oder
- aus der (dann meist höchstpersönlichen) Natur oder Zweckgebundenheit der Forderung folgen.

Ihr Verwendungs**zweck** begründet die Unpfändbarkeit einer Forderung[17], wenn die Leistung an einen anderen als den Schuldner nicht ohne Veränderung ihres Inhalts[18] erfolgen kann (§ 851 ZPO, § 399 BGB). Der Verwendungszweck einer Forderung kann gesetzlich bestimmt, aber auch bei Anspruchbegründung von Anfang an durch Vereinbarung der zu erbringenden Leistung als Inhalt beigelegt sein[19]. In dieser Weise kann Zweckbindung bei treuhänderischer Bindung des Leistungsempfängers zur Sicherung schutzwürdiger Belange des Drittschuldners festgelegt werden. **Beispiele:** Vorschüsse zur Deckung von Bürounkosten eines Architekten, der mit der Fertigstellung eines begonnenen Baus betraut ist[20]; Zahlung des Kaufpreises auf ein debitorisches Konto des Verkäufers zur Ablösung von Rechten einer Bank an dem Kaufgegenstand[21]; Festgeldguthaben über Hypothekendarlehen, über das nur nach Baufortschritt verfügt werden darf[22]. Eine der getroffenen Bestimmung widersprechende Verwendung der zu erbringenden Leistung würde eine Veränderung des Leistungsinhalts i.S. des § 399 (erste Alternative) BGB darstellen[23]. Daraus folgt gemäß § 851 Abs. 1 ZPO die Unpfändbarkeit der zweckgebundenen Forderung[24]. § 851 Abs. 2 ZPO erfasst solche Fälle nicht. Nur dann ist eine zweckgebundene Forderung ausnahmsweise pfändbar[25], wenn sie durch die Vollstreckungsmaßnahme ihrer Zweckbestimmung zugeführt wird (beschränkte Pfändbarkeit).

Kein Pfändungsverbot nach § 851 Abs. 1 ZPO begründet es, wenn bestimmten Gläubigern die Abtretung einer ihrem Inhalt und ihrer Zweckbestimmung nach **A.17**

---

16 Siehe dazu RGZ 106, 205 (206); BGHZ 4, 153 (154); BGHZ 125, 116 (122).

17 Besteht nach materiellem Recht eine Zweckbindung nicht, so bleibt eine Forderung auch insoweit pfändbar, als sie teilweise durch einstweilige Verfügung zu einem dringlichen Zweck zugebilligt ist, OLG Düsseldorf, OLGZ 1966, 315 = JMBlNRW 1966, 63; Stein/Jonas/Würdinger, ZPO, § 851 Rdn. 22.

18 Zu dieser Inhaltsänderung BGHZ 96, 146 (149) = NJW 1986, 713.

19 BGH, MDR 1978, 747 = Rpfleger 1978, 248.

20 BGH (Fn. 19); auch RArbG, HRR 1931 Nr. 604: Vorschüsse zur Entlohnung eines Unterangestellten.

21 BGH, DNotZ 2000, 752 = MDR 2000, 477 = NJW 2000, 1270.

22 OLG Düsseldorf, ZIP 1983, 668.

23 BGH (Fn. 19).

24 BGH (Fn. 19); OLG Hamm, NJW-RR 1992, 22; Zöller/Herget, ZPO, § 851 Rdn. 3.

25 BGH (Fn. 19); LG Frankenthal, FamRZ 1989, 1319 = NJW-RR 1989, 1352; Zöller/Herget, ZPO, § 851 Rdn. 3.

übertragbaren Forderung verboten oder nur unter begrenzten Voraussetzungen gestattet ist[26]. Honorarforderungen schweigepflichtiger Personen sind daher pfändbar, so die Honorarforderung eines Arztes[27], Zahnarztes sowie Tierarztes (Schweigepflicht[28] nach § 203 Abs. 1 Nr. 1 StGB), eines Steuerberaters[29] (Abtretungsbeschränkung nach § 64 Abs. 2 StBerG), Rechtsanwaltes[30] (Abtretungsbeschränkung nach § 49b Abs. 4 BRAO), verkammerten Rechtsbeistands (§ 209 Abs. 1 BRAO) und eines selbstständigen Versicherungsvertreters, der Personenversicherungen vermittelt[31]. Schutzwürdige persönliche Daten des Patienten oder Mandanten können jedoch die Auskunftspflicht des Drittschuldners nach § 840 Abs. 1 ZPO und die Auskunfts- sowie Herausgabepflicht des zur Verschwiegenheit verpflichteten Schuldners nach § 836 Abs. 3 ZPO einschränken[32].

A.18 Nur von einer die **Abtretung ausschließenden Vereinbarung** mit dem Schuldner (§ 399 BGB[33]; Einschränkung § 354a HGB, s. Rdn. B.440) wird die Pfändbarkeit einer Forderung nicht berührt (§ 851 Abs. 2 ZPO). Das gilt gleichermaßen für die Vereinbarung eines abgeschwächten Abtretungsausschlusses (wie z.B. Bindung der Abtretung an die Zustimmung des [Dritt-] Schuldners)[34]. Dies beruht auf der Erwägung, dass der Schuldner sein Vermögen nicht durch Vereinbarung mit dem Drittschuldner dem Gläubigerzugriff entziehen kann[35]. Es kommt daher für die Pfändbarkeit solcher Forderungen auch nicht darauf an, ob der Ausschluss der Abtretung erst nach Entstehung der Schuld oder schon dadurch vereinbart worden ist, dass die Forderung von Anfang an mit der Maßgabe begründet wurde, ihre Abtretung sei unzulässig und unwirksam. Die kraft Parteivereinbarung nicht übertragbare, nach § 851 Abs. 2 ZPO aber pfändbare Forderung kann auch nicht wegen überwiegender Interessen des Drittschuldners über diejenigen des pfändenden Gläubigers dessen Zugriff entzogen werden[36]. Nach Pfändung kann die nicht ab-

---

26 BGHZ 141, 173 (176, 177) = MDR 1999, 826 = NJW 1999, 1544; BGHZ 162, 187 (188, 191) = MDR 2005, 954 = NJW 2005, 1505 = Rpfleger 2005, 447; OLG Stuttgart, NJW 1994, 2838 = Rpfleger 1995, 77; Zöller/Herget, ZPO, § 829 Rdn. 33 „Arzt".

27 BGHZ 162, 187 (188) (Fn. 26); auch BGH, DGVZ 2011, 142 = JurBüro 2011, 437 = MDR 2011, 692 = NJW-RR 2011, 851 = Rpfleger 2011, 450.

28 Nichtigkeit der Abtretung ohne Zustimmung des Patienten: BGHZ 115, 123 = MDR 1991, 1035 = NJW 1991, 2955; BGH, MDR 1992, 848 = NJW 1992, 2348.

29 BGHZ 141, 173 (Fn. 26); OLG Stuttgart, NJW 1994, 2838.

30 BFH, FamRZ 2005, 980 = NJW 2005, 1308; BGH, DGVZ 2010, 129 = NJW 2010, 1380.

31 Zu diesem BGH, NJW 2010, 2509.

32 Dazu und zur Bedeutung der eingeschränkten Erkenntnisquellen des Pfändungsgläubigers für Verteilung der Substantiierungslast im Rechtsstreit siehe BGHZ 141, 173 (178) (Fn. 26); OLG Stuttgart, NJW 1994, 2838 = Rpfleger 1995, 77.

33 **BGB § 399** lautet: „Ausschluss der Abtretung bei Inhaltsänderung oder Vereinbarung – Eine Forderung kann nicht abgetreten werden, wenn die Leistung an einen anderen als den ursprünglichen Gläubiger nicht ohne Veränderung ihres Inhalts erfolgen kann oder wenn die Abtretung durch Vereinbarung mit dem Schuldner ausgeschlossen ist."

34 Abtretungsausschluss und -beschränkung können auch in einer Allgemeinen Geschäftsbedingung (BGHZ 102, 293 [300] = MDR 1988, 402 = NJW 1988, 1210; BGH, MDR 1989, 985 = NJW-RR 1989, 1104) oder in einem Tarifvertrag vorgesehen sein.

35 Zum Vorrecht des Pfändungsgläubigers, wenn die abredewidrige Abtretung noch genehmigt wird, siehe Rdn. B.440.

36 BGH, JurBüro 1978, 1003 = MDR 1978, 839 = Rpfleger 1978, 247.

tretbare Forderung jedoch nicht an Zahlungs statt, sondern nur zur Einziehung überwiesen werden (siehe hierwegen Rdn. B.210). Ein Ausschluss der Übertragbarkeit einer Forderung durch die Satzung einer (auf Bundes- oder Landesrecht beruhenden) Körperschaft des öffentlichen Rechts steht – wie die vereinbarte Unübertragbarkeit – der Pfändung nicht entgegen[37].

Ein unpfändbarer oder nur beschränkt pfändbarer Anspruch des Schuldners **erlischt mit der Leistung** des Drittschuldners an den Schuldner (§ 362 Abs. 1 BGB). Mit dieser Erfüllung endet die Unpfändbarkeit oder nur beschränkte Pfändbarkeit des Anspruchs; diese setzt sich an dem vom Schuldner mit Erfüllung erworbenen Gegenstand der Leistung nicht fort. Für das Schuldnervermögen nach Leistung, das auch in einer neuen, auf gesondertem Rechtsgrund beruhenden Forderung bestehen kann (z.B. als Anspruch auf Auszahlung eines Kontoguthabens an eine Bank oder Sparkasse), kann selbstständig jedoch wiederum Unpfändbarkeit oder eine Pfändungsbeschränkung bestehen[38] (so z.B. nach § 811 Nr. 8, § 850k ZPO). A.19

Ein unpfändbarer oder nur beschränkt pfändbarer Anspruch erlischt durch Erfüllung, wenn der Drittschuldner an einen **Vertreter** des Schuldners leistet (§ 362 Abs. 2, § 185 BGB), wie z.B. an den empfangsberechtigten Rechtsanwalt. Die Pfändung des Zahlungsanspruchs des Schuldners gegen seinen Vertreter ist daher nicht mehr durch die Vorschrift, die bisher Anspruchspfändung ausgeschlossen oder eingeschränkt hat, allenfalls aber durch § 811 Nr. 8 ZPO beschränkt[39]. A.20

Wenn der **Gerichtsvollzieher** eine unpfändbare Forderung (z.B. Unterhalt) beigetrieben oder auf sie Zahlung erlangt hat, steht dem Berechtigten das Geld erst mit der Ablieferung durch den Gerichtsvollzieher zur Verfügung[40]. Der Pfändungsschutz (z.B. des § 850b Abs. 1 Nr. 2 ZPO) geht deshalb nicht schon dadurch verloren, dass der Gerichtsvollzieher den Anspruch beigetrieben hat[41] oder dass dieser an den Gerichtsvollzieher freiwillig erfüllt worden ist. Ein vom Gerichtsvollzieher beigetriebener und hinterlegter Lohnbetrag kann von Gläubigern des Lohnberechtigten daher nur nach Maßgabe der Pfändungsbeschränkungen der §§ 850 ff. ZPO gepfändet werden[42]. A.21

Mit der **Hinterlegung** des geschuldeten Geldes bei der Hinterlegungsstelle ist zwar der Drittschuldner von seiner Leistungspflicht freigeworden (§ 378 BGB), A.22

---

37 So für Ausschluss der Übertragbarkeit von Rentenansprüchen durch die Satzung einer Ärztekammer LG Oldenburg, KKZ 1988, 234 = Rpfleger 1985, 449, und durch die Satzung der Versorgungsanstalt der Deutschen Bühnen OLG München, MDR 1991, 453 = OLGZ 1991, 342 = Rpfleger 1991, 262.

38 BGHZ 170, 236 Rdn. 12 = MDR 2007, 608 = NJW 2007, 604; BGHZ 186, 242 Rdn. 15 = MDR 2010, 1202 = NJW 2010, 3517.

39 Stein/Jonas/Würdinger, ZPO, § 850 Rdn. 10; Zöller/Herget, ZPO, § 850b Rdn. 3, § 829 Rdn. 33 „Rechtsanwalt“; LG Düsseldorf, MDR 1977, 586 = Rpfleger 1977, 183; **a.A.** (der Pfändungsschutz für Arbeitseinkommen oder andere Bezüge bleibt auch hinsichtlich des Auszahlungsanspruchs des Schuldners an seinen Prozessbevollmächtigten erhalten) LG Koblenz, MDR 1955, 618; offengelassen von BGHZ 113, 90 (95) = NJW 1991, 839.

40 Erst damit erlangt der Berechtigte Eigentum an dem Geld, dann erst ist die Zwangsvollstreckung beendet, siehe Zöller/Herget, ZPO, § 815 Rdn. 2, 3, § 819 Rdn. 1; für freiwillige Zahlung an den Gerichtsvollzieher Zöller/Seibel, ZPO, § 754 Rdn. 7.

41 LG Berlin, DGVZ 1976, 154; auch AG Berlin-Charlottenburg, DGVZ 1976, 77.

42 KG, JW 1933, 231 mit Anm. Nipperdey.

das Geld dem Schuldner aber noch nicht zugegangen. Der Anspruch des Schuldners an die Hinterlegungsstelle untersteht daher weiter den für seine ursprüngliche Forderung gegen den Drittschuldner selbst geltenden Pfändungsbeschränkungen[43].

A.23 **Auflösend bedingt** (§ 158 Abs. 2 BGB) kann eine Forderung mit der Maßgabe begründet worden sein, dass sie mit Pfändung erlischt[44]. Dann kann eine Pfändung für den Schuldner einen Härtefall darstellen und auf Antrag Schutz nach § 765a ZPO ermöglichen, wenn er mit Pfändung infolge solch auflösender Bedingung sein Recht verliert, ohne dass der Gläubiger befriedigt wird[45]. Die Vereinbarung, dass die Forderung mit Pfändung erlischt, kann auch nach den Umständen des Einzelfalles nach dem AnfG anfechtbar oder nichtig (z.B. nach § 138 Abs. 1 BGB) sein.

A.24 Pfändungsbeschränkungen und -verbote **wirken absolut**; sie sind daher im Pfändungsverfahren (nicht jedoch im Einziehungserkenntnisverfahren; siehe dazu Rdn. B.422) von Amts wegen zu beachten[46]. Der Schuldner kann auf sie deshalb weder vertraglich noch durch einseitige Erklärung verzichten[47]. Gesetzliche Pfändungsbeschränkungen werden auch nicht verwirkt.

Wegen der einzelnen Pfändungsbeschränkungen und -verbote siehe Rdn. A.74 ff.; wegen ihrer Geltendmachung durch Schuldner und Drittschuldner oder Dritte siehe Rdn. B.420 ff.

4.2. Öffentlich-rechtliche Forderungen

A.25 Die Vorschriften über die Pfändung von Geldforderungen gelten nicht nur für die Zwangsvollstreckung in bürgerlich-rechtliche, sondern auch für die Pfändung öffentlich-rechtlicher Forderungen. Dass öffentlich-rechtliche Geldforderungen pfändbar sind, stellt die ZPO in § 850 Abs. 2 mit der Bestimmung über die Pfändung der Dienst- und Versorgungsbezüge der Beamten ausdrücklich heraus. Vielfach sind öffentlich-rechtliche Geldforderungen jedoch für unpfändbar oder nur beschränkt pfändbar erklärt; wegen der Einzelheiten siehe insbesondere Teil D. Haushaltsansätze begründen keine Forderung; eine angebliche Forderung eines Landes gegen den Bund „aus Haushaltsmitteln" kann daher nicht gepfändet werden[48].

A.26 Keine Geldforderung gegen den Staat oder einen Beamten ist das Recht darauf, dass ein Staatsorgan mit einem nicht aus dem Staatsvermögen zu zahlenden Geldbetrag (z.B. der Versteigerungsrechtspfleger oder der Gerichtsvollzieher mit dem Versteigerungserlös) nach Verfahrensrecht in bestimmter Weise verfahre[49].

---

43 Stein/Jonas/Würdinger, ZPO, § 850 Rdn. 10; LG Aachen, JurBüro 1982, 1424; LG Düsseldorf, MDR 1977, 586 = Rpfleger 1977, 183.
44 RG, HRR 1932 Nr. 562; KGJ 40 A 232; OLG Frankfurt, JurBüro 1980, 1899; Tiedtke, NJW 1980, 2496 (2497); siehe auch BGH, MDR 1979, 1016 = NJW 1979, 2038.
45 OLG Frankfurt, JurBüro 1980, 1899.
46 RGZ 106, 205 (206); 151, 279 (285).
47 RG, Gruchot 61, 301.
48 LG Mainz, Rpfleger 1974, 166.
49 Stein/Jonas/Würdinger, ZPO, § 829 Rdn. 2.

4.3. Noch nicht fällige, bedingte, betagte oder von einer Gegenleistung abhängige Forderungen

Der Zeitpunkt der **Fälligkeit** der Geldforderung (von dem ab die Leistung gefordert werden kann) ist für ihre Pfändbarkeit ohne Bedeutung. Geldforderungen unterliegen auch schon vor ihrer Fälligkeit der Pfändung[50]. A.27

Gleichfalls pfändbar sind **aufschiebend** oder **auflösend bedingte** Forderungen, also Ansprüche, deren Entstehen oder Fortbestehen von einem zukünftigen ungewissen Ereignis abhängig gemacht ist (§ 158 BGB)[51]. Gleiches gilt für die Forderung aus einem unter **Zeitbestimmung** geschlossenen Rechtsgeschäft (§ 163 BGB). A.28

Pfändbar sind außerdem Forderungen, die von einer noch nicht erbrachten **Gegenleistung** des Schuldners oder eines Dritten abhängig sind oder an denen der Drittschuldner sonst ein Zurückbehaltungsrecht hat. Wegen der Einzelheiten siehe Rdn. E.27 ff. A.29

4.4. Zukünftige Forderungen

Eine noch nicht entstandene, aber in Aussicht stehende – sogenannte **zukünftige** – Forderung kann gepfändet werden, wenn bereits eine rechtliche Grundlage (oder doch laufende Geschäftsbeziehung) vorhanden ist, die die Bestimmung der Forderung entsprechend ihrer Art (nach ihrem Inhalt) und nach der Person des Drittschuldners ermöglicht[52]. Bedeutungslos ist, dass etwa die Höhe der Forderung noch ungewiss oder unbestimmt ist, ob überhaupt eine Forderung der Höhe nach entsteht. Es muss also jedenfalls zur Zeit der Pfändung schon ein Rechtsverhältnis, eine Rechtsgrundlage oder doch eine Geschäftsbeziehung für die Möglichkeit des Entstehens der zukünftigen Forderung vorhanden sein[53]. Das ist der Fall, wenn zwischen dem Schuldner und Drittschuldner schon seit geraumer Zeit in häufiger Wiederkehr durch jeweils besonderes Rechtsgeschäft selbstständige Forderungen begründet werden und keine Anhaltspunkte für die Beendigung dieses Zustandes ersichtlich sind. Beispiel: Künftige Forderung eines Lastkraftwagenbesitzers, der schon seit geraumer Zeit Lohnfuhren für den Drittschuldner bewirkt, aus demnächstigen Lohnfuhren[54]. Bei einem selbstständig tätigen Schuldner (Arzt, Rechtsanwalt, Handwerker) kann die Voraussetzung somit regelmäßig nur bei lau- A.30

---

50 Siehe z.B. RGZ 74, 78 (82); KG OLG 14, 94; 20, 365; 20, 379.

51 RGZ 67, 425; BGHZ 53, 29 (32) = NJW 1970, 241 (242 li.Sp.); BGHZ 80, 172 (181) = JurBüro 1981, 1325 = MDR 1981, 730 = NJW 1981, 1611.

52 RGZ 74, 78 (82); 82, 227; 134, 225 (227); 135, 140 (141); RG, JW 1904, 365; BGH, NJW 1955, 544; BGHZ 20, 127 (131) = NJW 1956, 790; BGH (Fn. 44 und 51); BGH, LM ZPO § 857 Nr. 4 = Rpfleger 1959, 273; BGH, NJW-RR 1989, 286 (290 li.Sp.); BGHZ 147, 193 (195) = MDR 2001, 1014 = Rpfleger 2001, 357; BGH, FamRZ 2011, 479 = MDR 2011, 67 (68) = NJW-RR 2011, 283 Rdn. 9 = Rpfleger 2011, 165; BGH, NJW-RR 2011, 851 (Fn. 27); OLG Köln, JMBlNW 1987, 5 = MDR 1987, 66 = OLGZ 1987, 206 = Rpfleger 1987, 28; Zöller/Herget, ZPO, § 829 Rdn. 2; MünchKomm/Smid, ZPO, § 829 Rdn. 12; Wieczorek/Schütze/Lüke, ZPO, § 829 Rdn. 13; Schuschke/Walker, Vollstreckung, § 829 Rdn. 7.

53 Siehe RGZ 134, 225 (227); OLG Stettin, JW 1936, 2417.

54 Siehe LG Altona, DRpfl 1937, 342 = Recht 1937 Nr. 5476 Leits.

fender Geschäftsverbindung erfüllt sein, bei der begründeter Anhalt besteht, der Schuldner werde auch künftig Aufträge von seinem bisherigen Kunden erhalten[55].

A.31 Reine **Hoffnungen** und **Erwartungen** (erhoffte Rechte) können noch nicht gepfändet werden[56]. Um solche handelt es sich zum Beispiel, wenn beim möglichen Abschluss eines zukünftigen Kaufvertrages die Entstehung des Anspruchs noch völlig in die Zukunft gestellt ist[57] oder wenn nur tatsächliche Beziehungen vorhanden sind, die vielleicht in Zukunft zum Abschluss von Rechtsgeschäften führen können[58]. Es genügt also nicht etwa schon (wie für den Fall der Abtretung), dass die künftige Entstehung der Forderung überhaupt denkbar erscheint. Deshalb fehlt es an der notwendigen Grundlage für die Pfändung eines Anspruchs vor Erlass des ihn begründenden Gesetzes[59]. Ebenso ist als reine Erwartung eine künftige Mietforderung aus dem Vermieten einer bisher noch nicht oder anderweit vermieteten Wohnung unpfändbar[60], insbesondere wenn der Mieter noch gar nicht feststeht, dem der Pfändungsbeschluss als Drittschuldner zugestellt werden könnte[61]. Mietpfändung gegen den jetzigen Mieter als Drittschuldner **und** den Nachfolger im Mietverhältnis verbietet sich daher.

A.32 Diese Grundsätze gelten in gleicher Weise für eine schon bestehende, vom Schuldner aber erst noch zu **erwerbende** Forderung.

A.33 Wird eine **künftige Forderung abgetreten**, so wird diese Abtretung mit Entstehung der Forderung wirksam; die Forderung entsteht dann unmittelbar in der Person des Zessionars[62]. Dieser Rechtserwerb des Zessionars kann nicht mehr durch spätere Pfändungen, d.h. Pfändungen zwischen Abtretung und Entstehung der Forderung, vereitelt werden[63].

Die **Pfändung einer künftigen Forderung** erlangt gleichfalls erst mit dem Entstehen der Forderung Wirksamkeit[64]. Das Pfändungspfandrecht an der Forderung kann aber ebenso nicht mehr durch zwischenzeitliche Verfügungen (unter Einschluss von Verfügungen im Wege der Zwangsvollstreckung, also weitere Pfändungen) beeinträchtigt werden. Bei Abtretung nach wirksamer Pfändung einer zukünftigen Forderung gebührt daher dem pfändenden Gläubiger[65]der Vorzug[66]. Bei mehrfacher Pfändung einer künftigen Forderung geht damit das (später) mit Entstehung der Forderung begründete Pfandrecht des (erstpfändenden) Gläubigers, dessen Pfändung mit Zustellung des Beschlusses an den Drittschuldner zuerst vorgenommen wurde (§ 829 Abs. 3 ZPO), solchen Pfändungen im Rang vor, bei denen

55 BGH, NJW-RR 2011, 851 (Fn. 27); BGH, DGVZ 2011, 142 = Rpfleger 2011, 450.
56 KG, DNotZ 1933, 284; auch OLG Köln (Fn. 52); Wieczorek/Schütze/Lüke, ZPO, § 829 Rdn. 14; Schuschke/Walker, Vollstreckung, § 829 Rdn. 7.
57 KG, DNotZ 1933, 284.
58 OLG Stettin, JW 1936, 2417.
59 RGZ 134, 225; BGH, NJW 1955, 544.
60 Aber abtretbar, siehe RGZ 135, 139 (141); RG, Warn Rspr. 1912 Nr. 361.
61 RGZ 135, 139 (141).
62 OLG Hamburg, MDR 1956, 227; s. aber auch BGB-RGRK/Weber, § 398 Rdn. 72.
63 RG, JW 1913, 132; OLG Hamburg (Fn. 62); s. auch Münzberg, JZ 1989, 253.
64 BFHE 209, 34 = JurBüro 2006, 43 = NZI 2005, 569 = Rpfleger 2006, 96.
65 So auch zum vergleichbaren Fall, dass nach Verpfändung einer künftigen Forderung diese noch vor Entstehen abgetreten wird, OLG Köln, NJW-RR 1988, 239.
66 So auch Stein/Jonas/Würdinger, ZPO, § 829 Rdn. 5 m.w.N.

die Zustellung des Beschlusses an den Drittschuldner zu einem späteren Zeitpunkt erfolgt ist[67]. Entsteht die künftige Forderung nicht, geht die Pfändung ins Leere[68].

Wegen der notwendigen ausdrücklichen Anordnung im Pfändungsbeschluss über die Ausdehnung einer Pfändung auf zukünftige Forderungen siehe Rdn. B.89 und B.97.

Keine künftigen Geldforderungen sind Ansprüche, in die sich ein noch bestehendes hypothekarisches Recht durch den Zuschlag in der Zwangsversteigerung verwandeln wird. Es kann deshalb hier nur das Recht selbst in seiner gegenwärtigen Erscheinungsform, also nach §§ 830, 857 Abs. 6 ZPO, gepfändet werden[69]. A.34

Rechtsprechung und Schrifttum haben Einzelfragen zur Pfändung zukünftiger Forderungen mehrfach erörtert. Wegen der Einzelheiten wird auf die in diesem Band dargestellten Einzelfälle verwiesen.

4.5. Alternativansprüche

Ansprüche aus einem **Wahlschuldverhältnis** sind pfändbar. Die Pfändung muss jedoch in der für jede geschuldete Einzelleistung vorgeschriebenen Form erfolgen. Beispiel: Lieferung eines Mopeds oder Zahlung von 1200 Euro; die Pfändung muss, wenn sie beide Alternativansprüche erfassen soll, den Erfordernissen des § 847 ZPO (Lieferung des Mopeds) und des § 829 ZPO (Zahlung von 1200 Euro) genügen. Bei Pfändbarkeit und Pfändung aller wahlweise geschuldeten Leistungen kann der Gläubiger nach Überweisung zur Einziehung oder an Zahlungs statt eine dem Schuldner zustehende Wahl treffen[70]. Ist einer der wahlweise geschuldeten Ansprüche unpfändbar, so kann der Gläubiger den anderen Alternativanspruch zwar pfänden[71], für den Schuldner das Wahlrecht aber nicht ausüben, Befriedigung also nur erlangen, wenn der wahlberechtigte Schuldner oder Drittschuldner die gepfändete Forderung auswählt. A.35

4.6. Gläubiger als Drittschuldner

Schrifttum: von Gerkan, Zur Pfändbarkeit von Geldforderungen, die dem Vollstreckungsschuldner gegen den Vollstreckungsgläubiger zustehen, Rpfleger 1963, 369; Rimmelspacher und Spellenberg, Pfändung einer Gegenforderung und Aufrechnung, JZ 1973, 271. A.36

Gepfändet werden kann auch eine Forderung, die dem Schuldner gegen den pfändenden Gläubiger selbst zusteht[72]. Diese Pfändung erlangt nur dann größere A.37

67 BFH (Fn. 64).
68 BFH (Fn. 64).
69 RGZ 70, 278; s. auch BGH, JurBüro 1964, 341 = MDR 1964, 308 = NJW 1964, 813 = Rpfleger 1964, 142 mit Anm. Stöber und im Übrigen Rdn. F.229.
70 Falkmann/Hubernagel, Die Zwangsvollstreckung, § 829 ZPO Anm. 24.
71 Stein/Jonas/Würdinger, ZPO, § 851 Rdn. 31.
72 BGH, MDR 2011, 754 = NJW 2011, 2649; RGZ 20, 365 (371); 33, 290; 57, 358 (363); RG, JW 1938, 2399 = HRR 1938 Nr. 1168; RG, Gruchot 57, 1087 = WarnRspr. 1913, 390; OLG Köln, JurBüro 1989, 276 = NJW-RR 1989, 190; OLG Stuttgart, Rpfleger 1983, 409; LG Düsseldorf, MDR 1964, 332; LArbG Berlin, AP Nr. 1 zu § 407 BGB = BB 1969, 1353 Leits. für Pfändung einer an den Gläubiger abgetretenen Forderung; von Gerkan, Rpfleger 1963, 369 m.w.N.

praktische Bedeutung, wenn der Gläubiger prozessual (siehe z.B. § 767 Abs. 2 ZPO) oder materiell-rechtlich (siehe z.B. §§ 393, 395 BGB) gegen die zu pfändende Forderung mit seiner eigenen Forderung an den Schuldner nicht oder nicht mehr aufrechnen kann. Aber auch wenn die Aufrechnung möglich ist, fehlt es für die Pfändung nicht am Rechtsschutzbedürfnis, weil die Pfändung dem Gläubiger eine größere Klarheit und Sicherheit bringt[73].

Die Pfändung wird, weil in der Person des Gläubigers ein Drittschuldner vorhanden ist, ebenfalls nur nach § 829 Abs. 3 ZPO wirksam. Der pfändende Gläubiger muss sich daher den Pfändungsbeschluss als Drittschuldner im Parteibetrieb (durch den Gerichtsvollzieher) selbst zustellen lassen (siehe Rdn. B.118). Diese Zustellung wird nicht dadurch ersetzt, dass das Vollstreckungsgericht den Pfändungsbeschluss dem Gläubiger aushändigt. Sie ist notwendig, weil der Gläubiger die Möglichkeit haben muss, die vom Gericht angeordnete Pfändung nach seinem Belieben nicht sofort wirksam werden zu lassen. Die Zustellung nur an den Schuldner (§ 857 Abs. 2 ZPO) bewirkt die Pfändung nicht. Für die Einziehung der gepfändeten Forderung in eigene Schuld reicht es aus, dass der Vollstreckungsgläubiger und Drittschuldner gegenüber dem Vollstreckungsschuldner erklärt, die wechselseitigen Forderungen zu verrechnen[74].

4.7. Verträge zugunsten Dritter

A.38 Aus einem Vertrag zugunsten eines Dritten (§§ 328 ff. BGB) hat der Dritte unmittelbar ein eigenes Recht auf Leistung erworben (§ 328 Abs. 1 BGB). Die Forderung kann daher nur von Gläubigern des berechtigten Dritten gepfändet werden, weil sie zu dessen Vermögen gehört, nicht aber von Gläubigern des vertragschließenden Versprechensempfängers. Der Rechtserwerb des Dritten kann jedoch aufgehoben oder widerrufen werden (§ 328 Abs. 2 BGB) oder mit Zurückweisung durch ihn selbst in Wegfall kommen (§ 333 BGB). Darf deshalb der Versprechensempfänger die Leistung für sich selbst fordern, so bietet sich auch für seine Gläubiger die Möglichkeit des Pfändungszugriffs.

4.8. Pfändung schon gepfändeter oder abgetretener Forderungen

A.39 Eine schon gepfändete Forderung kann **erneut gepfändet** werden. Wegen der Einzelheiten siehe Rdn. B.457 ff.

Eine **abgetretene** Forderung kann von Gläubigern des Zedenten nicht mehr gepfändet werden, weil sie nicht mehr zu seinem Vermögen gehört. Dem Zedenten kann aber gegen den Neugläubiger ein Anspruch auf Rückgabe der abgetretenen Forderung zustehen. Dieser Anspruch unterliegt der Pfändung; siehe hierwegen Rdn. A.74.

---

73 von Gerkan, Rpfleger 1963, 369 (370); Rimmelspacher und Spellenberg, JZ 1973, 271 (nach diesen Überweisung nur an Zahlungs statt); **a.A.** LG Düsseldorf, MDR 1964, 332.

74 BGH (Fn. 72).

4.9. Naturalobligationen

Die Durchsetzbarkeit einer Forderung ist nicht Voraussetzung für ihre Pfändbarkeit. Pfändbar sind auch Ansprüche, die zwar freiwillig erfüllt, nicht aber gegen den Willen des Schuldners mit Klage und Zwangsvollstreckung durchgesetzt werden können (Naturalobligationen), mithin auch Zahlungen, die aus Entgegenkommen zugesagt werden (Kulanzerstattung). Ihre Pfändung hat zur Folge, dass der Drittschuldner nicht mehr an den Schuldner, nach Überweisung aber an den Gläubiger leisten darf (somit kein rechtsgrundloser Erwerb), der jedoch die Erfüllung nicht erzwingen kann. A.40

4.10. Rechtsverhältnisse

Auf das Rechtsverhältnis, das einer Forderung zugrunde liegt, kann eine Pfändung nicht ausgedehnt werden. Zulässig ist ein Vollstreckungszugriff nur in die aus einem Rechtsverhältnis entspringende Forderung. Die Pfändung des Anspruchs verbietet dem Schuldner daher die Verfügung über das Rechtsverhältnis selbst nicht; er kann deshalb z.B. das Arbeitsverhältnis lösen, ein Mietverhältnis kündigen, eine Erbschaft ausschlagen usw. Daher ist auch eine Vereinbarung zwischen Vermieter (Schuldner) und Mieter über die Aufhebung des Mietvertrages nach Pfändung wirksam und nicht deshalb unzulässig, weil ein Anspruch auf künftige Mietzinsraten dann nicht mehr zur Entstehung gelangt. Rechtshandlungen, die nicht nur das Rechtsverhältnis, sondern unmittelbar den Bestand der gepfändeten Forderung betreffen (so die Abkürzung oder Aufhebung eines auf bestimmte Zeit geschlossenen Leasingvertrags, bei dem der Anspruch auf Zahlung sämtlicher Leasingraten als betagte Forderung bereits mit Vertragsschluss entstanden ist), schließt das Verfügungsverbot des § 829 Abs. 1 S. 2 ZPO (dazu Rdn. B.154) jedoch aus[75]. A.41

5. Ausländische Drittschuldner[76], NATO-Truppenstatut

Schrifttum: Bauer, Drittschuldner im Ausland, Exterritoriale als Drittschuldner, JurBüro 1975, 1165; Bleckmann, Zwangsvollstreckung gegen einen fremden Staat, NJW 1978, 1092; Gramlich, Staatliche Immunität und Zugriff auf iranische Konten in der Bundesrepublik, NJW 1981, 2618; Herzig, Können die Bezüge eines deutschen Angestellten bei der Botschaft eines ausländischen Staates in der Bundesrepublik gepfändet werden? JurBüro 1964, 777; Herzig, Pfändungs- und Überweisungsbeschlüsse gegen Drittschuldner im Ausland, JurBüro 1967, 693; Hök, Der schnelle Vollstreckungszugriff in Europa (Abschn. IV: Die internationale Forderungspfändung) JurBüro 2001, 179; Hök, Die grenzüberschreitende Forderungs- und Kontopfändung, MDR 2005, 306; Kaufmann, Pfändung und Überweisung eines Anspruchs gegen einen ausländischen Drittschuldner, JW 1929, 416; Marquordt, Das Recht der A.42

---

75 Siehe BGHZ 111, 84 = MDR 1990, 911 = NJW 1990, 1785 zur Frage, ob der Zessionar einen Aufhebungsvertrag als Eingriff in die abgetretene Forderung nach § 407 BGB nicht gegen sich gelten lassen muss; dort auch zur auflösenden Bedingung, wenn das Recht, die Aufhebung des Vertrags zu verlangen, vor Abtretung (somit Pfändung) vereinbart war.

76 Dazu insbesondere BVerfGE 46, 342 = NJW 1978, 485 = Rpfleger 1978, 50.

internationalen Forderungspfändung, Dissertation, Köln, 1975; Mümmler, Pfändung der Invaliditätsrente eines früheren Fremdenlegionärs, JurBüro 1978, 1760; Ost, Die Zustellung von dinglichen Arresten und einstweiligen Verfügungen im Ausland im Wege der Rechtshilfe, Justiz 1975, 134; Quardt, Forderungspfändung gegen Ausländer, JurBüro 1955, 205; Reichel, Internationale Forderungspfändung, AcP 131 (1929) 293; Schack, Internationale Zwangsvollstreckung in Geldforderungen, Rpfleger 1980, 175; Schack, Zur Anerkennung ausländischer Forderungspfändungen, IPrax 1997, 318; Schmidt, Pfändung ausländischer Forderungen und die Zustellung von Pfändungsbeschlüssen, wenn der Drittschuldner im Ausland wohnt, MDR 1956, 204.

5.1. Ausländische Drittschuldner

A.43 Die Pfändung ist **staatlicher Hoheitsakt**. Der Vollstreckungszugriff auf Schuldnerforderungen und andere Vermögensrechte ist daher (territorial) auf das Hoheitsgebiet des vollstreckenden Staates beschränkt[77]. Das Vollstreckungsgericht (Zuständigkeit bei Schuldnerwohnsitz im Ausland Rdn. B.13) muss zur wirksamen Beschlagnahme einer Forderung oder eines anderen Vermögensrechts dem Drittschuldner Befehle erteilen können[78]. Das ist der Fall, wenn der Drittschuldner der deutschen Gerichtsbarkeit unterstellt ist.

Vollstreckungsmaßnahmen in Vermögenswerte im Hoheitsgebiet eines ausländischen Staates sind den Organen dieses Staates vorbehalten[79] (zur Frage, ob im Bundesgebiet die Forderungspfändung eines fremden Staates Wirksamkeit erlangen kann, siehe Rdn. B.22). Pfändbar sind daher nur inländische Forderungen und andere Vermögensrechte[80]. Zulässig ist die Pfändung einer Forderung damit, wenn sie als inländische zu lokalisieren ist. Das ist bei **Drittschuldnerwohnsitz** (-sitz) **im Inland** der Fall (Ausnahme: exterritoriale Personen, §§ 18 ff. GVG; dazu Rdn. A.46). Bei **Drittschuldnerwohnsitz** (-sitz) **im Ausland** rechtfertigt sich die Wertung, die Forderung sei im Inland belegen[81], insbesondere bei Wohnsitz (Sitz) oder Zweigniederlassung des Vollstreckungsschuldners im Inland, bei Erfüllungsort im Inland, für eine deliktische Forderung bei Schadenseintritt im Inland und außerdem dann, wenn für die Forderung eine im Inland belegene Sache zur Sicherheit haftet (siehe § 23 S. 2 ZPO).

Die **Anerkennung** des inländischen Vollstreckungsakts **im Ausland** ist dann Sache des dort geltenden Anerkennungsrechts[82]. Das Verbot bei Forderungspfändung, an den Schuldner zu bezahlen (§ 829 Abs. 1 S. 2 ZPO), ist Mitteilung, dass eine Leistung des Drittschuldners an den Schuldner im Inland nicht (mehr) als schuldbefreiend angesehen werde, nicht aber (unzulässiger) völkerrechtswidriger Befehl an den Drittschuldner[83]. Daher kann Erlass des Pfändungsbeschlusses nicht

---

77 Geimer, IZPR, Rdn. 405, 3200; Hök, JurBüro 2001, 179 (181); Gottwald, IPRax 1991, 285 (288).
78 Siehe LG Tübingen, JZ 1961, 450.
79 Hök, JurBüro 2001, 179 (181).
80 BGH, MDR 2006, 414 = NJW-RR 2006, 198 (199) = Rpfleger 2006, 135 (136); LG Leipzig, JurBüro 2012, 327; Geimer, IZPR, Rdn. 3200.
81 Dazu Geimer, IZPR, Rdn. 3212.
82 Geimer, IZPR, Rdn. 408; LG Leipzig (Fn. 80).
83 Geimer, IZPR, Rdn. 408; Hök, JurBüro 2001, 179 (181).

etwa schon im Hinblick auf die vielleicht nicht mögliche Zustellung im Ausland abgelehnt werden[84].

Ausländische öffentlich-rechtliche (Gebühren-)Ansprüche unterliegen nicht dem Vollstreckungszugriff deutscher Gerichte[85]. Als solche sind Zahlungsansprüche eines ausländischen Staates aus der Einräumung von Überflugrechten, Transit- und Einflugrechten daher durch ein deutsches Gericht nicht pfändbar[86]; ebenso sind Steuer- und Zollforderungen eines ausländischen Staates durch ein deutsches Gericht nicht pfändbar[87].

Auch bei **Drittschuldnerwohnsitz** (-sitz) **im Ausland** kann die Pfändung einer Forderung mit Inlandswirkung (Rdn. A.43) nur mit Zustellung des Beschlusses an den Drittschuldner bewirkt werden (§ 829 Abs. 3 ZPO). Für die Mitgliedstaaten der Europäischen Union[88] trifft die Verordnung (EG) Nr. 1393/2007 des Europäischen Parlaments und des Rates vom 13.11.2007 über die Zustellung gerichtlicher und außergerichtlicher Schriftstücke in Zivil- und Handelssachen in den Mitgliedstaaten („Zustellung von Schriftstücken") … (ABl. EU Nr. L 324 vom 10.12.2007, S. 79) Bestimmungen über die Auslandszustellung (vgl. § 183 Abs. 1 ZPO). An Personen, damit auch an einen Drittschuldner, mit Wohnsitz (Sitz) in einem anderen Mitgliedstaat ist unmittelbare Zustellung durch die Post per Einschreiben mit Rückschein[89] zugelassen (Art. 14 EG-VO; § 1068 ZPO). Die Pfändung ist mit dieser Zustellung an den Drittschuldner (§ 829 Abs. 3 ZPO) mit Inlandswirkung (Rdn. A.43) bewirkt. Der Rückschein genügt zum Nachweis der Zustellung (§ 1068 Abs. 1 ZPO). A.44

Zu völkerrechtlichen Vereinbarungen über eine (sonst) im Ausland vorzunehmende Zustellung (§ 183 Abs. 2 bis 5 ZPO) siehe die ZPO-Kommentare. Wenn Zustellung auf Ersuchen[90] des Vorsitzenden des Prozessgerichts (des Vollstreckungsgerichts[91]) unmittelbar durch eine Behörde des fremden Staates zu erfolgen hat (§ 183 Abs. 2 ZPO), ist für den Erlass des Zustellungsersuchens die Möglichkeit der Zustellung nicht zu prüfen[92]. Die Landesjustizverwaltung kann die Wei-

84 So zutreffend OLG Frankfurt, MDR 1976, 321; Heß, Rpfleger 1996, 89 (92); Schmidt, MDR 1956, 204; Wieczorek/Schütze/Lüke, ZPO, § 828 Rdn. 13; auch Gottwald, IPRax 1991, 285 (289); Schack, Rpfleger 1980, 175 (176); ferner so schon RGZ 22, 404; **a.A.** vormals LG Berlin, JW 1938, 1841, das ein Ersuchschreiben an den im Ausland wohnenden Drittschuldner nach § 199 ZPO (a.F.) abgelehnt hat.

85 BGH (Fn. 80).

86 BGH (Fn. 80).

87 BGH, NJW-RR 2011, 647 = Rpfleger 2011, 223.

88 Wegen Dänemark siehe das Abkommen vom 19.10.2005 (ABl. EU Nr. L 300 vom 17.11.2005, S. 55).

89 Zustellung durch Aufgabe zur Post (§ 184 ZPO) an den Drittschuldner kann nicht erfolgen; vgl. EuGH, IPRax 2013, 157 = NJW 2013, 443 m. Anm. Düsterhaus = Rpfleger 2013, 278 m. Anm. Rellermeyer; dazu Heinze, IPRax 2013, 132; Strasser, Rpfleger 2013, 585.

90 In ihm ist auf Ausnahmetatbestände, die den ersuchten Staat zur Zustellung an den Drittschuldner veranlassen könnten, besonders hinzuweisen, wie z.B. auf einen ausschließlichen dinglichen Gerichtsstand im Inland oder bei Pfändung eines Erbteils, wenn der gesamte Nachlass sich im Inland befindet.

91 Zuständigkeit des Rechtspflegers siehe Zöller/Geimer, ZPO, § 183 Rdn. 56; Geimer, IZPR, Rdn. 2100.

92 LG Bonn, MDR 1955, 617.

terleitung des Zustellungsersuchens nicht verweigern (der Justizgewährungsanspruch des Gläubigers gebietet einen Zustellungsversuch; eine evtl. Ablehnung muss dem Zustellungsstaat überlassen bleiben)[93]. Dem ausländischen Staat steht es frei, dem Pfändungsbeschluss in seinem Hoheitsgebiet im Wege der Rechtshilfe Wirksamkeit zu verschaffen[94]. Wenn die ausländischen Staatsverwaltungen die Ausführung des Zustellungsersuchens[95] ablehnen[96], ist die Pfändung der von dem ausländischen Drittschuldner geschuldeten Forderung nicht wirksam[97]. An den Drittschuldner kann die Zustellung nun jedoch durch öffentliche Bekanntmachung (öffentliche Zustellung) erfolgen (§ 185 mit § 191 ZPO; zu den Voraussetzungen dort). Sie wird allerdings keine größere Bedeutung erlangen können, weil der Drittschuldner, dem diese Zustellung nicht zur Kenntnis gelangt, geschützt ist (Rdn. B.165).

A.45 Durch eine Zustellung im Inland an den hier anwesenden ausländischen Drittschuldner oder seinen Vertreter wird die Pfändung durch Beschluss eines deutschen Vollstreckungsorgans mit Wirkung für das Bundesgebiet (wie Rdn. A.43) bewirkt[98]. Bedarf es zum Wirksamwerden der Pfändung keiner Zustellung an den Drittschuldner (z.B. bei Pfändung einer Hypothekenforderung), so kann auch der Anspruch gegen den ausländischen Drittschuldner immer unbeschränkt beschlagnahmt werden[99].

A.46 Dass der Drittschuldner als exterritorialer Ausländer oder als ausländischer Staat (wie bei Vertretung durch seine Botschaft) der deutschen Gerichtsbarkeit nicht unterliegt (§§ 18 ff. GVG), schließt den Erlass eines Pfändungsbeschlusses über eine inländische Forderung nicht aus[100]. Denn der Pfändungsbeschluss für sich allein lässt die Rechtsstellung des Exterritorialen noch unberührt. Das Zah-

---

93 Geimer, IZPR, Rdn. 1229, 1230. Dem trägt die Aufhebung der früheren Berichtspflicht für die Zustellung von Pfändungs- und Überweisungsbeschlüssen wegen der Annahme, dass der fremde Staat den deutschen Gerichtsakt als Eingriff in seine Hoheitsrechte betrachten werde, Rechnung (§ 28 Abs. 2 a.F. ZRHO; vgl. dazu OLG Bamberg, Beschluss vom 10.6.1994, VA 2/94, juris).

94 Siehe BVerfGE 63, 343.

95 Dies auch, wenn der Pfändungsbeschluss mit einem Arrest oder einer einstweiligen Verfügung verbunden ist; siehe Ost, Justiz 1976, 134.

96 So die Schweiz (damals), siehe KreisG Zürich, MDR 1961, 511; anders für Frankreich (damals) Hök, JurBüro 2001, 179 (181); dazu siehe auch Unterreitmayer, Rpfleger 1972, 123. Dies gilt nicht für die Zustellung des Pfändungsbeschlusses an den Schuldner (vom Fall des § 857 Abs. 2 ZPO abgesehen); in diesem Fall ist das Zustellungsersuchen nicht auf Vornahme der Zwangsvollstreckung im Ausland gerichtet.

97 Herzig, JurBüro 1967, 693 verweist den Gläubiger in einem solchen Fall darauf, gegen den Schuldner einen im Ausland wirksamen Vollstreckungstitel zu erwirken und dort daraus die Zwangsvollstreckung zu betreiben.

98 Schmidt, MDR 1956, 206; RGZ 22, 404; OLG Karlsruhe, JW 1932, 687; LG Dresden, JW 1933, 1350; Geimer, IZPR, Rdn. 1231 und 2108; **a.A.** RGZ 140, 340; KG, JW 1936, 2760.

99 Kaufmann, JW 1929, 417.

100 LG Bonn, DGVZ 1967, 73 = MDR 1966, 935 (damit aufgehoben AG Bonn, DGVZ 1965, 94 = MDR 1966, 597); Geimer, IZPR, Rdn. 611; Schack, Rpfleger 1980, 175 (176); **a.A.** noch AG Bonn, MDR 1961, 511 sowie Herzig, JurBüro 1964, 77, der das Rechtsschutzinteresse verneint, bis die ausländische Botschaft erklärt, dass sie dem Zahlungsverbot nachkommen werde. Siehe dazu aber die bereits Fn. 84 Genannten.

lungsverbot wird erst mit der Zustellung wirksam; eine Zustellung an Exterritoriale im Inland verbietet sich aber[101]. Damit fehlt es jedoch nicht an einem Rechtsschutzinteresse für den Erlass des Pfändungsbeschlusses. Dieses Interesse ist vielmehr gegeben, weil die Möglichkeit der Zustellung auf diplomatischem Weg denkbar ist oder der exterritoriale Drittschuldner sich freiwillig der deutschen Gerichtsbarkeit unterwerfen und insbesondere für eine einzelne Zwangsvollstreckungsmaßnahme auf die Exterritorialität verzichten kann[102].

In Gegenstände eines fremden Staates, die im Zeitpunkt des Beginns der Voll- A.47
streckungsmaßnahme hoheitlichen Zwecken dienen, kann ohne Zustimmung des fremden Staates aus einem Vollstreckungstitel, der über ein nicht-hoheitliches Verhalten ergangen ist, nicht vollstreckt werden[103], mithin auch nicht in die auf Konten bei der Deutschen Bundesbank verwalteten Währungsreserven eines ausländischen Staates, auch wenn deren Verwaltung auf selbstständige Zentralbanken übertragen ist[104]. Hoheitlichen Zwecken dienen können auch Forderungen eines ausländischen Staates aus der Vermietung eines im Inland gelegenen Objekts, die ausschließlich für den Erhalt einer kulturellen Einrichtung dieses Staates verwendet werden; auch sie unterliegen dann der Vollstreckungsimmunität[105]. Die Glaubhaftmachung eines zuständigen Organs des fremden Staates wird als genügend angesehen[106]. Hiernach können Forderungen aus einem laufenden, allgemeinen Bankkonto der Botschaft eines fremden Staates, das zur Deckung der Ausgaben und Kosten der Botschaft bestimmt ist, nicht gepfändet werden[107]. Wirtschaftliche Unternehmen eines ausländischen Staates, denen dieser die Stellung einer selbstständigen juristischen Person verliehen hat, genießen keine Immunität[108]. Es besteht auch keine allgemeine Regel des Völkerrechts, die es geböte, einen fremden Staat als Inhaber von Forderungen aus Konten zu behandeln, die bei Banken im Gerichtsstaat unterhalten werden und auf den Namen eines rechtsfähigen Unternehmens des fremden Staates lauten[109]. Der Gerichtsstaat ist daher nicht gehindert,

---

101 Das gilt gleichermaßen für eine Vorpfändung nach § 845 ZPO, siehe auch Bauer, JurBüro 1975, 1165 (1168). Schack, Rpfleger 1980, 175 lässt nachweisbaren tatsächlichen Zugang bei Übersendung durch die Post nach § 187 ZPO a.F. (nun § 189) genügen. Diese Lösung dürfte jedoch scheitern, weil bei nur formloser Mitteilung der (nach § 189 ZPO erforderliche) Wille zur Zustellung nicht gegeben ist.

102 Dazu Zöller/Lückemann, ZPO, §§ 18–20 GVG Vorbem. 5; auch BVerfG (Fn. 76); BGH (Fn. 80); BGH, NJW-RR 2006, 425 (427) = Rpfleger 2006, 133 (135); v. Schönfeld, NJW 1986, 2980 (2985).

103 BVerfG (Fn. 76); BGH (Fn. 80); BGH, MDR 2010, 109 = NJW 2010, 769 = Rpfleger 2010, 88; BGH, MDR 2013, 1122 = NJW-RR 2013, 1532 = Rpfleger 2013, 688; OLG Frankfurt, NJW 1981, 2650 = OLGZ 1981, 370; v. Schönfeld, (Fn. 102).

104 BGH, MDR 2013, 1122 (Fn. 103).

105 BGH (Fn. 103).

106 BGH (Fn. 102); BGH (Fn. 103).

107 Dazu eingehend (und mit weiteren Einzelheiten) BVerfG, a.a.O. (Fn. 76); ebenso ist daher die Pfändung des hoheitlichen Zwecken dienenden Bankguthabens eines Konsulats unzulässig, LG Stuttgart, Justiz 1971, 385.

108 OLG Frankfurt (Fn. 103) zur Pfändung der Konten der „National Iranian Oil Company" bei deutschen Banken (unterliegen weder der persönlichen noch der sachlichen Immunität; sind deshalb pfändbar); dazu kritisch Gramlich, NJW 1981, 2618.

109 BVerfGE 64, 1 = NJW 1983, 2766 (für „National Iranian Oil Company"); auch BGH (Fn. 80).

das betreffende Unternehmen als Forderungsberechtigten anzusehen und zur Sicherung eines gegen dieses Unternehmen titulierten Anspruchs die betreffenden Forderungen zu pfänden[110]. Das gilt unabhängig davon, ob die Guthaben auf den Konten zur freien Verfügung des Unternehmens stehen oder nach fremdem Recht zur Überweisung auf ein Konto des fremden Staates bei dessen Zentralbank bestimmt sind[111].

5.2. NATO-Truppenstatut

A.48 **Schrifttum:** Bauer, Zwangsvollstreckungsverfahren gegen Mitglieder der in der BRD stationierten NATO-Truppen, JurBüro 1964, 247; Kraatz, Durchsetzbarkeit zivilrechtlicher Forderungen und Schuldtitel ... gegen Mitglieder der Stationierungsstreitkräfte, NJW 1987, 1126; Schwenk, Zustellung und Vollstreckung in nichtstrafrechtlichen Verfahren nach dem NATO-Truppenstatut, NJW 1964, 1000; Schwenk, Die zivilprozessualen Bestimmungen des NATO-Truppenstatuts und der Zusatzvereinbarungen, NJW 1976, 1562; Sennekamp, Die völkerrechtliche Stellung der ausländischen Streitkräfte in der Bundesrepublik Deutschland, NJW 1983, 2731; Wiener, Vollstreckungen nach dem Zusatzabkommen zum NATO-Truppenstatut, DGVZ 2013, 105 (Abschn. II Nr. 6 „Forderungspfändung").

A.49 Für die Parteien des Nordatlantikvertrages regeln das **NATO-Truppenstatut**[112] und das **Zusatzabkommen**[113] das Recht zum Aufenthalt (die Stationierung) von Truppen auf deutschem Hoheitsgebiet und die Rechtsstellung der Mitglieder der Truppe, ihres zivilen Gefolges sowie ihrer Angehörigen mit Besonderheiten bei Beschäftigung von deutschen (und anderen) Bediensteten als Arbeitnehmer.

Art. VIII des NATO-Truppenstatuts bestimmt, dass die Mitglieder einer Truppe des Entsendestaates, des zivilen Gefolges und Angehörige der (Zivil-)Gerichtsbarkeit der Bundesrepublik Deutschland unterliegen, damit auch der Zwangsvollstreckung nach §§ 704 ff. ZPO; ausgenommen ist die Vollstreckung eines Urteils, das in einer aus der Ausübung des Dienstes herrührenden Angelegenheit ergangen ist. Die Vorschrift lautet – soweit hier einschlägig –:

Artikel VIII NATO-Truppenstatut

(5) (g) Ein Mitglied einer Truppe oder eines zivilen Gefolges darf einem Verfahren zur Vollstreckung eines Urteils nicht unterworfen werden, das in dem Aufnahmestaat in einer aus der Ausübung des Dienstes herrührenden Angelegenheit gegen ihn ergangen ist.

(9) Hinsichtlich der Zivilgerichtsbarkeit des Aufnahmestaates darf der Entsendestaat für Mitglieder einer Truppe oder eines zivilen Gefolges keine Befreiung von der Gerichtsbarkeit des Aufnahmestaates über Absatz (5) Buchstabe (g) hinaus beanspruchen.

---

110 BVerfG (Fn. 109).

111 BVerfG (Fn. 109).

112 NATO-Truppenstatut vom 19.6.1951 (BGBl 1961 II 1183, 1190).

113 Zusatzabkommen zu dem Abkommen zwischen den Parteien des Nordatlantikvertrages über die Rechtsstellung ihrer Truppen hinsichtlich der in der Bundesrepublik Deutschland stationierten ausländischen Truppen vom 3.8.1959 (BGBl 1961 II S. 1183, 1218), geändert durch Abkommen vom 18.3.1993 (BGBl 1994 II S. 2594, 2598); Gesetz zum NATO-Truppenstatut und zu den Zusatzvereinbarungen vom 18.8.1961 (BGBl 1961 II 1183); zur Rechtsstellung von Truppen der Stationierungsstaaten, ihrer Mitglieder und des zivilen Gefolges in den Bundesländern Berlin, Brandenburg, Mecklenburg-Vorpommern, Sachsen, Sachsen-Anhalt und Thüringen vgl. den Notenwechsel vom 25.9.1990 und dazu das Gesetz vom 3.1.1994 (BGBl 1994 II 26, 29).

Die Zwangsvollstreckung im Wege der Forderungspfändung gegen Mitglieder der im Bundesgebiet stationierten Truppen oder des zivilen Gefolges (Zivilpersonal) erfolgt nach den Bestimmungen der ZPO[114]. Pfändungs- und Überweisungsbeschlüsse gegen Mitglieder der Streitkräfte können daher in außerdienstlichen Angelegenheiten mit der auf das Bundesgebiet beschränkten Wirkung (siehe Rdn. A.45) ohne weiteres erlassen werden.

Ist **Drittschuldner eine Dienststelle** oder Zahlstelle des **ausländischen Staates**, so verbieten sich wegen der Exemtion des Entsendestaates der Ausspruch eines Zahlungsverbotes an den Drittschuldner und damit auch die Überweisung einer gepfändeten Geldforderung sowie Zustellungen (Rdn. A.46). Die Drittschuldnerstelle kann mit „Pfändungs- und Überweisungs**ersuchen**“ daher nur formlos ersucht (gebeten) werden, von der Summe, die sie anerkennt, dem Vollstreckungsschuldner zu schulden, den in dem Ersuchen genannten Betrag bei der zuständigen Stelle zu hinterlegen (siehe Art. 35 Buchst. (b) (i) des Zusatzabkommens, abgedr. Rdn. A.54) oder gemäß Art. 35 Buchst. (b) (ii) des Zusatzabkommens an den Gläubiger auszuzahlen (zu überweisen). Das mit dem Ersuchen begründete Gläubigerrecht setzt sich an einem hinterlegten Betrag als Pfändungspfandrecht fort; der Gläubiger kann sich daher nach Überweisung aus dem Hinterlegungsgeld befriedigen. Einzelheiten siehe Rdn. A.54, A.55. **A.50**

Der von den Zahlstellen der Streitkräfte an die Mitglieder der Truppe oder des zivilen Gefolges zu zahlende **Sold** kann nur gepfändet werden, wenn das Recht der beteiligten Macht die Pfändung dieser Bezüge gestattet (Artikel 34 Abs. 3 des Zusatzabkommens). Das ist nach **angelsächsischem** Recht nicht der Fall[115]. Das Vollstreckungsgericht ist daher auch nicht gehalten, auf Antrag des Gläubigers ein „Hilfsgesuch“ an die Behörde der Streitkräfte zu richten, wonach diese das Mitglied der Streitkräfte dazu anhalten soll, seine Schuld an den Gläubiger aus seinen Dienstbezügen zu zahlen[116]. Maier[117] empfiehlt, wenn außer Sold kein Vollstreckungsobjekt zur Verfügung steht, unmittelbare Fühlungnahme des Gläubigers mit den vorgesetzten Truppenbehörden, die schon vielfach zu gutem Erfolg geführt hat, und dem Sinn des Artikels 34 Abs. 1 des Zusatzabkommens (Rdn. A.54) entspricht. **A.51**

Gestattet ist die Forderungspfändung der Bezüge der zum militärischen Bereich gehörenden Mitglieder der Streitkräfte der **Vereinigten Staaten** für den Unterhalt

---

114 So schon zum vormaligen NATO-Truppenvertrag Maier, NJW 1955, 895; Bauer, JurBüro 1963, 190.

115 Maier, NJW 1955, 895; Schwenk, NJW 1964, 1002; Bauer, JurBüro 1963, 190; LG Dortmund, NJW 1962, 1519 für englisches Recht; Auerbach, NJW 1969, 729 und Schwenk, NJW 1976, 1565 (m.N. in Fn. 30) für das Recht der Vereinigten Staaten. Auf die Unpfändbarkeit des Wehrsoldes eines Soldaten nach amerikanischem Recht war auch in dem RdSchr.d.BMJ vom 16.7.1970 (AnwBl 1970, 256 = KKZ 1973, 54) hingewiesen. Nach amerikanischem Recht war ein Zugriff in Dienstbezüge der Soldaten nur möglich, wenn sie ausgezahlt oder auf ein Konto des Schuldners überwiesen waren, so auch Schwenk NJW 1976, 1565. Die Witwenrente, die von den **USA** an die Witwe eines amerikanischen Truppenangehörigen, die als deutsche Staatsangehörige in der Bundesrepublik Deutschland lebt, bezahlt wird, ist ebenfalls nicht pfändbar, LG Stuttgart, NJW 1986, 1442.

116 LG Dortmund (Fn. 115).

117 Maier, NJW 1955, 895.

eines Kindes und der Ehefrau[118]. Anerkennung des Pfändungsbeschlusses setzt Einhaltung der Vorschriften des Art. 32 Abs. 1 des Zusatzabkommens zum NATO-Truppenstatut voraus. Diese Bestimmung verlangt, dass das Schriftstück, welches das Verfahren einleitet, dem Pfändungsschuldner über die zuständige Verbindungsstelle der Streitkräfte zugestellt ist[119]. Beschränkt ist die Pfändung auf 50% des „verfügbaren Gesamteinkommens" des Schuldners, sofern dieser Unterhaltszahlungen an einen weiteren Ehepartner oder ein weiteres unterhaltsberechtigtes Kind leistet, sonst auf 60%; bei Rückstand von zwölf Wochen und mehr ist diese Grenze noch um 5% erhöht. Ein gegen die Regierung der Vereinigten Staaten als Drittschuldner gerichteter Pfändungs- und Überweisungsbeschluss ist (zusammen mit einer beglaubigten, von dem den Beschluss erlassenden Gericht gefertigten Übersetzung[120]) der gleichen Verbindungsstelle zuzuleiten, der auch das das Verfahren einleitende Schriftstück übermittelt wurde.

Pfändungsbeschlüsse finden nur soweit und solange Anerkennung, als der Schuldner in der Bundesrepublik Deutschland stationiert ist.

A.52 Für die **Lohnpfändung** gegen die bei der Truppe eines Entsendestaates oder einem zivilen Gefolge beschäftigten **zivilen Arbeitskräfte** gilt das Rdn. A.50 Gesagte, wenn die Zahlung unmittelbar durch eine Dienst- oder Zahlstelle der Streitkräfte geleistet wird. Der in dem Ersuchen zu nennende, abzuziehende Betrag darf nur nach Maßgabe der §§ 850a–850i ZPO berechnet werden, weil auch dieses Arbeitseinkommen dem Lohnpfändungsschutz unterliegt.

A.53 Erfolgt die Zahlung durch Vermittlung einer deutschen Behörde, so ist Pfändung des Lohnes aus einem Beschäftigungsverhältnis bei den zivilen Arbeitskräften oder Pfändung einer Forderung aus unmittelbaren Lieferungen oder sonstigen Leistungen an eine Truppe oder ein ziviles Gefolge nur durch Ersuchen des Vollstreckungsgerichts an die deutsche Behörde nach Artikel 35 Buchstabe (a) des Zusatzabkommens möglich (Zustellung von Amts wegen, s. Art. 5 Abs. 2 des Gesetzes zum Truppenstatut)[121]. Da die deutsche Behörde lediglich ersuchte Stelle ist, darf sie im Beschluss nicht als Drittschuldnerin bezeichnet werden[122]. Zur Abgabe der Erklärung des § 840 ZPO kann die deutsche Behörde nicht aufgefordert werden[123].

A.54 Die einschlägigen Bestimmungen lauten:

---

118 Dazu Schreiben des US-Hauptquartiers an das BJM, AnwBl 1977, 499.

119 Eine Zustellungsverzichtklausel steht nicht in Übereinstimmung mit Art. 32 des Zusatzabkommens zum NATO-Truppenstatut, s. Schreiben des US-Hauptquartiers in DAVorm 1978, 583.

120 Bei Verwendung des empfohlenen Beschlussformulars (bzw. -wortlauts) bedarf es keiner Übersetzung; siehe DAVorm 1978, 82 (re.Sp. unten und Sp. 83).

121 Zustellung auf Betreiben der Partei durch den Gerichtsvollzieher (§§ 191 ff. ZPO) würde dem Pfändungsbeschluss nicht zur Wirksamkeit verhelfen; s. Schmitz, BB 1966, 1352; keine Heilung nach § 189 ZPO, BGH, DGVZ 2010, 194 = FamRZ 2010, 1328 = MDR 2010, 885.

122 Schwenk, NJW 1964, 1003; Schmitz, BB 1966, 1352.

123 Schmitz, BB 1966, 1352.

Artikel 34 Zusatzabkommen

(1) Die Militärbehörden gewähren bei der Durchsetzung vollstreckbarer Titel in nichtstrafrechtlichen Verfahren deutscher Gerichte und Behörden alle in ihrer Macht liegende Unterstützung.

(3) Bezüge, die einem Mitglied einer Truppe oder eines zivilen Gefolges von seiner Regierung zustehen, unterliegen der Pfändung, dem Zahlungsverbot oder einer anderen Form der Zwangsvollstreckung auf Anordnung eines deutschen Gerichts oder einer deutschen Behörde, soweit das auf dem Gebiet des Entsendestaates anwendbare Recht die Zwangsvollstreckung gestattet …

Artikel 35 Zusatzabkommen

Soll aus einem vollstreckbaren Titel deutscher Gerichte und Behörden gegen einen Schuldner vollstreckt werden, dem aus der Beschäftigung bei einer Truppe oder einem zivilen Gefolge gemäß Artikel 56 oder aus unmittelbaren Lieferungen oder sonstigen Leistungen an eine Truppe oder ein ziviles Gefolge ein Zahlungsanspruch zusteht, so gilt folgendes:

(a) Erfolgt die Zahlung durch Vermittlung einer deutschen Behörde und wird diese von einem Vollstreckungsorgan ersucht, nicht an den Schuldner, sondern an den Pfändungsgläubiger zu zahlen, so ist die deutsche Behörde berechtigt, diesem Ersuchen im Rahmen der Vorschriften des deutschen Rechts zu entsprechen.

(b) (i) Erfolgt die Zahlung nicht durch Vermittlung einer deutschen Behörde, so hinterlegen die Behörden der Truppe oder des zivilen Gefolges, sofern das Recht des Entsendestaates dies nicht verbietet, auf Ersuchen eines Vollstreckungsorgans von der Summe, die sie anerkennen, dem Vollstreckungsschuldner zu schulden, den in dem Ersuchen genannten Betrag bei der zuständigen Stelle. Die Hinterlegung befreit die Truppe oder das zivile Gefolge in Höhe des hinterlegten Betrages von ihrer Schuld gegenüber dem Schuldner.

(ii) Soweit das Recht des betroffenen Entsendestaates die unter Ziffer (i) genannte Zahlung verbietet, treffen die Behörden der Truppe und des zivilen Gefolges alle geeigneten Maßnahmen, um das Vollstreckungsorgan bei der Durchsetzung des in Frage stehenden Vollstreckungstitels zu unterstützen.

Artikel 5 Gesetz zum NATO-Truppenstatut und zu den Zusatzvereinbarungen A.55

(1) Bei der Zwangsvollstreckung aus einem privatrechtlichen Vollstreckungstitel kann das Ersuchen in den Fällen des Artikels 35 des Zusatzabkommens nur von dem Vollstreckungsgericht ausgehen; Vollstreckungsgericht ist das Amtsgericht, bei dem der Schuldner seinen allgemeinen Gerichtsstand hat, und sonst das Amtsgericht, in dessen Bezirk die zu ersuchende Stelle sich befindet. Zugleich mit dem Ersuchen hat das Gericht an den Schuldner das Gebot zu erlassen, sich jeder Verfügung über die Forderung, insbesondere ihrer Einziehung, zu enthalten.

(2) In den Fällen des Artikels 35 Buchstabe a des Zusatzabkommens ist das Ersuchen der deutschen Behörde von Amts wegen zuzustellen. Mit der Zustellung ist die Forderung gepfändet und dem Pfändungsgläubiger überwiesen. Die Vorschriften der Zivilprozeßordnung über die Zwangsvollstreckung in Geldforderungen gelten im übrigen entsprechend. § 845 der Zivilprozeßordnung ist nicht anzuwenden.

(3) Bei der Zwangsvollstreckung wegen öffentlich-rechtlicher Geldforderungen geht das Ersuchen in den Fällen des Artikels 35 des Zusatzabkommens von der zuständigen Vollstreckungsbehörde aus. Auf das weitere Verfahren finden in den Fällen des Artikels 35 Buchstabe (a) des Zusatzabkommens die Vorschriften des in Betracht kommenden Verwaltungszwangsverfahrens über die Pfändung von Forderungen entsprechend Anwendung.

Formulierungsvorschlag: A.56

a) Die … (Dienststelle oder Zahlstelle des ausländischen Staates) wird ersucht, von der Summe der gepfändeten Forderung, die sie anerkennt, dem Vollstreckungsschuldner zu schulden, den Betrag in Höhe des Gesamtanspruchs des Gläubigers bei der Hinterlegungsstelle des Amtsgerichts ... zu hinterlegen oder an den Gläubiger auszuzahlen.

b) Die ... (zuständige deutsche Behörde) wird ersucht, die gepfändete Forderung nicht mehr an den Schuldner, sondern an den Pfändungsgläubiger zu zahlen.

Zu a) und b) je weiter:

Dem Schuldner wird geboten, sich jeder Verfügung über die Forderung, insbesondere ihrer Einziehung, zu enthalten.

6. Mehrheit von Drittschuldnern und Forderungen, die mehreren Personen gehören

A.57 Die zu pfändende Forderung kann von mehreren Drittschuldnern geschuldet werden oder mehreren Personen als Gläubiger zustehen. Letzterenfalls kann wiederum der Vollstreckungsschuldner nur einer der mehreren forderungsberechtigten Gläubiger sein oder die Zwangsvollstreckung gegen alle Gläubiger der Forderung betrieben werden. Im Einzelnen ist zu unterscheiden:

6.1. Mehrheit von Drittschuldnern

A.58 **Schrifttum:** Ahrens, Personengesellschaft und -gesellschafter als Drittschuldner des Pfändungs- und Überweisungsbeschlusses, ZZP 103 (1990) 34; Paulus, Die Gesellschaft bürgerlichen Rechts als Schuldner und Drittschuldner, DGVZ 1992, 65.

A.59 **Geteilte Schuld (Teilschuld):** Schulden mehrere Drittschuldner die zu pfändende Forderung, so ist im Zweifel, wenn sich somit aus dem zwischen den Beteiligten bestehenden Rechtsverhältnis nichts anderes ergibt, jeder Drittschuldner nur zu einem gleichen Anteil (Kopfteil) verpflichtet (§ 420 BGB). Die einzelnen Schulden bestehen hier unabhängig voneinander. Daher ist die von jedem einzelnen Drittschuldner zu zahlende (Teil-)Forderung selbstständig für sich pfändbar. Fälle der Teilschuld sind jedoch praktisch selten.

A.60 **Gesamtschuld:** Regelmäßig haften mehrere Personen **samtverbindlich**, d.h. in der Weise, dass jeder die ganze Leistung zu bewirken verpflichtet, der Gläubiger aber die Leistung nur einmal zu fordern berechtigt ist (Gesamtschuldner, § 421 BGB). Eine Gesamtschuld besteht insbesondere, wenn mehrere Personen aus Vertrag (§ 427 BGB), aus unerlaubter Handlung (§ 840 BGB) oder als Bürgen (§ 769 BGB) verpflichtet sind.

Soll die Pfändung der Forderung allen samtverbindlich haftenden Drittschuldnern gegenüber wirksam werden, so muss gegen alle ein Pfändungsbeschluss mit dem Zahlungsverbot des § 829 ZPO ergehen. Das kann durch einen gleichzeitig gegen alle Drittschuldner gerichteten Pfändungsbeschluss geschehen. Wirksam wird dann aber die Pfändung jedem einzelnen der samtverbindlich haftenden Drittschuldner gegenüber nur mit der Zustellung an ihn. Da das Zahlungsverbot gegen alle Drittschuldner nicht einheitlich erlassen werden muss[124], können auch gesonderte Pfändungsbeschlüsse ergehen.

---

124 Siehe RGZ 68, 221 (223) für den gleichliegenden Fall der Verurteilung, insbesondere aber auch KG, JW 1936, 887.

Es kann aber auch ein Pfändungsbeschluss nur gegen einen der Gesamtschuldner erlassen werden. Solange Pfändungsbeschlüsse nicht gegen alle Gesamtschuldner als Drittschuldner ergangen und wirksam geworden sind, kann nur der dem Zahlungsverbot unterliegende Drittschuldner nicht mehr mit schuldbefreiender Wirkung an den Schuldner leisten[125]. Die anderen Gesamt(dritt)schuldner, gegen die ein wirksames Zahlungsverbot nicht[126] oder noch nicht vorliegt, sind an der Erfüllung der Gesamtschuld durch Leistung an den Schuldner nicht gehindert[127]. Befriedigen sie den Schuldner zulässigerweise, so wird auch der dem Zahlungsverbot unterliegende Gesamt(dritt)schuldner befreit (§ 422 BGB)[128], die Pfändung mit dem Erlöschen der Schuld also hinfällig. Volle Sicherheit gibt daher dem Gläubiger nur die wirksame Pfändung gegen alle Gesamt(dritt)schuldner.

Die **Gesamthandschuld** wird von mehreren Verpflichteten aus einem ihnen gemeinschaftlich gehörenden Sondervermögen geschuldet. Es gilt Folgendes: **A.61**

Bei der Gesamthandschuld der **Miterben** (§ 2058 BGB) kann die Forderung nur gegen alle Miterben gemeinsam geltend gemacht werden (siehe § 747 ZPO). Die Pfändung einer von Miterben als Nachlassverbindlichkeit geschuldeten Forderung kann daher nur mit Zustellung des gegen alle Miterben gerichteten Pfändungsbeschlusses an sie, also mit der letzten Zustellung, wirksam werden[129]. Auch hier muss jedoch die Pfändung nicht notwendig in einem einheitlichen, gleichzeitig gegen alle Miterben gerichteten Beschluss ausgesprochen sein; vielmehr genügen getrennte Beschlüsse[130].

Die Pfändung der von Ehegatten aus dem Gesamtgut der ehelichen **Gütergemeinschaft** (§ 1416 BGB) geschuldeten Forderung wird bei Verwaltung des Gesamtguts durch den Mann oder die Frau allein mit Zustellung des Pfändungsbeschlusses an den verwaltenden Ehegatten (§§ 1422 ff. BGB, § 740 Abs. 1 ZPO), bei gemeinschaftlicher Verwaltung (§§ 1450 ff. BGB) durch Zustellung an beide Ehegatten bewirkt (siehe § 740 Abs. 2 ZPO); wegen einer selteneren Ausnahme siehe § 741 ZPO. Da jedoch auch der nicht verwaltende Ehegatte persönlich für die Gesamtgutsverbindlichkeiten als Gesamtschuldner haftet (§ 1459 Abs. 2 BGB), muss **A.62**

---

125 Mit der Zustellung des Pfändungsbeschlusses an einen Gesamtschuldner wird nur die gegen diesen gerichtete Forderung gepfändet, BGH, JZ 1999, 44 mit Anm. Habersack = MDR 1998, 1049 = NJW 1998, 2904 = Rpfleger 1998, 435.

126 Siehe RGZ 140, 340 (342); BGH (Fn. 125).

127 OLG Braunschweig, OLGE 19, 26; Stein/Jonas/Würdinger, ZPO, § 829 Rdn. 56. Wenn Eheleute Gesamtschuldner sind, muss daher beachtet werden, dass das Zahlungsverbot gegen beide Ehegatten erwirkt und beiden ordnungsgemäß zugestellt wird. Bei **Abtretung** ist dies z.T. anders. Hier kann, wenn nach dem Willen des Zedenten und des Zessionars anzunehmen ist, dass der erstere nicht berechtigt sein soll, die nicht mit abgetretenen Ansprüche an einzelne Gesamtschuldner ferner geltend zu machen, ein Erlöschen dieser Ansprüche anzunehmen sein; siehe RG, JW 1905, 428.

128 OLG Braunschweig (Fn. 127); RG, Recht 1908 Nr. 1519. Er haftet auch nicht dafür, dass nun ein anderer Gesamtschuldner die Forderung gezahlt hat, und zwar auch dann nicht, wenn er diesem den Pfändungsbeschluss nicht mitgeteilt hat. Zu einer solchen Mitteilung ist er nicht verpflichtet. Ihr könnte auch keine Wirkung im Sinne eines Zahlungsverbotes für die übrigen Drittschuldner zukommen. Siehe dazu OLG Braunschweig (Fn. 127).

129 RGZ 75, 179 (180); BGH (Fn. 125).

130 RGZ (Fn. 124).

aber zur Abwendung seines Befriedigungsrechtes mit den Rdn. A.60 dargestellten Folgen der Pfändungsbeschluss praktisch immer gegen beide Ehegatten erwirkt und beiden zugestellt werden.

A.63 Das Gesamtgut der **fortgesetzten Gütergemeinschaft** (§§ 1483 ff. BGB) verwaltet der überlebende Ehegatte allein (§ 1487 Abs. 1 BGB). Eine persönliche Haftung der gemeinschaftlichen Abkömmlinge besteht nicht (§ 1489 Abs. 3 BGB). Daher genügen ein Pfändungsbeschluss und seine Zustellung an den überlebenden Ehegatten als Drittschuldner (§ 745 ZPO).

A.64 Die **Gesellschaft bürgerlichen Rechts** (§§ 705 ff. BGB) besitzt Rechtsfähigkeit, soweit sie durch Teilnahme am Rechtsverkehr eigene Rechte und Pflichten begründet[131]. Eine von ihr geschuldete Forderung kann daher dadurch gepfändet werden, dass der rechtsfähigen Personengesellschaft (§ 14 Abs. 2 BGB) als Drittschuldnerin verboten wird, an den Schuldner zu zahlen[132]. Die Bezeichnung der Drittschuldnerin im Pfändungsbeschluss (dazu Rdn. B.91) erfordert (wie bei einer Klage) eine identifizierbare (möglichst exakte) Beschreibung der BGB-Gesellschaft[133].

Zuzustellen ist der Pfändungsbeschluss dem vertretungsberechtigten (geschäftsführenden) Gesellschafter als Vertreter der BGB-Gesellschaft[134] (§ 714 BGB, § 170 Abs. 1 ZPO). Wenn ein solcher nicht bestellt ist, hat die Zustellung an einen der Gesellschafter zu erfolgen[135] (§ 709 BGB, § 170 Abs. 3 ZPO). Zumeist wird nicht sicher bekannt sein, wer Geschäftsführer der Gesellschaft ist, weil die Bestellung des Geschäftsführers und die Änderung der Geschäftsführung nicht durch ein öffentliches Register verlautbart wird; Sicherheit erlangt der Gläubiger dann jedenfalls mit Zustellung an sämtliche Gesellschafter als (gesetzliche) Vertreter der Gesellschaft. Nach Auflösung vertreten alle Gesellschafter gemeinschaftlich[136] die Zustellung an einen Vertreter genügt dann (§ 170 Abs. 3 ZPO). Einzelnen Gesellschaftern kann durch Gesellschafterbeschluss die Vertretung der Abwicklungsgesellschaft übertragen sein; es kann auch ein Liquidator (analog § 146 Abs. 2 HGB) gerichtlich ernannt sein[137].

Der Pfändungsbeschluss gegen die Gesellschaft wirkt aber nicht gegen die einzelnen persönlich mithaftenden[138] Gesellschafter. Zur Pfändung der Forderung gegen den (jeden der) einzelnen, persönlich haftenden, Gesellschafter bedarf es eines Zahlungsverbotes auch gegen ihn und der Zustellung dieses Pfändungsbeschlusses an ihn[139]. Es gilt damit das gleiche wie bei der OHG (Rdn. A.65). Wie bei der OHG ist es stets ratsam, Pfändungsbeschluss immer auch gegen alle persönlich haftenden

---

131 BGHZ 146, 341 = DNotZ 2001, 234 mit krit. Anm. Schemann = MDR 2001, 459 mit Anm. Müther = NJW 2001, 1056 = Rpfleger 2001, 246; BGHZ 154, 88 (94) = NJW 2003, 1445 (1446).

132 BGH (Fn. 125).

133 Beispiel für Klage siehe BGHZ 146, 341 (357) (Fn. 131).

134 BGH, DNotZ 2006, 777 = MDR 2006, 1254 = NJW 2006, 2191 = Rpfleger 2006, 478; OLG Brandenburg, JurBüro 2003, 48 (49).

135 BGH (Fn. 134) (für Vollstreckungstitel); BGH, DNotZ 2007, 214 = MDR 2007, 667 = NJW 2007, 995 = Rpfleger 2007, 216 (für Zwangsverwaltungs-Anordnungsbeschluss).

136 BGH, MDR 2011, 1246 = NJW 2011, 3087.

137 BGH (Fn. 136).

138 BGHZ 142, 315 = NJW 1999, 3483 = Rpfleger 2000, 21.

139 BGH (Fn. 125); OLG Brandenburg (Fn. 134).

Gesellschafter zu erwirken. Ob wegen der akzessorischen Haftung[140] der Gesellschafter für die Gesellschaftsverbindlichkeiten bereits die Pfändung der Forderung gegen die Gesellschaft auch die Forderung gegen die Gesellschafter umfasst, gesonderte Pfändung der Forderung gegen diese somit nicht mehr erforderlich ist[141], ist nicht geklärt; Zustellung des Pfändungsbeschlusses an persönlich haftende BGB-Gesellschafter wird zur Pfändung der Forderung auch gegen sie jedenfalls verlangt[142].

Die Pfändung der von einer **offenen Handelsgesellschaft** geschuldeten Forderung erfordert einen Pfändungsbeschluss gegen die Gesellschaft und Zustellung (hierzu § 171 ZPO) an diese (siehe § 124 HGB). Dieser Pfändungsbeschluss wirkt aber nur gegen die offene Handelsgesellschaft selbst, nicht jedoch auch gegen die persönlich haftenden Gesellschafter (§ 128 HGB)[143]. Ebenso wirkt ein Pfändungsbeschluss, der nur gegen einen der persönlich haftenden Gesellschafter erwirkt wird, nicht gegen die anderen Gesellschafter oder die offene Handelsgesellschaft[144]. Zur Abwendung des Befriedigungsrechtes eines persönlich haftenden Gesellschafters (siehe Rdn. A.60) sollte daher ein Pfändungsbeschluss nicht nur gegen die offene Handelsgesellschaft, sondern auch gegen alle persönlich haftenden Gesellschafter erwirkt und diesen zugestellt werden. Dies gilt auch für die Pfändung der von einer **Kommanditgesellschaft** geschuldeten Forderung (siehe § 161 Abs. 2 HGB). A.65

Die Pfändung der von einer **Partnerschaft** (Gesellschaft von Angehörigen Freier Berufe) geschuldeten Forderung erfordert Pfändungsbeschluss gegen die Partnerschaft und Zustellung (§ 171 ZPO) an diese (siehe § 7 Abs. 2 PartGG mit § 124 HGB). Zur Abwendung des Befriedigungsrechts der persönlich haftenden Partner (§ 8 Abs. 1 S. 1 PartGG) sollte aber auch gegen diese ein Pfändungsbeschluss erwirkt werden.

Die Pfändung der von einer **Europäischen wirtschaftlichen Interessenvereinigung** (EWIV)[145] geschuldeten Forderung erfordert einen Pfändungsbeschluss gegen die Gesellschaft und die Zustellung an diese. Die EWIV hat keine eigene Rechtspersönlichkeit; ihre Rechtsstellung entspricht weitgehend der in § 124 Abs. 1 HGB für die offene Handelsgesellschaft bestimmten (Art. 1 Abs. 3 EWIV-VO mit § 1 EWIV-AusfG[146]). Vertreten wird die Vereinigung ausschließlich durch den A.66

140 BGHZ 146, 341 (358) (Fn. 131).
141 So Habersack (Fn. 125).
142 BGH, JZ 1999, 44 = a.a.O. (Fn. 125); Habersack (Fn. 125).
143 **A.A.** RArbG 19, 165 = JW 1938, 979, das meint, wenn Drittschuldner eine OHG oder KG ist, könne der Gläubiger die gepfändete Forderung auch gegen den im Pfändungsbeschluss selbst nicht genannten persönlich haftenden Gesellschafter einklagen (§§ 128, 161 Abs. 2 HGB). Abweichend auch Ahrens, ZZP 103 (1990) 34: Zustellung des Pfändungsbeschlusses an die Gesellschaft genügt dem Publizitätsbedürfnis des § 829 Abs. 3 ZPO. Gesonderte Pfändung der (akzessorischen) Forderung gegen die Gesellschafter oder Zustellung des Pfändungsbeschlusses gegen die Gesellschaft als Drittschuldner auch noch an die Gesellschafter erübrigt sich. Bei Unkenntnis eines (zahlenden) Gesellschafters von der Pfändung greift zu seinem Schutz § 407 BGB ein.
144 RGZ (Fn. 126).
145 Verordnung (EWG) Nr. 2137/85 des Rates vom 25.7.1985 über die Schaffung einer Europäischen wirtschaftlichen Interessenvereinigung (EWIV) (ABl. EG Nr. L 199 vom 31.7.1985, S. 1).
146 EWIV-Ausführungsgesetz vom 14.4.1988 (BGBl I 514).

Geschäftsführer oder, wenn es mehrere sind, durch einen jeden Geschäftsführer (Art. 20 Abs. 1 EWIV-VO; eine abweichende Regelung durch den Gründungsvertrag ermöglicht Art. 20 Abs. 2 EWIV-VO; die Zustellung an einen Geschäftsführer genügt jedoch, § 171 Abs. 3 ZPO). Die Mitglieder der Vereinigung haften unbeschränkt und gesamtschuldnerisch für deren Verbindlichkeiten (Art. 24 Abs. 1 EWIV-VO). Der gegen die EWIV als Drittschuldnerin erlassene Pfändungsbeschluss wirkt aber (wie bei der offenen Handelsgesellschaft, Rdn. A.65) nicht auch gegen die Mitglieder. Der Pfändungsbeschluss sollte daher auch gegen alle haftenden Mitglieder erwirkt und diesen zugestellt werden (wie Rdn. A.65).

6.2. Pfändung von Forderungen, die mehreren Personen gemeinsam gehören

A.67 **Schrifttum:** Tiedtke, Gesamtgläubigerschaft und Aufrechnung in der Zwangsvollstreckung, NJW 1980, 2496.

A.68 Bei der **geteilten Forderung** ist jeder Forderungsteil selbstständig (§ 420 BGB). Die Pfändung des (Teil-)Anspruchs (meist Kopfteil) des Schuldners unterliegt daher keinen Besonderheiten. Solche Fälle werden indes selten sein (siehe aber insbesondere die Ausführungen Rdn. A.371, A.372).

A.69 In **Bruchteilsgemeinschaft** (§§ 741 ff. BGB) kann eine Forderung (wie auch jedes Recht) mehreren Personen zustehen. Praktische Fälle: Kaufpreisforderung bei Grundstücksveräußerung durch Bruchteilsmiteigentümer, wenn eine abweichende vertragliche Regelung nicht getroffen ist[147]; Mietforderung mehrerer Bruchteilsmiteigentümer als Vermieter (Rdn. A.371). Die Pfändung der Forderung (des Rechts) insgesamt erfordert dann Vollstreckungstitel gegen alle Teilhaber der Gemeinschaft. Wenn nur einer der Gemeinschafter Schuldner ist, kann er wie jeder weitere Teilhaber nicht anteilige Leistung an sich, sondern nach § 432 BGB nur Leistung an die Gemeinschaft fordern[148]. Der Gläubiger nur eines der Gemeinschafter kann daher nicht einen dem Beteiligungsverhältnis entsprechenden (betragsmäßigen) Anteil der Forderung gegenüber deren Schuldner (als Drittschuldner des Vollstreckungszugriffs) pfänden[149]. Jedoch kann der Schuldneranteil an der Bruchteilsgemeinschaft gepfändet werden (Rdn. E.110). Es kann auch auf die Rechte des Schuldners als Bruchteilsgemeinschafter gegenüber den weiteren Bruchteilsgemeinschaftern mit Pfändung des Aufhebungs-, Erlösteilungs- und Erlösauszahlungsanspruchs Zugriff genommen werden (Rdn. E.110). Damit sichert sich der Gläubiger die Berechtigung, nach Überweisung das Recht des Schuldners auf Aufhebung der Gemeinschaft auszuüben und dessen Erlösanteil in Empfang zu nehmen.

A.70 Bei der **Gesamtforderung** braucht der Drittschuldner die Leistung an die mehreren Gläubiger (= Pfändungsschuldner), von denen jeder die ganze Leistung fordern kann, insgesamt nur einmal bewirken (§ 428 BGB). Daher kann der Anspruch

---

147 BGH, NJW 1998, 1482 (1483); OLG Rostock, NotBZ 2005, 449.

148 BGH, MDR 1983, 650 = NJW 1983, 2020.

149 BGH, MDR 1969, 568 = NJW 1969, 839; OLG Köln, JW 1932, 3013 mit Anm. Rühl (je für Mietforderung); OLG Rostock (Fn. 147).

nur eines der Gesamtgläubiger (als Pfändungsschuldner) auf die gesamte Leistung gepfändet werden. Eine Widerrufsbefugnis steht dem anderen Gesamtgläubiger aus seinem Außenverhältnis nicht zu. Der Drittschuldner kann im Rahmen seines Wahlrechts die Gesamtforderung unter Berücksichtigung des Pfandrechts als Anspruch des Vollstreckungsschuldners erfüllen[150]. Die Pfändung hindert den Drittschuldner aber nur daran, an den Schuldner selbst zu leisten. Die Erfüllung der vollen Leistung an einen anderen Gesamtgläubiger verbietet der Pfändungsbeschluss dem Drittschuldner hingegen nicht[151]. Mit solcher Erfüllung erlischt daher die gesamte Forderung, so dass auch die Pfändung hinfällig wird[152]. Jedoch kann der Vollstreckungsschuldner als Gesamtgläubiger gegen den anderen Gesamtgläubiger, der die Leistung empfangen hat, einen Ausgleichsanspruch haben (§ 430 BGB). Dieser Ausgleichsanspruch kann gepfändet werden; Drittschuldner ist der zum Ausgleich verpflichtete andere Gesamtgläubiger. Es empfiehlt sich, sogleich sowohl die Gesamtforderung als auch den Ausgleichsanspruch zu pfänden[153]. Bedeutung erlangt die Pfändung einer Gesamtforderung vornehmlich beim Oder-Konto (Rdn. A.259) und beim gemeinschaftlichen Sparguthaben (Rdn. A.469); siehe daher auch an diesen Stellen und die dort genannten Entscheidungen.

Für **Gesamthandforderungen**, also für solche Forderungen, die an mehrere Gläubiger zum gemeinschaftlichen Sondervermögen geschuldet werden und daher nur an alle Gläubiger gemeinschaftlich geleistet werden können, ergeben sich keine wesentlichen Besonderheiten, wenn gegen alle Schuldner gemeinsam die Zwangsvollstreckung betrieben, somit die ganze Forderung gepfändet werden soll. Die Voraussetzungen einer solchen Zwangsvollstreckung regeln die ZPO in § 736 (Urteil gegen alle Gesellschafter), §§ 740–745 (Zwangsvollstreckung in Gesamtgut), § 747 (Zwangsvollstreckung in Nachlass) sowie das HGB in §§ 124, 161 (Zwangsvollstreckung gegen eine offene Handelsgesellschaft und Kommanditgesellschaft) und § 7 Abs. 2 PartGG mit § 124 HGB (Zwangsvollstreckung gegen eine Partnerschaft). Die Pfändung des Bank- oder Postbankkontos einer Anwaltssozietät als BGB-Gesellschaft (Partnerschaft: § 7 Abs. 2 PartGG) ist daher nur mit einem gegen alle Rechtsanwälte (die Partnerschaft) lautenden Vollstreckungstitel zulässig, nicht aber mit dem gegen nur einen (nur einzelne) der Anwälte gerichteten Vollstreckungstitel (§ 736 ZPO)[154]. A.71

Etwas anderes gilt aber, wenn nur einer der mehreren Forderungsberechtigten Vollstreckungsschuldner ist und auf sein Recht an der Gemeinschaft zugegriffen werden soll. Hierwegen s. Rdn. E.114 ff. und E.263 ff.

Eine **Gründervereinigung** (die Gesellschaft m.b.H., Aktiengesellschaft oder Genossenschaft nach Errichtung, aber vor Eintragung in das Handels-/Genossenschaftsregister; sog. Vor-GmbH) ist als ein auf die künftige juristische Person hin A.72

---

150 Tiedtke, NJW 1980, 2496.

151 BGH, BGH-Rep. 2003, 50; auch OLG Bremen, OLGZ 1987, 29 dazu, dass durch die Pfändung des Rechts eines Gesamtgläubigers das Verfügungsrecht des anderen Gesamtgläubigers nicht berührt wird.

152 BGH, MDR 1979, 1016 = NJW 1979, 2038; Tiedtke, NJW 1980, 2496; diese auch zur Frage, ob vereinbart sein kann, dass die Forderung für die Dauer der Pfändung nur an den anderen Gesamtgläubiger zu zahlen ist.

153 Dazu Tiedtke, NJW 1980, 2496 (2497).

154 LG München I, Rpfleger 1987, 423.

angelegtes Rechtsgebilde bereits körperschaftlich strukturiert; daher kann sie nach außen durch ihre Geschäftsführer bereits geschlossen auftreten[155]. Sie ist passiv parteifähig (§ 50 Abs. 2 ZPO entspr.)[156]. Mit einem gegen sie lautenden Vollstreckungstitel kann daher auch die Forderung einer Gründervereinigung gegen einen Dritten gepfändet werden (§ 735 ZPO entspr.)[157]. Wenn die Vor-GmbH usw. die Registereintragung nicht mehr betreibt (aufgegeben hat) wie nach Antragsrücknahme oder endgültiger Ablehnung der Eintragung, hat sie sich in eine Vor-GmbH in Liquidation umgewandelt. Sie wird gemäß §§ 60, 66 GmbHG (§ 265 AktG usw.) durch die Geschäftsführer (Vorstandsmitglieder) vertreten[158]. Wird die Vorgesellschaft fortgeführt, ohne dass die Registereintragung weiter betrieben wird, besteht sie als offene Handelsgesellschaft oder als BGB-Gesellschaft fort[159]. Die Zwangsvollstreckung kann dann gegen die Gesellschaft in Liquidation, die offene Handelsgesellschaft oder die BGB-Gesellschaft betrieben (Vollstreckungstitel gegen die OHG: § 124 Abs. 2 HGB, gegen die BGB-Gesellschaft: § 736 ZPO), eine dieser gegen einen Dritten zustehende Forderung somit gepfändet werden.

7. Einzelfälle

7.1. Abtretung und Rückabtretung einer Geldforderung

A.73 **Schrifttum:** Kolbenschlag, Zur Pfändung des Anspruches auf Rückübertragung sicherungsweise abgetretener Forderungen, DB 1959, 164; Kolbenschlag, Die Einzelrechtsnachfolge auf der Drittschuldnerseite, MDR 1969, 187.

A.74 Eine **Geldforderung** kann nur sicherungshalber oder an einen Treuhänder abgetreten[160] sein. Wenn nach Erledigung des Sicherungszwecks (Rdn. F.92, F.107) oder Beendigung des Treuhandverhältnisses die Geldforderung noch nicht erfüllt ist, ist der Sicherungsnehmer oder Treuhänder verpflichtet, die Forderung wieder an den Schuldner als ihren früheren Gläubiger (Zedent, Vorgläubiger) zu übertragen[161]. Ein Forderungsgläubiger kann auch aus einem anderen Rechtsgrund schuldrechtlich verpflichtet sein, eine ihm gehörende Forderung dem Vollstreckungsschuldner abzutreten. Vor der Abtretung oder Rückabtretung ist die Forderung Vermögensrecht des Sicherungsnehmers oder Treuhänders; von Gläubigern des Schuldners (Zedenten, Vorgläubigers) kann sie daher nicht gepfändet werden. Als selbstständiges Vermögensrecht unterliegt jedoch der schuldrechtliche Anspruch auf die Forderung, der **(Rück-)Abtretungsanspruch**, für sich der Pfän-

---

155 BGHZ 80, 129 = NJW 1981, 1373 mit Anm. K. Schmidt (S. 1345) und Flume (S. 1753).
156 Zöller/Althammer, ZPO, § 50 Rdn. 18.
157 Siehe auch OLG Frankfurt, Rpfleger 1983, 322. Dort war aber die GmbH weder gegründet noch im Handelsregister eingetragen. Für diesen Fall wurde die Pfändung der Forderung der (nicht gegründeten) GmbH als unwirksam angesehen, und zwar auch gegenüber dem für die „GmbH" Handelnden.
158 BGHZ 169, 270 = DNotZ 2007, 142 (146) = NJW 2007, 589 (592).
159 BGH, DNotZ 1998, 883 (884) = NJW 1998, 1079.
160 Zur Verpfändung siehe Rdn. B.444 Fn. 1009.
161 Die Abtretung kann auch nur unter einer auflösenden Bedingung vorgenommen sein; die Rückabtretung kann (wenn dafür die Umstände in hinreichendem Maße sprechen) auch bereits stillschweigend erfolgt sein; dazu BGH, MDR 1986, 398 = NJW 1986, 977.

dung[162]. Diese Pfändung muss nach § 829 Abs. 1 ZPO durchgeführt werden (s. Rdn. F.112). Das gilt auch, wenn für die abzutretende Forderung eine Hypothek bestellt ist (§ 1113 BGB), weil nicht der hypothekarische Anspruch an den Grundstückseigentümer, sondern der Abtretungs- oder Rückabtretungsanspruch an den (treuhänderisch, obligatorisch usw.) verpflichteten Hypothekengläubiger gepfändet wird (s. Rdn. F.111, F.112).

Für eine **Gehaltsforderung** sowie eine ähnliche in fortlaufenden Bezügen bestehende Forderung bestimmt § 832 ZPO eine andere rechtliche Bewertung[163]. Das durch Einkommenspfändung erlangte Pfandrecht erstreckt sich danach auf die nach der Pfändung fällig werdenden Beträge auch dann, wenn sie abgetreten waren, die Berechtigung des Zessionars aber vor Entstehen der Einkommensforderung mit Arbeitsleistung und Fälligkeit für den jeweiligen Lohnzahlungszeitraum wieder entfallen ist. Einzelheiten siehe Rdn. C.547 ff.

Die Pfändung des Rückgewähranspruchs berührt die Rechte des Drittschuldners als (nach Sicherungsabtretung oder treuhänderisch berechtigter) Gläubiger auf die Forderung nicht. Der Drittschuldner kann als Forderungsgläubiger daher auch nach Pfändung des (Rück-)Abtretungsanspruchs sein Einziehungsrecht weiterhin ungeschmälert ausüben[164]; ein Prozessführungsrecht des Schuldners (als Sicherungsgeber/Zedent) wird durch die Pfändung des (Rück-)Abtretungsanspruchs ebenso nicht berührt[165]. Zieht der Forderungsgläubiger (Drittschuldner in der Pfändung) die Forderung ein oder zahlt der Forderungschuldner an ihn freiwillig, so besteht ein bisheriger Anspruch auf (Rück-)Abtretung der ganzen Forderung oder eines Forderungsteils als Anspruch auf Auskehrung eines dem Drittschuldner nicht gebührenden (ggf. überschießenden) Betrages (sog. Mehrerlös) weiter. Wenn die Forderung sicherungshalber oder treuhänderisch abgetreten war, ist dieser Anspruch auf volle oder teilweise Auskehrung des überschießenden Betrages kein neuer und selbstständiger Anspruch; er stellt vielmehr nur eine andere Form des ursprünglichen Anspruchs dar, so dass sich das am Rückübertragungsanspruch erlangte Pfandrecht auch dann fortsetzt, wenn der Anspruch in der Form der Auskehrung des überschießenden Betrages zu erfüllen ist[166]. Der BGH[167] hat (früher) den Anspruch auf den überschießenden eingezogenen Betrag allerdings als selbstständigen Anspruch behandelt und die Pfändung des Anspruchs auf Übertragung der vom Drittschuldner nicht in Anspruch genommenen Forderung im Wege der Auslegung auf den künftigen Anspruch auf Auskehrung des überschießenden eingezogenen Betrages erstreckt. Bis zur weiteren Klärung empfiehlt es sich daher, da die Auslegung Schwierigkeiten bereiten kann, den **Auskehranspruch** vorsorglich ausdrücklich mitzupfänden. Überdies ist, wenn ein Treuhänder Forderungsgläubiger (damit Drittschuldner) ist, auch Mitpfändung des möglichen Anspruchs A.75

---

162 BGH, NJW 1998, 2969; OLG Frankfurt, JurBüro 1984, 109 = MDR 1984, 228; siehe dazu auch BGH, NJW 1986, 2430 = WM 1986, 906 sowie Teil F Abschn. 3.
163 Zur unterschiedlichen rechtlichen Bewertung bei Pfändung einer einmaligen Geldforderung gegenüber Pfändung von laufendem Arbeitseinkommen siehe BAGE 72, 238 = JurBüro 1994, 364 = NJW 1993, 2699 (2700) = Rpfleger 1993, 456.
164 OLG Frankfurt (Fn. 162). Siehe auch Rdn. F.116.
165 OLG Frankfurt (Fn. 162).
166 OLG Frankfurt (Fn. 162). Siehe auch Rdn. F.146.
167 BGH, JurBüro 1965, 615 = MDR 1965, 738 = Rpfleger 1965, 365 mit Anm. Stöber.

auf Wertersatz oder Schadensersatz ratsam. Zum Wertersatz verpflichtet sein oder auf Schadensersatz haften kann der Treuhänder, wenn er gehindert ist, einen eingezogenen Forderungsbetrag „in Natur“ zurückzugewähren[168]. Diese Ansprüche des Schuldners gegen den Treuhänder werden als Zugriffsobjekte nicht der ursprünglichen Forderung gleich geachtet[169], so dass nicht davon ausgegangen werden kann, auch auf sie erstrecke sich ohne weiteres das am Rückübertragungsanspruch erlangte Pfandrecht.

A.76 Nach Überweisung des gepfändeten Anspruchs auf Forderungsabtretung zur Einziehung kann der Gläubiger Erfüllung des Rückgewähranspruchs verlangen, sobald dieser fällig ist (s. Rdn. F.118), und die Abtretung der Forderung ohne Mitwirkung des Schuldners herbeiführen[170] (Rdn. F.122; siehe § 1282 BGB), somit die für den Abtretungsvertrag (§ 398 BGB) erforderliche Schuldnererklärung abgeben. Die Bestellung eines Sequesters entsprechend §§ 847 ff. ZPO ist nicht erforderlich[171]. Vor der Überweisung zur Einziehung müssen Gläubiger und Schuldner bei der Leistung (Abtretung) gemeinsam handeln (Rdn. F.123; siehe § 1281 BGB). Zu leisten ist stets durch Übertragung (= Abtretung) der Forderung an den Vollstreckungsschuldner[172]; dass die Forderung sogleich an den pfändenden Gläubiger abgetreten werde, kann von diesem nicht verlangt werden[173]. Mit der Leistung (Abtretung) der Forderung wird der Vollstreckungsschuldner deren Inhaber (Forderungsgläubiger); zugleich erlangt der Pfändungsgläubiger ein Pfandrecht an dieser Forderung[174]. Dieses Pfandrecht entsteht kraft Gesetzes, also ohne weiteres (§ 1287 BGB), mithin ohne Anzeige nach § 1280 BGB. Da aber der Forderungsschuldner befreit ist, wenn er, ohne von dem entstandenen Pfandrecht Kenntnis erlangt zu haben, an den Pfändungsschuldner (als Forderungsgläubiger) leistet (§§ 1275, 407 BGB), ist eine Pfändungsanzeige an den Forderungsschuldner jedenfalls anzustreben.

Befriedigung des Pfändungsgläubigers aus dem „Ersatz“pfand an der Forderung nach Überweisung: § 1282 ff. BGB (siehe auch Rdn. F.127).

A.77 **Formulierungsvorschlag:**

Gepfändet wird der angebliche Anspruch des Schuldners an … – Drittschuldner – auf Abtretung (Rückgewähr) der ihm (= dem Drittschuldner) abgetretenen ursprünglichen Forderung des Schuldners in Höhe von 3000 Euro an den Kaufmann … in … (Anschrift) aus den im Januar 2018 gelieferten und am 10. April 2018 in Rechnung gestellten Lebensmitteln,

sowie außerdem der angebliche – auch künftige – Anspruch des Schuldners an diesen Drittschuldner auf Abrechnung und Auszahlung (Auskehrung) des überschießenden Betrages bei Einzug der Forderung oder freiwilliger Zahlung durch den Forderungsschuldner

---

168 BGHZ 124, 298 = MDR 1996, 681 = NJW 1994, 726.
169 BGH (Fn. 168).
170 BGH, NJW 1998, 2969 (2970).
171 BGH (Fn. 170).
172 BGH (Fn. 170).
173 BGH (Fn. 170); OLG Frankfurt, a.a.O. (Fn. 162). Siehe auch Rdn. F.121 Fn. 232.
174 BGH (Fn. 170); BGH, NJW 1986, 2430 = WM 1986, 906.

und ebenso der bei nicht möglicher Leistung des Drittschuldners bestehende angebliche – auch künftige – Anspruch auf Wertersatz oder Schadensersatz.

7.2. Akkreditiv

(Dokumenten-)**Akkreditiv** ist ein Zahlungsversprechen, das ein Kreditinstitut auf Veranlassung seines Kunden als Auftraggeber dem Begünstigten gegenüber abgibt und in dem das Kreditinstitut sich verpflichtet, gegen Vorlage bestimmter Dokumente (Transportpapiere usw.) Zahlung zu leisten[175]. Dem Begünstigten haftet das Kreditinstitut nach eröffnetem Akkreditiv aus abstraktem Schuldversprechen auf den kreditierten Betrag[176]. Der (bestehende oder – vor Einreichung der Dokumente – künftige) Zahlungsanspruch des Begünstigten aus dem Akkreditiv ist als Geldforderung pfändbar[177]. Drittschuldner ist das zur Leistung verpflichtete Kreditinstitut. Die Pfändung des Zahlungsanspruchs gibt dem Gläubiger (auch) die Möglichkeit, die Dokumente des Begünstigten (Schuldners) einzureichen (Beschaffung nach § 836 Abs. 3 S. 1, 3 ZPO) und damit dessen gepfändeten Zahlungsanspruch auszulösen. A.78

Die Pfändung zusätzlich auch der Forderung aus dem zugrunde liegenden Vertrag (vielfach Kaufvertrag) ist stets ratsam. Der Auftraggeber (Kunde der Bank) kann als Vertragspartner zwar für die Laufzeit des Akkreditivs nicht auf die geschuldete vertragliche Leistung (z.B. Kaufpreiszahlung) in Anspruch genommen werden. Es kann aber die Laufzeit des Akkreditivs beendet sein (Ablauf des Verfalldatums), das Akkreditiv aus anderem Grund verfallen sein oder die Forderung aus dem zugrunde liegenden Geschäft von den Beteiligten außerhalb des Akkreditivs getilgt werden. Wenn damit der Zahlungsanspruch an das Kreditinstitut aus dem Akkreditiv entfällt, kann der Gläubiger aus dem gepfändeten schuldrechtlichen (vertraglichen) Anspruch (oft Kaufpreisforderung) Befriedigung erlangen.

Das Akkreditivrecht selbst (auch Akkreditivbenutzungsrecht) als Recht, die vereinbarte Leistung zu erbringen und gegen Vorlage der (somit eigener) Dokumente das Akkreditiv in Anspruch zu nehmen, gilt (auch bei „übertragbarem" Akkreditiv) als nicht pfändbar[178].

7.3. Altersvorsorgevermögen, -beiträge und -zulage
(§ 10a, Abschnitt XI EStG)

Für Vermögenswerte, die der Sicherung der Altersvorsorge von Personen dienen, die als **Pflichtversicherte** in der (inländischen) gesetzlichen Rentenversiche- A.79

175 BGHZ 108, 348 (350) = NJW 1990, 255; auch BGHZ 60, 262 (268) = WM 1973, 483.
176 BGHZ 60, 262 (264) (Fn. 176); auch BGHZ 108, 348 (350) (Fn. 176); BGHZ 132, 313 (316) = NJW 1996, 1812.
177 Stein/Jonas/Würdinger, ZPO, § 851 Rdn. 34; auch OLG Hamburg, BB 1978, 63 mit Anm. Kremers = WM 1978, 338; Schütz, BB 1964, 332.
178 Stein/Jonas/Würdinger (Fn. 177); Schütz, BB 1964, 332; zum Akkreditiv auch Liesecke, WM 1966 IV S. 463.

rung oder Gleichgestellte am Ende ihrer Verdienstfähigkeit Renten erhalten, schließt § 97 EStG die Übertragbarkeit aus. Die Bestimmung lautet:

§ 97 EStG
Übertragbarkeit

Das nach § 10a oder Abschnitt XI geförderte Altersvorsorgevermögen einschließlich seiner Erträge, die geförderten laufenden Altersvorsorgebeiträge und der Anspruch auf die Zulage sind nicht übertragbar. § 93 Absatz 1a und § 4 des Betriebsrentengesetzes bleiben unberührt.

Gefördertes Altersvorsorgevermögen einschließlich seiner Erträge, die geförderten laufenden Altersvorsorgebeiträge und der Anspruch auf die Altersvorsorgezulage der nach § 10a EStG begünstigten Personen (im Einzelnen dort) sind damit auch nicht pfändbar (§ 851 Abs. 1 ZPO).

Altersvorsorgevermögen sind das auf Grund eines Altersvorsorgevertrags zwischen dem Anbieter wie einem Lebensversicherungsunternehmen, Kreditinstitut, einer Bausparkasse, Kapitalanlagegesellschaft, Genossenschaft usw. und dem Vertragspartner gebildete Kapital, erlangte Fondsanteile, Guthaben, Genossenschaftsanteile usw. (Begriffsbestimmungen gibt § 1 AltZertG). Es kommt nicht darauf an, ob der Vertrag zusätzlich die Anforderungen des § 851c ZPO erfüllt[179]. Pfändungsschutz besteht jedoch nur, soweit die vom Schuldner erbrachten Altersvorsorgebeiträge tatsächlich gefördert werden und den Höchstbetrag (§ 10a Abs. 1 Satz 1 EStG) nicht übersteigen[180]. Auf Kapital, das durch nicht geförderte Beiträge erlangt ist, erstreckt sich der Pfändungsschutz nicht. Unpfändbar ist das Kapital aus einem Altersvorsorgevertrag nur, soweit der Altersvorsorgevertrag im Zeitpunkt der Pfändung förderfähig war, ein Antrag auf eine Zulage (§ 89 EStG) für die entsprechenden Beitragsjahre (§ 88 EStG) bereits gestellt war und die Voraussetzungen für eine Zulage (§§ 83 ff. EStG) vorlagen. Sollte trotz Zulagenantrag keine Förderung gewährt oder eine gewährte Zulage vollständig zurückgefordert werden, unterliegt der Altersvorsorgevertrag insoweit ab diesem Zeitpunkt der Zwangsvollstreckung[181]. Nicht pfändbar ist Altersvorsorgevermögen in der Anspar- und in der Auszahlungsphase.

Als geförderte **Altersvorsorgebeiträge** bezeichnet § 82 Abs. 1 EStG Beiträge und Tilgungsleistungen des Zulageberechtigten (§ 79 EStG) im Rahmen der in § 10a EStG genannten Grenzen; Abs. 2 und 3 nennen gleichgestellte Beiträge.

Eine **Altersvorsorgezulage** wird zu den geleisteten Altersvorsorgebeiträgen nach §§ 83 ff. EStG geleistet; sie entsteht nach Ablauf eines Beitragsjahres (§ 88 EStG). Die Auszahlung veranlasst die Deutsche Rentenversicherung Bund (§ 81 EStG) an den Anbieter zur Gutschrift bei den begünstigten Verträgen (§ 90 Abs. 2 EStG). Zulagenberechtigter kann auch der Ehegatte sein (§ 79 EStG). Nach Beginn der Auszahlungsphase überwiesene Zulagenbeträge können ausgezahlt werden (§ 90 Abs. 2 S. 4 EStG). Ebenso können in der Auszahlungsphase anfallende Zinsen und sonstige Erträge gesondert auszuzahlen sein (§ 1 Abs. 1 Nr. 4 Buchst. a

---

179 BGH, Rpfleger 2018, 278 = ZInsO 2018, 162 = ZIP 2018, 135.
180 BGH (Fn. 179).
181 BGH (Fn. 179).

AltZertG). Sie sollten auch dann unpfändbar sein; Gegenteiliges macht der Gesetzeswortlaut nicht erkennbar.

Die in der **Auszahlungsphase** auf Grund von steuerlich geförderten Altersvorsorgeverträgen als Leibrente oder Ratenzahlungen usw. zu leistenden Beträge sind nicht Altersvorsorgevermögen; sie unterliegen somit nicht dem Pfändungsschutz des § 97 EStG. Vorsorgerenten für Arbeitnehmer auf Grund von Versicherungsverträgen sind jedoch nach § 850 Abs. 3 Buchst. b ZPO Arbeitseinkommen und unterliegen daher den für Arbeitseinkommen geltenden Pfändungsvorschriften. Das gilt auch, wenn bis zu zwölf Monatsleistungen zu einer Auszahlung zusammengefasst sind (§ 1 Abs. 1 Nr. 4 Buchst. a AltZertG) und sollte auch bei Auszahlung zur Abfindung einer Kleinbetragsrente zu Beginn der Auszahlungsphase (§ 93 Abs. 3 EStG) der Fall sein (monatliche Leistungen verlangt § 850 Abs. 3 Buchst. b ZPO im Gegensatz zu § 851d ZPO nicht). A.80

7.4. Altersrenten Selbstständiger und weiterer Personen (§§ 851c, 851d ZPO)

Schrifttum: Ernst, Entwicklung des Pfändungsschutzes der privaten Altersvorsorge, § 851c Abs. 1 ZPO; Hasse, Der neue Pfändungsschutz der Altersvorsorge und Hinterbliebenenabsicherung, VersR 2007, 870; Hasse, Zum Entwurf eines Gesetzes zum Pfändungsschutz der Altersversorgung und zur Anpassung des Rechts der Insolvenzordnung, VersR 2006, 145; Helwich, Pfändungsschutz zur Alterssicherung Selbständiger, JurBüro 2007, 286; Kogel, Die Einführung der §§ 851c ZPO, 173 VVG – teilweise ein gesetzgeberischer Fehlgriff?, FamRZ 2007, 870; Stöber Michael, Das Gesetz zum Pfändungsschutz der Altersvorsorge, NJW 2007, 1242; Tavakoli, Lohnpfändung und private Altersvorsorge, NJW 2008, 3259. A.81

Pfändungsschutz für eine Lebensversicherung sowie private Rentenversicherung und Leistungen aus anderen Altersrentenverträgen (wie Bank- und Fondssparplänen[182]) zur Altersvorsorge der Personen, die am Ende ihrer Verdienstfähigkeit keine oder keine ausreichende Rente aus der gesetzlichen Rentenversicherung oder Versorgungsbezüge erhalten, bestimmt § 851c ZPO. Es ist damit der Gläubigerzugriff auf Vermögenswerte zur **Alterssicherung Selbstständiger,** freiberuflich Tätiger und nicht Erwerbstätiger in der Weise beschränkt, dass dem Schuldner aus seiner Versicherung (dem Vertrag) die gleiche Rente (oder Leistung) verbleibt wie dem Bezieher einer Rente aus der gesetzlichen Rentenversicherung. Dessen Rente ist nur wie Arbeitseinkommen pfändbar (§ 54 Abs. 4 SGB I). Ebenso unterliegen nach § 851c Abs. 1 ZPO Leistungen auf Grund von Versicherungsverträgen usw. nur wie Arbeitseinkommen der Zwangsvollstreckung. Vorausgesetzt ist damit, dass dem Schuldner ermöglicht ist, Vorsorgekapital anzusparen, aus dem bei Eintritt des Versicherungsfalls fortlaufende Leistungen gewährt werden können. Diesem Aufbau der Alterssicherung dient Abs. 2 des § 851c ZPO. A.82

Ein **Vertrag,** der der finanziellen Absicherung des Schuldners im Alter dienen soll, muss, damit die Leistungen nach § 851c ZPO geschützt sind, nach dessen A.83

182 M. Stöber, NJW 2007, 1242 (1244).

Abs. 1 im Zeitpunkt der Pfändung[183] **folgende Voraussetzungen** erfüllen (kumulative Erfordernisse[184] zur Wahrung der Altersvorsorgefunktion):

1. die Leistung aus dem angesammelten Deckungskapital muss in regelmäßigen Zeitabständen lebenslang zu erbringen sein (ist Erfordernis sowohl bei Leistungsbeginn mit Vollendung des 60. Lebensjahres als auch bei Leistungsbeginn mit Eintritt der Berufsunfähigkeit[185]) und darf nicht vor Vollendung des 60. Lebensjahres oder nur bei Eintritt der Berufsunfähigkeit zu gewähren sein. Für eine zeitlich beschränkte Berufsunfähigkeitsrente kann Pfändungsschutz nach § 851c ZPO daher nur bestehen, wenn sie Bestandteil einer lebenslangen Rente ist, also zusammen mit unmittelbar anschließenden (im Wesentlichen gleich bleibenden) Leistungen der Versorgung im Alter dient[186]. Dagegen kommt kein Pfändungsschutz in Betracht, wenn nach dem Ende der Berufsunfähigkeitsrente keine Altersrente einsetzt[187];

2. die Verfügung über die Ansprüche aus dem Vertrag (auch über das Deckungskapital), damit Abtretung, Verpfändung und Kündigung (zu dieser auch § 168 Abs. 3 VVG), muss unwiderruflich ausgeschlossen sein. Ermöglicht sein kann jedoch (entsprechend §§ 400, 1274 Abs. 2 BGB, § 851 Abs. 1 ZPO) die Verfügung über Rentenansprüche, welche die Pfändungsfreigrenzen für Arbeitseinkommen übersteigen[188];

3. die Bestimmung eines Dritten als Bezugsberechtigter (§ 159 VVG) muss ausgeschlossen sein. Ausgenommen ist die Bestimmung von Hinterbliebenen. Als solche werden der Ehegatte, der (eingetragene) Lebenspartner, die Kinder und Pflegekinder angesehen[189], nicht aber eine Lebensgefährtin[190];

4. die Zahlung einer Kapitalleistung, ausgenommen eine (dann pfändbare) Zahlung für den Todesfall des Versicherungsnehmers, darf im Zeitpunkt der Pfändung nicht vereinbart sein. Pfändungsschutz besteht daher auch dann, wenn dem Schuldner ein Kapitalisierungsrecht eingeräumt war, dieses Recht zur Zeit der Pfändung aber nicht mehr bestand[191]. Wenn für die Altersrente ein Kapitalwahlrecht vereinbart ist, besteht Pfändungsschutz auch nicht für die als Bestandteil der lebenslangen Rente (siehe bei Nr. 1) vorausgehende Berufsunfähigkeitsrente[192].

A.84 Für eine bestehende Lebensversicherung, die diese Erfordernisse nicht erfüllt, bietet § 167 VVG dem Versicherungsnehmer die Möglichkeit, die Umwandlung zur Erwirkung des Pfändungsschutzes zu verlangen. Pfändungsschutz nach § 851c

183 Zum späteren Wegfall des Bezugsrechts eines Dritten BGH, FamRZ 2011, 291 = JurBüro 2011, 214 = MDR 2011, 128 = NJW-RR 2011, 493 = NZI 2011, 67 = Rpfleger 2011, 220; BGH, JurBüro 2012, 666 = MDR 2012, 1250 = Rpfleger 2012, 698; Zöller/Herget, ZPO, § 851c Rdn. 2.

184 BGH, FamRZ 2011, 291 (Fn. 183); Zöller/Herget, ZPO, § 851c Rdn. 2.

185 BGH, MDR 2010, 1081 = NZI 2010, 777 = Rpfleger 2010, 674.

186 BGH (Fn. 185).

187 BGH (Fn. 185).

188 Hasse, VersR 2006, 145 (151); M. Stöber, NJW 2007, 1242 (1244); Schuschke/Walker/Kessal-Wulf/Lorenz, Vollstreckung, § 851c Rdn. 3.

189 Bericht des Rechtsausschusses, BT-Drucks. 16/3844, S. 12; BGH, FamRZ 2011, 291 (Fn. 183).

190 BGH, FamRZ 2011, 291 (Fn. 183); Zöller/Herget, ZPO, § 851c Rdn. 2 bei Nr. 3.

191 BGH, JurBüro 2012, 666 (Fn. 183); BGH, FamRZ 2011, 291 (Fn. 183).

192 BGH (Fn. 185).

ZPO besteht jedoch auch bei einem Umwandlungsverlangen gemäß § 167 VVG nur dann, wenn sämtliche der in § 851c ZPO geregelten Voraussetzungen im Zeitpunkt der Pfändung vorliegen[193]. Die Rechte eines Gläubigers, der Ansprüche aus dem Versicherungsvertrag bereits gepfändet hat (§ 829 Abs. 3 ZPO), wenn die Umwandlung verlangt wird, dürfen durch diese jedoch nicht beeinträchtigt werden[194] (§ 829 Abs. 1 S. 2 ZPO). Pfändungsschutz begründet die Umwandlung aber auch, wenn sie in der laufenden Versicherungsperiode noch vor Wirksamwerden der Pfändung (unwiderruflich) verlangt worden ist[195].

Gepfändet werden können geschützte **Altersrenten** „nur wie Arbeitseinkommen" (§ 851c Abs. 1 ZPO; gleiche Regelung in § 54 Abs. 4 SGB I). Wie dieses (§ 850 Abs. 1 ZPO) sind Renten somit nur nach §§ 850a–850g ZPO pfändbar. Bei Vollstreckung des Gläubigers einer gewöhnlichen Geldforderung bestimmen sich die Pfändungsgrenzen damit nach § 850c ZPO; wegen gesetzlicher Unterhaltsansprüche usw. sind die Leistungen nach § 850d ZPO pfändbar, wegen einer Forderung aus einer vorsätzlich begangenen unerlaubten Handlung nach § 850f Abs. 2 ZPO. Wahrung der Sozialhilfebedürftigkeitsgrenze und besondere Einzelfallbedürfnisse können Belassung eines weitergehenden unpfändbaren Teils nach § 850f Abs. 1 ZPO gebieten. Auf die nach der Pfändung fällig werden Beträge erstreckt sich das Pfandrecht nach § 832 ZPO. Pfändungsschutz für Kontoguthaben bestimmt § 850k ZPO. A.85

Es wird geltend gemacht, dass bei Rentenbezug die auf § 850e Nr. 2, 2a ZPO beschränkte Verweisung in § 851c Abs. 3 ZPO es nicht ermögliche, weitere Bestimmungen der §§ 850 ff. ZPO – insbesondere §§ 850d, 850f und 850g ZPO – „heranzuziehen"[196], auch weil eine entsprechende Anwendung im Gesetzgebungsverfahren keine Berücksichtigung gefunden habe[197]. Das ist schon nach dem Wortlaut des § 850 Abs. 1 ZPO nicht zutreffend, verstößt zudem gegen den Gesetzeszweck[198], den Pfändungsschutz der Empfänger von Altersrenten aus Kapitallebens- und Rentenversicherungen unter dem Gesichtspunkt der Gleichbehandlung mit Empfängern öffentlich-rechtlicher Rentenleistungen zu regeln, „deren Renten wie Arbeitseinkommen dem Pfändungszugriff der Gläubiger entzogen sind" (§ 54 Abs. 4 SGB I mit §§ 850c, 850d und 850f Abs. 2 ZPO; dazu Rdn. D.98), und lässt auch unbeachtet, dass § 851c Abs. 1 ZPO schon nach der Gesetzesbegründung[199] bestimmt, dass „die Renten nur wie Arbeitseinkommen gemäß den §§ 850 bis 850g ZPO gepfändet werden können." Bei der Beratung im Rechtsausschuss wurde A.86

---

193 BGH, MDR 2015, 1070 = NJW 2015, 3506 = Rpfleger 2016, 110; vgl. auch OLG Stuttgart, NZI 2014, 960 m. Anm. Dietzel = ZInsO 2014, 1863: der Pfändungsschutz beginnt erst mit Ablauf der laufenden Versicherungsperiode, frühestens aber mit Annahme des in dem Umwandlungsverlangen zu sehenden Angebotes auf Abschluss eines Änderungsvertrages durch den Versicherer.

194 BFHE 218, 43 = FamRZ 2007, 2068 = JurBüro 2008, 44 (45) = Rpfleger 2007, 672 (673).

195 M. Stöber, NJW 2007, 1242 (1247); Hasse, VersR 2006, 145 (157); Zöller/Herget, ZPO, § 851c Rdn. 10.

196 Hasse, VersR 2006, 145 (158 Fn. 112); Schuschke/Walker/Kessal-Wulf/Lorenz, Vollstreckung, § 851c Rdn. 5. Jedoch keine Anwendung des § 850f Abs. 1 Buchst. b ZPO auf die Mittel für Beitragszahlung, Rdn. A.91.

197 Schuschke/Walker/Kessal-Wulf/Lorenz (Fn. 196).

198 Begründung, BT-Drucks. 16/886, S. 7.

199 Begründung, BT-Drucks. 16/886, S. 9.

zwar (von einer Fraktion) eine Verweisung in § 851c Abs. 3 ZPO auch auf §§ 850f und 850g ZPO beantragt, dies aber mit Stimmenmehrheit abgelehnt[200]. Einen Grund dafür nennt der Bericht des Rechtsausschusses nicht. Die zweifelsfreie Fassung und unmissverständliche Begründung des Gesetzentwurfs deutet vielmehr darauf hin, dass die Mehrheit des Ausschusses die zusätzliche Anführung von Pfändungsvorschriften für Arbeitseinkommen als überflüssig angesehen hat.

A.87 Als zukünftige Forderungen sind Ansprüche auf **künftige Leistungen** bereits vor dem Zeitpunkt, von dem an sie gewährt werden, pfändbar (wie Rdn. D.83)[201].

A.88 Die Pfändungsbeschränkung für Leistungen nach § 851c Abs. 1 ZPO ist **von Amts wegen zu beachten.** Die Feststellung, ob der Vertrag den (allen) Anforderungen des § 851c Abs. 1 ZPO entspricht, kann nicht dem Drittschuldner überlassen werden. Der Gläubiger hat daher die für die rechtliche Prüfung erheblichen Tatsachen vorzubringen. Schlüssig ist sein Tatsachenvortrag (Rdn. B.68, B.69), wenn er die Pfändung der Ansprüche auf die Leistungen aus dem Versicherungsvertrag als solche zur Altersvorsorge „wie Arbeitseinkommen" beantragt. Dass das Versicherungsverhältnis alle Anforderungen von § 851c Abs. 1 Nrn. 1–4 ZPO erfüllt, (kann und) hat der Gläubiger, der die Verhältnisse des Schuldner nicht näher kennt, weitergehend nicht darzulegen.

Im **Pfändungsbeschluss** sind die pfandfrei zu belassenden laufenden Leistungen – wie bei der Pfändung von Arbeitseinkommen – zu bezeichnen. Bei Vollstreckung einer gewöhnlichen Geldforderung genügt nach § 850c Abs. 3 ZPO die Bezugnahme auf die Tabelle (Blankettbeschluss). Wenn der Gläubiger die Pfändung wiederkehrender Leistungen aus einem Versicherungsvertrag ohne die für Arbeitseinkommen geltenden Beschränkungen beantragt, hat er durch Tatsachenvortrag schlüssig darzulegen, weshalb der Pfändungsschutz nicht besteht, z.B. weil über vertragliche Ansprüche verfügt werden darf, die Zahlung einer Kapitalleistung vereinbart ist oder Leistung bereits vor Vollendung des 60. Lebensjahres an den nicht berufsunfähigen Schuldner zu erbringen sind (Nichtvorliegen der Voraussetzungen des § 851c Abs. 1 ZPO). Verstoß gegen die Pfändungsbeschränkung: wie Rdn. B.420 ff. Rechtsbehelf für den nicht angehörten Schuldner: Erinnerung (§ 766 ZPO).

A.89 Leistungen der Altersvorsorge aus **mehreren Versicherungsverträgen** sowie laufende Leistungen zur Altersvorsorge und Arbeitseinkommen oder wie Arbeitseinkommen pfändbare andere Geldleistungen, insbesondere solche aus der gesetzlichen Rentenversicherung oder einer berufsständischen Versorgungseinrichtung[202], sind zur Bemessung nur eines pfandfreien Betrags nach den Gesamtbezügen auf Antrag nach § 850e Nr. 2 oder 2a ZPO zusammenzurechnen; hierauf verweist § 851c Abs. 3 ZPO klarstellend.

A.90 Die Bestimmung eines Hinterbliebenen als Bezugsberechtigter (§ 851c Abs. 1 Nr. 3 ZPO) begründet Pfändungsschutz auch für Verträge zur **Hinterbliebenenversorgung.** Rentenzahlungen an Hinterbliebene können nach Eintritt des Versi-

---

200 Bericht des Rechtsausschusses, BT-Drucks. 16/3844, S. 9 und 10, auch bereits Stellungnahme des Bundesrates, BT-Drucks. 16/886, S. 16 (Bezugnahme auch auf § 850d ZPO sowie § 850e Nr. 2 bis 3 ZPO zur Klarstellung).

201 Zöller/Herget, ZPO, § 851c Rdn. 8.

202 M. Stöber, NJW 2007, 1242 (1245).

cherungsfalls daher ebenfalls nur „wie Arbeitseinkommen“ gepfändet werden. Pfändungsschutz besteht damit auch für den Ehegatten, den (eingetragenen) Lebenspartner, Kinder und Pflegekinder.

Für das **Vorsorgevermögen** (das angesammelte Deckungskapital) bestimmt § 851c Abs. 2 ZPO Pfändungsschutz. Der Deckungsstock wird so abgesichert, dass bei regelmäßiger Beitragszahlung mit Vollendung des 67. Lebensjahres eine Rente erwirtschaftet werden kann, deren Höhe in etwa der Pfändungsfreigrenze entspricht[203]. Auch ein über den Grundfreibetrag hinausgehender Anteil des Vorsorgekapitals ist vor Pfändung geschützt, um dem Versicherten einen Anreiz zu geben, für eine finanzielle Absicherung im Alter zu sorgen[204]. Es sind drei Zehntel des den unpfändbaren Betrag übersteigenden Rückkaufwertes der Alterssicherung nicht pfändbar; eine Erhöhung für Angehörige ist nicht bestimmt. Dieser weitergehende Schutz gilt jedoch nicht für den Teil des Rückkaufwerts, der den dreifachen Wert der in § 851c Abs. 2 S. 1 ZPO bezeichneten Gesamtsumme von 256.000 Euro, somit 768.000 Euro, übersteigt (§ 851c Abs. 2 S. 4 ZPO); dieser ist voll pfändbar. Die für die Einzahlung zum Aufbau des Deckungskapitals erforderlichen Mittel des Schuldners sind nicht nach Abs. 2 geschützt[205]; auch § 850f Abs. 1 Buchst. b ZPO ist auf die Mittel für die Beitragszahlung nicht anzuwenden[206]. A.91

Lebensalter und (insbesondere) Rückkaufswert der Alterssicherung werden dem Gläubiger und dem Vollstreckungsgericht durchweg nicht bekannt sein. Die Feststellung kann durch den Drittschuldner erfolgen. Zur Wahrung der Pfändungsbeschränkung muss eine abstrakte Bezeichnung im Pfändungsbeschluss (Blankettbeschluss) genügen. Erforderlichenfalls kann eine Feststellung mit klarstellendem Beschluss erfolgen. A.92

Eine Bestimmung für die Zusammenrechnung der Kapitalbeträge aus mehreren Altersvorsorgeverträgen auf Antrag trifft § 851c Abs. 3 ZPO mit § 850e Nrn. 2 und 2a ZPO[207]. A.93

Zur Berechnung des pfändbaren Einkommens eines **Arbeitnehmers,** der (auch) Vorsorgevermögen ansammelt, gewährt § 851c Abs. 2 ZPO einen nicht mitzurechnenden (§ 850e Nr. 1 ZPO), somit zusätzlichen pfandfreien Betrag für den Aufbau der Alterssicherung nicht[208]. A.94

Renten Selbstständiger sowie freiberuflich tätiger und nicht erwerbstätiger Personen aus **steuerlich gefördertem** Altersvorsorgevermögen sind nicht bereits als Arbeitseinkommen nach § 850 Abs. 3 Buchst. b ZPO geschützt (Rdn. C.24). Diese Lücke schließt § 851d ZPO[209]. Auch diese Renten dienen der Absicherung des Schuldners im Alter. Pfändbar sind sie daher ebenfalls nur „wie Arbeitseinkommen“. Für Einmalzahlungen zu Beginn der Auszahlungsphase nach dem AltZertG sowie bei Abfindung von Kleinbetragsrenten besteht Pfändungsschutz unter Umständen nicht. Schutz auch des Vorsorgekapitals schließt § 851d ZPO nicht A.95

---

203 Begründung, BT-Drucks. 16/886, S. 10.
204 Begründung (Fn. 203).
205 BGH, DGVZ 2012, 28 = MDR 2011, 813 = NJW-RR 2011, 1617 = Rpfleger 2011, 534.
206 BGH (Fn. 205).
207 Begründung, BT-Drucks. 16/886, S. 19; M. Stöber, NJW 2007, 1242 (1245).
208 Tavakoli, NJW 2008, 3259; BGH (Fn. 205); LG Lüneburg, NZI 2011, 25.
209 Begründung (Fn. 203).

ein; dessen Verwendung ist bereits durch § 97 EStG mit § 851 Abs. 1 ZPO und das AltZertG sichergestellt[210].

7.5. Altlasten

A.96 Altlasten sind Bodenbelastungen (Verunreinigungen) durch Schadstoffe[211]. Aus der Verantwortlichkeit[212] für eine Bodenbelastung und der Verpflichtung zur Bodensanierung können sich Zahlungsverpflichtungen ergeben. Nach Veräußerung eines belasteten Grundstücks kann dem Erwerber gegen den Veräußerer Anspruch auf Schadensersatz (auch Aufwendungsersatz) zustehen. Schadensersatzanspruch kann auch gegen den für eine Altlast verantwortlichen früheren Mieter oder Pächter bestehen. Für Vermögensschaden wegen Amtspflichtverletzung bei Aufstellung eines Bebauungsplans kann die Gemeinde haften[213]. Der Zahlungsanspruch gegen den Verursacher einer Altlast oder den für eine Bodenbelastung sonst Verantwortlichen ist abtretbar[214]. Er ist daher auch pfändbar (§ 851 Abs. 1 ZPO). Für Bezeichnung des zu pfändenden Anspruchs muss genügen „Anspruch auf Schadensersatz, Aufwendungsersatz und sonstige Zahlung jeder Art aus der Bodenbelastung (Verunreinigung) des Grundstücks … mit Schadstoffen (Altlasten)“. Nähere Anspruchsbezeichnungen unter Hinweis auf eine Anspruchsgrundlage oder die Art der Altlasten und sonstige Einzelheiten können angesichts der vielfältigen Haftungstatbestände, Bodenverunreinigungen und Sanierungsmaßnahmen sowie der nur unzulänglichen Informationsmöglichkeiten des Gläubigers nicht gefordert werden.

7.6. Anwaltsvergütung aus Bundes- oder Landeskasse

A.97 **Schrifttum:** Gaedeke, Die Pfändung von Armenanwaltsgebühren, JW 1935, 1657.

A.98 Die aus der Staatskasse zu zahlende **Vergütung** (§ 45 RVG) des im Wege der Prozesskostenhilfe nach § 121 ZPO, § 78 FamFG, § 11a ArbGG oder den entsprechenden Bestimmungen anderer Verfahrensgesetze beigeordneten Rechtsanwaltes, die Vergütung des in Strafsachen gerichtlich bestellten Verteidigers oder eines sonst beigeordneten Rechtsanwaltes und die Vergütung eines Rechtsanwaltes für Beratungshilfe (§ 44 RVG) ist als Geldforderung pfändbar. Drittschuldner ist die nach bundes- oder landesrechtlicher Vorschrift (siehe Anhang) zur Vertretung des Fiskus bestimmte Behörde[215].

---

210 Begründung (Fn. 203).

211 Definition des Begriffs „Altlasten“: § 2 Abs. 5 BBodSchG vom 17.3.1998 (BGBl I 502). Begriffsbestimmungen geben auch die Landesabfallgesetze.

212 Dazu näher Grziwotz, MittBayNot 1990, 282; Knopp, NJW 1992, 2657; Schürmann, MittRhNotK 1994, 1; auch (zu Altlastenregelungen der Länder) Pohl, NJW 1995, 1645.

213 Siehe BGHZ 106, 323 = NJW 1989, 976; BGHZ 108, 224 = NJW 1990, 381; BGHZ 109, 380 = NJW 1990, 1038.

214 Schürmann, MittRhNotK 1994, 1 (21).

215 Hintzen, Forderungspfändung, § 5 Rdn. 2.

Vor der Beiordnung und vor Inanspruchnahme der Beratungshilfe ist die Pfändung der aus künftigen Beiordnungen, Bestellungen oder Gewährung von Beratungshilfe später zu zahlenden Vergütungen unzulässig. Einer solchen Pfändung kommt, wenn sie gleichwohl erfolgt, keine Wirkung zu, weil vor der Bestellung zwischen dem Rechtsanwalt und der Staatskasse noch keine Rechtsgrundlage für die Möglichkeit des Entstehens einer künftigen Forderung besteht[216]. Zulässig ist jedoch die Pfändung des künftig zu zahlenden Betrages auf Grund bereits erfolgter Beiordnung[217]. Pfändungsschutz kann § 850i ZPO begründen (Rdn. C.512).

Ob im Pfändungsbeschluss die einzelnen Rechtsstreitigkeiten oder Beratungshilfeangelegenheiten, aus denen die Ansprüche herrühren, bezeichnet werden müssen[218] oder ob die Angabe des Gerichts mit der Sammelbezeichnung „Ansprüche des beigeordneten Anwaltes an den Justizfiskus" genügt, bestimmt sich nach den Umständen des Einzelfalls. Bei örtlich übersichtlichen Verhältnissen ist die Bezeichnung der Rechtsstreitigkeiten oder Beratungsangelegenheiten nicht notwendig[219] (wegen der nicht ganz einheitlichen Meinung dennoch aber ratsam). Bei örtlicher Konzentration von Gerichten mit zahlreichen Prozesskostenhilfesachen (z.B. in Berlin) kann aber für die ausreichend klare Benennung der Forderung, in die vollstreckt wird, auf die genaue Bezeichnung der einzelnen Sache, aus der ein Anspruch auf Anwaltsgebühren entstanden sein soll, nicht verzichtet werden[220]. Angabe auch des Aktenzeichens der Rechtssache ist nicht notwendig[221], gleichwohl aber ratsam. A.99

Der Pfändungsgläubiger kann den Antrag auf Festsetzung und Erstattung der Vergütung stellen[222] (§ 55 RVG) und Rechtsmittel einlegen. Wenn nur gepfändet, aber nicht überwiesen ist, kann der Antrag nur auf Leistung an Gläubiger und Schuldner gemeinsam oder Hinterlegung für beide zielen (s. Rdn. B.152). A.100

Formulierungsvorschlag: A.101

Gepfändet wird der angebliche Anspruch des Schuldners an den Freistaat Bayern, vertreten durch den Leiter der Landesjustizkasse Bamberg – Drittschuldner –, auf Zahlung der gesetzlichen Vergütung infolge Beiordnung im Wege der Prozesskostenhilfe zur Vertretung des Klägers in dem Rechtsstreit … / …, Aktenz. 1 O … /18 des Landgerichts Nürnberg-Fürth.

216 Allgemeine Ansicht, siehe Musielak/Becker, ZPO, § 829 Rdn. 6, Stein/Jonas/Würdinger, ZPO, § 829 Rdn. 6, Wieczorek/Schütze/Lüke, ZPO, § 829 Rdn. 13; Gaedeke, JW 1935, 1657.

217 Stein/Jonas/Würdinger (Fn. 216); Gaedeke (Fn. 216); s. auch LG Nürnberg-Fürth, Rpfleger 1998, 118 mit zust. Anm. Zimmermann.

218 So z.B. KG, JW 1933, 863;KG, JR 1954, 63.

219 OLG Dresden, JW 1934, 706; OLG Köln, JW 1935, 1725; AG Berlin-Schöneberg, JR 1951, 535; Hintzen, Forderungspfändung, § 5 Rdn. 3; Gaedeke (Fn. 216) (dieser aber mit wesentlichen Einschränkungen).

220 AG Berlin-Schöneberg (Fn. 219).

221 LG Nürnberg-Fürth und Anm. Zimmermann (Fn. 217); Hintzen, Forderungspfändung, § 5 Rdn. 3.

222 OLG Hamm, Rpfleger 1957, 318; KG, JW 1937, 1653.

7.7. Arbeitsgemeinschaft

A.102 Eine von mehreren Firmen gebildete (insbesondere bauwirtschaftliche) Arbeitsgemeinschaft stellt durchweg eine Gesellschaft nach §§ 705 ff. BGB dar[223]. Ansprüche an die Gesellschaft sind daher nach dem Rdn. A.64, Ansprüche der einzelnen Gesellschafter untereinander nach dem Rdn. E.114 ff. Gesagten zu pfänden. Geschäftsführender Gesellschafter, der die übrigen Gesellschafter von der Geschäftsführung ausschließt (§ 710 BGB), ist die leitende Firma[224].

7.8. Aufstiegsfortbildungsförderung

A.103 Das AFBG hat zum Ziel, Teilnehmerinnen und Teilnehmer an Maßnahmen der beruflichen Aufstiegsfortbildung durch Beiträge zu den Kosten der Maßnahme und zum Lebensunterhalt finanziell zu unterstützen. Leistungen zum Lebensunterhalt werden gewährt, soweit die dafür erforderlichen Mittel anderweitig nicht zur Verfügung stehen (§ 1 AFBG). Es besteht Anspruch auf einen Beitrag zu den Kosten der Lehrveranstaltung (Maßnahmebeitrag), einen Unterhaltsbeitrag und gegebenenfalls einen Kinderbetreuungszuschlag (§ 10 AFBG[225]) als Zuschuss oder darlehensweise nach Abschluss eines Darlehensvertrags mit der Kreditanstalt für Wiederaufbau (§§ 12, 13 AFBG). Zahlweise: je nach Forderungsart im Voraus, in einem Betrag oder vereinbarungsgemäß (§§ 13, 24 AFBG).

Gemäß § 27a AFBG findet § 54 SGB I Anwendung. Die Pfändung einer einmaligen Geldleistung (dabei das Darlehen, auch wenn es in monatlichen Teilbeträgen ausbezahlt wird) wird § 54 Abs. 2 SGB I nur ermöglichen, wenn sie durch die Zwangsvollstreckung ihrer Zweckbestimmung zugeführt wird (siehe Rdn. A.16). Für die Pfändung laufender Geldleistungen wie Arbeitseinkommen (§ 54 Abs. 4 SGB I) unter den Freigrenzen der §§ 850c, 850d und 850f Abs. 2 ZPO besteht kein Rechtsschutzbedürfnis; die Pfändung dieser Leistungen dürfte überdies § 850b Abs. 1 Nr. 2 ZPO (entspr. Anwendung) ausschließen.

Wenn eine Leistung auf das Konto des Schuldners bei einem Kreditinstitut überwiesen wird, gilt bei fehlender Deckung § 850k Abs. 6 ZPO entsprechend (§ 27a AFBG). Diese Bestimmung regelt zeitweiligen Schutz vor Verrechnung (Aufrechnung) und für Ausführung von Zahlungsvorgängen bei fehlender Deckung für ein Pfändungsschutzkonto. § 27a AFGB erstreckt (als Folgeänderung aus Anlass der Aufhebung des § 55 SGB I[226]) den Schutz auf Geldleistungen nach dem AFBG. Gleichen Schutz auch bei Auszahlung auf ein Konto, das nicht als P-Konto geführt wird, sieht die entsprechende Anwendung nicht vor.

---

223 RGZ 97, 235; BGH, MDR 1961, 408 = Rpfleger 1961, 363; BGHZ 146, 341 (342) = NJW 2001, 1056 = Rpfleger 2001, 246.
224 RG (Fn. 223); BGH, (Fn. 223).
225 Aufstiegsfortbildungsförderungsgesetz i.d.F. vom 15.6.2016 (BGBl I 1450).
226 Bericht des Rechtsausschusses, BT Drucks. 16/12714, S. 22.

7.9. Aufwendungsausgleich des Arbeitgebers

Arbeitgebern, die in der Regel nicht mehr als 30 Arbeitnehmer und Arbeitnehmerinnen beschäftigen, erstatten die Krankenkassen (mit Ausnahme der landwirtschaftlichen Krankenkasse) nach § 1 AAG[227] 80 vom Hundert A.104

- des nach dem Entgeltfortzahlungsgesetz an Arbeitnehmer und Arbeitnehmerinnen fortgezahlten Arbeitsentgelts,
- der auf die Arbeitsentgelte entfallenden von den Arbeitgebern zu tragenden Beiträge zur Bundesagentur für Arbeit und der Arbeitgeberanteile an Beiträgen zur gesetzlichen Kranken- und Rentenversicherung, zur sozialen Pflegeversicherung usw.

(U1-Verfahren). Die Kassen erstatten außerdem in vollem Umfang

- den vom Arbeitgeber nach § 20 Abs. 1 MuSchG gezahlten Zuschuss zum Mutterschaftsgeld,
- das vom Arbeitgeber nach § 18 MuSchG bei Beschäftigungsverboten gezahlte Arbeitsentgelt,
- die auf diese Arbeitsentgelte vom Arbeitgeber zu tragenden Beiträge zur Bundesagentur für Arbeit, Arbeitgeberanteile an Beiträgen zur gesetzlichen Kranken- und Rentenversicherung, zur sozialen Pflegeversicherung usw.

(U2-Verfahren). Ausgezahlt werden die zu gewährenden Beträge dem Arbeitgeber von der Krankenkasse, bei der der Arbeitnehmer oder die Arbeitnehmerin versichert ist. Einzelheiten: § 2 AAG.

Die Pfändbarkeit dieser Erstattungsbeiträge ist nicht ausdrücklich geregelt. Es handelt sich nicht um Sozialleistungen nach dem SGB. Die für die gesetzliche Krankenversicherung geltenden Vorschriften finden zwar entsprechende Anwendung (§ 10 AAG). Zum Bestandteil des Sozialgesetzbuchs als dessen besonderer Teil (siehe § 68 SGB I) ist das AAG jedoch nicht bestimmt. Daher finden die Vorschriften des SGB I über die Grundsätze des Leistungsrechts und damit die Pfändung von Sozialleistungen (§ 54 SGB I) keine Anwendung. Auch durch eine Zweckbestimmung wird Pfändungsschutz nicht gefordert. Der Erstattungsanspruch kann somit von Gläubigern des Arbeitgebers unbeschränkt gepfändet werden. Drittschuldner ist die erstattende Krankenkasse.

Formulierungsvorschlag: A.105

Gepfändet wird die angebliche Forderung des Schuldners an die …kasse (auszahlende Krankenkasse) – Drittschuldnerin – auf Erstattung der fälligen und künftigen Arbeitgeberaufwendungen für Entgeltfortzahlung (§ 1 Aufwendungsausgleichsgesetz).

227 Aufwendungsausgleichsgesetz vom 22.12.2005 (BGBl I 3686).

7.10. Baugeldforderungen

A.106 **Schrifttum:** Bauer, Die Zwangsvollstreckung in Baugelder, JurBüro 1963, 65.

A.107 Baugeldforderungen sind Ansprüche des Schuldners auf Zahlung der noch nicht abgerufenen Darlehnsvaluta aus bereits abgeschlossenen Kreditgeschäften für Bauzwecke[228]. Für Bauzwecke zweckgebunden werden Gelder[229] insbesondere gegeben, wenn die Beträge zur Bestreitung der Kosten eines Gebäudes, einer Eigentumswohnung, eines Schiffbaus oder eines ähnlichen Bauwerks gegen Sicherung durch Hypothek oder Grundschuld an dem zu errichtenden Bauwerk gewährt werden; solche Gelder werden regelmäßig nach Maßgabe des Baufortschritts ratenweise ausgezahlt[230]. Sie bleiben Baugelder, auch wenn Empfänger nicht der Grundstückseigentümer oder Bauherr ist, sondern der zur schlüsselfertigen Herstellung des Bauwerks verpflichtete Generalübernehmer oder Generalunternehmer[231]. Der lediglich mit einem Teil des Baus beauftragte Unternehmer oder Subunternehmer ist jedoch hinsichtlich seines Werklohns nicht Empfänger von Baugeld[232].

A.108 Als **zweckgebundene** Forderungen[233] sind Baugeldforderungen unpfändbar, soweit sie nicht durch die Zwangsvollstreckung ihrer Zweckbestimmung zugeführt werden sollen[234] (siehe Rdn. A.16). Baugeldforderungen können daher als Geldforderungen (siehe dazu wegen der Einzelheiten Rdn. A.141 ff.) nur von Baugläubigern gepfändet werden. Dies sind die Unternehmer, die an der Herstellung des Gebäudes auf Grund eines Werk- oder Dienstleistungsvertrages beteiligt sind, wegen der Ansprüche aus den in den Bau verwendeten Leistungen, und die Lieferanten von Baumaterialien[235].

A.109 Die **Zweckbestimmung** der Baugelder **erlischt**, wenn der Schuldner die Forderung eines Baugläubigers aus anderen Mitteln[236] beglichen oder durch Eigenleistungen Ausgaben erspart hat. Der Schuldner kann dann nach dem BauFordSiG bis zur Höhe des bezahlten Betrages bzw. der Hälfte des Wertes der auf den Bau verwendeten Eigenleistungen über das Baugeld anderweit verfügen. Mit diesem Weg-

---

228 Kein Baugeld sind somit zur Tilgung eines Grundstückskaufkredits zur Verfügung gestellte Mittel, BGH, MDR 1989, 440 = NJW-RR 1989, 788.

229 Zu den Kosten eines Baus und Baugeld auch BGH, MDR 1988, 215 = NJW 1988, 263; BGH, MDR 1989, 984 = NJW-RR 1989, 1045.

230 Siehe dazu vor allem das Bauforderungssicherungsgesetz vom 1.6.1909 (RGBl 449).

231 BGH, MDR 1982, 478 = NJW 1982, 1037; BGH, MDR 1991, 425 = NJW-RR 1991, 141 m.w.N.; BGH, NJW 2010, 3365 m.w.N. Zur Vergütung des Generalübernehmers als Baugeld auch OLG Frankfurt, NJW-RR 1989, 789.

232 BGHZ 143, 301 = NJW 2000, 956.

233 Dazu siehe RGZ 84, 193; BGH, MDR 2013, 878 = NJW 2013, 2514.

234 LG Aachen, Rpfleger 1962, 449; OLG Dresden, Seufferts Archiv 57 B 43; KG, JW 1937, 2232; KG, DR 1940, 814; KG, OLG 13, 211; KG, OLG 16, 378; OLG München, OLG 33, 117; OLG Nürnberg, OLG 23, 217; Stein/Jonas/Würdinger, ZPO, § 851 Rdn. 21, 23; Schuschke/Walker/Kessal-Wulf/Lorenz, Vollstreckung, § 851 Rdn. 5; Zöller/Herget, ZPO, § 829 Rdn. 33 „Baugeldforderungen"; Hintzen, Forderungspfändung, § 5 Rdn. 5, 7.

235 Bauer, JurBüro 1963, 65.

236 Zum Nachweis zweckentsprechender Verwendung des Baugeldes siehe auch BGH, NJW 2010, 3365 m.w.N.

fall der Zweckbindung wird auch die unbeschränkte Pfändung des freigewordenen Betrages möglich[237]. Die nach Baufertigstellung nicht verbrauchten Baugeldforderungsteile können ebenfalls unbeschränkt gepfändet werden.

Ohne Einschränkung kann der Gläubiger einer Mietvorauszahlung, die für den Bau verwendet worden ist, Baugeldforderungen pfänden, weil durch seine Leistung Baugelder freigeworden sind[238]. A.110

Die aus öffentlichen Mitteln gewährten Baugelder, die als Darlehen zweckgebunden und gegen dingliche Sicherung gewährt werden (öffentliche Baudarlehen) sind den gleichen Pfändungsbeschränkungen wie private Baudarlehen unterworfen. Kein Baugeld sind jedoch öffentliche Förderungsmittel, die als verlorener Zuschuss zur Finanzierung von Baukosten gewährt werden (sie vermehren das Vermögen des Bauherrn um [zweckgebundene] Eigenmittel), und zwar selbst dann nicht, wenn sie im Falle des Widerrufs der Subventionsbewilligung zurückgezahlt werden müssen[239]. A.111

Der Zahlungsanspruch eines Baugläubigers, an den Baugeldforderungen abgetreten worden sind, ist seinen eigenen Gläubigern gegenüber keiner Zweckbestimmung unterworfen. Von Gläubigern des Zessionars kann daher der abgetretene Zahlungsanspruch ohne Einschränkung gepfändet werden. A.112

7.11. Baukostenzuschuss

Der Anspruch des Mieters gegen seinen Vermieter auf Rückzahlung eines nicht abgewohnten Baukostenzuschusses, Finanzierungsbeitrages, Mieterdarlehens (Mietvorauszahlung[240]), Instandsetzungsbeitrages usw. ist als Geldforderung pfändbar. Diese Pfändung ist auch dann zulässig, wenn das Geld mit einer kapitalisierten Rente (z.B. einer Rente nach dem Bundesversorgungsgesetz) gezahlt worden ist. Denn der Anspruch auf Rückzahlung des Baukostenzuschusses usw. ist bürgerlich-rechtlicher Natur und allein nach den Vorschriften über die Hingabe des Darlehens zu beurteilen, mit der Kapitalabfindung also nicht mehr identisch[241]. A.113

7.12. Bausparkasse

Als Bausparer hat der Schuldner gegen die Bausparkasse Anspruch auf A.114

- Bereitstellung und Auszahlung der Bausparsumme nach Zuteilung des Bausparvertrags;
- Auszahlung der Sparbeträge (samt Zinsen) eines nicht zugeteilten Vertrages, sobald diese zur vollen Bausparsumme angewachsen sind;

---

237 S. dazu Bauer (Fn. 235).
238 LG Bremen, NJW 1953, 1397.
239 BGH, MDR 2000, 1243 = NJW-RR 2000, 1261; OLG Dresden, OLGR 1999, 380 (als Vorinstanz).
240 Der Anspruch auf Rückzahlung einer Mietvorauszahlung ist abtretbar (und damit pfändbar, § 851 Abs. 1 ZPO), LG Kassel, MDR 1965, 758.
241 LG Kassel, NJW 1954, 1203.

- Rückzahlung des Bausparguthabens (auch in Form einer Rente) im Falle der Kündigung des Vertrages;
- Änderung des Vertrages (insbes. Teilung des Bausparvertrages).

A.115 Die **Bausparsumme** besteht aus

- dem Bausparguthaben (dem angesparten Eigenkapital), das zur Auszahlung bereitgestellt wird; dieses wird im amtlichen Formular bei Anspruch F (Rdn. A.120) unter Nr. 1 bezeichnet,
- und dem Bauspardarlehen, das – soweit Pfändung zulässig ist – bei Anspruch F unter Nr. 5 eingetragen werden kann.

Das **Bauspardarlehen** ist **zweckgebunden**[242]. Dem Bausparer darf die Bausparkasse Gelddarlehen (Bauspardarlehen) nur für wohnungswirtschaftliche Maßnahmen wie z.B. die Errichtung, Beschaffung, Erhaltung und Verbesserung von überwiegend zu Wohnzwecken bestimmten Gebäuden gewähren (zu weiteren Maßnahmen § 1 Abs. 3 BauSparkG). Nur wer mit der Bausparkasse einen Vertrag geschlossen hat, durch den er nach Leistung von Bauspareinlagen einen Rechtsanspruch auf Gewährung eines Bauspardarlehens erworben hat (Bausparvertrag), ist Bausparer (§ 1 Abs. 2 BauSparkG). Die Zweckbindung der Zuteilungsmittel der Bausparkasse sieht § 6 BauSparkG vor. Der Verwendungszweck gehört damit zum Inhalt der von der Bausparkasse zu erbringenden Leistung. Folge dieser Zweckbestimmung ist die Unpfändbarkeit der Bauspardarlehen (§ 851 Abs. 1 ZPO)[243]. Pfändbar ist der Anspruch auf Gewährung eines Bauspardarlehens daher nur, wenn es durch die Vollstreckungsmaßnahme seiner Zweckbestimmung zugeführt wird (Rdn. A.16), somit für einen Gläubiger, dessen Forderung sich auf eine wohnungswirtschaftliche Maßnahme gründet, deren Förderung Verwendungszweck ist.

Der Anspruch auf das **Bausparguthaben** (Eigenkapital) unterliegt dieser Zweckbindung nicht[244].

Anspruch auf das Bauspardarlehen kann der pfändende Gläubiger nur nach Abschluss des Darlehensvertrages durch den Schuldner erheben. Wenn der Schuldner das Bauspardarlehen nicht in Anspruch nimmt, kann der Gläubiger den Darlehensvertrag nicht schließen (dazu Rdn. A.147). Dann kann der Gläubiger sich nur an den Rückzahlungsanspruch halten.

A.116 Zu pfänden ist der Anspruch auf die Bausparsumme (Sparguthaben und – soweit zulässig – Darlehen) als Geldforderung nach § 829 ZPO. Drittschuldner ist die Bausparkasse.

A.117 Die **Rückzahlung des Bausparguthabens** setzt Kündigung des Bausparvertrages voraus. Das Kündigungsrecht kann, weil es kein höchstpersönliches Recht ist, auch vom pfändenden Gläubiger ausgeübt werden. Von der Pfändung des Anspruchs auf Rückzahlung des Bausparguthabens wird das Kündigungsrecht als Nebenrecht (Gestaltungsrecht) ohne ausdrückliche Anordnung im Pfändungsbe-

---

242 BGH, MDR 1978, 747 = Rpfleger 1978, 248.
243 Hintzen, Forderungspfändung, § 5 Rdn. 12.
244 LG Bremen, NJW 1953, 1397; Hintzen, Forderungspfändung, § 5 Rdn. 12.

schluss erfasst[245] (s. Rdn. A.295). Das zurückzuzahlende Sparguthaben unterliegt keiner Zweckbestimmung, kann also von allen Gläubigern des Bausparers gepfändet werden[246]. Bei prämienschädlicher Rückzahlung des Sparguthabens wird das Kontoguthaben des Schuldners um die abzuführenden Beträge gekürzt.

Das Recht auf Änderung des Vertrages ist als Gestaltungsrecht ebenfalls kein höchstpersönliches Recht. Nach Pfändung kann es daher auch vom Gläubiger des Bausparers ausgeübt werden. Als Gestaltungsrecht ist es auch ohne ausdrückliche Anordnung im Pfändungsbeschluss von der Zwangsvollstreckung in alle Rechte aus dem Bausparvertrag erfasst (s. Rdn. A.295). An der Änderung des Vertrages kann der Gläubiger bei Teilpfändung ein Interesse haben, wenn ihm eine Teilkündigung die Möglichkeit der Befriedigung verschafft. Eine Teilung des Bausparvertrages kann dem Gläubiger aber auch Gelegenheit geben, einen Teilbetrag der Bausparsumme durch Zahlung einer für die Zuteilung fehlenden geringen Ansparsumme fällig zu stellen, um so unter Mitwirkung des Schuldners (s. Rdn. A.115) aus dem Bauspardarlehen und damit auch der vom Schuldner investierten Ansparsumme Befriedigung zu erlangen. **A.118**

Wer **Gläubiger** der Bausparforderung ist und daher als Schuldner den Zwangsvollstreckungszugriff dulden muss, kann bei dem auf fremdem Namen angelegten Bausparvertrag zweifelhaft sein. Abzustellen ist (wie bei Anlage eines Sparbuchs; dazu Rdn. A.467) auf den (erkennbaren) Willen des Einzahlenden, der den Bausparvertrag abgeschlossen hat. Als Bausparer ist das minderjährige Kind daher Gläubiger der Baugeldforderungen, wenn die Eltern bei Abschluss des Bausparvertrags als dessen gesetzliche Vertreter gehandelt haben[247]; unerheblich ist dann, wie z.B. bei Einzahlung der Bausparbeiträge durch Abzug vom Gehalt des Vaters, aus wessen Mittel die eingezahlten Gelder stammen[248]. Schließt ein Ehepaar den Bausparvertrag, so sind im Zweifel beide Ehegatten Gesamtgläubiger[249] (§ 428 BGB[250]) mit Einzelverfügungsbefugnis. Zur Pfändung einer Gesamtgläubigerforderung siehe Rdn. A.70. **A.119**

Amtliche Formulierung nach der Zwangsvollstreckungsformular-Verordnung: **A.120**

Anspruch F (an Bausparkassen)

[Gepfändet werden die Forderungen des Schuldners an die … Bausparkasse – Drittschuldnerin –] aus dem über eine Bausparsumme von (mehr oder weniger) … Euro abgeschlossenen Bausparvertrag Nr. …, insbesondere Anspruch auf

1. Auszahlung des Bausparguthabens nach Zuteilung

---

245 Es kann mithin nach Überweisung des Rückzahlungsanspruchs geltend gemacht werden, LG Naumburg, JW 1935, 816 m. Anm. Rebsamen.

246 LG Naumburg, JW 1935, 816 mit zust. Anm. Rebsamen; AG Wuppertal-Barmen, JW 1938, 2299.

247 LG Koblenz, FamRZ 1991, 1292 = NJW 1991, 2026.

248 LG Koblenz (Fn. 247).

249 OLG München, NJW-RR 1992, 498; BGH, FamRZ 2009, 968 = MDR 2009, 757 = NJW 2009, 2054 (für das von der Bausparkasse für Bausparer geführte Kontokorrentkonto als „Oder"-Konto).

250 „Oder"-Konto; zur vergleichbaren Gesamtgläubigerschaft bei gemeinschaftlichem Sparbuch siehe Rdn. A.469.

2. *Auszahlung der Sparbeiträge nach Einzahlung der vollen Bausparsumme*
3. *Rückzahlung des Sparguthabens nach Kündigung*
4. *das Kündigungsrecht selbst und das Recht auf Änderung des Vertrags*
5. *auf …*

Dazu Anordnung, dass die Bausparurkunde und der letzte Kontoauszug herauszugeben sind.

7.13. Befreiung von einer Schuld

A.121 Der Anspruch auf Befreiung von einer Schuld[251] ist nicht pfändbar, weil aus ihm in der Hand eines Gläubigers kein Zahlungsanspruch erwächst (s. Rdn. A.204). Eine Ausnahme gilt nur für den Gläubiger, dessen Forderung durch die Leistung des Drittschuldners getilgt werden soll.[252] Mit Pfändung und Überweisung wegen der Forderung, für welche dem Schuldner der Befreiungsanspruch gegen den Drittschuldner zusteht, setzt sich in der Hand dieses Gläubigers der Schuldbefreiungsanspruch in einen echten Zahlungsanspruch gegen den Drittschuldner um[253] (s. Rdn. A.204). Unpfändbar ist auch für den Geschädigten der arbeitsrechtliche Freistellungsanspruch, den ein Arbeitnehmer bei gefährdender Arbeit darauf hat, dass sein Arbeitgeber den Schaden trage und ihn, den Arbeitnehmer, von seiner Haftung gegenüber dem Geschädigten freistelle[254].

7.14. Bürgschaft

A.122 Rechte aus einer Bürgschaft (§ 765 BGB) sind Nebenrechte der Forderung; sie werden von deren Pfändung erfasst (s. Rdn. B.364). Als Nebenrechte können Ansprüche aus der Bürgschaft nicht ohne die Hauptforderung abgetreten[255] und daher auch nicht selbstständig gepfändet werden. In einen selbstständigen Anspruch verwandelt sich die Forderung gegen den Bürgen infolge Aufhebung der Akzessorietät mit Beendigung (Untergang) einer zahlungsunfähigen Handelsgesellschaft. Diese verselbstständigte Bürgschaftsforderung ist als solche abtretbar[256], mithin auch selbstständig pfändbar.

---

251 Siehe insbesondere auch Rdn. A.204. Zur Abtretbarkeit eines Befreiungsanspruchs BGHZ 12, 136 = NJW 1954, 795; BGH, NJW 1993, 2232; RGZ 140, 373 (378); RGZ 158, 6 (12); Ebel, JR 1981, 485. Pfändung des Freistellungsanspruchs des Komplementärs einer Kommanditgesellschaft gegen Kommanditisten s. Rdn. E.162; zur Rechtsschutzversicherung s. Rdn. A.410.

252 BGH, NJW 1994, 49 (50); RGZ 80, 183.

253 BGH (Fn. 252); OLG Frankfurt, JW 1936, 3490 mit Anm. Titze; KG, MDR 1980, 676 = NJW 1980, 1341 = OLGZ 1980, 332 = Rpfleger 1980, 197; Stein/Jonas/Würdinger, ZPO, § 851 Rdn. 38; siehe auch RGZ 128, 370 (Abtretung).

254 LG Berlin, MDR 1972, 153; **a.A.** Hardt, DB 2000, 1814. Für Pfändung des Freistellungsanspruchs eines Arbeitnehmers gegen den Arbeitgeber durch eine Berufsgenossenschaft siehe BArbG, AP Nr. 45 zu § 611 BGB m. Anm. Weitnauer = DB 1969, 841 (843).

255 RG, JW 1909, 685; BGHZ 95, 88 (93) = NJW 1985, 2528; BGHZ 115, 177 = MDR 1991, 1035 = NJW 1991, 3025; Besonderheiten: § 254 Abs. 2 S. 1, § 301 Abs. 2 S. 1 InsO.

256 BGHZ 82, 323 = MDR 1982, 483 = NJW 1982, 875.

7.15. Bundesentschädigungsgesetz

Schrifttum: Fraenkel, Die Genehmigung der Abtretung oder Pfändung nach § 14 Satz 2 BEG, NJW/RzW 1960, 245; Steinbach, § 14 BEG bei Arrest- und Pfändungsbeschlüssen, NJW/RzW 1962, 248; Steinbach, Verfahrensfragen bei Entscheidungen der Entschädigungsbehörden und -gerichte nach § 14 BEG in Körper- und Gesundheits- sowie Lebensschadensverfahren, NJW/RzW 1972, 121. **A.123**

Opfer der nationalsozialistischen Verfolgung haben Anspruch auf Entschädigung nach dem BEG[257]. Die Pfändbarkeit dieser Entschädigungsansprüche ist im BEG abschließend geregelt; die allgemeinen Pfändungsschutzbestimmungen der §§ 850 ff. ZPO und des § 54 SGB I sind daneben nicht anzuwenden[258]. Das BEG bestimmt: **A.124**

§ 14 BEG

Der Anspruch auf Entschädigung kann abgetreten, verpfändet oder gepfändet werden. Die Abtretung, Verpfändung oder Pfändung ist nur mit Genehmigung der Entschädigungsbehörde zulässig.

Es gelten jedoch mannigfache Sonderbestimmungen.

Für den Anspruch der von der Verfolgung mitbetroffenen Witwe oder des Witwers des bzw. der vor dem 31. Dezember 1952 verstorbenen Verfolgten (dazu § 4a Abs. 1, 3 BEG) bestimmt

§ 4a BEG

(2) … Der Anspruch ist weder übertragbar noch vererblich.

Besonderheiten sind insbesondere für folgende Entschädigungsansprüche vorgesehen:

Für **Schaden an Leben** (§§ 15 ff. BEG) erhalten die Hinterbliebenen Rente, die Witwe oder der Witwer bei Wiederverheiratung auch Kapitalabfindung. Insoweit gilt (auch für den Fall des § 41 BEG) **A.125**

§ 26 BEG

(1) Der Anspruch auf die laufende Rente ist weder übertragbar noch vererblich; dies gilt auch für den Anspruch der Witwe oder des Witwers auf Abfindung im Falle der Wiederverheiratung.

Für **Schaden an Körper oder Gesundheit** (§§ 28 ff. BEG) erhält der Verfolgte selbst Entschädigung. Soweit diese Entschädigung als Rente geleistet wird, ist bestimmt in **A.126**

§ 39 BEG

(1) Der Anspruch auf die laufende Rente ist weder übertragbar noch vererblich.

Außerdem hat der Verfolgte Anspruch auf **Kapitalentschädigung wegen Freiheitsentziehung oder Freiheitsbeschränkung** (§§ 43 ff. BEG). Insoweit gelten §§ 46 und 50 BEG, die wie folgt lauten: **A.127**

---

257 Bundesentschädigungsgesetz vom 29.6.1956 (BGBl I 562).
258 BGH, LM Nr. 4 zu § 14 BEG 1956 = RzW 1965, 225 = WM 1965, 346; LG Berlin, Rpfleger 1978, 150.

§ 46 BEG

(1) Der Anspruch auf Entschädigung für Freiheitsentziehung ist vor Festsetzung oder vor rechtskräftiger gerichtlicher Entscheidung nicht übertragbar.

§ 50 BEG

Der Anspruch auf Entschädigung für Freiheitsbeschränkung ist nach Maßgabe des § 46 übertragbar und vererblich. …

A.128 Erhält der Verfolgte eine Rente für **Schaden im beruflichen und im wirtschaftlichen Fortkommen** (§§ 64 ff. BEG), so gilt § 140 BEG, der folgenden Wortlaut hat:

§ 140 BEG

(2) Der Anspruch auf die laufende Rente ist weder übertragbar noch vererblich.

(5) Der Anspruch auf Darlehen und der Anspruch auf Beihilfe für Schaden in der Ausbildung sind weder übertragbar noch vererblich.

A.129 Weiter bestimmt

§ 141 BEG

(7) Der Anspruch auf die Soforthilfe ist vor Festsetzung oder vor rechtskräftiger gerichtlicher Entscheidung weder übertragbar noch vererblich.

Für den Anspruch auf Krankenversorgung für nicht verfolgungsbedingte Leiden (auch für Ehegatten und Kinder) bestimmt

§ 141a BEG

(4) Der Anspruch nach den Absätzen 1 und 2 ist weder übertragbar noch vererblich.

Für eine Entschädigung von Staatenlosen und Flüchtlingen bestimmt

§ 163 BEG

(2) Der Anspruch auf die laufende Rente ist weder übertragbar noch vererblich. Der Anspruch auf die Summe der rückständigen Rentenbeträge und auf die Kapitalentschädigung ist vor Festsetzung oder vor rechtskräftiger gerichtlicher Entscheidung weder übertragbar noch vererblich.

A.130 Der BGH[259] hält es für zulässig, dass der Pfändungsbeschluss sich allgemein auf alle Entschädigungsansprüche des Schuldners, soweit deren Pfändung nicht gesetzlich ausgeschlossen ist, bezieht, und dass die Entschädigungsbehörde eine derartige allgemeine Pfändung nach § 14 Satz 2 BEG genehmigt. Die Genehmigung kann in diesem Fall aber auch beschränkt derart erteilt werden, dass sie sich nur auf die Pfändung eines einzelnen – pfändbaren – Entschädigungsanspruchs oder auf mehrere bestimmte Ansprüche bezieht.

A.131 **Laufende Renten** sind die bei Wirksamwerden der Pfändung noch nicht fälligen künftigen Leistungen und die für den laufenden Monat geschuldete Rente[260]. Wird der Anspruch erst nach der Pfändung festgesetzt, so gelten als rückständig diejenigen Rentenbeträge, die sich nach der Festsetzung der laufenden Rente durch

---

259 BGH, LM Nr. 5 zu § 14 BEG 1956 = RzW 1966, 357 (358) m. Anm. Brunn = WM 1966, 658.

260 BGH, LM Nr. 4 zu § 39 BEG 1956 = MDR 1963, 572.

Bescheid oder rechtskräftige gerichtliche Entscheidung für die zurückliegende Zeit ergeben. Dazu gehören auch Beträge, die sich auf diese Weise für eine zurückliegende Zeit dadurch ergeben, dass die Rente durch einen späteren Bescheid oder durch ein späteres rechtskräftiges Urteil erhöht worden ist[261].

Pfändbar sind **Rentenrückstände** und sonstige Ansprüche **nur mit Genehmigung** der Entschädigungsbehörde (§ 14 BEG). Antragsberechtigt ist auch der Pfändungsgläubiger; er kann auch gegen einen ablehnenden Bescheid Klage nach § 210 BEG erheben[262]. Die Entschädigungsbehörde hat bei der Entscheidung über die Genehmigung nicht zu prüfen, ob dem Pfändungsbeschluss Mängel anhaften; nur wenn die Unwirksamkeit des Beschlusses offen zutage liegt, kann sie die Genehmigung versagen. Sonst hat sie sich ausschließlich von entschädigungsrechtlichen Erwägungen leiten zu lassen[263]. Vor allem wird sie zu prüfen haben, ob die Notlage des Verfolgten (seiner Familie) es unter Berücksichtigung der schutzwürdigen Belange des Gläubigers angezeigt erscheinen lässt, die Pfändung nicht zu genehmigen. Bei Abwägung der Interessen des Schuldners mit den schutzwürdigen Belangen des Gläubigers muss ein strenger Maßstab angelegt werden, wenn der Berechtigte sich böswillig der Befriedigung einer rechtskräftig festgestellten Schuld zu entziehen versucht[264]. Eine einmal erteilte Genehmigung kann nicht widerrufen werden. Für die Pfändung durch mehrere Gläubiger muss die Genehmigung von jedem der vollstreckenden Gläubiger erwirkt werden. A.132

Der gerichtliche **Pfändungsbeschluss** kann auch schon vor Genehmigung durch die Entschädigungsbehörde erlassen werden[265]. Eine solche Pfändung ohne Genehmigung ist nicht nichtig, sondern nur vernichtbar (s. Rdn. B.420). Sie wird jedoch mit Versagung der Genehmigung unwirksam. Wenn der ablehnende Bescheid aufgehoben wird, muss daher erneut gepfändet werden. Für die erneute Pfändung kann eine früher verweigerte Genehmigung erteilt werden. Aufhebung dieser Pfändung können, wenn die Genehmigung versagt wird, mit Erinnerung sowohl der Schuldner als auch die Entschädigungsbehörde verlangen[266].

Der Anspruch auf Erstattung der durch ein Heilverfahren entstandenen Kosten ist nicht pfändbar (§ 30 Abs. 1 BEG, § 51 BeamtVG). Wegen seiner höchstpersönlichen Natur ist der Anspruch auf Umschulungsbeihilfe (§ 40 BEG) unpfändbar. A.133

7.16. Bundestagsabgeordnete, Landtagsabgeordnete

Zur Übertragbarkeit und damit auch zur Pfändbarkeit (§ 851 Abs. 1 ZPO) der Leistungen für Mitglieder des Deutschen Bundestages bestimmt das AbgG[267] in A.134

261 BGH, LM Nr. 3 zu § 39 BEG 1956 = MDR 1962, 468 = NJW/RzW 1962, 360 = Rpfleger 1962, 264.
262 Blessin/Ehrig/Wilden, BEG, § 14 Bem. 7.
263 BGH (Fn. 259).
264 Blessin/Ehrig/Wilden (Fn. 262).
265 LG Berlin, RzW 1959, 545; LG Berlin (Fn. 258).
266 Blessin/Ehrig/Wilden, BEG, § 14 Bem. 8.
267 Abgeordnetengesetz i.d.F. vom 21.2.1996 (BGBl I 326).

§ 31 AbgG
Verzicht, Übertragbarkeit

Ein Verzicht auf die Abgeordnetenentschädigung nach § 11 und auf die Leistungen nach § 12 sowie nach dem Fünften Abschnitt mit Ausnahme des § 18 ist unzulässig. Die Ansprüche aus § 12 sind nicht übertragbar. Der Anspruch auf Abgeordnetenentschädigung nach § 11 ist nur bis zur Hälfte übertragbar. Im übrigen gelten die Vorschriften der §§ 850 ff. der Zivilprozeßordnung.

Nicht übertragbar, somit auch nicht pfändbar (§ 851 Abs. 1 ZPO) ist der Anspruch nach § 12 AbgG auf Amtsausstattung und Kostenpauschale für Auslagen (Aufwandsentschädigung)[268]. Nur bis zur Hälfte übertragbar, somit auch nur bis zur Hälfte pfändbar (§ 851 Abs. 1 ZPO) ist die monatliche Abgeordnetenentschädigung, die nach § 11 AbgG gewährt wird. Im Übrigen gelten die Vorschriften der §§ 850 ff. ZPO[269]. Die Entschädigung eines Abgeordneten (§ 11 AbgG), das Übergangsgeld eines ausgeschiedenen Mitglieds des Bundestags (§ 18 AbgG), die Versorgung (Altersentschädigung), die Hinterbliebenenversorgung und das Waisengeld sind somit als fortlaufende Bezüge (wie Beamtenbezüge) wie Arbeitseinkommen in Geld nur nach Maßgabe der §§ 850a–850g ZPO pfändbar. Jedoch können die (nach der Gesamtentschädigung zu bemessenden) pfändbaren Beträge der Entschädigung eines Abgeordneten nach der ausdrücklichen Bestimmung in § 31 Satz 3 AbgG (mit § 851 Abs. 1 ZPO) die Hälfte der Entschädigung nicht übersteigen[270]. § 31 Sätze 3 und 4 AbgG legen nicht fest, dass der Anspruch auf Entschädigung zur Hälfte unübertragbar und damit nicht pfändbar ist, somit nach § 850e Nr. 1 ZPO (entsprechende Anwendung) nicht mitgerechnet wird; denn dann müssten der (pfändbaren anderen Hälfte der) Entschädigung die Freibeträge des § 850c (oder § 850d oder § 850f) ZPO entnommen werden, so dass eben gerade nicht Übertragbarkeit „... bis zur Hälfte“ bestehen würde (§ 400 BGB), sondern darüber hinaus ausgeschlossen wäre. Übergangsgeld, das in einer Summe ausbezahlt wird, außerdem die Versorgungsabfindung nach § 23 AbgG, fallen unter § 850i ZPO. Das Sterbegeld, das Hinterbliebene erhalten, ist unpfändbar (§ 26 AbgG mit § 51 Abs. 3 BeamtVG[271]).

A.135 Unpfändbarkeit der Leistungen aus der Alters- und Hinterbliebenenversorgung eines vor dem 1. April 1977 aus dem Bundestag ausgeschiedenen Mitglieds oder Hinterbliebener nach dem DiätenG 1968[272]: § 25 Satz 2 DiätenG 1968 mit § 851 Abs. 1 ZPO (§§ 37, 38 AbgG).

Für die Aufwandsentschädigungen der Landtagsabgeordneten bestehen ähnliche Regelungen. Soweit demnach für eine Abfindung, die ein Abgeordneter nach seinem Ausscheiden aus dem Parlament erhält, ein Pfändungsschutz nicht ausdrücklich bestimmt ist, gilt sie als pfändbar[273].

---

268 So auch OLG Düsseldorf, MDR 1985, 242 = OLGZ 1985, 102.

269 Behandlung der Entschädigung des Abgeordneten (wie Beamtenbezüge) nach §§ 850 ff. ZPO bereits früher; siehe OLG Düsseldorf (Fn. 268).

270 **Anders** OLG Düsseldorf (Fn. 268) (für Entschädigung eines Mitglieds des Landtags NRW): Aus der wie Arbeitseinkommen pfändbaren Hälfte der Abgeordnetenentschädigung sind dem Schuldner Pfändungsfreibeträge nach §§ 850c, 850d oder 850f ZPO zu belassen.

271 § 51 BeamtVG abgedruckt Rdn. C.9.

272 Diätengesetz 1968 vom 3.5.1968 (BGBl I 334).

273 AG Bremerhaven, MDR 1980, 504.

Zur Aufwandentschädigung der Mitglieder von Gemeindeorganen, von Kreistagsabgeordneten usw. s. Rdn. C.163.

7.17. Conterganstiftung für behinderte Menschen

An behinderte Menschen werden wegen Fehlbildungen (näher § 12 ContStifG[274]) von der „Conterganstiftung für behinderte Menschen" Leistungen (Kapitalentschädigung und lebenslängliche Conterganrente sowie eine jährliche Sonderzahlung, § 13 ContStifG) gewährt. Vererbliche (bereits fällig gewordene) Ansprüche auf Kapitalentschädigung und Rentenleistungen werden Erbinnen und Erben gewährt, wenn sie nahe Angehörige sind (§§ 12, 13 Abs. 5 S. 2 ContStifG). Die Ansprüche auf die Leistungen sind nicht pfändbar, die Conterganrente auch nicht, wenn sie (ganz oder teilweise) als Kapitalabfindung gewährt wird (§ 13 Abs. 3 ContStifG). Das bestimmt A.136

§ 13 ContStifG
Art und Umfang der Leistungen an behinderte Menschen

(5) Die Ansprüche auf die in Absatz 1 genannten Leistungen können nicht übertragen, verpfändet oder gepfändet werden. Vererblich sind lediglich Ansprüche auf Kapitalentschädigung, auf Conterganrente und jährliche Sonderzahlung, die im Zeitpunkt des Todes der leistungsberechtigten Person bereits fällig geworden sind, und zwar nur dann, wenn die Person von ihrem Ehegatten, ihrer Lebenspartnerin oder ihrem Lebenspartner, ihren Kindern oder ihren Eltern beerbt wird.

7.18. Darlehen, Kreditzusage

Schrifttum: Bitter, Pfändung des Dispositionskredits?, WM 2001, 889; Bitter, Neues zur Pfändbarkeit des Dispositionskredits, WM 2003, 1109; Diesel, Richtet sich die Zwangsvollstreckung gegen Bankkunden zweckmäßig in die nicht valutierten Kreditsicherheiten oder in den Kreditanspruch? JW 1933, 2503; Felke, Die Pfändung der „offenen Kreditlinie" im System der Zwangsvollstreckung, WM 2002, 1632; Gaul, Die Zwangsvollstreckung in den Geldkredit, KTS 1989, 3; Grunsky, Zur Durchsetzung einer Geldforderung durch Kreditaufnahme des Schuldners in der Zwangsvollstreckung, ZZP 95 (1982) 264; Klose, Dispositionskredit – Zulässigkeit der Pfändung des Darlehensanspruchs, MDR 2002, 186; Koch, Pfändbarkeit des Kreditanspruchs, JW 1933, 2757; Koch, Pfändbarkeit einer Überziehungskreditforderung, JurBüro 1986, 1761; Luther, Die Pfändbarkeit von Kredit- und Darlehensansprüchen, BB 1985, 1886; Lwowski und Weber, Pfändung von Ansprüchen auf Kreditgewährung, ZIP 1980, 609; Nasall, Unterliegen Dispositionskredite der Pfändung? NJW 1986, 168; Olzen, Die Zwangsvollstreckung in Dispositionskredite, ZZP 97 (1984) 1; Peckert, Pfändbarkeit des Überziehungs- und Dispositionskredits, ZIP 1986, 1232; Ploch, Pfändbarkeit der Kreditlinie, DB 1986, 1961; Schmidt, Darlehen, Darlehensversprechen und Darlehenskrediteröffnung im Konkurs, JZ 1976, 756; Schuschke, Die Pfändung der „offenen Kreditlinie", ZIP 2001, 1084; Wagner, Pfändung der Deckungsgrundlage – ungeklärte Fragen bei der Zwangsvollstreckung in Girokonten, ZIP 1985, 849; Wagner, Zur Pfändbarkeit nicht zweckgebundener Kontokorrentkreditforderungen, JZ 1985, 718; Wagner, Neue Argumente zur Pfändbarkeit des Kontokorrentkredits, WM 1998, 1657; Weidner und Walter, Pfändbarkeit von Ansprüchen aus einem Dispositionskredit, JurBüro 2005, 177; Weimar, Zur Pfändbarkeit des Anspruchs auf Auszahlung eines Darlehens, JurBüro 1976, 565. A.137

---

274 Conterganstiftungsgesetz i.d.F. vom 25.6.2009 (BGBl I 1537).

A.138 Der Anspruch auf **Rückzahlung** eines vom Schuldner dem Drittschuldner gewährten Darlehens (§ 488 Abs. 1 BGB) ist als Geldforderung nach § 829 ZPO zu pfänden. Bei Sicherung durch eine Hypothek muss er nach § 830 ZPO gepfändet werden (siehe Teil F). Das Kündigungsrecht (§ 488 Abs. 3 BGB) kann nicht mitgepfändet werden. Es kann vor Überweisung durch den Gläubiger nicht ausgeübt werden (Rdn. B.150); nach Überweisung folgt die Kündigungsbefugnis bereits aus der Einziehungsermächtigung des Gläubigers (Rdn. B.219).

A.139 Ein Darlehens-**Schuldschein** ist Beweisurkunde, die die Schuld bestätigt oder (als Schuldanerkenntnis) begründet[275]. Ihn kann der Gläubiger nach § 836 Abs. 3 ZPO heraus verlangen.

A.140 Wenn **mehrere Personen** als Darlehensgeber Anspruch auf Rückerstattung haben, erfordert die Pfändung des Rückzahlungsanspruchs Vollstreckungstitel für die Zwangsvollstreckung gegen alle Mitberechtigte als Vollstreckungsschuldner nach dem Rdn. A.68 ff. Gesagten. Unteilbare Leistung ist der Rückzahlungsanspruch mehrerer Personen, die das Darlehen ohne vertragliche Begründung von Gesamtgläubigerschaft (§ 428 BGB) gewährt haben[276]. Der (Dritt-)Schuldner kann daher nur an alle Darlehensgeber gemeinschaftlich mit befreiender Wirkung leisten. Die Pfändung erfordert damit Vollstreckungstitel (Rdn. A.69) gegen alle Mitberechtigte.

A.141 Anspruch auf **Auszahlung eines Gelddarlehens** wird für den Schuldner als Darlehensnehmer mit Abschluss des Darlehensvertrags begründet (§ 488 Abs. 1 S. 1 BGB). Der Darlehensbetrag kann vereinbarungsgemäß an einen Dritten auszuzahlen sein[277], der Auszahlungsanspruch sonach auch mit der Maßgabe abgetreten werden, dass mit Zahlung an den Zessionar der Zedent Darlehensschuldner wird[278]. Pfändbar ist der Auszahlungsanspruch als Geldforderung[279]. Drittschuldner ist der Darlehensgeber. Unpfändbarkeit kann sich aus der Zweckbindung des Darlehens ergeben (Rdn. A.16), so beim Baugeld (Rdn. A.107 ff.) und Bauspardarlehen (Rdn. A.114 ff.).

A.142 Pfändbar ist der Anspruch auf Auszahlung eines Gelddarlehens auch im **bankmäßigen Kreditverkehr**. Weil die Pfändung eine Zahlung an den Schuldner verbietet (§ 829 Abs. 1 ZPO), kann einer Abrede über die Auszahlung durch Gutschrift auf ein Girokonto des Schuldners keine Bedeutung mehr zukommen.

A.143 Die Pfändung des Darlehensanspruchs (Auszahlungsanspruchs) nach Abschluss des Darlehensvertrags hat keine allzu große praktische Bedeutung. Sicherung des Darlehensgebers gewährleistet § 490 Abs. 1 BGB mit einem (einseitigen) Widerrufsrecht[280]. Der Widerruf beseitigt die zum Vertrag notwendige Willenser-

---

275 BGH, WM 1976, 974 (975); BGH, MDR 1978, 296; BGH, NJW 1986, 2571.
276 KG, MDR 2006, 560.
277 BGHZ 183, 169 Rdn. 16 = NJW 2010, 1144 m.w.N.
278 BGB-RGRK/Weber, § 399 Rdn. 26.
279 RGZ 51, 119; BGH, MDR 1978, 839 = Rpfleger 1978, 247; BGHZ 147, 193 = MDR 2001, 1014 = Rpfleger 2001, 357 und (nach Zurückverweisung durch den BGH) OLG Hamm, NJW-RR 2002, 1477; LG Düsseldorf, JurBüro 1982, 1426; LG Münster, Rpfleger 2000, 506.
280 Zu diesem Widerrufsrecht und zu dem Aufhebungs- sowie Kündigungsrecht nach AGB-Banken/Sparkassen sowie zur Kreditzusage unter auflösender Bedingung s. Gaul, KTS 1989, 3 (23).

klärung des Darlehensgebers und damit den Darlehensvertrag; damit entfällt der gepfändete Auszahlungsanspruch. Banken (Sparkassen) behalten sich zudem durchweg das Recht vor (regelmäßig enthalten schon die allgemeinen Geschäftsbedingungen einen solchen Vorbehalt), jede Geschäftsverbindung nach eigenem Ermessen fristlos zu lösen. Da der Drittschuldner sonach die Erfüllung einer Leistung aus einem schon abgeschlossenen Kreditgeschäft jederzeit verweigern kann, wird eine Pfändung praktisch nur selten einmal zu einem Erfolg führen[281]. Wenn die Bestellung einer Sicherheit für das auszuzahlende Darlehen vereinbart, durch den Schuldner (Kreditnehmer) aber noch nicht geleistet ist, kann auch die Geltendmachung des Zurückbehaltungsrechts des Darlehensgebers (§§ 273, 305 BGB) die Verfolgung des Darlehensauszahlungsanspruchs durch den Pfandgläubiger einschränken.

Auch von einem Gläubiger des **Zessionars**, dem der Anspruch auf Auszahlung eines Gelddarlehens abgetreten worden ist (Rdn. A.141), kann der Anspruch als Geldforderung gepfändet werden. Diese Pfändung wird aber nicht immer zum Ziele führen, weil die Bank die Erfüllung der Leistung nach dem Rdn. A.143 Gesagten verweigern kann. **A.144**

Ist ein Darlehen (Kredit) durch **Gutschrift** auf dem Bankkonto (Girokonto) des Schuldners bereits gewährt, dann ist der mit der Gutschrift empfangene Betrag Kontoguthaben[282]; von einer Pfändung wird es nach dem Rdn. A.238 ff. Gesagten erfasst. **A.145**

Gelddarlehen gewähren Kreditinstitute bei Geschäftsverbindung in laufender Rechnung (Kontokorrent, Rdn. A.238) auch als **A.146**

- Dispositionskredit (vereinbarten Überziehungskredit),
- geduldeten Überziehungskredit.

Für den **Dispositionskredit** ist dem Schuldner als Kunde des Kreditinstituts (vertraglich) das Recht eingeräumt, sein laufendes Konto in bestimmter Höhe (sog. Kreditlinie) zu überziehen (siehe § 504 BGB). Grundlage des Anspruchs auf Kreditgewährung ist damit der Krediteröffnungsvertrag. Er stellt es in das Belieben (zur Disposition) des Schuldners, ob und in welchem Umfang er die ihm eingeräumte Kreditlinie in Anspruch nehmen will[283]. Einen Anspruch auf Darlehensauszahlung an das Kreditinstitut begründet der Krediteröffnungsvertrag allein damit noch nicht. Er begründet auch keine Pflicht des Schuldners (Kunde), den Kredit in Anspruch zu nehmen[284]. Ein Anspruch auf Auszahlung wird erst durch den Abruf des Kredits durch den Schuldner (Kunden) begründet[285].

Für eine Pfändung ergibt sich damit: **A.147**

---

281 Koch, JW 1933, 2758; Forgách, DB 1974, 809; Weimar, JurBüro 1976, 56; Gaul, KTS 1989, 3; anders Grunsky, ZZP 95 (1982) 264 (278).
282 Es unterliegt ohne weiteres der Pfändung; Gaul, KTS 1989, 3 (16).
283 BGHZ 157, 350 (355) = NJW 2004, 1444 (1445); BGH, MDR 2011, 1072.
284 BGHZ 147, 193 (195) (Fn. 279).
285 BGHZ 83, 76 (81) = NJW 1982, 1810; BGHZ 147, 193 (194) (Fn. 279); BGH, NJW 2001, 1859; BGHZ 157, 350 (355) (Fn. 283); BGHZ 170, 276 (282) = MDR 2007, 861 = NJW 2007, 1357.

- **Vor dem Abruf** des Kredits gibt es keinen Anspruch des Schuldners auf Darlehensauszahlung gegen das Kreditinstitut, der gepfändet werden und dem Gläubiger das Recht geben könnte, sich ohne Mitwirkung des Schuldners als Kontoinhaber Kreditmittel auszahlen zu lassen[286].
- Das Recht des Schuldners als Kunde des Kreditinstituts, einen **Kreditbetrag in Anspruch zu nehmen** (abzurufen), ist einseitiges Gestaltungsrecht[287], durch dessen Ausübung der Krediteröffnungsvertrag erst konkretisiert und inhaltlich ausgestaltet wird[288]. Dieses Abrufrecht ist nicht pfändbar[289]. Es wird auch von einer Pfändung des Auszahlungsanspruchs nicht erfasst[290]. Als Recht zu rechtsgeschäftlichem Handel ist es höchstpersönlich; ein Gläubiger kann für seinen Schuldner durch Geschäftsabschluss Rechte und Pflichten nicht begründen.
- Der Krediteröffnungsvertrag begründet eine Rechtsbeziehung zwischen dem Schuldner und dem Kreditinstitut, aus der die spätere Forderung nach ihrem Inhalt und der Person des Drittschuldners bestimmt werden kann (s. Rdn. A.30). Der Anspruch des Schuldners aus dem zu seiner Disposition stehenden **Kredit** („offene Kreditlinie") ist daher (als zukünftige Forderung) **pfändbar**[291]. Solange der Schuldner jedoch keine Verfügung über den ihm eingeräumten Kredit vornimmt, hat diese Pfändung für den Gläubiger kei-

---

286 BGHZ 147, 193 (195) (Fn. 279); BGHZ 157, 350 (356) (Fn. 283); BGH, MDR 2011, 1072.

287 BGHZ 157, 350 (355) (Fn. 283); „inhaltsausfüllendes Gestaltungsrecht" nach Gaul, KTS 1989, 3 (16).

288 BGHZ 157, 350 (355) (Fn. 283).

289 BGHZ 147, 193 (Fn. 279) und (nach Zurückverweisung durch den BGH) OLG Hamm, NJW-RR 2002, 1477; BGHZ 157, 350 (356) (Fn. 283); BGH, MDR 2011, 1072; OLG Schleswig, NJW 1992, 579; LG Dortmund, NJW 1986, 977 = Rpfleger 1985, 497 mit Anm. Alisch; LG Essen, NJW-RR 2002, 553; LG Hannover, JurBüro 1986, 303; LG Hannover, Rpfleger 1988, 372; LG Hildesheim, JurBüro 1988, 547; LG Landau, JurBüro 1985, 1742; LG Lübeck, NJW 1986, 1115; LG Münster, WM 1984, 1312; LG Münster, MDR 1996, 1069; LG Münster, Rpfleger 2002, 632 Leits.; LG Wuppertal, JurBüro 1989, 1317 = WM 1990, 119; Gaul, KTS 1989, 3 (7); Bitter, WM 2001, 889 (897); Schuschke, ZIP 2001, 1084 (1087); **a.A.** LG Düsseldorf, JurBüro 1985, 470 mit zust. Anm. Schroeder; LG Düsseldorf, JurBüro 1987, 936; LG Itzehoe, NJW-RR 1987, 819; OLG Stuttgart, HRR 1928 Nr. 1523 (Kredit in laufender Rechnung pfändbar); wohl auch OLG Köln, ZIP 1983, 810; offengelassen in BGHZ 93, 315 = JZ 1985, 487 mit krit. Anm. Grunsky = MDR 1985, 576 = NJW 1985, 1218.

290 BGHZ 147, 193 (Fn. 279).

291 BGHZ 147, 193 (195, 196) (Fn. 279); BGHZ 157, 350 (356) (Fn. 283); BGH, MDR 2011, 1072. Ähnlich LG Essen, NJW-RR 2002, 553; LG Hamburg, JurBüro 1986, 778 = NJW 1986, 998 = Rpfleger 1986, 265 mit Anm. Baßlsperger, das allerdings bereits den Anspruch auf Zurverfügungstellung laufenden Kredites für pfändbar erachtet; Felke, WM 2002, 1632 (1635); auch Gaul, KTS 1989, 3 (18): Kreditgewährungsanspruch vor Abruf soll pfändbar sein, der Gläubiger den Abruf an Stelle des Schuldners nicht vornehmen können. Kritisch dazu OLG Schleswig (Fn. 289); abl. LG Münster, MDR 1996, 1069 (Fn. 289). Gegen Differenzierung zwischen Dispositions- und Überziehungskredit Bitter, WM 2001, 889, der den Anspruch aus einem Kontokorrentkredit (damit auch den Auszahlungsanspruch nach Abruf des Dispositionskredits durch den Schuldner) als unpfändbar ansieht (eingehende Stellungnahme zu BGH), sowie Bitter, WM 2004, 1109.

nen realisierbaren Wert[292]. Den Gläubiger berechtigt die Pfändung nicht dazu, den Kredit abzurufen. Unterlässt der Schuldner den Abruf, steht dem Gläubiger ein wirtschaftlich verwertbares Recht damit nicht zur Verfügung.

- Sobald und soweit der Schuldner durch eine Verfügung über sein Konto (Verlangen nach Barauszahlung; Einreichung eines Überweisungsauftrags) in Höhe eines bestimmten Geldbetrags die **Kreditzusage in Anspruch nimmt**, besteht eine Pflicht des Kreditinstituts zur Auszahlung[293]. Diesen auszuzahlenden Darlehensbetrag **erfasst die Pfändung**[294]. Als zweckgebunden (wegen Verwendung des Geldes für einen anderen als den vom Schuldner mit dem Abruf bestimmten Zweck) und damit nach § 851 Abs. 1 ZPO unpfändbar angesehen wird der Auszahlungsanspruch nicht[295]. Er wird auch nicht durch das bankrechtliche Pfandrecht (Grundlage: AGB der Bank oder Sparkasse) berührt[296]. Das Kreditinstitut hat daher die Pfändung zu beachten[297], sofern es diese nicht zum Anlass nimmt, den Kredit zu kündigen[298] (hierzu Rdn. A.143).

Für Pfändung des **Anspruchs** auf **Auszahlung** eines Gelddarlehens nach Ab- A.148
schluss des Darlehensvertrags (Rdn. A.141) oder Begründung des Anspruchs des Schuldners aus Krediteröffnungsvertrag mit Abruf (durch den Schuldner; Rdn. A.147) muss der pfändbare Anspruch im Gläubigerantrag (Rdn. B.25) und Pfändungsbeschluss (Rdn. B.85) bestimmt bezeichnet[299] sein. Antrag und/oder Beschluss auf Pfändung nur des Anspruchs aus Krediteröffnungsvertrag („aus offener Kreditlinie“) können nicht als Antrag und Beschluss auf Pfändung des mit Abruf des Kredits durch den Schuldner entstandenen Auszahlungsanspruchs ausgelegt werden[300].

Der **geduldeten Kontoüberziehung** (s. § 505 BGB) liegt keine Vereinbarung A.149
eines Kreditrahmens zugrunde. Allein die Möglichkeit, ein Konto zu überziehen, begründet keinen pfändbaren (gegenwärtigen oder zukünftigen) Geldanspruch[301]. Ein Kreditanspruch des Schuldners kann auch nicht mit dem Ziel gepfändet werden, nach Überweisung das Recht für den Schuldner aufzugeben, um auf diese Weise die weitere Valutierung einer Höchstbetragssicherungshypothek, (Sicherungs-)Grundschuld oder sonstigen Kreditsicherheit zu verhindern und so diese Rechte dem Vollstreckungszugriff zugänglich zu machen. Eine Darlehensbezie-

292 BGHZ 157, 350 (356) (Fn. 283); BGH, MDR 2011, 1072.
293 BGHZ 147, 193 (195) (Fn. 279).
294 BGHZ 147, 193 (196) (Fn. 279); BGHZ 170, 276 (282) (Fn. 285); BGH, NJW-RR 2008, 647 (648).
295 BGHZ 147, 193 (195) (Fn. 279).
296 BGHZ 147, 193 (198) (Fn. 279).
297 BGHZ 147, 193 (199) (Fn. 279).
298 BGHZ 147, 193 (200) (Fn. 279).
299 LG Essen (Fn. 289) (für Gläubigerantrag).
300 LG Essen (Fn. 289).
301 BGHZ 93, 315 (325) (Fn. 289); BGHZ 147, 193 (Fn. 279); BGHZ 170, 276 (281) (Fn. 285); OLG Frankfurt, NJW-RR 1994, 878 (879); OLG Frankfurt, OLGR 1997, 286; OLG Schleswig (Fn. 289); Felke, WM 2002, 1632 (1634; Ausnahmefall möglich); Schuschke, ZIP 2001, 1084 (1086); kritisch dazu Münzberg, ZZP 102 (1989) 129 (Buchbespr.); Gaul, KTS 1989, 3 (6).

hung zwischen der Bank und ihrem Kunden kommt dann mit der Darlehensgewährung zustande, wenn der Kunde sein Konto überzieht und die Bank als Darlehensgeberin das durch Überweisung oder Auszahlung (Einlösung eines Schecks[302]) duldet.

A.150 Nicht voll valutierte **Kreditsicherheiten** sind nach den für die Zwangsvollstreckung in diese einzelnen Vermögensrechte geltenden Bestimmungen pfändbar; siehe hierwegen z.B. Grundschuld (Rückgewähranspruch Rdn. F.107 ff.), Höchstbetragssicherungshypothek (Eigentümergrundschuld Rdn. F.191), Sicherungseigentum (Rdn. E.44 ff.) und abgetretene Forderungen (Rdn. A.74 ff.).

A.151 **Formulierungsvorschlag** (Darlehensrückzahlung):

Gepfändet wird die angebliche Forderung des Schuldners an ... – Drittschuldner – auf Rückzahlung eines in Höhe von (ggf. ungefähr) ... Euro gewährten Darlehens und auf Auszahlung der fortlaufenden (auch rückständigen) Darlehenszinsen.

A.152 **Amtliche Formulierung nach der Zwangsvollstreckungsformular-Verordnung** (Dispositionskredit):

Anspruch D (an Kreditinstitute)

[Gepfändet werden die Forderungen des Schuldners an die ... Bank – Drittschuldnerin –]

1. *auf Zahlung der zu Gunsten des Schuldners bestehenden Guthaben seiner sämtlichen Girokonten (insbesondere seines Kontos ...) bei diesem Kreditinstitut einschließlich der Ansprüche auf Gutschrift der eingehenden Beträge; mitgepfändet wird die angebliche (gegenwärtige und künftige) Forderung des Schuldners an den Drittschuldner auf Auszahlung eines vereinbarten Dispositionskredits („offene Kreditlinie“), soweit der Schuldner den Kredit in Anspruch nimmt*

A.153 **Amtliche Formulierung nach der Zwangsvollstreckungsformular-Verordnung** (Darlehensvaluta):

Anspruch D (an Kreditinstitute)

[Gepfändet werden die Forderungen des Schuldners an die ... Bank – Drittschuldnerin –]

3. *auf Auszahlung der bereitgestellten, noch nicht abgerufenen Darlehensvaluta aus einem Kreditgeschäft, wenn es sich nicht um zweckgebundene Ansprüche handelt*

7.19. Dopingopfer-Hilfe

A.154 Personen, die erhebliche Gesundheitsschäden erlitten haben, weil ihnen als Hochleistungssportlern oder -nachwuchssportlern der ehemaligen DDR ohne ihr Wissen oder gegen ihren Willen **Dopingsubstanzen** verabreicht worden sind oder weil ihrer Mutter während der Schwangerschaft unter diesen Bedingungen Do-

302 OLG Frankfurt (Fn. 301).

pingsubstanzen verabreicht worden sind, haben Anspruch auf finanzielle Hilfe nach dem Zweiten Dopingopfer-Hilfegesetz[303]. Die Ansprüche waren bis zum 31.12.2018 beim Bundesverwaltungsamt geltend zu machen; unverschuldet verspätet gestellte Anträge können berücksichtigt werden.

Der Anspruch ist nicht übertragbar und nicht vererblich – es sei denn, der Anspruchsberechtigte verstirbt nach Antragstellung –, somit auch nicht pfändbar (§ 2 Abs. 2 S. 1 des Gesetzes).

7.20. EG-Ausfuhrerstattung, Beihilfe, Erzeugerprämie usw.

Ausfuhrerstattungen[304] (einschließlich der Berichtigungs- und Differenzbeträge), die nach oder auf Grund von Regelungen zur Schaffung und Durchführung der gemeinsamen Organisation der Agrarmärkte bei der Ausfuhr von Marktordnungswaren gewährt werden, sind als öffentlich-rechtliche Ansprüche pfändbar. Zuständig für die Gewährung der Erstattung ist das Hauptzollamt Hamburg-Jonas (§ 2 S. 3 Nr. 2 AusfuhrerstattungsVO). Festgesetzt wird die Erstattung durch Bescheid dieses Hauptzollamts (§ 16 Abs. 1 S. 1 AusfuhrerstattungsVO). Der Anspruch ist daher als Steuererstattung zu werten; er kann deshalb nach § 46 Abs. 6 AO (Rdn. A.491) erst gepfändet werden, wenn er entstanden ist; das dürfte mit dem Zeitpunkt der Ausfuhr oder Abfertigung der Waren oder deren Überführung in eine Erstattungslagerung der Fall sein. A.155

Direktzahlungen, die nach Bestimmungen des EG-Vertrages und nach weiteren Regelungen zur Schaffung und Durchführung der gemeinsamen Organisation der Agrarmärkte hinsichtlich Marktordnungswaren nach einer Rechtsverordnung des Bundesministeriums für Ernährung, Landwirtschaft und Forsten gewährt werden, sind als öffentlich-rechtliche Ansprüche pfändbar[305]. Der Förderungszweck begründet Unpfändbarkeit nicht (s. Rdn. A.16). Als für die Durchführung zuständige Stelle (damit als Drittschuldner) kann durch Rechtsverordnung die Bundesanstalt für Landwirtschaft und Ernährung, Sitz Bonn, als Marktordnungsstelle (§ 3 MOG) oder die Bundesfinanzverwaltung bestimmt sein (§ 31 Abs. 2 MOG). Die Drittschuldnervertretung kann für Forderungen, die von Behörden der Landwirtschaftsverwaltung bewilligt und von Bundeskassen ausgezahlt werden, durch landesrechtliche Bestimmung (siehe Anhang) gesondert geregelt sein. A.156

303 Zweites Dopingopfer-Hilfegesetz vom 28.6.2016 (BGBl I 1546).

304 Zum Begriff § 5 des Marktorganisationsgesetzes (MOG) i.d.F. vom 7.11.2017 (BGBl I 3746); dazu Ausfuhrerstattungsverordnung vom 24.5.1996 (BGBl I 766).

305 Als pfändbar behandelt hat die Rechtsprechung
a) den Anspruch eines Landwirts auf Ausgleichszahlung im Rahmen der Getreidepreisharmonisierung innerhalb der EWG-Länder; SchlHOLG, RdL 1969, 240 mit abl. Anm. Lange;
b) die Nichtvermarktungsprämie nach der EWG-VO Nr. 1078/77; LG Oldenburg, AgrarR 1979, 152.
Pfändungsschutz nach § 851a ZPO auf Antrag s. Rdn. A.279.

7.21. Ehebezogene (unbenannte) Zuwendung

A.157 Die sog. **ehebezogene** (auch unbenannte) **Zuwendung** ist um der Ehe willen und als Beitrag zur Verwirklichung oder Ausgestaltung, Erhaltung oder Sicherung der ehelichen Lebensgemeinschaft erbracht[306]. Sie hat darin ihre Geschäftsgrundlage; Schenkung (§ 516 BGB) ist sie deshalb nicht[307]. Nach Scheitern der Ehe erfolgt der Ausgleich nach güterrechtlichen Vorschriften, wenn die Ehegatten im Güterstand der Zugewinngemeinschaft gelebt haben somit nach den Vorschriften des ehelichen Güterrechts über den Ausgleich des Zugewinns[308] (Pfändung Rdn. A.588). In einem extremen Ausnahmefall kann Rückforderung einer unbenannten Zuwendung nach den Regeln über den Wegfall der Geschäftsgrundlage (§ 313 BGB) in Betracht kommen; sie setzt voraus, dass die güterrechtliche Ausgleichsregelung nicht ausreicht, um schlechthin unangemessene und untragbare Ergebnisse zu vermeiden[309]. Haben die Ehegatten in einem Güterstand gelebt, der keinen Ausgleich der während der Ehe einander gemachten Zuwendungen vorsieht, kann eine ehebezogene Zuwendung bei Scheitern der Ehe einen Ausgleichsanspruch nach den allgemeinen Regeln über den Wegfall der Geschäftsgrundlage zur Folge haben[310]. Er setzt voraus, dass dem zuwendenden Ehegatten die Beibehaltung der durch die Zuwendung herbeigeführten Vermögensverhältnisse nach den Umständen des Einzelfalls nicht zuzumuten ist[311].

A.158 Ein (pfändbarer) **Ausgleichsanspruch** besteht bei ungestörter Ehe nicht; ein Ausgleichsanspruch kann vor Scheitern der Ehe auch nicht als pfändbarer künftiger Anspruch angesehen werden. Der Zuwendung unter den Ehegatten liegt die Vorstellung oder Erwartung zugrunde, dass die eheliche Lebensgemeinschaft Bestand haben werde[312]; es fehlt daher an einer Rechtsgrundlage für die Möglichkeit des Entstehens einer Forderung; daher kann ein Ausgleichsanspruch nicht als in Aussicht stehende und damit nicht als zukünftige Forderung gewertet werden (vgl. Rdn. A.30). Als reine Hoffnung oder Erwartung kann der Anspruch aber nicht gepfändet werden (vgl. Rdn. A.31). Zudem ist die Vermögensentäußerung im Verhältnis zu Gläubigern (anfechtbare) unentgeltliche Zuwendung nach § 4 Abs. 1

---

306 BGH, DNotZ 1991, 492 = FamRZ 1990, 600 = NJW-RR 1990, 386 m.w.N.; BGH, FamRZ 1997, 933 = NJW 1997, 2747; BGHZ 142, 137 (148) = DNotZ 2000, 514 = FamRZ 1999, 1580 = NJW 1999, 2962 (2965); BGH, FamRZ 2006, 1022 mit Anm. Wever = MDR 2007, 35 = NJW 2006, 2330; BGH, FamRZ 2012, 1789 mit Anm. Hoppenz = MDR 2012, 1288 = NJW 2012, 3374.

307 BGH, DNotZ 1991, 492 (Fn. 306); zur Abgrenzung von der Schenkung unter EhegattenBGH, DNotZ 1992, 439 = FamRZ 1992, 293 = NJW 1992, 238; auch BGH, FamRZ 2006, 1022 (Fn. 306); KG, FamRZ 2010, 33 = NJW-RR 2009, 1301.

308 BGHZ 119, 392 (396) = FamRZ 1993, 289 = MDR 1993, 239 = NJW 1993, 385; OLG München, MDR 2002, 97 = NJW-RR 2002, 3.

309 BGHZ 119, 392 (390 f.) m.w.N. (Fn. 308); OLG München (Fn. 308).

310 BGHZ 119, 392 (395 f.) m.w.N. (Fn. 308); BGH, FamRZ 1997, 933 (Fn. 306); BGHZ 142, 137 (148) (Fn. 306); BGH, FamRZ 2012, 1789 m.w.N. (Fn. 306).

311 BGHZ 119, 392 (395 f.) (Fn. 308); BGH, FamRZ 1997, 933 (Fn. 306).

312 BGH, DNotZ 1991, 492 (493) (Fn. 306); BGHZ 142, 137 (148) (Fn. 306); BGH, FamRZ 2006, 1022 (Fn. 306); zum Versprechen einer unentgeltlichen Zuwendung mit Rücksicht auf ein Scheidungsverfahren OLG Schleswig, NJW-RR 2007, 508 = FamRZ 2007, 820.

AnfG[313]. Die Sondervorschriften des AnfG regeln aber den Schutz gegen Rechtshandlungen, die Gläubiger benachteiligen, abschließend[314]. Damit schließen sie eine Zugriffsmöglichkeit in den mit Wegfall der Geschäftsgrundlage später entstehenden Anspruch aus.

Nach Scheitern der Ehe kann der **Rückforderungsanspruch** als Sonderanspruch keinem weitergehenden Gläubigerzugriff unterliegen als der im Regelfall nach güterrechtlichen Vorschriften zu verwirklichende Ausgleich. Daher kann eine Ausgleichsforderung in entsprechender Anwendung von § 852 Abs. 2 ZPO (vgl. Rdn. A.588) oder doch nach dem Rechtsgedanken dieser Regelung nur gepfändet werden, wenn sie durch Vertrag anerkannt oder rechtshängig geworden ist[315]. Dann ist der Ausgleichsanspruch auf Geldzahlung als Geldforderung nach § 829 ZPO zu pfänden; ein Ausgleichsanspruch auf Grundstücksübereignung (auch Übertragung des Eigentums an dem Miteigentumsanteil an einem gemeinschaftlichen Grundstück der Ehegatten) ist als Sachleistungsanspruch nach §§ 846, 848 ZPO zu pfänden. A.159

Ein (familienrechtlicher) Ausgleichsanspruch kann einem Ehegatten nach den Regeln über den Wegfall der Geschäftsgrundlage auch zustehen, wenn er (vornehmlich bei Gütertrennung) durch **Arbeitsleistungen**, z.B. zum Ausbau eines Hausgrundstücks des anderen Ehegatten als Familienwohnheim oder durch Mitarbeit im Betrieb des Ehegatten, dessen Vermögen vermehrt hat[316]. Auch für Pfändung dieses Anspruchs gilt das vorst. Rdn. A.159 Gesagte. A.160

7.22. Einspeisevergütung, Marktprämie, Mieterstromzuschlag

Der Schuldner als Anlagenbetreiber hat gegen den Netzbetreiber (Begriffe § 3 Nr. 2, 36 EEG[317]), wenn in der Anlage ausschließlich erneuerbare Energien oder Grubengas eingesetzt werden, einen Zahlungsanspruch (§ 19 EEG) auf Marktprämie (§ 20 EEG), Einspeisevergütung (§ 21 Abs. 1, 2 EEG) und Mieterstromzuschlag (§ 21 Abs. 3 EEG). Monatliche Abschläge sind in angemessenem Umfang auf zu erwartende Zahlungen zu leisten (§ 26 Abs. 1 EEG). Pfändbar sind bereits entstandene und künftige Ansprüche des Schuldners als Anlagenbetreiber. Dass sich die Pfändung auch auf künftig fällig werdende Beträge erstreckt, sollte der Pfändungsbeschluss (jedenfalls vorsorglich) zum Ausdruck bringen (s. Rdn. B.89); das müsste zwar auch Auslegung des Pfändungsbeschlusses ergeben; entsprechende Anwendung des § 832 ZPO sollte aber nicht möglich sein (wie Rdn. A.325). Bei Pfändung wegen einer fälligen (§ 751 Abs. 1 ZPO) wiederkehrenden Gläubigerforderung ist Pfändung auch wegen der erst künftig fällig werdenden A.161

---

313 BGHZ 71, 61 = NJW 1978, 1326; BGHZ 116, 167 (173) = FamRZ 1992, 300; OLG Celle, NJW 1990, 720.

314 BGH, NJW 1993, 2041 = ZIP 1993, 602 m.w.N.

315 BGHZ 154, 64 (69) = DNotZ 2004, 298 (300) = FamRZ 2003, 858 (859) = MDR 2003, 776 = NJW 2003, 1858 (1859) = Rpfleger 2003, 372 (383).

316 BGHZ 84, 361 = FamRZ 1982, 910 = MDR 1982, 929 = NJW 1982, 2236 = Rpfleger 1982, 418; BGHZ 127, 48 = DNotZ 1995, 668 mit Anm. Jaeger = FamRZ 1994, 1167 = MDR 1994, 1219 = NJW 1994, 2545.

317 Erneuerbare-Energien-Gesetz vom 21.7.2014 (BGBl I 1066).

Gläubigeransprüche aufschiebend bedingt zulässig (Dauerpfändung; Vorauspfändung mit aufschiebend bedingter Dauerwirkung, Rdn. B.354). Nicht zulässig ist jedoch Vorratspfändung (§ 850d Abs. 3 ZPO; Rdn. B.351) der künftig erst fällig werdenden Ansprüche[318] des Schuldners als Anlagenbetreiber.

7.23. Entschädigung für Rehabilitierte aufgrund Verurteilung wegen homosexueller Handlungen

A.162 Nach § 5 StrRehaHomG[319] steht Personen, die wegen einvernehmlicher **homosexueller Handlungen** als Täter verurteilt und gemäß §§ 1, 2 StrRehaHomG rehabilitiert wurden, eine **Entschädigung** aus dem Bundeshaushalt zu. Die Höhe der Entschädigung wird im Verfahren nach § 6 StrRehaHomG vom Bundesamt für Justiz festgesetzt.

Der Anspruch auf die Entschädigung ist nicht pfändbar, nicht übertragbar und nicht vererbbar (§ 5 Abs. 4 StrRehaHomG).

7.24. Entschädigung für Rehabilitierte im Beitrittsgebiet

A.163 Ist die Entscheidung eines staatlichen deutschen Gerichts im Beitrittsgebiet, die mit wesentlichen Grundsätzen einer freiheitlichen rechtsstaatlichen Ordnung unvereinbar war, für rechtsstaatswidrig erklärt und aufgehoben worden (**Rehabilitierung**, § 1 StrRehaG[320]), so werden **soziale Ausgleichsleistungen** für Nachteile, die dem Betroffenen durch eine Freiheitsentziehung entstanden sind, als Kapitalentschädigung, besondere Zuwendung für Haftopfer und Unterstützungsleistung sowie als Versorgung gewährt (§ 16 StrRehaG).

Die Kapitalentschädigung ist übertragbar und vererblich (§ 17 Abs. 3 StrRehaG), somit auch pfändbar[321]. Das gilt auch für eine Nachzahlung (§ 17 Abs. 5 StrRehaG).

Die monatliche besondere Zuwendung für Haftopfer ist unpfändbar, nicht übertragbar und nicht vererbbar (§ 17a Abs. 5 StrRehaG).

Unterstützungsleistungen nach § 18 StrRehaG werden durch die nach § 15 HHG errichtete Stiftung für ehemalige politische Häftlinge gewährt. Sie sollen die höchstpersönlichen Nachteile entschädigen, die der durch Unrechtsmaßnahmen Betroffene hinnehmen musste[322]. Hierauf wird § 25a HHG (Unpfändbarkeit der Leistungen in der Person des unmittelbar Berechtigten) entsprechend anwendbar sein; s. dazu Rdn. A.200.

---

318 LG Stuttgart, NJW-RR 2012, 1277.

319 Gesetz zur strafrechtlichen Rehabilitierung der nach dem 8. Mai 1945 wegen einvernehmlicher homosexueller Handlungen verurteilten Personen (StrRehaHomG) vom 17.7.2017 (BGBl I 2443).

320 Strafrechtliches Rehabilitierungsgesetz (StrRehaG) i.d.F. vom 17.12.1999 (BGBl I 2664).

321 BGH, NJW-RR 2012, 181.

322 SächsLSG, Urteil vom 21. September 2006 (L 3 AL 96/06), juris.

Beschädigtenversorgung und Hinterbliebenenversorgung werden in entsprechender Anwendung des Bundesversorgungsgesetzes gewährt (§§ 21, 22 StrRehaG); s. dazu Rdn. D.32.

7.25. Entschädigung für Strafverfolgungsmaßnahmen

Der Anspruch auf Entschädigung für Strafverfolgungsmaßnahmen (§§ 1 ff. StrEG[323]), auch bei Verfolgungsmaßnahmen im Bußgeldverfahren (§ 110 OWiG), ist bis zur rechtskräftigen Entscheidung über den Antrag gegen die entschädigungspflichtige Staatskasse (§ 10 Abs. 1 StrEG) nicht übertragbar (§ 13 Abs. 2 StrEG) und daher auch nicht pfändbar[324] (§ 851 Abs. 1 ZPO). Dieser Ausschluss der Übertragbarkeit und damit Pfändbarkeit kennzeichnet den Ersatzanspruch bis zur rechtskräftigen Entscheidung im Betragsverfahren als persönlichkeitsgebunden. Erfolgt Pfändung gleichwohl vorzeitig, ist sie nicht unwirksam, sondern nur anfechtbar[325] (s. Rdn. B.420); die Anfechtbarkeit entfällt mit Wegfall des Pfändungsverbots[326] (Rechtskraft der Entscheidung über den Antrag). Der rechtskräftigen Entscheidung steht die betragsmäßige Zuerkennung des Anspruchs im Justizverwaltungsverfahren gleich (siehe Teil I Abschn. B der bundeseinheitlichen Anordnung über die Entschädigung für Strafverfolgungsmaßnahmen; z.B. für Bayern vom 28.5.2003, BayJMBl S. 94). Nach Zuerkennung durch Entscheidung im Justizverwaltungsverfahren ist danach der Anspruch vor Auszahlung pfändbar[327]. Vor der rechtskräftigen Entscheidung (oder Zuerkennung im Justizverwaltungsverfahren) ist die Pfändung auch nicht für den späteren Fall der rechtskräftigen oder endgültigen Entscheidung möglich. Eine Vorschussanordnung steht nicht, wie die Zuerkennung im Verwaltungsverfahren, der rechtskräftigen Entscheidung gleich. Der Anspruch auf Auszahlung eines Vorschusses (Teil I Abschn. B II 8 der Anordnung) ist daher nicht pfändbar[328]. Drittschuldner ist regelmäßig der Leiter der Kasse, der die Auszahlung auf die Forderung obliegt (siehe Anhang). A.164

Unzulässig ist die Pfändung durch den Staat (für Justizkostenforderungen) des Geldentschädigungsanspruchs eines Strafgefangenen wegen menschenunwürdiger Haftbedingungen[329].

Formulierungsvorschlag: A.165

Gepfändet wird die angebliche Forderung des Schuldners an den Freistaat Bayern, vertreten durch … – Drittschuldner – auf Zahlung der Entschädigung für Strafverfolgungsmaßnahmen (strafgerichtliche Verurteilung – Anordnung einer Maßregel der Sicherung oder einer Nebenfolge – Vollzug von Untersuchungshaft –

323 Gesetz über die Entschädigung für Strafverfolgungsmaßnahmen (StrEG) vom 8.3.1971 (BGBl I 157).
324 OLG Koblenz, NJW-RR 1999, 508; LG Stuttgart, Justiz 1980, 276 = MDR 1980, 590.
325 OLG Koblenz (Fn. 324).
326 OLG Koblenz (Fn. 324).
327 OLG Hamm, MDR 1975, 938 = NJW 1975, 2075.
328 OLG Hamm (Fn. 327).
329 BGH, DGVZ 2012, 124 = FamRZ 2011, 1145 Leits. = JurBüro 2011, 497 = MDR 2011, 882 = NJW-RR 2011, 959 = Rpfleger 2011, 535.

andere Strafverfolgungsmaßnahme), die nach der rechtskräftigen Entscheidung des … aus der Staatskasse zu leisten ist.

7.26. Entschädigung wegen überlanger Verfahrensdauer

A.166 Die Entschädigung eines Verfahrensbeteiligten für den durch unangemessene (überlange) Dauer eines Gerichtsverfahrens erlittenen Nachteil ist bis zur rechtskräftigen Entscheidung über die Klage (ebenso wie ein Anspruch auf Entschädigung nach § 13 Abs. 2 StrEG) nicht übertragbar (§ 198 Abs. 5 S. 3 GVG), bis dahin mithin auch nicht pfändbar (§ 851 Abs. 1 ZPO). Entsprechendes gilt für überlange Strafverfahren einschließlich des Verfahrens auf Vorbereitung der öffentlichen Klage (§ 199 Abs. 1 GVG) und andere gerichtliche Verfahren (§ 97b Abs. 2 S. 3 BVerfGG; Art. 3 ff. ÜberlVfRSchG[330].

Eine vom EuGH für Menschenrechte zugesprochene Entschädigung wegen überlanger Verfahrensdauer und Erstattung der Kosten für das Verfahren vor dem Gerichtshof ist nicht pfändbar; der Anspruch auf Erstattung von Mehrkosten im vorausgegangenen innerstaatlichen Verfahren ist jedoch pfändbar[331].

7.27. Erlös, Versteigerungserlös

A.167 **Schrifttum:** Densch, Zur Frage der Pfändung des bei einem Gerichtsvollzieher befindlichen Versteigerungserlöses, DGVZ 1969, 81; Flad, Die Pfändung des Anspruchs des Schuldners auf Auszahlung des Übererlöses in der Zwangsvollstreckung, ZZP 54, 451; Kabisch, Zur Frage der Pfändbarkeit des Erlöses aus der Versteigerung von im Wege der Mobiliarvollstreckung durch den Gerichtsvollzieher gepfändeten Sachen, DGVZ 1961, 20; Noack, Der Erlös gepfändeter versteigerter körperlicher Sachen, MDR 1973, 988; Stöber, Pfändung eines Anspruchs auf die vom Zwangsverwalter zu verteilenden Nutzungen eines Grundstücks, Rpfleger 1962, 397.

A.168 Eine Geldforderung ist durch Pfändungsbeschluss nach § 829 Abs. 1 ZPO (wenn für sie eine Hypothek besteht, nach § 830 ZPO) auch zu pfänden (Rdn. A.14), wenn ihr Gläubiger (somit der Vollstreckungsschuldner) einen Schuldtitel zur Zwangsvollstreckung gegen seinen Schuldner (den Drittschuldner) erwirkt hat (§§ 704, 794 ZPO) und selbst die Zwangsvollstreckung gegen seinen Schuldner betreibt. Als Schuldnervermögen ist die Schuldnerforderung auch dann Gegenstand der Zwangsvollstreckung und daher als Geldforderung nach §§ 829 ff. ZPO zu pfänden, wenn der Schuldner als vollstreckender Gläubiger ein Pfandrecht an einem gepfändeten Gegenstand seines Schuldners (des Dritten) erworben hat (§ 804 Abs. 1 ZPO).

---

330 Gesetz über den Rechtsschutz bei überlangen Gerichtsverfahren und strafrechtlichen Ermittlungsverfahren vom 24.11.2011 (BGBl I 2302).

331 BGHZ 189, 65 = NJW 2011, 2296 = NZI 2011, 341.

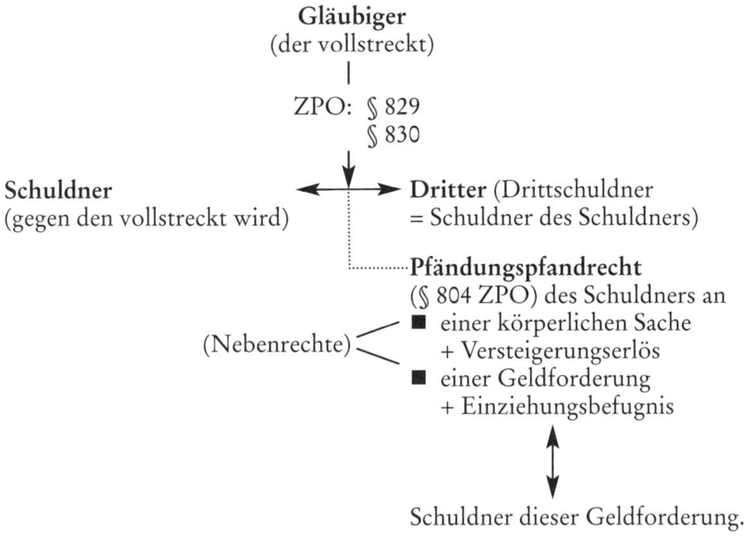

Dieses **Pfändungspfandrecht** kann **nicht** selbstständig **gepfändet** werden. Es ist Nebenrecht der vollstreckten „Schuldner"forderung an den Dritten, für die es erlangt ist. Die Pfändung der Geldforderung des Schuldners an den Drittschuldner erfasst von selbst auch das mit der Vollstreckung erlangte Pfandrecht als Nebenrecht (siehe Rdn. B.364).

Mit dem durch Pfändung einer **körperlichen Sache** des Dritten erlangten Pfän- A.169
dungspfandrecht ist auch der ihm entspringende Anspruch auf den **Versteigerungserlös** unpfändbar. Der Versteigerungserlös tritt an die Stelle des Pfandgegenstands; die Verstrickung und das Pfandrecht des (vollstreckenden) Gläubigers bestehen an ihm fort[332]. Eigentum am Versteigerungserlös erlangt als vollstreckender Gläubiger der „Schuldner" erst, wenn er ihm vom Gerichtsvollzieher abgeliefert wird. Das Recht darauf, dass dieser den nach Abzug der Kosten verbleibenden Erlös abliefere, ist keine pfändbare Geldforderung an den Gerichtsvollzieher (siehe Rdn. A.26). Einen „Anspruch auf Auszahlung des Erlöses gegen den Gerichtsvollzieher" kann ein Gläubiger des selbst gegen einen seiner Schuldner (den Dritten) vollstreckenden Pfändungsgläubigers nicht pfänden[333]. Er kann diesen Erlösanspruch nur durch Pfändung der noch fortbestehenden „Haupt"forderung des „Schuldners" an den Dritten und Nachweis des mit dieser Pfändung entstandenen Anspruchs auf den Erlös vom Gerichtsvollzieher ausbezahlt erhalten. Gleiches gilt, wenn der Gerichtsvollzieher Geld gepfändet hat, das – ebenso wie ein Versteigerungserlös – an den Schuldner abzuliefern ist (§ 815 Abs. 1 ZPO) und dessen Ei-

---

332 Zöller/Herget, ZPO, § 819 Rdn. 3.

333 AG Essen, Rpfleger 1959, 67 mit zust. Anm. Berner; AG Hannover, Rpfleger 1968, 362; Stöber, Rpfleger 1962, 399; Kabisch, DGVZ 1961, 20; Densch, DGVZ 1969, 81; Noack, MDR 1973, 988; Wieczorek/Schütze/Lüke, ZPO, § 819 Rdn. 8.

gentümer er erst mit Ablieferung wird. Ebenso besteht kein pfändbarer Anspruch gegen den Gerichtsvollzieher auf Auszahlung eines von ihm zur Forderungstilgung mit Einverständnis des als Gläubigers gegen seinen Schuldner vollstreckenden Schuldners eingezogenen Teilbetrags[334] sowie des von ihm sonst durch freiwillige Leistung des Schuldners empfangenen Geldes[335].

A.170 Mit dem durch Pfändung einer **Geldforderung** des Schuldners an einen seiner Schuldner oder an einem anderen seiner Vermögensrechte erlangten Pfändungspfandrecht ist auch die durch Überweisung erlangte Einziehungsbefugnis des vollstreckenden „Schuldners" (selbstständig) nicht pfändbar[336]. Die durch Forderungspfändung begründeten Rechte des „Schuldners" kann dessen Gläubiger als Nebenrechte nach Pfändung und Überweisung der Forderung des Schuldners an den Drittschuldner geltend machen und einziehen[337]. Dass sich diese Pfändung kraft Gesetzes auf das vom Schuldner durch Zwangsvollstreckung erworbene Forderungspfändungspfandrecht erstreckt, kann im Pfändungsbeschluss ausgesprochen werden[338]. Durch Mitteilung dieses Beschlusses an den Dritten (den Drittschuldner im Vollstreckungsverfahren des Schuldners; Zustellung ist zulässig und empfehlenswert, aber nicht erforderlich) wird diesem die Möglichkeit genommen, an den Schuldner mit schuldbefreiender Wirkung zu leisten (s. § 407 BGB).

A.171 Pfändung des in einer **Zwangsversteigerung** auszuzahlenden Versteigerungserlöses siehe Rdn. F.217 ff.

A.172 In der **Zwangsverwaltung** ist das Recht des Schuldners als Gläubiger einer Hypothek, Grundschuld oder persönlichen Beschlagnahmeforderung auf Befriedigung aus den Nutzungen des Grundstücks (§§ 10, 155 ZVG) ebenfalls Nebenrecht. Als solches kann es nicht selbstständig für sich allein gepfändet werden. Gegenstand des Pfändungszugriffs kann vielmehr nur die Hypothek, Grundschuld oder persönliche Vollstreckungsforderung als Hauptrecht sein. Die wirksame Pfändung dieses Hauptrechts erfasst als Nebenrecht auch das Recht auf Befriedigung im Zwangsverwaltungsverfahren. Drittschuldner einer solchen Pfändung ist aber nicht der Zwangsverwalter, sondern der Schuldner des Hauptrechts, also meist allein der Grundstückseigentümer[339].

A.173 Hypothek oder Grundschuld können zudem auch während eines Zwangsverwaltungsverfahrens nur nach Maßgabe der §§ 830, 857 Abs. 6 ZPO gepfändet werden (siehe Teil F). Ihre wirksame Pfändung darf auch der Zwangsverwalter nicht

---

334 LG Wiesbaden, DGVZ 2002, 73; Zöller/Seibel, ZPO, § 802b Rdn. 10 m.w.N.

335 LG Kiel, Rpfleger 1970, 71; Noack, MDR 1973, 988; **a.A.** Densch, DGVZ 1969, 85, der jedoch nicht zutreffend in der Zahlung eine außerhalb der Zwangsvollstreckung liegende Handlung erblickt; AG Rheine, DGVZ 1984, 122 = JurBüro 1983, 1416; AG Stockach, DGVZ 2007, 191, die (nicht zutreffend) für Pfändung durch den Gerichtsvollzieher nach § 809 ZPO sind.

336 OLG Nürnberg, JurBüro 2001, 606 = MDR 2001, 1133; **a.A.** Stein/Jonas/Würdinger, ZPO, § 835 Rdn. 26.

337 LG Frankfurt, Rpfleger 1976, 26; OLG Stuttgart, Rpfleger 1983, 409.

338 LG Frankfurt (Fn. 337); OLG Stuttgart (Fn. 337).

339 Stöber, Rpfleger 1962, 399 mit eingehender Begründung; Stöber/Drasdo, ZVG, § 152 Rdn. 237; **a.A.** – unzutreffend – Jaeckel/Güthe, ZVG, § 152 Bem. 7; Bohn, Die Pfändung von Hypotheken, Grundschulden etc., Rdn. 235, alle unter Hinweis auf RG. Gruchot 31, 1163, bei dem sich aber keine Anhaltspunkte für die Richtigkeit dieser Meinung finden.

von sich aus berücksichtigen. Nach der Pfändung muss vielmehr das Vollstreckungsgericht seine Zahlungsanordnung (§ 157 ZVG) ändern und den Zwangsverwalter anweisen, die dem Schuldner zustehenden Ansprüche zu hinterlegen oder – nach Überweisung – an den Gläubiger auszuzahlen[340].

Der Anspruch des Schuldners auf den ihm in der Mobiliarzwangsvollstreckung (siehe § 119 Abs. 2, § 118 Abs. 2 GVGA) oder in der Zwangsversteigerung eines ihm gehörenden Grundstücks verbleibenden Überschuss des Versteigerungserlöses ist vom Zuschlag an pfändbar. Da der Gerichtsvollzieher, Richter oder Rechtspfleger den Erlös in amtlicher Eigenschaft verteilt, ist er nicht Drittschuldner (siehe Rdn. A.26). Die Pfändung wird daher nach § 857 Abs. 2 ZPO mit der Zustellung des Pfändungsbeschlusses[341] an den Schuldner wirksam[342]. Die mit dieser Zustellung wirksam gewordene Pfändung muss dem Gerichtsvollzieher oder Vollstreckungsgericht zur Berücksichtigung bei der Abwicklung des dem Schuldner verbleibenden Überschusses oder im Verteilungsverfahren (§§ 105 ff. ZVG) bei Zahlung des Versteigerungserlöses an die Berechtigten (§ 117 ZVG) angezeigt und nachgewiesen werden. **A.174**

Für Geld im Besitz des Gerichtsvollziehers wird daneben auch noch (wahlweise) Sachpfändung mit Anschlusspfändung nach § 826 ZPO (damit möglich auch Pfändung nach § 808 ZPO) für zulässig erachtet[343], weil es bis zur Ablieferung an den Gläubiger Eigentum des Schuldners bleibt, dem der versteigerte Gegenstand bei Pfändung gehört hat. Diese Möglichkeit der Anschlusspfändung endet aber jedenfalls mit der Einzahlung des erlösten Geldes auf das Dienstkonto des Gerichtsvollziehers[344]. Ob sie bis dahin zulässig ist, erscheint aber doch zweifelhaft; m.E. stellt § 826 ZPO keine weitere Art der Pfändung zur Verfügung. Sie könnte ohnedies nur wenig Bedeutung erlangen, weil der Gerichtsvollzieher kaum einmal einen für den Schuldner abgeteilten Erlösbetrag als Übererlös einzeln pfändbar in Händen halten wird. Für den Gläubiger kann sich ein Zugriff mit Sach- oder Rechtspfändung nicht nach der ihm durchweg unbekannten Tatsache bestimmen, wie gerade der Gerichtsvollzieher den Verwertungserlös büromäßig (kassentechnisch) verwaltet. Es kann auch keinen Unterschied machen, ob ein Überschuss des Versteigerungserlöses in der Mobiliarvollstreckung oder bei Zwangsversteigerung eines Schuldnergrundstücks Gegenstand einer Pfändung sein soll. Ein in der Grundstückszwangsversteigerung ausgewiesener Erlösüberschuss des Schuldners müsste als Geld in Händen des Vollstreckungsgerichts[345] in Form der Erstpfändung nach § 808 ZPO durch den Gerichtsvollzieher (und selbst ein Organ der Verwaltungsvollstreckung) gepfändet werden. Die Regelung des Verfahrens zur Erlösverteilung (§§ 105 ff. ZVG) bietet aber keinen Anhalt dafür, dass Erlöspfändung nach den Vorschriften über die Zwangsvollstreckung in körperliche Sachen zulässig sein könnte. Erfolgen könnte sie ohnedies nur bei Herausgabebereitschaft des Vollstreckungsgerichts (§ 809 ZPO). Diese aber ist vor möglicher Erlösabwicklung bei

340 Stöber, Rpfleger 1962, 399.
341 **A.A.** LG Berlin, DGVZ 1983, 93: nur Pfändung nach § 826 ZPO.
342 **A.A.** – Drittschuldner ist der Gerichtsvollzieher – Flad, ZZP 54, 451.
343 Münzberg, ZZP 98 (1985), 357; Schuschke/Walker, § 819 Rdn. 3.
344 Stein/Jonas/Würdinger, ZPO, § 826 Rdn. 2; Münzberg (Fn. 343).
345 Bei der bargeldlosen Erlösabwicklung nicht denkbar.

(zulässiger) Ausführung des Teilungsplans (§ 117 ZVG) nicht vorstellbar. Scheitert die Sachpfändung aber nur daran, dann müsste Zugriff auf den „Anspruch“ des Schuldners auf Überlassung des Erlösüberschusses nach §§ 846, 847 ZPO erfolgen können. Solche Pfändung wiederum aber ist ausgeschlossen, weil das Vollstreckungsgericht den Erlös in amtlicher Eigenschaft verteilt und daher nicht Drittschuldner ist (dazu oben).

Zutreffender (und allein richtig) erscheint es daher, die vermögensrechtliche Stellung des Schuldners auf den Erlösüberschuss nur den nach § 857 Abs. 1, 2 ZPO pfändbaren anderen Vermögensrechten zuzurechnen. Das muss auch gelten, wenn (ausnahmsweise) der Ersteher bare Zahlung nicht sogleich im Versteigerungstermin zu leisten hat. Auch wenn Stundung bewilligt ist, darf Ablieferung der zugeschlagenen Sache nur gegen bare Zahlung geschehen (§ 817 Abs. 2 ZPO). Weil diese an den Gerichtsvollzieher zu erfolgen hat, kann auch bis zur Zahlung Pfändung einer Schuldnerforderung gegen den Ersteher (mit diesem als Drittschuldner[346]) nicht erfolgen[347].

Vor Erteilung des Zuschlags kann der Erlösanspruch nicht, auch nicht als künftiges Vermögensrecht, gepfändet werden[348]. Vollstreckung zu dieser Zeit erfordert Anschlusspfändung des Gegenstandes durch den Gerichtsvollzieher (§ 826 ZPO) oder Zulassung des Beitritts (§ 26 ZVG).

A.175 Ein dem Schuldner bei **Austauschpfändung** überlassener Geldbetrag ist unpfändbar (§ 811a Abs. 3 ZPO). Der Anspruch des Schuldners auf den zur Ersatzbeschaffung erforderlichen Geldbetrag durch den Gläubiger oder aus dem Vollstreckungserlös (§ 811a Abs. 1, 2 ZPO) ist daher ebenso nicht pfändbar.

A.176 Der Erlös aus dem **Verkauf von Räumungsgut** (§ 885 Abs. 4, § 885a Abs. 4 ZPO) gebührt dem Schuldner. Er ist pfandfreier Vermögensgegenstand des Schuldners, damit selbst pfändbar. Weil der Schuldner das veräußerte Räumungsgut nicht abgefordert hat, kann der Verwertungserlös nicht unpfändbar sein, soweit er durch den Verkauf nicht pfändbarer Sachen (§ 811 ZPO) erzielt ist[349]. Der Anspruch auf den künftigen Verwertungserlös unterliegt als Vermögenswert des Schuldners bereits vor dem Verkauf des Räumungsguts der Pfändung. Der Gerichtsvollzieher, der den Erlös in amtlicher Eigenschaft erlangt und abzuwickeln hat, kann jedoch nicht Drittschuldner sein (wie Rdn. A.174). Die Pfändung kann daher nur nach § 857 Abs. 2 ZPO mit Beschlusszustellung an den Schuldner wirksam werden. Nach § 809 ZPO pfändbar muss der Erlös sein (insbesondere auch bei der Vollstreckung von Räumungskosten nach § 788 Abs. 1 ZPO), wenn er sich in Gewahrsam des Gerichtsvollziehers befindet[350]. Ist er bereits zugunsten des Räu-

---

346 Dem Ersteher, der an den Gerichtsvollzieher zu zahlen hat, an den Schuldner somit überhaupt nicht leisten kann, kann nicht mit Pfändungsbeschluss verboten werden, „an den Schuldner zu zahlen“ (§ 829 Abs. 1 ZPO). Dazu, dass der Ersteher nicht Drittschuldner ist (wenn auch für andere Fallgestaltung), siehe BGHZ 58, 298 (301) = WM 1972, 592.

347 **A.A.** Münzberg (Fn. 343).

348 Siehe Rdn. F.229; **a.A.** Flad (Fn. 342); Münzberg (Fn. 343).

349 Zum Teil anders Stein/Jonas/Bartels, ZPO, § 885 Rdn. 45.

350 Stein/Jonas/Bartels, ZPO, § 885 Rdn. 45.

mungsschuldners hinterlegt, ist dessen Herausgabeanspruch an die Hinterlegungsstelle nach § 829 ZPO zu pfänden.

Formulierungsvorschlag: A.177

Gepfändet wird der angebliche Erlösüberschuss, der dem Schuldner

- *in der von dem Gläubiger … betriebenen Zwangsvollstreckungssache aus der am … vom Gerichtsvollzieher … vorgenommenen Versteigerung seines Fernsehgerätes, Marke …, verbleibt.*
- *nach Erteilung des Zuschlags in dem Verfahren zur Zwangsversteigerung seines Grundstücks Nürnberg, Wiesenstraße … (Fl. St. …, Gemarkung …; Aktenz. K …/18 Amtsgericht Nürnberg) nach Wegfertigung aller gemäß § 10 ZVG zu befriedigenden Ansprüche gebührt und verbleibt.*

7.28. Filmfördermittel

Gemäß § 1 Abs. 1 FFG[351] fördert die Filmförderungsanstalt „die Struktur der deutschen Filmwirtschaft und die kreativ-künstlerische Qualität des deutschen Films als Voraussetzung für seinen Erfolg im Inland und im Ausland". Die von ihr gewährten Fördermittel sind zweckgebunden ausschließlich für den bestimmten Förderzweck zu verwenden. Die Ansprüche auf Gewährung oder Auszahlung von Fördermitteln sind nur zur Zwischenfinanzierung der jeweils geförderten Maßnahme an Banken oder sonstige Kreditinstitute abtretbar oder verpfändbar (§ 39 FFG), somit für andere Gläubiger auch nicht pfändbar (§ 851 Abs. 1 ZPO). A.178

7.29. Garantievertragsforderung

Durch **Garantievertrag** verpflichtet sich der Garant, für das Eintreten eines bestimmten Erfolgs einzustehen[352]. Dieser Erfolg kann in der fristgerechten Erfüllung einer Vertragsverpflichtung[353], vornehmlich somit in der Vermeidung eines Verlustes (Schadens) durch Kreditgewährung an einen Dritten bei dessen Zahlungsunfähigkeit bestehen[354]. Begründet wird durch den Garantievertrag eine selbstständige, von der des ursprünglichen Schuldners unabhängige Verpflichtung des Garanten[355]. Sie verpflichtet zur Schadloshaltung des Garantienehmers, wenn der garantierte Erfolg nicht eintritt[356], wie bei Nichterfüllung eines Vertrags durch den Schuldner oder dessen sonst vertragswidriges Verhalten. Für Pfändung durch einen Gläubiger des Garantienehmers kann vornehmlich die Forderungsgarantie Bedeutung erlangen, insbesondere wenn sie als Zahlungsgarantie den (rechtzeitigen) Eingang einer Forderung sichert; vielfach besteht sie als Bankgarantie. A.179

---

351 Filmförderungsgesetz (FFG) vom 23.12.2016 (BGBl I 2413).
352 RGZ 90, 415; BGH, NJW 1996, 2569 (2570).
353 BGH, NJW 1985, 2941.
354 RG (Fn. 352).
355 RG (Fn. 352).
356 BGH (Fn. 353).

A.180 Die Garantie ist **selbstständiges Sicherungsrecht** (Rdn. B.366), nicht Nebenrecht nach § 401 Abs. 1 BGB. Die Garantieverpflichtung wird daher von der Pfändung der Forderung aus dem garantierten Geschäft nicht erfasst. Die (selbstständige) Verpflichtung des Garanten muss gesondert (selbstständig) gepfändet werden. Drittschuldner ist der Garant.

A.181 **Formulierungsvorschlag:**

Gepfändet wird die angebliche Forderung des Schuldners an ... – Drittschulder – auf Zahlung der Garantiesumme bis zur Höhe von ... Euro aus der durch Garantievertrag vom ... übernommenen Garantie zur Sicherstellung des Eingangs der Kaufpreisforderung aus den Exportgeschäften mit ... über die Lieferung von ...

(oder) ... *Zahlung der Garantiesumme bis zur Höhe von ... Euro für die durch Kreditgarantievertrag vom ... gesicherte Rückzahlung eines dem ... gewährten Darlehens samt Zahlung der aufgelaufenen Zinsen sowie Kosten.*

7.30. Gefangenenbezüge, -gelder und -habe

A.182 **Schrifttum:** Behr, Pfändung von Inhaftiertengeldern, JurBüro 1996, 514; Fluhr, Die Pfändbarkeit der Forderungen eines zum Freigang zulassenen Strafgefangenen, NStZ 1994, 115; Hornung, Pfändung der Bezüge und Gelder von Gefangenen, RpflJB 1985, 365; Kenter, Zur Pfändbarkeit von Geldforderungen Strafgefangener, Rpfleger 1991, 488; Ricken, Die Inanspruchnahme von Eigengeldern der Gefangenen zur Deckung der Gerichtskosten und Vermögensstrafen, JVBl 1965, 196, der auch Fragen der Aufrechnung behandelt (mit Inkrafttreten des StVollzG weitgehend überholt); Stange und Rilinger, Pfändbarkeit von Geldforderungen Strafgefangener, Rpfleger 2002, 610.

A.183 Das StVollzG ist Bundesrecht nur noch nach Art. 125a Abs. 1 GG. Es kann durch Landesrecht ersetzt sein (Gesetzgebungskompetenz der Länder, Art. 70 Abs. 1, Art. 74 Abs. 1 Nr. 1 GG); Fundstellen der Landesgesetze: Schönfelder, Deutsche Gesetze, Ergänzungsband Nr. 91 Fn. 1. Landesgesetze können ergänzende oder abweichende Vorschriften enthalten. In verschiedenen Landesgesetzes ist jedoch die Weitergeltung von Vorschriften des StVollzG über den Pfändungsschutz angeordnet (z.B. Art. 208 BayStVollzG; § 121 Nr. 2 StVollzG NRW).

A.184 Den **Vollzug einer Freiheitsstrafe** in einer Justizvollzugsanstalt und einer freiheitsentziehenden Maßregel der Besserung und Sicherung regeln landesrechtliche Strafvollzugsgesetze; bis zu ihrem Inkrafttreten galt oder gilt das (hier noch zugrunde gelegte) StVollzG[357] (zum Untersuchungsgefangenen Rdn. A.197). In seinem 2. Abschnitt (§§ 2–126 StVollzG) sind die Rechte und Pflichten des Gefangenen sowie die Eingriffsbefugnisse und Pflichten der Vollzugsbehörde zur Ausgestaltung des Vollzugs im Einzelfall geregelt. Entsprechendes gilt (mit Besonderheiten) für die Sicherungsverwahrung (§ 130 StVollzG), für die Unterbringung in einem psychiatrischen Krankenhaus oder in einer Entziehungsanstalt (§ 138 Abs. 2 StVollzG), für den Vollzug des Strafarrestes in Justizvollzugsanstalten (§ 167 StVollzG) und für den Vollzug einer gerichtlich angeordneten Ordnungs-, Sicherungs-, Zwangs- und Erzwingungshaft (§ 171 StVollzG). Besonderheiten für

---

357 Strafvollzugsgesetz (StVollzG) vom 16.3.1976 (BGBl I 581).

das Arbeitsentgelt in Jugendstrafanstalten und im Vollzug der Untersuchungshaft s. §§ 176, 177 StVollzG.

Als **Eigengeld** wird dem Gefangenen Geld gutgeschrieben, das er bei Aufnahme in den Vollzug mitbringt (§ 83 Abs. 2 StVollzG) oder das während des Vollzugs für ihn eingezahlt wird. Zum Eigengeld werden weiter Bezüge des Gefangenen genommen, die nicht als Hausgeld, Haftkostenbeitrag, Unterhaltsbeitrag oder Überbrückungsgeld in Anspruch genommen werden (§ 52 StVollzG; dazu Rdn. A.192). Das Gefangeneneigengeld wird von der Anstaltszahlstelle oder einer für die Verwahrung des Gefangenengeldes eingerichteten Ein- und Auszahlungsstelle für die zuständige Kasse (Kasse der Justizvollzugsanstalt, Justizkasse) gebucht. Es steht dem Zugriff der Gläubiger des Gefangenen offen. Der Anspruch des Gefangenen auf Rückzahlung seines Eigengeldes (§§ 700, 488 Abs. 1 S. 2 BGB analog) ist als Forderungsrecht pfändbar[358]. Drittschuldnervertreter ist die nach landesrechtlicher Regelung (s. Anhang) zuständige Stelle, nicht der Anstaltsleiter nach § 156 Abs. 2 StVollzG. Pfändungsbeschränkungen bestehen nicht[359] (auch nicht für das aus Arbeitsentgelt des Gefangenen gebildete Eigengeld[360]), wenn das Überbrückungsgeld (§ 51 StVollzG) den notwendigen (§ 51 Abs. 1 StVollzG) Lebensunterhalt des Gefangenen und seiner Unterhaltsberechtigten für die ersten vier Wochen nach der Entlassung sichert. Erreicht das Überbrückungsgeld nicht den dafür erforderlichen Betrag, dann ist der Anspruch auf Auszahlung des Eigengeldes in Höhe des Unterschiedsbetrages unpfändbar (§ 51 Abs. 4 S. 2 StVollzG, abgedr. Rdn. A.190; Besonderheit bei Pfändung wegen eines Unterhaltsanspruchs nach § 51 Abs. 5 StVollzG). A.185

Der Betrag des Überbrückungsgeldes für den notwendigen Lebensunterhalt wird von der Landesjustizverwaltung festgesetzt; im Einzelfall kann der Anstaltsleiter einen höheren Betrag bestimmt haben (Nr. 1 Abs. 2 VVStVollzG[361] zu § 51). Die Vollzugsbehörde kann daher auch anhand des jeweils gebildeten Überbrückungsgeldes den fehlenden Unterschiedsbetrag und damit den unpfändbaren Teil des Eigengeldes feststellen. Der Pfändungsbeschluss braucht diesen unpfändbaren Teil des Eigengeldes deshalb nicht betragsmäßig zu bezeichnen. Er kann so gefasst werden, dass Eigengeld in Höhe des Unterschiedsbetrags zwischen dem zu bildenden und dem tatsächlich vorhandenen Überbrückungsgeld von der Pfändung ausgenommen bleibt. Im Zweifelsfall können Gläubiger, Schuldner oder auch der Anstaltsleiter für den Drittschuldner (§ 156 Abs. 2 StVollzG) eine klarstellende Entscheidung des Vollstreckungsgerichts (dazu Rdn. C.69) über den Betrag des unpfändbaren Eigengeldes verlangen.

Zu dem sonach pfändbaren Eigengeld gehört auch ein Guthaben aus Zahlung einer Sozialrente, einer Leistung nach SGB III (Arbeitsförderung), einer Leistung A.186

358 BGHZ 160, 112 = JurBüro 2004, 671 = MDR 2005, 48 = NJW 2004, 3714 = Rpfleger 2004, 711; BGH, FamRZ 2004, 1717; BGH, NJW 2013, 3312 = Rpfleger 2014, 39.

359 LG Berlin, Rpfleger 1981, 445; LG Berlin, Rpfleger 1992, 128; LG Detmold, Rpfleger 1999, 34; LG Kassel, JurBüro 2003, 217; LG Lüneburg, NdsRpfl 2001, 20; Hornung, RpflJB 1985, 365 (389).

360 BGHZ 160, 112 (Fn. 358); BFHE 204, 25 = JurBüro 2004, 495; LG Trier, JurBüro 2003, 550 (in der Begründung jedoch nicht überzeugend).

361 Verwaltungsvorschriften zum Strafvollzugsgesetz, z.B. BayJMBl 1976 S. 325.

nach dem BVersG[362] sowie das gutgeschriebene Arbeitsentgelt[363] (Rdn. A.188). Die Schutzbestimmungen für Sozialleistungen (§ 54 SGB I) finden keine Anwendung; dieser Pfändungsschutz ist erloschen, weil der Drittschuldner seine Leistung bewirkt hat. Pfändungsschutz nach § 850k ZPO besteht nicht, weil Eigengeld kein Kontoguthaben bei einem Geldinstitut darstellt[364]. Auch dem Zweck der Schutzvorschrift, den bargeldlosen Zahlungsverkehr zu fördern und zu schützen, kann infolge des hoheitlichen Gewaltenverhältnisses mit dem einem Gefangenen zugeflossenen Eigengeld nicht Rechnung getragen werden. Die Auffassung, dass bei der Pfändung eines aus Arbeitsentgelt gebildeten Eigengeldguthabens die Pfändungsfreigrenzen des § 850c ZPO nicht zu beachten sind[365], verstößt nicht gegen das Grundgesetz[366].

A.187 **Zweckgebundene** Gelder, die von einem Dritten für einen Gefangenen bei der Kasse der Haftanstalt einbezahlt sind (s. auch VVStVollzG Nr. 3 zu § 83) bleiben unpfändbar[367]. Um zweckgebundene, mithin unpfändbare Einzahlungen handelt es sich insbesondere auch bei den von einer Haftanstalt verwalteten, für den in Untersuchungshaft einsitzenden Schuldner eingezahlten Selbstverpflegungskosten. Hat ein Dritter (z.B. die Mutter des Schuldners) die Selbstverpflegungskosten aufgebracht und einbezahlt, so folgt deren Unpfändbarkeit zudem aus der Tatsache, dass sie dem Schuldner auf Grund der Fürsorge und Freigebigkeit des Dritten zugeflossen sind[368] (§ 850b Abs. 1 Nr. 3 ZPO). Der Anspruch auf Rückzahlung nicht verbrauchter Selbstverpflegungskosten, die der Schuldner selbst einbezahlt hat, kann als Eigengeldforderung gepfändet werden.

A.188 Der Gefangene hat Anspruch auf **Arbeitsentgelt** (§ 43 StVollzG; zur Höhe § 43 Abs. 2 und 3, § 200 StVollzG). Aus diesem Arbeitsentgelt und allen anderen im StVollzG geregelten Bezügen (insbes. Ausbildungsbeihilfe nach § 44, Ausfallentschädigung nach § 45) wird ein Überbrückungsgeld gebildet (§ 51 Abs. 1 StVollzG).

---

362 LG Berlin, Rpfleger 1970, 29.

363 BGH, NJW 2013, 3312 (Fn. 358); BGH, FamRZ 2015, 1473 = NJW 2015, 2493 = Rpfleger 2016, 45; OLG Karlsruhe, Rpfleger 1994, 370; SchlHOLG, Rpfleger 1995, 29; LG Detmold (Fn. 359); LG Hagen, Rpfleger 1993, 78; LG Hannover, Rpfleger 1995, 264; LG Kassel (Fn. 359); LG Münster, JurBüro 1996, 107; Fluhr, NStZ 1994, 115 (117) für Freigänger mit freiem Beschäftigungsverhältnis; Stein/Jonas/Würdinger, ZPO, § 850 Rdn. 27; **a.A.** OLG Frankfurt, NStZ 1993, 559; LG Arnsberg, Rpfleger 1991, 520; LG Karlsruhe, NJW-RR 1989, 1536.

364 BGH, NJW 2013, 3312 (Fn. 358); BGH, FamRZ 2015, 1473 (Fn. 363).

365 BGH, NJW 2013, 3312 (Fn. 358); BGH, FamRZ 2015, 1473 (Fn. 363). Das LG Berlin, Rpfleger 1981, 445 hat auf Antrag nach § 765a ZPO für überwiesenes Arbeitseinkommen Schutz in Höhe der nach § 850c ZPO pfandfreien Beträge gewährt.

366 BVerfG, NJW 1982, 1583.

367 Berner, Rpfleger 1966, 311 für das Geld, das zur Wiederherstellung eines fehlerhaften Gebisses nach dem Kostenanschlag des Anstaltszahnarztes erforderlich und hierfür von einem Dritten für den Gefangenen bei der Anstaltskasse einbezahlt ist; **a.A.** LG Berlin, Rpfleger 1966, 311; z.T. mit Einschränkungen (pfändbar, wenn das Geld von den Angehörigen des Schuldners für eine über das Maß des Einfachen und Notwendigen hinausgehende Zahnbehandlung vorgesehen ist; das hebt eine Zweckbindung aber nicht auf), auch AG Köln, JurBüro 1965, 814; LG München I, KKZ 1983, 214 (zur Unterstützung des Schuldners von Angehörigen eingezahlte Gelder sind nach § 850b Abs. 1 Nr. 3 ZPO [auch wegen ihrer Zweckbestimmung] unpfändbar).

368 Berner, Rpfleger 1961, 205 mit zutreffenden Gründen gegen LG Düsseldorf, Rpfleger 1960, 304; hierzu kritisch LG Frankfurt, Rpfleger 1989, 33.

Es soll den notwendigen Lebensunterhalt des Gefangenen und seiner Unterhaltsberechtigten für die ersten vier Wochen (siehe z.B. auch § 811 Abs. 1 Nr. 2 ZPO) nach seiner Entlassung sichern (§ 51 Abs. 1 StVollzG). Damit wird gewährleistet, dass der Gefangene die nach der Entlassung für den Übergang in die Freiheit notwendigen wirtschaftlichen Mittel nach Möglichkeit von seinem Arbeitsentgelt und den anderen Bezügen selbst erspart[369]. Soweit ihm das nicht möglich ist, erhält er nach § 75 StVollzG Entlassungshilfe (dazu Rdn. A.195). Die mit § 51 StVollzG bestimmte Zweckbindung des Arbeitsentgelts und der anderen Bezüge schränkt die Verfügungsbefugnis des Gefangenen ein, sie entzieht zugleich das Arbeitsentgelt ebenso wie die anderen Bezüge dem Pfändungszugriff seiner Gläubiger[370]. Die Pfändung des Anspruchs auf Arbeitsentgelt ist damit nach seiner Zweckbestimmung ausgeschlossen (§ 851 Abs. 1 ZPO).

Arbeitsentgelt der Gefangenen ist aber auch nicht Arbeitseinkommen, das nach Maßgabe der §§ 850 ff. ZPO gepfändet werden könnte[371]. Der Rechtsanspruch des Gefangenen auf Gewährung von Arbeitsentgelt begründet kein pfändbares Arbeitseinkommen[372]. Der Gefangene leistet Arbeit auf Grund des gesetzlich zugelassenen und richterlich angeordneten hoheitlichen Eingriffs in seine Freiheit. Die Gefangenenarbeit regeln ausschließlich die öffentlich-rechtlichen Normen des StVollzG[373]. Angaben über den Arbeitseinsatz als Behandlungsmaßnahme enthält der Vollzugsplan (§ 7 Abs. 2 Nr. 4 StVollzG). Der Berufstätigkeit in einem freien Arbeitsverhältnis entsprechen die Arbeitspflicht des Strafgefangenen und das Arbeitsleben in der Anstalt nicht. Dienst- oder arbeitsvertragliche Beziehungen feh-

---

369 Begründung, BT-Drucks. 7/918, S. 70.

370 Begründung (Fn. 369), S. 71; SchlHOLG (Fn. 363); LG Hagen, Rpfleger 1993, 78 (79); LG Itzehoe, JurBüro 1991, 872 = Rpfleger 1991, 521.

371 BGHZ 160, 112 (Fn. 358); BGH, FamRZ 2015, 1473 (Fn. 363); BFH (Fn. 360); OLG Karlsruhe (Fn. 363); LG Itzehoe (Fn. 370); LG Berlin, Rpfleger 1992, 128; **a.A.** OLG Frankfurt, JurBüro 1985, 469 = Rpfleger 1984, 425: die Pfändungsschutzvorschriften der §§ 850 ff. ZPO gelten grundsätzlich auch für das Gefangenen-Arbeitsentgelt; mit dem Arbeitsentgelt sind die Naturalleistung für den Lebensunterhalt des Gefangenen, deren Wert dem Haftkostenbeitrag entspricht, nach § 850e Nr. 3 ZPO zusammenzurechnen, auch wenn ein Haftkostenbeitrag nicht erhoben wird; der in Geld zahlbare Betrag ist insoweit pfändbar, als der nach § 850c ZPO unpfändbare Teil des Gesamteinkommens durch den Wert der dem Gefangenen verbleibenden Naturalleistung gedeckt ist;so auch Hornung, RpflJB 1985, 365; OLG Frankfurt (Fn. 363); LG Kiel, SchlHA 1994, 89. Aufnahme und Unterbringung in einer Haftanstalt können aber nicht wie Naturalleistungen als Entgelt für Arbeit (§ 850e Nr. 3 ZPO) behandelt werden.

372 **A.A.** OLG Celle, KKZ 1981, 202; OLG Celle, KKZ 1981, 203; LG Arnsberg (Fn. 363); LG Karlsruhe (Fn. 363); auch (engagiert) Münzberg, ZZP 102 (1989) 129, der zwar einräumt, dass die für den Lebensunterhalt in der Anstalt aufgewandten Mittel nicht Naturalleistungen „als Entgelt für Arbeit“ (§ 850e Nr. 3 ZPO) sind, sie mit einem dem Haftkostenbeitrag entsprechenden Wert dennoch aber so behandelt sehen möchte, als wären die Naturalleistungen gem. § 850e Nr. 3 ZPO erbracht. Die Unterbringung des Strafgefangenen, die Gewährung von Anstaltsverpflegung und Ausstattung mit Anstaltskleidung als Folgen der Grundrechtseinschränkung bei Strafvollzug sind der zur Abgeltung geleisteter Dienste eines Arbeitnehmers mit Sachbezügen gewährten Vergütung jedoch weder in ihrer Rechtsnatur ähnlich noch mit diesen nach dem Schutzzweck des § 850e Nr. 3 ZPO irgendwie vergleichbar. **A.A.** auch Kenter, Rpfleger 1991, 488, der wegen des in § 3 StVollzG formulierten gesetzlichen Auftrags wirksamen Vollstreckungsschutz für Strafgefangene fordert.

373 BAGE 53, 336 = MDR 1987, 610.

len. Einnahmen aus Arbeit, die nach dem weit auszulegenden Wortlaut des § 850 ZPO der Pfändung und dem Pfändungsschutz unterliegen könnten, ist das Entgelt aus Gefangenenarbeit daher nicht. Weder Wortlaut noch Sinn und Zweck des § 850 ZPO erfassen das Entgelt für Gefangenenarbeit. Erfüllung der Arbeitspflicht des Gefangenen dient nicht, wie berufliche Tätigkeit in freier Arbeit, dem Zweck, Mittel für den eigenen Lebensunterhalt und zur Befriedigung der Lebensbedürfnisse der Familie zu erlangen; daher verbietet sich auch die entsprechende Anwendung der Pfändungsvorschriften für Arbeitseinkommen (§§ 850 ff. ZPO; zu deren Zweck Rdn. C.2) auf das Entgelt für Gefangenenarbeit. Das ist schon von der Gesetzesbegründung als selbstverständlich angenommen worden. Mit der Regelung, dass nicht in Anspruch genommene Bezüge zum Eigengeld gutzuschrei-ben sind (§ 52 StVollzG), ist auch klargestellt, dass sie mit Eigengeld sowohl der Verfügung des Gefangenen als auch dem Zugriff seiner Gläubiger offenstehen[374]. Hierfür aber gelten Pfändungsbeschränkungen nicht (s. Rdn. A.185).

Gutschrift von Gefangenenbezügen als Eigengeld (§ 52 StVollzG) ist hoheitliche Vollzugsmaßnahme; sie begründet keinen übertragbaren Anspruch. Eine Forderung auf Gutschrift von Arbeitsentgelt (sonstigen Bezüge des Gefangenen) zum Eigengeld ist daher nicht pfändbar (§ 851 Abs. 1 ZPO).

A.189 Eine **Ausgleichsentschädigung** für seine Tätigkeit erhält der Gefangene bei seiner Entlassung, wenn Anrechnung einer Freistellung auf den Entlassungszeitpunkt ausgeschlossen war (§ 43 Abs. 11 StVollzG). Der Anspruch entsteht erst mit der Entlassung; er ist vor der Entlassung nicht abtretbar (§ 43 Abs. 11 S. 2 StVollzG), damit auch nicht pfändbar. Zum Eigengeld gutgeschrieben wird die Ausgleichszahlung nach Verbüßung von jeweils zehn Jahren einer lebenslangen Freiheitsstrafe oder Sicherungsverwahrung (§ 43 Abs. 11 S. 3 StVollzG). Als Eigengeld unterliegt der gutgeschriebene Betrag dann der Pfändung.

A.190 Das **Überbrückungsgeld** (Rdn. A.188) wird dem Gefangenen bei der Entlassung in die Freiheit ausgezahlt (§ 51 Abs. 2 S. 1 StVollzG); nach Maßgabe des § 51 Abs. 2 S. 2 StVollzG kann es einem Bewährungshelfer oder einer mit der Entlassenenbetreuung befassten Stelle oder auch einem Unterhaltsberechtigten überwiesen werden. Den Pfändungsschutz regelt

§ 51 StVollzG
Überbrückungsgeld

(4) Der Anspruch auf Auszahlung des Überbrückungsgeldes ist unpfändbar. Erreicht es nicht die in Absatz 1 bestimmte Höhe, so ist in Höhe des Unterschiedsbetrages auch der Anspruch auf Auszahlung des Eigengeldes unpfändbar. Bargeld des entlassenen Gefangenen, an den wegen der nach Satz 1 oder Satz 2 unpfändbaren Ansprüche Geld ausgezahlt worden ist, ist für die Dauer von vier Wochen seit der Entlassung insoweit der Pfändung nicht unterworfen, als es dem Teil der Ansprüche für die Zeit von der Pfändung bis zum Ablauf der vier Wochen entspricht.

(5) Absatz 4 gilt nicht bei einer Pfändung wegen der in § 850d Abs. 1 Satz 1 der Zivilprozeßordnung bezeichneten Unterhaltsansprüche. Dem entlassenen Gefangenen ist jedoch so viel zu belassen, als er für seinen notwendigen Unterhalt und zur Erfüllung seiner sonstigen gesetzlichen Unterhaltspflichten für die Zeit von der Pfändung bis zum Ablauf von vier Wochen seit der Entlassung bedarf.

---

374 Begründung (Fn. 369) S. 71.

Dazu ist in der Gesetzesbegründung[375] ausgeführt:

„Da das Ansparen des Überbrückungsgeldes längere Zeit in Anspruch nehmen kann, soll auch das Eigengeld des Gefangenen in der jeweils für das Überbrückungsgeld in Betracht kommenden Höhe Pfändungsschutz genießen, solange der volle Betrag des Überbrückungsgeldes noch nicht erreicht ist. Diese Vorschrift dehnt den Vollstreckungsschutz der Zivilprozeßordnung in einer den Bedürfnissen der Anstaltsunterbringung entsprechenden Weise aus. Während § 811 Nr. 2 und 8 der Zivilprozeßordnung bereits einen Pfändungsschutz für Sachen vorsehen, die der Schuldner in seinem Besitz hat, fehlt eine entsprechende Vorschrift für den Schutz eines Anspruchs auf Rückgabe verwahrter Gelder oder Sachen, wie ihn vornehmlich der Gefangene und Untergebrachte hat. Die Einführung dieses Pfändungsschutzes ist notwendig, um eine zu Härten führende Lücke zu schließen."

Wegen der in § 850d Abs. 1 S. 1 ZPO bezeichneten **Unterhaltsansprüche**, für die der Anspruch auf Auszahlung des Überbrückungsgeldes nach Maßgabe des § 51 Abs. 5 StVollzG gepfändet werden kann, siehe Rdn. C.292 ff. Unterhaltsrückstände, die länger als ein Jahr vor dem Antrag auf Erlass des Pfändungsbeschlusses fällig geworden sind, gehören nicht dazu, wenn nach Lage der Verhältnisse nicht anzunehmen ist, dass der Schuldner sich seiner Zahlungspflicht absichtlich entzogen hat (§ 850d Abs. 1 S. 4 ZPO); sie haben somit kein Pfändungsrecht nach § 51 Abs. 5 StVollzG. Für Forderungen aus vorsätzlich begangenen unerlaubten Handlungen (§ 850f Abs. 2 ZPO) ist die Pfändung des Überbrückungsgeldes nach § 51 Abs. 4, 5 StVollzG nicht gestattet. Drittschuldnervertretung bei Pfändung s. Anhang. A.191

Der nach § 51 Abs. 5 StVollzG dem Gefangenen bei Pfändung zu belassende Betrag ist vom Vollstreckungsgericht festzusetzen und im Pfändungsbeschluss zu bezeichnen. Er kann, da eine dem § 850d Abs. 1 S. 3 ZPO entsprechende Regelung fehlt, auch den Betrag übersteigen, der dem Schuldner nach § 850c ZPO bei Einkommenspfändung gegenüber nicht bevorrechtigten Gläubigern für den gleichen Zeitraum verbleiben würde. Dies rechtfertigt sich mit der Zweckbestimmung des Überbrückungsgeldes infolge der besonderen Bedürfnisse des Strafentlassenen. Nicht ausdrücklich vorgesehen ist, dass nach § 51 Abs. 5 StVollzG der Freibetrag so zu bemessen ist, dass er nur gleichmäßige Befriedigung der dem Gläubiger gleichstehenden Berechtigten ermöglicht. Jedoch folgt daraus, dass der Freibetrag nach allen „sonstigen gesetzlichen Unterhaltspflichten" zu bemessen ist, dass vorgehende Berechtigte mit ihrem vollen gesetzlichen Unterhaltsanspruch, gleichstehende Unterhaltsberechtigte jedoch nur anteilig berücksichtigt werden können.

Einer zeitlichen Einschränkung unterliegt die nach § 51 Abs. 5 StVollzG mögliche Pfändung nicht. Sie ist vor der in Aussicht genommenen Entlassung daher auch schon dann zulässig, wenn der Entlassungszeitpunkt noch nicht feststeht. Da eine Vorratspfändung nicht vorgesehen ist (vgl. § 850d Abs. 3 ZPO), kann ein Pfändungsbeschluss nur wegen fälliger Unterhaltsansprüche ergehen. Eine vorzeitige Fälligkeit des Überbrückungsgeldes begründet die Pfändung nicht. Soweit gepfändet ist, kann die Vollzugsbehörde das Überbrückungsgeld nicht mehr nach § 51 Abs. 2 StVollzG an einen Bewährungshelfer oder eine mit der Entlassenenbetreuung befasste Stelle überweisen.

375 Begründung (Fn. 369) S. 71.

Wirksam, jedoch anfechtbar, sind auch eine gegen das Pfändungsverbot des § 51 Abs. 4 StVollzG verstoßende Pfändung sowie die Pfändung, die einen zu geringen Freibetrag nach § 51 Abs. 5 StVollzG festlegt. Einwendungen sind mit Erinnerung nach § 766 ZPO geltend zu machen. Sie können auch von der Vollzugsbehörde erhoben werden, die hier der Anstaltsleiter vertritt (§ 156 Abs. 2 StVollzG). Der Drittschuldner hat den Pfändungs- und Überweisungsbeschluss bis zu seiner etwaigen Aufhebung auch dann zu beachten, wenn er gegen das Pfändungsverbot des § 51 Abs. 4 StVollzG verstößt[376].

Überbrückungsgeld verliert diese Eigenschaft und damit den Schutz vor der Pfändung nach § 51 Abs. 4, 5 StVollzG nicht dadurch, dass es nach den VVStVollzG auf einem Sparbuch verzinslich angelegt wird. Das Geldinstitut ist auf die Unpfändbarkeit des Anspruchs auf Auszahlung des Geldes hinzuweisen.

A.192 Soweit Bezüge des Gefangenen für Haftkostenbeitrag (§ 50 StVollzG) und Unterhaltsbeitrag (§ 49 StVollzG) verwendet werden, sind sie nicht pfändbar. **Hausgeld** (§ 47 StVollzG) darf der Gefangene für den Einkauf (§ 22 Abs. 1 StVollzG) oder anderweit verwenden (§ 47 Abs. 1 StVollzG). Von der Vollzugsbehörde darf es für Aufwendungsersatz (§ 93 Abs. 2 StVollzG) und für Kosten des Verfahrens (§ 121 Abs. 5 StVollzG) in Anspruch genommen werden. In Höhe eines geringen monatlichen Grundbetrages wird es in entsprechender Anwendung von § 811 Abs. 1 Nr. 8 ZPO als unpfändbar anzusehen sein. Pfändbar ist somit der Anspruch auf das weitergehende Hausgeld[377]. Dass es für den notwendigen Unterhalt zweckgebunden und daher unpfändbar sei, kann nicht angenommen werden; es ist weder Unpfändbarkeit bestimmt noch durch die Natur der Forderung (Rdn. A.16) gegeben. **Taschengeld** (§ 46 StVollzG) wird einem bedürftigen Gefangenen gewährt, der unverschuldet kein Arbeitsentgelt und keine Ausbildungsbeihilfe bezieht. Es ist als zweckgebundene Leistung für persönliche Bedürfnisse unpfändbar[378].

A.193 Wird anderes Gefangenengeld (zum Überbrückungsgeld Rdn. A.191 a.E.) auf einem **Bankkonto** verzinslich angelegt und bleiben diese Gelder im Verfügungsbereich der Anstalt – wie insbesondere bei Anlegung auf einem Anderkonto der Anstalt –, so wird dadurch kein Recht des Gefangenen gegenüber der Sparkasse oder Bank auf Leistung aus dem Guthaben begründet (s. Rdn. A.549 ff.). Ihm bleibt unverändert der von seinen Gläubigern pfändbare Anspruch gegen die Haftanstalt auf Herausgabe des Eigengeldes. Nur wenn Geld auf ein eigenes – persönliches – Konto oder Sparguthaben des Gefangenen einbezahlt wird, befindet es sich nicht mehr im Verfügungsbereich der Vollzugsanstalt; diese hat das Gefangenengeld dann schon mit der Einzahlung auf das Konto oder Sparguthaben dem Gefangenen

---

376 LG Fulda, Urteil vom 18.3.2016 (1 S 3/16), juris.

377 **A.A.:** Hausgeld ist als Arbeitsentgelt nur nach §§ 850 ff. ZPO pfändbar: OLG Hamm, NStZ 1984, 432; OLG Hamm, MDR 2001, 1260 = OLGR 2001, 235 (unpfändbar); OLG Karlsruhe, NStZ 1985, 430 mit Anm. Volckart; KG, JR 1985, 218; OLG Stuttgart, MDR 1986, 170 = NStZ 1986, 47; LG Münster, MDR 1992, 521 = Rpfleger 1992, 129; LG Münster, Rpfleger 2000, 509 Leits.; Hornung, RpflJB 1985, 365 (373): Hausgeld ist insgesamt unpfändbar.

378 So auch Behr, JurBüro 1997, 514 (515); Heyer, NZI 2010, 81 (83); Hornung, RpflJB 1985, 365 (387).

herausgegeben, so dass für diesen nunmehr unmittelbar ein pfändbarer Anspruch gegen die Bank oder Sparkasse besteht[379].

Eingebrachte Sachen des Gefangenen werden für ihn aufbewahrt (§ 83 Abs. 2 StVollzG). Die Verwaltung von Wertsachen erfolgt durch die Anstaltszahlstelle oder eine dafür eingerichtete Ein- und Auszahlungsstelle für die zuständige Kasse (dazu Rdn. A.185). Der Anspruch auf Herausgabe dieser Habe sowie von Wertsachen ist als Sachherausgabeanspruch pfändbar (dazu Teil G). Drittschuldnervertretung siehe im Anhang. Ausgeschlossen ist die Anspruchspfändung, wenn der herauszugebende Gegenstand unpfändbar oder ohne eigenen Vermögenswert ist (Rdn. G.6). Das Land, bei dem die Gefängnisbehörde errichtet ist, kann als Gläubiger (insbesondere von Schadenersatzansprüchen, aber auch bei Beitreibung von Geldstrafen) in eingebrachte Gegenstände auch sogleich nach § 809 ZPO vollstrecken; es kann aufrechnen[380]. **A.194**

Als **Entlassungsbeihilfe** erhält der Gefangene, soweit seine eigenen Mittel nicht ausreichen, von der Anstalt eine Beihilfe zu den Reisekosten sowie eine Überbrückungsbeihilfe und erforderlichenfalls ausreichende Kleidung. Dazu bestimmt **A.195**

§ 75 StVollzG
Entlassungsbeihilfe

(3) Der Anspruch auf Beihilfe zu den Reisekosten und die ausgezahlte Reisebeihilfe sind unpfändbar. Für den Anspruch auf Überbrückungsbeihilfe und für Bargeld nach Auszahlung einer Überbrückungsbeihilfe an den Gefangenen gilt § 51 Abs. 4 Satz 1 und 3, Abs. 5 entsprechend.

Arbeitseinkommen aus einem **freien Beschäftigungsverhältnis** außerhalb der Anstalt (§ 39 Abs. 1 StVollzG) unterliegt pfändungsrechtlich den §§ 850 ff. ZPO, sofern von der Ermächtigung des § 39 Abs. 3 StVollzG kein Gebrauch gemacht ist[381]. Damit das Arbeitsentgelt nach den Vorschriften des StVollzG verwendet werden kann, kann es sich die Vollzugsbehörde jedoch überweisen lassen (§ 39 Abs. 3 StVollzG). Sie führt dann das für den Gefangenen gutgeschriebene Entgelt der im StVollzG vorgesehenen Verwendung zu (dazu Rdn. A.188). Es ist in diesem Falle der Einkommenspfändung entzogen[382] und ebenso zu behandeln wie Gefangenen-Arbeitsentgelt (dazu Rdn. A.188). **A.196**

Der **Freigänger ohne Beschäftigungsverhältnis** geht einer durch die Anstalt vermittelten Tätigkeit nach; ein Vertragsverhältnis besteht nur zwischen der Vollzugsbehörde und dem Arbeitgeber. Der Freigänger erhält Arbeitsentgelt zur Gutschrift (Rdn. A.188); ein pfändbarer Anspruch an den Arbeitgeber besteht somit nicht[383]. Als Geldforderung pfändbar ist der Anspruch auf Rückzahlung (gutgeschriebenen) Eigengeldes (wie Rdn. A.188).

Dem **Untersuchungsgefangenen** werden als Eigengeld (wie Rdn. A.185) die Geldbeträge gutgeschrieben, die er als Gefangener nicht in Gewahrsam haben darf. **A.197**

---

379 Siehe dazu OLG Braunschweig, NJW 1968, 1344.
380 Zur Aufrechnung siehe LG Berlin, Rpfleger 1970, 29.
381 Fluhr, NStZ 1994, 115 (116).
382 Fluhr, NStZ 1994, 115; **a.A.** Hornung, RpflJB 1985, 365 (380): Lohnpfändung bei dem Arbeitgeber bleibt möglich.
383 Fluhr, NStZ 1994, 115 (117).

Ein Hausgeldkonto wird für ihn nicht geführt und Überbrückungsgeld nicht gebildet. Der Anspruch des Untersuchungsgefangenen auf Auszahlung seines Eigengeldes[384] ist als Forderungsrecht pfändbar (Rdn. A.185). Für ihn gilt die Pfändungsbeschränkung des § 51 StVollzG (Rdn. A.190) nicht. Auch dem Untersuchungsgefangenen ist jedoch nach § 811 Abs. 1 Nr. 8 ZPO (entspr. Anwendung) zur Deckung persönlicher Bedürfnisse ein Taschengeldbetrag unpfändbar zu belassen[385] (vergleichbar dem Hausgeldfreibetrag des Strafgefangenen, s. Rdn. A.192). Bei bevorstehender (in Aussicht stehender) Haftentlassung kann der unpfändbare Betrag nach § 811 Abs. 1 Nr. 8 ZPO auch in voller Höhe der nach § 850c (oder d) ZPO einer Pfändung nicht unterworfenen Einkünfte bis zum nächsten Zahlungstermin nach Arbeitsaufnahme (ggf. auch nach den Grundsätzen des § 850i Abs. 1 ZPO) zu bemessen sein. Für eingebrachte Sachen (Wertsachen und Kostbarkeiten) des Untersuchungsgefangenen gilt das Rdn. A.194 Gesagte.

Einwendungen des Gefangenen gegen die Rechtmäßigkeit der Pfändung seiner Gelder sind mit Erinnerung nach § 766 ZPO geltend zu machen. Antrag auf gerichtliche Entscheidung gegen die Einzelmaßnahme auf dem Gebiet des Strafvollzugs nach § 109 StVollzG kann gestellt werden, wenn nicht die Fehlerhaftigkeit des Pfändungs- und Überweisungsbeschlusses beanstandet, sondern geltend gemacht wird, die Vollzugsbehörde habe sich nicht an den Beschluss gehalten und vom Gefangenenguthaben Beträge abgebucht, die nicht gepfändet wurden[386].

A.198 **Formulierungsvorschlag:**

Gepfändet wird die angebliche Forderung des in der Justizvollzugsanstalt … untergebrachten Schuldners an das Land …, vertreten durch … – Drittschuldner – auf …

A. Vollstreckung wegen einer „gewöhnlichen" Gläubigerforderung:

- *Auszahlung des ihm als Eigengeld bereits gutgeschriebenen und künftig noch gutzuschreibenden Geldes mit Ausnahme des nach § 51 Abs. 4 StVollzG [bzw. entsprechendem Landesrecht] unpfändbaren Teils in Höhe des Unterschiedsbetrags zwischen dem nach § 51 Abs. 1 StVollzG [bzw. entsprechendem Landesrecht] zu bildenden und dem tatsächlich vorhandenen Überbrückungsgeld.*

B. Vollstreckung wegen eines gesetzlichen Unterhaltsanspruchs:

- *Auszahlung des gegenwärtigen und des künftig gutzuschreibenden Eigengeldes sowie Leistung des ihm bei der Entlassung in die Freiheit auszuzahlenden Überbrückungsgeldes. Pfandfrei verbleibt jedoch ein Betrag von … Euro, der dem Schuldner für seinen notwendigen Unterhalt und zur Erfüllung seiner Unterhaltspflichten gegenüber … für die Zeit bis zum Ablauf von vier Wochen seit der Entlassung belassen wird.*

---

384 Nach LG Frankfurt, Rpfleger 1989, 33: „… Anspruch aus dem öffentlich-rechtlichen verwahrungsähnlichen Verhältnis auf Auszahlung des auf seinem Konto stehenden Betrages an einen von ihm zu bestimmenden Dritten" (und natürlich an den Untersuchungsgefangenen selbst bei Entlassung).

385 LG Frankfurt, a.a.O. und LG Weiden, JurBüro 2000, 103: „… in Höhe von 20% des jeweiligen Sozialhilferegelsatzes"; LG Koblenz, Rpfleger 1989, 124: „… wöchentlich 50 DM."

386 BGHSt 37, 176 = MDR 1990, 1130 = NJW 1990, 3158.

7.31. Gesamtschuldnerausgleich

Der Ausgleichsanspruch eines Gesamtschuldners gegen den (die) übrigen Mitschuldner (§ 426 BGB) ist nach Befriedigung des Gläubigers Zahlungsanspruch. Er ist als Geldforderung pfändbar. Davon zu unterscheiden ist die Forderung des befriedigten Gläubigers gegen die samtverbindlichen Mitschuldner, die nach § 426 Abs. 2 BGB auf den befriedigenden Gesamtschuldner übergeht. Ihre Pfändbarkeit (oder Unpfändbarkeit) besteht in dem Umfang fort, in dem sie bis (= bei) Forderungsübergang als Geldforderung des befriedigten Gläubigers bestanden hat. Der Ausgleichsanspruch gegen einen Mitschuldner (§ 426 Abs. 1 BGB) und die (gesetzlich) übergegangene Forderung (§ 426 Abs. 2 BGB) bestehen als Ansprüche selbstständig nebeneinander. Die Pfändung erfordert daher (bestimmte) Bezeichnung des jeweiligen Anspruchs, bei gemeinsamer Pfändung somit Bezeichnung eines jeden dieser Ansprüche im Pfändungsbeschluss (Rdn. B.85). A.199

7.32. Häftlingshilfe

Nach dem **Häftlingshilfegesetz**[387] werden u.a. Eingliederungshilfen (§ 9a HHG), zusätzliche Eingliederungshilfen (§ 9b HHG) und weitere Eingliederungshilfen (§ 9c HHG) gewährt. Darüber hinaus können Unterstützungen von der „Stiftung für ehemalige politische Häftlinge“ gewährt werden (§ 18 HHG). Die Unpfändbarkeit dieser Leistungen bestimmt A.200

§ 25b HHG
Sonstige Vorschriften

Die Leistungen nach den §§ 9a bis 9c und § 18 unterliegen in der Person des unmittelbar Berechtigten nicht der Zwangsvollstreckung.

Nicht pfändbar sind damit die Entschädigungsleistungen, die von der zuständigen Behörde gewährt werden, und die Unterstützung der Stiftung.

7.33. Haftpflichtversicherung
(§§ 100–124 VVG)

Schrifttum: Bergmann, Rechtsbeziehungen zwischen Rechtsanwalt, Mandanten und Rechtsschutzversicherung, VersR 1981, 512; Kurzka, Der Zugriff Dritter auf den Rechtsschutzversicherungsanspruch, VersR 1980, 12; Rex, Rechtsschutzversicherung und Drittschuldnerklage, VersR 1995, 505. A.201

7.33.1. Pfändung der Haftpflichtversicherung

Die Haftpflichtversicherung (§§ 100–124 VVG) ist Schadensversicherung (§§ 74 ff. VVG; zu dieser Rdn. A.440). Der Versicherer ist verpflichtet, den Versicherungsnehmer von Ansprüchen freizustellen, die von einem Dritten auf Grund der Verantwortlichkeit des Versicherungsnehmers für eine während der Versiche- A.202

387 Häftlingshilfegesetz (HHG) i.d.F. vom 2.6.1993 (BGBl I 838).

rungszeit eingetretene Tatsache geltend gemacht werden, und unbegründete Ansprüche abzuwehren (§ 100 VVG). In einen Anspruch auf Zahlung an den Versicherten selbst wandelt sich der Schuldbefreiungsanspruch um[388], wenn der Haftpflichtgläubiger von dem Versicherungsnehmer mit bindender Wirkung für den Versicherer befriedigt worden ist (§ 106 S. 2 VVG).

A.203 Der **Zahlungsanspruch** unterliegt als Geldforderung der Pfändung durch Gläubiger des Versicherten (Versicherungsnehmers); siehe hierwegen Formulierungsvorschlag A (Rdn. A.211). Als künftiger Anspruch kann er auch schon vor Befriedigung des Dritten gepfändet werden.

A.204 Der **Freistellungsanspruch** selbst ist für Gläubiger nicht pfändbar, weil aus ihm auch in der Hand eines Pfändungsgläubigers kein Zahlungsanspruch erwächst[389]. Nur der Verletzte (Haftpflichtgläubiger, -berechtigte)[390] kann als Gläubiger wegen seines auf Zahlung einer Geldforderung gerichteten Schadenersatzanspruches den Freistellungsanspruch gegen den Versicherer pfänden[391] (§ 108 Abs. 2 VVG); siehe hierwegen Formulierungsvorschlag B (Rdn. A.211). Mit dieser Pfändung und der Überweisung setzt sich in der Hand des Verletzten der Schuldbefreiungsanspruch in einen echten Anspruch auf Zahlung an ihn als Einziehungsberechtigter[392] um. Der Verletzte kann als Gläubiger nach der Pfändung und Überweisung daher gegen die Haftpflichtversicherungsgesellschaft seines Schuldners als Schädiger unmittelbar Zahlungsklage erheben.

Der Freistellungsanspruch des insolventen Versicherungsnehmers gegen dessen Versicherer kann gepfändet werden, wenn der Geschädigte sein Recht auf abgesonderte Befriedigung aus dem Freistellungsanspruch (§ 110 VVG) geltend macht, somit ein dinglicher Titel auf Duldung der Zwangsvollstreckung in den Freistellungsanspruch (Gestattung der Befriedigung aus diesem) vollstreckt wird, nicht aber bei Vollstreckung eines persönlichen Zahlungstitels (Vollstreckungsverbot des § 89 Abs. 1 InsO)[393].

A.205 Die Haftpflichtversicherung umfasst weiter **Kosten** des Rechtsschutzes (§ 101 VVG). Der Erstattungsanspruch für Kosten, die der Versicherungsnehmer (noch) nicht erfüllt hat, ist nicht pfändbar (Rdn. A.204, auch zur Vollstreckung durch den Dritten). In einen Zahlungsanspruch hat sich der Schuldbefreiungsanspruch umgewandelt, wenn der Versicherungsnehmer selbst die Kosten ihrem Gläubiger geleistet hat. Soweit demnach dem Versicherungsnehmer Kosten zu ersetzen sind (Fälligkeit: § 106 S. 3 VVG), ist der Anspruch als Geldforderung pfändbar; siehe hierwegen Formulierungsvorschlag C (Rdn. A.211).

---

388 Siehe schon RGZ 70, 257 (259); RGZ 158, 6 ff.; BGHZ 15, 154 = NJW 1955, 101; BGH, MDR 1968, 390 = NJW 1968, 836.

389 RGZ 158, 11; BGHZ 7, 244 = MDR 1952, 743 = NJW 1952, 1333.

390 Oder sein Rechtsnachfolger, insbes. dann, wenn diesem der Haftpflichtanspruch des Geschädigten abgetreten ist, BGHZ 7, 244 (Fn. 389); BGH, VersR 1963, 421.

391 BGH (Fn. 390); RGZ 81, 250; OLG Hamburg, VersR 1972, 631; siehe AG Düsseldorf, NJW-RR 1997, 922: Pfändung des Haftpflichtversicherungsanspruchs eines Steuerberaters nach dessen Tod wegen eines Schadensersatzanspruchs infolge steuerlicher Falschberatung.

392 RGZ 158, 6 ff.; BGHZ 7, 244 (Fn. 389).

393 BGH, MDR 2014, 1351 = NJW-RR 2015, 821 = Rpfleger 2015, 92.

7.33.2. Mehrere Versicherungsnehmer; mehrere Geschädigte

Für mehrere Personen als Versicherungsnehmer (seltenerer Fall) bestimmen sich die Berechtigung und damit Zulässigkeit und Möglichkeit der Pfändung nach dem zwischen ihnen als Vertragspartner (gemeinsame Versicherungsnehmer) bestehenden Rechtsverhältnis. Dazu im Einzelnen Rdn. A.68 ff. A.206

Sind **mehrere Geschädigte** vorhanden und übersteigen ihre Forderungen die Versicherungssumme, so bietet sich jedem von ihnen nur die Möglichkeit der Pfändung eines verhältnismäßigen Betrags, da der Versicherer die Ansprüche nach diesem Verhältnis zu erfüllen hat (§ 109 VVG). A.207

7.33.3. Die Fremdversicherung

Der Versicherungsnehmer kann den Versicherungsvertrag mit dem Versicherer im eigenen Namen für einen anderen (den Versicherten) geschlossen haben (Versicherung für fremde Rechnung, § 43 VVG; s. auch § 48 VVG; zur Betriebshaftpflichtversicherung auch § 102 Abs. 1 VVG). Für die Versicherung für fremde Rechnung regeln §§ 44–47 VVG die Rechtsstellung des Versicherten, des Versicherungsnehmers und des Versicherers. Es stehen die Rechte aus dem Versicherungsvertrag (Schuldbefreiungsanspruch und „geldliche" Ansprüche) nicht dem Versicherungsnehmer, sondern (materiell) dem versicherten Dritten zu (§ 44 Abs. 1 VVG). Der Versicherungsnehmer kann jedoch über die Rechte, welche dem Versicherten aus dem Versicherungsvertrag zustehen, im eigenen Namen verfügen (§ 45 Abs. 1 VVG; die Verfügung ist dem Geschädigten gegenüber unwirksam, § 108 Abs. 1 VVG). Diese Besonderheiten der Schadensversicherung sind Rdn. A.443 f. dargestellt. Das dort Gesagte gilt auch für die Haftpflichtversicherung. A.208

7.33.4. Direktanspruch des Geschädigten

Bei der Haftpflichtversicherung zur Erfüllung einer nach dem Pflichtversicherungsgesetz bestehenden Versicherungspflicht, damit insbesondere in der Kraftfahrzeughaftpflichtversicherung, und allgemein bei Insolvenz sowie bei unbekanntem Aufenthalt des Versicherungsnehmers kann der Geschädigte seinen Anspruch auf Schadensersatz auch gegen das Versicherungsunternehmen geltend machen (Direktanspruch, § 115 Abs. 1 VVG). Der Versicherer hat den Schadensersatzanspruch in Geld zu leisten (§ 115 Abs. 1 S. 3 VVG). Dieser Geldanspruch gegen den Versicherer ist in gleicher Weise pfändbar wie der Anspruch gegen den nach § 115 Abs. 1 S. 4 VVG samtverbindlich mithaftenden Versicherungsnehmer. Der Direktanspruch schließt nicht aus, dass der Geschädigte einen Zahlungstitel gegen den Schuldner erwirkt und sodann dessen Befreiungsanspruch gegen den Versicherer pfänden lässt[394]. A.209

---

394 Prölss, NJW 1967, 786 gegen AG München, NJW 1967, 786, das unzutreffend ein Rechtsschutzbedürfnis verneint hat, weil der Gläubiger einen unmittelbaren Anspruch gegen den Versicherer habe; so auch OLG Hamburg, VersR 1972, 631; siehe OLG Düsseldorf, VersR 1969, 29 zur Pfändung des Freistellungsanspruchs des Schädigers gegenüber seinem Haftpflichtversicherer durch den Kaskoversicherer eines niederländischen Geschädigten.

7.33.5. Beitragsrückvergütung

A.210 Ein Anspruch auf Beitragsrückvergütung (Prämienrückvergütung) und auf Erstattung eines zu viel gezahlten Prämienbetrags ist als (insbesondere auch künftige) Geldforderung pfändbar (§ 829 ZPO)[395]. Diese Pfändung berechtigt den Gläubiger jedoch nicht, das Haftpflicht-Versicherungsverhältnis zu kündigen oder auch nur umzugestalten, um Prämienrückvergütung zu erlangen[396]. Auch das Kündigungsrecht des Schuldners und ein Recht auf Umwandlung der Versicherung können als Gestaltungsrecht nicht gepfändet oder mitgepfändet werden[397]. Die Haftpflichtversicherung begründet Versicherungsschutz bei einem Schadensereignis. Dem Versicherungsnehmer gewährt sie für den Versicherungsfall einen Befreiungsanspruch (Rdn. A.202). Weil aus ihm in der Hand eines Gläubigers kein Zahlungsanspruch erwachsen kann, ist ein solcher auch nicht pfändbar[398] (Rdn. A.121 und A.204). Ein Anspruch aus Haftpflichtversicherung kann daher auch nicht mit dem Ziel gepfändet werden, ihn durch Kündigung des Versicherungsverhältnisses in einen Zahlungsanspruch umzuwandeln. Das Versicherungsverhältnis ist ein Rechtsverhältnis, das den Befreiungsanspruch im Schadensfall begründet. Auf dieses Rechtsverhältnis kann eine Pfändung nicht ausgedehnt werden (Rdn. A.41). Daher kann auch durch Pfändung ein Recht auf Kündigung dieses (vertraglichen) Rechtsverhältnisses nicht erlangt werden.

A.211 **Formulierungsvorschlag:**

A. Zahlungsanspruch (Rdn. A.203):

Gepfändet wird die angebliche Forderung an den Versicherer … – Drittschuldner – auf die infolge des Unfalls … zu bewirkende Leistung, die dem Schuldner aus seinem Schuldbefreiungsanspruch mit der Befriedigung des Haftpflichtgläubigers als Zahlungsanspruch (in Höhe von … Euro) erwachsen ist.

B. Freistellungsanspruch (Rdn. A.204):

Gepfändet wird der angebliche (Freistellungs-)Anspruch des Schuldners an den Versicherer … – Drittschuldner – aus Versicherungsschutz auf Schuldnerbefreiung mit Ersetzung der Leistung, die der Schuldner aufgrund seiner Verantwortlichkeit für den Unfall … an den Gläubiger zu bewirken hat.

C. Kostenerstattungsanspruch (Rdn. A.205):

Gepfändet wird die angebliche Forderung an den Versicherer … – Drittschuldner – auf Ersetzung der (gerichtlichen und außergerichtlichen) Kosten des Rechtsschutzes (Kosten der Verteidigung in einem Strafverfahren eingeschlossen), die infolge des Unfalls … entstanden und vom Schuldner (Versicherungsnehmer) geleistet sind.

---

395 AG Sinzig, NJW-RR 1986, 967.

396 **A.A.** AG Sinzig (Fn. 395): dass dem Gläubiger ein Kündigungsrecht zusteht, soll sich als Annex aus der Pfändung und Überweisung zur Einziehung von Geldansprüchen aus dem Versicherungsvertrag ergeben.

397 So auch AG Sinzig (Fn. 395); Mümmler, JurBüro 1990, 965.

398 Darin unterscheidet sich die Haftpflichtversicherung von der Lebensversicherung (zu dieser Rdn. A.292 ff.). Bei der Lebensversicherung unterliegt der Anspruch auf die vereinbarte Geldleistung dem Pfandrecht. Dessen Pfändung erstreckt sich daher auch auf das (abtretbare) Recht, über den Zahlungsanspruch durch Kündigung des Versicherungsverhältnisses zu verfügen.

7.34. HIV-Hilfe-Stiftung

Leistungen der Stiftung „Humanitäre Hilfe für durch Blutprodukte HIV-infizierte Personen" sind nicht pfändbar. Das bestimmt das HIVHG[399] in A.212

§ 17 HIVHG
Steuerfreiheit, Anrechnung auf andere Leistungen

(2) Die Ansprüche auf Leistungen der Stiftung können nicht übertragen, verpfändet oder gepfändet werden.

7.35. Infektionsschutzgesetz-Entschädigung

Eine Entschädigung in Geld erhält, wer nach dem IfSG[400] als Ausscheider, Ansteckungs- oder Krankheitsverdächtiger oder sonst als Träger von **Krankheitserregern** Verboten in der Ausübung seiner Erwerbstätigkeit unterliegt oder unterworfen wird, desgleichen, wer als Ausscheider oder Ansteckungsverdächtiger abgesondert wurde oder wird, und dadurch einen Verdienstausfall erleidet (§ 56 Abs. 1 IfSG). Sie wird gewährt A.213

- für die ersten sechs Wochen in Höhe des Verdienstausfalls (§ 56 Abs. 2 S. 2 IfSG),
- vom Beginn der siebenten Woche an in Höhe des Krankengeldes (§ 56 Abs. 2 S. 3 IfSG mit Einzelheiten).

Versorgung in entsprechender Anwendung der Vorschriften des BVG erhält, wer durch eine **Schutzimpfung** oder durch eine andere Maßnahme der spezifischen Prophylaxe eine gesundheitliche Schädigung erlitten hat (§ 60 IfSG). Der Geschädigte hat außerdem Anspruch auf Heilbehandlung (§ 62 IfSG). Hinterbliebene eines Geschädigten können ebenso Versorgung erhalten (§ 60 Abs. 4 IfSG). Bei Zusammentreffen von Ansprüchen für Impfschäden usw. mit Ansprüchen aus einer Schädigung im Sinne des § 1 BVG oder nach anderen Gesetzen wird eine einheitliche Rente gewährt (§ 63 Abs. 1 IfSG). Dazu bestimmt

§ 67 IfSG Pfändung

(1) Die nach § 56 Abs. 2 Satz 2 und 3 zu zahlenden Entschädigungen können nach den für Arbeitseinkommen geltenden Vorschriften der Zivilprozessordnung gepfändet werden.

(2) Übertragung, Verpfändung und Pfändung der Ansprüche nach den §§ 60, 62 und 63 Abs. 1 richten sich nach den Vorschriften des Bundesversorgungsgesetzes.

Zahlungsverpflichtet, damit Drittschuldner, sind die Bundesländer (§ 66 Abs. 1 IfSG, auch zur örtlichen Zuständigkeit). Zuständige Behörden der Länder: § 54 IfSG. Bei Arbeitnehmern hat der Arbeitgeber für die Dauer des Arbeitsverhältnisses, längstens für 6 Wochen, die Entschädigung für die zuständige Behörde auszuzahlen (§ 56 Abs. 5 S. 1 IfSG); er ist mithin dann Drittschuldner (vergleichbarer Fall Rdn. A.522). Die Pfändung der Ansprüche nach dem BVG regelt § 54 SGB I (s. Rdn. D.32). A.214

---

399 HIV-Hilfegesetz (HIVHG) vom 24.7.1995 (BGBl I 972).

400 Infektionsschutzgesetz (IfSG) vom 20.7.2000 (BGBl I 1045).

A.215 Bei Existenzgefährdung können dem Entschädigungsberechtigten **Mehraufwendungen** erstattet werden (§ 56 Abs. 4 S. 1 IfSG). Selbstständige, deren Betrieb oder Praxis ruht, können neben der Entschädigung Ersatz für weiterlaufende, nicht gedeckte Betriebsausgaben erhalten (§ 56 Abs. 4 S. 2 IfSG). Im Einzelfall kann auch Anspruch auf Erstattung der Aufwendungen für soziale Sicherung bestehen (§ 58 S. 1 IfSG). Die Pfändbarkeit dieser Ansprüche ist nicht eingeschränkt; Pfändungsschutz kann auf Antrag jedoch nach § 765a Abs. 1 ZPO gewährt werden.

A.216 Für vernichtete, beschädigte oder in sonstiger Weise in ihrem Wert geminderte **Gegenstände** sowie andere nicht nur unwesentliche **Vermögensnachteile** wird eine Entschädigung in Geld geleistet (§ 65 Abs. 1 IfSG). Dieser Zahlungsanspruch unterliegt keiner Pfändungsbeschränkung; er ist daher auch pfändbar, wenn Entgelt für eine unpfändbare Sache geleistet wird (s. Rdn. A.422).

A.217 Einem Arbeitgeber, der einem Arbeitnehmer eine Entschädigung für die zuständige Behörde ausgezahlt hat (Rdn. A.214), werden die Beträge auf Antrag erstattet (§ 56 Abs. 5 IfSG). Dieser Erstattungsanspruch ist nicht zweckgebunden; er ist unbeschränkt pfändbar.

7.36. Kaufpreis bei Verkauf einer beweglichen Sache

A.218 **Kaufpreis** ist das vom Käufer (= Drittschuldner) dem Schuldner als Verkäufer in Geld zu zahlende vereinbarte Entgelt für den Kaufgegenstand (§ 433 Abs. 2 BGB). Als Geldforderung ist er nach § 829 ZPO zu pfänden. Die Kaufpreisforderung ist im Pfändungsbeschluss bestimmt zu bezeichnen (Rdn. B.86). Angabe auch des (ungefähren) Betrags der Kaufpreisforderung kann geboten sein, ist aber nicht notwendig erforderlich (Rdn. B.88). Allgemein gehaltene Bezeichnungen genügen nicht (s. Rdn. B.86) oder können im Einzelfall[401] unzureichend sein. Als nicht ausreichend angesehen wird z.B. die Bezeichnung „Forderung aus Lieferungen und sonstigen Leistungen“ sowie „aus laufender Geschäftsverbindung“ (Rdn. B.106). Es empfiehlt sich, im Hinblick auf die Rdn. B.106 dargestellte Rechtsprechung – insbes. auch des BGH – dringend eine so ausreichende Bezeichnung, dass im Einzelfall feststeht, welche bestimmte Kaufpreisforderung Gegenstand des Pfändungszugriffs sein soll.

Der Anspruch des Schuldners auf Schadensersatz wegen Nichterfüllung wird von der Pfändung der Kaufpreisforderung nicht erfasst, ebenso der Kaufpreisanspruch nicht von der Pfändung des Anspruchs auf Schadensersatz wegen Nichterfüllung[402]. Daher ist es ratsam, mit der Forderungsbezeichnung die Pfändung nicht auf den Kaufpreisanspruch zu beschränken, sondern die Pfändung auf alle Forderungen aus dem zugrunde liegenden Rechtsverhältnis (dem zu bezeichnenden Kaufvertrag als Lebensvorgang) zu erstrecken.

---

401 Großzügige Auslegung der Forderungsbezeichnung („am … geschlossene Transaktion“) als Kaufpreisforderung (zur Unterscheidung von einer Provisionsforderung): BGH, NJW 1983, 2773.

402 BGH, MDR 2000, 476 = NJW 2000, 1268 = Rpfleger 2000, 221.

Pfändungsschutz für Forderungen aus dem Verkauf landwirtschaftlicher Erzeugnisse Rdn. A.279 ff. Pfändung der Kaufpreisforderung aus der Veräußerung eines Grundstücks Rdn. E.389 ff. A.219

Formulierungsvorschlag: A.220

Gepfändet wird die angebliche Forderung des Schuldners an … – Drittschuldner – auf Zahlung des Kaufpreises für das im März dieses Jahres veräußerte gerahmte und vom Schuldner signierte Ölbild (Größe ca. 45x60cm), das Schafe auf der Wiese (2 stehend, 3 liegend) mit ihrem Hirten darstellt, zusammen mit allen weiteren Forderungen des Schuldners aus dem Kaufvertrag über dieses Bild.

7.37. Kindergeld als Familienleistungsausgleich

Schrifttum: Steder, Pfändung und „Anrechnung" von Kindergeld, Amtsvorm. 1996, 350. A.221

7.37.1. Familienleistungsausgleich

Durch Kindergeld nach dem X. Abschnitt des EStG (§§ 62–78) oder auch durch Freibeträge nach § 32 Abs. 6 EStG wird die steuerliche Freistellung eines Einkommensbetrags in Höhe des Existenzminimums eines Kindes einschließlich des Bedarfs für Betreuung und Erziehung oder Ausbildung bewirkt (§ 31 S. 1 und 2 EStG). Anspruch auf dieses Kindergeld hat für zu berücksichtigende Kinder (zu diesen § 63 EStG), wer im Inland einen Wohnsitz oder seinen gewöhnlichen Aufenthalt hat oder ohne Wohnsitz oder gewöhnlichen Aufenthalt im Inland unbeschränkt einkommensteuerpflichtig ist oder als unbeschränkt einkommensteuerpflichtig behandelt wird (§ 62 Abs. 1 EStG mit Einschränkung für Ausländer in Abs. 2). Für jedes Kind wird Kindergeld nur einem (von mehreren) Berechtigten nach Bestimmung des § 64 EStG gezahlt. A.222

Gezahlt wird Kindergeld im laufenden Kalenderjahr als Steuervergütung monatlich (§ 31 S. 3, § 66 Abs. 2 EStG). Nicht gezahlt wird Kindergeld für ein Kind, für das Kinderzulagen aus der gesetzlichen Unfallversicherung oder Kinderzuschüsse aus den gesetzlichen Rentenversicherungen oder dem Kindergeld vergleichbare Leistungen im Ausland oder von einer zwischen- oder überstaatlichen Einrichtung gewährt werden oder zu zahlen wären (§ 65 Abs. 1 EStG). Nur in Höhe des Unterschiedsbetrags wird Kindergeld bezahlt, wenn Kinderzulagen aus der gesetzlichen Unfallversicherung oder Kinderzuschüsse aus den gesetzlichen Rentenversicherungen niedriger als das Kindergeld sind (§ 65 Abs. 2 EStG).

7.37.2. Pfändbarkeit

Die Pfändbarkeit des Kindergeldes regelt A.223

§ 76 EStG
Pfändung

Der Anspruch auf Kindergeld kann nur wegen gesetzlicher Unterhaltsansprüche eines Kindes, das bei der Festsetzung des Kindergeldes berücksichtigt wird, gepfändet werden. Für die Höhe des pfändbaren Betrages gilt:

1. Gehört das unterhaltsberechtigte Kind zum Kreis der Kinder, für die dem Leistungsberechtigten Kindergeld gezahlt wird, so ist eine Pfändung bis zu dem Betrag möglich, der bei gleichmäßiger Verteilung des Kindergeldes auf jedes dieser Kinder entfällt. Ist das Kindergeld durch die Berücksichtigung eines weiteren Kindes erhöht, für das einer dritten Person Kindergeld oder dieser oder dem Leistungsberechtigten eine andere Geldleistung für Kinder zusteht, so bleibt der Erhöhungsbetrag bei der Bestimmung des pfändbaren Betrages des Kindergeldes nach Satz 1 außer Betracht;
2. der Erhöhungsbetrag nach Nummer 1 Satz 2 ist zugunsten jedes bei der Festsetzung des Kindergeldes berücksichtigten unterhaltsberechtigten Kindes zu dem Anteil pfändbar, der sich bei gleichmäßiger Verteilung auf alle Kinder, die bei der Festsetzung des Kindergeldes zu Gunsten des Leistungsberechtigten berücksichtigt werden, ergibt.

A.224 **Gesetzlicher Unterhaltsanspruch,** für den Kindergeld gepfändet werden kann, sind auch die länger als ein Jahr vor dem Pfändungsantrag fällig gewordenen Beträge (es besteht keine dem § 850d Abs. 1 S. 4 ZPO vergleichbare Einschränkung[403]). Für rückständige gesetzliche Unterhaltsansprüche ist Kindergeld für Kinder aber dann nicht mehr pfändbar, wenn der Gläubiger bei Festsetzung des Kindergeldes zwar noch zur Zeit der Fälligkeit seines rückständig gewordenen Unterhaltsanspruchs berücksichtigt wurde, bei Pfändung und in dem Zeitraum, für den Kindergeld gezahlt wird, aber keine Berücksichtigung mehr findet. Prozesskosten des Unterhaltsrechtsstreits (Rdn. C.301) und Zinsen für Unterhalt (Rdn. C.303) sind keine Unterhaltsforderungen; auch für Zwangsvollstreckungskosten (Rdn. C.302) können jedoch bei Vollstreckung eines gesetzlichen Unterhaltsanspruchs Geldleistungen für Kinder gepfändet werden.

A.225 Ausgeschlossen ist die Pfändung des Kindergeldes bei Vollstreckung einer gewöhnlichen Geldforderung (Rdn. C.232), damit auch wegen des Anspruchs der Gemeinde für Hortunterbringung des Kindes[404] sowie auch bei Vollstreckung einer Forderung aus vorsätzlich begangener unerlaubter Handlung (§ 850f Abs. 2 ZPO). Ausgeschlossen ist die Pfändung des Kindergeldes aber auch bei Vollstreckung des gesetzlichen Unterhaltsanspruchs eines sonstigen Berechtigten, so des Ehegatten oder des früheren Ehegatten sowie eines Kindes, das für den Anspruch auf Kindergeld die Altersgrenze oder die Grenze für Bruttobezüge aus einem Ausbildungsverhältnis überschritten oder geheiratet hat[405]. Nach seiner Zweckbestimmung ermöglicht § 76 EStG als Sondervorschrift für Unterhaltsforderungen aber auch bei Forderungsübergang auf einen anderen Gläubiger (dazu Rdn. C.296 ff.) diesem (somit auch dem Träger der Sozialhilfe) sowie dem Gläubiger eines Schadensersatzanspruchs (Rdn. C.295) keine Pfändung des Kindergeldes[406]. Anspruch auf Kindergeld, der wegen solcher Forderungen nicht gepfändet werden kann, ist auch der Anspruch auf rückwirkende Zahlung von Kindergeld.

A.226 Für die Höhe des pfändbaren Betrages treffen Nr. 1 und 2 des § 76 S. 2 EStG Bestimmung wie folgt:

---

403 So auch Stein/Jonas/Würdinger, ZPO, § 850i Rdn. 76.

404 OVG Magdeburg, NVwZ-RR 2000, 326.

405 Wegen anderer Sonderfälle, in denen für den Anspruch auf Kindergeld ein Kind nicht berücksichtigt wird, s. die Einzelbestimmungen des EStG.

406 So (zum BKGG) auch Hornung, Rpfleger 1988, 213 (217 li.Sp.); Stein/Jonas/Würdinger, ZPO, § 850i Rdn. 77; Zöller/Herget, ZPO, § 829 Rdn. 35; **a.A.** LG Mönchengladbach, Rpfleger 2002, 471.

(a) **Zahlkind vollstreckt – Zählkinder** (Rdn. A.227) **sind nicht vorhanden:** Wenn ein Kind, für das Kindergeld gezahlt wird (= Zahlkind) wegen seines gesetzlichen Unterhaltsanspruchs vollstreckt und nur Zahlkinder vorhanden sind, ist Kindergeld nach § 76 S. 2 Nr. 1 S. 1 EStG bis zu dem Betrag pfändbar, der bei gleichmäßiger Verteilung des Kindergeldes auf jedes dieser Kinder entfällt. Es sind bei der Teilung des Betrages auch die nicht unterhaltsberechtigten Kinder, für die Kindergeld erbracht wird (z.B. Stiefkinder, die der Berechtigte in seinen Haushalt aufgenommen hat, Pflegekinder) zu berücksichtigen.

Beispiele[407]**:** I. Erstkindergeld 194 Euro; keine weiteren Kinder. Das Kind vollstreckt wegen seines gesetzlichen Unterhaltsanspruchs. Das Kindergeld ist voll pfändbar.

II. Kindergeld für 4 Kinder: 194 + 194 + 200 + 225 Euro. Eines dieser Kinder vollstreckt wegen seines gesetzlichen Unterhaltsanspruchs. Verteilung des Kindergeldes auf alle vier Kinder, somit 813 : 4 = 203,25 Euro. Pfändbar ist dieser Betrag.

A.227 (b) **Zahlkind vollstreckt – Zählkinder sind vorhanden**: Wenn ein Kind, für das Kindergeld gezahlt wird (= Zahlkind) vollstreckt und auch ein Zählkind (oder mehrere) vorhanden ist (d.i. ein Kind, für das der Schuldner selbst Kindergeld zwar nicht erhält, das aber bei Bestimmung der Höhe des Kindergeldes des Schuldners für die anderen Kinder mitgezählt wird), ergibt sich der pfändbare Betrag aus § 76 S. 2 Nr. 1, 2 EStG. Es bleibt nach § 76 S. 2 Nr. 1 S. 2 EStG zunächst der Erhöhungsbetrag infolge Berücksichtigung des Zählkindes bei der Bestimmung des nach Rdn. A.226 pfändbaren Kindergeldbetrags außer Betracht. Der Teil des pfändbaren Kindergeldbetrages wird also zunächst ohne diesen sog. „Zählkindervorteil" nach § 76 S. 2 Nr. 1 S. 1 EStG (vorst. Rdn. A.226) berechnet, somit nach dem Kindergeld bestimmt, das an den unterhaltspflichtigen Leistungsberechtigten zu zahlen wäre, wenn das „Zählkind" nicht vorhanden wäre. Dazu kommt nach § 76 S. 2 Nr. 2 EStG als weiter pfändbarer Kindergeldbetragsteil der anteilige Zählkindervorteil (dazu Rdn. A.228).

Beispiel: Kindergeld für 3 Zahlkinder infolge Berücksichtigung eines Zählkindes: 194 + 200 + 225 = 619 Euro. Es vollstreckt eines der Zahlkinder.

Kindergeld, wenn das Zählkind nicht vorhanden wäre: 194 + 194 + 200 = 588 Euro. Verteilung dieses Kindergeldes auf alle Zahlkinder: 588 : 3 = 196 Euro.

Zählkindervorteil: 619 ./. 588 = 31 Euro.

Gleichmäßige Verteilung des Zählkindervorteils nach § 76 S. 2 Nr. 2 EStG, somit 31 : 4 = 7,75 Euro.

Pfändbar: 196 + 7,75 = 203,75 Euro.

A.228 (c) **Zählkind vollstreckt:** Wenn wegen des gesetzlichen Unterhaltsanspruchs eines Zählkindes (Rdn. A.227) vollstreckt wird, ist vom Kindergeld nach § 76 S. 2 Nr. 2 EStG der Erhöhungsbetrag (zu ihm Rdn. A.227) anteilig pfändbar, der sich durch Berücksichtigung des weiteren Kindes ergibt, für das einer dritten Person Kindergeld zusteht. Mit Teilung des Erhöhungsbetrags durch die Zahl sämtlicher beim Leistungsberechtigten berücksichtigten Kinder wird erreicht, dass der Zählkindervorteil auf diese Kinder gleichmäßig verteilt wird[408]. Damit ist gleichzeitig

---

407 Kindergeldbeträge in allen Beispielen gemäß § 66 Abs. 1 EStG nach dem Stand vom 1.1.2018.

408 Siehe auch LG Mönchengladbach (Fn. 406); jedoch keine Pfändung wegen eines „übergegangenen" Anspruchs (s. Rdn. A.225).

gewährleistet, dass dem Leistungsberechtigten ein Teil der Geldleistungen für diejenigen Kinder verbleibt, die bei der Festsetzung des Kindergeldes berücksichtigt und von ihm versorgt werden.

Beispiel: Das älteste Kind (Zählkind) lebt bei der geschiedenen Mutter. Diese ist nach § 64 Abs. 2 EStG leistungsberechtigt. Die drei jüngeren Kinder (Zahlkinder) leben beim Vater. Gegen diesen vollstreckt das älteste Kind.

Kindergeld: 194 + 200 + 225 = 619 Euro.

Zählkindervorteil: 619 ./. 588 = 31 Euro.

Gleichmäßige Verteilung des Zählkindervorteils nach § 76 S. 2 Nr. 2 EStG, somit 31 : 4 = 7,75 Euro.

Pfändbar nach § 76 S. 2 Nr. 2 EStG: 31 : 4 = 7,75 Euro.

7.37.3. Drittschuldner

A.229 Drittschuldner ist die örtlich zuständige Familienkasse (§ 46 Abs. 7 AO mit § 70 Abs. 1 S. 1 EStG). Familienkassen sind die Dienststellen der Bundesagentur für Arbeit (§ 5 Nr. 11 FVG[409]). Örtlich zuständig ist grundsätzlich die Familienkasse, in deren Bezirk der Kindergeldberechtigte seinen Wohnsitz hat (§ 19 Abs. 1 S. 1 AO). Anträge können auch bei einer Außenstelle derjenigen Agentur für Arbeit angebracht werden, bei der die Familienkasse eingerichtet ist, jedenfalls soweit diese nicht eindeutig erkennbar nur der Wahrnehmung von Aufgaben außerhalb des Bereichs der Familienkassen dient[410]; dies dürfte auch für die Zustellung von Pfändungsbeschlüssen gelten.

Für Angehörige des öffentlichen Dienstes (§ 72 Abs. 1 EStG) sind die Körperschaften, Anstalten oder Stiftungen des öffentlichen Rechts Familienkasse und damit Drittschuldner (§ 72 Abs. 1 und 3 EStG mit Ausnahme für kurzfristig Tätige nach § 72 Abs. 4 EStG), nicht aber, wenn Dienstherr oder Arbeitgeber eine Religionsgesellschaft des öffentlichen Rechts oder ein Spitzenverband der Freien Wohlfahrtspflege usw. ist (§ 72 Abs. 3 EStG). Die Körperschaften usw. können auf ihre Zuständigkeit verzichten mit der Folge, dass die Bundesagentur für Arbeit zuständig wird; die Namen und Anschriften dieser Körperschaften usw. werden im Bundessteuerblatt veröffentlicht (§ 72 Abs. 1 S. 3 bis 5 EStG).

Die Einrichtung von Bundes- und Landesfamilienkassen zur Wahrnehmung der Aufgaben nach § 72 Abs. 1 EStG ermöglicht § 5 Abs. 1 Nr. 11 S. 6, 8 FVG. Familienkassen sind eingerichtet

- beim Bundesamt für zentrale Dienste und offene Vermögensfragen nach der BundFamkV[411]. Ihr obliegt die Festsetzung und Auszahlung von Kindergeld an die in § 72 Abs. 1 S. 1 Nr. 1 bis 3 EStG bezeichneten Angehörigen der Bundesfinanzverwaltung;

---

409 Finanzverwaltungsgesetz (FVG) i.d.F. vom 4.4.2006 (BGBl I 846).
410 BFHE 247, 233.
411 Bundesfamilienkassenverordnung (BundFamkV) vom 13.12.2005 (BGBl I 3694).

- beim Bundesverwaltungsamt nach der BVABundFamkV[412]. Ihr obliegt die Fesetzung und Auszahlung von Kindergeld an die in § 72 Abs. 1 S. 1 Nr. 1 bis 3 EStG bezeichneten Angehörigen des Bundesministeriums des Innern und seines Geschäftsbereichs.

Diesen Familienkassen können auch für bundesunmittelbare Körperschaften, Anstalten und Stiftungen des öffentlichen Rechtes und für weitere Bundesbehörden die Aufgaben einer Familienkasse übertragen sein (jew. § 2 der Verordnungen).

Für Beamte und Versorgungsempfänger der Deutschen Post AG, der DB Privat- und Firmenkunden AG (als Rechtsnachfolgerin der Deutschen Postbank AG aufgrund Verschmelzung) und der Deutschen Telekom AG sind diese Körperschaften Familienkasse und damit Drittschuldner (§ 72 Abs. 2 EStG).

7.37.4. Pfändungsverfahren, -beschluss

Das Vollstreckungsgericht hat für Pfändung von Kindergeld zu prüfen, ob ein Kind wegen seines gesetzlichen Unterhaltsanspruchs vollstreckt (dazu Rdn. A.224, A.225). Das (an sich erforderliche) Gläubigervorbringen, dass das vollstreckende Kind bei der Festsetzung der Geldleistung berücksichtigt ist (Erfordernis nach § 76 EStG) versteht sich bereits mit dem Antrag, wegen des gesetzlichen Unterhaltsanspruchs die Geldleistung für Kinder zu pfänden. Nachzuweisen (oder auch nur glaubhaft zu machen) und damit vom Vollstreckungsgericht nachzuprüfen ist die Berücksichtigung des vollstreckenden Kindes bei der Festsetzung der Geldleistung nicht. A.230

Bei Pfändung von Kindergeld ist der nach § 76 EStG pfändbare Betrag im Pfändungsbeschluss ziffernmäßig nicht zu bestimmen. Die Zahl der berücksichtigten Kinder und Angaben über Höhe und Zusammensetzung des Kindergeldes, somit Einzelheiten für Bemessung der Höhe des pfändbaren Kindergeldbetrags, braucht der Gläubiger im Pfändungsantrag daher nicht vorzutragen. Der Pfändungsbeschluss kann als **Blankettbeschluss**[413] (s. Rdn. C.254) für die Bestimmung der Höhe des pfändbaren Kindergeldbetrags auf die gesetzliche Regelung in § 76 EStG Bezug nehmen und damit die betragsmäßige Berechnung des gepfändeten Kindergeldanteils dem Drittschuldner überlassen (s. Formulierungsvorschlag Rdn. A.237). Davon ist auch der Gesetzgeber bei Regelung der nach Maßgabe von § 54 Abs. 5 SGB I eingeschränkten Pfändung von Geldleistungen für Kinder ausgegangen; hervorgehoben ist das für die Verteilung des Zählkindervorteils in der Begründung des Gesetzentwurfs[414] wie folgt: A.231

> „... Bei der Lösung wurde aus Verwaltungsgründen berücksichtigt, dass die notwendigen Entscheidungen über die Höhe des pfändbaren Teils der Leistungen für Kinder aufgrund der Unterlagen allein bei der Stelle durchgeführt werden, welche die Zahlungen (für die jüngeren Kinder) erbringt."

---

412 BVA-Bundesfamilienkassenverordnung (BVABundFamkV) vom 20.5.2010 (BGBl I 673).

413 Für Blankettbeschluss (zum BKGG) auch Hornung, Rpfleger 1988, 213 (218 li.Sp.); Stein/Jonas/Würdinger, ZPO, § 850i Rdn. 82.

414 Begründung zum 1. SGBÄndG, BT-Drucks. 11/1004, S. 12.

A.232 Kindergeld ist eine „ähnliche in fortlaufenden Bezügen bestehende Forderung". Die Pfändung erfasst daher auch die nach ihrem Wirksamwerden fällig werdenden Beträge (§ 832 ZPO). Anordnung der Mitpfändung des künftig fällig werdenden Kindergeldes im Pfändungsbeschluss (wie Formulierungsvorschlag Rdn. A.237) kann gleichwohl der Klarstellung dienen. Vorratspfändung (zu ihr Rdn. B.351) ermöglicht § 850d Abs. 3 ZPO. Mit Bestimmung der gepfändeten Leistungen (Rdn. A.231) hat die Familienkasse als Drittschuldnerin auch jede Änderung einer Voraussetzung für Bemessung des nach § 76 EStG pfändbaren Kindergeldbetrages (z.B. Erhöhung des Kindergeldes, Berücksichtigung eines weiteren Kindes für Bemessung des Kindergeldes) von sich aus zu berücksichtigen; ein Änderungsbeschluss des Vollstreckungsgerichts (§ 850g ZPO) ergeht daher nicht. Entfällt der vollstreckende Unterhaltsgläubiger als Kind, das bei der Kindergeldfestsetzung berücksichtigt wird, dann endet die Pfändungswirkung mit Blankettbeschluss. Auch das hat die Drittschuldnerin von sich aus zu berücksichtigen; ein Änderungs- oder Aufhebungsbeschluss des Vollstreckungsgerichts ergeht daher nicht.

A.233 Ohne Wirkung ist die Pfändung mit Blankettbeschluss (sie geht somit ins Leere), wenn der vollstreckende Unterhaltsgläubiger nicht oder nicht mehr zu den Kindern gehört, die bei der Festsetzung der Geldleistungen berücksichtigt sind. Dass ein Kind wegen seines gesetzlichen Unterhaltsanspruchs vollstreckt hat, unterliegt dagegen nicht der Überprüfung durch den Drittschuldner; er ist an die mit Pfändung getroffene Entscheidung des Vollstreckungsgerichts gebunden; Einwendungen sind mit Erinnerung (§ 766 ZPO) zu erheben.

A.234 Die **Zusammenrechnung** von Kindergeld mit Arbeitseinkommen zur Vergrößerung des pfändbaren Kindergeldanteils ist nicht vorgesehen. § 76 EStG regelt die Pfändbarkeit des Kindergeldes abschließend; Zusammenrechnung von Kindergeld mit Arbeitseinkommen schließt diese Regelung aus. Bei Pfändung von Arbeitseinkommen durch ein bei der Festsetzung des Kindergeldes berücksichtigtes Kind wegen eines gesetzlichen Unterhaltsanspruchs ermöglicht § 850e Nr. 2a S. 3 ZPO eine Zusammenrechnung; praktische Bedeutung wird das aber nicht erlangen. Die Zusammenrechnung von (Teil-)Kindergeld, das nach dem EStG gewährt wird, mit anderen Geldleistungen für Kinder (Rdn. D.82) ist ebenfalls nicht vorgesehen; § 76 EStG ermöglicht Zusammenrechnung auch in einem solchen Fall nicht. Zum Kindergeld nach dem BKGG siehe Rdn. D.114.

7.37.5. Vorpfändung

A.235 Die Pfändbarkeit des Kindergeldes wegen eines gesetzlichen Unterhaltsanspruchs eines bei der Festsetzung berücksichtigten Kindes ermöglicht auch eine Vorpfändung (§ 845 ZPO). Zulässig ist die Vorpfändung nur in Höhe des nach § 76 EStGB für das Kind als Gläubiger pfändbaren Betrages. Ausgeschlossen ist die Vorpfändung von Kindergeld damit wegen des gesetzlichen Unterhaltsanspruchs eines Kindes in Höhe des weitergehenden, auch von diesem Gläubiger nicht pfändbaren Betrags und in voller Höhe bei Vollstreckung anderer Unterhaltsansprüche sowie sonstiger (gewöhnlicher) Gläubigerforderungen. Eine unzulässig dennoch ausgebrachte Vorpfändung wäre wirkungslos.

Teil A Geldforderungen

7.37.6. Der Freibetrag

Der Freibetrag (§ 31 S. 1, § 32 Abs. 6 EStG) wird bei Veranlagung zur Einkommensteuer abgezogen, wenn die gebotene steuerliche Freistellung durch das Kindergeld nicht in vollem Umfang bewirkt wird (§ 31 S. 4, 5 EStG). Ein Steuererstattungsanspruch, der sich daraus ergibt, ist nach § 46 AO pfändbar (Rdn. A.491); hierfür erlangt § 76 EStG keine Bedeutung. A.236

Formulierungsvorschlag: A.237

Gepfändet wird wegen dieser gesetzlichen Unterhaltsansprüche des Gläubigers der angebliche Anspruch des Schuldners an die Agentur für Arbeit in … als Familienkasse – Drittschuldner – auf fortlaufende Auszahlung des Kindergeldes in Höhe des nach § 76 EStG zu bemessenden pfändbaren Betrages. Die Pfändung umfasst die künftig fällig werdenden Kindergeldleistungen (anteilig) auch wegen der dann fällig gewordenen oder jeweils fällig werdenden Unterhaltsansprüche des Gläubigers.

7.38. Kontoguthaben

7.38.1. Das Bankkonto

Das Bankkonto dient der Abwicklung des bargeldlosen Zahlungsverkehrs. Das Kreditinstitut (Bank oder Sparkasse) führt es als Zahlungsdienstleister zur Ausführung von Zahlungsvorgängen. Die Verpflichtung zur Ausführung von Zahlungsvorgängen sowie Führung des Kontos gründet sich auf den Zahlungsdiensterahmenvertrag (§ 675f Abs. 2 S. 1 BGB). Zahlungsvorgang ist jede Bereitstellung, Übermittlung oder Abhebung eines Geldbetrags (§ 675f Abs. 4 BGB). Die Zahlungsvorgänge und damit die Forderungen und Verbindlichkeiten zwischen dem Kunden (Zahlungsdienstnutzer) und dem Kreditinstitut (Zahlungsdienstleister) werden auf dem Zahlungskonto buch- und rechnungsmäßig dargestellt. Es wird als Girokonto bezeichnet, wenn es nicht nur zur Erbringung von Zahlungsdienstleistungen eingerichtet ist, sondern (vereinbarungsgemäß) kombiniert mit anderen Dienstleistungen[415] wie Ausführung von Daueraufträgen, Scheck- und Wechselinkasso, das Kreditgeschäft (§ 675f Abs. 2 S. 2 BGB). Geführt wird das Zahlungskonto oder (erweitert) Girokonto durchweg als Kontokorrentkonto (§ 355 HGB). Mit der Verpflichtung zur Ausführung von Zahlungsvorgängen und Kontoführung begründet der Zahlungsdiensterahmenvertrag die Verpflichtung des Kreditinstituts, einen bei ihm zur Gutschrift auf dem Konto des Kunden eingegangenen Zahlungsbetrag unverzüglich verfügbar zu machen (§ 675t Abs. 1 S. 1, Abs. 2 BGB) und Zahlungsaufträge auszuführen (früher als Anspruch bezeichnet, eingehende Zahlungen auf dem Konto gutzuschreiben, § 676f S. 1 BGB a.F.). A.238

Die **Verpflichtung des Kreditinstituts**, für den Kunden ein Konto einzurichten, eingehende Zahlungen auf dem Konto gutzuschreiben und Überweisungsverträge zulasten des Kontos abzuwickeln, war früher durch den Girovertrag begrün- A.239

415 Begründung zum Gesetz zur Umsetzung der Verbraucherkreditrichtlinie …, BT-Drucks. 16/11643, S. 102.

det (§ 676f BGB a.F.). Die früheren §§ 676–676h BGB sind durch die §§ 675b–676c BGB ersetzt worden[416]. Der Zahlungsdienstvertrag ist als Sonderform des Geschäftsbesorgungsvertrags mit Unterscheidung zwischen dem Einzelzahlungsvertrag (§ 675f Abs. 1 BGB) und dem Zahlungsdiensterahmenvertrag (§ 675f Abs. 2 BGB) eingeführt worden[417]. Die Bestimmung, dass die Pfändung eines Kontos das am Tag der Zustellung des Pfändungsbeschlusses bestehende Guthaben sowie die Tagesguthaben der auf die Pfändung folgenden Tage erfasst, trifft § 833a ZPO.

A.240 **Kontoinhaber** (Zahlungsdienstnutzer), gegen den als Schuldner (Rdn. A.2, A.7) die Pfändung des Guthabens auf dem Zahlungskonto erfolgen kann, ist als Kunde des Kreditinstituts derjenige, der bei Kontoerrichtung der Bank oder Sparkasse gegenüber als Forderungsberechtigter aufgetreten ist und (oder) bezeichnet wurde[418]. Maßgeblich ist damit der für die Bank oder Sparkasse erkennbare Wille des Kontoeröffners. Dem entspricht es, dass als Gläubiger der (formelle) Kontoinhaber angesehen wird, der als Kontoinhaber bezeichnet ist[419]. Sollten (ganz) besondere Umstände eines (dann seltenen) Einzelfalls eine Auslegung gebieten und nach dem erkennbaren Willen des Einzahlenden ergeben, dass ein Dritter Gläubiger werden sollte, müsste das bei Zwangsvollstreckung gegen den (formell) bezeichneten Kontoinhaber mit Klage nach § 771 ZPO geltend gemacht werden. Bei der Auslegung ist dann aber zu berücksichtigen, dass der Giroverkehr auf eine rasche und unkomplizierte Abwicklung angelegt ist und damit „ein starkes praktisches Bedürfnis für einfache und klare Rechtsverhältnisse“ besteht, so dass – anders als bei einem Sparkonto, Rdn. A.467 – der Bezeichnung des Kontoinhabers in der Regel besonderes Gewicht und jedenfalls mehr als bloße Indizwirkung zukommt.[420]

7.38.2. Pfändungsbeschluss

A.241 Zu pfänden ist die Forderung des Schuldners auf das Guthaben eines (Giro- oder zu bezeichnenden anderen) Kontos bei einem Kreditinstitut[421] (so § 833a ZPO) als Geldforderung nach § 829 ZPO. Mit der Zustellung des Pfändungsbeschlusses an den Drittschuldner (Rdn. A.245) wird die Pfändung wirksam (§ 829 Abs. 3 ZPO).

A.242 Die Pfändung erfordert **bestimmte** oder bestimmbare **Bezeichnung** der zu pfändenden Guthabenforderung im Pfändungsbeschluss (Rdn. B.85) wie insbesondere als „Guthaben eines Girokontos“. Darunter versteht sich nach der Be-

---

416 Gesetz zur Umsetzung der Verbraucherkreditrichtlinie, des zivilrechtlichen Teils der Zahlungsdienstrichtlinie sowie zur Neuordnung der Vorschriften über das Widerrufs- und Rückgaberecht vom 28.7.2009 BGBl I 2355).

417 Begründung (Fn. 415), S. 102.

418 BGH, MDR 1996, 376 = NJW 1996, 840 m.w.N.; BGH, NJW 1988, 709 (re.Sp.) = WM 1987, 1418; BGH, NJW-RR 1990, 178. Zum „Konto“ des Erblassers bei Eintritt des Nacherbfalls s. BGHZ 131, 60 = FamRZ 1996, 103 = NJW 1996, 190.

419 BGH MDR 1996, 376 (Fn. 418).

420 BGH MDR 1996, 376 (Fn. 418).

421 Zur Frage, ob der Zwangsvollstreckung in ein Bankguthaben der Einwand des Rechtsmissbrauchs entgegengesetzt werden kann, wenn eine Bank unter Bruch des Bankgeheimnisses dem Gläubiger Kenntnis von dieser Vollstreckungsmöglichkeit verschafft hat, siehe BGH, MDR 1973, 926.

griffsbestimmung in § 675f Abs. 2 BGB das für den Kunden als Zahlungsdienstnutzer auf dessen Namen lautende Zahlungskonto (Rdn. A.240). Guthaben auf Konten für andere Bankgeschäfte können nicht dazu gehören, Guthaben eines Kontos bei einem Kreditinstitut für Termineinlagen (befristete Einlagen als Festgeld oder Kündigungsgeld, Spareinlagen usw.) hiernach nicht gepfändet sein. Die nur allgemeine Pfändung „des Guthabens eines Kontos" ist daher (unverändert) ungenügend (bezeichnet keine identifizierbare Einzelforderung). § 833a ZPO regelt für alle Arten von Konten bei Kreditinstituten den Umfang der Pfändung des Guthabens[422], trifft aber nicht die Bestimmung, dass allein mit der verallgemeinernden Bezeichnung „Guthaben eines Kontos" die Forderung aus einem bestimmten Bankkonto Gegenstand der Vollstreckung sein soll. Im Einzelfall kann die Auslegung das ergeben; darauf sollte jedoch nicht vertraut werden.

Pfändbar ist nur das **Guthaben** eines Kontos, nicht eine dem Kontokorrent unterstellte Einzelforderung[423]. Das schließt die Pfändung der „Eingänge", einzelner „Beträge" oder „Gelder", oder einzelner „Guthabenposten des Kontokorrents" aus. Eine Umdeutung in die Pfändung des Kontoguthabens sollte nicht möglich sein. **A.243**

Angabe der **Kontonummer** ist für die Bezeichnung des zu pfändenden Kontoguthabens zweckdienlich, aber für die Wirksamkeit der Pfändung nicht erforderlich[424] (s. Rdn. A.462), weil Kontokorrentkonten bei Banken und Sparkassen als Namenskonten (nicht als Nummernkonten) geführt werden[425]. Die Ansprüche aus mehreren Girokonten, die der Schuldner bei der Drittschuldnerin unterhält, sind gepfändet, wenn Kontonummern nicht angegeben sind, der Beschluss aber ergibt, dass auf die (bestimmt bezeichneten) Ansprüche aus der Geschäftsverbindung insgesamt zugegriffen werden sollte, nicht aber nur auf Ansprüche, die buchungstechnisch unter einer bestimmten Bezeichnung (Kontonummer) abgerechnet werden[426]. Sollen nach der Angabe der zu pfändenden Ansprüche im Pfändungsbeschluss die Guthaben sämtlicher vom Drittschuldner geführten Konten des Schuldners der Pfändung unterworfen sein, so lässt auch die Nennung einer Kontonummer allein nicht den Schluss zu, es solle nur das auf diesem Konto ausgewiesene Guthaben gepfändet sein[427]. Wenn aber nur Forderungen aus einem (mit seiner Nummer angegebenen) Girokonto als gepfändet bezeichnet sind, kann die Pfändung nicht über das Rechtsverhältnis über das allein genannte Konto hinaus **A.244**

---

422 Begründung zum Gesetz zur Reform des Kontopfändungsschutzes, BT-Drucks. 16/7615, S. 16.

423 BGHZ 80, 172 = MDR 1981, 730 = NJW 1981, 1611 = Rpfleger 1981, 290; BGH, JurBüro 1982, 853 = MDR 1982, 574 = NJW 1982, 1150 (Verwertungserlös als Kontokorrentposten).

424 BGHZ 84, 371 = NJW 1982, 2193 (2195 re.Sp.); LG Frankenthal, Rpfleger 1981, 445; LG Oldenburg, JurBüro 1982, 620 = Rpfleger 1982, 112; LG Siegen, JurBüro 1998, 605; vgl. BGH, NJW 1988, 2543 zu dem Fall, dass trotz Nennung nur einer Kontonummer nach der Angabe im Pfändungsbeschluss die Guthaben sämtlicher vom Drittschuldner geführten Konten der Pfändung unterworfen sein sollten.

425 Die Pfändung kann dann aber unwirksam sein, wenn der Drittschuldner (unverschuldet) nicht in der Lage ist, den Schuldner infolge falscher Adressenangabe zu identifizieren (siehe Rdn. B.80 Fn. 215).

426 LG Oldenburg (Fn. 424); dazu kritisch Ehlenz, JurBüro 1982, 1767.

427 BGH, MDR 1988, 859 = NJW 1988, 2543.

auch auf andere Rechtsbeziehungen (ein anderes Kontokorrentverhältnis) bezogen werden[428].

A.245 **Drittschuldner** ist die Bank oder Sparkasse, die dem Schuldner die (zu pfändende) Forderung aus dem Girovertrag schuldet (der sonstige Kontokorrentpartner). Sie ist mit ihrer Firma (ihrem Namen) und ihrem Sitz (samt Anschrift) als Drittschuldner im Pfändungsbeschluss hinreichend bezeichnet. Daneben ist die Angabe auch einer Zweigniederlassung (§ 13 HGB; zur Bezeichnung nur mit der Zweigniederlassung siehe Rdn. B.92) oder einer unselbstständigen Niederlassung (Zweigstelle), deren Dienste sich der Schuldner als Kunde bedient, für die Drittschuldnerbezeichnung nicht erforderlich[429]; zur näheren Bezeichnung der zu pfändenden Forderung kann ein Hinweis auf die Geschäftsverbindung mit einer Zweigniederlassung oder -stelle jedoch geboten sein. Die Angabe auch der Mitglieder des Vorstands mit ihrem Namen als gesetzliche Vertreter ist weder erforderlich noch ratsam.

A.246 **Zustellung** an die Bank (Aktiengesellschaft, eingetragene Genossenschaft) oder Sparkasse erfolgt an den gesetzlichen Vertreter (§ 170 Abs. 1 S. 1 ZPO; Vorstand). Zustellung an den „Leiter" genügt (§ 170 Abs. 2 ZPO). Die Zustellung an einen von mehreren Vertretern oder Leitern ist ausreichend (§ 170 Abs. 3 ZPO). Ersatzzustellung in Geschäftsräumen (auch in denen einer Zweigniederlassung oder Zweigstelle): § 178 Abs. 1 Nr. 2 ZPO. Drittschuldnerschutz, wenn nach Zustellung Auszahlung durch eine Zahlstelle nicht mehr verhindert werden kann: Rdn. B.166 (auch Rdn. C.78).

A.247 Der Anspruch des Schuldners als Kontoinhaber auf **Gutschrift der eingehenden Beträge** wurde früher als weiterer (hilfsweise) pfändbarer Anspruch aus dem Girovertrag angesehen[430]. Der Anspruch ging auf Herausgabe dessen, was die Bank oder Sparkasse als Beauftragte durch die Geschäftsbesorgung erlangt hat (§§ 667, 675 BGB), in der durch den Girovertrag vereinbarten Form (Gutschrift auf dem Girokonto)[431]. Diese Pfändung des Anspruchs auf Gutschrift der eingehenden Beträge musste gesondert beantragt und angeordnet werden; die Pfändung (nur) der Ansprüche aus dem Kontoguthaben erfasste ihn nicht ohne weiteres (Auslegung war aber möglich). Die Pfändung hatte (nur) zur Folge, dass eingehende Beträge dem Konto auch tatsächlich gutgeschrieben werden mussten, der Kontoinhaber also nicht vor Gutschrift über einen Betrag anderweitig verfügen konnte[432]; sie hinderte die Bank (Sparkasse) als Drittschuldnerin daran, Verfügungen des Schuldners über eingehende Beträge vor Einstellung in das Girokonto zu erfüllen[433]. Dazu 15. Aufl. Rdn. 157e.

---

428 BGH, MDR 2001, 1133 = NJW 2001, 2976.

429 Weitergehende Anforderung bei Pfändung eines Postbank-Girokontos rechtfertigt sich, weil die Postbank Girokonten nur bei den Zweigstellen und getrennt für sie unterhält.

430 BGHZ 93, 315 = JurBüro 1985, 705 = JZ 1985, 487 mit krit. Anm. Grunsky = MDR 1985, 576 = NJW 1985, 1218; BGH (Fn. 421); BFHE 140, 404 = NJW 1984, 1919; OLG Köln, ZIP 1983, 810.

431 BGHZ 93, 315 (Fn. 430); BGH, MDR 1978, 389 = NJW 1978, 699; Häuser, ZIP 1983, 891 (897).

432 BGHZ 93, 315 (Fn. 430).

433 OLG Köln (Fn. 430).

Beim Zahlungskonto nach § 675f Abs. 2 BGB besteht ein „Anspruch auf Gutschrift“ nicht mehr[434]. Es ist der Zahlungsbetrag dem Schuldner als Empfänger „unverzüglich verfügbar zu machen“ (§ 675t Abs. 1 S. 1 BGB); auf dem Zahlungskonto ist das buch- und rechnungsmäßig dazustellen (Rdn. A.238). Die Pfändung des Guthabens erfasst den Zahlungsbetrag daher vom Eingang auf dem Konto des Kreditinstituts als Zahlungsdienstleister an[435] (wie § 675t Abs. 1 S. 2 BGB). Die mit der ZVFV eingeführten Formulare für den Antrag (§ 829 Abs. 4 ZPO) nennen als „Anspruch“ gleichwohl auch noch die Gutschrift der eingehenden Beträge.

7.38.3. Die Wirkung der Pfändung

Die Pfändung des Guthabens eines Kontos bei einem Kreditinstitut umfasst das am Tag der Zustellung des Pfändungsbeschlusses bestehende Guthaben sowie die Tagesguthaben der auf die Pfändung folgenden Tage (§ 833a ZPO). Der Umfang der Pfändung des Kontoguthabens ist damit im Anschluss an die Bestimmungen über den Pfändungsumfang bei fortlaufenden Bezügen (§ 832 ZPO) und bei Arbeits- sowie Diensteinkommen (§ 833 ZPO) geregelt[436]. Mit dem ungenauen Wortlaut „Tagesguthaben“[437] ist das (aktuelle) Kontoguthaben bei Wirksamwerden der Pfändung (Zustellungssaldo) und an den folgenden Tagen bezeichnet, nicht ein täglich festgestellter „Schluss“-Saldo. Die Pfändung erstreckt sich damit auch auf künftige Guthabenbeträge sowie einen Rechnungsabschlusssaldo. Sprachlich schwerfällige Pfändungsbeschlüsse (wie sie früher erforderlich waren) wurden damit entbehrlich. A.248

Kreditbetrag: Auf einen dem Schuldner als Kontoinhaber von der Bank oder Sparkasse in Aussicht gestellten Kredit erstreckt sich die Pfändung des Girokontos nicht. Schuldnervermögen als „Guthaben eines Kontos“ (§ 833a ZPO) ist der mit Abschluss eines Darlehensvertrages begründete Anspruch auf Auszahlung eines Darlehens nicht. Als „Guthaben eines Kontos“ umfasst dessen Pfändung den Kreditbetrag erst, wenn er dem Schuldner verfügbar gemacht worden ist, somit dem Konto des Schuldners gutgeschrieben ist. A.249

Zur Pfändung des Anspruchs auf Geldauszahlung Rdn. A.148.

Bei Geschäftsverbindung mit einem Geldinstitut in laufender Rechnung kann dem Schuldner ein Darlehens auch als Dispositionskredit (vereinbarter Überziehungskredit) oder geduldeter Überzuiehungskredit zu gewähren sein. Näher zum Dispositionskredit Rdn. A.146, A.147; zum geduldeten Überziehungskredit Rdn. A.149.

Schuldposten zulasten des Schuldners (Kontoinhabers), die nach Wirksamwerden der Pfändung durch neue Geschäfte entstehen, sind dem Gläubiger gegenüber unwirksam (§ 829 ZPO). Sie können ihm daher nicht mehr in Rechnung gestellt A.250

---

434 Erman/Graf von Westphalen, BGB, § 675t Rdn. 2; Palandt/Sprau, BGB, § 675t Rdn. 4.

435 Erman/Graf von Westphalen, (Fn. 434); Begründung (Fn. 415), S. 112.

436 Begründung (Fn. 422), S. 16.

437 Bitter, WM 2008, 141 (143).

werden (siehe § 357 HGB)[438]. Hat der Drittschuldner auf Veranlassung des Schuldners nach der Pfändung solche Schuldposten aus dem gepfändeten Saldoguthaben gedeckt (Barabhebungen, Überweisungen, aber auch im Lastschriftverfahren auf Grund einer Einziehungsermächtigung oder eines Abbuchungsauftrags), so muss er an den Gläubiger nochmals zahlen (siehe Rdn. B.163). Das gilt auch für Schuldposten, die durch Abhebung von Geldbeträgen an Geldautomaten und durch bargeldlose Bezahlung an automatisierten Kassen (POS-Kassen) (hierzu Rdn. A.258) entstanden sind. Das Zahlungsverbot (§ 829 Abs. 1 ZPO) verpflichtet das kontoführende Kreditinstitut auch dazu, das Entstehen solcher Schuldposten zu verhindern (s. Rdn. A.257, A.258). Nur für Schuldposten, deren Entstehen durch Verwendung einer Kundenkarte mit zumutbaren Maßnahmen nicht mehr abgewendet werden kann, wird dem kontoführenden Kreditinstitut noch Schutz zugestanden (vgl. Rdn. B.166).

Eine wichtige Ausnahme von diesem Grundsatz macht § 357 S. 2 HGB. Der Pfändungsgläubiger muss sich danach noch anfallende Schuldposten in Rechnung stellen lassen, die auf Grund eines schon vor der Pfändung entstandenen Rechts oder einer schon vor diesem Zeitpunkt bestehenden Verpflichtung des Drittschuldners erwachsen. Dazu gehören insbesondere Kontoführungs- und Abschlussspesen, Stornoposten sowie Rückbelastungen von unter Vorbehalt des Eingangs gebuchten, aber nicht eingelösten Schecks und Wechseln[439], außerdem die Zahlung auf Grund eines vom Schuldner auf den Drittschuldner gezogenen und von diesem vor der Pfändung akzeptierten Wechsels. Nicht unter § 357 S. 2 HGB fallen jedoch Zahlungen der Bank (Drittschuldnerin) an den Schuldner selbst, mit denen nur ein schuldrechtlicher Anspruch des Schuldners (gegen die Bank) getilgt werden soll[440] (keine befreiende Zahlung des Drittschuldners an den Schuldner). Mit einer neuen (erst nach der Pfändung erworbenen) Forderung der Bank gegen den Schuldner kann sie auch nicht auf Grund des AGB-Pfandrechts mit Wirkung gegenüber dem vollstreckenden Gläubiger den Zustellungssaldo verringern[441] (§ 357 S. 1 HGB darf nicht durch vorherige Vereinbarung des Schuldners mit dem Drittschuldner über die Bevorrechtigung erst künftig entstehender Ansprüche unterlaufen werden).

A.251 **Zeitweilige Zahlungssperre** bei Überweisung nach Pfändung, wenn der Schuldner eine natürliche Person ist: § 835 Abs. 3 S. 2 ZPO (Rdn. B.240).

A.252 Die Pfändung bewirkt **keine Kündigung** und damit auch bei Abhebung des Guthabens durch den Gläubiger keine Beendigung des Kontokorrentverhältnisses[442]. Sie berechtigt auch den Gläubiger nicht zur förmlichen Kündigung des Kontokorrentverhältnisses zwischen Schuldner und Drittschuldner[443]. Die aus der

---

438 Mit dieser Regelung des § 357 HGB wollte der Gesetzgeber dem begegnen, dass der Schuldner „seine Forderung an den Kontokorrentgegner dem Gläubiger durch beliebige Schaffung neuer Schuldposten entzieht"; siehe Denkschrift zu dem Entwurf eines HGB, II S. 215; Grigat, BB 1952, 336.

439 Grigat, BB 1952, 336; Klee, BB 1951, 687.

440 BGH, MDR 1997, 878 = NJW 1997, 2322 = Rpfleger 1997, 487.

441 BGH (Fn. 440).

442 RGZ 140, 219 (222).

443 RG (Fn. 442).

Fortsetzung der Geschäftsverbindung sich ergebenden Guthaben umfasst die Pfändung nach § 833a ZPO.

Das debitorische Girokonto: Die Pfändung des Girokontoguthabens geht ins Leere, wenn und solange (trotz neuer Gutschriften) das Zahlungskonto des Schuldners wegen früherer Belastungen debitorisch bleibt, ein vorhandenes Debet sonach jeweils nur gemindert wird[444]. Eingehende gutzuschreibende Beträge (Habenposten) sind als reine Rechnungsposten kontokorrentgebunden, somit mit einem bestehenden Debet zu verrechnen[445]. Nach der Pfändung verstoßen Verfügungen des Schuldners, die zu einer weiteren Belastung des bereits debitorischen Kontos führen (insbesondere Barabhebungen und Überweisungen), jedoch gegen das Zahlungsverbot des § 829 Abs. 1 S. 1 ZPO. Wenn der Drittschuldner solche Verfügungen ausführt, sind sie dem Gläubiger gegenüber unwirksam (Rdn. B.163). Schuldposten aus solchen Verfügungen können dem Gläubiger gegenüber daher nicht mehr in Rechnung gestellt werden. Möglich ist somit eine Verrechnung debitorischer Kontobeträge, die schon bei Wirksamwerden der Pfändung bestanden haben, ausgeschlossen ist sie hingegen mit Kontobeträgen, die durch „neue" Geschäfte entstanden sind. A.253

Dass Zahlungsbeträge, die auf dem Girokonto des Schuldners gutzuschreiben waren, ganz oder teilweise unpfändbar waren (wie z.B. Arbeitseinkommen nach §§ 850 ff. ZPO) steht der kontokorrentmäßigen Verrechnung nicht entgegen[446]. Mit der Gutschrift ist die Forderung mit dem für sie bis dahin bestehenden Pfändungsverbot durch Erfüllung erloschen (§ 362 Abs. 1 BGB). Gegen die Bank oder Sparkasse ist mit der Kontogutschrift ein neuer, auf einem selbstständigen Rechtsgrund beruhender Anspruch entstanden[447], der nicht unpfändbar, von der Verrechnung daher nicht ausgeschlossen ist. Das Kreditinstitut ist daher auch nicht an der kontokorrentmäßigen Verrechnung des auf das Girokonto des Schuldners überwiesenen Arbeitseinkommens gehindert[448].

Ein eigenständiges Verrechnungsverbot besteht jedoch bei einem **Pfändungsschutzkonto** mit Sollzahlen (§ 850k Abs. 6 ZPO; dazu Rdn. C.600). Wenn das Guthaben des Girokontos des Schuldners gepfändet ist, kann er nach § 850k Abs. 7 ZPO dessen Führung als Pfändungsschutzkonto mit der Folge verlangen, dass sich die Unpfändbarkeit des Guthabens und die Zulässigkeit einer Verrechnung nach § 850k ZPO bestimmen (dazu Rdn. C.588).

Erlöschen und Unauffindbarkeit eines Kontos: Zahlungen, die für den (vormaligen) Kunden nach Erlöschen des Zahlungsdienstevertrags zur Gutschrift auf dem (erloschenen) Zahlungskonto noch eingehen, kann die Bank oder Sparkasse entgegennehmen[449]; dazu verpflichtet ist sie allerdings nicht. Ein noch entgegengenommener Betrag ist auf dem bisherigen Konto zu buchen; er ist dem Begünstigten, dem er damit zur Verfügung gestellt ist, nach § 667 BGB A.254

---

444 Siehe dazu Häuser, ZIP 1983, 891 (897).
445 BGHZ 93, 315 (Fn. 430).
446 BGHZ 162, 349 (351) = FamRZ 2005, 1171 = MDR 2005, 1065 = NJW 2005, 1863 = Rpfleger 2005, 452.
447 BGH (Fn. 446).
448 BGH (Fn. 446).
449 BGHZ 170, 121 = MDR 2007, 449 = NJW 2007, 914; OLG Karlsruhe, MDR 2011, 869.

herauszugeben[450]. Der Auszahlungsanspruch ist pfändbar. Weil das Kreditinstitut die Zahlung für den früheren Kunden in Nachwirkung des erloschenen Girovertrags entgegengenommen und verbucht hat, umfasst auch eine frühere Pfändung des Kontoguthabens noch den Auszahlungsanspruch.

Kann ein Zahlungsbetrag keinem Zahlungsempfänger oder keinem Zahlungskonto zugeordnet werden (weil z.B. die angegebene Kontonummer nicht existiert), dann ist er dem Zahler wieder herauszugeben (§ 675r Abs. 3 BGB). Erfolgen wird die Herausgabe i.d.R. durch Gutschrift auf dem belasteten Konto. Die zwischenzeitliche Pfändung des Kontoguthabens umfasst dann auch diesen Zahlungsbetrag. Entsprechendes muss für die sonstige Erstattung des einem Konto belasteten Zahlungsbetrags (§ 675x BGB) gelten.

7.38.4. Auskunft und Rechnungslegung

A.255 Unterschieden werden (s. auch Rdn. E.344)

- der **selbstständige** Anspruch des Schuldners als Bankkunde aus dem Zahlungsdienstevertrag (§ 675c Abs. 1, § 666 BGB) auf Erteilung von Kontoauszügen und Überlassung von Rechnungsabschlüssen[451];
- als **Nebenanspruch** ein Anspruch gem. § 675c Abs. 1, § 666 BGB auf Auskunftserteilung und Rechnungslegung, der der Feststellung des Gegenstands und des Betrags des (gepfändeten) Anspruchs aus dem Guthaben des Zahlungskontos als Hauptanspruch dient[452];
- der **verfahrensrechtliche** Anspruch gegen den Schuldner nach § 836 Abs. 3 ZPO auf Erteilung der zur Geltendmachung der gepfändeten Forderung nötigen Auskunft und Herausgabe vorhandener Urkunden (dazu Rdn. B.267 ff.).

Der **selbstständige** Anspruch des Schuldners aus dem Zahlungsdienstevertrag ist nicht pfändbar[453]; er kann bei einer Kontopfändung auch nicht als Nebenanspruch mit der Hauptforderung mitgepfändet werden[454]. Auf den Pfändungsgläubiger geht der selbstständige Anspruch nicht über. Diesem steht daher ein (selbstständiger) Anspruch aus dem Zahlungsdienstevertrag auf Erteilung von Rechnungsabschlüssen und Überlassung von Kontoauszügen nicht zu[455].

Auf den **Nebenanspruch** (der im Falle der Abtretung nach §§ 412, 401 BGB auf den Neugläubiger übergeht) erstreckt sich die mit Pfändung des Anspruchs aus dem Guthaben des Girokontos verbundene Beschlagnahme[456]. Als Nebenanspruch kann daher auch der Auskunfts- und Rechnungslegungsanspruch von dem

---

450 BGH (Fn. 449); OLG Karlsruhe (Fn. 449).
451 BGH, NJW 1985, 2699 = WM 1985, 1098 (1099) = ZIP 1985, 1315; BGHZ 165, 53 (56, 60) = NJW 2006, 217 = Rpfleger 2006, 140 (141).
452 BGH, MDR 2004, 114 = NJW-RR 2003, 1555 = Rpfleger 2003, 669 = WM 2003, 1891 (1892).
453 BGHZ 165, 53 (60) (Fn. 451) m.w.N.
454 BGHZ 165, 53 (57, 58) (Fn. 451).
455 BGHZ 165, 53 (Fn. 451).
456 BGHZ 165, 53 (56, 57) (Fn. 451); BGH, NJW-RR 2003, 1555 (Fn. 452).

Gläubiger gegen die Bank oder Sparkasse geltend gemacht werden (Rdn. E.344). Einer besonderen Neben- oder Hilfspfändung bedarf es nicht[457]. Das Vollstreckungsgericht kann jedoch auf Antrag des Gläubigers in dem das Hauptrecht pfändenden Beschluss die Mitpfändung aussprechen[458]. Selbstständig (allein) gepfändet werden kann dieser Nebenanspruch nicht[459]. Besteht der (gepfändete) Auszahlungsanspruch aus dem Guthaben des Girokontos nicht, weil kein Guthaben vorhanden ist, kann die Pfändung, die ins Leere geht, sich auch nicht auf den Auskunftsanspruch (Nebenanspruch) erstrecken[460]. Zu verfolgen ist der Anspruch ggf. mit Leistungsklage gegen den Drittschuldner.

7.38.5. Scheckkarte; EC-Kartenzahlung

Zur Herausgabe auch der EC-Karte an den Gläubiger kann § 836 Abs. 3 ZPO (Rdn. B.267) den Schuldner nicht verpflichten[461]. Die Karte berechtigt den Bankkunden zusammen mit einer persönlichen Geheimzahl (PIN; s. § 675j Abs. 1 S. 4 BGB) dazu, Geldbeträge an Geldautomaten abzuheben und weitere Verfügungen über sein Konto mit Nutzung des Geldautomaten-Systems vorzunehmen, sowie zur Abfrage des Kontoauszugsdruckers. Den Gläubiger ermächtigt nach Pfändung die Überweisung, die Schuldnerforderung im eigenen Namen (Überweisung zur Einziehung) oder als eigene Forderung (Überweisung an Zahlungs statt) geltend zu machen. Sie berechtigt jedoch nicht dazu, Verfügungen über das Konto des Schuldners mittels EC-Karte und PIN-Nummer vorzunehmen. Daher ist der Schuldner auch nicht nach § 836 Abs. 3 ZPO verpflichtet, dem Gläubiger zur Geltendmachung der Forderung Auskunft über seine persönliche Geheimzahl zu erteilen. Über die Nutzung des Karten-Service hinaus hat die Karte „zur Geltendmachung der Forderung" keine Beweis- oder Ausweisfunktion; sie gehört daher nicht zu den „über die Forderung vorhanden Urkunden", die der Geltendmachung der Forderung durch den Gläubiger dienlich sein können und daher nach § 836 Abs. 3 S. 1 ZPO herauszugeben sind. A.256

Unzulässige **Schuldnerverfügungen** nach Pfändung (vgl. Rdn. A.250; auch im Wege der Arrestvollziehung oder bei Sicherungsvollstreckung) hat infolge des Zahlungsverbots (§ 829 Abs. 1 S. 1 ZPO) das Kreditinstitut **zu unterbinden**. Ihm ist ebenso wie eigene Leistung und Zahlung durch einen Vertreter oder Erfüllungsgehilfen auch verboten, Auszahlung an den Schuldner durch einen Geldautomaten vornehmen zu lassen. Das Zahlungsverbot verpflichtet das Kreditinstitut als Drittschuldner daher dazu sicherzustellen, dass der Schuldner über sein Konto auch unter Einsatz der EC-Karte (mit PIN-Nummer) nicht mehr verfügen kann (§ 675m A.257

---

457 BGH, NJW-RR 2003, 1555 (1556) (Fn. 452).
458 BGH, NJW-RR 2003, 1555 (1556) (Fn. 452).
459 BGH, NJW-RR 2003, 1555 (1556) (Fn. 452); LG Stuttgart, Rpfleger 1994, 471.
460 BGHZ 165, 53 (57) (Fn. 451).
461 BGH, DGVZ 2003, 120 = JurBüro 2003, 440 = MDR 2003, 595 = NJW 2003, 1256 = Rpfleger 2003, 308; LG Münster, DGVZ 2000, 187; LG Münster Rpfleger 2000, 507; LG Stuttgart (Fn. 459); überholte **Gegenansicht**: LG Dortmund, DGVZ 1992, 188 mit krit. Anm. Schriftl. S. auch Kerres, DGVZ 1992, 106 (115: zieht Wegnahme der Scheckformulare und der [Euro-]Scheckkarte wegen des Zurückbehaltungsrechts der Bank in Betracht).

Abs. 1 Nr. 1 BGB; insoweit ist der Schuldner nicht mehr berechtigte Person). Wenn es die Nutzung der Karte für das Geldautomatensystem nicht unterbindet (die Karte für den Einsatz an Geldautomaten nicht sperren lässt), können neue Schuldposten dem Gläubiger gegenüber nicht in Rechnung gestellt werden (§ 357 HGB). Eine vom Schuldner noch getroffene Verfügung ist dann jedoch nicht schlechthin, sondern nur dem Pfändungsgläubiger gegenüber unwirksam (Rdn. B.155). Sie ist dem Schuldner auch unter Verwendung der Karte gegenüber dem Gläubiger ebenso wie auf Grund des Geschäftsvertrags gegenüber der Bank oder Sparkasse erlaubt, wenn nach Wegfertigung der Gläubigerforderung noch ein ausreichendes Kontoguthaben vorhanden oder der Zahlungsvorgang durch eine entsprechende Kreditlinie (vgl. Rdn. A.146; einen durch Pfändung nicht eingeschränkten Verfügungsrahmen) gedeckt ist. Pfändung des Kontoguthabens bewirkt nicht über das (relative) Zahlungsverbot hinaus, dass die Berechtigung des Schuldners zur Nutzung des Karten-Service und Benutzung der Karte enden würde. Beweisfunktion für Geltendmachung der Gläubigerforderung hat die Karte daher nicht. Somit kann die Pfändung auch eine Pflicht zur Herausgabe der Karte und die Möglichkeit, mit Wegnahme im Wege der Zwangsvollstreckung den Schuldner von der Teilnahme am EC-Service auszuschließen, nicht begründen.

A.258 Kartenzahlung mit Angabe der PIN-Zahl an automatischen Kassen ist gleichermaßen nach Pfändung unzulässige Verfügung über das Kontoguthaben. Das Zahlungsverbot (§ 829 Abs. 1 S. 1 ZPO) untersagt dem Drittschuldner daher auch, dem Schuldner Kartenzahlungen zulasten des Pfändungsgläubigers vornehmen zu lassen. Dass der Schuldner mit Kartenzahlung an einer elektronischen Kasse über sein Kontoguthaben zulasten des pfändenden Gläubigers nicht mehr verfügen kann, hat der Drittschuldner daher ebenso sicherzustellen (wie Rdn. A.257).

7.38.6. Konten, für die Besonderheiten gelten

A.259 Ein **Gemeinschaftskonto** kann auf die Namen mehrerer Personen (Zahlungsdienstenutzer; vielfach sind es Ehegatten) in der Weise geführt werden, dass jeder von ihnen **allein** forderungsberechtigt ist (**„Oder-Konto“**). Die mehreren Nutzer dieses Gemeinschaftskontos mit Einzelberechtigung sind Kontoinhaber als Gesamtgläubiger nach § 428 BGB. Es kann jeder Kontoinhaber (selbstständig) die Auszahlung des gesamten Kontoguthabens verlangen. Daher kann auch der Gläubiger nur eines der Kontoinhaber (es können mithin Gläubiger jedes der Mitinhaber) das Guthaben des Kontos in vollem Umfang pfänden[462]. Eine Widerspruchsbefugnis steht dem anderen Kontoinhaber aus dem Außenverhältnis zur Bank oder Sparkasse nicht zu[463]. Es gilt das in Rdn. A.469 für Pfändung eines gemeinschaftlichen Sparbuchs Gesagte.

A.260 Beim **Gemeinschaftskonto** mit **gemeinsamer** Verfügungsberechtigung der Inhaber (**„Und-Konto“**; praktisch seltener) steht das Guthaben den mehreren Zah-

---

462 BGHZ 93, 315 = JurBüro 1985, 705 = JZ 1985, 487 mit Anm. Grunsky = MDR 1985, 576 = NJW 1985, 1218; LG Deggendorf, JurBüro 2005, 275 = Rpfleger 2005, 372; AG Bielefeld, JurBüro 1996, 440. Zur Gesamtforderung auch Rdn. A.70.

463 BGH, BGH-Rep. 2003, 50; OLG Nürnberg, JurBüro 2002, 497 = WM 2003, 243.

lungsnutzern gemeinschaftlich als unteilbare Forderung zu. Die Berechtigung und Verfügungsbefugnis und die Zulässigkeit der Pfändung bestimmen sich nach dem zwischen den Kontoinhabern bestehenden Rechtsverhältnis (Erbengemeinschaft, Gemeinschaft nach Bruchteilen, § 741 BGB; Rdn. A.470).

Gelder auf einem **Festgeldkonto** (befristete Einlagen oder Kündigungsgeld) sind darlehensweise angelegt. Der Einleger hat Anspruch auf Rückzahlung nach § 488 Abs. 1 BGB. Der Rückzahlungsanspruch ist somit als Geldforderung nach § 829 ZPO zu pfänden (Rdn. A.138). Im Pfändungsbeschluss ist er so bestimmt zu bezeichnen, dass Feststellung seiner Identität gesichert ist (Rdn. B.85). Das kann mit Angabe der Konto**art** (Tagesgeld- oder Termingeldkonto; s. auch Rdn. A.242) erfolgen; zur Angabe der Kontonummer siehe Rdn. A.244). Dass die Forderung aus dem Rechtsverhältnis des Schuldners und der Bank oder Sparkasse rechtlich richtig gekennzeichnet wird, ist nicht erforderlich. Andererseits kann nicht schon die Pfändung eines Kontoguthabens oder der Ansprüche aus dem dem Kontokorrentverhältnis zugrunde liegenden Rechtsverhältnis auch auf die Ansprüche aus dem Festgeldguthaben bezogen werden[464]; für diese Auslegung bietet eine solche Fassung des Pfändungsbeschlusses keinen Anhalt, weil damit ein Rückzahlungsanspruch aus einem Rechtsverhältnis über eine Festgeldanlage als Gegenstand der Pfändung nicht erkennbar gemacht ist (zur Auslegung Rdn. B.104). Nur allgemein gehaltene Umschreibungen wie „... aus Bankverbindung", „Kontoverbindungen jeder Art" oder „... Ansprüche aus Geschäftsverbindung", die für sich allein keine ausreichende Bezeichnung einer Forderung ausdrücken (s. auch Rdn. B.106), sind auch dann unzureichend, wenn sie dem Wortlaut der Pfändung des Anspruchs aus der in laufender Rechnung bestehenden Geschäftsverbindung angefügt sind[465]. Als unzulänglicher Zusatz bringen sie auch dann nicht zum Ausdruck, welche Forderung (noch) gepfändet sein soll, lassen sie sich somit nicht auf die Forderung aus Festgeldguthaben beziehen. A.261

7.38.7. Pfändungsschutzkonto

Das Girokonto des Kunden (Schuldners), der eine natürliche Person ist, kann als **Pfändungsschutzkonto** zu führen sein (§ 850k Abs. 7 ZPO). Es ermöglicht mit einem „automatischen" Pfändungsschutz dem Schuldner, bei entsprechendem Kontoguthaben Geldgeschäfte des täglichen Lebens im Rahmen der Pfändungsfreigrenzen trotz der Pfändung vorzunehmen. Eingeschränkt sind damit die Pfändungswirkungen. Näheres regelt § 850k ZPO. Für die Pfändung des Kontoguthabens bestehen keine Besonderheiten. Dargestellt ist das Pfändungsschutzkonto Rdn. C.587 ff. A.262

---

464 OLG Karlsruhe, NJW-RR 1998, 990: Pfändung des Anspruchs aus laufender Geschäftsverbindung (Sparguthaben und Wertpapierkonten) erfasst den Anspruch aus Festgeldguthaben nicht.

465 **A.A.** OLG Köln, JurBüro 1999, 493 = MDR 1999, 1221 = NJW-RR 1999, 1224, das (zu weitgehend) Pfändung „aller Guthaben aus Konten bzw. Salden, insbesondere aus der in laufender Rechnung (Kontokorrent) bestehenden Geschäftsverbindung ..." als hinreichend bestimmt ansieht und daher annimmt, dass sie auch das Guthaben aus einem bei der Drittschuldnerin bestehenden Festgeldkonto erfasse.

7.38.8. Gelder auf Konto eines Dritten

A.263 Gelder des Schuldners auf dem Konto eines Dritten (Fremdkonto), vornehmlich des Ehepartners, Lebensgefährten oder eines Verwandten[466], sind nicht als Girokontoforderung des Schuldners an die Bank oder Sparkasse und damit ebenso nicht als Forderungen eines Guthabens des Schuldners pfändbar[467]. Das gilt auch, wenn der Schuldner Verfügungsbefugnis über das Konto (Vollmacht, Rdn. E.396) hat[468]. Vollstrecken kann und darf der Gläubiger nur in das Vermögen seines Schuldners[469]. Das Kontoguthaben eines Dritten ist als dessen Vermögen nicht Gegenstand der Zwangsvollstreckung.

Dieses Zugriffshindernis besteht auch für „wirtschaftlich" dem Schuldner gehörende Werte, die einem Dritten zu vollem Recht übertragen[470], somit auf einem Anderkonto oder auch auf einem Kontokorrentkonto des Dritten angelegt sind. Für die Konto-Inhaberschaft des Dritten ist unerheblich, von wem und in wessen Interesse die Gutschrift der Gelder veranlasst wurde (vgl. Rdn. A.467). Die Berechtigung des Dritten als Kontoinhaber wird auch nicht dadurch beeinträchtigt, dass er als Strohmann vorgeschoben ist und die Rechtsstellung als Kontoinhaber einnimmt, weil der Schuldner nicht als Gläubiger der Kontokorrentansprüche in Erscheinung treten will. Dass Gelder des Schuldners mit Anlegung auf dem fremden Konto vor dem Vollstreckungszugriff seiner Gläubiger in Sicherheit gebracht werden sollen, begründet keine Möglichkeit, Kontokorrentansprüche des Dritten aus seiner Geschäftsverbindung mit der Bank oder Sparkasse oder Girokontoguthaben des Dritten mit einem gegen den Schuldner lautenden Vollstreckungstitel zu pfänden. Schutz gegen Rechtshandlungen, die Gläubiger benachteiligen, regeln die Sondervorschriften des AnfG abschließend[471]. Nichtigkeit des Bankkontokorrentverhältnisses mit dem Dritten nach §§ 134, 138 BGB (Verstoß gegen ein gesetzliches Verbot oder gegen die guten Sitten) könnte nur auf Grund besonderer, über die Gläubigerbenachteiligung hinausgehender Umstände anzunehmen sein[472]. Solche werden im Einzelfall durchweg fehlen und zudem im (einseitigen) Pfändungsverfahren nicht nachprüfbar vorgetragen werden können.

---

466 Zur Einziehung von Außenständen des Vaters über das Konto eines Kindes s. BGHZ 124, 298 = MDR 1994, 681 = NJW 1994, 726; von Arbeitsentgelt der Mutter über das Konto eines Kindes s. BGH, DGVZ 2009, 131 = JurBüro 2009, 439 = Rpfleger 2009, 466. Die Errichtung eines Kontos durch einen Elternteil auf den Namen eines minderjährigen Kindes unter Vorbehalt der Verfügungsbefugnis kann auch dafür sprechen, dass es sich um ein Eigenkonto des Elternteils handelt (vgl. Rdn. A.467), zumal dann, wenn es von ihm als Gehaltskonto und für sonstigen eigenen Zahlungsverkehr genutzt wird.

467 BGHZ 124, 298 (301) (Fn. 466).

468 FinG Hessen, KKZ 1998, 186 = KKZ 1999, 213.

469 BGHZ 95, 10 (15) = NJW 1985, 1959 (1960); Zöller/Seibel, ZPO, § 704 Rdn. 18.

470 BGH, NJW 1993, 2041 = ZIP 1993, 602 m.w.N.; BGHZ 124, 298 (301) (Fn. 466); siehe auch Rdn. A.540 ff.

471 BGH, NJW 1993, 2041 (Fn. 470); auch FinG Hessen, KKZ 1998, 186 (187) (Fn. 468); **a.A.** Gerhardt, FS Lüke (1997) S. 121: „Strohmannverhältnis" rechtfertigt „materiell" Vollstreckung in das Strohgut, die jedoch nur mit einem Vollstreckungstitel gegen den vermögensrechtlich Zuständigen durchgesetzt und durch Pfändung des Anspruchs auf Rückgewähr des Treuguts gesichert werden kann.

472 BGH, NJW 1993, 2041 (Fn. 470) m.w.N.

Dass der Schuldner **Vollmacht** zur Verfügung über das Kontoguthaben hat, ändert daran nichts. Die Vollmacht ist nicht pfändbar (Rdn. E.396). Auch wenn man die Verfügungsbefugnis des Schuldners als Einziehungsermächtigung wertet, bietet sie als Handlungsbefugnis keine Pfändungsmöglichkeit (Rdn. E.396). Die Einziehungsermächtigung berechtigt zur Einforderung und Leistung der von der Bank oder Sparkasse dem Dritten als Kontoinhaber geschuldeten Guthabenforderung durch und an den ermächtigten Schuldner; Pfändungserfordernis wäre daher ein Vollstreckungstitel gegen den Kontoinhaber, auf dessen Guthabenforderung sich der Vollstreckungszugriff erstrecken würde. Denkbar und unter den Voraussetzungen der §§ 916, 917 ZPO möglich ist aber (dinglicher) Arrest zur Sicherung des durch anfechtbare Rechtshandlung begründeten Rückgewähranspruchs nach § 11 AnfG[473] gegen den Dritten als Kontoinhaber und Arrestvollziehung (§ 928 ZPO) mit Pfändung der Kontokorrentforderung des Dritten.

Ein Anspruch des Schuldners besteht gegen den Dritten als Kontoinhaber. Ist diesem auf sein Konto Geld des Schuldners überwiesen, um es dem Zugriff der Gläubiger des Schuldners zu entziehen, so ist der Dritte (uneigennütziger) Treuhänder[474]. Der Schuldner hat als Auftraggeber daher gegen den Dritten, über dessen Konto die Gelder laufen, einen schuldrechtlichen Rückzahlungsanspruch. Dieser Anspruch gegen den Kontoinhaber auf Rückgabe der vom Schuldner auf „fremdem Konto" angelegten oder für ihn dorthin einbezahlten Gelder mit Zahlung der ihnen entsprechenden Geldsumme ist pfändbar[475]. Der Dritte als Kontoinhaber kann überdies auf Schadensersatz haften[476] und Gläubigern des Schuldners zur Auskunft verpflichtet sein[477]. Beschlagnahme (Verstrickung) des Kontoguthabens und damit ein Zahlungsverbot gegen die Bank oder Sparkasse bewirkt die Pfändung des Auskehranspruchs dagegen nicht; die Gläubigerbefriedigung aus dem Kontoguthaben des Dritten ist auf diesem Weg nicht erreichbar.

Wenn Arbeitseinkommen oder Sozialgeldleistungen auf das Konto eines Dritten überwiesen wurden, kann der Schuldner, dessen Auskehranspruch gegen den Kontoinhaber gepfändet ist, unter den Voraussetzungen des § 765a ZPO Vollstreckungsschutz erlangen[478]. Zum Vollstreckungsschutz des Kontoinhabers, dem Arbeitseinkommen oder Sozialleistungen eines Dritten überwiesen worden sind, siehe Rdn. C.589.

7.38.9. Entgelt

Anspruch auf ein Entgelt für die Bearbeitung eines Pfändungs- und Überweisungsbeschlusses und die anschließende Überwachung der Pfändungsmaßnahme hat die Bank oder Sparkasse als Drittschuldnerin an den Schuldner als Kunden A.264

473 Zur Sicherung des Anspruchs nach § 11 AnfG durch Arrest siehe Zöller/Vollkommer, ZPO, § 916 Rdn. 5.
474 BGHZ 124, 298 (300) (Fn. 466).
475 BGHZ 124, 298 (300) (Fn. 466); LG Stuttgart, Rpfleger 1997, 175.
476 BGHZ 124, 298 (304) (Fn. 466).
477 BGHZ 124, 298 (305) (Fn. 466).
478 BGH, JurBüro 2007, 547 = MDR 2007, 1217 = NJW 2007, 2703 = Rpfleger 2007, 555.

nicht[479], und zwar auch nicht bei Abgabe der Drittschuldnererklärung nach § 840 ZPO (Rdn. B.302). Entgeltklauseln in Allgemeinen Geschäftsbedingungen verstoßen gegen § 307 BGB[480].

A.265 **Amtliche Formulierung nach der Zwangsvollstreckungsformular-Verordnung** (Girokonto):

Anspruch D (an Kreditinstitute)

[Gepfändet werden die Forderungen des Schuldners an die ... Bank – Drittschuldnerin –]

1. *auf Zahlung der zu Gunsten des Schuldners bestehenden Guthaben seiner sämtlichen Girokonten (insbesondere seines Kontos ...) bei diesem Kreditinstitut einschließlich der Ansprüche auf Gutschrift der eingehenden Beträge; mitgepfändet wird die angebliche (gegenwärtige und künftige) Forderung des Schuldners an den Drittschuldner auf Auszahlung eines vereinbarten Dispositionskredits („offene Kreditlinie"), soweit der Schuldner den Kredit in Anspruch nimmt*

A.266 **Formulierungsvorschlag** (Mitpfändung des Nebenanspruchs; s. Rdn. A.255):

Als Nebenanspruch wird der Auskunfts- und Rechnungslegungsanspruch zur Feststellung des Gegenstandes und Betrags des Anspruchs aus dem Guthaben des Girokontos mitgepfändet.

Zu den weiteren Ansprüchen an Kreditinstitute (Formulare ZVFV Ansprüche D Nr. 2–6) siehe Rdn. A.473 (Sparguthaben) und im Übrigen Rdn. B.35.

7.39. Kontokorrentforderung

A.267 **Kontokorrent** (laufende Rechnung) ist die Geschäftsverbindung mit einem Kaufmann derart, dass die aus der Verbindung entspringenden beiderseitigen Ansprüche und Leistungen in Rechnung gestellt und in regelmäßigen Zeitabschnitten durch Verrechnung und Feststellung des für den einen oder anderen Teil sich ergebenden Überschusses ausgeglichen werden (§ 355 Abs. 1 HGB). Pfändbar ist der Anspruch auf dasjenige, was dem Schuldner als Überschuss aus der laufenden Rechnung zusteht (§ 357 S. 1 HGB). Pfändbar sind somit nur Saldenforderungen, nicht damit kontokorrentgebundene Einzelforderungen. Mit dem Anspruch auf Zahlung des Überschusses bei Saldoziehung aus der in laufender Rechnung (Kontokorrent) bestehenden Geschäftsverbindung ist die zu pfändende Forderung bestimmt bezeichnet. Erfasst wird damit von der Pfändung der gegenwärtige Saldo bei Zustellung des Pfändungsbeschlusses (sogen. Zustellungssaldo). Auf künftige Saldenguthaben (den nächsten Aktivsaldo und alle weiteren Aktivsalden) erstreckt sich die Pfändung nur, wenn dies im Beschluss ausdrücklich angeordnet ist. Unpfändbarkeit einzelner Forderungen während einer Rechnungsperiode schließt die

---

479 BGHZ 141, 380 = DGVZ 1999, 154 = JZ 2000, 56 mit Anm. Brehm/Kleinheisterkamp = NJW 1999, 2276 = Rpfleger 1999, 452; BGH, MDR 2000, 286 = NJW 2000, 651 = Rpfleger 1000, 167.

480 BGH (Fn. 479).

Pfändung der „Eingänge", der „eingehenden Beträge" oder „Gelder" usw. aus. Besteht (vertraglich) Anspruch auf Auszahlung des Guthabens (oder eines Teilbetrags) auch zwischen den Rechnungsabschnitten, dann ist auch dieser Anspruch pfändbar; er unterliegt nicht der Kontokorrentbindung[481]. Praktische Bedeutung hatte die Pfändung der Kontokorrentforderung (vor Inkrafttreten des § 833a ZPO) insbesondere beim Bankkontokorrent erlangt. Einzelfragen sind in der 15. Auflage Rdn. 155a ff. dargestellt.

7.40. Kostenerstattung, Prozesskostenvorschuss

Der Anspruch der in einem gerichtlichen Verfahren obsiegenden Partei auf Kostenerstattung (§§ 91 ff. ZPO, §§ 464 ff. StPO, § 81 FamFG) entsteht bereits mit dem Eintritt der Rechtshängigkeit[482]. Er ist aufschiebend bedingt durch den Erlass eines die Gegenpartei (die Drittschuldnerin ist) in die Kosten verurteilenden Urteils oder Beschlusses[483]. Da der Kostenerstattungsanspruch bereits vor Erlass der Kostenentscheidung einen Vermögenswert der Prozesspartei darstellt, kann er von der Rechtshängigkeit des gerichtlichen Verfahrens an gepfändet werden[484]. Nach **Klageeinreichung** kann der Kostenerstattungsanspruch vor Rechtshängigkeit (= Zustellung der Klageschrift, § 253 Abs. 1 ZPO) als künftiger Anspruch (siehe Rdn. A.30) gepfändet werden. Vor Klageeinreichung dürfte einem vermeintlichen Kostenerstattungsanspruch aus einem möglichen Rechtsstreit die für eine Pfändung notwendige Grundlage fehlen (siehe Rdn. A.30, A.31). A.268

Der Anspruch auf Erstattung von **Zwangsvollstreckungskosten** entsteht mit Erteilung des (jeweiligen) Vollstreckungsauftrags[485]. Er kann schon vor diesem Zeitpunkt, gleichfalls jedoch nicht vor Klageerhebung, als zukünftiger Anspruch gepfändet werden. Abtretbar[486] und damit – ebenfalls bereits vor Erlass der Kostenentscheidung – pfändbar ist auch der Anspruch eines Angeschuldigten auf Erstattung der notwendigen Auslagen eines Strafverfahrens aus der Staatskasse nach Freispruch, Verfahrenseinstellung usw. (§§ 467 ff. StPO). Drittschuldner: siehe Vertretungsvorschriften im Anhang.

Nach Erlass der Kostenentscheidung ist der pfändende Gläubiger befugt, **Kostenfestsetzung** zu verlangen. Da Grundlage der Kostenfestsetzung jedoch ein vollstreckbarer Titel sein muss (§ 103 Abs. 1 ZPO), muss dieser auf den antragstellenden pfändenden Gläubiger umgeschrieben sein (§ 727 ZPO)[487]. Wenn Kostenfestsetzung auf den Namen des Schuldners bereits erfolgt ist, kann der zur Einzie- A.269

---

481 BGHZ 84, 325 = JurBüro 1982, 1338 = MDR 1982, 928 = NJW 1982, 2192 = Rpfleger 1983, 77; BGHZ 84, 371 = MDR 1982, 904 = NJW 1982, 2193.

482 BGH, JurBüro 1975, 329 = MDR 1975, 306 = NJW 1975, 304; RGZ 145, 13; OLG Nürnberg, MDR 2011, 322.

483 BGH, MDR 1988, 857 = NJW 1988, 3204; OLG Nürnberg (Fn. 482).

484 RGZ 145, 13 (15); OLG Nürnberg (Fn. 482); zur Abtretung des aufschiebend bedingten („also künftigen") Anspruchs vor gerichtlicher Kostengrundentscheidung BGH (Fn. 483).

485 BGH (Fn. 482).

486 OLG Koblenz, JurBüro 1974, 1556 = Rpfleger 1974, 403.

487 Zöller/Herget, ZPO, §§ 103, 104 Rdn. 3.

hung befugte Pfändungsgläubiger als Rechtsnachfolger Erteilung einer vollstreckbaren Ausfertigung nach Maßgabe des § 727 ZPO verlangen[488].

Betreibt nach Pfändung noch der Schuldner die Kostenfestsetzung, dann soll sich der Drittschuldner als Erstattungspflichtiger nicht darauf berufen können, dass der Schuldner als Gläubiger des Erstattungsanspruchs sich der Einziehung zu enthalten hat (§ 829 Abs. 1 ZPO); die Pfändung soll im Kostenfestsetzungsverfahren erst nach Umschreibung des Vollstreckungstitels zu beachten sein[489]. Dem kann nicht gefolgt werden. Der Schuldner müsste seinen Antrag auf Kostenfestsetzung nach Pfändung und Überweisung auf Leistung an den pfändenden Gläubiger (vgl. Rdn. B.328), nach Pfändung ohne Überweisung auf Leistung an den pfändenden Gläubiger und Schuldner gemeinsam (vgl. Rdn. B.167) ändern. Der Erstattungspflichtige ist als Drittschuldner infolge des Zahlungsverbots gehalten, auch im Festsetzungsverfahren den Einwand der Pfändung zu erheben (vgl. Rdn. B.328). Der gerichtliche Kostenausspruch (§ 308 Abs. 1 ZPO) trifft eine Bestimmung nur für die Kostenpflicht der Prozessparteien (§§ 91 ff. ZPO); eine Beschränkung der Vergütungsbefugnis des Erstattungsberechtigten mit Pfändung bringt er nicht zum Ausdruck. Die Umschreibung des Vollstreckungstitels (§ 727 ZPO) für den Rechtsnachfolger des Erstattungsberechtigten kann der Erstattungspflichtige nicht herbeiführen. Dass der pfändende Gläubiger selbst den Erstattungsanspruch im Festsetzungsverfahren erst nach Umschreibung des Vollstreckungstitels verfolgen kann, schließt Berücksichtigung des Einwands der Pfändung im Festsetzungsverfahren nicht aus. Sonst könnte der Pfändungseinwand nur mit Vollstreckungsgegenklage gegen den Kostenfestsetzungsbeschluss geltend gemacht werden[490]. Für eine Verweisung in die Vollstreckungsgegenklage findet sich aber kein rechtfertigender Grund. Dass der Kostenanspruch nur auf Grund eines Vollstreckungstitels geltend gemacht werden kann (§ 103 Abs. 1 ZPO) gebietet es nicht, Kosten ungeachtet des durch Pfändung begründeten Zahlungsverbots betragsmäßig noch für den Titelgläubiger vollstreckbar festzulegen, sondern ermöglicht auch Wahrung der Drittschuldnerbelange mit Prüfung und Berücksichtigung seines Pfändungseinwands. Wenn schon eine Klage abgewiesen werden muss, wenn Änderung des Klageantrags unterbleibt und das Gericht von der Pfändung Kenntnis hat (Rdn. B.328), kann nicht trotz Kenntnis des Gerichts von Pfändung mit dem Kostenfestsetzungsbeschluss ein Vollstreckungstitel zugunsten des Schuldners geschaffen werden, an den der Erstattungspflichtige infolge des Zahlungsverbots nicht mehr leisten darf.

A.270 Der vom Schuldner bereits erwirkte Kostenfestsetzungsbeschluss kann nach Pfändung des Erstattungsanspruchs nicht mehr nach § 126 ZPO auf den beigeordneten Rechtsanwalt umgeschrieben werden[491]. Der beigeordnete Anwalt muss eine vor der Umschreibung erfolgte Pfändung des Erstattungsanspruchs gegen sich gelten lassen[492].

---

488 OLG Hamburg, JurBüro 1983, 291.
489 OLG München, MDR 1993, 83 = Rpfleger 1993, 207.
490 Zu ihr Zöller/Herget, ZPO, §§ 103, 104 Rdn. 21 „Vollstreckungsgegenklage".
491 OLG Hamburg (Fn. 488); OLG Hamm, JurBüro 1992, 346 = Rpfleger 1992, 257.
492 Dazu OLG Hamburg (Fn. 488), insoweit mit zust. Anm. Mümmler.

Der Anspruch eines Ehegatten[493] auf Leistung eines **Prozesskostenvorschusses** (§ 1360a Abs. 4 BGB) unterliegt „treuhandartiger Zweckgebundenheit"; er kann daher (außerhalb der Zweckbestimmung) nicht gepfändet werden (§ 851 Abs. 1 ZPO mit § 399 BGB)[494]. Die der Pfändung entgegenstehende Zweckbestimmung entfällt auch nicht mit Beendigung des Rechtsstreits, solange der Ehegatte gegenüber seinem Prozessbevollmächtigten und dem Gericht zur Zahlung von Kosten verpflichtet ist[495]. Nur für den Kostenanspruch des Prozessbevollmächtigten und des Gerichts ist der Anspruch auf Prozesskostenvorschuss pfändbar, weil er damit durch Zwangsvollstreckung seiner Bestimmung zugeführt wird[496]. Entsprechendes gilt für den Prozesskostenvorschuss, den Eltern ihrem Kind als Unterhalt schulden[497]. **A.271**

Formulierungsvorschlag: **A.272**

Gepfändet wird die angebliche Forderung des Schuldners an den Freistaat Bayern, vertreten durch … – Drittschuldner –, auf Zahlung der notwendigen Auslagen, die nach dem Urteil des Landgerichts … vom …, Aktenz …, dem Schuldner als Angeschuldigten in dem wegen Betrugs anhängig gewesenen Strafverfahren aus der Staatskasse zu entrichten sind

oder:

… auf Zahlung der notwendigen Auslagen des Schuldners als Angeschuldigter in dem wegen Betrugs bei dem Landgericht … unter Aktenz. … noch anhängigen Strafverfahren, die der Staatskasse zulasten fallen und noch auferlegt werden.

7.41. Kostenrückzahlung

Der Anspruch einer Partei oder eines sonstigen Verfahrensbeteiligten auf **Rückerstattung** von vorschussweise oder nach Einforderung bezahlter **Gerichtskosten** entsteht mit Kostenzahlung[498]. Der Rückerstattungsanspruch kann sich auf Kostenzahlung ohne Rechtsgrund oder den späteren Fortfall des Rechtsgrundes gründen wie dann, wenn vorschussweise bezahlte Kosten nicht verbraucht sind, eine gerichtliche Wertfestsetzung eine Gebührenermäßigung bewirkt, einer Erinnerung oder Beschwerde gegen den Kostenansatz oder gegen eine Vorauszahlung stattgegeben oder die Nichterhebung von Kosten wegen unrichtiger Sachbehandlung angeordnet wird. Der Rückzahlungsanspruch ist aufschiebend bedingt durch die **A.273**

---

493 Nicht eines geschiedenen Ehegatten, BGHZ 89, 33.

494 BGHZ 94, 316 = FamRZ 1985, 802 = MDR 1985, 831 = NJW 1985, 2263; LG Berlin, FamRZ 1971, 173 = Rpfleger 1971, 104; **a.A.** Meyer, Rpfleger 1958, 301.

495 BGH (Fn. 494).

496 BGH (Fn. 494); LG Berlin (Fn. 494).

497 Zu diesem Prozesskostenvorschuss BGH, FamRZ 2005, 883 = MDR 2005, 929 = NJW 2005, 1722; OLG Schleswig, FamRZ 2009, 897 = NJW-RR 2009, 727.

498 BayObLGZ 2000, 256. Unerheblich für den pfändbar bestehenden Rückerstattungsanspruch ist, ob er für Verjährung bereits mit Kostenzahlung (so BayObLG; KG, JW 1933, 1071 = JVBl 1933, 128; KG, HRR 1938 Nr. 163; OLG Düsseldorf, JurBüro 1988, 337 = MDR 1988, 507 = Rpfleger 1988, 337; OLG Düsseldorf, NJW-RR 1999, 296; OLG Stuttgart, Rpfleger 2004, 380) oder erst mit Aufhebung des Kostenansatzes oder der Kostenrechnung (so OLG Köln, NJW-RR 1992, 1086) entstanden ist.

nachträgliche Änderung der Kostenforderung. Gepfändet werden kann der Kostenrückerstattungsanspruch an die Staatskasse von der Kostenzahlung an, nicht erst nach Aufstellung der Kostenrechnung durch den Kostenbeamten nach Änderung der Kostenforderung. Drittschuldner: siehe Vertretungsvorschriften im Anhang. Wenn das gerichtliche Verfahren anhängig ist, in dem der Schuldner Kosten (vorschussweise oder nach Einforderung) zu zahlen hat, kann der Erstattungsanspruch als künftige Forderung (siehe Rdn. A.30) gepfändet werden. Vor Einleitung eines gerichtlichen Verfahrens fehlt einem vermeintlichen Rückzahlungsanspruch aus Kostenzahlung zu einem möglichen (späteren) gerichtlichen Verfahren die für eine Pfändung notwendige Grundlage (siehe Rdn. A.30, A.31). Nach der Pfändung kann der Gläubiger den Rückzahlungsanspruch mit Erinnerung gegen den Kostenansatz und mit Beschwerde gegen die Entscheidung über die Erinnerung (§ 66 GKG, § 81 GNotKG) geltend machen, sobald Kosten bezahlt und daher zu erstatten sind. Vor Kostenzahlung besteht für einen Rechtsbehelf des pfändenden Gläubigers kein Rechtsschutzinteresse, weil die Verminderung oder das Erlöschen einer Kostenschuld nur dazu führt, dass sie auf Anordnung des Kostenbeamten im Soll zu löschen ist.

A.274 **Formulierungsvorschlag:**

Gepfändet wird die angebliche Forderung des Schuldners an den Freistaat Bayern, vertreten durch … – Drittschuldner –, auf Rückerstattung der von dem Schuldner als Kläger (Antragsteller) in dem Verfahren gegen …, Aktenz… … des … gerichts …, vorausgezahlten Gerichtskosten infolge Verminderung (Wegfalls) der Kostenforderung.

7.42. Kreditkartenvertrag

A.275 Der Kunden-**Kreditkartenvertrag** zwischen einem Unternehmen (Verkäufer) und seinem Kunden ist ein Vertrag eigener Art[499] (§ 311 Abs. 1 BGB). Als Rahmenvertrag verschafft er dem Kunden die Möglichkeit, bei dem Unternehmen Waren im Wege des Kreditkaufs zu erwerben (vorweggenommene Stundung der noch zu begründenden Kaufpreisforderung, aber kein Anspruch auf Vertragsschluss). Pfändbare Ansprüche begründet der Vertrag nicht. Die Möglichkeit zum Geschäftsabschluss mit Stundung des Kaufpreises begründet kein der Gläubigerbefriedigung zugängliches Vermögensrecht des Karteninhabers als Schuldner.

A.276 Der Kreditkartenvertrag eines (besonderen) Kreditkartenunternehmens mit einem Karteninhaber (§ 311 Abs. 1 BGB) ermöglicht es diesem, bei Vertragsunternehmen bargeldlos einzukaufen und Dienstleistungen oder andere Vertragsleistungen bargeldlos in Anspruch zu nehmen. An das Vertragsunternehmen hat der Kreditkarteninhaber keinen Anspruch auf Vertragsabschluss. Die Möglichkeit des Geschäftsabschlusses ohne Barzahlung (Zahlung der Forderung des Vertragsunternehmens für den Karteninhaber erfüllungshalber durch das Kreditkartenunternehmen) begründet kein der Gläubigerbefriedigung zugängliches Vermögensrecht des Karteninhabers als Schuldner.

---

499 Hierzu BGHZ 114, 238 (241) = NJW 1991, 1886.

Das Vertragsunternehmen hat an das Kreditkartenunternehmen auf Grund der Zahlungszusage im Rahmenvertrag Anspruch auf Bezahlung seiner Forderungen für den Karteninhaber aus abstraktem Schuldversprechen (§ 780 BGB)[500]. Als Geldforderung ist dieser Zahlungsanspruch für Gläubiger des Vertragsunternehmens pfändbar (§ 829 ZPO). A.277

7.43. Landwirtschaftliche Erzeugnisse (§ 851a ZPO)

Schrifttum: Funk, Landwirtschaft und Vollstreckung, RdL 1951, 109; Weimar, Insolvenzrecht – Schranken bei der Zwangsvollstreckung gegen Landwirte, MDR 1973, 197. A.278

Forderungen des Schuldners, der im Haupt- oder Nebenberuf eine Landwirtschaft betreibt, aus dem **Verkauf** von landwirtschaftlichen Erzeugnissen sind grundsätzlich voll pfändbar. Auf Antrag werden diese Forderungen jedoch nach § 851a Abs. 1 ZPO durch das Vollstreckungsgericht ganz oder teilweise von der Pfändung ausgenommen, soweit die Einkünfte zum Unterhalt des Schuldners (auch wenn er als Nießbraucher oder Pächter die Landwirtschaft betreibt), seiner Familie und seiner Arbeitnehmer oder zur Aufrechterhaltung einer geordneten Wirtschaftsführung (sie kann auch Anschaffungen und Reparaturen umfassen) unentbehrlich sind. Diese Voraussetzungen für den Schutz müssen bei der Entscheidung über den Antrag vorliegen[501] (keine rückwirkende Aufhebung der Pfändung, wenn der Schuldner nicht mehr als Landwirt tätig ist). Sind die Voraussetzungen für die Aufhebung der Pfändung von vornherein (ohne Anhörung des Schuldners, § 834 ZPO) offenkundig (§ 291 ZPO)[502], so unterbleibt die Pfändung. Der Pfändungsantrag des Gläubigers wird dann abgelehnt. A.279

Hauptberufliche Ausübung der Landwirtschaft ist nicht Voraussetzung des Schutzes. Eine Landwirtschaft im Sinne von § 851a ZPO betreibt auch ein Siedler, der nur 0,45 ha Land bewirtschaftet und zwei Kühe hält[503]. A.280

Der Pfändungsschutz beschränkt sich auf die Forderungen aus dem Verkauf von Erzeugnissen aus dem Betrieb des Schuldners (z.B. Milchgeld, Ansprüche aus Verkauf von Früchten oder Viehfutter); eine Forderung aus dem (Weiter-)Verkauf erworbener Erzeugnisse zählt nicht dazu. Bankguthaben oder Pachtforderungen von Landwirten fallen nicht unter § 851a ZPO. Forderungen, die den Kaufpreis ergänzen oder an dessen Stelle treten, werden zu den Forderungen aus dem Verkauf A.281

---

500 BGHZ 150, 286 = MDR 2002, 958 = NJW 2002, 2234; BGHZ 157, 256 = MDR 2004, 458 = NJW-RR 2004, 481.

501 Zöller/Herget, ZPO, § 851a Rdn. 6; **a.A.** OLG Köln, JurBüro 1989, 878: Im Zeitpunkt der Antragstellung mit Ausnahme für den Fall, dass der Schuldner zu dem Pfändungsgesuch nicht gehört wurde und den Schutzantrag unverzüglich nachholt, sobald ihm die Pfändung bekannt wird.

502 Offenkundigkeit wird nur vorliegen, wenn dem Gericht auf Grund früherer Vorgänge (infolge eines in anderer Sache gestellten Antrages, Leistung der Offenbarungsversicherung durch den Schuldner, eines Zwangsverwaltungsverfahrens usw.) oder persönlicher Kenntnis der Verhältnisse bekannt ist, dass die Voraussetzungen gegeben sind; Berner, Rpfleger 1953, 415.

503 SchlHOLG, SchlHA 1956, 356.

von Erzeugnissen gezählt[504], daher ist eine Ausgleichszahlung im Rahmen der EWG-Getreidepreisharmonisierung als Teil des Verkaufserlöses angesehen und nach § 851a ZPO geschützt worden[505], ebenso eine den Erlös aus Verkauf ergänzende Schlachtprämie („Bullenprämie") nach der Rinder- und SchafprämienVO[506]. Nicht zu den Forderungen aus dem Verkauf landwirtschaftlicher Erzeugnisse gehören jedoch Beihilfen, die produktionsunabhängig als Einkommenshilfen (Betriebsprämie) geleistet werden[507]. Zu Zahlungsansprüchen nach der Verordnung (EG) Nr. 1782/2003 und zur Ausgleichszulage in benachteiligten Gebieten siehe Rdn. E.239.

A.282 Voraussetzung des Schutzes ist, dass die Ansprüche für die bezeichneten Zwecke **unentbehrlich** sind. Dass sie gebraucht werden, genügt für sich allein noch nicht (s. Rdn. A.358). Auf Vollstreckungsschutz gegen eine zeitlich frühere Pfändung eines Teils des Viehbestandes (soweit zulässig) kann der Schuldner nicht verwiesen werden; der Pfandverwertung, mit der sich die Einnahmen des Schuldners aus dem Wirtschaftsbetrieb mindern, muss daher bei Entscheidung über den Schutzantrag gegen die zeitlich spätere Forderungspfändung Rechnung getragen werden[508].

A.283 Aus der Zweckbindung der Gelder folgt, dass der Vollstreckungsschutz versagt werden muss, wenn Forderungen vollstreckt werden, die durch den Aufwand entstanden sind, den § 851a ZPO schützen will[509]. Zu versagen ist der Schutz daher, wenn wegen laufender Pachtforderungen gepfändet wird. Er ist dagegen zu gewähren, wenn größere Pachtrückstände beigetrieben werden sollen[510]. Im Übrigen kommt der Natur des Vollstreckungsanspruchs keine Bedeutung zu. Es ist auch nicht vorgesehen, dass die Belange des Gläubigers zu würdigen sind; ob etwa überwiegende Belange des Gläubigers der Gewährung des Schutzes entgegenstehen, kann daher nicht geprüft werden.

A.284 Das **Verfahren** ist in ähnlicher Weise geregelt wie das Verfahren bei Pfändungsschutz für Miet- und Pachtforderungen; siehe daher Rdn. A.357 ff. Da jedoch § 851b Abs. 2 ZPO keine Anwendung findet, kann der nicht fristgebundene Antrag bis zur Beendigung der Zwangsvollstreckung gestellt werden.

Der Gläubiger ist vor Entscheidung über den nach Pfändung gestellten Antrag des Schuldners, den die Beweispflicht für die Voraussetzungen des Schutzes trifft, zu hören; Glaubhaftmachung genügt nicht. Vor Entscheidung kann eine einstweilige Anordnung erlassen werden (§ 766 Abs. 1 S. 2 mit § 732 Abs. 2 ZPO entspr.).

A.285 Zuständig ist der Rechtspfleger. Er entscheidet sowohl bei Ablehnung der Pfändung als auch über den Antrag des Schuldners auf Aufhebung der Pfändung durch Beschluss (§ 764 Abs. 2 ZPO), der zu begründen ist. Kosten: § 788 ZPO (siehe dort Abs. 4). Rechtsbehelf: Sofortige Beschwerde (§ 793 ZPO).

---

504 BGH, NJW-RR 2009, 411 = Rpfleger 2009, 90; BGH, JurBüro 2012, 494 = MDR 2012, 1252 = Rpfleger 2012, 556.
505 SchlHOLG, RdL 1969, 240 mit Anm. Lange, der den Anspruch für unpfändbar hält.
506 LG Koblenz, JurBüro 2003, 382.
507 BGH (Fn. 504).
508 LG Bonn, DGVZ 1983, 153.
509 Zöller/Herget, ZPO, § 851a Rdn. 5.
510 OLG Hamm, RdL 1955, 53.

7.44. Lastenausgleich

Ansprüche nach dem **Lastenausgleichsgesetz**[511] haben keine praktische Bedeutung mehr. Einzelfragen sind in der 16. Auflage Rdn. 182 ff. dargestellt. A.286

7.45. Leasingvertrag

Schrifttum: Behr, Vollstreckung in Leasingansprüche, JurBüro 1995, 457; Borggräfe, Die Zwangsvollstreckung in bewegliches Leasinggut, Dissertation, 1976; Döllerer, Leasing – wirtschaftliches Eigentum oder Nutzungsrecht, BB 1971, 535; Teubner und Lelley, Die Pfändbarkeit und Verwertung von leasingvertraglichen Nutzungsrechten und Kaufoptionen, ZMR 1999, 151; Graf von Westphalen, Der Leasingvertrag, 7. Auflage 2015 (Abschnitt I: Zwangsvollstreckung, Seiten 415–433). A.287

Der **Leasingvertrag** wird als ein besonders ausgestalteter Mietvertrag angesehen[512]. Ein Leasingvertrag liegt vor, wenn eine Sache (auch Sachgesamtheit) vom sog. Leasinggeber („Vermieter") dem sog. Leasingnehmer („Mieter") zeitweilig gegen Entgelt unter besonderer Regelung der Gefahrentragung überlassen wird. A.288

Gläubiger des **Leasinggebers** können als Forderungsrechte[513] die Ansprüche auf Zahlung der Leasingraten[514], der Schlussrate und der Entschädigung, wenn nach Vertragsbeendigung das Leasinggut nicht zurückgegeben wird (§ 546a BGB), sowie als Sachherausgabeanspruch nach § 846 ZPO (Rdn. G.3 ff.) den dinglichen (§ 985 BGB) und vertraglichen Anspruch auf Herausgabe des Leasinggegenstandes[515] pfänden. Drittschuldner ist der Leasingnehmer. A.289

Einen Anspruch auf Zahlung des sog. Restwertes (restlichen Kaufpreises) hat der Leasinggeber, wenn der Leasingnehmer eine ihm eingeräumte Kaufoption ausübt. Dieser Anspruch ist als Geldforderung gleichfalls pfändbar, und zwar als künftige Forderung bereits vor Ausübung der Option. Drittschuldner ist der Leasingnehmer.

Bei vorzeitiger Beendigung des Leasingverhältnisses kann ein Ausgleichsanspruch (Anspruch auf volle Amortisation der Gesamtkosten samt Gewinn) des Leasinggebers an den Leasingnehmer bestehen[516]. Auch dieser Anspruch ist als

---

511 Lastenausgleichsgesetz (LAG) i.d.F. vom 2.6.1993 (BGBl I 845; 1995 I 248).

512 BGH, MDR 1976, 21 = NJW 1977, 195; BGHZ 68, 118 (123) = NJW 1977, 848; BGHZ 71, 189 (193) = MDR 1978, 660 = NJW 1978, 1383; BGHZ 82, 121 (125) = MDR 1982, 485 = NJW 1982, 870; BGHZ 96, 103 (106) = NJW 1986, 179; BGHZ 97, 65 (70); BGH, NJW 1988, 198; BGHZ 106, 304 (309) = NJW 1989, 1279; BGHZ 109, 368 (370) = NJW 1990, 1113 (1114 re. Sp.); OLG Frankfurt, NJW 1977, 200; OLG Nürnberg, NJW 1977, 152.

513 Nach Pfändung keine Abkürzung des auf eine bestimmte Zeit geschlossenen Leasingvertrages, siehe Rdn. A.41.

514 Vergleichbar der Pfändung des Anspruchs auf den Mietzins, Rdn. A.322. Ist (wie nicht selten) Abtretung an den Refinanzierer erfolgt, geht die Pfändung wegen dieses Gläubigerrechts des Dritten ins Leere.

515 Borggräfe, S. 154; Döllerer, BB 1971, 535 (537), der auch darauf hinweist, dass der Leasingnehmer alle Einreden aus dem Leasingvertrag hat und daher vorzeitig (während der Grundmietzeit) dem Gläubiger ebenso wenig zur Herausgabe verpflichtet ist wie dem Leasinggeber selbst. Zum Rückgabeanspruch des Vermieters s. Rdn. A.381.

516 Hierzu BGHZ 95, 39; BGHZ 97, 65.

Geldforderung pfändbar, und zwar als künftige Forderung schon vor Beendigung des Vertragsverhältnisses. Drittschuldner ist der Leasingnehmer.

Die einzelnen Forderungen müssen im Pfändungsbeschluss bestimmt (konkret) bezeichnet werden (Rdn. B.85), eine nur allgemein gehaltene Bezeichnung mit „alle Forderungen aus Leasingvertrag über … (Gegenstand)“ dürfte hierfür nicht genügen (siehe Rdn. B.106).

A.290 Für einen Gläubiger des **Leasingnehmers** ist der Anspruch auf Gebrauchsüberlassung, mithin Nutzung des Leasingobjekts, als unveräußerliches Recht pfändbar (ebenso wie übertragbar), wenn der Schuldner als Leasingnehmer nach dem Leasingvertrag oder einer nachträglichen Vereinbarung den Gebrauch des Leasingobjekts (die Ausübung der Nutzung) einem Dritten überlassen darf[517]. Die Pfändung ermöglicht dann § 857 Abs. 3 ZPO[518]; sie hat nach § 857 Abs. 1 mit §§ 829 ff. ZPO zu erfolgen[519]. Drittschuldner ist der Leasinggeber. Die Verwertung des gepfändeten Nutzungsrechts erfolgt nach § 857 Abs. 4 ZPO (dazu Rdn. E.19). Erfolgreich zu verwerten ist es somit, wenn das durch Dritte (oder den Pfändungsgläubiger) zu zahlende Nutzungsentgelt die Summe aus Vollstreckungskosten und der an den Leasinggeber zu zahlenden Leasingraten übersteigt[520]. Unpfändbar ist das Nutzungsrecht des Leasingnehmers, wenn ihm Überlassung des Gebrauchs an einen Dritten nicht erlaubt ist (s. Rdn. A.374) oder wenn diese von der (nicht erteilten) Zustimmung des Leasinggebers abhängig ist.

Pfändbar ist auch ein Anspruch des Leasingnehmers auf Restwertbeteiligung[521] (auf den Erlös aus Verwertung des Leasingobjekts) und auf Beteiligung am Verwertungserlös sowie sein Anspruch auf Herausgabe (Rückzahlung) gezahlter Leasingraten, wenn die vertragliche Geschäftsgrundlage mit Wandelung rückwirkend weggefallen ist[522], nicht jedoch dessen Recht, den Vertrag am Ende der Laufzeit zu verlängern[523]. Eine pfändbare Anwartschaft begründet der Leasingvertrag nicht[524].

---

517 OLG Düsseldorf, NJW 1988, 1676; AG Neuwied, DGVZ 1996, 142; auch LG Düsseldorf, Rpfleger 1988, 75; Borggräfe, S. 96 ff.; Schuschke/Walker, § 857 Rdn. 54; **a.A.** Döllerer, BB 1971, 535 (537); Teubner und Lelley, ZMR 1999, 151; s. außerdem Borggräfe, S. 124 ff.: pfändbar auch bei vertraglichem Ausschluss der Rechtsausübung durch Dritte; dem ist wegen § 549 Abs. 1 S. 1 BGB (entspr. Anwendung) nicht zu folgen.

518 OLG Düsseldorf (Fn. 517). Vergleichbar damit ist die Pfändung des Rechts auf Gebrauchsüberlassung einer gemieteten Sache, s. Rdn. A.374. Wie beim Nießbrauch (Rdn. E.308) ist Gegenstand der Pfändung das Nutzungsrecht selbst (Borggräfe, S. 119; Stein/Jonas/Würdinger, ZPO, § 857 Rdn. 31).

519 OLG Düsseldorf (Fn. 517).

520 Borggräfe, S. 134 ff.

521 Als eine auf Geldzahlung gerichtete Forderung, dazu Borggräfe, S. 147 ff. (149).

522 Zu diesen Bereicherungsansprüchen s. BGHZ 109, 139.

523 Borggräfe, S. 143 ff.; Döllerer, BB 1971, 535 (537); Stein/Jonas/Würdinger, ZPO, § 857 Rdn. 31.

524 LG Berlin, MDR 1976, 409 = Rpfleger 1976, 145.

7.46. Lebensversicherung (Sterbegeldversicherung)

Schrifttum: Berner, Die Pfändung, Abtretung und Verpfändung von Lebensversicherungsansprüchen, Rpfleger 1957, 193; Bohn, Die Zwangsvollstreckung in Rechte des Versicherungsnehmers aus dem Versicherungsvertrag und der Konkurs des Versicherungsnehmers, Festschr. f. Schiedermair, 1976, S. 33; David, Tips zur Pfändung von Lebensversicherungsansprüchen, MDR 1996, 24; Gilbert, Zur Zwangsvollstreckung in den Lebensversicherungsanspruch, DR 1941, 2356; Haegele, Lebensversicherung in Konkurs, Vergleich und Anfechtung außerhalb Konkursverfahrens, Rpfleger 1969, 156; Haegele, Zur Bezugsberechtigung bei der Lebensversicherung, JurBüro 1969, 907; Haegele, Abtretung, Verpfändung und Pfändung einer Lebensversicherung, BWNotZ 1974, 141; Hasse, Zwangsvollstreckung in Kapitallebensversicherungen, VersR 2005, 15; Hasse, Zur gemischten Lebensversicherung zugunsten Dritter, VersR 2005, 1176; Heilmann, Die Zwangsvollstreckung in den Anspruch auf die Lebensversicherungssumme, NJW 1955, 135; Hoffmann, Auslegung der Bezugsberechtigung zugunsten eines Ehegatten in der Lebensversicherung bei späterer Scheidung der Ehe, FamRZ 1977, 222; Mohr, Die Lebensversicherung als Familiengut, VersR 1955, 728; Mohr, Vorpfändung von Lebensversicherungsansprüchen, VersR 1955, 376; Mümmler, Herausgabe des Versicherungsscheins bei Pfändung einer Lebensversicherung, JurBüro 1977, 1327; Mümmler, Pfändung und Überweisung von Ansprüchen aus Lebensversicherungsverträgen, JurBüro 1983, 335; Prahl, Eintrittsrecht und Anfechtung bei der Kapitallebensversicherung, VersR 2005, 1036. **A.291**

7.46.1. Allgemeines

Die Forderungen aus einem **Lebensversicherungsvertrag** gehen auf Geldzahlung bei Eintritt des vereinbarten Versicherungsfalls (§ 1 VVG). Die Leistung kann einmalige Geldzahlung sein (**Kapital**lebensversicherung) oder in der Zahlung wiederkehrender Bezüge bestehen (**Renten**versicherung). Als gegenseitiger Vertrag kann der Versicherungsvertrag vielerlei Sonder- und Mischformen bestimmen, Vorschriften trifft das VVG in den §§ 150–171 und in seinem Allgemeinen Teil (§§ 1–73). Bei der **Erlebensfall**versicherung muss der Versicherer die Leistung erbringen, wenn die versicherte Person einen bestimmten Zeitpunkt erlebt, bei der **Todesfall**versicherung ist zu leisten, wenn der Versicherte stirbt. Versicherte Person kann der Versicherungsnehmer oder ein Dritter sein (§ 150 Abs. 1 VVG). **A.292**

Pfändungsbeschränkungen bestehen für **A.293**

- Renten aus einer Lebensversicherung als Einkommen natürlicher Personen (§ 850 ZPO, Rdn. C.24),
- gefördertes Altersvorsorgevermögen Pflichtversicherter in der gesetzlichen Rentenversicherung und Gleichgestellter, deren Altersvorsorgebeiträge und den Anspruch auf die Zulage nach § 97 EStG (Rdn. A.79),
- Altersrenten Selbstständiger und nicht Berufstätiger nach § 851c ZPO und lebenslange Renten aus steuerlich gefördertem Altersvorsorgevermögen freiberuflich Tätiger und nicht berufstätiger Personen nach § 851d ZPO (Rdn. A.82),
- Lebensversicherungen, deren Leistungen dafür gewährt werden, einen durch den Todesfall bedingten Mehraufwand auszugleichen (§ 850b Abs. 1 Nr. 4 ZPO, Rdn. C.194).

Die Pfändung der Forderungen aus einem Lebensversicherungsvertrag erfolgt nach § 829 ZPO. **Drittschuldner** ist die Versicherungsgesellschaft. Die Angabe der Nummer des Versicherungsvertrags ist zweckdienlich, bei sonst bestimmter (be- **A.294** stimmbarer) Bezeichnung der Forderungen aus dem Versicherungsverhältnis für Wirksamkeit der Pfändung aber nicht zu fordern[525] (s. Rdn. A.244). Bestehen mehrere selbstständige Versicherungsverhältnisse des Schuldners bei demselben Drittschuldner auf Grund einzelner Versicherungsverträge, dann wird angenommen, dass der Pfändungsbeschluss (der Versicherungsnummern nicht nennt) dem Bestimmtheitserfordernis nur zweifelsfrei entspricht, wenn nicht bloß Forderungen aus einem (nicht näher bestimmten) Lebensversicherungsvertrag (Singular) als gepfändet bezeichnet sind, sondern der Beschluss bei verständiger Auslegung ausweist, dass die Forderungen aus allen Versicherungsverhältnissen Gegenstand des Pfändungszugriffs sein sollen[526]. Zuzustellen ist der Pfändungsbeschluss der Hauptniederlassung oder einer Zweigniederlassung, bei der die Versicherung geführt wird[527]. Die Zustellung an eine Generalagentur oder Bezirksdirektion begründet kein Pfändungspfandrecht[528], kann aber wegen einer dort schon vorliegenden Auszahlungsanweisung zusätzlich ratsam sein.

A.295 Die Pfändung kann auf alle Forderungen und Rechte aus dem Versicherungsverhältnis erstreckt[529] oder auf einzelne Forderungen des Schuldners (z.B. nur Auszahlung der Versicherungssumme oder von Prämienerstattungen, nur Recht auf den Rückkaufswert und Kündigung) beschränkt werden. Die Überschussbeteiligung wird als Bestandteil des Versicherungsanspruchs von der Pfändung aller Forderungen aus dem Versicherungsverhältnis erfasst. Sie unterliegt einzeln dann jedoch nicht dem Zugriff des pfändenden Gläubigers, wenn sie vereinbarungsgemäß gegen die Prämie zu verrechnen oder der Versicherungssumme zuzuschlagen ist.

Gestaltungsrechte (Recht auf Kündigung, § 168 VVG, Umwandlung in eine prämienfreie Versicherung, § 165 VVG, Bestimmung, Änderung oder Widerruf einer Bezugsberechtigung, § 159 Abs. 1 VVG) sind Nebenrechte. Als solche können sie nicht selbstständig gepfändet werden[530]. Erfasst werden sie von der Pfändung aller Rechte aus dem Lebensversicherungsverhältnis[531], und zwar auch ohne ausdrückliche Anordnung im Pfändungsbeschluss. Dies wird indes vereinzelt ange-

---

525 BGH, NJW 2012, 1510 Rdn. 24, 25 = NZI 2013, 319; LG Frankfurt, NJW-RR 1989, 1466.

526 LG Frankfurt (Fn. 525). Ein Pfändungsbeschluss, der die gepfändeten Forderungen nur abstrakt-generell ohne Bezug auf einen konkreten Versicherungsvertrag bezeichnet, ist regelmäßig dahin auszulegen, dass er lediglich uneingeschränkt pfändbare Forderungen umfasst, nicht aber solche, die nicht oder nur nach Maßgabe des § 850b Abs. 1 Nr. 1 ZPO pfändbar sind: BGH, MDR 2018, 1080 = NJW 2018, 2732 = Rpfleger 2018, 626.

527 Berner, Rpfleger 1957, 193, 194; Heilmann, NJW 1950, 135.

528 Siehe Berner (Fn. 527); siehe aber wegen der Heilung, wenn der Beschluss der Haupt- oder Zweigniederlassung tatsächlich zugeht, Rdn. B.138.

529 BGH, NJW 2012, 1510 (Fn. 525); OLG Celle, JurBüro 2009, 380 = NZI 2009, 389 (390); vgl. Hintzen, Forderungspfändung, § 5 Rdn. 79.

530 BGHZ 45, 162 = MDR 1966, 483 = NJW 1966, 1071; BGH, NJW 2003, 2679 = Rpfleger 2003, 515; BGH, NJW-RR 2010, 544 (545);BGH, MDR 2013, 181 = NJW 2013, 232 – je für das Kündigungsrecht –. So auch Ehrenzweig, VersR 1951, 93; Berner, Rpfleger 1957, 195; Bohn in Festschrift Schiedermair, S. 33 (36).

531 Stein/Jonas/Würdinger, ZPO, § 829 Rdn. 81; Bohn in Festschrift Schiedermair, S. 36; OLG Celle, JurBüro 2009, 380 (381) (Fn. 529); OLG Dresden, OLGR 2007, 773.

zweifelt[532]. Zur Klarstellung ist daher Anordnung der Mitpfändung dieser Nebenrechte zu empfehlen[533].

7.46.2. Der Anspruchsberechtigte als Schuldner

Die Pfändung einer Lebensversicherung ermöglicht dem Gläubiger nur dann die erstrebte Befriedigung, wenn die Forderung zum Vermögen seines Schuldners gehört (siehe Rdn. A.1). Die Pfändung einer dem Schuldner nicht gehörenden (auch einer abgetretenen[534]) Forderung ist wirkungslos. Bei Lebensversicherungsansprüchen gilt Folgendes: A.296

Zum Vermögen des **Versicherungsnehmers** selbst gehört die ohne Begünstigung eines Dritten abgeschlossene Lebensversicherung[535]. Sie kann von seinen Gläubigern oder, weil sie Bestandteil seines Nachlasses wird[536], nach seinem Tode von den Nachlassgläubigern, aber auch von den Gläubigern des oder der Erben gepfändet werden. Dem Gläubiger nur eines Miterben bietet sich jedoch lediglich die Möglichkeit, den Miterbenanteil zu pfänden (siehe Rdn. E.263 ff.). Wegen des Falles, dass die Erben unmittelbar als Bezugsberechtigte bezeichnet sind, siehe Rdn. A.302. A.297

7.46.2.1. Vertrag zugunsten Dritter (unwiderrufliche Bezugsberechtigung)

Die Bezeichnung eines Dritten als Bezugsberechtigter[537] ist Vertrag[538] zugunsten eines Dritten[539] (siehe § 328 BGB). Ist der Bezugsberechtigte unwiderruflich A.298

---

532 So z.B. Heilmann, NJW 1950, 135. Dem unwiderruflich Bezugsberechtigten sollen Gestaltungsrechte aus dem Versicherungsvertrag nicht zustehen; diese soll in jedem Fall nur der Versicherungsnehmer ausüben können; siehe Bohn in Festschrift Schiedermair, S. 38.

533 Hintzen, Forderungspfändung, § 5 Rdn. 80.

534 BGH, MDR 2002, 477 = NJW 2002, 755 = Rpfleger 2002, 272; BGH, NJW-RR 2010, 904 = NZI 2010, 702; OLG Düsseldorf, NJW-RR 1999, 1406 (Abtretung an den Versicherer zur Sicherung eines Darlehens). Eine Pfändung nach Abtretung wird auch nicht durch eine spätere Rückabtretung nachträglich wirksam (s. Rdn. B.443), BGH wie vor; OLG Düsseldorf wie vor; OLG Frankfurt, OLGR 2001, 238.

535 RGZ 66, 158; BGHZ 32, 44 = MDR 1960, 381 = NJW 1960, 912.

536 LG Berlin, JW 1939, 165; BGH (Fn. 535).

537 Die Bestimmung des Bezugsberechtigten ist empfangsbedürftige, an die Versicherungsgesellschaft zu richtende Willenserklärung (BGH, BB 1953, 339 = DB 1953, 353 = LM Nr. 1 zu § 166 VVG = VersR 1953, 179), die nicht im Versicherungsschein wiedergegeben sein muss (LG Karlsruhe VersR 1956, 313). Zu den Anfechtungsmöglichkeiten bei einer Lebensversicherung außerhalb eines Insolvenz-/Konkursverfahrens siehe Haegele, Rpfleger 1969, 161.

538 Zum Vertrag zugunsten eines Dritten siehe Rdn. A.38.

539 Zur Bezeichnung der „Ehefrau“ als Bezugsberechtigte siehe BGH, NJW 1976, 290 = VersR 1975, 1020; BGH, MDR 1981, 476 = NJW 1981, 984; OLG Hamm, VersR 1981, 228; LG Saarbrücken, NJW 1983, 180 (hier: „Ehefrau oder Kinder“). Zum unwiderruflichen Bezugsrecht des Ehegatten bei Scheitern der Ehe siehe BGHZ 118, 242 = FamRZ 1992, 1155 = MDR 1992, 878 = NJW 1992, 2154; BGH MDR 2013, 181 (Fn. 530).

bestimmt, so hat er als begünstigter Dritter sofort ein unmittelbares Bezugsrecht auf Zahlung der Versicherungsleistungen mit Eintritt des Versicherungsfalls erworben[540] (§ 159 Abs. 3 VVG). Daher können seine Gläubiger vor oder nach Eintritt des Versicherungsfalls die Ansprüche auf die Versicherungsleistungen pfänden[541]. Einen Anspruch gegen den Versicherer auf Aufzahlung des Rückkaufwertes erwirbt der Pfändungsgläubiger des unwiderruflichen Bezugsrechts erst, wenn die Versicherung zuvor ordnungsgemäß gekündigt wurde[542].

A.299 Für Gläubiger des Versicherungsnehmers selbst verbietet sich die Pfändung der Versicherungsansprüche mit unwiderruflicher Bezeichnung eines Dritten als Bezugsberechtigten an sich nicht. Diese Pfändung der Ansprüche des Versicherungsnehmers erlangt aber keine allzu große praktische Bedeutung, weil der pfändende Gläubiger ebenso wie der Schuldner selbst als Versicherungsnehmer über die Ansprüche ohne Mitwirkung des Bezugsberechtigten nicht verfügen kann[543]. Es ist jedoch denkbar, dass der Bezugsberechtigte in Verfügungen des Gläubigers einwilligt; auch kann ersterer nach § 333 BGB zurückweisen, so dass nicht er, sondern der Pfändungsschuldner das Recht auf Leistung erwirbt (§ 160 Abs. 3 VVG). Schließlich kann dem Versicherungsnehmer der Anspruch auf die Überschussbeteiligung verblieben sein und das Recht auf die Leistung deshalb zustehen, weil der Bezugsberechtigte vor dem Versicherungsfall verstorben oder weil die Zuwendung sittenwidrig oder sonst nichtig ist. In solchen Fällen kann der Gläubiger des Versicherungsnehmers, dem dann das Recht auf Leistung zusteht, durch Pfändung Befriedigung aus den Versicherungsansprüchen finden.

A.300 Bei der sogenannten **gemischten Kapitalversicherung** (Versicherung auf den Erlebens- oder Todesfall) hat die Pfändung trotz unwiderruflicher Bezugsbestimmung für den Fall des Todes des Versicherungsnehmers außerdem Bedeutung, wenn die Versicherungsleistung zu Lebzeiten des Versicherungsnehmers fällig wird. Mit dem Erlebensfall erlischt das auflösend bedingte – unwiderrufliche – Bezugsrecht des Begünstigten, so dass der pfändende Gläubiger Anspruch auf die dem Schuldner als Versicherungsnehmer gebührende Leistung erheben kann. Bis zur auflösenden Bedingung des Erlebensfalls steht dem unwiderruflich Bezugsberechtigten der Todesfallversicherung der Rückkaufswert und Rückvergütungsanspruch zu; der BGH hält diese Ansprüche daher während der Dauer der Todesfallversicherung durch Gläubiger des Versicherungsnehmers für unpfändbar. Aus den in vorstehendem Absatz dargestellten Gründen sind aber auch solche Ansprüche als pfändbar zu erachten, lediglich die Rechtsverfolgung nach Pfändung ist auf die dargestellten Sonderfälle beschränkt. Unpfändbar ist allerdings für sich allein das dem Versicherungsnehmer verbleibende Kündigungsrecht[544].

---

540 BGHZ 45, 162 (Fn. 530); BGHZ 118, 242 (247) (Fn. 539); BGH, NJW 2003, 2679 (Fn. 530); OLG Frankfurt, VersR 2002, 963 (als Vorinstanz); LG Frankfurt, VersR 1957, 211 mit zust. Anm. Welz; Haegele, Rpfleger 1969, 157. Das Kündigungsrecht verbleibt jedoch (regelmäßig) beim Versicherungsnehmer, BGH, NJW-RR 2010, 544 (Fn. 530); BGH, NJW 2013, 232 (Fn. 530).

541 Pfändung der Rechte sowohl des Versicherungsnehmers als auch des Bezugsberechtigten durch deren gemeinsamen Gläubiger s. LG Darmstadt, NJW-RR 2000, 329.

542 BGH, NJW-RR 2010, 544.

543 LG Frankfurt (Fn. 540).

544 Siehe BGH, MDR 2013, 181 (Fn. 530).

7.46.2.2. Widerrufliche Bezugsberechtigung

Bis zum Eintritt des Versicherungsfalls: Auch hier handelt es sich um einen Vertrag zugunsten des begünstigten Dritten. Dieser erwirbt das Recht auf die Leistung aber erst mit dem Eintritt des Versicherungsfalls (§ 159 Abs. 2 VVG). Daher können vor Eintritt des Versicherungsfalls nur die Gläubiger des Versicherungsnehmers die Versicherungsansprüche pfänden[545] (wegen der nach Pfändung weiter notwendigen Schritte siehe Rdn. A.309), nicht aber auch die Gläubiger des bezugsberechtigten Dritten. A.301

Die Bezugsberechtigung des Dritten kommt durch Widerruf des Versicherungsnehmers bis zum Eintritt des Versicherungsfalls in Wegfall. Kann nach dem Versicherungsvertrag (den Vertragsbestandteil gewordenen Geschäftsbedingungen) der Widerruf erst wirksam werden, wenn er dem Versicherer angezeigt ist, dann bleibt ein Widerruf durch Testament, der dem Versicherer nicht angezeigt wurde, unwirksam[546]. Das Widerrufsrecht kann der Insolvenzverwalter ausüben[547]. In der Abtretung der Rechte aus der Lebensversicherung (insbesondere an einen Sicherungsnehmer) liegt nicht bereits ein konkludenter Widerruf der Bezugsberechtigung des Dritten[548]. Der (formularmäßige) Widerruf eines Bezugsrechts bei einer Sicherungsabtretung „soweit es den Rechten des Zessionars entgegensteht" ist dahin zu verstehen, dass etwaige Bezugsrechte im Rang hinter den vereinbarten Sicherungszweck zurücktreten sollen[549] (eingeschränkter Widerruf, der die vom Sicherungsnehmer nicht benötigten Teile der Versicherungssumme nicht erfasst).

Nach Eintritt des Versicherungsfalls: Es hat jetzt nur noch der begünstigte Dritte Anspruch auf die Forderungen aus dem Versicherungsvertrag (§ 159 Abs. 2 VVG). Die Ansprüche können daher nur noch von seinen Gläubigern gepfändet werden[550], nicht mehr von den Gläubigern des Versicherungsnehmers und – wenn er verstorben ist – auch nicht von den Nachlassgläubigern[551]. Selbst dann haben Nachlassgläubiger (bei Beschränkung der Haftung der Erben auf den Nachlass) keine Pfändungsmöglichkeit, wenn als bezugsberechtigte Dritte die „Erben" bezeichnet waren, weil dann diese einen eigenen, vom Erbgang unabhängigen, also nicht zum Nachlass gehörenden Anspruch auf Auszahlung der Versicherungsleistungen haben[552]. A.302

---

545 OLG München, OLG 32, 224; Berner, Rpfleger 1957, 193 f.; Heilmann, NJW 1950, 135; siehe auch Haegele, Rpfleger 1969, 157 und JurBüro 1969, 916.

546 BGHZ 81, 95 = MDR 1981, 918 = NJW 1981, 2245; BGH, FamRZ 1994, 29 = MDR 1993, 1181 = NJW 1993, 3133.

547 BGHZ 156, 350 (357) = NJW 2004, 214 (215).

548 BGHZ 109, 67 = MDR 1990, 225 = NJW 1990, 256; BGH, MDR 2011, 38.

549 BGHZ 109, 67 (Fn. 548); BGH, DNotZ 1997, 420 = NJW 1996, 2230; BGH, NJW-RR 2001, 1105; BGH, MDR 2002, 579 = NJW-RR 2002, 955 = VersR 2002, 218; BGH, MDR 2011, 38; OLG Köln, VersR 1990, 1338.

550 Siehe auch Berner, Rpfleger 1957, 194.

551 Wegen sittenwidriger Zuwendungen siehe Rdn. A.298 (Fn. 537). In den Nachlass fällt die Versicherungssumme allerdings, wenn dieser oder der Inhaber des Versicherungsscheins als Bezugsberechtigter bezeichnet ist (siehe Haegele, Rpfleger 1969, 157 m.w.N.).

552 BGHZ 32, 44 (Fn. 535); OLG Stuttgart, NJW 1956, 1073; OLG München, BB 1964, 1471; Reinicke, NJW 1956, 1053; Berner, Rpfleger 1957, 193.

7.46.2.3. Anfechtbares Bezugsrecht

A.303 Eine Anfechtung nach dem AnfG kann das Recht des bezugsberechtigten Dritten ausschließen, einen Versicherungsanspruch mithin nach Pfändung der Befriedigung des Gläubigers[553] des Versicherungsnehmers zuführen.

7.46.2.4. Mehrere Berechtigte

A.304 Für mehrere als Versicherungsnehmer (deren Erben) oder bezugsberechtigte Dritte zusammen berechtigte Gläubiger der Forderungen aus der Lebensversicherung bestimmen sich die Berechtigung und damit Zulässigkeit und Möglichkeit der Pfändung nach dem zwischen ihnen als Vertragspartner (gemeinsame Versicherungsnehmer) oder Benannte bestehenden Rechtsverhältnis. Dazu im Einzelnen Rdn. A.68 ff.

7.46.3. Rechtsstellung des Gläubigers nach Pfändung und Überweisung

7.46.3.1. Fällige Versicherungsforderungen

A.305 Die Pfändung verbietet dem Drittschuldner die Leistung fälliger Ansprüche an den Schuldner (siehe Rdn. B.163); dem Gläubiger verschafft erst die Überweisung[554] die Berechtigung zur Einziehung der dem Schuldner zustehenden Ansprüche aus dem Versicherungsverhältnis. Versicherungsleistungen, die nicht dem Schuldner, sondern einem Dritten gehören, insbesondere dem bezugsberechtigten Dritten, erfasst die Pfändung nicht (siehe Rdn. B.73).

7.46.3.2. Versicherungsschein

A.306 Bei Pfändung fälliger oder nicht fälliger Versicherungsansprüche ist für den Gläubiger der Besitz des Versicherungsscheines von wesentlicher Bedeutung. Er gibt den für das weitere Vorgehen notwendigen Aufschluss über Natur, Umfang und Bedingungen der Versicherung. Für die Leistung aus dem Versicherungsverhältnis kann der Versicherer die Vorlage des Versicherungsscheins verlangen (§ 11 Abs. 1 der Allgemeinen Bedingungen für die Lebensversicherung [ALB 17]). Legitimationspapier i. S. des § 808 Abs. 1 BGB ist der Versicherungsschein[555] nach § 4 Abs. 1 VVG, weil die Gesellschaft (soweit nichts anderes verabredet ist) den Inhaber als berechtigt ansehen darf, über alle Ansprüche aus dem Versicherungsvertrag

---

553 Auch Anfechtung der später angeordneten unwiderruflichen Bezugsberechtigung eines Dritten, der bereits bei Abschluss des Versicherungsvertrags eine widerrufliche Bezugsberechtigung erhalten hatte, ermöglicht Gläubigerbefriedigung mit Pfändung, wenn das Bezugsrecht durch den Gläubiger vor Eintritt des Versicherungsfalls widerrufen wird (s. Rdn. A.310); FG Hamburg, NJW 1988, 2063.

554 Zur Einziehung oder an Zahlungs statt zum Nennwert, siehe Berner, Rpfleger 1957, 195; wegen Überweisung an Zahlungs statt aber auch Heilmann, NJW 1950, 135.

555 BGH, MDR 2009, 1108 = NJW-RR 2009, 1327; BGH, NJW-RR 2010, 904 = NZI 2010, 702; OLG Hamm, NJW-RR 1995, 1434 = VersR 1996, 615.

zu verfügen. Gleichwohl sollte eine Leistung an den Schuldner als Inhaber des Versicherungsscheins nach Zustellung des Pfändungsbeschlusses nicht mit Befreiungswirkung erfolgen können, weil damit die Gesellschaft (positive) Kenntnis von dessen Nichtberechtigung hat[556]. Die Sicherheit, dass Zahlung an den Schuldner ausgeschlossen ist, erlangt der Gläubiger aber auf jeden Fall mit dem Besitz des Versicherungsscheins[557].

Zur Herausgabe des Versicherungsscheines ist der Schuldner dem Gläubiger nach Überweisung gemäß § 836 Abs. 3 S. 1 ZPO verpflichtet; wegen der Einzelheiten siehe Rdn. B.267. Bei Verlust des Versicherungsscheins kann der Gläubiger, wenn seine weitere Rechtsverfolgung von der Vorlage des Scheines abhängig ist, das Aufgebotsverfahren betreiben und zur Glaubhaftmachung des Verlustes gegen den Schuldner den Antrag auf Leistung der Offenbarungsversicherung stellen[558]. Einer ausdrücklichen Mitpfändung des Aufgebotsrechts bedarf es nicht; es ist als Nebenrecht von der Pfändung der Ansprüche aus dem Versicherungsvertrag erfasst. Als Legitimationspapier ist der Versicherungsschein selbstständig nicht pfändbar (kein Fall des § 821 ZPO)[559].

Soweit der Versicherungsschein von dem Drittschuldner nicht eingezogen wird, muss ihn der Gläubiger nach seiner Befriedigung dem Schuldner wieder zurückgeben[560].

Zur Hilfspfändung des Versicherungsscheins Rdn. B.374.

7.46.3.3. Nicht fällige Versicherungen

Mit der Verwertung (Einziehung) nicht fälliger Versicherungen kann der Gläubiger bis zum Eintritt des Versicherungsfalls zuwarten[561]. Lohnend ist diese Hinausschiebung der Einziehung insbesondere, wenn die Leistung bei Versicherungsfall eine wesentlich höhere Befriedigung als die sofortige Lösung des Versicherungsverhältnisses bringen wird. Für den Schuldner wird regelmäßig eine sofortige Geltendmachung der Rechte aus dem Versicherungsverhältnis bei einer in absehbarer Zeit fällig werdenden Versicherung eine unbillige Härte darstellen, die nach § 765a ZPO durch zeitweilige Aussetzung der Einziehungsbefugnis des Gläubigers auf Antrag des Schuldners abgewendet werden kann. A.307

Fällige **Prämien**, die der Gläubiger zur Aufrechterhaltung der gepfändeten Versicherung zahlt, kann der Versicherer nicht zurückweisen (§ 34 Abs. 1 VVG). Zah- A.308

---

556 Siehe hierwegen BGH, NJW-RR 2010, 904 (906 re.Sp.) (Fn. 555).
557 Siehe auch Berner, Rpfleger 1957, 195; Heilmann, NJW 1950, 135.
558 Oswald, VersR 1961, 197; dazu jetzt auch § 836 Abs. 3 S. 2 ZPO.
559 Zöller/Herget, ZPO, § 821 Rdn. 6.
560 AG Recklinghausen, JurBüro 1959, 477.
561 OLG Celle, JurBüro 2009, 380 (381) = NZI 2009, 389 (390). Die Frage, ob der Lebensversicherer verpflichtet ist, den Pfändungsgläubiger davon zu unterrichten, wenn entweder der Versicherungsnehmer den Lebensversicherungsvertrag kündigt oder beitragsfrei stellt, wenn er wegen Prämienzahlungsverzugs gem. § 38 VVG gemahnt und der Versicherungsvertrag vom Versicherer gekündigt wird, verneint Frels, VersR 1970, 984. Freiwillig kann der Versicherer in derartigen Fällen Mitteilungen natürlich machen.

lungen des Gläubigers auf Prämien sind Kosten der Zwangsvollstreckung (§ 788 Abs. 1 ZPO)[562]. Das Pfandrecht kann an der Versicherungsforderung auch wegen dieser Beträge samt Zinsen in Anspruch genommen werden (§ 34 Abs. 2 VVG).

A.309 Befriedigung bringt die gepfändete Versicherungsforderung mit Fälligkeit dem Gläubiger aber nur, wenn **kein Bezugsrecht** eines Dritten besteht. Auch bei widerruflicher Bezugsberechtigung liegt in der Pfändung und Überweisung der noch nicht fälligen Versicherung allein noch kein Erlöschen oder Widerruf des Bezugsrechts eines Dritten[563]. Unterlässt daher der Gläubiger den **Widerruf des Bezugsrechts**[564], so hat bei Eintritt des Versicherungsfalls nur noch der begünstigte Dritte einen durch das Pfandrecht nicht beschwerten Anspruch auf die Leistungen aus dem Versicherungsvertrag. Der pfändende Gläubiger hat dann das Nachsehen und geht leer aus[565], und zwar selbst dann, wenn er den Versicherungsvertrag oder die Höhe der Versicherungssumme durch eigene Prämienzahlungen aufrechterhalten hat.

A.310 Der Gläubiger muss daher vor Eintritt des Versicherungsfalls das Bezugsrecht Dritter ausdrücklich (ist am sichersten) oder durch ausreichend klar zum Ausdruck kommende Willensäußerung (z.B. Aufforderung zur Zahlung[566]) widerrufen. Als nicht genügend angesehen wird es, dass in den Pfändungsbeschluss die Aufforderung aufgenommen ist, die gepfändeten Beträge auf ein benanntes Konto zu überweisen (jedenfalls wenn der Versicherungsfall noch nicht eingetreten war)[567]. Ob der Gläubiger schon nach Pfändung[568] oder erst nach Überweisung[569] widerrufen kann, ist streitig. Da der Widerruf aber nicht der Pfandverwertung, sondern der Sicherung des Pfandrechts dient, kann die Überweisung für die Ausübung des Widerrufsrechts nicht verlangt werden. Wirksam wird ein Widerruf insoweit, als der auszuzahlende Rückkaufswert die Vollstreckungsforderung des Gläubigers deckt. In Höhe eines weitergehenden, von der Zwangsvollstreckung sonach nicht erfassten Betrages bleibt der Versicherungsvertrag bestehen[570].

A.311 Der Schuldner selbst kann trotz Pfändung das schon bestehende Bezugsrecht widerrufen, weil er damit das Pfandrecht des Gläubigers nicht beeinträchtigt, sondern stärkt[571]. Keine Wirkung hat aber dem Gläubiger gegenüber eine neue Bestimmung eines Bezugsrechts oder die Änderung der Bestimmung; solche Verfügungen

562 Heilmann, NJW 1950, 135; Berner, Rpfleger 1957, 195; Huken, KKZ 1979, 8; Schuschke/Walker, § 829 Anh. Rdn. 24.

563 BGH, FamRZ 2012, 444; RGZ 127, 269 (271); OLG Dresden, OLGR 2007, 773; Prölss, JW 1938, 1661; OLG München, BB 1964, 990 (für den Fall der Verpfändung); **a.A.** für Einziehungsverfügung bei Verwaltungsvollstreckung OLG Köln, VersR 2002, 1544.

564 Einen Widerruf der Bezugsberechtigung sollte der Gläubiger stets vorsorglich erklären, auch wenn der Versicherungsschein keinen Begünstigten ausweist, weil eine Begünstigung auch durch nachträgliche Erklärung oder letztwillige Verfügung ausgesprochen sein kann; so insbesondere Haegele, Rpfleger 1969, 159.

565 RG (Fn. 563); Prölss, JW 1938, 1661; Haegele, JurBüro 1969, 917.

566 OLG Dresden (Fn. 563).

567 OLG Dresden (Fn. 563).

568 So Heilmann, NJW 1950, 136; offengelassen vom RG (Fn. 563).

569 So z.B. RGZ 153, 220; Mohr, VersR 1955, 576; Oswald, JurBüro 1959, 146.

570 Bohn, a.a.O. S. 37; siehe auch Rdn. A.313.

571 Berner, Rpfleger 1957, 196; Haegele, JurBüro 1969, 917.

erlangen erst bei etwaigem Wegfall des Pfandrechts Bedeutung[572]. Eine bei der Pfändung schon bestimmte Bezugsberechtigung kann der Schuldner auch im Übrigen einseitig ändern, soweit dadurch der Gläubiger, der selbst noch nicht widerrufen hat, nicht schlechter gestellt wird. Als Schlechterstellung des Gläubigers ist zum Beispiel die Umwandlung eines widerruflichen Bezugsrechts in ein unwiderrufliches Bezugsrecht nicht mehr erlaubt.

Die **Umwandlung** der Versicherung in eine **prämienfreie Versicherung** kann der Gläubiger verlangen (§ 165 Abs. 1 VVG mit Einzelheiten), wenn nach der Pfändung die Prämien weder vom Schuldner noch vom Gläubiger weitergezahlt werden. Auch in diesem Fall bleibt aber bei späterem Eintritt des Versicherungsfalls ein bezugsberechtigter Dritter empfangsberechtigt, wenn seine Bezugsberechtigung nicht rechtzeitig ausdrücklich widerrufen wird; insoweit gilt daher das Rdn. A.309 ff. Gesagte. **A.312**

Will der Gläubiger die Versicherung nicht bis zum Eintritt des Versicherungsfalls fortbestehen lassen, so kann er nach Überweisung das (von der Pfändung erfasste oder ausdrücklich mitgepfändete, siehe Rdn. A.295) Recht des Schuldners der **Aufhebung der Versicherung** durch Rücktritt, Kündigung oder Anfechtung ausüben (§ 168 Abs. 1 VVG). Bei solcher Beendigung des Versicherungsverhältnisses hat der Versicherer den Rückkaufswert (mit Überschussanteil) zu zahlen. Auf diesen hat der Gläubiger Anspruch, und zwar auch dann, wenn er im gerichtlichen Beschluss nicht ausdrücklich als mitgepfändet bezeichnet ist[573]. Ist die Versicherungsforderung wesentlich größer als die Vollstreckungsforderung des Gläubigers, so berechtigt sein Pfandrecht nur zur Teilkündigung in Höhe der für die Befriedigung benötigten Beträge. Ein weitergehendes Kündigungsrecht ergibt sich aus dem Pfändungspfandrecht nicht; jede höhere Kündigung des Gläubigers wäre mithin unwirksam[574]. **A.313**

7.46.4. Verbundene Leben

Bei der Lebensversicherungsvertrag über verbundene Leben hat jeder Ehegatte eine Versicherung auf das Leben des anderen mit der Maßgabe genommen, dass der Versicherer die Leistung nur einmal, und zwar entweder an den Überlebenden beim Tode des Erstversterbenden oder an beide Ehegatten bei Fälligkeit zu zahlen hat[575]. Der Anspruch auf die Versicherungsleistungen steht hier den Ehegatten im Zweifel (§ 420 BGB) zu gleichen Teilen zu; eine Gesellschaft zwischen ihnen besteht nicht[576]. Daher sind die Rechte und Ansprüche auch nur eines Partners aus dem Versicherungsverhältnis gesondert pfändbar. **A.314**

---

572 So auch Haegele, JurBüro 1969, 917.
573 Berner, Rpfleger 1957, 195; Heilmann, NJW 1950, 135.
574 So auch Berner, Rpfleger 1957, 196; siehe auch Rdn. A.310.
575 Siehe OLG Dresden, JW 1938, 1660; AG München, VersR 1956, 751 mit Anm. Sasse.
576 Sasse, VersR 1956, 751 mit eingehender Begründung; **a.A.** AG München, VersR 1956, 751, das eine Gesellschaft des bürgerlichen Rechts nach § 705 BGB annimmt, jedoch im Wesentlichen zu dem gleichen Ergebnis kommt. Siehe auch LG Berlin, VersR 1963, 569.

A.315 Da die Ehegatten sich durch den gemeinschaftlichen Vertragsabschluss für dessen Dauer zu gemeinschaftlichem Vorgehen verbunden haben, können sie selbst Gestaltungsrechte (siehe Rdn. A.295) nur gemeinsam ausüben (§ 747 S. 2 BGB). Daher kann einer der Versicherungsnehmer auch die Aufhebung der Gemeinschaft nicht verlangen (siehe § 749 Abs. 2 BGB). Diesen Beschränkungen unterliegt ein pfändender Gläubiger jedoch nicht (§ 751 BGB). Er kann daher nach Pfändung der anteiligen Rechte aus dem Versicherungsverhältnis nur eines Ehegatten vom anderen Partner verlangen, dass er der Kündigung der Versicherung zustimmt und den damit fällig werdenden Anspruch auf den Rückkaufswert nach Kopfteilen mit einzieht[577].

7.46.5. Sicherung der Angehörigen

A.316 Der namentlich (widerruflich oder unwiderruflich) bezeichnete Bezugsberechtigte kann nach Pfändung[578] innerhalb eines Monats ab Kenntnis mit Zustimmung des Versicherungsnehmers an dessen Stelle in den Versicherungsvertrag eintreten (§ 170 Abs. 1 S. 1 VVG)[579]. Der Eintritt muss innerhalb dieser Frist der Versicherungsgesellschaft angezeigt sein[580]. Das Eintrittsrecht kann nicht dadurch unterlaufen werden, dass die Bezugsberechtigung bereits vor Ablauf der Monatsfrist vom Gläubiger widerrufen wird[581]. Bei rechtzeitigem Eintritt hat der Berechtigte die Forderung des Gläubigers bis zur Höhe des Betrages zu befriedigen, dessen Zahlung der Versicherer im Falle der Kündigung des Versicherungsvertrags leisten muss (§ 170 Abs. 1 S. 2 VVG). Ist ein Bezugsberechtigter nicht namentlich bezeichnet, so steht das Eintrittsrecht dem Ehegatten oder Lebenspartner und den Kindern des Versicherungsnehmers zu (§ 170 Abs. 2 VVG). Dieses Eintrittsrecht soll aus sozialen Gründen die Versicherung der Familie unter Abfindung des pfändenden Gläubigers erhalten[582]. Daran kann die Familie trotz der mit dem Eintritt zu erbringenden Leistung ein Interesse haben, so z.B. dann, wenn der Schuldner für eine neue Versicherung nicht mehr versicherungsfähig ist oder höhere Beiträge zahlen müsste. Das Eintrittsrecht kann auch dann ausgeübt werden, wenn ein Rückkaufswert noch nicht entstanden ist[583]. Mit dem Eintritt und der Zahlung des dem Rückkaufswert entsprechenden Betrages erlischt das Pfandrecht[584].

---

577 Zu alledem siehe Sasse, a.a.O.; LG Berlin, VersR 1963, 569 und OLG Dresden, JW 1938, 1660; vgl. Hintzen, Forderungspfändung, § 5 Rdn. 97 f.

578 Streitig ist, ob schon die Vorpfändung zum Eintritt berechtigt. Dies bejaht z.B. Mohr, VersR 1955, 376; **a.A.** ist Heilmann, NJW 1950, 136. Letztgenanntem ist zu folgen, weil die nur kurzlebige Vorpfändung keine Grundlage für die Ausübung eines Gestaltungsrechtes gibt, das eine Änderung der Vertragsparteien zur Folge hat.

579 Eintritt müsste auch bei unwiderruflicher Bezugsberechtigung möglich sein (ist streitig; s. z.B. Heilmann, NJW 1950, 136 Fn. 11; Prahl, VersR 2005, 1036 Fn. 2).

580 Heilmann, NJW 1950, 136.

581 BGH (Fn. 563).

582 Berner, Rpfleger 1957, 194.

583 AG München, VersR 1960, 362 mit zust. Anm. Binder; **a.A.** Heilmann, NJW 1950, 136; Haegele, Rpfleger 1969, 159.

584 Heilmann, NJW 1950, 136.

Besseren Schutz der Familienangehörigen erreicht der Versicherungsnehmer, wenn er bei Abschluss der Versicherung, auf alle Fälle aber vor einer Verschlechterung seiner Vermögenslage, die unwiderrufliche Bezugsberechtigung der Angehörigen bestimmt. Diese feste Bindung nimmt dem Versicherungsnehmer freilich die Möglichkeit, die Versicherung als Kreditsicherungsmittel zu verwenden. **A.317**

Amtliche Formulierung nach der Zwangsvollstreckungsformular-Verordnung (angefügt ist hier die Anordnung, dass der Schuldner dem Gläubiger den Versicherungsschein herauszugeben hat (s. Rdn. A.306), die nicht Anspruch an die Versicherungsgesellschaft und damit im Antragsformular (wohl) nicht hinreichend bezeichnet ist): **A.318**

Anspruch E (an Versicherungsgesellschaften)

[Gepfändet werden die Ansprüche des Schuldners an die … Versicherungsgesellschaft – Drittschuldnerin –]

1. *auf Zahlung der Versicherungssumme, der Gewinnanteile und des Rückkaufwertes aus der Lebensversicherung/den Lebensversicherungen, die mit der Drittschuldnerin abgeschlossen ist/sind*
2. *auf das Recht zur Bestimmung desjenigen, zu dessen Gunsten im Todesfall die Versicherungssumme ausgezahlt wird, bzw. auf das Recht zur Bestimmung einer anderen Person an Stelle der vom Schuldner vorgesehenen*
3. *auf das Recht zur Kündigung des Lebens-/Rentenversicherungsvertrages, auf das Recht zur Umwandlung der Lebens-/Rentenversicherung in eine prämienfreie Versicherung sowie auf das Recht zur Aushändigung der Versicherungspolice*

Ausgenommen von der Pfändung sind Ansprüche aus Lebensversicherungen, die nur auf den Todesfall des Versicherungsnehmers abgeschlossen sind, wenn die Versicherungssumme den in § 850b Abs. 1 Nr. 4 ZPO in der jeweiligen Fassung genannten Betrag nicht übersteigt.

Zugleich wird angeordnet, dass der Schuldner den Versicherungsschein (die Versicherungspolice) an den Gläubiger herauszugeben hat.

7.47. Lotteriegewinn

Ein Lottogewinn ist als Geldforderung pfändbar[585]. **A.319**

Ist Umwandlung des Gewinns einer Reise in einen Geldanspruch möglich und zulässig, so liegt kein höchstpersönlicher Anspruch vor. Die (= sämtliche) Ansprüche aus dem Lotteriegewinn, insbesondere die Ansprüche auf Umwandlung der Reise in einen Geldanspruch und Auszahlung des Geldbetrages, sind daher pfändbar[586]. Bei Pfändung aller wahlweise geschuldeten Leistungen kann der Gläubiger die Wahl treffen (Rdn. A.35) und nach Umwandlung der Reise in den Geldanspruch diesen (nach Überweisung) einziehen. Das Wahlrecht für sich allein ist nicht pfänd-

585 AG Göttingen, Rpfleger 2012, 98 (fällt in die Insolvenzmasse, ist damit nicht unpfändbar, § 36 Abs. 1 InsO).
586 AG Werne/Lippe, JurBüro 1965, 1020.

bar (Rdn. E.400). Ist lediglich die Geldforderung gepfändet, so kann der Gläubiger die dem Schuldner zustehende Wahl nicht treffen, Befriedigung also nur erlangen, wenn der Lotteriegewinn vom Schuldner oder Drittschuldner in eine Geldleistung umgewandelt wird[587].

7.48. Mauterstattung

A.320 Eine für die Benutzung von Bundesautobahnen und Bundesstraßen entrichtete Maut wird dem (Maut-)Schuldner auf Verlagen ganz oder teilweise erstattet, wenn die Fahrt, für die sie entrichtet wurde, nicht oder nicht vollständig durchgeführt wird (§ 4 Abs. 5 BFStrMG[588]). Pfändbar sind bereits entstandene und künftige Ansprüche des (Maut-)Schuldners; auch die künftigen Ansprüche hat der Pfändungsbeschluss als gepfändet zu bezeichnen (s. Rdn. B.89). Als Drittschuldner ist das Bundesamt für Güterverkehr anzusehen, an das die Maut zu entrichten war (§ 4 Abs. 1 BFStrMG), wenn die Erhebung der Maut einem Privaten übertragen ist (§ 4 Abs. 3 BFStrMG), dieser. Zur Dauerpfändung (Vorauspfändung) und (unzulässigen) Vorratspfändung siehe das in Rdn. A.161 Gesagte.

7.49. Miete und Pacht

A.321 **Schrifttum:** Bosch, Der Verzicht des Pfändungsgläubigers auf einzelne von ihm gepfändete Mietzinsansprüche des Schuldners, KKZ 1953, 158; Ernst, Pfändungsschutz für Miet-/Pachtzinsen und Untermietforderungen, JurBüro 2005, 231; Huken, Zur Pfändung in einen Mietzinsanspruch, wenn mehrere Mieter (Drittschuldner) gesamtschuldnerisch haften, KKZ 1989, 112; Lauer, Die Pfändung der dinglichen Miet- und Pachtzinsansprüche, MDR 1984, 977; Noack, Zur Pfändung von Miet- und Pachtzinsen sowie von Untermieten, ZMR 1973, 290.

7.49.1. Die Mietpfändung

A.322 Der Anspruch eines Schuldners als Vermieter einer Sache gegen den Mieter auf Zahlung der vereinbarten Miete (§ 535 Abs. 2 BGB) unterliegt als Geldforderung der Pfändung; gleiches gilt für die Pacht (§ 581 BGB). Der Anspruch auf Entschädigung bei verspäteter Rückgabe der Mietsache nach Beendigung des Mietverhältnisses (§ 546a Abs. 1 BGB) tritt an die Stelle der Miete[589]; als Nutzungsentgelt für die Abwicklungsphase ist auch er mit der „Miete" bezeichnet, sonach von der Mietpfändung erfasst[590]. Das gesetzliche Pfandrecht des Vermieters (Verpächters) (§§ 562 ff., 581 BGB) wird als Nebenrecht von einer Miet(Pacht-)pfändung erfasst, kann also auch vom Gläubiger geltend gemacht werden[591].

---

587 Siehe Rdn. A.35 den Fall, dass einer der wahlweise geschuldeten Ansprüche unpfändbar ist.
588 Bundesfernstraßen-Mautgesetz (BFStrMG) vom 12.7.2011 (BGBl I 1378).
589 BGHZ 104, 285 (290) = NJW 1988, 2665 (2666) m.w.N.
590 Siehe BGHZ 140, 175 (180) = NJW 1999, 715 (716) dazu, dass die nicht eingeschränkte Sicherungszession von Miete an eine Bank insbesondere auch etwaige Ansprüche auf Nutzungsentgelt nach § 557 Abs. 1 S. 1 BGB (a.F.) mit erfasst.
591 Siehe Bosch, KKZ 1953, 159 und Rdn. B.364.

Die **Zweckbestimmung** der Grundstücksmiete oder Pacht für die Bestreitung der Grundstückskosten gewährleistet § 851b ZPO (siehe Rdn. A.356). In weiterem Umfange sind Miete und Pacht nicht aus dem Gesichtspunkt der Zweckgebundenheit unpfändbar. Als zweckgebundene Leistungen nicht pfändbar sind aber umgelegte und deshalb als Mietnebenkosten gesondert ausgeworfene Bewirtschaftungskosten[592], insbesondere Beträge für Grundsteuer, Sammelheizung, Fahrstuhlunterhaltung, Hausmeistervergütung, Treppenhausreinigung, Wassergeld usw. Solche Leistungen werden daher von einer „Miet"-Pfändung nicht erfasst. Erstreckt sich jedoch der Pfändungsbeschluss seinem Wortlaut nach ausdrücklich auch auf diese Ansprüche, so kann insoweit seine Aufhebung verlangt werden (siehe dazu Rdn. B.420). Ein Erstattungsanspruch, der sich bei Abrechnung für den Vermieter ergibt, sollte ebenso nicht pfändbar sein. **A.323**

Wird bei mehreren **Mietparteien** eines Anwesens gepfändet, dann erfasst die Pfändung bei allen die fälligen (und ggfs. die künftig fällig werdenden) Mietraten. Da in der Pfändung mehrerer Mieten keine Überpfändung liegt[593], kann eine Verteilung der Vollstreckungsforderung des Gläubigers auf die einzelnen Mieter nicht gefordert werden[594]. **A.324**

Auch ist die Angabe der Fälligkeitszeiten im Pfändungsbeschluss nicht notwendig[595].

Mitunter wird noch immer angenommen, dass sich die Pfändung einer Mietforderung auch ohne ausdrückliche Anordnung im Pfändungsbeschluss nicht nur auf die bereits fälligen, sondern nach § 832 ZPO auch auf die erst **nach der Pfändung fällig werdenden** Beträge erstreckt[596]. Das erscheint bedenklich. Dass es sich bei Miete nach der Verkehrsanschauung um „ähnliche" in fortlaufenden Bezügen bestehende Forderungen handelt, kann die Anwendung des § 832 ZPO nicht rechtfertigen, weil damit die Erfordernisse der Zweckbestimmung und persönlichen Dienstleistung noch nicht erfüllt sind[597]. Man wird daher nur sagen können, dass bei verständiger Würdigung des Wortlauts die sinnforschende Auslegung des Pfändungsbeschlusses (siehe dazu Rdn. B.102) immer zu der Annahme führen muss, die Pfändung der Miete soll sich verkehrsüblich nicht nur auf schon fällige Beträge, sondern auch auf die künftigen Leistungen erstrecken[598]. Diese Auslegung des Pfändungsbeschlusses rechtfertigt sich, weil Rückstände meist nicht bestehen, Aussicht auf Befriedigung also nur die künftigen Leistungen des Mieters bieten können. Daher wird man jedenfalls bei Pfändung von Miete und Pacht eines Nieß- **A.325**

---

592 OLG Celle, NJW-RR 2000, 460; LG Frankfurt, Rpfleger 1989, 294; zur Pfändbarkeit für den Verwendungszweck s. Rdn. A.16.
593 Zur Frage der Überpfändung in diesem Fall siehe Rdn. B.429.
594 Voelkner, JW 1935, 258; **a.A.** z.B. LG Berlin, JW 1934, 1869; dagegen aber LG Berlin, JW 1937, 1443.
595 RGZ 160, 37 (40).
596 Musielak/Becker, ZPO, § 832 Rdn. 2; Stein/Jonas/Würdinger, ZPO, § 832 Rdn. 4; Thomas/Putzo/Seiler, ZPO, § 832 Rdn. 1; Wieczorek/Schütze/Lüke, ZPO, § 832 Rdn. 9; Schuschke/Walker, § 832 Rdn. 3; Voelkner, JW 1935, 258; KG JW 1935, 1043; Bosch, KKZ 1953, 158; ferner, aber nur für Pfändung des Mietanspruchs eines Nießbrauchers, OLG Jena, OLG 7, 310; **a.A.** KG, OLG 20, 356.
597 Siehe Rdn. C.120 und die dort genannte RG-Entscheidung RGZ 138, 252.
598 So auch Zöller/Herget, ZPO, § 829 Rdn. 33 „Miete".

brauchers die Nennung der künftig fällig werdenden Leistungen im Pfändungsbeschluss für überflüssig halten können[599]. In allen sonstigen Fällen der Mietpfändung empfiehlt es sich aber, die Mitpfändung der künftigen Mietansprüche im Pfändungsbeschluss ausdrücklich auszusprechen.

Wegen der sogenannten Dauerpfändung in Mieten siehe Rdn. B.354.

Zur künftigen „Grundstücks“miete bei Insolvenzverfahren über das Schuldnervermögen siehe Rdn. B.182.

A.326 Die Pfändung der **künftig fällig werdenden** Miete kann zeitlich beschränkt, insbesondere auf die fällig werdenden Leistungen begrenzt werden, die den Betrag der Vollstreckungsforderung decken (z.B. bei 600 Euro Vollstreckungsforderung Pfändung im Dezember der Monatsmieten Januar bis Juni zu je 100 Euro). Zu empfehlen ist eine solche Beschränkung der Pfändung nicht, weil dem Gläubiger bei teilweiser Uneinbringlichkeit der Forderung (Minderung der Miete, Freigabe der Miete für einen Fälligkeitstermin zur Abwendung eines Vollstreckungsschutzes nach § 851b ZPO) an den später fällig werdenden Mietzahlungen kein Pfändungspfandrecht mehr zusteht. Wenn der Gläubiger sonach später fällig werdende Miete gleichwohl zu seiner Befriedigung benötigt, muss er daher diese neu pfänden; die neue Pfändung geht dann zwischenzeitlichen Abtretungen nach und hat Rang nach Gläubigern, die inzwischen diese später fällig werdenden Mietbeträge bereits gepfändet haben.

A.327 Wird die Pfändung nicht in solcher Weise begrenzt, so erfasst sie bei Mitpfändung der künftigen Mietforderungen alle künftigen Mietzinsraten, bis der Gläubiger tatsächlich befriedigt ist. Die Pfändung beschränkt sich nicht auf die Einzelleistungen, mit deren Fälligkeit rechnerisch der Gesamtbetrag der Vollstreckungsforderungen gedeckt wäre[600]. Bei Minderung der Miete, Freistellung einzelner Mietfälligkeiten im Wege des Vollstreckungsschutzes nach § 851b ZPO, Freigabe einzelner Raten durch den Gläubiger usw. erstreckt sich vielmehr das Pfand- und Einziehungsrecht des Gläubigers ohne weiteres bereits auf alle bis zu seiner vollen Befriedigung anfallenden weiteren künftigen Mietzahlungen. In dieser Pfändung aller künftig fällig werdenden Mietzahlungen liegt keine Überpfändung[601], weil die Summe der Nennbeträge der Mietraten noch nichts über deren Einbringlichkeit aussagt (siehe Rdn. B.427).

A.328 An Stelle des Vermieters (Schuldners) tritt mit Veräußerung des vermieteten (und dem Mieter überlassenen) Wohnraums (§ 566 BGB) oder Grundstücks (auch anderer Räume, § 578 BGB) der **Erwerber** in die sich während der Dauer seines Eigentums aus dem Mietverhältnis ergebenden Rechte ein. Eine Mietforderung des

---

599 OLG Jena (Fn. 596); KG (Fn. 596).

600 So aber Bosch (Fn. 596), der bloß so viele Einzelmietzinsansprüche für gepfändet hält, wie in ihrer Gesamtheit zur Deckung der Vollstreckungsforderung genügen würden (siehe auch den vorstehenden Absatz). Dabei geht Bosch davon aus, dass bei Vollstreckungsschutz für einzelne Fälligkeiten (wegen deren damit festgelegter Unpfändbarkeit), nicht aber bei Minderung durch freiwillige Freigabe des Gläubigers, der Pfändungsbeschluss sich automatisch auf entsprechende später fällig werdende Raten erstreckt.

601 Auch als Überpfändung wäre der Zugriff auf spätere Mietraten bis zur Aufhebung nach Erinnerung voll wirksam; siehe Rdn. B.428.

Schuldners (Abgrenzung § 566b BGB) besteht dann nicht mehr. Die Pfändung auch der künftig fällig werdenden Mietansprüche verliert damit ihre Wirksamkeit; sie setzt sich nicht an dem Mietanspruch des Erwerbers fort, gegen den Zwangsvollstreckung als Dritter nicht erfolgt ist.

Eine **künftige** Mietforderung gegen einen Drittschuldner, dem die Mietsache noch nicht überlassen ist, kann nur gepfändet werden, wenn zwischen ihm und dem Schuldner schon ein Vertragsverhältnis besteht. Künftige Mietforderungen aus dem Vermieten einer noch nicht oder noch anderweit vermieteten Sache sind als reine Erwartungen unpfändbar (siehe Rdn. A.31). **A.329**

Die Wirkungen der Pfändung der Miete für **Wohnraum** zur **gewerblichen Weitervermietung,** den der Zwischen(ver)mieter (Drittschuldner) dem Vermieter (Schuldner) schuldet, enden mit Beendigung des Mietverhältnisses. Der Eintritt des Vermieters (Schuldners) in die Rechte und Pflichten aus dem Mietverhältnis zwischen dem Zwischen(ver)mieter (Drittschuldner) und dem Dritten (Endmieter, § 565 Abs. 1 S. 1 BGB) bewirkt keine Beschlagnahme der vom Dritten (Endmieter) nun dem Schuldner als Vermieter geschuldeten Miete (kein Zahlungsverbot an den Dritten). Als künftige Forderung kann bereits vor Eintritt des Schuldners dessen Mietanspruch an den Dritten als Mieter gepfändet werden. **A.330**

Eine Pfändung der Miete für Wohnraum zur gewerblichen Weitervermietung des Zwischen(ver)mieters als Schuldner an den Dritten (Endmieter) verliert gleichfalls mit Beendigung des Mietverhältnisses seine Wirksamkeit, weil mit Vertragseintritt des Vermieters kraft Gesetzes (§ 565 Abs. 1 S. 1 BGB) ein Anspruch des Zwischen(ver)mieters auf Mietzahlung nicht mehr besteht. **A.331**

Schließt der Vermieter erneut einen Mietvertrag zum Zwecke der gewerblichen Weitervermietung ab (§ 565 Abs. 1 S. 2 BGB), so erstreckt sich **A.332**

- die frühere Pfändung des Mietzinsanspruchs des Vermieters als Schuldner nicht auf den Mietzinsanspruch, der vom neuen Zwischen(ver)mieter dem Vermieter geschuldet wird (kein Zahlungsverbot an den neuen Zwischen[ver]mieter),
- und ebenso die frühere Pfändung des Mietzinsanspruchs des Zwischen(ver)mieters als Schuldner an den Dritten (Endmieter) nicht auf die nach Vertragseintritt dem neuen Mieter geschuldete Miete (ein Anspruch des Schuldners auf Mietzahlung besteht dann nicht mehr).

Abgrenzung der Berechtigung des Mieters, des Zwischen(ver)mieters und des neuen Mieters auf den vom Dritten (Endmieter) geschuldeten Mietzins bei Eintritt in das Mietverhältnis: § 565 Abs. 2 mit §§ 566a–566e BGB. **A.333**

Formulierungsvorschlag: **A.334**

Gepfändet wird (ggfs. wegen des dinglichen Anspruchs des Gläubigers) die angebliche Forderung des Schuldners an … – Drittschuldner – auf Zahlung der fälligen und künftig fällig werdenden Miete aus der Vermietung der Wohnung im 4. Stock rechts des Anwesens … straße Nr. …

7.49.2. Beschlagnahme eines Grundstücks und Miet- oder Pachtpfändung

A.335 Forderungen aus Vermietung oder Verpachtung eines Grundstücks unterliegen der hypothekarischen Haftung (§ 1123 BGB) und daher auch der Zwangsvollstreckung in das **unbewegliche Vermögen** (§ 865 Abs. 1 ZPO). Solange sie jedoch nicht im Wege der Zwangsvollstreckung in das unbewegliche Vermögen (Zwangsverwaltung) beschlagnahmt sind, können sie als Geldforderungen und auch von persönlichen Gläubigern des Vermieters gepfändet werden (§ 865 Abs. 2 ZPO).

A.336 Dieser Pfändbarkeit steht eine Zwangsversteigerungsbeschlagnahme nicht entgegen[602], weil sie Miete und Pacht nicht erfasst (§ 21 Abs. 1 ZVG). Vom Zuschlag an (Teilung nach § 103 BGB) gebühren jedoch dem Ersteher die Grundstücksnutzungen (§ 56 S. 2 ZVG). Weil daher eine Miet- oder Pachtforderung des Schuldners nach dem Zuschlag nicht mehr besteht, verliert eine Pfändung mit Wirksamwerden des Zuschlags ihre Wirkung. Wenn der Zuschlag im Beschwerdeweg aufgehoben wird (§ 90 Abs. 1 ZVG), bestehen die Pfändungswirkungen fort.

A.337 Die eine Mietpfändung ausschließende Immobiliarbeschlagnahme wird mithin nur durch Anordnung einer **Zwangsverwaltung** (§§ 146, 148 Abs. 1 ZVG) bewirkt. Wirksam wird diese Beschlagnahme mit der Zustellung des Anordnungsbeschlusses an den Grundstückseigentümer, dem Eingang des Eintragungsersuchens beim Grundbuchamt oder der Erlangung des Besitzes durch den Zwangsverwalter (§ 22 Abs. 1, § 151 Abs. 1 ZVG).

A.338 **Nach dieser Beschlagnahme** können als Forderungen nur noch die von der hypothekarischen Haftung freigestellten, das sind die länger als ein Jahr seit der Beschlagnahme fälligen Rückstände gepfändet werden (§ 1123 Abs. 2 BGB, § 865 Abs. 1 ZPO). Jede weitergehende Miet- oder Pachtpfändung verbietet sich; unzulässig ist damit auch die Miet- oder Pachtpfändung wegen eines dinglichen Anspruchs[603] (Rdn. A.341). Eine gleichwohl ausgebrachte Pfändung ist unzulässig und absolut nichtig (wirkungslos[604]), und zwar auch bei Vorpfändung noch vor der Beschlagnahme[605]. Auch bedingt für den Fall der Wiederaufhebung der Beschlagnahme ist die Miet- oder Pachtpfändung nicht zulässig[606].

A.339 Eine **vor der Immobiliarvollstreckung** ausgebrachte Miet- oder Pachtpfändung hat Wirkung nur für die Zeit bis zur Beschlagnahme. Diese Pfändungswirkungen erstrecken sich, gleichgültig, ob im Voraus oder im Nachhinein gezahlt wird, nur noch auf die Miete und Pacht, die für den zur Zeit der Beschlagnahme laufenden Monat zu zahlen ist, und bei Beschlagnahme erst nach dem fünfzehnten des Monats auch noch auf die Miete und Pacht für den folgenden Kalendermonat (§ 1124 Abs. 2 BGB). Auch ein die Zwangsverwaltung betreibender Hypothekengläubiger kann dieser Wirksamkeit der Pfändung nicht widersprechen[607]. Miete oder Pacht für eine spätere Zeit werden nach der Immobiliarbeschlagnahme von

---

602 OLG Saarbrücken, Rpfleger 1993, 80.
603 OLG Saarbrücken (Fn. 602).
604 RGZ 59, 87 (91); RGZ 135, 197 (206).
605 RGZ 59, 87 (92); Schachtel, Gruchot 72, 170.
606 OLG Hamburg, OLGE 26, 408.
607 OLG Dresden, OLGE 10, 122; LG Braunschweig, ZIP 1996, 193.

der Forderungspfändung frei; sie gebühren dem Zwangsverwalter für die Zwecke des vorrangigen Immobiliarvollstreckungsverfahrens[608] und werden nach Maßgabe der §§ 155 ff. ZVG verteilt. Die Mietpfändung wird jedoch nicht völlig gegenstandslos; sie ruht vielmehr nur für die Dauer des Zwangsverwaltungsverfahrens und erlangt daher mit dem Wegfall der Beschlagnahme wieder volle Wirksamkeit[609]. Wirksam bleibt eine nach dem Mietvertrag vor Beschlagnahme geleistete Mietvorauszahlung in einem Einmalbetrag, die nicht auf der Grundlage periodischer Zeitabschnitte (etwa Monate oder Jahre) bemessen ist[610]. Kann bei einem Mietvertrag mit fester Laufzeit ohne weiteres eine Umrechnung des geschuldeten Einmalbetrags auf periodische – regelmäßig monatliche – Zeitabschnitte erfolgen, so ist die Vorausverfügung den Hypothekengläubigern gegenüber insoweit unwirksam, als sie sich auf die (fiktive) anteilige Miete für eine spätere Zeit als den zur Zeit der Beschlagnahme laufenden Kalendermonat (beziehungsweise bei Beschlagnahme nach dem fünfzehnten Tage des Monats für eine spätere Zeit als den ersten Monat nach der Beschlagnahme) bezieht[611].

Diese Rdn. A.238, A.239 dargestellten Wirkungen kommen auch der auf Antrag eines **persönlichen** Gläubigers angeordneten Zwangsverwaltung zu[612], und zwar als der stärkeren Beschlagnahme auch gegenüber einer früheren Mietpfändung durch einen Hypothekengläubiger wegen seines dinglichen Anspruchs[613]. **A.340**

Eine **Beschlagnahme** mit den sich aus §§ 1123, 1124 BGB ergebenden Wirkungen (die somit auch Unwirksamkeit vorausgehender Abtretungen nach § 1124 Abs. 2 BGB zur Folge hat[614]) liegt auch in der **Miet- oder Pachtpfändung**, die ein Hypotheken- oder Grundschuldgläubiger **auf Grund dinglichen Titels**[615] erwirkt[616]. Das hat auch zur Folge, dass im Rahmen der durch §§ 1123, 1124 BGB gesetzten Grenzen (siehe Rdn. A.238, A.239) der dinglich pfändende Gläubiger Anspruch auf die Miete und Pacht vor einem persönlichen Gläubiger mit besserem Pfändungsrang (§ 804 Abs. 3 ZPO) hat. Beschlagnahmen mehrere dingliche Gläubiger durch Mietpfändung, so bestimmt sich ihr Rangverhältnis nicht nach der Reihenfolge des Wirksamwerdens der Pfändungen, sondern nach dem unter ihnen bestehenden Rangverhältnis (§§ 879 ff. BGB). Der später pfändende besserrangige **A.341**

---

608 Siehe OLG Celle, JR 1955, 267 = NdsRpfl. 1956, 16; LG Braunschweig (Fn. 607).
609 RGZ 64, 415 (420).
610 BGH, MDR 2007, 1186 = NJW 2007, 2919.
611 BGHZ 201, 91 = MDR 2014, 889 = NJW 2014, 2720 = Rpfleger 2014, 216.
612 RGZ JW 1933, 1658; OLG Hamburg, JW 1932, 193.
613 OLG Frankfurt, JW 1927, 861 mit Anm. Stillschweig.
614 Unwirksamkeit der Abtretung an einen bevorrechtigten Grundpfandrechtsgläubiger auch bei Beschlagnahme durch einen nachrangigen Grundpfandrechtsgläubiger: BGH, JurBüro 2008, 380 (381) = MDR 2008, 768 = NJW 2008, 1599 (1600) = Rpfleger 2008, 429.
615 Dazu, dass Grundlage der Miet- oder Pachtpfändung ein dinglicher Titel sein kann, OLG Saarbrücken (Fn. 602). Die Pfändung aus einem persönlichen Titel begründet keine Beschlagnahmewirkung, auch wenn der Gläubiger zuvor die Eintragung einer Zwangshypothek bewirkt hat, BGH (Fn. 614).
616 BGHZ 163, 201 (208) = MDR 2005, 1280 (1281) = NJW-RR 2005, 1466 (1468) = Rpfleger 2005, 684 (686); BGH (Fn. 614); RGZ 81, 146; RGZ 86, 135 (138); RGZ 88, 99; RGZ 101, 5 (9); RGZ 103, 137; dazu auch Lauer, MDR 1984, 977.

dingliche Gläubiger hat also Pfändungsrang vor der älteren Beschlagnahme des schlechterrangigen Gläubigers[617].

A.342 Ein **Entgelt**, das für die Bestellung und Ausübung (Belassung) eines Grundstücksrechts (einer beschränkten persönlichen Dienstbarkeit, insbes. eines Wohnungsrechts oder Nießbrauchs) nach dem schuldrechtlichen Verpflichtungsgeschäft geschuldet wird, steht einer Miet- oder Pachtforderung nicht gleich[618]. Es ist als Geldforderung pfändbar (§ 829 ZPO). Der hypothekarischen Haftung (§§ 1123, 1124 BGB) unterliegt es nicht; es unterliegt daher auch nicht der Zwangsvollstreckung in das unbewegliche Vermögen (§ 865 Abs. 1 ZPO). Die Anordnung einer Zwangsverwaltung bewirkt daher auch nicht Beschlagnahme dieses Entgelts[619].

7.49.3. Mietpfändung und Nießbrauch

A.343 Miet- und Pachtforderungen des mit einem **Nießbrauch** (§§ 1030 ff. BGB) belasteten Grundstücks gehören nicht mehr dem Grundstückseigentümer, sondern dem Nießbraucher[620]. Nur seine Gläubiger können daher durch Pfändung des Nießbrauchs oder der dem Nießbraucher zufallenden Nutzungen Vollstreckungszugriff auf die Miet- oder Pachtforderungen nehmen (siehe Rdn. E.308 ff.). Gläubiger des Grundstückseigentümers sind von der Vollstreckung in die Miete oder Pacht ausgeschlossen (Ausnahme siehe Rdn. A.345), weil diese Forderungen aus seinem Vermögen mit der Bestellung des Nießbrauchs ausgeschieden sind. Pfändet gleichwohl ein Gläubiger des Grundstückseigentümers solche Miet- oder Pachtforderungen, so kann der Nießbraucher nach § 771 ZPO widersprechen. Ein Mieter, der an einen solchen Pfändungsgläubiger zahlt, leistet nicht an den richtigen Berechtigten, bringt seine Schuld mithin nicht zum Erlöschen.

A.344 Auch für die dem Nießbraucher im Range nachfolgenden Hypothekengläubiger gilt das soeben Gesagte, weil eine erst nach Eintragung des Nießbrauchs erworbene Hypothek den aus dem Vorhandensein des Nießbrauchs folgenden Beschränkungen unterworfen ist[621].

A.345 Die Miet- und Pachtforderungen haften jedoch dem dem Nießbraucher im Range **vorgehenden Hypothekengläubiger** nach §§ 1123, 1124 BGB. Er ist daher gegen den Nießbraucher zur Beschlagnahme der Miet- oder Pachtforderungen auf Grund dinglichen Titels befugt (siehe Rdn. A.341)[622]. Auch für ihn verbietet sich aber die Mietpfändung wegen seines persönlichen Anspruchs, weil er mit der per-

---

617 RGZ 103, 137; RG, WarnRspr. 1915 Nr. 117; KG, OLG 26, 143; auch Lauer (Fn. 616).

618 Daher geht auch eine Gegenleistung für Bestellung eines Wohnungsrechts bei Veräußerung des Grundstücks nicht kraft Gesetzes (§§ 566, 578 BGB) auf den Grundstückserwerber über; BGH, WM 1965, 649; BGH, BB 1968, 767; Schöner/Stöber, Grundbuchrecht, Rdn. 1283.

619 OLG München, Rpfleger 1991, 331; Stöber/Drasdo, ZVG, § 146 Rdn. 84; **a.A.** Puff, Rpfleger 1991, 331.

620 RGZ 93, 121 (123 f); RGZ 68, 10 (13).

621 Staudinger/Wolfsteiner, BGB, § 1124 Rdn. 11.

622 RGZ 93, 121. Wegen des Falles, dass der nacheingetragene Nießbrauch zur Sicherung einer älteren Hypothek bestellt worden ist, siehe RGZ 101, 5.

sönlichen Forderung im Range nachgeht; insoweit gilt daher das Rdn. A.343 Gesagte.

Die zulässige dingliche Beschlagnahme zugunsten des vorrangigen Hypothekengläubigers erfordert außer dem dinglichen Schuldtitel gegen den Hypothekenschuldner (Grundstückseigentümer) einen zugestellten Duldungstitel gegen den Nießbraucher[623] (§§ 750, 737 ZPO) und eine gegen diesen (nicht den Eigentümer) gerichtete Pfändung[624]. Da die pfändbare Miet- oder Pachtforderung nicht mehr dem Eigentümer des Grundstücks, sondern dem Nießbraucher gehört, muss sie auch im Pfändungsbeschluss als solche des Nießbrauchers bezeichnet werden[625]. Eine falsche Bezeichnung wird aber für unschädlich erachtet, weil die Identität der Forderung nicht in Frage steht. Pfändet der vorrangige Hypothekengläubiger gleichwohl auf Grund eines nur gegen den Eigentümer gerichteten Titels und ohne Duldungstitel gegen den Nießbraucher, so kann diese Pfändung vom Nießbraucher mit Widerspruchsklage (§ 771 ZPO) nicht angefochten werden[626]. A.346

Dass der **dingliche Nießbraucher** selbst auf Grund eines gegen den Grundstückseigentümer als Schuldner erwirkten Vollstreckungstitels die Mieten pfändet, die ihm schon auf Grund seines Nießbrauchs zustehen, ist nicht ausgeschlossen[627]. A.347

7.49.4. Miet- und Pachtpfändung wegen öffentlicher Lasten

Öffentliche Lasten eines Grundstücks genießen in der Immobiliarvollstreckung ein Recht auf vorrangige Befriedigung in Rangklasse 3 des § 10 Abs. 1 ZVG. Dieses bevorzugte Befriedigungsrecht ist durch Gesetz[628] in engen Grenzen ausdrücklich auch auf die Vollstreckung in Miet- und Pachtzinsen ausgedehnt. A.348

Das Gesetz lautet:

(1) Die öffentlichen Lasten eines Grundstücks, die in wiederkehrenden Leistungen bestehen, erstrecken sich nach Maßgabe der folgenden Bestimmungen auf die Miet- und Pachtforderungen.

(2) Werden Miet- oder Pachtforderungen wegen des zuletzt fällig gewordenen Teilbetrages der öffentlichen Last gepfändet, so wird die Pfändung durch eine später von einem Hypotheken- oder Grundschuldgläubiger bewirkte Pfändung nicht berührt. Werden die wiederkehrenden Leistungen in monatlichen Beträgen fällig, so gilt dieses Vorrecht auch für den vorletzten Teilbetrag.

(3) Ist vor der Pfändung die Miete oder Pacht eingezogen oder in anderer Weise über sie verfügt, so bleibt die Verfügung gegenüber dem aus der öffentlichen Last Berechtigten, soweit seine Pfändung das Vorrecht des Absatzes 2 genießt, nur für den zur Zeit der

---

623 RGZ 93, 121 (124); auch (für Duldungstitel gegen den nachrangig eingetragenen Nießbraucher zur Anordnung der Zwangsverwaltung) BGH, DNotZ 2003, 703 = MDR 2003, 773 = NJW 2003, 2164 = Rpfleger 2003, 378, 523 Leits. mit Anm. Alff. Der Titel kann ohne Schwierigkeiten nach § 727 ZPO beschafft werden.

624 RG (Fn. 623); Staudinger/Heinze, BGB, § 1030 Vorbem. 95.

625 RG (Fn. 623).

626 RGZ 81, 146; Staudinger/Heinze, BGB, § 1030 Vorbem. 96.

627 RGZ 86, 135; RGZ 64, 415; BGB-RGRK/Mattern, § 1124 Rdn. 16.

628 Gesetz über die Pfändung von Miet- und Pachtforderungen wegen Ansprüchen aus öffentlichen Grundstückslasten vom 9.3.1934 (RGBl I 181); siehe dazu auch die in DJ 1934, 338 abgedruckte Begründung.

Pfändung laufenden Kalendermonat und, wenn die Pfändung nach dem fünfzehnten Tage des Monats bewirkt ist, auch für den folgenden Kalendermonat wirksam.

A.349 Der **Begriff „öffentliche Last des Grundstücks“** ist in diesem Gesetz oder in anderen Bestimmungen (insbesondere im ZVG) nicht festgelegt. Ihr Entstehen richtet sich nach öffentlichem Recht. Sie ist eine im öffentlichen Recht (des Bundes oder eines Bundeslandes) kraft Gesetzes oder Satzung geschaffene Abgabeverpflichtung, die in Geld durch wiederkehrende (oder einmalige) Leistungen zu erfüllen ist und bei der die dingliche Haftung des Grundstücks besteht[629]. Ohne Bedeutung ist, ob die öffentliche Grundstückslast durch Gesetz als solche ausdrücklich bezeichnet oder durch die rechtliche Gestaltung und Beziehung zum Grundstück als solche zu werten ist[630]. Als wiederkehrende öffentliche Lasten, die den Vorzug bei der Mietpfändung genießen, kommen insbesondere in Betracht die Grundsteuer, der verrentete (nicht aber der einmalige) Erschließungsbeitrag[631] (samt Zinsen, § 135 Abs. 3 S. 4 BauGB) und fortlaufende Kommunalabgaben. Steuern, die für ein im Grundstück betriebenes Unternehmen geschuldet werden, gehören nicht zu den öffentlichen Lasten, insbesondere also nicht die sogenannten Betriebssteuern (Gewerbe-, Umsatz-, Verbrauch-, Tabaksteuer, Steuerabzüge vom Arbeitslohn, Kapitalertragssteuer, Versicherungs- und Beförderungssteuer).

A.350 Bei **Ablösung** von Ansprüchen der öffentlichen Last (§ 268 BGB) geht auch der Pfändungsvorrang auf den neuen Gläubiger über[632]. Der Neugläubiger kann jedoch die Mietpfändung nur auf Grund eines privatrechtlichen Duldungstitels betreiben[633]. Das Pfändungsvorrecht geht aber unter, wenn Ansprüche aus der öffentlichen Last abgetreten werden[634].

A.351 Von den **wiederkehrenden Leistungen** der öffentlichen Last schützt das Gesetz vom 9.3.1934 nur den vor der Pfändung zuletzt fällig gewordenen Teilbetrag. Bei monatlicher Fälligkeit genießt auch der vorletzte Teilbetrag noch das Pfändungsvorrecht. Eine öffentliche Last, die in einer einmaligen Geldleistung besteht (z.B. Kanalanschlussgebühr), genießt somit kein Pfändungsvorrecht.

A.352 Das **Pfändungsvorrecht** steht der öffentlichen Last nur zu, wenn sich die gesetzlichen Voraussetzungen mit der für einen staatlichen Hoheitsakt notwendigen Klarheit (siehe Rdn. B.77) aus dem Pfändungsbeschluss ergeben. Der Beschluss muss also die Forderung des Gläubigers als öffentliche Last und ihren Fälligkeitszeitpunkt ausweisen. Angaben über die aus dem Gesetz vom 9.3.1934 sich ergebenden Rechtsfolgen braucht er nicht zu enthalten. Ein Hinweis auf diese wenig bekannte Rechtslage ist aber zulässig und im Interesse aller Beteiligten zu empfehlen.

---

629 BGH, MDR 1981, 1002 = NJW 1981, 2127 = Rpfleger 1981, 349; Fischer, NJW 1955, 1584 (1586); dazu näher Stöber, Handbuch zum ZVG, Rdn. 73–74c; Stöber/Achenbach, ZVG, § 10 Rdn. 48.

630 BGH (Fn. 629).

631 Hierzu Huken, KKZ 1990, 34.

632 Siehe RGZ 135, 25; RGZ 146, 317 (321); Waldmann, DJ 1942, 404; Fischer, NJW 1955, 1585.

633 Fischer, NJW 1955, 1585.

634 Fischer, NJW 1955, 1586; Waldmann, DJ 1942, 406.

Der Schutz der bevorrechtigten Raten der öffentlichen Last bei Mietpfändung besteht darin, dass ihnen gegenüber ein dinglich pfändender Gläubiger den Anspruch aus §§ 1123, 1124 BGB auf die Miet- oder Pachtforderungen (siehe Rdn. A.337, A.338) ohne Rücksicht auf deren Fälligkeitszeiten nicht erheben kann. Trotz Beschlagnahme der Miete oder Pacht bleibt es daher bei dem durch das Wirksamwerden der Pfändungen bestimmten Pfändungsrang. Für die älteren Raten der öffentlichen Last treten jedoch die aus §§ 1123, 1124 BGB sich ergebenden Folgen ein. A.353

Eine **vor Pfändung** wegen bevorrechtigter wiederkehrender Leistungen aus einer öffentlichen Last über die Miete oder Pacht **getroffene Verfügung** muss der Gläubiger nur in den gleichen Grenzen wie jeder Beschlagnahmegläubiger gegen sich gelten lassen (Abs. 3 des Gesetzes vom 9.3.1934 und §§ 1123, 1124 BGB). Zu den unwirksamen Verfügungen gehören auch die Verfügungen im Wege der Zwangsvollstreckung. Zeitlich frühere Pfändungen verlieren also gegenüber den bevorzugten Raten der öffentlichen Last ihre Wirksamkeit. Das gilt selbst für Pfändungen, die von Hypothekengläubigern usw. auf Grund dinglichen Titels bewirkt werden, weil auch solche Vollstreckungsansprüche Rang nach der öffentlichen Last haben (siehe § 10 Abs. 1 Nrn. 3 und 4 ZVG). A.354

Werden Forderungen aus Vermietung oder Verpachtung der Immobiliarvollstreckung unterworfen, so enden auch die Wirkungen der für eine öffentliche Last ausgebrachten Pfändung (siehe Rdn. A.339). A.355

7.49.5. Vollstreckungsschutz bei Miete oder Pacht (§ 851b ZPO)

Die Miete und die Pacht eines Grundstücks (Wohnungseigentums, Erbbaurechts, Dauerwohnrechts, Gebäudeeigentums)[635] sind in erster Linie für dessen Erhaltung und die Befriedigung der auf ihm ruhenden Lasten bestimmt. Dieser Zweckbindung der Grundstücksnutzung trägt § 851b ZPO Rechnung. Die Vorschrift ermöglicht auf Antrag die Beschränkung der Zwangsvollstreckung in die Miete oder Pacht (gilt aber nicht für Untermiete[636]) und die aus Miet- oder Pachtzahlungen herrührenden Barmittel oder Guthaben[637] auf den nach den gesamten wirtschaftlichen Verhältnissen des Schuldners für die laufende Grundstücksunterhaltung nicht notwendigen Überschuss. Dieser Schutz steht nicht nur dem Grundstückseigentümer (Wohnungseigentümer usw.) persönlich zu (diesem auch, wenn A.356

---

635 Nicht aber nur vorübergehend mit Grund und Boden verbundene Gebäude (§ 95 BGB) oder bewegliche Sachen (z.B. Wohnwagen).

636 OLG Hamm, NJW 1957, 68; LG Berlin, NJW 1956, 309 (310); John, MDR 1954, 724; Noack, ZMR 1973, 290 (mit Einschränkung, dass § 851b ZPO gilt, wenn zwischen Untermieter, Mieter und Vermieter ausdrücklich vereinbart ist, dass die Untermietforderung unmittelbar in der Person des Vermieters entsteht und diesem zufließen soll); Stein/Jonas/Würdinger, ZPO, § 851b Rdn. 3; Musielak/Becker, ZPO, § 851b Rdn. 2 (je mit Einschränkung); Zöller/Herget, ZPO, § 851b Rdn. 2; Schuschke/Walker/Kessal-Wulf/Lorenz, Vollstreckung, § 851b Rdn. 1; **a.A.** OLG München, MDR 1957, 103.

637 Zur Frage, wann ein Guthaben aus einer Miet- oder Pachtzahlung herrührt, siehe OLG Oldenburg, DB 1956, 940 = MDR 1956, 614.

er als Miteigentümer die Teilungsversteigerung betreibt[638]), sondern auch anderen Schuldnern, die die Grundstückslasten treffen, so insbesondere dem Nießbraucher oder Pächter, gegen den vollstreckt wird. Auch Hypothekengläubigern gegenüber, die wegen ihrer dinglichen Ansprüche in die Grundstückserträgnisse vollstrecken, findet die Schutzbestimmung Anwendung, weil diese Gläubiger durch Mietbeschlagnahme nicht besser als in einer Zwangsverwaltung gestellt sein können (siehe hierwegen § 155 ZVG). Der Nießbraucher kann nur bei Pfändung der ihm zustehenden Mietforderungen durch den Grundstückseigentümer den Schutz des § 851b ZPO nicht in Anspruch nehmen[639]. Der Schutz kann nur so lange in Anspruch genommen werden, wie der Schuldner als Eigentümer usw. die Aufwendungen zu tragen hat; der Schutz entfällt daher mit Grundstücksveräußerung[640].

A.357 **Freizustellen** von der Pfändung sind die Miet- oder Pachtanteile, die für den Schuldner zur laufenden Unterhaltung des Grundstücks, zur Vornahme notwendiger (auch künftig anstehender) Instandsetzungsarbeiten und zur Befriedigung solcher Ansprüche unentbehrlich sind, die nach § 10 ZVG Rang vor dem Anspruch des pfändenden Gläubigers haben. Kosten der Bewirtschaftung (laufenden Unterhaltung) sind alle Hausunkosten, insbesondere Versicherungsprämien für Feuer- und Haftpflichtversicherung, Strom- und Wassergeld, Straßenreinigung, Müllabfuhr- und Kanalbenützungsgebühren, Kosten für Sammelheizung, Fahrstuhlunterhaltung und Hausmeisterkosten (soweit nicht überhaupt unpfändbar, siehe Rdn. A.323).

A.358 **„Unentbehrlich"** sind Miete oder Pacht für die angeführten Zwecke, wenn dem Schuldner andere Mittel zur Bestreitung der Ausgaben nicht zur Verfügung stehen[641]. Durchwegs wird bei Prüfung dieser Voraussetzung des Schutzes ein strenger Maßstab anzulegen sein. Der Art der Gläubigerforderung und Belangen des Gläubigers kommt für Aufhebung der Pfändung keine Bedeutung zu.

A.359 Die laufende Grundstücksunterhaltung erfordert auch die Bezahlung rückständiger Handwerkerrechnungen, weil notwendige Instandsetzungsarbeiten häufig im Hinblick auf künftige Mieteingänge in Auftrag gegeben werden[642]. Jedoch müssen Rückstände, die der Schuldner in unwirtschaftlicher Weise hat anlaufen lassen, ausscheiden[643].

A.360 Mieten sind auch insoweit von der Pfändung freizustellen, als sie zur Befriedigung von Ansprüchen unentbehrlich sind, die bei einer Zwangsvollstreckung in das Grundstück dem Gläubiger vorgehen würden. Mit dieser Regelung soll verhindert werden, dass der Gläubiger zulasten der ihm vorgehenden Berechtigten eine raschere Befriedigung als in einer Zwangsverwaltung erhält und durch seine Miet-

---

638 OLG Köln, FamRZ 1991, 1215 = JurBüro 1991, 1402 = OLGZ 1992, 81 = Rpfleger 1991, 427.

639 OLG Hamburg, JurBüro 1960, 24.

640 KG, MDR 1969, 852 = NJW 1969, 1860 = OLGZ 1970, 46.

641 Herrschende Ansicht, siehe KG (Fn. 640); OLG Köln (Fn. 638); Zöller/Herget, ZPO, § 851b Rdn. 3; Musielak/Becker, ZPO, § 851b Rdn. 3; Schuschke/Walker/Kessal-Wulf/Lorenz, Vollstreckung, § 851b Rdn. 2; Noack, ZMR 1973, 290.

642 Siehe insbesondere Jonas/Pohle, Zwangsvollstreckungsnotrecht, § 851b ZPO Anm. 3a (S. 147).

643 Jonas/Pohle (Fn. 642); Stein/Jonas/Würdinger, ZPO, § 851b Rdn. 5.

pfändung die besserrangigen Berechtigten zu der vermeidbaren Immobiliarvollstreckung zwingt.

Nach § 10 Abs. 1 mit § 155 Abs. 2 ZVG haben die Gläubiger folgende **Reihenfolge:**

1. Rang: bei Vollstreckung in ein Wohnungseigentum Hausgeldforderungen (wie in § 10 Abs. 1 Nr. 2 ZVG bezeichnet),

2. Rang: Ansprüche auf Entrichtung der öffentlichen Lasten des Grundstücks, soweit laufende[644] wiederkehrende Leistungen geschuldet sind,

3. Rang: Laufende wiederkehrende Leistungen aus Rechten am Grundstück (Rangverhältnis untereinander: § 879 BGB), also Zinsen, Zuschläge zur allmählichen Tilgung der Schuld, Verwaltungskosten und Rentenleistungen. Die Mietpfändung auf Antrag eines nachrangigen Hypothekengläubigers ist sonach zur Wegfertigung der Zinsen und Tilgungsbeträge einer vorrangigen Hypothek (Grundschuld, Rentenschuld) nach Maßgabe des § 851b ZPO aufzuheben. Für Ansprüche aus Grundpfandrechten, die erst nach der Pfändung bestellt wurden, kann die Aufhebung der Pfändung jedoch nicht erfolgen[645] (vergleichbar der in § 10 Abs. 1 Nr. 4 und 6 ZVG bezeichneten Unwirksamkeit gegenüber dem Gläubiger). Die Hauptsacheansprüche (§ 12 Nr. 3 ZVG) der Grundpfandrechte sind in der Zwangsverwaltung nicht vorrangig zu befriedigen (§ 155 Abs. 2 ZVG); Berücksichtigung finden sie nur bei Beschlagnahme (dann in Rangklasse 5). Zu den mit Miete und Pacht laufend wegzufertigenden Ansprüchen, die nach dem Zweck des § 851b Abs. 1 ZPO pfandfrei zu stellen sind, gehören sie daher nicht.

Zuständig ist (auch für die Aufhebung der Pfändung von Barmitteln) das Vollstreckungsgericht (§ 851b Abs. 1 ZPO). Örtliche Zuständigkeit: § 828 ZPO bei Zwangsvollstreckung in Forderungen (damit auch Guthaben), § 764 Abs. 2 ZPO bei Pfändung von Barmitteln durch den Gerichtsvollzieher. Das Verfahren ist dem Rechtspfleger übertragen (§ 20 Abs. 1 Nr. 17 RPflG). **A.361**

Der Antrag (kein Anwaltszwang, § 79 Abs. 1 ZPO) ist **ohne** sachliche **Prüfung zurückzuweisen**, wenn das Vollstreckungsgericht überzeugt ist, dass ihn der Schuldner in der Absicht der **Verschleppung** (um die Zwangsvollstreckung hinauszuzögern) oder aus grober Fahrlässigkeit (Außerachtlassung der erforderlichen Sorgfalt und Rücksicht auf den Gegner) nicht binnen zwei Wochen ab Wirksamwerden der Pfändung gestellt hat (Eingang bei Gericht; § 851b Abs. 2 ZPO). **A.362**

Zur **Begründung des Antrags** hat der Schuldner die für die Entscheidung wesentlichen Tatsachen glaubhaft zu machen (§ 851b Abs. 4 S. 2 mit § 294 ZPO). Der Gläubiger ist zu hören, soweit dies ohne erhebliche Verzögerung möglich ist (§ 851b Abs. 4 S. 1 ZPO). Eine einstweilige Anordnung nach § 732 Abs. 2 ZPO (entspr. Anwendung) kann vor der Entscheidung ergehen. **A.363**

Entschieden wird über den Antrag durch **Beschluss** (§ 764 Abs. 3 ZPO), der zu begründen ist und ohne mündliche Verhandlung ergehen kann. Es wird die Pfändung in Höhe eines festen oder fortlaufenden Betrags, der (bestimmt) zu bezeich- **A.364**

644 Keine Freistellung für (bis zu 2 Jahren) rückständige Beträge und für Hauptsachebeträge; **a.A.** – nicht zutreffend – Schuschke/Walker/Kessal-Wulf/Lorenz, Vollstreckung, § 851b Rdn. 4.
645 LG Berlin, Rpfleger 1990, 377.

nen ist, aufgehoben. Sind mehrere Mieten gepfändet, so wird regelmäßig ein Teil von ihnen ganz von der Zwangsvollstreckung auszunehmen sein. Der Beschluss ist nach § 329 Abs. 3 ZPO von Amts wegen zuzustellen, und zwar auch dem Drittschuldner; nur formlos mitgeteilt wird er dem Schuldner, wenn seinem Antrag voll entsprochen ist, dem Gläubiger bei Zurückweisung des Antrags. Wirksam wird die Aufhebung der Pfändung sofort; die Wirksamkeit des Beschlusses kann jedoch von seiner Rechtskraft abhängig gemacht werden (siehe hierwegen Rdn. B.408, B.409).

A.365 **Rechtsbehelf:** Sofortige Beschwerde (§ 793 ZPO); ihr kann der Rechtspfleger abhelfen. Rechtsbeschwerde: § 574 ZPO.

A.366 Mehrmalige Anordnung sowie Aufhebung und Abänderung: § 851b Abs. 3 ZPO. Nach Aufhebung einer Pfändung aus den Gründen des § 851b ZPO kann auf neuen Antrag erneut gepfändet werden, wenn geltend gemacht ist, dass mit Änderung der Verhältnisse die Voraussetzungen des gewährten Schutzes weggefallen sind. Die Neupfändung wird mit Zustellung des Pfändungsbeschlusses an den Drittschuldner wirksam.

A.367 Nach Beendigung der Zwangsvollstreckung (Zahlung der Forderung des Gläubigers aus den gepfändeten Mieten) kann Vollstreckungsschutz nach § 851b ZPO nicht mehr gewährt werden. In der Hinterlegung durch den Drittschuldner liegt aber noch keine Beendigung der Zwangsvollstreckung; Hinterlegung steht daher dem Schutz nicht im Wege.

A.368 **Unterbleiben** soll schon die Pfändung, wenn die Voraussetzungen für eine Aufhebung der Zwangsvollstreckung offenkundig vorliegen (§ 851b Abs. 4 S. 3 ZPO). Die Forderungspfändung ist durch begründeten Beschluss des Vollstreckungsgerichts, die Pfändung von Barmitteln ist durch den Gerichtsvollzieher abzulehnen. Rechtsbehelf in diesem Fall siehe Rdn. B.399; bei Ablehnung durch den Gerichtsvollzieher Erinnerung (§ 766 ZPO).

7.49.6. Pfändungsschutz für den Lebensunterhalt (§ 850i Abs. 1 ZPO)

A.369 Für Mieten, die der Schuldner (ebenso wie Arbeitseinkommen) für seinen **Lebensunterhalt** (und den seiner Angehörigen) benötigt, ermöglicht § 850i Abs. 1 ZPO Pfändungsschutz. Auf Antrag sind sie ihm als eigenständig erwirtschaftete Einkünfte (ganz oder teilweise) zu belassen (zu § 850i ZPO siehe Rdn. C.512 ff.).

7.49.7. Mehrere Mieter

A.370 Mehrere Mieter eines Mietverhältnisses (wegen der Pfändung bei mehreren Mietparteien siehe Rdn. A.324) haften regelmäßig als Gesamtschuldner (siehe § 427 BGB). Soll die Mietpfändung allen samtverbindlich haftenden Drittschuldnern gegenüber wirksam werden, so muss gegen alle Pfändungsbeschluss mit Zahlungsverbot ergehen (siehe Rdn. A.60); zur Pfändung des möglichen Gesamtschuldnerausgleichs s. Rdn. A.199. Insbesondere empfiehlt es sich bei Ehegatten, beide als Drittschuldner zu behandeln und dadurch zu verhindern, dass einer der Gesamtschuldner durch Zahlung an den Schuldner die Mietforderung zum Erlöschen bringt (siehe hierzu Rdn. A.60).

Teil A Geldforderungen

7.49.8. Mehrere Vermieter

Die Miet- und Pachtforderungen mehrerer Vermieter sind zufolge ihrer Zweckgebundenheit auch im Falle einer Bruchteilsgemeinschaft auf im Rechtssinne unteilbare Leistungen gerichtet[646], die von den Vermietern nur gemeinschaftlich eingezogen werden können (§ 743 BGB). Solche Mietforderungen können daher nur auf Grund eines gegen alle Vermieter lautenden Vollstreckungstitels gepfändet werden. Der einzelne Vermieter ist ohne Ermächtigung durch die anderen Teilhaber nicht berechtigt, einen seiner Beteiligung entsprechenden Anteil der Mietforderung einzuziehen[647]. Daher kann auf Grund des nur gegen einen Vermieter lautenden Vollstreckungstitels auch nicht sein (betragsmäßig) anteiliger Mietbetrag gepfändet werden[648]. Eine solche Pfändung wäre wirkungslos; sie könnte allenfalls in die Pfändung des Gemeinschaftsanteils an der Forderung umzudeuten sein. Den Gemeinschaftsanteil an der Forderung können Gläubiger eines einzelnen Teilhabers der Vermieter-Bruchteilsgemeinschaft pfänden (Rdn. E.110), desgleichen die gegen die anderen Teilhaber bestehenden Ansprüche auf den entsprechenden Teil der Erträgnisse aus dem Mietverhältnis. Diese Pfändung gibt den Anspruch auf den nach Abzug der auf dem Mietgegenstand ruhenden Lasten und Unterhaltungskosten vom Rohertrag der Mieten ermittelten Teil. A.371

Möglich ist, dass die Teilhaber Abweichendes vereinbart haben. Bei entsprechender Vereinbarung kann auch jeder einzelne Vermieter gegen den Mieter einen Anspruch auf Zahlung des seinem Anteil entsprechenden Betrages der Mieten[649] oder jeweils alleinigen Anspruch gegen eine einzelne Mietpartei auf Zahlung ihrer vollen Miete[650] haben. Dann ist der dem Schuldner als Vermieter zugewiesene Forderungsteil selbstständig und als solcher pfändbar. Auch kann durch (schuldrechtliche) Vereinbarung ein Nutzungsrecht an einem in Miteigentum stehendem Grundstück den Teilhabern nicht gemeinsam zustehen; es können Sondernutzungsrechte einzelnen Teilhabern zugewiesen sein. Beispiel: Nutzung von Kfz-Stellplätzen auf einem in gemeinschaftlichem Eigentum stehenden Grundstück. Auch dann hat (nur) der Nutzungsberechtigte, der das Nutzungsrecht in eigenem wirtschaftlichen Interesse vermietet, Anspruch auf den erzielten Mietzins[651]. Der Gläubiger, der regelmäßig die wahren Rechtsbeziehungen und Verhältnisse seines Schuldners nicht genauer kennt, wird zu seiner Sicherheit sowohl den Gemeinschaftsanteil und den gegen die anderen Teilhaber bestehenden Anspruch auf den anteiligen Mietertrag als auch den dem Schuldner etwa zugewiesenen Forderungsteil oder die ihm als Vermieter gebührende Miete pfänden. A.372

---

646 BGH, MDR 1958, 686 = NJW 1958, 1723 mit zahlreichen Nachweisen; BGH, MDR 1969, 568 = NJW 1969, 839 (für den Anspruch mehrerer Vermieter, die selbst die Mietsache gemietet haben, auf Zahlung der Untermiete); BGH, MDR 1983, 650 = NJW 1983, 2020; BGH, MDR 2001, 151 = NJW-RR 2001, 369 = NZM 2001, 45 (für Mietforderung gegen einen Teilhaber der Gemeinschaft); KG, OLG 17, 1.

647 BGH. (Fn. 646).

648 BGH, MDR 1969, 568 (Fn. 646) (auch zur Aufrechnung); OLG Köln, JW 1932, 3013 mit Anm. Rühl.

649 Siehe BGH (Fn. 646); KG (Fn. 646).

650 BGHZ 40, 326 = MDR 1964, 296 = NJW 1964, 648.

651 BGH, DNotZ 2009, 847 = NJW 2009, 1270.

A.373 Ist eine Erbengemeinschaft Vermieterin, so kann in den Schuldner„anteil“ nur durch Pfändung des Miterbenanteils vollstreckt werden; siehe hierwegen Rdn. E.263 ff.

7.49.9. Recht auf Gebrauchsüberlassung

A.374 Das Recht des Mieters oder Pächters auf Gebrauchsüberlassung ist nur abtretbar und damit auch nur pfändbar (§ 851 Abs. 1 ZPO), wenn der Schuldner als Mieter oder Pächter auf Grund des Miet- oder Pachtvertrages oder einer nachträglichen Vereinbarung den Gebrauch der gemieteten oder den Gebrauch und Fruchtgenuss der gepachteten Sache einem Dritten überlassen darf[652] (§ 540 Abs. 1, § 581 Abs. 2 BGB), weil nur damit dem Schuldner das Mietrecht zur freien Verfügung innerhalb des allgemeinen Rechtsverkehrs überlassen ist. Diese Erfordernisse liegen dann nicht vor, wenn der Vermieter nur im Einzelfall einer Untervermietung der Räume zugestimmt hat[653]. Ohne diese Erlaubnis des Vermieters ist das Nutzungsrecht grundsätzlich unpfändbar. Bei nicht erlaubter Gebrauchsüberlassung kann der Vermieter nachträglich nicht einseitig zum Zwecke der Pfändung die fehlende Erlaubnis erteilen. Die Gebrauchsüberlassung kann vielmehr auch nachträglich nur durch Vertrag zwischen Mieter und Vermieter gestattet werden[654].

Das zulässigerweise gepfändete Recht auf Gebrauchsüberlassung kann nach § 857 Abs. 4, § 844 ZPO durch entgeltliche Überlassung der Mietsache an den Gläubiger oder durch Vermietung oder Verpachtung verwertet werden[655]. Der Gläubiger wird aus den erzielten Nutzungen befriedigt.

7.49.10. Zustimmung zur Mieterhöhung; Mietaufhebung

A.375 Der Anspruch auf Zustimmung zur **Mieterhöhung** kann nicht abgetreten[656], mithin auch nicht gepfändet werden (§ 851 Abs. 1 ZPO). Der Anspruch auf **Mietaufhebung** ist unpfändbar[657].

7.49.11. Untermiete

A.376 **Schrifttum:** Becker, Sind Untermietzinsforderungen pfändbar? NJW 1954, 1595; John, Über die Pfändbarkeit von Untermietforderungen, MDR 1954, 725; Noack, Zur Pfändung von Miet- und Pachtzinsen sowie von Untermieten, ZMR 1973, 290.

---

652 RGZ 70, 226 (229); RGZ 134, 91 (96); RG, HRR 1953 Nr. 1682; KG, MDR 1968, 760 = NJW 1968, 1882 = OLGZ 1968, 295; OLG Hamburg, MDR 1954, 685; OLG Frankfurt, MDR 1964, 52; KG, OLG 19, 22, das auch meint, eine vom Vermieter einseitig lediglich zum Zwecke der Pfändung erklärte, vom Schuldner als Mieter also weder erbetene noch angenommene Erlaubnis der Gebrauchsüberlassung sei ohne Bedeutung.

653 OLG Hamburg (Fn. 652).

654 KG (Fn. 652).

655 Wegen der Beachtung der Vorschriften des Mieterschutzes siehe LG Münster, JMBlNRW 1950, 259.

656 LG Hamburg, WuM 1979, 260; LG Hamburg, 1980, 59.

657 LG Coburg, NJW 1949, 270; Gwinner, NJW 1949, 616; Lewald NJW 1949, 628; Roquette, DRiZ 1949, 481.

A.377 Die Forderung des Mieters an den Untermieter auf Zahlung der Untermiete ist als Geldforderung pfändbar. Untermiete ist nicht zweckgebunden[658]; ihre Unpfändbarkeit kann daher nicht aus § 851 Abs. 1 ZPO hergeleitet werden. Zweckgebundenheit der Untermiete liegt auch insoweit nicht vor, als sie der anteiligen Raummiete entspricht und der Untervermieter sonst nicht in der Lage ist, die Wohnungsmiete aufzubringen[659]. Sittenwidrige Härte im Einzelfall kann Schutz nach § 765a ZPO gebieten. Allein der Umstand, dass der Schuldner wegen der Untermietpfändung Sozialhilfe für seinen Lebensunterhalt in Anspruch nehmen muss, wird für Anwendbarkeit des § 765a ZPO jedoch nicht als ausreichend angesehen[660] (siehe auch Rdn. A.369). Auch dann ist die Untermietpfändung nicht aus dem Gesichtspunkt der Zweckgebundenheit, wohl aber infolge des Vertrages zugunsten eines Dritten oder – was regelmäßig zutreffen wird – wegen Abtretung ausgeschlossen, wenn zwischen dem Untermieter und Schuldner vereinbart ist, dass die Untermietforderung unmittelbar in der Person des Vermieters entstehen und diesem zufließen soll[661].

7.49.12. Mietkaution

A.378 **Schrifttum:** Goebel, Pfändung einer Mietkaution, FoVO 2015, 21.

A.379 Der Anspruch eines Mieters auf Rückgabe einer Mietkaution[662] ist wie jeder Anspruch auf eine Sicherheitsleistung pfändbar[663]. Die Rückzahlungspflicht ist spätestens bei Beendigung des Mietverhältnisses zu erfüllen. Einwendungen und Einreden des Vermieters als Drittschuldner (insbesondere die Sicherungseinrede) schmälern die Pfändung nicht[664] (Rdn. B.170). Ist die Sicherheit durch Barzahlung an den Vermieter[665] geleistet, so ist der gegen diesen als Drittschuldner bestehende Rückzahlungsanspruch als Geldforderung nach § 829 ZPO zu pfänden. Ist für die Sicherheit ein Kautionskonto (Sparguthaben) auf den Namen des Mieters angelegt,

---

658 Becker, NJW 1954, 1595; OLG Frankfurt, NJW 1953, 1597; OLG Frankfurt, MDR 1956, 41; OLG Hamm, JurBüro 1956, 308 = NJW 1957, 68; LG Berlin, NJW 1955, 309.

659 **A.A.** LG Frankfurt, NJW 1953, 1598 mit zust. Anm. Bögner und zum Teil auch John, MDR 1954, 725.

660 **Anders** LG Berlin (Fn. 658); OLG Hamm (Fn. 658); kritisch bereits aber Grund, NJW 1956, 127.

661 Zweckgebundenheit nimmt hier jedoch das LG Berlin (Fn. 658) an.

662 Gläubiger des Vermieters können nicht mit Aussicht auf Befriedigung in eine auf Treuhand-Sonderkonto angelegte Mietkaution vollstrecken (für Mietverhältnis über Wohnraum siehe § 551 Abs. 3 BGB), Rdn. A.547; siehe auch Sternel, MDR 1983, 265 (269). Zur Rechtsnatur der Vereinbarung über die Gestellung einer Miet-Kaution mit der Abrede, dass der Mieter bei einer Bank/Sparkasse ein Sparkonto einrichtet und dieses mit einem Sperrvermerk zugunsten des Vermieters versehen lässt, siehe BGH, NJW 1984, 1749 = MDR 1985, 48.

663 BGHZ 180, 185 (190) = NJW 2009, 1820 (1821 re.Sp.); hierzu auch Horst, MDR 2003, 1035 (1036); Hintzen, Forderungspfändung, § 5 Rdn. 116 ff.

664 Horst (Fn. 663).

665 Drittschuldner ist der Erwerber des Grundstücks, wenn er nach § 566a S. 1 BGB zur Rückgewähr der Sicherheit verpflichtet ist. Zum gesetzlichen Kontoinhaberwechsel bei Anlegung der Sicherheit auf Sonderkonto mit Veräußerung des vermieteten Grundstücks s. OLG Düsseldorf, NJW-RR 1997, 1170.

der nur mit Zustimmung des Vermieters verfügen darf, so ist der Auszahlungsanspruch (die Forderung aus Sparguthaben, Rdn. A.462) des Mieters an die Bank (Sparkasse) zu pfänden. Mehrere Personen als Mieter können die Mietkaution nur gemeinsam zurückfordern[666]. Pfändung, wenn sie gesamthänderisch Gläubiger des Rückzahlungsanspruchs sind: Rdn. A.71. Zur Besonderheit, wenn Eheleute als Mieter der gemeinsamen Wohnung Gesamtgläubiger sind[667], siehe Rdn. A.70. Der Anspruch des Erwerbers des Grundstücks auf Auszahlung (Überlassung) der dem Veräußerer als Vermieter vom Mieter geleisteten Barkaution ist als zweckgebundene Forderung (außerhalb der Zweckbestimmung) nicht pfändbar[668].

7.49.13. Erstattung von Mietnebenkosten

A.380 Mietnebenkosten (Betriebskosten, Rdn. A.323), die gesondert ausgewiesen sind und als Vorauszahlungen erhoben werden, sind jährlich abzurechnen (§ 556 BGB); Überzahlungen sind dem Mieter zu erstatten. Der Anspruch des Mieters auf Erstattung zu viel geleisteter Vorauszahlungen (Erstattungsanspruch) ist als Geldforderung pfändbar. Dass sich eine Pfändung auch auf künftig fällig werden Beträge erstreckt (§ 832 ZPO), kann zweifelhaft sein; das sollte im Pfändungsbeschluss daher bestimmt werden.

Unpfändbar ist der Erstattungsanspruch jedoch, wenn der Mieter Leistungen nach dem SGB II („Arbeitslosengeld II") bezieht und die Erstattung deshalb im Folgemonat die Leistungen der Agentur für Arbeit für Unterkunft und Heizung des Hilfeempfängers mindert. Wäre in diesen Fällen die Pfändung zulässig, würde sie zu Lasten öffentlicher Mittel erfolgen, die dem Leistungsbezieher das Existenzminimum sichern sollen[669].

7.49.14. Rückgabe der gemieteten Sache

A.381 Der Anspruch des Vermieters an den Mieter auf Rückgabe der gemieteten Sache nach Beendigung des Mietverhältnisses (§ 546 BGB) ist als Sachherausgabeanspruch pfändbar (Einzelheiten Teil F), und zwar als künftiger Anspruch auch schon vor Beendigung des Mietverhältnisses[670].

7.50. Stiftung „Mutter und Kind"

A.382 Leistungen, die werdenden Müttern oder Müttern in der Zeit nach der Geburt aus Mitteln der Stiftung „Mutter und Kind – Schutz des ungeborenen Lebens" ge-

---

666 OLG Düsseldorf, OLGR 2003, 23.
667 Siehe AG Itzehoe, FamRZ 1991, 441.
668 OLG Frankfurt, NJW-RR 1991, 1416.
669 BSGE 112, 85 = NZM 2013, 386 = NZS 2013, 273; BGH, MDR 2013, 898 = NJW 2013, 2819 = Rpfleger 2013, 630; zu den Auswirkungen Flatow, NJW 2013, 2802.
670 BGHZ 53, 29 = NJW 1970, 241; zur Abtretung des Räumungs- und Herausgabeanspruchs BGH, MDR 1983, 306.

währt werden, sind nicht pfändbar. Das bestimmt das Gesetz zur Errichtung einer Stiftung „Mutter und Kind – Schutz des ungeborenen Lebens“[671]:

§ 5 Abs. 1
Pfändungsfreiheit, …

(1) Leistungen, die dem in § 2 Abs. 1 genannten Personenkreis aus Mitteln der Stiftung im Rahmen des Stiftungszweckes gewährt werden, sind nicht pfändbar. Das gleiche gilt für Leistungen, die aus Mitteln anderer Stiftungen des öffentlichen Rechts oder aus Mitteln von Stiftungen, die von einer Körperschaft des öffentlichen Rechts errichtet wurden, zur Erreichung des in § 2 Abs. 1 genannten Zwecks gewährt werden. Wird eine Geldleistung auf das Konto der werdenden Mutter bei einem Geldinstitut überwiesen, gilt bei fehlender Deckung des Kontos § 850k Abs. 6 der Zivilprozessordnung entsprechend.

7.51. Nichteheliche Lebensgemeinschaft

Gemeinschaftsbezogene Zuwendungen an den Partner einer nichtehelichen Lebensgemeinschaft sind auf Grund der persönlichen Beziehungen und Bindungen zur Verwirklichung der Lebensgemeinschaft erbracht[672]. Schenkungen sind sie nicht[673]. Nach Beendigung der Lebensgemeinschaft können, wenn mit wesentlichen Zuwendungen eines Partners ein Vermögenswert von erheblicher wirtschaftlicher Bedeutung im Alleineigentum (auch im Miteigentum[674]) des anderen Partners geschaffen wurde, gesellschaftsrechtliche Auseinandersetzungsansprüche, Ansprüche aus ungerechtfertigter Bereicherung (§ 812 Abs. 1 S. 2 BGB) sowie nach den Grundsätzen über den Wegfall der Geschäftsgrundlage (§ 313 BGB) bestehen[675]. Für einen Ausgleich nach den Vorschriften über die bürgerlich-rechtliche Gesellschaft müssen die Partner ausdrücklich oder durch schlüssiges Verhalten einen entsprechenden Gesellschaftsvertrag geschlossen haben[676]. **A.383**

Gesellschaftsrechtliche Ausgleichsansprüche sind pfändbar[677] (§ 725 BGB; siehe Rdn. E.114 ff.). Ebenso sind Ansprüche aus ungerechtfertigter Bereicherung oder nach den Grundsätzen über den Wegfall der Geschäftsgrundlage pfändbar. Ein Ausgleichsanspruch auf Geldzahlung ist als Geldforderung nach § 829 ZPO zu pfänden; ein Ausgleichsanspruch auf Grundstücksübereignung (auch Übertragung des Eigentums an dem Miteigentumsanteil an einem gemeinschaftlichen Grundstück der Partner) ist als Sachleistungsanspruch nach §§ 846, 848 ZPO zu pfänden. Ob die Pfändbarkeit der Einschränkung des § 852 Abs. 2 ZPO unterliegt (entspre-

---

671 Gesetz zur Errichtung einer Stiftung „Mutter und Kind – Schutz des ungeborenen Lebens“ i.d.F. vom 19.3.1993 (BGBl I 406).

672 BGHZ 177, 193 = FamRZ 2008, 1822 mit Anm. Grziwotz = MittBayNot 2009, 137 mit Anm. Bruch = NJW 2008, 3277; BGH, FamRZ 2014, 1547 m. Anm. Grziwotz = NJW 2014, 2638.

673 Zur Abgrenzung der gemeinschaftsbezogenen Zuwendungen von Schenkungen BGH (Fn. 672).

674 BGH, FamRZ 2008, 1828 = NJW 2008, 3282.

675 BGH (Fn. 672); BGH (Fn. 674); BGHZ 183, 242 Rdn. 20 ff. = DNotZ 2010, 446 = NJW 2010, 998; BGH, MDR 2011, 1109 = NJW 2011, 2880; BGH, FamRZ 2013, 1295 m. Anm. Grziwotz = MDR 2013, 979 = NJW 2013, 2187.

676 BGH (Fn. 672); BGH (Fn. 675).

677 Schlögel, MittBayNot 2009, 100 (103).

chende Anwendung[678]; zu dieser Vorschrift Rdn. A.386) oder der Anspruch doch nach dem Rechtsgedanken dieser Regelung der Pfändung nur unterworfen ist, wenn er durch Vertrag anerkannt oder rechtshängig geworden ist, ist nicht geklärt. Die eigenverantwortliche Entscheidung der Partner, keine Ehe miteinander einzugehen, schließt familiäre Verbundenheit jedoch aus, die es rechtfertigen könnte, dass der Anspruch nur geltend gemacht werden kann, wenn der Berechtigte zu erkennen gegeben hat, dass er von seinem Recht Gebrauch machen will.

A.384 Während der auf Dauer angelegten nichtehelichen Lebensgemeinschaft werden Leistungen, die ein Partner im gemeinsamen Interesse erbracht hat – wenn nichts anderes geregelt ist – nicht ausgeglichen[679], wird sonach auch Anwendung gesellschaftsrechtlicher Auseinandersetzungsregelungen nicht angenommen werden können. Ein (pfändbarer) Ausgleichsanspruch besteht sonach nicht, solange die Lebensgemeinschaft fortbesteht. Ein Ausgleichsanspruch kann vor Auflösung der Lebensgemeinschaft auch nicht als pfändbarer künftiger Anspruch angesehen werden. Als reine Hoffnung oder Erwartung kann der (später mögliche) Ausgleichsanspruch nicht gepfändet werden. Im Verhältnis zu Gläubigern kann eine Vermögensentäußerung jedoch (anfechtbare) unentgeltliche Zuwendung nach § 4 Abs. 1 AnfG sein.

7.52. Pflichtteil
(§ 852 Abs. 1 ZPO)

A.385 **Schrifttum:** Behr, Pfändung des Pflichtteils, JurBüro 1996, 65; Greve, Zur Pfändung des Pflichtteils nach § 852 ZPO, ZIP 1996, 699; Klumpp, Der Pflichtteilsanspruch als Gegenstand des Rechtsverkehrs und als Vollstreckungsobjekt, ZEV 1998, 123; Kuchinke, Der Pflichtteilsanspruch als Gegenstand des Gläubigerzugriffs, NJW 1994, 1769; Schindler, Der derivative Pflichtteilsanspruch im Nachlass: Pfändung, Pflichtteil, Erbschaftsteuer, Testamentsvollstreckung, ZEV 2018, 60; Zeranski, Die „vertragliche Anerkennung" im Sinne des § 852 ZPO, NotBZ 2001, 19.

A.386 Der (übertragbare, § 2317 Abs. 2 BGB) **Pflichtteilsanspruch** eines durch Verfügung von Todes wegen von der Erbfolge ausgeschlossenen Abkömmlings, Ehegatten oder Elternteils des Erblassers (§§ 2303 ff. BGB) ist der Pfändung nur unterworfen, wenn er durch Vertrag **anerkannt** oder **rechtshängig** geworden ist (§ 852 Abs. 1 ZPO). Zweck dieser Regelung ist, dem Pflichtteilsberechtigten mit Rücksicht auf seine familiäre Verbundenheit mit dem Erblasser allein die Entscheidung zu überlassen, ob der Anspruch gegen den Erben durchgesetzt werden soll[680]. Pflichtteil stellen auch die Pflichtteilsergänzungsansprüche[681] (§§ 2305–2307, 2325 BGB), der Anspruch des Pflichtteilsberechtigten gegen den Beschenkten (§ 2329 BGB) sowie der Anspruch des von der fortgesetzten Gütergemeinschaft ausgeschlossenen Abkömmlings auf Zahlung des dem Pflichtteil entsprechenden Betra-

---

678 Für Gleichbehandlung (bei rechtsgeschäftlichem Erwerbsrecht) Schlögel, MittBayNot 2009, 100 (102).
679 BGH, FamRZ 2008, 247 = NJW 2008, 443 (444) mit Anm. v. Proff.
680 BGHZ 123, 183 (186) = DNotZ 1994, 780 = FamRZ 1993, 1307 = MDR 1994, 203 = NJW 1993, 2876 = ZAP Fach 14 S. 133 Leits. mit Anm. Stöber.
681 BGHZ 123, 183 (185) (Fn. 680).

ges (§ 1511 Abs. 2 BGB) dar. Keine Anwendung findet die Vorschrift auf sonstigen Erwerb von Todes wegen (Miterbeneinsetzung, Vermächtnis), auch wenn das Zugewendete nur dem Geldwert des Pflichtteils entspricht oder unter diesem liegt[682] (siehe §§ 2305–2307 BGB).

Anerkennung durch Vertrag erfordert weder Schriftform[683] noch abstraktes Schuldanerkenntnis nach § 781 BGB. Ausreichend ist vielmehr jede Einigung, die auf Feststellung des Pflichtteilsanspruchs zielt[684], also auch ein schuldbestätigendes (deklaratorisches)[685] Anerkenntnis, eine formlose oder in schlüssiger Handlung liegende Einigung des pflichtteilsberechtigten Schuldners (nicht seines Gläubigers[686]) mit dem verpflichteten Erben. Anerkennung dem Grunde nach genügt[687]. **Rechtshängig** und damit pfändbar ist der Anspruch jedenfalls bei prozessualer Rechtshängigkeit der Streitsache (§ 261 Abs. 1 ZPO), also mit Zustellung der Klageschrift an den Beklagten (§ 253 Abs. 1 ZPO) oder mit Widerklage (§ 261 Abs. 2 ZPO). Feststellungsklage ist ausreichend[688]. Vor dieser Zustellung ist Rechtshängigkeit nicht schon mit Einreichung der Klageschrift bei Gericht gegeben[689]. Prozesskostenhilfegesuch[690], Mahnantrag[691](zum Vollstreckungsbescheid siehe § 700 ZPO), Arrest oder einstweilige Verfügung machen den Anspruch nicht rechtshängig, ermöglichen mithin seine Pfändung nicht. Der im Mahnverfahren geltend gemachte Anspruch ist, wenn die Streitsache alsbald nach Widerspruch abgegeben wird, mit Zustellung des Mahnbescheids rechtshängig geworden (§ 696 Abs. 3 ZPO)[692]. Die Anmeldung zum Insolvenzverfahren wird wegen der Wirkung der nicht bestrittenen Eintragung in die Tabelle der Rechtshängigkeit gleichzustellen sein. Ist nur ein Teilanspruch eingeklagt, so unterliegt nur dieser Teil der Pfändung. Durch Klagerücknahme kann der Schuldner die wirksam ausgebrachte Pfändung nicht mehr A.387

---

682 BayObLGZ n.F. 8, 26; Stein/Jonas/Würdinger, ZPO, § 852 Rdn. 1; Zöller/Herget, ZPO, § 852 Rdn. 2; Musielak/Becker, ZPO, § 852 Rdn. 2.

683 So die herrschende Meinung; siehe z.B. OLG Düsseldorf, FamRZ 2000, 367; Stein/Jonas/Würdinger, ZPO, § 852 Rdn. 5 und Fn. 12; Zöller/Herget, ZPO, § 852 Rdn. 2; Wieczorek/Schütze/Lüke, ZPO, § 852 Rdn. 3; **a.A.** (vertragliches Anerkenntnis nach § 781 BGB) LG Köln, VersR 1973, 679; aber es ist mit dem Schutzzweck nicht vereinbar, dass der Schuldner nach mündlicher Anerkennung die Leistung des Erben verlangt und in Empfang nimmt, ohne dass dem Gläubiger die Möglichkeit der Pfändung geboten wäre.

684 OLG Brandenburg, FamRZ 1999, 1436; OLG Düsseldorf (Fn. 683); Zeranski, NotBZ 2001, 19.

685 BGH, MDR 1973, 401 = NJW 1973, 620.

686 OLG Düsseldorf (Fn. 683).

687 BGH (Fn. 685).

688 BGH (Fn. 685).

689 BGH, MDR 1961, 588 = NJW 1961, 1575; BGH, JR 1976, 504 mit Anm. Bassenge = MDR 1977, 42 = NJW 1976, 1890 = VersR 1977, 354 Leits. mit Anm. Behr; BGH, VersR 1977, 452; OLG Karlsruhe, MDR 1975, 757; **a.A.** (Rechtshängigkeit bereits mit Einreichung der Klageschrift bei Gericht) OLG Nürnberg, MDR 1968, 840 = NJW 1968, 1431; OLG Schleswig, SchlHA 1973, 153.

690 Peters, VersR 1976, 1005 (1010).

691 Aber Zustellung des Zahlungsbefehls macht (für Schmerzensgeldanspruch) rechtshängig nach OLG Stuttgart, NJW 1972, 1900; OLG Stuttgart, NJW 1975, 1468; OLG Düsseldorf, MDR 1974, 403; OLG Hamm, MDR 1976, 222; siehe außerdem OLG Schleswig (Fn. 689).

692 Zum früheren Recht: BGH, VersR 1971, 272.

beseitigen[693]. Eine erst nach Klagerücknahme erwirkte Pfändung ist aber wieder nur eingeschränkt zulässig, weil sie gegen den Willen des Berechtigten wieder zur Geltendmachung des Pflichtteils führen würde.

A.388 **Vor** vertraglicher **Anerkennung** oder Rechtshängigkeit wird Pfändung des Pflichtteilsanspruchs als in seiner zwangsweisen Verwertbarkeit aufschiebend bedingter Anspruch für zulässig erachtet[694]. Diese Pfändung wahrt die Entscheidungsfreiheit des Berechtigten; er kann nach wie vor allein entscheiden, ob der Anspruch gegen den Erben durchgesetzt werden soll. Ein Pfandrecht begründet diese als Staatsakt bedingungslose Pfändung nur für den Fall, dass die in § 852 Abs. 1 ZPO vorgeschriebenen Voraussetzungen für einen umfassenden Zugriff erfüllt werden (eingeschränktes Pfandrecht[695]). Zum vollwertigen Pfandrecht wird es mit Anerkennung oder Rechtshängigkeit des Anspruchs; dessen Rang bestimmt sich nach dem Zeitpunkt der Pfändung[696]. Damit verhindert die Pfändung bereits vor der Anerkennung oder Rechtshängigkeit die Abtretung (§ 2317 Abs. 2 BGB) und Verpfändung eines unbelasteten Anspruchs[697]; eine Abtretung nach der Pfändung ist daher dem Gläubiger gegenüber unwirksam[698] (Rdn. B.446); er hat Vorrang gegenüber einem zeitlich nachfolgenden (Vertrags-)Pfandgläubiger (Rdn. B.449).

A.389 Mit der **Abtretung** verliert der Pflichtteilsanspruch den nur dem Berechtigten persönlich, nicht jedoch dem Neugläubiger zustehenden Pfändungsschutz des § 852 Abs. 1 ZPO. Gläubiger des Zessionars können daher den Pflichtteilsanspruch auch vor Rechtshängigkeit oder Anerkennung[699] pfänden und, ebenso wie dieser, geltend machen.

A.390 **Pfändungsverfahren**: Der Pflichtteil ist Geldforderung (§ 2303 Abs. 1, § 1967 Abs. 1 BGB), also nach § 829 ZPO zu pfänden[700]. Drittschuldner ist der Erbe (sind die Erben), auch wenn ein Testamentsvollstrecker bestellt ist[701] (§ 2213 Abs. 1 S. 3 BGB; die Vorschrift erlaubt es jedoch, auch den Testamentsvollstrecker als weiteren Drittschuldner zuzuziehen).

---

693 Falkmann/Hubernagel, Die Zwangsvollstreckung, Anm. 2 zu § 852 ZPO; Stein/Jonas/Würdinger, ZPO, § 852 Rdn. 5; Zöller/Herget, ZPO, § 852 Rdn. 2; Wieczorek/Schütze/Lüke, ZPO, § 852 Rdn. 4.

694 BGH (Fn. 680) gegen vordem einhellige gegenteilige Ansicht, z.B. KG, JW 1935, 3486; wie nun BGH schon früher OLG Naumburg, OLG 40, 154; BGH, NJW 1997, 2384; BGH, FamRZ 2009, 869 = MDR 2009, 648 = NJW-RR 2009, 997 = Rpfleger 2009, 393; OLG Brandenburg (Fn. 684; OLG Düsseldorf (Fn. 683); Stein/Jonas/Würdinger, ZPO, § 852 Rdn. 6.

695 So BGH (Fn. 680).

696 BGH (Fn. 680); BGH, FamRZ 2009, 869 (870) (Fn. 694).

697 BGH (Fn. 680).

698 Stöber, ZAP Fach 14 Seite 133.

699 Dazu auch Zeranski, NotBZ 2001, 19, der auch den Vertrag mit einem Dritten, aus dem der Wille zur Ausübung des Rechts folgt, damit auch die Abtretung, als vertragliche Anerkennung ansieht.

700 Nur der Herausgabeanspruch des § 2329 BGB an den Beschenkten ist als Sachanspruch nach §§ 846 ff. ZPO zu pfänden.

701 Siehe OLG Hamburg, OLGE 30, 237.

Anerkennung oder Rechtshängigkeit[702] braucht der Gläubiger in seinem Pfändungsantrag[703] als Pfändungsvoraussetzung nicht vorzutragen[704] und im Erinnerungsverfahren nicht nachzuweisen. Der Pfändungsbeschluss braucht für bestimmte Bezeichnung des zu pfändenden Anspruchs (Rdn. B.85) nicht hervorzuheben, ob auf einen bereits anerkannten oder rechtshängigen Anspruch zugegriffen wird oder auf einen durch den Eintritt dieser Voraussetzungen aufschiebend bedingt durchsetzbaren Anspruch[705]. A.391

Überweisung des gepfändeten Anspruchs zur Einziehung (§ 835 Abs. 1 ZPO) ist auch zulässig, wenn der Anspruch noch nicht gerichtlich geltend gemacht oder vertraglich anerkannt ist[706]. Die Überweisung zur Einziehung begründet für den Gläubiger Rechte nur im Umfang der Pfändung; er kann somit den Anspruch erst von seiner Verwertbarkeit an mit Eintritt einer der Voraussetzungen des § 852 Abs. 1 ZPO geltend machen[707]. Im Einziehungserkenntnisverfahren gegen den Erben hat der Gläubiger daher geltend zu machen und zu beweisen, dass zwangsweise Verwertbarkeit mit Anerkennung oder Rechtshängigkeit möglich ist[708]. Pfändung vor vertraglicher Anerkennung schließt die Möglichkeit nicht aus, dass sich Pflichtteilsberechtigter und Erbe über die Höhe des Anspruchs einigen; vertragliches Einvernehmen über die Höhe des Anspruchs begründet als Anerkennung nach § 852 Abs. 1 ZPO Pfändbarkeit im Umfang der Einigung; diese verstößt daher nicht gegen das (eingeschränkte, s. Rdn. A.388) Verfügungsverbot. Nicht geklärt ist indes, ob auch nach Rechtshängigkeit (begründet Pfändbarkeit nach § 852 Abs. 1 ZPO) dem Schuldner ein Nachgeben mit vergleichsweiser Regelung noch möglich ist oder ob er damit gegen das Verfügungsverbot verstößt. A.392

Demgegenüber vertritt der BGH[709] die Meinung, der Pflichtteilsanspruch dürfe dem Gläubiger erst zur Einziehung überwiesen werden, wenn die Voraussetzungen des § 852 Abs. 1 ZPO vorliegen. Schuldner und Drittschuldner können mit Er-

---

702 Weil eine „bedingte" Pfändung unzulässig ist, sollten Pfändungsantrag und -beschluss den Eindruck einer bedingten Pfändung vermeiden. Nicht ratsam ist daher z.B. „Pfändung für den Fall, dass der Schuldner den Pflichtteilsanspruch gerichtlich geltend macht oder dass der Anspruch vertraglich anerkannt wird"; siehe Kuchinke, NJW 1994, 1769 (1770).

703 Anders Kuchinke, NJW 1994, 1769 (1770): Dass die Verwertbarkeit in der Schwebe ist, solange die Voraussetzungen des § 852 Abs. 1 ZPO nicht erfüllt sind, muss im Antrag zum Ausdruck kommen und im Beschluss erkennbar gemacht werden. Das ist aber nicht möglich, wenn der Gläubiger von der Anerkennung oder Rechtshängigkeit noch keine Kenntnis hat.

704 BGH, FamRZ 2009, 869 (Fn. 694); Stöber (Fn. 698).

705 BGH, FamRZ 2009, 869 (Fn. 694); Stöber (Fn. 698). Bedingtheit der zu pfändenden Forderung braucht sich aus dem Pfändungsbeschluss nicht zu ergeben; nur dass sich die Pfändung auf eine zukünftige Forderung erstrecken soll (um eine solche handelt es sich hier jedoch nicht), hat der Pfändungsbeschluss auszuweisen (siehe Rdn. B.89).

706 LG Münster, NJW-RR 2006, 1020; Stöber, (Fn. 698); Zöller/Herget, ZPO, § 852 Rdn. 3; Greve, ZIP 1996, 699 (701); anders Kuchinke, NJW 1994, 1769 (1770): Überweisung erst zulässig, wenn Gläubiger den Eintritt der Verwertbarkeit nachweist. Dem folgt Behr, JurBüro 1996, 65.

707 Stöber (Fn. 698). Siehe zur Verwertungsbefugnis erst vom Eintritt der Voraussetzungen des § 852 Abs. 1 ZPO an auch BGH, NJW 1997, 2384, der jedoch die Frage nicht erörtert hat, ob bereits vorher Überweisung zur Einziehung möglich ist.

708 Greve, ZIP 1996, 699.

709 BGH, FamRZ 2009, 869 (Fn. 694).

innerung (§ 766 ZPO) geltend machen, dass das nicht der Fall ist. Das überzeugt nicht. Die Überweisung (zur Einziehung) ist als Maßnahme der Pfandverwertung Akt der Zwangsvollstreckung. Sie muss daher nach Vollstreckungsverfahrensrecht zulässig, nicht somit ausgeschlossen sein wie z.B. nach Arrestpfändung (§ 830 ZPO), Sicherungsvollstreckung (§ 720a ZPO), Einstellung der Zwangsvollstreckung usw. Ein vollstreckungsrechtliches Hindernis für Anordnung der Überweisung des nur aufschiebend bedingt gepfändeten Anspruchs begründet der unglücklich gefasste § 852 Abs. 1 ZPO jedoch nicht. Die Bestimmung schließt mit Rücksicht auf die familiäre Verbundenheit von Erblasser und Pflichtteilsberechtigtem aus, dass der Pflichtteilsanspruch gegen den Willen des Berechtigten (Vollstreckungsschuldners) geltend gemacht werden kann (Rdn. A.386). Zugelassen ist die „Pfändung" daher nur, wenn der Berechtigte durch gerichtliche oder außergerichtliche Geltendmachung des Anspruchs zu erkennen gegeben hat, dass er von seinem Recht Gebrauch machen will[710]. Zu entscheiden, ob das der Fall ist, obliegt nicht dem Vollstreckungsgericht, ist somit von ihm auch nicht im Erinnerungsverfahren (§ 766 ZPO) und ebenso nicht vom Beschwerdegericht (§ 793 ZPO) zu entscheiden. Gepfändet und überwiesen ist stets nur die „angebliche" Forderung (Rdn. B.73). Ob diese tatsächlich besteht, dem Pfändungsbeschluss somit rechtliche Wirkung zukommt, und ebenso, ob die Überweisung eine Berechtigung des Gläubigers zur Einziehung der Forderung (§ 836 Abs. 1 ZPO) begründet, ist eine Frage des materiellen Rechts; darüber kann nur im Klageverfahren entschieden werden[711] (Rdn. B.74).

Als Maßnahme der Zwangsvollstreckung begründet die Überweisung zur Einziehung Wirkung (zunächst) nur für den durch den Eintritt der Voraussetzungen des § 852 Abs. 1 ZPO aufschiebend bedingt verwertbaren Pflichtteilsanspruch. Ebenso wie das eingeschränkte Pfandrecht an diesem Anspruch zum vollwertigen Pfandrecht wird, wenn die Voraussetzungen des § 852 Abs. 1 ZPO für einen umfassenden Zugriff erfüllt sind oder werden (Rdn. A.388), erwirbt der Gläubiger erst damit die uneingeschränkte Einziehungsbefugnis. Vergleichbar damit ist die Pfändung und Überweisung eines aufschiebend bedingten Anspruchs. Sie ist zulässig[712], obgleich der Anspruch vor Eintritt der Bedingung im Wege des Zwangszugriffs nicht verwertbar ist[713].

Der BGH meint schließlich, mit Aufnahme eines Hinweises in den Pfändungsbeschluss könne der denkbaren Gefahr vorgebeugt werden, dass allein die Zustellung des Pfändungsbeschlusses den Drittschuldner zu einer Zahlung an den Gläubiger veranlasst. Das ist missverständlich, weil die Pfändung allein den Gläubiger nicht berechtigt, die Forderung einzuziehen und es dem Drittschuldner nicht ermöglicht, an den Gläubiger zu leisten. Durchaus möglich und klarstellend geboten ist es jedoch, durch Fassung des Wortlauts des Überweisungsbeschlusses auf das zunächst nur eingeschränkte Pfandrecht und die unter der aufschiebenden Bedingung des § 852 Abs. 1 ZPO begründete Einziehungsbefugnis des Gläubigers hinzuweisen.

---

710 Begründung des CPO-ÄndG, Hahn/Mugdan, 8. Band (1898) S. 159.
711 So zutreffend Stein/Jonas/Würdinger, ZPO, § 852 Rdn. 5.
712 Zur Pfändung Rdn. A.28; zur Überweisung BGHZ 53, 29 (32).
713 BGH (Fn. 680).

Formulierungsvorschlag:

Die Pfändung begründet ein vollwertiges Pfandrecht (§ 804 Abs. 1 ZPO) nur für den Fall, dass der Pflichtteilsanspruch durch Vertrag anerkannt oder rechtshängig geworden ist oder wird (§ 852 Abs. 1 ZPO). Erst damit erlangt der Gläubiger durch die Überweisung der gepfändeten Pflichtteilsforderung die uneingeschränkte Einziehungsbefugnis.

Nach wirksamer Pfändung und Überweisung kann der Gläubiger die Erfüllung eines vertraglich anerkannten oder rechtshängigen Pflichtteilsanspruchs fordern und vom Erben Auskunft über den Bestand des Nachlasses verlangen (§ 2314 BGB). A.393

Verpfändung (§ 1273 BGB) vor oder nach der Pfändung begründet noch kein vollwertiges Pfandrecht, gibt dem pfändenden Gläubiger somit noch nicht die Befugnis, den Pflichtteilsanspruch geltend zu machen[714]. Auch nach Verpfändung muss der Anspruch geltend gemacht werden, und zwar vor Pfandreife vom Schuldner und Pfandgläubiger gemeinsam (§ 1281 Satz 2 BGB). Diese Entscheidung, ob der Anspruch geltend gemacht werden soll, kann daher nicht schon nach Verpfändung einem Dritten zufallen. Der Anspruch bleibt vielmehr unverändert in seiner zwangsweisen Verwertbarkeit aufschiebend bedingt. Entsprechendes muss für Abtretung nach Pfändung (sonst Rdn. A.389) gelten. A.394

Solange noch nicht feststeht, ob der Schuldner Miterbe oder Pflichtteilsberechtigter ist, kann der Miterbenanteil und (alternativ) auch der Pflichtteilsanspruch (als zunächst nur aufschiebend bedingter Anspruch, Rdn. A.388) gepfändet werden[715]. Damit ist frühzeitiger Vollstreckungszugriff für den Fall gewährleistet, dass der Schuldner nach Pfändung des Miterbenanteils die Erbschaft ausschlägt oder sonst als Miterbe ausscheidet, wie z.B. dann, wenn sich noch eine Verfügung von Todes wegen des Erblassers findet[716]. A.395

Pfändbar ist der Anspruch auf den Pflichtteil **vom Erbfall an**, mit dem er entsteht (§ 2317 Abs. 1 BGB). Vor dem Erbfall ist eine Pfändung nicht zulässig[717]; es besteht keine „Anwartschaft“ oder „künftige Forderung“ auf den Nachlass (vgl. Rdn. E.22) oder gegen den Erben. Vor dem Tod des Erblassers ist ein später möglicher Pflichtteilsanspruch nur eine nicht pfändbare Erwartung[718]. A.396

Ansprüche aus einem Pflichtteilsanspruch zählen nicht zu den sonstigen Einkünfte im Sinne des § 850i Abs. 1 S. 1 ZPO, die kein Erwerbseinkommen sind und die für **unpfändbar** erklärt werden können, soweit dies erforderlich ist, damit dem Schuldner ein unpfändbares Einkommen in Höhe der von § 850c Abs. 1, 2a ZPO bestimmten Grundbeträge verbleibt. § 850i ZPO soll vermeiden, dass ein Schuldner seinen Lebensunterhalt nicht durch eigene, wirtschaftliche Bemühungen sichern kann. Ein weitergehender Schutz ist unter Berücksichtigung der Interessen des Gläubigers nicht beabsichtigt. Daher stellen Geldforderungen, die der Schuld- A.397

---

714 Anders Kuchinke, NJW 1994, 1769, der die Verpfändung der Übertragung gleich erachtet.
715 Stöber (Fn. 698); **anders** Behr (Fn. 706).
716 Stöber (Fn. 698).
717 LG Trier, FamRZ 2018, 1768.
718 Stöber (Fn. 698).

ner nicht aufgrund wirtschaftlicher Betätigung erwirbt, keine sonstigen Einkünfte im Sinne des § 850i ZPO dar[719].

A.398 Zur **Pflichtteilsbeschränkung in guter Absicht** (§ 2338 BGB) siehe § 863 ZPO.

A.399 **Formulierungsvorschlag:**

Gepfändet wird der angebliche Anspruch des Schuldners an den (die) Erben … – Drittschuldner – auf Zahlung des Pflichtteils nach dem am … in … verstorbenen Erblasser …

7.53. Postbank-Girokonto

A.400 **Schrifttum:** Stöber, Pfändung eines Postbank-Girokontos, Rpfleger 1995, 277.

A.401 Die frühere Deutsche **Postbank** AG, Sitz Bonn, ist im Mai 2018 auf die DB Privat- und Firmenkundenbank AG, Sitz Frankfurt am Main, verschmolzen. Eine Zweigniederlassung wird unter der Firma Postbank – eine Niederlassung der DB Privat- und Firmenkundenbank AG geführt. Die Bank ist Kreditinstitut im Sinne des Kreditwesengesetzes. Die Geschäftsverbindungen mit ihr bestehen als privatrechtliche Rechtsbeziehungen[720]. Der Anspruch des Schuldners auf Auszahlung seines Kontoguthabens kann ebenso wie bei anderen Banken als Geldforderung nach § 829 ZPO gepfändet werden (Rdn. A.241). **Drittschuldner** ist die DB Privat- und Firmenkundenbank AG, Sitz Frankfurt am Main. Sie ist auch mit der Firma der Zweigniederlassung Postbank – eine Niederlassung der DB Privat- und Firmenkundenbank AG als Drittschuldner im Pfändungsbeschluss hinreichend bezeichnet.

7.54. Prostituiertenforderung

A.402 Die Forderung auf Zahlung des (vorher vereinbarten) Entgelts für Vornahme sexueller Handlungen (§ 1 ProstG[721]) kann nicht abgetreten (§ 2 ProstG) und daher auch nicht gepfändet werden (§ 851 Abs. 1 ZPO).

7.55. Rechtsanwalt und Rechtsbeistand

7.55.1. Mandantengelder

A.403 **Schrifttum:** Schalhorn, Ist die Pfändung eines Guthabens, das der Auftraggeber bei seinem Rechtsbeistand (Rechtsanwalt) hat, durch einen Gläubiger zulässig? JurBüro 1975, 1315; Mümmler, Zur Pfändung von Einziehungsforderungen, JurBüro 1977, 311.

---

719 BGH, FamRZ 2016, 1078 = NJW-RR 2016, 761 = Rpfleger 2016, 590.

720 Zum früheren (öffentlich-rechtlichen) Postnutzungsverhältnis siehe noch 9. Aufl. 1990, Rdn. 277. Zum Übergang in privatrechliche Rechtsbeziehungen Stöber, Rpfleger 1995, 277.

721 Prostitutionsgesetz vom 20.12.2001 (BGBl I 2983).

Die von einem **Rechtsanwalt** (Rechtsbeistand) für seinen Auftraggeber eingezogenen (beigetriebenen) Gelder sind dem Mandanten nach §§ 675, 667 BGB herauszugeben. Der Anspruch des Auftraggebers an seinen Rechtsanwalt (Rechtsbeistand) auf Auszahlung eingezogener (beigetriebener) Geldbeträge ist als Geldforderung nach § 829 ZPO pfändbar[722]. Pfändungsbeschränkungen bestehen nicht; der Anspruch kann jedoch u.U. dem allgemeinen Pfändungsschutz des § 811 Abs. 1 Nr. 8 ZPO unterliegen. Das gilt auch, wenn der an den Vertreter des Schuldners geleistete (ursprüngliche) Anspruch unpfändbar war, weil der unpfändbare Anspruch mit Erfüllung durch Leistung an den Rechtsanwalt (Rechtsbeistand) erloschen ist (dazu Rdn. A.20). **A.404**

Für konkrete Bezeichnung der Forderung im Pfändungsbeschluss (Rdn. B.85) kann eine nur allgemein gehaltene Umschreibung (etwa „Auszahlung eingezogener Gelder") nicht genügen. Die Rechtssache, in der die auszuzahlenden Gelder erlangt sein sollen (oder eine fortwährende Inkassotätigkeit; Rdn. A.406) muss jedenfalls in groben Zügen gekennzeichnet sein. Ob Bezeichnung nur noch allgemein mit „Auszahlungsansprüche aus Verwahrung, Verwaltung, Geschäftsbesorgung, Mandatsverhältnis, insbes. aus der Erbschaftsangelegenheit"[723] genügt, erscheint zweifelhaft. Weitergehende, somit nähere Bezeichnung ist jedenfalls anzustreben. Was noch als ausreichend angesehen werden kann, wird sich vielfach nach den Besonderheiten des Einzelfalls bestimmen (vgl. Rdn. B.106). Rechtlich richtige Benennung kann so wenig gefordert werden wie übermäßige Anforderungen im Hinblick darauf nicht gestellt werden können, dass der Gläubiger die Verhältnisse des Schuldners nicht näher kennt. Auf zukünftige Forderungen ist die Pfändung ausdrücklich zu erstrecken (Rdn. B.89). **A.405**

Periodische Rechnungslegung mit entsprechender Auszahlungspflicht kann vereinbart sein, wenn der Rechtsanwalt (Rechtsbeistand) für seinen Auftraggeber in vielen Angelegenheiten über einen längeren Zeitraum hinweg Einziehungsaufträge besorgt (Inkassotätigkeit). Auch wenn der Auftraggeber Kaufmann ist, wird dann eine Kontokorrentabrede regelmäßig nicht vorliegen[724]. Die Pfändung erfasst dann die Forderung auf Auszahlung künftig eingehender Mandantengelder nur, wenn das im Pfändungsbeschluss angeordnet ist[725]; das kann sich auch durch Auslegung ergeben (dazu Rdn. B.102). **A.406**

Mit Kosten als Geldanspruch aus dem Auftragsverhältnis kann der Rechtsanwalt (Rechtsbeistand) nach Maßgabe des Rdn. B.171 Gesagten aufrechnen. **A.407**

Zur Pfändung, wenn der Rechtsanwalt (Rechtsbeistand) über Mandantengeld als Treuhänder verfügt, und zur Abgrenzung der Treuhandtätigkeit von der Berufstätigkeit des Prozessbevollmächtigten im Zwangsvollstreckungsverfahren Rdn. A.547.

---

722 Schalhorn, JurBüro 1975, 1315; Erman/Berger, BGB, § 667 Rdn. 4.
723 Hat LG Berlin, Rpfleger 1993, 168 für genügend erachtet.
724 Abweichend offenbar Mümmler, JurBüro 1977, 311.
725 Dazu Rdn. B.89; dazu auch Mümmler, JurBüro 1977, 311, in dem dort besprochenen Fall waren aber die Ansprüche „aus den laufenden Einziehungssachen" gepfändet, was im Grunde auf die Mitpfändung auch der künftigen Auszahlungsforderungen hinweist.

A.408 **Formulierungsvorschlag:**

Gepfändet wird die angebliche Forderung des Schuldners an Rechtsanwalt … – Drittschuldner – auf Herausgabe (Auszahlung) der für den Schuldner in der Rechtssache gegen … wegen Zahlung des Entgelts für Verputzarbeiten an dem Wohnhaus … straße Nr. … (oder z.B. „für den Schuldner als Miterbe nach seinem am … verstorbenen Vater … bei Nachlassauseinandersetzung") eingezogenen (beigetriebenen) Gelder unter Einschluss der künftig noch eingehenden Beträge.

7.55.2. Regressanspruch

A.409 Ein **Regressanspruch** (Ersatzanspruch) des Schuldners gegen seinen Rechtsanwalt ist pfändbar[726], und zwar auch dann, wenn er darauf beruht, dass der Schuldner den Rechtsstreit gegen den Gläubiger zu Unrecht verloren hat, er sich somit daraus ergibt, dass der Rechtsstreit, in dem der Titel erwirkt wurde, falsch entschieden worden ist[727]. Die Pfändung des Regressanspruchs erstreckt sich (ohne besonderen Ausspruch im Pfändungsbeschluss) auch auf einen (selbstständig nicht pfändbaren) sekundären Ersatzanspruch[728], der durch neue, schuldhafte Verletzung der Pflichten aus dem Anwaltsvertrag verursacht ist[729], und zwar auch dann, wenn dieser erst später entsteht[730].

7.56. Rechtsschutzversicherung

A.410 Die **Rechtsschutzversicherung** ist Schadensversicherung (zu dieser Rdn. A.440). Es gelten daher deren allgemeine Vorschriften (§§ 74–87 VVG); Leistungspflicht des Versicherers: § 125 VVG; im Übrigen §§ 126–128 VVG. Der Anspruch aus einer Rechtsschutzversicherung geht auf Schuldbefreiung. Als solcher ist der Rechtsschutzversicherungsanspruch nicht pfändbar[731] (Rdn. A.121). Das gilt nur nicht für den Gläubiger, von dessen Forderung der Versicherte freigestellt werden soll (so z.B. für den Rechtsanwalt wegen seiner Gebührenforderung, für die Justizkasse wegen Gerichtskosten); er kann den wegen seiner Forderung (nicht wegen anderer Ansprüche) bestehenden Schuldbefreiungsanspruch pfänden[732]. Als Geldanspruch des Versicherungsnehmers an den Versicherer besteht ein Zahlungsanspruch, wenn der Versicherungsnehmer den Kostengläubiger (erlaubt) unmittelbar befriedigt hat. Dieser Zahlungsanspruch unterliegt keiner Pfändungsbeschränkung. Als Geldforderung kann er von allen Gläubigern der Versicherten gepfändet werden[733]. Die Angabe der Versicherungsnummer des Rechtsschutzversicherungs-

---

726 BGH, NJW 1996, 48 (49); OLG Köln, OLGR 2002, 241 = VersR 2002, 1106.
727 BGH (Fn. 726).
728 BGH (Fn. 726).
729 Zu diesem Sekundäranspruch s. BGHZ 94, 380 (385, 386) = NJW 1985, 2250.
730 BGH (Fn. 726).
731 OLG Hamm, JurBüro 1984, 789 = ZIP 1984, 228; Bergmann, VersR 1981, 512 (515); Mümmler, JurBüro 1984, 1601 (1613).
732 Kurzka, VersR 1980, 12; Bergmann (Fn. 731); Mümmler (Fn. 731). Die Pfändung bewirkt keinen Verlust der Prozessführungsbefugnis, OLG Hamm, VersR 1982, 749.
733 Kurzka (Fn. 732).

vertrags ist neben sonst bestimmter Bezeichnung des gepfändeten Anspruchs nicht notwendig[734].

7.57. Reisevertragsansprüche

Schrifttum: Müller, Die Pfändbarkeit des Anspruchs aus § 651f Abs. 2 BGB, JurBüro 1986, 1459. A.411

Ansprüche des Schuldners (als Reisender) an einen **Reiseveranstalter** auf Aufwendungsersatz nach Selbstabhilfe bei mangelhafter Leistung (§ 651k Abs. 2 BGB), auf Rückzahlung eines Teils des Reisepreises nach Minderung (s. § 651m BGB), nach Rücktritt vor Reisebeginn (s. § 651h BGB) sowie nach Kündigung (s. § 651l BGB)[735] oder auf Schadensersatz (§ 651n BGB), auch soweit der Anspruch auf Geldersatz für nutzlos aufgewendete Urlaubszeit geht[736] (§ 651n Abs. 2 BGB), sind als Geldforderungen pfändbar. Der Pfandgläubiger ist berechtigt, einen zur Minderung führenden Mangel für den Schuldner anzuzeigen; er kann für den Schuldner (Reisenden) aber nicht die Kündigung des Reisevertrags oder den Rücktritt vom Reisevertrag erklären und auch Teilnahme eines Dritten an der Reise nicht verlangen (§ 651e BGB) (vgl. Rdn. A.41). A.412

Die von einem Reiseveranstalter zu erbringende **Sicherstellung für den Insolvenzfall** (§ 651r BGB) begründet einen unmittelbaren Anspruch des Reisenden gegen den Versicherer oder das Kreditinstitut (§ 651r Abs. 4 BGB). Als solcher ist die Sicherheit nach den für ihre Art im Einzelfall geltenden Bestimmungen pfändbar. Bei Pfändung der Sicherheit für notwendige Aufwendungen der Rückreise kann Schutz nach § 765a ZPO in Betracht kommen.

7.58. Rückabwicklungsanspruch

Ein Vertragsverhältnis kann durch vorbehaltenen oder gesetzlich möglichen **Rücktritt** (bei Eigentumsvorbehalt z.B. nach § 323 BGB) in ein Abwicklungsverhältnis umgewandelt werden. Die Parteien sind, wenn der Rücktritt erfolgt (für Schuldner nach Pfändung siehe Rdn. B.158) verpflichtet, einander die empfangenen Leistungen rückzugewähren (§ 346 Abs. 1 BGB); für nicht zurückgewährbare Leistungen und Nutzungen ist Wertersatz zu leisten (§ 346 Abs. 2 BGB). A.413

Die Forderung auf **Rückgewähr** nach Ausübung des Rechts, von einem Vertrag zurückzutreten (§ 349 BGB), ist **pfändbar**. Die Pfändung bestimmt sich nach den für die zu erbringende Leistung im Einzelfall geltenden Vorschriften. Pfändung eines Zahlungsanspruchs (einer Geldforderung) erfolgt somit nach § 829 ZPO (bei hypothekarischer Sicherung nach § 830 ZPO), Pfändung auf Herausgabe oder Leistung einer körperlichen Sache nach §§ 846, 847 ZPO usw. Als zukünftige – abtretbare[737] – Forderung oder zukünftiger Anspruch gepfändet werden können be- A.414

---

734 OLG Hamm (Fn. 732).

735 Kündigung nach § 651e BGB begründet ein beiderseitiges Rückgewährschuldverhältnis, BGHZ 85, 50 = NJW 1983, 33.

736 So auch Müller, JurBüro 1986, 1459.

737 BGH, MDR 1973, 1012 = NJW 1973, 1793.

reits vor Erklärung des Rücktritts die Geldforderung und ebenso ein Anspruch auf Rückgewährung (Übertragung) eines Rechts oder Leistung einer körperlichen Sache, die geschuldet sind, wenn der Rücktritt erfolgt.

A.415 Ob sich bereits die Pfändung der vertraglichen Leistung, die der Schuldner erhalten hat, auch auf den Anspruch aus dem (späteren) Abwicklungsverhältnis erstreckt, ist nicht sicher bestimmbar. Von Belang sollte jedoch sein, dass der Rücktritt den (ursprünglichen) Vertrag nicht beseitigt, sondern in ein Rückgewährschuldverhältnis umgestaltet[738]. Mit dem Erlöschen der (ursprünglichen) Leistungspflichten[739] müssten an deren Stelle daher die Ansprüche aus dem Abwicklungsschuldverhältnis getreten sein. Die Pfändung eines (vormaligen) Erfüllungsanspruchs aus dem Vertragsverhältnis kann daher nicht hinfällig geworden (erloschen) sein; sie müsste sich an dem Rückgewähranspruch ungeachtet der Bezeichnung der Forderung im Pfändungsbeschluss (und der entfallenen Leistung nach §§ 847, 848 ZPO) fortsetzen. Die Pfändung des Anspruchs auf Verschaffung des Eigentums an einer verkauften Sache (§ 433 Abs. 1 BGB) als Sachleistungsanspruch (§§ 846–848 ZPO) würde daher auch (bereits) den Anspruch aus dem Abwicklungsschuldverhältnis auf Rückzahlung des Kaufpreises erfassen (Forderungsauswechslung). Weil das jedoch nicht sicher feststeht, sollte (jedenfalls vorsorglich) auch der Rückgewähranspruch eigens mitgepfändet werden. Das erfordert auch bestimmte Bezeichnung der Forderung des Schuldners an den zur Rückgewähr verpflichteten Drittschuldner als Gegenstand der Vollstreckungsmaßnahme und Zahlungs-/Leistungsverbot auch wegen dieser Forderung (dieses Anspruchs) im Pfändungsbeschluss.

A.416 **Formulierungsvorschlag:**

Gepfändet werden die angeblichen (auch künftigen) Forderungen des Schuldners an … – Drittschuldner – auf

- *Rückzahlung der Kaufpreisrate(n) oder des gesamten Kaufpreises, die bzw. der auf Grund des von Notar … am … Urk.R.Nr. … beurkundeten Kaufvertrags über das Grundstück … gezahlt wurde(n) (oder noch gezahlt wird) und nach Rücktritt vom Vertrag zurückzugewähren oder wegen Unwirksamkeit (Nichtigkeit) des Vertrags zu erstatten ist sind;*
- *Zahlung etwaiger Rückgewährkosten sowie auf Herausgabe oder Vergütung von Nutzungen und Ersatz von Verwendungen.*

7.59. Rückerstattungsanspruch

A.417 **Schrifttum:** Weißstein, Sind in der amerikanischen und britischen Zone die Pfändung und Überweisung von Rückerstattungsansprüchen zulässig? BB 1951, 292.

A.418 Ansprüche auf Rückerstattung der Opfern des Nationalsozialismus entzogenen Vermögenswerte sind in der ehem. amerikanischen und britischen Zone (im Gegensatz zur französischen Zone) schlechthin und ohne weitere Genehmigung

738 BGHZ 174, 290 = NJW 2008, 911.
739 BGH (Fn. 738).

pfändbar[740]. Die Pfändung muss in der für den zu leistenden Anspruch bestimmten Form durchgeführt werden, beim Zugriff auf eine Geldforderung sohin nach § 829 ZPO, bei Vollstreckung in den Anspruch auf Rückgabe eines Grundstücks nach §§ 846 ff. ZPO. Drittschuldner ist der zur Rückerstattung verpflichtete Dritte.

Rückerstattungsrechtliche Ansprüche **gegen das ehemalige Deutsche Reich** und gleichgestellte Rechtsträger werden nur als Geldforderungen geschuldet. Diese Forderungen sind pfändbar. Dies bestimmt das BRüG[741] in

§ 8 BRüG

Rückerstattungsrechtliche Ansprüche (§§ 1, 3) können abgetreten, verpfändet oder gepfändet werden.

Drittschuldner ist die Bundesrepublik Deutschland, vertreten durch die zuständige Oberfinanzdirektion[742].

7.60. Schadensausgleich nach dem Bundespolizeigesetz

Der **Schadensausgleich**, der für Vermögensschaden oder weitergehend bei einer Verletzung des Körpers, der Gesundheit oder bei einer Freiheitsentziehung nach §§ 51 ff. BPolG[743] in Geld oder als Kapitalabfindung geleistet wird, ist übertragbar und damit pfändbar (§ 851 ZPO). **A.419**

Der Ausgleich durch Entrichtung einer Rente für Schmälerung der Erwerbsfähigkeit, Vermehrung der Bedürfnisse oder Unterhaltsschaden ist als Rente nach § 850b Abs. 1 Nr. 1 oder 2 ZPO anzusehen; er ist daher nur unter den besonderen Voraussetzungen des § 850b Abs. 2 ZPO pfändbar. Der Ausgleich für entzogenen Unterhalt im Falle der Tötung (§ 53 Abs. 2 BPolG) unterliegt ebenso wie eine andere für die wegen Entziehung einer gesetzlichen Unterhaltsforderung zu entrichtende Rente dem Pfändungsschutz des § 850b Abs. 1 Nr. 2 ZPO.

7.61. Schadensersatzforderungen, Enteignungsentschädigung

7.61.1. Schadensersatzforderungen

Schrifttum: Bauer, Umfang und Begrenzung der Zwangsvollstreckung in verkehrsunfallbedingte Schadensersatzforderungen, JurBüro 1962, 655; Krebs, Zur Pfändbarkeit von Schadensersatzforderungen, VersR 1962, 389. **A.420**

Für die Pfändung von **Schadensersatzforderungen** des Schuldners als Geschädigter gegenüber dem Schädiger ist dieser Drittschuldner. Die Haftpflichtversicherungsgesellschaft des Schädigers ist Drittschuldnerin, wenn der Schuldner gegen sie einen unmittelbaren Zahlungsanspruch hat (§ 115 Abs. 1 VVG; siehe Rdn. A.202, A.209). Der Gläubiger, der die materielle Rechtslage bei Beginn der Zwangsvollstreckung meist noch nicht näher kennt, wird zu seiner Sicherheit die **A.421**

740 AG München, NJW 1953, 1922; Weißstein, BB 1951, 292.
741 Bundesrückerstattungsgesetz vom 19.7.1957 (BGBl I 734).
742 Quardt, MDR 1959, 173.
743 Bundespolizeigesetz vom 19.10.1994 (BGBl I 2978).

Pfändung sowohl gegen den Schädiger als auch dessen Haftpflichtversicherungsgesellschaft als Drittschuldner ausbringen. Zur Bezeichnung der Schadensforderung im Pfändungsbeschluss s. Rdn. B.87.

A.422 Die Pfändbarkeit der Forderungen richtet sich nach der Art des Anspruchs:

- **Renten** wegen einer Verletzung des Körpers oder der Gesundheit sowie Unterhaltsrenten sind nach § 850b Abs. 1 Nr. 1, 2 ZPO nur beschränkt pfändbar; hierzu siehe Rdn. C.176 ff., auch zur Pfändbarkeit der wegen entgangener Dienstleistung zu zahlenden Rente.
- Schadensersatz wegen **Verdienstausfalls** ist Arbeitseinkommen; siehe Rdn. C.28.
- Wegen des Anspruchs auf **Schmerzensgeld** und **Hinterbliebenengeld** siehe Rdn. A.437.
- Ersatzforderungen für **Sachschaden** sind ohne Einschränkung pfändbar. Sie unterliegen selbst dann unbeschränkt der Pfändung, wenn Ersatz für unpfändbare Sachen geschuldet wird (§ 811 ZPO)[744]. Der schon ausbezahlte Geldbetrag unterliegt nur in den Fällen des § 811 Abs. 1 Nr. 2, 3 ZPO nicht der Pfändung.
- Ersatzforderungen für **Beerdigungskosten** sind unbeschränkt pfändbar[745].
- Der als Schaden geschuldete **Unterhaltsaufwand** für ein ungewolltes Kind[746] müsste ebenso wie die Unterhaltsrenten des § 850b Abs. 1 Nr. 2 ZPO unpfändbar sein[747].

7.61.2. Staatshaftung

A.423 Staatshaftung für **Amtspflichtverletzung** in Ausübung hoheitlicher Tätigkeit (§ 839 BGB, Art. 34 GG) und für Tätigkeiten eines Bediensteten im bürgerlichrechtlichen Rechtskreis als verfassungsmäßig berufener Vertreter (§§ 89, 31 BGB) oder als Verrichtungs- oder Erfüllungsgehilfe (§§ 831, 278 BGB) begründet keine Besonderheiten. Schadensersatzforderungen sind daher auch in solchen Fällen nach dem Rdn. A.421, A.422 Gesagten pfändbar.

7.61.3. Sachverständigenhaftung

A.424 Der Anspruch gegen einen gerichtlich ernannten **Sachverständigen** auf Ersatz des Schadens, der durch gerichtliche Entscheidung infolge eines vorsätzlich oder grob fahrlässig unrichtig erstatteten Gutachtens entstanden ist (§ 839a BGB), ist unbeschränkt pfändbar.

---

744 Krebs, VersR 1962, 389; **a.A.** Bauer, JurBüro 1962, 655 (658 f.).

745 Krebs, VersR 1962, 390; **a.A.** Bauer, a.a.O. (Fn. 744), der Unpfändbarkeit annimmt, soweit der notwendige Betrag nicht aus einer Sterbegeld- oder Sozialversicherung gezahlt wird.

746 Dazu BGHZ 124, 128 = MDR 1994, 556 = NJW 1994, 788; BGH, NJW 1995, 2407; BGHZ 143, 389 = FamRZ 2000, 734 = NJW 2000, 1782, je m.w.N.; OLG Düsseldorf, NJW 1995, 1620; Roth, NJW 1995, 2399.

747 **Anders** Fleischmann und Rupp, Rpfleger 1983, 377 (379, zu III 1).

7.61.4. Gefährdungshaftung

Für Ersatzansprüche aus **Gefährdungshaftung** gilt das zur Pfändung von Schadensersatzforderungen (Rdn. A.421, A.422) Gesagte entsprechend. Renten wegen Verletzung des Körpers oder der Gesundheit und Unterhaltsrenten sind mithin nach § 850b Abs. 1 Nrn. 1, 2 ZPO nur bedingt pfändbar. Ersatzansprüche wegen Verdienstausfalls sind nur wie Arbeitseinkommen, Ersatzforderungen für Sachschaden sind uneingeschränkt pfändbar. Schmerzensgeld Rdn. A.437. In Betracht kommen z.B. **A.425**

- Ersatzansprüche nach dem **Haftpflichtgesetz**[748],
- Ersatzansprüche nach § 33 ff. des **Luftverkehrsgesetzes**[749] und nach §§ 7 ff. des **Straßenverkehrsgesetzes**[750],
- Ersatzansprüche nach dem **Atomgesetz**[751] (§§ 25 ff.),
- Ersatzansprüche nach §§ 84 ff. des **Arzneimittelgesetzes**[752],
- Schadensersatzansprüche nach dem **Produkthaftungsgesetz**[753],
- Schadensersatzansprüche aus Anlagenhaftung bei Umwelteinwirkungen nach dem **Umwelthaftungsgesetz**[754],
- Schadensersatzansprüche, die auf gentechnischen Arbeiten beruhen, nach§ 32 des **Gentechnikgesetzes**[755].

7.61.5. Entschädigungsleistungen

Für **Entschädigungsleistungen** gilt gleiches, soweit keine gesetzlichen Einzelregelungen bestehen[756]. Entschädigungsleistungen für Verdienstausfall sind mithin wie Arbeitseinkommen, Entschädigungsleistungen für unbewegliches Vermögen und bewegliche Gegenstände als Geldforderungen unbeschränkt pfändbar. In Betracht kommen z.B. **A.426**

- Ersatzansprüche für Wild- und Jagdschäden nach §§ 29–33 des **Bundesjagdgesetzes**[757],
- Abgeltungen nach § 20 des **Bundesleistungsgesetzes**[758],
- Entschädigung für Vermögensnachteile nach § 19 des **Luftverkehrsgesetzes,**
- Geldentschädigung nach § 54 des **Pflanzenschutzgesetzes**[759],

---

748 Haftpflichtgesetz i.d.F. vom 4.1.1978 (BGBl I 145).
749 Luftverkehrsgesetz i.d.F. vom 10.5.2007 (BGBl I 698).
750 Straßenverkehrsgesetz i.d.F. vom 5.3.2003 (BGBl I 310).
751 Atomgesetz i.d.F. vom 15.7.1985 (BGBl I 1565).
752 Arzneimittelgesetz i.d.F. vom 12.12.2005 (BGBl I 3394).
753 Produkthaftungsgesetz vom 15.12.1989 (BGBl I 2198).
754 Umwelthaftungsgesetz vom 10.12.1990 (BGBl I 2634).
755 Gentechnikgesetz i.d.F. vom 16.12.1993 (BGBl I 2066).
756 Siehe z.B. zu § 67 IfSG Rdn. A.216, zur Entschädigung für Strafverfolgungsmaßnahmen Rdn. A.164.
757 Bundesjagdgesetz i.d.F. vom 29.9.1976 (BGBl I 2849).
758 Bundesleistungsgesetz vom 19.10.1956 (BGBl I 815).
759 Pflanzenschutzgesetz vom 6.2.2012 (BGBl I 148).

- Geldausgleich, den der Grundstückseigentümer für Einwirkungen vom Betreiber einer Telekommunikationslinie nach § 76 Abs. 2 des **Telekommunikationsgesetzes**[760] verlangen kann,
- Geldentschädigung für Tierverluste nach § 15 des **Tiergesundheitsgesetzes**[761].

7.61.6. Entschädigung und Schadensersatzanspruch nach dem AGG

A.427 Der Anspruch auf Ersatz des Schadens durch den Arbeitgeber bei einem Verstoß gegen das **Benachteiligungsverbot** (§ 15 Abs. 1 AGG[762]) ist pfändbar. Wenn er auf Ersatz entgangenen Verdienstausfalls geht, unterliegt er den Pfändungsbeschränkungen für Arbeitseinkommen (s. Rdn. A.422 und C.28). Der Anspruch auf Entschädigung in Geld für einen Nicht-Vermögensschaden nach § 15 Abs. 2 AGG ist pfändbar[763].

7.61.7. Schadensersatzforderung nach § 717 Abs. 2 ZPO sowie nach Hinterlegung einer Sicherheit

A.428 Wird ein für vorläufig vollstreckbar erklärtes Urteil aufgehoben oder abgeändert, so ist der Kläger zum **Ersatz des Schadens** verpflichtet, der dem Beklagten durch die Vollstreckung des Urteils oder durch eine zur Abwendung der Vollstreckung gemachte Leistung entstanden ist (§ 717 Abs. 2 ZPO). Dieser Anspruch ist zunächst durch die Klageabweisung aufschiebend bedingt. Er ist pfändbar, und zwar als künftiger Anspruch auch schon vor der Klageabweisung[764].

A.429 An der Forderung gegen den Fiskus auf **Rückerstattung des durch den Kläger hinterlegten Geldes** oder der hinterlegten Wertpapiere (§ 233 BGB) hat der **ersatzberechtigte Schuldner** ein Pfandrecht erlangt, wenn die Vollstreckung erst nach Sicherheitsleistung erfolgen konnte. Dieses Pfandrecht ist ein Nebenrecht der gesicherten (eventuell noch bedingten) Schadensersatzforderung des § 717 Abs. 2 ZPO. Als solches kann es nicht selbstständig ohne die Schadensersatzforderungen übertragen (§ 1250 Abs. 1 S. 2, § 1273 Abs. 2 BGB) und auch nicht selbstständig gepfändet werden. Es wird als Nebenrecht vielmehr von der Pfändung der Schadensersatzforderung stillschweigend mitergriffen, ohne dass es seiner förmlichen Erwähnung im Pfändungsbeschluss bedarf[765]. Die Hinterlegungsstelle muss dieses Pfandrecht des vollstreckenden Gläubigers berücksichtigen, sobald ihr die wirksame Pfändung bekannt geworden ist.

A.430 Die Pfändung der Schadensersatzforderung samt Pfandrecht am Anspruch auf Rückerstattung der Hinterlegungsmasse hindert aber die Prozessparteien nicht,

---

760 Telekommunikationsgesetz vom 22.6.2004 (BGBl I 1190).
761 Tiergesundheitsgesetz vom 22.5.2013 (BGBl I 1324).
762 Allgemeines Gleichbehandlungsgesetz vom 14.8.2006 (BGBl I 1897).
763 LAG Baden-Württemberg, NZI 2012, 333 (335).
764 RGZ 145, 328 (331).
765 RG (Fn. 764).

sich unter Ausschluss des Pfändungsgläubigers über die streitbefangene Forderung mit der Wirkung zu vergleichen, dass der Schadensersatzanspruch des § 717 Abs. 2 ZPO wegfällt und damit von selbst das daran erwirkte Pfändungspfandrecht hinfällig wird[766].

Bei Pfändung des Schadensersatzanspruchs wird man eine nähere Bezeichnung der den Schadensersatz begründenden konkreten Ereignisse (z.B. Rückzahlung eingezogener Mietbeträge, Rückzahlung der zur Abwendung der Vollstreckung gezahlten 500 Euro; Erstattung aufgewendeter Zinsen) nicht fordern können. Denn die Verpflichtung zum Schadensersatz des § 717 ZPO ist ein eigener, selbstständiger Rechtsgrund, dessen Benennung eine ausreichend bestimmte Bezeichnung der zu pfändenden Forderung darstellt. Dadurch wird auch gewährleistet, dass die Schadensersatzforderung schon vor dem Schadenseintritt gepfändet und durch diese Pfändung sofort nach Hinterlegung der Sicherheit auf sie Zugriff genommen werden kann. A.431

Hat der **Schuldner** Geld als **Sicherheitsleistung** zur Abwendung der Zwangsvollstreckung aus einem nur vorläufig vollstreckbaren Urteil oder nach Einstellung der Zwangsvollstreckung hinterlegt, so hat der Gläubiger an dem Anspruch auf Rückerstattung des hinterlegten Geldes ein Pfandrecht erlangt (§ 233 BGB). Wenn die Forderung des Gläubigers, für die ihm Sicherheit geleistet ist, fällig wird, kann er sich aus ihr durch Einziehung befriedigen (§§ 1282, 1228 Abs. 2 BGB), auch wenn die Sicherheit von einem Dritten geleistet ist. Er braucht der Hinterlegungsstelle zu seinem Herausgabeantrag lediglich nachzuweisen, dass die Forderung, für die die Sicherheit haftet, fällig geworden ist[767]. Dieser Nachweis kann nur durch Vorlage eines rechtskräftigen Urteils (auch Vorbehaltsurteils nach § 599 ZPO) oder eines rechtskräftigen Kostenfestsetzungsbeschlusses, nicht aber auf Grund eines nur vorläufig vollstreckbaren Titels erbracht werden[768]. Infolge dieser vereinfachten Möglichkeit der Befriedigung aus der hinterlegten Sicherheit hat der Gläubiger kein Rechtsschutzbedürfnis für eine Pfändung des Anspruchs des Schuldners auf Herausgabe des hinterlegten Geldes[769]. Der Gläubiger kann den Anspruch des Hinterlegers auf Herausgabe des als Sicherheit hinterlegten Geldes jedoch pfänden, wenn sein Vollstreckungstitel nur vorläufig vollstreckbar ist. Nach Pfändung und Überweisung kann der Gläubiger den Herausgabeanspruch des Hinterlegers geltend machen, mithin die zur Herausgabe des Geldes erforderliche Erklärung des Schuldners (als Hinterleger) abgeben. Auch bei Vorlage eines rechtskräftigen obsiegenden Urteils kann der Gläubiger den Anspruch als Hinterleger auf Herausgabe der Sicherheit pfänden, wenn nicht durch Geldhinterlegung, sondern auf andere Weise Sicherheit geleistet worden ist. A.432

Formulierungsvorschlag: A.433

Gepfändet wird der angebliche Anspruch des Schuldners an … – Drittschuldner – auf Ersatz des Schadens, der ihm als Beklagter durch die Vollstreckung des Urteils

766 RG (Fn. 764).
767 AG Mosbach, Rpfleger 2011, 284 (285).
768 KG, KGJ 43A12.
769 So zutreffend AG Wedding, RpflBl 1967, 28; AG Mosbach (Fn. 767).

des Landgerichts Nürnberg-Fürth vom …, Aktenz. … oder durch eine zur Abwendung der Vollstreckung gemachte Leistung entstanden ist.

7.61.8. Enteignungsentschädigung und Rechte Dritter

A.434 Die Forderung auf **Enteignungsentschädigung** ist als Wertersatzforderung, soweit nicht Besonderheiten vorgesehen sind, unbeschränkt pfändbar.

A.435 Der an einer enteigneten Sache **berechtigt gewesene Dritte** bleibt, wenn ihm keine besondere Entschädigung gewährt wird, nach Maßgabe der Art. 52, 53, 53a EGBGB an dem Entschädigungsanspruch weiter berechtigt. Der Anspruch des Drittberechtigten auf besondere Entschädigung ist selbstständig pfändbar. Das Recht eines Dritten am Entschädigungsanspruch des Eigentümers ist Recht am Erlös, der an die Stelle eines Pfandes (§ 1247 S. 2 BGB) oder Grundpfandrechts (§§ 1128, 1287 BGB, Art. 53 EGBGB) getreten ist. Das Recht am Erlösanspruch ist wie ein Forderungsrecht zu pfänden (Rdn. F.218), und zwar wegen der fortbestehenden Akzessorietät zusammen mit der gesicherten persönlichen Forderung des berechtigten Schuldners.

A.436 Sonderregelungen, nach denen zumeist Entsprechendes gilt, z.B. § 97 Abs. 4 BauGB (Entschädigungsfälle auch §§ 18, 28 Abs. 6, §§ 39–44, 93 ff. BauGB); ferner Härteausgleich nach § 181 BauGB; § 72 FlurberG.

7.62. Schadensersatz für Nichtvermögensschaden

A.437 Eine billige Entschädigung in Geld kann als Schadenersatz bei Verletzung des Körpers, der Gesundheit, der Freiheit oder der sexuellen Selbstbestimmung wegen des Schadens zu leisten sein, der nicht Vermögensschaden ist (§ 253 Abs. 2 BGB). Verallgemeinernd wird dieser Anspruch auf Ersatz des immateriellen Schadens vielfach als **„Schmerzensgeldanspruch“** bezeichnet. Pfändbar ist der Anspruch als Geldforderung nach § 829 ZPO. Zur Bezeichnung des Anspruchs im Pfändungsbeschluss s. Rdn. B.87.

Im Falle einer Tötung hat ein Ersatzpflichtiger dem Hinterbliebenen, der zur Zeit der Verletzung zu dem Getöteten in einem besonderen persönlichen Näheverhältnis stand (ein solches wird vermutet, wenn der Hinterbliebene der Ehegatte, der Lebenspartner, ein Elternteil oder ein Kind des Getöteten war), für das dem Hinterbliebenen zugefügte seelische Leid eine angemessene Entschädigung in Geld zu leisten (**Hinterbliebenengeld**; § 844 Abs. 3 BGB und entsprechende Vorschriften in weiteren Gesetzen[770]). Der Anspruch ist nicht höchstpersönlich, sondern übertragbar und vererbbar[771] und daher auch pfändbar.

A.438 **Formulierungsvorschlag:**

Gepfändet wird die angebliche Forderung des Schuldners an … – Drittschuldner – auf Zahlung einer Entschädigung in Geld, die als Nichtvermögensschaden

---

770 Gesetz zur Einführung eines Anspruchs auf Hinterbliebenengeld vom 17.7.2017 (BGBl I 2421).

771 Begründung, BT-Drucks. 18/11397, S. 12.

(„Schmerzensgeld") für die bei dem Unfall am ... in ... verursachte Körperverletzung und Gesundheitsschädigung geschuldet wird.

7.63. Schadensversicherung (§§ 74–99 VVG)

Schrifttum: Bauer, Die Zwangsvollstreckung in Versicherungsleistungen, JurBüro 1961, 98; Bohn, Die Zwangsvollstreckung in Rechte des Versicherungsnehmers aus dem Versicherungsvertrag und der Konkurs des Versicherungsnehmers, Festschr. f. Schiedermair, 1976, S. 33; Kurzka, Der Zugriff Dritter auf den Rechtsschutzversicherungsanspruch, VersR 1980, 12. A.439

7.63.1. Pfändung der Schadensversicherung

Als Schadensversicherung regelt das VVG die A.440

- Haftpflichtversicherung (§§ 100–124 VVG; Rdn. A.202 ff.,
- Rechtsschutzversicherung (§§ 125–129 VVG; Rdn. A.410),
- Transportversicherung (§§ 130–141 VVG),
- Gebäudefeuerversicherung (§§ 142–149 VVG).

Den Versicherer verpflichtet diese Versicherung, nach dem Eintritt des Versicherungsfalls den Vermögensschaden in Höhe der Versicherungssumme zu ersetzen (§ 1 S. 1 VVG). Pfändung des Anspruchs als Geldforderung erfolgt nach § 829 ZPO. Drittschuldner ist die Versicherungsgesellschaft. Angabe der Versicherungsnummer: wie Rdn. A.294.

Soweit sich die Versicherung auf eine unpfändbare Sache (§ 811 ZPO) bezieht, schränkt § 17 VVG die Übertragbarkeit und damit auch (§ 851 Abs. 1 ZPO) die Pfändbarkeit ganz wesentlich ein. Die Vorschrift lautet: A.441

§ 17 VVG
Abtretungsverbot bei unpfändbaren Sachen

Soweit sich die Versicherung auf unpfändbare Sachen bezieht, kann eine Forderung aus der Versicherung nur auf solche Gläubiger des Versicherungsnehmers übertragen werden, die diesem zum Ersatz der zerstörten oder beschädigten Sachen andere Sachen geliefert haben.

Die Forderung kann dann nur an solche Gläubiger übertragen und deshalb nur von solchen Gläubigern gepfändet werden, die dem anspruchsberechtigten Schuldner zum Ersatz der zerstörten oder beschädigten Sache eine andere Sache geliefert haben. Dabei ist der Lieferant wegen der Höhe seiner Vollstreckungsforderung nicht auf den Wert der zerstörten Sache beschränkt; hat er eine wertvollere als die untergegangene Sache geliefert, so kann er mithin wegen seiner ganzen Forderung den Versicherungsanspruch pfänden[772]. Dem Lieferanten gleichgestellt ist, wer Geld zur bereits erfolgten Ersatzlieferung gegeben hat. Die Pfändungsbeschränkung des § 17 VVG (mit § 851 Abs. 1 ZPO) soll dem Schuldner die Wiederbeschaffung der (unpfändbaren) Gegenstände ermöglichen. Bei der Neuwertversi-

772 Bohn, Festschr. f. Schiedermair, S. 44.

cherung (jedenfalls für Hausrat) ist unpfändbar daher auch der Anspruch auf den Differenzbetrag zwischen Zeitwert und Neuwert[773]. Versicherungsleistungen für Reparatur- und Reinigungsarbeiten sind für Wiederherstellung (Wiederverwendung) beschädigter Sachen bestimmt, nach dem Zweck des § 17 VVG (mit § 851 Abs. 1 ZPO) sonach unpfändbar[774]. Dem unbeschränkten Vollstreckungszugriff aller Gläubiger steht die Ersatzforderung oder ihr Spitzenbetrag offen[775], wenn der Schuldner den unpfändbaren Gegenstand schon aus eigenen Mitteln beschafft hat oder die Neubeschaffung des Gegenstandes überhaupt nicht beabsichtigt oder soweit die Versicherungsforderung den für die Neubeschaffung der unpfändbaren Sache notwendigen Betrag übersteigt. Da bei Erlass des Pfändungsbeschlusses der Schuldner nicht gehört werden kann (§ 834 ZPO), kann im Einzelfall die Frage der Unpfändbarkeit nur im Erinnerungsverfahren geprüft werden. Der Pfändungsbeschluss muss daher auf Antrag immer erlassen werden, wenn der Gläubiger schlüssig vorträgt, die zu pfändende Versicherungsforderung beziehe sich nicht oder nicht mehr auf eine unpfändbare Sache. Zinsen und Kosten(Aufwendungs)ersatz unterliegen der Pfändungsbeschränkung des § 17 VVG nicht.

A.442 Für **mehrere Personen** als Versicherungsnehmer (seltenerer Fall) bestimmen sich die Berechtigung und damit auch Zulässigkeit und Möglichkeit der Pfändung nach dem zwischen ihnen als Vertragspartner (gemeinsame Versicherungsnehmer) bestehenden Rechtsverhältnis. Bruchteilsmiteigentümer eines Vermögensgegenstandes als Versicherungsnehmer werden in der Sachversicherung daher als Mitgläubiger nach § 432 BGB angesehen[776]. Zur Pfändung im Einzelnen Rdn. A.68 ff.

7.63.2. Eigen- und Fremdversicherung

A.443 Genommen sein kann die Schadensversicherung

- im eigenen Namen (Eigenversicherung),
- für fremde Rechnung (§§ 43–48 VVG).

A.444 Bei der **Versicherung für fremde Rechnung** stehen die Rechte aus dem Versicherungsvertrag (die „geldlichen" Ansprüche) nicht dem Versicherungsnehmer, sondern (materiell) dem versicherten Dritten zu (§ 44 Abs. 1 S. 1 VVG). Jedoch kann die Übermittlung des Versicherungsscheins nur der Versicherungsnehmer verlangen (§ 44 Abs. 1 S. 2 VVG). Soweit nicht Vertragsinhalt gewordene Versicherungsbedingungen (oder Einzelvereinbarungen) Abweichendes vorsehen, gilt sodann:

A.445 Der **versicherte Dritte** kann über seine Rechte nur mit Zustimmung des Versicherungsnehmers oder dann verfügen, wenn er im Besitz des Versicherungsscheins ist (§ 44 Abs. 2 VVG). Der **Versicherungsnehmer** kann über die Rechte, die dem Versicherten aus dem Versicherungsvertrag zustehen, im eigenen Namen verfügen (§ 45 Abs. 1 VVG; formelles Verfügungsrecht). Jedoch ist, wenn ein Versicherungs-

---

773 LG Detmold, Rpfleger 1988, 154.
774 LG Detmold, (Fn. 773).
775 Siehe auch Bauer, JurBüro 1961, 98 (99).
776 OLG Saarbrücken, OLGR 2004, 316.

schein ausgestellt ist, der Versicherungsnehmer zur Annahme der Zahlung nur mit Zustimmung des Versicherten oder dann befugt, wenn er im Besitz des Scheins ist (§ 45 Abs. 2 VVG). Mit Zahlung der Versicherungssumme an den Versicherungsnehmer erlischt die Versicherungsforderung[777]. Die **Versicherung** ist zur Zahlung an den Versicherungsnehmer nur verpflichtet, wenn dieser ihr gegenüber nachweist, dass der Versicherte seine Zustimmung zu der Versicherung erteilt hat (§ 45 Abs. 3 VVG).

Für das **Innenverhältnis** zwischen Versicherungsnehmer und versichertem Dritten bestimmt § 46 VVG, dass der Versicherungsnehmer nicht verpflichtet ist, dem Versicherten den Versicherungsschein auszuliefern, bevor er wegen der ihm gegen diesen in Bezug auf die versicherte Sache zustehenden Ansprüche befriedigt ist, und dass er sich für diese Ansprüche aus der Entschädigungsforderung sowie nach Einziehung aus der Entschädigungssumme vor dem Versicherten und dessen Gläubigern befriedigen kann. Ob und wann der Versicherungsnehmer als (formell) Einziehungsberechtigter die (eingezogene) Versicherungssumme an den versicherten Dritten auszukehren hat, bestimmt sich nach den Rechtsbeziehungen, die im Innenverhältnis zwischen ihm und dem versicherten Dritten bestehen[778]. Auch dann vielfach, ebenso aber, wenn keine vertragliche Abmachung über die Verwendung der Versicherungssumme besteht, überlässt § 46 VVG dem Versicherungsnehmer das Verfügungsrecht über die Rechte des Versicherten aus dem Versicherungsvertrag nur zu treuen Händen[779]; die gesetzliche Treustellung des Versicherungsnehmers begründet aber jedenfalls einen Auskehranspruch des versicherten Dritten[780]. **A.446**

Als pfändbare Ansprüche des **versicherten Dritten** bestehen bei Zwangsvollstreckung gegen ihn als Schuldner somit **A.447**

- seine **Entschädigungsforderung** gegen den Versicherer (die Versicherungsgesellschaft), deren (materiell) Berechtigter er als versicherter Dritter ist (§ 44 Abs. 1 S. 1 VVG),
- sein **Auskehranspruch** an den (formell) im eigenen Namen verfügungsberechtigten Versicherungsnehmer (s. § 45 Abs. 1 S. 1 VVG) auf (vgl. § 44 Abs. 2 VVG) Auslieferung des Versicherungsscheins und Zustimmung in die Auszahlung der Entschädigungsforderung[781] oder – nach Einziehung der Forderung – auf Herausgabe (Zahlung) der Entschädigungssumme (je gekürzt um die nach § 46 VVG zu befriedigenden Ansprüche).

Die Pfändung erfolgt nach § 829 ZPO. Drittschuldner ist für die Entschädigungsforderung der Versicherer (die Versicherungsgesellschaft), für den Auskehranspruch der Versicherungsnehmer.

Mit Pfändung der **Entschädigungsforderung** erlangt der vollstreckende Gläubiger ein Pfandrecht (§ 804 Abs. 1 ZPO; Einziehungsbefugnis nach Überweisung, **A.448**

---

777 BGHZ 32, 44 (51) = MDR 1960, 381 = NJW 1960, 912.
778 BGH (Fn. 777); BGHZ 64, 260 (262) = MDR 1975, 742 = NJW 1975, 1273.
779 BGHZ 64, 260 (Fn. 778); BGHZ 113, 151 (154) = MDR 1991, 513 = NJW 1991, 1055; zu früher abweichender Beurteilung siehe BGH (Fn. 777).
780 BGHZ 113, 151 (155, 156) (Fn. 779).
781 Dazu auch OLG Düsseldorf, NJW-RR 1997, 1051.

§ 835 ZPO) nur an dem Anspruch des versicherten Dritten (seines Schuldners), nicht aber weitergehende Befugnisse als diejenigen, die aus dessen Rechtsstellung folgen[782]. Dem Versicherungsnehmer bleibt daher weiterhin das (formelle) Verfügungsrecht nach § 45 VVG; der Pfändungsgläubiger hat (auch nach Überweisung) – wie der versicherte Dritte – nicht die Befugnis, die Rechte aus dem Versicherungsvertrag auszuüben[783]. Erst die Zustimmung des Versicherungsnehmers oder der Besitz des Versicherungsscheins können es dem vollstreckenden Gläubiger daher ermöglichen, als Pfändungsgläubiger den Anspruch des versicherten Schuldners auf die Entschädigungsforderung gegen den Versicherer (§ 44 Abs. 2 VVG) geltend zu machen[784]. Als Auskehranspruch sind der Anspruch auf Auslieferung des Versicherungsscheins und Zustimmung in die Auskehrung der Entschädigungsforderung (hilfsweise) pfändbar. Soll eine Verfügung des Versicherungsnehmers verhindert werden (sofern er dazu im Innenverhältnis nicht mehr befugt ist), muss dem Pfändungsgläubiger daran gelegen sein, rasch in den Besitz des Versicherungsscheins zu gelangen (§ 45 Abs. 2 VVG). Die Wegnahmevollstreckung beim Versicherungsnehmer durch den Gerichtsvollzieher (§ 883 Abs. 1 ZPO) erfordert einen Herausgabetitel (Urteil, einstweilige Verfügung); § 836 Abs. 3 ZPO ermöglicht eine Herausgabevollstreckung beim Drittschuldner nicht. Eine Zustimmung des Versicherten (Schuldners) zur Annahme der Zahlung an den Versicherungsnehmer (§ 45 Abs. 2 VVG) kann allein keine Bedeutung mehr erlangen, wenn dem Versicherer die Pfändung (die Mitberechtigung des pfändenden Gläubigers) zur Kenntnis gebracht wird.

A.449 Ob ein Gläubiger des **Versicherungsnehmers** (dieser ist nicht Gläubiger des Versicherungsanspruchs, siehe Rdn. A.444) dessen aus dem Recht zur Verfügung im eigenen Namen (§ 45 Abs. 1 VVG) entspringenden Zahlungsanspruch pfänden kann, ist nicht geklärt. Als Treuhänderforderung wäre für Gläubiger des Versicherungsnehmers dessen Anspruch gegen den Versicherer pfändbar (Rdn. A.547). Der Versicherte als Berechtigter der Entschädigungssumme könnte einem solchen Pfändungszugriff jedoch mit Widerspruchsklage (§ 771 ZPO) begegnen (Rdn. A.547). Man wird aber weitergehend davon ausgehen können, dass dem formellen Verfügungsrecht des Versicherungsnehmers über die Rechte des Versicherten (§ 45 Abs. 1 VVG) zugleich eine Zweckbindung (Rdn. A.16) entspringt, die eine Pfändung durch Gläubiger des (herausgabepflichtigen) Versicherungsnehmers hindert. Sie ermöglicht aber die Pfändung durch einen Gläubiger des Versicherungsnehmers, soweit dieser sich nach § 46 VVG vorrangig befriedigen, die Versicherungs-

---

782 So auch OLG Düsseldorf (Fn. 781; der Fall betraf die Mitversicherung des Schuldners in der Haftpflichtversicherung seiner Ehefrau); OLG Hamburg, NJW 1952, 388.

783 OLG Düsseldorf (Fn. 781); OLG Hamburg (Fn. 782), das überdies annimmt, die (zulässig) gepfändete Entschädigungsforderung könne dem versicherten Dritten, der nicht im Besitz des Versicherungsscheins ist, ohne Zustimmung des Versicherungsnehmers nicht zur Einziehung überwiesen werden. Doch ist Überweisung als Pfandverwertung für zulässig zu erachten; sie ermächtigt den Gläubiger, das gepfändete Forderungsrecht seines Schuldners wie dieser „im eigenen Namen“, somit nach Zustimmung des Gläubigers oder Erlangung des Besitzes am Versicherungsschein geltend zu machen. Das OLG Düsseldorf nimmt hingegen an, dass die Überweisung „ins Leere gehe“, wenn der versicherte Dritte selbst zur Einziehung noch nicht befugt ist.

784 Siehe auch OLG Düsseldorf (Fn. 781).

leistung somit im eigenen Namen für eigene Rechnung erheben (oder auch, soweit er sie nach dem Innenverhältnis einbehalten) kann.

Ein **Direktanspruch** auf Schadensersatz gegen den Versicherer (der früher nur in der Kraftfahrtversicherung bestand) begründet § 115 Abs. 1 VVG für die Haftpflichtversicherung zur Erfüllung einer Versicherungspflicht, wenn über das Vermögen des Versicherungsnehmers das Insolvenzverfahren eröffnet worden ist (usw.) oder wenn der Aufenthalt des Versicherungsnehmers unbekannt ist. § 45 VVG über das (formelle) Verfügungsrecht des Versicherungsnehmers gilt damit als ausgeschlossen. A.450

7.63.3. Hypothekarische Haftung

Versicherungsforderungen für Gegenstände, die der Hypothek, damit auch einer Grundschuld oder Rentenschuld, unterliegen, also für Grundstücke, Gebäude, sonstige Bestandteile und Zubehör, unterliegen der hypothekarischen Haftung (wegen der Einzelheiten siehe §§ 1127–1129 BGB). Als Geldforderungen können sie durch Pfändungsbeschluss daher nur gepfändet werden, wenn eine Beschlagnahme im Wege der Zwangsvollstreckung in das unbewegliche Vermögen nicht erfolgt ist (§ 865 Abs. 2 ZPO). Diese Beschlagnahme durch Immobiliarvollstreckung erfolgt durch Zwangsversteigerung und Zwangsverwaltung (§ 20 ZVG), bei Forderungen aus der Versicherung land- und forstwirtschaftlicher Erzeugnisse durch Zwangsversteigerung aber nur, soweit die Erzeugnisse mit dem Boden noch verbunden oder Zubehör des Grundstücks waren (§ 21 Abs. 1 ZVG; anders bei Zwangsverwaltung, die immer beschlagnahmt, siehe § 148 Abs. 1 ZVG). Nach § 1127 Abs. 2 BGB wird die Beschlagnahme dadurch unwirksam – die Forderung also wieder pfändbar –, dass der Versicherungsgegenstand wieder hergestellt oder Ersatz für ihn beschafft ist. Zahlung der Forderung durch den Versicherer an den (nach Überweisung einziehungsbefugten) Pfändungsgläubiger muss der Gläubiger der Forderung (Vollstreckungsschuldner als Versicherter) gegen sich gelten lassen, auch wenn die Pfändung dem Hypothekengläubiger gegenüber (nach den §§ 1128, 135 BGB) relativ unwirksam ist[785]. A.451

7.63.4. Havarie eines Schiffes

Die Versicherungsforderung aus einer Havarie eines Schiffes kann nicht gepfändet werden, wenn nach dem Vollstreckungstitel der Schiffseigner nicht persönlich, sondern gem. § 4 BinSchG[786] nur mit Schiff und Fracht haftet[787]. A.452

785 BGH, MDR 1985, 301 = VersR 1984, 1137.
786 Binnenschiffahrtsgesetz vom 15.6.1895 (RGBl 801).
787 LG Berlin, Rpfleger 1976, 438.

7.64. Schenker, Schenkung, Geschenk

A.453 Der durch **Schenkungsversprechen** (§ 518 BGB) entstandene Anspruch des beschenkten Schuldners ist pfändbar. Eine Ausnahme ergibt sich bei fortlaufenden Einkünften aus Freigebigkeit des Schenkers (§ 850b Abs. 1 Nr. 3 ZPO). Pfändung des Anspruchs auf Leistung einer körperlichen Sache hat nach §§ 846 ff. ZPO zu erfolgen (siehe Teil F).

A.454 **Rückforderung wegen Verarmung**: Ein Schenker kann von dem Beschenkten die Herausgabe des Geschenks nach den Vorschriften über die Herausgabe einer ungerechtfertigten Bereicherung fordern, soweit er nach der Vollziehung der Schenkung außerstande ist, seinen angemessenen Unterhalt zu bestreiten und die ihm seinen Angehörigen gegenüber obliegende gesetzliche Unterhaltspflicht zu erfüllen (§ 528 Abs. 1 S. 1 BGB). Dieser Anspruch auf Herausgabe des Geschenks (gleichgültig, ob es sich um eine Geldforderung, § 829 ZPO, oder um einen Anspruch auf Rückgabe einer Sache, §§ 846 ff. ZPO, handelt) ist der Pfändung nur unterworfen, wenn er durch Vertrag anerkannt oder rechtshängig geworden ist[788] (§ 852 Abs. 2 ZPO). Diese Regelung verhindert, dass der Anspruch gegen den Willen des Berechtigten geltend gemacht wird. Sie wahrt damit die Interessen des Schenkers für sein höchstpersönliches Recht auf Rückforderung wegen Notbedarfs. Infolge dieser gegenüber § 851 ZPO (Pfändung erfordert abtretbare Forderung) speziellen (abweichenden[789]) Regelung erlangt für die Pfändung ab vertraglicher Anerkennung oder Rechtshängigkeit keine Bedeutung mehr, dass die Abtretung des Anspruchs nur an den in § 528 Abs. 1 S. 1 BGB genannten Personenkreis für zulässig gehalten wird[790]. Wegen Einzelheiten siehe Rdn. A.387 ff., dort auch zur voraus möglichen Pfändung mit eingeschränktem Pfandrecht.

A.455 Bei regelmäßig wiederkehrendem Unterhaltsbedarf des Schenkers wird angenommen, dass sich der Anspruch aus § 528 Abs. 1 S. 1 BGB auf wiederkehrende Leistungen des Beschenkten in einer dem angemessenen Unterhaltsbedarf entsprechenden Höhe richtet, bis der Wert des Schenkungsgegenstands erschöpft ist[791]. Ist der Rückforderungsanspruch nicht von vornherein in dieser Weise begrenzt, dann kann der Beschenkte durch Zahlung des für den Unterhalt erforderlichen Betrages in Form einer Rente (§ 760 BGB) die Herausgabe abwenden (§ 528 Abs. 1 S. 2 BGB). Die dem Schuldner demnach zufließenden einzelnen Raten sind weder nach § 852 Abs. 2 ZPO noch nach § 850b Abs. 1 Nr. 2 ZPO unpfändbar (Gegenstand der Pfändung ist der Rückforderungsanspruch wegen Notbedarfs nach § 528 BGB, dessen Pfändbarkeit § 852 Abs. 2 ZPO regelt, nicht somit eine nach § 850b Abs. 1 ZPO unpfändbare gesetzliche Unterhaltsrente). Pfändungsschutz kann jedoch nach § 765a ZPO zu gewähren sein. Die pfändbare Rente bei ersetzender Leistung des Beschenkten nach § 528 Abs. 1 S. 2 BGB kann überdies auch nach Überweisung vom Gläubiger nicht eingeklagt werden.

---

788 BGHZ 169, 320 (327) = FamRZ 2007, 277 = MDR 2007, 387 = NJW 2007, 60.

789 BGH (Fn. 788).

790 OLG München, NJW-RR 1993, 250; zu weitergehender Möglichkeit der Abtretung siehe BGHZ 127, 354 = FamRZ 1995, 160 = NJW 1995, 323.

791 BGH, MDR 1996, 348 = NJW 1996, 987.

Das **Rückforderungsrecht** des Schenkers **bei Nichterfüllung** einer Auflage (§ 527 BGB) ist ein höchstpersönliches Recht. Als solches kann es nicht gepfändet[792] und vom Gläubiger ausgeübt werden. Pfändbar ist jedoch die nach Geltendmachung des Rückforderungsrechts durch den Schuldner selbst vom Beschenkten zu erbringende Leistung. Diese Pfändung erfolgt nach § 829 ZPO (Geldforderung) oder nach §§ 846 ff. ZPO (Anspruch auf Rückgabe einer Sache). A.456

Für das **Widerrufsrecht** des Schenkers wegen **groben Undanks**[793] (§ 530 BGB) und die nach Erklärung des Widerrufs durch den Beschenkten geschuldete Leistung (§ 531 Abs. 2 BGB) gilt das Rdn. A.458 Gesagte entsprechend. A.457

Als Schenkung, nicht als unbenannte (ehebezogene) Zuwendung (Rdn. A.157) werden **Zuwendung der Eltern**, die um der Ehe ihres Kindes willen **an das** künftige **Schwiegerkind** erfolgen, angesehen[794]. Beispiele: Zuwendung von Geldbeträgen zum Erwerb einer Eigentumswohnung als Familienheim, Arbeitsleistung und Materialkosten, Übereignung eines Baugrundstücks. Bei Scheitern der Ehe bestimmt sich eine Rückabwicklung dieser Schenkung nach den Grundsätzen über den Wegfall der Geschäftsgrundlage[795](§ 313 BGB). Im Einzelfall kann auch der Anspruch wegen Zweckverfehlung nach § 812 Abs. 1 S. 2 Alt. 2 BGB in Betracht kommen[796]. A.458

Ein (pfändbarer) Rückabwicklungsanspruch besteht vor Scheitern der Ehe nicht, auch nicht als künftiger Anspruch (wie Rdn. A.158). Nach Scheitern der Ehe kann der Rückabwicklungsanspruch als Geldforderung (§ 829 ZPO) und als Sachherausgabeanspruch (§§ 846 ff. ZPO) nach dem Grundgedanken des § 852 Abs. 2 ZPO vor vertraglicher Anerkennung oder Rechtshängigkeit nicht gegen den Willen des Berechtigten geltend gemacht werden, somit der Pfändung nicht unterworfen sein (siehe auch Rdn. A.159). Wegen Einzelheiten siehe daher Rdn. A.387 ff., dort auch zur voraus möglichen Pfändung mit eingeschränktem Pfandrecht. Möglich können auch schenkungsrechtliche Rückforderungsansprüche sein[797] (Rdn. A.454 ff.).

Zur vertraglich vereinbarten Rückübertragungsverpflichtung bei Schenkung (Übergabe, sonstige Zuwendung) von Grundbesitz Rdn. G.65. A.459

7.65. Sicherheitsleistung

In **Strafsachen** kann zur **Haftverschonung** Sicherheit durch Hinterlegung in barem Geld oder in Wertpapieren geleistet sein (§ 116a Abs. 1, §§ 127a, 132 Abs. 1 StPO). Mit Aufhebung der Maßnahme, die der Aussetzung des Haftvollzugs dient, A.460

---

792 Ellenbeck, MittRhNotK 1997, 41 (53).
793 Unpfändbar nach OLG Hamm, KKZ 1996, 56 (58).
794 BGHZ 184, 190 = DNotZ 2010, 852 mit Anm. Koch = FamRZ 2010, 958, 1047 Leits. mit Anm. Wever = MDR 2010, 932 = NJW 2010, 2202 mit Anm. Schmitz (Aufgabe früherer Rspr.); dazu Schlecht, FamRZ 2010, 1021; Hoppenz, FamRZ 2010, 1027; BGH, FamRZ 2010, 1626 mit Anm. Wever = MDR 2010, 1190 = NJW 2010, 2884; BGH, MDR 2010, 1121; BGH, FamRZ 2012, 273.
795 BGH (Fn. 794).
796 BGH (Fn. 794).
797 Wever, FamRZ 2010, 1047.

wird die nicht verfallene Sicherheit frei[798] (§ 123 Abs. 2 StPO). Wer für den Beschuldigten[799] Sicherheit geleistet hat, kann deren Freigabe auch auf andere Weise erlangen (§ 123 Abs. 3 StPO). Anspruch auf Rückerstattung des hinterlegten Betrages hat dann (mangels einer abweichenden Bestimmung des Hinterlegers) nur der Hinterleger[800], d. i. derjenige, der als Hinterleger aufgetreten und damit das öffentlich-rechtliche Hinterlegungsverhältnis begründet hat (und zwar auch dann, wenn das Geld aus Mitteln eines anderen stammt oder die Hinterlegung im wirtschaftlichen Interesse eines anderen erfolgt ist[801]). Dessen Anspruch auf Rückzahlung oder Rückgabe der Sicherheit ist pfändbar[802], und zwar bereits vor dem Zeitpunkt des Freiwerdens[803]. Drittschuldner: Die in den landesrechtlichen Bestimmungen bestimmte Stelle, nicht jedoch die Staatsanwaltschaft oder das Gericht, bei dem das Strafverfahren anhängig ist.

7.66. Sparguthaben

A.461 **Schrifttum:** Algner, Die Sicherungskarte des Sparers bei der Vollstreckung nach § 836 Abs. 3 ZPO, DGVZ 1978, 8; Canaris, Inhaberschaft und Verfügungsbefugnis bei Bankkonten, NJW 1973, 825; Eichel, Vom Einzel- zum Anderkonto, MittRhNotK 1975, 613; Noack, Pfändung von Sparguthaben, Giro- und Postscheckkonten, Ander- und Gemeinschaftskonten, KKZ 1972, 47.

A.462 Die Forderung aus der **Spareinlage** ist Geldforderung und als solche nach § 829 ZPO pfändbar. Drittschuldner ist die Bank oder Sparkasse, die dem Schuldner die (zu pfändende) Forderung aus der Spareinlage schuldet. Zu deren Bezeichnung[804] Rdn. A.242. Die Angabe der Sparbuch-Nr. im Pfändungsbeschluss ist zweckdienlich; auch ohne ihre Nennung ist aber der Anspruch hinreichend bezeichnet[805]. Nach § 833a ZPO umfasst die Pfändung des Guthabens eines Kontos bei einem

---

798 Dazu OLG Frankfurt, MDR 1983, 153 = NJW 1983, 295; OLG Celle, NdsRpfl 1987, 136.

799 Keine der Pfändung gegenüber vorrangige Abtretung einer nach dem Außervollziehungsbeschluss von dem Beschuldigten als Eigenhinterleger zu leistenden Sicherheit vor der Freigabe (würde die Sicherheit des Eigenhinterlegers in die eines Dritten umwandeln), OLG München, NJW-RR 1998, 1372.

800 OLG Frankfurt, NJW-RR 1988, 1408.

801 OLG Frankfurt (Fn. 800).

802 OLG Frankfurt (Fn. 798). Aufrechnungsverbot für den Staat: BGHZ 95, 109 = NJW 1985, 2820. Zur Pflicht des Rechtsanwalts des Beschuldigten, seinen Mandanten über das Risiko eines Pfändungszugriffs zu belehren und über die Möglichkeiten von Sicherungsmaßnahmen (z.B. Abtretung des Rückzahlungsanspruchs an den Geldgeber) zu beraten, s. BGH, NJW 2004, 3630.

803 Nach BGHZ 95, 109 (115) (Fn. 802) als zukünftiger Anspruch; nach OLG Frankfurt (Fn. 800) begründet das mit Einzahlung entstandene Hinterlegungsverhältnis ein durch den Wegfall des Hinterlegungsgrundes „bedingtes“ Recht auf Rückerstattung des hinterlegten Betrags. **A.A.** wohl OLG Frankfurt (Fn. 798).

804 Zur Bezeichnung der kontoführenden Filiale **anders** Prost, NJW 1958, 486 m.w.N.; auch Lieseke, WM 1975, 316, 318.

805 LG Berlin, Rpfleger 1971, 262; LG Berlin, Rpfleger 1978, 65; AG Bremen, JurBüro 1998, 605 (606); Hintzen, Forderungspfändung, § 5 Rdn. 140; Quardt, JurBüro 1959, 390; Wünnenberg, JurBüro 1960, 293; Noack, KKZ 1972, 47; Lieseke, WM 1975, 316 (für Kontonummer); siehe auch Rdn. A.244.

Kreditinstitut das am Tag der Zustellung des Pfändungsbeschlusses bestehende Guthaben sowie die Tagesguthaben der auf die Pfändung folgenden Tage (dazu Rdn. A.248). Guthaben eines Kontos ist auch das Sparkonten-Guthaben[806]. Dass sich die Pfändung auch auf künftige Kontoguthaben und spätere Guthabenzinsen erstreckt, bräuchte daher im Wortlaut des Pfändungsbeschlusses nicht mehr ausdrücklich hervorgehoben zu werden; üblich ist das gleichwohl noch. Mit der Zustellung des Beschlusses an die Bank oder Sparkasse als Drittschuldnerin (dazu Rdn. A.246) wird die Pfändung wirksam. Nach diesem Zeitpunkt (nicht nach der späteren Wegnahme des Sparbuchs) bestimmt sich der Pfändungsrang[807] (§ 804 Abs. 3 ZPO). Drittschuldnerschutz, wenn nach Zustellung Auszahlung durch eine Zahlstelle nicht mehr verhindert werden kann, s. Rdn. B.166 (auch Rdn. C.78). Da die Bank oder Sparkasse als Drittschuldnerin nicht für die Nachteile aus unverschuldeten Verzögerungen bei Feststellung der Filiale und des Kontos haftet, muss dem Gläubiger die rechtzeitige und ausreichende Feststellung dieser Angaben angeraten werden. Das Gericht kann die Beibringung dieser Angaben nach § 139 ZPO anregen, den Pfändungsantrag aber nicht ablehnen, wenn die Ergänzung unterbleibt[808].

Das **Sparbuch** selbst kann nicht Gegenstand eines Pfandrechts sein; es ist nicht selbstständig Träger eines Rechts aus der Spareinlage, sondern (qualifiziertes, hinkendes) Legitimationspapier[809]. Die Spareinlage kann daher nicht dadurch gepfändet werden, dass der Gerichtsvollzieher das Sparbuch als körperliche Sache pfändet. Doch kann der Gerichtsvollzieher das Sparbuch zur Abwendung einer Vereitelung der Forderungspfändung im Wege der Hilfspfändung vorläufig in Besitz nehmen (siehe Rdn. B.374). Nach Wirksamwerden der Pfändung mit Beschlusszustellung wird der Gläubiger auf rasche Herausgabe des Sparbuchs (Rdn. B.268) hinwirken, weil noch immer die Gefahr besteht, dass das Sparguthaben bei anderen Kreditinstituten im freizügigen Sparverkehr ausgezahlt wird. **A.463**

Ein mit der Bank oder Sparkasse vereinbartes Kennwort schützt vor unrechtmäßiger Abhebung, hindert also die Pfändung nicht. Als der rechtmäßige Verfügungsbefugte kann der Gläubiger nach Überweisung auch ohne Kenntnis des Kennwortes über das Sparguthaben verfügen. Entsprechendes gilt für die sog. Sicherungskarte[810]. **A.464**

Zur Pfändung eines als **Mündelvermögen** gesperrten Sparguthabens (siehe § 1809 BGB) und zur Einziehung der Einlage durch den Gläubiger ist eine Genehmigung des Familiengerichts nicht notwendig. Das Sparguthaben ist vielmehr für Gläubiger des Mündels ein bereites und für die nicht genehmigungspflichtige Zwangsvollstreckung geeignetes Vermögensstück[811]. **A.465**

---

806 Begründung, BT-Drucks. 16/7615, S. 16.
807 AG Berlin-Charlottenburg, DGVZ 1992, 62.
808 **A.A.** Prost, NJW 1958, 486.
809 RGZ 68, 277 (282); BGHZ 28, 368 = MDR 1959, 294 = NJW 1959, 622; Hintzen, Forderungspfändung, § 5 Rdn. 138.
810 Siehe Algner, DGVZ 1978, 8.
811 KG, OLG 27, 132.

A.466 Das über das Sparguthaben ausgestellte **Sparbuch** muss der Schuldner nach Überweisung der gepfändeten Forderung zu ihrer Geltendmachung dem Gläubiger herausgeben (§ 836 Abs. 3 ZPO; siehe Rdn. B.268). Diese Herausgabe kann im Wege der Zwangsvollstreckung verwirklicht werden, wenn das Sparbuch im Überweisungsbeschluss bezeichnet ist (siehe Rdn. B.274). Wenn der Gläubiger keine Möglichkeit hat, dem Schuldner das Sparbuch wegnehmen zu lassen, insbesondere wenn der Aufenthaltsort des Schuldners unbekannt ist und daher von ihm keine Auskunft über den Verbleib des Sparbuchs erlangt werden kann, wird dem Gläubiger das Recht zugestanden, die Kraftloserklärung des „abhanden gekommenen" Sparbuchs (Art. 90 Wechselgesetz analog) zu betreiben[812].

A.467 Wer **Gläubiger des Sparguthabens** ist und daher als Schuldner die Zwangsvollstreckung dulden muss, kann zweifelhaft sein. Dies ist nicht notwendigerweise der im Sparbuch benannte Berechtigte[813]. Vielmehr kann auch der Einzahlende selbst Gläubiger sein, wenn sein aus den Gesamtumständen zu ermittelnder Wille Anhaltspunkte dafür bietet[814]. So wird aus den Umständen des Falles oft folgen, dass bei Anlage von Sparbüchern durch nahe Angehörige zugunsten eines im kindlichen (jugendlichen) Alter stehenden Verwandten (Eltern zugunsten ihrer minderjährigen Kinder[815], Großvater oder -mutter für Enkelkind[816]) der Einzahlende (= Sparer) selbst Gläubiger bleiben soll[817]. Sollte nach dem (erkennbaren) Willen des Kunden, der die Kontoeröffnung beantragt, dieser als Gläubiger der Bank oder

---

812 Vgl. Hintzen, Forderungspfändung, § 5 Rdn. 140 ff.

813 Auch durch ein Urteil, das einer Partei den Besitz des Sparbuchs zuspricht, wird nicht ohne weiteres über die Gläubigerschaft an der Sparguthabenforderung entschieden, BGH, NJW 1972, 2268.

814 Siehe BGH (Fn. 813); OLG Hamm, MDR 1987, 496; LG Stuttgart, BB 1968, 1218; Haegele, JurBüro 1968, 949. Siehe außerdem BGH, BB 1965, 1007 = Sparkasse 1965, 483 mit Anm. Pikart (auch zur Frage der Abtretung im Falle der Übergabe des Sparbuchs), Canaris, NJW 1973, 825; OLG Koblenz, NJW 1989, 2545.

815 KG, MDR 1956, 105; LG Landshut, FamRZ 2012, 746; LG Mainz, FamRZ 2009, 228; **anders** OLG Hamm, OLGR 1999, 230 = FamRZ 2001, 158 Leits.: Das Kind wird Forderungsinhaber, wenn ein Vater ein Sparkonto (einen Sparkassenbrief), das auf seinen Namen lautet, umschreiben lässt, und in keiner Weise zum Ausdruck bringt, dass das Kind nicht voll berechtigter Inhaber, sondern bloßer Treuhänder sein soll; OLG Zweibrücken, FamRZ 1990, 440 = NJW 1989, 2546: Wenn ein Elternteil bei Eröffnung eines auf den Namen des Kindes lautenden Sparbuchs als gesetzlicher Vertreter aufgetreten ist, wird das Kind Sparkonto-Inhaber, auch wenn der Elternteil im Besitz des Sparbuchs ist und alle Bankgeschäfte erledigt hat; OLG Schleswig, SchlHA 1970, 113: Wenn der Vater als Vormund für seine entmündigte Tochter auf deren Namen ein Sparkonto angelegt hat, wird die Tochter Vertragspartei der Bank; LG Mainz, NJW-RR 1994, 1075: Das Kind ist Sparkonto-Inhaber, wenn es nach dem für das Kreditinstitut erkennbaren (geäußerten) Willen des Einzahlenden Gläubiger der Bank werden sollte.

816 BGHZ 46, 198 = MDR 1967, 39 = NJW 1967, 101; BGH, MDR 2005, 855 = NJW 2005, 980; OLG Düsseldorf, FamRZ 1992, 51 = NJW-RR 1992, 625; OLG Köln, MDR 1995, 1027 = NJW-RR 1996, 236; VGH Mannheim, NJW 2011, 166.

817 **Anders** OLG Frankfurt, NJW 1986, 64 für den Fall, dass das Kind als Kontoinhaber nach dem bei Errichtung des Kontos für die Bank erkennbaren Willen des Einzahlenden Berechtigter des Guthabens sein soll; auch OLG Zweibrücken (Fn. 815). Auch BGH, MDR 1970, 756 = NJW 1970, 1181: Der Einzahlende wird meist selbst Gläubiger sein, wenn er das auf den Namen eines Dritten lautende Sparbuch weiterhin in seiner Verfügungsgewalt hält. Siehe auch BGH, FamRZ 1972, 559.

Sparkasse Inhaber des Sparkontos werden, so ist unerheblich, von wem die Gutschrift veranlasst wurde[818] und ob der Kunde auch im Besitz des Sparbuchs ist. Ehegatten können als Forderungsberechtigte in Bruchteilsgemeinschaft anzusehen sein, wenn sie für den gemeinsamen Haushalt Geld nur aus dem Einkommen eines Ehegatten auf ein für diesen angelegtes Sparkonto einzahlen, während das Einkommen des anderen Ehegatten restlos im Haushalt verbraucht wird[819]. Erteilung einer unwiderruflichen Verfügungsvollmacht, die einem Beschenkten eingeräumt wird, bewirkt allein keine Änderung in der rechtlichen Zuordnung des Sparguthabens, ist sonach nicht Vollzug der Schenkung[820]. Wird das Sparguthaben demnach als Forderung des nicht tatsächlichen Berechtigten gepfändet, so kann der wirklich Berechtigte sein der Vollstreckung entgegenstehendes Recht mit Drittwiderspruchsklage (§ 771 ZPO) geltend machen.

Einem Dritten kann ein Sparguthaben in der Weise zugewendet sein, dass er das Recht auf die Leistung mit dem Tod des Versprechensempfängers erwirbt (§ 331 BGB)[821]. Wenn eine solche **Begünstigungsklausel** getroffen wird, lauten Sparbuch und Sparkonto vielfach auf den Namen des Einzahlers selbst. Aber auch bei einem auf fremdem Namen angelegten Sparbuch kann ein Fall des § 331 BGB gegeben sein, wenn Gläubiger des Sparguthabens der Einzahler geblieben ist (siehe Rdn. A.467), der sich die Verfügung bis zu seinem Tod vorbehalten wollte. Eine Begünstigungserklärung nach § 331 BGB erzeugt zu Lebzeiten des Sparers noch keine Rechtswirkungen zugunsten des Dritten[822]. Daher können bis zu diesem Zeitpunkt die Forderung aus der Spareinlage nur Gläubiger des Sparers, nicht aber auch Gläubiger des bezugsberechtigten Dritten pfänden[823]. Der pfändende Gläubiger muss jedoch das Bezugsrecht des Dritten sogleich widerrufen; ist ein Widerruf bis zum Tode des Sparers (= Schuldners) nicht erfolgt, so hat nach § 331 BGB nur noch der Begünstigte einen durch das Pfandrecht nicht beschwerten Anspruch auf die Leistung der Spareinlage[824]. Einzahlungen eines Betreuers des Kontoinhabers brauchen den Dritten nicht zu begünstigen[825]. A.468

818 BGH, MDR 2005, 1179 = NJW 2005, 2222; OLG Saarbrücken, MDR 2003, 1003; OLG Stuttgart, OLGR 2003, 30.

819 BGH, FamRZ 1966, 442; BGH, FamRZ 2002, 1696 = MDR 2003, 88 = NJW 2002, 3702 (im Zweifel gleiche Anteile „im Innenverhältnis").

820 BGHZ 87, 19 = MDR 1983, 472 = NJW 1983, 1487; dazu Kuchinke, FamRZ 1984, 109.

821 Dazu siehe BGH (Fn. 816), auch BGH, JR 1975, 241 mit Anm. Bökelmann = MDR 1975, 301 = NJW 1975, 382; BGHZ 66, 8 = MDR 1976, 475 = NJW 1976, 749; BGH, MDR 1984, 296 = NJW 1984, 480; KG, MDR 1979, 764 = VersR 1979, 648; ferner Haegele, JurBüro 1968, 950, m.w.N.; Harder, FamRZ 1976, 418; KG, NJW 1971, 1808, 2311 mit Anm. Walter, 1972, 497 mit Anm. Finger; Erwerb durch einen minderj. Begünstigten auch, wenn das Sparbuch mit einem Sperrvermerk (z.B. bis Volljährigkeit) versehen ist, BGH, MDR 1977, 123. Zur Leistung eines schenkungsweise zugewendeten Guthabens siehe BGH (Fn. 820).

822 Haegele, JurBüro 1968, 950.

823 Siehe zum gleichgelagerten Fall der widerruflichen Bezugsberechtigung bei einer Lebensversicherung Rdn. A.301.

824 Siehe dazu des Weiteren zur Lebensversicherung mit Bezugsberechtigung Rdn. A.309.

825 KG (Fn. 821).

A.469 Bei der Errichtung eines **gemeinschaftlichen Sparbuchs** (vielfach bei Ehegatten üblich) mit Einzelverfügungsbefugnis (Oder-Konto) sind die Kontoinhaber Gesamtgläubiger im Sinne des **§ 428 BGB**[826] (siehe auch Rdn. A.259). Da mithin jeder der Sparer die Auszahlung der gesamten Spareinlage verlangen kann, kann von seinen Einzelgläubigern auch sein Anspruch auf die volle Spareinlage gepfändet werden[827]. Dem anderen Gesamtgläubiger steht ein Widerspruchsrecht aus dem Außenverhältnis zur Bank oder Sparkasse nicht zu[828]. Diese umfassende Zugriffsmöglichkeit besteht jedoch nur im Außenverhältnis. Im Innenverhältnis, somit gegenüber dem anderen Gesamtgläubiger, kann der pfändende Gläubiger Rechte nur an der Gesamtforderung „belastet" mit der Ausgleichspflicht zugunsten des anderen Gesamtgläubigers[829] (§ 430 BGB) erwerben, Befriedigung somit nur unter Beachtung dieser Ausgleichspflicht beanspruchen. Die Pfändung nur der Forderung eines der Kontoinhaber hindert (im Außenverhältnis) den anderen als Kontoinhaber berechtigten Gesamtgläubiger nicht an der Verfügung über die Einlagenforderung[830]. Angenommen wird jedoch auch, dass bei Oder-Konto die Bank oder Sparkasse als Drittschuldnerin (entgegen § 428 S. 1 BGB) kein Wahlrecht habe, sondern an denjenigen Kontomitinhaber leisten müsse, welcher die Leistung zuerst verlangt[831], und ein solches Leistungsverlangen des Gläubigers bereits in der Zustellung des Pfändungs- **und** Überweisungsbe-

826 BGHZ 95, 185 (187) = MDR 1985, 999 = NJW 1985, 2698 (zu Gemeinschafts„girokonto"); BGH, MDR 1991, 435 = NJW 1991, 420; BGH, NJW 2000, 2347; OLG Koblenz, NJW-RR 1990, 1385 (Festgeldkonto); OLG Nürnberg, NJW 1961, 510; KG, DB 1976, 239 = MDR 1976, 490; OLG Köln, FamRZ 1987, 1139; OLG Zweibrücken, FamRZ 1987, 1138; Canaris, NJW 1973, 825 (828). Anders OLG Karlsruhe, NJW 1986, 63: Oder-Konto begründet gegenseitige Ermächtigung, einzeln durch Einziehung über die gemeinschaftliche Forderung zu verfügen. Die Einräumung dieser Verfügungsbefugnis kann von jedem Teilhaber durch Erklärung gegenüber der Bank widerrufen werden mit der Folge, dass die Guthabenforderung nurmehr der gemeinschaftlichen Verfügungsmacht der Teilhaber unterliegt.

827 BGHZ 93, 315 = JurBüro 1985, 705 = JZ 1985, 487 mit Anm. Grunsky = MDR 1985, 576 = NJW 1985, 1218 (für Kontokorrent-Girokonto); OLG Koblenz (Fn. 826); OLG Köln, ZIP 1980, 979 (981); OLG Nürnberg (Fn. 826); OLG Stuttgart, OLGR 2002, 77 (78); Lieseke, WM 1975, 317; ferner Rdn. A.70.

828 BGH BGH-Rep. 2003, 50; OLG Nürnberg, JurBüro 2002, 497; OLG Stuttgart (Fn. 827); Wagner, WM 1991, 1145; anders OLG Koblenz (Fn. 826).

829 Zur Ausgleichspflicht nach § 430 BGB unter Ehegatten BGH, FamRZ 1990, 370 = NJW 1990, 705; BGH, NJW 2000, 2347 (2348); OLG Düsseldorf, NJW-RR 1999, 1090.

830 Siehe Rdn. A.70; ebenso Lieseke, WM 1975, 317; Wagner, WM 1991, 1145 (1146). Außerdem OLG Dresden, MDR 2001, 580: Vorpfändung hindert (bis zur Zustellung des Pfändungs- und Überweisungsbeschlusses) die Bank nicht, das Guthaben auf Verlangen des weiteren Berechtigten mit befreiender Wirkung an diesen auszuzahlen. **Anders** OLG Stuttgart, InVo 1999, 150 = OLGR 1998, 378 Leits.: Mit Pfändung (auch nur Vorpfändung) nur der Forderung eines der Kontoinhaber entfällt auch die Verfügungsbefugnis des anderen Kontoinhabers.

831 OLG Stuttgart (Fn. 827); LG Frankfurt, NJW-RR 2004, 775 (mit Besonderheit, wenn ordnungsgemäße Bearbeitung Erfüllung nicht sogleich ermöglicht); AG Bonn, JurBüro 2006, 161; Wagner, WM 1991, 1145 (1146, 1147 und 1148); offengelassen von BGH (Fn. 827); siehe auch KG, NJW 1976, 807.

schlusses[832] zu sehen sei[833]. Folglich wäre es der Bank oder Sparkasse nicht mehr möglich, eine Verfügung des anderen, von der Pfändung nicht betroffenen Kontomitinhabers noch zu beachten[834]. Im Verhältnis zueinander sind die Gesamtgläubiger im Zweifel nach § 430 BGB zu gleichen Anteilen berechtigt, so dass dann, wenn ein Gesamtgläubiger die volle Leistung erhält, für den anderen ein Ausgleichsanspruch besteht[835]. Der Pfändungsgläubiger, der infolge Pfändung gegen nur einen der Gesamtgläubiger die volle Spareinlage in Empfang genommen hat, muss deshalb einen entsprechenden Teil herausgeben[836]. Hat der andere Gesamtgläubiger die volle Einlageforderung empfangen, dann hat gegen ihn der Schuldner als anderer Gesamtgläubiger einen – wiederum pfändbaren – Anspruch auf Erstattung seines Anteils (s. Rdn. A.70).

Bei Errichtung eines gemeinschaftlichen Kontos mit gemeinsamer Verfügungsmacht der mehreren Einleger (sog. „Und-Konto") bestimmt sich die Berechtigung nach dem zwischen den Kontoinhabern bestehenden Verhältnis. Die Einlageforderung kann einer Gesamthandsgemeinschaft (z.B. Erbengemeinschaft, u.U. Gesellschaft nach § 705 BGB) zustehen oder den Einlegern in Bruchteilsgemeinschaft gebühren[837] (siehe auch Rdn. A.260). Zur Zwangsvollstreckung in die Einlageforderung einer Gesamthandsgemeinschaft (siehe hierwegen Rdn. A.71) ist daher beim „Und-Konto" in der Regel ein Vollstreckungstitel gegen alle Gemeinschafter erforderlich. Der Gläubiger nur eines Kontoinhabers kann in das Recht seines Schuldners an der Gemeinschaft vollstrecken. Bei Bruchteilsgemeinschaft können die anteilige Einlageforderung und die Ansprüche an die Gemeinschaft gepfändet werden[838]. A.470

---

832 Warum nicht auch Pfändung allein (vor Überweisung) als Leistungsverlangen (Leistung an Gläubiger und Schuldner gemeinsam) anzusehen sein soll (ablehnend z.B. Wagner, WM 1991, 1145 [1146]), ist schwerlich nachvollziehbar. Kein konkludentes Zahlungsverlangen sieht auch OLG Dresden (Fn. 830) in der lediglich der Sicherung dienenden (Vor-)Pfändung; vorauszusetzen sein soll für eine Beschränkung der Verfügungsbefugnisse jedenfalls ein ausdrückliches Verlangen des pfändenden Gläubigers, die Forderung an ihn und den Schuldner gemeinsam zu leisten oder für beide zu hinterlegen.

833 AG Bonn (Fn. 831); Wagner (Fn. 832); Behr, JurBüro 1995, 182.

834 Wagner, WM 1991, 1145 (1147).

835 BGH FamRZ 1990, 370 (Fn. 829) (keine Ausgleichspflicht in der Regel während intakter Ehe; einschränkend dazu OLG Zweibrücken, MDR 1991, 644 = NJW 1991, 1835 bei Verfügung über hohe Geldbeträge); KG (Fn. 826); OLG Düsseldorf, BB 1987, 2329; OLG Köln, FamRZ 1987, 1139; OLG Zweibrücken (Fn. 826). Zu diesem Ausgleichsanspruch siehe auch OLG Düsseldorf, FamRZ 1982, 607 (Ausgleichung wegen der während der Ehe getätigten Verfügungen findet nicht statt); OLG Naumburg, NJW-RR 2007, 1158 (Vermutungswirkung des § 430 BGB für getrennte [geschiedene] Eheleute nicht ohne weiteres entkräftet); OLG Köln, FamRZ 1982, 944 (Ausgleichung findet vom Zeitpunkt des endgültigen Getrenntlebens an statt); außerdem OLG Celle, FamRZ 1982, 63 (Ausgleichung des Partners einer eheähnlichen Lebensgemeinschaft mit den Erben des anderen Partners).

836 **Anders** OLG Stuttgart (Fn. 827): Der Ausgleichsanspruch richtet sich gegen den Schuldner als Kontomitinhaber.

837 BGH, MDR 1991, 435 (Fn. 826); LG Oldenburg, Rpfleger 1983, 79 = ZIP 1982, 1433.

838 Jeder Mitgläubiger (damit auch Einschränkung seines Pfändungsgläubigers nach Überweisung) kann nur über den Anteil an der gemeinschaftlichen Einlageforderung, nicht aber über das Kontoguthaben verfügen (§ 747 BGB).

A.471 Für die **Postspareinlage** gilt keine Besonderheit mehr. Die Forderung aus Spareinlage ist (nun) ebenso als Geldforderung nach § 829 ZPO zu pfänden. Die vordem abweichende Regelung in § 23 Abs. 4 PostG[839] (dazu 11. Aufl. Rdn. 2093) ist mit Ablauf des 31.12.1997 außer Kraft getreten[840].

A.472 Einen **Entschädigungsanspruch** gegen die Entschädigungseinrichtung, der die Bank zugeordnet ist, hat der Sparer, wenn das Institut nach Feststellung der Bundesanstalt für Finanzdienstleistungsaufsicht nicht in der Lage ist, die Einlage zurückzuzahlen (§ 3 Abs. 1 AnlEntG[841]). Der Entschädigungsanspruch ist nach dem Entschädigungsfall als Geldforderung pfändbar. Als selbstständiger gesetzlicher Anspruch[842] wird der Entschädigungsanspruch von der Verpfändung eines Sparguthabens weder entsprechend § 401 BGB noch kraft dinglicher Surrogation erfasst[843]. Ebenso kann Sicherung der Einlage durch den Entschädigungsanspruch auch Sicherung der durch Pfändung vor Eintritt des Entschädigungsfalls am Gläubigerrecht auf die Spareinlage erlangten Pfandberechtigung nicht einschließen. Die Pfändung des Anspruchs auf die Spareinlage kann daher als Pfandrecht an dem sie sichernden Entschädigungsanspruch nicht fortbestehen[844].

A.473 **Amtliche Formulierung nach der Zwangsvollstreckungsformular-Verordnung:**

Anspruch D (an Kreditinstitute)

[Gepfändet werden die Forderungen des Schuldners an die … Bank – Drittschuldnerin –]

2. *auf Auszahlung des Guthabens und der bis zum Tag der Auszahlung aufgelaufenen Zinsen sowie auf fristgerechte bzw. vorzeitige Kündigung der für ihn geführten Sparguthaben und/oder Festgeldkonten, insbesondere aus Konto …*

Das im amtlichen Formular ausdrücklich genannte Recht zur Kündigung der Spareinlage ist jedoch nicht pfändbare Geldforderung (und auch nicht [pfändbares] Nebenrecht einer solchen). Dass es „mit“gepfändet wird, kann daher nicht zum Wortlaut des Pfändungsbeschlusses gehören. Durch die Kündigung wird die Fälligkeit der (gepfändeten) Forderung auf Rückzahlung des Sparguthabens herbeigeführt (§ 488 Abs. 3 BGB), damit die Leistungszeit festgelegt. Wenn (nur) gepfändet ist, kann der (pfändende) Gläubiger allein Leistung des Drittschuldners jedoch nicht verlangen; das schließt auch die Kündigung der nicht fälligen Spareinlage durch den Gläubiger aus (Rdn. B.150). Ihn berechtigt erst die Überweisung zur Einziehung (oder an Zahlungs statt) dazu, die (gepfändete) Forderung des Guthabens auf Sparkonto im eigenen Namen geltend zu machen und damit auch zu kündigen (Rdn. B.219). In beiden Fällen erlangt die „Mit“pfändung des Rechts auf

839 Gesetz über das Postwesen i.d.F. vom 3.7.1989 (BGBl I 1449).
840 § 31 PostG i.d.F. von Art. 6 Nr. 26 des Postneuordnungsgesetzes vom 14.9.1994 (BGBl I 2325).
841 Anlegerentschädigungsgesetz vom 16.7.1998, (BGBl I 1842).
842 BGHZ 176, 67 (70) = NJW 2008, 1732.
843 BGHZ (Fn. 842).
844 Anders hier in der 14. Aufl. 2005.

Kündigung keinerlei Bedeutung. Die Aufnahme der nichtssagenden (somit wertlosen) Mitpfändung dieses Rechts in den Pfändungsbeschluss schließt das aus.

7.67. Stammeinlage einer Gesellschaft mbH, Einlageforderung einer Aktiengesellschaft gegen Aktionäre, Anspruch einer Genossenschaft auf Zahlung des Geschäftsanteils

7.67.1. Stammeinlage einer Gesellschaft mbH

Schrifttum: Bayer, Abtretung und Pfändung der GmbH-Stammeinlageforderung, ZIP 1989, 8.; Berger, Das „Vollwertigkeitsprinzip" als Voraussetzung der Pfändung von Einlageforderungen bei Kapitalgesellschaften ZZP 107 (1994) 29; Volmer, Die Pfändbarkeit der Stammeinlageforderung eines GmbH-Gesellschafters, GmbHR 1998, 579. **A.474**

Der Anspruch einer Gesellschaft mbH gegen ihre Gesellschafter auf **Leistung der Stammeinlagen** ist auf Zahlung einer bestimmten Geldsumme gerichtet. Von den Gläubigern der Gesellschaft können die Stammeinlagenforderungen nach § 829 ZPO gepfändet werden[845], und zwar auch dann, wenn die Gesellschaft nach durchgeführter Liquidation beendet und bereits im Handelsregister gelöscht ist[846] oder wenn Löschung wegen Vermögenslosigkeit nach § 394 FamFG erfolgt ist[847]. Drittschuldner ist jeweils der zur Einzahlung verpflichtete Gesellschafter. Für die Einforderung der gepfändeten und überwiesenen Einlagenforderungen bedarf es keines Beschlusses der Gesellschaft auf deren Einziehung[848]. Bei Pfändung der Forderung gegen nur einen Gesellschafter kann dem Gläubiger nicht entgegengehalten werden, die Einziehung dieser Einlagenforderung verstoße gegen den Grundsatz der gleichmäßigen Behandlung der Gesellschafter (siehe § 19 Abs. 1 GmbHG)[849]. Ein demnach über seine Quote hinaus in Anspruch genommener Gesellschafter kann im Innenverhältnis (von den übrigen Gesellschaftern) Ausgleich verlangen[850]. Dieser Ausgleichsanspruch kann von Gläubigern des anspruchsberechtigten Gesellschafters gepfändet werden. **A.475**

Zu berücksichtigen ist jedoch, dass die Forderung auf die Stammeinlage zweckbestimmt ist (siehe § 19 Abs. 2 S. 1 GmbHG); sie dient der **Erhaltung der Kapitalgrundlage** der Gesellschaft zur Wahrung ihrer und der Gläubiger gemeinsamen Belange. Die Pfändung ist daher nur möglich, wenn der Gesellschaft der Geldwert der Stammeinlageforderung nicht verlorengeht. Voraussetzung ist daher, dass durch die Pfändung der Vermögensstand der Gesellschaft nicht verringert wird, weil ihr in Form der Gegenleistung des Gläubigers ein vollwertiges Entgelt zuge- **A.476**

---

845 RGZ 36, 108 (113); RGZ 76, 434; RGZ 85, 351; RGZ 133, 81; RGZ 149, 293; BGH, MDR 1963, 111 = NJW 1963, 102; OLG Frankfurt, GmbHR 1977, 249; OLG Köln, GmbHR 1989, 293 = NJW-RR 1989, 354.

846 BGH, DB 1980, 1885; KG, GmbHR 1991, 64.

847 OLG Hamm, DB 1991, 1925 = GmbHR 1992, 111.

848 RGZ 131, 346; RGZ 149, 293 (301). **Anders** LG Köln, NJW-RR 1989, 1436 für den Sonderfall, dass aus einer notariellen Urkunde vollstreckt wird, mit der ersichtlich der Zweck einer Abtretung verfolgt wurde; dem ist nicht zu folgen.

849 BGH, GmbHR 1981, 141 = MDR 1980, 826 = NJW 1980, 2253; anders früher RGZ 76, 434 (437); RGZ 133, 81; RGZ 149, 293.

850 BGH (Fn. 849).

flossen ist[851]. Die Vollwertigkeit der Gegenleistung muss im Pfändungsantrag schlüssig vorgetragen sein und für die Wirksamkeit der Pfändung im Zeitpunkt der Zustellung des Pfändungsbeschlusses vorgelegen haben[852].

A.477 Nur dann, wenn es aus besonderen Gründen der Erhaltung der Kapitalgrundlage zugunsten der Gesellschaft oder der Gesellschaftsgläubiger nicht mehr bedarf, kann die Einlagenforderung auch für eine **nicht vollwertige** Vollstreckungsforderung gepfändet werden. Daher ist die Einlagenforderung unbeschränkt pfändbar, wenn die Gesellschaft ihren Geschäftsbetrieb vollständig eingestellt hat, außer der zu pfändenden Einlagenforderung keinerlei Vermögensstücke vorhanden sind und der vollstreckende Gläubiger der einzige[853] noch nicht befriedigte GmbH-Gläubiger ist[854]. Auch wenn der Vollstreckungsgläubiger nicht der einzige Gesellschaftsgläubiger und seine Vollstreckungsforderung nicht vollwertig ist, kann eine Einlagenforderung gepfändet werden, wenn die Gesellschaft im Einzelfall aus anderen Gründen keines Schutzes mehr bedarf, so z.B. wenn sie nach Einstellung des Insolvenzverfahrens oder Abweisung des Insolvenzantrags mangels Masse keine Mittel mehr besitzt und keine Vorschüsse mehr aufbringen kann, um eine streitige Einlagenforderung selbst geltend zu machen[855] oder wenn andere Gläubiger ihre Ansprüche nicht weiter verfolgen und die Gesellschaft Mittel für einen Prozess gegen den Einlagenschuldner weder selbst besitzt noch vorgeschossen erhält[856].

A.478 Wenn die Einlagenforderung wirksam durch einen Gesellschaftsgläubiger gepfändet ist, kann der Einlage(= Dritt)schuldner nicht mehr mit einem Anspruch gegen die Gesellschaft aufrechnen[857]; aufrechnen kann er dann jedoch mit einer ihm unmittelbar gegen den Gläubiger zustehenden Forderung[858].

A.479 Der **Ausfallanspruch gegen Mitgesellschafter** auf einen nach dem Verhältnis der Geschäftsanteile aufzubringenden Fehlbetrag (§ 24 GmbHG) ist pfändbar.

---

851 RGZ 133, 81 (83); BGH, GmbHR 1992, 522 = MDR 1992, 754 = NJW 1992, 2229 m.w.N.; OLG Celle, GmbHR 1994, 246; dagegen Berger, ZZP 107 (1994) 29; Volmer, GmbHR 1998, 579.

852 RGZ 133, 81; RGZ 149, 293; OLG Köln, NJW-RR 1996, 939 (940). Heilung des Vollstreckungsmangels, wenn die Pfändungsvoraussetzung mit Abweisung des Insolvenzantrags mangels Masse erst später eintritt siehe BGH, (Fn. 851).

853 Beziehungsweise wenn sich alle anderen Gesellschaftsgläubiger mit der Pfändung einverstanden erklärt haben; RGZ 156, 23 (27).

854 RGZ 149, 293; BGH (Fn. 845); BGH, DB 1968, 165 = GmbHR 1968, 162 (Gesellschaft war wegen Vermögenslosigkeit gelöscht, es waren nur noch zwei Gläubiger vorhanden, von denen einer seine Forderung nicht mehr weiter verfolgte); BGH, BB 1976, 852 = GmbHR 1976, 205 = MDR 1976, 912; BGH (Fn. 849); BGH, MDR 1986, 28 = NJW 1985, 1768; BGH (Fn. 851); OLG Celle, GmbHR 2000, 240; OLG Hamm, DB 1992, 1082 = GmbHR 1992, 370; OLG Köln, Rpfleger 1991, 466; OLG Köln (Fn. 852); OLG München, BB 1954, 758; LG Osnabrück, DB 1976, 286 = GmbHR 1976, 136.

855 BGH (Fn. 845); OLG Köln, (Fn. 852); LG Köln (Fn. 848); LG Augsburg, Rpfleger 1987, 116.

856 BGH, NJW 1985, 1768 (Fn. 854); BGH (Fn. 851); OLG Celle, GmbHR 1992, 371; OLG Köln (Fn. 852).

857 Siehe jedoch wegen des Sonderfalls, dass die Gegenforderung nicht für einen Fremdgläubiger durch eigene unmittelbare Rechtsbeziehungen zur Gesellschaft begründet worden ist, sondern Forderung eines Gesellschafters ist bzw. (bis zur Abtretung) war BGH, MDR 1976, 912 (Fn. 854).

858 BGHZ 53, 71 = MDR 1970, 399 = NJW 1970, 469; auch BGH, MDR 1976, 912 (Fn. 854).

Erstattungsansprüche der Gesellschaft m.b.H. an Gesellschafter und Geschäftsführer wegen Verstoß gegen § 30 GmbHG (unerlaubte Auszahlung von Gesellschaftsvermögen) sind pfändbar[859]. Der Anspruch sichert die Erhaltung der Kapitalgrundlage; die Pfändung dürfte daher wiederum nur bei Vollwertigkeit der Gegenleistung möglich sein. Die Bezeichnung der gepfändeten Forderung als Anspruch auf Schadensersatz aus Untreue, vorsätzlicher sittenwidriger Schädigung und positiver Vertragsverletzung unter Angabe des Lebenssachverhalts kann auch Ansprüche nach §§ 30, 31 GmbHG und nach § 73 Abs. 1, § 31 (analog) GmbHG erfassen (Auslegung des Pfändungsbeschlusses[860]). **A.480**

Der **Ersatzanspruch** der Gesellschaft an Geschäftsführer für Zahlungen, die nach Eintritt der Zahlungsunfähigkeit oder nach Feststellung der Überschuldung geleistet wurden (§ 64 GmbHG) kann von einem Gesellschaftsgläubiger im Falle der masselosen Insolvenz (Ablehnung mangels Masse) gepfändet werden[861]. **A.481**

Gesellschafter einer GmbH i.Gr. (Vorgesellschaft) können bei Scheitern der Registereintragung verpflichtet sein, die bei der Gesellschaft entstandenen, nicht vom Gesellschaftsvermögen gedeckten Anfangsverluste auszugleichen[862]. Dieser **Verlustdeckungsanspruch** gegen haftende Gesellschafter kann von Gläubigern der Vor-GmbH als Geldforderung gepfändet werden[863]. **A.482**

Im Pfändungsbeschluss hat eine zu pfändende Forderung der Gesellschaft m.b.H. an einen ihrer Gesellschafter oder den Geschäftsführer bestimmt (konkret) genug bezeichnet zu sein (Rdn. B.85). Die nur allgemeine Bezeichnung mit „alle Ansprüche der Gesellschaft aus Gesellschaftsvertrag" oder „alle Ansprüche gegen den Geschäftsführer der GmbH" entspricht dem nicht[864]. **A.483**

Formulierungsvorschlag: **A.484**

Gepfändet werden die angeblichen Forderungen der Schuldnerin (GmbH) an … – Drittschuldner – auf Zahlung der von ihnen auf das Stammkapital zu leistenden Einlagen (Stammeinlagen).

7.67.2. Einlagenforderung einer Aktiengesellschaft gegen Aktionäre

Schrifttum: Müller, Zur Pfändung der Einlageforderung der AG, Die AG 1971, 1. **A.485**

Zweckbestimmt ist ebenso der Anspruch einer Aktiengesellschaft gegen einen (die) Aktionär(e) auf Leistung der Einlagenforderung (§ 54 AktG). Auch diese Gebundenheit dient dem Schutz der Gläubiger, aber auch dem der Gesellschaft und der Aktionäre in ihrer Gesamtheit. Das Wesentliche dieses Schutzes besteht wiederum darin, dass der Gesellschaft die Leistung oder ein vollwertiges Entgelt zufließen muss. Die Pfändung ist daher nur unter den gleichen Voraussetzungen möglich **A.486**

859 BGHZ 68, 312 (319); RGZ 92, 77 (81).
860 BGHZ 179, 344 (357) = NJW 2009, 2127 (2131).
861 BGH, NJW 2001, 304.
862 BGHZ 134, 333 = GmbHR 1997, 405 = NJW 1997, 1507 mit abl. Anm. Altmeppen.
863 BGH (Fn. 862); Wieczorek/Schütze/Lüke, ZPO, § 857 Rdn. 54.
864 OLG Koblenz, InVo 2003, 329 = OLGR 2003, 118.

wie die Pfändung des Anspruchs der Gesellschaft mbH auf eine Stammeinlage[865]; siehe daher das Rdn. A.475 ff. Gesagte.

7.67.3. Anspruch einer Genossenschaft auf Zahlung des Geschäftsanteils

A.487 Einzahlungsansprüche auf den Geschäftsanteil, die einer Genossenschaft gegen Genossen zustehen (§ 7 Nr. 1 GenG), und der Anspruch auf anteilige Fehlbeträge (§ 73 Abs. 2 GenG) sind unpfändbar[866]. Gepfändet werden kann jedoch als Geldforderung der Anspruch auf ein eigenes Beitritts-(Eintritts-, Aufnahme-)Geld, das die Genossenschaft neben der Einzahlung auf den Geschäftsanteil erhebt[867]. Besonderheit im Liquidationsstadium: § 88a GenG.

7.68. Stationierungsschäden

A.488 Dienstliche Schäden (Art. VIII Abs. 5 NATO-Truppenstatut[868] mit Art. 41 des Zusatzabkommens[869]) sind die von Mitgliedern einer Truppe oder eines zivilen Gefolges in Ausübung des Dienstes usw. durch Handlungen oder Unterlassungen verursachten Schadensfälle; sie werden von den deutschen Behörden abgewickelt. Entschädigungsforderungen aus dienstlichen Schäden werden in analoger Anwendung des Art. 35(a) des Zusatzabkommens (abgedruckt Rdn. A.54) für pfändbar gehalten[870]. Für außerdienstliche Stationierungsschäden (Art. VIII Abs. 6 NATO-Truppenstatut) bietet die Behörde des Entsendestaates eine Abfindung ohne Anerkennung einer Rechtspflicht an. Wenn dieses Angebot angenommen wird, nimmt die Behörde des Entsendestaates die Zahlung selbst vor (ex-gratia-Zahlung). Da kein Rechtsanspruch auf diese Zahlung besteht und wegen der Exemtion des Entsendestaates stellt die zu erwartende oder angebotene Abfindung keinen pfändbaren Anspruch gegen den Entsendestaat dar[871].

7.69. Steuerschuldverhältnis, Erstattungsanspruch

A.489 **Schrifttum:** Alisch und Voigt, Ausgewählte Probleme zur Pfändung von Steuererstattungsansprüchen, Rpfleger 1980, 10; Behr und Spring, Pfändung und Durchsetzung von Lohnsteuererstattungsansprüchen, NJW 1994, 3257; Buciek, Die Vorpfändung von Steuererstattungsansprüchen, DB 1985, 1428; David, Tips zur Pfändung von Steuererstattungsansprüchen, MDR 1993, 412; Fest, Zivilprozessuale Zwangsvollstreckung in Steuererstattungsansprüche, WM 2012, 1565; Forgách, Die Bezeichnung des zuständigen Finanzamts bei Pfändung des Erstattungsanspruchs … aus der Einkommensteuerveranlagung, BB 1976, 266; Globig, Die Pfändung von … Einkommensteuererstattungsansprüchen, NJW 1982, 915; Halaczinsky, Wirksamkeit von Pfändung und Abtretung im Steuerrecht, BB 1981, 1270; Halaczinsky, Abtretung, Ver-

865 RGZ 156, 23; RGZ 124, 380.
866 RGZ 135, 55.
867 RG (Fn. 866).
868 Fn. 112.
869 Fn. 113.
870 Schwenk, NJW 1964, 1004.
871 Schwenk (Fn. 870).

pfändung und Pfändung von Steuererstattungs- und Steuervergütungsansprüchen, ZIP 1985, 1442; Hein, Die Abtretung, Verpfändung und Pfändung von Steuererstattungs- und Steuervergütungsansprüchen nach § 46 der Abgabenordnung 1977, BB 1977, 991; Lenke und Widera, Zur Abtretbarkeit von Steuererstattungs- und Vergütungsansprüchen nach § 46 Abs. 4 AO, DB 1985, 1367; Mümmler, Pfändung von Erstattungsansprüchen aus Einkommen- oder Lohnsteuer, JurBüro 1979, 1599; Noack, Abtretung, Verpfändung und Pfändung von Ansprüchen auf Erstattung und Vergütung von Steuern nach § 46 AO (1977) ..., DGVZ 1979, 21; Riedel, Pfändung von Steuererstattungsansprüchen, Rpfleger 1996, 275; Röder, Zwangsvollstreckung in Steuererstattungsansprüche, DGVZ 2009, 178; Urban, Die Wegnahme der Lohnsteuerkarte beim Vollstreckungsschuldner gemäß § 836 III ZPO, DGVZ 1994, 101; Wilke, Pfändung und Vorpfändung von Steuererstattungsansprüchen, NJW 1978, 2380.

7.69.1. Der Erstattungsanspruch

Aus einem **Steuerschuldverhältnis** kann dem Steuerpflichtigen (§ 33 AO[872]) ein öffentlich-rechtlicher **Erstattungsanspruch** zustehen (§ 37 AO). Erstattungsberechtigt ist derjenige, auf dessen Rechnung die Zahlung bewirkt worden ist (§ 37 Abs. 2 S. 1 AO), auch wenn ein Dritter die Zahlung tatsächlich geleistet hat, bei durch Steuerabzug entrichteten Steuern mithin der Steuerschuldner, für dessen Rechnung der Steuerabzug erfolgt ist[873]. Hat einer von mehreren Gesamtschuldnern (§ 44 AO) die Zahlung geleistet, so wird auch an diesen erstattet; ist für gemeinsame Rechnung von Gesamtschuldnern geleistet worden, so haben diese als Gesamtgläubiger Anspruch auf Erstattung. Zu leisten ist der Erstattungsanspruch von dem Leistungsempfänger (Steuergläubiger) des gezahlten Betrages (§ 37 Abs. 2 S. 1 AO); zur Drittschuldnerbezeichnung siehe jedoch Rdn. A.507. A.490

Das Steuerschuldverhältnis, aus dem ein Erstattungsanspruch entstehen kann, kann Steuern nach Bundesrecht oder nach dem Recht der Europäischen Union, die durch Bundes- oder Landesfinanzbehörden verwaltet werden, zum Gegenstand haben (§ 1 Abs. 1 AO[874]); es kann die Grunderwerb- und die Feuerschutzsteuer betreffen (Art. 97 § 3 EGAO[875]) oder sich auf Realsteuern beziehen, deren Verwaltung Gemeinden übertragen ist (§ 1 Abs. 2 AO). Entsprechendes gilt durchweg auf Grund landesrechtlicher Vorschriften auch für landesrechtlich geregelte Steuern. Als bundesgesetzlich geregelte Steuern kommen insbesondere in Betracht

- Zölle und Abschöpfungen,
- Ertragssteuern wie Einkommen- (auch Lohn-), Kapitalertrag- und Körperschaftsteuer,
- Besitzsteuern wie Erbschaft- und Schenkungsteuer,
- Verkehrsteuern wie Umsatz-, Beförderungs- und Kraftfahrzeugsteuer, Versicherungs- und Wechselsteuer sowie Kapitalverkehrsteuer,

---

872 Abgabenordnung i.d.F. vom 1.10.2002 (BGBl I 3866).
873 Begründung, BT-Drucks. VI/1982, S. 115.
874 Zum Anwendungsbereich der AO siehe auch Anwendungserlass (AEAO) i.d.F. vom 31.1.2014 (BStBl I 290) zu § 1.
875 Einführungsgesetz zur Abgabenordnung vom 14.12.1976 (BGBl I 3341).

- Verbrauchsteuern wie Tabak-[876], Kaffee-[877], Bier-[878], Schaumweinsteuer[879],
- Realsteuern, nämlich die Grund- und Gewerbesteuer (§ 3 Abs. 2 AO).

7.69.2. Pfändung des Erstattungsanspruchs

A.491 Gepfändet werden kann die Forderung auf Zahlung des infolge eines öffentlich-rechtlichen Erstattungsanspruchs aus dem Steuerschuldverhältnis zu leistenden Betrages erst, wenn der Anspruch entstanden ist. Die Pfändung sowie die Abtretung und Verpfändung des Erstattungsanspruchs regelt

§ 46 AO
Abtretung, Verpfändung, Pfändung

(1) Ansprüche auf Erstattung von Steuern, Haftungsbeträgen, steuerlichen Nebenleistungen und auf Steuervergütungen können abgetreten, verpfändet und gepfändet werden.

(2) Die Abtretung wird jedoch erst wirksam, wenn sie der Gläubiger in der nach Absatz 3 vorgeschriebenen Form der zuständigen Finanzbehörde nach Entstehung des Anspruchs anzeigt.

(3) Die Abtretung ist der zuständigen Finanzbehörde unter Angabe des Abtretenden, des Abtretungsempfängers sowie der Art und Höhe des abgetretenen Anspruchs und des Abtretungsgrundes auf einem amtlich vorgeschriebenen Vordruck anzuzeigen. Die Anzeige ist vom Abtretenden und vom Abtretungsempfänger zu unterschreiben.

(4) Der geschäftsmäßige Erwerb von Erstattungs- oder Vergütungsansprüchen zum Zweck der Einziehung oder sonstigen Verwertung auf eigene Rechnung ist nicht zulässig. Dies gilt nicht für die Fälle der Sicherungsabtretung. Zum geschäftsmäßigen Erwerb und zur geschäftsmäßigen Einziehung der zur Sicherung abgetretenen Ansprüche sind nur Unternehmen befugt, denen das Betreiben von Bankgeschäften erlaubt ist.

(5) Wird der Finanzbehörde die Abtretung angezeigt, so müssen Abtretender und Abtretungsempfänger der Finanzbehörde gegenüber die angezeigte Abtretung gegen sich gelten lassen, auch wenn sie nicht erfolgt oder nicht wirksam oder wegen Verstoßes gegen Absatz 4 nichtig ist.

(6) Ein Pfändungs- und Überweisungsbeschluss oder eine Pfändungs- und Einziehungsverfügung dürfen nicht erlassen werden, bevor der Anspruch entstanden ist. Ein entgegen diesem Verbot erwirkter Pfändungs- und Überweisungsbeschluss oder erwirkte Pfändungs- und Einziehungsverfügung sind nichtig. Die Vorschriften der Absätze 2 bis 5 sind auf die Verpfändung sinngemäß anzuwenden.

(7) Bei Pfändung eines Erstattungs- oder Vergütungsanspruchs gilt die Finanzbehörde, die über den Anspruch entschieden oder zu entscheiden hat, als Drittschuldner im Sinne der §§ 829, 845 der Zivilprozessordnung.

A.492 Da nur Pfändung eines bereits entstandenen Erstattungsanspruchs zulässig ist, verbietet sich vor diesem Zeitpunkt der Erlass[880] des Pfändungsbeschlusses (§ 46

---

876 Tabaksteuergesetz vom 15.7.2009 (BGBl I 1870). Entstehung der Steuer: §§ 15, 21 TabStG.

877 Kaffeesteuergesetz vom 15.7.2009 (BGBl I 1870, 1919). Entstehung der Steuer: §§ 11, 15 KaffeeStG.

878 Biersteuergesetz vom 15.7.2009 (BGBl I 1870, 1908). Entstehung der Steuer: §§ 14, 18 BierStG.

879 Schaumwein- und Zwischenerzeugnissteuergesetz vom 15.7.2009 (BGBl I 1870, 1896). Entstehung der Steuer: §§ 14, 18 SchaumwZwStG.

880 Zum Zeitpunkt des Erlasses Rdn. A.509.

Abs. 6 S. 1 AO)[881]. Der noch nicht entstandene Erstattungsanspruch kann auch nicht als künftiger Anspruch gepfändet werden. Das schließt zugleich die Vorpfändung aus, wenn der Erstattungsanspruch noch nicht entstanden ist (s. Rdn. A.510). Der Pfändungsbeschluss, der (unzulässig) vor dem Entstehen des Anspruchs erlassen wurde, ist nichtig (§ 46 Abs. 6 S. 2 AO) (siehe Rdn. A.509). Nach Zustellung eines solchen Pfändungsbeschlusses wird die Pfändung auch nicht mit späterem Entstehen des Anspruchs wirksam.

7.69.3. „Entstehung" des Anspruchs als Pfändungsvoraussetzung

Entstanden und damit pfändbar ist ein Erstattungsanspruch aus einem Steuerschuldverhältnis (§ 37 Abs. 1 AO), sobald der Tatbestand verwirklicht ist, an den das Gesetz die Leistungspflicht knüpft (§ 38 AO). Pfändbar ist bereits der zugleich mit Verwirklichung des Steuertatbestandes abstrakt entstandene Erstattungsanspruch; dieser wird erst mit der durch Steueranmeldung oder -festsetzung eintretenden Konkretisierung realisierbar und fällig, wenn er geltend gemacht werden kann (s. § 220 AO). Der entstandene Erstattungsanspruch kann daher bereits gepfändet werden, wenn eine Steuererklärung noch nicht abgegeben und Festsetzung mit Steuerbescheid noch nicht erfolgt ist. Ein Erstattungsanspruch kann ebenso gepfändet werden, wenn er sich nicht (nur) aus der Summe der Vorauszahlungen im Erhebungszeitraum ergibt, sondern aus einer späteren Zahlung (Abschlusszahlung), weil danach die Steuerschuld (z.B. im Einspruchsverfahren) herabgesetzt worden ist[882]. Auch dann ist der Erstattungsanspruch mit Verwirklichung des Steuertatbestandes (abstrakt, damit pfändbar) entstanden, nicht somit erst im Zeitpunkt der Abschlusszahlung. A.493

Bei **Zahlung ohne rechtlichen Grund** entsteht der Erstattungsanspruch (§ 37 Abs. 2 AO) in dem Zeitpunkt, in dem die zu erstattende Leistung erbracht oder der rechtliche Grund für die Zahlung entfallen ist. A.494

Mit der Regelung, dass die Pfändung – wie die Anzeige einer Abtretung (§ 46 Abs. 2 AO) – erst zulässig ist, wenn der Anspruch entstanden ist, soll verhindert werden, dass Finanzbehörden sich bereits zu einer Zeit mit Pfändungen oder Abtretungen befassen müssen, zu der noch kein zur Auszahlung führendes Verfahren beantragt sein kann[883]. A.495

Besondere Vorschriften über die Entstehung der verschiedenen Steueransprüche und damit zugleich für einen Erstattungsanspruch aus dem jeweiligen Steuerschuldverhältnis enthält die AO nicht; maßgebend sind die Einzelsteuergesetze. Demnach gilt z.B. Folgendes:

---

881 Verfassungsrechtliche Bedenken dagegen, dass nach § 46 Abs. 6 AO auf einen Steuererstattungsanspruch erst zugegriffen werden kann, wenn er entstanden ist, sind nicht begründet; siehe OLG Frankfurt, MDR 1978, 763 = NJW 1978, 2397 = Rpfleger 1978, 229; OLG Hamm, MDR 1979, 149 = Rpfleger 1978, 456; OLG Schleswig, JurBüro 1978, 120 = Rpfleger 1978, 387. Auch § 46 Abs. 2 und 3 AO ist mit dem Grundgesetz vereinbar; BVerfG (Vorprüfungsausschuss), MDR 1983, 907 = NJW 1983, 2435.

882 NiedersFG, KKZ 1995, 13.

883 Begründung (Fn. 873).

A.496 **Einkommensteuer:** Sie ist eine Jahressteuer. Veranlagungszeitraum ist das Kalenderjahr (§ 25 Abs. 1 EStG[884]). Mit Ablauf des Veranlagungszeitraums, also des Kalenderjahres, **entsteht** die Einkommensteuer (§ 36 Abs. 1 EStG). Ein Erstattungsanspruch kann erst von da an[885] gepfändet werden, nicht schon früher jeweils mit Beginn eines Kalendervierteljahres, wenn die Einkommensteuer-Vorauszahlung entsteht (§ 37 Abs. 1 EStG), und nicht bereits mit Erhebung der Einkommensteuer durch Abzug vom Arbeitslohn (Lohnsteuer, § 38 Abs. 1 EStG). Gepfändet werden kann sonach jeweils nur der Erstattungsanspruch für ein abgelaufenes Kalenderjahr und für die weiter zurückliegende Zeit.

A.497 **Körperschaftsteuer:** Sie ist eine Jahressteuer (§ 7 Abs. 3 S. 1 KStG[886]), die mit Ablauf des Veranlagungszeitraums (§ 30 Nr. 3 KStG), für Vorauszahlungen mit Beginn des Kalendervierteljahres (§ 30 Nr. 2 KStG) entsteht. Veranlagungszeitraum ist das Kalenderjahr (§ 31 KStG i.V.m. § 25 Abs. 1 EStG). Für Steuerabzugsbeträge (z.B. Kapitalertragsteuer für Dividende) entsteht die Körperschaftsteuer in dem Zeitpunkt, in dem die steuerpflichtigen Einkünfte zufließen (§ 30 Nr. 1 KStG). Auf Veranlagung und Entrichtung sind entsprechend die Vorschriften anzuwenden, die für die Einkommensteuer gelten (§ 31 KStG); siehe daher Rdn. A.496.

A.498 **Solidaritätszuschlag:** Er wird als Ergänzungsabgabe zur Einkommensteuer und zur Körperschaftsteuer erhoben (§ 1 SolzG 1995[887]). Es gelten demnach die in den Gesetzen für diese Steuern getroffenen Regelungen.

A.499 Die **Erbschaftsteuer** entsteht mit dem Tode des Erblassers (§ 9 Abs. 1 Nr. 1 ErbStG[888], dort auch zahlreiche Besonderheiten), die **Schenkungsteuer** entsteht in der Regel mit dem Zeitpunkt der Ausführung der Zuwendung (§ 9 Abs. 1 Nr. 2 ErbStG).

A.500 **Umsatzsteuer:** § 13 Abs. 1 UStG[889] enthält eine differenzierte Regelung[890]. Der Vorsteuerabzugsanspruch des Unternehmers (§ 15 UStG) geht in die Steuerberechnung ein und ist deshalb kein eigenständig abtretbarer Anspruch[891]; er ist mithin auch nicht pfändbar.

A.501 Die **Gewerbesteuer** entsteht, soweit es sich nicht um Vorauszahlungen handelt, mit Ablauf des Erhebungszeitraums, für den die Festsetzung vorgenommen wird (§ 18 GewStG[892]). Vorauszahlungen entstehen mit Beginn des Kalendervierteljahrs, in dem die Vorauszahlungen zu entrichten sind, oder, wenn die Steuerpflicht erst im Laufe des Kalendervierteljahrs begründet wird, mit Begründung der Steuerpflicht (§ 21 GewStG[893]).

---

884 Einkommensteuergesetz i.d.F. vom 8.10.2009 (BGBl I 3366).
885 BFHE 160, 108 (110) = BB 1990, 1404 (auch zur Absetzbarkeit ab Ablauf des Veranlagungszeitraums).
886 Körperschaftsteuergesetz i.d.F. vom 15.10.2002 (BGBl I 4144).
887 Solidaritätszuschlagsgesetz 1995 i.d.F. vom 15.10.2002 (BGBl I 4130).
888 Erbschaftsteuer- und Schenkungsteuergesetz i.d.F. vom 27.2.1997 (BGBl I 378).
889 Umsatzsteuergesetz i.d.F. vom 21.2.2005 (BGBl I 386).
890 Zum Entstehen der Umsatzsteuer auch BMF vom 16.5.1980, BB 1980, 768.
891 BFHE 138, 498 = BStBl II 1983, 612 = NJW 1983, 2904 Leits.
892 Gewerbesteuergesetz i.d.F. vom 15.10.2002 (BGBl I 4167).
893 Zu Entstehung und Fälligkeit des Erstattungsanspruchs OVG Münster, NJW 1980, 1068.

Die **Grunderwerbsteuer** entsteht mit dem ihr unterliegenden Rechtsvorgang (Kaufvertrag usw.; § 1 GrEStG[894]). Hängt die Wirksamkeit eines Erwerbsvorgangs von dem Eintritt einer Bedingung ab, so entsteht die Steuer mit dem Eintritt der Bedingung; bedarf ein Erwerbsvorgang einer Genehmigung, so entsteht sie mit der Genehmigung (§ 14 GrEStG). A.502

In bestimmten Fällen, z.B. bei Rückgängigmachung eines Erwerbsvorgangs oder bei Rückerwerb des Eigentums durch den Veräußerer, wird auf Antrag die Steuer nicht festgesetzt oder die Steuerfestsetzung aufgehoben (§ 16 GrdEStG).

Die **Kraftfahrzeugsteuer** entsteht mit Beginn der Steuerpflicht, bei fortlaufenden Entrichtungszeiträumen mit Beginn des jeweiligen Entrichtungszeitraums (§ 6 KraftStG[895]). Zu entrichten ist die Steuer jeweils für die Dauer eines Jahres im voraus (§ 11 Abs. 1 KraftStG). Sie kann bei bestimmtem Steuersatz auch für die Dauer eines Halbjahres oder auch eines Vierteljahres entrichtet werden (§ 11 Abs. 2 KraftStG; Besonderheiten für gebietsfremde Fahrzeuge dort Abs. 3; Steuerentrichtung nach Tagen dort Abs. 4). Endet die Kfz-Steuerentrichtungspflicht (z.B. mit Veräußerung des Fahrzeugs; sonst zur Dauer der Steuerpflicht § 5 KfzStG), dann ist zu viel gezahlte Kfz-Steuer zu erstatten (§ 37 Abs. 1 AO). Der Erstattungsanspruch ist pfändbar, und zwar vom Zeitpunkt der Leistungspflicht (Entrichtungszeitraum) an[896] (siehe Rdn. A.493). Die Kennzeichnung des Erstattungsanspruchs (Rdn. A.506) nach Steuerart und Erstattungsgrund schließt Nennung des amtlichen Kennzeichens des Kraftfahrzeugs ein[897]. Drittschuldner ist das nach § 1 KraftStDV[898] örtlich zuständige Hauptzollamt. A.503

Zur Entstehung der Tabak-, Kaffee-, Bier- und Schaumweinsteuer s. die Fußnoten bei Rdn. A.490. A.504

7.69.4. Pfändungsantrag und -beschluss

Das Vorbringen des Gläubigers im **Pfändungsantrag** muss den Erstattungsanspruch als pfändbar ausweisen (Rdn. B.68). Im Pfändungsantrag hat der Gläubiger daher Tatsachen vorzutragen, aus denen folgt, dass der Anspruch bereits entstanden ist (§ 46 Abs. 6 AO; dazu auch Rdn. A.491, A.492). Dieser Anforderung entspricht das Pfändungsgesuch nicht, wenn es nur formelhaft behauptet, der Anspruch „sei entstanden und deshalb nach § 46 AO pfändbar". Jedoch erübrigt sich ein weiteres Vorbringen, wenn sich bereits aus der Bezeichnung der zu pfändenden Forderung ergibt, dass sie pfändbar entstanden ist, so wenn beantragt ist, den Erstattungsanspruch aus Einkommensteuer für das zurückliegende Kalenderjahr zu pfänden. A.505

Im **Pfändungsbeschluss** müssen Steuerart und Erstattungsgrund bezeichnet werden[899]. Unzureichend sind nur allgemein gehaltene Angaben wie „Steuererstat- A.506

---

894 Grunderwerbsteuergesetz i.d.F. vom 26.2.1997 (BGBl I 418).
895 Kraftfahrzeugsteuergesetz i.d.F. vom 26.9.2002 (BGBl I 3818).
896 Anders App, KKZ 1991, 8: ab Beendigung der Kfz-Steuerpflicht; entspricht nicht dem § 46 Abs. 6 AO.
897 App, KKZ 1991, 8.
898 Kraftfahrzeugsteuer-Durchführungsverordnung vom 12.7.2017 (BGBl I 2374).
899 Hintzen, Forderungspfändung, § 1 Rdn. 77; Stöber, Rpfleger 1973, 116 (117).

tungsansprüche"[900], „Erstattungsanspruch für das Jahr 20.." (auch wenn die Steuernummer des Schuldners angegeben ist[901]), „Anspruch auf bereits beantragte und künftige Steuererstattung", „Forderungen aus bereits geltend gemachten oder noch zu erwartenden Steuererstattungsansprüchen" oder „Zahlung von Steuererstattungsbeträgen"[902]. Die Angabe der Steuernummer des Schuldners ist nicht erforderlich (vergleiche das Rdn. A.462 Gesagte, das entsprechend gilt). In die Pfändung des Erstattungsanspruchs aus einer anderen als der bezeichneten Steuerart kann der Pfändungsbeschluss nicht umgedeutet werden.

Einen Erstattungs**zeitraum** (Kalenderjahr usw.) braucht der Pfändungsbeschluss nicht gesondert zu nennen. Eine Pfändung erfasst alle bereits entstandenen, noch nicht geleisteten Erstattungsansprüche aus der in Anspruch genommenen Steuerart[903], damit auch den Erstattungsanspruch infolge zu hoher Abschlusszahlung nach Herabsetzung der Steuerschuld (z.B. im Einspruchsverfahren, s. Rdn. A.493). Dies kommt, da infolge des § 46 Abs. 6 AO nur rückständige Erstattungsansprüche gepfändet werden können, im Pfändungsbeschluss auch dann hinreichend zum Ausdruck, wenn ein Kalenderjahr oder sonstiger Erstattungszeitraum nicht bezeichnet ist[904].

Erstattungszinsen (§ 233a AO) werden von der Pfändung des Steuererstattungsanspruchs erfasst (vgl. Rdn. B.359); sie können gleichwohl als mitgepfändet bezeichnet werden (Rdn. B.361). Da sie Nebenanspruch der gepfändeten Erstattungsforderung sind, kommt es auf deren Entstehen für die Zulässigkeit der Pfändung auch der Erstattungszinsen an[905] (§ 46 Abs. 6 AO); unerheblich ist daher, dass für Entstehung von Erstattungszinsen auf den Zeitpunkt der Steuerfestsetzung abgestellt wird, die zu einer Steuererstattung führt.

---

900 Alisch und Voigt, Rpfleger 1980, 10 (11).

901 BFHE 157, 32 = BB 1990, 125 = NJW 1990, 2645 (erfasst nicht einen Umsatzsteuerüberschuss).

902 **A.A.** OLG Stuttgart, JurBüro 1979, 284 = MDR 1979, 324 (dazu aber BFH [Fn. 901]).

903 BFHE 195, 516 = GmbHR 2001, 927 = Rpfleger 2001, 603 (Umsatzsteuer). Ausreichend bestimmt ist daher „Steuererstattungsansprüche auf Grund der Einkommensteuerveranlagungen für das abgelaufene Kalenderjahr und für alle früheren Kalenderjahre", BFHE 188, 137 = BStBl. 1999 II 439 = Rpfleger 1999, 501 Leits.; OLG Stuttgart (Fn. 902). Hierzu siehe auch LG Itzehoe, MDR 1988, 1064: Bezeichnung des Erstattungsanspruchs aus Lohnsteuer-Jahresausgleich für ein bestimmtes Kalenderjahr und die davor liegenden Veranlagungszeiträume nannte die zu pfändende Forderung (alle in dem genannten Kalenderjahr und davor noch nicht geleisteten Erstattungsansprüche aus der bezeichneten Steuerart) jedenfalls hinreichend bestimmt.

904 Hintzen, Forderungspfändung, § 5 Rdn. 152.

905 Anders AEAO (Fn. 874) zu § 46 Nr. 1 S. 6: „Der Anspruch auf Erstattungszinsen … entsteht erst, wenn eine Steuerfestsetzung zu einer Erstattung führt und die übrigen Voraussetzungen des § 233a AO in diesem Zeitpunkt erfüllt sind". Damit ist zum Ausdruck gebracht, dass ein Pfändungs- und Überweisungsbeschluss vor Bekanntgabe des dem jeweiligen Zinsanspruch zugrunde liegenden Steuerfestsetzungsbescheides nach § 46 Abs. 6 AO nichtig ist. Dem ist nicht zu folgen. Auf der Grundlage dieser Ansicht wäre auch eine Pfändung von Erstattungszinsen praktisch nicht möglich, weil sie schon sogleich mit Bekanntgabe des Steuerbescheids geleistet werden. Sie vom pfändbaren Steuerguthaben zu trennen und unpfändbar zu stellen, widerspricht aber dem Wesen der Zinsen als hauptsacheabhängige Nebenforderung.

Drittschuldner ist die Finanzbehörde (dazu § 6 AO), die über den Anspruch entschieden oder zu entscheiden hat (§ 46 Abs. 7 AO). Die örtliche Zuständigkeit richtet sich, soweit nicht einzelne Steuergesetze anderes bestimmen (§ 17 AO), nach §§ 18–29 AO. Im Pfändungsbeschluss muss das örtlich zuständige Finanzamt so genau bezeichnet werden, dass eine Verwechslungsgefahr ausgeschlossen ist[906]. Unzureichend ist die allgemeine Bezeichnung „Finanzamt in X“, wenn es an dem genannten Ort mehrere Finanzämter gibt[907]; unzulässig ist die inhaltslose Formulierung „... das für den Schuldnerwohnsitz zuständige Finanzamt“. Bei Zustellung an eine sachlich oder örtlich nicht zuständige Finanzbehörde geht die Pfändung ins Leere. Sie kann dann nicht durch Weitergabe des Pfändungsbeschlusses an das zuständige Finanzamt wirksam werden[908]. Auch die Zustellung des Pfändungsbeschlusses, der eine nicht zuständige Finanzbehörde als Drittschuldner bezeichnet, an die tatsächlich zuständige Finanzbehörde, die Drittschuldner ist, bewirkt die Pfändung nicht[909]. Jedoch sind die Außenstellen (Nebenstellen) eines Finanzamts und das Stammfinanzamt mit seinen übrigen Außenstellen als eine Behörde anzusehen, so dass mit einer dieser Stellen dieses Finanzamt richtig bezeichnet ist. A.507

Dass sich nach Wirksamwerden der Pfändung die Zuständigkeit ändert, berührt die Beschlagnahmewirkungen nicht[910]. Die Pfändung des Erstattungsanspruchs ist auch nicht deshalb unwirksam, weil der Schuldner bei Zustellung des Pfändungsbeschlusses an das zuständige Finanzamt als Drittschuldner bei diesem als Steuerpflichtiger noch nicht geführt wird. Den wirksamen Pfändungsbeschluss muss die Finanzbehörde bei Eingang des Antrags auf Steuererstattung beachten und erfüllen. Sie kann nicht mit der Einwendung gehört werden, dass es für die Behörde unzumutbar sei, die Pfändung zu überwachen[911]. Jedoch dürfen die Anforderungen an die Überwachungs- und Sorgfaltspflicht der Behörde nicht überspannt werden. Kann mit der verkehrsüblichen Sorgfalt (Vormerkung im Veranlagungsreferat, in der Kasse usw.) nicht verhindert werden, dass die Pfändung bei Bearbeitung eines späteren Erstattungsantrags des Schuldners unbeachtet bleibt, so gebietet die Notwendigkeit des Drittschuldnerschutzes, dass der Pfändungsgläubiger die Erfüllung an den Schuldner gegen sich gelten lässt (siehe Rdn. B.165, B.166 und auch Rdn. C.77); die Beweislast trifft in diesem Fall jedoch die Finanzbehörde als Drittschuldnerin. A.508

---

906 BGH, NJW-RR 2006, 425 = Rpfleger 2006, 133.

907 OLG Hamm, MDR 1975, 852 = Rpfleger 1975, 443; Forgách, BB 1976, 266; s. auch Borggreve, JurBüro 1979, 1585 (1587) und Halaczinsky, ZIP 1985, 1442 (1445); **a.A.** (das nach dem allgemeinen Schuldnerwohnsitz, bei Ehegatten auch das zuerst angegangene Finanzamt trifft die Ermittlungspflicht) Alisch und Voigt, Rpfleger 1980, 10 (11).

908 Hintzen, Forderungspfändung, § 5 Rdn. 155.

909 Vgl. Rdn. B.93 und OLG Hamm (Fn. 907); aber auch FG Düsseldorf, EFG 1982, 576 = KKZ 1983, 78 Leits.

910 Mit dem Zuständigkeitswechsel geht die Verwaltungskompetenz mit allen Rechten und Pflichten über; siehe OFD Köln vom 5.9.1984, BB 1984, 2116 = DB 1984, 2071.

911 LG Koblenz, JurBüro 1967, 928 = Rpfleger 1968, 59.

A.509 Der Pfändungs**beschluss**, der (unzulässig) **vor dem Entstehen des Erstattungsanspruchs** erlassen wird und damit gegen § 46 Abs. 6 S. 1 AO verstößt, ist nichtig[912] (§ 46 Abs. 6 S. 2 AO). Die Sätze 1 und 2 des § 46 Abs. 6 AO gehen auf die Stellungnahme des Bundesrates zu dem Entwurf des Änderungsgesetzes 1980 zurück, deren Begründung lautet[913]:

> „Nach § 46 Abs. 6 Satz 1 ist eine Pfändung erst zulässig, wenn der Anspruch entstanden ist. Aus dem Wortlaut ergibt sich jedoch nicht, welche Rechtsfolge ein Verstoß gegen diese Bestimmung hat. Dies hat zu divergierenden Entscheidungen zur Frage geführt, ob ein Pfändungs- und Überweisungsbeschluss, der vor Entstehen des Steueranspruchs erwirkt war, nach diesem Zeitpunkt durch Zeitablauf oder (erneute) Zustellung wirksam wird ... Mit der Neuregelung soll diese Rechtsunsicherheit beseitigt und klargestellt werden, dass vor Entstehen des Steueranspruchs ein Pfändungs- und Überweisungsbeschluss nicht erlassen werden darf und eine entgegen diesem Verbot ausgebrachte Pfändung nichtig ist. Dieses Ergebnis entspricht dem mit dieser Vorschrift verfolgten Sinn und Zweck (BT-Drucks. VI/1982 zu § 215)."

Der Finanzausschuss des Bundestages hat seine Beschlussempfehlung[914] für diese Änderung wie folgt begründet:

> „Mit der Neufassung des § 46 Abs. 6 AO wird klargestellt, dass vor Entstehen eines Steueranspruchs ein Pfändungs- und Überweisungsbeschluss nicht erlassen werden darf. Um mit dieser Vorschrift nicht nur gerichtliche Beschlüsse zu erfassen, sondern auch die von der Verwaltung erlassenen Pfändungs- und Einziehungsverfügungen einzubeziehen, hat der Finanzausschuss eine entsprechende Änderungsanregung zum Bundesratsvorschlag aufgenommen."

Der Erlass des Pfändungsbeschlusses ist eine Vollstreckungsmaßnahme. Entscheidend muss daher die Vollstreckungstätigkeit des Vollstreckungsorgans sein. **Erlassen** ist der Pfändungsbeschluss deshalb mit Unterzeichnung durch den Rechtspfleger[915]. Auf den Zeitpunkt der Hinausgabe als Ausführungshandlung der

---

912 Die Rechtsprechung ging früher (für den Anspruch auf Lohnsteuer-Jahresausgleich) davon aus, eine vorzeitige Pfändung sei nur mangelhaft (und anfechtbar), bis zur Aufhebung aber doch wirksam mit der Folge, dass der Mangel mit Heilung und Zeitablauf entfalle. Die Pfändung sollte daher mit dem 1. Januar des Folgejahres rechtmäßig geworden sein. In diesem auf das Ausgleichsjahr folgenden Kalenderjahr sollte daher der Pfändungsbeschluss nicht mehr aufgehoben werden können. So OLG Düsseldorf, MDR 1979, 150 = NJW 1978, 2603 = Rpfleger 1978, 458 m.w.N.; OLG Hamm, MDR 1979, 767 = NJW 1979, 1663 = Rpfleger 1979, 268; eingehend und m.w.N.; so wohl auch OLG Bamberg, JurBüro 1979, 287; offengelassen noch von OLG Hamm (Fn. 881). S. dazu aber Tiedtke, NJW 1979, 1640.

913 BT-Drucks. 8/3648, S. 34.

914 BT-Drucks. 8/4157, S. 7.

915 **Anders** BFHE 161, 412 = DGVZ 1991, 54 = NJW 1991, 1975; auch BGH, DGVZ 2012, 30 = MDR 2012, 54 = JurBüro 2012, 102 = Rpfleger 2012, 91: Erlassen, wenn er nicht nur unterzeichnet, sondern auch bereits zum Zwecke der Beförderung der Post oder dem Gerichtswachtmeister übergeben worden ist. Das jedoch besorgt die Geschäftsstelle, die den Pfändungsbeschluss nicht „erlassen" kann. Zudem müssen die Vollstreckungsvoraussetzungen bei Beginn der Zwangsvollstreckung, somit bei Unterzeichnung des Pfändungsbeschlusses erfüllt sein und geprüft werden (siehe § 750 ZPO), nicht erst danach bei Absendung durch die Geschäftsstelle. Der BFH nimmt auf der Grundlage seiner Ansicht weiter an:„Im Verwaltungszwangsverfahren kann die Pfändung eines Steuererstattungsanspruchs durch den zuständigen Beamten bereits vor der Entstehung des Anspruchs (Ablauf des Veranlagungszeitraums oder Ausgleichsjahres) –

Geschäftsstelle kann es nicht ankommen[916]. Ebenso kann nicht von Bedeutung sein, dass der Beschluss erst mit seiner Absendung „als beschwerdefähige Entscheidung existent“ wird[917].

Die unzulässig (vorzeitig) erwirkte Pfändung eines Steuererstattungsanspruchs wird auch nicht mit dem Zeitpunkt wirksam, in dem der Anspruch mit Verwirklichung des Steuertatbestandes (Rdn. A.493) entsteht[918]. Die Pfändung erlangt somit keine Wirksamkeit, wenn der vor dem Entstehen des Anspruchs unzulässig erlassene Pfändungsbeschluss dem Finanzamt erst nach dem Entstehen des Anspruchs zugestellt (oder neu nochmals zugestellt) wird[919]. Der für die Pfändung entscheidende Akt der Zustellung an den Drittschuldner (§ 829 Abs. 3 ZPO) hat in diesem Fall keine Bedeutung, weil auch mit ihm ein nichtiger Pfändungsbeschluss (§ 46 Abs. 6 S. 2 AO) nicht wirksam werden kann. Der nach § 46 Abs. 6 S. 2 AO nichtige Pfändungsbeschluss ist auf Erinnerung oder Beschwerde aufzuheben. Der Erstattungsanspruch kann nur durch erneute Vollstreckung nach Entstehung des Anspruchs gepfändet werden[920].

Wenn nach Abweisung des Pfändungsgesuchs oder Aufhebung des unzulässig ergangenen Pfändungsbeschlusses über die Erinnerung oder Beschwerde erst nach Entstehung des Anspruchs entschieden wird, muss dem Pfändungsantrag nun entsprochen werden. Denn bei Entscheidung über den Rechtsbehelf ist der Erstattungsanspruch bereits pfändbar entstanden (§ 46 Abs. 6 AO)[921]. Jedoch kann der aufgehobene Pfändungsbeschluss dann nicht mehr rückwirkend wieder hergestellt werden[922].

Auch eine **Vorpfändung** ist nach § 46 Abs. 6 AO erst zulässig, wenn der Anspruch entstanden ist, nicht schon vor diesem Zeitpunkt (Rdn. A.492). Eine vor Entstehen des Anspruchs dem Finanzamt als (vermeintlicher) Drittschuldner zu- A.510

---

einschließlich der Schlusszeichnung der Pfändungs- und Einziehungsverfügung – vorbereitet werden.
Die Pfändungs- und Einziehungsverfügung wird erst zu dem Zeitpunkt erlassen (erwirkt), in dem die Verfügung den internen Bereich der Vollstreckungsbehörde verlassen hat, indem sie zum Zwecke der Zustellung an den Drittschuldner (Finanzamt) der Post oder dem Zustellungsdienst der Behörde übergeben worden ist.“
Anders auch Stein/Jonas/Würdinger, ZPO, § 829 Rdn. 9 (vorzeitige Unterzeichnung zulässig) und Schlesw-HolstFG, KKZ 1991, 234 (erlassen mit Bekanntgabe an den Drittschuldner).

916 **Anders** Schuschke/Walker, Vollstreckung, Anh. zu § 829 Rdn. 41, die nur sichergestellt wissen wollen, dass Zustellung des Beschlusses erst nach dem Stichtag erfolgt; so auch Musielak/Becker, ZPO, § 829 Rdn. 27; Wieczorek/Schütze/Lüke, ZPO, § 829 Rdn. 36. Dem aber steht bereits der Wortlaut von § 46 Abs. 6 AO entgegen.

917 Zu allem mit Einzelheiten und Nachweisen Stöber/Keller, ZVG, Einl. Rdn. 67.

918 BFH (Fn. 915). So bereits vordem OLG Frankfurt (Fn. 881); OLG Köln, NJW 1979, 1665; OLG Schleswig (Fn. 881); OLG Bamberg (Fn. 912); Tiedtke, NJW 1979, 1640 (1642); Borggreve, JurBüro 1979, 145; Wilke, NJW 1978, 2381.

919 **A.A.** früher LG Zweibrücken, MDR 1979, 325; OLG Bamberg (Fn. 912); Wilke, NJW 1978, 2380; s. demgegenüber aber bereits OLG Schleswig (Fn. 881); Tiedtke, NJW 1979, 1640 (1645).

920 So schon für frühere Rechtslage OLG Frankfurt (Fn. 918); OLG Köln (Fn. 918); OLG Schleswig (Fn. 881).

921 OLG Hamm (Fn. 912).

922 OLG Hamm (Fn. 912).

gestellte Vorpfändung ist nichtig[923] (§ 46 Abs. 2 AO). Sie erlangt keine Arrestwirkung (§ 845 Abs. 2, § 930 ZPO) für die nach Entstehung des Anspruchs innerhalb der Monatsfrist folgende Pfändung. Bedeutungslos ist jedoch, wann die Vorpfändung abgefasst und dem Gerichtsvollzieher der Zustellungsauftrag erteilt wurde[924]. Denn die Vorpfändung erfolgt dadurch, dass der Gläubiger dem Drittschuldner die Benachrichtigung zustellen lässt (s. Rdn. B.483), weshalb ihre Voraussetzungen bei der Zustellung (nicht aber bei Datierung) der Vorpfändung gegeben sein müssen (Rdn. B.482). Bei Zustellung nach Entstehung des Anspruchs erlangt somit die noch davor abgefasste und zur Zustellung gegebene Vorpfändung Arrestwirkung[925] gemäß § 845 Abs. 2, § 930 ZPO.

A.511 **Amtliche Formulierung nach der Zwangsvollstreckungsformular-Verordnung:**

Anspruch C (an Finanzamt)

[Gepfändet werden die Forderungen des Schuldners an das Finanzamt … – Drittschuldner –]

… auf Auszahlung

1. *des als Überzahlung auszugleichenden Erstattungsbetrages bzw. des Überschusses, der sich als Erstattungsanspruch bei Abrechnung der auf die Einkommenssteuer (nebst Solidaritätszuschlag) und Kirchensteuer sowie Körperschaftsteuer anzurechnenden Leistungen für das abgelaufene Kalenderjahr … und für alle früheren Kalenderjahre ergibt*
2. *des Erstattungsbetrages, der sich aus dem Erstattungsanspruch zu viel gezahlter Kraftfahrzeugsteuer für das Kraftfahrzeug mit dem amtlichen Kennzeichen … ergibt*

   Erstattungsgrund: …

7.69.5. Der Gläubiger im Besteuerungsverfahren

A.512 Wie der Gläubiger nach wirksamer Pfändung seine Rechte in dem jeweiligen Besteuerungsverfahren wahrnehmen kann, regelt die AO nicht. Nach der Gesetzesbegründung soll diese Frage durch die Rechtsprechung im Rahmen des § 78 AO (Beteiligte) geklärt werden[926]. Der Bundesfinanzhof stellt entscheidend darauf ab, dass Steuerfestsetzung (§ 155 ff. AO) und Erhebungsverfahren (§§ 218 ff. AO) grundlegend voneinander zu unterscheiden sind.

A.513 Am **Steuerfestsetzungsverfahren** ist der Pfändungsgläubiger **nicht** beteiligt[927]. Pfändungspfandrecht (§ 829 mit § 804 Abs. 1 ZPO) und Einziehungsbefugnis

---

923 BGH, (Fn. 915); auch Alisch und Voigt, Rpfleger 1980, 10; Wilke, NJW 1978, 2380 (2381); Noack, DGVZ 1979, 21 (24); Buciek, DB 1985, 1428.

924 BGH (Fn. 915), LG Essen, Rpfleger 2011, 95 (als Vorinstanz); Buciek, DB 1985, 1428 (eingehend zu dieser Frage); auch Mümmler, JurBüro 1984, 1777 (1779); Musielak/Becker, ZPO, § 829 Rdn. 28.

925 BGH (Fn. 915); LG Essen (Fn. 924).

926 Begründung (Fn. 873), S. 171.

927 BFHE 187, 1 = BStBl 1999 II 84 = NJW 1999, 1056 Leits. = Rpfleger 1999, 339 Leits. mit Anm. Riedel.

(§ 835 Abs. 1 ZPO) erstrecken sich lediglich auf den Zahlungsanspruch, den der Schuldner als Steuerpflichtiger auf Erstattung überzahlter Steuern gegen die Finanzbehörde hat[928]. Auf die **Rechtsstellung** des erstattungsberechtigten Schuldners in seiner Eigenschaft als Steuerpflichtiger i.S. des § 33 AO erstreckt sich die Pfändung nicht[929]. Rechte, die der Schuldner als Steuerpflichtiger nach dem öffentlich-rechtlichen Steuerschuldverhältnis hat, erlangt der Gläubiger durch die Pfändung daher nicht. Deshalb erhält den Steuerbescheid nur der steuerpflichtige Schuldner[930]. Der Pfändungsgläubiger kann gegen den Steuerbescheid daher Einspruch nicht einlegen und Klage nicht erheben; er kann sonst prozessuale Rechte des steuerpflichtigen Schuldners nicht wahrnehmen[931]. Er wird daher auch nicht zum Rechtsbehelfsverfahren des steuerpflichtigen Schuldners zugezogen[932]. Er kann auch Änderung oder Berichtigung eines wirksam ergangenen Steuerbescheids nicht beantragen[933].

Teil A Geldforderungen

Nach Konkretisierung mit Steuerbescheid im Festsetzungsverfahren wird im nachfolgenden (vom Festsetzungsverfahren getrennten[934]) **Erhebungsverfahren** (§§ 218 ff. AO) der Zahlungsanspruch auf Steuererstattung verwirklicht. In diesem Verfahren kann daher der pfändende Gläubiger (§ 829 Abs. 1 ZPO) nach Überweisung (§ 835 ZPO) Zahlung verlangen, damit den Erstattungsanspruch des Schuldners als Steuerpflichtiger an die Finanzbehörde geltend machen. Ob und ggfs. in welcher Höhe sich aus der Veranlagung ein Erstattungsanspruch ergeben hat und auf Grund der Pfändung zu leisten ist, wird dem Pfändungsgläubiger von der Finanzbehörde mitgeteilt[935]. Über Streitigkeiten bei Verwirklichung des gepfändeten Erstattungsanspruchs entscheidet die Finanzbehörde durch Verwaltungsakt (§ 218 Abs. 2 AO). Auch über die Wirksamkeit des Pfändungsbeschlusses als Streitigkeit über den Erstattungsanspruch kann das Finanzamt durch Verwaltungsakt nach § 218 Abs. 2 AO entscheiden[936]. Gegen einen ablehnenden Bescheid der Finanzbehörde kann der Gläubiger Rechtsmittel einlegen[937]. Für seine Klage gegen die Finanzbehörde als Drittschuldner auf Auszahlung eines gepfändeten Steuererstattungsanspruchs ist der Finanzrechtsweg gegeben[938] (s. Rdn. B.318). A.514

Bei **rechtsgrundloser Zahlung** eines Steuererstattungsanspruchs an den pfändenden Gläubiger hat die Finanzbehörde gegen diesen als Leistungsempfänger ei- A.515

---

928 BFH (Fn. 927).
929 BFH (Fn. 927); BFHE 125, 138 = BStBl 1978 II 464; BFH/NV 1993, 350.
930 BFHE 155, 40 = BStBl 1989 II 223; BFH (Fn. 927).
931 BFH (Fn. 927); BGHZ 176, 79 (84) = MDR 2008, 765 = NJW 2008, 1675 mit Anm. Timme = Rpfleger 2008, 372 unter Aufgabe von BGHZ 157, 195 (202) = FamRZ 2004, 532 = MDR 2004, 535 = NJW 2004, 954 (956) = Rpfleger 2004, 228.
932 BFH (Fn. 927); **a.A.** BGHZ 157, 195 (203) (Fn. 931).
933 BFHE 72, 465 = BStBl 1961 III 170; BFH (Fn. 927).
934 BFH (Fn. 927).
935 AEAO (Fn. 874) zu § 46 Nr. 4 S. 5.
936 BFHE 150, 392 = BStBl 1987 II 802 = NJW 1988, 1998.
937 FG Düsseldorf, BB 1975, 1334.
938 BFHE 150, 395 = BStBl 1987 II 863 = NJW 1988, 1407 (für Umsatzsteuererstattungsanspruch); die Pfändung führt nicht zu einer Änderung des Schuldverhältnisses, aus dem sich der Erstattungsanspruch ergibt; BFH, BStBl 2000 II 574 (575).

nen Rückforderungsanspruch[939] (Erstattungsanspruch; § 37 Abs. 2 AO). Als selbstständiger Anspruch aus dem Steuerschuldverhältnis besteht dieser Anspruch auch dann, wenn auf Grund unwirksamer Pfändung oder an einen nachrangig pfändenden Gläubiger gezahlt worden ist[940] (hierzu Rdn. B.233).

A.516 **Auskunft** darüber, ob ein Erstattungsanspruch des Schuldners besteht (oder noch besteht), kann das Finanzamt vor (wirksamer) Pfändung einem Gläubiger nicht erteilen (Schutz des Steuerpflichtigen durch das Steuergeheimnis, § 30 AO mit Einschränkung insbesondere bei Zustimmung des Betroffenen). Mit Zustellung des Pfändungsbeschlusses wird die Drittschuldnererklärungspflicht begründet, die jedoch nur in dem durch § 840 ZPO bestimmten Umfang besteht (Rdn. B.279 ff.). Der Schuldner ist nach § 836 Abs. 3 S. 1 ZPO auskunftspflichtig. Angaben hat er nach § 836 Abs. 3 S. 3 ZPO zu Protokoll zu geben und an Eides statt zu versichern (Rdn. B.264).

A.517 Kosten eines Steuerberaters, den der Gläubiger mit der Geltendmachung des Steuererstattungsanspruchs beauftragt hat, sind als Aufwendungen aus Anlass der Zwangsvollstreckung nach § 788 Abs. 1 ZPO Zwangsvollstreckungskosten[941]. Sie sind aber nicht ohne weiteres, sondern nur bei Notwendigkeit (§ 91 Abs. 1 ZPO) erstattungsfähig; aus dem gepfändeten Steuererstattungsanspruch können sie mit der Vollstreckungsforderung des Gläubigers nur dann eingezogen werden, wenn nach dem Pfändungsbeschluss (Rdn. B.83) auch für sie der Gläubiger ein Pfandrecht an dem gepfändeten Anspruch erlangt hat. Für die Tätigkeit des Steuerberaters im Steuerfestsetzungsverfahren können Notwendigkeit und damit Erstattungsfähigkeit nicht angenommen werden, weil der Gläubiger an diesem Verfahren nicht beteiligt ist[942] (Rdn. A.513); Kosten des Steuerberaters für Tätigkeit im Erhebungsverfahren (Rdn. A.514) sind zumeist nicht notwendig und daher nicht erstattungsfähig.

7.69.6. Pfändung und Abtretung oder Verpfändung

A.518 Wenn der Erstattungsanspruch bereits abgetreten[943] ist, hat eine Pfändung keine Wirkungen (Rdn. B.443). Wirksam wird eine Abtretung[944] jedoch erst, wenn der

---

939 BFHE 180, 1 = BStBl 1996 II 436 = FamRZ 1996, 1471 Leits. = NJW-RR 1996, 1217; FG Niedersachsen, NJW 2000, 2607. Für (ernstlich) zweifelhaft hielt es noch BFHE 174, 8 = BStBl 1995 II 817 = BB 1994, 1695, ob im Falle der Verpfändung der Rückforderungsanspruch gegenüber dem Pfandgläubiger besteht.

940 Hierzu (für Erstattungsanspruch nach rechtsgrundloser Leistung an einen Zessionar) BFH (Fn. 930); BFHE 160, 197 = BB 1990, 1406 = BStBl 1990 II 671; BFHE 173, 1 = BB 1994, 1279 = BStBl 1995 II 846; BFHE 160, 128 = BB 1990, 1407 = BStBl 1990 II 520 (Erstattungsanspruch an Steuerpflichtigen nach Pfändung).

941 **A.A.** LG Berlin, DGVZ 1985, 43.

942 So auch Zöller/Geimer, ZPO § 788 Rdn. 13 „Steuerberaterkosten“. Allgemeiner noch Baumbach/Lauterbach/Hartmann, ZPO, § 788 Rdn. 43; Musielak/Lackmann, ZPO, § 788 Rdn. 14 „Steuerberatungskosten“; Stein/Jonas/Münzberg, ZPO, § 788 Rdn. 12; frühere Rechtsprechung (zuletzt 13. Aufl. Rdn. 375) ist überholt.

943 Zur Übertragung von Steuererstattungsansprüchen an Dritte Harder, DB 1988, 1189.

944 Auslegung der Abtretungsanzeige (Abtretung eines ESt-Erstattungsanspruchs, wenn er als LStJA bezeichnet ist) BFHE 136, 46 = BStBl 1982 II 685 = DB 1982, 2019 Leits. Zur Wirksamkeit bei unvollständig ausgefüllter Abtretungsanzeige BFHE 162, 202 = BStBl 1991 II 201 = NJW 1992, 198.

Gläubiger sie in vorgeschriebener Form (§ 46 Abs. 3 AO) der zuständigen Finanzbehörde nach Entstehen des Anspruchs (Rdn. A.493 ff.) anzeigt (§ 46 Abs. 2 AO). Zwar kann der Abtretungsvertrag[945] auch schon vor Entstehen des Anspruchs, mithin auch über einen künftigen Erstattungsanspruch geschlossen werden. Der Eingang der Abtretungsanzeige bei der zuständigen Finanzbehörde ist jedoch materielle Wirksamkeitsvoraussetzung[946]; die Abtretung wirkt nicht auf den Zeitpunkt des Abtretungsvertrages zurück. Auch einer Abtretung, die schon vor Entstehen des Erstattungsanspruchs vereinbart ist, geht eine Pfändung daher vor, die nach Entstehung des Anspruchs mit Drittschuldnerzustellung (§ 829 Abs. 3 ZPO) vor zeitgemäßer und formgerechter Anzeige der Abtretung wirksam geworden ist. Eine vor Entstehen des Anspruchs der Finanzbehörde formgerecht angezeigte Abtretung ist wirkungslos; sie wird auch nicht mit Entstehen des Anspruchs wirksam. Da nur Abtretender und Abtretungsempfänger der Finanzbehörde gegenüber eine angezeigte Abtretung gegen sich gelten lassen müssen, auch wenn sie nicht wirksam erfolgt oder wegen Verstoß gegen das geschäftsmäßige Erwerbsverbot nichtig ist (§ 46 Abs. 5 AO), wirkt eine vor Pfändung formgerecht angezeigte, aber nichtige Abtretung nicht gegenüber dem pfändenden Gläubiger. Von der Abtretung der (pfändbaren) Bezüge aus einem Dienstverhältnis an den Treuhänder für Restschuldbefreiung (§ 287 Abs. 2 InsO) wird der Anspruch auf Erstattung von Einkommen- (damit auch Lohn-)Steuerzahlungen nicht erfasst[947] (er ist nicht Einkommen auf Grund eines Arbeits- oder Dienstverhältnisses).

Entsprechendes gilt bei **Verpfändung** (§ 46 Abs. 1 und 6 AO).

7.69.7. Lohnsteuer-Jahresausgleich, Einkommensteuererstattung

7.69.7.1. Erhebung der Lohnsteuer

Lohnsteuer wird bei Einkünften aus nichtselbstständiger Arbeit als Einkommensteuer durch Abzug vom Arbeitslohn unter den weiteren Voraussetzungen des § 38 EStG erhoben (§ 38 Abs. 1 S. 1 EStG). **A.519**

7.69.7.2. Lohnsteuer-Jahresausgleich durch den Arbeitgeber

Der **Arbeitgeber** ist berechtigt (verpflichtet, wenn er mindestens 10 Arbeitnehmer beschäftigt), seinen unbeschränkt einkommensteuerpflichtigen Arbeitnehmern, die während des abgelaufenen Kalenderjahres (Ausgleichsjahr) ständig in ei- **A.520**

---

945 Zur Auslegung einer allgemeinen Gehaltsabtretung auch als Vorausabtretung zu erwartender Lohnsteuererstattungsansprüche BFHE 130, 226 = BB 1980, 1141 = BStBl 1980 II 488 = DB 1980, 1676.

946 Ohne Anzeige an die Finanzbehörde ist die Abtretung allgemein unwirksam, BGHZ 70, 75 = MDR 1978, 485 = NJW 1978, 642; BFHE 179, 547 = BStBl 1996 II 557 = NJW-RR 1996, 799.

947 BGHZ 163, 391 = MDR 2006, 49 = NJW 2005, 2988 = NZI 2005, 565 = Rpfleger 2005, 690; BGH, MDR 2006, 891 = NJW 2006, 1127 = NZI 2006, 246 = Rpfleger 2006, 218, auch zur Frage, wann der Erstattungsanspruch zur Insolvenzmasse gehört.

nem zu ihm bestehenden Dienstverhältnis gestanden haben, einen **Lohnsteuer-Jahresausgleich** (auch für den Solidaritätszuschlag, § 51a Abs. 1 EStG) **durchzuführen** (§ 42b Abs. 1 S. 1, 2 EStG). Im Lohnsteuer-Jahresausgleich wird die für das abgelaufene Kalenderjahr (Ausgleichsjahr) einbehaltene Lohnsteuer insoweit erstattet, als sie die auf den Jahresarbeitslohn entfallende Jahreslohnsteuer übersteigt. Nicht durchführen darf der Arbeitgeber den Lohnsteuer-Jahresausgleich in bestimmten, in § 42b Abs. 1 S. 3 EStG bezeichneten Fällen.

A.521 Wenn der **Arbeitgeber** den Lohnsteuer-Jahresausgleich durchführt (§ 42b EStG), erfüllt er den Erstattungsanspruch aus dem Steuerschuldverhältnis (§ 37 Abs. 1 AO; Rdn. A.490). Die Erstattungsleistung ist mithin kein Teil des Arbeitseinkommens[948]. Ihr kommt daher auch der für Arbeitseinkommen geltende Pfändungsschutz (§§ 850 ff. ZPO) nicht zu[949]. Als öffentlich-rechtliche Geldforderung ist der Erstattungsanspruch ohne Einschränkung pfändbar.

A.522 **Drittschuldner** ist der Arbeitgeber, der den Jahresausgleich berechnet und erstattet[950]. Ein dem Finanzamt zugestellter Pfändungsbeschluss erfasst den Erstattungsbetrag nicht, den der Arbeitgeber feststellt und leistet. Ebenso erfasst die dem Arbeitgeber zugestellte Pfändung nicht den bei Veranlagung zur Einkommensteuer vom Finanzamt zu leistenden Erstattungsbetrag. Zur Anrechnung von Lohnsteuer auf Einkommensteuer und Erstattung einer Überzahlung erfolgt auf Antrag eine Veranlagung auch, wenn der Arbeitgeber einen Lohnsteuer-Jahresausgleich durchgeführt hat. Ratsam ist es deshalb, den vom Arbeitgeber und gesondert (sobald nach § 46 Abs. 6 AO zulässig, siehe Rdn. A.527) auch den vom Finanzamt bei Veranlagung zur Einkommensteuer (§ 46 Abs. 2 Nr. 8 EStG) zu leistenden Erstattungsbetrag zu pfänden[951].

A.523 Im **Pfändungsbeschluss** muss der Erstattungsanspruch aus Lohnsteuer-Jahresausgleich als solcher bestimmt bezeichnet werden[952]. Von einer Pfändung des Arbeitseinkommens wird der Erstattungsanspruch aus Lohnsteuer-Jahresausgleich nicht erfasst[953]; er muss gesondert gepfändet werden[954]. Die Pfändung des Arbeits-

---

948 Zur Rechtsnatur des Erstattungsanspruchs BGHZ 163, 391 (393) (Fn. 947). Überholt damit LArbG Frankfurt, BB 1989, 295; LArbG Hamm, NZA 1989, 529.

949 LG Aachen, Rpfleger 1988, 418; LG Braunschweig, NJW 1972, 2315; Musielak/Becker, ZPO, § 829 Rdn. 28; Tappert, NJW 1962, 239; Wais, BB 1969, 1441; Hansen, Rpfleger 1969, 234; Stöber, Rpfleger 1973, 116; **a.A.** LG Köln, BB 1964, 175; Quardt, NJW 1959, 518 (Pfändungsschutz nach §§ 850c, 850d ZPO); Schall, NJW 1959, 520 (Pfändungsschutz nach § 850i ZPO).

950 Allgemeine Ansicht, siehe Stöber, Rpfleger 1973, 116 (117); Schüler, DB 1973, 182; Wais, BB 1969, 1441; Lübbing, NJW 1968, 879.

951 Früher wurde es für ratsam gehalten, sowohl das Finanzamt als auch den Arbeitgeber als Drittschuldner zu behandeln und beiden den Pfändungsbeschluss zuzustellen, wenn ausnahmsweise noch nicht abzusehen war, wer den Jahresausgleich durchführt (so Wais, BB 1969, 1441; Stöber, Rpfleger 1973, 116 [117]; Schüler, DB 1973, 182). Diese Erwägung hat keine Bedeutung mehr.

952 Stöber, Rpfleger 1973, 116 (117). Angabe des Berechnungszeitraums wird hierfür nicht zu fordern sein; AG Simmern, JurBüro 1982, 306 mit Anm. Mümmler (s. auch Rdn. A.527).

953 So zutreffend Schall, NJW 1959, 520; Jonas, JW 1936, 3348; Jonas, 1937, 123; Hansen, Rpfleger 1969, 234; Wais, BB 1969, 1441; Stöber, Rpfleger 1973, 116 (117); **a.A.** LG Köln, (Fn. 949); Quardt, NJW 1959, 519; LArbG Hamm, BB 1965, 669 = DB 1965, 39 (das aber den Anspruch keinen Pfändungsbeschränkungen unterwirft); Bauer, DB 1974, 2479.

954 **A.A.** LArbG Saarland, DB 1976, 1870; siehe außerdem die Fn. 953 Genannten.

einkommens und eines Lohnsteuer-Erstattungsanspruchs kann jedoch in einem Beschluss zusammengefasst werden (Rdn. B.49).

Die **Pfändung** des Erstattungsanspruchs an den Arbeitgeber unterliegt nicht A.524
den Beschränkungen des § 46 Abs. 6 AO[955]. Der Anspruch kann daher schon vor Entstehung gegenüber der Finanzbehörde und demzufolge auch als künftiger Anspruch für kommende Jahre gepfändet werden. Zulässig ist die Pfändung des Erstattungsanspruchs für kommende Ausgleichsjahre, weil sich bereits aus dem fortlaufenden Steuerabzug vom Arbeitseinkommen des unbeschränkt Lohnsteuerpflichtigen eine für die Pfändbarkeit ausreichende Rechtsgrundlage ergibt. Dass sich die Pfändung auf den Erstattungsanspruch für kommende Ausgleichsjahre erstrecken soll, muss sich aus dem Pfändungsbeschluss ergeben[956]. Fehlt die Angabe im Pfändungsbeschluss, für welchen Erstattungszeitraum der Ausgleichsanspruch gepfändet werden soll, so erfasst die Pfändung nur den etwa noch nicht erstatteten Ausgleichsanspruch für zurückliegende Zeit und den Anspruch für das laufende Ausgleichsjahr. Gegenstandslos wird die künftige Anspruchspfändung, wenn das Arbeitsverhältnis des Schuldners bei dem Drittschuldner endet, dieser mithin nicht mehr der nach § 42b EStG für die Erstattung zuständige Arbeitgeber ist[957].

**Amtliche Formulierung nach der Zwangsvollstreckungsformular-Verord- A.525
nung:**

Anspruch A (an Arbeitgeber)

[Gepfändet werden die Forderungen des Schuldners an den Arbeitgeber ... – Drittschuldner –]

2. *auf Auszahlung des als Überzahlung jeweils auszugleichenden Erstattungsbetrages aus dem durchgeführten Lohnsteuer-Jahresausgleich sowie aus dem Kirchenlohnsteuer-Jahresausgleich für das Kalenderjahr ... und für alle folgenden Kalenderjahre.*

7.69.7.3. Erstattung bei Anrechnung der Lohnsteuer auf Einkommensteuer

Das **Finanzamt erstattet** die bei Einkünften aus nichtselbstständiger Arbeit A.526
durch Abzug vom Arbeitslohn zu viel erhobene Lohnsteuer (§ 38 Abs. 1 S. 1 EStG) nach Anrechnung als Einkommensteuer im Veranlagungsverfahren (§ 25 Abs. 1 EStG). Die Festsetzung erfolgt mit Steuerbescheid (§ 155 Abs. 1 S. 1 AO). Die Veranlagung wird bei Einkünften aus nichtselbstständiger Arbeit, die dem Lohnsteu-

955 Zustimmend LG Bielefeld, JurBüro 1990, 1361; LG Landau, Rpfleger 1982, 31; Borggreve, JurBüro 1979, 1585 (1592); Alisch und Voigt, Rpfleger 1980, 10 (12); Stein/Jonas/Würdinger, ZPO, § 829 Rdn. 9; **anders** LG Aachen (Fn. 949); LG Hagen, JurBüro 1994, 371 mit abl. Anm. Behr, die jedoch § 46 Abs. 6 AO gegen seinen Zweck (zu diesem Rdn. A.495) auch auf den Arbeitgeber ausdehnen und damit ohne jede rechtfertigende Begründung hinnehmen, dass die Leistung an den Schuldner bereits im Ausgleichsjahr eine Pfändung erst nach Ablauf des Kalenderjahres ausschließt, somit den Erstattungsanspruch als Vermögenswert des Schuldners seinen Gläubigern praktisch entzieht.

956 Stöber, Rpfleger 1973, 116 (122).

957 Zustimmend Borggreve, JurBüro 1979, 1585 (1592).

erabzug unterliegen, auch stets durchgeführt, wenn sie beantragt wird, insbesondere zur Anrechnung von Lohnsteuer auf Einkommensteuer (§ 46 Abs. 2 Nr. 8 EStG; **Antragsveranlagung**). Bei Veranlagung zur Einkommensteuer können alle Steuerersparnismöglichkeiten geltend gemacht werden.

A.527 Die **Pfändung** des Anspruchs auf Erstattung der Einkommensteuer, auch soweit Veranlagung auf Antrag erfolgt, bestimmt sich nach § 46 Abs. 6 und 7 AO. Für kommende Ausgleichsjahre kann der Erstattungsanspruch als zukünftige Forderung nicht gepfändet werden (§ 46 Abs. 6 AO). Auch während des laufenden Kalenderjahres (Veranlagungszeitraum, in dem Lohnsteuerabzug erfolgt) kann der Erstattungsanspruch nicht gepfändet werden: er entsteht pfändbar erst mit Ablauf des Erstattungsjahres[958] (§ 46 Abs. 6 AO). Zur Pfändung des Erstattungsanspruchs für das laufende Kalenderjahr kann vor dessen Ablauf ein Pfändungsbeschluss auch dann nicht erlassen (hierzu Rdn. A.509) werden, wenn mit der (wirksamen) Zustellung noch bis zum 1. Januar des folgenden Jahres gewartet werden soll. Einem Antrag auf Pfändung des Erstattungsbetrags für zurückliegende Kalenderjahre ist nicht zu entsprechen, wenn dem Vollstreckungsgericht bekannt ist, dass Festsetzung mit Steuerbescheid bereits erfolgt und der Erstattungsbetrag schon ausbezahlt ist[959] (siehe Rdn. B.75) oder das Antragsrecht endgültig ausgeschlossen und damit ein Erstattungsanspruch sicher nicht mehr gegeben ist[960].

A.528 **Ehegatten** können zwischen Einzelveranlagung und Zusammenveranlagung wählen (§ 26 EStG mit Einzelheiten). Bei Zusammenveranlagung werden die Einkünfte, die die Ehegatten erzielt haben, zusammengerechnet, den Ehegatten gemeinsam zugerechnet und die Ehegatten sodann (soweit nichts anderes vorgeschrieben ist) gemeinsam als Steuerpflichtiger behandelt (§ 26b EStG).

Ein Gläubiger nur des Ehemannes oder nur der Ehefrau kann den Anspruch seines Schuldners auf den (anteiligen) Erstattungsbetrag pfänden. Erstattungsberechtigt ist (nach § 37 Abs. 2 AO) der Ehegatte, auf dessen Rechnung die Zahlung nach dem Willen des Zahlenden bewirkt worden ist[961]. Gesamtgläubiger des Erstattungsanspruchs sind die Ehegatten (als zahlungspflichtig gewesene Gesamtschuldner der Steuer) somit nicht. Erstattungsberechtigter ist der Ehegatte, auf dessen Rechnung die Zahlung erkennbar erfolgt ist[962]. Regelmäßig wird davon ausgegangen, dass jeder Ehegatte nur seine eigene Schuld tilgt, Zahlung somit auf seine Rechnung leistet. Dann kann bei Leistung durch beide Eheleute Teilgläubigerschaft[963] nach Maßgabe des Verhältnisses der entrichteten Steuerbeträge bestehen. Hat ein Ehegatte keine Steuerbeträge abgeführt, steht ihm dann bei gemeinsamer Veranlagung kein Anteil an den Erstattungsanspruch zu[964]. Ist erkennbar für gemeinsame Rechnung der Ehegatten als Gesamtschuldner geleistet worden (kann

---

958 BFH (Fn. 915).
959 So auch OLG Frankfurt, MDR 1978, 763 = NJW 1978, 2397 = Rpfleger 1978, 229.
960 OLG Frankfurt (Fn. 959).
961 AEAO (Fn. 874) zu § 37 Nr. 2 Abs. 2; BFHE 211, 396 = BStBl 2006 II 453 = NJW 2006, 942; BFHE 233, 10 = BStBl 2011 II 607 = NJW 2011, 2318.
962 BFHE 211, 396 (Fn. 961).
963 BFHE 160, 128 (Fn. 940) (Aufteilung im Verhältnis der bei beiden Ehegatten einbehaltenen Lohnsteuerabzugsbeträge); LG Stuttgart, FamRZ 1992, 680 = NJW-RR 1992, 646.
964 LG Göttingen, NJW-RR 2009, 73.

auch bei Leistung ohne ausdrückliche Bestimmung anzunehmen sein[965]), so werden diese nach Köpfen als erstattungsberechtigt angesehen[966]. Gleichwohl kann das Finanzamt die Erstattung nicht beliebig an einen Ehegatten (damit auch nicht hälftig an jeden von ihnen) mit schuldbefreiender Wirkung erbringen, wenn der andere Ehegatte erkennbar damit nicht einverstanden ist. Dann kann das Finanzamt mit schuldbefreiender Wirkung nur an den materiell erstattungsberechtigten Ehegatten auszahlen. Den anteiligen Betrag des Schuldners hat das Finanzamt festzustellen und nach Überweisung (§ 835 ZPO) an den Gläubiger auszuzahlen[967]; es kann bei Gläubigerungewissheit (§ 372 BGB) hinterlegen. Aus § 36 Abs. 4 S. 3 EStG folgt nicht, dass das Finanzamt bei Auszahlung den empfangsberechtigten Ehegatten anders auswählen könnte.

Grundsätze für die Ermittlung des nach § 37 Abs. 2 AO Erstattungsberechtigten hat die Finanzverwaltung festgestellt[968].

Ein Anspruch des Schuldners gegen seinen Ehegatten auf Wahl der Zusammenveranlagung bei Abgabe der Steuererklärung (§ 26 Abs. 2 EStG) kann als höchstpersönliches Recht nicht gepfändet werden.

7.69.7.4. Abgabe der Steuererklärung

Die **Einkommensteuererklärung** für den Veranlagungszeitraum hat der Schuldner als Steuerpflichtiger abzugeben. Im Falle der Zusammenveranlagung (§§ 26, 26b EStG) ist vom Schuldner und seinem Ehegatten eine gemeinsame Einkommensteuererklärung abzugeben (§ 25 Abs. 3 S. 2 EStG). Diese steuerliche (öffentlich-rechtliche) Erklärungspflicht des Schuldners entfällt mit Pfändung des Anspruchs auf Einkommensteuererstattung nicht. Der Gläubiger hat steuerliche Pflichten des Schuldners nicht zu erfüllen. Er **hat** daher für den Schuldner eine Steuererklärung (sie ist Wissens- und Willenserklärung) nicht abzugeben und **kann** ebenso für den steuerpflichtigen Schuldner dessen Steuererklärung nicht abgeben[969], mit Abgabe einer Steuererklärung die Verpflichtung des Schuldners zur Abgabe seiner Steuererklärung (§ 149 Abs. 1 S. 1 AO) sonach nicht erfüllen. Er kann daher auch bei eigenhändiger Unterschrift (§ 25 Abs. 3 EStG) für den steuerpflichtigen Schuldner (an Stelle des Schuldners) nicht handeln. A.529

Die **Pflicht** des Schuldners zur Abgabe einer ESt-Erklärung **entfällt**, wenn das Einkommen ganz oder teilweise aus Einkünften aus nichtselbstständiger Arbeit besteht, von denen ein Steuerabzug vorgenommen worden ist, und eine Veranlagung auch nicht aus den besonderen Gründen des § 46 EStG durchgeführt wird (§ 25 Abs. 1 EStG). Stets durchgeführt wird nach § 46 Abs. 2 Nr. 8 EStG eine Veranlagung, wenn sie vom Steuerpflichtigen beantragt wird, insbesondere zur An- A.530

965 BFHE 222, 235 = BStBl 2009, 38 = FamRZ 2008, 2277 Leits.
966 BFHE 211, 396 (Fn. 961); BFHE 233, 10 (Fn. 961).
967 Siehe Pfaff, JurBüro 1960, 119; Stöber Rpfleger 1973, 123 f. m.w.N.; **a.A.** Schüler, DB 1973, 184. Leisten kann das Finanzamt mit schuldbefreiender Wirkung nur an den materiell erstattungsberechtigten Ehegatten (damit dessen Pfändungsgläubiger).
968 BMF-Schreiben vom 30.1.2012, BStBl 2012 I 149 (Verweisung hierauf AEAO [Fn. 874] zu § 37 Nr. 2.3), das Einzelheiten eingehend erörtert.
969 BGHZ 176, 79 (Fn. 931).

rechnung von Lohnsteuer auf die Einkommensteuer (Antragsveranlagung). Der Gläubiger kann nach Pfändung des Erstattungsanspruchs für den Schuldner die Veranlagung zur Anrechnung der Lohnsteuer nicht beantragen[970]. Der Gläubiger ist auch nicht berechtigt, an Stelle des Schuldners und seines Ehegatten oder zusammen mit diesem Antrag auf Durchführung einer Ehegattenzusammenveranlagung zu stellen[971]. Diese Antragsrechte sind höchstpersönlich auszuübende steuerrechtliche Gestaltungsrechte des steuerpflichtigen Schuldners; daher können sie von einem Dritten, damit auch von dem Pfändungsgläubiger, nicht wahrgenommen werden. Dieser kann auf Grund des Pfändungs- und Überweisungsbeschlusses auch einen Anspruch auf Vornahme von Verfahrenshandlungen im Steuerfestsetzungsverfahren gem. § 888 ZPO durch Haftantrag gegen den Schuldner nicht vollstrecken und nicht nach § 887 ZPO ermächtigt werden, Verfahrenshandlungen des Schuldners im Steuerfestsetzungsverfahren selbst vorzunehmen[972]. Das Recht des Schuldners, Antrag auf Veranlagung zur Anrechnung von Lohnsteuer auf die Einkommensteuer zu stellen und das Recht, Ehegatten-Zusammenveranlagung zu wählen, können auch selbstständig nicht gepfändet werden; die Rechte stellen keinen als Vermögensrecht pfändbaren Vermögenswert und keine hilfsweise pfändbare Berechtigung dar.

7.69.7.5. Lohnsteuerbescheinigung und Steuerbelege

A.531 Aushändigung des Ausdrucks (oder elektronische Bereitstellung) der elektronischen Lohnsteuerbescheinigung (§ 41b Abs. 1 S. 3 und 4 EStG) kann der Gläubiger, der den Erstattungsanspruch gepfändet hat, für den Schuldner (Arbeitnehmer) vom Arbeitgeber nicht verlangen. Am Steuerfestsetzungsverfahren ist der Gläubiger nicht beteiligt (Rdn. A.513); er kann Antrag auf Steuerfestsetzung für den Schuldner nicht stellen (Rdn. A.530). Es ist daher der Anspruch auf die Lohnsteuerbescheinigung nicht (auch nicht hilfsweise) pfändbar. Zu den Urkunden über den gepfändeten Erstattungsanspruch, der im Erhebungsverfahren verwirklicht wird (Rdn. A.514), gehören die Lohnsteuerbescheinigung und steuerlich erhebliche Belege nicht. Aushändigung (oder elektronische Bereitstellung) kann der Gläubiger daher auch vom Schuldner nicht nach § 836 Abs. 3 ZPO verlangen.

A.532 **Auskunft** nach § 836 Abs. 3 ZPO kann der Gläubiger vom Schuldner zur Geltendmachung des gepfändeten Erstattungsanspruchs verlangen, der als Zahlungsanspruch im Erhebungsverfahren verwirklicht wird (Rdn. A.514). Das verpflichtet den Schuldner auch zur Auskunft über eine mit Steuerbescheid bereits erfolgte Steuerfestsetzung. Die Konkretisierung des Anspruchs mit Steuerbescheid im Festsetzungsverfahren ist von diesem Erhebungsverfahren getrennt; auf die Rechtsstellung des Schuldners im Festsetzungsverfahren erstreckt sich die Pfändung des Erstattungsanspruchs nicht (Rdn. A.513). Auskunft über Besteuerungs-

---

970 BFHE 187, 1 (Fn. 927); auch BFHE 191, 311 = BStBl 2000 II 573 = FamRZ 2001, 418 Leits. = NJW 2001, 462 = Rpfleger 2000, 402 Leits.; **a.A.** Fest, WM 2012, 1565.
971 BFHE 191, 311 (Fn. 970); auch BFH 187, 1 = (Fn. 927); BFH/NV 1996, 453.
972 BGHZ 176, 79 (Fn. 931) unter Aufgabe von BGHZ 157, 195 (Fn. 931).

grundlagen (Arbeitnehmereinkünfte, Werbungskosten, Sonderausgaben, außergewöhnliche Belastungen usw.), damit auch über den Inhalt der elektronischen Lohnsteuerbescheinigung und die Angaben in der Steuererklärung, kann vom Schuldner nach § 836 Abs. 3 ZPO daher nicht verlangt werden.

7.69.7.6. Kircheneinkommen- und Kirchenlohnsteuer

Kirchen und Religionsgemeinschaften sowie weltanschauliche Gemeinschaften, die Körperschaften des öffentlichen Rechts sind, sind nach landesrechtlichen Kirchensteuergesetzen berechtigt, Steuern (**Kirchensteuern**) zu erheben. Kircheneinkommensteuer wird durchweg für den gleichen Zeitraum wie die (staatliche) Einkommensteuer erhoben. Kirchenlohnsteuer wird durch Abzug vom Arbeitslohn erhoben; bei Arbeitnehmern, die zur Kircheneinkommensteuer veranlagt werden, wird sie auf die Kircheneinkommensteuer angerechnet. Für die Pfändung eines Erstattungsanspruchs ergeben sich damit keine Besonderheiten. § 46 Abs. 6 AO, der Pfändung vor Entstehung des Anspruchs ausschließt, findet (nach landesrechtlichen Kirchensteuergesetzen) mit den Vorschriften der Abgabenordnung sinngemäße Anwendung. Drittschuldner ist die Kirche, Religionsgemeinschaft oder Körperschaft des öffentlichen Rechts oder der die Steuer verwaltende gemeinschaftliche Steuerverband. Ist den Finanzämtern (nach landesrechtlichen Kirchensteuergesetzen) die Verwaltung der Kircheneinkommensteuer einer umlageerhebenden Gemeinschaft übertragen, dann ist (in entspr. Anwendung des § 46 Abs. 7 AO) die Finanzbehörde Drittschuldner. Verwaltet die Kirche, Religionsgemeinschaft oder Körperschaft bzw. der gemeinschaftliche Steuerverband selbst die Kirchensteuer, so erfordert Pfändung eines Erstattungsanspruchs einen Pfändungsbeschluss mit Zahlungsverbot gegen diesen Drittschuldner (§ 829 Abs. 1 ZPO). Dann erfasst Pfändung des von der Steuerbehörde geschuldeten Einkommensteuer-Erstattungsanspruchs (§ 46 AO) nicht zugleich auch den vom kirchlichen oder gemeinschaftlichen Rechtsträger geschuldeten Kirchensteuererstattungsanspruch. Wenn dem Finanzamt die Verwaltung der Kircheneinkommensteuer übertragen ist, gebietet bei Pfändung des Erstattungsanspruchs hinreichend bestimmte Bezeichnung im Pfändungsbeschluss (Rdn. B.85) die Angabe, dass Zugriff auch auf die zu erstattende Kircheneinkommensteuer erfolgt. A.533

Für die durch Abzug vom Arbeitslohn zu erhebende **Kirchenlohnsteuer** gelten (nach landesrechtlichen Kirchensteuergesetzen) die Vorschriften über den Lohnsteuer-Jahresausgleich entsprechend. Durch den Arbeitgeber erfolgt daher mit dem Lohnsteuer-Jahresausgleich (Rdn. A.520) auch ein Kirchenlohnsteuer-Jahresausgleich. Der Erstattungsanspruch ist gleichfalls pfändbar. Dass sich auch darauf die Pfändung eines Erstattungsanspruchs aus Lohnsteuer-Jahresausgleich erstreckt, hat der Pfändungsbeschluss auszuweisen (in der amtlichen Formulierung nach der Zwangsvollstreckungsformular-Verordnung enthalten; siehe Rdn. A.525). Enthält er dazu keine Angabe, so wird er wegen der Anwendung der Vorschriften über den Lohnsteuer-Jahresausgleich so ausgelegt werden müssen, dass mit allgemein gehaltener Bezeichnung der zu pfändenden Erstattungsforderung zugleich der Erstattungsanspruch im Kirchenlohnsteuer-Jahresausgleich erfasst ist. A.534

7.69.7.7. Investitionszulagen

A.535 **Schrifttum:** Domann, Investitionszulage – Abtretung, Stundung, Aufrechnung, BB 1975, 1010 (teilw. überholt durch Änderung der AO); siehe außerdem Hinweis DB 1975, 863.

A.536 Eine Investitionszulage nach dem InvZulG 2010[973] wird durch das für die Besteuerung oder Feststellung der Einkünfte zuständige Finanzamt aus den Einnahmen an Einkommen- oder Körperschaftsteuer ausgezahlt (§§ 7, 10 InvZulG). Die Zulage kann wie eine Steuererstattung gepfändet werden. Das InvZulG sieht ein Abtretungsverbot oder eine Pfändungsbeschränkung nicht vor. Entsprechend anzuwenden sind die für Steuervergütungen geltenden Vorschriften der Abgabenordnung (§ 14 InvZulG); es findet somit § 46 AO Anwendung (dazu Rdn. A.491 ff.). Zulässig ist die Pfändung daher erst, wenn der Anspruch entstanden ist (§ 46 Abs. 6 AO). Entstanden ist der Anspruch mit Tatbestandsverwirklichung (§ 38 AO, siehe Rdn. A.493), das ist der Ablauf des Kalender- oder Wirtschaftsjahres, an das die Leistungspflicht anknüpft (s. § 10 InvZulG); unbeachtlich ist es, dass der Anspruch erst später realisierbar wird. Drittschuldner ist das Finanzamt, das über den Anspruch entschieden oder zu entscheiden hat (§ 46 Abs. 7 AO).

7.70. Straftat, öffentliche Darstellung

A.537 Die Forderung eines Täters oder Teilnehmers einer rechtswidrigen Tat gegen einen Dritten aus öffentlicher Darstellung der Tat kann vor ihrem Entstehen nicht abgetreten (§ 1 Abs. 2 OASG[974]), damit auch nicht gepfändet werden[975]. Dem (gesetzlichen) Pfandrecht des Verletzten (§ 1 Abs. 1, 3 OASG) ist damit der Vorrang gewahrt.

7.71. Subventionszahlung

A.538 Subventionen sind Geldleistungen aus öffentlichen Mitteln, die zur Erreichung eines bestimmten, im öffentlichen Interesse liegenden Zweckes an Angehörige eines zu fördernden Wirtschaftszweiges, wegen des Standorts eines Betriebs oder aus sonstigen Gründen gewährt werden[976]. Ein Subventionsanspruch kann auch ohne gesetzliche Grundlage begründet sein[977]. Der Förderungszweck der Subventionsvergabe allein begründet noch keinen Verwendungszweck, der zur Unpfändbarkeit nach § 851 Abs. 1 ZPO führen würde. Dass der Schuldner verpflichtet ist, zugewendete Mittel zweckentsprechend zu verwenden und ein Verstoß gegen die Bindung den Subventionsgeber zum Widerruf der Leistung berechtigt, begründet daher die Unpfändbarkeit nicht. Keine Zweckbindung besteht insbesondere, wenn die Subventionszahlung der allgemeinen Einkommensverbesserung dient, mithin unabhängig von der wirtschaftlichen Lage des Empfängers oder seines Betriebes

---

973 Investitionszulagengesetz 2010 vom 7.12.2008 (BGBl I 2350).
974 Opferanspruchssicherungsgesetz vom 8.5.1998 (BGBl I 905).
975 Nowotsch, NJW 1998, 1831 (1833).
976 BVerwG, NJW 1959, 1098.
977 BVerwG (Fn. 976); BVerwGE 6, 282 = NJW 1958, 1153.

geleistet wird und nach Belieben verwendet werden kann. Unpfändbar ist eine Forderung auf Subventionszahlung (nach § 851 Abs. 1 ZPO) jedoch, wenn mit treuhänderischer Bindung des Anspruchsberechtigten (Leistungsempfängers) der Verwendungszweck zum Leistungsinhalt bestimmt ist[978]. Zulässig ist die Pfändung dann ausnahmsweise nur, wenn die Subventionsleistung durch die Vollstreckungsmaßnahme ihrer Zweckbestimmung zugeführt werden soll. Eine Zweckbindung und damit die Unpfändbarkeit besteht auch fort, wenn die Leistung wegen Gläubigerungewissheit nach § 372 BGB hinterlegt ist[979].

Die Rechtsprechung hat behandelt:

- als **pfändbar** den Anspruch eines Landwirts nach dem (damaligen) GasÖlVerwLwG[980] auf Gasölbetriebsbeihilfe[981],
- als **unpfändbar** die Flutschadenbeihilfe[982], das Aufbauhilfedarlehen aus Mitteln des (vormaligen) Soforthilfefonds[983], die Subventionszahlung an Bäckereien zur Herstellung von verbilligtem Konsumbrot[984].

7.72. Treuhänder, Anderkonto, Sonderkonto, Fremdkonto, Sperrkonto

7.72.1. Treuhänder

Schrifttum: Bork, Die Errichtung von Konten- und Depotsperren, NJW 1981, 905; Breuer, Treuhandverhältnisse im Gesellschaftsrecht, MittRhNotK 1988, 79 (Abschn. II 7: Zwangsvollstreckung in das Treugut); Canaris, Inhaberschaft und Verfügungsbefugnis bei Bankkonten, NJW 1973, 825; Coing, Publizität und Außenwirkung bei der Treuhand – zu BGHZ 61, 72 –, in Festschr. Bärmann, 1975, S. 203; Eichel, Vom Einzel- zum Anderkonto, MittRhNotK 1975, 613; Lange, Treuhandkonten in Zwangsvollstreckung und Insolvenz, NJW 2007, 2513; Lieseke, Das Bankguthaben in Gesetzgebung und Rechtsprechung, WM 1975, 214, 238, 286 und 314. A.539

Treuhänder ist eine (natürliche oder juristische) Person, die von einem anderen (oder für ihn von einem Dritten) Vermögensrechte zu eigenem Recht erworben hat, die er (nach Maßgabe der Treuhandvereinbarung) in fremden Interesse ausüben soll[985]. Der Treuhänder ist somit im **Außenverhältnis** (im Verhältnis zu Dritten) alleiniger Gläubiger (Berechtigter) der von ihm zum Treuhandvermögen erworbenen Forderungen (anderen Vermögensrechte); sie werden ausschließlich ihm geschuldet[986]. An ihnen steht dem Treugeber (demjenigen, in dessen Interesse der A.540

978 Dazu Zöller/Herget, ZPO, § 851 Rdn. 3.
979 BGH, MDR 1970, 210.
980 Landwirtschafts-Gasölverwendungsgesetz vom 22.12.1967 (BGBl I 1339), aufgehoben durch Art. 2 des Agrardieselgesetzes vom 21.12.2000 (BGBl I 1980).
981 LG Kiel, DAVorm 1969, 374.
982 BGH, MDR 1970, 210 = WM 1970, 253.
983 BGHZ 25, 211 = NJW 1957, 1759 (Aufrechnungsfall).
984 LG Würzburg, MDR 1952, 172.
985 BGHZ 155, 227 (232) = NJW 2003, 3414 (3415).
986 Auch die dem Treuhänder ohne rechtlichen Grund zugewendeten Leistungen bereichern ihn regelmäßig unmittelbar, nicht den Treugeber (BGH, MDR 1961, 765 = NJW 1961, 1461), sodass bei Pfändung des Bereicherungsanspruchs der Treuhänder Drittschuldner ist.

Treuhänder tätig wird) keine Rechte zu. Dem Treugeber ist der Treuhänder schuldrechtlich verpflichtet (siehe § 137 BGB), seine Rechte über das ihm anvertraute Treugut nur in der mit dem Treugeber abgestimmten Art und Weise auszuüben[987] und es nach Beendigung der Treuhandverhältnisse oder vereinbarungsgemäß in Teilbeträgen gemäß §§ 667, 675 BGB zurückzugeben[988].

A.541 **Vollstreckung** in eine zum Treuhandvermögen gehörende Forderung erfordert einen Vollstreckungstitel gegen den **Treuhänder** als Vollstreckungsschuldner. Denn nur er ist dem Dritten (Drittschuldner) gegenüber, gegen den sich das Recht (die Forderung) richtet, als Gläubiger legitimiert, und Gegenstand einer Zwangsvollstreckung kann nur das Vermögen des aus dem Schuldtitel sich ergebenden Vollstreckungsschuldners sein (siehe Rdn. A.2, A.7). Zum Treugut gehörende Forderungen und Rechte können daher nicht auf Grund eines Vollstreckungstitels gegen den Treugeber gepfändet werden[989]. Werden sie von Gläubigern des Treuhänders gepfändet, so kann der Treugeber aber dem Pfändungszugriff auf das wirtschaftlich ihm gehörende Vermögen mit Widerspruchsklage (§ 771 ZPO) begegnen[990]. Bei einem Sonderkonto kommt es hierfür auf die sog. Publizität des besonderen Treuhandkontos, d.h. Offenlegung des Treuhandverhältnisses gegenüber Dritten, nicht an; nicht entscheidend kann daher sein, ob tatsächlich das Sonderkonto nur für Fremdgelder eingerichtet ist und benutzt wird[991]. Auch für das Fremdkonto wird angenommen, dass seine Publizität als Treuhandkonto und damit für das Widerspruchsrecht des Treugebers nicht zwingend erforderlich ist[992]. Maßgebend ist sonach nur, dass die Vermögenswerte eindeutig als Treugut identifizierbar sind[993] (zur Rechtslage bei Sicherungseigentum Rdn. E.51; bei Einziehung von Geld auf das Konto eines Dritten Rdn. A.263). Bei zweckwidriger Verwendung des Guthabens auf dem Treuhandkonto wie bei Vermischung von Fremd- und Eigengeld kann das bei Pfändung vorhandene Kontoguthaben insgesamt nicht mehr dem Vermögen des Treugebers zuzuordnen sein, bei Insolvenz damit nicht mehr ausgesondert[994] und gleichermaßen auch ein Vollstreckungszugriff nicht mehr mit Vollstreckungsabwehrklage abgewehrt werden können.

---

987 BGH (Fn. 985); BGHZ 188, 317 Rdn. 16 = MDR 2011, 821 (822).

988 BGHZ 11, 37 = JR 1954, 218 mit Anm. Schütz = JZ 1954, 438 mit Anm. Raiser = NJW 1954, 190.

989 BGH (Fn. 988); BGH, MDR 2010, 1017 = NJW 2010, 2346 Rdn. 10 = Rpfleger 2010, 527; OLG Hamm, Rpfleger 1965, 174, das auch einen Fall der Aufrechnung gegenüber einem Anspruch, der dem uneigennützigen Treuhänder des Schuldners abgetreten worden ist, erörtert.

990 BGH, MDR 1959, 659 = NJW 1959, 1223; BGH, MDR 1996, 630 = NJW 1996, 1543 = Rpfleger 1996, 357; RGZ 79, 121; RGZ 84, 214; RGZ 153, 369. Der Drittschuldner kann als Beklagter im Einziehungsrechtsstreit nicht einwenden, ein Dritter (der Treuhänder) habe an der gepfändeten Forderung (dem gepfändeten Recht) ein die Veräußerung hinderndes Recht, BGH, MDR 2007, 420 = NJW-RR 2007, 927 = Rpfleger 2007, 88.

991 BGH, MDR 1993, 1119 = NJW 1993, 2622 m.N. (für Postgirokonto).

992 BGHZ 61, 72 = MDR 1973, 837 = NJW 1973, 1754; dazu Coing in Festschr. Bärmann, 1975, S. 207 f. (212 f.).

993 Coing (Fn. 992), S. 213; auch BVerfGE 64, 1 = NJW 1983, 2766 (2767 re.Sp.).

994 BGH (Fn. 987).

Um kein Treugut handelt es sich bei Geld, das ein **Beauftragter** eingezogen und seinem **eigenen** Bankguthaben (also nicht einem Ander- oder Sonderkonto) zugeführt hat. Die Guthabenforderung steht in einem solchen Fall nicht nur rechtlich allein dem Beauftragten zu, sie gehört auch wirtschaftlich zu seinem Vermögen. Der Auftraggeber hat nur einen schuldrechtlichen Zahlungsanspruch (§ 667 BGB), der für sich allein kein Treuhandverhältnis begründet. Zieht ein Rechtsanwalt gemäß einem Mandantenauftrag eine Forderung ein, so bildet der Einziehungsbetrag daher, wenn er von dem Dritten auf ein als Geschäftskonto benutztes Konto oder ein Privatkonto des Rechtsanwalts überwiesen wird, kein Treugut zugunsten des Auftraggebers. Dem Auftraggeber steht bei der Zwangsvollstreckung in das Konto durch Gläubiger des Rechtsanwalts daher kein Widerspruchsrecht nach § 771 ZPO zu[995]. Jedoch setzt sich Zweckgebundenheit einer auf einen Elternteil als Prozessstandschafter (§ 1629 Abs. 3 BGB) titulierten Unterhaltsforderung des Kindes mit ihrem erfüllungsbedingten Erlöschen durch Überweisung auf das Konto dieses Elternteils[996] oder Zahlung an einen bevollmächtigten Empfänger (Rechtsanwalt)[997] an dem Auszahlungsanspruch fort; das schließt Pfändung des Auszahlungsanspruchs durch einen Gläubiger des Elternteils, der als Prozessstandschafter vollstreckt hat, aus.

Gläubiger des Treugebers sind jedoch nicht rechtlos. Sie haben die Möglichkeit, den gegenwärtigen oder künftigen schuldrechtlichen Anspruch gegen den Treuhänder auf Rückgabe des Treugutes nach Beendigung des Treuhandverhältnisses oder vereinbarungsgemäß in Teilbeträgen zu pfänden[998]. Drittschuldner bei Pfändung solcher Ansprüche des Treugebers ist der Treuhänder[999]. Zur Pfändung als Rückübertragungsanspruch auf eine Geldforderung siehe Rdn. A.74, auch B.444. A.542

Formulierungsvorschlag: A.543

Gepfändet wird der angebliche gegenwärtige und künftige Anspruch des Schuldners gegen den Treuhänder … – Drittschuldner – auf Abtretung der diesem treuhänderisch übertragenen früheren Forderung des Schuldners an … wegen … in Höhe von … Euro (mehr oder weniger) oder auf Herausgabe der zur Befriedigung dieser Forderung gezahlten Gelder, je in Erfüllung des Anspruchs auf Rückgabe des Treugutes nach Beendigung des Treuhandverhältnisses.

7.72.2. Anderkonto

Schrifttum: Aengenheister, Die Anderkonten der Rechtsanwälte und Notare, JW 1934, 3245; Capeller, Die Pfändung von Fremdkonten, MDR 1954, 708; Dumoulin, Die neuen Ge- A.544

---

995 BGH, MDR 1971, 389 = NJW 1971, 559; BGHZ 71, 380 (382) = MDR 1978, 822 = NJW 1978, 1807; BGH, MDR 1996, 630 (Fn. 990); s. auch Canaris, NJW 1973, 825 (831 f.); auch BGHZ 113, 90 (95) = NJW 1991, 839; BGHZ 188, 317 = MDR 2011, 755 = NJW-RR 2011, 779.

996 BGH, MDR 2006, 1128 = NJW 2006, 2040 = Rpfleger 2006, 480.

997 BGHZ 113, 90 (95) (Fn. 995).

998 BGHZ 124, 298 (300) = MDR 1994, 681 = NJW 1994, 726; BGH, NJW 2010, 2346 Rdn. 10 (Fn. 989).

999 BGH, a.a.O. (Fn. 986); s. auch Canaris, NJW 1973, 825 (832).

schäftsbedingungen für Anderkonten von Notaren, DNotZ 1963, 103; Göttlich, Pfändung von Forderungen aus dem Notar-Anderkonto, JurBüro 1960, 463; Mümmler, Pfändung von Forderungen aus einem Notar-Anderkonto, JurBüro 1984, 1472; Quardt, Die Konten-Guthabenpfändung in der Zwangsvollstreckung, JurBüro 1959, 341; Steuer, Die neuen Anderkontenbedingungen, DNotZ 1979, 2081. Siehe außerdem die Geschäftsbedingungen für Anderkonten und Anderdepots von Rechtsanwälten und Notaren, abgedruckt AnwBl 1979, 141 (nur Rechtsanwälte) = JurBüro 1979, 1633 = DNotZ 1979, 193 (nur Notare) = NJW 1979, 1441.

A.545 Banken, Sparkassen und andere Kreditinstitute führen als **Anderkonten** für Notare[1000], Rechtsanwälte[1001], Patentanwälte, Wirtschaftsprüfer und andere treuhänderisch tätige Personen[1002] Konten, die nicht eigenen Zwecken des Kontoinhabers dienen sollen, bei denen er aber gleichwohl dem Bank- oder Kreditinstitut gegenüber allein berechtigt und verpflichtet ist. Anderkonten werden neben Konten und Depots für eigene Zwecke des Kontoinhabers (Eigenkonten, bei denen das auf ihnen verbuchte Guthaben dem Kontoinhaber selbst gehört) geführt. Mehrere Anderkonten für denselben Kontoinhaber werden getrennt geführt. Die Bank, Sparkasse oder das sonstige Kreditinstitut nimmt bei Führung eines Anderkontos keine Kenntnis davon, wer Rechte gegen den Kontoinhaber geltend zu machen befugt ist. Rechte Dritter auf Leistung aus einem Anderkonto (oder auf Auskunft über ein Anderkonto) bestehen der Bank, Sparkasse oder dem Kreditinstitut gegenüber nicht[1003].

A.546 Ansprüche aus Anderkonten sind (nach den Geschäftsbedingungen der Banken usw.) nicht abtretbar und nicht verpfändbar; sie können aber gepfändet werden (§ 851 Abs. 2 ZPO). Anderkonten sind (offene) **Treuhandkonten**. Siehe deshalb das Rdn. A.540 ff. Gesagte. Forderungen aus Anderkonten können daher nur auf Grund eines Vollstreckungstitels gegen den Treuhänder (Kontoinhaber) als Vollstreckungsschuldner gepfändet werden. Der Treugeber kann einem solchen Pfändungszugriff mit Vollstreckungsgegenklage begegnen.

A.547 Angenommen wird, dass bei einer **Pfändung der Ansprüche des Treuhänders** gegen die Bank oder Sparkasse, insbesondere bei Pfändung „aller angeblichen Ansprüche aus Bankguthaben bei der X-Bank“, seine Anderkonten nur dann von diesem Vollstreckungszugriff betroffen sind, wenn dies aus dem Pfändungsbeschluss ausdrücklich hervorgeht, das Anderkonto in ihm also als Vollstreckungsobjekt bezeichnet ist. Die Rechtmäßigkeit dieses Verfahrens ergibt sich aus der Notwendigkeit der ausreichenden Bezeichnung des Vollstreckungsobjekts im Pfändungsbeschluss[1004] (s. Rdn. B.85). Ist das Anderkonto nicht ausdrücklich als gepfändet bezeichnet, so wird das Kreditinstitut das Vorhandensein dieses Kontos des Pfändungsschuldners in einer Auskunft an den Gläubiger ohne Angabe des Kontostandes und sonstiger Einzelheiten unter Hinweis auf die Eigenschaft als Anderkonto vermerken. Dem Gläubiger bleibt es dann überlassen, das Anderkontoguthaben

---

1000 Bedingungen für diese sind DNotZ 2011, 481 abgedruckt.

1001 Anderkonto des Rechtsanwalts auch, wenn ihm der Treugeber im Einzelfall gestattet hat, auf dem Konto eingegangene Gelder in Höhe ihm zustehender Honorarforderungen zur Tilgung eigener Schulden zu verwenden, BGH, MDR 1996, 630 (Fn. 990).

1002 Steuerberater, Steuerbevollmächtigte, aber auch Wirtschaftsprüfungs-, Buchprüfungs- und Steuerberatungsgesellschaften.

1003 BayObLG, DNotZ 2000, 376 = NJW-RR 2000, 945.

1004 Capeller, MDR 1954, 709.

ausdrücklich zu pfänden. Da die Bank eine allgemeine Pfändung der Bankguthaben des Notars, Rechtsanwaltes usw. durch seine Gläubiger auf das Anderkonto nicht bezieht, kann der Schuldner als Kontoinhaber nach wie vor über das Anderkontoguthaben verfügen[1005].

Gläubigern des Treugebers ist die Pfändung des Guthabens auf Anderkonto des Rechtsanwalts, Notars usw. versagt. Die Bank darf als Drittschuldnerin auf Grund einer gegen den Treugeber gerichteten Pfändung das Anderkontoguthaben nicht auszahlen, weil sie dem Treugeber keine Leistung schuldet[1006]. Den Gläubigern des Treugebers bietet sich nur die Möglichkeit, den Rückgabeanspruch an den Treuhänder zu pfänden; diese Pfändung wird mit Zustellung des Pfändungsbeschlusses an den Rechtsanwalt, Notar usw. als Drittschuldner wirksam (siehe auch Rdn. E.389). In die Pfändung dieses Anspruchs kann auch die Pfändung des „Anspruchs aus dem Anderkonto ...“ oder „Anspruchs auf den hinterlegten Betrag“ umzudeuten sein[1007], wenn sich das Zahlungsverbot gegen den richtigen Drittschuldner richtet. A.548

7.72.3. Sonderkonto

Ein **Sonderkonto** (auch als Unterkonto, das zu einem Hauptkonto errichtet ist) kann als Eigenkonto zur Nutzung für eigene Zwecke des Kontoinhabers errichtet sein (z.B. als Hausverwaltungskonto, als Baukonto). Die Kontobezeichnung begründet dann keine Zweckbestimmung. Die Forderungen des Kontoinhabers sind daher pfändbar. A.549

Als Inhaber eines Sonderkontos kann auch der es eröffnende Bankkunde in der Weise bezeichnet sein, dass der **Name eines Dritten** angefügt ist. Wer Forderungsberechtigter ist, beurteilt sich in einem solchen Fall nach dem für die Bank oder Sparkasse erkennbaren Willen des Kontoeröffners (Rdn. A.240). Demnach ist Forderungsgläubiger regelmäßig derjenige, der das Konto eröffnet hat[1008]. In der auch den Dritten benennenden Kontobezeichnung kommt dann nur zum Ausdruck, dass das Konto für Rechnung eines Dritten angelegt wurde und diesem wirtschaftlich zustehen soll. Als Treugeber müsste daher der Dritte, dem das Kontoguthaben „wirtschaftlich“ gehört, bei Guthabenpfändung durch Gläubiger des Kunden der Bank, der (formell) Kontoinhaber ist, seine Berechtigung mit Widerspruchsklage (§ 771 ZPO) verfolgen (s. auch Rdn. A.541). Es können jedoch (besondere) Umstände auch ergeben, dass ein (offenes) Treuhandkonto für die benannte weitere Person oder ein gemeinschaftliches Konto der genannten Personen errichtet werden sollte[1009]. Zu berücksichtigen ist aber, dass der Giroverkehr auf eine rasche und unkomplizierte Abwicklung angelegt ist (Rdn. A.240); ein nachrangig mitbezeichneter Dritter wird daher nur in Sonderfällen als Forderungsberechtigter angesehen A.550

1005 Dumoulin, DNotZ 1963, 103.
1006 Capeller, MDR 1954, 709; Göttlich, JurBüro 1960, 465.
1007 Göttlich, JurBüro 1960, 466.
1008 BGHZ 21, 148 = NJW 1956, 1953; BGH (Fn. 992).
1009 BGH (Fn. 992).

werden können. Er müsste bei Zwangsvollstreckung gegen den Bankkunden, der das Konto unter seinem Namen eröffnet hat, als (materieller) Kontoinhaber sein entgegenstehendes Recht mit Klage nach § 771 ZPO geltend machen.

7.72.4. Fremdkonto

A.551 Beim verdeckten **Fremdkonto** stehen die verbuchten Vermögenswerte im Innenverhältnis zwischen Kontoinhaber und einem Dritten letzterem zu, ohne dass das für das Kreditinstitut aus der Kontobezeichnung in Verbindung mit dem Kontoeröffnungsantrag oder sonst irgendwie ersichtlich wäre[1010]. Das Konto kann daher von Gläubigern des Kontoinhabers, nicht aber von Gläubigern des Dritten gepfändet werden. Der Dritte kann jedoch gegen eine solche Pfändung seiner Vermögenswerte Drittwiderspruchsklage erheben (siehe Rdn. A.541). Seinen Gläubigern bietet sich die Möglichkeit den schuldrechtlichen Anspruch auf Rückgabe des Kontoguthabens zu pfänden (siehe Rdn. A.548).

7.72.5. Sperrkonto

A.552 Einzahlungen, die auf ein **Sperrkonto** des Schuldners geleistet werden, können zweckgebunden sein[1011]. Dieses Kontoguthaben kann dann nur im Rahmen seiner Zweckbestimmung, d.h. nur von demjenigen gepfändet werden, für den die gebuchten Beträge bestimmt sind[1012]. Sobald oder soweit die Gelder für diesen Zweck nicht mehr benötigt werden, unterliegen sie dem unbeschränkten Pfändungszugriff. Als bedingter Anspruch kann die Forderung auf Herausgabe des freiwerdenden Guthabens auch schon vor Wegfall der Zweckbestimmung gepfändet werden. Diese Pfändung schließt Verfügungen des Kontoinhabers im Rahmen der Zweckbestimmung nicht aus; solche Verfügungen sind auch dem pfändbaren Gläubiger gegenüber wirksam.

7.73. Unfallversicherung
(§§ 178–191 VVG)

7.73.1. Zur Unfallversicherung

A.553 Die Unfallversicherung ist Personenversicherung. Sie kann genommen sein (§ 179 Abs. 1 VVG)

- gegen Unfälle, die dem **Versicherungsnehmer** zustoßen **(Eigenversicherung),**
- gegen Unfälle, die **einem anderen** zustoßen **(Fremdversicherung).**

1010 Capeller, MDR 1954, 709.
1011 Ausnahme: Das als Mündelvermögen gesperrte Sparguthaben, siehe Rdn. A.465.
1012 Balkhausen, JW 1935, 21 f.; Stein/Jonas/Würdinger, ZPO, § 851 Rdn. 21.

Der Versicherer ist verpflichtet, nach dem Eintritt des Versicherungsfalls die vereinbarten Leistungen (Kapital oder Rente) zu erbringen (§ 1 S. 1, § 178 Abs. 1 VVG). Der Versicherungsfall tritt mit dem Unfall selbst (nicht erst mit dem Tod, der Arbeitsunfähigkeit oder sonstigen Unfallfolge) ein[1013]. Wenn als Leistung des Versicherers die Zahlung eines Kapitals vereinbart ist, gelten die lebensversicherungsrechtlichen Vorschriften über die Bezugsberechtigung (§§ 159–160 VVG) entsprechend (§ 185 VVG). Die Forderungen aus der Unfallversicherung gehen auf Geldzahlung. Die Pfändung erfolgt daher nach § 829 ZPO. Drittschuldner ist die Versicherungsgesellschaft (zum Auskehranspruch s. jedoch Rdn. A.557, A.447). Angabe der Versicherungsnummer: wie Rdn. A.294. Als Rente kann die Versicherungsleistung dem Pfändungsschutz für Arbeitseinkommen unterliegen (§ 850 Abs. 3b ZPO, Rdn. C.24 f.) oder nach § 850b Abs. 1 Nr. 1, Abs. 2 ZPO nur bedingt pfändbar sein (Rdn. C.177).

7.73.2. Die Eigenversicherung

Die **Eigenversicherung** ist die Unfallversicherung, die gegen Unfälle genommen ist, die dem **Versicherungsnehmer** zustoßen (§ 179 Abs. 1 VVG). Bei der in Kapital zu bewirkenden Versicherungsleistung ist für Pfändung infolge der anzuwendenden lebensversicherungsrechtlichen Vorschriften über die Bezugsberechtigung (Rdn. A.553) bedeutsam, dass die Versicherungsforderung zum Vermögen des Schuldners gehört. A.554

Zum Vermögen des Versicherungsnehmers gehört (ebenso wie bei der Lebensversicherung) die im Versicherungsfall ohne Begünstigung eines Dritten bestehende Unfallversicherung[1014]. Die Versicherungsforderung, für die ein Bezugsrecht eines Dritten nicht besteht, fällt daher bei Tod des Versicherungsnehmers in seinen Nachlass[1015]. Hierzu Rdn. A.297. A.555

Hat der Versicherungsnehmer einen **Bezugsberechtigten** bezeichnet, dann hat dieser (wie bei der Lebensversicherung) einen eigenen Anspruch auf Auszahlung der Versicherungsleistung. Angehörige oder Erben (als Bezugsberechtigte) haben damit einen vom Erbgang unabhängigen Anspruch auf die Versicherungssumme[1016]. Die Bezugsberechtigung kann – wie bei der Lebensversicherung – unwiderruflich oder widerruflich bestimmt sein. Pfändungsmöglichkeiten und Rechtsverhältnisse infolge Anwendung lebensversicherungsrechtlicher Vorschriften: Rdn. A.298 ff. Die Bezeichnung eines Bezugsberechtigten gilt als nicht erfolgt, wenn der Dritte vorsätzlich durch eine widerrechtliche Handlung den Unfall herbeigeführt hat (§ 183 Abs. 2 VVG). A.556

1013 BGHZ 16, 37 (42); BGHZ 32, 44 (48) = MDR 1960, 381 = NJW 1960, 912.
1014 BGHZ 32, 44 (48) (Fn. 1013).
1015 BGHZ 32, 44 (48) (Fn. 1013).
1016 BGHZ 32, 44 (48) (Fn. 1013).

7.73.3. Die Fremdversicherung

A.557 Die **Fremdversicherung** ist eine Versicherung gegen Unfälle, die **einem anderen** zustoßen (Gefahrperson). Sie kann von dem Versicherungsnehmer für eigene Rechnung genommen sein (§ 179 Abs. 2 VVG). Die Leistung der Versicherung gehört zum Vermögen des berechtigten Versicherungsnehmers (zum Bezugsberechtigten Rdn. A.556).

A.558 Die Versicherung gegen Unfälle, die einem anderen zustoßen, kann von dem Versicherungsnehmer auch für **Rechnung des anderen** (zugunsten der Gefahrperson) genommen sein. Auf diese Versicherung sind (als Vorschriften für alle Versicherungszweige) §§ 43–48 VVG über die Versicherung für fremde Rechnung anzuwenden. Die Gefahrperson hat somit dieselbe Rechtsstellung wie der Versicherte nach den §§ 44–47 VVG[1017]. Bei der ohne (schriftliche) Einwilligung der Gefahrperson genommenen Unfallversicherung kann nur diese Versicherter im Sinne der §§ 44 ff. VVG sein[1018]. Dann stehen somit ihr nach § 44 VVG die Rechte aus dem Versicherungsvertrag zu[1019]. Verfügung des Versicherungsnehmers über den Versicherungsanspruch (§ 45 Abs. 1 VVG) und Auskehrung der eingezogenen Versicherungssumme durch diesen sowie sonst zu §§ 44–47 VVG[1020] s. Rdn. A.444 ff.

A.559 Bei der **Kapital-Unfallversicherung** kann – wie bei der Lebensversicherung (Rdn. A.298 ff.) – die Bestimmung eines **Bezugsberechtigten** erfolgt sein (§ 185 mit §§ 159–160 VVG). Zur Begründung einer Bezugsberechtigung ist bei der Unfallversicherung auf fremdes Leben die schriftliche Einwilligung der Gefahrperson erforderlich (§ 179 Abs. 2 VVG)[1021]. Bei der Fremdversicherung hat für Anwendung der §§ 44–47 VVG der Bezugsberechtigte dann die Stellung des Versicherungsnehmers.

A.560 Die **Kfz-Insassen-Unfallversicherung** (§ 16 AKB) ist Fremdversicherung im Sinne von § 179 Abs. 2 VVG für die Personen, die sich zur Zeit des Unfalls (außer dem Versicherungsnehmer selbst) in dem Fahrzeug befinden[1022]. Haben sie nicht (schriftlich) in den Abschluss der Unfallversicherung eingewilligt (Regelfall), sind somit sie Versicherte im Sinne von § 44 VVG.

7.73.4. Pfändung ohne Einzelangabe

A.561 Sind dem Gläubiger die Einzelheiten der Rechtsbeziehungen des Schuldners bei der Pfändung noch nicht näher bekannt, wird (und kann) er zu seiner Sicherheit sowohl

---

1017 BGHZ 32, 44 (49) (Fn. 1013).
1018 BGHZ 32, 44 (49, 50) (Fn. 1013).
1019 BGHZ 32, 44 (50) (Fn. 1013).
1020 Zu den Rechtsbeziehungen, auf die bei der Insassenunfallversicherung (im Innenverhältnis) sich der Auskehranspruch des verunglückten Insassen an den verfügenden Versicherungsnehmer stützt, s. BGHZ 32, 40 (51–53) (Fn. 1013).
1021 BGHZ 32, 44 (50) (Fn. 1013).
1022 BGHZ 32, 44 (50) (Fn. 1013).

- den Anspruch aus Eigenversicherung (Rdn. A.554) als auch
- die Ansprüche aus Fremdversicherung (Rdn. A.557)

je an die Versicherungsgesellschaft auf Zahlung der Versicherungsleistungen und bei Fremdversicherung auch den Auskehranspruch an den Versicherungsnehmer pfänden.

Formulierungsvorschlag (Eigenversicherung): A.562

Gepfändet werden alle angeblichen Forderungen und Rechte des Schuldners einschließlich der Gestaltungsrechte an die … Versicherungsgesellschaft – Drittschuldnerin – aus der Versicherung gegen Unfälle, die dem Schuldner als Versicherungsnehmer selbst zustoßen (Nr. des Versicherungsvertrags … [oder: nicht bekannt]), insbesondere der Anspruch auf Zahlung des vereinbarten Betrags an Kapital (oder Rente) und Bewirkung der sonst vereinbarten Leistungen infolge des Unfalls, den der Schuldner am … in … erlitten hat, sowie die Ansprüche bei künftigem Eintritt weiterer Versicherungsfälle.

Zugleich wird angeordnet, dass der Schuldner den Versicherungsschein an den Gläubiger herauszugeben hat.

Formulierungsvorschlag (Fremdversicherung; Schuldner als Gefahrperson Versicherter): A.563

Gepfändet werden alle angeblichen Forderungen und Rechte des Schuldners einschließlich der Gestaltungsrechte an die … Versicherungsgesellschaft – Drittschuldnerin – aus der von … als Versicherungsnehmer zugunsten des Schuldners als Gefahrperson abgeschlossenen Versicherung gegen Unfälle, die dem Schuldner zustoßen (Nr. des Versicherungsvertrags … [oder: nicht bekannt]), insbesondere der Anspruch auf Zahlung des vereinbarten Betrags an Kapital (oder Rente) und Bewirkung der sonst vereinbarten Leistungen infolge des Unfalls, den der Schuldner am … in … erlitten hat, sowie die Ansprüche bei künftigem Eintritt weiterer Versicherungsfälle.

Zugleich wird angeordnet, dass der Schuldner den Versicherungsschein an den Gläubiger herauszugeben hat.

Pfändung des Auskehranspruchs (Rdn. A.565) anfügen.

Formulierungsvorschlag (Bezugsberechtigung des Schuldners): A.564

Gepfändet wird die angebliche Forderung des Schuldners an die … Versicherungsgesellschaft – Drittschuldnerin – auf die ihm als Bezugsberechtigter mit Kapitalzahlung zu bewirkende Versicherungsleistung aus der Unfallversicherung des … (Nr. des Versicherungsvertrags … [oder: nicht bekannt]), die infolge des Unfalls zu leisten ist, den der Versicherungsnehmer (oder … als Gefahrperson) am … in … erlitten hat.

Zugleich wird angeordnet, dass der Schuldner den Versicherungsschein an den Gläubiger herauszugeben hat.

Formulierungsvorschlag (Auskehranspruch des Schuldners als versicherter Dritter an Versicherungsnehmer): A.565

Gepfändet werden die angeblichen Ansprüche des Schuldners (künftige Ansprüche eingeschlossen) an … – Drittschuldner – auf Herausgabe des Versicherungs-

scheins über die zugunsten des Schuldners als Gefahrperson bei der ... Versicherungsgesellschaft abgeschlossene Unfallversicherung (Nr. des Versicherungsvertrags ... [oder: nicht bekannt]), Zustimmung in die Auszahlung der Entschädigungsforderung aus dieser Versicherung infolge des Unfalls des Schuldners am ... in ... oder – nach Einziehung der Forderung – Herausgabe (Zahlung) der dem Schuldner als versicherter Dritter zustehenden Entschädigungsforderung (Versicherungssumme sowie sonstige Leistungen).

A.566 **Formulierungsvorschlag** (Fassung, wenn der Gläubiger den Anspruch aus der Unfallversicherung, nicht aber die Rechtsverhältnisse näher kennt):

Gepfändet werden alle angeblichen Forderungen und Rechte des Schuldners einschließlich der Gestaltungsrechte an die ... Versicherungsgesellschaft – Drittschuldnerin – aus der Versicherung gegen Unfälle, die dem Schuldner als Versicherungsnehmer oder Gefahrperson oder einem Dritten als Gefahrperson zustoßen (Nr. des Versicherungsvertrags ... [oder: nicht bekannt]), insbesondere

- *die Forderung des Schuldners als Versicherungsnehmer oder Gefahrperson auf Zahlung des vereinbarten Betrags an Kapital (oder Rente) und Bewirkung der sonst vereinbarten Leistungen,*
- *die dem Schuldner als Bezugsberechtigter mit Kapitalzahlung zu bewirkende Versicherungsleistung*

die infolge des Unfalls zu erbringen sind, den ... am ... in ... erlitten hat, sowie die Forderungen bei künftigem Eintritt weiterer Versicherungsfälle.

Zugleich wird angeordnet, dass der Schuldner den Versicherungsschein an den Gläubiger herauszugeben hat.

Pfändung des Auskehranspruchs (Rdn. A.565) bei Fremdversicherung anfügen.

7.74. Verlöbnis

A.567 **Schadensersatzansprüche**, die ein Rücktritt vom Verlöbnis auslöst (§§ 1298, 1299 BGB), sind unbeschränkt pfändbar.

A.568 Der Anspruch auf **Herausgabe der Verlobungsgeschenke** nach Lösung des Verlöbnisses (§ 1301 BGB) ist höchstpersönlicher Natur. Er kann daher nicht gepfändet und vom Gläubiger geltend gemacht werden (§ 851 Abs. 1 ZPO). Pfändbar ist jedoch die nach Geltendmachung des Rückforderungsrechts durch den Schuldner selbst vom früheren Verlobten zu erbringende Leistung. Zur Pfändung eines Sachherausgabeanspruchs in diesem Fall s. Rdn. G.1 ff.

7.75. Vermächtnis

A.569 Das **Vermächtnis** (§§ 1939, 2147 ff. BGB) begründet einen schuldrechtlichen Anspruch (ein Forderungsrecht) auf Zahlung des zugewendeten Geldbetrages (§ 2147 BGB) oder Leistung des vermachten Gegenstandes. Es entsteht mit dem Erbfall (§ 2176 BGB; wegen des späteren Anfalls siehe §§ 2177, 2178 BGB und nachf. Rdn. B.170 und ist von diesem Zeitpunkt an – nicht schon vorher – pfändbar[1023]. Der Pfändung unterliegt das Vermächtnis auch, wenn sein Wert nur dem Betrag des Pflichtteils entspricht (siehe § 2307 BGB; dazu siehe Rdn. A.386). Eine Pfändung des vermeintlichen Pflichtteils kann in die Pfändung des dem Schuldner tatsächlich zugewendeten Vermächtnisses umzudeuten sein, wenn dem Schuldner die ihm als Pflichtteil gebührende Summe vermächtnisweise zugewendet ist und er dieses Vermächtnis nicht ausschlägt[1024]. Durch die Pfändung wird das Recht des Schuldners, das Vermächtnis auszuschlagen (§§ 2176, 2180 BGB), nicht beeinträchtigt[1025].

Die **Pfändung des Vermächtnisses** auf Zahlung einer Geldsumme erfolgt nach § 829 ZPO. Der Anspruch auf Leistung eines vermachten Gegenstandes wird nach §§ 846 ff. ZPO (siehe Teil F) gepfändet. Drittschuldner ist der verpflichtete Beschwerte. Das können die Erben oder ein Vermächtnisnehmer (beim sog. Untervermächtnis) sein (§ 2147 BGB). Der Erbe ist auch dann Drittschuldner, wenn ihm ein Testamentsvollstrecker bestellt ist (§ 2213 Abs. 1 S. 3 BGB; die Vorschrift erlaubt es jedoch, auch den Testamentsvollstrecker als weiteren Drittschuldner zuzuziehen). A.570

Das unter einer **aufschiebenden Bedingung** oder unter Bestimmung eines Anfangstermins angeordnete Vermächtnis fällt erst mit dem Eintritt der Bedingung oder des Termins an (§ 2177 BGB). Der Vermächtnisnehmer erlangt jedoch schon mit dem Eintritt des Erbfalls eine rechtlich geschützte Anwartschaft; schon von diesem Zeitpunkt an ist das Vermächtnis daher pfändbar[1026] und abtretbar[1027]. A.571

Fortlaufende Einkünfte (insbesondere Zinsansprüche) auf Grund eines Vermächtnisses können als Leistungen auf Grund der Fürsorge und Freigebigkeit eines Dritten dem besonderen Pfändungsschutz des § 850b Abs. 1 Nr. 3 ZPO unterliegen[1028]. A.572

Formulierungsvorschlag (Vermächtnis auf Zahlung einer Geldsumme): A.573

Gepfändet wird die angebliche Forderung des Schuldners an ... – Drittschuldner – auf Zahlung des ihm von dem am ... in ... verstorbenen ... durch Testament vom ... als Vermächtnis zugewendeten Geldbetrages in Höhe von ... Euro.

Formulierungsvorschlag (Vermächtnis auf Leistung eines Gegenstandes): A.574

Gepfändet wird der angebliche Anspruch des Schuldners an ... – Drittschuldner – auf Leistung, nämlich Übergabe und Übertragung des Eigentums an dem ihm von dem am ... in ... verstorbenen ... durch Testament vom ... zugewendeten Kraftfahrzeug Marke ..., Baujahr 2010, Fabrik-Nr. ....

Es wird angeordnet, dass dieses Kraftfahrzeug an einen vom Gläubiger zu beauftragenden Gerichtsvollzieher herauszugeben ist.

1023 RGZ 67, 425.
1024 BayObLG, n.F. 8, 261.
1025 OLG Bamberg, OLG 1, 20.
1026 RG (Fn. 1023); BGH, LM Nr. 28 zu § 1 VHG = MDR 1963, 824.
1027 RGZ 8, 189.
1028 RGZ 106, 205; siehe auch Rdn. C.190.

7.76. Versorgungsausgleich

A.575 Bei dem **Versorgungsausgleich** zwischen geschiedenen Ehegatten (§§ 1587 BGB) durch Übertragung oder Begründung eines Anrechts (interne oder externe Teilung, §§ 9–17 VersAusglG[1029]) bestehen pfändbare Ansprüche nicht. Versorgungsbezüge werden dem Ausgleichsberechtigten nach Eintritt des Versorgungsfalls aus eigenem Recht geleistet. Diese können nach den für das jeweilige Versorgungsverhältnis geltenden Bestimmungen gepfändet werden. Beispiele: Einkommen aus Beamtenversorgung, §§ 850, 850c ZPO, Geldleistungen aus der gesetzlichen Rentenversicherung, § 54 SGB I. Die schuldrechtliche Ausgleichsrente (§ 20 VersAusglG) hat unterhaltsähnlichen Charakter, kann als wiederkehrendes Einkommen sonach nur nach § 850b Abs. 1 Nr. 2 ZPO pfändbar sein. Mit abgetretenen Versorgungsansprüchen (§ 21 VersAusglG) hat der ausgleichsberechtigte Ehegatte unmittelbar Anspruch gegen den Versorgungsträger erlangt; sie können daher nach den für das jeweilige Versorgungsverhältnis geltenden Bestimmungen gepfändet werden.

7.77. Werkvertrag, Werklieferungsvertrag

A.576 Forderungen aus Werk- oder Werklieferungsverträgen werden in Pfändungsanträgen vielfach ungenügend bezeichnet. Allgemein gehaltene Bezeichnungen genügen nicht oder können doch jedenfalls im Einzelfall unzureichend sein. Insbesondere dürften die Bezeichnungen „Werklohn“, „aus Arbeitsaufträgen“, „für Lieferungen und Leistungen“ nicht ausreichend sein und die Unwirksamkeit der Pfändung zur Folge haben (siehe Rdn. B.106). Im Hinblick auf die Rdn. B.106 dargestellte Rechtsprechung – insbes. auch des BGH – empfiehlt sich daher dringend eine so ausreichende Bezeichnung, dass im Einzelfall feststeht, welche bestimmte Forderung Gegenstand des Pfändungszugriffs sein soll.

A.577 Bei der Ausführung von **Bauleistungen** werden durch den vereinbarten Preis alle zu vertraglichen Leistungen gehörenden Arbeiten abgegolten (§ 2 Abs. 1 VOB/B[1030]). Einen Anspruch auf besondere Vergütung hat der Auftragnehmer, wenn nicht vereinbarte weitere Leistungen gefordert und erbracht wurden (§ 1 Nr. 4, § 2 Nr. 6 Abs. 1 VOB/B). Ihre Einzelbezeichnung im Pfändungsbeschluss kann nicht gefordert werden; für Bestimmtheit ist es als ausreichend anzusehen, wenn der Bauauftrag unter Angabe der Baustelle und der Bauleistungen (z.B. Spenglerarbeiten, Fliesenarbeiten, Elektroinstallation oder Einbau der Heizungsanlage) und des Bauwerks („für Neubau des Eigenheims ... straße ... Nr. ... in ...) bezeichnet ist. Die Pfändung erfasst die als Abschlagszahlungen oder Vorauszahlungen geschuldeten Forderungen ebenso wie die Forderung, die sich bei Schlussrechnung ergibt; sie erstreckt sich auch auf das als Sicherheit einbehaltene Geld (als Gewährleistungssicherheit einbehaltene Restwerklohnforderung). Einzelne Aktivposten der Schlussrechnung über Bauleistungen nach VOB/B sind (als unselbstständige

---

1029 Versorgungsausgleichsgesetz vom 3.4.2009 (BGBl I 700).

1030 Vergabe- und Vertragsordnung für Bauleistungen (VOB) Teil B: Allgemeine Vertragsbedingungen für die Ausführung von Bauleistungen; Bekanntmachung vom 31.7.2009, BAnz Nr. 155a vom 15.10.2009.

Rechnungsposten) gesondert nicht abtretbar[1031], damit auch nicht selbstständig pfändbar (§ 851 Abs. 1 ZPO).

Ist die Forderung des Unternehmers eines Bauwerks durch **Sicherungshypothek** gesichert (Anspruch auf Bestellung: § 650e BGB), dann sind nach § 830 Abs. 1 S. 1, 3 ZPO der Pfändungsbeschluss und die Eintragung der Pfändung in das Grundbuch erforderlich (Rdn. F.44). Ist nur eine Vormerkung zur Sicherung des Anspruchs auf Eintragung einer Bauunternehmer-Sicherungshypothek eingetragen (§ 885 mit § 650e BGB), dann muss die Werklohnforderung des Bauunternehmers als Geldforderung nach § 829 ZPO gepfändet werden (Rdn. F.10). **A.578**

Sicherheiten des Unternehmers eines Bauwerks usw. für zu erbringende Vorleistungen (§ 650f BGB) sind nach den für die jeweilige Art der Sicherheit (§§ 232, 239 BGB usw.) geltenden Vorschriften zu pfänden. Bürgschaft: Rdn. A.122; Anspruch aus Garantievertrag: Rdn. A.179. **A.579**

Formulierungsvorschlag: **A.580**

Gepfändet wird die angebliche Forderung des Schuldners an … – Drittschuldner – auf Zahlung der gesamten (auch der noch nicht fälligen und einer künftigen) Vergütung aus dem Vertragsverhältnis über Lieferung, Einbau und Anschluss aller im Neubau des Drittschuldners in …, …straße Nr. … im Herbst 2018 bereits eingerichteten oder erst noch anzuliefernden und anzuschließenden Elektroanlagen und -geräte (einschl. Küchenherd).

7.78. Wohnungsbauprämie

Unbeschränkt einkommensteuerpflichtige Personen können Prämien für Aufwendungen zur Förderung des Wohnungsbaus erhalten (§ 1 WoPG[1032]). Die Prämie ist bei dem Unternehmen zu beantragen, an das die prämienbegünstigten Aufwendungen geleistet worden sind (§ 4 Abs. 2 S. 1 WoPG, auch zur Form und Frist). Der Anspruch auf die Prämie entsteht mit Ablauf des Sparjahres, das ist das Kalenderjahr, in dem die prämienbegünstigten Aufwendungen geleistet worden sind (§ 4 Abs. 1 WoPG). **A.581**

Die für Steuererstattung geltenden Vorschriften der Abgabenordnung sind auf die Wohnungsbauprämie entsprechend anzuwenden (§ 8 Abs. 1 S. 1 WoPG). Ob der Anspruch auf die Prämie, wenn er entstanden ist, damit gesondert nach § 46 Abs. 1, 6 AO gepfändet werden kann (dazu Rdn. A.491 ff.), ist nicht geklärt[1033]. Das jedoch kann nicht angenommen werden; das ergibt sich aus den Vorschriften, die die Auszahlung der Prämie regeln. Prämien für Beiträge zu Bausparkassen (§ 2 Abs. 1 Nr. 1 WoPG) werden auf Veranlassung des Finanzamts durch die zuständige Bundeskasse an die Bausparkasse zugunsten des Prämienberechtigten ausbezahlt (§ 4a Abs. 2 S. 6 WoPG). Die Bausparkasse hat die erhaltenen Prämien dem

---

1031 BGH, NJW 1999, 417; OLG Brandenburg, NJW-RR 2003, 1525.

1032 Wohnungsbau-Prämiengesetz i.d.F. vom 30.10.1997 (BGBl I 2678).

1033 Hintzen, Forderungspfändung, § 5 Rdn.9 ff. hält die Pfändung unter Beachtung von § 46 Abs. 6 AO für zulässig, zugleich ist jedoch der Anspruch gegen die Bausparkasse auf Gutschrift und Auszahlung zu pfänden.

Prämienbegünstigten gutzuschreiben oder auszuzahlen (§ 4a Abs. 2 S. 7 WoPG). Prämien für andere Aufwendungen (§ 2 Abs. 1 Nr. 2–4 WoPG) werden auf Veranlassung des Finanzamts durch die zuständige Bundeskasse an das Unternehmen zugunsten des Prämienberechtigten ausbezahlt (§ 4b Abs. 2 S. 1 WoPG). Prämien sind zusammen mit den prämienbegünstigten Aufwendungen zu dem vertragsgemäßen Zweck zu verwenden (§ 5 Abs. 2 S. 1 WoPG mit Besonderheit); über Prämien, die für Aufwendungen zum ersten Erwerb von Anteilen an Bau- und Wohnungsgenossenschaften geleistet werden, kann verfügt werden, wenn das Geschäftsguthaben beim Ausscheiden des Prämienberechtigten aus der Genossenschaft ausgezahlt wird (§ 5 Abs. 3 WoPG). Eine Anspruchspfändung könnte diese zweckbestimmte Verwendung der Prämien nicht berühren. Der Prämienanspruch an das Finanzamt erlischt jedoch bereits mit Gutschrift bei der Bausparkasse oder dem sonstigen Unternehmen; damit würde auch eine Pfändung gegenstandslos werden. Eine Pfändung des Prämienanspruchs an das Finanzamt könnte für das Guthaben bei der Bausparkasse oder dem anderen Unternehmen nicht fortdauern. Gegen die Bausparkasse oder das Unternehmen ist mit Prämiengutschrift ein neuer, auf einem selbstständigen Rechtsgrund beruhender Anspruch auf Verwendung oder Auszahlung der gutgeschriebenen Beträge zusammen mit den prämienbegünstigten Aufwendungen zu dem vertragsgemäßen Zweck oder nach Wegfall der Zweckbindung entstanden. Es ist daher der Anspruch aus der Anlageform (Anspruch an Bausparkasse, Rdn. A.114; Sparguthaben, Rdn. A.462, usw.) zu pfänden; ebenso erstreckt sich eine bereits erfolgte Pfändung des (auch künftigen) Anspruchs aus der Anlageform auch auf die zu dem vertragsgemäßen Zweck verwendeten Prämienbeträge. Wegen der Ungewissheit kann jedoch eine vorsorgliche Pfändung sowohl des Anspruchs aus der Anlageform als auch des Anspruchs an das Finanzamt auf Steuervergütung nicht verwehrt werden. In jedem Fall ist die Pfändung dem Gläubiger jedoch nur nützlich, wenn eine Verfügung nicht als vorzeitig prämienschädlich ist (zur Unschädlichkeit § 2 Abs. 2 S. 2, § 5 Abs. 3 WoPG).

7.79. Wohnungseigentümer-Gelder

A.582 **Schrifttum:** Drasdo, Die Zwangsvollstreckung gegen die Wohnungseigentümergemeinschaft, JurBüro 2008, 119.

A.583 Die **Gemeinschaft der Wohnungseigentümer** ist (teil-)rechtsfähig (§ 10 Abs. 6–8 WEG). Sie ist Inhaberin der als Gemeinschaft rechtsgeschäftlich erworbenen und gesetzlich begründeten Rechte und Pflichten (§ 10 Abs. 6 S. 2 WEG). Ihr gehört das Verwaltungsvermögen (§ 10 Abs. 7 S. 1 WEG). Dazu gehören Guthaben auf Konten der WE-Gemeinschaft, Beitragsschulden der Wohnungseigentümer zu Lasten und Kosten, die nach den Beschlüssen der Wohnungseigentümer (§ 28 Abs. 5 WEG) als Hausgeld, Abrechnungsfehlbeträge oder Sonderumlage zu leisten sind, Forderungen aus Vermietung gemeinschaftlichen Eigentums, Schadensersatzansprüche usw. Die Pfändung von Forderungen des Verwaltungsvermögens und anderer zu ihm gehörenden Vermögensrechte erfordert einen Vollstreckungstitel gegen die (teil-)rechtsfähige Gemeinschaft der Wohnungseigentümer (§ 750 Abs. 1 ZPO). Von Gläubigern einzelner Wohnungseigentümer können Gemeinschaftsforderungen und -gelder nicht gepfändet werden.

Jedem **Wohnungseigentümer** gebührt ein seinem Anteil entsprechender Bruchteil der Nutzungen des gemeinschaftlichen Eigentums (§ 16 Abs. 1 S. 1 WEG). Ein Anspruch auf Auszahlung besteht, wenn die genehmigte Jahresabrechnung (§ 28 Abs. 3, 5 WEG) einen Überschuss für den einzelnen Wohnungseigentümer ausweist und dieser Überschuss nach dem Beschluss der Wohnungseigentümer nicht mit künftigen Vorauszahlungen zu verrechnen, somit als Abrechnungsguthaben auszuzahlen ist. Der Auszahlungsanspruch richtet sich gegen die (teil-)rechtsfähige Gemeinschaft der Wohnungseigentümer, der das Verwaltungsvermögen gehört. Der Anspruch auf Auszahlung des Überschusses, der durch Beschluss der Wohnungseigentümer (§ 28 Abs. 5 WEG) zur Entstehung gelangt ist, ist selbstständig pfändbar[1034]. Drittschuldner ist die Gemeinschaft der Wohnungseigentümer, vertreten durch den Verwalter. Als zukünftige Forderung (Rdn. A.30) kann der anstehende Auszahlungsanspruch auch bereits vor der Beschlussfassung gepfändet werden. Nicht gepfändet werden kann der dem Wohnungseigentümer nach § 16 Abs. 1 WEG gebührende Anteil der Nutzungen des gemeinschaftlichen Eigentums; er ist untrennbar mit dem Wohnungseigentum verbundenen[1035]. A.584

Ein gemeinsamer **Gläubiger aller Wohnungseigentümer** (z.B. ein Gesamthypothekar) kann wegen der den Wohnungseigentümern obliegenden Lasten- und Kostenpflicht gemeinsame Nutzungen (z.B. Bruttomieten) nicht pfänden. Für ihn kann nur gepfändet werden, was nach Beschluss der Wohnungseigentümer (unter Mitwirkung des Pfändungsgläubigers) als freier Betrag nach Abzug der Kosten und Lasten verbleibt. A.585

Der Pfändung gemeinschaftlicher Gelder oder Forderungen durch **Gläubiger des Verwalters** können die Wohnungseigentümer nach § 771 ZPO widersprechen (dazu Rdn. A.541). Unterhält der Verwalter bei einer Bank ein Eigen-Girokonto, das als Hausgeldkonto dient, und pfändet ein Gläubiger des Verwalters dessen Anspruch gegen die Bank auf Auszahlung des Guthabens, so muss die Bank aus dem Hausgeldkonto an den Gläubiger auszahlen, wenn die Wohnungseigentümer es versäumt haben, den Zugriff durch rechtzeitige Erhebung der Drittwiderspruchsklage abzuwenden[1036]. A.586

7.80. Zeugen- und Sachverständigenentschädigung

Der Anspruch eines Zeugen oder Sachverständigen auf Zahlung eines Vorschusses für Fahrtkosten und sonstige Aufwendungen (§ 3 JVEG) ist als zweckgebunden unpfändbar[1037]. Pfändbar ist jedoch der Anspruch auf bereits verdiente Entschädigung von Zeugen für Zeitversäumnisse und Verdienstausfall sowie des Sachverständigen als Honorar[1038]; Letzteres kann als Berufseinkommen den Pfändungsbeschränkungen des § 850i ZPO unterliegen. Eine Sachverständigenvergü- A.587

1034 Bärmann/Becker, WEG, § 16 Rdn. 18; früher so bereits KG, NJW-RR 1993, 338 = OLGZ 1993, 301.
1035 Bärmann/Becker, WEG, § 16 Rdn. 18.
1036 LG Köln, NJW-RR 1987, 1365.
1037 LG Stuttgart, LZ 1929, 684; Zöller/Herget, ZPO, § 851 Rdn. 3; Corves, JVBl 1964, 95.
1038 BayObLG, JVBl 1933, 279 = Rpfleger 1933, 506; Corves, JVBl 1964, 95.

tung ist auch dann bereits verdient und pfändbar, wenn ein Leistungsabschnitt vorschussweise entschädigt wird (§ 3 JVEG). Vor Ladung des Zeugen oder Sachverständigen kann der Anspruch als künftige Forderung nicht gepfändet werden[1039].

7.81. Zugewinngemeinschaft, Zugewinnausgleich (§ 852 Abs. 2 ZPO)

A.588 Die einem Ehegatten nach Beendigung der **Zugewinngemeinschaft** zustehende Ausgleichsforderung ist von der Beendigung des Güterstandes an vererblich und übertragbar (§ 1378 Abs. 3 BGB). Der Pfändung[1040] ist der Anspruch aber nur unterworfen, wenn er durch Vertrag anerkannt oder rechtshängig geworden ist (§ 852 Abs. 2 ZPO). Diese Regelung soll verhindern, dass die Ausgleichsforderung Gegenstand des Rechtsverkehrs wird, bevor feststeht, ob sie zur Entstehung gelangt ist, und dass der Anspruch gegen den Willen des Berechtigten geltend gemacht wird. Da gleiches für den Pflichtteilsanspruch gilt, wird auf das Rdn. A.387 Gesagte verwiesen; dort siehe auch zur voraus möglichen Pfändung mit eingeschränktem Pfandrecht.

A.589 Vor **Beendigung des Güterstandes** kann sich kein Ehegatte zur Verfügung über die Ausgleichsforderung verpflichten[1041]. Eine Abtretung des Zugewinnausgleichsanspruchs vor Beendigung des Güterstandes ist nichtig[1042]. Das schließt vor diesem Zeitpunkt auch die Pfändung des künftigen Anspruchs aus[1043]. Eine „Anwartschaft“ oder „künftige Forderung“ auf den Ausgleich des Zugewinns besteht vor diesem Zeitpunkt pfändbar nicht (vgl. Rdn. A.396); erst mit der Beendigung des Güterstandes entsteht die Ausgleichsforderung (§ 1378 Abs. 3 BGB). Eine Ausgleichsforderung ist daher auch dann noch nicht pfändbar, wenn die Ehegatten untereinander – insbesondere in einem anhängigen Ehescheidungsverfahren – bereits Absprachen über den Ausgleich des Zugewinns für den Fall einer bevorstehenden Beendigung des Güterstands getroffen haben.

Das Zustimmungsrecht der Ehegatten nach § 1365 BGB ist ein höchstpersönliches, unvererbliches Recht. Als solches kann es nicht gepfändet werden[1044].

A.590 **Formulierungsvorschlag:**

Gepfändet wird die durch Vertrag vom … anerkannte (oder die seit … rechtshängige) angebliche Forderung der Schuldnerin gegen ihren geschiedenen Ehemann … – Drittschuldner – auf Zahlung der Ausgleichsforderung, die mit der durch Ehescheidung eingetretenen Beendigung des Güterstandes der Zugewinngemeinschaft entstanden ist.

1039 Corves, JVBl 1964, 95.
1040 Zur Einsicht in die Scheidungsakten durch den Pfändungsgläubiger s. SchlHOLG, JurBüro 1989, 860.
1041 BGH, FamRZ 1983, 160 = MDR 1983, 310.
1042 BGH, FamRZ 2008, 1435.
1043 LG Trier, FamRZ 2018, 1768.
1044 BGH, FamRZ 1982, 249 = MDR 1982, 470 = NJW 1982, 1099 = Rpfleger 1982, 144.

7.82. Zwangsverwaltung

Schrifttum: Stöber, Pfändung eines Anspruchs auf die vom Zwangsverwalter zu verteilenden Nutzungen eines Grundstücks, Rpfleger 1962, 397. **A.591**

Die in einer Zwangsverwaltung anfallenden **Nutzungen** des beschlagnahmten Grundstücks zahlt der Zwangsverwalter an die Berechtigten aus (§§ 155 ff. ZVG). Grundstücksnutzungen sind auch Forderungen aus Rechtsgeschäften, die der Zwangsverwalter im Rahmen eines von ihm fortgesetzten Gewerbebetriebs abgeschlossen hat[1045]. **A.592**

Gläubiger der aus Rechtshandlungen des Zwangsverwalters herrührenden Forderungen und sonstige Gläubiger des Grundstückseigentümers können während eines Zwangsverwaltungsverfahrens die gegen Dritte bestehenden Ansprüche, auf die sich die Zwangsverwaltungsbeschlagnahme erstreckt, unter Einschluss der aus Rechtshandlungen des Zwangsverwalters herrührenden, nicht pfänden[1046]. Forderungspfändungen in die Zwangsverwaltungsmasse, die dennoch ausgebracht werden, sind absolut nichtig[1047].

Für den Gläubiger eines Berechtigten, dem durch den Zwangsverwalter Grundstücksnutzungen aus der Zwangsverwaltungsmasse zu leisten sind, sind zu unterscheiden: **A.593**

Ausgaben der Verwaltung, die vom Zwangsverwalter vorweg befriedigt werden (§ 155 Abs. 1 ZVG), sind Verbindlichkeiten, die der Zwangsverwaltungsmasse durch die Geschäftsführung des Zwangsverwalters erwachsen. Dazu gehören neben der Verwaltervergütung die Ausgaben für die Bewirtschaftung des Anwesens unter Einschluss der Kosten von Prozessen. Hierher rechnen insbesondere die Ansprüche auf das Entgelt für die vom Zwangsverwalter in Auftrag gegebenen Arbeits- und Dienstleistungen sowie die Ansprüche auf Lohn, Kostgeld und andere Bezüge der vom Zwangsverwalter bei Fortsetzung des Betriebs des Grundstückseigentümers übernommenen Angestellten und Arbeiter. **A.594**

Für die Verbindlichkeiten, die Ausgaben der Verwaltung sind, haftet der Zwangsverwalter mit dem von ihm verwalteten Vermögen. Dem jeweils Berechtigten steht somit gegen den mit der Masse verpflichteten Zwangsverwalter ein Anspruch auf Zahlung seiner zu den Verwaltungsausgaben gehörenden Forderungen zu. Beim Vollstreckungszugriff seiner Gläubiger ist daher Gegenstand der Pfändung solcher Ansprüche kein Nebenrecht, sondern unmittelbar die vom Zwangsverwalter mit dem verwalteten Vermögen geschuldete Forderung. Der Zwangsverwalter ist daher bei Pfändung eines zu den Ausgaben der Verwaltung gehörenden Anspruchs Drittschuldner[1048]. Die Pfändung erfolgt nach

---

1045 RGZ 135, 197 (203).
1046 RG (Fn. 1045).
1047 RG (Fn. 1045) (204, 206); siehe dazu für Mietpfändungen auch Rdn. A.338. Die Gläubiger müssen dem Zwangsverwaltungsverfahren beitreten. Für Gläubiger, deren Forderungen aus Rechtshandlungen des Zwangsverwalters herrühren, die also zu den Ausgaben der Verwaltung gehören (§ 155 Abs. 1 ZVG), besteht ggfs. außerdem die Möglichkeit, durch Antrag an das Vollstreckungsgericht, den Zwangsverwalter gemäß § 153 ZVG zur Leistung anzuweisen, Befriedigung zu erlangen.
1048 Stöber/Drasdo, ZVG, § 152 Rdn. 177 ff.

§ 829 ZPO; Arbeitseinkommen unterliegt dem Pfändungsschutz nach §§ 850 ff. ZPO.

A.595 Hinsichtlich der Ansprüche der **Hypotheken- und Grundschuldgläubiger** auf die laufenden wiederkehrenden Leistungen (§ 10 Abs. 1 Nr. 4, § 155 Abs. 2 ZVG), des das Zwangsverwaltungsverfahren betreibenden dinglichen Gläubigers auf die Kapitalforderung und des dinglich nicht gesicherten Beschlagnahmegläubigers auf die Vollstreckungsforderung (§ 10 Abs. 1 Nr. 4, 5, § 155 Abs. 2 ZVG) sind die Ansprüche auf Befriedigung aus den Nutzungen des Grundstücks Nebenrechte. Wegen ihrer Pfändung Rdn. A.172.

A.596 Der pfändbare[1049] Anspruch des Grundstückseigentümers auf den Kassenbestand nach Aufhebung des Zwangsverwaltungsverfahrens steht dem Grundstückseigentümer als unmittelbares Forderungsrecht gegen den Zwangsverwalter zu[1050]. Zu pfänden ist dieser Anspruch als Geldforderung[1051] nach § 829 ZPO. Drittschuldner ist der Zwangsverwalter[1052].

A.597 Der **Rang mehrerer Gläubiger**, die den Anspruch auf den Kassenbestand pfänden, bestimmt sich nicht einfach nach dem Zeitpunkt der Pfändungen; § 804 Abs. 3 ZPO findet keine Anwendung. Vielmehr haben die dinglich pfändenden Gläubiger Vorrecht vor den persönlich vollstreckenden Gläubigern und untereinander Rang nach Maßgabe des Grundbuchranges ihrer Rechte. Dieser Vorrang der dinglichen Ansprüche folgt aus der Tatsache, dass die Grundstücksnutzungen, solange sich das Geld in der Hand des Zwangsverwalters befindet, noch mit den dinglichen Rechten behaftet sind[1053].

A.598 **Formulierungsvorschlag:**

Gepfändet wird die angebliche Forderung des Schuldners an den Rechtsbeistand … als Zwangsverwalter des Grundstücks … straße Hs.-Nr. … – Drittschuldner – auf Zahlung der Vergütung für die auf Bestellung des Zwangsverwalters an dem beschlagnahmten Anwesen im Herbst 2018 ausgeführten Dachreparaturen.

1049 OLG Köln, VersR 1994, 113 (114).
1050 OLG Köln (Fn. 1049).
1051 OLG Köln (Fn. 1049); LG Freiburg, Rpfleger 1988, 422.
1052 Stöber, Rpfleger 1962, 397 (400); Zöller/Herget, ZPO, § 829 Rdn. 33 „Zwangsverwaltung“; Stöber/Drasdo, ZVG, § 152 Rdn. 176; Steiner/Hagemann, ZVG, § 152 Rdn. 185.
1053 LG Freiburg, (Fn. 1051); Jaeckel/Güthe, ZVG, § 155 Bem. 8; Stöber/Drasdo, ZVG, § 152 Rdn. 176.

Teil B
Pfändungsverfahren und -wirkungen

1. Zuständigkeit
(§ 828 ZPO)

1.1. Vollstreckungsgericht

Schrifttum: Gaul, Die Mitwirkung des Zivilgerichts an der Vollstreckung von Verwaltungsakten und verwaltungsgerichtlichen Entscheidungen, JZ 1979, 496; Hornung, Gerichtliche Vollstreckung im Verwaltungszwangsverfahren, Rpfleger 1981, 86; Polzius, Aufgaben des Gerichtsvollziehers im Verwaltungszwangsverfahren, DGVZ 1981, 129; Schulz, Die vollstreckbare Ausfertigung bei der Vollstreckung nach § 66 IV SGB X, DGVZ 1983, 133; Sommer, Zum Rechtsweg für die Vollstreckung und Haftanordnung bei verwaltungsgerichtlichen Zahlungstiteln, Rpfleger 1978, 406. **B.1**

Für die Zwangsvollstreckung in Forderungen und in andere Vermögensrechte sind grundsätzlich[1] – auch bei Zwangsvollstreckung aus dem bei einem Familiengericht[2] (§ 95 Abs. 1, § 120 Abs. 1 FamFG, s. Rdn. A.1), Arbeits- oder Sozialgericht erwirkten Vollstreckungstitel – die **Amtsgerichte** als **Vollstreckungsgerichte** zuständig (§§ 828, 764 ZPO). Das Beschwerdegericht (Landgericht) kann den Pfändungsbeschluss erlassen, wenn sich der abgewiesene Antrag des Gläubigers in der Beschwerde als begründet erweist (siehe dazu Rdn. B.403). Der Bundesgerichtshof als Rechtsbeschwerdegericht kann die Pfändung im Fall des § 577 Abs. 5 ZPO aussprechen (dazu Rdn. B.407). **B.2**

Die Arrestvollziehung durch Forderungspfändung[3] erfolgt durch das **Arrestgericht**[4] (§ 930 Abs. 1 ZPO), das ist das Gericht, das den Arrest angeordnet hat (§ 919 ZPO), das Beschwerdegericht somit, wenn es den Arrest anordnet und der Pfändungsantrag mit dem Arrestantrag verbunden ist[5]. Diese Besonderheit gilt jedoch **B.3**

---

1 Wegen der Ausnahmefälle, in denen der Gerichtsvollzieher pfändet, siehe Teil H. Der Gesetzgeber ging bei Zuweisung der Forderungspfändung an das Vollstreckungsgericht von der Überlegung aus, dass diese angesichts ihrer schwierigen Handhabung und ihrer einschneidenden Wirkung auf den Drittschuldner nur vom Gericht und nicht vom Gerichtsvollzieher angeordnet werden könne; s. dazu Gaul, Rpfleger 1971, 82.

2 BGH, MDR 1979, 564 = NJW 1979, 1048 = Rpfleger 1979, 195; OLG Düsseldorf, FamRZ 1977, 725; OLG Düsseldorf, FamRZ 1978, 524 = NJW 1978, 1012; OLG Celle, FamRZ 1979, 57; SchlHolstOLG, SchlHA 1978, 173; SchlHolstOLG, SchlHA 1979, 130; Hintzen, Forderungspfändung, § 1 Rdn. 11.

3 Nicht auch die nachfolgende Überweisung; siehe hierwegen Rdn. B.518.

4 Hintzen, Forderungspfändung, § 1 Rdn. 13. Wegen der Zuständigkeit für die Erinnerung gegen eine vom Arrestgericht angeordnete Forderungspfändung siehe Rdn. B.517.

5 OLG München, MDR 2004, 1383; **a.A.** LArbG Frankfurt, DB 1965, 188; Stein/Jonas/Grunsky, ZPO, § 930 Rdn. 2.

bei Vollstreckung einer einstweiligen Verfügung nicht; bei ihrer Vollstreckung erfolgt die Forderungspfändung durch das Vollstreckungsgericht, nicht durch das Gericht der einstweiligen Verfügung[6]. Ist das Arbeitsgericht Arrestgericht, dann wird es bei Forderungspfändung als Vollstreckungsgericht tätig[7] (s. § 62 Abs. 2 S. 1 ArbGG).

Die Ausnahme von der allgemeinen Zuständigkeitsregel gilt allerdings nach Auffassung des OLG Hamm nur so lange, als die Arrestpfändung isoliert besteht und auf Basis des ursprünglich reinen Arrestpfandrechts noch kein Vollstreckungspfandrecht entstanden ist. Ist die Pfändung durch das Arrestgericht erfolgt und liegen im Zeitpunkt eines Antrags im Vollstreckungsverfahren (z.B. nach § 850k Abs. 4 ZPO) bereits die allgemeinen Vollstreckungsvoraussetzungen aufgrund einer vollstreckbaren Entscheidung in der Hauptsache vor, so ist das Vollstreckungsgericht zuständig[8].

B.4 Für die Vollstreckung **verwaltungsgerichtlicher** Entscheidungen (§ 168 VwGO) ist Vollstreckungsgericht das Verwaltungsgericht des ersten Rechtszugs[9] (§ 167 Abs. 1 S. 2 VwGO; Einheit von Erkenntnis- und Vollstreckungsverfahren). In solchen Fällen ist daher das Verwaltungsgericht für die Zwangsvollstreckung in Forderungen und in andere Vermögensrechte als Vollstreckungsgericht zuständig[10]. Diese Zuständigkeit besteht auch für den Erlass eines Pfändungs- und Überweisungsbeschlusses auf Grund eines Vergütungsfestsetzungsbeschlusses des Verwaltungsgerichts nach § 11 RVG[11]. Die Vollstreckung einer verwaltungsgerichtlichen Entscheidung zugunsten des Bundes, eines Landes, eines Gemeindeverbandes, einer Gemeinde oder einer Körperschaft, Anstalt oder Stiftung des öffentlichen Rechts richtet sich nach dem Verwaltungsvollstreckungsgesetz; Vollstreckungsbehörde ist der Vorsitzende des Gerichts des ersten Rechtszuges (§ 169 Abs. 1 VwGO). Die Vollstreckung gegen die öffentliche Hand wegen einer Geldforderung regelt § 170 VwGO; die Forderungspfändung erfolgt in diesem Fall durch das Verwaltungsgericht des ersten Rechtszuges als Vollstreckungsgericht (§§ 170, 167 Abs. 1 S. 2 VwGO).

---

6 Quardt, JurBüro 1958, 378; Stein/Jonas/Würdinger, ZPO, § 828 Rdn. 3; Schuschke/Walker, Vollstreckung, § 828 Rdn. 1.

7 LArbG Frankfurt (Fn. 5).

8 OLG Hamm, MDR 2017, 1446.

9 VGH München, NJW 1984, 2482 bestimmt die örtliche Zuständigkeit auch des Verwaltungsgerichts nach § 828 ZPO. Zur örtlichen Zuständigkeit auch VerwG Köln, MDR 1975, 1052 = NJW 1975, 2224.

10 Schuschke/Walker, Vollstreckung, § 828 Rdn. 2; Gaul, JZ 1979, 496; Sommer, Rpfleger 1978, 406.

11 LG Bonn, NJW 1977, 814; LG Meiningen, NJW-RR 1999, 152; VGH Kassel, NJW 2011, 1468; OVG Münster, NJW 1980, 2373 = Rpfleger 1980, 395; OVG Münster, NJW 1984, 2484 = JurBüro 1984, 1426; OVG Münster, NJW 1986, 1190; OVG Münster, Rpfleger 2004, 320; LG Bochum, Rpfleger 1978, 426 (für eidesstattliche Versicherung); **a.A.** (Zuständigkeit der ordentlichen Gerichte) OVG Koblenz, NJW 1980, 1541 Leits.; OVG Lüneburg, NJW 1984, 2485 = Rpfleger 1984, 331; OVG Münster, NJW 1987, 396 = Rpfleger 1986, 152 mit zust. Anm. Lappe; OVG Münster, NJW 2001, 3141 = Rpfleger 2001, 251; LG Berlin, MDR 1982, 679; LG Heilbronn, NJW-RR 1993, 575 = Rpfleger 1993, 252; VerwG Berlin, NJW 1981, 884 Leits.; wohl auch VerwG Berlin, NJW 1976, 1420 (zumeist für eidesstattliche Versicherung); Hintzen, Forderungspfändung, § 1 Rdn. 10.

Für die Zwangsvollstreckung von bezifferten Geldforderungen aus einstweiligen Anordnungen der **Sozialgerichte** sind die Amtsgerichte als Vollstreckungsgerichte zuständig (§ 198 Abs. 1 SGG, §§ 764, 828 Abs 2 ZPO)[12].

Im **Verwaltungswege** vollstreckt werden öffentlich-rechtliche Geldforderungen. Das Verfahren richtet sich nach dem VwVG[13] des Bundes oder nach den Verwaltungsvollstreckungsgesetzen der Länder. Gesonderte Vorschriften (vgl. § 1 Abs. 3 VwVG des Bundes) enthalten für die Finanzbehörden die AO (6. Teil, §§ 249 ff.)[14] und für Gerichte und Justizbehörden das Justizbeitreibungsgesetz. B.5

Für die Vollstreckung zugunsten der Behörden, Körperschaften, Anstalten und Stiftungen des öffentlichen Rechts aller **Sozialleistungsbereiche** des Sozialgesetzbuchs gilt das Bundes- oder das einschlägige Landesverwaltungsvollstreckungsgesetz (§ 66 Abs. 1–3 SGB, X. Buch, Verwaltungsverfahren). Wenn ein Leistungsträger im Verwaltungswege vollstreckt (Vollstreckungstitel mit -klausel dann nicht nötig), sind Inanspruchnahme und Mitwirkung des Vollstreckungsgerichtes ausgeschlossen[15]. Der Leistungsträger kann aus einem Verwaltungsakt aber auch die Zwangsvollstreckung in entsprechender Anwendung der Zivilprozessordnung durchführen (§ 66 Abs. 4 S. 1 SGB X). Dann ist für die Zwangsvollstreckung in Forderungen und andere Vermögensrechte nach § 828 ZPO das Amtsgericht als Vollstreckungsgericht (Rdn. B.2), im Falle des § 831 ZPO der Gerichtsvollzieher, zuständig. Diese Wahlmöglichkeit soll dem Versicherungsträger die Vollstreckung erleichtern[16]. Das Vollstreckungsgericht darf den Antrag eines Leistungsträgers daher nicht wegen der alternativen Möglichkeit der Verwaltungsvollstreckung ablehnen[17]. Kosten der Zwangsvollstreckung nach der Zivilprozessordnung entstehen durch Beitreibung auf dem gesetzlich dafür vorgesehenen Rechtsweg, sind somit als notwendig auch erstattungsfähig, wenn sie bei Verwaltungsvollstreckung nicht entstanden wären[18]. Als Vollstreckungstitel ist der Verwaltungsakt (Leistungsbescheid)[19] des Leistungsträgers[20] urkundliche Grundlage der Zwangsvollstreckung nach der Zivilprozessordnung. Durchgeführt wird diese Zwangsvollstreckung nur auf Grund einer vollstreckbaren Ausfertigung des Verwaltungsakts (Leistungsbescheids, § 724 Abs. 1 ZPO)[21], wenn die Zustellung erfolgt ist (§ 750 Abs. 1 ZPO). Die vollstreckbare Ausfertigung erteilt der Behördenleiter, sein allgemeiner Vertre- B.6

---

12 SozG Magdeburg, Beschluss vom 17.3.2017, S 11 AS 3642/16 ER, juris.
13 Verwaltungs-Vollstreckungsgesetz vom 27.4.1954 (BGBl I 157).
14 Hierzu auch Allgemeine Verwaltungsvorschrift über die Durchführung der Vollstreckung nach der Abgabenordnung (Vollstreckungsanweisung – VollstrA) vom 13.3.1980 (BStBl I 112).
15 LG Bonn, JurBüro 1982, 1586.
16 Begründung, BT-Drucks. 8/2034, S. 37; auch AG Bonn, Rpfleger 1981, 315.
17 LG Duisburg, Rpfleger 1982, 192; AG Bonn, (Fn. 16).
18 **A.A.** AG Germersheim, Rpfleger 1982, 159.
19 LG Ravensburg, NJW 1981, 2524 Leits.; LG Bielefeld, JurBüro 1982, 1584 mit zust. Anm. Mümmler; LG Kassel, DGVZ 1984, 40; AG Augsburg, DGVZ 2004, 77.
20 Nach § 28f Abs. 3 S. 3 SGB IV gilt der Beitragsnachweis des Arbeitgebers für die Vollstreckung als Leistungsbescheid der Einzugsstelle. Weil ihn der Arbeitgeber der Einzugsstelle durch Datenübertragung zu übermitteln hat (§ 28f Abs. 3 S. 1 SGB IV), hat die Behörde eine Ausfertigung in Papierform herzustellen, BGH, DGVZ 2009, 111 = MDR 2008, 712.
21 LG Aurich, NdsRpfl 1986, 276.

ter oder ein ermächtigter Angehöriger des öffentlichen Dienstes (§ 66 Abs. 4 S. 3 SGB X). Für Zwangsvollstreckung hat die vollstreckbare Ausfertigung als Papierurkunde vorzuliegen (nicht als elektronische Ausfertigung)[22]. Es muss sich bei der Ausfertigung um eine richtig wiedergegebene Abschrift des Leistungsbescheids handeln, die mit der Vollstreckungsklausel nach § 725 ZPO versehen ist. Eine abgekürzte oder nur auszugsweise Wiedergabe des Verwaltungsakts genügt nicht[23] (ist nicht Ausfertigung); sie stellt überdies dann keine Ausfertigung des Vollstreckungstitels dar, wenn das Dienstsiegel der Gläubigerin nicht nach dem Ausfüllen des Formulars aufgedruckt worden ist, sondern bereits zuvor eingedruckt war[24]. Es genügt ebenso nicht, dass die Vollstreckungsklausel auf ein Ausstandsverzeichnis, somit eine Zusammenfassung früher durch Leistungsbescheide oder sonst geltend gemachter Ansprüche gesetzt wird[25]. Die Mahnung des Vollstreckungsschuldners vor Beginn der Zwangsvollstreckung mit einer Zahlungsfrist von einer Woche (§ 66 Abs. 4 S. 2 SGB X) ist vom Vollstreckungsgericht nicht zu prüfen. Wenn die Zwangsvollstreckung in entsprechender Anwendung der Zivilprozessordnung stattfindet, bestimmen sich nach ihr auch die Rechtsbehelfe; es finden somit Erinnerung (§ 766 ZPO) und sofortige Beschwerde (§ 793 ZPO) statt. Die Abänderung eines (gerichtlichen) Pfändungsbeschlusses (§ 850g ZPO) und Entscheidungen, die seine Wirkungen ändern (z.B. nach § 850c Abs. 4, § 850e Nr. 2, 2a ZPO), sind gerichtliche Handlungen, für die das Vollstreckungsgericht zuständig bleibt (§ 828 Abs. 1, auch § 802 ZPO); solche Maßnahmen können nach Pfändung im Verfahren nach der Zivilprozessordnung daher nicht durch die im Verwaltungszwangsverfahren zuständige Behörde getroffen werden (bei Verstoß ist die Maßnahme nichtig).

1.2. Richter, Rechtspfleger

B.7 Dem **Rechtspfleger** sind alle Entscheidungen im Forderungspfändungsverfahren übertragen (§ 20 Abs. 1 Nr. 17 RPflG). Der Rechtspfleger des Arrestgerichts ist für die Pfändung von Forderungen zuständig, wenn nicht schon der Arrestbefehl den Pfändungsbeschluss enthält (§ 20 Abs. 1 Nr. 16 RPflG). Verlangt der Gläubiger eine andere (klarere) Fassung (also die Berichtigung) des vom Arrestgericht (dessen Richter) erlassenen Pfändungsbeschlusses oder in dessen Ergänzung die Bezeichnung eines weiteren Drittschuldners der mit diesem gepfändeten Schuldnerforderung, dann verbleibt es bei der Richterzuständigkeit[26]. Der Rechtspfleger des Arrestgerichts ist jedoch für die Entscheidung über einen neuen Antrag auf Pfändung einer weiteren Forderung zuständig[27]. Entsprechendes gilt, wenn der vom Richter

---

22 BGH (Fn. 20).
23 BGH (Fn. 20).
24 LG Aachen, JurBüro 1983, 621; auch LG Aurich, NdsRpfl 1986, 215 (Klausel auf Auszug des Beitragsbescheides ungenügend).
25 LG Ravensburg (Fn. 19); LG Bielefeld (Fn. 19) mit zust. Anm. Mümmler; AG Augsburg (Fn. 19).
26 OLG München, Rpfleger 1975, 34; **a.A.** LG München I, Rpfleger 1989, 400: das weitere Verfahren fällt in die Zuständigkeit des Rechtspflegers, der auch für Klarstellungen, Änderungen und Aufhebung des Pfändungsbeschlusses zuständig ist.
27 OLG München (Fn. 26).

im Erinnerungsverfahren oder von einem Beschwerdegericht (Rdn. B.2) erlassene Pfändungsbeschluss berichtigt oder ergänzt werden soll. Zuständig ist der Rechtspfleger des Vollstreckungsgerichts auch für die Entscheidung über den Vollstreckungsschutzantrag nach § 765a ZPO (§ 20 Abs. 1 Nr. 17 RPflG). Trifft der Richter im Forderungspfändungsverfahren eine dem Rechtspfleger übertragene Entscheidung, so wird die Wirksamkeit des Geschäfts hierdurch nicht berührt (§ 8 Abs. 1 RPflG).

Dem **Richter** ist die Entscheidung über die Erinnerung (§ 766 ZPO) vorbehalten (§ 20 Abs. 1 Nr. 17 S. 2 RPflG).

1.3. Die örtliche Zuständigkeit

Wohnsitzgericht: Örtlich zuständig ist das Amtsgericht, bei dem der Schuldner[28] im Bundesgebiet seinen allgemeinen Gerichtsstand (§ 828 Abs. 2 ZPO), also seinen Wohnsitz hat (§ 13 ZPO, §§ 7–11 BGB). Bei Doppelwohnsitz (§ 7 Abs. 2 BGB) hat der Gläubiger die Wahl (§§ 13, 35 ZPO). Die (mit Antragstellung bei einem der zuständigen Gerichte) getroffene Wahl ist endgültig und unwiderruflich (schließt spätere Abgabe nach § 828 Abs. 3 ZPO aus)[29]. Eine Ausnahme sieht § 858 Abs. 2 ZPO für die Zwangsvollstreckung in eine Schiffspart vor; zuständig ist hier als Vollstreckungsgericht das Amtsgericht, bei dem das Register für das Schiff geführt wird. B.8

Aufenthalt usw.: Nur wenn der Schuldner keinen Wohnsitz[30] hat, wird die Zuständigkeit des Vollstreckungsgerichts durch den Gerichtsstand des Aufenthalts im Inland (so auch bei Grenzgängern[31]) und, wenn ein solcher nicht bekannt ist, durch den letzten Wohnsitz[32] bestimmt (§ 16 ZPO). Ein Häftling hat – bei langer Strafhaft – seinen gewöhnlichen Aufenthalt am Ort der Haftanstalt[33]. B.9

Das Wohnsitzgericht, nicht das Gericht des Aufenthaltsorts ist mithin Vollstreckungsgericht, wenn der Schuldner, der einen Wohnsitz hat, sich regelmäßig woanders aufhält (Artist, Hausierer, Monteur, Musiker, Seemann, Gefangener). In solchen Fällen bedarf vor Einreichung des Pfändungsantrages die Frage, ob und wo der Schuldner einen Wohnsitz hat, der sorgsamen Prüfung, weil die Pfändung durch ein unzuständiges Gericht zur unabwendbaren Aufhebung des Zwangsvollstreckungsaktes und damit zu erheblichen Nachteilen führen kann (siehe hierwegen Rdn. B.19).

---

28 Nicht sein gesetzlicher Vertreter oder der Drittschuldner; siehe OLG Hamm, JMBlNRW 1952, 6.

29 OLG Zweibrücken, JurBüro 1999, 553 = NJW-RR 2000, 929 = Rpfleger 1999, 499.

30 Bloßer Antritt einer Strafhaft hat noch keine Aufgabe des Wohnsitzes zur Folge; allein mit dem Aufenthalt in einer Justizvollzugsanstalt wird dort auch kein Wohnsitz begründet, BGH, NJW-RR 1996, 1217.

31 Zuständig für Einkommenspfändung ist daher das Vollstreckungsgericht des Beschäftigungsorts.

32 Dass der Schuldner jetzt im Ausland wohnt, ist für die Wirksamkeit der Pfändung im Inland ohne Bedeutung.

33 OLG Düsseldorf, MDR 1969, 143; siehe auch OLG Stuttgart, MDR 1964, 768; Hintzen, Forderungspfändung, § 1 Rdn. 21.

Unbekannter Aufenthalt ist durch schlüssigen Tatsachenvortrag darzutun, nicht aber nachzuweisen[34]. Die Angabe im Vollstreckungstitel genügt, wenn eine zwischenzeitliche Änderung nicht bekannt ist; aktuelle Auskünfte der für den letzten bekannten Wohnort zuständigen Meldebehörde oder der Post genügen ebenso[35].

B.10 Volljährige **Berufssoldaten** und **Soldaten auf Zeit**, nicht aber Beamte der Bundeswehr, haben den Wohnsitz am Standort[36] ihres[37] Truppenteils (Garnisonsort, § 9 BGB)[38]. Für minderjährige Soldaten besteht der Wohnsitz fort, den sie bei Einberufung hatten. Das Amtsgericht des Standorts ist deshalb nur für die Forderungspfändung gegen volljährige Berufssoldaten und Soldaten auf Zeit, nicht aber gegen minderjährige Soldaten zuständig. Möglich ist jedoch, dass ein Minderjähriger mit dem Willen seines gesetzlichen Vertreters den Standort zu seinem Wohnsitz gewählt hat (§§ 7, 8 BGB); solche Fälle werden selten sein.

B.11 **Andere Sonderfälle:** Wegen des Gerichtsstandes der exterritorialen Personen siehe § 15 ZPO, der juristischen Personen siehe § 17 ZPO[39] und des Fiskus siehe § 18 ZPO.

B.12 Ist eine **Partei kraft Amtes** (Insolvenzverwalter[40], Zwangsverwalter, Testamentsvollstrecker oder Nachlassverwalter) Vollstreckungsschuldner, dann ist das Amtsgericht ihres Wohnsitzes örtlich zuständig. Ebenso wird auch bei Vollstreckung gegen einen Nachlasspfleger die örtliche Zuständigkeit sich nach seinem Wohnsitz bestimmen, obgleich dieser nicht Partei kraft Amtes, sondern gesetzlicher Vertreter der unbekannten Erben ist[41].

B.13 **Kein Gerichtsstand im Bundesgebiet:** Hat der Schuldner im Bundesgebiet keinen allgemeinen Gerichtsstand (keinen Wohnsitz, Aufenthalt usw.), so ist das Vollstreckungsgericht örtlich zuständig, in dessen Bezirk sich der (Wohn-)Sitz des Drittschuldners befindet (§ 828 Abs. 2, § 23 ZPO)[42]. Auf eine inländische Niederlassung des Schuldners kommt es nicht an[43]. Außerdem besteht dann, wenn für die Forderung, die gepfändet werden soll, eine Sache zur Sicherheit haftet (z.B. das mit

---

34 Zöller/Herget, ZPO, § 828 Rdn. 2.

35 BGH, JurBüro 2003, 442 = MDR 2003, 708 = NJW 2003, 1530 = Rpfleger 2003, 307.

36 Am letzten inländischen Standort, wenn sie im Ausland Dienst leisten, § 9 Abs. 1 S. 2 BGB.

37 Bei längerer Abordnung (Abkommandierung) zu einer anderen Einheit gilt deren Standort als Wohnsitz; siehe Nuppeney, Rpfleger 1963, 304.

38 Siehe dazu LG Münster, Rpfleger 1963, 303 mit zust. Anm. Nuppeney.

39 Bei Fehlen eines eindeutig bestimmten Sitzes (z.B. wenn nicht festzustellen ist, auf welchen der mehreren Amtsgerichtsbezirke in einer Stadt sich der Firmensitz beziehen soll) ist der Ort maßgebend, an dem die Verwaltung geführt wird (§ 17 Abs. 1 Satz 2 ZPO); AG Charlottenburg, FoVo 2018, 15.

40 Siehe hierwegen BGHZ 88, 331 = MDR 1984, 201 = NJW 1984, 739: Zuständigkeit des allgemeinen Gerichtsstands am Wohnsitz des Konkursverwalters für Klagen.

41 So zutreffend auch Stein/Jonas/Würdinger, ZPO, § 828 Rdn. 4; Zöller/Herget, ZPO, § 828 Rdn. 2; Schuschke/Walker, Vollstreckung, § 828 Rdn. 6; **a.A.** aber LG Berlin, JR 1954, 464, das Zuständigkeit des Drittschuldnerwohnsitzgerichtes oder des für den Erblasser zuständig gewesenen Gerichts annimmt.

42 Siehe BAGE 82, 243 = MDR 1997, 71 = NZA 1997, 334; OLG Hamm, a.a.O. (Fn. 28); siehe auch Art. 5 Abs. 1 des Gesetzes zum NATO-Truppenstatut, abgedruckt Rdn. A.55.

43 LG Frankfurt, Rpfleger 2016, 661.

der Hypothekenforderung belastete Grundstück, der der Forderung verpfändete Gegenstand), die Zuständigkeit des Gerichts, in dessen Bezirk der Ort liegt, an dem sich die Sache befindet (siehe § 23 ZPO). Unter mehreren hiernach zuständigen Gerichten hat der Gläubiger die Wahl (§ 35 ZPO).

Mehrere Schuldner: Wenn einheitlich gegen mehrere Schuldner vollstreckt werden soll, denen eine zu pfändende Forderung gemeinschaftlich (sei es nach Bruchteilen oder in einem Gesamthandsverhältnis) zusteht und für die verschiedene Vollstreckungsgerichte örtlich zuständig sind, muss das zuständige Gericht durch das im Rechtszug zunächst höhere Gericht bestimmt werden (§ 36 Abs. 1 Nr. 3 ZPO, der sinngemäß anzuwenden ist)[44]. Eine Anhörung des Schuldners erfolgt im Bestimmungsverfahren nicht[45]. An Stelle einer einheitlichen Pfändung kann der Gläubiger aber auch mehrere Beschlüsse durch die verschiedenen Vollstreckungsgerichte erwirken[46]; die Wirksamkeit einer solchen Pfändung ist eingetreten, wenn alle Beschlüsse dem Drittschuldner zugestellt sind. Keine Bestimmung des zuständigen Gerichts ermöglicht § 36 Abs. 1 Nr. 3 ZPO, wenn verschiedene Forderungen mehrerer Schuldner gepfändet werden sollen. B.14

Die Zuständigkeit bestimmt sich nach dem Zeitpunkt des **Beginns der Zwangsvollstreckung** (siehe Rdn. B.382), nicht nach dem des Antragseingangs[47]. Ändern sich danach die für die Zuständigkeit maßgeblich gewesenen Voraussetzungen (Wohnsitzverlegung, Änderung des Aufenthaltsorts), so berührt das die Zuständigkeit für die in dem gleichen Verfahren notwendigen weiteren Handlungen des Vollstreckungsgerichts (Erinnerung) nicht mehr[48]. Für neue Maßnahmen des Vollstreckungsgerichts (Antrag nach § 844 ZPO) und neue Pfändungsanträge ist dagegen das Vollstreckungsgericht des neuen Wohnsitzes, Aufenthalts usw. zuständig. B.15

1.4. Bestimmung der Zuständigkeit

Das zuständige Gericht wird, wenn verschiedene Vollstreckungsgerichte, von denen eines zuständig ist, sich für unzuständig erklärt haben, durch das im Rechtszug zunächst höhere Gericht bestimmt (§ 36 Abs. 1 Nr. 6 ZPO; die Vorschrift ist auch im Vollstreckungsverfahren anwendbar[49]). Weil der Schuldner vor der Pfän- B.16

---

44 RG, DR 1940, 741 unter Aufgabe der früher gegenteiligen Ansicht; BayObLGZ 1959, 270 = MDR 1960, 57; BayObLG, Rpfleger 1983, 288; BayObLG, KTS 1999, 128 = Rpfleger 1999, 31; OLG Karlsruhe, MDR 2004, 1262; OLG Hamm, JurBüro 2017, 327; Zöller/Herget, ZPO, § 828 Rdn. 2.

45 BayObLG, KTS 1999, 128 (Fn. 44); OLG Karlsruhe (Fn. 44); OLG Hamm (Fn. 44); siehe auch Rdn. B.16.

46 OLG Rostock, OLG 35, 131; Stein/Jonas/Würdinger, ZPO, § 828 Rdn. 5; Wieczorek/Schütze/Lüke, ZPO, § 828 Rdn. 15.

47 OLG München, JurBüro 2010, 497 = Rpfleger 2011, 39; Hintzen, Forderungspfändung, § 1 Rdn. 19.

48 Hintzen, Forderungspfändung, § 1 Rdn. 28 mit Aufzählung der in Betracht kommenden Maßnahmen.

49 RGZ 139, 351; BGH, FamRZ 1983, 578 = NJW 1983, 1859; BayObLGZ 1985, 397 = MDR 1986, 326 = NJW-RR 1986, 421 = Rpfleger 1986, 98; BayObLGZ 1990, 255 = Rpfleger 1991, 13 (für Forderungspfändung); OLG Karlsruhe, JurBüro 2005, 553 (für Überweisung).

dung nicht über das Pfändungsgesuch zu hören ist (§ 834 ZPO), ist auch die Anwendung des § 36 Abs. 1 Nr. 6 ZPO nicht von der vorherigen Anhörung des Schuldners abhängig[50].

1.5. Abgabe, Verstoß gegen die Zuständigkeitsbestimmungen

B.17 Die sachliche und örtliche Zuständigkeit des Vollstreckungsgerichts ist eine **ausschließliche** (§ 802 ZPO). Eine ausdrückliche oder stillschweigende Vereinbarung des Gläubigers mit dem Schuldner über die Zuständigkeit hat keine rechtliche Wirkung (§ 40 Abs. 2 ZPO).

B.18 Die Zuständigkeit muss vom Vollstreckungsgericht bei Entscheidung über den Pfändungsantrag von **Amts wegen geprüft** werden (Rdn. B.66).

Der bei einem unzuständigen Gericht gestellte Antrag ist, solange über ihn noch nicht entschieden ist, auf Antrag des Gläubigers (nicht von Amts wegen) an das zuständige Gericht abzugeben (§ 828 Abs. 3 S. 1 ZPO). Der Antrag kann auch schon sogleich mit dem Pfändungsantrag für den Fall gestellt werden, dass das Gericht, bei dem dieser eingereicht ist, nicht zuständig sein sollte. Eine Anhörung des Schuldners erfolgt nicht (§ 834 ZPO). Der Gläubiger (sein Vertreter) ist von der Abgabe (formlos) zu benachrichtigen. Eine förmliche Verweisung (§ 281 ZPO) ist damit ausgeschlossen[51]. Die Abgabe bewirkt, dass das Verfahren von dem neuen Gericht fortgeführt wird, der Antrag somit bei ihm wirksam gestellt ist. Bindend ist die Abgabe nicht[52] (§ 828 Abs. 3 S. 2 ZPO). Das Vollstreckungsgericht, an das die Abgabe erfolgt ist, hat daher über seine Zuständigkeit selbst zu entscheiden. Es kann die Übernahme ablehnen[53] oder auch auf Antrag des Gläubigers die Sache an ein anderes zuständiges Gericht abgeben. Ein Verstoß gegen die örtliche Zuständigkeit führt bei Anfechtung zur Aufhebung des Pfändungsbeschlusses (Rdn. B.19). Mit Erinnerung gegen den Pfändungsbeschluss kann daher dessen Aufhebung vom Schuldner auch wegen Unzuständigkeit des Gerichts, an das abgegeben wurde, betrieben werden.

B.19 Ein **Verstoß** gegen die Zuständigkeit macht die Forderungspfändung nicht ohne weiteres unwirksam. Denn grundsätzlich sind fehlerhafte Staatsakte – von den ganz seltenen und hier nicht gegebenen Ausnahmefällen des grundlegenden Verstoßes gegen wesentliche Formvorschriften oder bei Fehlen jeglicher Voraussetzungen abgesehen – nicht nichtig, sondern nur vernichtbar[54]. Der von einem sachlich oder örtlich unzuständigen Gericht erlassene Pfändungsbeschluss lässt deshalb eine wirksame Pfändung entstehen; er ist aber mit Erinnerung (sodann

---

50 BGH (Fn. 49); BayObLGZ 1990, 255 (Fn. 49); OLG Zweibrücken (Fn. 29); Hintzen, Forderungspfändung, § 1 Rdn. 24; s. auch Rdn. B.14.

51 OLG Zweibrücken (Fn. 29); OLG München (Fn. 47).

52 BayObLGZ 1985, 397 (Fn. 49) war schon vordem unzutreffend und ist nun durch Gesetzesänderung überholt.

53 OLG Zweibrücken (Fn. 29).

54 Siehe Stöber, Rpfleger 1962, 9, m.w.N. Zu den Folgen der Verletzung der Zuständigkeitsgrenzen siehe auch Gaul, Rpfleger 1971, 87 ff.

mit Beschwerde, § 793 ZPO[55]) anfechtbar, die zwingend zu seiner Aufhebung führen muss.

Das ist für den Verstoß gegen die örtliche Zuständigkeit einhellige Meinung[56]. Aber auch bei Verstoß gegen die sachliche Zuständigkeit kann nichts anderes gelten[57]. Denn auch dem von einem sachlich unzuständigen Gericht erlassenen Pfändungsbeschluss kommt der staatlichen Akten gebührende Vertrauensschutz zu. Ein solcher Beschluss verstößt weder gegen wesentliche Formvorschriften noch fehlen ihm jegliche Voraussetzungen für die Ausübung staatlicher Tätigkeit durch das Gericht. Zudem kann den Beteiligten (Gläubiger, Schuldner und insbesondere Drittschuldner) nicht zugemutet werden, den Mangel der Zuständigkeit und eine daraus folgende Nichtigkeit des Pfändungsbeschlusses zu erkennen, wenn ein Gericht seine Zuständigkeit angenommen hat. Das gilt schon allein deshalb, weil Forderungspfändungen durch Prozessgerichte (Arrestgericht, auch bei Arrest im arbeitsgerichtlichen Verfahren) und Landgerichte (bei Beschwerden) sowie Verwaltungsgerichte durchaus möglich sind. Als völlig unwirksam (nichtig) können deshalb nur Vollstreckungsakte durch Behörden oder Beamte angesehen werden, die mit Forderungspfändungen überhaupt nicht befasst sind (so ein Pfändungsbeschluss des Gerichtsvollziehers[58], des Beamten einer ausländischen Behörde o. Ä.). B.20

1.6. Ausländische Forderungspfändungen

Schrifttum: Schack, Zur Anerkennung ausländischer Forderungspfändungen, IPRax 1997, 318. B.21

Die Forderungspfändung der Vollstreckungsbehörde eines fremden Staates, die auch **im Ausland** dem Drittschuldner zugestellt ist, wird als ausländischer Vollstreckungsakt durch Gerichte der Bundesrepublik im Bundesgebiet nicht anerkannt[59]. Daher wird durch Zustellung des Zahlungsverbots eines fremden Staates B.22

55 Nach OLG München, JurBüro 1985, 945 = Rpfleger 1985, 945 soll die Prüfung der vom Vollstreckungsgericht bejahten örtlichen Zuständigkeit auf die Erinnerung beschränkt und in der anschließenden Beschwerde ausgeschlossen sein. Dem ist nicht zu folgen. Zu entscheiden ist über die Wirksamkeit der Pfändung als Vollstreckungsmaßnahme des Vollstreckungsgerichts; für Prüfung der Rechtmäßigkeit der Zwangsvollstreckung ist der Rechtsweg jedoch nicht beschränkt. Als Vollstreckungsorgan ist das Vollstreckungsgericht nicht Gericht des ersten Rechtszuges (§ 513 Abs. 2 ZPO); für eine entsprechende Anwendung dieser Vorschrift ist daher kein Raum, besteht aber auch nach deren Zweck kein Anlass.

56 Siehe Stein/Jonas/Würdinger, § 828 Rdn. 10; Wieczorek/Schütze/Lüke, § 828 Rdn. 19; Thomas/Putzo/Seiler, § 828 Rdn. 5; Zöller/Herget, § 828 Rdn. 4; Schuschke/Walker, Vollstreckung, § 828 Rdn. 10; RG, Gruchot 48, 1153 (1156); Prost, NJW 1958, 487.

57 Dazu siehe insbesondere Gaul, Rpfleger 1971, 81 (89); auch Thomas/Putzo/Seiler, ZPO, § 828 Rdn. 5; Zöller/Herget, ZPO, § 828 Rdn. 4; Wieczorek/Schütze/Lüke, ZPO, § 828 Rdn. 20; Schuschke/Walker, Vollstreckung, § 828 Rdn. 10. BGHZ 121, 98 = NJW 1993, 735 = Rpfleger 1993, 292 lässt die Frage offen; enger Stein/Jonas/Würdinger, ZPO, § 828 Rdn. 10 (nur wenn der Beschluss vom Richter stammt oder bestätigt ist).

58 So auch Gaul, Rpfleger 1971, 88.

59 BArbG (Fn. 42). Ablehnend Schack, IPRax 1997, 318 wie folgt: „Ausländische Forderungspfändungen sind de lege lata anzuerkennen, wenn sie im Sitzstaat des Drittschuldners oder des Vollstreckungsschuldners ergangen sind und nicht gegen den deutschen ordre public verstoßen, zu dem insbesondere die nachgewiesene Kenntnis des Drittschuldners von der erfolgten Pfändung gehört."

an den ausländischen Drittschuldner (Arbeitgeber) an dessen Hauptsitz im Ausland nicht die Pfändung des Arbeitsentgelts eines Arbeitnehmers im Bundesgebiet bewirkt, der in einem inländischen Betrieb des Drittschuldners beschäftigt ist und entlohnt wird[60].

Im Bundesgebiet wurde Rechtshilfe für Zustellung ausländischer Pfändungsverfügungen (-beschlüsse) früher kaum gewährt[61]. Wird jetzt die Pfändungsverfügung einer ausländischen Vollstreckungsbehörde im Inland dem Drittschuldner im Rechtshilfeweg unter Mitwirkung eines deutschen Zustellungsorgans zugestellt, dann wird sie ebenso Wirksamkeit erlangen[62], wie im umgekehrten Fall die Mitwirkung eines ausländischen Staates dem Pfändungsbeschluss eines deutschen Vollstreckungsorgans Wirksamkeit verschafft (dazu Rdn. A.43). Gleiches ist bei Zustellung der Pfändungsverfügung eines Mitgliedstaates der Europäischen Union unmittelbar durch die Post nach der Verordnung (EG) Nr. 1393/2007 über Zustellungen anzunehmen (siehe Rdn. A.44).

2. Der Antrag auf Pfändung

2.1. Antragstellung

B.23 Zwangsvollstreckung erfolgt nur auf Antrag des Gläubigers. Der Antrag auf Forderungspfändung kann bei dem zuständigen Gericht schriftlich (mit Formular, Rdn. B.33) eingereicht oder mündlich zu Protokoll der Geschäftsstelle erklärt werden (siehe § 496 ZPO). Anwaltszwang besteht nicht (§ 78 Abs. 3 ZPO). Ein Vertreter des Gläubigers muss als Bevollmächtigter nach § 79 Abs. 2 ZPO vertretungsbefugt sein. Die Einreichung des Antrags in elektronischer Form ist nach Maßgabe des § 130a ZPO möglich. Bei einem elektronischen Antrag auf Grund eines Vollstreckungsbescheids, der keiner Vollstreckungsklausel bedarf, ist die Übermittlung der Ausfertigung des Vollstreckungsbescheids unter den Voraussetzungen des § 829a ZPO entbehrlich.

B.24 **Zurückgenommen** werden kann der Antrag bis zum Erlass des Pfändungsbeschlusses, das heißt bis zu dem Zeitpunkt, in dem das Gericht den Beschluss aus seinem internen Bereich hinausgibt. Nach diesem Zeitpunkt kann der Gläubiger die Zustellung unterlassen oder einen bereits laufenden Zustellungsauftrag zurückrufen.

Wegen der Verbindung des Antrags auf Überweisung (meist zur Einziehung) mit dem Pfändungsantrag siehe Rdn. B.198.

---

60 BArbG (Fn. 42).

61 Unterreitmayer, Rpfleger 1972, 117 (122 f.). Geimer, IZPR, Rdn. 2165, stellt dar, dass ausländische Ersuchen um Zustellung an in Deutschland domizilierte Drittschuldner von der deutschen Justizverwaltung nicht mehr abgelehnt werden.

62 Zur (umstrittenen) Frage, ob sowie ggfs. unter welchen Voraussetzungen ein ausländischer Vollstreckungsakt im Inland anzuerkennen ist, siehe auch RGZ 36, 355 (365); BGHZ 118, 151 = Rpfleger 1992, 404; Stein/Jonas/Würdinger, ZPO, § 829 Rdn. 105; Schack, Rpfleger 1980, 175 (176).

2.2. Antragsinhalt

An den **Inhalt** des Pfändungsantrages sind die gleichen **Anforderungen** wie an den Inhalt des gerichtlichen Pfändungsbeschlusses selbst zu stellen (siehe hierwegen Rdn. B.79 ff.). Der Gläubiger muss daher in seinem Antrag insbesondere das angerufene Gericht benennen sowie die Parteien (Gläubiger und Schuldner), seine Vollstreckungsforderung (nach Höhe und Schuldtitel), den Gegenstand des Pfändungszugriffs (die zu pfändende Forderung nach Schuldgrund usw.), den Drittschuldner und erbetene oder notwendige Anordnungen des Vollstreckungsgerichts so genau bezeichnen, dass die Angaben in den Pfändungsbeschluss aufgenommen werden können. Die Vollstreckungsforderung muss bestimmt oder bestimmbar bezeichnet sein[63]. Anzuführen sind daher je gesondert Hauptsache nebst Hauptsachezinsen, Prozesskosten (Kosten des Mahnverfahrens) und deren Zinsen sowie Vollstreckungskosten. Zwangsvollstreckungskosten sind glaubhaft zu machen (siehe Rdn. B.537). Die zu pfändende Forderung muss bestimmt (identifiziert) bezeichnet sein (siehe Rdn. B.85). Dafür kann nur allgemeine Angabe des Lebenssachverhalts (zumeist) nicht genügen[64]. Es muss konkret angegeben sein, welche (bestimmte) Forderung (welches sonstige Vermögensrecht) gepfändet werden soll. Wenn Forderungen (Vermögensrechte) auf unterschiedlichen Sachverhaltsgrundlagen beruhen können, hat somit der (jeder) einzelne Anspruch konkret bezeichnet zu sein (ungenügend z.B. „Anspruch aus Kaufvertrag“; erforderlich: Kaufpreisforderung, Schadensersatzanspruch, Kaufpreisrückzahlung nach Wandlung, je mit identifizierbarer Benennung; ungenügend „Bankverbindung“, erforderlich: Spareinlage [Rdn. A.473]; Girokonto-Guthaben [Rdn. A.265] usw.). Bei der Pfändung von Forderungen des Schuldners gegen eine Bank reicht es aus, wenn die im Pfändungsbeschluss enthaltene Aufzählung hinreichend verdeutlicht, dass es sich um Ansprüche aus bankmäßiger Verbindung handelt und die einzelnen Bankgeschäfte, die erfasst werden sollen, ebenfalls hinreichend deutlich beschrieben werden[65]. Nicht bestimmt bezeichnet ist die zu pfändende Forderung, wenn der Antrag formblattmäßig ohne Rücksicht auf den Einzelfall eine Vielzahl von Formeln für die Pfändung aller nach Vorstellung des Gläubigers denkbarer Forderungen nennt[66], zumal dann, wenn der Zusatz angefügt ist, dass der Antrag für nicht einschlägige einzelne Punkte des Formulars gegenstandslos sei. Durch (ausreichenden) Tatsachenvortrag muss der Gläubiger in dem Antrag darstellen, dass die Forderung des Schuldners an den Drittschuldner, die gepfändet werden soll (bzw. das zu pfändende sonstige Vermögensrecht), besteht und pfändbar ist (dazu Rdn. B.68 ff.). B.25

63 BGH, JurBüro 2008, 606; Hintzen, Forderungspfändung, § 1 Rdn. 63.

64 Allgemeiner BGH, NJW 2000, 1268 (1269) = Rpfleger 2000, 221: Eindeutige Bezeichnung des Lebenssachverhalts mag zur Angabe der gepfändeten Forderung genügen. Auch BGHZ 179, 344 (357) = NJW 2009, 2127 (2131): Eindeutige Bezeichnung des Lebenssachverhalts, der Tatsachengrundlage für einzelne materiell-rechtliche Anspruchsgrundlagen ist, genügt.

65 BGH, MDR 2017, 1081 = Rpfleger 2017, 565.

66 LG Düsseldorf, JurBüro 1981, 1260 mit Anm. Mümmler; LG Münster, MDR 1989, 464.

B.26 Hat der Gläubiger seine Vollstreckungsforderung nicht gesondert dargestellt, so kann das Vollstreckungsgericht den Antrag auf den **vollen**, durch den Schuldtitel ausgewiesenen Anspruch beziehen, diesen also der Pfändung zugrunde legen. An bisherigen Zwangsvollstreckungskosten sind dann die durch vorgelegte urkundliche Nachweise belegten Kosten (meist nur Zustellungskosten) zu berücksichtigen.

B.27 **Wiederkehrende Leistungen,** die nach dem Schuldtitel geschuldet und gefordert werden (Unterhaltsansprüche usw.), müssen durch Angabe der Zeit, für die sie geltend gemacht sind, bezeichnet sein (z.B. 500,00 Euro Unterhalt für die Zeit vom 1.1. bis 31.5.2013). Wenn für einen Unterhaltsgläubiger nur ein Teil des titulierten Hauptanspruchs beigetrieben werden soll, genügt die Angabe der Gesamtsumme und des Berechnungszeitraums[67] (z.B. rückständiger Unterhalt von 1.000,00 Euro für die Zeit vom 1.1. bis 31.12.2012). Eine genaue Berechnung der Forderung muss darüber hinaus nicht vorgelegt werden, die Höhe des Unterhaltsrückstandes braucht also nicht im Einzelnen spezifiziert zu werden[68]. Es genügt, wenn der geltend gemachte Anspruch den nach dem Schuldtitel für die angegebene Zeit insgesamt geschuldeten Unterhalt nicht übersteigt[69].

B.28 Wenn nur ein **Rest-** oder **Teilbetrag** der durch den Schuldtitel ausgewiesenen (höheren) Gesamtforderung des Gläubigers geltend gemacht (Pfändung z.B. nur wegen eines Hauptsacherestbetrags nebst Zinsen daraus verlangt) wird, ist das Vollstreckungsgericht im Rahmen des streng formalisierten Zwangsvollstreckungsverfahrens nicht befugt zu prüfen, ob Teilzahlungen des Schuldners vollständig und richtig verrechnet sind[70]. Das Pfändungsgesuch ist daher zutreffend gefasst, wenn es nur die noch zu vollstreckende Rest- oder Teilforderung bezeichnet (zum Teilbetrag aus einem Titel über mehrere „Haupt“forderungen s. Rdn. B.83)“. Eine Gesamtabrechnung der Gläubigerforderung einschließlich aller einmal entstandenen Nebenkosten und die Glaubhaftmachung der Vollstreckungskosten sowie die Darstellung aller Ratenzahlungen des Schuldners kann dann vom Gläubiger nicht verlangt werden[71]. Das gilt grundsätzlich deshalb, weil Voll-

---

67 LG Berlin, DGVZ 1969, 125.

68 LG Hannover, DAVorm 1976, 657; LG Bochum, DAVorm 1985, 809; LG Darmstadt, DAVorm 1990, 478.

69 Vollstreckung der durch den Vollstreckungstitel ausgewiesenen Rest-Hauptsacheforderung daher auch, wenn der Gläubiger Zahlungen des Schuldners auf nicht titulierte Zinsen verrechnet hat, LG Kiel, DGVZ 1994, 60.

70 BGH, NJW 2016, 2810 = Rpfleger 2016, 740; Hintzen, Forderungspfändung, § 1 Rdn. 44.

71 SchlHolstOLG, DGVZ 1976, 135 mit abl. Anm. Zeiss = Rpfleger 1976, 224 (dieses für Durchführung eines Verhaftungsauftrags durch den Gerichtsvollzieher zur Abgabe einer eidesstattlichen Versicherung); LG Amberg, DGVZ 1992, 157 = JurBüro 1993, 369 mit Anm. Mümmler (wenn noch keine Teilzahlungen geleistet sind); LG Berlin, DGVZ 1971, 137; LG Berlin, Rpfleger 1971, 261; LG Bielefeld, DGVZ 1984, 87; LG Bielefeld, DGVZ 1984, 120; LG Bonn, DGVZ 1978, 116 (117); LG Braunschweig, Rpfleger 1978, 461; LG Bremen, JurBüro 2011, 607; LG Düsseldorf, Rpfleger 1981, 30 Leits.; LG Düsseldorf, MDR 1986, 505 Leits.; LG Frankfurt, DGVZ 1988, 95; LG Hanau, DGVZ 1993, 112; LG Kaiserslautern, DGVZ 1982, 157 (wenn keine Anhaltspunkte für Rechtsmissbrauch vorliegen); LG Oldenburg, DGVZ 1980, 88 = Rpfleger 1980, 236; LG Oldenburg, Rpfleger 1980, 353 mit Anm. Damerau/Meyer-Stolte; LG Stade, JurBüro 1991, 721; LG Stendal, JurBüro 2000, 491; LG Stuttgart, DGVZ 1993, 156. **Anderer Ansicht** (die abzulehnen ist): Auch wenn Vollstreckung (zumeist durch

streckungsgrundlage die (vollstreckbare) Ausfertigung des Schuldtitels ist und der so vollstreckbar ausgewiesene Anspruch des Gläubigers ebenso wie Einwendungen gegen ihn nicht im Vollstreckungsverfahren durch das Vollstreckungsorgan zu prüfen sind. Selbst wenn der Schuldner Zahlungsnachweise vorlegt (§ 775 Nr. 4, 5 ZPO), der Gläubiger jedoch die Befriedigung bestreitet und Fortsetzung der Vollstreckung verlangt, darf Prüfung des vollstreckbar ausgewiesenen Anspruchs im Vollstreckungsverfahren nicht erfolgen, sondern muss die Zwangsvollstreckung fortgesetzt werden[72] (Rdn. B.227). Gleiches gilt, wenn der Gläubiger seinen Anspruch sogleich in dem Vollstreckungsantrag auf einen durch den weitergehenden Vollstreckungstitel ausgewiesenen Rest- oder Teilbetrag beschränkt. Die (abzulehnende) Gegenansicht räumt dem Vollstreckungsorgan eine Prüfungszuständigkeit ein, die den Grundsatz des Vollstreckungsverfahrens missachtet, dass Einwendungen gegen den vollstreckbaren Anspruch mit Vollstreckungsgegenklage (§ 767 ZPO) zu verfolgen[73] und durch das Prozessgericht, nicht aber im Vollstreckungsverfahren zu prüfen sind. Im Gesetz fehlt jeglicher Anhalt dafür, dass im Vollstreckungsverfahren wegen eines **restlichen Hauptsacheanspruchs** etwa die Berechtigung des Gläubigers auf bereits früher getilgte Zwangsvollstreckungskosten (§ 788 ZPO) noch nachträglich überprüft werden müsste und könnte, und zwar auch dann noch, wenn der Schuldner Zahlung außerhalb eines gerichtlichen Verfahrens geleistet hat. Gesetzeswidrig ist es ebenso, wenn der Vollstreckungsanspruch des Gläubigers darauf, dass der Staat als Träger der Vollstreckungsgewalt durch sein Vollstreckungsorgan eine Vollstreckungsmaßnahme vornehme, deren gesetzliche Voraussetzung mit Vorlage des Schuldtitels ausge-

---

Gerichtsvollzieher) nur wegen eines Teil-/Restbetrages erfolgen soll, muss der Vollstreckungsauftrag eine überprüfbare, mithin spezifizierte Berechnung der Gesamtforderung enthalten, ggfs. sind Belege über Vollstreckungskosten vorzulegen, LG Aachen, JurBüro 1982, 1413 mit Anm. Mümmler; LG Aachen, JurBüro 1984, 297 mit Anm. Mümmler; LG Aurich, DGVZ 2004, 15; LG Berlin, Rpfleger 1992, 30; LG Darmstadt, DGVZ 1984, 88; LG Darmstadt, Rpfleger 1985, 119 (Vollstreckungsgericht ist berechtigt, Gesamtabrechnung zu verlangen); LG Deggendorf, DGVZ 2006, 116; LG Dortmund, DGVZ 1977, 169; LG Essen, MDR 1975, 1026 = Rpfleger 1975, 373; LG Frankfurt, DGVZ 1976, 27; LG Frankfurt, DGVZ 1988, 42; LG Gießen, DGVZ 1977, 91; LG Gießen, Rpfleger 1985, 245; LG Hagen, DGVZ 1994, 91; LG Hannover, Nds-Rpfl. 1972, 243; LG Kassel, DGVZ 1971, 23; LG Lübeck, DGVZ 1978, 76 = SchlHA 1978, 118 = JurBüro 1978, 1410 mit zust. Anm. Mümmler, LG Lübeck, DGVZ 1992, 158; LG Lüneburg, DGVZ 1987, 45 = JurBüro 1987, 932; LG München I, DGVZ 1978, 170 = JurBüro 1979, 274; LG Münster, DGVZ 1995, 168; LG Nürnberg-Fürth, DGVZ 1977, 93; LG Paderborn, JurBüro 1988, 255 = Rpfleger 1987, 318; LG Ravensburg, DGVZ 1989, 173; LG Tübingen, DGVZ 1990, 43; LG Wuppertal, DGVZ 1987, 189; AG Hoyerswerda/LG Bautzen, JurBüro 2008, 102; AG Siegen/LG Siegen, DGVZ 1991, 27; Schneider, DGVZ 1982, 149 (wenn anders rechtliche Zweifel nicht behoben werden können).

72 Nicht richtig daher LG Nürnberg-Fürth, JurBüro 1982, 139 mit Anm. Mümmler.

73 Zutreffend daher BGH (Fn. 70); LG Rottweil, DGVZ 1995, 169; LG Stade, JurBüro 1991, 721; LG Ravensburg, DGVZ 1988, 44; auch LG Essen, DGVZ 1992, 172 = JurBüro 1993, 435: Keine Prüfung durch das Vollstreckungsorgan, wenn der Gläubiger dartut, dass Vollstreckungskosten nach § 367 Abs. 1 BGB verrechnet worden sind; AG Stuttgart-Bad Cannstatt, JurBüro 1992, 264 dahin, dass der Schuldner seine Einwendungen gegen die Vollstreckung der höheren Restforderung im Wege der Vollstreckungsgegenklage geltend machen muss, wenn der Gläubiger Zahlungen auf umstrittene Kosten (z.B. für Teilzahlungsvergleich) verrechnet hat.

wiesen ist[74], nur deshalb mit einer nicht in das Zwangsvollstreckungsverfahren gehörenden Anspruchsprüfung unterlaufen wird, weil bereits der Gläubiger seinen Vollstreckungsantrag berechtigt auf einen **Teil** seines vollstreckbaren Anspruchs beschränkt hat. Mit der widersprüchlichen und letztlich vordergründigen Erwägung, der Schuldner müsse gegen (bereits erfolgte) Einhebung von Kosten früherer Zwangsvollstreckungsverfahren geschützt werden, wenn sie (nachträglich) nicht abgerechnet werden und daher ausdrücklich nach § 788 ZPO als erstattungsfähig ausgewiesen sind, lässt sich gegen feststehende Grundsätze des Vollstreckungsrechts eine Prüfungszuständigkeit des Vollstreckungsorgans ebenso wenig rechtfertigen wie die Gewährung von Rechtsschutz ohne Antrag des Schuldners in einem gesetzlich dafür nicht bestimmten Verfahren. Wenn jedoch der Gläubiger zur Begründung seiner Restforderung eine Aufstellung seines Gesamtanspruchs und der Zahlungen des Schuldners einreicht, dann darf diese Abrechnung nicht widersprüchlich oder unbestimmt sein; sie hat rechnerisch nachprüfbar zu sein (dazu Rdn. B.29) und den Vollstreckungsanspruch sachlich richtig auszuweisen[75]. Ist das nicht der Fall oder enthält die Aufstellung nicht erstattungsfähige Vollstreckungskosten, so muss der Antrag insoweit beanstandet werden[76]. Dann kann zur Ausräumung von Zweifeln auch Glaubhaftmachung der Vollstreckungskosten verlangt werden[77]. Das hat zu gelten, obgleich ein Restanspruch an sich nicht abzurechnen ist, weil das Vollstreckungsgericht als Vollstreckungsorgan nicht bei Vollstreckung eines erkennbar unrichtig festgestellten und nicht mehr bestehenden Gläubigeranspruchs mitwirken darf. Einwendungen gegen die nach seinen Feststellungen zu hohe Vollstreckungsforderung, die als Restanspruch mit dem Pfändungsantrag verlangt ist, kann der Schuldner nicht im Vollstreckungsverfahren geltend machen. Rechtsweg für solche Einwendungen ist die Vollstreckungsabwehrklage nach § 767 ZPO (Rdn. B.412).

B.29 Eine **Forderungsaufstellung,** die zur Bezeichnung oder Erläuterung des Vollstreckungsanspruchs des Gläubigers dem Antrag angefügt wird, muss die Gläubigerforderung nach Hauptsache, Zinsen, Prozess- und Vollstreckungskosten bestimmt oder bestimmbar darstellen. Ausreichend bestimmt ist die maschinell ausgedruckte Forderungsaufstellung, wenn sie Einzelpositionen ausweist, die im Klartext dargestellt, klar unterschieden und leicht nachprüfbar sind[78]. Nicht hinrei-

---

74 Dazu Zöller/Seibel, ZPO, vor § 704 Rdn. 1, 2.

75 Vgl. z.B. LG Hamburg, DGVZ 1975, 91; LG Saarbrücken, DGVZ 1995, 43; AG Sigmaringen, DGVZ 2010, 87.

76 Vgl. z.B. LG Essen, JurBüro 1976, 1383; LG Saarbrücken (Fn. 75); AG Unna/LG Dortmund, DGVZ 2000, 188; AG St. Wendel, DGVZ 2000, 46 (47); anders wohl LG Düsseldorf, Rpfleger 1981, 30 Leits.

77 AG St. Wendel (Fn. 76). Das dürfte in dem vom OLG Stuttgart, DGVZ 1987, 139 = JurBüro 1987, 1813 mit zust. Anm. Mümmler = NJW-RR 1987, 1405 (mit unklarem Leitsatz) entschiedenen Fall bedeutsam gewesen sein, das im Übrigen davon ausgeht, dass der Gläubiger Zwangsvollstreckungskosten noch verlangt hat. Dann aber hat es sich nicht um den hier besprochenen Fall gehandelt, dass Kosten mit Zahlungen des Schuldners verrechnet waren und eine titulierte Resthauptsacheforderung des Gläubigers vollstreckt wurde.

78 LG Paderborn, DGVZ 1989, 63 = JurBüro 1988, 249; AG Kassel, Rpfleger 1979, 272.

chend bestimmbar ist jedoch ein als Forderungsaufstellung vorgelegter Spezialauszug mit Schlüsselzahlen[79], dessen Inhalt erst durch erhebliche zusätzliche Mehrarbeit[80] bei nahezu unzumutbarer Anstrengung ermittelt werden kann und bei dem der Gläubiger selbst sich Irrtum vorbehält[81]. Rationalisierungsmaßnahmen in der Kontoführung des Gläubigers dürfen nicht dazu führen, dass die Arbeit des Vollstreckungsorgans erheblich erschwert wird. Für das Vollstreckungsgericht gilt deshalb – gleichermaßen wie für den Gerichtsvollzieher –, dass die Durchführung eines Vollstreckungsauftrags abgelehnt werden kann, wenn ihm vom Gläubiger zugemutet wird, die beizutreibende Forderung mit großem Zeitaufwand an Hand von Spezialkontoauszügen, die nur mit umfangreichen Erläuterungen zu entschlüsseln sind, zu berechnen[82] oder wenn es wegen zahlreicher Posten mit verschiedenem Zinsenlauf und mit Abschlagszahlungen einer umfangreichen Berechnung bedarf[83]. Es ist so wenig Aufgabe des Vollstreckungsgerichts wie es Sache des Gerichtsvollziehers ist, umfangreiche Zinsberechnungen vorzunehmen, wenn der Schuldner mehrere Abschlagszahlungen geleistet hat[84]. An der zur Vollstreckung erforderlichen Bestimmtheit des Anspruchs fehlt es auch, wenn sich Umfang und genauer Inhalt des zu vollstreckenden Anspruchs nur unter Zuziehung eines Kontoabschlusses eines Kreditinstituts ergeben[85].

Hat nach dem Antrag des Gläubigers der Schuldner Ratenzahlungen geleistet, so muss sich der zu vollstreckende restliche Anspruch nach Hauptsache, Zinsen und Kosten aus dem Antrag genau ergeben. Diese notwendige Bezeichnung der Restforderung erfordert es, dass der Gläubiger die gezahlten Raten auf Kosten, Zinsen oder Hauptsache (§§ 367, 497 Abs. 3 S. 1 BGB) verrechnet und seinen verbleibenden Anspruch genau angibt. Die Verrechnung außerhalb der Zwangsvollstreckung erbrachter Teilzahlungen unterliegt aber auch in diesem Fall nicht der Prüfung durch das Vollstreckungsorgan[86]. Das Vollstreckungsgericht ist im Rahmen des streng formalisierten Zwangsvollstreckungsverfahrens nicht befugt, eine vom Gläubiger vorgenommene Verrechnung an ihn geleisteter Zahlungen auf ihre Richtigkeit gemäß § 367 Abs. 1 BGB hin zu überprüfen. Diese Überprüfung erfolgt im Rahmen einer vom Schuldner zu erhebenden Vollstreckungsgegenklage.[87] Unzureichend (und daher nach § 139 ZPO aufklärungsbedürftig) ist die Nennung der durch den Schuldtitel ausgewiesenen Gesamtforderung mit dem Hinweis auf B.30

79 LG Kaiserslautern, Rpfleger 1993, 29.
80 LG Tübingen, DGVZ 1990, 43; AG Gelsenkirchen, DGVZ 1976, 138; anders, wenn der Spezialkontoauszug ohne Schwierigkeiten verständlich ist, AG Frankfurt, DGVZ 1971, 25.
81 LG Tübingen (Fn. 80); AG Burg, DGVZ 1969, 76.
82 AG Reutlingen/LG Tübingen, DGVZ 1968, 150; AG Reutlingen/LG Tübingen, DGVZ 1971, 156.
83 LG Darmstadt, DGVZ 1995, 45 (46); LG Kassel, DGVZ 1970, 89.
84 LG Kassel, DGVZ 1963, 189.
85 LG Köln, JurBüro 1976, 254 mit abl. Anm. Mümmler.
86 LG Wuppertal, DGVZ 2011, 113.
87 BGH, MDR 2016, 1115 = NJW 2016, 2810 m. Anm. Schäfer = Rpfleger 2016, 740.

die geleisteten Teilzahlungen[88], weil das Vollstreckungsgericht die Reihenfolge der Schuldentilgung nicht bestimmen kann[89].

Der gegenteiligen Ansicht[90] kann nicht gefolgt werden. Sie würde zu einem Verstoß gegen den Grundsatz der Bestimmtheit und Bestimmbarkeit des Inhaltes des Pfändungsbeschlusses führen. Denn der Umfang des Pfändungspfandrechtes bestimmt sich nach der genauen Höhe der Vollstreckungsforderung. Für ihre Höhe ist es aber nicht gleichgültig, ob Teilzahlungen zunächst auf Kosten und Zinsen oder gleich voll auf die Hauptsache verrechnet werden. Diese Verrechnung der Ratenzahlungen muss daher bei Antragstellung getroffen sein; sie kann nicht dem Vollstreckungsgericht überlassen oder bei Pfändung offengelassen und der späteren Schlussabrechnung durch die Beteiligten vorbehalten werden[91].

2.3. Ungenauer Antrag

B.31 Unzureichende Angaben können in dem gleichen Maße unschädlich sein wie ungenaue Formulierungen im Pfändungsbeschluss. Jedoch hat das Vollstreckungsgericht bei erkennbarer Unvollständigkeit oder Ungenauigkeit des Antrages auf seine Ergänzung hinzuwirken (siehe Rdn. B.59). Das kann zu einem wesentlichen Zeitverlust führen. Dem vollständigen und richtigen Inhalt des Antrages sollte deshalb besondere Sorgfalt gewidmet werden.

2.4. Form des Antrages

B.32 **Schrifttum:** Dempewolf, Zum Erfordernis der eigenhändigen Unterschrift bei Anträgen im Zwangsvollstreckungsverfahren, MDR 1977, 801; Fechter, Neue Formulare für die Zwangsvollstreckung, Rpfleger 2013, 9; Goebel, Probleme mit der Forderungsaufstellung beim PfÜB, FoVO 2013, 81; Riecke, Entbehrlichkeit der handschriftlichen Unterzeichnung bei Vollstre-

---

88 Stöber, Rpfleger 1967, 114 (Berichtigung S. 156); Berner, Rpfleger 1966, 146; Burkhardt, JurBüro 1965, 673; LG Berlin, DGVZ 1974, 11 = Rpfleger 1974, 30; LG Berlin, Rpfleger 1992, 30; LG Braunschweig, Rpfleger 1974, 29.

89 Kritisch dazu Münzberg, ZZP 102 (1989), 129 (131), der, sofern (telefonische) Aufklärung nicht möglich oder nicht ausreichend ist, die Forderung zugrunde legt, die dem Gläubiger mindestens noch zusteht, somit als dem Schuldner günstigste Tilgungsart Anrechnung sämtlicher Teilzahlungen nur auf die Hauptforderung statt (vielleicht) auf fällige Zinsen und Kosten annimmt. Dem ist, wenn die Gläubigerforderung in diesem Mindestumfang bestimmbar ist (und rasch mögliche Klarstellung durch den Gläubiger unterbleibt), zu folgen. Erweist sich ein **mindestens** noch geschuldeter Forderungsbetrag aber nicht als bestimmbar, etwa deshalb, weil Zahlungszeiten für demnach auf eine verzinsliche Hauptforderung anzurechnende Teilleistungen nicht angegeben sind (nach Münzberg soll dann die Restforderung ab Pfändung mit dem im Titel angegebenen Zinssatz weiter zu verzinsen sein; so aber ist der Antrag, der eine frühere Teilzahlung behauptet, nicht auszulegen) oder weil Abschlagszahlungen die Hauptforderung tilgen und verbleibende Zinsen sowie Kosten (wenn überhaupt) nur zeitaufwändig berechenbar sind (s. Rdn. B.29), dann ist der Pfändungsantrag jedoch abzulehnen. Sofortige Zurückweisung des Antrags insgesamt verbietet schon § 139 ZPO; der Versuch einer Klärung ist in jedem Fall geboten.

90 LG Wuppertal, JurBüro 1954, 187; LG Bochum, Rpfleger 1966, 146; LG Essen, JurBüro 1966, 970 = Rpfleger 1967, 113.

91 LG Berlin, Rpfleger 1992, 30.

ckungsaufträgen an Gerichtsvollzieher, DGVZ 2002, 49; Schmidt, Formulare für die Zwangsvollstreckung, JurBüro 2014, 63; Sturm, Entbindung vom Formularzwang für die Zwangsvollstreckung – der BGH zeigt Praxisnähe, JurBüro 2014, 284; Sturm, Die Verordnung zur Änderung der Zwangsvollstreckungsformularverordnung, JurBüro 2014, 507; Vollkommer, Zur Form des Offenbarungsantrags gemäß § 900 ZPO, Rpfleger 1975, 419.

Für den **Antrag** sind für nicht elektronisch bearbeitete Verfahren **Formulare** eingeführt (§ 829 Abs. 4 S. 1 ZPO; Zwangsvollstreckungs-Formularverordnung (ZVFV) vom 23.8.2012 (BGBl I 1822) mit Änderung durch Verordnung vom 16.6.2014 (BGBl I 754), und zwar B.33

- ein Formular für die Pfändung wegen eines gesetzlichen Unterhaltsanspruchs nach § 850d ZPO (§ 2 S. 1 Nr. 1, Anlage 3 ZVFV) und
- ein Formular für die Pfändung in allen anderen Fällen (§ 2 S. 1 Nr. 2, Anlage 2 ZVFV).

Die Formulare sind **verbindlich** zu nutzen (§ 829 Abs. 4 S. 2 ZPO). Das hat auch für den Antrag auf Pfändung durch das Arrestgericht (§ 930 Abs. 1 S. 3 ZPO) zu gelten. Inhaltliche Abweichungen und Abweichungen von der formalen Gestaltung der Formulare sind unzulässig (§ 3 Abs. 1 S. 1, Abs. 2 S. 1 ZVFV); zulässig sind jedoch Anpassungen wegen Änderungen von Rechtsvorschriften und bestimmte unwesentliche Abweichungen (§ 3 Abs. 1 S. 2, Abs. 2 S. 2 ZVFV)[92]. Lediglich für die Überweisung nach bereits erfolgter Pfändung besteht kein Formularzwang (§ 2 S. 2 ZVFV).

Die zu vollstreckenden Haupt- und Nebenforderungen sind in die entsprechenden Zeilen auf Seite 3 des Antragsformulars einzutragen. Die Eintragung lediglich der Gesamtsumme unter Verweisung auf eine beigefügte Forderungsaufstellung reicht nicht aus[93]. Nur dann, wenn keine zweckmäßigen Eintragungsmöglichkeiten bestehen, etwa weil das Formular für den Einzelfall unvollständig, unzutreffend, fehlerhaft oder missverständlich ist, können Freifelder und Anlagen verwendet werden (§ 3 Abs. 3 ZVFV)[94]. In solchen Fällen kann wegen der zu vollstreckenden Forderungen insgesamt auf eine Anlage verwiesen werden; Eintragungen in den Zeilen 1 bis 12 der vorgegebenen Forderungsaufstellung sind dann auch insoweit nicht erforderlich, wie die vorgegebene Forderungsaufstellung den Fall des Gläubigers vollständig erfasst[95]. Bei einheitlichem Zinslauf kann die Zinsforderung in der vierten Zeile auf Seite 3 vollständig erfasst werden, indem nach dem vorgegebenen Text „über dem jeweiligen Basiszinssatz daraus/aus“ der zu verzinsende Betrag und im Anschluss an den vorgegebenen Text „seit dem“ das Datum des Beginns der Verzinsung eingetragen werden. Indem nur ein Zinsbeginn, aber kein Zinsende eingetragen wird, wird deutlich, dass wegen fortlaufender Zinsen gepfändet werden soll[96]. Betreibt der Gläubiger allerdings die Vollstreckung

---

92 Vgl. (noch zur Rechtslage vor der Änderung der ZVFV) BGHZ 200, 145 = MDR 2014, 495 = NJW 2014, 3160 = Rpfleger 2014, 272; Hintzen, Forderungspfändung, § 1 Rdn. 35.
93 BGH, MDR 2016, 52 = NJW 2016, 81 = Rpfleger 2016, 167; BGH, MDR 2016, 850 = NJW 2016, 2668 = Rpfleger 2016, 660.
94 BGH (Fn. 92); LG Wuppertal, JurBüro 2017, 377.
95 BGH (Fn. 87).
96 BGH (Fn. 92); Sturm, JurBüro 2014, 507 (508).

Teil B Verfahren/Wirkungen

wegen mehrerer Forderungen nebst Zinsen mit unterschiedlichen Zinsläufen, so bietet das Formular auf Seite 3 keine vollständige und zutreffende Eintragungsmöglichkeit[97].

Ausreichend ist es, nur die Seiten mit Angaben des Antragstellers einzureichen; die nicht eingereichten Seiten gelten als Teil des Antrags (§ 3 Abs. 4 ZVFV). Der Pfändungsbeschluss muss jedoch ggf. auch weitere Seiten enthalten (verzichtet z.B. der Gläubiger bei der Pfändung von Kontoguthaben – Anspruch D – auf die Einreichung der Seite 5, welche die einzelnen zu pfändenden Ansprüche angibt, so muss der Pfändungsbeschluss diese Ansprüche dennoch enthalten).

Ein Antrag, der nicht mit dem Formular gestellt ist, ist zu beanstanden (§ 139 ZPO). Er kann unter Verwendung des Formulars neu gestellt werden. Wenn der Mangel nicht behoben wird, kann der Antrag als unzulässig zurückgewiesen werden; dies ist aber nicht zwingend[98] (eine Bestimmung wie im Mahnverfahren – § 691 Abs. 1 S. 1 Nr. 1, § 703c Abs. 2 ZPO – ist nicht vorgesehen). Wenn jedoch der Pfändungsbeschluss (antragsgemäß) erlassen wird, ist er weder unwirksam noch anfechtbar[99].

B.34 **Verbindliche Nutzung bindet nicht** an den in Textfelder der Formulare bereits eingetragenen Wortlaut zur Bezeichnung der **zu pfändenden Forderung**[100]. Auf diese erstreckt sich die Ermächtigungsgrundlage nicht; Formulare für den „Antrag“ können (verbindlich) nur die auszufüllenden Formularfelder darstellen, nicht aber auch noch der Wortlaut der in diese einzutragenden Angaben. Diese Eintragung und damit die Bezeichnung der zu pfändenden Forderung obliegt dem Antragsteller. Das Gericht ist an den von ihm als Entwurf des Pfändungs- und Überweisungsbeschlusses in den Antrag aufgenommenen Formblattwortlaut zur Bezeichnung der zu pfändenden Forderung ohnedies nicht gebunden; mit den Worten des Antragstellers (und der Formular-Verordnung) braucht es die (zu pfändende) Forderung für rechtlich richtige und vollständige Bezeichnung nicht anzugeben; ihm steht es vielmehr (selbstverständlich) frei, sich des Entwurfs der Angabe zu bedienen oder einen selbst formulierten Beschluss zu erlassen[101]. Schon deshalb ist auch die Ermächtigung zur Einführung der Formulare auf den Antrag begrenzt. Es kann daher im Einzelfall im Pfändungsbeschluss auch eine klarstellende oder sonst gebotene Abweichung des Wortlauts zur Bezeichnung des Anspruchs gewählt werden. Es sind daher hier in Teil A für die Fassung des Beschlusses in Anlehnung an die Erörterung der einzelnen Ansprüche wiederholt auch Vorschläge für mögliche, geeignete und gebotene Formulierungen des Beschlusses dargestellt und in den Formularen für den Antrag vorgesehene Fassungen hinweisend angefügt.

B.35 Auf Bedenken gegen die in den Formularen für die Pfändung der Forderung aus Anspruch „D“ an Kreditinstitute zusammengestellten verschiedenartigsten Ansprüche ist hinzuweisen. Ein Schuldner, dessen Guthaben (beispielsweise) auf ei-

97 BGH (Fn. 87).

98 Abweichend G.Vollkommer, NJW 2012, 3681 (3683).

99 G. Vollkommer (Fn. 98) für Vollstreckung durch den Gerichtsvollzieher bei Verstoß gegen einen Formularzwang.

100 A.A. LG Mannheim, DGVZ 2013, 131.

101 Begründung, BR-Drucks. 326/12, Anlage 1 „Antragsfeld“ für den Antrag nach § 758a Abs. 1 ZPO; Hintzen, Forderungspfändung, § 1 Rdn. 37.

nem Pfändungsschutzkonto gepfändet werden soll, wird gewöhnlich nicht auch noch ein Wertpapierkonto mit einem dazu gehörigen Gegenkonto und dazu noch ein Bankschließfach haben, zu dem zugleich ein Anspruch auf Zutritt zur Öffnung und Entgegennahme des Inhalts (nur durch den Gerichtsvollzieher, §§ 808, 809 ZPO) zu pfänden ist. Ein Antrag auf Pfändung mit einer solchen Vielzahl von Formulartexten für nach Vorstellung des Gläubigers ohne Rücksicht auf den Einzelfall irgendwie denkbare Forderungen schließt keinen Tatsachenvortrag (zu diesem Rdn. B.68 ff.) dafür ein, dass alle diese Forderungen des Schuldners bestehen und pfändbar sind. Diese Pfändung würde auf die Erschließung von Erkenntnisquellen zielen (Ausforschungspfändung, Rdn. B.71) und daher ebenso unzulässig sein wie Pfändung mit der nichtssagenden Bezeichnung „aus Bankverbindung" (Rdn. B.25 und B.106 a.E.). Die unverändert belassene Aufzählung der verschiedenartigsten Rechtsbeziehungen im Formulartext muss daher eine Klarstellung oder Ergänzung des Antrags durch Tatsachenvortrag für den Einzelfall gebieten (solchen Vortrag ermöglichen jedenfalls eine Vermögensauskunft des Schuldners, § 802c ZPO, oder ein Abruf von Kontoinformation beim Bundeszentralamt für Steuern, § 802l Abs. 1 S. 1 Nr. 2 ZPO). Wenn Klarstellung oder Ergänzung nicht sogleich erfolgen, ist eine Auslegung des Antrags in der Weise naheliegend, dass Pfändung des Guthabens des Girokontos bei dem Kreditinstitut (§ 833a ZPO) zusammen mit der Forderung auf Auszahlung eines vereinbarten Dispositionskredits verlangt ist und zu erfolgen hat; wegen der weitergehend bezeichneten Formularansprüche müsste der Antrag dann zurückgewiesen werden.

Der Pfändungsantrag ist vom Antragsteller oder dessen Vertreter zu **unterschreiben**[102]. Die Unterschrift hat handschriftlich zu erfolgen; ein Faksimilestempel ersetzt sie nicht[103]. Sie kann auch nicht durch die Unterschrift eines beauftragten, durch Vollmacht aber nicht ausgewiesenen Dritten[104] ersetzt werden. Abzeichnung nur mit dem ersten Buchstaben des Namens ist keine Unterschrift[105]. Es genügt bereits, wenn ein beigefügtes Begleitschreiben ordnungsgemäß unterschrieben ist. Als ausreichend wird auch die Übermittlung des Antrags (nicht jedoch der urschriftlich vorzulegenden vollstreckbaren Ausfertigung des Schuldtitels) durch Telekopie mit eingescannter Unterschrift angesehen[106]. In Masseverfahren unter Verwendung eines Computerprogramms kann eine eingescannte Unterschrift jedoch begründete Zweifel auslösen, ob der Antragsteller (Prozessbevollmächtigte) den Antrag geprüft und gebilligt hat[107]. Der Antrag einer Behörde sowie einer Körperschaft oder Anstalt des öffentlichen Rechts kann im B.36

---

102 LG München I, DGVZ 1983, 57; AG Coburg/LG Coburg, DGVZ 1994, 62; LG Ingolstadt, DGVZ 1994, 92 = JurBüro 1995, 51 (alle für Vollstreckungsauftrag an Gerichtsvollzieher); **a.A.** Dempewolf, MDR 1977, 801 (Antrag erfordert keine Unterschrift); MünchKomm/Smid, ZPO, § 829 Rdn. 16.

103 LG Aurich, Rpfleger 1984, 323; LG München I, (Fn. 102); AG Aachen, DGVZ 1984, 61; AG Coburg/LG Coburg (Fn. 102); LG Ingolstadt (Fn. 102).

104 Die Unterschrift eines Büroangestellten des Prozessbevollmächtigten („im Auftrag") genügt nicht: AG Seligenstadt, DGVZ 1995, 12.

105 Zur Abgrenzung eines Handzeichens von der Unterschrift siehe BGH, JurBüro 1982, 851 = MDR 1982, 735 = NJW 1982, 1467 = Rpfleger 1982, 230.

106 Riecke, DGVZ 2002, 49; AG Melsungen, DGVZ 2002, 140.

107 LG Dortmund, Rpfleger 2011, 679; LG Stuttgart, Rpfleger 2012, 700; LG Heilbronn, DGVZ 2017, 54 = JurBüro 2017, 323.

Anschluss an den in Maschinenschrift wiedergegebenen Namen des bearbeitenden Beamten mit einem Beglaubigungsvermerk versehen sein[108]. Auch der nicht handschriftlich und eigenhändig unterschriebene Antrag kann jedoch wirksam sein[109]. Jedoch ist bei fehlender Unterschrift frei zu würdigen, ob der Antrag vom Gläubiger ernstlich gewollt[110] oder gegebenenfalls nur als Entwurf gedacht war, der versehentlich zu Gericht gelangt ist[111]. Ersteres kann aus der Vorlage der Vollstreckungsunterlagen, in Einzelfällen aber auch aus dem Aufdruck einer Faksimileunterschrift folgen[112]. Zweifel sind stets durch Rückfrage beim Gläubiger (seinem Vertreter) auszuräumen. Förmliche Nachholung der Unterschrift ist dann nicht erforderlich[113], so dass die (aktenkundig zu machende) fernmündliche oder auch eine telegrafische Bestätigung des Gläubigers genügt. Verweigert der Gläubiger auf Rückfrage die Bestätigung, so ist dies als Antragsrücknahme zu werten[114]. Wenn jedoch der Antrag zurückgewiesen wurde, wird der vermeintliche Formmangel auch durch Einreichung einer unterzeichneten Beschwerdeschrift geheilt.

B.37 Der schriftliche Antrag einer **Vollstreckungsbehörde**, die öffentlich-rechtliche Geldforderungen im Verwaltungsweg beitreibt, tritt zugleich an die Stelle des (sonst erforderlichen) vollstreckbaren Schuldtitels. Dieser Antrag muss daher von dem zuständigen Bediensteten handschriftlich unterzeichnet sein[115]; der Beifügung des Dienstsiegels bedarf es nicht[116]. Ein im Wege der Datenverarbeitung maschinell erstelltes Vollstreckungsersuchen genügt ohne Unterschrift dem Schriftformerfordernis nicht. Das Erfordernis der Schriftlichkeit ist jedoch auch erfüllt, wenn im Antrag der in Maschinenschrift wiedergegebene Name des Verfassers mit einem Beglaubigungsvermerk versehen ist, unabhängig davon, ob diesem Beglaubigungsvermerk ein Dienstsiegel zugefügt ist[117].

---

108 Gemeinsamer Senat der Obersten Gerichtshöfe des Bundes, BGHZ 75, 340 = MDR 1980, 199 = NJW 1980, 172 = Rpfleger 1980, 12.

109 Vollkommer, Rpfleger 1975, 419; AG Groß-Gerau, AnwBl 1975, 240; **a.A.** – eigenhändige Unterschrift erforderlich – LG Berlin, MDR 1976, 148 = Rpfleger 1975, 440; LG Aurich (Fn. 103) (alle für den Offenbarungsantrag); AG Augsburg, DGVZ 1989, 75 (für Vollstreckungsauftrag); siehe auch OLG Frankfurt, Rpfleger 1975, 306 (Erstbeschwerde nach damaligem FGG auch bei fehlender Unterschrift wirksam); LG Berlin, MDR 1976, 407 (Erinnerung muss unterschrieben sein).

110 LG Dortmund (Fn. 107); LG Stuttgart (Fn. 107). Zweifel sollen bei einem im Wege der Datenverarbeitung hergestellten Antrag nicht aufkommen können, Dempewolf, MDR 1977, 801 (803); nicht uneingeschränkt zu billigen.

111 Vollkommer (Fn. 109); BVerwG, NJW 1979, 120; OVG Münster, NJW 1963, 2044; OLG Koblenz, Rpfleger 1976, 127; Vollkommer, NJW 1970, 1051; Vollkommer, JZ 1970, 655; Brandenburg, NJW 1970, 1052.

112 Vollkommer (Fn. 109); weitergehend (Antrag ist wirksam, wenn Unterschrift lediglich faksimiliert ist) Dempewolf, MDR 1977, 803; demgegenüber aber LG München I (Fn. 102).

113 Vollkommer (Fn. 109). Nachholung der Unterschrift ist aber stets zulässig; vgl. LG Berlin, MDR 1976, 148 = Rpfleger 1975, 440.

114 Vollkommer (Fn. 109) (421).

115 LG Hechingen, Justiz 1980, 274; LG Mannheim, Justiz 1980, 275; LG Stuttgart, Justiz 1980, 411 Leits. mit Anm. der Schriftleitung, je m.w.N. (alle für Vollstreckungsauftrag des Südwestfunks bzw. Süddeutschen Rundfunks).

116 LG Hechingen (Fn. 115); **a.A.** LG Stuttgart (Fn. 115).

117 Siehe hierwegen Gemeinsamer Senat der Obersten Gerichtshöfe des Bundes (Fn. 108); LG Köln, JurBüro 1991, 1410.

2.5. Die vorzulegenden Urkunden

Schrifttum: Bank, Nachweis der Bevollmächtigung zur Zwangsvollstreckung, JurBüro 1980, 1620. B.38

Mit dem Antrag sind dem Vollstreckungsgericht die **für den Beginn der Zwangsvollstreckung erforderlichen Urkunden** (Vollstreckungstitel mit -klausel[118], Zustellungsnachweis, Nachweis über die Hinterlegung einer Sicherheit usw.) vorzulegen. Ein Vertreter[119] des Gläubigers (siehe Rdn. B.23) hat seine Bevollmächtigung durch eine **schriftliche Vollmacht** nachzuweisen[120], die (in Urschrift[121]) zu den Gerichtsakten abzugeben ist (§ 80 S. 1 ZPO). Von Amts wegen wird der Mangel der Vollmacht jedoch nur geprüft, wenn als Bevollmächtigter kein Rechtsanwalt[122] oder Rechtsbeistand, der Mitglied einer Rechtsanwaltskammer ist (§ 3 Abs. 1 Nr. 1 RDGEG), auftritt (§ 88 Abs. 2 ZPO). Wenn ein Rechtsanwalt oder Rechtsbeistand, der Kammermitglied ist, vertritt, wird der Mangel der Vollmacht nur auf Rüge des Gegners beachtet (§ 88 ZPO), so dass sich dann im einseitigen Pfändungsverfahren (§ 834, Ausnahme § 850b Abs. 3 ZPO) die Vorlage praktisch erübrigt. Entbehrlich ist die Vollmachtsvorlage (sie kann daher auch nicht von Amts wegen verlangt werden), wenn der Antragstellervertreter im Vollstreckungstitel als Prozessbevollmächtigter bezeichnet ist. Das gilt nicht bei der Bezeichnung eines Nichtanwalts als Vertreter in einem Vollstreckungsbescheid, weil dieser ohne Vollmachtsnachweis erwirkt sein kann (§ 703 ZPO)[123]. B.39

Wenn der Schuldner gegen **Aushändigung eines Wechsels** oder einer sonstigen Urkunde (Scheck, Hypotheken- oder Grundschuldbrief, Schuldverschreibung, § 797 BGB) zu leisten hat, muss dem Vollstreckungsgericht für den Erlass des Pfändungsbeschlusses mit dem Vollstreckungstitel auch der Wechsel oder die Urkunde (Scheck, Brief) vorgelegt sein[124]. Das gilt beim Wechsel- oder Scheckurteil (auch beim Vollstreckungsbescheid im Wechsel- oder Scheckverfahren) auch, wenn der Titel die Aushändigungsklausel nicht enthält[125]. Die Vollstreckung eines (selbstständigen) Kostenfestsetzungsbeschlusses (auch aus einem Wechselpro- B.40

Teil B Verfahren/Wirkungen

118 Vorzulegen ist die Urschrift. Übermittlung mit Fax schließt das aus; OLG Köln, NJW-RR 2000, 1580; Zöller/Seibel, ZPO, § 724 Rdn. 1, § 753 Rdn. 11.

119 Fehlende Vertretungsmacht eines Bevollmächtigten, der als Vertreter des Gläubigers Antrag gestellt hat, bewirkt keine Nichtigkeit des Pfändungs- und Überweisungsbeschlusses, OLG Saarbrücken, Rpfleger 1991, 513. Hierzu auch Rdn. B.417.

120 Zu den Kostenfolgen bei vollmachtloser Vertretung siehe Emde, MDR 1997, 1003; Schneider, Rpfleger 1976, 229; Vollkommer, MDR 1997, 1004; BGH, MDR 1983, 292 = NJW 1983, 883; BGH, MDR 1997, 1065 = NJW-RR 1998, 63; auch (für freiwillige Gerichtsbarkeit) OLG Frankfurt, Rpfleger 1980, 315; OLG Hamm, FamRZ 1998, 37; OLG Köln, MDR 1982, 239 = Rpfleger 1982, 98; VGH Mannheim, NJW 1982, 842.

121 BGHZ 166, 278 (280) = NJW 2007, 772; Fotokopie, andere Vervielfältigung oder Fax-Ausdruck genügen nicht, BGHZ 126, 266 = MDR 1994, 938 = NJW 1994, 2298; für Telegramm abweichend BFHE 179, 242 = BB 1996, 837 = NJW 1996, 2184 Leits.

122 Eine Anwaltssozietät, die unter der Bezeichnung „und Partner" bevollmächtigt ist, kann durch jeden soziierten Anwalt Anträge stellen lassen, LSozG Saarbrücken, NJW 1981, 1232.

123 Bank, JurBüro 1980, 1620.

124 BGHZ 177, 178 = MDR 2008, 1182 = NJW 2008, 3144 = Rpfleger 2008, 648.

125 RGZ 37, 1 (5); AG Hannover/LG Hannover, DGVZ 1991, 142; AG Aschaffenburg, DGVZ 1992, 175.

zess)[126] und (früherer) Zwangsvollstreckungskosten (§ 788 ZPO)[127] erfordert die Vorlage des Wechsels (Schecks oder Briefes) nicht. Ist ausdrücklich (irrtümlich) zu einer Leistung Zug um Zug gegen Herausgabe des Wechsels (Schecks, der Urkunde) verurteilt, so hat die Vollstreckung in Anwendung von §§ 756, 765 ZPO zu erfolgen[128] (maßgeblich ist allein der Inhalt des Titels; erforderlichenfalls kommt dessen Berichtigung nach § 319 ZPO in Betracht).

B.41 **Kosten** früherer Zwangsvollstreckungsmaßnahmen (§ 788 ZPO), die im Pfändungsantrag geltend gemacht werden, müssen glaubhaft gemacht und ggfs. spezifiziert werden (siehe Rdn. B.537).

2.6. Vereinfachter Antrag bei Vollstreckungsbescheiden

B.42 Vereinfachung und (vermeintliche) Beschleunigung der Zwangsvollstreckung wegen einer Geldforderung von nicht mehr als 5.000 Euro (einschließlich titulierter Nebenforderungen und Kosten, jedoch ohne – nicht allein geltend gemachter – Kosten der Zwangsvollstreckung) aus einem Vollstreckungsbescheid (§ 794 Abs. 1 Nr. 4, § 796 ZPO) mit Pfändung und Überweisung von Geldforderungen sieht § 829a ZPO vor; die Mitvollstreckung der Zwangsvollstreckungskosten ermöglicht § 788 Abs. 1 S. 1 (§ 829a Abs. 1 S. 2 ZPO). Zulässig ist ein vereinfachter Antrag auch, wenn die Vollstreckung auf die Mitpfändung von Nebenansprüchen (Gestaltungsrechten wie Kündigung, Änderung der Bezugsberechtigung usw. Rdn. A.295) oder hilfsweise Pfändung des Anspruchs auf Herausgabe einer über die Forderung vorhandenen Urkunde (wie des Sparbuchs, Rdn. A.473) erstreckt wird. Er ist nicht ermöglicht, wenn die Zwangsvollstreckung ein anderes Vermögensrecht betrifft (§ 857 Abs. 1 ZPO ist mit der Beschränkung darauf, dass die Pfändung eine Geldforderung betreffen muss[129], ausgeschlossen).

Bei einem vereinfachtem Antrag ist die Vorlage der Ausfertigung des Vollstreckungsbescheids (in Papierform) unter den in § 829a Abs. 1 S. 1 ZPO genannten Voraussetzungen nicht erforderlich. Dafür sind dem Antrag in elektronischer Form eine Abschrift des Vollstreckungsbescheids (mit zugehöriger Zustellungsbescheinigung) und die in § 829a Abs. 1 S. 1 Nr. 4 ZPO bestimmte Versicherung des Gläubigers (oder seines bevollmächtigten Vertreters) beizufügen, bei Mitvollstreckung der Zwangsvollstreckungskosten auch eine nachprüfbare Aufstellung der Kosten und entsprechende Belege (§ 829a Abs. 1 S. 2 ZPO). Zum Schutz des Schuldners bestimmt § 829a Abs. 2 ZPO, dass das Vollstreckungsgericht bei Zweifeln die Vorlage der Ausfertigung des Vollstreckungsbescheids (in Papierform) und den Nachweis der übrigen Vollstreckungsvoraussetzungen verlangen kann.

B.43 Der elektronische Antrag ist nach Maßgabe des § 130a ZPO in einer für die Bearbeitung durch das Gericht geeigneten Form einzureichen. Die technischen Rah-

---

126 OLG Frankfurt, OLGZ 1981, 261 = Rpfleger 1981, 312; Zöller/Seibel, ZPO, § 756 Rdn. 4.
127 LG Aachen, DGVZ 1983, 75.
128 BGH (Fn. 124) gegen langjährige herrschende Meinung.
129 Begründung, BT-Drucks. 16/10069, S. 34.

menbedingungen des elektronischen Rechtsverkehrs sind gemäß § 130a Abs. 2 S. 2 ZPO in einer Rechtsverordnung der Bundesregierung[130] festgelegt.

Die Dokumente sind in druckbarer, kopierbarer und, soweit technisch möglich, durchsuchbarer Form im Dateiformat PDF zu übermitteln (§ 2 Abs. 1 S. 1 ERVV). Für bildliche Darstellungen ist eine zusätzliche Übermittlung im Dateiformat TIFF zulässig (§ 2 Abs. 1 S. 2 ERVV); für Anträge auf Erlass von Pfändungs- und Überweisungsbeschlüssen dürfte dies kaum in Betracht kommen. Der Dateiname soll schlagwortartig den Inhalt des elektronischen Dokuments umschreiben (§ 2 Abs. 2 ERVV); da es sich um eine Sollvorschrift handelt, kann eine fehlerhafte Bezeichnung nicht zur Zurückweisung führen. Außerdem soll ein strukturierter maschinenlesbarer Datensatz im Dateiformat XML beigefügt werden (§ 2 Abs. 3 ERVV).

Die Dokumente sind

- entweder mit einer einfachen Signatur der verantwortenden Person auf einem sicheren Übermittlungsweg (De-Mail, besonderes elektronisches Anwaltspostfach, besonderes elektronisches Behördenpostfach)
- oder mit einer qualifizierten elektronischen Signatur der verantwortenden Person auf einem sicheren Übermittlungsweg (wie oben) oder an das für den Empfang elektronischer Dokumente eingerichtete Elektronische Gerichts- und Verwaltungspostfach des Gerichts (§ 4 Abs. 1 Nr. 2 ERVV)

einzureichen (§ 130a Abs. 3, 4 ZPO).

Eine einfache Signatur kann durch Einfügen einer Unterschriftswiedergabe (z.B. Faksimile) in das Dokument angebracht werden[131]. Eine qualifizierte elektronische Signatur ist eine fortgeschrittene elektronische Signatur (dies ist eine elektronische Signatur, die ausschließlich dem Unterzeichner zuzuordnen ist und dessen Identifizierung ermöglicht, die mit Mitteln erstellt wird, die der Unterzeichner unter seiner alleinigen Kontrolle halten kann und die so mit den auf diese Weise unterzeichneten Daten verknüpft ist, dass eine nachträgliche Veränderung der Daten erkannt werden kann; Art. 3 Nr. 11, Art. 26 elDAS-VO[132]), die von einer qualifizierten elektronischen Signaturerstellungseinheit erstellt wurde und auf einem qualifizierten Zertifikat für elektronische Signaturen beruht (Art. 3 Nr. 12 elDAS-VO); der Absender benötigt hierfür in der Regel eine Signaturkarte mit PIN und einen Kartenleser.

Die qualifizierte elektronische Signatur oder die Nutzung eines sicheren Übermittlungsweges mit mindestens einfacher Signatur treten an die Stelle der eigenhändigen Unterschrift. Sie ermöglichen die Feststellung einer eventuellen Manipulierung des Inhaltes des elektronischen Dokumentes. Die Signaturprüfung erfolgt automatisiert. Das Ergebnis der Prüfung wird in einem Transfervermerk (§ 298

---

130 Elektronischer-Rechtsverkehr-Verordnung (ERVV) vom 24.11.2017 (BGBl I 3803). Ergänzende technische Anforderungen regelt die Elektronischer-Rechtsverkehr-Bekanntmachung 2019 (ERVB 2019) vom 20.12.2018 (BAnz AT 31.12.2018 B3).

131 Begründung, BT-Drucks. 17/12634, S. 25.

132 Verordnung (EU) Nr. 910/2014 des Europäischen Parlaments und des Rates vom 23.7.2014 über elektronische Identifizierung und Vertrauensdienste für elektronische Transaktionen im Binnenmarkt und zur Aufhebung der Richtlinie 1999/93/EG vom 23.7.2014 (ABl. EU Nr. L 257 vom 28.8.2014, S. 73).

Abs. 3 ZPO) festgehalten. Bei Eingang des Dokuments auf einem sicheren Übermittlungsweg wird dies ebenfalls vermerkt.

B.44 Solange die Verfahrensakten noch in Papierform geführt werden, ist ein Ausdruck des elektronischen Dokuments für die Akten zu fertigen (§ 298 Abs. 1 ZPO). Der Ausdruck muss sich auf den Transfervermerk mit dem festgelegten Inhalt erstrecken (§ 298 Abs. 2 ZPO). Die Einreichung auf einem sicheren Übermittlungsweg ist aktenkundig zu machen (§ 298 Abs. 2 ZPO). Das Gericht prüft, ob eine qualifizierte elektronische Signatur vorhanden ist oder das Dokument auf einem sicheren Übermittlungsweg eingegangen und mindestens einfach signiert ist. Genügt ein Dokument nicht den Rahmenbedingungen, so ist dies dem Absender mitzuteilen (§ 130a Abs. 6 ZPO).

2.7. Rechtsanwälte

B.45 **Schrifttum:** Kümmelmann, Die Vertretung mehrerer Gläubiger durch denselben Anwalt in der Zwangsvollstreckung, AnwBl 1981, 175.

B.46 Ein Rechtsanwalt muss grundsätzlich sowohl die Anhörung und Befragung des Mandanten als auch die eigentliche juristische Beratungstätigkeit persönlich ausüben; er darf diese nicht dem Bürovorsteher überlassen[133]. Pflicht des mit Forderungspfändung beauftragten Rechtsanwalts ist auch rechtzeitige Ermittlung des richtigen Drittschuldners[134] und nach Vorpfändung die Wahrung der Vollzugsfrist des § 845 Abs. 2 ZPO (Fristenkontrolle; auch Abwendung möglicher Verzögerungen durch das Vollstreckungsgericht mit Hinweis auf die Eilbedürftigkeit und das Datum des Fristablaufs)[135]. Die Sorgfaltspflicht des Rechtsanwalts des Gläubigers gebietet es, die Verjährung eines gepfändeten Anspruchs rechtzeitig zu unterbrechen[136]. Eine umfassende Sorgfaltspflicht in Bezug auf die Prüfung einer Kollision hat der Anwalt, wenn er mehrere Gläubiger in der Zwangsvollstreckung vertreten will[137]. Dadurch, dass ein Rechtsanwalt den Schuldner gegen den Gläubiger vertreten hat, ist er im Allgemeinen nicht gehindert, die Forderung gegen den Schuldner namens eines anderen Mandanten zu pfänden[138]. Allein dadurch, dass er die angeb-

---

133 BGH, MDR 1982, 131 = NJW 1981, 2741; zu den Pflichten des Rechtsanwalts und des Mandanten aus dem Anwaltsvertrag BGH, MDR 1982, 386 = NJW 1982, 437; zu den Sorgfaltspflichten des Rechtsanwalts bei Vollstreckungsaufträgen allgemein BGH, MDR 1961, 120 = NJW 1961, 601.

134 OLG Frankfurt, NJW-RR 1992, 1411 für einen Anspruch aus öffentlich-rechtlichem Rechtsverhältnis, für das sich die Verpflichtungsgrundlage (mit Drittschuldner) aus dem Gesetz ergibt (zuständige Landesversicherungsanstalt bei Vollstreckung in den Anspruch auf Rückerstattung der zur gesetzlichen Rentenversicherung geleisteten Beiträge an einen portugiesischen Staatsangehörigen).

135 OLG Hamm, MDR 1998, 503 = OLGR 1998, 70.

136 BGH, NJW 1996, 48 (49, 51); zur Haftung eines Rechtsanwalts, der die im Gläubigerauftrag eingeleitete Zwangsvollstreckung nach Tilgung der Schuld weiter betrieben hat, für daraus dem Schuldner entstandene Schäden BGHZ 74, 9 = MDR 1979, 659 = NJW 1979, 1351.

137 Kümmelmann, AnwBl 1981, 175.

138 Zu der dem Rechtsanwalt in einem solchen Fall obliegenden Verpflichtung und zum Parteiverrat, wenn er nach der Pfändung untätig bleibt, BayObLGSt 1959, 219 = BayJMBl 1959, 184.

liche Forderung eines Dritten gegen einen Kollegen pfänden und sich überweisen lässt, handelt ein Rechtsanwalt nicht standeswidrig[139]. Kostenträchtige Beitreibung eines ganz geringen Honoraranspruchs kann jedoch standeswidrig sein[140].

3. Die Entscheidung über den Antrag (§§ 829, 834 ZPO)

3.1. Entscheidung durch Beschluss

3.1.1. Der Beschluss

Über den Pfändungsantrag entscheidet das Vollstreckungsgericht (Rechtspfleger) durch **Beschluss** (§ 764 Abs. 3 ZPO). B.47

Die Entscheidung ist mit größter Sorgfalt und Beschleunigung zu treffen. Das ist zwar nirgends ausdrücklich angeordnet[141], folgt aber aus der selbstverständlichen Amtspflicht des Gerichts, alles zur Abwendung von Rechtsnachteilen für den Gläubiger Notwendige zu tun. Allerdings sind mitunter schwierige Fragen zu entscheiden, die nicht immer eine sofortige Beschlussfassung ermöglichen[142]. Doch darf auch dann jedenfalls keine unnötige Zurückstellung erfolgen[143]. B.48

Die Entscheidung ergeht als **Pfändungsbeschluss** (Rdn. B.77 ff.), wenn dem Antrag ganz oder soweit ihm teilweise entsprochen werden kann. Kann dem Antrag nicht stattgegeben werden, so wird er durch Beschluss abgewiesen. Kann dem Antrag teilweise nicht entsprochen werden, so ist er insoweit durch gesonderten Beschluss zurückzuweisen.

Auf dem Schuldtitel wird der Erlass des Pfändungsbeschlusses nicht vermerkt.

3.1.2. Mehrere Forderungen oder andere Vermögensrechte

Die Pfändung mehrerer Geldforderungen oder (auch: und) anderer Vermögensrechte eines Schuldners gegen denselben Drittschuldner kann nach dem Ermessen[144] des Vollstreckungsgerichts in einem Beschluss zusammengefasst werden oder mit gesonderten Beschlüssen erfolgen. Es kann in einem solchen Fall getrennt gestellte Anträge zur Entscheidung in einem Beschluss **verbinden** (§ 147 ZPO entsprechend) und ebenso zusammengefasste Anträge zum Erlass mehrerer Pfän- B.49

Teil B Verfahren/Wirkungen

---

139 BGHZ 65, 147 (Leits.) = BGHSt 26, 131.
140 Siehe Schneider, DGVZ 1983, 132.
141 Siehe aber § 173 Abs. 1 S. 3 GVGA, der den Gerichtsvollzieher ausdrücklich anweist, die Zustellung zu beschleunigen.
142 Siehe Stöber/Keller, ZVG, § 15 Rdn. 10 für den gleichliegenden Fall der Entscheidung über einen Zwangsversteigerungsantrag.
143 Die Verpflichtung des Gerichts, Anträge mit der gebotenen Beschleunigung zu prüfen und nach Abschluss der Prüfung ungesäumt zu bescheiden, folgt auch aus dem Rechtsstaatgrundsatz; vgl. BGH, MDR 1964, 300; allgemein auch BVerfGE 49, 220 = NJW 1979, 534 = Rpfleger 1979, 296.
144 LG Aschaffenburg, Rpfleger 1974, 204.

dungsbeschlüsse **trennen**[145] (§ 145 Abs. 1 ZPO entsprechend). Antragsverbindung oder Antragstrennung sind jedoch nur dann geboten, wenn besondere Gründe dies erforderlich machen. Das kann der Fall sein, wenn mit der Teilung das Verfahren übersichtlicher oder einer Verschleppung teilweise entgegengewirkt wird[146]. Bei geringer Zahl der zu pfändenden Ansprüche gibt es regelmäßig keine sachliche Notwendigkeit für eine Verfahrenstrennung[147].

Die Verbindung oder Trennung kann stillschweigend wie insbesondere dadurch erfolgen, dass die Anträge in demselben oder in selbstständigen Verfahren bearbeitet und beschieden werden. Entsprechendes gilt, wenn die Pfändung derselben Forderung des Schuldners an denselben Drittschuldner (z.B. Arbeitseinkommen) wegen mehrerer Vollstreckungsforderungen desselbenGläubigers aus verschiedenen Urteilen oder anderen Vollstreckungstiteln beantragt ist[148]. Wenn sich eine Pfändung auf mehrere Forderungen oder Ansprüche erstreckt, zieht die Unwirksamkeit der Pfändung des einen Objekts nicht die Unwirksamkeit der Pfändung der anderen Forderung oder des anderen Anspruchs nach sich[149].

B.50 Die Pfändung mehrerer Geldforderungen oder (auch: und) anderer Vermögensrechte eines Schuldners gegen **verschiedene Drittschuldner** soll nur auf **Antrag** des Gläubigers durch einheitlichen Beschluss ausgesprochen werden, wenn außerdem dies für Zwecke der Vollstreckung geboten erscheint und kein Grund zu der Annahme besteht, dass schutzwürdige Interessen der Drittschuldner entgegenstehen (§ 829 Abs. 1 S. 3 ZPO). Zu beurteilen ist das vom Vollstreckungsgericht nach pflichtgemäßem Ermessen. Geboten sein für Zwecke der Vollstreckung kann die Zusammenfassung[150] der Pfändung mehrerer zusammenzurechnender Arbeitseinkommen (§ 850e Nr. 2 ZPO) oder von Arbeitseinkommen und laufenden Geldleistungen nach dem Sozialgesetzbuch (§ 850e Nr. 2a ZPO), die Pfändung von Arbeitseinkommen und des Gehaltskontos, sonst mehrerer Forderungen, die zusammen höher als der Vollstreckungsanspruch des Gläubigers sind (zur Vermeidung einer Überzahlung infolge möglicher Überpfändung, vgl. Rdn. B.429) oder wenn sonst die Unterrichtung der Drittschuldner von der weiteren gepfändeten Forderung sinnvoll oder geboten erscheint. Nicht geboten ist die Pfändung durch einheitlichen Beschluss, wenn der Schuldner zum Gesuch um Pfändung einer der Forderungen zu hören ist (§ 850b Abs. 3 ZPO), wenn die Zustellung mit der Aufforderung nach § 840 ZPO an Drittschuldner in verschiedenen Gerichtsvollzieher-Bezirken Erschwernisse bereitet (Rdn. B.130, B.131) und wenn der Pfändung einer der Forderungen ein (behebbares) Antragshindernis entgegensteht, dessen Behebung (Rdn. B.59) die Pfändung der weiteren Forderung verzögern würde; die Pfändung der weiteren Forderung durch Einzelbeschluss muss dann vielmehr sogleich erfolgen (wie Rdn. B.60). Schutzwürdige Interessen der Drittschuldner können entgegenstehen, wenn im Einzelfall besondere Diskretion angebracht, da-

---

145 LG Berlin, Rpfleger 1993, 167.
146 LG Berlin (Fn. 145) für die Pfändung eines Postgiroguthabens und einer laufenden Sozialleistung, die damals Schuldneranhörung erfordert hat (§ 54 Abs. 6 SGB I a.F.); in diesem Fall waren somit mehrere Drittschuldner vorhanden.
147 KG, Rpfleger 1976, 327.
148 LG Detmold, Rpfleger 1991, 427.
149 BGH, MDR 1972, 414; KG (Fn. 147).
150 Begründung, BT-Drucks. 13/341, S. 32, 33.

mit dem Persönlichkeitsrecht Vorrang einzuräumen ist[151]. Das kann auch schon dann der Fall sein, wenn nur allgemein nicht zu rechtfertigen ist, dass jeder der Drittschuldner Kenntnis erlangt, welcher weitere Drittschuldner aus welchem Grund (angeblich) vom Schuldner in Anspruch genommen werden kann[152]. Entgegenstehende schutzwürdige Belange auch nur eines der Drittschuldner (z.B. Pfändung einer ärztlichen Honorarforderung) rechtfertigen die zusammengefasste Pfändung in einem Beschluss nicht.

Wenn dem Antrag auf Pfändung durch einheitlichen Beschluss **nicht entsprochen** werden kann, erlässt das Vollstreckungsgericht gesonderte (selbstständige) Pfändungsbeschlüsse. Eine förmliche Ablehnung des Antrages (mit Benachrichtigung des Antragstellers) erfordert das nicht. Ohne Gläubigerantrag erfolgt die Pfändung mehrerer Geldforderungen gegen verschiedene Drittschuldner nicht durch einheitlichen Beschluss, auch wenn das geboten erschiene (keine Verbindung getrennter Anträge von Amts wegen[153]). **B.51**

Ein **Verstoß** berührt die Wirksamkeit der Pfändung nicht (Sollvorschrift). Unschädlich sind damit sowohl die Pfändung durch einheitlichen Beschluss ohne Antrag oder wenn die weiteren Voraussetzungen des § 829 Abs. 1 S. 2 ZPO nicht vorgelegen haben als auch die Pfändung durch gesonderte Beschlüsse, wenn nach § 829 Abs. 1 S. 2 ZPO ein einheitlicher Beschluss zu erlassen gewesen wäre. Nach Wirksamwerden der Pfändung kann mit Erinnerung (§ 766 ZPO) die Aufhebung eines einheitlichen Beschlusses oder die Verbindung der in getrennten Beschlüssen erfolgten Pfändung nicht mehr verlangt werden. **B.52**

Wenn **nur eine** der mehreren Geldforderungen **gepfändet** werden kann, der Antrag auf Pfändung der weiteren Geldforderung(en) dagegen zurückgewiesen werden muss, haben auch bei Antrag auf Pfändung durch einheitlichen Beschluss Pfändungs- und Zurückweisungsbeschluss gesondert zu ergehen. Einen einheitlichen Beschluss sieht § 829 Abs. 1 S. 2 ZPO nur für die Pfändung mehrerer Geldforderungen vor; mit einem Zurückweisungsbeschluss kann die Pfändung nicht verbunden werden. Überdies ist ein einheitlicher Beschluss in einem solchen Fall für Zwecke der Vollstreckung nicht geboten. Pfändungs- und Zurückweisungsbeschluss können dagegen in einem Beschluss zusammengefasst werden, wenn die Pfändung nur einer Geldforderung gegen einen Drittschuldner (nicht die Pfändung mehrerer Geldforderungen gegen verschiedene Drittschuldner) beantragt ist, dem Antrag aber teilweise nicht entsprochen werden kann. Auch die Zurückweisung des (gesamten) Antrags auf einheitliche Pfändung mehrerer Forderungen kann durch gemeinsamen Beschluss erfolgen. **B.53**

Nur eine Forderung wird bei **samtverbindlicher Haftung** der mehreren Drittschuldner sowie bei gesamthänderischer Verpflichtung der Drittschuldner (z.B. für die Forderung einer Erbengemeinschaft) gepfändet. Ein einheitlicher Beschluss erfordert in solchen Fällen daher weder (gesonderten) Antrag des Gläubigers noch Vorliegen der sonstigen Voraussetzungen des § 829 Abs. 1 S. 2 ZPO. Gleiches gilt **B.54**

---

151 Begründung, BT-Drucks. 13/341, S. 33.
152 Begründung, BT-Drucks. 13/341, S. 32.
153 Zöller/Herget, ZPO, § 829 Rdn. 6a; **a.A.** Musielak/Becker, ZPO, § 829 Rdn. 12 zu (gegen den Gesetzeswortlaut).

für die Pfändung eines anderen Vermögensrechts, wenn mehrere Drittschuldner (z.B. Erben, OHG-Gesellschafter) vorhanden sind.

B.55 In einem einheitlichen Beschluss ist die Pfändung mehrerer Geldforderungen oder (auch: und) anderer Vermögensrechte eines Schuldners gegen verschiedene Drittschuldner nur äußerlich zusammengefasst. Rechtlich verbunden sind die Pfändungen nicht. Die Unwirksamkeit der Pfändung des einen Objekts hat daher nicht auch die Unwirksamkeit der Pfändung der anderen Forderung oder des anderen Vermögensrechts zur Folge (wie Rdn. B.49).

3.1.3. Begründung des Beschlusses; Zustellung

B.56 Der Pfändungsbeschluss bedarf über seinen notwendigen Inhalt hinaus regelmäßig keiner gesonderten Begründung[154]. In besonderen Einzelfällen kann jedoch eine ergänzende Begründung geboten sein, so insbesondere dann, wenn eine streitige Rechtsfrage zu klären oder wenn zu entscheiden war, dass die Pfändung der Billigkeit entspricht (§ 850b Abs. 2 ZPO, § 54 Abs. 2 SGB I).

B.57 Dem Gläubiger wird eine **Ausfertigung**[155] des Pfändungsbeschlusses formlos ausgehändigt (diese wird, wenn die Zustellung zu vermitteln ist, sofort dem Gerichtsvollzieher zugeleitet; siehe Rdn. B.127). Eine förmliche Zustellung an den Gläubiger (§ 329 ZPO) erfolgt nicht. Ausfertigung ist eine in gesetzlicher Form gefertigte Abschrift, die dem Zweck dient, die bei den Akten verbleibende Urschrift nach außen zu vertreten[156]. Die Ausfertigung muss die Urschrift daher wortgetreu und richtig wiedergeben[157].

Zwar werden Ausfertigungen gerichtlicher Beschlüsse nur noch auf Antrag erteilt (§ 317 Abs. 2 S. 1, § 329 Abs. 1 S. 2 ZPO). Sonst werden Entscheidungen in Abschrift zugestellt, die von der Geschäftsstelle beglaubigt wird (§ 169 Abs. 2 ZPO)[158]. Bisher ist nicht geklärt, ob die Zustellung einer beglaubigten Abschrift auch im Falle der vom Gläubiger im Parteibetrieb zu veranlassenden Zustellung des Pfändungs- und Überweisungsbeschlusses an den Drittschuldner ausreicht. Im Hinblick auf die Bedeutung des Beschlusses, auch als Grundlage für die Zwangsvollstreckung in herauszugebende Urkunden (siehe Rdn. B.274 ff.) und Hilfspfändungen (siehe Rdn. B.370 ff.), sollte der Zustellung einer Ausfertigung der Vorzug gegeben werden. Der erforderliche Antrag des Gläubigers kann darin gesehen werden, dass jeweils die Seite 1 der verbindlich zu verwendenden Formulare

---

154 Zur Begründung gerichtlicher Beschlüsse näher Stöber/Keller ZVG, Einl. Rdn. 89 ff.

155 Zur Fassung des Ausfertigungsvermerks siehe BGH, Rpfleger 1970, 294; BGH, VersR 1994, 1495; LG Berlin, Rpfleger 1979, 111. Die Ausfertigung muss vom Urkundsbeamten ordnungsgemäß unterzeichnet sein. Ein Schriftzug, der wie ein waagerecht liegender Fleischerhaken aussieht, lässt jeden individuellen Charakter vermissen, erfüllt somit nicht die an eine Unterschrift zu stellenden Anforderungen; so AG Bremen, DGVZ 1981, 61 für Unterzeichnung einer Rechtsnachfolgeklausel. Siehe auch BGH, MDR 1988, 218 = NJW 1988, 713 = Rpfleger 1988, 152 dazu, dass an die Unterschrift des Urkundsbeamten prinzipiell dieselben Anforderungen zu stellen sind wie an die Unterzeichnung bestimmender Schriftsätze durch Rechtsanwälte.

156 BGH, NJW 1981, 2345 (2346) = Rpfleger 1981, 393; BGH, VersR 1994, 1495 (1496).

157 BGH, NJW 1981, 2345 (Fn. 156).

158 Begründung, BT-Drucks. 17/12634, S. 30.

nach der ZVFV die Vorgabe enthält, „den nachfolgenden Entwurf als Beschluss ... zu erlassen" und die – hierdurch in Bezug genommenen – Beschlussentwürfe auf Seite 9 bzw. 10 der Formulare ausdrücklich die Erteilung von Ausfertigungen vorsehen.

3.1.4. Zurückweisung des Antrags

Form und Inhalt des Ablehnungsbeschlusses regelt das Gesetz nicht. Als gerichtliche Entscheidung muss dieser Beschluss jedoch die Bezeichnung der Parteien, ihrer gesetzlichen Vertreter und Verfahrensbevollmächtigten, die Entscheidungsformel und von ihr äußerlich abgesetzt Tatbestand und Entscheidungsgründe enthalten. Eine Kostenentscheidung (nach § 91, nicht § 788 ZPO) ist (nur) zu treffen, wenn der Schuldner am Verfahren beteiligt war (z.B. im Falle des § 850b ZPO) und ihm Kosten erwachsen sind. Die Begründung hat eine kurze Zusammenfassung der Erwägungen zu enthalten, auf denen die Entscheidung in tatsächlicher und rechtlicher Hinsicht beruht (vgl. § 313 Abs. 3 ZPO). Sie gibt damit dem Antragsteller und dem Rechtsmittelgericht eine Grundlage für die Nachprüfung der Entscheidung. **B.58**

Eine beglaubigte Abschrift des Ablehnungsbeschlusses wird dem Gläubiger (bzw. seinem Bevollmächtigten, § 172 Abs. 1 ZPO) von Amts wegen zugestellt (§ 329 ZPO); dem am Antragsverfahren nicht beteiligten Schuldner wird der Ablehnungsbeschluss nicht bekannt gemacht (§ 834 ZPO). Wegen der Rechtsbehelfe siehe Rdn. B.399 ff.

3.2. Antragshindernisse

Auf sachdienliche Antragstellung ist mit **Aufklärung** nach § 139 ZPO hinzuwirken[159], auch wenn der Gläubiger durch einen Rechtsanwalt vertreten ist[160]. Hat der Gläubiger bei Antragstellung einen rechtlichen Gesichtspunkt übersehen oder für unerheblich gehalten, so ist ihm vor Entscheidung **Gelegenheit zur Äußerung** zu geben (§ 139 Abs. 2 ZPO). Dem Gläubiger eines unvollständigen oder sonst mangelhaften Antrags ist daher stets die Behebung eines nicht wesentlichen Vollstreckungshindernisses, das alsbald ausgeräumt werden kann, zu ermöglichen. Wenn ein wesentliches Hindernis vorliegt, das voraussichtlich nicht innerhalb angemessener Frist behoben werden kann, oder wenn nach Auffassung des Vollstreckungsgerichts der Pfändung ein nicht behebbarer Mangel entgegensteht (z.B. die Unpfändbarkeit der Forderung), müsste dem Gläubiger stets Gelegenheit zur Äußerung gegeben werden. Daher verbietet sich durchweg auch in solchen Fällen eine sofortige Entscheidung über den Antrag. Dem Gläubiger, dem offenbar die Eröffnung des Insolvenzverfahrens (verbietet Einzelvollstreckung, § 89 InsO) noch **B.59**

---

159 Zur gerichtlichen Aufklärungspflicht und Unparteilichkeit des Rechtspflegers siehe BVerfGE 42, 64 = NJW 1976, 1391 = Rpfleger 1976, 389 mit Anm. Stöber und Vollkommer.

160 Siehe OLG Schleswig, SchlHA 1982, 59 = JurBüro 1981, 435; Schneider, MDR 1968, 721 (722); Schiffhauer, Rpfleger 1978, 397 (VI 2).

nicht bekannt war, ist daher mit Hinweis darauf Gelegenheit zur Rücknahme des Vollstreckungsantrags zu geben[161]. Anspruch auf rechtliches Gehör nach Art. 103 Abs. 1 GG hat der Antragsteller eines mangelhaften Antrages nicht. Diese Bestimmung findet keine Anwendung, weil das Gericht der Entscheidung über einen mangelhaften Antrag nur die vom Antragsteller selbst vorgetragenen, also keine ihm unbekannten Tatsachen zugrunde legt.

Gelegenheit zur Ausräumung eines Vollstreckungshindernisses, zur Behebung eines Mangels oder zur Äußerung ist dem Antragsteller mit **Zwischenverfügung** unter Fristsetzung zu geben[162]. Kleinere Mängel können durch fernmündliche Rückfrage behoben werden (dann Aktenvermerk nach § 139 Abs. 4 ZPO). Längere Zurückstellung eines Antrages rechtfertigt § 139 ZPO nicht. Die gerichtliche Aufklärungs- oder Anhörungspflicht darf insbesondere nicht zu längerer Ungewissheit über das Schicksal eines mit Mängeln behafteten Forderungspfändungsantrages führen[163]. Vielmehr ist über den Antrag zu entscheiden, wenn der Gläubiger ein Vollstreckungshindernis in angemessener Frist nicht ausgeräumt hat.

B.60 Ergeben sich nur **einzelne Beanstandungen**, dann kann nicht der Erlass des ganzen Beschlusses abgelehnt[164] oder zurückgestellt werden. Soweit dem Pfändungsgesuch entsprochen werden kann[165], muss vielmehr sofort der Pfändungsbeschluss ergehen, weil sich bei Verzögerung der Entscheidung für den Gläubiger Nachteile ergeben können. Ganz geringfügige Mängel (z.B. fehlende Glaubhaftmachung von Zwangsvollstreckungskosten) lassen sich bei fernmündlicher Verständigung des Gläubigers und Gewährung einer nur ganz kurzen Frist durchweg mit der gebotenen Beschleunigung ausräumen.

3.3. Keine Anhörung des Schuldners (§ 834 ZPO)

B.61 **Schrifttum:** Schneider, Weitere Beschwerde wegen Verletzung des § 834 ZPO (OLG Celle MDR 1972, 958), MDR 1972, 912; Vogel, Schutzschriften auch im Zwangsvollstreckungsverfahren? NJW 1997, 554.

B.62 Zum Pfändungsgesuch darf der Schuldner vor der Pfändung nicht gehört werden[166] (§ 834 ZPO); Ausnahme: § 850b Abs. 3 ZPO. Dadurch soll verhindert werden, dass er vor der Beschlagnahme durch rasche Verfügung über die Forderung den vom Gläubiger erstrebten Pfändungszugriff vereitelt. Bei dieser besonderen

---

161 LG Oldenburg, ZIP 1981, 1011.

162 Siehe auch AG Saarbrücken, MDR 1972, 1040.

163 Es gilt hier jedenfalls nichts anderes wie im Zwangsversteigerungsverfahren. Dort aber ist allgemein anerkannt, dass nur kleinere Mängel eines Versteigerungsantrages, die der Antragsteller bald beheben kann, eine Zurückstellung der Entscheidung ermöglichen; siehe Stöber, ZVG-Handbuch, Rdn. 113.

164 LG Duisburg, JurBüro 1961, 508; siehe auch OLG Köln, ZIP 1980, 578 (579).

165 Zum Beispiel dann, wenn Forderungen aus zwei verschiedenen Schuldtiteln vollstreckt werden sollen und nur hinsichtlich des einen Titels die Zwangsvollstreckung noch nicht beginnen kann, oder wenn die Pfändung von zwei verschiedenen Forderungen des Schuldners verlangt und nur einer der beiden Drittschuldner bezeichnet ist.

166 Das verbietet auch die Schuldneranhörung zu dem Antrag des Gläubigers, ihm für das Forderungspfändungsverfahren Prozesskostenhilfe zu bewilligen.

Interessenlage kann auch der Anspruch auf rechtliches Gehör (Art. 103 Abs. 1 GG) das Recht des Gläubigers auf wirksamen Rechtsschutz in der Zwangsvollstreckung nicht schmälern[167]. Wenn der Gläubiger die Anhörung des Schuldners beantragt, ist dem Antrag stattzugeben[168].

Vorbeugendes Vorbringen des Schuldners in einer sog. **Schutzschrift** ist bei der Entscheidung über den Pfändungsantrag zu würdigen[169]. Dem Gläubiger ist Gelegenheit zur Stellungnahme zu geben, wenn das Schuldnervorbringen im Einzelfall die Zurückweisung des Pfändungsantrags gebieten würde oder eine Ergänzung des Pfändungsantrags erfordert. Eine Benachrichtigung des Schuldners vom Eingang des Pfändungsantrags, einen Hinweis auf die Ergänzungsbedürftigkeit des unvollständigen oder sonst unzulänglichen Vorbringens und eine Mitteilung des Ergebnisses der Prüfung an den Schuldner schließt § 834 ZPO dagegen aus. Die Prüfung des Schuldnervorbringens kann jedoch eine Begründung des Pfändungsbeschlusses gebieten (Rdn. B.56). **B.63**

§ 834 ZPO schließt bis zur Pfändung auch die Anhörung des Schuldners über einen zugleich gestellten Überweisungsantrag aus (siehe Rdn. B.198). Auch im Arrestverfahren verbietet sich die Anhörung des Schuldners über den Pfändungsantrag; dieser wird deshalb zweckmäßigerweise getrennt vom Arrestgesuch eingereicht. **B.64**

Das Verbot des § 834 ZPO gilt nicht nur für das Verfahren beim Vollstreckungsgericht, sondern auch für alle Rechtsmittelverfahren, wenn der Gläubiger seinen abgelehnten Antrag mit Beschwerde weiter verfolgt (siehe hierwegen Rdn. B.404). Es gilt somit auch im Verfahren der Rechtsbeschwerde vor Anordnung der Pfändung, wenn das Landgericht auf Erstbeschwerde den Pfändungsbeschluss aufgehoben hat[170]. Vor der Pfändung erfolgt Anhörung des Schuldners auch für die Bestimmung des zuständigen Gerichts (§ 36 ZPO) nicht (Rdn. B.14, B.16). **B.65**

3.4. Prüfung des Vollstreckungsgerichts

3.4.1. Prüfung des Gesuchs und der allgemeinen Voraussetzungen der Zwangsvollstreckung

Das Vollstreckungsgericht muss bei der Entscheidung über den Pfändungsantrag seine Zuständigkeit und die allgemeinen Voraussetzungen der Zwangsvollstreckung (Vollstreckungstitel mit -klausel und Zustellung, Fälligkeit der Vollstreckungsforderung, Vollmacht des vertretenden Nichtanwalts usw.) von Amts wegen prüfen. Es darf dem Gesuch nur entsprechen, wenn es alle für den Inhalt des Pfändungsbeschlusses notwendigen Angaben (siehe Rdn. B.25 ff.) vollständig enthält und der Zwangsvollstreckung kein Vollstreckungshindernis wie die Einstel- **B.66**

167 Siehe BVerfGE 57, 346 (348) = DGVZ 1981, 149 = NJW 1981, 2111.
168 OLG Celle, MDR 1972, 958; Schneider, MDR 1972, 912.
169 Vogel, NJW 1997, 554.
170 KG, FamRZ 1995, 311 = OLGZ 1994, 593 = Rpfleger 1994, 425.

lung der Zwangsvollstreckung oder die Eröffnung des Insolvenzverfahrens (siehe § 89 InsO), entgegensteht.

3.4.2. Keine Prüfung der zu pfändenden Forderung

B.67 Das Vollstreckungsgericht prüft den Antrag des Gläubigers daraufhin, ob nach seinem Sachvortrag die Forderung (das sonstige Vermögensrecht), deren Pfändung beantragt ist, dem Schuldner gegen den Drittschuldner zustehen kann und pfändbar ist[171] (rechtliche Prüfung).

B.68 Der Gläubiger hat für die Forderungspfändung (Rechtspfändung) die **Tatsachen vorzubringen,** die seinen Antrag rechtfertigen. Forderungspfändung ist Zwangsvollstreckung, die als Teil der ordentlichen Zivilgerichtsbarkeit (Rechtspflege)[172] von den allgemeinen Grundsätzen des ZPO-Verfahrens beherrscht wird. Der Gläubiger muss nur seinen Tatsachenvortrag nicht beweisen oder glaubhaft machen, weil der Schuldner vor der Pfändung über das Pfändungsgesuch nicht zu hören ist (§ 834 ZPO; Ausnahme § 850b Abs. 3 ZPO). Der Gläubiger muss somit nicht nachweisen, dass die zu pfändende Forderung (das sonstige Vermögensrecht) tatsächlich besteht. Daher prüft das Vollstreckungsgericht auch nicht, ob und in welcher Höhe die Forderung, deren Pfändung erfolgen soll, besteht und dem Schuldner zusteht. Der Gläubiger hat durch seinen Sachvortrag jedoch die Tatsachen geltend zu machen, die das Bestehen der zu pfändenden Schuldnerforderung (seines sonstigen Vermögensrechts) und deren Pfändbarkeit[173] ergeben[174]. Das Gericht unterstellt bei der Entscheidung über den Antrag dieses tatsächliche Vorbringen als richtig. Es hat zu prüfen, ob das tatsächliche Vorbringen des Gläubigers (sein Sachvortrag) schlüssig ist[175] (rechtliche Prüfung). Aus ihm muss deshalb folgen, dass die behauptete Forderung, die gepfändet werden soll (das zu pfändende sonstige Vermögensrecht), im Vermögen des Vollstreckungsschuldners steht, diesem vom angegebenen Drittschuldner geschuldet wird und pfändbar (der Pfändung unterworfen) ist. Es muss genügen, wenn dem Schuldner die Forderung (das Vermögensrecht) nach irgendeiner vertretbaren Rechtsansicht gegen den bezeichneten Drittschuldner zustehen kann[176]. Ist mit einem unzulänglichen Sachvortrag

---

171 BGH, FamRZ 2003, 1652 = MDR 2003, 1378 = NJW-RR 2003, 1650 = Rpfleger 2003, 595; BGH, FamRZ 2008, 877 (878) = MDR 2008, 530 = NJW-RR 2008, 733 = Rpfleger 2008, 318.

172 Zöller/Seibel, ZPO, vor § 704 Rdn. 4.

173 Auf die tatsächliche Richtigkeit der Behauptungen des Gläubigers stellt auch KG, FamRZ 1980, 614 = Rpfleger 1980, 197, ab, so dass seiner allgemeinen Aussage, es genüge „die Behauptung des Gläubigers, dass die zu pfändende Forderung besteht", nichts Gegenteiliges entnommen werden kann.

174 Ebenso OLG München, OLGZ 1991, 322 = ZIP 1990, 1128.

175 BGH, FamRZ 2003, 1652 (Fn. 171); BGH, FamRZ 2004, 872 = MDR 2004, 834 = NJW 2004, 2096 = Rpfleger 2004, 427; OLG Hamm, Rpfleger 1956, 197; OLG Hamm,MDR 1979, 149 = Rpfleger 1978, 456; OLG Hamburg, MDR 1952, 368; OLG Celle, NdsRpfl 1953, 103; OLG Frankfurt, JurBüro 1978, 931 = MDR 1978, 763 = OLGZ 1978, 363 = Rpfleger 1978, 229; Schneider, JurBüro 1979, 27.

176 BGH, FamRZ 2008, 877 (Fn. 171); KG (Fn. 173); OLG Köln, JMBlNW 1987, 5 = OLGZ 1987, 206; LG Düsseldorf, JurBüro 2004, 215; Stein/Jonas/Würdinger, ZPO, § 829 Rdn. 37; MünchKomm/Smid, ZPO, § 829 Rdn. 18; H. Schneider, MDR 1988, 828 (829).

des Gläubigers diese Schlüssigkeit nicht dargetan, so muss das Gesuch (wenn der Mangel nicht behoben werden kann) zurückgewiesen werden[177]. Wenn sich der Anspruch gegen mehrere Personen richten kann und (rechtlich) nicht geklärt ist, wer Drittschuldner ist, muss es dem Gläubiger jedoch möglich sein, einen Anspruch gegen sämtliche in Betracht kommende Drittschuldner zu pfänden (gegenüber keinem von ihnen ist die Pfändung als rechtlich unvertretbar zu erachten)[178]. Die Frage, gegen welchen von mehreren in Betracht kommenden Drittschuldnern sich der zu pfändende Anspruch richtet, ist nicht Gegenstand des Vollstreckungsverfahrens; sie kann nur im Einziehungserkenntnisverfahren entschieden werden[179] (siehe hierzu auch Rdn. B.95).

Besondere Anforderungen werden an den Tatsachenvortrag des Gläubigers allgemein nicht gestellt. Der Antrag mit Beschlussentwurf (Rdn. B.33) weist den erforderlichen Tatsachenvortrag zwar nicht gesondert, regelmäßig aber doch mittelbar als Inhalt des Entscheidungsentwurfs hinreichend aus. Das genügt den Anforderungen an das Gläubigervorbringen in aller Regel; weil der Gläubiger die Verhältnisse seines Schuldners nicht näher kennen kann, werden zudem allzu strenge Anforderungen an sein Vorbringen nicht gestellt[180]. Wer etwa als Pfändungsantrag das ausgefüllte Formular zur Pfändung des Arbeitseinkommens des Schuldners bei einem richtig bezeichneten Drittschuldner nach Maßgabe des § 850c ZPO einreicht, trägt damit zugleich die für die rechtliche Prüfung des Pfändungsgesuchs nötigen Tatsachen vor (Schuldnerforderung als Arbeitseinkommen der in § 850 ZPO genannten Art gegen den angegebenen Drittschuldner und Pfändbarkeit nach § 850c ZPO). **B.69**

Unvollständig ist der Sachvortrag des Gläubigers jedoch, wenn das Bestehen einer zu pfändenden Forderung nur rechtlich behauptet wird, im Einzelfall erhebliche Tatsachen aber nicht geltend gemacht (nicht vorgetragen) werden. Das ist z.B. der Fall, wenn der Gläubiger volle Pfändung einer Vergütung für Dienstleistung verlangt, ohne darzustellen, welche Tatsachen ergeben, dass sie nicht dem Pfändungsschutz für Arbeitseinkommen (§§ 850 ff. ZPO) unterliegen kann. **B.70**

Formularanträge bereiten Schwierigkeiten, wenn die Würdigung des damit verbundenen Tatsachenvortrags zeigt, dass der Sachvortrag des Gläubigers sich in **unsubstantiierten Behauptungen** und Vermutungen erschöpft[181]. Der Sachvortrag des Gläubigers muss sich in einem solchen Fall an der gebotenen Abgrenzung des substantiierten Tatsachenvortrags einerseits und der „aus der Luft gegriffenen Behauptung" andererseits messen lassen[182]. Letztere zielt auf Erschließung von Er- **B.71**

177 Zum Beispiel dann, wenn sich aus dem Vorbringen des Gläubigers ergibt, dass die Forderung des Schuldners überhaupt nicht besteht oder aus Rechtsgründen nicht bestehen kann; siehe LG Kempten, Rpfleger 1968, 291 mit Anm. Mes, kritisch dazu Blomeyer, Rpfleger 1969, 281; außerdem insbesondere OLG Frankfurt (Fn. 175).

178 BGH FamRZ 2008, 877 (Fn. 171).

179 BGH FamRZ 2008, 877 (Fn. 171).

180 Hintzen, Forderungspfändung, § 1 Rdn. 70.

181 Kosten einer auf Verdacht ausgebrachten Pfändung sind keine notwendigen Zwangsvollstreckungskosten, siehe Rdn. B.530 Fn. 1161.

182 Für Unzulässigkeit reiner Ausforschungs- und Verdachtspfändungen auch Schuschke/Walker, Vollstreckung, § 829 Rdn. 34; MünchKomm/Smid, ZPO, § 829 Rdn. 18.

kenntnisquellen, somit auf Ausforschung von Tatsachen. Bis zur Grenze einer Ausforschungspfändung wird eine Forderungspfändung „auf Verdacht“ zwar nicht als rechtsmissbräuchlich angesehen[183]. Unzulänglicher Sachvortrag liegt jedoch z.B. in einem Formblattantrag auf gleichzeitige Pfändung der Kontokorrent-Forderungen aus Giroverträgen des Schuldners (Rdn. A.238 ff.) mit zahlreichen Kreditinstituten am Ort (in Einzelfällen waren es 20[184] bzw. 264 Kreditinstitute[185]). Ein Antrag für Pfändung der Ansprüche gegen nicht mehr als drei Geldinstitute am Wohnort des Schuldners wird nicht als rechtsmissbräuchlich angesehen; mit bis zu drei örtlichen Bankverbindungen wird aber auch (im Allgemeinen) die Obergrenze der möglichen Pfändung bei einem nicht gewerblich tätigen Schuldner bezeichnet[186] (zu näherer Berücksichtigung der Umstände des Einzelfalls jedoch[187]; **a.A.**[188]: in größeren Städten zumindest bis zu zehn parallele Pfändungen; ist nicht zu rechtfertigen). Unzureichend ist der Sachvortrag des Gläubigers als bloße Vermutung aber z.B. auch, wenn die Pfändung eines Anspruchs aus Krediteröffnungsvertrag beantragt wird, Tatsachen für ein konkretes Vertragsverhältnis jedoch nicht vorgebracht sind (siehe Rdn. A.148), desgleichen, wenn mit Formularantrag ohne substantiierten Sachvortrag als „umfassende“ Pfändung allgemein die Pfändung aller rechtlich nur irgendwie denkbaren Forderungen und Ansprüche aus zulässiger und rechtlich möglicher Geschäftsbeziehung mit einer Bank oder Sparkasse verlangt ist[189] (vom Anspruch aus „bestehender Geschäftsverbindung“ über Kreditlinie, Sparverträge, Schließfach, Wertpapierherausgabe aus Depot, Übererlös aus Verwertung von Sicherheiten und vieles andere mehr; hierzu auch Rdn. B.35). Für einen solchen Antrag kann auch Bedeutung erlangen, dass bei Aneinanderreihen der verschiedenartigsten Schuldgründe keine hinreichende Bezeichnung der Forderung mehr gegeben sein kann (hierzu Rdn. B.105).

B.72 Unzulänglich ist ein Sachvortrag des Gläubigers, wenn die Pfändung der verschiedenartigsten Forderungen aus den unterschiedlichsten Rechtsgründen mit zahlreichen Nebenansprüchen **checklistenartig** verlangt ist. Tatsachen, die das Bestehen einer pfändbaren Forderung oder mehrerer Forderungen des Schuldners nach den Verhältnissen des Einzelfalls ausweisen könnten, sind mit einem solchen Allgemeinantrag nicht geltend gemacht. Der Gläubiger hat das Antragsformular durchzusehen und den Antrag nach den Verhältnissen des konkreten Einzelfalls zu

183 BGH FamRZ 2004, 872 (Fn. 175).

184 Zutreffend wurde daher die Pfändung in einem solchen Fall für unzulässig erachtet von LG Hannover, DGVZ 1985, 43 = JurBüro 1985, 788. Zustimmend Alisch, DGVZ 1985, 107; auch Musielak/Becker, ZPO, § 829 Rdn. 8a. Münzberg, ZZP 102 (1989) 129 (132) würdigt diesen Fall unter dem Gesichtspunkt des Rechtsmissbrauchs; unzutreffend jedenfalls die ablehnende Stellungnahme von Schulz, DGVZ 1985, 105.

185 OLG München (Fn. 174).

186 BGH FamRZ 2004, 872 (Fn. 175); Hintzen, Forderungspfändung, § 1 Rdn. 83.

187 Lürken, Rpfleger 2004, 572 (Anmerkung zu BGH).

188 Hess, NJW 2004, 2350.

189 Hierzu AG Aurich/LG Aurich, Rpfleger 1993, 357, die den Formblattantrag (ohne Tatsachenvortrag) als Vollstreckungsmaßnahme „ins Blaue hinein“ auch mit dem zutreffenden Hinweis ablehnen, dass es gerade nicht der Lebenserfahrung entspricht, dass der Schuldner, der es wegen einer nicht hohen Hauptforderung zu Vollstreckungsmaßnahmen kommen lässt, über Sparkonten, Wertpapierdepots, Kreditzusagen oder Bankschließfächer verfügt.

gestalten, nur allgemein zusammengestellte Ansprüche somit zu streichen, soweit sie dem Schuldner gegen den oder die Drittschuldner nicht zustehen[190]. Ist das Gläubigervorbringen nicht in solcher Weise schlüssig (sind z.B. widersprüchlich mit dem vorformulierten Antragsvordruck auch Lohn- oder Gehaltsansprüche gegen das Finanzamt bezeichnet), dann ist das Gesuch (wenn der Mangel nicht behoben wird) zurückzuweisen. Dem Vollstreckungsgericht obliegt es (im Zweifel) nicht, aus einem ungeprüft verwendeten checklistenartigen Antragsformular die Ansprüche herauszusuchen, die im Einzelfall bestehen könnten, und die im Antragsformular aufgereihten Ansprüche zu streichen (den Antrag insoweit zurückzuweisen), die im Formblattantrag ohne jede Einzelfallprüfung wiedergegeben sein könnten[191].

Ist das Pfändungsgesuch schlüssig, so pfändet das Vollstreckungsgericht nur die **„angebliche"** Forderung, die der Schuldner gegen den Drittschuldner hat (haben soll). Die Wirksamkeit dieser Pfändung bleibt deshalb zunächst in der Schwebe. Der ordnungsgemäß zugestellte Pfändungsbeschluss äußert nur dann die mit ihm erstrebte rechtliche Wirkung, wenn die gepfändete Forderung wirklich besteht und dem Schuldner gegen den Drittschuldner zusteht. Ist das nicht der Fall, so entfaltet die Pfändung keine Wirkungen[192] (sie geht ins Leere); der Pfändungsbeschluss ist gegenstandslos[193]. Durch die Pfändung einer dem Schuldner nicht zustehenden Forderung wird insbesondere auch das Verhältnis des wahren Gläubigers zu seinem Schuldner (dem Drittschuldner) nicht berührt[194]. **B.73**

Ob diese angebliche Forderung **tatsächlich besteht** und dem Pfändungsbeschluss somit die mit ihm erstrebte rechtliche Wirkung zukommt, ist ein Streit über einen materiell-rechtlichen Anspruch. Darüber kann deshalb nicht im Forderungspfändungsverfahren und auch nicht im Erinnerungsverfahren[195], sondern nur im Klageverfahren entschieden werden (siehe hierwegen Rdn. B.316 ff.). Wegen des Falles, dass die Forderung zwar besteht, dem Schuldner aber nicht oder nicht mehr zusteht, siehe Rdn. B.437 ff. **B.74**

Wenn die gepfändete Forderung auf den Erwerber eines Handelsgeschäfts übergegangen gilt (§ 25 Abs. 1 S. 2 HGB), kann die Schutzbestimmung des § 15 Abs. 1 HGB Bedeutung erlangen. Von dieser dem Geschäftsverkehr dienenden Schutzvorschrift wird auch die Pfändung als prozessuales Vorgehen erfasst. Der pfändende Gläubiger braucht sich daher vom Rechtsnachfolger des Schuldners, dessen Forderung gepfändet wurde, den Forderungsübergang nach § 25 Abs. 1 S. 2 HGB

---

190 LG Aurich, Rpfleger 1997, 394; LG Aurich, DGVZ 2003, 90 = JurBüro 2002, 661.
191 So auch LG Aurich, Rpfleger 1997, 394.
192 BArbG, JurBüro 1994, 364 = NJW 1993, 2699 = Rpfleger 1993, 456.
193 BGH, MDR 1987, 1021 = NJW 1988, 495 = Rpfleger 1987, 464 m.w.N.; Blomeyer, Rpfleger 1969, 281.
194 KG, MDR 1973, 233 = OLGZ 1973, 49.
195 OLG Hamm, Rpfleger 1962, 451; OLG Frankfurt (Fn. 175). Auch bei Erlöschen der gepfändeten Forderung ist der Pfändungsbeschluss daher nicht aufzuheben. Wenn dem Schuldner die Forderung durch rechtskräftiges Urteil aberkannt worden ist, wird jedoch ein Rechtsschutzbedürfnis für die Aufhebung des Pfändungsbeschlusses bejaht, LG Münster, MDR 1990, 932. Dem kann, wenn das Urteil auch gegen den Pfändungsgläubiger wirksam ist, zugestimmt werden, weil bei sicherer Kenntnis des Vollstreckungsgerichts, dass die Forderung nicht besteht, auch dem Pfändungsantrag nicht stattzugeben ist (siehe Rdn. B.75).

nicht entgegenhalten zu lassen, wenn eine Eintragung in das Handelsregister noch nicht erfolgt und bekannt gemacht war und der Vollstreckungsgläubiger auch keine Kenntnis hatte[196].

3.4.3. Fehlendes Rechtsschutzbedürfnis

B.75 Der Erlass eines Forderungspfändungsbeschlusses setzt, wie jede Rechtsverfolgung, ein Rechtsschutzbedürfnis voraus. Fehlt es, dann kann dem Antrag des Gläubigers nicht stattgegeben werden. Daher ist der Antrag zurückzuweisen[197], wenn dem Vollstreckungsgericht positiv bekannt ist, dass die nach dem Sachvortrag des Gläubigers (Rdn. B.68) zu pfändende Forderung tatsächlich nicht besteht[198], nicht dem Schuldner zusteht oder unpfändbar ist. Bei Beurteilung der Frage, ob die zu pfändende Schuldnerforderung besteht, ist allerdings ein strenger Maßstab anzulegen. Zurückgewiesen werden kann der Antrag daher nur, wenn das Nichtbestehen offenkundig oder unbestritten ist[199]. Wenn Zweifel bestehen, ob die Forderung nicht doch besteht oder dem Schuldner zustehen kann, muss dem Antrag entsprochen werden, weil das Vollstreckungsgericht den Tatsachenvortrag des Gläubigers im Pfändungsverfahren nicht prüfen, somit die materiell-rechtliche Frage, ob die Forderung geschuldet wird, auch nicht entscheiden kann[200]. Kenntnis des Vollstreckungsgerichts davon, dass die zu pfändende Forderung bereits abgetreten wurde, kann eine Zurückweisung des Pfändungsantrags aber nur ermöglichen, wenn sicher feststeht, dass sie dem Schuldner nicht mehr zustehen, die Pfändung sonach rechtlich Wirkung nicht äußern kann (Rdn. B.73). Wenn die Abtretung sicherungshalber erfolgt ist, kann der Schuldner die Forderung wieder erlangt haben; insbesondere kann ein Anspruch auf künftige Leistung mit Fortfall des Sicherungszwecks wieder an den Schuldner zurückgefallen sein. Daher besteht auch ein Rechtsschutzbedürfnis für den Erlass des Pfändungsbeschlusses[201]. Kein Rechtsschutzbedürfnis besteht für die Pfändung von Arbeitseinkommen wegen eines Unterhaltsanspruchs, wenn dem Gläubiger das Schuldnereinkommen bereits in Höhe dieses Unterhaltsanspruchs abgetreten ist und der Arbeitgeber Zahlungen leistet[202].

---

196 BGH, MDR 1979, 308 = NJW 1979, 42 (entschieden für Steuerbehörde und Einwendung einer Kommanditgesellschaft, die als Rechtsnachfolgerin des Steuerschuldners die gepfändete Forderung für sich in Anspruch nahm). Dazu aber kritisch Dittmar, MDR 1980, 23.

197 Desgleichen der Pfändungs- und Überweisungsbeschluss im Erinnerungs- oder Beschwerdeverfahren nicht aufrecht zu erhalten, OLG Köln, JMBlNW 1988, 17 = OLGZ 1988, 214.

198 OLG Hamburg, MDR 1952, 368; OLG Hamm, Rpfleger 1956, 197 mit zust. Anm. Berner; OLG Köln, ZIP 1980, 578 (579); LG Aurich, DGVZ 2003, 90 (Fn. 190); LG Köln, JurBüro 1986, 781; Thomas/Putzo/Seiler, ZPO, § 829 Rdn. 9; Stein/Jonas/Würdinger, ZPO, § 829 Rdn. 38; siehe dazu aber Mes, Rpfleger 1968, 292.

199 OLG Frankfurt (Fn. 175).

200 OLG Hamm (Fn. 198); LG Aurich, DGVZ 2003, 90 (Fn. 190); LG Köln (Fn. 198).

201 OLG Köln, OLGZ 1994, 477.

202 LG Bremen, Rpfleger 1956, 199.

Auch der Gläubiger einer nur **geringen Forderung** (Bagatellforderung)[203] hat das Recht auf Zwangsvollstreckung (Vollstreckungsanspruch)[204]. Das Rechtsschutzbedürfnis fehlt daher auch dem Antrag auf Forderungspfändung wegen einer Bagatellforderung nicht[205]. Ein Schuldner, der in bedrängten Verhältnissen lebt, kann eine geringe Vollstreckungsforderung aufbringen und die mit der Zwangsvollstreckung verbundenen Härten verhindern[206]. Grundsätzlich muss daher auch gegen ihn die zwangsweise Durchsetzung des materiellen Anspruchs des Gläubigers möglich sein[207]. Ein Rechtsschutzbedürfnis folgt in dem formal gestalteten Vollstreckungsverfahren bereits aus dem Gläubigerinteresse auf Befriedigung der durch den Vollstreckungstitel begründet ausgewiesenen Forderung[208]. Allein der Umstand, dass der Gläubiger lediglich wegen einer nur geringen restlichen Forderung (insbesondere Zinsen oder Kosten) vollstrecken will und durch diese Vollstreckung Kosten entstehen (oder solche durch bisherige Vollstreckungen bereits entstanden sind[209]), die die Restforderung (mehrfach) übersteigen, rechtfertigt es daher noch nicht, die Vollstreckung als rechtsmissbräuchlich anzusehen[210]. Rechtsmissbräuchlich und daher abzulehnen ist die Vollstreckung einer Minimalforderung nur, wenn aus besonderen Gründen berechtigte Schutzinteressen des Schuldners eindeutig überwiegen[211]. Das kann der Fall sein, wenn der Vollstreckungsantrag wegen einer ganz unbedeutenden Rest- oder Nebenforderung gestellt ist[212] (etwa wegen geringfügiger Restzinsen, die bis zur Gutschrift des überwiesenen Betrags noch aufgelaufen sind, oder wegen Kosten, die dem Schuldner bei Leistung nicht bekannt waren) und dem Schuldner durch die Vollstreckungsmaßnahme unverhältnismäßig hohe Kosten entstehen würden. Wenn der Schuld- B.76

Teil B Verfahren/Wirkungen

---

203 **Schrifttum:** Buß, De minimis non curat lex, NJW 1998, 337 (Abschn. II 3, S. 339); Kerfak, Zur gerichtlichen Durchsetzung von Minimalforderungen, JR 1991, 133; Morgenstern, Verhältnismäßigkeitsgrundsatz und Erzwingungshaft zur Abgabe einer eidesstattlichen Versicherung, NJW 1979, 2277; Schiffhauer, Die Geltendmachung von Bagatellforderungen in der Zwangsversteigerung, ZIP 1981, 832; Schneider, Vollstreckungsmissbrauch bei Minimalforderungen, DGVZ 1978, 166; Schneider, Bemerkungen zur kostenträchtigen Beitreibung von Minimalforderungen, DGVZ 1983, 132; Schneider, Minima non curat praetor, MDR 1990, 893; Skibben, Die Vollstreckung von Minimalforderungen, DGVZ 1988, 180.

204 Stöber/Keller, ZVG, Einl. Rdn. 170 ff.; Zöller/Seibel, ZPO, § 753 Rdn. 9, je m.w.N.

205 Siehe Buß, NJW 1998, 337 (II 3, S. 339); Schiffhauer, ZIP 1981, 832; Stöber (Fn. 204); LG Bochum, Rpfleger 1994, 117; LG Oldenburg, Rpfleger 1981, 492.

206 OLG Düsseldorf, NJW 1980, 1171.

207 OLG Düsseldorf, (Fn. 206).

208 Stöber (Fn. 204); LG Dortmund, JurBüro 2007, 219; AG Karlsruhe, DGVZ 1986, 92 = NJW-RR 1986, 1256 (Versäumnisurteil über 4,20 DM).

209 LG Bochum (Fn. 205).

210 LG Aachen, DGVZ 1987, 139 = JurBüro 1987, 924; LG Wuppertal, NJW 1980, 297.

211 OLG Düsseldorf (Fn. 206).

212 Siehe z.B. AG Dortmund, DGVZ 1978, 121 (Zinsbetrag von 1,23 DM); AG Staufen, DGVZ 1978, 189 (Restbetrag von 0,71 DM); AG Kamen, DGVZ 1983, 190 (Rest von 2,16 DM); auch AG Tostedt/LG Stade, DGVZ 1978, 171 mit Anm. Schneider. Weitere Entscheidungen führt Schneider, DGVZ 1978, 166 und MDR 1990, 893 an. Siehe aber auch LG Wuppertal (Fn. 210) (Zinsen im Betrag von 2,37 DM); LG Konstanz, NJW 1980, 297; LG Berlin, DGVZ 1979, 168; LG Lübeck, DGVZ 1979, 73 (Zinsbetrag von 0,56 DM; kein Rechtsmissbrauch); AG Braunschweig, DGVZ 1981, 186 (Restforderung von 0,83 DM; kein Rechtsmissbrauch); LG Hannover, DGVZ 1991, 190 (Zinsen von 0,18 DM; nötig vorherige Zahlungsaufforderung des Schuldners).

ner böswillig nicht zahlt oder wenn er Zahlung einer geringen Restforderung (insbesondere restlicher Zinsen oder Kosten) ausdrücklich verweigert, ist die Vollstreckung durchweg nicht missbräuchlich[213].

4. Der Pfändungsbeschluss (§ 829 ZPO)

4.1. Der Pfändungsbeschluss als Staatsakt

B.77 Der Erlass des Pfändungsbeschlusses (siehe Rdn. B.47 f.) ist **Staatsakt** (hoheitlicher Gerichtsakt). Als solcher muss der Pfändungsbeschluss die nötige **Klarheit** und **Bestimmtheit** so in sich tragen, dass Anordnung und Umfang der Pfändung mit Sicherheit zu ersehen und zu erkennen sind.

4.2. Der Inhalt des Pfändungsbeschlusses

B.78 **Schrifttum:** Derleder, Zur Unwirksamkeit einer Forderungspfändung wegen mangelhafter Schuldnerbezeichnung und ihre Heilung, JurBüro 1995, 11.

B.79 Mit der im Interesse der allgemeinen Rechts- und Verkehrssicherheit gebotenen Zuverlässigkeit (Auslegung bei ungenauer Bezeichnung siehe Rdn. B.101 ff.) muss der Pfändungsbeschluss bezeichnen:

- das **Vollstreckungsgericht** sowie Ort und Zeit seines Erlasses und das gerichtliche Aktenzeichen;

B.80
- die **Parteien,** also Gläubiger und Schuldner (siehe Rdn. A.7) mit ihren gesetzlichen Vertretern[214] und Prozessbevollmächtigten.

Die Parteibezeichnung muss unzweifelhaft erkennen lassen, für wen die Vollstreckung erfolgt und gegen wen (in wessen Vermögen) sie sich richtet[215]. Wie diese Bezeichnung erfolgen soll, ist nicht ausdrücklich vorgeschrieben. In Anlehnung[216] an § 313 Abs. 1 Nr. 1 ZPO ist aber die Bezeichnung mit Vor- und Familienname (oder Firma), Wohnort (oder Sitz)[217] und Parteistellung so geboten, dass an der Identität keine Zweifel bestehen können.

---

213 AG Dinslaken, DGVZ 1982, 159 = JurBüro 1982, 783.

214 KG, FamRZ 1995, 311 = MDR 1994, 513 = OLGZ 1994, 593 = Rpfleger 1994, 425.

215 RGZ 160, 37 (39); KG (Fn. 214); Derleder, JurBüro 1995, 11: „Die Identität der Parteien (auch die des Gläubigers) muss sichergestellt sein“; OLG Stuttgart, NJW-RR 1994, 1023: „... Ist der Drittschuldner (unverschuldet) nicht in der Lage, den Schuldner infolge falscher Adressenangabe zu identifizieren, dann ist die Pfändung unwirksam.“

216 Gegen unmittelbare Anwendung der für das Erkenntnisverfahren vorgesehenen Vorschriften KG (Fn. 214).

217 Bezeichnung des Gläubigers auch mit seiner Anschrift ist in jedem Fall empfehlenswert, nur dann aber notwendig, wenn die Anschrift für Feststellung der Identität des Gläubigers oder zur Wahrung schutzwürdiger Belange des Schuldners von Bedeutung ist; KG (Fn. 214).

Fraglich ist, ob der im Schuldtitel genannte **Prozessbevollmächtigte** des Schuldners im Pfändungsbeschluss auch dann bezeichnet werden muss, wenn ihn der Gläubiger in seinem Antrag nicht angeführt hat. Die Frage ist wegen der Zustellung des Pfändungsbeschlusses von Bedeutung (siehe § 172 Abs. 1 ZPO). **B.81**

Dass der Gläubiger mit der Nichtbenennung des Prozessbevollmächtigten im Pfändungsantrag davon Nachricht geben wollte, die Vollmacht des Gegenanwaltes sei gekündigt und ihr Erlöschen dem Gläubiger angezeigt, ihm gegenüber also wirksam geworden (§ 87 ZPO), lässt sich erfahrungsgemäß nicht ohne weiteres unterstellen. Wenn die Unklarheit nicht sogleich ausgeräumt werden kann, ist daher der Prozessbevollmächtigte des Schuldners im Pfändungsbeschluss noch anzuführen, bei Vermittlung der Zustellung aber der Gerichtsvollzieher zu ersuchen, den Beschluss nicht nur dem Prozessbevollmächtigten, sondern vorsorglich auch sofort dem Schuldner persönlich zuzustellen. Eine Zustellung an den Schuldner persönlich und zugleich auch an seinen Prozessbevollmächtigten entspricht gerichtlicher Praxis in allen Fällen, in denen die Bevollmächtigung oder das Erlöschen einer Vollmacht nicht zweifelsfrei feststehen. Lässt der Gläubiger selbst zustellen, so muss es ihm überlassen bleiben, dem Gerichtsvollzieher richtigen Zustellungsauftrag zu erteilen.

Ein Hinweis auf die **Geldempfangsvollmacht** des Prozessbevollmächtigten des Gläubigers, die Aufforderung zur „Zahlung an den Prozessbevollmächtigten des Gläubigers“ oder die Aufforderung, „das Geld postgebührenfrei zu überweisen“, gehören nicht zum Inhalt des Pfändungs- (und Überweisungs-)beschlusses[218]. Es bestehen aber keine Bedenken dagegen, dass das Vollstreckungsgericht den Zahlungsverkehr zwischen den Beteiligten erleichtert und deshalb den Wunsch des Gläubigers auf Bezeichnung seines Kontos dem Drittschuldner mitteilt. Die Aufnahme der Bezeichnung des Kontos des Gläubigers und Hinweise im Pfändungsbeschluss wie „Der Gläubiger hat um Überweisung auf sein Konto Nr. ... gebeten“ oder „... auf das Konto ... des ... gebeten“ sind daher zwar nicht notwendig, aber zulässig. Diese Hinweise müssen jedoch so deutlich vom amtlichen Teil des Pfändungsbeschlusses getrennt sein, dass sie für den Drittschuldner sicher als Mit- **B.82**

218 LG Essen, Rpfleger 1959, 166 mit zust. Anm. Petermann und JurBüro 1959, 517; Berner, Rpfleger 1964, 366; Quardt, JurBüro 1959, 498; Bauer, JurBüro 1976, 1297; siehe auch Pentz, Rpfleger 1958, 147; Zöller/Herget, ZPO, § 835 Rdn. 5; Musielak/Becker, ZPO, § 835 Rdn. 5; MünchKomm/Smid, ZPO, § 835 Rdn. 10; **a.A.** Schopp, Rpfleger 1966, 327; LG Berlin, DB 1968, 1065 = DGVZ 1968, 187 = Rpfleger 1968, 291; LG Nürnberg-Fürth, JurBüro 1964, 614 = Rpfleger 1964, 380; Jokeit, JurBüro 1953, 85. Da der Hinweis auf die Geldempfangsvollmacht nicht zum Inhalt des Pfändungsbeschlusses gehört, darf sein Erlass auch nicht verzögert werden, wenn der Gläubigervertreter Angabe der Geldempfangsvollmacht wünscht, den Nachweis seiner Bevollmächtigung aber nicht führt. Daher ist es auch nicht notwendig, dass das Vollstreckungsgericht die Bevollmächtigung aus seinen Prozessakten feststellt; irrig mithin LG Flensburg, JurBüro 1962, 173. Schopp begründet die Verpflichtung des Vollstreckungsgerichts zur Aufnahme eines deutlich als privater Vermerk über die Zahlungsweise gekennzeichneten Hinweises damit, dass das Gericht dem Gläubiger nicht die Geltendmachung der materiellen Rechte verweigern darf, die sich aus der Überweisung ergeben. Dem steht aber entgegen, dass das Gesetz einen Pfändungs- und Überweisungsbeschluss nicht als Weg zur Geltendmachung materieller Rechte zur Verfügung stellt.

teilungen des Gläubigers erkennbar sind, die nicht zum Inhalt des Pfändungsbeschlusses gehören[219]; dem trägt der Entwurf des Pfändungs- und Überweisungsbeschlusses in dem verbindlich zu nutzenden Antragsformular nicht hinreichend Rechnung. Verlangt der Gläubigervertreter einen Hinweis darauf, dass Zahlung an ihn (auf ein Konto, dessen Inhaber er – nicht der Gläubiger – ist) erfolgen soll, darf der Vermerk nicht den Eindruck erwecken, die Geldempfangsbevollmächtigung sei nachgewiesen oder geprüft. Deshalb empfiehlt sich in diesem Fall der Zusatz, dass „eine Geldempfangsvollmacht des Gläubigervertreters (Kontoinhabers) vom Vollstreckungsgericht nicht nachgeprüft ist". Lässt der Gläubiger auf solche Weise eine Geldempfangsvollmacht seines Vertreters dem Drittschuldner mitteilen, so muss er selbst das spätere Erlöschen dieser Vollmacht dem Drittschuldner anzeigen.

Wird der Antrag auf Aufnahme eines solchen Vermerks von einem Prozessbevollmächtigten gestellt, so kann der Hinweis nur lauten: „Es ist um Überweisung auf das Konto Nr. ... des Prozessbevollmächtigten gebeten. Das Vollstreckungsgericht hat die Geldempfangsvollmacht nicht geprüft. Ob eine ordnungsgemäße Geldempfangsvollmacht vorliegt, muss daher vom Drittschuldner bei Überweisung an den Bevollmächtigten in eigener Verantwortung geprüft werden"[220].

B.83 Der Pfändungsbeschluss muss weiter bezeichnen:

- den **vollstreckbaren Anspruch** des Gläubigers[221] nach Hauptsache[222], Zinsen und anderen Nebenleistungen, Prozesskosten, bisherigen Zwangsvollstreckungskosten und Kosten des Pfändungsbeschlusses sowie außerdem den vollstreckbaren Schuldtitel[223].

Diese Angaben sind notwendig, weil sich nach ihnen Umfang der Pfändung und des Pfandrechts bestimmen. Wenn ein Teilbetrag aus einem Titel über mehrere Forderungen oder der Forderungen aus mehreren Titeln vollstreckt wird, muss angegeben sein, wie er sich zusammensetzt, damit erkennbar sein, welcher der Forderungen der Teilbetrag zuzuordnen ist[224], somit, ob nur ein Hauptsacheteilanspruch (und aus welcher Hauptforderung von mehreren) vollstreckt wird, und

219 Dazu siehe auch Schopp (Fn. 218).

220 Vgl. dazu Schopp (Fn. 218), auch wegen der Besonderheit für die Kostenerstattungsforderung.

221 Siehe BGH, MDR 1980, 569 = NJW 1980, 1754 = Rpfleger 1980, 183; BGH, NJW-RR 2003, 1437 = Rpfleger 2003, 595 und die Fn. 224–226 Genannten.

222 Beigetriebene Ansprüche tilgen (nur) die im Pfändungsbeschluss bezeichnete Vollstreckungsforderung des Gläubigers. Hat der Gläubiger nur wegen der Hauptsacheforderung vollstreckt, dann kommt somit eine Anrechnung der beigetriebenen Beträge gemäß § 367 BGB auf die Kosten des Verfahrens nicht in Betracht; LG Hamburg, NJW-RR 1986, 1445.

223 Stein/Jonas/Würdinger, ZPO, § 829 Rdn. 40, Musielak/Becker, ZPO, § 829 Rdn. 9, MünchKomm/Smid, ZPO, § 829 Rdn. 26; s. auch BGHZ 121, 98 (103) = NJW 1993, 735 = Rpfleger 1993, 292. Eine fehlerhafte Bezeichnung berührt die Wirksamkeit der Pfändung nicht, wenn die Unrichtigkeit durch die bekannten tatsächlichen Umstände widerlegt wird, OLG Köln, JurBüro 1989, 276 = NJW-RR 1989, 190; weitergehend (Angabe des Vollstreckungstitels ist nicht Wirksamkeitsvoraussetzung) Schuschke/Walker, Vollstreckung, § 829 Rdn. 45.

224 BGH, DGVZ 2008, 184 = MDR 2008, 1183 = NJW 2008, 3147 mit Anm. Würdinger = Rpfleger 2008, 581; LG Bremen JurBüro 2013, 47.

welche Zinsen sowie Kosten der Teilbetrag einschließt[225]. Die Bezugnahme auf eine dem Beschluss beigefügte Forderungsaufstellung genügt[226] (siehe Rdn. B.99).

Der **Zins**anspruch des Gläubigers muss nicht bis zum Tage des Erlasses des Pfändungsbeschlusses ausgerechnet werden. Die Pfändung kann vielmehr auch wegen der bis zur späteren Befriedigung der Vollstreckungsforderung fortlaufenden Zinsen angeordnet werden. § 751 Abs. 1 ZPO steht dem nicht entgegen; vielmehr kann die Zwangsvollstreckung in eine Forderung wegen der Zinsen so angeordnet werden, dass der Gläubiger das erhält, was ihm an Haupt- und Zinsforderung im Augenblick der Drittschuldnerzahlung zusteht[227].

Bei unterschiedlicher Bezeichnung der vollstreckbaren Forderung in Zahlen und in Buchstaben („61195 DM"; „einundneunzigtausendeinhundertfünfundneunzig DM") hat das OLG Frankfurt[228] die Nichtigkeit des Pfändungsbeschlusses angenommen. Nach seiner Meinung war kein wirksames Pfandrecht entstanden, weil der Widerspruch zwischen der Angabe in der Zahl und in Buchstaben nicht aufzulösen war. Dem ist nicht zu folgen. Nach den Auslegungsgrundsätzen (Rdn. B.102) kann der niedrigere Betrag als unzweifelhafte Pfändungsbeschlagnahme gelten.

Im Verwaltungsvollstreckungsverfahren nach dem Verwaltungsvollstreckungsgesetz des Bundes (§ 5 Abs. 1 VwVG i.V.m. § 260 AO) und den entsprechenden Verwaltungsvollstreckungsgesetzen der Länder sowie nach der AO (§ 260 AO) muss die Pfändungsverfügung der Vollstreckungsbehörde selbst die beizutreibende Forderung nach Betrag und Schuldgrund bezeichnen[229], wenn wegen laufender Zahlungsansprüche vollstreckt wird auch die Zeiträume, für welche die Zahlungen (Raten) geltend gemacht sind[230]. Bezugnahme auf ein beigefügtes Schreiben, das diese Bezeichnung enthält, genügt dafür nicht[231], so dass die Pfändungsverfügung unwirksam ist. Die an den Drittschuldner zuzustellende Pfändungsverfügung soll jedoch den beizutreibenden Geldbetrag nur in einer Summe, ohne Angabe der Steuerarten und der Zeiträume, für die er geschuldet wird, bezeichnen (§ 309 Abs. 2 S. 2 AO, auch i.V.m.§ 5 Abs. 1 VwVG)[232]. B.84

---

225 BGHZ 177, 178 (180) = NJW 2008, 3144 (3145) = Rpfleger 2008, 648 (649).

226 BGH, JurBüro 2008, 606 noch zur Rechtslage vor Inkrafttreten der Zwangsvollstreckungs-Formularverordnung; vgl. jetzt Rdn. B.33 zur verbindlichen Nutzung der Forderungsaufstellung auf Seite 3 des Antragsformulars und zur Zulässigkeit der Beifügung von Anlagen nur dann, wenn im Formular keine zweckmäßigen Eintragungsmöglichkeiten bestehen.

227 Jonas, JW 1937, 2135 li.Sp.; siehe auch § 1210 Abs. 1 S. 1 BGB.

228 OLG Frankfurt, JurBüro 1977, 1147 = MDR 1977, 676; **a.A.** Stein/Jonas/Würdinger, ZPO, § 829 Rdn. 40 (Fn. 229).

229 Die Angabe der vollstreckten Forderung gehört zum notwendigen Inhalt der Pfändungsverfügung, BFHE 192, 232 = BStBl 2001 II 5 = KKZ 2001, 38. Zur Angabe des Schuldgrundes BFHE 137, 557 = BStBl 1983 II 435 = KKZ 1983, 192.

230 VGH Baden-Württemberg, KKZ 1990, 97.

231 BGH, a.a.O (Fn. 221).

232 Dazu Huken, Zur Angabe des Schuldgrundes in einem Vollstreckungsauftrag und in einer Pfändungsverfügung, KKZ 1986, 121 (der auch herausstellt, dass diese Neuregelung auf Gründen des Datenschutzes beruht und zu ihr kritisch Stellung nimmt) sowie nochmals KKZ 1987, 10 (hier zum Anwendungsbereich des § 309 AO und zu Besonderheiten nach landesrechtlichen VwVGen); hierzu Ramelsberger, Zum Datenschutz in der Forderungspfändung, KKZ 1988, 225.

B.85 Der Pfändungsbeschluss muss außerdem bezeichnen:

- die zu **pfändende Forderung** des Schuldners an den Drittschuldner (bzw. den zu pfändenden sonstigen Anspruch oder das Vermögensrecht)[233].

Diese den Gegenstand der Vollstreckungsmaßnahme bildende Forderung (der Anspruch, das Recht) ist so bestimmt zu bezeichnen, dass sie von anderen unterschieden werden kann und die Feststellung ihrer Identität gesichert ist[234], dass mithin unzweifelhaft feststeht, welche konkrete Forderung (Anspruch, Recht) Gegenstand des Pfändungszugriffs sein soll. Das kann in der verschiedensten Weise geschehen[235] und erfordert nicht, dass die Forderung rechtlich richtig und in allen ihren Einzelheiten gekennzeichnet wird[236].

B.86 Am zuverlässigsten wird dem Erfordernis nach ausreichender Beschreibung der Forderung (des Anspruchs oder Rechts) bei Kennzeichnung des Gegenstandes und Rechtsgrundes genügt[237], also z.B. dann, wenn angegeben wird „Miete aus Vermieten der Wohnung …“ oder „Kaufpreisforderung aus dem Kaufvertrag über einen gebrauchten Pkw, Marke Opel“ (siehe Rdn. B.218, B.220). Allgemein gehaltene Angaben genügen aber regelmäßig nicht[238] (siehe hierwegen Rdn. B.106). Nur all-

---

233 Siehe dazu RGZ 108, 318; RGZ 139, 97; RGZ 140, 340 (342); RGZ 157, 321; RGZ 160, 37; BGHZ 13, 42 = JurBüro 1954, 304 = LM Nr. 2 zu § 829 ZPO mit Anm. Ascher = NJW 1954, 881; BGH, JurBüro 1961, 365 = MDR 1961, 408 = Rpfleger 1961, 363; BGH, JurBüro 1965, 617 = Rpfleger 1965, 365; BGH, NJW 1975, 980; BGH, JurBüro 1978, 1003 = MDR 1978, 839 = Rpfleger 1978, 247; BGH, MDR 1980, 303 = NJW 1980, 584 = Rpfleger 1980, 98; BGHZ 80, 172 = JurBüro 1981, 1326 = MDR 1981, 730 = NJW 1981, 1611 = Rpfleger 1981, 290; BGH, JurBüro 1983, 543 = MDR 1983, 486 = NJW 1983, 886 (insoweit nicht in BGHZ 86, 337); BGHZ 93, 82 (83) = MDR 1985, 407 = NJW 1985, 1031; BArbG, BB 1962, 615 = Rpfleger 1963, 44 mit Anm. Berner; KG, JurBüro 1981, 784 = OLGZ 1982, 75 = Rpfleger 1981, 240; BGH, MDR 1988, 859 = NJW 1988, 2543; BGH, MDR 1991, 1201 = NJW-RR 1991, 1197 (1198) = Rpfleger 1991, 381.

234 BGH, LM Nr. 8 zu § 857 ZPO = Rpfleger 1965, 365; BGH, JurBüro 1978, 1003 (Fn. 233); BGH, MDR 2001, 1133 = NJW 2001, 2976; BGHZ 172, 16 = MDR 2007, 908 = NJW 2007, 3132 = Rpfleger 2007, 405 (406); BGH, JurBüro 2008, 211 (212) = MDR 2008, 338 = NJW-RR 2008, 494 (495) = Rpfleger 2008, 266 (267); BGH, MDR 2008, 826 = NJW-RR 2008, 1164 = NZI 2008, 512; BayObLG, DNotZ 2000, 376 = NJW-RR 2000, 945; OLG Frankfurt, JurBüro 1981, 458 = OLGZ 1981, 109; OLG Karlsruhe, MDR 1997, 975 = NJW 1998, 549; Hintzen, Forderungspfändung, § 1 Rdn. 68.

235 RGZ 139, 97 (99); Stöber, Rpfleger 1961, 208.

236 RGZ 108, 318 f.; BArbG, AP Nr. 8 zu § 850 ZPO = JurBüro 1975, 904 = Rpfleger 1975, 220. Als ausreichend angesehen hat deshalb OLG Frankfurt, OLGR 1998, 53 die Bezeichnung der Forderung aus der Tätigkeit des Schuldners für den Drittschuldner, deren genaue rechtliche Einordnung dem Gläubiger nicht möglich war, als Forderung auf Zahlung von … Entgelt aus Arbeitsvertrag, Werkvertrag und/oder selbstständiger Tätigkeit. Ein auf die Pfändung von Ansprüchen aus Lebensversicherungsverträgen gerichteter Pfändungsbeschluss, der die gepfändeten Forderungen nur abstrakt-generell ohne Bezug auf einen konkreten Versicherungsvertrag bezeichnet, ist regelmäßig dahin auszulegen, dass er lediglich uneingeschränkt pfändbare Forderungen umfasst, nicht aber solche, die nicht oder nur nach Maßgabe des § 850b Abs. 1 Nr. 1 ZPO pfändbar sind: BGH, MDR 2018, 1080 = NJW 2018, 2732 = Rpfleger 2018, 626.

237 Bezeichnung einer Pacht„forderung“ als Pacht„summe“ genügt, siehe RGZ 160, 37 (40).

238 Als ausreichend erachtet hat jedoch der BGH, JurBüro 1961, 365 (Fn. 233) die Bezeichnung „aus Forderungen aus der Arbeitsgemeinschaft Internat K“, und zwar für alle Forderungen auf dasjenige, was aus der Arbeitsgemeinschaft noch zu erwarten ist, insbesondere auch für künftig erwachsende Forderungen. Dem kann in dieser Verallgemeinerung nicht gefolgt werden.

gemeine Bezeichnung des Lebenssachverhalts (z.B. Kaufvertrag) statt der konkreten Forderung (des Vermögensrechts), die gepfändet werden soll (Kaufpreiszahlung, Schadensersatz, Kaufpreisrückzahlung nach Wandlung) ist durchweg unzulänglich (siehe Rdn. B.25).

Nur in ganz besonderen Fällen wird eine Spezifizierung der so beschriebenen Forderung durch Angabe der Entstehungszeit, der Zahlungszeit[239] oder auf ähnliche Weise notwendig sein, so z.B. dann, wenn dem Schuldner gegen den Drittschuldner mehrere gleichartige Forderungen zustehen oder wenn der Drittschuldner ein Großunternehmen oder eine Körperschaft mit dezentralisierter Organisation ist[240]. **B.87**

Schadensersatz wegen unerlaubter Handlung (§ 823 BGB) kann u.a. als Geldersatz (§§ 249, 251 BGB), Geldrente (§ 843 BGB) und Schmerzensgeld (§ 253 Abs. 2 BGB, s. Rdn. A.437), Unterhaltsersatz und Hinterbliebenengeld (§ 844 Abs. 2, 3 BGB) oder Rente für entgangene Dienste (§ 845 BGB) zu leisten sein. Die Pfändbarkeit der einzelnen Ersatzansprüche ist unterschiedlich geregelt (s. Rdn. A.422). Daher wird bei der Pfändung der Ersatzanspruch, auf den Zugriff genommen werden soll, näher zu bezeichnen sein. Pfändung nur der angeblichen Schadensersatzforderung aus einem (unter Angabe des Tages, Orts und der Unfallbeteiligten) bezeichneten Schadensfall (Verkehrsunfall) wird daher nur genügen, wenn sich daraus nach den Umständen des Einzelfalls auch die Ersatzforderung hinreichend bestimmen lässt, so z.B. deshalb, weil nur eine Ersatzforderung für Sachschaden in Betracht kommen kann.

Der Bezeichnung der zu pfändenden Forderung kann auch die Benennung ihrer genauen oder ungefähren **Höhe** dienen. Notwendig ist die Angabe des Betrages der Forderung aber nur im Falle der Teilpfändung (siehe Rdn. B.97, B.432); in sonstigen Fällen ist die ziffernmäßige Benennung zur Konkretisierung des Gegenstandes des Pfändungszugriffs nur ausnahmsweise geboten. Von solchen ganz seltenen Sonderfällen abgesehen ist aber die Benennung des geschuldeten Betrages der zu pfändenden Forderung nicht zwingend erforderlich[241]. Das gilt schon deshalb, weil der Gläubiger die Verhältnisse seines Schuldners oft nicht genau kennt und auch nicht in jeder Einzelheit mit der bei Forderungspfändung regelmäßig gebotenen Eile in Erfahrung bringen kann. Ihm kann daher nicht zugemutet werden, neben einer dem Rechtsverkehr genügenden zuverlässigen und Zweifel ausschließenden Forderungsbezeichnung auch noch ihre Höhe zu benennen[242]. Durch Angabe des Betrages allein (ohne Anführung des Rechtsgrundes der Forderung) kann aber die zu pfändende Forderung nicht ausreichend beschrieben werden, weil mit einer solchen Bezeichnung Ansprüche mit den verschiedensten Entstehungsgründen und -zeiten gemeint sein könnten[243]. Die Angabe des Forderungsbetrags kann jedoch bei ungenauer Bezeichnung des Forderungsgrunds Auslegungshilfe sein[244]. **B.88**

---

239 Angabe der Fälligkeitszeit ist durchwegs entbehrlich; RGZ 160, 37 (40).
240 Vgl. OLG Köln, MDR 1970, 150 (151).
241 Ebenso für Pfändung von Untermiete LG Berlin, JW 1937, 1443 Leits.
242 Siehe Stöber, Rpfleger 1961, 208.
243 RGZ 139, 97 (101).
244 Siehe den Fall BGH, JurBüro 1978, 1003 (Fn. 233).

B.89 Dass sich die Pfändung auf **zukünftige** Forderungen erstrecken soll, muss sich aus dem Pfändungsbeschluss ergeben[245]. Fehlt eine solche Angabe, so erstreckt sich die Pfändung nur auf die bei ihrem Wirksamwerden (Zustellung) dem Schuldner zustehenden Ansprüche[246]. Nur in den Fällen der §§ 832, 833a ZPO werden die erst nach Wirksamwerden der Pfändung fällig gewordenen Beträge auch ohne ausdrückliche Anordnung von der Pfändung erfasst (siehe dazu Rdn. C.119 ff.).

B.90 Wenn Forderungen gegen einen Drittschuldner aus **verschiedenen** Rechtsverhältnissen durch einheitlichen Beschluss gepfändet werden sollen, muss der Beschluss die einzelnen Forderungen (bestimmt) kennzeichnen; die Bezeichnung bloß als Forderung aus einem (nicht näher bestimmten) Vertrags- oder Rechtsverhältnis wird als nicht genügend angesehen (s. Rdn. A.294: mehrere Versicherungsverhältnisse bei demselben Drittschuldner, sowie Rdn. B.106 [bei Fn. 312]: mehrere Bauvorhaben). Auch wenn mehrere Geldforderungen mit jeweils gleichem Rechtsgrund (z.B. aus Werkverträgen) gegen verschiedene Drittschuldner durch einheitlichen Beschluss (Rdn. B.50) gepfändet werden sollen, muss jede Einzelforderung mit ihrem Drittschuldner ausreichend bestimmbar bezeichnet werden; die Bezeichnung der Forderungen als „angeblicher Anspruch" (Singular) aus Werkvertrag über (näher genannte) Bauvorhaben mit zusammengefasster Angabe aller Drittschuldner kann als Pfändung nur einer von den Drittschuldnern als Gesellschafter einer (nicht bestehenden) Gesellschaft bürgerlichen Rechts geschuldeten Forderung verstanden werden und daher unwirksam sein[247].

B.91 Der Pfändungsbeschluss muss außerdem bezeichnen:

- den **Drittschuldner**.

Wie die Drittschuldnerbezeichnung erfolgen soll, sieht die ZPO nicht vor. Nach dem Rdn. B.80 Gesagten dürfte Bezeichnung nach Familien- und Vornamen (oder Firma) und Wohnort (oder Sitz) aber geboten sein. Jedenfalls muss jedoch bei sachgemäßer Auslegung immer erkennbar sein, wer in Wahrheit gemeint ist (siehe Rdn. B.104). Für die Zustellung kann auch die Angabe des gesetzlichen Vertreters des Drittschuldners geboten sein.

B.92 Mit der Firma und dem Ort einer **Zweigniederlassung** ist der Drittschuldner, insbesondere eine juristische Person oder eine rechtsfähige Personengesellschaft des Handelsrechts, zutreffend bezeichnet. Die Zweigniederlassung ist als Unternehmensteil zwar selbstständig nicht rechtsfähig. Jedoch nimmt der Drittschuldner mit seiner Zweigniederlassung am Rechtsverkehr für die von ihr aus betriebenen Geschäfte unter deren Firma teil. Das ermöglicht für das Zahlungsverbot auch die Bezeichnung des Drittschuldners mit der Firma der Zweigniederlassung. Das Zahlungsverbot richtet sich auch bei solcher Fassung gegen den Drittschuldner als Rechtspersönlichkeit (insbesondere juristische Person oder rechtsfähige Personengesellschaft), dessen Unternehmensteil mit der Firma der Zweigniederlassung genannt ist. Jedoch kann der Zustellung an den Leiter einer anderen Zweigniederlassung (§ 170 Abs. 2 ZPO) oder einer Ersatzzustellung in den Geschäftsräumen

---

245 Vgl. BGHZ 80, 172 (178, 181) (Fn. 233); OLG Düsseldorf, NJW-RR 1999, 1406 (1407); OLG Karlsruhe, NJW-RR 1993, 242.

246 OLG Karlsruhe (Fn. 245).

247 OLG Brandenburg, JurBüro 2003, 48.

(§ 178 Abs. 1 Nr. 2 ZPO) einer anderen Zweigniederlassung als der bei der Drittschuldnerbezeichnung benannten keine Wirksamkeit zukommen. Verstanden werden kann die Drittschuldnerbezeichnung mit der Firma einer Zweigniederlassung, wenn nicht mit Angabe der zu pfändenden Forderung (Rdn. B.85) etwas anderes zum Ausdruck gebracht ist[248], nur so, dass die Forderung im Geschäftsbetrieb der Zweigniederlassung entstanden und von ihr zu erfüllen ist, die Pfändung sich somit nicht auch auf Forderungen aus anderen Unternehmensbereichen bezieht.

Das im Pfändungsbeschluss enthaltene Zahlungsverbot wirkt nur gegen den Drittschuldner, an den es gerichtet ist, nicht jedoch gegen einen anderen Drittschuldner, auch nicht, wenn dies ein Gesamtschuldner ist[249] (siehe Rdn. A.60). Daher muss der Gläubiger einen neuen Pfändungsbeschluss erwirken, wenn der Schuldner nach Lohnpfändung seine Arbeitsstelle wechselt. Ein Wechsel des Unternehmensbereichs, auch die Beschäftigung in einer anderen Zweigniederlassung des Drittschuldners, begründet jedoch keine Tätigkeit bei einem anderen Drittschuldner. Wirkungslos ist das Zahlungsverbot und damit die Pfändung, wenn die Person, die es angeht, im Pfändungsbeschluss überhaupt nicht angegeben ist[250], insbesondere also, wenn die Drittschuldnerbezeichnung völlig fehlt. Auch die Zustellung des Pfändungsbeschlusses an den tatsächlichen, aber nicht genannten Drittschuldner kann den Mangel seiner ungenügenden Bezeichnung nicht ersetzen[251]. B.93

Zum Inhalt des Pfändungsbeschlusses gehören außerdem: B.94

- das **Verbot an den Drittschuldner,** an den Schuldner zu zahlen (§ 829 Abs. 1 S. 1 ZPO).

Der Gebrauch der Gesetzesworte ist nicht ausdrücklich verlangt. Bei besonderen Pfändungen kann von einem Zahlungsverbot auch nicht die Rede sein. Das Verbot ist dann z.B. in dem Sinn zu erlassen, „die Sache nicht an den Schuldner herauszugeben“, „das Grundstück nicht dem Schuldner aufzulassen“ usw.[252].

Das Drittschuldnerverbot ist für die Pfändung **wesentlich**. Fehlt es, so ist die Pfändung unwirksam[253]. In der Erklärung allein, dass ein bestimmter Anspruch gepfändet werde, liegt das Drittschuldnerverbot noch nicht[254].

Das Zahlungsverbot an den Drittschuldner entfällt bei der Pfändung **drittschuldnerloser** Rechte (§ 857 Abs. 2 ZPO). Dann aber ist das Gebot an den Schuldner, sich Verfügungen zu enthalten (Rdn. B.96), für die Pfändung wesent- B.95

---

248 Im Falle des AG Leipzig, NJW-RR 1998, 1345 war auch das Kontoguthaben bei einer anderen Filiale der Bank als gepfändet bezeichnet, nach der hier dargestellten Ansicht die Pfändung sonach wirksam erfolgt. Drittschuldnerschutz, wenn nach Zustellung Auszahlung durch die andere Niederlassung nicht mehr verhindert werden kann, Rdn. B.166 (auch Rdn. C.78).

249 RGZ 140, 342.

250 RGZ 42, 325 (327, 330).

251 RGZ 42, 325 (331).

252 RG, Gruchot 57, 1087 = WarnRspr. 1913 Nr. 390.

253 RG (Fn. 252).

254 RG (Fn. 252); RG, Gruchot 72, 225.

Teil B Verfahren/Wirkungen

lich. Beim Fehlen dieses Gebotes ist daher die Pfändung eines drittschuldnerlosen Vermögensrechtes unwirksam[255].

Mitunter ist streitig, ob ein Drittschuldner vorhanden ist. In einem solchen Fall wird der Gläubiger vorsorglich den Erlass des Zahlungsverbotes an den **möglichen Drittschuldner** beantragen. Das Vollstreckungsgericht darf in einem Zweifelsfall den Antrag nicht ablehnen, muss also den vermeintlichen Drittschuldner im Pfändungsbeschluss nennen und so dem Gläubiger Gelegenheit geben, den Beschluss auch diesem zustellen zu lassen. Denn über die Wirksamkeit einer Pfändung entscheidet letztlich nicht das Vollstreckungsgericht, sondern das mit dem Streit befasste Prozessgericht. Das Vollstreckungsgericht kann daher nicht schon bei Erlass des Pfändungsbeschlusses dem Gläubiger die Möglichkeit nehmen, alle seine vermeintlichen Rechte zu wahren[256] (siehe hierzu auch Rdn. B.68);

B.96
- das **Gebot an den Schuldner,** sich jeder Verfügung über die Forderung, insbesondere ihrer Einziehung zu enthalten (§ 829 Abs. 1 S. 2 ZPO).

Wegen der nur relativen Wirkung des Gebots an den Schuldner (vgl. Rdn. B.154) schlägt Berner[257] im Interesse der Klarstellung folgende Fassung vor: „Der Schuldner hat sich jeder Verfügung über die Forderung **zum Nachteil des Gläubigers,** insbesondere durch ihre Einziehung, zu enthalten“. Besteht keine Möglichkeit einer Einziehung des Pfandobjekts, dann ist das Schuldnerverbot anders zu formulieren. Bei Pfändung einer Eigentümergrundschuld heißt es z.B. besser „… sich jeder Verfügung über die Eigentümergrundschuld, insbesondere ihrer Aufhebung durch Bewirkung der Löschung oder Abtretung an einen Dritten zu enthalten“[258].

Im Gegensatz zum Drittschuldnerverbot (Rdn. B.94) ist das an den Schuldner zu richtende Gebot, sich Verfügungen zu enthalten, für die Wirksamkeit der Pfändung **unwesentlich**[259] (Ausnahme bei drittschuldnerlosen Rechten; Rdn. B.95).

B.97 Außerdem muss der Pfändungsbeschluss gegebenenfalls noch enthalten:

- die Bezeichnung des Teils und seines Vorrangs vor dem Rest, wenn nur ein **Teil der Forderung** gepfändet werden soll[260];
- die Anordnung, dass die Sache an den Gerichtsvollzieher **herauszugeben** ist (siehe z.B. § 847 Abs. 1 ZPO);
- die Anordnung, dass die Pfändung sich auf die nach der Pfändung **fällig werdenden Raten** der zu pfändenden Forderung erstrecken soll und dass sie wegen künftiger Raten der vollstreckbaren Forderung erst mit dem auf ihre Fälligkeit folgenden Werktage wirksam wird (siehe Rdn. B.355).

B.98 Der Pfändungsbeschluss ist von dem Rechtspfleger, der ihn erlassen hat, zu **unterschreiben**[261] (vgl. § 315 Abs. 1 S. 1 ZPO für ein Urteil). Die Abzeichnung nur

---

255 KG, JW 1936, 3335.
256 So zutreffend insbesondere Schuler, NJW 1960, 1423.
257 Berner, Rpfleger 1966, 75.
258 Stöber, Rpfleger 1958, 252; Schmidt-Ernsthausen, JW 1933, 668; RGZ 52, 257 (259).
259 RGZ 112, 348 (351); KG, JW 1936, 3335.
260 Teilpfändung setzt einen entsprechenden Antrag des Gläubigers voraus. Das Vollstreckungsgericht kann den auf Pfändung der ganzen Forderung zielenden Antrag des Gläubigers nicht einschränken; siehe hierwegen auch Rdn. B.426 ff.
261 BGH MDR 2008, 826 (Fn. 234).

mit Handzeichen (Paraphe) genügt als Unterschrift nicht[262]. Solange der Rechtspfleger den Beschluss nicht unterschrieben hat, stellt das Schriftstück lediglich einen (unverbindlichen) Entwurf dar[263]. Die Ersetzung der handschriftlichen Unterzeichnung bei Erstellung des Beschlusses als elektronisches Dokument durch Namensangabe und qualifizierte elektronische Signatur regelt § 130b ZPO.

4.3. Anlagen zum Pfändungsbeschluss

Der Pfändungsbeschluss (das Beschlussformular) kann durch eine Anlage ergänzt werden, „die angeheftet ist"[264], unter Geltung der Zwangsvollstreckungs-Formularverordnung jedoch nur noch dann, wenn im Formular keine zweckmäßigen Eintragungsmöglichkeiten bestehen (§ 3 Abs. 3 ZVFV), etwa weil das Formular für den Einzelfall unvollständig, unzutreffend, fehlerhaft oder missverständlich ist[265]. Das ermöglicht die Bezeichnung der zu pfändenden Forderung (des Rechts) oder der Forderungsaufstellung des Gläubigers[266] auch, wenn sie mehr Raum erfordert, als das Beschlussformular zur Verfügung stellt[267]. Bestandteil des Beschlusses ist der Inhalt der Anlage (jedenfalls[268]) dann, wenn sie in ihm als solche bezeichnet (auf sie ausdrücklich verwiesen) ist. Eine Kennzeichnung der Anlage des Beschlusses auch in dem ihm beigefügten Schriftstück (der Anlage selbst) ist nicht notwendig, empfiehlt sich aber gleichwohl. Die Unterzeichnung auch der Anlage durch den Rechtspfleger ist nicht Wirksamkeitserfordernis[269]. Auch (feste) Verbindung der Anlage mit dem Beschluss, dem der Einschalttext als Bestandteil zugeordnet ist, erfordert die Beifügung nicht[270]. Als Bestandteil des Pfändungsbeschlusses muss die Anlage jedoch mit dem Schriftstück des Beschlusses ausgefertigt werden. Es muss der Ausfertigungsvermerk eindeutig erkennbar machen, dass er alle Seiten des einheitlichen (verbundenen) Schriftstücks abdeckt[271]. Auf den Ausfertigungsvermerk hat sich dann auch der Beglaubigungsvermerk für die bei Zustellung zu übergebende beglaubigte Abschrift der Ausfertigung (§ 192 Abs. 2 ZPO) zu erstrecken. B.99

---

262 So für Beschlüsse OLG Brandenburg, JurBüro 1998, 369 = NJW-RR 1998, 862 = Rpfleger 1998, 207; OLG Karlsruhe, NJW-RR 2004, 1507; OLG Köln, NJW 1988, 2805 = OLGZ 1988, 459; OLG Köln, Rpfleger 1991, 198; OLG Köln, JurBüro 1992, 262; Zöller/Feskorn, ZPO, § 329 Rdn. 42; auch OLG Düsseldorf, JurBüro 1989, 1153 = Rpfleger 1989, 276.

263 BGHZ 137, 49 (51) = MDR 1998, 298 = NJW 1998, 609 = Rpfleger 1998, 123.

264 BGH MDR 2008, 826 (Fn. 234).

265 BGH, MDR 2016, 52 = NJW 2016, 81 = Rpfleger 2016, 167; BGH, MDR 2016, 850 = NJW 2016, 2668 = Rpfleger 2016, 660; LG Wuppertal, JurBüro 2017, 377.

266 Zu einem solchen Fall BGH, JurBüro 2008, 606. Demgegenüber aber BGH, MDR 1980, 569 = NJW 1980, 1754 = Rpfleger 1980, 183: In der Pfändungsverfügung (nach dem Verwaltungsvollstreckungsgesetz NRW) selbst muss die beizutreibende Forderung nach Grund und Betrag bezeichnet sein. Die Bezugnahme auf ein beigefügtes Schreiben, das diese Bezeichnung enthält, genügt dafür nicht.

267 BGH MDR 2008, 826 (Fn. 234).

268 BGH MDR 2008, 826 (Fn. 234).

269 BGH MDR 2008, 826 (Fn. 234).

270 BGH MDR 2008, 826 (Fn. 234).

271 Zöller/Schultzky, ZPO, § 169 Rdn. 9.

4.4. Auslegung des Pfändungsbeschlusses

4.4.1. Auslegung allgemein

B.100 **Schrifttum:** Bauer, Unwesentliche Unrichtigkeiten in der Bezeichnung des Drittschuldners und des Schuldners, JurBüro 1966, 907.

B.101 Als hoheitlicher Gerichtsakt muss der Pfändungsbeschluss die für seinen Inhalt notwendigen Angaben (siehe Rdn. B.79 ff.) mit solcher Eindeutigkeit benennen, dass Anordnung und Umfang der Pfändung mit Sicherheit zu ersehen sind (siehe Rdn. B.77). Diese **Bestimmtheit** (Klarheit) muss der Pfändungsbeschluss nicht nur für die unmittelbar Beteiligten (Gläubiger, Schuldner und Drittschuldner), sondern der allgemeinen Rechts- und Verkehrssicherheit wegen auch für andere Personen, insbesondere für weitere Gläubiger, die selbst pfänden wollen, in sich tragen[272]. Fehlt es hieran, so ist der Pfändungsbeschluss unwirksam und nicht geeignet, ein Pfändungspfandrecht zu begründen[273]. Insbesondere kommt dann auch einer Einigung der unmittelbar Beteiligten über die Auslegung des Pfändungsbeschlusses keine Bedeutung zu[274].

B.102 **Ungenaue und unklare Angaben** im Pfändungsbeschluss sind ausreichend, wenn bei verständiger **Auslegung** Anordnung und Umfang der Pfändung und die von ihr betroffenen Personen unzweifelhaft feststehen. Das wird bei Ungenauigkeit im Wortlaut und Ausdruck immer der Fall sein. Allzu strenge Anforderungen an die Genauigkeit der Bezeichnung hat die Rechtsprechung nicht gestellt[275]. Doch sind der Auslegung insofern Grenzen gesetzt, als nicht nach der für private Willenserklärungen in § 133 BGB vorgeschriebenen Methode der subjektiven Willensforschung verfahren werden kann[276]. Für die Auslegung kommt es vielmehr nur auf den objektiven[277] Sinn des Wortlautes des Pfändungsbeschlusses an[278]. Über den erkennbaren Wortsinn hinaus darf in freier Weise nicht ausgelegt werden[279]. Der Beschluss kann allenfalls nur durch ganz offenkundige Tatsachen, nicht aber durch Angaben ergänzt

---

272 RGZ 140, 340 (342); 160, 37 (40); BGHZ 13, 42 (Fn. 233); BGH, JurBüro 1961, 365 (Fn. 233); BGH (Fn. 234); BGH, JurBüro 1983, 543 (Fn. 233); BGHZ 93, 82 = NJW 1985, 1031 = MDR 1985, 407; BGH, JurBüro 2008, 211 (Fn. 234); BGH, MDR 1988, 859 (Fn. 233); BGH, MDR 1991, 1201 (Fn. 233); BGH, MDR 2000, 476 = NJW 2000, 1268 (1269) = Rpfleger 2000, 221; BGH, MDR 2000, 1273 = NJW 2000, 3218 = Rpfleger 2000, 505 (506); BayObLG (Fn. 234).

273 RGZ 139, 97 (99); RGZ 140, 340 (342).

274 RG, HRR 1939 Nr. 909.

275 RGZ 157, 324; RGZ 160, 37 (40); BGH, JurBüro 1961, 365 (Fn. 272); BGH, NJW 1975, 980; BGH, JurBüro 1983, 543 (Fn. 233); BGH, JurBüro 1978, 1003 (Fn. 233); BGH, MDR 1980, 303 (Fn. 233); BGH, NJW 1983, 2773 (2774) = MDR 1984, 139; BGH, MDR 1988, 859 (Fn. 233); BGH, MDR 2001, 1133 = NJW 2001, 2976.

276 BGH, NJW 1975, 980; BArbG, AP Nr. 1 zu § 850 ZPO = Rpfleger 1960, 247; BArbG, BB 1962, 615 = Rpfleger 1963, 44; BArbG, AP Nr. 4 zu § 850 ZPO mit Anm. Pohle = NJW 1962, 1933; LArbG Hamm, BB 1965, 1189.

277 BGHZ 179, 344 (357) = NJW 2009, 2127 (2731). Am buchstäblichen Sinn des Ausdrucks darf die Auslegung also nicht haften; siehe BGH, JurBüro 1961, 365 (Fn. 233); BGH, MDR 1988, 859 (Fn. 233).

278 BArbG, AP Nr. 4 zu § 850 ZPO (Fn. 276); BGH, JurBüro 1978, 1003 (Fn. 233); BGH, MDR 2000, 476 (Fn. 272).

279 RGZ 95, 235 (237).

werden, die außerhalb seiner Fassung liegen[280], sich also z.B. nur aus dem Pfändungsantrag oder aus anderen Unterlagen oder Umständen ergeben[281]. Der Inhalt der Vorpfändung kann jedoch unter Umständen zur Auslegung des Pfändungsbeschlusses herangezogen werden[282]. Keinen Einfluss auf die Wirksamkeit des Pfändungsbeschlusses hat die fehlende Angabe des Datums und des Aktenzeichens des Vollstreckungstitels in dem sonst ordnungsgemäß erlassenen Beschluss[283].

4.4.2. Auslegung der Parteibezeichnungen

Nach diesen Grundsätzen wird eine unwesentlich ungenaue Bezeichnung des B.103 Gläubigers fast immer unschädlich sein. Selbst eine falsche Bezeichnung des Gläubigers kann unschädlich sein, wenn sie keine Zweifel darüber entstehen lässt, wer gemeint ist. Das kann ebenso gelten, wenn der Gläubiger die Angabe seiner derzeitigen Anschrift überhaupt verweigert hat[284]. Ein nicht richtig geschriebener Familienname des Schuldners (z.B. mit „oe" statt „ö" bei Bearbeitung des Beschlussentwurfs mit EDV-Anlage[285]) schadet nicht, wenn die geänderte Schreibweise die Identifizierung des Schuldners ermöglicht[286]. Unschädlich wird regelmäßig auch eine prozessual nicht genaue Bezeichnung des Schuldners[287] sein[288] (Bezeichnung eines Nichtkaufmanns mit „seiner" Firma, unter der er unzulässigerweise auftritt, Geschäfte betreibt und bekannt ist; Bezeichnung mit abgekürztem Vornamen, Bezeichnung eines verheirateten Schuldners mit seinem Geburts- oder einem früheren Familiennamen, insbesondere dann, wenn er unter diesem Namen allgemein bekannt ist, Bezeichnung mit einem Künstlernamen usw.). Auch die Bezeichnung mit einem unwesentlich falschen Vornamen wird oft unschädlich sein. Existiert allerdings der in der falschen Bezeichnung Benannte tatsächlich und muss der Pfändungsbeschluss objektiv als gegen ihn gerichtet verstanden werden, dann ist für eine Auslegung freilich kein Raum mehr[289]. Die Angabe einer unrichtigen (auch ei-

---

280 BGH, MDR 1988, 859 (Fn. 233); BArbG (Fn. 233).

281 RGZ 139, 97 (100); RGZ 140, 340; RGZ 160, 37; BArbG, AP Nr. 4 zu § 850 ZPO (Fn. 276); BGH (Fn. 234); LArbG Bremen, DB 1964, 192 Leits.; LArbG Hamm (Fn. 276).

282 RG, Gruchot 48, 1157.

283 LArbG Düsseldorf, DB 1968, 1456.

284 KG, MDR 1994, 513 = OLGZ 1994, 593 = Rpfleger 1994, 425: „... sofern dem Schuldner im Zwangsvollstreckungsverfahren daraus kein Nachteil erwachsen kann".

285 Keine Identitätszweifel durch Familienname „Hoode" statt richtig „Moode" bei richtigem Vornamen und zutreffender Anschrift; siehe LG Marburg, KKZ 1983, 189.

286 LG Hannover, JurBüro 1980, 774. Siehe auch LG Hannover, JurBüro 1992, 57: in der Regel keine Verwechslungsgefahr, wenn (im Vollstreckungsbescheid) mittels EDV-Anlage der Nachname und dann der Vorname des Schuldners ohne Komma geschrieben ist. S. auch Rdn. B.109.

287 Der Schuldner muss – auch bei Lohnpfändung – mit einer solchen Eindeutigkeit angegeben sein, dass zweifelsfrei erkennbar ist, wessen Forderung gepfändet ist; LArbG Hamm (Fn. 276).

288 Die Angabe eines falschen Schuldners (= Gläubiger der zu pfändenden Forderung), z.B. eines Miterben an Stelle der Erbengemeinschaft, hat RG 140,40 deshalb für unschädlich erachtet, weil die Identität der Forderung nicht in Frage gestellt war.

289 BArbG, AP Nr. 4 zu § 850 ZPO (Fn. 276) für den Fall der Pfändung des Arbeitseinkommens gegen Gustav T. (der zudem nach dem Urteil samtverbindlich mithaftender Schuldner war) statt gegen den allein bei dem Drittschuldner arbeitenden Günther T.

ner nicht mehr zutreffenden) Anschrift des Schuldners ist unschädlich, wenn erkennbar ist, wer gemeint ist[290]. Bei einer Lohnpfändung wird die Bezeichnung mit einem unrichtigen Vornamen[291] oder einer falschen Anschrift immer unschädlich sein, wenn der Drittschuldner als Arbeitgeber nur wenige, ihm persönlich bekannte Arbeitnehmer beschäftigt und daher zweifelsfrei erkennbar ist, wer gemeint ist. Dem Lohnbüro eines Großbetriebs kann dagegen im Zweifelsfall nicht zugemutet werden, umständliche Ermittlungen anzustellen, um herauszufinden, wer tatsächlich Schuldner sein soll[292].

4.4.3. Auslegung der Bezeichnung der zu pfändenden Forderung

B.104 Es sind Ungenauigkeiten unschädlich, die sonst keinen Zweifel setzen, welche bestimmte Forderung gemeint ist, sodass bei verständiger Auslegung des Beschlusses unzweifelhaft feststeht, welche Forderung Gegenstand des Pfändungszugriffs sein soll[293]. Das Rechtsverhältnis, aus dem diese Forderung hergeleitet wird, muss aber wenigstens in allgemeinen Umrissen angegeben sein[294]. Nicht ausreichend ist daher die Bezeichnung nur dem Betrage nach, die Angabe „... aus jedem Rechtsgrunde“[295], „... aus Verträgen oder sonstigen Rechtsgründen“[296], oder „... angeblich zustehende Schadensersatzforderung wegen Nichterfüllung eines Kaufvertrages“, zumal dann, wenn zwischen Schuldner und Drittschuldner mehrfache Rechtsbeziehungen aus selbstständigen Geschäften bestehen[297]. Solche ungenügenden Bezeichnungen haben die Unwirksamkeit der Pfändung zur Folge. In Zweifelsfällen und zu seiner eigenen Sicherheit wird der Drittschuldner diese Unwirksamkeit mit Erinnerung gegen den Pfändungsbeschluss geltend machen.

---

290 KG (Fn. 284); LArbG Rheinland-Pfalz, BB 1968, 709. Siehe aber auch OLG Stuttgart, NJW-RR 1994, 1023.

291 Bei Bezeichnung des beim Drittschuldner beschäftigten „Eberhard“ X mit „Paul“ X hat das LArbG Hamm (Fn. 290) die Unwirksamkeit der Pfändung angenommen. Diese Ansicht wird nach den Umständen des Einzelfalls aber vielfach als zu eng angesehen werden müssen.

292 LArbG Rheinland-Pfalz (Fn. 290).

293 RG, HRR 1930 Nr. 1870; RGZ 75, 313 (317); RGZ 93, 121 (124); RGZ 108, 318 (319); RGZ 139, 97 (99); RGZ 160, 37 (40); BGH, JurBüro 1983, 543 (Fn. 233); BGH, MDR 1991, 1201 = NJW-RR 1991, 1197 (1198) = Rpfleger 1991, 381; BGH, MDR 2000, 476 (Fn. 272).

294 BGHZ 13, 42 (Fn. 233); BGH, NJW 1975, 980, BGH, JurBüro 1983, 543 (Fn. 233); BGH, MDR 1986, 398 = NJW 1986, 977 (978); BGH, MDR 2005, 1135 = NJW-RR 2005, 1361 (1362) = Rpfleger 2005, 450; BGHZ 179, 344 (357) (Fn. 277): „eindeutige Bezeichnung des Lebenssachverhalts“; BArbG, BB 1962, 615 = Rpfleger 1963, 44; BArbG (Fn. 233); RGZ 108, 318; RGZ 139, 97; RGZ 157, 324; BGH (Fn. 234); BGH, MDR 1980, 303 (Fn. 233); BGH, MDR 1988, 859 (Fn. 233); BGH, MDR 1991, 1201 (Fn. 233); OLG Frankfurt (Fn. 234).

295 BGH (Fn. 234); BGH, MDR 2005, 1135 (Fn. 294); OLG Frankfurt (Fn. 234); KG (Fn. 233); OLG Karlsruhe, MDR 1977, 975.

296 RGZ 157, 321 (324); OLG Frankfurt (Fn. 234); KG (Fn. 233); OLG Karlsruhe (Fn. 295).

297 RG, JW 1920, 558; Oertmann, JW 1920, 558.

Ist die Forderung selbst ausreichend bezeichnet und dieser Bezeichnung ein **ungenügender Zusatz** angefügt („... und aus jedem sonstigen Rechtsgrund“, „usw.“, „pp.“ o.Ä.), so kann nicht die ganze Pfändung als wirkungslos angesehen werden. Doch wird bei einem Aneinanderreihen der verschiedenartigsten Schuldgründe[298] oft keine hinreichende Bezeichnung der Forderung mehr vorliegen. Als unwirksam wurde deshalb z.B. angesehen die Bezeichnung „aus Darlehen, Abrechnung oder irgendwelchem anderen Rechtsgrund“[299] sowie „aus Darlehen, Vorschüssen und ungerechtfertigter Bereicherung“. **B.105**

Allgemein gehaltene Bezeichnungen können nicht genügen, wenn sie nicht hinreichend klar ersehen lassen, welche konkrete Forderung gemeint ist. So sind ungenügend die Bezeichnung „Rückgewähr (oder Rückübertragung) von (oder aller) Sicherheiten“[300] (hierzu auch Rdn. G.7; ungenügend auch die Auflistung von Rückgewähransprüchen pauschal [ohne Konkretisierung] nur abstrakt nach ihrem rechtlichen Schuldgrund wie Rückübertragung des sicherungsübereigneten Warenlagers, etwa abgetretener Rückgewähransprüche, übertragener Lohn- und Gehaltsansprüche, übertragener Ansprüche aus Lebensversicherungen und dergleichen[301]), „aus Bankverbindung“[302], „aus laufender Geschäftsverbindung“ (erfasst zumindest nicht den Anspruch auf den Übererlös aus der Verwertung von Sicherungsgut nach dem Ende der Geschäftsverbindung[303]), „aus sämtlichen den Schuldner betreffenden Hinterlegungsgeschäften“ (Rdn. E.227), „Werklohn“, „aus Arbeitsaufträgen“, evtl. auch „für geleistete Zim- **B.106**

Teil B Verfahren/Wirkungen

298 Eine formblattmäßige und ohne Rücksicht auf den Einzelfall erfolgte Anführung einer Vielzahl von Formeln für die Pfändung aller denkbaren Forderungen aus Rechtsverhältnissen verschiedenster Art enthält (zumal wenn sie nur alternativ, nicht aber nebeneinander bestehen können) keine hinreichend bestimmte Bezeichnung einer konkret zu pfändenden Forderung, LG Münster, MDR 1989, 464.

299 OLG Kassel, OLGE 14, 179.

300 OLG Koblenz, Rpfleger 1988, 72; OLG Jena, ZInsO 2015, 2346; LG Aachen, Rpfleger 1990, 215; LG Aachen, JurBüro 1991, 873 = Rpfleger 1991, 326 (hier auch zu ausreichend konkreter Bezeichnung im Einzelfall); LG Köln, ZIP 1980, 114; LG Bochum, NJW 1986, 3149; LG Landshut, JurBüro 1994, 307 mit zust. Anm. Mümmler; LG Limburg, NJW 1986, 3148 = Rpfleger 1986, 487; LG Saarbrücken, JurBüro 1988, 1581 mit zust. Anm. Mümmler; LG Trier, Rpfleger 1989, 418; Hein, Rpfleger 1987, 491. **A.A.** LG Berlin, MDR 1977, 59 = Rpfleger 1976, 223; LG Berlin, Rpfleger 1991, 28; LG Bielefeld, Rpfleger 1987, 116, sowie (verallgemeinernd) Mümmler, JurBüro 1994, 205, denen jedoch nicht gefolgt werden kann. Es können Sicherheiten verschiedenster Art zurückzugeben sein. Die (zurück)abzutretende Forderung, eine zurückzugewährende Grundschuld (dazu Rdn. F.112) oder eine herauszugebende Sache (dazu Rdn. G.7) müssen als solche konkret bezeichnet sein. Wenn schon Bezeichnung der Grundschuld, auf die sich ein Rückgewähranspruch bezieht, nicht genügt, sondern daneben auch noch Grundstücksbezeichnung erforderlich ist (dazu Rdn. F. 112), ist die nichtssagende Sammelbezeichnung „Rückgewähr von Sicherheiten“ ebenso unzulänglich. Siehe auch OLG Frankfurt, Rpfleger 1987, 511, das die Bezeichnung des Anspruchs auf „Auskehrung des überschießenden Betrages bei Einzug von Forderungen“ mit Hinweis auf den geschäftlichen Verkehr durch den Zusatz „z.B. im Rahmen einer Mantelzession abgetretenen Forderungen“ für die Pfändung des Anspruchs auf den Überschuss aus Verwertung einer (privaten) Lebensversicherung als ungenügend ansieht.

301 AG Kerpen, WM 1996, 888.

302 OLG Frankfurt (Fn. 234).

303 OLG Stuttgart, WM 1994, 1140.

merarbeiten“[304], außerdem „Forderungen aus Lieferungen und sonstigen Leistungen“ für ein Entgelt für Entwicklung und Pflege von Computersoftware[305], „Kostenerstattungsansprüche aus Rechtsstreitigkeiten“ für unbestimmbare Fälle, in denen kein Erstattungsanspruch gegen den Prozessgegner geltend gemacht wird[306], und „über das vertragliche Anwaltsverhältnis hinausgehende Vollstreckung von Transferleistungen“[307]. Der BGH[308] hat dagegen die Bezeichnung des Anspruchs „auf Auszahlung des Überschusses aus der Verwertung von Sicherheiten“ als hinreichend bestimmt gelten lassen. Als ausreichende Bezeichnung hat das OLG Köln[309] bei der Zwangsvollstreckung gegen einen Bauunternehmer die Pfändung der Ansprüche auf „Unternehmerlohn aus Lieferungen und Leistungen“ angesehen, weil die Auslegung zeigte, dass Ansprüche aus Werk- oder Werklieferungsvertrag erfasst waren. Die Pfändung des Werklohnanspruchs eines Schreiners für Arbeiten im Wohnhaus des Drittschuldners als Forderung für „erbrachte Arbeitsleistungen gemäß erteilter Abrechnung“ hat der BGH[310] als hinreichend bestimmt angesehen. Als „insgesamt hinreichend bestimmt“ dargestellt hat der BGH[311] die Bezeichnung der Forderung eines Bauunternehmers für Werkleistungen bei der Errichtung eines Wohnhauses und Baustofflieferungen wie folgt: „... aus bestehenden und künftigen Werk-, Werklieferungs- und Kaufverträgen, insbesondere aus der Ausführung von Bauarbeiten, Verputzarbeiten einschließlich Materiallieferungen“. Wenn es mehrere Bauvorhaben an einem Ort gibt, ist die Bezeichnung „... aus Werkvertrag, Installationsarbeiten des Schuldners in dem Bauvorhaben R ... (= Ort) des Drittschuldners“ nach Ansicht des BGH[312] jedoch ungenügend, weil dann unklar bleibt, welches Bauvorhaben gemeint ist oder ob etwa die Ansprüche auf Vergütung für alle Bauvorhaben gepfändet sein sollen. Bezeichnung mit „Forderungen aus Lieferungen und Leistungen (Bohrarbeiten)“ hat der BGH[313] dagegen genügen lassen, weil sie die gepfändete Forderung identifizierbar gemacht hat. Dazu hat der BGH auch ausgeführt, dass selbst dann, wenn die Schuldnerin häufiger als Subunternehmerin für die Drittschuldnerin tätig geworden sein sollte, immer noch klar war, dass alle Forderungen aus Werk-

---

304 KG, OLGE 13, 207. Die Angaben müssten die Bauten bezeichnen, für welche die Forderung entstanden sein soll, und evtl. auch die annähernde Zeit der Entstehung, weil sonst die Pfändung auf irgendwelche beliebige Werkpreisforderungen des Schuldners für beliebige Bauten bezogen werden könnte, auch wenn der Gläubiger hiervon bei Pfändung noch keine Kenntnis gehabt hatte.

305 OLG Karlsruhe, MDR 1997, 975 = NJW 1998, 549.

306 BGH, JurBüro 2010, 440.

307 BGH (Fn. 306).

308 BGH, MDR 1981, 742 = NJW 1981, 1505 = Rpfleger 1981, 292.

309 OLG Köln, MDR 1970, 150.

310 BGH, NJW 1986, 977 (978).

311 BGH, Urt. v. 22.1.1975, VIII ZR 119/73, insoweit – soweit ersichtlich – nicht veröffentlicht. Dort stand die Frage allerdings nicht zur Entscheidung. In dem Urteil heißt es lediglich: „Von diesen in Übereinstimmung mit der Rechtsprechung getroffenen (BGH, Urt. vom 18.3.1954, IV ZR 160/53 = BGHZ 13, 42 [43]; RGZ 108, 318 [319]; 157, 321 [324]; 160, 37 [39]; OLG Köln, MDR 1970, 150), ihr günstigen Feststellungen (des Berufungsgerichts) geht auch die Revision aus.“

312 BGH, DB 1970, 1486; in dem entschiedenen Fall gab es 3 Bauvorhaben des Drittschuldners im Ort R.

313 BGH, JurBüro 1983, 543 (Fn. 233).

verträgen mit dem Inhalt „Bohrarbeiten“ gepfändet waren. Mit der Bezeichnung „Forderung aus Lieferung von Waren (Garagentoren)“ hat das OLG Hamburg[314] eine Werklohnforderung aus einem Vertrag über die Aufstellung von Fertiggaragen aus vom Schuldner gelieferten Einzelteilen nicht als gepfändet angesehen, weil eine Werklohnforderung und keine Kaufpreisforderung geschuldet war und die Forderung nicht die Bezahlung von Garagentoren, sondern der angelieferten und aufgestellten, also kompletten Fertiggaragen zum Gegenstand hatte. Für die Pfändung der Ansprüche des Schuldners auf fortlaufenden Werklohn aus einem Werkvertrag hat das BArbG[315] die Bezeichnung als Ansprüche auf Zahlung von Lohn, Gehalt oder sonstigem Arbeitseinkommen i.S. des § 850 ZPO auch dann als ausreichend angesehen, wenn die Forderung nicht unter den Begriff des Arbeitseinkommens i.S. des § 850 Abs. 2 ZPO (dazu Rdn. C.18) eingeordnet werden kann. Der BGH[316] hat die Bezeichnung einer Forderung „gegen das Staatliche Hochbauamt X“ „aus neuem Werkvertrag“ als ausreichend erachtet, weil (in diesem Fall) auch für Dritte allgemein zweifelsfrei erkennbar war, dass nur ein ganz bestimmter Bauvertrag in Betracht kam. Auf die Pfändung von Eigentümergrundschulden hat der BGH[317] die Formulierung bezogen „Eigentümergrundschulden, abgetreten an die X-Bank, Filiale S“. Die Pfändung der angeblichen Forderungen „aus Bankverbindung“ genügt den Anforderungen an die Bestimmbarkeit nicht[318].

Außerhalb des Pfändungsbeschlusses liegende Umstände können die Unwirksamkeit der Pfändung wegen allgemein gehaltener Bezeichnung der Forderung nicht abwenden. **B.107**

Dem Erfordernis der bestimmten Bezeichnung der zu pfändenden Forderung (des Rechts oder Anspruchs) ist nicht genügt, wenn bei unzureichenden Angaben im Pfändungsbeschluss (nur) Gläubiger, Schuldner und Drittschuldner als die unmittelbar Beteiligten erkennen können, welche Forderung gemeint ist. Insbesondere genügt es auch nicht, wenn diese unmittelbar Beteiligten wissen, dass der Schuldner nur eine einzige Forderung an den Drittschuldner hat, und sich darüber einig sind, dass die Forderung gemeint ist. Vielmehr muss der allgemeinen Rechts- und Verkehrssicherheit wegen auch für andere Personen, insbesondere für weitere Gläubiger, die selbst pfänden wollen, ausreichend erkennbar sein, welche bestimmte Forderung gemeint ist[319]. **B.108**

---

314 OLG Hamburg, MDR 1971, 141.
315 BArbG, AP Nr. 8 zu § 850 ZPO = JurBüro 1975, 904 = Rpfleger 1975, 220.
316 BGH MDR 1980, 303 (Fn. 233).
317 BGH, MDR 1979, 922 = NJW 1979, 2045 = Rpfleger 1979, 299.
318 OLG Frankfurt, JurBüro 1981, 458 = NJW 1981, 468.
319 Zu alledem siehe BGHZ 13, 42 (Fn. 233); BGHZ 93, 82 (Fn. 233); BGH, MDR 2005, 1135 (Fn. 294); RG, JW 1920, 558.

4.4.4. Auslegung der Drittschuldnerbezeichnung

B.109 Wer als Drittschuldner gemeint ist, muss immer ausreichend und zuverlässig erkennbar sein[320]; Verwechslungen müssen ausgeschlossen sein[321]. Was noch genügt und bei verständiger Auslegung des Beschlusses erkennen lässt, gegen wen sich das Zahlungsverbot richtet, lässt sich letztlich nur im Einzelfall konkret sagen[322]. Eine ungenaue, insbesondere fehlerhafte Schreibweise des Namens des Drittschuldners ist unschädlich, wenn sie die Feststellung der Identität nicht beeinträchtigt („Müller" statt „Mueller"; „Maier" für „Mayer" usw.)[323]. Ebenso kann die Bezeichnung eines Gewerbetreibenden mit einer (nicht bestehenden) Firma[324] und mit Gesellschafterzusatz unschädlich sein[325]. Die fehlende oder unzutreffende Angabe, ob die im Pfändungsbeschluss namentlich genannten Drittschuldner eine Gesellschaft des bürgerlichen Rechts oder eine offene Handelsgesellschaft gegründet haben, lässt keine Zweifel darüber aufkommen, wessen Forderung gepfändet sein soll, ist mithin unschädlich[326]. Eine Gesellschaft m.b.H. kann mit ihrer Firma auch genügend bezeichnet sein, wenn der Zusatz „GmbH" nicht angeführt ist.[327] Auch sonst ungenaue Bezeichnung kann ebenso unschädlich sein[328] wie eine bloße Änderung des Namens oder der Firma keine Bedeutung erlangen kann. Im Wege der Auslegung kann aber der Pfändungsbeschluss bei falscher Bezeichnung des Drittschuldners keine Wirksamkeit gegen den wirklichen Drittschuldner erlangen, auch wenn es sich bei der anderen Person um die Ehefrau handelt[329].

B.110 Einer sachgemäßen Auslegung kann in Ausnahmefällen auch ein Pfändungsbeschluss zugänglich sein, wenn der **Drittschuldner namentlich nicht bezeichnet** ist. Das gilt aber nicht schon dann, wenn die Forderung ihrer Art und Höhe nach beschrieben ist. Doch kann in Einzelfällen der nicht mit dem Namen bezeichnete Drittschuldner auf sonstige Weise im Pfändungsbeschluss deutlich erkennbar gemacht, insbesondere durch Bezugnahme auf Verträge oder sonstige Urkunden oder auf andere Art so genau bezeichnet sein, dass er und alle dritten Personen das

---

320 RG, HRR 1930 Nr. 1870; RGZ 42, 325 (330); RGZ 64, 212 (216 f.); RGZ 75, 313 (317); RGZ 93, 121 (124); RGZ 108, 318 (319). Siehe auch LArbG Köln, BB 1994, 944 Leits. = KKZ 1994, 244. Der Drittschuldner muss nicht fehlerfrei bezeichnet sein, sondern nur so, dass seine Identität im konkreten Fall zweifelsfrei feststeht.

321 BayObLG (Fn. 234).

322 BGH, MDR 1967, 487 = NJW 1967, 821.

323 So auch Bauer, JurBüro 1966, 908; s. auch bereits Rdn. B.103.

324 LG Leipzig, DGVZ 1998, 91 mit Anm. B. Schmidt: „Firma X, Gerüstbau," mit genauer Anschrift, erfordert keine Inhaberangabe.

325 LArbG Köln (Fn. 320) für die Bezeichnung des Inhabers einer Glas- und Gebäudereinigung bei Lohnpfändung unrichtig als „Firma J. Glasreinigungs KG".

326 Siehe auch BArbG, AP Nr. 7 zu § 850 ZPO = BB 1973, 247 Leits.: Bei Offenkundigkeit des wahren Sachverhalts ist eine unrichtige Drittschuldnerbezeichnung unschädlich, wenn jedenfalls der Schuldner und die Art der gepfändeten Forderung zweifelsfrei bezeichnet sind.

327 BAGE 131, 9 = MDR 2009, 989 = NJW 2009, 2324.

328 Beispiel: „Nordwestdeutsche Klassenlotterie" statt richtig „Nordwestdeutsche Lotteriegesellschaft mbH", AG Moers, MDR 1976, 410.

329 LArbG Bremen, DB 1964, 192 Leits.

Zahlungsverbot als gegen ihn gerichtet erkennen können[330]. Solche Fälle werden freilich ganz selten sein.

B.111 Als ausreichend wurden u.a. angesehen

- die Bezeichnung des Stadtbauamtes als Drittschuldner an Stelle der Stadtgemeinde[331],
- die Bezeichnung einer Theaterintendanz als Drittschuldnerin für die Stadtgemeinde (das Land, die eigene rechtsfähige Theatergemeinschaft) bei Pfändung einer Gehaltsforderung[332],
- die Bezeichnung der zur alleinigen Vertretung befugten federführenden Firma für die von ihr und anderen Unternehmen gebildete Arbeitsgemeinschaft[333],
- die Bezeichnung des „Instituts für … der Universität in …" für das Land, vertreten durch das Landesamt für Besoldung und Versorgung[334].

B.112 Nach diesen Grundsätzen sind auch **Geschäfts- und Betriebsbezeichnungen** ohne Inhaberangabe, wie z.B. „Hotel zur Post", „Marienapotheke", „Café am Hauptmarkt" usw. auszulegen[335]. Von der Verwendung solcher nur allgemeinen Angaben ist zwar abzuraten; sie verbieten sich aber nicht schlechthin, sondern werden, vornehmlich bei der Pfändung von Arbeitseinkommen, für eine ausreichende Drittschuldnerbezeichnung genügen. Sind sie im Einzelfall unzureichend, so muss der Gläubiger die Folgen des Mangels tragen. Das Vollstreckungsgericht muss nur bei offenkundiger Unrichtigkeit der Bezeichnung auf eine Ergänzung des Antrages hinwirken. In allen sonstigen Fällen, insbesondere aber in Eilfällen, kann von ihm eine Nachprüfung und Richtigstellung der Angaben des Gläubigers nicht verlangt werden. Es ist dem Gläubiger daher anzuraten, den Drittschuldner vor Einreichung des Pfändungsantrages möglichst genau festzustellen. Die erforderlichen Angaben können in der Regel durch Einsicht von Adressbüchern, Internetseiten (Impressum), des Handelsregisters, Nachfrage beim Gewerbeaufsichtsamt, Anschriftenprüfung durch die Post usw. beschafft werden.

B.113 Ist als Drittschuldner der Gesellschafter einer offenen Handelsgesellschaft bezeichnet, so wirkt das Zahlungsverbot nicht auch zugleich gegen die Gesellschaft selbst. Das gilt auch dann, wenn der Gesellschafter mit dem Zusatz „als Mitinhaber der Firma …" benannt ist[336].

Teil B Verfahren/Wirkungen

---

330 RGZ 42, 325 (330).
331 RG, HRR 1930 Nr. 1870.
332 OLG Bamberg, JW 1930, 1753.
333 BGH, JurBüro 1961, 365 (Fn. 233); zur Frage der Identität des Arbeitsverhältnisses beim Stammbetrieb und bei einer Firmen-Arbeitsgemeinschaft siehe Rdn. C.124.
334 LArbG Düsseldorf, JurBüro 1979, 1087 mit zust. Anm. Mümmler; kritisch dazu Reich, BayVBl 1981, 621.
335 Übereinstimmend damit LG München II, Rpfleger 2006, 664.
336 RGZ 140, 340 (343); siehe auch Rdn. A.65.

4.5. Prüfung durch das Prozessgericht

B.114 **Im Rechtsstreit** unterliegt der Pfändungsbeschluss der selbstständigen Auslegung durch das Prozessgericht, insbesondere auch durch das Revisionsgericht. Die von einem Berufungsgericht getroffene Auslegung ist daher im Revisionsverfahren frei nachprüfbar[337].

Die aus einem unzureichenden Inhalt folgende Unwirksamkeit des Pfändungsbeschlusses muss in jedem gerichtlichen Verfahren, insbesondere also auch im Einziehungserkenntnisverfahren zwischen Gläubiger und Drittschuldner, von Amts wegen geprüft werden[338].

4.6. Berichtigung des Pfändungsbeschlusses

B.115 Offenbare Unrichtigkeiten, insbesondere Schreibfehler[339] und Rechenfehler, die in dem Pfändungsbeschluss vorkommen, sind nach § 319 ZPO von dem Vollstreckungsgericht (Rechtspfleger) jederzeit auf Antrag oder auch von Amts wegen zu berichtigen. Damit kann auch die Bezeichnung von Gläubiger, Schuldner (auch der Schuldneranschrift[340]) oder Drittschuldner[341] richtiggestellt werden; jedoch muss die Identität gewahrt bleiben. Jede Änderung der Person des Gläubigers oder Schuldners (Parteiwechsel) oder die Bezeichnung einer anderen Person als Drittschuldner ist als Berichtigung nach § 319 ZPO nicht zulässig. Ebenso kann bei offenbarer Unrichtigkeit[342] zwar die Bezeichnung der zu pfändenden Forderung (Rdn. B.85 ff.) berichtigt, nicht aber berichtigend eine andere oder weitere Forderung als neu gepfändet bezeichnet werden[343], auch nicht eine weitere Forderung aus gleichem Rechtsgrund[344]. In allen Fällen, in denen nicht sicher ist, dass die Berichtigung nur identitätswahrend wirkt, wird sie abzulehnen sein (dann liegt keine offenbare Unrichtigkeit vor). Da der berichtigte Text als der von Anfang an gültige Wortlaut des Pfändungsbeschlusses erscheint, ist nach Wirksamwerden der Pfändung (§ 829 Abs. 3 ZPO) eine Beschlussberichtigung weder zur Heilung der Nichtigkeit der Pfändung noch zur Klärung (Abwendung) von Auslegungsstreitigkeiten zulässig[345]. Die versehentlich unterlassene Bezeichnung der zu pfändenden Forderung (Rdn. B.85) kann unter den Voraussetzungen des § 319 ZPO daher nur

---

337 RGZ 153, 252, (254) (für Zuschlagsbeschluss als richterlicher Hoheitsakt); BGH, JurBüro 1961, 365 (Fn. 233); BGH (Fn. 234); BGH, JurBüro 1983, 543 (Fn. 233); BGH, NJW 1983, 2773 (Fn. 275); BGH, MDR 1991, 1201 (Fn. 233); BGH, MDR 2000, 476 Fn. 272).

338 RGZ 157, 321 (324).

339 Siehe den Rdn. B.83 (zu Fn. 228) mitgeteilten Fall.

340 Derleder, JurBüro 1995, 11 (14).

341 Beispiel: AG Moers (Fn. 328).

342 Beispiele: Die Briefgrundschuld ist irrig als Buchgrundschuld bezeichnet; bei Pfändung einer Eigentümergrundschuld ist zwar das belastete Grundstück richtig bezeichnet, die im Pfändungsbeschluss angegebene Grundbuchstelle infolge Schreibversehens aber unzutreffend benannt.

343 Siehe OLG Frankfurt (Fn. 234).

344 Nicht somit z.B. Forderungen aus einem weiteren (zweiten) Lebensversicherungsvertrag, LG Frankfurt, NJW-RR 1989, 1466.

345 **A.A.** Derleder, JurBüro 1995, 11 (15).

vor Wirksamwerden der Pfändung nachgetragen werden. Ausgelegt werden muss der Pfändungsbeschluss nach dem objektiven Sinn seines Wortlauts (Rdn. B.102) bei Wirksamwerden der Pfändung; dieser kann nachträglich nicht verändert werden. In solchen Fällen ist eine Neupfändung erforderlich.

Zu einem Berichtigungsantrag ist der Schuldner nicht zu hören, wenn die Pfän- B.116
dung noch nicht wirksam geworden ist (§ 834 ZPO analog). Bei Ablehnung des Berichtigungsantrags ist der Beschluss des Rechtspflegers dem Antragsteller zuzustellen (§ 329 Abs. 3 ZPO), weil befristete Erinnerung stattfindet (§ 11 Abs. 2 RPflG, § 319 Abs. 3 ZPO). Ein Ablehnungsbeschluss des Richters wird formlos mitgeteilt (§ 329 Abs. 3 ZPO). Ein Berichtigungsbeschluss ist vor Wirksamwerden der Pfändung nur dem Antragsteller zuzustellen (Mitteilung genügt, wenn dem Antrag voll entsprochen ist), nach Wirksamwerden der Pfändung (wegen § 834 ZPO nicht vorher) auch dem Schuldner und dem Drittschuldner. Der Berichtigungsbeschluss wird auf dem Pfändungsbeschluss und seinen Ausfertigungen vermerkt (§ 319 Abs. 2 ZPO). Auch auf Grund eines Berichtigungsbeschlusses wird die Pfändung erst mit Zustellung an den Drittschuldner im Parteibetrieb wirksam (§ 829 Abs. 3 ZPO, auch §§ 830, 857 Abs. 2 ZPO).

5. Die Zustellung des Pfändungsbeschlusses; Wirksamwerden der Pfändung (§ 829 Abs. 2 und 3 ZPO)

5.1. Wirksamwerden der Pfändung

Bewirkt (wirksam) wird die Forderungspfändung mit der **Zustellung** des Pfän- B.117
dungsbeschlusses **an den Drittschuldner** (§ 829 Abs. 3 ZPO). Diese Regelung findet ihre Erklärung in der Berücksichtigung der über die Person des Schuldners hinausgehenden Wirkung dieser Zwangsvollstreckung[346]. Da der entscheidende Akt der Pfändung in der Zustellung des Zahlungsverbotes an den Drittschuldner liegt, erfolgt zur Verhütung nachteiliger Verfügungen des Schuldners über die Forderung diese Zustellung vor derjenigen an den Schuldner. Eine Zustellung an den Schuldner ersetzt die fehlende oder heilt die unwirksame Zustellung an den Drittschuldner nicht[347].

Die Zustellung erfolgt auf **Betreiben des Gläubigers**, damit im Parteibetrieb B.118
(§§ 191 ff. ZPO; nicht von Amts wegen)[348]. Mit dieser Regelung gibt das Gesetz die Herbeiführung der Pfändungswirkungen auch nach Erlass des Pfändungsbe-

---

346 Begründung des ZPO-Entwurfs, Hahn, Materialien zu den Reichsjustizgesetzen, Band II 1, S. 457.

347 RG, Gruchot 34, 1172.

348 Auch an den angehörten Schuldner (Drittschuldner) erfolgt Zustellung von Amts wegen nicht, Zöller/Herget, ZPO, § 829 Rdn. 31; LG Düsseldorf, JurBüro 1990, 1345 = Rpfleger 1990, 376 = Rpfleger 1990, 469 (Leits.) mit abl. Anm. Schauf (Aufgabe von LG Düsseldorf, JurBüro 1983, 1575 = Rpfleger 1983, 255); OLG Köln, DGVZ 1991, 154 = JurBüro 1991, 1400 = MDR 1991, 1091 = NJW-RR 1992, 894; Dressel, Rpfleger 1993, 100.

schlusses noch in die Hand des Gläubigers[349]. Deshalb wird auch dann die Pfändung erst durch Zustellung wirksam, wenn der Gläubiger selbst Drittschuldner ist; er muss sich in diesem Falle den Pfändungsbeschluss selbst zustellen lassen[350].

B.119 Die Zustellung besteht in der **Übergabe** einer beglaubigten Abschrift der dem Gläubiger vom Vollstreckungsgericht erteilten Ausfertigung (siehe Rdn. B.57) des Pfändungsbeschlusses. Die **Beglaubigung** besorgt der Gerichtsvollzieher[351] oder der Rechtsanwalt des Gläubigers (§§ 191, 192 Abs. 2, § 169 Abs. 2 ZPO, § 16 Abs. 2, 3 GVGA). Eine besondere Form der Beglaubigung ist nicht vorgeschrieben. Es genügt, wenn der Beglaubigungsvermerk unzweideutig erkennen lässt, dass er sich auf den ganzen Inhalt der Abschrift erstreckt, auch wenn er nicht genau unter ihr steht[352]. Die Auslassung des Ausfertigungsvermerks (siehe Rdn. B.57) ist jedoch keine nebensächliche Unrichtigkeit, sondern macht die Zustellung ungültig[353]. Es genügt aber schon, wenn die beglaubigte Abschrift ersehen lässt, dass der Ausfertigungsvermerk vorhanden und von einem Urkundsbeamten der Geschäftsstelle unterschrieben ist; das ist der Fall, wenn an Stelle des Namens des Urkundsbeamten die Worte „gez. Unterschrift“ gesetzt worden sind[354]. Kein wesentliches Erfordernis der beglaubigten Abschrift ist ein Hinweis auf das der Ausfertigung beigedrückte Gerichtssiegel; die Zustellung der einen solchen Hinweis nicht enthaltenden beglaubigten Abschrift ist daher nicht unwirksam[355]. Den Namen des Rechtspflegers, der den Pfändungsbeschluss erlassen hat (s. Rdn. B.98), muss die dem Zustellungsempfänger (somit insbesondere dem Drittschuldner) übergebene beglaubigte Abschrift wiedergeben. Unschädlich ist es zwar, wenn sich in der beglaubigten Abschrift (ebenso wie in der Ausfertigung) lediglich der Vermerk „gez. Unterschrift“ befindet. Die Zustellung der beglaubigten Abschrift eines Pfändungsbeschlusses, die an Stelle der Unterschrift des Rechtspflegers ein Fragezeichen aufweist, ist jedoch mangelhaft; sie bewirkt beim Drittschuldner keine Pfändung der Forderung[356]. Ein solcher Zustellungsmangel kann auch nicht nach § 189 ZPO geheilt werden[357]. Auch Zustellung einer beglaubigten Abschrift, in der der Name des Rechtspflegers lediglich in Klammern maschinengeschrieben wiederge-

---

349 RG, WarnRspr. 1920 Nr. 164.

350 RG, Gruchot 57, 1090; siehe auch Rdn. A.37.

351 Er ist verpflichtet, Abschriften selbst herzustellen (AG Berlin-Wedding, DGVZ 1981, 88) und ihm unvollständig übergebene Abschriften zu ergänzen (AG Berlin-Tiergarten, DGVZ 1983, 78).

352 RGZ 164, 52.

353 RGZ 159, 25; RGZ 164, 52; BGH, BB 1962, 613 = VersR 1962, 218; OLG Hamm, JurBüro 1978, 755 = DGVZ 1978, 74 = NJW 1978, 830 m. Anm. Kramer (für einstweilige Verfügung); OLG Hamm, MDR 1981, 59.

354 RGZ 164, 52. Die unrichtige Wiedergabe der Dienstbezeichnung des ausfertigenden Beamten in der Abschrift macht die Zustellung ebenfalls nicht unwirksam; dazu siehe OLG Koblenz, MDR 1967, 52.

355 BGH, MDR 1965, 113 = NJW 1965, 104 = Rpfleger 1965, 42; KG, NJW 1962, 2161; s. auch OLG Frankfurt, MDR 1981, 150 = Rpfleger 1981, 68.

356 BGH, MDR 1982, 138 = NJW 1981, 2256 = Rpfleger 1981, 437. Siehe auch LG Braunschweig, DGVZ 1982, 75.

357 BGH (Fn. 356); auch LG Braunschweig (Fn. 356).

geben ist, genügt nicht; sie lässt nicht erkennen, dass der Rechtspfleger den Beschluss handschriftlich unterschrieben hat[358].

Bei sonst **wesentlicher Abweichung** (Nichtübereinstimmung) der zugestellten beglaubigten Abschrift mit der Urschrift des Pfändungsbeschlusses (gleich, ob bereits die dem Gläubiger erteilte Ausfertigung mit dem Pfändungsbeschluss nicht übereinstimmt oder ob die beglaubigte Abschrift von der richtig erteilten Ausfertigung abweicht) ist die Zustellung formunwirksam[359] (der Drittschuldner erlangt vom Pfändungsbeschluss keine sichere Kenntnis). Unwirksam ist daher die Zustellung, wenn der Erblasser und damit der gepfändete Miterbenanteil zwar in der Urschrift des Pfändungsbeschlusses richtig bezeichnet ist, nicht jedoch in der Ausfertigung und (oder) der (zugestellten) beglaubigten Abschrift, sodass für den Drittschuldner nicht erkennbar ist, welcher Nachlassanteil, auf den die Angabe in der zugestellten Abschrift nach mehreren Erbfällen zutreffen könnte, gepfändet sein soll (Miterbenanteil an Erbengemeinschaft M, wenn es eine Erbengemeinschaft nach E. M. sowie nach E. A. M gibt). Vorsicht ist daher bei der Ausfertigung oder Beglaubigung eines in der Urschrift noch ergänzten Pfändungsbeschlusses nach dem Formblattantrag des Gläubigers geboten. Zur Unwirksamkeit bei fehlender Angabe des Freibetrags bei Pfändung von Arbeitseinkommen s. Rdn. C.345. Die formunwirksame Zustellung kann nicht nach § 189 ZPO als geheilt angesehen werden. Der Mangel der Ausfertigung oder Beglaubigung wird insbesondere nicht dadurch geheilt, dass der Drittschuldner als Empfänger Gelegenheit hatte, sich durch Vergleich mit der Urschrift (oder Ausfertigung) vom Gleichlaut zu überzeugen[360]. B.120

Mit der Zustellung an den Drittschuldner erwirbt der Gläubiger das **Pfändungspfandrecht** an der gepfändeten Forderung (§ 804 Abs. 1 ZPO). Es macht das im Pfändungsbeschluss enthaltene Drittschuldnerzahlungsverbot wirksam (Rdn. B.149 ff.) und bestimmt den „Rang“ des pfändenden Gläubigers (siehe hierwegen Rdn. B.461 ff.). Erfolgt keine Zustellung, so bleibt der Pfändungsbeschluss ohne Wirkung. Durch eine vorläufige (einstweilige) Einstellung der Zwangsvollstreckung wird die Zustellung des Beschlusses an den Drittschuldner ausgeschlossen (siehe Rdn. B.230). B.121

Wenn ein **Drittschuldner nicht vorhanden** ist, wird die Pfändung mit der Zustellung des im Pfändungsbeschluss enthaltenen Verfügungsverbotes an den Schuldner wirksam (§ 857 Abs. 2 ZPO). B.122

---

358 So BGH, FamRZ 1982, 482 = VersR 1982, 971; BGH, NJW-RR 1987, 377 für die Zustellung eines Urteils mit maschinengeschriebener Wiedergabe der Namen der Richter in Klammern. Für den Pfändungsbeschluss des Rechtspflegers gilt nichts anderes.

359 BGH, MDR 1985, 844 = NJW 1995, 2230 (2231) = Rpfleger 1995, 509; Zöller/Schultzky, ZPO, § 169 Rdn. 12.

360 BGHZ 24, 116 = NJW 1957, 951; Zöller/Schultzky, ZPO, § 169 Rdn. 12. **A.A.** LG Heilbronn, JurBüro 1996, 665 mit – zu Recht – abl. Anm. B. Schmidt.

5.2. Zustellung an den Drittschuldner und Schuldner

5.2.1. Zustellung im Parteibetrieb

B.123 **Schrifttum:** Dressel, Zustellung des Pfändungsbeschlusses, Rpfleger 1993, 100; Hornung, Die Zustellung an den Schuldner (im Ausland) bei Forderungspfändung, DGVZ 2004, 298; Müller, Zustellungsort und unternehmensinterne Zuständigkeit beim Drittschuldner im Rahmen der Forderungspfändung, DGVZ 1996, 70; Noack, Zustellung und Ersatzzustellung eines Pfändungs- und Überweisungsbeschlusses an Drittschuldner und Schuldner. Folgen einer fehlerhaften Ersatzzustellung für das Entstehen eines Pfändungspfandrechts an der gepfändeten Forderung, DGVZ 1981, 33; Zimmermann, Mehrere Drittschuldner in einem Beschluss und Zustellung abweichend von § 173 GVGA?, DGVZ 1997, 85.

B.124 Die Zustellung erfolgt im **Parteibetrieb** (auf Betreiben des Gläubigers, § 829 Abs. 2 S. 1 ZPO), also durch den Gerichtsvollzieher[361] nach den Vorschriften der §§ 191–194 ZPO. Sie kann nur an den im Pfändungsbeschluss bezeichneten Drittschuldner erfolgen, bei einer Lohnpfändung nach Wechsel der Arbeitsstelle mithin nicht an den neuen Arbeitgeber[362]. Für einen nicht prozessfähigen Drittschuldner, insbesondere eine juristische Person (Aktiengesellschaft, GmbH, eingetragene Genossenschaft, eingetragener Verein usw.) oder rechtsfähige Personengesellschaft (Offene Handelsgesellschaft, Kommanditgesellschaft, auch GmbH & Co KG) erfolgt die Zustellung an ihren gesetzlichen Vertreter (§ 170 Abs. 1 ZPO; genügend ist Zustellung an den „Leiter", § 170 Abs. 2 ZPO); bei mehreren gesetzlichen Vertretern genügt Zustellung an einen von ihnen (§ 170 Abs. 3 ZPO). Bewirkt werden muss die Zustellung nicht an den Drittschuldner persönlich, sie kann, sofern die Voraussetzungen vorliegen, auch als Ersatzzustellung erfolgen[363]. Soll an den gesetzlichen Vertreter einer Aktiengesellschaft in deren Geschäftslokal zugestellt werden, so genügt, dass die Gesellschaft in der Zustellungsurkunde (§ 182 Abs. 2 Nr. 1 ZPO) bezeichnet wird; die gesetzlichen Vertreter brauchen nicht angeführt zu werden[364]. Gleiches gilt für die Zustellung an eine GmbH, eingetragene Genossenschaft usw. Für die Zustellung an den Drittschuldner kann auch der Schuldner selbst Zustellungsempfänger (Ersatzperson) sein[365]. Wegen der Rechtsstellung des

---

361 Die Zustellung einer mit so erheblichen äußeren Mängeln behafteten Ausfertigung (Veränderung durch zahlreiche Striche, durchgeschriebene Worte und Zahlen), dass ihr Inhalt nicht mehr klar erkennbar ist, kann der Gerichtsvollzieher ablehnen, AG Itzehoe, DGVZ 1985, 122.

362 AG Stuttgart, DGVZ 1973, 61, siehe Rdn. C.119.

363 OLG Hamburg, OLGE 11, 185.

364 BGHZ 107, 296 (299) = MDR 1989, 1018 = NJW 1989, 2689.

365 RGZ 87, 412 (413); KG, JW 1936, 200; BayObLG, OLGE 7, 427; LG Bonn, DGVZ 1998, 12; LG Kassel, DGVZ 1967, 186; Stein/Jonas/Würdinger, ZPO, § 829 Rdn. 56; Zöller/Herget, ZPO, § 829 Rdn. 15; **a.A.** (schließt § 178 Abs. 2 ZPO aus) BAGE 34, 208 = BArbG, AP Nr. 7 zu § 829 ZPO mit zust. Anm. Walchshöfer = DGVZ 1981, 7 = JurBüro 1981, 1170 mit krit. Anm. Mümmler = MDR 1981, 346 = NJW 1981, 1399 (siehe dazu aber Noack, DGVZ 1981, 33); OLG Celle, DGVZ 2003, 8 (schuldhafte Amtspflichtverletzung des Gerichtsvollziehers); OLG Köln, DGVZ 2002, 42; ArbG Hamburg, BB 1969, 405; Hamme, NJW 1994, 1035; Schuschke/Walker, Vollstreckung, § 829 Rdn. 48; Musielak/Becker, ZPO, § 829 Rdn. 14; Wieczorek/Schütze/Lüke, ZPO, § 829 Rdn. 68; MünchKomm/Smid, ZPO, § 829 Rdn. 37.

Drittschuldners bei Ersatzzustellung, insbesondere wenn ihm diese unbekannt geblieben ist, siehe Rdn. B.165, B.166.

Eine **öffentliche Zustellung** an den Drittschuldner[366] ist in den Fällen des § 185 (i.V.m. § 191) ZPO möglich. Zustellung ist die Bekanntgabe eines Schriftstücks „an eine Person" in der im Titel 2 (des 3. Abschnitts des Buchs 1) der ZPO bestimmten Form (§ 166 Abs. 1 ZPO), mithin auch die öffentliche Bekanntmachung an den Drittschuldner (§ 185 ZPO). Es wird nicht mehr darauf abgestellt, dass der Aufenthalt „einer Partei" (dies ist der Drittschuldner nicht) unbekannt ist; erforderlich ist nur, dass der Aufenthalt einer **Person** unbekannt ist (§ 185 Nr. 1 ZPO), der das Schriftstück zuzustellen ist (§ 166 Abs. 1 ZPO), oder dass eine Zustellung an sie sonst nicht erfolgen kann (§ 185 Nrn. 2, 3 ZPO). Damit gehört auch der Drittschuldner zu den Zustellungsadressaten, an die eine öffentliche Zustellung erfolgen kann. Unerheblich dafür ist, dass die öffentliche Zustellung keine Bedeutung[367] erlangen kann, weil der Drittschuldner, dem die Zustellung durch öffentliche Bekanntmachung unbekannt bleibt, bei Verstoß gegen das Zahlungsverbot geschützt ist (Rdn. B.165). Die Pfändung ist auch in einem solchen Fall stets mit öffentlicher Zustellung an den Drittschuldner wirksam geworden (§ 829 Abs. 3 ZPO); der Gläubiger hat damit ein Pfändungspfandrecht (§ 804 Abs. 1 ZPO) mit Rang vor späteren Pfändungen anderer Gläubiger (§ 804 Abs. 3 ZPO) erlangt. **B.125**

Auch bei drittschuldnerlosen Rechten ist eine öffentliche Zustellung nicht ausgeschlossen. Die für die Pfändung wesentliche Zustellung an den Schuldner kann hier durch öffentliche Bekanntmachung erfolgen[368]. **B.126**

Eine **Zustellung von Amts wegen** durch die Geschäftsstelle (§§ 168 ff. ZPO) wäre wirkungslos. Die Geschäftsstelle kann jedoch um Vermittlung der Zustellung durch den Gerichtsvollzieher ersucht werden (§ 192 Abs. 3 S. 1 ZPO); der Vermittlungsauftrag kann auch mündlich oder durch schlüssiges Verhalten erteilt werden. Wenn um Vermittlung der Zustellung ersucht ist, gibt das Vollstreckungsgericht die Beschlussausfertigung unmittelbar an einen Gerichtsvollzieher mit dem Auftrag, die erforderlichen Zustellungen zu besorgen (§ 192 Abs. 3 S. 2 ZPO). Das gilt auch dann, wenn der Gläubiger bei dem Gericht die Zustellung mit der Aufforderung des § 840 ZPO verlangt hat. Wenn der Gläubiger die Vermittlung der Zustellung nicht verlangt hat, übersendet ihm das Vollstreckungsgericht nach Erlass des Pfändungsbeschlusses eine Ausfertigung zur Zustellung im Parteibetrieb. Eine gesetzliche Ermächtigung der Geschäftsstelle zur Vermittlung der Zustellung ohne Auftrag sieht § 192 ZPO nicht vor. Dass ein Auftrag fingiert werde, bringt § 192 Abs. 3 ZPO nicht zum Ausdruck[369] (anders früher § 168 a.F. ZPO). Der Parteibetrieb gebietet keine amtliche Fürsorge zur Beschleunigung und Vereinfachung des Zustellungsverfahrens. Das indes ist noch nicht (abschließend) geklärt; es ist daher **B.127**

366 Bestellung eines Abwesenheitspflegers für den Drittschuldner für Zustellung des Pfändungs- und Überweisungsbeschlusses wird nicht für zulässig erachtet, OLG Zweibrücken, MDR 1987, 586 = Rpfleger 1987, 201.

367 Praktische Bedeutung kann öffentliche Zustellung an den Drittschuldner z.B. bei Pfändung eines Miterbenanteils oder eines im Versteigerungsverfahren abzuwickelnden Erlösanteils erlangen.

368 S. auch AG Flensburg, JurBüro 1981, 464.

369 Zöller/Stöber, ZPO (31. Aufl.), § 198 Rdn. 9.

ratsam, die Vermittlung der Zustellung durch die Geschäftsstelle stets ausdrücklich zu verlangen oder anzumerken, dass die Zustellung selbst veranlasst wird (z.B.: „Ich stelle selbst zu").

B.128 Unmittelbares Ersuchen der Geschäftsstelle an die Post um Bewirkung der Zustellung (statt Vermittlung der Zustellung durch Gerichtsvollzieher) kann nicht (mehr) erfolgen; § 196 ZPO a.F. ist entfallen (hatte ohnedies keine praktische Bedeutung).

Von Amts wegen ist nur das Ersuchen bei Vollstreckung nach dem Zusatzabkommen zum NATO-Truppenstatut zuzustellen; hierwegen siehe Art. 5 des Gesetzes zum NATO-Truppenstatut, abgedruckt Rdn. A.55.

5.2.2. Verfahren des Gerichtsvollziehers bei der Zustellung

B.129 Der Gerichtsvollzieher muss den Zustellungsauftrag beschleunigt[370] erledigen und in der Zustellungsurkunde den für den Rang und die anderen Wirkungen der Pfändung wesentlichen Zeitpunkt der Zustellung nach Stunde und Minute anführen (§ 121 Abs. 1 S. 3 GVGA). Bei einer Zustellung durch die Post ist für Zustellung durch den Postbediensteten mit Zeitangabe Sorge zu tragen (§ 121 Abs. 1 S. 4, § 26 Abs. 2 S. 1 Nr. 1 GVGA). Bei einer Pfändung der Forderung des Schuldners gegen den Gläubiger wird der Pfändungsbeschluss dem Gläubiger wie einem Drittschuldner zugestellt (§ 121 Abs. 1 S. 6 GVGA). Die Zustellung eines einheitlichen Pfändungsbeschlusses für mehrere Geldforderungen gegen verschiedene Drittschuldner oder (auch: und) für andere Vermögensrechte (Rdn. B.55) kann einem Gerichtsvollzieher aufgetragen werden (Zustellung an einen Drittschuldner in einem anderen Bezirk dann durch die Post nach § 192 Abs. 1, § 194 ZPO). Es kann nach Bestimmung des Gläubigers (nicht zweckmäßig) aber auch jedem für den Bezirk eines Drittschuldners zuständigen Gerichtsvollzieher Zustellungsauftrag erteilt werden[371]. Geboten ist das bei einer Zustellung mit der Aufforderung zur Erklärung nach § 840 Abs. 2 ZPO an Drittschuldner in verschiedenen Gerichtsvollzieher-Bezirken (die Zustellung muss durch den Gerichtsvollzieher persönlich vorgenommen werden; eine Postzustellung löst die Auskunftspflicht nicht aus; siehe Rdn. B.285). Zur abweichenden Regelung in § 121 Abs. 2 GVGA siehe Rdn. B.131. Mehrere Pfändungsbeschlüsse, die an denselben Drittschuldner zugestellt werden müssen, stellt der Gerichtsvollzieher zum gleichen Zeitpunkt zu (§ 121 Abs. 1 S. 5 GVGA); die Pfändungen werden damit gleichzeitig wirksam.

Zur Zustellung bei Drittschuldnerwohnsitz (-sitz) im **Ausland** siehe Rdn. A.44.

---

370 Zu den Pflichten des Gerichtsvollziehers bei eiligen Zustellungsaufträgen siehe RGZ 91, 179.

371 Zöller/Herget, ZPO, § 829 Rdn. 15.

5.2.3. Anschließende Zustellung an den Schuldner

Nach der Zustellung an den Drittschuldner stellt der Gerichtsvollzieher ohne weiteren Antrag[372] den Pfändungsbeschluss mit einer Abschrift der Drittschuldnerzustellungsurkunde sofort an den Schuldner zu (§ 829 Abs. 2 S. 2 ZPO). Diese Zustellung dient der Wahrung der Rechte des Schuldners; er erhält durch sie rechtzeitig von der Pfändung und ihrem Wirksamwerden mit Zustellung an den Drittschuldner urkundlich Kenntnis. Dadurch wird er in Stand gesetzt, seine etwaigen formellen und materiellen Einwendungen gegen die Zwangsvollstreckung geltend zu machen. Der Fiskus ist dem Schuldner für den ihm erwachsenden Schaden ersatzpflichtig, wenn der Gerichtsvollzieher versehentlich oder absichtlich die Zustellung an den Schuldner unterlässt[373]. **B.130**

Die Zustellung eines **einheitlichen Pfändungsbeschlusses** für mehrere Geldforderungen gegen verschiedene Drittschuldner (siehe Rdn. B.129) hat durch den damit beauftragten Gerichtsvollzieher **an den Schuldner** nach Zustellung an alle Drittschuldner zu erfolgen[374]. Ist mehreren (jedem für den Bezirk eines Drittschuldners zuständigen) Gerichtsvollziehern ein Zustellungsauftrag erteilt (siehe Rdn. B.129) worden, so hat durch jeden von ihnen die Zustellung an den Schuldner nach § 829 Abs. 2 S. 2 ZPO sogleich nach Zustellung an den Drittschuldner zu erfolgen (dies gebietet die Wahrung der Schuldnerbelange)[375]. Abweichend hiervon sieht § 121 Abs. 2 GVGA vor, dass bei der Zustellung eines einheitlichen Pfändungsbeschlusses an mehrere Drittschuldner mit der Aufforderung zur Abgabe der Erklärung nach § 840 ZPO wie folgt zu verfahren ist: Zunächst soll der für den zuerst genannten Drittschuldner zuständige Gerichtsvollzieher die Zustellung an die in seinem Bezirk wohnenden Drittschuldner ausführen; er soll hiernach den Pfändungsbeschluss an den Gerichtsvollzieher abgeben, der für die Zustellung an die im nächsten Bezirk wohnenden Drittschuldner zuständig ist; dieser soll ebenso verfahren, bis an sämtliche Drittschuldner zugestellt ist. Die Zustellung an den Schuldner soll dann erst der zuletzt tätig gewesene Gerichtsvollzieher vornehmen. Dem kann nicht gefolgt werden, weil das nicht sofortige Zustellung an den Schuldner ist (§ 829 Abs. 2 S. 2 ZPO) und Rechte des Schuldners (Rdn. B.130) damit nachhaltig verletzt werden können. Besser ist es in einem solchen Fall, wenn der Gläubiger den Pfändungsbeschluss mit der Aufforderung nach § 840 ZPO nur an den **B.131**

---

372 Und auch dann, wenn der Gläubiger sich ausdrücklich dagegen ausgesprochen hat. Der Gerichtsvollzieher darf auch nicht auf Wunsch des Gläubigers die Zustellung an den Schuldner aufschieben oder dem Gläubiger selbst überlassen; KG, DGVZ 1966, 152 = OLGZ 1967, 41.

373 RG, JW 1900, 426.

374 Zöller/Herget, ZPO, § 829 Rdn. 15.

375 Zöller/Herget, ZPO, § 829 Rdn. 15. Anders Zimmermann, DGVZ 1997, 85: Der Gläubiger soll den Zustellungsauftrag erteilen, dass nur einer der angegangenen (mehreren) Gerichtsvollzieher die Zustellung an den Schuldner vorzunehmen habe, nachdem er seine Drittschuldnerzustellung ausgeführt hat und ihm die je mit Zustellungsurkunden versehenen weiteren Ausfertigungen des Pfändungsbeschlusses zugegangen sind. Dem kann man nicht folgen. Die Drittschuldnerzustellung durch den mit der Schuldnerzustellung beauftragten Gerichtsvollzieher kann scheitern oder sich verzögern; Schuldnerrechte (Rdn. B.130) werden dann verletzt. Die übrigen Gerichtsvollzieher dürfen überdies nicht auf Wunsch des Gläubigers die Zustellung an den Schuldner unterlassen (vgl. Fn. 372).

oder die Drittschuldner im Bezirk eines Gerichtsvollziehers zustellen lässt (dann erfolgt Postzustellung durch diesen Gerichtsvollzieher auch an die anderen Drittschuldner) und die Zustellung der Aufforderung nach § 840 ZPO an die weiteren Drittschuldner in einem anderen Gerichtsvollzieher-Bezirk gesondert veranlasst (Rdn. B.286).

B.132 Die Zustellung an den Schuldner unterbleibt, wenn sie durch öffentliche Bekanntmachung (§§ 185 ff. ZPO) erfolgen müsste (§ 829 Abs. 2 S. 2 ZPO); zum unbekannten Aufenthalt s. bereits Rdn. B.9). Wenn nicht schon der Pfändungsbeschluss den unbekannten Aufenthalt des Schuldners als Erfordernis der öffentlichen Zustellung ausweist, hat der mit der Zustellung beauftragte Gerichtsvollzieher eine Aufenthaltsermittlung vorzunehmen und die erforderliche Feststellung zu treffen[376]. Muss die Schuldnerzustellung im Ausland bewirkt werden, so erfolgt sie durch Aufgabe zur Post (§ 829 Abs. 2 S. 3 Halbs. 1, § 184 Abs. 1 S. 2 ZPO); eine Zustellung in einem anderen Mitgliedstaat der Europäischen Union erfolgt nach den Vorschriften der Verordnung (EG) Nr. 1393/2007 des Europäischen Parlaments und des Rates vom 13.11.2007 über die Zustellung gerichtlicher und außergerichtlicher Schriftstücke in Zivil- und Handelssachen in den Mitgliedstaaten („Zustellung von Schriftstücken") ... (ABl. EU Nr. L 324 vom 10.12.2007, S. 79; § 829 Abs. 2 S. 3 Halbs. 2 ZPO; vgl. § 183 Abs. 1 ZPO). Eine ersatzweise Zustellung an den Drittschuldner für den nicht angetroffenen Schuldner (§ 178 Abs. 1 ZPO) wird für zulässig erachtet; § 178 Abs. 2 ZPO verbietet sie nicht[377].

B.133 Für die Wirksamkeit der Pfändung ist die Zustellung an den Schuldner ohne Bedeutung[378] (außer bei den drittschuldnerlosen Rechten; siehe Rdn. B.122). Der Gläubiger braucht daher hier um Zustellungsmängel nicht besorgt zu sein.

B.134 Nur auf ausdrückliches Verlangen des Gläubigers stellt der Gerichtsvollzieher den Pfändungsbeschluss dem Schuldner schon vor der Zustellung an den Drittschuldner zu[379] (siehe § 121 Abs. 1 S. 2, Abs. 3 S. 4 GVGA). Die Pfändung wird nicht durch diese Zustellung, sondern erst durch die ihr folgende an den Drittschuldner wirksam. Die Abschrift der Urkunde über die Zustellung des Pfändungsbeschlusses an den Drittschuldner wird dann dem Schuldner nachträglich zugestellt. Ebenso ist zu verfahren, wenn der Gläubiger verlangt, dass die Zustellung an den Drittschuldner und Schuldner gleichzeitig zur Post gegeben wird.

B.135 War der Schuldner im Rechtsstreit durch einen **Prozessbevollmächtigten** vertreten, so muss die Zustellung an diesen – nicht an den Schuldner persönlich – erfolgen (§ 172 Abs. 1 ZPO). Das gilt nur dann nicht, wenn dem Vollstreckungsgericht oder Gerichtsvollzieher zweifelsfrei bekannt ist, dass die Vollmacht erloschen ist. Eine Zustellung an den Rechtsanwalt hat daher nicht mehr zu erfolgen, wenn er dem Gericht die Beendigung seines Mandats mitgeteilt hat[380]. Im Verfahren nach

---

376 Hornung, DGVZ 2004, 85 (86).
377 LG Siegen, JurBüro 1995, 161.
378 BGH, MDR 2000, 297 = NJW 2000, 730. Sie schmälert, wenn sie unterblieben ist, die mit der Drittschuldnerzustellung wirksam gewordene Pfändung nicht (RG [Fn. 373]) und führt bei unterbliebener oder mangelhafter Drittschuldnerzustellung auch keine Heilung des Mangels herbei.
379 LG Bonn (Fn. 365).
380 BGH, FamRZ 1991, 51 = MDR 1991, 342 = NJW 1991, 295.

§§ 23 ff. EGGVG kann die Rechtmäßigkeit der vom Gerichtsvollzieher ausgeführten Zustellung nicht überprüft werden[381].

Lehnt der Gerichtsvollzieher die Zustellung ab, so kann der Gläubiger mit Erinnerung (§ 766 Abs. 2 ZPO) eine Anweisung des Gerichtsvollziehers durch das Vollstreckungsgericht beantragen[382]. Der Gerichtsvollzieher kann sich gegen die Erinnerungsentscheidung nicht beschweren[383]. B.136

5.3. Haftung für fehlerhafte Zustellung

Für die richtige Durchführung der Zustellung an den Drittschuldner ist der Gerichtsvollzieher verantwortlich. Er muss bei der Zustellung durch die Post insbesondere die Zustellungsurkunde daraufhin überprüfen, ob die Zustellung richtig durchgeführt und mit genauer Zeitangabe ordnungsgemäß beurkundet ist (§ 121 Abs. 5 GVGA). Wenn die Postzustellung fehlerhaft ist, muss der Gerichtsvollzieher erneut zustellen und, sofern es die Umstände erfordern, diese Zustellung persönlich vornehmen (§ 121 Abs. 5 GVGA). Die Zustellung ist nicht unwirksam, wenn auf der Zustellungsurkunde die Unterschrift des Zustellers (§ 182 Abs. 2 Nr. 8 ZPO) fehlt oder wenn die Urkunde nur mit einer Paraphe abgezeichnet ist[384]. Die fehlende Unterschrift kann nachgeholt werden. Eine ergänzte Zustellungsurkunde hat jedoch nicht die Beweiskraft des § 418 ZPO, sondern ist nach § 419 ZPO frei zu würdigen[385]. Gewährleistet die Urkunde demnach sicheren Nachweis der Zustellung nicht, dann muss der Gerichtsvollzieher gleichfalls neu zustellen. Dass nach einer Zustellung die Zustellungsurkunde nicht mehr auffindbar ist, steht der Wirksamkeit der Zustellung nicht entgegen; der Nachweis der Zustellung kann auch mit anderen Beweismitteln erbracht werden[386]. B.137

5.4. Heilung von Zustellungsmängeln

Bei mangelhafter Zustellung an den Drittschuldner ist die Pfändung nicht wirksam. Nach § 189 ZPO[387] kann aber Heilung des Zustellungsmangels angenommen werden[388], wenn sich nachweisen lässt, dass der Pfändungsbeschluss dem Drittschuldner **tatsächlich zugegangen** ist. Das wird regelmäßig der Fall sein, wenn der Pfändungsbeschluss dem Drittschuldner nach Zustellung an den falschen Empfänger weitergeleitet[389] oder nur durch eingeschriebenen Brief mitgeteilt worden ist; B.138

---

381 OLG Frankfurt, Rpfleger 1976, 367.
382 KG, DGVZ 1966, 152 = OLGZ 1967, 41; Midderhoff, DGVZ 1982, 23; **a.A.** – Gerichtsvollzieher ist nur Zustellungsorgan, daher Dienstaufsichtsbeschwerde – noch LG Berlin, DGVZ 1966, 155.
383 OLG Düsseldorf, DGVZ 1980, 139 = NJW 1980, 111; Zöller/Herget, ZPO, § 766 Rdn. 37.
384 BGH, DGVZ 2008, 84 = MDR 2008, 161 = NJW-RR 2008, 218.
385 BGH (Fn. 385).
386 BGH, NJW 1981, 1613.
387 Nicht aber nach § 295 ZPO oder durch Verzicht auf den Zustellungsmangel.
388 BGH, MDR 1980, 569 = NJW 1980, 1754 = Rpfleger 1980, 183.
389 Vgl. OLG Zweibrücken, OLGZ 1978, 108 (Zustellung und Weiterleitung der Klageschrift); Reich, BayVBl 1981, 621.

für den Rang der Pfändung ist dann der Zeitpunkt des Empfangs des Beschlusses (Briefes) maßgebend[390]. Auch bei Übergabe einer unbeglaubigten Abschrift (oder Ablichtung) kann die Zustellung nach § 189 ZPO als bewirkt angesehen werden[391]. Geheilt werden können auch Zustellungsmängel in Bezug auf behördliche Pfändungsverfügungen (§ 8 VwZG)[392].

B.139 Allerdings empfiehlt es sich, bei fehlerhafter Zustellung nicht auf die Heilungsmöglichkeit zu vertrauen. Da im Streitfall der Gläubiger den Zugang des Schriftstücks an den Drittschuldner und auch den meist bedeutsamen genauen Empfangszeitpunkt oft nur schwerlich wird darlegen und nachweisen können, muss er erwarten, dass ihm die Regelung des § 189 ZPO keinen Gewinn bringt. Deshalb empfiehlt es sich, bei fehlerhafter Zustellung vorsorglich sofort eine erneute Zustellung durch den Gerichtsvollzieher zu betreiben. Die dadurch entstehenden Mehrkosten müssen bei berechtigtem Zweifel an der Wirksamkeit der ersten Zustellung als notwendige Zwangsvollstreckungskosten angesehen werden.

B.140 Bei Zustellung an einen falschen Drittschuldner (oder eine ihn nicht vertretende Stelle) wird der Mangel durch Weiterleitung des Beschlusses an den richtigen Drittschuldner oder die richtige Stelle mit Eingang nach § 189 ZPO geheilt. Das setzt allerdings voraus, dass sich das Zahlungsverbot auch tatsächlich gegen den richtigen Drittschuldner richtet.

B.141 Ausgeschlossen ist die Heilung des Zustellungsmangels nach § 189 ZPO, wenn der Drittschuldner nicht auf Betreiben des pfändenden Gläubigers, sondern auf andere Weise (z.B. von der Geschäftsstelle des Gerichts) Kenntnis vom Erlass des Pfändungsbeschlusses und seinem Inhalt erlangt hat. Denn das Gesetz knüpft die Wirkung der Pfändung an die Zustellung im Parteibetrieb, weil es die Herbeiführung der Wirkung auch nach Erlass des Beschlusses noch in die Hand des Gläubigers geben wollte (siehe Rdn. B.118). Das schließt ein Wirksamwerden der Pfändung ohne Mitwirkung des Gläubigers aus.

5.5. Zustellung in besonderen Fällen

B.142 Sind **mehrere** Personen Drittschuldner, so gilt das Rdn. A.59 ff. Gesagte. Muss allen zugestellt werden, so hat der Gerichtsvollzieher diese Zustellungen zur gleichen Zeit zu besorgen, wenn nicht besondere Gründe (persönliche Zustellung an verschiedenen Orten) etwas anderes gebieten.

B.143 Bei Pfändung einer **Gesamtgutsverbindlichkeit** muss die Zustellung an den das Gesamtgut der Gütergemeinschaft verwaltenden bzw. den überlebenden Ehegatten vorgenommen werden; siehe hierwegen aber auch Rdn. A.62.

B.144 Wegen der Zustellung an die **Erben** bei Vorhandensein eines Testamentsvollstreckers, wenn eine aus dem Nachlass geschuldete Forderung gepfändet wird, siehe § 2213 BGB (Zustellung an den Testamentsvollstrecker ist nicht notwendig, aber zulässig und ratsam).

---

390 LG Hamburg, MDR 1954, 425.
391 BGH, MDR 1965, 117 = NJW 1965, 104 = Rpfleger 1965, 44; BGH (Fn. 388).
392 BGH (Fn. 388).

Für **minderjährige** Drittschuldner erfolgt die Zustellung an den gesetzlichen Vertreter (Vater, Mutter, Vormund, Pfleger), auch wenn dieser im Pfändungsbeschluss nicht namentlich genannt ist (§ 170 ZPO). Zustellung an einen von mehreren gesetzlichen Vertretern genügt (§ 170 Abs. 3 ZPO). B.145

Die Bestellung eines **Betreuers** für einen Volljährigen (§ 1896 BGB) berührt dessen Geschäftsfähigkeit (vorbehaltlich § 104 Nr. 2 BGB) nicht. Daher erfolgt die Zustellung an den Betreuten als Drittschuldner. Wenn ein Einwilligungsvorbehalt angeordnet ist (§ 1903 Abs. 1 BGB), ist der Betreute im Aufgabenbereich des Betreuers nicht prozessfähig (§ 52 ZPO); die Zustellung für den Betreuten erfolgt dann an den Betreuer als gesetzlicher Vertreter (§ 170 ZPO). B.146

Bei einem **nicht rechtsfähigen Verein** genügt die Zustellung an einen Vorsteher (§ 50 Abs. 2, § 170 Abs. 3 ZPO). B.147

Eine **Gesellschaft des bürgerlichen Rechts** wird als Drittschuldnerin (s. Rdn. A.64) bei Zustellung des Pfändungsbeschlusses von dem geschäftsführenden Gesellschafter (§ 714 BGB) vertreten[393]. Zuzustellen ist an den (bzw. einen der) geschäftsführenden Gesellschafter, wenn ein solcher nicht bestellt ist, an einen der Gesellschafter[394]. B.148

Zur Verbindung der Aufforderung des § 840 ZPO mit der Zustellung an den Drittschuldner siehe Rdn. B.284.

6. Die Wirkungen der Pfändung

6.1. Die Rechtsstellung des Gläubigers

Die Pfändung bewirkt eine Beschlagnahme (Verstrickung); sie begründet für den Gläubiger ein **Pfändungspfandrecht** an der gepfändeten Forderung (§ 804 Abs. 1 ZPO). Die Beschlagnahme (Verstrickung) bewirkt eine Sicherstellung der Forderung für die Gläubigerbefriedigung. Die Forderung wird damit der Verfügungsbefugnis des Schuldners entzogen. Die Befriedigung des Gläubigers erfolgt durch Pfandverwertung (siehe Rdn. B.191 ff.). B.149

Rechtsnatur und Wesen des Pfändungspfandrechts sind streitig[395]. Dieser Streit hat indes keine praktische Bedeutung. Die ZPO regelt die weitere Wirkung des Pfändungspfandrechts an Forderungen nur vereinzelt[396]. Im Übrigen müssen daher nach allgemeiner Ansicht[397] die Vorschriften des BGB über das Vertragspfandrecht an Rechten (§§ 1273 ff. BGB) insoweit entsprechend Anwendung finden, als

393 BGH, JurBüro 1961, 365 (Fn. 233); BGH, JZ 1999, 44 mit Anm. Habersack = MDR 1998, 1049 = NJW 1998, 2904 = Rpfleger 1998, 435; Paulus, DGVZ 1992, 65 (71).

394 BGH, MDR 2006, 1254 = NJW 2006, 2191 = Rpfleger 2006, 478; BGH, MDR 2007, 667 = NJW 2007, 995 = Rpfleger 2007, 216.

395 Siehe dazu Gaul, Rpfleger 1971, 4; auch Säcker, JZ 1971, 156 und Werner, JR 1971, 278; Zöller/Herget, ZPO, § 804 Rdn. 2 m.w.N.

396 So z.B. in § 844 ZPO den Pfandverkauf.

397 RGZ 87, 412 (416) m.w.N.; RGZ 97, 34 (41); RGZ 104, 300 (301); RGZ 108, 318 (320); RGZ 156, 395 (397); BGH, Rpfleger 1968, 318; BGHZ 108, 237 (242) = MDR 1990, 147 = NJW 1989, 2536 (2537 re.Sp.) = Rpfleger 1990, 32; OLG Stuttgart, OLGE 16, 303 (305).

nicht die öffentlich-rechtliche Natur sowie Wesen und Wirkung des Pfändungspfandrechts entgegenstehen.

B.150 Die Pfändung allein[398] verschafft dem **Gläubiger** im Wesentlichen die **Rechtsstellung** eines Rechtspfandgläubigers nach dem BGB vor Pfandreife. Bei bloßer Pfändung (also vor der Überweisung) kann der Gläubiger daher nur die Sicherung der gepfändeten Forderung betreiben, nicht aber seine Befriedigung aus dieser suchen. Er darf somit allein, d.h. ohne Mitwirkung des Schuldners, weder Einziehungshandlungen vornehmen noch irgendwelche sonstige Maßnahmen treffen, die selbst nach Überweisung zur Einziehung nicht erlaubt sind (siehe deswegen Rdn. B.221). Insbesondere darf der Gläubiger nicht Leistung des Drittschuldners an sich allein verlangen oder über die Forderung verfügen, also auf sie verzichten, sie abtreten oder mit ihr aufrechnen. Das Einziehungsverbot schließt auch die Kündigung einer noch nicht fälligen Forderung durch den Gläubiger aus[399].

B.151 Der Gläubiger kann aber verlangen, dass eine fällige Forderung an ihn und den Schuldner **gemeinsam geleistet** oder für beide **hinterlegt** werde (siehe § 1281 BGB)[400]. Demgemäß können Zahlungen des Insolvenzverwalters und ein Erlös in der Zwangsversteigerung oder Zwangsverwaltung nur noch von beiden gemeinsam in Empfang genommen oder für sie hinterlegt werden. Beide sind bei Fälligkeit der Forderung einander verpflichtet, zur Einziehung mitzuwirken (§ 1285 Abs. 1 BGB). Haben sie die Forderung gemeinsam eingezogen, so hat der Pfandgläubiger ein Pfandrecht am Erlös erworben (§ 1287 BGB), der deshalb nach Maßgabe des § 1288 BGB mündelsicher anzulegen ist. Wegen der sich bei solcher gemeinsamer Einziehung ergebenden praktischen Schwierigkeiten wird fast immer dem Verlangen auf Hinterlegung der Vorzug gegeben.

B.152 **Sicherungsmaßnahmen** kann der Gläubiger zur Erhaltung seines Pfandrechtes allein betreiben[401]. So kann er einen Arrest gegen den Drittschuldner beantragen, die Forderung zu dessen Insolvenzverfahren oder in einem Zwangsversteigerungs- oder Zwangsverwaltungsverfahren als Beteiligter (§ 9 ZVG) anmelden, Wechsel zu Protest geben, den Erwerb der Forderung durch Dritte anfechten[402], gegen Dritte, die die Forderung beanspruchen, negative Feststellungsklage erheben[403] und gegen den Drittschuldner auf Feststellung[404] oder Leistung an Gläubiger und Schuldner gemeinsam bzw. Hinterlegung für beide (siehe § 1281 BGB) klagen. Auch Nebenrechte, die der Sicherung der Forderung dienen, kann der Gläubiger allein geltend machen, so z.B. das Vermieterpfandrecht nach § 805 ZPO mit dem Ziel der Hinterlegung des anteiligen Erlöses.

---

398 Auf die Pfändung allein ist die Rechtsstellung des Gläubigers vornehmlich bei Arrestvollziehung, Sicherungsvollstreckung (§ 720a ZPO) und bei Einstellung der Zwangsvollstreckung, wenn die bereits wirksam gewordene Pfändung bestehen bleibt, beschränkt. Sonst wird es nur selten vorkommen, dass der Gläubiger die gleichzeitige Überweisung oder eine andere Pfandverwertung nicht beantragt.
399 Siehe RGZ 153, 220 (224); MünchKomm/Smid, § 829 ZPO, Rdn. 46.
400 RGZ 104, 34 (35); RGZ 108, 318 (320); RG, JW 1912, 753.
401 OLG Hamburg, JurBüro 1983, 291.
402 RGZ 61, 150.
403 RGZ 73, 276 (277 f.).
404 Das Feststellungsurteil schafft aber gegen den Schuldner keine Rechtskraft, wirkt also nicht gegen ihn; RGZ 83, 116.

Im Insolvenzverfahren des Drittschuldners kann das **Stimmrecht** von Gläubiger und Schuldner nur gemeinsam ausgeübt werden. Beide müssen entsprechend ihrer Verpflichtung zur gemeinsamen Einziehung bei der Ausübung des Stimmrechts mitwirken. B.153

Wegen der Stellung gegenüber Dritten, die die Forderung vor- oder nachgepfändet haben, siehe Rdn. B.457 ff.

6.2. Die Rechtsstellung des Schuldners

Dem Schuldner als Inhaber der Forderung (siehe Rdn. B.205) ist mit Wirksamwerden der Pfändung **jede Verfügung** über sie, insbesondere die Einziehung, **verboten** (§ 829 Abs. 1 S. 2 ZPO). Gemeint sind, weil das Verfügungsverbot nur dem Schutz des Gläubigers dient, nur solche Verfügungen des Schuldners, die das Pfändungspfandrecht und die mit ihm erlangte Rechtsstellung des Gläubigers beeinträchtigen würden (siehe §§ 135, 136 BGB)[405]. Allein kann daher der Schuldner nicht einziehen, auf die Forderung nicht verzichten, sie nicht erlassen[406], sonst aufheben oder stunden, eine Kündigung nicht rückgängig machen, nicht abtreten, verpfänden oder die Zahlungsbestimmungen ändern, mit der Forderung nicht aufrechnen und über ein von der Pfändung erfasstes Nebenrecht nicht verfügen. B.154

Trifft der Schuldner gleichwohl eine ihm verbotene Verfügung, so ist diese nicht schlechthin, sondern **nur dem Pfändungsgläubiger** gegenüber unwirksam (siehe §§ 135, 136 BGB und Rdn. B.446, B.448). Bei einer Abtretung wird daher der Zessionar bis zum Erlöschen der Pfändung zunächst noch nicht Gläubiger; er kann in dieser Zeit irgendwelche Rechte aus der Abtretung nicht geltend machen, insbesondere weder Leistung an sich noch an den Pfändungsgläubiger oder Hinterlegung verlangen und auch nicht auf Feststellung klagen[407]. Nach der Aufhebung oder sonstigem Erlöschen der Pfändung kann sich der Drittschuldner dem Schuldner oder Dritten gegenüber nicht mehr auf die nur relativ gewesene „Unwirksamkeit" einer Verfügung berufen. B.155

Mit Einwilligung des Gläubigers ist auch im Verhältnis zwischen ihm und dem Schuldner jede Verfügung erlaubt und daher wirksam. Mit Genehmigung einer gegen das Verbot verstoßenden Verfügung durch den Gläubiger wird diese (voll) wirksam.

Nicht verboten sind dem Schuldner Verfügungen und Maßnahmen, die die Rechte des Gläubigers nicht beeinträchtigen. Daher darf er insbesondere Sicherungsmaßnahmen betreiben, die auch dem Gläubiger erlaubt sind (Arrest, Anmeldung zum Insolvenz- und Zwangsversteigerungsverfahren, Wechselprotest usw.; siehe Rdn. B.152). Ferner ist dem Schuldner vor Überweisung die Kündigung der noch nicht fälligen Forderung nicht verboten[408]. Wegen seines Anspruchs auf gemeinsame Einziehung siehe Rdn. B.151. B.156

---

405 RG, JW 1935, 3541; RG 158, 40 (42); BGH, Rpfleger 1968, 318; Berner, Rpfleger 1966, 75.
406 BGHZ 179, 344 (354) = NJW 2009, 2127 (2130).
407 RG, HRR 1933 Nr. 10.
408 OLG Dresden, OLGE 12, 142; OLG Hamburg, OLGE 14, 175.

B.157 Die Rechtsstellung des Schuldners aus seinem **Rechtsverhältnis** zum Drittschuldner erfasst die Forderungspfändung nicht. Da die Zwangsvollstreckung nur in die Forderung, nicht aber auch in das Rechtsverhältnis zum Drittschuldner erfolgen kann, schließt die Forderungspfändung auch solche Verfügungen des Schuldners über das Rechtsverhältnis nicht aus, die sich auf die gepfändete Forderung auswirken[409]. Bei Pfändung von Miete oder Pacht, Lohn- und Gehaltsansprüchen sowie ähnlichen fortlaufenden Bezügen kann daher der Schuldner das Rechtsverhältnis (das Miet-, Pacht-, Dienst- oder Arbeitsverhältnis[410] usw.) jederzeit kündigen und beenden oder abändern (hierzu Rdn. A.41). Wegen der Fortsetzung eines beendeten Arbeitsverhältnisses nach kurzer Zeit beim gleichen Drittschuldner siehe Rdn. C.124, C.125; das dort Gesagte gilt entsprechend, wenn ein anderes Dauerschuldverhältnis nur scheinbar gelöst wird (z.B. bei Fortsetzung eines Untermietverhältnisses nach kurzer Unterbrechung durch Strafhaft oder infolge der Pfändung).

B.158 Ein (gesetzliches oder vertragliches) **Rücktrittsrecht** kann nach der Pfändung einer Geldforderung oder eines Anspruchs auf eine andere vertragliche Leistung vom Schuldner nur noch mit Zustimmung des (Pfändungs-)Gläubigers geltend gemacht werden. Das Rücktrittsrecht ist ein Gestaltungsrecht, seine Ausübung bewirkt die Rückgängigmachung des Vertrags. Die Rücktrittserklärung beseitigt somit die Leistungspflichten; das bisherige Vertragsverhältnis wird in ein Abwicklungsverhältnis umgewandelt (Rdn. A.415). Der Rücktritt bewirkt somit die Aufhebung der gepfändeten Forderung; daher kann er nach § 1276 BGB (entsprechende Anwendung) vom Schuldner als Vertragspartner nur mit Zustimmung des Gläubigers erklärt werden. Mit der Rechtsstellung des Schuldners aus seinem Rechtsverhältnis zum Drittschuldner (Rdn. B.157) ist das Rücktrittsrecht als Gestaltungsrecht nicht verbunden. Zulässig ist daher die Abtretung des Rücktrittsrechts – verbunden mit der Abtretung der Forderung – mit der Folge, dass jedenfalls der Zedent nicht mehr ohne Mitwirkung des Zessionars vom Vertrag zurücktreten kann[411]. Folglich erstreckt sich das Verfügungsverbot mit der Pfändung der Forderung gleichermaßen auf das Rücktrittsrecht (vertraglicher Abtretungsausschluss, § 399 BGB, wäre nicht hinderlich; § 851 Abs. 2 ZPO). Die (ausdrückliche) Mitpfändung des Rücktrittsrechts ist für zulässig zu erachten, weil es – jedenfalls zusammen mit der Forderung – abtretbar ist (§ 851 Abs. 1 ZPO). Dann wird jedoch auch der Gläubiger als Pfandberechtigter das Rücktrittsrecht nur mit Zustimmung des Schuldners geltend machen können.

B.159 Zur Frage, ob sich die Pfändung der Forderung (eines anderen vertraglichen Anspruchs) nach Ausübung eines Rücktrittsrechts auf den damit durch das Abwicklungsverhältnis entstehenden **Rückgewähranspruch** (§ 346 BGB) erstreckt, siehe Rdn. A.415.

B.160 Mit einer prozessual zulässigen Rechtsverfolgung vereitelt, beeinträchtigt oder erschwert der Schuldner die Rechtsstellung des Gläubigers nicht unzulässigerweise[412].

---

409 BGH, NJW-RR 2010, 1098 Rdn. 12 = Rpfleger 2010, 439.
410 BArbG, JurBüro 1994, 364 = NJW 1993, 2699 (2700 re.Sp.) = Rpfleger 1993, 456.
411 BGH, MDR 1973, 1012 = NJW 1973, 1793; BGH, DB 1985, 2243 = MDR 1986, 302 = NJW 1985, 2640.
412 Stöber, Rpfleger 1963, 340.

Das wirksam gewordene Verfügungsverbot schließt daher nicht aus, dass der Schuldner Erinnerung gegen den Pfändungsbeschluss und Beschwerde gegen die Entscheidung über die Erinnerung erhebt oder einen Antrag auf Vollstreckungsschutz (§ 765a ZPO usw.) stellt.

Auf **Feststellung** kann der Schuldner gegen Dritte oder den Drittschuldner nach Pfändung ebenso wie der Gläubiger **klagen** (siehe Rdn. B.152)[413]. Gegen den Drittschuldner kann der Schuldner auch auf Leistung an Gläubiger und Schuldner gemeinsam oder Hinterlegung für beide[414] klagen (§ 1281 BGB). Mit diesem Ziel kann der Schuldner auch ein bereits vorliegendes Urteil vollstrecken. **B.161**

Wegen der Rechtslage, wenn der Schuldner nur einer von mehreren Gesamtgläubigern der gepfändeten Forderung ist, siehe Rdn. A.60.

6.3. Die Rechtsstellung des Drittschuldners

Schrifttum: Denck, Einwendungsverlust bei pfändungswidriger Zahlung des Drittschuldners an den Schuldner? NJW 1979, 2375; Joost, Risikoträchtige Zahlungen des Drittschuldners bei der Forderungspfändung, WM 1981, 82; Reinicke, Die zweckentfremdete Aufrechnung, NJW 1972, 793 und NJW 1972, 1698; Werner, Zweckentfremdete Aufrechnung? NJW 1972, 1697. **B.162**

Dem Drittschuldner ist **verboten**, an den Schuldner zu zahlen (§ 829 Abs. 1 S. 1 ZPO). Das verbietet auch die Zahlung im Ausland[415]. Zahlt der Drittschuldner gleichwohl an den Schuldner, so hat diese Erfüllung dem Gläubiger gegenüber keine Wirkung[416]. Der Gläubiger kann nach der Überweisung daher nochmalige Zahlung[417] und bis zur Überweisung Hinterlegung für sich allein (nicht mehr für sich und den Schuldner gemeinsam) verlangen. **B.163**

---

413 Der Prozess des Schuldners gegen den Drittschuldner schafft aber keine Rechtskraft gegen den Pfändungsgläubiger, das Urteil wirkt also nicht gegen ihn; RGZ 83, 116 (120).

414 RG, Seufferts Archiv 44 Nr. 69. Aber keine Klage des Schuldners auf Hinterlegung mehr nach Überweisung, siehe Rdn. B.333 Fn. 762.

415 RGZ 140, 340 (342); siehe aber wegen der Zahlung im Ausland im Wege oder zur Abwendung des dort geübten Vollstreckungszwangs Stein/Jonas/Würdinger, ZPO, § 829 Rdn. 105.

416 BGHZ 86, 337 (339) = MDR 1983, 486 = NJW 1983, 886 = Rpfleger 1983, 118. Wenn dem Verkäufer eines Grundstücks die Verpflichtung zur Lastenfreistellung obliegt und der Käufer entgegen den Vereinbarungen im Kaufvertrag die den Grundpfandrechten zugrunde liegenden Darlehen ablöst, kann sich der Gläubiger nach der Pfändung der Kaufpreisforderung nicht mit der Begründung auf die Unwirksamkeit der Zahlung ihm gegenüber berufen, dass durch die erfolgte Lastenfreistellung die Voraussetzungen für die uneingeschränkte Verfügungsbefugnis des Verkäufers über den Restkaufpreis geschaffen wurde; BGH, MittBayNot 1981, 120 = WM 1981, 305.

417 RGZ 77, 250 (254). Der Drittschuldner kann sich bei Zahlung nach Pfändung gegen die Leistungsklage des Gläubigers auch nicht damit verteidigen, er habe vor Zustellung des Pfändungsbeschlusses Wechsel über die bezahlte Forderung ausgestellt; OLG Köln, OLGZ 1966, 559. Der Bund, der als Drittschuldner eines entlassenen Soldaten einen Pfändungsgläubiger versehentlich nicht befriedigt und dann an ihn aus eigenen Mitteln geleistet hat, hat keinen mit Leistungsbescheid verfolgbaren Anspruch gegen den Schuldner; siehe VerwG Stuttgart, MDR 1970, 956. Einwendungen gegen die gepfändete Forderung bleiben dem Drittschuldner auch bei verbotswidriger Zahlung erhalten; siehe Rdn. B.170 a.E., B.172.

B.164 Das Zahlungsverbot wird dahin verstanden, dass **keine Erfüllungshandlung** mehr vorgenommen werden darf. Eine Verpflichtung, auch eine bereits in die Wege geleitete Zahlung (nach Möglichkeit) wieder rückgängig zu machen (Grenzen der Widerruflichkeit eines Zahlungsauftrags siehe nun § 675p BGB), soll das Zahlungsverbot nicht begründen. Wenn der Drittschuldner noch vor der Zustellung des Pfändungsbeschlusses (damit in Unkenntnis der Pfändung) die zur Erfüllung notwendige Leistungshandlung vorgenommen hat, wird er demnach nicht für verpflichtet gehalten, den Eintritt des Leistungserfolgs durch aktives Handeln zu verhindern[418]. Einen (für eine einmalige Zahlung) der Bank bereits erteilten Überweisungsauftrag soll der Drittschuldner daher nicht zu widerrufen haben, wenn ihm danach ein Pfändungsbeschluss zugestellt wird[419]. Für (weitere) Zahlungen mit Dauerauftrag kann das jedoch nicht gelten[420].

Dem ist nicht zu folgen[421]. Die vollstreckungsrechtliche Durchsetzung der Gläubigerforderung gebietet die Beachtung des Zahlungsverbots durch den Drittschuldner mit gleicher Sorgfalt, welche er in eigenen Angelegenheiten anzuwenden pflegt. Das erfordert eine mögliche und zumutbare Abwendung der Schuldtilgung mit Erfüllung auch, wenn das Zahlungsverbot erst nach der Vornahme der Leistungshandlung zugestellt wird. Auf die für Bereiche des Schuldrechts erhebliche Leistungshandlung kann für die vollstreckungsrechtliche Verpflichtung des zur Gläubigerbefriedigung zwangsläufig von den Wirkungen des Pfändungszugriffs auf eine (noch) geschuldete Forderung betroffenen Drittschuldners nicht abgestellt werden.

Verboten ist dem Drittschuldner nicht nur, die geschuldete Leistung selbst zu bewirken; er darf sie an seinen Gläubiger (den Schuldner in der Vollstreckung) auch nicht mehr durch einen Vertreter oder Erfüllungsgehilfen bewirken lassen. Ebenso verbietet es sich, die Leistung mit Abbuchung einer bereits in die Wege geleiteten Zahlung durch die Bank bewirken zu lassen, wenn sie bei Aufwendung erforderlicher Sorgfalt noch unterbunden werden kann. Wenn ein Widerruf als (Gegen-)Weisung an die beauftragte Bank, den (noch nicht ausgeführten) Überweisungsauftrag nicht durchzuführen[422], noch rechtzeitig möglich ist, dann ist dessen Unterlassung (weil mit Erteilung des Überweisungsauftrags das Geld noch nicht aus der Verfügungsgewalt des Drittschuldners entlassen ist) als Verstoß des Drittschuldners gegen das Zahlungsverbot zu werten. Der Überweisungsauftrag allein kann den Drittschuldner jedenfalls dann nicht schützen, wenn erst nach der Pfändung die zur Ausführung des Auftrags erforderliche Deckung des Kontos

---

418 BGHZ 105, 358 (360, 361) = JZ 1989, 299 mit Anm. Brehm = MDR 1989, 155 = NJW 1989, 905; Musielak/Becker, ZPO, § 829 Rdn. 20; Schuschke/Walker, Vollstreckung, § 829 Rdn. 55.

419 BGH (Fn. 418); zustimmend Brehm, JZ 1989, 300 (Anmerkung).

420 So auch Brehm, JZ 1989, 300 (301) und Stein/Jonas/Würdinger, ZPO, § 829 Rdn. 102; Musielak/Becker, ZPO, § 829 Rdn. 20; offengelassen von BGH (Fn. 418).

421 § 407 BGB (entsprechende Anwendung) begründet einen so weitgehenden Drittschuldnerschutz nicht; die Vorschrift schützt bei Leistung nach Wirksamwerden der Pfändung, wenn der Drittschuldner diese nicht kennt. Aussage für die vor Pfändung vorgenommene Leistungshandlung gibt die Bestimmung nicht. S. auch noch VerwG Neustadt, JurBüro 1989, 668, das bei zumutbarem Bankrückruf schuldbefreiende Drittschuldnerzahlung ablehnt.

422 BGHZ 103, 143 (145) = MDR 1988, 472 = NJW 1988, 1320.

erfolgt[423]. Es kann zudem nicht rundweg angenommen werden, das Zahlungsverbot lege dem Drittschuldner keine Handlungspflichten auf[424]. Bei Zahlungen mit Dauerauftrag, im Abbuchungsverfahren oder im Einziehungsermächtigungsverfahren kann der Drittschuldner nach Zustellung des Pfändungsbeschlusses seiner durch das Zahlungsverbot begründeten Verpflichtung jedenfalls nur mit Widerruf der Einzelanweisung oder Widerspruch gegen das (weitere) Lastschriftverfahren Rechnung tragen.

Der Schuldner erlangt mit der nur für den Drittschuldnerschutz erheblichen Einschränkung, dass die Pfändung nach Leistungshandlung nicht mehr erfordere, die Zahlung noch aufzuhalten, keine Rechte. Der Schuldner kann daher vom Drittschuldner nicht verlangen, dass er es unterlasse, die bereits in die Wege geleitete Zahlung wieder rückgängig zu machen.

Gegen die mit einer **Ersatzzustellung** (siehe Rdn. B.124) verbundenen Gefahren ist der Drittschuldner geschützt. Zahlungen, die er in Unkenntnis der durch die Ersatzzustellung wirksam gewordenen Pfändung an den Schuldner leistet, muss der Gläubiger gegen sich gelten lassen[425]. Das ist zwar nirgends ausdrücklich bestimmt, folgt aber aus der Notwendigkeit des Schutzes des unbeteiligten Drittschuldners und seiner gebotenen Gleichstellung mit dem Schuldner bei Abtretung oder Verpfändung (siehe §§ 407, 412, 1275 BGB)[426]. Die Beweislast dafür, dass die Pfändung und ihre Ersatzzustellung bei Zahlung nicht bekannt waren, trifft den Drittschuldner[427]. Der Beweis kann auch durch Parteivernehmung geführt werden[428]. Ist der Drittschuldner Inhaber eines Betriebs, so wird seiner eigenen Kenntnis die Kenntnis eines Angestellten von der Ersatzzustellung gleichgestellt, wenn dieser als der zuständige Vertreter des Betriebsinhabers zur Leistung auf die gepfändete Forderung befugt war, auch wenn ein anderer Vertreter oder der Betriebsinhaber selbst die Zahlung in Unkenntnis geleistet hat[429]. **B.165**

Dieser Schutz wird auch dem Drittschuldner zugestanden, der nach der Zustellung des Pfändungsbeschlusses zeitlich nicht mehr die Möglichkeit hat, die Leistung an den Schuldner (Vornahme einer Erfüllungshandlung) durch eine seiner verschiedenen Zahlstellen zu verhindern[430] (zur Zahlung, die bei Wirksamwerden der Pfändung bereits in die Wege geleitet ist, siehe Rdn. B.164). Das gilt insbesondere für Zahlungen durch Bankfilialen unmittelbar nach der Zustellung des Pfändungsbeschlusses an die Hauptstelle, durch die Generalagentur oder Bezirksdirektion einer **B.166**

---

423 Dies wäre im Fall des BGH (Fn. 418) zu erwägen gewesen. Der Überweisungsauftrag wurde am 5.11. erteilt und (nach Pfändung am 13.11.) erst am 15.11. (telefonisch durch Blitzgiro) ausgeführt, nachdem eine weitere finanzierende Bank die erforderlichen Geldmittel zur Verfügung gestellt hatte.

424 So aber BGH (Fn. 418).

425 So auch ArbG Hamburg, BB 1969, 406; ArbG Wuppertal, BB 1965, 605.

426 BGH (Fn. 416); RGZ 87, 412 (415); OLG Stuttgart, OLGE 16, 303; KG, JW 1936, 2000; RG, WarnRspr. 1921, 92; LArbG Berlin, AP Nr. 1 zu § 407 BGB = BB 1969, 1353 Leits.; Stein/Jonas/Würdinger, ZPO, § 829 Rdn. 102; Zöller/Herget, ZPO, § 829 Rdn. 19; MünchKomm/Smid, ZPO, § 829 Rdn. 37; Schuschke/Walker, Vollstreckung, § 829 Rdn. 55; auch BGH (Fn. 418); **a.A.** noch OLG Hamburg, OLGE 11, 185.

427 So auch LArbG Berlin (Fn. 426).

428 LG Hannover, JurBüro 1984, 1259.

429 ArbG Wuppertal (Fn. 425).

430 OLG Kiel, SchlHA 1914, 219 f.

Versicherungsgesellschaft nach Zustellung des Zahlungsverbots an die Hauptniederlassung, die Kasse einer Firma nach Zustellung des Pfändungsbeschlusses an die Hauptverwaltung oder durch die Gerichtskasse nach Zustellung an die Hinterlegungsstelle. Jedoch kann sich hier der Drittschuldner nur dann auf einen solchen Schutz berufen, wenn er alles zur Abwendung von Nachteilen für den Gläubiger Mögliche unternommen, also sofort eine fernmündliche, elektronische (Email) oder ähnliche beschleunigte Verständigung der Zahlstelle versucht hat.

B.167 Leisten kann der Drittschuldner nur mehr an den Schuldner und Gläubiger **gemeinsam** (siehe § 1281 BGB und Rdn. B.150, B.151). Durch Hinterlegung kann er erfüllen, wenn beide bei der Einziehung einer fälligen Forderung nicht mitwirken (§ 372 BGB). Von seiner Schuld wird er bei Hinterlegung unter Verzicht auf Rücknahme befreit (§ 378 BGB).

B.168 Eine **Kündigung** der noch nicht fälligen Forderung wird nur wirksam, wenn sie der Drittschuldner sowohl dem Gläubiger als auch dem Schuldner gegenüber erklärt (siehe § 1283 BGB).

B.169 Über dieses Leistungsverbot hinaus wird die Position des Drittschuldners von der Pfändung grundsätzlich nicht berührt. Seine **Rechtsstellung** erfährt somit sonst keine Veränderung; sie wird nicht verbessert und nicht verschlechtert. Die Pfändung berührt daher auch einen Verzug des Drittschuldners nicht[431] und gibt ihm nicht das Recht zur Klage auf Einstellung einer Zwangsvollstreckung, die wegen der schon vollstreckbar ausgeklagten Forderung im Gange ist[432].

B.170 Da die Pfändung die Rechtsstellung des Drittschuldners nicht verschlechtert, kann er auch dem Gläubiger alle gegen den Schuldner zur Zeit der Pfändung begründeten **Einwendungen** und **Einreden** entgegenhalten[433]. Der Drittschuldner kann also auch gegen den Gläubiger geltend machen, dass der gepfändete Anspruch überhaupt nicht entstanden (rechtshindernde Einwendungen, z.B. §§ 117, 118, 134, 138 BGB, Geschäftsunfähigkeit usw.) oder bereits wieder erloschen sei (rechtsvernichtende Einwendungen, z.B. Erlass, Erfüllung, Hinterlegung, Verwirkung, Arglist), dass sie einem anderen zustehe (Abtretung vor Pfändung)[434] oder dass wegen eines Gegenrechts die geschuldete Leistung verweigert werden könne (Einrede der Verjährung, der Stundung, des Zurückbehaltungsrechts aus nicht erfülltem Vertrag)[435]. Ein Zurückbehaltungsrecht, das der Schuldner gegenüber einer Klage des Drittschuldners geltend macht, hat gemäß § 274 BGB, § 836 ZPO die Wirkung, dass der Schuldner zur Leistung nur Zug um Zug dafür zu verurteilen ist, dass der Drittschuldner die bisher dem Schuldner gebührende Leistung an den pfändenden Gläubiger bewirkt[436]. Eine vertragliche Frist wird durch die Pfändung nicht gehemmt;

---

431 RGZ 49, 201.

432 Jecht, MDR 1962, 182; siehe aber wegen der Verpflichtung des Drittschuldners, die gegen das Zahlungsverbot verstoßende Befriedigung des Schuldners mit der Einrede der Forderungspfändung abzuwenden, Rdn. B.328.

433 BGH, JurBüro 1985, 708 = JZ 1985, 630 mit Anm. Brehm = NJW 1985, 1155 (1157).

434 Wegen der Beweislast siehe Rdn. B.320.

435 Dass der frühere Inhaber des vollstreckten Anspruchs verpflichtet ist, ihn von der gepfändeten Forderung freizustellen, kann der Drittschuldner dem Gläubiger, der Befriedigung wegen eines an ihn abgetretenen Anspruchs sucht, entgegenhalten, BGH, MDR 1986, 28 = NJW 1985, 1768.

436 OLG Braunschweig, JR 1955, 342 mit zust. Anm. Blomeyer.

der Drittschuldner kann sich auf den Fristablauf daher auch dann berufen, wenn die Frist infolge der Pfändungen versäumt wurde[437]. Durch eine verbotswidrige Zahlung an den Schuldner verliert der Drittschuldner gegenüber dem Gläubiger seine Einwendungen und Einreden gegen die gepfändete Forderung nicht[438].

Aufrechnen kann der Drittschuldner mit einer Forderung gegen den Schuldner auch nach der Pfändung noch, wenn schon bei ihrem Wirksamwerden die Voraussetzungen der Aufrechnung vorlagen (§ 392 BGB). Das ist der Fall, wenn der Drittschuldner seine Forderung nicht nach Wirksamwerden der Pfändung erworben hat. Für den „Erwerb" der Aufrechnungsforderung genügt, wenn diese zu dem maßgebenden Zeitpunkt lediglich nach ihrem Rechtsgrund entstanden war[439]. Nur wenn die Forderung des Drittschuldners erst nach Wirksamwerden der Pfändung fällig geworden ist, ist weitere Voraussetzung der Aufrechnungsbefugnis, dass bei Pfändung auch die gepfändete Forderung des Schuldners an den Drittschuldner nicht fällig war und nicht vor der eigenen Forderung des Drittschuldners fällig wurde (siehe § 392 BGB). Nicht ausgeschlossen wird die Aufrechnung gegen die gepfändete Forderung durch § 392 Alt. 2 BGB, solange deren Durchsetzung ein Leistungsverweigerungsrecht entgegensteht[440]. Zur Aufrechnungslage bei Aufrechnung eines an die Stelle des Erfüllungsanspruchs getretenen Schadensersatzanspruchs mit einer (gepfändeten) Werklohnforderung siehe BGH[441]. Nach der Beschlagnahme erworben ist auch die erst nach Wirksamwerden der Pfändung an den Drittschuldner abgetretene Forderung. Mit einer Forderung des Schuldners gegen den Gläubiger kann der Drittschuldner gegenüber dem Gläubiger nicht aufrechnen[442]. **B.171**

Diese Möglichkeit der Aufrechnung endet mit einer gegen das Zahlungsverbot verstoßenden Leistung des Drittschuldners an den Schuldner nicht. Denn diese Zahlung hat gegenüber dem Gläubiger keine Wirkung. Sie bringt somit die Forderung im Verhältnis zwischen Gläubiger und Drittschuldner nicht zum Erlöschen. Ist aber eine verbotswidrig bereits an den Schuldner geleistete Forderung noch nicht erloschen, so kann sie durch Aufrechnung mit Gegenansprüchen auch dem Gläubiger gegenüber noch getilgt werden[443]. **B.172**

---

437 BGH, BB 1968, 397.

438 BGHZ 58, 25 = MDR 1972, 319 = NJW 1972, 428 = Rpfleger 1972, 90; dazu (zust.) Werner, NJW 1972, 1697; Denck, NJW 1979, 2375; (abl.) Reinicke, NJW 1972, 793, 1697; BGH (Fn. 416); LG Aachen, ZIP 1981, 784; **a.A.** Thomas/Putzo/Seiler, ZPO, § 829 Rdn. 39; siehe auch für den Fall der Aufrechnung Rdn. B.172.

439 BGH, MDR 1980, 303 = NJW 1980, 584 = Rpfleger 1980, 98; LG Aachen (Fn. 438). Siehe auch OLG Celle, ZIP 1983, 467: Wirksamkeit der Aufrechnung gegenüber dem Gläubiger eines Bauunternehmers, der eine Werklohnforderung gepfändet hat, mit einem Schadensersatzanspruch aus positiver Vertragsverletzung, der als Gegenforderung entstanden ist, weil der Bauherr an Stelle des sich im Zahlungsverzug befindlichen Unternehmers an dessen Arbeitnehmer (nach der Pfändung) Zahlungen geleistet hat.

440 BGH, MDR 2004, 567 = NJW-RR 2004, 525.

441 BGH (Fn. 439).

442 AG Langen, MDR 1981, 237.

443 BGHZ 58, 25 (Fn. 438); dazu Werner, Reinicke und Denck (Fn. 438); LG Kaiserslautern, NJW 1955, 1761; OLG Hamm, OLGE 24, 253; einschränkend (Aufrechnung nur, wenn die verbotene Zahlung durch eine Zwangslage veranlasst war) LArbG Saarbrücken, NJW 1978, 2055. **A.A.** noch RG, Gruchot 56, 1066 = WarnRspr. 1912 Nr. 294; OLG Düsseldorf, NJW 1962, 1920; OLG Hamburg, MDR 1959, 432.

B.173 Wird eine Aufrechnung erklärt, obwohl die besonderen Voraussetzungen des § 392 BGB nicht vorlagen, so ist sie, wie jede gegen das Zahlungsverbot verstoßende Verfügung, nicht absolut, sondern nur dem pfändenden Gläubiger gegenüber unwirksam.

B.174 Auf Aufrechnungs**verträge** (Aufrechnungsvereinbarungen), die schon vor der Beschlagnahme (Wirksamwerden der Pfändung) geschlossen wurden, wird § 392 BGB nicht angewendet; sie sind dem Pfandgläubiger gegenüber wirksam, auch wenn die für das Erlöschen der Forderung vereinbarte Bedingung (Fälligkeit) erst nach der Beschlagnahme eintritt[444]. Siehe aber dazu für das Arbeitsrecht (Handelsvertreter mit Inkasso, Kellner usw.) Rdn. C.33, C.34.

B.175 Eine Werklohnforderung kann der Drittschuldner nach Pfändung durch Gläubiger des Unternehmers durch Zahlung an Subunternehmer auch dann noch tilgen, wenn er sich als Besteller das Recht vorbehalten hat, für Rechnung des Unternehmers Zahlungen an die von diesem nicht befriedigten Subunternehmer zu leisten[445].

B.176 Verwehrt sind dem Drittschuldner Einwendungen gegen die Richtigkeit der der Vollstreckung zugrunde liegenden Forderung des Gläubigers an den Schuldner (s. auch Rdn. B.321) und alle sonstigen Einwendungen, die der Schuldner im Wege der Vollstreckungsgegenklage geltend machen muss[446]. Der Drittschuldner kann sich daher nicht darauf berufen, dass der Schuldtitel, auf den sich Forderung und Vollstreckung gründen, unwirksam sei[447]. Wenn also der Pfändungsbeschluss auf Grund eines formell nicht zu beanstandenden Schuldtitels erlassen ist, hat der Drittschuldner nicht die Möglichkeit, sich mit der Begründung gegen den Beschluss zur Wehr zu setzen, dass dem Gläubiger in Wirklichkeit kein Anspruch gegen den Schuldner zustehe[448]. Im Einziehungserkenntnisverfahren vor dem Arbeitsgericht kann der Drittschuldner daher nicht einwenden, dass der Vollstreckungstitel (auch ein Prozessvergleich) wegen Verstoßes gegen die guten Sitten nichtig sei und deshalb wegen Fehlens eines gültigen Vollstreckungstitels keine wirksame Pfändung vorliege[449].

---

444 RGZ 138, 258; BGH, MDR 1968, 488 = NJW 1968, 835; LArbG Hamm, BB 1993, 1740 Leits. = DB 1993, 1247 Leits. = KKZ 1994, 224 (225); nicht so weitgehend – eine vor Lohnpfändung getroffene Aufrechnungsvereinbarung kann dem Pfändungsgläubiger jedenfalls entgegengesetzt werden, wenn die Voraussetzungen einer einseitigen Aufrechnung gemäß § 392 BGB gegeben sind – BArbG, BB 1967, 35 mit Anm. Trinkner = DB 1967, 459 = NJW 1967, 459 Leits.

445 OLG Stuttgart, NJW 1960, 204; OLG Stuttgart, NJW 1960, 684 mit Anm. Kubisch; Bartsch, BB 1989, 510 m.w.N.

446 BArbG, FamRZ 1964, 364 = NJW 1964, 687; BArbG, MDR 1989, 571 = NJW 1989, 1053; BGH (Fn. 433); LArbG Frankfurt, DAVorm 1974, 130; Denck, ZZP 92 (1979) 71, der jedoch im Falle der Lohnpfändung aus der Fürsorgepflicht des Arbeitgebers Besonderheiten ableitet.

447 BGH, NJW 1975, 1768; BArbG MDR 1989, 571 (Fn. 446).

448 BGH, BB 1969, 776; OLG Köln, NJW-RR 1996, 939 (940).

449 BArbG, MDR 1989, 571 (Fn. 446), das (für den Vollstreckungstitel auf Grund eines sittenwidrigen Ratenkreditvertrags) die abweichende Ansicht des LArbG Baden-Württemberg, NJW 1986, 1709 ablehnt. Der Ansicht, eine Pfändung ohne wirksamen Titel sei unwirksam, kann zudem nicht gefolgt werden (siehe Zöller/Seibel, ZPO, vor § 704 Rdn. 34). Zum Einwand der Arglist in einem besonderen Fall s. BArbG, AP Nr. 1 zu § 776 ZPO = DB 1963, 420.

Gibt der Drittschuldner gegenüber dem Pfändungsgläubiger, dem die Forderung zur Einziehung überwiesen ist, ein Anerkenntnis gem. § 212 Abs. 1 Nr. 1 BGB ab, so wird dadurch die Verjährung unterbrochen[450]. Durch eine zwischen Drittschuldner und Pfändungsgläubiger vereinbarte Stundung wird die Verjährung im Verhältnis zwischen diesen gehemmt[451] (§ 205 BGB). B.177

Wegen der Einwendungen des Drittschuldners gegen die Gültigkeit und Wirksamkeit der Pfändung siehe Rdn. B.320, B.422. Wegen seiner Stellung bei mehrfacher Pfändung der Forderung siehe Rdn. B.466 ff. B.178

6.4. Insolvenzverfahren über das Schuldnervermögen

Schrifttum: Dörndorfer, Insolvenzverfahren und Lohnpfändung, NZI 2000, 292; Grote, Wohnraummiete und Arbeitseinkommen während des eröffneten Verbraucherinsolvenzverfahrens, NZI 2000, 66; Helwich, Das Zusammentreffen von Lohnpfändung und Verbraucherinsolvenz, NZI 2000, 460. B.179

Der **Antrag** auf Eröffnung eines Insolvenzverfahrens berührt eine Pfändung (zunächst) nicht. Jedoch hat das Insolvenzgericht die zur Vermeidung nachteiliger Veränderungen in der Vermögenslage des Schuldners erforderlichen Maßnahmen zu treffen (§ 21 Abs. 1 InsO). Es kann insbesondere Maßnahmen der **Zwangsvollstreckung** gegen den Schuldner, damit auch die Pfändung einer Forderung oder eines anderen Vermögensrechts, **untersagen** oder **einstweilen einstellen** (§ 21 Abs. 2 Nr. 3 InsO). Mit einer solchen Maßnahme wird die Wirkung des Vollstreckungsverbots, das mit der Verfahrenseröffnung eintritt (§ 89 InsO), in das Eröffnungsverfahren vorgezogen[452]. Eingestellt oder untersagt werden kann somit auch die „dingliche" Miet- oder Pachtpfändung eines absonderungsberechtigten Gläubigers, der auf den Weg der Zwangsverwaltung verwiesen ist (Rdn. B.181). Vollzug des Einstellungsbeschlusses durch das Vollstreckungsgericht: § 775 Nr. 2 ZPO. Der Drittschuldner muss den Einstellungsbeschluss des Insolvenzgerichts jedoch bereits beachten und gegen sich gelten lassen, wenn er ihm zur Kenntnis gelangt ist (s. Rdn. B.227). B.180

Für **Insolvenzgläubiger** (§ 38 InsO) ist eine **Zwangsvollstreckung** während der Dauer des Insolvenzverfahrens **nicht zulässig** (§ 89 Abs. 1 InsO). Zur abgesonderten Befriedigung aus Grundstücken (anderen Objekten der Immobiliarvollstreckung) sind Gläubiger berechtigt, denen ein Recht auf Befriedigung im Wege der Zwangsvollstreckung (§ 10 ZVG) zusteht[453] (§ 49 InsO). Die Pfändung mithaftender Mieten oder Pachten durch absonderungsberechtigte Grundpfandgläubiger wird nach der Eröffnung des Insolvenzverfahrens über das Vermögen B.181

---

450 BGH, JR 1978, 504 mit Anm. Schubert = MDR 1978, 743 = NJW 1978, 1914 = Rpfleger 1978, 300. S. auch OLG Brandenburg, MDR 2009, 1096 (Anerkenntnis in diesem Fall verneint).

451 BGH, a.a.O. (Fn. 450).

452 Begründung, BT-Drucks. 12/2443, S. 116.

453 Näher dazu Stöber/Keller, ZVG, § 15 Rdn. 192.

des Schuldners jedoch nicht mehr für zulässig erachtet[454]. Grund: § 49 InsO verweist den absonderungsberechtigten Gläubiger auf den Weg der Zwangsverwaltung.

B.182 Mit der **Eröffnung des Insolvenzverfahrens** über das Vermögen des Schuldners wird eine Pfändung, auch wenn sie im Wege der Arrestvollziehung[455] oder der Vollstreckung einer einstweiligen Verfügung erfolgt ist, **unwirksam,** durch die ein Insolvenzgläubiger (§ 38 InsO) im letzten Monat vor dem Antrag[456] auf Eröffnung des Insolvenzverfahrens (§ 13 InsO; Eingang bei Gericht) oder nach diesem Antrag mit einem Pfändungspfandrecht eine Sicherung an einer zur Insolvenzmasse gehörenden Forderung (einem sonstigen Vermögensrecht) des Schuldners erlangt hat (§ 88 Abs. 1 InsO; Unwirksamkeit der Zwangsvollstreckung in der kritischen Phase vor Verfahrenseröffnung; sogen. Rückschlagsperre). Fristberechnung: § 139 InsO. **Drei** Monate beträgt diese Frist, wenn auf Antrag des Schuldners das Verbraucherinsolvenzverfahren (§§ 304 ff. InsO) eröffnet ist (§ 88 Abs. 2 InsO). Die Unwirksamkeit der Pfändung tritt rückwirkend ein; die Abgrenzung des § 110 InsO erlangt damit keine Bedeutung. Auswirkungen auf künftig fällig werdendes Arbeitseinkommen: Rdn. C.131. Insolvenzgläubiger ist ein absonderungsberechtigt vollstreckender Gläubiger nicht; die dingliche Pfändung der Miete oder Pacht wird jedoch durch die Eröffnung des Insolvenzverfahrens unwirksam (wie Rdn. B.181). Nicht erfasst von der Regelung des § 88 InsO ist die Zwangsvollstreckung in einen Gegenstand, der nicht zur Insolvenzmasse gehört. Beispiel: Weitergehende Vollstreckung eines Unterhalts- oder Deliktsgläubigers in erweitert pfändbares Arbeitseinkommen (dazu Rdn. C.131).

B.183 Bei der Pfändung einer **künftigen Forderung** entsteht das Pfändungspfandrecht erst mit der (späteren) Entstehung der Forderung[457], nicht bereits mit der Zustellung des Pfändungsbeschlusses an den Drittschuldner. Als Sicherung i.S. des § 88 InsO ist das Pfändungspfandrecht daher erst erlangt, wenn die Forderung entsteht. Liegt dieser Zeitpunkt im letzten Monat (nach § 88 Abs. 2 InsO in den letzten drei Monaten) vor dem Antrag auf Eröffnung des Insolvenzverfahrens, dann ist die Sicherung nicht insolvenzfest; sie wird mit Eröffnung des Insolvenzverfahrens unwirksam[458]. Entsteht die im Voraus gepfändete Forderung erst nach Eröffnung des Insolvenzverfahrens, kann der Gläubiger zulasten der Masse kein Pfandrecht erwerben[459] (§ 91 Abs. 1 InsO).

---

454 BGHZ 168, 339 = MDR 2007, 300 = NJW 2006, 3356 = NZI 2006, 577 mit Anm. Stapper und Schädlich = Rpfleger 2006, 549; BGH, JurBüro 2009, 162; AG Kaiserslautern, NZI 2005, 636.

455 Eine Arrestpfändung außerhalb der Frist des § 88 InsO bleibt weiterhin bestehen, KG, NZI 2008, 691.

456 Maßgebend ist auch ein zunächst mangelhafter oder bei einem unzuständigen Gericht gestellter Antrag, der zur Eröffnung des Insolvenzverfahrens geführt hat, BGH, MDR 2011, 1205 = NJW-RR 2011, 1353 = NZI 2011, 600 = Rpfleger 2011, 626; BayObLGZ 2000, 176 = NJW-RR 2001, 47 = NZI 2000, 427 = Rpfleger 2000, 448.

457 BGHZ 182, 264 Rdn. 9 = MDR 2010, 290 = NJW 2010, 444; BGH, MDR 2008, 1239 = NJW-RR 2008, 1441 (1442) = NZI 2008, 563; BGH, NJW 2012, 1510 Rdn. 30 = NZI 2012, 319; BAGE 132, 125 = FamRZ 2009, 2084 (2086) = MDR 2010, 292 = NZI 2010, 35 (36) = Rpfleger 2010, 86 (88).

458 BFHE 209, 34 = BStBl II 2005, 543 = JurBüro 2006, 43 = NZI 2005, 569 = Rpfleger 2006, 96.

459 BGH, NJW 2012, 1510 Rdn. 29 (Fn. 457).

Die Pfändung von **Miete** oder **Pacht** aus einem Vertrag über einen unbeweglichen Gegenstand oder von Räumen ist darüber hinaus eingeschränkt; als Verfügung im Wege der Zwangsvollstreckung ist sie bei Eröffnung des Insolvenzverfahrens **nur noch** für den zur Zeit der Verfahrenseröffnung laufenden Kalendermonat, bei Verfahrenseröffnung nach dem 15. Tag des Monats auch noch für den folgenden Monat, wirksam (§ 110 Abs. 1, Abs. 2 S. 2 InsO). Das gilt auch bei Arrestpfändung und bei Vollstreckung einer einstweiligen Verfügung sowie für die dingliche Pfändung eines absonderungsberechtigten Gläubigers (Rdn. B.181). Unerheblich ist, ob der Gegenstand dem Mieter oder Pächter vor der Eröffnung des Verfahrens bereits oder noch nicht überlassen war. Damit ist die Wirksamkeit einer Pfändung eingeschränkt, die über einen Monat vor dem Eröffnungsantrag zurückliegt und daher nicht schon nach § 88 InsO (rückwirkend) unwirksam ist; sie hat nur noch für den Kalendermonat der Verfahrenseröffnung oder den folgenden Kalendermonat Bestand. Dann stehen Miet- und Pachtforderungen dem Insolvenzverwalter zur Verfügung. **B.184**

Das durch die Pfändung an einer Forderung (einem sonstigen Vermögensrecht) erlangte Pfandrecht, das nicht mit Eröffnung des Insolvenzverfahrens unwirksam geworden ist, begründet für den pfändenden Gläubiger ein **Recht zur abgesonderten Befriedigung**[460] (§ 50 Abs. 1, § 173 Abs. 1 InsO). **B.185**

Ein zeitlich beschränktes Vollstreckungsverbot gilt nach § 90 InsO für Gläubiger bestimmter Masseverbindlichkeiten. Nach Anzeige der Masseunzulänglichkeit (§ 208 InsO) ist die Vollstreckung wegen einer Masseverbindlichkeit im Sinne des § 209 Abs. 1 Nr. 3 InsO unzulässig (§ 210 InsO). Zuständig für die Entscheidung über eine auf Massearmut gestützte Erinnerung ist das Insolvenzgericht[461] (siehe zu Rdn. B.189). **B.186**

Im **Verbraucherinsolvenzverfahren** einer natürlichen Person (§§ 304–311 InsO) ruht das Verfahren über den Eröffnungsantrag bis zur Entscheidung über den Schuldenbereinigungsplan (§ 306 Abs. 1 InsO). Eine Sicherungsmaßnahme kann das Insolvenzgericht auch hier anordnen (§ 306 Abs. 2 InsO). Insbesondere kann es somit die Zwangsvollstreckung gegen den Schuldner untersagen oder einstweilen einstellen (§ 306 Abs. 2 mit § 21 Abs. 2 Nr. 3 InsO). Wirkung: wie Rdn. B.180. Wenn der Schuldenbereinigungsplan angenommen ist, gilt der Antrag auf Eröffnung des Insolvenzverfahrens als zurückgenommen (§ 308 Abs. 2 InsO). Der Schuldenbereinigungsplan hat dann die Wirkung eines Vergleichs im Sinne des § 794 Abs. 1 Nr. 1 ZPO (§ 308 Abs. 1 S. 2 InsO). Forderungspfändungen entfallen damit (verlieren ihre Wirksamkeit), wenn der Schuldenbereinigungsplan das vorsieht (vgl. § 305 Abs. 1 Nr. 4 InsO). Der Drittschuldner muss die Wirkung des Vergleichs bei Kenntnis beachten (wie Rdn. B.180). Trifft der Schuldenbereinigungsplan keine Bestimmung, verliert mit (vergleichsweiser) Minderung der Gläubigerforderung (Restschuldbefreiung) das durch Zwangsvollstreckung erlangte Pfandrecht nicht von selbst seine Wirksamkeit. Die Zwangsvollstreckung kann wegen der herabgesetzten Gläubigerforderungen daher im erlangten Rang (mit dem als Prozessvergleich wirkenden Schuldenbereinigungsplan) fortgesetzt **B.187**

460 BGH, MDR 2000, 783 = NJW-RR 2000, 1215 = NZI 2000, 310; BGH, NJW-RR 2008, 647 (648).
461 BGH, NJW-RR 2007, 119 = NZI 2006, 697 = Rpfleger 2007, 40.

werden. Wegen des mit der Ermäßigung der Gläubigerforderung herabgesetzten vormaligen Vollstreckungsanspruchs muss der Gläubiger auf seine durch Pfändung und Überweisung (zur Einziehung) erlangten Rechte verzichten (§ 843 ZPO) oder der Schuldner Einwendungen mit Vollstreckungsgegenklage erheben (§ 767 ZPO).

B.188 Die **Unwirksamkeit** einer Pfändung tritt mit Eröffnung des Insolvenzverfahrens (Rdn. B.182 ff.) gesetzlich ein. Der Pfändungs- und Überweisungsbeschluss verliert damit seine Wirksamkeit (Drittschuldnerschutz nur noch nach § 836 Abs. 2 ZPO). Vom Vollstreckungsgericht ist das Erlöschen der Pfändungswirkungen von Amts wegen zu beachten[462]. Gelangt ihm die Unwirksamkeit einer noch fortdauernden Pfändung mit Eröffnung des Insolvenzverfahrens zur Kenntnis (Ermittlungspflichten bestehen nicht), hat es daher die Pfändung von Amts wegen aufzuheben[463]; eine Mitwirkung des Gläubigers hierzu ist nicht erforderlich.

B.189 Wenn mit Erinnerung (§ 766 ZPO) gegen die Zulässigkeit der Zwangsvollstreckung geltend gemacht wird, dass ein Insolvenzgläubiger unzulässig vollstreckt hat (§ 89 Abs. 1 InsO, Rdn. B.181) oder die Vollstreckung in eine künftige Forderung auf Bezüge aus einem Dienstverhältnis des Schuldners unzulässig erfolgt ist (§ 89 Abs. 2 InsO), entscheidet nicht das Vollstreckungsgericht, sondern das Insolvenzgericht[464] (§ 89 Abs. 3 S. 1 InsO), das auch eine einstweilige Anordnung erlassen kann (§ 89 Abs. 3 S. 2 InsO). Es kann die Pfändung jedoch nicht aufheben, sondern nur die Zwangsvollstreckung für unzulässig erklären oder einstellen (§ 775 Nr. 1 [entspr.], 2 ZPO); die Aufhebung oder Einstellung der Pfändung hat dann durch das Vollstreckungsgericht nach § 776 ZPO zu erfolgen. Die Erinnerung an das Insolvenzgericht findet für Gläubiger und Schuldner (nach rechtlichem Gehör wie im Falle des § 850b ZPO) aber dann nicht statt, wenn nach allgemeinem Vollsteckungsrecht die sofortige Beschwerde gegeben ist[465] (dazu Rdn. B.399). Die sofortige Beschwerde ist daher der Rechtsbehelf des Gläubigers gegen die Zurückweisung des Pfändungsantrags, wenn er geltend macht, das Vollstreckungsverbot sei zu Unrecht angenommen worden.

7. Die Pfandverwertung (§§ 835, 839, 844 ZPO)

7.1. Allgemeines

B.190 **Schrifttum:** Hoeren, Der Pfändungs- und Überweisungsbeschluss – Praktikabilität vor Verfassungsrecht; NJW 1991, 410; Kahlke, Nochmals – Der Pfändungs- und Überweisungsbeschluss – Praktikabilität vor Verfassungsrecht; NJW 1991, 2688; Münzberg, Anhörung vor Überweisung an Zahlungs statt, Rpfleger 1982, 329.

---

462 BGH, NJW 1960, 435 (436); BGH, MDR 1980, 394 = NJW 1980, 345 = Rpfleger 1980, 58.

463 BGH (Fn. 462).

464 BGH, NZI 2004, 447; OLG Jena, NJW-RR 2002, 626 = NZI 2002, 156. Die Entscheidung ist nach § 20 Nr. 17 S. 2 RPflG dem Richter vorbehalten.

465 BGH, MDR 2005, 1305 = NJW-RR 2005, 1299 = Rpfleger 2005, 520.

Durch die Forderungspfändung allein erlangt der Gläubiger nur ein Pfandrecht (siehe Rdn. B.149), nicht jedoch die Befugnis, sich aus der beschlagnahmten Forderung durch Einziehung, Verkauf oder auf andere Weise zu befriedigen. Die Möglichkeit der Befriedigung verschafft erst die **Pfandverwertung**. B.191

Die strenge Unterscheidung von Pfändung und Pfandverwertung hat der Gesetzgeber getroffen, weil so einerseits die nur der Sicherung, nicht aber der Befriedigung dienende Arrestvollziehung auf die Pfändung beschränkt (§ 930 Abs. 1 ZPO) und andererseits die für eine Pfandverwertung von Wechselforderungen und Forderungen aus anderen indossablen Papieren notwendige Pfändung durch Inbesitznahme des Papiers dem Gerichtsvollzieher übertragen werden konnte (§ 831 ZPO; siehe Teil H). Auch die Sicherungsvollstreckung (§ 720a ZPO; Rdn. B.195) ist auf die Pfändung beschränkt.

Die Pfandverwertung von Geldforderungen erfolgt durch **Überweisung** (§ 835 ZPO) oder Anordnung und Durchführung einer **anderen Art der Verwertung** (§ 844 ZPO). B.192

Die Zwangsvollstreckung beschränkt sich nicht nur auf die Sicherung durch Erlangung eines Pfandrechts, wenn nach dem Vollstreckungstitel die Geldforderung nicht an den Gläubiger zu zahlen, sondern vom Schuldner zu hinterlegen ist (vgl. z.B. § 247 Abs. 2 S. 3 FamFG: Hinterlegung von Unterhalt vor Geburt des Kindes, von Entbindungskosten usw.). Auch in diesem Fall ist Ziel der Zwangsvollstreckung die Gläubigerbefriedigung aus der gepfändeten Forderung durch die nach dem Vollstreckungstitel angeordnete Hinterlegung. Der Gläubiger kann nur die gepfändete Forderung des Schuldners an den Drittschuldner nicht selbst ausbezahlt erhalten, weil die Pfandverwertung sich in der durch den Vollstreckungstitel als Grundlage der Zwangsvollstreckung bestimmten Grenze halten muss. Es ist daher auch die Überweisung zur Einziehung nur in der Weise zulässig, dass der Drittschuldner die gepfändete Forderung nach Maßgabe des Vollstreckungstitels zu hinterlegen hat. Die Überweisung an Zahlungs statt verbietet sich wegen ihrer weitergehenden Wirkungen, eine andere Art der Verwertung ist nur möglich, soweit die Maßnahme die Hinterlegung des Verwertungserlöses ermöglicht. B.193

Vollstreckt der Gläubiger einen **Anspruch**, der nach dem Schuldtitel nicht ihm, sondern **an einen Dritten zu leisten** ist, dann ist dem Drittschuldner in dem Überweisungsbeschluss die Zahlung an den Dritten aufzugeben. Bei Vollstreckung eines nach § 888 ZPO zur Erzwingung einer unvertretbaren Handlung verhängten Zwangsgeldes ist daher im Überweisungsbeschluss die Zahlung durch den Drittschuldner an die Gerichtskasse anzuordnen[466]. B.194

Die Pfandverwertung ist ausgeschlossen, wenn der Vollstreckungstitel nur eine **Sicherungsvollstreckung** ermöglicht. Eine Überweisung oder andere Verwertung darf daher nicht erfolgen, wenn das Urteil (der sonstige Vollstreckungstitel, § 795 S. 2 ZPO) nur gegen Sicherheit vorläufig vollstreckbar ist, der Gläubiger Sicherheit (s. § 751 Abs. 2 ZPO) aber nicht geleistet hat. Ohne Sicherheitsleistung darf der B.195

---

466 LG Essen, JurBüro 1973, 651 = Rpfleger 1973, 185. Beizutreiben ist das Zwangsgeld nach § 888 Abs. 1 ZPO vom Gläubiger zugunsten der Staatskasse, BGH, JurBüro 1983, 1029 = MDR 1983, 739 = NJW 1983, 1859; KG, DGVZ 1980, 85 = NJW 1980, 2363 Leits. = Rpfleger 1980, 199; OLG Frankfurt, JurBüro 1986, 1259; OLG Hamm, FamRZ 1982, 185; LG Berlin, Rpfleger 1979, 225; LG Düsseldorf, JurBüro 1984, 1261.

Gläubiger dann die Zwangsvollstreckung durch Pfändung betreiben (§ 720a Abs. 1 ZPO). Eine Sicherungsvollstreckung mit Pfändung darf jedoch nur erfolgen, wenn die allgemeinen Vollstreckungsvoraussetzungen erfüllt sind, das Urteil (der Vollstreckungstitel) sowie die Vollstreckungsklausel, in den besonderen Fällen des § 750 Abs. 2 ZPO mit zugehörigen öffentlichen oder öffentlich beglaubigten Urkunden (keine Zustellung der „einfachen Klausel“[467]), mindestens zwei Wochen vorher zugestellt wurden (§ 750 Abs. 3 ZPO) und der Schuldner nicht durch Sicherheitsleistung nach § 720a ZPO die Sicherungsvollstreckung abgewendet hat (bei späterer Sicherheitsleistung durch den Schuldner: § 775 Nr. 3, § 776 ZPO). Rechtsstellung der Beteiligten nach Pfändung vor Überweisung: Rdn. B.149 ff. Die Pfändung wahrt mithin dem Gläubiger den Rang vor späteren Pfändungen (§ 804 Abs. 3 ZPO), auch wenn erst danach die Überweisung erfolgen kann. Wegen der Überweisung bei Hilfspfändung s. Rdn. B.377.

Nach Pfändung im Wege der Sicherungsvollstreckung kann der Gläubiger die Befriedigung aus der beschlagnahmten Forderung erst betreiben, wenn er die Sicherheit leistet (§ 720a Abs. 1 S. 2 ZPO) und nach § 751 Abs. 2 ZPO nachweist oder wenn das Urteil rechtskräftig oder sonst unbedingt vollstreckbar ist und alle weiteren Voraussetzungen der Zwangsvollstreckung aus dem damit ohne Sicherheitsleistung vollstreckbaren Titel vorliegen. Die für den Fortgang der Zwangsvollstreckung erforderlichen urkundlichen Nachweise sind dem Vollstreckungsgericht vorzulegen. Die damit möglich gewordene Überweisung der Forderung zur Einziehung oder an Zahlungs statt (§ 835 ZPO) erfolgt durch (gesonderten) Beschluss des Vollstreckungsgerichts (vgl. Rdn. B.199, B.200). Beispiel für einen gesonderten Überweisungsbeschluss: Rdn. B.520.

B.196 Die (stets zulässige) Pfändung einer Nachlassforderung bei Zwangsvollstreckung gegen den **Vorerben** ist bei Eintritt der Nacherbfolge insoweit unwirksam, als sie das Recht des Nacherben vereiteln oder beeinträchtigen würde (§ 2115 BGB mit Einzelheiten). Diesem Nacherbenschutz (keine Befreiung durch den Erblasser, § 2136 BGB) trägt bei der Vollstreckung des Anspruchs eines Gläubigers des Vorerben (gilt somit insbesondere nicht bei der Vollstreckung einer Erblasserverbindlichkeit) § 773 ZPO mit einem vorgezogenen Verwertungsverbot Rechnung. Bei der Geldvollstreckung durch Eigengläubiger des Vorerben **soll** eine gepfändete Forderung demnach **nicht überwiesen** (und nicht nach § 844 ZPO anderweit veräußert) werden (§ 773 ZPO bewirkt damit einen gesetzlichen Stillstand des Verfahrens nach der Pfändung). Als Sollvorschrift (Ordnungsvorschrift) des Verfahrensrechts ist § 773 ZPO vom Vollstreckungsgericht zu beachten, wenn ihm die Voraussetzungen des Nacherbenschutzes bekannt sind[468]; sonst hat der Nacherbe nach § 771 ZPO Widerspruch zu erheben (mit Einstellungsmöglichkeit nach § 769 ZPO). Mit Eintritt des Nacherbfalls verliert die Pfändung als dem Nacherben gegenüber unwirksame Zwangsmaßnahme ihre Wirksamkeit (§ 2115 S. 1 BGB); der Nacherbe kann daher ihre Beseitigung verlangen (Rechtsweg: § 771 ZPO). Den Nacherbenschutz mit Eintritt der Nacherbfolge gewährleistet § 2115 BGB auch für den Fall, dass der zunächst Bedachte nur aufschiebend bedingter Vorerbe (und

---

467 BGH, MDR 2005, 1433 = Rpfleger 2005, 547 gegen die früher überwiegende andere Ansicht.
468 RGZ 80, 30 (35).

damit zugleich auflösend bedingter Vollerbe) war[469]; auch dann soll die Überweisung nach § 773 ZPO somit unterbleiben.

7.2. Der Überweisungsbeschluss

B.197 Die Überweisung wird auf **Antrag** des Gläubigers angeordnet; wegen der Antragstellung siehe das Rdn. B.23 ff. Gesagte. Ein Formular ist für den erst nach Pfändung (Rdn. B.200; isoliert) gestellten Antrag auf Überweisung nicht eingeführt (§ 2 S. 2 ZVFV); § 829 Abs. 4 ZPO ist auf diesen Antrag nicht anzuwenden (§ 835 Abs. 3 S. 1 ZPO verweist hierauf nicht).

Nach Wahl des Gläubigers erfolgt die Überweisung zur Einziehung (Rdn. B.205) oder an Zahlungs statt (Rdn. B.212). Eine Überweisung „zu Händen des Prozessbevollmächtigten" verbietet sich (siehe Rdn. B.82).

Zuständig für die Überweisung ist das Vollstreckungsgericht (Rechtspfleger), das durch Beschluss entscheidet. Im Beschluss ist die Art der Überweisung (zur Einziehung oder an Zahlungs statt) zu benennen.

Wirksam wird der Überweisungsbeschluss mit der Zustellung an den Drittschuldner (§ 835 Abs. 3, § 829 Abs. 3 ZPO). Die Zustellung erfolgt im Parteibetrieb in entsprechender Anwendung des § 829 Abs. 2 ZPO (§ 835 Abs. 3 ZPO); siehe daher das Rdn. B.118 ff. Gesagte. Wenn der Gläubiger selbst Drittschuldner ist, wird der Überweisungsbeschluss mit Aushändigung der Ausfertigung an ihn wirksam.

B.198 Regelmäßig wird der Überweisungsbeschluss **gleichzeitig** mit dem Pfändungsbeschluss beantragt und erlassen; eine vorherige Anhörung des Schuldners verbietet sich dann (siehe Rdn. B.64). Der Erlass des Überweisungsbeschlusses zugleich mit dem Pfändungsbeschluss ist als einheitliches Vollstreckungshandeln zulässig[470]. Als sachgemäßes Verfahren ist die Verbindung des Überweisungsbeschlusses mit dem Pfändungsbeschluss schon in der Gesetzesbegründung vorgestellt[471]; § 314 Abs. 2 AO sieht das auch ausdrücklich vor; die (nur) für den Pfändungsantrag verbindlich zu nutzenden Formulare[472] (§§ 2, 3 und Anlagen 2 und 3 ZVFV) gehen da-

---

469 Hierzu BGHZ 96, 198 = DNotZ 1986, 541 mit Anm. Zawar = MDR 1986, 295 = NJW-RR 1986, 493 = Rpfleger 1986, 15.

470 Nach (nicht überzeugender, s. Rdn. F.49) Anschauung des BGHZ 127, 146 = DNotZ 1995, 139 = LM ZPO § 130 Nr. 3 mit Anm. Walker = MDR 1995, 454 mit Anm. Diepold = NJW 1994, 3225 = Rpfleger 1995, 119 mit abl. Anm. Riedel = ZZP 108 (1995) 250 mit Anm. Henckel soll der Erlass des Überweisungsbeschlusses zusammen mit dem Pfändungsbeschluss (nur) dann unzulässig sein, wenn eine durch Hypothek gesicherte Forderung gepfändet wird. Dafür, dass der BGH auch die seit jeher übliche, sachdienliche und verfahrensrechtlich sinnvolle Verbindung der Beschlüsse bei der Pfändung einer gewöhnlichen (nicht hypothekengesicherten) Forderung als nicht zulässig ansehen wollte, lässt sich der Entscheidung kein Anhalt entnehmen. Dafür, dass die Entscheidung konsequenterweise auch auf die Pfändung sonstiger Forderungen angewandt werden müsse, wenn ihr zu folgen wäre (so Riedel, Rpfleger 1995, 121), bieten weder die Urteilsgründe noch die rechtlich ganz unterschiedlichen Bestimmungen über den Zeitpunkt des Wirksamwerdens der Pfändung Anhalt.

471 Begründung des CPO-Entwurfs, abgedr. bei Hahn, Materialien zur CPO, Erste Abteilung, 1880, Seite 458 und neuerlich Begründung der sogen. BGB-Novelle 1898, abgedr. bei Hahn/Mugdan, Materialien, 8. Band 1898, Seite 155; dazu Stöber, NJW 1996, 1180.

472 Gilt nicht für den selbstständigen Antrag auf Überweisung; Rdn. B.197.

von als selbstverständlich aus. Wirksam kann die Überweisung, die zusammen mit der Pfändung angeordnet wird, nur gleichzeitig mit dieser durch die Zustellung des einheitlichen Beschlusses an den Drittschuldner werden. Die Überweisung dient damit der Verwertung des gleichzeitig mit der Zustellung an den Drittschuldner wirksam werdenden Pfandrechts; sie schafft kein eigenes Zahlungsverbot und auch kein vorzeitiges Verwertungsrecht. Daher ist auch ein Vorbehalt mit einem Hinweis im Überweisungsbeschluss auf die bei Erlass (nicht Wirksamwerden) noch ausstehende Zustellung des Pfändungsbeschlusses nicht sachgerecht[473]; er wäre infolge der gleichzeitigen Zustellung des gemeinsamen Beschlusses nicht verständlich, hat somit als überflüssig zu unterbleiben (zur Besonderheit bei Pfändung einer Hypothekenforderung Rdn. F.51). Verfassungsrecht (rechtliches Gehör nach Art. 103 Abs. 1 GG) gebietet und rechtfertigt (die unpraktikable und kostspielige) Trennung zur Anhörung des Schuldners vor Überweisung nicht[474]. Wenn die Überweisung an Zahlungs statt erfolgen soll, kann es zweckmäßig sein, über den Überweisungsantrag erst nach dem Wirksamwerden der Pfändung zu entscheiden und dem Schuldner nach wirksamer Pfändung, aber vor Überweisung noch Gelegenheit zur Stellungnahme zu geben[475]. Notwendig ist das nicht, weil der Schuldner auch in diesem Fall Gelegenheit hat, sich mit der Erinnerung (§ 766 ZPO) rechtliches Gehör zu verschaffen (siehe Rdn. B.214). Da die Pfändung von der Überweisung unabhängig ist, berührt die Unwirksamkeit nur der Überweisung die Wirksamkeit der ordnungsgemäß zustande gekommenen Pfändung[476] nicht. Auch die Überweisung, die wegen eines Betrages erfolgt, der geringer ist als die Vollstreckungsforderung, die der Pfändung zugrunde gelegen hat, lässt daher die weitergehende Pfändung fortbestehen, bis der Gläubiger auf sie ausdrücklich verzichtet (§ 843 ZPO).

B.199 Die erst nach der Pfändung beantragte Überweisung wird in einem **gesonderten Beschluss** ausgesprochen; in vereinzelten Fällen (siehe Rdn. B.518 und Teil H) kann die Überweisung immer nur getrennt von der Pfändung erfolgen. Zuständig für die nach der Pfändung gesondert beantragte Überweisung ist das bei Antrag auf Überweisung zuständige Vollstreckungsgericht, bei Wohnungswechsel des Schuldners also nicht das Vollstreckungsgericht der Pfändung, sondern das des neuen Wohnsitzes[477].

B.200 Auch die getrennt von der Pfändung auszusprechende Überweisung ist ein **Akt der Zwangsvollstreckung**. Sie darf daher nur angeordnet werden, wenn der Pfändungsbeschluss ordnungsgemäß und zulässigerweise ergangen ist oder der Ge-

---

473 Abweichend Riedel, Rpfleger 1995, 121; Hintzen/Wolf, Rpfleger 1995, 94; hierzu Stöber, NJW 1996, 1180.

474 Zutreffend Kahlke, NJW 1991, 2688 gegen Hoeren, NJW 1991, 410; wie hier Zöller/Herget, ZPO, § 835 Rdn. 3; auch MünchKomm/Smid, ZPO, § 835 Rdn. 7 (anders für Überweisung an Zahlung statt Rdn. 26); enger Stein/Jonas/Würdinger, ZPO, § 835 Rdn. 2: Wirkung des Überweisungsbeschlusses ist aufzuschieben, damit der Schuldner Erinnerung einlegen kann.

475 Siehe Münzberg, Rpfleger 1982, 329 (332); enger MünchKomm/Smid, ZPO, § 835 Rdn. 26; Musielak/Becker, ZPO, § 835 Rdn. 4: Überweisungsbeschluss ist nicht gleichzeitig mit dem Pfändungsbeschluss zu erlassen.

476 OLG Breslau, HRR 1939 Nr. 1343.

477 OLG Karlsruhe, JurBüro 2005, 553.

richtsvollzieher wirksam gepfändet hat (hierwegen siehe Teil H) und bei Erlass des Überweisungsbeschlusses alle Voraussetzungen der Zwangsvollstreckung noch vorliegen. Hieran fehlt es z.B., wenn der Vollstreckungstitel nach der Pfändung aufgehoben oder die Zwangsvollstreckung für unzulässig erklärt oder eingestellt[478] worden ist. Dass die Pfändung bereits wirksam geworden ist, muss (abgesehen von der Pfändung durch den Gerichtsvollzieher) nicht dargetan und vom Vollstreckungsgericht nicht nachgeprüft werden (Besonderheit bei Hypothekenforderung Rdn. F.51). Der Schuldner darf aber – wenn dies notwendig wird – zu dem gesonderten Überweisungsantrag des Gläubigers nur gehört werden, wenn die Pfändung bereits wirksam geworden ist, Verfügungen des Schuldners über die Forderung also ausgeschlossen sind (§ 834 ZPO).

Bei der Zwangsvollstreckung aus einem nur **vorläufig vollstreckbaren** Schuldtitel (§§ 708 ff. ZPO) kann die gepfändete Forderung gleichfalls zur Einziehung oder an Zahlungs statt überwiesen werden. Wird der nur vorläufig vollstreckbare Titel aufgehoben, so hat der Schuldner Anspruch auf Wiederherstellung des früheren Zustandes nach § 717 Abs. 2 und 3 ZPO, also auf Herausgabe des vom Drittschuldner Gezahlten oder Rückzedierung der Forderung. **B.201**

Der Überweisungsbeschluss muss als hoheitlicher Gerichtsakt die gleiche hinreichende Bestimmtheit aufweisen wie ein Pfändungsbeschluss[479]; siehe hierzu Rdn. B.101. **Auslegung** des Überweisungsbeschlusses ist ebenso zulässig wie Auslegung des Pfändungsbeschlusses; siehe daher Rdn. B.102. Daher ist z.B. Überweisung einer (vor)„bezeichneten Forderung", insbesondere in einem nicht abgeänderten Formularvordruck, als Überweisung der tatsächlich (allein) gepfändeten Grundschuld anzusehen. Wenn allerdings Forderung und Grundschuld (zusammen) gepfändet sind (Rdn. F.103) und nur die Forderung, nicht aber auch die Grundschuld überwiesen ist, kann der Überweisungsbeschluss nicht über die Forderung hinaus auch auf die Grundschuld (die weiterer selbstständiger Gegenstand der Zwangsmaßnahme ist) erstreckt werden[480]. **B.202**

Bestimmtheit der **Überweisung an Zahlungs statt** einer gepfändeten Forderung, deren Nennwert (an Hauptsache, Zinsen und anderen Nebenleistungen sowie gegebenenfalls Kosten) höher als die Vollstreckungsforderung des Gläubigers ist, erfordert auch eine betragsmäßige Festlegung des Umfangs der Überweisung[481]. Dass der Umfang der Überweisung betragsmäßig genügend bestimmt oder doch ausreichend bestimmbar festgelegt sein muss, gebietet die betragsmäßig begrenzte Abtretungswirkung (Rdn. B.237). Deshalb hat der Überweisungsbeschluss auch klarzustellen, ob nur die Hauptsache der gepfändeten Forderung oder auch deren Zinsen und anderen Nebenleistungen sowie etwaige Kosten (insbesondere wegen der Zinsen, Nebenleistungen und etwaigen Kosten der Vollstreckungsfor- **B.203**

---

478 OLG Königsberg, OLGE 4, 149; mit Einstellung der Zwangsvollstreckung scheidet der Schuldtitel als Vollstreckungsgrundlage aus, siehe OLG Frankfurt, Rpfleger 1974, 443.

479 Münzberg in Anmerkung zu KG, ZZP 96 (1983) 372.

480 Anders Münzberg (Fn. 479), der annimmt, die Überweisung nur der Forderung (nicht auch der Grundschuld) müsse im Formularwortlaut des Überweisungsbeschlusses durch Einfügung des Wortes „nur" klargestellt sein. Siehe auch KG, JurBüro 1983, 463 = OLGZ 1983, 205 = ZZP 96 (1983) 368.

481 Dazu auch Stein/Jonas/Würdinger, ZPO, § 835 Rdn. 40.

derung) überwiesen, somit auch, aus welchem Teil der gepfändeten Forderung die bis zum Wirksamwerden der Überweisung weiterlaufenden Zinsen der Vollstreckungsforderung zu decken sind. Es muss durch Bestimmung im Überweisungsbeschluss klargestellt sein, welcher Teil der gepfändeten Forderung auf den Vollstreckungsgläubiger übergeht (Rdn. B.235) und welcher Forderungsteil noch dem Schuldner (als Forderungsgläubiger) bleibt.

B.204 Eine **Berichtigung** des Überweisungsbeschlusses (§ 319 ZPO) ist ebenso zulässig wie die Berichtigung des Pfändungsbeschlusses; siehe daher Rdn. B.115. Eine Berichtigung erlaubt jedoch nur die Richtigstellung einer offenbaren Unrichtigkeit im Überweisungsbeschluss. Eine Anordnung neuer Überweisung, somit auch „Ergänzung" des Überweisungsbeschlusses durch Erstreckung der auf nur eine von mehreren gepfändeten Forderungen (Ansprüchen oder Rechten) beschränkten Überweisung auf mitgepfändete weitere Forderungen (Ansprüche oder Rechte; z.B. nach Überweisung nur der Forderung auch Überweisung der mitgepfändeten Grundschuld) ist berichtigend nicht zulässig. Solche weitergehende Überweisung kann vielmehr nur durch einen (weiteren) selbstständigen Überweisungsbeschluss angeordnet werden[482].

7.3. Die Überweisung zur Einziehung

B.205 Die Überweisung zur Einziehung nimmt – im Gegensatz zur Überweisung an Zahlungs statt, siehe Rdn. B.235 – die gepfändete Forderung nicht aus dem Vermögen des Schuldners heraus. Sie bewirkt **keinen Forderungsübergang,** steht somit nicht der Forderungsabtretung gleich. Der Schuldner bleibt also auch noch nach dieser Überweisung Gläubiger der gepfändeten Forderung[483].

Den **Gläubiger** ermächtigt die Überweisung zur Einziehung, die gepfändete Forderung des Schuldners **im eigenen Namen** geltend zu machen und vom Drittschuldner die Erfüllung der geschuldeten Leistung anzunehmen.

B.206 Die **Einziehungsbefugnis** ist ein selbstständiges Recht des Gläubigers[484]. Sie kann aber nicht gepfändet werden[485] (s. Rdn. B.364). Sie dient der Verwertung des Pfandrechts; daher verleiht sie auch ohne ausdrückliche einschränkende Anordnung im Beschluss dem Gläubiger das Recht zur Einziehung nur in Höhe der wirksam gewordenen Pfändung. Die Einziehungsbefugnis ist daher der Höhe nach durch den Betrag der Vollstreckungsforderung des Gläubigers an den Schuldner begrenzt, wenn diese (oder ihr zur Zwangvollstreckung gestellter Teil) geringer als die gepfändete Forderung des Schuldners an den Drittschuldner ist. Die Überwei-

---

482 So Münzberg (Fn. 479) S. 373; nicht klar KG (Fn. 480).

483 BGHZ 24, 329 = NJW 1957, 1438; BGH, MDR 1978, 743 (Fn. 450); BGH, NJW 2007, 2560 (2561); RGZ 18, 399; RGZ 20, 422; RGZ 27, 294; RGZ 63, 218; RGZ 83, 118; RGZ 128, 84 f.

484 RGZ 164, 348 (349).

485 Siehe z. B. BGHZ 108, 237 (242) = MDR 1990, 147 = NJW 1989, 2536 = Rpfleger 1990, 32, der § 1250 Abs. 1 S. 1 BGB auf das Pfandrecht anwendet und folglich auch zum Ausdruck bringt, dass es nicht ohne die Forderung übertragen (damit auch nicht gepfändet) werden kann, § 1250 Abs. 1 S. 2 BGB. Für die Gegenansicht BAGE 32, 159 = DB 1980, 835 = MDR 1980, 522 m.w.N.

sung für einen nicht gepfändeten Mehrbetrag der Forderung des Schuldners ist unwirksam.

Die Vollstreckungsforderung des Gläubigers wird mit Überweisung zur Einziehung **noch nicht befriedigt**. Sie erlischt vielmehr nur, wenn und soweit die gepfändete Forderung als geschuldete Leistung an den Gläubiger bewirkt (bezahlt) wird. Daher beendet die Überweisung zur Einziehung die Zwangsvollstreckung auch nicht; nach ihrem Wirksamwerden sind deshalb bis zur Befriedigung des Gläubigers noch alle Rechtsbehelfe zulässig. Auch unterliegt die gepfändete Forderung weiterhin dem Vollstreckungszugriff, weil sie bei Überweisung zur Einziehung im Vermögen des Schuldners bleibt (siehe Rdn. B.457). **B.207**

Die Überweisung zur Einziehung bildet die Regel, weil sie dem Gläubiger nicht das Risiko bringt, mit dem die Überweisung an Zahlungs statt behaftet ist (siehe deswegen Rdn. B.212). Deshalb ist anzunehmen, dass der Gläubiger die Überweisung zur Einziehung wünscht, wenn er nur Antrag auf Forderungsüberweisung stellt, die Art der erbetenen Überweisung aber nicht nennt. **B.208**

Nach der Überweisung zur Einziehung kann der Gläubiger noch die weitergehende Überweisung an Zahlungs statt erwirken. Umgekehrt kann sich an eine Überweisung an Zahlungs statt – soweit diese reicht – aber keine Überweisung zur Einziehung mehr anschließen, weil erstere, wenn sie wirksam geworden ist, die Forderung bereits aus dem Schuldnervermögen herausgenommen hat. **B.209**

Nur zur Einziehung, nicht auch an Zahlungs statt, können überwiesen werden: **B.210**

- eine infolge Parteivereinbarung oder wegen Inhaltsänderung nach § 399 BGB nicht übertragbare, nach § 851 Abs. 2 ZPO aber gleichwohl pfändbare Forderung (siehe § 851 Abs. 2 ZPO);
- die von einer Gegenleistung abhängige Forderung, weil sie keinen Nennwert hat[486];
- Ansprüche auf Herausgabe oder Leistung körperlicher Sachen (§ 849 ZPO; siehe Teil G);
- andere Ansprüche ohne Nennwert (insbes. bei Hilfspfändung).

Die Überweisung an Zahlungs statt kann außerdem nicht erfolgen, wenn der vollstreckte Anspruch nicht an den Gläubiger, sondern an einen anderen Zahlungsempfänger zu leisten oder zu hinterlegen ist (Rdn. B.193, B.194).

Nur die Überweisung zur Einziehung und diese nur mit der Wirkung, dass der Drittschuldner den **Schuldbetrag zu hinterlegen** hat, darf nach § 839 ZPO erfolgen, wenn aus einem Schuldtitel vollstreckt wird, in dem ausgesprochen ist, dass der Schuldner die Vollstreckung durch Sicherheitsleistung oder Hinterlegung abwenden darf (Fälle der § 711 S. 1, § 712 Abs. 1 S. 1 ZPO). Im Überweisungsbeschluss ist dies zum Ausdruck zu bringen. Die Forderung gegen die Hinterlegungsstelle erwirbt der Schuldner; der Gläubiger erlangt ein Pfandrecht daran. In dieser Weise hat der Hinterlegungsantrag den Berechtigten auszuweisen. Dann wird der Drittschuldner durch die Hinterlegung befreit. Die Verfügung über den **B.211**

486 Stein/Jonas/Würdinger, ZPO, § 835 Rdn. 37.

Hinterlegungsbetrag erfolgt durch Gläubiger[487] und Schuldner gemeinsam oder durch den Gläubiger allein, wenn er die Vollstreckbarkeit des Urteils ohne die Einschränkungen der §§ 711, 712 ZPO nachweist. Wegen der Einstellung der Zwangsvollstreckung gegen Sicherheitsleistung s. Rdn. B.228.

7.4. Die Überweisung an Zahlungs statt

B.212 Mit der Überweisung an Zahlungs statt wird die gepfändete Forderung zum Nennwert auf den **Gläubiger übertragen;** auf ihn geht sie wie bei einer Abtretung mit allen etwaigen Nebenrechten über (§ 398 BGB). Der Übergang tritt mit dem Wirksamwerden der Überweisung (Zustellung an den Drittschuldner) ein. Er bewirkt, soweit die gepfändete Forderung besteht, die sofortige Befriedigung des Gläubigers (§ 835 Abs. 2 ZPO); seine Vollstreckungsforderung an den Schuldner erlischt damit. Diese Wirkung der Überweisung an Zahlungs statt tritt ohne Rücksicht darauf ein, ob die überwiesene Forderung gegen den Drittschuldner beitreibbar oder uneinbringlich ist. Für ihre Uneinbringlichkeit haftet der Schuldner nicht (§ 365 BGB findet keine Anwendung); der Verlust ist vielmehr nur vom pfändenden Gläubiger zu tragen, weil er alleiniger Inhaber der nicht realisierbaren Forderung geworden ist. Wegen dieser großen Gefährdung der Interessen des Gläubigers ist die Überweisung an Zahlungs statt nicht beliebt und für den Regelfall auch nicht zu empfehlen. Diese Art der Überweisung wird der Gläubiger deshalb nur wählen, wenn die Einbringlichkeit der Forderung außer Zweifel steht.

B.213 Nur wenn die gepfändete und überwiesene Forderung **nicht besteht** oder durch eine vor dem Wirksamwerden der Pfändung (nicht erst gegen den Gläubiger) begründete Einwendung des Drittschuldners (§§ 404 ff. BGB) vernichtet oder durch Einrede entkräftet wird (Verjährung, auch Stundung[488]), treten die Wirkungen der Überweisung an Zahlungs statt nicht ein. Dann bleibt die Forderung des Gläubigers an den Schuldner weiterhin bestehen und vollstreckbar. Diese Vollstreckbarkeit muss aber das Vollstreckungsgericht, wenn der Gläubiger neuerlich eine Zwangsvollstreckung betreibt, nicht prüfen. Vielmehr muss der Schuldner das mit Überweisung an Zahlungs statt erfolgte Erlöschen der Vollstreckungsforderung mit Vollstreckungsgegenklage (§ 767 ZPO) geltend machen.

B.214 Mit der Befriedigung des Gläubigers durch Wirksamwerden der Überweisung an Zahlungs statt ist die **Zwangsvollstreckung beendet.** Die **Rechtsbehelfe** des Zwangsvollstreckungsrechts (Vollstreckungsgegenklage, Drittwiderspruchsklage) sind daher von da an nicht mehr zulässig. Das kann jedoch nicht für die Rechtsbehelfe gegen den Pfändungs- und Überweisungsbeschluss selbst gelten (§§ 766, 793 ZPO). Denn gegenüber einer Zwangsvollstreckungsmaßnahme, die wirksam wird,

---

487 Hierzu OLG Düsseldorf, FamRZ 1988, 298: Um eine Familiensache handelt es sich bei der Klage eines Unterhaltsgläubigers, der die Zwangsvollstreckung betrieben hat, gegen den Unterhaltsschuldner auf Einwilligung, dass der vom Drittschuldner nach § 839 ZPO hinterlegte Betrag ausgezahlt werde. Eine Auszahlungsklage ist jedoch nicht erforderlich, weil der Nachweis der nicht eingeschränkten Vollstreckbarkeit des Urteils die Auszahlung gebietet.

488 Wieczorek/Schütze/Lüke, ZPO, § 835 Rdn. 46; auch Stein/Jonas/Würdinger, ZPO, § 835 Rdn. 45.

bevor der Schuldner von ihrer Anordnung Kenntnis erlangt, kann nicht jeder Rechtsschutz ausgeschlossen sein. Man muss vielmehr nach Sinn und Wesen der durch §§ 766, 793 ZPO ermöglichten Rechtsbehelfe davon ausgehen, dass dem Schuldner die Möglichkeit, den Pfändungs- und Überweisungsbeschluss anzufechten, so lange bleibt, bis die Überweisung als Staatsakt über das interne Verhältnis Gläubiger – Schuldner hinauswirkt, bis also der Drittschuldner die an Zahlungs statt überwiesene Forderung an den Gläubiger zahlt[489].

Da die gepfändete Forderung nach dem Wirksamwerden der Überweisung an Zahlungs statt nicht mehr im Schuldnervermögen steht, verbieten sich weitere (Anschluss-)Pfändungen. Pfändungsbeschlüsse, die gleichwohl ergehen, stoßen ins Leere (siehe Rdn. B.437, B.443). **B.215**

7.5. Mehrere Überweisungen

Die Überweisung verschafft dem Gläubiger keinen eigenen Rang. Mehrere Gläubiger haben daher untereinander den Rang ihrer Pfändungen, auf den die Reihenfolge des Wirksamwerdens der Überweisungen ohne Einfluss ist[490]. **B.216**

---

489 So auch OLG Düsseldorf, Rpfleger 1982, 192 = ZIP 1982, 366 (jedenfalls wenn der Schuldner zum Überweisungsantrag nicht gehört worden ist); Kahlke, NJW 1991, 2688 (2690); **a.A.** noch LG Düsseldorf, JurBüro 1982, 305 = Rpfleger 1982, 112; Stein/Jonas/Würdinger, ZPO, § 835 Rdn. 43; Musielak/Becker, ZPO, § 835 Rdn. 15, sowie insbesondere Münzberg, Rpfleger 1982, 329, der die Beseitigung der Überweisungsfolgen nur im ordentlichen Prozess für möglich hält. Dass der Gläubiger Inhaber der gepfändeten Forderung geworden und als befriedigt anzusehen ist, schließt jedoch die Aufhebung der Gestaltungswirkungen des Überweisungsbeschlusses als Staatsakt im Rechtsbehelfsverfahren nicht aus. Ebenso wie das Pfandrecht des Gläubigers im Rechtsbehelfsverfahren aufgehoben werden kann, können auch weitergehende Überweisungswirkungen rückgängig gemacht werden. Dass es gerade im Zwangsvollstreckungsverfahren keinen Vertrauensschutz auf Gestaltungswirkungen des Staatsaktes gibt, stellen § 90 Abs. 1 und § 91 Abs. 1 ZVG ausdrücklich heraus (Eigentumserwerb des Erstehers mit Zuschlag und Erlöschen von Grundstücksrechten nur, sofern nicht der Beschluss im Beschwerdeweg aufgehoben wird). Für die Anfechtung der Überweisung an Zahlungs statt kann nichts anderes gelten. Der Änderung der Überweisungswirkungen im Rechtsbehelfsverfahren (§§ 766, 793 ZPO) setzen nicht die Gestaltungswirkungen des anfechtbaren Überweisungsbeschlusses Grenzen, sondern die Beschränkungen, die für die Rechtsbehelfe des Zwangsvollstreckungsverfahrens mit Beendigung der Zwangsvollstreckung durch Drittschuldnerzahlung an den Gläubiger gelten (Rdn. B.382). In der Anhörung des Schuldners nach wirksamer Pfändung, aber vor Überweisung an Zahlungs statt, sieht Münzberg, Rpfleger 1982, 329 (332) die Möglichkeit einer verfassungskonformen Auslegung. Indes verleiht die dem Schuldner gewährte Gelegenheit zur Stellungnahme dem Überweisungsbeschluss keine Richtigkeitsgewähr, die es rechtfertigen könnte, die gegen eine Zwangsvollstreckungsmaßnahme zulässigen Rechtsbehelfe (§§ 766, 793 ZPO) auszuschließen. Eine verfassungskonforme Auslegung erfordert vielmehr gerade Zulassung dieser Rechtsbehelfe gegen den Überweisungsbeschluss als Maßnahme der öffentlichen Gewalt (Art. 19 Abs. 4 GG). Dazu nochmals (kritisch) Münzberg, ZZP 102 (1989) 129 (133).

490 RGZ 164, 162 (169).

Der Leistungsklage eines nachrangigen Gläubigers, dem die Forderung überwiesen ist, kann und muss der Drittschuldner mit der Einrede einer vorrangigen Pfändung begegnen.

Die Überweisung an Zahlungs statt kann auch auf Antrag eines nachrangigen Gläubigers ausgesprochen werden. Diese Überweisung wirkt jedoch nur vorbehaltlich der Rechte des besserrangigen Gläubigers.

7.6. Andere Art der Verwertung

B.217 Ist die gepfändete Forderung bedingt oder betagt oder ist ihre Einziehung wegen der Abhängigkeit von einer Gegenleistung oder aus anderen Gründen[491] mit Schwierigkeiten verbunden, so kann das Vollstreckungsgericht (Rechtspfleger) auf Antrag an Stelle der Überweisung eine andere Art der Verwertung anordnen (§ 844 ZPO). Eine solche Verwertung kann durch Anordnung des freihändigen Verkaufs oder einer Versteigerung der Forderung oder durch Überweisung an Zahlungs statt zu einem unter dem Nennwert liegenden Betrag (zum Schätzwert) herbeigeführt werden. Bei Pfändung von Geldforderungen hat diese Art der Verwertung keine große Bedeutung erlangt. Sie ist daher in Teil E (Rdn. E.7 ff.) besprochen.

8. Die Wirkungen der Überweisung (§§ 835, 836, 842 ZPO)

8.1. Überweisung zur Einziehung

8.1.1. Die Rechtsstellung des Gläubigers

B.218 **Schrifttum:** Buciek, Drittschuldnerzahlung und Bereicherungsausgleich, ZIP 1986, 890; Lieb, Bereicherungsrechtliche Fragen bei Forderungspfändungen, ZIP 1982, 1153.

B.219 Die mit Überweisung zur Einziehung erlangte **Einziehungsbefugnis** (siehe Rdn. B.191, B.205) berechtigt den Gläubiger, die gepfändete Forderung des Schuldners an den Drittschuldner mit ihren Nebenrechten **im eigenen Namen** geltend zu machen und einzuziehen (siehe § 836 Abs. 1 ZPO). Der Gläubiger kann die geschuldete Leistung annehmen und alle Rechtsgeschäfte vornehmen, die dem Zweck dienen, die Leistung des Drittschuldners herbeizuführen oder zu ersetzen[492]. Allein kann er namentlich auch die nicht fällige Forderung kündigen[493], eine Leistung an Zahlungs statt mit dem Drittschuldner vereinbaren[494] oder mit einer ei-

---

491 Z.B. weil der Drittschuldner zahlungsunfähig ist oder weil über sein Vermögen das Insolvenzverfahren eröffnet wurde.

492 RGZ 169, 54 (56).

493 RGZ 76, 276 (282); RGZ 169, 54 (56); BGH, JR 1978, 504 mit Anm. Schubert = MDR 1978, 743 = NJW 1978, 1914 = Rpfleger 1978, 300; BGHZ 82, 28 = JurBüro 1982, 63 = JR 1982, 285 mit Anm. Schubert = MDR 1982, 221 = NJW 1982, 173 = Rpfleger 1982, 73.

494 RG (Fn. 492).

genen Forderung gegen ihn aufrechnen[495] und den Drittschuldner durch Mahnung in Verzug setzen. Weiter schließt das Einziehungsrecht die Befugnis ein, vom Drittschuldner infolge der Pfändung hinterlegte Gelder von der Hinterlegungsstelle[496], Zahlungen des Insolvenzverwalters sowie einen Erlös in der Immobiliarvollstreckung in Empfang zu nehmen. Eine mit der gepfändeten Forderung verbundene Versicherung (die Versicherung dieser Forderung) geht nach Pfändung und Überweisung der Forderung nicht auf den Vollstreckungsgläubiger über[497]. Wegen der Geltendmachung der Forderung durch Klage siehe Rdn. B.316 ff.

Wenn die gepfändete Forderung den der Pfändung zugrunde liegenden eigenen Vollstreckungsanspruch des Gläubigers übersteigt, kann dieser – auch ohne ausdrückliche einschränkende Anordnung im Beschluss – die durch Einziehung erlangten Rechte **nur in Höhe des seiner eigenen Forderung** entsprechenden Betrages geltend machen (siehe Rdn. B.206). Verboten ist dem Gläubiger auch die Einziehung des **Mehrbetrages** unter Vorbehalt seiner Erstattung an den Schuldner. Der Drittschuldner bringt daher mit der Zahlung des Mehrbetrages an den Gläubiger sein Schuldverhältnis nicht zum Erlöschen; trotz dieser Zahlung kann daher der Schuldner die nochmalige Zahlung des Mehrbetrages verlangen. **B.220**

Maßnahmen, die **keine** Einziehungshandlungen darstellen, sind dem Gläubiger auch nach Überweisung zur Einziehung nicht erlaubt. Der Gläubiger kann daher dem Drittschuldner nicht mit Wirkung gegen den Schuldner Stundung[498], Nachlass oder Erlass der Forderung gewähren, keinen Vergleich darüber schließen und die gepfändete Forderung nicht abtreten[499]. Nur dann darf der Gläubiger ausnahmsweise auch eine solche Verfügung treffen, wenn sie zur vollen Befreiung des Schuldners führt, weil der Gläubiger die gepfändete nachgelassene, verglichene oder abgetretene Forderung in voller Höhe ihres überwiesenen Betrages auf die Vollstreckungsforderung gegen seinen Schuldner anrechnet[500]. Das Stimmrecht im Insolvenzverfahren kann der Gläubiger auch nach Überweisung nur zusammen mit dem Schuldner ausüben. **B.221**

Die zur Einziehung überwiesene Forderung muss der Gläubiger **alsbald** außergerichtlich und **gerichtlich geltend** machen. Verzögert er die Beitreibung schuldhaft[501], so haftet er dem Schuldner für den daraus entstandenen Schaden (§ 842 ZPO). Mitwirkendes Verschulden des Schuldners, der selbst klagen konnte, kann nach § 254 BGB ins Gewicht fallen[502]. Schaden kann z.B. entstehen, wenn über das Drittschuldnervermögen das Insolvenzverfahren eröffnet wird, wenn die Forderung verjährt[503] oder wenn eine Lohnforderung nach Ablauf einer tariflichen Verfallfrist nicht mehr geltend gemacht werden kann. **B.222**

---

495 RG (Fn. 494); BGH, MDR 1978, 743 (Fn. 493); BGHZ 82, 28 (Fn. 493).
496 RG, JW 1900, 424; OLG Oldenburg, Rpfleger 1994, 265 (siehe auch Rdn. E.228).
497 Keine Analogie von § 69 VVG; Sieg, BB 1969, 1014.
498 BGH, MDR 1978, 743 (Fn. 493; s. auch Rdn. B.177.
499 RG (Fn. 492).
500 RG (Fn. 492); KG, ZZP 59 (1935), 185; OLG Karlsruhe, OLGE 15, 394; OLG München, LZ 1917, 85.
501 Hierzu LArbG Hamm, DB 1988, 1703.
502 LArbG Hamm (Fn. 501).
503 Hierzu LArbG Hamm (Fn. 501).

B.223 Wenn der Gläubiger Unternehmer (§ 2 UStG) ist, kann die Einziehung der gepfändeten Forderung mit einer in ihr enthaltenen Umsatzsteuer eine Haftung für diese begründeten (§ 13c UStG).

8.1.2. Die Rechtsstellung des Schuldners

B.224 Der Schuldner kann die Leistung an sich oder eine Hinterlegung nicht mehr verlangen[504]. Er kann aber nach Befriedigung des pfändenden Gläubigers die Zahlung eines die vollstreckte Gläubigerforderung übersteigenden Mehrbetrags der gepfändeten größeren Forderung verlangen (s. Rdn. B.333). Zur Anmeldung im Insolvenzverfahren, zur Feststellungsklage und zur Klage auf Leistung an den Gläubiger ist der Schuldner auch weiterhin berechtigt. Ein Verfahren zur Erteilung und Versicherung der Vermögensauskunft (§ 802c ZPO) kann der Schuldner gegen den Drittschuldner einleiten oder fortsetzen, ohne dass letzterer widersprechen könnte[505]. Das Zahlungsverbot schließt jedoch auch in diesem Verfahren Drittschuldnerzahlungen an den Schuldner aus (siehe Rdn. B.163). Die Möglichkeit des Schuldners, das Offenbarungsverfahren zu betreiben, endet mit dem Wegfall eines Vollstreckungstitels (der auch die Leistung an den pfändenden Gläubiger bestimmen kann), wenn der Drittschuldner mit der Vollstreckungsabwehrklage vorgeht (siehe Rdn. B.412). Wegen des Falles, dass ein Rechtsstreit bei Überweisung bereits anhängig ist, siehe Rdn. B.327. Eine Anfechtung nach dem AnfG ist nur noch dem Gläubiger erlaubt; der Schuldner ist zur Anfechtung nicht mehr befugt, hat jedoch gegen den untätigen Gläubiger unter Umständen Schadensersatzansprüche nach § 842 ZPO.

8.1.3. Die Rechtsstellung des Drittschuldners

B.225 Der Drittschuldner ist nur noch zur Leistung an den Gläubiger berechtigt und verpflichtet. Soweit er durch Leistung an den Gläubiger erfüllen kann, hat er kein Recht mehr zur Hinterlegung. Wegen der Hinterlegung bei mehrfacher Pfändung siehe Rdn. B.466.

B.226 Ob der Drittschuldner die **Kosten für die Überweisung von Geld** an den Gläubiger zu tragen hat, bestimmt sich nach § 270 Abs. 1 und 3 BGB[506]. Der Leistungsort ändert sich durch die Pfändung und Überweisung nicht. Die Kosten der Überweisung an den Gläubiger können den Drittschuldner daher nur in der Höhe belasten, in der er sie auch bei Leistung an den Schuldner hätte tragen müssen. Etwaige Mehrkosten (unter Einschluss der Kosten des mit der Überweisung zusammenhängenden besonderen Schriftverkehrs) bei auswärtigem Wohnsitz des Gläubigers oder bei Überweisung einer Holschuld (z.B. des Arbeitslohnes) gehen daher

---

504 RGZ 77, 141 (144); BGHZ 147, 225 = MDR 2001, 1075 = NJW 2001, 2178 (2179) = Rpfleger 2001, 435 m.w.N.

505 OLG Oldenburg, JurBüro 1998, 103 = MDR 1998, 61; LG Augsburg, JurBüro 1997, 212 = Rpfleger 1997, 120 (mit anderer Ansicht für die Überweisung an Zahlungs statt); Schneider, JurBüro 1976, 146.

506 Stein/Jonas/Würdinger, ZPO, § 835 Rdn. 36.

zunächst zulasten des Gläubigers[507]; der Drittschuldner kann diese Kosten somit zunächst von dem zu überweisenden Betrag absetzen. Da der Gläubiger diese Mehrkosten aber wiederum als Kosten der Zwangsvollstreckung (§ 788 ZPO) gegen den Schuldner liquidieren kann, sind sie ihm mit der letzten Lohnabzugsrate zu erstatten. Hat der Drittschuldner Geld auf seine Gefahr und Kosten seinem Gläubiger (dem Vollstreckungsschuldner) zu überweisen (so z.B. Arbeitseinkommen bei bargeldloser Lohnzahlung[508]), dann gehen nur die durch Überweisung des gepfändeten Betrags zusätzlich entstehenden Kosten (Mehrkosten) als wieder einziehbare Vollstreckungskosten zulasten des Pfändungsgläubigers. Wegen der Frage, ob der Drittschuldner andere Kosten (Bearbeitungskosten, insbesondere im Falle des § 840 ZPO) erstattet verlangen kann, siehe Rdn. B.302 und Rdn. C.85.

Mit der **Einstellung der Zwangsvollstreckung** verliert der Drittschuldner das Recht, an den Gläubiger zu leisten. Diese Wirkung hat der Einstellungsbeschluss des Prozessgerichts (siehe §§ 707, 718, 769 ZPO) schon von dem Zeitpunkt an, in welchem er mit der ersten Hinausgabe durch die Geschäftsstelle existent wird[509] (zum Drittschuldnerschutz siehe Rdn. B.251), ohne dass der Überweisungsbeschluss vom Vollstreckungsgericht förmlich ausgesetzt sein müsste[510]. Der Drittschuldner muss den Einstellungsbeschluss des Prozessgerichts daher beachten und gegen sich gelten lassen, wenn er ihm zur Kenntnis gelangt ist[511]. Einen ihm vorgelegten Einstellungsbeschluss des Prozessgerichts[512] hat das Vollstreckungsgericht als Vollstreckungsorgan noch nach § 775 Nr. 2 ZPO zu vollziehen; das geschieht durch Einstellungsbeschluss des Vollstreckungsgerichts (Rechtspfleger, § 20 Abs. 1 Nr. 17 RPflG), der den Einstellungsgrund anzugeben hat; die Vollstreckungsmaßregel bleibt bestehen, wenn nicht durch die gerichtliche Entscheidung auch die Aufhebung angeordnet ist[513] (§ 776 S. 2 ZPO). Die Einstellung der Zwangsvollstreckung bewirkt Verfahrensstillstand; die Pfändung bleibt bestehen, der Drittschuldner darf daher nicht mehr an den Gläubiger allein, sondern nur noch an den Gläubiger und den Schuldner gemeinsam leisten oder zugunsten beider hinterlegen[514]. **B.227**

Einzustellen hat das Vollstreckungsgericht die Zwangsvollstreckung außerdem in den Fällen des § 775 Nr. 1, 3–5 ZPO (Vorlage einer vollstreckbaren Entscheidung über den Wegfall des Titels oder seiner Vollstreckbarkeit, einer öffentlichen Urkunde über eine erforderliche Sicherheitsleistung, einer öffentlichen Urkunde oder einer Privaturkunde über die Befriedigung des Gläubigers[515] oder Stundung **B.228**

507 Siehe Brecht, BB 1954, 414; Andresen, NJW 1960, 231; **a.A.** noch LArbG Düsseldorf, BB 1953, 947; in der Begründung auch Gutzmann, BB 1976, 700.
508 S. LArbG Düsseldorf, DB 1980, 933.
509 BGHZ 25, 60 = NJW 1957, 1480; OLG Bremen, NJW 1961, 1824.
510 RGZ 128, 81.
511 Zöller/Herget, ZPO, § 836 Rdn. 8; Fink und Ellefret, MDR 1998, 1272; so auch (für Einstellung nach § 2 Abs. 4 GesO) BGHZ 140, 253 = MDR 1999, 317 = NJW 1999, 953 = NZI 1999, 110 = Rpfleger 1999, 191.
512 Zum Zeitpunkt, in dem dieser wirksam wird und vom Vollstreckungsgericht zu beachten ist, siehe insbesondere Kirberger, Rpfleger 1976, 8.
513 Siehe die Fälle LArbG Düsseldorf, Rpfleger 2005, 613; LArbG Düsseldorf, Rpfleger 2006, 420.
514 BGH (Fn. 511).
515 Zur Quittung eines Dritten, an den der Schuldner nach Anspruchsüberleitung gezahlt hat, siehe LG Braunschweig, DGVZ 1982, 42.

durch diesen, eines Einzahlungs- oder Überweisungsnachweises einer Bank oder Sparkasse über die Einzahlung oder Überweisung der Vollstreckungssumme), ferner u.a. nach § 769 Abs. 2 ZPO (dringender Fall) sowie § 765a ZPO (Vollstreckungsschutz). Wenn die Zwangsvollstreckung gegen Sicherheitsleistung des Schuldners eingestellt ist, treten – anders als beim Vollstreckungsnachlass gegen Sicherheitsleistung, s. Rdn. B.211 – die Einstellungswirkungen nicht bereits mit der Einstellung, sondern erst mit der Sicherheitsleistung ein. § 839 ZPO findet keine entsprechende Anwendung[516]. Die Vorlage unbeglaubigter Fotokopien von Zahlungsbelegen führt nicht zur Einstellung der Zwangsvollstreckung nach § 775 Nr. 4 ZPO[517]. Nach § 775 Nr. 4, 5 ZPO darf das Vollstreckungsgericht als Vollstreckungsorgan nicht einstellen, wenn der Gläubiger die Befriedigung (Stundung) bestreitet und Fortsetzung der Vollstreckung verlangt[518]. In bestimmten Fällen (siehe § 776 ZPO) ist durch das Vollstreckungsgericht zugleich die Pfändung als Vollstreckungsmaßnahme aufzuheben[519]. Einzustellen nach § 775 Nr. 2 ZPO (auch nach Nr. 1 und 3, wohl auch nach Nr. 4 und 5) ist nicht nur, wenn der Schuldner die maßgebliche Ausfertigung vorlegt, sondern stets auch dann, wenn das Vollstreckungsgericht auf andere Weise von der Anordnung der einstweiligen Einstellung der Vollstreckung durch das Prozessgericht (oder einem sonstigen Einstellungsgrund) und damit von der Unzulässigkeit der Vollstreckungsmaßnahme erfährt[520]. Jede zuverlässige Kenntnis von der gerichtlichen Einstellung (oder dem anderen Einstellungsgrund), die das Vollstreckungsgericht erlangt, ist als ausreichend anzusehen, um dieses auch schon vor der Vorlage einer Ausfertigung der einstellenden Entscheidung durch den Schuldner zur Einstellung der Pfändung als Vollstreckungsmaßregel zu berechtigen und zu verpflichten[521]. Eine Amtsermittlungspflicht (z.B. durch Beiziehung von Prozessakten) besteht für das Vollstreckungsgericht jedoch nicht[522].

B.229 Werden bei der Einstellung der Zwangsvollstreckung die bereits getroffenen Vollstreckungsmaßregeln aufgehoben (§ 776 ZPO), so hat der Pfändungsbeschluss endgültig seine Wirkung verloren; der Schuldner kann dann wieder unbeschränkt allein einziehen. In allen sonstigen Fällen der Einstellung bleibt die Pfändung bestehen. Da der Gläubiger dann aber Rechte aus der Überweisung zur Einziehung nicht geltend machen kann, darf der Drittschuldner ebenso wie dann, wenn nur gepfändet ist (siehe Rdn. B.163, B.167), nur an Gläubiger und Schuldner gemeinsam leisten (siehe bereits Rdn. B.227).

---

516 BGHZ 49, 117 = NJW 1968, 398; Stein/Jonas/Würdinger, ZPO, § 839 Rdn. 2; Zöller/Herget, ZPO, § 839 Rdn. 1; **a.A.** OLG Hamburg, FamRZ 1980, 904.

517 AG Berlin-Wedding, DGVZ 1976, 93.

518 OLG Hamm, OLGZ 1973, 488 = MDR 1973, 857 = Rpfleger 1973, 324; OLG Frankfurt, MDR 1980, 63 Leits.; LG Berlin, DGVZ 1975, 165 = MDR 1976, 149; s. auch OLG Hamm, DGVZ 1980, 153; außerdem LG Frankfurt, DGVZ 1989, 42: Die Zwangsvollstreckung ist auf Verlangen des Gläubigers auch dann fortzusetzen, wenn er die auf die Titelforderung geleistete Zahlung teilweise auf andere Forderungen verrechnet hat.

519 Die Aufhebung wird sofort wirksam; dazu Rdn. B.408.

520 Kirberger, Rpfleger 1976, 8 (9); anders noch RG, LZ 1918, 1276; siehe aber schon RGZ 128, 81 (84).

521 Kirberger (Fn. 520).

522 Kirberger (Fn. 520).

Nach einer Einstellung der Zwangsvollstreckung durch das Prozessgericht (Fall des § 775 Nr. 2 ZPO) verbietet sich jede Vollstreckungstätigkeit; eine Zwangsvollstreckung darf nicht beginnen[523], eine Forderungspfändung mithin nicht mehr erfolgen. Ein Pfändungsbeschluss, der bei Einstellung der Zwangsvollstreckung bereits erlassen (und selbst bereits hinausgegeben) ist, darf nicht mehr zugestellt werden[524], weil der Einstellungsbeschluss auch die laufende, noch nicht beendete Vollstreckung erfasst mit der Folge, dass eine weitere zum Wirksamwerden der Vollstreckungshandlung erforderliche Maßnahme nicht mehr in zulässiger Weise vorgenommen werden kann. Wird gleichwohl der vor der Einstellung erlassene Pfändungsbeschluss nach diesem Zeitpunkt noch zugestellt, so ist die damit unzulässig (wie Rdn. B.231) bewirkte Pfändung anfechtbar. Auf Erinnerung des Schuldners (oder Drittschuldners) ist der Pfändungsbeschluss daher aufzuheben[525]. **B.230**

Ein Pfändungsbeschluss, den das Vollstreckungsgericht nach einstweiliger Einstellung der Zwangsvollstreckung durch das Prozessgericht in Unkenntnis dieser Entscheidung noch erlassen hat, ist zwar nicht unwirksam, als unzulässig aber anfechtbar. Er ist auf Erinnerung aufzuheben[526]. Nach § 776 Satz 2, 2. Hs. ZPO bleiben nur solche Vollstreckungsmaßregeln bestehen, die bereits vor dem Wirksamwerden des Einstellungsbeschlusses (wirksam) vorgenommen wurden. **B.231**

Keinen Schutz genießt der Drittschuldner, wenn er zwischen der Aufhebung des Pfändungs- und Überweisungsbeschlusses im Wege des Vollstreckungsschutzes nach § 765a ZPO – vor Rechtskraft des Aufhebungsbeschlusses – und seiner Wiederaufhebung durch das Beschwerdegericht an den Schuldner zahlt[527]. Dieser Aufhebungsbeschluss wird vielmehr erst mit Rechtskraft wirksam (§ 765a Abs. 5 ZPO). Auch wenn er nicht ausdrücklich ausspricht, dass die Aufhebung erst mit Eintritt der Rechtskraft Wirksamkeit erlangt, ist der Gläubiger gegen Verfügungen des Schuldners oder Drittschuldners bis zur Rechtskraft voll geschützt. **B.232**

Zum Drittschuldnerschutz gegen unrechtmäßige Überweisung siehe Rdn. B.252.

Rechtsgrundlos zahlt der Drittschuldner, wenn er eine gepfändete vermeintliche, tatsächlich aber nicht bestehende (auch rückwirkend weggefallene) Forderung an den pfändenden Gläubiger leistet oder wenn mit Leistung an diesen die Verbindlichkeit nicht erlischt (§ 362 Abs. 1 BGB), weil die gepfändete Forderung nicht **B.233**

---

523 BGH (Fn. 509); LG Berlin, Rpfleger 1973, 63.

524 OLG Stuttgart, JurBüro 1975, 1378 = Rpfleger 1975, 407; LG Hannover, MDR 1954, 368.

525 So richtig Münzberg in Festschrift W. Zöllner (1999) 1203. Nach OLG Stuttgart (Fn. 524) soll auf Erinnerung die Zustellung des Pfändungsbeschlusses für unzulässig zu erklären sein mit der Folge, dass die Pfändung nicht mehr wirksam werden konnte. Für Beseitigung der Wirkung der Zustellung (nach Konkurseröffnung) auch OLG Frankfurt, ZIP 1995, 1689. Mit der Zustellung ist aber die beurkundete „Bekanntgabe" des Pfändungsbeschlusses erfolgt. Diese Tatsache kann nicht als „ungeschehen" angesehen, somit nicht beseitigt, damit nicht für unzulässig erklärt und nicht aufgehoben werden.

526 OLG Bremen, NJW 1961, 1284; OLG Marienwerder, HRR 1936 Nr. 1341; LG Berlin, MDR 1975, 672 = Rpfleger 1976, 26; Kirberger (Fn. 520); siehe auch LG Saarbrücken, Rpfleger 1975, 328.

527 Schuler, NJW 1961, 719; **a.A.** OLG Stuttgart, NJW 1961, 34 mit zust. Anm. Riedel.

dem Schuldner, sondern einem Dritten zusteht[528] (Erlöschen der Forderung des Dritten aber mit Genehmigung, s. Rdn. B.234). Damit erlangt der Drittschuldner einen **Bereicherungsanspruch** (§ 812 Abs. 1 BGB). Zurückverlangen kann er die Zahlung von dem (Vollstreckungs-)Gläubiger, an den gezahlt wurde, nicht aber von dem (Vollstreckungs-)Schuldner[529] (hierzu auch Rdn. A.515). Weil der Gläubiger zur Rückzahlung des Empfangenen verpflichtet ist, kann er seine Vollstreckungsforderung weiterhin gegen den Schuldner geltend machen.

Ein Bereicherungsanspruch des Drittschuldners besteht ebenso an einen zweitpfändenden Gläubiger, wenn an diesen die gepfändete Forderung gezahlt worden ist, der Drittschuldner aber von dem Gläubiger des unbeachtet gelassenen besserrangigen Pfandrechts nochmals in Anspruch genommen wird[530]. Denn auch der zweitpfändende Gläubiger hat dann mit der Leistung durch den Drittschuldner das Empfangene rechtsgrundlos erhalten. Ein rechtfertigender Grund liegt nicht darin[531], dass die Verfügung (Einziehung) nur relativ (§ 829 Abs. 1 ZPO, §§ 135, 136 BGB; Rdn. B.154), also nur dem Gläubiger mit besserrangigem Pfandrecht gegenüber, unwirksam ist. Rechtsgrunderfordernis ist vielmehr die durch Pfändung und Überweisung erlangte Einziehungsbefugnis des Gläubigers (Rdn. B.219). Ist sie nachrangig (§ 804 Abs. 3 ZPO), dann leistet der Drittschuldner nicht an den zur Einziehung Berechtigten, wenn damit das Schuldverhältnis nicht erlischt (§ 362 Abs. 1 BGB), die geschuldete Leistung mithin nochmals zu bewirken ist. Schuldet der Drittschuldner deshalb dem rangbesseren Gläubiger die Leistung erneut (Rdn. B.466), dann fehlt der Leistung an den zur Einziehung nicht berechtigten rangschlechteren Gläubiger der Rechtsgrund. Die nur relative Unwirksamkeit der Leistung an den rangschlechteren Gläubiger (§ 829 Abs. 1 ZPO, §§ 135, 136 BGB, Rdn. B.154) dient der Wahrung der Rechte des rangbesseren (Pfand-)Gläubigers, begünstigt aber nicht darüber hinaus den Gläubiger des nachrangigen Pfandrechts. Daher kann nur der erstpfändende Gläubiger die ihm gegenüber verbotswidrige Verfügung (§§ 135, 136 BGB) geltend machen und seinen Leistungsanspruch an den Drittschuldner weiter verfolgen. Endet diese Möglichkeit mit dem Wegfall des Pfandrechts des vorrangigen Gläubigers (oder mit dessen Genehmigung), dann hat

---

528 Irrtümliche Zahlung an Pfändungsgläubiger trotz vorgelegter Abtretungsanzeige, LG Bremen, NJW 1971, 1366. Zur stillen Zession siehe Rdn. 1253; zum Drittschuldnerschutz § 407 BGB.

529 BGHZ 151,127 = FamRZ 2002, 1325 = MDR 2002, 1149 = NJW 2002, 2871 = Rpfleger 2002, 574; OLG Düsseldorf, OLGR 2002, 123 (als Vorinstanz); LG Bremen, NJW 1971, 1366 mit zust. Anm. Medicus; LG Wiesbaden, NJW 1956, 186; LG Hamburg, MDR 1957, 491; Schlosser, Forderungspfändung und Bereicherung, ZZP 76 (1963) 73; s. auch BGHZ 78, 201 = JR 1981, 197 mit Anm. Schubert = MDR 1981, 122 = NJW 1981, 48; BGHZ 82, 28 (Fn. 493); **a.A.** OLG Karlsruhe, JW 1932, 668; Buciek, Drittschuldnerzahlung und Bereicherungsausgleich, ZIP 1986, 890 (mit Einschränkung für den Fall, dass der Vollstreckungsgläubiger bei Zahlung vom Nichtbestehen der Forderung wusste). S. auch BGH, MDR 1988, 1040 = NJW 1989, 161; KG, OLGR 1997, 127: Bereicherungsanspruch des Schuldners einer abgetretenen Forderung, auf die er zu viel gezahlt hat, an den Abtretungsempfänger (Zessionar); BGHZ 113, 62 = MDR 1991, 553 = NJW 1991, 919; BGH, MDR 2006, 1095 = NJW 2006, 1731: Bereicherungsanspruch gegen Zahlungsempfänger nach Leistung in der irrigen Annahme, eine Forderung sei auf ihn durch Abtretung oder in anderer Weise übergegangen.

530 BGHZ 82, 28 (Fn. 493). **A.A.** OLG München, NJW 1978, 1438.

531 So aber OLG München (Fn. 530).

der nachrangige Gläubiger die Leistung infolge seiner nun ungeschmälerten Einziehungsbefugnis berechtigt erlangt. Hat der Drittschuldner hingegen an den erstpfändenden Gläubiger nochmals zu leisten, weil die frühere Verfügung diesem gegenüber unwirksam ist, dann ist an den nachrangigen Gläubiger nicht wirksam geleistet. Dieser hatte dann ebenso keine Einziehungsbefugnis, wie bei einer gegen das Zahlungsverbot verstoßenden Abtretung der Zessionar Rechte nicht geltend machen kann (Rdn. B.155). Für diesen Fall hat der nachrangig pfändende Gläubiger somit unwirksam empfangen und nach § 812 Abs. 1 BGB die rechtsgrundlose Leistung herauszugeben.

Ein **Dritter,** dem die gepfändete Forderung zugestanden hat, kann gegen den (vollstreckenden) Gläubiger einen Bereicherungsanspruch nach § 816 Abs. 2 BGB haben. Das setzt voraus, dass bei Zwangsvollstreckung gegen einen Schuldner, dem die gepfändete Forderung nicht zustand, der Dritte als Berechtigter die ihm gegenüber unwirksame Leistung seiner zu Unrecht gepfändeten und überwiesenen Forderung durch den Drittschuldner an den (nichtberechtigt) vollstreckenden Gläubiger genehmigt hat und damit die Leistung wirksam geworden ist[532]. **B.234**

8.2. Überweisung an Zahlungs statt

Mit Wirksamwerden der Überweisung an Zahlungs statt zum Nennbetrag (siehe Rdn. B.212) ist die Forderung wie bei einer Abtretung **auf den Gläubiger übergegangen**. Der Schuldner ist damit (als bisheriger Gläubiger der Forderung) aus dem Schuldverhältnis ausgeschieden. Eine Versicherung der Forderung ist mit der Überweisung an Zahlungs statt auf den Vollstreckungsgläubiger übergegangen[533]. **B.235**

Der Drittschuldner kann auch nach Überweisung an Zahlungs statt dem Gläubiger alle Einwendungen entgegensetzen, die zur Zeit des Wirksamwerdens des Überweisungsbeschlusses gegen den bisherigen Gläubiger (den Vollstreckungsschuldner) begründet waren (§ 404 BGB); wegen der Einzelheiten siehe Rdn. B.170, B.171. **B.236**

Ist die gepfändete Forderung des Schuldners an den Drittschuldner höher als die der Pfändung zugrunde liegende eigene Vollstreckungsforderung des Gläubigers, so geht erstere auf den Gläubiger **nur in Höhe der Vollstreckungsforderung** im Augenblick des Wirksamwerdens der Überweisung an Zahlungs statt über (zur Bezeichnung im Überweisungsbeschluss Rdn. B.203). Abweichungen, die sich nach Wirksamwerden des Überweisungsbeschlusses bis zur späteren Abrechnung nach Forderungseinziehung ergeben, gehen zugunsten oder zulasten des Gläubigers. Solche Abweichungen können sich vor allem aus der Zinsberechnung oder im Hinblick auf die Einziehungskosten ergeben. **B.237**

Zinsberechnung: Mit dem Gläubigerrecht an der gepfändeten Forderung erlangt der pfändende Gläubiger auch den Anspruch auf die Zinsen dieser Forderung. Seine eigene Vollstreckungsforderung ist mit der Befriedigung mit allen Nebenansprüchen erloschen (Rdn. B.207); sie wird daher nicht mehr weiter verzinst. Ist die überwiesene Forderung unverzinslich oder mit einem geringeren Satz als die **B.238**

---

532 Zu diesem Fall BGH, MDR 1987, 1021 = NJW 1988, 495 = Rpfleger 1987, 464.
533 Sieg, BB 1959, 1015.

eigene erloschene Forderung verzinslich, dann entgehen dem Gläubiger bis zur Zahlung der überwiesenen Forderung Zinsbeträge, die nicht unerheblich sein können. Andererseits gebührt ihm aber auch der Zinsgewinn, wenn die überwiesene Forderung bis zur Zahlung höhere Zinsen bringt.

B.239 **Kosten der Einziehung:** Gegen den Drittschuldner macht der Gläubiger nach Überweisung an Zahlungs statt die gepfändete Forderung als eigenen Anspruch geltend. Kosten, die für ein Klageverfahren und durch Zwangsvollstreckungsmaßnahmen gegen den Drittschuldner entstehen, sind daher nicht mehr Zwangsvollstreckungskosten, für die der Schuldner haften würde (§ 788 ZPO), sondern eigene Kosten des Gläubigers. Sie können nur noch vom Drittschuldner eingefordert werden. Ist dieser aber ganz oder teilweise zahlungsunfähig, so trägt der Gläubiger diese Kosten allein.

8.3. Befristete Auszahlungssperre bei Kontoguthaben (§ 835 Abs. 3 S. 2 bis Abs. 4)

B.240 Eine **befristete Auszahlungssperre** bestimmt § 835 Abs. 3 S. 2, Abs. 4 ZPO (zu Abs. 5 s. Rdn. B.249), wenn das (gepfändete) Guthaben einer **natürlichen Person** bei einem Kreditinstitut dem Gläubiger zur Einziehung oder an Zahlungs statt überwiesen worden ist. Zu unterscheiden sind

- die Überweisung des (gepfändeten) **Zustellungssaldos** (§ 833a; siehe Rdn. A.248), bei späterer gesonderter Überweisung mit den zwischenzeitlich fortlaufenden „Tages“guthaben. Nach § 835 Abs. 3 S. 2 Hs. 1 darf das Kreditinstitut erst vier Wochen nach der Zustellung des Überweisungsbeschlusses an den Drittschuldner (Rdn. B.197) aus dem Guthaben an den Gläubiger leisten oder den Betrag hinterlegen. Dieser zeitliche Aufschub besteht **kraft Gesetzes;** ein Hinweis darauf im Überweisungsbeschluss muss nicht erfolgen;
- die Überweisung (gepfändeter) **künftiger**, damit durch Gutschrift nach der Überweisung entstandener **Guthaben,**
  - wenn das Konto des Schuldners **nicht als Pfändungsschutzkonto** (§ 850k Abs. 7 ZPO) geführt wird: Auf Antrag des Schuldners ordnet das Vollstreckungsgericht nach § 835 Abs. 3 S. 2 Hs. 2 zusätzlich an, dass erst vier Wochen nach der Gutschrift von eingehenden Zahlungen an den Gläubiger geleistet oder der Betrag hinterlegt werden darf;
  - wenn das Konto des Schuldners als **Pfändungsschutzkonto** (§ 850k Abs. 7 ZPO) geführt wird: Es regelt **allein § 835 Abs. 4** als speziellere Regelung den Auszahlungsschutz für künftige Guthaben. Für diesen Fall verdrängt diese Bestimmung[534] die Regelung in § 835 Abs. 3 S. 2 Hs. 2. Die Anordnung einer Auszahlungssperre ist in diesem Fall weder erforderlich noch zulässig; wirkungslos ist eine Auszahlungssperre, wenn sie gleichwohl bestimmt worden ist, etwa deshalb, weil nicht bekannt war, dass es sich um ein Pfändungsschutzkonto handelt.

---

534 Beschlussempfehlung und Bericht des Rechtsausschusses, BT-Drucks. 17/4776, S. 8.

Berechnung der Vierwochenfrist im Falle von § 835 Abs. 3 S. 2: § 222 ZPO (der Tag der Zustellung wird nicht mitgerechnet). Zu früherer Leistung ist das Kreditinstitut weder berechtigt noch verpflichtet. Frühere Leistung an den dann zur Einziehung (noch) nicht berechtigten Gläubiger hat gegenüber dem Schuldner keine Wirkung, wenn ihm noch Beträge pfandfrei zu belassen sind. Keine Auszahlungssperre ist für das Kontoguthaben eines Schuldners bestimmt, der nicht natürliche Person ist, also für Kontoguthaben einer Handelsgesellschaft oder juristischen Person (GmbH usw.).

Mit der Auszahlungssperre des § 835 Abs. 3 S. 2 Hs. 1 ZPO sollte der Schuldner früher Gelegenheit finden, den damals nachgelagerten Pfändungsschutz nach dem früheren § 850k ZPO (zuletzt § 850l), § 55 Abs. 1 SGB I und § 76a EStG zu erwirken. Dieser herkömmliche Kontopfändungsschutz ist außer Kraft getreten; der ursprüngliche Schutzzweck der Bestimmung ist damit entfallen. Dennoch wurde die Vorschrift beibehalten. Dem Schuldner ist es damit ermöglicht, auch nach der Pfändung des Guthabens noch rechtzeitig die Führung des Girokontos als Pfändungsschutzkonto zu verlangen (§ 850k Abs. 7 S. 3 ZPO), eine abweichende Festsetzung des pfändungsfreien Betrags des Pfändungsschutzkontos nach § 850k Abs. 4 ZPO zu beantragen, Schutz nach § 765a ZPO zu erwirken sowie einen Rechtsbehelf (Erinnerung oder sofortige Beschwerde) noch vor der Auszahlung zu erheben und eine einstweilige Anordnung nach § 732 Abs. 2 ZPO zu erwirken. **B.241**

Die Auszahlungssperre des § 835 Abs. 3 S. 2 Hs. 1 ZPO soll nur einmalig für Guthaben gelten, die bei der Zustellung des Überweisungsbeschlusses vorhanden sind[535]. Sie muss für eingehende Zahlungen, die nach dieser Zustellung bis zum Ablauf der Vierwochenfrist noch gutgeschrieben werden, aber ebenso gelten[536]. Darauf weist auch der Gesetzeswortlaut hin, dass aus dem Guthaben (nicht aus dem gepfändeten Zustellungssaldo) erst 4 Wochen nach der Zustellung des Überweisungsbeschlusses geleistet werden darf. Auch für die Guthaben der auf die Pfändung folgenden Tage endet die Frist vier Wochen nach der Zustellung des Überweisungsbeschlusses an den Drittschuldner. Mit Kontogutschrift der Einkünfte in der Zeit des Zahlungsaufschubs von vier Wochen beginnt somit keine neue Frist. Das bringt § 835 Abs. 3 S. 2 ZPO zwar nicht deutlich zum Ausdruck, entspricht aber Sinn und Zweck der Vorschrift; darauf beruht überdies deren Hs. 2. **B.242**

Für gepfändete **künftige Guthaben** (§ 833a ZPO), damit für Zahlungsbeträge, die auf dem **nicht als Pfändungsschutzkonto** (§ 850k Abs. 7 ZPO) geführten Konto des Schuldners nach Zustellung des Überweisungsbeschlusses (und nach dieser Zustellung vom Ablauf der Vier-Wochen-Frist an) eingegangen sind (siehe § 675t Abs. 1 BGB; sonst Rdn. B.242), besteht kraft Gesetzes keine Auszahlungssperre. Das Vollstreckungsgericht (Rechtspfleger, § 20 Abs. 1 Nr. 17 RPflG) kann jedoch **auf Antrag** des Schuldners (bei fortlaufenden künftigen Geldeingängen für jede Gutschrift von eingehenden Zahlungen) anordnen, dass erst vier Wochen nach jeder künftigen Gutschrift an den Gläubiger geleistet oder der Betrag hinterlegt werden darf[537] (§ 835 Abs. 3 S. 2 Hs. 2 ZPO). Damit soll vorwiegend dem Schutz- **B.243**

535 Beschlussempfehlung und Bericht des Rechtsausschusses, BT-Drucks. 16/12714, S. 18.
536 Zöller/Herget, ZPO, § 835 Rdn. 12; Musielak/Becker, ZPO, § 835 Rdn. 15.
537 **Anders** Musielak/Becker, ZPO, § 835 Rdn. 15: Kein Antragsmoratorium mehr für künftige Kontoguthaben nach § 835 Abs. 3 S. 2 Hs. 2.

Teil B Verfahren/Wirkungen

bedürfnis von Schuldnern mit unregelmäßigen oder saisonalen Zahlungseingängen Rechnung getragen werden[538]. Ein Rechtsschutzbedürfnis für diese Anordnung hat der Schuldner wegen der nur noch beschränkten Bedeutung dieser Auszahlungssperre (Rdn. B.241) jedoch nachvollziehbar darzustellen. Die Bestimmung kann auch auf Antrag des Gläubigers bereits im Pfändungsbeschluss getroffen werden, nicht jedoch von Amts wegen. Die Anhörung des Gläubigers zu dem Antrag des Schuldners kann sich bei Dringlichkeit der Anordnung im Einzelfall erübrigen. Die Anordnung nach Wirksamwerden der Pfändung (§ 829 Abs. 3 ZPO) ist dem Drittschuldner und dem Gläubiger von Amts wegen zuzustellen, dem Schuldner mitzuteilen (§ 329 Abs. 2 ZPO); die vom Gläubiger sogleich im Pfändungsantrag verlangte Anordnung ist in den Pfändungsbeschluss aufzunehmen; sie wird mit diesem zugestellt. Rechtsbehelf: Für Schuldner bei Ablehnung seines Antrags sofortige Beschwerde (§ 567 Abs. 1 Nr. 2 ZPO), für Gläubiger und Drittschuldner Erinnerung (§ 766 ZPO).

B.244 Auszahlungsschutz für **künftige Guthaben auf dem Pfändungsschutzkonto** bestimmt § 835 Abs. 4 (dafür gilt § 835 Abs. 3 S. 2 Hs. 2 nicht, Rdn. B.240). Sichergestellt wird damit, dass insbesondere die zum Ende eines Kalendermonats auf dem Pfändungsschutzkonto eingehenden Zahlungen, die für den Folgemonat bestimmt sind, dem Schuldner nicht durch (frühzeitige) Weiterleitung an den Gläubiger entzogen werden[539] (sogen. Monatsanfangsproblematik). Bestimmt ist daher, dass der Drittschuldner erst **nach Ablauf des Folgemonats** den Betrag, der nicht dem Pfändungsschutz des Schuldners unterliegt, an den Gläubiger auskehren darf[540]. Dass damit das zurückgehaltene Guthaben in Höhe des individuellen monatlichen Freibetrags nicht schon mit dem Beginn des neuen Monats von der Pfändung erfasst wird, stellt § 850k Abs. 1 S. 2 ZPO klar. Härtefälle für den Gläubiger können nach Satz 2 mit abweichender Anordnung des Vollstreckungsgerichts ausgeräumt werden.

B.245 Das künftige Guthaben kann durch jeden auf dem Pfändungsschutzkonto nach Wirksamwerden der Pfändung eingegangenen Zahlungsbetrag (§ 675t Abs. 1 BGB) entstanden sein (s. § 833a). Dazu gehören mithin auch einmalige und nicht regelmäßig wiederkehrende Zahlungseingänge[541].

B.246 **Zurückzubehalten** hat der Drittschuldner die nach der Pfändung eingegangenen Beträge bis zum Ablauf des nächsten auf die jeweilige Gutschrift **folgenden Kalendermonats**. In dieser Zeit hat der Schuldner die Möglichkeit, über die Beträge in Höhe seines individuellen Freibetrags (§ 850k Abs. 1–4 ZPO) zu verfügen. An den Gläubiger (nach Überweisung) leisten oder hinterlegen darf der Drittschuldner somit erst vom ersten Tag des auf die Gutschrift folgenden übernächsten Kalendermonats an.

B.247 **Belange des Gläubigers** können mit einer **Anordnung** des Vollstreckungsgerichts (Rechtspfleger, § 20 Abs. 1 Nr. 17 RPflG) gewahrt werden, dass (nach Überweisung) das zurückgehaltene Guthaben (ganz oder teilweise) schon vor dem Ablauf der Auszahlungssperre **auszuzahlen** ist (§ 835 Abs. 4 S. 2 ZPO). Vorausgesetzt

---

538 Beschlussempfehlung und Bericht des Rechtsausschusses, BT-Drucks. 16/12714, S. 18.
539 Beschlussempfehlung und Bericht des Rechtsausschusses, BT-Drucks. 17/4776, S. 8.
540 Beschlussempfehlung und Bericht des Rechtsausschusses, BT-Drucks. 17/4776, S. 8.
541 Beschlussempfehlung und Bericht des Rechtsausschusses, BT-Drucks. 17/4776, S. 8.

ist, dass die Auszahlungssperre für den Gläubiger eine unzumutbare Härte verursacht, die ihm unter voller Würdigung des Schutzbedürfnisses des Schuldners nicht zuzumuten ist. Die vorzeitige Auszahlung stellt somit den Ausnahmefall dar; im Regelfall hat der Gläubiger den Fristablauf abzuwarten; den Interessen des Schuldners kommt daher im Zweifel der Vorrang zu[542]. Beantragen kann eine abweichende Anordnung nur der Gläubiger. Anwaltszwang besteht nicht; ein Bevollmächtigter muss nach § 79 Abs. 2 ZPO vertretungsbefugt sein. Die Voraussetzungen der Anordnung sind glaubhaft darzustellen. Der Schuldner ist (jedenfalls in kurzer Frist) zu hören. Entschieden wird durch Beschluss. Dieser ist bei Zurückweisung des Antrags dem Gläubiger zuzustellen und dem Schuldner (formlos) mitzuteilen, sonst dem Schuldner und dem Drittschuldner zuzustellen, ebenso dem Gläubiger, wenn dem Antrag nicht voll entsprochen ist; sonst genügt an ihn Mitteilung (§ 329 Abs. 2 und 3 ZPO). Rechtsbehelf: Sofortige Beschwerde (§ 793 ZPO).

Auf die **Rangfolge mehrerer Pfändungsgläubiger** (§ 804 Abs. 3 ZPO; Rdn. B.216, B.461 ff.) wirkt sich die auf Antrag eines nachrangigen Gläubigers getroffene Anordnung nach § 835 Abs. 4 S. 2 ZPO nicht aus[543]. Sie wirkt nicht auch zugunsten des erstrangigen Vollstreckungsgläubigers (Grundsatz der Einzelvollstreckung), ermöglicht vorzeitige Auszahlung an ihn somit nicht. Den dem vorrangigen Gläubiger gebührenden gepfändeten Betrag hat der Drittschuldner daher weiterhin bis zum Ablauf des nächsten auf die Gutschrift folgenden Kalendermonat zurückzubehalten. Erst nach voller Befriedigung (Deckung durch den einbehaltenen, noch nicht auszahlbaren Betrag eingeschlossen) kann der Gläubiger, der die nachfolgende Pfändung bewirkt und für seine Vollstreckung die Anordnung nach § 835 Abs. 4 S. 2 ZPO erwirkt hat, Zahlung erlangen. Für ihn wird eine Anordnung nach § 835 Abs. 4 S. 2 ZPO sich daher vielfach als wertlos erweisen; die Befriedigung des vorrangig vollstreckenden Gläubigers wird sich wegen möglicher abweichender Festsetzung pfändbarer Beträge (§ 850k Abs. 4 ZPO) oft auch nicht sicher übersehen lassen. **B.248**

Für **nicht wiederkehrend zahlbare** Vergütungen eines Schuldners, der natürliche Person ist, für persönlich geleistete Arbeiten oder Dienste oder sonstige Einkünfte, die kein Arbeitseinkommen sind, bestimmt § 835 Abs. 5 ZPO Zahlungsaufschub. Grund[544]: Der Schuldner soll Schutz bei Pfändung solcher Einkünfte an der Quelle nach § 850i Abs. 1 ZPO rechtzeitig beantragen können, bevor der Drittschuldner an den Gläubiger geleistet hat und Pfändungsschutz dann nicht mehr gewährt werden kann. Die Frist beginnt mit der Zustellung des Überweisungsbeschlusses an den Drittschuldner, und zwar auch dann, wenn gepfändete Einkünfte erst nach Ablauf dieser Frist zahlbar (fällig) werden[545]. Der Drittschuldner der gepfändeten Vergütung oder sonstigen Einkünfte hat diese gesetzliche Auszahlungssperre zu wahren, auch wenn der Überweisungsbeschluss sie nicht zum Ausdruck bringt. Gleichwohl sollte die Aufnahme dieser (jedenfalls noch immer) unbekannten Auszahlungssperre im Überweisungsbeschluss geboten sein. **B.249**

---

542 Dazu Beschlussempfehlung und Bericht des Rechtsausschusses, BT-Drucks. 17/4776, S. 8.
543 Beschlussempfehlung und Bericht des Rechtsausschusses, BT-Drucks. 17/4776, S. 9.
544 Begründung, BT-Drucks. 16/7615, S. 17.
545 Zöller/Herget, ZPO, § 835 Rdn. 19.

Teil B Verfahren/Wirkungen

8.4. Drittschuldnerschutz gegen unrechtmäßigen Überweisungsbeschluss

B.250 **Schrifttum:** Becker, Schutz des Drittschuldners vor ungerechtfertigter Inanspruchnahme durch Vollstreckungsgläubiger und Vollstreckungsschuldner, Festschr. Musielak, 2004, S. 51; Denck, Drittschuldnerschutz nach § 836 II ZPO, JuS 1979, 408; Derleder, Zur Reduzierung des Vertrauensschutzes für den Drittschuldner nach § 836 Abs. 2 ZPO, JurBüro 1995, 122; Hintzen und Wolf, Pfändung von Hypothekenforderungen und Drittschuldnerschutz, Rpfleger 1995, 94; Spickhoff, Nichtige Überweisungsbeschlüsse und Drittschuldnerschutz, Festschr. Schumann, 2001, S. 443; Stöber, Überweisung und Überweisungswirkungen bei Pfändung einer Hypothekenforderung, NJW 1996, 1180.

B.251 Durch einen **nicht wirksamen** (weil dem Drittschuldner nicht zugestellten, Rdn. B.197; Besonderheit bei Hypothekenpfändung Rdn. F.52 ff.) Überweisungsbeschluss hat der Gläubiger keine Rechte erlangt (keine Einziehungsbefugnis und bei Überweisung an Zahlung statt kein Rechtsübergang). Eine Grundlage für einen Schutz des Drittschuldners gibt es nicht.

B.252 Der Überweisungsbeschluss kann **unrechtmäßig** erlassen sein, z.B. weil es an einer Voraussetzung der Pfändung oder Überweisung gefehlt hat oder die Forderung der Pfändung überhaupt nicht unterworfen ist. Er ist dann mit Erinnerung (§ 766 ZPO), in Sonderfällen mit sofortiger Beschwerde (§ 793 ZPO) anfechtbar. Der **Drittschuldner** ist in einem solchen Fall **in seinem Vertrauen** auf die Wirksamkeit des Überweisungsbeschlusses als staatlicher Hoheitsakt **geschützt** (§ 836 Abs. 2 ZPO; eine ähnliche Bestimmung enthält § 409 BGB), wenn er an den pfändenden Gläubiger zahlt oder zwischen ihm und dem Gläubiger ein Rechtsgeschäft vorgenommen wird. Ein solches Rechtsgeschäft oder die Zahlung an den Pfändungsgläubiger muss der Schuldner gegen sich gelten lassen, wenn der Beschluss nicht aufgehoben und die Aufhebung nicht zur Kenntnis des Drittschuldners gelangt war. Seinem Wortlaut nach bezieht sich § 836 Abs. 2 ZPO zwar nur auf das Rechtsverhältnis zwischen dem Drittschuldner und dem Pfändungsschuldner[546]. Der Schutz des § 836 Abs. 2 ZPO tritt zugunsten des Drittschuldners jedoch auch gegenüber einem anderen Pfändungsgläubiger des Schuldners ein[547]. Er umfasst auch den durch den Zeitpunkt der Pfändung bestimmten „Rang" einer Forderungsüberweisung[548] und schützt auch vor unbekannter Rangänderung der Pfändungsgläubiger[549]. Voraussetzung des Schutzes ist, dass der Überweisungsbeschluss nach § 835 Abs. 3 ZPO wirksam geworden, also dem Drittschuldner zugestellt worden ist (vgl. oben); ein Zustellungsmangel kann aber hier nach § 189 ZPO geheilt sein[550]. Da § 836 Abs. 2 ZPO den guten Glauben des Drittschuldners schützen soll, endet der Schutz bereits mit dem Zeitpunkt, in dem dieser von der Aufhebung des Überweisungsbeschlusses oder einer Einstellung der Zwangsvollstreckung auf irgendeine Weise Kenntnis erlangt (siehe Rdn. B.227). Nach Bekanntwerden der Aufhebung der Überweisung (oder einer Rangänderung unter

---

546 BGH (Fn. 532).

547 BGHZ 66, 394 = JR 1976, 421 mit Anm. Berg = MDR 1976, 1014 = NJW 1976, 1453 = Rpfleger 1978, 298; BGH (Fn. 532); BArbG, BAG 65, 147 = NJW 1990, 2641 (2643).

548 BGHZ 66, 394 (Fn. 547).

549 BArbG (Fn. 547) sowie Rdn. C.481.

550 Wieczorek/Schütze/Lüke, ZPO, § 836 Rdn. 10.

mehreren Pfändungsgläubigern) kann sich der Drittschuldner, der noch keine Zahlung geleistet hat, gegenüber dem wahren Berechtigten (dem Schuldner als Forderungsgläubiger oder einem vorrangigen Gläubiger) nicht mehr auf § 836 Abs. 2 ZPO berufen, somit Zahlungen für die Zeit vor Bekanntwerden des Aufhebungsbeschlusses oder der Rangänderung nicht verweigern[551].

Auf einen **nichtigen Überweisungsbeschluss** (vgl. Rdn. B.417) findet § 836 Abs. 2 ZPO keine Anwendung[552]. Nichtigkeit in diesem Sinne soll aber nicht bei „Mangel im Tatbestand" bestehen, somit nicht, wenn der Tatbestand des Überweisungsbeschlusses zwar vollständig, aber fehlerhaft verwirklicht wurde[553]. Die Wirksamkeit der Pfändung wird als Tatbestandserfordernis der Überweisung angesehen[554]. Die Überweisung einer nicht gepfändeten Forderung (einer hypothekengesicherten Forderung, deren Pfändung noch nicht mit Briefübergabe oder Grundbucheintragung bewirkt wurde, § 830 Abs. 1 ZPO; zur Wirksamkeit der Überweisung § 837 Abs. 1 ZPO) soll daher Fehlerhaftigkeit begründen[555]. Für diesen Fall soll der Drittschuldner Vertrauensschutz nach § 836 Abs. 2 ZPO in Anspruch nehmen können[556]. Er soll so lange geschützt sein, bis er Kenntnis davon erlangt, dass zu dem (ihm zugestellten) Überweisungsbeschluss noch ein Tatbestandserfordernis („noch etwas") hinzukommen muss, damit die Überweisung wirksam wird. Das soll gelten, solange der Drittschuldner nicht weiß, dass eine gepfändete Forderung durch Hypothek gesichert wird, oder die rechtliche Verknüpfung zwischen Forderung und Hypothek sowie die gesetzlichen Erfordernisse bei der Pfändung und Überweisung hypothekengesicherter Forderungen nicht kennt[557]. Dem ist nicht zu folgen. Der (zulässig, Rdn. B.198) zugleich mit dem Pfändungsbeschluss erlassene Überweisungsbeschluss wird nur gleichzeitig mit der Pfändung wirksam. Vor wirksamer Pfändung (bei Hypothekenforderung mit Briefübergabe oder Grundbucheintragung) hat der Gläubiger keine Rechte aus der Überweisung erlangt. Für einen Schutz des Drittschuldners bietet daher § 836 Abs. 2 ZPO keine Grundlage. Wahrung der Drittschuldnerbelange gewährleistet ausschließlich § 893 (mit § 1155 BGB)[558]. Der Überweisungsbeschluss allein gewährleistet dem Drittschuldner so wenig Schutz, wie nach bürgerlichem Recht allein Legitimation durch Abtretungs- oder Verpfändungserklärung keine Grundlage für Schutz des Eigentümer-Schuldners bietet. B.253

Dem **Gläubiger** erwachsen aus der Schutzbestimmung des § 836 Abs. 2 ZPO zugunsten des Drittschuldners **keinerlei Rechte**. Er kann deshalb nicht verlangen, dass der Drittschuldner von einer Anfechtung des unrechtmäßigen Pfändungsbe- B.254

Teil B Verfahren/Wirkungen

551 BArbG (Fn. 547).
552 BGHZ 121, 98 = MDR 1993, 578 = NJW 1993, 735 = ZZP 107 (1994) 98 mit krit. Anm. Walker = Rpfleger 1993, 292; kritisch dazu auch Derleder, JurBüro 1995, 122; Spickhoff in Festschr. Schumann (2001) 443 ff.
553 BGH (Fn. 470).
554 BGH (Fn. 470).
555 BGH (Fn. 470).
556 BGH (Fn. 470).
557 BGH (Fn. 470).
558 Hierzu näher Stöber, NJW 1996, 1180. Schutz nach § 893 (mit § 1155) BGB und die Bedeutung dieser Vorschriften des Hypothekenrechts für die Rechtsstellung des Drittschuldners vor Wirksamwerden des Überweisungsbeschlusses hat der BGH nicht erwogen.

schlusses absieht oder sich im Rechtsstreit nicht auf die Unwirksamkeit der Pfändung und Überweisung beruft.

B.255 Einen Schutz des Drittschuldners in das Vertrauen auf das Bestehen der gepfändeten Forderung sieht § 836 Abs. 2 ZPO nicht vor. Wenn die gepfändete Forderung tatsächlich nicht dem Schuldner, sondern einem Dritten zusteht, wird der Drittschuldner daher bei Zahlung an den Gläubiger nicht von seiner tatsächlichen Schuld gegenüber dem Dritten frei[559] (zu seinem Bereicherungsanspruch Rdn. B.233). Wenn zweifelhaft ist, ob der Schuldner Inhaber der gepfändeten und überwiesenen Forderung ist, leistet der Drittschuldner somit an den Gläubiger auf eigene Gefahr[560]. Der Drittschuldner wird nicht frei, wenn der Anspruch dem Schuldner nie zugestanden hat, von diesem mithin der pfändende Gläubiger auch keine Rechte erlangt haben konnte[561]. Dem damit verbundenen Risiko kann bei begründeten Zweifeln durch Hinterlegung (§ 372 BGB) begegnet werden[562] (hierzu auch Rdn. B.442).

8.5. Auskunftspflicht des Schuldners (§ 836 Abs. 3 ZPO)

B.256 **Schrifttum:** Behr, Änderungen bei der Forderungspfändung und anderen Vollstreckungsverfahren (Abschn. IV. 4: Auskunftsoffenbarung gem. § 836 Abs. 3 S. 2 n.F. ZPO), JurBüro 2000, 230 (231); Hornung, Die 2. Zwangsvollstreckungsnovelle (Abschn. B. IV. 5: Schuldnerauskunft durch eV-Verfahren), Rpfleger 1998, 383 (399); Steder, Auskunftsoffenbarung im Rahmen der Forderungspfändung, MDR 2000, 438; Stöber, Auskunftspflicht des Schuldners – Verfahren nach Forderungspfändung, MDR 2001, 301; Wertenbruch, Die Auskunftspflicht des Schuldners bei der Forderungs- und Rechtspfändung, DGVZ 2001, 65.

8.5.1. Verpflichtung zur Auskunft

B.257 Der Schuldner ist verpflichtet, dem Gläubiger die zur Geltendmachung der Forderung nötige Auskunft zu erteilen (§ 836 Abs. 3 S. 1 ZPO; gesetzliche Nebenpflicht). Grenzen sind der Auskunftspflicht gesetzt, wenn der Schuldner einer beruflichen Schweigepflicht unterliegt, wie ein Arzt, Zahnarzt, Rechtsanwalt (dazu Rdn. A.17). Voraussetzung dieser Auskunftspflicht ist die Wirksamkeit[563] der Pfändung und Überweisung (zur Einziehung oder an Zahlungs statt) mit Zustellung des Pfändungs- und Überweisungsbeschlusses an den Drittschuldner (§ 829 Abs. 3, § 835 Abs. 3 ZPO) oder in der sonst vorgesehenen Weise (bei Grundpfand-

---

559 BGH (Fn. 532); BGH, MDR 2002, 477 (478) = NJW 2002, 755 (757) = Rpfleger 2002, 272.

560 BGH (Fn. 532).

561 BGH (Fn. 532).

562 BGH (Fn. 532).

563 Anders im Falle der Drittschuldnerauskunft nach § 840 ZPO. Die Drittschuldnerauskunft soll dem Gläubiger Klarheit auch über seine Befriedigungsaussichten verschaffen (Rdn. B.279). Die Auskunftspflicht des Drittschuldners wird daher bereits durch die Zustellung des Pfändungsbeschlusses begründet (Rdn. B.280). Die Schuldnerauskunft nach § 836 Abs. 3 S. 1 ZPO soll dem Gläubiger dagegen die Geltendmachung der Forderung ermöglichen (Rdn. B.258), die eine wirksame Pfändung und Überweisung erfordert.

rechten nach § 830 Abs. 1, §§ 837, 837a ZPO). Keine Auskunftspflicht des Schuldners begründet die Pfändung allein (ohne Überweisung), so bei Sicherungsvollstreckung (§ 720a ZPO), Arrestvollziehung (§ 930 ZPO) oder Vorpfändung (§ 845 ZPO). Die Einstellung der Zwangsvollstreckung bewirkt Verfahrensstillstand (Rdn. B.227); es bleibt zwar die Pfändung bestehen, die durch Überweisung begründete Berechtigung des Gläubigers zur Einziehung der Forderung (§ 836 Abs. 1 ZPO) dauert jedoch nicht an. Für die Zeit der Einstellung der Zwangsvollstreckung bleibt der Schuldner daher auch nicht verpflichtet, Auskunft zur Geltendmachung der Forderung zu erteilen; mit Antrag auf Erklärung zu Protokoll und eidesstattliche Versicherung (§ 836 Abs. 3 S. 2 ZPO) kann ein Auskunftsanspruch nach Einstellung überdies nicht verfolgt werden, weil sich jede Vollstreckungstätigkeit verbietet (Rdn. B.230). Wirksame Pfändung als Erfordernis des Auskunftsanspruchs des Gläubigers erfordert auch, dass der Pfändungsbeschluss rechtliche Wirkung hat, die gepfändete Forderung damit besteht und dem Schuldner gegen den Drittschuldner zusteht[564] (Rdn. B.73). Pfändung einer nur angeblichen Forderung, die keine rechtliche Wirkung entfaltet, ein gegenstandsloser Pfändungsbeschluss somit, begründet keine Auskunftsverpflichtung. Nachweispflichtig für diese Voraussetzung ist der Gläubiger, der den Auskunftsanspruch geltend macht. Die Pfändung von Wertpapieren durch den Gerichtsvollzieher (Rdn. H.15) begründet keine Auskunftsverpflichtung[565] (ein Überweisungsbeschluss ergeht nicht). Die Verletzung der Auskunftspflicht kann eine Schadensersatzpflicht des Schuldners begründen.

Teil B Verfahren/Wirkungen

8.5.2. Umfang der Auskunft

Die Auskunft des Schuldners hat dem Gläubiger die für die Geltendmachung der gepfändeten und überwiesenen Forderung (nicht aber für die Ermittlung einer nur angeblichen Forderung) nötige Kenntnis zu geben, damit die (außergerichtliche oder gerichtliche) Geltendmachung der Forderung zu ermöglichen. Sie muss dem Gläubiger daher alle für die (umgehende, § 842 ZPO) Beitreibung der Forderung und die Verfolgung ihrer Nebenrechte (insbesondere eines Sicherungsrechtes) erheblichen Einzelheiten bezeichnen. Dazu gehören Schuldgrund und Umfang (Betrag) der Forderung, Zeit und Ort der Leistung, Beweismittel, Verteidigungsmittel gegen Einwendungen des Drittschuldners usw. Eine (nachrangige) Pfändung erfasst eine bereits früher (damit vorrangig) gepfändete Forderung auch dann, wenn sie zur Einziehung überwiesen ist (Rdn. B.457). Kenntnis der vorausgehenden Pfändung gehört daher zu dem für die (alsbaldige oder nach Aufschub möglicherweise spätere) Geltendmachung der Forderung nötigen Wissen. Auskunft ist daher auch über eine vorausgehende Pfändung (und eine noch wirksame Vorpfändung, § 845 Abs. 2 ZPO) zu erteilen[566], somit über deren Gläubiger, B.258

564 So auch Steder, MDR 2000, 438 (439).
565 So auch im Falle des § 840 ZPO, siehe Rdn. B.280. Unrichtig daher Wertenbruch, DGVZ 2001, 65 (69, IV. 2. d); die Veräußerung von Inhaberaktien erfolgt überdies nicht nach § 844 ZPO, sondern nach § 821 ZPO (siehe Rdn. H.15).
566 So (für die Nachbesserung eines Vermögensverzeichnisses) LG Bremen, JurBüro 2005, 605.

dessen Vollstreckungsforderung, Gericht oder Behörde und Zeit der Zustellung an den Drittschuldner. Wie genau die Auskunft zu sein hat, kann sich angesichts der Vielzahl und Vielfalt der Schuldnerforderungen an Dritte (und anderen Vermögensrechten) nur jeweils nach den Umständen des konkreten Einzelfalls bestimmen.

B.259 Die Verpflichtung erstreckt sich auch auf die Bekanntgabe von Tatsachen, die dem Schuldner erst **nach** der Pfändung bekannt geworden sind, wie z.B. eine Zahlung nach Pfändung. Ergeben sich Umstände, über die Auskunft zu erteilen ist, erst nach der Pfändung oder ändern sich bei der Pfändung künftig (fortlaufend) fällig werdender Bezüge (z.B. von Mietansprüchen) die zur Geltendmachung der Forderung mitgeteilten Angaben, so ist der Schuldner daher zur Ergänzung (nicht Wiederholung) seiner Auskunft verpflichtet.

B.260 Über Gründe, warum eine gepfändete **angebliche Forderung nicht besteht,** hat der Schuldner keine Auskunft zu erteilen, damit auch nicht bei der Pfändung erst nach Forderungsübergang über eine frühere Abtretung[567], einen vorausgehenden gesetzlichen Forderungsübergang oder eine Pfändung und Überweisung an Zahlungs statt. Wirksame Pfändung und Überweisung als Voraussetzung der Auskunftspflicht (Rdn. B.257) sind in diesem Fall nicht erfolgt; die Pfändung der nur angeblichen Forderung entfaltet keine Wirkungen (Rdn. B.73), sie geht ins Leere. Forderungsübertragung, Forderungsübergang kraft Gesetzes sowie (wirksame) Pfändung und Überweisung an Zahlungs statt ermöglichen eine anschließende Pfändung der dem Schuldner bereits nicht mehr zustehenden Forderung nicht; daher verpflichtet § 836 Abs. 3 S. 1 ZPO auch nicht zur Auskunft darüber. Ist die Forderung jedoch **nur teilweise** auf einen Dritten mit Abtretung, gesetzlich oder durch Pfändung und Überweisung an Zahlungs statt übergegangen, dann erfordert die Auskunft über den Umfang (Betrag) der danach gepfändeten und zur Einziehung überwiesenen restlichen Schuldnerforderung für deren Geltendmachung auch eine Auskunft über den teilweisen Rechtsübergang auf den Dritten; das kann auch bei der Pfändung von Arbeitseinkommen Bedeutung erlangen (siehe daher Rdn. C.92).

B.261 Zur Auskunft bei Pfändung von Arbeitseinkommen siehe Rdn. C.90.

Die Pfändung des Anspruchs auf **Steuererstattung** erstreckt sich lediglich auf den Zahlungsanspruch an die Finanzbehörde (Rdn. A.513). Am Steuerfestsetzungsverfahren ist der Gläubiger nicht beteiligt, er kann einen Veranlagungsantrag zur Anrechnung von Lohnsteuer auf die Einkommensteuer nicht stellen. Daher kann der Gläubiger auch Auskunft über steuererhebliche Tatsachen, die im Veranlagungsverfahren mit der Steuererklärung vorzubringen sind (Zeit der Beschäftigung, Einkommen, Werbungskosten usw.), nicht verlangen, ebenso nicht über Vorgänge des Erhebungsverfahrens (so nicht darüber, ob eine Veranlagung [ohnedies] durchgeführt wird [§ 46 Abs. 2 Nr. 1–7 EStG], ob eine Steuererklärung abgegeben ist, welche Anträge im Besteuerungsverfahren gestellt sind und ob mit einem Erstattungsbetrag zu rechnen ist). Entsprechendes gilt für den Erstattungsanspruch bei Lohnsteuerjahresausgleich durch den Arbeitgeber (Rdn. A.521). Auskunft hat der Schuldner nur darüber zu erteilen, ob Lohnsteuerjahresausgleich

---

567 **Anders** Wertenbruch, DGVZ 2001, 65 (Abschn. III. 3).

durch den Arbeitgeber erfolgen wird und (nach Durchführung) über den (noch nicht erfüllten) Zahlungsanspruch (Betrag), nicht aber über die für den Ausgleich steuererheblichen Tatsachen[568] (Änderung der Lohnsteuerabzugsmerkmale, Lohnschwankungen und Beschäftigungszeiten).

Die Pfändung eines Lebens- oder Unfall**versicherungsanspruchs** verpflichtet zur Auskunft auch über das Bezugsrecht eines Dritten (zu diesem Rdn. A.298, A.301, A.556).

Die Auskunft muss zur Geltendmachung der Forderung **nötig** sein (§ 836 Abs. 3 S. 1 ZPO). Die Verfolgung des Auskunftsanspruchs erfordert daher (wie jede Rechtsverfolgung) ein Rechtsschutzinteresse. Eine Verpflichtung des Schuldners zur Erteilung einer Auskunft besteht somit nicht für Tatsachen und Umstände, die dem Gläubiger bereits sicher bekannt sind, insbesondere deshalb, weil sie urkundlich ausgewiesen sind oder die – wie die Änderung des Arbeitseinkommens – der Drittschuldner verlässlich mitgeteilt hat und auch nicht für Besonderheiten, die dem Gläubiger für die Geltendmachung der Forderung nicht dienlich sein können. **B.262**

8.5.3. Erteilung der Auskunft

Auskunft zu erteilen hat der Schuldner dem Gläubiger, wenn dieser sie verlangt, damit nicht unaufgefordert. Der Gläubiger kann Auskunft sogleich bei (oder kurz nach) Zustellung des Pfändungs- und Überweisungsbeschlusses an den Schuldner (§ 829 Abs. 2 ZPO), damit nach Wirksamwerden der Überweisung, aber auch erst zeitlich später verlangen. Das Auskunftsbegehren des Gläubigers braucht nur allgemein gehalten zu sein[569]; es ist mit Bezeichnung der gepfändeten Forderung gegenständlich begrenzt und damit bestimmt. Einzelne Tatsachen oder Verhältnisse, die in Erfahrung gebracht werden sollen, kann und hat der Gläubiger dem Schuldner nicht zu bezeichnen. Für ihn ist nach der Pfändung ungewiss, welche Angaben für die Geltendmachung der Forderung nötig sind; er will von ihnen ja erst Kenntnis erlangen. Doch kann der Gläubiger einzelne Fragen anführen, deren Beantwortung er nach seinem Kenntnisstand vornehmlich zu erlangen versucht. Dann ist jedoch darauf zu achten, dass Einzelfragen stets nur im Rahmen der insgesamt verlangten Auskunft über alle nötigen Angaben gestellt werden. Wird hingegen die vom Schuldner verlangte Auskunft sogleich nur auf die Beantwortung der gestellten Fragen beschränkt, dann ist er auch nur zur Auskunft über diese verpflichtet[570]. Folge ist, dass dann auch das Verfahren zur Versicherung an Eides statt (§ 836 Abs. 3 S. 2 ZPO) nur zur Erteilung der auf die konkreten Fragen beschränkten Einzelauskunft betrieben werden kann. Die Aufforderung, Auskunft zu erteilen, kann, muss aber nicht an den Prozessbevollmächtigten des Schuldners (Prozessvoll- **B.263**

---

568 **Anders** Wertenbruch, DGVZ 2001, 65 (68, Abschn. III. f), der jedoch (unrichtig) davon ausgeht, der Rückerstattungsbetrag gehöre zum Nettoarbeitslohn und werde von einer „Gehalts-"Pfändung erfasst. Pfändung des Arbeitseinkommens begründet überhaupt keine Verpflichtung zur Auskunft über den vom Arbeitgeber zu leistenden öffentlich-rechtlichen Erstattungsanspruch aus dem Steuerschuldverhältnis.

569 Stöber, MDR 2001, 301 (IV. 2. a).

570 Stöber, MDR 2001, 301 (IV. 2. b).

macht ermächtigt zur Entgegennahme, § 81 ZPO; aber kein Fall des § 172 Abs. 1 ZPO), kann damit ebenso an den Schuldner selbst gerichtet werden[571]. Auf den Nachweis ist zu achten, weil die Aufforderung für Einleitung des Verfahrens zur Versicherung an Eides statt darzutun und bei Erinnerung des Schuldners nachzuweisen ist (Rdn. B.264).

Zu erteilen hat der Schuldner die Auskunft sogleich (ohne Verzug), somit innerhalb der vom Gläubiger gesetzten Frist; diese muss angemessen sein. Erteilt werden kann die Auskunft mündlich oder (für Nachweis geboten) schriftlich. Zu richten ist sie an den Gläubiger (seinen Prozessbevollmächtigten), nicht an den Gerichtsvollzieher. Für diesen besteht somit auch keine Verpflichtung, die Auskunft bei (persönlicher) Zustellung des Pfändungs- und Überweisungsbeschlusses zu Protokoll zu nehmen oder eine fernmündliche Auskunft entgegenzunehmen. Amtspflicht des Gerichtsvollziehers ist es jedoch, eine ihm (schriftlich) zugeleitete Auskunft an den Gläubiger (seinen Prozessbevollmächtigten) weiterzuleiten.

8.5.4. Erklärung zu Protokoll und Versicherung an Eides statt

B.264 Der Schuldner, der die Auskunft nicht erteilt, ist auf Antrag des Gläubigers verpflichtet, sie zu Protokoll des Gerichtsvollziehers zu geben und seine Angaben an Eides statt zu versichern (§ 836 Abs. 3 S. 2 ZPO). Verfahrensgrundlage sind der Vollstreckungstitel sowie der Pfändungs- und Überweisungsbeschluss[572]. Für die Abnahme dieser eidesstattlichen Versicherung ist der Gerichtsvollzieher bei dem Amtsgericht zuständig, in dessen Bezirk der Schuldner bei Auftragserteilung seinen Wohnsitz oder in Ermangelung eines Wohnsitzes seinen Aufenthaltsort hat (§ 802e Abs. 1, § 836 Abs. 3 S. 3 ZPO). Das Verfahren beginnt mit dem Antrag des Gläubigers an den Gerichtsvollzieher zur Bestimmung eines Termins zur Protokollierung der Erklärung und Abgabe der eidesstattlichen Versicherung nach § 836 Abs. 3 S. 2 ZPO. Der Antrag kann (wie auch das Auskunftsbegehren, Rdn. B.263) allgemein gehalten sein[573]; einzelne Tatsachen oder Verhältnisse, die für die Geltendmachung der gepfändeten Forderung in Erfahrung gebracht werden sollen, kann und hat der Gläubiger nicht anzugeben. Er stellt mit der Bezeichnung der gepfändeten Forderung die zu erfüllende Auskunftspflicht bestimmt dar; eine noch weitere inhaltliche Konkretisierung des Auskunftsbegehrens hat nicht zu erfolgen. Der Gläubiger hat somit nicht im Einzelnen darzulegen, welche Angaben er für die Geltendmachung der Forderung benötigt[574]; er will von ihnen ja erst Kenntnis erlangen (wie Rdn. B.263). Die Auskunftspflicht des Schuldners ist dem Gerichtsvollzieher durch Vorlage des Pfändungs- und Überweisungsbeschlusses mit dem ihm zugrunde liegenden Vollstreckungstitel und der weiteren Unterlagen, die die Wirksamkeit der Pfändung ausweisen, darzutun. Dass der Schuldner die Auskunft (freiwillig) nicht erteilt hat, ist Verfahrensvoraussetzung, damit dem Gerichtsvollzieher ebenfalls darzutun. Die Vorlage einer Abschrift des Aufforderungsschrei-

---

571 Stöber, MDR 2001, 301 (IV. 4).
572 Begründung, BT-Drucks. 16/10069, S. 35.
573 Stöber, MDR 2001, 301 (IV. 3).
574 **A.A.** Schuschke/Walker, Vollstreckung, § 836 Rdn. 17; auch Stein/Jonas/Würdinger, ZPO, § 836 Rdn. 12.

bens an den Schuldner und die Glaubhaftmachung der Versendung (Versicherung des Prozessbevollmächtigten des Gläubigers oder Postbeleg für Einlieferung der Sendung muss genügen) werden als erforderlich, aber auch als ausreichend angesehen[575].

Zum Inhalt des Pfändungs- und Überweisungsbeschlusses gehört die Feststellung (ausdrückliche Anordnung) der Verpflichtung, die Auskunft zu Protokoll zu erklären und an Eides statt zu versichern (§ 836 Abs. 3 S. 2 ZPO) nicht; für die Einleitung des Verfahrens kann nicht verlangt werden, dass der Pfändungs- und Überweisungsbeschluss diese Pflicht noch gesondert (vollstreckbar) wiedergibt[576]. Ein Antrag des Gläubigers, im Pfändungs- und Überweisungsbeschluss eine Feststellung zu treffen, ist daher zurückzuweisen[577]. Die Verpflichtung des Schuldners, die Auskunft zu erteilen, ist ebenso gesetzliche Folge der Pfändung und Überweisung wie bei der Geldvollstreckung die Schuldnerpflicht zur Vermögensoffenbarung[578] (§ 802c ZPO) und bei gescheiterter Herausgabevollstreckung die Schuldnerpflicht, den Verbleib der Sache eidesstattlich zu versichern (§ 883 Abs. 2 ZPO). Eine (verfehlt) gleichwohl in dem Beschluss getroffene Anordnung über die Auskunftsverpflichtung verdrängt § 836 Abs. 3 S. 2 ZPO als Verfahrensgrundlage für die Durchsetzung der gesetzlichen Auskunftsverpflichtung nicht, kann somit keine Wirkung äußern und damit auch den Umfang der Auskunftsverpflichtung des Schuldners nicht beschränken[579].

Rechtsbehelf des Schuldners, der die Verpflichtung zur Auskunftserteilung und zur Abgabe der Versicherung bestreitet (z.B. deshalb, weil die gepfändete „angebliche" Forderung nicht besteht, Rdn. B.260, oder weil er die Auskunft dem Gläubiger bereits erteilt hat), ist die Erinnerung (§ 766 ZPO).

8.5.5. Nachbesserung

Zu nochmaliger Auskunft ist der Schuldner nicht verpflichtet (§ 836 Abs. 3 S. 1 B.265
ZPO begründet keine Dauerverpflichtung). Zur Besonderheit bei einer fortlaufend fällig werdenden Forderung s. bereits Rdn. B.259. Zur Nachbesserung (Ergänzung) einer Auskunft ist der Schuldner jedoch verpflichtet, wenn die dem Gläubiger unmittelbar erteilte oder zu Protokoll gegebene und versicherte Auskunft nicht vollständig ist, insbesondere somit, wenn lückenhafte oder unklare Angaben ge-

575 Stöber, MDR 2001, 301 (IV. 4); Begründung, BT-Drucks. 13/341, S. 35 re.Sp.

576 Stöber, MDR 2001, 301; Wertenbruch, DGVZ 2001, 65; Zöller/Herget, ZPO, § 836 Rdn. 15; Stein/Jonas/Würdinger, ZPO, § 836 Rdn. 12; David, MDR 2000, 195 (197); **a.A.** Behr, JurBüro 2000, 230 (231); Behr, JurBüro 2004, 499 (501); Hornung, Rpfleger 1998, 381 (400); Steder, MDR 2000, 438 (440).

577 Stöber, MDR 2001, 301 (V. 2).

578 Auch Behr, der geltend macht, im Pfändungs- und Überweisungsbeschluss müssten Auskunftspflicht und ihr Umfang (wenigstens) allgemein formuliert sein (zuletzt JurBüro 2004, 499 [501]), bringt nicht vor, dass er schon einmal einen Zahlungstitel gesehen habe, in dem für den Fall erfolglos versuchter Pfändung als „Grundlage des Offenbarungsverfahrens im Rahmen der (damaligen) §§ 899 ff." die Offenbarungspflicht nach § 807 ZPO (gar noch detailliert) bestimmt gewesen sei.

579 **A.A.** AG Korbach, DGVZ 2003, 45 unter Hinweis auf (damals) § 185 Abs. 1 S. 3 GVGA.

macht sind. Das Nachbesserungs- oder Ergänzungsverfahren ist dann eine Fortsetzung des alten, wegen des Mangels nicht gesetzesgemäß abgeschlossenen Verfahrens.

8.6. Verpflichtung zur Urkundenherausgabe (§ 836 Abs. 3 ZPO)

B.266 **Schrifttum:** Behr, Die Urkundenherausgabe gem. § 836 Abs. 3 ZPO, JurBüro 1994, 327.

8.6.1. Urkunden-Herausgabepflicht des Schuldners

B.267 Der Schuldner ist dem Gläubiger weiter verpflichtet, zur Geltendmachung der Forderung die über die Forderung vorhandenen Urkunden herauszugeben (§ 836 Abs. 3 S. 1 ZPO). Die Urkundenherausgabe soll es dem Gläubiger ermöglichen, die gepfändete Forderung einzuziehen. Voraussetzung auch dieser Verpflichtung ist die Wirksamkeit der Pfändung und Überweisung (wie Rdn. B.257); die Pfändung allein (ohne Überweisung) begründet eine Herausgabepflicht des Schuldners nicht[580]. Urkunden, die ausweisen, dass die angebliche Forderung nicht besteht, sind nicht herauszugeben (wie Rdn. B.260). Herauszugeben hat der Schuldner dem Gläubiger Urkunden, wenn dieser sie verlangt (wie Rdn. B.263). Herauszugebende Urkunden sind daher vom Gläubiger zu bezeichnen, nicht vom Schuldner zusammenzusuchen. Die Herausgabepflicht des Schuldners besteht als Verpflichtung selbstständig neben der Auskunftspflicht des Drittschuldners nach § 840 ZPO[581]. Sie kann (wenn ein Rechtsschutzinteresse für weitere Information besteht) daher auch geltend gemacht werden, wenn die Drittschuldnerauskunft erteilt ist. Das Rechtsschutzinteresse (dazu Rdn. B.262) erschöpft sich stets in der Herausgabe der zur Feststellung und (wenn auch nur erleichterten[582]) Geltendmachung der Forderung nötigen Urkunden. Urkunden, an deren Erhalt der Gläubiger kein schutzwürdiges Interesse hat, sind nicht herauszugeben. Keine Verpflichtung zur Herausgabe von Urkunden besteht daher, wenn die Forderung unbestritten und der Drittschuldner zahlungsbereit ist. Ein Arbeitsvertrag ist daher nicht herauszugeben, wenn die Lohnabrechnung die (zudem tarifliche) Forderung eindeutig belegt, ein Mietvertrag nicht, wenn die fortlaufende Verpflichtung zur Mietzahlung (eingeschlossen der Umfang der Nebenleistungen) sicher feststeht, eine Beweisurkunde nicht, wenn die Forderung bereits tituliert und der Schuldtitel herauszugeben ist. Dass sich bei einer Abtretung die Herausgabepflicht nach § 402 BGB bloß aus der Existenz der Urkunde ergibt und nicht auch einen konkreten Bedarf erfordert, rechtfertigt keine großzügigere Auslegung, weil Pfändung und Überweisung (zur Einziehung) keinen Gläubigerwechsel bewirken, sondern nur zur Forderungseinziehung ermächtigen (§ 836 Abs. 1 ZPO).

---

580 Zum Teil anders Behr, JurBüro 1994, 327: Hier Herausgabe an den Gerichtsvollzieher zur Verwahrung bis zur Überweisung bei Gefährdung des Anspruchs.
581 BGHZ 192, 314 = MDR 2012, 546 = NJW 2012, 1081 = Rpfleger 2012, 394 m.w.N.
582 Schuschke/Walker, Vollstreckung, § 836 Rdn. 10.

8.6.2. Die herauszugebenden Urkunden

Herauszugeben sind Urkunden[583], B.268

- die den Schuldner als Gläubiger der Forderung als zur Entgegennahme der Leistung berechtigt legitimieren (Beispiel: § 808 Abs. 2 S. 1 BGB),
- die den Bestand der (gepfändeten) Schuldnerforderung beweisen oder sonst der Ermittlung oder dem Nachweis ihrer Höhe, Fälligkeit und Einredefreiheit dienen.

Herauszugeben als Urkunden über die Forderung sind damit insbesondere Schuldscheine (siehe § 952 Abs. 1 BGB), Legitimationspapiere (Sparbücher)[584], Versicherungspolicen[585] (s. Rdn. A.306), Mietverträge, Pfandscheine, Vollstreckungstitel[586] (auch Kostenfestsetzungsbeschlüsse), eine löschungsfähige Quittung und die zum Beweis dienenden sonstigen Urkunden (so z.B. ein Leistungsbescheid der Agentur für Arbeit[587], Rentenbescheide und Rentenmitteilungen[588]), damit u.U. auch Schriftwechsel, bei Pfändung von Guthaben auf einem Pfändungsschutzkonto (vorhandene) Nachweise, welche gemäß § 850k Abs. 2, Abs. 5 S. 2 zur Erhöhung der Pfändungsfreibeträge führen können[589] (zu diesen Nachweisen Rdn. 1284a). Als herauszugebende Urkunden werden auch Beschlüsse (Verfügungen bei Verwaltungsvollstreckung) über **vorrangige Pfändungen** angesehen[590] (zu diesen bei Pfändung von Arbeitseinkommen Rdn. C.94) sowie zugehörige Pfändungsankündigungen (§ 845 ZPO, Rdn. B.258). Nachweise über eine der Pfändung vorausgehende **Abtretung**[591] der (gesamten) Forderung (zur Pfändung von Arbeitseinkommen aber Rdn. C.94), über deren gesetzlichen Rechtsübergang oder deren (volle) Pfändung und Überweisung an Zahlungs statt sowie über Ratenzahlun-

Teil B Verfahren/Wirkungen

583 Siehe BGH, DGVZ 2003, 120 = JurBüro 2003, 440 = MDR 2003, 595 = NJW 2003, 1256 = Rpfleger 2003, 308; BGH, DGVZ 2006, 134 = FamRZ 2006, 1272 = JurBüro 2006, 547 = MDR 2007, 50 = NJW-RR 2006, 1576; BGH (Fn. 581).

584 AG Bremen, JurBüro 1998, 605 (606). Nicht aber eine zum Sparbuch gehörende Sicherungskarte, Algner, DGVZ 1978, 8.

585 OLG Frankfurt, JurBüro 1977, 855 = Rpfleger 1977, 221; LG Darmstadt, DGVZ 1991, 9 = JurBüro 1991, 730.

586 BGH, JurBüro 2010, 440 (443).

587 LG Essen, JurBüro 2001, 153; LG Regensburg, Rpfleger 2002, 468; LG Dresden, JurBüro 2009, 608; LG Dresden, JurBüro 2009, 663; LG Düsseldorf, JurBüro 2008, 268; LG Koblenz, JurBüro 2010, 49; AG Dortmund, JurBüro 2008, 100; AG Wuppertal, JurBüro 2007, 495. Das LG Hannover, JurBüro 1986, 302 = Rpfleger 1986, 143 hat für Ergänzung des Pfändungsbeschlusses zur Herausgabevollstreckung hinsichtlich der Leistungsbescheide des (damaligen) Arbeitsamts über Unterhaltsgeld bzw. Arbeitslosengeld oder Arbeitslosenhilfe das Rechtsschutzbedürfnis verneint (Einzelfallentscheidung).

588 BGH, MDR 2013, 548 = NJW-RR 2013, 766 = Rpfleger 2013, 402; LG Hagen, JurBüro 2016, 546.

589 BGH, DGVZ 2013, 110 = JurBüro 2013, 386 = MDR 2013, 548 = NJW-RR 2013, 766 = Rpfleger 2013, 402.

590 LG Bielefeld, JurBüro 1995, 384; LG Mühlhausen, JurBüro 2004, 449; LG Stuttgart, Rpfleger 1998, 166; AG Ludwigshafen, JurBüro 1996, 439; Zöller/Herget, ZPO, § 836 Rdn. 13; MünchKomm/Smid, ZPO, § 836 Rdn. 14: **a.A.** LG Münster, JurBüro 2002, 494 = Rpfleger 2002, 321.

591 **Anders** AG Bremerhaven, JurBüro 2009, 329.

gen[592] gehören nicht zu den über eine erst danach gepfändete Forderung vorhandenen Urkunden (siehe Rdn. B.260), sind somit auch nicht als Urkunden über diese Forderung herauszugeben. Ist die Forderung jedoch in solcher Weise nur **teilweise** auf einen Dritten übergegangen (so bei Abtretung von Arbeitseinkommen nicht die später fällig werdenden Beträge, § 832 ZPO; dazu Rdn. C.94; bei Abtretung künftiger Mietforderungen[593]), dann sind Urkunden für die Geltendmachung der (gepfändeten und überwiesenen) restigen Forderung auch die Urkunden, die den (nur) teilweisen Forderungsübergang auf den Dritten ausweisen (wie Rdn. B.260); auch sie sind dem Gläubiger damit nach § 836 Abs. 3 S. 1 ZPO herauszugeben.

B.269 **Kontoauszüge** (auch wenn sie negative Salden dokumentieren) werden als Urkunden über die Forderungen angesehen, die jedenfalls dann herauszugeben sind, wenn der Gläubiger Ansprüche des Schuldners gegen ein Kreditinstitut gepfändet hat, die sowohl auf Auszahlung der positiven Salden gerichtet sind als auch auf die Auszahlung eines dem Schuldner eingeräumten Kredits[594]. Weil sie geeignet sind, Forderungen gegen den Drittschuldner zu belegen und zu beziffern, sollen die „gesamten" Kontoauszüge der Herausgabeanordnung nach § 836 Abs. 3 S. 1 ZPO unterliegen (für die gepfändete Forderung somit vom Auszug mit dem Kontostand bei Wirksamwerden der Pfändung an [§§ 833a, 829 Abs. 3 ZPO]); auf Antrag des Gläubigers soll daher sogleich in den Pfändungs- und Überweisungsbeschluss die Pflicht des Schuldners zur Herausgabe „sämtlicher" Kontoauszüge aufgenommen werden[595]. Eine Einschränkung dahin gehend, dass dem Schuldner gestattet wird, Schwärzungen in den Kontoauszügen vorzunehmen, soll nicht in Betracht kommen[596]. Der Schuldner soll eine etwaige Verletzung seines Rechts auf Geheimhaltung oder informationelle Selbstbestimmung durch Preisgabe der in den Auszügen enthaltenen Informationen mit Erinnerung geltend zu machen haben[597], der Gerichtsvollzieher in entsprechender Anwendung des § 765a Abs. 3 ZPO die Herausgabe der Kontounterlagen an den Gläubiger um bis zu einer Woche aufschieben können[598]. Dem ist jedoch zu widersprechen.

B.270 Als Tagesauszug dient der Kontoauszug der Information über die Ausführung einzelner Zahlungsvorgänge durch das Kreditinstitut als Zahlungsdienstleister (Art. 248 § 8 EGBGB). Der Abschlusssaldo stellt weitergehend den Kontostand für den Rechnungsabschluss (zumeist zum Ende eines Quartals) dar. Er ist Grundlage der Verrechnung der beiderseitigen Ansprüche und Leistungen aus der Geschäftsverbindung im Kontokorrent (§ 355 HGB). Erteilt wird der Auszug durchweg nicht mehr durch Aushändigung oder Zusendung in (herkömmlicher) Papierform, sondern am Kontoauszugsdrucker oder im Onlinebanking. Rechte Dritter (wie Pfändungen und andere Zahlungssperren) weist er nicht aus. Als Information des Zahlungsdienstnutzers könnte ein Kontoauszug nur herauszugeben sein, wenn er „zur Geltendmachung der Forderung nötig ist". Das bringt der

---

592 LG Hof, DGVZ 1991, 138.
593 LG Bremen, JurBüro 2009, 441.
594 BGH (Fn. 581); BGH JurBüro 2012, 325 = MDR 2012, 545 = NJW 2012, 1223 = Rpfleger 2012, 450; BGH, JurBüro 2013, 41.
595 BGH (Fn. 581); BGH, JurBüro 2012, 325 (Fn. 594); BGH, JurBüro 2013, 41 (Fn. 594).
596 BGH, JurBüro 2012, 325 (Fn. 594).
597 BGH (Fn. 581); BGH, JurBüro 2012, 325 (Fn. 594).
598 BGH (Fn. 581).

(veraltete) Wortlaut des § 836 Abs. 3 S. 1 ZPO zwar nicht klar zum Ausdruck; anzunehmen, dass Auskunft zu erteilen ist, wenn sie zur Geltendmachung der Forderung nötig ist (Wortlaut des § 836 Abs. 3 S. 1 ZPO), für die Herausgabeverpflichtung aber nur auf den Besitz des Schuldners abzustellen sei, würde dem Zweck des § 836 Abs. 3 S. 1 ZPO jedoch nicht entsprechen (siehe bereits Rdn. B.267). Auch im Vollstreckungsverfahren muss ein Rechtsschutzbedürfnis gegeben sein; rechtsstaatliche Verfahrensgestaltung gebietet zudem Wahrung des Grundsatzes der Verhältnismäßigkeit. Eine (verfahrensrechtliche) Herausgabepflicht kann daher nicht bestehen, wenn der Gläubiger Informationen zur Feststellung, Bezifferung und Begründung des gepfändeten Zahlungsanspruchs auf einfacherem Weg erlangen kann[599], den die Drittschuldnerauskunft nach § 840 ZPO bietet (siehe bereits Rdn. B.267)[600]. Verpflichtet ist das Kreditinstitut zur Auskunft zudem schon auf Grund des Geschäftsbesorgungsvertrags mit dem Schuldner, der die Erbringung von Zahlungsdiensten zum Gegenstand hat (§ 675c BGB), nach § 666 BGB. Dieser Nebenanspruch kann auch vom Gläubiger geltend gemacht werden (Rdn. A.255, E.344). Gibt das Kreditinstitut (was praktisch wohl durchgehend der Fall ist) dem Gläubiger demnach Auskunft über das am Tag der Zustellung des Pfändungsbeschlusses bestehende Guthaben sowie über die Guthaben an den auf die Pfändung folgenden Tagen (§ 833a ZPO), dann kann § 836 Abs. 3 S. 1 ZPO einen Anspruch auf (fortlaufende) Herausgabe (sämtlicher) Kontoauszüge durch den Schuldner nicht auch noch begründen. Wenn der Schuldner eine natürliche Person ist, darf die Leistung an den Gläubiger überdies erst vier Wochen nach Zustellung des Überweisungsbeschlusses (der Gutschrift von eingehenden Zahlungen) erfolgen (§ 835 Abs. 3, 5 ZPO). Das rechtfertigt und gebietet es, dass der Gläubiger nach der Pfändung zunächst den Auskunftsanspruch aus dem Geschäftsbesorgungsvertrag geltend macht. Die Aufnahme einer Herausgabeanordnung, deren Erfordernisse nicht einmal schlüssig vorgetragen (dargestellt) werden können, sogleich in den Pfändungs- und Überweisungsbeschluss schließt das aus.

Eine Herausgabepflicht nach § 836 Abs. 3 S. 1 ZPO würde als Auslieferungspflicht überdies nur für die „über die Forderung **vorhandenen** Urkunden" bestehen; eine Verpflichtung zur Verschaffung von Urkunden, daher der Kontoauszüge, die beim Kontoauszugsdrucker erst noch abzurufen oder (nur) im Onlinebanking bereitgestellt sind, schließt das nicht ein. Eine Verpflichtung, Kontoauszüge aufzubewahren, besteht außerdem nur steuerrechtlich (§ 147 AO) und handelsrechtlich (§ 257 HGB). Ob als Urkunden Kontoauszüge schon oder noch im Besitz des Schuldners und daher herauszugeben sind, weist allein der Beschluss über die Pfändung des Kontoguthabens daher nicht aus; in ihn kann folglich auch eine Pflicht zur Herausgabe sämtlicher Kontoauszüge zur aufwändigen Vollstreckung nach § 883 ZPO (bis hin zur Erzwingungshaft, § 883 Abs. 2 S. 3 mit § 802g ZPO) nicht aufgenommen werden. Die Aufnahme der Herausgabepflicht in den Über-

599 **A.A.** Hintzen, Forderungspfändung, § 1 Rdn. 152 „Kontenpfändung": Auskunftsmöglichkeiten nach § 836 Abs. 3 ZPO und § 840 ZPO bestehen nebeneinander.

600 So schon BGHZ 165, 53 (59) = NJW 2006, 217 (218) = Rpfleger 2006, 140 (141): „… auch Kontoauszüge … falls (ihm) die Auskunft, die er von dem Drittschuldner nach § 840 ZPO oder als Auskunft aufgrund des unselbstständigen Nebenanspruchs erhalten hat, nicht genügen".

weisungsbeschluss würde den Schuldner ohnedies nicht daran hindern, vorhandene und weiter noch erlangte Kontoauszüge zu vernichten; eine Herausgabevollstreckung könnte sich so auch als wertlos erweisen.

B.271 Der Umfang der Herausgabepflicht bestimmt sich nach dem Zeitpunkt des Herausgabeverlangens, nicht nach dem Wirksamwerden der Überweisung. „Vorhandene" und herauszugebende Urkunden sind daher nicht nur die bei Wirksamwerden der Pfändung (insbes. § 829 Abs. 3 ZPO) bereits vorhandenen Urkunden; auch eine Urkunde, die erst danach angefertigt wird (z.B. eine Rechnung, eine andere Beweisurkunde), gehört nach dem Zweck des § 836 Abs. 3 ZPO zu den herauszugebenden Urkunden. Jedoch verpflichtet § 836 Abs. 3 S. 1 ZPO den Schuldner nicht, eine Urkunde über die Forderung (z.B. eine Forderungsaufstellung[601]) erst noch anzufertigen. Zu Lohn- und Gehaltsabrechnungen sowie Verdienstbescheinigungen s. Rdn. C.93; zu Urkunden über einen Steuererstattungsanspruch s. Rdn. A.531.

8.6.3. Urschrift, Abschrift, Rückgabe bei Teilpfändung

B.272 Urkunden über die Forderung sind in Urschrift (Original) herauszugeben. Die Herausgabe eines qualifizierten (hinkenden) Legitimationspapiers (§ 808 BGB, Beispiel: Sparbuch, Rdn. A.463) kann nicht durch Übergabe einer beglaubigten Abschrift (Ablichtung) ersetzt werden. Die Herausgabe einer bloßen Beweisurkunde (z.B. eines Schuldscheins oder Mietvertrags, einer Rechnung, eines Kontoauszugs[602]) kann durch Übergabe einer (beglaubigten) Abschrift (Ablichtung) ersetzt werden[603], wenn nicht der Gläubiger für Rechtsverfolgung ein Interesse an der Erlangung des Originals hat (vgl. §§ 420, 435, 439, 440 ZPO). Jedoch ist bei der Herausgabevollstreckung (Rdn. B.274) das Original der Urkunde wegzunehmen, wenn nicht der Überweisungsbeschluss als Vollstreckungstitel für die Herausgabevollstreckung auch (oder nur) die Wegnahme einer (beglaubigten) Abschrift vorsieht und damit ermöglicht.

B.273 Wenn lediglich ein **Teil der Forderung** gepfändet und überwiesen ist, kann der Gläubiger Herausgabe der in Urschrift (Original) zu übergebenden Urkunde nur mit der Maßgabe beanspruchen, dass die Urkunde nach Gebrauch dem Schuldner zurückzugeben ist[604]. Diese Rückgabeverpflichtung muss in dem Überweisungsbeschluss ausgesprochen werden[605]; er ist für den Rückgabeanspruch des Schuldners Vollstreckungstitel gegen den Gläubiger[606]. Fehlt dieser Ausspruch der Rückgabeverpflichtung, so kann der Überweisungsbeschluss auf Antrag des Schuldners ergänzt werden. Die Herausgabe einer bloßen Beweisurkunde wird bei Pfändung

---

601 LG Hof (Fn. 592).
602 BGH BGH (Fn. 581).
603 BGH (Fn. 589); Stein/Jonas/Würdinger, ZPO, § 836 Rdn. 16. Nach Ansicht des LG Kleve, FoVo 2016, 233 sind Rentenbescheide wegen der Besonderheiten des Verwaltungsverfahrens in Kopie, nicht im Original, herauszugeben.
604 RGZ 21, 360 (369); AG Bremen (Fn. 584); **a.A.** Wieczorek/Schütze/Lüke, ZPO, § 836 Rdn. 25, der dem Gläubiger nur den Anspruch auf Einräumung des Mitbesitzes an den Urkunden gibt, was aber praktisch nur schwer durchführbar ist.
605 LG Hannover, Rpfleger 1994, 221; AG Bremen (Fn. 584).
606 Stein/Jonas/Würdinger, ZPO, § 836 Rdn. 16.

nur einer Teilforderung vielfach durch die Übergabe einer (beglaubigten) Abschrift (Ablichtung) ersetzt werden können (s. Rdn. B.272).

8.6.4. Zwangsvollstreckung zur Urkundenherausgabe

Die Urkundenherausgabe kann vom Gläubiger im Wege der Zwangsvollstreckung erwirkt werden (§ 836 Abs. 3 S. 5 ZPO). Vollstreckungstitel für diese Individualvollstreckung ist der Überweisungsbeschluss[607]. In ihn kann auf Verlangen des Gläubigers die nach § 836 Abs. 3 S. 1 ZPO bestehende Herausgabepflicht des Schuldners aufgenommen werden[608]. Die herauszugebenden Urkunden müssen so genau[609] bezeichnet sein, dass der Gerichtsvollzieher sie nach dieser Bezeichnung beim Schuldner aufsuchen und wegnehmen kann. Die Bezugnahme auf § 850k Abs. 5 S. 2 ZPO genügt bei der Pfändung von Guthaben auf einem Pfändungsschutzkonto zur Klarstellung der Herausgabepflicht[610]. Ohne ausreichende Bezeichnung der herauszugebenden Urkunden kann der mit der Wegnahme beauftragte Gerichtsvollzieher nicht beliebige Urkunden vorläufig in Besitz nehmen[611]. Fehlt die Bezeichnung im Überweisungsbeschluss oder ist sie unvollständig, so kann beim Vollstreckungsgericht seine Vervollständigung oder Ergänzung beantragt werden[612] (siehe § 122 Abs. 3 GVGA). Bei Pfändung fortlaufender Bezüge (§ 832 ZPO) kann für die Urkundenbezeichnung auch eine wiederholte Ergänzung des Überweisungsbeschlusses erfolgen. Auch die Bezeichnung der bei der Pfändung fortlaufender Bezüge herauszugebenden Urkunden, die später erst anzufertigen sind, schon sogleich im Überweisungsbeschluss muss aber nach dem Zweck des § 832 ZPO für zulässig erachtet werden, soweit diese Urkunden bereits bestimmt angegeben werden können, wie insbesondere spätere Lohn-/Gehalts-/Verdienstabrechnungen[613]. Die Anordnung, dass „die nächste Lohnabrechnung" herauszugeben ist, ist ausreichend bestimmt; gemeint ist damit die nächste nach Zustellung des Überweisungsbeschlusses anfallende Lohnabrechnung[614]. Einer Vollstreckungsklausel bedarf der Überweisungsbeschluss (oder Ergänzungsbeschluss[615]) nicht, somit auch nicht für die erst später anzufertigenden Urkunden (kein Fall des § 726 Abs. 1 ZPO). Er muss aber vor Beginn der Wegnahmevollstreckungstätigkeit des Gerichtsvollziehers dem Schuldner zugestellt werden[616] (§ 750 Abs. 1 ZPO). Außerdem müssen dem Gerichtsvollzieher der Pfändungsbeschluss und der Nachweis, dass er wirksam geworden ist (s. Rdn. B.267), sowie die vollstreckbare Ausfertigung des der Pfändung und Überweisung zugrunde liegenden B.274

Teil B Verfahren/Wirkungen

607 RGZ 21, 360 (364); OLG Frankfurt, JurBüro 1977, 855 = Rpfleger 1977, 221.
608 BGH (Fn. 589).
609 Dazu LG Hannover (Fn. 605); AG Dortmund, DGVZ 1980, 29; auch AG Köln, DGVZ 1994, 157.
610 BGH (Fn. 589).
611 AG Limburg/LG Limburg, DGVZ 1975, 10.
612 LG Hannover (Fn. 605); LG Heilbronn, JurBüro 2011, 46.
613 Anordnung der Herausgabe der „laufenden" Lohn- und Gehaltsabrechnungen s. AG Rosenheim, JurBüro 2002, 493.
614 OLG Hamm, DVGZ 1994, 188 = JurBüro 1995, 163.
615 LG Heilbronn (Fn. 612).
616 LG Heilbronn (Fn. 612).

Schuldtitels vorliegen[617] (§ 174 Abs. 2 GVGA). Die Wegnahme durch den Gerichtsvollzieher erfolgt nach § 883 ZPO.

Wird die herauszugebende Urkunde nicht vorgefunden, so ist der Schuldner zur Versicherung an Eides statt nach § 883 Abs. 2 ZPO (mit Einzelheiten) verpflichtet[618].

Rechtsbehelfe: Gegen die Bezeichnung der Urkunden im Überweisungsbeschluss: Erinnerung (§ 766 ZPO) oder sofortige Beschwerde (Rdn. 380 ff.); gegen die Ablehnung des Antrags auf Bezeichnung einer Urkunde: sofortige Beschwerde (§ 793 ZPO). Für den Schuldner gegen die Herausgabevollstreckung (auch wenn er die Verpflichtung zur Abgabe der eidesstattlichen Versicherung nach § 883 Abs. 2 ZPO bestreitet): Erinnerung § 766 ZPO.

B.275 Einem herausgabebereiten **Dritten** kann eine Urkunde, die er in Besitz hat, vom Gerichtsvollzieher in analoger Anwendung des § 809 ZPO im Wege der Zwangsvollstreckung weggenommen werden.

B.276 Ist ein die Urkunden besitzender **Dritter** als Gewahrsamsinhaber nicht zur Herausgabe bereit, dann kann der Gläubiger auf Grund des Überweisungsbeschlusses den Schuldneranspruch auf Herausgabe gegen den Dritten durch Klage (ohne nochmalige Überweisung des Anspruchs auf Herausgabe der Urkunde) geltend machen[619].

B.277 Vom Herausgabeanspruch gegen einen Dritten zu unterscheiden ist der Anspruch auf Auskunft und Rechnungslegung an den Drittschuldner. Ihn erfasst die Forderungspfändung als Nebenrecht (dazu Rdn. A.255, B.364, E.344).

9. Die Drittschuldnererklärung (§ 840 ZPO)

9.1. Wesen der Drittschuldnererklärung

B.278 **Schrifttum:** App, Drittschuldnererklärung bei Gesamtgläubigerschaft, JurBüro 1990, 935; Bauer, Umfang der Auskunftspflicht des Drittschuldners in der Lohnpfändung, JurBüro 1975, 437; Behr, Zum Umfang der Drittschuldnerauskunft gem. § 840 ZPO, JurBüro 1994, 132; Benöhr, Einredeverzicht des Drittschuldners, NJW 1976, 174; Feiber, Zur Auskunftsklage gegen den Drittschuldner bei Sicherungspfändung, DB 1978, 477; Flieger, Die Behauptungslast bei Abgabe der Erklärung des Drittschuldners nach § 840 Abs. 1 ZPO, MDR 1978, 797; Foerste, Die Pflichten zur Begründung der Drittschuldnererklärung, NJW 1999, 904; Henneke, Erzwingbarkeit der Drittschuldnerauskunft aufgrund der Verwaltungsvollstreckungsgesetze der Länder, JZ 1987, 746; Jakobs, Kann die Aufforderung nach § 840 ZPO auch durch die Post zugestellt werden?, DGVZ 1971, 1; Linke, Die Erklärungspflicht des Drittschuldners und die Folgen ihrer Verletzung, ZZP 87 (1974) 284; Malitz, Die Erklärungspflicht des Drittschuldners gegenüber der Vollstreckungsbehörde nach § 316 AO, BB 1986, 572; Marburger, Das Anerkenntnis des Drittschuldners nach § 840 Abs. 1 Ziff. 1 ZPO, JR 1972, 7; Mümmler, Nochmals: Erledigung besonderer Aufträge der Gerichtskasse durch den Gerichtsvollzieher, DGVZ

617 So auch Schriftleitung DGVZ 1981, 63 zutreffend gegen AG Bad Schwartau; zur Wegnahme des Grundschuldbriefes im Übrigen Rdn. F.22.

618 OLG Frankfurt (Fn. 607). Siehe dazu auch Herzig, Hilfspfändung und Offenbarungseid, JurBüro 1966, 909.

619 BGH (Fn. 586).

1972, 183; Mümmler, Betrachtungen zur Drittschuldnererklärung, JurBüro 1986, 333; Noack, Die Auskunftspflicht des Drittschuldners nach § 840 ZPO, KKZ 1979, 140; Olschewski, Drittschuldnererklärung durch Rechtsanwalt – Gebührenanspruch und Kostenersatz –, MDR 1974, 714; Quardt, Auskunftspflicht des Drittschuldners bei Forderungspfändung, BB 1956, 648; Schalhorn, In welchem Umfang ist der Drittschuldner nach § 840 ZPO zu Erklärungen gegenüber dem Gläubiger verpflichtet?, JurBüro 1973, 788; Traulsen, Probleme der Auskunftspflicht des Drittschuldners in der Verwaltungsvollstreckung, DVBl 1974, 458; Wirges, Das Verhältnis zwischen § 840 I Nr. 1 ZPO und § 43a BRAO, JurBüro 1997, 295; siehe außerdem die Rdn. B.303 Genannten.

Dem Gläubiger gibt § 840 ZPO gegen den Drittschuldner ein **Recht auf Auskunft** über Bestand und Wert der gepfändeten Forderung. Diese Auskunft soll dem Gläubiger die Unterlagen für sein weiteres Vorgehen und Klarheit über seine Befriedigungsaussichten verschaffen. Verfassungsrechtlichen Bedenken begegnet die zur Gewährleistung einer im Interesse der Allgemeinheit liegenden funktionsfähigen Forderungsvollstreckung liegende Auskunftspflicht des Drittschuldners nicht[620]. Mit dieser Auskunftspflicht wird das Bankgeheimnis durchbrochen, weshalb auch Kreditinstitute (Banken und Sparkassen) zur Auskunft für Beantwortung der Fragen des § 840 ZPO (nicht jedoch weitergehend) verpflichtet sind[621]. Gleiches gilt für die Drittschuldnerauskunft eines sonst zur Verschwiegenheit Verpflichteten, so eines Rechtsanwalts[622] (§ 43a Abs. 2 BRAO), eines Arztes oder Zahnarztes, eines verkammerten Rechtsbeistandes sowie eines Steuerberaters (vgl. auch Rdn. A.17). B.279

9.2. Anwendungsbereich

Die Auskunftspflicht wird nur durch die Forderungspfändung mit dem Pfändungsbeschluss begründet[623]. Keine Verpflichtung des Drittschuldners zur Auskunft besteht daher bei einer Vorpfändung[624] oder bei der Pfändung von Forderungen aus Wertpapieren durch den Gerichtsvollzieher (§ 831 ZPO). Den Anspruch auf Drittschuldnerauskunft begründet § 840 Abs. 1 ZPO eigenständig; der Auskunftsanspruch besteht daher unabhängig von – somit neben – dem Auskunfts- und Herausgabeanspruch gegen den Schuldner nach § 836 Abs. 3 ZPO[625]; einen materiell-rechtlichen Auskunfts- und Rechnungslegungsanspruch gegen den Drittschuldner, der von der Pfändung der Forderung mit erfasst wird (Rdn. C.83), lässt § 840 ZPO unberührt[626]. B.280

---

620 BGH, MDR 2000, 285 = NJW 2000, 651 = Rpfleger 2000, 167.

621 Mohrbutter, Rpfleger 1954, 621 (623); Sichtermann, MDR 1952, 146; Wolff, DB 1968, 695 (697); **a.A.** Nebelung, BB 1953, 781.

622 Wirges, JurBüro 1997, 295.

623 Bei der Forderungspfändung durch einen Gerichtsvollzieher besteht keine Auskunftspflicht. Erteilt der Drittschuldner gleichwohl auch hier Auskunft, so kann er sich dem Schuldner gegenüber schadensersatzpflichtig machen; siehe Heidecker, BB 1960, 506.

624 BGHZ 68, 289 (291) = JR 1977, 462 mit Anm. Schreiber = MDR 1977, 746 = NJW 1977, 1199 = Rpfleger 1977, 202; BGH, WM 1962, 525; RG, WarnRspr. 1933, 148 (150); AG Göppingen, DGVZ 1963, 45; Mohrbutter, Rpfleger 1954, 621 (623); Wolff, DB 1968, 695, 697; Noack, Rpfleger 1967, 138.

625 LArbG Baden-Württemberg, JurBüro 1994, 135.

626 BGHZ 196, 62 = DGVZ 2013, 75 = MDR 2013, 367 = NJW 2013, 539 Rdn. 10 = Rpfleger 2013, 280.

Begründet wird die Auskunftspflicht des Drittschuldners durch die wirksame Zustellung des Forderungspfändungsbeschlusses; die Überweisung[627] ist nicht notwendig[628]; auch bei der Sicherungsvollstreckung (§ 720a ZPO) kann daher die Drittschuldnerauskunft verlangt werden. Über die Wirksamkeit des zugestellten Pfändungsbeschlusses hinaus erfordert die Auskunftspflicht Bestand der gepfändeten (angeblichen) Forderung nicht[629]. Ebenso ist nicht erforderlich, dass die für das Wirksamwerden der Pfändung etwa notwendigen weiteren Rechtsakte (Grundbucheintragung, Briefübergabe usw., siehe § 830 ZPO) bereits vorliegen[630]. Die Auskunftspflicht endet mit einer Überweisung an Zahlungs statt nicht, weil mit dem Erwerb der gepfändeten Forderung das Interesse des Gläubigers an der Erlangung der für sein weiteres Vorgehen notwendigen Angaben nicht aufhört.

B.281 Richtet sich der Pfändungsbeschluss an **mehrere** Drittschuldner (Gesamtschuldner, dinglicher und persönlicher Drittschuldner), so kann von jedem dieser Drittschuldner die Auskunft gesondert verlangt werden. Jeder der Drittschuldner haftet für den aus der Nichterfüllung seiner Verpflichtung entstehenden Schaden allein; samtverbindliche Haftung besteht für den gemeinsam zu vertretenden Schaden. Für die Verpflichtung des Drittschuldners zur Auskunfterteilung kommt es nicht darauf an, ob dem Vollstreckungsschuldner die angeblichen Forderungen tatsächlich zustehen. Die Auskunftspflicht besteht auch dann, wenn die Pfändung ins Leere geht[631].

B.282 Ein Anspruch auf Rechnungslegung ergibt sich aus § 840 Abs. 1 ZPO nicht[632].

9.3. Das Verlangen des Gläubigers auf Erteilung der Auskunft

B.283 Auskunft hat der Drittschuldner nur auf **Verlangen** des Gläubigers zu erteilen. Dieser kann sein Begehren auf einzelne Punkte des § 840 ZPO beschränken, nicht aber durch weitergehende Aufforderung die Auskunftspflicht über die Fragen des § 840 ZPO hinaus ausdehnen.

B.284 Die Aufforderung des Gläubigers muss in die **Zustellungsurkunde** aufgenommen (§ 840 Abs. 2 ZPO), somit in ihrem durch die Unterschrift des Gerichtsvollziehers abgeschlossenem Wortlaut enthalten sein[633] (§ 193 Abs. 2 mit §§ 191, 182 Abs. 2 Nr. 8 ZPO). Die Aufnahme in die Zustellungsurkunde und die somit erforderliche Mitwirkung des Gerichtsvollziehers ist wesentliche Voraussetzung für das Bestehen der Auskunftspflicht und gegebenenfalls das Entstehen einer Schadensersatzpflicht[634]. Die Aufforderung im Pfändungsbeschluss selbst genügt daher

---

627 Spätere Überweisung ohne wirksame Pfändung begründet die Auskunftspflicht nicht, OLG Köln, DGVZ 2002, 42 = OLGR 2001, 390.

628 RGZ 27, 345 (346); BGHZ 68, 289 (Fn. 624); BGH, MDR 2006, 1370 = NJW-RR 2006, 1566 = Rpfleger 2006, 480. Die Einstellung der Zwangsvollstreckung (unter Aufrechterhaltung der Pfändung) hebt daher die Auskunftspflicht nicht auf.

629 OLG Schleswig, NJW-RR 1990, 448; LG Mönchengladbach, JurBüro 2009, 273.

630 So auch Stein/Jonas/Würdinger, ZPO, § 840 Rdn. 3.

631 LG Essen, JurBüro 2018, 213.

632 LArbG Frankfurt, BB 1956, 530.

633 Unklar AG Obernburg, DGVZ 2010, 174 (Abdruck auf der Rückseite).

634 RGZ 60, 330; Quardt, BB 1956, 648.

nicht. Doch ist eine persönliche Zustellung an den Drittschuldner nicht notwendig; auch die Ersatzzustellung löst daher die Auskunftspflicht aus[635]. Wegen des Drittschuldnerschutzes bei Ersatzzustellung siehe Rdn. B.165.

Die Auskunftspflicht besteht nur bei einer Zustellung der Aufforderung durch B.285
den Gerichtsvollzieher persönlich[636], nicht aber bei einer Zustellung des Pfändungsbeschlusses zusammen mit der Aufforderung durch die Post[637]. Denn § 840 Abs. 3 S. 1 ZPO räumt dem Drittschuldner das Recht ein, die Auskunft bei der Zustellung dem Gerichtsvollzieher mündlich zu erklären. Die Möglichkeit mündlicher Erklärung wäre dem Drittschuldner bei einer Postzustellung versagt; der Postbeamte müsste die Aufforderung in dem verschlossenen Umschlag übergeben, eine Erklärung könnte er weder entgegennehmen noch beurkunden. Die für das Entstehen der Auskunftsverpflichtung notwendige Mitwirkung des Gerichtsvollziehers[638] findet deshalb bei einer Postzustellung nicht statt. Vom Gerichtsvollzieher kann der Gläubiger eine Postzustellung mit der Aufforderung nach § 840 ZPO aber auch wegen des Verbots des § 15 Abs. 4 Nr. 1 GVGA nicht verlangen.

Die Auskunft kann der Gläubiger auch erst nach Zustellung des Pfändungsbe- B.286
schlusses verlangen. Die Aufforderung wird dann nachträglich gesondert zugestellt. Sie muss auf den bereits zugestellten Pfändungsbeschluss Bezug nehmen; einer nochmaligen Zustellung des Pfändungsbeschlusses bedarf es nicht[639]. Die durch die nachträgliche Aufforderung entstehenden Mehrkosten kann der Gläubiger nicht erstattet verlangen (§ 788 ZPO).

Hat der Drittschuldner die ihm nach § 840 ZPO gestellten Fragen beantwortet B.287
und damit die Auskunft erteilt, kann der Gläubiger keine Ergänzung fordern[640]. Wenn das Auskunftsverlangen nur auf einzelne Erklärungen des § 840 Abs. 1 ZPO beschränkt war, kann der Gläubiger jedoch sein Verlangen nachträglich auf die weiteren Angaben erstrecken[641]. Wenn einzelne für das weitere Vorgehen des Gläubigers bedeutsame Umstände erst nach Abgabe der Drittschuldnererklärung eingetreten sind, muss dem Gläubiger hierfür eine Wiederholung des Auskunftsverlangens zugestanden werden. Insbesondere muss daher bei der Pfändung künftiger Forderungen eine Wiederholung des Auskunftsverlangens nach entsprechender

---

635 Allgemein herrschende Meinung, siehe z.B. AG Itzehoe, DGVZ 1994, 126 (Niederlegung); Stein/Jonas/Würdinger, ZPO, § 840 Rdn. 4; Zöller/Herget, ZPO, § 840 Rdn. 3.

636 Stein/Jonas/Würdinger, ZPO, § 840 Rdn. 4; Zöller/Herget, ZPO, § 840 Rdn. 3; MünchKomm/Smid, ZPO, § 840 Rdn. 7; Schuschke/Walker, Vollstreckung, § 840 Rdn. 4; Wieczorek/Schütze/Lüke, ZPO, § 840 Rdn. 5; LG Tübingen, MDR 1974, 677; ArbG Rendsburg, BB 1961, 1322 = DB 1961, 1587 Leits.; Prost, NJW 1958, 487; **a.A.** Quardt, JurBüro 1960, 287; LG Schweinfurt, BayJMBl 1956, 41 = DGVZ 1956, 71; Sebode, DGVZ 1958, 49.

637 Die Pfändung selbst wird selbstverständlich mit der Postzustellung wirksam.

638 Siehe RG (Fn. 634).

639 ArbG Rendsburg (Fn. 636); Stein/Jonas/Würdinger, ZPO, § 840 Rdn. 5; Zöller/Herget, ZPO, § 840 Rdn. 3; Wieczorek/Schütze/Lüke, ZPO, § 840 Rdn. 5.

640 BGHZ 86, 23 = JurBüro 1983, 1025 = MDR 1983, 398 = NJW 1983, 687. Nach AG Gelsenkirchen-Buer, DGVZ 1969, 61 soll daher auch vom Gerichtsvollzieher die Zustellung einer nochmaligen Aufforderung zur Erteilung der Auskunft nicht verlangt werden können (zu weitgehend, weil der Gerichtsvollzieher nicht zu prüfen hat, ob mit Auskunftserteilung der Drittschuldner seine Verpflichtung erfüllt hat).

641 Wieczorek/Schütze/Lüke, ZPO, § 840 Rdn. 7.

Zeit[642] für solche künftige Umstände für zulässig gehalten werden, die für die Richtigkeit und Vollständigkeit der Erklärung Bedeutung erlangen[643].

B.288 Im **Verwaltungszwangsverfahren nach dem JBeitrG** ist die Aufforderung zur Abgabe der Erklärung des § 840 Abs. 1 ZPO in den von der Vollstreckungsbehörde zu erlassenden Pfändungsbeschluss aufzunehmen (§ 6 Abs. 2 S. 3 JBeitrG)[644]. Die Zustellung erfolgt von Amts wegen (§ 3 JBeitrG). Eine Mitwirkung des Gerichtsvollziehers (Vollziehungsbeamten) (siehe Rdn. B.284) findet nicht statt. Er hat jedoch im Auftrag der Vollstreckungsbehörde die Drittschuldnererklärung des § 840 Abs. 1 ZPO entgegenzunehmen (§ 6 Abs. 3 S. 4 JBeitrG). Da § 840 Abs. 1 ZPO sinngemäß gilt (§ 6 Abs. 1 Nr. 1 JBeitrG), kann auch in diesem Fall nach Ablauf der Erklärungsfrist von zwei Wochen die Erklärung abgewiesen und der Drittschuldner unmittelbar an die Vollstreckungsbehörde verwiesen werden (s. Rdn. B.291). Der Gerichtsvollzieher (Vollziehungsbeamte) übermittelt die Erklärung unverzüglich der Vollstreckungsbehörde; er stellt sie zu diesem Zweck bei mündlicher Abgabe durch ein Protokoll fest (siehe Rdn. B.291). Auch nachträglich kann der Gerichtsvollzieher bei Forderungspfändung nach dem JBeitrG den Drittschuldner nicht zur Abgabe der Erklärung nach § 840 ZPO auffordern[645]. Er ist daher nicht verpflichtet, im Auftrag der Vollstreckungsbehörde den Drittschuldner aufzusuchen und von ihm die Erklärung nach § 840 ZPO einzuholen[646]. Das Verlangen nach Auskunft kann zwar auch im Verfahren nach dem JBeitrG nachträglich gestellt werden (siehe Rdn. B.286); diese nachträgliche Aufforderung ist jedoch gleichfalls von Amts wegen – nicht durch den Gerichtsvollzieher – zuzustellen.

9.4. Die Erklärung des Drittschuldners

9.4.1. Frist

B.289 Abzugeben hat der Drittschuldner seine Erklärung persönlich oder durch einen dazu ermächtigten Vertreter[647] binnen zwei Wochen ab Zustellung (auch bei Er-

642 Stein/Jonas/Würdinger, ZPO, § 840 Rdn. 11.

643 Hintzen, Forderungspfändung, § 1 Rdn. 202. Aber hier kein Auskunftsanspruch gegen eine Bank, über alle Eingänge auf dem Girokonto des Schuldners auf dem laufenden gehalten zu werden, OLG Köln, ZIP 1981, 964.

644 Hierzu auch Mümmler, DGVZ 1972, 184.

645 AG Erding, DGVZ 1964, 158; AG Melsungen, DGVZ 1968, 25; **a.A.** AG Aachen, DGVZ 1965, 200 mit abl. Anm. der Schriftl. = JMBlNRW 1965, 210. Lappe/Steinbild, JBeitrO, S. 125, gehen davon aus, dass der Vollziehungsbeamte mit der Zustellung nicht beauftragt werden kann, dass es aber trotzdem zweckmäßig erscheint, die Erklärung durch diesen einzuholen, wenn der Drittschuldner keine Auskunft erteilt.

646 OLG Hamm, JurBüro 1978, 768 = DGVZ 1977, 188; LG Arnsberg, DGVZ 1977, 155 (bestätigt von OLG Hamm, wie vorst.); LG Darmstadt, DGVZ 1978, 156; OLG Frankfurt, DGVZ 1978, 156; LG München II, DGVZ 1976, 187; LG München II, DGVZ 1995, 122; AG Arolsen, DGVZ 1978, 94; AG Bayreuth, DGVZ 1995, 78; AG Darmstadt, DGVZ 1978, 156; AG Wolfratshausen, DGVZ 1976, 175; AG Würzburg, DGVZ 1977, 78; Seip, DGVZ 1995, 112.

647 Der Auftrag zur Abgabe der Erklärung kann einem Rechtsanwalt erteilt werden, Olschewski, MDR 1974, 714.

satzzustellung und bei Einstellung der Zwangsvollstreckung) der Aufforderung. Die Frist kann vom Gläubiger, nicht aber durch das Vollstreckungsgericht oder den Gerichtsvollzieher, verlängert werden; sie wird nach §§ 186 ff. BGB berechnet, der Zustellungstag wird also nicht gezählt (§ 187 Abs. 1 BGB). Ist der letzte Tag ein Sonntag oder allgemeiner Feiertag oder ein Sonnabend, so tritt an seine Stelle der nächstfolgende Werktag (§ 193 BGB). Für die Fristwahrung wird der Zugang der Erklärung innerhalb der Frist an den Gläubiger (oder Gerichtsvollzieher) gefordert[648]. Dem kann nicht gefolgt werden[649]. Denn die Frist von zwei Wochen ist eine Überlegungsfrist für den Drittschuldner; sie muss ihm daher voll zur Verfügung stehen und kann nicht zu seinen Lasten um die nicht genau bekannte Zeit für die Übermittlung der Erklärung eingeschränkt werden. Daher muss die Absendung der Erklärung zur Fristwahrung genügen, die der Drittschuldner jedoch zu beweisen hat.

9.4.2. Abgabe der Erklärung

Die Erklärung kann sofort bei der Zustellung des Pfändungsbeschlusses dem Gerichtsvollzieher gegenüber abgegeben werden. In diesem Fall ist sie in die Zustellungsurkunde aufzunehmen und vom Drittschuldner nach Durchsicht oder Vorlesung zu unterschreiben (§ 840 Abs. 3 S. 2 ZPO). In der Zustellungsurkunde wird auch vermerkt, wenn der Drittschuldner keine Erklärung abgibt oder die Unterschrift verweigert (§ 121 Abs. 2 S. 5 GVGA). **B.290**

Die Erklärung, die der Drittschuldner später abgibt, kann unmittelbar an den Gläubiger oder innerhalb der Frist von zwei Wochen an den Gerichtsvollzieher, nicht aber an das Vollstreckungsgericht gerichtet werden; diesem ist auch keine Durchschrift zu übersenden. Der Gerichtsvollzieher übermittelt die Erklärung unverzüglich dem Gläubiger; er stellt sie zu diesem Zweck durch ein Protokoll fest, wenn sie mündlich abgegeben wird (§ 121 Abs. 2 S. 6 GVGA). Nach Ablauf der Erklärungsfrist von zwei Wochen kann der Gerichtsvollzieher die Erklärung abweisen; nimmt er aber die Äußerung des Drittschuldners auch dann noch an, so muss er sie dem Gläubiger weiterleiten. **B.291**

Der Drittschuldner kann seine Erklärung später jederzeit ergänzen[650]. Eine wahre spätere Erklärung beschränkt die Haftung auf den bis zur nachträglichen Äußerung entstandenen Schaden. **B.292**

648 Wieczorek/Schütze/Lüke, ZPO, § 840 Rdn. 10; OLG Düsseldorf, WM 1980, 202; so wohl auch BGHZ 79, 275 = JurBüro 1981, 1501 = JR 1981, 245 mit Anm. Olzen = MDR 1981, 493 = NJW 1981, 990 (verlangt aber Verschulden des Drittschuldners).

649 So auch Zöller/Herget, ZPO, § 840 Rdn. 9; MünchKomm/Smid, ZPO, § 840 Rdn. 10.

650 RGZ 149, 251 (256).

9.4.3. Inhalt der Erklärung

B.293 Der Drittschuldner muss sich darüber erklären,

- ob und inwieweit er die **Forderung als begründet anerkenne** und Zahlung zu leisten bereit sei (§ 840 Abs. 1 Nr. 1 ZPO)[651].

Das schließt nicht die Erklärung darüber ein, ob die Forderung begründet **ist**[652]. Einen Grund für seine Erklärung, die Forderung nicht als begründet anzuerkennen, braucht der Drittschuldner daher nicht anzugeben[653]. Daraus, dass der Drittschuldner die Forderung zu Unrecht nicht anerkennt, kann daher ein Anspruch des Gläubigers aus § 840 Abs. 2 S. 2 ZPO nicht abgeleitet werden[654]. Eine Schadensersatzpflicht des Drittschuldners begründet diese Vorschrift, weil er unnötige Prozesse oder überflüssige andere weitere Schritte des Gläubigers durch seine klarstellende Erklärung mit Leichtigkeit abwenden kann. Der Gläubiger muss aber bei Klage die Kostenfolge des § 93 ZPO (die § 840 ZPO aufhebt) nicht mehr besorgen, wenn der Drittschuldner erklärt, nicht zur Zahlung verpflichtet zu sein. Das allgemeine Prozesskostenrisiko kann jedoch § 840 ZPO dem Gläubiger nicht abnehmen oder einschränken, wenn dieser klagt, obwohl der Drittschuldner nicht zahlen will.

B.294 Auf eine aufrechenbare **Gegenforderung** braucht der Drittschuldner den Gläubiger nicht hinzuweisen, wenn er erklärt, die gepfändete Forderung nicht als begründet anzuerkennen[655] (keine Begründung für die Erklärung, die Forderung nicht als begründet anzuerkennen, Rdn. B.293).

B.295 Eine Erklärung des Drittschuldners muss wahrhaftig sein; sie darf keinesfalls geeignet sein, den Gläubiger irrezuführen. Wer vorsätzlich oder fahrlässig eine inhaltlich falsche Erklärung abgibt (wer z.B. über den Grund, warum er die Forderung nicht anerkenne, eine unrichtige Angabe macht), verletzt seine Auskunftspflicht ebenso wie ein Drittschuldner, der überhaupt keine Erklärung abgibt[656].

Gesamtgläubigerschaft des Schuldners zusammen mit einem Dritten (Rdn. A.70; bedeutsam z.B. beim „Oder-Konto", Rdn. A.469) verpflichtet den Drittschuldner nur zu einmaliger Leistung (§ 428 BGB). Die Frage, ob und inwieweit er zur Zahlung bereit sei (§ 840 Abs. 1 Nr. 1 ZPO), kann vom Drittschuldner daher nicht losgelöst von einer bereits mit Leistung an den anderen Gesamtgläubiger eintretenden Tilgungswirkung bejaht werden. In der die Frage Nr. 1 bejahenden

---

651 Kritisch zur eingeschränkten Auskunftspflicht nach dem Fragenkatalog des § 840 Abs. 1 ZPO Hintzen, Forderungspfändung, § 1 Rdn. 199.

652 BGH, DGVZ 2010, 192 = JurBüro 2010, 268 = MDR 2010, 346 = NJW 2010, 1674 Rdn. 12 = Rpfleger 2010, 331.

653 BGH, DGVZ 2013, 76 = MDR 2013, 368 = Rpfleger 2013, 349 Rdn. 7; OLG München, NJW 1975, 174 (175); Zöller/Herget, ZPO, § 840 Rdn. 5; Musielak/Becker, ZPO, § 840 Rdn. 5; Stein/Jonas/Würdinger, ZPO, § 840 Rdn. 9.

654 BGH (Fn. 652).

655 BGH (Fn. 653).

656 Siehe RGZ 149, 251 (255).

Drittschuldnererklärung (nicht jedoch sonst) ist daher auch das Forderungsrecht des anderen Gesamtgläubigers zu nennen[657].

Ob dann, wenn der Drittschuldner in seiner Erklärung die Forderung als **begründet anerkennt**, nur eine Auskunft tatsächlicher Art oder ein ihn verpflichtendes abstraktes Schuldanerkenntnis nach bürgerlichem Recht vorliegt, war früher umstritten[658]. Dass ein Schuldanerkenntnis regelmäßig nicht gewollt sein wird, kann jetzt jedoch nicht mehr zweifelhaft sein[659]. Der Drittschuldner kann aber jede Unklarheit und ein Risiko ausräumen, wenn er sich klar darüber äußert, dass in seiner Erklärung kein selbstständiges Schuldanerkenntnis, sondern nur eine Auskunft tatsächlicher Art liegen soll. Zur Unterbrechung der Verjährung durch Drittschuldneranerkenntnis s. Rdn. B.177. **B.296**

Ein Schuldanerkenntnis, das man im Einzelfall in der Auskunft tatsächlich erblicken könnte, erstreckt sich aber jedenfalls nur auf die Verbindlichkeit dem Schuldner gegenüber, nicht auch auf die Wirksamkeit der Pfändung[660]. Der Drittschuldner kann das in seiner Erklärung unter Umständen zu erblickende Schuldanerkenntnis in besonderen Fällen nach §§ 119 ff. BGB anfechten[661].

Der Drittschuldner muss weiter erklären, **B.297**

- ob und welche **Ansprüche andere Personen** an die Forderung machen (§ 840 Abs. 1 Nr. 2 ZPO).

Solche Rechte können sich auf Abtretung, Verpfändung, Übergang kraft Gesetzes, Überleitung, einen gesetzlichen Ersatzanspruch oder gesetzliche Pfandrechte stützen. Rechte anderer Personen sind auch mitzuteilen, wenn sie nicht zweifelsfrei festliegen oder streitig sind. Abtretungen (auch Verpfändungen usw.) zwischen Pfändung und Auskunftserteilung müssen bezeichnet werden; das folgt daraus, dass nur Nummer 3, nicht aber auch Nummer 2 des § 840 Abs. 1 ZPO die Aus-

---

657 So auch App, JurBüro 1990, 935. Die Verpflichtung folgt jedoch nicht aus § 840 Abs. 1 Nr. 2 ZPO, weil die Gesamtgläubigerschaft keinen Anspruch des Mitgläubigers an die Forderung des Schuldners begründet. Jeder Gesamtgläubiger ist vielmehr hinsichtlich der ganzen Leistung selbstständig forderungsberechtigt, sein Forderungsrecht ist von dem Recht des anderen Gesamtgläubigers unabhängig; jeder Gesamtgläubiger kann daher auch selbstständig über sein Forderungsrecht verfügen (siehe BGHZ 29, 363 [364] = MDR 1959, 475 = NJW 1959, 984 = Rpfleger 1959, 154).

658 Offengelassen in RGZ 149, 251 (254); für nur rein tatsächliche Auskunft BGHZ 69, 328 = MDR 1978, 222 = NJW 1978, 44 = Rpfleger 1978, 13; auch BGH, MDR 1978, 743 (Fn. 493); Marburger, JR 1972, 7; Benöhr, NJW 1976, 174; Zöller/Herget, ZPO, § 840 Rdn. 5; Stein/Jonas/Würdinger, ZPO, § 840 Rdn. 16.

659 So auch BGH (Fn. 658); OLG Düsseldorf, VersR 1997, 705 (706); OLG Hamm, OLGR 1996, 260; LArbG Hamm, BB 1965, 1189; LG Aachen, ZIP 1981, 784; **a.A.** RGZ 41, 419; Riedel, JurBüro 1963, 260; siehe auch RGZ 83, 184 (185) und OLG Köln, DB 1964, 1441 = MDR 1965, 384, das zur Annahme des Vorliegens eines Anerkenntnisses für erforderlich und genügend erachtet, dass in der Erklärung die Bereitwilligkeit zum Ausdruck kommt, die als bestehend bezeichnete Schuld an den neuen Gläubiger zahlen zu wollen. **Anders** auch OLG München (Fn. 653): deklaratorisches Schuldanerkenntnis, zumindest wenn von einem Kaufmann abgegeben; OLG Braunschweig, NJW 1977, 1888 Leits.; dazu aber Benöhr, a.a.O. (Schrifttum). Siehe auch § 316 Abs. 1 S. 2 AO: „Die Erklärung des Drittschuldners zu Nummer 1 gilt nicht als Schuldanerkenntnis".

660 BArbG, AP Nr. 4 zu § 850 ZPO = NJW 1962, 1933; Stein/Jonas/Würdinger, ZPO, § 840 Rdn. 16.

661 Siehe RGZ 41, 423.

kunft auf bereits bestehende Ansprüche Dritter beschränkt. Da nach den Ansprüchen anderer Personen gefragt ist („ob und welche“), genügt der Drittschuldner seiner Auskunftspflicht nicht, wenn er die Frage nur bejaht. Er ist vielmehr verpflichtet, die anderen Personen namentlich und mit ihren Anschriften zu benennen (bei Behörden usw. ist der Vorgang, soweit bekannt auch deren Geschäftsnummer, zu bezeichnen), ihre Ansprüche zu beziffern und die Art ihrer Ansprüche (z.B. Abtretung vom …) zu bezeichnen[662].

B.298 Ferner muss der Drittschuldner erklären,

- ob und wegen welcher Ansprüche die Forderung **bereits für andere Gläubiger gepfändet** ist (§ 840 Abs. 1 Nr. 3 ZPO).

Zu nennen sind auch Vorpfändungen, die noch nicht wirkungslos sind. Die Frage nach Pfändungen für andere Personen schließt die Auskunftsverpflichtung zur Bezeichnung dieser Personen mit Namen und Anschrift und der Pfändungsmaßnahmen ein. Anzugeben sind daher auch Gericht oder Behörde (bei Pfändung im Wege der Verwaltungsvollstreckung) sowie Datum und Aktenzeichen des Pfändungsbeschlusses oder der Pfändungsverfügung, außerdem der Tag der Zustellung, mit dem die Pfändung wirksam geworden ist (§ 829 Abs. 3 ZPO). Erst diese Angaben verschaffen dem Gläubiger den für sein weiteres Vorgehen erforderlichen Aufschluss (Rdn. B.279); daher erstreckt sich die Auskunftsverpflichtung nach dem Zweck des § 840 ZPO auch auf sie. Zur Urkundenvorlage (Überlassung von Abschriften der vorgehenden Pfändungsbeschlüsse) verpflichtet § 840 Abs. 1 Nr. 3 ZPO nicht (der Gläubiger kann sie nach § 299 Abs. 2 ZPO erlangen). Da nur Angabe der „bereits“ erfolgten Pfändungen verlangt ist, brauchen nachrangige Einkommenspfändungen nicht bezeichnet zu werden.

B.299 Der Drittschuldner muss weiter erklären,

- ob innerhalb der letzten zwölf Monate im Hinblick auf das Konto, dessen Guthaben gepfändet worden ist, nach § 850l ZPO die **Unpfändbarkeit des Guthabens** angeordnet worden ist (§ 840 Abs. 1 Nr. 4 ZPO).

Durch diese Auskunft des Kreditinstituts nach Pfändung eines Kontoguthabens soll der Gläubiger auf einfachem Wege über die Erfolglosigkeit des Vollstreckungsversuchs informiert werden[663]. Die Auskunft ist auch bei Aufhebung der Pfändung eines Kontos durch die Vollstreckungsbehörde im Verwaltungsvollstreckungsverfahren und Anordnung der Unpfändbarkeit anlässlich einer Verwaltungsvollstreckung zu erteilen (§ 309 Abs. 3 AO).

B.300 Schließlich muss der Drittschuldner erklären,

- ob es sich bei dem Konto, dessen Guthaben gepfändet worden ist, um ein **Pfändungsschutzkonto** im Sinne von § 850k Abs. 7 ZPO handelt (§ 840 Abs. 1 Nr. 5 ZPO).

Der Gläubiger soll damit schnell eine Information darüber erlangen, dass er von einem dem Schuldner automatisch gewährten Pfändungsschutz auszugehen hat[664].

---

662 LArbG Hannover, NJW 1974, 768.
663 Beschlussempfehlung und Bericht des Rechtsausschusses, BT-Drucks. 16/12714, S. 19.
664 Begründung, BT-Drucks. 16/7615, S. 18.

9.4.4. Belege

Zur Vorlage von Belegen (Unterlagen usw.) ist der Drittschuldner nicht verpflichtet. § 840 Abs. 1 ZPO verpflichtet den Drittschuldner nur zur Abgabe der Erklärungen, nicht aber zum Nachweis ihrer Richtigkeit[665]. B.301

9.4.5. Kosten

Gegen den Vollstreckungsgläubiger hat der Drittschuldner keinen Vergütungsanspruch für Abgabe der Drittschuldnererklärung[666] (siehe auch Rdn. C.85). Er kann vom Gläubiger auch Erstattung der (im Einzelfall durchweg geringen) tatsächlichen Aufwendungen (Portokosten, andere Auslagen, u.U. auch Rechtsanwaltskosten) für die Abgabe der Drittschuldnererklärung nicht verlangen[667]. Die Auskunftspflicht ist dem Drittschuldner als prozessuale Verpflichtung zur Gewährleistung einer im Interesse der Allgemeinheit liegenden Forderungsvollstreckung auferlegt[668]. Für eine Verpflichtung zur Kostenerstattung müsste daher das Verfahrensrecht eine Erstattungsgrundlage vorsehen; eine solche besteht jedoch nicht. Die Erfüllung der in § 840 ZPO begründeten prozessualen Obliegenheit des Drittschuldners dient zudem auch seinen Interessen, somit nicht nur Gläubigerinteressen. Mit der ihm leicht möglichen Information des Gläubigers kann der Drittschuldner verhindern, dass dieser von der Beitreibbarkeit des gepfändeten Anspruchs ausgeht, eine nicht bestehende oder nicht durchsetzbare gepfändete Forderung geltend macht und bei Erfolglosigkeit nach erst späterer Einlassung des Drittschuldners auf Schadensersatzklage übergeht. Normen des materiellen Rechts (die zudem Sonderfälle regeln) geben keine Grundlage für Ersatz der bei Erfüllung der prozessualen Obliegenheit des § 840 ZPO entstehenden (zumeist unwesentlichen) Kosten; für eine entsprechende Anwendung ist nach dem Zweck der (abschließenden) Regelung der Auskunftspflicht im Verfahrensrecht und der nur auf eine prozessuale Verpflichtung angelegten Auskunftspflicht kein Raum. Der Drittschuldner, der (gleichwohl) einen Erstattungsanspruch geltend macht, muss ihn bei Streit gegen den Gläubiger einklagen. Die Arbeitsgerichte sind dafür nach Lohnpfändung nicht zuständig[669]. Die Auskunftserteilung darf der Drittschuldner nicht bis zur Kostenzahlung zurückstellen. Vom Gläubiger bezahlte Kosten der Auskunft können auch nicht als Kosten der Zwangsvollstreckung nach § 788 ZPO gegen den Schuldner geltend gemacht werden. Gegen den Schuldner steht dem Drittschuldner kein Erstattungsanspruch zu (siehe auch Rdn. C.85); § 788 ZPO regelt die Kostenlast nur im Verhältnis zwischen Gläubiger und Schuldner. B.302

---

665 BGH (Fn. 640).
666 BGH, MDR 2000, 286 = NJW 2000, 651 (652) = Rpfleger 2000, 167; BGHZ 141, 380 = DGVZ 1999, 154 = JZ 2000, 56 mit Anm. Brehm und Kleinheisterkamp = MDR 1999, 1147 = NJW 1999, 2276 = Rpfleger 1999, 452; BAGE 119, 122 = NJW 2007, 1302.
667 BAGE 47, 138 = BB 1986, 188 mit Anm. Petersen = MDR 1985, 523 = NJW 1985, 1181 (für Lohnpfändungsgläubiger); BVerwG, Rpfleger 1995, 261; LG München I, MDR 1963, 757 = NJW 1963, 1509; AG Münster, JurBüro 1991, 276; Stein/Jonas/Würdinger, ZPO, § 840 Rdn. 34; Zöller/Herget, ZPO, § 840 Rdn. 11; Marly, BB 1999, 1990.
668 BGH MDR 2000, 286 (Fn. 666); BArbG (Fn. 666).
669 BArbG (Fn. 667).

9.5. Nichterfüllung der Auskunftspflicht

B.303 **Schrifttum:** Behr, Kosten des erfolglos geführten Drittschuldnerprozesses, JurBüro 1994, 257; Heers, Klage auf Auskunft gemäß § 840 Abs. 1 ZPO im Verfahren vor dem Arbeitsgericht, DB 1971, 1525; Schalhorn, Kann der Anspruch des Pfändungsgläubigers auf Abgabe der in § 840 ZPO vorgesehenen Erklärungen im Klageweg gegen den Drittschuldner durchgesetzt werden?, JurBüro 1970, 564; Schmidt, Der schweigsame Drittschuldner, JR 1951, 558; Schneider, Ist die Klage auf Erzwingung der Erklärungspflicht des Drittschuldners gemäß § 840 ZPO zulässig?, JurBüro 1967, 265; Schneider, Maßnahmen des Gläubigers bei verweigerter Auskunftspflicht des Drittschuldners (§ 840 ZPO), JurBüro 1967, 347.

9.5.1. Haftung für Schaden

B.304 Der Drittschuldner haftet dem Gläubiger für den aus der Nichterfüllung seiner Verpflichtung zur Auskunftserteilung nach § 840 ZPO entstehenden Schaden (§ 840 Abs. 2 S. 2 ZPO; gesetzliches Schuldverhältnis). Schadensersatzpflicht kann die vollständige Nichterfüllung der Auskunftsverpflichtung begründen, ebenso aber auch eine zu spät[670], unvollständig oder (vorsätzlich oder fahrlässig) falsch[671] abgegebene Erklärung. Diese Haftung setzt Verschulden voraus[672]. Verschulden des Drittschuldners für die unrichtige Auskunft ist auch gegeben, wenn er die Frage, wem die gepfändete Forderung zusteht, nicht mit der gebotenen Sorgfalt geprüft hat[673]. Dass ihn an der Nichterfüllung kein Verschulden trifft, hat der Drittschuldner zu beweisen[674]. Nichtanerkennung der (gepfändeten) Forderung begründet keine Haftung nach § 840 Abs. 2 S. 2 ZPO[675].

9.5.2. Schaden

B.305 Schaden aus der Nichterfüllung der Verpflichtung des Drittschuldners kann durch den Entschluss des Gläubigers verursacht werden, die gepfändete Forderung gegen den Drittschuldner geltend zu machen oder davon abzusehen[676]. Die Schadensersatzpflicht des Drittschuldners umfasst damit nicht rundweg den Schaden, der dem Gläubiger dadurch erwächst, dass er keine Zahlung erlangt, weil die gepfändete Forderung nicht besteht oder mit Einreden oder Einwendungen behaftet ist[677]. Schaden besteht in unnötigerweise aufgewandten (erforderlichen[678]) Prozesskosten (Gerichts- und Rechtsanwaltskosten; zum Arbeitsgerichtsverfahren siehe auch Rdn. C.116). Der Gläubiger kann demnach, wenn der Drittschuldner die geforderten Angaben unterlässt, von der Beitreibbarkeit der gepfändeten

---

670 LG Mönchengladbach, JurBüro 2009, 273 (274).
671 LArbG Köln, KKZ 1997, 33.
672 BGH (Fn. 648); BGH, MDR 1983, 308 = NJW 1983, 1678; BGH (Fn. 653); Zöller/Herget, ZPO, § 840 Rdn. 12.
673 BGH, MDR 1983, 308 (Fn. 672).
674 BGH (Fn. 648).
675 BGH (Fn. 653).
676 BGHZ 98, 291 = JR 1987, 195 mit Anm. Smid = JurBüro 1987, 371 = JZ 1987, 46 mit Anm. Brehm = MDR 1987, 138 = NJW 1987, 64.
677 BGHZ 69, 328 (333) (Fn. 658); BGH, MDR 1983, 308 (Fn. 672).
678 OLG Stuttgart, JurBüro 2011, 443.

Forderung ausgehen, diese mithin ohne Kostenrisiko einklagen[679]. Eine nochmalige Aufforderung an den schweigsamen Drittschuldner, sich nach § 840 Abs. 1 ZPO zu erklären, ist daher nicht geboten[680]; Anwaltskosten für ein weiteres Aufforderungsschreiben sind somit nicht erstattungsfähig[681]. Davon unterschieden werden die Kosten des mit der Einziehung der Forderung beauftragten Rechtsanwalts für die Zahlungsaufforderung vor gerichtlicher Geltendmachung des Anspruchs, die als Kosten der Vorbereitung der Drittschuldnerklage erstattungsfähige Kosten der Zwangsvollstreckung (§ 788 ZPO) sein können[682], auch wenn das Klageverfahren nach Bezahlung nicht mehr durchgeführt wird. Ergibt die Einlassung des Drittschuldners, dass die geltend gemachte Forderung nicht besteht oder nicht durchsetzbar ist, so kann der Gläubiger auf Schadensersatzklage übergehen und erreichen, dass der Drittschuldner verurteilt wird, die bisher entstandenen Kosten (die bei rechtzeitiger Auskunft nicht erwachsen wären) in vollem Umfang zu erstatten[683] (siehe Rdn. B.307). Setzt der Gläubiger nach der Erklärung des Drittschuldners den Rechtsstreit fort, so ist ihm durch die unterbliebene Auskunftserteilung ein Schaden nicht entstanden, weil die Prozesskosten auch durch die Auskunft nicht verhütet worden wären[684]; die Prozesskostenpflicht bestimmt sich dann nach den allgemeinen Vorschriften der §§ 91 ff. ZPO. Entsprechendes gilt, wenn der Gläubiger nach der Erklärung des Drittschuldners, es bestünden keine pfändbaren Ansprüche, klagt, dann aber die Auskunft schließlich doch als richtig hinnimmt[685].

Schaden kann dem Gläubiger aber auch dadurch entstehen, dass er infolge der nicht erteilten oder falschen Drittschuldnererklärung andere Vollstreckungsmöglichkeiten gegen den Schuldner versäumt[686]. Wenn der Schaden ganz oder weit überwiegend von dem Gläubiger selbst verursacht worden ist, muss er sich eigenes Verschulden nach Maßgabe des § 254 BGB anrechnen lassen. So hat der geschäftlich erfahrene und rechtlich beratene Gläubiger, der die schlechte wirtschaftliche Lage des Schuldners kennt, den Schaden selbst zu verantworten, wenn er sich auf die nur unsichere Forderungspfändung beschränkt und andere aussichtsreiche Vollstreckungsversuche unterlässt[687].

Eine Verpflichtung auf Ersatz auch **anderer Schäden** als der durch den Entschluss des Gläubigers verursachten, die gepfändete Forderung gegen den Drittschuldner geltend zu machen oder davon abzusehen, begründet § 840 Abs. 2 Satz 2 ZPO nicht. Die Haftung bezieht sich daher auch nicht auf einen Schaden, der durch Unterlassen einer Pfändung aus weiteren Titeln des Gläubigers entstan- B.306

---

679 BGHZ 91, 126 (129) = DGVZ 1984, 137 = JurBüro 1984, 1351 = JZ 1984, 673 mit Anm. Brehm = MDR 1984, 752 = NJW 1984, 1901 = Rpfleger 1984, 324; OLG Stuttgart, Rpfleger 1990, 265; LG Stuttgart, Rpfleger 1990, 265; ArbG Berlin, JurBüro 1994, 404.
680 BGH (Fn. 652).
681 BGH, MDR 2006, 1370 (Fn. 628); BGH (Fn. 652).
682 BGH (Fn. 652); OLG Dresden, JurBüro 2011, 156 = NJW-RR 2011, 924; auch (wenngleich nicht eindeutig) BGH, MDR 2006, 1370 (Fn. 628) („weiterer – vorprozessualer – Aufforderungshandlungen bedarf es nicht").
683 BGH (Fn. 679).
684 OLG Köln, Rpfleger 2003, 670.
685 OLG Hamm, MDR 1987, 770.
686 BGHZ 69, 328 (Fn. 658); OLG Düsseldorf, KKZ 2000, 234 = VersR 1997, 705 (706).
687 BGH, MDR 1983, 308 (Fn. 672).

den ist[688]. Auch ein Vermögensschaden, den der Gläubiger nicht bei der Vollstreckung seiner Forderung, sondern deshalb erleidet, weil er bei anderen wirtschaftlichen Dispositionen auf die Richtigkeit der Drittschuldnererklärung vertraut hat (z.B. deshalb, weil er im Vertrauen auf eine vorrangige Pfändung und damit Sicherung seiner Vollstreckungsforderung dem Schuldner weiteren Kredit gewährt hat), kann nicht nach § 840 Abs. 2 ZPO ersetzt verlangt werden[689].

9.5.3. Prozesskosten

B.307 Prozesskosten treffen den Drittschuldner, wenn der Gläubiger gegen den schweigsamen Drittschuldner[690] Leistungsklage erhoben hat[691], der Drittschuldner später, z.B. durch Einlassung im Prozess, die verlangte Auskunft gibt und der Gläubiger dann seine Klage zurücknimmt[692]. Die Kosten des nach verspäteter Auskunftserteilung beendeten Prozesses können dem Drittschuldner vom Prozessgericht (auch vom Sozial-[693] oder Arbeitsgericht; zu diesem Rdn. C.116) auferlegt werden. Einer neuen Klage gegen den Drittschuldner (zu dieser bei Einkommenspfändung Rdn. C.116) bedarf es nicht[694]. Der Schadenersatzanspruch kann vielmehr im Wege der Klageänderung in den Drittschuldnerprozess eingeführt werden[695].

---

688 BGH (Fn. 676); LG Detmold, ZIP 1980, 1080.

689 LG Detmold (Fn. 688).

690 Dieser haftet für Kosten somit nicht nach § 840 Abs. 2 ZPO, wenn der Gläubiger sich erst nach verspäteter Abgabe der Drittschuldnererklärung entschieden hat, klageweise gegen den Drittschuldner vorzugehen (BGH [Fn. 652]).

691 Zur Darlegungslast einer als Drittschuldner verklagten Bank, wenn der auf Zahlung klagende Gläubiger Anhaltspunkte für die Unrichtigkeit der Auskunft vorgetragen hat, siehe BGH (Fn. 640).

692 Siehe BGH (Fn. 648); BGH (Fn. 679); OLG Köln, JurBüro 1980, 465; Jonas, JW 1937, 210; Schmidt, JR 1951, 558, der allerdings dem Gläubiger das Recht der Klagerücknahme noch bis zur letzten mündlichen Verhandlung einräumen will.

693 BSG, MDR 1998, 1304 = NJW 1999, 895.

694 BGHZ 79, 275 (281) = MDR 1981, 493 = NJW 1981, 990; BAGE 65, 139 = MDR 1990, 1043 = NJW 1990, 2643; BSG (Fn. 693); OLG Hamburg, HRR 1930 Nr. 1166; OLG Hamburg, Nr. 1652; OLG Celle, NdsRpfl 1958, 155; OLG Köln, JurBüro 1971, 548; OLG Köln (Fn. 692); LArbG Frankfurt, BB 1964, 533; LArbG Frankfurt, BB 1971, 709; ArbG Siegburg, BB 1964, 1172; Brüne und Liebscher, BB 1976, 743 (745), insbesondere zur fortdauernden Zuständigkeit der Arbeitsgerichtsbarkeit; Schmidt, JR 1951, 558; Wenzel, MDR 1966, 974; **a.A.** (gesonderte Klage zulässig) noch LArbG Frankfurt, NJW 1956, 1334; LG Saarbrücken, NJW-RR 1989, 63; ArbG Herne, BB 1965, 670 (keine Zuständigkeit des Arbeitsgerichts); zur Geltendmachung des Schadens, der dem Gläubiger mit einem vergeblichen Prozess gegen den Drittschuldner entstanden ist, siehe auch Linke, ZZP 87 (1974) 284 (298–307).

695 BGH (Fn. 694); BGH, MDR 2006, 1370 (Fn. 628); BSG (Fn. 693); OLG Düsseldorf, NJW-RR 1988, 574 (erkennt der Drittschuldner den Feststellungsantrag an, hat er die gesamten Kosten des Rechtsstreits zu tragen); Behr, JurBüro 1994, 257. Der Ersatzanspruch kann nicht dadurch geltend gemacht werden, dass die Hauptsache für erledigt erklärt und Kostenentscheidung nach § 91a ZPO verlangt wird, siehe Wenzel, MDR 1966, 974; auch LArbG Hamm, MDR 1982, 695 (keine Berücksichtigung bei Kostenentscheidung nach § 91a ZPO, wenn es zur Feststellung des Anspruchs einer Beweisaufnahme bedarf); **anders** noch OLG Köln (Fn. 692); siehe auch LArbG Hannover, NJW 1974, 768: Gläubiger kann Hauptsache der Drittschuldnerklage für erledigt erklären und beantragen, dem Drittschuldner analog § 93 ZPO die Kosten aufzuerlegen.

Das erfordert nach § 253 Abs. 2 Nr. 2 ZPO einen bezifferten Klageantrag[696]. Der Gläubiger kann auch zur Klage auf Feststellung der Haftung des Drittschuldners für den aus der Nichterfüllung der Auskunftsverpflichtung entstandenen Schaden übergehen[697]. Erklärt der Gläubiger die Hauptsache einseitig für erledigt, nachdem die Erklärung des Drittschuldners ergeben hat, dass die angebliche Forderung von Anfang an nicht bestanden hat, hält jedoch der Beklagte an seinem Abweisungsantrag fest, dann ist über den aufrechterhaltenen Klageabweisungsantrag in der Sache zu entscheiden. Für eine Kostenentscheidung entsprechend § 91a ZPO unter Berücksichtigung eines Anspruchs nach § 840 Abs. 2 S. 2 ZPO auf Ersatz der Prozesskosten des Klägers ist in diesem Fall kein Raum[698]. Erhebt der Gläubiger isolierte (neue) Klage gegen den Drittschuldner auf Kostenerstattung als Schadensersatz, so sind die ordentlichen Gerichte, nicht die Sozial-[699] oder Arbeitsgerichte (zu diesen Rdn. C.116) zuständig. War noch kein Rechtsstreit anhängig, so kann dem Drittschuldner die Schadensersatzklage nicht ersatzweise an den Schuldner als erwachsenen Hausgenossen zugestellt werden[700].

9.5.4. Arrestverfahren

Nach einer Arrestpfändung sind die Kosten des Hauptsacheverfahrens des Gläubigers gegen den Schuldner nicht Teil des Schadens, den ein Drittschuldner deswegen ersetzen muss (§ 840 Abs. 2 ZPO), weil er es unterlassen hat, die von ihm verlangte Drittschuldnererklärung abzugeben[701]. Die Kosten des Hauptsacheverfahrens sind als Kosten der Rechtsverfolgung gegen den Schuldner selbst dadurch bedingt, dass der Gläubiger zunächst nur eine Sicherung seiner Ansprüche erwirkt hat, die der Bestätigung im Hauptsacheverfahren bedarf. Damit sind diese Kosten kein aus der Nichtabgabe der Drittschuldnererklärung entstehender Schaden. B.308

9.5.5. Ergänzung

Zur Ergänzung der bei Abgabe richtigen Erklärung ist der Drittschuldner nicht verpflichtet. Er ist auch nicht gehalten, dem Gläubiger eine ergänzende Mitteilung zu geben, wenn sich später die Verhältnisse (z.B. mit Erkrankung des Arbeitnehmers, Auslaufen der Lohnfortzahlung, Beendigung des Arbeitsverhältnisses) geändert haben[702] (siehe jedoch zur Wiederholung des Auskunftsverlangens Rdn. B.287). Zum Ersatz eines Schadens, der nicht durch Nichterfüllung der Auskunftsverpflichtung entstanden, sondern durch ein nachträgliches Ereignis verursacht ist, verpflichtet § 840 Abs. 2 S. 2 ZPO nicht[703]. B.309

---

696 BGH, MDR 1979, 1000; auch BGH (Fn. 679).
697 BGH (Fn. 694); LArbG Baden-Württemberg, JurBüro 1994, 135.
698 BGH, MDR 1979, 1000 (Fn. 696); BGH (Fn. 694).
699 BSG (Fn. 693).
700 AG Hannover, JurBüro 1967, 836 = MDR 1967, 847.
701 BGHZ 68, 289 = JR 1977, 462 mit Anm. Schreiber = LM ZPO § 840 Nr. 1 Leits. mit Anm. Merz = MDR 1977, 746 = NJW 1977, 1199 = Rpfleger 1977, 202.
702 Stein/Jonas/Würdinger, ZPO, § 840 Rdn. 11.
703 LArbG Hamm, DB 1990, 2228 = MDR 1991, 88.

9.5.6. Erweiterte Haftung

B.310 Erfüllt der Drittschuldner durch die Verletzung seiner Erklärungspflicht zugleich den Tatbestand des § 826 BGB, bestimmt sich der Umfang seiner Haftung nach dieser Vorschrift[704].

9.5.7. Kein einklagbarer Anspruch

B.311 Einen einklagbaren Anspruch auf die Drittschuldnererklärung hat der Gläubiger nicht[705]. An die Nichterfüllung des § 840 ZPO knüpft dessen Abs. 2 S. 2 ausdrücklich eine Schadensersatzpflicht des Drittschuldners; eine einklagbare Handlungspflicht (die der Drittschuldner bereits mit der für den Gläubiger wertlosen Verneinung der Fragen des § 840 ZPO erfüllen könnte), begründet § 840 ZPO darüber hinaus nicht[706]. Das schließt auch einen Zwang nach § 888 ZPO aus. Die von einer Pfändung etwa erfassten Nebenrechte auf Abrechnung (Lohnabrechnung, Provisionsabrechnung, § 87c HGB) und Auskunft (vgl. Rdn. B.364) können durch den pfändenden Gläubiger unabhängig von der Auskunftsverpflichtung des Drittschuldners nach § 840 ZPO verfolgt werden; für ihre Geltendmachung stellt das Gesetz den Weg des § 840 ZPO nicht zur Verfügung.

9.6. Die freiwillige Auskunft

B.312 Eine formlose Aufforderung des Gläubigers an den Drittschuldner begründet keine Auskunftspflicht und daher auch keine Schadensersatzpflicht aus § 840 ZPO[707]. Äußert sich der Drittschuldner aber ohne rechtliche Verpflichtung, so

---

704 BGH (Fn. 676).

705 BGH (Fn. 679); auch BGH (Fn. 676); BGH, MDR 2006, 1370 (Fn. 628).

706 So bereits Jonas, JW 1937, 210; Schmidt, JR 1951, 558; Mohrbutter, Rpfleger 1954, 623; Sichtermann, MDR 1952, 146; Horbach, SchlHAnz 1962, 136; Wenzel, MDR 1966, 971; LG Braunschweig, MDR 1955, 490; LArbG Frankfurt, BB 1956, 530 = DB 1956, 24 = JurBüro 1956, 232; ArbG Wesel, BB 1968, 753; LG Mainz, NJW 1973, 1134; LG Nürnberg-Fürth, ZZP 96 (1983) 118 mit Anm. Waldner; Prost, NJW 1958, 485; **a.A.** OLG Köln, JurBüro 1979, 291 = MDR 1978, 941 = OLGZ 1979, 114; LArbG Baden-Württemberg, BB 1968, 1384 = DB 1968, 2134; LG München I, NJW 1965, 1185; Meyer, JW 1937, 209; Schneider, JurBüro 1967, 265; Schalhorn, JurBüro 1970, 564; Heers, DB 1971, 1525; Linke, ZZP 87 (1974) 284 (293); Schreiber, JR 1977, 464. Offengelassen von BGH, DB 1980, 830 (der auch darauf hinweist, dass für den Fall, dass ein einklagbarer Auskunftsanspruch bejaht wird, der Umfang der Auskunft durch § 840 Abs. 1 ZPO begrenzt wäre) sowie von BGH (Fn. 640). Der Gläubiger einer auf Grund eines **Arrests** gepfändeten Forderung kann die Abgabe einer Drittschuldnererklärung jedenfalls schon deshalb nicht durch eine Auskunftsklage erzwingen, weil er auf Grund der Arrestpfändung keine Möglichkeit zur Verwertung der gepfändeten Forderung und damit auch kein Rechtsschutzinteresse an klageweiser Verfolgung des Auskunftsanspruchs hat (BGH [Fn. 701]). Entsprechendes muss dann bei Sicherungsvollstreckung (§ 720a ZPO) gelten; dagegen Feiber, DB 1978, 477.

707 RGZ 60, 330.

müssen seine Angaben der Wahrheit entsprechen[708]. Eine falsche oder unvollständige Erklärung begründet die Haftung[709]. Das wurde auch für den Fall angenommen, dass die Auskunft nachträglich unrichtig wird, der Drittschuldner aber den Gläubiger nicht benachrichtigt[710]. Zum Schaden, den der Gläubiger nach freiwilliger Auskunft bei Vorpfändung erleidet, gehört auch der Nachteil, der entsteht, weil er nicht rechtzeitig pfändet[711].

Eine Bank haftet für die Richtigkeit der freiwilligen Auskunft auch aus Auskunftsvertrag[712]. **B.313**

9.7. Verwaltungsvollstreckung

Im Verwaltungsvollstreckungsverfahren nach der AO (und den darauf verweisenden Verwaltungs-Vollstreckungsgesetzen) kann die Aufforderung der Vollstreckungsbehörde zur Abgabe der Drittschuldnererklärung (hier nach § 316 Abs. 1 AO) in die Pfändungsverfügung aufgenommen, damit mit dieser zugestellt werden (§ 316 Abs. 2 S. 1 AO). Zur Abgabe der Erklärung kann der Drittschuldner auch durch ein Zwangsgeld angehalten werden[713] (§ 316 Abs. 2 S. 3 AO), jedoch kann Ersatzzwangshaft (§ 334 AO) nicht angeordnet werden. **B.314**

Zur Feststellung eines für die Vollstreckung erheblichen Sachverhalts kann die Vollstreckungsbehörde auch andere Personen als die Verfahrensbeteiligten um Auskunft ersuchen[714] (§ 93 AO), jedoch erst dann, wenn die Sachverhaltsaufklärung durch die Beteiligten nicht zum Ziele geführt hat oder keinen Erfolg verspricht.

Nach § 6 Abs. 2 S. 3 JBeitrG ist die Aufforderung zur Abgabe der in § 840 Abs. 1 ZPO genannten Erklärungen in den Pfändungsbeschluss aufzunehmen.

---

708 Die anlässlich einer rechtsunwirksamen Zustellung von einem nicht vertretungsberechtigten, in der Arbeitsvorbereitung beschäftigten Angestellten für den Drittschuldner abgegebene schriftliche Erklärung soll vom Drittschuldner nach Ansicht des LArbG Baden-Württemberg, DB 1958, 576 = AP Nr. 3 zu § 183 ZPO nicht zu vertreten sein. Dem wird man nicht folgen können, weil der Drittschuldner jedenfalls verpflichtet ist, die unrichtige Auskunft sofort richtigzustellen.

709 OLG Hamm, DR 1939, 1920; Schuschke/Walker, Vollstreckung, § 840 Rdn. 16; **a.A.** OLG Düsseldorf, KKZ 2000, 234 = VersR 1997, 705 (reine Gefälligkeit ohne rechtsgeschäftlichen Charakter); LG Tübingen, MDR 1974, 677.

710 OLG Hamm (Fn. 709).

711 OLG Hamm (Fn. 709).

712 OLG Stuttgart, NJW 1959, 581; OLG Stuttgart, NJW 1959, 1229 mit abl. Anm. Zunft.

713 Zwang zur Erteilung der Auskunft darf jedoch nicht ermessensfehlerhaft ausgeübt werden; dazu FG Baden-Württemberg, ZIP 1981, 273 mit Anm. Terpitz.

714 Zulässigkeit des Auskunftsersuchens im Vollstreckungsverfahren: BFHE 191, 211 = BStBl 2000 II 366 = NJW 2001, 245 mit Einzelheiten; Verfassungsmäßigkeit: BVerfG (Kammerbeschluss), NJW 2001, 811.

10. Klage, Zwangsvollstreckung

10.1. Nach der Überweisung

10.1.1. Klage des Gläubigers gegen den Drittschuldner

B.315 **Schrifttum:** Behr, Die Drittschuldnerklage (= Einziehungserkenntnisverfahren), JurBüro 1994, 647; Christmann, Arrestatorium und Inhibitorium (§ 829 Abs. 1 ZPO) bei der Vollstreckung gepfändeter Urteilsforderungen, DGVZ 1985, 81; Hau, Eigennützige und gläubigernützige Leistungsklagen des Vollstreckungsschuldners, JZ 2002, 325; Münzberg, Zur Pfändung titulierter Ansprüche, DGVZ 1985, 145; Scheld, Vollstreckung übergeleiteter Urteilsforderungen (§§ 775, 776 ZPO), DGVZ 1984, 49; Schmidt-von Rhein, Zur analogen Anwendung der §§ 775, 815 ZPO bei der Pfändung titulierter Ansprüche, DGVZ 1988, 65; Schneider, Zur Prozessführungsbefugnis des Schuldners nach Pfändung und Überweisung einer Forderung zur Einziehung, JurBüro 1966, 191.

B.316 Der Gläubiger kann die ihm zur Einziehung überwiesene Forderung des Schuldners gegen den Drittschuldner im Prozesswege und durch Zwangsvollstreckung geltend machen. Im Mahnverfahren und Urkunden- oder Wechselprozess kann die Forderung geltend gemacht werden, wenn die besonderen Voraussetzungen dieser Verfahren gegeben sind. Eine vor der Pfändung geschlossene Schiedsvereinbarung (§§ 1029 ff. ZPO) bindet auch den Gläubiger, weil der Drittschuldner sich ihm gegenüber in gleicher Weise wie dem Schuldner gegenüber auf die Schiedsvereinbarung berufen kann (§ 1032 ZPO) (siehe Rdn. B.170). Nach der Pfändung kann weder der Gläubiger noch der Schuldner allein mit dem Drittschuldner eine Schiedsvereinbarung treffen. Die Überweisung an Zahlungs statt bewirkt wie die Abtretung einen Forderungsübergang, so dass der Gläubiger die ihm an Zahlungs statt überwiesene Forderung als seine eigene gegen den Drittschuldner geltend zu machen hat.

B.317 Die zur Einziehung überwiesene Forderung muss der Gläubiger **unverzüglich** beitreiben (§ 842 ZPO; siehe Rdn. B.222).

B.318 Für die **Klage** des Gläubigers gegen den Drittschuldner bleibt das Gericht sachlich und örtlich zuständig[715], bei dem der Schuldner seine Forderung gegen den Drittschuldner nach den gesetzlichen Bestimmungen über den Rechtsweg und die Zuständigkeit geltend machen müsste[716]. Gegebenenfalls muss also der Gläubiger das Arbeits-[717], Familien-[718], Verwaltungs- (siehe Rdn. C.104), Sozial-[719] oder Finanzgericht anrufen.

---

715 Für die Zuständigkeit der Kammer für Handelssachen bei einer Klage des Gläubigers aus einer gepfändeten Gehaltsforderung des Geschäftsführers gegenüber einer GmbH nach § 95 Abs. 1 Nr. 4 Buchst. a GVG OLG Hamm, DB 1990, 161.

716 Eine Vereinbarung des Gerichtsstandes zwischen Schuldner und Drittschuldner vor Pfändung wirkt auch zugunsten des Gläubigers.

717 Das Arbeitsgericht ist auch für die gegen den Arbeitgeber erhobene Klage desjenigen, der den Lohnanspruch eines Arbeitnehmers teilweise gepfändet hat, zuständig, ArbG Wilhelmshaven, BB 1965, 743.

718 OLG Hamm, FamRZ 1978, 602.

719 Für Krankengeldforderungen aus der Sozialversicherung siehe BSGE 18, 76 = MDR 1963, 256 = NJW 1963, 556 = Rpfleger 1964, 313; für Streit über die Honorarforderung eines Vertragsarztes gegen seine kassenärztliche Vereinigung siehe BSG (Fn. 693); für

Bei der Klage und der Vollstreckung gegen den Drittschuldner tritt der Gläubiger selbstständig und nicht etwa als Vertreter des Schuldners auf[720] (die Einziehungsbefugnis ist selbstständiges Recht, s. Rdn. B.206). Die Klage gegen den Drittschuldner muss der **Gläubiger** daher als **Partei** im eigenen Namen erheben[721]. Im Klageantrag kann er nach der Überweisung nur noch Leistung an sich fordern, nicht mehr Leistung an sich und den Schuldner gemeinsam oder Hinterlegung für beide[722]. **B.319**

Auf künftige Lohnzahlung kann gegen den Arbeitgeber als Drittschuldner geklagt werden, wenn die Besorgnis gerechtfertigt ist, er werde sich der rechtzeitigen Leistung entziehen (§ 259 ZPO)[723].

Begründet ist die Klage des Gläubigers gegen den Drittschuldner, wenn der gepfändete Anspruch des Schuldners an den Drittschuldner besteht und wirksam gepfändet ist. Der **Gläubiger** muss, da er die Forderung seines Schuldners geltend macht, deshalb **beweisen**, dass der Anspruch für diesen einmal entstanden und wirksam gepfändet worden ist. Der **Drittschuldner** kann der Klage mit dem Einwand begegnen, der Pfändungs- und/oder Überweisungsbeschluss sei **B.320**

- **ohne Wirkung,** weil die Zustellung an den Drittschuldner nicht (oder nicht wirksam) erfolgt ist (§ 829 Abs. 3 ZPO) oder weil die gepfändete Forderung nicht besteht oder nicht dem Schuldner zusteht, die Pfändung somit ins Leere geht (s. Rdn. B.73),
- **unwirksam,** weil die Vollstreckungsmaßnahme nichtig ist[724] (s. Rdn. B.417), z.B. deshalb, weil die gepfändete Forderung oder deren Drittschuldner nicht bestimmt genug bezeichnet ist (Rdn. B.93, B.101) oder das Drittschuldnerverbot fehlt (s. Rdn. B.94).

Er kann dem klagenden Gläubiger alle gegen den Schuldner zur Zeit der Pfändung der Forderung begründeten Einwendungen und Einreden entgegenhalten (dazu Rdn. B.170). Auf Verfahrensverstöße im Vollstreckungsverfahren des Vollstreckungsgerichts und damit die Fehlerhaftigkeit der Pfändung und/oder Überweisung, die eine Anfechtbarkeit begründet, bis zu einer Aufhebung im Rechtsbehelfsverfahren die Wirksamkeit der Pfändung und/oder Überweisung aber nicht berührt (dazu Rdn. B.417), kann der Drittschuldner sich im Klageverfahren vor dem Prozessgericht nicht berufen. Wenn der beklagte Drittschuldner einwendet, dass der Anspruch entweder überhaupt (z.B. durch Verzicht oder Zahlung) oder doch für den Schuldner (z.B. durch Abtretung vor Pfändung) erloschen sei, trifft

---

Gewährung einer Rente aus der gesetzlichen Rentenversicherung SG Trier JurBüro 2011, 326. Für Klage auf Auszahlung gepfändeten Arbeitslosengeldes LSozialG Rheinland-Pfalz, JurBüro 1991, 1379 (1380), auf Auszahlung gepfändeter Arbeitslosenhilfe BSGE 53, 260 = ZIP 1982, 1124; SozialG Düsseldorf, MDR 1978, 963.

720 RGZ 164, 348 (349).

721 Stein/Jonas/Würdinger, ZPO, § 835 Rdn. 22, 25.

722 RGZ 77, 141.

723 BArbG, AP Nr. 1 zu § 259 ZPO = BB 1959, 815; LArbG Hamm, BB 1992, 748 Leits. = KKZ 1992, 214 (Besorgnis kann schon bei Nichterfüllung der Erklärungspflicht nach § 840 ZPO begründet sein); **a.A.** ArbG Essen, BB 1966, 368.

724 BAGE 61, 109 = MDR 1989, 852 = NJW 1989, 2148 (das hier die Nichtigkeit allerdings unzutreffend annimmt; siehe Rdn. B.420 Fn. 947); BAGE 131, 9 = MDR 2009, 989 = NJW 2009, 2324.

ihn die Beweislast für diese das Recht des Schuldners vernichtenden Tatsachen[725]. Ebenso trifft den Drittschuldner die Beweislast, wenn er einwendet, der gepfändete Anspruch sei infolge früherer Pfändung nicht an den Kläger zu leisten[726]. Die Wirksamkeit der Zustellung des Pfändungs- und Überweisungsbeschlusses ist im Drittschuldnerprozess unabhängig davon zu prüfen, ob ein Mangel vorher mit Erinnerung nach § 766 ZPO geltend gemacht worden ist[727]. Wenn allerdings die auf Unwirksamkeit der Ersatzzustellung gestützte Erinnerung des Drittschuldners zurückgewiesen worden ist, ist damit die Wirksamkeit der Zustellung rechtskräftig festgestellt und auch im Drittschuldnerprozess bindend[728].

B.321 Den **Einwand,** dass die Vollstreckungsforderung des Gläubigers an den Schuldner nicht bestehe, kann der Drittschuldner dem klagenden Gläubiger nicht entgegenhalten[729] (siehe bereits Rdn. B.176). Denn gegen die Richtigkeit der zur Vollstreckung stehenden Forderung, also gegen die Gültigkeit des der Pfändung zugrunde liegenden Vollstreckungstitels, sind dem Drittschuldner Einwendungen nicht gestattet[730]. Er kann sich im Einziehungserkenntnisverfahren dem Gläubiger gegenüber nicht auf Einwendungen berufen, die der Schuldner im Wege der Vollstreckungsabwehrklage (§ 767 ZPO) geltend machen muss (und zudem noch erfolglos geltend gemacht hat) (siehe bereits Rdn. B.176). Auch Einwendungen, die darauf hinausgehen[731], dass die prozessualen Voraussetzungen der Vollstreckung nicht gegeben seien, z.B. eine vollstreckbare Ausfertigung nicht erteilt oder der Vollstreckungstitel dem Schuldner nicht zugestellt sei[732], oder der Einwand, dass die Pfändung sonst nicht in der gesetzlichen Weise bewirkt worden sei[733], kann der Drittschuldner dem klagenden Gläubiger im Rechtsstreit nicht entgegenhalten. Derartige Einwendungen kann zwar auch der Drittschuldner geltend machen; er muss sie aber mit Erinnerung nach § 766 ZPO beim Vollstreckungsgericht verfolgen[734]. Auch im Einziehungserkenntnisverfahren kann sich der Drittschuldner nach Ansicht des BArbG[735] jedoch darauf berufen, dass mit der Aufhebung eines Prozessvergleichs auch das auf ihm beruhende Pfändungspfandrecht und damit das Einziehungsrecht des Gläubigers an der gepfändeten Forderung ohne weiteres erloschen ist.

B.322 **Gegen den Schuldner** schafft das im Prozess zwischen Gläubiger und Drittschuldner ergehende Urteil keine Rechtskraft; es wirkt also nicht gegen ihn[736]. Auch durch eine Streitverkündung wird die Rechtskraft des Urteils nicht auf den Schuldner ausgedehnt, der nicht beitritt.

---

725 BGH, NJW 1956, 912; OLG Darmstadt, OLGE 4, 144; OLG Nürnberg, JurBüro 2001, 552 = MDR 2001, 1372 = OLGR 2001, 274.
726 LArbG Düsseldorf, BB 1966, 34.
727 BArbG, AP Nr. 3 zu § 829 ZPO mit Anm. Grunsky = DB 1972, 2263 = Rpfleger 1972, 438.
728 Grunsky (Fn. 727).
729 RGZ 93, 74 (77).
730 BAGE 60, 263 = AP Nr. 8 zu § 829 ZPO m. Anm. Stöber = MDR 1989, 571 = NJW 1989, 1053.
731 BArbG, AP Nr. 2 zu § 829 ZPO mit zust. Anm. Pohle = NJW 1964, 687.
732 BGHZ 66, 79 = JurBüro 1976, 605 = MDR 1976, 648 = NJW 1976, 851.
733 Somit die Fehlerhaftigkeit des Pfändungs- und Überweisungsbeschlusses, BAG 601, 109 (Fn. 724).
734 RG, Gruchot 51, 203.
735 BArbG, AP Nr. 1 zu § 776 ZPO = DB 1963, 420.
736 RGZ 83, 116.

10.1.2. Streitverkündung (§ 841 ZPO)

Formulierungsvorschlag: B.323

In dem Rechtsstreit .../... wegen Forderung, Aktenz. ... des Amtsgerichts ... verkünde ich hiermit dem Pfändungsschuldner ... gerichtlich den Streit (§§ 841, 73 ZPO).

In diesem Rechtsstreit mache ich die mit Beschluss des Amtsgerichts ... vom ... Aktenz.... . gepfändete und mir zur Einziehung überwiesene Forderung des Schuldners an den Beklagten aus ... (Schuldgrund) geltend. Eingeklagt sind ... Euro Hauptsache nebst ... % Zinsen seit dem ... Termin zur ersten mündlichen Verhandlung findet vor dem Amtsgericht ..., Zimmer Nr. ... am ... statt.

Bei der Einziehung der gepfändeten Forderung hat der Gläubiger Sorgfalt und Rücksicht auf die Interessen des Schuldners zu nehmen. Daraus folgt seine Verpflichtung, den Schuldner bei der gegen den Drittschuldner anzustrengenden Klage zuzuziehen, wenn dies ohne erhebliche Schwierigkeiten geschehen kann. Deshalb verpflichtet § 841 ZPO den Gläubiger, der die Forderung mit Feststellungs- und Leistungsklage geltend macht, dem Schuldner gerichtlich den **Streit zu verkünden**, sofern nicht eine Zustellung im Ausland oder eine öffentliche Zustellung erforderlich wäre. Diese Streitverkündung muss auch bei der Überweisung an Zahlungs statt erfolgen, denn auch bei ihr hat der Schuldner ein Interesse daran, nicht erst in dem etwaigen Regressprozess dem Gläubiger gegenüber die Existenz der gepfändeten Forderung nachweisen zu müssen. B.324

Die Form der Streitverkündung richtet sich nach § 73 ZPO. Ihre Wirkungen bestimmen sich nach §§ 68, 74 Abs. 3 ZPO. Zugestellt wird der die Streitverkündung enthaltende Schriftsatz durch das Gericht von Amts wegen. B.325

Die Streitverkündung schließt nicht aus, dass der Schuldner dem Rechtsstreit auf Seiten des beklagten Drittschuldners beitritt[737]. Eine solche Streithilfe ist zulässig, wenn der Schuldner kein Interesse am Obsiegen des Gläubigers hat, sondern ein Interesse am Obsiegen des Drittschuldners wie insbesondere bei Streitigkeiten aus § 850h ZPO. B.326

10.1.3. Der bereits anhängige Rechtsstreit

Der Gläubiger kann die Forderung nicht erneut gesondert einklagen, wenn bei Wirksamwerden der Pfändung und Überweisung schon zwischen Schuldner und Drittschuldner ein Rechtsstreit anhängig, die Forderung also bereits rechtshängig ist[738] (§ 261 Abs. 3 ZPO). Auf den bereits anhängigen Prozess hat die Pfändung B.327

737 LArbG Baden-Württemberg, AP Nr. 3 zu § 850h ZPO.

738 Einer neuen Leistungsklage des Gläubigers fehlt das Rechtsschutzinteresse, wenn bereits der Schuldner Klage auf Leistung an den Gläubiger erhoben hat, OLG Hamburg, MDR 1967, 849. Auch OLG Karlsruhe, FamRZ 2002, 1500: Zahlungsklage ist auch unzulässig, wenn dem Gläubiger unbekannt ist, dass bereits ein Vollstreckungstitel (Vergleich) besteht.

keinen Einfluss (§ 265 Abs. 2 Satz 1 ZPO)[739]. Den Rechtsstreit kann der Gläubiger als Rechtsnachfolger nicht ohne weiteres, sondern nur mit Zustimmung des Drittschuldners als Hauptpartei an Stelle des klagenden Schuldners übernehmen (siehe § 265 Abs. 2 ZPO).

B.328 Der Rechtsstreit, der vom Gläubiger **nicht übernommen** wird, nimmt zwischen Schuldner und Drittschuldner als Prozessparteien unverändert seinen Fortgang (§ 265 Abs. 2 ZPO). Der Schuldner muss aber, da er nach Pfändung und Überweisung nicht mehr Leistung an sich verlangen kann, seinen **Klageantrag** auf Leistung an den pfändenden Gläubiger (Hinterlegung, wenn Überweisung nicht erfolgt ist) ändern[740], und zwar auch dann, wenn der beklagte Drittschuldner die fehlende Sachbefugnis des klagenden Schuldners nicht beanstandet. Das Gericht muss diese Klageänderung anregen (§ 139 ZPO). Sie besteht bei Teilpfändung darin, dass der Schuldner Leistung des gepfändeten und überwiesenen Teils an den Gläubiger und nur noch Leistung des ungepfändeten Restes an sich selbst verlangen muss. Unterbleibt die Änderung des Klageantrages, so muss – wenn das Gericht von der Pfändung Kenntnis hat – die Klage abgewiesen werden[741]. Der **Drittschuldner** ist infolge des zugestellten Zahlungsverbotes gehalten, der Leistungsklage des Schuldners mit dem **Einwand der Pfändung** entgegenzutreten[742]. Dieser Einwand kann nur bis zum Schluss der letzten mündlichen Verhandlung oder mit Einspruch, nicht aber mit Vollstreckungsabwehrklage geltend gemacht werden, wenn die Pfändung bis zu diesem Zeitpunkt bewirkt ist (siehe § 767 Abs. 2 ZPO)[743]. Unterlässt der Drittschuldner diesen Einwand, bleibt ihm nur der Weg der Hinterlegung zugunsten des Schuldners und (Pfändungs-)Gläubigers[744]. Wenn er gleichwohl an den Schuldner leistet, zu dessen Gunsten ein Urteil ergangen ist, kann sich der Drittschuldner dem Gläubiger gegenüber nicht auf die Erfüllung der Schuld berufen[745], sondern muss an ihn nochmals leisten (siehe Rdn. B.163).

B.329 Das in dem bei Pfändung schon anhängigen Rechtsstreit zwischen Schuldner und Drittschuldner ergehende **Urteil**[746] wirkt auch für und gegen den Gläubiger (§§ 325, 265 ZPO)[747]. Der Schuldner kann gegen ein klageabweisendes Urteil Be-

---

739 BGH, MDR 1986, 750 = NJW 1986, 3206 = Rpfleger 1986, 274.

740 BGH (Fn. 739); LG Berlin, MDR 1986, 327.

741 BGH (Fn. 739).

742 BGHZ 86, 337 = JurBüro 1983, 543 = MDR 1983, 486 = NJW 1983, 886 = Rpfleger 1983, 118; BGH, MDR 1984, 139 = NJW 1983, 2773 (2774), hier auch zur Berücksichtigung einer inländischen Forderungspfändung im Anerkennungsverfahren nach dem Gesetz vom 29.7.1972 (BGBl I 1328) zur Ausführung des Übereinkommens vom 27.9.1968 über die Zuständigkeit und die Vollstreckung gerichtlicher Entscheidungen in Zivil- und Handelssachen (BGBl 1972 II 774). Verletzung der Pflichten des Prozessvertreters des Beklagten aus dem Anwaltsvertrag, wenn er die Pfändung (und Überweisung) der Klageforderung an seine Partei nicht geltend macht, BGH, MDR 2011, 754 = NJW 2011, 2649.

743 RGZ 25, 426 (428).

744 BGHZ 86, 337 (340) (Fn. 742).

745 BGHZ 86, 337 (340) (Fn. 742).

746 Auch bei Klageabweisung, es sei denn, die Klage wird nur deshalb abgewiesen, weil die notwendige Klageänderung unterblieben ist.

747 BGHZ 86, 337 (340) (Fn. 742); BGH, MDR 1988, 1053 = NJW 1989, 39 (40).

rufung einlegen, sie durchführen und zurücknehmen[748]. Der Schuldner ist als Kläger daher auch nicht gehindert, sich gegenüber dem beklagten Drittschuldner zu verpflichten, seine Berufung gegen das klageabweisende Urteil zurückzunehmen[749]. Wenn der Gläubiger auf den Prozess Einfluss nehmen will, kann er als Rechtsnachfolger Nebenintervention erheben (§ 265 Abs. 2, § 66 ZPO). Als streitgenössischer Streithelfer (§§ 69, 61 ZPO) oder Hauptintervenient (§ 64 ZPO) kann der Gläubiger in den Rechtsstreit nicht eintreten (§ 265 Abs. 2 ZPO)[750].

Aus dem im Prozess zwischen Schuldner und Drittschuldner ergangenen Urteil (gleichgültig, ob es auf Leistung an den Gläubiger oder noch an den klagenden Schuldner lautet) kann der **Gläubiger die Zwangsvollstreckung** mit dem Ziel seiner Befriedigung betreiben. Die Vollstreckungsklausel für diese Zwangsvollstreckung ist nach § 727 ZPO auf den Namen des Gläubigers umzuschreiben[751]; der Gläubiger ist hierfür Rechtsnachfolger[752]. Wenn die voll gepfändete (Rdn. B.427) vollstreckbare Urteilsforderung des Schuldners an den Drittschuldner höher ist als die vollstreckbare Gläubigerforderung, kann dem Gläubiger (auf Antrag) wegen seines umfassenderen Pfandrechts die Vollstreckungsklausel zur Zwangsvollstreckung der voll gepfändeten (insgesamt haftenden) Urteilsforderung[753] nur unter Beschränkung der Einziehungsbefugnis auf einen seiner eigenen Forderung entsprechenden Betrag erteilt werden. Diese Begrenzung der Einziehungsbefugnis (siehe Rdn. B.206, B.220) ist in der Vollstreckungsklausel zum Ausdruck zu bringen. Weil der Gläubiger bei der Vollstreckung der voll gepfändeten Forderung nur zur Einziehung eines seiner eigenen Forderung entsprechenden Betrages befugt ist, kann die (zunächst) weitergehende Vollstreckungsbefugnis des Pfändungsgläubigers nur mit dem Ziel der Hinterlegung (Rdn. B.335) möglich sein. B.330

An den Schuldner darf der Drittschuldner auch dann nicht mehr zahlen, wenn der Gläubiger die **Pfändung erst nach Erlass des Leistungsurteils** erwirkt. Der Schuldner kann, solange er durch eine vollstreckbare Ausfertigung des auf ihn lautenden Urteils als Titelgläubiger legitimiert ist, gegen den Drittschuldner jedoch vollstrecken[754] (§§ 704, 750 Abs. 1 ZPO). Er kann daher weiterhin die Zwangsvollstreckung in das bewegliche Vermögen des Drittschuldners sowie gegen diesen das Verfahren zur Erteilung und Versicherung der Vermögensauskunft (Rdn. B.224) betreiben[755]. § 775 ZPO findet keine Anwendung[756]. Der Gerichtsvollzieher kann daher die Zwangsvollstreckung nicht einstellen, wenn ihm der Drittschuldner die B.331

748 BGH (Fn. 747).
749 BGH (Fn. 747).
750 RGZ 20, 420.
751 BGHZ 86, 337 (340) (Fn. 742); KG, JurBüro 1983, 463 = OLGZ 1983, 205 = ZZP 96 (1983) 368 mit Anm. Münzberg; OLG Karlsruhe (Fn. 738) (Umschreibung eines gerichtlichen Vergleichs).
752 OLG Frankfurt, NJW 1983, 2266; OLG Hamburg, JurBüro 1983, 291; KG (Fn. 751).
753 So Sächs. LArbG, JurBüro 1996, 105, jedoch – nicht zutreffend – für die Erteilung einer unbeschränkten vollstreckbaren Ausfertigung und damit ohne Hinweis auf die Beschränkung der Einziehungsbefugnis.
754 Siehe Zöller/Seibel, ZPO, § 727 Rdn. 30 (auch zu Rechtsbehelfen).
755 OLG Oldenburg, MDR 1998, 61.
756 Münzberg, DGVZ 1985, 145; OLG Frankfurt, DGVZ 1993, 91; Zöller/Geimer, ZPO, § 775 Rdn. 3.

Ausfertigung des Pfändungsbeschlusses vorlegt[757]. Eine Zahlung des Drittschuldners hat der Gerichtsvollzieher anzunehmen, jedoch nicht an den (vollstreckenden) Schuldner auszuzahlen, sondern nach § 815 Abs. 2 ZPO (analoge Anwendung) zu hinterlegen[758]. Den Drittschuldner verpflichtet das gegen ihn ergangene Zahlungsverbot jedoch, der Zwangsvollstreckung des Schuldners mit der Einrede der Forderungspfändung zu begegnen (siehe auch Rdn. B.328). Diese Einrede betrifft den durch das Urteil festgestellten Anspruch des Schuldners, muss also mit Vollstreckungsgegenklage (§ 767 ZPO) geltend gemacht werden[759] (einstweilige Anordnung ermöglicht § 769 ZPO).

B.332 Die Pfändung verbietet dem Drittschuldner eine Zahlung an den Schuldner auch, wenn über den (gepfändeten) Anspruch sonst ein Vollstreckungstitel bereits erstellt ist, insbesondere ein Vergleich oder eine notarielle Urkunde (§ 794 Abs. 1 Nrn. 1, 5 ZPO). Auch dann verpflichtet das Zahlungsverbot den Drittschuldner, der Zwangsvollstreckung mit dem Einwand der Forderungspfändung mit Vollstreckungsabwehrklage zu begegnen[760] (wie Rdn. B.331).

10.1.4. Klage des Schuldners gegen den Drittschuldner nach Pfändung und Überweisung

B.333 Der Schuldner kann gegen den Drittschuldner auch nach Pfändung und Überweisung zur Einziehung bei Vorhandensein der Voraussetzungen des § 256 ZPO noch Feststellungsklage über das Bestehen der Forderung erheben[761], weil diese noch im Vermögen des Schuldners steht (siehe Rdn. B.205). Wegen seines eigenen Interesses und Rechts an dem Bestehen der Forderung und an der Befriedigung des Gläubigers kann der Schuldner aber auch gegen den Drittschuldner auf Zahlung[762] an den pfändenden Gläubiger klagen[763]. Bei dieser Klagebefugnis handelt es sich

---

757 Siehe auch AG München, DGVZ 1984, 76 (Vollstreckung eines nach Pfändung geschlossenen Vergleichs); außerdem LG Limburg, DGVZ 1984, 121; AG Karlsruhe/LG Karlsruhe, DGVZ 1984, 155; AG Bad Segeberg, DGVZ 1989, 121.

758 Schmidt-von Rhein, DGVZ 1988, 65.

759 RGZ 25, 426; RG, JW 1897, 169 = Seufferts Archiv 52, 212; Münzberg, DGVZ 1985, 145; LG Wiesbaden/OLG Frankfurt, DGVZ 1993, 91. **Anders** Christmann, DGVZ 1985, 81, der das Einziehungsverbot (auch) als Beitreibungsverbot und damit als Vollstreckungshindernis verstanden wissen will.

760 BArbG, NJW 1997, 1868 = NZA 1997, 563: Vollstreckungsgegenklage gegen die Vollstreckung eines durch Prozessvergleich titulierten arbeitsrechtlichen Abfindungsanspruchs.

761 RGZ 83, 116 (118); RG, JW 1935, 3541; BGHZ 114, 138 (141) = MDR 1991, 736 = NJW 1991, 3148; BGHZ 147, 225 = JZ 2002, 44 mit Anm. Berger = MDR 2001, 1075 = BGH-Rep. 2001, 526 mit Anm. Stöber = NJW 2001, 2178 = Rpfleger 2001, 435.

762 Nicht aber auf Hinterlegung (RGZ 77, 141) und auch nicht auf Leistung an den Schuldner unbeschadet der Rechte des Gläubigers (RGZ 77, 141 [144]).

763 RGZ 83, 116 (118); RGZ 49, 201 (204); RGZ 77, 141 (145); RG, JW 1935, 3541; RG, JW 1938, 2399; BGH, MDR 1968, 913 = NJW 1968, 2059; BGHZ 114, 138 (Fn. 761); BGHZ 147, 225 (Fn. 761). In dieser Weise kann der Schuldner auch Arbeitslohn vor dem Arbeitsgericht einklagen; der Vorschrift des § 253 Abs. 2 Nr. 2 ZPO ist in solchem Falle aber nur dann genügt, wenn im Klageantrag der pfändende Gläubiger namentlich benannt ist (LArbG Baden-Württemberg, BB 1964, 390).

um eigene Rechte des Schuldners[764], die mit dem selbstständigen Klagerecht des Gläubigers konkurrieren. Ihr kann die Wirkung der Rechtshängigkeit (§ 261 Abs. 3 ZPO) daher nicht entgegenstehen und der Drittschuldner auch nicht mit dem Hinweis begegnen, durch Häufung der gegen ihn anzustrengenden Prozesse werde seine Lage verschlechtert[765]. Klagen Gläubiger und Schuldner gemeinsam, so liegt keine notwendige Streitgenossenschaft vor; eine einheitliche Entscheidung muss daher auch nicht ergehen. Wenn die gepfändete Forderung größer als die Vollstreckungsforderung des Gläubigers ist (über dessen Anspruch somit hinausgeht), kann der Schuldner auch den Restanspruch zur Zahlung an sich geltend machen[766]. Dann muss aber sichergestellt sein, dass der Schuldner die Restforderung (auf die sich das Pfandrecht erstreckt; s. Rdn. B.427), nicht ausbezahlt erhält, bevor die Forderung des pfändenden Gläubigers getilgt ist[767]. Ermöglicht ist dem Schuldner daher (unter der Voraussetzung des § 259 ZPO) nur Klage auf künftige Leistung nach Befriedigung des Pfändungsgläubigers[768]. Die Verjährung unterbricht die Klage des Schuldners (= Forderungsgläubigers) auch, wenn er bei der Geltendmachung seiner Forderung die Pfändung (und Überweisung) unberücksichtigt lässt[769].

10.2. Vor der Überweisung

10.2.1. Klage des Gläubigers oder Schuldners gegen den Drittschuldner

Siehe hierwegen Rdn. B.152, B.161. Klagt der Gläubiger, so ist er zur Streitverkündung verpflichtet (§ 841 ZPO; Rdn. B.324 ff.). **B.334**

10.2.2. Der bereits anhängige Rechtsstreit

Ist die Forderung nur gepfändet, dem Gläubiger aber noch nicht zur Einziehung (oder an Zahlungs statt) überwiesen, so gilt für den zwischen Schuldner und Drittschuldner bereits anhängigen Rechtsstreit das Rdn. B.327 ff. Gesagte entsprechend. Da der Gläubiger dann aber allein die streitige Forderung nicht einziehen kann, muss der Klageantrag auf Leistung an den Gläubiger und Schuldner gemeinsam oder auf Hinterlegung für beide geändert werden (siehe § 1281 BGB). Deshalb kann auch der Gläubiger aus dem im Prozess ergangenen Urteil nur die Zwangsvollstreckung mit dem Ziel der Hinterlegung des Erlöses betreiben. Die Umstellung der Vollstreckungsklausel (§ 727 ZPO) kann daher nur mit der Maßgabe erfolgen, dass dem Gläubiger die Zwangsvollstreckung nur mit dem Ziel der **B.335**

---

764 **Anders** Kleinheisterkamp, Prozessführung über gepfändete Geldforderungen (2001) D II 1 (S. 89 ff.) und L 2 a (S. 154): Mit Überweisung verliert der Schuldner die Prozessführungsbefugnis; vermittelnd Hau, JZ 2002, 325: Klage des Schuldners auf Leistung an den Gläubiger nur bei unzureichenden Einziehungsbemühungen des Gläubigers.
765 RGZ 83, 116 (121); BGHZ 114, 138 (Fn. 761).
766 BGHZ 147, 225 (Fn. 761).
767 BGHZ 147, 225 (Fn. 761).
768 BGHZ 147, 225 (Fn. 761), auch zum Klageantrag.
769 BGH, MDR 1986, 203 = NJW 1986, 423; BGH, MDR 1986, 398 = NJW 1986, 977 (978); RG, Recht 1915 Nr. 287.

Hinterlegung für Gläubiger und Schuldner gemeinsam erlaubt ist. Erst nach der Überweisung der Forderung kann dem Gläubiger erneut eine Rechtsnachfolgeklausel (§ 727 ZPO) zur Zwangsvollstreckung des nunmehr an ihn allein zu leistenden Anspruchs erteilt werden.

10.2.3. Der noch nicht anhängige Rechtsstreit

B.336 Ist ein Rechtsstreit bei Pfändung **noch nicht anhängig** und konkurrieren deshalb das Klagerecht des Gläubigers oder Schuldners miteinander, so gilt das Rdn. B.333 Gesagte entsprechend.

10.3. Feststellungsklage des Drittschuldners

B.337 Der Drittschuldner kann mit negativer Feststellungsklage gegen den Gläubiger geltend machen, dass der Pfändungsbeschluss unwirksam ist[770]. Voraussetzung ist jedoch, dass dem Drittschuldner kein einfacherer und billigerer Weg zur Verfügung steht, um sein Ziel zu erreichen[771]. Der Drittschuldner kann auch negative Feststellungsklage auf Nichtbestehen der gepfändeten Forderung erheben[772]; auch diese Klage erfordert jedoch ein Rechtsschutzinteresse.

10.4. Klage eines Zessionars

B.338 Der Zessionar, an den die Forderung erst nach ihrer Pfändung abgetreten ist, kann diese, solange die Pfändung wirksam besteht, nicht gegen den Drittschuldner einklagen[773]. Für die Behauptung, die Forderung sei schon vor der Pfändung abgetreten worden, trifft den Zessionar die Beweislast[774].

11. Verzicht des Gläubigers (§ 843 ZPO)

B.339 **Formulierungsvorschlag** für ein Schreiben des Gläubigers an den Schuldner (zustellen, auch dem Drittschuldner):

Im Zwangsvollstreckungsverfahren gegen Sie verzichte ich hiermit auf meine durch den Pfändungs- und Überweisungsbeschluss des Amtsgerichts … vom … Aktenz. … an Ihrer Forderung gegen … (Drittschuldner) erworbenen Rechte unbeschadet meines Vollstreckungsanspruchs (§ 843 ZPO).

---

770 BGHZ 69, 144 = MDR 1978, 135 = NJW 1977, 1881 = NJW 1978, 272 Leits. mit Anm. Reinel = Rpfleger 1977, 298.
771 BGH (Fn. 770).
772 BGH (Fn. 770) m.w.N.
773 RG, HRR 1933 Nr. 10; siehe auch Rdn. B.154.
774 BGH (Fn. 725).

Auf die durch Pfändung und Überweisung zur Einziehung erworbenen Rechte kann der Gläubiger ganz oder teilweise **verzichten** (§ 843 ZPO). Der Verzicht erfolgt unbeschadet des Anspruchs des Gläubigers, führt also nicht zum Erlöschen seiner Vollstreckungsforderung. Aus seinem Schuldtitel kann der Gläubiger daher jederzeit weiter vollstrecken; auch dieselbe Forderung kann er wieder pfänden. **B.340**

Der Verzicht kann auf die durch Überweisung zur Einziehung erworbenen Rechte beschränkt werden[775]. Der Verzicht auf die Überweisung allein schließt einen Verzicht auch auf die Pfändung aber nicht ein. Ein Verzicht auf die Pfändung umfasst dagegen auch die Überweisung.

Nach (wirksamer) Überweisung an Zahlungs statt ist ein Verzicht auf die durch Pfändung und Überweisung erworbenen Rechte ausgeschlossen, weil diese Überweisung den Übergang der Forderung und damit die Befriedigung des Gläubigers bewirkt hat. Dem Drittschuldner kann der Gläubiger freilich seine nunmehr eigene Forderung durch Vertrag erlassen (§ 397 BGB); ein solcher Erlassvertrag berührt aber die Wirkungen der Pfändung und Überweisung an Zahlungs statt nicht mehr.

Die **Verzichtsleistung** erfolgt durch eine dem Schuldner zuzustellende Erklärung (§ 843 S. 2 ZPO). Die Erklärung ist auch dem Drittschuldner zuzustellen (§ 843 S. 3 ZPO). Diese Zustellungen erfolgen auf Betreiben des Gläubigers, also durch den Gerichtsvollzieher nach den Vorschriften der §§ 192 ff. ZPO (siehe Rdn. B.118, B.119). **B.341**

Der Verzicht kann unter einer aufschiebenden (nicht jedoch unter einer auflösenden) Bedingung erklärt[776] und bis zum Wirksamwerden der Erklärung widerrufen werden[777]; seine Anfechtung nach §§ 119 ff. BGB ist ausgeschlossen[778].

Noch kein Verzicht liegt in der dem Schuldner oder einem Dritten gegenüber übernommenen Verpflichtung, bei Eintritt eines bestimmten Ereignisses (z.B. nach Eingang einer Gegenleistung) die Rechte aus dem Pfändungs- und Überweisungsbeschluss aufzugeben. Nach Eintritt der Bedingung kann aber der Schuldner die Erfüllung der Verpflichtung mit Vollstreckungsgegenklage (§ 767 ZPO), der Dritte mit Klage auf Abgabe der Willenserklärung (§ 894 ZPO) verfolgen. Einen Verzicht auf das Pfändungspfandrecht bedeutet es auch nicht, wenn der Gläubiger das Pfandrecht nicht in vollem Umfang verfolgt wie z.B. bei Abschluss eines Ratenzahlungsvergleichs mit dem Drittschuldner[779]. Der Gläubiger kann auch nicht die Rechtswirkungen der Pfändung unter Wahrung seines Ranges einseitig vorläufig aussetzen („Ruhendstellung") mit dem Ziel, dass diese im Falle eines von ihm erklärten Widerrufs oder einer anderweitigen Pfändung der Forderung durch einen nachrangigen Gläubiger wieder aufleben, und für eine entsprechende zwischen ihm und dem Schuldner geschlossene vollstreckungsbeschränkende Vereinbarung

---

775 Ebenso Stein/Jonas/Würdinger, ZPO, § 843 Rdn. 1, Zöller/Herget, ZPO, § 843 Rdn. 2; MünchKomm/Smid, ZPO, § 843 Rdn. 2, 3; Musielak/Becker, ZPO, § 843 Rdn. 2; Schuschke/Walker, Vollstreckung, § 843 Rdn. 4.

776 Zöller/Herget, ZPO, § 843 Rdn. 2; Falkmann/Hubernagel, Die Zwangsvollstreckung, § 843 ZPO Anm. 7; OLG München, OLGR 1999, 277 (kein Verzicht unter auflösender Bedingung).

777 Wieczorek/Schütze/Lüke, ZPO, § 843 Rdn. 3.

778 Falkmann/Hubernagel (Fn. 776).

779 ArbG Kiel, SchlHA 1966, 225.

eine für den Drittschuldner verbindliche Feststellung des Vollstreckungsgerichts verlangen[780].

Als Verzicht sollte auch die an das Gericht gerichtete Erklärung nicht angesehen werden, den Antrag auf Erlass des Pfändungs- und Überweisungsbeschlusses zurückzunehmen[781]. Abgesehen davon, dass darin kein dem Schuldner zugestellter Verzicht liegt (§ 843 S. 2 ZPO), bringt die Erklärung nur zum Ausdruck, dass der Pfändungsantrag nicht weiter verfolgt wird, nicht jedoch weitergehend, dass Rechte aus einer bereits wirksam doch schon erlangten Pfändung aufgegeben werden sollen. Klarstellung ist daher auf jeden Fall geboten. Wenn die Zustellung noch nicht erfolgt ist, kann in der Erklärung auch die Zurücknahme des Zustellungsauftrags zu erblicken sein; davon ist, wenn Zustellung durch den Gerichtsvollzieher noch nicht erfolgt ist, diesem daher (unverzüglich) Kenntnis zu geben.

B.342 Das Pfändungspfandrecht und (oder) die Rechte aus dem Überweisungsbeschluss erlöschen mit der Zustellung des Verzichts an den Schuldner[782], ohne dass es einer ausdrücklichen Aufhebung des Pfändungsbeschlusses bedarf. Die Zustellung an den Drittschuldner ist für die Wirksamkeit des Verzichts nicht wesentlich[783]; sie hat nur die Bedeutung einer Benachrichtigung. Doch wird der Drittschuldner nach § 409 BGB geschützt, wenn er an den Schuldner leistet, nachdem ihm der Gläubiger einen tatsächlich noch nicht wirksam gewordenen Verzicht angezeigt hat. Gleiches gilt, wenn der Verzicht nur dem Drittschuldner, nicht aber dem Schuldner selbst zugestellt worden ist, sei es auch nur aus Versehen des Gerichtsvollziehers.

B.343 Mit der Zustellung an den Schuldner tritt die Wirkung des Verzichts auch ein, wenn die Zustellung an den Drittschuldner sich verzögert oder überhaupt unterbleibt. Der Schuldner muss dann aber eine Zahlung, die der Drittschuldner in Unkenntnis des Verzichts[784] an den Gläubiger leistet, gegen sich gelten lassen (§§ 407, 408 BGB). Durch eine solche Zahlung wird daher der Drittschuldner von seiner Schuld befreit. Der Gläubiger haftet dann dem Schuldner für den Schaden, den dieser durch die unterlassene Benachrichtigung des Drittschuldners und unrechtmäßige Annahme der Zahlung erleidet.

B.344 Die **Formvorschrift** des § 843 S. 2 ZPO über die Zustellung des Verzichts an den Schuldner ist nicht von so wesentlicher Bedeutung, dass der Verzicht nicht auch in anderer Form, z.B. durch privatrechtliche Willenserklärung[785], wirksam er-

---

780 BGH, MDR 2016, 355 = NJW-RR 2016, 319 = Rpfleger 2016, 299; BFHE 258, 105 = ZInsO 2017, 1855.

781 **Anders** OLG Köln, JurBüro 1995, 387 = Rpfleger 1995, 370 für die Zurücknahme des Antrags erst im Verfahren über (damals) eine weitere Beschwerde. Der Pfändungsbeschluss hätte indes auf Schuldnerbeschwerde aufgehoben werden müssen, weil er nach Zurücknahme ohne Antrag erlassen und diese neue Tatsache zu berücksichtigen war (§ 570 ZPO). Dem tragen Schuschke/Walker, Vollstreckung, § 843 Rdn. 3, und Wieczorek/Schütze/Lüke, ZPO, § 843 Rdn. 1 nicht Rechnung.

782 RGZ 15, 409; RGZ 139, 172; BGH, MDR 1983, 486 = NJW 1983, 886 = Rpfleger 1983, 118 (insoweit BGHZ 86, 337 nicht abgedruckt).

783 RG (Fn. 782); BGH (Fn. 782).

784 D.h., wenn er vom Verzicht noch nicht auf irgendeine Weise Kenntnis erlangt hat; die fehlende Zustellung des Verzichts allein entscheidet also nicht.

785 OLG Celle, NdsRpfl 1956, 109. Dieser Verzicht ist formlos möglich; ein Vertrag ist nicht erforderlich; RG, JW 1935, 3541.

klärt werden könnte[786]. Insbesondere kann daher der Schuldner dem Gläubiger gegenüber auf die Zustellung der Verzichtserklärung formlos verzichten[787]. Dann erlischt das Pfändungspfandrecht mit der tatsächlichen Verzichtsleistung des Gläubigers oder der ihr nachfolgenden Erklärung des Schuldners über den Zustellungsverzicht[788].

Wenn der Gläubiger (auch ohne Einhaltung der in § 834 S. 2 und 3 ZPO vorgeschriebenen Form) auf die Rechte aus dem Pfändungs- und Überweisungsbeschluss verzichtet hat, kann der Gläubiger, Schuldner oder Drittschuldner dessen Aufhebung beim Vollstreckungsgericht beantragen[789]. Die Aufhebung des Beschlusses durch das Vollstreckungsgericht dient der Sicherheit des Rechtsverkehrs und dem berechtigten Interesse der Beteiligten, Rechtsklarheit herbeizuführen[790]. Dem Vollstreckungsgericht ist für die Aufhebung des Beschlusses der (mit Zugang an den Schuldner wirksam gewordene) Verzicht nachzuweisen. Auf Antrag des Gläubigers, der einen wirksamen Verzicht nicht nachzuweisen vermag, kann die Aufhebung des Pfändungsbeschlusses nicht erfolgen. **B.345**

Wer die **Kosten** der durch den Verzicht erloschenen Vollstreckungsmaßnahme zu tragen hat, bestimmt sich nach § 788 ZPO[791]. Sie treffen den Schuldner nur in den selteneren Ausnahmefällen, in denen auch im Hinblick auf den Verzicht die Pfändung sachlich als notwendig angesehen werden muss. **B.346**

Nach **Klageerhebung** kann bei Verzicht nur auf die Rechte aus der Überweisung die Klage auf Hinterlegung oder Leistung an Gläubiger und Schuldner gemeinsam weiterverfolgt werden. Bei Verzicht auf die durch Pfändung erworbenen Rechte kann der Gläubiger eine Klage nicht mehr, auch nicht auf Leistung an den Schuldner allein weiterverfolgen. Der Schuldner, der mit dem Verzicht seine volle Verfügungsbefugnis über seinen Anspruch wiedererlangt hat, ist gemäß §§ 265, 325 ZPO als Rechtsnachfolger anzusehen. **B.347**

Kein Verzicht ist der **Rücktritt** eines Pfändungsgläubigers hinter einen ihm **im Rang** nachfolgenden Gläubiger[792]. Diese Rangänderung erfolgt vielmehr ohne Mitwirkung des Schuldners durch Einigung des vor- und zurücktretenden Gläubigers[793]. Hat der zurücktretende Gläubiger dem Drittschuldner den Rangwechsel erklärt, so wird dieser bei Leistung an den anderen Gläubiger nach § 409 BGB geschützt[794]. **B.348**

---

786 BGH (Fn. 782); BGH, MDR 1986, 398 (Fn. 769); BGH, NJW 2002, 1788; OLG München, BayJMBl 1954, 159; BArbG, AP Nr. 1 zu § 776 ZPO mit Anm. Pohle = Betrieb 1963, 420; Zöller/Herget, ZPO, § 843 Rdn. 2; MünchKomm/Smid, ZPO, § 843 Rdn. 3; Musielak/Becker, ZPO, § 843 Rdn. 2; s. auch Rdn. B.349.

787 RGZ 139, 172; BGH, NJW 1983, 886 = a.a.O. (Fn. 782).

788 OLG München (Fn. 786).

789 BGH, NJW 2002, 1788; OLG Köln (Fn. 781); **verneint** mangels Rechtsschutzbedürfnisses (früher) von OLG München (Fn. 786); OLG Hamburg, OLGE 14, 180.

790 BGH (Fn. 789).

791 So auch OLG Köln (Fn. 781).

792 RG, JW 1913, 885; Wieczorek/Schütze/Lüke, ZPO, § 843 Rdn. 4.

793 Siehe hierzu BAGE 65, 147 = NJW 1990, 2641 (2642); MünchKomm/Smid, ZPO, § 843 Rdn. 8.

794 RG (Fn. 792).

B.349 Abgesehen von § 843 ZPO kann der Gläubiger durch Abschluss eines Erlassvertrages (§ 397 BGB) mit dem Drittschuldner auf die Einziehung der gepfändeten Beträge verzichten. Ein solcher Vertrag braucht dem Schuldner nicht zugestellt zu werden[795]. Auch wenn der Gläubiger nur eine einseitige Verzichtserklärung auf Einziehung der gepfändeten Beträge abgibt, wenn also weder eine Erklärung nach § 843 ZPO noch ein Erlassvertrag vorliegt, wird seine spätere Zahlungsklage gegen den Drittschuldner gegen die Grundsätze von Treu und Glauben verstoßen[796].

12. Vorratspfändung (Vorzugspfändung), Dauerpfändung (Vorauspfändung) (§ 751 Abs. 1, § 850d Abs. 3 ZPO)

12.1. Vorratspfändung (Vorzugspfändung)

B.350 **Schrifttum:** Baer, Die Rechtsgrundlage der Vorratspfändung, NJW 1962, 574; Berner, Dauerpfändung keine Ermessensfrage, DR B 1941, 247; Berner, Dauerpfändungen und Vorzugs(Vorrats-)pfändungen, Rpfleger 1962, 237; Mümmler, Vorratspfändung und Pfändungsankündigung, JurBüro 1993, 204; Quardt, Die Vorratspfändung, JurBüro 1961, 520.

B.351 Zwangsvollstreckung mit Forderungspfändung erfordert, dass der beizutreibende vollstreckbare Anspruch des Gläubigers **fällig** ist (§ 751 Abs. 1 ZPO). Eine Ausnahme macht § 850d Abs. 3 ZPO. Diese Bestimmung ermöglicht die sog. **Vorratspfändung** (Vorzugspfändung[797]), wenn **Arbeitseinkommen des Schuldners** wegen der **Unterhaltsansprüche** (s. hierwegen Rdn. C.292), die Verwandten, dem Ehegatten oder einem früheren Ehegatten, dem Lebenspartner oder einem früheren Lebenspartner kraft Gesetzes zustehen, oder wegen der aus Anlass der Verletzung des Körpers oder der Gesundheit zu zahlenden Renten[798] gepfändet werden soll[799]. Mit der Vollstreckung wegen **fälliger** Ansprüche des Gläubigers (die Fälligkeit bestimmt sich nach dem Vollstreckungstitel) kann in diesen Fällen auch künftig fällig werdendes Arbeitseinkommen wegen der dann künftig jeweils fällig werdenden Ansprüche gepfändet werden. Dass der Anspruch mit Vorrang nach § 850d ZPO vollstreckt wird, ist nicht verlangt; die Vorratspfändung kann daher auch erfolgen, wenn dem Schuldner bei Vollstreckung des Unterhalts- oder Rentenanspruchs auf Gläubigerantrag Einkommensbeträge in er-

---

795 LArbG Berlin, AP Nr. 1 zu § 843 ZPO.

796 LArbG Berlin (Fn. 795); s. auch Rdn. B.344.

797 So bezeichnet Berner, Rpfleger 1962, 237 (238) diese Pfändung; er kommt damit zu einer konkreteren Unterscheidung von der Rdn. B.354 ff. dargestellten Dauerpfändung.

798 Wegen anderer Rentenansprüche, wegen regelmäßiger Kaufpreisraten, laufender Miete usw. und wegen Kapitalforderungen ist eine Vorratspfändung von Arbeitseinkommen nicht zulässig (so zutreffend Stein/Jonas/Würdinger, ZPO, § 850d Rdn. 50; Baur, DB 1968, 252). Das schließt jedoch die Dauerpfändung (siehe Rdn. B.354) nicht aus.

799 Wegen der Frage, ob und in welcher Weise sich diese Rechtsnatur des Anspruchs aus dem Schuldtitel ergeben muss, siehe Rdn. C.459.

weitertem Umfang nach § 850c ZPO pfandfrei verbleiben[800]. Rückstände über ein Jahr gehören zu den Ansprüchen, die eine Vorratspfändung ermöglichen, jedoch nur, wenn sich der Schuldner seiner Zahlungspflicht absichtlich entzogen hat[801]. Der Vorratspfändung unterliegen auch die bedingt pfändbaren Bezüge des § 850b ZPO, da sie nach den für Arbeitseinkommen geltenden Vorschriften, mithin auch nach Maßgabe des § 850d Abs. 3 ZPO zu pfänden sind (§ 850b Abs. 2 ZPO). Die Vornahme der Vorratspfändung ist nicht in das Ermessen des Vollstreckungsgerichts gestellt. Mit dem Wort „kann" in § 850d Abs. 3 ZPO ist nur die Zulässigkeit dieser Pfändungsmöglichkeit ausgedrückt, sodass das Vollstreckungsgericht verpflichtet ist, auf Antrag die Vorratspfändung auszusprechen, wenn die Voraussetzungen vorliegen[802].

Nur das **künftig fällig werdende Arbeitseinkommen** kann wegen der künftig fällig werdenden Ansprüche **nicht** gepfändet werden, wenn wegen bereits fälliger Beträge nicht vollstreckt wird, Rückstände also nicht vorliegen[803] (keine isolierte Vorratspfändung). Gleiches gilt für nur künftig fällig werdende Unterhaltsraten, wenn rückständige Unterhaltsbeträge zwar vorhanden sind, deswegen aber schon früher gesondert ein Pfändungsbeschluss erwirkt wurde[804]. Es kommt für die Zulässigkeit der Vorzugspfändung auf das Vorhandensein und die gleichzeitige Beitreibung fälliger Ansprüche im Zeitpunkt des Erlasses des Pfändungsbeschlusses an[805], nicht erst im Zeitpunkt der Zustellung[806]. Die zulässige Vorratspfändung kann daher auch dann noch wirksam gemacht werden, wenn der Schuldner zwischen Erlass des Pfändungsbeschlusses und Zustellung die Rückstände bezahlt hat[807]. Wenn der Schuldner eine rückständige Gläubigerforderung schon nach Zustellung der Vorpfändung (§ 845 Abs. 1 ZPO) getilgt hat, fällige Ansprüche bei der Entscheidung über den Pfändungsantrag somit nicht mehr mit beigetrieben werden, kann künftig fällig werdendes Arbeitseinkommen nur wegen der künftig fällig werdenden Gläubigerforderungen nicht gepfändet werden[808]. Die Tilgung aller Rückstände nach zulässiger Vorratspfändung rechtfertigt ihre Aufhebung nicht[809]. Jedoch kann unter bestimmten weiteren Voraussetzungen die weitere Ausnutzung der Vorratspfändung rechtsmissbräuchlich sein, wenn der Schuldner die Unterhaltsrückstände getilgt hat und zu erwarten ist, dass er künftig seine Unterhaltspflicht pünktlich erfüllen wird. Dann ist ausnahmsweise die Aufhebung der in zu- B.352

---

800 Zöller/Herget, ZPO, § 850d Rdn. 23; Musielak/Becker, ZPO, § 850d Rdn. 19.
801 Zöller/Herget, ZPO, § 850d Rdn. 23.
802 Berner, DR B 1941, 247; Stein/Jonas/Würdinger, ZPO, § 850d Rdn. 54.
803 OLG Frankfurt, NJW 1954, 1774; KG, MDR 1960, 931 = Rpfleger 1961, 126; LG Stuttgart, ZZP 71 (1958), 287; LG Berlin, MDR 1966, 596; Baur, DB 1968, 252.
804 LG Münster, FamRZ 1971, 667 = Rpfleger 1971, 324; Wieczorek/Schütze/Lüke, ZPO, § 850d Rdn. 59.
805 LG Berlin (Fn. 803); LG Göttingen, NdsRpfl 1967, 225. Wegen dieses Zeitpunktes siehe auch Quardt, JurBüro 1961, 520; Büttner, FamRZ 1994, 1433 (1437).
806 KG (Fn. 803); OLG Hamm, JurBüro 1957, 40 = JMBlNRW 1956, 234. Die Vorratspfändung bleibt also auch bestehen, wenn fällige Beträge nach diesem Zeitpunkt fortlaufend gezahlt werden. Auch der Zeitpunkt der Antragstellung ist bedeutungslos.
807 Quardt, JurBüro 1961, 520; Wieczorek/Schütze/Lüke, ZPO, § 850d Rdn. 59.
808 So auch Mümmler, JurBüro 1993, 204.
809 OLG Hamm (Fn. 806); KG (Fn. 803); OLG Düsseldorf, DB 1976, 2156 = MDR 1977, 147 = Rpfleger 1976, 373.

lässiger Weise ausgesprochenen Vorratspfändung geboten[810]. Hat der Schuldner die Rückstände vor der Pfändung gezahlt, so muss mit der unzulässigen Pfändung wegen der Rückstände die Vorratspfändung auch dann aufgehoben werden, wenn im Zeitpunkt der Pfändung die Zahlung dem Gläubiger noch nicht bekannt war[811].

B.353 Bei der Vorratspfändung (Vorzugspfändung) nach § 850d Abs. 3 ZPO entsteht für die fälligen und für die erst später fällig werdenden Unterhalts- oder bevorzugten Rentenansprüche ein **einheitlicher Pfändungsrang**[812]. Die Wirkungen der Pfändung bestimmen sich daher auch für die künftig fällig werdenden Raten des Gläubigeranspruchs wegen des dann fälligen Arbeitseinkommens nach dem Zeitpunkt der Zustellung des Pfändungsbeschlusses an den Drittschuldner (§ 829 Abs. 3 ZPO). Verfügungen des Schuldners oder Pfändungen anderer Gläubiger, die in der Zwischenzeit erfolgen, d.h. nach Wirksamwerden der Vorratspfändung, aber vor Fälligkeit der künftigen Unterhaltsansprüche und des dann fälligen Arbeitseinkommens, beeinträchtigen daher die Stellung des nach § 850d Abs. 3 ZPO pfändenden Gläubigers, also auch seinen Pfändungsrang, nicht mehr; sie sind ihm gegenüber unwirksam.

12.2. Dauerpfändung (Vorauspfändung)

B.354 Als **Dauerpfändung** (auch Vorauspfändung genannt) ist bei Vollstreckung einer fälligen (§ 751 Abs. 1 ZPO) wiederkehrenden Gläubigerforderung zugleich auch die Pfändung wegen der künftig erst fällig werdenden Leistungen aufschiebend bedingt zulässig[813]. Diese Vorauspfändung zur Vermeidung steter neuer Pfändungen bei jeder Fälligkeit mit Mehrkosten hat die vollstreckungsrechtliche Praxis als Besonderheit zu § 751 Abs. 1 ZPO entwickelt[814]; sie gründet sich nicht auf eine analoge Anwendung von § 850d Abs. 3 ZPO[815]. Daher kann die Vorauspfändung auch nicht auf künftig fällig werdendes Arbeitseinkommen und ähnliche fortlaufende Bezüge beschränkt sein; sie muss vielmehr auch (aufschiebend bedingt) Zu-

---

810 OLG Düsseldorf (Fn. 809). So dürfte auch OLG Naumburg, DGVZ 1995, 57 = OLG-NL 1995, 118 = OLGR 1995, 34, zu verstehen sein, obgleich es – unzutreffend – annimmt, die Vorratspfändung sei auf Fälle beschränkt, in denen wegen bereits vorhandener Säumnis des Schuldners die durch Tatsachen begründete Gefahr künftigen Schuldnerverzugs bestehe. Wegen der Besonderheiten, die ausnahmsweise die Aufhebung rechtfertigen können, siehe den Sachverhalt dieser Entscheidung; OLG Bamberg, FamRZ 1994, 1540 (minimaler Unterhaltsrückstand infolge eines Informationsfehlers des Prozessbevollmächtigten); hierzu auch Büttner, FamRZ 1994, 1433 (1438).

811 OLG Frankfurt (Fn. 803).

812 Berner, Rpfleger 1962, 237; Stein/Jonas/Würdinger, ZPO, § 850d Rdn. 57; Zöller/Herget, ZPO, § 850d Rdn. 26; Wieczorek/Schütze/Lüke, ZPO, § 850d Rdn. 63; zum Teil kritisch Baur, DB 1968, 252, der aber nicht herausstellt, dass der einheitliche Pfändungsrang auch für die künftig jeweils fällig werdenden Ansprüche des Vollstreckungsgläubigers entsteht, mithin weiter geht als im Falle des § 832 ZPO.

813 BGH, FamRZ 2004, 183 = MDR 2004, 413 = NJW 2004, 369 = Rpfleger 2004, 169. Zur Vorauspfändung auch MünchKomm/Heßler/Smid, ZPO, § 751 Rdn. 7, § 850d Rdn. 33; Musielak/Becker, ZPO, § 850d Rdn. 2, 20; Schuschke/Walker, Vollstreckung, § 751 Rdn. 7, § 850d Rdn. 18); Stein/Jonas/Münzberg, § 751 Rdn. 4.

814 Z.B. Baer und Berner (Schrifttum Rdn. B.350).

815 BGH (Fn. 813).

griff auf nicht wiederkehrende (und auch künftige) Forderungen und Rechte ermöglichen. Als Zwangsvollstreckung mit Wirksamkeit erst bei Fälligkeit des (jeweiligen) Gläubigeranspruchs ist die Vorauspfändung somit zulässig

- **bei Vollstreckung** wegen gesetzlicher Unterhaltsansprüche sowie wegen der aus einer Verletzung des Körpers oder der Gesundheit zu zahlenden Renten, ebenso aber auch bei Vollstreckung anderer wiederkehrender Gläubigeransprüche wie z.B. künftiger Miete oder Pacht, Kaufpreisraten, Reallastleistungen,
- **durch Pfändung** auch des künftig fällig werdenden Arbeitseinkommens und ähnlicher fortlaufender Bezüge, ebenso aber auch durch Pfändung anderer (damit auch zukünftiger, Rdn. A.30) Schuldnerforderungen wie z.B. späterer Kontoguthaben[816] und anderer (gegenwärtiger oder künftiger) Vermögensrechte des Schuldners wie Miete[817] und Pacht[818], Kaufpreisraten[819], Vermächtnisrenten oder Raten von Kapitalforderungen, einmaliger Hauptsachebeträge (Kapitalforderungen[820]) wie den Erlös aus Hausverkauf[821], einen Erbanteil[822], und selbst eine Hypothekenforderung[823], Grundschuld sowie den Anspruch auf Rückgewähr einer Grundschuld[824].

Vollstreckungserfordernis ist auch bei Vorauspfändung, dass die Zwangsvollstreckung wegen der wiederkehrenden Leistungen überhaupt beginnen darf (§ 751 Abs. 1 ZPO). Bei Erlass des Pfändungsbeschlusses muss daher (wenigstens) eine der wiederkehrenden Leistungen bereits fällig sein und mitvollstreckt werden[825]; eine isolierte Vorauspfändung ohne Mitvollstreckung eines bereits fälligen Anspruchsteils ist damit ausgeschlossen (wie Rdn. B.352).

Der Pfändungs**beschluss** hat Bestimmung zu treffen **B.355**

- über die **aufschiebend bedingte Wirkung** der Pfändung wegen der erst künftig fällig werdenden Leistungen,
- dass die Vorauspfändung die Forderung oder das Vermögensrecht des Schuldners bei ihrem Wirksamwerden erfasst, somit sich auch auf zunächst noch zukünftige Schuldnerforderungen oder das zukünftige Vermögensrecht des Schuldners erstrecken soll (s. Rdn. B.89).

---

816 BGH (Fn. 813); LG Flensburg, FamRZ 2004, 1224; AG Hamburg-Harburg, NJW-RR 2003, 149; AG Norden, NJW-RR 2004, 1692.
817 LG Bremen, Rpfleger 1950, 276; LG Hamburg, Rpfleger 1962, 281; LG Mannheim, NJW 1949, 869.
818 LG Würzburg, NJW 1956, 1160; **a.A.** (früher) SchlHolstOLG, Rpfleger 1965, 181 mit abl. Anm. Berner = SchlHAnz 1964, 149 (überholt).
819 **A.A.** (früher) OLG Hamm, JurBüro 1963, 52 = MDR 1963, 226 = Rpfleger 1963, 19 mit abl. Anm. Berner (überholt).
820 Berner, Rpfleger 1962, 237 (239); **a.A.** (früher) OLG Celle, NdsRpfl 1952, 152 (überholt).
821 LG Saarbrücken, Rpfleger 1973, 373.
822 Berner (Fn. 820); OLG Hamm, FamRZ 1994, 453 = NJW-RR 1994, 895 = Rpfleger 1994, 222; LG Düsseldorf, Rpfleger 1985, 119; LG Karlsruhe, FamRZ 1986, 378; LG Saarbrücken (Fn. 821); **a.A.** (früher) LG Stuttgart, ZZP 71 (1958), 287 (überholt).
823 Berner (Fn. 820).
824 **A.A.** (früher) LG Berlin, Rpfleger 1978, 331 (überholt).
825 LG Flensburg (Fn. 816); Zöller/Herget, ZPO, § 850d Rdn. 27.

B.356 **Formulierungsvorschlag:**

Gepfändet werden

- *wegen der am … und am … bereits fällig gewesenen (damit rückständigen) wiederkehrenden Gläubigeransprüche im Betrag von zusammen … € und … € anteiliger Vollstreckungskosten*
- *und aufschiebend bedingt wegen der künftig erst fällig werdenden wiederkehrenden Gläubigeransprüche mit den anteiligen (restigen) Vollstreckungskosten*

die angeblichen Forderungen an … – Drittschuldner – auf Zahlung …

Die aufschiebend bedingte Pfändung wegen der künftig ab … fällig werdenden Vollstreckungsansprüche des Gläubigers wird erst wirksam, wenn der jeweilige Kalendertag der Fälligkeit abgelaufen ist.

B.357 **Wirksam** wird die Vorauspfändung erst mit Beginn des Tages nach der Fälligkeit der (jeweils) wiederkehrenden Gläubigerforderung[826] (der Fälligkeitstag muss abgelaufen sein, § 751 Abs. 1 ZPO[827]). Die Vorauspfändung hat somit (anders als die Vorratspfändung) wegen der erst künftig fällig werdenden Gläubigeransprüche keine rangwahrende Wirkung; sie begründet keinen einheitlichen Pfändungsrang. Der Schuldner kann vielmehr auch nach Erlass und Zustellung des Pfändungsbeschlusses und vor Wirksamwerden der Pfändung wegen der künftig fällig werdenden Gläubigeransprüche noch über seine (nur bedingt) gepfändete Geldforderung oder das (bedingt) gepfändete Vermögensrecht verfügen; ebenso hindert die Vorauspfändung zwischenzeitliche (rangwahrende) Pfändungen anderer Gläubiger für fällige Vollstreckungsforderungen (bei Vollstreckung eines Unterhalts- oder Rentenanspruchs damit auch die Vorratspfändung nach § 850d Abs. 3 ZPO) nicht. Zwischenzeitliche Verfügungen des Schuldners sind damit auch dem Gläubiger gegenüber wirksam, soweit er schon voraus, aber nur bedingt wirksam gepfändet hat; ebenso wirken dem nur bedingt pfändenden Gläubiger gegenüber solche zwischenzeitliche Verfügungen anderer Gläubiger, die wegen schon fälliger Vollstreckungsforderungen (§ 751 Abs. 1 ZPO) in der Zwischenzeit unbedingt (wirksam) erfolgt sind. Solche Pfändungen haben daher Rang vor der zeitlich früher ausgebrachten, aber erst am Tage nach der Fälligkeit der jeweiligen Rate der vollstreckbaren Forderung wirksam werdenden Vorauspfändung. Bei der Vorauspfändung wird damit lediglich fortlaufend, im Voraus und durch einen einzigen Beschluss gepfändet, aber rangmäßig und in Bezug auf die anderen Pfändungswirkungen nicht anders, als wenn stückweise nach Fälligkeitsabschnitten gepfändet worden wäre[828].

---

826 BGH (Fn. 813).

827 Zu Sonn- und Feiertagen sowie Sonnabend s. Zöller/Seibel, ZPO, § 751 Rdn. 2.

828 Berner, Rpfleger 1962, 237 (238); OLG Hamm (Fn. 822); LG Münster, DGVZ 2000, 187 = Rpfleger 2000, 506.

13. Nebenansprüche und Nebenrechte (§ 838 ZPO)

13.1. Erstreckung der Pfändung auf Nebenrechte

Das Pfandrecht erfasst die gepfändete Forderung des Schuldners an den Drittschuldner in **vollem** Umfang, erstreckt sich also auch auf die **Nebenansprüche** sowie auf **Neben- und Vorzugsrechte** der Forderung. **B.358**

13.2. Zinsen

Gesetzliche oder vertragliche Zinsen sind **Nebenansprüche** (Nebenschuld) der gepfändeten Forderung. Bei rechtsgeschäftlicher Verpfändung einer Forderung erstreckt sich das Pfandrecht daher ohne weiteres auch auf die Zinsen (§ 1289 BGB). Aus der entsprechenden Anwendung dieser Vorschrift auf das Pfändungspfandrecht (siehe Rdn. B.149) folgt, dass auch dieses den Anspruch auf Zahlung von Zinsen erfasst[829]. Diese Wirkung der Pfändung tritt kraft Gesetzes, also auch dann ein, wenn im Pfändungsbeschluss nicht gesondert zum Ausdruck gebracht ist, dass die Zinsen mitgepfändet sein sollen. **B.359**

Es ist aber nicht geklärt, ob sich die Pfändung nur auf die künftig fällig werdenden oder auch auf die bereits fälligen und noch nicht beglichenen, also **rückständigen Zinsen** erstreckt. Man wird aber hinsichtlich der bei Pfändung rückständigen Zinsen die in § 1289 BGB getroffene Regelung und zeitliche Einschränkung nicht analog anwenden können[830]. Denn diese Vorschrift knüpft die pfandrechtliche Haftung der Zinsen an eine Anzeige des Pfandgläubigers an den (Dritt-)Schuldner darüber, dass er von seinem Einziehungsrecht in Ansehung der Zinsen Gebrauch mache. Die Pfändung wird aber als Staatsakt schon mit der Zustellung des Beschlusses in ihrem vollen Ausmaße bewirkt. Das Wesen des Pfändungsbeschlusses als staatlicher Hoheitsakt und die Vorschriften über sein Wirksamwerden durch Zustellung verbieten es, Beginn und Umfang der pfandrechtlichen Haftung von einer zusätzlichen privaten Anzeige abhängig zu machen. Es muss deshalb davon ausgegangen werden, dass sich die Pfändung ohne weiteres auf alle rückständigen und künftigen Zinsen erstreckt. Eine Besonderheit besteht nur bei der Pfändung hypothekarischer Ansprüche; siehe hierwegen Rdn. F.15. **B.360**

Solche Unklarheiten über die Frage, ob und für welche Zeit rückständige Zinsen mitgepfändet sein sollen, treten aber nicht auf, wenn im Pfändungsbeschluss **ausdrücklich** die rückständigen Zinsen **als mitgepfändet bezeichnet** werden[831]. Da der Gläubiger meist nicht wissen wird, für welche zurückliegende Zeit Zinsen ge- **B.361**

829 RGZ HRR 1931 Nr. 144; OLG Düsseldorf, Rpfleger 1984, 473; Jonas, JW 1937, 2135.
830 **Anders:** OLG Düsseldorf (Fn. 829); Schuschke/Walker, Vollstreckung, § 829 Rdn. 64; Musielak/Becker, ZPO, § 829 Rdn. 21.
831 So auch OLG Düsseldorf (Fn. 829); Schuschke/Walker, Vollstreckung, § 829 Rdn. 64; Musielak/Becker, ZPO, § 829 Rdn. 21; Stein/Jonas/Würdinger, ZPO, § 829 Rdn. 80.

schuldet werden, wird empfohlen[832], Antrag dahin zu stellen, dass außer den künftig fällig werdenden Zinsen auch sämtliche rückständigen Zinsen mitgepfändet werden sollen.

B.362 Ebenso wie bei der Verpfändung einer Forderung mit dinglicher Wirkung ausgeschlossen werden kann, dass sich das Pfandrecht auf die Zinsen erstreckt, kann auch bei Forderungspfändung der Zinsanspruch als Nebenrecht vom Pfändungszugriff **ausgenommen** werden. Diese Beschränkung der vollen Pfändungswirkung ist eine **Teil**pfändung. Als solche muss sie ausdrücklich angeordnet, im Pfändungsbeschluss also bestimmt sein, dass sich die Pfändung auf die Hauptforderung beschränken und die Zinsen nicht erfassen soll. Soll dann das Recht auf den Zinsbezug nachträglich auch der Pfändung unterworfen werden, so ist hierfür ein neuer Pfändungsbeschluss notwendig, der erst mit seiner Zustellung wirksam wird.

B.363 Bereits fällige und ebenso noch nicht fällige Zinsen können aber auch **selbstständig** abgetreten oder verpfändet und deshalb ebenso auch selbstständig, d.h. ohne die Hauptforderung, gepfändet werden[833]. Dass sich die Pfändung nur auf die Zinsen erstrecken soll, ist im Pfändungsbeschluss zum Ausdruck zu bringen. Die alleinige Pfändung der Zinsen wird sich freilich nur in Ausnahmefällen lohnen, so z.B. dann, wenn die Vollstreckungsforderung des Gläubigers klein und in Kürze die Zahlung einer ausreichend hohen Zinsfälligkeit mit Sicherheit zu erwarten ist.

13.3. Nebenrechte

B.364 Nebenrechte einer Forderung sind rechtlich unselbstständig, können also für sich nicht übertragen oder verpfändet werden (§§ 401, 1250 Abs. 1 BGB). Ebenso können sie auch nicht selbstständig, d.h. nicht allein, gepfändet werden (wegen der u.U. möglichen Hilfspfändung siehe Rdn. B.371 ff.). Pfändbar ist vielmehr nur die Forderung selbst als das Hauptrecht. Ihre Pfändungsbeschlagnahme **erstreckt** sich ohne weiteres auch **auf alle unselbstständigen Nebenrechte**[834], d.s. alle Nebenrechte, die im Falle der Abtretung nach § 401 BGB auf den neuen Gläubiger übergehen. Solche Nebenrechte sind insbesondere

- **Pfandrechte,** insbesondere die gesetzlichen Pfandrechte (auch das gesetzliche Vermieterpfandrecht bei Mietpfändung)[835] und die durch Verpfändung oder Pfändung entstandenen Pfandrechte[836] unter Einschluss des durch

---

832 Bohn/Berner, Pfändbare Forderungen etc., N. 130.

833 RGZ 74, 78.

834 BGH, MDR 2004, 114 = NJW-RR 2003, 1555 = Rpfleger 2003, 669; BGHZ 165, 53 (56, 57) = MDR 2006, 220 = NJW 2006, 217 = Rpfleger 2006, 140; BGH, MDR 2012, 605 = NJW-RR 2012, 434 = RPfleger 2012, 396; BGHZ 196, 62 = DGVZ 2013, 75 = MDR 2013, 367 = NJW 2013, 539 = Rpfleger 2013, 280; RGZ HRR 1931 Nr. 144.

835 Bosch, KKZ 1953, 159.

836 OLG Hamburg, OLGE 12, 141; siehe auch BGHZ 108, 237 (242) = MDR 1990, 147 = NJW 1989, 2536 = Rpfleger 1990, 32; OLG Nürnberg, JurBüro 2001, 606 = MDR 2001, 1133; LG Leipzig, Rpfleger 2000, 401.

Pfändung und Überweisung erlangten Pfändungspfand- und Einziehungsrechts an einer Forderung oder einem anderen Vermögensrecht[837],

- **Ansprüche gegen den Bürgen** (§§ 765 ff. BGB),
- die für die Forderung nach der Pfändung eingetragene **Hypothek** (siehe hierwegen Rdn. F.59),
- **Vormerkungen,** insbesondere Hypothekenvormerkungen[838], und der gesetzliche Anspruch auf Einräumung einer Vormerkung (z.B. §§ 885, 648 BGB),
- Rechte aus einem sichernden **Schuldbeitritt**[839],
- der Anspruch auf **Rechnungslegung** und Auskunft (s. Rdn. E.344).

Vorzugsrechte (§ 401 Abs. 2 BGB) sind ebenfalls unselbstständig. Auch sie können daher nicht für sich gepfändet werden, sondern werden ohne weiteres von einem Forderungspfandrecht mitergriffen. Zu diesen Vorzugsrechten gehören **B.365**

- das durch Zwangsvollstreckung erworbene Pfändungspfandrecht (§ 804 ZPO; siehe schon Rdn. B.364),
- das Beschlagnahmerecht in einer Zwangsversteigerung oder Zwangsverwaltung (§§ 20, 148 ZVG),
- Vorzugsrechte im Insolvenzverfahren (siehe z.B. §§ 39, 49 ff., 209, 327 InsO).

Selbstständige, **abstrakte Sicherungsrechte** sind keine Neben- oder Vorzugsrechte. Auf sie erstreckt sich die Pfändung daher nicht; sie unterliegen vielmehr selbstständig dem Pfändungszugriff. Das gilt für Grundschulden, die eine Forderung sichern, Sicherungsübereignung, Eigentumsvorbehalt, Sicherungszessionen und Ansprüche aus Garantievertrag. **B.366**

Als **andere Nebenansprüche** werden von der Pfändung aber noch Ersatzansprüche erfasst, insbesondere **B.367**

- ein Schadensersatzanspruch wegen Nichterfüllung[840] (§§ 280 ff., § 437 Nr. 3, § 634 Nr. 4 BGB), jedoch nur dann, wenn er nach dem Wirksamwerden der Beschlagnahme entstanden ist,
- Ansprüche aus Sachmängeln (§§ 280 ff., § 634 Nr. 2 BGB),
- Ersatzansprüche bei Unmöglichkeit aus § 285 BGB,
- Anspruch auf Verzugschaden (§ 288 BGB).

---

837 RG, Seufferts Archiv 65, 68; Fleischmann, NJW 1956, 1076; OLG Nürnberg (Fn. 836); OLG Stuttgart, Justiz 1983, 302 = Rpfleger 1983, 409; LG Leipzig (Fn. 836); **a.A.** LG Osnabrück, NJW 1956, 1076. Das Forderungspfändungspfandrecht und das aus der Überweisung folgende Einziehungsrecht können daher nicht selbstständig gepfändet werden; s. auch Rdn. B.206.

838 RGZ 83, 434; RGZ 142, 331 (333) sowie – für die Auflassungsvormerkung – KG, JFG 8, 321.

839 Vgl. hierzu BGH, MDR 1972, 218 = NJW 1972, 437 (438 f.).

840 So auch Stein/Jonas/Würdinger, ZPO, § 829 Rdn. 73 Fn. 394; vgl. auch § 1210 Abs. 1 BGB.

Nicht ohne weiteres, sondern nur bei ausdrücklicher **Mitpfändung** sind hingegen Prozesskosten der in Streit befangenen Beschlagnahmeforderung[841] und Ansprüche aus Verschulden bei Vertragsabschluss beschlagnahmt.

Zum (gesetzlichen und vertraglichen) Rücktrittsrecht siehe Rdn. B.158.

13.4. Herausgabe eines Faustpfandes (§ 838 ZPO)

B.368 Das Pfandrecht an einer vom Drittschuldner dem Schuldner **verpfändeten beweglichen** Sache wird als Nebenrecht von der Forderungspfändung ergriffen (siehe Rdn. B.364). Mit der Überweisung erlangt der pfändende Gläubiger deshalb auch die Befugnis, die Rechte aus dem Faustpfandrecht geltend zu machen. Daraus ergibt sich für ihn ein Anspruch gegen den Schuldner auf Herausgabe des Pfandes (§ 1251 Abs. 1 BGB). Diesen Herausgabeanspruch schränkt § 838 ZPO ein. Die Regelung berücksichtigt, dass der Schuldner dem Drittschuldner auch nach Herausgabe der beweglichen Sache für den Schaden haftet, der entsteht, wenn der pfändende Gläubiger als (neuer) Besitzer die mit dem Pfandrecht verbundenen Verpflichtungen (siehe §§ 1214, 1215, 1217, 1218, 1223, 1243 BGB), also z.B. die Verwahrungspflicht, verletzt (§ 1251 Abs. 2 S. 2 BGB). § 838 ZPO gibt dem Schuldner für diese fortbestehende Haftung einen **Anspruch auf Sicherheitsleistung.** Die Herausgabe des Pfandes an den Gläubiger kann der Schuldner so lange verweigern, bis dieser für seine mit dem Pfandrecht verbundenen Verpflichtungen Sicherheit leistet.

B.369 Seinen Herausgabeanspruch gegen den Schuldner, der das Pfand nicht freiwillig übergibt, muss der Gläubiger mit Klage geltend machen[842]; Herausgabevollstreckung nach § 836 Abs. 3 ZPO kann nicht erfolgen[843]. Die Höhe der Sicherheit bestimmt das Prozessgericht; das Urteil ergeht auf Herausgabe Zug um Zug gegen die Sicherheitsleistung. Die Vollstreckung erfolgt nach §§ 726, 756 ZPO. Die Sicherheitsleistung[844] und ihre Rückgabe bestimmen sich nach §§ 232 ff. BGB; §§ 108, 109 ZPO finden keine Anwendung. Die Rückgabe kann weder das Vollstreckungsgericht noch das Prozessgericht des Herausgabestreits anordnen.

---

841 RG, HRR 1931 Nr. 144.

842 Stein/Jonas/Würdinger, ZPO, § 838 Rdn. 1; Musielak/Becker, § 838 Rdn. 3; Thomas/Putzo/Seiler, ZPO, § 838 Rdn. 1; Zöller/Herget, ZPO, § 838 Rdn. 2; Schuschke/Walker, Vollstreckung, § 838 Rdn. 2.

843 **A.A.** allerdings – Herausgabevollstreckung nach § 836 Abs. 3 ZPO; Höhe der Sicherheitsleistung bestimmt das Vollstreckungsgericht – Baumbach/Lauterbach/Hartmann, ZPO, § 838 Rdn. 3.

844 **A.A.** (Abweisung der Herausgabeklage, wenn Sicherheit bei Entscheidung nicht geleistet ist) Stein/Jonas/Würdinger, ZPO, § 838 Rdn. 2.

14. Hilfspfändung

Schrifttum: Dohmen, Die Hilfspfändung. Begriff, Verfahren und Kostenvorschriften, DGVZ 1961, 26; Paschold, Das Wesen der Hilfspfändung (§ 156 GVGA) ..., DGVZ 2002, 131. B.370

Gegenstand der Zwangsvollstreckung ist das Vermögen des Schuldners (siehe Rdn. A.1). Dem Vollstreckungszugriff durch Pfändung ist daher jeder Vermögensbestandteil des Schuldners unterworfen, der als selbstständiges Vermögensrecht der Gläubigerbefriedigung dienlich gemacht werden kann. B.371

Die Geltendmachung eines selbstständigen Vermögensrechts kann aber davon abhängig sein, dass sich der Gläubiger durch ein **Legitimationspapier** ausweisen kann. Legitimationspapiere sind nicht selbst Träger eines Rechts, sondern Urkunden, die eine Forderung dergestalt beweisen, dass sich der Schuldner durch Leistung an den Inhaber befreien kann. Bei dieser Bedeutung des Legitimationspapiers für den Rechtsverkehr kann dem Gläubiger nicht zugemutet werden, mit dem Zugriff auf das Papier bis zur wirksamen Pfändung der Forderung selbst zu warten (siehe § 836 Abs. 3 ZPO). Zur Abwendung einer Vollstreckungsvereitelung ist vielmehr schon vor der Forderungspfändung selbst ein überraschender (sofortiger) Vollstreckungszugriff auf das Papier geboten. Die ZPO regelt einen solchen Vollstreckungszugriff nicht. Die Rechtslehre und ihr folgend die GVGA halten jedoch einen solchen Zugriff als **Hilfspfändung** (vereinzelt auch **Neben**pfändung genannt) für zulässig. B.372

Auch kann es für den wirksamen Pfändungszugriff auf die durch ein Papier, das nicht selbst Träger eines Rechts ist, ausgewiesene Forderung notwendig sein, dass der Gläubiger in den Besitz des Papiers gelangt (siehe z.B. §§ 830, 857 Abs. 6 ZPO). Dann muss ebenfalls, und zwar zur Vorbereitung und Sicherstellung der Pfändung selbst, ein Vollstreckungszugriff in das Papier möglich sein. Auch in solchen Fällen ist der vorzeitige Zugriff auf das Papier in Form der Hilfspfändung zugelassen worden. Dieser Hilfspfändung zur **Vorbereitung oder Unterstützung der Vollstreckungsmaßnahme** können auch noch andere Ansprüche unterliegen, die selbst nicht Träger eines Rechtes sind, so z.B. der Grundbuchberichtigungsanspruch, der Anspruch auf Herausgabe eines Hypotheken- und Grundschuldbriefes oder auf Bildung eines Teilbriefs, das Miteigentum an einem Hypotheken- oder Grundschuldbrief usw. B.373

Die Hilfspfändung in **Papiere und andere körperliche Sachen** erfolgt durch den **Gerichtsvollzieher.** Sein Verfahren regelt § 106 GVGA; die Vorschrift lautet: B.374

§ 106 GVGA
Hilfspfändung

Papiere, die nur eine Forderung beweisen, aber nicht Träger des Rechts sind (z. B. Sparbücher, Pfandscheine, Versicherungsscheine und Depotscheine, ferner Hypotheken- und solche Grundschuld- und Rentenschuldbriefe, die nicht auf den Inhaber lauten), sind nicht Wertpapiere im Sinne des § 104. Sie können deshalb auch nicht nach den Vorschriften über die Zwangsvollstreckung in bewegliche körperliche Sachen gepfändet werden. Der Gerichtsvollzieher kann aber diese Papiere vorläufig in Besitz nehmen (Hilfspfändung). Er teilt dem Gläubiger die vorläufige Wegnahme unverzüglich mit und bezeichnet die Forderungen, auf die sich die Legitimationspapiere beziehen. Die Papiere sind jedoch dem Schuldner zurückzugeben, wenn der Gläubiger nicht alsbald, spätestens innerhalb eines Monats, den Pfändungsbeschluss über die Forderung vorlegt, die dem Papier zugrunde liegt. Die in Besitz genommenen Papiere sind im Pfändungsprotokoll genau zu bezeichnen. Grund- und Rentenschuldbriefe, die auf den Inhaber lauten, werden nach § 104 gepfändet.

B.375 **Ansprüche** werden vom Vollstreckungsgericht durch **Pfändungsbeschluss** hilfsweise gepfändet. Der Pfändungsbeschluss wird nach § 829 Abs. 3 ZPO mit der Zustellung an den Schuldner des hilfsweise gepfändeten Anspruchs als Drittschuldner dieser Hilfspfändung wirksam. Dieser Drittschuldner kann – muss aber nicht – mit dem Schuldner der Forderung (oder des Rechts), die (das) als Vermögensteil des Schuldners dem eigentlichen Pfändungszugriff unterworfen werden soll, identisch sein, darf mit diesem aber nicht verwechselt werden. Ist in der Zwangsvollstreckung selbst ein Drittschuldner nicht vorhanden, wie z.B. bei Pfändung einer Eigentümergrundschuld, so ist gleichwohl Drittschuldner der Hilfspfändung der Schuldner des Nebenanspruchs, z.B. des Grundbuchberichtigungs- oder Briefherausgabeanspruchs[845] oder des Anspruchs auf Erteilung einer löschungsfähigen Quittung. Mit der Zwangsvollstreckung in das Vermögen des Schuldners, der auf Befriedigung zielenden eigentlichen Forderungspfändung, kann die Hilfspfändung in einem Beschluss verbunden werden.

Die Hilfspfändung eines Papiers oder Anspruchs wahrt **keinen Pfändungsrang**. Der Rang eines Pfändungspfandrechts (§ 804 ZPO) bestimmt sich nur nach dem Zeitpunkt, in dem Pfändung des selbstständigen Vermögensrechts, das allein Gegenstand der Zwangsvollstreckung ist, wirksam wird.

B.376 Zeitlich **schränkt** § 106 GVGA die Hilfspfändung mit Zugriff auf Papiere, die nur eine Forderung beweisen, grundlegend **ein**. Der Gerichtsvollzieher kann die Papiere nur vorläufig in Besitz nehmen; sie sind dem Schuldner zurückzugeben, wenn nicht alsbald (begrenzt auf einen Monat) ein Pfändungsbeschluss über die Forderung vorgelegt wird, die dem Papier zugrunde liegt. Der Hilfspfändung eines Herausgabeanspruchs oder eines anderen Anspruchs sind durch das Ziel des Zwangszugriffs, der Vorbereitung oder Unterstützung der Vollstreckungsmaßnahme zu dienen, gleichermaßen Grenzen gesetzt. Sie kann nicht losgelöst von der Vollstreckungsmaßnahme, die sie vorbereiten oder unterstützen soll, als selbstständige Maßnahme rechtlichen Zwangs vorgenommen werden, sondern nur zusammen mit dem Vollstreckungszugriff auf Schuldnervermögen oder im Anschluss an diesen zu seiner Unterstützung. Daher verbietet sich die Pfändung des Anspruchs auf Herausgabe eines Hypotheken- oder Grundschuldbriefes vor Erlass des Beschlusses, mit dem die Hypothekenforderung (§§ 830, 830a ZPO) oder die Grundschuld (§ 857 Abs. 6 ZPO) gepfändet wird. Wenn die Forderung (das Recht) und für diese Vollstreckungsmaßnahme hilfsweise auch der Anspruch nicht sogleich zusammen gepfändet werden, erfordert der Erlass des Pfändungsbeschlusses nur zur Hilfspfändung daher die Prüfung, dass diese nicht als selbstständige Zwangsmaßnahme erfolgt, sondern zur Vorbereitung oder Unterstützung der Zwangsvollstreckung in die Forderung (das Recht). Der Gläubiger hat daher in diesem Fall darzutun, dass der Beschluss über die Pfändung der Forderung bereits erlassen ist; darauf, dass er mit der Zustellung auch bereits wirksam geworden ist (§ 829 Abs. 3 ZPO), braucht sich der Nachweis des Gläubigers nicht zu erstrecken.

---

845 Stöber, Rpfleger 1958, 252.

Bei der **Arrest**vollziehung und der Sicherungsvollstreckung (§ 720a ZPO; Rdn. B.195) kann ein hilfsweise gepfändeter Anspruch zur Einziehung überwiesen werden. Denn die Einziehung, also die Geltendmachung des Hilfsanspruchs, führt noch nicht zur Befriedigung des Gläubigers, sondern verschafft erst die für die eigentliche Arrest- oder Sicherungspfändung benötigten Unterlagen, ermöglicht es also erst, die eigentliche Arrest- oder Sicherungspfändung überhaupt wirksam zu machen[846]. Da die Überweisung des Hilfsanspruchs „im Dienste der Arrestpfändung" steht, ist für ihre Anordnung auch das Arrestgericht zuständig[847]; das Vollstreckungsgericht wird für diese Überweisung erst zuständig, wenn sich das Arrestpfandrecht in ein Vollstreckungspfandrecht verwandelt (siehe Rdn. B.518). Bei der Sicherungsvollstreckung erfolgt die Überweisung durch das pfändende Vollstreckungsgericht. B.377

15. Die Rechtsbehelfe (§§ 766, 767, 771, 793 ZPO, § 11 RPflG)

15.1. Unterscheidung

Es sind zu unterscheiden B.378

- Einwendungen gegen die **prozessuale Zulässigkeit** und das **Verfahren** der Vollstreckung (Erinnerung und Beschwerde),
- Einwendungen gegen die Richtigkeit der zur Vollstreckung stehenden **Forderung** und die **Zugehörigkeit** der gepfändeten Forderung zum Schuldnervermögen.

15.2. Erinnerung und Beschwerde

15.2.1. Allgemeines

Schrifttum: J. Blomeyer, Der Anwendungsbereich der Vollstreckungserinnerung, Rpfleger 1969, 279; J. Blomeyer, Die Rechtsbehelfe von Arbeitnehmer und Arbeitgeber im Fall der Arbeitslohnpfändung, RdA 1974, 1; Brox und Walker, Die Vollstreckungserinnerung, JA 1986, 57; Bürck, Erinnerung oder Klage bei Nichtbeachtung von Vollstreckungsvereinbarungen durch die Vollstreckungsorgane, ZZP 85 (1972) 391; Christmann, Der Rechtsschutz bei der Pfändung des Arbeitseinkommens, Rpfleger 1988, 458; Gaul, Das Rechtsbehelfssystem der Zwangsvollstreckung, Möglichkeiten und Grenzen einer Vereinfachung, ZZP 85 (1972) 251; Säcker, Zum Streitgegenstand der Vollstreckungserinnerung, NJW 1966, 2345; Scheld, Art. 103 Abs. 1 GG und das Verfahrensrecht zur Gewährung des rechtlichen Gehörs, Rpfleger 1974, 212; Schmeken, Rechtsmittel bei der Pfändung von Sozialleistungen, ZIP 1982, 1295; K. Schmidt, Die Vollstreckungserinnerung im Rechtssystem, JuS 1992, 90; E. Schneider, Fehlerhafte Aufhebungsentscheidungen im Zwangsvollstreckungsverfahren, MDR 1984, 371; Wieser, Sofortige Beschwerde gegen den Pfändungs- und Überweisungsbeschluss, ZZP 115 (2002) 157. B.379

---

846 RG, JW 1934, 2764.
847 Stein/Jonas/Grunsky, ZPO, § 930 Rdn. 9.

B.380 Mit Erinnerung und sofortiger Beschwerde sind Einwendungen gegen die **prozessuale Zulässigkeit**[848] der Vollstreckung geltend zu machen. Dies sind Einwendungen, die darauf beruhen, dass die prozessualen Voraussetzungen der erfolgten Vollstreckung nicht gegeben seien[849] (z.B. eine vollstreckbare Ausfertigung nicht erteilt oder der Vollstreckungstitel dem Schuldner nicht zugestellt sei). Mit der Erinnerung sind außerdem Einwendungen gegen das **Pfändungsverfahren** geltend zu machen[850], das sind Einwendungen, die sich darauf stützen, dass die Pfändung nicht in der gesetzlichen Weise bewirkt wurde. Wegen des Verstoßes gegen Pfändungsverbote und Pfändungsbeschränkungen siehe Rdn. B.420 ff.

Einwendungen und Einreden gegen die vom Gläubiger schlüssig behauptete Forderung des Schuldners an den Drittschuldner berühren die materielle Rechtsstellung des Schuldners; sie können daher im Erinnerungsverfahren nicht berücksichtigt werden[851], sondern sind im Klageverfahren zu erheben. Auf das Nichtbestehen der gepfändeten Forderung kann jedoch mit Erinnerung das Fehlen des für den Erlass des Pfändungsbeschlusses erforderlichen Rechtsschutzbedürfnisses gestützt werden[852] (vgl. Rdn. B.75).

B.381 Es findet statt

- gegen Maßnahmen des Richters oder Rechtspflegers des Vollstreckungsgerichts, die **Vollstreckungsakte** sind (Vollstreckungshandlungen), die **Erinnerung** (§ 766 ZPO),
- gegen **Entscheidungen** des Richters oder Rechtspflegers (§ 11 Abs. 1 RPflG) des Vollstreckungsgerichts die **sofortige Beschwerde** (§ 793 ZPO),
- befristete **Erinnerung** nach § 11 Abs. 2 RPflG, wenn eine **Entscheidung des Rechtspflegers** angefochten werden soll, gegen die nach den allgemeinen verfahrensrechtlichen Vorschriften ein Rechtsmittel nicht gegeben ist (Aus-

---

848 Zum Verhältnis von § 766 ZPO zum materiellen Recht siehe J. Blomeyer, Rpfleger 1969, 280; zur Geltendmachung vollstreckungsbeschränkender Vereinbarungen siehe BGH, MDR 1991, 668 = NJW 1991, 2295; OLG Frankfurt, JurBüro 1981, 461 = OLGZ 1981, 112; OLG Hamm, MDR 1977, 675 = Rpfleger 1977, 178; OLG Karlsruhe, MDR 1975, 234 = NJW 1974, 2242; OLG München, MDR 1980, 147 = Rpfleger 1979, 466; Zöller/Seibel, ZPO, vor § 704 Rdn. 25.

849 Blomeyer, Rpfleger 1969, 280 spricht zutreffend von „Kontrolle, ob die Voraussetzungen für die Vornahme der Zwangsvollstreckung als solche im Einzelfall vorliegen".

850 Rechtsbehelf gegen Pfändungsverfügung nach § 309 AO ist der Einspruch gemäß § 347 AO. Der Pfändungsbeschluss eines Verwaltungsgerichts ist gemäß § 167 Abs. 1 VwGO mit der Erinnerung (§ 766 ZPO, OVG Berlin, NJW 1984, 1370), bei Entscheidungscharakter mit sofortiger Beschwerde (§ 793 ZPO) anfechtbar (OVG Münster, NJW 1980, 1709 = Rpfleger 1980, 196). Das gilt auch für die Vollstreckung zugunsten der öffentlichen Hand durch den Vorsitzenden des Gerichts des ersten Rechtszugs (§ 169 VwGO) (OVG Münster, wie vorst. m.w.N.; VGH Baden-Württemberg, KKZ 1990, 93 = NVwZ-RR 1989, 512). Die Pfändungsverfügung einer Verwaltungsbehörde (nach VwVG des Bundes oder eines Landes) ist anfechtbarer Verwaltungsakt (BVerwG, MDR 1959, 604; HessVGH, KKZ 1969, 16); Rechtsbehelfe daher §§ 68–80 VwGO. Auf die Vollstreckung nach dem JBeitrG finden nach dessen § 6 Abs. 1 die §§ 766, 793 ZPO Anwendung.

851 OLG Hamburg, MDR 1953, 369.

852 OLG Frankfurt, MDR 1978, 763 = NJW 1978, 2397 = Rpfleger 1978, 229.

nahmefall); Beispiele: Zwischenverfügung; Ablehnung der Pfändung wegen Zwangsvollstreckungskosten von weniger als 200 Euro[853] (s. Rdn. B.401, B.539).

Eine unrichtige Bezeichnung des Rechtsbehelfs oder Rechtsmittels ist unschädlich. Ausschlaggebend ist allein, dass nach dem Inhalt der Eingabe erkennbar eine Nachprüfung der angefochtenen Maßnahme oder Entscheidung durch die dafür zuständige Stelle in dem dafür vorgeschriebenen Verfahren erstrebt wird.

Als Rechtsbehelfe im Zwangsvollstreckungsverfahren sind Erinnerung und Beschwerde erst **nach Beginn**[854] der Vollstreckungsmaßregel, die Gegenstand der Verfahrensrüge ist, und nur so lange zulässig, als diese Maßregel noch **nicht beendet**[855] ist. Bei Forderungspfändung beginnt die Zwangsvollstreckung mit Erlass (Unterzeichnung) der Entscheidung über den Pfändungsantrag durch den Rechtspfleger des Vollstreckungsgerichts. Beendet wird die Vollstreckungsmaßregel mit Zahlung der gepfändeten Forderung durch den Drittschuldner an den Gläubiger[856]. Bei der Hinterlegung tritt als Gegenstand der Zwangsvollstreckung der hinterlegte Betrag an die Stelle der gepfändeten Forderung. Die Zwangsvollstreckung wird daher, auch wenn der Drittschuldner bei der Hinterlegung auf das Rücknahmerecht verzichtet hat, nicht schon durch die Hinterlegung, sondern erst mit der Befriedigung des Gläubigers aus dem hinterlegten Betrag beendet[857]. Wegen der Überweisung an Zahlungs statt siehe Rdn. B.214. Die (formularmäßige) Äußerung im Pfändungsantrag, zur Beschleunigung werde im Voraus das Einverständnis mit Absetzungen erklärt, wird nicht als wirksame Vorauserklärung eines Rechtsmittelverzichts gewertet[858]. **B.382**

Eine Erinnerung oder Beschwerde, die nach der Beendigung der Vollstreckungsmaßregel eingelegt oder aufrechterhalten wird, ist gegenstandslos. Sie muss daher, wenn sie nicht zurückgenommen wird, ohne Sachprüfung als unzulässig verworfen werden[859]. **B.383**

Über die Beendigung der Zwangsvollstreckung hinaus können **privatrechtliche Ansprüche,** die sich aus einer unrechtmäßigen Vollstreckungsmaßregel ergeben, fortbestehen. Der Gläubiger, der unter Verstoß gegen ein Vollstreckungs- oder Pfändungsverbot etwas erlangt hat, hat demnach das Erlangte dem Vollstreckungsschuldner herauszugeben (§ 812 BGB); denn andernfalls könnte das Verbot keinerlei Schutzwirkung für den Schuldner entfalten[860]. Solche Ansprüche sind im **B.384**

853 LG Düsseldorf, JurBüro 1987, 1260.
854 OLG Köln, DGVZ 1989, 151 = JurBüro 1989, 870.
855 OLG Köln, JurBüro 2001, 213; AG Köln, DGVZ 1978, 130; Zöller/Herget, ZPO, § 766 Rdn. 13.
856 BGHZ 128, 365 (368) = MDR 1995, 489 = NJW 1995, 1159 = Rpfleger 1995, 308; BGHZ 140, 253 (257) = MDR 1999, 317 = NJW 1999, 953 = Rpfleger 1999, 191; OLG Jena, OLGE 7, 310; LG Aachen, Rpfleger 1962, 449. Bei ratenweiser Zahlung (z.B. Miete) endet die Zwangsvollstreckung bezüglich jedes fälligen Teils mit seiner Tilgung; siehe OLG Jena, wie vorst.
857 RGZ 67, 310 (311); s. auch BGH, JR 1979, 283 mit Anm. Olzen = MDR 1979, 309 = NJW 1979, 373 = Rpfleger 1979, 59.
858 OLG Köln, JurBüro 1979, 1642.
859 LG Aachen (Fn. 856).
860 BFHE 194, 338 (343) = BStBl 2001 II 525 = NZI 2001, 612.

Klageweg zu verfolgen[861]. Das Vollstreckungsgericht kann über sie nicht entscheiden; es kann auch nicht die Rückzahlung (Rückgewähr) der an den Gläubiger zur Auszahlung gelangten Beträge anordnen[862].

15.2.2. Die Erinnerung (§ 766 ZPO)

B.385 Die dem Vollstreckungsgericht zugewiesenen **Vollstreckungsmaßnahmen** sind mit der Erinnerung anfechtbar (§ 766 ZPO). Sie ergehen auf einseitigen Antrag des Gläubigers ohne Gehör des Schuldners[863]; das Vollstreckungsgericht hat daher zunächst selbst nach Anhörung der Beteiligten die Zulässigkeit seiner Vollstreckungshandlung und/oder das Verfahren zu prüfen und über die Rechtmäßigkeit der Maßnahme zu entscheiden[864]. Die Erinnerung ist ein an das Vollstreckungsgericht (somit an dieselbe Instanz) gerichtetes Gesuch um Nachprüfung der Vollstreckungsmaßnahme.

B.386 Mit der Vollstreckungserinnerung (§ 766 ZPO) anfechtbare Vollstreckungshandlungen sind

- der Erlass eines Pfändungsbeschlusses ohne Schuldneranhörung (§ 834 ZPO)[865]. Gleiches gilt für Einwendungen des vor der Pfändung nicht gehörten Drittschuldners oder eines Dritten[866],
- die Festlegung des nach § 850d ZPO pfandfreien Betrags bei Erlass des Pfändungsbeschlusses ohne Schuldneranhörung. Dies gilt auch für Einwendungen des Gläubigers gegen die Höhe des pfandfreien Betrags[867].

  Verlangt jedoch der Gläubiger im Einzelfall bereits in seinem Pfändungsantrag die Festsetzung eines bestimmten Freibetrags und gewährt das Vollstreckungsgericht dem Schuldner dann höheres pfandfreies Einkommen, so hat es den weitergehenden Antrag des Gläubigers zurückgewiesen. Der Rechtsbehelf des Gläubigers (nicht des Schuldners[868]) gegen diese Teilzurückweisung (auch wenn sie nicht gesondert ausgesprochen ist) ist dann die Beschwerde (§ 11 Abs. 1 RPflG, § 793 ZPO)[869],

---

861 OLG Dresden, Seufferts Archiv 46, 77.

862 Siehe OLG Hamburg, OLGE 14, 163; OLG Naumburg, OLGE 15, 152.

863 „Ohne Anhörung des Schuldners" ist eine Vollstreckungsmaßnahme auch getroffen worden, wenn sie vor Ablauf einer dem Schuldner gesetzten Äußerungsfrist vorgenommen worden ist, LG Frankfurt, Rpfleger 1984, 472.

864 Anders nur Wieser, ZZP 115 (2002) 157: Der Pfändungs- und Überweisungsbeschluss unterliegt (stets) der sofortigen Beschwerde, gleichgültig, ob der Beschwerdeführer vorher gehört oder nicht gehört worden war. **A.A.** z. B. BGH, NZI 2004, 447.

865 BGH (Fn. 864); OLG Hamm, Rpfleger 1973, 222; OLG Köln, NJW-RR 2001, 69; Stöber, Rpfleger 1974, 52 (Abschn. II 2).

866 Stöber (Fn. 865).

867 Stöber (Fn. 865) Abschn. III 2; OLG Koblenz, JurBüro 1978, 763 = Rpfleger 1978, 226.

868 Für ihn – da er nicht gehört wurde – Erinnerung nach § 766 ZPO; siehe Stöber (Fn. 865) Abschn. III 3.

869 OLG Hamm, Rpfleger 1974, 30; Stöber (Fn. 865) Abschn. III 2; OLG Koblenz, a.a.O. (Fn. 867); **anders** für die Teilzurückweisung im Fall des § 850f Abs. 2 ZPO: LG Koblenz, MDR 1979, 944.

- die Festlegung des pfandfreien Betrags bei der Pfändung wegen einer Forderung aus einer vorsätzlich begangenen unerlaubten Handlung nach § 850f Abs. 2 ZPO ohne Schuldneranhörung[870].

Die Erinnerung können der Schuldner und der Drittschuldner[871] als Verfahrensbeteiligte erheben. Der Drittschuldner kann mit der Erinnerung jedoch nicht die Aufhebung des Pfändungsbeschlusses begehren, weil die gepfändete (angebliche) Forderung nicht bestehe[872] (dies wird im Pfändungsverfahren nicht geprüft, Rdn. B.74). Erinnerungsbefugt ist auch ein **nachrangig pfändender Gläubiger;** er wird durch eine ihm im Rang vorgehende Pfändung in seiner Rechtsstellung beeinträchtigt und hat daher ein Interesse daran, deren Rechtmäßigkeit überprüfen zu lassen[873]. Mit der Erinnerung kann der nachrangig pfändende Gläubiger alle Einwendungen gegen die Art und Weise der Zwangsvollstreckung verfolgen, somit auch die Aufhebung der von einem örtlich unzuständigen Gericht angeordneten früheren Pfändung erstreben. Ein sonst interessierter **Dritter** kann die Erinnerung nur einlegen, wenn er einen Verfahrensverstoß rügt, durch den er in Mitleidenschaft gezogen ist[874]. Ein Dritter kann jedoch sein Gläubigerrecht an der gepfändeten (angeblichen) Forderung des Schuldners an den Drittschuldner nicht mit der Erinnerung verfolgen[875] (zu § 771 ZPO Rdn. B.413). Ob eine nach dem Sachvortrag des Gläubigers vorhandene „angebliche" Forderung des Schuldners besteht, wird im Pfändungsverfahren nicht geprüft (Rdn. B.74). Diese Prüfung kann daher auch nicht durch einen Dritten als Forderungsgläubiger verlangt werden, dessen Rechte die Pfändung nicht berührt (Rdn. B.73). Wegen des Rechts des Drittschuldners, mit der Erinnerung die Unpfändbarkeit der Forderung geltend zu machen, siehe Rdn. B.421. B.387

---

870 OLG Düsseldorf, Rpfleger 1973, 186; Stöber (Fn. 865) Abschn. VI; **anders** OLG Hamm, Rpfleger 1973, 259. Sofortige Beschwerde aber, wenn der Schuldner bereits gehört wurde, Stöber (Fn. 865) Abschn. VI.

871 BGHZ 69, 144 = MDR 1978, 135 = NJW 1977, 1881 = Rpfleger 1977, 298; BGH, MDR 2004, 587 = NJW-RR 2004, 643 = Rpfleger 2004, 232; BGH, DGVZ 2012, 11 = JurBüro 2012, 101; KG, Rpfleger 1976, 144; OLG Frankfurt, JurBüro 1981, 458 = NJW 1981, 468; OLG Köln, Rpfleger 1995, 76; OLG München, JurBüro 1982, 1417.

872 OLG Celle, Rpfleger 1999, 283 für Sozialleistungsträger nach der Pfändung einer Altersrente.

873 BGH, MDR 1989, 633 = NJW-RR 1989, 636 = Rpfleger 1989, 284. Die Pfändung einer Briefhypothek/-grundschuld und des Anspruchs des Schuldners gegen den vorrangigen Gläubiger auf Herausgabe des Hypotheken-/Grundschuldbriefes begründet auch vor ihrem Wirksamwerden mit Briefübergabe (§§ 830, 857 Abs. 6 ZPO) eine Rechtsstellung, die dem nachpfändenden Gläubiger das Recht verleiht, die vorrangige Pfändung mit Erinnerung (§ 766 ZPO) auf ihre Wirksamkeit hin überprüfen zu lassen, BGH, wie vorst. Die Erinnerungsbefugnis des nachpfändenden Gläubigers kann aber nicht auf diesen engen Fall beschränkt sein; mit seinem Interesse, die Pfändung vorrangig wirksam zu erlangen (§§ 830, 857 Abs. 6 ZPO), ist sie durchweg anzunehmen, wenn für die Pfändung einer Briefhypothek/-grundschuld ein Pfändungsbeschluss ergangen ist.

874 LG Kiel, Rpfleger 1970, 71. Die Wohnsitzgemeinde kann Erinnerung nicht einlegen, wenn der Schuldner infolge Pfändung sozialhilfebedürftig wird; LG Koblenz, MDR 1982, 503.

875 Ganz allgemeine Meinung, z.B. Stein/Jonas/Münzberg, ZPO, § 766 Rdn. 37; Schuschke/Walker, Vollstreckung, § 829 Rdn. 71; anders nur OLG Jena, OLGR 1997, 155 = OLG-NL 1996, 263.

B.388 Die Erinnerung gegen eine Vollstreckungsmaßregel ist an keine Frist gebunden. Zulässig ist sie jedoch nur bis zur Beendigung der Vollstreckungsmaßregel.

B.389 Die Erinnerung kann auf **neue Tatsachen** und Beweise gestützt werden. Maßgebend für die Beurteilung der Rechtmäßigkeit der Pfändung ist die Sach- und Rechtslage zum Zeitpunkt der Entscheidung über die Erinnerung[876]. Sie kann bis zur Entscheidung zurückgenommen werden.

B.390 Das Erinnerungsverfahren folgt den allgemeinen Grundsätzen des ZPO-Verfahrens. Es ist daher vom Beibringungsgrundsatz mit Darlegungs- und Beweislast der Parteien des Zwangsvollstreckungsverfahrens beherrscht.

B.391 Den **Gegner** des Erinnerungsführers muss das Vollstreckungsgericht vor der Entscheidung über die Erinnerung hören. Die Anhörung kann schriftlich dadurch erfolgen, dass eine Frist für eine etwaige Stellungnahme gesetzt wird[877]. Es gilt der Verfassungsgrundsatz des **„rechtlichen Gehörs"** (Art. 103 Abs. 1 GG)[878]. Er verpflichtet das Gericht, seiner Entscheidung nur solche Tatsachen und Beweisergebnisse zugrunde zu legen, zu denen Stellung zu nehmen den Beteiligten Gelegenheit gegeben war[879]. Die Stellungnahme muss auch zu offenkundigen oder amtsbekannten Tatsachen ermöglicht werden. Dem Beschwerdeführer, der sich eine weitere Begründung seiner Beschwerde vorbehält, muss aus dem Gesichtspunkt des rechtlichen Gehörs zum Nachreichen der Begründung genügend Zeit gelassen oder eine angemessene Frist gesetzt werden[880].

B.392 **Ausführungen der Parteien** müssen vom Gericht zur Kenntnis genommen und in Erwägung gezogen werden[881]. Sie müssen bei der Entscheidung **berücksichtigt werden**, wenn sie bei dem Gericht vor der Hinausgabe des Beschlusses eingegangen sind. Dass jedes Vorbringen ausdrücklich beschieden und gewürdigt werde, das Gericht mithin sich in der Begründung des Beschlusses ausdrücklich damit befassen müsse, folgt aus Art. 103 Abs. 1 GG aber nicht[882]. Jedoch müssen die wesentlichen der Rechtsverfolgung oder -verteidigung dienenden Tatsachenbehauptungen in den Entscheidungsgründen verarbeitet werden[883]. Ein Beschluss, der Parteierklärungen nicht berücksichtigt, d.h. bei dessen Erlass Erklärungen vom Gericht nicht zur Kenntnis genommen und in Erwägung gezogen waren[884], die erst nach seinem Absetzen (und Unterzeichnung[885]), aber noch vor seinem Hinausge-

---

876 BGH, JurBüro 2009, 105 = MDR 2009, 105 = NJW-RR 2009, 211 = Rpfleger 2009, 94.

877 BVerfGE 7, 98 = Rpfleger 1957, 294. Näher dazu BVerfGE 35, 85 = MDR 1974, 207 = NJW 1974, 133 = Rpfleger 1973, 12; hierzu zutreffend kritisch Scheld, Rpfleger 1974, 212.

878 Im Verfahren vor dem Rechtspfleger nach umstrittener verfassungsgerichtlicher Rechtsprechung (BVerfGE 101, 397 = MDR 2000, 655 = NJW 2000, 1709 = Rpfleger 2000, 205) der Grundsatz des fairen Verfahrens (Art. 20 Abs. 3, Art. 2 Abs. 1 GG).

879 BVerfG in ständiger Rechtsprechung, z.B. BVerfGE 1, 418; BVerfGE 6, 12 (14); BVerfGE 7, 340 (341); BVerfGE 9, 261 (267); BVerfGE 9, 304; BVerfGE 10, 281; BVerfGE 13, 144.

880 BVerfGE 8, 91.

881 BVerfG in ständiger Rechtsprechung, z.B. VerfGE 62, 364 = NJW 1977, 1443 = Rpfleger 1977, 13 m.w.N.

882 BVerfGE 5, 24; BVerfGE 13, 132 (149); BVerfGE 42, 364 (368).

883 BVerfGE 47, 182 = NJW 1989, 989 = Rpfleger 1978, 127.

884 BVerfGE 10, 182 f.

885 BayObLG, NJW-RR 1999, 1685.

hen aus dem internen Verfügungsbereich des Gerichts eingegangen sind, verletzt den Grundsatz des rechtlichen Gehörs[886]; er muss auf Beschwerde aufgehoben werden. Dabei ist es ohne Bedeutung, ob die Nichtberücksichtigung auf einem Versehen des Richters oder darauf beruht, dass die Parteierklärung nicht rechtzeitig vorgelegt worden ist[887].

Der Anspruch auf rechtliches Gehör schließt auch die Befugnis ein, dem Gericht **rechtliche Ausführungen** zu unterbreiten[888]. Das Gericht muss aber Rechtsansichten, die es seiner Entscheidung zugrunde legen will, den Beteiligten vorher nicht zur Äußerung mitteilen. Es ist weder verpflichtet, selbst ein „Rechtsgespräch" mit den Parteien zu führen, noch muss es ein solches Gespräch zwischen den Parteien dadurch ermöglichen, dass es zu allen Rechtsausführungen einer Partei der Gegenpartei nochmals Gelegenheit zur Gegenäußerung zu geben hätte. Dann aber muss der Richter den Parteien seine Rechtsmeinung darlegen, wenn er früher mündlich oder schriftlich eine andere Rechtsauffassung geäußert hat, an der er nicht mehr festhalten will. **B.393**

Der Vollstreckungserinnerung kann der Rechtspfleger **abhelfen**. Er kann daher einen von ihm erlassenen Pfändungs- und Überweisungsbeschluss **aufheben** (die Wirksamkeit des Aufhebungsbeschlusses sollte bis zur Rechtskraft hinausgeschoben werden, s. Rdn. B.409), wenn er die Erinnerung für begründet hält[889]. Vor der Aufhebung des Pfändungsbeschlusses auf Erinnerung des Schuldners im Wege der Abhilfe muss jedoch der Gläubiger, dem die Vollstreckungsmaßregel bereits mitgeteilt war, gehört werden[890]. Ob die Erinnerung begründet ist, hat der Rechtspfleger zu prüfen; erweist sich die Erinnerung als gerechtfertigt, so muss er abhelfen. Zu dieser Abhilfeentscheidung ist der Rechtspfleger verpflichtet; sie ist nicht in sein Belieben oder Ermessen gestellt[891]. Hält der Rechtspfleger die Erinnerung nur **teilweise** für begründet, so darf und muss er insoweit abhelfen[892]. Soweit keine Abhilfe erfolgt, muss die Erinnerung dem Richter zur Entscheidung vorgelegt werden[893]; ein Recht zur Zurückweisung der Erinnerung in dem Umfang, in dem der Rechtspfleger sie nicht für begründet hält, hat er nicht[894]. Ist anzunehmen, dass mit der teilweisen Abhilfe die Erinnerung praktisch erledigt ist, weil sich der Erinnerungsführer mit dieser Entscheidung zufriedengibt, dann ist es zweckmäßig, bei **B.394**

---

886 BayObLGZ 1980, 378 = MDR 1981, 409 = Rpfleger 1981, 144; zur möglichen Nichtberücksichtigung eines verspätet eingegangenen Schriftsatzes (§ 283 S. 2 ZPO entspr.) siehe aber OLG Köln, ZIP 1981, 92.
887 BayObLG (Fn. 885); OLG Frankfurt, MDR 1962, 744 = Rpfleger 1962, 340.
888 BVerfGE 9, 235; BVerfGE 9, 266; BayVerfGHE 15, 39.
889 OLG Celle, NdsRpfl 1963, 154; OLG Düsseldorf, JMBlNRW 1960, 59 = Rpfleger 1960, 19; OLG Frankfurt, Rpfleger 1979, 111; OLG Hamm, Rpfleger 1963, 19 mit zust. Anm. Berner; OLG Hamm, Rpfleger 1957, 413; OLG Koblenz, Rpfleger 1972, 220; OLG Koblenz, Rpfleger 1973, 65; OLG Koblenz, Rpfleger 1978, 226; OLG Koblenz, MDR 1983, 413 (414); LG Bochum, Rpfleger 1971, 409; LG Essen, Rpfleger 1960, 248 mit zust. Anm. Berner; Weber, Rpfleger 1957, 256; Blomeyer, Rpfleger 1969, 279 Fn. 2; Stöber (Fn. 865); **a.A.** nur LG Berlin, Rpfleger 1965, 59 mit abl. Anm. Biede.
890 OLG Frankfurt (Fn. 889).
891 OLG Köln, Rpfleger 1975, 140; LG Frankenthal, Rpfleger 1984, 424.
892 **A.A.** LG Lüneburg, NdsRpfl 1981, 122.
893 OLG Köln, JurBüro 2006, 610.
894 Berner, Rpfleger 1960, 249; **a.A.** LG Essen (Fn. 889).

ihm anzufragen, ob auf der Erinnerung im Übrigen bestanden wird. Antwortet der Erinnerungsführer nicht, so darf aber die durch die nur teilweise Abhilfe im Übrigen noch nicht erledigte Erinnerung nicht stillschweigend übergangen werden.

B.395 Aus dem Abhilferecht des Rechtspflegers folgt seine Befugnis zum Erlass **einstweiliger Anordnungen** nach § 766 Abs. 1 S. 2, § 732 Abs. 2 ZPO[895]. Er kann insbesondere die einstweilige Einstellung der Zwangsvollstreckung gegen oder ohne Sicherheitsleistung anordnen oder verfügen, dass die Zwangsvollstreckung nur gegen Sicherheitsleistung fortzusetzen sei. Rechtsbehelf gegen diese Anordnung ist die befristete Rechtspflegererinnerung, über die der Richter des Amtsgerichts abschließend zu entscheiden hat[896] (§ 11 Abs. 2 RPflG), nicht die sofortige Beschwerde.

B.396 Über die Erinnerung **entscheidet** (soweit der Rechtspfleger nicht abhilft) das Vollstreckungsgericht (Richter, § 20 Abs. 1 Nr. 17 RPflG) durch **Beschluss** (§ 764 Abs. 3 ZPO). Das Insolvenzgericht entscheidet im Falle des § 89 Abs. 3 InsO (Rdn. B.189). Der Beschluss ist zu begründen. Er muss den Parteien zugestellt werden (§ 329 Abs. 3 ZPO). Ordnet der Beschluss eine Pfändung an, so muss er den an einen Pfändungsbeschluss zu stellenden Anforderungen genügen (siehe Rdn. B.77 ff.). Dieser Pfändungsbeschluss und die Entscheidung, die eine schon ausgebrachte Pfändung erweitert, werden als Vollstreckungsmaßregeln erst mit der Zustellung an den Drittschuldner, die im Parteibetrieb zu bewirken ist, wirksam (§ 829 Abs. 2, 3 ZPO; wegen Einzelheiten siehe Rdn. B.117 ff.). Die Entscheidung, die den Pfändungsbeschluss über die Pfändung wiederkehrender Bezüge (Arbeitseinkommen, Miete u.a.) ändert, muss klären, ob und inwieweit dem Änderungsbeschluss rückwirkende Kraft zukommt. Bleibt die Frage der Rückwirkung gleichwohl offen, so kann es Auslegungssache sein, ob sie nicht trotzdem gewollt war (siehe dazu Rdn. C.481). Mit der Aufhebung eines wegen Verstoßes gegen ein Pfändungsverbot fehlerhaften Pfändungsbeschlusses sind (wenn der Aufhebungsbeschluss keine Einschränkung anordnet) alle Pfändungswirkungen entfallen; der Gläubiger kann daher auch nicht mehr die Zahlung von Rentenbeträgen verlangen, die vor der Aufhebung fällig geworden sind[897]. Wegen des Wirksamwerdens der Entscheidung bei der Aufhebung des Pfändungsbeschlusses siehe Rdn. B.408.

B.397 Der auf die Erinnerung ergehende Beschluss über die Pfändbarkeit oder Unpfändbarkeit eines bestimmten Gegenstandes ist der materiellen Rechtskraft fähig[898].

B.398 Der Richter (nicht der Rechtspfleger) des Vollstreckungsgerichts ist auch für eine im Erinnerungsverfahren selbstständig zu treffende (isolierte) Kostenentscheidung zuständig, hat mithin auch zu entscheiden, wenn nach Erledigung der Hauptsache ein Kostenbeschluss nach § 91a ZPO beantragt ist[899].

---

895 OLG Köln, Rpfleger 1996, 324; LG Frankenthal (Fn. 891).
896 OLG Köln (Fn. 865).
897 BSG, MDR 1984, 701.
898 LG Stuttgart, ZZP 69 (1956), 451.
899 LG Frankenthal, Rpfleger 1984, 361 mit zust. Anm. Meyer-Stolte.

15.2.3. Die sofortige Beschwerde (§ 793 ZPO)

Die sofortige Beschwerde findet gegen die **Entscheidung** (auch des Rechtspflegers, § 11 Abs. 1 RPflG) im Zwangsvollstreckungsverfahren statt (§ 793 ZPO). Eine Entscheidung ergeht nach Anhörung der Parteien (oder in einem nur einseitigen Verfahren, wie bei der Zurückweisung eines Antrags ohne Anhörung der Gegenpartei) und beruht auf einer tatsächlichen oder rechtlichen Würdigung des beiderseitigen Vorbringens. Die sofortige Beschwerde findet daher insbesondere statt B.399

- gegen die Zurückweisung eines Pfändungsantrags (§ 567 Abs. 1 Nr. 2 ZPO; auch gegen die nur teilweise Ablehnung des Antrags[900]). Hier ist ein nur einseitiges Verfahren mit tatsächlicher oder rechtlicher Würdigung des Vorbringens des Gläubigers gegeben,
- gegen eine teilweise Antragszurückweisung infolge Festsetzung eines vom Antrag abweichenden, höheren pfandfreien Betrags (Rdn. B.386) oder gewöhnliche Pfändung nur nach § 850c ZPO an Stelle der beantragten Pfändung mit Vorrang nach § 850d oder § 850f Abs. 2 ZPO,
- bei Pfändung einer Rente oder rentenähnlichen Leistung (§ 850b Abs. 2 ZPO) nach Anhörung des Schuldners bzw. Drittschuldners[901],
- gegen den Erlass[902] eines Pfändungsbeschlusses in sonstigen Fällen nach Anhörung des Schuldners[903], ohne Rücksicht darauf, ob diese Anhörung verfahrensrechtlich zulässig oder notwendig war[904]. Fristbeginn: Mit Zustellung des Pfändungsbeschlusses im Parteibetrieb nach § 829 Abs. 2 ZPO[905]. Rechtsbehelf des Drittschuldners, der vor Erlass des Pfändungsbeschlusses gehört worden ist, ist gleichfalls die sofortige Beschwerde (§ 11 Abs. 1 RPflG, § 793 ZPO, nicht aber die Vollstreckungserinnerung nach § 766 ZPO[906]),
- gegen eine Aufhebung des Pfändungsbeschlusses durch den Rechtspfleger, der einer Erinnerung (§ 766 ZPO) abhilft[907]. Entsprechendes gilt bei nur teil-

---

900 OLG Koblenz, NJW-RR 1986, 679; OLG Koblenz, JurBüro 1989, 1179 = Rpfleger 1989, 276. **A.A.** LG Koblenz, MDR 1990, 1123; für einen nur einheitlichen Rechtsbehelf (keine Rechtswegspaltung mit Erinnerung für den Schuldner und sofortige Beschwerde für den Gläubiger) lassen sich aber überzeugende Erwägungen nicht geltend machen (siehe den Rdn. B.400 genannten Fall); gegen die Zusammenfassung der Rechtsbehelfe in einem Verfahren spricht zudem, dass der Schuldner zu dem Pfändungsgesuch, soweit ihm nicht stattgegeben wurde, nicht zu hören ist (§ 834 ZPO).

901 Stöber (Fn. 865) Abschn. IV.

902 Für den angehörten Schuldner sofortige Beschwerde auch gegen den ihn belastenden Kostenausspruch bei Ablehnung des Pfändungsantrags, LG Bad Kreuznach, JurBüro 1990, 654.

903 OLG Bamberg, NJW 1978, 1389 = Rpfleger 1978, 31; OLG Köln, DGVZ 1991, 154 = MDR 1991, 1091 = NJW-RR 1992, 894; Rpfleger 1991, 360; OLG Köln (Fn. 865); LG Nürnberg-Fürth, Rpfleger 1977, 32; LG Berlin, Rpfleger 1977, 222; OVG Münster (Fn. 850).

904 KG, JurBüro 1978, 1415 = OLGZ 1978, 491 = Rpfleger 1978, 334.

905 OLG Köln, DGVZ 1991, 154 (Fn. 903).

906 OLG München (Fn. 871); LG Bochum, Rpfleger 1977, 178.

907 OLG Koblenz, Rpfleger 1973, 65; OLG Koblenz (Fn. 889); Stöber (Fn. 865) Abschn. V 1, 2. **A.A.** LG Koblenz, BB 1977, 1070.

weiser Abhilfe wie insbesondere dann, wenn auf Erinnerung des Schuldners der nach § 850d oder § 850f Abs. 2 ZPO zu bestimmende pfandfreie Betrag erhöht wurde[908],

- gegen den über eine Erinnerung nach § 766 ZPO entscheidenden Beschluss des Vollstreckungsgerichts.

B.400 Vom **Schuldner** kann der Pfändungsbeschluss (die sonstige Entscheidung des Vollstreckungsgerichts) auch dann nur mit sofortiger Beschwerde (§ 793 ZPO) angefochten werden, wenn nur er, nicht aber auch der Drittschuldner angehört wurde. Dem vor Erlass des Beschlusses **nicht gehörten Drittschuldner** steht dann (ebenso wie einem Dritten, Rdn. B.386) nur die Vollstreckungserinnerung (§ 766 ZPO) zu[909]. Denn die Entscheidung in dem Zwangsvollstreckungsverfahren, in dem nur Gläubiger und Schuldner Verfahrensbeteiligte waren, kann nur zwischen diesen wirken. Auf den am Verfahren noch nicht beteiligten Drittschuldner kann sich die Entscheidungswirkung nicht erstrecken. Für ihn ist der Pfändungsbeschluss daher eine Vollstreckungsmaßnahme, so dass nach dem Grundsatz des § 766 ZPO seine Einwendungen zur Prüfung der Rechtmäßigkeit des Vollstreckungszugriffs, dem er nun unterworfen wird, durch das Vollstreckungsgericht selbst führen müssen (Rdn. B.385). Darauf, ob der Drittschuldner auf irgendeine Art von der Anhörung des Schuldners Kenntnis erlangt, kann es für die Art seines Rechtsbehelfs so wenig ankommen wie auf die Kenntnis davon, dass in dem Verfahren allein zwischen anderen Beteiligten diesen Gehör gewährt worden ist. Dem kann daher auch nicht entgegenstehen, dass damit für Schuldner und Drittschuldner verschiedene Rechtswege gegeben sind. Für den Drittschuldner kann vielmehr der Instanzenzug zum Vollstreckungsgericht nicht allein deshalb entfallen, weil der Pfändungszugriff für den Schuldner schon Entscheidungscharakter hat. Dem Vollstreckungsverfahren ist auch sonst nicht fremd, dass Rechtsbehelfe keine Einheitlichkeit (Zusammengehörigkeit) des Verfahrens wahren. So kann ein nachpfändender Gläubiger auch dann noch Erinnerung erheben (s. Rdn. B.386), wenn der Schuldner den Pfändungsbeschluss (aus anderen Gründen) bereits mit Rechtsbeschwerde angefochten oder die Beschwerdefrist versäumt hat. Bei teilweiser Antragsablehnung hat der Gläubiger gegen den Zurückweisungsbeschluss sofortige Beschwerde zu erheben, während der nicht gehörte Schuldner Einwendungen gegen den Pfändungsbeschluss mit Vollstreckungserinnerung (§ 766 ZPO) vorbrin-

---

908 Stöber (Fn. 865) Abschn. V3 gegen LG Lübeck, Rpfleger 1974, 76.

909 So bereits Stöber (Fn. 865) Abschn. II 2; auch Christmann, Rpfleger 1988, 458; außerdem LG Dresden, Rpfleger 1999, 501 Leits. **Anders:** Auch der Drittschuldner, dem die Anhörung des Schuldners im begründeten Pfändungsbeschluss ausdrücklich mitgeteilt wird, kann den Beschluss als Entscheidung nur mit befristeter Durchgriffserinnerung anfechten, OLG Bamberg (Fn. 903); ebenso, wenn dem Drittschuldner die Anhörung des Schuldners bekannt oder erkennbar war, LG Bonn, DB 1979, 84; außerdem LG Bochum, Rpfleger 1984, 278; LG Frankfurt, Rpfleger 1989, 400 (für den Fall des § 850c Abs. 4 ZPO). Siehe hierzu auch KG, DGVZ 1986, 114 = MDR 1986, 680 = NJW-RR 1986, 1000 = Rpfleger 1986, 392, wonach für einen am Verfahren bisher nicht beteiligten Dritten, der geltend macht, (durch eine richterliche Durchsuchungsanordnung) in seinen Rechten betroffen zu sein, auch dann die Vollstreckungserinnerung (§ 766 ZPO) und nicht die sofortige Beschwerde (§ 793 ZPO) gegeben ist, wenn der Vollstreckungsschuldner zuvor angehört worden ist.

gen muss. Die Festsetzung eines pfandfreien Betrags nach § 850d ZPO kann daher für den Gläubiger mit sofortiger Beschwerde, für den Schuldner jedoch mit Vollstreckungserinnerung anzufechten sein (Rdn. B.399). Mit Einwendungen gegen einen von einem Beschwerdegericht erlassenen Pfändungsbeschluss wird der nicht gehörte Schuldner auch deshalb auf die Erinnerung an das Vollstreckungsgericht verwiesen, weil in diesem Verfahren eine gegen ihn wirkende Entscheidung nicht erlassen worden ist. Daraus ergibt sich für den an einem Beschwerdeverfahren nicht beteiligten Schuldner das unentziehbare Recht, mit der Erinnerung gegen einen im Verfahren über eine Beschwerde erlassenen Pfändungsbeschluss Einwendungen geltend zu machen, die bei einem einheitlichem Entscheidungscharakter des Beschlusses des Rechtsmittelgerichts ausgeschlossen wären. Gleichermaßen kann ein Pfändungsbeschluss für den Rechtsweg des am Verfahren noch nicht beteiligten Drittschuldners nur als Vollstreckungsmaßnahme zu werten sein, so dass er Vollstreckungserinnerung zu erheben hat.

Gegen die Entscheidung über die Beitreibung von Zwangsvollstreckungskosten B.401 (§ 788 ZPO) ist die Beschwerde nur zulässig, wenn der Wert des Beschwerdegegenstandes 200 Euro übersteigt (§ 567 Abs. 2 ZPO; siehe Rdn. B.539). Darunter sind nur Entscheidungen zu verstehen, bei denen es um Fragen der Entstehung oder Erstattung von Kosten geht, wie z.B. dann, wenn vom Gläubiger geltend gemachte Kosten nicht nach § 788 ZPO als Zwangsvollstreckungskosten mit beigetrieben werden. Daher ist die Beschwerde nicht nach § 567 Abs. 2 ZPO ausgeschlossen, wenn bei der Vollstreckung einer unstreitigen Kostenforderung unter 200 Euro eine rein vollstreckungsrechtliche Frage streitig ist wie z.B. die Frage, ob eine beantragte Anspruchspfändung zulässig ist oder ob die (nur) wegen einer Hauptforderung beantragte Vollstreckung zu erfolgen hat, weil eine außerhalb der Zwangsvollstreckung erfolgte Zahlung, die bestimmungsgemäß (zweckgebunden) auf (zu Unrecht verlangte) Vollstreckungskosten geleistet wurde, nicht auf diese Hauptforderung angerechnet werden kann – eine materiell-rechtliche Beurteilung des Vorgangs außerhalb des Zwangsvollstreckungsverfahrens begründet keinen Zusammenhang mit den Kosten der Hauptsachezwangsvollstreckung[910].

Beschwerdeberechtigt ist der durch die Entscheidung des Vollstreckungsge- B.402 richts beschwerte Gläubiger, Schuldner oder Drittschuldner[911], letzterer auch dann, wenn er den Pfändungsbeschluss nicht mit der Erinnerung angegriffen hatte, das Vollstreckungsgericht aber auf die Erinnerung des Gläubigers oder Schuldners eine ihn sachlich beschwerende Entscheidung erlassen hat[912]. Beschwerdeberechtigt ist auch ein mit der Erinnerung erfolglos gebliebener nachpfändender Gläubiger und sonstiger Dritter (Rdn. B.387).

Die sofortige Beschwerde ist binnen einer mit der Zustellung der anzufech- B.403 tenden Entscheidung beginnenden **Notfrist von zwei Wochen** (§ 569 Abs. 1 ZPO) bei dem Gericht, von dem die angefochtene Entscheidung erlassen ist, oder beim Beschwerdegericht einzulegen (§ 569 Abs. 1 ZPO). Anwaltszwang besteht nicht. Einzulegen ist die Beschwerde durch Einreichung einer Beschwerdeschrift oder durch Erklärung zu Protokoll der Geschäftsstelle (§ 569 Abs. 2, 3 ZPO); te-

910 BGH, DGVZ 2012, 205 = MDR 2012, 1371 = NJW 2012, 3308.
911 BGH, MDR 2004, 587 (Fn. 871); s. auch Rdn. B.387.
912 OLG Hamburg, MDR 1954, 85.

lefonisch (zu Protokoll der Geschäftsstelle) kann sie nicht eingelegt werden[913]; zur elektronischen Einreichung siehe § 130a ZPO. Die Beschwerde soll (§ 571 Abs. 1 ZPO), muss gesetzlich aber nicht begründet werden; zur sachgemäßen Erledigung ist eine Begründung freilich unerlässlich. Einer begründeten Beschwerde hat das Vollstreckungsgericht (bei Zuständigkeit des Rechtspflegers dieser, § 4 Abs. 1 RPflG) abzuhelfen (§ 572 Abs. 1 ZPO). Über die Beschwerde entscheidet das dem Vollstreckungsgericht übergeordnete Landgericht (§ 72 GVG; Einzelrichter; § 568 ZPO ermöglicht die Übertragung an die Kammer).

B.404 Das Beschwerdegericht muss vor der der Entscheidung dem Gegner des Beschwerdeführers **rechtliches Gehör** gewähren (siehe hierwegen Rdn. B.391 f.). Den Schuldner darf es jedoch vor der Entscheidung über eine Beschwerde gegen einen den Pfändungsantrag ablehnenden Beschluss nicht hören (§ 834 ZPO)[914]. Die Beschwerde kann auf neue Angriffs- und Verteidigungsmittel gestützt werden (§ 571 Abs. 1 ZPO). Maßgebend für die Beurteilung der Rechtmäßigkeit der angefochtenen Entscheidung ist die Sach- und Rechtslage zum Zeitpunkt der Entscheidung über die Beschwerde (wie Rdn. B.389).

B.405 Wenn sich der abgewiesene Antrag des Gläubigers auf Erlass eines Pfändungs- und Überweisungsbeschlusses als **begründet erweist**, kann das Beschwerdegericht selbst den Pfändungs- und Überweisungsbeschluss erlassen[915]. Es kann aber auch das Verfahren an das Vollstreckungsgericht zurückverweisen und dem Rechtspfleger den Erlass des Pfändungsbeschlusses übertragen (§ 572 Abs. 3 ZPO). Der eine Pfändung anordnende Beschluss des Beschwerdegerichts muss den an einen Pfändungsbeschluss zu stellenden Anforderungen genügen (siehe Rdn. B.77 ff.); er wird mit der Zustellung an den Drittschuldner, die im Parteibetrieb zu bewirken ist, wirksam (siehe Rdn. B.396). Angefochten werden kann der Pfändungsbeschluss des Beschwerdegerichts vom Schuldner, der nicht gehört wurde (§ 834 ZPO), mit der Erinnerung; über sie entscheidet das Vollstreckungsgericht. Erweist sich die Beschwerde des Schuldners gegen einen Pfändungsbeschluss nur teilweise als begründet, dann ist die Beschwerde, soweit sie sachlich unbegründet ist, zurückzuweisen; es darf nicht der Pfändungsbeschluss insoweit aufgehoben (damit würde das Pfandrecht erlöschen, Rdn. B.408) und das Verfahren an das Vollstreckungsgericht zur erneuten Entscheidung zurückverwiesen werden (§ 572 Abs. 3 ZPO)[916].

B.406 Wenn die Beschwerdeentscheidung einen Antrag oder den Kostenpunkt ganz oder teilweise übergeht, ist § 321 ZPO anwendbar[917].

B.407 Die **Rechtsbeschwerde** richtet sich nach § 574 ZPO. Statthaft ist die Rechtsbeschwerde in Zwangsvollstreckungssachen, wenn das Beschwerdegericht[918] sie in

---

913 BGH, NJW-RR 2009, 852 = Rpfleger 2009, 395.

914 KG, MDR 1980, 676 = NJW 1980, 1341 = Rpfleger 1980, 197; LG Aurich, Rpfleger 1962, 413.

915 LG Aurich (Fn. 914).

916 OLG Köln, ZIP 1980, 578.

917 OLG Frankfurt, JurBüro 1980, 778.

918 Keine Zulassung durch das Amtsgericht; das gilt auch, wenn es nach § 11 Abs. 2 RPflG über eine Erinnerung gegen eine Entscheidung des Rechtpflegers entscheidet, BGH, NJW-RR 2007, 285 = Rpfleger 2007, 22.

dem Beschluss zugelassen hat (§ 574 Abs. 1 Nr. 2 ZPO). Einzulegen ist sie binnen einer Notfrist von einem Monat nach Zustellung des Beschlusses des Beschwerdegerichts durch Einreichen einer Beschwerdeschrift beim Bundesgerichtshof (§ 133 GVG) als Beschwerdegericht (§ 575 Abs. 1 S. 1 ZPO). Eingelegt werden muss sie durch einen beim Bundesgerichtshof zugelassenen Rechtsanwalt[919]. Als Rechtsbeschwerdegericht (Rdn. B.2) kann bei begründeter Beschwerde der Bundesgerichtshof den Pfändungs- und Überweisungsbeschluss erlassen (§ 577 Abs. 5 ZPO); das erfordert auch, dass ihm alle Vollstreckungsunterlagen vorliegen.[920]

15.2.4. Sofortiges Wirksamwerden der Aufhebung des Pfändungsbeschlusses

Die Aufhebung eines Pfändungsbeschlusses wird sofort mit Bekanntgabe der B.408 Entscheidung wirksam[921], auch wenn der Drittschuldner hiervon keine Kenntnis hat (zum Drittschuldnerschutz siehe Rdn. B.252). Damit **erlischt das Pfändungspfandrecht;** die gepfändete Forderung wird anderweitigen Verfügungen des Schuldners und anderen Pfändungen zugänglich, frühere Verfügungen des Schuldners werden damit wirksam. Es ist hierfür gleich, ob der Beschluss durch den Rechtspfleger, der einer Erinnerung oder Beschwerde abhilft, durch den Richter, der über eine Erinnerung entscheidet, oder durch das Beschwerdegericht aufgehoben wird. Wenn die aufhebende Entscheidung vom Beschwerdegericht wieder aufgehoben wird, lebt der angefochtene und schon wirksam aufgehobene Pfändungsbeschluss nicht wieder rückwirkend auf. Mit der Aufhebung des Pfändungsbeschlusses wurde die Vollstreckungsmaßregel vielmehr unwiderruflich vernichtet. Der Rang der aufgehobenen Pfändung ist damit unwiderruflich verloren. Er kann durch neuerliche Pfändung nicht wieder hergestellt werden.

Diese sich für den Gläubiger ergebenden Gefahren können dadurch abgewen- B.409 det werden, dass die **Wirksamkeit** der Entscheidung, die den Pfändungs- und Überweisungsbeschluss aufhebt, bis zu ihrer **Rechtskraft hinausgeschoben** wird.

---

919 BGH, MDR 2002, 962 (963) = NJW 2002, 1958; BGH, MDR 2002, 962 = NJW 2002, 2181 = Rpfleger 2002, 368; BGH, NJW-RR 2002, 1721.

920 David, MDR 2003, 793 (794).

921 BGHZ 66, 394 = MDR 1976, 1014 = NJW 1976, 1453 = Rpfleger 1976, 298; BGH, MDR 2013, 935 = NJW-RR 2013, 765 = Rpfleger 2013, 462; OLG Celle, Rpfleger 1962, 282; OLG Celle, Rpfleger 1961, 56 mit zust. Anm. Berner; OLG Dresden, Rpfleger 1999, 283; OLG Hamburg, Rpfleger 1962, 383 mit zust. Anm. Berner; OLG Hamm, JurBüro 1963, 52 = Rpfleger 1963, 20 mit zust. Anm. Berner: OLG Hamm, Rpfleger 1957, 354; OLG Hamm, Rpfleger 1959, 283; OLG Koblenz, Rpfleger 1972, 220; OLG Koblenz, JurBüro 1986, 1733 = Rpfleger 1986, 229; OLG Köln (Fn. 916), NJW-RR 1987, 380 = Rpfleger 1986, 488; OLG Köln, JurBüro 2000, 217 = MDR 2000, 1032 = Rpfleger 2000, 223; OLG Nürnberg, Rpfleger 1961, 52 mit zust. Anm. Berner; OLG Saarbrücken, Rpfleger 1991, 513; OLG Saarbrücken, Rpfleger 1993, 80; SchlHOLG, SchlHA 1993, 91; OLG Stuttgart, Rpfleger 1961, 21; LG Bremen, Rpfleger 1953, 584 mit zust. Anm. Berner.

Diese Anordnung ist Ermessensentscheidung[922]. Sie ist von Amts wegen zu treffen (ein Antrag hat nur die Bedeutung einer Anregung), wenn nach den Umständen und Besonderheiten des Einzelfalls der Schutz des Gläubigers zur Abwendung eines möglichen Rechtsverlustes angezeigt ist. Diese können auch eine Anordnung unter Bestimmung einer Frist angezeigt erscheinen lassen, innerhalb der eine weitergehende einstweilige Anordnung des Beschwerdegerichts (bzw. des für die Entscheidung über eine Erinnerung zuständigen Gerichts) beizubringen ist (§ 570 Abs. 3 ZPO). Wegen der Rechtslage bei der Aufhebung im Wege des Vollstreckungsschutzes (§ 765a Abs. 5 ZPO) siehe Rdn. B.232.

B.410 Gegen einen die Pfändung mit sofortiger Wirkung aufhebenden Beschluss des Vollstreckungsgerichts ist die sofortige Beschwerde mit dem Ziel zulässig, eine neue Anordnung der Vollstreckung mit neuem Rang herbeizuführen[923]. Ein Rechtsschutzinteresse des Gläubigers an der Wiederherstellung der (zu Unrecht) aufgehobenen Vollstreckungsmaßnahme fehlt jedoch, wenn der Drittschuldner bereits Zahlungen in ausreichender Höhe an den Gläubiger geleistet hat[924].

15.3. Vollstreckungsabwehrklage und Drittwiderspruchsklage

15.3.1. Vollstreckungsabwehrklage

B.411 **Schrifttum:** Geißler, Die Vollstreckungsgegenklage im Rechtshelfssystem der Zwangsvollstreckung, NJW 1985, 1865.

B.412 Einwendungen gegen die **Richtigkeit** der zur Vollstreckung stehenden **Forderung**, also gegen die Wirksamkeit des der Pfändung zugrunde liegenden Vollstreckungstitels, kann nur der Schuldner im Wege der Vollstreckungsabwehrklage nach § 767 ZPO geltend machen. Zulässig sind lediglich die nach Schluss der letzten mündlichen Verhandlung (siehe § 767 Abs. 2 ZPO) entstandenen Einwendungen. Hierher gehören insbesondere der Einwand, dass die Vollstreckungsforde-

---

922 Dafür Schneider, MDR 1984, 371, der sich aber (zu weitgehend) für eine richterliche Pflicht ausspricht, anfechtbare Aufhebungsbeschlüsse mit aufschiebender Wirkung bis zum Eintritt der Rechtskraft zu versehen. Vgl. SchlHOLG (Fn. 921), das zwingend eine Ausübung des Ermessens dahin fordert, den Aufhebungsbeschluss mit einer Aussetzungsanordnung zu verbinden, wenn Erfolgsaussichten für die Anfechtung des Aufhebungsbeschlusses von vorneherein gegeben sind, und zur Haftung bei schuldhafter Verletzung der Amtspflicht, die Möglichkeit eines Hinausschiebens der Rechtswirkungen des Aufhebungsbeschlusses zu prüfen und von dieser Möglichkeit zur Abwendung von Rechtsnachteilen für den Gläubiger Gebrauch zu machen. Es darf jedoch auch nicht verkannt werden, dass bei Aufhebung eines als nicht gerechtfertigt anzusehenden Pfändungsbeschlusses die Interessen des Schuldners an der nicht eingeschränkten Verfügung über seine Forderung (z.B. Auszahlung seines für den Lebensbedarf benötigten Arbeitslohns; Verfügung des Handwerkers über sein Geschäfts-Girokonto) gleichermaßen zu wahren sind, so dass eine entsprechende Anordnung nicht rundweg „in der Regel“ geboten ist, sondern stets den Umständen und Besonderheiten des Einzelfalls Rechnung zu tragen ist.

923 BGH, MDR 2013, 935 (Fn. 921); KG, OLGZ 1982, 75 = Rpfleger 1981, 240; OLG Koblenz (Fn. 921); OLG Köln, NJW-RR 1987, 380 (Fn. 921).

924 OLG Köln, MDR 1984, 60 = Rpfleger 1984, 29.

rung durch Erfüllung, Hinterlegung oder Aufrechnung erloschen ist, sowie der Einwand der Stundung und Verjährung.

Der Pfändungs- und Überweisungsbeschluss ist nach § 775 Nr. 1, § 776 ZPO aufzuheben, wenn die Zwangsvollstreckung aus dem Schuldtitel auf die Vollstreckungsabwehrklage hin für unzulässig erklärt wird[925].

Der Drittschuldner kann Einwendungen gegen den durch das Urteil festgestellten Anspruch nicht geltend machen (siehe Rdn. B.321).

15.3.2. Drittwiderspruchsklage (Intervention)

Behauptet ein **Dritter**, ihm stehe das **Gläubigerrecht an der gepfändeten Forderung** zu, so kann er sein die Pfandverwertung hinderndes Recht an der Forderung als Gegenstand der Zwangsvollstreckung im Wege der Klage gegen den Gläubiger geltend machen[926]. Zweck dieser Klage ist die Beseitigung der Forderungspfändung. Es handelt sich um eine Drittwiderspruchsklage nach § 771 ZPO[927]. Der Klageantrag muss verlangen, dass die im Wege der Zwangsvollstreckung erwirkte Pfändung für unzulässig erklärt wird. Zur Klage berechtigt die Pfändung der Forderung eines Dritten (obwohl sie von der Pfändung nicht erfasst wird, Rdn. B.73), solange die Frage der Unwirksamkeit der Pfändung zwischen den Beteiligten streitig ist[928]. Nach § 771 ZPO widersprechen kann z.B. ein Treugeber, wenn Gläubiger des Treuhänders das auf einem Anderkonto oder Eigenkonto angelegte Geld pfänden[929], oder der Nießbraucher, wenn ein Gläubiger des Grundstückseigentümers die Miete oder Pacht gepfändet hat. Da durch Pfändung einer dem Schuldner nicht zustehenden Forderung das Verhältnis des wahren Gläubigers zu seinem Schuldner nicht berührt wird, ist die Erhebung der Drittwiderspruchsklage gegen den Pfändungsgläubiger jedoch nicht Voraussetzung für die Zahlungsklage gegen den (Dritt-)Schuldner[930]. Der (Pfändungs-)Gläubiger kann einer Drittwiderspruchsklage den Einwand der Vermögensübernahme entgegenhalten; hierzu bedarf es eines Titels gegen den Kläger nicht[931]. B.413

Die Widerspruchsklage des § 771 ZPO kann nur (ausschließliche Zuständigkeit, § 802 ZPO) bei dem Gericht erhoben werden, in dessen Bezirk die Zwangsvollstreckung erfolgt. Es ist dies das Gericht, von dem (beim Landgericht: in dessen Bezirk) der Pfändungsbeschluss erlassen worden ist[932]. Zur Haftung für den Verzugschaden des Dritten ohne Entlastungsmöglichkeit, wenn der mit der Zwangsvollstreckung beauftragte Rechtsanwalt die Freigabe des Pfandobjekts verzögert, B.414

---

925 BGH, FamRZ 2005, 1832 = MDR 2006, 171 = Rpfleger 2005, 675 (676).
926 Siehe BFH, BB 1981, 899 = ZIP 1981, 776 (versehentliche Pfändung des falschen Bankguthabens durch das Finanzamt). Zur Frage, ob die Drittwiderspruchsklage auch dann zulässig ist, wenn die Pfändung unwirksam ist, weil die Forderung dem Schuldner schon nicht mehr zustand, siehe BGH, JuS 1981, 773 = WM 1981, 648.
927 RGZ 67, 310 (312).
928 OLG Frankfurt, NJW-RR 1988, 1408.
929 BGH, LM Nr. 3 zu § 771 ZPO = MDR 1959, 659 = NJW 1959, 1223.
930 KG, MDR 1973, 233; siehe auch BFH, (Fn. 926).
931 BGH, MDR 1981, 840 = NJW 1981, 1835.
932 RGZ 67, 311; RGZ 65, 377; RG, JW 1901, 330; Geißler, NJW 1985, 1865 (1870 li.Sp. ob).

nachdem ein die Verwertung hinderndes Recht glaubhaft gemacht ist, siehe BGH[933]; zur möglichen Haftung wegen Eigentumsverletzung, wenn nach der Pfändung des angeblichen Anspruchs auf Herausgabe eines Gegenstandes der Gläubiger nach Prüfung des Widerspruchs des wahren Eigentümers auf sein Pfandrecht nicht rechtzeitig verzichtet, siehe BGH[934].

Wegen der Aufhebung der Vollstreckungsmaßregel bei Erfolg der Widerspruchsklage siehe Rdn. B.412.

16. Fehlerhafte Zwangsvollstreckungsakte und Verstoß gegen ein Pfändungsverbot

16.1. Fehlerhafte Zwangsvollstreckungsakte

B.415 **Schrifttum:** Bähr, Die Heilung fehlerhafter Zwangsvollstreckungsakte, KTS 1969, 1; Berner, Erörterung der gewandelten Rechtsanschauung über die Wirkung von Verstößen gegen formelle Vollstreckungsvorschriften, DGVZ 1961, 17; Furtner, Heilung von fehlerhaften Vollstreckungshandlungen, MDR 1964, 460; Naendrup, Gläubigerkonkurrenz bei fehlerhaften Zwangsvollstreckungsakten, ZZP 85 (1972) 311; Stöber, Fehlerhafte Zwangsvollstreckungsakte, Heilung ex nunc oder ex tunc, Rpfleger 1962, 9; siehe auch Borggreve JurBüro 1979, 145.

B.416 Fehlerhaft ist ein Zwangsvollstreckungsakt, der eigentlich hätte abgelehnt werden müssen, der also unter Verletzung der für die Zwangsvollstreckung und ihren Beginn vorgeschriebenen Erfordernisse vorgenommen wurde.

B.417 Als Staatsakte sind fehlerhafte Pfändungsbeschlüsse grundsätzlich nicht wirkungslos und nichtig[935]. Sie sind vielmehr nur **vernichtbar**, d.h. mit dem zulässigen Rechtsbehelf anfechtbar, bis zu einer Aufhebung aber voll wirksam. Daher macht z.B. die fehlende Zustellung des Vollstreckungstitels den Pfändungs- und Überweisungsbeschluss nicht nichtig, sondern nur anfechtbar[936]. Auf die Fehlerhaftigkeit können sich mit der Erinnerung der Schuldner und der Drittschuldner, aber auch ein nachrangig pfändender Gläubiger berufen[937]. Nur in ganz seltenen Sonderfällen, nämlich bei grundsätzlichem Verstoß gegen wesentliche Formvorschrif-

---

933 BGHZ 58, 207 = MDR 1972, 684 = NJW 1972, 1048.

934 BGHZ 67, 378 = MDR 1977, 394 = NJW 1977, 384.

935 BGHZ 30, 173 = MDR 1959, 743 = NJW 1959, 1873; BGH, JurBüro 2009, 105 = MDR 2009, 105 = NJW-RR 2009, 211 = Rpfleger 2009, 94; Stöber, Rpfleger 1962, 9 m.w.N.; Stöber, NJW 1963, 769; BGH, DB 1980, 1937 = MDR 1980, 1016; LG Koblenz, MDR 1976, 232; Bähr, KTS 1969, 1; siehe auch BGH, Rpfleger 1971, 427; BGH, MDR 1979, 922 = NJW 1979, 2045 = Rpfleger 1979, 299; BFHE 128, 4 = BStBl 1979 II 589 = BB 1979, 1443 = KKZ 1980, 16; **a.A.** noch RGZ 83, 336 (339); RGZ 125, 286 (288); Furtner, MDR 1964, 460.

936 BGHZ 66, 79 = JurBüro 1976, 605 = MDR 1976, 648 = NJW 1976, 851; BGH, DB 1980, 1937 (Fn. 935); KG, NJW-RR 1988, 1406 (1407); siehe auch Rdn. B.321. Gleiches gilt für die fehlende Bevollmächtigung des Gläubigervertreters, OLG Saarbrücken, Rpfleger 1991, 513.

937 Stöber, Rpfleger 1962, 9.

ten (so bei Fehlen des Drittschuldnerverbots, Rdn. B.94) oder bei Fehlen jeglicher Voraussetzungen[938] für die Vollstreckungsmaßnahme (z.B. bei Forderungspfändung durch den Gerichtsvollzieher, Rdn. B.20) ist der fehlerhafte Vollstreckungsakt ohne jede Wirkung.

Ob die **Behebung des Mangels** (z.B. die nachträgliche Zustellung des Schuldtitels) eine fehlerhaft gewesene Forderungspfändung „ex nunc“[939] oder „ex tunc“ **heilt,** ist streitig. Das ist für die Frage bedeutsam, ob dem erstpfändenden Gläubiger nach Behebung des seiner Pfändung anhaftenden Mangels oder einem zweitpfändenden Gläubiger, der vor dieser Mängelheilung ein fehlerfreies Pfändungspfandrecht erlangt hat, der Vorrang gebührt (§ 804 Abs. 3 ZPO). Zu erwägen ist, dass die Anfechtungsbefugnis des zweitpfändenden Gläubigers und das Aufhebungsrecht (= die Aufhebungspflicht) des Gerichts mit der Mängelheilung nicht wegfallen, weil auch durch die Nachholung des Fehlenden die Tatsache nicht ausgeräumt wird, dass der Mangel bei der Pfändung und bis zur Heilung vorgelegen hat. Die Nachholung des Mangels heilt daher nur „ex nunc“, nimmt also nur dem Schuldner[940] und Dritten, wenn sie erst nach der Heilung Pfändungspfandrechte an der Forderung erworben haben, die Möglichkeit der Anfechtung[941]. Vor der Behebung des Mangels wirksam gewordene weitere Pfändungspfandrechte berechtigen jedoch den zweitpfändenden Gläubiger auch nach diesem Zeitpunkt noch zur Erinnerung mit dem Ziel der Ausschaltung des fehlerhaft gewesenen besseren Pfandrechts. Die auf diese Erinnerung hin ergehende Entscheidung darf den Schuldner und Dritte, die ihr Pfandrecht erst nach Heilung des Mangels erlangt haben, nicht begünstigen; sie führt daher zu einem Rangtausch des Erinnerungsführers mit dem erstpfändenden Gläubiger[942]. **B.418**

Die Pfändungsverfügung der Vollstreckungsbehörde nach AO (§ 309 AO), die unter Verletzung der Wochenfrist ab Bekanntgabe des Leistungsgebots an den Schuldner (§ 254 Abs. 1 AO) ergangen ist, ist gleichfalls nicht nichtig, sondern nur anfechtbar[943]. Sie erlangt daher, wenn sie nicht angefochten ist, als zunächst rechtsfehlerhafte Vollstreckungsmaßnahme nach Ablauf der Anfechtungsfrist (§ 349 Abs. 1 AO) Rechtswirksamkeit. Weil jedoch die Pfändungsverfügung nach AO nicht mit unbefristeter Erinnerung (§ 766 ZPO), sondern mit befristeter Beschwer-

---

938 Zur Pfändung, der kein wirksamer Titel zugrunde liegt, siehe Zöller/Seibel, ZPO, vor § 704 Rdn. 34 m.w.N.

939 Siehe Stöber, Rpfleger 1962, 9 m.w.N. **Gegenansicht:** LG München I, NJW 1962, 2306; LG München I, NJW 1963, 769 mit abl. Anm. Stöber; Bähr, KTS 1969, 1.

940 Mit der Heilung des Mangels hört die Möglichkeit auf, den Pfändungsbeschluss auf eine bereits anhängige Erinnerung des Schuldners hin aufzuheben. Die Folge einer Aufhebung wäre nur, dass der Gläubiger erneut pfänden müsste. Ein solches Verfahren würde jedoch auf eine leere Formalität hinauslaufen; siehe RGZ 125, 286 (288); OLG Hamm, OLGZ 1974, 314 = JurBüro 1974, 760 = MDR 1974, 677 = NJW 1974, 1516 (Verstoß gegen § 798 ZPO); KG (Fn. 936); LG Bielefeld, DGVZ 1987, 9 (Vollstreckung eines Titels, dessen Klausel auf die Erben nicht umgeschrieben war).

941 Daher kann auf die Erinnerung des Schuldners ein Pfändungsbeschluss nicht mehr aufgehoben werden, wenn er ohne die notwendige vorherige Sicherheitsleistung ergangen, der bisherige Titel aber bereits durch einen ohne Sicherheitsleistung vollstreckbaren Schuldtitel ersetzt ist, OLG Hamburg, MDR 1974, 321.

942 Siehe zu alledem Stöber, Rpfleger 1962, 9 m.w.N.

943 BFH (Fn. 935).

de anzufechten ist, hat der BFH[944] entschieden, dass die rechtsfehlerhafte Vollstreckungsmaßnahme nicht mit Ablauf der Schonfrist Rechtswirksamkeit ex nunc erlangt, sondern bei Anfechtung stets aufzuheben ist.

16.2. Verstoß gegen ein Pfändungsverbot

B.419 **Schrifttum:** Pohle, Kann der Drittschuldner der Klage aus einem Pfändungsbeschluss die Pfändungsverbote der §§ 850 ff. ZPO entgegenhalten?, JZ 1962, 344; Stöber, Fehlerhafte Zwangsvollstreckungsakte, Heilung ex nunc oder ex tunc, Rpfleger 1962, 9.

B.420 Auch bei einem Verstoß gegen ein Pfändungsverbot oder eine Pfändungsbeschränkung ist der Pfändungsbeschluss nicht wirkungslos[945] und nichtig[946], sondern nur vernichtbar[947] (siehe Rdn. B.417). Nach Beendigung der Zwangsvollstreckung muss daher der Gläubiger das empfangene Geld dem Drittschuldner nicht zurückzahlen (zum Schuldner aber Rdn. B.384). Den Drittschuldner schützt zudem § 836 Abs. 2 ZPO; zu seinen Gunsten gilt auch der zu Unrecht erlassene Überweisungsbeschluss bis zu seiner Aufhebung als rechtsgültig[948].

B.421 Der **Einwand der Unpfändbarkeit** infolge eines Pfändungsverbotes oder einer Pfändungsbeschränkung ist eine Einwendung gegen die Zulässigkeit der Pfändung und daher mit der Erinnerung gegen die Art und Weise der Zwangsvollstreckung (§ 766 ZPO) zu verfolgen. Die Unpfändbarkeit oder sonstige Unzulässigkeit der Pfändung können mit Erinnerung und bei deren Ablehnung mit Beschwerde (§ 793 ZPO) sowohl der Schuldner als auch der Drittschuldner[949] geltend machen. Dritte können mit der Erinnerung die Aufhebung der gegen ein Verbot verstoßenden Pfändung betreiben, wenn die Unpfändbarkeitsbestimmung ihren Interessen dient[950]. Die Unpfändbarkeitsvoraussetzungen bestimmen sich nach dem Zeitpunkt der Entscheidung über die Erinnerung (siehe Rdn. B.389). Der Schuldner muss sich jedoch den Einwand der Arglist entgegenhalten lassen, wenn er die Vo-

---

944 BFH (Fn. 935).

945 **A.A.** noch RGZ 106, 205; RGZ 151, 279, das jedoch in der Begründung die Nichtigkeit nicht klar herausstellt, sondern nur das Entstehen eines Pfändungspfandrechtes verneint.

946 BGH, JurBüro 2009, 105 (Fn. 935); Pohle, JZ 1962, 344; Stöber, Rpfleger 1962, 9; OLG Koblenz, NJW-RR 1999, 508; LG Dortmund, VersR 1956, 458; LG Koblenz (Fn. 935).

947 Die Festsetzung eines zusätzlich pfändbaren Betrags ohne Rechtsgrundlage (Beispiel: Verstoß gegen § 850f Abs. 2 ZPO mit fehlerhafter Annahme einer Forderung aus vorsätzlicher unerlaubter Handlung) bewirkt daher keine Nichtigkeit; **a.A.** BAGE 61, 109 = MDR 1989, 852 = NJW 1989, 2148.

948 § 836 Abs. 2 ZPO schützt den Drittschuldner bei Zahlung an den Gläubiger aber nicht, wenn die Forderung nicht dem Schuldner, sondern einem Dritten zusteht.

949 RG, JW 1900, 839; RG, JW 1903, 50; KG, MDR 1963, 853; LG Frankfurt, JurBüro 1954, 303; LG Hagen, Rpfleger 1962, 315; LArbG Hamm, BB 1952, 576; siehe auch RGZ 146, 295; LG Kiel, Rpfleger 1970, 71 (für den unzulässig als Drittschuldner in Anspruch genommenen Gerichtsvollzieher); OLG Düsseldorf, VersR 1967, 750.

950 So kann z.B. die Ehefrau des Schuldners geltend machen, der für ihren Unterhalt nach § 850d ZPO notwendige Freibetrag sei nicht ordnungsgemäß berücksichtigt; siehe LG Essen, Rpfleger 1969, 94. Die Lebensgefährtin des Schuldners kann (nur) geltend machen, für sie sei ein Freibetrag nach § 850d ZPO nicht ordnungsgemäß berücksichtigt, wenn ihr als nichteheliche Mutter nach § 1615l BGB gegen den Schuldner ein Unterhaltsanspruch zusteht, LG München II, FamRZ 2002, 894.

raussetzungen der Unpfändbarkeit nach Erlass des Pfändungsbeschlusses schuldhaft herbeigeführt hat[951].

Für den Drittschuldner erhebt sich die Frage, ob er darüber hinaus auch im **Prozessverfahren** die Unpfändbarkeit der vom Gläubiger eingeklagten Forderung einwenden kann. Allgemein wird angenommen[952], dass der Drittschuldner gegenüber der Klage nur dann den Einwand der Unpfändbarkeit erheben kann, wenn diese nicht allein auf eine prozessuale Bestimmung gestützt, sondern in dem materiellen Schuldverhältnis, in der „eigenen materiellen Rechtsstellung des Schuldners" ihren Grund hat[953]. Letzteres ist der Fall, wenn die Forderung nach sachlichem Recht nicht abtretbar (siehe § 851 Abs. 1 ZPO)[954] oder aus sonstigen sachlich-rechtlichen Gründen absolut unpfändbar ist[955]. **B.422**

Dieser Ansicht ist zu folgen[956]. Denn für die Entscheidung über ein nur prozessuales Pfändungsverbot begründet § 802 ZPO eine ausschließliche Zuständigkeit des Vollstreckungsgerichts. Im Rechtsstreit ist der Pfändungsbeschluss vom Prozessgericht daher zu beachten. Im Einziehungserkenntnisverfahren zwischen Gläubiger und Drittschuldner kann deshalb nicht geprüft werden, ob prozessuale Voraussetzungen der Pfändung gegeben sind, so z.B., ob bei der Pfändung der Provision eines (selbstständigen) Vertreters die Pfändungsbeschränkungen des § 850c ZPO zu beachten gewesen wären, weil die Dienstleistungsvergütung nach § 850 Abs. 2 ZPO als Arbeitseinkommen anzusehen ist[957], oder ob das Vollstreckungsgericht die pfändungsfreien Beträge des § 850d ZPO richtig festgesetzt hat[958]. Selbstverständlich ist dem Prozessgericht auch die Nachprüfung richterlichen Vollstreckungsschutzes in den Fällen des § 850f Abs. 2, 3 sowie des § 850i ZPO versagt[959]. Dass ein Taschengeldanspruch als Teil des (materiellen) Unterhaltsanspruchs gesondert nicht bestehen kann, hat in dem materiellen Schuldverhältnis seine Grundlage, kann somit im Drittschuldnerprozess eingewendet werden. Allein nach

951 Säcker, NJW 1966, 2345; siehe dazu auch AG Wuppertal, DR B 1941 Rspr. 44: „Die Folgen mutwilliger Arbeitszeitverkürzungen hat der Schuldner selbst, nicht aber der Unterhaltsgläubiger zu tragen. Es ist daher bei Unterhaltsvollstreckung in Arbeitseinkommen von dem Lohn auszugehen, den der Schuldner bei Ausnützung der vollen Arbeitsmöglichkeit verdienen kann, nicht von einem mutwillig verkürzten Lohn."

952 **A.A.** Pohle, JZ 1962, 344 (346), der den Einwand der Unpfändbarkeit vor dem Prozessgericht schlechthin ausschließen und den Drittschuldner für alle Fälle auf die Erinnerung beschränken will.

953 RGZ 66, 233; RGZ 93, 74 (78); OLG Hamm, DB 1992, 1082 = GmbHR 1992, 370 (Einwand, die Stammeinlageforderung einer GmbH sei unpfändbar); siehe auch RG 146, 295; LG Koblenz (Fn. 935).

954 Hierzu BGH, MDR 1978, 747 = Rpfleger 1978, 248.

955 OLG Celle, NJW 1962, 1731.

956 Siehe auch Pohle, JZ 1962, 344 (345); siehe außerdem BArbG, DB 1976, 2116 = NJW 1977, 75 = Rpfleger 1977, 18, das die Pfändbarkeit der Arbeitnehmersparzulage im Drittschuldnerprozess geprüft hat, weil über die nach materiellem Recht zu beurteilende Übertragbarkeit der Forderung zu entscheiden war. Zum Teil anders Stein/Jonas/Würdinger, ZPO, § 829 Rdn. 111.

957 LG Hamburg, JurBüro 2008, 667.

958 BAGE 10, 279 = AP Nr. 4 zu § 850d ZPO mit Anm. Pohle = BB 1961, 533 mit Anm. Marienhagen = MDR 1961, 799 mit zust. Anm. Bötticher = NJW 1961, 1180 = Rpfleger 1961, 287 mit zust. Anm. Berner; BAGE 12, 112 = AP Nr. 8 zu § 850d ZPO = MDR 1962, 339 = NJW 1962, 510 = Rpfleger 1962, 169 mit zust. Anm. Berner.

959 Siehe Pohle, JZ 1962, 345 (346).

Verfahrensrecht bestimmt sich hingegen, ob eine Pfändung unter den Voraussetzungen des § 850b Abs. 2 ZPO möglich ist, insbesondere damit, ob sie der Billigkeit entspricht; das kann daher im Einziehungserkenntnisverfahren nicht geprüft werden.

B.423 Beschränkt man den Drittschuldner mit seiner Einwendung auf die Erinnerung, so steht ihm der Einwand der Unpfändbarkeit auch noch nach rechtskräftiger Verurteilung durch das Prozessgericht offen. Nach der Entscheidung des Vollstreckungsgerichts kann der Drittschuldner daher mit der Vollstreckungsabwehrklage (§ 767 ZPO) gegen das Urteil vorgehen[960]. Das Prozessgericht wird aber sein Verfahren bis zur Entscheidung über die Erinnerung auszusetzen haben (siehe § 148 ZPO), wenn beim Vollstreckungsgericht bereits ein Verfahren anhängig ist. Diese Aussetzung kann der Drittschuldner durch Erwirkung der einstweiligen Einstellung der Vollstreckung aus dem Pfändungsbeschluss (§ 766 Abs. 1 S. 2, § 732 Abs. 2 ZPO) erzwingen[961].

B.424 Der trotz Verstoß gegen ein Pfändungsverbot nicht nichtige Pfändungsbeschluss muss auch in einem Rechtsstreit beachtet werden, an dem der Gläubiger nicht beteiligt ist. Das verbietet vor Aufhebung dieses Pfändungsbeschlusses die Beachtung von Pfändungsbeschränkungen in einem solchen Rechtsstreit[962].

17. **Überpfändung** (§ 803 Abs. 1 S. 2 ZPO), **Teilpfändung**

17.1. Verbot der Überpfändung

B.425 **Schrifttum:** Bosch, Die Reichweite des Pfändungs- und Überweisungsbeschlusses, KKZ 1953, 158; Hanke, Die Pfändung einer Forderung „auf Höhe" eines bestimmten Betrages zuzüglich Zinsen, JW 1937, 3204; Paulus, Umfang der Beschlagnahme bei der Vorpfändung und Pfändung von Geldforderungen, DGVZ 1993, 129; Schilken, Zum Umfang der Pfändung und Überweisung von Geldforderungen, Festschrift Lüke (1997) S. 701; Weigelin, Die Pfändung überschießender Geldforderungen, JW 1934, 677; Zunft, Teilweise Verpfändung und Pfändung von Forderungen, NJW 1955, 441.

B.426 Grundsätzlich darf eine Pfändung nicht weiter ausgedehnt werden, als es zur Befriedigung des Gläubigers und zur Deckung der Kosten der Zwangsvollstreckung erforderlich ist (§ 803 Abs. 1 S. 2 ZPO). Dieses **Verbot der Überpfändung** ist durch die Rücksicht auf Schonung des Schuldners geboten. Da das Verbot der Überpfändung bei den allgemeinen Vorschriften über die Zwangsvollstreckung in das bewegliche Vermögen geregelt ist, besteht es an sich auch bei der Pfändung von Forderungen und sonstigen Vermögensrechten[963]. Aus der Eigenart des Forde-

960 Dazu auch Gaul, Rpfleger 1971, 89 (bei Fn. 379).
961 Siehe zu alledem Pohle, JZ 1962, 344 (345).
962 **A.A.** noch RGZ 151, 279, das noch davon ausgeht, der Pfändungsgläubiger habe ein wirksames Pfandrecht nicht erlangt.
963 BGH, BB 1956, 254; OLG Köln, MDR 1970, 150; Gaul, Rpfleger 1971, 87 (bei Fn. 333); Zunft, NJW 1955, 441 (443); Weigelin, JW 1934, 677; Zöller/Herget, ZPO, § 803 Rdn. 5.

rungspfändungsverfahrens ergeben sich aber Besonderheiten, die der Anwendung des § 803 Abs. 1 S. 2 ZPO Schranken setzen. Zu unterscheiden ist dabei zwischen

- der vollen Pfändung nur **einer** Forderung, die höher als der Vollstreckungsanspruch des Gläubigers ist,
- der Pfändung **mehrerer** Forderungen, die zusammen höher als der Vollstreckungsanspruch des Gläubigers sind, und
- der Forderungspfändung, die gleichzeitig **neben** einer anderen Zwangsvollstreckungsmaßnahme betrieben wird.

17.2. Pfändung einer Forderung mit höherem Nennbetrag

Eine Überpfändung liegt **nicht schon dann vor**, wenn der Gläubiger eine Forderung des Schuldners an den Drittschuldner voll pfänden lässt, deren Nennbetrag **höher als die eigene Vollstreckungsforderung** ist. Beispiele: Pfändung einer Forderung von 2.000 Euro wegen eines Anspruchs von nur 500 Euro; Pfändung künftig fällig werdender Mietforderungen, soweit diese die Vollstreckungsforderung übersteigen. Denn der Nennbetrag einer Forderung sagt noch nichts über ihre Einbringlichkeit aus, bestimmt also ihren **Wert** für die Befriedigung des vollstreckenden Gläubigers noch nicht. Der Wert einer Forderung ist vielmehr im Gegensatz zum Wert einer körperlichen Sache von zahlreichen Umständen abhängig[964]. Denn die Einbringlichkeit der Forderung kann sowohl aus rechtlichen als auch aus tatsächlichen Gründen zweifelhaft sein. So kann sich bei Kaufpreis-, Miet- und Werklohnansprüchen die Forderung durch Minderung ermäßigen[965]. Auch kann sich der Betrag der Forderung dadurch erheblich vermindern, dass der Drittschuldner aufrechnet. Schließlich kann die Forderung deshalb nicht ihren vollen Nennbetrag wert sein, weil der Drittschuldner zahlungsunfähig ist oder wird oder ein Insolvenzverfahren über sein Vermögen eröffnet wird. Ist die Forderung voll gepfändet, so erfasst das Pfändungspfandrecht die **ganze** Forderung. Es haftet dem Gläubiger dann – bis zur Höhe seines Anspruchs – jeder Teil der Forderung. Der Gläubiger kann daher den einbringlichen Teil[966] für sich voll vor dem uneinbringlichen Rest der Forderung in Anspruch nehmen. Dem Vollstreckungsgericht fehlt vor der Pfändung jede Möglichkeit, sich über solche für den wirklichen Wert der Forderung und den Erfolg des Pfändungszugriffs bedeutungsvolle Tatsachen Gewissheit zu verschaffen schon deshalb, weil die Schuldneranhörung verboten (§ 834 ZPO) und eine Anhörung des Drittschuldners nicht angezeigt ist. Deshalb scheidet eine Schätzung des Pfandwertes der Forderung durch das Vollstreckungsgericht aus[967]. Daher muss grundsätzlich die **Vollpfändung** einer Forderung des B.427

964 Siehe Weigelin, JW 1934, 677; Zunft, NJW 1955, 441 (443).
965 Dazu siehe Zunft, NJW 1955, 443.
966 Im Insolvenzverfahren also die volle Quote, so dass ein nachpfändender Gläubiger auf den ursprünglich frei gewesenen Forderungsteil keine Leistungen für sich beanspruchen könnte; siehe OLG Stettin, OLGE 19, 148 (150).
967 Zunft, NJW 1955, 441; Weigelin, JW 1934, 677; OLG Bamberg, Seufferts Archiv 72, 244; Hintzen, Forderungspfändung, § 1 Rdn. 90.

Schuldners an den Drittschuldner auch dann **für zulässig erachtet** werden, wenn deren Nennbetrag höher als die Vollstreckungsforderung ist[968].

B.428 Stellt die zulässige Vollpfändung einer den Vollstreckungsanspruch übersteigenden Forderung im **Einzelfall** tatsächlich einmal eine **Überpfändung** dar, so wird die Wirksamkeit der Pfändung dadurch nicht berührt[969]; insbesondere ist deswegen der Pfändungsbeschluss nicht nichtig (siehe Rdn. B.420). Vielmehr kann der Schuldner dann nur mit der Erinnerung nach § 766 ZPO eine Beschränkung der Pfändung erreichen. Er muss dann aber dartun, dass das Recht des Gläubigers auf Befriedigung durch Beschränkung der Pfändung auf einen Teil der Forderung nicht im geringsten beeinträchtigt wird. Das wird im Hinblick auf die zahlreichen nicht übersehbaren Umstände, die den Wert einer Forderung schmälern können, nur ausnahmsweise gelingen. Jedenfalls genügt es für die Annahme einer Überpfändung noch nicht, dass der Drittschuldner zweifellos zahlungsfähig ist. Vielmehr muss auch Gewissheit bestehen, dass der Wert eines Teilbetrages der Forderung und damit die Befriedigungsaussichten des pfändenden Gläubigers aus anderen Gründen keine Schmälerung erleiden werden, dass also der Drittschuldner keinerlei Einwendungen gegen die Forderung erheben, mit ihr nicht aufrechnen, keine Minderung geltend machen wird usw. Wegen der an sich nicht großen praktischen Auswirkung der Überpfändung (siehe deswegen Rdn. B.431) ist aber das Interesse des Schuldners an der Abwendung einer vermeintlichen Überpfändung auch tatsächlich unbedeutend.

17.3. Pfändung mehrerer Forderungen

B.429 Eine Überpfändung kann auch in der Pfändung mehrerer Forderungen liegen, wenn ihre zusammengerechneten Nennbeträge die Vollstreckungsforderung des Gläubigers übersteigen. Bei teilweiser Pfändung mehrerer Forderungen erfasst die Pfändung jede dieser mehreren Forderungen bis zur Höhe der Schuld, deretwegen die Pfändung erfolgt ist. Jede der gepfändeten Forderungen unterliegt der Pfandverstrickung in Höhe der Schuld[970]. Der Gläubiger soll daher, wenn der Nennbetrag einer Forderung bereits zu seiner Befriedigung ausreicht, darzutun haben, warum er mehrere Forderungen pfänden lassen will[971]. Dem kann nicht gefolgt werden. Denn auch hier sagt der Nennwert der einzelnen Forderung nichts über ihre Einbringlichkeit und damit die Wahrscheinlichkeit der Befriedigung des Gläubigers aus. Dem Vollstreckungsgericht fehlt auch in solchen Fällen jede Möglichkeit, sich über den wirklichen Wert der Forderungen hinreichend Gewissheit zu verschaffen; auch dem Gläubiger bieten sich keine ausreichenden Gelegenheiten, sich über Höhe und Einbringlichkeit jeder der Forderungen zu informieren. Es ist daher auch hier dem Verlangen des Gläubigers auf **volle Beschlagnahme** mehrerer

---

968 RG, JW 1914, 1041; OLG Hamm, JW 1937, 2133; Schilken, FS Lüke (1997) 701 (707); Tempel, JuS 1967, 79; Zunft NJW 1955, 441 (444); Stein/Jonas/Würdinger, ZPO, § 829 Rdn. 74.

969 BGH, JurBüro 1985, 708 = JZ 1985, 630 mit Anm. Brehm = MDR 1985, 404 = NJW 1985, 1155 (1157).

970 BGH, MDR 2017, 1081 = Rpfleger 2017, 565.

971 Zunft, NJW 1955, 441, 444; offengelassen von BGH, MDR 1975, 399 = NJW 1975, 738.

Forderungen **grundsätzlich** zu entsprechen und eine tatsächliche Überpfändung vom Schuldner mit der Erinnerung geltend zu machen. Dieser Grundsatz sollte auch bei Mietpfändung nicht durchbrochen werden, so dass z.B. dem Antrag, wegen einer Forderung von 500 Euro die Mietansprüche des Schuldners gegen mehrere Mieter zu pfänden, stattzugeben ist[972]. Denn bei Beschränkung der Pfändung auf die Mietforderung gegen nur einen der Mieter wäre die Gefahr nicht ausgeschlossen, dass der Pfändungszugriff erfolglos bleibt. Verzögert z.B. gerade dieser Mieter die Mietzahlung, so kann bei plötzlicher Zwangsvollstreckungsbeschlagnahme oder Eröffnung des Insolvenzverfahrens (s. § 110 InsO) der Gläubiger mit seiner Befriedigung nicht mehr rechnen. Die gegen Überpfändung schützende Bestimmung des § 803 Abs. 1 S. 2 ZPO darf aber das Recht des Gläubigers auf Befriedigung durch Zwangsvollstreckung in solcher Weise nicht beeinträchtigen. Diese Schmälerung der Rechte des Gläubigers verbietet sich auch deshalb, weil sich der Interessenkonflikt zwischen dem Gläubiger und dem Recht des Schuldners auf Schonung in der Zwangsvollstreckung durch Beschränkung der Überweisung auf zunächst nur eine der gepfändeten mehreren Mietforderungen lösen lässt.

17.4. Forderungspfändung neben anderen Zwangsvollstreckungsmaßnahmen

Die Frage der Überpfändung tritt auch auf, wenn der Gläubiger die Forde- **B.430**
rungspfändung zugleich mit einer anderen Zwangsvollstreckungsmaßnahme (Sachpfändung, Zwangsversteigerung oder Zwangsverwaltung) betreibt. Auch hier lässt sich das Verbot der Überpfändung praktisch zumeist nur auf Erinnerung hin beachten. Denn dem Vollstreckungsgericht fehlt jede Möglichkeit, im Forderungspfändungsverfahren die Befriedigungsaussichten des Gläubigers in den anderen Zwangsvollstreckungsverfahren sicher zu beurteilen. Vom Gläubiger kann zudem nicht erwartet werden, dass er auf die Möglichkeit einer sofortigen Befriedigung durch Forderungspfändung im Hinblick auf eine zu späterer Zeit denkbare, aber noch nicht sicher abzusehende Zahlung seiner Forderung in der Zwangsversteigerung oder Zwangsverwaltung verzichtet. Es muss deshalb auch grundsätzlich die Forderungspfändung neben anderen Zwangsvollstreckungsmaßnahmen für zulässig erachtet werden[973].

17.5. Wirkung der Überpfändung

Die **praktische Bedeutung** des Verbots der Überpfändung ist im Forderungs- **B.431**
pfändungsverfahren an sich nicht groß[974]. Zwar ist eine Überpfändung voll wirksam. Wenn mehrere Forderungen des Schuldners gepfändet sind, unterfallen sie

---

972 Zunft, NJW 1955, 441 (444), der meint, einem solchen Antrag könne nicht ohne weiteres stattgegeben werden, kann daher nicht gefolgt werden.

973 LG Bad Kreuznach, Rpfleger 1957, 353; auch OLG Dresden, JurBüro 2007, 100 (101).

974 Siehe dazu aber auch BGH, BB 1956, 254: „Die Regelung des § 803 Abs. 1 S. 2 ZPO enthält eine Schutzbestimmung, deren Verletzung eine Schadensersatzpflicht des Gläubigers nach § 823 Abs. 2 BGB nach sich ziehen kann." Zum Verbot der Überpfändung als Schutzgesetz für den Schuldner siehe auch BGH (Fn. 969).

demnach alle bis zu ihrer vollen Höhe dem Pfändungspfandrecht[975]. Entsprechendes gilt, wenn mehrere Forderungen des Schuldners nur teilweise je bis zur Höhe der zu vollstreckenden Schuld gepfändet sind; dann erfasst die Pfändung jede der mehreren Forderungen des Schuldners (z.B. eine Werklohn- und eine Kaufpreisforderung) bis zur Höhe der Schuld, deretwegen die Pfändung erfolgt ist. Jede der gepfändeten Forderungen unterliegt der Pfandverstrickung in Höhe der Schuld[976]. Auch bei einer Überpfändung ist aber die Einziehungsbefugnis des Gläubigers immer auf den jeweiligen Betrag seines Vollstreckungsanspruchs samt Zinsen und Kosten beschränkt, sodass er den mehrgepfändeten Betrag zum Nachteil des Schuldners nicht einfordern und in Empfang nehmen kann. Das Verfügungsverbot gegen den Schuldner wirkt zudem nicht absolut; es verbietet vielmehr nur solche Verfügungen, die die Rechtsstellung des Gläubigers beeinträchtigen (siehe Rdn. B.154). Trotz Pfändung der ganzen Forderung sind daher Verfügungen und Maßnahmen des Schuldners erlaubt, die die Rechte des Gläubigers nicht schmälern. Auch eine Überpfändung hindert den Drittschuldner nicht, an den Gläubiger in Höhe seines Anspruchs und schon vor dieser Zahlung oder zugleich mit ihr an einen nachrangigen Zessionar oder weiteren Pfändungsgläubiger oder an den Schuldner den übrig bleibenden Teil der Forderung zu zahlen[977]. Die „Über"pfändung eines Girokonto- oder Sparguthabens kann die Bank oder Sparkasse daher nicht berechtigen, das Guthaben vollständig zu sperren, somit auch die Auszahlung des die Gläubigerforderung übersteigenden Guthabenbetrags an den Schuldner zu verweigern[978]. Die Überpfändung beeinträchtigt daher regelmäßig weder die Interessen des Schuldners noch die eines Zessionars. Unklarheiten im Einzelfall lassen sich oft durch rechtzeitige und ausreichende Verständigung der Beteiligten lösen. Wo sie auf solche Weise nicht sofort ausgeräumt werden können, so z.B. bei Arrestpfändung oder in Fällen, in denen die Einziehung sich aus besonderen Gründen ganz wesentlich verzögert, muss aber im Interesse einer möglichst ausreichenden Sicherung des Gläubigers eine gewisse Beschränkung des Schuldners hingenommen werden[979].

17.6. Wortlaut des Pfändungsbeschlusses bei Voll- und Teilpfändung

B.432 Das Pfändungspfandrecht umfasst die **ganze** Forderung an den Drittschuldner, wenn der Pfändungsbeschluss nicht ausdrücklich[980] anordnet, dass sich die Beschlagnahme nur auf einen bestimmten Forderungsteil erstrecken soll (Teilpfändung). Bei **Teil**pfändung bleibt der Forderungsrest von der Beschlagnahme frei. Pfändet ein weiterer Gläubiger diesen nicht beschlagnahmten Rest oder tritt ihn

---

975 BGH (Fn. 971); anders Paulus, DGVZ 1993, 129.
976 BGH (Fn. 971).
977 **A.A.** OLG Köln, NJW-RR 1994, 1517 (1519 re.Sp.).
978 Das OLG Rostock, MDR 2002, 959 Leits. = ZIP 2002, 429 sieht es als Pflichtverletzung gegenüber dem Kontoinhaber an, wenn das Konto über den Schuldbetrag hinaus gesperrt und auch die Auszahlung des den vollstreckten Betrag übersteigenden Guthabens verweigert wird.
979 Siehe OLG Hamm, JW 1937, 2133.
980 BGH (Fn. 971) m.w.N.; auch BGH, MDR 1986, 398 = NJW 1986, 977 (978 li.Sp.).

der Eigentümer nach der Pfändung ab, so kann der Drittschuldner nach Belieben zunächst an den einen oder anderen Pfändungsgläubiger bzw. an den Pfändungsgläubiger oder Zessionar leisten[981]. Soll ein gepfändeter Teil der Forderung **Vorrang vor dem ungepfändeten Rest** erhalten, so muss dieser Vorrang im Pfändungsbeschluss (auf Antrag des Gläubigers) ausdrücklich angeordnet werden.

Streitig ist, ob mit dem (früher) üblichen **Wortlaut** eines Pfändungsbeschlusses, dass die Pfändung **„wegen und in Höhe"** oder **„bis zur Höhe"** oder **„auf Höhe"** des Anspruchs des Gläubigers oder **„bis zur Höhe der Schuld"**[982] erfolgt, eine Teilpfändung ausgesprochen ist. Eine Teilpfändung wurde in einem solchen Vollstreckungszugriff erblickt, weil mit den Worten „in Höhe" der Umfang der Pfändung bezeichnet sei[983]. Dem ist nicht zu folgen[984]. Der Gläubiger selbst wird nur selten die für ihn mit Risiko verbundene Teilpfändung erstreben. Wo sie gleichwohl ausreicht und daher gewollt ist, wird er regelmäßig für den von ihm gepfändeten Forderungsteil den Vorrang vor dem pfandfreien Rest begehren. Bei diesem Bestreben kann dem routinemäßigen Pfändungsausspruch „wegen und in Höhe" o.Ä. eine Teilpfändung nicht entnommen werden. Vielmehr muss die selten erwünschte Teilpfändung im Pfändungsbeschluss ausdrücklich und zweifelsfrei angeordnet sein. Das ist erforderlich, weil der Pfändungsbeschluss als Staatsakt die notwendige Klarheit und Bestimmtheit in sich tragen, Anordnung und **Umfang** der Pfändung also mit Sicherheit ersehen und erkennen lassen muss (siehe Rdn. B.77). Diese Klarheit liegt in der Anordnung der Pfändung „wegen und bis zur Höhe" o.Ä. aber noch keineswegs, zumal routinemäßig mit diesen Worten durchwegs auch Rechte gepfändet werden, die nicht teilbar, einer Teilpfändung also nicht zugänglich sind (z.B. Miterbenanteil). Eine sinnforschende Auslegung des Wortlautes solcher Pfändungsbeschlüsse kann daher nur zu der Annahme führen, dass die Pfändung „wegen und in Höhe" o.Ä. in Höhe des Vollstreckungsanspruchs des Gläubigers die ganze (volle) Forderung des Schuldners an den Drittschuldner erfasst[985]. Insgesamt (voll) ist eine Forderung stets auch dann gepfändet, wenn „wegen und bis zur Höhe" der Gläubigerforderung (o.Ä.) vollstreckt ist, der Pfändungsbeschluss zugleich aber zum Ausdruck bringt, dass „alle" Forderungen und Rechte des Schuldners aus dem bezeichneten Rechtsverhältnis (z.B. Darlehen vom ...) gepfändet werden. **B.433**

Erblickt man in der Pfändung „wegen und bis zur Höhe" o.Ä. gleichwohl eine Teilpfändung, so ist zu klären, welchen Umfang eine solche Pfändung haben soll, wenn der Vollstreckungsanspruch des Gläubigers nicht nur aus einem ziffernmäßig bestimmten Kapitalbetrag und Kosten, sondern auch aus **ständig fortlaufenden Zinsen** besteht. Da der Gläubiger so gestellt sein muss, dass er das erhält, was **B.434**

---

981 Falkmann/Hubernagel, Die Zwangsvollstreckung, § 829 ZPO Anm. 19; Seuffert/Walsmann, ZPO, § 829 Anm. 4b.

982 BGH (Fn. 971).

983 Zunft, NJW 1955, 441 (444); BGH (Fn. 971); KG, HRR 1930 Nr. 1165; Hauke, JW 1937, 3204; Jaeger, LZ 1909, 194; OLG Oldenburg, NdsRpfl 1970, 114 = Rpfleger 1970, 100; Schilken, FS Lüke (1997) 703 (705); siehe auch Stein/Jonas/Würdinger, ZPO, § 829 Rdn. 78.

984 Wie hier RGZ 151, 279 (285); OLG Bamberg, Seufferts Archiv 72, 243; siehe ferner die in nachst. Fn. 986 Genannten.

985 RGZ 151, 279 (285); siehe dazu auch Rdn. F.63, F.64.

ihm an Haupt- und Zinsforderung bei Zahlung des Drittschuldners gebührt, muss der Ansicht gefolgt werden, dass sich das Pfandrecht des Gläubigers auf den Zinsbetrag, der jeweils aufgelaufen ist, erstreckt. Demnach wächst der Umfang des Pfandrechts täglich um den Betrag aller bis zur Gläubigerbefriedigung hinzukommenden Zinsteile[986]. Praktische Schwierigkeiten, die sich ergeben können, lassen sich vermeiden, wenn ein höchstens dem Pfändungszugriff unterliegender Forderungsteil im Pfändungsbeschluss ziffernmäßig bestimmt bezeichnet wird[987]. Fehlt diese Angabe des Höchstbetrags, so wird der Pfändungsbeschluss vielfach auch dahin ausgelegt, dass wegen des Kapitalanspruchs des Gläubigers nebst Zinsen und Kosten die ganze Forderung des Schuldners an den Drittschuldner gepfändet ist[988].

B.435 **Formulierungsvorschlag** für eine Teilpfändung siehe Rdn. F.67.

18. Zusammentreffen von Pfändung mit Abtretung und Verpfändung

18.1. Pfändung einer abgetretenen Forderung

B.436 **Schrifttum:** Behr, Zusammentreffen von Abtretung und Pfändung, Rpfleger 1990, 243; Henrichs, Konkurrenz von Gläubigern aus Abtretung und Gläubigern aus Pfändungspfandrecht bei hinterlegter Schuldsumme, Rpfleger 1954, 491; Marotzke, Rechtsprobleme des Gläubigerzugriffs auf anfechtbar zedierte Forderungen des Schuldners, KTS 1988, 569; Schmidt, Zur Anwendung des § 185 BGB in der Mobiliarvollstreckung, ZZP 87 (1974) 316; Tiedtke, Pfändungspfandrecht an einer nach Pfändung wiedererworbenen Forderung?, NJW 1972, 746.

B.437 Mit der Abtretung einer Forderung des Schuldners ist der **Zessionar neuer Gläubiger** des Drittschuldners geworden (§ 398 BGB). Damit gehört die Forderung nicht mehr zum Vermögen des Schuldners. Seine Gläubiger[989] können die Forderung daher nicht mehr pfänden. Nur bei **Teil**abtretung bleibt die dem Schuldner noch zustehende Restforderung für seine Gläubiger weiterhin pfändbar.

B.438 Ist dem Vollstreckungsgericht zuverlässig bekannt, dass der Schuldner die Forderung, deren Pfändung erfolgen soll, bereits wirksam[990] abgetreten hat, so ist dem Pfändungsantrag nicht zu entsprechen (dazu Rdn. B.75). Im Übrigen prüft das Vollstreckungsgericht nicht, ob die zu pfändende Forderung dem Schuldner tat-

---

986 Jonas, JW 1937, 2134; Hauke, NJW 1937, 3205; Ernst, JW 1938, 644; Bohn/Berner, Pfändbare Forderungen etc., N. 139. Siehe außerdem OLG Dresden, JW 1938, 57; die von ihm angenommene Begrenzung dieses stets weiter anwachsenden Zinsanspruchs bei Hinzukommen eines nächsten Pfändungs- oder Abtretungsgläubigers kann sich auf keine Gesetzesbestimmung stützen, siehe Ernst, wie vorst. Bei fehlendem Höchstbetrag deckt die Pfändung daher auch bei Konkurrenz mit einem späteren Pfändungs- oder Abtretungsgläubiger alle bis zur vollen Gläubigerbefriedigung anwachsenden Zinsen. Schilken, FS Lüke (1997) 701 (706) nimmt bei Pfändung auch für Zinsen mit offenem Endtermin an, dass die Höhe nicht beziffert bestimmt und daher die Forderung ohne konkrete Einschränkung, damit in vollem Umfang gepfändet sei.

987 Siehe Hauke, JW 1937, 3205.

988 OLG Hamm, JW 1937, 2133; KG, JW 1931, 2576.

989 Wohl aber nun die Gläubiger des Zessionars, zu dessen Vermögen die Forderung jetzt gehört.

990 Zur Nichtigkeit einer Abtretung s. Rdn. C.531 Fn. 1174.

sächlich zusteht. Pfändet es deshalb eine Forderung, die der Schuldner vor Wirksamwerden der Pfändung **bereits abgetreten** hat, so erfasst diese Pfändung die Forderung nicht mehr; eine solche Pfändung hat keinerlei Wirkungen, sie geht ins Leere[991] (s. bereits Rdn. B.73). Diese wirkungslose Pfändung hindert weder den neuen Gläubiger daran, anderweitige Verfügungen über die ihm abgetretene Forderung zu treffen, noch den Drittschuldner, mit befreiender Wirkung an den neuen Gläubiger als den wirklichen Berechtigten zu leisten[992]. Wegen der Beweislast des Drittschuldners für die Abtretung vor der Pfändung siehe Rdn. B.320. Klagt der Zessionar die Forderung ein, trägt er die Beweislast für die Abtretung vor der Pfändung[993].

Dies gilt auch, wenn die Abtretung schon vor der Pfändung erfolgt, dem Drittschuldner aber erst nach ihr bekannt geworden ist (sog. **stille Zession**). Denn der Neugläubiger hat auch hier mit dem Abschluss des formlosen Abtretungsvertrages sofort die vollen Gläubigerrechte erworben, von denen nur nach außen hin zunächst kein Gebrauch gemacht wurde[994] (§ 398 BGB). Eine Anzeige an den Drittschuldner ist für diesen Rechtsübergang nicht notwendig. Der Drittschuldner darf daher an den Gläubiger auch dann nicht mehr zahlen, wenn die stille Zession erst bekannt geworden war, nachdem bereits ein Urteil für den pfändenden Gläubiger ergangen ist; der Drittschuldner muss in einem solchen Fall mit Einwendungen gegen den durch das Urteil festgestellten Anspruch (§ 767 ZPO) geltend machen, dass die Pfändung gegenstandslos ist[995]. Schutz des Drittschuldners, der bei Zahlung an den pfändenden Gläubiger oder Vornahme eines Rechtsgeschäfts mit ihm (nach Überweisung) die (frühere) Abtretung nicht gekannt hat: § 408 Abs. 2 mit § 407 BGB. Wegen des Herausgabeanspruchs des aus einer stillen Zession Berechtigten, wenn der pfändende Gläubiger Beträge (dort: Arbeitseinkommen) eingezogen hat, siehe Rdn. C.541. B.439

Eine abredegemäß nicht oder nur mit Zustimmung des Drittschuldners abtretbare (§ 399 BGB), aber pfändbare (§ 851 Abs. 2 ZPO, Rdn. A.18) Forderung scheidet bei gleichwohl erfolgter Abtretung nicht aus dem Vermögen ihres Gläubigers (des Vollstreckungsschuldners) aus. Eine Pfändung nach solch unzulässiger Abtretung hat daher volle Wirksamkeit. Auch wenn der Forderungsschuldner (Drittschuldner) eine abredewidrig vorgenommene Abtretung genehmigt, wirkt das nicht auf den Zeitpunkt der Abtretung zurück. Die zwischen der Abtretung und der „Genehmigung“ ausgebrachte Pfändung bleibt daher wirksam[996]. Wirksam ist jedoch die Abtretung einer vereinbarungsgemäß nicht oder nur mit Drittschuldnerzustimmung[997] übertragbaren Geldforderung (§ 399 BGB), wenn sie durch Rechtsgeschäft begründet wurde und dieses Rechtsgeschäft für beide Teile ein B.440

---

991 BGHZ 100, 36 = JR 1987, 410 mit Anm. Gerhardt = MDR 1987, 494 = NJW 1987, 1703.
992 BGH (Fn. 991).
993 LG Hanau, MDR 1999, 628.
994 BGHZ 26, 185 (193) = MDR 1958, 231 = NJW 1958, 457.
995 RGZ 84, 286 (292).
996 BGHZ 70, 299 = BB 1978, 1086 mit abl. Anm. Denck = MDR 1978, 486 = NJW 1978, 813 = Rpfleger 1978, 128; für die vereinbarungsgemäß nur mit Zustimmung des Drittschuldners abtretbare Forderung BGHZ 108, 172 = MDR 1989, 1092 = NJW 1990, 109.
997 OLG Celle, NJW-RR 1999, 618.

Handelsgeschäft war oder der Drittschuldner eine juristische Person des öffentlichen Rechts oder ein öffentlich-rechtliches Sondervermögen ist (§ 354a Abs. 1 S. 1 HGB; Ausnahme in § 354a Abs. 2 HGB). Forderungsgläubiger ist dann somit der Zessionar. Jedoch kann der Drittschuldner dann noch immer mit befreiender Wirkung an den bisherigen Gläubiger (= Vollstreckungsschuldner) leisten (§ 354a Abs. 1 S. 2 HGB). Ob deswegen die Pfändung der Geldforderung bei Vollstreckung gegen den Zedenten noch für zulässig zu erachten ist, ist nicht geklärt. Das ist zu verneinen[998], weil § 354a Abs. 1 S. 2 HGB als Vorschrift zum Schutz des Vertrauens des Drittschuldners an den Bestand des Abtretungsverbots (den Ausnahmetatbestand des § 354a Abs. 1 S. 1 HGB hat er nicht verantwortlich zu prüfen) und damit der klaren Vertragsabwicklung zu sehen ist. Eine gleichwohl erfolgte Pfändung ist dennoch wirksam (Wirkungen Rdn. B.149 ff.) Wenn dann der Drittschuldner (nach Überweisung) an den Gläubiger schuldbefreiend leistet (§ 354a Abs. 1 S. 2 HGB), hat gegen ihn der Zessionar (Neugläubiger) einen Anspruch auf Herausgabe (insbesondere nach § 816 Abs. 2 BGB).

Die vertragliche (nur obligatorische), jedoch noch nicht erfüllte **Verpflichtung** des Schuldners **zur Abtretung** der Forderung an einen anderen steht ihrer Pfändung nicht entgegen[999]. Die spätere Abtretung in Erfüllung des vertraglichen Anspruchs ist dem pfändenden Gläubiger gegenüber unwirksam.

B.441 Eine Abtretung durch einen **Schuldner-Vertreter ohne Vertretungsmacht** begründet kein Gläubigerrecht des Zessionars. Von Gläubigern des abtretenden Schuldners kann dessen Forderung daher weiterhin gepfändet werden. Genehmigt danach der vertretene Schuldner (als Forderungsgläubiger) diese Abtretung (§ 177 BGB), dann berührt das die bereits wirksam gewordene Pfändung nicht (§ 184 Abs. 2 BGB; der genehmigende Schuldner hat hierfür infolge des durch die Pfändung begründeten Verfügungsverbots keine Verfügungsbefugnis mehr). Hat bei der Abtretung für den Zessionar ein Vertreter ohne Vertretungsmacht gehandelt und genehmigt danach (nach wirksamer Pfändung) der Zessionar die Abtretung (§ 177 BGB), dann hat dies Rückwirkung (§ 184 Abs. 1 BGB); die Pfändung als Zwischenverfügung verliert damit ihre Wirkung[1000]. Die Genehmigung der Abtretung durch einen Nichtberechtigten ohne Einwilligung des (genehmigenden) berechtigten Schuldners (§ 185 BGB) berührt eine inzwischen wirksam gewordene Pfändung nicht mehr (§ 184 Abs. 2 BGB).

B.442 Besteht Unklarheit oder Streit[1001] über die Wirksamkeit oder den Zeitpunkt einer Abtretung und damit für den Drittschuldner **Ungewissheit** darüber, ob der Zessio-

---

998 So auch Wagner, NJW 1995, 180.

999 RGZ 64, 308 (315).

1000 OLG Stuttgart, NJW 1954, 36 (für Genehmigung nach Sachpfändung); BGB-RGRK/Steffen, § 184 Rdn. 9 zu § 184; s. auch BGHZ 70, 299 (302) (Fn. 996) m.w.N.

1001 Nicht aber sonst (OLG Nürnberg, JurBüro 2002, 603), also insbesondere nicht, wenn dies ein Pfändungsgläubiger verlangt, obwohl der Drittschuldner die Berechtigungsfolge einwandfrei klären kann. Bei der Entscheidung über den Hinterlegungsantrag muss die Hinterlegungsstelle prüfen, ob der Drittschuldner sich über die Frage der Priorität der Zession hinreichend Gedanken gemacht hat; siehe dazu Henrichs, Rpfleger 1954, 491 m.w.N. Hat der Drittschuldner überhaupt keine Erkundungen angestellt, die zur Beseitigung aufgetretener Zweifel führen könnten, so ist er nicht zur Hinterlegung nach § 372 BGB befugt, siehe AG Köln, MDR 1966, 931.

nar Anspruch auf Zahlung hat oder ob die Forderung als dem Schuldner gehörend wirksam gepfändet und überwiesen ist (s. bereits Rdn. B.255), so kann der Drittschuldner nach § 372 BGB[1002] – nicht jedoch nach § 853 ZPO – **hinterlegen**[1003].

Nach Hinterlegung bei Konkurrenz von Abtretungs- und Pfändungsgläubiger kann der Berechtigte nicht in einem Verteilungsverfahren (§§ 872 ff. ZPO) festgestellt werden; die Einleitung eines **Verteilungsverfahrens** ist dann **unzulässig**[1004]. Ist allerdings die Frage der Zession von der Hinterlegungsstelle geklärt und bleibt nach Wegzahlung der Ansprüche des Zessionars noch ein Hinterlegungsbetrag, an dem mehrere Gläubiger Pfändungspfandrechte geltend machen, so muss für sie das Verfahren nach §§ 872 ff. ZPO durchgeführt werden[1005]. Dies gilt ebenso für den Teil der Hinterlegungssumme, der den Betrag der Abtretung übersteigt[1006] wie deshalb, weil (mehrere) Pfändungsgläubiger weitergehende Rechte am Hinterlegungsbetrag als die Zessionare erlangt haben, z.B. infolge Nichtberücksichtigung eines Angehörigen nach § 850c Abs. 4 ZPO nur bei den Pfändungen.

Durch die **Pfändung einer bereits abgetretenen Forderung** wird ein Pfändungspfandrecht nicht, auch nicht für den Fall der **Rückzession,** bewirkt[1007]. Der Gläubiger kann daher eine vom Schuldner bereits vor der Pfändung abgetretene Forderung im Falle der Rückabtretung nur durch erneute Vollstreckung erfassen. Nachträglich wird die Pfändung einer bereits abgetretenen Forderung auch nicht dadurch wirksam, dass der vollstreckende Gläubiger die Abtretung erfolgreich wegen Gläubigerbenachteiligung anficht; es bedarf einer neuen Pfändung der Forderung[1008]. **B.443**

Ist allerdings die Forderung nur sicherungshalber[1009] oder an einen **Treuhänder** abgetreten, so bietet sich für Gläubiger des Schuldners gleichwohl vielfach noch **B.444**

1002 BGH, MDR 2005, 652 = NJW-RR 2005, 712 = Rpfleger 2005, 320; LG Berlin, Rpfleger 1981, 492; LG Münster, Rpfleger 1995, 78.

1003 Anspruch auf Zustimmung zur Auszahlung des hinterlegten Betrags siehe BGHZ 112, 356 (359) = DGVZ 1991, 37 = JZ 1991, 404 mit Anm. Stürner = MDR 1991, 242 = NJW 1991, 496.

1004 RGZ 144, 391; OLG Kiel, Seufferts Archiv 73, 382; Henrichs, Rpfleger 1954, 491; LG Gießen, NJW 1967, 1138; LG Münster, Rpfleger 1995, 78; AG Köln, MDR 1966, 931; Hothorn, NJW 1967, 1138; Zöller/Seibel, ZPO, § 872 Rdn. 2; **a.A.** z.B. noch OLG München, OLGE 26, 407.

1005 Henrichs, Rpfleger 1954, 491.

1006 LG Gießen, NJW 1967, 1138 mit zust. Anm. Hothorn; Zöller/Seibel, ZPO, § 872 Rdn. 2.

1007 BGHZ 56, 339 = MDR 1971, 910 = NJW 1971, 1939; BGH, MDR 2002, 477 = NJW 2002, 755 = Rpfleger 2002, 272; OLG Düsseldorf, NJW-RR 1999, 1406 (Lebensversicherung); OLG Frankfurt, OLGR 2001, 238 (Lebensversicherung). **A.A.** Tiedtke, NJW 1972, 746; OLG München, BayJMBl 1954, 35 = NJW 1954, 1124, dem jedoch aus den von Merz, NJW 1955, 347 zutreffend dargelegten Gründen nicht beigetreten werden kann und dessen Ansicht auch sonst allgemein abgelehnt wird; siehe z.B. Stein/Jonas/Würdinger, ZPO, § 829 Rdn. 68, Wieczorek/Schütze/Lüke, ZPO, § 829 Rdn. 17; Zöller/Herget, ZPO, § 829 Rdn. 4. Siehe dazu auch (Anwendung des § 185 BGB?) Schmidt, ZZP 87 (1974) 316 (S. 326–331).

1008 BGH (Fn. 991); BAG, BAGE 72, 238 = JurBüro 1994, 364 = NJW 1993, 2699 = Rpfleger 1993, 456 (als Vorinstanz anders LArbG Hamm, MDR 1992, 786 Leits. = NZA 1992, 855 = ZIP 1992, 1168); **a.A.** Tiedtke, ZIP 1993, 1452; dazu auch Marotzke, KTS 1988, 569.

1009 Die Verpfändung eines Rechts lässt die Rechtsinhaberschaft des Verpfänders bestehen. Ein Rückgewähranspruch des Verpfänders besteht daher nicht; Pfändung eines Rückgewähranspruchs des Verpfänders kann daher nicht erfolgen; LG Arnsberg, JurBüro 1969, 896.

die Möglichkeit der Zwangsvollstreckung. Denn Sicherungsnehmer oder Treuhänder sind schuldrechtlich verpflichtet, die Forderung dem Schuldners nach Erledigung des Sicherungszwecks oder Beendigung des Treuhandverhältnisses zurückzugeben, wenn sie in diesem Zeitpunkt noch nicht erloschen, vom Drittschuldner also noch nicht an den Sicherungsnehmer oder Treuhänder bezahlt ist. Dieser schuldrechtliche Anspruch gegen den Sicherungsnehmer oder Treuhänder oder ein sonstiger obligatorischer **Anspruch auf (Rück-)Übertragung** der Forderung stellt ein selbstständiges Vermögensrecht des Schuldners dar und unterliegt als solches dem Pfändungszugriff seiner Gläubiger[1010]. Siehe dazu Rdn. A.74 ff.

B.445 Ist die Sicherungsabtretung, die Abtretung an den Treuhänder oder eine sonstige Abtretung nicht als Vollabtretung, sondern unter einer **auflösenden Bedingung** erfolgt, so fällt die Forderung mit dem Eintritt der Bedingung (Befriedigung des Sicherungsnehmers, sonstiger Wegfall des Sicherungszwecks usw.) dem Schuldner von selbst zu (§ 158 Abs. 2 BGB). Eine solche bedingte Forderung kann unmittelbar gepfändet werden (siehe Rdn. A.28). Da für den Gläubiger fast nie feststellbar sein wird, ob eine solche bedingte Abtretung oder eine Vollabtretung vorliegt, sollte die Pfändung des Rückübertragungsanspruchs auch in die Pfändung der bedingten Geldforderung umgedeutet werden können.

18.2. Abtretung einer gepfändeten Forderung

B.446 Mit der Abtretung einer gepfändeten Forderung **verstößt** der Schuldner gegen das **Verfügungsverbot** des § 829 Abs. 1 S. 2 ZPO. Diese Abtretung ist daher dem Gläubiger gegenüber unwirksam. Der Drittschuldner, der sich über das ihm zugestellte Zahlungsverbot hinwegsetzt und an den Zessionar zahlt, bringt deshalb im Verhältnis zum Gläubiger das Schuldverhältnis nicht zum Erlöschen. Der Gläubiger kann von dem Drittschuldner, der bereits an den Zessionar gezahlt hat, dessen Rechtserwerb der wirksamen Pfändung nachgefolgt ist, **nochmalige Zahlung** verlangen (siehe Rdn. B.163). Ergeben sich für den Drittschuldner Zweifel an der Wirksamkeit der Pfändung und besteht deshalb **Ungewissheit,** ob der Pfändungsgläubiger oder der Zessionar Berechtigter des Anspruchs auf Zahlung der Forderung ist, so kann nach § 372 BGB hinterlegt werden. Ein Verteilungsverfahren findet dann nicht statt (siehe Rdn. B.442). Schutz des Drittschuldners, wenn er bei Leistung an den Zessionar (oder bei Vornahme eines Rechtsgeschäfts mit ihm) die (mit Ersatzzustellung) vor Abtretung bereits wirksam gewordene Pfändung nicht kennt: § 408 mit § 407 BGB (entspr. Anwendung[1011]; s. das Rdn. B.165 Gesagte).

B.447 Unwirksam ist die Abtretung einer gepfändeten Forderung dem Gläubiger gegenüber auch, wenn die **Abtretungserklärung** (-urkunde) auf einen Zeitpunkt zurückdatiert wird, der vor der Pfändung liegt. Wird dem Drittschuldner nach wirksamer Pfändung eine solche Abtretungsurkunde vorgelegt, so wird er gegenüber dem pfändenden Gläubiger von der Leistungspflicht nicht frei, wenn er im Vertrauen auf die Urkunde und in Unkenntnis des zeitlichen Vorrangs der Pfändung

---

1010 Siehe BGH, MDR 1998, 1303 Leits. = NJW 1998, 2969; auch BGH, MDR 2010, 1017 (1018) = NJW 2010, 2346 Rdn. 12 = Rpfleger 2010, 527.

1011 BGH (Fn. 991).

an den in der Urkunde bezeichneten Neugläubiger leistet oder mit ihm ein Rechtsgeschäft über die Forderung vornimmt[1012]. Wenn jedoch der Schuldner (als Gläubiger der Forderung) bereits vor der Pfändung dem in der Urkunde bezeichneten neuen Gläubiger eine Urkunde über die (nicht erfolgte oder nicht wirksame) Abtretung ausgestellt hat und dieser sie dem Forderungsschuldner (= Drittschuldner in der Zwangsvollstreckung) vorlegt, kann nach der Pfändung der Drittschuldner (als Schuldner der gepfändeten Forderung) auch dem pfändenden Gläubiger den Einwand aus § 409 BGB entgegenhalten[1013].

Die gegen das Verfügungsverbot verstoßende Abtretung nach Pfändung ist nicht absolut, sondern nur dem pfändenden Gläubiger gegenüber unwirksam (§§ 135, 136 BGB und Rdn. B.155). Für **weitere Gläubiger** des Schuldners, die die bereits abgetretene Forderung später noch pfänden möchten, gehört sie deshalb nicht mehr zum Schuldnervermögen. Für diese weiteren Gläubiger gilt deshalb das vorstehend zu 18.1. (Rdn. B.436 ff.) Gesagte. **B.448**

18.3. Pfändung und Verpfändung

Eine Forderung kann verpfändet werden, wenn sie übertragbar und damit pfändbar ist (§ 1273 Abs. 1, § 1274 Abs. 2, § 1279 BGB). Wirksam ist die Verpfändung (§ 1274 Abs. 1 BGB) der Forderung, zu deren Übertragung ein Abtretungsvertrag genügt (§ 398 BGB), jedoch nur, wenn der Forderungsgläubiger (= Schuldner der Zwangsvollstreckung) sie dem Forderungsschuldner (= Drittschuldner in der Zwangsvollstreckung) anzeigt (§ 1280 BGB). Für das **Rangverhältnis** (Rdn. B.461) zwischen Vertragspfandrecht und Pfändungspfandrecht ist allein die zeitliche Priorität der Entstehung maßgebend[1014]. Ein durch zeitlich frühere (rechtsgeschäftliche) Verpfändung (wirksam) begründetes Pfandrecht hat somit Rang vor einem durch zeitlich spätere Pfändung (§ 829 Abs. 3 ZPO) erlangten Pfandrecht. Mit der Verpfändung einer bereits gepfändeten Forderung verstößt der Schuldner gegen das Verfügungsverbot des § 829 Abs. 1 S. 2 ZPO; diese Verpfändung ist dem Gläubiger gegenüber daher unwirksam. Das Pfändungspfandrecht hat Rang vor dem erst danach erlangten Vertragspfandrecht. Nach der Zeit der (wirksamen) Bestellung bestimmt sich der Rang des Vertragspfandrechts auch dann, wenn es für eine künftige Forderung bestellt ist; der Zeitpunkt des Entstehens der gesicherten Forderung ist hier nicht entscheidend[1015]. **B.449**

Die Einziehungsbefugnis des **besserrangigen Vollstreckungsgläubigers** nach der Überweisung (Rdn. B.219) wird durch eine nachrangige Verpfändung nicht berührt. Der Drittschuldner bleibt damit zur Leistung an den (pfändenden) Gläubiger berechtigt und verpflichtet (Rdn. B.225). **B.450**

Die Einziehungsbefugnis des **Vertragspfandgläubigers** nach Fälligkeit seiner (gesicherten) Forderung (§ 1282 Abs. 1 mit § 1228 Abs. 2 BGB) kann durch eine nachfolgende Pfändung gleichfalls nicht beeinträchtigt werden. Der dem Vertrags- **B.451**

1012 BGH (Fn. 991).
1013 BGH (Fn. 991).
1014 BGHZ 52, 99 (107, 108); BGHZ 93, 71 (76) = MDR 1985, 404 = NJW 1985, 863.
1015 BGHZ 93, 71 (Fn. 1014); BGHZ 86, 340 (347) = MDR 1983, 484 = NJW 1983, 1123.

pfandgläubiger in Höhe seiner gesicherten Forderung bei Einziehung der verpfändeten Geldforderung geleistete Betrag gebührt diesem; er ist damit befriedigt (§ 1288 Abs. 2, auch § 1247 BGB), die verpfändete (und gepfändete) Forderung ist damit erloschen (§ 362 Abs. 1 BGB)[1016]. § 1290 BGB findet bei Zusammentreffen eines Vertrags- mit einem Pfändungspfandrecht insofern keine Anwendung, als die Einziehungsbefugnis nur für den besserrangigen Pfandgläubiger vorgesehen ist. Der nachpfändende Gläubiger kann nach der Überweisung zur Einziehung stets die Pfandverwertung unter Wahrung der Rechte des besserrangigen Gläubigers betreiben, somit die Anordnung einer anderweitigen Verwertung beantragen (Rdn. E.8) oder Leistung mit Hinterlegung zugunsten des vorrangigen Vertragspfandgläubigers und sich selbst verlangen.

B.452 Der nachrangige Vertragspfandgläubiger kann (wie der Schuldner nach der Pfändung, von dem er seine Rechte ableitet, dazu Rdn. B.154, B.161) Leistung nach Maßgabe der §§ 1281, 1282 BGB allein nicht verlangen.

B.453 Dem **Drittschuldner** ist mit vorrangiger Pfändung die Zahlung an den Schuldner (Rdn. B.163) und damit auch die Leistung an ihn und seinen (nachrangigen) Vertragspfandgläubiger oder an diesen allein verboten. Wenn an den besserrangigen Vollstreckungsgläubiger allein (vor Überweisung) nicht gezahlt werden kann, kann die gepfändete Forderung daher nur durch Leistung an den Gläubiger und den Schuldner unter Mitwirkung seines nachrangigen Vertragspfandgläubigers (§ 1281 BGB) zusammen oder Hinterlegung für diese gemeinsam Berechtigten erfüllt werden (siehe Rdn. B.151).

B.454 Die vorrangige Verpfändung ermöglicht dem Drittschuldner vor der Pfandreife nur die Zahlung an den Vertragspfandgläubiger und den durch die nachfolgende

---

1016 **Anders** MünchKomm/Damrau, BGB, § 1290 Rdn. 5: Der Vertragspfandgläubiger soll trotz seines vorgehenden Pfandrechts kein Einziehungsrecht mehr haben; dieses soll nach Überweisung der gepfändeten Forderung (§ 835 ZPO) dem Pfändungspfandgläubiger zustehen. Der (besserrangige) Vertragspfandgläubiger soll von dem pfändenden nachrangigen Gläubiger nach § 805 ZPO die vorzugsweise Befriedigung aus dem vom Schuldner geleisteten Geldbetrag verlangen können. Dem ist jedoch nicht zu folgen. Die Pfändung der **angeblichen** Forderung des Schuldners an den Drittschuldner begründet Rechte des vollstreckenden Gläubigers nur, wenn (und soweit) die gepfändete Forderung besteht und dem Schuldner zusteht (Rdn. B.73). Einwendungen und Einreden gegen die Forderung wirken auch gegen den pfändenden Gläubiger (Rdn. B.170). Pfändungspfandrecht und (nach Überweisung) Einziehungsbefugnis des vollstreckenden Gläubigers berechtigten nur zur Geltendmachung der gepfändeten (fremden) Forderung (des Vollstreckungsschuldners) im eigenen Namen, begründen somit nicht mehr Rechte, als dem Schuldner selbst zustehen. Die dem Schuldner (als Forderungsgläubiger) mit der Berechtigung des Vertragspfandgläubigers verwehrte Einziehungsbefugnis lebt daher mit nachrangiger Pfändung der Forderung für den vollstreckenden Gläubiger nicht wieder auf. Mit der Zahlung an den vorrangig einziehungsbefugten Vertragspfandgläubiger leistet der Drittschuldner an den Berechtigten; mit dem Schuldverhältnis (§ 362 Abs. 1 BGB) erlischt daher auch das nachrangige Forderungspfandrecht. § 805 ZPO als Bestimmung für Sachpfändung erlangt keine Bedeutung, weil dort für das Widerspruchsrecht des nicht besitzenden Dritten vorausgesetzt ist, dass der Gegenstand „körperlich“ dadurch beschlagnahmt ist, dass ihn der Gerichtsvollzieher in Besitz genommen hat (§ 803 Abs. 1 mit § 808 ZPO), während es bei der Pfändung einer nur angeblichen Forderung durch gerichtlichen Beschluss gerade am Besitz des Vollstreckungsorgans als Grundlage der Pfandverwertung nach Vollstreckungsrecht fehlt.

Pfändung in seiner Berechtigung nach § 829 Abs. 1 S. 1 ZPO beschränkten Schuldner (als Forderungsgläubiger) oder Hinterlegung (§ 1281 BGB). Wenn der vorrangige Vertragspfandgläubiger vor der Fälligkeit seiner (gesicherten) Forderung allein noch nicht einziehungsberechtigt ist, kann somit vom Forderungsschuldner die verpfändete Forderung nur durch Leistung an diesen und den Schuldner unter Mitwirkung des nachrangigen Vollstreckungsgläubigers zusammen oder Hinterlegung für diese gemeinsam Berechtigten erfüllt werden (§ 1281 BGB mit § 829 Abs. 1 ZPO).

Hinterlegung bei Gläubigerungewissheit: § 372 S. 2 BGB. Nach § 853 ZPO (mit **B.455** der Folge, dass ein gerichtliches Verteilungsverfahren eintritt, § 872 ZPO) kann bei Zusammentreffen eines Vertrags- mit einem Pfändungspfandrecht (gleich in welcher Rangfolge) nicht hinterlegt werden.

19. Mehrfache Pfändung (Anschlusspfändung) (§ 804 Abs. 3, §§ 853, 856 ZPO)

19.1. Zulässigkeit

Schrifttum: Dörndorfer, Fehlerhafter Zwangsvollstreckungsakt und Verteilungsverfahren, **B.456** Rpfleger 1989, 317; Martin, Pfändungspfandrecht und Widerspruchsklage im Verteilungsverfahren, Bielefeld, 1963; Münzberg, Verteilungsverfahren und Erinnerung nach § 766 ZPO, Rpfleger 1986, 252; Schneider, Das zivilprozessuale Verteilungsverfahren (§§ 872 ff. ZPO) sowie das Verfahren nach § 13 der Hinterlegungsordnung, DAVorm 1982, 517.

Eine bereits gepfändete und zur Einziehung überwiesene, aber noch nicht ein- **B.457** gezogene Forderung steht weiterhin im Schuldnervermögen (siehe Rdn. B.205); sie kann deshalb **jederzeit erneut gepfändet** werden. Die Möglichkeit der neuerlichen Pfändung hört aber mit Wirksamwerden der Überweisung an Zahlungs statt auf, weil diese Pfandverwertung den Übergang der Forderung auf den Gläubiger bewirkt (siehe Rdn. B.212).

Die **nochmalige Pfändung** der bereits gepfändeten Forderung kann auf Antrag des ersten Pfändungsgläubigers wegen weiterer ihm gegen den Schuldner zustehender Ansprüche, aber ebenso auch auf Betreiben anderer Gläubiger des Schuldners angeordnet werden.

Zur Gläubigerbefriedigung kann die Pfändung einer bereits gepfändeten Forde- **B.458** rung nur führen, wenn das durch den früheren Pfändungszugriff begründete Pfändungspfandrecht in Wegfall kommt. Das ist meist der Fall, wenn der Vollstreckungsanspruch des vorgehenden Pfändungsgläubigers geringer als die voll gepfändete Forderung ist (siehe hierwegen Rdn. B.426), wenn Arbeitseinkommen oder andere fortlaufend zahlbare Ansprüche des Schuldners Gegenstand der Pfändung sind, wenn der erstpfändende Gläubiger aus einer gleichzeitig betriebenen Mobiliarvollstreckung gegen den Schuldner Befriedigung erwarten kann oder wenn sogar Aussicht besteht, dass der Schuldner die Forderung des ersten Gläubigers freiwillig wegzahlen wird.

Keine Anschlusspfändung liegt vor, wenn der erstpfändende Gläubiger wegen **B.459** seines niedrigen Vollstreckungsanspruchs nur einen Teil der höheren Forderung des Schuldners an den Drittschuldner gepfändet hat (Teilpfändung; siehe Rdn. B.432) und auf neuerlichen Antrag der **andere Teil** dieser Forderung gepfändet werden soll. Wegen des Verhältnisses solcher Teilpfändungen (Gleichrang, Vor- und Nachrang) siehe Rdn. B.432.

19.2. Durchführung

B.460 Die Anschlusspfändung von Forderungen (und anderen Vermögensrechten) ist gesetzlich nicht gesondert geregelt. Sie erfolgt deshalb wie jede Erstpfändung, also durch **Pfändungsbeschluss**, der mit Zustellung an den Drittschuldner wirksam wird (§ 829 ZPO).

Wegen der Anschlusspfändung bei hypothekarischen Rechten siehe Rdn. F.72 ff. Zur Anschlusspfändung bei Wechseln sowie anderen indossablen Papieren siehe Teil H. Wegen der Zustellung mehrerer dem Gerichtsvollzieher gleichzeitig vorliegender Pfändungsbeschlüsse im gleichen Zeitpunkt siehe Rdn. B.129.

19.3. Pfändungsrang

B.461 Der **Pfändungsrang** ist das Verhältnis des Gläubigers, für welchen die Pfändung erfolgt ist, zu anderen Gläubigern desselben Schuldners in Bezug auf die gepfändete Forderung.

B.462 Das Verhältnis mehrerer Pfändungsgläubiger zueinander regelt die ZPO in § 804 Abs. 3 nach dem **Prioritätsgrundsatz**. Es geht das durch die **frühere Pfändung** wirksam begründete Pfandrecht dem später erworbenen Pfandrecht vor. Der Gläubiger eines durch wirksame Erstpfändung begründeten Pfandrechts kann volle Befriedigung aus der gepfändeten Forderung vor allen Gläubigern, die eine Anschlusspfändung bewirkt haben, suchen. Das frühere Pfandrecht erstreckt sich bei Gehaltsforderungen oder ähnlichen in fortlaufenden Bezügen bestehenden Forderungen sofort auch auf die erst nach der Pfändung fällig werdenden Beträge (§ 832 ZPO). An diesen Ansprüchen besteht der Vorrang des erstpfändenden Gläubigers deshalb auch gegenüber solchen Anschlusspfändungen, die vor der Fälligkeit späterer Raten der fortlaufenden Bezüge wirksam geworden sind. Zur Sicherung des Vorrangs des erstpfändenden Gläubigers ist außerdem bestimmt, dass von der Pfändung sofort alle späteren Veränderungen eines Diensteinkommens in der Person des gleichen Drittschuldners betroffen werden (§ 833 ZPO). Zum Pfändungsrang bei mehrfacher Pfändung einer zukünftigen Forderung siehe Rdn. A.33. Zum Rangrücktritt (-tausch) siehe Rdn. B.348.

B.463 **Gleichrang** haben mehrere Pfändungsgläubiger, deren Beschlüsse gleichzeitig wirksam geworden, also in dem gleichen Zeitpunkt zugestellt worden sind. Eine Zustellung am gleichen Tag, aber (nachweisbar) zu verschiedenen Zeiten, ist keine gleichzeitige Zustellung. Bei gleichem Rang haben die Gläubiger ein Recht auf Befriedigung nach dem Verhältnis der Beträge (siehe z.B. § 10 Abs. 1 ZVG); sie können also nicht verlangen, dass die Forderung nach Kopfteilen ausgezahlt wird.

Beispiel:

A und B haben mit Gleichrang eine Forderung des C an D in Höhe von 900 Euro gepfändet. Die Vollstreckungsforderung des A beträgt 1.000 Euro, die des B 2.000 Euro. Bei Befriedigung nach dem Verhältnis der Beträge erhält A 300 Euro, B 600 Euro der gepfändeten Forderung.

Eine Überweisung verschafft dem Gläubiger keinen eigenen Rang (siehe Rdn. B.216). B.464

Beruht ein Pfändungsrang auf einem rechtsmissbräuchlichen Verhalten, so kann dem der Einwand der unzulässigen Rechtsausübung (§ 242 BGB) entgegengesetzt werden. Von einem Gläubiger, dem durch rasche Pfändung der bessere Rang nur deshalb zukommt, weil er die Bewilligung der öffentlichen Zustellung des Titels an den Schuldner erschlichen hat, kann ein nachgehender Pfändungsgläubiger daher verlangen, dass zunächst er befriedigt werde[1017]. Der mit dem Einwand des Rechtsmissbrauchs verlangte Vorrang kann im Verteilungsverfahren (§§ 872 ff. ZPO) mit Widerspruch (Hinterlegungsverlangen an Drittschuldner nach §§ 853, 854 ZPO), sonst mit Widerspruchsklage (§ 771 ZPO) geltend gemacht werden. Einen mit der Erinnerung (§ 766 ZPO) rügbaren vollstreckungsrechtlichen Mangel der Pfändung stellt das Erschleichen der öffentlichen Zustellung des Vollstreckungstitels nicht dar[1018]. Die Erinnerung (§ 766 ZPO) ist bei Rangstreitigkeiten zwischen mehreren Pfändungsgläubigern unzulässig, sobald die Voraussetzungen für die Einleitung des Verteilungsverfahrens (§§ 872 ff. ZPO) vorliegen (s. Rdn. B.475). B.465

19.4. Rechtsstellung des Drittschuldners

19.4.1. Berechtigung zur Hinterlegung

Mit jeder Zahlung an einen der mehreren Gläubiger, die eine Forderung desselben Schuldners gepfändet und zur Einziehung überwiesen erhalten haben, würde der Drittschuldner die Gefahr übernehmen, dass der Empfänger der Bestberechtigte ist. Bei Zahlung an einen in Wirklichkeit nachrangig Berechtigten müsste der Drittschuldner an den rangbesseren Gläubiger erneut leisten. Die Übernahme dieser mit der Feststellung des wirklich Berechtigten verbundenen Gefahr (damit auch die Feststellung, ob die Forderungspfändung wirksam ist[1019]) wird dem Drittschuldner nicht zugemutet. Vielmehr berechtigt § 853 ZPO den Drittschuldner einer für mehrere Gläubiger gepfändeten Geldforderung zur Hinterlegung des Schuldbetrages. Auch die Arrestpfändung und die Sicherungsvollstreckung (§ 720a ZPO) zählen für die Hinterlegungsberechtigung mit. Diese Berechtigung zur Hinterlegung ist nicht auf den Fall beschränkt, dass die gepfändete Schuld nicht zur Deckung aller Ansprüche der pfändenden Gläubiger ausreicht. Dem Drittschuldner ist auch die oft schwierige Berechnung der beteiligten mehreren Forderungen nicht aufgebürdet; er ist deshalb zur Hinterlegung selbst dann berechtigt, wenn seine Schuld größer als die Summe der Ansprüche aller pfändenden Gläubiger ist, mithin für deren volle Befriedigung ausreicht[1020]. Nur nach § 372 BGB (nicht nach § 853 ZPO) kann die Hinterlegung erfolgen, wenn Gläubiger bei der Zwangsvollstreckung gegen verschiedene Schuldner die Forderung in An- B.466

1017 BGHZ 57, 108 = MDR 1972, 44 = NJW 1971, 2226.
1018 BGH (Fn. 1017).
1019 Zöller/Herget, ZPO, § 853 Rdn. 2. **A.A.** OLG Frankfurt, OLGR 2004, 250: Bei Unklarheit über die Wirksamkeit der Erstpfändung Hinterlegung nach § 372 S. 2 BGB; die Bestimmung über Hinterlegung bei mehrfacher Pfändung trifft aber § 853 ZPO.
1020 Zöller/Herget, ZPO, § 853 Rdn. 2.

spruch nehmen, somit ungewiss ist, welcher der mehreren Vollstreckungsschuldner Forderungsgläubiger und welche Pfändung damit (allein) wirksam ist[1021].

B.467 Der Drittschuldner muss nicht hinterlegen. Die Vorschrift des § 853 ZPO dient allein seinem Interesse. Er kann daher bei mehrfacher Pfändung die Gläubiger auch nach ihrem **Rang befriedigen**. Dann trägt er aber das Risiko, dass der unter den mehreren Gläubigern ausgewählte Empfänger wirklich als Bestberechtigter Anspruch auf den gezahlten Betrag hat[1022]. Den Schutz des § 836 Abs. 2 ZPO für sein Vertrauen auf die Rechtmäßigkeit des Überweisungsbeschlusses des bestberechtigten Gläubigers und dessen durch den Zeitpunkt der Pfändung bestimmten Rang verliert der Drittschuldner, der die Zahlung einer nach § 853 ZPO möglichen Hinterlegung vorzieht, nicht[1023]. Dieser Vertrauensschutz besteht nicht, wenn der Drittschuldner dem Hinterlegungsverlangen eines Gläubigers (§ 853 ZPO, Rdn. B.469) nicht nachgekommen ist.

B.468 Die freiwillige oder durch Klage und Zwangsvollstreckung erzwungene Hinterlegung hat für den Drittschuldner **schuldbefreiende Wirkung**[1024], wenn er zur Leistung berechtigt, insbesondere also seine Forderung fällig war, und er seine Anzeigepflicht erfüllt (siehe Rdn. B.472). Eine Rücknahme des hinterlegten Geldes ist nicht möglich; auf das Rücknahmerecht braucht daher nicht ausdrücklich verzichtet zu werden.

19.4.2. Verpflichtung zur Hinterlegung

B.469 Auf Verlangen eines der mehreren Gläubiger, dem die Forderung zur Einziehung oder an Zahlungs statt überwiesen ist, ist der Drittschuldner zur Hinterlegung verpflichtet. Voraussetzung dieser Hinterlegungsverpflichtung ist freilich, dass der Drittschuldner überhaupt zur Leistung verpflichtet ist, dass also die Forderung fällig, eine etwaige Gegenleistung erbracht oder ausreichend angeboten ist usw.

Durch Zahlung an den bestberechtigten Gläubiger kann der Drittschuldner seine Hinterlegungspflicht abwenden[1025]. Er trägt dann aber das mit der Zahlung verbundene Risiko, muss also im Streitfall die erstrangige Berechtigung des Zahlungsempfängers beweisen.

B.470 Das **Verlangen nach Hinterlegung** kann von dem berechtigten Gläubiger formlos gestellt werden. Zur Sicherung des Nachweises wird aber regelmäßig die Zustellung geboten sein. Kommt ein Drittschuldner seiner Hinterlegungsverpflichtung nicht nach, so kann jeder Gläubiger, dem der Anspruch überwiesen ist – also nicht nur der Gläubiger, der die Hinterlegung verlangt hat –, Klage auf Hin-

---

1021 OLG Köln, OLGR 1998, 302; Zöller/Herget, ZPO, § 853 Rdn. 2.

1022 Siehe RArbG, JW 1936, 2666; OLG Braunschweig, OLGE 19, 26; Zöller/Herget, ZPO, § 853 Rdn. 2.

1023 BGHZ 66, 394 = NJW 1976, 1453.

1024 RGZ 49, 357; RG, JW 1901, 515; OLG Dresden, OLGE 4, 372; Zöller/Herget, ZPO, § 853 Rdn. 5.

1025 RArbG (Fn. 1022).

terlegung gegen den Drittschuldner erheben (§ 856 ZPO). Der klagende Gläubiger muss dem Schuldner (§ 841 ZPO), nicht jedoch den übrigen Gläubigern den Streit verkünden. Im Übrigen siehe § 856 ZPO[1026].

19.4.3. Hinterlegungsstelle

Die Hinterlegung erfolgt bei der **Hinterlegungsstelle** eines Amtsgerichts. Eine örtliche Zuständigkeit bestimmt § 853 ZPO nicht; auch die (landesrechtlichen) Hinterlegungsgesetze enthalten keine Vorschriften über die örtliche Zuständigkeit. Eine Hinterlegung bei dem Amtsgericht, dessen Beschluss zuerst zugestellt wurde, oder bei der Hinterlegungsstelle des Leistungsorts (§ 374 Abs. 1 BGB) liegt gleichwohl nahe. **B.471**

19.4.4. Anzeige der Hinterlegung

Der Drittschuldner ist bei der Hinterlegung verpflichtet, dem Amtsgericht, dessen Beschluss ihm zuerst zugestellt wurde, die Sachlage anzuzeigen und die ihm zugestellten Beschlüsse auszuhändigen (§ 853 ZPO). Dieses Gericht ist für die Anzeige auch dann zuständig, wenn es für den Erlass des Pfändungsbeschlusses örtlich unzuständig war[1027]. Hat ein höheres Gericht (Landgericht oder Oberlandesgericht als Arrest- oder Beschwerdegericht) den ersten Pfändungsbeschluss erlassen, so ist ihm die Anzeige zu erstatten. Das höhere Gericht muss diese Anzeige mit den Schriftstücken an das Amtsgericht abgeben, das für die Erstpfändung örtlich zuständig gewesen wäre, wenn Amtsgerichte die höhere sachliche Zuständigkeit der Landgerichte oder Oberlandesgerichte besäßen, also nicht an das Amtsgericht, in dessen Bezirk das höhere Gericht seinen Sitz hat[1028]. Bei gleichzeitiger Zustellung von Pfändungsbeschlüssen verschiedener Amtsgerichte (wird praktisch kaum vorkommen) hat der Drittschuldner zwischen diesen Amtsgerichten die Wahl (§ 35 ZPO entspr.). **B.472**

Wenn das zuständige Gericht die Annahme der Anzeige und der Beschlüsse verweigert, steht dem Drittschuldner und allen Gläubigern das Beschwerderecht nach § 793 ZPO zu. **B.473**

Schuldbefreiende Wirkung (siehe Rdn. B.468) hat die Hinterlegung nur, wenn der Drittschuldner seine Anzeigepflicht erfüllt[1029]. Auch bei unvollständiger Anzeige oder Anzeige an ein unzuständiges Gericht treten die Hinterlegungswirkun- **B.474**

1026 Ein an der Drittschuldnerklage nach § 856 ZPO nicht beteiligter Pfändungsgläubiger kann in entsprechender Anwendung des § 727 ZPO die Umschreibung des Titels zum Zwecke der Zwangsvollstreckung gegen den Drittschuldner verlangen. Dass er schon bei Rechtshängigkeit der Drittschuldnerklage Pfändungsgläubiger des Schuldners war, steht dem nicht entgegen, OLG Saarbrücken, NJW-RR 1990, 1472.

1027 RGZ 36, 360.

1028 OLG Jena, OLGE 22, 389; Zöller/Herget, ZPO, § 853 Rdn. 4; **a.A.** (Amtsgericht des Sitzes) OLG Kiel, SchlHA 1906, 122, siehe auch KG, OLGE 14, 184.

1029 KG, OLGE 14, 184; OLG Köln, OLGR 1998, 38; siehe auch LG Berlin, Rpfleger 1981, 453.

gen nicht ein, damit nicht gegenüber einem in der Anzeige nicht aufgeführten Gläubiger, dessen Beschluss nicht ausgehändigt ist[1030].

Über die Anzeigepflicht des § 853 ZPO hinaus hat der Drittschuldner keine Verpflichtung zur Benachrichtigung der Beteiligten; eine Anzeige nach § 374 Abs. 2 BGB hat er nicht zu erstatten.

B.475 Der Hinterlegungsbetrag wird im Verteilungsverfahren nach §§ 872 ff. ZPO abgewickelt, es ist dem Rechtspfleger übertragen (§ 20 Abs. 1 Nr. 17 RPflG). Das Verteilungsverfahren tritt nur ein, wenn der Drittschuldner die nach § 853 ZPO erforderliche Anzeige erstattet hat[1031]. Sobald die Voraussetzungen für die Einleitung eines Verteilungsverfahrens vorliegen, ist bei Rangstreitigkeiten zwischen mehreren Pfändungsgläubigern eine Erinnerung (§ 766 ZPO) unzulässig[1032].

19.5. Mehrfachpfändung für Vollstreckungsbehörden

B.476 Zur Hinterlegung berechtigt und verpflichtet ist der Drittschuldner auch, wenn die Forderung durch ein Vollstreckungsgericht und durch eine Vollstreckungsbehörde im Verwaltungszwangsverfahren nach der Abgabenordnung oder nur durch mehrere Vollstreckungsbehörden gepfändet ist. Dies bestimmt

§ 320 AO
Mehrfache Pfändung einer Forderung

(1) Ist eine Forderung durch mehrere Vollstreckungsbehörden oder durch eine Vollstreckungsbehörde und ein Gericht gepfändet, so sind die §§ 853 bis 856 der Zivilprozessordnung und § 99 Abs. 1 Satz 1 des Gesetzes über Rechte an Luftfahrzeugen entsprechend anzuwenden.

(2) Fehlt es an einem Amtsgericht, das nach den §§ 853 und 854 der Zivilprozessordnung zuständig wäre, so ist bei dem Amtsgericht zu hinterlegen, in dessen Bezirk die Vollstreckungsbehörde ihren Sitz hat, deren Pfändungsverfügung dem Drittschuldner zuerst zugestellt worden ist.

Zuständig für die Entgegennahme der Anzeige ist das Amtsgericht, dessen Pfändungsbeschluss zuerst zugestellt worden ist, auch wenn die Pfändungsverfügung der Vollstreckungsbehörde früher zugestellt wurde. Wenn nur Pfändungsverfügungen von Vollstreckungsbehörden zugestellt sind, ist nach § 320 Abs. 2 AO das Amtsgericht zuständig, in dessen Bezirk die Vollstreckungsbehörde ihren Sitz hat, deren Pfändungsverfügung zuerst zugestellt worden ist.

Entsprechendes gilt für Pfändungsverfügungen im Verwaltungszwangsverfahren nach dem Verwaltungsvollstreckungsgesetz (VwVG) des Bundes (Rdn. B.5), dessen § 5 Abs. 1 die Bestimmung des § 320 AO für anwendbar erklärt, und nach den entsprechenden Verwaltungsvollstreckungsgesetzen der Länder.

1030 OLG Köln (Fn. 1029).
1031 LG Berlin (Fn. 1029).
1032 OLG Koblenz, DGVZ 1984, 58 = ZIP 1983, 745; dazu Münzberg, Rpfleger 1986, 252: keine neue Erinnerung mehr erst vom Verteilungstermin an; eine anhängige Erinnerung kann zu Ende geführt werden.

19.6. Freigabe eines für mehrere Gläubiger auf Sonderkonto eingezahlten oder hinterlegten Betrages

Die Einzahlung des gepfändeten Forderungsbetrages auf ein für mehrere Gläubiger, deren Pfändungsrang nicht geklärt ist, gemeinsam angelegtes (Sonder-)Konto wird der Hinterlegung mitunter vorgezogen. Die Beteiligten kommen – zulässigerweise – auf diesem Weg vielfach deshalb überein, weil Hinterlegungsgeld in den meisten Ländern nicht mehr (sonst nur gering) verzinst wird, und vor allem dann, wenn eine (Groß-)Bank oder Sparkasse Drittschuldnerin ist. Der Gläubiger, dessen Pfandrecht den schlechteren Rang hat, ist dann gegenüber dem Gläubiger mit dem besseren Rang verpflichtet, diesem die Forderung aus dem gemeinsamen Bankguthaben freizugeben[1033]. Die Freigabepflicht ergibt sich aus § 812 BGB, weil der nachrangige Gläubiger die Rechtsstellung, dass ohne seine Zustimmung nicht über das gemeinsame Konto verfügt werden kann, ohne rechtlichen Grund erlangt hat. Kommt der nachrangige Gläubiger mit der Freigabeerklärung, die gegenüber dem besserrangigen Gläubiger oder der Bank abzugeben ist, in Verzug, so ist er schadensersatzpflichtig (§ 280 Abs. 1 BGB). Bei verwickeltem Sachverhalt und schwierigen Rechtsfragen kann aber ein zum Schadensersatz verpflichtender Verzug nach § 280 Abs. 1 S. 2 BGB auch dann ausgeschlossen sein, wenn der die Freigabe ablehnende nachrangige Gläubiger die Frage des Vorrangs im Prozesswege klären lässt und im Rechtsstreit unterliegt[1034]. B.477

Auch wenn hinterlegt ist, weil ein Vertragspfandgläubiger und ein zeitlich nachfolgender Pfändungsgläubiger den vollen Betrag beanspruchen, ist der nachrangige Pfändungsgläubiger zur Freigabe verpflichtet[1035]. Verzögert er die Erfüllung dieser Verpflichtung aus einem von ihm zu vertretenden Grund, so haftet er auf Schadensersatz[1036]. B.478

20. Vorpfändung (§ 845 ZPO)

20.1. Zweck der Vorpfändung

Schrifttum: Arnold, Die Vollstreckungsnovelle vom 1. Februar 1979, MDR 1979, 358; Behr, Vorpfändung gem. § 845 ZPO, JurBüro 1997, 623; Braun, Wartefrist gem. § 798 ZPO und Vorpfändung, DGVZ 1976, 145; Gilleßen und Jakobs, Die Übertragung der Vorpfändung auf den Gerichtsvollzieher, DGVZ 1979, 103; Hascher und Lammers, Bestandsschutz und Wirksamkeit der Vorpfändung nach § 845 ZPO, DGVZ 2009, 92; Hornung, Die Zwangsvollstreckungsnovelle 1979, Rpfleger 1979, 284; Meyer-Reim, Vorpfändung schlägt Konkurseröffnung und allgemeines Veräußerungsverbot, NJW 1993, 3041; Müller, Das Gesetz zur Änderung zwangsvollstreckungsrechtlicher Vorschriften, NJW 1979, 905; Müller, Kann dem Gerichtsvollzieher die zuzustellende Benachrichtigung nach § 845 ZPO per Telefax übermittelt werden?, DGVZ 1996, 85; Mümmler, Betrachtungen zur Vorpfändung (§ 845 ZPO), JurBüro 1975, 1413; Mümmler, Wirkungen der Aufhebung einer Vorpfändung durch das Vollstreckungsge- B.479

1033 BGH, MDR 1970, 409 = NJW 1970, 463; s. auch BGH, NJW-RR 1994, 847 m.w.N.
1034 BGH (Fn. 1033).
1035 BGH (Fn. 1033); BGH, JurBüro 1972, 602 = MDR 1972, 593 = NJW 1972, 1045.
1036 BGH (Fn. 1035).

richt, JurBüro 1982, 1772; Münzberg, Die Vorpfändung des Gerichtsvollziehers, DGVZ 1979, 161; Noack, Die Bedeutung der Vorpfändung (§ 845 ZPO), Rpfleger 1967, 136; Noack, Die Vorpfändung als Vollstreckungsmittel und ihre Bedeutung für die Praxis, DGVZ 1974, 161; Schneider, Die Wiederholung der Vorpfändung, JurBüro 1969, 1027; Schneider, Heilung einer „Privat-Zustellung" des Gläubigers über § 187 ZPO?, DGVZ 1983, 33; Schöler, Rechtsschutz gegen übermäßige Vorpfändung, MDR 2009, 184; Schütz, Vorpfändung und endgültige Pfändung, NJW 1965, 1009; Weimar, Pfändungsankündigung und Vorpfändung, MDR 1968, 297.

B.480 Der Erlass und die Zustellung des Pfändungsbeschlusses können sich verzögern. Für den Gläubiger verbindet sich damit die Gefahr, dass sein bevorstehender Pfändungszugriff durch eine zwischenzeitliche Verfügung des Schuldners über die Forderung oder durch frühere Pfändungen anderer Gläubiger vereitelt wird. Vor diesen Folgen einer Verzögerung schützt die durch **Pfändungsankündigung** (Vorpfändung, § 845 ZPO) mögliche umgehende Sicherung der Zwangsvollstreckung. Der wesentliche praktische Wert dieser Vorpfändung besteht darin, dass sie sofort nach Verkündung eines vorläufig vollstreckbaren Urteils erfolgen kann, ohne dass auf die Urteilsausfertigung gewartet werden muss.

20.2. Vorpfändung in Sonderfällen

B.481 Bei **drittschuldnerlosen Rechten** ist die Pfändungsankündigung ebenfalls möglich, da § 857 Abs. 1 ZPO mit den vorausgehenden Vorschriften auch § 845 ZPO für anwendbar erklärt. Wirksam wird die Vorpfändung eines drittschuldnerlosen Rechtes in dem Zeitpunkt, in dem dem Schuldner das Verfügungsverbot zugestellt wird[1037]. Zulässig ist die Pfändungsankündigung auch bei der Vollstreckung in eine **Eigentümergrundschuld** oder -hypothek und den sich aus solchen Rechten ergebenden Anspruch auf den **Versteigerungserlös**[1038]. Unzulässig[1039] (zudem ohne praktische Bedeutung) ist die Vorpfändung von **Wechseln** und anderen indossablen Papieren, da sie nicht wie Forderungen durch Pfändungsbeschluss, sondern wie bewegliche Sachen durch den Gerichtsvollzieher gepfändet werden, eine vorläufige Sicherung des Gläubigers also durch Hilfspfändung (Rdn. B.371) erfolgen kann. In den Fällen, in denen Ansprüche vom Vollstreckungsgericht hilfsweise gepfändet werden (Rdn. B.375), ist wiederum auch Vorpfändung zulässig.

20.3. Voraussetzungen

B.482 Bei der Zustellung (nicht Datierung) der Vorpfändung muss über die zu vollstreckende Geldforderung ein vollstreckbarer **Titel** vorliegen, für Prozesskosten mithin ein Kostenfestsetzungsbeschluss (keine Vorpfändung allein auf Grund des Kostenausspruchs im Urteil). Noch nicht vollstreckbare Urteile sind zur Zwangsvollstreckung nicht geeignet; sie können daher auch nicht Grundlage einer Vorpfändung sein. Der Titel muss vollstreckungsfähig sein; es muss also eine Bedingung eingetreten (§ 726 ZPO) oder der für die Leistung bestimmte Kalendertag

1037 RGZ 71, 179 (183).
1038 RGZ 71, 179 (183); OLG Celle, NdsRpfl 1958, 93.
1039 Stein/Jonas/Würdinger, ZPO, § 845 Rdn. 26; Thomas/Putzo/Seiler, ZPO, § 845 Rdn. 1a; Zöller/Herget, ZPO, § 845 Rdn. 1; Noack, Rpfleger 1967, 137.

vergangen (§ 751 Abs. 1 ZPO)[1040] und die Voraussetzung für die Vollstreckung eines Zug-um-Zug-Anspruchs (§ 765 ZPO) gegeben sein[1041]. Eine Sicherheit braucht wegen der nach § 720a ZPO möglichen Sicherungsvollstreckung nicht geleistet zu sein[1042]. Auch bei der Vorpfändung mit einem nur gegen Sicherheit vorläufig vollstreckbaren Schuldtitel müssen das Urteil und die Vollstreckungsklausel nicht zugestellt, somit auch die Frist des § 750 Abs. 3 ZPO nicht abgelaufen sein[1043].

Der vorherigen Erteilung einer vollstreckbaren Ausfertigung und der Zustellung des Vollstreckungstitels bedarf es für die vom Gläubiger selbst gefertigte Benachrichtigung (Vorpfändung) nicht. Das hat § 845 Abs. 1 S. 3 ZPO früher bestimmt. Dieser Satz wurde als Folgeänderung zur Neufassung des § 802a ZPO aufgehoben, weil der Regelungsinhalt „wortgleich" in dessen Abs. 2 S. 1 Nr. 5 übernommen wurde[1044]. Dort ist die Vorpfändung als vollstreckungsrechtliche Standardbefugnis des Gerichtsvollziehers genannt, für deren Durchführung es keiner vollstreckbaren Ausfertigung und keiner Zustellung des Schuldtitels bedarf. Eine Gesetzesänderung ist nach dieser Entstehungsgeschichte damit ausgeschlossen[1045]. Unerheblich ist vielmehr unverändert, ob die Benachrichtigung vom Gläubiger selbst oder vom Gerichtsvollzieher angefertigt wird. Die Vorpfändung ist daher auch möglich und zulässig, wenn der Vollstreckungstitel noch den Rechtsvorgänger des Gläubigers oder Schuldners nennt und eine Vollstreckungsklausel für oder gegen den Rechtsnachfolger (§ 727 ZPO) noch nicht erteilt ist[1046]. Bei Rechtsnachfolge müssen auch die Beweisurkunden für oder gegen den Rechtsnachfolger (Erbschein, Abtretungserklärung und dgl.) noch nicht vorliegen und nicht nach § 750 Abs. 2 ZPO zugestellt sein[1047]. Weil es der Zustellung des Schuldtitels nicht bedarf, entfällt auch die Einhaltung der Wartefrist des § 798 ZPO[1048].

1040 Ebenso Stein/Jonas/Würdinger, ZPO, § 845 Rdn. 2; Zöller/Herget, ZPO, § 845 Rdn. 2; Noack, Rpfleger 1967, 137. Wegen künftig fällig werdender Ansprüche ist eine Vorpfändung nur in den Grenzen des § 850d Abs. 3 ZPO möglich; siehe Rdn. B.352 ff.

1041 Nachweis durch Zustellung der Urkunden ist nicht erforderlich, Noack, Rpfleger 1967, 137. Dieser Nachweis ist aber ggfs. im Erinnerungsverfahren zu führen.

1042 KG, JurBüro 1981, 620 = MDR 1981, 412 = Rpfleger 1981, 240.

1043 Münzberg, DGVZ 1979, 164 zutreffend gegen Gilleßen und Jakobs, DGVZ 1979, 103 (106); so auch Thomas/Putzo/Seiler, ZPO, § 845 Rdn. 2; Zöller/Herget, ZPO, § 845 Rdn. 2; KG (Fn. 1042); LG Frankfurt, JurBüro 1983, 623 = Rpfleger 1983, 32; AG München, DGVZ 1986, 47.

1044 Begründung, BT-Drucks. 16/10069, S. 35.

1045 So auch Zöller/Stöber, ZPO (31. Aufl.), § 845 Rdn. 2.

1046 Ebenso Noack, Rpfleger 1967, 137; Zöller/Herget, ZPO, § 845 Rdn. 2.

1047 RGZ 71, 179 (182); Stein/Jonas/Würdinger, ZPO, § 845 Rdn. 3.

1048 BGH, MDR 1982, 574 = NJW 1982, 1150; OLG Düsseldorf, DGVZ 1976, 24 = NJW 1975, 2210; Braun, DGVZ 1976, 145; Noack, Rpfleger 1967, 137; Gilleßen und Jakobs, DGVZ 1979, 103 (105); Münzberg, DGVZ 1979, 165; Zöller/Herget, ZPO, § 845 Rdn. 2; Musielak/Becker, ZPO, § 845 Rdn. 2; Stein/Jonas/Würdinger, ZPO, § 845 Rdn. 4; Thomas/Putzo/Seiler, ZPO, § 845 Rdn. 2; Wieczorek/Schütze/Lüke, ZPO, § 845 Rdn. 5; Schuschke/Walker, Vollstreckung, § 845 Rdn. 1, 3; **a.A.** Mümmler, JurBüro 1975, 1415; s. auch OLG Hamburg, MDR 1961, 329: Im Verhältnis zwischen Gläubiger und Schuldner verwandelt sich eine vor Ablauf einer Frist des § 798 ZPO erfolgte Vorpfändung mit Fristablauf in eine wirksame Pfändungsankündigung. Dritten gegenüber, die erst nach Ablauf der Frist des § 798 ZPO gepfändet haben, ist somit die vorzeitige Vorpfändung immer wirksam (Stöber, Rpfleger 1962, 9).

20.4. Durchführung

B.483 Die Vorpfändung erfolgt dadurch, dass der Gläubiger (oder sein Vertreter[1049]) dem Drittschuldner und dem Schuldner[1050] eine **private schriftliche** (damit ordnungsgemäß unterzeichnete) **Benachrichtigung** darüber, dass die Pfändung bevorstehe, an den Drittschuldner mit der Aufforderung, nicht an den Schuldner zu zahlen, und an den Schuldner mit der Aufforderung, sich jeder Verfügung über die Forderung, insbesondere ihrer Einziehung, zu enthalten, **zustellen lässt** (§ 845 Abs. 1 ZPO). Die Benachrichtigung muss im Wesentlichen den Anforderungen entsprechen, die an den Inhalt eines Pfändungsbeschlusses zu stellen sind (siehe dazu Rdn. B.77 ff.). Sie muss also insbesondere Gläubiger, Schuldner und Drittschuldner sowie den Schuldtitel und die Vollstreckungsforderung benennen sowie die Forderung, deren Pfändung angezeigt wird, bezeichnen[1051] und ggfs. angeben, ob sie sich auf zukünftige Forderungen erstrecken soll. Die Bezeichnung der zu pfändenden Forderung muss so hinreichend sein, dass über die Identität der Vorpfändung mit der Pfändung selbst später keine Zweifel aufkommen können[1052]. Die Pfändungsbeschränkungen der §§ 850c, 850d ZPO hat die Benachrichtigung zu berücksichtigen (Rdn. C.97). Die Vorpfändung mehrerer Geldforderungen (auch anderer Rechte) eines Schuldners gegen verschiedene Drittschuldner soll durch eine einheitliche Benachrichtigung nur ausgesprochen werden, soweit dies für Zwecke der Vollstreckung geboten erscheint und kein Grund zu der Annahme besteht, dass schutzwürdige Interessen der Drittschuldner entgegenstehen (§ 829 Abs. 1 S. 3 ZPO entspr.; dazu Rdn. B.49).

B.484 Ob die Zustellung einer dem Gerichtsvollzieher mittels **Telekopie** (Telefax) übermittelten schriftlichen Benachrichtigung des Gläubigers Wirksamkeit erlangen kann, ist nicht geklärt[1053]. Eine Übergabe der Urschrift des zuzustellenden Schriftstücks wird in der Übermittlung der Benachrichtigung mittels Telekopie (Telefax) indes so wenig gesehen werden können, wie die Zuleitung einer Ausfertigung des zuzustellenden Pfändungsbeschlusses durch fernmeldetechnische

---

1049 Siehe RGZ 64, 211 (217), insbesondere auch wegen des Falles, dass für die Vorpfändung nur eine mündliche Vollmacht erteilt war und die schriftliche Vollmacht erst nach Pfändung durch andere Gläubiger erteilt wurde.

1050 Der Gläubiger kann die Zustellung an den Schuldner nicht ausschließen. Die Interessenlage des Schuldners (siehe deswegen Rdn. B.130) verbietet es, ihm die Benachrichtigung über die mit der Zustellung an den Drittschuldner wirksam gewordene Beschlagnahme der Forderung vorzuenthalten und damit die Möglichkeit zu nehmen, bereits gegen die Pfändungsankündigung Erinnerung einzulegen.

1051 RGZ 64, 212 (216).

1052 BGH, MDR 2001, 1133 = NJW 2001, 2976; BGH, MDR 2005, 1135 = NJW-RR 2005, 1361 = Rpfleger 2005, 450; OLG Düsseldorf, MDR 1974, 409. Eine Auslegung der Vorpfändung ist wie beim Pfändungsbeschluss möglich (siehe Rdn. B.101 ff.). Eine Auslegung aus außerhalb der Urkunde liegenden Umständen kann daher nicht erfolgen. Nicht gedeckt ist deshalb die Vorpfändung einer Forderung aus „Lebensversicherungsvertrag“ durch die spätere Pfändung einer Forderung aus „Arbeitseinkommen“; OLG Düsseldorf, wie vorst.

1053 Wird bejaht von Müller, DGVZ 1996, 85, wenn der Absender die für bestimmende prozessuale Schriftsätze geltenden Grundsätze berücksichtigt. Zustimmend Musielak/Becker, ZPO, § 845 Rdn. 3; Stein/Jonas/Würdinger, ZPO, § 845 Rdn. 6.

Übertragungsmittel nicht genügt[1054]. Überdies kann ein auf diesem Weg zur Zustellung gebrachtes Schriftstück eine zuverlässige Feststellung der Person des Erklärenden für die Wirksamkeit des vorläufigen Zahlungsverbots später nicht ermöglichen. Auf die Rechtsprechung zur vollen Ausnutzung von Rechtsmittel- und Begründungsfristen durch Einsatz fernmeldetechnischer Übertragungsmittel kann nicht zurückgegriffen werden, weil vornehmlich der Rechtssicherheit und dem Drittschuldnerschutz Bedeutung zukommt und wesentlich nicht der Eingang beim zustellenden Gerichtsvollzieher ist, sondern die Übergabe einer beglaubigten Abschrift des dem Gerichtsvollzieher vorliegenden Schriftstücks. In der Übermittlung der schriftlichen Benachrichtigung an den Gerichtsvollzieher mittels Telekopie (Telefax) kann aber jedenfalls ein Auftrag des Gläubigers (zur Form Rdn. B.492) zur Anfertigung der Vorpfändung gesehen werden.

Der spätere Pfändungsbeschluss braucht auf die Vorpfändung nicht Bezug zu nehmen oder zu verweisen. **B.485**

Zugestellt wird die Benachrichtigung auf Betreiben des Gläubigers, also durch den Gerichtsvollzieher nach den Bestimmungen der §§ 191 ff. ZPO (siehe Rdn. B.117 ff.). Es sind somit dem Gerichtsvollzieher die Urschrift der zuzustellenden Benachrichtigung und die erforderlichen Abschriften zu übergeben. Die Zustellung besteht in der Übergabe einer beglaubigten Abschrift der zuzustellenden Benachrichtigung. Beglaubigung: § 192 Abs. 2 S. 2, § 169 Abs. 2 S. 2 ZPO. Die öffentliche Zustellung an den Drittschuldner ist, wie bei der Pfändung selbst, möglich (s. Rdn. B.125). Auch an den Schuldner kann bei Vorpfändung eines drittschuldnerlosen Rechts öffentlich zugestellt werden[1055]. **B.486**

Die Zustellung an den Drittschuldner ist vor der Zustellung an den Schuldner durchzuführen; das ist zwar nicht (wie in § 829 Abs. 2 ZPO) ausdrücklich bestimmt, folgt aber nach dem Grundgedanken des § 834 ZPO daraus, dass der Schuldner durch Kenntnis vor Wirksamkeit der Benachrichtigung mit Zustellung an den Drittschuldner keine Gelegenheit finden darf, durch rasche Verfügung die vorläufige Beschlagnahmewirkung zu vereiteln. Ausnahme: wie Rdn. B.134. Dem Schuldner wird eine Abschrift der Urkunde über die Zustellung der Benachrichtigung an den Drittschuldner nicht mit zugestellt; § 829 Abs. 2 S. 2 ZPO ist auf die kurzlebige Vorpfändung (die keine Einziehungsbefugnis des Gläubigers begründet) nicht entsprechend anwendbar[1056]. War der Schuldner im Rechtsstreit durch einen Prozessbevollmächtigten vertreten, so muss die Zustellung an diesen (nicht an den Schuldner persönlich) erfolgen (§ 172 ZPO; dies wird vielfach übersehen).

Der Gerichtsvollzieher muss den Zustellungsantrag als „Eilsache" behandeln, auch wenn er einen Eilvermerk nicht trägt[1057], und in der Zustellungsurkunde den Zeitpunkt der Zustellung an den Drittschuldner nach Stunde und Minute bezeichnen oder veranlassen, dass dies durch den Postbediensteten erfolgt (§ 126 Abs. 2 S. 1 GVGA). Ob der Gläubiger einen vollstreckbaren Schuldtitel erwirkt hat, ob ihm

---

1054 Zöller/Herget, ZPO, § 845 Rdn. 3.
1055 AG Flensburg, JurBüro 1981, 464.
1056 Zöller/Herget, ZPO, § 845 Rdn. 3; **a.A.** AG Stuttgart-Bad Cannstatt/LG Stuttgart, DGVZ 1990, 15; Hornung, DGVZ 2004, 85 (88); Stein/Jonas/Würdinger, ZPO, § 845 Rdn. 8; Musielak/Becker, ZPO, § 845 Rdn. 5.
1057 RGZ JW 1938, 1452; siehe auch § 126 Abs. 2 GVGA.

eine vollstreckbare Ausfertigung erteilt ist und ob der Schuldtitel bereits zugestellt ist, hat der Gerichtsvollzieher nicht zu prüfen (§ 126 Abs. 2 S. 3 GVGA). Da der Gerichtsvollzieher bei der Vorpfändung nur als Zustellungsorgan mitwirkt, hat er auch die Ordnungsmäßigkeit der vom Gläubiger selbst angefertigten Benachrichtigung nicht zu prüfen (s. § 126 Abs. 4 GVGA).

B.487 **Wirksam** wird die Vorpfändung mit der Zustellung der Benachrichtigung an den Drittschuldner. Für diese Wirksamkeit ist die Zustellung an den Schuldner nicht wesentlich (vgl. wegen der gleichen Rechtslage bei der Pfändung selbst Rdn. B.133). Heilung eines Zustellungsmangels: § 189 ZPO[1058].

B.488 Eine dem Drittschuldner ohne Mitwirkung des Gerichtsvollziehers zugegangene Pfändungsankündigung (z.B. mit Übermittlung durch einen Boten, durch Einwurf in den Briefkasten) ist unwirksam[1059]. Eine Heilung nach § 189 ZPO ist in einem solchen Fall ausgeschlossen, weil kein Zustellungs**mangel** vorliegt, sondern die Vorpfändung dem Drittschuldner ohne Zustellung mitgeteilt worden ist (s. Rdn. B.141)[1060].

B.489 **Formulierungsvorschlag:**

An … (volle Drittschuldneranschrift)

Nach dem vollstreckbaren Endurteil des Amtsgerichts … vom …, Aktenz… . und dem Kostenfestsetzungsbeschluss dieses Gerichtes vom … steht mir gegen den Schuldner … (Name und volle Anschrift) ein Anspruch zu auf Zahlung von … Euro Hauptsache nebst … % Zinsen seit … und … Euro festgesetzte Kosten nebst … % Zinsen seit …

Wegen dieses Anspruchs und … Euro Kosten des Pfändungsverfahrens steht die Pfändung der angeblichen Forderung des Schuldners an … – Drittschuldner – auf Zahlung der fälligen und künftig fällig werdenden Miete aus der Vermietung der Wohnung im Erdgeschoss des Anwesens … straße Hs. Nr. … bevor.

Hiervon benachrichtige ich den Drittschuldner mit der Aufforderung, nicht mehr an den Schuldner zu zahlen.

Zugleich verständige ich hiervon den Schuldner mit der Aufforderung, sich jeder Verfügung über die Forderung, insbesondere der Einziehung derselben, zu enthalten.

20.5. Anfertigung der Benachrichtigung durch den Gerichtsvollzieher

B.490 Der **Gerichtsvollzieher** hat die Vorpfändung (= schriftliche Benachrichtigung von der bevorstehenden Pfändung mit der Aufforderung an Drittschuldner und Schuldner) anzufertigen (= abzufassen und zu unterzeichnen), wenn er von dem

---

1058 BGHZ 93, 71 (75) = JurBüro 1985, 700 = MDR 1985, 404 = NJW 1985, 863.

1059 OLG Koblenz (Fn. 1032); LG Hechingen, DGVZ 1986, 188; LG Marburg, DGVZ 1983, 119 = JurBüro 1983, 1573; LG Koblenz, MDR 1983, 587; Schneider, DGVZ 1983, 33; Zöller/Herget, ZPO, § 845 Rdn. 3.

1060 LG Marburg (Fn. 1059); Schneider, DGVZ 1983, 33; Musielak/Becker, ZPO, § 845 Rdn. 4; Schuschke/Walker, Vollstreckung, § 845 Rdn. 4; **a.A.** AG Biedenkopf, DGVZ 1983, 25 mit abl. Anm. Schriftl. = MDR 1983, 588; AG Kassel, JurBüro 1985, 1738.

Gläubiger hierzu ausdrücklich beauftragt worden ist (§ 802a Abs. 2 Nr. 5 mit § 845 Abs. 1 S. 2 ZPO). Nicht zuständig ist er nach § 857 Abs. 7 ZPO zur Anfertigung einer Vorpfändung bei der Zwangsvollstreckung in andere Vermögensrechte (auch drittschuldnerlose und veräußerliche Rechte) unter Einschluss der Reallast und Grundschuld[1061] (auch Eigentümergrundschuld) sowie Rentenschuld, außerdem bei Zwangsvollstreckung in die Schiffspart (§ 858 ZPO), Gesamthands- (§ 859 ZPO)[1062] und Gesamtgutsanteile (§ 860 ZPO). Dem Gerichtsvollzieher kann die Anfertigung der Vorpfändung sonach aufgetragen werden für alle Geldforderungen (§ 829 ZPO) unter Einschluss der Hypothekenforderungen (§§ 830, 830a ZPO), weiter für Sachansprüche[1063] (§§ 846–848 ZPO) und für Arbeitseinkommen (§§ 850 ff. ZPO), nicht aber für bedingt pfändbare Bezüge nach § 850b ZPO (s. Rdn. C.229). Ihm kann die Vorpfändung von Sozialleistungen (§ 54 SGB I), auch von Geldleistungen für Kinder, aufgetragen werden (s. Rdn. D.127, D.128). In seine Zuständigkeit fällt auch die Vorpfändung der bei der Zwangsvollstreckung in solche Forderungen hilfsweise zu pfändenden Ansprüche (z.B. Vorpfändung des Anspruchs auf Herausgabe des Hypothekenbriefs bei Pfändung einer Hypothekenforderung, s. Rdn. F.30).

Ob der Drittschuldner im Bezirk des Gerichtsvollziehers wohnt, ist für seine Zuständigkeit zur Anfertigung der Vorpfändung bedeutungslos. Eine örtliche Zuständigkeit des Gerichtsvollziehers ist auch nicht nach dem Schuldnerwohnsitz festgelegt. Daher kann der Gläubiger den Auftrag zur Anfertigung der Pfändungsbenachrichtigung jedem Gerichtsvollzieher erteilen. Gerichtsvollzieherbezirke erlangen für die (örtliche) Zuständigkeit keine Bedeutung[1064], berühren aber jedenfalls die Wirksamkeit der Benachrichtigung nicht.

Mit der Regelung, dass der Gerichtsvollzieher im Gläubigerauftrag die Benachrichtigung des § 845 ZPO anzufertigen hat, ist einem praktischen Bedürfnis Rechnung getragen worden. Die Begründung[1065] führt dazu aus: **B.491**

> „Es empfiehlt sich, dem Gerichtsvollzieher die Befugnis zur Anfertigung der für die Vorpfändung erforderlichen Erklärungen zu übertragen, da der Gerichtsvollzieher aus Anlass der Vollstreckung in die bewegliche Habe des Schuldners oftmals Kenntnis von dem Schuldner zustehenden pfändbaren Forderungen erlangt und durch einen schnelleren Zugriff auf derartige Forderungen die Zwangsvollstreckung wirksamer gestaltet werden kann. Der neue Satz 2 des § 845 Abs. 1 ZPO sieht daher eine entsprechende Übertragung an den Gerichtsvollzieher vor. Der neue Satz 2 soll hierbei klarstellen, dass der Gerichtsvollzieher nur im ausdrücklichen Auftrag des Gläubigers tätig zu werden hat. Die Übertragung der Vorpfändung soll allerdings nicht uneingeschränkt gelten."

1061 Die Vorpfändung allein der durch eine Grundschuld wirtschaftlich gesicherten Forderung (Rdn. F.96) ist erlaubt.

1062 Insbesondere in den Anteil an Gesellschaftsvermögen einer Gesellschaft nach §§ 705 ff. BGB, einer offenen Handelsgesellschaft oder Kommanditgesellschaft (s. Rdn. E.114 ff.) und in den Nachlassanteil (s. Rdn. E.263 ff.).

1063 Nicht aber für Anwartschaftsrechte (s. z.B. Rdn. E.27 ff., G.72 ff.), die unter § 857 ZPO fallen.

1064 So auch Wieczorek/Schütze/Lüke, ZPO, § 845 Rdn. 18.

1065 Begründung des Gesetzes zur Änderung zwangsvollstreckungsrechtlicher Vorschriften, BT-Drucks. 7/3838, S. 9, 10; in Übereinstimmung damit die Begründung des Vierten Gesetzes zur Änderung der Pfändungsfreigrenzen, BT-Drucks. 8/693, S. 47. 50.

Die damit bezeichnete Einschränkung des § 857 Abs. 7 ZPO ist in der Begründung[1066] wie folgt erläutert:

> „§ 857 ZPO regelt die Zwangsvollstreckung in diejenigen Vermögensrechte, die nicht Gegenstand der Zwangsvollstreckung in das unbewegliche Vermögen sind und nicht von den vorhergehenden Bestimmungen erfasst werden. Da die Vorpfändung derartiger Vermögensrechte mit erheblichen rechtlichen Schwierigkeiten verbunden sein kann, ist in dem neuen Absatz 7 vorgesehen, dass der … vorgeschlagene neue Satz 2 des § 845 Abs. 1 ZPO nicht anwendbar sein soll."

B.492 Der **Vollstreckungsauftrag** (§ 753 Abs. 1 ZPO) zur Durchführung der Vorpfändung (§ 802a Abs. 2 Nr. 5 ZPO) kann dem Gerichtsvollzieher schriftlich oder mündlich (auch fernmündlich; dann aber ist Nachweis mit schriftlicher Bestätigung ratsam) erteilt werden. Er muss ausdrücklich erklärt werden, liegt mithin nicht stillschweigend bereits in einem Mobiliarvollstreckungsauftrag. Einreichung des Auftrags in elektronischer Form: § 130a ZPO. Die Durchführung der Vorpfändung durch den Gerichtsvollzieher setzt nicht voraus, dass diesem auch andere Vollstreckungsmaßnahmen aufgetragen sind (kombinierter Auftrag). Dem Gerichtsvollzieher kann die Vorpfändung auch isoliert für eine vom Gläubiger benannte Forderung aufgetragen werden (§ 802a Abs. 2 Nr. 5 ZPO).

B.493 Der mit einem **Vollstreckungsauftrag verbundene Auftrag** zur Anfertigung der Vorpfändung braucht nicht für eine bestimmte (konkret unter Angabe des Drittschuldners bezeichnete) Forderung erteilt zu werden. Es genügt bereits, dass Auftrag **allgemein** erteilt wird, wie z.B.

„Auftrag zur Anfertigung und Zustellung der Benachrichtigung mit den Aufforderungen des § 845 ZPO wird erteilt, sofern aus Anlass der Vollstreckung Kenntnis von einer Geldforderung des Schuldners gegen Dritte erlangt oder ein (anderes) pfändbares Vermögensrecht des Schuldners bekannt wird (ausgenommen die in § 857 ZPO genannten) und die Vollstreckung in die bewegliche Habe eine zur vollständigen Befriedigung des Gläubigers führende Pfändung voraussichtlich nicht ermöglicht."

Das folgt aus der Erwägung, dass die Zuständigkeit des Gerichtsvollziehers begründet wurde, weil die Zwangsvollstreckung durch einen schnellen Zugriff auf Forderungen, von denen er erst nach Erteilung des Auftrags aus Anlass der Vollstreckung in die bewegliche Schuldnerhabe Kenntnis erlangt (insbesondere nach § 806a ZPO), wirksamer gestaltet werden sollte. Da mithin dem Gerichtsvollzieher gerade die Aufgabe übertragen ist, die Vorpfändung auf erst bekannt werdende Forderungen auszubringen, brauchen diese im Auftrag noch nicht, auch nicht annähernd, bezeichnet zu werden. Doch kann der Gläubiger seinen Auftrag beschränken, z.B. in der Weise, dass nur Vorpfändung bestimmter Forderungen erbeten wird, so

„… nur des Arbeitseinkommens des Schuldners, sofern dem Gerichtsvollzieher aus Anlass der Mobiliarvollstreckung der Arbeitgeber bekannt wird."

Ebenso kann der Gläubiger die Vorpfändung bestimmter Forderungen ausschließen, mithin z.B. festlegen

„… keine Vorpfändung des Arbeitseinkommens bei der Firma Müller & Meier".

1066 Begründung, BT-Drucks. 7/3838, S. 10, 11.

Der dem Gerichtsvollzieher außerhalb eines laufenden Vollstreckungsantrags oder einer sonstigen Amtstätigkeit (isoliert) erteilte Auftrag zur Anfertigung der Vorpfändung muss die Anforderungen erfüllen, die an den Inhalt der Benachrichtigung zu stellen sind (s. Rdn. B.483). Es sind daher insbesondere die Forderung und der Drittschuldner zu bezeichnen. Ein summarischer Antrag, alle dem Gerichtsvollzieher bekannten Forderungen des Schuldners vorläufig zu beschlagnahmen, genügt in diesem Fall nicht[1067]. B.494

Der **Gerichtsvollzieher handelt** bei Anfertigung der Vorpfändung als Vollstreckungsorgan hoheitlich (siehe Rdn. A.1; dies bringt § 802a ZPO zum Ausdruck). Er hat deshalb die Voraussetzungen für den Beginn dieser Maßnahme der Zwangsvollstreckung zu prüfen, damit insbesondere festzustellen, ob der Gläubiger einen vollstreckbaren Schuldtitel erwirkt hat und die sonstigen Erfordernisse der Vorpfändung vorliegen. Der vorherigen Erteilung einer vollstreckbaren Ausfertigung und der Zustellung des Vollstreckungstitels bedarf es (auch im Rechtsnachfolgefall) nicht (§ 802a Abs. 2 Nr. 5 ZPO; hierzu auch Rdn. B.482). Die Vollstreckungsvoraussetzungen hat der Gläubiger dem Gerichtsvollzieher zu belegen. Pfändungsverbote und Pfändungsbeschränkungen hat der Gerichtsvollzieher zu beachten. Er hat Weisungen des Gläubigers ebenso wie bei der Sachpfändung insoweit zu berücksichtigen, als sie mit den Gesetzen und der Geschäftsanweisung nicht in Widerspruch stehen. In diesem Rahmen würdigt der Gerichtsvollzieher, dem der Auftrag allgemein erteilt ist (Rdn. B.493), auch selbstständig, ob die Vorpfändung zweifelhafter oder ungewisser Forderungen ausgebracht werden soll. Dabei hat er analog § 803 Abs. 2 ZPO darauf abzustellen, dass die Benachrichtigung zu unterbleiben hat, wenn sich eine Gläubigerbefriedigung nicht erwarten lässt. B.495

Die vom Gerichtsvollzieher anzufertigende **Benachrichtigung** muss allen **Anforderungen** entsprechen, die an den Inhalt eines Pfändungsbeschlusses zu stellen sind, und deshalb auch bereits für die schriftliche Gläubigererklärung gelten (Rdn. B.483). Zur Bezeichnung der zu pfändenden Forderung s. auch § 126 Abs. 3 S. 4 GVGA. B.496

In dem Auftrag an den Gerichtsvollzieher, die Vorpfändung anzufertigen, liegt zugleich der **Zustellungsauftrag**. Zugestellt wird die vom Gerichtsvollzieher anzufertigende Benachrichtigung von ihm im Parteibetrieb (Rdn. B.486). Wirksam wird sie mit der Zustellung an den Drittschuldner (Rdn. B.486). B.497

Wenn der Gerichtsvollzieher von **mehreren Gläubigern** mit der Anfertigung einer Vorpfändung derselben Forderung beauftragt worden ist, hat er die Aufträge als gleichzeitige zu behandeln und deshalb die Vorpfändungen für alle beteiligten Gläubiger zugleich zu bewirken. Auf den Zeitpunkt des Antragseingangs kommt es dabei nicht an; gleichzeitig liegen die Aufträge vor, wenn bei Eingang des weiteren Antrags der zeitlich früher erteilte Auftrag noch nicht erledigt ist. Gleichzeitige Erledigung der Vorpfändung gebietet gleichzeitige Zustellung (Folge: Gleichrang); hierfür kann auch die Zusammenfassung der Vorpfändungen in einer Pfändungsbenachrichtigung zweckmäßig sein[1068]. B.498

1067 Hornung, Rpfleger 1979, 284 (288).
1068 Hantke, KKZ 1985, 52.

B.499 Wenn der Gerichtsvollzieher von einer dem Schuldner zustehenden pfändbaren Forderung nicht sogleich bei einem Vollstreckungsversuch in die bewegliche Habe, sondern erst **nach Abwicklung eines Auftrags** mit Nachricht an den Gläubiger Kenntnis erlangt, hat er eine Benachrichtigung (Vorpfändung) nicht mehr anzufertigen. Es ist davon auszugehen, dass der Auftrag zur Anfertigung der Benachrichtigung dem Gerichtsvollzieher nur zusammen mit dem Zwangsvollstreckungsauftrag (§ 753 Abs. 1 ZPO) und im Hinblick auf die „aus Anlass der Vollstreckung in die bewegliche Habe“ bekannt werdenden pfändbaren Schuldnerforderungen erteilt ist[1069]. Der Auftrag zur Anfertigung der Pfändungsbenachrichtigung endet daher auch mit der Erledigung (Abwicklung) des Zwangsvollstreckungsauftrags. Wenn sonach mit der Nachricht über das Ergebnis der auf den Zwangsvollstreckungsauftrag bewirkten Amtshandlung, insbesondere also auch mit Rücksendung des Schuldtitels gegen einen vermögenslosen Schuldner (§ 32 Abs. 1 GVGA), das Amtsgeschäft des Gerichtsvollziehers abgeschlossen ist, besteht für ihn auch der Auftrag zur Anfertigung der Vorpfändung nicht mehr. Das schließt eine Vorpfändung später dem Gerichtsvollzieher etwa noch bekannt werdender Schuldnerforderungen aus. Die Vollstreckungstätigkeit des Gerichtsvollziehers ist ein Einzelgeschäft; ein Dauerauftrag zur Anfertigung der Benachrichtigung mit den Aufforderungen für alle künftig etwa bekannt werdenden Schuldnerforderungen an Dritte kann daher nicht erteilt werden.

20.6. Die Wirkungen der Vorpfändung

B.500 Die Vorpfändung hat die **Wirkung eines Arrestes**, d.h. einer Forderungspfändung auf Grund eines Arrestbefehls (siehe dazu Rdn. B.515), wenn die Pfändung der Forderung innerhalb eines Monats bewirkt (damit wirksam, § 829 Abs. 3 ZPO) wird (§ 845 Abs. 2 ZPO). Das gilt auch, wenn es sich bei der Pfändung, von deren Bevorstehen der Gläubiger den Schuldner benachrichtigt hat, um eine Sicherungsvollstreckung nach § 720a ZPO handelt[1070]. Die Monatsfrist beginnt mit der Zustellung an den Drittschuldner. Sie wird nach § 222 ZPO, § 187 Abs. 1 BGB berechnet; der Tag der Zustellung wird also nicht mitgerechnet. Folgt die Pfändung nicht, nicht rechtzeitig oder nicht ordnungsgemäß, so verliert die Vorpfändung ihre Wirkung[1071]. Sie verliert auch mit der Aufhebung eines rechtzeitig erlassenen Pfändungsbeschlusses ihre Wirkung. Durch eine andere Entscheidung des Beschwerdegerichts leben der Pfändungsbeschluss und damit die Wirkungen der Vorpfändung nicht wieder rückwirkend auf (Rdn. B.408). Die Wirkungen der Vorpfändung bleiben aber erhalten, wenn die Wirksamkeit des Aufhebungsbeschlusses bis zu seiner Rechtskraft hinausgeschoben wurde und das Beschwerdegericht den Aufhebungsbeschluss nicht bestätigt (Rdn. B.409).

1069 Begründung, BT-Drucks. 7/3838, S. 9, 10.

1070 BGH (Fn. 1058).

1071 Eine vorgepfändet gewesene Forderung kann dann mit befreiender Wirkung an den Schuldner gezahlt werden. Eine bis zur Auszahlung vorgenommene endgültige Pfändung ist aber auch nach Ablauf der Monatsfrist zu beachten. Die nach der Monatsfrist vorgenommene Pfändung ist als solche voll wirksam; ihr kommt lediglich die rangwahrende Wirkung der Vorpfändung nicht mehr zu, weil diese mit Fristablauf gegenstandslos geworden ist.

Die Vorpfändung hat die Wirkung der Beschlagnahme im Wege der Zwangsvollstreckung[1072]. Sie begründet ein Pfandrecht (Rdn. B.149), jedoch keine Einziehungsbefugnis (Rdn. B.150)[1073]. Es sind daher bei rechtzeitiger wirksamer Pfändung alle vom Schuldner nach der Vorpfändung getroffenen Verfügungen über die Forderung und jede Leistung des Drittschuldners an den Schuldner dem Gläubiger gegenüber unwirksam (siehe Rdn. B.149 ff.). Bei Pfändung der Forderung durch einen weiteren Gläubiger des Schuldners oder bei Verpfändung der Forderung zwischen der Zustellung der Vorpfändung und der rechtzeitig nachfolgenden wirksamen Pfändung hat der vorpfändende Gläubiger das Vorrecht (§ 804 Abs. 3 ZPO und Rdn. B.462). **B.501**

Als Zwangsvollstreckungsmaßnahme ist eine **fehlerhafte** Vorpfändung (Rdn. B.416) nicht wirkungslos und nichtig; sie ist jedoch vernichtbar (wie Rdn. B.417 mit Hinweis auf seltene Besonderheiten). Rechtsbehelf: Rdn. B.509. Das muss auch gelten, wenn der Gerichtsvollzieher für die Anfertigung der Benachrichtigung nach § 857 Abs. 7 ZPO nicht zuständig war.

Die innerhalb eines Monats nachfolgende Pfändung muss im Zeitpunkt ihrer Vornahme (nicht nach den Verhältnissen zur Zeit der Vorpfändung) wirksam sein[1074]. Bei zwischenzeitlicher Bestellung einer Hypothek muss die Pfändung daher nach den Formvorschriften des § 830 ZPO bewirkt werden[1075], bei Hinterlegung des geschuldeten Geldes muss sie den Anspruch auf das Hinterlegungsgeld beschlagnahmen, bei Umwandlung einer Hypothekenforderung durch Zuschlag in der Zwangsversteigerung den Anspruch auf den anteiligen Versteigerungserlös erfassen[1076]. Stirbt der Schuldner nach der Zustellung der Vorpfändung, so kann die Zwangsvollstreckung in die Forderung ohne Umschreibung des Vollstreckungstitels fortgesetzt werden (§ 779 ZPO)[1077]. **B.502**

Die nachfolgende Pfändung verbietet sich, wenn die Zwangsvollstreckung aus dem Schuldtitel nach der Zustellung der Pfändungsbenachrichtigung endgültig eingestellt worden ist. Auch eine einstweilige Einstellung schließt jede weitere zum Wirksamwerden einer Vollstreckungshandlung erforderliche Maßnahme aus (Rdn. B.230), ermöglicht mithin die Pfändung nicht mehr[1078]. Nicht mehr zulässig ist die Pfändung auch, wenn die Forderung zwischenzeitlich durch Zwangsverwaltung beschlagnahmt wurde. Wird nach der Vorpfändung einer Miete oder Pacht das Grundstück veräußert, so kann die Pfändung die nach § 566b BGB dem Erwerber nicht gebührenden Ansprüche erfassen[1079]. Erhalten bleibt die Wirksamkeit der Be- **B.503**

1072 BGHZ 87, 166 (168) = MDR 1983, 663 = NJW 1983, 1738.

1073 Daher kein Schutz des Drittschuldners nach § 408 Abs. 2 BGB, wenn er in Unkenntnis einer (früheren) Forderungsabtretung bereits nach Vorpfändung an den Gläubiger zahlt, LG Hildesheim, NJW 1988, 1916.

1074 Stein/Jonas/Würdinger, ZPO, § 845 Rdn. 16.

1075 Zöller/Herget, ZPO, § 845 Rdn. 5.

1076 RG, JW 1898, 49.

1077 Noack, Rpfleger 1967, 138.

1078 OLG Darmstadt, JW 1933, 1539; Stein/Jonas/Würdinger, ZPO, § 845 Rdn. 17. Pfändung nach einstweiliger Einstellung kann nur dann noch zulässig sein, wenn sie nach dem Einstellungsbeschluss ausnahmsweise erlaubt ist.

1079 Zöller/Herget, ZPO, § 845 Rdn. 5; Falkmann/Hubernagel, Die Zwangsvollstreckung, § 845 ZPO Anm. 9i.

nachrichtigung, wenn die rechtzeitige Pfändung nach Zahlungseinstellung, aber im vorletzten Monat vor der Eröffnung des Insolvenzverfahrens oder früher erfolgt (siehe § 88 Abs. 1 InsO; längere Frist im Verbraucherinsolvenzverfahren, s. § 88 Abs. 2 InsO). Wenn die Pfändung selbst ungültig ist, z.B. wegen eines ihr innewohnenden Mangels oder weil der Pfändungsbeschluss im letzten Monat vor dem Antrag auf Eröffnung des Insolvenzverfahrens (§ 88 Abs. 1 InsO[1080]; drei Monate im Falle des § 88 Abs. 2 InsO) oder nach Untersagung von Zwangsvollstreckungsmaßnahmen (§ 21 Abs. 1 Nr. 3 InsO) erging, kann sie die endgültige Wirksamkeit der Vorpfändung nicht mehr herbeiführen. Die Insolvenzanfechtung richtet sich insgesamt nach § 131 InsO, auch wenn nur die Hauptpfändung in den von dieser Vorschrift erfassten Bereich fällt, die Vorpfändung jedoch früher als drei Monate vor Eingang des Insolvenzantrags ausgebracht wurde[1081].

B.504 Eine nach der Vorpfändung bewirkte Pfändung wird selbstständig wirksam. Die Pfändungswirkungen treten vom Wirksamwerden der Pfändung an (dann aber nicht ab Vorpfändung) mithin als solche auch dann voll ein, wenn die Vorpfändung unwirksam war oder wenn von ihr keine Forderung erfasst wurde, weil diese erst nach Zustellung der Vorpfändung, aber noch vor Wirksamwerden der Pfändung entstanden ist[1082].

B.505 Die Wirkungen der Vorpfändung bestehen, soweit die rechtzeitig wirksam gewordene Pfändung sich mit der Vorpfändung deckt[1083]. Ist der Umfang der endgültigen Pfändung gegenüber der Vorpfändung eingeschränkt, so hat diese nur im Umfang der Pfändung die Wirkungen eines Arrestes; ihre weiterreichenden Wirkungen sind mit Fristablauf erloschen. Greift dagegen die endgültige Pfändung über das Ausmaß der Vorpfändung hinaus, so wird sie wegen des weitergehenden Pfändungszugriffs selbstständig wirksam[1084].

Beispiel 1:

Die Vorpfändung der Forderung von 1.000 Euro des Schuldners an den Drittschuldner ist wegen eines vollstreckbaren Anspruchs von 1.200 Euro zugestellt. Weil ein Teilanspruch alsbald nach der Vorpfändung erloschen ist, wird nur noch wegen 700 Euro Vollstreckungsforderung endgültig wirksam gepfändet. Nach Ablauf der Monatsfrist äußert die Vorpfändung Arrestwirkungen nur noch wegen der Vollstreckungsforderung von 700 Euro.

Beispiel 2:

Die Vorpfändung der Forderung von 1.000 Euro des Schuldners an den Drittschuldner ist wegen eines vollstreckbaren Anspruchs von 800 Euro zugestellt. Der Pfändungsbeschluss wird wegen einer Vollstreckungsforderung von 1.200 Euro erlassen und wirksam. Auf den Zeitpunkt der Vorpfändung ist ein Pfandrecht in Höhe eines vollstreckbaren Anspruchs von 800 Euro entstanden. Wegen des weitergehenden Vollstreckungsanspruchs ist das Pfandrecht erst durch das spätere Wirksamwerden der

---

1080 **Anders** Meyer-Reim, NJW 1993, 3041: Vorpfändung wird durch die nachfolgende (damalige) Konkurseröffnung (auch wenn ihr ein allgemeines Veräußerungsverbot vorgegangen ist) nicht berührt.

1081 BGHZ 167, 11 = MDR 2006, 1129 = NJW 2006, 1870 = Rpfleger 2006, 427 abweichend von RGZ 83, 332 und RGZ 151, 265 (266).

1082 Schütz, NJW 1965, 1009.

1083 Bei weitergehender (endgültiger) Pfändung hat die Vorpfändung für weitere Forderungen keine Arrestwirkung, BGH, MDR 2001, 1133 (Fn. 1052).

1084 Schütz, NJW 1965, 1009.

endgültigen Pfändung entstanden. Bei Pfändung der Forderung durch einen weiteren Gläubiger des Schuldners zwischen dem Wirksamwerden der Vorpfändung und der endgültigen Pfändung hat der vorpfändende Gläubiger daher nur wegen seines Anspruchs von 800 Euro das Vorrecht, nicht aber wegen seines später geltend gemachten weitergehenden Anspruchs.

20.7. Nochmalige Vorpfändung

Die **Wiederholung der Vorpfändung** ist zulässig. Mit ihrer Zustellung löst die neuerliche Vorpfändung die Wirkungen des § 845 ZPO von neuem aus. Sie kann aber die Wirksamkeit der ersten Pfändung nicht verlängern; die erste Vorpfändung erlischt mit dem Ablauf der Monatsfrist[1085]. Damit muss der Gläubiger auch Verfügungen des Schuldners oder Drittschuldners gegen sich gelten und sich Pfändungen vorgehen lassen, die zwar nach der ersten, aber schon vor der neuen Vorpfändung erfolgt sind. B.506

20.8. Verzicht auf Vorpfändung

Verzichten kann der Gläubiger auch auf die durch Vorpfändung erlangten Rechte (§ 843 ZPO); siehe hierwegen Rdn. B.340 ff. B.507

20.9. Drittschuldnerauskunft

Eine **Auskunftspflicht** des Drittschuldners nach § 840 ZPO und gegebenenfalls eine Schadensersatzpflicht nach § 840 Abs. 2 ZPO begründet die Vorpfändung nicht (siehe Rdn. B.280). Eine Zustellung der vom Gläubiger oder Gerichtsvollzieher gefertigten Benachrichtigung mit der Aufforderung des § 840 Abs. 1 ZPO und deren Aufnahme in die Zustellungsurkunde verbieten sich somit. Der Gerichtsvollzieher darf die Zustellung des Zahlungsverbots aber nicht deshalb ablehnen, weil in diesem in einem Zusatz der Drittschuldner „aufgefordert" wird, dem Anwalt des Gläubigers Auskünfte über die Forderung des Schuldners zu erteilen[1086]. Wegen der Haftung des Drittschuldners für freiwillige Auskunft siehe Rdn. B.312, B.313. B.508

1085 Die neue Vorpfändung erfasst aber wieder alle Gelder, die im Zeitpunkt ihres Wirksamwerdens an den Schuldner noch nicht abgeführt sind, auch wenn sie infolge der gegenstandslos gewordenen Vorpfändung einbehalten wurden. Wiederholte Vorpfändungen in Arbeitseinkommen erfassen daher den jeweils noch ausstehenden Lohn; insoweit nicht zutreffend Schneider, JurBüro 1969, 1027.

1086 AG Nienburg, DGVZ 1965, 45 = NdsRpfl 1964, 43; teilw. abw. AG Göppingen, DGVZ 1965, 45; auch Mümmler, JurBüro 1976, 1416 (unverbindliche Bitte um Auskunft zulässig); **a.A.** Noack, Rpfleger 1967, 139.

20.10. Rechtsbehelfe

B.509 Die Vorpfändung ist Zwangsvollstreckungsmaßnahme, kann somit vom Schuldner und vom Drittschuldner mit der **Erinnerung** nach § 766 ZPO angefochten werden[1087]. Wenn keine rechtzeitige Pfändung folgt, besteht nach Ablauf der Monatsfrist kein Rechtsschutzinteresse mehr für das Erinnerungsverfahren[1088]. Ist die Pfändung bewirkt worden, so ist ein Rechtsbehelf gegen die Vorpfändung nicht mehr gegeben. Der Schuldner muss sich nun gegen den Pfändungsbeschluss wenden. Eine Ausnahme gilt nur für den Fall, dass ein berechtigtes Interesse an der Aufhebung oder Abänderung der Vorpfändung allein besteht[1089], z.B. wenn nur die Vorpfändung Mängel aufweist, die der Pfändungsbeschluss nicht hat, und gerade die Beseitigung der rangsichernden Wirkung der Vorpfändung erstrebt wird. Das gilt auch, wenn die Forderungspfändung der Erinnerung gegen die Vorpfändung zeitlich nachfolgt[1090].

Zuständig für die Entscheidung über die Erinnerung ist das Vollstreckungsgericht des Schuldnerwohnsitzes[1091] (§ 828 Abs. 2 ZPO), und zwar der Richter (§ 20 Abs. 1 Nr. 17 Satz 2 RPflG). Ist die Erinnerung begründet, so wird die Vorpfändung aufgehoben (nicht nur für unzulässig erklärt) oder entsprechend beschränkt. Die Aufhebung wird sofort mit ihrer Bekanntgabe wirksam, wenn die Aufhebungswirkungen nicht aufgeschoben sind (Rdn. B.408, B.409)[1092]. Gegen den Aufhebungsbeschluss steht dem Gläubiger, gegen den Ablehnungsbeschluss dem Erinnerungsführer die sofortige Beschwerde zu (§ 793 Abs. 1 ZPO). Das Landgericht kann aber die aufgehobene Vorpfändung nicht wiederherstellen (siehe Rdn. B.410) und auch nicht neu aussprechen[1093], sondern nur anordnen, dass sie zulässig war und der Gläubiger sie wiederholen kann[1094].

Die Erinnerung nach § 766 ZPO findet auch gegen die Weigerung des Gerichtsvollziehers statt, eine Vorpfändung auf Antrag anzufertigen (§ 845 Abs. 1 S. 2 ZPO) oder zuzustellen[1095].

20.11. Kosten

B.510 Der Gerichtsvollzieher erhält für die Durchführung des Auftrags, eine Vorpfändung nach § 845 Abs. 1 S. 2 ZPO anzufertigen, eine Gebühr von 16,00 Euro (Nr. 200 KostVerz zum GvKostG). Diese Gebühr wird unabhängig von der Zahl der Benach-

---

1087 OLG Hamm, Rpfleger 1957, 354 mit zust. Anm. Berner.
1088 KG, JW 1933, 1270; OLG Köln, Rpfleger 1991, 261.
1089 OLG Köln, (Fn. 1088); ein Interesse nur am Wegfall der Kostenbelastung reicht jedoch nicht aus (§ 99 Abs. 1 ZPO entspr., OLG Köln, wie vorst.).
1090 OLG Hamm, JurBüro 1971, 175 = Rpfleger 1971, 113.
1091 OLG Hamm, DGVZ 2012, 13. Für die Prüfung der Zuständigkeit ist der Schuldner darlegungs- und beweispflichtig. Kann die Zuständigkeit nicht geprüft werden, weil der Schuldner seine Anschrift verschweigt oder falsch angibt, ist die Erinnerung daher zurückzuweisen, LG Düsseldorf, JurBüro 1997, 103.
1092 So auch Mümmler, JurBüro 1982, 1772.
1093 OLG Köln, DGVZ 1989, 39 = MDR 1989, 464 = NJW-RR 1989, 1406.
1094 OLG Hamm (Fn. 1087). Erfordert Rechtsschutzinteresse, s. OLG Köln (Fn. 1093).
1095 Zöller/Herget, ZPO, § 845 Rdn. 8; Noack, Rpfleger 1967, 138.

richtigungen und Aufforderungen nur einmal erhoben[1096]. Dazu kommen Beglaubigungs- und Zustellungsgebühren (Nr. 100–102 KostVerz zum GvKostG) und Auslagen (Nr. 700 ff. KostVerz zum GvKostG). Bei gleichzeitiger Vorpfändung derselben Forderung für mehrere Gläubiger (Rdn. B.498) erhält der Gerichtsvollzieher die Gebühr für die Durchführung eines jeden Auftrags gesondert, mehrfach somit auch, wenn Zusammenfassung in einer Pfändungsbenachrichtigung erfolgt[1097].

Die **Kosten der Vorpfändung** sind Kosten der Zwangsvollstreckung (§ 788 ZPO). Sie sind bei Notwendigkeit der Vorpfändung, die sich nach den Umständen des Einzelfalls richtet, erstattungsfähig. Diese Voraussetzung der Erstattbarkeit ist gegeben, wenn der Gläubiger berechtigten Anlass hatte, die Vorpfändung auszubringen[1098]. Regelmäßig ist die Notwendigkeit zu bejahen, wenn der Gläubiger begründeten Anlass zur Besorgnis hatte[1099], ohne Vorpfändung sei seine Vollstreckungsforderung nicht zu realisieren[1100]. Das gilt auch dann, wenn eine Pfändung nicht nachgefolgt[1101] ist, insbesondere deshalb, weil der Gläubiger erfahren hat, dass die Forderung nicht mehr besteht oder bereits für einen anderen Gläubiger gepfändet[1102] oder weil er nach Vorpfändung befriedigt worden ist, die Vorpfändung aber objektiv gerechtfertigt war[1103]. In besonderen Einzelfällen können auch die Kosten einer wiederholten Vorpfändung[1104] und (Anwalts-) Kosten einer Pfändungsbenachrichtigung neben einem gleichzeitigen Auftrag auf Mobiliarpfändung[1105] erstattungsfähig sein.

1096 Begründung, BT-Drucks. 7/3838, S. 19, 20; Arnold, MDR 1979, 361; Hornung, Rpfleger 1979, 288.

1097 Anders Hantke, KKZ 1985, 52: Nur eine Amtshandlung, daher nur eine Gebühr. Die Gebühr wird jedoch für die Durchführung des (somit eines jeden) Auftrags erhoben.

1098 OLG München, JurBüro 1973, 872 = DGVZ 1973, 188 mit Anmerkung Schriftleitung = MDR 1973, 943 = NJW 1973, 2070 = Rpfleger 1973, 374; Mümmler, JurBüro 1979, 973; KG, JurBüro 1987, 715 = MDR 1987, 595 = Rpfleger 1987, 216 m.w.N.; OLG Köln, Rpfleger 2001, 149 (151); OLG Hamburg, JurBüro 1990, 533 = MDR 1990, 344; zu weitgehend (für Notwendigkeit reicht aus, dass Schuldner das Urteilsgebot nicht erfüllt hat) KG, AnwBl 1974, 187.

1099 Nach (zu enger) Ansicht des OLG Frankfurt, MDR 1994, 843 soll das in der Regel nur der Fall sein, wenn eine Konkurrenz mit anderen Gläubigern drohte oder der Schuldner im Begriff war, vollstreckungsfähige Rechte dem Zugriff zu entziehen.

1100 OLG Frankfurt (Fn. 1099). Keine Notwendigkeit daher u.U. bei überdurchschnittlich günstigen finanziellen Verhältnissen des Schuldners, siehe OLG München (Fn. 1098), wenn die Vorpfändung nur eingesetzt wird, um den Schuldner zur schnelleren Leistung zu veranlassen, LArbG Köln, MDR 1995, 423, aber auch dann, wenn der Schuldneranwalt vor Ablauf einer Zahlungsfrist begründet darlegt, dass sich die Zahlung um wenige Tage verzögern wird (so bei urlaubsbedingt verspäteter Benachrichtigung des zahlungsfähigen Schuldners durch seinen Prozessbevollmächtigten), OLG Zweibrücken, JurBüro 1988, 929.

1101 Nur daraus, dass der Gläubiger die Vollstreckung nicht weiter betreibt, weil der Schuldner Einspruch gegen den Vollstreckungsbescheid eingelegt hat, ergibt sich kein Anhalt für die Notwendigkeit der Vorpfändung, LG Ravensburg, DGVZ 1998, 171.

1102 OLG Köln, Rpfleger 2001, 149 (151).

1103 KG, DR 1939, 1190; Göttlich, JurBüro 1959, 232; so wohl auch LArbG Köln, JurBüro 1993, 622 = MDR 1993, 915; enger AG Köln, JurBüro 1966, 55, das Kosten nur dann für erstattungsfähig hält, wenn die Pfändung fristgemäß bewirkt wird oder wenn die Tatsachen, die das Zahlungsverbot ursprünglich gerechtfertigt haben, innerhalb der Dreiwochenfrist auf Veranlassung des Schuldners weggefallen sind.

1104 So auch Mümmler, JurBüro 1975, 1418.

1105 LG Aachen, JurBüro 1985, 942.

21. Arrest
(§§ 916 ff., 928 ff. ZPO)

21.1. Arrestpfändung

B.511 **Schrifttum:** Addicks, Welche Anforderungen gibt es bei der Zustellung und Vollziehung einstweiliger Verfügungen?, MDR 1994, 225; Christmann, Arrestvollziehung gegen Sicherheitsleistung, DGVZ 1993, 109; Grunsky, Die Vollziehungsfrist des § 929 Abs. 2 ZPO nach Durchführung eines Widerspruchs- oder Berufungsverfahrens, ZZP 104 (1991) 1; Noack, Arrestvollziehung und Wahrung der Fristen nach § 929 Abs. 2 und 3 ZPO (Einzelfragen), JurBüro 1975, 725; Pohlmann, Die Wahrung der Vollziehungsfrist des § 929 II ZPO bei Arrest und einstweiliger Verfügung, KTS 1994, 49; Schaffer, Die Gefahren des § 929 Abs. 2 ZPO, NJW 1972, 1176; E. Schneider, Die Wahrung der Arrestvollziehungsfrist, MDR 1985, 113.

B.512 Die **Vollziehung eines Arrestes** (§§ 916 ff. ZPO) in das bewegliche Vermögen des Schuldners wird durch Pfändung bewirkt (§ 930 Abs. 1 S. 1 ZPO). Für diese Pfändung ist das Arrestgericht als Vollstreckungsgericht zuständig (§ 930 Abs. 1 S. 3 ZPO; hierzu Rdn. B.3). Zur Nutzung des Antragsformulars s. Rdn. B.33.

B.513 Zulässig ist die Arrestpfändung[1106] nur **innerhalb eines Monats** ab Verkündung des Urteils (bzw. Zustellung eines nicht verkündeten Urteils) oder[1107] Zustellung des Arrestbeschlusses an den Gläubiger[1108] (§ 929 Abs. 2 ZPO)[1109]. Gewahrt ist die Vollziehungsfrist, wenn der Gläubiger die Pfändung einer (ausreichend umschriebenen, siehe Rdn. B.85 ff.) Forderung innerhalb der Monatsfrist bei dem zuständigen Gericht (Rdn. B.3) beantragt, also vom Arrest Gebrauch gemacht, und danach

---

1106 Der Nachweis einer zur Arrestvollziehung erforderlichen Sicherheitsleistung muss vor der Vollziehung erbracht werden (Zöller/Vollkommer, ZPO, § 929 Rdn. 24). Die Sicherheitsleistung und die Zustellung einer Abschrift der sie ausweisenden Urkunde (§ 751 Abs. 2 ZPO) müssen in der Vollziehungsfrist (Monatsfrist) des § 929 Abs. 2 ZPO erfolgt sein (keine analoge Anwendung des § 720a ZPO; OLG München, NJW-RR 1988, 1466; Christmann, DGVZ 1993, 109). In dieser Frist ist Vollziehung auch möglich, wenn die Sicherheit nachgewiesen, die Abschrift der die Sicherheitsleistung ausweisenden Urkunde aber noch nicht zugestellt ist (Zöller/Vollkommer, ZPO, § 929 Rdn. 24; Christmann, DGVZ 1993, 109 [110]); dann muss jedoch die Zustellung dieser Urkunde in der Frist des § 929 Abs. 3 ZPO erfolgen (Zöller/Vollkommer, ZPO, § 929 Rdn. 24; Christmann, DGVZ 1993, 109).

1107 Bei Verkündung des Urteils beginnt die Frist in jedem Fall mit diesem Zeitpunkt, nicht nach Wahl des Gläubigers alternativ mit der Zustellung, LArbG Bremen, Rpfleger 1982, 481. Zur Vollzugsfrist, wenn das den Arrestbefehl bestätigende Arresturteil wesentliche inhaltliche Veränderungen enthält, OLG Frankfurt, MDR 1985, 681 = OLGZ 1985, 383 = Rpfleger 1985, 310; OLG Schleswig, NJW-RR 1986, 1128; für einstw. Verfügung OLG Celle, NJW-RR 1987, 64; wenn der nach Widerspruch des Schuldners aufgehobene Arrest im Berufungsverfahren ganz oder teilweise bestätigt wird, KG, Rpfleger 1981, 119; OLG Düsseldorf, NJW-RR 2000, 68; wenn ein unrichtiger Arrestbefehl später berichtigt wird, OLG Düsseldorf, DB 1981, 1926 = ZIP 1981, 540. S. aber auch OLG Zweibrücken, NJW-RR 2002, 1657 = Rpfleger 2003, 36: immer neue Vollziehungsfrist, wenn der Arrestbefehl auf Widerspruch hin durch Urteil bestätigt wird. Zu Problemfällen auch Treffer, MDR 1998, 951.

1108 Mit der Übergabe an den Gläubiger, wenn der Beschluss ihm nur formlos ausgehändigt wird; Stein/Jonas/Grunsky, ZPO, § 929 Rdn. 3; Zöller/Vollkommer, ZPO, § 929 Rdn. 5; OLG Jena, OLGE 39, 88; **a.A.** KG, OLGE 13, 231 (234).

1109 Das Schutzziel des § 929 Abs. 2 ZPO ist verfassungsrechtlich unbedenklich, BVerfG, (Kammerbeschluss) NJW 1988, 3141.

das Arrestgericht ohne vom Arrestgläubiger zu verantwortende Verzögerung den dann zugestellten Pfändungsbeschluss erlassen hat[1110]. Auch die Zustellung muss ohne Verzug betrieben worden sein[1111]. Zur Wahrung dieser Frist genügt eine rechtzeitige Vorpfändung (§ 845 ZPO)[1112]; die eigentliche Arrestpfändung kann innerhalb der Monatsfrist des § 845 ZPO auch noch nach Ablauf der für die Arrestvollziehung in § 929 Abs. 2 ZPO[1113] gesetzten Frist nachgeholt werden[1114]. Bei Pfändung von **Briefrechten** (Hypotheken, Grundschulden, siehe Teil F) soll die notwendige Briefübergabe (§ 830 Abs. 1 ZPO) innerhalb der Monatsfrist erfolgen müssen[1115]. Streitig ist, ob auch die Briefwegnahme durch den Gerichtsvollzieher (§ 830 Abs. 1 S. 2 ZPO) innerhalb dieser Monatsfrist vollzogen sein muss. Dies ist zu verneinen[1116]. Da der Gläubiger die Wegnahmezwangsvollstreckung nicht beschleunigen kann, hat er bei Erteilung des Zwangsvollstreckungsauftrags, der noch den rechtzeitigen Beginn der Wegnahmevollstreckung ermöglicht, den ihm möglichen Beitrag zur Fristwahrung geleistet. Die Vollziehungsfrist ist daher auch dann gewahrt, wenn die noch rechtzeitig begonnene und unverzüglich fortgesetzte[1117] Zwangsvollstreckungsmaßnahme erst nach Fristablauf durch Briefwegnahme beendet werden kann[1118]. Bei Pfändung einer Buchhypothek werden der Erlass des Pfändungsbeschlusses (ein rechtzeitiger Antrag muss bereits genügen) und die Stellung des Eintragungsantrags beim Grundbuchamt in der Vollziehungsfrist für ausreichend erachtet[1119], jedoch muss die Antragstellung beim Grundbuchamt

---

1110 BGHZ 112, 356 (359) = DGVZ 1991, 37 = JZ 1991, 404 mit Anm. Stürner = MDR 1991, 242 = NJW 1991, 496 m.N.; damit ist die ältere Ansicht überholt, dass in der Vollziehungsfrist die Zustellung des Pfändungsbeschlusses an den Drittschuldner erforderlich sei; ebenso OLG Frankfurt, DGVZ 1999, 171 = NJW-RR 1999, 1446 = Rpfleger 1999, 84; OLG Hamm, NJW-RR 1990, 1536; OLG Koblenz, NJW-RR 1987, 760; Stein/Jonas/Grunsky, ZPO, § 929 Rdn. 12, 15 zu m.w.N.; Zöller/Vollkommer, ZPO, § 929 Rdn. 10; Pohlmann, KTS 1994, 49 (50, 55).

1111 Bei Vollzug durch eine Zwangsvollstreckungsmaßnahme wird die von Amts wegen erfolgte rechtzeitige Zustellung als ausreichend angesehen (OLG Hamm, NJW-RR 1994, 521).

1112 Ebenso Noack, Rpfleger 1967, 138; Stein/Jonas/Grunsky, ZPO, § 929 Rdn. 15; Zöller/Vollkommer, ZPO, § 929 Rdn. 11; Schaffer, NJW 1972, 1176 (1177).

1113 Nicht mehr aber nach Ablauf dieser Frist des § 845 Abs. 2 ZPO, AG Charlottenburg, NJW-RR 1988, 639.

1114 KG, OLGE 2, 358; 3, 445; OLG Karlsruhe, JW 1927, 2159; Stein/Jonas/Würdinger, ZPO, § 845 Rdn. 19; **a.A.** aber RG, Gruchot 52, 149; OLG München, JW 1934, 2638 mit zust. Anm. Armstroff.

1115 **A.A.** Stein/Jonas/Grunsky, ZPO, § 929 Rdn. 15; Zöller/Vollkommer, ZPO, § 929 Rdn. 11; wenn Gläubiger die Briefübergabe nicht betreibt, kann aber Fristwahrung nicht gegeben sein.

1116 Ebenso LG Berlin, Rpfleger 1974, 231; Stein/Jonas/Grunsky, ZPO, § 929 Rdn. 15; **a.A.** KG, OLGE 14, 201.

1117 Bei erfolglosem Wegnahmeversuch durch Antrag auf Versicherung an Eides statt und anschließendem erneuten Wegnahmeversuch; siehe LG Berlin, MDR 1963, 935.

1118 So die heute herrschende Meinung, siehe z.B. KG, NJW 1950, 707; KG, MDR 1954, 687; OLG Düsseldorf, JMBlNRW 1960, 59; OLG Düsseldorf, MDR 1983, 239; OLG München, MDR 1952, 498; OLG Koblenz, NJW 1958, 387; LG Berlin (Fn. 1117); LG Berlin (Fn. 1116); noch weitergehender OLG Celle, NJW 1968, 1682: Eine innerhalb der Frist vorgenommene Vollstreckungsmaßnahme – mag sie auch vergeblich sein – wahrt bereits die Vollziehungsfrist. **A.A.** KG, KGJ 41, 241; OLG Dresden, JW 1933, 1342.

1119 Stein/Jonas/Grunsky, ZPO, § 829 Rdn. 15; Zöller/Vollkommer, ZPO, § 829 Rdn. 11; **a.A.** KG, OLGE 19, 160.

ohne Verzug erfolgen. Auch bei rechtzeitiger Arrestvollziehung ist jedoch nach Ablauf der Vollziehungsfrist die Vornahme einer neuen Vollstreckungsmaßnahme – die Vollstreckung in einen anderen Gegenstand – unstatthaft[1120]. Eine neue – weitere – Vollstreckungsmaßnahme kann nicht als Fortsetzung der rechtzeitig beantragten (begonnenen), aber nicht wirksamen Arrestvollziehung angesehen werden und daher nicht mit dieser durch die Frist des § 929 Abs. 2 ZPO gedeckt sein. Erweist sich, dass ein rechtzeitig gepfändeter Anspruch nicht mehr besteht, so kann daher nach Ablauf der Vollziehungsfrist auf Grund des Arrestbefehls nicht ein anderer Anspruch gepfändet werden. Die Arrestvollziehung erst nach Ablauf der Frist des § 929 Abs. 2 ZPO und die damit bewirkte Vollstreckungsmaßnahme werden als unwirksam angesehen[1121].

21.2. Durchführung

B.514 Die **Arrestpfändung** erfolgt nach denselben Grundsätzen wie jede Pfändung im Wege der Zwangsvollstreckung (§ 930 Abs. 1 S. 2 ZPO). Auch die Zustellung des Arrestpfändungsbeschlusses erfolgt auf Betreiben des Gläubigers. Der Arrestbefehl bedarf der Vollstreckungsklausel nur im Falle einer Rechtsnachfolge auf Gläubiger- oder Schuldnerseite (§ 929 Abs. 1 ZPO). Auch kann der Arrestbefehl schon vor der Zustellung an den Schuldner vollzogen werden (§ 929 Abs. 3 ZPO). Dann muss aber die Zustellung innerhalb einer Woche nach Vollziehung[1122] **und** vor Ablauf der Vollziehungsfrist (Rdn. B.513) nachgeholt werden[1123]. Die Wochenfrist des § 929 Abs. 3 S. 2 ZPO beginnt nach nun verbreiteter (gegen die zuvor herrschende) Meinung nicht schon mit Antragseingang (Rdn. B.513), sondern erst mit der Zustellung des Pfändungsbeschlusses an den Drittschuldner[1124] (§ 829 Abs. 3 ZPO). Unwirksam ist die Vollstreckungsmaßnahme, wenn der Antragsteller die Zustellungsfrist des § 929 Abs. 3 ZPO versäumt hat[1125]. Wegen des Verbots der Schuldneranhörung, auch bei Verbindung des Arrest- und Pfändungsantrags, siehe Rdn. B.62 ff.

21.3. Wirkungen

B.515 Die Arrestpfändung begründet ein Pfandrecht mit den in § 804 ZPO bestimmten Wirkungen (§ 930 Abs. 1 S. 2 ZPO). Sie hat somit die gleiche **Wirkung** wie jede

---

1120 BGH (Fn. 1110); OLG Düsseldorf, MDR 1983, 239; BFHE 110, 499 = BStBl 1974 II 119 = NJW 1974, 1216; Zöller/Vollkommer, ZPO, § 929 Rdn. 11; Pohlmann, KTS 1994, 49 (53–55); **anders** jedoch Schaffer, NJW 1972, 1176 (1177).

1121 BGH (Fn. 1110).

1122 Auf Einhaltung der Frist des § 929 Abs. 3 S. 2 ZPO kann der Schuldner nicht wirksam verzichten, OLG Frankfurt, OLGZ 1982, 103 = Rpfleger 1982, 329 m.w.N. Zur Frage des Verzichts auf die Einhaltung der Frist siehe auch RGZ 151, 155.

1123 Zur wirksamen Zustellung im Ausland für Wahrung dieser Frist siehe LG Frankfurt, NJW 1990, 652.

1124 OLG Frankfurt (Fn. 1110); Musielak/Huber, ZPO, § 929 Rdn. 10; Thomas/Putzo/Seiler, ZPO, § 929 Rdn. 7; Zöller/Vollkommer, ZPO, § 929 Rdn. 24.

1125 BGH, DGVZ 2000, 14 = MDR 1999, 1083 = NJW 1999, 3494 = Rpfleger 1999, 485 (für einstweilige Verfügung).

Forderungspfändung vor der Überweisung oder der Anordnung einer anderen Art der Verwertung; siehe daher Rdn. B.149 ff. Damit wahrt sie den Rang für eine vom Gläubiger später nach durchgeführtem Hauptsacheverfahren erwirkte Überweisung der Forderung[1126].

21.4. Keine Pfandverwertung

Die **Überweisung** (§ 835 ZPO) oder eine anderweitige Pfandverwertung (§ 844 ZPO) verbieten sich auf Grund eines Arrestbefehls, weil der Arrest nur der Sicherung der Zwangsvollstreckung des Gläubigers dient (siehe § 916 ZPO)[1127]. Ein dennoch auf einen Arrest gestützter Überweisungsbeschluss ist nichtig[1128]. Wegen der Überweisung bei Hilfspfändung siehe jedoch Rdn. B.377. **B.516**

21.5. Rechtsbehelf

Gegen den Pfändungsbeschluss als Vollstreckungsakt des Arrestgerichts findet die **Erinnerung** nach § 766 ZPO statt[1129]. Mit der Erinnerung ist auch geltend zu machen, dass infolge unwirksamer Zustellung des Arrestbefehls die Frist des § 929 Abs. 3 S. 2 ZPO nicht gewahrt sei[1130]. Über die Erinnerung entscheidet das Arrestgericht, nicht das Vollstreckungsgericht[1131]. Die im ersten Rechtszug ergangene Entscheidung (siehe § 567 Abs. 1 ZPO) ist mit sofortiger Beschwerde anfechtbar (§ 793 ZPO). **B.517**

21.6. Überweisung

Die durch den Arrest und die Arrestvollziehung **gesicherte Zwangsvollstreckung** kann erst **durchgeführt** werden, wenn der Gläubiger einen Vollstreckungstitel erworben hat und alle weiteren Voraussetzungen der Zwangsvollstreckung vorliegen[1132]. Für diese Zwangsvollstreckung verwandelt sich das Arrestpfandrecht in ein **Vollstreckungspfandrecht**[1133], somit in ein Pfandrecht, dessen Pfandverwer- **B.518**

1126 BGHZ 66, 394 (397) = JR 1976, 421 mit Anm. Berg = MDR 1976, 1014 = NJW 1976, 1453 = Rpfleger 1976, 298.

1127 BGHZ 68, 289 (291) = JR 1977, 462 mit Anm. Schreiber = MDR 1977, 746 = NJW 1977, 1199 = Rpfleger 1977, 202; BGHZ 121, 98 = MDR 1993, 578 = NJW 1993, 735 = ZZP 107 (1994) 98 mit zust. Anm. Walker.

1128 BGHZ 121, 98 (Fn. 1127).

1129 OLG München, NJW 1954, 1772; OLG Frankfurt, JurBüro 1980, 1737 = Rpfleger 1980, 485; OLG Düsseldorf, NJW-RR 1993, 831.

1130 BGH, MDR 1989, 633 = NJW-RR 1989, 636 = Rpfleger 1989, 284.

1131 OLG Frankfurt (Fn. 1129); OLG Köln, MDR 1972, 333 = Rpfleger 1972, 65; OLG München (Fn. 1129); OLG Stuttgart, Rpfleger 1975, 407; LG Berlin, MDR 1975, 765 = Rpfleger 1975, 229; Stein/Jonas/Grunsky, ZPO, § 930 Rdn. 6 zu; Zöller/Vollkommer, ZPO, § 930 Rdn. 3; **a.A.** OLG Bremen, JR 1951, 604.

1132 Auch die bereits vor Erlass des Arrestbefehls errichtete notarielle Urkunde, deren Vollstreckbarkeit mit Ablauf der Wartefrist (§ 798 ZPO) erst nach Arrestpfändung eingetreten ist, ermöglicht die Pfandverwertung, LG Köln, Rpfleger 1974, 121.

1133 OLG Dresden, JurBüro 2007, 100.

tung mit dem durch die Arrestpfändung begründeten Rang nunmehr zulässig ist. Die damit möglich gewordene Überweisung der Forderung zur Einziehung oder an Zahlungs statt (§ 835 ZPO) erfolgt durch Beschluss des Vollstreckungsgerichts (nicht des Arrestgerichts). Zuständig ist das Vollstreckungsgericht (Rechtspfleger, § 20 Abs. 1 Nr. 17 RPflG), in dessen Bezirk der Schuldner bei Anordnung der Überweisung (nicht bei Arrestantrag oder Arrestanordnung) seinen allgemeinen Gerichtsstand hat (siehe hierwegen Rdn. B.8 ff.).

B.519 Mit dem **Überweisungsantrag** sind dem Vollstreckungsgericht alle für den Beginn der Zwangsvollstreckung erforderlichen Urkunden vorzulegen (siehe Rdn. B.39). Außerdem ist nachzuweisen, dass die Arrestpfändung ordnungsgemäß angeordnet ist, nicht aber, dass sie wirksam geworden ist (siehe Rdn. B.200). Steht dem Gläubiger nach dem erwirkten Vollstreckungstitel eine Forderung zu, die höher als der Arrestanspruch ist, so beschränkt sich die Überweisung auf den Betrag des Arrestanspruchs, der das Arrestpfandrecht begrenzt. Wegen seiner weiteren Forderung muss der Gläubiger neu pfänden. Beschränkt der Gläubiger seinen Überweisungsantrag auf einen Teil des durch Arrestvollziehung erlangten Pfandrechts, so besteht das weitergehende Arrestpfandrecht fort, bis der Gläubiger ausdrücklich darauf verzichtet (§ 843 ZPO). Zur Klageabweisung wegen des Mehrbetrages siehe Rdn. B.523.

B.520 **Formulierungsvorschlag:**

Die vom Landgericht … als Arrestgericht mit Beschluss vom …, Aktenz.: … gepfändeten angeblichen Forderungen an … – Drittschuldner – aus den Guthaben der (sämtlichen) Girokonten bei diesem Kreditinstitut werden auf Grund des vollstreckbaren Urteils des Oberlandesgerichts … vom …, Aktenz. … in Höhe von … Euro Hauptsache nebst … % Zinsen hieraus seit … und … Euro bisherigen Zwangsvollstreckungskosten sowie … Euro Kosten dieses Beschlusses und der Kosten seiner Zustellung dem Gläubiger zur Einziehung überwiesen.

21.7. Zwangsvollstreckungskosten

B.521 Die **Kostenpauschsumme** im Arrestbefehl sichert nur die Kosten des Hauptsacheprozesses[1134] und des Arrestverfahrens[1135], nicht aber die Kosten der Arrestvollziehung. Letztere sind Kosten der Zwangsvollstreckung (§ 788 ZPO). Als solche werden sie mit dem zur Zwangsvollstreckung stehenden Anspruch, also neben der Kostenpauschsumme im Arrestbefehl beigetrieben[1136]. Die Pfändung und die spätere Überweisung sind daher wegen der für diese Zwangsvollstreckungsmaßnahmen entstehenden Kosten über die im Arrestbefehl aufgenommene Pauschsumme oder die an ihre Stelle tretende spätere tatsächliche Kostenschuld hinaus gesondert anzuordnen. Die Vollstreckung kann für Zwangsvollstreckungskosten nicht weiter als die Zwangsvollstreckung wegen des Hauptsacheanspruchs ausgedehnt werden.

1134 Stein/Jonas/Grunsky, ZPO, § 922 Rdn. 16; Wieczorek/Schütze/Thümmel, ZPO, § 922 Rdn. 6.

1135 Streitig, siehe OLG Frankfurt, JurBüro 1983, 943 = OLGZ 1983, 104 = Rpfleger 1982, 479; **a.A.** Zöller/Vollkommer, ZPO, § 922 Rdn. 2.

1136 LG Aachen, JMBlNRW 1959, 217.

Denn nach § 788 Abs. 1 ZPO sind Kosten der Zwangsvollstreckung „zugleich" mit dem Vollstreckungs-Hauptsacheanspruch beizutreiben, so dass sie nicht weiter als dieser, sondern nur zusammen mit ihm geltend gemacht werden können. Die Beschränkung der Arrestvollziehung als Pfändung schließt daher auch eine weitergehende Einziehung der Kosten der Arrestvollziehung so lange aus, bis sich das Arrestpfandrecht in ein verwertbares Vollstreckungspfandrecht umgewandelt hat (s. Rdn. B.518).

21.8. Aufhebung des Arrests

Hebt das Arrestgericht in seinem im Arrestprozess verkündeten Urteil nicht nur den Arrestbefehl, sondern auch die in Vollzug desselben vorgenommene Forderungspfändung auf, dann wird die Pfändungswirkung mit Verkündung der Entscheidung beseitigt[1137]. Schutz des Drittschuldners vor Kenntnis: Rdn. B.252. Die spätere, auf Grund des Obsiegens in der Hauptsache zusammen mit einer erneuten Pfändung verfügte Überweisung der Forderung an den vormaligen Arrestpfandgläubiger kann deshalb nicht mehr in den Rang der Arrestpfändung eintreten[1138]. **B.522**

Wenn nach der Arrestpfändung in dem Verfahren über die **Hauptsache** die Forderung des Gläubigers gegen den Schuldner **rechtskräftig abgewiesen** wird, ist die Entscheidung auch für den Drittschuldner im Verhältnis sowohl zum Arrestgläubiger als zum Arrestschuldner maßgebend. Der Anspruch des Arrestgläubigers gegen den Drittschuldner besteht für den abgewiesenen Betrag materiell dann nicht mehr, auch wenn die Arrestpfändung selbst nicht aufgehoben ist und formell weiterbesteht. Deshalb ist der Drittschuldner nach Mitteilung des rechtskräftig gewordenen klageabweisenden Urteils dann jedenfalls berechtigt, den arrestweise gepfändeten Betrag an später pfändende Gläubiger oder Zessionare des Schuldners oder an diesen selbst mit schuldbefreiender Wirkung auszuzahlen. Dabei braucht der Drittschuldner mit der Möglichkeit, dass das rechtskräftige Urteil mit der Restitutionsklage mit Erfolg angefochten werde, nicht zu rechnen[1139]. **B.523**

Die förmliche **Aufhebung** der Arrestpfändung ist nach rechtskräftiger Abweisung des Anspruchs des Gläubigers gemäß § 775 Nr. 1, § 776 ZPO anzuordnen. Es entscheidet das Arrestgericht. Wegen der Aufhebung nach Hinterlegung des im Arrestbefehl festgestellten Geldbetrages (Lösungssumme) siehe § 934 ZPO.

22. Einstweilige Verfügung (§§ 935–945 ZPO)

Eine auf Geldzahlung lautende einstweilige Verfügung ist ein Vollstreckungstitel. Sie ermöglicht die Vollstreckung zur Gläubigerbefriedigung, mithin auch die Überweisung; § 930 ZPO findet (gem. § 936 ZPO) keine Anwendung. Zuständig für den Erlass des Pfändungsbeschlusses und sonstige Vollstreckungsmaßnahmen **B.524**

1137 BGH (Fn. 1126).
1138 BGH (Fn. 1126).
1139 RGZ 71, 309.

ist das Vollstreckungsgericht (§ 828 ZPO; Rdn. B.2), nicht das Gericht der einstweiligen Verfügung.

Die einstweilige Verfügung bedarf der Vollstreckungsklausel nur im Falle einer Rechtsnachfolge auf Gläubiger- oder Schuldnerseite (§§ 936, 929 Abs. 1 ZPO). Sie kann auch schon vor der Zustellung an den Schuldner vollstreckt werden (§§ 936, 929 Abs. 3 S. 1 ZPO). Dann muss aber die Zustellung innerhalb einer Woche nach der Vollstreckung und vor Ablauf der Vollziehungsfrist nachgeholt werden (§§ 936, 929 Abs. 3 S. 2 ZPO). Wenn der Gläubiger die Zustellungsfrist versäumt, ist die Vollstreckungsmaßnahme unwirksam[1140]. Wegen des Drittschuldnerschutzes bei unrechtmäßiger Überweisung (§ 836 Abs. 2 ZPO; Rdn. B.252) ist dem Schuldner dringend anzuraten, den Drittschuldner sogleich (gegen Nachweis) zu verständigen und die Aufhebung des Pfändungs- und Überweisungsbeschlusses zu betreiben (§§ 766, 775, 776 ZPO).

B.525 Auch die Vollstreckung der einstweiligen Verfügung ist **nur innerhalb eines Monats** ab der Verkündung des Urteils oder der Zustellung eines nicht verkündeten Urteils oder Beschlusses an den Antragsteller (Gläubiger; zur Aushändigung Rdn. B.513 Fn. 1108) möglich[1141] (§§ 936, 929 Abs. 2 ZPO; siehe Rdn. B.513). Sind nach der einstweiligen Verfügung wiederkehrende Geldzahlungen zu leisten (z.B. monatlicher Unterhalt), so rechnet die Vollziehungsfrist von einem Monat für die bei Erlass fälligen Leistungen von der Verkündung oder Zustellung an und sodann für jede weiterlaufende einzelne Zahlung von ihrem Fälligkeitszeitpunkt ab[1142]. Wird demnach (z.B. wegen freiwilliger Leistung des Schuldners) die Vollziehungsfrist für die zunächst fälligen Ansprüche auf Geldzahlung nicht gewahrt, so wird der Vollstreckungstitel für die später fällig werdenden Leistungen nicht gegenstandslos; der Gläubiger kann jedoch nach Eintritt der Fälligkeit einer weiteren Leistung auch diese nur innerhalb der für sie geltenden Vollziehungsfrist vollstre-

---

1140 BGH (Fn. 1125).

1141 OLG Schleswig, FamRZ 1981, 456; OLG Köln, FamRZ 1985, 1063; Pohlmann, KTS 1994, 49 (63); Stein/Jonas/Grunsky, ZPO, § 938 Rdn. 38.

1142 OLG Bamberg, FamRZ 1985, 509; OLG Bremen, FamRZ 1980, 1146; OLG Hamm, FamRZ 1980, 1144; OLG Hamm, FamRZ 1981, 583 m.w.N.; OLG Hamm, FamRZ 1983, 1254; OLG Hamm, FamRZ 1983, 1256; OLG Hamm, FamRZ 1991, 583; OLG Koblenz, FamRZ 1979, 324; OLG Koblenz, FamRZ 1980, 909; OLG Koblenz, FamRZ 1991, 589; OLG Schleswig (Fn. 1141); AG Sinzig, NJW-RR 1986, 744; Stein/Jonas/Grunsky, ZPO, § 938 Rdn. 38 (verlangt aber Parteizustellung); Zöller/Vollkommer, ZPO, § 929 Rdn. 192. Nach **a.A.** ist mit Versäumung der ersten (oder der für eine nachfolgende Rate laufenden) Vollziehungsfrist die auf wiederkehrende Leistungen gerichtete einstweilige Verfügung ihrem gesamten Inhalt nach nicht mehr vollzugsfähig (und deshalb aufzuheben), auch soweit später fällig werdende Leistungen betroffen werden; so OLG Brandenburg, FamRZ 1997, 624; OLG Celle, FamRZ 1984, 1248; OLG Hamm, FamRZ 1997, 1496 = NJW-RR 1997, 705; OLG Köln, FamRZ 1985, 508; OLG Köln, FamRZ 1985, 1062; OLG Köln, FamRZ 1985, 1063; OLG Zweibrücken, OLGZ 1983, 466 (469); OLG Zweibrücken, JurBüro 1986, 626, je m.w.N.; Pohlmann, KTS 1994, 49 (64). Demnach könnte der Schuldner mit der Zahlung nur der ersten (oder nur einer späteren) Unterhaltsrente die Vollziehung der einstweiligen Verfügung insgesamt unterlaufen. Für diesen Fall wird jedoch auch angenommen, die freiwillige Leistung des Unterhaltsschuldners mache die Vollziehung zunächst entbehrlich, sodass die Vollziehung fristgerecht erfolgt, wenn sie nach Einstellung der freiwilligen Leistung innerhalb Monatsfrist beginnt; so OLG Köln, FamRZ 1985, 508.

cken[1143]. Für die Fristwahrung gilt das Rdn. B.513 Gesagte. Mit der Vorratspfändung in Arbeitseinkommen (§ 850d Abs. 3 ZPO) ist die Verfügung vollzogen[1144]. Die Amtszustellung des Verfügungsurteils auf Unterhaltszahlung ist jedenfalls keine Vollziehung[1145]; auch die Zustellung im Parteibetrieb stellt keine Vollziehung dar[1146].

23. Die Kosten der Zwangsvollstreckung (§ 788 ZPO)

Schrifttum: Bauer, Notwendige und nicht notwendige Kosten der Zwangsvollstreckung, JurBüro 1966, 989; Biede, Die Beitreibung der Vollstreckungskosten, DGVZ 1975, 19; Christmann, Sinn und Zweck des § 788 ZPO, DGVZ 1985, 147; Göttlich, Kosten der Pfändung und Überweisung, JurBüro 1959, 231; Lappe, Ist die Kosten-Vollstreckung gemäß § 788 I ZPO mit dem Grundgesetz vereinbar?, MDR 1979, 795; Lappe, Die Kostenerstattung bei der Forderungspfändung, Rpfleger 1983, 248; Mümmler, Kosten der Zustellung eines Vollstreckungsbescheids, JurBüro 1979, 1607; Mümmler, Wohnungswechsel des Vollstreckungsschuldners, JurBüro 1980, 830; Mümmler, Ersatz der Kosten einer Drittschuldnerklage durch den Schuldner, JurBüro 1995, 21; Mümmler und Noack, Die Erstattungsfähigkeit von Vollstreckungskosten und ihre Beitreibung durch den Gerichtsvollzieher, aktuelle Fragen zur Auslegung des § 788 ZPO, DGVZ 1971, 177 und DGVZ 1971, 129; Noack, Die Kosten der Zwangsvollstreckung und ihrer Vorbereitung, ihre Beitreibung ohne besonderen Titel und andere Einzelfragen aus § 788 ZPO, DGVZ 1975, 145; Noack, Wer trägt das Risiko für die entstehenden Vollstreckungskosten?, DGVZ 1976, 65; Noack, Aktuelle Fragen zur Erstattungsfähigkeit der Kosten der Zwangsvollstreckung nach § 788 ZPO und zu ihrer Beitreibung, DGVZ 1983, 17; Weinert, Neujustierung der Kostenerstattung in der Zwangsvollstreckung, Rpfleger 2005, 1. **B.526**

Dem Gläubiger, der seinen Anspruch gerichtlich geltend macht, erwachsen bei dieser Rechtsverfolgung verschiedenartige Kosten. Zu unterscheiden sind **B.527**

- vorgerichtliche Kosten,
- Kosten des Rechtsstreits,
- Kosten früherer (anderer) Zwangsvollstreckungen,
- die Kosten der Pfändung selbst sowie
- aus Anlass der Zwangsvollstreckung entstehende sonstige Kosten.

1143 Insoweit nicht eindeutig: OLG Hamm, JurBüro 1979, 1728 (Zustellung spätestens einen Monat nach Fälligkeit und Nichtzahlung der ersten Rate, die rückständig bleibt).

1144 OLG Hamm, FamRZ 1980, 1144.

1145 OLG Brandenburg, FamRZ 1997, 624; OLG Hamm (Fn. 1143); OLG Koblenz, FamRZ 1979, 324; OLG Hamm, FamRZ 1980, 1144; OLG Hamm, FamRZ 1981, 583 (584); OLG Hamm, FamRZ 1983, 1256 (hier auch: Zustellung im Parteibetrieb allein reicht nicht aus); s. auch OLG Frankfurt, JurBüro 1982, 1265 = OLGZ 1982, 346 = Rpfleger 1982, 76; außerdem BGHZ 120, 73 (79) = MDR 1993, 268 = NJW 1993, 1076 = Rpfleger 1993, 294.

1146 OLG Hamm, FamRZ 1983, 1256; OLG Oldenburg, FamRZ 1983, 1256; OLG München, FamRZ 1993, 1101 (jedenfalls dann nicht, wenn nicht in unmittelbarem zeitlichen Zusammenhang eine Vollstreckungsmaßnahme beantragt und eingereicht wurde); **a.A.** OLG Celle, OLGZ 1992, 354; OLG Köln, FamRZ 1992, 75.

23.1. Vorgerichtliche Kosten

B.528 **Vorgerichtliche Kosten** sind insbesondere vorgerichtliche Mahnauslagen, Wechselkosten und Wechselprovision. Diese Kosten können in der Zwangsvollstreckung ebenso wie die Hauptforderung des Gläubigers nur auf Grund eines vollstreckbaren Schuldtitels geltend gemacht werden (siehe dazu Rdn. A.2).

23.2. Kosten des Rechtsstreits

B.529 Wegen der **Kosten des Rechtsstreits** (oder des Mahnverfahrens) selbst (sog. Prozesskosten) kann die Zwangsvollstreckung ebenfalls nur auf Grund eines vollstreckbaren Titels betrieben werden. Vollstreckungstitel ist in diesen Fällen meist ein Kostenfestsetzungsbeschluss (§ 794 Abs. 1 Nr. 2 ZPO).

23.3. Zwangsvollstreckungskosten

B.530 Die notwendigen Kosten der **Zwangsvollstreckung** fallen dem Schuldner zur Last (§ 788 Abs. 1 S. 1, § 91 ZPO). Zwangsvollstreckungskosten sind auch die Kosten der Ausfertigung und Zustellung des Urteils[1147] (§ 788 Abs. 1 S. 2 ZPO) oder des Vollstreckungsbescheids[1148], die Kosten für die Ermittlung der Anschrift des unbekannt verzogenen Schuldners[1149] sowie seines Arbeitgebers[1150], für die Tätigkeit eines Sequesters, für eine notwendige oder zulässige Grundbucheintragung und die Kosten einer Vorpfändung, nicht aber Kosten des Rechtsanwalts des Gläubigers für seine Tätigkeit zur Vermeidung einer drohenden Drittwiderspruchsklage[1151]. Kosten ausländischer Beitreibungsmaßnahmen gehören bei der Vollstreckung eines ausländischen Urteils (anderen Titels) im Inland (s. § 722 ZPO)[1152]

1147 Zur Notwendigkeit der Kosten einer Zustellung durch den Gerichtsvollzieher trotz Möglichkeit einer Zustellung von Anwalt zu Anwalt siehe KG, DGVZ 1981, 59 = JurBüro 1981, 438 = Rpfleger 1981, 121.Wegen der Frage, ob der vom Gläubiger abgelöste Restkaufpreis oder eine von ihm bezahlte Grunderwerbsteuer zu den Zwangsvollstreckungskosten gehören, siehe Rdn. E.42, G.59.

1148 Notwendig sind an Stelle der bei der Zustellung von Amts wegen (§ 699 Abs. 4 S. 1 ZPO) anfallenden Kosten auch die höheren Kosten der vom Gläubiger nach § 699 Abs. 4 S. 2 ZPO gewählten Zustellung im Parteibetrieb, Mümmler, JurBüro 1979, 1607.

1149 LG Berlin, JurBüro 1985, 628; LG Berlin, Rpfleger 1986, 107 (je Detektivkosten); LG Köln, JurBüro 1983, 1571; AG Bad Hersfeld, DGVZ 1993, 116.

1150 OLG München, Rpfleger 2010, 434; LG Bochum, JurBüro 1988, 256 (je Detektivkosten); LG Köln (Fn. 1149); zu nicht notwendigen Detekteikosten s. LG Berlin, Rpfleger 1990, 37.

1151 OLG Koblenz, Rpfleger 1977, 66.

1152 Auf die Kosten des Verfahrens zur Vollstreckbarerklärung eines ausländischen Titels nach dem Anerkennungs- und Vollstreckungsausführungsgesetz i.d.F. vom 30.11.2015 (BGBl I 2146), in Ehesachen nach dem Internationalen Familienrechtsverfahrensgesetz vom 26.1.2005 (BGBl I 162), nach dem Auslandsunterhaltsgesetz vom 23.5.2011 (BGBl I 898) und nach dem Internationalen Erbrechtsverfahrensgesetz vom 29.6.2015 (BGBl I 1042) ist § 788 ZPO entsprechend anzuwenden (§ 8 Abs. 1 S. 4 AVAG, § 20 Abs. 2 IntFamRVG, § 40 Abs. 1 S. 4 AUG, § 7 Abs 1 S. 4 IntErbRVG).

nicht zu den Kosten der Zwangsvollstreckung[1153], desgleichen nicht die Kosten der Vollstreckbarerklärung und Vollstreckung eines deutschen Titels im Ausland[1154]. Notwendig sind die Kosten einer Zwangsvollstreckungsmaßregel, wenn der Gläubiger diese im Zeitpunkt der Entstehung der Kosten objektiv für notwendig halten konnte[1155], auch wenn die Vollstreckungsmaßregel später nicht zum erstrebten Erfolg geführt hat[1156], ein Antrag zurückgenommen[1157] oder für erledigt erklärt wurde[1158]. Nicht notwendige Zwangsvollstreckungskosten, insbesondere Kosten unzulässiger[1159], verfrühter[1160], offenbar aussichtsloser[1161], mutwilliger[1162] oder vom

1153 So zutreffend Ilg, Rpfleger 1989, 343 gegen LG Passau, Rpfleger 1989, 342; Zöller/Geimer, ZPO, § 788 Rdn. 3a; **a.A.** Stein/Jonas/Münzberg, ZPO, § 788 Rdn. 12.

1154 Zöller/Geimer, ZPO, § 788 Rdn. 3b m.w.N.

1155 Zöller/Geimer, ZPO, § 788 Rdn. 9a m.w.N.; Münzberg, JurBüro 1990, 780 (Anmerkung zu OLG Hamburg, JurBüro 1990, 116, auch dazu, dass die Beweislast dafür dem Schuldner obliegt, dass dem Gläubiger zur Zeit der Entstehung der Kosten Umstände bekannt waren, die gegen die Notwendigkeit der Kosten sprechen).

1156 Siehe OLG Hamburg, NJW 1963, 1015; OLG Karlsruhe, Justiz 1980, 199. So sind die Kosten einer fehlgeschlagenen Lohnpfändung notwendig, wenn der Gläubiger auf Grund der Angaben des Gerichtsvollziehers über den Arbeitsplatz vollstreckt (Bauer, JurBüro 1966, 993) und insbesondere sich zuvor erkundigt hat, ob der Schuldner tatsächlich dort beschäftigt ist (LG Köln, JurBüro 1966, 527 mit Anm. Herzig). Gleiches gilt, wenn der Gläubiger durch das versicherte Vermögensverzeichnis, eine Auskunft oder auf andere zuverlässige Weise von der Arbeitsstelle Kenntnis erlangt, der Schuldner diese Arbeitsstelle bei Pfändung aber schon wieder verlassen hat (Bauer, JurBüro 1966, 994).

1157 OLG München, Rpfleger 1968, 402; LG Hannover, JurBüro 1990, 1679 = NdsRpfl 1990, 224.

1158 Eine Kostenentscheidung (§ 91a Abs. 1, § 788 Abs. 4 ZPO) ergeht daher nicht, wenn der Schuldner notwendige Kosten nach § 788 Abs. 1 ZPO zu tragen hat (anders LG Fulda, FamRZ 1993, 455 = Rpfleger 1993, 172; wie hier Zöller/Geimer, ZPO, § 788 Rdn. 20). Wenn dem Schuldner durch einen Antrag Kosten entstanden sind (wegen § 834 ZPO nur ausnahmsweise möglich, z.B. im Fall des § 850b ZPO), die als „nicht notwendige Zwangsvollstreckungskosten" der Gläubiger tragen muss, hat nach Erledigterklärung eine Kostenentscheidung als Grundlage für die Geltendmachung der Kosten mit einem Festsetzungsantrag zu ergehen; siehe Zöller/Geimer, ZPO, § 788 Rdn. 21.

1159 Z.B. Kosten vergeblicher Vollstreckungsversuche oder aufgehobener Vollstreckungsmaßnahmen, die mit einem nicht zugestellten Vollstreckungstitel (OLG München, Rpfleger 1968, 403) oder einem vorläufig vollstreckbaren Urteil vor der erforderlichen Sicherheitsleistung durchgeführt wurden; KG, Rpfleger 1968, 229 (s. jetzt aber § 720a ZPO).

1160 Dem Schuldner muss Gelegenheit gegeben worden sein, die Zwangsvollstreckung durch freiwillige Leistung abzuwenden; BVerfGE 99, 338 = NJW 1999, 778; zu Einzelheiten Zöller/Geimer, ZPO, § 788 Rdn. 9b.

1161 Dazu gehören vor allem Vollstreckungsmaßregeln, die erkennbar nicht zum Erfolg führen konnten (LG Aachen, JurBüro 1990, 778 = Rpfleger 1990, 134), von denen somit eine – wenn auch nur teilweise – Befriedigung des Gläubigers von vornherein nicht erwartet werden konnte (Göttlich, JurBüro 1959, 231). Nicht notwendig sind auch Kosten der (unzulässig, siehe Rdn. B.71) gegenüber mehreren Banken auf Verdacht (mithin ohne konkrete Anhaltspunkte) ausgebrachten Pfändungen, AG Hochheim, DGVZ 1993, 31.

1162 Beispiel: Vollstreckungsauftrag wegen eines geringfügigen Restbetrags, den der Schuldner offensichtlich aus Versehen nicht bezahlt hat, ohne vorherige Zahlungsaufforderung, AG Bergheim, DGVZ 1983, 29; AG Hamburg, DGVZ 2003, 94.

Gläubiger zu vertretender verfehlter[1163] Zwangsvollstreckungsmaßnahmen trägt der Gläubiger selbst. Wenn eine Forderungspfändung dem Gläubiger nur ratenweise Befriedigung bringt, sind die Kosten weiterer, zu schnellerer Befriedigung führender Vollstreckungsmaßregeln notwendig im Sinne des § 788 ZPO[1164]. Mehrkosten, die durch die getrennte Pfändung mehrerer Forderungen des Schuldners entstanden sind, sind nicht erstattungsfähig, wenn keine sachliche Notwendigkeit für getrennte Anträge bestand, sondern einheitliche Antragstellung und Pfändung durch einen Beschluss möglich gewesen wäre[1165]. Wenn der Gläubiger gegen denselben Schuldner aus mehreren Vollstreckungstiteln (insbesondere Hauptsache- und Kostentitel) gleichzeitig vollstrecken kann, sind bei getrennter Antragstellung nur die Kosten eines Vollstreckungsauftrags nach den zusammengerechneten Forderungen notwendig und erstattungsfähig[1166].

B.531 Mehrere Schuldner, die als **Gesamtschuldner** verurteilt sind (bzw. nach einem anderen Vollstreckungstitel samtverbindlich haften), haften auch für die Kosten der Zwangsvollstreckung als Gesamtschuldner (§ 788 Abs. 1 S. 3 ZPO mit Besonderheit insbesondere für Rechtsmittelkosten nach § 100 Abs. 3, 4 ZPO). Das gilt für die Kosten der Zwangsvollstreckung gegen nur einen der Gesamtschuldner (z.B. Einkommenspfändung) ebenso wie für die Kosten der gegen die Gesamtschuldner gemeinsam betriebenen Zwangsvollstreckungsmaßnahmen. Grund:[1167] Samtverbindliche Haftung auch für Verzugsfolgen. Es soll nicht zulasten des Gläubigers gehen, wenn sein Vollstreckungsversuch gegen einen der samtverbindlich haftenden Schuldner erfolglos geblieben ist, weil auch die Mitschuldner die Pflicht gehabt hätten, die Forderung zu erfüllen. Kosten eines Verfahrens nach § 829 ZPO kann das Gericht (Rechtspfleger, § 20 Abs. 1 Nr. 17 RPflG) jedoch dem Gläubiger ganz oder teilweise auferlegen, wenn dies aus besonderen, in dem Verhalten des Gläubigers liegenden Gründen der Billigkeit entspricht (§ 788 Abs. 4 ZPO). Das ermöglicht es auch, aus solchem Grund (so bei mutwilligem Vollstreckungsversuch zunächst gegen den mithaftenden vermögenslosen Gesamtschuldner) dem Gläubiger Kosten aufzuerlegen, soweit sie einen samtverbindlich mithaftenden Schuldner treffen würden, gegen den nicht vollstreckt wurde.

B.532 Notwendige Zwangsvollstreckungskosten werden zugleich mit dem zur Zwangsvollstreckung stehenden Anspruch **beigetrieben** (§ 788 Abs. 1 S. 1 Hs. 2 ZPO). „Zugleich“ heißt, dass die Beitreibung einen besonderen Vollstreckungstitel nicht erfordert. § 788 Abs. 1 ZPO ermöglicht die Beitreibung bereits entstandener Vollstreckungskosten, nicht jedoch die Einziehung von Vorschüssen zur Durchführung der Vollstreckung[1168]. Auf Grund des Hauptsachetitels können die Kosten der Zwangsvollstreckung auch dann beigetrieben werden, wenn der Hauptsache-

---

1163 Beispiel: Der Pfändungsbeschluss kann wegen unzureichender Drittschuldnerbezeichnung nicht zugestellt werden; OLG Bamberg, JurBüro 1978, 243. Zur Notwendigkeit von Kosten, wenn die Zustellung des Pfändungsbeschlusses nicht erfolgen konnte, weil der Drittschuldner unter der angegebenen Anschrift nicht mehr wohnte und der Gläubiger das nicht erkennen konnte, AG Frankfurt, JurBüro 1994, 127.

1164 OLG Neustadt, JurBüro 1963, 118.

1165 Stöber, JVBl 1965, 152; LG Aschaffenburg, Rpfleger 1974, 204.

1166 Bauer, JurBüro 1966, 989; AG Oldenburg/Holst., DGVZ 1981, 30.

1167 Begründung, BT-Drucks. 13/341, Seite 19.

1168 AG München, DGVZ 1980, 142.

anspruch aus dem Schuldtitel selbst nicht mehr vollstreckt wird, insbesondere deshalb, weil alle anderen Ansprüche aus dem dem Schuldner noch nicht ausgehändigten Schuldtitel bereits getilgt sind[1169]. Die Möglichkeit der Kostenbeitreibung nach § 788 Abs. 1 ZPO endet mit der Aufhebung des Hauptsacheurteils, z.B. eines noch nicht rechtskräftigen Urteils, durch das Berufungsgericht oder einen Vergleich der Parteien[1170].

Mit der gleichzeitigen Beitreibung der Zwangsvollstreckungskosten (der Kosten früherer Vollstreckungsmaßnahmen[1171] ebenso wie der Kosten des Pfändungsverfahrens) ermöglicht § 788 Abs. 1 ZPO ihre verfahrensrechtlich zweckmäßige, kostensparende Mitvollstreckung. Für diese ist der Hauptsachetitel Beitreibungsgrundlage. Diese Regelung gewährleistet, dass Kosten, die als Nebenanspruch den durch Zwangsvollstreckung erlösten Betrag vorweg belasten, vor dessen Befriedigung aus einem Vollstreckungserlös gedeckt werden. Die Mitvollstreckung der vom Schuldner zu ersetzenden Kosten für die zur Durchsetzung des Gläubigeranspruchs notwendigen Maßnahmen erfordert ebenso wie die Hauptsachevollstreckung einen sofortigen Zugriff. Wie bei der Vollstreckung des Hauptsachean- B.533

1169 OLG Brandenburg, JurBüro 2007, 548.

1170 KG, JurBüro 1963, 622; KG, JurBüro 1979, 767 = MDR 1979, 408; OLG Hamm, JurBüro 1976, 676 = Rpfleger 1976, 260; OLG Koblenz, JurBüro 1976, 518 = MDR 1976, 584 = Rpfleger 1976, 142; zur Teilaufhebung BGH, DGVZ 2004, 13 = MDR 2004, 352 = NJW-RR 2004, 503 = Rpfleger 2004, 112; BGH, JurBüro 2010, 319 = MDR 2010, 654 = NJW-RR 2010, 1005 = Rpfleger 2010, 380; OLG Bremen, MDR 1987, 854 = NJW-RR 1987, 1208; OLG Hamburg, JurBüro 1981, 1397 = MDR 1981, 763; OLG München, JurBüro 1983, 938 = MDR 1983, 676; SchlHOLG, JurBüro 1992, 500; Zöller/Geimer, ZPO, § 788 Rdn. 14 m.w.N.

1171 Lappe, MDR 1979, 795 (auch Rpfleger 1983, 248) trägt vor, § 788 Abs. 1 ZPO beziehe sich bei verfassungskonformer Auslegung nicht auf die Kosten früherer Vollstreckungsverfahren; sie sollen daher in jedem Fall der Kostenfestsetzung (§§ 103 ff. ZPO) nach Gewährung rechtlichen Gehörs (Art. 103 Abs. 1 GG) bedürfen. Demnach könnte z.B. ein Gläubiger, der in einem Offenbarungsverfahren den Arbeitgeber des Schuldners in Erfahrung gebracht hat, sogleich zwar wegen seines vollstreckbaren Anspruchs dessen Arbeitseinkommen pfänden lassen, nicht aber auch wegen der Kosten des Offenbarungsverfahrens, das gerade dem Ziel gedient hat, dem Gläubiger Kenntnis von den seinem Zugriff unterliegenden Vermögenswerten des Schuldners zu verschaffen (s. BVerfGE 61, 126 = NJW 1983, 559 = Rpfleger 1983, 80). Diese Kosten müsste der Gläubiger erst festsetzen lassen, um dann mit neuem Kostenaufwand und auf die Gefahr des Ausfalls hin infolge zwischenzeitlicher weiterer Pfändungen (§ 804 Abs. 3 ZPO) oder Lohnabtretungen später nochmals die Pfändung des Arbeitseinkommens zu erwirken. Gleiches würde sich für Kosten einer Einkommenspfändung ergeben, wenn der Schuldner sogleich nach der Zustellung des Pfändungsbeschlusses den Arbeitgeber wechselt und der Gläubiger sofort wieder das Arbeitseinkommen bei dem neuen Dienstherrn pfänden lässt. Dass in solchen (und zahlreichen ähnlich liegenden) Fällen eine verfassungskonforme Auslegung die Mitvollstreckung von Zwangsvollstreckungskosten nicht ermöglichen soll, ist unverständlich. Rechtsstaatliche Verfahrensgestaltung muss auch den Gläubigerinteressen Rechnung tragen (der Gläubiger muss eine reale Verwirklichungschance haben; s. Quack, Rpfleger 1978, 197), Schonung der Schuldnerbelange gewährleisten (nicht gebotener, unvertretbarer Kostenaufwand durch mehrfache Vollstreckungsmaßnahmen zulasten des Schuldners muss ausgeschlossen bleiben) und den Grundsatz der Verhältnismäßigkeit wahren. Eine verfassungskonforme Auslegung ergibt daher, dass der Gesetzgeber in § 788 Abs. 1 ZPO die Mitvollstreckung der Nebenkosten verfahrensrechtlich sinnvoll und verfassungsrechtlich einwandfrei geregelt hat.

spruchs (§ 834 ZPO) ist daher auch für die Mitvollstreckung des Nebenanspruchs zur vollständigen Gläubigerbefriedigung eine Verweisung des Schuldners auf die Wahrnehmung seiner Rechte mit einem Rechtsbehelf sachgerecht. Der damit gewährleistete Rechtsschutz genügt den Anforderungen der Art. 19 Abs. 4, Art. 103 Abs. 1 GG. Daher begegnet die durch § 788 Abs. 1 ZPO ermöglichte Mitvollstreckung von Zwangsvollstreckungskosten auch keinen verfassungsrechtlichen Bedenken[1172]. Mit der Begründung, dass § 788 Abs. 1 S. 1 ZPO insoweit mit dem GG nicht vereinbar ist, als er eine Mitvollstreckung wegen der Kosten der gegenwärtigen Rechtsverfolgung vorsieht[1173], könnte der Pfändungsantrag des Gläubigers zudem auch wegen Art. 100 Abs. 1 GG nicht zurückgewiesen werden.

B.534 Festgesetzt[1174] werden Zwangsvollstreckungskosten auf Antrag durch das Vollstreckungsgericht (§ 788 Abs. 2 S. 1 ZPO). Diese (gesonderte) Festsetzung erfordert wegen der auch möglichen gleichzeitigen Beitreibung der Kosten (Rdn. B.532) kein besonderes Rechtsschutzinteresse. Grundlage der Festsetzung ist unabhängig von einer Kostenentscheidung im Hauptsacheverfahren der Schuldtitel über den Anspruch, dessen Vollstreckung die Kosten verursacht hat[1175]; mit seiner Aufhebung endet ebenso wie die Möglichkeit der Kostenbeitreibung (vorst. bei Fn. 1170) auch die Zulässigkeit ihrer Festsetzung. Eine Verzinsung (§ 104 Abs. 1 S. 2, § 788 Abs. 2 S. 1 ZPO) ist auf Antrag auch bei der Festsetzung von Zwangsvollstreckungskosten auszusprechen.

B.535 Zuständig für die Festsetzung von Zwangsvollstreckungskosten ist das Vollstreckungsgericht (nicht das Prozessgericht) (§ 788 Abs. 2 S. 1 ZPO). Grund: Sachnähe. Zur örtlichen Zuständigkeit siehe die ZPO-Kommentare. Die Festsetzung ist dem Rechtspfleger nach § 21 Nr. 1 RPflG übertragen. Das Festsetzungsverfahren regeln § 103 Abs. 2, §§ 104, 107 ZPO (Verweisung in § 788 Abs. 2 S. 1 ZPO). Rechtsmittel gegen die Entscheidung über den Festsetzungsantrag: Sofortige Beschwerde (§ 104 Abs. 3 S. 1 ZPO) bzw., wenn der Beschwerdewert (200 Euro, § 567 Abs. 2 ZPO; s. Rdn. B.401) nicht erreicht ist, befristete Erinnerung nach § 11 Abs. 2 RPflG. Der sofortigen Beschwerde kann der Rechtspfleger abhelfen (§ 572 Abs. 1 ZPO).

B.536 Der Kostenfestsetzungsbeschluss ist Vollstreckungstitel nach § 794 Abs. 1 Nr. 2 ZPO. Das schließt nicht aus, dass die Kosten weiterhin nach § 788 Abs. 1 ZPO mit beigetrieben werden, der Festsetzungsbeschluss sonach nicht verwendet wird[1176].

1172 So zutreffend LG Göttingen, JurBüro 1984, 141 mit zust. Anm. Mümmler = Rpfleger 1983, 498 mit zust. Anm. Giebel gegen Lappe, Rpfleger 1983, 248 und Lappe, MDR 1979, 795; Christmann, DGVZ 1985, 147.

1173 So Lappe, MDR 1979, 795.

1174 Zulässig war die Festsetzung auch bereits vor der Einfügung des § 788 Abs. 2 ZPO ab 1.1.1999 durch die 2. Zwangsvollstreckungsnovelle vom 17.12.1997 (BGBl I 3039). Dazu z.B. BVerfGE 84, 6 (7) = NJW 1991, 2758 (2759); BGHZ 90, 207 (210) = MDR 1984, 485 = NJW 1984, 1968 = Rpfleger 1984, 283.

1175 OLG Koblenz, JurBüro 1975, 954 = Rpfleger 1975, 324; SchlHolstOLG, JurBüro 1980, 1040 = SchlHA 1980, 120.

1176 OLG Brandenburg, JurBüro 2007, 548 (549); Zöller/Geimer, ZPO, § 788 Rdn. 18; **a.A.** LG Bad Kreuznach, Rpfleger 1990, 313; Stein/Jonas/Münzberg, ZPO, § 788 Rdn. 32.

Kosten **früherer** Vollstreckungsmaßnahmen (z.B. Kosten des Gerichtsvollziehers, eines Verfahrens zur Vermögensversicherung), deren Beitreibung der Gläubiger verlangt, müssen (wenn sie nicht festgesetzt sind) im Pfändungsantrag nach Grund und Höhe[1177] bezeichnet und glaubhaft gemacht[1178] werden (§ 104 Abs. 2 ZPO). **Glaubhaft** zu machen ist auch die Notwendigkeit dieser Kosten, wenn sie nicht ohne weiteres erhellt. Nach Ansicht des LG Duisburg[1179] muss der Gläubiger mit seinem Antrag Belege für Kosten der beim gleichen Gericht anhängig gewesenen Vollstreckungsverfahren oder für die die Dienstregister-Nr. des Gerichtsvollziehers angegeben ist, nicht vorlegen. Dem kann nur für solche Fälle gefolgt werden, in denen die Vorakten leicht greifbar sind; für Akten des Gerichtsvollziehers mit eigenem Geschäftslokal wird das nie zutreffen (siehe § 294 Abs. 2 ZPO). Keine Glaubhaftmachung liegt in der Darlegung, dass bereits ein anderes Vollstreckungsorgan die Kosten bei einer früheren Zwangsvollstreckungsmaßnahme als notwendig anerkannt habe[1180]. In einem früheren Vollstreckungsverfahren entstandene Rechtsanwaltsgebühren können durch die Vorlage von Zweitschriften (Kopien) der Aufträge, aber auch der Pfändungsprotokolle oder der Mitteilungen des Gerichtsvollziehers an den Rechtsanwalt glaubhaft gemacht werden[1181]. Für die Auslagen eines Rechtsanwalts in früheren Vollstreckungsverfahren für Post- und Telekommunikationsdienstleistungen (nicht aber für sonstige Kosten früherer Zwangsvollstreckungsmaßnahmen) genügt zur Glaubhaftmachung die Versicherung des Rechtsanwalts, dass die Auslagen entstanden sind[1182] (§ 104 Abs. 2 ZPO). Für andere Kosten früherer Vollstreckungsmaßnahmen kann die Glaubhaftmachung durch Vorlage der Belege[1183] oder durch eidesstattliche Versicherung (§ 294 Abs. 1 ZPO) erfolgen[1184]. Die Berücksichtigung von Umsatzsteuerbeträgen erfordert eine Erklärung des Antragstellers (seines Prozessbevollmächtigten), dass er die Beträge nicht als Vorsteuer abziehen kann (§ 104 Abs. 2 S. 3 ZPO); bei Offenkundigkeit bedarf es dieser Erklärung nicht (§ 291 ZPO, entspr. Anwendung). **B.537**

Zwangsvollstreckungskosten sind nicht abzurechnen und nicht glaubhaft zu machen, wenn im Pfändungsgesuch nur noch eine Resthauptsacheforderung oder nur ein Teil des Hauptsacheanspruchs geltend gemacht ist (siehe Rdn. B.28). **B.538**

1177 Die Kosten sind im Einzelnen zu bezeichnen, also zu spezifizieren. Die Angabe nur eines zusammengefassten Betrages ist ungenügend; LG Köln, JurBüro 1966, 619; AG Bruchhausen-Vilsen/LG Verden, DGVZ 1972, 13, 14; LG Berlin, DGVZ 1975, 24.

1178 Zöller/Geimer, ZPO, § 788 Rdn. 15; LG Darmstadt, JurBüro 1988, 1087 = Rpfleger 1988, 332. Zur Glaubhaftmachung des Betrages und der Notwendigkeit umfangreicher bisheriger Vollstreckungskosten, wenn sich die die Entstehung dieser Kosten auslösenden zahlreichen Einzelvorgänge über mehrere Jahre hin erstrecken, siehe LG Berlin, Rpfleger 1971, 113. Wenn die Zwangsvollstreckungskosten nicht hoch sind, kann es genügen, dass sie aufgeschlüsselt sind und ihre Entstehung versichert ist (AG Hannover, AnwBl 1973, 47; eidesstattliche Versicherung ist nicht erforderlich).

1179 LG Duisburg, JurBüro 1961, 356.

1180 AG Karlsruhe-Durlach/LG Karlsruhe, je DGVZ 1979, 173; Herzig, JurBüro 1966, 619.

1181 LG Essen, Rpfleger 1982, 202; LG Hagen, Rpfleger 1982, 202; AG Neukölln, JurBüro 1991, 1705.

1182 LG München I. AnwBl 1970, 106; Zöller/Geimer, ZPO, § 788 Rdn. 15.

1183 LG Darmstadt (Fn. 1178).

1184 LG München I, (Fn. 1182); Antragsdurchschriften belegen, dass ein Antrag gestellt, nicht aber, wie er erledigt ist, LG Berlin, Rpfleger 1977, 220.

B.539 Ob die Kosten **notwendig** waren und in der verlangten Höhe entstanden sind, **prüft** das Vollstreckungsgericht[1185]. Hält es einzelne Kostenbeträge nicht für erstattungsfähig oder sind sie nicht hinreichend glaubhaft gemacht, so muss es den Antrag des Gläubigers insoweit zurückweisen und den Gläubiger verständigen. Gegen die Entscheidung findet die **sofortige Beschwerde** (siehe Rdn. B.399) statt. Die Beschwerde ist jedoch nur zulässig, wenn der Beschwerdewert 200 Euro übersteigt[1186] (§ 567 Abs. 2 ZPO); andernfalls findet gegen die Entscheidung des Rechtspflegers die Erinnerung statt (§ 11 Abs. 2 RPflG). Wenn der Beschwerde bzw. der Erinnerung stattgegeben wird, muss der den Pfändungsbeschluss ergänzende Beschluss erneut auf Betreiben des Gläubigers dem Drittschuldner zugestellt werden (siehe Rdn. B.396). Erst mit dieser Zustellung an den Drittschuldner wird die Pfändung wegen der weiteren Kostenbeträge wirksam; sie teilt also nicht ohne weiteres den Rang der Hauptpfändung.

Der Schuldner kann Einwendungen gegen die Beitreibung von Zwangsvollstreckungskosten mit der Erinnerung gegen den Pfändungsbeschluss geltend machen (§ 766 ZPO). Einwendungen gegen die Notwendigkeit von Zwangsvollstreckungskosten können jedoch nur dann im Erinnerungsverfahren geprüft werden, wenn die maßgeblichen Umstände unstreitig oder offensichtlich sind; müsste über sie Beweis erhoben werden, so ist der Schuldner auf die Vollstreckungsgegenklage zu verweisen[1187].

B.540 Von den Kosten des **Pfändungsbeschlusses** selbst müssen dem Vollstreckungsgericht nur die außergerichtlichen Kosten des Gläubigers (insbesondere die Kosten des Rechtsanwaltes oder sonstigen Vertreters und etwaige Auslagen) berechnet und mitgeteilt werden[1188]. Nicht dienlich ist es, die Feststellung der Höhe dieser Kosten dem Vollstreckungsgericht anheimzugeben. Einem Antrag, der solche Kosten nur dem Grunde, nicht aber der Höhe nach nennt, muss das Vollstreckungsgericht aber gleichwohl entsprechen, wenn er bestimmt oder hinreichend bestimmbar ist. Das ist insbesondere der Fall, wenn der Gläubigervertreter „eine Gebühr für diesen Antrag" verlangt, weil der Betrag der Gebühr nach Nr. 3309 des

---

1185 Zöller/Geimer, ZPO, § 788 Rdn. 15; OLG Köln, JurBüro 1983, 871 mit Anm. Mümmler = DGVZ 1983, 9 = MDR 1982, 943 (für die Prüfung durch den Gerichtsvollzieher), das jedoch zu weitgehend (s. Rdn. B.28) auch die Anforderung einer Gesamtabrechnung für zulässig erachtet, damit auch die Verrechnung von Teilzahlungen geprüft werden kann.

1186 OLG Köln, JurBüro 1993, 243 = Rpfleger 1993, 146; LG Berlin, DGVZ 1972, 70; LG Düsseldorf, JurBüro 1987, 1260; LG Frankenthal, Rpfleger 1976, 367; LG Heilbronn, DGVZ 1993, 155 = JurBüro 1993, 747 = Rpfleger 1993, 455.

1187 OLG Stuttgart, JurBüro 1982, 1420 = Rpfleger 1982, 355 (für die Festsetzung von Zwangsvollstreckungskosten).

1188 Bedenken gegen ihre Mitvollstreckung erhebt Lappe, Rpfleger 1983, 248. Sie berücksichtigen indes nicht, dass die Anforderungen für die Mitvollstreckung der Kosten nicht losgelöst von den Erfordernissen der Hauptsachevollstreckung beurteilt und erschwert werden können. § 788 Abs. 1 ZPO findet seine Rechtfertigung in dem Recht des Gläubigers auf wirksamen Rechtsschutz in der Zwangsvollstreckung und dem Erfordernis, Nebenkosten auf einem prozessual zweckmäßigen Weg einzuheben, der keine Verzögerung bewirkt sowie Rangverlust (§ 804 Abs. 3 ZPO) und das Entstehen wieder neuer Vollstreckungskosten ausschließt. S. ablehnend bereits Fn. 1171.

Vergütungsverzeichnisses zum RVG gemeint ist, der ohne weiteres festgestellt werden kann. Die Berücksichtigung von Umsatzsteuer erfordert die Erklärung des § 104 Abs. 2 S. 3 ZPO (wie Rdn. B.537 a.E.).

Die Pfändung auch wegen der gerichtlichen Kosten des Pfändungsbeschlusses und wegen der Kosten des Gerichtsvollziehers für Zustellung braucht der Gläubiger nicht ausdrücklich zu beantragen.

Die Kosten eines **Verfahrens** nach §§ 765a, 811a, 811b, 850k, 850l, 851a und 851b ZPO treffen als Zwangsvollstreckungskosten den Schuldner. Das Gericht kann sie jedoch in der den Verfahrensabschnitt abschließenden Entscheidung ganz oder teilweise dem Gläubiger auferlegen, wenn dies aus besonderen, in seinem Verhalten liegenden Gründen der Billigkeit entspricht (§ 788 Abs. 4 ZPO). Ein Kostenausspruch darüber, dass der Schuldner die notwendigen Kosten eines Schutzverfahrens zu tragen hat (§ 788 Abs. 1 ZPO), ergeht nicht (eine Klarstellung in der Begründung ist jedoch geboten). Eine Ergänzung der Entscheidung bei Übergehen des Kostenpunktes (unterbliebene Prüfung der Kostenpflicht des Gläubigers aus Billigkeitsgründen) kann auf Antrag (nicht aber von Amts wegen[1189]) nach § 321 ZPO erfolgen. Bei Hauptsacheerledigung können Kosten dem Gläubiger durch gesonderten Beschluss nach § 91a ZPO auferlegt werden. **B.541**

Die Kosten des Verfahrens über einen Forderungspfändungsantrag (§ 829 ZPO, auch in den Fällen, in denen auf diese Bestimmung verwiesen ist, insbes. §§ 846, 857, 858 ZPO) können gleichfalls dem **Gläubiger** ganz oder teilweise **auferlegt** werden (zur Entscheidung siehe Rdn. B.541), wenn dies aus besonderen, in seinem Verhalten liegenden Gründen der Billigkeit entspricht (§ 788 Abs. 4 ZPO; dazu bereits Rdn. B.531). Damit soll einem Bedürfnis der vollstreckungsgerichtlichen Praxis Rechnung getragen sein[1190]. Demnach sollte die Bestimmung nicht nur Anwendung finden können, wenn es der Billigkeit entspricht, dass notwendige Kosten der Zwangsvollstreckung (die den Schuldner treffen würden) vom Gläubiger zu tragen sind, sondern auch dann, wenn Kosten nicht notwendig waren, somit den Gläubiger treffen. Eine Bestimmung über die Kostenpflicht des Gläubigers ist damit insbesondere auch dann für zulässig zu erachten, wenn die Notwendigkeit der Kosten zweifelhaft oder nicht hinreichend bestimmbar ist (bei Zurücknahme des Antrags möglich), es aber im Einzelfall jedenfalls der Billigkeit entspricht, dass der Gläubiger die Kosten trägt. **B.542**

Die zur Vollstreckung gebrachten, nicht festgesetzten Kosten der Zwangsvollstreckung sind bei der Vollstreckungsabwehrklage im ordentlichen Verfahren nach § 767 ZPO nachzuprüfen[1191]. **B.543**

1189 OLG Celle, OLGR 1998, 59.
1190 Beschlussempfehlung und Bericht des Rechtsausschusses, BT-Drucks. 13/9088, Seite 23.
1191 OLG Düsseldorf, JurBüro 1975, 1380 = MDR 1975, 1026 = Rpfleger 1975, 365.

23.4. Andere Kosten

B.544 Aus **Anlass der Zwangsvollstreckung** können dem Gläubiger noch weitere Kosten erwachsen, so

- Kosten des Verfahrens über eine **Erinnerung** (§ 766 ZPO).

Sie gelten nicht als Zwangsvollstreckungskosten[1192]. Über sie entscheidet daher das Vollstreckungsgericht nach §§ 91 ff. ZPO. Beigetrieben werden können sie nur mit einem auf Grund dieser Kostenentscheidung erwirkten Kostenfestsetzungsbeschluss (§ 794 Abs. 1 Nr. 2 ZPO).

B.545 Weitere Kosten können sein

- Kosten eines **Beschwerdeverfahrens.**

Über sie entscheidet gleichfalls das Beschwerdegericht nach §§ 91 ff. ZPO; s. daher Rdn. B.544.

B.546 Zu den weiteren Kosten gehören

- Kosten eines **gegnerlosen** Erinnerungs- und Beschwerdeverfahrens (siehe § 834 ZPO).

Für sie hat etwas anderes zu gelten. Der Schuldner wird in diesen Verfahren nicht gehört. Da er als Partei nicht zugezogen wird, kann gegen ihn keine Kostenentscheidung ergehen[1193]. Dem Gläubiger erwachsen die Kosten auch in diesen Fällen aus Anlass des Zwangsvollstreckungsverfahrens; sie sind daher Zwangsvollstreckungskosten (§ 788 ZPO)[1194] und können – soweit notwendig – mit diesen geltend gemacht werden.

B.547 Weitere Kosten sind auch

- Kosten der **Drittschuldnerklage**[1195].

Über sie entscheidet im Verhältnis zwischen Gläubiger und Drittschuldner das Prozessgericht nach §§ 91 ff. ZPO[1196]. Bleiben aber die vom Drittschuldner zu tragenden Kosten wegen dessen Zahlungsunfähigkeit uneinbringlich (können sie somit von ihm nicht beigetrieben werden), so kann der Gläubiger sie bei der Überweisung zur Einziehung (wegen der Überweisung an Zahlungs statt siehe Rdn.

1192 BGH, MDR 1989, 142 = NJW-RR 1989, 125 = Rpfleger 1989, 79; OLG Braunschweig, OLGE 25, 155; Zöller/Herget, ZPO, § 766 Rdn. 34.

1193 So auch LG Amberg, DGVZ 1992, 157 (158); LG Stuttgart, Rpfleger 2005, 38; LG Wiesbaden, Rpfleger 2010, 382 (383).

1194 OLG Zweibrücken, JurBüro 1990, 534 = MDR 1990, 253; LG Düsseldorf, JurBüro 1987, 467; LG Stuttgart (Fn. 1193); LG Wiesbaden (Fn. 1193); **a.A.** LG Amberg (Fn. 1193).

1195 Streitwert im Prozess des Gläubigers gegen den Drittschuldner s. Schneider, MDR 1990, 20; OLG Köln, Rpfleger 1974, 164; OLG Köln, JurBüro 1990, 986 = MDR 1991, 899; OLG Koblenz, JurBüro 1992, 267; LArbG Saarland, JurBüro 1988, 725; LArbG Schleswig-Holstein, JurBüro 2001, 196; außerdem (für Klage gegen den Arbeitgeber, wenn die wegen einer Unterhaltsforderung gepfändete Lohnforderung eingeklagt ist) LArbG Düsseldorf, JurBüro 1992, 91 = MDR 1992, 59; LArbG Hamm, AnwBl 1983, 38 = MDR 1983, 170; OLG München, JurBüro 1985, 1522 mit Anm. Mümmler, auch Lappe, NJW 1984, 1212 (1213).

1196 Auch die in einem Vergleich vereinbarte Kostenregelung (Kostenaufhebung) gilt nur für die Parteien des Drittschuldnerprozesses, OLG Koblenz, JurBüro 1991, 602.

B.240) vom Schuldner als Zwangsvollstreckungskosten (§ 788 ZPO) erstattet verlangen[1197] (die gerichtliche Inanspruchnahme des Drittschuldners wird als Fortführung der mit Erlass des Pfändungsbeschlusses eingeleiteten Zwangsvollstreckung angesehen[1198]), wenn sie notwendig (§ 788 Abs. 1, § 91 ZPO) entstanden sind, die Drittschuldnerklage somit notwendig war[1199] (zum Arbeitsgerichtsverfahren siehe Rdn. C.117; dort weitere Nachweise). Gleiches gilt, wenn der Rechtsstreit nicht durchgeführt wird, für die (notwendigen) Kosten der Vorbereitung der Drittschuldnerklage[1200]. Die vom Gläubiger selbst zu tragenden Kosten des verlorenen Rechtsstreites gegen den Drittschuldner können im Verhältnis zum Schuldner nur dann als notwendige Zwangsvollstreckungskosten angesehen werden, wenn das Vorgehen im Zeitpunkt der Kostenaufwendung Aussicht auf Erfolg hatte[1201]. Aus der gepfändeten Forderung können Kosten der Drittschuldnerklage jedoch nur gedeckt werden, wenn schon der Pfändungsbeschluss zum Ausdruck bringt, dass und in welchem Umfange (Pauschalbetrag) das Pfändungspfandrecht auch für solche Zwangsvollstreckungskosten entstehen soll. Ist wegen dieser Kosten nicht gepfändet, so kann nur neu vollstreckt werden.

23.5. Kosten des Schuldners

Kosten des **Schuldners,** die ihm durch **nicht notwendige** Zwangsvollstreckungsmaßnahmen des Gläubigers entstanden sind, hat der Gläubiger zu tragen[1202] (folgt aus § 788 Abs. 1 S. 1 ZPO), soweit diese Kosten zur Rechtsverteidigung (-wahrung) notwendig entstanden sind (§ 91 ZPO)[1203]. Diese Kosten können jedoch nicht nach § 788 Abs. 1 ZPO beigetrieben werden[1204]. Sie müssen im Festsetzungsverfahren geltend gemacht werden, für das ein Kostenausspruch als Festsetzungsgrundlage erforderlich ist[1205]. Bei Zurückweisung oder Zurücknahme eines Antrags oder bei Erledigung der Zwangsvollstreckungs-Hauptsache vor der **B.548**

1197 BGH, DGVZ 2010, 192 = JurBüro 2010, 268 = MDR 2010, 346 = NJW 2010, 1674 = Rpfleger 2010, 331; OLG Karlsruhe, JurBüro 1994, 614 = MDR 1994, 95 = Rpfleger 1994, 118; OLG Köln, Rpfleger 1974, 164; KG, JurBüro 1977, 259 = DGVZ 1977, 20 = Rpfleger 1977, 178; LG Duisburg, JurBüro 1999, 102. **A.A.** OLG Bamberg, JurBüro 1994, 612; Süsse, BB 1970, 675.

1198 BGHZ 140, 253 (257) = MDR 1999, 317 = NJW 1999, 953 = Rpfleger 1999, 191 für § 7 Abs. 3 GesO.

1199 Zur Notwendigkeit der Kosten einer Drittschuldnerklage siehe LG Berlin, JurBüro 1985, 1898; für die Drittschuldnerklage gegen den Arbeitgeber nach Lohnpfändung siehe OLG Karlsruhe (Fn. 1197); OLG Koblenz (Fn. 1196); LG Ulm, AnwBl 1975, 239.

1200 BGH (Fn. 1197); LG Duisburg (Fn. 1197).

1201 LArbG Bremen, NJW 1961, 2324; Stein/Jonas/Würdinger, ZPO, § 835 Rdn. 29; LG Berlin, JurBüro 1985, 898; allgemein auch LG Leipzig, JurBüro 2003, 662.

1202 Zöller/Geimer, ZPO, § 788 Rdn. 11; Stein/Jonas/Münzberg, ZPO, § 788 Rdn. 31.

1203 Zur Erstattung der Rechtsanwaltskosten, die dem Schuldner durch notwendige Einwendungen gegen einen Pfändungsantrag entstanden sind, siehe LG Saarbrücken, JurBüro 1984, 1731.

1204 Zöller/Geimer, ZPO, § 788 Rdn. 21.

1205 OLG Hamm, JurBüro 1973, 553; Zöller/Geimer, ZPO, § 788 Rdn. 21 m.w.N.; Stein/Jonas/Münzberg, ZPO, § 788 Rdn. 31.

Entscheidung muss daher eine Kostenentscheidung ergehen, wenn der Schuldner bereits am Antragsverfahren beteiligt war und ihm Kosten entstanden sind, die den Gläubiger treffen[1206].

23.6. Kosten des Drittschuldners

B.549 Der Drittschuldner ist am Vollstreckungsverfahren als Partei nicht beteiligt. Für die ihm entstehenden Kosten regelt § 788 ZPO die Erstattungspflicht daher nicht; diese Vorschrift betrifft nur das Verhältnis von Gläubiger und Schuldner[1207]. Ein Erstattungsanspruch des Drittschuldners an den Gläubiger besteht nur, wenn ein besonderer Verpflichtungsgrund für einen sachlich-rechtlichen Kostenerstattungsanspruch vorliegt[1208] (Kostenübernahme, Aufwendungs- oder Schadensersatz usw.). Allein daraus, dass der Drittschuldner als Beteiligter des von der Pfändung betroffenen Rechtsverhältnisses zur Wahrung seiner eigenen Interessen Einwendungen oder Einreden gegen die gepfändete Forderung erhebt oder sich auf Gegenansprüche beruft, ergibt sich für ihn kein Kostenerstattungsanspruch gegen den Gläubiger[1209]. Der Drittschuldner steht damit nicht anders da als ein Schuldner, der sich nach einer Forderungsabtretung mit dem neuen Gläubiger oder nach einer Forderungsverpfändung mit dem Pfandgläubiger auseinandersetzen muss[1210]. Zu den Kosten, die durch die Drittschuldnererklärung entstehen, siehe Rdn. B.302.

23.7. Gerichtskosten

B.550 **Schrifttum:** Stöber, Gerichtsgebühren bei Forderungspfändung, JVBl 1965, 148; Schneider, Das neue Streitwertrecht, MDR 1975, 881; Mümmler, Gerichts- und Anwaltsgebühren bei gleichzeitigem Erlass eines Pfändungs- und Überweisungsbeschlusses hinsichtlich desselben Schuldners wegen Forderungen gegen mehrere Drittschuldner, JurBüro 1977, 174.

B.551 Als **Gerichtsgebühr** wird ein vom Streitwert unabhängiger fester Gebührenbetrag erhoben. Er bestimmt sich nach Nr. 2111 des Kostenverzeichnisses (Anlage 1 zu § 3 Abs. 2) zum GKG; die Vorschrift lautet:

Gerichtskostengesetz
Anlage 1 (zu § 3 Abs. 2)
Kostenverzeichnis

2111 Verfahren über Anträge auf gerichtliche Handlungen der Zwangsvollstreckung gemäß § 829 Abs. 1, §§ 835, 839, 846 bis 848, 857, 858, 886 bis 888 oder § 890 ZPO sowie im Verfahren zur Erwirkung eines Europäischen Beschlusses zur vorläufigen

---

1206 Zöller/Geimer, ZPO, § 788 Rdn. 21 m.w.N.

1207 BGH, JurBüro 1985, 708 = JZ 1985, 630 mit Anm. Brehm = MDR 1985, 404 = NJW 1985, 1155 (1156).

1208 BGH (Fn. 1207).

1209 BGH (Fn. 1207). Siehe außerdem BGH, VersR 1983, 981; danach hat ein Rechtsanwalt, der in eigener Sache nach Erwirkung von Arrestpfändungen Gespräche mit dem Drittschuldner führt, um seine Zugriffsmöglichkeiten gegenüber dem Arrestschuldner zu klären, gegen den Drittschuldner grundsätzlich keinen Anspruch auf Erstattung der aus Anlass solcher Besprechungen entstandenen Kosten.

1210 BGH (Fn. 1207).

Kontenpfändung im Fall des Artikels 5 Buchstabe b der Verordnung (EU) Nr. 655/2014 .... 20,00 €

Richtet sich ein Verfahren gegen mehrere Schuldner, wird die Gebühr für jeden Schuldner gesondert erhoben. Mehrere Verfahren innerhalb eines Rechtszugs gelten als ein Verfahren, wenn sie denselben Anspruch und denselben Vollstreckungsgegenstand betreffen.

Erhoben wird die Festgebühr für das Verfahren **über den Antrag** auf eine der bezeichneten Handlungen (Maßnahmen) der Zwangsvollstreckung. **Ein Verfahren** über den Antrag ist die Zwangsvollstreckung auch, wenn mit ihm B.552

- die Beitreibung der Forderungen des Gläubigers aus mehreren Vollstreckungstiteln verlangt ist wie z.B. aus einem Urteil und einem Kostenfestsetzungsbeschluss, aus einem Vergleich und einer notariellen Urkunde,
- wegen der Gläubigerforderung die Pfändung mehrerer Geldforderungen (Ansprüche und Rechte) des Schuldners (auch gegen **verschiedene Drittschuldner**) verlangt ist[1211] wie z.B. zugleich des Arbeitseinkommens und des Guthabens eines Kontos bei einem Kreditinstitut.

Nicht erheblich ist somit, ob das Gericht einen einheitlichen Pfändungsbeschluss erlässt oder die Pfändung gegen verschiedene Drittschuldner durch mehrere Beschlüsse vornimmt (§ 829 Abs. 1 S. 3 ZPO). Auch in diesem Fall erfolgt die Vollstreckung in einem Verfahren über den Antrag des Gläubigers. Satz 2 der Anmerkung zu Nr. 2111 GKG-KostVerz trifft keine Bestimmung für das Verfahren über einen Antrag, mehrere Geldforderungen (oder andere Ansprüche und Rechte) gegen (denselben oder) verschiedene Drittschuldner zu pfänden, sondern **für mehrere Verfahren** wie Pfändung (§ 829 ZPO) und Überweisung (§ 835 ZPO) wegen desselben Anspruchs, die denselben Vollstreckungsgegenstand betreffen[1212].

Pfändung[1213] (§ 829 ZPO) und **Überweisung** (§ 835 ZPO) sind selbstständige Verfahren der im Gebührentatbestand bezeichneten Art. Kostenrechtlich gelten sie jedoch nach Satz 2 der Anmerkung zu Nr. 2111 GKG-KostVerz als **ein Verfahren,** für das die Gebühr mit 20,00 Euro nur einmal erhoben wird, wenn B.553

- die vollstreckte Gläubigerforderung (als Anspruch) und
- der Gegenstand, in den sie vollstreckt wird (= „Vollstreckungsgegenstand" zur Abgrenzung vom kostenrechtlichen „Gegenstandsbegriff"[1214])

identisch sind. Beispiel: Pfändung und Überweisung des Arbeitseinkommens des Schuldners wegen derselben nach dem (oder den) Schuldtitel(n) vollstreckbaren Forderung(en) des Gläubigers. Dann wird der Gebührenbetrag nur einmal erho-

---

1211 LG Berlin, JurBüro 1964, 70 = Rpfleger 1964, 322; LG Lübeck, SchlHA 1964, 149; OLG Frankfurt, JurBüro 1964, 277 = NJW 1964, 1080; OLG Köln, JurBüro 1986, 1371; bereits zu GKG-KostVerz. Nr. 1109 a.F. (dann Nr. 1149) LG Zweibrücken, JurBüro 1977, 1110 mit zust. Anm. Mümmler = Rpfleger 1977, 76; Stöber, JVBl 1965, 151; Schmidt, JurBüro 1961, 423; Mümmler, JurBüro 1977, 174; **a.A.** LG Verden, NdsRpfl 1970, 209.

1212 Begründung, BT-Drucks. 16/6308, S. 334.

1213 Durch das Vollstreckungsgericht. Neben der Pfändung durch den Gerichtsvollzieher (Teil H) wird für die Überweisung durch das Vollstreckungsgericht immer die Gebühr der Nr. 2111 GKG-KostVerz gesondert erhoben.

1214 Begründung, BT-Drucks. 16/6308, S. 334.

ben, auch wenn die Beschlüsse infolge getrennter Antragstellung zu verschiedenen Zeiten und auch durch verschiedene Gerichte ergehen. Daher entsteht auch für die Forderungspfändung durch das Arrestgericht und die spätere Überweisung durch das Vollstreckungsgericht dieser Gebührenbetrag nur einmal. Als ein Verfahren gelten (gebührenrechtlich) mehrere Verfahren wegen desselben Anspruchs ebenso, wenn die gepfändete Forderung nach einer Überweisung zur Einziehung später auf neuen Antrag an Zahlungs statt überwiesen wird; eine weitere Gebühr entsteht daher für die spätere Überweisung nicht mehr. Neben der Arrestanordnung stellt die Arrestvollziehung ein getrenntes, selbstständiges Verfahren dar; auch dann, wenn Arrest- und Pfändungsbeschluss miteinander verbunden sind, entstehen daher die Gebühren für das Arrestverfahren (Nr. 1410–1412 GKG-KostVerz) und für die Zwangsvollstreckungsmaßnahme (Nr. 2111 GKG-KostVerz) nebeneinander.

B.554 Wenn sich der Antrag für ein („einheitliches") Verfahren gegen **mehrere Schuldner** richtet, wird die Gebühr für jeden Schuldner gesondert erhoben (Satz 1 der Anmerkung zu Nr. 2111 GKG-KostVerz). Gesonderte Vollstreckungsmaßnahme ist jede in Nr. 2111 GKG-KostVerz bezeichnete Vollstreckungshandlung gegen jeden Gesamtschuldner. Um jeweils gesonderte Vollstreckungsmaßnahmen (-verfahren) handelt es sich daher bei der Pfändung verschiedener Forderungen von Gesamtschuldnern wie z.B. der Lohnforderungen an jeden der Arbeitgeber, der Einkommen-(früher Lohnsteuer-)erstattungsansprüche von Eheleuten[1215], aber auch bei der Pfändung der verschiedenen Forderungen gegen denselben Drittschuldner. Die Gebühr nach Nr. 2111 GKG-KostVerz entsteht daher mehrfach, also für die Pfändung gegen jeden der Gesamtschuldner gesondert[1216].

B.555 Vollstreckung der **Gesamthandschuld** von Miterben (§§ 2032, 2058 f. BGB) in den Nachlass erfolgt gegen alle Miterben (§ 727 ZPO; Rdn. A.61). Für das Verfahren über den Antrag auf Pfändung wird der Gebührenbetrag daher (jedenfalls nach Satz 2 der Anmerkung) nur einmal erhoben, und zwar auch dann, wenn (seltene Besonderheit) getrennte Beschlüsse erlassen werden (Rdn. A.61).

B.556 **Jeder** (gesonderte) **Antrag eines Gläubigers**, der wegen eines weiteren (anderen) vollstreckbaren Anspruchs oder zur Pfändung einer anderen Forderung des Schuldners ein neues Verfahren einleitet und selbstständige (neue) Entscheidung erfordert, löst wiederum eine Festgebühr von 20,00 Euro aus. Wenn der Gläubiger vor der Entscheidung (Pfändung und/oder Überweisung) im Nachgang zu seinem Antrag einen weiteren vollstreckbaren Anspruch geltend macht oder die Pfändung auch noch einer weiteren Forderung des Schuldners verlangt, wird durch die Ergänzung (Erweiterung) seines Antrags kein neues Verfahren eingeleitet; für das Verfahren über seinen Antrag wird die Festgebühr nur einmal erhoben.

B.557 Für die **Zurückweisung** des Antrags auf Pfändung oder Überweisung wird nach Nr. 2111 GKG-KostVerz die gleiche Gebühr wie für den Erlass des Pfändungsbeschlusses erhoben. Durch **Zurücknahme** des das Verfahren einleitenden Antrags vor einer gerichtlichen Verfügung (Zwischenverfügung, Erlass des Pfän-

1215 Für mehrfache Gebühr in diesem Fall auch Mümmler, JurBüro 1988, 1465.
1216 Begründung, BT-Drucks. 16/6308, S. 334.

dungsbeschlusses usw.) kommt die mit Eingang des Antrags bei Gericht angefallene Gebühr nicht in Wegfall.

Die Gebühr entsteht erneut, wenn der zurückgenommene oder zurückgewiesene Antrag später neu gestellt wird (neuer Rechtszug). Keine weitere Gebühr entsteht aber, wenn auf Erinnerung der Zurückweisungsbeschluss aufgehoben und die Pfändung angeordnet wird. Erhoben wird dann nur eine Festgebühr.

Kostenschuldner sind der Gläubiger als Antragsteller (§ 22 Abs. 1 GKG) und der Vollstreckungsschuldner (§ 29 Nr. 4 GKG). Wegen weiterer Kostenschuldner siehe § 29 GKG. B.558

Fällig wird die Gebühr mit Antragstellung (§ 6 Abs. 1 GKG). Vorschusspflicht besteht nach § 12 Abs. 6 GKG; der Pfändungsbeschluss soll erst nach Zahlung der Gebühr und – bei Zustellung von Amts wegen; siehe Rdn. A.55 – der Auslagen für förmliche Zustellung (für die Zustellung an den „Dritt"schuldner und ebenso für jede Schuldnerzustellung) erlassen werden[1217]. Keine Vorschusspflicht besteht bei Zwangsvollstreckung aus Titeln der Arbeitsgerichte (§ 11 Satz 1 GKG) und bei elektronischen Anträgen nach § 829a ZPO (§ 12 Abs. 6 S. 2 GKG). B.559

Die **Erinnerung** nach § 766 ZPO oder § 11 Abs. 2 RPflG ist gebühren-, nicht aber auslagenfrei; siehe § 1 GKG, § 11 Abs. 4 RPflG. Für das **Beschwerdeverfahren** wird, soweit die Beschwerde verworfen oder zurückgewiesen wird, nach Nr. 2121 GKG-KostVerz eine Festgebühr von 30 Euro erhoben, für das Rechtsbeschwerdeverfahren in diesem Fall nach Nr. 2124 GKG-KostVerz eine Festgebühr von 60 Euro. Wenn die Beschwerde oder die Rechtsbeschwerde nur teilweise verworfen oder zurückgewiesen wird, kann das Gericht diese Gebühr nach billigem Ermessen auf die Hälfte ermäßigen oder bestimmen, dass eine Gebühr nicht zu erheben ist. In sonstigen Fällen entsteht für das Beschwerdeverfahren keine Gebühr. Wegen der Auslagen im Beschwerdeverfahren siehe Teil 9 Vorbem. (1) GKG-KostVerz. B.560

Kostenfreiheit des Bundes, der Länder usw.: § 2 Abs. 1 GKG. Träger der Sozialhilfe, der Jugendhilfe usw. haben bei Vollstreckung eines Verwaltungsaktes nach den Vorschriften der ZPO (§ 66 Abs. 4 SGB X, Rdn. B.5) Kostenfreiheit[1218] im Rahmen des B.561

§ 64 Abs. 3 S. 2 SGB X
Kostenfreiheit

(3) … Im Verfahren nach der Zivilprozessordnung, dem Gesetz über das Verfahren in Familiensachen und in den Angelegenheiten der freiwilligen Gerichtsbarkeit sowie im Verfahren vor Gerichten der Sozial- und Finanzgerichtsbarkeit sind die Träger der Sozialhilfe, der Grundsicherung für Arbeitsuchende, der Leistungen nach dem Asylbewerberleistungsgesetz, der Jugendhilfe und der Kriegsopferfürsorge von den Gerichtskosten befreit; § 197a des Sozialgerichtsgesetzes bleibt unberührt.

Die Kostenfreiheit erstreckt sich auch auf das Beschwerdeverfahren. Sie besteht auch für Verfolgung eines Anspruchs, der gemäß § 93 SGB XII übergegangen B.562

1217 Jedoch erfolgt keine Zurückweisung des Pfändungsantrags, sondern nur (nach § 67 GKG anfechtbare) Anordnung des Kostenvorschusses, wenn die Vorauszahlung nicht erfolgt ist, LG Stade, JurBüro 1991, 721.

1218 Dazu näher BGH, MDR 2006, 715 = NJW-RR 2006, 717.

ist[1219]. Kostenfreiheit besteht jedoch nicht für die hiernach nicht freigestellten Leistungsträger[1220], für die Vollstreckung eines Urteils (oder anderen ZPO-Schuldtitels) über einen übergegangenen bürgerlich-rechtlichen Schadensersatzanspruch und für den Vollstreckungsschuldner, gegen den ein Ersatzanspruch geltend gemacht wird. Für solche Leistungsträger ergibt sich Kostenfreiheit auch nicht aus § 7 SGB X über Kosten der Amtshilfe, weil gerichtliche Pfändungsbeschlüsse nicht von Behörden (§ 1 Abs. 1 SGB X), mithin nicht im Wege der Amtshilfe (§ 3 SGB X) erlassen werden.

23.8. Rechtsanwaltskosten
(Hinweise)

B.563 Der Rechtsanwalt des Gläubigers und des Schuldners erhält für seine Tätigkeit in der Zwangsvollstreckung nach Nr. 3309 RVG-VergVerz eine **Verfahrensgebühr** von 0,3 des Gebührensatzes; die Mindestgebühr beträgt 15 Euro (§ 13 RVG). Die Gebühr fällt in derselben Angelegenheit nur einmal an (§ 15 Abs. 2 S. 1 RVG). Die Verfahrensgebühr entsteht bereits vor Einreichung des Pfändungsantrags durch vorbereitende Tätigkeit nach Erteilung des Auftrags, wie Entgegennahme der Information[1221], Zahlungsaufforderung mit Vollstreckungsandrohung, oder dadurch, dass der Rechtsanwalt für die bevorstehende Zwangsvollstreckung auf die Sicherstellung von Vermögenswerten beim Drittschuldner hinwirkt[1222], und auch dann, wenn er vor Zustellung des Schuldtitels tätig wird. Unerheblich ist es, wenn sich die Angelegenheit vorzeitig erledigt wie z.B., wenn der Schuldner zahlt oder der Auftrag endigt, bevor die Angelegenheit erledigt ist (§ 15 Abs. 4 RVG).

B.564 Die Gebühren bestimmen sich nach dem **Gegenstandswert** (Wertgebühren). Dieser bemisst sich nach § 25 RVG, der lautet:

§ 25 RVG
Gegenstandswert in der Vollstreckung und bei der Vollziehung

(1) In der Zwangsvollstreckung, in der Vollstreckung, in Verfahren des Verwaltungszwangs und bei der Vollziehung eine Arrestes oder einer eintsweiligen Verfügung bestimmt sich der Gegenstandswert

1. nach dem Betrag der zu vollstreckenden Geldforderung einschließlich der Nebenforderungen; soll ein bestimmter Gegenstand gepfändet werden und hat dieser einen geringeren Wert, ist der geringere Wert maßgebend; wird künftig fällig werdendes Arbeitseinkommen nach § 850d Abs. 3 der Zivilprozessordnung gepfändet, sind die noch nicht fälligen Ansprüche nach § 51 Abs. 1 Satz 1 des Gesetzes über Gerichtskosten in Familiensachen und § 9 der Zivilprozessordnung zu bewerten; im Verteilungsverfahren (§ 858 Abs. 5, §§ 872 bis 877 und § 882 der Zivilprozessordnung) ist höchstens der zu verteilende Geldbetrag maßgebend; …

1219 OLG Zweibrücken, MDR 1996, 208 (für den Zivilprozess).

1220 LG Braunschweig, NdsRpfl 1982, 13. Einer Berufsgenossenschaft als Träger der gesetzlichen Unfallversicherung steht Kostenfreiheit daher nicht zu; OLG Düsseldorf, Rpfleger 1981, 456; LG Lüneburg, Rpfleger 1982, 200; LG Schweinfurt, JurBüro 1981, 1707 mit Anm. Mümmler; AG Dorsten, MDR 1982, 590 = Rpfleger 1982, 240; AG Hamburg, Rpfleger 1982, 240; AG Memmingen, Rpfleger 1983, 127; desgleichen nicht einer Ersatzkasse; AG Bayreuth, JurBüro 1984, 188.

1221 OLG Hamburg, JurBüro 1975, 1346.

1222 OLG Köln, Rpfleger 1969, 216.

(2) In Verfahren über Anträge des Schuldners ist der Wert nach dem Interesse des Antragstellers nach billigem Ermessen zu bestimmen.

Diese (und ergänzende) Gebührentatbestände sowie die Wertvorschriften werden in den Kommentaren zum Rechtsanwaltsvergütungsgesetz eingehend erläutert. Darauf wird verwiesen.

Teil C
Pfändung von Arbeitseinkommen

1. Das Arbeitseinkommen und seine Pfändung (§§ 850, 829 ZPO)

1.1. Pfändung des Arbeitseinkommens

Das **in Geld zahlbare** Arbeitseinkommen wird nach § 829 ZPO (siehe Teil B) durch Zustellung des Pfändungsbeschlusses an den Arbeitgeber als Drittschuldner gepfändet. Die Pfandverwertung geschieht, wie bei gewöhnlichen Geldforderungen, durch Überweisung. Wegen des Pfändungsverfahrens siehe Rdn. C.65 ff. C.1

1.2. Pfändungsschutz bei Arbeitseinkommen[1]

Arbeitseinkommen dient als regelmäßig einzige Einnahmequelle des Schuldners der Existenzsicherung des Erwerbstätigen und seiner Familie. Nach dem Schutzgedanken des Sozialstaatsprinzips[2] (Art. 20 Abs. 1 GG) muss dem Schuldner, in dessen Arbeitseinkommen vollstreckt wird, für seinen Lebensbedarf und zur Deckung des Lebensunterhalts der Familienangehörigen ein Betrag pfandfrei verbleiben, der die Führung eines menschenwürdigen Lebens ermöglicht[3]. Natürliche Personen sind deshalb vor vollem Zugriff ihrer Gläubiger auf diese Vermögenswerte geschützt. Diesen Schuldnerschutz regeln §§ 850–850i ZPO. Wiederkehrendes Arbeitseinkommen genießt Pfändungsschutz nach §§ 850–850h ZPO; für einmalige Einkünfte sieht § 850i ZPO den Schuldnerschutz vor. Diese Bestimmungen des Vollstreckungsrechts dienen dem Schutz des Schuldners aus sozialen Gründen im öffentlichen Interesse[4]. Sie schaffen einen gerechten Ausgleich zwischen dem C.2

---

1 Zu Ursprung und geschichtlicher Entwicklung des Einkommenschutzes (beginnend mit dem Lohnbeschlagnahmegesetz 1869) siehe Arnold, BB 1978, 1314 (1315), der auch die Rechtslage vor dem Lohnbeschlagnahmegesetz darstellt; Brehm in Festschrift für W. Henckel (1995) S. 41 ff.; Boewer, DÖD 1972, 126; Begründung des (bislang nicht weiter verfolgten) Entwurfs eines Gesetzes zur Neustrukturierung und Modernisierung des Pfändungsschutzes (GNeuMoP), BT-Drucks. 17/2167, S. 11.

2 Hierzu und auch zum Zusammenhang zwischen pfändungsrechtlichem Schutz und sozialrechtlicher Fürsorge sowie zur Abweichung der Pfändungsfreigrenzen von den Sozialhilfesätzen: Arnold, BB 1978, 1314 (1315, 1316).

3 So Begründung des Entwurfs eines Vierten Gesetzes zur Änderung der Pfändungsfreigrenzen, BT-Drucks. 8/693, S. 45; Hintzen, Forderungspfändung, § 2 Rdn. 2.

4 BGHZ 137, 193 (197) = NJW 1998, 1058 = Rpfleger 1998, 206.

durch Art. 14 Abs. 1 GG geschützten Befriedigungsrecht des Gläubigers und dem Interesse des Schuldners auf Wahrung seiner Lebensgrundlage mit Sicherung des Existenzminimums[5]. Zu beachten sind sie von Amts wegen; sie stehen nicht zur Disposition des Schuldners[6]. Für die im bargeldlosen Zahlungsverkehr auf das Pfändungsschutzkonto des Schuldners überwiesenen Einkünfte bestimmt § 850k ZPO Pfändungsschutz. Für juristische Personen gelten diese Schutzvorschriften nicht; sie bedürfen keines Pfändungsschutzes zur Wahrung ihres Existenzminimums[7].

1.3. Begriff des Arbeitseinkommens (§ 850 Abs. 2 ZPO)

C.3 **Jede Vergütung** in Geld aus einem gegenwärtigen oder früheren **Dienst- oder Arbeitsverhältnis** ist Arbeitseinkommen, das dem besonderen Pfändungsschutz der §§ 850 ff. ZPO unterliegt. Gleichgültig ist, ob die Tätigkeit die Arbeitskraft des Schuldners vollständig, überwiegend oder nur teilweise in Anspruch nimmt (Ausnahme siehe Rdn. C.19), ferner, ob bei Bemessung der Vergütung der Gesichtspunkt des Entgelts oder der Alimentierung vorherrscht und ob die Gegenleistung in einem angemessenen Verhältnis oder Missverhältnis zum Wert der Arbeitsleistung steht.

C.4 Arbeitseinkommen sind **ohne Rücksicht auf ihre Benennung oder Berechnungsart** alle in Geld zahlbaren Vergütungen, die dem Schuldner aus (nicht selbstständiger) Arbeits- oder Dienstleistung zustehen (§ 850 Abs. 4 ZPO). Daher ist Arbeitseinkommen nicht nur das für die geleistete Arbeit unmittelbar gezahlte Entgelt (der reine Arbeitslohn), sondern jeder sich aus dem Arbeitsverhältnis ergebende Anspruch des Arbeitnehmers[8]. Wesentlich ist, dass es sich um wiederkehrend zahlbare Vergütungen für selbstständige oder unselbstständige Dienste handelt, die die Existenzgrundlage des Dienstpflichtigen bilden[9]. Insbesondere sind Arbeitseinkommen im Sinne des § 850 ZPO die Einkünfte aus nichtselbstständiger Arbeit, die dargestellt sind in

§ 19 EStG

(1) Zu den Einkünften aus nichtselbständiger Arbeit gehören

1. Gehälter, Löhne, Gratifikationen, Tantiemen und andere Bezüge und Vorteile für eine Beschäftigung im öffentlichen oder privaten Dienst;

1a …

2. Wartegelder, Ruhegelder, Witwen- und Waisengelder und andere Bezüge und Vorteile aus früheren Dienstleistungen; …

3. …

---

5 Begründung (Fn. 1) S. 12.
6 BGH (Fn. 4).
7 Begründung (Fn. 1) S. 17.
8 BArbG, AP Nr. 1 zu § 850 ZPO mit Anm. Förster = BB 1961, 1053 mit Anm. Güntner = DB 1959, 1007 = Rpfleger 1960, 247 mit Anm. Berner; BAGE 32, 96 = MDR 1980, 346; OLG Düsseldorf, NJW 1979, 2520 = Rpfleger 1979, 469; OLG Köln, OLGZ 1990, 236 = MDR 1990, 258. Zu Lizenzgebühren siehe Rdn. E.242.
9 BGH, MDR 2017, 237 = NJW-RR 2017, 161 = Rpfleger 2017, 292.

Es ist gleichgültig, ob es sich um laufende oder um einmalige Bezüge handelt und ob ein Rechtsanspruch auf sie besteht.

und die bezeichnet sind in

§ 14 SGB IV (Viertes Buch)

(1) Arbeitsentgelt sind alle laufenden oder einmaligen Einnahmen aus einer Beschäftigung, gleichgültig, ob ein Rechtsanspruch auf die Einnahmen besteht, unter welcher Bezeichnung oder in welcher Form sie geleistet werden und ob sie unmittelbar aus der Beschäftigung oder im Zusammenhang mit ihr erzielt werden. ...

Durch Verzicht des Schuldners oder Vereinbarung mit diesem kann weder Einkommen aus einem tarifgebundenen[10] noch aus einem tarifungebundenen Arbeitsverhältnis der Pfändung entzogen werden (siehe auch § 850h ZPO und § 3 Abs. 3 BeamtVG[11]); eine Verwirkung des Pfändungsschutzes für Arbeitseinkommen ist ausgeschlossen.

Der Kreis der dem Pfändungsschutz unterliegenden Einnahmen des Schuldners C.5
aus Arbeit ist nach dem Gesetzeswortlaut weit gefasst, der Begriff „Arbeitseinkommen" also **weit auszulegen**. Das zeigt § 850 Abs. 2 ZPO, die Aufzählung der Arbeitseinkommen ist danach nicht erschöpfend; sondern nur beispielhaft.

1.3.1. Dienst- und Versorgungsbezüge der Beamten

Pfändungsschutz genießen die Dienst- und Versorgungsbezüge der Beamten C.6
des Bundes, eines Landes, einer Gemeinde oder einer öffentlich-rechtlichen Körperschaft, Anstalt oder Stiftung. Arbeitseinkommen sind ferner die Bezüge der Beamten einer öffentlich-rechtlichen Religionsgemeinschaft[12]. Ohne Bedeutung ist, ob der Schuldner Beamter auf Lebenszeit, auf Zeit oder auf Probe ist.

Die Dienst- und Versorgungsbezüge der Richter sind vollstreckungsrechtlich wie Beamtenbezüge Arbeitseinkommen, das dem Lohnpfändungsschutz unterliegt. Ebenso unterliegen die Bezüge der Mitglieder der **Bundesregierung** (einschließlich der Parlamentarischen Staatssekretäre) oder einer Landesregierung dem Pfändungsschutz für Arbeitseinkommen. Auch der Unterhaltszuschuss und die Vergütungen bei Beschäftigungsaufträgen der Referendare und Beamtenanwärter sind als Arbeitseinkommen der Pfändung unterworfen[13].

Als Beamtenbezüge gelten ferner die gegen die Notarkammer in München und die Ländernotarkasse in Leipzig begründeten Ansprüche auf Zahlung von Dienst- und Versorgungsbezügen der **Notare** und ihrer Hinterbliebenen, der Notariatsbeamten und ihrer Hinterbliebenen sowie der Notarassessoren und ihrer Hinterbliebenen aus Bayern und dem Bezirk des Pfälzischen OLG Zweibrücken des Landes

10 LArbG Düsseldorf, BB 1955, 1140; ArbG Herford, BB 1959, 232; Romberg, JR 1951, 264.

11 Beamtenversorgungsgesetz i.d.F. vom 24.2.2010 (BGBl I 150).

12 Die nicht als Beamte besoldeten Personen einer Religionsgemeinschaft genießen als Angestellte Lohnpfändungsschutz.

13 Für den Unterhaltszuschuss eines Rechtsreferendars: OLG Bamberg, FamRZ 1976, 110 Leits. = JurBüro 1974, 239 = Rpfleger 1974, 30. So schon früher OLG Braunschweig, JZ 1956, 378 mit abl. Anm. Schwab = MDR 1956, 44 = NJW 1955, 1599.

Rheinland-Pfalz bzw. aus Brandenburg, Mecklenburg-Vorpommern, Sachsen, Sachsen-Anhalt und Thüringen (siehe § 113 Abs. 3 Nr. 2, 6, Abs. 7 BNotO). Der Anspruch eines amtlich bestellten Notarvertreters gegen den Notar auf Zahlung einer angemessenen Vergütung (§ 43 BNotO) wird für Dienstleistungen geschuldet; er unterliegt daher ebenfalls dem Pfändungsschutz für Arbeitseinkommen. Wegen der Soldaten siehe Rdn. C.42.

C.7 „Arbeits"einkommen eines Beamten oder früheren Beamten (wegen der Hinterbliebenen siehe Rdn. C.17) sind **alle Dienst- und Versorgungsbezüge,** die nach den Beamten-, Besoldungs- und Versorgungsgesetzen geleistet werden, insbesondere das Grundgehalt, der Familienzuschlag, Leistungsbezüge, Zulagen und Vergütungen sowie Auslandsdienstbezüge, nicht aber Kindergeld, das mit den Bezügen an Angehörige des öffentlichen Dienstes gezahlt wird. Als gemäß § 850a Nr. 3 ZPO unpfändbar werden jedoch im Rahmen der Beamtenbesoldung gewährte Zulagen für den Dienst zu ungünstigen Zeiten[14] und Erschwerniszulagen[15] angesehen. Gebührenanteile (z.B. der Gerichtsvollzieher, nebenamtlichen Rechnungsbeamten) werden dem Beamten für eine mit seinem Amt verbundene Tätigkeit gewährt, stellen mithin ebenfalls Arbeitseinkommen dar. Wegen der Aufwandsentschädigungen und Jubiläumszuwendungen siehe Rdn. C.155, C.153.

C.8 Ein **Unterhaltsbeitrag,** den der Beamte oder ein Hinterbliebener nach Entfernung aus dem Dienst oder Aberkennung des Ruhegehaltes erhält (siehe § 10 Abs. 3, § 12 Abs. 2 BDG[16]), ist ein dem Ruhegehalt ähnlicher Versorgungsbezug; er ist daher nur nach §§ 850 ff. ZPO pfändbar[17]. Nur bedingt pfändbar sind nach § 850b Abs. 1 Nr. 3 ZPO Bezüge, die dem infolge straf- oder dienststrafrechtlicher Verurteilung aus dem Beamtenverhältnis entfernten Beamten oder seinen Hinterbliebenen im Gnadenweg gewährt werden.

C.9 Zweckgebundene Ansprüche eines Beamten unterliegen einem absoluten Pfändungsverbot. Dazu bestimmt

§ 51 BeamtVG

Abtretung, Verpfändung, Aufrechnungs- und Zurückbehaltungsrecht

(1) Ansprüche auf Versorgungsbezüge können, wenn gesetzlich nichts anderes bestimmt ist, nur insoweit abgetreten oder verpfändet werden, als sie der Pfändung unterliegen.

(2) … (betrifft Aufrechnungs- oder Zurückbehaltungsrecht)

(3) Ansprüche auf Sterbegeld (§ 18), auf Erstattung der Kosten des Heilverfahrens (§ 33) und der Pflege (§ 34), auf Unfallausgleich (§ 35) sowie auf eine einmalige Unfallentschädigung (§ 43) und auf Schadensausgleich[18] in besonderen Fällen (§ 43a) können weder gepfändet noch abgetreten noch verpfändet werden. Forderungen des Dienstherrn gegen den Verstorbenen aus Vorschuss- oder Darlehensgewährungen sowie aus Überzahlungen von Dienst- oder Versorgungsbezügen können auf das Sterbegeld angerechnet werden.

---

14 VG Düsseldorf, Urteil vom 15.6.2012 (26 K 5884/11), juris.
15 AG Dortmund, Beschluss vom 6.3.2014 (257 IK 195/11), juris.
16 Bundesdisziplinargesetz vom 9.7.2001 (BGBl I 1510).
17 Wittland, DR 1941, 29; Middel, DR 1943, 606.
18 Im Gegensatz dazu gehört Unfallruhegehalt (§ 36 BeamtVG) zu den (nach § 850 Abs. 2 ZPO) pfändbaren Versorgungsbezügen, OVG Saarlouis, NJW 2006, 2873.

Der Anspruch auf Beihilfe in Krankheits-, Pflege- und Geburtsfällen (§ 80 BBG[19]) kann nicht gepfändet werden. Diese Unpfändbarkeit entspricht der Zweckbindung der Beihilfe[20]; sie schließt als Vollstreckungshindernis die Pfändung aus[21]. Zulässig ist die Pfändung jedoch im Rahmen der Zweckbindung, somit dann, wenn die Gläubigerforderung anlässlich der Krankheit oder des sonstigen Beihilfefalls als beihilfefähige Aufwendung entstanden ist[22]. Das sieht auch § 10 Abs. 1 S. 2, 3 BBhV[23] vor: C.10

§ 10 BBhV
Beihilfeanspruch

(1) ... Der Anspruch kann nicht abgetreten und grundsätzlich nicht verpfändet oder gepfändet werden. Die Pfändung wegen einer Forderung auf Grund einer beihilfefähigen Leistung der Forderungsgläubigerin oder des Forderungsgläubigers ist insoweit zulässig, als die Beihilfe noch nicht ausgezahlt ist.

Als künftige Forderung ist der Beihilfeanspruch dann auch pfändbar, wenn der Schuldner einen Beihilfeantrag noch nicht gestellt hat[24].

1.3.2. Arbeits- und Dienstlöhne

Arbeits- und Dienstlöhne sind die Vergütungen des Schuldners für (nicht selbstständige) Arbeits- oder Dienstleistung als Arbeiter oder Angestellter. Ohne Bedeutung ist, ob das Arbeitsverhältnis auf dem Privatrecht oder im öffentlichen Recht beruht. Dazu gehört auch die Arbeitsvergütung ohne Dienstleistung bei Verzug des Arbeitgebers (§ 615 BGB)[25], insbesondere damit der Lohnanspruch während eines Kündigungsrechtsstreits bei Weiterbeschäftigungsurteil, außerdem Übergangsgeld. Das Arbeitsentgelt kann als Vergütung aus gelernter oder ungelernter, höherer oder niederer, körperlicher oder geistiger Arbeit zu zahlen sein. Es macht keinen Unterschied, ob ein Arbeits-, Angestellten-, Berufsausbildungs- (Lehr-) oder Volontärverhältnis besteht, ob der Arbeitnehmer vollzeit- oder teilzeitbeschäftigt ist, ob die Arbeit in einem festen, für kürzere oder längere Zeit (Saisonbetrieb) oder dauernd eingegangenen, in einem befristeten, nur probeweise begründeten oder zur Aushilfe vereinbarten Arbeitsverhältnis geleistet und ob das Entgelt gleichmäßig oder in unregelmäßigen Raten ausbezahlt wird. Arbeitseinkommen ist auch die Vergütung für höherwertige oder andere außerordentliche Dienste, die ein Arbeitnehmer über den Rahmen des Arbeitsvertrags hinaus ver- C.11

---

19 Bundesbeamtengesetz vom 5.2.2009 (BGBl I 160).
20 BGH, JurBüro 2005, 159 = NJW-RR 2005, 720 = Rpfleger 2005, 148.
21 BGH (Fn. 20); auch BVerwG, NJW 1997, 3256 (als Anspruch höchstpersönlicher Natur unpfändbar); LG Münster, Rpfleger 1994, 473; Faber, ZBR 1957, 41. Damit ergibt sich zugleich eine (weitgehende) Gleichstellung mit (einmaligen) Bezügen aus Krankenkassen, die nach § 850b Abs. 1 Nr. 4 ZPO nicht pfändbar sind (vgl. Rdn. C.193; für diese ist Pfändung nach § 850b Abs. 2 ZPO möglich).
22 BGH (Fn. 20); auch BGH, NJW-RR 2008, 360 = Rpfleger 2008, 152; LG Münster (Fn. 21); Faber (Fn. 21). Die Pfändung der Beihilfeansprüche für (zugleich beantragte) andere oder künftige krankheitsbedingte Aufwendungen schließt diese Zweckbindung aus.
23 Bundesbeihilfeverordnung vom 13.2.2009 (BGBl I 326).
24 LG Münster (Fn. 21).
25 Schaub, ZIP 1981, 347 (350).

richtet, und Entgelt für Arbeitsleistungen, das freiwillig gewährt wird[26]. Bedeutungslos ist, wie die Vergütung festgestellt (Zeit-, Stück- oder Akkordlohn, Tariflohn[27] oder übertarifliche Vergütung) und bezeichnet wird: Lohn, Honorar, Gehalt, Gage, Gewinnanteil, Ergebnisbeteiligung (zu dieser auch Rdn. C.153), Umsatzprozente, leistungsbezogene Prämie[28], Anwesenheits- und Pünktlichkeitsprämie, Inkassoprämie[29], Entgelt für Bereitschaftsdienst, Nachteilausgleich nach § 113 BetrVG, Erfolgsbeteiligung (zu dieser auch Rdn. C.153), Prämie für Verbesserungsvorschläge[30], Vergütung für eine (gebundene) Erfindung (Diensterfindung), die als Patent oder Gebrauchsmuster schutzfähig ist[31] (zu Lizenzgebühren für eine freie Erfindung Rdn. E.242), wiederkehrend – laufend und regelmäßig – zahlbare (sonst § 850i ZPO) Einnahmen aus Tantiemen[32], Unfallverhütungsprämie, Metergeld im Möbeltransportgewerbe, Mietkostenzuschüsse des Arbeitgebers, Kindergartenzuschuss (vgl. § 3 Nr. 33 EStG), Barzuschuss für arbeitstägliche Mahlzeiten (Essens- oder Kantinenzuschuss), Vermittlungsprovision für Vermittlungen im Rahmen des Arbeitsverhältnisses, Familien-, Kinder- oder Teuerungszulage[33], Zulagen anderer Art, Wohnungsgeld, Ortszuschlag, Erziehungsbeihilfen, Vergütungsanspruch des Auszubildenden (Lehrlingsvergütung, dazu Rdn. C.170), Provision des festangestellten Provisionsvertreters oder Reisenden (wegen des selbstständigen Vertreters siehe Rdn. C.18), Lotsgeld eines Hafenlotsen[34]. Wegen des Bedienungszuschlages siehe Rdn. C.34; zur Abgangsentschädigung siehe Rdn. C.22. Es kommt auch nicht darauf an, ob der Schuldner ständig oder nur bei Bedarf beim Drittschuldner arbeitet[35]. Auch wenn das Dienst- oder Arbeitsverhältnis die Arbeitskraft des Schuldners nicht voll in Anspruch nimmt, ist die Vergütung Arbeitseinkommen (siehe Rdn. C.3). Bei halbtags- oder stundenweiser Beschäftigung unterliegt daher jedes einzelne von mehreren Arbeitsverhältnissen dem Pfändungsschutz der §§ 850 ff. ZPO[36]; doch werden die verschiedenen Arbeitseinkommen vom Vollstreckungsgericht auf Antrag zusammengerechnet (siehe § 850e Nr. 2 ZPO und Rdn. C.365 ff.). Nebenberuflich tätige Musiker sind nach widerlegbarem Anschein Arbeitnehmer des Gastwirts, sofern nicht die Kapelle gegenüber Dritten als selbstständige Gesellschaft oder der Kapellmeister als Arbeitgeber der Musiker auftritt. Selbstständigkeit der Kapelle gegenüber dem Gastwirt wird angenommen, wenn sie nur gelegentlich (etwa nur für einen Abend oder nur an einem Wochenende) bei ihm spielt[37].

---

26 BArbG, DB 1978, 942.

27 Eine dem Tarifvertrag widersprechende ungünstige Vereinbarung muss der Gläubiger nicht gegen sich gelten lassen, siehe LArbG Düsseldorf, BB 1955, 1140.

28 Skibben, DGVZ 1988, 4.

29 BArbG (Fn. 26).

30 Stein/Jonas/Würdinger, ZPO, § 850 Rdn. 27; BArbG, NJW 2009, 167 (171).

31 BGH, FamRZ 2004, 790 = MDR 2004, 713 = NJW-RR 2004, 644 = Rpfleger 2004, 361; BArbG (Fn. 30).

32 OLG München, ZInsO 2019, 100.

33 OLG Düsseldorf, OLGE 37, 182.

34 BGH, MDR 2015, 1037 = NJW-RR 2015, 1406 = Rpfleger 2015, 714; Hintzen, Forderungspfändung, § 2 Rdn. 35.

35 Siehe RArbG, JW 1933, 2930.

36 Siehe aber wegen der Nebenbeschäftigung Rdn. C.143.

37 Dazu BFH, BB 1977, 176 Leits. mit Anm. Bornhaupt.

Ein rechtswirksames Arbeitsverhältnis setzen die Pfändungsschutzbestimmungen nicht voraus; sie finden auch auf jedes sog. faktische Arbeits- oder Beschäftigungsverhältnis Anwendung. Das Arbeitseinkommen eines ausländischen Arbeitnehmers, der ohne Arbeitserlaubnis tätig ist, unterliegt den Pfändungsschutzbestimmungen[38] schon deshalb, weil dessen Arbeitsverhältnis nicht allein wegen der fehlenden Arbeitserlaubnis nichtig ist[39]. Ebenso unterliegt Arbeitseinkommen Staatenloser dem Pfändungsschutz.

Das für **Altersteilzeitarbeit** (im Block- oder Arbeitszeitmodell [wie Halbtagsbeschäftigung]) vom Arbeitgeber zu zahlende Regelarbeitsentgelt zuzüglich Aufstockungsbetrag (§ 3 Abs. 1 Nr. 1 AltTZG)[40] ist unverändert Arbeitseinkommen, das nur nach §§ 850 ff. ZPO gepfändet werden kann (§ 850 Abs. 1 ZPO). Die als „Arbeitseinkommen" im Pfändungsbeschluss bezeichnete Forderung an den Arbeitgeber (Drittschuldner) erfasst (auch nach späterer Begründung eines Altersteilzeit-Arbeitsverhältnisses) das „Altersentgelt" als Arbeitseinkommen (Rdn. C.65), und zwar auch mit den künftig fällig werdenden Beträgen (§ 832 ZPO). Leistet eine Ausgleichskasse oder eine gemeinsame Einrichtung der Tarifvertragsparteien den Aufstockungsbetrag (§ 9 Abs. 1 AltTZG), ist diese dafür Drittschuldnerin. Eine Zusammenrechnung des Arbeitsentgelts für die Altersteilzeitarbeit und des Aufstockungsbetrags kann dann nach § 850e Nr. 2 ZPO erfolgen. Zur Pfändung des Erstattungsbetrags, den die Bundesagentur für Arbeit dem Arbeitgeber leistet (nur noch, wenn die Voraussetzungen erstmals vor dem 1.1.2010 vorgelegen haben), siehe Rdn. D.68. C.12

Für Arbeitszeit, die infolge eines gesetzlichen Feiertages ausfällt, sowie bis zur Dauer von sechs Wochen bei **Arbeitsunfähigkeit infolge unverschuldeter Krankheit** wird einem Arbeitnehmer sein Arbeitsentgelt vom Arbeitgeber fortgezahlt (§§ 1–3 EntgFG[41]). Gleiches gilt bei Arbeitsverhinderung infolge einer Maßnahme der medizinischen Vorsorge oder Rehabilitation (§ 9 EntgFG mit Einzelheiten). Dieses fortzuzahlende Arbeitsentgelt bleibt als Arbeitseinkommen nach Maßgabe der §§ 850 ff. ZPO gepfändet; es kann bei Vollstreckung während einer Erkrankung nur in den Grenzen der §§ 850 ff. ZPO gepfändet werden. C.13

Streik- und Aussperrungsunterstützung, die während eines Arbeitskampfes von einer Gewerkschaft gezahlt werden, sind kein Arbeitsentgelt (keine „Gegenleistung" für das Zurverfügungstellen der Arbeitskraft des Arbeitnehmers")[42]. Sie sind aber als (teilweise) Entschädigung für ausfallende Arbeitseinnahmen wie diese für Deckung des Lebensunterhalts des Schuldners und seiner Angehörigen bestimmt. Damit sind sie nach dem Schutzgedanken der §§ 850 ff. ZPO pfändungsrechtlich als Arbeitseinkommen anzusehen und wie dieses vor Gläubigerzugriff C.14

38 LArbG Düsseldorf, DB 1969, 931.
39 BArbG, AP Nr. 4 zu § 19 AFG = NJW 1977, 1608 m.w.N.; Fenn, ZZP 93 (1980) 228 (Buchbesprechung).
40 Altersteilzeitgesetz vom 23.7.1996 (BGBl I 1078).
41 Entgeltfortzahlungsgesetz vom 26.5.1994 (BGBl I 1014, 1065).
42 Steuerrechtlich ist Streikunterstützung (damit auch Aussperrungsvergütung) weder Arbeitslohn noch Entschädigung in Form des Ersatzes entgangener Einnahmen. Sie unterliegt daher nicht der Einkommensteuer, BFHE 162, 329 = NJW 1991, 1007.

geschützt, somit nur nach Maßgabe der §§ 850a–850k ZPO pfändbar[43]. Sie können bei der nach dem Schutzzweck gebotenen (nicht engen) Auslegung des § 850 Abs. 2 ZPO ohne weiteres zu den ähnlichen fortlaufenden Einkünften gerechnet werden, die nach einstweiligem „Ausscheiden“ aus dem Arbeitsverhältnis gewährt werden. Unerheblich ist damit, dass diese Leistungen ihre Rechtsgrundlage in der Mitgliedschaft des Arbeitnehmers bei der Gewerkschaft haben.

1.3.3. Ruhegelder und ähnliche nach dem einstweiligen oder dauernden Ausscheiden aus dem Dienst- oder Arbeitsverhältnis gewährte fortlaufende Einkünfte

C.15 Es sind dies wiederkehrende Bezüge, die einem Arbeitnehmer (Arbeiter oder Angestellten) nach seinem Ausscheiden aus dem Betrieb mit Rücksicht auf das frühere Dienst- oder Arbeitsverhältnis gezahlt werden. Die Zahlung kann vom früheren Arbeitgeber[44] selbst oder aus einer Pensionskasse[45] (s. Rdn. C.59), von einer Unterstützungskasse, einem Gemeinschaftsfond usw.[46] (s. Rdn. C.59) geleistet werden. Gleichgültig ist, ob die Leistung als Entgelt für vorzeitiges Ausscheiden oder als Altersversorgung (auch als Firmen„zuschuss“ zur betrieblichen Altersversorgung) gewährt wird, sowie außerdem, ob die Leistung auf Grund eines Rechtsanspruchs (Abrede im Dienstvertrag, Tarifvertrag oder in einer Betriebsvereinbarung, ggf. durch bindende betriebliche Übung) oder freiwillig geleistet wird. Auf Ruhegelder, die der Arbeitgeber selbst nach Eintritt in den Ruhestand weiterzahlt, erstreckt sich eine Pfändung gem. § 832 ZPO. Ruhegeld, das von einem anderen Drittschuldner, insbesondere von einer Pensionskasse mit eigener Rechtspersönlichkeit, geleistet wird, ist von einer gegen den bisherigen Arbeitgeber ausgebrachten Pfändung nicht erfasst, sondern ist neu zu pfänden. Wegen der Versorgungsleistungen siehe Rdn. C.17; wegen der Versorgungsrenten nach den Sozialversicherungsgesetzen siehe Teil D.

C.16 **Vorruhestandsgeld** eines Arbeitnehmers, der das 58. Lebensjahr vollendet und seine Erwerbstätigkeit beendet hat, wird vom Arbeitgeber gezahlt. Der Anspruch kann auf Grund eines Tarifvertrags[47] oder einer entsprechenden Einzelvereinbarung bestehen (Einzelheiten: § 2 VRG[48]). Auf Grund eines Tarifvertrags können die Vorruhestandsleistungen auch von einer Ausgleichskasse der Arbeitgeber zu erbringen sein (§ 8 VRG). Die Pfändbarkeit regelt § 7 Abs. 3 VRG:

---

43 So auch Musielak/Becker, ZPO, § 850 Rdn. 5; Schuschke/Walker/Kessal-Wulf/Lorenz, Vollstreckung, § 850 Rdn. 11; Stein/Jonas/Würdinger, ZPO, § 850 Rdn. 51.

44 Dem Pfändungsschutz unterliegen auch Versorgungsbezüge von Vorstandsmitgliedern einer Aktiengesellschaft (Geschäftsführern einer GmbH), siehe BGH, MDR 1978, 387 = NJW 1978, 756 = Rpfleger 1978, 54; BGH (Fn. 9).

45 BArbG, NZA 1991, 147. Zur Pfändung des Aufwendungserstattungsanspruchs des Unterstützungsvereins gegen den Arbeitgeber als Trägerunternehmen durch den Pensions-Sicherungsverein ArbG Münster, DB 1983, 2204.

46 Auch von dem Träger der Insolvenzsicherung, s. Betriebsrentengesetz vom 19.12.1974 (BGBl I 3610).

47 Auch auf Grund einer Regelung der Kirchen und der öffentlich-rechtlichen Religionsgesellschaften.

48 Vorruhestandsgesetz vom 13.4.1984 (BGBl I 601).

§ 7VRG

(3) Der Anspruch auf Vorruhestandsgeld kann wie der Anspruch auf Arbeitseinkommen gepfändet, verpfändet oder übertragen werden.

Drittschuldner bei Pfändung ist der Arbeitgeber, bei Zahlung durch eine Ausgleichskasse diese. Vorruhestandsleistungen, die der Arbeitgeber selbst bezahlt, sind im Pfändungsbeschluss mit der Benennung als „Arbeitseinkommen" bestimmt genug bezeichnet[49]; auf sie erstreckt sich eine Pfändung des Arbeitseinkommens gem. § 832 ZPO. Dessen Pfändung setzt sich somit nach Eintritt in den Vorruhestand an diesen Vorruhestandsleistungen fort (s. Rdn. C.134). Vorruhestandsleistungen, die von einer Ausgleichskasse (mit eigener Rechtspersönlichkeit) geleistet werden, sind von einer gegen den bisherigen Arbeitgeber ausgebrachten Pfändung nicht erfasst (siehe das in Rdn. C.15 Gesagte). Gewährt die Bundesagentur für Arbeit Vorruhestandsgeld wie ein Arbeitgeber, dann gelten die §§ 170, 171 SGB III entsprechend (§ 9 Abs. 4 VRG verweist noch auf die früheren §§ 141k, 141l AFG; siehe Rdn. D.151). Pfändung der Zuschüsse an Arbeitgeber zu den Aufwendungen für Vorruhestandsleistungen s. Rdn. D.20.

1.3.4. Hinterbliebenenbezüge

Dies sind beamtenrechtliche Hinterbliebenenbezüge[50] und Bezüge, die zur arbeits- oder dienstvertraglichen Hinterbliebenenversorgung Angehöriger (Witwe, Kinder, evtl. auch Verwandte aufsteigender Linie) eines früheren Arbeitnehmers oder Dienstleistenden durch dessen Arbeitgeber, eine Pensionskasse usw. fortlaufend gewährt werden. Unterhaltsbeiträge, die der geschiedenen Ehefrau oder Kindern eines Beamten, die keinen Anspruch auf Waisengeld haben, im Gnadenweg zugebilligt wurden, sind nach § 850b Abs. 1 Nr. 3 ZPO nur bedingt pfändbar (siehe auch Rdn. C.8). Sterbe- und andere Gnadenbezüge sind (auch für Unterhaltsgläubiger) vollständig unpfändbar (§ 850a Nr. 7 ZPO). Hinterbliebenenbezüge nach dem Sozialgesetzbuch: § 54 Abs. 4 SGB I. C.17

1.3.5. Sonstige Vergütungen für Dienstleistungen aller Art, die die Erwerbstätigkeit des Schuldners vollständig oder zu einem wesentlichen Teil in Anspruch nehmen

Es sind dies Bezüge, die rechtlich nicht Arbeitseinkommen im engeren Sinne sind, ihm aber wirtschaftlich gleichstehen, insbesondere Bezüge aus unabhängigen Dienstverträgen, also auch die Ansprüche eines selbstständigen (freien) Handels-[51] C.18

---

49 LArbG Frankfurt, DB 1988, 1456. Bei Einmalzahlung der Vorruhestandsleistung (in Form einer Abfindung) bestimmt sich der Pfändungsschutz nach § 850i ZPO, LArbG Frankfurt, wie vorst.

50 Pfändung der – nicht übertragbaren – Witwenrente, die eine Ärztekammer (Körperschaft des öffentlichen Rechts) zahlt, siehe Rdn. A.18.

51 Treffer, MDR 1998, 384.

oder Versicherungsvertreters (Agenten) auf Fixum und Provision[52] (samt Umsatzsteuer). Denn es ist nicht darauf abgestellt, ob die Entgelte auf Grund eines freien oder eines abhängigen Dienstverhältnisses gewährt werden[53]. Wesentlich ist vielmehr, dass es sich um wiederkehrend zahlbare Vergütungen aus Dienstleistungen handelt[54], dass mithin das Vertragsverhältnis auf fortlaufenden Austausch von Dienstleistungen und -vergütungen gerichtet ist. Arbeitseinkommen ist deshalb auch die einem Versicherungsvertreter für die Zeit der Ausbildung und des Aufbaues einer Agentur gezahlte monatliche Garantiesumme[55]. Ebenso unterliegen die Bezüge des Vorstandsmitglieds einer Aktiengesellschaft[56] (damit auch dessen betriebliches Ruhegeld[57]) oder einer Genossenschaft sowie des Geschäftsführers einer Gesellschaft m.b.H.[58] (auch wenn er als Gesellschafter der GmbH seine Arbeitsleistung auf Grund des Gesellschaftsvertrags erbringt[59]) als Arbeitseinkommen den Pfändungsbeschränkungen der §§ 850 ff. ZPO. Gleiches hat für die nach einem (schuldrechtlichen) Anstellungsvertrag zu leistende Vergütung[60] des Vorstandsmitglieds eines Vereins zu gelten. Arbeitsrechtliche Aufwandsentschädigung des angestellten Vorstands ist damit im Rahmen des Üblichen nach § 850a Nr. 3 ZPO unpfändbar[61]. Der Auf-

---

52 BArbG, AP Nr. 3 zu § 850 ZPO mit zust. Anm. Pohle = NJW 1962, 1221 = Rpfleger 1963, 44 mit Anm. Berner; BayOLG, NJW 2003, 2181; OLG Hamm, BB 1972, 855; siehe auch Roellecke, BB 1957, 1158; LG Berlin, Rpfleger 1962, 217 = VersR 1962, 217; KG, Rpfleger 1962, 219; OLG Braunschweig, BB 1951, 894; LArbG Saarbrücken, KKZ 1979, 14. **A.A.** LG Bochum, BB 1957, 1158; LG Stuttgart, Rpfleger 1950, 250, denen aber nicht gefolgt werden kann, weil es nicht auf die Selbstständigkeit des Handelsvertreters, sondern auf die Zahlungsweise der Vergütung aus Dienstleistungen für den Unternehmer ankommt. Selbstständige Agenten, die Einkünfte aus verschiedenartigen Quellen als nicht wiederkehrende Bezüge haben, unterliegen gegebenenfalls dem Pfändungsschutz des § 850i Abs. 1 ZPO.

53 BGHZ 96, 324 = JZ 1986, 498 mit Anm. Brehm = MDR 1986, 404 = NJW 1986, 2362 = Rpfleger 1986, 144; BGH, NJW-RR 2010, 1142 = MDR 2010, 353.

54 BArbG (Fn. 52); OLG Hamm (Fn. 52); LArbG Saarbrücken (Fn. 52).

55 LG Berlin, Rpfleger 1962, 217.

56 BGH (Fn. 44); ebenso Stein/Jonas/Würdinger, ZPO, § 850 Rdn. 38; **a.A.** BGHZ 41, 288 (weitgehend aufgegeben jedoch mit BGH, wie vorst.).

57 Siehe BGH, MDR 1989, 446 = NJW-RR 1989, 286.

58 Hierzu auch Timm, ZIP 1981, 10. Ein (generelles) Abtretungsverbot (vergleichbar dem für Honorarforderungen von Ärzten und Rechtsanwälten) besteht für die Vergütungsforderung des GmbH-Geschäftsführers nicht (BGH, MDR 1996, 918 = NJW 1996, 2576). Die Pfändung würde es überdies nicht hindern (siehe Rdn. A.17).

59 Bestehen neben den gesellschaftsvertraglichen Rechtsbeziehungen weitere vertragliche Beziehungen und wird die Dienstleistung des Gesellschafters als Geschäftsführer in persönlicher Abhängigkeit auf Grund eines Dienstvertrags erbracht (dazu BArbG, BB 1991, 479 = DB 1991, 659), dann ist die Vergütung als Dienstlohn Arbeitseinkommen nach § 850 Abs. 2 ZPO. Wenn der Geschäftsführer infolge seiner Kapitalbeteiligung an der GmbH und seiner Leitungsbefugnis einem Unternehmer oder Mitunternehmer gleich steht, sollte aber auch ein Anstellungsvertrag vollstreckungsrechtlichen Schutz seiner Vergütung (des „Entgelts" für die Tätigkeit) nicht begründen können.

60 Zu dieser Vergütung Stöber/Otto, Vereinsrecht, Rdn. 489 ff. Eine Pfändung des Einkommens des Arbeitnehmers eines Vereins erstreckt sich nach § 833 Abs. 1 ZPO auch auf die Vorstandsvergütung, wenn der Arbeitnehmer des Vereins zum Vorstandsmitglied bestellt und im Hinblick darauf ein Dienstvertrag mit höheren Bezügen abgeschlossen wird. Dass damit im Zweifel das bisherige Arbeitsverhältnis aufgehoben wird (BArbG, BB 1996, 114), ist unerheblich.

61 Stöber/Otto, Vereinsrecht, Rdn. 486a.

wendungsersatz des nur organschaftlich (ohne Anstellungsvertrag), somit „unentgeltlich“ tätigen Vorstands (§ 27 Abs. 3, § 670 BGB) ist hingegen pfändbar (kein Arbeitseinkommen; keine Zweckbindung nach § 851 Abs. 1 ZPO). Entsprechendes gilt für die Vergütung und den Aufwendungsersatz anderer Organe des Vereins[62]. Auch Forderungen auf fortlaufenden Werklohn aus einem Werkvertrag können als Dienstleistungsvergütungen im Sinne des § 850 Abs. 2 ZPO Arbeitseinkommen sein (z.B. wenn der Schuldner persönlich in einem ständigen Auftragsverhältnis Reinigungsarbeiten[63] oder Transporte[64] für den Drittschuldner durchführt).

Eine Besonderheit gegenüber Arbeits- und Dienstlöhnen ist bei sonstigen Vergütungen für Dienstleistungen aller Art aber insofern gegeben, als Pfändungsschutz nach §§ 850 ff. ZPO nur dann besteht, wenn die Dienstleistungen die Erwerbstätigkeit des Schuldners **ganz oder zu einem wesentlichen** (nicht notwendig überwiegenden) **Teil** in Anspruch nehmen. Es kommt dabei nicht auf die objektive Erwerbsmöglichkeit, sondern auf die tatsächlich ausgeübte Tätigkeit an[65]. Daher ist, wenn der Schuldner aus Erwerbstätigkeit nur eine Einnahmequelle hat, mehrere vergleichbare Tätigkeiten also überhaupt nicht vorhanden sind, nicht abzuwägen, ob die Arbeitskraft vollständig oder wesentlich in Anspruch genommen ist[66]; Einkommen für eine einzige sonstige Dienstleistung unterliegt stets den §§ 850 ff. ZPO. Nur neben anderem Einkommen aus Erwerbstätigkeit sind daher sonstige Vergütungen für nur gelegentliche Dienstleistung (**Nebeneinkommen**[67] aus vereinzelter, unregelmäßiger Arbeitsverrichtung) als gewöhnliche Geldforderungen unbeschränkt pfändbar. Die einem **Gelegenheitsarbeiter** zu zahlende Vergütung wird daher, auch soweit die verschiedenen Dienstleistungen seine Erwerbstätigkeit nicht vollständig oder zu einem wesentlichen Teil in Anspruch nehmen, stets ohne Ausnahme als Arbeitseinkommen zu behandeln sein. C.19

Als Vergütung für sonstige Dienstleistungen ist auch der Vergütungsanspruch[68] eines **Kassenarztes** oder -zahnarztes[69] anzusehen, wenn der Arzt durch die kassenärztliche Tätigkeit zu einem wesentlichen (nicht überwiegenden) Teil in Anspruch genommen ist[70]. Zur Besonderheit bei Eröffnung des Insolvenzverfahrens siehe je- C.20

62 Stöber/Otto, Vereinsrecht, Rdn. 488.
63 BArbG, AP Nr. 8 zu § 850 ZPO = JurBüro 1975, 904 = Rpfleger 1975, 220.
64 LG Hannover, JurBüro 1992, 265.
65 OLG Dresden, OLGE 27, 134; OLG Düsseldorf, MDR 1953, 559.
66 KG, JW 1937, 2232; OLG Düsseldorf (Fn. 65).
67 Wegen des Nebenverdienstes im Übrigen siehe Rdn. C.143.
68 Die Gesamtvergütung für Versorgung der Versicherten ist einer Aufspaltung in Entgelt und Aufwandsentschädigung nicht zugänglich; § 850a Nr. 3 ZPO erfasst solche Ansprüche nicht, analoge Anwendung ist ausgeschlossen; es greift § 850f Abs. 1 ZPO ein (BGH [Fn. 53]; dazu Rdn. C.157).
69 Auch das Entgelt des Urlaubsvertreters eines Kassenarztes (siehe OLG Stuttgart, NJW 1986, 2374) ist pfändungsrechtlich als Arbeitseinkommen anzusehen.
70 BGH (Fn. 53); OLG Hamburg, JW 1936, 2940; KG, JW 1938, 1918; OLG Nürnberg, JW 1926, 2471 mit Anm. Baum; OLG Nürnberg, JurBüro 2002, 603 = OLGR 2003, 463; OLG Hamm, Rpfleger 1958, 280 mit zust. Anm. Berner; BFH, NJW 1952, 376 = BStBl III 1951, 58; v. Glasow, Rpfleger 1987, 289. Da die Einnahmen aus der Privatpraxis an sich unbeschränkt pfändbar sind, werden sie bei Ermittlung des pfändungsfreien Betrages aus der Kassenpraxis nicht berücksichtigt (Berner, Rpfleger 1958, 280). Siehe aber wegen der Zusammenrechnung dieser Bezüge und der aus der Privatpraxis erzielten Einnahmen bei Pfändungsschutz nach § 850i ZPO Rdn. 1242, wegen des Unkostenanteils siehe Rdn. C.435.

doch Rdn. C.132. Die Gebührenansprüche des beigeordneten Rechtsanwaltes gegen die Staatskasse werden nicht wiederkehrend gezahlt; sie sind daher nicht als sonstige Vergütungen Arbeitseinkommen[71].

C.21 **Lizenzfußballspieler** der Bundesliga[72] erhalten Bezüge als Angestellte ihres Vereins[73]. Diese Bezüge sind daher Arbeitseinkommen im Sinne der §§ 850 ff. ZPO; wegen ihrer Zusammenrechnung mit anderem Arbeitseinkommen siehe § 850e Nr. 2 ZPO. Leistungsprämien für die Mitwirkung an bestimmten Spielen sind Leistungslohn für die laufenden Dienstleistungen[74]; als zeitgebundener Arbeitslohn sind sie pfändungsrechtlich daher bei dem Auszahlungszeitraum zu berücksichtigen, für den sie geleistet werden. Erfolgsprämien (z.B. am Ende einer Saison für Erringung einer Meisterschaft) dienen der teilweisen Abgeltung der Dienstleistungen im Spielzeitraum; sie sind daher bei Anfall wie Nachzahlungen zu berücksichtigen (Rdn. C.238). Einmalige Zahlungen (Handgeld usw.) unterliegen ggf. nach § 850i ZPO dem Pfändungsschutz. Andere **Vertragsspieler** der Sportvereine erhalten ihre Bezüge nicht unmittelbar als Arbeitseinkommen, sondern als „sonstige Vergütungen für Dienstleistungen"[75]. Wenn der Schuldner weiteres Einkommen hat und die Tätigkeit als Spieler ihn nicht zu einem wesentlichen Teil in Anspruch nimmt, sind die Einkünfte aus der sportlichen Tätigkeit daher unbeschränkt pfändbar (§ 850 Abs. 2 letzter Satzteil ZPO). Die Einkünfte des sonst erwerbslosen Vertragsspielers unterliegen dagegen mangels anderer Einnahmequellen (siehe Rdn. C.19) stets dem Lohnpfändungsschutz[76].

1.4. Sonstige Bezüge, die Arbeitseinkommen sind oder diesem gleichgestellt sind (§ 850 Abs. 3 ZPO)

1.4.1. Karenzentschädigung

C.22 **Entschädigungen**, die einem früheren Arbeitnehmer[77] (auch dem Geschäftsführer einer GmbH[78]) für die Beschränkung seiner Tätigkeit nach Beendigung des Dienstverhältnisses gewährt werden (Entschädigung für Wettbewerbsverbote, Karenzentschädigungen, Wartegelder, siehe § 74 HGB, § 110 GewO u.a.), haben ihren Ursprung (auch bei vertraglicher Regelung) in dem Dienst- oder Arbeitsverhältnis. Sie sind daher dem Arbeitseinkommen ausdrücklich gleichgestellt (§ 850

---

71 Siehe aber Stein/Jonas/Würdinger, ZPO, § 850 Rdn. 40: fallen in der Regel unter § 850i ZPO.
72 Dazu Buchner, NJW 1976, 2242.
73 BArbG, NJW 1980, 470 mit Nachweisen. Zur Arbeitnehmereigenschaft des Vertragsamateur-Fußballspielers bei einem Oberligaverein siehe LArbG Hamm, BB 1989, 2331 Leits. = DB 1990, 739 Leits.
74 BArbG, DB 1972, 832.
75 OLG Düsseldorf (Fn. 65).
76 OLG Düsseldorf (Fn. 65).
77 Wettbewerbsentschädigungen, die von einem selbstständig Tätigen mit Konkurrenzunternehmen usw. vereinbart werden, unterliegen nicht dem Pfändungsschutz für Arbeitseinkommen, sondern sind unbeschränkt pfändbar.
78 OLG Rostock, NJW-RR 1995, 173.

Abs. 3 Buchst. a ZPO). Die einmalige Abfindung für eine solche Entschädigung genießt im Rahmen des § 850i ZPO Pfändungsschutz[79].

Die **Provision** eines Handelsvertreters aus Bezirks- und Kundenschutz (§ 87 Abs. 2, 3 HGB) sowie der Ausgleichsanspruch des ausgeschiedenen Handelsvertreters (§ 89b HGB) beruhen auf seinem Dienstverhältnis, genießen daher gleichfalls den Pfändungsschutz für Arbeitseinkommen. Gleiches gilt für die Entschädigung, die ein Handelsvertreter nach Beendigung des Vertragsverhältnisses für die Dauer der Wettbewerbsbeschränkung erhält (§ 90a HGB)[80]. C.23

1.4.2. Versicherungsrenten

Versicherungsleistungen in Rentenform auf Grund von Verträgen zur Versorgung des Versicherungsnehmers oder seiner unterhaltsberechtigten Angehörigen ersetzen ganz oder teilweise Ruhegelder oder Hinterbliebenenbezüge. Sie sind deshalb ebenfalls ausdrücklich dem Arbeitseinkommen gleichgestellt (§ 850 Abs. 3 Buchst. b ZPO). Die Versicherungsrente muss zur Versorgung nach dem Ausscheiden aus einem Dienst- oder Arbeitsverhältnis oder auch zur Ergänzung der Versorgung oder unzureichender Versorgungsbezüge erworben, der Bezugsberechtigte somit früher Bezieher von „Arbeitseinkommen" i.S. des § 850 ZPO gewesen oder dessen unterhaltsberechtigter Angehöriger sein[81]. Das folgt aus dem Schutzzweck der Vorschrift[82]. Der Arbeitnehmer, der mit versicherungsrechtlicher Vorsorge für sich oder seine Angehörigen den angemessenen Lebensunterhalt für das Alter sichergestellt hat, soll in gleicher Weise vor Gläubigerzugriff geschützt sein wie der Schuldner mit (ausreichenden) beamten- oder arbeitsrechtlichen Versorgungsbezügen. Fortlaufende Einkünfte freiberuflich tätiger oder überhaupt nicht berufstätiger Personen sind kein Arbeitseinkommen im Sinne des § 850 ZPO; gleichermaßen unterstellt § 850 Abs. 3 Buchst. b ZPO die für den Lebensunterhalt dieser Personen im Alter bestimmten Versicherungsbezüge nicht den Pfändungsvorschriften für Arbeitseinkommen[83]. Dass die Versicherung von vornherein auf die Versorgung gerichtet ist, kann nicht gefordert werden[84]. Ruhegelder oder Hinterbliebenenbezüge ersetzen Renten auch, wenn sie nachträglich einem unterhaltsberechtigten Angehörigen durch Benennung als Bezugsberechtigter zugewendet werden. Es kann zudem von einem Schuldner, der bei Eheschließung schon eine Rentenversicherung eingegangen ist, nicht verlangt werden, dass er diese Versiche- C.24

Teil C Arbeitseinkommen

---

79 So auch Stein/Jonas/Würdinger, ZPO, § 850 Rdn. 45.

80 Stein/Jonas/Würdinger, ZPO, § 850 Rdn. 51.

81 OLG Frankfurt, VersR 1996, 614; LG Braunschweig, NJW-RR 1998, 1690 = Rpfleger 1998, 78 (möglich aber Schutz nach § 765a ZPO); LG Frankfurt/Oder, Rpfleger 2002, 322 (möglich aber § 765a ZPO); Musielak/Becker, ZPO, § 850 Rdn. 13. **Anders** Stein/Jonas/Würdinger, ZPO, § 850 Rdn. 48; Wieczorek/Schütze/Lüke, ZPO, § 850 Rdn. 73.

82 Siehe Merten, Lohnpfändungsrecht (1941), Anm. 3 zu § 2.

83 BGH, FamRZ 2008, 404 = MDR 2008, 288 = NJW-RR 2008, 496 = Rpfleger 2008, 150; BGH, FamRZ 2008, 258 = MDR 2008, 287 = Rpfleger 2008, 152; BGH, MDR 2010, 1081 = NZI 2010, 777 = Rpfleger 2010, 674; LG Braunschweig (Fn. 81); LG Frankfurt/Oder (Fn. 81).

84 **A.A.** Berner, Rpfleger 1957, 197.

rung mit Verlust löst und das erlöste Geld für den Abschluss einer Neuversicherung zugunsten seiner Angehörigen verwendet. Eine Kapitallebensversicherung fällt auch nicht deshalb unter die Pfändungsbeschränkung des § 850 Abs. 3 Buchst. b ZPO, weil dem Versicherungsnehmer das Recht eingeräumt ist, statt einer fälligen Kapitalleistung eine Versorgungsrente zu wählen[85] (gemischte Kapitalversicherung, Rdn. A.300). Nach Pfändung der Kapitallebensversicherung kann der Schuldner Pfändungsschutz nach § 850 Abs. 3 Buchst. b ZPO nicht mehr durch Ausübung des Rentenwahlrechts zum Nachteil des Gläubigers herbeiführen[86]. Zur vertraglichen Berufsunfähigkeits(zusatz)rente siehe Rdn. C.177.

C.25 Die Rente kann auch durch eine **Direktversicherung** begründet worden sein. Die Direktversicherung ist Form der betrieblichen Altersversorgung (§ 1 Abs. 2 BetrAVG; s. Rdn. C.56). Als Leistungen aus Rentenversicherung (auch Unfallzusatz-, Berufsunfähigkeits- oder Berufsunfähigkeitszusatzversicherung) sind Bezüge aus Direktversicherung Arbeitseinkommen nach § 850 Abs. 3 Buchst. b ZPO; handelt es sich um eine Kapitalversicherung, ist die Leistung nicht wiederkehrend zahlbare Vergütung (Schutz dann ggf. nach § 850i Abs. 1 ZPO). Pfändbar sind die Ansprüche aus der Direktversicherung als Lebensversicherungsansprüche (Rdn. A.292 ff.), als Arbeitseinkommen jedoch unter Wahrung der für dieses geltenden Beschränkungen. Nicht pfändbar (da nicht abtretbar, § 2 Abs. 2 S. 4 BetrAVG mit § 851 Abs. 1 ZPO) ist der Anspruch des ausgeschiedenen Arbeitnehmers aus einem Versicherungsvertrag in Höhe des durch Beitragszahlung des Arbeitgebers gebildeten geschäftsplanmäßigen Deckungskapitals[87] oder des nach § 169 Abs. 3 VVG berechneten Zeitwerts. § 2 Abs. 2 S. 4 BetrAVG gilt jedoch dann nicht mehr, wenn die Versorgungsanwartschaft zum Vollrecht erstarkt ist[88]. Bereits vor Eintritt des Versicherungsfalls kann als zukünftige Forderung (Rdn. A.30) daher der Anspruch des Arbeitnehmers auf Auszahlung der Versicherungssumme gepfändet werden[89] (Vollstreckungsschutz nach § 850i Abs. 1 ZPO[90]).

C.26 Versicherungsrenten im Sinne des § 850 Abs. 3 Buchst. b ZPO können auch Tagegelder aus **Krankenversicherungen** sein[91]. Die an Stelle einer Rente gewährte Kapitalzahlung genießt aber keinen Vollstreckungsschutz; sie fällt auch nicht unter § 850i ZPO[92]. Eine Kapitallebensversicherung ist nicht durch § 850 Abs. 3 ZPO geschützt[93].

---

85 BFHE 218, 43 = FamRZ 2007, 2068 = JurBüro 2008, 44 = Rpfleger 2007, 672.

86 BFH (Fn. 85).

87 BGH, FamRZ 2011, 479 = MDR 2011, 67 = NJW-RR 2011, 283 = Rpfleger 2011, 165; OLG Köln, OLGR 2003, 54; OLG Stuttgart, NJW-RR 2001, 150 = OLGR 2000, 319 = VersR 2001, 619 lässt die Pfändung wegen des gesetzlichen Anspruches der (geschiedenen) Ehefrau auf Unterhalt und Zugewinnausgleich zu; (erhebliche) Zweifel dagegen äußert OLG Köln, wie vorst.; LG Konstanz, Rpfleger 2008, 87; LG Stuttgart, JurBüro 2010, 155.

88 BGH, MDR 2009, 105 (106) = NJW-RR 2009, 211 (212) = Rpfleger 2009, 94.

89 BGH (Fn. 87); zur Insolvenzfestigkeit einer vor Eröffnung des Insolvenzverfahrens ausgebrachten Pfändung BGH, MDR 2015, 239 = NJW-RR 2015, 431 = Rpfleger 2015, 295.

90 BGH (Fn. 87).

91 Ebenso Berner, Rpfleger 1957, 197 (siehe auch Rdn. C.193).

92 So auch Musielak/Becker, ZPO, § 850 Rdn. 13; Stein/Jonas/Würdinger, ZPO, § 850 Rdn. 48.

93 BFHE 164, 399 = MDR 1991, 1195 = NJW 1992, 527 = Rpfleger 1991, 466.

Die **Versorgungsanstalt** des Bundes und der Länder in Karlsruhe gewährt Arbeitnehmern des öffentlichen Dienstes im Wege privat-rechtlicher Versicherung eine zusätzliche Alters- und Hinterbliebenenversorgung (§ 2 der Satzung). Die Anstaltsleistungen können nicht abgetreten oder verpfändet werden (§ 69 der Satzung); nach § 850 Abs. 3 Buchst. b ZPO sind sie aber für die Zwangsvollstreckung Arbeitseinkommen, mithin nach Maßgabe der §§ 850a ff. ZPO pfändbar[94]. C.27

1.4.3. Ersatzansprüche

Schadensersatzansprüche, die dem Ausgleich einer entgangenen oder zu Unrecht vorenthaltenen Arbeitsvergütung dienen, genießen den gleichen Pfändungsschutz wie das Arbeitseinkommen selbst[95]. Der bei vorzeitiger Entlassung oder fristloser Kündigung durch den Schuldner zum Schadensausgleich fortgezahlte Lohn (siehe § 628 Abs. 2 BGB) kann deshalb nur als Arbeitseinkommen gepfändet werden. Bei Zahlung einer Abfindungssumme (z.B. nach §§ 9, 10 KSchG, § 113 BetrVG, dazu Rdn. C.515), auch wenn sie für freiwilliges Ausscheiden (z.B. zur Rationalisierung oder in Zeiten des Personalabbaus) gezahlt wird, gilt deshalb § 850i ZPO. Schadensersatzleistungen, die der Arbeitgeber wegen Verletzung arbeitsvertraglicher Pflichten für Ersatz eines Schadens im Privatvermögen gewährt, können, obgleich sie zum steuerpflichtigen Arbeitslohn rechnen[96], vollstreckungsrechtlich nicht als Arbeitseinkommen angesehen werden; sie unterliegen daher nicht dem Pfändungsschutz der §§ 850 ff. ZPO. C.28

Auch Schadensersatzforderungen wegen **unfallbedingten Verdienstausfalls** des geschädigten Schuldners, der Einkünfte aus einem Arbeits- oder Dienstverhältnis bezieht, genießen den Pfändungsschutz der §§ 850 ff. ZPO[97], und zwar auch dann, wenn die Rente rückständig ist. Kapitalabfindungen, die zur Abgeltung der Ersatzforderung für künftige Arbeitseinkommen geleistet werden, sind jedoch voll pfändbar[98]. Die Schadensersatzforderung eines freiberuflich Tätigen wegen Erwerbseinbuße oder entgangenen Gewinns und die zu ihrer Abfindung gewährte Kapitalzahlung unterliegen als nicht wiederkehrend zahlbare Vergütungen dem Schutz des § 850i ZPO[99]. Wird der Schadensersatz als Rente wegen Verletzung des Körpers oder der Gesundheit oder wegen entgangener Dienstleistung gewährt, so folgt seine nur beschränkte Pfändbarkeit aus § 850b Abs. 1 Nrn. 1 und 2, Abs. 2 ZPO; siehe dazu Rdn. C.174 ff. C.29

Mit dem Übergang eines Schadensersatzanspruchs gegen einen Dritten auf den Arbeitgeber (z.B. § 6 EntgFG) entfällt der soziale Schutzzweck; der Schadenser-

---

94 Pfändbarkeit der (einzelnen) Rentenzahlungen hat auch der BGH angenommen, siehe BGHZ 111, 248 (253) = FamRZ 1990, 851 = MDR 1990, 1004 = NJW 1990, 2252.
95 Stein/Jonas/Würdinger, ZPO, § 850 Rdn. 50; Zöller/Herget, ZPO, § 850 Rdn. 15. Auch BAGE 131, 9 = MDR 2009, 989 = NJW 2009, 2324 (Schadensersatz, wenn Vergütung nach einer tariflichen Ausschlussfrist verfallen ist).
96 BFHE 115, 251, BStBl 1975 II 520 = NJW 1975, 1911.
97 Krebs, VersR 1962, 390.
98 RG, JW 1936, 2403.
99 Krebs, VersR 1962, 393.

satzanspruch genießt daher als Forderung des Arbeitgebers den für Arbeitseinkommen geltenden Pfändungsschutz nicht.

1.4.4. Gemischte Ansprüche

C.30 Der Pfändungsschutz für Arbeitseinkommen geht nicht dadurch verloren, dass sich der Anspruch des Schuldners gegen den Drittschuldner aus Arbeits- oder Dienstleistungen mit unausgeschiedenem Entgelt für sonstige Leistungen verbindet (Überlassung von Geld, Betriebseinrichtungen, Urheberrechten, Beschaffung der Stoffe beim Werkvertrag usw.). Dieses das echte Arbeitseinkommen übersteigende Entgelt genießt aber auch nicht deshalb Lohnpfändungsschutz, weil es mit Arbeitseinkommen gemeinsam geschuldet und gezahlt wird. Vielmehr muss, notfalls durch Schätzung, festgestellt werden, welcher Anteil der ganzen Leistung als Arbeitseinkommen zu betrachten ist und als solcher dem Lohnpfändungsschutz unterliegt und welcher Teil aus anderem Rechtsgrund geschuldet wird und deshalb unbeschränkt pfändbar ist. Wenn sich Gläubiger, Schuldner und Drittschuldner über die Höhe der Beträge nicht einigen können, nimmt nicht das Vollstreckungsgericht eine Schätzung vor, sondern trifft das Prozessgericht im Erkenntnisverfahren eine Bestimmung.

1.4.5. Heimarbeit
(§ 850i Abs. 2 ZPO)

C.31 Entgelt für Heimarbeit ist durch § 27 des HeimarbeitsG[100] ausdrücklich dem Arbeitseinkommen gleichgestellt. Die Vorschrift lautet:

§ 27 HeimarbG
Pfändungsschutz

Für das Entgelt, das den in Heimarbeit Beschäftigten oder den Gleichgestellten gewährt wird, gelten die Vorschriften über den Pfändungsschutz für Vergütungen, die auf Grund eines Arbeits- oder Dienstverhältnisses geschuldet werden, entsprechend.

Da Entgelt für Heimarbeit regelmäßig als Stückentgelt bei der Ablieferung der Arbeit, nicht aber in gleichmäßigen Zeitabständen, ausbezahlt wird, muss es für die Anwendung der Lohnpfändungsvorschriften auf Zeitbasis umgerechnet werden. Die Umrechnung erfolgt, wenn bei Ablieferung der Arbeit ausbezahlt wird, in der Weise, dass der Zeitraum von der Ausgabe der Heimarbeit bis zu ihrer Ablieferung auf die für den Pfändungsschutz maßgebende Zeiteinheit umgewandelt wird.

Beispiel:
Umrechnung des Entgelts für Arbeitsstücke, die in 43 Tagen hergestellt wurden:

$$\frac{\text{Gesamtentgelt}}{43} \times \text{Arbeitstage pro Woche oder Monat (6 oder 22–26)}$$

100 Heimarbeitsgesetz vom 14.3.1951 (BGBl I 191).

Entgelt für selbstgestelltes Arbeitsmaterial, das in der Vergütung des Heimarbeiters enthalten ist, ist unpfändbar (§ 850a Nr. 3 ZPO, siehe hierwegen Rdn. C.160). Bei Feststellung des pfändbaren Arbeitseinkommens ist vom Nettoentgelt (§ 850e Nr. 1 ZPO) auszugehen; Lohn- und Kirchensteuer, Sozialabgaben usw. sind mithin nicht mitzurechnen.

Das Feiertagsentgelt eines in Heimarbeit Beschäftigten oder Gleichgestellten (§ 1 Abs. 1, § 11 EntgFG; s. Rdn. C.13) gilt als Entgelt im Sinne des § 27 HeimarbG (§ 11 Abs. 5 EntfFG). Auf Zuschläge zum Arbeitsentgelt für wirtschaftliche Sicherung im Krankeitsfall (§ 1 Abs. 1, § 10 EntfFG) der in Heimarbeit Beschäftigten und Gleichgestellten ist § 27 HeimarbG entsprechend anzuwenden (§ 10 Abs. 5 EntfFG).

1.5. Besondere Fälle

1.5.1. Handelsvertreter mit Inkasso

Schrifttum: Grunau, Forderungspfändung und Kürzungsvertrag, JurBüro 1962, 433. C.32

Das Arbeitseinkommen eines **Handelsvertreters** (siehe Rdn. C.18) wird von einer Lohnpfändung auch dann erfasst, wenn der Schuldner sein Einkommen in Form des ihm zustehenden Provisionsanteils selbst bei den Kunden des Drittschuldners kassiert (sog. **Inkassovollmacht**). Diese (Teil-) Inkassobevollmächtigung des Schuldners kann regelmäßig nicht als Aufrechnungsvertrag, bedingter Aufrechnungsvertrag oder Aufrechnungsvorvertrag angesehen werden[101], sondern nur als eine vom Unternehmer jederzeit abänderbare Aufrechnungsvereinbarung. Als solche geht sie aber einer Pfändung nicht vor. Daher muss der Drittschuldner auf Grund des ihm zugestellten Zahlungsverbots für die **Abführung der gepfändeten Einkommensteile** an den Gläubiger Sorge tragen, wenn er nicht seine Verurteilung auf Zahlungsklage des Gläubigers hin riskieren will[102]. Aus der Verpflichtung des Arbeitgebers, bei der Durchführung der Pfändung mitzuwirken, folgt, dass er durch entsprechende Maßnahmen für die korrekte Ablieferung von Geldern zu sorgen hat, die er durch den Schuldner einkassieren lässt und die diesem infolge der Pfändung nicht mehr zur Anrechnung auf sein Arbeitsentgelt zuste- C.33

---

101 Nach Ansicht des LG Dortmund, MDR 1957, 750 = VersR 1958, 58 würde die Inkassovollmacht auch als Aufrechnungsklausel mit der Pfändung ihre Wirkung verlieren. **A.A.** aber LG Bochum, BB 1957, 1158 mit zust. Anm. Roellecke; Grunau, JurBüro 1962, 433, der meint, es müsse immer einwandfrei geklärt werden, ob Drittschuldner und Schuldner eine sofort oder bedingt oder befristet wirkende Aufrechnung vereinbart haben oder ob sie sich vorbehalten haben, später eine solche Aufrechnungserklärung abzugeben. Da aber Arbeitsentgelt durch Parteivereinbarung der Pfändung nicht entzogen werden kann, dürfte der Ansicht des LG Dortmund zu folgen sein. Nur wenn ausnahmsweise die Grundsätze von Treu und Glauben das Erlöschen der Aufrechnungsklausel, insbesondere im Hinblick auf die schutzwürdige Situation des Drittschuldners, verbieten, wird sie auch über die Pfändung hinauswirken. Bei Dienstverhältnissen des täglichen Kleinverkehrs wird ein solcher Ausnahmefall jedoch kaum einmal gegeben sein.

102 LG Hamburg, MDR 1961, 856; LG Dortmund (Fn. 101); LG Köln VersR 1952, 321; ArbG Villingen, BB 1957, 511. **A.A.** LG Bochum (Fn. 101).

hen[103]. Diese Verpflichtung kann der Drittschuldner dadurch erfüllen, dass er die vom Schuldner kassierten Gelder in vollem Umfange **herausverlangt**. Bis zur Ablieferung der Gelder oder wenigstens des gepfändeten Lohnteils durch den Schuldner kann dann der Drittschuldner jede Leistung an den Gläubiger verweigern[104]. Der Drittschuldner muss aber im Interesse des Gemeinwohls, um die ordnungsgemäße Durchführung der Pfändung zu sichern, auch Nachteile hinnehmen, wenn er Arbeitnehmer beschäftigt, die sich dem Zugriff ihrer Gläubiger zu entziehen suchen[105]. Er muss daher einer beharrlichen Weigerung des Schuldners, die eingenommenen Gelder abzuführen, mit dem Entzug der Inkassovollmacht und nötigenfalls auch mit der Kündigung des Vertreterverhältnisses aus wichtigem Grunde begegnen[106]. Zu einer mit erheblicher Geschäftsschädigung verbundenen fristlosen Entlassung ist der Drittschuldner zwar nicht verpflichtet[107]. In einer ständigen Fortbeschäftigung des Schuldners, der die Herausgabe der gepfändeten Beträge beharrlich verweigert, liegt aber nach § 242 BGB ein Verzicht des Drittschuldners dem Gläubiger gegenüber auf die Einrede, der Schuldner sei seiner Ablieferungspflicht nicht nachgekommen[108]. Das führt bei Leistungsklage des Gläubigers zur Verurteilung des Drittschuldners auf Zahlung der gepfändeten Beträge, auch wenn er sie selbst vom Schuldner nicht ausgehändigt erhalten hat.

1.5.2. Arbeitseinkommen der Kellner, Friseure, Taxichauffeure usw.; freiwilliges Trinkgeld

C.34 Der Kellner erhebt Bedienungs-(Trink-)Gelder, die als Teil des Kaufpreises für die dem Gast verabreichten Speisen und Getränke oder als Aufschlag (10%, 15%) zum Kaufpreis berechnet werden, für den Wirt. Das Geld wird also Eigentum des Wirts[109]. Gegen diesen hat der Kellner nur eine Forderung auf Aushändigung des Bedienungsgeldes. Dieses ist daher Arbeitsvergütung, die der Dienstherr schuldet, und als solches Arbeitseinkommen nach §§ 850 ff. ZPO[110]. Das gilt ohne Rücksicht darauf, ob der Kellner nach dem sog. „Tronc"-System[111] oder nach dem Serviersystem[112]

---

103 BAGE 17, 159 = AP Nr. 1 zu § 611 BGB „Kellner" = MDR 1965, 944 = NJW 1966, 469 = Rpfleger 1966, 255 mit Anm. Berner.

104 RArbG 6, 204 = JW 1931, 1293; ArbG Landau/Pfalz, BB 1963, 1177.

105 BArbG, a.a.O. (Fn. 103).

106 RArbG 20, 128 = JW 1938, 3316; LG Dortmund (Fn. 101); **a.A.** LG Bochum (Fn. 101); Hueck in AP Nr. 1 zu § 611 BGB „Kellner".

107 ArbG Landau/Pfalz (Fn. 104), das allerdings zu weitgehend meint, die Verpflichtung des Drittschuldners erschöpfe sich in der Drohung mit einer fristlosen Entlassung.

108 RArbG (Fn. 104).

109 RArbG 20, 126 = JW 1938, 3316; RArbG 6, 205 = JW 1931, 1293; RArbG 5, 205 = JW 1930, 2242; RArbG 2, 193.

110 RArbG 20, 126 = JW 1938, 3318; RArbG 6, 204 = JW 1931, 1293; RArbG 5, 205 = JW 1930, 2242; LArbG Hannover, BB 1955, 608; ArbG Göttingen, AP Nr. 1 zu § 611 BGB mit zust. Anm. Hueck; ArbG Landau/Pfalz (Fn. 104); LG Hildesheim, BB 1963, 1177 = JurBüro 1963, 715 = Rpfleger 1963, 247; BArbG (Fn. 103).

111 Zahlung aus gemeinsamer Prozentkasse. Beim Tronc-System werden die Bedienungsgelder in eine gemeinsame Kasse (Tronc) eingeworfen und periodisch nach einem bestimmten Schlüssel an alle Kellner verteilt.

112 Bei dem jedem Kellner das von ihm selbst vereinnahmte Trinkgeld zukommt.

entlohnt wird[113]. Bei letzterem System gilt dies insbesondere auch dann, wenn der Kellner auf Grund ausdrücklicher oder stillschweigender Vereinbarung mit dem Wirt das vereinbarte Bedienungsgeld nicht abrechnet und abliefert, sondern zur Befriedigung des ihm gegen den Wirt zustehenden Lohnanspruchs einbehält[114]. Diese Abrechnungsvereinbarung verliert, auch wenn sie tarifvertraglich festgelegt ist, mit der Pfändung ihre Wirksamkeit[115]. Der Wirt ist daher berechtigt und infolge des Zahlungsverbotes verpflichtet, den gepfändeten Betrag vom Lohn des Kellners einzufordern und an den Gläubiger abzuliefern[116]. Kommt er dieser Verpflichtung nicht nach, sondern duldet er weiter die vom Kellner vorzunehmende Aufrechnung, so bleibt er dem Gläubiger weiterhin haftbar[117] (siehe hierwegen Rdn. C.33).

Mehrbeträge, die der Gast freiwillig gibt (sog. **freiwilliges Trinkgeld**), sind dem Kellner als rein persönliches Geschenk zugewendet und deshalb nicht Arbeitseinkommen[118]. Solche Mehreinnahmen des Kellners können nur im Wege der Taschenpfändung durch den Gerichtsvollzieher gepfändet werden. Auch Trinkgelder, die der Gasthausdiener erhält, der ohne Barlohn nur gegen Kost und Wohnung und mit dem Recht, die ihm von den Gästen zugewendeten Trinkgelder zu behalten, angestellt ist, sind nicht als Geldforderungen gegen den Arbeitgeber pfändbar[119]. Das gilt selbst dann, wenn ein rechtlicher Anspruch auf solche Trinkgelder besteht, z.B. infolge eines Anschlags, dass für das Einstellen von Fahrzeugen ein Trinkgeld an den Hausdiener zu zahlen ist. C.35

Für das Trinkgeld und das durch Einbehaltung eines Teils der vereinnahmten Beträge zu deckende Einkommen des Hotelpersonals, des Friseurs und anderer **Schuldner mit Inkasso**, z.B. eines Taxichauffeurs[120], Tankstellenverwalters usw. gilt das Rdn. C.34, C.35 Gesagte entsprechend. Es gilt entsprechend auch für Aufrechnungsvereinbarungen bei anderen Rechtsverhältnissen zwischen Schuldner und Arbeitgeber, wenn Verrechnungsmodus und folglich Interessenlagen die gleichen sind (z.B. bei Getränkeverkauf durch den Schuldner in der Gaststätte des Drittschuldners für dessen Rechnung auf Umsatzprovisionsbasis)[121]. C.36

---

113 LG Hildesheim (Fn. 110); für Tronc-System: ArbG Bochum, BB 1963, 1177.
114 Siehe Fn. 110.
115 RArbG 20, 129; BArbG (Fn. 103).
116 BArbG (Fn. 103).
117 RArbG 20, 129; 5, 208 = JW 1930, 2242; RArbG 6, 204 = JW 1931, 1293. Es genügt insbesondere nicht, dass der Arbeitgeber den Kellner auffordert, den Betrag selbst abzuführen, LArbG Hannover (Fn. 110).
118 RArbG 17, 194 = JW 1937, 58; RArbG 11, 357 (359); BArbG, BAGE 80, 230 = MDR 1996, 394 = NJW 1996, 1012 = NZA 1996, 252; OLG Stuttgart, FamRZ 2002, 184 = JurBüro 2001, 656 = MDR 2002, 294 = Rpfleger 2001, 608. Siehe auch LG Hildesheim, Rpfleger 1963, 247; Hintzen, Forderungspfändung, § 2 Rdn. 36.
119 RArbG 11, 357.
120 LArbG Düsseldorf, DB 1972, 1540.
121 BArbG (Fn. 103).

1.5.3. Abstellung zu einer Arbeitsgemeinschaft

C.37 **Schrifttum:** Knigge, Die Abstellung von Arbeitnehmern an eine baugewerbliche Arbeitsgemeinschaft, DB 1982, Beilage Nr. 4.

C.38 Abstellung eines Arbeitnehmers zu einer (insbesondere baugewerblichen) **Arbeitsgemeinschaft** kann als Abordnung oder mit Freistellung beim bisherigen Arbeitgeber und Begründung eines neuen Arbeitsverhältnisses zwischen der Arbeitsgemeinschaft (= Arge) und dem (freigestellten) Arbeitnehmer erfolgt sein.

Abordnung begründet keine arbeitsvertraglichen Beziehungen des Schuldners als Arbeitnehmer zur Arge; der (bisherige) Vertrags-Arbeitgeber ist daher (wie bei erlaubter Arbeitnehmerüberlassung, Rdn. C.40) in arbeitsrechtlicher Hinsicht unverändert Arbeitgeber, somit auch Drittschuldner. Eine mit Zustellung an ihn wirksam gewordene Einkommenspfändung (§ 829 Abs. 3 ZPO) wird durch Abordnung an eine Arge daher nicht berührt.

Bei **Abstellung** zur Arge durch Begründung eines (neuen) Arbeitsverhältnisses mit dieser stehen dem Schuldner als Arbeitnehmer Lohnzahlungsansprüche nur gegen die Arge als Arbeitgeberin zu. Das Arbeitsverhältnis zum Stammbetrieb ruht in der Zeit dieser Beschäftigung bei der Arge, begründet somit auch keinen Anspruch auf Zahlung von Arbeitsentgelt; es lebt mit Beendigung des Arbeitsverhältnisses bei der Arge wieder auf. Für die Pfändung des Arbeitseinkommens aus dem bei der Arge begründeten Arbeitsverhältnis ist diese Drittschuldnerin. Arbeitseinkommen aus dem bei der Arge neu begründeten Arbeitsverhältnis wird von der Einkommenspfändung beim bisherigen Arbeitgeber nicht erfasst; es gilt das zum Arbeitgeberwechsel Rdn. C.119 Gesagte. Wenn das Arbeitsverhältnis zum Stammbetrieb mit Beendigung der Abstellung zur Arge wieder auflebt, wirkt jedoch eine früher bei diesem Arbeitgeber ausgebrachte Einkommenspfändung nach § 832 ZPO (Rdn. C.119), jedenfalls aber nach § 833 Abs. 2 ZPO fort (Rdn. C.125). Die Pfändung des Einkommens aus dem bei der Arge begründeten Arbeitsverhältnis gegen diese als Drittschuldnerin erfasst hingegen das Arbeitseinkommen aus dem bei dem Stammbetrieb wieder aufgelebten Arbeitsverhältnis nicht; auch das beim Stammbetrieb (nach Beendigung der Beschäftigung bei der Arge) wieder auflebende Arbeitsverhältnis ist gegenüber dem zur Zeit der Pfändung bestehenden Arbeitsverhältnis bei der Arge ein neues Arbeitsverhältnis; auch für diesen Fall gilt somit das Rdn. C.119 zum Arbeitgeberwechsel Gesagte.

1.5.4. Leiharbeitnehmer

C.39 **Schrifttum:** Becker, Der arbeits- und sozialrechtliche Status der Leiharbeitnehmer, ZIP 1984, 782.

C.40 Für einen Leiharbeitnehmer ist bei erlaubter gewerbsmäßiger Arbeitnehmerüberlassung[122] lediglich der Verleiher (als Vertragsarbeitgeber) in arbeitsrechtlicher Hinsicht Arbeitgeber[123] und damit Drittschuldner, nicht somit das jeweilige Beschäftigungsunternehmen (= Entleiher). Bei unerlaubter Überlassung von Arbeit-

---

122 Arbeitnehmerüberlassungsgesetz i.d.F. vom 3.2.1995 (BGBl I 158).
123 BGHSt 31, 32 = MDR 1982, 686 = NJW 1982, 1952 (1953).

nehmern (Verleiher ist nicht im Besitz einer Erlaubnis[124] der Bundesagentur für Arbeit) ist der Vertrag zwischen Verleiher und Leiharbeitnehmer unwirksam (§ 9 Abs. 1 Nr. 1 AÜG); ein Arbeitsverhältnis gilt zwischen Entleiher und Leiharbeitnehmer als zustande gekommen (§ 10 Abs. 1 AÜG). Drittschuldner ist somit der Entleiher. Das schließt jedoch nicht aus, dass auch der Verleiher den Leiharbeitnehmer für die geleistete Arbeit entlohnt[125] (siehe § 10 Abs. 3 S. 1 AÜG). Leistet der Verleiher auf Grund des faktischen (fingierten) Arbeitsverhältnisses[126] (Anwendung der Pfändungsvorschriften auf dieses Rdn. C.11) Arbeitsentgelt, dann wird durch diese Zahlung auch der Entleiher entlastet; in Höhe des gezahlten Arbeitsentgelts erlischt jeweils auch die Schuld des Entleihers[127]. Für Zahlungen auf Grund des faktischen Arbeitsverhältnisses ist daher der Verleiher auch Drittschuldner.

Dem vollstreckenden Gläubiger wird vielfach nicht bekannt sein, ob erlaubte oder unerlaubte gewerbsmäßige Arbeitnehmerüberlassung vorliegt und wer Zahlungen leistet; für die bisweilen schwierige rechtliche Abgrenzung zwischen Arbeitnehmerüberlassung und Werk- oder Dienstvertrag[128] wird ihm zudem die erforderliche Kenntnis der Vertragsbeziehungen der Beteiligten fehlen. Für einen Pfändungszugriff empfiehlt es sich daher, sowohl den Verleiher als auch den Entleiher als Drittschuldner zu behandeln. Der Schadensersatzanspruch des Leiharbeitnehmers gegen den Verleiher (§ 10 Abs. 2 AÜG) unterliegt dem Pfändungsschutz wie Arbeitseinkommen (Rdn. C.28). Er dürfte mit der Bezeichnung der zu pfändenden Forderung als Arbeitseinkommen auch von der Pfändung erfasst sein (Auslegung); eine ausdrückliche Mitpfändung ist jedoch ratsam.

1.5.5. Entwicklungshelfer

Der Entwicklungshelfer (§ 1 EhfG[129]) steht im Dienst des Trägers des Entwicklungsdienstes (§ 2 EhfG; vgl. aber auch § 5 EhfG, wonach Leistungen in bestimmten Fällen auch vom ausländischen Projektträger zu erbringen sein können) und erhält von diesem Unterhaltsgeld und Sachleistungen zur Sicherung des Lebensbedarfs (Unterhaltsleistungen), außerdem eine Wiedereingliederungshilfe sowie Reisekostenerstattung (§ 4 EhfG). Der Entwicklungshelfer ist zwar nicht Arbeitnehmer oder arbeitnehmerähnliche Person im Sinne des Arbeitsrechts; sein Dienst ist aber Berufsausübung, die ihm vom Träger (= Drittschuldner) zu erbringenden Leistungen sind mithin pfändungsrechtlich Arbeitseinkommen (siehe auch § 19 Abs. 1 EhfG über die Zuständigkeit der Arbeitsgerichte). Als solches sind die Leistungen nur nach Maßgabe des §§ 850 ff. ZPO pfändbar. C.41

Die Wiedereingliederungshilfe ist einmalige Leistung, die auf Antrag nach § 850i ZPO pfandfrei gestellt werden kann. Für die Entscheidung über einen An-

124 Ausnahme für Arbeitgeber mit weniger als 20 Beschäftigten zur Vermeidung von Kurzarbeit oder Entlassungen siehe § 1a AÜG.
125 BGHZ 75, 299 = MDR 1980, 303 = NJW 1980, 452.
126 Becker, ZIP 1984, 782 (782, 788); auch BGH (Fn. 125); BGH, NJW (Fn. 123).
127 BGH (Fn. 125).
128 Dazu Becker, ZIP 1984, 782 (785); BGH (Fn. 125).
129 Entwicklungshelfer-Gesetz vom 18.6.1969 (BGBl I 549).

trag nach § 850i ZPO ist wesentlich, dass die Wiedereingliederungshilfe nicht nur der Erleichterung des Übergangs in einen anderen Beruf oder der Erlangung eines der bisherigen Ausbildung entsprechenden Arbeitsplatzes dienen soll, sondern auch berücksichtigt, dass nach einem entbehrungsreichen Dienst in Entwicklungsländern ein unabweisbarer Nachholbedarf (z.B. an Kleidung und Ausstattung) besteht, der durch eine angemessene Geldzahlung befriedigt werden soll[130].

Der Anspruch auf die Leistung des Bundes zu Krankheits-, Rückführungs- und Überführungskosten (§ 7 Abs. 3 EhfG) ist als zweckgebundene Forderung außerhalb der Zweckbestimmung unpfändbar. Die Reisekostenerstattung fällt unter § 850a Nr. 3 ZPO.

Der Tagegeldanspruch an den Bund (§ 9 EhfG) ist Ersatzleistung für das Verletztengeld nach der gesetzlichen Unfallversicherung. Demgemäß erscheint eine Pfändung nur im Rahmen des § 54 SGB I zulässig. Entsprechendes gilt bei Gesundheitsstörungen oder Tod für die Leistungen, die der Bund an Stelle der Leistungen aus der gesetzlichen Unfall- oder Rentenversicherung erbringt (§ 10 EhfG).

1.6. Wehrsold und Bezüge der Berufssoldaten

C.42 **Soldaten** der Bundeswehr und ihre Hinterbliebenen erhalten Dienst- und Versorgungsbezüge nach den für Bundesbeamte geltenden Grundsätzen; diese Bezüge sind als Beamtengehalt Arbeitseinkommen (siehe oben Rdn. C.6). Dienstbekleidung und unentgeltliche Gemeinschaftsunterkunft sind als Sachbezüge nach § 850e Abs. 1 Nr. 3 ZPO mit dem Arbeitseinkommen in Geld zusammenzurechnen. Zur Versorgung bestimmt das SVG[131] in

§ 48 SVG

(1) Ansprüche auf Versorgungsbezüge können, wenn bundesgesetzlich nichts anderes bestimmt ist, nur insoweit abgetreten oder verpfändet werden, als sie der Pfändung unterliegen.

(2) Ansprüche auf Übergangsbeihilfe, Sterbegeld, einmalige Unfallentschädigung, einmalige Entschädigung und auf Schadensausgleich in besonderen Fällen können weder gepfändet noch abgetreten noch verpfändet werden. Ansprüche auf einen Ausbildungszuschuss, auf Übergangsgebührnisse und auf Grund einer Bewilligung einer Unterstützung nach § 42 können weder abgetreten noch verpfändet werden. Forderungen des Dienstherrn gegen den Verstorbenen aus Vorschuss- oder Darlehnsgewährungen sowie aus Überzahlungen von Dienst- oder Versorgungsbezügen können auf das Sterbegeld angerechnet werden.

Wegen der Folgen einer Wehrdienstbeschädigung während ihrer Dienstzeit erhalten Soldaten einen Ausgleich in Höhe der Grundrente und der Schwerstbeschädigtenzulage nach dem BVG. Dazu bestimmt Satz 1 des

§ 85 SVG

(5) Der Anspruch auf Ausgleich kann weder abgetreten noch verpfändet noch gepfändet werden. …

130 Begründung, BT-Drucks. V/2696, S. 10.
131 Soldatenversorgungsgesetzi.d.F. vom 16.9.2009 (BGBl I 3054).

Entsprechendes gilt nach § 86 Abs. 1 SVG für die Erstattung von Sachschäden und für besondere Aufwendungen.

Soldatinnen und Soldaten, die **freiwilligen Wehrdienst** leisten[132], beziehen nach dem SG[133] und dem WSG[134] Wehrsold (u.U. auch eine besondere Zuwendung und einen Leistungszuschlag) sowie Sachbezüge. Geld- und Sachbezüge nach dem Wehrsoldgesetz sind pfändungsrechtlich Arbeitseinkommen im Sinne der §§ 850 ff. ZPO; sie unterliegen daher den Pfändungsbeschränkungen nach §§ 850c–850g ZPO[135]. **C.43**

Wehrsold, Dienstgeld und **Sachbezüge** (Verpflegung, Unterkunft, Dienstkleidung), die der Wehrdienstleistende für die Dauer seiner Dienstzeit erhält, sind für die Berechnung des pfändungsfreien Teiles der Geldleistungen nach § 850e Abs. 1 Nr. 3 ZPO **zusammenzurechnen**. Außer Betracht bleibt jedoch (§ 850e Nr. 1 ZPO analog) der Wert der Heilfürsorge[136]. Der Wehrsold ist pfändbar, soweit nach der Zusammenrechnung der unpfändbare Teil des Gesamteinkommens durch den Wert der dem Schuldner verbleibenden Naturalleistungen gedeckt ist (siehe dazu das Beispiel Rdn. C.406). **C.44**

Leistungen nach dem USG[137], die an unterhaltsberechtigte Angehörige gezahlt werden, sind dem Einkommen des Soldaten nicht hinzuzurechnen; jeder Soldat ist in diesem Fall wie ein Lediger ohne Unterhaltsverpflichtungen zu behandeln[138].

Übergangsgebührnisse werden den Soldaten auf Zeit, deren Dienstverhältnis endet, nach § 11 SVG unter bestimmten Voraussetzungen geleistet. Sie sind laufendes Einkommen für eine Übergangszeit aus dem früheren Dienstverhältnis (und daher auch als Arbeitslohn zu versteuern)[139]. Als solches dienen sie für eine bestimmte Zeit nach dem Ausscheiden aus dem Dienst dem Lebensunterhalt des Soldaten. Daher unterliegen die Übergangsgebührnisse den Pfändungsvorschriften für Arbeitseinkommen. Entsprechendes gilt für die **Ausgleichsbezüge**, die Inhaber eines Eingliederungsscheins nach Beendigung des Dienstverhältnisses erhalten (§ 11a SVG); wegen ihrer Zusammenrechnung mit den Anwärter- bzw. Beamtendienstbezügen siehe § 850e Nr. 2 ZPO. Das Übergangsgeld eines Berufssoldaten (§ 37 SVG) unterliegt gleichfalls den Pfändungsvorschriften für fortlaufendes Arbeitseinkommen[140]. **C.45**

Übergangsbeihilfe wird den Soldaten auf Zeit, deren Dienstverhältnis endet, nach § 12 SVG unter bestimmten Voraussetzungen gewährt. Diese Beihilfe wird bei Beendigung des Dienstverhältnisses in einer Summe bezahlt; sie soll den Übergang vom Soldatenberuf in den Zivilberuf erleichtern. Die Leistung ist nicht pfändbar (§ 48 Abs. 2 SVG, abgedr. Rdn. C.42). **C.46**

---

132 §§ 54–61 Wehrpflichtgesetz i.d.F. vom 15.8.2011 (BGBl I 1730).
133 Soldatengesetz i.d.F. vom 30.5.2005 (BGBl I 1482).
134 Wehrsoldgesetz i.d.F. vom 13.8.2008 (BGBl I 1718).
135 Allgemeine Ansicht; ältere Entscheidungen und Schrifttum hier 15. Aufl. Rdn. 905 Fn. 25.
136 LG Zweibrücken, Rpfleger 1962, 385; siehe auch OLG Neustadt, BB 1962, 1344 = MDR 1962, 996 = Rpfleger 1962, 384.
137 Unterhaltssicherungsgesetz vom 29.6.2015 (BGBl I 1061, 1062).
138 Franke, NJW 1968, 830.
139 BGH, FamRZ 1980, 39 = MDR 1980, 128 = NJW 1980, 229.
140 AG Krefeld, MDR 1979, 853.

Der **einmalige Ausgleich** des vorzeitig in den Ruhestand getretenen Berufssoldaten (§ 38 SVG) gleicht den durch die frühere Beendigung des Dienstverhältnisses bedingten Verlust an Einkommen aus[141], fällt mithin unter § 850i ZPO.

C.47 **Entlassungsgeld**[142], das ein Soldat bei der Entlassung nach Ableistung eines (freiwilligen) Wehrdienstes erhält (§ 9 WSG), wird zur Überbrückung der Zeit zwischen dem letzten Wehrsoldempfang und der Zahlung von Arbeitsentgelt aus einem neuen oder wieder aufgenommenen Beschäftigungsverhältnis bezahlt[143]. Das Entlassungsgeld gehört zu den Bezügen des Soldaten und damit pfändungsrechtlich zu dessen Arbeitseinkommen im Sinne der §§ 850 ff. ZPO[144]. Es wird daher von einer Pfändung des Wehrsolds, d.i. des Arbeitseinkommens des Soldaten erfasst[145]. Entlassungsgeld wird aber nicht für einen fest umrissenen Zeitraum gezahlt; es fällt deshalb, ebenso wie eine Abgangsentschädigung oder Abfindungssumme (dazu Rdn. C.515), unter § 850i ZPO. Es ist somit grundsätzlich unbeschränkt pfändbar[146]; auf Antrag wird dem Schuldner jedoch ein pfändungsfreier Betrag für den notwendigen Unterhalt belassen[147].

C.48 Die **Verdienstausfallentschädigung** bei Wehrübungen (§§ 6, 7 USG) ist pfändungsrechtlich gleichfalls Arbeitseinkommen des Soldaten. Die Entschädigung wird für jeden Werktag gewährt; die Pfändungsfreibeträge sind mithin nach Tagen festzusetzen.

C.49 **Sterbegeld,** das den Hinterbliebenen eines Soldaten auf Zeit gewährt wird, kann nicht gepfändet werden (§ 48 Abs. 2 SVG).

Wegen der Vertretung des Bundes als Drittschuldner bei der Pfändung von Wehrsold siehe Anhang 1b.

---

141 BGH, FamRZ 1982, 684 = MDR 1982, 930 = NJW 1982, 1982.

142 Dazu Schmidt, JurBüro 1965, 887; Herzig, JurBüro 1968, 272; Riecker, JurBüro 1981, 321; Riecker, JurBüro 1985, 1772.

143 LG Koblenz, MDR 1969, 769 m.w.N.; Kreutzer, AnwBl 1974, 171 (173); Riecker, JurBüro 1981, 321 (323).

144 OLG Hamm, JurBüro 1985, 631 = OLGZ 1984, 457; LG Detmold, Rpfleger 1997, 448.

145 So auch Schmidt, JurBüro 1965, 887, der noch empfiehlt, das Entlassungsgeld im Pfändungsbeschluss ausdrücklich als gepfändet zu benennen; ebenso Schmidt, Rpfleger 1999, 283 (Anm. zu OLG Dresden); AG Neunkirchen, JurBüro 1968, 313; Kreutzer, DöD 1975, 217 (221). **A.A.** Herzig, JurBüro 1968, 272, der das Entlassungsgeld als eine „Art“ Prämie (Abgangsgeld) wertet und als Kapitalzuwendung überhaupt nicht den Vorschriften der §§ 850 ff. ZPO unterstellt. Es soll daher keinerlei Pfändungsschutz genießen und dem Zugriff der Gläubiger unbeschränkt unterworfen sein. Dem kann im Hinblick auf die Aufgabe des Entlassungsgeldes als Leistung für die Überbrückungszeit und die Rechtslage bei Zahlung sonstiger Abgangsentschädigung oder -summe jedoch nicht zugestimmt werden. Anders auch Riecker, JurBüro 1981, 321 und 1985, 1772, der Entlassungsgeld als besonders geartete Form von Sozialhilfe, für die der Gesetzgeber eine Pfändungsverbotsvorschrift vergessen hat, ansieht und daher für unpfändbar hält. Dem steht entgegen, dass Entlassungsgeld pfändungsrechtlich (§ 850 ZPO) in Geld zahlbares Arbeitseinkommen ist, Pfändungsschutz mithin allein „nach Maßgabe der §§ 850a–850i“ ZPO bestehen kann.

146 LG Detmold (Fn. 144); LG Rostock, Rpfleger 2001, 439.

147 OLG Hamm (Fn. 144); OLG Dresden, Rpfleger 1999, 283 mit Anm. Schmidt; LG Detmold (Fn. 144); LG Koblenz (Fn. 143); LG Rostock (Fn. 146); AG Neunkirchen (Fn. 145); Kreutzer (Fn. 143).

1.7. Leistungen nach dem Unterhaltssicherungsgesetz

Schrifttum (zum USG a.F.): Huken, Pfändungsschutz für Ansprüche nach dem Unterhaltssicherungsgesetz, KKZ 1968, 74; 1965, 56 und 1971, 12 sowie 81; Huken, Welche Einzelansprüche nach dem Unterhaltssicherungsgesetz sind pfändbar?, KKZ 1984, 168; Wagner, Abtretung, Verpfändung und Pfändung von Leistungen nach dem Unterhaltssicherungsgesetz, Rpfleger 1973, 206. C.50

Personen, die **Wehrdienst** nach dem Vierten Abschnitt des Soldatengesetzes leisten (Reservistendienst Leistende), und Personen, die nach § 58b des Soldatengesetzes freiwilligen Wehrdienst leisten (§§ 1, 2 USG), sowie ihre Angehörigen erhalten Leistungen nach dem USG[148]. Gewährt werden den Reservistendienst Leistenden: C.51

- **Verdienstausfall** von Arbeitnehmern in Höhe des um die gesetzlichen Abzüge verminderten Arbeitsentgelts (§ 6 Abs. 1 USG),
- Ersatz für die Einbuße von Entgeltersatzleistungen (§ 6 Abs. 2 USG),
- Entschädigung für die einem Selbstständigen entgehenden Einkünfte (§ 7 USG),
- mindestens der Tagessatz nach § 9 USG.

Den freiwilligen Wehrdienst Leistenden werden gewährt:

- Aufwendungen für Wohnraum (§ 13 USG),
- Aufwendungen für Miete einer Betriebsstätte und sonstige Aufwendungen zur Sicherung der Erwerbsgrundlage (§ 14 USG),
- sonstige Aufwendungen, insbesondere Versicherungsbeiträge (§ 15 USG).

Den Angehörigen von freiwilligen Wehrdienst Leistenden werden gewährt:

- allgemeine Leistungen für Angehörige im gemeinsamen Haushalt (§ 17 USG),
- Leistungen für die Erstausstattung bei Geburt eines Kindes (§ 18 USG),
- besondere Zuwendungen für Kinder (§ 19 USG),
- Erstattung von Beiträgen zur Kranken- und Pflegeversicherung (§ 20 USG),
- Überbrückungszuschuss, Leistungen in Höhe von Unterhaltsleistungen (§§ 21, 22 USG).

Soweit **Verdienstausfallentschädigung** oder entsprechende Leistungen als Ersatz für Arbeitseinkommen gewährt werden, ist der die Pfändungsgrenze der §§ 850 ff. ZPO übersteigende Teil der Entschädigung pfändbar und abtretbar[149]. C.52

Aufwendungen für Miete und zur Sicherung der Erwerbsgrundlage sind als zweckgebundene Leistungen weder abtretbar noch pfändbar. Dasselbe gilt für sonstigen Aufwendungsersatz, insbesondere Versicherungsbeiträge[150].

---

148 Fn. 137.
149 Vgl. Wagner, Rpfleger 1973, 206; Huken, KKZ 1984, 168 je zum USG a.F.
150 Wagner (Fn. 149); Huken (Fn. 149) je zum USG a.F.

1.8. Bundesfreiwilligendienst, Jugendfreiwilligendienst

C.53 Der Bundesfreiwilligendienst[151] wird in der Regel ganztägig als überwiegend praktische Hilfstätigkeit in gemeinwohlorientierten Einrichtungen geleistet (§ 3 Abs. 1 BFDG). Jugendfreiwilligendienst[152] sind das freiwillige soziale Jahr und das freiwillige ökologische Jahr (§ 1 Abs. 2 JFDG).

C.54 Die freiwilligen Dienste werden ohne Erwerbsabsicht geleistet (§ 2 Abs. 1 Nr. 1 JFDG). Für den Dienst erhalten Freiwillige ein angemessenes Taschengeld und als Sachleistungen unentgeltliche Unterkunft, Verpflegung sowie Arbeitskleidung oder entsprechende Geldersatzleistungen (§ 2 Nr. 4 BFDG; § 2 Abs. 1 Nr. 3 JFDG). Das Taschengeld und die Sachleistungen sind Entgelt für Dienstleistungen, pfändungsrechtlich somit Arbeitseinkommen (§ 850 ZPO). Pfändbare Beträge ergeben sich bei dem Umfang der Leistungen jedoch nicht. Kontopfändungsschutz kann nach § 850k ZPO bestehen.

1.9. Betriebliche Altersversorgung

C.55 Zur **betrieblichen Altersversorgung** (sog. zweite Säule der Alterssicherung) können einem Arbeitnehmer (§ 17 Abs. 1 BetrAVG; auch einem arbeitnehmerähnlichen Selbstständigen) vom Arbeitgeber aus Anlass des Arbeitsverhältnisses Leistungen der Alters-, Invaliditäts- oder Hinterbliebenenversorgung zugesagt sein (§ 1 Abs. 1 S. 1 BetrAVG). Betriebliche Altersversorung liegt ebenso vor,

- wenn der Arbeitgeber sich verpflichtet, bestimmte Beiträge in eine Anwartschaft auf Alters-, Invaliditäts- oder Hinterbliebenenversorgung umzuwandeln (beitragsorientierte Leistungszusage; § 1 Abs. 2 Nr. 1 BetrAVG);
- wenn der Arbeitgeber sich verpflichtet oder durch Tarifvertrag oder auf Grund eines Tarifvertrages in einer Betriebs- oder Dienstvereinbarung verpflichtet wird, Beiträge zur Finanzierung von Leistungen der Altersversorgung an einen Pensionsfonds, eine Pensionskasse oder eine Direktversicherung zu zahlen (Beitragszusage mit Mindestleistung, § 1 Abs. 2 Nr. 2, 2a BetrAVG);
- bei Umwandlung künftiger Entgeltansprüche in eine wertgleiche Anwartschaft auf Versorgungsleistungen (Entgeltumwandlung, § 1 Abs. 2 Nr. 3 BetrAVG);
- wenn der Arbeitnehmer Beiträge aus seinem Arbeitsentgelt zur Finanzierung von Leistungen der betrieblichen Altersversorgung an einen Pensionsfonds usw. leistet und die Zusage des Arbeitgebers auch die Leistungen aus diesen Beiträgen umfasst (§ 1 Abs. 2 Nr. 4 BetrAVG).

Anspruch auf Verwendung künftiger Entgeltansprüche für betriebliche Altersversorgung begründet § 1a BetrAVG; der Arbeitnehmer kann danach vom Arbeitgeber (einseitig) Entgeltumwandlung für betriebliche Altersversorgung (bis zu einem Höchstbetrag) verlangen.

---

151 Bundesfreiwilligendienstgesetz vom 28.4.2011 (BGBl I 687).
152 Jugendfreiwilligendienstgesetz vom 16.5.2008 (BGBl I 842).

Die Durchführung der betrieblichen Altersversorgung kann erfolgen C.56

- mit **Direktzusage** unmittelbar über den Arbeitgeber,
- durch **Direktversicherung**, d.i. Abschluss einer Lebensversicherung durch den Arbeitgeber auf das Leben des Arbeitnehmers, bei der der Arbeitnehmer oder seine Hinterbliebenen hinsichtlich der Leistungen des Versicherers ganz oder teilweise bezugsberechtigt sind (§ 1b Abs. 2 BetrAVG),
- über eine **Pensionskasse**, d.i. eine rechtsfähige Versorgungseinrichtung, auf deren Leistungen ein Rechtsanspruch des Arbeitnehmers oder seiner Hinterbliebenen besteht (§ 1b Abs. 3 BetrAVG),
- über eine **Unterstützungskasse**, d.i. eine rechtsfähige Versorgungseinrichtung, die auf ihre Leistungen keinen Rechtsanspruch gewährt (§ 1b Abs. 4 BetrAVG),
- über einen **Pensionsfonds**, d.i. eine rechtsfähige Versorgungseinrichtung, die Altersversorgungsleistungen mit eigenem Anspruch des Arbeitnehmers erbringt (§ 1b Abs. 3 BetrAVG; 112 VAG mit Einzelheiten).

Die steuerliche und sozialversicherungsrechtliche Behandlung der betrieblichen Altersversorgung in der Anspar- und Auszahlungsphase zeichnet sich durch vielerlei Besonderheiten aus. **Vollstreckungsrechtlich** sind Arbeitgeberleistungen (Beiträge) zur betrieblichen Altersversorgung, auch wenn sie auf Entgeltumwandlung beruhen[153], **nicht Arbeitseinkommen** im Sinne des § 850 ZPO. Arbeits- oder Dienstlohn, der dem Arbeitnehmer in Geld zahlbar ist, stellen sie nicht dar. Bei der Direktzusage behält der Arbeitgeber die Entgeltteile für Pensionsrücklagen ein, bei Durchführung über eine Pensionskasse, einen Pensionsfonds oder eine Unterstützungskasse leistet der Arbeitgeber diesen Versorgungsträgern Beiträge zur Finanzierung der Mittel für die späteren Leistungen. Bei der Direktversicherung schuldet der Arbeitgeber die Beitragsleistungen nach dem Versicherungsvertrag der Versicherungsgesellschaft, nicht aber dem Arbeitnehmer. Dessen für Arbeits- oder Dienstleistung vereinbarte Vergütung ist auf Grund der Versorgungszusage die als betriebliche Altersversorgung bestimmte widerrufliche (Rdn. A.301) oder unwiderrufliche (Rdn. A.298) Bezugsberechtigung auf die Versicherungsleistungen. Daher erlangen auch die Versicherungsbeiträge als Kürzungsbeiträge nach § 850e Nr. 1 ZPO keine Bedeutung. C.57

Ob das Zahlungsverbot (§ 829 Abs. 3 ZPO) ausschließt, dass der Schuldner als Arbeitnehmer auch nach Pfändung seines Arbeitseinkommens noch eine Entgeltumwandlung (Rdn. C.55) zur Aufbringung der Leistungen für betriebliche Altersversorgung verlangt und damit das (bare) Arbeitseinkommen um die Arbeitgeberleistungen für die betriebliche Altersversorgung gemindert wird, ist nicht geklärt. Das wurde früher angenommen (12. Aufl. Rdn. 892a). Daran kann nicht festgehalten werden. Die Entgeltumwandlung ist keine Verfügung über das gepfändete (künftige) Arbeitseinkommen. Die Vereinbarung über die Entgeltumwandlung ist Bestandteil des Arbeitsvertrags; sie bewirkt, dass in Zukunft in Höhe der Arbeitgeberleistungen für die betriebliche Altersversorgung kein Anspruch auf Barlohn C.58

153 BAGE 88, 28 = MDR 1998, 721 = NZA 1998, 707 = VersR 1999, 80; BArbG, NJW 2009, 167 (169).

entsteht[154]. Eine Änderung des Arbeitsvertrags zur Gestaltung des Rechtsverhältnisses, aus dem sich das gepfändete Arbeitseinkommen ergibt, schließt der Vollstreckungszugriff aber nicht aus (Rdn. A.41).

C.59 **Leistungen** der betrieblichen Altersversorgung **nach Eintritt des Versorgungsfalls** (in der Auszahlungsphase) sind als Arbeitseinkommen in Geld nur nach Maßgabe der §§ 850a–850i ZPO pfändbar (§ 850 ZPO). Versorgungsleistungen (auch an Hinterbliebene) aus einer Direktzusage des Arbeitgebers und Leistungen einer Pensionskasse, einer Unterstützungskasse oder eines Pensionsfonds sind Arbeitseinkommen als fortlaufende Einkünfte nach dem Ausscheiden aus dem Dienst- oder Arbeitsverhältnis oder als Hinterbliebenenbezüge (§ 850 Abs. 2 ZPO; s. Rdn. C.15)[155]; die durch eine Direktversicherung begründete Rente ist Arbeitseinkommen nach § 850 Abs. 3 Buchst. b ZPO (s. Rdn. C.25).

1.10. Vermögenswirksame Leistungen

C.60 **Schrifttum:** Borrmann, Zur Pfändbarkeit vermögenswirksamer Leistungen, DB 1974, 382, 2057; Brych, Zur Pfändbarkeit vermögenswirksamer Leistungen, DB 1974, 2054; Hauger, Auswirkung der Pfändung vermögenswirksamer Leistungen auf Wohnungsbauprämie und Arbeitnehmer-Sparzulage, DB 1975, 1147; Mümmler, Abtretung und Pfändung der Arbeitnehmer-Sparzulage, JurBüro 1994, 78; Muth, Zur Pfändbarkeit vermögenswirksamer Leistungen nach dem Dritten Vermögensbildungsgesetz, DB 1979, 1118; Oswald, Zwangsvollstreckung im Bereich des Vermögensbildungsgesetzes, AnwBl 1974, 365; Ottersbach, Pfändung der Arbeitnehmer-Sparzulage, Rpfleger 1990, 57; Rewolle, Die Pfändung von Einkommen aus vermögenswirksamen Leistungen nach dem zweiten Vermögensbildungsgesetz, DB 1966, 150 (durch Gesetzesänderung teilweise überholt).

C.61 Arbeitseinkommen kann nach dem 5. VermBG[156] vermögenswirksam angelegt werden[157]. Dazu bestimmt das 5. VermBG in

§ 2 des 5. VermBG

(7) Vermögenswirksame Leistungen sind arbeitsrechtlich Bestandteil des Lohns oder Gehalts. Der Anspruch auf die vermögenswirksame Leistung ist nicht übertragbar.

Diese Bestimmung ist im Gesetzesentwurf[158] wie folgt begründet:

„Satz 1 stellt klar, dass vermögenswirksame Leistungen (anders als die Arbeitnehmer-Sparzulage) arbeitsrechtlich Bestandteil des Lohns oder Gehalts sind. Satz 2 stellt klar, dass vermögenswirksame Leistungen nicht übertragbar und damit nicht pfändbar sind. Durch diese Vorschrift soll im Interesse der Rechtssicherheit die für etwa 90 v.H. der Fälle (Anlagen nach dem Spar-Prämiengesetz oder dem Wohnungsbau-Prämiengesetz) überwiegend in der Literatur schon vertretene Ansicht in das Gesetz übernommen werden. Um die verwaltungsmäßige Abwicklung zu erleichtern, wird davon abgesehen, für die restlichen 10 v.H. der Fälle (Anlage nach § 2 Abs. 1 Buchstabe c bis e) abweichende Regelungen für die Übertragbarkeit und Pfändbarkeit vorzusehen."

---

154 BArbG (Fn. 153 beide Entscheidungen).
155 Vgl. LG Münster, Beschluss vom 2.10.2015, 5 T 373/15, juris.
156 Fünftes Vermögensbildungsgesetz i.d.F. vom 4.3.1994 (BGBl I 406).
157 Der Anspruch des Arbeitnehmers auf Abschluss eines Anlagevertrags ist als Gestaltungsrecht nicht pfändbar, siehe Borrmann, DB 1974, 382 Fn. 4.
158 BT-Drucks. VI/601, S. 7.

Bei Vermögensbildung nach dem 5. VermBG ist zu unterscheiden: C.62

Vereinbarte vermögenswirksame Leistungen des Arbeitgebers (§ 10 des 5. VermBG) sind Leistungen, die der Arbeitgeber zur Vermögensbildung durch den Arbeitnehmer **zusätzlich** zu dem sonstigen Arbeitseinkommen zur zweckentsprechenden Verwendung erbringt. Solche Leistungen können in Verträgen mit Arbeitnehmern, in Betriebsvereinbarungen, Tarifverträgen oder in bindenden Festsetzungen (§ 19 HeimarbG) vereinbart sein. Diese vermögenswirksamen Leistungen sind arbeitsrechtlich Bestandteil des Lohns oder Gehalts (§ 2 Abs. 7 S. 1 des 5. VermBG). Der Anspruch auf diese Leistungen ist aber nicht übertragbar (§ 2 Abs. 7 S. 2 des 5. VermBG) und daher auch nicht pfändbar (§ 851 Abs. 1 ZPO)[159]. Der Anspruch auf die Leistungen kann daher weder selbstständig gepfändet noch als Lohnbestandteil von einer Einkommenspfändung erfasst werden. Die bei Wirksamwerden einer Pfändung bereits vereinbarten vermögenswirksamen Leistungen sind daher für die Berechnung des pfändbaren Arbeitseinkommens nicht mitzurechnen (vgl. § 850e Nr. 1 ZPO). Vermögenswirksame Leistungen können auch vereinbart werden, wenn eine Pfändung bereits besteht; die nachträgliche Vereinbarung berührt die bereits laufende Pfändung nicht.

Im Fall einer vermögenswirksamen **Anlage von Teilen des Arbeitseinkommens** nach § 11 des 5. VermBG erhält der Arbeitnehmer keine zusätzliche Leistung des Arbeitgebers. Die vermögenswirksame Anlage wird hier vielmehr aus dem (unveränderten) Arbeitseinkommen des Arbeitnehmers aufgebracht. Auch solche vermögenswirksam angelegten Teile des Arbeitseinkommens sind vermögenswirksame Leistungen i.S. des 5. VermBG (§ 11 Abs. 2 des 5. VermBG). Der zur vermögenswirksamen Anlage bestimmte Teil des (noch nicht zugeflossenen) Arbeitseinkommens ist daher gleichfalls nach § 2 Abs. 7 S. 2 des 5. VermBG unpfändbar[160]. Diese Unpfändbarkeit ist nicht auf den Betrag begrenzt, für den noch Anspruch auf Arbeitnehmer-Sparzulage besteht[161]; denn die Unübertragbarkeit ist für die vermögenswirksame Einkommensanlage nicht auf einen solchen Begünstigungsrahmen beschränkt. Ist bei Wirksamwerden einer Pfändung das schriftliche Verlangen des Arbeitnehmers auf Abschluss eines Vertrags über die vermögenswirksame Anlage von Teilen des Arbeitslohns dem Arbeitgeber bereits zugegangen, so ist mithin der vermögenswirksame Leistung gewordene Einkommensteil bei der Pfändung gleichfalls für die Berechnung des pfändbaren Betrages des Arbeitseinkommens nicht mitzurechnen (§ 850e Nr. 1 ZPO). C.63

Wenn Arbeitseinkommen gepfändet ist, ermöglicht das Verfügungsverbot des § 829 Abs. 1 S. 2 ZPO dem Schuldner keine den Pfändungsgläubiger schmälernde Erklärung nach § 11 Abs. 1 des 5. VermBG auf vermögenswirksame Anlage von Einkommensteilen mehr. Eine gleichwohl nach der Pfändung abgegebene Erklärung bleibt dem pfändenden Gläubiger gegenüber und damit für die Berechnung C.64

---

159 ArbG Berlin, DB 1972, 735 = KKZ 1972, 226; Hintzen, Forderungspfändung, § 2 Rdn. 51.

160 Ebenso Borrmann, DB 1974, 382; Oswald, AnwBl 1974, 365; Muth, DB 1979, 1118 (1119); **anders** Pröbsting, RdA 1972, 217 (221) und Brych, DB 1974, 2054 (2055); dazu Borrmann, DB 1974, 2057.

161 Insoweit anders Borrmann (Fn. 160); Brych (Fn. 160), die als Grenze der Unpfändbarkeit in jedem Fall (damals) 624 DM im Jahr annahmen.

des gepfändeten Einkommensteils unwirksam. Der Arbeitgeber hat sie im Anschluss an die Pfändung jedoch zu berücksichtigen (siehe Rdn. B.155).

Der Anspruch auf **Arbeitnehmer-Sparzulage** nach § 13 des 5. VermBG für vermögenswirksame Leistungen ist nicht übertragbar (§ 13 Abs. 3 S. 2 des 5. VermBG) und daher auch nicht pfändbar (§ 851 Abs. 1 ZPO)[162].

1.11. Das Pfändungsverfahren

1.11.1. Bezeichnung des Arbeitseinkommens im Pfändungsbeschluss

C.65 Die Forderung des Schuldners[163] an den Arbeitgeber als Drittschuldner ist im Pfändungsbeschluss mit der Benennung als „Arbeitseinkommen" bestimmt bezeichnet. Angabe des besonderen Rechtsgrundes (z.B. Pension, Provision, Gehalt) braucht nicht zu erfolgen. Mit der Bezeichnung als Arbeitseinkommen ist alles gepfändet, was die ZPO in §§ 850 ff. unter Arbeitseinkommen versteht[164], mithin alle in Geld zahlbaren Arbeitsvergütungen des Schuldners ohne Rücksicht auf ihre Benennungs- oder Berechnungsart[165]. Von der Pfändung wird das Arbeitseinkommen auch dann erfasst, wenn der Anspruch auf Arbeitsentgelt und seine Höhe in einem Rechtsstreit zwischen Arbeitnehmer (= Schuldner) und Arbeitgeber (= Drittschuldner) vergleichsweise festgelegt sind[166]. Die Pfändung erstreckt sich ohne weiteres auch auf „mehrere" Arbeitsvergütungen, die derselbe Drittschuldner leistet[167]. Der Drittschuldner muss daher der Berechnung des unpfändbaren Teiles des Arbeitseinkommens die Summe aller von ihm zu leistenden Bezüge zugrunde legen. Einer ausdrücklichen Anordnung dieser Zusammenrechnung durch das Vollstreckungsgericht bedarf es nicht[168]. Wegen

---

162 Hintzen, Forderungspfändung, § 2 Rdn. 53.

163 Der Anspruch auf den Arbeitslohn ist auch dann Alleinvermögen des Ehegatten (nicht gemeinschaftliches Vermögen nach § 13 Abs. 1 S. 1 FGB), wenn er (noch) im Güterstand der Eigentums- und Vermögensgemeinschaft lebt (Art. 234 § 4 Abs. 2 EGBGB); siehe Arnold, DtZ 1991, 80 (82).

164 BArbG, AP Nr. 1 zu § 850 ZPO mit Anm. Förster = BB 1961, 1053 = Rpfleger 1960, 247; BAGE 32, 96 = MDR 1980, 346; BAGE 131, 9 = MDR 2009, 989 = NJW 2009, 2324; OLG Düsseldorf, NJW 1979, 2520 = Rpfleger 1979, 469. Gepfändet sind somit auch Abfindungen anlässlich der Beendigung des Arbeitsverhältnisses, siehe Hohn, BB 1963, 1101 und Rdn. 1234.

165 Zur Beschlussauslegung, wenn die Dienstleistungsvergütung richtig Werklohn für fortlaufende Leistungen aus einem Werkvertrag darstellt, Rdn. B.106 und die dort Fn. 315 angeführte Entscheidung des BArbG.

166 Schneider, JurBüro 1965, 448.

167 Beispiel: Der pensionierte Lehrer wird als Angestellter weiterbeschäftigt, erhält also Versorgungsbezüge und Einkommen als Angestellter; oder: der ausgeschiedene Arbeitnehmer erhält vom Drittschuldner Ruhegelder und Bezüge für seine Tätigkeit als Nachtwächter.

168 So auch Grunsky, ZIP 1983, 908 (910); Wieczorek/Schütze/Lüke, ZPO, § 850e Rdn. 27; im Ergebnis ebenso Stein/Jonas/Würdinger, ZPO, § 850e Rdn. 27. Diese gehen noch davon aus, dass die mehreren Bezüge (einzeln) von mehreren Pfändungsbeschlüssen erfasst werden könnten. Das indes wäre nur denkbar, wenn der erste Beschluss seinem Wortlaut nach nur einzelnes Einkommen als gepfändet bezeichnen oder zunächst Einkommensteile von der Pfändung ausdrücklich ausnehmen würde (siehe auch Grunsky, wie vorst.). Dann gilt freilich § 850e Nr. 2 ZPO. Der Fall wird aber kaum einmal praktische Bedeutung erlangen.

der Zusammenrechnung des von mehreren Drittschuldnern[169] zu leistenden Arbeitseinkommens siehe Rdn. C.365 ff.

Dass auch eine nicht wiederkehrend zahlbare Vergütung für persönlich geleistete Dienste unterschiedlichster Art (z.B. der Vergütungsanspruch des Arztes, Rechtsanwalts oder Kunstmalers [dazu Rdn. C.513]; das Entgelt aus Lizenzvertrag [Rdn. E.242]) nur mit „Arbeitseinkommen" stets hinreichend bestimmt bezeichnet sein soll (wie ein sonstiger Anspruch, der sich gegen den Arbeitgeber neben dem unmittelbar für die Arbeit zu leistenden Entgelt [Lohn] aus dem Arbeitsverhältnis ergibt), ist nicht unbedingt naheliegend. Es ist daher auf jeden Fall ratsam, eine solche Vergütung unter Nennung der Art der Tätigkeit oder des Entgelts näher zu bezeichnen. Beispiel: Lizenzgebühren als Entgelt für die Überlassung des (zu bezeichnenden) urheberrechtlichen Nutzungsrechts.

Der Gläubiger muss nicht notwendig alle Vergütungen aus Arbeits- oder Dienstleistung pfänden, sondern kann einzelne oder einen bestimmten Kreis von Bezügen von der Pfändung **ausnehmen**, weil er den Umfang jeder Zwangsvollstreckung bestimmen kann. Die Einschränkung der Pfändung ist im Beschluss ausdrücklich herauszustellen. Dann werden die freigegebenen Bezüge aber auf die unpfändbaren Einkommensteile (§§ 850c, 850d ZPO) nicht angerechnet. Nach Wirksamwerden der Pfändung kann der Gläubiger durch Verzicht (§ 843 ZPO; siehe Rdn. B.340 ff.) einzelne Bezüge oder Teile des Einkommens freigeben. C.66

1.11.2. Bezeichnung des pfändungsfreien Betrages

Die dem Schuldner nach §§ 850c, 850d oder 850f Abs. 2 ZPO pfandfrei verbleibenden Teile seines Arbeitseinkommens muss der Pfändungsbeschluss bezeichnen. Wegen der Formulierung siehe Rdn. C.254, C.341, C.342. Bei der Pfändung des Arbeitseinkommens wegen gewöhnlicher Geldforderungen sind die Angaben im Pfändungsbeschluss auch dann hinreichend bestimmbar, wenn die Freigrenze nicht absolut festgelegt ist, sondern nach allgemein gehaltenen Angaben über den für jedes Familienmitglied zu berücksichtigenden Freibetrag vom Drittschuldner ermittelt werden kann (siehe Rdn. C.254). C.67

1.11.3. Entscheidung des Vollstreckungsgerichts in Zweifelsfällen

Allgemein gefasste Angaben im Pfändungsbeschluss können im Einzelfall zu Unklarheit führen. So kann zweifelhaft werden, ob eine bestimmte Einnahme des Schuldners (z.B. eine als Aufwandsentschädigung oder Überstundenvergütung bezeichnete Einnahme) zum Arbeitseinkommen zählt oder ob sie gegebenenfalls als unpfändbarer Bezug (§ 850a ZPO) abgesetzt werden muss. Es kann auch Streit oder Ungewissheit darüber entstehen, ob für einen bestimmten Angehörigen des C.68

---

169 Bei Beteiligung mehrerer rechtlich selbstständiger Personen auf Arbeitgeberseite an einem Arbeitsverhältnis besteht nach BAGE 37, 1 = DB 1982, 1569 = ZIP 1982, 984 ein einheitliches Arbeitsverhältnis, bei dem die Arbeitgeber die Vergütung in aller Regel als Gesamtschuldner schulden (s. dagegen aber Schwerdtner, ZIP 1982, 900). Besonderheiten für Pfändung dann wie Rdn. A.60.

Schuldners (z.B. die selbst verdienende Ehefrau, ein heranwachsendes Kind, das schon eigenes Einkommen hat) der Freibetrag nach § 850c ZPO zu berücksichtigen ist oder außer Betracht bleiben muss.

C.69 In solchen Fällen hat das Vollstreckungsgericht eine **klarstellende Entscheidung** zu treffen (vgl. auch Rdn. C.259)[170]. Diese ergeht auf Antrag des Gläubigers, Schuldners oder Drittschuldners. Sie ist (ergänzende) Maßnahme der Zwangsvollstreckung[171], nicht Entscheidung über eine Erinnerung (§ 766 ZPO). Über den Klarstellungsantrag entscheidet daher der Rechtspfleger[172]. Der Antrag kann eine bestimmte Entscheidung verlangen oder allgemein darauf zielen, durch Entscheidung der streitig gewordenen Frage dem Pfändungsbeschluss als Staatsakt die notwendige Bestimmtheit zu geben.

1.11.4. Die Rechtsstellung des Drittschuldners

C.70 **Schrifttum:** Bauer, Verpflichtung des Drittschuldners zur Benachrichtigung des Gläubigers von der Beendigung des Arbeitsverhältnisses in der Lohnpfändung?, JurBüro 1963, 251; Bauer, Umfang der Auskunftspflicht des Drittschuldners in der Lohnpfändung, JurBüro 1975, 437; Brill, Lohnpfändungen als Kündigungsgrund, DB 1976, 1816; Brüne und Liebscher, Die fehlende oder falsche Drittschuldnerauskunft durch den Arbeitgeber, BB 1996, 743; Grunau, Der Gläubiger und der Drittschuldner im heutigen Lohnpfändungsrecht, JurBüro 1961, 267; Grunau, Lohnpfändung und Schadensersatz aus § 840 ZPO, JurBüro 1962, 242; Heers, Klage auf Auskunft gemäß § 840 Abs. 1 ZPO im Verfahren vor dem Arbeitsgericht, DB 1971, 1525; Quardt, Umfang der Auskunftspflicht in der Lohnpfändung, BB 1959, 350; Sachse, Schulden des Arbeitnehmers und Verweigerung einer Schuldenerklärung als Entlassungsgrund im öffentlichen Dienst, DB 1970, 2221; Spix, Kündigung bei laufenden Lohnpfändungen, BB 1981, 1151; Ulbrich, Die Pfändung von Arbeitseinkommen aus der Sicht des Drittschuldners JurBüro 2009, 509.

C.71 **Erinnerung gegen den Pfändungsbeschluss.** Der Drittschuldner kann mit der Erinnerung auch zugunsten des Schuldners den Verstoß gegen eine Pfändungsbeschränkung oder ein Pfändungsverbot geltend machen (siehe Rdn. B.421). Die Erinnerung kann der Drittschuldner nicht nur auf die Verletzung formellen Vollstreckungsrechts, sondern auch darauf stützen, dass durch Entzug des Freibetrages für den notwendigen Unterhalt die Arbeitskraft seines Arbeitnehmers gefährdet werde[173].

C.72 **Fürsorgepflicht:** Eine Verpflichtung, zugunsten des Schuldners Erinnerung gegen den Pfändungsbeschluss einzulegen, kann aus der allgemeinen Fürsorgepflicht[174] des Arbeitgebers seinem Arbeitnehmer gegenüber nur in besonders gelagerten Ausnahmefällen hergeleitet werden[175]. Man wird aber den Arbeitgeber als

---

170 BGHZ 166, 48 (52) = NJW 2006, 777 = Rpfleger 2006, 202; BGH, FamRZ 2017, 2037 = NJW 2017, 3591 = Rpfleger 2018, 159 m. zust. Anm Hintzen; LG Braunschweig, JurBüro 2012, 273; LG Chemnitz, JurBüro 2015, 209; Hintzen, Forderungspfändung, § 2 Rdn. 112 ff.; **a.A.** offenbar BGH, MDR 2013, 245 = NJW-RR 2013, 650 = Rpfleger 2013, 282; kritisch dazu Hintzen, Rpfleger 2014, 117 (119); Grote, ZInsO 2013, 374.

171 BGHZ 166, 48 (Fn. 170).

172 BGHZ 166, 48 (Fn. 170).

173 LArbG Hamm, BB 1952, 576; Brecht, BB 1963, 859.

174 Zu dieser BAGE 60, 263 = AP Nr. 8 zu § 829 ZPO mit Anm. Stöber = MDR 1989, 571 = NJW 1989, 1053.

175 Brecht (Fn. 173); siehe auch LArbG Hamm, BB 1963, 859.

Drittschuldner weitergehend für verpflichtet halten müssen, den unkundigen Schuldner über seine Rechte und sein Verhalten gegen den Lohnpfändungsbeschluss zu beraten[176]. Dieser Verpflichtung kommt der Drittschuldner nicht nach, wenn er den Schuldner ohne äußeren Anlass an einen Rechtsanwalt verweist und ihm dadurch zusätzliche Kosten verursacht[177]. Nicht verlangt werden kann vom Arbeitgeber, dass er die Berechtigung der Vollstreckungsforderung des Gläubigers und darüber hinaus die Möglichkeit prüft, ob hiergegen Einwendungen erhoben werden können[178]. Der Arbeitgeber hat daher auch nicht das (Fürsorge-)Recht, für den Schuldner dessen Einwendungen im Drittschuldnerprozess zu erheben[179].

Wenn zweifelhaft ist, ob ein bestimmter Betrag von der Pfändung erfasst ist, kann der Drittschuldner **hinterlegen** (§ 372 BGB). Aber auch dann genügt der Drittschuldner seiner Fürsorgepflicht, wenn er den streitigen Betrag bis zur Klärung, wer anspruchsberechtigt ist, in Verwahrung behält. Wären mit einer Hinterlegung für den Schuldner Kosten verbunden, so muss der Arbeitgeber aus dem Gesichtspunkt der Fürsorgepflicht diese Verwahrung unter Umständen der Hinterlegung vorziehen[180]. C.73

Die Fürsorgepflicht seinem Arbeitnehmer gegenüber gibt dem Drittschuldner nicht das Recht, die Leistung der gepfändeten und überwiesenen Einkommensteile an den Gläubiger zu **verweigern**, weil der Schuldner Vollstreckungsgegenklage erhoben hat[181]. Vielmehr wird der Arbeitgeber seiner Leistungspflicht erst dann enthoben, wenn der Schuldner einen Einstellungsbeschluss erwirkt hat (§§ 775, 776 ZPO). C.74

Mitteilung des gegen einen Beamten ergangenen Pfändungs- und Überweisungsbeschlusses durch die Drittschuldner-Vertretungsbehörde an den unmittelbaren Dienstvorgesetzten verbietet sich. Die Fürsorgepflicht des Dienstherrn gebietet es vielmehr, den Kreis der mit Personalakten (damit auch mit zugehörigen Besoldungsakten) befassten Bediensteten möglichst eng zu halten[182], somit auf die mit Abwicklung der Pfändung und Überweisung befassten Beschäftigten zu beschränken. Die Fürsorgepflicht des Dienstherrn oder Arbeitgebers eines Angestellten und eines Arbeiters verpflichtet gleichermaßen zur Wahrung der Vertraulichkeit. C.75

Kündigen kann der Arbeitgeber dem Arbeitnehmer wegen einer Lohnpfändung grundsätzlich nicht, auch wenn dieser die Pfändung schuldhaft ausgelöst C.76

176 Brecht (Fn. 173); **a.A.** BAGE 62, 29 = AP Nr. 13 zu § 850 ZPO = MDR 1992, 590 = Rpfleger 1992, 442: keine Fürsorgepflicht für das Rechtsverhältnis des Schuldners zu seinem Gläubiger, daher keine Fürsorgeverpflichtung, den Arbeitnehmer über die Möglichkeit eines Vollstreckungsschutzantrages nach § 850i ZPO zu belehren.
177 Brecht (Fn. 173).
178 BArbG (Fn. 176).
179 BArbG (Fn. 176); hierzu auch Rdn. 577.
180 Brecht (Fn. 173).
181 LArbG Baden-Württemberg, BB 1962, 597.
182 BVerwGE 75, 17 = NJW 1987, 1214. Wenn hinreichende dienstliche Gründe es rechtfertigen, so wenn eine dienstliche Erheblichkeit des Vorgangs (Sicherheitsrisiken) im konkreten Fall jedenfalls (wenigstens) im Bereich des praktisch Möglichen liegt, kann Mitteilung erlaubt sein.

hat[183]. Etwas anderes kann ausnahmsweise gelten, wenn das Vorhandensein oder die Nichtbezahlung der Schuld mit der Tätigkeit des Arbeitnehmers in einer herausgehobenen Stellung oder Vertrauensstellung unvereinbar ist[184]. Ob bei mehreren, insbesondere bei einer Vielzahl von Lohnpfändungen der Arbeitgeber dem Schuldner ordentlich kündigen kann, ist nach den Umständen des Einzelfalls zu bestimmen. Regelmäßig wird der Arbeitgeber zur Entlassung des Schuldners nicht befugt sein. Für sich allein rechtfertigt das Vorliegen mehrerer Lohnpfändungen noch keine ordentliche Kündigung[185]. Sozial gerechtfertigt i.S. des § 1 Abs. 2 KSchG kann eine ordentliche Kündigung aber dann sein, wenn im Einzelfall zahlreiche Lohnpfändungen oder -abtretungen einen derartigen Arbeitsaufwand des Arbeitgebers verursachen, dass dies – nach objektiver Beurteilung – zu wesentlichen Störungen im Arbeitsablauf (etwa in der Lohnbuchhaltung oder in der Rechtsabteilung) oder in der betrieblichen Organisation führt[186]. Auch bei Vorliegen solcher wesentlichen Störungen bedarf es aber im Einzelfall einer umfassenden Abwägung der Interessen beider Arbeitsvertragsparteien[187]. Auch kann bei Hinzutreten weiterer Umstände eine ordentliche (fristgemäße) Kündigung zulässig und sozial gerechtfertigt sein. So kann die Art der Verschuldung und die Besonderheit der Tätigkeit des Schuldners den Ausschlag geben; es kann auch darauf ankommen, ob der Arbeitnehmer nach Abmahnung durch den Arbeitgeber erneut schuldhaft Lohnpfändungen veranlasst hat[188]. Bei unverschuldeter Zwangslage des Schuldners können auch wiederholte Pfändungen in kurzen Zeitabständen eine Kündigung nicht rechtfertigen. Nur unter besonders ungewöhnlichen Umständen dürften Lohnpfändungen einen wichtigen Grund im Sinne des § 626 Abs. 1 BGB für eine außerordentliche (fristlose) Kündigung des Arbeitsverhältnisses durch den Arbeitgeber abgeben[189].

C.77 Bei **Großunternehmen** mit dezentralisierten Lohnstellen und Kassen kann der Pfändungsbeschluss sowohl in der **Hauptverwaltung** als auch in der **Lohnstelle** oder **Kasse** zugestellt werden, da auch diese Geschäftsraum im Sinne des § 178 Abs. 1 Nr. 2 ZPO ist[190]. Wegen der Frage, wie sich die Stelle des Großbetriebs, der zugestellt wurde, der aber nicht sofort bekannt ist, ob und wo der Schuldner im Betrieb, auf einer Außen- oder Nebenstelle beschäftigt ist, verhalten muss, um sich

---

183 LArbG Hamm, BB 1978, 1363 = DB 1977, 2237; LArbG Berlin, BB 1979, 272 = DB 1979, 605; Brill, DB 1976, 1816.

184 Brill (Fn. 183).

185 BAG 37, 65 = NJW 1982, 1062; LArbG Berlin (Fn. 183); LArbG Düsseldorf, BB 1956, 434 mit Anm. Oehmann; LArbG Rheinland-Pfalz, BB 1979, 375; Wieczorek/Schütze/Lüke, ZPO, § 850 Rdn. 4; siehe hierwegen im Einzelnen auch Schäcker, BB 1964, 391; dazu außerdem ArbG Köln, BB 1981, 977.

186 BArbG (Fn. 185); LArbG Berlin, NJW 1976, 263. **A.A.** LArbG Berlin (Fn. 185); und LArbG Rheinland-Pfalz (Fn. 185).

187 BArbG (Fn. 185).

188 Brill (Fn. 183); LArbG Hamm (Fn. 183).

189 Brill (Fn. 183) nennt: Der Arbeitnehmer hat schuldhaft innerhalb kurzer Zeit zahlreiche Lohnpfändungen mit sehr erheblichem Arbeitsaufwand für den Arbeitgeber verursacht, diese Pfändungsmaßnahmen sind eine Folge besonders leichtfertigen, liederlichen und rücksichtslosen Verhaltens des Arbeitnehmers gegenüber den Gläubigern und auch dem Arbeitgeber.

190 Dohmen, BB 1962, 486; zur Zustellung an Zweigniederlassung siehe Rdn. B.92.

nicht der Gefahr auszusetzen, den Betrag doppelt zahlen zu müssen, siehe Rdn. B.165, B.166[191]. Ein Unternehmer, der mehrere Betriebe führt, wird, wenn der Pfändungsbeschluss nur auf Pfändung des Lohnes in einem bestimmten Betrieb lautet, nicht nachzuprüfen haben, ob der Schuldner eventuell in einem anderen seiner Betriebe beschäftigt wird[192]. Der Unternehmer wird aber haften müssen, wenn er die Arbeitsstelle des Schuldners im anderen Betrieb kennt und dennoch die Pfändung unberücksichtigt lässt. Der Geschäftsführer einer Gesellschaft m.b.H., die als Arbeitgeberin Drittschuldnerin war, kann nach deren Löschung im Handelsregister für einbehaltene, dem Gläubiger aber nicht abgeführte Lohnteile des Schuldners persönlich haften[193].

Geschützt ist der Drittschuldner, wenn er die Lohnzahlung (Leistung) nach Wirksamwerden der Pfändung mit Zustellung des Pfändungsbeschlusses (§ 829 Abs. 3 ZPO) in Unkenntnis der wirksam gewordenen Pfändung noch vornimmt (s. bereits Rdn. B.165; dort auch zur Beweislast). Für den Gutglaubensschutz des Drittschuldners in entsprechender Anwendung des § 407 BGB (§ 1275 BGB) ist nicht auf die (förmliche) Zustellung, sondern auf dessen tatsächliche Kenntnis abzustellen[194]. Bei einer großen Behörde (Landesamt für Besoldung), ebenso bei Großunternehmen, ist hierfür auf die Kenntnis des zuständigen Sachbearbeiters abzustellen, d.h. auf den Zugang des zugestellten Pfändungsbeschlusses an ihn im Rahmen der verwaltungsmäßigen Abwicklung des Posteingangs[195] (aber auch unter Beachtung der Verpflichtung zur beschleunigten Zuleitung des mit Zustellung wirksam gewordenen Pfändungsbeschlusses an den Sachbearbeiter). C.78

Bei **bargeldloser Lohnzahlung** wird die Lohnforderung bis zur Gutschrift auf dem Schuldnerkonto vom Pfändungsbeschluss erfasst. Einen (für einmalige Zahlung) der Bank oder Sparkasse bereits erteilten Überweisungsauftrag soll der Drittschuldner aber nicht zu widerrufen haben, wenn ihm danach ein Pfändungsbeschluss zugestellt wird. Dem kann jedoch nicht gefolgt werden (dazu Rdn. B.164; dort auch zum Dauerauftrag)[196]. C.79

Eine Pfändung nach Gutschrift auf dem Schuldnerkonto erfasst den überwiesenen Lohnanspruch nicht mehr; zum Schutz des Schuldnerkontos siehe § 850k ZPO.

Bei **elektronischer Datenverarbeitung** hat der Drittschuldner eine rechtzeitige Pfändung ebenso wie bei bargeldloser Lohnzahlung zu beachten. Eine Einkommensfälligkeit darf dem Schuldner daher nicht mehr voll ausbezahlt werden, wenn bei Zustellung des Pfändungsbeschlusses nach dem maschinellen Abschluss der Lohnberechnung das noch nicht ausbezahlte Einkommen für alle Betriebsangehörigen bereits vollständig berechnet ist. Der Drittschuldner muss vielmehr infolge C.80

191 Siehe auch Dohmen, (Fn. 190).
192 Siehe dazu LArbG Baden-Württemberg, AP Nr. 3 zu § 183 ZPO = DB 1958, 576.
193 ArbG Berlin, MDR 1971, 427.
194 LArbG Berlin, AP Nr. 1 zu § 407 BGB = BB 1969, 1353.
195 LArbG Hamm, MDR 1983, 964.
196 Für Widerruf des Bankauftrages auch Rothe, BB 1961, 291. Dem pfändenden Gläubiger wird nicht entgegengehalten werden können, wegen faktischer Rückrufsperre (zu dieser LG Kiel, KTS 1981, 454 mit Anm. Wessel = ZIP 1981, 501) sei der bargeldlose Zahlungsverkehr abzuwickeln gewesen.

des Zahlungsverbots die maschinell bereits abgeschlossene Lohnberechnung für den Schuldner handschriftlich überarbeiten oder durch Aufteilung in den gepfändeten und den pfändungsfreien Teil maschinell richtigstellen[197]. Die Verpflichtung des Drittschuldners, den der Bank oder Sparkasse bereits erteilten Überweisungsauftrag rückgängig zu machen (dazu Rdn. C.79), ist auch beim maschinellen und EDV-Buchungsverfahren zu bejahen.

C.81 Zur Lohnpfändung gegen die bei einer Truppe der im Bundesgebiet stationierten **ausländischen Streitkräfte** oder einem zivilen Gefolge beschäftigten Arbeitskräfte siehe Rdn. A.52.

C.82 Ob die **Drittschuldnererklärung** des § 840 ZPO Angaben über die Bruttoeinkünfte und über Abzüge enthalten muss, die das für die Berechnung des pfändbaren Lohnteils maßgebliche Nettoeinkommen ergeben, sowie außerdem, welcher Familienstand der Berechnung des nach § 850c ZPO durch Blankettbeschluss gepfändeten Einkommens zugrunde gelegt wird, ist streitig. Vielfach angenommen wird eine so umfassende Auskunftspflicht des Drittschuldners[198]. Dem ist nicht zu folgen[199]. Denn § 840 ZPO verpflichtet den Drittschuldner nur zur Äußerung, ob er meine, zur Zahlung verpflichtet zu sein, nicht aber zu weiterer Auskunft (siehe Rdn. B.294). Ebenso wenig wie der Drittschuldner einen Grund für seine Weigerung, eine Forderung anzuerkennen, angeben muss, kann er auch nicht verpflichtet sein, seine Zahlungsbereitschaft für einen Teil der Forderung zu begründen. Dann aber kann eine (schuldhafte) Verletzung der Erklärungspflicht auch nicht vorliegen, wenn der Arbeitgeber als Drittschuldner nach § 840 Abs. 1 Nr. 1 ZPO seine Zahlungsbereitschaft und außerdem erklärt, Pfändungsbeträge künftig abzuführen, sich dann aber für spätere Zahlungszeiträume herausstellt, dass keine pfändbaren Einkommensbeträge vorhanden sind[200]. Überdies wäre für den Gläubiger nichts gewonnen, wenn man die umfassende Auskunftspflicht bejaht. Denn auch dann könnte er nicht auf Auskunft klagen (siehe Rdn. B.311). Der Drittschuldner würde vielmehr mit einem Schweigen nur das Prozessrisiko eingehen (siehe Rdn. B.305). Dieses Kostenrisiko trifft ihn aber dann nicht mehr, wenn er erklärt, zur Zahlung nicht – oder nur in einer bestimmten Höhe – verpflichtet zu sein. Im Anschluss an das schon Rdn. B.294 Ausgeführte erscheint daher die Ansicht zutreffend, dass der Gläubiger die für Berechnung des pfändbaren Lohnteils notwendigen Unterlagen nicht durch eine Auskunft des Drittschuldners nach § 840 ZPO, sondern nur über die Auskunfts- und Herausgabeverpflichtung des Schuldners nach § 836 Abs. 3 ZPO erhalten kann.

Praktisch wird freilich der Drittschuldner dem Gläubiger die erbetenen Angaben regelmäßig mitteilen. Diese Mitteilung liegt bei Pfändung wegen gewöhnlicher

---

197 S. LArbG Düsseldorf, JurBüro 1979, 1087 mit Anm. Mümmler; VerwG Neustadt, JurBüro 1989, 668 = KKZ 1989, 15; dazu auch Schalhorn, JurBüro 1970, 933.

198 AG Bonn, Rpfleger 1963, 126; VerwG Frankfurt, NJW 1971, 1479; Behr, JurBüro 1994, 132 (133); Grunau, JurBüro 1961, 270, JurBüro 1962, 242; Merten, DR 1941, 1132; Quardt, BB 1958, 484, BB 1959, 350; Bauer, JurBüro 1975, 437.

199 Ebenso LArbG Düsseldorf, DGVZ 1995, 115 = JurBüro 1995, 478 (479) = MDR 1995, 1044; Stein/Jonas/Würdinger, ZPO, § 840 Rdn. 9; Wieczorek/Schütze/Lüke, ZPO, § 840 Rdn. 11; Scherer, Rpfleger 1995, 446 (447).

200 LArbG Düsseldorf (Fn. 199).

Forderungen in erster Linie auch im eigenen Interesse des Arbeitgebers (siehe Rdn. C.257). Die Auskunft ist dann aber freiwillig im Sinne des Rdn. B.312 Gesagten.

Wenn das Arbeitsverhältnis einen Anspruch auf Lohnabrechnung oder Provisionsabrechnung (siehe § 87c HGB) gewährt, ist dieser Abrechnungs- und Auskunftsanspruch als Nebenrecht von der Pfändung erfasst[201] (s. Rdn. B.276, B.364, E.344). Diesen Anspruch kann daher auch der pfändende Gläubiger gegen den Drittschuldner geltend machen. Im Pfändungsbeschluss kann die Erstreckung der Einkommenspfändung auf den Abrechnungs- und Auskunftsanspruch (deklaratorisch) mit ausgesprochen werden (Rdn. E.345). Selbstständig gepfändet werden kann dieser Anspruch weder nach §§ 846, 847 ZPO[202] noch im Wege der Hilfspfändung[203]. C.83

Der Drittschuldner ist auch nicht verpflichtet, den Gläubiger von der **Beendigung des Arbeitsverhältnisses** zu benachrichtigen[204], und zwar auch dann nicht, wenn zur Auskunftserteilung nach § 840 ZPO ordnungsgemäß aufgefordert war (siehe Rdn. B.309; zur abweichenden Ansicht bei freiwillig erteilter Auskunft siehe Rdn. B.312). Denn mit der Beendigung des Arbeitsverhältnisses wird die Auskunft nicht nachträglich unrichtig. Sie bleibt vielmehr, bezogen auf den Zeitpunkt der Auskunftserteilung, auch weiterhin richtig. Eine Verpflichtung zur Dauerauskunft kann dem § 840 ZPO aber schon im Hinblick auf die Erklärungsfrist von zwei Wochen nicht entnommen werden. C.84

Kosten des Arbeitgebers: Der Arbeitgeber hat als Drittschuldner gegen den Schuldner (Arbeitnehmer) keinen Anspruch auf Erstattung der mit der Bearbeitung von Lohn- und Gehaltspfändungen verbundenen Kosten[205]. Diese Kosten fallen dem Arbeitgeber selbst zur Last. Der Schuldner hat Kosten des Arbeitgebers als Drittschuldner weder nach § 670 BGB noch nach § 683 mit § 670 BGB zu erstatten, auch eine andere gesetzliche Anspruchsgrundlage besteht nicht[206]. Ein Erstattungsanspruch gegen den Arbeitnehmer als Schuldner kann auch durch (freiwillige) Betriebsvereinbarung nicht begründet werden[207]. C.85

Auch gegen den Gläubiger hat der Arbeitgeber als Drittschuldner keinen Anspruch auf Erstattung von Kosten für die Bearbeitung des Pfändungs- und Überweisungsbeschlusses.

Einen Anspruch auf Erstattung von Kosten für die Abgabe der Drittschuldnererklärung (§ 840 ZPO) hat der Arbeitgeber als Drittschuldner damit gleichfalls gegen den Gläubiger und den Schuldner nicht (siehe bereits Rdn. B.302).

---

201 BGH, MDR 2004, 114 = NJW-RR 2003, 1555 = Rpfleger 2003, 669; BGHZ 196, 62 = MDR 2013, 367 = NJW 2013, 539 = Rpfleger 2013, 280.
202 OLG Zweibrücken, DGVZ 1995, 148 = JurBüro 1995, 660 = Rpfleger 1996, 36 Leits.; LG Mainz, Rpfleger 1994, 309; **anders** (aber unklar) LG Stuttgart, Rpfleger 1998, 166 (167).
203 OLG Zweibrücken (Fn. 202); LG Mainz (Fn. 202).
204 Ebenso AG Nürnberg, MDR 1962, 745; Huken, KKZ 1972, 144; **a.A.** Bauer, JurBüro 1963, 251.
205 BAGE 119, 122 = NJW 2007, 1302.
206 BArbG (Fn. 205).
207 BArbG (Fn. 205).

C.86 Erfüllungsort bei Lohnzahlung ist die Arbeitsstätte. Bei bargeldloser Lohnzahlung trägt der Arbeitgeber Gefahr und Kosten der Überweisung (§ 270 Abs. 1 BGB). Überweist der Drittschuldner den gepfändeten Lohnteil an den Gläubiger, so kann er Erstattung der Überweisungskosten verlangen, die bei Lohnzahlung an den Arbeitnehmer nicht entstanden wären. Siehe hierwegen Rdn. B.226.

C.87 **Hafenarbeiterlohn:** Der Lohnanspruch eines unständigen Hafen(aushilfs)arbeiters im **Hamburger Hafen** richtet sich gegen den ihn beschäftigenden Hafeneinzelbetrieb, nicht gegen die für den Gesamthafenbetrieb Hamburg errichtete Gesamthafenbetriebs-Gesellschaft m.b.H. Der jeweilige Beschäftigungsbetrieb ist deshalb allein als Arbeitgeber Drittschuldner[208]. Ein Gesamthafenarbeiter steht während seines Einsatzes in einem Hafeneinzelbetrieb auch in arbeitsvertraglichen Beziehungen (in einem Arbeitsverhältnis) zu dem Inhaber dieses Hafeneinzelbetriebs. Der Beschäftigungsbetrieb ist somit als Arbeitgeber lohnzahlungspflichtig und daher Drittschuldner.

C.88 Nichteinbehaltung des gepfändeten Lohns kann in besonderen Fällen eine über die nicht abgeführten Beträge hinausgehende Schadensersatzpflicht des Drittschuldners begründen. Erforderlich ist, dass zwischen einem weitergehenden Schaden des Gläubigers und dem haftungsbegründenden Verhalten des Drittschuldners ein ursächlicher Zusammenhang besteht[209].

1.11.5. Auskunfts- und Urkunden-Herausgabepflicht des Schuldners (§ 836 Abs. 3 ZPO)

C.89 **Schrifttum:** Behr, Herausgabe der Lohnabrechnung bei der Einkommenspfändung, JurBüro 1995, 626; David, Die drei eidesstattlichen Versicherungen vor dem Gerichtsvollzieher, MDR 2000, 195; Scherer, Herausgabe der Lohnabrechnung und Auskunft bei Lohnpfändungen, Rpfleger 1995, 446; Wertenbruch, Die Auskunftspflicht des Schuldners bei der Forderungs- und Rechtspfändung, DGVZ 2001, 65.

C.90 **Auskunft,** die zur (außergerichtlichen oder gerichtlichen) Geltendmachung des gepfändeten und zur Einziehung oder an Zahlungs statt überwiesenen Arbeitseinkommens nötig ist, hat der **Schuldner** dem Gläubiger zu erteilen[210] (dazu Rdn. B.257 ff.). Die Auskunft über den Umfang (Betrag, Rdn. B.258) der Forderung erfordert auch die Bekanntgabe der für Berechnung der gepfändeten Einkommensbeträge maßgeblichen Einzelheiten, also des Bruttoeinkommens im Abrechnungszeitraum, der nach § 850e Nr. 1 ZPO nicht mitzurechnenden (abzuziehenden) Bezüge sowie der Unterhaltspflichten für die Berechnung der unpfändbaren und damit der gepfändeten Beträge (§§ 850c, 850d, 850f Abs. 2 ZPO). Dazu zu rechnen

208 BArbG, BB 1961, 640 = DB 1961, 779; BAGE 72, 12 = MDR 1993, 1213.

209 Siehe ArbG Villingen, BB 1957, 511. Zur persönlichen Haftung des Geschäftsführers einer inzwischen gelöschten Gesellschaft m.b.H. für einbehaltene, an den Gläubiger aber nicht abgeführte gepfändete Lohnteile siehe ArbG Berlin (Fn. 193).

210 Zu einem umfangreichen Fragenkatalog des Gläubigers siehe David, MDR 2000, 195 (197); AG Sigmaringen, DGVZ 2000, 190; kritisch dazu Wertenbruch, DGVZ 2001, 65 (67); Anmerkung Schriftleitung, DGVZ 2000, 191. Zur (nicht gebotenen) Eingrenzung des Auskunftsanspruchs durch (unbedachte) Einzelfragen an den Schuldner s. Rdn. B.263.

ist auch die Angabe des Einkommens der gesetzlich unterhaltsberechtigten Personen[211] für die Bestimmung nach § 850c Abs. 4 ZPO, dass sie ganz oder teilweise unberücksichtigt zu bleiben haben. Bei der Pfändung verschleierten Arbeitseinkommens nach § 850h Abs. 2 ZPO (nicht aber bei Haushaltsführung in nichtehelicher Lebensgemeinschaft, Rdn. C.497) sind auch die für die Bemessung der geschuldeten Vergütung erforderlichen Angaben über Art und Umfang der Tätigkeit auskunftspflichtig[212]. Nicht nötig zur Geltendmachung der Forderung ist eine Auskunft des Schuldners, wenn der Gläubiger die Angaben bereits sicher kennt, wie dann, wenn der Drittschuldner nach der Pfändung eine Lohnabrechnung erteilt hat; dann besteht überdies kein Rechtsschutzinteresse (Rdn. B.262). Ändern sich das Arbeitseinkommen oder die für die Berechnung der pfändbaren Einkommensteile maßgeblichen Umstände, dann ist der Schuldner zur Ergänzung seiner Auskunft (Rdn. B.259) verpflichtet.

Auskunft ist auch über **frühere** (damit vorrangige) **Einkommenspfändungen** C.91 zu erteilen (Rdn. B.258; wegen der Überweisung an Zahlungs statt Rdn. C.92).

Auf künftiges Arbeitseinkommen, das **abgetreten** ist, kann sich eine Pfändung C.92 bei Wegfall des Sicherungszwecks (Rdn. C.550) oder nach Deckung der Gläubigerforderung bei Abtretung sicherungshalber (Rdn. C.550) oder erfüllungshalber (Rdn. C.549) erstrecken (§ 832 ZPO). Auf künftiges Arbeitseinkommen, das gesetzlich oder mit Pfändung und Überweisung an Zahlungs statt auf einen Dritten übergegangen ist, erstreckt sich die Pfändung, sobald die Berechtigung des vorgehenden Gläubigers mit Befriedigung oder sonst entfällt. Der Schuldner hat mit Auskunft über den Umfang (Betrag) dieser gepfändeten künftigen Schuldnerforderung für deren Geltendmachung daher auch Auskunft über die Berechtigung des Dritten (Name des berechtigten Dritten, Grund, Umfang und damit Betrag der Gläubigerforderung) zu erteilen[213].

Herauszugeben hat der Schuldner dem Gläubiger auch bei der Pfändung von C.93 Arbeitseinkommen die zur (außergerichtlichen und gerichtlichen) Geltendmachung der gepfändeten Einkommensteile erforderlichen **Urkunden** (§ 836 Abs. 3 S. 1 ZPO, Rdn. B.267). Lohn- oder Gehaltsabrechnungen[214] oder Verdienstbe-

---

211 Ähnlich Wertenbruch, DGVZ 2000, 65 (67); hierzu auch LG Hildesheim, DGVZ 2001, 87; AG Rosenheim, JurBüro 2002, 493.

212 LG Köln, DGVZ 2002, 186.

213 So auch LG Hildesheim (Fn. 211).

214 OLG Braunschweig, Rpfleger 2005, 150; OLG Hamm, DGVZ 1994, 188 = JurBüro 1995, 163; LG Augsburg, JurBüro 1996, 386; LG Berlin, Rpfleger 1993, 294 mit zust. Anm. Hintzen; LG Bochum, DGVZ 1994, 189; LG Bochum, JurBüro 2000, 437; LG Heidelberg, JurBüro 1995, 383; LG Hof, DGVZ 1991, 138; LG Karlsruhe, JurBüro 1995, 382; LG Kassel, JurBüro 1997, 216; LG Koblenz, JurBüro 1996, 664; LG Koblenz, DGVZ 1997, 126 (hier zu weitgehend für die Abrechnungen der letzten drei Monate); LG Münster, DGVZ 1994, 155 = Rpfleger 1994, 472; LG Oldenburg, Rpfleger 1996, 36 Leits.; LG Paderborn, JurBüro 1995, 382 m. zust. Anm. Behr; LG Ravensburg, Rpfleger 1990, 266; LG Stuttgart, Rpfleger 1998, 166 (167); LG Verden, DGVZ 1994, 189; AG Köln, DGVZ 1994, 155; Behr, JurBüro 1995, 626; Scherer, Rpfleger 1995, 446 (448). **A.A.** LG Hildesheim, DGVZ 1994, 156. Für eine Ergänzung des Pfändungsbeschlusses zur Herausgabevollstreckung hinsichtlich der Lohnabrechnungsausdrucke hat das LG Hannover, DGVZ 1989, 26 das Rechtsschutzbedürfnis verneint (Einzelfallentscheidung).

scheinigungen sind Beweisurkunden (Rdn. B.268), die demnach herauszugeben sind. Auch Lohnabrechnungen aus der Zeit vor der Beschlagnahme gehören nach Sinn und Zweck des § 836 Abs. 3 S. 1 ZPO (die Urkundenherausgabe dient Beweis- und Überprüfungszwecken) zu den „über die Forderung vorhandenen Urkunden", die herauszugeben sind[215]. Als ausreichend für eine verlässliche Überprüfung der Einkommensentwicklung beim Schuldner wird (außer den laufenden Lohnabrechnungen) „regelmäßig" auch die Herausgabe der drei Lohnabrechnungen aus der Zeit vor Zustellung des Pfändungs- und Überweisungsbeschlusses angesehen[216]. Eine darüber hinausgehende Herausgabepflicht kann in Ausnahmefällen in Betracht kommen, deren Vorausetzungen der Gläubiger darzulegen hat[217]. Es kann aber auch der Einzelfall gebieten, die Herausgabepflicht weiter einzugrenzen wie z.B. bei Beamten und festbesoldeten Angestellten, deren Bezüge gesetzlich oder tariflich festgelegt sind und daher über oft viele Abrechnungsmonate unverändert bleiben, die daher Mitteilungen nur in größeren Abständen bei Änderung der Bezüge erhalten, so dass zeitlich weit zurückliegende Mitteilungen oder Lohnabrechnungen („die letzten drei") als Beweismittel wertlos sind. Erzielt der Schuldner zweifelsfrei nur geringes Arbeitseinkommen, das nach §§ 850c, 850d oder 850f Abs. 1, 2 ZPO unpfändbar ist, kann der Gläubiger Einkommensbeträge nicht gegen den Drittschuldner geltend machen, dafür somit auch Urkunden vom Schuldner nicht herausverlangen (keine Urkundenherausgabe nur noch zur Information). Dass auch Beweisurkunden, die sich auf die nach der Pfändung fällig werdenden Beträge beziehen, herauszugeben sind, somit auch spätere Lohn-/Gehalts-/Verdienstbescheinigungen über künftiges Arbeitseinkommen, folgt aus § 832 ZPO. In diesem Fall ist somit die Herausgabepflicht wiederkehrend zu erfüllen[218].

C.94 Auf **künftiges Arbeitseinkommen** (§ 832 ZPO) kann sich die Pfändung auch erstrecken, wenn laufendes Einkommen bereits abgetreten, gesetzlich oder nach Pfändung und Überweisung an Zahlungs statt auf einen Dritten übergegangen ist (Rdn. C.92). Mit den zur Geltendmachung dieses gepfändeten Einkommens herauszugebenden Urkunden hat der Schuldner daher auch Urkunden herauszugeben, die über eine vorausgehende Abtretung[219], einen gesetzlichen Rechtsübergang oder eine vorrangige Pfändung[220] des Arbeitseinkommens vorhanden sind.

---

215 BGH, FamRZ 2007, 462 = DGVZ 2007, 26 = MDR 2007, 607 = NJW 2007, 606 = Rpfleger 2007, 209.
216 BGH (Fn. 215).
217 BGH (Fn. 215).
218 BGH, FamRZ 2006, 1272 = MDR 2007, 50 = NJW-RR 2006, 1576 (1577); OLG Dresden, DR B 1941 Rspr. 8.
219 So auch (mit anderer Begründung) LG Ansbach, DGVZ 1995, 122 = Rpfleger 1995, 511; LG Detmold, Rpfleger 2001, 608; LG Heilbronn, JurBüro 2011, 46; LG Kassel, JurBüro 1997, 660; LG München II, JurBüro 1998, 604; LG München II, JurBüro 2000, 490; LG Paderborn, JurBüro 2002, 159; LG Stuttgart (Fn. 214); AG Weiden, Rpfleger 1996, 255 mit zust. Anm. B. Schmidt, (für Abtretung der Rente); **a.A.** LG Hof, DGVZ 1991, 138; LG Münster, JurBüro 2002, 494 = Rpfleger 2002, 321; AG Fulda, JurBüro 1998, 605.
220 BGH (Fn. 218).

Zwangsvollstreckung zur Erlangung der herauszugebenden Urkunden (auch für spätere Lohn-/Gehalts-/Verdienstabrechnungen) s. Rdn. B.274; dort auch zur Bezeichnung der Urkunden im Überweisungsbeschluss. Zum Abrechnungsanspruch an Arbeitgeber s. Rdn. C.83. C.95

1.11.6. Die Vorpfändung

Schrifttum: Lipschitz, Vorpfändung und Pfändungsschutz für Arbeitseinkommen, DRiZ 1954, 50. C.96

Eine Vorpfändung (Rdn. B.480 ff.) ist auch bei Vollstreckung in Arbeitseinkommen[221] – nicht jedoch bei Vollstreckung in die nur bedingt pfändbaren Bezüge des § 850b ZPO; siehe Abschn. 4 – möglich. Die Pfändungsankündigung muss aber die **Pfändungsbeschränkungen**[222] der §§ 850a, 850c, 850d und 850f Abs. 2 ZPO berücksichtigen. Verstöße gegen diese Pfändungsbeschränkungen können mit der Erinnerung gegen die Vorpfändung geltend gemacht werden (siehe Rdn. B.421, B.509). Bei völlig klarer Sachlage kann der Übergriff des Gläubigers durch sofortige Entscheidung über die Erinnerung korrigiert werden; diese Entscheidung ohne Anhörung des Gläubigers verstößt nicht gegen Art. 103 Abs. 1 GG[223]. Regelmäßig wird aber nicht angenommen werden können, dass der Gläubiger sich über die für Arbeitseinkommen geltenden Pfändungsgrenzen hinwegsetzen wollte, wenn er in der Pfändungsankündigung die Pfändungsbeschränkungen nicht herausgestellt hat. Erfahrungsgemäß widmet der Gläubiger dieser Fassung der Pfändungsankündigung mitunter wenig Beachtung, insbesondere dann, wenn er ein allgemeines Formblatt für ein Zahlungsverbot verwendet. Eine verständige Auslegung solcher Pfändungsankündigungen muss daher – wenn nicht besondere Umstände in Erscheinung treten – eine Begrenzung der Wirkung dieser Vorpfändung auf die nach den §§ 850a, 850c, 850d und 850f Abs. 2 ZPO der Pfändung unterliegenden Einkommensteile bewirken. Das ermöglicht dem Drittschuldner bereits vor der klarstellenden Entscheidung des Vollstreckungsgerichts eine Auszahlung der pfandfreien Einkommensteile an den Schuldner. Im Falle des § 850d ZPO muss es dabei genügen, wenn der Arbeitgeber den allgemeinen Freibetrag bei Gericht erfragt. C.97

---

221 Zur Bedeutung der vom Arbeitnehmer bei seinem Ausscheiden unterzeichneten Austrittsbescheinigung (Ausgleichsquittung), wenn noch eine Vorpfändung läuft, ArbG Bremen, BB 1969, 916.

222 Das LArbG Frankfurt, DB 1989, 1732, hält die Vorpfändung durch einen Unterhaltsgläubiger nur in den Pfändungsgrenzen des § 850c ZPO für zulässig. Es geht von der Erwägung aus, dass eine Durchbrechung der im § 850c ZPO festgelegten Pfändungsgrenzen zugunsten eines unterhaltsberechtigten Gläubigers nach § 850d ZPO allein dem Vollstreckungsgericht zusteht (und von einem Antrag des Gläubigers abhängig ist). Dem ist nicht zu folgen. Auch bei der Vorpfändung durch den Unterhaltsgläubiger bestimmt sich das pfändbare Arbeitseinkommen des Schuldners nach § 850d ZPO. Für die nur kurzlebige Vorpfändung ist daher der dem Schuldner für seinen Unterhalt und weitergehende Unterhaltspflichten zu belassende Betrag durch den Gläubiger in der Pfändungsbenachrichtigung zu bestimmen. Den Interessen des Schuldners ist mit der Möglichkeit der Erinnerung Rechnung getragen.

223 So zutreffend Noack, Rpfleger 1967, 137.

C.98 **Formulierungsvorschlag** für die Vorpfändung durch einen gewöhnlichen Gläubiger (Fall des § 850c ZPO):

… (wie Formulierungsvorschlag Rdn. B.489) steht die Pfändung der angeblichen Forderung des Schuldners an … – Drittschuldner – auf Zahlung des gesamten gegenwärtigen und künftigen Arbeitseinkommens (ohne Rücksicht auf ihre Benennung oder Berechnungsart) bevor.

Grundlage der Berechnung der pfändbaren Teile des Arbeitseinkommens wird das nach Maßgabe des § 850e Nr. 1 ZPO zu bestimmende Nettoeinkommen des Schuldners sein.

Der pfändbare Teil des Arbeitseinkommens wird sich mit der Maßgabe, dass der kinderlos verheiratete Schuldner seiner Ehefrau Unterhalt gewährt, nach der dem § 850c ZPO als Anlage beigefügten Tabelle bestimmen; auf diese Tabelle wird Bezug genommen.

Hiervon benachrichtige ich den Drittschuldner mit der Aufforderung, die zu pfändenden Einkommensteile nicht mehr an den Schuldner zu zahlen.

Zugleich verständige ich hiervon den Schuldner mit der Aufforderung, sich jeder Verfügung über die zu pfändende Forderung, insbesondere der Einziehung derselben zu enthalten.

C.99 **Formulierungsvorschlag** für die Vorpfändung wegen eines Unterhaltsanspruchs (Fall des § 850d ZPO):

… (wie Formulierungsvorschlag Rdn. B.489) steht die Pfändung der angeblichen Forderung des Schuldners an … – Drittschuldner – auf Zahlung des gesamten gegenwärtigen und künftigen Arbeitseinkommens (ohne Rücksicht auf ihre Benennung oder Berechnungsart) bevor. Zugleich mit der Pfändung wegen der fälligen Ansprüche des Gläubigers wird auch das künftig fällig werdende Arbeitseinkommen wegen der dann jeweils fällig werdenden Ansprüche, nämlich … gepfändet werden. Dem Schuldner, der laufende gesetzliche Unterhaltspflichten anderen Personen gegenüber nicht zu erfüllen hat, werden von seinem Nettoeinkommen für seinen notwendigen Unterhalt monatlich … Euro (wöchentlich … Euro) pfandfrei belassen werden.

Grundlage der Berechnung der sonach pfändbaren Teile des Arbeitseinkommens wird das nach Maßgabe des § 850e Nr. 1 ZPO zu bestimmende Nettoeinkommen des Schuldners sein. Von den in § 850a Nrn. 1, 2 und 4 ZPO genannten Bezügen (halbe Mehrarbeitsstundenvergütung, Urlaubszuschuss und übliche Jubiläumszuwendungen sowie Treuegelder, Weihnachtsvergütung) wird dem Schuldner lediglich die Hälfte des nach § 850a ZPO unpfändbaren Betrags verbleiben.

Der dem Schuldner hiernach verbleibende Teil seines Arbeitseinkommens wird jedoch den Betrag nicht übersteigen dürfen, der ihm nach den Vorschriften des § 850c ZPO gegenüber nicht bevorrechtigten Gläubigern zu verbleiben hätte.

Hiervon benachrichtige ich den Drittschuldner … (weiter wie Rdn. C.98).

1.12. Einkommenspfändung vor Zustandekommen des Arbeitsverhältnisses

Schrifttum: Baur, Einige Bemerkungen zur Pfändung künftiger Lohnforderungen, DB 1968, 251. C.100

Vor Beginn eines Arbeitsverhältnisses kann das bei dem späteren Arbeitgeber zu erwartende Arbeitseinkommen unter den Voraussetzungen gepfändet werden, unter denen die Pfändung einer zukünftigen Forderung möglich ist[224] (siehe Rdn. A.30). Eine Pfändung ist demnach zulässig, wenn die Anstellung des Schuldners bei einem bestimmten Arbeitgeber schon als möglich in Aussicht genommen, der Abschluss des Arbeitsvertrags (die bindende Zusage des Arbeitgebers oder Schuldners) aber noch aufgeschoben ist[225]. Dann muss jedoch im Pfändungsbeschluss die zu pfändende Forderung aus dem späteren Arbeitsverhältnis als solche auch bestimmt bezeichnet werden (Rdn. B.89). Ebenso ist die Pfändung zulässig, wenn der Arbeitsvertrag bereits abgeschlossen, die Arbeit aber noch nicht aufgenommen ist. Wenn die Voraussetzungen des Vollstreckungszugriffs auf Arbeitseinkommen als künftige Forderung gegeben sind, erlangt die Pfändung des zukünftigen Einkommens mit dem Zustandekommen des Arbeitsverhältnisses (mit der Arbeitsaufnahme) Wirksamkeit (Rdn. A.33). Der Drittschuldner muss dann den Pfändungsbeschluss beachten und erfüllen. Er darf ihn daher nach Zustellung nicht zurückgeben, weil die Arbeitsaufnahme noch nicht erfolgt ist. Bei einer Rückgabe kann er sich später nicht darauf berufen, er erinnere sich nicht mehr an die Pfändung. C.101

Eine rechtliche Grundlage für die Bestimmung des zukünftigen Arbeitseinkommens wird aber oft nicht gegeben sein. Vielfach wird bei möglichem Abschluss eines zukünftigen Arbeitsverhältnisses dessen Zustandekommen und damit das Entstehen eines Anspruchs auf Arbeitseinkommen bei einem bestimmten Arbeitgeber noch völlig ungewiss sein. Das ist insbesondere der Fall, wenn der Schuldner nur hat verlauten lassen, er wolle sich demnächst bei einem bestimmten Arbeitgeber, insbesondere einem Großbetrieb, um Arbeit bewerben[226]. Erhofftes Arbeitseinkommen kann dann noch nicht gepfändet werden (Rdn. A.31). Ein gleichwohl zugestellter Pfändungsbeschluss besitzt keine Wirksamkeit. Im Zweifel kann der Drittschuldner später wegen Gläubigerungewissheit (§ 372 BGB) hinterlegen. Gibt der im Beschluss bezeichnete Drittschuldner einen ihm zugestellten Beschluss zurück, weil der Schuldner bei ihm in keinem Arbeitsverhältnis und seine Einstellung auch nicht in Aussicht steht (siehe Rdn. C.101), so braucht bei späterer C.102

224 Entsprechendes gilt für arbeitsrechtliche Ruhegehaltsansprüche vor Eintritt des Versorgungsfalls, BGH, MDR 1989, 446 = NJW-RR 1989, 286 (290 li.Sp.).

225 Konkrete Vorverhandlungen genügen als vorvertragliches Rechtsverhältnis, Baur, DB 1968, 253.

226 Auch wenn zwischen Schuldner und Drittschuldner lediglich ein Umschulungsverhältnis besteht, wird vom LG Kleve, MDR 1970, 770 die Pfändung der möglicherweise später entstehenden Lohnforderung noch nicht für möglich gehalten. Diese Ansicht ist jedoch zu eng; denn dass ein Arbeitsverhältnis bereits besteht, ist nicht Voraussetzung für eine Pfändung der künftigen Lohnforderung. Das Umschulungsverhältnis bringt bereits die rechtliche Grundlage für die notwendige Bestimmbarkeit der Forderung aus späterem Arbeitsverhältnis.

Einstellung des Schuldners der Drittschuldner als Arbeitgeber von sich aus nicht auf diesen Pfändungsbeschluss zurückgreifen. Das gilt schon deshalb, weil der Arbeitgeber mit der Rückgabe des Pfändungsbeschlusses jegliche Kontrolle verloren hat und es als ein unbilliges Verlangen erscheint, dass er sich eine Zeit später noch daran erinnern sollte, dass eine Lohnpfändung vorlag[227]. Das gilt insbesondere aber auch deshalb, weil die Pfändung des nur erhofften Arbeitseinkommens sich nicht auf die später doch entstandenen Lohnansprüche erstreckt.

1.13. Zum Einziehungserkenntnisverfahren

C.103 **Schrifttum:** Denck, Einwendungen des Arbeitgebers gegen die titulierte Forderung bei Lohnpfändung, ZZP 92 (1979) 71; Hansens, Zur Erstattungsfähigkeit von Anwaltskosten für die Durchführung eines Arbeitsgerichtsprozesses gegen den Drittschuldner als Kosten der Zwangsvollstreckung gegen den Schuldner, JurBüro 1983, 1; Müller-Glöge, Pfändung und Abtretung von Arbeitnehmerbezügen im Prozess, DB 1987 Beil. Nr. 22; Rewolle, Abreden zwischen Schuldner, Drittschuldner und Gläubiger über den pfändbaren Teil des Arbeitseinkommens des Schuldners, BB 1967, 338; Schaub, Die Berücksichtigung tariflicher Verfallfristen im Rahmen der Drittschuldnerklage, NJW 1965, 2329; Schaub, Die Erstattung außergerichtlicher Kosten bei den Arbeitsgerichten erster Instanz, NJW 1968, 480; Staab, Die Drittschuldnerklage vor dem Arbeitsgericht, NZA 1993, 49; Süsse, Die Drittschuldnerklage bei der Lohnpfändung, BB 1970, 671; Tappermann, Gerichtsstand bei Klagen wegen Lohn, Gehalt und anderen Dienstbezügen gegen den Fiskus, NJW 1973, 2095; Wenzel, Die Drittschuldnerklage vor dem Arbeitsgericht, Hinweise für die anwaltliche Praxis, MDR 1966, 971.

C.104 Zur klageweisen Geltendmachung einer gepfändeten Forderung allgemein siehe Rdn. B.316 ff.

Durch eine Pfändung wird die sachliche und örtliche **Zuständigkeit** des Gerichts, bei dem die Forderung geltend zu machen ist, nicht berührt. Für die in § 2 ArbGG aufgeführten Rechtsstreitigkeiten sind die Arbeitsgerichte daher bei Klage gegen den Drittschuldner ausschließlich zuständig (siehe auch § 3 ArbGG sowie Rdn. B.318); die Verwaltungsgerichte sind zuständig für die Klage auf Zahlung des gepfändeten Teils der Bezüge eines Beamten, Ruhestandsbeamten, früheren Beamten oder Hinterbliebenen[228]. Zuständig sind die Arbeitsgerichte auch, wenn fingiertes Arbeitseinkommen (§ 850h Abs. 2 ZPO) geltend gemacht wird[229], jedenfalls für den Fall, dass der Schuldner Arbeit oder Dienste für den Drittschuldner in persönlicher Abhängigkeit wie ein Arbeitnehmer oder in wirtschaftlicher Abhängigkeit und entsprechender sozialer Stellung wie eine arbeitnehmerähnliche Person leistet[230]. Wenn sonach der Schuldner als Arbeitnehmer oder arbeitnehmerähnliche Person anzusehen ist, sind die Arbeitsgerichte für die Entscheidung über den Anspruch aus § 850h Abs. 2 ZPO auch zuständig, wenn ein sog. familienhaftes Beschäftigungsverhältnis besteht[231]. Ob das auch gilt, wenn die Tätigkeit eines Familienangehörigen auf einer gesetzlichen Verpflichtung wie beispielsweise § 1619

227 So ArbG Ulm, BB 1953, 831.
228 VerwG Neustadt, JurBüro 1988, 668; VGH Kassel, NJW 1992, 1253.
229 Wenzel, MDR 1966, 971; Süsse, BB 1970, 672; Stein/Jonas/Würdinger, ZPO, § 850h Rdn. 44.
230 BGHZ 68, 127 = MDR 1977, 573 = NJW 1977, 853 = Rpfleger 1977, 203.
231 BGH (Fn. 230); **a.M.** Menken, DB 1993, 161 (164).

BGB beruht, ist nicht geklärt[232]. Beim Arbeitsgericht kann auch der Erlass eines Mahnbescheids beantragt werden.

C.105 Für das Urteilsverfahren vor dem Arbeitsgericht gelten die Vorschriften der ZPO entsprechend (§ 46 Abs. 2 ArbGG). Die **Klageschrift** muss daher einen bestimmten Antrag enthalten (§ 253 Abs. 2 ZPO). In ihm muss die Klageforderung, d.i. das gepfändete Arbeitseinkommen des Schuldners an den Drittschuldner als Arbeitgeber, das der pfändende Gläubiger geltend macht, beziffert und der Klaggrund substantiiert unter Angabe der anspruchsbegründenden Tatsachen dargelegt sein[233]. Der Kläger muss also die gepfändeten Lohnteile nach Maßgabe des angenommenen Erfolgs der Lohnpfändung berechnen und betragsmäßig im Klageantrag geltend machen[234]. Dabei kann er vom Tariflohn ausgehen[235]. Zum schlüssigen Vortrag gehört (regelmäßig[236]) die Darlegung der vom Schuldner ausgeübten Berufstätigkeit. Unrichtig ist der Antrag, den Drittschuldner „zur Abführung der gepfändeten Beträge zu verurteilen".

C.106 Auf **künftige Lohnzahlung** kann gegen den Arbeitgeber als Drittschuldner geklagt werden, wenn die Besorgnis gerechtfertigt ist, er werde sich der rechtzeitigen Leistung entziehen (§ 259 ZPO)[237]. Für die Annahme dieser Besorgnis genügt es, dass der Arbeitgeber den Anspruch ernstlich (wenn auch gutgläubig) bestreitet[238]. Einwendungen des Arbeitgebers aus künftiger Nichtleistung von Diensten des Arbeitnehmers sind durch Vollstreckungsgegenklage (§ 767 ZPO) geltend zu machen[239]. Der Einwand, dass dem Gläubiger bei geringerem Gehalt des Arbeitnehmers und nach Tilgung der Vollstreckungsforderung nicht mehr der eingeklagte monatlich pfändbare Betrag zusteht, ist gleichfalls mit der Vollstreckungsgegenklage (§ 767 ZPO; Einstellung der Zwangsvollstreckung nach § 769 ZPO) geltend zu machen; er kann (vorläufig) auch mit Urkundenvorlage nach § 775 Nr. 4 oder 5 ZPO vorgebracht werden[240].

C.107 Nach § 841 ZPO ist dem Schuldner auch im Verfahren vor dem Arbeitsgericht der **Streit zu verkünden** (§ 46 Abs. 2 ArbGG).

232 Bei fingiertem Entgelt aus familienhaften Beschäftigungsverhältnissen für die Zuständigkeit der Zivilgerichte: Fenn, FamRZ 1968, 302 und 1973, 630; siehe ferner Fenn, AcP 167 (1967) 186.

233 LArbG Hamburg, NJW-RR 1986, 743; Staab, NZA 1993, 439.

234 Wenzel (Fn. 229); Staab, NZA 1993, 439; LArbG Hamburg (Fn. 233).

235 Dazu eingehend Wenzel (Fn. 229); auch LArbG Hamburg (Fn. 233).

236 Die Umstände können aber auch bewirken, dass der klagende Gläubiger von der Beitreibbarkeit des gepfändeten (im Klageantrag bezifferten) Anspruchs ausgehen kann und seinen Vortrag erst nach entsprechender Klageerwiderung weiter substantiieren muss; dazu LArbG Hamburg (Fn. 233).

237 BArbG, AP Nr. 1 zu § 259 ZPO = BB 1959, 815; BArbG, AP Nr. 2 zu § 259 ZPO = DB 1960, 1072; BAGE 42, 54 = DB 1983, 1263 = FamRZ 1983, 899 = MDR 1983, 788; Wenzel (Fn. 229), der auch auf die u.U. hohen Kosten einer Klage auf künftige Leistung aufmerksam macht; Staab, NZA 1993, 439; Süsse, BB 1970, 672; **a.A.** – mit sehr wesentlichen Bedenken – ArbG Essen, BB 1966, 368.

238 BAGE 42, 54 (Fn. 237).

239 RArbG, ARS 29, 68 (71); BAGE 42, 54 (Fn. 237).

240 BAGE 42, 54 (Fn. 237), dieses auch zur betragsmäßigen Begrenzung des Klageantrags.

C.108 Vor den Arbeitsgerichten können die Parteien den Rechtsstreit selbst führen oder sich vertreten lassen (§ 11 ArbGG, dort auch zu den vertretungsbefugten Bevollmächtigten).

C.109 Ein **Kostenvorschuss** wird in arbeitsgerichtlichen Verfahren nicht erhoben (§ 11 GKG).

C.110 Ein im Rechtsstreit zwischen Schuldner und Drittschuldner bereits ergangenes Urteil (oder ein sonstiger Vollstreckungstitel) auf Einkommenszahlung ist in Höhe gepfändeter (und zur Einziehung überwiesener) Beträge dem Vollstreckungsgläubiger als **Rechtsnachfolger** nach § 727 ZPO vollstreckbar auszufertigen (Rdn. B.330). Für die Einziehungsbefugnis und damit die Rechtsnachfolge des pfändenden Gläubigers hat hierfür offenkundig oder nachgewiesen zu sein, in welcher Höhe das nach dem Urteil (oder sonstigen Vollstreckungstitel) geschuldete Arbeitseinkommen nach §§ 850a, 850c, 850d oder 850f ZPO gepfändet ist. Die Erteilung einer Vollstreckungsklausel an den Gläubiger ist somit nicht möglich, wenn nicht feststeht, dass Einkommensbeträge von der Pfändung erfasst sind[241]. Dem Arbeitgeber als Drittschuldner ist die Zahlung gepfändeter Einkommensbeträge an den Schuldner (nicht aber die Erfüllung der nach §§ 850c ff. ZPO pfandfreien Einkommensteile) auch bei Zwangsvollstreckung auf Betreiben des Schuldners verboten (siehe Rdn. B.331). Der Drittschuldner ist verpflichtet, der Zwangsvollstreckung des Schuldners mit der Einrede der Forderungspfändung zu begegnen.

C.111 Ob der Lohnabzug vom Drittschuldner rechnerisch richtig durchgeführt ist, kann vom Arbeitsgericht im Rechtsstreit zwischen Gläubiger und Drittschuldner nachgeprüft werden[242]. Das Arbeitsgericht ist jedoch an die Entscheidung des Vollstreckungsgerichts über die Berücksichtigung oder Nichtberücksichtigung eines bestimmten Angehörigen gebunden (siehe auch Rdn. C.352).

C.112 Zu den Einwendungen[243], die der Drittschuldner gegenüber seinem Arbeitnehmer hat und daher auch dem Gläubiger entgegenhalten kann (siehe Rdn. B.170), gehört auch der Verfall einer gepfändeten Forderung über Arbeitseinkommen durch **Ablauf einer tariflichen Verfallfrist**[244].

C.113 Vergleichsweise kann zwischen Gläubiger, Schuldner und Drittschuldner – auch außerhalb eines gerichtlichen Verfahrens – vereinbart werden, dass an den Gläubiger ein geringerer Betrag als der nach §§ 850c, 850d oder 850f Abs. 2 ZPO gepfändete Teil des Arbeitseinkommens[245] abzuführen ist. §§ 850c, 850d und 850f Abs. 2 ZPO sind nur zwingend, soweit sie den unpfändbaren Teil des Arbeitseinkommens festlegen, lassen mithin eine Vereinbarung über die Erhöhung der Pfändungsgrenzen zu. Eine solche Abrede über die Begrenzung des gepfändeten Teils

---

241 LArbG Düsseldorf, Rpfleger 1997, 119.

242 Siehe Berner, Rpfleger 1962, 171.

243 Zu den Einwendungen des Arbeitgebers im Drittschuldnerprozess siehe Staab, NZA 1993, 439 (445).

244 Schaub, NJW 1965, 2329 auch zur Frage, ob eine noch laufende Verfallfrist bereits durch Zustellung des Pfändungsbeschlusses unterbrochen wird oder ob noch weitere Maßnahmen zur Wahrnehmung der Gläubigerrechte vorgenommen werden müssen (Einhaltung einer Klagefrist usw.). Der Gläubiger, der die Verfallfrist versäumt hat, kann wegen verzögerter Beitreibung nach § 842 ZPO schadensersatzpflichtig sein.

245 Zur Begrenzung der Pfändung bereits bei Erlass des Pfändungsbeschlusses siehe Rdn. C.339.

des Arbeitseinkommens wirkt aber nicht gegen einen später pfändenden Gläubiger[246]. Der nachpfändende Gläubiger braucht sich die Stundungsvereinbarung nur entgegenhalten lassen, wenn er ihr zugestimmt hat[247]. Macht dieser seine Forderung in voller Höhe der pfändbaren Einkommensteile geltend, so wird die Erklärung des ersten Pfändungsgläubigers regelmäßig dahin auszulegen sein, dass sein Einvernehmen unter der auflösenden Bedingung erklärt war, dass bei Hinzukommen eines voll pfändenden weiteren Gläubigers die Vereinbarung nicht mehr gelten soll. Der Drittschuldner muss dann den gepfändeten Lohnteil an den erstpfändenden Gläubiger in voller Höhe abführen[248].

Nach Ansicht des BArbG[249] soll, wenn der nachpfändende Gläubiger der Stundungsvereinbarung nicht zugestimmt hat, sein Pfändungspfandrecht von dem Zeitpunkt an durchgreifen, zu dem der vorrangige Gläubiger (rechnerisch) voll befriedigt gewesen wäre, wenn er seit Zustellung seines Pfändungs- und Überweisungsbeschlusses die pfändbaren Beträge bis zur Höchstgrenze ausgeschöpft hätte. Von diesem Zeitpunkt an soll demnach der pfändbare Lohnteil dem nachpfändenden Gläubiger zustehen; der Verzicht des besserrangigen Gläubigers auf die Einziehung soll nicht zulasten nachrangig pfändender Gläubiger gehen. Dies erscheint indes doch bedenklich[250]. Rechtsbeziehungen in der vom BArbG dargestellten Weise bestehen nicht. Für die Zeit vor Wirksamwerden seiner Pfändung hat ein nachrangiger Gläubiger kein Anrecht darauf, dass der Erstgläubiger gepfändete Lohnteile voll einzieht und damit folgenden Vollstreckungsmaßnahmen sogleich einen Pfanderfolg gewährleistet. Danach erfasst die anschließende Pfändung die vom Erstgläubiger nicht in Anspruch genommenen Lohnteile. Greift der Erstgläubiger infolge der auflösenden Wirkung der Vereinbarung voll darauf zu, so erlangt der Nachpfändende Befriedigung in der ihm zeitlich gebührenden Rangfolge. Das Pfandrecht des Erstgläubigers muss demnach fortbestehen, solange seine Vollstreckungsforderung nicht getilgt ist. Im Zweifel kann – und wird – der Drittschuldner wegen Gläubigerungewissheit (§ 372 BGB) hinterlegen.

Die Frage, ob der vorrangige Gläubiger durch Vereinbarung mit dem Schuldner sein Pfändungspfandrecht dahin umwandeln kann, dass es auf einen bestimmten fortlaufend einzubehaltenden Betrag beschränkt wird, dafür aber erst mit der vollen Befriedigung des Gläubigers erlischt, hat das BArbG offengelassen. Sie wird zu bejahen sein.

Weitere Sicherheit erlangt der vorrangige Gläubiger, wenn er die Abrede über die Begrenzung des gepfändeten Teils des Arbeitseinkommens (auch als Umwandlung des Pfandrechts in der hier dargestellten Weise) nur gegen eine Abtretung des künftigen Arbeitseinkommens trifft. Diese geht einem später pfändenden Gläubiger vor (siehe Rdn. C.539).

246 Rewolle, BB 1967, 338; BArbG, AP ZPO § 829 Nr. 5 mit Anm. Grunsky = JurBüro 1975, 1065 = NJW 1975, 1575, 2311 Leits. mit Anm. Heiseke. Dazu auch Denck, DB 1980, 1396.
247 BArbG (Fn. 246).
248 Dazu siehe Rewolle (Fn. 246).
249 BArbG (Fn. 246).
250 Bedenken gegen das Urteil des BArbG erhebt auch Heiseke (Fn. 246).

C.114 Wenn der Drittschuldner einer – bestehenden oder nach § 850h ZPO fingierten – Lohnforderung sich in einem Prozessvergleich im Drittschuldnerprozess zu bestimmten wiederkehrenden Leistungen an den Pfändungsgläubiger verpflichtet hat, ist im Zweifel anzunehmen, dass diese Verpflichtung nicht über den Zeitpunkt hinaus bestehen soll, zu dem das Arbeitsverhältnis bzw. das in § 850h ZPO bezeichnete Verhältnis mit dem Arbeitnehmer, dessen Lohnanspruch gepfändet wurde, endet[251].

C.115 Im Urteilsverfahren des ersten Rechtszugs besteht vor dem Arbeitsgericht kein Anspruch der obsiegenden Partei auf Entschädigung wegen Zeitversäumnis[252] und auf **Erstattung der Kosten** für die Zuziehung eines Prozessbevollmächtigten[253] oder Beistands (§ 12a Abs. 1 S. 1 ArbGG)[254]:

§ 12a Abs. 1 ArbGG

(1) In Urteilsverfahren des ersten Rechtszugs besteht kein Anspruch der obsiegenden Partei auf Entschädigung wegen Zeitversäumnis und auf Erstattung der Kosten für die Zuziehung eines Prozessbevollmächtigten oder Beistandes. Vor Abschluss der Vereinbarung über die Vertretung ist auf den Ausschluss der Kostenerstattung nach Satz 1 hinzuweisen. Satz 1 gilt nicht für Kosten, die dem Beklagten dadurch entstanden sind, dass der Kläger ein Gericht der ordentlichen Gerichtsbarkeit, der allgemeinen Verwaltungsgerichtsbarkeit, der Finanz- und Sozialgerichtsbarkeit angerufen und dieses den Rechtsstreit an das Arbeitsgericht verwiesen hat.

Diese Einschränkung der Kostenerstattung gilt nur für das Erkenntnisverfahren, nicht aber für die spätere Zwangsvollstreckung[255]. Anwaltskosten und Parteikosten infolge Zeitversäumnis sind in der Zwangsvollstreckung daher auch dann erstattungsfähig, wenn das Arbeitsgericht selbst Vollstreckungsgericht ist[256]. Vergleichsweise kann sich eine Partei auch vor dem Arbeitsgericht zu einer über § 12a Abs. 1 ArbGG hinausgehenden Kostenerstattung verpflichten[257]. Die vergleichsweise übernommenen Mehrkosten können aber im Kostenfestsetzungsverfahren nicht festgesetzt werden[258]. Die nach § 12a Abs. 1 S. 1 ArbGG nicht erstattungsfähigen Aufwendungen können auch nicht Gegenstand eines materiell-rechtlichen Kostenerstattungsanspruchs sein[259] und daher auch nicht als Verzugsschaden geltend gemacht werden. Damit ist auch die Erstattung von Kosten für die außergerichtliche (vorprozessuale) Tätigkeit eines Prozessbevollmächtigten ausgeschlos-

---

251 BArbG, BB 1968, 833.
252 Reisekosten der Partei zur Information oder Terminswahrnehmung sind – soweit notwendig – erstattungsfähig; siehe Schaub, NJW 1968, 481. Die Einschränkung, dass Reisekosten für Terminswahrnehmung nur in Höhe einer Vertretung erstattungsfähig sind, gilt im Arbeitsgerichtsverfahren nicht, Schaub, wie vorst.
253 Unter Umständen sind Vertreterkosten in Höhe ersparter Reisekosten der Partei erstattungsfähig; siehe Schaub (Fn. 252).
254 Die Regelung ist mit dem GG vereinbar, BVerfGE 31, 306 = MDR 1972, 27 = NJW 1971, 2302; BAGE 70, 191 (196) = MDR 1994, 179; siehe auch LArbG Baden-Württemberg, BB 1966, 249.
255 AG Saarbrücken, AnwBl 1972, 26; ArbG Lörrach, JurBüro 2004, 560.
256 LArbG Frankfurt, BB 1968, 630; Schaub (Fn. 252) m.w.N.
257 Schaub (Fn. 252).
258 Schaub (Fn. 252); Tschischgale, NJW 1967, 2393 (2394); LArbG Hamm, NJW 1954, 1504; **a.A.** LArbG Stuttgart, NJW 1959, 65; LArbG Frankfurt, NJW 1958, 1415; LArbG München, NJW 1954, 656.
259 BArbG (Fn. 254); anders Ostermeier, NJW 2008, 551.

sen[260]. Vertraglich (durch Schuldversprechen) kann jedoch die Verpflichtung übernommen werden, außergerichtliche Anwaltskosten zu ersetzen[261].

Anspruch auf Erstattung der Kosten, die dem im arbeitsgerichtlichen Verfahren obsiegenden Beklagten für das Verfahren vor dem zunächst angerufenen ordentlichen Gericht bis zur Verweisung des Rechtsstreits an das Arbeitsgericht entstanden sind, wahrt § 12a Abs. 1 S. 3 ArbGG. Auf „Mehrkosten", somit die Differenz zwischen den Kosten, die im Rechtsstreit tatsächlich entstanden sind, und denen, die bei sofortiger Anrufung des zuständigen Gerichts entstanden wären, ist dieser Erstattungsanspruch nicht beschränkt[262]. Im Verfahren vor dem ordentlichen Gericht entstandene Rechtsanwaltskosten gehören zu den zu erstattenden Kosten daher auch dann, wenn sich der Beklagte nach der Verweisung weiter von demselben Rechtsanwalt vertreten lässt[263].

Der Anspruch des Pfändungsgläubigers an den Arbeitgeber als Drittschuldner auf Ersatz des für Nichterfüllung der Auskunftspflicht nach § 840 Abs. 1 ZPO entstandenen Schadens (§ 840 Abs. 2 S. 2 ZPO, Rdn. B.304) umfasst auch die Kosten der Zeitversäumnis und für die Zuziehung eines Prozessbevollmächtigten oder Beistands zur Geltendmachung der gepfändeten Forderung im arbeitsgerichtlichen Verfahren. § 12a Abs. 1 S. 1 ArbGG schließt diesen Anspruch des Pfändungsgläubigers auf Ersatz seiner Anwaltskosten, die im arbeitsgerichtlichen Verfahren auf Zahlung des gepfändeten Arbeitseinkommens entstanden sind, nicht aus[264]. Zweck des § 12a Abs. 1 S. 1 ArbGG ist es, den sonst nach prozessualen Vorschriften bestehenden Kostenerstattungsanspruch der obsiegenden Partei (§ 91 ZPO) einzuschränken. Der Schadensersatzanspruch nach § 840 Abs. 2 S. 2 ZPO als Erstattungsanspruch der „unterliegenden" Partei beruht jedoch darauf, dass der Drittschuldner durch schuldhaftes Verhalten den Gläubiger von einer nicht bestehenden Zahlungspflicht nicht unterrichtet und dadurch den aussichtslosen Einziehungsrechtsstreit verursacht hat. Diesen materiell-rechtlichen Ersatzanspruch schränkt § 12a Abs. 1 S. 1 ArbGG weder nach seinem Wortlaut noch nach dem Gesetzeszweck ein. Der Erstattungsanspruch wird auf Klageantrag (Schadensersatzklage) zugesprochen (Rdn. B.302), nicht jedoch als prozessualer Kostenerstattungsanspruch mit Kostenausspruch festgestellt. Er kann daher nicht als Anspruch auf Erstattung von Prozesskosten im Kostenfestsetzungsverfahren (§ 103 Abs. 1 ZPO) verfolgt werden[265]. Erhebt der Gläubiger isolierte (neue) Klage[266] gegen den C.116

Teil C Arbeitseinkommen

260 BArbG, AnwBl 1978, 310.
261 LArbG Hamm, MDR 1992, 62.
262 BAGE 112, 293 = MDR 2005, 598 = NJW 2005, 1301.
263 BArbG (Fn. 262).
264 BAGE 65, 139 = MDR 1990, 1043 = NJW 1990, 2643 unter Aufgabe früherer Rechtsprechung, zuletzt BAGE 24, 486 = NJW 1973, 1062; BArbG, NJW 2006, 717 (718); LArbG Düsseldorf, JurBüro 1995, 478 = MDR 1995, 1044; LArbG Köln, KKZ 1997, 33; AG Geilenkirchen, JurBüro 2003, 661; AG Wipperfürth, JurBüro 1999, 102; AG Wipperfürth, JurBüro 2002, 439.
265 BArbG, NJW 2006, 717; LArbG Köln, MDR 2001, 775.
266 Die früher abweichende Meinung, dass Rechtsanwaltskosten auch nicht in einem neuen Rechtsstreit gegen den Drittschuldner geltend gemacht werden könnten, beruhte auf der überholten Rechtsprechung, dass der Schadensersatzanspruch des Gläubigers nicht die Kosten für Zuziehung eines Prozessbevollmächtigten im Drittschuldnerprozess vor dem Arbeitsgericht einschließt.

Drittschuldner auf Kostenerstattung als Schadensersatz, so sind die ordentlichen Gerichte, nicht die Arbeitsgerichte, zuständig[267].

C.117 Uneinbringliche Kosten einer Drittschuldnerklage kann der Gläubiger bei Überweisung zur Einziehung vom Schuldner – Arbeitnehmer – als Zwangsvollstreckungskosten (§ 788 ZPO) erstattet verlangen, wenn sie notwendig[268] (§ 788 Abs. 1 mit § 91 ZPO) entstanden sind, damit auch vom Drittschuldner nicht hereingebracht werden können (siehe Rdn. B.547)[269]. Zu diesen Zwangsvollstreckungskosten gehören auch die nach § 12a Abs. 1 S. 1 ArbGG vom Drittschuldner nicht zu erstattenden Partei- und Anwaltskosten[270]. Als Zwangsvollstreckungskosten kann der Gläubiger die uneinbringlichen Kosten der Drittschuldnerklage „mit dem zur Zwangsvollstreckung stehenden Anspruch" beitreiben (§ 788 Abs. 1 ZPO; Rdn. B.532). Er kann sie auch gegen den Schuldner festsetzen lassen[271] (Rdn. B.534).

---

267 BAGE 47, 138 = MDR 1985, 523 = NJW 1985, 1181; LG Saarbrücken, NJW-RR 1989, 63; AG Geilenkirchen (Fn. 264); ArbG Passau, JurBüro 2006, 552; Stein/Jonas/Würdinger, ZPO, § 840 Rdn. 32; Börker, AnwBl 1972, 145 (147); Brüne und Liebscher, BB 1996, 743 (746); Linke, ZZP 87 (1974) 284 (308 ff.); **a.A.** LArbG Frankfurt (Fn. 258); Quardt, JurBüro 1958, 75; Meyer, BB 1964, 559 und (wahlweise Zivil- oder Arbeitsgericht) AG Saarbrücken, AnwBl 1973, 120.

268 LG Köln, JurBüro 2000, 663 (für anwaltliche Vergleichsgebühr im Drittschuldnerprozess); LG Köln, JurBüro 2003, 160 (für Kosten bei Klagerücknahme nach Vorlage eines Attestes über die Arbeitsunfähigkeit); ist nach – zu enger – Ansicht des OLG Stuttgart, Rpfleger 1996, 117 bei verlorenem (zutreffender: von Beginn an aussichtslosem) Arbeitsgerichtsprozess nicht der Fall.

269 BGH, DGVZ 2006, 131 = MDR 2006, 831 = NJW 2006, 1141 = Rpfleger 2006, 204; BGH, JurBüro 2010, 268 = MDR 2010, 346 = NJW 2010, 1674 = Rpfleger 2010, 331; OLG Karlsruhe, JurBüro 1994, 614 = MDR 1994, 95 = Rpfleger 1994, 118; OLG Koblenz, JurBüro 1991, 602; OLG Düsseldorf, JurBüro 1990, 1014 mit zust. Anm. Mümmler = MDR 1990, 730 = Rpfleger 1990, 527; LG Saarbrücken, JurBüro 1995, 271. **A.A.** (Kosten der arbeitsgerichtlichen Drittschuldnerklage sind vom Schuldner nicht als Kosten der Zwangsvollstreckung zu erstatten) LArbG Frankfurt, AnwBl 1979, 28; OLG München, JurBüro 1990, 1355 = MDR 1990, 931; SchlHOLG, JurBüro 1992, 500 = SchlHA 1993, 27; LG Berlin, DGVZ 1990, 138 = JurBüro 1990, 1678; LG Traunstein, Rpfleger 2005, 551.

270 BGH, DGVZ 2006, 131 (Fn. 269); OLG Köln, Rpfleger 1974, 164; KG, MDR 1989, 745 = Rpfleger 1989, 382 unter Aufgabe von KG, JurBüro 1977, 259 = DGVZ 1977, 20 = Rpfleger 1977, 178; OLG Koblenz, JurBüro 1987, 1257 mit Anm. Mümmler = Rpfleger 1987, 385 mit Anm. Kreppel; LG Aachen, JurBüro 1982, 1419 = Rpfleger 1982, 309; LG Berlin, JurBüro 1981, 462; LG Bielefeld, MDR 1970, 1021; LG Bochum, Rpfleger 1984, 286; LG Krefeld, MDR 1972, 788; LG Mainz, NJW 1973, 1143; LG Mannheim, JurBüro 1989, 1255 = MDR 1989, 746 = Rpfleger 1989, 382; LG München, DGVZ 1966, 88 = MDR 1966, 338; LG Tübingen, MDR 1982, 944 = NJW 1982, 1890 = Rpfleger 1982, 392; LG Tübingen, Justiz 1983, 370 (Leits.); LG Ulm, AnwBl 1975, 239; LG Saarbrücken (Fn. 269); AG Sulzbach, JurBüro 1984, 942 mit zust. Anm. Mümmler; Hansens, JurBüro 1983, 1; einschränkend LG Oldenburg, JurBüro 1982, 935 = Rpfleger 1982, 198 (mit Ausnahmen, wenn ein fiktiver Lohnanspruch nach §850h ZPO eingeklagt war). Wie hier außerdem für den Fall, dass sich der Gläubiger im Prozess mit dem Drittschuldner unter Kostenteilung verglichen hat: LG Herborn, AnwBl 1966, 365; AG Herborn, MDR 1966, 849; s. auch LArbG Düsseldorf, MDR 1978, 962; ArbG Würzburg, AnwBl. 1978, 238. **Gegenansicht** (nach § 12a Abs. 1 S. 1 ArbGG nicht erstattungsfähige Kosten einer Drittschuldnerklage können auch nicht als Zwangsvollstreckungskosten geltend gemacht und festgesetzt werden): LArbG Baden-Württemberg, DB 1986, 1184 Leits. = Rpfleger 1986, 28.

271 BGH (Fn. 269).

Zuständig für die Festsetzung ist der Rechtspfleger des Vollstreckungsgerichts (§ 788 Abs. 2 ZPO). Vom Rechtspfleger des Arbeitsgerichts können die Kosten der Drittschuldnerklage als Zwangsvollstreckungskosten gegen den (Vollstreckungs-) Schuldner nicht festgesetzt werden[272].

2. Pfandrecht an künftig fällig werdenden Beträgen und an Diensteinkommen in einem anderen Amt oder nach Gehaltserhöhung (§§ 832, 833 ZPO)

2.1. Pfandrecht an künftig fällig werdenden Beträgen

Schrifttum: Baur, Einige Bemerkungen zur Pfändung künftiger Lohnforderungen, DB 1968, 251; Leiminger, Lohnpfändung bei Unterbrechung des Arbeitsverhältnisses, BB 1958, 122; Osthold, Der Umfang der Lohnpfändung, DB 1957, 357; Quardt, Lohnpfändung und Unterbrechung des Arbeitsverhältnisses, JurBüro 1958, 146; Riedel, Vom Fortwirken der Forderungspfändungen bei suspendierten Arbeitsverhältnissen, MDR 1958, 897; Schneider, Erstreckung des Pfandrechts des Arbeitsverhältnisses, JurBüro 1965, 354. **C.118**

Die Einkommenspfändung erfasst nur das Arbeitsentgelt aus dem **Arbeitsverhältnis**, das **zur Zeit der Pfändung** besteht. Wird dieses Arbeitsverhältnis beendet und später ein neues Arbeitsverhältnis begründet, so ist für die Zeit nach der Neubegründung ein neuer Pfändungsbeschluss notwendig (Besonderheit für den gleichen Arbeitgeber siehe Rdn. C.125). Ein neuer Pfändungs- (und Überweisungs-)beschluss muss somit stets erwirkt werden, wenn der Schuldner die Arbeitsstelle wechselt und der Gläubiger die Lohnpfändung fortsetzen will[273]. Für das zur Zeit der Pfändung bestehende Arbeitsverhältnis erstreckt sich die Vollstreckung in Gehalts- oder Lohnforderungen und ähnliche Bezüge ohne ausdrückliche Anordnung im Pfändungsbeschluss[274] auf die erst nach Wirksamwerden der Pfändung fällig gewordenen Beträge (§ 832 ZPO)[275]. Diese Regelung vermeidet eine Vielheit von Pfändungen der einzelnen, jeweils nach einem bestimmten Zeitraum neu entstehenden Forderungen an Arbeitslohn und ähnlichen wiederkehrenden Bezügen[276]. Nach der Pfändung fällig werdende Beträge, auf die sich die Pfändung nach § 832 ZPO erstreckt, sind auch die Arbeitseinkünfte und Dienstleistungsvergütungen nach Wechsel nur in einen anderen Unternehmensbereich desselben Drittschuldners, auch bei Weiterbeschäftigung in einer anderen Zweigniederlassung dieses Drittschuldners (selbst wenn er im Pfändungsbeschluss mit der Firma der bisherigen Zweigniederlassung bezeichnet ist). Ein Arbeitsplatzwechsel begründet auch in diesem Fall keine Tätigkeit bei einem anderen Drittschuldner (vgl. Rdn. B.92). **C.119**

---

272 Siehe dazu LG Aachen (Fn. 270); LArbG Hamm, MDR 1979, 347; LArbG Hamm, JurBüro 1988, 550; LArbG München, JurBüro 2010, 554.
273 AG Stuttgart, DGVZ 1973, 61.
274 BAGE 72, 238 = JurBüro 1994, 364 = NJW 1993, 2699 = Rpfleger 1993, 456.
275 Hintzen, Forderungspfändung, § 2 Rdn. 23. Das gilt auch für arbeitsrechtliche Ruhegehaltsansprüche, BGH, NJW-RR 1989, 286 (290 li.Sp.).
276 BArbG, AP Nr. 1 zu § 832 ZPO mit Anm. Pohle = NJW 1957, 439; BArbG (Fn. 274).

C.120 Eine **„ähnliche in fortlaufenden Bezügen** bestehende Forderung" liegt nicht bei allen Forderungen aus einheitlichem Schuldgrund vor. Der Gesetzeswortlaut stellt vielmehr mit dem Begriff „Bezüge" und dem Erfordernis der Gehaltsähnlichkeit klar, dass § 832 ZPO nur solche Forderungen aus einheitlichem Schuldgrund betrifft, die aus persönlicher Dienstleistung herrühren, wenigstens teilweise für den Unterhalt zweckbestimmt und von Dauer sowie Stetigkeit sind[277]. Ähnliche fortlaufende Bezüge sind daher nur alle Ansprüche, die pfändungsrechtlich Arbeitseinkommen (siehe Rdn. C.1 ff.) oder ihm gleichgestellt (s. Rdn. C.174 ff.) sind[278]. Unselbstständigkeit des Schuldners wird nicht gefordert; auch Ansprüche aus unabhängigen Dienstverträgen, also selbstständiger Gewerbetreibender (Provisionsforderungen eines Agenten)[279] fallen daher unter § 832 ZPO, wenn ihnen die Merkmale des einheitlichen Schuldgrunds, der Zweckbestimmung für den Unterhalt sowie der Dauer und Stetigkeit eigen sind.

C.121 Eine **weitere Ausdehnung** des § 832 ZPO verbietet sich. Die Belange des Gläubigers erfordern die Ausdehnung der Bestimmung auf andere Forderungen nicht, weil es ihm ein leichtes ist, zukünftige Forderungen im Pfändungsbeschluss erwähnen zu lassen[280]. Daher werden Bezüge aus Reallasten[281] sowie Miet- und Pachtforderungen (siehe dazu Rdn. A.325) dem § 832 ZPO nicht unterstellt werden können. Zinsen sind Nebenansprüche, auf die sich die Pfändung ohne weiteres erstreckt[282] (ohne die Hauptforderung können sie als künftige Ansprüche „fortlaufend" gepfändet werden).

C.122 **Künftig fällig werdende** Bezüge aus Arbeitseinkommen, die im Pfändungsbeschluss weder ausdrücklich ein- noch ausgeschlossen sind, erfasst die Pfändung ohne Rücksicht darauf, ob ihre Benennung und Berechnungsart gleich bleibt oder sich ändert, ob sie für erst zu leistende Arbeit in gleicher oder veränderter[283] Höhe geschuldet werden und ob sie für bereits geleistete Arbeit schon entstanden sind oder erst später in gleichen oder ungleichen Raten fällig werden. Bedeutungslos ist auch, ob bei Wirksamwerden der Pfändung überhaupt fällige Leistungen von ihr erfasst werden[284] oder ob sie sich nur auf die künftig fällig werdenden Ansprüche erstreckt. Dem Antrag auf Pfändung von Arbeitseinkommen muss daher auch dann entsprochen werden, wenn es zur Zeit der Pfändung die Freigrenze (§§ 850c, 850d oder 850f Abs. 2 ZPO) noch nicht über-

---

277 RGZ 138, 252 (254).

278 Hierher gehört deshalb auch der Vergütungsanspruch des Kassenarztes (siehe Rdn. C.20); ebenso OLG Nürnberg, JW 1926, 2471; OLG Nürnberg, JurBüro 2002, 603; Stein/Jonas/Würdinger, ZPO, § 832 Rdn. 5 (mit Fn. 24), nicht aber die Einkünfte des Arztes aus seiner Privatpraxis und auch nicht die Gebührenansprüche des Prozesskostenhilfeanwalts gegen die Staatskasse.

279 RG (Fn. 277).

280 RG (Fn. 277); **a.A.** Wieczorek/Schütze/Lüke, § 832 ZPO Rdn. 11.

281 Es sei denn, sie fallen unter § 850b ZPO; Zöller/Herget, ZPO, § 832 Rdn. 2; **a.A.** – Reallasten fallen immer unter § 832 ZPO – Stein/Jonas/Würdinger, ZPO, § 832 Rdn. 4; Wieczorek/Schütze/Lüke, § 832 ZPO, Rdn. 11.

282 Siehe dazu Rdn. C.359; **a.A.** – Zinsen fallen unter § 832 ZPO – Stein/Jonas/Würdinger, ZPO, § 832 Rdn. 4; Schuschke/Walker, Vollstreckung, § 832 Rdn. 3.

283 Bei Erhöhung des Arbeitseinkommens unterliegen die Mehrbeträge daher ohne weiteres der Pfändung mit dem ursprünglichen Pfändungsrang.

284 BArbG (Fn. 274).

steigt[285]. Diese Pfändung ist zunächst gegenstandslos, wird aber ohne weiteres und mit Rang nach dem Zeitpunkt der Zustellung des Beschlusses wirksam, sobald das Arbeitseinkommen die Pfändungsfreigrenze zukünftig übersteigt[286]. Nur in Ausnahmefällen, nämlich wenn mit Sicherheit in absehbarer Zeit mit der Erhöhung des Arbeitseinkommens tatsächlich nicht gerechnet werden kann, kann einem solchen Antrag mangels Rechtsschutzinteresses nicht entsprochen werden[287].

§ 832 ZPO schließt nicht aus, dass die Pfändung auf Antrag des Gläubigers ausdrücklich auf einen bestimmten Zeitraum **beschränkt** wird[288]. C.123

Voraussetzung der Mitpfändung der erst nach Wirksamwerden der Pfändung fällig werdenden Beträge ist, dass diese künftig wiederkehrenden Ansprüche einem **einheitlichen Dienst- oder Arbeitsverhältnis** entspringen. Diese Einheitlichkeit eines privaten Dienst-, Angestellten- oder Arbeitsverhältnisses ist nach wirtschaftlichen Gesichtspunkten, d.h. nach der im Arbeitsleben üblichen Verkehrsauffassung, nicht nach formalrechtlichen Überlegungen zu beurteilen[289]. Erforderlich ist daher nicht, dass es sich um ein- und denselben Arbeitsvertrag handelt[290]. Auch ein rechtlich aus mehreren Arbeitsverträgen zusammengesetztes Arbeitsverhältnis ist selbst bei unterschiedlicher Beschäftigung (Beispiel: Angestellter wird Provisionsvertreter) noch ein einheitliches, wenn im Sinne des Arbeitslebens zwischen den einzelnen Dienstleistungen ein innerer Zusammenhang[291] und damit erkennbar[292] eine tatsächliche Einheit besteht[293]. Die Pfändung des Arbeitseinkommens aus einem zunächst nur auf bestimmte Zeit geschlossenen Beschäftigungsverhältnis erfasst daher das fortlaufende Einkommen aus dem hernach durch erneuten Vertrag fortgesetzten Dienstverhältnis[294]. Kurze Unterbrechungen des Arbeitsverhältnisses berühren daher die Einheitlichkeit nicht, so nicht das Ruhen des Arbeitsverhältnisses im Stammbetrieb für die Dauer der Tätigkeit in einer Arbeitsgemeinschaft, an der der bisherige Arbeitgeber beteiligt ist[295] (dazu auch Rdn. C.38), sowie die Unterbrechung des Arbeitsverhältnisses zur Verbüßung einer Freiheitsstrafe[296]. Ein- C.124

---

285 Dazu allgemein BGH, FamRZ 2003, 1652 = MDR 2003, 1378 = NJW-RR 2003, 1650 = Rpfleger 2003, 595.

286 OLG Celle, NdsRpfl 1953, 108.

287 OLG Celle (Fn. 286). Gegen Verallgemeinerung BGH (Fn. 285). Es kann aber jedenfalls das Rechtsschutzbedürfnis nicht mit Rücksicht auf eine gerichtsbekannte eidesstattliche Versicherung des Schuldners und das ihr zugrunde liegende Vermögensverzeichnis verneint werden, BGH, wie vorst.

288 LArbG Bremen, Rpfleger 1957, 302.

289 Siehe BArbG, AP Nr. 2 zu § 832 ZPO mit zust. Anm. Baumgärtel = Rpfleger 1958, 82; OLG Düsseldorf, DB 1985, 1336; LG Lübeck, NJW 1954, 1125; LArbG Bremen (Fn. 288).

290 BArbG (Fn. 274); LG Wiesbaden, MDR 1988, 63.

291 BAGE 73, 9 = MDR 1993, 1122 = NJW 1993, 2701.

292 LG Köln, DAVorm 1991, 421.

293 BArbG (Fn. 276); BArbG (Fn. 289); OLG Düsseldorf (Fn. 289); LG Essen, MDR 1963, 226.

294 Jedenfalls dann, wenn sich das neue Dienstverhältnis im Wesentlichen als Fortsetzung des alten Dienstverhältnisses darstellt; OLG Breslau, JW 1930, 1087; Wieczorek/Schütze/Lüke, ZPO, § 832 Rdn. 4.

295 Siehe LArbG Baden-Württemberg, AP Nr. 3 zu § 832 ZPO = BB 1967, 80 = DB 1967, 166.

296 LG Essen (Fn. 293).

heitlichkeit des Arbeitsverhältnisses liegt auch bei Wiedereinstellung des im Verlauf eines Streiks ausgesperrten Arbeitnehmers sowie bei Beschäftigung in einer anderen Stellung vor.

Auf das Einkommen aus der Arbeitsleistung in einer Arbeitsgemeinschaft, an der der bisherige Arbeitgeber beteiligt ist, erstreckt sich die Pfändung des beim bisherigen Arbeitgeber verdienten Einkommens dagegen nicht. Vielmehr tritt der Schuldner mit seiner Arbeitsaufnahme in ein neues Arbeitsverhältnis zur Arbeitsgemeinschaft[297].

C.125 Auf die Forderungen aus einem **neuen Dienst- oder Arbeitsverhältnis** bei **demselben Arbeitgeber** (Drittschuldner) erstreckt sich die Pfändung auch, wenn nach ihrem Wirksamwerden das Arbeits- oder Dienstverhältnis (mit Kündigung und Ablauf der Kündigungsfrist, Aufhebungsvertrag, Zeitablauf usw.) geendet hat und innerhalb von **neun Monaten** Schuldner und Drittschuldner ein Dienst- oder Arbeitsverhältnis neu begründet haben (§ 833 Abs. 2 ZPO). Grund: Pfändungsfortwirkung im Gläubigerinteresse, die dem Drittschuldner bei nur zeitlicher Unterbrechung zumutbar ist. Diese Fortgeltung der Pfändung erlangt Bedeutung insbesondere auch für nur saisonbedingte Unterbrechungen von Arbeitsverhältnissen, wie sie im Baugewerbe oder in Gaststätten- und Fremdenverkehrsbetrieben üblich sind. Das gilt auch, wenn nach Wiederaufnahme des Arbeitsverhältnisses der Schuldner bei dem früheren Arbeitgeber Einkommen in einem anderen (neuen) Amt bezieht (§ 833 Abs. 1 S. 1 ZPO).

Für die Pfändungsfortwirkung erlangt keine Bedeutung, aus welchem Grund das Arbeitsverhältnis beendet und später wieder neu begründet wurde. Die Pfändung wirkt daher auch fort, wenn bei Beendigung des Arbeitsverhältnisses die spätere Fortsetzung der Beschäftigung (eine Wiedereinstellung) nicht in Aussicht genommen war (wie z.B. bei fristloser Kündigung) und ebenso, wenn der Schuldner zwischenzeitlich bei einem anderen Arbeitgeber beschäftigt war. Die Pfändungsfortwirkung besteht mit dem früheren Rang (§ 804 Abs. 3 ZPO) und im vormaligen Umfang; Anordnungen nach § 850c Abs. 4, § 850e Nrn. 2, 2a, § 850f ZPO usw. bestehen somit fort (müssen daher nicht neu erwirkt werden). Die Pfändungsfortwirkung besteht auch bei Lohnschiebung und -verschleierung (§ 850h ZPO).

Jedoch wirkt die Pfändung **nicht** fort, wenn der Schuldner ein Arbeits- oder Dienstverhältnis neu mit einem **anderen** Dienstherrn begründet (§ 833 Abs. 1 S. 2 ZPO). Wird beim bisherigen Dienstherrn ein Arbeits- oder Dienstverhältnis erst **nach neun Monaten** neu begründet, dann erstreckt sich die Pfändung ebenfalls nicht auf die Forderungen aus diesem neuen Beschäftigungsverhältnis. In diesem Fall ist eine erneute Einkommenspfändung erforderlich. Auch auf das Einkommen aus der Arbeitsleistung in einer Arbeitsgemeinschaft, an der der bisherige Arbeitgeber beteiligt ist, erstreckt sich die Pfändung des beim (vormaligen) Arbeitgeber verdienten Einkommens nicht (Rdn. C.124).

C.126 Bestand und Höhe der vollstreckbaren **Gläubigerforderung** bestimmen sich auch bei einer Pfändungsfortwirkung nach dem Wortlaut des Pfändungsbeschlusses. Dass sich diese Vollstreckungsforderung über die vom Drittschuldner bei früheren Lohnzahlungen einbehaltenen gepfändeten Beträge hinaus in der Zeit der

297 LArbG Baden-Württemberg (Fn. 295).

Unterbrechung des Arbeits- oder Dienstverhältnisses vermindert haben könnte, sollte jedoch nicht unbedacht bleiben. In der Begründung[298] ist dazu ausgeführt:

> „Bestand und Höhe der Forderung können sich, z.B. durch weitere Zahlungen des Schuldners, zwischenzeitlich allerdings geändert haben. Der Drittschuldner wird sich durch zumutbare Kontaktaufnahme mit dem Gläubiger, die wegen der Fortsetzung der Zahlungen an diesen ohnehin erfolgen muss, in diesen Fällen über den Forderungsbestand unterrichten können. Soweit die Höhe der Forderung zwischen Gläubiger und Schuldner streitig bleibt, wird es Sache des Schuldners sein, gemäß §§ 775, 776, 767 ZPO seinen Erfüllungseinwand wie auch sonst zu beweisen."

Verfahrensrechtlich verpflichtet wurde der Drittschuldner gleichwohl nicht, Bestand und Höhe der Vollstreckungsforderung durch Rückfrage bei dem Gläubiger zu klären. Infolge der allgemeinen Fürsorgeverpflichtung (Rdn. C.72) wird man den Arbeitgeber aber für verpflichtet halten können, entweder selbst zur Feststellung der fortbestehenden Vollstreckungsforderung mit dem Gläubiger Kontakt aufzunehmen oder den Schuldner durch Hinweis auf die fortdauernde Pfändung zu veranlassen, eine Erklärung des Gläubigers über den restigen Forderungsbestand oder eine gerichtliche Entscheidung über die Einstellung der Zwangsvollstreckung (§ 775 ZPO) beizubringen. Von sich aus darf der Drittschuldner nicht unter Verstoß gegen das (fortdauernde) Zahlungsverbot (§ 829 Abs. 1 ZPO) gepfändete Einkommensbeträge dem Schuldner überlassen.

Hat bei Zustellung des Pfändungsbeschlusses an den Drittschuldner zwischen ihm als Arbeitgeber und dem Schuldner kein Arbeits- oder Dienstverhältnis bestanden, die Pfändung der nur „angeblichen" Forderung somit keine Wirkungen geäußert (Rdn. B.73), dann kann sie sich auch nicht nach § 833 Abs. 2 ZPO auf die Forderung aus einem „innerhalb von neun Monaten" begründeten Arbeits- oder Dienstverhältnis erstrecken. Ein Arbeits- oder Dienstverhältnis, das nicht besteht, kann nicht enden und später (in nicht bestimmbarer Zeit) neu begründet werden. Pfändungswirkungen können daher auch nicht fortbestehen, wenn der Pfändungsbeschluss von Anfang an gegenstandslos war (s. Rdn. B.73). Wirksamkeit erlangen könnte als Pfändung einer künftigen Forderung nur die Pfändung des Einkommens aus einem späteren Arbeits- oder Dienstverhältnis (Rdn. C.101). C.127

Anders ist es, wenn sich das durch Pfändung des Arbeitseinkommens aus einem bestehenden Arbeitsverhältnis erlangte Pfandrecht auch auf die fortlaufend fällig werdenden Beträge erstreckt hat (§ 832 ZPO), bis zur Beendigung des Arbeits- oder Dienstverhältnisses Einkommen über der Pfändungsfreigrenze jedoch nicht verdient wurde, pfändbare Beträge somit nicht ausbezahlt werden konnten (s. Rdn. C.122). Wenn dann ein Arbeits- oder Dienstverhältnis zwischen Drittschuldner und Schuldner innerhalb von neun Monaten neu begründet wird, wirkt die Pfändung nach § 833 Abs. 2 ZPO fort; sobald das Arbeitseinkommen die Pfändungsfreigrenze übersteigt, ist es somit von der Pfändung erfasst.

Auch wenn das Arbeits- oder Dienstverhältnis bei Zustellung des Pfändungsbeschlusses bereits beendet ist und daher die angebliche Einkommensforderung des Schuldners an den Drittschuldner nicht besteht, entfaltet eine Pfändung keine Wirkungen. Die damit gegenstandslose Pfändung kann daher auch keine Wirkungen C.128

298 BT-Drucks. 13/341, S. 34.

begründen, wenn noch innerhalb von neun Monaten nach Beendigung des vormaligen Arbeits- oder Dienstverhältnisses Schuldner und Drittschuldner wiederum ein Dienst- oder Arbeitsverhältnis begründen (wie Rdn. C.127). Wirkungen erlangen könnte auch in diesem Fall nur die Pfändung des späteren Einkommens aus einem künftigen Arbeits- oder Dienstverhältnis.

C.129 Bei **Betriebsübergang** (auch hinsichtlich eines Betriebsteils) tritt der neue Inhaber in die Rechte und Pflichten aus den im Zeitpunkt des Übergangs bestehenden Arbeitsverhältnissen ein (§ 613a BGB). Das Arbeitsverhältnis besteht damit fort. Eine Einkommenspfändung erfasst daher – mit ihrem bisherigen Rang – auch die Ansprüche auf Arbeitseinkommen, die dem Arbeitnehmer gegen denjenigen Arbeitgeber zustehen, auf den der Betrieb im Wege der Betriebsnachfolge übergegangen ist[299]. Entsprechendes gilt bei Überführung der Belegschaft in einen anderen Betrieb und auch gegenüber dem Insolvenzverwalter. Bei Rechtsnachfolge auf der Arbeitgeberseite (Geschäftsfortführung durch Erben) oder bei Änderung der Rechtsform des Drittschuldners (z.B. Umwandlung einer OHG in eine KG) besteht das Arbeitsverhältnis unverändert fort, so dass die Einkommenspfändung keine Unterbrechung erleidet.

Bei Verschmelzung (§ 1 Abs. 1, §§ 2 ff. UmwG) gehen Vermögen und Verbindlichkeiten über (§ 20 Abs. 1, § 36 Abs. 1 UmwG). Bei einer Spaltung (Aufspaltung zur Aufnahme oder Neugründung, § 1 Abs. 1 Nr. 2, §§ 123 ff. UmwG; auch als Ausgliederung aus dem Vermögen eines Einzelkaufmanns, § 152 UmwG) geht das Vermögen oder der Vermögensteil einschließlich der Verbindlichkeiten auf den oder die übernehmenden Rechtsträger über (§ 131 Nr. 1, § 135 Abs. 1 UmwG). Bei Vermögensübertragung (§ 1 Abs. 1 Nr. 3, §§ 174 ff. UmwG) gehen Vermögen oder Vermögensteil und Verbindlichkeiten auf den übernehmenden Rechtsträger über (§ 176 Abs. 3 UmwG). Bei Formwechsel (§ 1 Abs. 1 Nr. 4, §§ 190 ff. UmwG) besteht der Rechtsträger in der neuen Rechtsform weiter (§ 202 Abs. 1 UmwG). Das Arbeitsverhältnis besteht mithin auch in diesen Fällen fort (hierzu auch § 324 UmwG mit § 613a Abs. 1 BGB). Die Rechtsnachfolge oder der Rechtsformwechsel berührt daher die Einkommenspfändung gleichfalls nicht.

C.130 Das **während** eines **Insolvenzverfahrens** des Schuldners fortlaufend fällig werdende Arbeitseinkommen gehört als Neuerwerb zur Insolvenzmasse (§ 35 InsO), soweit es nach § 850c ZPO allgemein pfändbar ist. Nicht zur Insolvenzmasse gehört demnach Arbeitseinkommen, das nicht der Zwangsvollstreckung unterliegt (§ 36 Abs. 1 S. 1 InsO). Insoweit gelten die §§ 850, 850a, 850c, 850e, 850f Abs. 1 und §§ 850g bis 850i ZPO entsprechend (§ 36 Abs. 1 S. 2 InsO). Die Zwangsvollstreckung in das zur Insolvenzmasse gehörende, somit nach § 850c ZPO allgemein pfändbare, fortlaufende Arbeitseinkommen („künftige Forderungen auf Bezüge aus einem Dienstverhältnis“) ist sowohl für Insolvenzgläubiger (§ 38 InsO) als auch für Gläubiger unzulässig, die keine Insolvenzgläubiger sind (§§ 87, 89 Abs. 1, Abs. 2 S. 1 InsO), somit insbesondere auch für neue Gläubiger des Schuldners.

---

299 LArbG Hamm, BB 1976, 364 = DB 1976, 440; Hess.LArbG, MDR 2000, 232.

Für einen Gläubiger, der **kein** Insolvenzgläubiger ist, ist

- wegen eines (gesetzlichen) Unterhaltsanspruchs (§ 850d ZPO, Rdn. C.292),
- wegen einer Forderung aus einer vorsätzlich begangenen unerlaubten Handlung (§ 850f Abs. 2 ZPO; Deliktsanspruch, zum Nachweis Rdn. C.459)

der nicht zur Insolvenzmasse gehörende Teil des Arbeitseinkommens jedoch pfändbar, der für andere Gläubiger nach § 850c ZPO nicht pfändbar, somit nur für den privilegierten Gläubiger nach § 850d oder § 850f Abs. 2 ZPO weitergehend pfändbar ist (§ 89 Abs. 2 S. 2 InsO[300]; privilegierte Neugläubiger).

Familienrechtliche Unterhaltsansprüche sind Insolvenzforderungen, wenn sie vor Eröffnung des Verfahrens entstanden sind (§ 38 mit § 40 InsO). Für den (Insolvenz-)Gläubiger eines „rückständigen" Unterhaltsanspruchs ist die Pfändung des Arbeitseinkommens somit nach § 89 Abs. 1 InsO unzulässig[301]. Auch während der Wohlverhaltensphase zur Erlangung der Restschuldbefreiung kann für einzelne Insolvenzgläubiger die Zwangsvollstreckung wegen der Unterhaltsrückstände aus der Zeit vor der Eröffnung des Insolvenzverfahrens nicht betrieben werden[302] (§ 294 Abs. 1 InsO). **Keine** Insolvenzforderungen sind familienrechtliche Unterhaltsansprüche für die Zeit nach der Eröffnung des Insolvenzverfahrens (Ausnahme für den Sonderfall, dass der Schuldner für Unterhaltsbeträge als Erbe haftet, § 40 S. 1 InsO). Dem Gläubiger einer solchen Unterhaltsforderung ist damit die Zwangsvollstreckung in künftiges Arbeitseinkommen im Umfang des § 89 Abs. 2 S. 2 InsO möglich.

Der Gläubiger einer Forderung aus einer vorsätzlich begangenen unerlaubten Handlung ist Insolvenzgläubiger, wenn der Anspruch zur Zeit der Eröffnung des Insolvenzverfahrens begründet war[303] (§ 38 InsO). Für den (Insolvenz-)Gläubiger einer solchen Forderung ist die Pfändung von Arbeitseinkommen somit nach § 89 Abs. 1 InsO unzulässig[304]. Auch während der Wohlverhaltensphase kann der Insolvenzgläubiger eines Anspruchs aus vorsätzlich begangener unerlaubter Handlung in den Vorrechtsbereich (§ 850f Abs. 2 ZPO) nicht vollstrecken[305] (§ 294 Abs. 1 InsO). **Kein** Insolvenzgläubiger ist der Neugläubiger einer Forderung aus vorsätzlicher unerlaubter Handlung. Dem Neugläubiger ist damit die Zwangsvollstreckung in künftiges Arbeitseinkommen im Umfang des § 89 Abs. 2 S. 2 InsO ermöglicht.

---

300 Gläubiger von Schadensersatzansprüchen nach § 844 Abs. 2 BGB gehören nicht zu den Gläubigern i.S.v. § 89 Abs. 2 S. 2 InsO; BGH, JurBüro 2007, 98 = MDR 2007, 177 = NZI 2006, 593 = Rpfleger 2006, 617; siehe auch Rdn. C.295.

301 BGH FamRZ 2008, 142 = MDR 2008, 108 = NJW-RR 2008, 294 = Rpfleger 2008, 93; BGH, FamRZ 2008, 257; BGH, FamRZ 2008, 684; auch BAGE 132, 125 = FamRZ 2009, 2084 = MDR 2010, 292 = NJW 2010, 253 = Rpfleger 2010, 86; LArbG Hamm, NZI 2011, 772 (774).

302 BArbG, NJW 2010, 253 (Fn. 301).

303 Für Deliktsgläubiger, die Insolvenzgläubiger sind (deren Vermögensanspruch zur Zeit der Eröffnung des Verfahrens begründet war, § 38 InsO), verbleibt es bei dem Vollstreckungsverbot des § 89 Abs. 1 InsO (LG Heilbronn, Rpfleger 2005, 98); das gilt auch für den Fall, dass dieser Deliktsgläubiger auf eine Beteiligung am Insolvenzverfahren verzichtet; OLG Zweibrücken, DGVZ 2002, 119 = JurBüro 2001, 551 = NZI 2001, 423 = Rpfleger 2001, 449.

304 BGH (Fn. 301).

305 BGH, JurBüro 2012, 605 = MDR 2012, 1255 = NJW-RR 2012, 1131 = NZI 2012, 811.

C.131 Wenn mit Eröffnung des **Insolvenzverfahrens** die (bereits erfolgte) Zwangsvollstreckung eines Insolvenzgläubigers **unwirksam** wird (§ 88 mit § 114 Abs. 3 S. 3 InsO; Rückschlagsperre; Rdn. B.182), entfällt das Pfändungspfandrecht (nicht die Verstrickung) auch für die erst nach der Pfändung fällig werdenden Bezüge des § 832 ZPO. § 88 InsO, der diese Unwirksamkeit regelt, erfasst jedoch nur Zwangsvollstreckungsmaßnahmen, die Gegenstände der Insolvenzmasse betreffen („… an dem zur Insolvenzmasse gehörenden Vermögen des Schuldners"). Nicht zur Insolvenzmasse gehören unpfändbare Gegenstände (§ 36 Abs. 1 InsO) und damit auch Arbeitseinkommen nach Verfahrenseröffnung, soweit es nicht allgemein, sondern nur in erweitertem Umfang für Unterhaltsansprüche (§ 850d ZPO) oder eine Forderung aus vorsätzlich begangener unerlaubter Handlung (§ 850f Abs. 2 ZPO) pfändbar ist. Hinsichtlich dieser auch während des Insolvenzverfahrens pfändbaren Bezüge (Rdn. C.130) wird auch die mit einem Pfändungspfandrecht erlangte Sicherung eines Insolvenzgläubigers nicht nach § 88 Abs. 1 InsO unwirksam.

C.132 Eingeschränkt ist darüber hinaus die weiter zurückliegende Pfändung der **fortlaufenden** Bezüge aus einem Arbeits- oder Dienstverhältnis (des Arbeitseinkommens) des Schuldners; sie ist bei Eröffnung des Insolvenzverfahrens **nur noch** wirksam, soweit sie sich auf die Bezüge für den zur Zeit der Eröffnung des Verfahrens laufenden Kalendermonat bezieht, bei Eröffnung nach dem 15. Tag des Monats auch noch für den folgenden Monat (§ 114 Abs. 3 S. 1, 3 InsO mit Ausnahme für die Fälle der § 89 Abs. 2 S. 2 InsO; zu diesen Rdn. C.130). Das gilt auch bei der Arrestpfändung und bei der Vollstreckung einer einstweiligen Verfügung. Damit ist die Wirksamkeit einer Pfändung eingeschränkt, die über einen Monat (drei Monate im Fall von § 312 Abs. 1 Satz 3 InsO) vor dem Eröffnungsantrag zurückliegt und daher nicht schon nach § 88 InsO (rückwirkend) unwirksam ist; sie hat nur noch für den Kalendermonat der Verfahrenseröffnung und ggf. für den folgenden Kalendermonat Bestand. Zur vergleichbaren Rechtslage bei der Pfändung von Miete oder Pacht siehe Rdn. B.182.

C.133 Die (unwirksam gewordene) Pfändung eines Einzelanspruchs (z.B. einer Lebensversicherung) kann das Vollstreckungsgericht von Amts wegen oder auf Antrag aufheben[306]. Wenn fortlaufende Bezüge aus einem Dienstverhältnis (auch einer sozialen Rentenversicherung) gepfändet sind (§ 832 ZPO), ist das Pfändungspfandrecht jedoch (nicht endgültig, sondern) nur so weit und so lange unwirksam, als die Zwecke des Insolvenzverfahrens (und der möglichen Restschuldbefreiung) dies rechtfertigen[307]; der Vollzug der Pfändung ist in diesem Fall daher nur für diese Zeit auszusetzen, die Vollstreckung (Pfändung) aber nicht sogleich mit Wirkung für die Zukunft aufzuheben[308].

Die Vergütungen des Kassenarztes (-zahnarztes) gegen die kassenärztliche Vereinigung (Rdn. C.20) werden nicht als Bezüge aus einem Dienstverhältnis angesehen, für welche § 114 InsO eine Bestimmung über die Wirksamkeit einer Verfü-

---

306 BGH, MDR 2011, 1205 = NJW-RR 2011, 1353 = NZI 2011, 600 = Rpfleger 2011, 626.
307 BGH, JurBüro 2011, 439 = MDR 2011, 630 = NJW-RR 2011, 1495 = NZI 2011, 365 = Rpfleger 2011, 553.
308 BGH (Fn. 307).

gung bei Eröffnung des Insolvenzverfahrens trifft[309]. Unwirksam ist die Abtretung der Forderungen auf solche Vergütung, soweit sie sich auf Ansprüche bezieht, die auf nach Eröffnung des Insolvenzverfahrens erbrachte ärztliche Leistungn beruhen[310]. Entsprechendes muss für die Pfändung gelten, für die sonach § 114 Abs. 3 InsO Bestimmung über die noch kurzzeitige Wirksamkeit nicht trifft.

2.2. Diensteinkommen in einem anderen Amt und nach Gehaltserhöhung

Diensteinkommen der Beamten und Angestellten im öffentlichen Dienst entspringt auch bei **Versetzung** in ein anderes Amt oder **Übertragung** eines neuen Amtes desselben Dienstherrn, bei Gehaltserhöhung, Pensionierung[311] oder Wiederanstellung des pensionierten Beamten demselben Dienstverhältnis (§ 833 Abs. 1 S. 1 ZPO). Die Pfändung eines Diensteinkommens erfasst daher auch das Diensteinkommen, das der Schuldner nach einer solchen **Veränderung** seines Amtes bezieht[312]. Dies gilt auch bei Beendigung des Angestelltenverhältnisses mit Übernahme in das Beamtenverhältnis (oder umgekehrt). Ebenso erstreckt sich die Pfändung auf Bezüge (auch Vorruhestandsleistungen, s. Rdn. C.16), die der Schuldner von einem privaten Arbeitgeber nach Versetzung in den Ruhestand weiterbezieht. C.134

Bei einem **Wechsel des Dienstherrn** erstreckt sich die Pfändung des bisherigen Diensteinkommens dagegen nicht auf das vom neuen Dienstherrn zu zahlende Einkommen (§ 833 Abs. 1 S. 2 ZPO). Dieses muss vielmehr neu gepfändet werden; daher ist auch der frühere Pfändungsrang mit dem Erlöschen des Diensteinkommens beim bisherigen Dienstherrn gegenstandslos geworden. C.135

Wechsel des Dienstherrn ist Übertritt vom Landes- in den Bundesdienst oder umgekehrt, in den Dienst einer Gemeinde, einer öffentlich-rechtlichen Körperschaft usw.

Beamte treten mit **Umbildung** einer Körperschaft (vollständige Eingliederung in eine andere Körperschaft) kraft Gesetzes in den Dienst der aufnehmenden Körperschaft über (§ 16 Abs. 1 BeamtStG[313]; zu ähnlichen Fällen dort Abs. 2–4). Das Beamtenverhältnis wird mit dem neuen Dienstherrn fortgesetzt (§ 17 Abs. 1 BeamtStG). Um die Änderung (einen Wechsel) des Dienstherrn handelt es sich sonach nicht. Die Pfändung des Diensteinkommens erfasst daher auch das Einkommen aus dem mit dem neuen Dienstherrn fortgesetzten Dienstverhältnis. C.136

309 BGHZ 167, 363 = NJW 2006, 2485.
310 BGH (Fn. 309).
311 RG, Gruchot 51, 1078.
312 Hintzen, Forderungspfändung, § 2 Rdn. 29.
313 Beamtenstatusgesetz vom 17.6.2008 (BGBl I 1010).

3. Unpfändbare Einkommensteile (§ 850a ZPO)

3.1. Der besondere Pfändungsschutz

C.137 Zweckgebunden und aus sozialen Gründen entzieht § 850a ZPO besondere Einkommensteile der Pfändung. Diese werden von der Pfändung des (gesamten) Arbeitseinkommens nicht erfasst; sie können auch selbstständig (allein) nicht gepfändet werden. Die (ganz oder teilweise) unpfändbaren Bezüge bleiben deshalb bei Berechnung des pfändbaren Einkommens (§§ 850c–850g ZPO) unberücksichtigt; nach § 850e Nr. 1 ZPO sind sie nicht mitzurechnen. Die Regelung des § 850a ZPO ist für den Bereich der Einkommenspfändung erschöpfend, für anderes Arbeitseinkommen kann daher eine Unpfändbarkeit auch nicht aus dem Gesichtspunkt der Zweckgebundenheit und nicht nach § 851 ZPO angenommen werden[314].

C.138 **Unterhaltsgläubigern** und Gläubigern gleichgestellter Forderungen gegenüber besteht für die in § 850a Nrn. 1, 2 und 4 genannten Bezüge der besondere Pfändungsschutz nicht in vollem Umfang (siehe § 850d Abs. 1 S. 1 und 2 letzter Satzteil ZPO). Die übrigen in § 850a ZPO angeführten Ansprüche sind auch dem Vollstreckungszugriff der Unterhaltsgläubiger voll entzogen.

C.139 Der **Arbeitgeber** muss als Drittschuldner die nach § 850a ZPO unpfändbaren Bezüge vom Arbeitseinkommen **absetzen** (§ 850e Nr. 1 ZPO). Das gilt nur dann nicht, wenn – unter Verstoß gegen § 850a ZPO – einzelne der unpfändbaren Bezüge ausdrücklich als gepfändet bezeichnet sind[315]. Wenn der Pfändungsbeschluss auf Pfändung des Arbeitseinkommens schlechthin lautet, kann der Drittschuldner in Zweifelsfällen eine klarstellende Entscheidung des Vollstreckungsgerichts darüber verlangen, ob bestimmte Leistungen der Pfändung nach § 850a ZPO entzogen sind; siehe hierwegen Rdn. C.69.

C.140 Die der Pfändung unterliegenden Teile der in § 850a ZPO angeführten Bezüge (zweite Hälfte der Mehrarbeitsstundenvergütung, Weihnachtsgeld über 500 Euro [dazu Rdn. C.165 Fn. 371], Beträge, die den Rahmen des Üblichen übersteigen usw.) müssen der bei Auszahlung laufenden Lohnrate **hinzugerechnet** werden.

3.2. Die einzelnen unpfändbaren Einkommensteile

3.2.1. Überstundenvergütung (§ 850a Nr. 1 ZPO)

C.141 Unpfändbar ist die **Hälfte** der Gesamtvergütung für **Mehrarbeitsstunden** (Überstunden, Überschichten usw.), nicht nur der für die Mehrarbeit gezahlten Zuschläge (Mehrarbeits- oder Überstundenzuschlag). Ein zusätzlicher Pfändungsschutz besteht für den Schuldner dann aber nicht, wenn für die Mehrarbeit keine besondere Vergütung gezahlt wird; insbesondere bleibt dann nicht etwa ein der

---

314 Berner, Rpfleger 1960, 7 (re.Sp.).
315 Wegen der Geltendmachung der Unpfändbarkeit in einem solchen Fall siehe Rdn. B.421; dazu auch Christmann, Rpfleger 1988, 458.

Mehrarbeitszeit entsprechender anteiliger Betrag des normalen Diensteinkommens unpfändbar. Keine teilweise unpfändbare Vergütung für Mehrarbeit erhält der Schuldner, wenn ihm Mehrarbeit durch Freizeit ausgeglichen wird.

Mehrarbeitsstunden ergeben sich aus einer Tätigkeit, die über die für das Unternehmen bestimmte normale (gewöhnliche) Arbeitszeit hinaus geleistet wird. Als „gewöhnliche“ Arbeitszeit gilt die im Tarifrecht oder in der Betriebs- oder Dienstordnung für Zeiten der Vollbeschäftigung festgelegte Zeit. Bedeutungslos ist, ob die Mehrarbeitsstunden im Anschluss an die normale Arbeitszeit, zur Nachtzeit oder an Sonn- und Feiertagen geleistet werden und ob die Vergütung für echte Arbeitsleistung oder nur für einen Bereitschaftsdienst bezahlt wird. Zuschläge für Sonntags-, Feiertags- oder Nachtarbeit sind daher nur dann Mehrarbeitsstundenvergütung, wenn die Mehrarbeit an diesen Tagen geleistet wird; sie bleiben als gewöhnliches Arbeitseinkommen pfändbar, wenn die normale Arbeitszeit auf solche Tage fällt. Ausgleichsarbeit (Einholung ausgefallener oder ausfallender Arbeitszeit durch Verlängerung der Arbeit an anderen Tagen) führt nicht zu Mehrarbeitsstunden im Sinne des § 850a Nr. 1 ZPO. C.142

Ein **Nebenverdienst** aus einer Nebenbeschäftigung (Beispiel: Tätigkeit als Pförtner nach Arbeitsschluss) oder einem Nebenamt bei demselben Arbeitgeber entspringt einer außerhalb der üblichen Arbeitsstunden geleisteten Tätigkeit, genießt also den Pfändungsschutz für Überstunden. Gleiches gilt für den Nebenverdienst, der durch regelmäßige Tätigkeit[316] nach Arbeitsschluss bei einem Dritten erzielt wird, wenn der Schuldner mit dieser Tätigkeit die üblicherweise zu leistende Arbeitszeit überschreitet[317]. Neben dem Bezug von Altersrenten in einer Höhe, durch die der Unterhaltsbedarf des Schuldners gesichert ist, können nach Ansicht des BGH auch Einnahmen aus einer selbstständigen Tätigkeit auf Antrag als Mehrarbeitsvergütung bis zur Hälfte pfandfrei gestellt werden, obwohl die tatbestandlichen Voraussetzungen des § 850a Nr. 1 ZPO bei einem Selbstständigen regelmäßig nicht vorliegen[318]. Den für Mehrarbeitsstunden vorgesehenen Pfändungsschutz kann der Schuldner auch nicht dadurch verlieren, dass die mehreren Arbeitseinkommen zusammengerechnet und wie ein Arbeitseinkommen behandelt werden (§ 850e Nr. 2 ZPO). C.143

Keine Mehrarbeitsstundenvergütung ist der **Mehrverdienst** für Mehrarbeitsleistung in der **normalen Arbeitszeit**, also z.B. der Akkordlohn[319], Leistungszulagen[320], Prämienlohn[321] usw. C.144

---

316 Nebeneinkommen aus nur gelegentlicher Dienstleistung ist unbeschränkt pfändbar; siehe Rdn. C.19.

317 OLG Hamm, AP Nr. 3 zu § 850a ZPO mit zust. Anm. Pohle = BB 1956, 209 = JurBüro 1956, 29; Musielak/Becker, ZPO, § 850a Rdn. 2; Wieczorek/Schütze/Lüke, ZPO, § 850a Rdn. 8 f.

318 BGH, MDR 2014, 1111 = NJW-RR 2014, 1198 = Rpfleger 2014, 686; Hintzen, Forderungspfändung, § 2 Rdn. 55.

319 Stein/Jonas/Würdinger, ZPO, § 850a Rdn. 6; Skibben, DGVZ 1988, 4; Wieczorek/Schütze/Lüke, ZPO, § 850a Rdn. 10; **a.A.** LG Berlin, DR 1941, 1563.

320 Ebenso Schuschke/Walker/Kessal-Wulf/Lorenz, § 850a Vollstreckung, Rdn. 2; Stein/Jonas/Würdinger, ZPO, § 850a Rdn. 6.

321 Dazu Skibben, DGVZ 1988, 4.

C.145 Zur Anwendung der Nettomethode auf den Abzug anteiliger Steuern und Soziallasten siehe Rdn. C.355.

3.2.2. Urlaubszulagen, Jubiläumszuwendungen und Treuegeld (§ 850a Nr. 2 ZPO)

C.146 **Schrifttum:** Berner, Die Pfändbarkeit des Urlaubsentgelts, Rpfleger 1960, 5; Faecks, Die Ansprüche des Arbeitnehmers auf Urlaubsentgelt und Urlaubsabgeltung in der Zwangsvollstreckung, NJW 1972, 1448; Hohmeister, Ist die Urlaubsvergütung pfändbar?, BB 1995, 2110; Hohn, Pfändung, Aufrechnung und Abtretung bei Urlaubsansprüchen, BB 1965, 751; Hohn, Pfändung von Urlaubsgeld und Gratifikation, BB 1966, 1272; Köst, Ausgewählte Fragen des Urlaubsrechts, BB 1956, 564; Peters, Zur Pfändbarkeit von Urlaubsentgelt, DB 1966, 1133; Pfeifer, Pfändung urlaubsrechtlicher Ansprüche, NZA 1996, 738; Quardt, Ist Urlaubsgeld oder Urlaubsentgelt pfändbar?, JurBüro 1958, 402; Rauscher, Die Pfändbarkeit von Urlaubsvergütung und Urlaubsabgeltung, MDR 1963, 11; Schweer, Die Pfändbarkeit von Urlaubsabgeltung und Urlaubsvergütung, BB 1961, 680; Stehle, Pfändbarkeit des Urlaubsentgelts, DB 1964, 334; Tschöpe, Die Aufrechnung gegen Urlaubsabgeltungsansprüche, BB 1981, 1902; Weber, Unpfändbarkeit der Urlaubsvergütung?, BB 1961, 608 – Wegen der Urlaubsmarkenregelung in der Zwangsvollstreckung siehe Quardt, BB 1958, 1212.

C.147 Unpfändbar sind – soweit sie den Rahmen des Üblichen nicht übersteigen – die

- für die Dauer eines **Urlaubs** über das Arbeitseinkommen hinaus gewährten Bezüge,
- Zuwendungen aus Anlass eines besonderen **Betriebsereignisses** und
- **Treuegelder**.

Diese Unpfändbarkeit folgt aus der Zweckgebundenheit der Leistungen; sie werden aus besonderem Anlass gewährt, daher sollen sie auch dem Arbeitnehmer zukommen.

C.148 Was **üblich** ist, richtet sich danach, was vergleichbare Unternehmen regelmäßig gewähren, nicht etwa nach den bei dem Unternehmen des Drittschuldners eingeführten höheren Sätzen. Es soll durch die Beschränkung auf den Rahmen des Üblichen eine Lohnverschleierung (Umgehung des § 850c ZPO) verhindert werden[322]. Unpfändbarkeit besteht in diesem Rahmen auch, wenn die Zuwendung (auch von Urlaubsgeld) eine erhebliche Höhe erreicht[323]. Auf das Urlaubsgeld ist die Grenze von 500 Euro, die § 850a Nr. 4 ZPO für den Sonderfall der Weihnachtsvergütung bestimmt, nicht übertragbar[324]; eine Begrenzung durch Abwägung von Interessen des Schuldners und Gläubigers (wie nach § 850b Abs. 2 ZPO) ermöglicht § 850a ZPO nicht[325]. Ein den Rahmen des Üblichen übersteigender Anspruch auf Zahlung von Urlaubsgeld ist Arbeitseinkommen[326] und von der Pfändung erfasst.

---

322 BGH, MDR 2012, 805 = NJW-RR 2012, 825 = NZI 2012, 457 = Rpfleger 2012, 554.
323 BGH (Fn. 322).
324 BGH (Fn. 322).
325 BGH (Fn. 322).
326 Hohn, BB 1965, 670, siehe dort auch zum Urlaubsgeld, das ohne Rechtsanspruch freiwillig geleistet wird.

Zur Anwendung der Nettomethode auf den Abzug anteiliger Steuern und Soziallasten siehe Rdn. C.355. C.149

Für Ansprüche aus Urlaubsaufwendungen schließt § 850a Nr. 2 ZPO die Pfändung der Urlaubszuwendungen nicht aus[327]; sie ist in voller Höhe (keine Pfändungsbeschränkung nach § 850c ZPO) erlaubt (beschränkte Pfändbarkeit im Rahmen der Zweckbindung; dazu Rdn. A.16 a.E., auch Rdn. C.169). Eine Zweckbestimmung besteht jedoch nur für Urlaubsaufwendungen im Urlaubszeitraum; die Pfändung ist damit auch ausgeschlossen z.B. für die Forderung eines Reisebüros, die anlässlich eines zurückliegenden (früheren) Urlaubs entstanden ist[328]. C.150

Unpfändbarer Bezug aus Anlass des Urlaubs ist nur der sogenannte **Urlaubszuschuss (Urlaubsgeld)**, das ist eine Zusatzvergütung zur Bestreitung der erhöhten Urlaubsausgaben (einschließlich der Barzuschüsse zu Ferien- oder Erholungsaufenthalten). Das während des Urlaubs fortgezahlte Arbeitsentgelt (**Urlaubsentgelt** oder **-vergütung**) – bei Beamten die während des Urlaubs fortgewährten Dienstbezüge[329] – wird als Arbeitseinkommen, nicht jedoch darüber hinaus bezahlt, bleibt also als solches der Pfändung unterworfen[330]. Dieses als Arbeitslohn bezahlte Urlaubsentgelt ist als Arbeitseinkommen mit einem vom Vollstreckungsgericht nach §§ 850 ff. ZPO formularmäßig erlassenen Pfändungsbeschluss gepfändet[331]. C.151

Der eigentliche **Urlaubsanspruch** (der Anspruch auf Beseitigung der [persönlichen, § 613 BGB] Arbeitspflicht, somit bezahlte Freizeit) ist höchstpersönlicher Natur und demgemäß nicht pfändbar[332]. C.152

Der **Urlaubsabgeltungsanspruch** ist Ersatz für die wegen Beendigung des Arbeitsverhältnisses nicht mehr mögliche Befreiung von der Arbeitspflicht[333], die Urlaubsabgeltung[334] somit fortzuzahlendes Arbeitsentgelt. Als solches ist die Abgeltung ebenso wie das während des Urlaubs fortgezahlte Arbeitsentgelt (Urlaubsentgelt, Rdn. C.151) pfändbar[335]. Als Arbeitseinkommen ist sie bereits mit

---

327 Pfeifer, NZA 1996, 738 (739); Peters, DB 1966, 1133; Zöller/Herget, ZPO, § 850a Rdn. 3.

328 Pfeifer, NZA 1996, 738 (739).

329 BGH, MDR 1972, 940 = NJW 1972, 1705.

330 BAGE 95, 104 = MDR 2001, 35 = NJW 2001; 460; BArbG, AP Nr. 5 zu § 850 ZPO mit zust. Anm. Pohle = NJW 1966, 222; Berner, Rpfleger 1960, 5 m.w.N. und Hinweisen auf die Gegenansicht; ArbG Bremen, AP Nr. 2 zu § 850a ZPO mit zust. Anm. Pohle = JurBüro 1956, 342 = Rpfleger 1956, 283 mit zust. Anm. Berner; LArbG Düsseldorf, BB 1966, 1454; Pfeifer, NZA 1996, 738 (739); Rauscher, MDR 1963, 12; Hohn, BB 1965, 751; Faecks, NJW 1972, 1448; siehe auch BGHZ 59, 109 = NJW 1972, 1703; **a.A.** Hohmeister, BB 1995, 2110.

331 BArbG, NJW 1966, 222 (Fn. 330); **anders:** Für Dritte nicht, aber durch den Arbeitgeber pfändbar, Pfeifer, NZA 1996, 738 (ist abzulehnen).

332 Berner, Rpfleger 1960, 6.

333 BAGE 99, 5 = BB 2001, 2378 = JurBüro 2003, 214 = MDR 2002, 280 = ZIP 2001, 2100.

334 Kein Urlaubsabgeltungsanspruch, wenn das Arbeitsverhältnis mit dem Tod des Arbeitnehmers endet, BAGE 139, 168 = NJW 2012, 634; BArbG, NJW 2013, 1980.

335 BArbG (Fn. 333); LG Leipzig, JurBüro 2003, 215. Pfändbar ist ebenso der gegen die Urlaubs- und Lohnausgleichskasse der Bauwirtschaft gerichtete Entschädigungsanspruch für verfallenen Urlaub, LG Düsseldorf, JurBüro 2003, 328.

einem formularmäßig erlassenen Pfändungsbeschluss gepfändet[336] (§§ 832, 850 Abs. 4 ZPO); sie kann aber auch (insbesondere nach Beendigung des Arbeitsverhältnisses) gesondert gepfändet werden. Für Berechnung nach §§ 850c, 850d oder 850f Abs. 2 ZPO ist der Abgeltungsanspruch dem Zeitraum zuzurechnen, für den (nicht in dem) er gezahlt wird, somit dem Zeitraum, für den der Urlaub abgegolten wird[337]. Das ist nicht die Zeit bis zur Beendigung des Arbeitsverhältnisses, in der der Urlaub nicht angetreten wurde; als Entgelt für den nach Beendigung des Arbeitsverhältnisses möglichen Urlaubsantritt ist der Abgeltungsbetrag vielmehr dem Folgezeitraum zuzurechnen.

C.153 Zuwendungen aus Anlass eines besonderen **Betriebsereignisses** sind Sonderleistungen aus einem bestimmten Anlass wie z.B. einem Betriebsjubiläum oder auch einem ganz außergewöhnlichen Erfolg des Betriebs, nicht aber regelmäßig gezahlte Erfolgsbeteiligungen (übertarifliches ergebnisabhängiges Entgelt[338]), die jährlich ausgeschüttet werden[339], oder Abschlussprämien, auch wenn sie erst nach einer gewissen Betriebszugehörigkeit bezahlt werden[340]. **Treuegeld** ist die einem Arbeitnehmer aus Anlass langjähriger Betriebszugehörigkeit gewährte Zuwendung wie insbesondere eine Zahlung anlässlich eines Dienst-[341] oder Arbeitsjubiläums[342]. Eine Sonderzahlung, mit der die im Bezugszeitraum geleistete Arbeit zusätzlich vergütet werden soll (Mitarbeiter-Erfolgsbeteiligung), die aber auch die Honorierung vergangener und/oder zukünftiger Betriebstreue bezweckt, gehört nicht dazu[343].

3.2.3. Aufwandsentschädigungen usw. (§ 850a Nr. 3 ZPO)

C.154 **Schrifttum:** Hohn, Unpfändbarkeit von Auswärtszulagen, BB 1968, 548; Hohn, Auswärtszulagen und Reisekostenvergütung für Arbeitnehmer, DB 1981, Beilage 10; Huken, Sind Aufwandsentschädigungen pfändbar?, KKZ 1971, 103; Huken, Zur Pfändung, Abtretung und Aufrechnung von Aufwands- und Verdienstausfallentschädigungen für Tätigkeiten in kommunalen Bereichen, KKZ 1976, 75; Huken, Verdienstausfall i.S. des § 25 Abs. 1 GO NW nun pfändbar, KKZ 1979, 146; Huken, Zur Pfändbarkeit von Ansprüchen auf Verdienstausfall, Aufwandsentschädigung/Sitzungsgeld und Auslagenersatz im kommunalen Bereich, KKZ 1985, 69; Kohls, Bezüge aus der Wahrnehmung von Mitgliedschaften in kommunalen Vertretungskörperschaften und ihre Behandlung in der Zwangsvollstreckung, NVwZ 1984, 294.

---

336 Das BArbG (Fn. 333) hält den Abgeltungsanspruch nicht vor Feststellung der Erfüllbarkeit (Geltendmachung durch den Arbeitnehmer und Feststellung durch den Arbeitgeber) für abtretbar; das könnte Pfändbarkeit bis dahin ausschließen (§ 851 Abs. 1 ZPO). Stets erstreckt sich die Pfändung jedoch auch auf die danach fällig werdenden Beträge (§ 832 ZPO). Der Aussage des BArbG ist daher zu widersprechen, zumal Pfändung ohnedies als künftige Forderung zulässig wäre.

337 BArbG (Fn. 333).

338 BArbG, NJW 2009, 167 (170).

339 LG Berlin, Rpfleger 1959, 132.

340 LG Berlin, DR 1941, 1563.

341 Für Beamte des Bundes und Soldaten – entsprechend für Richter im Bundesdienst – siehe die Dienstjubiläumsverordnung vom 18.12.2014 (BGBl I 2267).

342 BArbG (Fn. 338).

343 BArbG (Fn. 338).

Aufwandsentschädigungen, Auslösungsgelder und sonstige soziale Zulagen für auswärtige Beschäftigungen, das Entgelt für selbstgestelltes Arbeitsmaterial, Gefahrenzulagen sowie Schmutz- und Erschwerniszulagen sind unpfändbar, soweit sie den Rahmen des Üblichen nicht übersteigen. Mit dieser Einschränkung soll auch verhindert werden, dass zum Schutze gegen Gläubigerzugriffe ein niedriges festes Einkommen und übermäßig hohe Reisespesen gewährt werden. Was üblich ist, bestimmt sich nach den Gepflogenheiten des Berufszweigs und des Bezirks[344]. In diesen Grenzen bewegen sich die Leistungen vornehmlich, wenn sie durch Tarifvertrag, Betriebs- oder Dienstordnung[345] oder (insbesondere bei Beamten) gesetzliche Regelung bestimmt sind oder die in dieser Weise bei gleichartiger Tätigkeit in anderen Unternehmen eingeführten Beträge nicht überschreiten. Soweit Aufwandsentschädigungen die von Finanzbehörden als steuerfrei anerkannten Sätze nicht übersteigen, sind sie auch nach Maßgabe des § 850a Nr. 3 ZPO als üblich anzusehen[346]. Dies gilt nur dann nicht, wenn offensichtlich ist, dass durch Pauschsätze für Aufwandsentschädigungen Arbeitseinkommen verschleiert werden soll (so, wenn neben der Aufwandsentschädigung ein unverhältnismäßig niedriges Arbeitseinkommen gezahlt wird). Reisespesen, die nicht als lohnsteuerfreies Einkommen anerkannt werden[347], liegen jedenfalls über dem Rahmen des Üblichen. Die steuerlich anerkannten Sätze sind u.U. noch zu kürzen (Kürzung im Falle des LG Essen um 20%), wenn sich durch die mit den Reisekosten gedeckte Verpflegung usw. eine häusliche Ersparnis ergibt. Wenn Leistungen den Rahmen des Üblichen übersteigen, ist der Mehrbetrag Arbeitseinkommen und von dessen Pfändung erfasst. Keine Aufwandsentschädigung liegt vor, wenn die Tätigkeit des Schuldners selbst vergütet werden soll[348]. C.155

Mit den zweckgebundenen oder zur Abgeltung erschwerter Arbeitsbedingungen gewährten Zuwendungen soll dem Schuldner die Deckung der **Mehraufwendungen** aus Anlass der Arbeit oder ihrer Erschwernisse gesichert, die Erzielung eines Gewinns aber nicht ermöglicht werden. Gleichgültig ist, ob die Zuwendungen für den Einzelfall konkret festgestellt oder pauschal für eine bestimmte Zeit gewährt werden, sowie auch, ob sie nachträglich, also für bereits angefallene Aufwendungen erstattet oder vorschussweise gezahlt werden. C.156

Als unpfändbare Aufwandsentschädigung oder andere in § 850a Nr. 3 ZPO genannte Zulagen und Gelder können nur Einkommensteile gelten, die infolge ihrer Zweckbestimmung **getrennt vom Arbeitsverdienst berechnet** und geleistet werden[349], nicht aber Teile des Gesamteinkommens, aus dem der Arbeitnehmer – wie meist bei Provisionseinnahmen – seine beruflichen Aufwendungen C.157

Teil C Arbeitseinkommen

---

344 So Hohn, BB 1966, 1273.

345 Stein/Jonas/Würdinger, ZPO, § 850a Rdn. 16; Wieczorek/Schütze/Lüke, ZPO, § 850a Rdn. 20.

346 BArbG, AP § 850a ZPO Nr. 4 mit zust. Anm. Herschel = BB 1971, 1197 = DB 1971, 1923; BGHZ 96, 324 = JZ 1986, 498 mit Anm. Brehm = NJW 1986, 2362 = Rpfleger 1986, 144.

347 Siehe dazu LG Essen, JurBüro 1970, 537 = MDR 1970, 516 = Rpfleger 1970, 179.

348 BGH, MDR 2017, 665 = Rpfleger 2017, 470.

349 So auch LArbG Baden-Württemberg, BB 1958, 1057; OLG Frankfurt, JW 1936, 347; Zöller/Herget, ZPO, § 850a Rdn. 7; Musielak/Becker, ZPO, § 850a Rdn. 4; siehe auch OLG Hamm, BB 1972, 855.

selbst trägt[350]. Für den Fall, dass aus (erhöhtem) Gesamtarbeitseinkommen berufsbedingte Aufwendungen gedeckt werden müssen, sieht nämlich § 850f Abs. 1 Buchst. b ZPO eine gesonderte Regelung zur Festlegung der für berufsbedingte Zwecke pfändungsfreien Einkommensteile vor. Diese Auslegung gebieten auch die berechtigten Interessen der Beteiligten nach Klarheit und Bestimmtheit des Umfangs und Ausmaßes der Pfändungswirkungen. Den Beteiligten kann eine Ungewissheit über das Ausmaß der Pfändung bis zur gerichtlichen Entscheidung im Einziehungserkenntnisverfahren nicht zugemutet werden[351]. Bei der Frage, welcher Einkommensteil Spesen abgilt und daher unpfändbar ist, handelt es sich aber aus der Sicht der Gegenmeinung um eine materiell-rechtliche Frage, die nur die Prozessgerichte entscheiden können. Das würde dem Vollstreckungsgericht eine Entscheidung über den Umfang der Pfändungswirkung, also darüber, welche Teile des Gesamteinkommens unter § 850a ZPO fallen, verwehren. Die im Interesse einer raschen und verbindlichen Klärung sowie aller Beteiligten notwendige, auch für das Einziehungserkenntnisverfahren verbindliche Entscheidung des Vollstreckungsgerichts lässt sich daher nur im Verfahren nach § 850f Abs. 1 ZPO treffen.

C.158 Im Einzelnen nennt § 850a Nr. 3 ZPO:

Aufwandsentschädigungen[352], die dem Schuldner Ausgaben ersetzen oder vorschussweise vergüten (§§ 669, 670 BGB), die für und durch die Arbeits- oder Dienstleistung entstehen, mithin insbesondere Reisekostenvergütung und -spesen (auch als Kilometergeld[353]), dabei Tage- und Übernachtungsgeld, einschließlich Mitnahmeentschädigung sowie Auslagen für Reisevorbereitung, Auslagen für Dienstgänge einschließlich Wegstreckenentschädigung und Zehrgelder[354], Repräsentationskosten, Unkosten für den mit Kundenbesuchen zur Einholung von Aufträgen verbundenen Mehrverzehr, Bürogelder, Fehlgeldentschädigungen (Mankogelder eines Kassenbeamten, Kassenverlustentschädigung, Zählgeld) und alle sonstigen Spesen[355]. Darunter fallen auch Kostenerstattungen an einen Stellenbewerber, selbst wenn ein Arbeitsverhältnis nicht begründet wird[356].

C.159 **Auslösungsgelder** und sonstige soziale **Zulagen für auswärtige Beschäftigungen.** Dazu gehören Ersatzleistungen für Aufwendungen, die durch Arbeit an einem (oder auch ständig wechselndem) vom Betriebssitz verschiedenen Beschäfti-

---

350 **A.A.** OLG Hamburg, BB 1971, 132; OLG Hamm, BB 1956, 668; KG, JW 1936, 519, 890 mit zust. Anm. Jonas.

351 Der Drittschuldner soll (auch hinsichtlich strittiger notwendiger Aufwendungen des Schuldners) beweispflichtig dafür sein, in welcher Höhe Einkommensteile zum Ausgleich für Aufwendungen nicht der Pfändung unterliegen, vgl. LArbG Hamburg, BB 1971, 132.

352 Dazu gehören auch Kosten, die nach § 40 Abs. 1 BetrVG für die Tätigkeit im Betriebsrat erstattet werden, ArbG Kiel, BB 1973, 1394, und die Aufwandsentschädigung der von ihrer dienstlichen Tätigkeit freigestellten Personalratsmitglieder (§ 46 Abs. 5 BPersVG).

353 Insbesondere für die betriebliche Verwendung eines privaten Personenkraftwagens; LArbG Düsseldorf, DB 1970, 256.

354 Auch Zehrgeld, das für Nachtwachen im Werksfeuerwehrdienst gewährt wird.

355 Unkostenersatz eines Provisionsvertreters für Benutzung eines eigenen Pkw, auswärtige Übernachtungen sowie Mehraufwendungen für Beköstigung und Kleidung, OLG Hamm, a.a.O. (Fn. 349).

356 Hohn, BB 1968, 549 li.Sp.

gungsort entstehen, ebenso aber Entschädigungen für die Beschäftigung an einer vom Wohnort (von der Wohnung) entfernten Arbeitsstelle (Ersatz der Kosten für den Weg zur Betriebsstätte). Unpfändbar sind also insbesondere Trennungsentschädigung, Beschäftigungsvergütung, Fahrtkostenvergütung oder -zuschuss, Verpflegungskostenzuschüsse und Zuschüsse zu Familienheimfahrten (Wochenendheimfahrten) sowie Umzugskostenentschädigung[357].

Als **Auslandsdienstbezüge** erhalten Beamte, Richter und Soldaten mit ausländischem Dienstort (= dienstlichem und tatsächlichem Wohnsitz im Ausland) neben ihren Dienstbezügen, die ihnen bei Verwendung im Inland zustehen, einen Auslandszuschlag und Mietzuschuss (§ 52 Abs. 1 BBesG). Der Auslandszuschlag gilt materiellen Mehraufwand sowie allgemeine und dienstortbezogene immaterielle Belastungen der Verwendung im Ausland ab (§ 53 Abs. 1 S. 1 BBesG). Er ist daher, ebenso wie der Mietzuschuss, vollstreckungsrechtlich als Aufwandsentschädigung (ggfs. soziale Zulage) für auswärtige Beschäftigung nach § 850a Nr. 3 ZPO unpfändbar. Ein **Auslandsverwendungszuschlag** (§ 56 BBesG) wird (unabhängig von den besoldungsrechtlichen Voraussetzungen für Auslandsdienstbezüge) gezahlt bei besonderer Verwendung im Ausland in einem Verband, einer Einheit oder Gruppe sowie im polizeilichen Ersatzdienst (§ 1 AuslVZV[358], Anrechnung eines weitergezahlten Auslandszuschlags dort § 5). Er gilt ebenso Mehraufwand und Belastungen der Verwendung im Ausland ab. Damit ist er (ungeachtet davon, in welchem Umfang er für Unterhalt als Einkommen einzusetzen ist[359]) gleichermaßen nach § 850a Nr. 3 ZPO unpfändbar.

Entgelt für selbstgestelltes Arbeitsmaterial. Das sind insbesondere Werkzeuggelder sowie Entgelt für Werkstoffe und Zutaten. Dazu gehört aber auch die Vergütung für Unterhaltung und die Entschädigung für Abnutzung eines beruflich genutzten Kraftwagens. C.160

Gefahrenzulagen, z.B. der Arbeiter bei Spreng- oder Munitionskommandos, Giftzulagen usw. C.161

Schmutz- und Erschwerniszulagen. Erschwerniszulagen sind nur Leistungen für die in der Arbeit selbst liegende Erschwernis. Hierzu gehören auch steuerfrei im Sinne von § 3b EStG gewährte Zulagen für ungünstige Arbeitszeit, so für Arbeit an Sonn- und Feiertagen oder zur Nachtzeit[360], da hiermit Erschwernisse und Beschränkungen des normalen Lebens verbunden sind, die mit dem gewöhnlichen Einkommen nicht abgegolten sind, nicht aber Zulagen für Schicht-, Samstags oder Vorfestarbeit[361]. Der Bundesminister der Justiz[362] hat im Einvernehmen mit dem Bundesminister für Arbeit den Begriff der unpfändbaren Schmutz- und Erschwerniszulagen erläutert und als Lohnzuschläge, die zur Abgeltung einer durch die Ei- C.162

357 Dazu siehe näher Hohn, BB 1968, 549.
358 Auslandsverwendungszuschlagsverordnung i.d.F. vom 8.4.2009 (BGBl I 809).
359 Dazu BGH, FamRZ 2012, 1201 = NJW 2012, 2190 mit Anm. Born.
360 BAGE 160, 57 = NJW 2017, 3675 = Rpfleger 2018, 36; BGH, MDR 2018, 1463 = NJW 2018, 3461 = Rpfleger 2019, 101; BGH, MDR 2016, 1169 = NJW 2016, 2812 = Rpfleger 2016, 658; LG Hannover, VuR 2013, 32; LG Trier, NZI 2016, 844; VerwG Düsseldorf, ZInsO 2012, 1900; **a.A.** LArbG Frankfurt, DB 1989, 1732 und hier die Vorauflage Rdn. 997. Siehe hierwegen aber auch Rdn. C.142.
361 BAG (Fn. 360); BGH, MDR 2018, 1463 (Fn. 360).
362 Bescheid des Bundesministers der Justiz vom 13.8.1952, BB 1952, 859.

gentümlichkeit der Arbeit verursachten Erschwernis dienen, insbesondere gerechnet: Zuschläge für Hitze-, Wasser-, Säure-, Staub-, Schacht- und Tunnel-, Druckluft- und Taucher- sowie Stacheldrahtarbeiten. Keine Anwendung findet § 850a Nr. 3 ZPO, wenn Arbeitserschwernisse nicht mit gesonderten Zulagen entschädigt, sondern durch höhere tarifliche Eingruppierung abgegolten werden; Schuldnerschutz kann dann jedoch nach § 850f Abs. 1 Buchst. b ZPO beantragt werden.

C.163 **Aufwandsentschädigung** (Sitzungsgelder, Fahrtkostenerstattung, anderer Auslagenersatz), die nicht neben Arbeitseinkommen vom Arbeitgeber, sondern selbstständig **für eine ehrenamtliche Tätigkeit** gewährt wird, ist gleichfalls nach § 850a Nr. 3 ZPO unpfändbar[363]. Der Pfändung entzogen sind daher auch die Aufwandsentschädigungen usw. der Schöffen, Geschworenen und anderen ehrenamtlichen Richter, der ehrenamtlichen Mitglieder[364] von Gemeindeorganen[365], Körperschaften und Ausschüssen der Wirtschaft. Für die Bemessung dessen, was den Rahmen des Üblichen übersteigt, sind mehrere Aufwandsentschädigungen mit gleicher Zweckbestimmung (z.B. Aufwandsentschädigung als Stadtverordneter und als Kreistagsabgeordneter) zusammenzurechnen[366]. Als „Aufwandsentschädigung" gewährtes Entgelt für (ehrenamtliche) Erwerbstätigkeit (als Vollzeitkraft) ist nicht unpfändbare (pauschale) Entschädigung für (tatsächlichen) Aufwand, sondern als Vergütung für Dienstleistungen pfändbares Arbeitseinkommen[367] (§ 850 Abs. 2 ZPO).

Verdienstausfallentschädigung, die für ehrenamtliche Tätigkeit gewährt wird, ersetzt Arbeitseinkommen, ist als Ersatzanspruch (vgl. die Fallgruppen Rdn. C.28, C.29) somit nur wie Arbeitseinkommen pfändbar[368]. Verdienstausfallentschädi-

---

363 Huken, KKZ 1985, 69 (71); Musielak/Becker, ZPO, § 850a Rdn. 4; Stein/Jonas/Würdinger, ZPO, § 850a Rdn. 18; Wieczorek/Schütze/Lüke, ZPO, § 850a Rdn. 22. **Anders** Kohls, NVwZ 1984, 294; § 850a Nr. 3 ZPO soll danach nur für Aufwandsentschädigung gelten, die im Zusammenhang mit Arbeitseinkommen gewährt wird. Aufwandsentschädigung bleibt aber auch infolge ihrer Zweckgebundenheit unübertragbar und damit nach § 851 ZPO nicht pfändbar; dazu Kohls, wie vorst.

364 Auch des Bürgermeisters, der nicht hauptamtlich tätig ist, sondern als Ehrenbeamter nur eine angemessene Aufwandsentschädigung erhält, also insbesondere der Bürgermeister einer Landgemeinde, siehe Quardt, JurBüro 1958, 417; Huken, KKZ 1971, 103 (auch ehrenamtliche Gemeindedirektoren, Kassenverwalter und ggfs. Beigeordnete).

365 So OLG Hamm, FamRZ 1980, 997; für Sitzungsgeld eines Ratsmitglieds OLG Düsseldorf, Rpfleger 1978, 461; LG Aachen, JurBüro 1982, 1424; BezG Frankfurt/Oder, Rpfleger 1993, 457; zur Aufwandsentschädigung für kommunale Mandatsträger LG Dessau-Roßlau, NVwZ-RR 2013, 565, das zur Ermittlung des Üblichen den maßgeblichen Erlass des Ministeriums der Finanzen herangezogen hat.

366 BezG Frankfurt/Oder (Fn. 365).

367 VG Ansbach, Rpfleger 2006, 419 für den ehrenamtlichen Bürgermeister, wenn die von ihm erbrachten Arbeitsstunden einer Vollzeitkraft entsprechen und er seinen Lebensunterhalt zumindest im Wesentlichen aus der Aufwandsentschädigung bestreitet; Hintzen, Forderungspfändung, § 2 Rdn. 34.

368 So auch Kohls, NVwZ 1984, 294; Huken, KKZ 1985, 69; Schuschke/Walker/Kessal-Wulf/Lorenz, Vollstreckung, § 850a Rdn. 8; siehe außerdem Huken, KKZ 1976, 75 (für Aufwands- und Verdienstausfallentschädigungen für Tätigkeiten im kommunalen Bereich NW) und die von diesem Verf. wiedergegebene Mitteilung des NW Städte- und Gemeindebundes vom 5.2.1976; nach dieser soll Verdienstausfallentschädigung als Teil des Arbeitseinkommens anzusehen, mithin nach Maßgabe der §§ 850c ff. ZPO pfändbar sein; danach wären unpfändbar insbesondere die Aufwandsentschädigung und ein Sitzungsgeld; dazu auch Huken, KKZ 1979, 146.

gung für Arbeitseinkommen unterliegt daher wie dieses dem Pfändungsschutz nach §§ 850 ff. (insbesondere §§ 850c, 850d) ZPO, Entschädigung für Vergütung persönlicher Arbeiten oder Dienste fällt damit unter § 850i Abs. 1 ZPO. Entschädigung für Hausfrauen-/Hausmannstätigkeit ist nur wie Arbeitseinkommen nach § 850 Abs. 2 ZPO pfändbar; Pfändungsschutz besteht somit insbesondere nach §§ 850c, 850d ZPO[369].

3.2.4. Weihnachtsvergütungen (§ 850a Nr. 4 ZPO)

Schrifttum: Bink, Die Weihnachtsgratifikation in der Lohnpfändung, JurBüro 1967, 945; Hohn, Pfändung von Urlaubsgeld und Gratifikation, BB 1966, 1272; Huken, Ist die freiwillig gezahlte Weihnachtsvergütung pfändbar?, KKZ 1973, 75; Huken, Pfändungsschutz bei vorzeitig ausgezahlten Weihnachtsvergütungen?, KKZ 1984, 49; Schäcker, Zur Pfändbarkeit einer freiwilligen Weihnachtsgratifikation, BB 1963, 517. C.164

Unpfändbar sind **Weihnachtsvergütungen,** auch wenn sie Ruhestandsbeamten gewährt werden, jedoch nur bis zum Betrage der Hälfte des monatlichen Bruttoarbeitseinkommens[370] (ohne Aufwendungsersatz wie Reisekosten usw.) des Monats, in dem die Vergütung bezahlt wird[371], höchstens aber bis zum Betrage von 500 Euro. C.165

Als Weihnachtsvergütungen können alle zwischen[372] dem 15.11. und 15.1. aus Anlass des Weihnachtsfestes[373] gezahlten Zuwendungen angesehen werden, unter Umständen daher auch das 13. Monatsgehalt (wenn es nicht aufgelaufenes Leistungsentgelt darstellt[374]) und eine Neujahrszuwendung, nicht aber eine Jahrestantieme. Als Weihnachtsvergütung ist neben der klassischen „Weihnachtsgratifikati- C.166

---

369 So auch Kohls, NVwZ 1984, 294. **Anders** Huken, KKZ 1985, 69 (70): ist als einmalige oder nur von Fall zu Fall zu leistende Vergütung pfändungsrechtlich nach § 850i ZPO zu behandeln.

370 Musielak/Becker, ZPO, § 850a Rdn. 6; Stein/Jonas/Würdinger, ZPO, § 850a Rdn. 27; Zöller/Herget, ZPO, § 850a Rdn. 11; **anders** (halbes Nettoeinkommen) Hohn, BB 1966, 1725; Wieczorek/Schütze/Lüke, ZPO, § 850a Rdn. 28.

371 Der pfändbare Mehrbetrag der Weihnachtsvergütung ist für Berechnung des nach § 850c (§§ 850d oder 850f) ZPO pfändbaren Arbeitseinkommens mit dem Einkommen zusammenzurechnen, mit dem sie geleistet wird, ggfs. also auch mit dem November- oder Januareinkommen; BAGE 55, 44 = AP Nr. 11 zu § 850 ZPO mit (insoweit) zust. Anm. Stöber = BB 1987, 1743 = DB 1987, 1306 = MDR 1987, 611; s. auch Rdn. C.140; **anders** (Verrechnung auf den Monatslohn im Dezember) Stein/Jonas/Würdinger, ZPO, 850a Rdn. 28, Bbach/Lbach/Hartmann, ZPO, 850a Rdn. 12, Musielak/Becker, ZPO, 850a Rdn. 6.

372 Zahlungen vor dem 15.11. können geschützt sein, wenn sich bei so früher Zahlung die Zuwendung noch als Weihnachtsvergütung bestimmen lässt. Vorschüsse auf Weihnachtsgratifikation, die schon im Sommer oder Herbst entrichtet werden, genießen den Pfändungsschutz nicht.

373 BGH, JurBüro 2012, 493 = Rpfleger 2012, 451; zur Sonderzahlung nach dem Berliner Sonderzahlungsgesetz BVerwG, NVwZ-RR 2018, 411 und (als Vorinstanz) OVG Berlin-Brandenburg, ZInsO 2018, 179.

374 Für die Behandlung des 13. Monatsgehalts kommt es darauf an, was die Parteien (Arbeitgeber und -nehmer) vereinbart bzw. gewollt haben. Es kann eine Erhöhung des monatlichen Gehalts oder eine Gratifikation in Aussicht genommen sein; LArbG Düsseldorf, BB 1965, 165.

on" auch eine Sondervergütung für erbrachte Dienste anzusehen, sofern diese auch aus Anlass des Weihnachtsfestes zur Deckung des damit verbundenen Bedarfs gezahlt wird[375]. Bei Arbeitsplatzwechsel und Zahlung eines Weihnachtsgeldes durch beide Arbeitgeber im gleichen Jahr bleibt die Weihnachtsvergütung nur einmal bis zu dem Betrag von 500 Euro (begrenzt durch die Hälfte des monatlichen Einkommens) unpfändbar. Maigratifikationen sind nicht geschützt, ebenso nicht der tarifvertraglich garantierte Anteil der Sparkassensonderzahlung[376], die Jahressonderzahlung nach dem Tarifvertrag für den öffentlichen Dienst in der für die Vereinigung kommunaler Arbeitgeberverbände geltenden Fassung[377] und die Sonderzahlung nach dem (ehemaligen) Sonderzahlungsgesetz NRW[378].

C.167 Zur Anwendung der Nettomethode auf den Abzug anteiliger Steuern und Soziallasten siehe Rdn. C.355.

C.168 Ein pfändbarer vertraglicher Anspruch des Schuldners auf Weihnachtsvergütung ist auch bei Ankündigung durch Betriebsbekanntmachung zu bejahen, wenn die freiwillige Gewährung der für das eine Jahr verbindlich zugesagten Weihnachtsvergütung mit dem Bemerken in Aussicht gestellt wird, dass aus der Zahlung für die Zukunft kein Rechtsanspruch hergeleitet werden könne[379]. Durch Parteivereinbarung zwischen Arbeitgeber und Schuldner oder durch Vereinbarung eines Abtretungsverbotes kann der Weihnachtsgratifikationsanspruch der Pfändung nicht entzogen werden[380].

3.2.5. Heirats- und Geburtsbeihilfen
(§ 850a Nr. 5 ZPO)

C.169 Unpfändbar sind **Heirats- und Geburtsbeihilfen,** gleichgültig, ob die Leistung üblich und wie hoch sie ist und ob sie vor oder nach der Heirat bzw. Geburt geleistet wird. Erlaubt ist jedoch die volle Pfändung (auch ein Pfändungsschutz nach § 850c ZPO besteht dann nicht) dieser Ansprüche, wenn die Vollstreckung wegen der aus Anlass der Heirat oder der Geburt entstandenen Forderungen erfolgt. Forderungen aus Anlass der Heirat oder Geburt sind z.B. die Kaufpreisansprüche für die bei Heirat angeschafften Möbel, für Säuglingserstausstattung, die Kosten für Arzt und Hebamme usw. Für mehrere sonach zugriffsberechtigte Gläubiger besteht keine Rangfolge; es gilt § 804 Abs. 3 ZPO. Der Anspruch der Mutter an den Vater auf Leistung der Entbindungskosten (§ 1615l Abs. 1 BGB) ist als Unterhaltsanspruch nach § 850b Abs. 1 Nr. 2 ZPO geschützt.

---

375 BVerwG (Fn. 373).
376 BGH (Fn. 373); Hintzen, Forderungspfändung, § 2 Rdn. 55.
377 BArbG, JurBüro 2017, 156.
378 VerwG Düsseldorf vom 20.12.2016, 23 K 449/16, juris.
379 BArbG, AP § 611 BGB „Gratifikationen" Nr. 21 mit Anm. Hueck = BB 1961, 531 = DB 1961, 712 = Rpfleger 1962, 168; BArbG, NJW 1964, 1640 = MDR 1964, 708 Leits.; Schäcker, BB 1963, 517.
380 BArbG (Fn. 379).

3.2.6. Erziehungsgelder usw. (§ 850a Nr. 6 ZPO)

Unpfändbar sind **Erziehungsgelder**, Studienbeihilfen und ähnliche Bezüge, gleichgültig, ob die Bezüge als Einkommensteile bezahlt werden oder ob es sich um private Zuwendungen oder Leistungen der öffentlichen Hand oder einer Stiftung handelt und ob Empfänger der Auszubildende (Studierende) selbst oder sein unterhaltspflichtiger Elternteil ist. Unpfändbar nach § 850a Nr. 6 ZPO ist damit ein vom Träger der Jugendhilfe als Teil des Pflegegeldes (neben diesem) an die Pflegeeltern für ein in deren Haushalt aufgenommenes Kind ausgezahlter „Anerkennungsbetrag" (Erziehungbeitrag als Aufwandsentschädigung)[381]. C.170

Hierher gehören aber nicht die Unterhaltszuschüsse der Referendare und Beamtenanwärter, die echtes Einkommen sind (siehe Rdn. C.6), und auch nicht Kinderzuschläge, soweit sie noch als Bestandteile des Arbeitseinkommens geleistet werden (finden als soziale Zulagen bei Berechnung des pfändbaren Einkommensteils Berücksichtigung), desgleichen nicht ein Kindergartenzuschuss (Rdn. C.11), ferner nicht das Kindergeld als Familienleistungsausgleich (Rdn. A.222) oder nach dem BKGG und der Vergütungsanspruch eines Auszubildenden (die Lehrlingsvergütung, vom Lehrherrn zu zahlende Ausbildungsbeihilfe[382] usw.), weil er Arbeitseinkommen ist (siehe Rdn. C.11). § 850a Nr. 6 ZPO erfasst außerdem nicht die nur nach § 54 SGB I pfändbaren Ansprüche auf Ausbildungsförderung nach dem Bundesausbildungsförderungsgesetz.

3.2.7. Sterbe- und Gnadenbezüge (§ 850a Nr. 7 ZPO)

Unpfändbar sind **Sterbe- und Gnadenbezüge**, die den Hinterbliebenen (Witwen, Kindern, Angehörigen) von Beamten, Angestellten oder Arbeitern nach dem Tod des Arbeitnehmers auf Grund des Dienst- oder Arbeitsverhältnisses einmalig oder wiederholt gezahlt werden, und zwar auch dann, wenn sie nicht Erbe sind (siehe auch § 51 BeamtVG, abgedruckt Rdn. C.9). C.171

Teil C Arbeitseinkommen

---

381 BGH, JurBüro 2006, 99 = MDR 2006, 355 = NJW-RR 2006, 5 = Rpfleger 2006, 24; LG Hannover, JurBüro 1979, 1393.

382 Die einem Auszubildenden (nach Vereinbarung im Berufsausbildungsvertrag, §§ 10, 11 Abs. 1 Berufsbildungsgesetz) zu zahlende Vergütung (§ 17 Berufsbildungsgesetz) wird für die Dienstleistung gewährt, ist pfändungsrechtlich somit Arbeitseinkommen nach § 850 ZPO (Rdn. C.11); so auch Musielak/Becker, ZPO, § 850a Rdn. 8; Wieczorek/Schütze/Lüke, ZPO, § 850a Rdn. 35; Zöller/Herget, ZPO, § 850a Rdn. 13; **a.A.** Stein/Jonas/Würdinger, ZPO, § 850a Rdn. 31; Hoffmann, BB 1959, 852, der die Erziehungs- und Ausbildungsbeihilfe nach § 850a Nr. 6 ZPO als unpfändbar behandelt. Dem ist nicht zu folgen.

3.2.8. Blindenzulagen
(§ 850a Nr. 8 ZPO)

C.172 Unpfändbar sind **Blindenzulagen** jeder Art und Höhe, auch als Pflegegeld. Vielfach bestimmen landesrechtliche Blindengesetze[383] jedoch, dass das SGB I Anwendung findet. Die Unpfändbarkeit von Blindengeld folgt dann aus § 54 Abs. 4 SGB I mit § 850a Nr. 8 ZPO.

4. Bedingt pfändbare Forderungen
(§ 850b ZPO)

4.1. Allgemeines

C.173 **Schrifttum:** Bauer, Ungenutzte Rechte des Gläubigers in der Lohnpfändung, JurBüro 1966, 179 (hier: Abschn. II, Zwangsvollstreckung in unpfändbare Bezüge).

C.174 Die nach § 850b ZPO nur bedingt pfändbaren Ansprüche sind kein Arbeitseinkommen. Als Renten und rentenähnliche Bezüge sind sie aber wie Arbeitseinkommen für den Lebensunterhalt des Schuldners bestimmt; sie müssen daher, wenn sie ausnahmsweise pfändbar sind, nach den für die Zwangsvollstreckung in Arbeitseinkommen geltenden Vorschriften gepfändet werden. Das gilt nicht nur für Renten, Einkünfte und Bezüge von Arbeitnehmern und Beamten, sondern auch von anderen Personen, damit insbesondere auch von Selbstständigen[384] (keine Beschränkung dieses Pfändungsschutzes). Da der Pfändungsschutz für Arbeitseinkommen Anwendung findet, ist die Pfändung dieser Renten und Bezüge im Rahmen des Lohnpfändungsrechts geregelt und hier darzustellen.

4.2. Die einzelnen Ansprüche
(§ 850b Abs. 1 ZPO)

4.2.1. Renten wegen einer Verletzung des Körpers oder der Gesundheit
(§ 850b Abs. 1 Nr. 1 ZPO)

C.175 **Schrifttum:** Bauer, Umfang und Begrenzung der Zwangsvollstreckung in verkehrsunfallbedingten Schadensersatzforderungen, JurBüro 1962, 655; Hülsmann, Berufsunfähigkeitszusatzversicherung: Unpfändbarkeit gemäß § 850b I Nr. 1 ZPO, MDR 1994, 257; Hülsmann, Zur Unstatthaftigkeit eines Blankettbeschlusses bei Pfändung gem. § 850b ZPO, NJW 1995, 1521; Hülsmann, Zur Abtretung aller Ansprüche aus einer Lebensversicherung mit eingeschlossener Berufsunfähigkeitszusatzversicherung, VersR 1996, 308; Krebs, Zur Pfändbarkeit von Schadensersatzforderungen, VersR 1962, 389.

C.176 Dazu gehören ohne Rücksicht auf ihre Höhe vor allem Geldrenten, die nach § 843 (auch auf Grund des § 618) BGB[385], § 8 HaftpflG, § 13 StVG, § 38 LuftVG,

---

383 So z.B. Art. 7 Abs. 1 Satz 1 Bayerisches Blindengeldgesetz, § 7 (nordrhein-westfälisches) Gesetz über die Hilfen für Blinde und Gehörlose.

384 BGH, MDR 2010, 1081 = NZI 2010, 777 = Rpfleger 2010, 674.

385 Auch die vom Arbeitgeber an die Witwe des Unfallgetöteten gezahlte Pension gehört hierher; OLG Hamm, NJW 1947/48, 626 mit Anm. Rosenberg, siehe zu § 845 BGB auch Rdn. C.181.

§ 30 AtomG, § 62 Abs. 3 HGB geschuldet werden, nicht aber Renten nach den Sozialversicherungsgesetzen und dem BVersG[386]. Die geschützten Renten werden als Ersatz dafür gewährt, dass infolge der Verletzung des Körpers oder der Gesundheit die Erwerbsfähigkeit des Schuldners aufgehoben oder gemindert ist oder seine Bedürfnisse vermehrt sind[387]. Diese Renten sind daher ihrer Zweckbestimmung nach einem Unterhaltsanspruch ähnlich. Weil dem geschädigten Schuldner zunächst einmal das Recht der freien Verfügung selbst zustehen soll, sind die Renten nur beschränkt pfändbar[388].

Bezeichnet der Pfändungsbeschluss die gepfändeten Forderungen nur abstrakt-generell ohne Bezug auf einen konkreten Versicherungsvertrag, so soll er regelmäßig nur uneingeschränkt pfändbare Forderungen erfassen, nicht dagegen solche Forderungen, die nicht oder nach § 850b Abs. 1 Nr. 1 ZPO nur beschränkt pfändbar waren[389].

Auf vertraglicher Grundlage gewährte Renten sind gleichfalls nach § 850b C.177 Abs. 1 Nr. 1 ZPO nur bedingt pfändbar[390]. Entsprechendes muss für die durch letztwillige Verfügung zugewendeten Renten gelten. Eine vertragliche **Berufsunfähigkeits**(zusatz)**rente** wird bei beruflicher Erwerbsunfähigkeit infolge Krankheit, eines anderen Gebrechens oder Kräfteverfalls gewährt, erfordert somit eine Gesundheitsverletzung (vgl. z.B. § 823 BGB). Sie wird daher gleichfalls als nach § 850b Abs. 1 Nr. 1 ZPO nur bedingt pfändbar angesehen[391].

Die Pfändung einer Berufsunfähigkeitsrente mit Blankettbeschluss (Rdn. C.254) wurde oft als unzulässig, die Ermittlung und Bezeichnung der Unterhaltsberechtigten für die Bestimmung des gepfändeten und damit des pfandfreien Betrags sonach als Aufgabe des Vollstreckungsgerichts angesehen[392]. Das war nicht

---

386 Ihre Pfändbarkeit bestimmt sich allein nach § 54 SGB I; siehe OLG Hamm, JMBlNRW 1951, 216; OLG Celle, Rpfleger 1952, 597 und Teil D.

387 Auch Geldleistungen in Rentenform zum Ausgleich blindheitsbedingter Mehraufwendungen, die von der Haftpflichtversicherung eines Unfallgegners zu leisten sind, gehören zu den nach § 850b Abs. 1 Nr. 1 ZPO unpfändbaren Renten, BGH, JurBüro 1988, 1588 = MDR 1988, 125 = NJW 1988, 819 = Rpfleger 1988, 72.

388 Unpfändbare Unfallrentenansprüche können an den Arbeitgeber des Verletzten abgetreten werden, der auf Grund des Arbeitsvertrages dem Verletzten oder seinen Hinterbliebenen laufend Versorgungsbezüge in Höhe der Schadensrente zahlt; BGHZ 13, 360 = NJW 1954, 1153. In den damit gezogenen Grenzen ist auch eine Pfändung möglich (§ 851 ZPO).

389 BGH, MDR 2018, 1080 = NJW 2018, 2732 m. Anm. Gössl = Rpfleger 2018, 626.

390 BGHZ 70, 206 = MDR 1978, 839 = NJW 1978, 950 = Rpfleger 1978, 131. Früher einschränkend: Pfändungsschutz in der Höhe, in der sie sich mit dem gesetzlichen Anspruch decken; soweit sie diesen übersteigen, sind sie voll pfändbar; RGZ 164, 68; BGHZ 31, 210 (218) = FamRZ 1960, 110 = MDR 1960, 292 = NJW 1960, 572.

391 BGH, NJW-RR 2010, 474 (475) = NZI 2010, 141 mit Anm. Aßmuß = Rpfleger 2010, 233; BGH (Fn. 384); OLG München, VersR 1997, 1520 Leits. (unter Aufgabe von VersR 1996, 318); OLG Karlsruhe, OLGR 2002, 114; OLG Oldenburg, MDR 1994, 257 = NJW-RR 1994, 479 m.w.N.; OLG Saarbrücken, VersR 1995, 1227 (1228); OLG Jena, OLGR 2001, 51; LG Düsseldorf, JurBüro 2003, 655; LG Karlsruhe, JurBüro 2003, 656; AG Köln, JurBüro 2002, 326.

392 LG Düsseldorf (Fn. 391); LG Karlsruhe (Fn. 391); Hülsmann, MDR 1994, 537; Hülsmann, NJW 1995, 1521; Hülsmann, VersR 1996, 308; auch LG Augsburg, Rpfleger 1999, 404; **anders** (wie hier) aber bereits Musielak/Becker, ZPO, § 850b Rdn. 12; Zöller/Herget, ZPO, § 850b Rdn. 16.

zutreffend; diese Ansicht ist überholt. Der BGH[393] hält infolge der Gleichstellung mit dem Arbeitseinkommen, der uneingeschränkten Verweisung des § 850b Abs. 2 ZPO auf § 850c ZPO und des Schutzes des Schuldners durch die in § 850b Abs. 3 ZPO vorgesehene Anhörung es jedenfalls für gerechtfertigt, im Pfändungsbeschluss auf die Tabelle des § 850c ZPO zu verweisen, wenn der Schuldner sich im Anhörungsverfahren nicht erklärt hat. Erst wenn der Schuldner sich substantiiert erklärt hat, obliegt es demnach dem Gläubiger, die Unterhaltsberechtigten zahlenmäßig bestimmt zu bezeichnen sowie darzulegen und zu beweisen, dass die vom Schuldner behaupteten Unterhaltsverpflichtungen nicht bestehen. Sonst kann im Zweifelsfall (nach wirksamer Pfändung mit Zustellung des Beschlusses an den Drittschuldner) eine klarstellende Entscheidung des Vollstreckungsgerichts erwirkt werden (Rdn. C.259). Unwirksamkeit kann ein Blankettbeschluss jedenfalls nicht bewirken.[394]

C.178 Seinen Rentencharakter und damit den Pfändungsschutz verliert der Anspruch dann nicht, wenn er sich gegen einen **Dritten** richtet, so z.B. gegen den Bürgen oder Schuldübernehmer. Kein Rentenanspruch ist aber die an seine Stelle getretene **Kapitalabfindung**; sie ist daher unbeschränkt pfändbar[395]. Nicht um Kapitalabfindung, sondern um den Rentenanspruch selbst handelt es sich aber bei Rückständen; aufgelaufene (und daher kapitalisierte) Rentenrückstände genießen deshalb weiterhin den Pfändungsschutz des § 850b ZPO[396].

C.179 Ein in Rentenform zu zahlendes **Schmerzensgeld** genießt den Pfändungsschutz des § 850b ZPO nicht.

4.2.2. Unterhaltsrenten, die auf gesetzlicher Vorschrift beruhen (§ 850b Abs. 1 Nr. 2 ZPO)

C.180 **Schrifttum:** Büttner, Unterhalt und Zwangsvollstreckung, FamRZ 1994, 1433 (Abschn. C); Huken, Ist ein dem Gemeinschuldner aus der Konkursmasse gewährter Unterhaltsanspruch pfändbar?, KKZ 1985, 186; Rupp und Fleischmann, Zum Pfändungsschutz für Schadensersatzansprüche wegen Unterhaltsverpflichtungen, Rpfleger 1983, 377; Schneider, Ausländisches Recht bei Forderungspfändungen, JurBüro 1979, 27; Stöber, Ehegatte und Lebensgefährte als Drittschuldner, Festschr. E. Schneider (1997) S. 213.

C.181 Wegen der auf gesetzlicher Vorschrift[397] beruhenden Unterhaltsansprüche[398] siehe die Ausführungen Rdn. C.292 ff. Weiter gehören dazu[399] die Unterhaltsansprü-

---

393 BGH, JurBüro 2005, 381 = MDR 2005, 1015 = NJW-RR 2005, 869 = Rpfleger 2005, 446.

394 Nicht zutreffend LG Karlsruhe (Fn. 391); Hülsmann, NJW 1995, 1521.

395 Berner, Rpfleger 1954, 48; Bohn in Festschr. f. Schiedermair, 1976, S. 43.

396 RG, JW 1936, 2403; OLG Düsseldorf, MDR 1955, 674 = VersR 1955, 735; Krebs, VersR 1962, 390 (392).

397 Zu den unpfändbaren Unterhaltsrenten gehört auch der Unterhalt der Mutter gegen den Vater (§ 1615l BGB); siehe Brüggemann, FamRZ 1971, 140 (145).

398 § 850b Abs. 1 Nr. 2 ZPO erfasst (entgegen dem Wortlaut Unterhalts-„Renten") generell Unterhalts-„Forderungen" und damit auch einmalig zu zahlende Unterhaltsbeträge, BGH, FamRZ 1997, 544 (545) = NJW 1997, 1441; BGH, FamRZ 2002, 1179 = MDR 2002, 1125 = NJW-RR 2002, 1513.

399 Zu dem als Schaden geschuldeten Unterhaltsaufwand für ein ungewolltes Kind s. Rdn. A.422.

che der werdenden Mutter eines Erben (§ 1963 BGB) oder Nacherben (§ 2141 BGB) und der Familienangehörigen des Erblassers (§ 1969 BGB), nicht aber der nicht auf Geldzahlung gerichtete familienrechtliche Unterhaltsanspruch des in Ehegemeinschaft lebenden Ehegatten[400] (§ 1360 BGB).

Der Anspruch auf **Unterhaltsrückstände** unterliegt in gleicher Weise wie der Anspruch auf die **laufende Unterhaltsrente** dem Pfändungsschutz des § 850b Abs. 1 Nr. 2 ZPO[401]. Ebenso besteht dieser Pfändungsschutz für die wegen **Entziehung** solcher **gesetzlicher Unterhaltsforderungen** zu entrichtenden Renten, insbesondere also für Schadensersatzansprüche (Rdn. C.295) der Angehörigen nach § 844 Abs. 2 BGB[402], § 5 Abs. 2 mit § 8 HaftpflG, § 10 Abs. 1 mit § 13 StVG, § 35 Abs. 2 mit § 38 LuftVG[403], § 28 Abs. 2 AtomG, § 62 Abs. 3 HGB. Renten wegen entgangener Dienstleistung, die nicht dem unmittelbar Geschädigten, sondern einem Dritten zu leisten sind (§ 845 BGB),[404] gleichen eine im Wegfall oder der Minderung der Dienstleistung liegende Pflicht zu erhöhter Unterhaltsleistung des Dritten an den Geschädigten aus; sie sind daher gleichfalls nach § 850b Abs. 1 Nr. 2 ZPO nur beschränkt pfändbar[405]. Der an Stelle eines Unterhaltsanspruchs bestehende Schadensersatzanspruch (aus § 826 BGB) gegen den Unterhaltsschuldner ist (wie der Unterhaltsanspruch selbst) unpfändbar (§ 850b Abs. 1 Nr. 2 ZPO, 1. Alternative, entspr. Anwendung)[406]. Der Anspruch des Unterhaltsschuldners auf Rückzahlung zu viel (auch doppelt) geleisteten Unterhalts ist Bereicherungsanspruch (§ 812 BGB); als solcher gehört er nicht zu den nach § 850b Abs. 1 Nr. 2 ZPO unpfändbaren „Unterhaltsrenten“; er ist somit pfändbar[407].

Der auf einen Zweitverpflichteten durch Unterhaltsgewährung übergegangene Anspruch gegen den vorweg verpflichteten Verwandten (§§ 1607 Abs. 2, 1608 BGB) ist Erstattungsanspruch. Als solcher unterliegt er nicht dem sozialen Schutzzweck des § 850b ZPO. Von Gläubigern des Zweitverpflichteten, der mit Unterhaltszahlung den Erstattungsanspruch erworben hat, kann dieser daher unbeschränkt gepfändet werden[408]. Der Ausgleichsanspruch eines Elternteils oder eines Dritten an den verpflichteten (anderen) Elternteil auf Erstattung der diesem obliegenden gesetzlichen Unterhaltsleistungen, die für ein gemeinschaftliches Kind bzw. dessen Kind erbracht sind (Ersatz der Aufwendungen für den Unterhalt des Kindes), ist als Erstattungsanspruch unbeschränkt pfändbar. Ebenso handelt es C.182

400 LG Mannheim, Rpfleger 1980, 237; LG Frankenthal, Rpfleger 1983, 256.

401 RG, JW 1936, 2403; BGHZ 31, 210 (218) (Fn. 390); BGH, FamRZ 2002, 1179 (Fn. 398); OLG Bamberg, FamRZ 1996, 1487 (für die in einer Summe zu zahlenden Unterhaltsrückstände); siehe auch BGH, FamRZ 1982, 50 = NJW 1982, 515 (516) = Rpfleger 1982, 64.

402 Siehe auch Rupp und Fleischmann, Rpfleger 1983, 377 (II 3, S. 379).

403 Krebs, VersR 1962, 392.

404 Ersatzansprüche für Dienstleistungen eines Ehegatten nicht mehr nach § 845 BGB, sondern nur noch nach § 844 Abs. 2 BGB; siehe BGHZ 77, 157 = MDR 1980, 924 = NJW 1980, 2196.

405 Krebs, VersR 1962, 392; Zöller/Herget, ZPO, § 850b Rdn. 6; siehe auch OLG Hamm (Fn. 385); **a.A.** – unbeschränkt pfändbar – OLG Neustadt, VersR 1958, 774.

406 Rupp und Fleischmann, Rpfleger 1983, 377 (II 3, S. 379).

407 OLG Bamberg, JurBüro 1987, 1817.

408 Siehe Kropholler, FamRZ 1965, 416; zur Abtretung (des nach dem vormaligen § 1615b BGB übergegangenen Anspruchs) siehe BGH, FamRZ 1982, 50 (Fn. 401).

sich bei dem Rückgewähranspruch, den der Scheinvater nach Ehelichkeitsanfechtung wegen des geleisteten Unterhalts für das während der Ehe geborene Kind an dieses (oder die – geschiedene – Ehefrau) geltend macht[409], um keinen Unterhaltsanspruch nach § 850b ZPO; auch dieser Rückgewähranspruch ist somit uneingeschränkt pfändbar.

C.183 Der Pfändungsschutz für Unterhaltsrenten beruht auf dem Gedanken, dass der Berechtigte zunächst einmal über die Unterhaltsbeträge frei soll verfügen können und die Möglichkeit haben soll, die Unterhaltsgelder ihrem **Zweck** zuzuführen[410]. Bedeutungslos ist daher, ob der Unterhaltsanspruch gerichtlich festgestellt, vertraglich anerkannt (vereinbart)[411] oder eventuell durch letztwillige Verfügung zugewendet ist. Die den gesetzlichen Anspruch übersteigenden Beträge aus vertraglicher Regelung oder letztwilliger Verfügung bleiben dagegen voll pfändbar. **Rückständige** Unterhaltsansprüche haben den Charakter von Unterhaltsrenten nicht verloren, genießen also weiterhin Pfändungsschutz[412] (siehe auch Rdn. C.178). Der (vereinbarte) Anspruch eines unterhaltsberechtigten geschiedenen Ehegatten auf Erstattung der ihm als Folge des begrenzten steuerlichen Realsplittings (§ 10 Abs. 1 Nr. 1 EStG) erwachsenden steuerlichen Nachteile hat unterhaltsrechtlichen Charakter (vertragliche Ausgestaltung der nachehelichen Unterhaltsverpflichtung); auch für ihn besteht daher Unpfändbarkeit nach § 850b Abs. 1 Nr. 2 ZPO[413].

Der **Prozesskostenvorschuss** des § 1360a Abs. 4 BGB nimmt zwar nicht am Pfändungsschutz des § 850b Abs. 1 Nr. 2 ZPO teil[414]; der Anspruch auf den Prozesskostenvorschuss ist aber als zweckgebundener Anspruch nur im Rahmen der Zweckbestimmung (für den Kostenanspruch des Prozessbevollmächtigten und des Gerichts) pfändbar (Rdn. A.271). Ebenso kann die Forderung einer Schuldnerin an ihren Ehemann auf Befreiung von dem Vergütungsanspruch des Gläubigers (eines Arztes) für ärztliche Beratung als Schuldbefreiungsanspruch (Rdn. A.121) gepfändet werden[415]. Der einem Unterhaltsgläubiger (sonst) als Sonderbedarf für unvorhersehbare, außergewöhnlich hohe Aufwendungen einmalig zu leistende Unterhaltszuschlag ist als (zweckgebundener) Unterhaltsanspruch unpfändbar (Rdn. A.17). Die Zweckbestimmung ermöglicht jedoch (ausnahmsweise) Pfändung des wahlweise[416] auf Zahlung des Betrags in Höhe der durch den Sonderbedarf erwachsenen Auslagen oder Freistellung von der Zahlungsverpflichtung (dazu Rdn. A.121) ge-

---

409 Hierwegen BayObLGZ 1979, 44 = NJW 1979, 1050 = Rpfleger 1979, 140.

410 OLG Celle, JurBüro 1960, 359 = MDR 1960, 603 = NJW 1960, 1015 = Rpfleger 1961, 55 mit Anm. Berner. Zu Entstehungsgeschichte und Zweck des § 850b Abs. 1 Nr. 2 ZPO mit Erwägung zu verfassungsrechtlichen Grenzen dieses Pfändungsschutzes Foerste, NJW 2006, 2945.

411 BGH (Fn. 398).

412 BGHZ 31, 210 (Fn. 390); BGH, FamRZ 2002, 1179 (Fn. 398); **a.A.** Kropholler, FamRZ 1965, 414.

413 BGH, FamRZ 1997, 544 (Fn. 398); auch BGH, FamRZ 2002, 1179 (Fn. 398).

414 **A.A.** OLG Karlsruhe, FamRZ 1984, 1090: nach § 850b Abs. 1 Nr. 2 ZPO unpfändbar und daher auch für den Kostenerstattungsanspruch des verpflichteten Ehegatten nicht aufrechenbar.

415 KG, MDR 1980, 676 = NJW 1980, 1341 = OLGZ 1980, 332 = Rpfleger 1980, 197; LG Essen, FamRZ 1965, 382 Leits. = MDR 1965, 485; LG Münster, Rpfleger 2005, 270.

416 Bezeichnung in Pfändungsantrag und -beschluss s. LG Frankenthal, FamRZ 1989, 1319 = NJW-RR 1989, 1352.

richteten Unterhaltsanspruchs durch den Gläubiger der Forderung, wegen der dem Schuldner der Sonderbedarf erwachsen ist[417] (Rdn. A.17). Wegen des Pfändungsschutzes bei Zahlung des Unterhalts an einen Prozessbevollmächtigten oder Hinterlegung siehe Rdn. A.20 ff.

Die **Abfindungssumme** (Kapitalabfindung), durch die ein Unterhaltsanspruch abgelöst wird (§ 1585 Abs. 2 BGB), stellt keine Unterhaltsrente mehr dar[418], sie ist daher unbeschränkt pfändbar, und zwar auch dann, wenn die Beträge mündelsicher angelegt sind[419] oder in Raten gezahlt werden. Das Recht, Kapitalabfindung zu verlangen (§ 1585 Abs. 2 BGB), kann als höchstpersönliches Recht nicht gepfändet, somit auch von einem Gläubiger, der (ausnahmsweise) Unterhaltspfändung erwirkt hat, nicht geltend gemacht werden. **C.184**

Eine zur Erfüllung der Unterhaltspflicht vom Unterhaltspflichtigen an den Schuldner **abgetretene Forderung** ist unbeschränkt pfändbar[420]. Der Lohn-/Gehaltszahlungsanspruch gegen den Arbeitgeber des Unterhaltsschuldners, den der Unterhaltsgläubiger nach Abtretung[421] oder nach Pfändung und Überweisung geltend macht, kann jedoch von Gläubigern des letzteren nicht gepfändet werden, und zwar auch dann nicht, wenn vergleichsweise die Zahlung eines festen Betrages ausgemacht ist. **C.185**

Wirtschaftsgeld (Haushaltsgeld) wird dem haushaltführenden Ehegatten zur Deckung der Kosten des Haushalts unter Einschluss des Lebensbedarfs der unterhaltsberechtigten Kinder überlassen (§ 1360a Abs. 2 S. 1 BGB). Der unterhaltsrechtliche Anspruch auf Überlassung des für den Familienunterhalt zweckgebundenen Wirtschaftsgeldes ist nicht pfändbar[422]. **C.186**

Der dem (bedürftigen) **Insolvenzschuldner** aus der Insolvenzmasse von der Gläubigerversammlung oder (vorläufig) vom Insolvenzverwalter bewilligte Unterhalt (§ 100 InsO) ist (jedenfalls nach dem Zweck der Schutzvorschrift) gleichfalls als Unterhalt im Sinne des § 850b Abs. 1 Nr. 2 ZPO anzusehen[423]. Auch diese Unterhaltsleistung ist daher unpfändbar. Billigkeit, die eine Pfändung nach § 850b Abs. 2 ZPO unter den dort genannten weiteren Voraussetzungen ermöglichen **C.187**

---

417 LG Frankenthal (Fn. 416). für den Gläubiger der Werklohnforderung für Anfertigung orthopädischer Spezialschuhe für den minderjährigen Schuldner; LG Frankenthal, FamRZ 2001, 842 = MDR 2000, 1017 = NJW-RR 2001, 1012 für ärztliche Behandlung.

418 OLG Celle (Fn. 410); OLG Bremen, Rpfleger 1954, 48; LG Bremen, Rpfleger 1953, 584 mit zust. Anm. Berner; **a.A.** OLG Bamberg (Fn. 401). Anders u.U. auch für den durch einen Einmalbetrag abzufindenden Unterhaltsanspruch, BGH, FamRZ 2002, 1179 (Fn. 398).

419 OLG Celle (Fn. 410); Wieczorek/Schütze/Lüke, ZPO, § 850b Rdn. 26.

420 OLG Celle, OLGE 37, 180; OLG Stuttgart, MDR 1985, 944 = OLGZ 1985, 338 (341); Zöller/Herget, ZPO, § 850b Rdn. 3.

421 LG Mannheim, Rpfleger 1987, 465.

422 OLG Köln, FamRZ 1991, 587; MünchKomm/Weber-Monecke, BGB, § 1360a Rdn. 18; Musielak/Becker, ZPO, § 850b Rdn. 3; Zöller/Herget, ZPO, § 850b Rdn. 4; Mayer, Rpfleger 1990, 281 (282); Smid, JurBüro 1988, 1105 (1107).

423 Hierzu auch Huken, KKZ 1985, 186, der bei Arbeitsleistung des Gemeinschuldners für die (vormalige) Konkursmasse die Unterstützung als nach den Vorschriften über Arbeitseinkommen (§§ 850 ff. ZPO) pfändbar ansieht. Dem kann man nicht folgen, sofern die Unterhaltsleistung aus der Konkursmasse nach gesetzlicher Vorschrift (§ 129 Abs. 1, § 132 Abs. 1 KO) und nicht als Entgelt für Arbeitsleistung gezahlt wurde.

würde (jedoch keine Einzelvollstreckung durch Insolvenzgläubiger, § 87 InsO) wird kaum einmal angenommen werden können. Eine Entschädigung, die der Insolvenzschuldner für Tätigkeit im Rahmen der Verwaltung (als vom Verwalter angestellter Mitarbeiter oder beschäftigte Hilfskraft für bestimmte Aufgaben) im Rahmen der Verwaltung erhält, ist Entgelt für Arbeitsleistung, somit pfändbar nach §§ 850 ff. (einmalige nach § 850i Abs. 1 ZPO).

C.188 **Unterhaltsvorschuss** oder -ausfallleistung nach dem Unterhaltsvorschussgesetz[424] sind laufende SGB-Geldleistungen (§ 68 Nr. 14 SGB I); deren Pfändbarkeit regelt daher § 54 SGB I.

4.2.3. Fortlaufende Einkünfte aus Stiftungen, auf Grund der Fürsorge und Freigebigkeit eines Dritten oder auf Grund eines Altenteils usw. (§ 850b Abs. 1 Nr. 3 ZPO)

C.189 Pfändungsschutz genießen diese Ansprüche ohne Rücksicht auf ihre Höhe, aber nur dann, wenn es sich um (nicht notwendig regelmäßig) fortlaufende (nicht einmalige) Einkünfte handelt.

C.190 Auf Grund Fürsorge **und** (nicht „oder“[425]) Freigebigkeit wird geleistet, wenn die Zuwendung durch den Dritten in der Absicht erfolgt, die Lebenshaltung des Schuldners zu verbessern und zu erleichtern. Diese Zuwendung kann vertraglich[426] oder letztwillig[427] in Form eines Vermächtnisses erfolgen. Dem vergleichbar ist der Fall, dass der Schuldner als Vorerbe fortlaufende Einkünfte aus dem Nachlass nicht unmittelbar erzielt, sondern nach dem Willen des Erblassers für Verbesserung seiner Lebenshaltung (subjektive Motivation des Zuwendenden) nur auf ihre Auskehr (Herausgabe oder Auszahlung) Anspruch gegen einen Dritten (Testamentsvollstrecker) hat[428]. Der Nießbraucher erzielt Einkünfte unmittelbar auf Grund eigener Rechtsstellung; er bezieht (nach § 850b Abs. 1 Nr. 3 ZPO) unpfändbare Einkünfte daher auch dann nicht, wenn ihm ein Dritter den Nießbrauch aus Fürsorge und Freigebigkeit bestellt hat[429].

C.191 Als **Altenteil** oder Auszug, auch **Leibgeding** oder Leibzucht, sind Ansprüche unpfändbar, die im Wesentlichen Geld-, Sach- und (bereits nach § 851 Abs. 1 ZPO unpfändbare) Dienstleistungen zum Gegenstand haben, aus und auf einem Grundstück zu gewähren sind, der allgemeinen und persönlichen (zumindest teilweisen) Versorgung des Berechtigten (und vereinzelt weiter seiner Angehörigen) dienen und dessen – regelmäßig lebenslängliche – Verknüpfung mit einem (zumeist damit belasteten) Grundstück bezwecken[430]. Diesem Begriff des Altenteils (Art. 96

---

424 Unterhaltsvorschussgesetz i.d.F. vom 17.7.2007 (BGBl I 1446).
425 OLG Breslau, OLGE 19, 19.
426 Aber nicht als Gegenleistung aus einem gegenseitig verpflichtenden Vertrag, z.B. einem Übernahmevertrag, siehe OLG Breslau, OLGE 19, 19.
427 RGZ 106, 205; OLG Frankfurt, NJW-RR 2001, 367; LG Gießen, Rpfleger 2000, 169 (als Vorinstanz).
428 OLG Frankfurt (Fn. 427); **a.A.** (als Vorinstanz) LG Gießen (Fn. 427).
429 LG Gießen (Fn. 427).
430 Zu diesem Begriff BGHZ 125, 69 (72) = FamRZ 1994, 626 = NJW 1994, 1158 = Rpfleger 1994, 347; RGZ 162, 52 (57); auch Schöner/Stöber, Grundbuchrecht, Rdn. 1323.

EGBGB) entspricht auch derjenige in § 850b Abs. 1 Nr. 3 ZPO[431]. Der Pfändung sind die Ansprüche wegen ihres durch den Versorgungszweck bedingten Inhalts wie Unterhalt entzogen. Zumeist sind die Ansprüche in einem Grundstücksübergabevertrag oder durch letztwillige Verfügung zugewendet (Begriff nach Art. 96 EGBGB); Erfordernis dafür, dass Versorgungsleistungen als Altenteil unpfändbar sind, ist das jedoch nicht[432]. Daher muss ein Altenteil auch nicht notwendig aus einem Vertrag über landwirtschaftlichen Grundbesitz und zwischen Eltern und Abkömmlingen herrühren. Ebenso wenig sind die Zweckbestimmung eines bei Begründung des Altenteils überlassenen Grundstücks und seine Eignung zur Sicherung wenigstens eines Teils der wirtschaftlichen Existenz des Übernehmers Voraussetzung des Altenteils[433].

Unpfändbar sind fortlaufende Einkünfte sowohl aus einem dinglich gesicherten als auch aus einem schuldrechtlich vereinbarten Altenteil. Die Unpfändbarkeit ergreift auch Rentenrückstände aus einem Altenteil[434]. Das typischerweise Versorgungszwecken dienende unpfändbare Altenteil kann bei Vereinbarung ausreichenden Unterhalts auch als Belastung eines städtischen Grundstücks[435], sonst eines reinen Wohngrundstücks[436] oder nur eines Miteigentumsanteils eingetragen sein und einer Person zustehen, die mit dem Verpflichteten (zumeist Übernehmer des Grundstücks) nicht verwandt ist[437]. Die Grundzüge des einen Altenteil begründenden Versorgungsvertrags weist aber ein gegenseitiger Vertrag mit beiderseitigen, etwa gleichwertig gedachten Leistungen, bei dem also nicht das Nachrücken einer folgenden Generation in eine Wirtschaftseinheit unter Abwägung der Interessen des Scheidenden und des nachfolgenden Angehörigen der nächsten Generation im Vordergrund steht, nicht auf[438]. Der Umstand allein, dass eine bei Kauf ausbedungene Geldrente auf die Lebenszeit des Berechtigten beschränkt und für den Lebensunterhalt bestimmt ist (also Verrentung des Grundstückskaufpreises, Vereinbarung einer Leibrente), erfüllt die Merkmale eines Altenteils nicht[439]. Denn wo nur wirtschaftliche Interessen die Beteiligten zusammengeführt haben, engere persönliche Beziehungen, die einen Altenteils- oder Auszugsvertrag kennzeichnen, aber nicht bestehen und es an einer engen Verknüpfung des Berechtigten mit dem Grundstück fehlt, kann ein Vertrag auch dann nur als Kaufvertrag angesehen wer-

431 BGH, FamRZ 2007, 1646 = JurBüro 2007, 607 = MDR 2007, 1218 = NJW-RR 2007, 1390 = Rpfleger 2007, 614.
432 So auch BGH (Fn. 430); RG (Fn. 430): der Rechtsgrund, dem das Altenteil (nach § 49 GBO) seine Entstehung verdankt, ist für seine Begriffsbestimmung nicht wesentlich. Vgl. auch BayObLGZ 1975, 132 (135) = Rpfleger 1975, 314.
433 BGH (Fn. 430).
434 BGHZ 53, 41 = MDR 1970, 128 = NJW 1970, 282.
435 BGH (Fn. 434); BGH, FamRZ 1964, 506 = MDR 1964, 741; BayObLGZ 1964, 344; BayObLG (Fn. 432); OLG Frankfurt, FamRZ 2013, 408 = Rpfleger 2012, 622. Siehe auch RGZ 152, 104; LG Lübeck, SchlHA 1956, 117; KG, DNotZ 1958, 206; KG, MDR 1960, 234.
436 OLG Hamm, NJW-RR 1993, 1299 Leits. = Rpfleger 1993, 488 Leits.
437 OLG Düsseldorf, JMBlNRW 1961, 237; LG Lübeck (Fn. 435).
438 BGH (Fn. 434).
439 KG, MDR 1960, 234; LG Göttingen, JurBüro 1960, 357; LG Göttingen, Rpfleger 1960, 341; OLG München, MDR 1953, 434; OLG Hamm, OLGZ 1970, 46 = Rpfleger 1969, 397; AG Hannover, WuM 1966, 212; siehe außerdem BGH (Fn. 434) m.w.N.

den, wenn der Kaufpreis ratenweise zu entrichten ist[440]. Der uneingeschränkte Nießbrauch (Totalnießbrauch), den sich der Übergeber eines Grundstücks an diesem vorbehält, hat nicht Leibgedingscharakter[441]. Den Pfändungsschutz des § 850b Abs. 1 Nr. 3 ZPO genießen die wiederkehrenden Leistungen aus Altenteil jedoch auch dann, wenn der Vertrag zwar als Kaufvertrag bezeichnet, seinem Inhalt und seiner Zweckbestimmung nach aber als Altenteilsvertrag anzusehen ist[442].

Wegen der Form der Pfändung von Altenteilsansprüchen siehe Rdn. C.204.

4.2.4. Bezüge aus Witwen-, Waisen-, Hilfs- und Krankenkassen und gewisse Lebensversicherungsansprüche (§ 850b Abs. 1 Nr. 4 ZPO)

C.192 **Schrifttum:** Berner, Sind die Versicherungssummen mehrerer Kleinlebensversicherungen bei der Ermittlung der Pfändungsfreigrenze von 1.500 DM wirklich zusammenzurechnen? Rpfleger 1964, 68; Bohn, Die Zwangsvollstreckung in Rechte des Versicherungsnehmers aus dem Versicherungsvertrag und der Konkurs des Versicherungsnehmers, in Festschrift für Schiedermair, 1976, S. 33; Kellner, Der in § 850b Abs. 1 Ziff. 4 ZPO normierte Pfändungsschutz von Lebensversicherungen, VersR 1979, 177.

C.193 Bezüge aus Witwen-, Waisen-, Hilfs-[443] und Krankenkassen[444] unterliegen dem Pfändungsschutz, wenn sie ausschließlich oder zu einem wesentlichen Teil zu **Unterstützungszwecken** gewährt werden. Zu den Bezügen aus einer Krankenkasse gehören auch einmalige Ansprüche gegen einen privaten Krankenversicherungsträger, die auf Erstattung von Kosten für ärztliche Behandlungsmaßnahmen im Krankheitsfall gerichtet sind[445]; künftige Erstattungsforderungen werden (anders als Ansprüche auf Ersatz der Kosten für bereits erbrachte ärztliche Leistungen) jedoch nicht als nach Abs. 2 pfändbar angesehen[446]. Unerheblich ist die Höhe der

---

440 LG Göttingen (Fn. 439).

441 BayObLG (Fn. 432); Staudinger/Reymann, BGB, vor § 1105 Rdn. 76; Schöner/Stöber, Grundbuchrecht, Rdn. 1328. Zur Frage, ob der Nießbrauch an einem übergebenen Hausgrundstück als Altenteil qualifiziert werden kann, s. auch LG Oldenburg, Rpfleger 1982, 298 und Hornung in krit. Anm. dazu.

442 OLG Düsseldorf (Fn. 437); Wieczorek/Schütze/Lüke, ZPO, § 850b Rdn. 31.

443 Das sind insbesondere Kassen, die bei Krankheit, Arbeitsunfähigkeit oder bei einem Todesfall zusätzliche Hilfe leisten.

444 Z.B. Versicherungsleistungen für Ersatz (Erstattung der Aufwendungen, insbesondere auch in Form eines bestimmten Hundertsatzes) von Kranken- und Heilbehandlungskosten, Auslagen für Medikamente, ärztliche Hilfsmittel, Krankenhausaufenthalt, AG Starnberg, VersR 1956, 612; LG Lübeck, JW 1937, 2611; siehe auch Surminski, VersR 1971, 1109; Bohn in Festschrift Schiedermair, 1976, S. 33, 39. Versicherungsleistungen in Geburts- und Sterbefällen, Kassenleistungen, die über den reinen Unterstützungszweck hinausgehen, sind unbeschränkt pfändbar, so insbesondere Forderungen auf Beitragsrückgewähr, AG Starnberg, wie vorst.

445 BGH, FamRZ 2014, 752 = MDR 2014, 470 = NJW-RR 2014, 683; BGH, DGVZ 2007, 137 = MDR 2007, 1219 = NJW-RR 2007, 1510 = Rpfleger 2007, 557; KG, OLGZ 1985, 86 = Rpfleger 1985, 73; LG Hannover, Rpfleger 1995, 511 (Leistungen aus einer privaten Zusatzversicherung für privatärztliche Behandlungen und Wahlleistungen); LG Lübeck, Rpfleger 1993, 207; LG Oldenburg, JurBüro 1983, 778 = Rpfleger 1983, 33.

446 BGH, DGVZ 2007, 137 (Fn. 445); LG Lübeck (Fn. 445) mit missverständlichem Leitsatz.

Leistungen und, ob die Mittel für Unterstützungszwecke auch tatsächlich benötigt werden[447] sowie, ob die Leistung von einer privaten oder öffentlichen Kasse erbracht wird. Auch Leistungen einer privaten Pflegeversicherung werden hierzu gerechnet, außer wenn auch eine Leistungsverpflichtung der gesetzlichen Pflegeversicherung besteht (Doppelversicherung)[448].

Krankengeld und andere Bezüge von einem Leistungsträger der gesetzlichen Krankenversicherung sind jedoch als Sozialleistungen nur nach § 54 SGB I pfändbar[449] (dazu Rdn. D.22). Krankentagegeld für Verdienstausfall dient Unterstützungszwecken, soweit es den Verdienstausfall bis zur Pfändungsfreigrenze (§ 850c und § 850d ZPO) abdeckt[450]; weitergehendes Krankentagegeld unterliegt daher nicht dem Schutz des § 850b Abs. 1 Nr. 4 ZPO. Kranken**haus**tagegeld, das die Deckungslücke zwischen Erstattungsleistungen der Krankenversicherung und sonstigen Ersatzleistungen (z.B. Beihilfe) füllen soll, wird zu Unterstützungszwecken gewährt, ist somit nach § 850b Abs. 1 Nr. 4 ZPO vor der Pfändung geschützt[451]. Nach dem Tod des Bezugsberechtigten noch ausstehende Versicherungsleistungen werden nicht mehr zu Unterstützungszwecken gewährt; bei der Zwangsvollstreckung gegen den Erben besteht für die Nachlassforderungen Pfändungsschutz daher nicht mehr[452]. Vollstreckungsschutz für Leistungen nach den Sozialversicherungsgesetzen siehe Teil D.

Ansprüche aus **Lebensversicherungen**, die **nur** auf den **Todesfall** des Versiche- C.194
rungsnehmers abgeschlossen sind, unterliegen dem Vollstreckungsschutz, wenn die Versicherungssumme 3.579 Euro nicht übersteigt. Diese Leistungen sollen die Kosten aus Anlass des Todesfalles decken; eine Versicherung, mit der der Schuldner für seine angemessene Bestattung vorsorgt, wird damit als besonders schutzwürdig behandelt[453]; mit den Bestattungskosten sollen weder die Angehörigen noch der Staat belastet werden. Voraussetzung der Unpfändbarkeit ist, dass die Versicherungssumme ausschließlich für den Todesfall des Schuldners als Versicherungsnehmer abgeschlossen ist (Versicherungsnehmer und Versicherter müssen identisch sein).

Eine Sterbegeldversicherung, welche die eigenen Beerdigungskosten des Versicherten abdecken soll, ist auch unpfändbar, wenn sie zugunsten eines Angehörigen (als Bezugsberechtigter) abgeschlossen ist[454]. **Fremdsterbegeld**versicherungen genießen keinen Pfändungsschutz. Pfändbar sind Versicherungsansprüche auch, wenn die Versicherung für den Todesfall und zugleich für den Fall abgeschlossen ist, dass der Schuldner den vereinbarten Zeitpunkt der Fälligkeit der Versiche-

447 Ob also etwa die von der Krankenkasse erstattete Arztrechnung noch offen oder schon aus anderen Mitteln des Schuldners beglichen ist.
448 SozG Dortmund vom 8.2.2018, S 54 P 171/14, juris.
449 OLG Köln, NJW 1989, 2956 = Rpfleger 1990, 130.
450 So auch LG Oldenburg (Fn. 445); ebenso Bohn (Fn. 444), S. 40.
451 LG Lübeck (Fn. 445), das nach der Lebenserfahrung von solcher Zweckbestimmung des Krankenhaustagegeldes ausgeht.
452 KG (Fn. 445).
453 BGH, FamRZ 2008, 605, 1247 Leits. mit Anm. Floeth = JurBüro 2008, 212 = MDR 2008, 337 = NJW-RR 2008, 412 = Rpfleger 2008, 267; LG Mainz, VersR 1972, 142; auch BVerfG, FamRZ 2004, 1542 = NJW 2004, 2585.
454 BGH, FamRZ 2009, 972 = JurBüro 2009, 383.

rungssumme erlebt[455] (sog. **gemischte** Versicherung), und zwar selbst dann, wenn der Erlebensfall unwahrscheinlich ist[456]. Mit der Unpfändbarkeit der Versicherung selbst verbietet sich auch die Pfändung des Rechts auf Kündigung[457]. Zulässig ist aber die Pfändung des Anspruchs auf Auszahlung des Rückkaufswertes für den Fall der Kündigung durch den Schuldner selbst oder die Versicherungsgesellschaft[458].

C.195 Wenn die Versicherungssumme 3.579 Euro übersteigt, sind die Ansprüche aus der Todesfallversicherung insoweit unpfändbar, als sie sich auf der Grundlage einer diesen Betrag nicht übersteigenden Versicherungssumme ergeben[459]. Grund: Wahrung der Zweckbestimmung mit Deckung der Kosten aus Anlass des Todesfalles in angemessener Höhe. Wenn der Schuldner **mehrere Versicherungen** abgeschlossen hat, sind sie (zusammen) bis zur Versicherungssumme von 3.579 Euro unpfändbar[460] (abgestellt ist auf das Schutzbedürfnis des Schuldners). Wenn die Versicherungssummen diesen Betrag übersteigen, kann die zeitliche Reihenfolge, in der die Versicherungen abgeschlossen wurden, eine klare und zuverlässige Abgrenzung ergeben. Unpfändbar ist dann die jeweils ältere Lebensversicherung, bis der pfandfreie Betrag erreicht ist, bei der Versicherung, die dann den Betrag von zusammen 3.579 Euro übersteigt, damit noch ein diese Versicherungssumme nicht übersteigender Teilbetrag[461].

C.196 Eine **weitere Pfändungsbeschränkung für Lebensversicherungsansprüche** regelte § 22 Abs. 1 der DVO HWG[462]. Die Vorschrift lautete

§ 22 Abs. 1 DVO HWG

(1) Wenn auf Grund eines Lebensversicherungsvertrags Versicherungsfreiheit oder Halbversicherung geltend gemacht wird, so ist der Anspruch auf Leistung eines Kapitals bis zum Höchstbetrag von 10.000 DM, der Anspruch auf Zahlung einer Rente in dem gleichen Umfang wie Ansprüche auf Arbeitsvergütung der Pfändung entzogen.

Die Vorschrift ist mit dem Inkrafttreten des HwVG[463] am 1.1.1962 außer Kraft getreten (§ 14 Nr. 2 HwVG). Seitdem sind die Handwerker in der Rentenversicherung versicherungspflichtig; die Pfändung der Ansprüche aus Lebensversicherungen von Handwerkern ist daher jetzt nicht mehr beschränkt. Für die vor dem 1.1.1962 nach altem Recht zur Befreiung von der Versicherungs-

---

455 BVerfG (Fn. 453); auch BGHZ 35, 261 = MDR 1961, 748 = NJW 1961, 1720 = Rpfleger 1962, 54 mit Anm. Berner; KG, VersR 1964, 326; LG Berlin, VersR 1964, 473; AG Köln, VersR 1967, 948.
456 Siehe OLG München, NJW 1953, 107; Berner, Rpfleger 1953, 415.
457 Berner, Rpfleger 1964, 69; OLG Düsseldorf, VersR 1961, 111.
458 Berner (Fn. 457).
459 BGH (Fn. 453).
460 BGH (Fn. 453).
461 AG Fürth/Odw., VersR 1982, 59. Dazu auch Schuschke/Walker/Kessal-Wulf/Lorenz, Vollstreckung, § 850b Rdn. 17, die nach Abs. 2 prüfen (der aber Billigkeit nur für die Pfändung der Versicherungssumme einer 3.579 Euro nicht übersteigenden Versicherung vorsieht).
462 Verordnung zur Durchführung und Ergänzung des Gesetzes über die Altersversorgung für das deutsche Handwerk vom 13.7.1939 (RGBl I S. 1255); dazu Berner, Rpfleger 1957, 196.
463 Handwerkerversicherungsgesetz vom 8.9.1960 (BGBl I 737).

pflicht[464] abgeschlossenen Handwerkerlebensversicherungen wirkt jedoch der Pfändungsschutz des § 22 DVO HWG fort[465]. Diese Unpfändbarkeit kann nicht nur der Schuldner, sondern auch der Drittschuldner geltend machen[466]. Zu diesem Pfändungsschutz siehe 15. Aufl. Rdn. 1023 und 1023a.

4.3. Die Pfändung dieser Bezüge (§ 850b Abs. 2 ZPO)

Die vorstehend (4.2.1. bis 4.2.4. – außer Rdn. 196 –) bezeichneten Rentenansprüche und rentenähnlichen Bezüge sind grundsätzlich voll **unpfändbar**. Dieses Pfändungsverbot gilt auch gegenüber Unterhaltsansprüchen[467] und auch dann, wenn die Vollstreckungsforderung eine für den Unterhalt des Rentenberechtigten gewährte Leistung darstellt[468]. C.197

Nur **ausnahmsweise** ist die **Pfändung möglich**[469], nämlich dann, wenn (§ 850b Abs. 2 ZPO) C.198

- die Vollstreckung in das sonstige bewegliche Vermögen des Schuldners, zu dem nicht nur körperliche Sachen (§§ 808 ff. ZPO), sondern auch Forderungen und andere Vermögensrechte gehören, zu einer vollständigen Befriedigung des Gläubigers nicht geführt hat[470] (das ist nicht schon der Fall, wenn der Schuldner die Durchsuchung seiner Wohnung oder Geschäftsräume ohne richterliche Anordnung verweigert hat oder vom Gerichtsvollzieher in seiner Wohnung wiederholt nicht angetroffen wurde) oder voraussichtlich nicht führen wird, und außerdem
- nach den Umständen des Falles, insbesondere nach der Art des beizutreibenden Anspruchs des Gläubigers einerseits und der Höhe der Bezüge des Schuldners andererseits die Pfändung der Billigkeit entspricht[471].

464 Diese Handwerker bleiben weiterhin versicherungsfrei, siehe § 6 Abs. 3 HwVG, § 230 Abs. 1 SGB VI.

465 BGHZ 44, 192 = MDR 1966, 43 = NJW 1966, 155 = Rpfleger 1966, 254 mit Anm. Berner; BGH (Fn. 454); LG Berlin und KG, zitiert Rpfleger 1964, 216; AG Worms, Rpfleger 1964, 216 mit zust. Anm. Berner; Keltenich, VersR 1963, 401; OLG Düsseldorf, VersR 1967, 750.

466 OLG Düsseldorf (Fn. 465).

467 RGZ 106, 205.

468 Siehe BGH, BB 1962, 934 = MDR 1962, 977 (für einen Fall der Aufrechnung).

469 Zum Verfahren bei Pfändung eines Unterhaltsanspruchs nach ausländischem Recht s. Schneider, JurBüro 1979, 27.

470 Ein Vollstreckungsversuch, der erfolglos geblieben ist, weil der Schuldner verzogen ist, reicht nicht aus. Die Abgabe der Vermögensauskunft (§ 802c ZPO), insbesondere nach erfolglosem Vollstreckungsversuch (§ 807 ZPO), gehört nicht zu den Voraussetzungen des § 850b ZPO.

471 Dazu für den Fall, dass wegen einer Rechtsanwaltgebührenforderung Pfändung einer Unterhaltsrente verlangt ist, OLG Köln, JurBüro 1975, 1381 = JMBlNRW 1975, 281, oder Pfändung einer Witwenrente betrieben wird, OLG Celle, MDR 1999, 1087; sowie für den Fall, dass wegen eines Kostenerstattungsanspruchs aus einem Rechtsstreit, in dem eine zu hohe Unterhaltsforderung geltend gemacht war, ein Unterhaltsanspruch gepfändet werden soll, LG Berlin, JurBüro 1975, 1510 = Rpfleger 1975, 374.

Mit dieser Ausnahmeregelung hat der Gesetzgeber die Möglichkeit gegeben, den Gläubiger treffende Härten zu mildern, wenn es sich einerseits um größere Bezüge des Schuldners, andererseits um eine besondere Notlage des Gläubigers handelt[472]. Art und Umstände der Entstehung der beizutreibenden Forderung können von Bedeutung sein[473]. Auch eine nach § 850b Abs. 1 ZPO unpfändbare Forderung, die dem Schuldner eines anderen Anspruchs, damit auch in einem anderen Vollstreckungsverfahren, gegen den Gläubiger (des anderen Anspruchs) zusteht, wie z.B. eine Unterhaltsrente, kann, wenn es der Billigkeit entspricht, bei erfolgloser Vollstreckung oder unvollständiger Befriedigung gepfändet werden[474].

C.199 In seinem **Antrag** hat der Gläubiger die Tatsachen geltend zu machen, die nach § 850b Abs. 2 ZPO ausnahmsweise Pfändung der Bezüge rechtfertigen (zu ihnen Rdn. C.198). Für die an den Gläubigerantrag zu stellenden Anforderungen gelten zunächst die allgemeinen Grundsätze des Pfändungsverfahrens (Rdn. B.25 ff., auch Rdn. B.66). Da Pfändungsbeschränkungen von Amts wegen zu beachten sind (Rdn. A.24), muss aus dem Gläubigervorbringen sonach folgen (s. Rdn. B.68), dass die Bezüge aus den Gründen des § 850b Abs. 2 ZPO der Pfändung unterworfen werden können. Der Gläubiger hat daher substantiiert die konkreten Tatsachen darzulegen[475], aus denen sich dies zur Überzeugung des Vollstreckungsgerichts schlüssig ergibt. In dieser Weise ist sowohl darzustellen, dass (und warum) die Vollstreckung in das sonstige bewegliche Vermögen des Schuldners zu einer vollständigen Befriedigung des Gläubigers nicht geführt hat oder voraussichtlich nicht führen wird und welche Umstände des Falles eine Pfändung billig erscheinen lassen. Nur allgemein gehaltene Angaben oder eine inhaltslose Wiederholung des Gesetzeswortlauts sind unzureichend; anzuführen sind die Tatsachen, die nach den konkreten Umständen des Falles die Pfändung ermöglichen[476].

---

472 BGH (Fn. 434), dieser Teil der Gründe jedoch BGHZ 53, 41 nicht abgedruckt; BGH (Fn. 453); OLG Celle (Fn. 471).

473 BGH (Fn. 453).

474 LG Kassel, JurBüro 2005, 439. Keine Zulassung einer Aufrechnung bereits im Unterhaltsprozess nach den Regeln über die Pfändbarkeit gemäß § 850b ZPO, OLG Hamm, FamRZ 2005, 995.

475 OLG Stuttgart, FamRZ 1983, 940 = JurBüro 1983, 347 = MDR 1983, 762 = OLGZ 1983, 347 = Rpfleger 1983, 288 mit Einzelheiten zur Darlegungslast für Taschengeldpfändung; siehe auch LG Aachen, MDR 1981, 854, Zöller/Herget, ZPO, § 850b Rdn. 13; Wieczorek/Schütze/Lüke, ZPO, § 850b Rdn. 12.

476 Ähnlich OLG Hamm, NJW 1979, 1369 Leits. = OLGZ 1979, 240 = Rpfleger 1979, 271 (ihm folgend LG Düsseldorf, JurBüro 1983, 1575 = Rpfleger 1983, 255; Thomas/Putzo/Seiler, ZPO, § 850b Rdn. 4), das im Anschluss an seine (frühere) Rechtsprechung zur Pfändung laufender Sozialleistungen annimmt, der Gläubiger brauche nur so viel an Tatsachen für die Billigkeit vorzutragen, wie ihm unter Berücksichtigung der Umstände zumutbar ist, und im Übrigen von einer prozessualen Mitwirkungsobliegenheit des Schuldners ausgeht. Wenn der Schuldner von der ihm gegebenen Möglichkeit, sich zu äußern, keinen Gebrauch macht, soll daher, soweit der Vortrag des Gläubigers nicht entgegensteht, von der Billigkeit der Pfändung auszugehen sein. Auch das OLG Hamm betont indes, dass die Anhörung des Schuldners nicht den Sinn hat, einen unvollständigen Sachvortrag des Gläubigers schlüssig zu machen, sondern Umstände geltend zu machen, die gegen eine Billigkeit der Pfändung sprechen. Dem entspricht es, wenn hier der Vortrag von Tatsachen verlangt ist, aus denen die Billigkeit und damit die Pfändbarkeit schlüssig folgen. Gegen die vom OLG Hamm angenommene weitere prozessuale Mitwirkungsobliegenheit des Schuldners OLG Stuttgart (Fn. 475).

Weitergehende Anforderungen können daraus folgen, dass die Pfändung im Falle des § 850b Abs. 2 ZPO nach Anhörung der Beteiligten (§ 850b Abs. 3 ZPO) nicht eine Vollstreckungsmaßnahme, sondern eine Entscheidung des Vollstreckungsgerichts ist. Denn deshalb folgt das Verfahren den für die fakultative mündliche Verhandlung maßgeblichen Grundsätzen. Als Entscheidungsgrundlage kann das schlüssige Gläubigervorbringen als solches daher nur dann verwertet werden, wenn und soweit es nicht bestritten wird, der Schuldner oder auch der Drittschuldner sich mithin nicht äußert oder dem Vorbringen nicht entgegentritt. Für bestrittenes tatsächliches Vorbringen des Gläubigers genügt Glaubhaftmachung (§ 294 ZPO) nicht, weil sie nicht vorgesehen ist; es muss daher Beweis geliefert[477] und erhoben werden. Zu entscheiden ist somit nach dem Grundsatz des § 286 ZPO nach freier Überzeugung. Nur wenn damit positiv feststeht, dass die besonderen Voraussetzungen des Abs. 2 für die Pfändung vorliegen, darf diese zugelassen werden[478] (Rdn. C.220). Daraus folgt zugleich, dass der Pfändungsbeschluss zu begründen ist[479]; in ihm sind die für die Entscheidung maßgeblichen Gründe anzugeben (§ 286 Abs. 1 S. 2 ZPO).

Vor der Entscheidung muss (kein Ermessen[480]) das Vollstreckungsgericht die Beteiligten, also Schuldner und Drittschuldner[481], **hören** (§ 850b Abs. 3 ZPO). C.200
§ 834 ZPO findet keine Anwendung; die Anhörung des Schuldners gereicht dem Gläubiger nicht zum Nachteil, weil die Rentenansprüche nicht abtretbar sind. Die Anhörung des Schuldners kann unterbleiben, wenn sie untunlich ist.

Die Anhörung kann schriftlich oder mündlich erfolgen. Die mündliche Erörterung bietet insbesondere die Möglichkeit, eine vergleichsweise Regelung zu vermitteln. Das stets erwünschte gütliche Einvernehmen lässt auch die Teilnahme des Drittschuldners an dem Anhörungstermin geboten erscheinen[482]. Zum Erscheinen oder zu einer schriftlichen Äußerung sind die Beteiligten allerdings nicht verpflichtet. Äußern sich Schuldner und Drittschuldner nicht, so ist nach dem tatsächlichen Vorbringen des Gläubigers zu entscheiden. Dann ist das Vollstreckungsgericht zu selbstständigen Ermittlungen der für oder gegen die Pfändbarkeit sprechenden Umstände nicht verpflichtet. Ein etwa erforderlicher Beweis ist vom Vollstreckungsgericht nach den allgemeinen Vorschriften zu erheben.

Die konstitutive Entscheidung, ob ein Fall des § 850b Abs. 2 ZPO vorliegt, die C.201
Pfändung der Rentenbezüge mithin zulässig ist, trifft das Vollstreckungsgericht[483]. Zuständig ist der Rechtspfleger (§ 20 Abs. 1 Nr. 17 RPflG). Durch Begründung des Pfändungsbeschlusses (oder des Zurückweisungsbeschlusses) ist darzustellen, dass die erfolglose Vollstreckung geprüft wurde und aus welchen Erwägungen das Vollstreckungsgericht die Billigkeit der Pfändung bejaht (oder

---

477 Zutreffend sonach Wieczorek/Schütze/Lüke, ZPO, § 850b Rdn. 12; so auch Zöller/Herget, ZPO, § 850b Rdn. 15; Stein/Jonas/Würdinger, ZPO, § 850b Rdn. 26.
478 BGH, FamRZ 2004, 1784 = JurBüro 2004, 669 = JZ 2004, 1132 mit Anm. Smid = MDR 2004, 1144 = NJW 2004, 2450 = Rpfleger 2004, 503; BGH (Fn. 453).
479 So auch LG Düsseldorf (Fn. 476); Wieczorek/Schütze/Lüke, ZPO, § 850b Rdn. 8.
480 AG Cloppenburg, JurBüro 2007, 382.
481 Ebenso – für Taschengeldanspruchspfändung – LG Verden, Rpfleger 1986, 100.
482 Siehe den Hinweis von Berner, Rpfleger 1965, 240, auf Merten, Lohnpfändungsrecht, Anm. IV zu § 4.
483 BGH (Fn. 434).

verneint) hat[484]. Diese Begründung hat eine kurze Zusammenfassung der Erwägungen zu enthalten, auf denen die Entscheidung in tatsächlicher und rechtlicher Hinsicht beruht (§ 313 Abs. 1 ZPO entsprechend). Die formularmäßige Wendung, die Pfändung erfolgte gem. § 850b Abs. 2 ZPO und entspreche nach dem Vortrag des Gläubigers der Billigkeit, lässt ein Abwägen der Gläubiger- und Schuldnerinteressen vermissen, gibt somit keine ausreichende Begründung für Prüfung der Billigkeit[485].

C.202 Bei Beurteilung der Umstände des Falles[486] und Abwägung der Interessenlagen sind insbesondere auch Bedürftigkeit und Notlage des einen oder anderen Teiles zu berücksichtigen. Deshalb kann die Interessenabwägung auch dazu führen, dass einem Gläubiger die Pfändung ermöglicht, einem anderen aber versagt wird. Ermöglicht das bewegliche Vermögen des Schuldners nur eine Teilbefriedigung des Gläubigers, so ist wegen der ungedeckten Restforderung die Pfändung der Rentenbezüge nach Lage des Falles zulässig. Für die Zulassung der Pfändung einer für Körperverletzung gewährten Rente kann sprechen, dass der Schuldner nicht nachprüfbaren Gelegenheitsarbeiten nachgeht und die Annahme eines festen, seine Verletzung berücksichtigenden Arbeitsplatzes verweigert[487].

C.203 Wird die Pfändbarkeit der Rentenansprüche und rentenähnlichen Bezüge des § 850b ZPO bejaht, so ermöglicht das **keine unbeschränkte Pfändung.** Vielmehr ist die Pfändung nur nach den für das Arbeitseinkommen geltenden Vorschriften (§§ 850c, 850d, 850f Abs. 2 ZPO) möglich. Bei der Vollstreckung gewöhnlicher Forderungen müssen daher dem Schuldner (auch für Rückstände) die pfändungsfreien Beträge des § 850c ZPO belassen werden (Vollstreckung einer Forderung aus vorsätzlich begangener unerlaubter Handlung erfolgt auf Antrag nach § 850f Abs. 2 ZPO), während ihm bei Vollstreckung von Unterhaltsansprüchen und ihnen gleichgestellter Forderungen Freibeträge im Rahmen des § 850d ZPO verbleiben müssen. Im Pfändungsbeschluss kann bei der Vollstreckung durch den Gläubiger einer gewöhnlichen Geldforderung für die Bezeichnung der nach § 850c ZPO pfandfreien Bezüge (wie bei Pfändung einer laufenden SGB-Geldleistung, Rdn. D.99) auf die Tabelle zu § 850c ZPO Bezug genommen werden[488] (Blankettbeschluss, Rdn. C.254). Etwaige zusätzliche Bedürfnisse des Schuldners können nach § 850f Abs. 1 ZPO berücksichtigt werden. Zu den für Arbeitseinkommen geltenden Vorschriften gehört auch § 850e Nr. 2, 2a und 3 ZPO; zur Feststellung der Freibeträge sind daher Rentenansprüche und rentenähnliche Bezüge miteinan-

---

484 Diese Begründung dürfte auch das OLG Köln, FamRZ 1995, 309 = Rpfleger 1995, 76 = VersR 1995, 1377 mit der Aussage im Auge haben, der Pfändungsbeschluss müsse „auch bei einer Blankettpfändung die Quote der Inanspruchnahme des Taschengeldes, die Berechnungsgrundlagen und die Billigkeitsprüfung erkennen lassen“. Zur Notwendigkeit der Begründung bei Billigkeitsentscheidung siehe im Übrigen (alle zur vormaligen Pfändung laufender Sozialleistungen) 10. Auflage Rdn. 1397 Fn. 42.

485 KG, JurBüro 1982, 462 = MDR 1982, 417 = OLGZ 1982, 443 (446) = Rpfleger 1982, 74.

486 Als Härte für den Schuldner, die eine Pfändung nicht ermöglicht, wird es anzusehen sein, wenn er wegen einer geringen Forderung des Gläubigers seine Rechte aus dem Versicherungsvertrag über eine für den Todesfall abgeschlossene Lebensversicherung verlieren würde (hierzu LG Mainz, VersR 1972, 142).

487 LG Mannheim, FamRZ 1965, 459 Leits. = MDR 1965, 144.

488 BGH, FamRZ 2005, 1083 = JurBüro 2005, 381 = MDR 2005, 1015 = NJW-RR 2005, 869 = Rpfleger 2005, 446.

der und mit einem etwaigen Arbeitseinkommen oder mit Naturalleistungen sowie nach den Umständen des Falles auch mit Geldleistungen nach dem SGB zusammenzurechnen. Auf die nach der Pfändung fällig werdenden fortlaufenden Bezüge erstreckt sich das Pfandrecht nach § 832 ZPO; eine Vorratspfändung ermöglicht § 850d Abs. 3 ZPO.

Bei Pfändung der Ansprüche aus einem **Altenteil** ist zu beachten, dass die aus einem Grundstück zu entrichtenden Leistungen als **Reallast** (§ 1105 BGB) geschuldet werden (z.B. das Taschengeld des Altenteilers). Ihre Pfändung muss daher in der für die Hypothekenpfändung vorgeschriebenen Form durchgeführt werden (§ 857 Abs. 6, § 830 ZPO; siehe Rdn. E.336). Diese Regelung ist durch die Vorschrift des § 850b Abs. 2 ZPO nicht aufgehoben. Mit der Bestimmung, dass die Bezüge nach den für Arbeitseinkommen geltenden Vorschriften gepfändet werden können, ist nur gesagt, dass die für Arbeitseinkommen geltenden Pfändungsbeschränkungen der §§ 850c, 850 d, 850 f Abs. 2 ZPO zu beachten sind, nicht aber, dass die Pfändung wirksam in der Form des § 829 ZPO erfolgen könne. C.204

4.4. Der Taschengeldanspruch und seine Pfändung

Schrifttum: Balthasar, Die Pfändung des Taschengeldanspruchs des vermögenslosen Ehegatten, FamRZ 2005, 85; Neugebauer, Die Pfändung von Taschengeldansprüchen, MDR 2005, 376. C.205

4.4.1. Anspruch auf Taschengeld

Unterhaltsrechtlichen Anspruch auf Zahlung eines Taschengeldes zur freien Verwendung für persönliche Zwecke hat der in häuslicher Gemeinschaft lebende, haushaltführende Ehegatte, der nicht mit Einkünften aus Arbeit oder Vermögen unterhaltspflichtig ist[489]. Er hat Anspruch auf Taschengeld jedoch nicht, wenn das Familieneinkommen schon durch den notwendigen Grundbedarf der Familienmitglieder restlos aufgezehrt wird[490]. Der Taschengeldanspruch ist Bestandteil des Familienunterhalts nach §§ 1360, 1360a BGB. Als solcher ist er eine auf gesetzlicher Vorschrift beruhende unpfändbare Unterhaltsrente nach § 850b Abs. 1 Nr. 2 ZPO[491]. Die Pfändung dieses auf Geld gerichteten Zahlungsanspruchs kann daher nur Abs. 2 des § 850b ZPO ausnahmsweise ermöglichen. C.206

Für den **mitverdienenden Ehegatten** besteht ein Zahlungsanspruch auf Unterhalt für Taschengeld (durchweg) nicht. Bei Leistung seines Geldbeitrags zum Fa- C.207

---

489 BGH in ständiger Rechtsprechung, insbes. BGH, FamRZ 1986, 668 (669) = MDR 1986, 740 = NJW 1986, 1869 = Rpfleger 1986, 301; BGH (Fn. 478); BGH, FamRZ 2004, 1279 = DGVZ 2004, 135 = JurBüro 2004, 494 = NJW 2004, 2452 (2453) = Rpfleger 2004, 575.

490 BGH, FamRZ 1998, 608 = MDR 1998, 472 = NJW 1998, 1553 (1554) = Rpfleger 1998, 254; BGH, FamRZ 2004, 1279 (Fn. 489); OLG Hamm, FamRZ 1989, 617 = NJW-RR 1989, 516 = Rpfleger 1989, 207 mit Anm. Otto; OLG Köln, Rpfleger 2003, 670 (671). In einfachen Verhältnissen wird ein Taschengeldanspruch oft nicht bestehen.

491 BGH (Fn. 478); OLG Nürnberg, FamRZ 1999, 505 = JurBüro 1998, 661 = Rpfleger 1998, 294.

milienunterhalt (§ 1360 S. 1 BGB) behält er sein Taschengeld aus seinem Berufseinkommen ein[492]. Einen Zahlungsanspruch auf Leistung von Taschengeld gegen den Ehegatten, der Familienunterhalt schuldet (§ 1360 S. 1 BGB), schließt das aus[493]. Das gilt für Nebenerwerbstätigkeit des haushaltführenden Ehegatten ebenso wie für den ohne unterhaltsrechtliche Verpflichtung freiwillig erwerbstätigen Ehegatten; auch er ist unterhaltspflichtig, muss somit mit einem Teil seines Hinzuverdienstes zum Familienunterhalt beitragen.

C.208 Einem **getrennt lebenden Ehegatten** (Unterhaltsanspruch: § 1361 Abs. 1–3 BGB) ist der laufende Unterhalt durch Zahlung einer Geldrente zu gewähren (§ 1361 Abs. 4 BGB). Sie schließt den Unterhaltsbedarf für persönliche Zwecke, somit Taschengeld, ein. Ein pfändbarer Taschengeldanspruch besteht daher als ausscheidbarer, selbstständiger Unterhaltsanspruch **nicht**. Das gilt gleichermaßen, wenn Einkünfte des anspruchsberechtigten Ehegatten aus zumutbarer Erwerbstätigkeit oder Vermögenseinkünfte auf seinen Unterhaltsanspruch angerechnet sind und ebenso für den restigen Unterhaltsanspruch auf Zahlung einer Geldrente, wenn ein Teil des laufenden Unterhalts vereinbarungsgemäß durch Sachleistungen (z.B. unentgeltliche Wohnungsüberlassung) zu erfüllen ist. Pfändbar ist (unter den weiteren Voraussetzungen des § 850b Abs. 2 ZPO) in diesen Fällen nur die in Geld zu zahlende gesetzliche Unterhaltsrente; mit Anwendung der für Arbeitseinkommen geltenden Vorschriften sind dabei angerechnete eigene Erwerbseinkünfte nach § 850e Nr. 2 ZPO (entsprechende Anwendung auf Grund des § 850b Abs. 2 ZPO) vom Vollstreckungsgericht zusammenzurechnen; Naturalunterhalt wäre mit dem durch Zahlung einer Geldrente zu leistenden Unterhalt (für deren Pfändung) nach § 850e Nr. 3 ZPO zusammenzurechnen.

C.209 Der Unterhaltsanspruch eines **geschiedenen Ehegatten** (§§ 1569 ff. BGB) ist durch Zahlung einer Geldrente zu erfüllen (§ 1585 Abs. 1 S. 1 BGB). Sie umfasst mit dem gesamten Lebensbedarf auch den Unterhaltsbedarf für persönliche Zwecke (somit auch Taschengeld). Ein pfändbarer Taschengeldanspruch besteht daher als ausscheidbarer, selbstständig pfändbarer Unterhaltsanspruch eines geschiedenen Ehegatten nicht. Es gilt auch für diesen Unterhaltsanspruch das Rdn. C.208 Gesagte.

C.210 Einem **Verwandten** (§ 1601 BGB) ist Unterhalt regelmäßig durch Entrichtung einer Geldrente zu gewähren (§ 1612 Abs. 1 S. 1 BGB mit Ausnahme für minderjährige Kinder in Abs. 2). Er umfasst den gesamten Lebensbedarf (§ 1610 Abs. 2 BGB), somit auch den Unterhaltsbedarf für persönliche Zwecke (Taschengeld). Auch für diesen Unterhaltsanspruch gilt daher das Rdn. C.208 Gesagte. Entsprechendes gilt für den einem Kind als Mindestunterhalt (§ 1612a BGB) zu zahlenden Geldbetrag. Taschengeld, das einem im Haushalt der Eltern (oder eines Elternteils) lebenden Kind zu überlassen ist, erlangt wegen seines geringen Umfangs für Pfändung keine Bedeutung.

---

492 BGH FamRZ 1998, 608 (Fn. 490); KG, NJW-RR 1992, 707; Sauer und Meiendresch, FamRZ 1994, 1441.

493 BGH FamRZ 1998, 608 (Fn. 490); KG (Fn. 492). Bei geringen Einkünften des mitverdienenden Ehegatten kann ein Aufstockungsanspruch bestehen, BGH, wie vorst.

4.4.2. Pfändbarkeit des Taschengeldanspruchs

Als Bestandteil des Familienunterhalts wird der Taschengeldanspruch (Rdn. C.206) nach § 850b Abs. 2 ZPO als bedingt pfändbar angesehen. Dieser (nicht unbedenklichen) Auffassung des BGH[494] wird die vollstreckungsrechtliche Praxis folgen. Von (völliger) Unpfändbarkeit des Taschengeldanspruchs kann somit nicht ausgegangen werden; das vielfache Schrifttum und die umfassende Rechtsprechung aus zurückliegender Zeit sind damit überholt[495]. Verfassungsrechtlich wird die bedingte Pfändbarkeit des Taschengeldanspruchs als unbedenklich angesehen[496]. C.211

Als **Ausnahme** zu der nach § 850b Abs. 1 Nr. 2 ZPO „grundsätzlichen“ Unpfändbarkeit der gesetzlichen Unterhaltsrente und damit des Taschengeldanspruchs ermöglicht Abs. 2 dieser Vorschrift die Pfändung, wenn die folgenden besonderen Voraussetzungen vorliegen (dazu bereits Rdn. C.198): C.212

- die Vollstreckung in das sonstige bewegliche Vermögen des Schuldners (§§ 803 ff. ZPO) darf zu einer vollständigen Befriedigung des Gläubigers nicht geführt haben oder voraussichtlich nicht führen **und**
- nach den Umständen des Falles, insbesondere nach der Art des beizutreibenden Anspruchs und der Höhe der Bezüge, muss die Pfändung der Billigkeit entsprechen.
- Unter diesen Voraussetzungen ist sodann die Pfändung des Taschengeldanspruchsnur nach den **für Arbeitseinkommen geltenden Vorschriften** möglich; eine vollständige Pfändung (Kahlpfändung) schließt das aus (s. Rdn. C.2).

Abs. 2 des § 850b ZPO soll es als **Ausnahmeregelung**[497] ermöglichen, den Gläubiger treffende **Härten zu mildern**, wenn es sich einerseits um größere Bezüge des Schuldners, andererseits um eine besondere Notlage des Gläubigers handelt (s. bereits Rdn. C.199). Allein das (grundsätzlich) schutzwürdige Vollstreckungsinteresse des Gläubigers rechtfertigt mithin noch keine Ausnahme von der (allgemeinen) Unpfändbarkeit des Taschengeldanspruchs als Bestandteil der Unterhaltsrente[498]. Weitergehendes Erfordernis ist schon nach dem Wortlaut von Abs. 2 des § 850b ZPO („und“), dass die Pfändung nach den Umständen des Falles der Billigkeit entspricht. Besondere Umstände im Vergleich zu durchschnittlichen Fällen müssen die Pfändung des Taschengeldanspruchs daher rechtfertigen[499]. Allein die C.213

---

494 BGH (Fn. 478); BGH, FamRZ 2004, 1279 (Fn. 489); OLG Frankfurt, FamRZ 2009, 703.

495 Nachweise zuletzt in der 13. Aufl., Rdn. 1015e, 1015f.

496 BVerfG (Kammerbeschluss), FamRZ 1986, 773 (Nichtannahmeentscheidung); BGH (Fn. 478). Vgl. auch BVerfG, BVerfGE 68, 256 = FamRZ 1985, 143 (146) = NJW 1985, 1211 (1212 re.Sp.).

497 Abwegig Balthasar, FamRZ 2005, 85 (86): Billigkeit keine Ausnahme; der Schuldner hat es in der Hand, die Pfändung des Taschengeldanspruchs zu vermeiden, indem er eine Nebentätigkeit mit pfändungsfreiem Einkommen aufnimmt (zu diesem Fall Rdn. C.207).

498 OLG Schleswig, Rpfleger 2002, 87 = OLGR 2002, 59.

499 OLG Nürnberg (Fn. 491): verfassungskonforme Auslegung des § 850b Abs. 2 ZPO ergibt, dass die Pfändung eines Taschengeldanspruchs auf besondere Fälle beschränkt bleiben muss; OLG Brandenburg, JurBüro 2002, 160 = MDR 2002, 356.

Leistungsfähigkeit des Schuldners und die Bedürftigkeit des Gläubigers begründen nicht auch schon die Billigkeit der Pfändung (anders[500]). Bei kleinem Einkommen und damit geringem Unterhaltsanspruch ist die Pfändung ohnedies schon nach den für Arbeitseinkommen geltenden Vorschriften ausgeschlossen (dazu Rdn. C.214); somit kann die Pfändung eines bescheidenen Taschengeldanspruchs nicht schon der Billigkeit entsprechen, wenn der Unterhaltsanspruch den damit gesetzten Grundbetrag übersteigt[501]. Aber auch bei jedenfalls durchschnittlichen oder schon guten Einkommensverhältnissen kann die Pfändung des Taschengeldanspruchs mangels „Billigkeit" nicht zugelassen werden[502]. Selbst „überdurchschnittliche" Einkommensverhältnisse und damit ein „größerer" Taschengeldanspruch allein begründen Billigkeit der Pfändung nicht schon ohne weiteres; nach den Umständen des Falles hat die Pfändung nicht nur infolge der Höhe der Bezüge, sondern ebenso („und") nach der Art des beizutreibenden Anspruchs der Billigkeit zu entsprechen. Das gebietet eine Würdigung aller Umstände des Einzelfalls[503], für die neben (nicht aber alternativ „statt") der Höhe der Bezüge und damit des dem Schuldner bei Pfändung verbleibenden Betrags das Gläubigerinteresse und damit die Art und Umstände der Entstehung des beizutreibenden Anspruchs bedeutsam sind[504]. Billig sein kann die Pfändung bei hinreichender Höhe des Taschengeldanspruchs bei Vollstreckung rückständigen Unterhalts[505] (§ 850d Abs. 1 ZPO) oder einer Forderung aus vorsätzlich begangener unerlaubter Handlung[506] (§ 850f Abs. 2 ZPO) und auch bei besonderer Notlage des Gläubigers[507]; eine solche kann aber nicht schon angenommen werden, wenn dem Gläubiger mit Zurückstellung der Befriedigung seiner Forderung Nachteil droht (das ist vielmehr eine Folge der grundsätzlichen Unpfändbarkeit des Anspruchs). Je nach Lage des Einzelfalls können ferner von Bedeutung sein[508] die wirtschaftliche Situation und der Lebensstil des Schuldners, das Verhalten der Beteiligten (nicht nur des Schuldners) bei der Entstehung oder der Beitreibung[509] der Forderung sowie mögliche Belastungen, die für die Ehe des Schuldners bei Pfän-

---

500 LG Meiningen, JurBüro 2011, 664 (665).

501 Vgl. OLG Hamm, JurBüro 1965, 245 = Rpfleger 1965, 239 mit zust. Anm. Berner für den Taschengeldanspruch einer in einfachsten Verhältnissen lebenden Schuldnerin, von dem bei Zulassung der Pfändung nur ein geringer Betrag erfasst worden wäre; LG Dortmund, Rpfleger 1989, 467 (Pfändung nicht billig, wenn ein etwaiger nur geringer Taschengeldanspruch der Schuldnerin für außerordentlich lange Zeit entzogen würde); OLG Karlsruhe, MDR 1991, 1095 (keine Pfändung wenn das Einkommen des samtverbindlich mithaftenden Ehemannes bereits bis zur Freigrenze des § 850c ZPO gepfändet ist).

502 OLG Brandenburg (Fn. 499); OLG Nürnberg (Fn. 491).

503 BGH (Fn. 478).

504 BGH (Fn. 478).

505 BGH (Fn. 478); OLG Nürnberg (Fn. 491).

506 BGH (Fn. 478); OLG Nürnberg (Fn. 491).

507 BGH (Fn. 478); OLG Nürnberg (Fn. 491).

508 Dies nach BGH (Fn. 478).

509 Bejaht werden kann die Billigkeit der Pfändung nicht schon deshalb, weil der Schuldner den Gläubiger jahrelang hingehalten hat, OLG Stuttgart, Justiz 1987, 462 = Rpfleger 1987, 466.

dung entstehen könnten[510]; überdies können auch die Höhe der zu vollstreckenden Forderung und die voraussichtliche Dauer der Pfändung in die Bewertung einfließen.

Bei **kleinem Einkommen** des erwerbstätigen Ehegatten (Drittschuldners) ist der geringe Taschengeldanspruch überdies nach den für Arbeitseinkommen geltenden Vorschriften (§ 850b Abs. 2 ZPO) unpfändbar. Nicht pfändbar ist eine Unterhaltsrente, deren Bestandteil der Taschengeldanspruch ist, wenn sie monatlich nicht mehr als 1.179,99 € beträgt (1.178,59 € nach § 850c Abs. 1 ZPO mit Abrundung nach Abs. 3). Dieser Grundbetrag erfordert ein Nettoeinkommen des allein verdienenden Ehegatten (Drittschuldners) von (zumindest[511]) 2.359,98 €, wenn unterhaltsrechtlich von gleichmäßiger Teilhabe (Halbierung) der Ehegatten am verfügbaren Nettoeinkommen auszugehen ist. Der Betrag erhöht sich, wenn vom Einkommen auch der Lebensbedarf unterhaltsberechtigter Kinder zu bestreiten ist; er kann sich in den Fällen der § 850d und § 850f Abs. 2 ZPO mindern. Für die Pfändung eines Taschengeldanspruchs bei einem Nettoeinkommen bis zu einem solchen Grundbetrag besteht damit schon kein Rechtsschutzbedürfnis, das Erfordernis jeder Vollstreckungsmaßnahme ist[512], wenn auch weiterhin nicht damit gerechnet werden kann, dass das Einkommen sich grundlegend ändern und dann die Pfändungsfreigrenze übersteigen wird. Im Hinblick auf diesen Grundbetrag werden (auch wenn immer die Besonderheiten des Einzelfalls zu würdigen sind) durchschnittliche Einkommensverhältnisse (zu diesen Rdn. C.213) für die Bemessung des Unterhaltsanspruchs eines kinderlos verheirateten Schuldners durchaus mit etwa 2.500–3.000 € netto angenommen werden können[513]. C.214

4.4.3. Unpfändbarer Grundbetrag – pfändbarer Mehrbetrag

Nach den für Arbeitseinkommen geltenden Vorschriften ist der Schuldner vor vollem Pfändungszugriff geschützt. Angemessene Teile der für Taschengeld bestimmten Unterhaltsleistungen müssen ihm damit zur Bestreitung des Lebensbe- C.215

---

510 Dazu auch OLG Nürnberg (Fn. 491): lange Dauer des Zugriffs (Dauer der Taschengeldpfändung mindestens 25 Jahre) und damit viele Jahre anhaltende Einflussnahme auf die ehelichen „Finanzverhältnisse“ kann (ohne Vorliegen besonderer Umstände) nicht der Billigkeit entsprechen.

511 Der Einfachheit halber soll hier unbeachtet bleiben, dass der fiktive Unterhaltsanspruch des nicht berufstätigen Ehegatten üblicherweise mit 3/7 des bereinigten Nettoeinkommens bemessen wird, der unpfändbare Betrag von 1.179,99 € (= 3/7) sonach von einem Nettoeinkommen von rund 2.750,00 € abzuleiten wäre.

512 Zöller/Seibel, ZPO, vor § 704 Rdn. 17; auch OLG Stuttgart, FamRZ 2002, 185 = JurBüro 2001, 656 = Rpfleger 2001, 557. Auch LG Koblenz, FamRZ 2005, 468: keine Pfändung des Taschengeldanspruchs, wenn die in einen Zahlungsanspruch umgerechnete Unterhaltsforderung der Schuldnerin der Pfändung nicht unterliegt (so bei Nettoeinkommen des Drittschuldners von 2.500 € und Unterhaltspflicht der Schuldnerin für eine Person).

513 Das OLG Nürnberg (Fn. 491) hat (im Januar 1998) die Pfändung des Taschengeldanspruchs von (damals) ca. 180 DM bei einem seiner Berechnung zugrunde liegenden Einkommen von ca. 3.576 DM nicht zugelassen, weil sie der Billigkeit nicht entsprochen hat.

darfs verbleiben, für den das Taschengeld als Unterhaltsleistung bestimmt ist (zur Zweckbestimmung bei der Einkommenspfändung s. Rdn. C.2).

Bei einer Pfändung unmittelbar nach dem Wortlaut der Pfändungsvorschriften für Arbeitseinkommen (§ 850b Abs. 2 ZPO) müssten daher dem Schuldner bei Vollstreckung einer gewöhnlichen Geldforderung die nach § 850c ZPO zu bemessenden Teile des Taschengeldanspruchs pfandfrei verbleiben. Die demnach pfandfrei zu belassenden Beträge erreicht der Taschengeldanspruch allein praktisch jedoch nicht. Zum Erfolg kann die Pfändung daher nur führen, wenn (dem Grundsatz nach) der Taschengeldanspruch zusammen mit dem übrigen Unterhaltsanspruch die Pfändungsfreigrenze übersteigt; deshalb wurde zeitweilig ein in Natur zu leistender Unterhalt nach § 850e Nr. 3 ZPO mit dem Taschengeldanspruch zusammengerechnet[514]. Das bewirkte jedoch, dass die Pfändung den Taschengeldanspruch voll erfasst und damit gegen den Grundsatz des § 850c Abs. 2 ZPO verstößt, dass „Mehreinkommen" über die Grundbeträge des § 850c Abs. 1 ZPO hinaus dem Schuldner anteilig pfandfrei zu verbleiben hat[515].

Beispiel: Unpfändbarer Unterhalt in Natur (angenommen bei einem Nettoeinkommen von 3.000 Euro mit)	1.500,00 Euro
Taschengeldanspruch (mit 5 % des Nettoeinkommens)	150,00 Euro
Zusammengerechnete Einkünfte nach § 850e Nr. 3 ZPO	1.650,00 Euro
Nach § 850c ZPO pfändbarer Betrag (keine Unterhaltspflichten)	329,99 Euro

Der unpfändbare Teil wird durch den Naturalunterhalt gedeckt.
Gepfändet wäre somit der volle Taschengeldanspruch mit 150,00 Euro.

Diese Behandlung schließt zudem auch § 1360 BGB aus. Danach ist nicht dem Schuldner einzeln Unterhalt in Natur zu leisten; die Eheleute sind einander vielmehr gegenseitig verpflichtet, ihre Familie angemessen zu unterhalten. Diese wechselseitige Unterhaltspflicht der Ehegatten zur Leistung des Familienunterhalts weist einen dem Schuldner als Ehepartner geschuldeten Einzelunterhalt und damit für diesen Naturalleistungen als zusammenrechenbare Unterhaltseinkünfte nicht aus; das vom berufstätigen Ehegatten zu leistende unpfändbare Wirtschaftsgeld (Rdn. C.186) entspricht zudem nicht den für die Zusammenrechnung nach § 850e Nr. 3 ZPO erforderten „Naturalleistungen". Die Bemessung eines fiktiven[516] betragsmäßigen Unterhaltsanteils des Schuldners am Familienunterhalt nur für die Zusammenrechnung verbietet sich. Das würde die Ermittlung des Lebensbedarfs der Mitglieder der Familie als Unterhaltsempfänger erfordern, somit eine Berechnung des Unterhaltsbedarfs des berufstätigen Ehegatten und des Kindesbedarfs mit „Aufteilung" der Kosten des gemeinsamen Haushalts. Ein solcher Eingriff in die Rechts- und Privatsphäre der am Zwangsvollstreckungsverfahren nicht

---

514 OLG Bamberg, JurBüro 1988, 542 = Rpfleger 1988, 154; OLG München, FamRZ 1988, 1161 = NJW-RR 1988, 894 = Rpfleger 1988, 538; OLG Stuttgart (Fn. 509).

515 Das übersieht Balthasar, FamRZ 2005, 85 mit dem S. 88 (auch mit Verweisung auf die Tabelle nur wegen des Barunterhalts unklar) formulierten Beispiel für den Antrag.

516 Für fiktiv rechnerische Aufteilung des Familieneinkommens nach Quoten OLG Bamberg (Fn. 514); OLG München (Fn. 514).

beteiligten Familienangehörigen verbietet sich nach dem Persönlichkeits- und Eheschutz ebenso wie nach der Ausgestaltung des Familienunterhalts als Ausprägung der ehelichen Grundpflicht zur Lebensgemeinschaft; als Verstoß gegen die im formalisierten Vollstreckungsverfahren[517] geltenden Grundsätze der Rechtsklarheit und Praktikabilität wäre er zudem versagt.

Dem Wesen des Anspruchs auf Familienunterhalt nach der Ausgestaltung durch das 1. EheRG[518] trägt der Wortlaut des § 850b Abs. 2 ZPO (seine Fassung geht auf die LPfVO[519] aus dem Jahr 1940 zurück[520]) nicht Rechnung. Die Vorschrift ist für die Pfändung des Taschengeldanspruchs daher mit Blick auf das (materielle) Unterhaltsrecht nach Sinn und Zweck des Einkommenspfändungsschutzes auszulegen. Für die Zwangsvollstreckung durch einen **gewöhnlichen Gläubiger** (Rdn. C.232) erlangt dabei mit der in § 850c ZPO vorgesehenen Aufteilung des Einkommens in pfändbare und unpfändbare Teile (dazu Rdn. C.240, C.241) Bedeutung, dass dem Schuldner **C.216**

- ein unpfändbarer Grundbetrag zu verbleiben hat (§ 850c Abs. 1 ZPO),
- von dem darüber hinausgehenden Einkommen ein weiterer pfändungsfreier Eigenanteil nach den Bemessungsmerkmalen des § 850c Abs. 2 ZPO gebührt.

Dabei fällt für die Pfändung nur des Taschengeldanspruchs ins Gewicht, dass Taschengeld zur freien Verwendung für persönliche Zwecke bestimmt ist. Weil es somit nicht Einkommen auch zur Erfüllung gesetzlicher Unterhaltspflichten ist, können unterhaltsberechtigte Angehörige (auch Kinder, denen der Ehegatte [Drittschuldner] gleichermaßen unterhaltspflichtig ist[521]) für die Bestimmung des nach § 850c Abs. 1 und 2 ZPO unpfändbaren Grund- und Mehrbetrags keine Berücksichtigung finden[522]. Weiter erlangt Bedeutung, dass der notwendige Lebensbedarf des Schuldners mit dem nicht pfändbaren Familienunterhalt in Natur und als Wirtschaftsgeld bereits voll gedeckt ist. Daher ist bei der Pfändung des Taschengeldanspruchs aus dieser weitergehenden Unterhaltsleistung weder ein unpfändbarer Grundbetrag (§ 850c Abs. 1 ZPO) noch ein durch Zusammenrechnung des Taschengelds mit anderen Unterhaltsleistungen (§ 850e Nr. 3 ZPO) zu bestimmender pfändbarer oder unpfändbarer Mehrbetrag zu bemessen. Das hat zur Folge, dass § 850c Abs. 2 ZPO das als Mehreinkommen insgesamt über dem unpfändbaren Grundbetrag liegende Einkommen an Taschengeld in Höhe von drei Zehnteln

517 Dazu Zöller/Seibel, ZPO, vor § 704 Rdn. 22.
518 Erstes Gesetz zur Reform des Ehe- und Familienrechts vom 14.6.1976 (BGBl I 1421).
519 Lohnpfändungsverordnung vom 30.10.1940 (RGBl I 1451).
520 Vgl. BGHZ 70, 206 = NJW 1978, 950 = Rpfleger 1978, 131.
521 Anders ist es zu beurteilen, wenn einem Kind aus früherer Ehe oder einem nichtehelichen Kind Unterhalt zu leisten und hierfür auch der Taschengeldanspruch einzusetzen ist, vgl. deswegen BVerfGE 68, 256 (Fn. 496); BGH, FamRZ 1986, 668 (Fn. 489); OLG Köln, FamRZ 1994, 1272 = Rpfleger 1994, 426. Zum Einsatz des Taschengeldes für Elternunterhalt s. BGH, FamRZ 2004, 366 = NJW 2004, 674.
522 BGH (Fn. 478). Siehe auch Büttner, FamRZ 1994, 1433 (1440): jedenfalls dann nicht, wenn nicht ergänzend Bar- oder Naturalunterhaltsleistungen zu erbringen sind; auch LG Konstanz, Rpfleger 2008, 37 (38 re.Sp.).

für den Schuldner unpfändbar stellt[523], somit in Höhe von **sieben Zehnteln** dem Gläubigerzugriff verfügbar macht[524].

In der Praxis wird nun auch durchweg so verfahren, dass Pfändung und Überweisung von 7/10 des (angeblichen) Taschengeldanspruchs[525] erfolgt.

C.217 Dem Gläubiger eines bevorrechtigten **Unterhaltsanspruchs** (§ 850d ZPO) und dem Gläubiger einer Forderung aus einer vorsätzlich begangenen unerlaubten Handlung (§ 850f Abs. 2 ZPO) ist die Pfändung in weiterem Maße ermöglicht. Dem Schuldner ist bei Vollstreckung durch solche Gläubiger jedoch stets auch ein Betrag für „notwendigen Unterhalt" zu belassen (§ 850d Abs. 1 S. 2, § 850f Abs. 2 ZPO), der bei Vollstreckung eines Unterhaltsgläubigers den nach § 850c ZPO zu bemessenden Freibetrag nicht übersteigen darf (§ 850d Abs. 1 S. 2 ZPO). Damit ist der dem Schuldner pfandfrei zu belassende Taschengeldanteil auf den zur Deckung der notwendigen Bedürfnisse erforderlichen Betrag begrenzt. Dieser Freibetrag ist im Pfändungsbeschluss bestimmt zu bezeichnen (Rdn. C.341). Bemessen werden kann er mit einem Bruchteil des Regelbedarfs (§§ 27a, 28 SGB XII, § 20 Abs. 2 SGB II; dazu Rdn. C.422), der auch persönliche Bedürfnisse des täglichen Lebens einschließt (§ 27a Abs. 1 SGB XII, § 20 Abs. 1 SGB II).

4.4.4. Das Pfändungsverfahren

C.218 Der Gläubiger hat die Tatsachen geltend zu machen, die das Bestehen der zu pfändenden Schuldnerforderung als Teil seines Unterhaltsanspruchs ergeben (Rdn. B.68) und ausnahmsweise deren Pfändung nach § 850b Abs. 2 ZPO rechtfertigen (Rdn. C.199). Er ist für die Tatsachen, aus denen sich ergibt, dass die Pfändung des Taschengeldanspruchs der Billigkeit entspricht, darlegungs- und beweispflichtig[526]. Der Sachvortrag des Gläubigers dazu, dass der Schuldner Anspruch auf Zahlung eines Taschengeldes als Unterhaltsleistung hat, muss schlüssig sein[527] (Rdn. B.68);

---

523 So auch OLG Frankfurt, FamRZ 1991, 727 (729). Vgl. auch OLG Celle, FamRZ 1991, 726 = NJW 1991, 1960, das einen bestimmten Betrag (damals 50 DM) pfandfrei lässt und die (volle) Pfändung des darüber hinausgehenden Taschengeldes als billig ansieht, damit jedoch den Schuldner am „Mehrbetrag" nicht beteiligt; auch LG Konstanz (Fn. 522).

524 So auch OLG Frankfurt, JurBüro 1995, 606 = Rpfleger 1996, 77 Leits.; LG Stuttgart, JurBüro 1996, 104 (belässt dem Schuldner „ein gewisses Minimum"; mindestens [damals] 60 DM monatlich); OLG Stuttgart, FamRZ 1997, 1494 = Rpfleger 1997, 447: unentziehbarer Mindestbehalt von (damals) 70 DM monatlich für persönliche Bedürfnisse und Verrechnung abzuführender Beträge zunächst auf Hauptschuld, nicht auf hohe Zinsen); LG Ulm, JurBüro 1998, 379; AG Lemgo, JurBüro 1996, 385 (als Freiraum für die persönliche Lebensgestaltung müssen monatlich [damals] 150 DM belassen werden).

525 So auch BGH (Fn. 478), der davon ausgeht, dass die Pfändungsfreigrenze des § 850c Abs. 1 ZPO einer Pfändung von 7/10 des Taschengeldanspruchs nicht entgegensteht; außerdem z.B. BGH, FamRZ 2004, 1279 (Fn. 489); OLG Nürnberg (Fn. 491); OLG Frankfurt (Fn. 524); OLG Karlsruhe, JurBüro 1992, 570; Hintzen, Forderungspfändung, § 2 Rdn. 77.

526 BGH (Fn. 478); BGH, FamRZ 2004, 1279 (Fn. 489). Dazu Balthasar, FamRZ 2005, 85 (87): Für Umstände, die („ausnahmsweise") der Billigkeit entgegenstehen können, trifft die Beweislast den Schuldner. Das bedingt bereits die ihm im Erinnerungsverfahren obliegende Nachweispflicht (s. Rdn. B.390 und die ZPO-Kommentare).

527 So auch OLG Köln, (Fn. 422); Mayer, Rpfleger 1990, 281 (282).

dass die Bezüge nach § 850b Abs. 2 ZPO der Pfändung unterworfen werden können, muss sich aus dem unbestrittenen Tatsachenvortrag des Gläubigers schlüssig ergeben, sonst muss hierüber Beweis geliefert und erhoben werden (Rdn. C.200).

Zur **Anhörung** des Schuldners und des Drittschuldners (§ 850b Abs. 3 ZPO) s. Rdn. C.200. C.219

Zugelassen werden darf die Pfändung des nach § 850b Abs. 1 Nr. 2 ZPO (grundsätzlich) unpfändbaren Taschengeldanspruchs nur, wenn positiv feststeht, dass die besonderen Voraussetzungen des Abs. 2 dieser Vorschrift vorliegen (Rdn. C.199 a.E.). In der Begründung des Pfändungsbeschlusses (oder des Zurückweisungsbeschlusses) sind die wesentlichen Erwägungen für die Zulassung (oder Ablehnung) der Pfändung darzustellen (Rdn. C.201). C.220

4.4.5. Der Pfändungsbeschluss

Das Vollstreckungsgericht kann nur die angebliche Forderung (Rdn. B.73) des Schuldners an den Drittschuldner auf Zahlung von Taschengeld pfänden, eine Bestimmung über deren Höhe somit nicht treffen[528]. Damit verbietet sich die Pfändung eines zahlenmäßig bestimmten Betrags des Taschengeldanspruchs (z. B. „... gepfändet in Höhe von 60 Euro monatlich")[529]. C.221

Der Pfändungsbeschluss hat daher den (angeblichen) Taschengeldanspruch als Teil des Unterhalts in Höhe von 7/10 als gepfändet zu bezeichnen. Er kann hinweisend vermerken, nicht jedoch verbindlich Bestimmung treffen[530], dass sich die Höhe des Taschengeldanspruchs nach den im Einzelfall gegebenen Vermögensverhältnissen, dem Lebensstil und der Zukunftsplanung der Ehegatten richtet und in der Rechtsprechung üblicherweise mit einer Quote von 5 % bis 7 % des zur Verfügung stehenden Nettoeinkommens bemessen wird[531]. Die Feststellung des Taschengeldanspruchs des Schuldners und damit die ziffernmäßige Bestimmung des gepfändeten und des pfandfrei verbleibenden Anteils an dem als Taschengeld zu leistenden Geldbetrag obliegt (wie bei der Pfändung von Arbeitseinkommen) dem C.222

528 OLG Frankfurt (Fn. 523). Nicht zulässig ist daher die Anordnung (so nach dem Sachverhalt von OLG Hamm [Fn. 490]), dass „die Höhe des Taschengeldes aus Billigkeitsgründen mit monatlich 5 % des Einkommens des Drittschuldners bewertet wird". Nicht überzeugend auch OLG Karlsruhe (Fn. 525), das ebenso die Frage der Bezifferung des gepfändeten Taschengeldes stellt.

529 Nicht richtig OLG Hamm, FamRZ 1990, 547, dass nähere Bezifferung des Umfangs der Pfändung erforderlich sei (somit eine Taschengeldpfändung ohne nähere Bezifferung des Umfangs der Pfändung unwirksam sei). Unzutreffend auch OLG Köln (Fn. 422) – auch OLG Köln (Fn. 484) –, dass die Höhe der Unterhaltsrente, deren Teil der Taschengeldanspruch ist, aus dem Pfändungsbeschluss zu entnehmen sein müsse (die Bezeichnung soll auch mit einem Teil des Nettoeinkommens [etwa 3/7 oder 2/5] möglich sein). Nicht zutreffend auch Büttner, FamRZ 1994, 1433 (1440) sowie Neugebauer, MDR 2005, 376 (379), dass konkret (auch) angegeben werden müsse, welchen Betrag der Drittschuldner an den Gläubiger abzuführen hat (das zu entscheiden ist Sache des Prozessgerichts).

530 LG Meiningen (Fn. 500).

531 Diese Aussage nach der Darstellung in den Gründen von BGH (Fn. 478); auch BGH FamRZ 1998, 608 (Fn. 490).

Drittschuldner[532]. Diesem wird daran gelegen sein, zu seiner Sicherheit Einvernehmen mit dem Gläubiger und auch mit dem Schuldner zu erzielen.

Die Begründung des Pfändungsbeschlusses hat zu ergeben, dass die Pfändung zugelassen wurde, weil sie nach den Umständen des Falles, auch nach der angenommenen Höhe des Anspruchs, damit eines ihm zugrunde liegenden (zu bezeichnenden) Mindestbetrags des Nettoeinkommens, der Billigkeit entspricht. Damit wird gewährleistet, dass die Pfändung keine Wirkung äußert, wenn die Bezüge tatsächlich unter dem für ihre Zulassung maßgeblichen Mindestbetrag liegen oder in einem künftigen Zahlungszeitraum diesen nicht erreichen. Weiter muss der Pfändungsbeschluss der Pfändungsgrenze des § 850c Abs. 1 ZPO Rechnung tragen, damit Bestimmung treffen, dass der Taschengeldanspruch unpfändbar bleibt, wenn der seiner Berechnung zugrunde liegende (gesamte) Unterhaltsanspruch den Grundbetrag von monatlich … € nicht erreicht.

C.223 **Formulierungsvorschlag:**

„Gepfändet wird der angebliche Anspruch des Schuldners (der Schuldnerin) an … – Drittschuldner – auf fortlaufende Zahlung des als Teil des ehelichen Unterhalts zu leistenden Taschengeldes in Höhe von sieben Zehnteilen des monatlich fortlaufend geschuldeten Betrags.

Unpfändbar bleibt der Taschengeldanspruch jedoch nach § 850c Abs. 1 (mit § 850b Abs. 2) ZPO, wenn und soweit der nach dem Nettoeinkommen des Drittschuldners bemessene gesamte Unterhaltsanspruch des Schuldners monatlich 1.179,99 € nicht übersteigt.

Weitergehend von der Pfändung ausgenommen ist der Taschengeldanspruch, wenn er sich von einem zur Verfügung stehenden (gesamten) Nettoeinkommen bis zur Höhe von monatlich (nur) … € bemisst, weil die Pfändung in einem solchen Fall nicht der Billigkeit entspricht und daher nicht zuzulassen war; die Bezüge bleiben dann nach § 850b Abs. 1 Nr. 2 ZPO unpfändbar.

Hinweisend wird für Feststellung des gepfändeten Anteils des als Taschengeld zu leistenden Geldbetrags, die dem Drittschuldner obliegt, vermerkt, dass sich die Höhe des Taschengeldanspruchs nach den im Einzelfall gegebenen Vermögensverhältnissen, dem Lebensstil und der Zukunftsplanung der Ehegatten richtet und in der Rechtsprechung üblicherweise mit einer Quote von 5 % bis 7 % des zur Verfügung stehenden Nettoeinkommens bemessen wird.

Gründe: …“

C.224 Bei Pfändung durch einen Unterhaltsgläubiger (entsprechend bei Vollstreckung des Anspruchs wegen einer vorsätzlich begangenen unerlaubten Handlung) kann der Pfändungsbeschluss lauten:

Formulierungsvorschlag:

„Gepfändet wird der angebliche Anspruch des Schuldners (der Schuldnerin) an … – Drittschuldner – auf fortlaufende Zahlung des als Teil des ehelichen Unterhalts zu leistenden Taschengeldes, soweit er … Euro monatlich übersteigt.

532 OLG Frankfurt (Fn. 524); auch LG Stuttgart, JurBüro 2001, 45 (46).

Die künftig fällig werdenden Zahlungsansprüche des Schuldners werden in dieser Weise zugleich auch wegen der dann jeweils fällig werdenden Gläubigeransprüche gepfändet (§ 850d Abs. 3 ZPO).

Hinweisend wird für Feststellung ...“ (wie Rdn. C.223).

4.4.6. Pfändungswirkungen

Die Pfändung des Taschengeldanspruchs erlangt keine rechtliche Wirkung (sie geht ins Leere), wenn die Forderung nicht besteht (Rdn. B.73). Das ist auch der Fall, wenn der berufstätige Schuldner sein Taschengeld aus seinem Berufseinkommen einbehält (Rdn. C.207). Das bewirkt, dass ein Ehegatte mit geringem (damit pfandfreiem) Berufseinkommen aus diesem Einkommen sein Taschengeld zur freien Verfügung für seine persönlichen Bedürfnisse voll einbehalten kann, während ein aus persönlichen oder familiären Gründen (z.B. Krankheit oder Kindererziehung) an der Aufnahme einer auch nur geringen Erwerbstätigkeit gehinderter Ehegatte ungeachtet seiner persönlichen oder familiären Mehrbelastung mangels eigener Mittel bei Pfändung des Taschengeldanspruchs auf Befriedigung persönlicher Bedürfnisse zu einem (vielfach) überwiegenden Teil verzichten muss. Das wird (zutreffend) als so offenkundig grob unbillig angesehen, dass die Billigkeitsprüfung (Abs. 2 des § 850b ZPO) stets zu einer Unpfändbarkeit des Taschengeldanspruchs führen müsste[533]. **C.225**

Auf die nach der Pfändung fällig werdenden Beträge des Taschengeldanspruchs erstreckt sich das Pfandrecht nach § 832 ZPO. Das gilt auch, wenn der Zahlungsanspruch auf Taschengeld endet, weil der Schuldner Berufseinkommen erzielt oder sonst eigenes Einkommen erlangt (Rdn. C.207) und später diese Einkünfte entfallen, der dann wieder haushaltführende (einkommenslose) Ehegatte somit weitergehend Zahlungsanspruch auf Taschengeld hat[534]. Dafür erlangt § 833 Abs. 2 ZPO (Fortwirkung der Pfändung auf die Dauer von 9 Monaten) keine Bedeutung, weil wechselnde Leistungsfähigkeit und schwankender Unterhaltsbedarf für die Deckung des Familienunterhalts während bestehender Ehe der Beendigung und Neubegründung eines Arbeitsverhältnisses nicht gleich sind. **C.226**

Bei Streit zwischen Gläubiger und Drittschuldner ist der gepfändete Taschengeldanspruch[535] im Prozessweg[536] geltend zu machen[537] (Rdn. B.316 ff.). Zu bemessen ist der Betrag des Taschengeldanspruchs und damit der dem Gläubiger nach Pfändung (und Überweisung) gebührende anteilige Betrag im Einziehungserkenntnisverfahren vom Prozessgericht nach den Verhältnissen der Eheleute (Rdn. C.222). Der in Anspruch genommene Ehegatte kann nach Zulassung der Pfändung **C.227**

---

533 So (wenn der Anspruch die Pfändungsfreigrenze des § 850c ZPO nicht übersteigt) Wax in Göppinger/Wax, Unterhaltsrecht, 9. Aufl. 2008, Rdn. 2614; auch Zöller/Herget, ZPO, § 850b Rdn. 19.

534 LG Münster, JurBüro 2000, 49.

535 Im Rechtsstreit ist für das Bestehen des Taschengeldanspruchs der pfändende Gläubiger (als Kläger) darlegungs- und beweispflichtig; dazu OLG Hamm (Fn. 490).

536 Der Rechtsstreit ist Familiensache, § 111 Nr. 8, § 231 Abs. 1 Nr. 2 FamFG; zum früheren Recht: OLG Celle, FamRZ 1986, 196; OLG Hamm, FamRZ 1985, 407.

537 Dazu z.B. OLG Stuttgart, FamRZ 1988, 166.

als Drittschuldner im Rechtsstreit alle Einwendungen gegen die verlangte Höhe des Taschengeldanspruchs erheben. Er kann sich nur nicht darauf berufen, die Pfändung sei nach § 850b Abs. 2 ZPO unzulässig zugelassen worden[538], z.B. deshalb, weil sie nicht der Billigkeit entspreche. Solche Einwendungen gegen die Pfändbarkeit gründen sich auf diese prozessuale Bestimmung, sind somit dem Drittschuldner verwehrt (Rdn. B.422).

4.5. Rechtsbehelf, Vorpfändung, Unübertragbarkeit

4.5.1. Rechtsbehelf

C.228 Nach Anhörung des Schuldners ist die Pfändung eine Entscheidung im Zwangsvollstreckungsverfahren. Es findet daher gegen den Pfändungsbeschluss die sofortige Beschwerde (§ 793 ZPO) statt[539] und nicht die Erinnerung (§ 766 ZPO). Mit diesem Rechtsbehelf[540] kann auch geltend gemacht werden, die Pfändung sei nach § 850b Abs. 2 ZPO zu Unrecht zugelassen worden. Die Beschwerdefrist beginnt mit der Zustellung des Pfändungsbeschlusses im Parteibetrieb; eine Zustellung von Amts wegen erfolgt nicht[541]. Wenn die Anhörung des Schuldners (entgegen § 850b Abs. 3 ZPO) unterblieben ist, findet gegen den Pfändungsbeschluss die Erinnerung (§ 766 ZPO) statt (Rdn. B.385). Die Schuldneranhörung ist im Erinnerungsverfahren nachzuholen. Die Entscheidung über die Erinnerung hat sich auch darauf zu erstrecken, ob die Pfändung nach § 850b Abs. 2 ZPO zuzulassen war. Eine Aufhebung des Pfändungsbeschlusses und Zurückweisung des Gläubigerantrags wegen des Verstoßes gegen das Anhörungsgebot verbietet sich damit[542].

4.5.2. Vorpfändung

C.229 Die Bezüge des § 850b ZPO sind vor einer die Pfändung bejahenden Entscheidung des Vollstreckungsgerichts unpfändbar (siehe § 850b Abs. 1 ZPO). Das verbietet auch eine Vorpfändung. Wird sie gleichwohl ausgebracht, so ist sie unwirksam[543]. Für eine Vorpfändung besteht auch keine Notwendigkeit, weil der

---

538 OLG Bamberg, FamRZ 1988, 948; OLG Celle, NJW 1962, 1731; OLG Celle (Fn. 536); OLG Hamm, FamRZ 1978, 602; OLG Hamm (Fn. 536); OLG Köln, Rpfleger 2003, 670; OLG München, FamRZ 1981, 449 (450); OLG Zweibrücken, FamRZ 1980, 445 (446).

539 So auch OLG Frankfurt, FamRZ 1976, 154 = Rpfleger 1975, 263.

540 Auch der Ehegatte als Drittschuldner kann sich gegen die Pfändung wenden, OLG Köln (Fn. 484); FG Berlin, NJW 1992, 528 (für Verwaltungsvollstreckung der Finanzbehörde); s. hierwegen Rdn. B.386.

541 Das LG Düsseldorf hat an seiner früher abweichenden Ansicht JurBüro 1983, 1575 = Rpfleger 1983, 255 (ist von Amts wegen zuzustellen; das widersprach aber § 829 Abs. 2 ZPO) nicht festgehalten; vgl. LG Düsseldorf, JurBüro 1990, 1345 = Rpfleger 1990, 376.

542 LG Lübeck, Rpfleger 1993, 207.

543 Wieczorek/Schütze/Lüke, ZPO, § 850b Rdn. 3; Zöller/Herget, ZPO, § 850b Rdn. 11; **a.A.** (= nur anfechtbar) Stein/Jonas/Würdinger, ZPO, § 850b Rdn. 33 i.V.m. § 845 Rdn. 5; auch Schuschke/Walker/Kessal-Wulf/Lorenz, Vollstreckung, § 850b Rdn. 7 (rechtzeitig nachfolgende Pfändung bewirkt Verstrickung der Forderung ab Zustellung der Vorpfändung).

Schuldner vor der Entscheidung des Gerichts keine Möglichkeit hat, die (unpfändbaren) Ansprüche an Dritte abzutreten.

4.5.3. Unübertragbarkeit

Die nach § 850b ZPO nicht pfändbaren Forderungen können nicht abgetreten (§ 400 BGB) und nicht aufgerechnet (§ 394 BGB)[544] werden. Das Vollstreckungsgericht kann einen solchen Anspruch nach § 850b Abs. 2 ZPO nur pfänden, nicht aber durch gesonderten Beschluss selbstständig für pfändbar, aufrechenbar oder abtretbar erklären[545]. Um mit einer Kostenforderung aus dem Unterhaltsprozess aufrechnen zu können, muss daher der Unterhaltsverpflichtete wegen seiner Kostenforderung den Unterhaltsanspruch (nach Maßgabe des § 850b Abs. 2 ZPO) pfänden und sich zur Einziehung überweisen lassen[546]. C.230

5. Pfändungsgrenze bei Pfändung des Arbeitseinkommens wegen gewöhnlicher Geldforderungen (§ 850c ZPO)

5.1. Anwendungsbereich

Aus dem Schrifttum: Arnold, Der neue Pfändungsschutz für Arbeitseinkommen und für Gehaltskonten, BB 1978, 1314; Behr, Erweiterter Pfändungszugriff durch Wegfall unterhaltsberechtigter Personen, JurBüro 1994, 705; Bengelsdorf, Probleme bei der Ermittlung des pfändbaren Teils des Arbeitseinkommens, NZA 1996, 176; Grunau, Der Gläubiger und Drittschuldner im heutigen Lohnpfändungsrecht, JurBüro 1961, 267; Henze, Unterhaltsberechtigte mit eigenen Einkünften, Rpfleger 1981, 32; Hintzen, Nichtberücksichtigung eines Unterhaltsberechtigten, NJW 1995, 1861; Hornung, Viertes Gesetz zur Änderung der Pfändungsfreigrenzen, Rpfleger 1978, 353; Hornung, Fünftes Gesetz zur Änderung der Pfändungsfreigrenzen, Rpfleger 1984, 125; Hornung, Änderung der Pfändungsfreigrenzen, Rpfleger 1992, 331; Hornung, Siebtes Gesetz zur Änderung der Pfändungsfreigrenzen, Rpfleger 2002, 125; Hornung, „Privilegien" bei der Forderungspfändung (Abschn. IV: § 850c Abs. 4 ZPO), KKZ 1990, 141 (145) und 1991, 148; Liese, Feststellung von Unterhaltspflichten des Arbeitnehmers bei der Lohnpfändung, DB 1990, 2064; Mümmler, Berücksichtigung von Freibeträgen für Unterhaltsberechtigte im Rahmen einer Lohnpfändung, JurBüro 1981, 177; Mümmler, Berücksichtigung des eigenen Einkommens von unterhaltsberechtigten Personen bei der Pfändung von Arbeitseinkommen, JurBüro 1982, 833; Nörling, Möglichkeiten zur Festsetzung des pfändungsfreien Betrags durch die Vollstreckungsbehörde bei der Lohnpfändung, KKZ 1984, 8; Quardt, Wem C.231

---

544 OLG Düsseldorf, FamRZ 1981, 970 m.w.N.; dieses Gericht auch zur Ausnahme unter Anwendung des Grundsatzes von Treu und Glauben. Siehe außerdem OLG Düsseldorf, FamRZ 1982, 498 (einmalige Unterhaltsforderungen [Sonderbedarf] nicht aufrechenbar). Zum Arglisteinwand gegenüber dem Aufrechnungsverbot des § 394 BGB bei unpfändbaren Unterhaltsansprüchen unter Wahrung des Existenzminimums siehe BGHZ 30, 36 (38) = FamRZ 1959, 288 = NJW 1959, 1275; BGHZ 123, 49 = FamRZ 1993, 1186 = MDR 1993, 762 = NJW 1993, 2105 m.w.N.; dazu auch Rdn. C.563.

545 LG Hamburg, JurBüro 1985, 310 = MDR 1984, 1035; **a.A.** Denck, MDR 1979, 450 (452).

546 OLG Stuttgart, Rpfleger 1983, 409; LG Berlin, JurBüro 1975, 1510 = Rpfleger 1975, 374.

obliegt in der Lohnpfändung die Feststellung der Unterhaltsverpflichtungen des Schuldners?, BB 1967, 251; Rewolle, Muss der Drittschuldner in der Lohnpfändung die Unterhaltsverpflichtungen des Schuldners feststellen?, BB 1968, 1387; Rixecker, Der Irrtum des Drittschuldners über den Umfang der Lohnpfändung, JurBüro 1982, 1761; Weimar, Wann ist bei berufstätigen Eltern bei Pfändung von Arbeitseinkommen der Kinderfreibetrag gem. § 850c ZPO zu berücksichtigen?, MDR 1960, 733.

C.232 Den bei Pfändung wegen **gewöhnlicher** Geldforderungen **zugriffsfreien** Teil des Arbeitseinkommens bestimmt § 850c ZPO. Gewöhnliche Geldforderungen sind alle Vollstreckungsansprüche, die nicht als Unterhaltsansprüche oder sonst privilegierte Geldforderungen der in § 850d oder § 850f Abs. 2 ZPO getroffenen besonderen Regelung unterliegen.

5.2. Nettoeinkommen

C.233 Die pfändbaren Teile des Arbeitseinkommens werden vom Nettoeinkommen berechnet; wegen der Einzelheiten siehe § 850e Nr. 1 ZPO und Rdn. C.354 ff.

5.3. Auszahlungszeitraum

C.234 Der dem Schuldner verbleibende unpfändbare Lohnteil ist entsprechend der Auszahlungsweise nach dem **Auszahlungszeitraum** festzustellen, für den die Lohnzahlung erfolgt. Bei Auszahlung für Monate oder Wochen wird der pfändungsfreie Teil nach einem solchen Zeitraum auch dann berechnet, wenn im Einzelfall in einer Periode nicht voll gearbeitet wurde (z.B. infolge Krankheit, unerlaubter Arbeitsversäumnis oder anderer Fehltage, Beginn oder Beendigung[547] der Arbeit in der Mitte des Berechnungszeitraums, Einbringung von unbezahltem Urlaub usw.) und deshalb nur ein geringer Lohn verdient worden ist. Bei **wechselnder Beschäftigung** oder bei Arbeitseinkommen in wechselnder Höhe aus anderen Gründen richtet sich der unpfändbare Lohnteil für jeden Lohnzahlungszeitraum nach dem jeweils zur Auszahlung kommenden Verdienst[548]. Eine Ausgleichsberechnung über mehrere Perioden sieht das Gesetz nicht vor[549]. Nach Tagen ist das Arbeitseinkommen, das täglich abgerechnet und ausbezahlt wird, daher auch dann zu behandeln, wenn der Schuldner weniger als 5 oder 6 Tage (z.B. nur 3 Tage) in

---

547 So auch Stein/Jonas/Würdinger, ZPO, § 850c Rdn. 13; Schuschke/Walker/Kessal-Wulf/Lorenz, Vollstreckung, § 850c Rdn. 3; Wieczorek/Schütze/Lüke, ZPO, § 850c Rdn. 5; ArbG Frankfurt, JurBüro 1999, 101 = NJW-RR 1999, 723; ArbG Münster, DB 1990, 2332 = BB 1990, 1708 Leits. **A.A.** ArbG Hameln, BB 1958, 450, das meint, bei Beendigung der Arbeit könne nur wöchentlich oder täglich abgerechnet werden; dem kann nicht gefolgt werden. Denn wenn der Schuldner im laufenden Monat keine Arbeit mehr aufnimmt, muss ihm ein für den ganzen Monat als Lohnzahlungszeitraum bemessener Freibetrag auch dann verbleiben, wenn er in diesem Lohnzahlungszeitraum nicht voll gearbeitet hat. Tritt dagegen der Schuldner sofort eine neue Arbeitsstelle an, so ergibt sich der Ausgleich durch eine Zusammenrechnung der mehreren Einkommen (§ 850e Nr. 2 ZPO).

548 OLG Dresden, JW 1936, 3489; OLG Köln, NJW 1957, 879; Zöller/Herget, ZPO, § 850c Rdn. 3.

549 So zutreffend Zöller/Herget, ZPO, § 850c Rdn. 3; **a.A.** aber Jonas, JW 1936, 3489; LG Essen NJW 1956, 1930 m. Anm. Stehle.

der Woche arbeitet[550]. Ebenso kann keine Ausgleichsberechnung erfolgen, wenn Lohnzahlung in **wechselnden Auszahlungszeiträumen** erfolgt. Auch bei ihnen richtet sich der unpfändbare Lohnteil daher jeweils nach den für jeden der verschiedenen Auszahlungsperioden geltenden Grundsätzen (wöchentliche Abrechnungen wechseln mit monatlichen Zahlungszeiten ab usw.).

Der **Zeitraum**, für den Arbeitseinkommen gezahlt wird und daher die unpfändbaren Beträge nach § 850c (und der der ZPO als Anlage beigefügten Tabelle) festzustellen sind, bestimmt sich nach den dienst- oder arbeitsvertraglichen Rechtsbeziehungen, die den Anspruch des Schuldners auf Einkommenszahlung begründen. Das Vollstreckungsgericht kann diesen Auszahlungszeitraum nicht festlegen, bei der Pfändung somit nur das für die monatliche, wöchentliche oder tägliche Einkommenszahlung gesetzlich unpfändbare (damit auch das übersteigende pfändbare) Arbeitseinkommen bezeichnen (die Bezugnahme auf die Tabelle des § 850c ZPO genügt; § 850c Abs. 3 S. 2 ZPO); es kann jedoch weder im Pfändungsbeschluss noch nachträglich mit klarstellender Entscheidung anordnen, dass die pfändbaren Beträge konkret nach der Tabelle für monatliche (oder im Einzelfall nur nach der Tabelle für wöchentliche bzw. tägliche) Lohnzahlung berechnet werden müssen[551]. C.235

Bei Auszahlung für **Bruchteile von Monaten** richtet sich der pfändungsfreie Teil nach dem entsprechenden Teil der Monatssätze (halbmonatliche Zahlung = ½ der Monatssätze usw.). Sind die Auszahlungsperioden **länger als ein Monat** (z.B. vierteljährlich), so ist das Gesamteinkommen einer Auszahlungsperiode so zu teilen, dass sich monatliche Abschnitte ergeben. C.236

Abschlagszahlungen sind Vorschusszahlungen (siehe dazu Rdn. C.572); sie grenzen daher den Auszahlungszeitraum nicht ab. Dieser bestimmt sich vielmehr nach der durch die Abschlusszahlung bestimmten Lohnperiode. Der dem Gläubiger infolge der Pfändung zustehende Lohnanspruch wird bei Abschlagszahlungen auch erst mit der jeweiligen Endabrechnung fällig. Der Gläubiger hat keinen Anspruch darauf, dass ihm schon bei der Abschlagszahlung ein Teilbetrag des gepfändeten Lohns ausbezahlt wird[552]. Denn erst die Endabrechnung zeigt, ob und welcher Lohnteil von der Pfändung erfasst wird. Der Drittschuldner, der schon bei einer Abschlagszahlung an den Gläubiger leistet, trägt das Risiko, an den Schuldner nochmals zahlen zu müssen, wenn sich bei der Abrechnung für den ganzen Lohnzahlungszeitraum ein so geringes Einkommen ergibt, dass kein oder kein ausreichend hoher pfändbarer Betrag für den Gläubiger verbleibt (z.B. infolge Erkrankung, Arbeitslosigkeit, Kurzarbeit nach Teilauszahlung). Doch hat deshalb der Schuldner keinen Anspruch auf Auszahlung der vollen Abschlagszahlung. Der Drittschuldner kann (und muss) vielmehr schon bei der Abschlagszahlung einen anteiligen Betrag des gepfändeten Arbeitseinkommens einbehalten. Wegen der Behandlung der bei Wirksamwerden der Pfändung schon geleisteten Abschlagszahlungen siehe Rdn. C.572. C.237

---

550 OLG Köln (Fn. 548).
551 LG Bochum, Rpfleger 1985, 370.
552 Bischoff, BB 1952, 436.

C.238 **Nachzahlungen**[553] **und Rückstände** werden bei dem Abrechnungszeitraum berücksichtigt, für den (nicht: in dem) sie geleistet werden[554] (vgl. auch Rdn. C.599 zum Pfändungsschutzkonton). Bei zu niedriger Berechnung bereits gepfändeten Lohnes oder unrichtiger Zahlung bereits gepfändeten Einkommens infolge Vergütung nach einer unzutreffenden Lohn- oder Gehaltsgruppe müssen das Gesamteinkommen für den zurückliegenden Auszahlungszeitraum und der gepfändete Einkommensanteil sowie der unpfändbare Lohnteil des Schuldners daher neu festgestellt werden. Mehr- bzw. Differenzbeträge, die sich so ergeben, müssen aus der Nachzahlung gedeckt werden.

Wurde die Pfändung erst nach der Zahlung des Lohnes für einen zurückliegenden Zeitraum bewirkt, dann werden die nachzuzahlenden oder rückständigen Beträge von der zwischenzeitlich wirksam gewordenen Pfändung erfasst. Auch sie müssen für den Zeitraum abgerechnet werden, für den sie nachträglich geleistet werden[555]; von einer zwischenzeitlichen Pfändung werden sie mithin erfasst, soweit sie nach Zusammenrechnung mit den bereits ausbezahlten Beträgen den für das nunmehrige Gesamteinkommen maßgeblichen Freibetrag übersteigen. Gleiches gilt für Nachzahlungen infolge einer rückwirkenden tariflichen Lohnerhöhung sowie einer rückwirkenden Beförderung oder Höhergruppierung. Erfolgen Nachzahlungen aus solchem Grund für einen Zeitraum nach der Pfändung, so werden sie von ihr nach § 833 ZPO erfasst; sie sind daher wie ein Lohnrückstand abzurechnen. Wenn erst nach Wirksamwerden der Pfändung mit tariflicher Lohnerhöhung, Beförderung oder Höhergruppierung rückwirkend für eine vor der Pfändung liegende Zeit Nachzahlungsansprüche entstehen, werden auch sie von der zwischenzeitlichen Pfändung erfasst. Sie müssen somit ebenfalls für den Zeitraum abgerechnet werden, für den sie nachträglich geleistet werden[556].

Auch bei sonstiger nachträglicher Änderung des bereits ausbezahlten Arbeitseinkommens, so z.B. bei Zahlung einer Jahrestantieme, ist der pfändbare Teil des Arbeitseinkommens für den Zeitraum, für den es sich durch spätere Zahlung erhöht, erneut zu berechnen. Wird zu dem monatlichen Arbeitseinkommen in bestimmten Zeitabschnitten ein weiterer Arbeitslohn in Höhe ganzer oder teilweiser Monatsvergütungen bezahlt (13., 14. usw. Monatslohn), so ist dieses zusätzliche Einkommen (soweit es sich nicht um Weihnachtsvergütung oder Urlaubsgeld handelt, dazu § 850a ZPO) wie eine Nachzahlung für den zurückliegenden Abrechnungszeitraum der Pfändung unterworfen. Lässt sich ein Lohnzahlungszeitraum für die zusätzliche Monatsvergütung nicht feststellen, so wird nach dem Kalender-

---

553 Eine Lohnnachzahlung für einen oder mehrere Monate in einem Betrag ist als wiederkehrend zahlbare Vergütung nur im Umfang des § 850c (oder § 850f) ZPO pfändbar bzw. unpfändbar, somit nicht als einmaliges Einkommen nach § 850i Abs. 1 ZPO der Pfändung unterworfen, ArbG Wetzlar, BB 1988, 2320 Leits. = DB 1988, 2520 Leits. = KKZ 1989, 239.

554 Vgl. (für Leistungen nach dem SGB II) BGH, MDR 2013, 57 = Rpfleger 2013, 158 sowie (für Leistungen nach dem SGB II bei Kontopfändung) BGH, MDR 2013, 698 = NJW-RR 2018, 504 = Rpfleger 2018, 394; BGH, MDR 2018, 361 = NJW-RR 2018, 570 = Rpfleger 2018, 340; vgl. auch Hintzen, Forderungspfändung, § 2 Rdn. 157 ff.

555 So auch Stein/Jonas/Würdinger, ZPO, § 850c Rdn. 9; Wieczorek/Schütze/Lüke, ZPO, § 850c Rdn. 8.

556 So auch Stein/Jonas/Würdinger, ZPO, § 850c Rdn. 9; Wieczorek/Schütze/Lüke, ZPO, § 850c Rdn. 8.

jahr, in dem die Zahlung geleistet wird, abzurechnen sein. Eine Einmalzahlung, die nach Gesetzesänderung oder Tarifabschluss als erhöhtes Einkommen mit einem festen Betrag (nicht als Nachzahlung für einen bestimmten Zeitraum) geleistet wird, ist bei dem Abrechnungszeitraum zu berücksichtigen, in dem sie gezahlt wird.

Nur wenn vereinbart ist, dass Arbeitseinkommen, das bei Fälligkeit nicht ge- C.239
zahlt worden ist, als **Darlehen** geschuldet sein soll (§ 311 Abs. 1, § 488 Abs. 2 BGB), entfällt der Pfändungsschutz der §§ 850 ff. ZPO. Dann muss die Schuld aber auch gesondert gepfändet werden; von einer nach der Umwandlung der Schuld in ein Darlehen ausgebrachten Pfändung des Arbeitseinkommens wird sie nicht mehr erfasst. Bereits gepfändetes Arbeitseinkommen kann durch Abrede zwischen dem Schuldner und seinem Arbeitgeber nicht mehr mit Wirksamkeit gegen den Gläubiger in ein Darlehen umgewandelt werden.

5.4. Pfändungsfreigrenzen

§ 850c Abs. 1 ZPO bestimmt **pfändungsfreie Grundbeträge** für den Schuldner C.240
selbst und zusätzliche unpfändbare Grundbeträge, wenn der Schuldner gesetzliche Unterhaltspflichten – einschließlich der Unterhaltspflicht gegenüber der Mutter seines Kindes, §§ 1615l, 1615n BGB, nach § 1615l auch gegenüber dem Vater – erfüllt. Diese zusätzlichen Grundbeträge sollen es dem Schuldner ermöglichen, seinen Unterhaltsverpflichtungen ordnungsgemäß nachzukommen. Der Freibetrag für die erste Person, welcher der Schuldner Unterhalt gewährt, übersteigt die Freibeträge wegen der anderen Unterhaltsberechtigten, weil es sich bei der ersten unterhaltsberechtigten Person im allgemeinen um den Ehegatten des Schuldners handeln und der Schuldner daher einen eigenen Hausstand führen wird[557]. Wenn einem Ehegatten Unterhalt nicht zu gewähren ist, kann „erste" Person, für die der höhere Freibetrag bemessen ist, jedoch auch ein Kind oder sonst ein Unterhaltsberechtigter sein[558]. Auch für das Kind (den Unterhaltsberechtigten) ist dann der erhöhte Freibetrag der ersten Stufe und nicht lediglich der verminderte Freibetrag der zweiten Stufe maßgeblich[559]. Auf den verminderten Freibetrag der zweiten Stufe kann der Schuldner für das Kind als erste unterhaltsberechtigte Person auch nicht auf Antrag des Gläubigers durch das Vollstreckungsgericht verwiesen werden[560].

Die prozentual höheren pfändungsfreien Grundbeträge bei täglich zahlbarem Arbeitseinkommen berücksichtigen, dass der Schuldner, dessen Arbeitseinkommen für Tage gezahlt wird, im allgemeinen nicht in einem ständigen Beschäfti-

---

557 Begründungen. BT-Drucks. 8/693, S. 40, und 10/229, S. 41.

558 BGH, JurBüro 2004, 614 = MDR 2004, 1382 = NJW-RR 2004, 1370 = Rpfleger 2004, 574; BGH, FamRZ 2004, 1281; BGH, FamRZ 2007, 1008 = JurBüro 2007, 443 = MDR 2007, 973 = NJW-RR 2007, 938 = Rpfleger 2007, 403; LG Heilbronn, Rpfleger 2004, 301; Arnold, BB 1978, 1314 (1319); s. auch Rdn. C.277.

559 Vormalige gegenteilige land- und amtsgerichtliche Rechtsprechung ist überholt, z.B. LG Augsburg, JurBüro 2004, 155 = Rpfleger 2004, 300; LG Bremen, JurBüro 2003, 378; LG Verden, JurBüro 2002, 660 mit Anm. Buschmann.

560 BGH, JurBüro 2004, 614 (Fn. 558).

gungsverhältnis steht und daher aus der täglichen Vergütung auch den Lebensunterhalt für beschäftigungsfreie Tage bestreiten muss.

Den Freibeträgen sind Leistungen des Schuldners auf Grund gesetzlicher Unterhaltspflicht an bis zu fünf Personen zugrunde gelegt. Soweit der Schuldner mehr als fünf Personen gegenüber gesetzliche Unterhaltspflichten erfüllt und die Regelung des § 850c ZPO nicht zu einer angemessenen Berücksichtigung seiner Belange führt, besteht nach § 850f Abs. 1 Buchst. c ZPO die Möglichkeit, eine dem Einzelfall entsprechende Regelung zu treffen.

C.241 Übersteigt das Arbeitseinkommen des Schuldners die unpfändbaren Grundbeträge des § 850c Abs. 1 ZPO, so ergeben sich aus dem überschießenden Einkommensteil weitere pfändungsfreie Beträge nach den Berechnungsmerkmalen des § 850c Abs. 2 ZPO. Mit diesem pfändungsfreien Teil des Mehreinkommens soll dem Schuldner ein Anreiz zur Erhaltung seiner Arbeitswilligkeit und Erhöhung seines Einkommens gegeben werden. Mindestfreibeträge, in deren Höhe das Mehreinkommen wegen der Unterhaltsempfänger unpfändbar bleibt, sind nicht mehr vorgesehen.

C.242 Zur Vereinfachung der Berechnung des pfändbaren Teils des Arbeitseinkommens nach den Merkmalen des § 850c Abs. 2 ZPO ist das Nettoeinkommen des Schuldners (dazu Rdn. C.354) nach Maßgabe des § 850c Abs. 3 ZPO nach unten abzurunden. Nicht nach unten abzurunden, mithin von einer Pfändung **voll** erfasst, ist der Teil des Arbeitseinkommens, der die Pfändungsschutzgrenzen des § 850c Abs. 2 S. 2 ZPO (= 3.613,08 Euro monatlich, 831,50 Euro wöchentlich, 166,30 Euro täglich) übersteigt. Das drückt Abs. 3 S. 1 des § 850c ZPO mit den Worten aus, dass das Arbeitseinkommen „nach Abzug des nach Abs. 2 S. 2 pfändbaren Betrages“ nach unten abzurunden ist.

Beispiel: Monatseinkommen netto	3.800,00 Euro
Pfändbar nach § 850c Abs. 2 S. 2 ZPO der Einkommensteil über 3.613,08 Euro =	186,92 Euro
Pfändbarer Betrag nach Tabelle (Nettolohn 3.613,08 Euro) bei unverheiratetem, kinderlosem Schuldner	1.701,99 Euro
Unpfändbar mithin	1.911,09 Euro

C.243 Der nach den Berechnungsmerkmalen des § 850c ZPO pfändbare Teil des Arbeitseinkommens bis 3.613,08 Euro monatlich (831,50 Euro wöchentlich, 166,30 Euro täglich) ergibt sich aus der Tabelle, die der ZPO **als Anlage** beigefügt ist (§ 850c Abs. 3 ZPO). Sie gilt jetzt in der Fassung der Pfändungsfreigrenzenbekanntmachung 2019[561].

Im Pfändungsbeschluss genügt die Bezugnahme auf die Tabelle (§ 850c Abs. 3 S. 2 ZPO); die einzelnen gesetzlichen Berechnungsmerkmale brauchen dann im Pfändungsbeschluss nicht aufgeführt zu werden. Anhand der Tabelle hat der Drittschuldner unter Berücksichtigung der Unterhaltspflichten des Schuldners (s. Rdn. C.247) den gepfändeten Betrag festzustellen. Zulässig und ausreichend ist aber – statt einer Bezugnahme auf die Tabelle – auch die Anführung der gesetzlichen Berechnungsmerkmale, also des Wortlauts des § 850c ZPO, im Pfändungsbeschluss.

561 Pfändungsfreigrenzenbekanntmachung 2019 vom 4.4.2019 (BGBl I 443).

Dann ist der Pfändungsbeschluss auch ohne Bezugnahme auf die Tabelle klar und bestimmt, der Drittschuldner mithin verpflichtet, den gepfändeten Betrag festzustellen.

Die **Änderung** der unpfändbaren Beträge jeweils zum 1. Juli eines jeden zweiten Jahres, erstmalig zum 1. Juli 2003, sieht § 850c Abs. 2a ZPO vor (**Dynamisierung** der Pfändungsfreigrenzen)[562]. Das soll eine Anpassung der Pfändungsfreigrenzen an die Steigerung (würde aber auch bei Minderung Maß geben) der bedarfsabhängigen Lebenshaltungskosten gewährleisten[563]. Die Bekanntmachung der jeweils neuen Pfändungsfreibeträge durch das Bundesministerium der Justiz und für Verbraucherschutz soll die einfache Feststellung der gepfändeten Einkommensteile ermöglichen, gebietet aber auch die Bezugnahme im Pfändungsbeschluss auf die Tabelle (§ 850c Abs. 3 S. 2 ZPO). Mit der Bezugnahme auf die Tabelle im Pfändungsbeschluss sind die für den jeweiligen Zeitraum geltenden pfändbaren und unpfändbaren Beträge bezeichnet, auch wenn das nicht noch ausdrücklich hervorgehoben ist[564]. Die Änderung der Beträge nach § 850c Abs. 2 ZPO erfordert daher keinen Änderungsbeschluss[565]. Gleichwohl enpfiehlt es sich, im Pfändungsbeschluss die Bezugnahme auf die Tabelle so zu fassen, dass Änderungen nach § 850c Abs. 2a ZPO eingeschlossen sind, somit auf die Tabelle in der jeweils vom Bundesministerium der Justiz und für Verbraucherschutz im Bundesgesetzblatt bekannt gemachten Fassung Bezug genommen ist. C.244

§ 20 Abs. 3 EGZPO bestimmt, dass die Übergangsvorschrift auch auf die Fälle der Anpassung der Pfändungsfreibeträge nach § 850c Abs. 2a ZPO zu den dort jeweils vorgesehenen Zeitpunkten anzuwenden ist. Der Pfändungsbeschluss ist daher auf Antrag nach § 20 Abs. 1 S. 2 EGZPO zu berichtigen. Bis zur Zustellung des Berichtigungsbeschlusses kann der Drittschuldner nach dem Inhalt des früheren Pfändungsbeschlusses mit befreiender Wirkung leisten (§ 20 Abs. 1 S. 3 EGZPO).

Bei relativ hohem Einkommen (= Arbeitseinkommen über 3.613,08 Euro monatlich, 831,50 Euro wöchentlich, 166,30 Euro täglich) steigen die Freibeträge nicht mehr weiter an. Diese Begrenzung trägt der erheblichen Erhöhung der Freigrenzen und den bei steigendem Einkommen bereits wesentlich wachsenden Freibeträgen Rechnung; sie geht davon aus, dass der dem Schuldner bei so hohen Ein- C.245

---

562 Vereinzelt sind die unpfändbaren Beträge für einen weiteren Zweijahreszeitraum unverändert geblieben; vgl. z.B. die Pfändungsfreigrenzenbekanntmachung 2009 vom 15.5.2009 (BGBl I 1141).

563 Der ungenaue Gesetzeswortlaut zum Vergleich mit dem jeweiligen „Vorjahres“zeitraum hat sich durch die Veränderung des Anpassungszeitraums durch den Rechtsausschuss (BT-Drucks. 14/2478) ergeben. Der Regierungsentwurf hatte eine Änderung zum 1. Januar eines (jeden) Jahres vorgesehen, der Rechtsausschuss hat bei der Verlängerung des Abstandes auf zwei Jahre die Anpassung des Vergleichszeitraums unterlassen. Zum rechtswirksamen Erlass der Pfändungsfreigrenzenbekanntmachung 2005 siehe BGHZ 166, 48 = FamRZ 2006, 483 = JurBüro 2006, 267 = MDR 2006, 1069 = NJW 2006, 777 = Rpfleger 2006, 202; vgl. auch Hintzen, Forderungspfändung, § 2 Rdn. 7.

564 LG Heilbronn, Rpfleger 2005, 679.

565 LG Heilbronn (Fn. 564); LG Bamberg, Rpfleger 2006, 87 Leits.; LG Leipzig, Rpfleger 2006, 87 Leits.; zur Zuständigkeit des Rechtspflegers für die Entscheidung über den Antrag auf Klarstellung BGH (Fn. 563).

künften verbleibende Freibetrag insgesamt ausreichend ist. Bei Einkommen über 3.571,14 Euro monatlich (811,96 Euro wöchentlich, 157,02 Euro täglich) kann gemäß § 850f Abs. 3 ZPO über die nach § 850c ZPO pfändbaren Beträge hinaus die Pfändbarkeit weiterer Einkommensteile festgelegt werden; s. dazu Rdn. C.467.

C.246 Eine Herabsetzung des pauschalen pfandfreien Einkommensteils, der für die Existenzsicherung des Schuldners im Einzelfall aus besonderen persönlichen oder beruflichen Gründen nicht erforderlich ist oder beständig nicht verwendet wird, kann mangels gesetzlicher Grundlage nicht erfolgen. Der nach § 850c ZPO pfandfreie Einkommensbetrag kann daher auch dann nicht gemindert werden, wenn der Schuldner Einkommen nicht zur Deckung seines Lebensunterhalts verwendet wie dann, wenn er dem Gläubiger geschuldete Miete, Energiekosten usw. nicht bezahlt[566] (hierzu auch Rdn. C.289). Der Gläubiger kann die Herabsetzung der Pfändungsfreigrenze ebenso nicht verlangen, wenn der Schuldner im Ausland lebt und dort seine Lebenshaltungskosten deutlich unter den Lebenshaltungskosten im Bundesgebiet liegen[567].

5.5. Freibeträge für Angehörige

C.247 Die pfändungsfreien Teile des Arbeitseinkommens richten sich nach den **Unterhaltspflichten** des Schuldners. Zu berücksichtigen sind nur Personen, denen der Schuldner in Erfüllung einer gesetzlichen Unterhaltspflicht in Geld oder Natur **Unterhalt tatsächlich leistet**[568]. Dies gilt auch dann, wenn die gesetzliche Unterhaltspflicht vertraglich geregelt ist oder für den Unterhalt nicht der volle insoweit pfändungsfreie Betrag aufgewendet werden muss[569]. Eine Minderung des (pauschalen) Freibetrages für einen Angehörigen auf den Betrag, mit dem der Schuldner Unterhaltsleistungen tatsächlich erbringt[570], ist nicht vorgesehen, kommt damit

566 LG Kassel, JurBüro 2007, 665.

567 AG Heilbronn/LG Heilbronn, Rpfleger 2006, 330; Hintzen, Forderungspfändung, § 2 Rdn. 104.

568 BArbG, AP Nr. 2 zu § 850c ZPO mit Anm. Gernhuber = NJW 1966, 903; LG Amberg, JurBüro 2011, 605; LG Augsburg, JurBüro 1998, 490; LG Augsburg, 2000, 329; LG Bremen, JurBüro 1998, 211; LG Chemnitz, JurBüro 2004, 447; LG Erfurt, JurBüro 2001, 111; LG Göttingen, JurBüro 1999, 271; LG Heilbronn, JurBüro 2001, 326; LG Kassel, JurBüro 2004, 558; LG Krefeld, JurBüro 2002, 661 (auch zum Nachweis im Beschwerdeverfahren); LG Ravensburg, JurBüro 2000, 329; LG Stuttgart, JurBüro 2003, 156; LSozG NRW DAVorm 1985, 610 = Rpfleger 1984, 278 mit Anm. Schultz; Grunau, JurBüro 1961, 268.

569 BAGE 27, 4 = AP Nr. 3 zu § 850c ZPO mit krit. Anm. Beitzke = FamRZ 1975, 488 mit Anm. Fenn = MDR 1975, 695 = NJW 1975, 1296 Leits. mit Anm. Schriftl. = Rpfleger 1975, 298; BGH, DGVZ 2011, 69 = FamRZ 2010, 2071 = JurBüro 2011, 104 = MDR 2010, 1489 = Rpfleger 2011, 163; Stein/Jonas/Würdinger, ZPO, § 850c Rdn. 16; **a.A.** LG Deggendorf, JurBüro 2002, 384; LG Ellwangen, JurBüro 2002, 47. § 850c Abs. 4 ZPO ermöglicht aber nicht die Anordnung, dass nur bei teilweiser Erfüllung der Unterhaltspflicht der Berechtigte nur teilweise zu berücksichtigen ist. Unterhaltspflichten einer Schuldnerin gegenüber ihren ehelichen oder nichtehelichen Kindern sind daher auch dann zu berücksichtigen, wenn der Ehemann oder nichteheliche Vater zum Unterhalt beiträgt; LArbG Hamm, BB 1964, 1488 = FamRZ 1965, 279 = MDR 1965, 165.

570 BGH (Fn. 569).

(grundsätzlich) auch dann nicht in Betracht, wenn der Schuldner seiner gesetzlichen Unterhaltspflicht nicht in vollem Umfang nachkommt[571]. Nicht zu berücksichtigen ist ein Unterhaltsberechtigter aber, wenn ihm der Schuldner tatsächlich keinen Unterhalt leistet[572]. Die Erfüllung einer vertraglich übernommenen Unterhaltspflicht, der keine gesetzliche Unterhaltsverpflichtung zugrunde liegt, und eine freiwillige Unterhaltsleistung (etwa bei Zusammenleben des Schuldners mit einer nicht unterhaltsberechtigten Person, die wegen Zurechnung seines Einkommens nicht hilfebedürftig ist, in einer sozialrechtlichen Bedarfsgemeinschaft) begründen keinen pfandfreien Einkommensbetrag (s. auch Rdn. C.293)[573]. Dass der Schuldner seiner Unterhaltspflicht freiwillig nachkommt, ist nicht vorausgesetzt. Eine unterhaltsberechtigte Person ist daher auch dann zu berücksichtigen, wenn für ihren Unterhalt vom Arbeitseinkommen des Schuldners Beträge einbehalten werden; denn auch dann gewährt ihr der Schuldner, wenn auch erzwungenermaßen, tatsächlich Unterhalt[574]. Gesetzliche Unterhaltsberechtigte können der Ehegatte (§ 1360 BGB; auch bei Getrenntleben, § 1361 BGB), ein früherer Ehegatte (§§ 1569 ff. BGB), der Lebenspartner[575] (§ 5 LPartG; auch bei Getrenntleben, § 12 LPartG) sowie ein früherer Lebenspartner (§ 16 LPartG) und Verwandte in gerader Linie (Kinder, Enkelkinder, Eltern, Großeltern, § 1601 BGB) sein, nicht jedoch ein nichtehelicher Lebensgefährte[576], Stiefkinder[577], Pflegekinder, Geschwister, Schwiegereltern oder sonstige Verwandte und Verschwägerte, auch wenn sie im Haushalt des Schuldners leben. Ein Verwandter, der sich selbst unterhalten kann, hat keinen Unterhaltsanspruch (§ 1602 Abs. 1 BGB); Kinder des Schuldners, die bereits über ein ausreichendes Einkommen verfügen, bleiben daher unberücksichtigt. Gegenüber einem bedürftigen volljährigen Kind erfüllt der Schuldner eine gesetzliche Unterhaltspflicht auch dann, wenn er leistet und sich nicht auf die Gefährdung seines angemessenen Unterhalts (§ 1603 Abs. 1 BGB) beruft; das Kind ist dann für Bemessung des Freibetrags zu berücksichtigen. § 850c ZPO gebietet dem Schuldner nicht, sich im Gläubigerinteresse zum Nachteil seines Kindes auf die Leistungsfreiheit nach § 1603 Abs. 1 BGB zu berufen[578]; der Gläubiger kann zu seiner Begünstigung (für einen weitergehenden Pfändungszugriff) diese Leistungsfreiheit nicht für den Schuldner geltend machen. Der Anspruch eines Abkömmlings an den überlebenden Ehegatten auf Unterhalt zur Ausbildung ist aus dem

571 BGH, FamRZ 2007, 1008 (Fn. 558).

572 Anders allenfalls in einem besonders gelagerten Einzelfall bei Unbilligkeit, BGH (Fn. 569).

573 BGH. FamRZ 2017, 2038 = MDR 2017, 1444 = NJW 2018, 954 = Rpfleger 2018, 214.

574 OLG Düsseldorf, DAVorm 1981, 483 (487); LG Münster, FamRZ 2002, 409 = Rpfleger 2001, 608; LSozG NRW (Fn. 568); siehe auch Rdn. C.579.

575 Neue Lebenspartnerschaften können seit dem 1.10.2017 nicht mehr begründet werden. Für die zuvor begründeten Lebenspartnerschaften gilt das bisherige Recht fort (§ 1 LPartG).

576 LG Osnabrück, FamRZ 1999, 526 = JurBüro 1999, 45 = Rpfleger 1999, 34 (auch nach § 765a ZPO kann Berücksichtigung nicht erfolgen).

577 OLG Köln, FamRZ 2009, 1697 = MDR 2009, 953 = Rpfleger 2009, 517; LG Mosbach, FamRZ 2012, 1664.

578 Zutreffend Stephan in Anm. AP Nr. 8 zu § 850c ZPO gegen BAGE 53, 359 = MDR 1987, 524 = NJW 1987, 1573; **a.A.** auch LG Frankfurt, Rpfleger 1994, 473 wegen des hohen Einkommens der Mutter (hier aber Bestimmung nach § 850c Abs. 4 ZPO möglich) sowie Wieczorek/Schütze/Lüke, ZPO, § 850c Rdn. 24. Wie hier Zöller/Herget, ZPO, § 850c Rdn. 5.

zusätzlichen Viertel der Erbschaft zu gewähren (§ 1371 Abs. 4 BGB), mit dem Dreißigsten (§ 1969 BGB) ist der Erbe als solcher beschwert, der Unterhalt der Eltern und Geschwister nach § 1649 Abs. 2 BGB wird aus den Einkünften des verwalteten Vermögens gedeckt. Die Erfüllung solcher Ansprüche begründet bei Einkommenspfändung keinen zusätzlichen Pfandfreibetrag für den Ehegatten, Erben oder das vermögende Kind.

C.248 Für die Bemessung des pfändungsfreien Arbeitseinkommens des Schuldners gehören zu den gesetzlichen Unterhaltspflichten auch der Unterhaltsanspruch der **Mutter eines Kindes** und die Unterhaltsleistungen an diese (§§ 1615l, 1615n BGB). Unter den besonderen Voraussetzungen des § 1615l Abs. 2 BGB muss diese Unterhaltspflicht für die Zeit von vier Monaten vor der Entbindung bis spätestens drei Jahre nach der Entbindung (ggf. länger) Berücksichtigung finden. Sie ist stets dann zu berücksichtigen, wenn der Schuldner der Mutter gesetzlich geschuldeten Unterhalt ganz oder teilweise leistet, also auch dann, wenn die Verpflichtung zur Leistung oder Hinterlegung durch einstweilige Verfügung festgestellt ist (§ 247 FamFG). Wenn dem Vater, der das Kind betreut, gegen die Mutter ein Anspruch zusteht (§ 1615l Abs. 4 ZPO), gehört bei Vollstreckung gegen die Mutter auch dieser Anspruch zu den Unterhaltspflichten.

C.249 Ein **Angehöriger** des Schuldners mit **eigenem Einkommen** wird bei der Berechnung des unpfändbaren Schuldnereinkommens als Unterhaltsberechtigter berücksichtigt, wenn ihm der Schuldner noch unterhaltspflichtig ist und Unterhalt tatsächlich leistet (Rdn. C.247). Dabei kommt es nicht darauf an, dass der Schuldner für den Unterhalt des Angehörigen noch den vollen, insoweit pfändungsfreien Betrag aufwenden muss (Rdn. C.247). Unberücksichtigt bleibt ein unterhaltsberechtigter Angehöriger des Schuldners mit eigenen Einkünften jedoch ganz oder teilweise, wenn und soweit dies vom Vollstreckungsgericht auf Antrag nach § 850c Abs. 4 ZPO bestimmt ist (dazu Rdn. C.260 ff.).

Für den **nicht** getrennt lebenden **Ehegatten** des Schuldners ist, wenn eine Bestimmung des Vollstreckungsgerichts nach § 850c Abs. 4 ZPO nicht getroffen ist, vom Drittschuldner ein Freibetrag auch zu berücksichtigen, wenn dieser aus Arbeit **eigenes Einkommen** hat, dadurch ihm gegenüber der Schuldner aber von seiner Unterhaltspflicht nicht völlig freigestellt ist[579]. Eine Berücksichtigung des Ehegatten bei der Berechnung der Pfändungsfreigrenze hat immer zu erfolgen, wenn auch der Schuldner zum Unterhalt der Familie beiträgt (zur Unterhaltspflicht der Ehegatten §§ 1360, 1360a BGB). Denn auch durch den Beitrag zum Familienunterhalt erfüllt der Schuldner die gesetzliche Unterhaltspflicht gegenüber seinem Ehegatten[580]. Diese Erfüllung der gesetzlichen Unterhaltspflicht gegenüber dem Ehegatten bedeutet, dass der Schuldner damit seinem Ehegatten Unterhalt i.S. von § 850c Abs. 1, 2 ZPO gewährt[581]. Wenn der Ehegatte aus den Erträgnissen einer ei-

---

579 Bei etwa gleich hohem Einkommen (Renten, Pensionen, Krankengeld) soll nach LArbG Berlin, DB 1976, 1114 = FamRZ 1978, 242 Leits. ein Ehegattenfreibetrag nach § 850c ZPO nicht zu berücksichtigen sein; s. nun aber BAGE 42, 54 = FamRZ 1983, 899 = MDR 1983, 788 = ZIP 1983, 1247 mit abl. Anm. Fenn.

580 BArbG (Fn. 579); BGH, FamRZ 2012, 216 = NJW 2012, 393 = Rpfleger 2012, 222; Zöller/Herget, ZPO, § 850c Rdn. 6.

581 BArbG (Fn. 579).

genen Erwerbstätigkeit zum Familienunterhalt beiträgt, bleibt der Schuldner ihr gegenüber verpflichtet, sich an den gesamten Kosten des Familienunterhalts angemessen zu beteiligen[582]. Ob das der Fall ist, richtet sich nach den Verhältnissen der Ehegatten[583]. Jedoch hängt die Beitragspflicht eines Ehegatten zum Familienunterhalt (§§ 1360, 1360a BGB) nicht von der Bedürftigkeit des anderen Ehegatten ab. Für die Annahme einer nach § 850c ZPO zu berücksichtigenden Unterhaltspflicht genügt es daher, dass der Schuldner als unterhaltspflichtiger Ehegatte sich neben der mitverdienenden Ehefrau auf Grund einer beiderseitigen (auch stillschweigenden) Verständigung angemessen an den Kosten des Familienunterhalts beteiligt[584]. Ein weit hinter den Einkünften des Schuldners zurückbleibender, aus eigener Erwerbstätigkeit geleisteter finanzieller Beitrag des Ehegatten zum Familienunterhalt, der lediglich die Lebensgrundlage der Familie erweitert, nicht aber zu einer Vermögensbildung ausreicht, ist jedenfalls nicht geeignet, den Schuldner von den ihn sonst treffenden Lasten für den Familienunterhalt zu befreien, insbesondere den hiervon auf den Ehegatten entfallenden Anteil zu mindern. Es muss dann, weil es auf die Höhe des dem Ehegatten zu leistenden Unterhalts nicht ankommt, auch für den mitverdienenden Ehegatten immer der volle Freibetrag berücksichtigt werden[585] (anders bei § 850d ZPO). Der Ehegatte ist als unterhaltsberechtigte Person auch nicht etwa schon deshalb unberücksichtigt zu lassen, weil er aus seiner Erwerbstätigkeit Einkünfte hat, die den pfändungsfreien Grundbetrag nach § 850c Abs. 1 S. 2 ZPO übersteigen[586]. Er entfällt als unterhaltsberechtigte Person erst recht nicht deshalb, weil er zum Familienunterhalt nicht nur durch Arbeitsverdienst, sondern auch durch Haushaltsführung beiträgt, denn dies hebt die geldliche Unterhaltspflicht des Schuldners nicht auf. Wenn ein Ehegatte zum Familienunterhalt beiträgt, ist bei der Berechnung der Pfändungsfreigrenze der andere Ehegatte aber auch dann als Unterhaltsberechtigter zu berücksichtigen, wenn dessen eigenes Einkommen sehr viel höher liegt[587]. Ein solcher Schuldner, der zum Familienunterhalt beiträgt, erweitert damit die Lebensgrundlage der Familie und steuert auf diese Weise auch zum Unterhalt seines Ehegatten bei. Das gilt auch, wenn der Schuldner für seinen eigenen Unterhalt mehr benötigt, als er selbst für den Unterhalt der Familie aufbringen kann[588]. Ein Ausgleich ist durch eine Bestimmung des Vollstreckungsgerichts nach § 850c Abs. 4 ZPO möglich[589]. Das entspricht auch den Grundsätzen der Rechtsklarheit und Praktikabilität; sämtliche Beteiligte, insbesondere Gläubiger und Drittschuldner, müssen demnach leicht und zuverlässig feststellen können, welcher Teil des Arbeitseinkommens des Schuldners gepfändet ist[590]. Materielle Fragen des Unterhaltsrechts hat daher nicht

582 BArbG, AP Nr. 2 zu § 850c ZPO mit krit. Anm. Gernhuber = FamRZ 1966, 233 = NJW 1966, 903.
583 BArbG (Fn. 569).
584 BArbG (Fn. 582).
585 Ebenso Grunau, JurBüro 1961, 269, der noch darauf hinweist, dass auch dann, wenn die Unterhaltsleistung an die Frau ganz gering ist, eine Unterhaltspflicht nicht erfüllt wird, ein Freibetrag für die Ehefrau also nicht zu berücksichtigen ist.
586 BArbG (Fn. 569).
587 BArbG (Fn. 579).
588 BArbG (Fn. 579).
589 BArbG (Fn. 579); BGH (Fn. 580).
590 BArbG (Fn. 579).

der Drittschuldner nachzuprüfen und verantwortlich zu klären; das Vollstreckungsgericht hat sie unter Berücksichtigung der Umstände des Einzelfalls nach der flexiblen Regelung des § 850c Abs. 4 ZPO zu würdigen (s. Rdn. C.265). Dem Arbeitgeber als Drittschuldner kann ein Blankettbeschluss die Aufklärungslast (und das damit verbundene Risiko) für ihm nicht zugängliche Tatsachen zu differenzierter Beurteilung materieller Unterhaltsfragen nicht übertragen[591]. Für ihn (wie grundsätzlich; s. Rdn. B.77) hat der Pfändungsbeschluss klar und bestimmt zu sein. Das ist bei Erlass eines Blankett-Pfändungsbeschlusses nur der Fall, wenn der Arbeitgeber als Drittschuldner die zu berücksichtigenden Familienangehörigen leicht und sicher feststellen kann. Dem Bestimmtheitsgrundsatz wäre nicht mehr genügt, wenn dem Arbeitgeber als Drittschuldner eine Aufklärungslast zur Feststellung solcher Tatsachen obliegen würde, deren Feststellung (wie insbesondere die Ermittlung der Einkünfte des Ehegatten des Schuldners) schon ein „aufwendiges Verfahren" des Vollstreckungsgerichts erfordert[592]. Dem Drittschuldner wäre zudem die Feststellung, ob der Schuldner-Ehegatte mehr für den Familienunterhalt aufwendet, als er für seinen eigenen Unterhalt benötigt[593], schon deshalb nicht sicher möglich, weil die Ehegatten den Familienunterhalt durch ihre Arbeit und mit ihrem Vermögen aufbringen müssen (§ 1360 BGB); denn ermitteltes geringes Arbeitseinkommen eines Ehegatten würde bei entsprechendem Vermögen dem Drittschuldner noch keineswegs die Feststellung ermöglichen, ob der Schuldner-Ehegatte zum Familienunterhalt mehr als seinen Unterhaltsanteil beisteuert. Der Drittschuldner könnte zudem stets mit Antrag auf Klarstellung des Pfändungsumfangs (Rdn. C.69, C.259) wieder auf eine Entscheidung des Vollstreckungsgerichts hinwirken, so dass auch[594] in keinem Fall eine Belastung des Vollstreckungsgerichts abgewendet wäre. Da zudem nach der Begründung zu § 850c Abs. 4 ZPO (s. Rdn. C.261) Einkünfte eines Unterhaltsberechtigten nach dieser Bestimmung nur auf Antrag des Gläubigers berücksichtigt werden sollen, hat der Drittschuldner in Übereinstimmung mit dem Wortlaut des § 850c Abs. 1 und 2 ZPO gesetzliche Unterhaltspflichten des Schuldners gegenüber seinem Ehegatten somit stets zu berücksichtigen. Nur wenn der Schuldner ausnahmsweise durch hohen eigenen Verdienst oder erhebliche Vermögenseinkünfte des Ehegatten erkennbar von seiner Unterhaltspflicht völlig freigestellt ist (so, wenn das Einkommen beider mitverdienender Ehegatten erheblich über das hinausgeht, was für den Familienunterhalt benötigt wird), kann für diese kein Freibetrag angesetzt werden.

C.250 Wenn für den Gläubigeranspruch gegen **samtverbindlich haftende Schuldner** Einkommen beider Ehegatten gepfändet wird, steht der höhere Freibetrag jedem der Ehegatten zu, sofern er zum Familienunterhalt beiträgt[595]. Denn auch in diesem Fall erfolgt trotz samtverbindlicher Haftung für den Anspruch des Gläubigers

---

591 Für Aufklärungslast des Arbeitgebers aber insbesondere Fenn, ZIP 1983, 1250 (Anmerkung zu BArbG).

592 So Fenn, ZIP 1983, 1250 für den Fall des § 850c Abs. 4 ZPO. Für die Ermittlung zur Berücksichtigung bzw. Nichtberücksichtigung des Ehegatten kann jedoch nichts anderes gelten.

593 Allein diese Feststellung soll er nach Fenn, ZIP 1983, 1250 (1252) für die Bestimmung des Pfändungsfreibetrags, ggfs. somit für Anhebung um eine Person, zu treffen haben.

594 Wie Fenn (Fn. 592) für seinen Vorschlag geltend macht.

595 Zöller/Herget, ZPO, § 850c Rdn. 7.

Einzelvollstreckung in das Arbeitseinkommen des jeweiligen Arbeitnehmers. Die für die Einzelvollstreckung gegen jeden Schuldner im Interesse der Praktikabilität formalisierten Schutzbestimmungen für Arbeitseinkommen mit den in § 850c Abs. 1 und 2 ZPO starr festgelegten Freibeträgen werden durch die Interessenlage des Gläubigers nicht geschmälert. Dem Gläubigerinteresse am Zugriff auf Arbeitseinkommen, das von Freibeträgen für unterhaltsberechtigte Angehörige mit eigenem Einkommen entlastet ist, trägt vielmehr § 850c Abs. 4 ZPO Rechnung. Danach bestimmt das Vollstreckungsgericht nach billigem Ermessen, inwieweit ein Angehöriger mit eigenen Einkünften unberücksichtigt bleibt. Diese flexible prozessuale Regelung zur Abwendung der Unbilligkeiten, die sich aus der formalisierten Berücksichtigung eines Angehörigen mit eigenen Einkünften bei der Berechnung des unpfändbaren Arbeitseinkommens des Schuldners ergeben (Rdn. C.260), zeigt, dass auch bei der Vollstreckung gegen samtverbindlich haftende Eheleute Gläubigerinteressen nicht bereits bei Feststellung des Freibetrags nach § 850c Abs. 1 und 2 ZPO Bedeutung erlangen können.

Der **getrennt lebende Ehegatte**[596] findet bei der Bemessung des unpfändbaren C.251
Einkommens des Schuldners stets dann Berücksichtigung, wenn dieser dem getrennt Lebenden Individualunterhalt nach § 1361 BGB schuldet und leistet. Schließt eigenes Einkommen des getrennt lebenden Ehegatten aus Berufstätigkeit oder Vermögen die gesetzliche Unterhaltspflicht des Schuldners nicht ganz aus, dann erhöht sich sein unpfändbares Arbeitseinkommen um den Ehegattenfreibetrag, weil es für dessen Berücksichtigung auf das Maß der Unterhaltsleistung nicht ankommt.

Für den **früheren** (insbesondere geschiedenen) **Ehegatten** bleibt dem Schuld- C.252
ner ein voller Unterhaltsfreibetrag auch dann, wenn als Unterhalt ein Unterschiedsbetrag nach § 1573 BGB zu leisten ist, außerdem, wenn der Schuldner Unterhalt aus Billigkeitsgründen (§ 1576 BGB) erfüllt oder wenn er einen wiederaufgelebten Unterhalt (§ 1586a BGB) leistet.

Den um den **Kinderfreibetrag** erhöhten pfändungsfreien Einkommensbetrag C.253
können beide Ehegatten in Anspruch nehmen, und zwar insbesondere auch bei einer gegen beide (einzeln oder samtverbindlich haftende) Ehegatten gerichteten Zwangsvollstreckung, wenn beide gemeinschaftlichen ehelichen Kindern unterhaltspflichtig sind und Unterhalt gewähren[597]. Eine Unterhaltsverpflichtung seinem minderjährigen, unverheirateten Kind gegenüber erfüllt der Elternteil, der das Kind betreut, auch durch Pflege und Erziehung des Kindes (§ 1606 Abs. 3 S. 2 BGB). Daher ist auch bei solcher Versorgung der Kinder im Haushalt aus gepfändetem Arbeitseinkommen des betreuenden und mitarbeitenden Elternteils der Freibetrag für Kinder anzusetzen[598]. Wenn der erwerbstätige Elternteil durch Pflege und Erziehung des Kindes (§ 1606 Abs. 3 S. 2 BGB) allein seiner Unterhaltspflicht noch nicht nachkommt, sondern auch noch in Geld zum Unterhalt der Kinder beizusteuern hat, wurde auch ihm stets, somit dann jedem Elternteil,

596 Nicht bei nur vorübergehender Trennung aus zwingenden Gründen (berufliche Abwesenheit, Wohnungsnot), bei der § 1360 BGB gilt.

597 BArbG (Fn. 569); LG Bayreuth, MDR 1994, 621; LG Oldenburg, Rpfleger 1980, 353; Zöller/Herget, ZPO, § 850c Rdn. 7.

598 **A.A.** Weimar, MDR 1960, 733; unklar LG Oldenburg (Fn. 597).

der volle Kinderfreibetrag zugestanden[599]. Das ist der Fall, wenn die Haushaltsführung einen geringen Umfang hat und daher den betreuenden Elternteil wenig belastet[600], insbesondere aber auch dann, wenn der betreuende Elternteil wegen des geringen Einkommens des anderen Ehegatten mitverdienen muss. Verdient der betreuende Elternteil allein und kommt der andere Ehegatte seiner gesetzlichen Unterhaltspflicht durch Haushaltsführung nach, so steht dem betreuenden Elternteil der Freibetrag für die Kinder zu. Wenn ein Kind von keinem Elternteil betreut wird (Heimunterbringung, Anstaltsaufenthalt, Erziehung durch Hauspersonal), trifft die Unterhaltspflicht beide Elternteile gleichrangig. Wenn jeder Elternteil dieser Unterhaltspflicht nachkommt, wird ein Kinderfreibetrag sowohl bei dem Vater wie auch bei der Mutter berücksichtigt. In Zweifelsfällen kann eine klarstellende Entscheidung des Vollstreckungsgerichts verlangt werden (siehe Rdn. C.259). Unbilligkeiten (insbesondere bei der Zwangsvollstreckung gegen samtverbindlich haftende Eheleute) kann mit Anrechnung der dem Kind zufließenden Unterhaltsleistungen als „eigenes Einkommen" Rechnung getragen werden (Rdn. C.260).

C.254 Im **Pfändungsbeschluss** müssen die zu berücksichtigenden Unterhaltslasten des Schuldners nicht konkret bezeichnet (absolut festgelegt) sein. Der Pfändungsbeschluss kann, weil Gläubiger und Vollstreckungsgericht die Verhältnisse des Schuldners nicht kennen und ermitteln können, vielmehr so gefasst werden, dass er nur Angaben über den für jedes erst noch zu ermittelnde Familienmitglied verbleibenden Freibetrag enthält (sog. **Blankettbeschluss**)[601]. Die Ermittlung und Berücksichtigung der unterhaltsberechtigten Angehörigen des Schuldners muss in solchen Fällen der Drittschuldner besorgen. Ihm obliegt die Berechnung und Auszahlung des Arbeitseinkommens und damit auch die ziffernmäßige Feststellung der gepfändeten Einkommensteile.

C.255 Für die Berücksichtigung bei der Berechnung der unpfändbaren und damit der gepfändeten Einkommensteile nach § 850c ZPO (samt Tabelle) hat der Drittschuldner die **Angehörigen**, denen der Schuldner kraft Gesetzes Unterhalt leistet,

---

599 BArbG (Fn. 579); Weimar, MDR 1960, 733; so wohl auch LG Oldenburg (Fn. 597); **a.A.** AG St. Ingbert, MDR 1963, 604, das den Kinderfreibetrag grundsätzlich nur bei einem samtverbindlich haftenden Ehegatten berücksichtigen will.

600 Weimar (Fn. 598).

601 Ein Blankettbeschluss wird allgemein für zulässig erachtet; siehe OLG Karlsruhe, FamRZ 2010, 56 (57) = JurBüro 2009, 553; LArbG Düsseldorf, DB 1986, 649 = Rpfleger 1986, 100; LG Kassel (Fn. 566); Grunau, JurBüro 1961, 267; Rewolle, BB 1968, 1387; Stöber, Rpfleger 1974, 77; J. Blomeyer, RdA 1974, 1 (13 f.); Arnold, BB 1978, 1314 (1317 Fn. 33); Hornung, Rpfleger 1978, 353 (354); Rixecker, JurBüro 1982, 1761; Stein/Jonas/Würdinger, ZPO, Rdn. 21; Zöller/Herget, ZPO, § 850c Rdn. 9; Schuschke/Walker/Kessal-Wulf/Lorenz, Vollstreckung, § 850c Rdn. 9; Wieczorek/Schütze/Lüke, ZPO, § 850c Rdn. 33; **a.A.** nur Quardt, BB 1967, 251; die Praxis erweist aber, dass mit dem Blankettverfahren keineswegs – wovon Quardt ausgeht – ein hohes Maß an Unsicherheit in die Lohnpfändung hineingetragen wird und dass dem Drittschuldner keine Aufgabe zufällt, die ihn überfordern und ihm unnütze Risiken auferlegen würde. Vielmehr würde gerade der Weg, den Quardt weist, nämlich den Schuldner bei fehlenden Angaben über den Familienstand im Pfändungsantrag des Gläubigers einfach als ledig und kinderlos zu behandeln, den Grundsätzen des Lohnpfändungsschutzes widersprechen und nicht praktikabel sein; wegen der früheren Meinungsverschiedenheiten siehe Schmid, JW 1937, 2751; Rühling, JW 1937, 3136.

festzustellen[602]. Er kann den Schuldner nicht sogleich einfach als ledig und kinderlos behandeln. Seinen Pflichten als Arbeitgeber gegenüber dem Schuldner und auch gegenüber dem Gläubiger genügt der Drittschuldner vielmehr erst, wenn er beide vor Lohnabzug zur Berechnung hört[603]. Dem Schuldner ist mit Befragung zum Lohnabzug Gelegenheit zu geben, unterhaltsberechtigte Personen zu bezeichnen; eine Anhörung auch des Gläubigers zu den Angaben des Schuldners ist zur bestmöglichen Feststellung des durch Unterhaltspflichten begründeten weitergehenden Freibetrags veranlasst; sie kann daher entfallen, wenn der Schuldner gesetzlich Unterhaltsberechtigte nicht bezeichnet. Auf Lohnsteuerunterlagen kann der Drittschuldner nur mit Zustimmung des Schuldners zurückgreifen (§ 39 Abs. 8 und 9 EStG). Lohnsteuerabzugsmerkmale (vornehmlich Steuerklasse und Zahl der Kinderfreibeträge, § 39 Abs. 4 EStG) dienen jedoch allein der familienbezogenen Zielsetzung des Steuerabzugs. Die nach § 850c ZPO bei Einkommenspfändung zu berücksichtigenden Angehörigen sind damit „amtlich" nicht festgelegt. Allein nach den Lohnsteuermerkmalen kann sich der Drittschuldner zudem wegen der mannigfachen Besonderheiten bei der Durchführung des Lohnsteuerabzugs nicht (mehr) schon in der Regel richten[604]. Personalakten bieten keine Gewähr für zuverlässige Informationen über gesetzliche Unterhaltspflichten; ihre Nutzung kann überdies durch die Vertraulichkeit der Personalaktenführung als Folge des Arbeiterschutzes ausgeschlossen sein. Zuverlässige Nachweise, die der Schuldner beibringt, sind zu berücksichtigen. Angaben des Schuldners kann der Arbeitgeber der Lohnabrechnung nicht zugrunde legen, wenn er deren Unrichtigkeit kennt[605].

---

602 Das BArbG (Fn. 578) umreißt (beiläufig) die Drittschuldneraufgabe großzügiger wie folgt: „Der Arbeitgeber, dem von seinem Arbeitnehmer mitgeteilt wird, dass er verheiratet ist und eine bestimmte Zahl minderjähriger Kinder zu unterhalten hat, kann ... bei der Berechnung des pfändbaren Teils des Arbeitseinkommens von einer entsprechenden Zahl unterhaltsberechtigter Personen ausgehen, ohne irgendwelche Nachforschungen anstellen zu müssen. Nur wenn der Arbeitnehmer volljährige oder verheiratete Kinder oder sonstige Angehörige als unterhaltsberechtigte Personen berücksichtigt wissen will, muss der Arbeitgeber nachprüfen, ob entsprechende Unterhaltsansprüche bestehen, d.h. nach dem Arbeitseinkommen der betreffenden Personen fragen ..." Dem kann nicht gefolgt werden. Auch der Blankettbeschluss bezeichnet den Umfang der Pfändung mit der erforderlichen Bestimmbarkeit. Den Drittschuldner verpflichtet das Zahlungsverbot daher, die ihm möglichen und zumutbaren Feststellungen zu treffen (so [mit Einschränkung] auch Schuschke/Walker/Kessal-Wulf/Lorenz, Vollstreckung, § 850c Rdn. 9). Dadurch wird der Drittschuldner nicht unzumutbar belastet. Mit Lohnabzug unter Zugrundelegung falscher Angaben des Schuldners, die zumutbar überprüft und durch Berücksichtigung der feststellbaren richtigen Zahl der Unterhaltspflichten des Schuldners ersetzt hätten werden können, kommt der Drittschuldner seiner durch das Zahlungsverbot des Pfändungsbeschlusses begründeten Verpflichtung nicht nach.

603 Zur Anhörung des Schuldners OLG Karlsruhe (Fn. 601); LG Stuttgart (Fn. 568); ArbG Kempten, JurBüro 2012, 494; Grunau, JurBüro 1961, 267. Zur Befragung des Schuldners als Obliegenheit des Arbeitgebers Liese, DB 1990, 2065 (2068). Zum Schutz des Drittschuldners, der zulasten des Gläubigers oder des Schuldners gepfändetes Einkommen nicht richtig berechnet s. Rixecker, JurBüro 1982, 1761.

604 Dies wurde für die früheren Eintragungen in der Lohnsteuerkarte angenommen, jedenfalls soweit es auf die Unterhaltspflicht gegenüber Kindern ankommt; vgl. BArbG (Fn. 569).

605 OLG Karlsruhe (Fn. 601).; LG Stuttgart (Fn. 568).

C.256 Nachforschungen darüber, ob der Schuldner den (festgestellten) unterhaltsberechtigten Personen auch tatsächlich Unterhalt leistet, werden vom Drittschuldner nicht verlangt[606]. Begründetem Anhalt oder Hinweisen des Gläubigers, dass der Schuldner eine Unterhaltspflicht tatsächlich nicht erfüllt, muss der Drittschuldner jedoch nachgehen[607]. Ermittlungen sind aber nicht schon allein deshalb veranlasst, weil der Schuldner geschieden ist; vielmehr kann davon ausgegangen werden, dass er seiner unterhaltsberechtigten geschiedenen Ehefrau Unterhalt auch tatsächlich leistet[608].

C.257 Verweigert der Arbeitnehmer eine Auskunft und verfügt der Drittschuldner auch über keine andere Informationsquelle, so kann er den Schuldner als ledig und kinderlos behandeln[609]. In einem Zweifelsfall (z.B. der Schuldner verlangt einen Freibetrag, weil er seiner Mutter Unterhalt leistet) wird der Drittschuldner sich auch immer der Zustimmung des Gläubigers vergewissern. Teilt der Drittschuldner dem Gläubiger die Einzelheiten der Berechnung (Brutto- und Nettolohn, Familienstand des Schuldners, pfändungsfreie Teile und gepfändeter Betrag) mit und widerspricht der Gläubiger dieser Berechnung nicht, so kann er später den Drittschuldner nicht deshalb haftbar machen, weil er der Berechnung falsche Tatsachen zugrunde gelegt und deshalb dem Schuldner zu viel ausbezahlt habe[610].

C.258 Änderungen während einer laufenden Pfändung, z.B. die Geburt eines weiteren Kindes oder das Erlöschen der Unterhaltspflicht gegenüber dem Ehegatten mit der Scheidung, muss der Drittschuldner gleichfalls von sich aus berücksichtigen. Zur laufenden Nachprüfung, ob der Schuldner seiner einmal nachgewiesenen Unterhaltspflicht nachkommt, ist der Arbeitgeber aber nicht verpflichtet[611]. Solange dem Arbeitgeber die eine Änderung herbeiführenden Tatsachen nicht bekannt geworden sind (aber nicht mehr später), wird er von seiner Leistungspflicht auch dann frei, wenn er den bisherigen Lohnabzug unverändert fortsetzt, den dazugekommenen oder weggefallenen Angehörigen also nicht berücksichtigt. Es ist Sache des Schuldners oder Gläubigers, dem Drittschuldner die ihm unbekannte Änderung der Verhältnisse anzuzeigen[612]. Zuverlässige Nachweise hat der Drittschuldner zu berücksichtigen, begründeten Anhaltspunkten oder Hinweisen hat er nachzugehen.[613]

C.259 Im **Zweifelsfall** kann der Drittschuldner einen streitigen Betrag hinterlegen (§ 372 BGB und Rdn. C.73). Gläubiger und Schuldner können dann selbst und im Rechtsweg klären, wem der hinterlegte Betrag zusteht. Drittschuldner[614], Gläubi-

---

606 LG Braunschweig, JurBüro 2013, 273; LG Stuttgart (Fn. 568); ArbG Ludwigshafen, BB 1965, 333; LArbG Rheinland-Pfalz, BB 1966, 741.
607 LG Stuttgart (Fn. 568); LArbG Rheinland-Pfalz (Fn. 606).
608 LG Stuttgart (Fn. 568); LArbG Rheinland-Pfalz (Fn. 606).
609 LG Stuttgart (Fn. 568); ähnlich Liese, DB 1990, 2065 (2068).
610 Grunau, JurBüro 1961, 270; Grunau, JurBüro 1962, 242; Liese, DB 1990, 2065 (2070) mit der Einschränkung, dass das nicht gilt, wenn der Arbeitgeber die Unrichtigkeit einer solchen Tatsache (positiv) kennt.
611 LG Stuttgart (Fn. 568); Grunau, JurBüro 1961, 268.
612 LG Stuttgart (Fn. 568).
613 LG Stuttgart (Fn. 568).
614 Ebenso Stein/Jonas/Würdinger, ZPO, § 850c Rdn. 26; Zöller/Herget, ZPO, § 850c Rdn. 9; Wieczorek/Schütze/Lüke, ZPO, § 850c Rdn. 36.

ger oder Schuldner können aber auch Klarstellung durch Entscheidung des Vollstreckungsgerichts über die Zahl der zu berücksichtigenden unterhaltsberechtigten Personen oder darüber begehren, ob ein bestimmter Angehöriger (z.B. ein heranwachsender Sohn, die mitverdienende Ehefrau) zu berücksichtigen ist (siehe Rdn. C.69). In diesem Verfahren trifft die Beweislast den Schuldner, wenn er eine ihm günstige Berechnung des unpfändbaren Betrages verlangt, sonst den Gläubiger (z.B. dann, wenn er Nichtberücksichtigung eines bisher unterhaltsberechtigten Kindes anstrebt).

5.6. Der Unterhaltsberechtigte mit eigenen Einkünften (§ 850c Abs. 4 ZPO)

Die Berücksichtigung eines **Angehörigen** des Schuldners mit **eigenen Einkünften** bei Berechnung des unpfändbaren Teils des Arbeitseinkommens (Rdn. C.247 ff.) kann zu unbilligen Ergebnissen führen. § 850c Abs. 4 ZPO ermöglicht daher auf Gläubigerantrag die Bestimmung, dass der Unterhaltsberechtigte mit eigenen Einkünften bei der Berechnung des unpfändbaren Teils des Schuldnereinkommens ganz oder teilweise unberücksichtigt bleibt. Die Begründung[615] führt dazu aus: C.260

„... [Es] war angeregt worden, den Unterhaltsberechtigten dann außer Betracht zu lassen, wenn seine Einkünfte höher als die Grundfreibeträge für den alleinstehenden Schuldner nach Abs. 1 Satz 1 ([damals] 559 DM monatlich) liegen. Auch wenn für diese Beträge als Richtschnur gewisse Gründe sprechen, so wären sie doch ... für eine feste Grenze zu starr. Der vorgeschlagene Abs. 4 gestaltet daher die Berücksichtigung des Berechtigten, der eigene Einkünfte bezieht, flexibel. Er lässt dem Gericht bei seiner Ermessensentscheidung genügend Raum, um den Umständen des Einzelfalles Rechnung zu tragen. Um den Erlass eines Pfändungs- und Überweisungsbeschlusses nicht zu erschweren, sollen Einkünfte eines Unterhaltsberechtigten nur auf Antrag des Gläubigers berücksichtigt werden. Für die Entscheidung des Gerichts wird die Höhe der eigenen Einkünfte des Unterhaltsberechtigten von maßgeblicher Bedeutung sein. In seine Erwägung wird das Gericht auch den Lebensbedarf einbeziehen, der aus dem Arbeitseinkommen des Schuldners zu bestreiten ist. An die Prüfung sollen allerdings keine überspannten Anforderungen gestellt werden, um das Vollstreckungsverfahren praktikabel zu gestalten. C.261

Bei einer entsprechenden Höhe der eigenen Einkünfte des Unterhaltsberechtigten kann das Vollstreckungsgericht zu dem Ergebnis kommen, dass der Unterhaltsberechtigte ganz unberücksichtigt bleiben soll. In diesem Falle vermindert sich bei der Berechnung des pfändbaren Arbeitseinkommens die Zahl der unterhaltsberechtigten Personen um eine.

Andererseits können die Einkünfte des Unterhaltsberechtigten so unbedeutend sein, dass der Antrag des Gläubigers abzuweisen ist. Ergibt die Prüfung der Umstände des Einzelfalles, dass der Unterhaltsberechtigte nur teilweise zu berücksichtigen ist, so soll das Vollstreckungsgericht den unpfändbaren Teil des Arbeitseinkommens des Schuldners selbst bestimmen. Eine Bezugnahme auf die Tabelle unter Bezeichnung eines Betrages, der dem nach der Tabelle pfändbaren Teil des Arbeitseinkommens des Schuldners hinzuzurechnen ist, könnte zu unbilligen Ergebnissen und zu praktischen Schwierigkeiten führen."

---

615 Begründung, BT-Drucks. 8/693, S. 49.

C.262 **Eigene Einkünfte**, die eine Anordnung nach Abs. 4 des § 850c ZPO ermöglichen, können dem Angehörigen zufließen aus Erwerbstätigkeit (als Lohn, Gehalt, Ausbildungsvergütung[616], aus selbstständiger oder freier Berufstätigkeit, aber auch z.B. Krankengeld), aus früherer Erwerbstätigkeit (Rente) oder aus seinem Vermögen (Zinsen, Mieteinnahmen[617]), als Nutzungen eines Nießbrauchers, Leibrente, Versicherungsrente usw. Dazu gehören auch Abfindungen und regelmäßige Zuwendungen Dritter wie überhaupt alle sonstigen Bezüge, die zur Bestreitung des Unterhalts dienen und verwendet werden können[618], mithin auch Sozialgeldleistungen für den Lebensunterhalt (z.B. Mutterschaftsgeld, Elterngeld[619], Kurzarbeitergeld), nicht aber[620] Sozialhilfe, Leistungen nach dem BAföG und die Grundrente sowie Schwerstbeschädigtenzulage nach dem BVersG (sie sollen neben einem ideellen Ausgleich den durch den Körper- oder Gesundheitsschaden bedingten Mehrbedarf decken), desgleichen nicht andere von § 54 Abs. 3 Nr. 3 SGB I erfasste Geldleistungen, die dafür bestimmt sind, einen Mehrbedarf zu decken, und nicht Kindergeld[621] (Leistungsberechtigter ist nicht das Kind, s. Rdn. A.222, D.114). Auch der von einem anderen Unterhaltsverpflichteten gezahlte **Barunterhalt** und gewährte **Naturalunterhalt** gehören zu den „eigenen Einkünften“ des Unterhaltsberechtigten, die dessen Berücksichtigung bei der Berechnung des unpfändbaren Teils des Arbeitseinkommens einschränken oder ausschließen können[622]. Ne-

---

616 Das LG Saarbrücken, JurBüro 1988, 671 hat die Anrechnung einer Ausbildungsvergütung, die unter dem Sozialhilfesatz lag, abgelehnt, weil die Berücksichtigung dieses aus Anlass der Berufsausbildung benötigten Einkommensbetrags und damit die Anordnung, dass das Kind nach § 850c Abs. 4 ZPO auch nur teilweise unberücksichtigt zu bleiben habe, nicht billigem Ermessen entsprochen hätte. Zustimmend OLG Oldenburg, JurBüro 1995, 48 = Rpfleger 1995, 262. Zur Berücksichtigung einer Ausbildungsvergütung über dem Sozialhilfebedarf: AG Fulda, JurBüro 1998, 605.

617 Soweit sie dem Lebensunterhalt dienen, nicht also, wenn sie zur Erhaltung des Vermögens benötigt werden.

618 So auch Arnold, BB 1978, 1314 (1318 Fn. 46).

619 So (zum vormaligen Erziehungsgeld) LG Heilbronn, JurBüro 2003, 660; LG Kassel, JurBüro 1998, 664; LG Konstanz, Rpfleger 2000, 507. **A.A.** LG Frankfurt, Rpfleger 1996, 298; LG Hagen, Rpfleger 1993, 30 wegen der Unpfändbarkeit des Erziehungsgeldes (jetzt § 54 Abs. 3 Nr. 1 SGB I); Stein/Jonas/Würdinger, ZPO, § 850c Rdn. 28. Auch die Zweckbestimmung des (vormaligen) Erziehungsgeldes hat seine Eigenschaft als Einkommen, das zur Bestreitung des Unterhalts dient oder verwendet werden kann, jedoch nicht aufgehoben, sodass auch seiner Unpfändbarkeit insoweit keine Bedeutung zukommt (auch unpfändbares Arbeitseinkommen bis zu den Pfändungsfreigrenzen des § 850c Abs. 1–3 ZPO zählt zu den „eigenen Einkünften“). Besondere persönliche Bedürfnisse in der Zeit der Betreuung und Erziehung des Kindes bewirken keine Freistellung der eigenen Einkünfte von der Anrechnung; ihnen ist im Einzelfall bei der Bestimmung nach billigem Ermessen Rechnung zu tragen. Gegenteiliger Ansicht auch Hintzen, NJW 1995, 1861 (1862) und Wieczorek/Schütze/Lüke, ZPO, § 850c Rdn. 42.

620 Dazu Hornung, Rpfleger 1978, 353 (356).

621 BGH, FamRZ 2006, 203 = MDR 2006, 536 = NJW-RR 2006, 568 = Rpfleger 2006, 142; LG Hechingen, FamRZ 2012, 150; LG Marburg, Rpfleger 2002, 470 (471); **a.A.** LG Traunstein, FamRZ 2004, 128 = JurBüro 2003, 548.

622 Zum Barunterhalt BGH, FamRZ 2009, 1137 = MDR 2009, 1004 = NJW-RR 2009, 1279 = NZI 2009, 443 = Rpfleger 2009, 526; OLG München, JurBüro 2000, 47 (48); dazu Ahrens, NZI 2009, 423; zum Naturalunterhalt BGH, FamRZ 2015, 1104 = MDR 2015, 797 = Rpfleger 2015, 656.

ben dem von dem anderen Unterhaltsverpflichteten gewährten Naturalunterhalt kommt die Berücksichtigung von Kindergeld als eigenes Einkommen des Kindes nicht in Betracht, weil der das Kindergeld beziehende Elternteil dieses bereits für den Unterhaltsbedarf des Kindes einsetzt[623]. Leistungen nach dem Unterhaltsvorschussgesetz (Rdn. D.35) sind bei Zwangsvollstreckung gegen die (alleinerziehende) Mutter (u.U. auch den Vater) wie die sie ersetzenden Unterhaltsleistungen als „eigene Einkünfte" anzusehen.[624]

Einmalige oder befristete Einkünfte können zu einer nur zeitlich begrenzten Nichtberücksichtigung des Angehörigen führen[625]. Einkünfte, die nicht in Geld bestehen (Naturalleistungen), und Vergünstigungen, die dem Lebensunterhalt dienen und die Unterhaltsverpflichtung des Schuldners mindern (unentgeltliches Wohnen, freie Kost, Naturalunterhalt eines Elternteils[626]), können eine Anordnung nach § 850c Abs. 4 ZPO gleichfalls rechtfertigen[627]. **C.263**

Eine Anrechnung mit Ermessensanordnung nach § 850c Abs. 4 ZPO erfordert, dass der Schuldner dem Angehörigen trotz seiner eigenen Einkünfte noch **zur Unterhaltsleistung** gesetzlich **verpflichtet** ist und Unterhalt auch **tatsächlich leistet**[628] (Rdn. C.247). Wenn keine Unterhaltsverpflichtung besteht, weil sich der Angehörige infolge seiner Einkünfte voll selbst unterhalten kann (§ 1602 Abs. 1 BGB), bleibt er bei Feststellung des unpfändbaren Schuldnereinkommens unberücksichtigt. Das ist bereits vom Drittschuldner bei der ziffernmäßigen Berechnung des pfändbaren Einkommens (Rdn. C.254) zu berücksichtigen. Wenn die sichere Feststellung jedoch Schwierigkeiten bereitet, z.B. weil die Verhältnisse nicht klar sind oder weil ein Grenzfall gegeben ist, kann einem Antrag auf Bestimmung des Vollstreckungsgerichts nach Maßgabe des § 850c Abs. 4 ZPO das Rechtsschutzinteresse aber nicht versagt werden[629]. Mit der Bestimmung nach billigem Ermessen vereinfacht und erleichtert § 850c Abs. 4 ZPO die Berücksichtigung der für den Unterhaltsbedarf ausreichenden Einkünfte des Angehörigen nach den Umständen des Einzelfalls. Diese Bestimmung gibt den Beteiligten, damit insbesondere dem Drittschuldner, Klarheit und Sicherheit. Sie verhindert Streit über die richtige Berechnung der gepfändeten Beträge im Drittschuldnerprozess und schließt ein formalisiertes Klarstellungsverfahren vor dem Vollstreckungsgericht aus (zu diesem Rdn. C.259). Ein Rechtsschutzinteresse für die Bestimmung nach § 850c Abs. 4 ZPO ist in nicht eindeutigen Fällen daher stets gegeben. Das Prozessgericht kann bei Drittschuldnerklage keine (Ermessens-)Entscheidung nach § 850c Abs. 4 ZPO treffen[630]; es ist an die Entscheidung des Vollstreckungsgerichts gebunden. **C.264**

---

623 LG Hildesheim, NZI 2019, 44.
624 LG München II, JurBüro 2001, 657; auch LG Traunstein (Fn. 621).
625 LG München II (Fn. 624); Hornung, Rpfleger 1978, 353 (356); Stein/Jonas/Würdinger, ZPO, § 850c Rdn. 28.
626 LG Ansbach, JurBüro 2010, 50.
627 Hornung, Rpfleger 1978, 353 (356); LG Ansbach (Fn. 626).
628 So auch Arnold, BB 1978, 1314 (1318 Fn. 51); LG Göttingen, JurBüro 1999, 271; **a.A.** Hornung, Rpfleger 1978, 453 (455).
629 Ebenso Behr, JurBüro 1994, 706. So im Grunde wohl auch LG Kiel, JurBüro 1995, 384; nicht überzeugend hingegen LG Verden, JurBüro 1995, 385 (Schuldner hatte keinen Unterhalt gewährt).
630 OLG Karlsruhe (Fn. 601).

C.265 Das Vollstreckungsgericht bestimmt **nach billigem Ermessen,** ob und inwieweit der Angehörige mit eigenen Einkünften ganz oder teilweise unberücksichtigt bleibt. Überspannte Anforderungen dürfen im Vollstreckungsverfahren an die Überprüfung nicht gestellt werden[631]. Die flexible Regelung lässt genügend Raum, um den Umständen des Einzelfalls Rechnung zu tragen[632]. Zu berücksichtigen ist, dass Einkünfte des Angehörigen nicht, auch nicht mittelbar, zur Tilgung von Verbindlichkeiten des Schuldners herangezogen werden dürfen[633]. Deshalb ist auch zu erwägen, dass der Wegfall eines zusätzlichen Freibetrags beim Schuldnereinkommen als Beitrag zum Familienunterhalt dem Unterhaltsberechtigten trotz seiner eigenen Einkünfte keine Einschränkung in seiner Lebensführung bringen darf, die unangemessen wäre[634]. Dass ein vom Schuldner abhängiger unterhaltsberechtigter Angehöriger gewisse Abstriche in seiner Lebensführung hinnehmen muss, wenn Schulden zu tilgen sind, hat bei der Ermessensentscheidung nach den Umständen des Einzelfalls aber ebenso Bedeutung zu erlangen[635].

C.266 Die Bestimmung nach billigem Ermessen hat zu würdigen, dass das Arbeitseinkommen des Schuldners bei Wegfall oder Minderung seiner Unterhaltspflicht wegen der eigenen Einkünfte des formal zu berücksichtigenden Angehörigen nicht mehr zur Deckung des Lebensbedarfs dieses Familienangehörigen zur Verfügung stehen muss und daher auch nicht mehr vor dem Gläubigerzugriff geschützt zu sein hat (Rdn. C.2). Die Berücksichtigung des Angehörigen sieht § 850c ZPO (zunächst) nach formalen Anhaltspunkten vor, um den Erlass des Pfändungsbeschlusses nicht zu erschweren (Rdn. C.261); die Einkünfte des Berücksichtigten bleiben dabei im Interesse der Rechtsklarheit und Praktikabilität (Rdn. C.249), aber auch zur Sicherung des mit der Berechnung belasteten Arbeitgebers in dem formalisierten Vollstreckungsverfahren, außer Betracht. Im Einzelfall soll jedoch auf Antrag des Gläubigers nach Bestimmung des Vollstreckungsgerichts ein Angehöriger keine Berücksichtigung mehr finden, wenn oder soweit sein Unterhalt aus eigenen Einkünften aufzubringen ist (Rdn. C.261). Das soll nach billigem Ermessen bestimmt werden, weil es genügend Raum für die Berücksichtigung der Umstände des Einzelfalls gewährleistet, zugleich aber ein praktikables Vollstreckungsverfahren sichert. In dem formalisierten Vollstreckungsverfahren haben eine umfassende Beweiserhebung zur Klärung vielfach schwieriger Fragen des materiellen Unterhaltsrechts und eine abschließende Beweiswürdigung für die Entscheidung insbesondere über das Ausmaß eines etwa noch bestehenden Unterhaltsanspruchs daher nicht zu erfolgen. Es soll aber ebenso der Schuldner nicht begünstigt werden, wenn ihn eigenes Einkommen des Angehörigen erkennbar von seiner Unterhaltspflicht ganz oder teilweise freistellt (Rdn. C.249).

C.267 Die Bestimmung nach billigem Ermessen stellt einen Gestaltungsraum für **individuelle Abwägung** der Interessenlagen der Beteiligten zur Verfügung. Es hat daher eine Beurteilung nach den besonderen Umständen des einzelnen Falles zu er-

---

631 BGH, FamRZ 2005, 1085 (1086) = JurBüro 2005, 438 (439) = MDR 2005, 1013 (1014) = NJW-RR 2005, 1239 (1240) = Rpfleger 2005, 371.
632 Begründung (Fn. 615), S. 49, abgedr. Rdn. C.261.
633 BGH (Fn. 631); LG Frankfurt, Rpfleger 1988, 73.
634 Arnold, BB 1978, 1314 (1318); LG Frankfurt (Fn. 633).
635 BGH (Fn. 631); Arnold (Fn. 634); LG Frankfurt (Fn. 633); LG Kiel, (Fn. 629).

folgen[636], in welchem Umfang der Schuldner infolge der eigenen Einkünfte des zunächst voll berücksichtigten Angehörigen

- diesem **noch** immer **Unterhalt zu leisten,** dafür nach § 850c Abs. 1 und 2 ZPO weitergehend unpfändbares Arbeitseinkommen somit aufzuwenden hat,
- von **seiner Unterhaltspflicht entlastet** ist und daher den Betrag für Unterhaltsleistung nicht benötigt, der ihm infolge Berücksichtigung der Unterhaltspflicht gegenüber dem Angehörigen nach § 850c Abs. 1 und 2 ZPO belassen wird.

Dem Schuldner hat daher kein unpfändbarer Mehrbetrag seines Arbeitseinkommens zu verbleiben, wenn er für den Unterhaltsbedarf des Angehörigen mit eigenen Einkünften ersichtlich nichts aufzuwenden hat. Hingegen muss ihm bei unzulänglichen eigenen Einkünften des unterhaltsberechtigten Angehörigen Arbeitseinkommen zur Deckung des noch offenen Unterhaltsbedarfs (Differenzunterhalt[637]) verbleiben. Das gebietet im Einzelfall

- Feststellung des **angemessenen Lebensbedarfs**[638] des Unterhaltsberechtigten mit eigenem Einkommen. Es ist daher dem Lebensalter und Gesundheitszustand des Angehörigen ebenso Rechnung zu tragen wie Bedürfnissen infolge Abwesenheit und Unterkunft bei auswärtiger Erwerbstätigkeit oder Ausbildung und anderen bedarfsbestimmenden Faktoren. Damit ist auch zu würdigen, ob der Unterhaltsberechtigte mit dem Schuldner in einem Haushalt lebt oder Wohnungsmiete und andere Grundkosten eines eigenen Haushalts zu tragen hat[639];
- Festlegung des durch das eigene Einkommen bereits **gedeckten Unterhaltsbedarfs** des Angehörigen. Die Höhe der eigenen Einkünfte des Unterhaltsberechtigten soll deshalb auch nach der Gesetzesbegründung von maßgebender Bedeutung sein (Rdn. C.261);
- Bestimmung des **Differenzbetrags** als vom Schuldner noch **zu deckender Unterhaltsbedarf** des Angehörigen mit eigenen Einkünften. Daher ist auch in der Gesetzesbegründung herausgestellt, dass der aus dem Arbeitseinkommen des Schuldners noch zu bestreitende Lebensbedarf des Unterhaltsberechtigten in die Erwägung einzubeziehen ist (Rdn. C.261).

Für die Prüfung, ob der **Ehegatte** des Schuldners mit eigenen Einkünften ganz oder teilweise unberücksichtigt zu bleiben hat, ergibt sich keine Besonderheit deshalb, weil Ehegatten einander zum Familienunterhalt verpflichtet sind (§ 1360 **C.268**

---

636 BGH, BGH-Rep. 2005, 538 mit Anm. Schürmann = FamRZ 2005, 438 = MDR 2005, 774 = Rpfleger 2005, 201 mit Anm. B. Schmidt = NJW-RR 2005, 795. Neuerdings auch BGH (Fn. 631); BGH (Fn. 621). Zahlreiche Beispiele aus der Rechtsprechung bei Hintzen, Forderungspfändung, § 2 Rdn. 133 ff.

637 Diese Differenzmethode wendet das LG Nürnberg-Fürth, JurBüro 1996, 603 an (allerdings mit unzulänglichem Ausgangswert); ähnlich LG Rostock, JurBüro 2003, 326 = Rpfleger 2003, 449.

638 Damit für ein volljähriges Kind nicht bloß des am Sozialhilfebedarf orientierten Lebensbedarfs; so aber LG Nürnberg-Fürth, (Fn. 637); LG Rottweil, JurBüro 2000, 47.

639 BGH (Fn. 631).

BGB). Denn als Beitrag zum Familienunterhalt muss dem Schuldner Einkommen für Existenzsicherung auch seines Ehegatten nach billigem Ermessen nicht verfügbar bleiben, soweit dessen Unterhaltsbedarf durch eigene Einkünfte gedeckt ist.

C.269 Ist eine Person mit eigenen Einkünften ein **Kind** des Schuldners, dann ist der Differenzbetrag schließlich noch um **Kindergeld** zu kürzen, das der Schuldner für dieses berücksichtigte Kind erhält (zur Höhe des Kürzungsbetrags Rdn. C.318 ff.). Dafür ist unerheblich, dass **Kindergeld** für (gewöhnliche) Forderungsgläubiger unpfändbar ist (§ 76 EStG). Denn es dient der (steuerlichen) Freistellung eines Einkommensbetrags in Höhe des Existenzminimums des Kindes (§ 31 EStG). Aus Arbeitseinkommen hat der Schuldner daher nur den um das Kindergeld geminderten Unterhaltsbedarf aufzubringen. Kindergeld wird damit nicht (auch nicht mittelbar) entgegen § 76 EStG für Gläubigerbefriedigung herangezogen, sondern nach seiner Zweckbestimmung für den Unterhaltsbedarf des Kindes verwendet. Es mindert die Belastung, die dem Schuldner erwächst, weil einem Kind Unterhalt zu leisten ist, ist somit mindernd ebenso anzurechnen, wie bei Bemessung der Höhe der Pfändungsfreibeträge des § 850c ZPO berücksichtigt ist, dass zu den unterhaltsberechtigten Familienmitgliedern regelmäßig Kinder gehören, für die dem Haushaltsvorstand Anspruch auf Kindergeld zusteht[640].

C.270 Selbst **größere eigene Einkünfte** des Angehörigen können eine Bestimmung nach § 850c Abs. 4 ZPO ausschließen, wenn sie zur Bestreitung besonderer persönlicher oder beruflicher Bedürfnisse (z.B. aus Anlass einer Erkrankung oder einer Berufsausbildung) benötigt werden[641] oder als zweckgebunden dem Angehörigen sonst nicht zur Verfügung stehen[642]. Unbedeutende Einkünfte des Unterhaltsberechtigten können die Anordnung nach billigem Ermessen hingegen nicht rechtfertigen[643].

C.271 **Beispiele:**

Nettoeinkommen des Schuldners monatlich	2.750,00 Euro
Pfandfreier Einkommensteil	
– bei Unterhaltspflicht für Ehegatten und ein Kind	
= 2.750,00 Euro – 352,29 Euro	= 2.397,71 Euro
– bei Unterhaltspflicht nur für Ehegatten	
= 2.750,00 Euro – 563,92 Euro	= 2.186,08 Euro
Unterschiedsbetrag damit	= 211,63 Euro

erste Variante:

Lebensbedarf des Angehörigen (Kindes) mit eigenen Einkünften (infolge auswärtiger Berufstätigkeit, hoher Miete usw.)	1.000,00 Euro

640 Dazu Begründung (Fn. 615), S. 48 re.Sp.; auch Begründung, BT-Drucks. 11/1004, S. 12 (re.Sp.).

641 So auch OLG Oldenburg (Fn. 616); LG Marburg, Rpfleger 1992, 167 (168).

642 Hornung, Rpfleger 1978, 353 (356); auch LG Frankfurt (Fn. 633). Siehe auch LG Hannover, JurBüro 1984, 788: Leistet der Angehörige mit eigenem Einkommen freiwillige Zahlungen an seine eigenen Gläubiger, so kann dies im Rahmen des § 850c Abs. 4 ZPO nicht einseitig zulasten der gegen den Schuldner vollstreckenden Gläubiger gehen. Solche Leistungen können jedoch teilweise berücksichtigt werden, wenn sie als Ratenzahlungen im Rahmen eines Moratoriums erbracht werden.

643 OLG Oldenburg (Fn. 616).

Eigene Einkünfte zur Deckung dieses Bedarfs und Kindergeld	1.000,00 Euro
Somit volle Minderung der Unterhaltspflicht des Schuldners. Einkommen zur Deckung des Lebensbedarfs des Angehörigen hat dem Schuldner nicht mehr zur Verfügung zu stehen. Es ist daher die Bestimmung zu treffen, dass der Angehörige (Kind) ganz unberücksichtigt bleibt.	
Pfändbarer weiterer Betrag damit	211,63 Euro
zweite Variante:	
Lebensbedarf des Angehörigen (Kindes)	350,00 Euro
Eigene Einkünfte zur Deckung dieses Bedarfs und Kindergeld	250,00 Euro
Minderung der Unterhaltspflicht damit bis auf den Differenzunterhalt von	100,00 Euro
Pfändbarer weiterer Betrag damit (211,63 Euro – 100,00 Euro)	= 111,63 Euro

Eine starre Handhabung[644] (schematisierende Betrachtungsweise[645]) nach festen Beträgen und abstrakten Sätzen, damit auch nach Bruchteilen einer Tabellenstufe des § 850c ZPO[646], oder auch bloß nach dem jeweiligen Unterhaltsbedarfssatz der Tabelle des örtlichen Oberlandesgerichts[647] gewährleistet die Feststellung nicht, dass Arbeitseinkommen des Schuldners für den Unterhalt einens Familienangehörigen nicht mehr zu verwenden und daher nicht mehr zu belassen ist. Dass sich als Richtschnur für Nichtberücksichtigung eines Angehörigen im Rahmen der nach dem Einzelfall zu treffenden Bestimmung ohne weiteres schon höhere eigene Einkünfte als die Grundfreibeträge des § 850c Abs. 1 S. 1 ZPO für den alleinstehenden Schuldner anbieten[648] (jetzt 1.178,59 Euro monatlich), kann ebenso nicht angenommen werden. Berechnungsmodelle können zwar als Orientierungshilfe (Basis) C.272

644 Gegen feste Regeln, denen strikt zu folgen wäre, Wieczorek/Schütze/Lüke, ZPO, § 850c Rdn. 41; gegen schematische Anwendung OLG München (Fn. 622); gegen Anwendung starrer Sätze LG Heilbronn, JurBüro 2000, 597; LG Kassel, JurBüro 2001, 154 = Rpfleger 2001, 143; LG Rostock (Fn. 637).

645 Gegen diese BGH (Fn. 636) BGH (Fn. 631); BGH (Fn. 621); BGH, FamRZ 2010, 123 = NZI 2010, 578; BGH (Fn. 580); LG Chemnitz, JurBüro 2010, 550; LG Koblenz, Rpfleger 2008, 513.

646 Wie z.B. LG Koblenz, JurBüro 2003, 377 = Rpfleger 2003, 450: Differenz in der höchsten Einkommensstufe der Tabelle bei Unterhaltspflicht für null Personen und eine Person.

647 So LG Konstanz, JurBüro 1996, 666; LG München II (Fn. 624);. Auch LG Kiel (Fn. 629) legt die von der Rechtsprechung entwickelten Unterhaltstabellen zugrunde, die jedoch für die Unterhalts**bemessung** auch der Leistungsfähigkeit des Verpflichteten Rechnung tragen und daher keinen sicheren Aufschluss über den aus eigenen Einkünften zu deckenden Unterhalts**bedarf** des Berechtigten geben.

648 Begründung (Fn. 615), S. 48 f.; OLG Oldenburg (Fn. 616); LG Braunschweig, JurBüro 1995, 217; LG Darmstadt, Rpfleger 2002, 370; LG Detmold, Rpfleger 1998, 256; LG Erfurt, JurBüro 1996, 553 = Rpfleger 1996, 469 mit krit. Anm. Hintzen; LG Konstanz (Fn. 647); LG Marburg (Fn. 641); LG Marburg, JurBüro 1999, 662; LG Saarbrücken, JurBüro 1995, 492 (493); Behr, JurBüro 1994, 705 (706). Zur Einkommenshöhe s. auch Henze, Rpfleger 1981, 52 (53); zur Berechnung unter Zugrundelegung eines Unterhaltsbedarfs in Höhe der Sozialhilfesätze LG Traunstein, JurBüro 2003, 155; in Höhe des Sozialhilfebedarfs + 20 v. H. LG Bielefeld, DGVZ 2000, 87; LG Bielefeld Rpfleger 2000, 402; LG Frankfurt (Fn. 633); LG Leipzig, JurBüro 2002, 97; LG Leipzig, JurBüro 2002, 211; LG Münster, JurBüro 1990, 1363; AG Hamm, JurBüro 1990, 1366.

für die nach § 850c Abs. 4 ZPO erforderliche Einzelfallprüfung und Ermessensentscheidung herangezogen werden[649]. Ermessensfehlerhaft ist es jedoch, wenn dieselbe Berechnungsformel unterschiedslos (abstrakt) auf verschiedenartige Fallgestaltungen angewendet wird[650].

C.273 Die **Bestimmung,** dass der unterhaltsberechtigte Angehörige ganz oder teilweise unberücksichtigt bleibt, **trifft das Vollstreckungsgericht** auf **Antrag**[651] des Gläubigers; Schuldner und Drittschuldner sind nicht antragsberechtigt. Zuständig ist der Rechtspfleger (§ 20 Abs. 1 Nr. 17 RPflG). Der Antrag ist an keine Frist gebunden. Er kann bereits mit dem Pfändungsgesuch gestellt oder erst nach Wirksamwerden der Pfändung angebracht werden. Nach Beendigung der Zwangsvollstreckung (für bereits ausgezahltes Arbeitseinkommen) kann die Bestimmung nicht mehr getroffen, ein Antrag daher nicht mehr gestellt werden. Der Antrag kann bestimmt gefasst sein, braucht aber nicht notwendig konkret auf völlige Nichtberücksichtigung oder auf die nur teilweise Berücksichtigung der zu benennenden („Ehefrau“ ohne Namensangabe genügt[652]) unterhaltsberechtigten Person gerichtet sein[653], sondern kann diese Entscheidung ebenso wie den Umfang der nur teilweisen Berücksichtigung der gerichtlichen Ermessensentscheidung überlassen. Über einen ausdrücklich gestellten (insbesondere betragsmäßig bestimmten) Antrag darf das Vollstreckungsgericht nicht hinausgehen (siehe § 308 Abs. 1 ZPO). Der Drittschuldner darf einen (noch) unterhaltsberechtigten Angehörigen mit eigenen Einkünften nicht von sich aus ganz oder teilweise außer Betracht lassen.[654]

C.274 Zu dem mit dem Pfändungsgesuch verbundenen Antrag ist der **Schuldner** nicht zu **hören**[655] (§ 834 ZPO); sonst ist über den Antrag nach Schuldneranhörung zu entscheiden. Der Familienangehörige, der unberücksichtigt bleiben soll, ist nicht zu hören[656].

C.275 Über den **mit dem Pfändungsgesuch** verbundenen Antrag ist bei[657] Erlass des Pfändungsbeschlusses zu entscheiden. Auf begründeten Antrag hat bereits der Pfändungsbeschluss die Bestimmung zu treffen, dass der Angehörige ganz oder inwieweit er teilweise unberücksichtigt bleibt. Das Gläubigervorbringen unterliegt in diesem Fall den allgemeinen Anforderungen, die an den Pfändungsantrag zu stellen sind. Es bedarf daher keines Beweises und keiner Glaubhaftmachung der

---

649 BGH (Fn. 631) mit Beispielen; BGH (Fn. 621).

650 BGH (Fn. 631).

651 Als Antrag auf Bestimmung nach § 850c Abs. 4 ZPO kann es anzusehen sein, wenn der Gläubiger (unzulässig) Zusammenrechnung der Rente des Schuldners und seines Ehegatten verlangt, LG Marburg (Fn. 641).

652 LG Kassel (Fn. 644).

653 So aber Hornung, Rpfleger 1978, 353 (357).

654 OLG Karlsruhe (Fn. 601).

655 So auch LG Stade, JurBüro 2000, 378 (379); Hintzen, NJW 1995, 1861 (1866); Schuschke/Walker/Kessal-Wulf/Lorenz, Vollstreckung, § 850c Rdn. 12; **anders** Stein/Jonas/Würdinger, ZPO, § 850c Rdn. 30 (notwendige Anhörung schließt regelmäßig Entscheidung schon im Pfändungsbeschluss aus); Wieczorek/Schütze/Lüke, ZPO, § 850c Rdn. 40; LG Saarbrücken (Fn. 648): stets Anhörung des Schuldners.

656 Henze, Rpfleger 1981, 52; Hintzen, NJW 1995, 1861 (1866); Schuschke/Walker/Kessal-Wulf/Lorenz (Fn. 655); Wieczorek/Schütze/Lüke, ZPO, § 850c Rdn. 40.

657 Nicht jedoch vor Erlass des Pfändungsbeschlusses, LG Hannover, JurBüro 1992, 265.

tatsächlichen Angaben[658]. Der Gläubiger hat jedoch substantiiert die konkreten Tatsachen schlüssig vorzutragen, die dem Vollstreckungsgericht die Feststellung ermöglichen, dass und inwieweit der Angehörige mit eigenen Einkünften bei der Berechnung des unpfändbaren Teiles des Arbeitseinkommens unberücksichtigt zu bleiben hat[659]. Dazu gehören die namentliche Bezeichnung des Angehörigen („Ehefrau" genügt, Rdn. C.273) sowie die Benennung der Art und Höhe seiner (jedenfalls ungefähren) (Brutto- oder Netto-) Einkünfte. Allgemein gehaltene Angaben oder inhaltslose Behauptungen („... der Sohn Fritz hat dem Vernehmen nach ausreichendes eigenes Einkommen"; oder „... dürfte bei seinem Lebensalter – nach Abschluss der Berufsausbildung – eigenes Einkommen haben") sind unzureichend. Es gelten somit die gleichen Grundsätze wie für das Pfändungsverfahren im Falle des § 850d ZPO. Dort werden die für den Unterhaltsbedarf des Schuldners und seiner Angehörigen maßgeblichen Tatsachen nach dem schlüssigen Gläubigervortrag festgestellt (Rdn. C.336). Insbesondere werden Pfändungsfreibeträge für unterhaltsberechtigte vorgehende oder gleichstehende Angehörige nach dem Gläubigervortrag festgelegt (Rdn. C.334). Weitergehende Anforderungen können auch im Falle des § 850c Abs. 4 ZPO an die bei der Pfändung nach billigem Ermessen zu treffende Anordnung, dass ein Angehöriger mit eigenem Einkommen als Unterhaltsberechtigter ganz oder teilweise unberücksichtigt zu bleiben hat, nicht gestellt werden.

Über den **nach der Pfändung** gestellten Antrag entscheidet das Vollstreckungsgericht (Rechtspfleger) nach Schuldneranhörung durch gesonderten Beschluss. C.276
Das **Verfahren** über diesen Antrag kann den allgemeinen Grundsätzen des ZPO-Verfahrens jedoch nur eingeschränkt folgen. Es ist im Grunde zwar vom Beibringungsgrundsatz beherrscht mit Darlegungs- und Beweislast der Parteien des Zwangsvollstreckungsverfahrens. Der Gläubiger hat daher mit dem Antrag die konkreten Tatsachen schlüssig darzulegen, die Nichtberücksichtigung des zu bezeichnenden Angehörigen erfordern[660]. Ein nur allgemein gehaltener Antrag zu prüfen, ob der Schuldner einem bestimmten Angehörigen, der eigenes Einkommen haben soll, noch Unterhalt leistet, ist nicht zulässig. Als Entscheidungsgrundlage kann das schlüssige Gläubigervorbringen verwertet werden, wenn und soweit es nicht bestritten ist, der Schuldner sich also nicht äußert oder dem Vorbringen nicht entgegentritt[661]. Für bestrittenes tatsächliches Vorbringen des Gläubigers genügt Glaubhaftmachung (§ 294 ZPO) nicht, weil sie nicht vorgesehen ist; es muss Beweis geliefert und erhoben werden. Besonderheiten ergeben sich jedoch mit der Eigenart des Freistellungsverfahrens nach § 850c Abs. 4 ZPO, das dem Gericht zu-

658 So auch Hornung, Rpfleger 1978, 353 (357); ähnlich Behr, JurBüro 1978, 305 (309 f.); **a.A.** Arnold, BB 1978, 1314 (1319): nur in Ausnahmefällen wird der Gläubiger zugleich mit seinem Antrag ... den erforderlichen Nachweis bringen können. Im Regelfall wird es sich für den Gläubiger empfehlen, zunächst im einseitigen Verfahren (§ 834 ZPO) einen Pfändungs- und Überweisungsbeschluss zu beantragen und nach dessen Erlass den Antrag nach § 850c Abs. 4 ZPO zu stellen.

659 LG Stade (Fn. 655).

660 Dazu auch Hornung, Rpfleger 1978, 353 (357); Zöller/Herget, ZPO, § 850c Rdn. 14. Die Angabe, dass die Ehefrau ein Einkommen von (damals) 630 DM aus geringfügiger Beschäftigung hat, hat LG Kassel (Fn. 652) genügen lassen.

661 Ebenso LG Detmold, JurBüro 2001, 604; LG Münster, JurBüro 1990, 1364.

dem Raum für eine Ermessensentscheidung gibt. Dem haben insbesondere Beweislast und Würdigung des Vorbringens der Beteiligten Rechnung zu tragen. An die Prüfung sollen überdies keine überspannten Anforderungen gestellt werden (Rdn. C.261). Beweisbedürftigkeit, Beweisführung und Beweiswürdigung (§ 286 ZPO) können sich daher nicht rundweg nach den strengen Anforderungen des ZPO-Verfahrens bestimmen. Für den dem Gläubiger zumeist nicht näher bekannten Lebensbedarf des Angehörigen und auch zur Höhe seines Einkommens muss es daher vornehmlich dem kundigen Schuldner obliegen, sich zu äußern (§ 138 Abs. 2 ZPO) und erhebliche Tatsachen erforderlichenfalls nachzuweisen. Kommt der Schuldner dieser Verpflichtung zur Sachverhaltsaufklärung nicht nach, so kann für die Abwägung nach billigem Ermessen das schlüssige Vorbringen des Gläubigers als zugestanden gelten[662], somit von einem bei dem Vorbringen des Gläubigers („der Sohn steht im 3. Lehrjahr“ usw.) nach der Lebenserfahrung zu bemessenden eigenen Einkommen ausgegangen und der (für ein Kind: durch Kindergeld nicht gedeckte) Unterhaltsbedarf mit dem Unterschiedsbetrag zwischen der nach den (= allen) Unterhaltspflichten des Schuldners letzten und der vorhergehenden Tabellenstufe der Anlage zu § 850c ZPO angenommen werden. Über zugestandenes oder bewiesenes Vorbringen des Gläubigers ist nach freier Überzeugung zu entscheiden (§ 287 ZPO). Überspannte Anforderungen sind, weil das Vollstreckungsverfahren praktikabel bleiben soll, an die Prüfung nicht zu stellen[663]; kleinliche Berechnungen müssen daher unterbleiben.

Die Entscheidung ist (jedenfalls kurz) zu begründen.

C.277 Wenn der Angehörige **ganz unberücksichtigt** zu bleiben und der Schuldner weiteren Personen Unterhalt nicht zu gewähren hat, erhöht sich der Betrag, bis zu dessen Höhe das Arbeitseinkommen für den Lebensbedarf des Schuldners unpfändbar ist, nicht nach § 850c Abs. 1 S. 2 und Abs. 2 ZPO. Der pfändbare Betrag bestimmt sich nach der Spalte „Pfändbarer Betrag bei Unterhaltspflicht für 0 Personen“ der Anlage zu § 850c ZPO. Sind noch weitere unterhaltsberechtigte Angehörige des Schuldners vorhanden, vermindert sich die Zahl der nach § 850c ZPO zu berücksichtigenden Personen um eine. Wenn z.B. die Ehefrau wegfällt, gilt der verbleibende oder einer der verbleibenden Berechtigten (ein Kind) als „erste“ Person, für die nach § 850c ZPO höhere Sätze anzusetzen sind[664].

Formulierungsvorschlag[665]

„Bestimmt wird gemäß § 850c Abs. 4 ZPO, dass der Sohn Fritz, geb. am …, bei der Berechnung des unpfändbaren Teils des Arbeitseinkommens ganz unberücksichtigt bleibt.“

C.278 Wenn ein Angehöriger nach der Bestimmung des Vollstreckungsgerichts **nur teilweise** berücksichtigt werden soll, ist Abs. 3 Satz 2 des § 850c ZPO **nicht** anzuwenden (§ 850c Abs. 4 letzter Satzteil ZPO). „Bezugnahme auf die Tabelle“ (Anhang zu § 850c ZPO) genügt dann nicht. Das Vollstreckungsgericht soll in diesem

---

662 In diesem Sinne auch LG Detmold (Fn. 661); LG Leipzig, JurBüro 2003, 324.
663 Begründung (Fn. 615).
664 BGH, FamRZ 2004, 1281; Arnold, BB 1978, 1314 (1319); s. auch Rdn. C.240.
665 Vgl. auch den Fassungsvorschlag von Hornung, Rpfleger 1978, 353 (358).

Fall „den unpfändbaren Teil des Arbeitseinkommens des Schuldners selbst bestimmen“[666]. Auch „eine Bezugnahme auf die Tabelle unter Bezeichnung eines Betrages, der dem nach der Tabelle unpfändbaren Teil des Arbeitseinkommens des Schuldners hinzuzurechnen ist, soll zu unbilligen Ergebnissen und zu praktischen Schwierigkeiten führen“[667]. Diese Erwägungen der Gesetzesbegründung sind nur schwer verständlich; praktisch ist zudem mit Festlegung eines zahlenmäßig bestimmten gepfändeten Betrages durch das Vollstreckungsgericht nicht auszukommen. Die Bestimmung, dass bei bloß teilweiser Berücksichtigung eines Angehörigen Abs. 3 Satz 2 nicht anzuwenden ist, kann nach Gesetzeszweck und Sinnzusammenhang auch nur so verstanden werden, dass sich **für diesen** Unterhaltsberechtigten die Bezugnahme auf die Tabelle verbietet[668]. Denn jedenfalls muss dem Schuldner stets mindestens so viel von seinem Arbeitseinkommen pfandfrei belassen werden, wie er für seinen eigenen Lebensbedarf und nach der Zahl der übrigen Personen, denen er Unterhalt gewährt (der unterhaltsberechtigten Angehörigen ohne den Unterhaltsberechtigten mit eigenem Einkommen), gemäß § 850c Abs. 2 ZPO unpfändbar verdient[669]. Dazu muss ein weiterer, wenn vielleicht auch nur geringer Einkommensteil kommen, weil der Angehörige mit eigenem Einkommen noch immer teilweise zu berücksichtigen ist[670]. Das schließt die Bestimmung eines starren unpfändbaren Teils des gesamten Arbeitseinkommens aus[671]. Dies könnte nur dazu führen, dass bei wechselndem Schuldnereinkommen der nach § 850c ZPO stets pfändbare Teil des Schuldnereinkommens nicht mehr gewährleistet ist. Die Berechnung des Arbeitseinkommens nach der Tabelle und ebenso die Bezugnahme im Pfändungsbeschluss auf die Tabelle erleichtern und vereinfachen die Berechnung des nach § 850c Abs. 2 ZPO unpfändbaren Einkommensteiles und gewährleisten auch bei wechselndem Einkommen die dann schwankenden Freibeträge. Für das sonst unpfändbare Arbeitseinkommen genügt daher auch weiterhin Bezugnahme auf die Tabelle[672]. Dem danach unpfändbaren

---

666 Begründung (Fn. 615).
667 Begründung (Fn. 615).
668 Dem zustimmend Hornung, Rpfleger 1978, 353 (358); LG Frankfurt, Rpfleger 1988, 73 (75); vgl. auch Hintzen, NJW 1995, 1861; Hintzen, Forderungspfändung, § 2 Rdn. 125.
669 So auch LG Frankfurt (Fn. 633).
670 So auch LG Frankfurt (Fn. 633).
671 So auch LG Frankfurt (Fn. 633).
672 Berechnungs- und Anschauungsbeispiele gibt Hornung, Rpfleger 1978, 353 (358). Das OLG Oldenburg (Fn. 616). setzt das anzurechnende Einkommen zum Grundfreibetrag ins Verhältnis und rechnet den entsprechenden Anteil des Differenzbetrags zwischen der Tabellenstufe für alle Unterhaltsberechtigte und der vorgehenden Tabellenstufe dem nach der Tabellenstufe für alle Unterhaltsberechtigte pfändbaren Betrag hinzu. **Beispiel:** (**DM**-Beträge und **vormalige Tabellenstufen sind belassen**): Nettoeinkommen 1.900 DM; 2 Unterhaltsberechtigte, davon einer mit eigenem Einkommen von 402 DM monatlich. Verhältnis 1.209 : 402 = ein Drittel. Pfändbar von 1.900 DM nach Tabellenstufe 2: nichts; nach Tabellenstufe 1 DM 111,50. Ein Drittel der Differenz von 111,50 DM = 37,16; dies hinzugerechnet dem pfändbaren Betrag bei 2 Unterhaltsberechtigten (0 DM) ergibt als pfändbar 37,16 DM (sollte auf 37 DM abgerundet werden). Behr, Rpfleger 1981, 381 (385) und, diesem folgend, Boewer/Bommermann, Lohnpfändung, Rdn. 549, geben folgenden Fassungsvorschlag: „... bei der Berechnung des pfändbaren Betrages nach der Tabelle zu § 850c ZPO ist wie folgt zu verfahren: 50 % des zwischen der für alle Unterhaltsberechtigten geltenden und der vorgehenden Tabellenstufe zu errechnenden Differenzbetrags sind dem pfändbaren

Schuldnereinkommen hat für die teilweise Berücksichtigung des Angehörigen mit eigenen Einkünften dessen noch offener Unterhaltsbedarf (Differenzunterhalt) bis zur nächsten Tabellenstufe hinzugerechnet zu werden. Die Bestimmung, dass Abs. 3 S. 2 nicht anzuwenden ist, kann damit nur so verstanden werden, dass der Angehörige nicht bei Ermittlung des nach der Tabelle unpfändbaren Einkommensteils zunächst ganz angerechnet werden und sodann die nur teilweise Berücksichtigung durch Abzug eines Festbetrags (abzüglich eines Betrags von monatlich ... Euro) verwirklicht werden kann (dies würde den dem Schuldner zu belassenden Differenzunterhalt des Angehörigen nicht sicherstellen).

C.279 **Formulierungsvorschlag**

„Der pfändbare Betrag bestimmt sich nach der Tabelle, die gemäß § 850c Abs. 3 der Zivilprozessordnung als Anlage beigefügt ist. Bei Feststellung des nach der Tabelle pfändbaren Betrages bleibt die Unterhaltspflicht des Schuldners gegenüber seinem Sohn Fritz, geb. am ..., jedoch außer Betracht. Der pfändbare Betrag ist mithin unter Berücksichtigung der Unterhaltsleistungen des Schuldners gegenüber seinen folgenden Angehörigen ... (auch: nur der übrigen Unterhaltsleistungen des Schuldners) festzustellen.

Gemäß § 850c Abs. 4 ZPO wird bestimmt, dass der Sohn Fritz nur teilweise zu berücksichtigen ist. Der nach der Tabelle unpfändbare Teil des Arbeitseinkommens des Schuldners ist infolge seiner teilweise zu berücksichtigenden gesetzlichen Unterhaltspflicht diesem Sohn gegenüber um weitere ... Euro monatlich (... Euro wöchentlich, ... Euro täglich) zu erhöhen. Der dem Schuldner demnach zu belassende weitere Teil seines Arbeitseinkommens darf jedoch den Betrag nicht übersteigen, der ihm nach der Tabelle des § 850c Abs. 3 ZPO mit Anlage bei voller Berücksichtigung des Sohnes Fritz als weitere unterhaltsberechtigte Person zu verbleiben hätte.

Fortsetzung Fn. 672

Betrag nach der für alle Unterhaltsberechtigten geltenden Tabellenstufe hinzuzurechnen ...".Teil-Blankettbeschlüssen nach diesem Vorschlag steht jedoch entgegen, dass sich für den nur teilweise zu berücksichtigenden Unterhaltsberechtigten die Bezugnahme auf die Tabelle verbietet. Die Vorschläge tragen auch der unterschiedlichen Höhe der Freibeträge nicht Rechnung, die sich ergeben, wenn der nur teilweise zu berücksichtigende Angehörige als erster oder als weiterer Unterhaltsberechtigter zu zählen ist. Der Vorschlag Behrs berücksichtigt außerdem nicht, dass er gerade bei schwankendem Einkommen nicht den aus dem Arbeitseinkommen des Schuldners noch zu bestreitenden Lebensbedarf des Unterhaltsberechtigten gewährleistet (s. Rdn. C.275; Freibetrag verringert sich mit dem Einkommen, so dass die Höhe der eigenen Einkünfte des Unterhaltsberechtigten ein doch anderes Gewicht erlangen kann). Den Bedenken Behrs gegen die wiedergegebene Beschlussformel (Rpfleger 1981, 382, 385) trägt die Begrenzung des nach den Umständen des Einzelfalls bemessenen Freibetrags (Gesetzeszweck; s. Rdn. C.261) auf den Tabellenbetrag Rechnung (dies in Anlehnung an § 850d Abs. 1 S. 3 ZPO). Auf keinen Fall sollte die Anrechnung nach diesen Vorschlägen auf kleinliche Berechnung hinauslaufen, sondern billigem Ermessen mit einzelfallbezogener Anrechnung noch großzügig Raum lassen. Bei einem Einkommen von monatlich 2.385 DM und 4 Unterhaltsberechtigten (pfändbar 0) hätte die Differenz zur vorhergehenden Tabellenstufe –,30 DM betragen; Berechnung eines (pfändbaren Betrags (1/3 davon = –,10 DM; 50% = –,15 DM) hätte sich sicher nicht als einzelfallgerecht erwiesen.

Die nachträgliche Bestimmung, dass ein Angehöriger des Schuldners nach Maßgabe des § 850c Abs. 4 ZPO ganz oder teilweise unberücksichtigt bleibt, erfordert keine Neuanordnung der Pfändung des damit dem Gläubigerzugriff unterliegenden weiteren Einkommens. Das für die Pfändung freigewordene Arbeitseinkommen ist vom Pfändungsbeschluss ohne weiteres mit dem ursprünglichen Rang erfasst[673]. C.280

Wenn **mehrere Pfändungsgläubiger** eine Anordnung nach § 850c Abs. 4 ZPO erwirkt haben, bestimmt sich ihr Rang nach dem Wirksamwerden ihrer Pfändungen (§ 829 Abs. 3 mit § 804 Abs. 3 ZPO), und zwar, soweit der Änderungsbeschluss rückwirkende Kraft hat (Rdn. C.283), auch für noch nicht ausbezahltes Arbeitseinkommen[674]. Die zeitliche Reihenfolge, in der die Beschlüsse nach § 850c Abs. 4 ZPO erwirkt wurden, erlangt für das Rangverhältnis der mehreren Pfändungsgläubiger keine Bedeutung[675]. Ein im Rang nachfolgender Pfändungsgläubiger, auf dessen Antrag die Anordnung sogleich im Pfändungsbeschluss (oder durch zeitlich früher nachfolgenden Beschluss) getroffen wird, erlangt daher hinsichtlich des der Pfändung unterworfenen weiteren Betrages keinen Vorrang gegenüber dem vorrangigen Pfändungsgläubiger, auf dessen Antrag die Bestimmung nach § 850c Abs. 4 ZPO zeitlich später getroffen wird. C.281

Wenn nach mehrfacher Einkommenspfändung **nur einer der Gläubiger** eine Bestimmung des Vollstreckungsgerichts nach § 850c Abs. 4 ZPO beantragt, wirkt die Anordnung nur für die für seinen Pfändungszugriff vorzunehmende Einkommensberechnung[676] (Grundsatz der Einzelvollstreckung), nicht auch zugleich zugunsten anderer Pfändungsgläubiger (siehe auch Rdn. C.368). Einem nachpfändenden Gläubiger gebühren damit die mit dem Wegfall eines auf seinen Antrag nicht anzurechnenden Angehörigen freiwerdenden Einkommensteile, wenn der vorrangig pfändende Gläubiger einen Antrag nach § 850c Abs. 4 ZPO nicht stellt[677]; für das im Übrigen von den Pfändungen erfasste Schuldnereinkommen verbleibt es jedoch bei den durch die Pfändungsbeschlüsse begründeten Rangfolgen.

Abzuweisen ist der Antrag des Gläubigers, wenn die Voraussetzungen des § 850c Abs. 4 ZPO nicht erfüllt sind oder wenn das Vollstreckungsgericht nach billigem Ermessen die Bestimmung, dass ein Angehöriger mit (dann nur geringen) eigenen Einkünften unberücksichtigt zu bleiben hat, nicht trifft. Wenn der Gläubiger verlangt hat, einen Angehörigen unberücksichtigt zu lassen, das Vollstreckungsgericht jedoch bestimmt, dass er teilweise zu berücksichtigen ist, ist der Antrag abzuweisen, soweit ihm demnach nicht entsprochen werden kann. Gleiches gilt, C.282

---

673 LArbG Hamm, DB 1982, 1676; Zöller/Herget, ZPO, § 850c Rdn. 17; Stein/Jonas/Würdinger, ZPO, § 850c Rdn. 35.

674 LG Mönchengladbach, JurBüro 2003, 490 = Rpfleger 2003, 517.

675 LArbG Hamm (Fn. 673); LG Mönchengladbach (Fn. 674). **a.A.** Behr, JurBüro 1994, 704 (707).

676 BAGE 46, 148 = DB 1984, 2466 = MDR 1985, 82; LG Mönchengladbach (Fn. 674); LArbG Hamm (Fn. 673); ArbG Kempten, JurBüro 1996, 105; ArbG Nienburg, JurBüro 1989, 1316 mit zust. Anm. Mümmler. So auch Hornung, Rpfleger 1978, 353 (359); Musielak/Becker, ZPO, § 850c Rdn. 13; Wieczorek/Schütze/Lüke, ZPO, § 850c Rdn. 45; Bedenken bei Behr, JurBüro 1994, 705 (708).

677 BArbG (Fn. 676); LArbG Hamm (Fn. 676).

wenn das Vollstreckungsgericht sonst dem Antrag nicht ganz entspricht, so wenn es bestimmt, dass ein Angehöriger weitergehend als vom Gläubiger ausdrücklich verlangt zu berücksichtigen ist. Keine gesonderte Zurückweisung hat zu erfolgen, wenn der Gläubiger den Umfang der teilweisen Berücksichtigung in das Ermessen des Vollstreckungsgerichts stellt und dieses bei der Entscheidung die Berücksichtigung zahlen- oder anteilsmäßig festlegt.

C.283 Die in den Pfändungsbeschluss aufgenommene Bestimmung wird mit diesem ausgefertigt (Rdn. B.57); eine gesonderte Zustellung von Amts wegen erfolgt nicht. Die Pfändung wird mit Zustellung des Beschlusses nach der in ihm enthaltenen Bestimmung bewirkt. Bei nachträglicher Bestimmung wird die Entscheidung nach Maßgabe des § 329 Abs. 3 ZPO an Gläubiger, Schuldner und Drittschuldner (nicht aber an den unberücksichtigt zu lassenden Familienangehörigen) zugestellt; dem Gläubiger wird die Entscheidung formlos mitgeteilt, wenn seinem konkret gestellten Antrag voll entsprochen worden ist. Der Drittschuldner ist bis zur Zustellung des Änderungsbeschlusses nach § 850g S. 3 ZPO geschützt[678]. Für noch nicht ausbezahltes Arbeitseinkommen (sonst Rdn. C.273) kann der Beschluss Rückwirkung auf den Zeitpunkt anordnen, von dem an die (ganz oder teilweise) nicht zu berücksichtigende Person eigene Einkünfte erzielt hat. Enthält der Beschluss hierüber keine Angabe, so hat er nicht schon ohne weiteres rückwirkende Kraft; Anhaltspunkte dafür, dass eine rückwirkende Bestimmung erfolgen konnte und geboten war, werden sich dann (anders als im Fall von § 850g ZPO; dazu Rdn. C.482) oft nicht finden lassen. Bei Ablehnung des Antrags wird der Beschluss dem Gläubiger zugestellt und dem angehörten (sonst § 834 ZPO) Schuldner mitgeteilt; der Drittschuldner erhält in diesem Fall nicht Bescheid.

C.284 **Rechtsbehelf:** Gegen die Berücksichtigung im Pfändungsbeschluss (ohne Schuldneranhörung) für den Schuldner Erinnerung nach § 766 ZPO, für den Gläubiger, soweit Zurückweisung erfolgt ist, sofortige Beschwerde, sonst ebenfalls Erinnerung. Bei Entscheidung über den nachträglichen Antrag: Für Gläubiger und Schuldner sofortige Beschwerde[679]. Der nicht mehr zu berücksichtigende Unterhaltsberechtigte ist nicht Verfahrensbeteiligter, er kann daher Erinnerung oder Beschwerde nicht einlegen[680], desgleichen nicht der Drittschuldner[681].

C.285 Eine **Änderung** der nach § 850c Abs. 4 ZPO getroffenen Ermessensentscheidung ist nach § 850g ZPO möglich[682]. Erforderlich ist eine Änderung der Voraussetzungen, auf denen die Entscheidung beruht (z.B. Wegfall oder Erhöhung des eigenen Einkommens des Angehörigen). Eine andere Beurteilung unverändert

678 LG Mönchengladbach (Fn. 673).

679 BArbG (Fn. 676).

680 Henze, Rpfleger 1981, 52; **a.A.** OLG Stuttgart, Justiz 1987, 147 = Rpfleger 1987, 255; OLG Oldenburg, JurBüro 1991, 871 = Rpfleger 1991, 261; Musielak/Becker, ZPO, § 850c Rdn. 15; Stein/Jonas/Würdinger, ZPO, § 850c Rdn. 41; Wieczorek/Schütze/Lüke, ZPO, § 850c Rdn. 46; Hornung, KKZ 1991, 148 (149); Hintzen, NJW 1995, 1861 (1866).

681 **A.A.** LG Frankfurt, Rpfleger 1989, 400; für Drittschuldner nach Anhörung des Schuldners damals (befristete) Durchgriffserinnerung (§ 11 Abs. 1 S. 2 RpflG mit § 793 ZPO); s. dazu aber auch bereits Rdn. B.400.

682 So auch Hornung, Rpfleger 1978, 353 (359).

fortbestehender Verhältnisse ermöglicht eine Änderung nicht; sie ist mit Rechtsbehelf (Rdn. C.284) zu verfolgen.

Bei Vorpfändung (§ 845 ZPO) kann eine Bestimmung nach § 850c Abs. 4 ZPO C.286
nicht getroffen werden[683]. Die Bestimmung ist (konstitutiv) dem Gericht aufgetragen, so dass – ebenso wie im Fall des § 850b ZPO (dazu Rdn. C.229) – vor einer Entscheidung des Vollstreckungsgerichts Arbeitseinkommen nicht über die Grenzen des § 850c Abs. 1–3 ZPO hinaus pfändbar ist, mithin auf den für den Angehörigen zu belassenden Freibetrag nicht zugegriffen werden kann. Es bedarf auch zur Rangwahrung keiner Bestimmung in der Vorpfändung. Das mit nachträglicher Bestimmung für die Pfändung freiwerdende Arbeitseinkommen ist vielmehr vom Pfändungsbeschluss ohne weiteres mit dem ursprünglichen Rang und damit auch mit dem Rang einer Vorpfändung erfasst (Rdn. C.280). Der Gläubiger ist sonach auch ohne Vorpfändung, die ihm wegen ihrer nur kurzzeitigen Wirksamkeit (Monatsfrist des § 845 ZPO) für eine nicht in den Pfändungsbeschluss aufgenommene Bestimmung nach § 850c Abs. 4 ZPO nur schwerlich einen Rang wahren könnte, gegen die Konkurrenz der weiter pfändenden Gläubiger hinreichend geschützt.

Das Vollstreckungsgericht kann eine Bestimmung nach § 850c Abs. 4 ZPO nur C.287
für die Berechnung des unpfändbaren Teils des Arbeitseinkommens treffen, **nicht** aber für eine erweiterte **Übertragbarkeit** des Arbeitseinkommens[684] (§ 400 BGB) oder für die Zulässigkeit weiterer Aufrechnung (§ 394 BGB; vgl. das Rdn. C.230 und Rdn. C.381 Gesagte). Eine vom Vollstreckungsgericht in einem Zwangsvollstreckungsverfahren getroffene Anordnung wirkt daher auch nur für den Vollstreckungszugriff des Gläubigers, auf dessen Antrag sie ergangen ist (s. Rdn. C.281); sie begründet keine weitere Abtretbarkeit des Arbeitseinkommens, auf die sich ein vorrangiger Abtretungsgläubiger berufen könnte[685], und bewirkt keine weitergehende Aufrechenbarkeit (Grundsatz der Einzelvollstreckung).

Bei **Verwaltungsvollstreckung** hat die Vollstreckungsbehörde in ihrer Pfän- C.288
dungsverfügung (§ 309 AO) oder nachträglich durch gesonderte Verfügung selbst eine Bestimmung zu treffen, dass ein Angehöriger des Schuldners mit eigenen Einkünften nach § 850c Abs. 4 ZPO bei der Berechnung des unpfändbaren Teils des Arbeitseinkommens ganz oder teilweise unberücksichtigt bleibt. Die Bestimmung ist (jedenfalls kurz) zu begründen. Das mit Verwaltungsvollstreckung nicht befasste (§ 249 Abs. 1 AO; § 5 Abs. 1 VwVG-Bund und entsprechende Bestimmungen der Länder) Vollstreckungsgericht kann selbstständig die Bestimmung für eine Pfändungsverfügung der Vollstreckungsbehörde nicht treffen (vergleichbare Zuständigkeit s. Rdn. C.470).

683 Ebenso Stein/Jonas/Würdinger, ZPO, § 850c Rdn. 35. **A.A.** Hornung, Rpfleger 1978, 353 (359).
684 LG Münster, Rpfleger 1998, 481.
685 BArbG (Fn. 676); BArbG (Fn. 578); LArbG Hamm (Fn. 673); LArbG Nürnberg, KKZ 1984, 236.

5.7. Keine beschränkte Pfändbarkeit für eine „zweckbestimmte“ Gläubigerforderung

C.289 Eine Zweckbestimmung (siehe Rdn. A.16, C.183) begründet eine (beschränkte) Pfändbarkeit eines für die Lebenshaltung des Schuldners durch § 850c ZPO freigestellten Einkommensbetrages, so z.B. eines in § 850c ZPO enthaltenen Wohnraumkostenanteils, durch den Gläubiger einer Forderung nicht, die für eine zur Deckung des notwendigen Lebensbedarfs (z.B. Wohnraumüberlassung) bestimmt gewesene Leistung geschuldet ist[686]. § 850c ZPO stellt Einkommensteile zur Existenzsicherung des Erwerbstätigen und seiner Familie pfandfrei (Rdn. C.2). Gewährleistet ist damit die Deckung des laufenden (gegenwärtigen) Lebensbedarfs. Einen Zugriff wegen eines Anspruchs, der für rückständige Kosten (früherer) Lebenshaltung entstanden ist, schließt das aus. Für die Feststellung eines auf einzelne Ausgaben der Lebenshaltung treffenden Teils der nach § 850c ZPO pauschalierten unpfändbaren Bezüge durch das Vollstreckungsgericht (oder ein Prozessgericht) gibt es zudem keine Rechtsgrundlage. Daher sind nach § 850c ZPO pfändungsfreie Teile des Arbeitseinkommens zur Wegfertigung einzelner bestimmter Lebenshaltungskosten (wie laufender Mietkosten) nicht abtretbar (Rdn. C.543). Das Vollstreckungsgericht kann auch keine Bestimmung treffen, dass infolge einer Vereinbarung mit dem Arbeitgeber über die Mietzahlung oder Abtretung von Arbeitseinkommen an den Vermieter einbehaltene Beträge bei einer nachfolgenden Pfändung auf Einkommenstelle anzurechnen sind, die nach der Tabelle des § 850c ZPO nicht gepfändet werden können (Rdn. C.542). Ebenso ausgeschlossen ist die Bestimmung, dass der Pfandfreibetrag zur Pfändung von Einkommensteilen durch den Gläubiger einer Vollstreckungsforderung gemindert wird, die durch eine für Lebenshaltungskosten erbrachte Leistung, somit auch durch Wohnraumgewährung, entstanden ist. § 850e Abs. 3 ZPO ermöglicht eine Herabsetzung des Pfändungsfreibetrags zur Vollstreckung wegen einer solchen Gläubigerforderung nicht.

6. Pfändungsgrenze bei Vollstreckung von Unterhaltsansprüchen (§ 850d ZPO)

6.1. Allgemeines

C.290 **Schrifttum:** Behr, Probleme der Unterhaltsvollstreckung in Arbeitseinkommen, Rpfleger 1982, 382; Bethke, Privilegierte Pfändung nach § 850d ZPO wegen übergeleiteter Unterhaltsansprüche, FamRZ 1991, 397; Büttner, Unterhalt und Zwangsvollstreckung, FamRZ 1994, 1433 (ergänzender Hinweis S. 1580); Kabath, Pfändung wegen älterer Unterhaltsrückstände, Rpfleger 1991, 292; Kreutzkam, Die Pfändung von Arbeitseinkommen unter Berücksichtigung der zum 1.1.2008 in Kraft getretenen Änderungen bei der Pfändung wegen Unterhalts-

686 OVG Münster, KKZ 1999, 113 mit Anm. Hagemann = NZM 1999, 773 (Verwaltungsvollstreckung ermöglicht Anordnung nicht, dass für Wohnraumkosten unpfändbare Einkommensteile gepfändet sind).

forderungen, JurBüro 2009, 60; Landmann, Die Pfändung wegen überjähriger Unterhaltsrückstände, Rpfleger 2005, 75; Mümmler, Abrechnung der anwaltlichen Vollstreckungskosten bei Pfändung von Unterhaltsansprüchen, JurBüro 1982, 512; Rudolph, Zur Höhe des „notwendigen Unterhalts“ bei der Pfändung, Rpfleger 1996, 490; Rupp und Fleischmann, Zum Pfändungsschutz für Schadensersatzansprüche wegen Unterhaltsverpflichtungen, Rpfleger 1983, 377; Steder, Pfändung und Anrechnung von Kindergeld, DAVorm 1996, 349; Wolf und Hintzen, Probleme mit der Pfändung wegen Unterhaltsansprüchen ab 1.1.2008, Rpfleger 2008, 337.

Gläubiger **bevorrechtigter Unterhaltsansprüche** sind in besonderem Maße bedürftig und vom Schuldner abhängig. Ihre Forderungen sind daher bei der Vollstreckung in Arbeitseinkommen begünstigt: der Pfändungszugriff in das Arbeitseinkommen ist ihnen in weiterem Maße alsgewöhnlichen Gläubigern ermöglicht (wird auch als „strenge“ Lohnpfändung[687] bezeichnet). C.291

6.2. Bevorrechtigte Unterhaltsansprüche

Bevorrechtigte Unterhaltsansprüche sind die Verwandten in gerader Linie (§§ 1601, 1589 S. 1 BGB, auch nach Adoption, § 1754 BGB), dem Ehegatten (§§ 1360, 1361 BGB) oder einem früheren Ehegatten (§§ 1569 ff. BGB) sowie dem Lebenspartner und einem früheren Lebenspartner (wie Rdn. C.247) kraft Gesetzes zustehenden Unterhaltsansprüche – auch als Sonderbedarf, z.B. § 1613 Abs. 2, BGB –, die über ein Jahr alten Rückstände jedoch nur unter bestimmten Voraussetzungen (siehe Rdn. C.305). Der gesetzliche Unterhaltsanspruch eines Kindes ist auch dann bevorrechtigt, wenn er von einem Elternteil im eigenen Namen (als Prozessstandschafter) gegen den anderen Elternteil geltend gemacht ist (§ 1629 Abs. 3 S. 1 BGB). Zu den auf Verwandtschaft beruhenden und somit bevorrechtigten Ansprüchen gehört der Unterhaltsanspruch des Kindes (auch schon vor der Geburt, § 247 FamFG, und noch nach Vollendung des 18. Lebensjahres) gegen seinen Vater und ggf. seine Großeltern. Bevorrechtigter Unterhaltsanspruch eines Ehegatten ist auch sein Anspruch auf Zahlung eines Wirtschaftsgeldes (§ 1360a BGB)[688]. Bevorrechtigt ist auch der nach §§ 1615l, 1615n BGB einem Elternteil aus Anlass der Geburt zustehende Unterhalt für die Zeit vor und nach der Entbindung mit den Kosten der Schwangerschaft oder der Entbindung (nicht aber Beerdigungskosten nach § 1615m BGB). Das Vorrecht eines Unterhaltsanspruchs besteht auch, wenn die Hinterlegung eines angemessenen Betrages angeordnet ist (§ 247 FamFG). C.292

Nur die **kraft Gesetzes** diesen Personen zustehenden Unterhaltsansprüche sind nach § 850d Abs. 1 ZPO bevorzugt. Gesetzliche Unterhaltsansprüche verlieren ihr Pfändungsvorrecht aber nicht durch vertragliche Regelung. Gläubiger von vertraglich festgelegten Unterhaltsforderungen, z.B. Unterhaltsansprüchen aus gerichtlichen Vergleichen und aus gerichtlichen oder notariellen Urkunden (§ 794 Abs. 1 Nr. 1, 5 ZPO) sowie aus Unterhaltsvereinbarungen von Ehegatten (§ 1585c BGB), können daher bevorzugt pfänden, wenn die Ansprüche mit der gesetzlichen Un- C.293

687 Zum Begriff s. Henze, Rpfleger 1980, 456.
688 LG Essen, FamRZ 1964, 366 = MDR 1964, 416.

terhaltspflicht identisch sind[689], diese mithin vertraglich regeln und damit in ihrem Wesen nicht verändern, und zwar selbst dann, wenn es sich um Billigkeitsunterhalt nach § 60 EheG a.F. handelt[690]. Nur in der Höhe besteht daher für einen vertraglich geregelten Unterhalt kein Pfändungsvorrecht, in der er den gesetzlichen Anspruch übersteigt. Wenn besondere Anhaltspunkte ergeben, dass der Vollstreckungstitel (Vergleich oder notarielle Urkunde) nur noch den auf vertragliche Grundlage gestellten Unterhaltsanspruch ausweist, mithin nicht mehr zur Regelung der gesetzlichen Unterhaltspflicht, sondern nur noch als Vertrag zur selbstständigen Unterhaltsverpflichtung geschaffen ist, ermöglicht er bevorzugte Pfändung nicht[691]. Kein Pfändungsvorrecht genießen die ohne gesetzliche Verpflichtung begründeten anderen vertraglichen Unterhaltsansprüche, so z.B. der vertraglich festgelegte Unterhalt einer nach früherem Recht schuldig geschiedenen Frau[692]. Auch eine Kapitalabfindung für Unterhalt (z.B. nach § 62 Abs. 2 EheG a.F.) ist nicht bevorrechtigt, und zwar selbst dann nicht, wenn sie in Raten zu zahlen ist. Vertragliche Unterhaltsansprüche anderer Personen, z.B. eines Stiefkindes, einer Lebensgefährtin, genießen ebenfalls kein Vorrecht. Die Lebensgefährtin kann aber als Mutter eines gemeinschaftlichen Kindes nach § 1615l BGB gesetzlich unterhaltsberechtigt sein (s. Rdn. C.292).

C.294 Unterhaltsansprüche, die gegen einen **Bürgen** oder **Schuldübernehmer** des Unterhaltsschuldners geltend gemacht werden, beruhen auf Vertrag, nicht auf Gesetz. Bei der Vollstreckung gegen den Bürgen oder Schuldübernehmer besteht daher das Vorrecht des § 850d ZPO in keinem Fall. Es besteht auch nicht, wenn der Anspruch gegen den Erben des Unterhaltspflichtigen vollstreckt wird[693].

C.295 Der **Schadensersatzanspruch** eines Unterhaltsberechtigten, dem das Recht auf den Unterhalt durch einen Todesfall entzogen worden ist (§ 844 Abs. 2 BGB), ist kein Unterhaltsanspruch[694]. Er kann nicht nach § 850d Abs. 1 ZPO bevorrechtigt vollstreckt werden[695]. Das muss ebenso für andere Schadensersatzansprüche gelten, die wegen Entziehung eines gesetzlichen Unterhaltsanspruchs sowie wegen Aufhebung oder Minderung der Erwerbsfähigkeit geschuldet sind, wie z. B. nach § 5 Abs. 2, § 8 HaftpflichtG, § 10 Abs. 1, 13 StrVG, § 35 Abs. 2, § 38 LuftVG und § 28 Abs. 2, § 29 Abs. 1 AtomG. Wenn der Ersatzanspruch durch eine vorsätzliche

---

689 RGZ 164, 78; BGHZ 31, 210 = MDR 1960, 292 = NJW 1960, 572; BBGH, FamRZ 2012, 1799 mit zust. Anm. Seiler = MDR 2012, 1370 = NJW 2013, 239 mit zust. Anm. Ahrens = Rpfleger 2012, 696; OLG Frankfurt, Rpfleger 1980, 198; LG Göttingen, MDR 1948, 480; Berner, Rpfleger 1965, 279; s. auch BSozialG, FamRZ 1972, 457 = MDR 1972, 1065.

690 LG Göttingen (Fn. 689).

691 OLG Frankfurt (Fn. 689).

692 AG Hamburg, Rpfleger 1965, 279 mit zust. Anm. Berner. Siehe aber wegen des Billigkeitsunterhalts vorstehend bei Fn. 690.

693 LG Berlin, JW 1938, 608, für den Fall des § 1712 BGB a.F.

694 BGH, FamRZ 2006, 1373 = JurBüro 2007, 98 = MDR 2007, 177 = NZI 2006, 593 = Rpfleger 2006, 617; Wieczorek/Schütze/Lüke, ZPO, § 850d Rdn. 5; **a.A.**; OLG Karlsruhe, HRR 1935 Nr. 1713; KG, NJW 1955, 1112 (Letzteres nur, soweit die Berufung des Schuldners auf § 850c ZPO Treu und Glauben widersprechen würde); Musielak/Becker, ZPO, § 850d Rdn. 2.

695 BGH (Fn. 694).

unerlaubte Handlung entstanden ist, ermöglicht § 850f Abs. 2 ZPO begünstigte Pfändung.

Durch den **Übergang auf einen Dritten,** z.B. den Erben des Berechtigten[696], oder auf einen sonstigen Rechtsnachfolger (z.B. auf den Bürgen, § 774 BGB) büßt der Unterhaltsanspruch seinen Charakter als Unterhaltsforderung ein. Dem neuen Gläubiger steht das Pfändungsvorrecht daher nicht zu[697]; er ist auf die Pfändung im Rahmen des § 850c ZPO beschränkt. **C.296**

Nur wenn der Übergang auf den Dritten deshalb erfolgt ist, weil dieser als weiterer **Unterhaltsverpflichteter** an Stelle des vor ihm haftenden Schuldners geleistet hat (Fälle des § 1584 S. 3, § 1607 Abs. 3, § 1608 BGB; § 63 Abs. 2 EheG a.F.; § 683 S. 2, § 679 BGB), kommt das Vorrecht auch dem Ersatzanspruch des Dritten (= Forderung auf „Unterhalt für die Vergangenheit")[698] gegen den Schuldner zu[699]. Dieses Vorrecht des Dritten kann aber nicht zum Nachteil des Unterhaltsberechtigten selbst geltend gemacht werden. Bei Konkurrenz mit dem Unterhaltsberechtigten steht daher der Dritte insoweit im Rang nach, als § 850d ZPO gegenüber der Pfändung nach § 850c ZPO einen erhöhten Vollstreckungszugriff ermöglicht[700]. **C.297**

Ebenso sind bevorrechtigt der auf den **Träger der Sozialhilfe**[701] übergegangene Unterhaltsanspruch eines Hilfeempfängers (§ 94 Abs. 1 S. 1 SGB XII), der auf das Land nach § 37 BAföG übergegangene Unterhaltsanspruch des Auszubildenden gegen seine Eltern[702], der auf das Land nach § 7 UVG (Rdn. C.188) übergegangene Unterhaltsanspruch eines Berechtigten gegen einen Elternteil[703] sowie der auf den Träger der öffentlichen Jugendhilfe nach § 95 SGB VIII übergeleitete Anspruch gegen den nach bürgerlichem Recht Unterhaltspflichtigen[704]. Bei Konkurrenz mit dem Unterhaltsberechtigten hat jedoch dieser in den Grenzen des durch § 850d ZPO ermöglichten erhöhten Pfändungszugriffs Vorrang. Die privilegierte Pfän- **C.298**

---

696 OLG Breslau, OLGE 17, 340; OLG Hamburg, JW 1937, 51; LG Würzburg, MDR 1961, 1024.

697 Siehe auch BGHZ 103, 160 (164) = FamRZ 1988, 387 = MDR 1988, 479 = NJW 1988, 2604 (allgemein) dazu, dass Sondervorschriften, die für Unterhaltsforderungen gelten, im Falle des Übergangs dieser Forderungen auf einen anderen Gläubiger nicht ohne weiteres anwendbar bleiben.

698 Kropholler, FamRZ 1965, 416.

699 So insbes. auch Kropholler, FamRZ 1965, 416; Büttner, FamRZ 1994, 1433 (1434); Zöller/Herget, ZPO, § 850d Rdn. 4; **a.A.** Behr, Rpfleger 1981, 382 (385).

700 So (allgemein) auch LG Aachen, FamRZ 2001, 177.

701 BAGE 23, 226 = AP Nr. 9 zu § 850d ZPO mit zust. Anm. Biederbick = MDR 1971, 696 = NJW 1971, 2094 = NJW 1972, 75 m. abl. Anm. Frisinger = Rpfleger 1971, 304; BGH, FamRZ 1986, 568 = MDR 1986, 740; OLG Celle, JurBüro 1968, 145 = NJW 1968, 456; LG Aachen, JurBüro 1983, 1732 = Rpfleger 1983, 360 mit zust. Anm. Helwich; LG Berlin, MDR 1962, 745 = Rpfleger 1961, 364 mit zust. Anm. Berner; LG Braunschweig, NJW 1966, 457; LG Duisburg, Rpfleger 1957, 51; LG Waldshut, FamRZ 1966, 48; **a.A.** OLG Hamburg, JW 1937, 51; LG Hanau, FamRZ 1965, 459 = NJW 1965, 767, 1283 mit abl. Anm. Otto; LG Traunstein, MDR 1963, 319; AG Köln, JMBlNRW 1955, 184; Bethke, FamRZ 1991, 397; Horn, MDR 1967, 170; OVG Lüneburg, NJW 1967, 2221; Behr, Rpfleger 1981, 382 (386).

702 LG Stuttgart, Rpfleger 1996, 119.

703 BGH, FamRZ 2015, 657 = NJW 2015, 1830; BGHZ 202, 293 = FamRZ 2014, 1918 = MDR 2014, 1349 = NJW 2015, 157 = Rpfleger 2015, 41.

704 LG Erfurt, FamRZ 1997, 510 mit Anm. Schmidt = JurBüro 1997, 46 = Rpfleger 1997, 74 unter Aufgabe von FamRZ 1996, 1488 = JurBüro 1996, 494 = Rpfleger 1996, 415.

dung ist ausgeschlossen, sofern sich daraus ein Nachteil für den Unterhaltsberechtigten ergibt, der Unterhalt vom Schuldner verlangt. Der am Vollstreckungsverfahren nicht beteiligte vorrangige Unterhaltsgläubiger kann den Vorrang seines Anspruchs mit der Vollstreckungserinnerung (§ 766 ZPO) verfolgen; nach Abschluss des Vollstreckungsverfahrens kann ihm ein Bereicherungsanspruch zustehen[705].

C.299 Keinen Vorzug genießen der Anspruch auf die Beerdigungskosten (§ 1615 Abs. 2, § 1615m BGB), Aussteuer- und Ausstattungsansprüche sowie Ansprüche aus Altenteil, Leibgeding oder Leibrente.

C.300 Die **Prozesskostenvorschusspflicht** des § 1360a Abs. 4 BGB ist Ausfluss der durch die Ehe begründeten Unterhaltspflicht[706]. Als Beitrag zum Unterhalt genießt daher auch der Anspruch auf den Prozesskostenvorschuss das Vorrecht des § 850d ZPO[707]. Das gilt nicht nur für den für Unterhaltsrechtsstreite zu leistenden Vorschuss, sondern allgemein, also auch für den Anspruch auf Vorschusszahlung für die Ehescheidungsklage[708], für ein Verfahren gegen einen Dritten, für ein Strafverfahren oder ein Verfahren der freiwilligen Gerichtsbarkeit. Denn zwischen dem eigentlichen Unterhalt im engeren und einem ihm nicht gleichzustellenden Unterhalt im weiteren Sinne kann nicht unterschieden werden; § 850d ZPO räumt vielmehr dem Unterhaltsanspruch ohne Ausnahme das Pfändungsprivileg ein. Dass der Gesetzgeber nach Festlegung des Begriffs des Familienunterhalts in § 1360a BGB eine pfändungsrechtlich unterschiedliche Behandlung der einzelnen Elemente dieses Unterhalts gelten lassen wollte, ist nicht anzunehmen, weil er mit dem GleichberG auch die Vorschriften der ZPO geändert, § 850d ZPO aber dennoch nicht neu gefasst hat. Praktisch benötigt der Gläubiger den Prozesskostenvorschuss auch oft ebenso lebensnotwendig wie sonstige Unterhaltsleistungen. Wegen dieser Bedürftigkeit und Abhängigkeit des Gläubigers vom Schuldner kann der Prozesskostenvorschuss daher jedenfalls gewöhnlichen Forderungen „fremder“ Gläubiger nicht gleichgestellt werden. Daher kann der Gegenansicht, die dem Vorschussanspruch das Pfändungsvorrecht nach § 850d ZPO versagt, nicht beigetreten werden. Gleiches gilt für den Anspruch eines Kindes gegen unterhaltspflichtige Eltern (auch eines Elternteils gegen das Kind[709]) auf Zahlung eines Prozesskostenvorschusses; er ist seinem Wesen nach Unterhaltsanspruch[710]; als solcher hat er das Vorrecht des § 850d ZPO unabhängig vom Gegenstand des Prozesses.

---

705 BGH (Fn. 703).

706 BGHZ 56, 92 = JurBüro 1971, 931 = MDR 1971, 654 = NJW 1971, 1262.

707 BGH, FamRZ 2009, 1483 (1484) = NJW-RR 2009, 1441 = MDR 2009, 1190 = Rpfleger 2009, 629; LG Aachen, FamRZ 1963, 48; Musielak/Becker, ZPO, § 850d Rdn. 2; Stein/Jonas/Würdinger, ZPO, § 850d Rdn. 9; Wieczorek/Schütze/Lüke, ZPO, § 850d Rdn. 3; **a.A.** – Vorrecht genießt nur der Vorschuss zur Durchführung des Unterhaltsprozesses – Weimar, NJW 1959, 2102; AG Köln, MDR 1959, 848; ferner – überhaupt kein Vorrecht – LG Essen, Rpfleger 1960, 250 mit zust. Anm. Berner; LG Essen, MDR 1965, 662; LG Bremen, FamRZ 1970, 407 = Rpfleger 1970, 214; AG Bochum, JurBüro 1966, 530; OG Böhmen-Mähren DR 1943, 44.

708 **A.A.** LG Essen (Fn. 707); insoweit auch LG Aachen (Fn. 707).

709 Ob Vorschusspflicht gegenüber Eltern besteht, ist streitig, siehe Göppinger/Wax/Vogel, Unterhaltsrecht, Rdn. 2626.

710 OLG Düsseldorf, FamRZ 1968, 209.

Die **Prozesskosten des Unterhaltsrechtsstreites** sind keine gesetzlichen Unterhaltsansprüche; der Anspruch auf ihre Erstattung genießt daher das Vorrecht des § 850d ZPO nicht[711]. Sie müssen nach § 850c ZPO vollstreckt werden. C.301

Zwangsvollstreckungskosten teilen das Schicksal der Hauptforderung (siehe auch § 788 ZPO). Die Kosten einer wegen des Unterhalts betriebenen früheren Zwangsvollstreckung und die Vollstreckungskosten der Einkommenspfändung selbst nehmen daher am Pfändungsprivileg des Unterhaltsanspruchs teil[712]. C.302

Zinsen für Unterhalt werden als Verzugsfolgen geschuldet (siehe § 288 BGB); sie sind kein Unterhalt und deshalb nicht bevorrechtigt[713]. C.303

Der Gläubiger einer gewöhnlichen, an sich also unter § 850c ZPO fallenden Vollstreckungsforderung kann nur in dem besonderen Ausnahmefall des § 850f Abs. 2 ZPO ein dem § 850d ZPO gleiches Pfändungsvorrecht in Anspruch nehmen. Siehe deswegen Rdn. C.456 ff. C.304

6.3. Ältere Rückstände

Für die nach dem Vollstreckungstitel – nicht nach anderer gesetzlicher Regelung – **länger als ein Jahr** vor dem Antrag[714] auf Erlass des Pfändungsbeschlusses fällig gewordenen Unterhalts**rückstände** (sog. überjährige Rückstände) gilt das Pfändungsvorrecht nur, wenn nach Lage der Verhältnisse anzunehmen ist, dass der Schuldner sich seiner Zahlungspflicht absichtlich entzogen hat (§ 850d Abs. 1 S. 4 ZPO). Wenn dies nur wegen eines Teiles der Rückstände der Fall ist, besteht das Vorrecht nur für diesen Teilrückstand. „Absichtlich“ bedeutet, dass der Schuldner der Zahlungspflicht aus dem Schuldtitel trotz Zahlungsmöglichkeit nicht nachgekommen sein darf[715], somit durch ein zweckgerichtetes Verhalten (oder Unterlassen) die Realisierung der Unterhaltsschuld verhindert oder zumindest wesentlich C.305

---

711 BGH (Fn. 707); BGH, JurBüro 2011, 435 = MDR 2011, 690 (691) = NJW-RR 2011, 791 Rdn. 18 = Rpfleger 2011, 448; LG Berlin, MDR 1963, 320; LG Berlin, MDR 1966, 932 = Rpfleger 1967, 223 mit zust. Anm. Berner; LG Essen, MDR 1960, 680 m.w.N.; LG Offenburg, JR 1964, 347 mit abl. Anm. Taeger; Wieczorek/Schütze/Lüke, ZPO, § 850d Rdn. 5; Zöller/Herget, ZPO, § 850d Rdn. 3; ältere Gegenansicht überholt.

712 OLG Hamm, Rpfleger 1977, 109; LG Berlin, JurBüro 1958, 301; Musielak/Becker, ZPO, § 850d Rdn. 2; Stein/Jonas/Würdinger, ZPO, § 850d Rdn. 9; Wieczorek/Schütze/Lüke, ZPO, § 850d Rdn. 5; Zöller/Herget, ZPO, § 850d Rdn. 3; LG Offenburg (Fn. 711); Mümmler, JurBüro 1982, 512 (dieser auch zur Abrechnung des Rechtsanwaltes bei Teilerfolg der Pfändung); nicht entschieden von BGH (Fn. 707); **a.A.** LG Krefeld, FamRZ 2010, 1929; Büttner, FamRZ 1994, 1433 (1434); Bbach/Lbach/Hartmann, ZPO, § 850d Rdn. 3.

713 Ebenso Wieczorek/Schütze/Lüke, ZPO, § 850d Rdn. 5; Schuschke/Walker/Kessal-Wulf/Lorenz, Vollstreckung, § 850d Rdn. 2; **a.A.** Göppinger/Wax, Unterhaltsrecht, Rdn. 2589.

714 Eingang bei Gericht, Recke, JW 1935, 326; Zöller/Herget, ZPO, § 850d Rdn. 5; Wieczorek/Schütze/Lüke, ZPO, § 850d Rdn. 17; **a.A.** (ein Jahr vor Erlass des Beschlusses) KG, MDR 1986, 767 = Rpfleger 1986, 394.

715 So auch KG (Fn. 714); LG Hanau, JurBüro 2004, 619 (620). Dazu nun auch BGH, FamRZ 2005, 440 = JurBüro 2005, 272 = MDR 2005, 649 = NJW-RR 2005, 718 = Rpfleger 2005, 204.

erschwert hat[716]. Dass er in der subjektiven Absicht gehandelt hat, durch Ausnutzung der Jahresfrist das Pfändungsvorrecht auszuschließen, kann nicht verlangt werden[717]. Seiner Zahlungspflicht ist der Schuldner absichtlich auch dann nicht nachgekommen, wenn er seiner – gegenüber minderjährigen Kindern gesteigerten – unterhaltsrechtlichen Verpflichtung, seine Arbeitskraft voll einzusetzen, trotz bestehender Möglichkeit, auf diese Weise Einkünfte zu erzielen, nicht nachgekommen ist[718]. Wenn der Schuldner gemeint hat, aus Rechtsgründen nicht zahlungspflichtig zu sein, ist „absichtliches" Entziehen zu verneinen[719]. Zulässig ist die bevorrechtigte Pfändung bei absichtlichem Zahlungsrückstand nach § 850d Abs. 1 S. 4 ZPO auch wegen der überjährigen Unterhaltsrückstände, die vor Erlass des Urteils, durch das der Unterhalt erst der Höhe nach bestimmt worden ist, fällig geworden sind[720].

C.306 Auch überjährige Unterhaltsrückstände sind grundsätzlich nach § 850d Abs. 1 ZPO privilegiert. Für die Pfändung nach § 850d ZPO hat der Gläubiger daher im Pfändungsantrag keine Tatsachen für das Vorrecht der überjährigen Rückstände vorzubringen und das Vollstreckungsgericht nicht zu prüfen, ob der Schuldner sich seiner Zahlungspflicht absichtlich entzogen hat. Dass Arbeitseinkommen für überjährige Rückstände (ausnahmsweise) nur mit den Pfändungsgrenzen des § 850c ZPO gepfändet werden kann, hat der Schuldner geltend zu machen. Er trägt die Darlegungs- und Beweislast dafür, dass er sich seiner Zahlungspflicht nicht absichtlich entzogen hat[721] wie z.B. deshalb, weil er infolge Krankheit oder Arbeitslosigkeit nicht zahlungsfähig war. Er hat Einwendungen gegen die privilegierte Pfändung auch für überjährige Rückstände mit Erinnerung nach § 766 ZPO geltend zu machen und die Tatsachen vorzutragen, welche die Annahme rechtfertigen, dass er sich seiner Zahlungspflicht nicht absichtlich entzogen hat.

6.4. Pfändungsgrenzen

6.4.1. Freibetrag nur für Unterhalt

C.307 Bevorrechtigten Unterhaltsansprüchen sind die Pfändungsgrenzen des § 850c ZPO und die in § 850a Nrn. 1, 2 und 4 ZPO genannten Pfändungsverbote nicht gesetzt. Dem Schuldner muss bei der Vollstreckung einer Unterhaltsforderung von seinem (Netto-)Arbeitseinkommen (§ 850e Nr. 1 ZPO) aber so viel belassen werden, als er

---

716 BGHZ 105, 250 (257) = FamRZ 1989, 150 = MDR 1989, 241 = NJW 1989, 526; BGH (Fn. 715).

717 BGH (Fn. 715); KG (Fn. 714); Recke, JW 1935, 326; weitergehend Landmann, Rpfleger 2005, 75 (76, 77): verlangt Benachteiligungsabsicht.

718 BGH (Fn. 715).

719 LG Braunschweig, JurBüro 1986, 1422; OLG Frankfurt, FamRZ 2000, 614 = NJW-RR 2000, 220 („... dass der Schuldner auf Grund besonderer Umstände mit vertretbarer Argumentation die Unterhaltspflicht in Zweifel ziehen konnte").

720 KG (Fn. 714); OLG Frankfurt (Fn. 719); dazu auch Landmann, Rpfleger 2005, 75.

721 BGH (Fn. 715) gegen die früher überwiegende Ansicht; Kabath, Rpfleger 1991, 292; anders Landmann, Rpfleger 2005, 75.

- für **seinen** notwendigen Unterhalt und
- zur Erfüllung seiner laufenden gesetzlichen Unterhaltspflichten gegenüber den dem Gläubiger **vorgehenden Berechtigten** oder (bzw. sowie)
- zur gleichmäßigen Befriedigung der dem Gläubiger **gleichstehenden Berechtigten**

benötigt[722] (§ 850d Abs. 1 S. 2 ZPO). Zu berücksichtigen sind Unterhaltspflichten gegenüber Personen, denen der Schuldner gesetzlich Unterhalt schuldet und in Natur (Sachleistungen) oder in Geld tatsächlich leistet (Rdn. C.314). Von den nach § 850a Nrn. 1, 2 und 4 ZPO unpfändbaren Bezügen hat ihm mindestens die Hälfte zu verbleiben; das Gericht kann in besonderen Fällen (so z.B. wenn der Schuldner zur Erhaltung seiner Arbeitskraft der Erholung in besonderem Maße bedarf) auch mehr pfandfrei belassen („mindestens" die Hälfte), die Unpfändbarkeit aber nicht über den durch § 850a ZPO gesetzten Rahmen hinaus erstrecken.

Zur Anwendung der Nettomethode auf den Abzug anteiliger Steuern und Soziallasten siehe Rdn. C.355. Als unpfändbare Bezüge können diese Beträge auf den pfandfrei zu belassenden notwendigen Unterhalt nicht mindernd angerechnet werden. Gleiches gilt für Aufwandsentschädigung, Auslösungsgelder[723], Gefahrenzulage usw. (§ 850a Nr. 3 ZPO), Heirats- und Geburtsbeihilfen (§ 850a Nr. 5 ZPO) sowie die in § 850a Nr. 6–8 ZPO genannten Bezüge[724]. C.308

6.4.2. Bemessung (Höhe) des Freibetrages

Aus dem **Schrifttum:** Berner, Nochmals: Die völlig unzulänglichen Freigrenzen bei der Lohnpfändung wegen Unterhaltsforderungen (§ 850d ZPO), Rpfleger 1958, 303; siehe ferner Berner Rpfleger 1958, 68 und 1956, 123; Büttner, Vielerlei Maß, FamRZ 1990, 459; Grund, Der notwendige Unterhalt nach § 850d Abs. 1 ZPO, JR 1958, 256; Stehle, Lebensnahe und gerechte Lohnpfändungen bei Unterhaltsschuldnern, NJW 1956, 167. C.309

6.4.2.1. Der notwendige Unterhalt des Schuldners

Der notwendige Unterhalt des Schuldners umfasst den gesamten Lebensbedarf (siehe Rdn. C.422). C.310

Der **Betrag** des notwendigen Unterhalts ist in der Regel („grundsätzlich") nach dem notwendigen Lebensbedarf im Sinne des Dritten und Elften Kapitels des SGB XII[725] C.311

Teil C Arbeitseinkommen

722 Weitergehenden Schutz, insbesondere weitere Pfändungsfreibeträge aus einem über die Freigrenze des § 850d Abs. 1 S. 2 ZPO hinausgehenden Mehreinkommen (eine Unpfändbarkeit von Mehreinkommen) als Anreiz für die Arbeitswilligkeit des Schuldners (vgl. Rdn. C.241) nach dem System des § 850c Abs. 2 ZPO rechtfertigt § 850d Abs. 1 S. 2 ZPO nicht; OLG Köln, FamRZ 1994, 53 = NJW-RR 1993, 1156 = Rpfleger 1994, 33; auch OLG Frankfurt, Rpfleger 1998, 165.

723 Für diese ebenso LG Detmold, Rpfleger 1993, 357.

724 Eine Anrechnung würde im Ergebnis den Zugriff des Unterhaltsgläubigers auf die der Pfändung durch ihn entzogenen Beträge (vgl. Rdn. C.138) bewirken.

725 Zwölftes Buch Sozialgesetzbuch – Sozialhilfe – vom 27.12.2003 (BGBl I 3022).

zu bemessen[726]. Den Regelungen von Kapitel 3 Abschnitt 2 des SGB II[727] kommt (auch im Hinblick auf die Änderung des § 850f Abs. 1 Buchst. a ZPO) keine Bedeutung zu[728] (siehe auch Rdn. C.421); das bringt schon der Gesetzeswortlaut zum Ausdruck: im Falle des § 850d Abs. 1 ZPO, der keinen Hinweis auf SGB II gibt, erfolgt Pfändung „ohne die in § 850c bezeichneten Beschränkungen", nach § 850f Abs. 1 Buchst. a ZPO hingegen könnte der notwendige Lebensunterhalt nach Kapitel 3 Abschnitt 2 des SGB II (allenfalls) aber nur Bedeutung erlangen, wenn er bei der Anwendung der Pfändungsfreigrenzen entsprechend der Anlage zu § 850c ZPO nicht gedeckt ist. Arbeitsuchender (§ 1 SGB II), dessen Grundsicherung SGB II vorrangig unter Ausschluss von Leistungen nach dem dritten Kapitel von SGB XII regeln würde (§ 5 Abs. 2 S. 1 SGB II), ist der erwerbstätige Schuldner ohnedies nicht, dem bei Zwangsvollstreckung wegen eines gesetzlichen Unterhaltsanspruchs mit Pfändungsfreigrenzen der notwendige Unterhalt zu belassen ist. Eine Bemessung der Pfändungsfreigrenze (§ 850d Abs. 1 S. 2 ZPO) nach den Bestimmungen des SGB XII über die Hilfe zum Lebensunterhalt ist daher naheliegend und sachgerecht[729]. Die Unterhaltsrichtlinien der Oberlandesgerichte für den notwendigen Selbstbehalt (mit in der Regel etwas oberhalb der Sozialhilfesätze liegenden Beträgen) können als Richtsätze für Bemessung des notwendigen Unterhalts nicht herangezogen werden[730]. Auch die Verdoppelung der nach SGB XII festgesetzten Regelsätze für die laufenden Leistungen zum Lebensunterhalt bietet keine geeignete Richtgröße[731]. Zur Bemessung des notwendigen Lebensunterhalts siehe Rdn. C.422. Nach Sozialhilferecht einzusetzendes Vermögen (§ 90 SGB XII) erlangt für die betragsmäßige Bestimmung des Pfandfreibetrags nach den Bestimmungen über Hilfe zum Lebensunterhalt keine Bedeutung (Rdn. C.428).

C.312 Hat das **Prozessgericht** im Schuldtitel bei Bemessung des eingeklagten Unterhalts bereits den Unterhaltsbedarf des Schuldners ermittelt (siehe § 1603 BGB), so sind die **Feststellungen** im Urteil für das Vollstreckungsgericht nicht bindend. Das Vollstreckungsgericht kann bei der Vollstreckung des ausgeklagten Unterhalts daher auch von den Feststellungen des Prozessgerichts abweichen und dem Schuld-

726 BGHZ 156, 30 = BGH-Rep. 2003, 1237 mit Anm. Schuschke = FamRZ 2003, 1466, 1743 Leits. mit Anm. Wax = MDR 2004, 53 = NJW 2003, 2918 = Rpfleger 2003, 593; BGH, FamRZ 2004, 620 = MDR 2004, 711 = NJW-RR 2004, 506 = Rpfleger 2004, 297; BGHZ 162, 234 (245, 246); BGH, FamRZ 2010, 1798; BGH, DGVZ 2012, 10 = FamRZ 2011, 208 = JurBüro 2011, 213 = MDR 2011, 127 (128) = NJW-RR 2011, 706 Rdn. 9 = Rpfleger 2011, 164; BGH, MDR 2013, 57 = NZI 2013, 194 = Rpfleger 2013, 158; BGH, MDR 2018, 1212 = NJW-RR 2018, 1272 = Rpfleger 2019, 44. Ältere Rechtsprechung (s. noch 13. Aufl. Rdn. 1094 mit Fn. 48) und Literatur ist damit überholt.

727 Zweites Buch Sozialgesetzbuch – Grundsicherung für Arbeitsuchende – i.d.F. vom 13.5.2011 (BGBl I 850).

728 BGH, FamRZ 2008, 877 (878) = JurBüro 2008, 549 (550) = MDR 2008, 530 (531) = NJW-RR 2008, 733 (734) = Rpfleger 2008, 318; LG Detmold, FamRZ 2009, 1083 (1084); **anders** noch LG Aschaffenburg, FamRZ 2007, 1664 m.w.N. für die streitig gewesene Abgrenzung; LG Frankfurt, Rpfleger 2011, 543 (für § 850f Abs. 2 ZPO).

729 Der BGH, FamRZ 2015, 657 (Fn. 703) hat den notwendigen Unterhalt des Schuldners ohne nähere Begründung mit 900 Euro angenommen.

730 BGHZ 156, 30 (Fn. 726); auch BGH, FamRZ 2004, 185 = NJW-RR 2004, 362 = Rpfleger 2004, 111 (112).

731 BGHZ 156, 30 (Fn. 726).

ner einen anderen (höheren oder geringeren) Freibetrag belassen. Regelmäßig wird von den Feststellungen des Prozessgerichts aber nur abzuweichen sein, wenn neue, vom Prozessgericht noch nicht gewürdigte Umstände vorgetragen und zu entscheiden sind[732].

Die Berücksichtigung **fiktiver Einkünfte** des Unterhaltspflichtigen durch das Prozessgericht bei der Bemessung des Unterhaltsanspruchs des Gläubigers kann keine Minderung des dem Schuldner für Unterhalt nach § 850d Abs. 1 S. 2 ZPO zu belassenden Freibetrags bewirken[733]. Berücksichtigung eines (jedenfalls teilweise) nicht tatsächlich erzielten Einkommens durch das Prozessgericht erfolgt zur Bestimmung der Höhe des Gläubigeranspruchs; für die Bemessung des Unterhaltsanspruchs muss sich der Unterhaltspflichtige so behandeln lassen, als wenn er erreichbares Einkommen tatsächlich erzielt hätte[734]. Mit dem Freibetrag des § 850d Abs. 1 S. 2 ZPO ist der Schuldner vor vollem Zugriff der Gläubiger auf Arbeitseinkommen bei der Zwangsvollstreckung in diesen einzelnen Vermögenswert geschützt. Nach dem Schutzgedanken des Sozialstaatsprinzips wird mit dieser Unpfändbarkeit des Arbeitseinkommens dem Schuldner und seiner Familie die Führung eines menschenwürdigen Lebens ermöglicht (Rdn. C.2). Diesen Schutzzweck erfüllen fingierte Einnahmen nicht. Deshalb wird bei der Zwangsvollstreckung in das reale Einkommen aus Erwerbstätigkeit die mit dem Freibetrag des § 850d Abs. 1 ZPO gewährleistete Unpfändbarkeit auch nicht durch die unterhaltsrechtliche Obliegenheit zur Aufnahme und Fortsetzung einer (umfangreicheren) Erwerbstätigkeit geschmälert. **C.313**

6.4.2.2. Unterhaltspflichten gegenüber vorgehenden Berechtigten

Ein Freibetrag zur Erfüllung seiner laufenden gesetzlichen Unterhaltspflichten gegenüber den dem Gläubiger vorgehenden Berechtigten (siehe Rdn. C.328) muss dem Schuldner belassen werden, wenn er solchen Personen in Natur oder durch Zahlung einer Geldrente freiwillig oder im Wege der Zwangsvollstreckung tatsächlich Unterhalt leistet[735]. Personen, denen der Schuldner zwar unterhaltspflichtig ist, tatsächlich aber keinen Unterhalt leistet[736], und freiwillig übernommene Unterhaltskosten, so z.B. Unterhalt, der Stiefkindern geleistet wird[737], bleiben außer Betracht. Ebenso unberücksichtigt hat Unterhalt zu bleiben, der einem Lebensge- **C.314**

---

732 Siehe dazu LG Essen, MDR 1958, 433; LG Kassel, Rpfleger 1974, 77; Büttner, FamRZ 1994, 1433 (1435 f.); **a.A.** LG Saarbrücken, JurBüro 1985, 1742: dem Schuldner ist in der Regel nur so viel zu belassen, dass durch die Vollstreckung wenigstens der laufende Unterhalt erbracht wird. Zu belassen ist dem Schuldner vielmehr stets sein notwendiger Unterhalt; nur für dessen Bemessung können die Feststellungen des Prozessgerichts Anhalt geben.

733 So (nun) auch LG Hanau, JurBüro 2004, 619.

734 Vgl. BGHZ 75, 272 (274 f.) = FamRZ 1980, 43; BGH, FamRZ 1984, 374 (377) = MDR 1984, 654 = NJW 1984, 1458; BGH, FamRZ 1996, 345 = MDR 1996, 281 = NJW 1996, 517.

735 OLG Karlsruhe, FamRZ 2000, 365 (367) = MDR 1999, 1403.

736 LG Göttingen, NdsRpfl 1957, 135; LG Berlin, DAVorm 1976, 661.

737 OLG Hamm, Rpfleger 1954, 631 mit zust. Anm. Berner; Berner, Rpfleger 1961, 290 li.Sp. oben m.w.N.

fährten bei eheähnlicher Lebensgemeinschaft geleistet wird[738]. Laufender Unterhalt ist der letzte vor Erlass des Pfändungsbeschlusses fällig gewordene und der weiterlaufende Unterhalt[739]; die älteren Unterhaltsansprüche sind Rückstände, die keine Berücksichtigung mehr finden können. Wird wegen solcher Rückstände vollstreckt, so gilt gegenüber anderen Gläubigern allein der Grundsatz der Priorität (§ 804 Abs. 3 ZPO; siehe Rdn. C.574 ff.).

C.315 Der Freibetrag zur Erfüllung laufender gesetzlicher Unterhaltspflichten gegenüber einem **vorgehenden** Berechtigten bemisst sich nach dem (gesetzlichen) Unterhaltsanspruch dieses Angehörigen, auch wenn der Schuldner seiner Unterhaltspflicht nicht in vollem Umfang genügt[740]. Das ist der diesem Berechtigten nach Unterhaltsrecht zustehende (volle) Unterhaltsbetrag, somit der nach der Lebensstellung des (vorrangigen) Berechtigten zu bemessende **angemessene Unterhalt**[741] (§ 1610 Abs. 1 BGB). Zu decken ist aus dem Einkommen des Schuldners über seinem notwendigen Unterhalt nach § 850d Abs. 1 S. 2 ZPO der **volle Bedarf** des Berechtigten der vorgehenden Rangstufe; der vollstreckende Gläubiger der nachfolgenden Rangstufe kommt nur zum Zuge, wenn dann noch ein Einkommensteil übrig ist. Dass ein nachrangiger Unterhaltsberechtigter vorhanden ist und vollstreckt, hat keine Minderung des angemessenen Unterhalts des Berechtigten der besseren Rangstufe zur Folge. Das schließt es zugleich aus, den Freibetrag für den Unterhalt vorrangig berechtigter Angehöriger in Anlehnung an die Sätze des Sozialhilferechts zu bemessen. Diese Sätze bestimmen „notwendigen" Unterhalt (Rdn. C.311). Sie sind nicht etwa aus der Erwägung zugrunde zu legen, dass sich dann, wenn der Schuldner selbst nur den notwendigen Unterhalt behält, auch eine entsprechende Beschränkung der Familie ergeben würde[742]. Soweit Einkommen des Verpflichteten (oder auch beider Ehegatten) für die Lebensstellung des (vorrangig) Bedürftigen (§ 1610 Abs. 1 BGB) und damit für Bemessung seines angemessenen Unterhalts erheblich ist, ist es vielmehr ungekürzt zu berücksichtigen; dass ein nachrangig Berechtigter vorhanden ist und vollstreckt, hat somit nicht einkom-

---

738 Kann aber als Mutter eines gemeinschaftlichen Kindes nach § 1615l BGB gesetzlich unterhaltsberechtigt sein (siehe Rdn. C.292); praktischer Fall: OLG Frankfurt, FamRZ 2000, 614 = NJW-RR 2000, 220.

739 Stein/Jonas/Würdinger, ZPO, § 850d Rdn. 23.

740 BGH, FamRZ 2010, 1654 mit Anm. Schlünder = JurBüro 2010, 661 = MDR 2010, 1214 = Rpfleger 2011, 38.

741 OLG Frankfurt (Fn. 738); LG Detmold, Rpfleger 2000, 340. Nicht klar und möglicherweise anders BGH, FamRZ 2004, 620 = MDR 2004, 711 = NJW-RR 2004, 506 (507 re.Sp. unten) = Rpfleger 2004, 297: Beurteilung nach (damals) BSHG „gilt für den Schuldner der Zwangsvollstreckung ebenso wie für die Personen, denen er Unterhalt zu gewähren hat". Dem widerspricht aber bereits der Wortlaut des § 850d Abs. 1 S. 2 ZPO, der einen unpfändbaren Betrag für den „notwendigen Unterhalt" des Schuldners und „zur Erfüllung seiner laufenden gesetzlichen Unterhaltspflichten" gebietet. Es ist überdies nicht hinnehmbar, dass der Gläubiger seinen laufenden (gesamten) gesetzlichen Unterhaltsanspruch vollstrecken, zur Erfüllung ebensolcher Unterhaltspflichten gegenüber vorgehenden und gleichstehenden Berechtigten aber nur der mindere sozialhilferechtliche Bedarf verbleiben darf. Folge wäre z.B. die gleichmäßige Befriedigung des gesamten laufenden gesetzlichen Unterhaltsanspruchs des Gläubigers und des nur sozialhilferechtlichen Bedarfs jedes gleichstehenden Unterhaltsberechtigten.

742 So aber Berner, Rpfleger 1958, 308; anders wohl Büttner, FamRZ 1994, 1433 (1436).

mensmindernde und damit die Lebensstellung des (vorrangigen) Unterhaltsberechtigten beschränkende Wirkung.

Der Einkommensbetrag, der zur Erfüllung einer gesetzlichen Unterhaltspflicht gegenüber Kindern, denen Naturalunterhalt geleistet wird, sowie gegenüber dem in häuslicher Gemeinschaft lebenden (einkommenslosen) Ehegatten (auch Lebenspartner) und sonstigen Berechtigten, deren Unterhaltsanspruch nicht durch gerichtliche Entscheidung ausgewiesen ist, pfandfrei zu belassen ist, ist vom Vollstreckungsgericht festzustellen. Anhalt für Bemessung dieses pfandfreien Betrags bieten C.316

- für ein **minderjähriges unverheiratetes Kind** der Mindestunterhalt des § 1612a BGB oder der nach den persönlichen Verhältnissen bemessene Unterhalt. Kindergeld ist nach Maßgabe des § 1612b BGB vorweg bedarfsmindernd abzuziehen. Ein durch das Wachstum oder eine Berufsausbildung bedingter besonderer Aufwand ist bei Kindern oder Jugendlichen bei der Bemessung des bedarfdeckenden Unterhalts berücksichtigt; weitergehend, damit nochmals, ist er für Bestimmung des pfandfreien Betrags nicht zu ermitteln und anzusetzen;
- für einen Elternteil und den **Ehegatten** (auch einen geschiedenen Ehegatten, einen Lebenspartner oder einen früheren Lebenspartner) dessen (voller) angemessener Unterhalt, der von der Unterhaltsrechtsprechung nach (regional festgestellten) Richtsätzen und Leitlinien („Düsseldorfer Tabelle“) bemessen wird, soweit nicht im Einzelfall besondere Umstände eine Abweichung bedingen;
- für eine **andere** vorrangig berechtigte **Person** deren im Einzelfall festzustellendem Unterhalt.

Der **Mindestunterhalt** eines minderjährigen Kindes nach § 1612a BGB, § 1 MinUhV[743] (aufgerundet nach § 1612a Abs. 2 BGB) beträgt ab dem 1.1.2019 C.317

- für die Zeit bis zur Vollendung des 6. Lebensjahres (erste Altersstufe) 87 Prozent 354 €,
- für die Zeit vom siebten bis zur Vollendung des 12. Lebensjahres (zweite Altersstufe) 100 Prozent 406 €,
- für die Zeit vom 13. Lebensjahr an (dritte Altersstufe) 117 Prozent 476 €.

Das auf ein Kind entfallende **Kindergeld**, das einem Elternteil (§ 64 Abs. 1 EStG) oder einem Dritten (§ 74 EStG) ausbezahlt wird, ist als zweckgebundene, existenzsichernde Leistung für dieses zu verwenden; es mindert damit den Unterhaltsbedarf des Kindes. Wenn Kindergeld für mehrere Kinder gezahlt wird und nur Zahlkinder (Begriff Rdn. A.227) vorhanden sind, ergibt sich der auf jedes Kind entfallende Betrag durch gleichmäßige Verteilung des Kindergeldes auf jedes dieser Kinder (siehe § 76 Nr. 1 EStG, Rdn. A.223). Verwendung erfolgt in der Weise, dass das Kindergeld von dem Unterhaltsbedarf des jeweiligen Kindes in dem durch C.318

743 Mindestunterhaltsverordnung vom 3.12.2015 (BGBl I 2188) i.d.F. der Verordnung vom 28.9.2017 (BGBl I 3525).

§ 1612b BGB bestimmten Umfang abgesetzt wird (bedarfsmindernder Vorwegabzug). Die Bestimmung lautet:

§ 1612b BGB
Deckung des Barbedarfs durch Kindergeld

(1) Das auf das Kind entfallende Kindergeld ist zur Deckung seines Barbedarfs zu verwenden:

1. zur Hälfte, wenn ein Elternteil seine Unterhaltspflicht durch Betreuung des Kindes erfüllt (§ 1606 Abs. 3 Satz 2);
2. in allen anderen Fällen in voller Höhe.

In diesem Umfang mindert es den Barbedarf des Kindes.

(2) Ist das Kindergeld wegen der Berücksichtigung eines nicht gemeinschaftlichen Kindes erhöht, ist es im Umfang der Erhöhung nicht bedarfsmindernd zu berücksichtigen.Nicht bedarfsmindernd zu berücksichtigen ist somit Kindergeld, soweit es wegen der Berücksichtigung eines nicht gemeinschaftlichen Kindes (Zählkind) erhöht ist (§ 1612b Abs. 2 BGB). Der Zählkindervorteil verbleibt damit dem bezugsberechtigten Elternteil.

C.319 Gleiches gilt für (andere) regelmäßig wiederkehrende kindbezogene Leistungen, die den Anspruch auf Kindergeld ausschließen oder mindern (§ 1612c BGB). Es handelt sich nach § 65 EStG um

- Kinderzulagen aus der gesetzlichen Unfallversicherung oder Kinderzuschüsse aus der gesetzlichen Rentenversicherung,
- vergleichbare Leistungen, die im Ausland gewährt werden
- vergleichbare Leistungen für Kinder, die von einer zwischen- oder überstaatlichen Einrichtung gewährt werden.

6.4.2.3. Unterhaltspflichten gegenüber gleichstehenden Berechtigten

C.320 Die gleichmäßige Befriedigung der dem Gläubiger gleichstehenden Berechtigten (Rdn. C.328) gebietet die Berücksichtigung des Gläubigers und des oder der gleichstehend Berechtigten nach dem Verhältnis der Beträge ihrer laufenden gesetzlichen Unterhaltsansprüche. Das sind gleichfalls die jedem Berechtigten gebührenden (vollen) Unterhaltsbeträge (s. Rdn. C.315), somit der jedem der Berechtigten nach seiner Lebensstellung geschuldete Unterhalt. Gewährleistet muss sein, dass die verschiedenen Unterhaltsberechtigten nach Maßgabe ihres (unterschiedlich hohen) Unterhaltsbedarfs gleichmäßig befriedigt werden[744]. Das den notwendigen Unterhalt des Schuldners selbst übersteigende Einkommen ist damit für die Bestimmung des nach § 850d Abs. 1 S. 2 ZPO pfandfreien Betrags nach der Höhe der gesetzlichen Unterhaltsansprüche der Berechtigten in der gleichen Rangstufe

---

744 OLG Dresden, DJ 1936, 977; OLG Frankfurt, MDR 1957, 750; OLG Frankfurt (Fn. 738); OLG Köln, FamRZ 1994, 53 = NJW-RR 1993, 1156 = Rpfleger 1994, 33; OLG Schleswig, JurBüro 1959, 134 = SchlHA 1958, 338; LG Berlin, MDR 1961, 512; LG Bremen, Rpfleger 1961, 126; LG Darmstadt, MDR 1958, 245; LG Konstanz, FamRZ 1998, 1448; LG Ravensburg/LG Koblenz, DAVorm 1972, 312 (313); Berner, Rpfleger 1956, 126; Berner, Rpfleger 1958, 308 unter a.

zu quoteln[745]. Eine Aufteilung des Einkommens über dem notwendigen Unterhalt für den Schuldner selbst nach Kopfteilen schließt das ebenso aus wie eine Bemessung des Freibetrags in Anlehnung an Sätze des Sozialhilferechts. Für die Aufteilung nach dem Verhältnis der Unterhaltsansprüche zu berücksichtigen sind demnach (s. bereits Rdn. C.316)

- ein **minderjähriges unverheiratetes Kind** mit dem Mindestunterhalt des § 1612a BGB oder dem nach den persönlichen Verhältnissen bemessenen Unterhalt. Kindergeld ist nach Maßgabe des § 1612b BGB vorweg bedarfsmindernd abzuziehen,
- ein Elternteil und der **Ehegatte** (auch ein geschiedener Ehegatte, ein Lebenspartner sowie ein früherer Lebenspartner) mit seinem (vollen) angemessenen Unterhalt, der von der Unterhaltsrechtsprechung nach (regional festgelegten) Richtsätzen und Leitlinien („Düsseldorfer Tabelle“) bemessen wird, soweit nicht im Einzelfall besondere Umstände eine Abweichung bedingen.

Beispiel: C.321

Es vollstreckt ein minderjähriges unverheiratetes Kind der dritten Altersstufe monatlichen Unterhalt von 272 € (476 € abzüglich 204 € Kindergeld). Der Schuldner leistet einem in seinem Haushalt lebenden 3-jährigen Kind Naturalunterhalt. Dessen nach § 1612a BGB festzustellender Unterhalt beträgt 150 € (354 € abzüglich 204 € Kindergeld).

Erforderlich und aus Arbeitseinkommen nach § 850d Abs. 1 S. 2 ZPO zu belassen zur gleichmäßigen Befriedigung des dem Gläubiger gleichstehenden Berechtigten sind von dem Arbeitseinkommen über dem notwendigen Unterhalt des Schuldners hinaus $^{150}/_{422}$ Anteile (Unterhalt beider Kinder 272 € + 150 € = 422 €; quotenmäßer Anteil des 3-jährigen Kindes = 150 Teile).

Für jeden Zeitraum, für den das Arbeitseinkommen gezahlt wird, ist gleichmäßige Befriedigung mit voller Wegfertigung des jeweils laufenden gesamten gesetzlichen Unterhaltsanspruchs erfolgt. Beträge aus dem den notwendigen Unterhalt des Schuldners übersteigenden Einkommen, die dann noch verbleiben, sind bis zur Höhe der Gläubigerforderung ebenso gepfändet wie der bei der Quotelung für laufenden gesetzlichen Unterhalt auf den Gläubiger selbst entfallende Einkommensteil. Rückständige Unterhaltsbeträge und Kosten, die der Gläubiger voll-

---

745 OLG Frankfurt (Fn. 738); **a.A.** Behr, Rpfleger 1981, 182, der auch für gleichrangige Unterhaltsberechtigte nur einen festen Richtsatz als Pfändungsfreibetrag einsetzen will (widerspricht dem Gesetz) und mit einer Gleitsicherungsklausel gewährleisten möchte, dass der pfändende Gläubiger zumindest bezüglich seines laufenden Unterhalts gleichmäßig mit den gleichrangigen Angehörigen befriedigt wird. Die von Behr erstrebte Begrenzung des für gleichmäßige Befriedigung gleichstehender Berechtigter verbleibenden Freibetrags zugunsten weiterer Pfändungsmöglichkeit für die mit beizutreibenden Unterhaltsrückstände des Gläubigers wird aber, soweit sie sich nicht bereits nach § 850d Abs. 1 S. 3 ZPO mit den Sätzen des § 850c ZPO ergibt, auch durch die hier dargestellte Praxis vorgenommen (s. Rdn. C.343). Darüber hinaus bietet das Gesetz für die etwas komplizierte Bedarfsbegrenzung der im Gleichrang stehenden Berechtigten mit festen Sätzen auf den ziffernmäßig feststehenden laufenden Unterhaltsanspruch des Gläubigers, mindestens jedoch auf SGB-Richtsätze, keinen Anhalt.

streckt, können damit praktisch nur zum Zuge kommen, wenn Mehrbeträge über laufenden gesetzlichen Unterhalt hinaus verbleiben.

6.4.3. Berücksichtigung entlastender Einnahmen und geldwerter Vorteile

6.4.3.1. Andere beständige Einnahmen und Vorteile

C.322 Folge der Pfändbarkeit des Arbeitseinkommens wegen eines Unterhaltsanspruchs ohne die in § 850c ZPO bezeichneten Beschränkungen (§ 850d Abs. 1 S. 1 ZPO) ist auch, dass dem Schuldner nur ein für den notwendigen Lebensbedarf erforderlicher Teil des Arbeitseinkommens für seinen eigenen Unterhalt nach § 850d Abs. 1 S. 2 ZPO zu belassen ist. Daher mindern andere Einnahmen und geldwerte Vorteile, die dem Schuldner für seinen Lebensunterhalt sicher zur Verfügung stehen, den aus Arbeitseinkommen zu deckenden notwendigen Unterhaltsbedarf. Zu diesem anzurechnenden Einkommen gehören (nach dem für due Bestimmung des notwendigen Lebensbedarfs anwendbaren Elften Kapitel des SGB XII, Rdn. C.311) alle Einkünfte in Geld oder Geldeswert (§ 82 Abs. 1 S. 1 SGB XII), damit insbesondere

- **weiteres Arbeitseinkommen** bei einem anderen Drittschuldner, das nicht gepfändet und nicht abgetreten ist, somit zur Bestreitung des Lebensunterhalts zur Verfügung steht.Von diesem Einkommen **abzusetzen** sind jedoch nach § 82 Abs. 2 und 3 SGB XII insbesondere
  - auf das Einkommen zu entrichtende Steuern (so auch bereits § 850e Nr. 1 ZPO);
  - von dem oder infolge dieses Einkommens zu entrichtende Pflichtbeiträge zur Sozialversicherung einschließlich der Beiträge zur Arbeitsförderung (so auch bereits § 850e Nr. 1 ZPO),
  - ebenso Beiträge zu sonstigen (öffentlichen oder privaten) Versicherungen sowie geförderte Altersversorgungsbeiträge,
  - die mit der Erzielung dieses Einkommens verbundenen notwendigen Ausgaben wie Fahrtkosten zur Arbeitsstelle (s. auch Rdn. C.435),
  - ein Betrag bis zu 30 v.H. für Hilfe zum Lebensunterhalt;
- freiwilliges Trinkgeld[746], das der Schuldner beständig einnimmt,
- andere fortlaufende Nebeneinnahmen und Erträgnisse eines Vermögens (Zinsen aus Sparguthaben, Pfandbriefe usw.),
- Renten nach den Sozialversicherungsgesetzen,
- Zuwendungen Dritter, die zur Deckung des Lebensbedarfs gewährt werden, jedenfalls dann, wenn der Schuldner dem vollstreckenden Gläubiger als seinem minderjährigen, unverheirateten Kind nach § 1603 Abs. 2 BGB erweitert unterhaltspflichtig ist[747].

---

746 Z.B. Trinkgeld eines Taxichauffeurs, LG Bremen, Rpfleger 1957, 84; LG Osnabrück, FamRZ 1999, 946 = JurBüro 1999, 214; siehe dazu Rdn. C.35, C.36.

747 Siehe (zu § 1603 Abs. 2 BGB) BGH, FamRZ 1980, 555 = MDR 1980, 475 = NJW 1980, 934 = Rpfleger 1980, 181.

Nicht zu diesen mindernden Einnahmen gehören jedoch (§ 82 Abs. 1, § 83 SGB XII)

- die Grundrente nach dem Bundesversorgungsgesetz und nach anderen Gesetzen, die eine entsprechende Anwendung des BVG vorsehen (zu diesen Gesetzen Rdn. D.32),
- die Rente oder Beihilfe nach dem Bundesentschädigungsgesetz für Schaden an Leben sowie an Körper oder Gesundheit, bis zur Höhe der vergleichbaren Geldrente nach dem BVersG,
- Leistungen, die auf Grund öffentlich-rechtlicher Vorschriften zu einem ausdrücklich genannten Zweck erbracht werden. Ausnahme: soweit im Einzelfall Sozialhilfe demselben Zweck dient (§ 83 Abs. 1 SGB XII),
- eine Entschädigung, die wegen eines Schadens, der nicht Vermögensschaden ist, nach § 253 Abs. 2 BGB geleistet wird (§ 83 Abs. 2 SGB XII).

Wenn der Schuldner **mietefrei wohnt**, so bei Eltern, Verwandten, einer nichtehelichen Lebensgefährtin, entstehen ihm Aufwendungen für Unterkunft und für Heizung nicht, sind solche somit als Bedarf für den Lebensunterhalt (§ 27a SGB XII) auch nicht pfandfrei zu berücksichtigen[748]. Ersparte Wohnkosten sonst Rdn. C.422. **Wohngeld** als Minderung des Lebensbedarfs (Rdn. D.36) für angemessenes Wohnen steht zur Deckung des Lebensbedarfs zur Verfügung; soweit es Kosten für Unterkunft (in angemessener Höhe) deckt, sind solche als Bedarf pfandfrei daher gleichfalls nicht zu berücksichtigen.

6.4.3.2. Einkommen des Ehegatten

Es ist zu unterscheiden (siehe Rdn. C.307) C.323

- die Bemessung des dem Schuldner für seinen notwendigen Unterhalt pfandfrei zu belassenden Betrags,
- der weitergehende pfandfreie Betrag zur Erfüllung der laufenden gesetzlichen Unterhaltspflichten des Schuldners gegenüber den dem Gläubiger vorgehenden (oder gleichstehenden) Berechtigten.

Vollstreckt ein minderjähriges unverheiratetes (oder gleichstehendes) Kind Unterhalt (erster Rang des § 1609 BGB, Rdn. C.328), dann mindert sich der dem Schuldner für seinen notwendigen Unterhalt pfandfrei zu belassende Betrag **nicht** deshalb, weil der (insbes. nicht getrennt lebende) Ehegatte (oder Lebenspartner) Einkommen (oder Vermögen) hat. Einkommen des Ehegatten gehört nicht zu den Einkünften des Schuldners, die seinen nach dem SGB XII zu bemessenden notwendigen Lebensbedarf (Rdn. C.310) mindern und damit auf den dem Schuldner von seinem Arbeitseinkommen pfandfrei zu belassenden Betrag anzurechnen sind. Gleichwohl nimmt der BGH[749] an, dass bei nicht getrennt lebenden Ehegatten das Vollstreckungsgericht ohne Rücksicht auf gesetzliche Unterhaltpflichten wegen

Teil C Arbeitseinkommen

---

748 Hierzu auch LG Kleve, FamRZ 1999, 109 = JurBüro 1999, 45.

749 BGH, FamRZ 2013, 442 mit Anm. Schürmann = MDR 2013, 426 = NJW 2013, 1370 = Rpfleger 2013, 221.

der aus § 19 Abs. 1, § 27 Abs. 1 und 2 SGB XII folgenden Wertentscheidungen auch die Einkünfte des Ehegatten in die Prüfung der Bedarfsdeckung mit einbeziehen muss. Dem jedoch ist zu widersprechen. Die Vorschriften des SGB XII treffen Bestimmung, wem Hilfe zum Lebensunterhalt zu leisten ist. Weil Sozialhilfe nachrangig ist (§ 2 Abs. 1 SGB XII) wird sie einer Person nicht gewährt, die sich durch Einsatz ihrer Arbeitskraft selbst helfen kann oder die erforderlichen Leistungen von anderen (insbesondere von Angehörigen) erhält (§ 2 Abs. 1 SGB XII). Pfändungsschutz für Arbeitseinkommen hingegen verwirklicht den Grundsatz, dass es nach dem Schutzgedanken des Sozialstaats (Art. 20 Abs. 1 GG) dem Schuldner ermöglicht sein muss, aus seinem Arbeitseinkommen seinen Lebensbedarf zu decken (Rdn. C.2). Geschützt ist daher der Schuldner vor Zugriff auf das Arbeitseinkommen, soweit es der Sicherung seiner Existenz dient. Die Höhe des Bedarfs für Gewährleistung des Existenzminimums regelt SGB XII in §§ 27a ff., die Höhe des einzusetzenden Vermögens bestimmt § 90 SGB XII. Für Bemessung des dem Schuldner für seinen notwendigen Unterhalt pfandfrei zu belassenden Einkommens wird auf diese Bedarfe und die dafür erforderlichen Lebenshaltungskosten zurückgegriffen. Pfändungsschutz für Arbeitseinkommen zum Ausgleich zwischen dem durch Art. 14 Abs. 1 GG geschützten Befriedigungsinteresse des Gläubigers und dem Interesse des Schuldners an der Wahrung seiner Lebensgrundlage mit Sicherung des Existenzminimums aus seinem Arbeitseinkommen (Rdn. C.2) bietet somit keine Grundlage dafür, dass die vorrangige Bedarfsdeckung aus Einkommen zurückstehen muss und er diese aus dem Einkommen (sowie Vermögen) seines Ehegatten zu erlangen hat. Eine Erweiterung des Vollstreckungszugriffs auf das Schuldnervermögen durch Einbeziehung der Einkünfte des Ehegatten in die Prüfung der Bedarfsdeckung ist daher nicht nur bedenklich und problematisch[750], sondern nicht zulässig[751].

C.324 Auch wenn ein Gläubiger Unterhalt vollstreckt, dem andere Unterhaltsberechtigte nach der Rangfolge des § 1609 BGB gleichstehen oder vorgehen, mindert sich der dem Schuldner für seinen notwendigen Unterhalt pfandfrei zu belassende Betrag ebenso nicht deshalb, weil der (insbesondere nicht getrennt lebende) Ehegatte (oder Lebenspartner) Einkommen (oder Vermögen) hat. Zu berücksichtigen ist Einkommen, insbesondere Arbeitsverdienst, des Ehegatten jedoch nach unterhaltsrechtlichen Grundsätzen bei Feststellung, ob und in welchem Umfang der Schuldner seinem gleichstehenden oder vorgehenden (Rdn. C.328 ff.) Ehegatten als Teil des Familienunterhalts (§ 1360 BGB), bei Getrenntlebenden (§ 1361 BGB) oder nach Scheidung (§§ 1569 ff. BGB) noch eine laufende gesetzliche Unterhaltspflicht zu erfüllen hat. Nochmalige Anrechnung des Ehegatteneinkommens auf den bereits nach diesem Unterhaltsanspruch bemessenen Freibetrag erfolgt auch daher nicht. Dass ein minderer Freibetrag zu berücksichtigen und Schuldnereinkommen weitergehend pfändbar ist, ist Folge der verminderten gesetzlichen Unterhaltspflicht des Schuldners; es wird daher in einem solchen Fall nicht Einkommen des Ehegatten (unzulässig) zur Erfüllung der persönlichen Verpflichtungen des Schuldners herangezogen. Geringes oder nur vorübergehendes (nur kurzzeitiges) Erwerbseinkommen des Ehegatten kann für besondere Ausgaben voll zweck-

750 So Schürmann, FamRZ 2013, 444 (Anmerkung).
751 So auch Zöller/Herget, ZPO, § 850f Rdn. 10.

bestimmt sein (notwendige Anschaffungen, Bestreiten der Kosten einer Krankheit); die laufende gesetzliche Unterhaltspflicht des Schuldners mindert sich dann nicht[752]. Der Schuldner kann aber in Einzelfällen auch seinem Ehegatten mit hohem Einkommen nicht mehr unterhaltspflichtig sein; ein Freibetrag für Unterhalt des erwerbstätigen Ehegatten ist dann auch im Pfändungsbeschluss nicht zu berücksichtigen[753]. Von einem entsprechend hohen Einkommen des Ehegatten kann meist ausgegangen werden, wenn der Schuldner es (im Erinnerungsverfahren) ablehnt, Angaben über die Höhe der Einkünfte seines Ehegatten zu machen[754].

Die Unterhaltspflicht des Schuldners gegenüber einem **Kind** wird Erwerbseinkommen des Ehegatten nur in besonderen Fällen mindern. Keine Bedeutung erlangt zumeist Einkommen des Elternteils, der ein minderjähriges unverheiratetes Kind betreut; er erfüllt seine Verpflichtung, zum Unterhalt des Kindes beizutragen, in der Regel durch die Pflege und die Erziehung des Kindes (§ 1606 Abs. 3 S. 2 BGB). Sein Einkommen mindert daher die Unterhaltsbelastung des Schuldners als Elternteil nicht, der aus Arbeitseinkünften Familienunterhalt zu leisten hat oder einem Kind barunterhaltspflichtig ist. Auch in einem solchen Fall hat das Ehegatteneinkommen somit keine Auswirkung auf die Bemessung des Freibetrags für die Unterhaltsleistung an ein Kind. Trägt der mitverdienende Ehegatte des Schuldners gleichwohl zum Unterhalt des im Haushalt lebenden Kindes bei, dann kann sich damit die Unterhaltsbelastung des Schuldners mindern. Bedeutung wird auch das bei Bemessung des Freibetrags nach § 850d Abs. 1 S. 2 ZPO aber nur erlangen, wenn er nicht nach dem Mindestunterhalt (§ 1612a BGB) bemessen ist. Wenn beide Elternteile dem nicht im Haushalt lebenden Kind barunterhaltspflichtig sind, kann für die Unterhaltsverpflichtung des Schuldners das Einkommen des ebenso barunterhaltspflichtigen Ehegatten keine Bedeutung erlangen. C.325

6.4.4. Freiwillige Unterhaltsleistung

Laufender Unterhalt, den der Schuldner während der Pfändung aus seinem Arbeitseinkommen freiwillig an den Gläubiger leistet, ist nicht dem Freibetrag zu entnehmen, der für den Lebensbedarf des Schuldners und seiner nächsten Angehörigen festgelegt ist. Der Drittschuldner hat vielmehr die nachgewiesenen freiwilligen Unterhaltsleistungen dem Schuldner aus dem den Freibetrag übersteigenden, also gepfändeten Arbeitseinkommen zu überlassen. Auf diese Kürzung des Einkommens kann sich der Drittschuldner im Einziehungserkenntnisverfahren dem Gläubiger gegenüber berufen[755]. C.326

6.4.5. Begrenzung des unpfändbaren Lohnteils

Der dem Schuldner für seinen und seiner Angehörigen Unterhalt zu belassende unpfändbare Teil des Arbeitseinkommens (siehe Rdn. C.310 ff.) darf den Betrag C.327

752 LG Bielefeld, Rpfleger 1955, 136; Hetzel, MDR 1959, 353.
753 OLG Celle, FamRZ 1966, 203.
754 OLG Celle, FamRZ 1966, 203.
755 LArbG Bremen, DB 1962, 476.

nicht übersteigen, der ihm nach den Vorschriften des § 850c ZPO gegenüber nicht bevorrechtigten Gläubigern zu verbleiben hätte (§ 850d Abs. 1 S. 3 ZPO). Dieser Höchstbetrag muss im Pfändungsbeschluss nicht ziffernmäßig, sondern nur für den Drittschuldner allgemein (als Blankettbeschluss) nach Maßgabe des Rdn. C.254 Gesagten bezeichnet sein. Seine genaue Höhe muss der Drittschuldner nach Maßgabe des Rdn. C.254 ff. Gesagten feststellen. Für die Feststellung dieses unpfändbaren Einkommensbetrags ist natürlich der vollstreckende Gläubiger nicht als Person zu berücksichtigen, der der Schuldner (erzwungenermaßen; Rdn. C.247) Unterhalt gewährt. Wenn der Schuldner einem Angehörigen mit eigenen Einkünften Unterhalt (noch) gewährt, kann das Vollstreckungsgericht auch für die mit § 850d Abs. 1 S. 3 ZPO bestimmte Begrenzung des dem Schuldner verbleibenden Teils seines Arbeitseinkommens auf Antrag des Gläubigers eine Bestimmung nach § 850c Abs. 4 ZPO treffen, dass dieser Angehörige ganz oder teilweise unberücksichtigt bleibt (Rdn. C.260 ff.).

Auf Antrag des Schuldners kann ihm von dem damit nach § 850c ZPO pfändbaren Einkommensteil noch ein zusätzlicher Teil nach § 850f Abs. 1 ZPO belassen werden[756], wenn die dort genannten Voraussetzungen vorliegen (siehe hierwegen Rdn. C.417).

6.5. Reihenfolge mehrerer Unterhaltsberechtigter

C.328 **Mehrere Unterhaltsberechtigte** (siehe Rdn. C.292 ff.) werden mit ihren Ansprüchen bei Vollstreckung von Unterhaltsansprüchen nach § 850d Abs. 2 ZPO in der Reihenfolge nach § 1609 BGB und (für nachpartnerschaftlichen Unterhalt) § 16 LPartG berücksichtigt (§ 850d Abs. 2 ZPO). Mehrere gleichnahe Berechtigte haben untereinander gleichen Rang. § 850d Abs. 2 ZPO schafft damit eine Übereinstimmung des Zwangsvollstreckungsrechts mit der Reihenfolge mehrerer Unterhaltsberechtigter nach materiellem Recht. Bedeutung erlangt diese Reihenfolge für die Bestimmung des dem Schuldner pfandfrei verbleibenden Arbeitseinkommens (§ 850d Abs. 1 S. 2 ZPO) und für die Reihenfolge, wenn mehrere Unterhaltsberechtigte pfänden. § 1609 BGB lautet:

§ 1609 BGB
Rangfolge mehrerer Unterhaltsberechtigter

Sind mehrere Unterhaltsberechtigte vorhanden und ist der Unterhaltspflichtige außerstande, allen Unterhalt zu gewähren, gilt folgende Rangfolge:

1. minderjährige Kinder und Kinder im Sinne des § 1603 Abs. 2 Satz 2,
2. Elternteile, die wegen der Betreuung eines Kindes unterhaltsberechtigt sind oder im Fall einer Scheidung wären, sowie Ehegatten und geschiedene Ehegatten bei einer Ehe von langer Dauer; bei der Feststellung einer Ehe von langer Dauer sind auch Nachteile im Sinne des § 1578b Abs. 1 Satz 2 und 3 zu berücksichtigen,
3. Ehegatten und geschiedene Ehegatten, die nicht unter Nummer 2 fallen,
4. Kinder, die nicht unter Nummer 1 fallen,
5. Enkelkinder und weitere Abkömmlinge,
6. Eltern,

---

756 LG Essen, MDR 1955, 428.

7. weitere Verwandte der aufsteigenden Linie; unter ihnen gehen die Näheren den Entfernteren vor.

Zu dieser Rangfolge mehrerer Unterhaltsberechtigter im Einzelnen siehe die BGB-Kommentare[757].

Als Kinder finden in der ersten Rangstufe auch Kinder aus einer nichtigen Ehe, legitimierte Kinder (§§ 1719, 1736 BGB a.F.) und an Kindes statt angenommene Kinder im Verhältnis zum Annehmenden (§ 1754 BGB) Berücksichtigung. Minderjährige Kinder, die schon eigenes Einkommen haben, gehören dazu, wenn eine Unterhaltspflicht des Schuldners noch besteht. Ebenso stehen in Rangstufe 1 volljährige unverheiratete Kinder bis zur Vollendung des 21. Lebensjahres[758], solange sie (ggfs. wieder) im Haushalt der Eltern oder eines Elternteils leben und sich in der allgemeinen Schulausbildung befinden (§ 850d Abs. 2 ZPO mit § 1609 Nr. 1 und § 1603 Abs. 2 S. 2 BGB). Die Kinder der Rangstufe 1 haben absoluten Vorrang vor allen anderen Unterhaltsberechtigten. Bei der Vollstreckung des Unterhaltsanspruchs eines solchen Kindes ist sonach dem Schuldner nur so viel zu belassen, als er für seinen notwendigen Unterhalt und zur gleichmäßigen Befriedigung weiterer unterhaltsberechtigter Kinder der Rangstufe 1 bedarf. Eine Festsetzung des Rangverhältnisses von Kindern untereinander auf Antrag durch das Vollstreckungsgericht nach billigem Ermessen (früher § 850d Abs. 2 Buchst. a ZPO) ist nicht mehr vorgesehen, damit ausgeschlossen[759]. Bei gesetzlichem Forderungsübergang kann die Bevorrechtigung des § 850d ZPO bestehen bleiben, privilegierte Vollstreckung somit auch durch den Neugläubiger erfolgen (Rdn. C.297, C.298). Die Rangfolge des § 850d Abs. 2 mit § 1609 BGB ändert sich mit Übergang des Unterhaltsanspruchs dann nicht. Zum Nachteil des Unterhaltsberechtigten selbst kann der Übergang des Unterhaltsanspruchs jedoch (durchwegs) nicht geltend gemacht werden. Diesem gebührt nach Übergang des Unterhaltsanspruchs daher bei gleicher Rangfolge nach § 1609 BGB der Vorrang vor dem Anspruch des Neugläubigers (siehe Rdn. C.297). Wenn ein weiteres minderjähriges Kind vorhanden ist, hat dessen Unterhaltsanspruch Gleichrang mit dem anderen Unterhaltsberechtigten und dem an seine Stelle getretenen Neugläubiger (zusammen); es hat nicht auch Vorrang vor dem Neugläubiger, auf den der Unterhalt des anderen Kindes übergegangen ist[760]. C.329

Die Rangfolge des **Ehegatten** und eines (oder mehrerer) geschiedenen Ehegatten bestimmt sich nach § 850d Abs. 2 ZPO mit § 1609 Nrn. 2 und 3 BGB. Eine Festsetzung des Rangverhältnisses der Ehegatten untereinander oder im Verhältnis zu den Kindern auf Antrag durch das Vollstreckungsgericht nach billigem Ermessen kann nicht mehr erfolgen. Der **Lebenspartner** mit seinem Unterhaltsanspruch nach § 5 LPartG und der frühere Lebenspartner sind in der Rangfolge 3 C.330

757 Außerdem Schürmann, FamRZ 2008, 313.
758 Unterhaltsrechtlich sind (andere) volljährige Kinder, die infolge einer körperlichen oder geistigen Behinderung nicht erwerbstätig sind, nicht den minderjährigen (unverheirateten) Kindern gleichgestellt, siehe BGH, FamRZ 1984, 683 = NJW 1984, 1813 = MDR 1984, 1012.
759 Schuschke/Walker/Kessal-Wulf/Lorenz, Vollstreckung, § 850d Rdn. 13.
760 Anders AG Karlsruhe, FamRZ 2008, 2225.

einzuordnen[761] (entsprechende Anwendung von § 1609 BGB nach §§ 12, 16 LPartG).

C.331 Die Rangfolge des § 850d Abs. 2 ZPO mit § 1609 BGB gilt für den laufenden und den rückständigen Unterhalt des vollstreckenden Gläubigers[762], damit auch bei der Pfändung wegen der über ein Jahr rückständigen Beträge. Der gesamte laufende und rückständige Unterhalt eines vollstreckenden Gläubigers der Rangstufe 1 hat damit Rang vor Gläubigern der nachfolgenden Rangstufen 2–7. Rückständige Ansprüche eines vor- oder gleichrangigen Unterhaltsgläubigers erlangen deswegen aber keine Bedeutung bei Bemessung des nach § 850d Abs. 1 S. 2 ZPO zu belassenden pfandfreien Einkommensteils. Freizustellen ist Arbeitseinkommen vielmehr nur zur Erfüllung **laufender** gesetzlicher Unterhaltspflichten gegenüber vorgehenden Berechtigten und ebenso zur gleichmäßigen Befriedigung gleichstehender Berechtigter. Demzufolge erweitert Satz 4 des § 850d Abs. 1 ZPO auch nur das Pfändungsprivileg für den mehr als einjährigen Rückstand des vollstreckenden Kindes („Für die Pfändung …").

6.6. Das Pfändungsverfahren

6.6.1. Pfändungsantrag

C.332 Erweiterte Einkommenspfändung für einen Unterhaltsgläubiger nach § 850d ZPO erfolgt nur auf (ausdrücklichen oder konkludenten) Antrag. Wenn der Gläubiger ausdrücklich Pfändung nach § 850c ZPO verlangt oder auch nur sein Vorzugsrecht nicht geltend macht, sind die Pfändungsgrenzen nach den für gewöhnliche Forderungen geltenden Vorschriften (Rdn. C.232 ff.) festzulegen.

C.333 Dass der Gläubiger gesetzliche Unterhaltsansprüche vollstreckt, die nach § 850d ZPO eine umfassendere Einkommenspfändung ermöglichen, wird zumeist der **Vollstreckungstitel** – zumindest im Wege der Auslegung – ausweisen. Ist im Vollstreckungstitel (wie selten in einem Vergleich oder in einer vollstreckbaren Urkunde) keine oder (vielleicht) nur eine vertragliche Anspruchsgrundlage genannt, hat Prüfung durch das Vollstreckungsgericht zu erfolgen[763]. Der BGH[764] verlangt demgegenüber, dass stets ein Vollstreckungstitel vorliegt, aus dem sich – ggfs. im Wege der Auslegung – ergibt, dass der Vollstreckung ein Unterhaltsanspruch der in § 850d Abs. 1 S. 1 ZPO genannten Art zugrunde liegt. Dem ist auch weiterhin nicht zuzustimmen. Die Pfändungsgrenze des § 850d ZPO ist vollstreckungsrechtlicher Natur. Die Prüfung obliegt daher dem Vollstreckungsgericht[765]; von ihm sind die Vollstreckungsschutzvorschriften von Amts wegen zu beachten und zu

---

761 Musielak/Becker, ZPO, § 850d Rdn. 15; Schuschke/Walker/Kessal-Wulf/Lorenz, Vollstreckung, § 850d Rdn. 15.

762 LG Berlin, Rpfleger 1995, 222.

763 Zöller/Herget, ZPO, § 850d Rdn. 12; OLG Frankfurt, JurBüro 1980, 778 = Rpfleger 1980, 198.

764 BGH, FamRZ 2012, 1799 mit zust. Anm. Seiler = MDR 2012, 1370 = NJW 2013, 239 mit zust. Anm. Ahrens = Rpfleger 2012, 696; BGH, FamRZ 2016, 1080 = MDR 2016, 851 = NJW 2016, 1663 = Rpfleger 2016, 589.

765 Zöller/Herget, ZPO, § 850d Rdn. 12.

wahren. Wenn nicht schon der Vollstreckungstitel die Gläubigerforderung als gesetzlichen Unterhaltsanspruch ausweist, hat das Vollstreckungsgericht somit auch zu entscheiden, ob Arbeitseinkommen privilegiert ohne die Beschränkung des § 850c ZPO pfändbar ist[766] (siehe dazu das Rdn. C.459, C.460 Gesagte, das entsprechend gilt).

Für ein Land, das die Zwangsvollstreckung nach § 7 Abs. 1 UVG übergegangener Unterhaltsansprüche aus einem Vollstreckungsbescheid betreibt, lässt nunmehr § 7 Abs. 5 UVG den Nachweis des übergegangenen Anspruchs dadurch zu, dass dem Vollstreckungsantrag der Bescheid gemäß § 9 Abs. 2 UVG beigefügt wird[767].

Vom Vollstreckungsgericht zu prüfen und festzulegen ist zur Bemessung des dem Schuldner pfandfrei zu belassenden Einkommensteils auch die **Rangfolge** mehrerer Unterhaltsberechtigter[768]. Die Bevorrechtigung des Gläubigers gem. § 850d Abs. 2 ZPO i.V.m. § 1609 BGB (Rdn. C.328) gegenüber anderen Unterhaltsberechtigten muss sich daher nicht aus dem Vollstreckungstitel ergeben (so auch[769]). Die für die Berücksichtigung vorgehender Unterhaltsberechtigter und zur Bemessung des dem Schuldner nach § 850d Abs. 1 S. 2 ZPO pfandfrei zu belassenden Teils seines Einkommens erheblichen Tatsachen hat der Gläubiger im **Pfändungsantrag** (schlüssig) dazulegen[770]. Dazu gehört vor allem die Angabe, ob der Schuldner alleinstehend ist oder ob und welchen vorausgehenden und gleichstehenden (nicht auch nachrangigen) Berechtigten er gesetzlich Unterhaltspflichten zu erfüllen hat. Für die Feststellung des Mindestunterhalts von Kindern kann dazu auch die Angabe des Alters der Kinder gehören (Rdn. C.349). Dem Gläubiger obliegt es jedoch nicht, diese Tatsachen rechtlich zu würdigen, gesetzliche Unterhaltspflichten und notwendigen Unterhalt somit betragsmäßig zu bezeichnen. Ihm kann im Einzelfall auch der Vortrag von Tatsachen nicht abverlangt werden, die sich seiner Kenntnis entziehen und die nur der kundige Schuldner geltend machen kann wie den dem Gläubiger zumeist nicht näher bekannten individuellen Lebensbedarf Angehöriger, den Inhalt eines am Mindestunterhalt orientierten Unterhaltstitels oder eines Titels über Individualunterhalt und detaillierte Einzelheiten über Familienangehörige. Andere entlastende Einnahmen oder geldwerte Vorteile (Rdn. C.322), die bei der Feststellung des pfandfreien Betrags berücksichtigt werden sollen, hat der Gläubiger jedoch (schlüssig) darzutun. Das Vollstreckungsgericht ermittelt und berücksichtigt sie nicht von Amts wegen. C.334

Fehlen Angaben über vor- und gleichrangige Unterhaltsberechtigte, kann dem Pfändungsantrag nicht durch bevorrechtigte Pfändung entsprochen werden, bei C.335

---

766 Dazu eingehend Stöber, Festgabe für Vollkommer, 2006, S. 363.

767 LG Dessau-Roßlau, FamRZ 2018, 1688; LG Düsseldorf vom 20.9.2018, 25 T 571/18, juris; LG Hannover, FamRZ 2018, 615; LG Münster, FamRZ 2018, 1530; LG Leipzig, FamRZ 2018, 1689. Das LG Dresden, JAmt 2018, 155, will entgegen dem Wortlaut des § 7 Abs. 5 UVG die Vorlage des Bewilligungsbescheides nicht genügen lassen; es sei noch ein aussagekräftiges Dokument darüber vorzulegen, dass der Schuldner der Unterhaltspflichtige sei, z.B. eine Geburtsurkunde.

768 BGH, FamRZ 2012, 1799 (Fn. 764).

769 BGH, FamRZ 2012, 1799 (Fn. 764).

770 Die für die Festlegung des Freibetrages notwendigen Angaben müssen vorgetragen sein. Glaubhaftmachung oder Beweis wird insoweit nicht gefordert.

der der Schuldner als alleinstehend (ledig) behandelt wird[771], und ihm anheimgegeben werden, seine laufenden gesetzlichen Unterhaltspflichten mit Erinnerung einzuwenden. Die Pfändung ist dann nur nach § 850c ZPO möglich, eine privilegierte Pfändung nach § 850d ZPO somit ausgeschlossen.

C.336 Wenn dem Vollstreckungsgericht bekannt ist, dass die Angaben des Gläubigers unzutreffend sind, liegt ein **Rechtsschutzinteresse** für den Erlass des Pfändungsbeschlusses in dem beantragten Ausmaß nicht vor (siehe Rdn. B.75). **Beispiel:** Der Gläubiger hat einen unterhaltsberechtigten Angehörigen nicht genannt, dessen Vorhandensein das Vollstreckungsgericht aus einem Erinnerungsverfahren kennt. Dem zu erlassenden Beschluss sind dann unter Zurückweisung des weitergehenden Antrages die tatsächlichen Verhältnisse des Schuldners zugrunde zu legen. Über den Antrag des Gläubigers darf das Vollstreckungsgericht jedoch nicht hinausgehen. Nennt der Gläubiger unrichtig zu viel unterhaltsberechtigte Angehörige, führt er z.B. noch einen Sohn auf, der nach Kenntnis des Vollstreckungsgerichts bereits ausreichendes eigenes Einkommen hat und vom Schuldner tatsächlich nicht mehr unterhalten wird, so müssen dem Pfändungsbeschluss die Angaben des Gläubigers zugrunde gelegt werden, wenn nicht in kurzer Frist eine Richtigstellung erfolgt (siehe Rdn. B.59).

C.337 Die vom Gläubiger bezeichneten Voraussetzungen für die Feststellung des Unterhaltsbedarfs des Schuldners und seines pfändbaren Einkommenteils **kann** das Vollstreckungsgericht überprüfen, wenn dadurch die Entscheidung über den Pfändungsantrag nicht verzögert wird. Unzulässig ist nach § 834 ZPO lediglich die Schuldneranhörung[772]. Diese Regelung schließt aber Ermittlungen und Feststellungen des Vollstreckungsgerichts nicht aus, die sofort durchgeführt werden können und gewährleisten, dass der Pfändungsantrag dem Schuldner nicht zur Kenntnis gelangt. Das Vollstreckungsgericht kann deshalb vor Erlass des Pfändungsbeschlusses insbesondere durch fernmündliche Rückfrage beim Arbeitgeber (= Drittschuldner), wenn dadurch, wie insbesondere bei Behörden und Großbetrieben, die notwendige Vertraulichkeit gewahrt bleibt, durch Anfrage beim Einwohnermeldeamt, Arbeitsamt und sonstigen Behörden die für die Bemessung des Freibetrages notwendigen Einzelheiten (Familienstand des Schuldners, Zahl der Unterhaltsberechtigten, Vorhandensein anzurechnender anderer Einnahmen wie Rente, besondere Bedürfnisse des Schuldners infolge Krankheit usw.) feststellen. Solche Ermittlungen können aber nur geboten sein, wenn eine den Gläubigerantrag ergänzende Aufklärung durch konkrete Anhaltspunkte veranlasst ist, insbesondere wenn die Angaben des Gläubigers (Rdn. C.334) ungenau sind oder nicht zuverlässig erscheinen, also zu Bedenken Anlass geben. Erkundungen des Vollstreckungsgerichts rechtfertigen sich dann unter dem Gesichtspunkt, dass der Schuldner auch in dem zunächst einseitigen Verfahren nicht mit einer vermeidbar unrichtigen Zwangsvollstreckungsmaßnahme überzogen werden darf, sondern der Pfändungsbeschluss als staatlicher Hoheitsakt möglichst sogleich mit richtigem In-

---

771 Daher nicht zutreffend Wimmer, JW 1938, 14, dem auch schon deshalb nicht gefolgt werden kann, weil fehlende Angaben dem Schuldner nicht nachteilig werden dürfen.

772 Für die Anhörung des Schuldners vor erweitertem Zugriff nach § 850d ZPO und für die Pfändung nach § 850c ZPO vor Anhörung zur Rangwahrung Stein/Jonas/Würdinger, ZPO, § 850d Rdn. 42 (unpraktikabel und gegen § 834 ZPO).

halt ergehen soll, der offensichtlich begründete Einwendungen ausschließt. Ergeben Ermittlungen des Vollstreckungsgerichts, dass der Antrag des Gläubigers nicht zutreffende Angaben enthält, so hat es der Entscheidung über den Antrag seine Kenntnis über die tatsächlichen Verhältnisse des Schuldners zugrunde zu legen. Fehlende Angaben des Gläubigers sind vom Vollstreckungsgericht aber nicht durch eigene Ermittlungen zu ersetzen. Denn das Vollstreckungsgericht kann den Antrag des Gläubigers nicht durch eigene Feststellungen ergänzen und daher fehlende Angaben im Antrag des Gläubigers nicht nachtragen. Ermittlungen des Vollstreckungsgerichts lassen sich nur unter dem Gesichtspunkt rechtfertigen, dass jede Unpfändbarkeit von Amts wegen zu beachten ist; deshalb sind Ermittlungen zulässig, wenn sie gewährleisten sollen, dass von der nach dem Gläubigerantrag möglichen Zwangsvollstreckungsmaßnahme ein unpfändbarer Einkommensteil des Schuldners zuverlässig nicht betroffen wird.

Infolge der auch im Zwangsvollstreckungsverfahren geltenden Parteiherrschaft kann der Gläubiger die Pfändung auf einen bestimmten **Höchstbetrag**, z.B. „höchstens 250 Euro monatlich“ beschränken. Diese Begrenzung der Pfändung ist im Pfändungsbeschluss auszusprechen; sie ist vom Drittschuldner zu beachten. Auch bei höheren Unterhaltsrückständen hat sich eine solche Begrenzung der Pfändung oft als zweckdienlich erwiesen, weil der Schuldner mit dem ihm jeweils verbleibenden Mehrbetrag die Freude an der Arbeit sowie das Interesse an der Erhaltung seiner Arbeitskraft und seines Arbeitsplatzes nicht verliert. Zur nachträglichen Begrenzung der Pfändung durch Abrede zwischen den Beteiligten siehe Rdn. C.113. **C.338**

6.6.2. Der Pfändungsbeschluss

Über den Pfändungsantrag entscheidet der Rechtspfleger; er bestimmt daher auch den nach § 850d Abs. 1 S. 2 ZPO pfändungsfreien Betrag. Die Erwägungen, die für die Bemessung dieses Betrags maßgeblich waren, sind durch eine (wenn auch nur gedrängte) Begründung des Beschlusses offenzulegen. Diese Begründung hat die Höhe des unpfändbaren Betrags nachvollziehbar darzustellen. **C.339**

Der Betrag, der nach § 850d Abs. 1 ZPO pfandfrei zu bleiben hat, muss vom Vollstreckungsgericht nach den Umständen des Einzelfalls bestimmt und **im Pfändungsbeschluss bezeichnet** werden[773]. Weil das Vollstreckungsgericht prüfen und festlegen muss, welchen Betrag oder Einkommensteil der Schuldner für sich und seine Angehörigen als Unterhalt benötigt, verbietet sich bei bevorrechtigter Pfändung ein sog. Blankettbeschluss (siehe Rdn. C.254). **C.340**

Der dem Schuldner für seinen **eigenen Unterhalt** pfandfrei zu belassende Einkommensteil ist ziffernmäßig zu benennen. Ebenso ist der dem Schuldner zur Erfüllung seiner laufenden Unterhaltspflichten gegenüber **vorgehenden Berechtigten** zu belassende Einkommensteil im Pfändungsbeschluss betragsmäßig anzu- **C.341**

773 Siehe auch LG Berlin, Rpfleger 1965, 82 mit zust. Anm. Stöber; Stöber, Rpfleger 1974, 77. Ein eindeutig bestimmbarer gleitender Freibetrag kann zwar in einem Änderungsbeschluss (Rdn. C.471), nicht jedoch bereits im Pfändungsbeschluss festgelegt werden (siehe Stöber, wie vorst.).

geben. Wenn dem Schuldner über seinen eigenen notwendigen Unterhalt hinaus zur **gleichmäßigen Befriedigung** gleichstehender Berechtigter (siehe Rdn. C.328 ff.) ein weiterer Einkommensteil pfandfrei zu belassen ist, kann im Pfändungsbeschluss für die Gleichberechtigten kein ziffernmäßig bestimmter pfändungsfreier Betrag bezeichnet werden, weil sonst bei unzureichendem Arbeitseinkommen der – gleichberechtigt – pfändende Gläubiger das Nachsehen hätte[774]. Das nach Deckung des eigenen notwendigen Unterhalts des Schuldners verbleibende Arbeitseinkommen ist vielmehr auf alle gleichrangigen Unterhaltsberechtigten gleichmäßig (nicht aber kopfteilmäßig, s. Rdn. C.320) zu verteilen.

C.342 Stets darf der dem Schuldner verbleibende Teil seines Arbeitseinkommens den **Betrag nicht übersteigen,** der ihm nach § 850c ZPO gegenüber nicht bevorrechtigten Gläubigern verbleiben würde (§ 850d Abs. 1 S. 3 ZPO). Damit ist aber nicht schon ohne weiteres immer gewährleistet, dass bei hohem Einkommen der für gleichrangig Berechtigte mit einem Anteil (Bruchteil) festgelegte Freibetrag zahlenmäßig deren laufende gesetzliche Unterhaltsansprüche (siehe § 1610 BGB) nicht übersteigt. Bei hohem Schuldnereinkommen kann sich vielmehr eine ausdrückliche ziffernmäßige Begrenzung des für den gleichrangig Unterhaltsberechtigten bezeichneten anteiligen Freibetrags auf den Betrag des tatsächlich angemessenen Unterhalts als notwendig erweisen. Das gewährleistet dem vollstreckenden Gläubiger, der hohe Unterhaltsrückstände beizutreiben hat, dass er nicht den gesamten hohen Einkommensmehrbetrag mit dem (oder den) gleichrangigen Angehörigen teilen muss, sondern ihm (ihnen) gegenüber einen weitergehenden Anteil zur Abdeckung der Rückstände erhält.

C.343 Hat der Gläubiger die Festsetzung eines bestimmten Freibetrages ausdrücklich verlangt, so muss der weitergehende Antrag mit einer Begründung zurückgewiesen werden, wenn ein höherer Freibetrag gewährt wird[775]. Aber auch ohne förmliche Zurückweisung erhält der Pfändungsbeschluss bei Einsetzung eines höheren Freibetrages eine Teilzurückweisung[776].

C.344 Die Bestimmung des pfändungsfreien Betrages können Gläubiger, Schuldner und Drittschuldner[777] mit **Erinnerung** anfechten (siehe Rdn. B.385 ff.). Ihr kann der Rechtspfleger durch Festlegung eines anderen Freibetrages abhel-

---

774 **Beispiel:** Für den Schuldner werden monatlich 1.000 Euro, für die Ehefrau und drei eheliche Kinder zusammen monatlich 1.200 Euro, insgesamt mithin 2.200 Euro als pfandfrei festgelegt. Bei einem Schuldnereinkommen von monatlich 2.200 Euro erhält das pfändende (weitere) Kind nichts. Da es Gleichrang hat, müsste es aber einen Teil des 1.000 Euro übersteigenden Einkommens in Anspruch nehmen können.

775 Wimmer, JW 1938, 15; Stöber, Rpfleger 1974, 52 (53 re.Sp.).

776 Wimmer, JW 1938, 15; LG Frankenthal, MDR 1984, 856 = Rpfleger 1984, 425.

777 Für das Antragsrecht des Drittschuldners siehe BArbG, AP Nr. 4 zu § 850d ZPO mit Anm. Pohle = BB 1961, 533 mit Anm. Marienhagen = MDR 1961, 799 mit zust. Anm. Bötticher = NJW 1961, 1180 = Rpfleger 1961, 287 mit zust. Anm. Berner; **a.A.** LG Essen, MDR 1969, 225 = NJW 1969, 668, das aber nicht beachtet, dass § 850d ZPO die unpfändbaren Bezüge abgrenzt, so dass der Drittschuldner mit Einwendungen gegen die Höhe des Freibetrages keine rein persönliche Angelegenheit des Schuldners betreibt, sondern zulässigerweise (siehe Rdn. B.421) den Einwand der (teilweisen) Unpfändbarkeit erhebt. Damit unterscheidet sich die Einwendung gegen die Feststellung des unpfändbaren Lohnteils von § 850f Abs. 1 ZPO, der als Härteklausel Festlegung eines zusätzlichen Freibetrags ermöglicht.

fen[778]. Macht der Schuldner nicht geltend, nach den Umständen seines Einzelfalles sei der nach § 850d Abs. 1 S. 2 ZPO pfandfrei zu belassende Einkommensbetrag unzutreffend festgestellt (dazu Rdn. C.310 ff., C.341), sondern infolge seiner besonderen Verhältnisse sei ihm von dem nach § 850d ZPO an sich pfändbaren Arbeitseinkommen ausnahmsweise noch ein Teil zu belassen, so ist nicht Erinnerung nach § 766 ZPO erhoben, sondern Antrag auf Pfändungsschutz nach § 850f Abs. 1 ZPO gestellt (Rdn. C.443); über ihn entscheidet der Rechtspfleger[779]. Nur sofortige Beschwerde kann der Gläubiger erheben, wenn die Bestimmung bereits eine teilweise Antragszurückweisung darstellt.

Unwirksam ist ein Pfändungsbeschluss, wenn in ihm die Höhe des gepfändeten Arbeitseinkommens nicht angegeben, für den Drittschuldner daher nicht erkennbar ist, welcher Teil der Bezüge dem Schuldner zu belassen ist[780]. Enthalten zwar das Original und die dem Gläubiger übermittelte Ausfertigung des Pfändungsbeschlusses den monatlichen Freibetrag des Schuldners, fehlt aber dieser Freibetrag in der dem Drittschuldner zugestellten beglaubigten Abschrift der Ausfertigung[781], so hat das die Unwirksamkeit der Zustellung und damit der Pfändung zur Folge[782]. (zu wesentlicher Abweichung der zugestellten Abschrift von der Urschrift des Pfändungsbeschlusses siehe auch Rdn. B.120). **C.345**

Wegen der nachträglichen Änderung der festgelegten Pfändungsgrenze, insbesondere bei Änderungen der Unpfändbarkeitsvoraussetzungen, siehe § 850g ZPO und Rdn. C.471 ff. Wegen des Zusammentreffens mehrerer Pfändungen, insbesondere auch von bevorrechtigten und nicht bevorrechtigten Gläubigern, siehe Rdn. C.574 ff.

6.6.3. Festlegung des pfändungsfreien Betrags

Die Festlegung des im Pfändungsbeschluss zu bezeichnenden pfändungsfreien Einkommensbetrags kann Erschwernisse bereiten, weil dem Gläubiger Einzelangaben zu oft differenzierten unterhaltsrechtlichen Sachverhalten nicht abverlangt werden, dem Vollstreckungsgericht die im Einzelfall für die Bestimmung des notwendigen Unterhalts des Schuldners (Rdn. C.310) und der Unterhaltsansprüche zu berücksichtigender Angehöriger (§ 850d Abs. 1 S. 2 ZPO) erheblichen Besonderheiten somit nicht sicher bekannt sein können und überdies die maßgeblichen unterhaltsrechtlichen Regelungen nicht einfach sind. Das Zugriffsverfahren muss zudem Grundsätzen der Rechtsklarheit und Praktikabilität Rechnung tragen. Der **C.346**

---

778 Ist nach Erlass des Pfändungs- und Überweisungsbeschlusses später der pfandfreie Betrag durch Beschluss erhöht worden, so ist eine nachfolgende Erinnerung des Schuldners, mit der Aufhebung der Pfändung verlangt wird, interessengerecht in der Weise auszulegen, dass sie sich gegen den Pfändungs- und Überweisungsbeschluss richtet und somit unbefristet ist; OLG Düsseldorf, FamRZ 1984, 727.

779 LG Bayreuth, DAVorm 1976, 356.

780 LArbG Saarbrücken, FamRZ 1967, 690.

781 Ist in dem Formular die für Angabe des pfändungsfreien Betrages vorgesehene Stelle nicht ausgefüllt.

782 ArbG Saarbrücken, FamRZ 1967, 689; LArbG Saarbrücken, FamRZ 1967, 690, beide mit Anm. Bosch; Wieczorek/Schütze/Lüke, ZPO, § 850d Rdn. 53. **A.A.** LArbG Schleswig-Holstein, BB 1969, 137; ArbG Siegen, NZA-RR 1997, 493.

Schuldner wird zu dem Pfändungsgesuch nicht gehört (§ 834 ZPO). Zugrunde zu legen ist der Entscheidung über den Pfändungsantrag daher der überschaubare Sachverhalt, der vom Gläubiger geltend gemacht, somit schlüssig vorgetragen werden kann. Für die dem Gläubiger nicht näher bekannten bedarfssteigernden Verhältnisse des Einzelfalls muss es daher dem kundigen Schuldner obliegen, sich zu äußern (§ 138 Abs. 2 ZPO), erforderliche Tatsachen somit darzulegen und ggf. zu beweisen[783]. Deren Prüfung und damit die Feststellung und Würdigung des gesamten für die Bemessung des nach § 850d Abs. 1 S. 2 ZPO pfandfreien Betrags erheblichen unterhaltsrechtlichen Sachverhalts ist damit in das Erinnerungsverfahren (§ 766 ZPO) verwiesen. Im Pfändungsbeschluss hat die Bestimmung des pfandfreien Betrags auf Grund des Gläubigervorbringens über Zahl, Familienstand (damit unterhaltsrechtliche Anspruchsgrundlage) und ggf. Alter der Unterhaltsberechtigten nach dem gesetzlichen Regelfall und der Lebenserfahrung zu erfolgen. Demnach ist, wenn nicht weitere Tatsachen im Einzelfall berücksichtigungsfähig vorgetragen sind, wie folgt zu verfahren:

C.347 Der gesamte Bedarf des notwendigen **Lebensunterhalts des Schuldners** mit Ausnahme von Unterkunft und Heizung sowie Sonderbedarfe ist für Bestimmung des nach § 850d Abs. 1 S. 2 ZPO unpfändbaren Teils des Arbeitseinkommens nach den Regelsätzen für Sozialhilfe (§ 27a SGB XII) zu bemessen[784]. Für Unterkunft und Heizung ist zusätzlich pauschal ein Betrag nach den tatsächlichen Gegebenheiten des örtlichen Wohnungsmarkts zu berücksichtigen. Der Mehrbedarf zum Lebensunterhalt infolge Berufstätigkeit (§ 82 Abs. 3 SGB XII) ist zur Feststellung durch den Drittschuldner mit (bis zu) 30 v.H. des jeweiligen Einkommens zu nennen. Ein anderer Mehrbedarf (§ 30 SGB XII) ist (nur) zu berücksichtigen, wenn die jeweiligen Voraussetzungen schlüssig vorgetragen sind und er der Höhe nach (pauschal) bestimmbar ist. Für die Berücksichtigung auch einmaliger Bedarfe und der Sonderbedarfe (§§ 31–34 SGB XII) sowie notwendiger Ausgaben infolge der Erzielung von Einkommen (§ 82 Abs. 2 Nr. 4 SGB XII) wird der ohne Schuldneranhörung (§ 834 ZPO) zu beurteilende Sachverhalt durchweg keinen Anhalt bieten.

C.348 Für die Bestimmung des Freibetrags, der zur Erfüllung laufender gesetzlicher Unterhaltspflichten gegenüber **vorgehenden Berechtigten** zu belassen ist, kann vom Mindestunterhalt minderjähriger Kinder (§ 1612a BGB), sonst von feststehenden Richtsätzen (Erfahrungssätzen) ausgegangen werden. Grundlage bieten kann auch für den Unterhaltsbedarf eines Elternteils oder des in häuslicher Gemeinschaft oder getrennt lebenden Ehegatten der Mindestselbstbehalt (kleine Selbstbehalt), der im Unterhaltsrecht als Mindestversorgung belassen wird.

C.349 Für die Bestimmung des Unterhaltsbedarfs zur gleichmäßigen Befriedigung der dem Gläubiger **gleichstehenden Berechtigten** ist in gleicher Weise zu verfahren. Aufteilung rundweg nach Kopfteilen (= gleich hohen Quoten) schließt gleichmäßige Befriedigung nach dem Verhältnis der Beträge der laufenden gesetzlichen Unterhaltsansprüche aus (Rdn. C.317). Es ist vielmehr schon bei der Pfändung ohne Schuldneranhörung die gleichmäßige Befriedigung der oft sehr unter-

783 BGHZ 156, 30 (Fn. 726).
784 BGHZ 156, 30 (Fn. 726).

schiedlich hohen Unterhaltsansprüche vorzusehen. Der immer wieder vertretenen Ansicht, dass bei Erlass des Pfändungsbeschlusses, wenn dem Vollstreckungsgericht die Verhältnisse nicht näher bekannt sind, praktisch zunächst nur eine kopfteilmäßige Berücksichtigung der im gleichen Rang stehenden Personen vorgenommen werden kann[785], ist nicht zu folgen. Der notwendige Unterhalt für die gleichmäßige Berücksichtigung des Ehegatten kann auch hier nach dem Mindestselbstbehalt (kleinen Selbstbehalt) bemessen werden (wie Rdn. C.348). Der Unterhaltsbedarf eines in häuslicher Gemeinschaft lebenden oder barunterhaltsberechtigten Kindes kann nach dem Mindestunterhalt minderjähriger Kinder (§ 1612a BGB) bemessen werden. Sind nähere Angaben (über Unterhaltsanspruch oder das Alter der Kinder) nicht vorgetragen, so hat zugunsten des Schuldners der Regelbetrag der 3. Altersstufe zugrunde gelegt zu werden; für eine weitergehende Pfändung fehlt im einseitigen Pfändungsverfahren (§ 834 ZPO) dann eine Sachverhaltsgrundlage. Kindergeld kann nach der Zahl der berücksichtigten Kinder (wenn ein Kind vollstreckt, dieses mitgezählt) in Höhe der Beträge des § 66 EStG (Rdn. A.222) festgestellt werden (Regelfall; keine Sachverhaltsgrundlage für weitergehende Pfändung).

6.6.4. Fassung des Pfändungsbeschlusses

Der Pfändungsbeschluss kann damit zur Festlegung des nach § 850d Abs. 1 S. 2 ZPO pfandfreien Betrags C.350

- nach dem Vorschlag des Formulars der Anlage 3 (§ 2 Nr. 1) ZVFV
- oder wie folgt

gefasst werden:

Formulierungsvorschlag, wenn der Schuldner **keine Unterhaltspflichten** zu erfüllen hat:

Pfandfreier Betrag

Dem Schuldner, der nach Angabe des Gläubigers nicht verheiratet ist und keine (weiteren) unterhaltsberechtigten Kinder und auch sonst keine Unterhaltspflichten zu erfüllen hat, dürfen bis zur Deckung des Gläubigeranspruchs von dem nach § 850e Nr. 1 ZPO zu errechnenden Nettoeinkommen nur bleiben

bei Auszahlung für Monate … Euro.

Der dem Schuldner hiernach verbleibende Teil seines Arbeitseinkommens darf jedoch den Betrag nicht übersteigen, der ihm nach den Vorschriften des § 850c ZPO gegenüber nicht bevorrechtigten Gläubiger zu verbleiben hätte. Wegen des in diesem Fall nach § 850c ZPO pfändbaren Arbeitseinkommens wird auf die Tabelle Bezug genommen, die der Zivilprozessordnung als Anlage beigefügt ist.

785 So noch LG Konstanz, FamRZ 1998, 1448.

Formulierungsvorschlag, wenn der Schuldner Unterhaltspflichten gegenüber dem Gläubiger gleichstehenden Berechtigten in gleichem Umfang (sonst Rdn. C.321) zu erfüllen hat:

Pfandfreier Betrag

Dem Schuldner, der nach Angabe des Gläubigers laufende gesetzliche Unterhaltspflichten gegenüber einem (weiteren) minderjährigen unverheirateten Kind im Alter von ... Jahren zu erfüllen hat, dürfen nur bleiben bei Auszahlung für Monate

- *für seinen eigenen notwendigen Unterhalt ... Euro*
- *sowie weiter zur gleichmäßigen Befriedigung des dem Gläubiger gleichstehenden Berechtigten die Hälfte des diesen Betrag übersteigenden Nettoeinkommens bis zur Deckung der gesamten Unterhaltsansprüche dieser Personen von zusammen monatlich ... Euro.*

Gepfändet sind demzufolge die Hälfte des ... Euro übersteigenden Nettoeinkommens und das nach Deckung der vorbezeichneten Unterhaltsansprüche von zusammen monatlich ... Euro verbleibende Mehreinkommen.

Der dem Schuldner hiernach verbleibende Teil ... (wie vorstehend).

Formulierungsvorschlag, wenn der Schuldner eine Unterhaltspflicht gegenüber einem dem Gläubiger vorgehenden Berechtigten zu erfüllen hat:

Pfandfreier Betrag

Dem Schuldner, der nach Angabe des Gläubigers verheiratet ist, jedoch außer seiner laufenden gesetzlichen Unterhaltspflicht gegenüber dem dem Gläubiger vorgehenden Ehegatten keine Unterhaltspflichten zu erfüllen hat, dürfen bis zur Deckung des Gläubigeranspruchs von dem nach § 850e Nr. 1 ZPO zu errechnenden Nettoeinkommen nur bleiben

bei Auszahlung für Monate ... Euro.

Der dem Schuldner hiernach verbleibende Teil ... (wie vorstehend).

6.7. Vorpfändung

C.351 Die zulässige Vorpfändung muss den Betrag ziffernmäßig bezeichnen, den der Gläubiger als unpfändbar nach § 850d ZPO von der Pfändung ausnehmen will (siehe Rdn. C.99). Wenn das Vollstreckungsgericht der nachfolgenden Pfändung einen höheren Freibetrag zugrunde legt, wird die weitergehende Vorpfändung mit Ablauf der Monatsfrist hinfällig. Nimmt das Vollstreckungsgericht einen geringeren Freibetrag an, so wird die Pfändung wegen des Differenzbetrages erst mit der Zustellung des Pfändungsbeschlusses wirksam.

6.8. Einziehungserkenntnisverfahren

C.352 Ob das Vollstreckungsgericht die besonderen Pfändungsgrenzen des § 850d ZPO richtig festgesetzt hat, kann von den Arbeitsgerichten im Einziehungserkenntnisverfahren zwischen Gläubiger und Drittschuldner nicht nachgeprüft werden[786]. Eine Änderung des Freibetrags kann daher auch nicht vom Arbeitsgericht angeordnet, sondern nur im Wege der Erinnerung (und dann Beschwerde) oder im Verfahren nach § 850g ZPO durch Entscheidung des Vollstreckungsgerichts erreicht werden. Im Einziehungserkenntnisverfahren ist grundsätzlich von den Pfändungsgrenzen (und damit von der Rangfolge mehrerer Unterhaltsberechtigter, § 850d Abs. 2 ZPO)[787] auszugehen, die das Vollstreckungsgericht nach § 850d ZPO festgelegt hat[788]. Das Arbeitsgericht ist auch an den Zeitpunkt gebunden, von dem an das Vollstreckungsgericht durch einen Änderungsbeschluss die Freigrenzen neu festgelegt hat[789]. Folgt dieser Zeitpunkt aus dem Inhalt des Änderungsbeschlusses nicht einwandfrei, so muss das Arbeitsgericht klären und entscheiden, ob der Beschluss rückwirkende Kraft hat oder nicht.

6.9. Vorratspfändung
(§ 850d Abs. 3 ZPO)

Hierzu siehe Rdn. B.351.

6.10. Reihenfolge der Tilgung

Wird Unterhalt durch Pfändung beigetrieben und kommen (bei Quotierung) gleichmäßig mit anderen Unterhaltsgläubigern zu befriedigende laufende gesetzliche Unterhaltsansprüche zum Zuge, dann sind diese getilgt. Verrechnung auf Kosten und rückständige Unterhaltsansprüche des Gläubigers schließt das aus. Im Übrigen bestimmt sich, wenn der erlangte Geldbetrag nicht zur Tilgung der gesamten Gläubigerforderung ausreicht, die nach dem Pfändungsbeschluss vollstreckt wurde, die Tilgungsreihenfolge nach § 366 und § 367 BGB (entsprechende Anwendung). Mit den über die Pfändungsfreigrenze des § 850c ZPO hinaus erlangten Beträgen sind vollstreckte Zwangsvollstreckungskosten (nicht aber Prozesskosten und Zinsen, s. Rdn. C.301, C.303) und schließlich die Unterhaltsbeträge nach ihrem Alter (die älteren Unterhaltsansprüche vor den jüngeren) getilgt (§ 366 Abs. 2 BGB); eine andere Tilgungsreihenfolge kann sich aus § 366 Abs. 2 BGB ergeben, wenn für Ansprüche Sicherheit vorhanden oder Lästigkeit feststellbar ist; für eine abweichende Bestimmung des Schuldners nach § 366 Abs. 1 BGB ist jedoch im C.353

786 Zu den Konsequenzen, wenn das Prozessgericht gleichwohl im Einziehungsprozess den Einwand der Unpfändbarkeit berücksichtigt, s. Gaul, Rpfleger 1971, 89.
787 LArbG, Frankfurt DB 1990, 639.
788 BArbG (Fn. 777); BAGE 12, 112 = AP Nr. 8 zu § 850d ZPO mit Anm. Bötticher = MDR 1962, 339 = NJW 1962, 510 = Rpfleger 1962, 169 mit zust. Anm. Berner; LArbG Düsseldorf, MDR 2001, 836 = Rpfleger 2001, 440; LArbG Frankfurt (Fn. 787); LArbG Köln, NZA 1998, 280 Leits.; LArbG Niedersachsen, DAVorm 1977, 518; LArbG Saarland, JurBüro 1990, 115; siehe dazu die Abhandlungen von Pohle, JZ 1962, 344; Berner Rpfleger 1964, 329; Gaul, Rpfleger 1971, 89; siehe ferner LArbG Hamburg, BB 1971, 132; Zöller/Herget, ZPO, § 850d Rdn. 13.
789 BArbG (Fn. 777); LArbG Niedersachsen, a.a.O. (Fn. 788); zur rückwirkenden Änderung der Pfändungsgrenze siehe weiter Rdn. C.479, C.481.

Vollstreckungsverfahren kein Raum[790]. Mit den durch bevorrechtigte Pfändung nach § 850d ZPO weiter (über das der Pfändung nach § 850c ZPO unterworfene Arbeitseinkommen hinaus) erlangten Beträgen können nur die nach dem Pfändungsbeschluss bevorrechtigt vollstreckten Unterhaltsansprüche getilgt werden[791] (nicht auch ältere Rückstände oder Ansprüche, die auf Antrag nur in den Grenzen des § 850c ZPO vollstreckt wurden). Bei Zahlungseingang noch nicht fällige Beträge, die im Wege der Vorratspfändung (§ 850d Abs. 3 ZPO) mit vollstreckt wurden, finden keine Berücksichtigung; unberücksichtigt müssen ebenso Unterhaltsansprüche bleiben, die nach dem Pfändungsbeschluss nicht mit vollstreckt wurden.

Haben mehrere Unterhaltsgläubiger Ansprüche in gleicher Reihenfolge (§ 850d Abs. 2 ZPO) mit gleichem Rang (§ 804 Abs. 2 ZPO) vollstreckt und reicht ein eingezogener Geldbetrag nicht zur Befriedigung aller Gläubigeransprüche aus, dann ist er zur gleichmäßigen Befriedigung der gleichstehenden Berechtigten nach vorstehenden Tilgungsregeln zu verwenden.

7. Nettoeinkommen als Berechnungsgrundlage (§ 850e Nr. 1 ZPO)

C.354 Die pfändbaren Teile des Arbeitseinkommens bestimmen sich bei der gewöhnlichen (§ 850c ZPO) und bei der bevorrechtigten (§ 850d ZPO) Einkommenspfändung nach dem **Nettoeinkommen** des Schuldners (§ 850e Nr. 1 ZPO). Das Nettoeinkommen (reine Einkommen) ist vom Drittschuldner festzustellen, ohne dass es einer besonderen Anordnung im Pfändungsbeschluss bedarf. Es ergibt sich, wenn bestimmte Beträge vom Bruttoeinkommen vorweg abgezogen werden.

C.355 Bei der Berechnung des pfändbaren Arbeitseinkommens sind die **nach** § 850a ZPO **der Pfändung entzogenen Beträge** (siehe deswegen Rdn. C.137 ff.) nicht mitzurechnen. Sie werden voll (mit dem Bruttobetrag) abgezogen, somit nicht um anteilige Steuern gekürzt. Im Anschluss hieran sind nach der Rechtsprechung des BArbG[792] entgegen der früher herrschenden Ansicht in Rechtsprechung und Schrifttum[793] lediglich die Steuern und Sozialversicherungsbeiträge (siehe Rdn. A.492) abzuziehen, die auf das restliche, ohne die unpfändbaren Bezüge verbleibende Bruttoeinkommen zu zahlen sind (**Nettomethode**). Bei dieser Berechnung werden die Steuern und Sozialversicherungsbeiträge nur einmal abgezogen. Dies soll dem gesetzgeberischen Ziel entsprechen und zu plausiblen und dem Gesetzeszweck dienenden Ergebnissen führen, den mit den Pfändungsschutzvorschriften beabsichtigten sozialen Schutz des Schuldners sichern und die mit der Bruttomethode einhergehende Benachteiligung des Pfändungsgläubigers vermeiden. Dem Sinn des § 850a ZPO, einen Anreiz für die Ausübung bestimmter Tätigkeiten zu erhalten, bestimmte Aufwendungen des Schuldners auszugleichen und ihm be-

---

790 BGHZ 140, 391 = MDR 1999, 701 = NJW 1999, 1704 = Rpfleger 1999, 286.
791 So auch Wieczorek/Schütze/Lüke, ZPO, § 850d Rdn. 51.
792 BAGE 145, 18 = MDR 2013, 985 = NJW 2013, 2924 = Rpfleger 2013, 627; zustimmend Würdinger, NJW 2014, 3121; Lamberz, RpflStud 2014, 63; teilweise kritisch Hintzen, Rpfleger 2014, 117.
793 Nachweise in der Entscheidung des BArbG (Fn. 792).

stimmte Zuwendungen aus sozialen Gründen zu belassen, soll die Nettomethode Rechnung tragen. Der Abzug der unpfändbaren Bezüge mit dem Bruttobetrag stellt sicher, dass sie dem Schuldner ungeschmälert erhalten bleiben. Der pfändbare Teil des Arbeitseinkommens entspricht stets dem Betrag, den ein Gläubiger auch dann pfänden kann, wenn der Vollstreckungsschuldner keine Bezüge im Sinne des § 850a ZPO erhält. Nach der Bruttomethode wird das pfändbare Einkommen dagegen zusätzlich reduziert, indem von dem verbleibenden Bruttoeinkommen die auf die unpfändbaren Bezüge abzuführenden Steuern und Sozialversicherungsabgaben nochmals abgezogen werden[794].

Beispiel:

[A]	Bruttoeinkommen (ohne Weihnachtsgeld)	3.000,00 €
[B]	Weihnachtsgeld (Höchstbetrag nach § 850a Nr. 4 ZPO)	500,00 €
[C]	Steuern und Sozialversicherungsbeiträge, berechnet nach 3.000,00 € [A], fiktiv angenommen mit	900,00 €
[D]	Nettoeinkommen ohne unpfändbare Beträge (3.500,00 € [A] abzüglich 500,00 € [B] und 900,00 € [C])	2.100,00 €
[E]	nach der Tabelle zu § 850c ZPO pfändbar (Schuldner ohne Unterhaltsverpflichtungen)	644,99 €
[F]	Steuern und Sozialversicherungsbeiträge, berechnet nach 3.500,00 € [A+B], fiktiv angenommen mit	1.050,00 €
[G]	an den Schuldner auszuzahlen (3.500,00 € [A+B] abzüglich 1.050,00 € [F] und 644,99 € [E])	1.805,01 €

Die früher bevorzugte Bruttomethode ergibt:

[A]	Bruttoeinkommen (ohne Weihnachtsgeld)	3.000,00 €
[B]	Weihnachtsgeld (Höchstbetrag nach § 850a Nr. 4 ZPO)	500,00 €
[C]	Steuern und Sozialversicherungsbeiträge, berechnet nach 3.500,00 € [A+B], fiktiv angenommen mit	1.050,00 €
[D]	Nettoeinkommen ohne unpfändbare Beträge (3.500,00 € [A] abzüglich 500,00 € [B] und 1.050,00 € [C])	1.950,00 €
[E]	nach der Tabelle zu § 850c ZPO pfändbar (Schuldner ohne Unterhaltsverpflichtungen)	539,99 €
[F]	an den Schuldner auszuzahlen (3.500,00 € [A+B] abzüglich 1.050,00 € [C] und 539,99 € [E])	1.910,01 €

Nicht auszuscheiden sind die auch nach § 850a ZPO pfändbaren Einkommensteile, so die pfändbare Hälfte der Mehrarbeitsvergütung, der den Rahmen des Üblichen übersteigende Urlaubszuschuss, Weihnachtsgeld über 500 Euro usw.

Bei der Berechnung des pfändbaren Arbeitseinkommens sind weiter Beträge nicht mitzurechnen, die unmittelbar auf Grund **steuerrechtlicher** (Lohn- und Kirchensteuer) oder **sozialrechtlicher** Vorschriften zur Erfüllung gesetzlicher Verpflichtungen des Schuldners abzuführen sind. **Lohnsteuerbeträge** (mit Solidaritätszuschlag und ggf. die Kirchenlohnsteuer), die abzuführen sind, behält der Arbeitgeber bei jeder Lohnzahlung vom Arbeitslohn ein (§ 38 Abs. 3 S. 1 EStG). C.356

794 BArbG (Fn. 792).

Sie bleiben in voller Höhe der einbehaltenen Beträge unberücksichtigt[795], auch wenn mindernde Freibeträge vom Schuldner nicht beantragt, vom Finanzamt daher nicht ermittelt wurden (§§ 39a, c EStG).

C.357 Der (verheiratete) Schuldner kann auf Antrag beider Ehegatten in die Steuerklasse V eingereiht sein, sein Ehegatte hingegen in die Steuerklasse III (§ 38b Abs. 1 S. 2 Nrn. 3 und 5 EStG; **Steuerklassenwahl**). Wurde bereits **vor** Wirksamwerden der **Pfändung** die Änderung der Steuerklassen vorgenommen, dann wird beim Lohnsteuerabzug die danach bemessene Lohnsteuer einbehalten[796]; Lohnsteuer ist mit diesem Betrag daher auch nach § 850e Nr. 1 ZPO nicht mitzurechnen. Geltungsdauer kann diese Änderung jedoch nur für das laufende Lohnsteuer- = Kalenderjahr haben[797]. Eine erst **nach der Pfändung** erfolgte Einordnung des Schuldners in die ungünstigere Steuerklasse (Einreihung in Steuerklasse V; daher Einordnung des Ehegatten in Steuerklasse III) erlangt dagegen für den Lohnsteuerabzug zur Berechnung des (bereits) gepfändeten Arbeitseinkommens **keine Bedeutung** mehr. Sie ist Verfügung jedenfalls im Sinne von § 829 Abs. 1 S. 2 ZPO, weil sie das pfändbare Einkommen zum Nachteil des Gläubigers ändert. Als solche ist sie dem Gläubiger gegenüber unwirksam.

C.358 Wenn der Schuldner **vor der Pfändung** eine für ihn ungünstige Lohnsteuerklasse (V anstatt IV) in Gläubigerbenachteiligungsabsicht („ohne sachlichen Grund") gewählt hat, damit sein Ehegatte geringerem Lohnsteuerabzug nach Steuerklasse III unterliegt, soll er nach verbreiteter abweichender Ansicht, der auch der BGH[798] gefolgt ist, bei der Berechnung des pfändungsfreien Arbeitseinkommens nach § 850e Nr. 1 ZPO schon im Jahr der Pfändung so behandelt werden können, als sei sein Arbeitseinkommen gemäß der „günstigeren" Lohnsteuerklasse (IV) zu versteuern. In entsprechender Anwendung von § 850h ZPO soll in einem solchen Fall eine Anordnung des Vollstreckungsgerichts dahin gehend getroffen werden können, dass bei der Berechnung des pfändungsfreien Teils des Arbeitsentgelts das Nettoeinkommen zugrunde zu legen ist, das sich unter Berücksichtigung der „günstigeren" Steuerklasse ergibt. Fehlt es an einem Nachweis der Gläubigerbenachteiligungsabsicht, so soll der Gläubiger für das Kalenderjahr der Pfändung die Wahl der Steuerklasse hinzunehmen haben[799]. Wählt der Schuldner erst **nach der**

---

795 LG Detmold, Rpfleger 2002, 630 für frühere Eintragung des Freibetrags auf der Lohnsteuerkarte (kein Rechtsmissbrauch); auf zu viel einbehaltene Lohnsteuer kann der Gläubiger durch Pfändung des Steuererstattungsanspruchs (Rdn. A.490 ff.) zugreifen.

796 So auch LG Osnabrück, DGVZ 1998, 190 = FamRZ 1999, 1003 = JurBüro 1999, 158 = NJW-RR 2000, 1216.

797 So auch (für die vormalige Eintragung auf der Lohnsteuerkarte) OLG Köln, FamRZ 2000, 1590 mit Anm. Ernst = JurBüro 2000, 217 = MDR 2000, 1032 = Rpfleger 2000, 223; LG Münster, Rpfleger 2003, 254, die jedoch Anordnung des Vollstreckungsgerichts für erforderlich erachten, dass sich der Schuldner dann bei der Berechnung des pfändbaren Teils seines Einkommens so behandeln lassen muss, als werde er nach Steuerklasse IV besteuert. Diese Einschränkung ist indes nicht zu rechtfertigen.

798 BGH, FamRZ 2006, 37 = JurBüro 2006, 97 = MDR 2006, 352 = NJW-RR 2006, 569 = Rpfleger 2006, 25; BGH, FamRZ 2009, 871 = MDR 2009, 711 = Rpfleger 2009, 412; OLG Zweibrücken, FamRZ 1989, 529 = NJW-RR 1989, 517 (für § 850d ZPO); auch BArbG, JurBüro 2008, 492 (495) = NJW 2008, 2606 (2608). Weitere Nachweise 14. Aufl. Rdn. 1134b Fn. 5.

799 BGH, FamRZ 2006, 37 (Fn. 798).

Pfändung eine ungünstigere Steuerklasse oder behält er diese für das folgende Kalenderjahr bei, so soll dies auch ohne Gläubigerbenachteiligungsabsicht schon dann gelten, wenn für diese Wahl objektiv kein sachlich rechtfertigender Grund gegeben ist, eine Anordnung entsprechend § 850h ZPO somit auch ohne Nachweis einer Gläubigerbenachteiligungsabsicht ergehen können[800].

Dem ist nicht zu folgen. Die Steuerklassenwahl **nach Pfändung** ist unwirksam; für eine abändernde Bestimmung durch das Vollstreckungsgericht fehlt jede Grundlage. Die **vor Pfändung** bereits vorgenommene Steuerkombination hat der Gläubiger im laufenden Steuerjahr ebenso hinzunehmen[801] wie die Abtretung von Arbeitseinkommen vor Pfändung. Es besteht keine Rechtspflicht des Schuldners, Einkommen für den Zugriff des Gläubigers verfügbar zu halten. Es gibt ebenso keinen Anhalt dafür, dass für die Wahrnehmung steuerlicher Gestaltungsmöglichkeiten ein sachlicher Grund fehle, eine Benachteiligung des Gläubigers damit beabsichtigt sei. Die Steuerklassenwahl unterliegt überdies nicht allein der Disposition des Schuldners; sie erfordert einen Antrag beider Ehegatten (§ 38b S. 2 Nr. 5 EStG). Sie ist eine Form der Steuererhebung der bei gemeinsamer Veranlagung von Eheleuten samtverbindlich geschuldeten Einkommensteuer durch Abzug vom Arbeitslohn. Das schließt eine Korrektur der vor der Pfändung erfolgten Steuerklassenwahl der Ehegatten durch das Vollstreckungsgericht nur für die Berücksichtigung anderer Steuerabzugsbeträge bei Berechnung des pfändbaren Einkommens nach § 850e Nr. 1 ZPO aus. § 850h ZPO sieht überdies dafür, ob durch „unlautere Manipulation" Schuldnereinkommen dem Gläubigerzugriff entzogen wird, keine Entscheidung (Anordnung) des Vollstreckungsgerichts vor. Darüber, ob und in welchem Umfang der Pfändung rechtliche Wirkung zukommt, wird im Pfändungsverfahren nicht entschieden. Ob und in welchem Umfang die Pfändung „der angeblichen Schuldnerforderung" rechtliche Wirkung äußert, ist im Einziehungserkenntnisverfahren vom Prozessgericht zu entscheiden. Dies gilt gleichermaßen für die Frage, welche Beträge für die Berechnung des pfändbaren Einkommens nach § 850e Nr. 1 ZPO nicht mitzurechnen sind. Eine entsprechende Anwendung des § 850h ZPO rechtfertigt sich daher nicht[802].

Bei Nutzung des **Faktorverfahrens** für Lohnsteuerabzug (Steuerklasse IV mit Faktor, § 39f EStG[803]) bemisst sich die Lohnsteuer jedes Ehegatten nach seinem Anteil am Familieneinkommen. Die Option für dieses Anteilsverfahren ist keine gläubigerbenachteiligende Steuerklassenwahl. Der Antrag auf Lohnsteuererhebung nach dem Faktorverfahen wird daher durch eine nachfolgende Pfändung nicht hinfällig und durch eine vorausgehende Pfändung nicht unzulässig[804]. **C.359**

800 BGH, FamRZ 2006, 37 (Fn. 798); LG Dortmund, ZInsO 2010, 879 (sachlicher Grund bei Heirat während Wohlverhaltensphase); LG Lüneburg, JurBüro 2009, 211; auch LG Ansbach, JurBüro 2010, 50 (für Steuerklassenwahl nach der Pfändung „ohne sachlichen Grund").
801 OLG Köln (Fn. 797).
802 Dazu Zöller/Herget, ZPO, § 850e Rdn. 1b.
803 Siehe Hosser, FamRZ 2010, 951.
804 So auch Zöller/Herget, ZPO, § 850e Rdn. 1b.

C.360 **Steuer**zahlungen, die der Schuldner sonst zu leisten hat, weil auch seine Einkünfte aus nichtselbstständiger Arbeit der Einkommensteuer unterliegen, erlangen keine Bedeutung; unberücksichtigt bleiben somit die nach Jahresablauf vom Gesamteinkommen zu entrichtende Abschlusszahlung auf Einkommensteuer[805] und eine laufende Einkommensteuervorauszahlung. Einer unverhältnismäßig hohen Steuerabschluss- oder -vorauszahlung könnte nach § 850f Abs. 1 ZPO Rechnung getragen werden. Steuern, die nicht vom Arbeitgeber einbehalten werden, weil sie der Arbeitnehmer wegen seines Wohnsitzes im Ausland unmittelbar entrichten muss, aber auch z.B. eine Umsatzsteuer, bleiben bei der Berechnung des pfändungsfreien Arbeitseinkommens nach § 850e Nr. 1 ZPO außer Ansatz, werden vom Bruttoeinkommen somit nicht abgezogen[806]. Solche Belastungen können jedoch eine Erhöhung des pfändungsfreien Betrages durch das Vollstreckungsgericht nach § 850f Abs. 1 ZPO rechtfertigen[807].

C.361 Als **Sozial**kosten sind vornehmlich die durch Lohnabzug zu zahlenden Beiträge des versicherten Schuldners zur gesetzlichen Krankenversicherung, Unfallversicherung, Rentenversicherung der Arbeiter oder Angestellten sowie Arbeitslosenversicherung zu berücksichtigen. Der Arbeitgeberanteil bleibt außer Betracht.

C.362 Als Sozialkosten sind auch die auf den Auszahlungszeitraum entfallenden Beträge abzuziehen, die der Schuldner nachweislich oder der Arbeitgeber für den Schuldner leistet

- nach den Vorschriften der Sozialversicherungsgesetze zur **Weiter-** (nicht Höher-)**Versicherung** (siehe § 9 SGB V u.a.)
- an eine **Ersatzkasse** oder an ein Unternehmen der **privaten Krankenversicherung** (auch zur Versicherung für Krankenhausaufenthalt und Krankenhaustagegeld[808]), soweit sie den Rahmen des Üblichen nicht übersteigen[809]. Nach Einführung der Versicherung im Basistarif in der privaten Krankenversicherung kann der Rahmen des Üblichen durch den Höchstbetrag der gesetzlichen Krankenversicherung (anders bei Personen mit Anspruch auf Beihilfe) als Beitrag für den Basistarif (ohne Selbstbehalt, § 152 Abs. 3 VAG) begrenzt sein[810]. Eine Bemessung im Rahmen des Üblichen erfordert aber auch die Berücksichtigung der Lebensverhältnisse des Schuldners. Daher ist es Einzelfallfrage, ob der Schuldner auch einen Tarifwechsel hinzunehmen hat. Das ist unter Abwägung berechtigter Interessen des Schuldners

---

805 BAGE 32, 159 (169) = AP Nr. 6 zu § 829 ZPO = DB 1980, 835 = MDR 1980, 522 (dort offengelassen für Einkommensteuervorauszahlungen).

806 Es können keine fiktiven Beträge abgezogen werden, die in ihrer Höhe dem entsprechen, was der Schuldner als Lohn- und Kirchensteuer hätte zahlen müssen, wäre er im Inland steuerpflichtig gewesen. Dazu (für Steuern, die der Schuldner dem belgischen Fiskus schuldete) BArbG, NJW 1986, 2208.

807 BArbG (Fn. 806).

808 LG Berlin, Rpfleger 1962, 217.

809 Vgl. LG Rottweil vom 4.9.2018, 1 T 29/18, juris, zum Fall einer Schuldnerin, die zwar tatsächlich keine Beiträge leistete, weil sie nicht krankenversichert war, jedoch eine solche Versicherung, zu deren Abschluss sie verpflichtet war, nur bei erhöhtem Pfändungsfreibetrag schließen konnte.

810 Vgl. LArbG Mainz, JurBüro 2017, 494 = NZA-RR 2017, 345.

an der Beibehaltung seines umfassenderen Versicherungsschutzes (insbesondere bei fortgeschrittenem Alter, unerwartetem Zahlungsunvermögen und voraussichtlich nur überschaubarer Dauer der Pfändung) und der zu wahrenden Belange des Gläubigers zu beurteilen[811]. Der Drittschuldner, der diese Erfordernisse nicht sicher beurteilen kann, wird erforderlichenfalls eine klarstellende Entscheidung des Vollstreckungsgerichts erwirken (Rdn. C.69).

Nicht abgezogen werden können soziale Zulagen (soweit sie nicht nach § 850a ZPO unpfändbar sind) wie Kindergartenzuschuss (siehe Rdn. C.11, C.170) und Barzuschuss für arbeitstägliche Mahlzeiten (siehe Rdn. C.11), Beiträge zu Berufsorganisationen, Spenden, Abtretungen (siehe jedoch deswegen Rdn. C.531) und ähnliche Leistungen. In Zweifelsfällen kann durch klarstellende Entscheidung des Vollstreckungsgerichts festgestellt werden, ob und in welchem Ausmaße Abzüge zulässig sind. Über den Antrag entscheidet der Rechtspfleger[812] (siehe Rdn. C.69). **C.363**

Zur Behandlung vermögenswirksamer Leistungen bei der Einkommenspfändung siehe Rdn. C.61 ff.

8. Zusammentreffen mehrerer Arbeitseinkommen (§ 850e Nr. 2 ZPO)

8.1. Möglichkeit der Zusammenrechnung

Schrifttum: Grunsky, Probleme des Pfändungsschutzes bei mehreren Arbeitseinkommen des Schuldners, ZIP 1983, 908; Mertes, Zusammenrechnung bei Pfändung mehrerer Arbeitseinkommen, Rpfleger 1984, 453. **C.364**

Die Schutzbestimmung des § 850c ZPO geht von **einem** Arbeitseinkommen des Schuldners aus, würde also in den vorgesehenen Grenzen jeden Arbeitsverdienst pfandfrei stellen, wenn der Schuldner **mehrere Arbeitseinkommen** von verschie- **C.365**

811 Strenger LG Stuttgart, JurBüro 2012, 437: Die Berücksichtigung eines höheren als des nach dem Basistarif bemessenen Versicherungsbeitrags würde den Rahmen des Üblichen übersteigen. Angenommen wurde früher, dass Begrenzung auf den Rahmen des Üblichen eine Bemessung nach den Versicherungsbeitragssätzen der gesetzlichen Krankenversicherung gebieten kann (LG Berlin, Rpfleger 1964, 426), aber auch noch der Fall ist, wenn diese Beitragssätze nicht wesentlich überstiegen werden (LG Berlin, Rpfleger 1962, 217). Im Rahmen des Üblichen wurden Beiträge eines Beamten für eine private Krankenversicherung zur Abdeckung der nicht von der Beihilfe gedeckten Arztkosten angesehen, LG Hannover, JurBüro 1983, 1423; darüber hinaus aber auch übliche weitergehende Krankenversicherungskosten eines Beamten, somit auch übliche Beiträge des Beamten für freiwillige Versicherung bei einer Ersatzkasse, LG Hannover, JurBüro 1987, 464. Zum „Üblichen" bei privater Krankenversicherung s. auch KG, Rpfleger 1985, 154.

812 Berner, Rpfleger 1962, 218; Weber, Rpfleger 1967, 256; **a.A.** LG Berlin (Fn. 808), das jedoch irrigerweise Erinnerung nach § 766 ZPO annimmt und § 10 RPflG (a.F.) übersieht.

denen[813] Drittschuldnern bezieht. Ein solcher mehrmaliger Pfändungsschutz ist sachlich nicht geboten und mit den berechtigten Belangen des Gläubigers nicht zu vereinbaren. Den notwendigen gerechten Ausgleich sieht § 850e Nr. 2 ZPO durch **Zusammenrechnung** der mehreren Arbeitseinkommen mit dem Ergebnis vor, dass auch dem Schuldner, der mehrere Einkommen hat, nur ein einmaliger Freibetrag bleibt[814].

In den Fällen des § 850d und des § 850f Abs. 2 ZPO wird der pfandfreie Betrag nach den individuellen Bedürfnissen des Schuldners festgestellt. Es muss daher berücksichtigt werden, dass der Schuldner weiteres Arbeitseinkommen bei einem anderen Drittschuldner bezieht, das bereits seinen und seiner Angehörigen Unterhalt deckt (siehe Rdn. C.322), sodass das Einkommen unter Umständen voll gepfändet werden kann. Eine Zusammenrechnung nach § 850e Nr. 2 ZPO erlangt daher bei der Unterhaltspfändung nur Bedeutung, wenn im Hinblick auf § 850d Abs. 1 S. 3 (ebenso im Fall des § 850f Abs. 2) ZPO die Bestimmung des § 850c ZPO den unpfändbaren Lohnteil begrenzt[815] (siehe Rdn. C.327).

8.2. Verfahren

C.366 Die Zusammenrechnung mehrerer Arbeitseinkommen kann nur das Vollstreckungsgericht anordnen. **Zuständig** ist sowohl für die schon in einem Pfändungsbeschluss als auch für die später gesondert zu treffende Anordnung der **Rechtspfleger**. Die Arbeitgeber (Drittschuldner) können sich über eine Zusammenrechnung nicht selbst verständigen, mithin nicht von sich aus mehrere Arbeitseinkommen in Höhe eines einmaligen Freibetrags nach § 850c ZPO als unpfändbar behandeln, selbst wenn die Pfändung der Einkommen in einem (dann nur äußerlich zusammengefassten) Beschluss angeordnet worden ist[816].

---

813 Wegen der Behandlung „mehrerer" Arbeitsvergütungen, die bei **einem** Drittschuldner verdient werden, siehe Rdn. C.65. Einschränkend meint Grunsky, ZIP 1983, 908 (910), eine Zusammenrechnung komme in Betracht, wenn nur eine der „mehreren" Arbeitsvergütungen gepfändet ist, die derselbe Drittschuldner leistet. Dem ist nicht zu folgen. Der Gläubiger kann nicht durch Einschränkung seines Pfändungszugriffs die Zusammenrechnungsvoraussetzungen schaffen. § 850e Nr. 2 ZPO will Zugriff auf mehrere, mit der Pfändung einzeln nicht fassbare Einkommensteile ermöglichen, nicht aber eine mögliche Pfändung des Gesamteinkommens durch Zusammenrechnung ersetzen. Sonstige regelmäßige Einkünfte (Mieteinnahmen, Zinsen) können mit Arbeitseinkommen nicht zusammengerechnet werden (Grunsky, ZIP 1983, 908). Sie müssen selbstständig gepfändet werden.

814 Nach OVG Lüneburg vom 14.11.2016, 5 LA 224/15, juris, kann bei Aufrechung eines Dienstherrn mit einem Rückforderungsanspruch gegenüber den Versorgungsbezügen eines Beamten zur Ermittlung des pfändbaren Teils der Versorgungsbezüge eine gesetzliche, gemäß § 55 BeamtVG angerechnete Altersrente ohne Zusammenrechnungsbeschluss des Vollstreckungsgerichts hinzugerechnet werden.

815 So auch Stein/Jonas/Würdinger, ZPO, § 850e Rdn. 43; Wieczorek/Schütze/Lüke, ZPO, § 850e Rdn. 28. Für Zusammenrechnung dagegen Mertes, Rpfleger 1984, 453. Zur Zusammenrechnung mehrerer Einkommen, wenn der Gläubiger wegen derselben Forderung neben der Pfändung des einen Arbeitseinkommens mit Vorrecht (§ 850d ZPO) die Pfändung des weiteren Arbeitseinkommens ohne Vorrecht (§ 850c ZPO) erwirkt hat, siehe LG Frankfurt, Rpfleger 1983, 449.

816 Zöller/Herget, ZPO, § 850e Rdn. 3.

Das Vollstreckungsgericht entscheidet nur auf **Antrag**[817] des Gläubigers oder Schuldners. Der Antrag ist an keine Frist gebunden. Lohnzahlungen, die bereits an den Schuldner erfolgt sind, kann eine Zusammenrechnung jedoch nicht mehr erfassen[818]. Die gesetzlichen Erfordernisse der Zusammenrechnung (Vorhandensein mehrerer Arbeitseinkommen, deren ungefähre Höhe usw.) hat der Antragsteller nachzuweisen[819]. An den Antrag ist das Vollstreckungsgericht gebunden (§ 308 Abs. 1 S. 1 ZPO); es darf daher ein nicht aufgeführtes Arbeitseinkommen nicht in die Zusammenrechnung einbeziehen, auch wenn es von diesem weiteren Arbeitseinkommen Kenntnis hat[820]. Der Schuldner ist zu dem Antrag, die Zusammenrechnung sogleich im Pfändungsbeschluss anzuordnen, nicht zu hören (§ 834 ZPO). Zu dem nach wirksamer Pfändung gestellten Zusammenrechnungsantrag ist dem Schuldner Gehör zu gewähren[821]. C.367

Wenn mehrere Gläubiger gepfändet haben, muss jeder den Antrag stellen, der für den durch seine Pfändung notwendigen Lohnabzug die Zusammenrechnung der mehreren Arbeitseinkommen anstrebt. Ist die Zusammenrechnung mehrerer Arbeitseinkommen durch das Vollstreckungsgericht auf Antrag mehrerer Gläubiger angeordnet, dann gebührt der danach pfändbare Einkommensteil dem Gläubiger mit dem besten Rang[822]. Erwirkt nur ein Gläubiger den Zusammenrechnungsbeschluss, so wird für ihn der Lohnabzug unter Zugrundelegung der mehreren Arbeitseinkommen berechnet. Für die übrigen Gläubiger bleibt es beim Lohnabzug aus den Einzeleinkommen[823] (siehe Rdn. C.400, C.281). C.368

Rangverschiebungen treten, soweit Arbeitseinkommen demnach von mehreren Pfändungen erfasst sind, nicht ein; vielmehr wirkt der Zusammenrechnungsbeschluss auch nicht zugunsten der übrigen Gläubiger, die selbst Antrag auf Zusammenrechnung nicht gestellt haben. Der Zusammenrechnungsbeschluss kann nur dem Gläubiger, auf dessen Antrag (in dessen Vollstreckungsverfahren) er erlassen ist, einen weitergehenden Pfändungszugriff an seiner Rangstelle (§ 804 Abs. 3 ZPO) ermöglichen, nicht aber einen früheren Pfändungszugriff schmälern und damit den Rang der vollstreckenden mehreren Gläubiger ändern. Hat ein Gläubiger das Haupteinkommen gepfändet, so bleibt ihm der aus diesem Einkommen der Pfändung unterliegende Betrag unverändert auch, wenn ein anderer Gläubiger später Nebeneinkommen pfändet und einen Zusammenrechnungsbeschluss mit der Maßgabe erwirkt, dass der Freibetrag in voller Höhe dem Haupteinkommen zu

817 Auch der Schuldner ist antragsberechtigt (s. BT-Drucks. VI/2870, S. 2); dies dürfte indes ohne praktische Bedeutung sein.
818 Grunsky, ZIP 1983, 908 (913).
819 Musielak/Becker, ZPO, § 850e Rdn. 10; Stein/Jonas/Würdinger, ZPO, § 850e Rdn. 46; Wieczorek/Schütze/Lüke, ZPO, § 850e Rdn. 34; Zöller/Herget, ZPO, § 850e Rdn. 4.
820 Grunsky, ZIP 1983, 908 (914).
821 So auch Zöller/Herget, ZPO, § 850e Rdn. 4. **A.A.** LG Frankenthal, Rpfleger 1982, 231: der Schuldner ist zu dem nachträglich gestellten Antrag (auf Zusammenrechnung von Arbeitseinkommen und Kindergeld) nicht zu hören; auch Schuschke/Walker/Kessal-Wulf/Lorenz, Vollstreckung, § 850e Rdn. 5.
822 BArbG, NJW 1997, 479 = NZA 1997, 63.
823 BArbG (Fn. 822); Grunsky, ZIP 1983, 908 (913); Stein/Jonas/Würdinger, ZPO, § 850e Rdn. 38.

entnehmen ist[824]. Dieser Zusammenrechnungsbeschluss erlangt Bedeutung nur für die Berechnung der von dem zweiten Gläubiger gepfändeten Beträge. Hat zunächst ein nachrangiger Gläubiger den Zusammenrechnungsbeschluss erwirkt und ergeht erst später auf Antrag eines besserrangigen Gläubigers ein Zusammenrechnungsbeschluss mit gleichem Inhalt, dann hat von dem Zeitpunkt an, in dem der Beschluss dem Drittschuldner zugestellt ist (§ 850g S. 3 ZPO), der Gläubiger mit dem besseren Rang Anspruch auf den damit vollen pfändbaren Einkommensteil[825].

C.369 Der **Beschluss** kann sich auf die Anordnung der Zusammenrechnung und Bezeichnung des Einkommens, dem der unpfändbare Grundbetrag zu entnehmen ist, beschränken[826], muss also regelmäßig keine summenmäßige Berechnung treffen. Es ist dann Sache der Drittschuldner, die Höhe des Gesamteinkommens festzustellen und den dem Schuldner verbleibenden pfandfreien Betrag zu berechnen. Das muss auch gelten, wenn eines oder mehrere von der Zusammenrechnung erfasste Einkommen in ihrer Höhe schwanken[827]. Demgegenüber wird geltend gemacht[828], das Vollstreckungsgericht müsse bei Einkommen in wechselnder Höhe die durchschnittliche Höhe im Wege freier Schätzung ermitteln und seiner Anordnung zugrunde legen. Dem jedoch ist nicht zu folgen. Denn es ist davon auszugehen, dass dem Gläubiger der volle pfändbare Betrag zusteht und dem Schuldner immer der konkret pfandfreie Einkommensteil zu bleiben hat, der sich für jeden Auszahlungszeitraum tatsächlich ergibt. Das erfordert, dass die Drittschuldner, die den jeweils gepfändeten Einkommensteil ziffernmäßig festzustellen haben, sich zur Ausführung des Zusammenrechnungsbeschlusses über die Einkommenshöhe nach

---

824 **Anders** Grunsky, ZIP 1983, 908 (912, 913). Es ist jedoch nicht damit getan, dass die Einkommenspfändung nicht „zusammenrechnungsfest" macht. Vielmehr gilt nach dem Grundsatz der Einzelvollstreckung, dass die in einem anderen Vollstreckungsverfahren angeordnete Zusammenrechnung keine Wirkung für den Pfändungszugriff des erstrangigen Gläubigers äußern, mithin auch dessen Rang (§ 804 Abs. 3 ZPO) nicht schmälern kann (siehe auch Rdn. C.280).

825 BArbG (Fn. 822).

826 So auch Schuschke/Walker/Kessal-Wulf/Lorenz, Vollstreckung, § 850e Rdn. 6. Bedenken dagegen mit kritischer Stellungnahme LArbG Düsseldorf, DB 1986, 649 = Rpfleger 1986, 100; dazu siehe jedoch Rdn. C.396.

827 So auch Musielak/Becker, ZPO, § 850e Rdn. 11; Wieczorek/Schütze/Lüke, ZPO, § 850e Rdn. 35. **Anders** Grunsky, ZIP 1983, 908 (914): Allgemeine Zusammenrechnungsanordnung reicht bei ein- und demselben Drittschuldner aus (hier Zusammenrechnung aber nicht zulässig; s. Rdn. C.65 und oben Fn. 813). Wenn mehrere Drittschuldner betroffen sind, muss das hinzuzurechnende Einkommen mit einem festen Betrag angegeben werden. „Schwankt die Höhe des Nebeneinkommens, so kann dies zwar im Rahmen einer Abänderung des Zusammenrechnungsbeschlusses berücksichtigt werden, die jedoch nur für die Zukunft wirkt." Das ist praktisch nicht durchführbar. Bei wöchentlich oder monatlich schwankendem Einkommen müsste ständig ein Änderungsbeschluss beantragt werden. Weil er nur für die Zukunft wirkt, aber erst beantragt werden könnte, wenn der interessierte Gläubiger oder Schuldner von der veränderten Höhe des Nebeneinkommens (des anderen Einkommens) Kenntnis hat, wäre bei Erlass des Änderungsbeschlusses das Arbeitseinkommen praktisch schon wieder ausbezahlt, die Anordnung sonach wertlos. Daher ist dem Blankett-Zusammenrechnungsbeschluss der Vorzug zu geben. Die Belastung des Drittschuldners darf hier so wenig überschätzt werden wie allgemein bei Einkommenspfändung. Bei beständigem Einkommen ist ohnedies Zusammenrechnung unter Bezeichnung der Einkommensbeträge zulässig.

828 Stein/Jonas/Würdinger, ZPO, § 850e Rdn. 42.

jedem Abrechnungszeitraum verständigen müssen. Ergeben sich dennoch Schwierigkeiten, so kann eine klarstellende Anordnung des Vollstreckungsgerichts beantragt werden (siehe Rdn. C.69).

Zuzustellen ist der nach einer Pfändung selbstständig ergehende Beschluss über die Anordnung der Zusammenrechnung von Amts wegen (§ 329 Abs. 3 ZPO) dem Gläubiger, Schuldner und dem (oder den) Drittschuldner(n) (bei Pfändung mehrerer Einkommen). Bis zu dieser Zustellung oder sonstiger Kenntnis kann jeder Drittschuldner ohne Rücksicht auf das vorhandene weitere Arbeitseinkommen nach Maßgabe des ihm zugestellten einzelnen Pfändungsbeschlusses mit befreiender Wirkung an den Schuldner leisten. Wenn die Zusammenrechnung sogleich in einem Pfändungsbeschluss angeordnet wird, hat den Beschluss der Gläubiger an den oder die Drittschuldner (bei Pfändung mehrerer Arbeitseinkommen) zustellen zu lassen und der Gerichtsvollzieher ihn sodann dem Schuldner zuzustellen (§ 829 Abs. 2 ZPO). Zahlungsverbot und Zusammenrechnung wirken nicht gegen den anderen Arbeitgeber, wenn nur eines der in die Zusammenrechnung einzubeziehenden mehreren Arbeitseinkommen gepfändet wird (siehe Rdn. C.378); der (selbstständige oder in den Pfändungsbeschluss aufgenommene) Zusammenrechnungsbeschluss wird daher auch dem anderen Arbeitgeber nicht zugestellt. C.370

Der Zusammenrechnungsbeschluss äußert nur Wirkungen, soweit der Lohnabzug noch nicht erfolgt ist. Mit der Zahlung ungepfändeter Einkommensteile an den Schuldner ist die Zwangsvollstreckung beendet, eine nachträgliche Änderung der Berechnung sonach nicht mehr möglich. Auf rückständiges Einkommen, das noch nicht ausbezahlt ist, erstreckt sich ein Zusammenrechnungsbeschluss ebenso wie es von einem Pfändungsbeschluss erfasst wird. Nach Wirksamwerden des Zusammenrechnungsbeschlusses ist rückständiges Arbeitseinkommen daher nach der angeordneten Zusammenrechnung gepfändet und abzurechnen. Antragstellung (Rdn. C.367) berührt bis zur Zusammenrechnung (Wirksamwerden, Rdn. C.370) das Recht des Schuldners auf Zahlung des aus jedem gepfändeten Einkommen einzeln unpfändbaren Betrags nicht. Leistung des Arbeitgebers (Drittschuldners) vor Wirksamwerden des Zusammenrechnungsbeschlusses hat befreiende Wirkung (Rdn. C.370). Dem Vollstreckungsgericht muss es jedoch möglich sein, Drittschuldnerzahlungen bis zur Entscheidung über den Antrag auszusetzen, soweit Einkommensbeträge nach Zusammenrechnung pfändbar werden. Das folgt aus dem allgemeinen Grundsatz, dass mit einstweiliger Anordnung das Verfahrensergebnis vorläufig sichergestellt werden kann. Daher ist auch Anordnung in entsprechender Anwendung von § 732 Abs. 2 ZPO (auch § 766 Abs. 1 S. 2 ZPO) für zulässig zu erachten; sie ist von Amts wegen auch dem (oder den) Drittschuldner(n) zuzustellen. C.371

Geänderte Umstände ermöglichen einen Änderungsbeschluss nach § 850g ZPO (Rdn. C.471). C.372

Rechtsbehelf: Bei Zusammenrechnung sogleich im Pfändungsbeschluss für den nicht gehörten Schuldner und Drittschuldner[829] Erinnerung (§ 766 ZPO, Rdn. B.385 ff.), für den Gläubiger, soweit seinem Antrag nicht entsprochen wird, sofor- C.373

829 Zum Erinnerungs- und Beschwerderecht des Drittschuldners OLG Hamm, JurBüro 1981, 288 = JMBlNW 1980, 283.

tige Beschwerde (§ 793 ZPO, Rdn. B.399). Bei Zusammenrechnung nach Wirksamkeit der Pfändung und nach Anhörung des Schuldners auch für diesen nur sofortige Beschwerde[830].

C.374 Die Zusammenrechnung hebt die Pfändungsbeschränkungen des § 850a Nr. 1 ZPO nicht auf; ein Zweiteinkommen, das als **Mehrarbeitsstunden**vergütung gelten muss (siehe Rdn. C.143) kann daher nur mit der pfändbaren Hälfte (ggf. drei Viertel) mit dem Haupteinkommen zusammengerechnet werden. Im Zusammenrechnungsbeschluss des Vollstreckungsgerichts ist diese Einschränkung der Zusammenrechnung für das unpfändbare halbe Einkommen für Mehrarbeitsstunden anzugeben.

8.3. Pfandfreier Betrag nach Zusammenrechnung

C.375 Durch die Zusammenrechnung wird der Schuldner einem Arbeitnehmer mit nur einem Arbeitseinkommen gleichgestellt, also bewirkt, dass ihm nur **ein** nach § 850c ZPO **pfandfreier Betrag** aus dem Gesamteinkommen belassen wird. Das Einzeleinkommen, dem dieser unpfändbare Teil zu entnehmen ist, muss das Vollstreckungsgericht bei der Zusammenrechnung bezeichnen.

C.376 Zu unterscheiden ist dabei zwischen dem nach § 850c Abs. 1 ZPO unpfändbaren **Grund**betrag von 1.178,59 Euro monatlich, 271,24 Euro wöchentlich oder 54,28 Euro täglich (zuzüglich Beträge für unterhaltsberechtigte Angehörige) und dem nach § 850c Abs. 2 ZPO unpfändbaren Teil des **Mehr**betrags. Der unpfändbare Grundbetrag ist in erster Linie dem Einkommen zu entnehmen, das die wesentliche Grundlage der Lebenshaltung des Schuldners bildet, also dem **Haupteinkommen**. Das ist nicht immer das höhere, sondern das nach seiner Sicherheit und Beständigkeit dieser Zweckbestimmung dienende Schuldnereinkommen. **Beispiel:** Ruhestandsbezüge eines Beamten, auch wenn Nebeneinkommen aus zeitweiliger Berufstätigkeit vorübergehend höher ist. Welches Einkommen wesentliche Grundlage der Lebenshaltung bildet, ist unter Würdigung aller Umstände (Höhe der Bezüge sowie ihre Sicherheit und Stetigkeit) zu entscheiden. Nur wenn ausnahmsweise kein Einkommen überwiegt, rechtfertigt sich eine rechnerische Verteilung des Grundbetrages[831]; in anderen Fällen kann das Vollstreckungsgericht den Grundbetrag nicht nach freiem Ermessen verteilen. Deckt das Haupteinkommen den Grundbetrag nicht, so ist der Rest dem anderen Einkommen zu entnehmen.

Beispiel:

Der kinderlos verheiratete Schuldner verdient monatlich bei A (Haupteinkommen) 2.000,00 Euro und bei B (Nebeneinkommen) 300,00 Euro.

Gesamteinkommen	2.300,00 Euro
Der unpfändbare Grundbetrag beträgt	1.628,16 Euro

Er ist dem Arbeitsverdienst bei A zu entnehmen.

Der unpfändbare Mehrbetrag beläuft sich auf (2.300,00 Euro – 338,92 Euro [pfändbar laut Tabelle] = 1.961,08 Euro – 1.628,16 Euro

---

830 Wenn Schuldneranhörung nicht erfolgt ist, auch hier nur Erinnerung (§ 766 ZPO); LG Frankenthal, Rpfleger 1982, 231.

831 Ebenso Grunsky, ZIP 1983, 908 (912).

[Grundbetrag])		338,92 Euro
Unpfändbar daher zusammen	=	1.961,08 Euro
Pfändbar		338,92 Euro
Wird auch der unpfändbare Mehrbetrag dem Haupteinkommen entnommen, so bleiben pfändbar:		
Das Nebeneinkommen in voller Höhe mit		300,00 Euro
vom Haupteinkommen		38,92 Euro
Der Rest des Haupteinkommens (2.000,00 Euro – 38,92 Euro =) 1.961,08 Euro ist unpfändbar.		

Den unpfändbaren **Mehrbetrag** kann das Vollstreckungsgericht nach billigem Ermessen dem Haupt- oder Nebeneinkommen entnehmen lassen[832]. Wenn nicht besondere Gründe eine andere Regelung erfordern, wird aber anzuordnen sein, dass auch der weitergehende Freibetrag dem Haupteinkommen zu entnehmen ist, weil nach dem Sinn des § 850e Nr. 2 ZPO der Pfändungszugriff vornehmlich auf das Nebeneinkommen zugelassen werden soll[833]. C.377

8.4. Nur teilweise Einkommenspfändung

Streitig ist, ob eine Zusammenrechnung auch möglich ist, wenn nur das von **einem** Drittschuldner zu leistende Arbeitseinkommen gepfändet wurde, dem weiteren Drittschuldner ein Pfändungsbeschluss jedoch nicht zugestellt ist[834]. Hier wird zu berücksichtigen sein, dass der Gläubiger nicht die Wahl hat, welches Einkommen er pfandfrei lassen will. Hat er das Haupteinkommen gepfändet, dem der unpfändbare Grundbetrag und meist auch der weitergehende Freibetrag zu entnehmen ist, so kann er daher nicht verlangen, dass jetzt die unpfändbaren Lohnteile dem anderen (Neben-)Einkommen entnommen werden. Das ist bei der Zusammenrechnung klarzustellen. Ist das andere, mindere Einkommen gepfändet, so kann nicht gefordert werden, dass der Gläubiger auch das Haupteinkommen pfändet, um es dann nach der Zusammenrechnung doch dem Schuldner wieder pfandfrei zu belassen. Das würde auf eine unnötige, durch nichts gerechtfertigte Förmelei hinauslaufen. Die Zusammenrechnung muss daher in diesem Falle für zulässig erachtet werden. Auch dann, wenn das Haupteinkommen nicht gepfändet ist, ist ihm jedoch der unpfändbare Grundbetrag zu entnehmen[835]. Die Zusammenrechnung bewirkt daher nur, dass bei der Berechnung des gepfändeten Teiles des Ne- C.378

Teil C Arbeitseinkommen

832 **A.A.** Mertes, Rpfleger 1984, 453: die pfändungsfreien Zehntel des Mehrverdienstes sind bei den einzelnen Einkommen fest platziert, daher nicht verschiebbar. Dies ist nicht richtig; die mehreren Einkommen werden durch die Zusammenrechnung für Berechnung des pfandfreien Betrags zu einem Arbeitseinkommen zusammengefasst und selbst der unpfändbare Grundbetrag ist nur „in erster Linie" dem wesentlichen Einkommen zu entnehmen.

833 Vgl. Hintzen, Forderungspfändung, § 2 Rdn. 232: der unpfändbare Mehrbetrag kann auch dem Nebeneinkommen entnommen werden, wenn dieses das „sicherere" Einkommen ist, und bei etwa gleich hohen Einkommen auch verteilt werden.

834 Pfändung beider Einkommen ist für die Zusammenrechnung nicht erforderlich nach LG Itzehoe, SchlHA 1978, 215; so auch Grunsky, ZIP 1983, 908 (909); Stein/Jonas/Würdinger, ZPO, § 850e Rdn. 22; Wieczorek/Schütze/Lüke, ZPO, § 850e Rdn. 26.

835 Siehe LG Itzehoe (Fn. 834); Stein/Jonas/Würdinger, ZPO, § 850e Rdn. 23.

beneinkommens dieses rechnerisch mit dem Haupteinkommen zusammengefasst wird; Pfändungswirkungen für Teile des Haupteinkommens treten dadurch nicht ein; dieses bleibt stets in ganzer Höhe auch weiterhin ungepfändet.

8.5. Keine Zusammenrechnung in Vorpfändung

C.379 **Vor** einer die Zusammenrechnung anordnenden Entscheidung des Vollstreckungsgerichts ist jedes Arbeitseinkommen nur für sich in den Grenzen des § 850c ZPO pfändbar. Das verbietet eine Anordnung der Zusammenrechnung in einer Vorpfändung (siehe auch Rdn. C.229).

8.6. Bedingt pfändbare Bezüge und andere Leistungen bei Zusammenrechnung

C.380 Zusammenrechnung von Arbeitseinkommen mit den nach § 850b Abs. 1 ZPO unpfändbaren Bezügen kann nicht erfolgen. Nur unter den besonderen Voraussetzungen, unter denen diese Bezüge wie Arbeitseinkommen gepfändet (für pfändbar erklärt) werden können (§ 850b Abs. 2 ZPO); kann nach den für Arbeitseinkommen geltenden Vorschriften verfahren werden, ist somit auch eine Zusammenrechnung möglich[836]. Zusammentreffen mit einmaligen Bezügen (§ 850i Abs. 1 ZPO) siehe Rdn. C.523. Die Zusammenrechnung von Arbeitseinkommen mit fortlaufenden (regelmäßigen) anderen Einnahmen ohne Pfändungsschutz, z.B. Vermögenserträgnissen aus Mieteinnahmen, Zinsen, ermöglicht § 850e Nr. 2 ZPO nicht[837], desgleichen nicht eine Zusammenrechnung mit Trinkgeldern[838] (sind nicht Arbeitseinkommen, s. Rdn. C.35).

8.7. Abtretung

C.381 Außerhalb eines Vollstreckungsverfahrens kann das Vollstreckungsgericht eine Zusammenrechnung nach § 850e Nr. 2 ZPO nicht vornehmen. Durch einen Zusammenrechnungsbeschluss des Vollstreckungsgerichts kann daher nicht lediglich festgestellt werden, wie weit eine Abtretung des pfändbaren Teils des Arbeitseinkommens reicht[839]. Die Abtretung eines der Arbeitseinkommen steht einer Zusammenrechnung nach Pfändung nicht entgegen[840]. Die Zusammenrechnung auf Antrag eines Gläubigers, der erst nach der Abtretung (wirksam) gepfändet hat, hat keine Wirkung im Verhältnis zwischen Abtretungsgläubiger und Schuldner[841] (be-

---

836 OLG Köln, FamRZ 1990, 190; Zöller/Herget, ZPO, § 850e Rdn. 14.
837 OLG Frankfurt, JurBüro 1991, 723; Zöller/Herget, ZPO, § 850e Rdn. 14.
838 LG Regensburg, JurBüro 1995, 218.
839 BGH, MDR 2004, 323 = NJW-RR 2004, 494 = Rpfleger 2004, 170; LG Flensburg, mitgeteilt MDR 1968, 58 gegen AG Leck, MDR 1968, 57; Zöller/Herget ZPO, § 850e Rdn. 14; siehe außerdem BGH, MDR 1997, 877 = NJW 1997, 2823 = Rpfleger 1997, 444; BAGE 101, 130 = MDR 2002, 1321 = NJW 2002, 3121; **a.A.** Grunsky, ZIP 1983, 908 (910): § 850e Nr. 2 ZPO entsprechend anwendbar.
840 Grunsky, ZIP 1983, 908 (909).
841 BArbG (Fn. 822).

wirkt damit keine Erhöhung der abgetretenen Einkommensteile), berührt aber auch den Anspruch des Zessionars auf das ihm vor der Pfändung übertragene einzelne Arbeitseinkommen nicht (Rdn. C.531). Lohnabzug unter Zugrundelegung der mehreren Arbeitseinkommen nach Maßgabe des Zusammenrechnungsbeschlusses kann daher nur unter Wahrung des besseren Rechts des Zessionars auf das ihm übertragene Arbeitseinkommen erfolgen.

Formulierungsvorschlag (nach den Formblättern Anlagen 2, 3 ZVFV): C.382

Es wird angeordnet, dass zur Berechnung des nach § 850c ZPO pfändbaren Teils des Gesamteinkommens zusammenzurechnen sind:

☐ *Arbeitseinkommen bei Drittschuldner (genaue Bezeichnung)*
_______________________________________ *und*

☐ *Arbeitseinkommen bei Drittschuldner (genaue Bezeichnung)*
_______________________________________ .

Der unpfändbare Grundbetrag ist in erster Linie den Einkünften des Schuldners bei Drittschuldner (genaue Bezeichnung) _________________________
zu entnehmen, weil dieses Einkommen die wesentliche Grundlage der Lebenshaltung des Schuldners bildet.

9. Zusammenrechnung von Arbeitseinkommen mit laufenden Leistungen nach dem Sozialgesetzbuch (§ 850e Nr. 2a ZPO)

9.1. Möglichkeit der Zusammenrechnung

Schrifttum: Behr, Zusammenrechnung von Arbeitseinkommen und/oder Sozialleistungen, JurBüro 1996, 234. C.383

Die Gesetzesbegründung[842] führt zu § 850e Nr. 2a ZPO aus: C.384

„Die Vorschrift enthält eine Ergänzung zu Artikel I § 54. Sie stellt klar, in welchem Umfang bei der Ermittlung der Pfändungsfreigrenzen nach §§ 850c und 850d Zivilprozessordnung Sozialleistungen mit Arbeitseinkommen zusammengerechnet werden können …"

Zur Neufassung des § 850e Nr. 2a durch das ÄndG 1994 sagt die Gesetzesbegründung[843]:

„Anpassung des § 850e Nr. 2a an die Änderung des § 54 SGB I. Soweit die Zweckbestimmung einer Sozialleistung ihre Pfändbarkeit gemäß § 851 einschränkt, steht dies auch ihrer Zusammenrechnung mit Arbeitseinkommen entgegen."

842 Begründung, BT-Drucks. 7/868, S. 37.
843 Begründung, BT-Drucks. 12/5187, S. 47.

C.385 Bei der **Pfändung von Arbeitseinkommen** durch den Gläubiger einer gewöhnlichen Geldforderung (Rdn. C.232) ist mit dem Schuldnereinkommen eine nach § 54 Abs. 4 SGB I der Pfändung unterworfene Geldleistung nach dem Sozialgesetzbuch auf Antrag nach § 850e Nr. 2a S. 1 ZPO zusammenzurechnen. Mehrmaliger Pfändungsschutz ist (in gleicher Weise wie bei mehreren Arbeitseinkommen; dazu Rdn. C.365) auch dann sachlich nicht geboten und mit den berechtigten Belangen des Gläubigers nicht zu vereinbaren, wenn der Schuldner neben Arbeitseinkommen (pfändbare) laufende Geldleistungen nach dem SGB bezieht. Den notwendigen gerechten Ausgleich bei Einkommenspfändung sieht § 850e Nr. 2a ZPO durch Zusammenrechnung mit pfändbaren laufenden Geldleistungen nach dem SGB mit dem Ergebnis vor, dass dem Schuldner auch in einem solchen Fall nur ein einmaliger Freibetrag bleibt. Laufende Geldleistungen nach dem SGB, die nach § 54 Abs. 4 SGB I der Pfändung unterworfen und daher auf Antrag mit Arbeitseinkommen zusammenzurechnen sind, siehe Rdn. D.77 ff.

C.386 Die Zusammenrechnung hat auf Antrag zu erfolgen („sind … zusammenzurechnen"), wenn die Voraussetzungen nach § 850e Nr. 2a ZPO gegeben sind. Ein Ermessen des Vollstreckungsgerichts besteht nicht. § 850f Abs. 1 ZPO ist bei der Zusammenrechnung nicht (von Amts wegen) zu prüfen. Wenn der Schuldner bereits einen Antrag gestellt hat, ihm nach § 850f Abs. 1 ZPO einen weiteren pfändbaren Teil seines Gesamteinkommens zu belassen, ist über diesen Freistellungsantrag (soweit möglich) sogleich bei Zusammenrechnung zu entscheiden.

C.387 Wenn Arbeitseinkommen von einem **Unterhaltsgläubiger** (§ 850d ZPO) oder einem nach § 850f Abs. 2 ZPO bevorrechtigten Gläubiger gepfändet wird, sind laufende Geldleistungen nach dem Sozialgesetzbuch (auch Geldleistungen für Kinder) auf den Freibetrag des § 850d Abs. 1 S. 2 bzw. § 850f Abs. 2 ZPO anzurechnen (siehe Rdn. C.322). Einer Zusammenrechnung des Arbeitseinkommens und der laufenden Geldleistungen nach dem Sozialgesetzbuch bedarf es hierfür nicht[844] (für § 850d ZPO entgegen der Rdn. C.384 wiedergegebenen Begründung). Der Zweckbindung der Sozialleistungen ist hier bei Bemessung der Höhe des dem Schuldner zu belassenden Einkommensfreibetrages Rechnung zu tragen. Eine Zusammenrechnung nach § 850e Nr. 2a ZPO erlangt daher bei Unterhaltsvollstreckung und bei Pfändung eines nach § 850f Abs. 2 ZPO bevorrechtigten Gläubigers nur dann Bedeutung, wenn im Hinblick auf § 850d Abs. 1 S. 3, § 850f Abs. 2 ZPO (dazu Rdn. C.464) die Bestimmung des § 850c ZPO den unpfändbaren Lohnteil begrenzt (siehe Rdn. C.365).

C.388 Bei der Zwangsvollstreckung durch einen **gewöhnlichen Gläubiger** bestehen die Pfändungsverbote des § 54 Abs. 3 SGB I auch dann, wenn mit Arbeitseinkommen eine laufende Geldleistung nach dem Sozialgesetzbuch zusammentrifft. Eine unpfändbare Geldleistung kann daher auch nicht mit Arbeitseinkommen zusammengerechnet werden[845] (§ 850e Nr. 2a S. 1 ZPO). Unpfändbare, für den Gläubiger mithin nicht fassbare Geldleistungen, können den für den Lebensunterhalt be-

---

844 So auch Behr, JurBüro 1996, 234 (235). Für Zusammenrechnung auch bei Pfändung durch einen Unterhaltsgläubiger LG Hamburg, DAVorm 1979, 512 sowie LG Hannover, JurBüro 1985, 950.

845 BGH, FamRZ 2005, 1244 = JurBüro 2005, 495 = MDR 2005, 1136 = NJW-RR 2005, 1010 = Rpfleger 2005, 451.

stimmten Schuldnerfreibetrag des § 850c ZPO aus Arbeitseinkommen nicht schmälern, sonach nicht mittelbar durch Anrechnung auf den Freibetrag der Gläubigerbefriedigung dienlich gemacht werden. Eine Zusammenrechnung von Arbeitseinkommen mit dem unpfändbaren Anspruch auf Sozialhilfe nach SGB XII verbietet sich[846].

„Soweit die **Zweckbestimmung** einer Sozialleistung ihre Pfändbarkeit gemäß § 851 ZPO einschränkt, steht dies auch ihrer Zusammenrechnung mit Arbeitseinkommen entgegen", hebt die Begründung[847] des ÄndG 1994 noch gesondert hervor. Diese Einschränkung verdeutlicht die Regelung des § 54 Abs. 4 SGB I, dass „im Übrigen (soweit sie nicht nach § 54 Abs. 3 SGB I oder als Kindergeld unpfändbar sind) Ansprüche auf laufende Geldleistungen **wie Arbeitseinkommen** gepfändet werden" können. Daher können, wie bei der Pfändung von Arbeitseinkommen, nach § 850a ZPO der Pfändung entzogene Bezüge, auf Grund gesetzlicher Verpflichtung abzuführende Beträge und Krankenkassenbeiträge im Rahmen des Üblichen (§ 850e Nr. 1 ZPO) nicht in eine Pfändung laufender Sozialleistungen einbezogen werden (Rdn. D.81). Ebenso können solche Bezüge und Beträge nicht durch Zusammenrechnung mit gepfändetem Arbeitseinkommen mittelbar für den Vollstreckungszugriff des Gläubigers herangezogen werden. Zu den entsprechend § 850a ZPO der Pfändung entzogenen Bezügen siehe Rdn. D.81. C.389

Wohngeld ist nicht pfändbar (§ 54 Abs. 3 Nr. 2a SGB I). Es kann daher auch nicht mit Arbeitseinkommen zusammengerechnet werden (§ 850e Nr. 2a S. 1 ZPO). Nicht ausgeschlossen ist die Pfändung nur für Ansprüche, die Gegenstand der §§ 9 und 10 WoGG sind (zu diesen Rdn. D.72). Für diese Ansprüche ist Wohngeld voll pfändbar (Rdn. D.72); das ermöglicht eine Zusammenrechnung mit Arbeitseinkommen nicht. C.390

§ 54 Abs. 3 Nr. 2a SGB I ist am 1.1.2005 in Kraft getreten. Bis dahin wurde die Zusammenrechnung von Arbeitseinkommen und Wohngeld von der Rechtsprechung (nicht überzeugend, s. 13. Aufl. Rdn. 1157) zumeist zugelassen. Eine solche Zusammenrechnung ist (nun) auf Erinnerung (§ 766 ZPO) aufzuheben.

Bei der Pfändung von **Arbeitseinkommen** durch den Gläubiger einer gewöhnlichen Geldforderung (Rdn. C.232) dürfen mit diesem **Kindergeld** nach §§ 31, 62 ff. EStG oder dem BKGG **und andere Geldleistungen für Kinder** (Rdn. D.82) **nicht zusammengerechnet** werden (§ 850e Nr. 2a S. 3 ZPO). Sie bleiben dem Schuldner somit zusätzlich zu den Erhöhungsbeträgen des § 850c ZPO pfandfrei. Grund[848]: Die Erhöhungsbeträge decken den tatsächlichen Unterhaltsbedarf von Kindern nicht ab, sondern beruhen auf der Erwägung, dass zu diesen Freibeträgen noch Kindergeld zur Deckung des Unterhaltsbedarfs kommt. Dass die Anordnung einer Zusammenrechnung (Rdn. C.404) sich nicht auf Geldleistungen für Kinder erstreckt, Kinderzuschlag nach dem Recht der sozialen Entschädigung, Kinderzuschuss in der Rentenversicherung und die Kinderzulage in der Unfallversicherung als unpfändbarer und bei Vollstreckung durch den Gläubiger einer gewöhnlichen Geldforderung nicht zusammenrechenbarer Teil der laufenden sozialen Geldleis- C.391

---

846 BGH (Fn. 845); OLG Köln, FamRZ 1990, 190 (191); LG Berlin, MDR 1978, 323 = Rpfleger 1978, 67; LG Hannover, JurBüro 1979, 292.

847 BT-Drucks. 12/5187, S. 47.

848 S. auch BT-Drucks. 11/1004, S. 12 re.Sp.

tung somit nicht erfasst, ist in dem Zusammenrechnungsbeschluss auszusprechen[849].

Formulierungsvorschlag:

„Von der Zusammenrechnung mit dem Arbeitseinkommen ist der als Rentenbestandteil gewährte Kinderzuschlag (Kinderzuschuss oder -zulage) ausgenommen".

Der Betrag der von der Zusammenrechnung ausgeschlossenen Geldleistung für Kinder braucht ziffernmäßig nicht angegeben zu werden[850] (s. aber Rdn. C.396). Die Geldleistung für Kinder ist für Berechnung des nach § 850c ZPO gepfändeten Arbeitseinkommens mit diesem neben der laufenden Sozialgeldleistung aber auch dann nicht zusammenzurechnen, wenn das im gerichtlichen Beschluss nicht ausdrücklich bestimmt ist (Folge von § 850e Nr. 2a S. 3 ZPO, vergleichbar dem Rdn. D.97 Gesagten).

C.392 Eine Zusammenrechnung kann nicht erfolgen mit Leistungen ähnlicher Art auf Grund von Einzelgesetzen (Rdn. D.43), die nicht zum Bestandteil des Sozialgesetzbuchs erklärt sind. Solche Einkünfte sind keine „laufenden Geldleistungen nach dem SGB". Berücksichtigung einer (unpfändbaren) Kriegsschadenrente (auch in Form der Unterhaltsbeihilfe nach dem LAG) ist daher ausgeschlossen. Desgleichen kann eine Zusammenrechnung mit ausländischen Sozialleistungen nicht erfolgen.[851]

Bei Pfändung einer laufenden Geldleistung nach dem SGB ist diese nach § 850e Nr. 2a ZPO in gleicher Weise mit Arbeitseinkommen zusammenzurechnen. Hierwegen siehe Rdn. D.123.

9.2. Verfahren

C.393 Die Zusammenrechnung von Arbeitseinkommen und laufenden Geldleistungen nach dem Sozialgesetzbuch kann nur das Vollstreckungsgericht anordnen. **Zuständig** ist sowohl für die schon in einem Pfändungsbeschluss als auch für die später gesondert zu treffende Anordnung der **Rechtspfleger**. Der Arbeitgeber kann als Drittschuldner nicht von sich aus die Zusammenrechnung vornehmen.

C.394 Das Vollstreckungsgericht entscheidet nur auf **Antrag** des Gläubigers oder Schuldners. Der Antrag ist an keine Frist gebunden; Lohnzahlungen, die bereits an den Schuldner erfolgt sind, kann eine Zusammenrechnung jedoch nicht mehr erfassen. Die gesetzlichen Erfordernisse der Zusammenrechnung (Zahlung einer pfändbaren laufenden Geldleistung nach dem SGB als Schuldnereinkommen und deren Höhe) hat der Antragsteller darzustellen und nachzuweisen (Rdn. C.367). An den Antrag ist das Vollstreckungsgericht gebunden (§ 308 Abs. 1 S. 1 ZPO, s. Rdn. C.367); eine andere Geldleistung als die im Antrag bezeichnete darf es nicht in die Zusammenrechnung einbeziehen. Der Schuldner ist zu dem Antrag, die Zusammenrechnung sogleich im Pfändungsbeschluss anzuordnen, nicht zu hören

---

849 So auch Hornung, Rpfleger 1988, 213 (221 li.Sp.).
850 Insoweit enger Hornung, Rpfleger 1988, 213 (221).
851 LG Aachen, MDR 1992, 521; AG Nienburg, JurBüro 2004, 559.

(§ 834 ZPO). Zu dem nach wirksamer Pfändung gestellten Zusammenrechnungsantrag ist dem Schuldner Gehör zu gewähren (wie Rdn. C.367).

Wenn mehrere Gläubiger gepfändet haben, muss jeder den Antrag stellen, der C.395
für den durch seine Pfändung notwendigen Lohnabzug die Zusammenrechnung des Arbeitseinkommens mit den Sozialleistungen anstrebt (s. Rdn. C.368). Sonst wirkt die Zusammenrechnung nur für den Gläubiger, zu dessen Gunsten eine Anordnung ergangen ist (s. Rdn. C.400). Sie hat keine Wirkung im Verhältnis zwischen Abtretungsgläubiger und Schuldner (siehe Rdn. C.400).

Der **Beschluss** hat die Zusammenrechnung unter Bezeichnung des laufenden C.396
Arbeitseinkommens (damit auch des Arbeitgebers als Drittschuldner) und der laufenden Geldleistung nach dem Sozialgesetzbuch (nach Leistungsart und Drittschuldner; z.B. Hinterbliebenenrente aus der Unfallversicherung, die von der Berufsgenossenschaft ... geleistet wird) anzuordnen und die Bestimmung zu treffen, dass auf den unpfändbaren Betrag, der nach dem Gesamteinkommen nach § 850c ZPO festzustellen ist, die zugriffsfreie laufende Sozialgeldleistung anzurechnen ist (§ 850e Nr. 2a S. 2 ZPO; zur Zusammenrechnung bei Pfändung von Geldleistungen nach dem Sozialgesetzbuch siehe Rdn. D.122). Die ziffernmäßige Feststellung des damit gepfändeten Teils des Arbeitseinkommens unter Berücksichtigung der zu ermittelnden unterhaltsberechtigten Angehörigen obliegt dem Drittschuldner wie beim einfachen Blankettbeschluss (siehe Rdn. C.255). Es wird aber auch verlangt, dass der Zusammenrechnungsbeschluss den Betrag der hinzuzurechnenden Geldleistung nach dem Sozialgesetzbuch ziffernmäßig anzugeben hat[852]. Das empfiehlt sich jedenfalls. Damit sind zugleich Schwierigkeiten ausgeräumt, die dem Arbeitgeber als Drittschuldner bei einer ihm aufgetragenen Ermittlung des Betrags der Sozialgeldleistung begegnen können. Unwirksamkeit des Zusammenrechnungsbeschlusses[853] kann jedoch nicht ohne weiteres angenommen werden, wenn er den Betrag der Geldleistung nach dem Sozialgesetzbuch nicht bezeichnet, sonach keine summenmäßige Berechnung trifft. Es ist dann Sache des Arbeitgebers als Drittschuldner, die Höhe der laufenden Sozialgeldleistung und damit das Gesamteinkommen des Schuldners festzustellen und den dem Schuldner verbleibenden pfandfreien Betrag des Arbeitseinkommens zu berechnen. Anordnung und Umfang der Wirkungen des Zusammenrechnungsbeschlusses stehen auch dann jedenfalls unzweifelhaft fest, wenn dem Arbeitgeber als Drittschuldner der Betrag der Geldleistung nach dem Sozialgesetzbuch bekannt ist oder wenn von ihm dieser Betrag ziffernmäßig festgestellt werden kann. Damit ist auch die für einen Zusammenrechnungsbeschluss zu fordernde Bestimmtheit (Klarheit) des hoheitlichen Gerichtsaktes (dazu Rdn. B.77; zur Auslegung Rdn. B.101) gegeben. Die Aufgaben und Pflichten des Arbeitgebers als Drittschuldner überschreiten dann nicht das Maß der ihm auch sonst für Ermittlung und Berechnung des gepfändeten Arbeitseinkommens obliegenden Verpflichtungen (zum Blankettbeschluss Rdn. C.254; zum Blankettzusammenrechnungsbeschluss siehe bereits Rdn. C.369). Ergeben sich für den Arbeitgeber als Drittschuldner bei der Feststellung der Geldleistung nach dem Sozialgesetzbuch Schwierigkeiten, dann kann Bezeichnung des in die

852 LArbG Düsseldorf (Fn. 826); Wieczorek/Schütze/Lüke, ZPO, § 850e Rdn. 43.
853 Unwirksamkeit des Beschlusses nimmt jedoch das LArbG Düsseldorf (Fn. 826) an.

Zusammenrechnung einzubeziehenden Betrags mit klarstellender Anordnung des Vollstreckungsgerichts erwirkt werden (siehe Rdn. C.69).

C.397 **Zuzustellen** ist der nach einer Einkommenspfändung selbstständig ergehende Beschluss über die Anordnung der Zusammenrechnung von Amts wegen dem Gläubiger, Schuldner und dem Arbeitgeber als Drittschuldner, nicht jedoch dem Leistungsträger nach dem Sozialgesetzbuch. Bis zu dieser Zustellung oder sonstiger Kenntnis kann der Drittschuldner ohne Rücksicht auf die laufenden Geldleistungen nach dem Sozialgesetzbuch nach Maßgabe des ihm zugestellten Einkommenspfändungsbeschlusses mit befreiender Wirkung an den Schuldner leisten. Rechtsbehelf: s. Rdn. C.373.

C.398 Wirkungen äußert der Zusammenrechnungsbeschluss nur, soweit der Lohnabzug noch nicht erfolgt ist. Er erstreckt sich auf rückständiges Einkommen, das noch nicht ausbezahlt ist. Hierzu näher Rdn. C.371. Geänderte Umstände ermöglichen Änderungsbeschluss nach § 850g (Rdn. C.471).

9.3. Pfandfreier Betrag nach Zusammenrechnung

C.399 Durch die Zusammenrechnung wird der Schuldner für den Lohnabzug einem Arbeitnehmer mit nur einem Einkommen in Höhe des Gesamtbetrages seines Arbeits-Nettoeinkommens und der laufenden Geldleistungen nach dem Sozialgesetzbuch gleichgestellt. Damit wird bewirkt, dass für die Berechnung des nach § 850c ZPO pfändbaren Teiles des **Arbeitseinkommens** von dem durch Zusammenrechnung ermittelten Gesamteinkommen ausgegangen und dem Schuldner **ein** nach § 850c ZPO pfandfreier Betrag aus dem Gesamteinkommen belassen wird.

Beispiel:

Mit gepfändetem Arbeitseinkommen der kinderlosen, nicht verheirateten Schuldnerin, das monatlich 1.280,00 Euro beträgt, ist eine Witwenrente in Höhe von 480,00 Euro zusammenzurechnen. Gesamteinkommen 1.760,00 Euro.

Pfändbarer Betrag sonach	406,99 Euro
Der Schuldnerin verbleiben pfandfrei:	
a) die Witwenrente mit	480,00 Euro
b) vom Arbeitseinkommen noch ein Teilbetrag zu	873,01 Euro
Der Gläubiger erhält den gepfändeten Einkommensteil von	406,99 Euro

C.400 Der Zusammenrechnungsbeschluss wirkt nur für den Vollstreckungszugriff des Gläubigers, auf dessen Antrag er ergangen ist[854] (Grundsatz der Einzelvollstreckung), nicht auch zugleich zugunsten anderer Pfändungsgläubiger (wie Rdn. C.368). Wenn nach mehrfacher Einkommenspfändung nur einer der Gläubiger einen Zusammenrechnungsbeschluss des Vollstreckungsgerichts nach § 850e Nr. 2a S. 1 ZPO erwirkt, kommt er daher nur ihm zugute[855]; für vorrangige Pfandgläubiger begründet er keine erweiternden Rechte. Er begründet auch keine weitere Abtretbarkeit des Arbeitseinkommens, auf die sich ein vorrangiger Abtretungs-

854 BArbG (Fn. 822).
855 LArbG Düsseldorf (Fn. 826).

gläubiger berufen könnte[856], und bewirkt keine weitergehende Aufrechenbarkeit. Siehe hierwegen das Rdn. C.368, C.281, C.287 Gesagte, das entsprechend gilt (siehe auch Rdn. C.381).

Die Zusammenrechnung bewirkt keine Pfändung der laufenden Geldleistungen nach dem Sozialgesetzbuch (vgl. Rdn. C.378 a.E.). Daher kann sie auch nicht bestimmen, dass der unpfändbare Grundbetrag dem Arbeitseinkommen, der unpfändbare Mehrbetrag hingegen den Sozialleistungen zu entnehmen ist (s. auch Rdn. D.124). Der unpfändbare Grundbetrag ist grundsätzlich der Sozialleistung zu entnehmen (§ 850e Nr. 2a S. 2 ZPO)[857]. Bei der Zusammenrechnung kann somit auch nicht bestimmt werden, dass eine anrechenbare nicht gepfändete Sozialleistung an den Gläubiger abzuführen ist. Die Pfändung der Sozialgeldleistung müsste selbstständig – gesondert – erfolgen. Erreicht nach der angeordneten Zusammenrechnung das Arbeitseinkommen den nach § 850c ZPO pfändbaren Betrag nicht, so ist mithin das Arbeitseinkommen voll von der Pfändung erfasst, nicht jedoch die laufende Sozialgeldleistung. C.401

Beispiel:
Mit dem Arbeitseinkommen der kinderlosen, nicht verheirateten Schuldnerin, das monatlich 300,00 Euro netto beträgt, ist eine Witwenrente in Höhe von 1.330,00 Euro zusammenzurechnen. Gesamteinkommen 1.630,00 Euro. Pfändbarer Betrag sonach 315,99 Euro. Das Arbeitseinkommen beträgt jedoch nur 300,00 Euro. Es ist voll einzubehalten. Die Einkommenspfändung erstreckt sich nicht auf die Witwenrente. Diese müsste daher (teilweise) nach Maßgabe des § 54 SGB I gesondert gepfändet werden.

Vor einer die Zusammenrechnung anordnenden Entscheidung des Vollstreckungsgerichts ist das Arbeitseinkommen nur in Höhe der allein aus dem Nettoeinkommen nach § 850c ZPO zu berechnenden Beträge pfändbar. Das verbietet eine Anordnung der Zusammenrechnung in einer Vorpfändung (siehe auch Rdn. C.380). C.402

9.4. Abtretung

Außerhalb eines Vollstreckungsverfahrens kann das Vollstreckungsgericht eine Zusammenrechnung nach § 850e Nr. 2a ZPO nicht vornehmen (siehe Rdn. C.381). Eine Abtretung steht aber einer Zusammenrechnung nach § 850e Nr. 2a ZPO nicht entgegen (auch hierzu Rdn. C.381). C.403

Formulierungsvorschlag: C.404

Beschluss: *Zur Berechnung des nach § 850c ZPO pfändbaren Teiles des Gesamteinkommens sind gemäß § 850e Nr. 2a ZPO zusammenzurechnen*

- *das als Forderung gegen … – Drittschuldner – (mit Beschluss vom …) gepfändete, in Geld zahlbare Arbeitseinkommen der Schuldnerin,*
- *die Witwenrente, die die Schuldnerin von der Deutschen Rentenversicherung Bund in Berlin in Höhe von derzeit (Monat … 2019) … Euro erhält (ausgenommen der als Rentenbestandteil gewährte Kinderzuschlag [Kinderzuschuss oder -zulage]).*

---

856 BArbG (Fn. 822).
857 BArbG (Fn. 822). So bereits bisher OLG Hamm, JurBüro 1983, 1576; siehe hierzu auch Rdn. D.122.

Teil C Arbeitseinkommen

Die nach dem so festgestellten Gesamteinkommen gemäß § 850c ZPO unpfändbaren (Grund- und Mehr-) Beträge sind in erster Linie der Witwenrente zu entnehmen, die die Schuldnerin von der Deutschen Rentenversicherung Bund erhält. Dem Arbeitseinkommen ist nur ein durch die Witwenrente nicht gedeckter restiger Teil der unpfändbaren Beträge zu entnehmen.

Änderungen der monatlichen Rentenzahlungen sind für die Feststellung des Gesamteinkommens zur Berechnung der nach § 850c ZPO gepfändeten Teile des Arbeitseinkommens vom Arbeitgeber als Drittschuldner ab Monat … 2019 zu berücksichtigen.

Formulierungsvorschlag (nach dem Formblatt Anlage 2 ZVFV):
Es wird angeordnet, dass zur Berechnung des nach § 850c ZPO pfändbaren Teils des Gesamteinkommens zusammenzurechnen sind:

☐ *laufende Geldleistungen nach dem Sozialgesetzbuch von Drittschuldner (genaue Bezeichnung der Leistungsart und des Drittschuldners)*
______________________________ *und*

☐ *Arbeitseinkommen bei Drittschuldner (genaue Bezeichnung)*
______________________________ .

Der unpfändbare Grundbetrag ist in erster Linie den laufenden Geldleistungen nach dem Sozialgesetzbuch zu entnehmen. Ansprüche auf Geldleistungen für Kinder dürfen mit Arbeitseinkommen nur zusammengerechnet werden, soweit sie nach § 76 des Einkommensteuergesetzes (EStG) oder nach § 54 Absatz 5 des Ersten Buches Sozialgesetzbuch (SGB I) gepfändet werden können.

10. Naturalleistungen und Arbeitseinkommen in Geld (§ 850e Nr. 3 ZPO)

10.1. Das Einkommen

C.405 Zur Abwendung eines dem Gläubiger nachteiligen mehrmaligen Pfändungsschutzes (siehe Rdn. C.365) wird mehrfacher Arbeitsverdienst auch dann zusammengerechnet, wenn der Schuldner vom gleichen oder von verschiedenen Arbeitgebern (Drittschuldnern) als Dienstleistungsvergütung (Arbeitseinkommen) **Geld und Sachbezüge** (Naturalleistungen) erhält. Sachbezüge sind als Leistungen, die der Arbeitgeber auf Grund des Dienstverhältnisses gewährt[858], Arbeitseinkommen (§ 850 Abs. 2 ZPO). Solche gemischten Einnahmen haben insbesondere landwirtschaftliche Arbeiter, Hausangestellte, Hotelpersonal, aber auch Soldaten. Naturalleistungen werden meist gewährt durch

- Naturalverpflegung, vor allem bei freier Kost und Wohnung (Logis, Unterkunft),
- Stellung einer Hausmeister- oder Dienstwohnung,

858 BAGE 80, 230 = MDR 1996, 394 = NJW 1996, 1012 = NZA 1996, 252.

- Stellung von Dienst- oder Arbeitskleidung,
- unentgeltliche (oder verbilligte) Warenabgabe einschließlich Haus- und Freitrunk im Braugewerbe, Freitabak, Deputatkohle der Bergleute usw.

Naturalleistungen sind mit Arbeitseinkommen in Geld auch dann zusammenzurechnen, wenn sie infolge des Arbeitsverhältnisses gegen eine besonders geringe Vergütung (zu einem besonderen Vorzugspreis) gewährt werden[859]. Zu erfassen ist dann der mit dem Vorzugspreis dem Schuldner gewährte Vermögensvorteil.

Die Zusammenrechnung der Dienstleistungsvergütung in Geld und Naturalien soll ausschließen, dass der Schuldner mit Arbeitseinkommen solcher Art Einkommensschutz vor Gläubigerzugriff mehrfach, somit für Arbeitseinkommen in Geld einen überhöhten Freibetrag erlangt. Sie bewirkt damit, dass dem Schuldner aus Arbeitseinkommen zusammen nur einmal der nach dem Schutzgedanken des Sozialstaatsprinzips (Rdn. C.2) für den Lebensbedarf benötigte Einkommensteil verbleibt (zum Zusammenrechnungsgrundsatz Rdn. C.365). Die Zusammenrechnung für den Einkommensschutz nach §§ 850 ff. ZPO setzt daher voraus, dass der Schuldner Naturalleistungen neben seinem in Geld zahlbaren Einkommen erhält, dass somit die Naturalleistungen als Dienstleistungsvergütung erbracht werden[860]. Andere Sachbezüge des Schuldners (etwa als Versorgungsleistung auf Grund eines Übergabevertrags, als Reallast, als Wohnungsrecht usw.) können daher nicht nach § 850e Nr. 3 ZPO mit Arbeitseinkommen in Geld zusammengerechnet werden[861].

10.2. Zusammenrechnung

Bei der Einkommenspfändung nach § 850c ZPO erfolgt diese Zusammenrechnung in der Weise, dass die Naturalleistungen wertmäßig auf die dem Schuldner pfandfrei verbleibenden Teile des Arbeitseinkommens angerechnet werden. Der unpfändbare Betrag ist in erster Linie den Naturalleistungen zu entnehmen[862]. Eine Pfändbarkeit ist insoweit gegeben, als der dem Schuldner nach § 850c ZPO verbleibende Betrag durch den Wert der Naturalleistungen gedeckt wird[863]. C.406

Beispiel:

Wert der freien Dienstwohnung monatlich	300,00 Euro
Nettoarbeitseinkommen in Geld monatlich	1.900,00 Euro
Summe	2.200,00 Euro
Davon pfändbarer Betrag bei nicht verheiratetem Schuldner ohne Unterhaltspflichten monatlich	714,99 Euro
Pfandfrei verbleiben in Geld	1.185,01 Euro
und als Wert der Wohnung	300,00 Euro
Summe	1.485,01 Euro

Das in Geld zahlbare Einkommen wird auch bei dieser Zusammenrechnung nur mit den Nettobezügen berücksichtigt (§ 850e Nr. 1 ZPO).

859 OLG Saarbrücken, BB 1958, 271 = NJW 1958, 227.
860 OLG Frankfurt, JurBüro 1991, 723 = OLGZ 1991, 461.
861 OLG Frankfurt (Fn. 860).
862 Hintzen, Forderungspfändung, § 2 Rdn. 256.
863 BGH, ZInsO 2012, 2342.

C.407 Wenn der Wert der Naturalbezüge den Betrag des dem Schuldner an sich pfandfrei zustehenden Teiles seines Arbeitseinkommens übersteigt, wird der Mehrbetrag der Naturalbezüge von der Pfändung nicht erfasst. Denn Naturalbezüge unterliegen nicht der Zwangsvollstreckung in Forderungen und andere Vermögensrechte, sind also nicht Arbeitseinkommen, auf das sich der Pfändungsbeschluss erstreckt.

10.3. Geldwert der Naturalbezüge

C.408 Bei der Zusammenrechnung muss der **tatsächliche Geldwert** der Naturalbezüge berücksichtigt werden. Maßgebend ist der nach wirtschaftlichen Gesichtspunkten zu bestimmende ortsübliche Wert, damit der übliche Mittelwert am Verbraucherort. Anzusetzen ist der Wert, den die Sachleistung für den Empfänger (= Schuldner) hat. Unberücksichtigt bleibt, ob der Arbeitgeber die Sachleistung mit einem geringeren Aufwand zur Verfügung stellen kann, etwa deshalb, weil er als Großbetrieb besonders günstig wirtschaftet oder Verbrauchsgüter an seine Arbeitnehmer zu Vorzugspreisen abgeben kann[864]. Das Gesetz gibt keine Grundsätze für die Bewertung der Naturalleistungen wegen der örtlichen Verschiedenheiten der in Betracht kommenden Werte. Der Geldwert der Naturalbezüge ist daher unter Berücksichtigung aller Umstände des Einzelfalls zu ermitteln. Dabei kann auf den durch Rechtsverordnung der Bundesregierung (Grundlage: § 17 Abs. 1 S. 1 Nr. 4 SGB IV) für das Sozialversicherungsrecht[865] nach dem tatsächlichen Verkehrswert im Voraus für jedes Kalenderjahr bestimmten Wert der Sachbezüge[866] zurückgegriffen werden[867], wenn (und soweit) sich seit der Festsetzung keine Änderungen ergeben haben.

C.409 Sachleistungen können im geschäftlichen Verkehr von größerem Wert, für den Lebensbedarf des durch die Pfändung beschränkten Schuldners aber von nachrangiger Bedeutung sein. Bei Zusammenrechnung mit ihnen ist zu berücksichtigen, dass der höhere wirtschaftliche Wert der Sachleistung nicht zur Schmälerung des für den notwendigen Lebensunterhalt des Schuldners erforderlichen Arbeitseinkommens, das in Geld zahlbar ist, führen kann. Für die Zusammenrechnung ist daher nur der Wert anzusetzen, den die Sachleistung für den Schuldner hat, dessen Lebensbedarf mit dem durch die Pfändung geminderten Arbeitseinkommen Einschränkungen unterworfen ist. Das gilt insbesondere für die Zusammenrechnung des in Geld zahlbaren Arbeitseinkommens mit dem geldwerten Vorteil der Privatnutzung eines vom Arbeitgeber unentgeltlich zur Verfügung gestellten **Firmenfahrzeugs**[868] oder der Nutzung von Sportstätten[869] sowie mit ähnlichen Sachleis-

---

864 Zu Letzterem siehe Berner, Rpfleger 1968, 54.

865 Sozialversicherungsentgeltverordnung vom 21.12.2006 (BGBl I 3385).

866 Die Werte sind nach § 8 Abs. 2 S. 6 EStG auch im Einkommensteuerrecht maßgebend.

867 Darauf weist Fenn, ZZP 93 (1980) 229 bei Besprechung der 5. Auflage dieses Handbuchs hin. Die frühere Ansicht, dass versicherungstechnische Bewertungsrichtlinien nicht unmittelbar gelten, aber Anhaltspunkte bieten können (so u.a. OLG Saarbrücken [Fn. 859]; LG Verden, NdsRpfl 1954, 225) ist daher überholt.

868 Zur Zusammenrechnung mit dem geldwerten Vorteil der Privatnutzung des vom Arbeitgeber unentgeltlich zur Verfügung gestellten Firmenfahrzeugs LArbG Hamm, BB 1991, 1496 (Leits.) = KKZ 1991, 236.

869 Zum Zufluss von Arbeitslohn bei (unentgeltlicher) Nutzung von Sportstätten (Tennis- und Squashplätzen) BFHE 181, 302 = NJW 1997, 1392.

tungen (wie z.B. Überlassung einer Jahresnetzkarte). Der geldwerte Vorteil der Sachleistung für den Schuldner kann in solchen Fällen nicht hoch angesetzt werden.[870] Er ist nicht identisch mit dem objektiven Nutzungswert oder dem steuerlichen Gehaltsanteil[871]. Angenommen werden kann er nur so, dass der verbleibende unpfändbare Teil des in Geld zahlbaren Arbeitseinkommens nach der Zweckbestimmung des § 850c ZPO die Deckung des Lebensbedarfs des Schuldners gewährleistet. Im Mangelfall kann er unberücksichtigt bleiben oder nur den Betrag ausmachen, den der Schuldner für Privatfahrten mit öffentlichen Verkehrsmitteln erspart[872]. Sonst müsste wegen des erhöhten Zugriffs auf das auszuzahlende Arbeitseinkommen dem Schuldner auf Antrag nach § 850f Abs. 1 ZPO wiederum ein weiterer Teil des pfändbaren Teils seines Arbeitseinkommens belassen werden. Das würde im Ergebnis dazu führen, dass Einvernehmen des Schuldners und seines Arbeitgebers über eine Sachleistung (insbesondere Überlassung eines Firmenfahrzeugs zur privaten Nutzung) in einem der Verschuldung nicht angemessenen Umfang wegen des dann höheren Sachwerts Maß für Sonderbedarf geben würde, für den nach § 850f Abs. 1 ZPO Arbeitseinkommen zusätzlich pfandfrei zu stellen wäre. Das wiederum kann aber nicht Zweck der Zusammenrechnung der Sachleistung mit dem in Geld zahlbaren Arbeitseinkommen sein.

10.4. Zusammenrechnung durch Arbeitgeber

Die Zusammenrechnung muss, wenn der Schuldner nur von **einem Arbeitgeber** Arbeitseinkommen in Geld und Naturalleistungen bezieht, ohne Anordnung des Vollstreckungsgerichts erfolgen[873]. Die Festlegung des Wertes der Naturalbezüge und die Berechnung des nach ihrer Berücksichtigung pfandfrei bleibenden Teiles des in Geld zahlbaren Arbeitseinkommens erfolgen durch den Drittschuldner. Dieser wird freilich diese Zusammenrechnung nur dann in eigener Verantwortung besorgen, wenn Gläubiger und Schuldner mit der beabsichtigten Berechnung einverstanden sind und so den Arbeitgeber von einem möglichen Risiko freistellen. C.410

---

870 OLG Karlsruhe, FamRZ 2006, 1759 = NJW-RR 2006, 1585 nimmt den (unterhaltsrechtlich als Einkommensbestandteil anzusetzenden) Wert der Privatnutzung eines Firmenfahrzeuges mit dem Betrag an, den der Nutzer erspart, weil er von der Anschaffung und Unterhaltung eines eigenen, seinen beengten Verhältnissen entsprechenden Fahrzeugs absehen kann. Zu hoch angesetzt erscheint jedenfalls ein Geldwert von monatlich (damals) 930,00 DM für private Nutzung eines unentgeltlich zur Verfügung gestellten Pkws (wie vom LG Tübingen, JurBüro 1995, 325 festgelegt), aber auch ein geldwerter Bruttovorteil für Privatfahrten im Regelfall von monatlich 1 v.H. des Verkaufslistenpreises und (zuzüglich) pauschal 0,84 DM pro Entfernungskilometer für Fahrten zwischen Wohnung und Arbeitsstätte (wie vom LArbG Hamm [Fn. 868] angenommen). Für (zu hohe) Einprozentpauschale auch LArbG Hessen, JurBüro 2009, 210 = NZI 2009, 526; LArbG Rheinland-Pfalz, JurBüro 2009, 268; AG Cloppenburg, JurBüro 2011, 322 (dieses allgemein auch JurBüro 2012, 100); Lattka, NZI 2009, 510 (dieser auch für Bewertung alternativ mit den durch Fahrtenbuch tatsächlich ermittelten Kosten). Zu den Kosten für den Weg zur Betriebsstätte s. überdies § 850a Nr. 3 ZPO (dazu Rdn. C.159).

871 OLG Karlsruhe (Fn. 870); auch (für geldwerten Vorteil im Unterhaltsrecht) Langheim, FamRZ 2009, 665.

872 OLG Karlsruhe (Fn. 870).

873 BGH, NZI 2018, 528 m. Anm. Keller.

C.411 Erforderlichenfalls kann durch klarstellende Entscheidung des Vollstreckungsgerichts (siehe dazu Rdn. C.69) eine **Bewertung** der **Sachleistungen** verlangt werden[874]. Über den Antrag entscheidet der Rechtspfleger (siehe Rdn. C.69). Dem ist der BGH[875] für einen Insolvenzfall zwar nicht gefolgt. Für die Bemessung des nach dem Pfändungsbeschluss gepfändeten Betrags ist ihm jedoch nicht zuzustimmen. Der Pfändungsbeschluss hat die gepfändeten (damit zugleich die unpfändbaren) Einkommensteile klar und bestimmt zu bezeichnen (Rdn. C.67). Wenn dem Drittschuldner die Bezugnahme auf die Tabelle (§ 850c Abs. 3 S. 2 ZPO) allein eine sichere Feststellung nicht ermöglicht, hat daher das Vollstreckungsgericht eine ergänzende (klarstellende) Bestimmung zu treffen wie z.B. auch über die Zahl der zu berücksichtigenden unterhaltsberechtigten Angehörigen (Rdn. C.259). Dem Drittschuldner obliegt es nicht, die Höhe gepfändeter Einkommensteile erst noch in einem Rechtsstreit mit bindender Wirkung feststellen zu lassen. Vielmehr ist das Prozessgericht an die Entscheidung des Vollstreckungsgerichts gebunden. Nur wenn das Vollstreckungsgericht nicht entschieden hat, kann das Prozessgericht über die Zusammenrechnung der Naturalleistungen und des Arbeitseinkommens in Geld und daher auch über den für erstere anzusetzenden Wert entscheiden.

C.412 Darüber, ob der Schuldner **Naturalleistungen** als Arbeitsentgelt neben seinem in Geld zahlbaren Arbeitseinkommen **erhält**, kann das Vollstreckungsgericht keine klarstellende Entscheidung treffen. Ob und inwieweit ein Anspruch auf Naturalleistungen rechtlich besteht, ist eine Frage der materiellen Berechtigung des Arbeitnehmers. Die Entscheidung über diesen arbeitsrechtlichen Anspruch und damit auch darüber, ob der Schuldner deshalb mit seinem Arbeitseinkommen in Geld zusammenrechenbare Naturalleistungen erhält, kann nicht im Pfändungsverfahren und damit auch nicht durch klarstellenden Beschluss, sondern nur im Klageverfahren vom Prozessgericht getroffen werden. Ebenso kann vom Vollstreckungsgericht nicht geprüft und nicht entschieden werden, ob der bei einem Angehörigen beschäftigte Schuldner mit Naturalleistungen Arbeitsentgelt bezieht oder Naturalunterhalt erhält[876].

10.5. Verschiedene Arbeitgeber

C.413 Bezieht der Schuldner Arbeitseinkommen in Geld und Naturalien von **verschiedenen Arbeitgebern**, so kann jeder Drittschuldner ohne gerichtliche Anordnung nur das von ihm zu leistende Einkommen nach dem Rdn. C.410 Gesagten zusammenrechnen. Die von den mehreren Drittschuldnern zu leistenden Bezüge unterliegen der Vorschrift des § 850e Nr. 2 ZPO, können mithin nur vom Vollstreckungsgericht zusammengerechnet werden. Das gilt auch, wenn ein Drittschuldner Arbeitseinkommen nur in Geld leistet, während der Schuldner beim anderen Arbeitgeber nur Naturalleistungen bezieht. Doch ist hier der unpfändbare Teil des Arbeitseinkommens immer auf das gesamte Naturaleinkommen zu verrechnen;

---

874 OLG Hamm, JurBüro 1962, 700 = MDR 1963, 227 für die einem Soldaten von der Bundeswehr gewährten Sachbezüge.
875 BGH, DGVZ 2013, 129 = MDR 2013, 245 = NJW-RR 2013, 560 = NZI 2013, 98 = Rpfleger 2013, 282; BGH (Fn. 873).
876 LG Hannover, JurBüro 1991, 1405.

das Einkommen in Geld ist daher pfändbar, soweit die Naturalleistungen den unpfändbaren Teil des Gesamteinkommens decken (§ 850e Nr. 3 Satz 2 ZPO).

Werden Geld und Naturalien in unterschiedlichen Perioden geleistet (z.B. A zahlt Geld monatlich, B leistet Naturalien täglich), so muss das den minderen Wert bildende Einkommen auf die Lohnzahlungsperioden des Haupteinkommens umgestellt werden.

Die Zusammenrechnung von Arbeitseinkommen in Geld mit Naturalleistungen, die nicht Arbeitseinkommen sind, ermöglicht § 850e Nr. 2 und 3 ZPO nicht (vgl. Rdn. C.380). Eine Zusammenrechnung kann daher nicht mit Naturalleistungen (freie Kost und Wohnung), die der Lebensgefährte trägt, erfolgen[877].

10.6. Unterhaltspfändung

Bei **bevorzugter Unterhaltspfändung** nach § 850d ZPO findet die Bestimmung des § 850e Nr. 3 ZPO über die Zusammenrechnung von Geld- und Naturalleistungen unmittelbar keine Anwendung. Es muss vielmehr schon bei der Feststellung des dem Schuldner verbleibenden Freibetrages festgelegt werden, inwieweit die Naturalleistungen den notwendigen Unterhalt (mengenmäßig, nicht nur wertmäßig[878]) bereits decken[879]. Es wird daher nur noch der für den restlichen notwendigen Unterhalt erforderliche Geldbetrag pfandfrei belassen; das übrige Arbeitseinkommen in Geld kann gepfändet werden, ohne dass es im Pfändungsbeschluss oder durch den Drittschuldner einer förmlichen Zusammenrechnung bedarf. Der geringe pfandfreie Betrag des Gesamteinkommens wird jedoch im Pfändungsbeschluss durch die Angabe zu begründen sein, inwieweit der Unterhalt durch die Naturalleistungen als gedeckt betrachtet wird. Der pfandfreie bare Einkommensteil darf zusammen mit dem durch Naturalleistungen gedeckten Unterhalt jedoch den Betrag nicht übersteigen, der dem Schuldner nach § 850c ZPO gegenüber einem nicht bevorrechtigten Gläubiger zu verbleiben hätte (§ 850d Abs. 1 S. 3 ZPO; dazu Rdn. C.327). Für die Bestimmung dieses pfandfreien Höchstbetrags hat der Drittschuldner Geld- und Naturalleistungen nach § 850e Nr. 3 ZPO zusammenzurechnen. C.414

10.7. Geldanspruch statt Naturalleistung

Der Geldanspruch, in den sich eine **nicht gewährte Naturalleistung** umgewandelt hat, ist Arbeitseinkommen und als solches von der Pfändung ohne weiteres erfasst[880]. C.415

Teil C Arbeitseinkommen

877 LG Regensburg, JurBüro 1995, 218.
878 Merten, Lohnpfändungsrecht, 1941, Anm. III zu § 7 LohnpfändungsVO.
879 LArbG Saarbrücken, JurBüro 1990, 115.
880 Stein/Jonas/Würdinger, ZPO, § 850 Rdn. 59.

11. Pfändungsschutz in Ausnahmefällen (§ 850f Abs. 1 ZPO)

11.1. Anwendungsbereich

C.416 **Schrifttum:** Buciek, Vollstreckung von Steuerforderungen und § 850f ZPO, DB 1988, 882; Christmann, Neue Probleme beim Pfändungsschutz, Rpfleger 1995, 99; Hornung, Änderung der Pfändungsfreigrenzen (Abschn. II: Härteklausel zugunsten des Schuldners), Rpfleger 1992, 331.

C.417 Die individuelle Lage des Schuldners kann einen **zusätzlichen Schutz** gegen Einkommenspfändung notwendig machen. Diesem Schutzbedürfnis trägt die Härteklausel des § 850f Abs. 1 ZPO Rechnung. Sie wurde im Zusammenhang mit Änderungen der Pfändungsfreigrenzen[881] neu gefasst. Die Änderungen sind in den Begründungen wie folgt erläutert:

> „III. Die vorgesehene neue Fassung des § 850c ZPO dürfte in aller Regel bereits dazu führen, dass der nach dieser Bestimmung nunmehr pfändungsfreie Teil des Arbeitseinkommens eines Schuldners den Betrag übersteigt, der ihm bei vergleichbaren Verhältnissen nach den Bestimmungen des Bundessozialhilfegesetzes zustehen würde. Nur in wenigen Fällen wird der nach § 850c ZPO pfändungsfreie Betrag hinter diesen Sätzen zurückbleiben. Eine Regelung, bei der die Pfändungsbeträge in jedem Falle höher liegen würden als unter entsprechenden Verhältnissen die nach dem Bundessozialhilfegesetz zu gewährende Unterhaltshilfe, wird sich kaum erreichen lassen. Die Regelsätze nach dem Bundessozialhilfegesetz werden von den Ländern festgesetzt. Sie unterscheiden sich nicht nur von Land zu Land, sondern sind auch innerhalb der einzelnen Länder unter Berücksichtigung der örtlichen Verhältnisse unterschiedlich festgesetzt. Im Gegensatz hierzu müssen die Pfändungsgrenzen aus allgemein wirtschaftlichen Erwägungen und nicht zuletzt im Interesse der Arbeitnehmer selbst einheitlich für die Bundesrepublik bestimmt werden.
>
> Sollten im Einzelfall die Bestimmungen des § 850c ZPO nicht zu einer befriedigenden Lösung führen, so gibt auch hier § 850f Abs. 1 ZPO die Möglichkeit zu einer den besonderen Verhältnissen angepassten Einzelregelung. Diese Vorschrift ist neu gefasst. Gestrichen ist im ersten Satz das Wort „ausnahmsweise“. Dadurch wird zum Ausdruck gebracht, dass die Bestimmung ausnahmslos zur Anwendung kommen muss, wenn die gesetzlichen Voraussetzungen vorliegen.
>
> § 850f Abs. 1 ZPO ermöglicht es auch, Unterhaltspflichten des Schuldners, die nach § 850c Abs. 1 Satz 2 ZPO nicht mehr zu einer Erhöhung des pfändungsfreien Grundbetrages führen, bei der Bestimmung des pfändbaren Teils der Schuldnerbezüge zu berücksichtigen. Um dies klarzustellen, ist in § 850f Abs. 1 Buchstabe b nunmehr ausdrücklich gesagt, dass ein außergewöhnlicher Umfang gesetzlicher Unterhaltspflichten insbesondere durch die Zahl der Unterhaltsberechtigten bedingt sein kann.“[882]

„§ 850f Abs. 1 soll durch die im neuen Buchstaben a vorgeschlagene Regelung dem Schuldner die Möglichkeit geben, durch einen eigenen Antrag beim Vollstreckungsgericht zu verhindern, dass das nach der Pfändung verbleibende Resteinkommen unter den Sozialhilfebedarf des Schuldners absinkt. Dabei wird davon ausgegangen, dass der Schuldner regelmäßig diesen Nachweis durch Vorlage einer

---

881 Zweites Gesetz zur Änderung der Pfändungsfreigrenzen vom 9.8.1965 (BGBl I 729); Sechstes Gesetz zur Änderung der Pfändungsfreigrenzen vom 1.4.1992 (BGBl I 745).

882 Begründung, BT-Drucks. IV/3303, S. 16 f.

Bescheinigung des örtlich zuständigen Sozialamtes erbringen kann, weil die örtlichen Sozialbehörden die regional unterschiedlichen Bedarfssätze am besten ermitteln können. Damit würde die Unsicherheit beseitigt, die nach der jetzigen Rechtslage besteht; ... Durch die beabsichtigte gesetzliche Festschreibung wäre für die Vollstreckungsgerichte eine ausdrückliche Entscheidungsgrundlage geschaffen, mit deren Hilfe grundsätzlich im Einzelfall ein Absinken der Pfändungsfreigrenzen unter die Sozialhilfebedürftigkeitsschwelle verhindert werden könnte. Auf diese Weise würde ein Eintreten der Sozialhilfeträger vermieden und die staatliche indirekte Finanzierung von privaten Schulden beseitigt werden. Außerdem trägt diese Regelung, die sofort auch in den neuen Bundesländern Anwendung findet, den Notwendigkeiten, die sich im Rahmen der dort zu erwartenden besonderen wirtschaftlichen Entwicklung ergeben werden, in flexibler Weise Rechnung.“[883]

11.2. Freibetrag für besondere Fälle

§ 850f Abs. 1 ZPO bietet die Möglichkeit zu einer den besonderen Verhältnissen angepassten Einzelregelung, wenn C.418

- der Schuldner nachweist, dass bei Anwendung der Pfändungsfreigrenzen (§ 850c ZPO) der notwendige Lebensunterhalt im Sinne des Dritten, Vierten und Elften Kapitels SGB XII oder nach Kapitel 3 Abschnitt 2 SGB II für ihn und für die Personen, denen er Unterhalt zu gewähren hat, nicht gedeckt ist, **oder**
- besondere Bedürfnisse des Schuldners aus persönlichen oder beruflichen Gründen **oder**
- der besondere Umfang der gesetzlichen (nicht der weitergehenden vertraglichen[884]) Unterhaltspflichten des Schuldners, insbesondere die Zahl der Unterhaltsberechtigten, dies erfordern
- **und** – in allen Fällen – überwiegende Belange des Gläubigers nicht entgegenstehen.

---

883 Begründung, BT-Drucks. 12/1754, S. 17 f.

884 Rein tatsächliche Unterhaltsleistungen, die auf keinem Rechtsgrund beruhen (z.B. Unterhalt, der einer „Lebensgefährtin“ geleistet wird), ermöglichen keine Erhöhung des pfändungsfreien Betrags (für sozialrechtliche Bedarfsgemeinschaft BGH, FamRZ 2017, 2038 = MDR 2017, 1444 = Rpfleger 2018, 214; für Leistungen an Lebensgefährtin LG Schweinfurt, FamRZ 1984, 45 = NJW 1984, 374 = Rpfleger 1984, 69; für Leistungen an Sohn LG Koblenz, NJW-RR 1986, 680; für Leistungen an volljährige, damit nachrangige Tochter LG Braunschweig, JurBüro 1986, 1422; für Leistungen an [im Haushalt lebende] Stiefkinder OLG Köln, FamRZ 2009, 1697 = MDR 2009, 953 = Rpfleger 2009, 517; OVG Lüneburg, FamRZ 2011, 1235 Leits.; für nicht leibliche Kinder in Bedarfsgemeinschaft LG Münster, JurBüro 2017, 549; AG Dorsten, ZVI 2018, 162 [jedoch für ausnahmsweise analoge Anwendung des § 850f ZPO, wenn der notwendige Unterhalt anders nicht sicherzustellen ist]; **a.A.** für Lebensgefährten in Bedarfsgemeinschaft OLG Frankfurt, ZVI 2008, 384; LG Braunschweig ZInsO 2017, 1034 [Vorinstanz zu BGH, wie vorst.]; LG Hamburg, ZVI 2018, 161; für Kinder in Bedarfsgemeinschaft LG Essen, ZInsO 2014, 2278). Im Einzelfall kann aber Schutz nach § 765a ZPO zu gewähren sein.

Pfändungsschutz nach § 850f Abs. 1 ZPO ist immer zu gewähren, wenn Wahrung des Sozialhilfebedarfs oder besondere Bedürfnisse des Schuldners einen weiteren Freibetrag erfordern und nicht überwiegende Belange des Gläubigers entgegenstehen[885]. Ihren früheren Ausnahmecharakter hat die Bestimmung mit Streichung des Wortes „ausnahmsweise" verloren. Bedürfnisse, die bereits bei der Bemessung der Freibeträge nach den allgemeinen Vorschriften (§§ 850c, 850d ZPO) berücksichtigt sind, können über § 850f Abs. 1 ZPO zu keiner Erhöhung der Pfändungsfreigrenze führen[886].

11.3. Sozialhilfebedürftigkeitsgrenze

C.419 Die Pfändungs**freigrenzen** des § 850c ZPO sind bundeseinheitlich **pauschaliert**. Sie wurden zuletzt mit Wirkung vom 1. Juli 2019 neu bekannt gemacht. Den wirtschaftlichen Verhältnissen sind sie so angepasst, dass das Absinken des dem Schuldner verbleibenden Resteinkommens unter das Existenzminimum verhindert wird.[887] In besonders gelagerten Einzelfällen können sie gleichwohl hinter den Leistungen zurückbleiben, die nach dem Dritten, Vierten und Elften Kapitel SGB XII (Sozialhilfe) oder nach Kapitel 3 Abschnitt 2 SGB II (Grundsicherung für Arbeitsuchende) für Hilfe zum Lebensunterhalt geleistet werden. Diese Sozialhilfeleistungen werden nach dem **Lebensbedarf im Einzelfall** ermittelt; sie tragen damit unterschiedlichen Lebensverhältnissen ebenso Rechnung wie den Besonderheiten der Lebensverhältnisse (Wohnbedarf, Lebensalter, Erkrankung usw.). Mit Schutz im Einzelfall auf Antrag nach § 850f Abs. 1 Buchst. a ZPO ist sichergestellt, dass das dem Schuldner nach Pfändung verbleibende Resteinkommen seinen individuellen Sozialhilfebedarf deckt.

C.420 Nicht unter die Sozialhilfebedürftigkeitsschwelle sinkt das gepfändete Schuldnereinkommen, wenn sein Existenzminimum nur wegen besonderer persönlicher oder beruflicher Bedürfnisse oder dem besonderen Umfang gesetzlicher Unterhaltspflichten nicht mehr gewährleistet ist. Einem aus solchem Grund bestehenden Sonderbedarf ist mit Erhöhung der unpfändbaren Teile des Arbeitseinkommens nach § 850f Abs. 1 Buchst. b oder c ZPO Rechnung zu tragen. Wenn dann der notwendige Lebensunterhalt gedeckt bleibt, hat der Schuldner keinen Anspruch auf Sozialhilfe. In einem solchen Fall liegen daher die besonderen Voraussetzungen für Pfändungsschutz nach § 850f Abs. 1 Buchst. a ZPO nicht vor; der Antrag des Schuldners kann dann nur nach § 850f Abs. 1 Buchst. b oder c ZPO begründet sein.

C.421 Bestimmung über den **notwendigen Lebensunterhalt** trifft SGB XII (Sozialhilfe) insbesondere im 3. Kapitel (§§ 27–40). Dass der notwendige Lebensunterhalt auch nach Kapitel 3 Abschnitt 2 (§§ 19–34c) von SGB II zu bemessen ist, versteht sich als Folgeänderung zur Einführung der Grundsicherung für erwerbsfähige Arbeitsuchende[888] (zur Abgrenzung bereits Rdn. C.311). Danach erhalten erwerbsfähige Arbeitsuchende als **Arbeitslosengeld II** insbesondere Leistungen (für Re-

885 BGH, FamRZ 2004, 621 (622 re.Sp.); KG, MDR 1966, 423 (Leits.); siehe ferner Berner, Rpfleger 1965, 292; Weber, NJW 1965, 1699.
886 LG Aurich, JurBüro 1988, 787; LG Berlin, JurBüro 1977, 861 = Rpfleger 1977, 224.
887 Begründung, BT-Drucks. 14/6812, S. 9.
888 Begründung des Gesetzentwurfs, BT-Drucks. 15/1516, S. 75.

gel- und Mehrbedarf) zur Sicherung des Lebensunterhalts sowie für Unterkunft und Heizung; zu diesen §§ 19–29 SGB II. Leistungsberechtigt nach SGB II ist jedoch nur, wer das 15. Lebensjahr vollendet und die Altersgrenze noch nicht erreicht hat (§ 7 Abs. 1 Nr. 1 SGB II; näher dort) und seinen Lebensunterhalt nicht (oder nicht ausreichend) aus Einkommen oder Vermögen sichern kann (§ 9 Abs. 1 SGB II). Eine Bestimmung für die Bemessung des Einkommens zur Sicherstellung des notwendigen Lebensbedarfs allgemein für Personen, deren Einkommen zur Durchsetzung eines Gläubigeranspruchs auf den notwendigen Unterhalt begrenzt ist (§ 850d Abs. 1 ZPO), gibt das SGB II nicht. Es erlangt für die Pfandfreistellung eines Einkommensteils daher keine Bedeutung; § 850f Abs. 1 Buchst. a ZPO stellt darauf nicht alternativ ab, nimmt somit nur ergänzend und klarstellend Bezug. Keine Bedeutung erlangen können damit §§ 31a, 31b SGB II über die Minderung und den Wegfall des Arbeitslosengeldes II und § 19 Abs. 3 mit § 12 SGB II über die Minderung von Geldleistungen bei zu berücksichtigendem Vermögen.

Der für die Gewährleistung des Existenzminimums notwendige **Lebensunterhalt** nach SGB XII umfasst insbesondere Ernährung, Kleidung, Körperpflege, Hausrat, Haushaltsenergie (Kochfeuerung, Beleuchtung), persönliche Bedürfnisse des täglichen Lebens (dabei Teilhabe am sozialen und kulturellen Leben in der Gemeinschaft, für Schüler auch die erforderlichen Hilfen für den Schulbesuch) sowie Unterkunft und Heizung (§ 27a Abs. 1 SGB XII). Bemessen wird er C.422

- mit einem monatlichen **Regelbedarf**, der den gesamten notwendigen Lebensunterhalt ohne die nachfolgend angeführten Bedarfe erfasst (§ 27a Abs. 2 SGB XII). Er ist wie folgt in Regelbedarfsstufen unterteilt, für die als Regelsätze monatliche Pauschalbeträge zu gewähren sind (§ 27a Abs. 2, 3 SGB XII mit Anlage zu § 28).

Anlage (zu § 28 SGB XII): Regelbedarfsstufen nach § 28 SGB XII in Euro

gültig ab	Regelbedarfsstufe 1	Regelbedarfsstufe 2	Regelbedarfsstufe 3	Regelbedarfsstufe 4	Regelbedarfsstufe 5	Regelbedarfsstufe 6
1. Januar 2019	424	382	339	322	302	245

Regelbedarfsstufe 1:
Für jede erwachsene Person, die in einer Wohnung nach § 42a Absatz 2 Satz 2 SGB XII lebt und für die nicht Regelbedarfsstufe 2 gilt.

Regelbedarfsstufe 2:
Für jede erwachsene Person, wenn sie in einer Wohnung nach § 42a Absatz 2 Satz 2 SGB XII mit einem Ehegatten oder Lebenspartner oder in eheähnlicher oder lebenspartnerschaftsähnlicher Gemeinschaft mit einem Partner zusammenlebt.

Regelbedarfsstufe 3:
Für eine erwachsene Person, deren notwendiger Lebensunterhalt sich nach § 27b SGB XII bestimmt.

Regelbedarfsstufe 4:
Für eine Jugendliche oder einen Jugendlichen vom Beginn des 15. bis zur Vollendung des 18. Lebensjahres.

Regelbedarfsstufe 5:
Für ein Kind vom Beginn des siebten bis zur Vollendung des 14. Lebensjahres.

Regelbedarfsstufe 6:
Für ein Kind bis zur Vollendung des sechsten Lebensjahres.

Die Leistungen für Anschaffung (Haushaltsgeräte, Bekleidung, Wäsche, Schuhe, Hausrat usw.) sind in die Regelsätze einbezogen[889]. Ermittlung und Fortschreibung der Regelbedarfe: §§ 28, 28a und § 29 SGB XII. Eine früher höhere Lebensstellung des Schuldners bleibt unberücksichtigt[890]. Es werden jedoch Bedarfe ganz oder teilweise abweichend festgelegt, wenn im Einzelfall ein Bedarf unabweisbar seiner Höhe nach erheblich von einem durchschnittlichen Bedarf abweicht oder ganz oder teilweise anderweitig gedeckt ist (§ 27a Abs. 4 S. 1 SGB XII). Gesondert zu berücksichtigen sein können auch die bei Ausübung des Umgangsrechtes mit Kindern notwendig entstehenden besonderen (von einem durchschnittlichen Bedarf abweichenden) Kosten[891].

- für die **Unterkunft** mit den für die bedarfsgerechte Nutzung der Wohnung verbundenen Nebenkosten und **Heizung** (dabei zentrale Warmwasserversorgung, nicht aber die bereits durch die Leistungen für den Regelbedarf [siehe vorstehend] abgedeckten Kosten[892]) mit den (angemessenen) tatsächlichen Aufwendungen (§ 35 SGB XII; Abgeltung durch eine monatliche Pauschale: § 35 Abs. 3, 4 SGB XII). Der angemessene Bedarf ist nach den Umständen des Einzelfalls unter Berücksichtigung der örtlichen Gegebenheiten, vorrangig damit unter Heranziehung des Mietpreisniveaus für den Wohnort des Schuldners, abgeleitet aus einem Mietspiegel oder einer Mietdatenbank, zu ermitteln[893]. Betriebskostenvorauszahlungen (die im Regelsatz nicht enthalten sind) sind in tatsächlicher Höhe zu berücksichtigen[894]. Aufwendungen, die den der Besonderheit des Einzelfalls angemessenen Umfang übersteigen, werden nur so lange berücksichtigt, als es dem Schuldner nicht möglich oder nicht zumutbar ist, durch Wohnungswechsel, Vermieten oder auf andere Weise die Aufwendungen zu senken (§ 35 Abs. 2 SGB XII mit Einzelheiten)[895]. In Höhe der tatsächlichen Anwendungen, ggf. mit einer monatlichen

---

889 Begründung, BT-Drucks. 15/1514, S. 59.
890 KG, JW 1936, 3080.
891 BGH, FamRZ 2010, 1798.
892 OLG Celle, FamRZ 2011, 911 Leits. = MDR 2011, 257.
893 BGH, MDR 2009, 1189 = NJW-RR 2009, 1459 = NZI 2009, 655 = Rpfleger 2009, 687; BGHZ 156, 30 (37) = FamRZ 2003, 1466 = NJW 2003, 2918 = Rpfleger 2003, 593; BGH, MDR 2018, 1212 = NJW-RR 2018, 1272 = Rpfleger 2019, 44.
894 BGH (Fn. 891).
895 Zumutbare Anmietung einer kleineren (preiswerteren) Wohnung in angemessener Zeit s. OLG Frankfurt, Rpfleger 1998, 165; außerdem OLG Köln, FamRZ 1993, 584 = NJW 1992, 2836; LG Arnsberg, JurBüro 1998, 435; LG Berlin, Rpfleger 1994, 221; LG Berlin, Rpfleger 1996, 76; LG Heidelberg, JurBüro 1998, 45; LG Stuttgart, Rpfleger 1990, 173; vgl. auch LG Trier, ZVI 2015, 184 zu – nicht zu berücksichtigenden – Kosten für die Beschaffung eines Kfz, wenn der Schuldner zeitgleich eine vergleichweise teure Wohnung bezogen hat, von der aus er seine Arbeitsstätte mit öffentlichen Verkehrsmitteln nicht erreichen kann.

Pauschale, finden auch die Kosten für Heizung und zentrale Warmwasserversorgung Berücksichtigung (§ 35 Abs. 4 SGB XII). Wohngeld vermindert den Sozialhilfeanspruch, ist somit (bedarfsmindernd) anzurechnen[896], und zwar auch dann, wenn der Anspruch nicht geltend gemacht ist[897]. Kindergeld ist dem jeweiligen Kind als dessen Einkommen anzurechnen (§ 82 I S. 3 SB XII; nennt nur Minderjährige) gebietet daher, wenn das Kind als unterhaltsberechtigt berücksichtigt ist, ebenso bedarfsmindernden Vorabzug. Wenn der Schuldner Aufwendungen für Unterkunft und Heizung nicht hat wie dann, wenn er kostenfrei bei seinen Eltern oder in einer Wohnung mit seinem Lebensgefährten lebt und zu den Kosten nichts beiträgt, werden dafür Sozialleistungen nicht erbracht, damit auch bei Bemessung des Bedarfs nicht berücksichtigt[898]. Ersparte Wohnkosten des Schuldners, der mit einem Lebensgefährten oder Angehörigen in häuslicher Gemeinschaft zusammenlebt und nur einen geminderten Beitrag zu den Wohnkosten leistet, bleiben als bedarfsmindernd ebenso unberücksichtigt[899]; in solchen Fällen ist die Höhe des angemessenen Bedarfs des Schuldners für Unterkunft und Heizung fiktiv nach den Kosten zu ermitteln, die er nach den Umständen des Einzelfalles zur Deckung seines Wohnbedarfs aufwenden müsste; das sozialrechtliche Kopfteilprinzip ist nicht anzuwenden[900].

- **Zusätzliche Bedarfe** (§§ 30–33 SGB XII) wie Mehrbedarf für Personen, die die Altersgrenze erreicht haben, voll erwerbsgeminderte Personen, werdende Mütter[901], Alleinerziehende, Behinderte, Kranke und Genesende (§ 30 SB XII) sowie einmalige Bedarfe (§ 31 SB XII) und Beiträge für Kranken- und Pflegeversicherung (§ 32 SB XII). Zum Mehrbedarf (außerhalb des Regelsatzes) können eine Kfz-Steuer[902] und Prämien für Unfallversicherung[903], aber auch die Verpflichtung zur ratenweisen Tilgung einer Geldstrafe[904], dagegen Zahlungsverpflichtungen aus einer Bewährungsauflage[905] und Teilzahlungen für Steuerschulden[906] jedoch nicht gehören. Notwendige Ausgaben zur Erzielung des Einkommens (Fahrtkosten[907], ggfs. auch Verpflegungsmehrkosten) sind nach § 82 Abs. 2 Nr. 4 SGB XII (übereinstimmend damit § 11b Abs. 1 Nr. 5 SGB II) vom Einkommen abzusetzen, gebühren dem Schuldner damit zusätzlich pfandfrei. Als gesonderte berufsbedingte Ausgaben sollten

896 OLG Stuttgart, FamRZ 2002, 186 = Rpfleger 2001, 438.
897 LG Aachen, JurBüro 1990, 118.
898 OLG Dresden, JurBüro 2009, 608; ebenso nicht bei einer Schuldnerin ohne festen Wohnsitz: LG Dresden, JurBüro 2015, 159.
899 Vgl. OLG Hamm, NJW 2011, 3310.
900 BGH (Fn. 893).
901 Beispielsweise LG Heilbronn, Rpfleger 2012, 700.
902 OLG Celle, FamRZ 2007, 1020 Leits. = OLGR 2007, 641.
903 OLG Celle (Fn. 902).
904 LG Frankenthal, JurBüro 1995, 664; früher anders LG Frankfurt, NJW 1960, 2249.
905 AG Backnang, JurBüro 2008, 552.
906 OLG Karlsruhe, FamRZ 2000, 365 = MDR 1999, 1403.
907 OLG Stuttgart, NZI 2002, 52; einschränkend LG Mühlhausen, ZInsO 2016, 1704; AG Neustadt (Weinstraße), ZVI 2018, 163: je ab einer Entfernung von 20 km; LG Halle, Rpfleger 2000, 285; LG Stuttgart, JurBüro 2018, 658: ab einer Entfernung über 30 km. Vgl. auch Fn. 946

oder können jedoch nicht angesehen werden Beiträge zu einem Berufsverband (Gewerkschaftsbeitrag[908]), Leistungen an einen Sozialfond des Arbeitgebers[909], Zahlungen an eine Jubiläumskasse[910], Gaben bei Sammlung für verstorbene Arbeitskollegen[911] und im Kündigungsschutzverfahren entstandene Rechtsanwaltskosten[912].

- **Bedarfe für Bildung** von Schülerinnen und Schülern sowie Bedarfe von Kindern und Jugendlichen für Teilhabe am sozialen und kulturellen Leben (§§ 34, 34a SGB XII). Sie werden tlw. nur auf gesonderten Antrag (Ausnahme für persönlichen Schulbedarf) durch Sach- und Dienstleistungen erbracht (§ 34a Abs. 1, 2 SGB XII).

Der Sonderbedarf für notwendigen **Lebensunterhalt eines Angehörigen** hat gedeckt zu sein, wenn dieser für Bestimmung des pfandfreien Betrags nach § 850c ZPO zu berücksichtigen ist[913].

C.423 Für **Erwerbstätigkeit** wird dem Schuldner ein „Besserstellungszuschlag“ zu seinem monatlichen Regelbedarf belassen[914]. Er dient pauschal der Abgeltung des durch die Erwerbstätigkeit bedingten höheren Lebensaufwands[915], den die Regelbedarfsbeträge nicht einschließen (s. Rdn. C.422), der somit über die erwerbsbedingten (notwendigen) Ausgaben des § 82 Abs. 2 Nr. 4 SGB XII hinaus zur Gewährleistung des Existenzminimums des Erwerbstätigen verbleibt. Das gewährleistet § 82 Abs. 3 SGB XII mit einem bei der Hilfe zum Lebensunterhalt vom Einkommen abzusetzenden, dem Schuldner somit pfandfrei zu belassenden Betrag. Der dort bestimmte Betrag in Höhe von 30 v.H. des Einkommens (begrenzt auf 50 v.H. der Regelbedarfsstufe 1) soll eine einfache und praktikable Anrechnung im Hinblick darauf ermöglichen, dass nach Regelung der Grundsicherung für hilfebedürftige Erwerbstätige in SGB II eine Einkommensanrechnung nach SGB XII im Wesentlichen nur noch für geringfügige Tätigkeiten Erwerbsgeminderter (bis zu drei Stunden täglich, § 8 Abs. 1 SGB II) in Betracht kommt[916]. Für die Anrechnung zum Arbeitseinkommen zum Ausgleich des durch Erwerbstätigkeit eines Erwerbsfähigen bedingten höheren Lebensaufwands kann die Bestimmung daher nicht zugrunde gelegt werden. Grundlage für Absetzungsbeträge aus Erwerbseinkommen kann daher nur § 11b Abs. 3 SGB II bieten. Abzusetzen als (weitergehender) Freibetrag für Erwerbstätigkeit ist daher von dem um die Absetzungsbeträge nach § 11b Abs. 1 Nr. 1 bis 5 SGB II bereinigten monatlichen Einkommen ein (weiterer) Betrag

---

908 LG Frankfurt (Fn. 904). OLG Celle (Fn. 902) berücksichtigt ihn als berufsbedingte Ausgabe (zumindest) bei Trennungsunterhalt einkommensmindernd.

909 Anders LG Essen, Rpfleger 1960, 248.

910 LG Essen (Fn. 909).

911 LG Essen (Fn. 909).

912 LG Kiel, Rpfleger 2017, 349.

913 **A.A.** LG Limburg, FamRZ 2993, 1946 = NJW-RR 2003, 365 = Rpfleger 2003, 141; zutreffend abgelehnt von LG Mosbach, FamRZ 2012, 1664.

914 BGH, FamRZ 2004, 620 = MDR 2004, 711 = NJW-RR 2004, 506 (508) = Rpfleger 2004, 297; LG Detmold, FamRZ 2009, 1083; LG Frankfurt, Rpfleger 2011, 543; LG Kassel, JurBüro 2005, 379 (380); LG Mönchengladbach, JurBüro 2006, 40 = Rpfleger 2006, 28; LG Stuttgart, FamRZ 2005, 1103.

915 BGH (Fn. 914).

916 Begründung, BT-Drucks. 15/1514, S. 65.

- in Höhe von 20 vom Hundert für den Teil des monatlichen Einkommens, das 100 Euro übersteigt und nicht mehr als 1.000 Euro beträgt, **und**
- zusätzlich in Höhe von 10 vom Hundert für den Teil des monatlichen Einkommens, das 1.000 Euro übersteigt und nicht mehr als 1.200 Euro beträgt (bei Vorhandensein mindestens eines minderjährigen Kindes 1.500 Euro).

Beispiel: C.424

Erwerbseinkommen (netto, § 850e Nr. 1 ZPO)			1.200,00 €
Pfändbar nach § 850c ZPO (keine Unterhaltspflichten)			14,99 €
Unpfändbar somit			1.185,01 €
Notwendiger Lebensunterhalt nach SGB XII:			
– Regelbedarf			424,00 €
– Unterkunft und Heizung sowie notwendige Ausgaben zur Erzielung des Einkommens und sonst abzusetzende Beträge bis zu			561,01 €
– Absetzungsbeträge nach § 30 SGB II			
20 v. H. aus	900,00 €	180,00 €	
+ 10 v. H. aus	200,00 €	20,00 €	200,00 €
Hilfebedürftigkeit damit erst bei mehr als 561,01 € Unterkunft, Heizung und notwendige Ausgaben.			1.185,01 €

Nach anderer Ansicht soll ein Mehrbedarfszuschlag für Erwerbstätigkeit (Zuschlag für Erwerbsanreiz) mit 30 % des Regelsatzes zuzüglich 20 % Pauschale für berufsbedingte Aufwendungen erhöht um die vom Schuldner dargelegten tatsächlichen berufsbedingten Aufwendungen über diese Pauschale hinaus belassen werden[917]. Die Offenlegung der berufsbedingten Aufwendungen kann dem Schuldner aber durchaus stets abverlangt werden, so dass Pauschalierung mangels konkreter Angaben nicht angebracht ist. Dem entspricht auch Pauschalierung des Zuschlags unter Einbeziehung berufsbedingter Aufwendungen, wenn sich die Arbeitsstelle in einem Umkreis von 50 km vom Wohnort des Schuldners aus befindet, mit 40 v. H. des Regelsatzes[918] nicht. C.425

Auch für den Schuldner besteht die Verpflichtung, seine **Arbeitskraft** zur Beschaffung des Lebensunterhalts einzusetzen (§ 2 Abs. 1 SGB XII). Weigert er sich, zumutbare Arbeit zu leisten, vermindert sich der Regelsatz für den notwendigen Lebensunterhalt (§ 39a Abs. 1 SGB XII). Wenn der Schuldner sich um zumutbare Arbeit mit ausreichendem Einkommen erst gar nicht bemüht, kann er daher auch für gepfändete Einkünfte aus Arbeit mit geringer Entlohnung Schutz nach § 850f Abs. 1 Buchst. a ZPO nur nach dem geringen Regelsatz erlangen[919]. C.426

---

917 LG Mönchengladbach (Fn. 914); LG Mönchengladbach, Rpfleger 2006, 270.

918 So LG Detmold (Fn. 914).

919 **Ablehnend** Brehm in Festschrift W. Henckel (1995) S. 41 (48); auch Stein/Jonas/Würdinger, ZPO, § 850f Rdn. 3. Es geht nicht um eine Zwangskommerzialisierung der Arbeitskraft des Schuldners (er ist nicht verpflichtet, für den Gläubiger zu arbeiten). Vielmehr hat der Staat nach dem Schutzgedanken des Sozialstaatsprinzips dem Schuldner in seiner besonderen Lage Sozialleistungen nicht zur Verfügung zu stellen (Rdn. D.10) und der Gläubiger ihm einen über § 850c ZPO hinausgehenden Einkommensschutz zur Lebensführung (Rdn. C.2) nicht zu belassen. Auch auf § 295 Abs. 1 Nr. 1 InsO ist zu verweisen; danach wird es dem Schuldner während der Laufzeit der Abtre-

C.427 Hilfe zum Lebensunterhalt wird nach dem Dritten Kapitel von SGB XII auch zur Deckung des Bedarfs in **Einrichtungen** erbracht. Einzelheiten regelt § 27b SGB XII. Ein besonderer Freibetrag nach § 850f Abs. 1 Buchst. a ZPO ist daher auch zu belassen, wenn der Schuldner hohe Kosten für seinen notwendigen Lebensunterhalt in einer Einrichtung, damit einem Senioren-[920] oder Altersheim, nicht selbst beschaffen kann[921] oder sonst auch nach Erhöhung der Pfändungsfreigrenze noch immer (wenn auch in geringem Umfang) Sozialhilfe zu erhalten hat[922] (erlangt bei Pfändung laufender sozialrechtlicher Geldleistungen, wie z.B. einer Altersrente, Bedeutung, § 54 Abs. 4 SGB I). Für den Gläubiger wird in solchen Sonderfällen zumeist kein pfändbarer Betrag mehr bleiben.

C.428 Mit Deckung des notwendigen Lebensunterhalts nach SGB XII stellt § 850f Abs. 1 Buchst. a ZPO auf die Beschaffung des Lebensunterhalts durch **Einsatz der Arbeitskraft**, somit auf die Höhe des Arbeitseinkommens ab. Anderes Einkommen oder Vermögen des Schuldners ist daher nicht anzurechnen. Zwar besteht ein Anspruch auf Sozialhilfe nicht für den, der sich selbst helfen kann, und auch nicht für den, der erforderliche Hilfe von anderen, besonders von Angehörigen oder von Trägern anderer Sozialleistungen, erhält (§ 2 Abs. 1 SGB XII; Nachrang der Sozialhilfe). Doch erfordert Schutz nach § 850f Abs. 1 Buchst. a ZPO keine umfassende Prüfung der gesamten Vermögens- und Einkommensverhältnisse des Schuldners daraufhin, ob er Sozialhilfe einzusetzen hätte[923]. Vielmehr gewährleistet die Bestimmung, dass das nach Pfändung verbleibende **Resteinkommen** nicht unter den Sozialhilfebedarf des Schuldners absinkt. Dem Schuldner hat (allein) von seinem Arbeitseinkommen so viel zu verbleiben, dass die Pfändungsgrenze seinem Existenzminimum nach den Bestimmungen über die Hilfe zum Lebensunterhalt entspricht. Dem Gläubiger ist damit weitergehender Zugriff auf Arbeitseinkommen verwehrt, nicht aber Vollstreckung in anderes Einkommen oder Vermögen des Schuldners.

C.429 Bei Pfändung des Arbeitseinkommens wegen eines **gesetzlichen Unterhaltsanspruchs** (§ 850d ZPO) ist dem Schuldner schon nach § 850d Abs. 1 S. 2 ZPO so viel zu belassen, dass sein notwendiger sozialrechtlicher Lebensunterhalt gedeckt ist (Rdn. C.311). Dann ist aber der unpfändbare Einkommensteil durch den Betrag

---

tungserklärung obliegen, eine angemessene Erwerbstätigkeit auszuüben und, wenn er ohne Beschäftigung ist, sich um eine solche zu bemühen und keine zumutbare Tätigkeit abzulehnen.

920 BGH, FamRZ 2004, 621.

921 BGH (Fn. 920); OLG Zweibrücken, JurBüro 2002, 384 = MDR 2002, 720 = NJW-RR 2002, 1664 (1665) = Rpfleger 2002, 465. Dass Kosten der Unterbringung eines pflegebedürftigen Schuldners in einem Pflegeheim auch nach Erhöhung des pfändungsfreien Betrags nicht voll abgedeckt sind, er somit weiter (wenn auch in geringerem Umfang) Hilfe zum Lebensunterhalt zu erhalten hat, schließt Pfändungsschutz nach § 850f Abs. 1 Buchst. a ZPO nicht aus. Gegen Heraufsetzung des pfandfreien Betrags in einem solchen Fall früher AG Hechingen, Rpfleger 1989, 294, weil die Erhöhung nicht dem Schuldner persönlich, sondern dem Sozialhilfe gewährenden Sozialamt zugutekommt.

922 OLG Zweibrücken (Fn. 921); LG Detmold, Rpfleger 2000, 341 (gegen AG Hechingen [Fn. 921]).

923 So auch Stein/Jonas/Würdinger, ZPO, § 850f Rdn. 3; Wieczorek/Schütze/Lüke, ZPO, § 850f Rdn. 6. **Anders** Hornung, Rpfleger 1992, 331 (335).

begrenzt, der dem Schuldner nach § 850c ZPO gegenüber einem nicht bevorrechtigten Gläubiger zu verbleiben hätte (§ 850d Abs. 1 S. 3 ZPO). Dieser kann unter der Sozialhilfebedürftigkeitsschwelle liegen. Auch von diesem nach § 850d Abs. 1 S. 3 mit § 850c ZPO pfändbaren Einkommensteil ist daher auf Antrag des Schuldners nach § 850f Abs. 1 Buchst. a ZPO ein weiterer Betrag pfandfrei zu belassen[924].

Wenn eine **nicht wiederkehrend zahlbare Vergütung** für Arbeiten oder Dienste gepfändet ist (§ 850i Abs. 1 ZPO), wird dem Schuldner auf Antrag ein Freibetrag belassen, dessen Grenze in Anlehnung an §§ 850c, 850d ZPO bemessen wird (Rdn. C.519). Auch dieser Freibetrag ist auf Antrag nach § 850f Abs. 1 Buchst. a ZPO auf den sozialrechtlichen Satz für Hilfe zum Lebensunterhalt anzuheben. C.430

Auch für Personen, denen der Schuldner **Unterhalt zu gewähren** hat, hat der sozialhilferechtliche Mindestbedarf gedeckt zu sein. Daher ist dem Schuldner auf Antrag nach § 850f Abs. 1 Buchst. a ZPO ein weiterer Einkommensbetrag auch zur Deckung seines individuellen Sozialhilfebedarfs (ggf. auch ein Zuschlag zur Pauschalierung einmaliger Leistungen zum Regelsatz unterhaltsberechtigter Angehöriger[925]) für Unterhaltspflichten zu belassen. Die zu berücksichtigenden Unterhaltspflichten des Schuldners bestimmen sich nach § 850c ZPO; erforderlich ist daher, dass der Schuldner einer dort angeführten Person Unterhalt auf Grund gesetzlicher Vorschrift schuldet und auch tatsächlich leistet. Um Kindergeld, das der Schuldner bezieht, ist der Sozialhilfebedarf für Kinder (ggf. anteilig, s. Rdn. C.318 ff.) gemindert[926]. Ein nach § 850c ZPO zu berücksichtigender Unterhaltsberechtigter, dem der Schuldner Unterhalt zu gewähren hat, kann nicht nach den Erfordernissen des Sozialrechts auf die Aufnahme einer eigenen Erwerbstätigkeit verwiesen werden[927]. Andere als gesetzliche Unterhaltspflichten des Schuldners nach § 850c ZPO können keine Berücksichtigung finden[928]. § 850f Abs. 1 Buchst. a ZPO erweitert nicht den nach den gesetzlichen Unterhaltspflichten des § 850c ZPO zu bemessenden Umfang des unpfändbaren Arbeitseinkommens, schränkt diesen aber auch nicht ein, sondern stellt nur sicher, dass für den Schuldner und Personen, denen er Unterhalt zu gewähren hat, der individuelle Sozialhilfebedarf gedeckt ist. C.431

Gleichrangige Unterhaltsberechtigte (§ 850d Abs. 2 ZPO) dürfen als Gläubiger keinen Rangverlust dadurch erleiden, dass dem Schuldner für Personen, denen er Unterhalt zu gewähren hat, ein Mehrbetrag zur Deckung seines wegen dieser Unterhaltspflichten erhöhten individuellen Sozialhilfebedarfs belassen wird. Die Befriedigungsreihenfolge des § 850d ZPO wird durch § 850f Abs. 1 ZPO nicht außer Kraft gesetzt. Für den Betrag, der dem Schuldner zur gleichmäßigen Befriedigung der dem Gläubiger gleichstehenden Berechtigten nach § 850d Abs. 1 S. 2 C.432

---

924 BGH (Fn. 914); OLG Frankfurt, FamRZ 2000, 614 = NJW-RR 2000, 220. Nicht richtig LG Berlin, Rpfleger 1993, 120, dass § 850f Abs. 1 Buchst. a ZPO bei Unterhaltsvollstreckung keine Anwendung finde.

925 OLG Köln, FamRZ 1996, 811 = JurBüro 1996, 493 = Rpfleger 1996, 118 (Zuschlag von 20 v. H. auch zum Regelsatz für die Ehefrau).

926 OLG Stuttgart (Fn. 896).

927 OLG Köln (Fn. 895); Stein/Jonas/Würdinger, ZPO, § 850f Rdn. 3.

928 **Anders** LG Limburg a.d. Lahn (Fn. 913). Eine Unterhaltsverpflichtung gegenüber dem Ausländeramt im Interesse der Familienzusammenführung kann jedoch nur unter dem Gesichtspunkt von § 765a ZPO zu prüfen sein.

ZPO zu belassen ist, sieht daher schon der Wortlaut des § 850f Abs. 1 Buchst. a ZPO keine Erweiterung des unpfändbaren Einkommensteils vor. Für die Begrenzung dieses Unterhaltsfreibetrages durch den unpfändbaren Einkommensteil, der nach § 850c ZPO gegenüber nicht bevorrechtigten Gläubigern verbleiben würde (§ 850d Abs. 1 S. 3 ZPO), ist Erhöhung des pfändbaren Einkommensteils ausgeschlossen, weil sie unzulässig ungleichmäßige Befriedigung der Unterhaltsberechtigten bewirken würde (würde Sozialhilfebedürftigkeit des Gläubigers herbeiführen).

C.433 Wenn der Schuldner in **Haushaltsgemeinschaft mit Verwandten,** Verschwägerten oder sonst anderen Personen (damit auch in Wohngemeinschaften) lebt, wird vermutet, dass er von ihnen Leistungen zum Lebensunterhalt erhält (§ 39 S. 1 SGB XII mit Einzelheiten). Anspruch auf Sozialhilfe zum Lebensunterhalt hat er daher nur, wenn er von den Mitgliedern der Haushaltsgemeinschaft Leistungen nicht erhält (§ 39 S. 2 SGB XII) und in den Sonderfällen von § 39 S. 3 SGB XII. In einem solchen Fall ist Voraussetzung für die Freistellung eines weiteren Einkommensteils nach § 850f Abs. 1 Buchst. a ZPO daher nicht nur, dass das nach § 850c ZPO unpfändbare Arbeitseinkommen den Sozialhilfebedarf (betragsmäßig) nicht deckt, sondern weiter der Nachweis, dass (oder soweit teilweise) der Schuldner in Haushaltsgemeinschaft von anderen Personen keine Leistungen erhält.

11.4. Besondere Einzelfallbedürfnisse

C.434 Besondere **persönliche** Bedürfnisse (§ 850f Abs. 1 Buchst. b ZPO) können insbesondere bei Erkrankung des Schuldners unabweisbar hervortreten. So kann der Schuldner Aufwendungen für eine besondere Ernährung[929], zur Wiederherstellung seiner Gesundheit oder für die Beschaffung eines besonderen Hilfsmittels (Fahrstuhl[930] usw.), für eine notwendige Pflegekraft (Betreuung eines Blinden oder Gelähmten) oder für eine Badekur bestreiten müssen. Kosten für medizinische Behandlungsmethoden, die von der gesetzlichen Krankenkasse nicht übernommen werden, rechtfertigen in der Regel jedoch keine Erhöhung des unpfändbaren Teils des Arbeitseinkommens[931]. Reichen vom Schuldner in Anspruch genommene Pflegesachleistungen (§ 36 SGB XI) nicht für die erforderliche und verhältnismäßige Pflege aus (wegen der Höchstbeträge nach § 36 Abs. 3 SGB XI), so kommt eine Erhöhung des Pfändungsfreibetrages in Betracht, wenn sonst die Sozialhilfe für die Pflegeleistungen aufkommen müsste. Dies gilt dagegen nicht, wenn der Schuldner Pflegegeld (§ 37 SGB XI) in Anspruch nimmt, weil § 37 Abs. 1 Satz 2 SGB XI voraussetzt, dass der Pflegebedürftige mit dem Pflegegeld die erforderli-

929 Bei Zuckererkrankung bedingen Mehraufwendungen für Ernährung u.U. keine wesentlich höheren Kosten, die einen zusätzlichen Freibetrag rechtfertigen könnten, LG Krefeld, KKZ 1972, 70 = MDR 1972, 152. Zu weiteren Beispielen für Mehrbedarf anlässlich ärztlich verordneter Diätverpflegung siehe LG Essen, LG Frankenthal, LG Mainz, alle Rpfleger 1990, 470.

930 Siehe wegen der Kosten für die Haltung und Benutzung eines Pkw durch den zu Unterhaltsleistungen verpflichteten doppelseitig beinamputierten Schwerbeschädigten BGH, FamRZ 1982, 579 = MDR 1982, 831 = NJW 1982, 1594.

931 BGH, JurBüro 2009, 606 = MDR 2009, 951 = NJW 2009, 2313 = Rpfleger 2009, 470; BGH, MDR 2018, 551 = NJW-RR 2018, 370 = Rpfleger 2018, 341.

chen Pflege- und Betreuungsmaßnahmen und die hauswirtschaftliche Versorgung eigenverantwortlich sicherstellt[932]. Für eine teure Wohnung kann ein besonderer Freibetrag nach § 850f Abs. 1 Buchst. b ZPO nicht in Anspruch genommen werden, wenn für die erhöhte Ausgabe Wohngeld beantragt[933] oder dem Schuldner zugemutet werden kann, durch Wohnungswechsel, Vermieten oder auf sonstige Weise die Aufwendungen zu senken[934] (s. bereits Rdn. C.422). Freiwillige Leistungen zur Auffüllung des Rentenbetragskontos nach Scheidung (nach Rentensplitting) können als besondere persönliche Bedürfnisse keine Berücksichtigung finden[935], desgleichen in der Regel auch nicht Aufwendungen für übliche Kommunikationsmittel[936].

Berufliche Gründe (§ 850f Abs. 1 Buchst. b ZPO) erfordern einen weitergehenden Schutz, wenn dem Schuldner ein besonderer Aufwand entsteht, für den keine oder keine vom Einkommen getrennt berechnete (siehe Rdn. C.157) Aufwandsentschädigung bezahlt wird. Als besonderer Aufwand können angesehen werden notwendige Telefongebühren[937], eine anteilige Büromiete für ein in der Wohnung eingerichtetes Büro[938], die Anschaffung notwendiger Kleidung (auch auf Abzahlung), insbesondere bei Antritt einer neuen Stelle[939], Ausgaben für einen Kraftwagen[940], insbesondere für Betriebsstoff und Öl, Reparaturen und Abnützung[941], allgemeine Praxiskosten eines Arztes, Aufwendungen des Zahnarztes[942] für Materialkosten und sonstige Auslagen, die mit dem von der kassenärztlichen Vereinigung geschuldeten Honorar abgegolten werden[943]. Für sich allein noch keine besonderen Belastungen sind tägliche Aufwendungen für Mittagessen und Kaffee[944]. Fahrtkosten **C.435**

---

932 BGH, MDR 2018, 551 (Fn. 931).
933 LG Frankenthal, DAVorm 1968, 207; AG Kassel, JurBüro 1997, 442; zur Wohnungsmiete auch (nur allgemein) LG Koblenz, NJW-RR 1986, 680.
934 LG Berlin, Rpfleger 1996, 76; LG Heidelberg, JurBüro 1998, 45 (46).
935 LG Fulda, JurBüro 1984, 466.
936 LG Fulda (Fn. 935).
937 LG Berlin, Rpfleger 1962, 217.
938 KG, Rpfleger 1962, 219.
939 OLG Oldenburg, MDR 1959, 134.
940 LG Braunschweig, JurBüro 1986, 1422. Die Erhöhung des unpfändbaren Betrags um Kosten für Anschaffung und Unterhaltung eines Kraftfahrzeugs soll nach OLG Zweibrücken, JurBüro 1988, 933 erfordern, dass das Fahrzeug selbst Pfändungsschutz genießt; das dürfte für besondere persönliche oder berufliche Bedürfnisse so allgemein nicht zu fordern sein.
941 KG, JW 1936, 519, 890.
942 Die Pfändbarkeit von Ansprüchen eines Kassenzahnarztes gegen die Kassenzahnärztliche Vereinigung wird durch § 850a Nr. 3 ZPO nicht eingeschränkt (siehe Rdn. C.20, C.157); vielmehr greift § 850f Abs. 1 Buchst. b ZPO ein: mit Bestimmung des pfändungsfreien Betrages hat das Vollstreckungsgericht den zur Sicherstellung der kassenzahnärztlichen Versorgung erforderlichen Aufwand aus der (pfändbaren) Gesamtvergütung festzusetzen, dazu BGHZ 96, 324 = JurBüro 1986, 551 = JZ 1986, 498 mit Anm. Brehm = MDR 1986, 404 = NJW 1986, 2362 = Rpfleger 1986, 144. Dazu auch von Glasow, Rpfleger 1987, 289.
943 KG, HRR 1937 Nr. 1613, das 55% der Bezüge vorweg für solche Sachauslagen freigestellt hat. Dieses Entgelt für Materialaufwendungen ist Arbeitseinkommen (siehe Rdn. C.155) und daher **nicht** pfändbar; **a.A.** (pfändbar) OLG Dresden, HRR 1937 Nr. 1038; OLG Hamburg, JW 1937, 51.
944 OLG Schleswig, JurBüro 1957, 511.

zur Arbeitsstelle sind im Rahmen des Üblichen keine berufsbedingten Mehraufwendungen[945], können somit nur zusätzliche Berücksichtigung finden, soweit sie die von einem Arbeitnehmer üblicherweise aufzubringenden Kosten für den Weg zur Arbeitsstelle übersteigen[946] (Mehrkosten für weite Anfahrt usw.). Pkw-Kosten sind dann aber nur berücksichtigungsfähig, wenn die Benutzung eines öffentlichen Verkehrsmittels nicht zumutbar ist[947].

C.436 Die Härteklausel dient jedoch nur dem Schutz der **gegenwärtigen** Bedürfnisse. Verbindlichkeiten, deren Entstehungsgrund längere Zeit zurückliegt, scheiden deshalb regelmäßig aus[948]. Sie können allenfalls dann berücksichtigt werden, wenn die Verbindlichkeit zur Befriedigung persönlicher Bedürfnisse eingegangen wurde und das Bedürfnis in der Gegenwart noch fortbesteht[949]. Daher müssen auch Aufwendungen zur Tilgung von Schulden (zurückliegende Ratenzahlungsverpflichtungen) unberücksichtigt bleiben, zumal in den Fällen, in denen die Leistungen nicht der Befriedigung persönlicher Bedürfnisse dienten[950]. Ungewöhnlich hohe Energiekosten können ggf. dann berücksichtigt werden, wenn ihre Notwendigkeit nachgewiesen ist[951].

C.437 Der **besondere Umfang der gesetzlichen Unterhaltspflichten** (§ 850f Abs. 1 Buchst. c ZPO) kann durch die Zahl der Unterhaltsberechtigten oder bei Vorhandensein von nur wenigen Unterhaltsberechtigten durch deren besondere Bedürfnisse bedingt sein[952]. Die frühere Streitfrage, ob ein zusätzlicher Schutz schon dann gewährt werden kann, wenn der Schuldner vielen Personen Unterhalt leisten muss, ist mit der Neufassung des § 850f Abs. 1 ZPO gegenstandslos geworden. Durch die

---

945 Sind bei Zubilligung eines Mehrbedarfs für den erwerbstätigen Schuldner (Rdn. C.422) regelmäßig auch nicht mehr gesondert ausweisbar; s. LG Hamburg, Rpfleger 2000, 169.

946 LG Halle (Fn. 907); LG Hechingen, FamRZ 2012, 150; großzügiger OLG Köln, FamRZ 1989, 996: die Berücksichtigung berufsbedingter Fahrtkosten ist nicht auf Fälle außergewöhnlich hoher Fahrtkosten beschränkt; Fahrtkosten (die nicht ersetzt werden) sind stets pfandfrei zu lassen, soweit sie nicht „als unerheblich anzusehen sind" (so auch LG Marburg, JurBüro 1999, 662). Damit ist im Grunde aber nichts anderes gesagt. „Übliche" Fahrtkosten lässt keineswegs nur für Freistellung außergewöhnlich hoher Fahrtkosten Raum, sondern schließt aus, dass selbst für geringfügige Berufsaufwendungen ein Freibetrag in Anspruch genommen wird (der auch in einfachen Lebens- und Erwerbsverhältnissen als selbstverständlich angesehen wird). Im Übrigen bestimmt § 850c ZPO den Freibetrag nach den Lebensbedürfnissen des erwerbstätigen Schuldners, so dass die vom OLG Köln ins Auge gefasste absolute Gleichstellung mit einem nicht erwerbstätigen Schuldner unangebracht ist. Vgl. auch die Nachweise Fn. 907.

947 LG Bochum, Rpfleger 1998, 531; LG Hechingen (Fn. 946); LG Marburg, JurBüro 1999, 661; auch OLG Hamm, NJW-RR 1998, 724 (unterhaltsrechtliche Berücksichtigung der Pkw-Kosten).

948 OLG Oldenburg (Fn. 939); OLG Frankfurt, Rpfleger 1978, 265.

949 OLG Hamm, JurBüro 1977, 411 = Rpfleger 1977, 110.

950 Z.B. bei ratenweiser Tilgung alter Mietschulden, OLG Oldenburg (Fn. 939) oder sonstigen laufenden Zahlungen an andere Gläubiger, OLG Schleswig, JurBüro 1957, 511; s. auch LG Aurich, JurBüro 1988, 787.

951 OLG Hamm (Fn. 949).

952 **A.A.** KG, DR 1941, 1162; KG, JW 1938, 2494, das schon beim Vorhandensein von drei Kindern besonders umfangreiche gesetzliche Unterhaltspflichten annimmt. Für diese Auslegung gibt jedoch das Gesetz keine Anhaltspunkte.

Gesetzesfassung ist (nun) klargestellt, dass ein den Schutz rechtfertigender außergewöhnlicher Umfang gesetzlicher Unterhaltspflichten insbesondere durch die Zahl der Unterhaltsberechtigten bedingt sein kann (siehe Begründung, abgedr. Rdn. C.417). Damit ermöglicht § 850f Abs. 1 ZPO es auch, weitere als fünf Unterhaltspflichten, die nach § 850c Abs. 1 S. 2 ZPO nicht mehr zu einer Erhöhung des pfändungsfreien Grundbetrages führen, bei der Bestimmung des pfändbaren Teils der Schuldnerbezüge zu berücksichtigen[953]. Auch bei Vorhandensein von mehr als fünf Unterhaltspflichten muss aber nach den persönlichen Verhältnissen des Schuldners die Pfandfreistellung eines weiteren Teils des Arbeitseinkommens erforderlich und nicht durch überwiegende Belange des Gläubigers ausgeschlossen sein. Die zusätzlichen Unterhaltspflichten des Schuldners können dann nach § 850f Abs. 1 Buchst. c ZPO in einer den individuellen Verhältnissen angepassten Einzelregelung berücksichtigt werden.

Besondere Verhältnisse können auch einzelne Unterhaltspflichten des Schuldners besonders umfangreich gestalten. Insbesondere können in der Person des unterhaltsberechtigten Angehörigen Gründe vorliegen, die besondere oder außerordentliche Aufwendungen erfordern. Das ist der Fall bei fortgeschrittener Ausbildung eines Kindes, die nicht ohne Nachteile abgebrochen werden kann, bei Krankheit eines Kindes[954] usw.[955] Solche die Unterhaltspflicht des Schuldners belastende außerordentliche Aufwendungen berücksichtigt der für den Unterhaltsberechtigten nach § 850c ZPO bemessene Freibetrag nicht; den notwendigen Ausgleich erlaubt daher § 850f Abs. 1 ZPO. Die Regelung darf bei Vollstreckung vorrangiger Unterhaltsberechtigter aber nicht zu einer Bevorzugung der nachrangigen Berechtigten führen (s. § 850d Abs. 2 ZPO). **C.438**

11.5. Belange des Gläubigers

Überwiegende Belange des Gläubigers dürfen weiterem Pfändungsschutz des Schuldners im Einzelfall nicht entgegenstehen. Das erfordert eine Abwägung der Interessen und Belange von Schuldner und Gläubiger. Dabei ist die persönliche Situation des Gläubigers (sein Gesundheitszustand, Unterhaltslasten usw.) ebenso wie seine wirtschaftliche Lage[956] angemessen zu würdigen; zu berücksichtigen ist somit auch, ob bei Anwendung des § 850f Abs. 1 ZPO der Gläubiger selbst in eine Notlage gerät[957]. Nur selten werden Gläubigerbelange dem Pfändungsschutz zur Sicherstellung des sozialhilferechtlichen Lebensbedarfs des Schuldners (§ 850f **C.439**

---

953 So insbesondere auch die Begründung, BT-Drucks. VI/2203, S. 30 f.
954 Siehe wegen der Kosten einer kieferorthopädischen Behandlung als (unterhaltsrechtlicher) Sonderbedarf OLG Düsseldorf, FamRZ 1981, 76.
955 Kosten für Konfirmation und Kommunion sollten regelmäßig als einmaliger Sonderbedarf angesehen werden, siehe z.B. (für Unterhaltsrecht) OLG Karlsruhe, FamRZ 1991, 1349; differenzierter OLG Koblenz, FamRZ 1991, 1351 = NJW-RR 1991, 1348; **a.A.** (für Unterhaltsanspruch) OLG Hamm, FamRZ 1991, 1352 (Leits.); OLG Karlsruhe, FamRZ 1995, 1009; OLG Karlsruhe, FamRZ 1991, 1351; OLG Stuttgart, FamRZ 1982, 1114.
956 KG (Fn. 938).
957 BGH, FamRZ 2004, 621 (622 re.Sp.).

Abs. 1 Buchst. a ZPO) entgegenstehen[958]. Wenn überwiegende Belange des Gläubigers jedoch der Belassung eines weiteren Teils des (pfändbaren) Arbeitseinkommens des Schuldners entgegenstehen, muss jener sich auf die Deckung seines besonderen Bedürfnisses durch Leistungen der Sozialhilfe verweisen lassen[959].

11.6. Bemessung des zusätzlichen Freibetrags

C.440 Die Härteklausel ermöglicht die Festlegung eines **zusätzlichen Freibetrages.** Bei gewöhnlichen Pfändungen sind mithin von dem nach § 850c ZPO pfändbaren Arbeitseinkommen zusätzliche Teile pfandfrei zu stellen. Je nach der Situation des Schuldners kann der zusätzlich pfandfreie Betrag für die ganze Laufzeit der Pfändung (dauernde Krankheit, Pflegebedürftigkeit usw.) oder nur für eine bestimmte Zeit, bis zur Erreichung eines bestimmten Kapitalbetrages (z.B. des ratenweise zu zahlenden Kaufpreises für einen Krankenfahrstuhl) oder einmalig belassen werden. Feststellungen des Prozessgerichts binden das Vollstreckungsgericht nicht (siehe auch Rdn. C.315); hatte jedoch schon das Prozessgericht zur Ermittlung der Leistungspflicht die Belange von Gläubiger und Schuldner abzuwägen, so wird von seinen Feststellungen nur abzuweichen sein, wenn das Vollstreckungsgericht über neue Umstände zu entscheiden hat[960].

C.441 Bei der Vollstreckung einer **Unterhaltsforderung** muss bereits der nach § 850d ZPO bestimmte Freibetrag alle individuellen Bedürfnisse des Schuldners berücksichtigen. Die Härteklausel erlangt daher nur für den Fall Bedeutung, dass dieser Freibetrag durch die Sätze des § 850c ZPO begrenzt wird (siehe Rdn. C.327). Dann ergibt sich die Möglichkeit, diese Begrenzung einzuschränken, dem Schuldner also von den nach § 850c ZPO pfändbaren Sätzen weitere Freibeträge zu belassen (siehe aber auch Rdn. C.432).

Zur Deckung des **individuellen Sozialhilfebedarfs** (Fall des § 850f Abs. 1 Buchst. a ZPO) ist dem Schuldner von dem sonst pfändbaren Teil seines Arbeitseinkommens der Betrag zu belassen, der für den notwendigen Lebensunterhalt nach den Vorschriften des Dritten, Vierten und Elften Kapitels SGB XII noch nötig ist. Erforderlichenfalls muss dem Schuldner daher der pfändbare Einkommensteil auch ganz belassen werden[961]. Könnte das Vollstreckungsgericht dem Schuldner von diesem pfändbaren Einkommensteil nur „einen Teil belassen" (Wortlaut des § 850f Abs. 1 ZPO), wäre die Deckung des Existenzminimums aus dem

---

958 **Beispiel** dazu OLG Celle, Rpfleger 1990, 376: der Gläubiger hatte das 70. Lebensjahr vollendet, war zu 70% schwerbehindert, konnte nach der Pfändung über zehn Jahre nichts erhalten, weil die Einkünfte des Schuldners zunächst zur Rückzahlung eines Darlehens verwendet wurden, und hätte bei weiterem Schuldnerschutz praktisch sein Urteil überhaupt nicht mehr vollstrecken können. Dagegen Stein/Jonas/Würdinger, ZPO, § 850f Rdn. 5.

959 BGH, FamRZ 2004, 873 für die Kosten von Fahrten des umgangsberechtigten Schuldners zum Wohnort seines Kindes als Sonderbedarf nach § 850f Abs. 1 Buchst. b ZPO.

960 OLG Bremen, OLGZ 1972, 485; hierzu auch Stein/Jonas/Würdinger, ZPO, § 850f Rdn. 9.

961 LG Duisburg, Rpfleger 1998, 355; LG Gießen, Rpfleger 1996, 118; LG Köln, JurBüro 1995, 103 (104); Stein/Jonas/Würdinger, ZPO, § 850f Rdn. 8; **a.A.** (auch hier keine völlige Freistellung) Hornung, Rpfleger 1992, 331 (334).

Schuldnereinkommen nicht immer gewährleistet. Das rechtfertigt die Schutzbestimmung nicht. Dass ihr Wortlaut gleichwohl gegen die volle Freistellung des pfändbaren Einkommensteils zu sprechen scheint, kann demgegenüber keine Bedeutung erlangen.

In den Fällen von § 850f Abs. 1 Buchst. b, c ZPO ist dagegen die Freistellung des ganzen Arbeitseinkommens von der Pfändung nicht ermöglicht. Vielmehr ist, da nur Belassung eines weiteren Teiles des Arbeitseinkommens vorgesehen ist, ausgedrückt, dass ein Rest der nach §§ 850c, 850d ZPO pfändbaren Einkommensteile immer dem Gläubiger verbleiben muss[962]. Die Höhe dieses Restes, der von der Pfändung erfasst bleiben muss, bestimmt das Vollstreckungsgericht. An die Mindestsätze des § 850c ZPO ist es dabei nicht gebunden. Bei Vorliegen ganz besonderer Umstände ist eine zeitweilige völlige Freistellung des Arbeitseinkommens von der Pfändung nur nach § 765a ZPO denkbar. C.442

11.7. Verfahren

Der besondere Pfändungsschutz des § 850f Abs. 1 ZPO wird nur auf **Antrag**[963] gewährt. Antragsberechtigt sind der Schuldner und der Unterhaltsberechtigte[964], dem der zusätzliche Freibetrag zugute kommen soll, nicht aber der Drittschuldner[965]. Der Antrag unterliegt keinem Anwaltszwang (§ 78 Abs. 3 ZPO). Ein Vertreter muss als Bevollmächtigter nach § 79 Abs. 2 ZPO vertretungsbefugt sein. Der an keine Frist gebundene Antrag ist keine auf Überprüfung des bisherigen Pfändungsschutzes gerichtete Erinnerung[966] (§ 766 ZPO), sondern erstrebt auf Grund neu geltend gemachter Tatsachen seine Ersetzung durch eine Neuregelung[967]. Die Rechtskraft eines zu § 850d ZPO ergangenen Beschlusses steht daher der Prüfung der Voraussetzungen des § 850f Abs. 1 ZPO nicht entgegen[968]. Für bereits ausgezahlte Einkommensbeträge kann der Schutz nach § 850f Abs. 1 ZPO nachträglich nicht mehr gewährt werden. C.443

962 OLG Düsseldorf, JMBlNRW 1952, 60; OLG Koblenz, JurBüro 1987, 306; LG Aachen, JurBüro 1990, 122; LG Essen, MDR 1955, 428.

963 Das Antragserfordernis ist verfassungsrechtlich unbedenklich, siehe Hornung, Rpfleger 1992, 331 (332).

964 **A.A.** Schuschke/Walker/Kessal-Wulf/Lorenz, Vollstreckung, § 850f Rdn. 2.

965 LG Essen, MDR 1969, 225 = NJW 1969, 668; LG Wuppertal, MDR 1952, 237; MünchKomm/Smid, ZPO, § 850f Rdn. 2; Hornung, Rpfleger 1992, 331 (334); **a.A.** Stein/Jonas/Würdinger, ZPO, § 850f Rdn. 20; Schuschke/Walker/Kessal-Wulf/Lorenz, Vollstreckung, § 850f Rdn. 2. Der Arbeitgeber hat hier aber kein eigenes Antragsrecht, weil nicht der Einwand der Unpfändbarkeit erhoben, sondern auf Grund der Härteklausel ein rein persönlicher Schuldnerschutz in Anspruch genommen wird.

966 Zöller/Herget, ZPO, § 850f Rdn. 13; **a.A.** LG Stuttgart, Rpfleger 1994, 175: die Erhöhung des unpfändbaren Betrags nach § 850f Abs. 1 ZPO kann der Schuldner auch mit der Erinnerung beantragen.

967 OLG Köln, JurBüro 1989, 266 = NJW-RR 1989, 189; OLG Hamm, JurBüro 1977, 861 = Rpfleger 1977, 224. Eine Erinnerung gegen den Pfändungsbeschluss wird daher nicht zugleich auch als Antrag auf Änderung des unpfändbaren Betrages gemäß § 850f Abs. 1 ZPO angesehen (OLG Köln, wie vorst.; Auslegung des Antrags ist bei entsprechendem Vorbringen des Schuldners aber denkbar).

968 OLG Hamm (Fn. 967).

C.444 Die Darlegungs- und Beweislast für die Voraussetzungen zur Erhöhung des unpfändbaren Betrags[969] trifft den Antragsteller[970]; seine dem weitergehenden Schutz entgegenstehenden überwiegenden Belange hat der Gläubiger darzulegen und zu beweisen. Den Nachweis dafür, dass das Einkommen durch Pfändung unter den Sozialhilfebedarf absinkt, soll der Schuldner regelmäßig durch Vorlage einer Bescheinigung der örtlich zuständigen Sozialbehörde erbringen können[971]. Die Bescheinigung bindet das Vollstreckungsgericht jedoch nicht[972]. Ihre Beweiskraft ist nach freier Überzeugung zu würdigen[973] (§ 286 ZPO). Die Bindung besteht auch nicht für einen bescheinigten Mehrbedarf (§ 30 SGB XII); er ist nicht maßgebend, wenn im Einzelfall von einem abweichenden (geringeren) Bedarf auszugehen oder ein Mehrbedarf in angemessener Höhe anzuerkennen ist, z.B. für Kranke, Genesende, Behinderte. Ebenso besteht die Bindung nicht, soweit es um die Möglichkeit oder Zumutbarkeit geht, überhöhte Aufwendungen für die Unterkunft zu senken.

C.445 Über den Antrag entscheidet der **Rechtspfleger**[974] des Vollstreckungsgerichts, das den Pfändungsbeschluss erlassen hat (auch nach Wohnsitzwechsel des Schuldners)[975], durch von Amts wegen (§ 329 Abs. 3 ZPO) an den Gläubiger, Schuldner und Drittschuldner zuzustellenden **Beschluss**. Dem Gläubiger als Antragsgegner muss vor der Entscheidung rechtliches Gehör gewährt werden. Die Entscheidung hat in Abänderung des Pfändungsbeschlusses anzuordnen, dass dem Schuldner von seinem nach § 850c ZPO pfändbaren Arbeitseinkommen ein betragsmäßig zu bezeichnender zusätzlicher Betrag pfandfrei zu belassen ist. Es darf, auch wenn danach bei dem gegenwärtigen Einkommen des Schuldners ein pfändbarer Einkommensbetrag nicht mehr verbleibt, nicht angeordnet werden, dass der Pfändungsbeschluss (teilweise oder ganz) aufgehoben wird. Die Kosten des Verfahrens sind Zwangsvollstreckungskosten nach § 788 ZPO, so dass der Beschluss keiner Kostenentscheidung bedarf[976].

Einstweilige Einstellung der Zwangsvollstreckung durch das Vollstreckungsgericht (Rechtspfleger) muss nach Antragstellung für die Dauer des Verfahrens

---

969 Ein nur allgemein gehaltenes ärztliches Attest bietet keine Grundlage für Zubilligung eines Mehraufwandes für Diätkost; LG Koblenz, NJW-RR 1986, 680.

970 LG München II, JurBüro 1998, 377. An den Nachweis krankheitsbedingter Aufwendungen, die sich beständig aus zahlreichen kleineren Einzelposten zusammensetzen, können keine übertriebenen Anforderungen gestellt werden; OLG Köln (Fn. 925).

971 Siehe Begründung, BT-Drucks. 12/1754, S. 17 (abgedr. Rdn. C.417).

972 So auch OLG Frankfurt JurBüro 1992, 59 = Rpfleger 1991, 378; OLG Köln, FamRZ 1993, 584 = NJW 1992, 2836 = OLGZ 1993, 371; OLG Köln, JurBüro 1999, 606 = Rpfleger 1999, 548; OLG Stuttgart, FamRZ 2002, 186 = Rpfleger 2001, 438; LG Essen, JurBüro 1999, 325 (326); LG München II (Fn. 970); LG Stuttgart, Justiz 1990, 52 (53) = Rpfleger 1990, 173; LG Stuttgart, Rpfleger 1993, 357; LG Wiesbaden, JurBüro 2000, 379 (380; Bescheinigung der Schuldnerberatungsstelle).

973 Hierzu auch Schilken, FamRZ 1993, 1228 zum abzulehnenden Beschluss des LG Arnsberg, FamRZ 1993, 1227.

974 Thomas/Putzo/Seiler, § 850f ZPO Rdn. 1; Wieczorek/Schütze/Lüke, ZPO, § 850f Rdn. 34; Danzer, MDR 1960, 553; Berner, Rpfleger 1965, 293.

975 OLG Karlsruhe, JurBüro 2005, 553 (554); OLG München, JurBüro 1985, 945 = Rpfleger 1985, 154; Zöller/Herget, ZPO, § 828 Rdn. 2; Hornung, Rpfleger 1992, 331 (336).

976 AG Hannover, Rpfleger 1969, 396.

zum Schutz des Schuldners für zulässig erachtet werden[977] (§ 766 Abs. 1 S. 2 ZPO, entspr. Anwendung). Das entspricht dem allgemeinen Grundsatz, dass das Vollstreckungsgericht vor der Entscheidung über einen Antrag des Schuldners, der selbst keine aufschiebende Wirkung hat, mit einstweiliger Einstellung bis zur Entscheidung vorläufigen Schutz gewähren kann, wenn sonst (mit Auszahlung des gepfändeten Einkommens; s. Rdn. C.443 a.E.) der vom Schuldner mit dem Antrag begehrte Schutz hinfällig werden könnte.

Mit der Festlegung eines nach § 850f Abs. 1 ZPO weitergehenden Freibetrags **C.446**
wird die Bestimmung des Pfändungsbeschlusses über den dem Schuldner pfandfrei verbleibenden Teil seines Arbeitseinkommens (Rdn. C.67) abgeändert, nicht aber der Pfändungsbeschluss hinsichtlich des weiter belassenen Betrags aufgehoben[978]. Die Einkommenspfändung, die sich auch auf künftig fällig werdende Beträge erstreckt (§ 832 ZPO), besteht daher mit ihrem Rang auch fort, wenn der Änderungsbeschluss über die Pfandfreistellung eines weitergehenden Betrags nach § 850f Abs. 1 ZPO auf Beschwerde aufgehoben oder durch Festlegung eines geringeren weitergehenden Freibetrags abgeändert wird. Der über den Antrag entscheidende Änderungsbeschluss braucht daher auch nicht mit der Anordnung versehen zu werden, dass seine Wirksamkeit bis zur Rechtskraft hinausgeschoben wird (zu dieser Anordnung Rdn. B.409). Die Aussage, dass die Pfändung teilweise aufgehoben werde, hat bei Fassung des Beschlusses zu unterbleiben.

Die **Vorpfändung** (§ 845 ZPO) hat die Wirkung einer Forderungspfändung auf Grund eines Arrestbefehls (Rdn. B.500). Nach § 850f Abs. 1 ZPO ist auf Antrag dem Schuldner daher auch nach einer Vorpfändung ein weiterer Einkommensteil unpfändbar zu belassen. Beantragt und angeordnet werden kann die Freistellung eines weiteren Einkommensteils vor der Pfändung bereits, wenn mit der Zustellung der Pfändungsankündigung (§ 845 Abs. 2 ZPO) dem Schuldner das für den Lebensunterhalt erforderliche Arbeitseinkommen nicht mehr zur Verfügung steht (vgl. das Rdn. C.524 Ausgeführte).

Gegen die Entscheidung, die dem Antrag stattgibt oder ihn ganz oder teilweise **C.447**
zurückweist, findet die sofortige Beschwerde statt (§ 793 ZPO).

Eine **Änderung** der rechtskräftigen Anordnung nach § 850f Abs. 1 ZPO ist nur **C.448**
unter veränderten Voraussetzungen (§ 850g ZPO) zulässig. Wird die Anordnung auf Beschwerde oder nach § 850g ZPO abgeändert oder aufgehoben, so ist das für die Pfändung wieder freigewordene Arbeitseinkommen vom Pfändungsbeschluss ohne weiteres mit dem **ursprünglichen Rang** erfasst (siehe Rdn. C.446). Ein nachfolgender Pfändungsgläubiger, dem gegenüber eine Anordnung nach § 850f Abs. 1

977 **A.A.** LG Köln, Rpfleger 2001, 252; allgemein auch OLG Köln, NJW-RR 1998, 1689 = OLGR 1998, 204 = Rpfleger 1998, 354.

978 **Anders** OLG Köln, FamRZ 1992, 845 = JurBüro 1992, 635 = MDR 1992, 1001 = NJW-RR 1993, 393; OLG Köln, FamRZ 1993, 584 (Fn. 972); auch Büttner, FamRZ 1994, 1433 (1438). Diese Ansicht ist nicht richtig. Die Abänderung eines Pfändungsbeschlusses nach § 850g ZPO auf Antrag des Gläubigers mit der Bestimmung, dass ein Unterhaltsberechtigter zu entfallen hat und die pfändbaren Beträge sich dementsprechend erhöhen, könnte sonst „rangwahrend“ so wenig getroffen werden wie die nachträgliche Bestimmung nach § 850c Abs. 4 ZPO, dass eine Person bei Berechnung des unpfändbaren Arbeitseinkommens unberücksichtigt zu bleiben hat.

ZPO nicht ergangen war, hat daher keinen Vorrang vor dem erstpfändenden Gläubiger, der von der Anordnung betroffen war.

11.8. Mehrfache Pfändung[979]

C.449 Wirkung hat eine Bestimmung des Vollstreckungsgerichts, dass dem Schuldner im Einzelfall nach § 850f Abs. 1 ZPO als zusätzlicher Freibetrag ein weiterer Teil seines Arbeitseinkommens belassen wird, nur **in dem Vollstreckungsverfahren** des Gläubigers, in dem Antrag gestellt war und in Abänderung des Pfändungsbeschlusses die Erhöhung des unpfändbaren Einkommensteils angeordnet wurde (Grundsatz der Einzelvollstreckung; s. bereits Rdn. C.281). Wenn nach mehrfacher Einkommenspfändung die Erhöhung des unpfändbaren Teils des Arbeitseinkommens mit der Bestimmung nach § 850f Abs. 1 ZPO nur in dem Vollstreckungsverfahren **eines** der Gläubiger erfolgt ist, wirkt die Anordnung daher nur für die Einkommensberechnung, die auf Grund des Pfändungsbeschlusses dieses Gläubigers vorzunehmen ist. Für den anderen (oder für mehrere weitere) Gläubiger bleibt gesondert das Arbeitseinkommen in dem durch dessen (deren) jeweiligen Pfändungsbeschluss bestimmten Umfang de § 850c (ggf. §§ 850d, 850f Abs. 2) ZPO gepfändet.

C.450 Hat der Gläubiger **Nachrang,** in dessen Vollstreckungsverfahren die Bestimmung getroffen ist, dass dem Schuldner nach § 850f Abs. 1 ZPO ein weiterer pfandfreier Betrag belassen wird, dann bestimmt sich für den besserrangigen Gläubiger der Betrag des gepfändeten Arbeitseinkommens unverändert nach § 850c (ggf. §§ 850d, 850f Abs. 2) ZPO. Zulasten dieses von der erweiternden Bestimmung nach § 850f Abs. 1 ZPO nicht betroffenen vorrangigen Pfändungsgläubigers kann dem Schuldner ein zusätzlicher Einkommensfreibetrag daher nicht ausgezahlt werden.

C.451 Hat hingegen der Gläubiger als **Erstpfändender Vorrang,** in dessen Pfändungsverfahren die Bestimmung getroffen ist, dass dem Schuldner nach § 850f Abs. 1 ZPO ein weiterer pfandfreier Betrag belassen wird, dann kann dieser Mehrbetrag nicht dem nachpfändenden (somit nachrangigen) Gläubiger wegen eines nach § 850c (ggf. §§ 850d, 850f Abs. 2) weitergehenden Pfandrechts gebühren. Sein Pfandrecht im Umfang des § 850c (ggf. §§ 850d, 850f Abs. 2) ZPO bleibt nachrangig (§ 804 Abs. 3 ZPO), begründet somit ein Recht auf Befriedigung aus dem Arbeitseinkommen des Schuldners erst nach Deckung des Gläubigers des durch die frühere Pfändung begründeten Pfandrechts[980]. Der zusätzliche Freibetrag, der sich mit Einzelfallbestimmung nach § 850f Abs. 1 ZPO ergibt, **gebührt daher dem**

---

979 Zu den Rdn. C.449 ff. dargestellten Fragen liegen nähere praktische Erfahrungen und Rechtsprechung weiterhin nicht vor.

980 **Anders** Siegel, BB 1997, 103: die Erhöhung der Freigrenze beim erstrangigen Gläubiger wirkt sich nicht auf die nachrangigen Gläubiger aus. Als **abweichend** bezeichnet sich auch LG Duisburg (Fn. 961), das aber nicht die hier dargestellte Frage behandelt. Ein in dem Verfahren des nachpfändenden (damit nachrangigen) Gläubigers festgelegter **geringerer** pfandfreier Betrag begründet für den Differenzbetrag (Unterschiedsbetrag zum pfandfreien Betrag in dem Verfahren des Erstgläubigers) ein weitergehendes Pfandrecht.

Schuldner zur Deckung des sozialrechtlichen Lebensbedarfs oder des durch die besonderen Bedürfnisse erhöhten Lebensunterhalts. Das entspricht auch Sinn und Zweck der Schutzbestimmung des § 850f Abs. 1 ZPO. Dann jedoch äußert die nach § 850f Abs. 1 ZPO getroffene Einzelfallbestimmung keine Wirkung mehr, wenn der Gläubiger des durch die erste Pfändung begründeten vorrangigen Pfandrechts (mit Befriedigung, Aufhebung des Pfändungsbeschlusses, Verzicht auf die Pfändung) wegfällt. Dann ist das Arbeitseinkommen nur noch für den bisher nachrangig gewesenen Gläubiger im Umfang des § 850c (ggf. §§ 850d, 850f Abs. 2) ZPO gepfändet. Daher ist in der Vollstreckungssache des (bisher) zweitpfändenden Gläubigers dem Schuldner ein weiterer Teil seines Arbeitseinkommens nur dann pfandfrei zu belassen, wenn das Vollstreckungsgericht auch in dessen Vollstreckungsverfahren auf Antrag in Abänderung des Pfändungsbeschlusses die Erhöhung des unpfändbaren Teils des Arbeitseinkommens nach § 850f Abs. 1 ZPO angeordnet hat.

Für eine Pfändungsverfügung der **Verwaltungs-Vollstreckungsbehörde** (§ 309 C.452
AO) kann das mit der Verwaltungsvollstreckung nicht befasste (§ 249 Abs. 1 AO, § 5 Abs. 1 VwVG-Bund usw.) Vollstreckungsgericht eine Bestimmung nicht treffen, dass der unpfändbare Betrag des Arbeitseinkommens des Schuldners wegen eines individuellen Mehrbedarfs nach § 850f Abs. 1 ZPO erhöht wird (vergleichbarer Fall Rdn. C.470). Über den Antrag nach § 850f Abs. 1 ZPO hat vielmehr die Vollstreckungsbehörde zu entscheiden; Einwendungen sind mit den Rechtsbehelfen des jeweiligen Verwaltungs-Vollstreckungsverfahrens geltend zu machen. Sie hat bereits bei Erlass der Pfändungsverfügung von Amts wegen zu prüfen, ob besonderer Pfändungsschutz zu gewähren ist[981]. Wenn Arbeitseinkommen mehrfach sowohl durch das Vollstreckungsgericht als auch durch eine Verwaltungs-Vollstreckungsbehörde oder auch durch verschiedene Verwaltungs-Vollstreckungsbehörden gepfändet ist, gilt das Rdn. C.449 ff. Gesagte entsprechend.

11.9. Pfändung und Abtretung[982]

Bei Zusammentreffen von Abtretung und Pfändung kann das Vollstreckungs- C.453
gericht die Erhöhung des nicht übertragbaren (weil unpfändbaren, § 400 BGB) Arbeitseinkommens nicht nach § 850f Abs. 1 ZPO anordnen (Rdn. C.534). Hat der Schuldner fälliges und künftig fällig werdendes Arbeitseinkommen bei der Pfändung (Zustellung an Arbeitgeber, § 829 Abs. 3 ZPO) wirksam abgetreten, dann gebührt dem Zessionar das der Pfändung im Umfang des § 850c (oder § 850d) ZPO unterliegende Arbeitseinkommen. Soweit für einen künftigen Lohnzahlungszeitraum Arbeitseinkommen nach Erledigung der Abtretung (Rdn. C.547 ff.) wieder dem Arbeitnehmer (Schuldner) zusteht und dann das Pfandrecht seines Gläubigers sich darauf erstreckt (§ 832 ZPO), kann auf Antrag dem Schuldner ein Mehrbetrag nach § 850f Abs. 1 ZPO belassen werden. Diese Bestimmung kann auch bereits vor Erledigung oder Abtretung beantragt und getroffen werden. Überwiegende Belan-

Teil C Arbeitseinkommen

981 VGH Mannheim, NJW 2017, 970.
982 Zu den Rdn. C.453 f. dargestellten Fragen liegen praktische Erfahrungen, Stellungnahmen im Schrifttum und Rechtsprechung weiterhin nicht vor.

ge des Gläubigers werden einer vorzeitigen Anordnung jedoch entgegenstehen, wenn die Erledigung der Abtretung erst nach längerer Zeit zu erwarten ist.

C.454 Die **Abtretung** von Arbeitseinkommen erst **nach der Pfändung** ist dem pfändenden Gläubiger gegenüber unwirksam (Rdn. C.531). Wird dem Schuldner in dem Pfändungsverfahren nach § 850f Abs. 1 ZPO ein weiterer Teil seines pfändbaren Arbeitseinkommens (ein weiterer Pfandfreibetrag) belassen, so kann dieser Mehrbetrag nicht dem „nachfolgenden" Zessionar zugute kommen (gleiche Lage bei mehrfacher Pfändung, s. Rdn. C.451). Dessen dem pfändenden Gläubiger gegenüber unwirksame Berechtigung als Neugläubiger im Umfang des § 850c (oder § 850d) ZPO mit § 400 BGB begründet ein Recht auf Einkommenszahlung erst nach Deckung des Gläubigers des durch die frühere Pfändung begründeten Pfandrechts. Der zusätzliche Freibetrag, der sich mit der Einzelfallbestimmung nach § 850f Abs. 1 ZPO ergibt, gebührt daher dem Schuldner zur Deckung des sozialrechtlichen Lebensbedarfs oder des durch die besonderen Bedürfnisse erhöhten Lebensunterhalts. Dann jedoch äußert die nach § 850f Abs. 1 ZPO getroffene Einzelfallbestimmung keine Wirkung mehr, wenn der Pfändungsgläubiger (mit Befriedigung, Aufhebung des Pfändungsbeschlusses, Verzicht auf die Pfändung) wegfällt. Dann ist auf Grund der Einkommensabtretung der Zessionar im Umfang des § 850c (oder § 850d) ZPO berechtigt (siehe aber dazu Rdn. C.356).

12. Begünstigte Pfändung in Sonderfällen (§ 850f Abs. 2, 3 ZPO)

12.1. Begünstigte Forderungen

C.455 **Schrifttum:** Ahrens, Anforderungen an den Vollstreckungstitel für eine privilegierte Pfändung nach § 850f II ZPO, NJW 2003, 1371; Ahrens, Privilegierte Pfändung aus Vollstreckungsbescheiden und Verwaltungsakten, JurBüro 2003, 401; Bauer, Ungenützte Rechte des Gläubigers in der Lohnpfändung (hier Abschn. III S. 187), JurBüro 1966, 187; Behr, Durchsetzung von Deliktsforderungen bei der Forderungspfändung, Rpfleger 2003, 389; Berner, Die Novelle zum Pfändungsschutz für Arbeitseinkommen, Rpfleger 1959, 77; Bull, Verfahren und Urteil bei Klage aus vorsätzlicher unerlaubter Handlung, SchlHA 1962, 230; Gaul, Die privilegierte Zwangsvollstreckung wegen einer Forderung aus vorsätzlich begangener unerlaubter Handlung als Problem der Funktionsverteilung zwischen Prozessgericht und Vollstreckungsgericht, Festschr. Gerhardt (2004) S. 259; Gaul, Zwangsvollstreckungserweiterung nach vorsätzlich begangener unerlaubter Handlung, NJW 2005, 2894; Hoffmann, Die materiellrechtliche Qualifikation des titulierten Anspruchs bei der privilegierten Vollstreckung nach § 850d und § 850f Abs. 2 ZPO, NJW 1973, 1111; Hornung, „Privilegien" bei der Forderungspfändung, KKZ 1990, 141; Künzl, Feststellungsklage über den Rechtsgrund eines titulierten Anspruchs, JR 1991, 91; Neugebauer, Privilegierte Zwangsvollstreckung gem. § 850f Abs. 2 ZPO, MDR 2004, 1223; Peters, Die Forderung aus einer vorsätzlich begangenen unerlaubten Handlung in der Einzelzwangsvollstreckung und in der Insolvenz, KTS 2006, 127; Smid, Die Privilegierung der Vollstreckung aus Forderungen wegen vorsätzlicher unerlaubter Handlung, ZZP 102 (1989) 22; Smid, Zur Feststellung der Voraussetzung von Privilegien in der Zwangsvollstreckung, JZ 2006, 393; Stöber, Forderungsnachweis für „privilegierte" Zwangsvollstreckung, Festgabe Vollkommer, 2006, S. 363.

C.456 Wegen einer Forderung aus einer vorsätzlich begangenen unerlaubten Handlung kann die Pfändung nach § 850f Abs. 2 ZPO in weiterem Maße (ohne Rücksicht auf die Pfändungsbeschränkungen des § 850c ZPO) erfolgen. Mit dem Begriff **„vorsätzlich begangene unerlaubte Handlung"** (nicht fahrlässige oder grob fahrlässige) ist auf das Deliktsrecht der §§ 823 ff. BGB Bezug genommen[983]; erforderlich ist damit, dass der Gläubiger seine Forderung aus dem Recht der unerlaubten Handlung herleiten kann[984]. Vorsätzlich begangene unerlaubte Handlungen[985] können Diebstahl, Betrug, Untreue, Unterschlagung, Körperverletzung usw. sein (siehe insbes. §§ 823 ff. BGB); gleich ist, ob sich die Handlung gegen die Person oder gegen das Vermögen des Gläubigers gerichtet hat. Rückständige wiederkehrende Leistungen (Renten) nehmen ohne zeitliche Einschränkung an der Pfändungsbegünstigung des § 850f Abs. 2 ZPO teil[986]. Die Pfändungsbegünstigung des Gläubigers beruht auf der Erwägung, dass der Schuldner für ein vorsätzliches unerlaubtes Handeln bis zur Grenze seiner Leistungsfähigkeit einstehen muss. Nur die in § 850a Nrn. 1, 2 und 4 ZPO genannten Bezüge sind auch diesem erweiterten Vollstreckungszugriff nicht zugänglich, bleiben also (anders als im Falle des § 850d ZPO) unverändert unpfändbar.

Ein prozessrechtlicher **Kostenerstattungsanspruch** ist Forderung aus vorsätzlich begangener unerlaubter Handlung, wenn er zugleich aus materiellem Schadensrecht begründet ist[987] (materiell-rechtlicher Schadensersatzanspruch aus §§ 823 ff., §§ 249 ff. BGB auf Erstattung erforderlicher Rechtsverfolgungskosten). Das ist bei Verfahrenskosten (Gebühren und Auslagen) der Staatskasse, die dem Schuldner in einem Strafverfahren auferlegt sind, nicht der Fall; Verbindlichkeiten aus unerlaubter Handlung sind sie daher nicht.[988] Allein prozessrechtlicher Natur ist ebenso der Anspruch des im Strafverfahren gegen den Schädiger als Nebenkläger aufgetretenen Geschädigten auf Erstattung der Kosten der Nebenklage; privilegierte Forderung aus vorsätzlicher unerlaubter Handlung ist auch er daher nicht[989]. **Prozesskosten** des Rechtsstreits zur Geltendmachung des Anspruchs aus einer vorsätzlich begangenen unerlaubten Handlung sind privilegiert, wenn der Schadensersatzanspruch nach materiellem Recht auch sie umfasst (Doppelnatur als gleichermaßen prozessual wie materiell-rechtlich begründeter Kostenerstattungsanspruch[990]). Bei der Vollstreckung des Kostenfestsetzungsbeschlusses ist daher auch die vollstreckungsrechtliche Frage, ob der titulierte Anspruch (auch) als Forderung aus einer vorsätzlichen unerlaubten Handlung vollstreckbar ist, vom Vollstreckungsgericht zu prüfen (wie Rdn. C.460; so auch[991]). Kosten der **Zwangsvoll-** C.457

983 BGHZ 190, 353 = MDR 2011, 1139 = NJW 2011, 2966 = NZI 2011, 738 = Rpfleger 2011, 691.
984 BGH (Fn. 983).
985 Dazu gehört auch der Schmerzensgeldanspruch des § 847 BGB. Die prozessualen Schadensforderungen (§ 302 Abs. 4 S. 3, § 600 Abs. 2, § 717 Abs. 2, 3, § 840 Abs. 2 ZPO) sind unabhängig von einem Verschulden gegeben und daher nicht nach § 850f ZPO begünstigt; Frisinger, Privilegierte Forderungen in der Zwangsvollstreckung, S. 108. Steuerforderungen sind keine Forderungen aus vorsätzlicher unerlaubter Handlung, Rdn. C.470 Fn. 1031.
986 So auch Stein/Jonas/Würdinger, ZPO, § 850f Rdn. 10.
987 BGH (Fn. 983).
988 BGH, MDR 2011, 69; BGH (Fn. 983).
989 BGH (Fn. 983); auch LG Hannover, Rpfleger 1982, 232.
990 BGH (Fn. 983).
991 KG, Rpfleger 1972, 66.

streckung (§ 788 Abs. 1 ZPO) und **Verzugszinsen**, die Folgen der vorsätzlich begangenen unerlaubten Handlung sind, nehmen am Pfändungsprivileg des § 850f Abs. 2 ZPO teil[992].

C.458 Da die Forderung aus vorsätzlicher unerlaubter Handlung privilegiert ist, besteht die Pfändungsbegünstigung des § 850f Abs. 2 ZPO auch für einen **Rechtsnachfolger** auf der Gläubigerseite[993] (Zessionar, Erbe). Sie besteht auch gegen den Erben des Schuldners (soweit nicht durch Haftungsbeschränkung auf den Nachlass eine Vollstreckung in das Arbeitseinkommen des Erben ausgeschlossen ist) und gegen den Übernehmer der Schuld (§§ 414 ff. BGB) fort[994].

12.2. Forderungsnachweis

C.459 Privilegiert nach § 850f Abs. 2 ZPO pfänden kann der Gläubiger – nach dem BGH[995]– nur dann, wenn sich der **Anspruchsgrund** der vorsätzlich begangenen unerlaubten Handlung **aus dem Vollstreckungstitel** – zumindest im Wege der Auslegung – **ergibt** (s. bereits Rdn. A.463). Wenn das Prozessgericht einen Anspruch aus vorsätzlich begangener unerlaubter Handlung bejaht oder verneint hat, ist das Vollstreckungsgericht bei der Prüfung der Frage, ob dem Gläubiger das Pfändungsprivileg des § 850f Abs. 2 ZPO zu gewähren ist, an diese Entscheidung gebunden.[996] Ist im Vollstreckungstitel keine oder nur eine vertragliche Anspruchsgrundlage genannt, soll der Gläubiger im Vollstreckungsverfahren ohne Zustimmung des Schuldners nicht mehr nachweisen können, dass der titulierte Anspruch auch auf einer vorsätzlich begangenen unerlaubten Handlung beruht[997]. Es wird dann Klage auf Feststellung für zulässig erachtet, dass der Gläubigeranspruch auch aus dem Gesichtspunkt der vorsätzlich begangenen unerlaubten Handlung gerechtfertigt ist[998]. Das muss gleichermaßen bei Vollstreckung eines

---

992 BGH, JurBüro 2011, 435 = MDR 2011, 690 = NJW-RR 2011, 791 = Rpfleger 2011, 448.

993 So auch Frisinger (Fn. 985), S. 111 f.

994 Siehe Frisinger (Fn. 985), S. 112 f. Dagegen keine Privilegierung bei gesetzlichem oder vertraglichem Schuldbeitritt, siehe Frisinger, wie vorst.

995 BGHZ 152, 166 = JurBüro 2003, 436 = MDR 2003, 290 = NJW 2003, 515 = Rpfleger 2003, 91; BGH, FamRZ 2005, 974 = JurBüro 2005, 437 = MDR 2005, 1014 = NJW 2005, 1663 = Rpfleger 2005, 370; BGH (Fn. 992); BGH, FamRZ 2012, 1799 mit zust. Anm. Seiler = MDR 2012, 1370 = NJW 2013, 239 mit zust. Anm. Ahrens = Rpfleger 2012, 696; BGH, FamRZ 2016, 1080 = MDR 2016, 851 = NJW 2016, 1663 = Rpfleger 2016, 589. Frühere Ansichten in Rechtsprechung und Schrifttum zu dieser Frage siehe 13. Aufl. Rdn. 1193. Für Prüfung durch das Vollstreckungsgericht zuletzt LG Münster, Rpfleger 2002, 470.

996 BGHZ 152, 166 (Fn. 995); BGHZ 109, 275 (277) = JZ 1990, 392 mit Anm. Brehm = MDR 1990, 317 = NJW 1990, 834 = Rpfleger 1990, 246 mit Anm. Münch = ZZP 103 (1990) 355 mit Anm. Smid; BGH, FamRZ 2005, 974 (Fn. 995); OLG Düsseldorf, NJW 1973, 1133: LG Lübeck, NZI 2018, 609. Die durch den Vollstreckungstitel als Anspruch aus vorsätzlicher unerlaubter Handlung ausgewiesene Vollstreckungsforderung kann daher vom Vollstreckungsgericht (auch auf Einwendungen des Schuldners) nicht auf ihren Forderungsgrund überprüft werden, LG Aachen, JurBüro 1980, 468.

997 BGHZ 152, 166 (Fn. 995); dazu Ahrens, NJW 2003, 1371; Gaul in Festschr. Gerhardt (2004) S. 259; auch LG Frankenthal, Rpfleger 2006, 29, 210 Leits. mit abl. Anm. Lehmann.

998 BGHZ 152, 166 (Fn. 995); BGHZ 109, 275 (Fn. 996); BGH, FamRZ 2005, 974 (Fn. 995).

Vergleichs und einer vollstreckbaren Urkunde[999] gelten. Durch Vorlage eines Vollstreckungsbescheids[1000] soll der Nachweis nicht geführt werden können[1001], ebenso nicht durch Vorlage eines Anerkenntnis- oder Versäumnisurteils[1002]. Die (vollstreckbare) notarielle Urkunde über ein abstraktes Schuldversprechen (§ 780 BGB) begründet die Leistungsverpflichtung des Schuldners unabhängig von einem (anderen) Schuldgrund; sie weist somit keine Forderung aus unerlaubter Handlung aus[1003].

Diese Ansicht des BGH ist weder folgerichtig noch überzeugend[1004] (s. bereits Rdn. A.463). Nach der Aufgabenverteilung zwischen Erkenntnis- und Vollstreckungsverfahren muss die Beurteilung des geltend gemachten Anspruchs dem Prozessgericht keineswegs obliegen. Ob eine weitergehende Pfändung nach § 850f Abs. 2 ZPO zulässig ist, ist eine **vollstreckungsrechtliche Frage**. Grundlage der Zwangsvollstreckung ist der Vollstreckungstitel (§§ 704, 794 ZPO), der die Geldforderung des Gläubigers für Pfändung (§ 803 ZPO) urkundlich auszuweisen hat. Wie diese Zwangsvollstreckung erfolgt, regelt das Vollstreckungsverfahrensrecht. Vollstreckungsschutzvorschriften, damit § 850c und § 850f Abs. 2 ZPO über die Vollstreckungsbeschränkungen bei Pfändung von Arbeitseinkommen, sind von Amts wegen zu beachten[1005], damit nach Vollstreckungsverfahrensrecht zu prüfen. Das ist in allen Fällen selbstverständlich, in denen es für Zulässigkeit der Pfändung auf den Schuldgrund oder Besonderheiten (Eigenarten) der Gläubigerforderung ankommt. Dass sich der Zweck (die Rechtsnatur) der Gläubigerforderung als Voraussetzung der Pfändung schon aus dem Vollstreckungstitel ergeben müsse, ist nirgends bestimmt. Das kann auch für die privilegierte Einkommenspfändung nach § 850f Abs. 2 ZPO weder gefordert noch angenommen werden. C.460

Beispiele:

- § 850a Nr. 5 ZPO: Unpfändbare Heirats- und Geburtsbeihilfen sind bei Vollstreckung eines aus Anlass der Heirat oder Geburt entstandenen Anspruchs pfändbar;
- § 850b Abs. 2 ZPO: Unpfändbare Renten und rentenähnliche Bezüge können gepfändet werden, wenn u.a. auch nach der Art des beizutreibenden Anspruchs die Pfändung der Billigkeit entspricht;
- § 54 Abs. 3 Nr. 2a SGB I: Wohngeld ist (nur) wegen eines Gläubigeranspruchs pfändbar, der Gegenstand der §§ 9 und 10 des Wohngeldgesetzes ist;
- § 76 EStG und § 54 Abs. 5 SGB I: Kindergeld kann (nur) wegen gesetzlicher Unterhaltsansprüche eines Kindes gepfändet werden, das bei der Feststellung des Kindergeldes berücksichtigt ist;
- eine wegen ihres Verwendungszwecks unpfändbare Forderung kann nur gepfändet werden, wenn sie durch die Vollstreckungsmaßnahme ihrem Verwendungszweck zugeführt wird, wie

---

999 Musielak/Becker, ZPO, § 850f Rdn. 10; Stein/Jonas/Würdinger, ZPO, § 850f Rdn. 13. S. auch Ahrens, NJW 2003, 1371 (1372); Gaul in Festschr. Gerhardt (2004) 259.

1000 Frühere Rechtsprechung zur Prüfung des Deliktscharakters durch das Vollstreckungsgericht bei Pfändung auf Grund eines Vollstreckungsbescheids s. 13. Aufl. Rdn. 1193.

1001 BGH, FamRZ 2005, 974 (Fn. 995).

1002 LG Frankenthal (Fn. 997); **a.A.** OLG Naumburg, Rpfleger 2012, 37 (für Versäumnisurteil kann der Rechtspfleger den Klagevortrag heranziehen).

1003 Daher auch kein Gläubigernachweis über einen anderen Anspruchsgrund und keine Klage auf Feststellung, LG Bonn, JurBüro 1998, 607 = MDR 1998, 1247 = NJW-RR 1999, 50.

1004 Umfassend dazu Stöber in Festgabe Vollkommer, 2006, S. 363.

1005 BGHZ 137, 193 (197) = MDR 1998, 490 = NJW 1998, 1058 = Rpfleger 1998, 206.

- die Forderung aus der Versicherung einer unpfändbaren Sache durch den Gläubiger, der dem Schuldner (Versicherungsnehmer) andere Sachen zum Ersatz der zerstörten oder beschädigten Sache geliefert hat (§ 17 VVG),
- der Beihilfeanspruch eines Beamten (nur) für eine Gläubigerforderung, die anlässlich der Krankheit oder des sonstigen Beihilfefalls als beihilfefähige Aufwendung entstanden ist (Rdn. C.10),
- der Prozesskostenvorschuss (§ 1360a BGB) nur für den Kostenanspruch des Prozessbevollmächtigten und des Gerichts (Rdn. C.183).

Gesetzlich bestimmt ist die Prüfung des privilegierten Anspruchsgrundes der Gläubigerforderung überdies in § 811 Abs. 2 ZPO. Eine nach § 811 Abs. 1 Nr. 1, 4, 5–7 ZPO nicht pfändbare Sache kann demnach gepfändet werden, wenn der Verkäufer eine durch Eigentumsvorbehalt gesicherte Geldforderung aus ihrem Verkauf vollstreckt. Dass die Gläubigerforderung durch den Gerichtsvollzieher zu prüfen ist, war für den Gesetzgeber selbstverständlich; darauf beruht § 811 Abs. 2 S. 2 ZPO über ihren Nachweis. Für die Zwangsversteigerung eines Wohnungseigentums mit dem (Vor-) Rang nach § 10 Abs. 1 Nr. 2 ZVG genügt Glaubhaftmachung „in sonst geeigneter Weise", wenn aus dem Titel die Art und der Bezugszeitraum des Anspruchs sowie seine Fälligkeit nicht zu erkennen sind[1006] (§ 10 Abs. 3 ZVG). Dass der Gläubiger jedenfalls mit Zustimmung des Schuldners im Vollstreckungsverfahren (noch) nachweisen könne, dass der titulierte Anspruch auch auf einer vorsätzlich begangenen unerlaubten Handlung beruht oder dass Klage auf Feststellung hilfreich sei, der Gläubigeranspruch sei auch aus dem Gesichtspunkt der vorsätzlich begangenen unerlaubten Handlung gerechtfertigt, ist überdies nicht zutreffend. Der Schuldner kann auf die Schutzbestimmungen für Arbeitseinkommen (§ 850c ZPO für Erweiterung nach § 850f Abs. 2 ZPO) nicht verzichten. Aus einem Feststellungsurteil kann die Zwangsvollstreckung nicht stattfinden[1007]. Das Prozessgericht ist im Erkenntnisverfahren mit dem Schuldnerschutz bei der Zwangsvollstreckung (Wahrung der Pfändungsfreigrenzen für Arbeitseinkommen) nicht befasst. Die Wahrung des (vollstreckungsrechtlichen) Schuldnerschutzes bei der Einkommenspfändung ist dem Vollstreckungsgericht aufgetragen. Ihm obliegt daher auch Prüfung des Nachweises, dass die Pfändung des Arbeitseinkommens nach der Art der beizutreibenden Forderung gemäß § 850f Abs. 2 ZPO privilegiert zulässig ist. Das Pfändungsprivileg besteht daher auch bei vertraglicher Regelung des Anspruchs (in Urkunden nach § 794 Abs. 1 Nr. 5 ZPO oder in Prozessvergleichen), wenn der eigentliche Schuldgrund nachgewiesen werden kann[1008] und der Anspruch seinen Charakter nicht schon durch Umwandlung in ein Darlehen o.ä. verloren hat.

Für ein Land, das die Zwangsvollstreckung nach § 7 Abs. 1 UVG übergegangener Unterhaltsansprüche aus einem Vollstreckungsbescheid betreibt, lässt nunmehr § 7 Abs. 5 UVG den Nachweis des übergegangenen Anspruchs dadurch zu,

---

1006 Dazu Stöber/Achenbach, ZVG, § 10 Rdn. 125.

1007 Zöller/Seibel, ZPO, § 704 Rdn. 2.

1008 Der Nachweis ist nicht auf einen Urkundenbeweis beschränkt, OLG Hamm, JurBüro 1973, 646 = OLGZ 1973, 379 = NJW 1973, 1332; einschränkend Schneider, MDR 1970, 769. Eine Beweiserhebung durch das Vollstreckungsgericht selbst kommt jedoch nicht in Betracht, OLG Zweibrücken, JurBüro 2000, 267.

dass dem Vollstreckungsantrag der Bescheid gemäß § 9 Abs. 2 UVG beigefügt wird[1009].

12.3. Antrag, Entscheidung

Das Pfändungsprivileg des § 850f Abs. 2 ZPO wird nur auf **Antrag** des Gläubigers gewährt; der Drittschuldner ist nicht antragsberechtigt. Der Antrag ist an keine Frist gebunden. Der Pfändungsantrag, der sogleich erweiterte Pfändung nach § 850f Abs. 2 ZPO verlangt, muss die für die Bemessung des Freibetrags (Rdn. C.463) erforderlichen Angaben enthalten[1010] (siehe Rdn. C.334). Wird der Antrag erst nach der Pfändung gestellt, so ist die bereits nach § 850c ZPO ausgebrachte Pfändung zu erweitern, also wegen des weiter erfassbaren Arbeitseinkommens neu zu pfänden. **C.461**

Das Vollstreckungsgericht **„kann"**, muss aber nicht den Pfändungszugriff nach § 850f Abs. 2 ZPO weiter ausdehnen; die Entscheidung liegt also in seinem pflichtgemäßen Ermessen[1011]. Bei der Entscheidung sind daher die Interessen und Belange des Gläubigers und des Schuldners gegeneinander abzuwägen[1012]. Nach Lage des Einzelfalls kann die Möglichkeit einer begünstigten Pfändung insbesondere zu versagen sein, wenn der Gläubiger wegen hoher Rückstände vollstreckt, die der Schuldner nicht zu vertreten hat (wie bei langer Prozessdauer), oder wenn ein weiterer Gläubiger eines Anspruchs aus unerlaubter Handlung vorhanden ist, der noch nicht vollstreckt hat, insbesondere deshalb, weil der Schuldner seiner Zahlungspflicht freiwillig nachgekommen ist. Vor der Pfändung verbietet sich aber die Schuldneranhörung (§ 834 ZPO)[1013]. Über den Pfändungsantrag muss daher nach **C.462**

1009 Vgl. die Nachweise in Fn. 767.

1010 Zum Antrag (mit Muster) Neugebauer, MDR 2004, 1223 (1226).

1011 Stein/Jonas/Würdinger, ZPO, § 850f Rdn. 16; Wieczorek/Schütze/Lüke, ZPO, § 850f Rdn. 34; Zöller/Herget, ZPO, § 850f Rdn. 10; MünchKomm/Smid, ZPO, § 850f Rdn. 24; **a.A.** Berner, Rpfleger 1959, 79 (dem auch Danzer, MDR 1959, 552 folgt); seinen Gründen steht aber entgegen, dass die nach § 850f ZPO möglichen Billigkeitsentscheidungen (zugunsten des Gläubigers oder des Schuldners) gerade von der starren Regelung des § 850c ZPO abgehen, um das Ausmaß der Pfändung den Erfordernissen des Einzelfalls anpassen zu können. Wenn auch § 850d ZPO als Vorbild für die neue Regelung gedient haben wird, so ergibt sich aber gerade aus ihrer Einordnung in das Gesetz, dass der erweiterte Pfändungszugriff nicht schon schlechthin bei Vorliegen der objektiven Voraussetzungen, sondern nur dann möglich sein soll, wenn der Einzelfall den erweiterten Pfändungsschutz des § 850c ZPO verbietet. S. dazu auch LG Essen, Rpfleger 1971, 325.

1012 Schuschke/Walker/Kessal-Wulf/Lorenz, Vollstreckung, § 850f Rdn. 13; Stein/Jonas/Würdinger, ZPO, § 850f Rdn. 16.

1013 OLG Düsseldorf, JurBüro 1973, 881 = MDR 1973, 593 Leits. = NJW 1973, 1133; OLG Koblenz, MDR 1975, 939; LG Bochum, Rpfleger 1997, 395; Stöber, Rpfleger 1974, 52 (S. 55 Abschn. VI); **a.A.** OLG Hamm (Fn. 1008), das jedoch irrig davon ausgeht, die Festsetzung des niedrigen pfandfreien Betrags sei Entscheidung des Vollstreckungsgerichts. Siehe auch LG Mannheim, JurBüro 1984, 299: Anhörung des Schuldners zumindest dann, wenn dies der Gläubiger beantragt hat; dazu bereits Rdn. B.62; auch Stein/Jonas/Würdinger, ZPO, § 850f Rdn. 24: Schuldner kann nicht verfügen (gilt aber nur für das über § 850c ZPO hinaus nach § 850f Abs. 2, 3 ZPO pfändbare Einkommen); daher für Schuldner rechtliches Gehör. Für bereits nach § 850c ZPO pfändbare Beträge aber Gläubigergefährdung bei Anhörung des Schuldners. Anhörung unter Übergehung von § 834 ZPO rechtfertigt sich daher nicht.

dem schlüssigen Vorbringen des Gläubigers entschieden werden, der die notwendigen Angaben zu machen hat[1014]. Der Schuldner muss seine dabei nicht berücksichtigten Belange mit der Erinnerung (§ 766 ZPO) geltend machen[1015].

Die Erinnerung (§ 766 ZPO) findet statt, wenn der (nicht angehörte, § 834 ZPO) Schuldner die Zulässigkeit der erweiterten Pfändung nach § 850f Abs. 2 ZPO bestreitet oder wenn er Einwendungen gegen die Feststellung des nach § 850f Abs. 2 ZPO pfandfreien Betrags bei Erlass des Pfändungsbeschlusses erhebt (hierzu Rdn. B.386). Ob das Vollstreckungsgericht die Voraussetzungen des § 850f Abs. 2 ZPO zutreffend bejaht und die besonderen Pfändungsgrenzen dieser Bestimmung richtig festgesetzt hat, kann vom Prozessgericht im Einziehungserkenntnisverfahren zwischen Gläubiger und Drittschuldner nicht nachgeprüft werden[1016] (hierzu Rdn. C.352).

12.4. Pfändungsumfang

C.463 Schränkt das Vollstreckungsgericht den Pfändungsschutz nach § 850f Abs. 2 ZPO ein, so muss dem Schuldner so **viel belassen** werden, wie er für seinen notwendigen Unterhalt und zur Erfüllung seiner laufenden gesetzlichen Unterhaltspflichten bedarf. Dem Gläubiger des Anspruchs aus unerlaubter Handlung gehen also alle Unterhaltsgläubiger mit ihren vollen laufenden gesetzlichen Unterhaltsansprüchen (nicht nur mit dem Anspruch auf den notwendigen Unterhalt) vor[1017]. Der notwendige Unterhalt des Schuldners bemisst sich nach dem notwendigen Lebensbedarf des SGB XII (Rdn. C.310 ff., C.422 ff.); eine Pfändung weiterer kleiner Teilbeträge unter Minderung der Regelsätze (§ 27a SGB XII) kann nicht erfolgen[1018]. Einkommen des (nicht getrennt lebenden) Ehegatten ist auf den dem Schuldner für seinen (notwendigen) Lebensbedarf pfandfrei zu belassenden Betrag nicht anzurechnen (siehe Rdn. C.323).

Im Pfändungsbeschluss muss der Betrag, der nach § 850f Abs. 2 ZPO pfandfrei bleiben muss, bezeichnet werden (siehe Rdn. C.341). Die Bestimmung nur eines gepfändeten Einkommensbetrages wäre nicht richtig.

Der Freibetrag zur Erfüllung laufender gesetzlicher Unterhaltspflichten muss dem Schuldner auch dann belassen werden, wenn die Unterhaltsgläubiger bereits vorrangig in sein Arbeitseinkommen vollstrecken. Die an vollstreckende Gläubiger vom Drittschuldner abzuführenden Beträge sind dann diesem Freibetrag zu entnehmen, so dass dem Schuldner selbst nur der zu seinem eigenen notwendigen Unterhalt erforderliche Betrag verbleibt[1019]. Andere Einnahmen, die dem Schuldner für seinen Unterhalt und zur Erfüllung seiner Unterhaltspflichten zur Verfügung stehen, mindern den Freibetrag aus Arbeitseinkommen, sind also anzurech-

---

1014 LG Aachen, JurBüro 1980, 468.
1015 OLG Düsseldorf (Fn. 1013); OLG Koblenz (Fn. 1013).
1016 SozG Düsseldorf, MDR 1992, 786.
1017 Siehe auch AG Groß-Gerau, FamRZ 1983, 1264 = MDR 1984, 61 = Rpfleger 1983, 450: keine Herabsetzung des pfändungsfreien Betrags zulasten Unterhaltsberechtigter.
1018 BGH, DGVZ 2012, 10 = FamRZ 2011, 208 = JurBüro 2011, 213 = MDR 2011, 127 = NJW-RR 2011, 706 = Rpfleger 2011, 164; BGH, DGVZ 2012, 11 = JurBüro 2012, 101.
1019 LG Krefeld, JurBüro 1979, 1084.

nen[1020] (siehe auch Rdn. C.322). Da § 850d ZPO die unterste Grenze des Sozialschutzes bildet, darf sie auch nicht unterschritten werden, wenn der (frühere) Arbeitgeber seine Forderung aus der im Rahmen des Arbeitsverhältnisses begangenen vorsätzlichen Nachteilszufügung vollstreckt.

Dass der dem Schuldner verbleibende Teil seines Arbeitseinkommens den Betrag nicht übersteigen darf, der ihm nach den Vorschriften des § 850c ZPO gegenüber nicht bevorrechtigten Gläubigern zu verbleiben hätte, bestimmt § 850f Abs. 2 (anders als § 850d Abs. 1 S. 3 ZPO) nicht ausdrücklich. Das jedoch ist selbstverständlich[1021]. § 850f Abs. 2 ZPO will den Pfändungszugriff in weiterem Maße ermöglichen (Rdn. C.456), nicht aber die Möglichkeit der Befriedigung einer begünstigten Gläubigerforderung einschränken. Daher „kann" (auch nach dem Wortlaut des § 850f Abs. 2 ZPO) das Vollstreckungsgericht den Pfändungsschutz des Schuldners (gegenüber § 850c ZPO) einschränken und damit den Vollstreckungszugriff auf Arbeitseinkommen weiter ausdehnen, nicht aber Arbeitseinkommen in größerem Umfang als nach § 850c ZPO pfandfrei stellen. Das ermöglicht nur individueller Schutz nach § 850f Abs. 1 ZPO. Die Begrenzung des dem Schuldner verbleibenden Freibetrags auf den nach § 850c ZPO unpfändbaren Einkommensteil ist im Pfändungsbeschluss festzulegen (siehe Rdn. C.327). Auch für diese Begrenzung des Schuldnereinkommens kann auf Antrag des Gläubigers das Vollstreckungsgericht eine Bestimmung nach § 850c Abs. 4 ZPO treffen, dass ein Angehöriger mit eigenen Einkünften ganz oder teilweise unberücksichtigt bleibt (wie Rdn. C.327). Auf Antrag des Schuldners kann ihm von dem nach § 850c ZPO zu bestimmenden Teil seines pfändbaren Arbeitseinkommens noch ein zusätzlicher Teil nach § 850f Abs. 1 ZPO pfandfrei belassen werden, wenn die dort genannten Voraussetzungen vorliegen. C.464

Auf Antrag des Gläubigers ist der nach § 850f Abs. 2 ZPO in erweitertem Umfang mögliche Pfändungszugriff zu begrenzen (vgl. bereits Rdn. C.338). Die Pfändung des den Unterhaltsbedarf des Schuldners und seiner Angehörigen übersteigenden Arbeitseinkommens ist daher auch dann zu begrenzen, wenn der Gläubiger verlangt hat, ihm über das nach § 850c ZPO pfändbare Einkommen hinaus einen weiteren **bestimmten** Zusatzbetrag zur Pfändung freizugeben[1022]. C.465

Die nach § 850f Abs. 2 ZPO erweiterte Pfändung erfolgt nur zugunsten des Gläubigers der Forderung aus einer unerlaubten Handlung, auf dessen Antrag der weitergehende Pfändungszugriff zugelassen wird. Sie lässt eine zeitlich **frühere Einkommenspfändung** des Gläubigers einer gewöhnlichen Vollstreckungsforderung für die nach § 850c ZPO von ihr erfassten Einkommensteile **unberührt** (§ 804 Abs. 3 ZPO). Dem nach § 850f Abs. 2 ZPO begünstigten zweitpfändenden Gläubiger gebührt sogleich mithin nur die Einkommensdifferenz zwischen dem C.466

1020 **Anders** früher LG Mannheim, Rpfleger 1971, 114: ein Anspruch auf Kindergeld ist nicht anzurechnen (durch Gesetzesänderung überholt); für Anrechnung von Kindergeld früher richtig: OLG Düsseldorf, OLGZ 1972, 310 = MDR 1972, 152; OLG Düsseldorf, MDR 1976, 410; LG Essen, JurBüro 1971, 465 = Rpfleger 1971, 325; LG Krefeld, MDR 1976, 410.

1021 Ebenso Berner, Rpfleger 1959, 77 (80); LG Berlin, JurBüro 1974, 375 = Rpfleger 1974, 167; LG Bochum, (Fn. 1013).

1022 Siehe dazu OLG Karlsruhe, MDR 1971, 401.

nach § 850c ZPO anderweit bereits vorrangig (§ 804 Abs. 3 ZPO) und dem nun nach § 850f Abs. 2 ZPO erweitert gepfändeten Einkommen. Es gilt das Rdn. C.578, C.579 Gesagte entsprechend. Zahlt der Arbeitgeber auch Beträge, die die Pfändungsgrenze des § 850c ZPO überschreiten, an den vorrangig pfändenden Gläubiger der gewöhnlichen Vollstreckungsforderung aus, so bleibt er dem nach § 850f Abs. 2 ZPO erweitert pfändenden Gläubiger gegenüber mit dem nur für diesen von der Pfändung erweitert erfassten Einkommensteil verpflichtet[1023]. Wenn der nach § 850f Abs. 2 ZPO begünstigte Gläubiger zuerst erweitert gepfändet hat, geht sein Pfandrecht nach § 804 Abs. 3 ZPO einem später nur in den Grenzen des § 850c ZPO erlangten Pfandrecht des Gläubigers einer gewöhnlichen Vollstreckungsforderung vor.

Einer **Unterhaltspfändung** (§ 850d ZPO) gebührt wegen der laufenden Leistungen Vorrang vor einer mit ihr zusammentreffenden Pfändung nach § 850f Abs. 2 ZPO[1024]. Das folgt aus der Bestimmung, dass dem Schuldner ein zur Erfüllung seiner laufenden gesetzlichen Unterhaltspflichten notwendiger Einkommensteil bleiben muss. Die nach § 850f Abs. 2 ZPO zuerst ausgebrachte Pfändung, die den Vorrang des Unterhaltsgläubigers schmälert, ist auf Antrag nach § 850g ZPO zu ändern.

12.5. Sonstige erweiterte Pfändbarkeit

C.467 Eine **erweiterte Vollstreckung** kann das Vollstreckungsgericht in anderen Fällen, wenn es sich bei dem Gläubigeranspruch also nicht um eine Unterhaltsforderung (Rdn. C.292 ff.) oder einen Anspruch aus unerlaubter Handlung (Rdn. C.456 ff.) handelt, nach § 850f Abs. 3 ZPO in das monatlich 3.571,14 Euro (wöchentlich 811,96 Euro, täglich 157,02 Euro) übersteigende Arbeitseinkommen anordnen. Diese Regelung beruht auf der Erwägung, dass sich nach § 850c Abs. 3 ZPO bei hohem Einkommen Pfändungsfreigrenzen ergeben können, die durch die Verhältnisse nicht mehr gerechtfertigt sind. Unter Berücksichtigung der Belange des Gläubigers und des Schuldners muss diese weitergehende Pfändung bei hohem Einkommen angemessen sein[1025]. Dass die Gläubigerforderung wegen des Pfändungsschutzes nach § 850c ZPO nicht oder nur in geringerem Umfang durchsetzbar ist, ermöglicht für sich allein eine Anordnung nach § 850f Abs. 3 ZPO nicht (ergibt sich aus dem System des Pfändungsschutzes[1026]). Es müssen besondere Gründe des Einzelfalls für eine Besserstellung des Gläubigers sprechen[1027]. Das kann z.B. der Fall sein, wenn der Schuldner einem Angehörigen Unterhalt oder einen Unterhaltsbeitrag durch Zahlung einer Geldrente gewährt und diese geringer als der Betrag ist, um den sich im Hinblick auf diesen Angehörigen nach § 850c Abs. 3 ZPO der unpfändbare Teil des Arbeitseinkommens erhöht. Diese Erhö-

---

1023 ArbG Koblenz, KKZ 1981, 66 = MDR 1979, 611 Leits.
1024 Berner (Fn. 1021).
1025 OLG Köln, FamRZ 1991, 1462 = JurBüro 1992, 270.
1026 OLG Köln (Fn. 1025).
1027 Zöller/Herget, ZPO, § 850f Rdn. 11; Wieczorek/Schütze/Lüke, ZPO, § 850f Rdn. 37.

hung kann dann nach § 850f Abs. 3 ZPO auf den Betrag begrenzt werden, der als Unterhalt oder Unterhaltsbeitrag tatsächlich geleistet wird. Bedeutung kann auch erlangen, dass der Gläubiger bei Ausfall seiner Forderung selbst in Schwierigkeiten (in Not) geraten würde oder eine Forderung beizutreiben hat, die einen besonders schutzwürdigen Bedarf decken soll[1028]. Stets müssen dem Schuldner jedoch bestimmte Einkommensteile verbleiben (siehe § 850f Abs. 3 ZPO).

Die erweiternde Anordnung ergeht nur auf Antrag des Gläubigers (siehe daher Rdn. C.461, C.462). Über ihn entscheidet das Vollstreckungsgericht. Die Bestimmung über den Umfang der erweitert pfändbaren Einkommensbeträge trifft es nach billigem Ermessen. Praktische Bedeutung hat diese erhöhte Pfändbarkeit derzeit kaum. Möglich ist eine Anordnung nur für Arbeitseinkommen über 3.571,14 Euro monatlich; Einkommen über 3.613,08 Euro ist jedoch ohnedies der Pfändung voll unterworfen (§ 850c Abs. 2 S. 2 ZPO). Die erweiterte Pfändbarkeit nach § 850f Abs. 3 ZPO kann daher nur für den geringen Einkommensbetrag zwischen diesen beiden Werten angeordnet werden (für Wochen- und Tagesbeträge ergibt sich ein gleichermaßen geringer Anwendungsbereich).

Eine Dynamisierung der Beträge nach den Sätzen 1 und 2 des § 850f Abs. 3 ZPO sieht dessen Satz 3 vor.

12.6. Entscheidung, Rechtsbehelfe

Schrifttum: Berner, Die Zuständigkeit des Rechtspflegers bei der begünstigten Pfändung von Arbeitseinkommen wegen einer Forderung aus einer vorsätzlich begangenen unerlaubten Handlung, Rpfleger 1962, 299. **C.468**

Zuständig für die Ermessensentscheidung des Vollstreckungsgerichts nach § 850f Abs. 2, 3 ZPO ist der **Rechtspfleger**; ein Richtervorbehalt besteht nicht[1029] (siehe § 20 Abs. 1 Nr. 17 RPflG). Rechtsbehelfe: Rdn. B.386, B.399, B.400. Nur anfechtbar (nicht jedoch nichtig) ist der Pfändungsbeschluss auch, wenn mit fehlerhafter Annahme einer Forderung aus vorsätzlicher unerlaubter Handlung in dem weitergehenden Umfang des § 850f Abs. 2 ZPO gepfändet, somit ein zusätzlich pfändbarer Betrag festgesetzt wurde (siehe Rdn. B.420 Fn. 947). **C.469**

12.7. Verwaltungsvollstreckung[1030]

Das mit der Verwaltungsvollstreckung nicht befasste (§ 249 Abs. 1 AO, § 5 Abs. 1 VwVG-Bund) Vollstreckungsgericht kann (selbstständig) keine Bestimmung für eine Pfändungsverfügung der Vollstreckungsbehörde (§ 309 AO) treffen, dass der unpfändbare Betrag des Arbeitseinkommens des Schuldners wegen Voll- **C.470**

1028 OLG Köln (Fn. 1025); Zöller/Herget, ZPO, § 850f Rdn. 11.

1029 OLG Düsseldorf (Fn. 1013); KG, Rpfleger 1960, 126; Berner, Rpfleger 1962, 300; Berner, 1959, 79 (80); Bauer, JurBüro 1960, 142 (nur für den Fall des Abs. 2; für Abs. 3 Gegenansicht); Weber, Rpfleger 1967, 256; **a.A.** AG Essen, Rpfleger 1962, 348.

1030 **Schrifttum** dazu: App, ZIP 1990, 910; App, KKZ 1990, 33.

streckung einer Forderung aus unerlaubter Handlung[1031] herabsetzt (§ 850f Abs. 2 ZPO) oder hohes Einkommen des Schuldners erweitert gepfändet wird (§ 850f Abs. 3 ZPO). Die Vollstreckungsbehörde[1032] hat in ihrer Pfändungsverfügung (§ 309 AO) den pfandfreien Teil des Arbeitseinkommens nach § 850f Abs. 2, 3 ZPO (mit § 319 AO) selbst zu bemessen, sonach den Betrag zu bestimmen, der nach § 850f Abs. 2 ZPO pfandfrei zu bleiben hat, oder Bestimmung der Pfändung im erweiterten Umfang des § 850f Abs. 3 ZPO anzuordnen.

13. Änderung der Unpfändbarkeitsvoraussetzungen (§ 850g ZPO)

13.1. Anwendungsbereich

C.471 Die Zwangsvollstreckung in Arbeitseinkommen erstreckt sich auch auf die nach der Pfändung fällig werdenden Bezüge (§ 832 ZPO und Abschn. 2. sowie § 850d Abs. 3 ZPO und Rdn. B.351). Während der ganzen Laufzeit der Pfändung bestimmt sich ihr Umfang nach dem Inhalt des Pfändungsbeschlusses. Änderungen während der laufenden Pfändung muss und kann der Drittschuldner von sich aus nur berücksichtigen, wenn ihm der (sog. Blankett-)Pfändungsbeschluss im Falle des § 850c ZPO die Ermittlung des von der Pfändung erfassten Lohnteils und die Berücksichtigung der unterhaltsberechtigten Angehörigen überlässt (s. Rdn. C.254). Hat das Vollstreckungsgericht im Pfändungsbeschluss (insbesondere im Falle des § 850d oder des § 850f Abs. 2 ZPO) oder in einem Ergänzungsbeschluss (insbesondere auch in den Fällen des § 850e Nr. 2, 2a, 3 ZPO) den unpfändbaren Teil des Arbeitseinkommens oder die für seine Feststellung maßgeblichen einzelnen Tatsachen selbst festgelegt, dann bleibt diese Anordnung auch bei einer Änderung der Verhältnisse wirksam. Das Vollstreckungsgericht muss dann aber nach der Änderung der Voraussetzungen, die für die Bemessung des unpfändbaren Teils des Arbeitseinkommens maßgebend waren, den Pfändungsbeschluss auf Antrag entsprechend ändern (§ 850g S. 1 ZPO). Da eine Änderung des Pfändungsbeschlusses an sich jederzeit mit der Erinnerung erstrebt werden könnte, liegt die Bedeutung des § 850g ZPO vor allem darin, dass die Bestimmung unter den angeführten Voraussetzungen auch die Änderung eines bereits in einem Erinnerungs- oder Beschwerdeverfahren überprüften Pfändungsbeschlusses ermöglicht[1033]. Abgeändert werden kann daher auch ein vom Landgericht oder Bundesgerichtshof als Beschwerdegericht erlassener, bestätigter oder geänderter Pfändungsbeschluss.

1031 Eine Steuerforderung ist keine Forderung aus vorsätzlich unerlaubter Handlung, auch nicht der Nachzahlungsbetrag (mit Hinterziehungszinsen) bei strafbarer Steuerhinterziehung, BFHE 181, 552 = NJW 1997, 1725; BFHE 222, 199 = NJW 2008, 3807 = NZI 2008, 764; BFHE 236, 488 = ZInsO 2012, 1228; BAGE 61, 109 = MDR 1989, 852 = NJW 1989, 2148; FG Hamburg, NZI 2007, 738 mit Anm. Farr (für Hinterziehungszinsen nicht entschieden).

1032 Ebenso BFHE 181, 552 (Fn. 1031); App, ZIP 1990, 910; App, KKZ 1990, 33. Deren Zuständigkeit hat das BArbG (Fn. 1031) offengelassen.

1033 BGHZ 161, 73 = FamRZ 2005, 198 = JurBüro 2005, 161 = MDR 2005, 413 = NJW-RR 2005, 222 = Rpfleger 2005, 149; OLG Köln, FamRZ 1994, 1272 = Rpfleger 1994, 426.

Zur Vermeidung wiederholter Änderungsverfahren kann in einem Änderungsbeschluss von einer betragsmäßigen Festlegung der nach § 850d ZPO (auch § 850f Abs. 2 ZPO) zu bestimmenden Pfändungsfreigrenze abgesehen werden, wenn der jeweils pfändungsfreie Betrag auf andere Weise als gleitender Freibetrag eindeutig bestimmt werden kann[1034].

Eine **Änderung der Verhältnisse** bringen z.B. die Geburt oder der Tod eines Unterhaltsberechtigten oder das sonstige Erlöschen einer Unterhaltspflicht (Wegfall der Unterhaltsbedürftigkeit eines Anspruchsberechtigten)[1035], der Wegfall oder eine wertmäßige Veränderung der Naturalbezüge oder des eingerechneten Nebeneinkommens, die Änderung der für eine Zusammenrechnung (§ 850e Nr. 2 ZPO) maßgeblich gewesenen Umstände[1036] (z.B. Wegfall eines der Einkommen), ferner der Pfändungszugriff eines vorrangigen Unterhaltsberechtigten. Als Änderung der Verhältnisse ist aber auch die Änderung der Bemessungsgrundlage für den nach § 850d ZPO festgestellten pfandfreien Betrag infolge der durch Preissteigerung bedingten Erhöhung der Lebenshaltungskosten anzusehen[1037], ebenso die Erhöhung der Lebenshaltungskosten mit Verlegung des Wohnsitzes durch den Unterhaltsschuldner vom Land in eine Großstadt, in der die Deckung des notwendigen Lebensunterhalts höhere Kosten verursacht[1038]. Bei der Unterhaltsvollstreckung ermöglichen auch geänderte Maßstäbe für die Berechnung des nach § 850d Abs. 1 S. 2 ZPO unpfändbaren Einkommensteils auf Grund einer erstmaligen höchstrichterlichen Grundsatzentscheidung eine Änderung des Pfändungsbeschlusses[1039]. C.472

13.2. Antrag

Den **Antrag** auf Änderung des Pfändungsbeschlusses können der Schuldner und der Gläubiger stellen, nicht aber der Drittschuldner[1040]. Antragsberechtigt ist auch ein Dritter, dem der Schuldner kraft Gesetzes Unterhalt leisten muss (§ 850g S. 2 ZPO), wenn ihm die Änderung zugute kommen soll. Nach Wiederverheiratung des Schuldners kann also seine jetzige Ehefrau Änderung durch Berücksichtigung ihres Freibetrages beantragen. Der Antrag und die Änderung sind auch zulässig, wenn die für die Bemessung des Freibetrages maßgeblichen Verhältnisse von C.473

1034 LG Kassel, FamRZ 1976, 111 = Rpfleger 1974, 77 mit zust. Anm. Stöber.

1035 Eine Obliegenheit des Schuldners, beim Hinzutreten einer weiteren unterhaltsberechtigten Person eine Änderung nach § 850g ZPO zu beantragen, bejaht das KG, FamRZ 2018, 687 (der Schuldner ist verpflichtet, alle Möglichkeiten zur Erhöhung des pfandfreien Betrages auszuschöpfen, um sein Einkommen für Unterhaltszahlungen zu erhalten).

1036 Grunsky, ZIP 1983, 908 (913).

1037 Siehe Grund, NJW 1955, 1587.

1038 LG Hamburg, MDR 1988, 154, 241 Leits. mit Anm. Schultz.

1039 BGH (Fn. 1033).

1040 Ihn nennt § 850g ZPO nicht als antragsberechtigt; Zöller/Herget, ZPO, § 850g Rdn. 3; Wieczorek/Schütze/Lüke, ZPO, § 850g Rdn. 9; Schuschke/Walker/Kessal-Wulf/Lorenz, Vollstreckung, § 850g Rdn. 2; **a.A.** Stein/Jonas/Würdinger, ZPO, § 850g Rdn. 4 m.w.N.; LArbG Frankfurt, DB 1990, 639.

vornherein unrichtig angenommen worden waren[1041]. Er ist an keine Frist gebunden.

13.3. Zuständigkeit

C.474 Über den Änderungsantrag **entscheidet** das Vollstreckungsgericht durch **Beschluss**. Örtlich zuständig ist das Vollstreckungsgericht, das den Pfändungsbeschluss erlassen hat, bei Wohnsitzwechsel zwischen Pfändung und Antragstellung also nicht das neue Wohnsitzgericht des Schuldners. Der Änderungsbeschluss zählt zu dem mit der Pfändung begonnenen Vollstreckungsverfahren; eine Wohnsitzverlegung ist für die fortdauernde örtliche Zuständigkeit des Vollstreckungsgerichts unwesentlich[1042]. Es entscheidet der **Rechtspfleger** (§ 20 Abs. 1 Nr. 17 RPflG), und zwar auch dann, wenn der zu ändernde Beschluss vom Richter oder Beschwerdegericht erlassen worden ist, weil der Antrag nicht auf die Überprüfung dieser Entscheidung, sondern die Berücksichtigung neuer Tatsachen zielt.

Wenn nicht eine Änderung der Verhältnisse geltend gemacht, sondern vorgebracht wird, der Pfändungsbeschluss sei unrichtig erlassen worden, weil er auf unzutreffend angenommenen tatsächlichen Voraussetzungen für den Umfang der Pfändung beruht (wenn somit Umstände, die schon bei Erlass des Pfändungsbeschlusses vorgelegen haben, vom Schuldner danach mit Einwendungen gegen die Pfändung geltend gemacht werden)[1043], handelt es sich um eine Erinnerung (§ 766 ZPO), über die der Richter zu entscheiden hat (§ 20 Abs. 1 Nr. 17

1041 OLG Schleswig, JurBüro 1959, 134 = SchlHA 1958, 338; **a.A.** LG Düsseldorf, JurBüro 1982, 938 = Rpfleger 1982, 300 sowie – Änderung muss nach Rechtskraft eingetreten sein – LG Essen, MDR 1955, 113, und – Änderung muss nach Erlass des Pfändungsbeschlusses eingetreten sein – Stein/Jonas/Würdinger, ZPO, § 850g Rdn. 1; Wieczorek/Schütze/Lüke, ZPO, § 850g Rdn. 1. Der Wortlaut des § 850g ZPO spricht nicht zwingend für die Gegenmeinung. Wenn der Schuldner eine „Unrichtigkeit" des Pfändungsbeschlusses nicht sogleich rügt, sondern eine zu umfassende Pfändung hinnimmt, später jedoch eine andere Berechnung des unpfändbaren fortlaufenden Arbeitseinkommens geltend macht, ist auch das als Änderung der Unpfändbarkeitsvoraussetzungen anzusehen. Unanfechtbarkeit eines Pfändungsbeschlusses kann das Recht des Schuldners, Unpfändbarkeit nach den fortbestehenden Verhältnissen für künftigen Lohnabzug geltend zu machen, mithin das Antragsrecht nach § 850g ZPO, nicht ausschließen. Streit darüber, ob überhaupt die für Bemessung des pfändungsfreien Betrags maßgebenden Verhältnisse von vornherein unrichtig angenommen worden sind oder sich geändert haben (**Beispiel:** Unterhaltsbedarf der berücksichtigten Unterhaltsberechtigten), wird mit dem Änderungsantrag nach § 850g ZPO vermieden. Der Abänderungsantrag nach § 850g ZPO leitet ein selbstständiges Verfahren zur vereinfachten Angleichung des Pfändungsbeschlusses während der fortlaufenden Pfändung ein. Er ist nicht durch eine daneben zulässige Erinnerung (s. Rdn. C.471) ausgeschlossen. Eine Beschränkung bringt nur das Verbot, nach Entscheidung über einen Rechtsbehelf die gleichen Verhältnisse neu zu würdigen (Innenbindung, siehe § 318 ZPO; OLG Köln [Fn. 1033]).

1042 BGH, Rpfleger 1990, 308; OLG Karlsruhe, JurBüro 2005, 553 (554); OLG München, JurBüro 1985, 945 = Rpfleger 1985, 154; Wieczorek/Schütze/Lüke, § 850g ZPO, Rdn. 10; **a.A.** Zöller/Herget, § 850g ZPO, Rdn. 4; **anders** auch hier die 16. Aufl. Rdn. 1203.

1043 Auch insoweit wird Abänderungsantrag für zulässig gehalten von OLG Köln (Fn. 1033).

RPflG)[1044]. Der Richter ist auch zuständig, wenn (insbesondere im Falle des § 850d ZPO) mit dem Änderungsantrag zugleich eine Erinnerung gegen den früheren Beschluss verbunden ist, wenn also nicht nur neue Verhältnisse vorgebracht werden, sondern zugleich auch eine falsche Beurteilung der früher schon vorgetragenen Verhältnisse geltend gemacht ist. Der Erinnerung kann der Rechtspfleger jedoch abhelfen.

13.4. Verfahren

Vor der Entscheidung ist dem Antragsgegner **rechtliches Gehör** zu gewähren[1045]. In ganz dringenden und zweifelsfreien Fällen (wenn der Schuldner z.B. eine Geburtsurkunde über die Geburt eines weiteren unterhaltsberechtigten Kindes vorlegt) wird von einer Anhörung des Gegners abgesehen, ihm rechtliches Gehör also erst in einem etwaigen Erinnerungsverfahren gewährt werden können. C.475

Der Änderungsbeschluss ist dem Gläubiger, dem Schuldner und dem Drittschuldner, bei Antragstellung durch einen unterhaltsberechtigten Angehörigen auch diesem, von Amts wegen zuzustellen (§ 329 Abs. 3 ZPO). Von Amts wegen – nicht auf Betreiben des Gläubigers – erfolgt die Zustellung auch, wenn der Änderungsbeschluss den Betrag, der dem Schuldner pfandfrei verbleibt, herabsetzt, mithin weiteres Arbeitseinkommen der Pfändung unterwirft. Denn eine Zustellung im Parteibetrieb sieht § 829 Abs. 2 ZPO nur für die Herbeiführung der Pfändungswirkungen, nicht aber § 850g ZPO für deren Änderung durch eine andere Bemessung des unpfändbaren Arbeitseinkommens vor[1046]. An Stelle der Zustellung an den Antragsteller genügt eine formlose Mitteilung, wenn seinem Gesuch voll entsprochen wurde (§ 329 Abs. 3 ZPO). C.476

Kosten des Verfahrens: § 788 ZPO (siehe Rdn. C.445).

13.5. Rechtsmittel

Gegen den Beschluss findet die **sofortige Beschwerde** nach § 793 ZPO statt, wenn die Beteiligten gehört worden sind; ein nicht gehörter Beteiligter hat die Erinnerung nach § 766 ZPO[1047]. Beschwert ist bei Zurückweisung eines Antrages des Schuldners auch der Unterhaltsberechtigte und bei Zurückweisung eines Antrages C.477

1044 LG Hannover, JurBüro 1986, 622.

1045 So auch Wieczorek/Schütze/Lüke, § 850g ZPO, Rdn. 11. **Enger** Schuschke/Walker/Kessal-Wulf/Lorenz, Vollstreckung, § 850g Rdn. 4: betreibt der Gläubiger das Verfahren nach § 850g ZPO, verbietet sich eine Anhörung des Schuldners (§ 834 ZPO); die Änderung ist jedoch keine neue Pfändung (Rdn. C.479).

1046 Wie hier Stein/Jonas/Würdinger, ZPO, § 850g Rdn. 8 (nicht richtig Rdn. 11) (Wirksamkeit gegenüber Drittschuldner aber auch bei Parteizustellung); **anders** (Zustellung des Beschlusses, der eine „erweiterte" Pfändung ausspricht, wie beim Pfändungsbeschluss, also im Parteibetrieb, an den Drittschuldner): Zöller/Herget, ZPO, § 850g Rdn. 7; Schuschke/Walker/Kessal-Wulf/Lorenz, § 850g Vollstreckung, Rdn. 4; Wieczorek/Schütze/Lüke, ZPO, § 850g Rdn. 13.

1047 So auch Wieczorek/Schütze/Lüke, ZPO, § 850g Rdn. 14. **A.A.** LG Hagen, JurBüro 1985, 945: Der Änderungsbeschluss ist immer Entscheidung, Anfechtung daher stets nur mit sofortiger Beschwerde.

des Angehörigen auch der Schuldner, der deshalb auch dann, wenn er selbst keinen Antrag gestellt hat, Beschwerde oder Erinnerung erheben kann; das eigene Antragsrecht geht aber nicht verloren, wenn von diesem beschwerten Beteiligten kein Rechtsmittel eingelegt wird.

13.6. Wirkung der Änderung

C.478 **Schrifttum:** Berner, Zur Frage der Rückwirkung von Änderungsbeschlüssen in Lohnpfändungssachen, Rpfleger 1964, 329.

C.479 Der Änderungsbeschluss bestimmt von seinem Wirksamwerden an den unpfändbaren Teil des Arbeitseinkommens an Stelle des Pfändungsbeschlusses. Arbeitseinkommen ist damit nach Bestimmung des Änderungsbeschlusses unpfändbar (dem Schuldner für Unterhalt zu belassen) und damit nun wegen des weitergehenden Teils durch den Pfändungsbeschluss gepfändet, der mit der Zustellung an den Drittschuldner wirksam geworden ist (§ 829 Abs. 3 ZPO). Erhöht sich nach dem Änderungsbeschluss der gepfändete Teil des Arbeitseinkommens, dann bewirkt (und erfordert) das keine Neuanordnung[1048] des damit gepfändeten weiteren Einkommensteils. Das durch den Pfändungsbeschluss erlangte Pfandrecht erstreckt sich (mit seinem Rang) nun auch auf die fortlaufend fällig werdenden Beträge (§ 832 ZPO) im Umfang des Änderungsbeschlusses (wie Rdn. C.280, C.446).

C.480 Der **Drittschuldner** kann nach dem Inhalt des Pfändungsbeschlusses mit befreiender Wirkung leisten, bis ihm der Änderungsbeschluss zugestellt ist (§ 850g S. 3 ZPO). Grund: Schutz des Vertrauens des Drittschuldners auf den Fortbestand des Pfändungsbeschlusses (vergleichbar mit § 836 Abs. 2 ZPO). Dieser Drittschuldnerschutz endet nicht schon ohne weiteres mit dem Zeitpunkt, in dem der Drittschuldner von dem Änderungsbeschluss auf sonstige Weise Kenntnis erlangt; § 850g S. 3 ZPO schließt (anders als § 836 Abs. 2 ZPO) diesen Fall nicht ein. Nach Wortlaut („kann“) und Zweck des § 850g S. 3 ZPO kann der Drittschuldner nach dem Inhalt des Änderungsbeschlusses (mit befreiender Wirkung) bereits dann leisten, wenn er von diesem auf sonstige Weise Kenntnis erlangt.

C.481 Die Änderung des Pfändungsbeschlusses kann **rückwirkend** auf den Zeitpunkt der Änderung der maßgeblichen Verhältnisse angeordnet werden[1049]. Rückwirkend auf den Zeitpunkt der Beschlagnahme kann die Höhe der Pfändungsfreigrenze nachträglich abgeändert werden, wenn schon bei Erlass des Beschlusses wesentliche Umstände nicht berücksichtigt worden sind. Die rückwirkende Änderung des Beschlusses hat aber nur Bedeutung, soweit der Lohnabzug noch nicht erfolgt ist. Soweit Zahlung noch nicht geleistet ist, hat der Drittschuldner der rückwirkenden

---

1048 Die abzulehnende Ansicht, der Schuldner könne vor Entscheidung über einen Änderungsantrag des Gläubigers (wegen § 834 ZPO) nicht gehört werden (Rdn. C.475) und der Änderungsbeschluss sei dem Drittschuldner auf Betreiben des Gläubigers zuzustellen (Rdn. C.476), gründet sich auf die – abzulehnende – Ansicht, eine Änderung zugunsten des Gläubigers sei neue Pfändung des zusätzlichen Einkommensteils.

1049 Siehe Berner, Rpfleger 1964, 329 m.w.N.; LG Wuppertal, JurBüro 2002, 95; **a.A.** LG Frankenthal, Rpfleger 1964, 346.

Änderung nachzukommen[1050]. Mit der Zahlung gepfändeter Lohnteile an den Gläubiger[1051] ist die Zwangsvollstreckung insoweit beendet, eine nachträgliche Änderung also nicht mehr möglich[1052]. Eine Neuberechnung der schon abgeführten Lohnteile und ein Ausgleich des „zu viel“ abgezogenen mit dem künftigen Einkommen verbietet sich.

Enthält der Änderungsbeschluss keine näheren Angaben, so hat er nicht grund- C.482
sätzlich und ohne weiteres rückwirkende Kraft[1053]. Seine rückwirkende Kraft muss vielmehr ausdrücklich ausgesprochen sein oder doch zweifelsfrei aus den gesamten Umständen entnommen werden können. Auch bei Fehlen einer ausdrücklichen Anordnung der Rückwirkung kann in einer Reihe von typischen Fällen eine Rückwirkung erkennbar gemeint sein[1054], so bei der Bestimmung, dass Unterhaltsgläubiger gleichrangig zu berücksichtigen sind[1055]. Doch ist ein Beschluss des Vollstreckungsgerichts, der die Frage der Rückwirkung offenlässt und damit der Auslegung zugänglich macht, mit einem Unsicherheitsfaktor belastet, der die Parteien berechtigt, beim Vollstreckungsgericht auf Klärung hinzuwirken und gegebenenfalls eine solche durch Rechtsmittel herbeizuführen[1056].

14. Lohnschiebung und -verschleierung (§ 850h ZPO)

14.1. Vollstreckung bei Lohnhinterziehung

Schrifttum: Behr, Verschleiertes Arbeitseinkommen, JurBüro 1990, 1237; Bobrowski, Mit- C.483
arbeitspflicht des Ehemannes und Arbeitseinkommen, Rpfleger 1959, 12; Brommann, Die Konkurrenz mehrerer Lohnpfändungsgläubiger im Rahmen der Pfändung fiktiven Einkommens, SchlHA 1986, 49 und 65; Fenn, Die juristische Qualifikation der Mitarbeit bei Angehörigen und ihre Bedeutung für die Vergütung, FamRZ 1968, 291; Fenn, Die Bedeutung verwandtschaftlicher Beziehungen für die Pfändung des „Arbeitseinkommens“ nach § 850h II ZPO, AcP 167 (1967) 148; Geißler, Fragen zur Zwangsvollstreckung bei verschleiertem Arbeitseinkommen, JurBüro 1986, 1295; Geißler, Zur Pfändung in Lohnrückstände bei verschleiertem Arbeitsverhältnis, Rpfleger 1987, 5; Göttlich, Pfändung bei Lohnschiebungen und verschleierten Arbeitsverhältnissen, JurBüro 1956, 233; Grunsky, Gedanken zum Anwendungsbereich von § 850h Abs. 2 ZPO, Festschrift für Baur (1981) 403; Menken, Arbeitsrecht-

1050 BArbG, NJW 1991, 1774.

1051 Für schuldbefreiende Leistung ist nach § 836 Abs. 2 ZPO maßgeblich, ob der Drittschuldner von dem Änderungsbeschluss bei Leistung noch keine Kenntnis hatte, BArbG (Fn. 1050) und Rdn. B.252.

1052 OLG Köln, JurBüro 1988, 933 = Rpfleger 1988, 419.

1053 LG Wuppertal (Fn. 1049). Mit der Beschlussformel, dass „nunmehr“ das einen bestimmten Betrag übersteigende Einkommen gepfändet ist, ist eine Bestimmung nur für die Folgezeit getroffen, OLG Köln (Fn. 1052).

1054 BAGE 12, 112 = AP Nr. 8 zu § 850d ZPO mit Anm. Bötticher = MDR 1962, 339 = NJW 1962, 510 = Rpfleger 1962, 169 mit zust. Anm. Berner; Berner, Rpfleger 1964, 329.

1055 BArbG (Fn. 1050).

1056 Berner, Rpfleger 1962, 170.

liche Probleme des Ehegattenarbeitsverhältnisses, DB 1993, 161; B. Schmidt, Verschleiertes Einkommen im Sinne von § 850h ZPO, JurBüro 2010, 4.

C.484 Den Interessen des Vollstreckungsgläubigers an der Durchsetzung seiner Forderung gegen einen Schuldner auch bei Lohnhinterziehung trägt § 850h ZPO Rechnung[1057]. Die Vorschrift erfasst

- die **Lohnschiebung**, die in der Vereinbarung des Schuldners mit seinem Arbeitgeber liegt, dass die Vergütung für Arbeiten oder Dienste des Schuldners ganz oder teilweise an einen Dritten bewirkt werden soll, bei der also der Lohnanspruch in der Person des Dritten begründet wird;
- die **Lohnverschleierung**, die in einer unentgeltlichen oder unverhältnismäßig gering vergüteten Arbeitsleistung zu erblicken ist.

14.2. Lohnschiebung

C.485 Bei **Lohnschiebung** ermöglicht § 850h Abs. 1 ZPO die Pfändung der Vergütung für vom Schuldner geleistete Arbeiten oder Dienste. Ein ständiges Arbeitsverhältnis wird nicht gefordert; betroffen ist daher auch die Vergütung für nur gelegentliche oder einmalige Arbeits- oder Dienstleistung irgendwelcher Art (siehe § 850i Abs. 1 ZPO). Beispiele: Anfertigung eines Schrankes durch den Schuldner als Schreiner für Rechnung der Ehefrau.

C.486 § 850h Abs. 1 ZPO erfordert, dass ein Rechtsverhältnis zwischen dem Schuldner und dem Empfänger der Arbeits- oder Dienstleistungen besteht[1058] (kann auch ein Werkvertrag sein[1059]) und dass der Arbeitgeber (Drittschuldner) als Empfänger der Arbeits- oder Dienstleistungen sich verpflichtet hat, die **Vergütung** für die Leistung des Schuldners **an einen Dritten** (den sog. Drittberechtigten) **zu bewirken** (siehe § 328 BGB). **Drittberechtigter** ist meist ein naher Angehöriger des Schuldners (die Ehefrau, ein Kind, der Vater, der Lebensgefährte usw.). Oft ist auch dem Schuldner der unpfändbare Lohnteil vorbehalten und dem Dritten nur der Mehrbetrag zugewendet. Lohnschiebung ist aber auch gegeben, wenn der Schuldner und sein Angehöriger (oder der sonstige Drittberechtigte) beim Drittschuldner arbeiten, der Schuldner aber nur eine geringe, der Angehörige dafür jedoch eine nicht gerechtfertigte übermäßig hohe Vergütung erhält. Ferner liegt Lohnschiebung vor, wenn der Angehörige des arbeitenden Schuldners für ein Darlehen unverhältnismäßig hohe Zinsen oder eine sehr hohe Gewinnbeteiligung (Prämie o.ä.) bezieht[1060]. Nicht in Betracht kommt § 850h Abs. 1 ZPO hingegen, wenn der Schuldner vertragliche Verpflichtungen seines Arbeitgebers gegenüber einem Dritten (als Vertragspartner des Arbeitgebers) erfüllt, selbst aber mit diesem Dritten kein Dienstverhältnis (keine vertraglichen Rechtsbeziehungen) eingegangen ist[1061].

1057 Zu den Unterhaltsklagen bei verschleiertem Arbeitseinkommen siehe Prelinger, JR 1961, 454; OLG Schleswig, SchlHA 1957, 30.
1058 BAGE 83, 33 = MDR 1996, 1155 = ZIP 1996, 1567.
1059 BArbG (Fn. 1058).
1060 Göttlich, JurBüro 1956, 233.
1061 BArbG (Fn. 1058); **anders** vordem LG Mannheim, MDR 1954, 178; auch LArbG Mainz, BB 1960, 171.

Ob Schuldner und Drittschuldner subjektiv eine Benachteiligung des Gläubigers beabsichtigt oder nicht gewollt haben, ist ohne Bedeutung. Auch auf die **Bezeichnung** der Vergütung kommt es nicht an, desgleichen nicht darauf, ob der Charakter der Vergütung äußerlich verschleiert ist. Erfasst sind alle Fälle, in denen die Leistung des Drittschuldners ausdrücklich als Vergütung für die Dienste des Schuldners bezeichnet ist oder sich nach Lage der Verhältnisse ganz oder teilweise als Vergütung für die Dienstleistung des Schuldners darstellt. C.487

Die Verpflichtung zur Leistung an den Dritten kann schon bei Vereinbarung des Arbeits- oder Dienstleistungsverhältnisses oder erst später festgelegt worden sein. Jedoch fällt die **Abtretung** des Vergütungsanspruchs des Schuldners nicht unter § 850h Abs. 1 ZPO[1062]. Denn bei der Abtretung hat sich nicht der Drittschuldner als Empfänger der Dienstleistungen zur Zahlung an den Dritten verpflichtet, sondern der Dritte durch Vertrag mit dem Schuldner (ohne Mitwirkung des Arbeitgebers) den Anspruch auf die Vergütung erworben (§ 398 BGB). Die Abtretung kann daher nur eine Gläubigeranfechtung nach dem AnfG begründen. C.488

Die Pfändung des Vergütungsanspruchs nach § 850h Abs. 1 ZPO ist aber ungeschmälert möglich, wenn der **Drittberechtigte** selbst „seinen" Anspruch **abgetreten** hat. Denn der Zessionar kann nur in die Rechtsstellung des Zedenten eintreten, weitergehende Rechte von diesem jedoch nicht erwerben, muss also ebenso wie der Drittberechtigte die Pfändung nach § 850h Abs. 1 ZPO dulden. Nach der Pfändung darf daher der Drittschuldner nicht mehr an den Zessionar, sondern nur noch an den pfändenden Gläubiger leisten. Dies gilt ebenso, wenn der Anspruch von einem Gläubiger des Drittberechtigten gepfändet wurde, weil auch der pfändende Gläubiger des Drittberechtigten nicht mehr Rechte als dieser selbst haben kann. C.489

14.3. Pfändung bei Lohnschiebung

Die an den Dritten zu zahlende Vergütung gehört nach der Fiktion des § 850h Abs. 1 ZPO für die Pfändung zum Schuldnervermögen. Der Anspruch des Drittberechtigten wird daher ohne weiteres von der Pfändung des Vergütungsanspruchs des Schuldners erfasst (siehe § 850h Abs. 1 S. 2 ZPO). Bei der Pfändung des Arbeitseinkommens des Schuldners verbietet sich deshalb für den Drittschuldner ohne weiteres und ohne Rücksicht darauf, ob das (Schiebungs-)Verhältnis im Pfändungsbeschluss bezeichnet ist oder nicht, auch jede Leistung an den Drittberechtigten. Leistet der Drittschuldner gleichwohl an den Drittberechtigten, so ist diese Leistung dem Gläubiger gegenüber unwirksam, der Drittschuldner daher zur nochmaligen Leistung an den Gläubiger verpflichtet. Um einheitliches Einkommen des Schuldners handelt es sich auch dann, wenn ein Teil der Vergütung dem Schuldner vorbehalten und nur der Rest dem Drittberechtigten zugewendet ist (siehe Rdn. C.486). Daher muss der Drittschuldner auch von sich aus (ohne gerichtliche Anordnung) in solchen Fällen den pfändbaren Betrag aus dem gesamten C.490

1062 Ebenso Stein/Jonas/Würdinger, ZPO, § 850h Rdn. 3; Zöller/Herget, ZPO, § 850h Rdn. 2 a.E.; Wieczorek/Schütze/Lüke, ZPO, § 850h Rdn. 5; Schuschke/Walker/Kessal-Wulf/Lorenz, Vollstreckung, § 850h Rdn. 2; Göttlich, JurBüro 1956, 233; Geißler, JurBüro 1986, 1295 (II 1); **a.A.** Mohrbutter, JurBüro 1956, 78; Sprey, DJ 1940, 1291.

Vergütungsanspruch feststellen, die einzelnen Vergütungsteile also zusammenrechnen.

C.491 Die dem **Drittberechtigten geschuldete Vergütung** kann vom Gläubiger des Schuldners aber auch unmittelbar, also ausdrücklich (allein oder zusammen mit dem dem Schuldner selbst etwa noch zustehenden Restanspruch) **gepfändet** werden. Diese Pfändung erfolgt auf Grund des gegen den Schuldner lautenden Vollstreckungstitels. Weder erforderlich noch ausreichend sind ein gegen den Drittberechtigten lautender Schuld- oder Duldungstitel, die Umschreibung der Vollstreckungsklausel auf ihn oder die Zustellung des gegen den Schuldner erwirkten Titels an den Drittberechtigten. Da der Anspruch als zum Schuldnervermögen gehörend behandelt wird, müssen vielmehr alle Voraussetzungen für den Beginn der Zwangsvollstreckung gegen den Schuldner selbst vorliegen. Auch der Pfändungsbeschluss kann nur gegen den Schuldner, nicht aber gegen den Drittberechtigten (auch dessen Anhörung verbietet § 834 ZPO) oder beide erwirkt werden, da letzterer nicht Partei im Zwangsvollstreckungsverfahren ist[1063].

C.492 Als **Arbeitseinkommen** kann die Vergütung nur in den Grenzen der §§ 850a, 850c, 850d oder 850f Abs. 2 ZPO gepfändet werden; die **Pfändungsbeschränkungen** muss der Pfändungsbeschluss zum Ausdruck bringen. Das Vorliegen der Voraussetzungen des § 850h Abs. 1 ZPO wird bei Erlass des Pfändungsbeschlusses materiell nicht geprüft. Vielmehr legt das Vollstreckungsgericht dem Beschluss die schlüssig vorgetragenen Angaben des Gläubigers zugrunde und pfändet den angeblichen Anspruch des Schuldners oder Drittberechtigten[1064]. Ob tatsächlich ein Fall der Lohnschiebung vorliegt, der Pfändungsbeschluss somit auch den Anspruch des Drittberechtigten auf Leistung erfasst, muss, wie jeder Streit über Wirksamkeit und Umfang einer Pfändung, vom Prozessgericht – meist im Einziehungserkenntnisverfahren – entschieden werden.

C.493 **Zuzustellen** ist der Pfändungsbeschluss, der den Vergütungsanspruch des Drittberechtigten ausdrücklich als gepfändet oder mitgepfändet bezeichnet, dem Schuldner und dem Drittberechtigten (§ 850h Abs. 1 S. 3 ZPO). Die Zustellung an den Drittberechtigten kann auch später jederzeit nachgeholt werden. Sie ist für die Wirksamkeit der Pfändung ebenso wie die Zustellung an den Schuldner selbst ohne Bedeutung; wirksam wird die Pfändung immer nur durch die Zustellung an den Drittschuldner (§ 829 Abs. 3 ZPO).

C.494 Die **Kosten** der ausdrücklichen Pfändung des Anspruchs des Drittberechtigten (Rdn. C.491) fallen dem Schuldner auch dann als notwendige Zwangsvollstreckungskosten (§ 788 ZPO) zur Last, wenn der Gläubiger (in Unkenntnis der Leistungsvereinbarung an den Dritten) bereits vorher eine Pfändung der Ansprüche des Schuldners erwirkt hatte[1065].

1063 Irrig daher Göttlich, JurBüro 1956, 234.
1064 So auch Geißler, JurBüro 1986, 1295 (II 3).
1065 Recke, JW 1935, 328.

14.4. Lohnverschleierung

Das für die **Lohnverschleierung** (siehe Rdn. C.484) erforderliche selbstständige Arbeits- oder Dienstverhältnis kann auf Grund vertraglicher Verpflichtung bestehen oder ohne solche nach den tatsächlichen Verhältnissen[1066] gegeben sein; die Mitarbeit kann auch auf familienrechtlichen Bindungen[1067] oder auf einer Innengesellschaft beruhen. Typische Beispiele sind die Tätigkeit des Ehemannes im Geschäft[1068] der Ehefrau[1069], die Arbeitsleistung des Sohnes im elterlichen Betrieb oder die Beschäftigung der verschuldeten Eltern im Unternehmen der Kinder je nur gegen Kost, Wohnung sowie ein kleines Taschengeld und die Tätigkeit als GmbH-Geschäftsführer unter zeitweiligem Verzicht auf Gehaltszahlung[1070] wegen (angeblich) schlechter Geschäftslage[1071]. Dem steht es gleich, wenn Eheleute ein Erwerbsgeschäft in Form einer BGB-Gesellschaft betreiben, der den Betrieb hauptsächlich führende Schuldner für seine Tätigkeit jedoch nur mit einem unverhältnismäßig geringen Gewinnanteil belohnt wird[1072]. Auch bei Teilzeitbeschäftigung (von gewisser Dauer und Regelmäßigkeit) kann ein Fall des § 850h Abs. 2 ZPO vorliegen[1073]. Die Absicht der Gläubigerbenachteiligung[1074] muss nicht gegeben sein[1075]. Unverhältnismäßig gering im Sinne des § 850h Abs. 2 ZPO ist eine Vergütung, C.495

1066 S. LArbG Hamm, JurBüro 1997, 273. Für die Mitarbeit des Ehemannes im Geschäft der Ehefrau kann im Einzelfall eine tatsächliche Vermutung bestehen, sodass die als Drittschuldnerin in Anspruch genommene Ehefrau beweispflichtig dafür ist, dass ihr Ehemann tatsächlich nicht mitarbeitet; siehe dazu ArbG Kaiserslautern, AP Nr. 2 zu § 850h ZPO = DB 1958, 1332. Demgegenüber aber LArbG Hamm, BB 1988, 1754 mit Anm. Smid gegen Anscheinsbeweis für Vollzeitbeschäftigung bei Kleinbetrieb und sonst beruflich oder gewerblich nicht tätigem Schuldner.

1067 Zum fiktiven Arbeitsentgelt des Alleingeschäftsführers einer Familien-GmbH OLG Frankfurt, GmbHR 1994, 708. Zur Lohnverschleierung bei verwandtschaftlichen Beziehungen zwischen dem Geschäftsführer und Gesellschaftern einer Gesellschaft m.b.H. siehe OLG Schleswig, SchlHA 1968, 71.

1068 LArbG Rheinland-Pfalz, JurBüro 2010, 380. Also nicht, wenn der Ehemann das rechtlich der Ehefrau gehörende landwirtschaftliche Anwesen im eigenen Namen und für eigene Rechnung bewirtschaftet (siehe RArbG, JW 1936, 686 mit Anm. Jonas), weil er hier der Ehefrau keine Dienste leistet, sondern für sich selbst arbeitet. Die Gläubiger sind in einem solchen Fall berechtigt, in die Erträgnisse des vom Ehemann betriebenen Betriebes unmittelbar zu vollstrecken. So auch OLG Düsseldorf, OLGZ 1979, 223 (224).

1069 § 850h Abs. 2 ZPO ermöglicht die Pfändung der fingierten Forderung an die Ehefrau, § 850h Abs. 1 ZPO die Pfändung etwaiger Ansprüche gegen Dritte. Beide Ansprüche können auch gleichzeitig nebeneinander gepfändet werden.

1070 Unentgeltliche Tätigkeit für eine GmbH durch den fremdnützigen Treuhänder von GmbH-Anteilen siehe OLG Hamm, NJW-RR 1998, 1567.

1071 OLG Düsseldorf, NJW-RR 1989, 390.

1072 OLG Düsseldorf (Fn. 1068).

1073 LArbG Hamm, BB 1988, 1754 mit Anm. Smid.

1074 Zur Frage der Schadensersatzpflicht (§ 826 BGB) des Dritten gegenüber einem Unterhaltsberechtigten, wenn sich ein Unterhaltspflichtiger in einverständlichem Zusammenwirken mit dem Dritten zu dessen Gunsten vermögens- und über einen unpfändbaren Verdienst hinaus einkommenslos gemacht hat, um den Unterhaltsberechtigten um seine Unterhaltsansprüche zu bringen, siehe BGH, FamRZ 1964, 360 (Leits.) = VersR 1964, 642.

1075 BGH, AP Nr. 12 zu § 850h ZPO = WM 1968, 1254; BGH, MDR 1979, 826 = NJW 1979, 1600 (1602); OLG Düsseldorf (Fn. 1071).

wenn sie erheblich unter der Vergütung liegt, die der Drittschuldner einem fremden Arbeitnehmer für eine entsprechende Dienstleistung gewähren müsste[1076]. Untertarifliche Entlohnung kann daher die Fiktion tarifgemäßer Entlohnung rechtfertigen[1077].

C.496 Lohnverschleierung bekämpft § 850h Abs. 2 ZPO nur bei **ständigem** Arbeits- oder Dienstverhältnis. Einmalige Dienstleistungen werden von der Regelung nicht betroffen. Um ein ständiges Verhältnis handelt es sich, wenn die Dienstleistung des Schuldners eine gewisse Regelmäßigkeit, Stetigkeit und Dauer aufweist.

C.497 Weitere Voraussetzung ist, dass die Arbeiten oder Dienste nach Art und Umfang üblicherweise vergütet werden[1078]. Auszugehen ist dabei von den örtlichen und beruflichen Verhältnissen (siehe außerdem Rdn. C.502). Neben diesen objektiven Voraussetzungen müssen aber auch die **Umstände des Einzelfalles** die Dienstleistung tatsächlich als Lohnverschleierung erkennen lassen (siehe Rdn. C.502, C.503). Darüber hinaus kommt den subjektiven Wünschen oder Vorstellungen der Beteiligten keine Bedeutung zu. Ob die von Eltern einem volljährigen Sohn im Hausstand gewährte Wohnung und Verpflegung Teil der Arbeitsvergütung für Dienstleistungen im Geschäft der Eltern sind oder nicht, bestimmt sich daher vorbehaltlich der Rdn. C.503 dargestellten Besonderheiten allein nach objektiven wirtschaftlichen Merkmalen[1079].

C.498 Haushaltführung durch den (insbesondere nicht berufstätigen) **Partner einer nichtehelichen Lebensgemeinschaft** gehört (auch bei Betreuung des pflegebedürftigen Partners) nicht zu den Arbeiten oder Diensten, die üblicherweise vergütet werden[1080], begründet somit keinen nach § 850h Abs. 2 ZPO pfändbaren Anspruch[1081]. Persönliche Leistungen werden, ebenso wie wirtschaftliche Leistungen, bei nichtehelicher Lebensgemeinschaft nicht miteinander abgerechnet, sondern von demjenigen Partner erbracht, der dazu in der Lage ist[1082]. Arbeiten oder Dienste in einem ständigen, üblicherweise nach arbeitsrechtlichen Regelungen entlohnten Arbeits- oder Dienstverhältnis leistet der haushaltführende Partner überdies nicht. Einer Erwerbstätigkeit auf dem Arbeitsmarkt ist diese Haushaltsführung nicht gleichzustellen[1083]. Die Haushaltführung beruht, soweit nicht ohnedies eige-

---

1076 LArbG Bremen, DB 1962, 476.

1077 ArbG Herford, BB 1959, 232; siehe auch Rdn. C.502.

1078 Arbeiten und Dienste Ordensangehöriger werden (üblicherweise) nicht vergütet, s. BVerfG, FamRZ 1992, 531 = NJW 1992, 2471.

1079 KG, AP Nr. 1 zu § 850d ZPO mit Anm. Pohle = FamRZ 1958, 342.

1080 Stöber, FS Egon Schneider (1997) S. 213 (220). **A.A.** LG Ellwangen, JurBüro 1997, 274; LG Memmingen, FamRZ 1997, 512 = Rpfleger 1997, 175; LG München I, MDR 1984, 764; LG Münster, Rpfleger 1994, 33; dazu kritisch Brehm in Festschrift W. Henckel (1995) S. 41 (49). Zur Angabe im Vermögensverzeichnis bei Vermögensauskunft (§ 802f Abs. 5 ZPO) wegen des (möglichen) Zugriffs auf Einkommen für Haushaltführung in nichtehelicher Lebensgemeinschaft siehe LG Frankenthal, JurBüro 1994, 409; LG Hannover DGVZ 1997, 152 = Rpfleger 1998, 33; LG München I, wie vorst.; LG Münster, wie vorst.; LG Münster, JurBüro 1995, 328; AG Leipzig, JurBüro 1995, 329.

1081 So auch Ernst, JurBüro 2004, 407 (410).

1082 BGH, FamRZ 2010, 542 = MDR 2010, 575 = NJW 2010, 868 Rdn. 11 m.w.N.; OLG Düsseldorf, FamRZ 1997, 1110 = NJW-RR 1997, 1497; auch OLG Köln, FamRZ 1997, 1113.

1083 OLG Hamm, FamRZ 2006, 1538 = NJW-RR 2006, 1514.

ne Hausangelegenheiten erledigt werden, auf der Übereinstimmung zur Wohn- und Wirtschaftsgemeinschaft. Der erwerbstätige Partner, der Kosten der gemeinsamen Lebensführung leistet, trägt mit laufendem Unterhalt (überwiegend in Natur) zweckfördernde Aufwendungen; sie sind arbeitsrechtlichem Entgelt nicht vergleichbar, bieten somit auch keinen Anhalt für Bemessung und Behandlung eines Entgelts für Haushaltführung nach arbeits- oder dienstvertraglichen Regelungen. Dienste, die nach Art und Umfang Beschäftigung einer (normal) bezahlten Arbeitskraft erfordern würden (vgl. Rdn. C.502), erbringt der haushaltführende Partner nicht. Als Arbeitsleistung gegen unentgeltliche oder geringe Vergütung, die Gläubigerschutz nach dem Grundgedanken des § 850h Abs. 2 ZPO gebieten könnte, kann die Haushaltführung daher nicht gewertet werden.

Erforderlich ist, dass die Arbeit des Schuldners tatsächlich erbracht wird. Die Fiktion des § 850h Abs. 2 ZPO bezieht sich nur auf die Vergütung, nicht auf die Tätigkeit selbst. Die fiktive Zurechnung einer Tätigkeit scheidet aus[1084]. C.499

14.5. Pfändung bei Lohnverschleierung

Bei Lohnverschleierung wird nach der Fiktion des § 850h Abs. 2 ZPO für den **Pfändungszugriff**[1085] eine angemessene Vergütung geschuldet. Ob die Voraussetzungen des § 850h Abs. 2 ZPO sachlich (materiell) vorliegen, prüft das Vollstreckungsgericht bei der Pfändung nicht[1086]. Es pfändet vielmehr nur die „angebliche" angemessene Vergütung und setzt nach §§ 850c, 850d oder 850f Abs. 2 ZPO die Pfändungsgrenze fest. Ob und in welcher Höhe ein Anspruch für den Pfändungszugriff im Verhältnis des Gläubigers zum Drittschuldner als Empfänger der Arbeits- oder Dienstleistung **tatsächlich** anzunehmen ist, muss im Streitfall das Prozessgericht[1087] (Rdn. C.104 ff.) entscheiden. Im Prozess trifft die Beweislast den Gläubiger[1088] (siehe aber Fn. 1066). Da die verschleierte „Vergütung" Arbeitseinkommen ist, wird sie von seiner Pfändung ohne Rücksicht darauf erfasst, ob die verschleierte Vergütung ausdrücklich im Beschluss bezeichnet ist oder dieser nur allgemein das Arbeitseinkommen als gepfändet bezeichnet[1089] (s. auch Rdn. C.65). Hat das Vollstreckungsgericht im Pfändungsbeschluss unzulässigerweise auch die Höhe der vermeintlich geschuldeten Vergütung festgesetzt, so ist das Arbeitsgericht hieran nicht gebunden[1090]. C.500

1084 OLG Dresden, JurBüro 2017, 323.

1085 Der Schuldner hat keine Verfügungsrechte über einen fingierten Vergütungsanspruch (LArbG Düsseldorf, DB 1972, 1028; LArbG Frankfurt, DB 1991, 1388 Leits.), er kann gegen seinen Arbeitgeber also aus den Gründen des § 850h Abs. 2 ZPO auf Zahlung einer angemessenen Vergütung nicht klagen; siehe dazu auch LArbG Baden-Württemberg, FamRZ 1970, 316.

1086 LG Berlin, MDR 1961, 510. Die Voraussetzungen für das Bestehen eines Anspruchs nach § 850h Abs. 2 ZPO müssen im Pfändungsantrag daher nicht dargelegt werden, LG Bremen, JurBüro 2003, 215.

1087 Leistungsklage des Gläubigers oder Feststellungsklage des Drittschuldners.

1088 Zu den Anforderungen an die Beweislast des Gläubigers siehe BArbG, DB 1977, 1855; LArbG Hamm, BB 1988, 1754 mit Anm. Smid; OLG Oldenburg, MDR 1995, 344 mit Anm. Sitz; LArbG Düsseldorf, MDR 1994, 1020.

1089 OLG Karlsruhe, JurBüro 2012, 264; LG Bremen (Fn. 1086).

1090 Berner, Rpfleger 1962, 171 m.w.N.

C.501 Die **Pfändungsbeschränkungen** (§§ 850c, 850d und 850f Abs. 2 ZPO) müssen auch bei Pfändung „verschleierten" Arbeitseinkommens beachtet werden. Ein Unterhaltsberechtigter mit eigenen Einkünften ist somit nach § 850c Abs. 4 ZPO nur dann nicht zu berücksichtigen, wenn dies das Vollstreckungsgericht bestimmt hat[1091]. Im Pfändungsbeschluss muss der unpfändbare Betrag ohne Rücksicht auf die vom Arbeitsgericht festzustellende Höhe der nach § 850h Abs. 2 ZPO geschuldeten Leistung bezeichnet werden[1092]. Der im Erwerbsgeschäft seiner Ehefrau tätige Schuldner kann aber für seine Frau und die Kinder einen Freibetrag nicht verlangen[1093]. Naturalleistungen sind nach § 850e Nr. 3 ZPO mit der angemessenen Vergütung zusammenzurechnen[1094] und auf deren unpfändbaren Teil zu verrechnen. An die Entscheidung, mit der das Vollstreckungsgericht den Freibetrag (insbesondere im Falle des § 850d ZPO) festgelegt hat, ist im Einziehungserkenntnisverfahren das Arbeitsgericht gebunden (siehe auch Rdn. C.352). Die Beteiligten können eine Änderung daher nicht durch Einwendungen im Prozess, sondern nur durch Antrag an das Vollstreckungsgericht herbeiführen. Wenn das Vollstreckungsgericht den unpfändbaren Freibetrag nicht bestimmt hat, muss ihn das Prozessgericht von sich aus absetzen. Nach §§ 850g und 850f ZPO kann es dabei ohne Mitwirkung des Vollstreckungsgerichts verfahren.

C.502 Bei der Prüfung des **Prozessgerichts** (Zuständigkeit des Arbeitsgerichts s. Rdn. C.104), ob die Voraussetzungen des § 850h Abs. 2 ZPO vorliegen, sowie insbesondere bei der Bemessung **der Höhe der Vergütung** ist auf alle Umstände des Einzelfalls abzustellen[1095]. Die Frage, ob Lohnverschleierung vorliegt, kann vielfach bereits danach beurteilt werden, ob nach Art und Umfang der vom Schuldner geleisteten Dienste eine andere, normal bezahlte Arbeitskraft beschäftigt werden müsste, wenn die Dienstleistungen des Schuldners in Fortfall kämen[1096]. Im Übrigen ist zunächst an Hand des einschlägigen Tarifvertrags[1097] oder, wenn ein solcher nicht existiert, an Hand anderer Vorgaben[1098] die für die Dienste, wie sie der Schuldner leistet, „übliche" Vergütung zu ermitteln[1099]. Sodann muss das zwischen Arbeitgeber und Schuldner vereinbarte Arbeitsentgelt damit verglichen und festgestellt werden, ob der Schuldner gegen eine „unverhältnismäßig geringe" Vergütung arbeitet. Erst wenn diese Voraussetzungen erfüllt sind, kann das

---

1091 BArbG, JurBüro 2008, 492 = NJW 2008, 2606.

1092 OLG Schleswig, JurBüro 1956, 431 = SchlHA 1956, 294; LG Berlin, MDR 1961, 510; LG Frankenthal, MDR 1984, 856 = Rpfleger 1984, 425.

1093 LArbG Frankfurt, AP Nr. 1 zu § 850c ZPO mit Anm. Pohle = DB 1956, 1236; LArbG Hamm, ZIP 1993, 610 (612); LArbG Hamm, DB 1993, 1428 Leits. **a.A.** Fenn, ZZP 93 (1980) 229 (230) (Besprechung der 5. Auflage dieses Handbuchs) m.N.; Menken, DB 1993, 161 (165).

1094 LG Halle, JurBüro 2006, 382; **anders** BArbG (Fn. 1091).

1095 BAGE 128, 157 = MDR 2009, 228 = NJW 2009, 1294 Leits.; LArbG Hamm, JurBüro 1997, 273 (Geschäftsführer einer GmbH).

1096 LArbG Baden-Württemberg, DB 1965, 1599.

1097 Prüfung, ob ein (Ehegatten-) Arbeitsverhältnis von einem Tarifvertrag erfasst wird, durch das Arbeitsgericht von Amts wegen, LArbG Hamm, ZIP 1993, 610.

1098 Zur Bestimmung der angemessenen Vergütung eines Kfz-Meisters siehe OLG Oldenburg, JurBüro 1995, 104.

1099 BArbG (Fn. 1091).

Gericht eine „angemessene“ Vergütung festsetzen[1100]. Abzuwägen sind dabei insbesondere auch die Art der Arbeits- oder Dienstleistung (Vertrauensstellung, einfache Tätigkeit), die verwandtschaftlichen[1101] oder sonstigen Beziehungen zwischen dem Dienstberechtigten und dem Dienstverpflichteten sowie die wirtschaftliche Leistungsfähigkeit des Dienstberechtigten, die auch eine Würdigung der Natur der Vollstreckungsforderung des Gläubigers notwendig machen kann[1102]. Zu berücksichtigen sein kann auch, ob der Ehegatte oder Vater Zahlungen auf Schulden des unentgeltlich oder gegen geringes Entgelt arbeitenden Angehörigen leistet[1103] oder geleistet hat[1104]. Die persönlichen Beziehungen des Dienstverpflichteten zum Drittschuldner und vor allem dessen nur beschränkte Leistungsfähigkeit[1105] können es unter Umständen angezeigt erscheinen lassen, vom Tariflohn abzuweichen[1106]. Besondere Umstände des Einzelfalles können ein Dienstverhältnis, das sich objektiv als Lohnschiebung darstellen würde, von § 850h Abs. 2 ZPO auch ganz freistellen[1107]. Die Höchstgrenze der anzunehmenden Vergütung bietet regelmäßig der Tariflohn. Von ihm kann regelmäßig kein Abschlag gemacht werden, wenn der Schuldner kraft Tarifbindung oder Allgemeinverbindlichkeitserklärung einen unabdingbaren Anspruch auf das tarifliche Mindestentgelt hat[1108].

Dienste des dem **elterlichen Hausstand angehörenden Kindes** im Hauswesen und Geschäft der Eltern (§ 1619 BGB)[1109] und Arbeiten, die sonst im Rahmen einer sittlichen Pflicht geleistet werden[1110], können dem § 850h Abs. 2 ZPO unterliegen[1111]. Im Hinblick auf die Veränderung der tatsächlichen Verhältnisse ist auch für landwirtschaftliche Betriebe heute in weiterem Umfang als früher das Bestehen eines Arbeitsverhältnisses zwischen Eltern und Kindern anzunehmen[1112], jedoch auch die Annahme familienrechtlicher Dienstleistungen bei einem erwachsenen Haussohn, der den elterlichen Hof selbstständig bewirtschaftet, nicht ausgeschlos- C.503

1100 BArbG, AP Nr. 10 zu § 850h ZPO mit zust. Anm. Pohle = BB 1965, 1027 = DB 1965, 1406 = MDR 1965, 944; LArbG Hamm (Fn. 1097).

1101 LArbG Mainz, AP Nr. 6 zu § 850h ZPO = BB 1960, 171 = DB 1959, 1348. Hier kann von Bedeutung sein, ob der Sohn als Hofübernehmer arbeitet, Übergabe demnächst zu erwarten ist, außerdem ob durch die Beschäftigung des Schuldners eine andere Arbeitskraft erspart wird oder nicht (LArbG Baden, SJZ 1950, 594; RArbG, JW 1938, 256) sowie weiter, ob der Betrieb eine besondere Arbeitskraft tragen, also existenzfähig bleiben würde, wenn der Familienangehörige nicht mitarbeiten würde.

1102 **Beispiel:** Es vollstreckt ein Kind gegen den Sohn eines Landwirts, der im überschuldeten elterlichen Betrieb arbeitet.

1103 LArbG Mainz (Fn. 1101).

1104 LArbG Hamm (Fn. 1097); ArbG Dortmund, DB 1991, 2600 Leits.

1105 LArbG Hamm (Fn. 1097).

1106 Für Abschlag von (bis zu) 30% von der üblichen Vergütung LArbG Hamm (Fn. 1097).

1107 Gegen völlige Freistellung LArbG Hamm (Fn. 1097).

1108 BArbG (Fn. 1100); Wenzel, MDR 1966, 973.

1109 BGH (Fn. 1075); KG, AP Nr. 1 zu § 850d ZPO mit zust. Anm. Pohle = FamRZ 1958, 342.

1110 **Beispiel:** Schuldner kann aus moralischen Gründen gehalten sein, seinen nicht mehr voll arbeitsfähigen Eltern ihre Existenzgrundlage zu erhalten, siehe LArbG Bremen, DB 1962, 476.

1111 Stein/Jonas/Würdinger, ZPO, § 850h Rdn. 23 m.w.N.

1112 BFHE 60, 262 = NJW 1955, 1615; LArbG Frankfurt, AP Nr. 11 zu § 850h ZPO = BB 1965, 1109 = DB 1965, 1635 = FamRZ 1966, 41 = MDR 1965, 1026.

sen[1113]. Leistungen im Rahmen der dem Schuldner obliegenden gesetzlichen Unterhaltspflicht (siehe § 1601 BGB) fallen jedoch nicht unter § 850h Abs. 2 ZPO[1114]. Bei Ehegatten kann die Mitarbeit im Beruf oder Geschäft des anderen Ehegatten Lohnverschleierung sein[1115]. Es kommt insbesondere darauf an, ob aus der Sicht eines Dritten eine ständige und üblicherweise zu vergütende Mitarbeit anzunehmen ist[1116]. Dienste des Ehemannes, der seiner Ehefrau als Geschäftsinhaberin nicht nur gelegentlich mit Rat und Tat zur Seite steht[1117], sondern ständig im Geschäft tätig ist (z.B. wenn er Arbeitsstellen überwacht, sich um Aufträge bemüht, die Schlussabnahmen erledigt, die Lehrlingsausbildung übernimmt)[1118], überschreiten jedenfalls immer, auch bei kleineren Handwerksbetrieben, den Umfang einer zwischen Ehegatten üblichen familiengebundenen Mitarbeit, verpflichten also zur Leistung einer angemessenen Vergütung[1119], insbesondere dann, wenn die Ehefrau ohne Fachkenntnisse das Geschäft des Mannes nach dessen wirtschaftlichem Zusammenbruch auf eigene Rechnung fortführt[1120]. Für alle Arbeitsleistungen, die bei Angehörigen erbracht werden, wird grundsätzlich auch entscheidend sein, ob eine gleiche Dienstleistung durch eine fremde Person nach den Gepflogenheiten des Wirtschaftslebens regelmäßig bezahlt oder sonst vergütet zu werden pflegt[1121].

C.504 Als pfändbar angesehen wird nach § 850h Abs. 2 ZPO die angemessene Nettovergütung[1122]; zu beachten sind daher §§ 850a, 850c, 850d und 850f ZPO als Pfändungsschutzvorschriften. Dem Gläubiger steht somit nur der pfändbare Teil der fiktiven Nettovergütung zu[1123]. Wenn der nach § 850h Abs. 2 ZPO geschuldete ge-

---

1113 BGH, FamRZ 1972, 87 = NJW 1972, 429 m.w.N.; s. auch OLG Oldenburg, NdsRpfl 1983, 138.

1114 BArbG, DB 1977, 1855 = FamRZ 1977, 707 = NJW 1978, 343; RArbG, DR 1941, 1806; **Beispiel:** Hilfe des Sohnes in einem kleinen landwirtschaftlichen Betrieb mit geringem Ertrag, wenn die Eltern selbst nur noch in geringem Maße arbeitsfähig sind. Ein Ehegatte handelt im Allgemeinen auch nicht sittenwidrig im Sinne des § 826 BGB gegenüber (nicht bevorrechtigten) Gläubigern seines Ehepartners, wenn er es unterlässt, diesen in seinem Betrieb zu beschäftigen. Das gilt auch, wenn er dem Ehepartner vollen Unterhalt gewährt; BArbG, AP Nr. 14 zu § 850h mit zust. Anm. Mes = FamRZ 1973, 626 mit Anm. Fenn.

1115 BArbG, DB 1977, 1855 (Fn. 1114); LArbG Frankfurt (Fn. 1112). Zu der als Beitrag zur gemeinschaftlichen Lebensführung geschuldeten Mitarbeitspflicht der Ehegatten grundsätzlich BGHZ 77, 157 = FamRZ 1980, 776 = MDR 1980, 924 = NJW 1980, 2196. Ansprüche aus § 850h ZPO können nicht mehr geltend gemacht werden, wenn nach der Ehescheidung ein Zugewinnausgleich stattgefunden hat, ArbG Heilbronn, BB 1968, 1159.

1116 BArbG, DB 1977, 1855 (Fn. 1114).

1117 Für nur gelegentliche Mithilfe des Ehemannes in geringem Umfang, insbesondere für unregelmäßige familiäre Mithilfe wird keine Vergütung geschuldet, LArbG Frankfurt, BB 1953, 146.

1118 LArbG Bremen, AP Nr. 9 zu § 850h ZPO = BB 1963, 768 (für Malermeister und kleines Geschäft mit fünf Gesellen).

1119 ArbG Kaiserslautern, AP Nr. 2 zu § 850h ZPO = DB 1958, 1332; LArbG Mainz (Fn. 1101).

1120 LArbG Bremen, BB 1963, 768.

1121 Fenn, FamRZ 1968, 291 (300). Ob das auch für Dienstleistungen gelten kann, die nur vorübergehend und gefälligkeitshalber durch Familienangehörige geleistet werden, wird sich nach den Umständen des Einzelfalls bestimmen.

1122 BArbG (Fn. 1091).

1123 BArbG (Fn. 1091).

pfändete Lohnanspruch höher als die Vollstreckungsforderung des Gläubigers ist, braucht bei Entscheidung im **Einziehungserkenntnisverfahren** jedoch nicht im Einzelnen festgestellt zu werden, welche Brutto- oder Nettobezüge dem Schuldner zustehen. Das Prozessgericht muss aber diese Feststellungen treffen, mithin das Bruttoeinkommen und die der Berechnung nach §§ 850a–850e ZPO zugrunde zu legende angemessene Vergütung festlegen[1124], wenn die Vollstreckungsforderung den geschuldeten Lohnanspruch übersteigt und auch künftiges Arbeitseinkommen (§ 832 ZPO) gepfändet ist. Ist die Klage auf das künftige Arbeitseinkommen ausgedehnt, so muss das Prozessgericht auch die Fälligkeitszeitpunkte und Lohnzahlungsperioden nach den Umständen des Einzelfalls festlegen.

Ein Anspruch auf **rückständige** Vergütung aus einem nicht oder nur gering ver- C.505
güteten Dienst- oder Arbeitsverhältnis (d.h. Beträge, die für eine vor Zustellung des Pfändungsbeschlusses liegende Zeit gefordert werden) kann dem Gläubiger aus der Pfändung (nach § 850h Abs. 2 ZPO) nicht erwachsen[1125]. Nach abweichender Ansicht soll die Pfändung möglich, eine Begrenzung nur in den Verjährungsvorschriften zu sehen und eine Minderung des Geschuldeten dann notwendig sein, wenn der als Endbetrag aus einer größeren Zeitspanne anfallende Vergütungsbetrag so groß ist, dass er die Leistungfähigkeit des Arbeitgebers übersteigt. Dem jedoch ist nicht zu folgen. Umstände des Einzelfalles (s. § 850h Abs. 2 S. 2 ZPO) gebieten die Annahme, dass der Drittschuldner eine etwa geschuldete Vergütung fortlaufend auszahlen würde, Rückstände also nicht aufkommen ließe[1126]. Er kann daher auch durch Lohnpfändung mit rückständigen Leistungen nicht belastet werden. Der Erlass eines Rückstände pfändenden Beschlusses ist daher abzulehnen[1127].

Zum Rang bei mehrfacher Pfändung verschleierten Arbeitseinkommens siehe C.506
Rdn. C.584.

14.6. Aufrechnung, Abarbeitung von Verpflichtungen, Abtretung und Verpfändung

Gegenüber einer Pfändung nach § 850h Abs. 2 ZPO kann der Drittschuldner C.507
mit einer eigenen Forderung an den Schuldner[1128] nicht aufrechnen, weil die Vergütung nur im Verhältnis zwischen Gläubiger und Drittschuldner, nicht aber zwischen letzterem und Schuldner als geschuldet gilt[1129]. Das Recht des Drittschuldners auf Befriedigung seiner Gegenforderung muss aber gegebenenfalls mit allen sonstigen Umständen des Einzelfalles (siehe Rdn. C.502) berücksichtigt werden.

1124 Es darf sich also nicht darauf beschränken, nur den gepfändeten Betrag nach den Umständen des Einzelfalles festzulegen; **a.A.** jedoch LArbG Düsseldorf, DB 1962, 207.

1125 BArbG (Fn. 1091); BAGE 126, 137 = MDR 2008, 886 Leits. = ZInsO 2008, 869; LArbG Hamm, BB 1990, 710 = DB 1990, 1339 = MDR 1990, 747; Musielak/Becker, ZPO, § 850h Rdn. 18; Wieczorek/Schütze/Lüke, ZPO, § 850h Rdn. 30; Geißler, JurBüro 1986, 1295 (III 2); Geißler, Rpfleger 1987, 5. **A.A.** Stein/Jonas/Würdinger, ZPO, § 850h Rdn. 35.

1126 Nur wenn ganz besondere Anhaltspunkte im Einzelfall entgegenstehen, mag ausnahmsweise etwas anderes gelten.

1127 Zöller/Herget, ZPO, § 850h Rdn. 9; LArbG Hamm (Fn. 1125) (Pfändung rückständiger Ansprüche ist aus Rechtsgründen nicht möglich).

1128 Wohl aber mit einer Forderung gegen den Gläubiger.

1129 RArbG 20, 255; LArbG Bremen, BB 1963, 768; LArbG Mainz (Fn. 1101).

Die Verschuldung des Schuldners beim Dienstberechtigten zur Zeit der Zustellung des Pfändungsbeschlusses kann daher dazu führen, dass das Dienstverhältnis für die Zeit des Abarbeitens seiner Verschuldung ganz oder teilweise vom § 850h Abs. 2 ZPO freigestellt werden muss[1130].

C.508 Da dem Schuldner selbst vom Drittschuldner als Dienstberechtigtem ein Vergütungsanspruch tatsächlich nicht geschuldet wird, kann der Drittschuldner der Klage des pfändenden Gläubigers den Einwand nicht entgegenhalten, der Schuldner habe den Anspruch **verpfändet** oder **abgetreten**. Ein Gläubiger, der lediglich Rechte aus einer Lohnabtretung herleitet, kann nicht nach § 850h Abs. 2 ZPO verschleiertes Arbeitseinkommen in Anspruch nehmen[1131].

C.509 Kein Fall des § 850h Abs. 2 ZPO liegt vor, wenn der Schuldner vom Dritten seinen notwendigen Unterhalt erhält, **ohne dass er Dienste leistet**. In einem solchen Fall kann selbst dann eine Pfändung nach § 850h Abs. 2 ZPO nicht zum Ziele führen, wenn der Dritte den Schuldner beschäftigen könnte, weil ein Arbeits- oder Dienstleistungsverhältnis nicht fingiert werden kann.

14.7. Verwaltungsvollstreckung

C.510 § 850h Abs. 1 ZPO über die Pfändung der Vergütung bei Lohnschiebung und § 850h Abs. 2 ZPO über eine geschuldete angemessene Vergütung bei Lohnverschleierung finden nach § 319 AO auch bei Verwaltungsvollstreckung (§§ 249 ff. AO usw.) Anwendung[1132].

15. Einmalige Bezüge (§ 850i Abs. 1 ZPO)

C.511 **Schrifttum:** Ahrens, Zwangsvollstreckung in die Einkünfte Selbständiger, NJW-Spezial 2011, 341; Meller-Hannich, Gleicher Pfändungsschutz für alle Einkünfte, WM 2011, 529.

C.512 Einen (nachgelagerten) Pfändungsschutz regelt § 850i Abs. 1 ZPO für

- nicht wiederkehrend zahlbare Vergütungen für persönlich geleistete Arbeiten oder Dienste, und
- sonstige Einkünfte, die keine Arbeitseinkommen sind.

Damit ist auch für sämtliche Arten von **Einkünften nicht abhängig beschäftigter Personen**, die keinem besonders geregelten Pfändungsschutz unterliegen, (nachgelagerter) Pfändungsschutz nach § 850i ZPO ermöglicht[1133]. Zahlungsaufschub nach Überweisung solcher Ansprüche bestimmt § 835 Abs. 5 ZPO.

1130 So auch RArbG 20, 260.

1131 ArbG Münster, AP Nr. 7 zu § 850h ZPO; LArbG Schleswig-Holstein, AP Nr. 13 zu § 850h ZPO mit abl. Anm. Schneider = DB 1971, 2414; LArbG Frankfurt, DB 1991, 1388; LArbG Hamm (Fn. 1097), jedoch gegen völlige Freistellung des Drittschuldners.

1132 Strunk, BB 1992, 1907 m.w.N.

1133 Begründung, BT-Drucks. 16/7615, S. 11, 12, 14 (auch S. 25, 30).

Als **nicht wiederkehrend** zahlbare Vergütungen für persönlich geleistete **Arbeiten oder Dienste** unterliegen dem Pfändungsschutz vor allem die Einkommen der freiberuflich Tätigen, so der Schriftsteller, Architekten, Ärzte[1134], Zahnärzte, Hebammen, Tierärzte, Rechtsanwälte, Notare, Wirtschaftsprüfer, Steuerbevollmächtigten, Unternehmensberater, Diplom-Psychologen[1135] (bei selbstständiger Tätigkeit, z.B. mit Einkünften aus der Erstellung von Gutachten, Erteilung von Unterricht u.ä.), Künstler, Kunstmaler, Makler, Zwangsverwalter, Insolvenzverwalter, Testamentsvollstrecker[1136], Vormünder, Pfleger und Betreuer (Schutz für Aufwendungsersatz [§§ 1835, 1835a BGB] nach § 850a Nr. 3 ZPO), unter Umständen auch der Gläubigerausschussmitglieder. Bedeutungslos sind die Rechtsnatur des Arbeits- oder Dienstverhältnisses[1137] und der Rechtsgrund der Vergütung (Dienstvertrag, Werkvertrag, Werklieferungsvertrag, Geschäftsbesorgungsvertrag usw.). Pfändungsschutz nach § 850i Abs. 1 ZPO genießt daher auch die GEMA-Vergütung eines Komponisten[1138], damit auch der Vergütungsanspruch an die Verwertungsgesellschaft Wort der Autoren[1139], Übersetzer und Journalisten. Lizenzgebühren: Rdn. E.242. C.513

Eine nicht wiederkehrend zahlbare **Vergütung** kann auch – **neben den laufenden Bezügen** – für Dienst- oder Arbeitsleistungen des Schuldners in unselbstständiger Arbeit geschuldet sein. Unter § 850i Abs. 1 ZPO fallen daher auch alle Arbeitseinkommen, die nicht für einen fest umrissenen Zeitraum gezahlt werden, so die nach dem Beamtenrecht zu leistenden Abfindungen, die Abgangsentschädigung (Kündigungsabfindung) nach §§ 9, 10 KSchG[1140], die Sozialplanabfindung nach §§ 112, 113 BetrVG[1141] oder § 11 KSchG[1142] und ebenso eine anlässlich der Auflösung des Arbeitsverhältnisses zwischen Arbeitgeber und Arbeitnehmer einvernehmlich (vertraglich) festgelegte Abfindung[1143], der Ausgleichsanspruch des Handelsvertreters nach § 89b HGB, Karenzentschädigungen (siehe Rdn. C.22), die Abfindungssumme bei vorzeitiger Entlassung oder freiwilligem Ausscheiden, C.514

1134 Wegen der kassenärztlichen Tätigkeit siehe Rdn. C.20; wegen der „Zusammenrechnung" siehe Rdn. C.523.

1135 BGH, NZI 2003, 389 (392) = MDR 2003, 831 = NJW 2003, 2167 = Rpfleger 2003, 458 (461).

1136 Der Vergütungsanspruch des Testamentsvollstreckers ist übertragbar (KG, MDR 1974, 318 = NJW 1974, 752) und damit (§ 851 ZPO) auch pfändbar.

1137 BGH, FamRZ 2004, 790 = MDR 2004, 713 = NJW-RR 2004, 644 (645) = Rpfleger 2004, 361.

1138 KG, Rpfleger 1957, 86; s. auch BGH (Fn. 1137).

1139 S. BGH (Fn. 1137).

1140 BArbG, AP Nr. 1 zu § 850 ZPO mit zust. Anm. Förster = BB 1961, 1053 = DB 1959, 1007 = Rpfleger 1960, 247 mit zust. Anm. Berner; BAGE 32, 96 = AP Nr. 10 zu § 850 ZPO = MDR 1980, 346 = NJW 1980, 800 Leits.; BArbG, NJW 1997, 1868 (1869) = NZA 1997, 563; LArbG Niedersachsen, MDR 2004, 714; LG Aachen, JurBüro 1984, 468; LG Düsseldorf, MDR 1977, 586 = Rpfleger 1977, 183.

1141 BAGE 69, 29 = AP Nr. 13 zu § 850 ZPO = MDR 1992, 590 = NJW 1992, 1646 Leits. = Rpfleger 1992, 442; BArbG, NJW 1997, 1868 (Fn. 1140); OLG Düsseldorf, NJW 1979, 2520 = Rpfleger 1979, 469; LG Aachen (Fn. 1140); LG Bamberg, JurBüro 2009, 327 = Rpfleger 2009, 327; AG Krefeld, MDR 1979, 853.

1142 Hohn, BB 1963, 1100.

1143 BArbG, NJW 1997, 1868 (Fn. 1140); OLG Köln, MDR 1990, 258 = OLGZ 1990, 236; s. auch LG Essen, Rpfleger 1998, 297; LG Mainz, JurBüro 2000, 157; AG Bochum, DGVZ 1991, 173.

das nach Beendigung des Arbeitsverhältnisses verdiente und in einer Summe fällige Stornoreserveguthaben eines Außendienstmitarbeiters[1144], aber auch Entschädigungen für Verbesserungsvorschläge sowie Unfallverhütungsprämien (Prämien für unfallfreies Arbeiten). Solche einmalige Leistungen aus dem Arbeitsverhältnis sind Arbeitseinkommen und daher mitgepfändet, wenn der Pfändungsbeschluss alle Bezüge an Arbeitseinkommen als gepfändet bezeichnet (Rdn. C.65). Sie genießen als einmalige Bezüge (auch wenn sie in mehreren Raten ausgezahlt werden) aber den besonderen Pfändungsschutz des Lohnanspruchs selbst (§§ 850a, 850c, 850d, 850f ZPO) nicht, sind daher bei Lohnpfändung bis zu einer etwaigen Entscheidung nach § 850i ZPO in voller Höhe einzubehalten und abzuführen[1145].

C.515 **Sonstige Einkünfte,** die kein Arbeitseinkommen sind, sind Erwerbseinnahmen Selbstständiger[1146]. Pfändungsschutz erlangen können damit „alle Arten von Einkünften von nicht abhängig Erwerbstätigen, soweit sie der Sicherung des Lebensunterhalts dienen“[1147], als „selbst erzieltes Einkommen“ somit „sämtliche aus selbstständiger Tätigkeit erlangten Einkünfte“[1148]. Nicht wesentlich ist die Rechtsgrundlage des für den Lebensunterhalt „selbst erzielten Einkommen“ (Dienstvertrag, Werkvertrag, Geschäftsbesorgung usw.[1149]). Es gehören dazu aus selbstständiger Tätigkeit erlangte Einkünfte auch unabhängig davon, ob sie auf Grund persönlich geleisteter Arbeiten oder Dienste erzielt werden oder etwa durch im Unternehmen oder Betrieb angestellte Kräfte[1150]. Erfasst sind somit auch Werklohnansprüche, die von einem freiberuflich tätigen Schuldner durch Einsatz von Personal erzielt werden. Dazu gehören weiter Einkünfte aus der Gewährung von Wohngelegenheit oder eine sonstige Sachnutzung, die (jedenfalls) zu einem nicht unwesentlichen Teil auch als Entgelt für daneben erbrachte Dienstleistungen anzusehen sind (die Sonderregelung des früheren Abs. 2 wurde daher nach Ausdehnung des Anwendungsbereichs auf „alle Einkunftsarten“ aufgehoben[1151]).

Pfändungsschutz bestimmt § 850i Abs. 1 ZPO nach der Rechtsprechung des BGH[1152] – unter Aufgabe früherer Ansicht[1153] – auch für Erträge aus Vermögen, Kapitalerträge und -tilgungsleistungen, Entgelte für Veräußerung (privater) Vermögensgegenstände, Entgelte für Überlassung einer Sache (Miete oder Pacht) ohne Dienstleistung, Einkünfte aus Untervermietung[1154], Erbbauzinsen[1155], Zahlung bei Vermögensauseinandersetzung, Steuererstattungen, Werklohnansprüche und Verkaufserlöse, soweit die Einkünfte eigenständig erwirtschaftet sind und nicht besonderen Schutzvorschriften (z.B. für Altersrenten) unterliegen. Nicht eigenstän-

---

1144 LArbG Hamm, BB 1992, 2224 Leits.
1145 BArbG, DB 1959, 1007 (Fn. 1140); BAGE 32, 96 (Fn. 1140) für die Abgangsentschädigung; siehe außerdem Hohn, BB 1963, 1100.
1146 Begründung, BT-Drucks. 16/7615, S. 12 li.Sp. oben.
1147 Begründung, BT-Drucks. 16/7615, S. 9 li.Sp. Mitte.
1148 Begründung, BT-Drucks. 16/7615, S. 12 li.Sp. Mitte sowie unten.
1149 BGH (Fn. 1137).
1150 Begründung, BT-Drucks. 16/7615, S. 12 li.Sp. unten.
1151 Begründung, BT-Drucks. 16/7615, S. 18.
1152 BGH, MDR 2014, 1173 = NJW-RR 2014, 1197 = Rpfleger 2014, 687.
1153 BGHZ 171, 371 = MDR 2005, 650 = NJW 2005, 681 = Rpfleger 2005, 206.
1154 BGH, MDR 2015, 796 = NJW-RR 2015, 895 = Rpfleger 2015, 565.
1155 BGH, MDR 2019, 127 = Rpfleger 2019, 102.

dig erwirtschaftet sind z.B. Lottogewinne, Schenkungen oder erbrechtliche Ansprüche, z.B. Pflichtteilsansprüche[1156].

Pfändungsschutz wird für alle einmaligen Bezüge **nur auf Antrag** gewährt (§ 850i Abs. 1 S. 1 ZPO). Das Einkommen wird daher, sofern nicht der Gläubiger seinen Antrag von vornherein beschränkt, zunächst in voller Höhe gepfändet. **C.516**

Der **Antrag** ist an keine Frist gebunden; er muss nur vor Beendigung der Zwangsvollstreckung gestellt und entschieden sein[1157]. Gestellt werden kann der Antrag und entschieden werden kann über ihn auch, wenn nur gepfändet, Überwachung (§ 835 Abs. 1 ZPO) aber noch nicht erfolgt ist, somit nach Sicherungsvollstreckung (§ 720a ZPO), Arrestvollziehung (§ 930 ZPO) und ebenso nach einstweiliger Einstellung der Zwangsvollstreckung (§§ 707 ff. ZPO). Antragsberechtigt sind der Schuldner und seine Angehörigen, die im Rahmen des Pfändungsschutzes zu berücksichtigen sind, nicht aber der Drittschuldner[1158]. Der Gläubiger muss vor der Entscheidung gehört werden, und zwar sowohl im Hinblick auf Art. 103 Abs. 1 GG als auch deshalb, weil seine Belange gewürdigt werden müssen (siehe Rdn. C.522). Eine einstweilige Anordnung nach § 732 Abs. 2 ZPO (entspr. Anwendung) kann vor der Entscheidung erlassen werden, wenn diese erst nach Ablauf der Zeit des Zahlungsaufschubs (§ 835 Abs. 5 ZPO, Rdn. C.512) getroffen werden kann. **C.517**

Über den Antrag entscheidet der **Rechtspfleger**[1159] durch von Amts wegen zuzustellenden Beschluss. Gegen den (dem Antrag entsprechenden oder den zurückweisenden) Beschluss findet sofortige Beschwerde statt (§ 793 ZPO). **C.518**

Zu belassen ist dem Schuldner auf Antrag so viel, als er während eines angemessenen Zeitraums für seinen und seiner bevorrechtigten (siehe § 850i Abs. 1 S. 1 ZPO in Verbindung mit § 850d Abs. 2 ZPO) Angehörigen Unterhalt benötigt[1160]. **C.519**

1156 BGH, FamRZ 2016, 1078 = NJW-RR 2016, 761 = Rpfleger 2016, 590; Zöller/Herget, ZPO, § 850i Rdn. 1b.

1157 Kein Schutz mehr nach § 850i Abs. 1 ZPO, wenn der Drittschuldner nach Pfändung und Überweisung an den Gläubiger gezahlt hat, OLG Köln (Fn. 1143) (verneint Rechtsschutzinteresse). Ausnahme: Wenn sich der Gläubiger gegenüber dem Drittschuldner für den Fall einer dem Schuldner günstigen Entscheidung vertraglich zur Rückzahlung des erlangten Betrages verpflichtet hat, OLG Köln, wie vorst.

1158 Stein/Jonas/Würdinger, ZPO, § 850i Rdn. 21; Wieczorek/Schütze/Lüke, ZPO, § 850i Rdn. 16.

1159 OLG Hamm, JMBlNRW 1957, 283 = Rpfleger 1957, 411; LG Berlin, Rpfleger 1995, 170; Weber, Rpfleger 1967, 256.

1160 Zur Berechnung in einem Einzelfall (für Abfindungsanspruch gem. §§ 9, 10 KSchG) siehe OLG Düsseldorf (Fn. 1141). Das OLG Hamm, JurBüro 1985, 631 = OLGZ 1984, 457 und das OLG Köln (Fn. 1143) sowie das LG Rostock, Rpfleger 2001, 439, bemessen den notwendigen Unterhalt des Schuldners, der nicht verheiratet ist und keine unterhaltsberechtigten Kinder hat (doch wohl zu eng) nach dem Regelsatz der laufenden Hilfe zum Lebensunterhalt nach dem (vormaligen) BSHG; ebenso LG Bamberg (Fn. 1141) (für notwendigen Lebensunterhalt nach dem 3. und 11. Kapitel des SGB XII). Weil eine Gleichstellung mit dem in einem festen Dienst- oder Arbeitsverhältnis stehenden Schuldner erreicht werden soll, muss der Pfandfreibetrag jedoch nach den Grundsätzen bemessen werden, auf denen § 850c (auch § 850d oder § 850f) ZPO beruht (LG Halle, Rpfleger 2001, 439; LG Münster, Rpfleger 2002, 578). Entsprechendes gilt für den Betrag, der für den notwendigen Unterhalt des Ehegatten, von Kindern und sonst zu berücksichtigenden Personen zu belassen ist; zu eng somit LG Berlin,

Berücksichtigung findet auf Antrag auch der Unterhalt, der dem Elternteil eines Kindes nach §§ 1615l, 1615n BGB zu leisten ist. Einmaliges Arbeitseinkommen, insbesondere Einkommen eines freiberuflich Tätigen, soll auf diese Weise pfändungsrechtlich den wiederkehrenden Bezügen der in einem festen Dienst- und Arbeitsverhältnis stehenden Personen gleichgestellt werden.

C.520 Bei der Entscheidung sind vor allem die **wirtschaftlichen Verhältnisse** des Schuldners, insbesondere seine sonstigen Verdienstmöglichkeiten, frei zu würdigen (§ 850i Abs. 1 S. 2 ZPO). Dabei sind der Zeitaufwand für die Arbeitsleistung und die künftigen Verdienstmöglichkeiten ebenso wie sonstige Einnahmequellen[1161] und andere verfügbare Mittel zu berücksichtigen. Höchstens darf aber dem Schuldner so viel belassen werden, als ihm nach freier Schätzung des Gerichts verbleiben würde, wenn sein Arbeitseinkommen aus laufendem Dienst- oder Arbeitslohn bestünde (§ 850i Abs. 1 S. 1 ZPO). Der Freibetrag ist daher in Anlehnung an §§ 850a, 850c, 850d, 850e und 850f ZPO[1162] zu bemessen; er wird durch die nach diesen Vorschriften unpfändbaren Lohnteile begrenzt, kann aber im Hinblick auf die sonst zu berücksichtigenden Verhältnisse auch geringer sein. Da auch § 850a ZPO entsprechende Anwendung findet, sind die durch die Berufstätigkeit des Schuldners verursachten Kosten (Werbungskosten) bei der Bemessung des pfandfrei zu stellenden Betrags angemessen zu berücksichtigen;[1163] auch eine zeitliche Mehrarbeitsleistung muss gebührend gewürdigt werden. Beiträge zu einem berufsständischen Versorgungswerk können bei Ermittlung der pfändbaren Einkünfte in der Höhe abzugsfähig sein, in der für einen Arbeitnehmer mit entsprechendem Einkommen Beiträge zur gesetzlichen Rentenversicherung abzuführen wären[1164].

C.521 Den **Zeitraum**, für den ein unpfändbarer Betrag zu belassen ist und nach dem daher die Höchstsätze aus §§ 850c, 850d ZPO festzulegen sind, bestimmt das Vollstreckungsgericht unter Würdigung aller Umstände des Einzelfalles nach freiem Ermessen. Aus einer Abfindung[1165], durch die auch der in zurückliegender Zeit erfolgte Einbehalt des Arbeitsentgelts abgegolten wird (so bei vergleichsweiser Erledigung eines Rechtsstreits mit Beendigung des Arbeitsverhältnisses unter Zahlung

---

Rpfleger 1995, 170 (Orientierung an den Regelsätzen der laufenden Hilfe zum Lebensunterhalt). Siehe auch LG Aachen, Rpfleger 1983, 288; es hat dem Antrag eines 57jährigen verheirateten Arbeitnehmers mit vier Kindern, eine ihm bei vorzeitigem Ausscheiden aus dem Arbeitsverhältnis gezahlte einmalige Abfindung in voller Höhe dem Gläubigerzugriff zu entziehen, nicht entsprochen (der veröffentlichte Leitsatz ist zu weitgehend gefasst).

1161 Zur Bemessung des Freibetrags bei Pfändung einer Abfindung als Ausgleichszahlung zum Arbeitslosengeld (zur Arbeitslosenhilfe) für 5 Jahre LG Essen (Fn. 1143), das allerdings für die pfändungsfreien Beträge des § 850c ZPO auf den fiktiven Sozialhilfebedarf abstellt. Sozialhilfeleistungen bleiben bei der Bemessung des Unterhaltsbedarfs des Schuldners außer Betracht (Nachrang der Sozialhilfe), OLG Köln (Fn. 1143); LG Bamberg (Fn. 1141).

1162 Zur Anwendbarkeit des § 850f siehe LG Kiel, SchlHA 1958, 85.

1163 BGH (Fn. 1135).

1164 BGH, JurBüro 2008, 663 = MDR 2008, 1357 = NJW-RR 2009, 410 = Rpfleger 2008, 650.

1165 Zur Bestimmung des „angemessenen Zeitraums“ bei Pfändung eines arbeitsrechtlichen Abfindungsanspruchs siehe LG Bamberg (Fn. 1141); LG Essen (Fn. 1143); LG Mainz (Fn. 1143), LG Stuttgart, InsbürO 2018, 159.

einer Abfindung durch den Arbeitgeber), kann dem Schuldner ein Freibetrag auch für seinen vor der Antragstellung liegenden Unterhaltsbedarf belassen werden[1166].

Da dem Gericht bei seiner Entscheidung ein weiter Spielraum gelassen ist, liegt eine kleinliche Ermittlung der Verhältnisse des Schuldners regelmäßig nicht im Sinne der gesetzlichen Regelung[1167].

Abzulehnen ist ein objektiv begründeter Antrag des Schuldners insoweit, als **überwiegende Belange des Gläubigers** entgegenstehen (§ 850i Abs. 1 S. 3 ZPO). **C.522**

Eine **Zusammenrechnung** wiederkehrenden Arbeitseinkommens (§§ 850 ff. ZPO) und einmaliger Bezüge (§ 850i Abs. 1 ZPO) nach § 850e Nr. 2 ZPO verbietet sich[1168], weil der Freibetrag wegen der rechtlichen Verschiedenheit der §§ 850c, 850d und 850f Abs. 2 ZPO sowie des § 850i Abs. 1 ZPO nicht einheitlich festgestellt werden kann. Bei **Zusammentreffen** fortlaufenden Arbeitseinkommens mit Einkommen aus freiberuflicher Tätigkeit (wie z.B. bei Einkünften des Arztes oder Zahnarztes aus Kassen- und Privatpraxis) oder einmaligen Bezügen anderer Art bestimmt sich daher nur die Pfändbarkeit des Arbeitseinkommens – ungeachtet der weiteren Bezüge – nach §§ 850a, 850c oder § 850d und § 850f Abs. 2 ZPO. Soweit der dabei sich ergebende Freibetrag den Unterhalt des Schuldners und seiner Angehörigen nicht sichert, ist ihm auf Antrag für das Einkommen aus der freiberuflichen Tätigkeit angemessener weiterer Schutz nach § 850i Abs. 1 ZPO zu gewähren. Deckt das Arbeitseinkommen bereits den Unterhalt, so ist für einen Schutz nach § 850i Abs. 1 ZPO überhaupt kein Raum mehr[1169]. **C.523**

Auch wenn (nur) eine **Vorpfändung** (§ 845 ZPO) wirksam erfolgt ist und sich deshalb die Zahlung an den Schuldner verbietet, kann eine Bestimmung über Freistellung notwendigen Unterhalts aus „einmaligen" Arbeitseinkünften getroffen werden. Das gebietet der Zweck des § 850i Abs. 1 ZPO, dem Schuldner Einkommensbeträge für notwendigen Unterhalt sicherzustellen. Als angemessener Zeitraum, für den der freizustellende Unterhalt zu bestimmen ist, kann dann aber nur die Dauer der Wirksamkeit der Vorpfändung gelten. Nach nachfolgender Pfändung ist die Bestimmung auf Antrag für weitere angemessene Zeit gesondert zu treffen. **C.524**

Wenn **mehrere Gläubiger** „einmaliges" Einkommen gepfändet haben, bestimmen sich Wirksamwerden und Wirkungen der Pfändung für jeden Vollstreckungsgläubiger selbstständig (Grundsatz der Einzelvollstreckung). Der Schuldner muss daher in jedem Vollstreckungsverfahren den Antrag auf Freistellung eines Einkommensteils für notwendigen Unterhalt stellen und damit eine Bestimmung des **C.525**

1166 OLG Stuttgart, MDR 1984, 947 = OLGZ 1985, 69 = Rpfleger 1985, 159.
1167 So zutreffend vor allem Stein/Jonas/Würdinger, ZPO, § 850i Rdn. 17.
1168 Ebenso Grunsky, ZIP 1983, 908 (911); LG Hannover, JurBüro 1990, 1059 (Einkommen aus einem Kioskbetrieb); AG Hadamar, DGVZ 1989, 188; Wieczorek/Schütze/Lüke, ZPO, § 850i Rdn. 14. Siehe auch OLG Hamburg, JW 1936, 2940; wohl auch Stein/Jonas/Würdinger, ZPO, § 850e Rdn. 52. Auch dann, wenn keine Zusammenrechnung erfolgt, ist bei teilweiser Freistellung der einmaligen Vergütung zu berücksichtigen, dass der Schuldner daneben laufende Einkünfte hat und ihm infolge des sonach umfassenden Gesamteinkommens auch ein erhöhter, insoweit allerdings beim einmaligen Einkommen freizustellender Betrag verbleiben muss. Dieser ist jedoch nicht nach Zusammenrechnung der Tabelle des § 850c ZPO zu entnehmen, sondern nach den Grundsätzen des § 850i Abs. 1 ZPO frei zu bestimmen.
1169 Zu alledem siehe LG Kiel (Fn. 1162); LG Aachen, JurBüro 1984, 468.

Vollstreckungsgerichts nach § 850i Abs. 1 ZPO erwirken. Wenn nach mehrfacher Pfändung **nur in einem** dieser Vollstreckungsverfahren ein pfandfreier Unterhaltsbetrag nach § 850i Abs. 1 ZPO belassen ist, wirkt die Anordnung nur für die Feststellung des von der Pfändung dieses Gläubigers erfassten Einkommensbetrages, nicht auch zugleich zulasten anderer Pfändungsgläubiger.

C.526 Hat der Gläubiger **Nachrang,** in dessen Vollstreckungsverfahren die Bestimmung getroffen ist, dann bleibt für den besserrangigen Gläubiger das Einkommen voll gepfändet. Die Pfändungswirkungen und die Einziehungsbefugnis des vorrangigen Gläubigers schmälert die gegenüber dem im Rang nachfolgende Gläubiger getroffene Bestimmung nicht. Dem Schuldner kann daher ein pfandfreier Einkommensbetrag nicht zulasten des von der Bestimmung des Vollstreckungsgerichts nicht betroffenen vorrangigen Gläubigers ausgezahlt werden, in dessen Vollstreckungsverfahren Schutz nach § 850i Abs. 1 ZPO nicht beantragt und nicht angeordnet wurde (wie Rdn. C.450).

C.527 Hat hingegen der Gläubiger als erstpfändender **Vorrang,** in dessen Pfändungsverfahren die Bestimmung getroffen ist, dass dem Schuldner nach § 850i Abs. 1 ZPO ein Einkommensbetrag pfandfrei belassen wird, dann kann dieser für Schuldnerschutz freigestellte Betrag nicht dem nachpfändenden (nachrangigen) Gläubiger wegen seines fortbestehenden Pfandrechts an dem gesamten Einkommen gebühren (wie Rdn. C.451). Dessen Pfandrecht bleibt nachrangig. Der mit der Einzelfallbestimmung nach § 850i Abs. 1 ZPO freigestellte Einkommensbetrag gebührt daher dem Schuldner zur Deckung des notwendigen Unterhalts. Wenn jedoch der Gläubiger des durch die vorrangige Pfändung begründeten Pfandrechts (mit Befriedigung, Aufhebung des Pfändungsbeschlusses, Verzicht auf die Pfändung) wegfällt, äußert die nach § 850i Abs. 1 ZPO getroffene Einzelfallbestimmung keine Wirkung mehr. Dann ist das Einkommen nur noch für den bisher nachrangig gewesenen Gläubiger voll gepfändet. Daher bleibt in der Vollstreckungssache des (bisher) zweitpfändenden Gläubigers für den Schuldner ein weiterer Teil seines Einkommens nur dann pfandfrei, wenn das Vollstreckungsgericht auch in dessen Vollstreckungsverfahren auf Antrag die Bestimmung nach § 850i Abs. 1 ZPO getroffen hat. Entsprechendes gilt, wenn nach Pfändung durch mehrere Gläubiger die Bestimmung in jedem Vollstreckungsverfahren gesondert (einzeln) getroffen ist und die dem Schuldner für Unterhalt zu belassenden Beträge unterschiedlich bemessen sind (für Gläubiger A 5.000 Euro; für Gläubiger B 3.000 Euro usw.).

C.528 Treffen kann das Vollstreckungsgericht Bestimmung über Freistellung „einmaligen" Arbeitseinkommens nach § 850i Abs. 1 ZPO nur nach Pfändung mit Wirkung gegenüber dem Vollstreckungsgläubiger, **nicht** aber für Einschränkung der **Abtretung** einer nicht wiederkehrend zahlbaren Vergütung (§ 400 BGB) oder der Aufrechnung (§ 394 BGB). Daher wirkt auch eine vom Vollstreckungsgericht in einem Zwangsvollstreckungsverfahren getroffene Anordnung nur in dem Vollstreckungsverfahren des Gläubigers, in dem sie auf Schuldnerantrag ergangen ist. Sie begründet keine Beschränkung einer (vor- oder nachgehenden) Abtretung „einmaligen" Einkommens und keine Einschränkung der Aufrechenbarkeit (Grundsatz der Einzelvollstreckung). Trifft eine Pfändung, in der Bestimmung nach § 850i Abs. 1 ZPO getroffen ist, mit einer (vor- oder nachrangigen) Abtretung zusammen, dann gilt das Rdn. C.523 Gesagte entsprechend.

Für eine Pfändungsverfügung der Verwaltungs-**Vollstreckungsbehörde** (§ 309 AO) kann das mit der Verwaltungsvollstreckung nicht befasste (§ 249 Abs. 1 AO, § 5 VwVG-Bund usw.) Vollstreckungsgericht eine Bestimmung über Freistellung gepfändeten Einkommens nach § 850i Abs. 1 ZPO nicht treffen (vergleichbarer Fall Rdn. C.452). Über den Antrag nach § 850i Abs. 1 ZPO hat vielmehr die Vollstreckungsbehörde zu entscheiden; Einwendungen sind mit den Rechtsbehelfen des jeweiligen Verwaltungs-Vollstreckungsverfahrens geltend zu machen. C.529

16. Zusammentreffen von Pfändung mit Abtretung und Verpfändung sowie Aufrechnung (§ 850e Nr. 4 ZPO)

16.1. Abtretung

Schrifttum: Baur, Einige Bemerkungen zur Pfändung künftiger Lohnforderungen, DB 1968, 251; Behr, Zusammentreffen von Abtretung und Pfändung, Rpfleger 1990, 243; Börker, Sicherungsabtretung und Pfändung derselben Lohnforderung zugunsten verschiedener Gläubiger, NJW 1970, 1104; Denck, Die nicht ausgeschöpfte Lohnpfändung, DB 1980, 1396; Henckel, Zusammentreffen der Lohnpfändung und Lohnabtretung, JR 1971, 18; Jauernig, Zur Akzessorietät bei der Sicherungsübertragung, NJW 1982, 268; Malte de Grahl, Die Verrechnung nach § 850e Nr. 4 ZPO bei der Kollision mehrerer Pfändungen und Abtretungen, DAVorm 1985, 635; Mohrbutter, Rechtsfragen zum Zusammentreffen von Lohnabtretung und Lohnpfändung, JurBüro 1956, 78; Mümmler, Abtretung und Pfändung künftiger Arbeitseinkommen, JurBüro 1994, 459; Tiedtke, Stille Abtretung und Pfändung künftiger Lohnforderungen, DB 1976, 421; Tiedtke, Sicherungsabtretung bei Fehlen des zu sichernden Anspruchs, DB 1982, 1709; Welzel, Probleme der Lohnabtretung an den unterhaltsberechtigten Ehepartner, MDR 1983, 722. C.530

16.1.1. Abtretung und Abtretungsvereinbarungen

Das der Pfändung unterliegende (fällige und künftige[1170]) Arbeitseinkommen kann abgetreten werden[1171] (§§ 398, 400 BGB). Der Abtretungsvertrag[1172] (§ 398 BGB) muss ein bestimmtes (oder bestimmbares) Arbeitseinkommen zum Gegenstand haben, den neuen Gläubiger (Zessionar) bezeichnen und erforderlichenfalls den Umfang der Abtretung bestimmt oder zumindest bestimmbar darstellen. Abtretbar ist auch der Anspruch auf künftiges Arbeitseinkommen gegen den jeweiligen Arbeitgeber[1173] (siehe auch Rdn. C.546). Treffen Abtretung und Pfändung von Arbeitseinkommen zusammen, so gilt das in Rdn. B.437 ff. Gesagte. Eine Pfändung geht mithin ins Leere, soweit der Schuldner vor der Beschlusszu- C.531

Teil C Arbeitseinkommen

1170 BAGE 72, 238 = JurBüro 1994, 364 = NJW 1993, 2699 (2700) = Rpfleger 1993, 456; BAGE 96, 266 = MDR 2001, 650 = NJW 2001, 1443.

1171 Eine Abtretung ist nicht deshalb unwirksam, weil sie das Arbeitseinkommen insgesamt nennt und nicht wörtlich auf den pfändbaren Einkommensteil beschränkt, BAGE 72, 238 (Fn. 1170).

1172 Da eine Form gesetzlich nicht vorgeschrieben ist, wird vielfach nur die Abtretungserklärung des Arbeitnehmers schriftlich niedergelegt (siehe dazu § 409 BGB).

1173 BAGE 32, 159 = AP Nr. 6 zu § 829 ZPO = DB 1980, 835 = MDR 1980, 522 m.w.N.

stellung an den Arbeitgeber als Drittschuldner (§ 829 Abs. 3 ZPO) bereits fälliges oder künftiges Arbeitseinkommen schon wirksam[1174] abgetreten hat[1175]. Anspruch auf das ihm vor der Pfändung übertragene Arbeitseinkommen hat der Zessionar als neuer Gläubiger (zum künftigen Einkommen aber auch Rdn. C.547 ff.). Mit der Abtretung von Arbeitseinkommen erst nach der Pfändung verstößt der Arbeitnehmer gegen das Verfügungsverbot des § 829 Abs. 1 S. 2 ZPO. Diese Abtretung ist daher dem pfändenden Gläubiger gegenüber unwirksam.

C.532 Die Abtretung des (pfändbaren) Arbeitseinkommens kann **durch Vereinbarung** mit dem Schuldner **ausgeschlossen** sein (§ 399 BGB)[1176]. Dieses Abtretungsverbot kann einzelvertraglich oder durch kollektive Regelung (Tarifvertrag, Betriebsvereinbarung)[1177] festgelegt sein[1178]. Von dem in einer Betriebsvereinbarung enthaltenen Abtretungsverbot wird auch der Lohnanspruch des erst später (nach ihrem Abschluss) in den Betrieb eintretenden Arbeitnehmers erfasst[1179]. Abtretungen, die der Arbeitnehmer zu einer Zeit vorgenommen hat, in der er schon beim selben Arbeitgeber tätig war, macht aber der spätere kollektive Lohnabtretungsausschluss nicht hinfällig.

16.1.2. Unübertragbarkeit des nicht pfändbaren Einkommens

C.533 Die nicht abtretbaren Teile des Arbeitseinkommens (Freibeträge) bestimmen sich für die Abtretung an einen gewöhnlichen Gläubiger nach §§ 850a, 850c ZPO. In der Regel beziehen sich auch Abtretungen an Unterhaltsgläubiger nur auf den allgemein pfändbaren Lohn- und Gehaltsteil. Bei ausdrücklicher Vereinbarung kann aber das Arbeitseinkommen an einen Unterhaltsgläubiger wegen seines nach § 850d ZPO bevorrechtigten Anspruchs (im Rahmen der Zweckbindung, wie § 850e Nr. 4 ZPO) bis auf die nach §§ 850d, 850a ZPO unpfändbaren Bezüge ab-

---

1174 Wenn die Abtretung nichtig ist (z.B. nach § 134 BGB), hat sie keine Rechtswirkungen, ist das Arbeitseinkommen somit unverändert Schuldnervermögen; dann erfasst ein späterer Pfändungsbeschluss die Arbeitsentgeltansprüche, BAGE 73, 9 = MDR 1993, 1122 = NJW 1993, 2701 = NZA 1993, 792.

1175 Für sein Vorbringen, eine frühere Lohnabtretung sei Scheingeschäft (§ 117 BGB) oder vordatiert, ist im Rechtsstreit gegen den Arbeitgeber der pfändende Gläubiger beweispflichtig, LArbG Köln, DB 1985, 1647.

1176 Dieses Abtretungsverbot hindert die Lohnpfändung nicht, § 851 Abs. 2 ZPO. Wegen einer weitergehend zulässig gewesenen Abtretung siehe Gesetz über die Abtretung von Beamtenbezügen zum Heimstättenbau vom 30.6.1927 (RGBl I 133), das seit 1.1.1990 aufgehoben ist; vorher erfolgte Abtretungen bleiben unberührt (Gesetz vom 27.6.1989 [BGBl I 1265]). Zur Berechnung des pfändbaren Lohnteils nach Gehaltsabtretung an eine Heimstättengesellschaft siehe RGZ 146, 290; VGH Baden-Württemberg, FamRZ 1988, 971.

1177 BArbG, AP Nr. 1 zu § 399 BGB mit Anm. Hueck = BB 1958, 448 = DB 1958, 489; BArbG, AP Nr. 4 zu § 399 BGB mit Anm. Larenz = BB 1960, 1202 = DB 1960, 1309 = Rpfleger 1961, 15; LArbG Düsseldorf, DB 1976, 440; Wehr, BB 1960, 709; s. auch LArbG Frankfurt, DB 1972, 243. Die Betriebsvereinbarung kann die Wirksamkeit der Lohnabtretung auch von der Zustimmung des Personalrats des Arbeitgebers abhängig machen (sogen. beschränktes Lohnabtretungsverbot), LArbG Baden-Württemberg, BB 1967, 1289 = DB 1967, 1094.

1178 Betriebliche Rechtsfragen zum Lohnabtretungsverbot s. Hohn, BB 1962, 54.

1179 BArbG, AP Nr. 4 zu § 399 BGB (Fn. 1177).

getreten werden[1180]. Diese Abtretung an einen bevorrechtigten Gläubiger verbietet sich daher – abgesehen von den Mindestsätzen der in § 850a Nrn. 1, 2, 4 ZPO genannten Bezüge (siehe § 850d Abs. 1 S. 2 ZPO) – nur für einen Freibetrag, dessen Höhe sich im Einzelfall nach dem Bedarf des Schuldners für seinen notwendigen und seiner Angehörigen Unterhalt bestimmt (§ 850d ZPO und Rdn. C.307 ff.). Diesen Freibetrag kann der Drittschuldner bei Abtretung vor einer Pfändung mangels Entscheidung des Vollstreckungsgerichts nicht genau feststellen. Er kann die Abtretung daher praktisch nur in Höhe der Sätze des § 850c ZPO als wirksam behandeln und etwa streitige weitere Beträge wegen Ungewissheit über die Person des Empfängers hinterlegen[1181] (§ 372 BGB).

16.1.3. Abtretung von Bezügen, deren Pfändung zugelassen oder ausgeschlossen werden kann

Ansprüche, die an sich unpfändbar sind, deren Pfändung aber das Vollstreckungsgericht nach Billigkeit im Einzelfall ausnahmsweise zulassen kann (siehe § 850b Abs. 2, § 850f Abs. 2, 3 ZPO), sind vor einer Entscheidung des Vollstreckungsgerichts nicht abtretbar[1182] und nicht aufrechenbar[1183]. Der Pfändungsschutz des § 850f Abs. 1 und des § 850i Abs. 1 ZPO wird nur auf Antrag gewährt, steht also der Abtretung der Ansprüche nicht entgegen[1184]. C.534

16.1.4. Erhöhung des nicht abtretbaren Schuldnereinkommens (§ 850f Abs. 1 ZPO)

Zur Wahrung des Sozialhilfebedarfs oder wegen besonderer persönlicher oder beruflicher Bedürfnisse ermöglicht § 850f Abs. 1 ZPO bei der Zwangsvollstreckung auf Antrag des Schuldners eine Einzelfallbestimmung des nicht pfändbaren C.535

1180 RArbG, DR 1940, 595; siehe auch RAGE 6, 282 (287); BGHZ 125, 116 (120 f.) = MDR 1994, 467 = NJW 1994, 1057 (1059) = Rpfleger 1994, 379; **a.A.** ArbG Berlin, MDR 1971, 521 (die Abtretung im Rahmen des § 850d ZPO ist nicht genügend bestimmbar; sie ist jedoch umzudeuten in eine Abtretung in Höhe der nach § 850c ZPO pfändbaren Beträge). So auch Welzel, MDR 1983, 722; folgt man ihm, dann ist aber für die Feststellung des nicht abtretbaren (weil unpfändbaren) Einkommensteils der Unterhaltsgläubiger selbst nicht als Person zu berücksichtigen, der der Schuldner Unterhalt „gewährt“; **a.A.** Welzel, wie vorst.

1181 **A.A.** (früher) Bischoff/Rochlitz, Die Lohnpfändung, Bem. V 163, die meinten, auch bei Lohnabtretung wegen einer Unterhaltsforderung bestimmen sich die Grenzen gleichfalls nach § 850c ZPO. Dem ist nicht zu folgen, weil damit der Unterhaltsgläubiger dem Gläubiger einer gewöhnlichen Forderung gleichgestellt wird. Das ist nicht im Sinne der gesetzlichen Regelung, wie sich insbesondere auch aus § 850e Nr. 4 ZPO ergibt.

1182 Siehe BGHZ 31, 210 = MDR 1960, 292 = NJW 1960, 572; RG, DR 1943, 942; OLG Düsseldorf, MDR 1955, 674 m.w.N. Auch BAGE 41, 297 = BB 1984, 147 Leits. = MDR 1983, 699: Pfändung über die Grenzen des § 850c ZPO hinaus nach Maßgabe des § 850f Abs. 2 ZPO trotz vorrangiger Gehaltsabtretungen.

1183 LG Itzehoe, SchlHA 1968, 12.

1184 BGHZ 96, 324 (331) = JurBüro 1986, 551 = JZ 1986, 498 mit anm. Brehm = MDR 1986, 404 = NJW 1986, 2362 = Rpfleger 1986, 144.

Betrags (Rdn. C.418). Für die Abtretung des Arbeitseinkommens ist ein vergleichbarer Schutz zur Existenzsicherung des Erwerbstätigen nicht ausdrücklich bestimmt. Dem Arbeitgeber als Einkommensschuldner ist daher eine Erhöhung des nicht abtretbaren Teils des Arbeitseinkommens aus den in § 850f Abs. 1 ZPO angeführten Gründen nicht gestattet[1185]. Es kann ebenso das Prozessgericht (auch das Arbeitsgericht) in einem Rechtsstreit zwischen Arbeitnehmer (als Zedent) und Arbeitgeber als Schuldner des Anspruchs auf Zahlung des Arbeitseinkommens den nicht übertragbaren (pfandfreien) Betrag nicht in entsprechender Anwendung von § 850f Abs. 1 ZPO erhöhen[1186]. Auch das Vollstreckungsgericht kann nicht außerhalb eines Vollstreckungsverfahrens, somit nur für die Abtretung des Einkommens, Bestimmung über die Erhöhung des pfändungsfreien Betrags in entsprechender Anwendung von § 850f Abs. 1 ZPO treffen[1187]. Die in einem Pfändungsverfahren getroffene Bestimmung über die Erhöhung des pfändungsfreien Betrags nach § 850f Abs. 1 ZPO wirkt nur für die auf Grund dieses Pfändungszugriffs vorzunehmende Einkommensberechnung (siehe Rdn. C.287), nicht aber auch gegen einen (vor- oder nachrangigen) Zessionar.

C.536 **Schuldnerschutz** aus den Gründen des § 850f Abs. 1 ZPO muss gleichwohl **auch bei Abtretung** des Arbeitseinkommens möglich sein. Es kann der Zessionar keine weitergehenden Rechte haben als der vollstreckende Gläubiger (gebietet die vom Gesetz gewollte Gleichstellung der Abtretung des Arbeitseinkommens mit der Einkommenspfändung[1188]; vgl. § 400 BGB). Es kann der Arbeitnehmer daher vom Zessionar als Gläubiger des abgetretenen Arbeitseinkommens verlangen, dass ihm aus den besonderen Gründen des § 850f Abs. 1 ZPO als nicht übertragbar ein weiterer Teil seines nach den abstrakten Pfändungssätzen übertragbaren Einkommens belassen wird. Das kann dadurch geschehen, dass der Zessionar dem Arbeitgeber seine Zustimmung zu einer vom Arbeitnehmer erstrebten Erhöhung des nicht übertragbaren Einkommens erklärt (§ 409 Abs. 2 BGB, entspr. Anwendung). Schränkt der Neugläubiger die Abtretung nicht in dieser Weise ein, kann der Arbeitnehmer mit Klage gegen den Zessionar auf Zustimmung Heraufsetzung des nicht abtretbaren (pfändungsfreien) Betrags seines Arbeitseinkommens vor dem Prozessgericht (der ordentlichen) Gerichtsbarkeit durchsetzen[1189]. Darlegungs- und beweispflichtig ist der Arbeitnehmer dann dafür, dass die besonderen Gründe des § 850f Abs. 1 ZPO für Erhöhung des nicht übertragbaren Teils seines Arbeitseinkommens vorliegen[1190]. Dem Arbeitgeber als Schuldner des Einkommens gegenüber wirkt die Heraufsetzung des nicht übertragbaren (pfandfreien) Betrags, die der Arbeitnehmer in diesem Rechtsstreit (rechtskräftig, § 894 ZPO) erwirkt hat, wenn sie ihm mitgeteilt wird (§ 409 Abs. 2 BGB, entspr. Anwendung).

1185 BAGE 67, 193 = BB 1991, 1495 = MDR 1991, 992 = NJW 1991, 2038 = NZA 1991, 561.
1186 BArbG (Fn. 1185).
1187 BGH, MDR 2003, 1192 = NJW-RR 2003, 1367 = Rpfleger 2003, 516; **a.A.** LG Heilbronn, JurBüro 2001, 327 = Rpfleger 2001, 190.
1188 OLG Köln, NJW-RR 1998, 1689 = Rpfleger 1998, 354; AG Bad Baldsee, FamRZ 2000, 1593; siehe auch BArbG (Fn. 1185).
1189 OLG Köln (Fn. 1188); siehe auch BArbG (Fn. 1185); BGH (Fn. 1187).
1190 OLG Köln (Fn. 1188).

16.1.5. Abtretung und AGB

Als **Allgemeine Geschäftsbedingung** (§ 305 BGB) hält eine (zulässige[1191]) Vorausabtretung künftiger Lohn-, Gehalts- oder Provisionsansprüche in einem Ratenkreditvertrag der Inhaltskontrolle (§ 307 Abs. 1 BGB) stand, wenn sie Zweck und Umfang der Zession sowie die Voraussetzungen, unter denen der Verwender von ihr Gebrauch machen darf, hinreichend eindeutig bestimmt und zu einem vernünftigen, die schutzwürdigen Belange beider Vertragspartner angemessen berücksichtigenden Interessenausgleich führt[1192]. Eine Vorausabtretung, die als Allgemeine Geschäftsbedingung diesen Erfordernissen nicht genügt, ist unwirksam (§ 305 Abs. 1 BGB). Jedoch ist eine formularmäßige Globalabtretung auch dann wirksam, wenn eine (angemessene) Deckungsgrenze nicht ausdrücklich festgelegt ist[1193]. Die Nichtigkeit einer unangemessenen Freigaberegelung führt bei einer formularmäßigen Globalabtretung ebenso nicht zur Unwirksamkeit der Forderungsabtretung[1194]. C.537

Bei einer vom zugrunde liegenden Rechtsverhältnis **unabhängigen Abtretung**, die nicht Allgemeine Geschäftsbedingung ist und damit nicht der Inhaltskontrolle nach § 307 BGB unterliegt, ist der sie veranlassende Grund (Sicherungsvereinbarung usw.) für die rechtliche Wirksamkeit des Abtretungsvertrags zwischen dem Arbeitnehmer und dem Neugläubiger ohne Bedeutung. Für das Bestimmtheitserfordernis (Rdn. C.531) kommt es daher in diesem Fall auf die zu sichernde Forderung oder den sonstigen Grund der Abtretung nicht an. Auch diese Abtretung kann aber unter besonderen Umständen, insbesondere unter dem Gesichtspunkt der Übersicherung, als sittenwidrig unwirksam sein. Hierwegen siehe die Rechtsprechung aus der Zeit vor Inkrafttreten des AGB-Gesetzes in der 9. Auflage Rdn. 1251b. Der Umfang einer durch den Sicherungszweck bedingten Abtretung muss genügend bestimmt oder doch jedenfalls bestimmbar sein[1195]. Unwirksam ist insbesondere eine Sicherungsabtretung, wenn sie an eine Bedingung geknüpft ist, die den Umfang der abgetretenen Einkommensbeträge ungewiss macht[1196]. C.538

1191 BGH, BB 1976, 227 = DB 1976, 382 = MDR 1976, 383 = Rpfleger 1976, 124.

1192 BGHZ 108, 98 (104) = DNotZ 1989, 621 = MDR 1989, 889 = NJW 1989, 2383; BGH, MDR 1992, 865 = NJW 1992, 2626; OLG München, DB 1992, 832 = NJW-RR 1992, 812; auch Scholz, MDR 1993, 599.

1193 BGHZ 137, 212 = MDR 1998, 550 (Leits.) = NJW 1998, 671.

1194 BGHZ 138, 367 = MDR 1998, 916 = NJW 1998, 2206.

1195 BArbG, AP Nr. 26 zu § 138 BGB= NJW 1967, 751; BGH (Fn. 1191); siehe außerdem OLG Celle, BB 1967, 979 = DB 1967, 375 (= Abtretung für ein genau bezeichnetes Bankdarlehen); LArbG Baden-Württemberg, BB 1967, 765 mit Anm. Trinkner (= Abtretung zur Sicherung eines Kleinkredits nebst Zinsen und Kosten); Börker, NJW 1970, 1104.

1196 BGH (Fn. 1191).

16.1.6. Pfändung nach Abtretung

C.539 Wird abgetretenes Arbeitseinkommen gepfändet, so geht die Pfändung insoweit ins Leere[1197], als der Anspruch dem Zessionar zusteht[1198] (siehe Rdn. B.438, C.531) und dieser aus der Abtretung Anspruch auf das künftige Arbeitseinkommen herleiten kann (s. Rdn. C.547 ff.). Einer späteren Pfändung geht auch eine Sicherungsabtretung vor[1199]. Erhält der Zessionar nicht den vollen pfändbaren Lohnteil, so gebührt der freie Rest dem pfändenden Gläubiger. Dieser pfändbare Betrag wird vom vollen (nicht also von dem um die Abtretung gekürzten) Nettolohn berechnet[1200].

C.540 Da eine Pfändung auf ein neues Arbeitsverhältnis nicht übergeht (siehe Rdn. C.119), geht eine zu Beginn des neuen Arbeitsverhältnisses erfolgte Abtretung einer erst anschließend, also während des neuen Arbeitsverhältnisses vorgenommenen Pfändung auch dann vor, wenn der pfändende Gläubiger schon während des ersten Arbeitsverhältnisses wirksam gepfändet hatte[1201].

16.1.7. Stille Zession

C.541 Wenn nach stiller Zession[1202] ein (anderer) Gläubiger das Arbeitseinkommen hat pfänden und sich zur Einziehung überweisen lassen, kann der nach der Zession Berechtigte die vom pfändenden Gläubiger eingezogenen Beträge aus ungerechtfertigter Bereicherung herausverlangen, und zwar auch dann, wenn der gewährte und durch die stille Zession gesicherte Kredit im Zeitpunkt der Lohnpfändung noch nicht notleidend war[1203]. Der Vollstreckungsgläubiger darf aber die ihm durch den Pfändungs- und Überweisungsbeschluss entstandenen Zwangsvollstreckungskosten abziehen[1204]. In besonderen Fällen kann sich der pfändende Gläubiger auf unzulässige Rechtsausübung des Zessionars (§ 242 BGB) berufen. Dem pfändenden Gläubiger steht aber auch § 818 Abs. 3 BGB zur Seite, wonach er als Bereicherungsschuldner zur Herausgabe oder zum Wertersatz nicht verpflichtet ist, soweit er nicht mehr bereichert ist. Ein Wegfall der Bereicherung kann u.a. dadurch eintreten, dass eine Bank als pfändender Gläubiger es im Vertrauen auf den rechtmä-

---

1197 Nicht richtig LG Saarbrücken, Rpfleger 1986, 23, das den Schuldner, der in Kenntnis seiner titulierten Unterhaltsverpflichtungen einen wesentlichen Teil seines Arbeitseinkommens abgetreten hat, bei Festsetzung des pfändungsfreien Betrages so stellen will, als würde ihm der abgetretene Betrag zur Verfügung stehen; dagegen zutreffend Lorenschat, Anmerkung Rpfleger 1986, 309.

1198 BAGE 72, 238 (Fn. 1170); LArbG Hamm, DB 1970, 114. Auch eine stille Zession geht einer späteren Lohnpfändung vor, siehe Rdn. B.439; ArbG Hamburg, BB 1968, 83; Henckel, JR 1971, 18.

1199 BGH, MDR 1987, 494 = NJW 1987, 1268.

1200 OLG Hamm, BB 1953, 203 = JMBlNRW 1953, 41.

1201 ArbG Bielefeld, BB 1959, 705.

1202 Im entschiedenen Fall (nachf. Fn. 1203) an eine Bank zur Sicherung eines Kredits. Zur stillen Zession s. auch BGHZ 26, 185 (193) = MDR 1958, 231 = NJW 1958, 457.

1203 BGHZ 66, 150 = MDR 1976, 657 = NJW 1976, 1090; LG Köln, JurBüro 1980, 1098 mit Anm. Mümmler; **anders** noch Tiedtke, DB 1976, 421.

1204 BGH (Fn. 1203); LG Köln (Fn. 1203).

ßigen Empfang der Zahlungen unterlässt, sich rechtzeitig bei ihrem Schuldner anderweitig Sicherheit zu verschaffen[1205].

16.1.8. Einkommensabtretung zur Mietzahlung

Ist der Arbeitgeber zugleich der Vermieter seines Arbeitnehmers und hat er mit diesem vereinbart, dass die monatliche Miete vom Lohn einzubehalten ist, so ist diese Vereinbarung einem Gläubiger gegenüber, der später das Arbeitseinkommen pfändet, wirksam[1206] (Vereinbarung einer „abtretungsähnlichen" Zahlungsweise, die sich auf Aufrechnung des pfändbaren Lohnanteils bezieht). Fraglich ist, ob der Schuldner schon allein deshalb dem Einwand unzulässiger Rechtsausübung (§ 826 BGB) ausgesetzt ist, weil der Arbeitgeber als Vermieter bereits in der Tabelle des § 850c ZPO für Unterkunft pfandfrei enthaltene Beträge infolge der vorrangigen Zahlungsvereinbarung aus den pfändbaren Einkommensteilen erlangt. Die Vereinbarung über die (vorrangige) Einbehaltung der Miete könnte damit teilweisen Wegfall des Schutzzwecks (§§ 394, 400 BGB) zur Folge haben. Das kann jedoch nicht allgemein angenommen werden, kann aber jedenfalls nicht vom Drittschuldner beim Lohnabzug bestimmt, sondern müsste auf Klage des Gläubigers gegen den Schuldner vom Prozessgericht geprüft und entschieden werden. Für die Bestimmung eines auf Mietkosten zu beziehenden Teils der nach § 850c ZPO unpfändbaren Bezüge durch das Prozessgericht gibt es jedoch keine Rechtsgrundlage (Rdn. C.543). Bauer[1207] will aus der Tatsache, dass der Schuldner die laufende Miete nicht aus dem pfandfrei verbleibenden Lohnteil, sondern infolge der Abtretung aus dem pfändbaren Lohn zahlt und somit durch Abtretung praktisch einen weiteren Lohnteil zu seinen Gunsten unpfändbar gemacht hat, auf die Nichtigkeit der Abtretung wegen Sittenwidrigkeit schließen. Auch diese Nichtigkeit müsste der Gläubiger aber im Wege der Feststellungsklage gegen den Schuldner feststellen lassen. **C.542**

Auch die **Abtretung** des Arbeitseinkommens **an den Vermieter,** der nicht Arbeitgeber ist, zur Erfüllung der monatlich fortlaufenden Mietforderungen oder in ähnlicher Weise an Dritte zur Deckung fortlaufender (nicht aber rückständiger) Kosten des Lebensbedarfs (wie Heizung, Lieferung von Lebensmitteln, Bereitstellung von Mahlzeiten), für den die nach § 850c ZPO unpfändbaren Einkommensteile bestimmt sind, ist eine Verfügung, die einem danach vollstreckenden Gläubiger gegenüber wirksam ist (Rdn. B.437). Diese Abtretung ermöglicht § 400 BGB jedoch nur unter Wahrung der Pfändungsfreigrenzen des § 850c ZPO[1208]; sie begründet weitergehende Rechte für den Zessionar damit nicht. Zur Leistung des abgetretenen Arbeitsentgelts an den Vermieter zur Wegfertigung der (laufenden) Mietforderungen entfällt der Pfändungsfreibetrag des § 850c ZPO weder in voller Höhe noch anteilig[1209]. Eine entgegenstehende Vereinbarung ist nichtig[1210]. Die Ab- **C.543**

1205 BGH (Fn. 1203).
1206 BArbG, AP Nr. 1 zu § 392 BGB mit zust. Anm. Vollkommer = BB 1959, 919 = DB 1959, 1006 = JR 1960, 296.
1207 Bauer, JurBüro 1962, 310.
1208 BAGE 96, 266 = MDR 2001, 650 = NJW 2001, 1443.
1209 BArbG (Fn. 1208).
1210 BArbG (Fn. 1208).

tretung pfändungsfreier Teile des Arbeitseinkommens wäre überdies nicht wirksam, weil ihr die notwendige Bestimmbarkeit fehlen würde; es wäre nicht feststellbar, in welcher Höhe der nach § 850c ZPO unpfändbare Betrag des Einkommens anteilige Kosten für Unterkunft einschließt, so dass der Arbeitgeber keine Gewissheit hätte, in welcher Höhe des (unpfändbare) Arbeitseinkommen abgetreten wäre[1211]. Für die Bestimmung eines auf Mietkosten zu beziehenden Teils der nach § 850c ZPO unpfändbaren Bezüge durch das Prozessgericht im Rechtsstreit zwischen Zessionar und Arbeitgeber (an dem der Arbeitnehmer nicht beteiligt ist, dessen Rechte § 850c ZPO schützt), gibt es überdies auch keine Rechtsgrundlage[1212].

C.544 Ob das **Vollstreckungsgericht** Bestimmung treffen kann, dass infolge der Vereinbarung mit dem Arbeitgeber über die Mietzahlung (Rdn. C.542) oder der Abtretung von Arbeitseinkommen an den Vermieter (Rdn. C.543) einzubehaltende Beträge auf Einkommensteile anzurechnen sind, die nach der Tabelle des § 850c ZPO unpfändbar sind (dass sie somit nicht zulasten des nachfolgend pfändenden Gläubigers aus dem pfändbaren Arbeitseinkommen zu decken sind) oder ob es befugt ist, nach Wegfertigung der Kosten für Unterkunft aus pfändbaren Beträgen einen Teil des an sich unpfändbaren Arbeitseinkommens der Pfändung durch einen nachfolgend vollstreckenden Gläubiger zu unterwerfen, ist nicht geklärt. Das wurde in zurückliegender Zeit wiederholt für möglich erachtet[1213], damit die Kosten für Unterkunft oder ein Ausgabeposten für sonstigen Lebensbedarfs dem Schuldner nicht zulasten eines vollstreckenden Gläubigers doppelt zur Verfügung stehen. Zur Feststellung der in der Tabelle des § 850c ZPO bereits enthaltenen Kosten für Wohnungsmiete wurde auf die durchschnittlichen Leistungen des Sozialrechts für Unterkunft und Aufwendungen des Wohnens, gekürzt um die Wohngeldleistungen nach dem Wohngeldgesetz, abgestellt[1214]. Das jedoch ist nicht bedenkenfrei. Eine solche Bestimmung kann die Anwendung der Rechtsgedanken von § 850e Nr. 3 oder/und Nr. 4 ZPO nicht ermöglichen. Vielmehr gibt es keine Rechtsgrundlage[1215] für die Bestimmung eines auf die Mietkosten (oder sonst einen anderen Lebensbedarf) zu beziehenden Teils der nach § 850c ZPO unpfändbaren Bezüge durch das Vollstreckungsgericht. Überdies gibt es für die Festlegung des Wertes der Sachleistung „Wohnraumüberlassung“ als Teil des nach den Tabellenwerten des § 850c ZPO unpfändbaren Arbeitseinkommens keine Handhabe[1216]. Bei (regelmäßig) schwankendem Arbeitseinkommen und damit wechselnden pfandfreien Beträgen könnte der Wert der Sachleistung „Wohnraumüberlassung“ auch nicht sicher und beständig festgestellt werden. Es trifft zudem den Schuldner auch keine Rechtspflicht, infolge der Wahrung des Lebensbedarfs durch gesetzlich unpfänd-

1211 BArbG (Fn. 1208).
1212 BArbG (Fn. 1208).
1213 LG Hagen, MDR 1988, 1065 = NJW-RR 1988, 1232 = Rpfleger 1989, 73; LG Detmold, Rpfleger 1992, 74; AG Dortmund, Rpfleger 1995, 222; AG Frankfurt, JurBüro 1997, 438; AG Heidelberg, JurBüro 1997, 438.
1214 LG Hagen (Fn. 1213); LG Detmold (Fn. 1213). Kosten für den über diese Mindestanforderung hinausgehenden Wohnkomfort würden demnach vom Schuldner aus dem Teil der Abtretung finanziert, der sich auf den pfändbaren Teil bezieht.
1215 Ebenso wie dies bei Zusammentreffen der Abtretung für Wohnungsmiete mit einer späteren anderen Abtretung der Fall ist.
1216 BArbG (Fn. 1208).

bare Teile des Arbeitseinkommens Mehrverdienst für einen späteren Gläubigerzugriff bereit zu halten. Eine vorrangige Verfügung über das Arbeitseinkommen muss (als abstraktes Rechtsgeschäft) vielmehr ein Gläubiger ungeachtet des der Rechtsänderung zugrunde liegenden Beweggrundes hinnehmen. Eine spätere Korrektur durch das Vollstreckungsgericht[1217] schließt das ebenso aus, wie dem Vollstreckungsgericht die Feststellung versagt ist, dass ein mietefrei (etwa bei seinen Eltern) wohnender Schuldner Bedarf für einen die „Wohnraumüberlassung“ deckenden Freibetrag nicht habe und daher das Arbeitseinkommen über die Grenzen des § 850c ZPO hinaus der Pfändung unterworfen werde.

16.1.9. Zusammentreffen mit einem Unterhaltsanspruch

Beim Zusammentreffen einer Abtretung an einen Unterhaltsgläubiger (§ 850d C.545
ZPO) mit einer Pfändung wegen einer gewöhnlichen Vollstreckungsforderung hat das Vollstreckungsgericht – wie im Falle des Zusammentreffens mit der Pfändung durch den bevorrechtigten Gläubiger – dessen Anspruch auf Antrag auf den gem. § 850d ZPO in erweitertem Umfange dem Zugriff unterliegenden Teil des Arbeitseinkommens zu verrechnen (§ 850e Nr. 4 ZPO); siehe deswegen Rdn. C.583.

16.1.10. Abtretung des Einkommens aus einem künftigen Arbeitsverhältnis

Als künftige Forderung kann auch eine Forderung auf das Arbeitseinkommen C.546
aus einem noch nicht bestehenden Arbeitsverhältnis abgetreten werden[1218]. Daher ist die Abtretung des Lohnanspruchs gegen den derzeitigen und künftigen Arbeitgeber auch beim Wechsel des Arbeitsplatzes gegen den neuen Dienstherrn gültig. Eine Pfändung geht jedoch nicht auf den neuen Arbeitgeber über (siehe Rdn. C.119). Das führt dazu, dass der Gläubiger beim Arbeitsplatzwechsel neu pfänden muss und mit seinem neuen Pfändungszugriff auf abgetretenes Arbeitseinkommen trifft, dem Zessionar daher auch nachgeht, wenn seine Vollstreckung in das Arbeitseinkommen beim bisherigen Drittschuldner vor der Abtretung ausgebracht war. Entsprechendes gilt bei der (zulässigen) Abtretung der künftigen Lohnforderungen „gegen den jeweiligen Arbeitgeber“[1219].

Teil C Arbeitseinkommen

1217 Es geht darum, in welchem betragsmäßigen Umfang die gepfändete angebliche Forderung im Schuldnervermögen besteht, nicht aber darum, welcher Betragsteil einer (tatsächlich) bestehenden Schuldnerforderung gepfändet sein soll; ein Klarstellungsbeschluss zur Bestimmung des Umfangs der Pfändung verbietet sich daher; nicht richtig demnach LG Detmold (Fn. 1213); LG Hagen (Fn. 1213); AG Dortmund (Fn. 1213); AG Frankfurt (Fn. 1213); AG Heidelberg (Fn. 1213).

1218 BGH, MDR 1966, 47 = NJW 1965, 2197.

1219 BArbG (Fn. 1195). Siehe auch BGH (Fn. 1199) dazu, dass nach Vorausabtretung der künftigen und bedingten Forderung auf jeweiliges Arbeitseinkommen deren Erwerb durch den Abtretungsempfänger erst mit Entstehung der Forderung nicht mehr durch eine erneute Abtretung vereitelt werden kann. Demgemäß kann auch durch anschließende Pfändung der Erwerb des bereits voraus abgetretenen Arbeitseinkommens mit nachfolgender Vereinbarung eines Arbeitsverhältnisses nicht mehr beeinträchtigt werden.

16.1.11. Künftig fortlaufende Bezüge bei Abtretung

C.547 Bei künftigem Arbeitseinkommen handelt es sich um eine Forderung, die (abschnittsweise) jeweils erst mit Arbeitsleistung und Fälligkeit für den einzelnen Zahlungszeitraum zur Entstehung gelangt. Daher lässt allein die Abtretung des künftigen Arbeitseinkommens (der Abschluss des Abtretungsvertrags, § 398 BGB) als Verfügungsgeschäft vor der Begründung des künftigen Einkommens diese Forderung noch nicht auf den Zessionar übergehen. Die Abtretung entfaltet ihre volle Wirksamkeit vielmehr erst, wenn und sobald alle Voraussetzungen für die Entstehung der Forderung – abgesehen vom Veräußerungstatbestand selbst – in der Person des Veräußerers erfüllt sind[1220]. Damit besteht aber auch während einer Einkommensabtretung ein pfändbarer Anspruch auf Rückabtretung künftigen Arbeitseinkommens nicht[1221]. Desgleichen besteht bei bedingter Abtretung kein pfändbares Anwartschaftsrecht[1222] auf den künftigen Lohn-, Gehalts- oder Provisionsanspruch bei Bedingungseintritt oder -ausfall.

C.548 Die auf den Betrag der wegzufertigenden Forderung des Zessionars beschränkte Abtretung (vor der Pfändung[1223]) des künftigen Arbeitseinkommens an **Erfüllungs statt** (§ 364 Abs. 1 BGB) bewirkt einen Gläubigerwechsel (§ 398 BGB) nur in (= bis zur) Höhe dieser Forderung. Darüber hinaus verbleibt die künftige Einkommensforderung dem Arbeitnehmer; auf sie erstreckt sich daher eine (nach Abtretung) wirksam gewordene Einkommenspfändung (§ 832 ZPO). Ein pfändbarer Rückübertragungsanspruch oder eine pfändbare Anwartschaft ist damit ausgeschlossen.

C.549 Die auf den Betrag der wegzufertigenden Forderung des Zessionars beschränkte Abtretung (vor der Pfändung) des künftigen Arbeitseinkommens **erfüllungshalber** begründet für den Neugläubiger eine Befriedigungsmöglichkeit für seine fortbestehende Forderung. Diese erlischt erst, wenn er mit der Zahlung der abgetretenen künftigen Einkommensforderung Leistung (Befriedigung) erlangt. Einen Gläubigerwechsel bewirkt diese Abtretung gleichfalls nur in Höhe der wegzufertigenden Forderung des Zessionars. Im Übrigen entspricht die Rechtsstellung der Beteiligten der bei Sicherungsabtretung (siehe daher das nachf. Gesagte). Auch hier ist damit ein pfändbarer Rückübertragungsanspruch oder eine pfändbare Anwartschaft ausgeschlossen.

1220 BGHZ 32, 367 (369); 88, 205 (206); BGH, MDR 2010, 289 = NJW-RR 2010, 192 (193); siehe auch RGZ 67, 166 (167).

1221 **Anders** – unzutreffend, siehe auch Baur, DB 1968, 251; Vollkommer, Rpfleger 1972, 191 (Bespr. der 3. Aufl. dieses Buches) – Börker, NJW 1970, 1104; Behr, Rpfleger 1990, 243; Mümmler, JurBüro 1994, 459; LG Arnsberg, JurBüro 2013, 603; LG Berlin, MDR 1977, 412; LG Verden, Rpfleger 1986, 394; LG Münster, Rpfleger 1991, 379 mit zust. Anm. Spellerberg, der annimmt, es sei „unsinnig“, wenn ein Gläubiger seinen Rang durch eine Zwangsmaßnahme (nämlich Gehaltspfändung) sichern müsse und nicht durch Abtretung des Rückübertragungsanspruchs sichern könne, und dabei übersieht, dass die Gehaltsabtretung eine Sicherung ermöglicht und bewirkt, dass mit Freigabe ein Rechtsübergang auf den ersten Zessionar nicht mehr eintreten wird (s. Rdn. C.556).

1222 **Anders** Börker und Behr (je Fn. 1221).

1223 Die Abtretung erst nach der Pfändung ist dem Vollstreckungsgläubiger gegenüber unwirksam (Rdn. C.531), hier sonach nicht erheblich.

Die Abtretung des künftigen Arbeitseinkommens zur **Sicherung einer Forderung** des Neugläubigers erfolgt zumeist unter aufschiebender oder auflösender Bedingung (§ 158 BGB) oder unter Zeitbestimmung (§ 163 BGB). Eine Abtretung unter einer Bedingung wird vielfach auch als stillschweigend vereinbart anzusehen sein. Bei Wegfall des Sicherungszwecks (Erlöschen der gesicherten Forderung des Zessionars oder dann, wenn diese Forderung erst gar nicht zur Entstehung gelangt ist) oder nach Zeitablauf steht der Anspruch auf Zahlung des künftigen Arbeitseinkommens damit wieder dem Arbeitnehmer zu. Auf dieses erstreckt sich eine (nach Abtretung) ausgebrachte Einkommenspfändung (§ 832 ZPO). Ein pfändbarer Rückübertragungsanspruch oder eine pfändbare Anwartschaft bestehen daher nicht. C.550

Bei der vom **Rechtsgrund losgelösten** (Rdn. C.538) Abtretung[1224] des künftigen Arbeitseinkommens zur Erfüllung einer Forderung des Zessionars (Rdn. C.548, C.549) oder (wie zumeist) sicherungshalber knüpft die schuldrechtliche Abrede (§ 311 Abs. 1 BGB) Rechtsbeziehungen zwischen Arbeitnehmer (Schuldner) und Neugläubiger. Bei der Sicherungsabrede ist durch den Sicherungsvertrag (zu diesem auch Rdn. F.91) regelmäßig vereinbart, dass C.551

- der Neugläubiger die Zahlung des künftigen Arbeitseinkommens erst verlangen darf, wenn die gesicherte Forderung bei Fälligkeit (oder unter noch weiteren Voraussetzungen, z.B. Mahnung nach Fälligkeit) nicht erfüllt wird,
- die Abtretung bis dahin nicht offengelegt werden darf (stille Zession),
- bei Eintritt des Sicherungsfalls das künftige Arbeitseinkommen vom Sicherungsnehmer nur insoweit (erfüllungshalber) geltend gemacht werden darf, als das zur Befriedigung der gesicherten Forderung nötig ist.

Bis zur Offenlegung der Sicherungsabtretung bleibt der Arbeitnehmer infolge der Einziehungsberechtigung befugt, die Zahlung des fortlaufend fällig werdenden Arbeitseinkommens an sich zu verlangen (vgl. § 407 BGB). Für seine Gläubiger bleibt „sein" Arbeitseinkommen daher pfändbar. Zum (möglichen) Herausgabeanspruch des nach der stillen Zession Berechtigten s. jedoch Rdn. C.541. C.552

Wenn mit Erlöschen der gesicherten Forderung oder deshalb, weil sie (endgültig) nicht zur Entstehung gelangt, der Sicherungszweck entfallen ist und damit der **Sicherungsfall nicht mehr eintreten** kann, ist es dem Neugläubiger auf Dauer versagt, die Abtretung offenzulegen und künftiges Arbeitseinkommen geltend zu machen. Der Anspruch des Arbeitnehmers aus dem Sicherungsvertrag auf Erfüllung dieser Abrede richtet sich nicht auf eine Rückabtretung; rechtlich und wirtschaftlich zielt er auf Freigabe oder Aufhebung der Vorausabtretung und Rückgabe einer über die Abtretung etwa ausgestellten Urkunde (der nicht offengelegten und nicht mehr verwendbaren Abtretungsanzeige, s. § 407 BGB). Ein pfändbarer Rückübertragungsanspruch oder eine pfändbare Anwartschaft zeigt sich für Gläubiger des Arbeitnehmers (Schuldners) damit nicht, besteht aber auch im Übrigen nicht (s. nachf. Rdn. C.554). C.553

Teil C Arbeitseinkommen

1224 Diese Abtretung wird nicht automatisch hinfällig. Ein automatischer Rückfall der Einkommensforderung an den Arbeitnehmer müsste als Abtretungsbedingung vereinbart sein. Siehe BArbG (Fn. 1173).

C.554 Gegen den Neugläubiger (Sicherungsnehmer), der **nach Eintritt des Sicherungsfalls** (oder rechtsgrundlos) sein Recht auf das künftige Arbeitseinkommen geltend gemacht hat, hat der Schuldner einen Anspruch auf Freigabe des künftig weiter entstehenden Arbeitseinkommens, wenn der Sicherungszweck entfallen ist und damit der Sicherungsfall nicht mehr fortbesteht (wie Rdn. C.553). Auch dieser Anspruch des Arbeitnehmers (Schuldners) darauf, dass ihm sein künftiges Arbeitseinkommen wieder belassen wird, geht rechtlich und wirtschaftlich auf Freistellung von den Rechten des Sicherungsnehmers, nicht auf Rückabtretung (§ 398 BGB) der Forderung auf Zahlung des künftigen Arbeitseinkommens. Die Leistung erfolgt daher praktisch auch nicht formal durch Abtretungsvertrag (§ 398 BGB), sondern durch Verzicht, Freigabe oder Aufhebung der Vorausabtretung. Die Erfüllung des Freistellungsanspruchs in dieser Weise kann auch als durch die Sicherungsabrede (jedenfalls stillschweigend) vereinbart angesehen werden. Ein pfändbarer Rückübertragungsanspruch oder eine pfändbare Anwartschaft ergibt sich somit auch in diesem Fall für Gläubiger des Arbeitnehmers (Schuldners) nicht.

C.555 Mitunter wird angenommen, in dem Rdn. C.554 besprochenen Fall bestehe für den Arbeitnehmer (Schuldner) ein übertragbarer und damit pfändbarer schuldrechtlicher **Anspruch auf Rückübertragung** (Rückzession) der Forderung auf Zahlung des künftigen Arbeitseinkommens (s. Rdn. C.547). Darüber hinaus wird angenommen[1225], bei auflösend bedingter Sicherungsabtretung (Rdn. C.550) habe der Schuldner ein übertragbares und damit pfändbares dingliches Anwartschaftsrecht. Mit Rückabtretung oder Rückfall durch Bedingungseintritt soll dann kraft Gesetzes (§ 1287 BGB) ein Surrogationspfandrecht an der Forderung auf Zahlung des künftigen Arbeitseinkommens entstehen. Der Rang des Pfandrechtsgläubigers soll sich nach dem Wirksamwerden der Pfändung (§ 804 Abs. 3 ZPO) des Rückübertragungsanspruchs oder Anwartschaftsrecht richten. Der Gläubiger, der den Rückübertragungsanspruch[1226] oder das Anwartschaftsrecht gepfändet hat, soll damit andere Gläubiger, die vor ihm das (künftige) Arbeitseinkommen gepfändet haben, überrunden können, weil deren Einkommenspfändung infolge der Abtretung unwirksam sei (Überholungseffekt)[1227]. Dem ist nicht zu folgen[1228].

C.556 Gläubiger des Anspruchs auf das künftige Arbeitseinkommen ist der Sicherungsnehmer nicht schon mit Abschluss des Abtretungsvertrags, sondern erst, wenn der künftige Anspruch für einen späteren Lohnzahlungszeitraum mit Arbeitsleistung zur Entstehung gelangt (Rdn. C.547). Erst damit ist der Rechtserwerb des Sicherungsnehmers vollendet. Die Erfüllung der Verpflichtung aus dem Sicherungsvertrag soll aber gerade vorher erfolgen und bewirken, dass ein (späte-

---

1225 Z.B. Behr, Rpfleger 1990, 243 (244); Börker, NJW 1990, 1104 (1105).

1226 Siehe auch Börker, NJW 1970, 1104 (1106), der zudem annimmt, der Schuldner könne den Anspruch auf Rückübertragung seiner Forderung (vor Eintritt der Bedingung = Leistungspflicht des Sicherungsnehmers) abermals zur Kreditverschaffung verwenden, indem er ihn an einen neuen Gläubiger abtritt „mit der Folge, dass eine spätere Pfändung des Anspruchs ins Leere geht".

1227 Siehe die Fn. 1221 Genannten.

1228 Siehe Baur, DB 1968, 251, der zutreffend hervorhebt, dass nicht das „Quellenrecht", aus dem die Lohnforderungen entstehen, sondern die einzelnen künftigen Lohnforderungen abgetreten sind.

rer) Rechtsübergang auf den Sicherungsnehmer nicht mehr eintritt, die Forderung auf Zahlung des künftigen Arbeitseinkommens als Gläubigerrecht des Sicherungsnehmers somit nicht entsteht. Das schließt es aus, dass der Sicherungsnehmer über Arbeitseinkommen im Voraus (weiter) verfügt, das ihm bei Abschluss des „Rückabtretungs"vertrags noch gar nicht gehört sowie auch später für ihn als Gläubigerforderung nicht mehr entstehen soll und kann. Daher kann der Freistellungsanspruch nach der Abtretung künftigen Arbeitseinkommens dem Rückgewähranspruch bei der zur Sicherheit abgetretenen Grundschuld (Rdn. F.107) nicht gleichgestellt werden[1229]. Als Gläubiger der Grundschuld ist der Sicherungsnehmer Rechtsinhaber; die Abtretung in Erfüllung des Rückgewähranspruchs äußert als Verfügungsgeschäft daher sogleich Wirksamkeit. Damit erwirbt der Sicherungsgeber ein bereits dem Sicherungsnehmer gehörendes Grundpfandrecht; mit Leistung (voller Wirkung der Abtretung) kann daher auch der pfändende Gläubiger das Surrogationspfandrecht nach § 1287 BGB erwerben. Ein Gläubigerpfandrecht entsteht aber selbst dort bei Erfüllung des Verzichts- oder des Aufhebungsanspruchs nicht.

Ein Pfandgläubiger könnte mit der Erfüllung eines gepfändeten Anspruchs auf Rückabtretung künftigen Arbeitseinkommens an ihn aber auch aus weiteren Erwägungen kein Surrogationspfandrecht (§ 1287 BGB) erlangen. Für eine künftige Lohn-, Gehalts- oder Provisionsforderung aus einem **noch nicht bestehenden** Arbeitsverhältnis würde Bedeutung erlangen, dass sie zwar abgetreten, nicht aber gepfändet werden kann (Rdn. C.546). Auch nach „Rückabtretung" in Erfüllung eines gepfändeten Rückgewähranspruchs könnte ebenso ein Pfandrecht nicht erlangt werden. Für eine künftige Einkommensforderung aus einem **bestehenden** Arbeitsverhältnis wäre hinderlich, dass Leistung „in Gemäßheit des § 1282 BGB" für Erwerb des Pfandrechts nicht erfolgen könnte. Eine Berechtigung des pfändenden Gläubigers müsste stets auf den der Pfändung unterworfenen Einkommensbetrag (insbes. § 850c ZPO) beschränkt bleiben. Zudem könnte ihm der Sicherungsnehmer den Rückgewähranspruch nur insoweit leisten, als das zur Befriedigung des Gläubigers erforderlich wäre. Die weitergehende Geltendmachung eines gepfändeten Rückabtretungsanspruchs stünde dem Gläubiger nicht zu (§ 1282 Abs. 1 S. 2 BGB). Bei Abschluss eines Rückabtretungsvertrages vor Entstehen der Forderung mit künftiger Arbeitsleistung könnten das Einziehungsrecht des Gläubigers und damit der abzutretende Betrag des zurückgewährenden künftigen Arbeitseinkommens wegen der Ungewissheit über die Höhe sowohl des pfändbaren Arbeitseinkommens in den künftigen (ferneren) Auszahlungszeiträumen als auch des dann geschuldeten Betrags der Gläubigerforderung jedoch nicht bestimmt werden. Als unbestimmt wäre Erfüllung eines gepfändeten Rückgewähranspruchs somit ausgeschlossen. C.557

1229 Eher bietet sich der Vergleich mit dem Freigabeanspruch des Verpfänders nach § 1223 Abs. 1 mit § 1273 Abs. 2 BGB an.

C.558 Das durch die Einkommenspfändung erlangte Pfandrecht[1230] erstreckt sich auf die nach **der Pfändung fällig werdenden Beträge** nach § 832 ZPO auch dann, wenn das künftige Einkommen bereits abgetreten war, die Berechtigung des Zessionars vor Entstehen der Einkommensforderung mit Arbeitsleistung und Fälligkeit für den jeweiligen Lohnzahlungszeitraum aber wieder entfallen ist[1231]. Diese Pfändung ist nicht nichtig. Ins Leere ginge sie nur, wenn die mit dem Abtretungsvertrag getroffene rechtsgeschäftliche Verfügung mit dem Entstehen des Anspruchs auf das künftige Arbeitseinkommen ihre volle Wirkung entfalten würde[1232]. Dieser spätere Erwerb der Einkommensforderung durch den Abtretungsempfänger könnte dann nicht mehr durch erneute Abtretung[1233] und gleichermaßen nicht mehr durch nachfolgende Pfändung vereitelt werden. Sogleich als Gläubigerforderung des Arbeitnehmers jedoch entsteht der Anspruch auf Einkommenszahlung mit Arbeitsleistung und Fälligkeit für den Lohnzahlungszeitraum, wenn mit der Freistellung des künftigen Arbeitseinkommens von Rechten des Zessionars die Abtretungswirkungen entfallen sind. Besteht dann aber eine (gesicherte) Rechtsposition des vormaligen Abtretungsempfängers nicht mehr, dann ist auch die Wirksamkeit der Pfändung künftiger Einkommensbeträge (§ 832 ZPO) nicht eingeschränkt. Auch wenn nach der Abtretung ein Gläubiger das künftige Arbeitseinkommen wirksam pfändet und sodann anschließend ein weiterer Gläubiger den vermeintlichen Anspruch auf „Rückabtretung" der Lohnforderung pfändet, hat jedenfalls stets der erstvollstreckende Gläubiger das Vorrecht[1234].

C.559 Geltend gemacht wird schließlich, es sei übersehen, „dass ohne Pfändung des Rück**abtretungs**anspruchs dem Gläubiger die Pfändung des künftigen Lohnanspruchs nichts bringt, wenn der Sicherungsnehmer seiner Pflicht zur Rückabtretung an den Sicherungsgeber nicht genügt"[1235]. Jedoch ist damit nicht dargetan, dass als Recht des Arbeitnehmers ein Anspruch auf Abtretung des erst mit späterer Arbeitsleistung entstehenden Arbeitseinkommens überhaupt besteht und bereits einen Vermögenswert besitzt, der mit der Pfändung der Gläubigerbefriedigung dienlich gemacht werden kann (s. Rdn. E.1). Wenn als Vermögensrecht des Schuldners nur dessen Arbeitseinkommen pfändbar ist, kann auch der (vielfach nur theoretische) Fall, dass ein Sicherungsnehmer seine Freistellungsverpflichtung nicht erfüllt, eine Pfändung eines Rück**abtretungs**anspruchs nicht begründen. Die Durchsetzung des schuldrechtlichen Freigabeanspruchs dient der

---

1230 Behr, Rpfleger 1990, 242 differenziert zwischen der Pfändung des Arbeitseinkommens, die auch die zurückabgetretene oder zurückfallende Forderung des Arbeitnehmers nicht erfassen soll (keine Anwendung des § 832 ZPO, weil die Pfändung nach Sicherungsabtretung ins Leere geht), und der ausdrücklichen Mitpfändung des künftig fällig werdenden Arbeitseinkommens, bei der „wohl anzunehmen" sein wird, dass von ihr die durch Rückabtretung oder Rückfall wieder in das Schuldnervermögen zurückkehrende Forderung erfasst werde. Für diese Einschränkung des § 832 ZPO bietet das Gesetz keinen Anhalt.

1231 BAGE 72, 238 (Fn. 1170; OLG Celle, OLGR 1998, 212; OLG Nürnberg, JurBüro 2002, 603.

1232 BGHZ 88, 205 (206) = MDR 1984, 122 = NJW 1984, 492.

1233 BGH (Fn. 1232).

1234 Siehe dazu insbes. auch Baur, DB 1968, 251; OLG Düsseldorf, DB 1967, 1760.

1235 Behr, Rpfleger 1990, 243.

Sicherung des mit der Pfändung des künftigen Arbeitseinkommens erlangten Pfandrechts an diesem Vermögensrecht des Schuldners. Zur Pfandsicherung müsste daher auch der pfändende Gläubiger diesen Freigabeanspruch geltend machen können. Zudem bietet sich zur Unterstützung der Pfändung des künftigen Arbeitseinkommens (§ 832 ZPO) die **Hilfspfändung** des schuldrechtlichen Freigabeanspruchs an (Rdn. B.373). Diese Pfändung ermöglicht dem Gläubiger die Geltendmachung des Anspruchs. Die Erfüllung begründet dann jedoch (wie die Erfüllung des Verzichts- oder Aufhebungsanspruchs bei der Sicherungsgrundschuld, s. Rdn. F.119, F.120) für den Gläubiger kein Surrogationspfandrecht. Diese Hilfspfändung wahrt dem Gläubiger auch keinen Rang für die Pfändung des künftigen Arbeitseinkommens. Jedoch kann nicht angenommen werden, dass die Pfändung des künftigen Einkommens dem Gläubiger nichts einbringen könne und daher ein Rückabtretungsanspruch pfändbar bestehen müsse. Ein Abtretungsanspruch kann zudem nicht durch Gläubigerinteressen begründet werden, sondern nur durch Vertrag (§ 311 Abs. 1 BGB) oder gesetzlich (§ 812 BGB).

Eine (somit unzulässige) Pfändung des vermeintlichen Anspruchs auf Rück- **C.560**
übertragung (Rück„gewähr") des abgetretenen Arbeitseinkommens kann auch nicht im Wege der Auslegung auf das nach Erledigung der Abtretung dem Schuldner wieder zustehende künftige Arbeitseinkommen bezogen werden. Für eine Auslegung dieser Pfändung als Pfändung des Arbeitseinkommens fehlt es an dem Zahlungsverbot an den Arbeitgeber als Drittschuldner (s. Rdn. B.94).

Hat der Zessionar abgetretenes Arbeitseinkommen eingezogen, das seine gesi- **C.561**
cherte und/oder zu erfüllende Forderung übersteigt, so ist er dem Arbeitnehmer (Schuldner) nach dem Sicherungsvertrag (der sonstigen schuldrechtlichen Abrede, § 311 Abs. 1 BGB) oder infolge ungerechtfertigter Bereicherung (§ 812 BGB) zur Herausgabe des Mehrbetrages verpflichtet. Dieser Auszahlungsanspruch ist pfändbar, und zwar als künftiger Anspruch auch schon vor der Zahlung des Mehreinkommens durch den Arbeitgeber an den Zedenten.

Formulierungsvorschlag:

„Rückzahlung (auch: Auszahlung) des die Drittschuldnerforderung übersteigenden Überschusses, der sich mit Empfang des abgetretenen Arbeitseinkommens des … [Zedent] ergeben hat"

Dadurch, dass der vollstreckende Gläubiger die Abtretung wegen Gläubigerbenachteiligung (erfolgreich) angefochten hat, wird die Pfändung abgetretenen Arbeitseinkommens nicht nachträglich wirksam; es bedarf einer neuen Pfändung auf Grund des Anfechtungsurteils.[1236]

1236 BAGE 72, 238 (Fn. 1170); **anders** (als Vorinstanz) LArbG Hamm, MDR 1992, 786 Leits. = NZA 1992, 855 = ZIP 1992, 1168; Tiedtke, ZIP 1994, 1452; siehe auch Rdn. B.443.

16.2. Verpfändung

C.562 Verpfändet werden kann Arbeitseinkommen nur, soweit es abtretbar ist (§ 1274 Abs. 2 BGB), also nur in Höhe der der Pfändung unterliegenden Beträge. Die Verpfändung ist nur wirksam, wenn der Gläubiger (= Arbeitnehmer) sie dem Schuldner (= Arbeitgeber) anzeigt (§ 1280 BGB). Da auch der Verpfändung die gleichen Grenzen wie einer Lohnabtretung gesetzt sind, gelten die vorstehend (Abschnitt 16.1)dargestellten Besonderheiten auch für die Verpfändung von Arbeitseinkommen. Zur Verpfändung im Übrigen Rdn. B.449.

16.3. Aufrechnung

C.563 Soweit das Arbeitseinkommen der Pfändung nicht unterworfen ist (§§ 850 ff. ZPO), unterliegt es auch nicht der Aufrechnung (§ 394 S. 1 BGB). Gegenüber gewöhnlichen Forderungen wird mithin das aufrechenbare Arbeitseinkommen durch §§ 850c ZPO (gegenüber etwaigen Unterhaltsforderungen durch §§ 850d ZPO) begrenzt (siehe wegen dieser Begrenzung und wegen[1237] §§ 850b Abs. 2, 850f sowie § 850i Abs. 1 ZPO Rdn. C.531 ff.).

C.564 Der Grundsatz von Treu und Glauben (§ 242 BGB) schränkt jedoch das Aufrechnungsverbot in besonderen Ausnahmefällen ein. Daher mindert sich nach dem allgemeinen Gerechtigkeitsgedanken der dem Arbeitnehmer nach § 394 S. 1 BGB i.V.m. §§ 850 ff. ZPO zustehende Sozialschutz auf das Existenzminimum, d.h. auf das Maß, das das Gesetz im Verhältnis zu Unterhaltsgläubigern durch §§ 850d, 850a ZPO bestimmt, einschließlich des Unterhalts der dort genannten Angehörigen, wenn der Arbeitnehmer seinem Arbeitgeber im Rahmen des Arbeitsverhältnisses vorsätzlich einen Nachteil (z.B. eine Unterschlagung, aber auch Nachteile im weitesten Sinne ohne Rücksicht auf die Rechtsnatur[1238]), also auch durch Vertragsverletzung nach § 276 BGB zugefügt hat[1239].

1237 Zum Arglisteinwand bei Aufrechnung gegen einen Unterhaltsanspruch siehe auch Rdn. C.230.

1238 Bei Nachteilen im weitesten Sinne bestimmt sich nach den gesamten Umständen des Einzelfalls und Abwägung der Interessen, ob und inwieweit das Aufrechnungsverbot des § 394 S. 1 BGB eingeschränkt werden kann, siehe BArbG, Rpfleger 1961, 84 mit Anm. Berner.

1239 BArbG AP Nr. 8 zu § 394 BGB mit Anm. Hueck = BB 1960, 941 = DB 1960, 1131 = Rpfleger 1961, 87 mit eingehender Anm. Berner; BGHZ 123, 49 = FamRZ 1993, 1186 = MDR 1993, 762 = NJW 1993, 2105. Noch weitergehend BAGE 16, 228 = AP Nr. 9 zu § 394 BGB mit Anm. Bötticher = MDR 1965, 79 = NJW 1965, 70, das zumindest dann, wenn das Arbeitsverhältnis im Zeitpunkt der Aufrechnung durch das vertragswidrige Verhalten des Arbeitnehmers bereits beendet ist, die Aufrechnung trotz § 394 BGB in vollem Umfang für zulässig hält und eine Aufrechnung auch gegen den Urlaubsanspruch nach JArbSchG zulässt. Zu dieser Frage der Aufrechnung gegenüber unpfändbaren Lohnforderungen siehe auch Köst, BB 1954, 688. – Zur Aufrechnung bei Lohnabtretung siehe BArbG, NJW 1967, 751; zur Aufrechnungsvereinbarung s. LArbG Hamm, MDR 1973, 617.

17. Lohn-(Gehalts-)Vorschuss, Abschlagszahlungen

17.1. Lohnvorschuss

Schrifttum: Denck, Lohnvorschuss und Pfändung, BB 1979, 480; Bischoff, Lohnpfändung und Lohnvorschuss, BB 1952, 434. C.565

Lohnvorschuss ist ein durch künftigen Lohnanspruch gedeckter Kredit des Arbeitnehmers. Der Lohnvorschuss kann als **Vorauszahlung** auf den noch nicht fälligen Lohnanspruch (echter Lohnvorschuss) oder als **Darlehen** gewährt werden. Bei der Vorauszahlung wird im Einzelfall die Lohnzahlung für kurze Zeit mit dem Zweck vorverlegt, dem Schuldner zur Überbrückung des Zeitraums bis zu einem alsbaldigen Lohnzahlungstermin das Bestreiten des normalen Lebensbedarfs zu ermöglichen[1240]. Um ein Darlehen handelt es sich, wenn der Kredit ausdrücklich als solches bezeichnet[1241] oder nach den Umständen des Einzelfalls und dem daraus erkennbaren Parteiwillen (Hingabe gegen Zinsen, auf längere Zeit[1242], ohne Verbindung mit alsbald eintretendem Lohnabzug wie insbesondere bei Auszahlung eines den in nächster Zeit fällig werdenden Lohn erheblich übersteigenden Betrages) zur Erreichung eines Zwecks, der mit den normalen Gehaltsbezügen nicht oder nicht sofort erreicht werden kann und zu dessen Befriedigung auch sonst üblicherweise Kreditmittel in Anspruch genommen werden[1243], als solches gewollt[1244] ist. Als Lohnvorschuss gilt auch der Gegenwert für die dem Betrieb oder werkseigenen Einrichtungen ohne Bezahlung entnommenen Waren[1245]. C.566

Die Hingabe eines **Darlehens nach Lohnpfändung** begründet keinen der Pfändung gegenüber wirksamen Rückzahlungsanspruch (Verstoß gegen das Zahlungsverbot). Diese Leistung hat dem Gläubiger gegenüber daher keine Wirkung. Eine Aufrechnung (§§ 392, 394 BGB, siehe Rdn. C.563) der Rückzahlungsraten mit Wirkung gegen den Gläubiger ist daher nicht zulässig. Dem Arbeitgeber ist die Aufrechnung mit den pfändbaren Lohnteilen vielmehr erst nach Befriedigung des Gläubigers möglich, vorher nur dann und insoweit, als die Pfändung einzelne Bezüge oder Lohnteile nicht erfasst. C.567

Hingabe des **Darlehens** schon **vor Lohnpfändung** schafft vor Wirksamwerden des Zahlungsverbotes die Voraussetzungen der Aufrechnung, gibt also die Möglichkeit der Aufrechnung auch nach Wirksamwerden der Pfändung (siehe Rdn. B.171). Der pfändende Gläubiger geht daher nach Erklärung der Aufrechnung so lange leer aus, wie gepfändete Lohnteile (Berechnung nach § 850c ZPO) vom Arbeitgeber einbehalten werden können[1246]. C.568

1240 LArbG Düsseldorf, AP Nr. 1 zu § 614 BGB mit Anm. Larenz = BB 1955, 834 = DB 1955, 1020; Denck, BB 1979, 480.
1241 **A.A.** LArbG Düsseldorf (Fn. 1240), das meint, der Bezeichnung, welche die Parteien gewählt haben, komme keine Bedeutung zu.
1242 Rückzahlung in monatlichen Raten, ArbG Wetzlar, DB 1985, 288 (Leits.).
1243 LArbG Düsseldorf (Fn. 1240).
1244 Siehe auch Bischoff, BB 1952, 434; Denck (Fn. 1240).
1245 ArbG Göttingen, AP Nr. 2 zu § 394 BGB = DB 1956, 624; Köst, BB 1954, 691.
1246 Siehe dazu auch ArbG Hannover, BB 1967, 586; auch Denck (Fn. 1240). Zur Aufrechnungsvereinbarung siehe Rdn. B.174.

C.569 **Vorauszahlungen** (echter Lohnvorschuss) **nach Einkommenspfändung** verstoßen gleichfalls gegen das Zahlungsverbot, sind somit dem pfändenden Gläubiger gegenüber unwirksam. Der Vorauszahlungsbetrag kann daher nicht zulasten des Gläubigers von dem gepfändeten Einkommensteil abgesetzt werden. Der gepfändete Einkommensteil ist vielmehr so zu berechnen, als sei eine Vorauszahlung nicht geleistet und ein Rückzahlungsbetrag nicht einzubehalten[1247]. Weil die Vorauszahlung aber das Arbeitseinkommen vorzeitig getilgt hat, kann sie am Lohnzahlungstag von dem pfandfreien, d.h. dem Schuldner gehörenden unpfändbaren Lohnteil abgesetzt und einbehalten werden.

C.570 Ein bereits **vor Lohnpfändung** geleisteter (echter) Lohnvorschuss (Lohnvorauszahlung) wird (ebenso wie die nicht abgerechnete Lohnabschlagszahlung, Rdn. C.572) für die Berechnung des in einem Lohnzahlungszeitraum pfändbaren Arbeitseinkommens nach der Pfändung nicht mitgerechnet. Die Pfändung nach Zahlung des Lohnvorschusses erfasst nur das bei ihrem Wirksamwerden (§ 829 Abs. 3 ZPO) noch geschuldete Arbeitseinkommen[1248]. Der nach § 850c (§§ 850d oder 850f) ZPO pfändbare Einkommensteil wird nur von diesem noch verbleibenden und bei Abschlusszahlung zu leistenden Arbeitseinkommen berechnet[1249].

Nach anderer Ansicht muss auch in einem solchen Fall der pfändbare Betrag von dem gesamten Arbeitseinkommen (unter Einrechnung etwaiger Vorauszahlungen), somit von dem Betrag des „ursprünglich“ geschuldeten Arbeitseinkommens, bestimmt und dem Pfändungsgläubiger zugewiesen werden; der Lohnvorschuss wird demnach vom unpfändbaren Lohnteil abgesetzt[1250]. Nur soweit der unpfändbare Lohnteil fällige Rückzahlungsraten nicht mehr deckt (was seltener vorkommen wird) soll auch dem pfändenden Gläubiger gegenüber eine Anrechnung auf den von der Pfändung erfassten Lohn erfolgen dürfen[1251]. Jedoch soll dem Arbeitnehmer immer der notwendige Lebensbedarf verbleiben, eine Verrechnung

---

1247 Zöller/Herget, ZPO, § 850e Rdn. 2; Wieczorek/Schütze/Lüke, ZPO, § 850e Rdn. 16, und – für Provisionsvorschüsse – ArbG Berlin, BB 1965, 203.

1248 Stöber, Anmerkung AP Nr. 11 zu § 850 ZPO. Die Gegenansicht übersieht, dass zunächst grundsätzlich darauf abzustellen ist, welches Arbeitseinkommen von der Pfändung erfasst wird.

1249 Stöber (Fn. 1248) gegen BAGE 55, 44 = AP Nr. 11 zu § 850 ZPO = BB 1987, 1743 = DB 1987, 1306 = MDR 1987, 611; wie dieser Stein/Jonas/Würdinger, ZPO, § 850e Rdn. 15; Wieczorek/Schütze/Lüke, ZPO, § 850e Rdn. 17. Sinn und Zweck der mit § 850c ZPO bestimmten Abgrenzung schließen es aus, einen bei Zahlung ungepfändeten und damit zur Deckung des Lebensbedarfs für eine andere Zeit (als die ab Einkommenspfändung) bestimmten und geleisteten Einkommensteil nach späterer Pfändung nachträglich wieder in die Berechnung einzustellen und damit den Schuldner rückwirkend für die Zahlungszeit auf den Lebensbedarf zu beschränken, für den nach § 850c ZPO der Betrag Maß gibt, der nach dem Schutzgedanken des Sozialstaatsprinzips bei Einkommenspfändung nur noch bleibt; dazu Stöber (Fn. 1248), hier auch zu dem Begriff „Zeitraum, für den Arbeitseinkommen gezahlt wird“ in § 850c ZPO. Wie hier: Schuschke/Walker/Kessal-Wulf/Lorenz, Vollstreckung, § 850e Rdn. 3.

1250 RGZ 133, 252; BAGE 2, 322 (324) = AP Nr. 1 zu § 394 BGB; BArbG (Fn. 1249); Wieczorek/Schütze/Lüke, ZPO, § 850c Rdn. 18; Denck (Fn. 1240) unter Hinweis auf die Rechtsprechung des RArbG und m.w.N.; LArbG Mannheim, BB 1952, 802; ArbG Berlin (Fn. 1247); Treffer, MDR 1998, 384 (386); für Leistungen innerhalb des Zahlungszeitraums auch Stein/Jonas/Würdinger, ZPO, § 850e Rdn. 16; Musielak/Becker, ZPO, § 850e Rdn. 6.

1251 Bischoff (Fn. 1244); außerdem die Nachweise bei Denck (Fn. 1240).

des Lohnvorschusses daher nur bis zur Grenze des nach § 850d ZPO zu bemessenden Lebensbedarfs erlaubt sein[1252]. Diese Ansicht wird mit Recht als unbefriedigend empfunden und als unrichtig abgelehnt[1253]. Sie führt auch praktisch dazu, dass das Arbeitseinkommen des Schuldners plötzlich unter das Existenzminimum sinkt. Die Folge ist, dass der Arbeitgeber, der den Schuldner als Arbeiter nicht verlieren will, zwangsläufig ganz oder doch zu wesentlichen Teilen auf sein Abzugsrecht verzichten muss. Bischoff[1254] weist bereits zutreffend darauf hin, dass diese Auslegung weder dem Wesen des Lohnpfändungsschutzes noch dem Rechtscharakter der Vorauszahlung entsprechen kann. Denn die Vorauszahlung wird auf den künftigen Lohnanspruch zu dessen Erfüllung geleistet. Damit erlischt insoweit der Zahlungsanspruch des Arbeitnehmers (§ 362 BGB)[1255]. Folge dieser vorweggenommenen Erfüllung ist, dass am Zahltag nur noch ein um die Rückzahlungsrate verminderter Lohnanspruch besteht. Deshalb kann auch der pfändbare Lohnteil nur von dem am Zahltag nach Abzug der Rückzahlungsrate noch geschuldeten Nettolohn berechnet werden[1256]. Daraus verbleibt dem Schuldner sein pfandfreier Betrag voll, der Arbeitgeber erhält seine Rückzahlungsrate; sie wird „zulasten" des pfändenden Gläubigers abgezogen. Dieses Ergebnis wird der Situation der konkurrierenden Beteiligten und dem Umstand am besten gerecht, dass die verhältnismäßig kleinen Vorauszahlungsbeträge den Sozialschutz des Schuldners als Arbeitnehmer nicht aufheben können, wenn dieser Schutz selbst bei den als Darlehen gegebenen größeren Zahlungen erhalten bleibt.

Für eine Gleichstellung mit den Rückzahlungsraten eines vor Einkommenspfändung gegebenen Darlehens (Rdn. C.568) als interessengerechteste Lösung spricht sich Denck[1257] aus. Demnach wäre dem Arbeitnehmer der nach dem unverkürzten Nettolohn berechnete pfändbare Einkommensteil (§ 850c ZPO) zu belassen. Der pfändende Gläubiger müsste dann so lange leer ausgehen, wie die so berechneten pfändbaren Lohnteile vom Arbeitgeber einbehalten werden können. Der Arbeitgeber soll aber die Möglichkeit behalten, bis zur Grenze des § 850d ZPO auch auf den unpfändbaren Einkommensteil zuzugreifen. Weil jedoch Vorauszahlungen (wie Abschlagszahlungen, Rdn. C.572) die Lohnschuld erfüllen, kann der pfändbare und aufrechenbare Einkommensteil nicht mehr von dem rechnerischen Gesamteinkommen, sondern nur noch von dem bei Abschlusszahlung zu leistenden Einkommen zu berechnen sein.

Wegen der unsicheren Rechtslage kann erwogen werden[1258], die „Vorauszahlung" auch bei Hingabe kleinerer Beträge immer ausdrücklich als Darlehen, nicht als Vorschuss, zu vereinbaren und sicherheitshalber die Rückzahlung nicht sofort beginnen zu lassen sowie eine größere Anzahl Rückzahlungsraten zu vereinbaren. C.571

1252 Denck (Fn. 1240).
1253 Siehe zu alledem Stöber (Fn. 1248); Bischoff (Fn. 1244).
1254 Bischoff (Fn. 1244); so auch ArbG Hannover, BB 1967, 586.
1255 So auch BArbG (Fn. 1249).
1256 Bischoff (Fn. 1244); Bischoff (Fn. 1244); Schuschke/Walker/Kessal-Wulf/Lorenz, Vollstreckung, § 850e Rdn. 3; ArbG Hannover (Fn. 1254); auch Denck (Fn. 1240).
1257 Denck (Fn. 1240).
1258 Dazu aber sehr kritisch Denck (Fn. 1240).

17.2. Abschlagszahlungen

C.572 Eine **Abschlagszahlung** ist eine Zahlung auf einen bereits fälligen (verdienten) Lohnanspruch, dessen Abrechnung hinausgeschoben ist. Vielfach wird sie bei längerem Lohnabrechnungszeitraum gewährt. Sie tilgt in ihrer Höhe die Lohnschuld; der Zahlungsanspruch des Arbeitnehmers erlischt insoweit (§ 362 BGB). Der mit der Abschlagszahlung getilgte Lohnanspruch wird von einer **nach** ihrer Auszahlung wirksam gewordenen Pfändung daher nicht mehr erfasst. Der pfändbare Lohnteil ist deshalb nur von dem für den Lohnzahlungszeitraum noch verbleibenden und bei Abschlusszahlung zu leistenden Lohn zu berechnen[1259] (zur gleichen Rechtslage bei Lohnvorschuss s. Rdn. C.570). Mit Leistung einer Abschlagszahlung an den Schuldner erst **nach** der Pfändung verstößt der Drittschuldner gegen das Zahlungsverbot (§ 829 Abs. 1 ZPO), soweit gepfändete Einkommensteile geleistet werden; eine Abschlagszahlung nach Pfändung ist daher, wie jede gegen das Zahlungsverbot verstoßende Lohnzahlung, dem Gläubiger gegenüber unwirksam, soweit gepfändete Einkommensteile geleistet sind. Wegen der sonstigen Behandlung der Abschlagszahlungen s. Rdn. C.237.

18. Zusammentreffen mehrerer Pfändungen (§ 804 Abs. 3, § 850e Nr. 4 ZPO)

18.1. Mehrfache Pfändung von Arbeitseinkommen

C.573 **Schrifttum:** Denck, Die Verrechnung von privilegierter Pfändung und Abtretung, MDR 1979, 450; Holthöfer, Zur Auslegung des § 850d ZPO, DRiZ 1957, 267; Kandler, Das Verhältnis des Prioritätsgrundsatzes zum § 850d ZPO, NJW 1958, 2048; Lüke, Mehrfache Pfändung einer Forderung aus verschleiertem Arbeitseinkommen, JuS 1995, 872.

C.574 Die Pfändung bereits gepfändeten Arbeitseinkommens kann auf Befriedigung aus den freien gegenwärtigen oder aus den künftigen, nach Wegfall des erstpfändenden Gläubigers frei werdenden Bezügen zielen. Zur mehrfachen Forderungspfändung siehe zunächst das Rdn. B.457 Gesagte. Auch bei **mehrfacher Pfändung** von Arbeitseinkommen bestimmt sich der Pfändungsrang **grundsätzlich** nach dem **Prioritätsgrundsatz** (§ 804 Abs. 3 ZPO). Besonderheiten ergeben sich aber, weil in Arbeitseinkommen in unterschiedlicher Höhe vollstreckt werden kann (siehe §§ 850c, 850d und 850f ZPO). Die Bezüge gliedern sich deshalb in drei Teile, nämlich

---

1259 Stöber (Fn. 1248); **a.A.** – Berechnung nach dem im ganzen Lohnzahlungszeitraum verdienten Lohn und Anrechnung der Abschlagszahlungen auf den unpfändbaren Lohnteil – BArbG (Fn. 1249); LArbG Düsseldorf, DB 1956, 259; Wieczorek/Schütze/Lüke, ZPO, § 850e Rdn. 19. Dieser Gegenansicht muss aber entgegengehalten werden, dass sich die Pfändung nur auf den geschuldeten Anspruch erstrecken kann, nicht jedoch auch auf bereits getilgte Beträge.

- in den Teil, der dem Schuldner bei der Pfändung einer bevorzugten Unterhaltsforderung (§ 850d ZPO) als notwendiger Unterhalt für sich selbst und seine Angehörigen bleiben muss, der also immer unpfändbar ist,
- in den Teil, der nur dem Zugriff der nach § 850d ZPO bevorrechtigten Unterhaltsgläubiger (oder anderen Gläubigern nach § 850f Abs. 2, 3 ZPO) offen steht,
- in den Teil, der jedem Gläubiger offen steht (§ 850c ZPO).

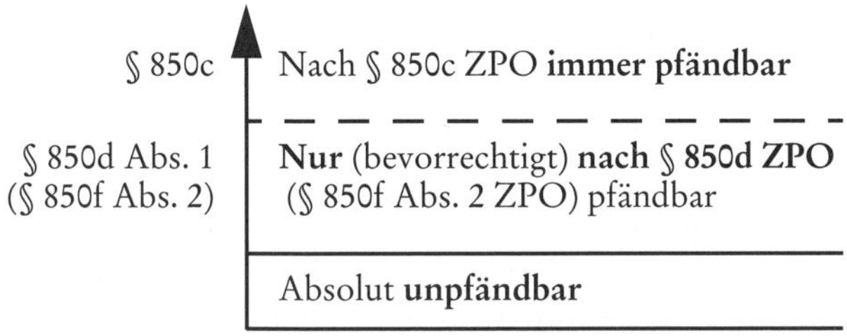

18.2. Pfändung unterschiedlich berechtigter Gläubiger

Pfänden **nur** Gläubiger **gewöhnlicher Forderungen** (§ 850c ZPO), so geht immer das durch die frühere Pfändung wirksam begründete Pfandrecht dem später erlangten Pfandrecht vor (§ 804 Abs. 3 ZPO; s. Rdn. B.462). C.575

Pfänden **nur** Gläubiger **bevorrechtigter Forderungen** (§ 850d und § 850f Abs. 2 ZPO), so bestimmt sich ihr Rang allgemein zunächst ebenfalls nach dem Prioritätsgrundsatz (§ 804 Abs. 3 ZPO). C.576

Ist der erstpfändende Gläubiger bevorrechtigt im Sinne des § 850d Abs. 2 ZPO, so hat er wegen aller vollstreckten laufenden und rückständigen Ansprüche (bei Rückständen von mehr als einem Jahr unter den Voraussetzungen des § 850d Abs. 1 S. 4 ZPO[1260]) das rangbessere Pfandrecht. Der zweitpfändende nachrangige Gläubiger kommt dann erst nach voller Befriedigung des ersten Gläubigers zum Zuge.

Hat der im Sinne des § 850d Abs. 2 ZPO nachstehende Gläubiger zuerst gepfändet, so hat er wegen aller nach § 850c ZPO für jeden Gläubiger pfändbaren Teile des Arbeitseinkommens das besserrangige Pfandrecht[1261], das durch die spätere Pfändung nicht berührt wird. Von den nur nach § 850d ZPO für die bevorrechtigten Gläubiger pfändbaren Einkommensteilen steht aber ein Teil, den der Schuldner für den laufenden Unterhalt (nicht die rückständigen Ansprüche) des zweitpfändenden, in der **Reihenfolge vorgehenden** Gläubigers benötigt, dem Zu-

1260 § 850d Abs. 1 S. 4 ZPO schließt auch die Reihenfolge des § 850d Abs. 2 ZPO aus. Nicht bevorrechtigte ältere Unterhaltsansprüche kommen daher nur an der den gewöhnlichen Forderungen nach dem Zeitpunkt der Pfändung gebührenden Rangstelle zum Zuge; siehe Holthöfer, DRiZ 1957, 267; LG Aurich, FamRZ 1990, 777 = JurBüro 1990, 1061 = MDR 1990, 640 = NJW-RR 1990, 844 = Rpfleger 1990, 307.

1261 So auch LG Aurich (Fn. 1260).

griff des erstvollstreckenden nachstehenden Gläubigers überhaupt nicht frei (§ 850d Abs. 1 S. 2 ZPO). Dieser Betrag wird daher im Rahmen der durch den weitergehenden zweiten Pfändungsbeschluss gesetzten Grenzen für den zweitpfändenden bevorrechtigten Gläubiger beschlagnahmt. Wenn der zweitpfändende Gläubiger bei der Bemessung des Freibetrags für die erste Pfändung noch nicht berücksichtigt worden ist, muss das Vollstreckungsgericht den ersten Pfändungsbeschluss nach § 850g ZPO auf Antrag entsprechend ändern[1262]. Entsprechendes gilt für die Konkurrenz gleichstehender Berechtigter[1263].

C.577 Wenn **bevorrechtigte Gläubiger** mit verschiedener Rangfolge im Sinne des § 850d Abs. 2 ZPO **gleichzeitig pfänden**, gilt das in Rdn. C.576 Gesagte entsprechend, d.h., in den Grenzen des § 850d ZPO kommt der laufende Unterhalt des vorgehenden Gläubigers vor dem Vollstreckungsanspruch des nachstehenden Gläubigers zum Zuge. Soweit die gleichzeitige Pfändung über die Vollstreckungsgrenzen des § 850d ZPO hinausgreift, also hinsichtlich der nach § 850c ZPO für jeden Gläubiger pfändbaren Einkommensteile, haben beide Gläubiger Gleichrang; insoweit finden sie daher nach dem Verhältnis ihrer Forderungen Befriedigung[1264].

C.578 Trifft ein **Gläubiger einer gewöhnlichen Forderung** (§ 850c ZPO) mit einem **Unterhaltsgläubiger** (§ 850d ZPO) zusammen, so gilt ebenfalls der Grundsatz der Priorität (§ 804 Abs. 3 ZPO). Hinsichtlich der nach § 850c ZPO von jedem Gläu-

---

1262 So auch Henze, Rpfleger 1980, 456 (458); LG Aurich (Fn. 1260); für Erinnerung (§ 766 ZPO) dagegen Behr, Rpfleger 1981, 382, auch Berner, Rpfleger 1956, 126. Ein mit Erinnerung anfechtbarer Verfahrensfehler bei Erlass des zu ändernden Beschlusses ist jedoch nicht Änderungsgrund, sondern die Tatsache, dass der nicht berücksichtigte Gläubiger **jetzt** mit Zwangsvollstreckung Unterhaltsleistungen (tatsächlich) zu erhalten hat, mithin die Änderung der bei Erlass des früheren Beschlusses angenommenen Unpfändbarkeitsvoraussetzung.

1263 Fall des LG Aurich (Fn. 1260). So z.B. dann, wenn zunächst ein Kind gepfändet hat und anschließend ein weiteres Kind pfändet. Das erstpfändende Kind kann sich hier gegenüber der nach § 850g ZPO möglichen Änderung des Pfändungsbeschlusses, soweit er das nach § 850d (gegenüber § 850c) ZPO in erweitertem Umfang pfändbare Arbeitseinkommen erfasst, nicht auf sein älteres Pfandrecht berufen. Bei gleichrangigen Berechtigten wird auch hier am besten für keinen von ihnen ein Freibetrag ausgeworfen, sondern angeordnet, dass die gepfändeten Beträge (das sind die Beträge, die den Unterhalt für den Schuldner und die besser berechtigten Angehörigen übersteigen) auf die Gläubiger anteilig zu verteilen sind; siehe LG Münster, JMBlNRW 1951, 263. Für das nach § 850c ZPO der Pfändung unterliegende Arbeitseinkommen wird das Prioritätsrecht des erstpfändenden Gläubigers (§ 804 Abs. 3 ZPO) auch nicht dadurch durchbrochen, dass anschließend ein gleichrangiger Gläubiger pfändet (so auch LG Aurich (Fn. 1260); Behr, Rpfleger 1981, 382 [389]; **a.A.** aber LG Bamberg, MDR 1986, 245; LG Mannheim, MDR 1970, 245 = NJW 1970, 56; Henze, Rpfleger 1980, 456 mit Berechnungsbeispiel). § 850d Abs. 2 ZPO ist insoweit keine Sondervorschrift; der erstpfändende bevorrechtigte Gläubiger kann nicht schlechter gestellt sein als ein gewöhnlich pfändender Gläubiger und daher wie dieser durch eine bevorrechtigte Vollstreckung nicht verdrängt werden. Das gilt schon deshalb, weil der Gläubiger auch den Unterhaltsanspruch nur bis zur Grenze des § 850c ZPO vollstrecken kann, das Vorrecht des § 850d ZPO also nicht in Anspruch zu nehmen braucht. Der Frage dürfte aber wenig praktische Bedeutung zukommen, weil eine erwünschte gleichmäßige Befriedigung sowohl nach § 850f Abs. 1 (n.F.) ZPO als auch nach § 765a ZPO herbeigeführt werden kann.

1264 So auch Kandler, NJW 1958, 2050.

biger pfändbaren Einkommensteile geht mithin das durch die frühere Pfändung begründete Pfandrecht dem späteren Pfandrecht vor[1265].

Hat der **gewöhnliche Gläubiger zuerst** gepfändet, so wird sein Pfandrecht C.579
durch die Vollstreckung des Unterhaltsanspruchs nicht verdrängt. Das für den erstpfändenden (gewöhnlichen) Gläubiger nach § 850c ZPO unpfändbare Arbeitseinkommen wird jedoch auch unter Berücksichtigung der Unterhaltspflicht gegenüber dem nachrangig vollstreckenden Unterhaltsgläubiger bemessen. Der vollstreckende Unterhaltsgläubiger ist nach § 850c ZPO zu berücksichtigen, weil der ihm gesetzlich geschuldete Unterhalt nach der Pfändung von dem Arbeitseinkommen des Schuldners einzubehalten ist (siehe Rdn. C.247). Dem nachrangig pfändenden Unterhaltsgläubiger gebührt somit die Differenz des Arbeitseinkommens, die sich bei der vorrangigen Pfändung des gewöhnlichen Gläubigers mit Berücksichtigung eines (ggf. weiteren) gesetzlichen Unterhaltsanspruchs nach § 850c ZPO als erhöhter Freibetrag ergibt[1266] (siehe das nachfolgende Beispiel). Dem Unterhaltsgläubiger gebührt außerdem die Differenz aus dem nach § 850d ZPO möglichen weitergehenden Pfändungszugriff. Im Übrigen kommt der nachrangig vollstreckende Unterhaltsgläubiger erst nach Befriedigung des erstpfändenden gewöhnlichen Gläubigers zum Zuge[1267]. Diese gesetzliche Folge mehrfacher Pfändung bedarf keiner Feststellung durch das Vollstreckungsgericht; Anlass für eine „Verrechnung" durch das Vollstreckungsgericht (§ 850 Nr. 4 ZPO analog) bieten Pfändungen in dieser Folge nicht.

Beispiel:

Einkommen monatlich netto		2.450,00 Euro
Pfändbarer Betrag für den 1. (gewöhnlichen) Gläubiger, wenn für den alleinstehenden Schuldner die Unterhaltspflicht gegenüber seiner (nachvollstreckenden) früheren Ehefrau[1268] zu berücksichtigen ist		413,92 Euro
Dem Schuldner nach § 850c ZPO verbleibender Freibetrag also		2.036,08 Euro
Hat das Vollstreckungsgericht den Freibetrag in der Unterhaltspfändung der früheren Ehefrau (2. Gläubiger) auf 1.200,00 Euro festgesetzt, so erhalten:		
aa) Der 1. (gewöhnliche) Gläubiger		413,92 Euro
bb) Der 2. (Unterhalts-)Gläubiger	2.036,08 Euro – 1.200,00 Euro =	836,08 Euro
cc) Der Schuldner		1.200,00 Euro

Der Unterhaltsgläubiger erhält noch die aus § 850a Nrn. 1, 2 und 4 ZPO pfändbaren Mehrbeträge (siehe § 850d Abs. 1 S. 2 Hs. 2 ZPO), kommt aber wegen seiner weitergehenden (auch laufenden) Unterhaltsforderung erst nach voller Befriedigung des erstpfändenden (gewöhnlichen) Gläubigers zum Zuge.

1265 LArbG Düsseldorf, DAVorm 1977, 147; dazu (mit Berechnungsbeispiel) auch Henze, Rpfleger 1980, 456; Büttner, FamRZ 1994, 1433 (1435).

1266 Dazu auch LSozG NRW, Rpfleger 1984, 278 mit Anm. Schultz.

1267 RArbG, DR 1939, 1598.

1268 Pfändbarer Betrag eines Schuldners **ohne** Unterhaltspflichten wäre 889,99 Euro.
Berücksichtigung der Unterhaltsleistung gegenüber dem nachvollstreckenden Gläubiger ergibt den pfändbaren Betrag von nur 413,92 Euro.
Differenz somit 476,07 Euro,
die für die Pfändung durch den Unterhaltsgläubiger frei ist.

C.580 Hat der **Unterhaltsgläubiger zuerst gepfändet**, so wird sein Recht auf Lohnabzug durch die spätere Pfändung des gewöhnlichen Gläubigers nicht berührt. Der gewöhnliche Gläubiger kann aber dennoch zum Zuge kommen, weil dem Unterhaltsgläubiger zunächst der gegenüber § 850c ZPO nach § 850d ZPO pfändbare Mehrbetrag gebührt (siehe § 850e Nr. 4 S. 1 ZPO) und vielfach dieser Lohnabzug den ganzen pfändbaren Betrag nicht ausschöpft, wenn Rückstände nicht mehr bestehen und der laufende Unterhalt geringer als der pfändbare Lohnteil ist.

C.581 Der Unterhaltsgläubiger wird nach § 850e Nr. 4 ZPO auf die der **Pfändung in erweitertem Umfang unterliegenden Teile** des Arbeitseinkommens (§ 850d ZPO) auch dann **verwiesen**, wenn er als erstpfändender Gläubiger das ihm gebührende Vorrecht nicht in Anspruch genommen, sondern nur in den Grenzen des § 850c ZPO gepfändet hat (siehe deswegen Rdn. C.332). Diese Verweisung auf den der Pfändung nach § 850d ZPO in erweitertem Umfang unterliegenden Teil des Arbeitseinkommens tritt schon kraft Gesetzes mit Wirksamwerden der zweiten (gewöhnlichen) Pfändung ein[1269]. Der Drittschuldner kann daher von sich aus die notwendige Berechnung aufstellen und den Lohnabzug über § 850c ZPO hinaus auf die durch § 850d ZPO gesetzten Grenzen ausdehnen. Der Drittschuldner haftet dann aber auch für die Richtigkeit seiner Berechnung, d.h. dafür, dass der erstpfändende Gläubiger tatsächlich bevorzugter Berechtigter ist und der nach § 850d ZPO unpfändbare Freibetrag im Einzelfall richtig angenommen ist. Das Gesetz verlangt nicht, dass der Drittschuldner dieses Risiko eingeht. Der Drittschuldner kann vielmehr auch nach der Zustellung des zweiten Pfändungsbeschlusses bis zur Zustellung einer anderen Entscheidung des Vollstreckungsgerichts mit befreiender Wirkung nach dem Inhalt der ihm zugestellten Beschlüsse leisten, d.h. Lohnabzug nur nach § 850c ZPO vornehmen (§ 850e Nr. 4 S. 3 ZPO).

C.582 Die mit der **Verweisung des Unterhaltsgläubigers** auf den der Pfändung in erweitertem Umfang unterliegenden Teil des Einkommens notwendig werdende Verrechnung **muss auf Antrag** eines Beteiligten (des zweitpfändenden Gläubigers, aber auch des erstpfändenden Gläubigers oder des Schuldners) das **Vollstreckungsgericht vornehmen** (§ 850e Nr. 4 S. 2 ZPO). Der Drittschuldner ist nicht antragsberechtigt[1270]; seine Rechtsstellung berührt die neue Pfändung nicht, weil er weiterhin mit befreiender Wirkung den Lohnabzug nach den vorliegenden Beschlüssen vornehmen kann. Über den Antrag entscheidet der **Rechtspfleger** des Wohnsitzvollstreckungsgerichts bei Antragstellung (§ 828 ZPO, siehe Rdn. B.1 ff.); also nicht des Gerichts, das den ersten Pfändungsbeschluss erlassen hat[1271]. Der Beschluss muss eine tatsächliche Berechnung aufstellen, aus der sich im Einzelnen zu ergeben hat, welcher Betrag dem Schuldner pfandfrei verbleibt, welcher Betrag auf den Unterhaltsgläubiger trifft und was mithin für den gewöhnlichen Gläubiger oder Abtretungsgläubiger verbleibt. Das Vollstreckungsgericht

---

1269 So auch Stein/Jonas/Würdinger, ZPO, § 850e Rdn. 70; Wieczorek/Schütze/Lüke, ZPO, § 850e Rdn. 51.

1270 Musielak/Becker, ZPO, § 850e Rdn. 15; Wieczorek/Schütze/Lüke, ZPO, § 850e Rdn. 54; **A.A.** Stein/Jonas/Würdinger, ZPO, § 850e Rdn. 72; Schuschke/Walker/Kessal-Wulf/Lorenz, Vollstreckung, § 850e Rdn. 14.

1271 **A.A.** Stein/Jonas/Würdinger, ZPO, § 850e Rdn. 33.

darf sich also nicht damit begnügen, in seiner Entscheidung im Wesentlichen nur die gesetzlichen Bestimmungen anzugeben, nach denen der Drittschuldner zu verfahren und die den einzelnen Beteiligten gebührenden Beträge zu berechnen hat[1272]. Der Beschluss ist beiden Gläubigern, dem Schuldner und dem Drittschuldner von Amts wegen zuzustellen. Die Zustellung an den Drittschuldner verpflichtet diesen zum Lohnabzug nach der neuen Berechnung, macht den Beschluss also wirksam (siehe § 850e Nr. 4 S. 3 ZPO). Vor der Entscheidung sind die Beteiligten zu hören. Die Entscheidung ist daher mit sofortiger Beschwerde nach § 793 ZPO anfechtbar.

Auf den der Pfändung in erweitertem Umfang unterliegenden Teil des Arbeits- C.583
einkommens ist der Unterhaltsgläubiger auch dann verwiesen, wenn eine **Pfändung** (gleichgültig, ob der gewöhnliche Gläubiger oder der Unterhaltsgläubiger gepfändet hat) mit einer **Abtretung** oder wenn eine **sonstige Verfügung** zugunsten des Unterhaltsgläubigers mit einer Pfändung wegen eines sonstigen Anspruchs **zusammentrifft**. In einem solchen Fall nimmt die notwendige Verrechnung auf Antrag eines Beteiligten ebenfalls das Vollstreckungsgericht vor. Antragsberechtigt sind der (nachpfändende) Gläubiger der gewöhnlichen Vollstreckungsforderung und der Unterhaltsgläubiger[1273], nicht aber der Drittschuldner und nicht der Zessionar einer gewöhnlichen Geldforderung, der nicht gepfändet hat[1274]. Außerhalb eines Vollstreckungsverfahrens (wenn nur Abtretungen oder andere Verfügungen zusammentreffen) kann durch das Vollstreckungsgericht eine Verweisung des Unterhaltsgläubigers auf das in erweitertem Umfang pfändbare Einkommen nicht erfolgen.

Diese Rdn. C.575 ff. dargestellten Regelungen gelten auch bei Pfändung einer C.584
fiktiven Vergütung (§ 850h Abs. 2 ZPO). Auch hier[1275] ist das Prioritätsprinzip anzuwenden[1276]. Vorrang (§ 804 Abs. 3 ZPO) hat der rangbessere Gläubiger für die Einkommensbeträge seit Wirksamwerden seiner Pfändung, die von dieser unter Berücksichtigung des richtig errechneten pfändbaren Teils des Arbeitseinkommens unter Einschluss der fiktiven Lohnbeträge (§ 850h Abs. 2 ZPO) zur Befriedigung seiner Vollstreckungsforderung erfasst waren. Der nachrangige Pfändungsgläubiger hat Anspruch auf den pfändbaren Teil des Arbeitseinkommens daher erst, wenn für den besserrangigen Pfändungsgläubiger nicht nur die Beträge abgesetzt sind, die er tatsächlich bereits erhalten hat (oder hätte erhalten müssen), sondern auch diejenigen, die nicht an ihn gezahlt worden sind, ihm aber bei richtiger Berechnung des pfändbaren Teils der angemessenen Vergütung im Sinne des § 850h

1272 LG Mönchengladbach, JurBüro 1965, 934 Leits.

1273 BGH, MDR 2004, 323 = NJW-RR 2004, 494 (495 li.Sp.) = Rpfleger 2004, 170.

1274 LG Gießen, Rpfleger 1985, 370; Musielak/Becker, ZPO, § 850e Rdn. 17; Stein/Jonas/Würdinger, ZPO, § 850e Rdn. 76; Wieczorek/Schütze/Lüke, ZPO, § 850e Rdn. 54; Zöller/Herget, ZPO, § 850e Rdn. 32. **A.A.** Denck, MDR 1979, 450.

1275 Und auch im Verhältnis Verwaltungs-/ZPO-Vollstreckung; LArbG Hamm, MDR 1991, 1203.

1276 BGHZ 113, 27 (29) = JZ 1991, 243 mit Anm. Grunsky = MDR 1991, 242 = NJW 1991, 495 = Rpfleger 1991, 68; BArbG, JurBüro 1995, 324 = NJW 1995, 414 = NZA 1995, 47 = Rpfleger 1995, 166. Es hat nicht schon (ohne Rücksicht auf vorrangige Gläubiger) der Gläubiger Anspruch auf den pfändbaren Teil des nach § 850h Abs. 2 ZPO pfändbaren Lohns, der seinen Anspruch gerichtlich durchsetzt (abweichend noch 9. Auflage Rdn. 1227; ArbG Lübeck, MDR 1984, 174; LArbG Köln, DB 1988, 2060).

Abs. 2 S. 1 ZPO zustehen[1277]. Insoweit hat die vorrangige Pfändung das fingierte Einkommen mitumfasst[1278]. Wenn der nachrangige Pfändungsgläubiger weitergehendes Arbeitseinkommen gerichtlich geltend macht, muss der Drittschuldner zur Beachtung des Zahlungsverbots (§ 829 Abs. 1 ZPO) daher einwenden, dass es dem Kläger im Umfang des besserrangigen Pfandrechts nicht zusteht[1279]. Dem erstpfändenden Gläubiger, der noch keine Zahlung erhalten hat, wird durch diese Anrechnung sein besserer Rang nicht genommen. Sein Recht, nachträglich vom Drittschuldner Zahlung der zu Unrecht nicht an ihn abgeführten Beträge zu verlangen, bleibt (bis zur Verjährung) unberührt[1280].

C.585 Pfändet **nur ein Gläubiger**, aber gleichzeitig wegen bevorrechtigter Ansprüche nach § 850d ZPO und wegen nicht bevorrechtigter weiterer Forderungen nach § 850c ZPO, so sind die Unterhaltsansprüche ebenfalls aus dem gemäß § 850d ZPO in erweitertem Umfang der Pfändung unterliegenden Teil des Arbeitseinkommens zu tilgen. Im Übrigen sind die mehreren Ansprüche nach § 366 Abs. 2 BGB zu befriedigen und innerhalb der einzelnen Schulden die Zahlungen nach § 367 Abs. 1 BGB zu verrechnen. Diese Berechnung muss der Drittschuldner ohne Anordnung des Vollstreckungsgerichts durchführen.

19. Das Pfändungsschutzkonto (§ 850k ZPO)

C.586 **Schrifttum:** Ahrens, Das neue Pfändungsschutzkonto, NJW 2010, 2001; Ahrens, Gesetzliche Regelung des sogen. Monatsanfangsproblems beim Pfändungsschutzkonto, NZI 2011, 183; Becker, Mängelbeseitigung beim Kontopfändungsschutz, NJW 2011, 1317; Bitter, Das neue Pfändungsschutzkonto (P-Konto) – eine Zwischenbilanz, ZIP 2011, 149; Dörndorfer, Das neue Pfändungsschutzkonto, JurBüro 2009, 626; Ernst, Praxisrelevante Probleme bei der Umsetzung des Kontopfändungsschutzrechts, JurBüro 2011, 452; Graf-Schlicker und Linder, Die Reform des Kontopfändungsschutzes – ein Gewinn für alle Beteiligten, ZIP 2009, 989; Romeyko, Neues P-Konto und Unterhalt, FamRZ 2012, 349.

19.1. Die Neuregelung

C.587 Das Recht des Kontopfändungsschutzes ist mit Wirkung ab 1. Juli 2010 neu geregelt worden[1281]. Das Pfändungsschutzkonto (P-Konto) soll dem Schuldner zur Existenzsicherung ermöglichen, die Geldgeschäfte des täglichen Lebens trotz der Pfändung seines Kontoguthabens vorzunehmen. Der herkömmliche Kontopfän-

---

1277 BGH (Fn. 1276); BArbG (Fn. 1276). Der nachrangige Gläubiger kann somit geltend machen, dass bei Fiktion der angemessenen Vergütung die vorgehende Pfändung bereits befriedigt wäre. Hierzu LArbG Hamm (Fn. 1275).

1278 BGH (Fn. 1276).

1279 Die Einwendung erfordert natürlich nicht, dass auch der vorrangige Gläubiger gegen den Drittschuldner klagt, ArbG Wesel, BB 1990, 1422 Leits. = DB 1990, 2175 Leits. Kritisch Lüke, JuS 1995, 872: Klage des nachrangigen Gläubigers auf Hinterlegung des Schuldbetrags (§ 856 ZPO) mit anschließendem Verteilungsverfahren.

1280 BGH (Fn. 1276).

1281 Gesetz zur Reform des Kontopfändungsschutzes vom 7.7.2009 (BGBl I 1707).

dungsschutz (§ 850k ZPO a.F.; § 55 SGB I a.F.) endete mit Ablauf des 31. Dezember 2011 (Art. 7, 10 Abs. 2 des Reformgesetzes).

19.2. Das Pfändungsschutzkonto
(§ 850k Abs. 1, 7 ZPO)

Die Führung eines Girokontos (nicht aber eines Sparkontos) als Pfändungsschutzkonto können der Kunde und das Kreditinstitut in dem der Kontoführung zugrunde liegenden Vertrag vereinbaren (§ 850k Abs. 7 S. 1 ZPO). Als Kunde kann nur eine natürliche Person selbst oder deren gesetzlicher Vertreter (nicht aber der Insolvenzverwalter bzw. Treuhänder) die Vereinbarung mit dem Kreditinstitut treffen; durch einen bevollmächtigten Vertreter kann das P-Konto nicht eingerichtet werden. Dass das Kreditinstitut sein Girokonto als P-Konto führt, kann der Kunde jederzeit verlangen (§ 850k Abs. 7 S. 2 ZPO), auch wenn das Guthaben des Girokontos bereits gepfändet ist. Dann ist das P-Konto zu Beginn des vierten auf seine Erklärung folgenden Geschäftstages zu führen (§ 850k Abs. 7 S. 3 ZPO). Wenn das Guthaben des Schuldners auf dem Girokonto bereits gepfändet ist und vor Ablauf von vier Wochen seit Zustellung des Überweisungsbeschlusses (nicht des Pfändungsbeschlusses; auf Sicherungsvollstreckung, Arrest- und Vorpfändung ist daher nicht abgestellt) an den Drittschuldner in ein P-Konto umgewandelt wird (rechtzeitiger Antrag in der Frist genügt allein nicht), besteht Pfändungsschutz in gleicher Weise wie für ein bei Pfändung bereits errichtetes P-Konto (§ 850k Abs. 1 S. 4 ZPO). Dass das Kreditinstitut nicht vor Ablauf der Frist von vier Wochen an den Gläubiger leistet, sichert § 835 Abs. 3 und 4 ZPO (Rdn. B.240). Es besteht ein Anspruch auf Rückumwandlung in ein herkömmliches Girokonto[1282]. Die Bestimmung einer über dem (verkehrs)üblichen Entgelt liegenden Kontoführungsgebühr für das P-Konto ist unwirksam[1283]. C.588

Grundgedanke des P-Kontos ist, dass dem Schuldner ein bestimmter monatlicher **Grund-** oder **Sockelfreibetrag** für die Dauer eines Kalendermonats gesetzlich (automatisch) zur Verfügung steht, ohne dass ein Antrag zu stellen und eine gerichtliche Entscheidung erforderlich wird[1284]. Dieser gesetzliche Pfändungsschutz soll dem Schuldner Erfüllung der laufenden Verpflichtungen zur Sicherung des Lebensunterhalts gewährleisten. Der Grund- oder Sockelfreibetrag richtet sich nach dem für die Einkommenspfändung gemäß § 850c Abs. 1 S. 1 ZPO maßgeblichen Betrag (§ 850k Abs. 1 S. 1 ZPO), das sind 1.178,59 Euro. C.589

Geschützt ist das **Guthaben auf dem P-Konto** (§ 850k Abs. 1 S. 1 ZPO). Guthabenbeträge sind damit unabhängig von ihrer Herkunft und Regelmäßigkeit und vom Zeitpunkt der Gutschrift geschützt[1285]; dazu gehören auch Einmalzahlungen (erweiterter Guthabenbegriff). Unerheblich ist somit, ob es sich um Einkünfte aus abhängiger oder selbstständiger Erwerbstätigkeit oder um sonstige Einkünfte han- C.590

1282 BGH, NJW-RR 2015, 885.
1283 BGHZ 195, 298 = MDR 2013, 117 = NJW 2013, 995 = Rpfleger 2013, 213; vgl. zu weiteren Klauseln BGH, MDR 2013, 1246 = NJW 2013, 3163.
1284 Begründung, BT-Drucks. 16/7615, S. 18.
1285 Begründung, BT-Drucks 16/7615 S. 18; Beschlussempfehlung und Bericht des Rechtsausschusses, BT-Drucks 16/12714, S. 19.

delt, wie Renten, Versorgungsbezüge, Einnahmen aus Vermietung oder Verpachtung, Unterhaltsansprüche, freiwillige Zuwendungen Dritter usw.[1286]. Kontopfändungsschutz besteht somit nicht nur für Arbeitnehmer, sondern auch für Selbstständige, freiberuflich Tätige und nicht erwerbstätige Personen. Der Pfändungsschutz besteht für den Kalendermonat, in dem die Pfändung wirksam geworden ist (§ 829 Abs. 3 ZPO) und für die Guthaben in den folgenden Monaten, auf die sich die Pfändung erstreckt (§ 833a ZPO).

C.591 Auch für den **Kalendermonat**, in dem die **Pfändung wirksam geworden** ist (§ 829 Abs. 3 ZPO), ist der gesamte Monatsbetrag (Grund- oder Sockelfreibetrag, Rdn. C.589, und gleichermaßen der Mehr- oder Aufstockungsbetrag, Rdn. C.595) unabhängig vom Zeitpunkt der Gutschrift (vor oder nach der Pfändung) pfandfrei. Verfügungen, die der Schuldner in diesem Monat vor dem Wirksamwerden der Pfändung mit der Zustellung des Pfändungsbeschlusses an das Kreditinstitut vorgenommen hat, schmälern den pfandfreien Monatsbetrag nicht[1287]. Grund: Praktikabilität (einfache Handhabung)[1288]. Ihn mindern sonach nur Verfügungen, die der Schuldner nach der Zustellung des Pfändungsbeschlusses getroffen hat[1289]. Auch durch Sicherungsvollstreckung (§ 720a Abs. 1 S. 1 ZPO), Vollziehung eines Arrestes (§ 930 Abs. 1 S. 1 ZPO) oder Vorpfändung (sofern die Pfändung innerhalb eines Monats bewirkt wurde, § 845 ZPO, Rdn. B.500) kann die Pfändung des Guthabens auf dem P-Konto bewirkt worden sein. Kalendermonat, in dem die Pfändung wirksam geworden und für den der gesamte geschützte Monatsbetrag (Grund- und Mehrbetrag) unabhängig vom Zeitpunkt der Gutschrift pfandfrei ist, ist in diesen Fällen somit der Kalendermonat der Sicherungsvollstreckung, Arrestvollziehung oder Vorpfändung, letzteres auch dann, wenn die Pfändung selbst fristgemäß in dem darauffolgenden Monat bewirkt worden ist (§ 845 Abs. 2 ZPO).

19.3. Der Grund- oder Sockelfreibetrag (§ 850k Abs. 1 ZPO)

C.592 Verfügen kann der Schuldner über das geschützte Guthaben in Höhe des Grundfreibetrages (Sockelfreibetrag) jeweils bis zum Ende des Kalendermonats. Insoweit ist das Guthaben von der Pfändung nicht erfasst (§ 850k Abs. 1 S. 1 ZPO). Ein Nachweis über die Art der Einkünfte ist dem Kreditinstitut für Schuldnerverfügungen nicht zu erbringen. Das Kreditinstitut ist dem Schuldner zur Leistung aus dem nicht von der Pfändung erfassten Guthaben im Rahmen des vertraglich Vereinbarten verpflichtet (§ 850k Abs. 5 S. 1 ZPO).

C.593 Soweit der Schuldner in einem Kalendermonat **nicht** über das Guthaben in Höhe des pfändungsfreien Grund- oder Sockelbetrags **verfügt** hat, wird dieses Guthaben (nicht jedoch ein abstrakter Freibetrag ohne Guthaben) in dem **folgenden Kalendermonat zusätzlich** zu dem dann (neu) geschützten Monatsguthaben nicht von der Pfändung erfasst (§ 850k Abs. 1 S. 3 ZPO). Der in einem Kalender-

---

1286 Begründung, BT-Drucks. 16/7615 S. 13, 18.
1287 Begründung, BT-Drucks. 16/7615, S. 18.
1288 Begründung, BT-Drucks. 16/7615, S. 18.
1289 Bericht, BT-Drucks. 16/12714, S. 19.

monat nicht ausgeschöpfte Grundfreibetrag wird somit auf den Folgemonat übertragen; er steht dem Schuldner auch noch im nächsten Kalendermonat zur Verfügung. Im Folgemonat kann dem Schuldner damit ein Sockelfreibetrag von höchstens 2.357,18 Euro zur Verfügung stehen (1.178,59 Euro maximal nicht ausgeschöpfter Freibetrag zuzüglich 1.178,59 Euro Sockelfreibetrag für den Folgemonat). Ein übertragenes Guthaben, das auch im Folgemonat nicht verbraucht ist, gebührt dem Gläubiger[1290]; es ist von der Pfändung erfasst. Auf einen wiederum folgenden (dritten) Kalendermonat wird es nicht übertragen; auf dem P-Konto können keine Gelder gesammelt werden.

Verfügungen des Schuldners sind jeweils zunächst auf das übertragene Restguthaben aus dem Vormonat anzurechnen, auf den Sockelfreibetrag des aktuellen Monats erst nach dessen Erschöpfung („First-in-first-out-Prinzip")[1291]. Als Verfügung über das Guthaben auf dem P-Konto gilt auch eine Barabhebung am Bankautomaten des kontoführenden Kreditinstituts am letzten Tag des Monats, einem Samstag, auch wenn die Buchung erst am folgenden Montag erfolgt[1292].

Zum (geschützten) Guthaben auf dem P-Konto, über das der Schuldner jeweils C.594
bis zum Ende des Kalendermonats in Höhe des Freibetrags (§ 850k Abs. 1 ZPO) verfügen kann, das in dieser Zeit von der Pfändung nicht erfasst wird (Rdn. C.592), gehört auch das Guthaben, das bis zum Ablauf des nächsten auf die jeweilige Gutschrift folgenden Monats (das ist die Zeit des § 835 Abs. 4 ZPO, Rdn. B.244) nicht an den Gläubiger geleistet oder hinterlegt werden darf (§ 850k Abs. 1 S. 2 ZPO), sondern zurückzubehalten ist[1293]. Damit ist vor allem sichergestellt, dass am Ende (auch am letzten Tag) eines Monats auf dem P-Konto des Schuldners eingehende Zahlungen wie Dienst- oder Versorgungsbezüge, Renten usw., die für dessen Lebensunterhalt in dem der Gutschrift folgenden Monat bestimmt sind, dem Empfänger auch in diesem Monat zur Verfügung stehen[1294]. Diese Guthaben werden daher nicht schon sogleich mit dem Beginn des der Gutschrift folgenden Monats von der Pfändung erfasst (§ 850k Abs. 1 S. 1, 2 ZPO), stehen damit nicht schon von da an dem Gläubiger zu und können nicht durch (frühzeitige) Weiterleitung an den Gläubiger dem Schuldner entzogen werden (sogen. Monatsanfangsproblematik). An den Gläubiger darf es erst nach Ablauf des Folgemonats (sofern es dann nicht nach § 850k Abs. 1 S. 3 ZPO auch noch in dem [wieder] nachfolgenden Monat nicht von der Pfändung erfasst wird[1295]; Rdn. C.593) und vorher nur insoweit ausgekehrt werden, als das Guthaben den monatlichen individuellen Freibetrag des Schuldners auch für den Folgemonat übersteigt[1296]. Ein doppelter Freibetrag monatlich steht dem Schuldner nicht zu[1297].

1290 Bericht, BT-Drucks. 16/12714, S. 19.
1291 BGHZ 216, 184 = MDR 2018, 102 = NJW 2018, 299 = Rpfleger 2018, 97; BGH, MDR 2018, 54 = NJW-RR 2018, 315 = Rpfleger 2018, 95.
1292 BGHZ 216, 184 (Fn. 1291).
1293 Beschlussempfehlung und Bericht des Rechtsausschusses, BT-Drucks. 17/4776, S. 8; Becker, NJW 2011, 1317 (I 4 S. 1319 li.Sp.).
1294 Bericht, BT-Drucks. 17/4776, S. 8.
1295 Vgl. BGH, MDR 2015, 237 = NJW-RR 2015, 254 = Rpfleger 2015, 290.
1296 Becker (Fn. 1293).
1297 Bericht, BT-Drucks. 17/4776, S. 9.

Beispiel:
Gutschrift der Versorgungsbezüge für August auf dem gepfändeten P-Konto am 31. Juli. Kontoguthaben damit (angenommen) 1.500 €. Monatlicher individueller Freibetrag des Schuldners (angenommen) 1.600 €. Keine Leistung an den Gläubiger vor Ablauf des 31. August. Soweit der Schuldner im August nicht über Guthaben in Höhe seines pfändungsfreien Betrags verfügt hat, wird dieses Guthaben im September noch zusätzlich nicht von der Pfändung erfasst (§ 850k Abs. 1 ZPO).

19.4. Der Mehr- oder Aufstockungsfreibetrag (§ 850k Abs. 2, 3 ZPO)

C.595 In Erhöhung des Grundfreibetrages (Rdn. C.592) sind nach § 850k Abs. 2 ZPO von der Pfändung weiter nicht erfasst:

- **Nr. 1:** die pfändungsfreien zusätzlichen Grundfreibeträge nach § 850c Abs. 1 S. 2 ZPO, wenn
  - der Schuldner einer oder mehreren Personen auf Grund gesetzlicher Verpflichtung Unterhalt (tatsächlich) gewährt, oder
  - der Schuldner Geldleistungen nach SGB II oder SGB XII für Personen entgegennimmt, die mit ihm in einer Gemeinschaft nach § 7 Abs. 3 SGB II [Bedarfsgemeinschaft] oder nach §§ 19, 20, 39 S. 1, § 43 SGB XII leben und denen er nicht auf Grund gesetzlicher Verpflichtung zum Unterhalt verpflichtet ist.
- **Nr. 2:** einmalige Geldleistungen i.S. des § 54 Abs. 2 SGB I und Geldleistungen zum Ausgleich des durch einen Körper- oder Gesundheitsschaden bedingten Mehraufwands (§ 54 Abs. 3 Nr. 3 SGB I); Grund: Zweckbindung der Kontogutschrift.
- **Nr. 3:** das Kindergeld oder andere Geldleistungen für Kinder, es sei denn, dass wegen einer Unterhaltsforderung eines Kindes, für das die Leistungen gewährt werden oder bei dem es berücksichtigt wird, gepfändet wird; Grund: eingeschränkte Pfändbarkeit des Kindergeldes auch bei Kontogutschrift.

Auch diese **Aufstockungsbeträge** werden, soweit der Schuldner im jeweiligen Kalendermonat nicht über den pfändungsfreien Guthabenbetrag verfügt hat, in dem folgenden Kalendermonat zusätzlich zu dem dann durch neue Gutschriften entstandenen geschützten Guthaben nicht von der Pfändung erfasst (§ 850k Abs. 2 S. 3 mit Abs. 1 S. 2 ZPO). Auch der in einem Monat nicht ausgeschöpfte Mehrbetrag wird somit auf den Folgemonat übertragen. Nach Ablauf des Folgemonats gebührt ein noch nicht verbrauchtes übertragenes Guthaben dem Gläubiger; auch für den Aufstockungsbetrag besteht somit kein zeitlich unbefristeter Pfändungsschutz.

C.596 Zur **Leistung** der Aufstockungsfreibeträge ist das Kreditinstitut dem Schuldner im Rahmen des vertraglich Vereinbarten verpflichtet, wenn er durch eine Bescheinigung des Arbeitgebers (Gehalts- oder Lohnabrechnung muss genügen), der Familienkasse, des Sozialleistungsträgers oder einer geeigneten Person oder Stelle im Sinne von § 305 Abs. 1 Nr. 1 InsO **nachweist**, dass das Guthaben von der Pfändung nicht erfasst ist (§ 850k Abs. 5 S. 2 ZPO). Befreiende Wirkung dieser Leistung (Gutglaubensregelung): § 850k Abs. 5 S. 3 ZPO. Zur Herausgabe der Nachweise an den Gläubiger nach § 836 Abs. 3 S. 1 ZPO und zur Herausgabeanordnung im Überweisungsbeschluss s. Rdn. B.268, B.274. Kann der Schuldner den Nachweis nicht führen, so hat auf seinen Antrag das Vollstreckungsgericht (Rechtspfleger, § 20 Abs. 1 Nr. 17 RPflG) die Beträge zu bestimmen (§ 850k Abs. 5 S. 4 ZPO).

19.5. Der überschießende Betrag

Für einen die geschützten Grundfreibeträge (Sockel- und Mehrbetrag) des § 850c Abs. 1 S. 1, Abs. 2 ZPO übersteigenden Guthabensbetrag besteht Kontopfändungsschutz gesetzlich nach § 850k Abs. 1, 2 ZPO nicht, auch wenn der überschießende Betrag durch die Gutschrift von Arbeitseinkommen entstanden ist. Das beeinträchtigt den Schuldner, der sein Arbeitseinkommen bargeldlos auf das P-Konto ausbezahlt erhält. Für ihn ist es in gleicher Weise nachteilig, wenn bei bargeldloser Zahlung von Arbeitseinkommen der auf dem P-Konto gutgeschriebene Betrag von mehr als 1.178,59 Euro zuzüglich der Grundbeträge für unterhaltsberechtigte Angehörige (Rdn. C.595) nicht das gesamte Nettoeinkommen (§ 850e Abs. 1 ZPO) darstellt, sondern nur dessen nach §§ 850c, 850d oder 850f Abs. 2 ZPO pfändungsfreier Teil ist, weil der pfändbare Betrag abgetreten oder bereits beim Arbeitgeber („an der Quelle“) gepfändet war und sogleich an den Zessionar oder den vollstreckenden Gläubiger ausgezahlt wurde. Das wurde zwar als unerheblich angesehen[1298], weil dem Schuldner „ohnehin der Betrag zur Verfügung steht, der den für die Pfändung von Arbeitseinkommen geltenden Pfändungsfreigrenzen entspricht“ (was indes nicht der Fall ist). Die pfandfreie Überlassung eines Teils des Mehrverdienstes des arbeitswilligen Schuldners nach § 850c Abs. 2 ZPO kann jedoch nicht deshalb entfallen, weil er das Arbeitseinkommen bargeldlos ausbezahlt erhält. Effektiver Schutz des Schuldners soll zudem auch bei Gutschrift (sonst) geschützter Einkünfte auf das P-Konto gewährleistet sein[1299]. Das gewährleistet § 850k Abs. 4 ZPO mit abweichender Festsetzung des pfandfreien Betrags auf Antrag des Schuldners durch das Vollstreckungsgericht (Rechtspfleger, § 20 Abs. 1 Nr. 17 RPflG). Entsprechend anzuwenden ist in diesem Fall (auch) § 850c ZPO (§ 850k Abs. 4 S. 2 ZPO; Rdn. C.599), damit auch dessen Abs. 2, der die Unpfändbarkeit auch eines Teils des „überschießenden“ Einkommensbetrags vorsieht. C.597

19.6. Freibetrag bei Unterhaltsvollstreckung (§ 850k Abs. 3 ZPO)

Wenn das Kontoguthaben wegen gesetzlicher Unterhaltsansprüche des Ehegatten, eines Kindes oder eines sonst in § 850d Abs. 1 ZPO bezeichneten Gläubigers gepfändet wird, hat das Vollstreckungsgericht im Pfändungsbeschluss einen dem Schuldner für seinen notwendigen Unterhalt und für laufende gesetzliche Unterhaltspflichten pfandfrei zu belassenden Grund- und Aufstockungsfreibetrag zu C.598

1298 Bericht, BT-Drucks. 16/12714, S. 20.
1299 Bericht, BT-Drucks. 16/12714, S. 1.

bestimmen (§ 850k Abs. 3 ZPO). Es wird dann der vom Vollstreckungsgericht belassene, im Pfändungsbeschluss bezeichnete Betrag (statt des Sockel- und Aufstockungsfreibetrages nach § 850c Abs. 1, 2 S. 1 Nr. 1 ZPO) monatsweise von der Pfändung nicht erfasst. Die Beträge nach § 850k Abs. 2 S. 1 Nr. 2, 3 ZPO (dort bezeichnete Geldleistungen nach SGB und Kindergeld) sind auch in diesem Fall von der Pfändung nicht erfasst; sie gebühren dem Schuldner zu dem belassenen Betrag als Mehr- oder Aufstockungsbetrag (wie Rdn. C.595).

Bei der Bestimmung des Betrags ist zu berücksichtigen, dass die Gläubiger bevorrechtigter Unterhaltsansprüche in besonderem Maße bedürftig und vom Schuldner abhängig sind (Rdn. C.291), dieser sonach auch bei der Bemessung des monatlichen Kontofreibetrags zur Erfüllung laufender Verpflichtungen für Sicherung des Lebensunterhalts strengeren Einschränkungen unterworfen ist. Zwar ist nicht bestimmt, dass der zu belassende Betrag den bei der Vollstreckung durch einen nicht bevorrechtigten Gläubiger nach § 850k Abs. 1, 2 S. 1 Nr. 1 ZPO verbleibenden Sockelfreibetrag zusammen mit dem Aufstockungsfreibetrag nicht übersteigen darf; aus § 850k Abs. 3 mit § 850d Abs. 1 S. 3 ZPO ergibt sich das gleichwohl; auch diese Begrenzung ist im Pfändungsbeschluss anzugeben. Übertragung in den Folgemonat nach § 850k Abs. 1 S. 3, Abs. 2 S. 2 ZPO erfolgt, soweit der Schuldner in einem Kalendermonat über Guthaben in Höhe des festgesetzten (ggfs. begrenzten) Betrags nicht verfügt hat.

Die Bezifferung des pfändungsfreien Betrages kann unterbleiben, wenn dies zur gleichmäßigen Befriedigung und gleichrangiger weiterer Unterhaltsberechtigter erforderlich ist. Die dem Schuldner über seinen notwendigen Unterhalt hinaus zur Verfügung stehenden Gutschriften müssen den Unterhaltsberechtigten quotal zugeordnet werden. Da im Vorhinein nicht absehbar ist, in welcher Höhe dem Schuldner Gutschriften zur Verfügung stehen werden, kann der pfändungsfreie Betrag insoweit nicht beziffert angegeben werden[1300].

19.7. Abweichende Bestimmung des Freibetrages durch das Vollstreckungsgericht (§ 850k Abs. 4 ZPO)

C.599 Abweichend kann auf Antrag das Vollstreckungsgericht (Rechtspfleger, § 20 Abs. 1 Nr. 17 RPflG) den

- Grund- oder Sockelfreibetrag (§ 850k Abs. 1 ZPO),
- Mehr- oder Aufstockungsbetrag bei Erfüllung gesetzlicher Unterhaltspflichten (§ 850k Abs. 2 S. 1 Nr. 1 ZPO),
- Freibetrag bei Unterhaltsvollstreckung (§ 850k Abs. 3 ZPO)

bestimmen (§ 850k Abs. 4 ZPO). Entsprechende Anwendung finden:

- **§ 850a ZPO** für die Freistellung der unpfändbaren Bezüge;
- **§ 850b ZPO** für die Feststellung der nur bedingt pfändbaren Bezüge;
- **§ 850c ZPO** für die pfandfreie Belassung eines Teils des Mehrverdienstes und bargeldlos ausgezahlten unpfändbaren Arbeitseinkommens (Rdn. C.597);

1300 BGH, MDR 2018, 111 = NJW 2018, 555 = Rpfleger 2018, 157.

- **§ 850c Abs. 4 ZPO** für die Bestimmung, dass für unterhaltsberechtigte Angehörige mit eigenen Einkünften ganz oder teilweise keine Erhöhung des Freibetrages gewährt wird;
- **§ 850d ZPO** für die Bestimmung eines Freibetrags bei Unterhaltsvollstreckung (Rdn. C.598);
- **§ 850e Nr. 1 ZPO** für die Bestimmung über die Berechnung des pfandfreien Betrags von § 850k Abs. 1, 2 S. 1 Nr. 1 ZPO;
- **§ 850e Nr. 2, 2a, 3 ZPO** für die Zusammenrechnung mit Einkünften, die nicht auf das P-Konto überwiesen werden, und mit Naturalleistungen;
- **§ 850e Nr. 4 ZPO** für die Verrechnung bei Zusammentreffen von Unterhalts- und anderen Gläubigern;
- **§ 850f Abs. 1 ZPO** für die Belassung eines weiteren Teils des Kontoguthabens zur Sicherung des individuellen Sozialhilfebedarfs, zur Deckung besonderer persönlicher oder beruflicher Bedürfnisse oder bei besonderem Umfang gesetzlicher Unterhaltspflichten;
- **§ 850f Abs. 2 ZPO** für die Bemessung des pfandfreien Guthabenteils abweichend von § 850c ZPO bei der Zwangsvollstreckung wegen einer Forderung aus einer vorsätzlich begangenen unerlaubten Handlung;
- **§ 850g ZPO** für die Anpassung des Pfändungsbeschlusses an geänderte Verhältnisse;
- **§ 850i ZPO** zum Schutz nicht wiederkehrend zahlbarer Vergütungen;
- **§§ 851c, 851d ZPO** für Anordnungen zur Sicherung des Pfändungsschutzes bei Altersrenten und Altersvorsorgevermögen;
- **§ 54 Abs. 2, 3 Nr. 1, 2, 3, Abs. 4, 5 SGB I, § 17 Abs. 1 S. 2 SGB XII, § 76 EStG** für Anordnungen zum Schutz unpfändbarer Leistungen; zu berücksichtigen ist auch der Pfändungsschutz nach **§ 42 Abs. 4 SGB II**[1301]. Nachgezahlte Beträge sind auch bei der Bestimmung nach § 850k Abs 4 ZPO den Leistungszeiträumen zuzurechnen, für die sie gezahlt werden[1302] (s. Rdn. C.238).

Den abweichend bestimmten Pfändungsfreibetrag hat das Vollstreckungsgericht zu beziffern[1303]. Durch Bezugnahme auf das vom Arbeitgeber monatlich überwiesene Arbeitseinkommen kann der Freibetrag jedoch festgelegt werden, wenn bereits das Arbeitseinkommen gepfändet ist und vom Arbeitgeber monatlich daher nur der unpfändbare Betrag überwiesen wird und dieser nicht gleich bleibt, sondern ständig in unterschiedlichem Maße von dem Sockelbetrag des § 850k ZPO abweicht[1304]. Der Beschluss soll dann (zur Vermeidung von Verwechslungen) die genaue Formulierung auf dem Überweisungsträger bezeichnen[1305].

1301 BGH, MDR 2013, 698 = NJW-RR 2018, 504 = Rpfleger 2018, 394; BGH, MDR 2018, 361 = NJW-RR 2018, 570 = Rpfleger 2018, 340.
1302 BGH (Fn. 1301).
1303 BGHZ 191, 270 = JurBüro 2011, 159 = MDR 2012, 55 = NJW 2012, 79 = Rpfleger 2012, 213.
1304 BGH (Fn. 1303); LG Heilbronn, ZInsO 2015, 1115; AG Regensburg, ZInsO 2015, 1230.
1305 BGH (Fn. 1303).

Eine dem Schuldner irrtümlich doppelt überwiesene Vorauszahlung kann nicht gemäß § 850k Abs. 4 ZPO von der Pfändung freigestellt werden. Der Arbeitgeber wird mit seinem Rückzahlungsanspruch weiterer Gläubiger des Schuldners, der gegenüber den die Zwangsvollstreckung betreibenden Gläubigern nicht besser gestellt werden darf[1306].

Einstweilige Anordnungen kann das Vollstreckungsgericht in solchen Verfahren nach § 732 Abs. 2 ZPO treffen.

19.8. Verrechnungsverbot
(§ 850k Abs. 6)

C.600 Ein eigenständiges (zeitweiliges) Verrechnungsverbot für das (gepfändete ebenso wie für das nicht gepfändete) Pfändungsschutzkonto bestimmt § 850k Abs. 6 ZPO. Das Kreditinstitut darf demnach die Forderung, die durch die Gutschrift

- einer Geldleistung nach dem Sozialgesetzbuch (auch seiner besonderen Teile [§ 68 SGB I] einschließlich Kindergeld nach dem BKGG (§ 68 Nr. 9 SGB I) oder
- von Kindergeld (§§ 62–78 EStG, Rdn. A.222 ff.)

entsteht, für die **Dauer von 14 Tagen** nur mit solchen Forderungen verrechnen und hiergegen mit solchen Forderungen aufrechnen, die ihm zustehen

- als Entgelt für die Kontoführung oder
- auf Grund von Kontoverfügungen des Kunden (Schuldner) innerhalb dieses Zeitraums.

Grund: Einschränkung der Kontokorrentabrede beim P-Konto zugunsten des Kunden (Schuldners); ihm wird ausreichend Zeit verschafft, die zweckgebundenen existenzsichernden Beträge abzuheben[1307]. Damit, dass die Verrechnung des Kontoführungsentgelts und die Aufrechnung mit (bestimmten) Aufwendungsersatzansprüchen von dem Verrechnungsausschluss ausgenommen sind, verbindet sich die Erwartung, dass Kreditinstitute gepfändete P-Konten zu den allgemeinen Kontoführungsgebühren weiterführen, wenn diese einbringlich bleiben[1308].

C.601 Weitergehend bestimmt § 850k Abs. 6 S. 3 ZPO, dass die Verrechnung der Kontoführungsgebühren mit dem auf dem Konto pfandfrei zu belassenden Beträgen nach § 850k Abs. 1–4 ZPO stets zulässig sind, damit auch dann, wenn die Schonfrist von 14 Tagen seit der Gutschrift abgelaufen ist. Das gilt ebenso für Aufwendungsersatzansprüche des Kreditinstituts aus Kontoverfügungen des Kunden (Schuldners) innerhalb von 14 Tagen seit der Gutschrift mit geschützten Beträgen nach § 850k Abs. 1–4 ZPO; eine ausdrückliche (gesetzliche) Regelung auch dieses Falls ist unterblieben, weil der Schuldner sich nach vorangegangener Verfügung innerhalb der Frist nicht nach § 394 BGB gegen die Verrechnung im Kontokorrent wenden kann.

1306 LG Köln, JurBüro 2018, 604 (das auch die Anwendung des § 765a ZPO ablehnt).
1307 Bericht, BT-Drucks. 16/12714, S. 20.
1308 Bericht, BT-Drucks. 16/12714, S. 20.

Die **Ausführung von Zahlungsvorgängen** darf das Kreditinstitut bis zur Höhe der nach § 850k Abs. 6 S. 1 ZPO nicht verrechenbaren Forderung, die durch Gutschrift einer Geldleistung nach dem SGB oder von Kindergeld entstanden ist, wegen fehlender Deckung nicht ablehnen (§ 850k Abs. 6 S. 2 ZPO). Vorausgesetzt ist, dass dem Kreditinstitut bekannt oder vom Kunden (Schuldner) nachgewiesen ist (z.B. durch Leistungsbescheid der Behörde, Bescheinigung der Kindergeldkasse), dass solche Geldleistungen gutgeschrieben worden sind. Auszahlen muss das Kreditinstitut dann somit auch bei debitorischem Kontostand. **C.602**

Für die Gutschriften **anderer Einkünfte** auf dem P-Konto ist ein **Verrechnungsverbot bei debitorischem Kontostand nicht** bestimmt. Der kontokorrentmäßigen Verrechnung einer solchen Gutschrift steht daher nicht entgegen, dass sie (zumindest teilweise) unpfändbare Einkünfte (wie z.B. Arbeitseinkommen) betrifft[1309]. Es ist mit der Kontogutschrift gegen das Kreditinstitut ein neuer, auf einem selbstständigen Rechtsgrund beruhender Anspruch entstanden, dessen Pfändungsschutz (nun) § 850k Abs. 6 ZPO eigenständig (und abschließend) regelt[1310]. Für debitorische Konten war ein Pfändungsschutz (und damit ein Verrechnungsverbot) auch nicht gewollt[1311]. Es war nicht Ziel der Reform, mit Einführung des P-Kontos dem Schuldner das Wirtschaften im Debet zu ermöglichen, damit auch bei debitorischem Kontostand einen (besonderen) Schutz für (kontokorrentfähige) Einkünfte vorzusehen[1312]. **C.603**

19.9. Missbräuchliche Errichtung mehrerer P-Konten (§ 850k Abs. 8, 9 ZPO)

Jede Person darf nur ein P-Konto führen (§ 850k Abs. 8 S. 1 ZPO). Ein gemeinsames P-Konto können auch Eheleute und Lebenspartner nicht führen. Als Berechtigte eines Gemeinschaftskontos haben sie Anspruch darauf, dass die Bank ihnen jeweils ein gesondertes P-Konto errichtet. Bei Einrichtung eines P-Kontos hat der Kunde gegenüber dem Kreditinstitut zu versichern, dass er kein weiteres P-Konto führt (§ 850k Abs. 8 S. 2 ZPO). Missbrauchskontrolle ermöglicht § 850k Abs. 8 S. 3 ZPO mit Verwendungsbeschränkung in § 850k Abs. 8 S. 4, 5 ZPO. Zulässig ist (freiwilliger) Informationsaustausch der Kreditinstitute, die P-Konten führen, mit der SCHUFA-Holding AG und auch mit anderen Auskunfteien, mit denen die Banken Geschäftsbeziehungen unterhalten. **C.604**

Zur **Beseitigung** missbräuchlich errichteter **mehrerer P-Konten** gibt § 850k Abs. 9 ZPO dem Gläubiger ein zügiges Verfahren an die Hand[1313]. § 850k Abs. 9 S. 1 ZPO räumt dem Gläubiger ein Bestimmungsrecht ein, das gegenüber dem Vollstreckungsgericht auszuüben ist. Die Anordnung, dass nur das von dem Gläubiger bezeichnete Girokonto dem Schuldner als P-Konto verbleibt, trifft das Vollstre- **C.605**

1309 BGHZ 162, 349 = FamRZ 2005, 1171 = MDR 2005, 1065 = NJW 2005, 1863 = Rpfleger 2005, 452; Begründung, BT-Drucks. 16/7615, S. 19.
1310 BGH (Fn. 1309).
1311 Graf-Schlicker/Lindner, ZIP 2009, 989 (993).
1312 Graf-Schlicker/Lindner (Fn. 1311); auch Ahrens, NJW 2010, 2001 (2005): „Verrechnungen mit einem Debetstand sind nicht ausgeschlossen."
1313 Bericht, BT-Drucks. 16/12714, S. 21.

ckungsgericht (Rechtspfleger, § 20 Abs. 1 Nr. 17 RPflG) ohne Anhörung des Schuldners (§ 850k Abs. 9 S. 3 ZPO). Die Zustellung der Entscheidung erfolgt an alle Drittschuldner (§ 850k Abs. 9 S. 4 ZPO). Mit dieser Zustellung entfallen für die nicht zum P-Konto bestimmten Girokonten jeweils die Wirkungen des § 850k Abs. 1–6 ZPO (§ 850k Abs. 9 S. 5 ZPO). Das Kreditinstitut hat diese Konten jeweils als allgemeine Girokonten weiterzuführen.

C.606 Der Antrag auf Bestimmung eines von mehreren Girokonten als P-Konto setzt voraus, dass durch die Anordnung des Vollstreckungsgerichts die **für das Pfandrecht des Gläubigers missbräuchliche** Errichtung mehrerer P-Konten beseitigt wird. Das ist der Fall, wenn der Gläubiger das Guthaben des Kontos, das auf seinen Antrag **nicht** zum P-Konto bestimmt werden soll, für das somit die Wirkungen des § 850k Abs. 1–6 ZPO entfallen sollen, gepfändet hat. Hat der Gläubiger nur das Guthaben des in seinem Antrag als P-Konto bezeichneten Girokontos gepfändet, nicht aber (nur oder auch) das des anderen Girokontos, erlangt er durch die Bestimmung des gepfändeten Kontos keinen Rechtsvorteil. Dann besteht für seinen Antrag kein Rechtschutzinteresse (keine isolierte Bestimmung des P-Kontos).

C.607 Wenn **mehrere Gläubiger** eines oder verschiedene der P-Konten gepfändet haben, kann jeder von ihnen, können damit auch nachrangige Gläubiger den Antrag auf Anordnung stellen (zum Rechtsschutzinteresse Rdn. C.606), dass nur eines der Girokonten dem Schuldner als P-Konto verbleibt. Mit der Zustellung der Entscheidung entfallen nach § 850k Abs. 9 S. 5 ZPO die Wirkungen nach § 850k Abs. 1–6 ZPO dann für die Vollstreckungsverfahren aller Gläubiger. Die Bestimmung kann dann auch, wenn sie auf Antrag eines nachrangigen Gläubigers ergangen ist, nicht mehr geändert werden (der Schuldner führt fortan nicht mehr mehrere Girokonten als P-Konten). Liegen Anträge mehrerer Gläubiger dem Vollstreckungsgericht zur (gleichzeitigen) Entscheidung vor, dann gebührt dem Bestimmungsrecht des bestrangig vollstreckenden Gläubigers (nicht dem des zeitlich ersten Antragstellers) der Vorrang. Damit ist anzuordnen, dass das von diesem bezeichnete Konto als P-Konto verbleibt.

C.608 Errichtet der Schuldner nach Pfändung seines P-Kontos ein weiteres Girokonto als P-Konto, dann ist das Bestimmungsrecht des Gläubigers (bei Rechtsschutzinteresse, Rdn. C.606) auf den Antrag beschränkt, dass das nachträglich errichtete weitere Girokonto Wirkungen eines P-Kontos nicht hat.

19.10. Mehrfache Pfändung (Anschlusspfändung)

C.609 Neuerliche Pfändung des Guthabens auf dem P-Konto (zur Anschlusspfändung Rdn. B.457) verändert den pfandfreien Guthabenbetrag nicht, der bei Wirksamwerden dieser nachfolgenden Pfändung (§ 829 Abs. 3 ZPO) von dem Kalendermonat an bemessen ist, in dem die Erstpfändung wirksam geworden ist. In dem Vollstreckungsverfahren des nachfolgend pfändenden Gläubigers hat der Schuldner dieselben (nicht aber weitergehende) pfandfreien Beträge wie gegenüber dem erstpfändenden Gläubiger. Der Grund- oder Sockelfreibetrag (Rdn. C.592) und ebenso der Mehr- oder Aufstockungsbetrag (Rdn. C.595) bestimmt sich sonach für alle Gläubiger einheitlich nach dem unpfändbaren Betrag, der sich vom Kalendermonat der Erstpfändung an mit einem jeweiligen Folgemonat ergibt und der durch

Verfügungen des Schuldners im Kalendermonat der Anschlusspfändung vor deren Wirksamwerden gemindert ist. Für den nachfolgend pfändenden Gläubiger ist somit auch dann nicht erneut (gesondert) ein Monatsbetrag unabhängig vom Zeitpunkt der Gutschrift und ungeachtet der Verfügungen des Schuldners vor dem Wirksamwerden der Anschlusspfändung pfandfrei (Rdn. C.591), wenn der erstpfändende Gläubiger noch vor Beginn des dritten Kalendermonats seit der Anschlusspfändung wegfällt (Einheit des geschützten Guthabenbetrags).

Auch wenn nach **abweichender Bestimmung** des Freibetrags durch das Voll- C.610
streckungsgericht (§ 850k Abs. 4; Rdn. C.599) oder Bestimmung des nach § 850k Abs. 5 S. 4 ZPO (Rdn. C.596) von der Pfändung nicht erfassten Mehr- oder Aufstockungsbetrags (§ 850k Abs. 2 ZPO) ein weiterer Gläubiger pfändet, muss die Einheitlichkeit des Pfändungsumfangs gewahrt bleiben. Die pfandfreien und die von der Pfändung erfassten Beträge des Kontoguthabens können sich nur einheitlich nach den Verhältnissen des Schuldners bestimmen (erfordern Praktikabilität und Drittschuldnerschutz). Dabei hat es auch nach Befriedigung oder anderem Wegfall des erstpfändenden Gläubigers zu bleiben. Der nachpfändende Gläubiger sollte Wahrung vermeintlich weitergehender Rechte mit Abänderungsantrag (§ 850g ZPO) zu verlangen haben.

19.11. Pfändung und Abtretung

Die der Pfändung nicht unterworfenen (von der Pfändung nach § 850k ZPO C.611
nicht erfassten) Beträge des Guthabens auf dem P-Konto können nicht abgetreten werden (§ 400 BGB). Treffen Abtretung und Pfändung von Guthaben auf dem P-Konto zusammen, so gilt das Rdn. B.437 ff. Gesagte. Eine Pfändung geht mithin ins Leere, soweit der Schuldner vor der Beschlusszustellung an das Kreditinstitut als Drittschuldner (§ 829 Abs. 3 ZPO) das (pfändbare) Kontoguthaben schon wirksam abgetreten hat. Anspruch auf das ihm vor der Pfändung übertragene Kontoguthaben hat der Zessionar als neuer Gläubiger. Mit der Abtretung von Kontoguthaben erst nach der Pfändung verstößt der Schuldner gegen das Verfügungsverbot des § 829 Abs. 1 S. 2 ZPO. Diese Abtretung ist daher dem pfändenden Gläubiger gegenüber unwirksam. Als erster Kalendermonat, in dem der gesamte Monatsbetrag (Grund- oder Sockelfreibetrag, Rdn. C.592, und Mehr- oder Aufstockungsbetrag, Rdn. C.595) unabhängig vom Zeitpunkt der Gutschrift und ungeachtet der Schuldnerverfügungen vor der Abtretung pfandfrei ist (Rdn. C.591), sollte der Kalendermonat anzusehen sein, in dem die Abtretung dem Kreditinstitut als Drittschuldner angezeigt wird.

20. Anordnung (befristeter) Unpfändbarkeit (§ 850l ZPO)

Befristete Unpfändbarkeit (für die Dauer von bis zu zwölf Monaten) des Gut- C.612
habens auf einem P-Konto kann das Vollstreckungsgericht nach § 850l ZPO anordnen. Das beruht auf der Erwägung, dass es (auch im Hinblick auf den Aufwand des Kreditinstituts) nicht gerechtfertigt ist, die Pfändung, die keine (oder allenfalls

nur eine geringfügige) Befriedigung des Gläubigers erwarten lässt, aufrecht zu erhalten[1314]. **Voraussetzungen** sind

- ein **Antrag** des Schuldners, der sogleich nach Wirksamwerden der Pfändung (nicht aber isoliert vor dieser) gestellt werden kann. Anwaltszwang besteht nicht; ein Vertreter muss als Bevollmächtigter nach § 79 Abs. 2 ZPO vertretungsbefugt sein. Der Drittschuldner ist nicht antragsberechtigt,
- **Nachweis** durch den Schuldner (Glaubhaftmachung genügt nicht), dass dem Konto in den letzten sechs Monaten vor Antragstellung (Eingang bei Gericht) ganz überwiegend nur unpfändbare Beträge gutgeschrieben worden sind (Berechnung der Frist: § 222 ZPO, § 188 Abs. 2 BGB),
- **Glaubhaftmachung** durch den Schuldner (§ 294 ZPO), dass auch in den nächsten zwölf Monaten ab Antragsstellung (oder einer kürzeren Zeit der „Einstellung") nur ganz überwiegend nicht pfändbare Beträge zu erwarten sind,
- **keine** der Anordnung entgegenstehenden überwiegenden Belange des Gläubigers.

C.613 Die **Unpfändbarkeit** gutgebuchter und zu erwartender Beträge kann sich insbesondere aus Vorschriften der ZPO (für Arbeitseinkommen §§ 850 ff.), § 54 SGB I oder einem Leistungsgesetz, aber auch aus landesrechtlichen Bestimmungen ergeben. Der **Nachweis** für die zurückliegenden sechs Monate kann durch Vorlage aller Kontoauszüge geführt werden, aber auch z.B. durch eine Bestätigung des Kreditinstituts mit Zusammenstellung der auf dem Konto in zurückliegender Zeit gebuchten Zahlungseingänge. Er ist auch für die Zeit zu erbringen, in der das Girokonto zunächst nicht als P-Konto geführt wurde (§ 850k Abs. 7 ZPO). Wenn Kontoauszüge nur unvollständig vorgelegt (und andere Nachweise für die nicht abgedeckte Zeit nicht erbracht) werden, genügt das als Nachweis nicht[1315].

C.614 Für die **Glaubhaftmachung**, dass ganz überwiegend nur nicht pfändbare Beträge zu erwarten sind, kann es genügen, dass der Schuldner berufsunfähig und eine Besserung seiner gesundheitlichen Beschwerden kurz oder mittelfristig nicht zu erwarten ist oder er sich als Empfänger nicht pfändbarer Sozialleitungen schon länger erfolglos um einen Arbeitsplatz bemüht hat[1316]. Auch bei einem mittellosen Schuldner können jedoch pfändbare Zahlungseingänge (Beispiel: Steuererstattungen; andere Einmalzahlungen) nicht auszuschließen sein; die Anforderungen an die Glaubhaftmachung dürfen daher nicht zu großzügig hingenommen werden; eine bloße Vermutung genügt auf keinen Fall.

C.615 Für die Bemessung der Höhe unpfändbarer Beträge hat sich im Falle der §§ 850c und 850d ZPO der Nachweis oder die Glaubhaftmachung auch auf die Unterhaltspflichten des Schuldners zu erstrecken. Wenn die Unpfändbarkeit im Einzelfall von einer abweichenden Bestimmung abhängig sein soll wie dahin, dass eine unterhaltsberechtigte Person nach § 850c Abs. 4 ZPO unberücksichtigt zu bleiben hat oder dem Schuldner weiteres künftiges Einkommen nach § 850f Abs. 1

1314 Begründung, BT-Drucks. 16/7615, S. 17.
1315 AG Brühl, JurBüro 2011, 270.
1316 Begründung, BT-Drucks. 16/7615 S. 17.

ZPO unpfändbar zu belassen ist, sollte für die Zeit nach der Antragsstellung eine abweichende Bestimmung nach § 850k Abs. 4, § 850f Abs. 1 ZPO erforderlich sein; für die sechs Monate vor der Antragstellung müsste die Beurteilung durch das Vollstreckungsgericht nach dem nachgewiesenen (schlüssigen) Tatsachenvortrag des Schuldners genügen. Entsprechendes müsste gelten, wenn es auf die Unpfändbarkeit eines nur bedingt pfändbaren Betrags (§ 850b ZPO) oder die Zusammenrechnung von Einkünften (§ 850e Nr. 2–3 ZPO) ankommt. Die Darlegungslast dafür, dass gutgeschriebene oder zu erwartende Beträge (auch nur teilweise) unpfändbar sind, obliegt dem Schuldner.

Entgegen stehen der Anordnung überwiegende **Belange des Gläubigers** (Ablehnungsgrund); er hat diese darzulegen und erforderlichenfalls zu beweisen. Überwiegen können Gläubigerinteressen, wenn es möglich sein kann, dass sich die Pfändung doch auf den Eingang nicht unbedeutender pfändbarer Beträge erstreckt oder geringfügige Beträge erfasst und der Aufschub der (nur geringen) Gläubigerbefriedigung unbillig (oder gar nachteilig) wäre wie vielfach bei der Vollstreckung einer Unterhaltsforderung, einer Rente wegen Verletzung des Körpers oder der Gesundheit (§ 850d ZPO) oder einer Forderung aus vorsätzlich begangener unerlaubter Handlung (§ 850f Abs. 2 ZPO). **C.616**

Zuständig ist der Rechtspfleger (§ 20 Abs. 1 Nr. 17 RPflG). Dem Gläubiger ist rechtliches Gehör zu gewähren. Das Kreditinstitut ist am Verfahren nicht beteiligt. Entschieden wird durch Beschluss. Die Bestimmung kann eine Anordnung für die Dauer von bis zu zwölf Monaten treffen, beginnend mit dem Erlass des Beschlusses (Beschlussdatum). Im Einzelfall kann zum Ausgleich der Interessen von Gläubiger und Schuldner nach dem Ermessen des Gerichts eine kürzere Frist bestimmt werden. Das Ende der Frist ist in der Anordnung zu bezeichnen; ist das unterblieben, besteht Unpfändbarkeit für die Dauer von zwölf Monaten vom Tag der Anordnung an (Beschlussdatum). Kosten: § 788 Abs. 4 ZPO. Der Beschluss ist dem Gläubiger zuzustellen, ebenso dem Schuldner, wenn seinem Antrag nicht voll entsprochen ist; an ihn erfolgt sonst nur formlose Mitteilung (§ 829 Abs. 2, 3 ZPO). Dem Drittschuldner ist der Beschluss formlos mitzuteilen; wirksam ist er aber auch, wenn der Drittschuldner auf andere Weise Kenntnis erlangt wie z.B. mit Vorlage durch den Schuldner. **C.617**

Die Anordnung bewirkt keine Aufhebung der bereits wirksam gewordenen Kontopfändung (§ 829 Abs. 3 ZPO)[1317]. Die Pfändung besteht rangwahrend fort, äußert Pfändungswirkungen zeitweilig aber nicht[1318]; verbietet somit dem Schuldner Verfügungen und dem Drittschuldner Zahlungen an den Schuldner nicht. Mit Fristablauf endet die Unpfändbarkeit ohne Aufhebung des Beschlusses. Das Guthaben auf dem P-Konto ist den fortbestehenden Pfändungswirkungen dann wieder unterworfen. **C.618**

Aufzuheben ist die Anordnung der Unpfändbarkeit bereits **vor Fristablauf** auf Antrag des Gläubigers nach § 850l S. 3 ZPO, wenn ihre Voraussetzungen weggefallen sind oder der Anordnung fortan überwiegende Belange des Gläubigers entgegenstehen. Das Verfahren entspricht demjenigen bei der Anordnung (Rdn. **C.619**

1317 Zöller/Herget, ZPO, § 850l Rdn. 7.
1318 So auch Thomas/Putzo/Seiler, ZPO, § 850l Rdn. 7.

C.617). Nach Fristablauf, aber auch nach Aufhebung der Anordnung, kann die zeitweilige Unpfändbarkeit nach § 850l ZPO erneut bestimmt werden, wenn die Voraussetzungen weiter oder mit Änderung der Verhältnisse neuerlich gegeben sind.

C.620 Die Anordnung der befristeten Unpfändbarkeit hat Wirkung sogleich auch gegen anschließend (nachrangig) **pfändende weitere Gläubiger**, die am Verfahren nach § 850l ZPO nicht beteiligt waren. Das bringt die Gesetzesbegründung mit der Feststellung zum Ausdruck, dass Satz 3 (damals noch des § 833a Abs. 2 ZPO) für „nach Erlass der Anordnung pfändende Gläubiger gewährleistet ..., dass auf seinen Antrag eine Aufhebung der Anordnung wegen Wegfalls der Voraussetzungen oder wegen besonderer Belange des Gläubigers möglich bleibt“[1319].

Wenn die Anordnung nur auf Antrag des Nachranggläubigers aufgehoben wird, infolge der fortbestehenden Anordnung Guthaben auf dem P-Konto hingegen der vorausgehenden (rangbesseren) Pfändung nicht unterworfen sind, müssen Guthabenbeträge dem von der Anordnung freigestellten Nachranggläubiger gebühren. Das gilt ebenso, wenn bereits mehrere Gläubiger gepfändet haben und nur auf Antrag des nachrangigen Gläubigers die befristete Unpfändbarkeit des Kontoguthabens angeordnet wird. Praktische Bedeutung wird das kaum erlangen. Die Sicherung des Drittschuldners ermöglicht Hinterlegung, zu der er nach § 853 ZPO berechtigt und ggfs. verpflichtet ist.

C.621 **Rechtsbehelf** des Gläubigers bei Anordnung der Unpfändbarkeit und des Schuldners bei Ablehnung des Antrags: Sofortige Beschwerde (§ 793 ZPO), ebenso für den Schuldner, wenn die Aufhebung angeordnet, und für den Gläubiger, wenn sein Antrag, die Unpfändbarkeit aufzuheben, abgelehnt wird.

C.622 § 765a ZPO ist neben § 850l ZPO anwendbar[1320], kann somit die Freigabe des Kontos (einstweilige Einstellung seiner Pfändung) in einem besonderen Härtefall ermöglichen. Beispiel: Pfändung des Anspruchs auf Auszahlung eines auf ein Drittkonto überwiesenen unpfändbaren Einkommens (**„Kontoleihe“**; § 850k ZPO ist in diesem Fall nicht anwendbar)[1321]. Ein Schutzbedürfnis nach § 765a ZPO besteht aber nicht, wenn dem Schuldner bereits aus den Gründen des § 850l ZPO ausreichend geholfen werden kann.

C.623 Bei **Verwaltungsvollstreckung** gilt § 850l ZPO entsprechend (§ 309 Abs. 3 S. 1 AO). Die Anordnung befristeter Unpfändbarkeit ist auch in diesem Fall bei dem nach § 828 Abs. 2 ZPO zuständigen Vollstreckungsgericht zu stellen (§ 309 Abs. 3 S. 2 AO); der Rechtspfleger ist auch in diesem Fall zuständig (§ 20 Abs. 1 Nr. 17 RPflG). Die Verwaltungsvollstreckungsbehörde oder das Verwaltungsgericht können die Anordnungen nicht treffen.

1319 Bericht, BT-Drucks. 16/12714, S. 18.

1320 Begründung, BT-Drucks. 16/7615, S. 17.

1321 BGH, MDR 2007, 1217 = NJW 2007, 2703 = Rpfleger 2007, 555; BGH, FamRZ 2008, 1173 = NJW 2008, 1678 = Rpfleger 2008, 374; BGH, JurBüro 2009, 439 (440) = Rpfleger 2009, 466; vgl. BVerfG, NJW 2015, 3083 (keine Anwendung des § 765a ZPO im Erkenntnisverfahren).

Teil D
Pfändung von Sozialleistungen

1. Pfändung der Leistungsansprüche (§ 54 SGB I)

1.1. Gesetzliche Vorschriften

Schrifttum: Behr, Pfändung von laufenden Sozialleistungen vereinfacht: 2. SGBÄndG, JurBüro 1994, 521; Hornung, Neues Recht zur Pfändung laufender Sozialgeldleistungen, Rpfleger 1994, 442; Riedel, Pfändung von Sozialleistungen nach dem Zweiten Gesetz zur Änderung des SGB, NJW 1994, 2812; Schreiber, Zur Pfändbarkeit sozialrechtlicher Dienst- und Sachleistungsansprüche, Rpfleger 1977, 295; Stöber, Zur Pfändung von Sozialleistungsansprüchen, Rpfleger 1977, 117. **D.1**

Hinweis: Das ältere Schrifttum bis 1988 ist mit Inkrafttreten des Ersten Gesetzes zur Änderung des Sozialgesetzbuches vom 20.7.1988 (BGBl I 1406) weitgehend überholt. Siehe die Gesamtübersicht in der 8. Auflage, Fn. 1 zu Rdn. 1301. – Das weitere Schrifttum bis 1994 ist mit Inkrafttreten des Zweiten Gesetzes zur Änderung des Sozialgesetzbuchs vom 13.6.1994 (BGBl I 1229) weitgehend überholt. Siehe die Gesamtübersicht in der 10. Auflage, vor Rdn. 1301.

Das SGB I[1] regelt die Übertragung, Verpfändung und Pfändung von Sozialleistungen wie folgt: **D.2**

§ 53 SGB I
Übertragung und Verpfändung

(1) Ansprüche auf Dienst- und Sachleistungen können weder übertragen noch verpfändet werden.

(2) Ansprüche auf Geldleistungen können übertragen und verpfändet werden

1. zur Erfüllung oder zur Sicherung von Ansprüchen auf Rückzahlung von Darlehen und auf Erstattung von Aufwendungen, die im Vorgriff auf fällig gewordene Sozialleistungen zu einer angemessenen Lebensführung gegeben oder gemacht worden sind oder,
2. wenn der zuständige Leistungsträger feststellt, dass die Übertragung oder Verpfändung im wohlverstandenen Interesse des Berechtigten liegt.

(3) Ansprüche auf laufende Geldleistungen, die der Sicherung des Lebensunterhalts zu dienen bestimmt sind, können in anderen Fällen übertragen und verpfändet werden, soweit sie den für Arbeitseinkommen geltenden unpfändbaren Betrag übersteigen.

---

1 Sozialgesetzbuch (SGB) Erstes Buch (I) – Allgemeiner Teil – vom 11.12.1975 (BGBl I 3015).

(4) Der Leistungsträger ist zur Auszahlung an den neuen Gläubiger nicht vor Ablauf des Monats verpflichtet, der dem Monat folgt, in dem er von der Übertragung oder Verpfändung Kenntnis erlangt hat.

(5) Eine Übertragung oder Verpfändung von Ansprüchen auf Geldleistungen steht einer Aufrechnung oder Verrechnung auch dann nicht entgegen, wenn der Leistungsträger beim Erwerb des Anspruchs von der Übertragung oder Verpfändung Kenntnis hatte.

(6) Soweit bei einer Übertragung oder Verpfändung Geldleistungen zu Unrecht erbracht worden sind, sind sowohl der Leistungsberechtigte als auch der neue Gläubiger als Gesamtschuldner dem Leistungsträger zur Erstattung des entsprechenden Betrages verpflichtet. Der Leistungsträger hat den Erstattungsanspruch durch Verwaltungsakt geltend zu machen.

§ 54 SGB I
Pfändung

(1) Ansprüche auf Dienst- und Sachleistungen können nicht gepfändet werden.

(2) Ansprüche auf einmalige Geldleistungen können nur gepfändet werden, soweit nach den Umständen des Falles, insbesondere nach den Einkommens- und Vermögensverhältnissen des Leistungsberechtigten, der Art des beizutreibenden Anspruchs sowie der Höhe und der Zweckbestimmung der Geldleistung, die Pfändung der Billigkeit entspricht.

(3) Unpfändbar sind Ansprüche auf

1. Elterngeld und Betreuungsgeld bis zur Höhe der nach § 10 des Bundeselterngeld- und Elternzeitgesetzes anrechnungsfreien Beträge sowie dem Erziehungsgeld vergleichbare Leistungen der Länder,
2. Mutterschaftsgeld nach § 19 Absatz 1 des Mutterschutzgesetzes, soweit das Mutterschaftsgeld nicht aus einer Teilzeitbeschäftigung während der Elternzeit herrührt, bis zur Höhe des Elterngeldes nach § 2 des Bundeselterngeld- und Elternzeitgesetzes, soweit es die anrechnungsfreien Beträge nach § 10 des Bundeselterngeld- und Elternzeitgesetzes nicht übersteigt,

2a. Wohngeld, soweit nicht die Pfändung wegen Ansprüchen erfolgt, die Gegenstand der §§ 9 und 10 des Wohngeldgesetzes sind,

3. Geldleistungen, die dafür bestimmt sind, den durch einen Körper- oder Gesundheitsschaden bedingten Mehraufwand auszugleichen.

(4) Im übrigen können Ansprüche auf laufende Geldleistungen wie Arbeitseinkommen gepfändet werden.

(5) Ein Anspruch des Leistungsberechtigten auf Geldleistungen für Kinder (§ 48 Abs. 1 Satz 2) kann nur wegen gesetzlicher Unterhaltsansprüche eines Kindes, das bei der Festsetzung der Geldleistungen berücksichtigt wird, gepfändet werden. Für die Höhe des pfändbaren Betrages bei Kindergeld gilt:

1. Gehört das unterhaltsberechtigte Kind zum Kreis der Kinder, für die dem Leistungsberechtigten Kindergeld gezahlt wird, so ist eine Pfändung bis zu dem Betrag möglich, der bei gleichmäßiger Verteilung des Kindergeldes auf jedes dieser Kinder entfällt. Ist das Kindergeld durch die Berücksichtigung eines weiteren Kindes erhöht, für das einer dritten Person Kindergeld oder dieser oder dem Leistungsberechtigten eine andere Geldleistung für Kinder zusteht, so bleibt der Erhöhungsbetrag bei der Bestimmung des pfändbaren Betrages des Kindergeldes nach Satz 1 außer Betracht.
2. Der Erhöhungsbetrag (Nummer 1 Satz 2) ist zugunsten jedes bei der Festsetzung des Kindergeldes berücksichtigten unterhaltsberechtigten Kindes zu dem Anteil pfändbar, der sich bei gleichmäßiger Verteilung auf alle Kinder, die bei der Festsetzung des Kindergeldes zugunsten des Leistungsberechtigten berücksichtigt werden, ergibt.

(6) In den Fällen der Absätze 2, 4 und 5 gilt § 53 Abs. 6 entsprechend.

Die Begründung des Regierungsentwurfs[2] führt aus: D.3

zu § 53: Übertragung und Verpfändung

„Das geltende Sozialrecht gestattet die Übertragung und Verpfändung von Sozialleistungen teils gar nicht, teils nur unter engen, kasuistisch geregelten Voraussetzungen. Die Vorschriften hierzu, die die Sozialleistungen fast völlig dem Rechtsverkehr entziehen, werden dem Grundsatz, dass auf Sozialleistungen ein Anspruch besteht, nicht gerecht. Sie haben in der Praxis schon häufig zu Ergebnissen geführt, die von den Beteiligten und auch den Gerichten als unbillig empfunden wurden.

Ein völliger Ausschluss von Übertragung und Verpfändung ist bei Dienst- und Sachleistungen gerechtfertigt (Absatz 1), da diese Leistungen auf die persönlichen Bedürfnisse des Berechtigten zugeschnitten sind und ihren Zweck verfehlen, wenn sie an Dritte erbracht werden. Für Geldleistungen ist eine differenzierte Behandlung geboten, die einerseits den notwendigen sozialen Schutz des Leistungsberechtigten beachtet, andererseits den Rechtsverkehr nicht über Gebühr beschränkt (Absatz 2 und 3). Bei allen Geldleistungen ist eine Übertragung und Verpfändung zulässig, wenn sie dem Ausgleich von „Vorschüssen“ Dritter auf die Sozialleistung dient oder sonst im wohlverstandenen Interesse des Berechtigten liegt (Absatz 2). Zulässig sind nach Absatz 3 darüber hinaus die Übertragung und Verpfändung laufender Geldleistungen, die der Sicherung des Lebensunterhalts zu dienen bestimmt sind, soweit sie den für Arbeitseinkommen geltenden pfändungsfreien Betrag übersteigen; dabei sind bei Übertragung und Verpfändung zur Erfüllung und Sicherung gesetzlicher Unterhaltsansprüche die in § 850d, im Übrigen die in § 850c Zivilprozessordnung genannten Grenzen maßgebend.“

zu § 54: Pfändung

„Für die gegenüber dem geltenden Recht erweiterte Zulassung der Pfändung von Sozialleistungen (Absatz 2 und 3) und für den Ausschluss der Pfändung bei Dienst- und Sachleistungen (Absatz 1) sind die gleichen Erwägungen maßgebend wie bei der Übertragung und Verpfändung (vgl. Begründung zu § 53). Die Regelung über die Pfändung von Geldleistungen in Absatz 2 … lehnt sich an § 850b Abs. 2 Zivilprozessordnung an. Sie bezweckt, die Gläubiger- und Schuldnerinteressen in sozial- und rechtspolitisch vertretbarer Weise gegeneinander abzuwägen. Während bei einmaligen Geldleistungen die Zweckbestimmung der Leistung das wichtigste Regulativ für die Zulässigkeit der Pfändung sein dürfte, ist bei laufenden Geldleistungen zumindest die Einhaltung der für Arbeitseinkommen vorgesehenen Pfändungsgrenzen erforderlich (vgl. §§ 850c und d Zivilprozessordnung) …“

Die Begründung des Regierungsentwurfs zum 2. SGBÄndG[3] führt aus: D.4

„Nach Absatz 3 Nr. 2 wird das Mutterschaftsgeld, das nach § 7 Bundeserziehungsgeldgesetz auf das Erziehungsgeld angerechnet wird, in den Pfändungsschutz des § 54 einbezogen. In diesen Fällen erhält die Mutter in der achtwöchigen Schutzfrist nach der Geburt lediglich Mutterschaftsgeld, aber kein Erziehungsgeld. Nach der bisherigen Vorschrift war aber nur das Erziehungsgeld vor Pfändung geschützt. Aus diesem Grund wird der Pfändungsschutz nur auf die Arten des Mutterschaftsgeldes beschränkt, die tatsächlich anstelle des Erziehungsgeldes gewährt werden. Die Arten von Mutterschaftsgeld, die nach § 7 Bundeserziehungsgeldgesetz von der Anrechnung ausgenommen sind und deshalb zusätzlich zum Erziehungsgeld gezahlt werden, sollen wegen der Querverbindung zu anderen Rechtsgebieten pfändbar bleiben.

Die in Absatz 3 und Absatz 6 enthaltenen Sonderbestimmungen zur Pfändung laufender Sozialleistungen haben zu Verwerfungen mit dem in der Zivilprozessordnung geregelten Vollstreckungsrecht geführt und sich als kaum praktikabel erwiesen. Um für die Zukunft bei der Pfändung von Sozialleistungen einerseits den Zweck der einzelnen Leis-

---

2 Begründung. BT-Drucks. 7/868, S. 32.
3 Begründung. BT-Drucks. 12/5187, S. 29.

tungen zu berücksichtigen, andererseits aber das Pfändungsverfahren von schwierigen Einzelfallprüfungen zu entlasten, werden laufende Sozialleistungen entweder durch den neuen Absatz 3 Nr. 3 von vornherein unpfändbar gestellt oder können wie Arbeitseinkommen gepfändet werden.

Zu den künftig unpfändbaren Sozialleistungen nach Absatz 3 Nr. 3 gehören alle Sozialleistungen, die nach ihrer Zweckbestimmung entweder ausschließlich oder neben einem ideellen Ausgleich den durch einen Körper- oder Gesundheitsschaden bedingten Mehrbedarf decken sollen. Hierzu gehören aus dem Bereich der Kriegsopferversorgung insbesondere die Grundrente und die Schwerstbeschädigtenzulage nach § 31 Bundesversorgungsgesetz, sowie Pflegezulage, § 35 BVG, Kleiderverschleißzulage, § 15 BVG, Beihilfe für fremde Führung oder Blindenführhund, § 14 BVG.

Erfasst werden auch Leistungen nach dem für alle Behinderten geltenden Schwerbehinderten- und Rehabilitationsrecht, so z. B. Hilfen für die Beschaffung eines Kraftfahrzeuges nach der Kraftfahrzeughilfe-Verordnung oder Hilfen an Schwerbehinderte gemäß § 31 Abs. 3 Nr. 1 Schwerbehindertengesetz i.V.m. §§ 19 f. Schwerbehinderten-Ausgleichsabgabeverordnung.

Nicht erfasst werden jedoch Sozialleistungen an Schwerbeschädigte oder Schwerbehinderte, die dem Ausgleich von Einkommensverlusten dienen. Hierzu gehören z. B. die Ausgleichsrente nach § 32 BVG und der Berufsschadensausgleich nach § 30 BVG. Diese Leistungen sind künftig nach Absatz 4 für alle Gläubiger wie Arbeitseinkommen pfändbar.

Konkursausfallgeld ist, obwohl Sozialleistung, bereits jetzt auf Grund der Sonderbestimmung des § 1411 Abs. 2 AFG wie Arbeitseinkommen pfändbar. Dies gilt auf Grund der Verweisung des § 9 Abs. 4 VRG entsprechend für das bei Zahlungseinstellung des Arbeitgebers von der Bundesanstalt für Arbeit gezahlte Vorruhestandsgeld. Die hierdurch entstandene soziale Schieflage im Vergleich zu anderen Lohnersatzleistungen, die den Pfändungsbeschränkungen des bisherigen Absatz 3 Nr. 2 unterliegen, wird durch den neuen Absatz 4 beseitigt.

Falls im Einzelfall die Pfändungsfreigrenzen des § 850c ZPO den Sozialhilfebedarf des Schuldners nicht erreichen oder erhebliche über dem Durchschnitt liegende persönliche Bedürfnisse vorliegen, kann gemäß § 850f ZPO bei dem Vollstreckungsgericht eine Erhöhung des unpfändbaren Betrages beantragt werden."

D.5 Die **Pfändbarkeit** regelt § 54 SGB I für Ansprüche auf Geldleistungen aus allen Sozialleistungsbereichen (Rdn. D.14 ff.). In Einzelfällen ergeben sich jedoch auf Grund des Vorbehalts des § 37 SGB I aus Einzelvorschriften der als Besondere Teile des SGB geführten Gesetze (siehe § 68 SGB I) Abweichungen. Wegen solcher Besonderheiten siehe Rdn. D.141 ff.; wegen einzelner Ausnahmefälle siehe Rdn. D.43.

D.6 Das **Pfändungsverfahren** bestimmt sich nach den Vorschriften der ZPO über die Zwangsvollstreckung in Forderungen (§§ 828 ff. ZPO). Das SGB I regelt in § 54 nur, ob und in welchem Umfang (§ 54 Abs. 4 SGB I: „… wie Arbeitseinkommen") Ansprüche pfändbar sind, nicht aber, wie sie zu pfänden sind.

D.7 Zur **Erklärung** nach § 840 ZPO ist auf Verlangen auch der Leistungsträger als Drittschuldner verpflichtet. Datenschutz steht der Drittschuldnererklärung nicht entgegen. Das bestimmt auch

§ 71 SGB X
Übermittlung für die Erfüllung besonderer gesetzlicher Pflichten und Mitteilungsbefugnisse

(1) … Erklärungspflichten als Drittschuldner, welche das Vollstreckungsrecht vorsieht, werden durch Bestimmungen dieses Gesetzbuches nicht berührt.

Das Sozialgeheimnis (§ 35 Abs. 1 S. 1 SGB I) gebietet die Beschränkung der Drittschuldnerklärung auf die Beantwortung der Fragen des § 840 ZPO. Dazu gehört nach § 840 Abs. 1 Nr. 2 ZPO auch die Äußerung, ob und welche gesetzlichen Ersatzansprüche der Pfändung im Range vorgehen. Wenn der Drittschuldner die nach § 840 Abs. 1 ZPO geforderte Auskunft unterlässt oder falsch abgibt, kann der Gläubiger (auf Grund seiner Einziehungsbefugnis) die Zahlung der gepfändeten Beträge ohne Kostenrisiko einklagen (s. Rdn. B.305)[4].

Ein **Verzicht** auf einen Anspruch auf Sozialleistungen (§ 46 SGB I) wird durch eine spätere Pfändung nicht gegenstandslos. Insbesondere ist der Verzicht, mit dem die Forderung erlischt, nicht nach § 46 Abs. 2 SGB I unwirksam, weil er die Rechtsverfolgung eines Gläubigers des Leistungsberechtigten beeinträchtigt[5]. Nach dem Verzicht äußert die Pfändung eines Anspruchs auf rückständige Sozialleistungen keine rechtliche Wirkung, weil die angebliche Forderung mit dem Verzicht erloschen ist (vgl. Rdn. B.73). D.8

Mit Wirkung für die Zukunft kann der Verzicht jederzeit widerrufen werden (§ 46 Abs. 1 SGB I). Der Widerruf des Verzichts ist eine Sicherungsmaßnahme zur Erhaltung des Pfandrechts (dazu Rdn. B.152); daher kann auch der Gläubiger nach Pfändung den Widerruf erklären, und zwar auch dann, wenn eine Überweisung zur Einziehung nicht erfolgt ist. Ein Widerruf des Verzichts wird bereits in der Zustellung des Pfändungsbeschlusses zu erblicken sein, sollte jedoch vorsorglich nach wirksamer Pfändung stets auch noch ausdrücklich erklärt werden. Dem Pfändungsgläubiger gegenüber hat ein **nach** wirksamer Pfändung erklärter Verzicht des Leistungsberechtigten (des Schuldners) keine Wirkung (§ 829 Abs. 1 ZPO; §§ 135, 136 BGB).

Den **Antrag** auf Gewährung von Sozialleistungen kann nach Anspruchspfändung auch der Gläubiger stellen[6]. Das ist der Fall, weil auf Sozialleistungen ein klagbarer Anspruch besteht (§ 38 SGB I), den der Gläubiger nach Überweisung im eigenen Namen geltend machen kann (Rdn. B.205). Höchstpersönlich auszuübendes Recht des Schuldners ist das Antragsrecht nicht[7]. Der Antrag auf Leistung entstandener (§ 40 SGB I) Sozialleistungen, auf die Anspruch besteht (§ 38 SGB I), ist auch nicht Gestaltungsrecht (wie das Verlangen nach steuerlicher Antragsveranlagung). Vor der Überweisung ergibt sich das Antragsrecht des Gläubigers aus seiner Befugnis, Sicherungsmaßnahmen zu betreiben und Leistung an oder Hinterlegung für die gemeinsam Empfangsberechtigten zu verlangen (Rdn. B.151, B.152). Selbstständig gepfändet oder mitgepfändet werden kann das bereits durch die Pfändung des (künftigen) Leistungsanspruchs begründete Recht des vollstreckenden Gläubigers, den Antrag auf Sozialleistungen zu stellen, die von einem Antrag abhängig sind (siehe § 16 SGB I, auch § 19 SGB IV für Leistungen in der gesetzlichen Kranken- und Rentenversicherung, nach dem Recht der Arbeitsförderung sowie in der sozialen Pflegeversicherung) daher nicht[8]. D.9

---

4 LSozG Rheinland-Pfalz, JurBüro 1991, 1379 für eine Klage vor dem Sozialgericht gegen die Bundesanstalt für Arbeit auf Zahlung gepfändeten Arbeitslosengeldes (auch Arbeitslosenhilfe).

5 Begründung (Fn. 3), S. 31.

6 LG Wiesbaden, NJW-RR 1996, 59; Hintzen, Forderungspfändung, § 3 Rdn. 46.

7 LG Stendal, JurBüro 2011, 323.

8 Hintzen, Forderungspfändung, § 3 Rdn. 56; **anders** (für Krankengeld) LG Stendal (Fn. 7).

1.2. Die sozialen Rechte

D.10 **Recht auf Sozialleistungen:** Die Entscheidung des Grundgesetzes für den sozialen Rechtsstaat (Art. 20, 28 GG) ist inhaltlich dahin konkretisiert[9], dass der Staat für soziale Gerechtigkeit und soziale Sicherheit seiner Bürger verantwortlich ist und deshalb im Rahmen des Nötigen und Möglichen ausreichende Sozialleistungen zur Verfügung zu stellen hat. Der einzelne Bürger ist Träger von Rechten, die auf Teilhabe an der vom Staat geleisteten sozialen Förderung und Sicherung gerichtet sind.

D.11 Die **sozialen Rechte** (siehe § 2 SGB I) umschreiben §§ 3–10 SGB I. Deren Inhalt wird nach Voraussetzungen und Umfang in den Vorschriften der einzelnen Sozialleistungsbereiche konkretisiert. Die wichtigsten Sozialleistungen und die dafür zuständigen Leistungsträger sind in den sog. Einweisungsvorschriften (§§ 18–29 SGB I) aufgeführt. Näher geregelt sind Voraussetzungen und Umfang der verschiedenen Sozialleistungen im Sozialgesetzbuch selbst und in Sozialleistungsgesetzen. Deren Bestimmungen sollen durch weitere Gesetze, die das Sozialgesetzbuch als Gesamtwerk vollenden werden, als „Besonderer Teil" in das SGB eingebaut werden. Als dessen Besonderer Teil gelten bis dahin die in § 68 SGB I genannten Einzelgesetze. Erlassen sind

- Sozialgesetzbuch (SGB) Zweites Buch (II) – Grundsicherung für Arbeitsuchende – i.d.F. vom 13.5.2011 (BGBl I 850);
- Sozialgesetzbuch (SGB) Drittes Buch (III) – Arbeitsförderung – vom 24.3.1997 (BGBl I 594);
- Sozialgesetzbuch (SGB) Viertes Buch (IV) – Gemeinsame Vorschriften für die Sozialversicherung – i.d.F. vom 12.11.2009 (BGBl I 3710);
- Sozialgesetzbuch (SGB) Fünftes Buch (V) – Gesetzliche Krankenversicherung – vom 20. 12.1988 (BGBl I 2482);
- Sozialgesetzbuch (SGB) Sechstes Buch (VI) – Gesetzliche Rentenversicherung – i.d.F. vom 19.2.2002 (BGBl I 754);
- Sozialgesetzbuch (SGB) Siebtes Buch (VII) – Gesetzliche Unfallversicherung – vom 7.8.1996 (BGBl I 1254);
- Sozialgesetzbuch (SGB) Achtes Buch (VIII) – Kinder- und Jugendhilfe – i.d.F. vom 11.9.2012 (BGBl I 2022);
- Sozialgesetzbuch (SGB) Neuntes Buch (IX) – Rehabilitation und Teilhabe von Menschen mit Behinderungen – Vom 23.12.2016 (BGBl I 3234);
- Sozialgesetzbuch (SGB) Zehntes Buch (X) – Sozialverwaltungsverfahren und Sozialdatenschutz – i.d.F. vom 18.1.2001 (BGBl I 130);
- Sozialgesetzbuch (SGB) Elftes Buch (XI) – Soziale Pflegeversicherung – vom 26.5.1994 (BGBl I 1014);
- Sozialgesetzbuch (SGB) Zwölftes Buch (XII) – Sozialhilfe – vom 27.12.2003 (BGBl I 3022).

---

9 Begründung (Fn. 2), S. 21.

Als **Leistungsarten** sind Dienst-, Sach- und Geldleistungen Gegenstand der sozialen Rechte (Sozialleistungen, § 11 SGB I). Geldleistungen sind Sozialleistungen, die in der Zahlung eines Geldbetrages bestehen. Dienstleistungen sind alle Formen persönlicher Betreuung und Hilfe. Sachen werden dem Empfänger mit Sachleistungen zur Verfügung gestellt. D.12

Leistungsträger sind Körperschaften, Anstalten und Behörden, die Sozialleistungen erbringen (§ 12 SGB I). Ihre Zuständigkeiten regeln die Einweisungsvorschriften (§§ 18–29 SGB I), ihre jeweilige Verwaltungszuständigkeit ergibt sich aus den Einzelgesetzen des Besonderen Teils des SGB. In der Zwangsvollstreckung ist der Leistungsträger **Drittschuldner**, nicht etwa die Kasse oder Zahlstelle, über die ausgezahlt wird. D.13

Für die Pfändung eines Geld- oder Erstattungsanspruchs nach dem Recht der Arbeitsförderung bestimmt bei den gemeinsamen Vorschriften für Leistungen

§ 334 SGB III
Pfändung von Leistungen

Bei Pfändung eines Geldleistungs- oder Erstattungsanspruchs gilt die Agentur für Arbeit, die über den Anspruch entschieden oder zu entscheiden hat, als Drittschuldner im Sinne der §§ 829 und 845 der Zivilprozessordnung.

Die Drittschuldnerzuständigkeit des Arbeitgebers für die Pfändung von Kurzarbeitergeld (§ 108 Abs. 2 S. 1 SGB III) und dessen Sonderformen (Saison-Kurzarbeitergeld, § 101 SGB III, Wintergeld, § 102 SGB III, Kurzarbeitergeld für Heimarbeiter, § 103 SGB III) hat diese Bestimmung nicht berührt (s. Rdn. D.141 ff.).

Als Drittschuldner kann ein Leistungsträger auf Grund der ihm übertragenen Aufgaben und Fürsorgepflichten gegenüber dem Leistungsempfänger (siehe §§ 13 ff., insbes. auch § 17 SGB I) die Pfändungsbeschränkungen des § 54 SGB I mit Erinnerung und Beschwerde (§§ 766, 793 ZPO) geltend machen[10].

1.3. Die einzelnen Sozialleistungen

Sozialleistungsbereiche, Sozialleistungen und Leistungsträger sind:

1.3.1. Bildungsförderung

Zielsetzung nach § 3 Abs. 1 SGB I: individuelle Förderung der Ausbildung, wenn dem, der an einer Ausbildung teilnimmt, die seiner Neigung, Eignung und Leistung entspricht, die hierfür erforderlichen Mittel nicht anderweitig zur Verfügung stehen. D.14

---

10 KG, Rpfleger 1976, 144 (für Erinnerungsrecht der öffentlich-rechtlichen Sozialversicherungsträger); AG Erlangen, Rpfleger 1953, 527 mit zust. Anm. Haegele (für Erinnerungsrecht des Versorgungsamtes); OLG Hamm, Rpfleger 1977, 109 (bereits zu § 54 SGB I); Wolber, NJW 1980, 24; ständige Rechtsprechung der Obergerichte. Zum allgemeinen Erinnerungsrecht des Drittschuldners s. Rdn. B.387; zum Recht des Drittschuldners, mit Erinnerung allgemein die Unpfändbarkeit der Forderung geltend zu machen, siehe Rdn. B.421.

Leistungen nach § 18 Abs. 1 SGB I: Zuschüsse und Darlehen (= darlehensweise monatliche Förderungsbeträge, § 17 BAföG) für den Lebensunterhalt und die Ausbildung (§§ 1, 11–17 BAföG). Bezahlt wird der Förderungsbetrag monatlich im voraus (§ 51 Abs. 1 BAföG). Einzelbestimmungen enthält das Bundesausbildungsförderungsgesetz (BAföG)[11], das nach § 68 Nr. 1 SGB I Besonderer Teil des SGB ist.

Leistungsträger sind nach § 18 Abs. 2 SGB I die Ämter und die Landesämter für Ausbildungsförderung nach Maßgabe der §§ 39, 40, 40a und 45 BAföG.

Das Gleichbehandlungsgebot des Art. 3 GG hat die (beschränkte) Pfändbarkeit von Ansprüchen nach dem BAföG im Unterschied zur (frühen) Unpfändbarkeit von Stipendien nach § 10 GFG[12] nicht verletzt[13].

1.3.2. Arbeitsförderung

D.15 **Zielsetzung** nach § 3 Abs. 2 SGB I: individuelle Förderung der beruflichen Weiterbildung, Hilfe zur Erlangung und Erhaltung eines angemessenen Arbeitsplatzes und wirtschaftliche Sicherung bei Arbeitslosigkeit und Zahlungsunfähigkeit des Arbeitgebers.

Leistungen nach § 19 Abs. 1 SGB I:

- als Entgeltersatzleistungen (§ 3 Abs. 4 SGB III)
  - Arbeitslosengeld bei Arbeitslosigkeit und beruflicher Weiterbildung,
  - Teilarbeitslosengeld bei Teilarbeitslosigkeit,
  - Übergangsgeld bei Teilnahme an Maßnahmen zur Teilhabe am Arbeitsleben,
  - Kurzarbeitergeld bei Arbeitsausfall,
  - Insolvenzgeld bei Zahlungsunfähigkeit des Arbeitgebers,
- sonstige Leistungen nach dem Vierten Kapitel des SGB III.

Nähere Regelung trifft das SGB III.

Leistungsträger sind nach § 19 Abs. 2 SGB I die Agenturen für Arbeit und die sonstigen Dienststellen der Bundesagentur für Arbeit. Drittschuldner: § 334 SGB III (Rdn. D.13).

D.16 **Besonderheiten** gelten infolge des Vorbehalts des § 37 SGB I für die Pfändung des Anspruchs auf

- Kurzarbeitergeld (s. § 108 Abs. 2 SGB III) und dessen Sonderformen (Rdn. D.141),
- Insolvenzgeld (§§ 170, 171 SGB III; Rdn. D.151).

D.17 Auch für Leistungen, die **Arbeitgeber und Dritte** (Träger) erhalten, gilt mit den Vorschriften des Leistungsrechts § 54 SGB I über die Pfändung (dazu Rdn. D.65).

---

11 Bundesausbildungsförderungsgesetz i.d.F. vom 7.12.2010 (BGBl I 1952).

12 Graduiertenförderungesetz i.d.F. vom 22.1.1976 (BGBl I 207); mit Ausnahme der Bestimmungen über die Rückzahlung von Darlehen außer Kraft getreten.

13 OLG München, JurBüro 1983, 1578 = OLGZ 1983, 239 = Rpfleger 1983, 165 Leits.

1.3.3. Grundsicherung für Arbeitsuchende

Die Grundsicherung für Arbeitsuchende umfasst (§ 19a Abs. 1 SGB I) **Leistungen** zur Eingliederung in Arbeit und zur Sicherung des Lebensunterhalts. Einzelregelungen trifft das SGB II. Aufgaben und Ziel: § 1 Abs. 1 SGB II. Erbracht werden Leistungen der Grundsicherung für Arbeitsuchende nach § 4 SGB II in Form von Dienstleistungen mit dem Ziel der Eingliederung in Arbeit, Geldleistungen insbesondere zur Sicherung des Lebensunterhalts der erwerbsfähigen Hilfebedürftigen und der mit ihnen in einer Bedarfsgemeinschaft lebenden Personen sowie Sachleistungen. Als Leistungen zur Sicherung des Lebensunterhalts erhalten erwerbsfähige Hilfebedürftige Arbeitslosengeld II. Einzelheiten: §§ 19–27 SGB II. Bei Aufnahme einer Arbeit kann ihnen zeitlich befristet Einstiegsgeld erbracht werden (§ 16b SGB II). Nicht erwerbsfähige Angehörige erhalten unter bestimmten Voraussetzungen Sozialgeld (§ 19 Abs. 1 SGB II). Sie sind somit selbst Berechtigte (§ 7 Abs. 2 SGB II), auch wenn der erwerbsfähige Hilfebedürftige ihre Leistungen nach § 38 SGB II bevollmächtigt beantragt und entgegennimmt. D.18

Leistungsträger sind nach § 19a Abs. 2 SGB I die Agenturen für Arbeit und die sonstigen Dienststellen der Bundesagentur für Arbeit sowie die kreisfreien Städte und Kreise oder durch Landesrecht bestimmte andere Träger. § 6 SGB II nennt als Träger die Bundesagentur für Arbeit, die kreisfreien Städte und Kreise (kommunale Träger) oder durch Landesrecht bestimmte andere Träger für bestimmte Leistungen. Kommunale Trägerschaft anstelle der Agenturen für Arbeit: § 19a Abs. 2 SGB I und § 6a SGB II.

Der Anspruch auf Leistungen zur Sicherung des Lebensunterhaltes kann nicht abgetreten, übertragen, verpfändet oder gepfändet werden (§ 42 Abs. 4 S. 1 SGB II)[14]. Damit wird das Pfändungsverbot für Sozialhilfe (§ 17 Abs. 1 SGB XII; s. Rdn. D.39) auf diese Leistungen übertragen, die – ebenso wie Sozialhilfe – der Sicherung des Existenzminimums dienen und deshalb bei den leistungsberechtigten Personen verbleiben sollen[15]. D.19

1.3.4. Gleitender Übergang älterer Arbeitnehmer in den Ruhestand

Nach dem Recht zur Förderung eines gleitenden Übergangs älterer Arbeitnehmer in den Ruhestand können nach § 19b Abs. 1 SGB I von Arbeitgebern als **Leistungen** in Anspruch genommen werden D.20

- Erstattung der Beiträge zur Höherversicherung in der gesetzlichen Rentenversicherung und der nicht auf das Arbeitsentgelt entfallenden Beiträge zur gesetzlichen Rentenversicherung für ältere Arbeitnehmer, die ihre Arbeitszeit auf Teilzeit verkürzt haben,
- Erstattungen der Aufstockungsbeiträge zum Arbeitsentgelt für die Altersteilzeitarbeit.

---

14 Die nach früherem Recht ergangene Entscheidung des BGH, MDR 2013, 57 = Rpfleger 2013, 158 ist überholt.
15 Begründung. BT-Drucks. 18/8041, S. 56.

Einzelbestimmungen enthält das AltTZG[16], das nach § 68 Nr. 16 SGB I Besonderer Teil des SGB ist.

Leistungsträger sind nach § 19b Abs. 2 SGB I die Agenturen für Arbeit (auch sonstige Dienststellen der Bundesagentur für Arbeit), bei denen der Antrag zu stellen ist (§ 12 Abs. 1 AltTZG), die somit Drittschuldner sind.

Einkommen des Arbeitnehmers aus Altersteilzeitarbeit ist Arbeitseinkommen; dazu Rdn. C.12.

1.3.5. Sozialversicherung

D.21 **Zielsetzung** nach § 4 Abs. 2 SGB I: notwendige Maßnahmen zum Schutz, zur Erhaltung, zur Besserung und zur Wiederherstellung der Gesundheit und der Leistungsfähigkeit, wirtschaftliche Sicherung bei Krankheit, Mutterschaft, Minderung der Erwerbsfähigkeit und Alter sowie wirtschaftliche Sicherung der Hinterbliebenen eines Versicherten.

1.3.5.1. Gesetzliche Krankenversicherung

D.22 **Leistungen** der gesetzlichen Krankenversicherung sind nach § 21 Abs. 1 SGB I neben Dienst- und Sachleistungen u.a. bei Krankheiten Krankengeld, Kosten für Haushaltshilfe oder Betriebshilfe für Landwirte und Mutterschaftsgeld (§ 24i SGB V, § 19 MuSchG[17]). Einzelbestimmungen enthalten das SGB V sowie das KVLG 1989[18], das nach § 68 Nr. 6 SGB I Besonderer Teil des SGB ist.

Leistungsträger sind nach § 21 Abs. 2 SGB I die Orts-, Betriebs- und Innungskrankenkassen, die Sozialversicherung für Landwirtschaft, Forsten und Gartenbau als landwirtschaftliche Krankenkasse, die Deutsche Rentenversicherung Knappschaft-Bahn-See und die Ersatzkassen.

D.23 Frauen, die nicht Mitglied einer gesetzlichen Krankenkasse sind, erhalten Mutterschaftsgeld zulasten des Bundes (§ 19 Abs. 2 MuSchG). Die Leistungen werden in entsprechender Anwendung der Vorschriften des SGB V über das Mutterschaftsgeld vom Bundesversicherungsamt (Bonn) gewährt; § 54 SGB I findet daher gleichfalls entsprechende Anwendung.

Der Zuschuss zum Mutterschaftsgeld (§ 20 MuSchG) wird vom Arbeitgeber geleistet; er ist mithin eine dem Arbeitsentgelt gleiche Leistung und daher nach §§ 850 ff. ZPO pfändbar. Mit dem Mutterschaftsgeld ist der Zuschlag nach Maßgabe des § 850e Nr. 2a ZPO zusammenzurechnen.

---

16 Altersteilzeitgesetz vom 23.7.1996 (BGBl I 1078).
17 Mutterschutzgesetz vom 23.5.2017 (BGBl I 1228).
18 Zweites Gesetz über die Krankenversicherung der Landwirte vom 20.12.1988 (BGBl I 2477).

1.3.5.2. Soziale Pflegeversicherung

Die soziale Pflegeversicherung gewährt nach § 21a Abs. 1 SGB I **Leistungen** bei häuslicher Pflege, bei teilstationärer und Kurzzeitpflege sowie Leistungen für Pflegepersonen. Einzelbestimmungen enthält das SGB XI. D.24

Leistungsträger sind nach § 21a Abs. 2 SGB I die bei den Krankenkassen errichteten Pflegekassen.

1.3.5.3. Leistungen bei Schwangerschaftsabbrüchen

Eine Frau kann Anspruch auf **Leistungen** nach dem Fünften Abschnitt des SchKG[19] haben (§ 21b Abs. 1 SGB I). Der Fünfte Abschnitt des Gesetzes gilt als besonderer Teil des SGB (§ 68 Nr. 17 SGB I). Bestimmung über die Pfändbarkeit trifft somit § 54 SGB I. **Leistungsträger** sind die Krankenkassen und die Ersatzkassen (§ 21b Abs. 2 SGB I). Pfändbare Beträge dürften nicht anfallen. D.25

1.3.5.4. Gesetzliche Unfallversicherung

Leistungen der gesetzlichen Unfallversicherung sind nach § 22 Abs. 1 SGB I neben Dienst- und Sachleistungen insbesondere D.26

- (Verletzten-)Renten wegen Minderung der Erwerbsfähigkeit (Voll- oder Teilrente),
- Renten an Hinterbliebene (Witwen- und Witwerrente sowie Waisen- und ggfs. Verwandtenrente), Sterbegeld und Beihilfen,
- Rentenabfindungen,
- Kosten für Haushaltshilfe,
- Kosten für Betriebshilfe für Landwirte.

Einzelbestimmungen enthält das SGB VII.

Leistungsträger sind nach § 22 Abs. 2 SGB I die gewerblichen Berufsgenossenschaften, die Sozialversicherung für Landwirtschaft, Forsten und Gartenbau als landwirtschaftliche Berufsgenossenschaft, die Gemeindeunfallversicherungsverbände, die Feuerwehr-Unfallkassen, die Unfallkassen der Länder und Gemeinden, die gemeinsamen Unfallkassen für den Landes- und kommunalen Bereich und die Unfallversicherung Bund und Bahn.

1.3.5.5. Gesetzliche Rentenversicherung

Leistungen der gesetzlichen Rentenversicherung sind nach § 23 Abs. 1 Nr. 1 SGB I neben Dienst- und Sachleistungen u.a. D.27

- Leistungen zur Prävention, zur medizinischen Rehabilitation, zur Teilhabe am Arbeitsleben und zur Nachsorge sowie sonstige Leistungen zur Teilhabe einschließlich wirtschaftlicher Hilfen,

---

19 Schwangerschaftskonfliktgesetz vom 27.7.1992 (BGBl 1398).

- Renten wegen Alters, Renten wegen verminderter Erwerbsfähigkeit und Knappschaftsausgleichsleistungen,
- Renten wegen Todes,
- Witwen- und Witwerrentenabfindungen sowie Beitragserstattungen,
- Zuschüsse zu den Aufwendungen für die Kranken- und Pflegeversicherung,
- Leistungen für Kindererziehung.

Einzelbestimmungen enthält das SGB VI. Wegen einer (früheren) Besonderheit im Handwerkerversicherungsrecht s. Rdn. C.196, wegen der Rentenversicherung der Künstler siehe das KSVG[20].

Der Anspruch eines Versicherten oder Arbeitgebers auf Erstattung zu Unrecht entrichteter Beiträge (§ 26 SGB IV) ist ein rein vermögensrechtlicher Anspruch[21], mithin keine Sozialleistung. Er steht der Beitragserstattung bei Wegfall der Versicherungspflicht nicht gleich[22]. Deshalb fällt der Rückforderungs- und Rückzahlungsanspruch nicht unter die Bestimmung des § 54 Abs. 2 SGB I über die Pfändung einmaliger Geldleistungen; er ist daher uneingeschränkt pfändbar.

D.28 **Leistungsträger** sind nach § 23 Abs. 2 SGB I

- in der allgemeinen Rentenversicherung die Regionalträger, die Deutsche Rentenversicherung Bund und die Deutsche Rentenversicherung Knappschaft-Bahn-See,
- in der knappschaftlichen Rentenversicherung die Deutsche Rentenversicherung Knappschaft-Bahn-See.

D.29 Eine **Leistung für Kindererziehung** erhält eine Frau (Mutter), die vor dem 1.1.1921 geboren ist, für jedes Kind, das sie lebend geboren hat (§ 294 SGB VI mit Einzelheiten). Zuständig ist der Versicherungsträger, der der Mutter eine Versicherungsrente zahlt (§ 297 SGB VI mit Einzelheiten). Für Pfändung erheblich ist

§ 297 SGB VI
Zuständigkeit

(2) Die Leistung für Kindererziehung wird als Zuschlag zur Rente gezahlt, wenn die Mutter eine Rente bezieht, es sei denn, dass die Rente in vollem Umfang übertragen, verpfändet oder gepfändet ist …

Als Zuschlag zu der Rente ist die Leistung für Kindererziehung nicht selbstständig pfändbar. Wenn jedoch die Rente in vollem Umfang gepfändet (übertragen oder verpfändet) ist, wird die Leistung für Kindererziehung nicht als Zuschlag zu dieser Rente gezahlt, so dass sie auch von der Rentenpfändung nicht erfasst wird. Die (dann selbstständige) Leistung für Kindererziehung ist jedoch laufende Geldleistung, deren Pfändung sich nach § 54 Abs. 4 SGB I bestimmt. Eine Pfändung kann dann aber nicht erfolgen, weil die selbstständige Leistung die Freigrenze (§§ 850c, 850d ZPO) nicht übersteigt (Rdn. D.93). Die Zusammenrechnung mit Arbeitseinkommen (§ 850e Nr. 2a ZPO) oder mit anderen laufenden Sozialleistun-

---

20 Künstlersozialversicherungsgesetz vom 27.7.1981 (BGBl 705).
21 BSozialG, BSGE 24, 126 = NJW 1966, 1045; Hintzen, Forderungspfändung, § 3 Rdn. 51.
22 KG, Rpfleger 1976, 144 (damit aufgehoben LG Berlin, Rpfleger 1975, 444).

gen (Rdn. D.126) wird für zulässig angesehen[23], dürfte jedoch keine praktische Bedeutung mehr haben.

1.3.5.6. Alterssicherung der Landwirte

Leistungen in der Alterssicherung der Landwirte sind nach § 23 Abs. 1 Nr. 2 SGB I neben Dienst- und Sachleistungen u.a. D.30

- Renten wegen Erwerbsminderung und Alters,
- Renten wegen Todes,
- Beitragszuschüsse,
- Betriebs- und Haushaltshilfe oder sonstige Leistungen zur Aufrechterhaltung des Unternehmens der Landwirtschaft.

Einzelbestimmungen enthält das ALG[24], das nach § 68 Nr. 4 SGB I Besonderer Teil des SGB ist.

Leistungsträger ist nach § 23 Abs. 2 SGB I die Sozialversicherung für Landwirtschaft, Forsten und Gartenbau als landwirtschaftliche Berufsgenossenschaft.

Produktionsaufgabenrente erhalten Landwirte (ggfs. auch deren Witwen und Witwer) nach dem FELEG[25] längstens bis zu dem Zeitpunkt, in dem Altersgeld nach dem Gesetz über die Alterssicherung der Landwirte beantragt werden kann. Ein Ausgleichsgeld können nach § 9 FELEG Arbeitnehmer und mitarbeitende Familienangehörige, Witwen oder Witwer, erhalten. Das Gesetz wird von der landwirtschaftlichen Alterskasse durchgeführt (§ 17 FELEG). Es gelten die für die Alterssicherung der Landwirte maßgebenden Vorschriften des SGB I (§ 18 Abs. 1 FELEG), somit auch § 54 SGB I, der die Pfändung regelt.

1.3.6. Soziale Entschädigung bei Gesundheitsschäden

Zielsetzung nach § 5 SGB I: soziale Entschädigung bei Gesundheitsschaden, für dessen Folgen die staatliche Gemeinschaft in Abgeltung eines besonderen Opfers oder aus anderen Gründen nach versorgungsrechtlichen Grundsätzen einsteht, insbesondere auch durch angemessene wirtschaftliche Versorgung. D.31

Leistungen nach § 24 Abs. 1 SGB I neben Dienst- und Sachleistungen:

- Beschädigtenrente und Pflegezulage (§§ 29–35 BVG[26]), und zwar
  - eine monatliche Grundrente nach § 31 BVG,
  - für einen Schwerbeschädigten eine monatliche Ausgleichsrente nach § 32 BVG, wenn er infolge des Gesundheitszustandes oder hohen Alters oder aus einem sonstigen Grunde eine zumutbare Erwerbstätigkeit nicht oder nur in beschränktem Umfang ausüben kann.

---

23 AG Wedding, JurBüro 2002, 48.
24 Gesetz über die Alterssicherung der Landwirte vom 29.7.1994 (BGBl I 1890).
25 Gesetz zur Förderung der Einstellung der landwirtschaftlichen Erwerbstätigkeit vom 21.2.1989 (BGBl I 233).
26 Bundesversorgungsgesetz i.d.F. vom 22.1.1982 (BGBl I 21).

Dazu kommen ggfs. ein Ehegattenzuschlag (§ 33a BVG) und ein Kinderzuschlag (§ 33b BVG) sowie eine Pflegezulage (§ 35 BVG). Die Grundrente ist nicht (wie die Ausgleichsrente) zur Sicherung des Lebensunterhalts bestimmt. Sie wird für die gesundheitlichen Folgen der Schädigung (für die körperliche und geistige Beeinträchtigung unter Einschluss seelischer Begleiterscheinungen und Schmerzen und zum Ausgleich der durch die Beschädigung verursachten Mehraufwendungen) gewährt; nach § 54 Abs. 3 Nr. 3 SGB I ist sie nicht pfändbar,

- Renten an Hinterbliebene, Bestattungsgeld und Sterbegeld (§§ 36–53 BVG),
- Kapitalabfindung, insbesondere zur Wohnraumbeschaffung (§§ 72–80 BVG).

D.32 Einzelbestimmungen enthält das BVG, das nach § 68 Nr. 7 SGB I Besonderer Teil des SGB ist. § 78 BVG sieht für den Fall der Kapitalabfindung (insbesondere zum Erwerb oder zur wirtschaftlichen Stärkung eigenen Grundbesitzes, s. § 72 BVG) für die von der zuständigen Verwaltungsbehörde festgelegte Zeit zur bestimmungsgemäßen Verwendung (§ 76 Abs. 1 BVG) noch folgende Schutzbestimmung vor:

§ 78 BVG

Innerhalb der in § 76 Abs. 1 vorgesehenen Frist ist ein der ausgezahlten Abfindungssumme gleichkommender Betrag an Geld, Wertpapieren und Forderungen der Pfändung nicht unterworfen.

Leistungsvorschriften enthalten auch andere Gesetze, die eine entsprechende Anwendung der Vorschriften des BVG vorsehen. Sie gehören gleichfalls zum Besonderen Teil des SGB mit der Folge, dass die Leistungen dem § 54 SGB I über die Anspruchspfändung unterliegen, so nach § 68 Nr. 7 SGB I

- §§ 80–83a des Soldatenversorgungsgesetzes; danach erhält ein Soldat, der eine Wehrdienstbeschädigung erlitten hat, nach Beendigung des Wehrdienstverhältnisses Versorgung in entsprechender Anwendung der Vorschriften des BVG; ebenso erhalten eine Zivilperson, die eine Wehrdienstbeschädigung erlitten hat, und die Hinterbliebenen eines Beschädigten auf Antrag Versorgung,
- § 59 Abs. 1 des Bundesgrenzschutzgesetz i.V.m. § 80 SVG,
- § 47 des Zivildienstgesetzes über die Versorgung eines Zivildienstbeschädigten und seiner Hinterbliebenen,
- § 60 des Infektionsschutzgesetzes,
- §§ 4, 5 des Häftlingshilfegesetzes über die Versorgung eines infolge Gewahrsams gesundheitlich Geschädigten und seiner Hinterbliebenen,
- § 1 des Opferentschädigungsgesetzes,
- §§ 21, 22 des Strafrechtlichen Rehabilitierungsgesetzes (die entsprechende Anwendung des BVG gilt jedoch nicht für die Kapitalentschädigung, die gemäß § 17 Abs. 3 StrRehaG übertragbar und vererblich, somit auch pfändbar ist[27],

27 BGH, NJW-RR 2012, 181.

und für die besondere Zuwendung für Haftopfer, die gemäß § 17a Abs. 5 StrRehaG unpfändbar ist),

- §§ 3, 4 des Verwaltungsrechtlichen Rehabilitierungsgesetzes.

§ 68 Nr. 7 SGB I bringt eine nur beispielhafte Aufzählung. Es gehören daher auch Leistungsvorschriften anderer Gesetze, die eine entsprechende Anwendung der Vorschriften des BVG vorsehen, zum Besonderen Teil des SGB, wenn sie erst nach diesem erlassen werden und in Kraft treten[28].

Leistungsträger sind nach § 24 Abs. 2 SGB I die Versorgungsämter, die Landesversorgungsämter und die orthopädischen Versorgungsstellen, für die besonderen Hilfen im Einzelfall die Kreise und kreisfreien Städte sowie die Hauptfürsorgestellen. D.33

1.3.7. Minderung des Familienaufwands

Zielsetzung nach § 6 SGB I: Minderung der wirtschaftlichen Belastungen, die dadurch entstehen, dass Kindern Unterhalt zu leisten ist oder geleistet wird. D.34

Leistungen nach § 25 Abs. 1, 2 SGB I:

- **Kindergeld** (§§ 1–6 BKGG[29]) und Kinderzuschlag (§ 6a BKGG) sowie Leistungen für Bildung und Teilhabe (§ 6b BKGG). Einzelbestimmungen enthält das Bundeskindergeldgesetz, das nach § 68 Nr. 9 SGB I Besonderer Teil des SGB ist. Der Anwendungsbereich des BKGG ist jedoch nicht mehr groß. Jetzt wird Kindergeld durchweg nach § 31 mit §§ 62–78 EStG gewährt (Rdn. A.222). Nach dem BKGG kann nur dann Kindergeld in Anspruch genommen werden, wenn nicht dieser Familienleistungsausgleich nach dem EStG zur Anwendung kommt (§ 25 Abs. 1 SGB I). Anspruchsberechtigte dann: § 1 BKGG. Das Kindergeld nach dem BKGG beträgt (§ 6 BKGG) monatlich für das erste und zweite Kind jeweils 204 Euro, und für das dritte Kind 210 Euro und für das vierte und jedes weitere Kind jeweils 235 Euro. Kindergeld steht nicht einem begünstigten Kind zu, sondern demjenigen (Vater, Mutter, Pflegeeltern, Adoptiveltern usw.), der die Anspruchsvoraussetzungen erfüllt. In Sonderfällen wird Eigenkindergeld mit monatlich 204 Euro gewährt (§ 1 Abs. 2 mit § 6 Abs. 2 BKGG). Weitergehend erhalten einen **Kinderzuschlag** nach § 6a BKGG befristet und einkommensabhängig Personen (Eltern), die nur über geringes Einkommen verfügen,
- **Elterngeld** nach dem BEEG[30] (dessen Erster, Zweiter und Dritter Abschnitt sind Besonderer Teil des SGB nach § 68 Nr. 15 SGB I). Elterngeld ist unpfändbar bis zur Höhe der nach § 10 des Bundeselterngeld- und Elternzeit-

28 So ausdrücklich die Begründung (Fn. 2), S. 35.
29 Bundeskindergeldgesetz i.d.F. vom 28.1.2009 (BGBl I 142).
30 Bundeselterngeld- und Elternzeitgesetz i.d.F. vom 27.1.2015 (BGBl I 33).

gesetz anrechnungsfreien Beträge (sowie dem Erziehungsgeld vergleichbare Leistungen der Länder), damit maximal von 300 Euro monatlich gemeinsam (§ 54 Abs. 3 Nr. 1 SGB I)[31].

Leistungsträger für Kindergeld sind nach § 25 Abs. 3 SGB I, § 7 BKGG als Familienkassen die Agenturen für Arbeit (dazu Rdn. A.229).

Leistungsträger für Eltern- und Betreuungsgeld sind nach § 25 Abs. 3 SGB I die nach § 12 BEEG landesrechtlich bestimmten Behörden.

D.35 Die Zuordnung des Unterhaltsvorschussgesetzes[32] zu den sozialen Rechten ist nicht klargestellt. Das Gesetz ist jedoch nach § 68 Nr. 14 SGB I in das Sozialgesetzbuch einbezogen.

1.3.8. Zuschuss für angemessene Wohnung

D.36 **Zielsetzung** nach § 7 SGB I: Zuschuss zur Miete oder zu vergleichbaren Leistungen, wenn und soweit jemand eine angemessene Wohnung nur zu Bedingungen bekommen kann, die seine wirtschaftliche Leistungsfähigkeit übersteigen (die ihm nicht zugemutet werden können).

Leistungen nach § 26 Abs. 1 SGB I: Wohngeld als Zuschuss zur Miete oder als Zuschuss zu den Aufwendungen für den eigengenutzten Wohnraum (§§ 1–8 WoGG[33]). Einzelregelungen enthält das WoGG, das nach § 68 Nr. 10 SGB I Besonderer Teil des SGB ist.

Leistungsträger sind nach § 26 Abs. 2 SGB I die durch Landesrecht bestimmten Behörden.

1.3.9. Kinder- und Jugendhilfe

D.37 **Zielsetzung:** § 8 SGB I; **Leistungen** und **Leistungsträger:** § 27 SGB I. Einzelregelungen im SGB VIII sowie im AdVermiG[34], das Besonderer Teil des SGB nach § 68 Nr. 12 SGB I ist. Einschlägige Leistungen fallen hier nicht an (zu dem vom Träger der Jugendhilfe an Pflegeeltern gezahlten Pflegegeld siehe Rdn. C.170).

1.3.10. Sozialhilfe

D.38 **Zielsetzung** nach § 9 SGB I: staatliche Hilfe für denjenigen, der nicht in der Lage ist, aus eigenen Kräften seinen Lebensunterhalt zu bestreiten oder in besonderen Lebenslagen sich selbst zu helfen, und auch von anderer Seite keine ausreichende Hilfe erhält.

---

31 § 25 Abs. 2, § 54 Abs. 3 Nr. 1 SGB I nennen außerdem noch das Betreuungsgeld. Die Vorschriften des BEEG über das Betreuungsgeld sind mit Art. 72 Abs. 2 GG nach Maßgabe der Urteilsgründe unvereinbar und nichtig; BVerfGE 140, 65 = BGBl 2015 I 1565 = FamRZ 2015, 1459 = NJW 2015, 2399.

32 Unterhaltsvorschussgesetz i.d.F vom 17.7.2007 (BGBl I 1446).

33 Wohngeldgesetz vom 24.9.2008 (BGBl I 1856).

34 Adoptionsvermittlungsgesetz i.d.F. vom 22.12.2001 (BGBl 2002 I 354).

Leistungen verschiedenster Art nach § 28 Abs. 1 SGB I, insbesondere Hilfe zum Lebensunterhalt nach §§ 27–40 SGB XII und Leistungen der Grundsicherung im Alter und bei Erwerbsminderung nach §§ 41–46 SGB XII. Einzelbestimmungen enthält das SGB XII.

Leistungsträger sind nach § 28 Abs. 2 SGB I die Kreise und kreisfreien Städte, die überörtlichen Träger der Sozialhilfe und für besondere Aufgaben die Gesundheitsämter.

Besonderheit: Der Anspruch auf Sozialhilfe kann nicht gepfändet (und auch nicht übertragen oder verpfändet) werden (§ 17 Abs. 1 S. 2 SGB XII). Dieses Pfändungsverbot entspricht der höchstpersönlichen Natur der Sozialhilfe und soll verhindern, dass durch Entstehen eines neuen Notfalls infolge der Pfändung die Hilfe erneut, also doppelt gewährt werden müsste. Für Leistungen nach dem SGB II gilt die entsprechende Regelung des § 42 Abs. 4 S. 1 SGB II (s. Rdn. D.19), für Leistungen der Eingliederungshilfe nach dem SGB IX die Regelung des § 107 Abs. 2 SGB IX (ab 1.1.2020; s. Rdn. 41). Auf andere Sozialleistungen, deren Pfändung § 54 SBG I regelt, ist § 17 Abs. 1 S. 2 SGB XII nicht entsprechend anwendbar. D.39

1.3.11. Rehabilitation und Teilhabe von Menschen mit Behinderung

Zielsetzung nach § 10 SGB I: Hilfe für körperlich, geistig oder seelisch behinderte Menschen oder des von einer solchen Behinderung Bedrohten, um die Behinderung abzuwenden, zu beseitigen, zu mindern, ihre Verschlimmerung zu verhüten oder ihre Folgen zu mildern, Einschränkungen der Erwerbsfähigkeit oder Pflegebedürftigkeit zu vermeiden und ihnen einen Platz im Arbeitsleben zu sichern und weitere Aufgaben. D.40

Leistungen verschiedenster Art nach § 29 Abs. 1 SGB I, insbesondere auch Kranken-, Verletzten-, Übergangs- und Ausbildungsgeld, Unterhaltsbeihilfe sowie nach § 28a Abs. 1 SGB I Leistungen nach dem Recht der Eingliederungshilfe zur medizinischen Rehabilitation, zur Teilhabe am Arbeitsleben und an Bildung sowie zur Sozialen Teilhabe. Einzelheiten regelt das SGB IX.

Leistungsträger: Die Rehabilitation ist eine Aufgabe, die in fast allen Sozialleistungsbereichen wahrgenommen wird. Die Verwaltungszuständigkeiten verteilen sich daher auf die sonstigen Leistungsträger. Es sind dies nach § 29 Abs. 2 SGB I die in den §§ 19–24, 27, § 28 SGB I genannten (vorstehend Rdn. D.15 ff. bezeichneten) Leistungsträger sowie die Integrationsämter, nach § 28a Abs. 2 SGB I für die Eingliederungshilfe die durch Landesrecht bestimmten Behörden.

Der Anspruch auf Leistungen der Eingliederungshilfe kann nicht übertragen, verpfändet oder gepfändet werden (§ 107 Abs. 1 SGB IX – ab 1.1.2010 –). Damit wird die Regelung des § 17 Abs. 1 SGB XII (s. Rdn. D.39) inhaltsgleich übernommen[35]. D.41

35 Begründung. BT-Drucks. 18/9522, S. 282.

1.3.12. Sonstiges

D.42 Die Vorschriften des SGB I, damit auch § 54 SGB I über die Pfändbarkeit, gelten entsprechend für Leistungen

- nach dem EntschRG[36] gemäß dessen § 6 Abs. 3 S. 1; Entschädigungsrenten (§§ 1 ff. EntschRG) und ähnliche Leistungen (§ 8 EntschRG) sind als laufende Geldleistungen wie Arbeitseinkommen pfändbar (§ 54 Abs. 4 SGB I),
- nach dem UntAbschlG[37] gemäß dessen § 9 Abs. 1; laufende Zahlungen (§ 4 UntAbschlG) sind gemäß § 54 Abs. 3 Nr. 3 SGB I unpfändbar, einmalige Zahlungen (§ 5 UntAbschlG) nur unter den Voraussetzungen des § 54 Abs. 2 SGB I pfändbar,
- nach dem BerRehaG[38] gemäß dessen § 25 Abs. 4 S. 1; Arbeitslosengeld bei beruflicher Weiterbildung (§ 6 BerRehaG) und Weiterbildungskosten (§ 7 BerRehaG) sind als laufende Geldleistungen wie Arbeitseinkommen pfändbar (§ 54 Abs. 4 SGB I), Ausgleichsleistungen (§ 8 BerRehaG) sind unpfändbar (§ 9 Abs. 2 BerRehaG).

D.43 Sozialleistungsbereiche, die in absehbarer Zeit auslaufen oder schon weitgehend abgewickelt sind, wie beispielsweise der Lastenausgleich und das BEG[39] (s. Rdn. A.123 ff.), sind in das Sozialgesetzbuch nicht aufgenommen. § 54 SGB I gilt hierfür nicht; es sind die allgemeinen Bestimmungen der ZPO oder besondere Regelungen anzuwenden[40].

1.4. Unpfändbarkeit der Dienst- und Sachleistungen (§ 54 Abs. 1 SGB I)

D.44 Ansprüche auf Dienst- und Sachleistungen (Rdn. D.12) können weder übertragen noch verpfändet (§ 53 Abs. 1 SGB I) und auch nicht gepfändet werden (§ 54 Abs. 1 SGB I). Grund[41]: Die auf die persönlichen Bedürfnisse des Berechtigten zugeschnittenen Leistungen würden ihren Zweck verfehlen, wenn sie an Dritte erbracht werden müssten. Eine Geldleistung, die der Leistungsberechtigte einmalig statt einer Dienst- oder Sachleistung erhalten wird (Bargelderstattung), z.B. für selbstbeschaffte Haushalts- oder Betriebshilfe (§ 38 Abs. 4 SGB V, § 11 Abs. 4 BVG), für Reisekosten, als Taschengeld an Stelle einer Sachleistung zum persönlichen Bedarf, für Arztkosten, fällt unter § 54 Abs. 2 SGB I[42]. Deren Pfändung wird jedoch vielfach durch die Zweckbestimmung ausgeschlossen. Pfändungsschutz hinsichtlich geleisteter Gegenstände: § 811 ZPO.

---

36 Entschädigungsrentengesetz vom 22.4.1992 (BGBl I 906).
37 Unterstützungsabschlussgesetz vom 6.5.1994 (BGBl I 990).
38 Berufliches Rehabiliterungsgesetz i.d.F. vom 1.7.1997 (BGBl I 1625).
39 Bundesentschädigungsgesetz vom 29.6.1956 (BGBl I 562).
40 LG Berlin, Rpfleger 1978, 151.
41 Begründung (Fn. 2), S. 32; dazu auch Schreiber, Rpfleger 1977, 295; vgl. Hintzen, Forderungspfändung, § 3 Rdn. 5.
42 So auch Schreiber (Fn. 41), der auch weitere Beispiele nennt; Stein/Jonas/Würdinger, ZPO, § 850i Rdn. 61.

1.5. Pfändung einmaliger Geldleistungen (§ 54 Abs. 2 SGB I)

1.5.1. Pfändbarkeit

Ansprüche auf einmalige Geldleistungen können nur gepfändet werden, wenn dies der Billigkeit entspricht (§ 54 Abs. 2 SGB I). Das gilt für den bereits entstandenen Anspruch (§ 40 SGB I) gleichermaßen wie für einen als zukünftige Forderung nach den hierfür bestehenden Grundsätzen (Rdn. A.30) pfändbaren Anspruch. Auf einmalige Geldleistung geht der Anspruch, wenn er nach seiner Anspruchsgrundlage nicht in wiederkehrenden Zeitabschnitten zu leisten ist, und zwar auch dann, wenn die einmalige Geldleistung nicht insgesamt, sondern in Teilbeträgen ausbezahlt wird. Einmalige Geldleistungen sind sonach beispielsweise Rentenabfindung (§ 107 SGB VI) und Beitragserstattung (§ 210 SGB VI). Der Anspruch auf Beitragserstattung ist bereits bei Wegfall der Versicherungspflicht[43], somit vor seinem Entstehen mit Stellung des Erstattungsantrags, eine pfändbare künftige Forderung[44]. Keine einmalige Geldleistung ist der Anspruch, der zwar in einem Betrag zur Auszahlung ansteht, nach seiner Anspruchsgrundlage aber als wiederkehrende Leistung gewährt wird, wie z.B. eine Rentennachzahlung[45]. D.45

Gepfändet werden können Ansprüche auf einmalige Geldleistungen nur, soweit dies „nach den Umständen des Falles“ der Billigkeit entspricht (§ 54 Abs. 2 SGB I)[46]. Das soll ermöglichen, dass die Gläubiger- und Schuldnerinteressen in sozial- und rechtspolitisch vertretbarer Weise gegeneinander abgewogen werden[47]. Dies gilt auch, wenn ein gesetzlicher Unterhaltsanspruch oder eine Forderung aus vorsätzlich begangener unerlaubter Handlung vollstreckt wird; ihnen steht für den Zugriff auf einmalige Geldleistungen kein Pfändungsprivileg zu, deren Bedeutung ist aber bei der Billigkeitsabwägung zu würdigen (Rdn. D.50). § 54 Abs. 2 SGB I lässt (als selbstständige Regelung) die Pfändung grundsätzlich zu, soweit sie der Billigkeit entspricht. Es besteht somit keine Unpfändbarkeit, die wie im Falle des § 850b ZPO (Rdn. C.202) nur auf Grund einer konstitutiv wirkenden Entscheidung des Vollstreckungsgerichts durchbrochen wäre[48]. D.46

Die Pfändbarkeit des Anspruchs auf einmalige Geldleistung **regelt** § 54 Abs. 2 SGB I **abschließend**. Eine Zweckbindung (Rdn. A.16) begründet keine weitergehende Unpfändbarkeit, sondern ist bei der Billigkeitsprüfung zu würdigen. Die für Arbeitseinkommen geltenden Pfändungsbestimmungen sind nicht, wie in § 54 D.47

---

43 Z.B. mit Ausweisung eines tunesischen Staatsangehörigen (Fall des OLG Karlsruhe [Fn. 53]), Rückkehr des Schuldners in sein Heimatland Türkei (Fall des KG [Fn. 53]).

44 OLG Karlsruhe, Rpfleger 1984, 155; KG, JurBüro 1986, 943 = OLGZ 1986, 471 = Rpfleger 1986, 230; LG Lübeck, Rpfleger 1984, 474; OLG Bremen, JurBüro 1988, 932 (schon vor Rückkehr in die Heimat, zu weitgehend); enger LG Düsseldorf, JurBüro 1985, 1901: Pfändung erst möglich, wenn der Schuldner den Rückzahlungsanspruch geltend machen kann; vgl. Hintzen, Forderungspfändung, § 3 Rdn. 51.

45 LG Deggendorf, VuR 2018, 157.

46 Die Vorschrift verstößt nicht gegen das rechtsstaatliche Gebot hinreichender Bestimmtheit von Gesetzen, VGH Baden-Württemberg, Rpfleger 1986, 230.

47 Begründung (Fn. 2), S. 32.

48 BGHZ 92, 339 = MDR 1985, 225 = NJW 1985, 976 = Rpfleger 1985, 155 mit zust. Anm. Hornung (zum vormaligen § 54 Abs. 3 SGB I).

Abs. 4 SGB I, in Bezug genommen. Daher findet auch § 850a ZPO keine Anwendung. Dass Einzelleistungen aus sozialen Gründen oder wegen ihrer Zweckgebundenheit unpfändbar bleiben müssen, gewährleistet somit allein § 54 Abs. 2 SGB I. Bei der demnach zu treffenden Billigkeitsentscheidung ist der Zweckbestimmung der Geldleistung allerdings in gleicher Weise Rechnung zu tragen, wie dies durch § 850a ZPO geschieht. Damit verbietet sich praktisch die Pfändung einmaligen Fahrtkostenersatzes und einer Kostenerstattung für auswärtige Unterbringung (in Anlehnung an § 850a Nr. 3 ZPO). Entsprechendes gilt nach § 54 Abs. 2 SGB I für andere zweckgebundene Geldleistungen, z.B. für den Zuschuss zur Beschaffung eines Motorfahrzeugs nach § 11 Abs. 3 BVG. Daraus folgt zugleich, dass die Pfändung nach § 54 Abs. 2 SGB I stets zugelassen werden kann, wenn solche Leistungen durch die Vollstreckungsmaßnahme ihrer Zweckbestimmung zugeführt werden sollen (Rdn. A.16)[49].

D.48 Die wesentlichen Gesichtspunkte, die das Vollstreckungsgericht bei der **Billigkeitsprüfung** zu berücksichtigen hat, sind im Gesetzeswortlaut (§ 54 Abs. 2 SGB I) angeführt. Die Aufzählung ist jedoch nur beispielhaft („... insbesondere"), nicht abschließend; zu würdigen sind daher auch alle anderen bedeutsamen Umstände des Einzelfalles.

D.49 Mit Berücksichtigung der **Einkommens-** und **Vermögensverhältnisse** des Schuldners ist dem sozialen Schutz im Einzelfall Rechnung zu tragen. Dem Schuldner soll das für seinen Lebensbedarf Notwendige bleiben.

D.50 Die **Art des beizutreibenden Anspruchs** gebietet Berücksichtigung der Gläubigerinteressen. Bedeutsam kann sein, ob ein laufender Unterhaltsanspruch, Unterhaltsrückstände oder etwa eine Forderung aus einer vorsätzlich begangenen unerlaubten Handlung beigetrieben werden soll, aber auch, ob die Forderung bereits seit längerer Zeit geschuldet ist und andere Vollstreckungsversuche eine Befriedigung des Gläubigers nicht ermöglicht haben oder aussichtslos erscheinen lassen. Die Art des beizutreibenden Anspruchs kann vor allem auch im Hinblick auf die Zweckbestimmung der Sozialleistung Bedeutung erlangen.

D.51 Die **Zweckbestimmung** der Geldleistung dürfte das wichtigste Regulativ für die Zulässigkeit der Pfändung sein[50]. Ihr ist bei Interessenabwägung insbesondere unter dem Gesichtspunkt Rechnung zu tragen, dass die Pfändung den mit der einmaligen Sozialleistung bezweckten Erfolg nicht grundlos vereiteln oder beeinträchtigen darf. Die Pfändung wird deshalb vornehmlich dann zuzulassen sein, wenn durch die Vollstreckungsmaßnahme die Leistung ihrer Zweckbestimmung zugeführt werden soll. **Beispiel:** Pfändung des Zuschusses zur Instandhaltung eines Motorfahrzeugs (§ 11 Abs. 3 BVG) wegen der Reparaturforderung des Inhabers der Kfz-Werkstätte.

D.52 Die **Höhe** der Geldleistung kann im Hinblick auf die zu prüfenden Einkommens- und Vermögensverhältnisse des Schuldners, aber auch zur Würdigung der Zweckbestimmung und bei Abwägung allgemeiner Billigkeitsgesichtspunkte Bedeutung erlangen.

---

49 Hintzen, Forderungspfändung, § 3 Rdn. 9.

50 Begründung (Fn. 2), S. 52; auch BGH (Fn. 48); OLG Celle, MDR 1978, 149 = NJW 1977, 1641.

Als sonstige **Umstände des Einzelfalls** können etwa die Vermögens- und Einkommensverhältnisse, aber auch eine besondere Bedürftigkeit des Gläubigers ebenso wie eine Notlage des Schuldners, dessen Unterhaltsverpflichtungen und Gesundheitszustand sowie andere individuelle Besonderheiten bedeutsam sein. Daher kann es die Billigkeitsentscheidung beeinflussen, dass der Gläubiger in besonderem Maße auf die Durchsetzung seiner Forderung angewiesen ist. Auch kann sich z.B. die Pfändung zeitweilig als unzulässig erweisen, wenn der Schuldner nach Berufstätigkeit überraschend (z.B. infolge überraschender Geschäftsschließung) arbeitslos geworden ist und vielleicht schon einen neuen Arbeitsplatz in Aussicht hat. In diesem Zusammenhang kann es erheblich sein[51], ob die Forderung aus dem Kauf eines Luxusgegenstandes oder aus dem Erwerb von Bedarfsgütern herrührt oder ob der Schuldner bei Abschluss eines Kreditvertrages sicheres Einkommen hatte oder arbeitslos war. **D.53**

Pfändungsvoraussetzung ist nicht, wie im Falle des § 850b ZPO, dass die Vollstreckung in das sonstige bewegliche Vermögen des Schuldners zu einer vollständigen Befriedigung des Gläubigers nicht geführt hat oder voraussichtlich nicht führen wird[52]. Dass anderweitige Pfändungsmöglichkeiten mit Befriedigungsaussicht gegeben sind, kann aber bei der Billigkeitsprüfung berücksichtigt werden[53]. Jedoch ist § 54 Abs. 2 SGB I nicht, wie § 850b ZPO, als Ausnahmeregelung dergestalt anzusehen, dass die Pfändung nur zulässig wäre, wenn mit ihr eine den Gläubiger sonst treffende Härte abgewendet werden kann. Vielmehr ist eine Geldleistung stets dann zu pfänden, wenn dies die Gläubigerinteressen bei voller Würdigung und Gewährleistung des notwendigen sozialen Schutzes des Schuldners rechtfertigen. Einwendungen gegen die der Zwangsvollstreckung zugrunde liegende Forderung können im Rahmen der Billigkeitsprüfung nicht berücksichtigt werden[54]. **D.54**

---

51 Siehe hierzu OLG Düsseldorf, FamRZ 1979, 806 (in einer Armenrechtssache zur Pfändung [damals] einer laufenden Sozialrente wegen eines Prozesskostenvorschusses für eine Unterhaltsklage der getrennt lebenden Ehefrau); OLG Hamm, JurBüro 1979, 925 = Rpfleger 1979, 70 (Pfändung kleiner Beträge der Rente der mithaftenden Schuldnerin für ein Darlehen zur Finanzierung eines Personenkraftwagens und Ablösung eines früheren Kredits); KG, MDR 1981, 505 (Kredit mit hohen Zinsen für Anschaffung einer Waschmaschine und von Bekleidung); OLG Köln, NJW 1990, 2696 = OLGZ 1990, 219 = Rpfleger 1990, 429 (Bedenken gegen Pfändung einer Erwerbsunfähigkeitsrente am Rande des Existenzminimums wegen einer minimalen Hauptforderung mit erheblichen Kosten); LG Kassel, NJW 1977, 302; auch LG Berlin, MDR 1977, 147 = Rpfleger 1977, 31 (Pfändung einer Sozialrente für die Forderung des Vermieters wegen vom Schuldner als Mieter unterlassener Schönheitsreparaturen); LG Köln, NJW 1977, 1640 (zum Verwendungszweck eines Kredits, unter 4b der Gründe); LG Siegen, JurBüro 1985, 947 (Pfändung einer Erwerbsunfähigkeitsrente wegen einer geringfügigen, in etwa drei Monaten weggefertigten Forderung aus früherer Erwerbstätigkeit des Schuldners); LG Wiesbaden, JurBüro 1981, 626 = Rpfleger 1981, 491 (zu einem auf Risiko gegebenen Darlehen).

52 So auch LG Köln (Fn. 51); LG Hannover, JurBüro 1984, 948. Es ist daher für sich allein zur Zulässigkeit der Pfändung auch nicht ausreichend, dass dies der Fall und nachgewiesen oder glaubhaft gemacht ist.

53 LG Hannover (Fn. 52). Deswegen kann aber Vorlage einer Unpfändbarkeitsbescheinigung zum Pfändungsantrag nicht (schlechthin) verlangt werden, LG Hannover, wie vorst.

54 LG Berlin (Fn. 51); LG Wiesbaden (Fn. 51).

D.55 Ob auch ein Sonderrechtsnachfolger bei Tod des Berechtigten (§ 56 Abs. 1 SGB I) und ein Erbe[55] (§ 58 S. 1 SGB I), auf die der Leistungsanspruch übergegangen ist, Pfändungsschutz nach § 54 Abs. 2 SGB I genießen, ist fraglich, wird jedoch zu bejahen sein. § 54 SGB I regelt die Pfändbarkeit der Ansprüche abschließend und sieht keine Ausnahme für Leistungsberechtigte nach Rechtsnachfolge vor. Auch ein Sonderrechtsnachfolger bei Tod des Berechtigten und der Erbe sind Leistungsberechtigte, deren Anspruch nach dem Zweck des § 54 Abs. 2 SGB I sozialen Schutz gebietet. Dass im Einzelfall die Schutzgesichtspunkte bei Vollstreckung gegen einen Rechtsnachfolger vielfach nicht zutreffen werden, bewirkt nicht, dass § 54 SGB I entgegen seinem Wortlaut unanwendbar wäre, sondern erlangt lediglich bei der Billigkeitsprüfung Bedeutung.

D.56 Mit Gläubigerwechsel durch Abtretung (Übertragung) des Anspruchs auf eine einmalige Sozialgeldleistung (§ 53 Abs. 2 SGB I) endet der Pfändungsschutz des Leistungsberechtigten. Der Anspruch auf eine Sozialleistung (der übertragene Teilbetrag) wird mit Abtretung zur Forderung des neuen Gläubigers (§ 398 BGB). Dieser ist nicht Leistungsberechtigter, für dessen Anspruch § 54 Abs. 2 SGB I sozialen Schutz gegen die Zwangsvollstreckung gewährleistet. Daher unterliegt eine abgetretene Sozialgeldleistung als Forderung des neuen Gläubigers bei Zwangsvollstreckung gegen diesen nicht mehr dem Pfändungsschutz des § 54 SGB I[56]. Schutzmöglichkeit besteht dann nur nach § 765a ZPO.

1.5.2. Pfändungsverfahren

D.57 Das Verfahren zur Pfändung eines Anspruchs auf eine einmalige Geldleistung bestimmt sich nach den Vorschriften der ZPO über die **Zwangsvollstreckung in Geldforderungen** (§§ 828 ff.). Zuständig für die Entscheidung über den Antrag auf Pfändung ist der Rechtspfleger.

D.58 In seinem **Antrag** hat der Gläubiger nach den allgemeinen Verfahrensgrundsätzen des Vollstreckungsrechts (Rdn. B.68) die Tatsachen darzustellen, die das Bestehen der zu pfändenden Schuldnerforderung gegen den Leistungsträger (Drittschuldner) und deren Pfändbarkeit ergeben (Rdn. B.25). Aus dem Gläubigervorbringen muss damit auch substantiiert folgen, dass die Pfändung nach § 54 Abs. 2 SGB I der Billigkeit entspricht.Eine **Anhörung** des Schuldners über das Pfändungsgesuch verbietet sich (§ 834 ZPO).

D.59 Die **Entscheidung,** dass die Pfändung der Billigkeit entspricht und daher zugelassen wird, trifft das Vollstreckungsgericht durch Erlass des Pfändungsbeschlusses. Für die Prüfung, ob die Pfändung der Billigkeit entspricht (Rdn. D.46, D.48), sind die Gläubiger- und Schuldnerinteressen in dem einseitigen Antragsverfahren (§ 834 ZPO) unter Berücksichtigung der Umstände des Einzelfalls frei zu würdigen. Lebenserfahrung und Erfahrungssätze sind mit anderen Umständen bei der rechtlichen Würdigung des Gläubigervorbringens zu berücksichtigen. Wenn die Prüfung ergibt, dass eine Pfändung nicht der Billigkeit entspricht, ist die Zwangs-

---

55 Für diesen **a.A.** Stein/Jonas/Würdinger, ZPO, § 850i Rdn. 60.
56 OLG Stuttgart, MDR 1985, 944 = OLGZ 1985, 338 = Rpfleger 1985, 40.

vollstreckungsmaßnahme abzulehnen. Die Sozialleistung bleibt dann für den Gläubiger unpfändbar.

Im **Pfändungsbeschluss** ist der Anspruch auf die einmalige Geldleistung nach den allgemeinen Grundsätzen (Rdn. B.85 ff.) bestimmt zu bezeichnen. Die allgemein gehaltene Angabe „alle Ansprüche auf Sozialleistung nach dem SGB[57]“ oder „Zahlung der gesamten Rentenbezüge“ (erfasst nicht den Anspruch auf Witwenrentenabfindung[58]) ist unzureichend (siehe auch Rdn. D.94). Zu bezeichnen ist die konkrete Sozialleistung, zum Beispiel: D.60

„Abfindung der Verletztenrente in der gesetzlichen Unfallversicherung nach Abschluss der Heilbehandlung“.

Dass die Pfändung ohne weiteres auch den **Zinsanspruch** erfasst (§ 44 SGB I), braucht im Pfändungsbeschluss nicht gesondert zum Ausdruck gebracht, kann jedoch angegeben werden (Rdn. B.359); eine Klarstellung empfiehlt sich für rückständige Zinsen (Rdn. B.361).

Drittschuldner ist der zuständige Leistungsträger. Die Pfändung wird nicht wirksam, wenn sich das Zahlungsverbot an einen unrichtigen Drittschuldner richtet (Auslegung einer unzulänglichen Bezeichnung ist aber zulässig) oder wenn der Pfändungsbeschluss nicht dem richtigen Drittschuldner zugestellt wird (Rdn. B.93). D.61

Durch **Begründung** des Pfändungsbeschlusses ist darzustellen, aus welchen Erwägungen das Vollstreckungsgericht die Pfändbarkeit der einmaligen Geldleistung nach Maßgabe des § 54 Abs. 2 SGB I bejaht hat[59]. Das schlüssige Vorbringen des Gläubigers muss durch Aufnahme in die Beschlussgründe dem Schuldner und Drittschuldner mitgeteilt[60], seine rechtliche Würdigung durch das Vollstreckungsgericht dargestellt werden. Die Begründung hat eine kurze Zusammenfassung der Erwägungen zu enthalten, auf denen die Entscheidung in tatsächlicher und rechtlicher Hinsicht beruht (§ 313 Abs. 3 ZPO entspr.). Ausreichend ist eine prägnante, stichwortartige Begründung[61]; umfangreiche Erörterungen sind beim Pfändungszugriff, der Vollstreckungsakt ist, nicht geboten[62]. Eine Bezugnahme auf den (dann mit dem Pfändungsbeschluss auszufertigenden und zuzustellenden) Gläubigerantrag kann nicht genügen. Die formularmäßige Wendung, die Pfändung erfolge gemäß § 54 Abs. 2 SGB I und entspreche nach dem Vortrag des Gläubigers der Bil- D.62

57 So auch Hornung, RpflJB 1977, 357; Hornung, Rpfleger 1977, 222 (223 unter 3).
58 BSozG, BSGE 60, 34 = BB 1986, 2132 Leits. = KKZ 1987, 93.
59 So zutreffend Hornung, Rpfleger 1977, 32 (35); Hornung, Rpfleger 1977, 222 (223 unter 4); Hornung, Rpfleger 1978, 66 (unter 4); OLG Frankfurt, JurBüro 1992, 59 = Rpfleger 1991, 378; OLG Köln, NJW 1989, 2956 = Rpfleger 1990, 130; LG Berlin, MDR 1977, 587 = Rpfleger 1977, 222; LG Wiesbaden (Fn. 51) zu § 850b ZPO (da nach Anhörung des Schuldners Entscheidung); auch LG Düsseldorf, JurBüro 1983, 1575 = Rpfleger 1983, 255; **a.A.** LG Braunschweig, Rpfleger 1981, 489 mit abl. Anm. Hornung.
60 Siehe bereits 4. Aufl., 4. Kap. Abschn. C III (S. 483), wo zur Pfändung nach §§ 67–70 BVG verlangt ist, dass das schlüssige Vorbringen des Gläubigers in den Pfändungsbeschluss aufgenommen wird.
61 So zutreffend Hornung, Rpfleger 1977, 32 (35); auch LG Berlin (Fn. 59).
62 So auch Hornung, Rpfleger 1977, 32 (35).

ligkeit, lässt ein Abwägen der Gläubiger- und Schuldnerinteressen vermissen, gibt somit keine ausreichende Begründung für die Prüfung der Billigkeit[63].

Zu Einwendungen gegen die Zulassung der Pfändung Rdn. B.421.

D.63 Auf **jeden Gläubigerantrag** ist selbstständig zu prüfen und zu würdigen, ob eine Pfändung der Billigkeit entspricht. Die Beurteilung der Einzelumstände und Abwägung der Interessenlagen kann auch dazu führen, dass die Pfändung nur wegen eines Forderungsteils des Gläubigers (z.B. wegen eines Anspruchs aus unerlaubter Handlung, nicht aber wegen einer Darlehens- oder Kaufpreisforderung) oder nur wegen eines Teils des Leistungsanspruchs des Schuldners auf eine einmalige Geldleistung zugelassen oder einem Gläubiger ermöglicht, einem anderen dagegen versagt wird[64].

D.64 **Formulierungsvorschlag:**

Gepfändet wird die angebliche Forderung des Schuldners an … – Drittschuldner – auf Beitragserstattung nach Ausscheiden aus der Versicherungspflicht in allen Zweigen der gesetzlichen Rentenversicherung.

1.6. Pfändung „einmaliger“ Leistungen an Arbeitgeber und Träger

D.65 Berechtigter einer Sozialgeldleistung (insbes. nach SGB III – Arbeitsförderung –) kann auch der Arbeitgeber oder ein Träger sein, d.i. eine natürliche oder juristische Person, die Maßnahmen der Arbeitsförderung selbst durchführt oder durch Dritte durchführen lässt (§ 21 SGB III). **Arbeitgeber** können z.B. einen Eingliederungszuschuss (§§ 88–92 SGB III), Zuschüsse zur Ausbildungsvergütung behinderter und schwerbehinderter Menschen (§§ 73–80 SGB III) und für eine betriebliche Einstiegsqualifizierung (§ 54a SGB III) erhalten; einem Träger können Maßnahmekosten für berufsvorbereitende Bildungsmaßnahmen erstattet werden (§ 54 SGB III); er kann Leistungen für Weiterbildungskosten erhalten (§ 83 SGB III); Träger von Jugendwohnheimen können durch Darlehen und Zuschüsse gefördert werden (§ 80a SGB III).

D.66 Geldleistungen an Arbeitgeber und Träger, die **nur einmal gewährt** (erbracht) werden, sind (nur) nach § 54 Abs. 2 SGB I pfändbar. Die Pfändung erfordert somit, dass sie nach den Umständen des Falles der Billigkeit entspricht. Das gilt auch, wenn eine Leistung später erneut (damit wiederholt) gewährt wird.

D.67 Auch die Pfändbarkeit der Leistungen an Arbeitgeber oder Träger, die als **Zuschüsse in Monatsbeträgen** oder sonst zeitweilig wiederholend geleistet werden, kann sich nur nach § 54 Abs. 2 SGB I bestimmen. Die Pfändung solcher Leistungen muss sonach ebenso nach den Umständen des Falles der Billigkeit entsprechen. Laufende Geldleistungen, die der Sicherung des Lebensunterhalts zu dienen bestimmt wären, deren Pfändung als Entgeltersatzleistungen damit nach § 54 Abs. 4 SGB I wie die Pfändung von Arbeitseinkommen beschränkt und nur wie dessen

---

63 KG, JurBüro 1982, 462 = MDR 1982, 417 = OLGZ 1982, 443 (446) = Rpfleger 1982, 74.
64 So auch Stein/Jonas/Würdinger, ZPO, § 850i Rdn. 64.

Pfändung (nach §§ 850 ff. ZPO) möglich wäre, sind diese Leistungen an Arbeitgeber und Träger nicht. Der Anspruch geht vielmehr auf eine einmalige Geldleistung, weil er nach seiner Anspruchsgrundlage nicht in wiederkehrenden Zeitabschnitten, sondern als Zuschuss für einzelne Förderungsmaßnahmen und zeitlich begrenzte Förderungsdauer zu leisten ist. Dass er als einmalige Geldleistung im Einzelfall in Teilbeträgen (vornehmlich monatlich) ausgezahlt wird, ändert diese Rechtsnatur der (einmaligen) Leistung nicht (Rdn. D.45). Zur Pfändbarkeit von Darlehensleistungen vgl. auch Rdn. A.138 ff.

Auch **Erstattungsbeträge** nach § 4 AltTZG (Rdn. C.12, D.20) sind als **Zuschuss** für einzelne Förderungsmaßnahmen anzusehen und durch die zeitlich bestimmte Förderungsdauer begrenzt. Nach der Anspruchsgrundlage werden diese Leistungen nicht – wie Arbeitseinkommen oder Entgeltersatzleistungen – zur Deckung des Lebensbedarfs in wiederkehrenden Zeitabschnitten erbracht. Sie müssen nach ihrem Förderungszweck daher den Einmalleistungen zugerechnet werden, die als Erstattungsbeträge in einem begrenzten Zeitabschnitt monatsweise bezahlt werden. Ihre Pfändung kann sich daher nur nach § 54 Abs. 2 SGB I bestimmen. Auch die Pfändung solcher Leistungen muss somit nach den Umständen des Falles der Billigkeit entsprechen. Das muss auch gelten, wenn die Leistungen auf Grund eines Tarifvertrags von einer Ausgleichskasse der Arbeitgeber dem Arbeitnehmer erstattet werden (§ 9 AltTZG). D.68

Erstattet (monatlich ausgezahlt) wird dem **Arbeitnehmer** der Aufstockungsbetrag zum Arbeitsentgelt und ein Beitragsteil, wenn er Krankengeld, Versorgungskrankengeld, Verletztengeld oder Übergangsgeld bezieht (§ 10 Abs. 2 mit § 12 Abs. 2 AltTZG). Diese Leistungen erbringt die Bundesagentur für Arbeit anstelle des Arbeitgebers als aufgestocktes Arbeitsentgelt (§ 10 Abs. 2 AltTZG); sie können daher auch nur wie Arbeitseinkommen gepfändet werden (§ 54 Abs. 4 SGB I, § 850e Nr. 2a ZPO). D.69

1.7. Unpfändbare Ansprüche (§ 54 Abs. 3 SGB I)

1.7.1. Unpfändbare Geldleistungen

Elterngeld (§ 54 Abs. 3 Nr. 1 SGB I): Rdn. D.34. Erziehungsgeld und vergleichbare Leistungen der Länder waren (zur Wahrung der Zweckbestimmung[65]) unpfändbar (§ 54 Abs. 3 Nr. 1 SGB I a.F.), und zwar auch für Unterhaltsansprüche. D.70

Mutterschaftsgeld, das für die Zeit der Schutzfristen nach § 19 Abs. 1 MuSchG gezahlt wird, ist unpfändbar bis zur Höhe des Elterngeldes nach § 2 BEEG, soweit es die anrechnungsfreien Beträge (§ 10 BEEG) nicht übersteigt (§ 54 Abs. 3 Nr. 2 SGB I). Nicht zum unpfändbaren Anspruch auf Mutterschaftsgeld, sondern zu den „übrigen" Ansprüchen des § 54 Abs. 4 SGB I gehören D.71

---

65 Beschlussempfehlung und Bericht des Ausschusses für Arbeit und Sozialordnung, BT-Drucks. 11/2460, S. 15.

- das Mutterschaftsgeld nach § 19 Abs. 2 MuSchG, das Frauen, die nicht Mitglied einer gesetzlichen Krankenkasse sind, zulasten des Bundes erhalten,
- Mutterschaftsgeld, das aus einer Teilzeitbeschäftigung während der Elternzeit herrührt.

Dienstbezüge, Anwärterbezüge und Zuschüsse, die nach beamten- oder soldatenrechtlichen Vorschriften für die Zeit des Mutterschutzes gezahlt werden, sind Arbeitseinkommen (§§ 850 ff. ZPO), nicht Mutterschaftsgeld; § 54 Abs. 3 Nr. 2 SGB I nimmt dieses Einkommen nicht von der Pfändung aus[66].

D.72 **Wohngeld** (Rdn. D.36) ist wegen seiner Zweckbindung unpfändbar (§ 54 Abs. 3 Nr. 2a SGB I). Es soll dem Schuldner zur Bezahlung der Miete oder zur Aufbringung der Belastung verbleiben. Nicht ausgeschlossen ist die Pfändung jedoch wegen solcher Ansprüche, die Gegenstand der §§ 9, 10 WoGG sind. Damit ist berechtigten Interessen des Vermieters (beim Mietzuschuss) und das Darlehensgebers (beim Lastenzuschuss) Rechnung getragen; sie können ihre Ansprüche im Wege der Pfändung durchsetzen. Die Pfändung des Wohngelds für solche Ansprüche ist nicht durch die Vorschriften über die Pfändung von Arbeitseinkommen (§ 54 Abs. 4 SGB I) eingeschränkt. Für Ansprüche des Vermieters oder Darlehensgebers ist Wohngeld demnach in vollem Umfang pfändbar.

Für die in § 9 Abs. 2 WoGG bezeichneten Mietnebenkosten wird Wohngeld nicht geleistet; es ist wegen seiner Zweckbindung daher auch wegen solcher Ansprüche nicht pfändbar; ausgeschlossen ist die Pfändung damit auch, wenn Mietnebenkosten nicht einem Dritten auf Grund eines gesonderten Lieferungs- oder Überlassungsvertrags zu leisten sind, sondern dem Vermieter für die Gebrauchsüberlassung des Wohnraums.

D.73 Geldleistungen, die dafür bestimmt sind, den durch einen **Körper- oder Gesundheitsschaden** bedingten Mehraufwand auszugleichen, sind unpfändbar (§ 54 Abs. 3 Nr. 3 SGB I). Grund: Zweckbindung für den Ausgleich des Mehrbedarfs. **Beispiele:**[67] Grundrente und Schwerstbeschädigtenzulage nach § 31 BVG, Pflegezulage nach § 35 BVG, Kleiderverschleißzulage nach § 15 BVG, Beihilfe für fremde Führung oder einen Blindenführerhund nach § 14 BVG sowie die gleichen und vergleichbare Leistungen in anderen Versorgungsfällen (zu Leistungsgesetzen, die eine entsprechende Anwendung des BVG vorsehen, Rdn. D.32). Nicht dazu gehören Sozialleistungen an Schwerbeschädigte oder Schwerbehinderte, die dem Ausgleich von Einkommensverlusten dienen, wie z.B. der Berufsschadensausgleich nach § 30 Abs. 3 BVG, die Ausgleichsrente nach § 32 BVG und die Verletztenrente nach § 56 SGB VII. Diese Leistungen sind (wie Arbeitseinkommen, § 54 Abs. 4 SGB I) pfändbar[68]. Auch einmalige Geldleistungen (§ 54 Abs. 2 SGB I) ge-

---

66 So auch Hornung, Rpfleger 1994, 442 (443); Hintzen, Forderungspfändung, § 3 Rdn. 17.

67 Begründung (Fn. 3), S. 29.

68 BGH, MDR 2017, 173 = NJW 2017, 959 = Rpfleger 2017, 166; LSozG Stuttgart vom 29.7.2014, L 9 U 847/10, juris; LG Heilbronn, NSZ 2015, 588 (je für die Verletztenrente).

hören nicht dazu[69]; soweit sie dem Ausgleich eines durch Körper- oder Gesundheitsschaden bedingten Mehraufwands dienen, ist jedoch „nach den Umständen des Falles“ Pfändung nicht möglich.

Leistungen der Pflegeversicherung (Rdn. D.24) an Pflegebedürftige dienen gleichfalls dem durch Körper- oder Gesundheitsschaden bedingten Mehraufwand. Pflegebedürftig ist, wer gesundheitlich bedingte Beeinträchtigungen der Selbstständigkeit oder der Fähigkeiten aufweist und deshalb der Hilfe durch andere bedarf. Es muss sich um Personen handeln, die körperliche, kognitive oder psychische Beeinträchtigungen oder gesundheitlich bedingte Belastungen oder Anforderungen nicht selbständig kompensieren oder bewältigen können. Die Pflegebedürftigkeit muss auf Dauer, voraussichtlich für mindestens sechs Monate, und mit mindestens der in § 15 SGB XI festgelegten Schwere bestehen (§ 14 Abs. 1 SGB XI). Geldleistungen der Pflegeversicherung an Versicherte (zu den Leistungsansprüchen § 28 SGB XI) sind daher nach § 54 Abs. 3 Nr. 3 SGB unpfändbar[70]. Leistungen zur sozialen Sicherung der Pflegepersonen (Beiträge zur gesetzlichen Rentenversicherung, § 44 SGB XI) sind als abzuführende sozialrechtliche Beiträge nach § 850e Nr. 1 ZPO (jedenfalls in entspr. Anwendung) nicht pfändbar.

1.7.2. Pfändungsverfahren

Nach § 54 Abs. 3 SGB I unpfändbare Ansprüche auf Geldleistungen können selbstständig (allein) nicht gepfändet werden (vgl. Rdn. C.137). Als Rentenbestandteile werden sie aber auch von der Pfändung einer fortlaufenden Rente (oder sonst laufenden Geldleistung) aus einem bestimmten Sozialleistungsbereich (z.B. der Rente nach dem BVG) nicht erfasst. Die nach § 54 Abs. 3 SGB I unpfändbaren Ansprüche bleiben deshalb bei der Berechnung der nach §§ 850c, 850d oder 850f Abs. 2 ZPO pfändbaren Teile einer laufenden Sozialgeldleistung unberücksichtigt (§ 850e Nr. 1 ZPO als die bei Pfändung „wie Arbeitseinkommen“ entsprechend anzuwendende Vorschrift). Die danach für die Berechnung der pfändbaren Teile einer laufenden Geldleistung maßgeblichen Nettobezüge hat der Drittschuldner festzustellen. Er hat damit, auch wenn eine besondere Bestimmung im Pfändungsbeschluss nicht getroffen ist (vgl. Rdn. C.354), die nach § 54 Abs. 3 SGB I nicht pfändbaren Teile der laufenden Geldleistungen von den Gesamtbezügen abzusetzen. Eine allgemeine Bezeichnung dieser nicht pfändbaren und daher abzuziehenden Bezüge im Pfändungsbeschluss empfiehlt sich gleichwohl. D.74

69 **Anders** Hornung (Fn. 66), der jedoch nicht in Erwägung zieht, dass nur laufende Geldleistungen entweder nach § 54 Abs. 3 SGB I von vornherein unpfändbar gestellt sind oder nach § 54 Abs. 4 SGB I wie Arbeitseinkommen gepfändet werden können, so Begründung (Fn. 3), S. 29. Widersprüchlich zählt die Begründung allerdings auch die Hilfen für Beschaffung eines Kraftfahrzeuges nach der Kraftfahrzeughilfe-Verordnung auf, die als Zuschüsse, u.U. auch als Darlehen erbracht werden.

70 Zur Unpfändbarkeit des Pflegegeldes nach § 37 SGB XI bei der Vollstreckung gegen den Pflegebedürftigen Sauer/Meiendresch, NJW 1996, 765.

D.75 **Formulierungsvorschlag:**

Für die Berechnung der pfändbaren laufenden Geldleistungen nicht mitzurechnen (§ 850e Nr. 1 ZPO) ist das gemäß § 54 Abs. 3 Nr. 2 SGB I unpfändbare Mutterschaftsgeld nach § 19 Abs. 1 des Mutterschutzgesetzes, soweit das Mutterschaftsgeld nicht aus einer Teilzeitbeschäftigung während der Elternzeit herrührt, bis zur Höhe des Elterngeldes nach § 2 des Bundeselterngeld- und Elternzeitgesetzes, soweit es die anrechnungsfreien Beträge nach § 10 des Bundeselterngeld- und Elternzeitgesetzes nicht übersteigt.

D.76 Wenn der Pfändungsbeschluss nach seinem Wortlaut ausdrücklich (nur oder auch) einen nach § 54 Abs. 3 SGB I unpfändbaren Anspruch auf Geldleistung als gepfändet bezeichnet, ist vom Schuldner, aber auch vom Drittschuldner (Rdn. B.421) der Einwand der Unpfändbarkeit mit Erinnerung (§ 766 ZPO; dann sofortige Beschwerde, § 793 ZPO) geltend zu machen (Rdn. B.421). In Zweifelsfällen kann auch eine klarstellende Entscheidung des Vollstreckungsgerichts über den Umfang der Pfändung verlangt werden[71] (Rdn. C.69).

1.8. Pfändung laufender Geldleistungen
(§ 54 Abs. 4 SGB I)

1.8.1. Pfändbarkeit

D.77 Auf laufende Geldleistungen geht der Anspruch, wenn die Leistungen regelmäßig wiederkehrend für bestimmte Zeitabschnitte gezahlt werden[72]. Das ist der Fall z.B. bei den monatlichen Förderungsbeträgen des BAföG, Arbeitslosengeld[73], Hinterbliebenenrente der gesetzlichen Unfallversicherung und Renten der gesetzlichen Rentenversicherung, Renten wegen Alters und Produktionsaufgabenrente der Landwirte sowie Renten nach dem BVG und nach anderen Gesetzen[74], Krankengeld[75] und Mutterschaftsgeld (hier mit Ausnahmen) und beim Wohngeld (§ 28 Abs. 2 WoGG). Ihren Charakter verlieren laufende Leistungen nicht dadurch, dass sie verspätet oder als zusammenfassende Zahlung für mehrere Zeitabschnitte geleistet werden[76]. Nachzahlungen unterliegen daher ebenso wie die erst fällig werdenden Beträge nach Maßgabe des § 54 Abs. 4 SGB I der Pfändung.

D.78 Ansprüche auf laufende Geldleistungen (die nicht unpfändbar sind nach § 54 Abs. 3 SGB I; Rdn. D.70 ff.) können „wie Arbeitseinkommen“ gepfändet werden (§ 54 Abs. 4 SGB I; Ausnahmen: Leistungen zur Sicherung des Lebensunterhalts gemäß § 42 Abs. 4 S. 1 SGB II; s. Rdn. D.19; Sozialhilfe gemäß § 17 Abs. 1 S. 2 SGB

---

71 So auch Hornung, Rpfleger 1994, 442 (444).
72 Begründung (Fn. 2), S. 31.
73 Hierzu OLG Celle (Fn. 50); AG Krefeld, MDR 1977, 412.
74 Zu solchen weiteren Grundrenten siehe die in Rdn. D.32 genannten Bestimmungen über Versorgung in entsprechender Anwendung der Vorschriften des BVG; dazu auch Bracht, NJW 1980, 1505. Zur Pfändbarkeit einer Verletztenrente, die wegen Arbeitsunfalls in der DDR gezahlt wird, siehe BGH, NJW-RR 2019, 446 = Rpfleger 2019, 352.
75 LG Freiburg, ZIP 1987, 1404.
76 Begründung (Fn. 2), S. 31; siehe auch Rdn. D.45.

XII; s. Rdn. D.38; Leistungen der Eingliederungshilfe gemäß § 107 Abs. 1 SGB IX – ab 1.1.2010 –; s. Rdn. D.41). Die Pfändung der laufenden SGB-Geldleistungen wie Arbeitseinkommen ist für alle Gläubiger möglich, mithin für Gläubiger gewöhnlicher Geldforderungen ebenso wie für den Gläubiger einer Unterhaltsforderung (§ 850d ZPO; Rdn. C.292 ff.) und den Gläubiger einer Forderung aus vorsätzlich begangener unerlaubter Handlung (§ 850f Abs. 2 ZPO; Rdn. C.456). Grund[77]: Gleichstellung vornehmlich der laufenden Sozialleistungen, die der Sicherung des Lebensunterhalts zu dienen bestimmt sind (sog. Entgeltersatzleistungen), mit dem als Sozialleistung pfändbaren (nunmehrigen) Insolvenzgeld (§ 171 SGB III). Renten und Geldleistungen, die Entgeltersatzfunktion haben, rücken nach ihrer Höhe den Schuldner als Einkommensempfänger „in die Nachbarschaft des Lohnempfängers"[78]. Ermöglicht ist daher die Pfändung der laufenden Geldleistungen nach den Vorschriften über die Pfändung von („wie") Arbeitseinkommen. Antragstellung oder Feststellung des Anspruchs, insbesondere der Höhe nach, sind nicht erforderlich. **Vorschüsse** (§ 42 SGB I) oder **vorläufige Leistungen** (§ 43 SGB I) erfasst eine Pfändung ebenso wie endgültige laufende Geldleistungen. Zur Pfändung noch nicht entstandener (s. § 40 SGB I), somit zukünftiger Geldleistungen Rdn. D.83.

Die Pfändung ist nicht in das Ermessen des Vollstreckungsgerichts gestellt. Mit **D.79** dem Wort „können" in Verbindung mit der Anspruchsbezeichnung in § 54 Abs. 4 SGB I ist die Zulässigkeit der Pfändung ausgedrückt. Die Pfändung hat daher auf Antrag zu erfolgen, wenn die Voraussetzungen vorliegen. Einer Pfändung wegen gesetzlicher Unterhaltsansprüche fehlt nicht deshalb das Rechtsschutzbedürfnis, weil eine Auszahlungsanordnung nach § 48 SGB I erwirkt werden könnte. Hat jedoch ein Unterhaltsgläubiger eine Auszahlungsanordnung erwirkt, so kann er, so weit diese wirkt, den Anspruch auf laufende Geldleistungen nicht mehr pfänden.

Ausbildungsförderung nach dem BAföG ist laufende Geldleistung für den Le- **D.80** bensunterhalt; sie wird jedoch nach dem Bedarf für Lebensunterhalt und Ausbildung geleistet (§ 11 Abs. 1 BAföG); Einkommen und Vermögen, und zwar auch der Angehörigen, wird angerechnet (§ 11 Abs. 2 BAföG). Ein pfändbarer Betrag wird sich daher nur bei Zusammenrechnung mit anderen Bezügen ergeben (§ 850e Nr. 2a ZPO). Für eine Pfändung der Leistungen unter den Freigrenzen der §§ 850c, 850d und 850f Abs. 2 ZPO besteht jedoch kein Rechtsschutzbedürfnis (Rdn. D.93). Deren Pfändung ermöglicht auch eine erstrebte Zusammenrechnung mit anderen Bezügen (§ 850e Nr. 2a ZPO) nicht, wenn (wie „in erster Linie") der unpfändbare Grundbetrag (und die nicht pfändbaren Mehrbeträge) diesen minderen Geldleistungen nach dem SGB zu entnehmen sind. Entsprechendes gilt für gleiche andere Leistungen zur Förderung der Berufsausbildung oder beruflichen Weiterbildung sowie für das Übergangsgeld bei Teilnahme an Leistungen zur Teilhabe am Arbeitsleben (§ 26a BVG).

§ 54 Abs. 4 SGB I bewirkt mit der Regelung, dass Ansprüche auf laufende Geld- **D.81** leistungen[79] „wie Arbeitseinkommen" gepfändet werden können, zugleich, dass

77 Begründung (Fn. 3), S. 29.

78 Wegen dieser Bedeutung laufender Sozialleistungen siehe Begründung zum Rentenversicherungsgesetz, BT-Drucks. II/2437, S. 57; Schreiber, NJW 1977, 279; Hornung, Rpfleger 1977, 222 (223 li.Sp.).

79 **Anders** bei Pfändung einer **einmaligen** Geldleistung, siehe Rdn. D.47.

§ 850a ZPO und ebenso auch § 850e Nr. 1 ZPO Anwendung finden[80]. Schwierigkeiten könnten sich ergeben, weil die verschiedenartigen besonderen Aufwandsentschädigungen der Sozialgesetze nicht rundweg den Bezügen insbesondere des § 850a Nr. 3 ZPO zuzurechnen sind; dem ist jedoch durch weite Auslegung der infolge Pfändung „wie Arbeitseinkommen" nur entsprechend anwendbaren Bestimmung Rechnung zu tragen. Unpfändbar ist die (konkret berechnete oder pauschalierte) Aufwandsentschädigung im Rahmen eines Ein-Euro-Jobs[81] (§ 16d Abs. 7 S. 1 SGB II).

D.82 Rentenbestandteil können auch **Geldleistungen für Kinder** sein. Solche sind[82]

- nach dem Recht der sozialen Entschädigung (§ 5 SGB I) der **Kinderzuschlag**[83] (vgl. § 33b BVG),
- in der Unfallversicherung für Schwerverletzte die **Kinderzulage** (s. vormals § 583 RVO; weitere Anwendung infolge Bestandsschutzes nach § 217 Abs. 3 SGB VII).

Diese Rentenbestandteile gehören zwar zu den laufenden Geldleistungen; sie können jedoch nur anteilig wegen der gesetzlichen Unterhaltsansprüche eines berücksichtigten Kindes gepfändet werden; im Übrigen sind sie unpfändbar (§ 54 Abs. 5 SGB I, Rdn. D.114). Diese Geldleistungen für Kinder sind daher für die Berechnung der „wie Arbeitseinkommen" gepfändeten (bzw. nicht pfändbaren) Rententeile des Schuldners **nicht mitzurechnen** (§ 850e Nr. 1 ZPO, entspr. Anwendung), wenn

- die Rente wegen einer „sonstigen" Gläubigerforderung nach § 850c ZPO (insbesondere durch Bezugnahme auf die Tabelle im Pfändungsbeschluss) oder nach anderer Bestimmung des Gerichts gepfändet ist (diese Pfändung erfasst die Geldleistungen für Kinder als unpfändbare Rentenbestandteile nicht, s. Rdn. D.97);
- bei der Vollstreckung eines gesetzlichen Unterhaltsanspruchs die Pfändung der Rente nach Maßgabe des § 850d ZPO nicht auf die Kinderzuschläge und vergleichbare Rentenbestandteile erstreckt ist (dazu Rdn. D.97).

Diese Unpfändbarkeit der Rentenbestandteile, die als Geldleistungen für Kinder gewährt werden, hat der Drittschuldner von sich aus auch ohne besondere Anordnung im Pfändungsbeschluss zu berücksichtigen (s. Rdn. D.97). Die Beteiligten können aber auch eine klarstellende Ergänzung des Pfändungsbeschlusses durch das Vollstreckungsgericht verlangen.

---

80 Zustimmend Hornung, Rpfleger 1979, 88; auch Stein/Jonas/Würdinger, ZPO, § 850i Rdn. 74.

81 LG Dresden, NJW-RR 2009, 359 = Rpfleger 2008, 655; LG Kassel, JurBüro 2010, 607; Harks, Rpfleger 2007, 588; Hintzen, Forderungspfändung, § 3 Rdn. 61; **a.A.** LG Görlitz, FamRZ 2007, 299; LG Bautzen, FamRZ 2009, 1941 (für die Pfändung nach § 850d ZPO)

82 Der frühere § 270 SGB VI über den Kinderzuschuss in der Rentenversicherung ist durch das 6. SGB VI-Änderungsgesetz vom 11.11.2016 (BGBl I 2500) wegen Bedeutungslosigkeit aufgehoben worden.

83 Ihn erhalten Schwerbeschädigte nur, wenn für das Kind **kein** Anspruch auf Kindergeld oder auf Leistungen nach § 4 Abs. 1 S. 1 Nr. 1 BKGG und kein Kinderfreibetrag nach dem EStG besteht (§ 33b Abs. 1 S. 2 BVG). Praktische Bedeutung hat dieser Kinderzuschlag daher nahezu nicht.

Zukünftige Ansprüche auf laufende (nicht nach § 54 Abs. 3 SGB I unpfändbare) Sozialgeldleistungen können nach § 54 Abs. 4 SGB I wie Arbeitseinkommen ebenso gepfändet werden[84], wie die Vorausabtretung künftiger Leistungsansprüche zulässig ist[85] (§ 53 Abs. 2, 3 SGB I). Als künftige Forderung besteht der Anspruch auf eine Sozialgeldleistung, solange er noch nicht entstanden ist, weil die gesetzlichen Voraussetzungen noch nicht vorliegen (§ 40 SGB I mit Einzelheiten). Die Pfändbarkeit erfordert (s. bereits Rdn. A.30), dass für die zukünftigen Geldleistungen bereits eine ausreichend konkretisierte rechtliche Grundlage besteht, sie somit in einem bereits bestehenden sozialen Rechtsverhältnis wurzeln[86]. Es muss daher für die Pfändbarkeit mit Zugang zur Renten- oder Krankenversicherung (oder einem sonstigen Leistungsbereich) schon eine rechtliche Grundlage für die Möglichkeit des Entstehens der zukünftigen Leistungen vorhanden sein, die eine Bestimmung der Forderung entsprechend ihrer Art (nach ihrem Inhalt) und nach der Person des Drittschuldners ermöglicht (Rdn. A.30). Wenn es an einer solchen Grundlage fehlt, kann ein Anspruch auf fernere Sozialgeldleistung als reine Hoffnung (Erwartung, Rdn. A.31) nicht gepfändet werden. Dass die künftige Entstehung eines Leistungsanspruchs überhaupt (irgendwie) denkbar erscheint, genügt für die Pfändung nicht (Rdn. A.31). Der künftige Eintritt der Anspruchsvoraussetzungen (§ 2 Abs. 1 S. 2, § 40 SGB I) muss nach den tatsächlichen Gegebenheiten möglich und bereits bestimmbar sein. Das ist der Fall, wenn der Eintritt der gesetzlichen Voraussetzungen für das zukünftige Entstehen des Anspruchs auf Sozialleistung (§ 40 Abs. 1 SGB I) als künftiges (wenn auch noch unbestimmtes) Ereignis bereits festgestellt und bezeichnet werden kann, nicht hingegen, wenn die gesetzlichen Anspruchsvoraussetzungen durch ein künftiges ungewisses Ereignis (der künftige Eintritt steht noch nicht fest) bedingt ist. D.83

Pfändbar ist daher bei der Vollstreckung gegen einen berufstätigen Schuldner die **künftige Altersrente**[87] (sowie die Rente wegen Erwerbsminderung[88]) in der allgemeinen Rentenversicherung. Das noch nicht rentennahe Alter des Schuldners steht der Pfändung nicht entgegen[89]. Eine Anwartschaft auf die Leistung in der Rentenversicherung braucht daher nicht gewahrt zu sein[90]. Bei einem relativ jun- D.84

---

84 BGH, FamRZ 2003, 1010 = JurBüro 2003, 438 = MDR 2003, 525 = NJW 2003, 1457 = Rpfleger 2003, 305; BGH, MDR 2004, 293 = NJW 2003, 3774 = Rpfleger 2004, 111; BFHE 165, 165 = BStBl 1991 II 869 = NJW 1992, 855 = Rpfleger 1992, 120; LG Augsburg, FamRZ 2004, 1223; David, MDR 2003, 793; Hintzen, Forderungspfändung, § 3 Rdn. 55, 59. Zur Pfändung künftiger (betrieblicher) Ruhegehaltsansprüche vor Eintritt des Versorgungsfalls (des Anspruchs aus einer Ruhegeldzusage) s. BGH, NJW-RR 1989, 286 (290).

85 Die Vorausabtretung künftiger Sozialleistungsansprüche nennt BGHZ 108, 98 = MDR 1989, 889 = NJW 1989, 2383 (2384 re.Sp.) allgemein als „grundsätzlich zulässig".

86 BGH (je Fn. 84); LG Augsburg (Fn. 84); VerwG Frankfurt/Oder vom 2.4.2014, 5 M 2/14, juris.

87 BGH, FamRZ 2003, 1010 (Fn. 84) m.w.N.; LG Augsburg (Fn. 84).

88 BGH, MDR 2004, 293 (Fn. 84) m.w.N.; LG Augsburg (Fn. 84).

89 BGH, FamRZ 2003, 1010 (Fn. 84) für den Fall eines 47-jährigen Schuldners.

90 Dazu BGH, FamRZ 2003, 1010 (Fn. 84), der Aussage zu einer (konkreten) Altersgrenze nicht gibt. Gegen eine Altersgrenze David, MDR 2003, 793 (794); LG Augsburg (Fn. 84) bei 25-jährigem Schuldner, dieses überdies dazu, dass auch eine mögliche Verjährung des Titels vor Renteneintritt das Rechtsschutzbedürfnis nicht beseitigt. Anders LG Heilbronn, Rpfleger 1999, 455 für 24-jährigen Schuldner.

gen Schuldner kann möglicherweise das (im Einzelfall) fehlende Rechtsschutzbedürfnis die Pfändung der künftigen gesetzlichen Altersrente hindern[91].

Gelangt die als künftige Forderung gepfändete Sozialgeldleistung nicht zur Entstehung, erlangt die Pfändung keine Wirksamkeit. Das gilt auch, wenn sie nicht als Sozialgeldleistung des Drittschuldners zur Entstehung gelangt, gegen den das Zahlungsverbot gerichtet ist (Rdn. B.93). Wechselt der Leistungsträger (Drittschuldner) nach der Pfändung wie dann, wenn der Schuldner bei einem anderen Rentenversicherungsträger (auch einem anderen örtlich zuständigen Regionalträger) versicherungspflichtig wird, dann wirkt das Zahlungsverbot nicht gegen den neuen Drittschuldner fort[92]. Eine Pfändung der Ansprüche auf künftige Geldleistungen sogleich gegen mehrere Leistungsträger (Versicherungsträger) als Drittschuldner, so z.B. gegen einen Regionalträger und den Bundesträger[93] oder gegen mehrere (örtlich zuständige) Regionalträger[94], ist nicht zulässig. Der Antrag des Gläubigers auf Pfändung bezeichnet in einem solchen Fall schlüssig keine nach der Person des Drittschuldners bestimmte künftige Forderung, erstrebt somit unzulässig die Pfändung mehrerer Forderungen, für die eine rechtliche Grundlage für die Möglichkeit ihres Entstehens noch nicht vorhanden sein kann.

D.85 Als reine „Erwartung“ nicht pfändbar ist z.B. Krankengeld oder eine Altersrente vor Zugang zur sozialen Krankenversicherung oder allgemeinen Rentenversicherung mit Arbeitsaufnahme[95], ebenso nicht z.B. eine Verletztenrente oder eine Rente an Hinterbliebene aus der Unfallversicherung vor Eintritt des Arbeitsunfalls[96] oder eine Rente wegen Todes (Witwen-[97] oder Witwerrente) in der Rentenversicherung (§ 46 SGB VI) vor dem Tod des versicherten Ehegatten[98]. Gleiches gilt für den Anspruch auf Arbeitslosengeld[99] vor (jedenfalls anstehendem) Eintritt der Arbeitslosigkeit und für den Anspruch auf Krankengeld[100] vor arbeitsunfähiger Erkrankung oder (jedenfalls anstehender) Krankenhausbehandlung (zur Wiederholungserkrankung Rdn. D.109).

D.86 Dass eine Pfändung zukünftige Leistungsansprüche erfassen soll, muss sich aus dem Pfändungsbeschluss ergeben (Rdn. B.89). Die (nicht übertragbare) Rentenanwartschaft als Stammrecht[101] und das Recht, die Rente zu beantra-

---

91 BGH, FamRZ 2003, 1010 (Fn. 84); LG Augsburg (Fn. 84).
92 David, MDR 2003, 793 (794).
93 Für (damalige) Landes-/Bundesversicherungsanstalt: LG Aurich, Rpfleger 1998, 165; LG Berlin, JurBüro 1995, 547 = Rpfleger 1995, 307; LG Berlin; Rpfleger 1997, 267; LG Koblenz, JurBüro 1998, 161 = Rpfleger 1998, 119; LG Oldenburg, JurBüro 1995, 548; David, MDR 2003, 793 (794); **a.A.** AG Münster, JurBüro 1999, 105; zurückhaltend Musielak/Becker, ZPO, § 850i Rdn. 24.
94 Keine „vorsorgliche“ Rundumpfändung bei allen (damaligen) Landesversicherungsanstalten, LG Münster, Rpfleger 1990, 129.
95 So auch Stein/Jonas/Würdinger, ZPO, § 850i Rdn. 71; LG Koblenz (Fn. 93).
96 Zöller/Herget, ZPO, § 850i Rdn. 27; s. auch LG Berlin, Rpfleger 1995, 307.
97 LG Berlin, Rpfleger 1997, 267 (268).
98 Zöller/Herget, ZPO, § 850i Rdn. 27.
99 LG Berlin (Fn. 96).
100 LG Berlin (Fn. 97).
101 BGH FamRZ 2003, 1010 (Fn. 84); LG Berlin, NJW 1989, 1738 = Rpfleger 1989, 293; LG Frankenthal, Rpfleger 1991, 164; Stein/Jonas/Würdinger, ZPO, § 850i Rdn. 71; auch LG Osnabrück, FamRZ 1999, 527 = Rpfleger 1999, 31 (keine gleichzeitige Pfändung einer Rentenanwartschaft neben der Pfändung des zukünftigen Rentenanspruchs).

gen[102] (dazu auch Rdn. D.9) sind nicht pfändbar. Eine Pfändung des „künftigen“ Anspruchs auf Insolvenzgeld vor Antragstellung schließt § 171 SGB III aus.

Ob als Nebenanspruch auch ein Anspruch an den Rentenversicherungsträger auf **Auskunfterteilung** und weitergehend auf **Herausgabe** des (gültigen) Rentenbescheids oder von Rentenmitteilungen mitgepfändet ist, ist nicht sicher geklärt. Das wurde zwar bejaht[103]. Für die Verfolgung des Anspruchs im Rechtsweg wird jedoch (jedenfalls nach erschöpfender Drittschuldnernachricht) vielfach kein Rechtsschutzinteresse bestehen. D.87

Auf **Renteninformation** und **Rentenauskunft** (§ 109 SGB VI) erstreckt sich die Pfändung des zukünftigen Rentenanspruchs nicht[104]. Der Anspruch kann auch nicht gesondert (selbstständig) im Wege der Hilfspfändung (mit-) gepfändet werden[105]. Eine Renteninformation erhalten Versicherte, die das 27. Lebensjahr vollendet haben, jährlich. Nach Vollendung des 55. Lebensjahres, bei berechtigtem Interesse auch bereits früher, wird die Renteninformation durch eine Rentenauskunft ersetzt (§ 109 SGB VI mit Einzelheiten). Die Rentenauskunft ist höchstpersönlicher Natur; sie ist nicht Nebenrecht zum Anspruch auf spätere Rentenzahlung, das von der Pfändung des künftigen Rentenanspruchs erfasst wäre oder hilfsweise gepfändet werden könnte[106]. Der Schutz der Sozialdaten (Grundsatz des Sozialgeheimnisses) verbietet überdies Weitergabe persönlicher Einzelangaben über die Entwicklung des Rentenkontos. D.88

1.8.2. Pfändungsverfahren

Das Verfahren zur Pfändung eines Anspruchs auf laufende Geldleistungen bestimmt sich nach den Vorschriften der ZPO über die **Zwangsvollstreckung in Geldforderungen** (§§ 828 ff. ZPO). Zuständig für die Entscheidung über den Antrag auf Pfändung ist der Rechtspfleger. Gepfändet werden die Ansprüche auf laufende Geldleistungen „wie Arbeitseinkommen“ (§ 54 Abs. 4 SGB I). Anwendung finden somit §§ 832, 850c–850g ZPO (zu § 850a siehe Rdn. D.81). Das Pfändungsverfahren entspricht damit dem Verfahren zur Einkommenspfändung. D.89

In seinem **Antrag** hat der Gläubiger nach den allgemeinen Verfahrensgrundsätzen des Vollstreckungsrechts (Rdn. B.68) die Tatsachen darzustellen, die das Bestehen der zu pfändenden Schuldnerforderung gegen den Leistungsträger (Drittschuldner) und deren Pfändbarkeit ergeben (Rdn. B.25, B.68). Es ist insbesondere D.90

---

102 LG Wiesbaden, NJW-RR 1996, 59; **a.A.** für das Antragsrecht auf Zahlung von Krankengeld LG Stendal, JurBüro 2011, 323.
103 LG Bochum, JurBüro 2009, 270; LG Hagen, JurBüro 2016, 546; LG Kleve, FoVo 2016, 233; AG Dortmund, JurBüro 2007, 499; AG Wuppertal, JurBüro 2016, 553.
104 BGH, DGVZ 2012, 162 = FamRZ 2012, 973 = JurBüro 2012, 326 = MDR 2012, 605 = NJW-RR 2012, 434 = Rpfleger 2012, 396.
105 BGH (Fn. 104); OLG Celle, JurBüro 1998, 156 = OLGR 1997, 92.
106 OLG Celle (Fn. 105).

auch die dem Schuldner gegen den Leistungsträger zustehende Forderung zu bezeichnen[107].

D.91 Der Gläubiger eines **gesetzlichen Unterhaltsanspruchs** (Rdn. C.292 ff.) hat in seinem Antrag auch die Pfändung mit Vorrecht nach § 850d ZPO geltend zu machen (Rdn. C.332) und die für die Feststellung des Unterhaltsbedarfs des Schuldners wesentlichen Einzelheiten (schlüssig) darzulegen (Rdn. C.334). Entsprechendes gilt für den Gläubiger einer Forderung aus vorsätzlich begangener unerlaubter Handlung (§ 850f Abs. 2 ZPO; Rdn. C.456). Auch der Gläubiger einer **nicht bevorrechtigten** (gewöhnlichen) Vollstreckungsforderung hat in dem Pfändungsantrag die Personen anzugeben[108], denen der Schuldner unterhaltspflichtig ist, wenn man der Ansicht folgt (dazu Rdn. D.99), dass sie im Pfändungsbeschluss mit Bezugnahme auf die Tabelle des § 850c ZPO auch noch zahlenmäßig bestimmt zu bezeichnen sind.

D.92 Eine **Anhörung** des Schuldners über das Pfändungsgesuch verbietet sich (§ 834 ZPO).

D.93 Ein **Rechtsschutzbedürfnis** für Pfändung besteht nicht, wenn der Schuldner nur eine geringe laufende Geldleistung bezieht, die erheblich unter der Pfändungsfreigrenze der §§ 850c, 850d oder 850f Abs. 2 ZPO liegt, und daher auch sicher ausweist (wie z.B. bei einer Hausfrauen- oder Witwenrente von 400 Euro), dass weiterhin nicht damit gerechnet werden kann, dass die Leistung sich grundlegend ändern und dann die Pfändungsfreigrenze übersteigen wird. Einem Pfändungsantrag kann dann nicht entsprochen werden[109] (vgl. Rdn. C.122 a.E.). Das Fehlen eines Rechtsschutzbedürfnisses wird von Amts wegen berücksichtigt; eine Amtsermittlung der Tatsachen, die für oder gegen ein Rechtsschutzbedürfnis sprechen könnten, erfolgt jedoch nicht[110]. Der Gläubiger hat auch ohne Anlass (ohne Anhalt im Einzelfall, der sich auf konkrete Tatsachen stützt) ein Rechtsschutzbedürfnis nicht gesondert darzulegen. Tatsachenvortrag und Beweislast für ein Rechtsschutzbedürfnis obliegen dem Antragsteller jedoch, wenn sein Pfändungsantrag ausweist, dass die zu pfändende Sozialleistung nach der Lebenserfahrung (Würdigung nach freier Überzeugung, § 286 ZPO) die Pfändungsfreigrenze praktisch nicht überschreiten kann, wie z.B. bei Ausbildungsförderung nach dem BAföG (Rdn. D.80) und bei Unterhaltsgeld bei beruflicher Fortbildung.

D.94 Im **Pfändungsbeschluss** ist die zu pfändende laufende Geldleistung nach allgemeinen Grundsätzen (Rdn. B.85 ff.) so **bestimmt zu bezeichnen,** dass Feststel-

---

107 Das Vollstreckungsgericht hat keine Ermittlungen zur Bezeichnung des zu pfändenden Anspruchs – wie insbesondere zur Vervollständigung einer dem Gläubiger nicht möglichen genauen Bezeichnung – anzustellen; so zutreffend Hornung, Rpfleger 1977, 286 (293).

108 Hornung, Rpfleger 1977, 222 (223 unter 3).

109 Zustimmend LG Leipzig, Rpfleger 2000, 341. So auch zum früheren § 54 Abs. 3 Nr. 2 SGB I, der eine Billigkeitsprüfung erfordert hat, OLG Köln, NJW 1990, 2696 = OLGZ 1990, 219 = Rpfleger 1990, 429; OLG Stuttgart, JurBüro 1992, 123 = MDR 1991, 547 = Rpfleger 1991, 517; LG Hannover, JurBüro 1979, 288 = Rpfleger 1978, 388; LG Köln, JurBüro 1985, 1741 mit abl. Anm. Mümmler; **anders** LG Kassel, JurBüro 1985, 311; Behr JurBüro 1994, 521 (522); hierzu auch LG Ellwangen, DGVZ 2003, 90; LG Wiesbaden, Rpfleger 1984, 242.

110 Stöber/Keller, ZVG, Einl. Rdn. 167.

lung ihrer Identität gesichert ist[111] (dazu bereits Rdn. D.60; siehe auch die Vorgaben in den Formblättern Anlagen 2, 3 ZVFV Seite 4 bzw. 5 jeweils zu B „Art der Sozialleistung“). Die allgemein gehaltene Angabe „fortlaufende Geldleistungen nach dem SGB“ reicht dazu so wenig aus wie die pauschalen Bezeichnungen „derzeitige und künftige Forderungen aller Leistungsansprüche aus Sozialversicherung“[112], „sämtliche laufende Geldleistungen nach SGB III (Arbeitsförderung) gemäß § 54 SGB I wie Arbeitseinkommen nach § 850c ZPO“[113], „Leistungen des Arbeitsamtes ohne Rücksicht auf ihre Benennung und Berechnungsart“, „Geldleistungen nach § 19 SGB I“, „Zuschüsse und Darlehen zur Förderung: a) der beruflichen Ausbildung, Fortbildung und Umschulung, b) der Arbeitsaufnahme“[114], „angebliche Ansprüche auf Geldleistungen gem. §§ 19 und 25 SGB I, soweit sie gemäß § 54 SGB I pfändbar sind“[115], „alle Bezüge an Arbeitseinkommen bzw. Leistungen des Arbeitsamtes“[116] oder „Zahlung aller Leistungen des Arbeitsamts (ohne Rücksicht auf ihre Benennung oder Berechnungsart)“ mit Angabe der Stammnummer[117].

Die bestimmte Bezeichnung erfordert zumeist die Angabe des Sozialleistungsbereichs und der einzelnen Leistungsart.

Beispiele: *„Verletztenrente aus der Unfallversicherung infolge Minderung der Erwerbsfähigkeit“, oder: „fortlaufende Renten der Kriegsopferfürsorge ohne Rücksicht auf ihre Benennung oder Berechnungsart.“*

Weitere Sorgfalt muss der Bezeichnung des zu pfändenden Anspruchs gewidmet werden, wenn der Schuldner vom gleichen Leistungsträger als Drittschuldner

---

111 Vgl. LG Berlin, Rpfleger 1965, 82 mit zust. Anm. Stöber; auch Hornung, Rpfleger 1977, 286 (293 f.); Hintzen, Forderungspfändung, § 3 Rdn. 43. Bezeichnung als „Arbeitseinkommen“ ist jedenfalls ungenügend und kann auch in Verbindung mit einer Verweisung auf § 54 SGB I nicht in die Pfändung einer bestimmten Sozialleistung umgedeutet werden (teilweise anders insoweit Mümmler, JurBüro 1976, 1165). Daher kann die Pfändung von „Arbeitseinkommen“ nicht in die Pfändung von Arbeitslosengeld umgedeutet werden, LG Berlin, Rpfleger 1977, 223; Hornung, Rpfleger 1977, 222 (223 unter 3). Im Falle einer Abtretung hat das LSozG Berlin-Brandenburg im Urteil vom 31.8.2017, L 22 R 585/15, juris, die Bezeichnung einer Sozialleistung lediglich unter Angabe des Sozialversicherungsträgers als noch hinreichend bestimmt bezeichnet, wenn sich aus der Art der Nennung des Sozialversicherungsträgers (im entschiedenen Fall: „Bundesknappschaft x Abteilung Altersrente“) eindeutig ergibt, welche konkrete Sozialleistung abgetreten werden sollte.

112 OLG Köln, JurBüro 1979, 1570 = OLGZ 1979, 484.

113 BSozG, BSGE 53, 260 = NJW 1984, 256 (Leits.) = ZIP 1982, 1124.

114 LG Berlin, Rpfleger 1984, 426.

115 So zutreffend LG Stuttgart, Rpfleger 1977, 331 (in Einschränkung des abzulehnenden Beschlusses LG Stuttgart, KKZ 1977, 181); OLG Zweibrücken, JurBüro 1980, 1901; KG, JurBüro 1982, 462 = MDR 1982, 417 = OLGZ 1982, 443 = Rpfleger 1982, 74; Hornung, Rpfleger 1977, 286 (293); außerdem LG Kiel, SchlHA 1977, 120; OLG Köln (Fn. 121). Diese allgemein gehaltene Bezeichnung ist auch dann unzureichend, wenn noch die Stammnummer des Schuldners angegeben wird, Hornung, Rpfleger 1979, 84 zutreffend gegen OLG Hamm, JMBlNW 1978, 263 = MDR 1979, 150 = Rpfleger 1979, 113.

116 LG Krefeld, DAVorm 1977, 610.

117 OLG Düsseldorf, Rpfleger 1978, 265.

laufende Leistungen verschiedener Art erhält wie bei Zusammentreffen einer Rente aus eigener Versicherung und einer Witwenrente. Darüber hinaus kann nicht verlangt werden, dass auch noch angeführt wird, wie sich die bezeichnete Leistung im Einzelnen zusammensetzt, somit konkret bestimmt und berechnet (z.B. Hauptbetrag und Familienzuschlag). Mit Arbeitslosengeld usw. ist daher auch der Aufstockungsbetrag für Altersteilzeitarbeit gepfändet, wenn ihn die Bundesanstalt für Arbeit an den Arbeitnehmer zahlt (Rdn. D.69).

D.95 Dass auch die **Versicherungsnummer** oder zumindest das Geburtsdatum des Schuldners angegeben ist, kann bei sonst bestimmter Bezeichnung der Forderung nicht verlangt werden[118]. Die Versicherungsnummer (§ 147 SGB VI) ist Ordnungs-[119] und Identifikationsmerkmal zur rationellen Gestaltung der Verwaltungsabläufe. Eine Kennzeichnung des Schuldneranspruchs nur mit der Versicherungsnummer (die der Versicherungsträger oder sonstige Drittschuldner als Aktenzeichen führt) kann die zu pfändende Forderung daher nicht bestimmt bezeichnen (s. Rdn. B.85). Die ergänzende Angabe der Versicherungsnummer kann aber der deutlichen Bezeichnung der Forderung dienlich sein (siehe auch die Vorgaben in den Formblättern Anlagen 2, 3 ZVFV Seite 4 bzw. 5 jeweils zu B „Konto-/Versicherungsnummer“), indes so wenig wie Angabe der Girokonto- oder Sparbuchnummer gefordert werden (dazu Rdn. A.244, A.462). Die gebotene bestimmte Bezeichnung der zu pfändenden Sozialgeldleistung verlangt jedoch, dass der Drittschuldner als Leistungsträger den Schuldner über Namen und Adresse ermitteln kann. Dafür kann es auch ratsam (nicht aber erforderlich) sein, den Schuldner mit seinem Geburtsdatum zu bezeichnen; desgleichen ist es als zulässig zu erachten, eine vom Gläubiger im Pfändungsantrag ergänzend als Aktenzeichen des Drittschuldners bezeichnete Versicherungsnummer in den Pfändungsbeschluss aufzunehmen[120]. Zum Schutz des Drittschuldners, wenn nach Beschlusszustellung Ermittlungen die Berücksichtigung der Pfändung bei Zahlung verzögern[121], s. Rdn. B.166, C.77.

D.96 Bei unzureichender Bezeichnung ist der Pfändungsbeschluss nach allgemeinen Grundsätzen auszulegen (Rdn. B.101 ff.). Die Angabe nur des Sozialleistungsbereichs ohne Bezeichnung der konkreten Leistung hat jedoch als ungenügend zu gelten. So kann es nicht genügen, wenn der Pfändungsbeschluss nur nennt „Leistungen aus der Sozialversicherung“ oder „alle Ansprüche aus der gesetzlichen Krankenversicherung“ (bzw. Unfallversicherung oder Rentenversi-

---

118 LG Heilbronn, JurBüro 2001, 268; LG Saarbrücken, JurBüro 1984, 786 (für Erwerbsunfähigkeitsrente); LSozG Saarland vom 16.12.1986, L J 1/86 S, mitgeteilt von v. Einem, DGVZ 1988, 1; VerwG Frankfurt/Oder (Fn. 86); Hintzen, Forderungspfändung, § 3 Rdn. 44.

119 BSozG, BSGE 78, 13 = MDR 1997, 77 = NJW 1997, 413.

120 Bestimmungen über die Geheimhaltung zum Schutz der Sozialdaten (§§ 67–85a SGB X) können dem nicht entgegenstehen.

121 Dazu von Einem, DGVZ 1988, 1; auch LSozG Saarland (Fn. 118), das bei elektronischer Datenverarbeitung (zu weitgehend) § 1587p BGB entsprechend anwenden will. Gegen entsprechende Anwendung des § 1587p BGB und zur Drittschuldnerpflicht, dem Zahlungsverbot auch dann Rechnung zu tragen, wenn noch Ermittlungen über Art und Höhe der Forderung anzustellen sind, s. SozG Speyer, MDR 1987, 171.

cherung), weil damit nicht erkennbar ist, welche der unterschiedlichsten Leistungsarten des Sozialleistungsbereichs gepfändet sein soll[122]. Dass etwa die unmittelbar Beteiligten wissen, welche Forderung gemeint ist, genügt in solchen Fällen nicht (Rdn. B.108)[123]. Daraus, dass bei der Einkommenspfändung die allgemein gehaltene Angabe „Arbeitseinkommen" genügt, mithin eine Angabe des besonderen Rechtsgrunds (Gehalt, Lohn, Pension, Provision usw.) nicht erforderlich ist (s. Rdn. C.65), kann nichts Gegenteiliges hergeleitet werden. Mit Arbeitseinkommen sind nach § 850 ZPO **alle** Bezüge aus gegenwärtiger oder früherer Beschäftigung erfasst, während Sozialgeldleistungen nur als Einzelansprüche der Pfändung unterliegen (§ 54 Abs. 4 SGB I). Eine konkrete Bezeichnung erfordert daher die Angabe, ob z.B. aus gesetzlicher Krankenversicherung Krankengeld, Kosten für Betriebshilfe oder andere Ansprüche gepfändet sein sollen. Eine solche Bezeichnung der einzelnen Leistungsart ist auch zu fordern, weil der Pfändungsbeschluss erkennbar zu machen hat, dass er sich nicht auf unpfändbare Einzelansprüche eines Leistungsträgers erstreckt (siehe z.B. hinsichtlich § 850a ZPO Rdn. D.81). Genügen sollte es, wenn der Anspruch bezeichnet ist als „Rente aus der gesetzlichen Unfallversicherung". Damit ist eine Rente wegen Berufsunfähigkeit oder Erwerbsunfähigkeit ebenso von der Pfändung erfasst wie eine Altersrente oder auch eine Hinterbliebenenrente. Dies ist allerdings noch nicht geklärt; es empfiehlt sich daher, auch die Rentenart zu bezeichnen. Dass etwa in Fällen, in denen der Gläubiger den genauen Leistungsgrund nicht angeben kann, verschiedene Anspruchsmöglichkeiten benannt werden können, erscheint selbstverständlich.

Geldleistungen für Kinder, die als Rentenbestandteil gewährt werden (zu diesen Rdn. D.82), gehören nicht zu den „wie Arbeitseinkommen" nach § 54 Abs. 4 SGB I mit §§ 850c, 850d oder 850f Abs. 2 ZPO pfändbaren Renten aus der sozialen Entschädigung, Renten- oder Unfallversicherung. Die Pfändung einer solchen Rente erfasst daher Kinderzuschläge und vergleichbare Rentenbestandteile nicht[124] (kein dem § 850 Abs. 4 ZPO vergleichbarer Fall). Das ist im Pfändungsbeschluss zum Ausdruck zu bringen[125]. Die Geldleistungen für Kinder sind für die Berechnung der „wie Arbeitseinkommen", somit nach §§ 850c, 850d oder 850f Abs. 2 ZPO gepfändeten laufenden Rentenbeträge jedoch auch dann nicht mitzurechnen, wenn der Pfändungsbeschluss das nicht ausdrücklich anordnet[126] (§ 850e Nr. 1 ZPO, entspr. Anwendung; dazu auch Rdn. D.82). D.97

Das hat bei der Vollstreckung eines gesetzlichen Unterhaltsanspruchs auch zu gelten, wenn die Rente von einem bei der Festsetzung der Geldleistung berück-

---

122 Die Pfändung einer „Lebensversicherung bei der Bundesknappschaft" hat nach AG Groß-Gerau, MDR 1985, 680 die Hinterbliebenenrente nicht erfasst.

123 **A.A.** AG Heidelberg, MDR 1985, 680: Leistungen sind ausreichend bezeichnet, wenn der Drittschuldner (Arbeitsamt) feststellen kann, welche Leistungen dem Schuldner zustehen.

124 **Anders** Hornung, Rpfleger 1988, 213 (217 re.Sp.).

125 Strenger Hornung, Rpfleger 1988, 213 (218 li.Sp.): „... muss aus dem Pfändungsbeschluss hervorgehen, dass die Geldleistungen für Kinder (Kinderzuschläge oder vergleichbare Rentenbestandteile) von der Pfändung der laufenden Sozialgeldleistung nicht erfasst werden."

126 Ebenso (mit anderer Begründung) Hornung, Rpfleger 1988, 213 (217 li.Sp.).

sichtigten Kind gepfändet wird[127]. Die erforderliche bestimmte Bezeichnung der zu pfändenden Forderung und notwendige Bestimmung des Pfändungsumfangs gebieten eine (ausdrückliche) Anordnung im Pfändungsbeschluss, dass und in welcher (nach § 54 Abs. 5 SGB I zulässigen) Höhe eine Pfändung Geldleistungen für Kinder (Kinderzuschlag und Kinderzulage) erfasst. Die eigenständige Regelung der Pfändbarkeit der Rentenbestandteile, die Geldleistungen für Kinder sind (§ 54 Abs. 5 SGB I), und die unterschiedlich anzuordnenden Bestimmungen über Umfang (Höhe) der gepfändeten Geldleistungen schließen es aus, eine Pfändung der Beschädigtenrente aus der sozialen Entschädigung „wie Arbeitseinkommen" (§ 54 Abs. 4 SGB I) mit der Bestimmung eines Freibetrags nach § 850d Abs. 1 ZPO für den notwendigen Unterhalt des Schuldners und seiner Angehörigen auf den nur im Umfang des § 54 Abs. 5 SGB I pfändbaren anteiligen Kinderzuschlag (Kindergeldbetragsanteil) zu beziehen oder die Pfändung einer Verletztenrente im Umfang des § 850d Abs. 1 ZPO anteilig auf eine nur nach § 54 Abs. 5 SGB I pfändbare Kinderzulage zu erstrecken. Das erfordert vielmehr gesonderte Pfändung (ausdrückliche Anordnung der Mitpfändung) mit Bezeichnung der Geldleistung für Kinder als Gegenstand des Vollstreckungszugriffs im Pfändungsbeschluss und damit zugleich Bestimmung des Pfändungsumfangs nach § 54 Abs. 5 SGB I[128].

Bei Mitpfändung einer Geldleistung für Kinder kann der Pfändungsbeschluss zur Rentenpfändung lauten:

„Es wird weiter gepfändet in Höhe des auf den Gläubiger als Kind treffenden Betrags die Kinderzulage, die zur Verletztenrente deshalb gewährt wird, weil der Gläubiger bei der Festsetzung der Geldleistung berücksichtigt ist."

---

127 Damit ist zugleich der Zweckbestimmung des Kinderzuschlags (-zuschusses) Rechnung getragen, der als Rentenbestandteil für ein in den Schuldnerhaushalt aufgenommenes **Stiefkind** gewährt wird. Für dieses Stiefkind wird kein Unterhaltsfreibetrag nach § 850d ZPO bestimmt. Weil der Kinderzuschlag (-zuschuss) aber nicht zweckwidrig einem pfändenden Gläubiger zufließen kann, der vollstreckende Gläubiger somit nicht durch das Vorhandensein des Stiefkindes (für das kein Pfandfreibetrag nach § 850d ZPO festgelegt wird) zu dessen Nachteil begünstigt werden darf, war schon früher der Zweckbestimmung der Geldleistung für das Stiefkind Rechnung zu tragen. Das hatte in der Weise zu erfolgen, dass für die Berechnung der pfändbaren laufenden Sozialleistungen der für das Stiefkind gewährte Kinderzuschlag (-zuschuss) nicht mitzurechnen war. Er war vielmehr in entsprechender Anwendung von § 850a Nr. 6 und § 850e Nr. 1 ZPO (§ 54 Abs. 3 SGB I) als unpfändbare laufende Geldleistung abzusetzen. Diese Unpfändbarkeit des Kinderzuschusses für ein Stiefkind musste der Drittschuldner von sich aus (d.h. ohne besondere Anordnung im Pfändungsbeschluss) berücksichtigen. Dazu näher 8. Auflage Rdn. 1357a mit Hinweisen auf Rechtsprechung zur vordem gleichen Behandlung des Kinderzuschusses für ein nichteheliches Kind zum Arbeitseinkommen. Mit der Neuregelung der Pfändung der Geldleistungen für Kinder in § 54 Abs. 4 SGB I ist nun zugleich der gebotenen Zweckbestimmung Rechnung getragen.

128 Im Ergebnis zeigt auch Hornung, Rpfleger 1988, 213 (217) diesen Weg mit dem Erfordernis, dass für die nach seiner Ansicht mitgepfändeten Rentenbestandteile für Kinder auf der einen Seite zu gewährleisten ist, dass die auf die anderen Kinder entfallenden Teile der Sozialgeldleistung dem Schuldner zur Verfügung stehen,auf der anderen Seite allgemein sicherzustellen ist, dass dem vollstreckenden Kind (ungeachtet des Freibetrags für den Schuldner nach § 850d ZPO) auf alle Fälle der ihm zustehende Kinderzuschlag aus der Pfändung zufließt.

Die Feststellung der sonach mit Blankettbeschluss mitgepfändeten Geldleistung für Kinder hat durch den Drittschuldner auf Grund seiner Unterlagen zu erfolgen.

Der Kinderzuschlag nach dem Recht der sozialen Entschädigung in Höhe des gesetzlichen Kindergeldes (Rdn. D.117) ist im Anschluss an die Rdn. D.120 bezeichnete Fassung des Pfändungsbeschlusses mitzupfänden.

Bei der Vollstreckung des gesetzlichen Unterhaltsanspruchs eines Kindes können auch Rente oder Altersruhegeld und die Geldleistung für das Kind als Rentenbestandteil isoliert (je für sich allein) gepfändet werden. Mehrkosten für gesonderte Pfändung hat der Schuldner dann jedoch nicht zu tragen (Notwendigkeit ist zu verneinen, § 788 Abs. 1 ZPO). Die Pfändung nur der Geldleistung für das Kind als Rentenbestandteil kann daher auch isoliert (selbstständig) erfolgen, wenn die Pfändung der Rente oder des Altersruhegeldes im Umfang des § 850d Abs. 1 ZPO nicht zugleich auch darauf erstreckt wurde.

Die **zugriffsfreien Teile** einer laufenden Geldleistung nach dem SGB bestimmen sich (wie für Arbeitseinkommen) nach D.98

- § 850c ZPO, wenn der Gläubiger einer gewöhnlichen Geldforderung (Rdn. C.232) vollstreckt. Im Pfändungsbeschluss genügt die Bezugnahme auf die Tabelle (§ 850c Abs. 3 S. 2 ZPO[129]). Die dieser zugrunde liegenden einzelnen gesetzlichen Berechnungsmerkmale brauchen dann im Pfändungsbeschluss nicht aufgeführt zu werden. Die nach der Tabelle unpfändbaren Bezüge können (auch auf Antrag des Gläubigers) nicht durch Abschläge gemindert werden, weil der Schuldner keiner Erwerbstätigkeit nachgeht[130];
- § 850d ZPO, wenn der Gläubiger eines gesetzlichen Unterhaltsanspruchs vollstreckt (Rdn. C.291 ff.);
- § 850f Abs. 2 ZPO, wenn der Gläubiger einer Forderung aus einer vorsätzlich begangenen unerlaubten Handlung (Rdn. C.456) vollstreckt[131].

In Frage gestellt wurde, ob bei der Vollstreckung durch den Gläubiger einer gewöhnlichen Geldforderung auch hier der Pfändungsbeschluss als Blankettbeschluss (Rdn. C.254) erlassen werden kann oder ob er Unterhaltspflichten des Schuldners, die bei der Feststellung des nach der Tabelle zu § 850c ZPO pfändbaren Betrages zu berücksichtigen sind, zahlenmäßig bestimmt bezeichnen muss. Letzteres wurde mit Hinweis darauf gefordert, dass der Leistungsträger als Drittschuldner nicht in gleicher Weise wie der Arbeitgeber die unterhaltsberechtigten Angehörigen ermitteln und insbesondere hierfür (früher) nicht auf Anga- D.99

129 KG, OLGZ 1978, 491 = Rpfleger 1978, 334; LG Berlin, MDR 1977, 587 = Rpfleger 1977, 222; Hornung, RpflJB 1977, 337 (362); Hornung, Rpfleger 1977, 32 (35); Hornung, Rpfleger 1977, 222 (223 unter 3), Hornung, Rpfleger 1977, 286 (291).

130 BGH, FamRZ 2004, 439 = MDR 2004, 471 Leits. = NJW-RR 2004, 1439 = Rpfleger 2004, 232.

131 Praktische Fälle: LG Siegen, JurBüro 2009, 210; LG Wuppertal, JurBüro 2008, 499; AG Dresden, JurBüro 2009, 46; AG Karlsruhe, JurBüro 2007, 495; AG Wuppertal, JurBüro 2009, 495.

ben in der Lohnsteuerkarte zurückgreifen könne[132]. Dem ist nicht zu folgen[133]. Die laufenden Geldleistungen werden „wie Arbeitseinkommen" gepfändet (§ 54 Abs. 4 SGB I). Im Pfändungsbeschluss genügt sonach auch hier die Bezugnahme auf die Tabelle (§ 850c Abs. 3 S. 2 ZPO). Darüber hinaus fordert das Gesetz keine Angabe eines Berechnungsmerkmals für die Anwendung der Tabelle und die Feststellung des nach der Zahl der Unterhaltspflichten konkret gepfändeten Betrags. Daher kann der Pfändungsbeschluss auch bei der Pfändung laufender Geldleistungen nach dem SGB den Freibetrag, der für jedes erst noch zu ermittelnde Familienmitglied verbleibt, allein durch Bezugnahme auf die Tabelle bezeichnen. Die Ermittlung und Berücksichtigung der unterhaltsberechtigten Angehörigen des Schuldners muss demnach auch hier der Drittschuldner besorgen; ihm obliegt in dieser Weise ebenso wie dem Arbeitgeber die ziffernmäßige Feststellung des gepfändeten Betrags der laufenden Geldleistungen[134]. In vielen Fällen stehen dem Drittschuldner die erforderlichen Angaben in den Veranlagungsunterlagen zuverlässig zur Verfügung (s. § 60 SGB I), so wenn Witwen- und Witwerrente gewährt wird. Sodann kann der Leistungsträger durch Anhörung von Gläubiger und Schuldner den gepfändeten Betrag ziffernmäßig ebenso zuverlässig feststellen wie der Arbeitgeber. Dazu kommt – abgesehen davon, dass für diese Ansicht der Gesetzeswortlaut spricht –, dass damit die dem Drittschuldner obliegende Verpflichtung seiner Aufgabe bei der Abtretung (und Verpfändung) eines Anspruchs auf laufende Sozialgeldleistung (§ 53 Abs. 3 SGB I) völlig gleich ist. Auch bei der Leistung nach Abtretung (Verpfändung) hat der Leistungsträger (Drittschuldner) die Personen, denen der Schuldner tatsächlich Unterhalt gewährt, selbst zu ermitteln und zu berücksichtigen und nach ihrer Zahl den abtretbaren Betrag aus der Tabelle zu § 850c ZPO abzulesen. Eine Abtretung erfordert keine Angabe der Berechnungsmerkmale für die Anwendung der Tabelle; sie ist auch ohne Angabe der Zahl der Personen, denen der Schuldner unterhaltspflichtig ist, für den Leistungsträger stets in gleicher Weise wie für den Arbeitgeber ausreichend bestimmt. Selbst wenn sie die Zahl der unterhaltsberechtigten Personen im Zeitpunkt der Abtretung nennt, ist das für den Leistungsträger bei späterer Auszahlung der Geldleistung nicht einmal rundweg bindend; Änderungen (z.B. Wegfall eines Ehegatten, Geburt eines Kindes) muss der Drittschuldner vielmehr von sich aus berücksichtigen. Da-

---

132 LG Berlin (Fn. 129); Hornung, Rpfleger 1977, 222 (223 zu 3); mit Einschränkung auch LG Flensburg, JurBüro 1977, 1628; keine Feststellungen über Unterhaltspflichten des Schuldners braucht der Pfändungsbeschluss nach LG Berlin, MDR 1977, 1027 = Rpfleger 1978, 65 zu enthalten, wenn diese dem Drittschuldner bekannt sind; dazu Hornung in Anm. Rpfleger 1978, 66.

133 Für Blankettbeschluss auch BGH, FamRZ 2005, 1083 = JurBüro 2005, 381 = MDR 2005, 1015 = NJW-RR 2005, 869 = Rpfleger 2005, 446 (zu § 850b Abs. 2 ZPO, s. Rdn. C.203); KG (Fn. 129), das auch eine Konkretisierung des Pfändungsbeschlusses durch Angaben über die bei der Ermittlung der Pfändungsfreibeträge zu berücksichtigenden gesetzlich unterhaltsberechtigten Angehörigen des Schuldners jedenfalls dann auf Gläubigerantrag als statthaft ansieht, wenn der Schuldner zu den entsprechenden Angaben des Gläubigers gehört worden ist; SozG Trier, JurBüro 2011, 326 (327).

134 Siehe auch BGH, FamRZ 2004, 1715 = NJW 2004, 3262 (3263 re.Sp.) = Rpfleger 2004, 713 dazu, dass dem Träger die Sozialversicherung aufgegeben ist, zugunsten des Schuldners bestehende Pfändungsschutzvorschriften (§§ 850 ff. ZPO) unabhängig von einer gerichtlichen Entscheidung zu beachten und den … pfandfreien Betrag selbst festzustellen.

mit, dass Änderungen während einer laufenden Abtretung und Pfändung schon vom Drittschuldner bei der Leistung zu berücksichtigen sind, bringt die Bezugnahme auf die Tabelle zu § 850c ZPO gerade für alle Beteiligten vorteilhafte Vereinfachungen. Die Grundsätze, die mit dem Blankettbeschluss für die Lohnpfändung entwickelt worden sind und die mit der Regelung in § 850c Abs. 3 S. 2 ZPO Eingang in das Gesetz gefunden haben, können uneingeschränkt daher auch bei Pfändung laufender Sozialgeldleistungen Anwendung finden (siehe auch die Vorgaben in den Formblättern Anlagen 2, 3 ZVFV Seite 4 bzw. 5 jeweils zu „Anspruch A und B“).

Zu § 850c ZPO: Unterhaltsberechtigte Angehörige mit eigenem Einkommen können nach dem mit den Vorschriften über die Pfändung von Arbeitseinkommen anwendbaren § 850c Abs. 4 ZPO nach Bestimmung durch das Vollstreckungsgericht ganz oder teilweise unberücksichtigt zu lassen sein[135]. Einzelheiten: Rdn. C.260 ff. **D.100**

Der unpfändbare Teil der laufenden Sozialleistungen ist entsprechend der **Auszahlungsweise** nach dem Auszahlungszeitraum festzustellen, für den die Geldleistung bestimmt ist (Rdn. C.234). Der pfändbare Betrag von Krankengeld ist, unabhängig davon, ob die Leistung nur für einige Tage, mehrere Wochen oder für Monate gewährt und wie sie verwaltungstechnisch berechnet und ausgezahlt wird, nach der Monatstabelle des § 850c ZPO (ggfs. tagesanteilig) zu bestimmen, nicht nach der Tagestabelle[136] (keine vergleichbare Situation mit unständig Beschäftigtem, für den bei täglicher Entlohnung erhöhte Freibeträge festgelegt sind, weil auch beschäftigungsfreie Tage überbrückt werden müssen, vgl. Rdn. C.240). Bei Auszahlung für Zeiträume von mehr als einem Monat sind die Leistungen einer Auszahlungsperiode so zu teilen, dass sich monatliche Abschnitte ergeben. Nachzahlungen (z.B. bei Erhöhung der laufenden Geldleistungen infolge Rentenanpassung) und Rückstände (z.B. die von Antragstellung bis zum Beginn der laufenden Auszahlungen angelaufenen Beträge) werden bei dem Abrechnungszeitraum berücksichtigt, für den (nicht: in dem) sie geleistet werden (Rdn. C.238). Bei der Feststellung des gepfändeten Teils der laufenden Sozialleistungen ist nach § 850e Nr. 1 ZPO (§ 54 Abs. 4 SGB I) ein Beitragszuschuss zur Krankenversicherung sowie zur Pflegeversicherung nicht mitzurechnen (siehe auch Rdn. D.81). Als zweckgebundene Leistung kann dieser Zuschuss jedoch von dem privaten Krankenversicherungsunternehmen wegen des Prämienanspruchs gepfändet werden. **D.101**

Auf Antrag kann das Vollstreckungsgericht dem Schuldner zur Sicherung des notwendigen Lebensunterhalts im Sinne des Dritten, Vierten und Elften Kapitels von SGB XII für besondere Bedürfnisse aus persönlichen oder beruflichen Gründen sowie bei besonderem Umfang gesetzlicher Unterhaltspflichten einen weiteren Teil seiner laufenden Geldleistung nach § 850f Abs. 1 ZPO pfandfrei belassen[137]. Einzelheiten Rdn. C.417 ff. **D.102**

---

135 Zur Anwendung des § 850c Abs. 4 ZPO auch Hornung, Rpfleger 1978, 353 (355).

136 BSozG, BSGE 70, 289 = MDR 1993, 250 = NJW 1993, 811; auch LSozG Berlin, NZA 1992, 328 Leits.: Bei längerem Bezug Berechnung nach der Monatstabelle.

137 Begründung (Fn. 3), S. 29; OLG Zweibrücken, JurBüro 2002, 384 = MDR 2002, 720 = NJW-RR 2002, 1664 (re.Sp.) = Rpfleger 2002, 465.

D.103 **Zu § 850d ZPO:** Wenn der Gläubiger einer gesetzlichen Unterhaltsforderung (bevorrechtigt) vollstreckt, muss dem Schuldner von seinen laufenden Geldleistungen so viel belassen werden, als er für seinen notwendigen Unterhalt und zur Erfüllung seiner laufenden gesetzlichen Unterhaltspflichten gegenüber den dem Gläubiger vorgehenden Berechtigten oder zur gleichmäßigen Befriedigung der dem Gläubiger gleichstehenden Berechtigten bedarf (§ 850d Abs. 1 S. 2 ZPO). Zur Bemessung des Freibetrags siehe Rdn. C.310 ff. Mehraufwendungen für zusätzliche Nahrungs- und Stärkungsmittel, Kleidung, Wäsche usw., die infolge eines Gesundheitsschadens des Schuldners erforderlich sind, sind als Mehrbetrag zu berücksichtigen. Andere Einnahmen des Schuldners, die ihm für seinen Lebensunterhalt zur Verfügung stehen oder ihn von seiner Unterhaltspflicht gegenüber Angehörigen ganz oder teilweise entlasten, sind bei Festlegung des Freibetrages angemessen zu berücksichtigen (Rdn. C.322). Zur Reihenfolge mehrerer Unterhaltsberechtigter siehe Rdn. C.328 ff.

D.104 Der Betrag, der nach § 850d ZPO **pfandfrei** zu bleiben hat, muss vom Vollstreckungsgericht nach den Umständen des Einzelfalles bestimmt[138] und **im Pfändungsbeschluss** bezeichnet werden. Ziffernmäßig anzugeben ist der pfandfreie Betrag für den eigenen Unterhalt des Schuldners sowie für seine Unterhaltspflichten gegenüber vorgehenden Berechtigten; im Übrigen ist gleichmäßige Verteilung auf Gleichrangige anzuordnen (Rdn. C.341). Eine Pfändung durch Blankettbeschluss nach Maßgabe des § 850c ZPO verbietet sich[139].

D.105 Der dem Schuldner nach § 850d Abs. 1 S. 2 ZPO (vorst. Rdn. D.103) zu belassende unpfändbare Teil seiner laufenden Leistungen darf den Betrag nicht übersteigen, der ihm nach den Vorschriften des § 850c ZPO gegenüber nicht bevorrechtigten Gläubigern zu verbleiben hätte (§ 850d Abs. 1 S. 3 ZPO). Zur Bezeichnung dieser Pfändungsgrenze im Pfändungsbeschluss siehe Rdn. C.327.

D.106 Bei **Pfändung wegen der Rückstände,** die länger als ein Jahr vor dem Antrag auf Erlass des Pfändungsbeschlusses fällig geworden sind, besteht die Möglichkeit des Zugriffs bis zu den Pfändungsgrenzen des § 850d ZPO nur, wenn nach Lage der Verhältnisse anzunehmen ist, dass der Schuldner sich seiner Zahlungspflicht absichtlich entzogen hat (§ 850d Abs. 1 S. 4 ZPO; s. Rdn. C.305).

D.107 **Vorratspfändung** ist nach § 850d Abs. 3 ZPO möglich[140]. Bei der Vollstreckung wegen fälliger gesetzlicher Unterhaltsansprüche können also auch künftig fällig werdende laufende Geldleistungen wegen der dann jeweils fällig werdenden Ansprüche gepfändet und überwiesen werden.

D.108 Die Vorratspfändung von **Krankengeld** schränkt das BSozG[141] allerdings ganz wesentlich ein. Es meint, nur die Pfändung während einer durch Arbeitsunfähigkeit bedingten Erkrankung erfasse auch die erst nach Zustellung dieses Pfändungs-

---

138 Bestehen und Höhe des zu pfändenden Anspruchs hat es dabei nicht zu prüfen; hierüber entscheidet allein das Prozessgericht; siehe dazu LG Frankenthal, Rpfleger 1984, 425.

139 Vgl. LG Berlin, Rpfleger 1965, 82 mit zust. Anm. Stöber.

140 Für Vorratspfändung schon nach früherem Recht OLG Celle, MDR 1962, 414 = NdsRpfl 1962, 110; LG Berlin, Rpfleger 1970, 441.

141 BSozG, BSGE 18, 76 = MDR 1963, 256 = NJW 1963, 556 = Rpfleger 1964, 313; dazu kritisch Berner, Rpfleger 1964, 299.

beschlusses fällig werdenden Teile dieses laufenden Krankengeldes. Wenn der Schuldner als Versicherter wieder arbeitsfähig geworden und später an einem neuen Leiden erkrankt sei, entstehe ein neuer Einzelanspruch auf Krankengeld. In diesem ersten und dem späteren Anspruch sieht das BSozG kein einheitliches Rechtsverhältnis (siehe § 832 ZPO); es kommt daher zu dem Ergebnis, dass dieser neue Anspruch auch bei Vorratspfändung vom Pfändungsbeschluss nicht erfasst wird. Dem wird man, soweit allein die Frage der Vorratspfändung (§ 850d Abs. 3 ZPO) betroffen ist, beipflichten können. Dabei wird als eine neue, vom früheren Pfändungsbeschluss nicht mehr erfasste Forderung auch das Krankengeld anzusehen sein, das dann gewährt wird, wenn der Schuldner wegen desselben Leidens behandlungsbedürftig geblieben und später erneut arbeitsunfähig krank geworden ist.

Damit ist aber nicht gesagt, dass sich die Pfändung des Krankengeldes als **künftige Forderung** (siehe Rdn. A.30) verbietet. Auch Krankengeld ist bei Wiederholungserkrankung als künftige Forderung pfändbar, weil die erforderliche Anspruchsgrundlage gegeben und die notwendige Bezeichnung möglich ist. Bei ausdrücklicher Mitpfändung des „künftigen“ Krankengeldes wird daher auch dieses von der vor einer Erkrankung oder neuen Erkrankung ausgebrachten Pfändung erfasst[142]. Zugleich mit der Pfändung wegen fälliger Unterhaltsansprüche kann „künftiges“ Krankengeld dann aber auch wegen der dann jeweils fällig werdenden Ansprüche gepfändet werden. Die Mitpfändung des künftigen Krankengeldes muss jedoch im Pfändungsbeschluss ausdrücklich angeordnet sein. D.109

Wenn ausdrücklich Pfändung nach § 850c ZPO verlangt ist, sind die Pfändungsgrenzen nach dieser Vorschrift festzusetzen. Auch dann findet keine Billigkeitsprüfung statt, weil die Pfändung in der beantragten Weise nach § 54 Abs. 4 SGB I zu erfolgen hat, wenn die Voraussetzungen vorliegen. Infolge der Parteiherrschaft im Zwangsvollstreckungsverfahren kann der Gläubiger die Pfändung auch auf einen bestimmten Höchstbetrag, z.B. „höchstens 150 Euro monatlich“ beschränken (dazu Rdn. C.338). D.110

Die Pfändung wird mit der **Zustellung** des Beschlusses an den Drittschuldner (Leistungsträger[143]) bewirkt (§ 829 Abs. 3 ZPO). D.111

Der **Rang** mehrerer Pfändungen bestimmt sich nach § 804 Abs. 3 ZPO (Rdn. B.462). D.112

Bei Änderung der Unpfändbarkeitsvoraussetzungen muss das Vollstreckungsgericht auf Antrag den Pfändungsbeschluss entsprechend ändern. Dazu Rdn. C.471.

Zu Einwendungen gegen die Zulässigkeit der Pfändung Rdn. B.380 ff., zur klarstellenden Entscheidung des Vollstreckungsgerichts Rdn. C.68, C.69.

Das Pfandrecht, das durch die Pfändung einer laufenden Geldleistung erworben ist, erstreckt sich nach § 832 ZPO (mit § 54 Abs. 4 SGB I) ohne ausdrückliche Anordnung im Pfändungsbeschluss auch auf die **nach der Pfändung fällig werdenden Beträge** (dazu Rdn. C.119 ff.), somit bei Pfändung einer Rente auf die fortlau- D.113

---

142 So auch Berner, Rpfleger 1964, 299 (300). Zur Einschränkung auch Rdn. D.85, D.86.

143 Zu Drittschuldnerverpflichtungen und -schutz bei großen Behörden, bargeldloser Zahlung und Datenverarbeitung s. Rdn. C.78 ff.

fend auszuzahlenden monatlichen Beträge, bei Pfändung von Arbeitslosengeld auf die Leistungen für weitere Auszahlungszeiträume. Die Erstreckung der Pfändung auf erst später fällig werdende Beträge setzt voraus, dass die laufende Geldleistung bei der Pfändung und die künftig wiederkehrenden Leistungsansprüche einem einheitlichen Sozialrechtsverhältnis entspringen, somit aus einheitlicher Rechtsbeziehung bestehen (s. Rdn. C.124). Diese Einheitlichkeit ist nach der im Recht der Sozialleistungen üblichen Verkehrsauffassung, nicht nach formalrechtlichen Überlegungen zu beurteilen (dazu Rdn. C.124). Ein im Sinn des Leistungsrechts innerer Zusammenhang und damit die erforderliche tatsächliche Einheit ist für Leistungsansprüche zu bejahen, die aus gleicher Berechtigung weiterbestehen. Die Pfändung von Arbeitslosengeld erfasst daher auch Arbeitslosengeld, das auf Grund einer neuen Arbeitslosigkeit zu zahlen ist, wenn der Arbeitslose eine neue Anwartschaft auf Arbeitslosengeld nicht erworben hat[144]. Verneint wird eine einheitliche Rechtsbeziehung für die Mitpfändung künftig fällig werdender Beträge für den bei späterer Erkrankung entstehenden neuen Einzelanspruch auf Krankengeld[145] (Rdn. D.108).

1.9. Pfändung von Kindergeld
(§ 54 Abs. 5 SGB I)

1.9.1. Pfändbarkeit

D.114 **Kindergeld** nach dem BKGG (zu seiner nur noch geringen Bedeutung s. Rdn. D.34; zum Kindergeld nach EStG Rdn. A.222), Kinderzuschläge aus der sozialen Entschädigung (§ 5 SGB I) und vergleichbare Rentenbestandteile, somit die Kinderzulage aus der Unfallversicherung (Geldleistungen für Kinder, s. Rdn. D.82), gehören zu den laufenden Geldleistungen. Leistungsberechtigter für Kindergeld ist der Schuldner, der Kindern Unterhalt zu leisten hat oder leistet (§ 6 SGB I, s. Rdn. D.34); ihm, nicht aber den Kindern, wird Kindergeld gewährt; in gleicher Weise sind Kinderzuschlag, -zuschuss und -zulage Bestandteil der Rente des Leistungsberechtigten. Bei Vollstreckung gegen den Leistungsberechtigten als Schuldner können diese Geldleistungen[146] für Kinder nach § 54 Abs. 5 SGB I **nur gepfändet** werden, wenn **wegen seines gesetzlichen Unterhaltsanspruchs** (hierzu Rdn. C.292 ff.) ein Kind vollstreckt, das bei der Festsetzung der Geldleistung berück-

---

144 BSozG, JurBüro 1982, 1176 mit Anm. Mümmler; AG Bottrop, JurBüro 1987, 462 = Rpfleger 1986, 488; **a.A.** SozialG Münster, JurBüro 1979, 289 mit Anm. Mümmler. Im entschiedenen Fall wurde der Schuldner nach Berufstätigkeit vom 27.9.–15.12. neuerlich arbeitslos. Wegen dieser nur kurzzeitigen Berufstätigkeit nimmt Mümmler zu der Entscheidung kritisch Stellung. Dazu außerdem Mümmler, JurBüro 1980, 1149 für das nach Erkrankung erneut beantragte und zugesprochene Arbeitslosengeld.

145 Zur Fortsetzungserkrankung bei Angestellten (für das Lohnfortzahlungsgesetz) s. auch BAGE 40, 141 = NJW 1983, 2103; für Angestellte des öffentlichen Dienstes s. BAGE 48, 235 = MDR 1986, 260 = NJW 1987, 732; zur Selbständigkeit der Verhinderungsfälle für den Anspruch auf Lohnfortzahlung auch BAGE 37, 172 = MDR 1982, 524 = ZIP 1982, 343; BAGE 43, 46 = MDR 1983, 1053 = NJW 1984, 199 = ZIP 1983, 1232.

146 Sonstige Zuschläge für Kinder, die den Kindergeldbezug nicht ausschließen, unterliegen nicht dem besonderen Pfändungsschutz des § 54 Abs. 5 SGB I; das gilt z.B. für den Familienzuschlag zum Arbeitslosengeld, s. Hornung, Rpfleger 1988, 213 (216 re.Sp.).

sichtigt ist[147]. Im Übrigen sind das Kindergeld und die anderen Geldleistungen für Kinder **unpfändbar**. Die Regelung entspricht der Bestimmung des § 76 S. 1 EStG; siehe daher Rdn. A.224 ff. Ausgeschlossen ist damit die Pfändung wegen des gesetzlichen Unterhaltsanspruchs eines sonstigen Gläubigers, so des Ehegatten oder des früheren Ehegatten sowie eines Kindes, das für den Anspruch auf Kindergeld die Altersgrenze oder die Grenze für Bruttobezüge aus einem Ausbildungsverhältnis überschritten oder geheiratet hat[148], und ebenso bei Vollstreckung einer gewöhnlichen Geldforderung (Rdn. C.232) sowie auch bei Vollstreckung einer Forderung aus vorsätzlich begangener unerlaubter Handlung. Grund: Zweckbindung; Kindergeld und die anderen Geldleistungen für Kinder sollen für den Unterhalt des Kindes des Unterhaltsverpflichteten zur Verfügung stehen.

Für die Höhe des pfändbaren Betrags trifft § 54 Abs. 5 S. 2 Nr. 1, 2 SGB I Bestimmung in gleicher Weise wie § 76 S. 2 EStG; siehe daher Rdn. A.226 ff. **D.115**

Eigenkindergeld, somit Kindergeld, das der Leistungsberechtigte für sich selbst erhält (so ein Vollwaise, ein Kind, das den Aufenthalt seiner Eltern nicht kennt, § 1 Abs. 2 BKGG), ist auf Grund des § 54 Abs. 5 SGB I nicht pfändbar. **D.116**

Der **Kinderzuschlag** nach dem Recht der sozialen Entschädigung (§ 5 SGB I) wird in Höhe des gesetzlichen Kindergeldes gewährt[149] (§ 33b Abs. 5 S. 1 BVG). Die Höhe des pfändbaren Betrags regelt daher wie bei Kindergeld § 54 Abs. 5 S. 2 Nr. 1, 2 SGB I. **D.117**

Für vergleichbare Rentenbestandteile, somit für die Kinderzulage in der Unfallversicherung, ist die Höhe eines pfändbaren Betrages nicht bestimmt (§ 54 Abs. 5 S. 2 Nr. 1, 2 SGB I regelt nur die Höhe des pfändbaren Kindergeldes). Die vergleichbaren Rentenbestandteile werden als Geldleistungen für jedes Kind in gleicher Höhe gewährt (sie sind nicht gestaffelt, andere Kinder [Zählkinder] erlangen für die Höhe der Leistung keine Bedeutung). Der auf einen vollstreckenden Unterhaltsgläubiger treffende pfändbare Betrag und der auf jedes andere Kind entfallende unpfändbare Rententeil stehen damit sogleich betragsmäßig (einzeln) fest. Wegen des gesetzlichen Unterhaltsanspruchs eines Kindes kann die Kinderzulage daher mit dem Betrag gepfändet werden, um den die Rente sich mit Berücksichtigung des vollstreckenden Kindes erhöht hat. **D.118**

1.9.2. Pfändungsverfahren

Das Pfändungsverfahren folgt den für Pfändung des Kindergeldes für Familienleistungsausgleich Rdn. A.230 ff. dargestellten Verfahrensbestimmungen und -grundsätzen. **D.119**

---

147 Hintzen, Forderungspfändung, § 3 Rdn. 24.

148 Hintzen, Forderungspfändung, § 3 Rdn. 25. Wegen anderer Sonderfälle, in denen für den Anspruch auf Kindergeld ein Kind nicht berücksichtigt wird, s. die Einzelbestimmungen des BKGG.

149 Nur wenn für dasselbe Kind Anspruch auf Kindergeld oder auf Leistungen nach § 8 Abs. 1 Nr. 1 BKGG nicht besteht, § 33b Abs. 1 S. 2 BVG.

D.120 **Formulierungsvorschlag:**

Gepfändet wird wegen dieser gesetzlichen Unterhaltsansprüche des Gläubigers der angebliche Anspruch des Schuldners an die Agentur für Arbeit in … (Familienkasse) – Drittschuldner – auf fortlaufende Auszahlung des Kindergeldes in Höhe des nach § 54 Abs. 5 Nr. 1, 2 SGB I zu bemessenden pfändbaren Betrages. Die Pfändung umfasst die künftig fällig werdenden Kindergeldleistungen (anteilig) auch wegen der dann fällig gewordenen oder jeweils fällig werdenden Unterhaltsansprüche des Gläubigers.

1.10. Zusammenrechnung laufender Sozialleistungen mit Arbeitseinkommen

D.121 Kindergeld und Ansprüche auf andere **Geldleistungen für Kinder** (Rdn. D.82) können nur wegen gesetzlicher Unterhaltsansprüche anteilig gepfändet werden (§ 76 EStG, § 54 Abs. 5 SGB I). Eine Geldleistung für Kinder wird dann von einer Pfändung in Höhe des nach § 76 S. 2 Nr. 1, 2 EStG oder § 54 Abs. 5 S. 2 Nr. 1, 2 SGB I pfändbaren Betrags voll erfasst. Dafür erlangt keine Bedeutung, dass der Leistungsberechtigte daneben noch über Arbeitseinkommen verfügt. „Wie Arbeitseinkommen“, somit unter Bemessung unpfändbarer Beträge nach §§ 850c, 850d oder 850f Abs. 2 ZPO, wird ein Anspruch auf eine Geldleistung für Kinder nicht gepfändet. Bei Pfändung eines Anspruchs auf eine Geldleistung für Kinder durch den Gläubiger eines gesetzlichen Unterhaltsanspruchs ist daher eine Zusammenrechnung mit Arbeitseinkommen ausgeschlossen (zur Zusammenrechnung bei Pfändung von Arbeitseinkommen s. Rdn. C.387).

D.122 Wenn eine **andere laufende SGB-Geldleistung** von einem Unterhaltsgläubiger (§ 850d ZPO) oder von einem nach § 850f Abs. 2 ZPO bevorrechtigten Gläubiger gepfändet wird, ist dem Schuldner für seinen notwendigen Unterhalt und zur Erfüllung laufender gesetzlicher Unterhaltspflichten ein pfandfreier Einkommensbetrag zu belassen (§ 850d Abs. 1 S. 2, § 850f Abs. 2 ZPO). Fraglich ist, ob (ungepfändetes) Arbeitseinkommen, das der Schuldner neben der laufenden Sozialleistung bezieht, bei Festlegung dieses Freibetrags angemessen zu berücksichtigen (anzurechnen) und deshalb die laufende SGB-Geldleistung in erweitertem Umfang zu pfänden ist. Zu beantworten ist das in Anlehnung an den Grundgedanken, dem § 850e Nr. 2a ZPO folgt. Danach ist erheblich (dort Satz 2), ob der unpfändbare Grund- und Mehrbetrag (in erster Linie) der laufenden SGB-Geldleistung oder dem Arbeitseinkommen zu entnehmen ist. Ebenso muss dem Schuldner das Einkommen, das die wesentliche Grundlage seiner Lebenshaltung bildet (sog. Haupteinkommen, Rdn. C.376) ungeschmälert nach § 850d Abs. 1 S. 2, § 850f Abs. 2 ZPO für seinen notwendigen Unterhalt und zur Erfüllung gesetzlicher Unterhaltspflichten verbleiben. Der Gläubiger hat nicht die Wahl, welches der Schuldnereinkommen er für den Lebensbedarf des Schuldners und zur Deckung vorrangiger Unterhaltspflichten pfandfrei belassen will. Das schließt für den Regelfall Anrechnung des Arbeitseinkommens auf den Freibetrag aus. Der Freibetrag ist dem Schuldner dann umfassend aus den gepfändeten laufenden SGB-Geldleistungen zu belassen. Der Gläubiger ist daher regelmäßig auf die Pfändung des Arbeitseinkommens zu verweisen (zur Zusammenrechnung dann Rdn. C.384). Nur wenn – ausnahmsweise – das Arbeitseinkommen als wesentliche Grundlage der Lebenshaltung des Schuldners anzusehen ist, kann es für die Deckung des notwendigen Unterhalts und zur Erfüllung gesetzlicher Unterhaltspflichten bestimmt, somit bei der Pfändung der laufenden SGB-Geldleistung auf den Freibetrag angerechnet werden.

Für die Zwangsvollstreckung durch den Gläubiger einer **gewöhnlichen Geldforderung** sieht § 850e Nr. 2a ZPO die Zusammenrechnung ungepfändeter anderer laufender SGB-Geldleistungen (soweit diese der Pfändung unterworfen sind[150], siehe Rdn. C.388) mit Arbeitseinkommen bei dessen Pfändung vor (dazu Rdn. C.384 ff.). Weil laufende Geldleistungen nach dem SGB „wie Arbeitseinkommen" zu pfänden sind (§ 54 Abs. 4 SGB I), gilt das ebenso, wenn eine laufende SGB-Geldleistung gepfändet ist und der Schuldner daneben noch (ungepfändetes oder bereits gepfändetes) Arbeitseinkommen hat. Bedeutung erlangen dann nach § 850e Nr. 1 ZPO für die Zusammenrechnung nur die Netto-Bezüge der laufenden SGB-Geldleistungen. Damit ist bereits ausgeschlossen, dass die Zusammenrechnung auch auf der Pfändung nach § 850a ZPO (entsprechende Anwendung, Rdn. D.81) entzogene Sozialleistungen erstreckt wird. Darauf dürfte der Hinweis in der Begründung (siehe Rdn. C.384) zielen, dass einer Zusammenrechnung mit Arbeitseinkommen entgegensteht, wenn die Zweckbestimmung einer Sozialleistung ihre Pfändbarkeit gem. § 851 ZPO einschränkt. D.123

Bei der Zusammenrechnung erlangt Bedeutung, welchem der Einkommen der nach § 850c ZPO **unpfändbare Grundbetrag** und der unpfändbare Mehrbetrag zu entnehmen sind (Rdn. C.376). Für den unpfändbaren Grundbetrag bestimmt § 850e Nr. 2a ZPO die Deckung „in erster Linie" aus den laufenden Geldleistungen nach dem SGB; gleichermaßen ist der unpfändbare Mehrbetrag zumeist diesen laufenden Bezügen zu entnehmen[151] (Rdn. C.377). Das ist bei der Zusammenrechnung zu bestimmen. Dem Gläubiger bleibt es nicht freigestellt, durch Pfändung einer laufenden SGB-Geldleistung dahin zu wirken, dass die unpfändbaren Beträge dem Arbeitseinkommen entnommen werden müssten[152]. Das Rdn. C.378 Gesagte gilt entsprechend. Verfahren bei Zusammenrechnung: Rdn. C.366 ff. D.124

Wenn die unpfändbaren Beträge den laufenden SGB-Geldleistungen zu entnehmen sind, ist die Zusammenrechnung nur für die Feststellung des nach § 850c Abs. 2 ZPO pfändbaren Teils der übersteigenden laufenden Geldleistungen erheblich. D.125

Beispiele:

a) Rente wegen Erwerbsminderung von monatlich 1.100,00 Euro; Arbeitseinkommen von monatlich 580,00 Euro; ein Kind. Pfandfrei nach § 850c ZPO sind bei 1.680,00 Euro Gesamteinkommen monatlich 1.651,08 Euro. Bei Deckung aus der laufenden SGB-Geldleistung bleibt diese voll pfandfrei.

b) Rente von monatlich 1.500,00 Euro; Arbeitseinkommen von monatlich 580,00 Euro; keine unterhaltsberechtigten Angehörigen. Pfandfrei nach § 850c ZPO sind bei 2.080,00

---

150 Keine Zusammenrechnung von Ansprüchen auf Arbeitseinkommen mit Sozialleistungen oder Ansprüchen auf verschiedene Sozialleistungen untereinander, soweit diese der Pfändung nicht unterworfen sind, BGH, FamRZ 2005, 1244 = JurBüro 2004, 495 = MDR 2005, 1136 = NJW-RR 2005, 1010 = Rpfleger 2005, 451.

151 LG Marburg, Rpfleger 2002, 216.

152 LG Marburg (Fn. 151).

Euro Gesamteinkommen monatlich 1.449,01 Euro. Bei Deckung aus der laufenden SGB-Geldleistung bleibt diese mithin in Höhe von 1.449,01 Euro pfandfrei; gepfändeter Restbetrag der SGB-Geldleistung damit (nur) 50,99 Euro. Dieser gepfändete Betrag ergibt zusammen mit dem Arbeitseinkommen von 580,00 Euro den zusammen pfändbaren Betrag von 630,99 Euro.

D.126 Wenn der Schuldner laufende **Sozialleistungen aus verschiedenen Leistungsbereichen** bezieht, stellt sich die Frage der Zusammenrechnung in gleicher Weise. Auch hier findet, weil Sozialleistungen „wie Arbeitseinkommen" gepfändet werden (§ 54 Abs. 4 SGB I), § 850e Nr. 2a ZPO entsprechende Anwendung[153]. Das Vollstreckungsgericht hat die Zusammenrechnung auf Antrag daher mit der Folge anzuordnen[154], dass dem Schuldner nur ein einmaliger Pfändungsfreibetrag nach § 850c ZPO verbleibt. Für das Verfahren und die Auswirkungen gilt das Rdn. C.384 ff. Gesagte entsprechend.

1.11. Vorpfändung

D.127 Ansprüche auf einmalige Geldleistungen können gepfändet werden, wenn dies der Billigkeit entspricht (§ 54 Abs. 2 SGB I). Das soll ermöglichen, dass bei Zulassung der Pfändung Gläubiger- und Schuldnerinteressen in sozial- und rechtspolitisch vertretbarer Weise gegeneinander abgewogen werden (Rdn. D.46). Damit ist jedoch (im Gegensatz zu § 850b Abs. 1 ZPO) keine grundsätzliche Unpfändbarkeit bestimmt[155]. Die Ansprüche sind vielmehr gesetzlich pfändbar[156], soweit die Pfändung nicht der Billigkeit im Sinne von § 54 Abs. 2 SGB I widerspricht. Das ermöglicht auch eine Vorpfändung (§ 845 Abs. 1 ZPO)[157]. Auch diese erfordert, dass die Pfändung nach Maßgabe von § 54 Abs. 2 SGB I der Billigkeit entspricht.

Rechtsbehelf gegen eine demnach nicht zulässige, weil der Billigkeit widersprechende Vorpfändung: § 766 ZPO. Die Feststellung, ob die Vorpfändung im Einzelfall der Billigkeit entspricht, trifft dann das Vollstreckungsgericht bei der Entscheidung über die Erinnerung.

Vorpfändung „wie Arbeitseinkommen" nach § 54 Abs. 4 SGB I pfändbarer Sozialgeldleistungen ist in gleicher Weise zulässig, wie die Vorpfändung von Arbeitseinkommen möglich ist.

Zur Vorpfändung Rdn. B.489 ff., zur Darstellung der Pfändungsgrenzen in der Pfändungsankündigung Rdn. C.98, C.99.

D.128 Kindergeld nach dem BKGG und andere **Geldleistungen für Kinder** (Kinderzuschläge und vergleichbare Rentenbestandteile) können wegen gesetzlicher Un-

---

153 Allgemein für Zulässigkeit der Zusammenrechnung OLG Karlsruhe, JurBüro 1985, 315. Hornung, RpflJB 1977, 358 f. wendet § 850e Nr. 2 ZPO an. Zur Zusammenrechnung einer Sozialleistung mit einer ausländischen Rente BGH, MDR 2014, 1413 = NJW-RR 2014, 1459 = Rpfleger 2015, 156.

154 Aber auch hier keine Zusammenrechnung mit Sozialhilfe, LG Hannover, JurBüro 1979, 292 (siehe bereits Rdn. C.388).

155 BGHZ 92, 339 (343) = MDR 1985, 227 = NJW 1985, 976 = Rpfleger 1985, 155 mit Anm. Hornung.

156 BGH (Fn. 155).

157 Zöller/Herget, ZPO, § 850i Rdn. 43; Stein/Jonas/Würdinger, ZPO, § 850i Rdn. 85.

terhaltsansprüche eines bei der Festsetzung der Geldleistung berücksichtigten Kindes anteilig gepfändet werden (§ 54 Abs. 5 SGB I; dazu Rdn. D.114 ff.). Wegen eines solchen gesetzlichen Unterhaltsanspruchs ist daher auch die **Vorpfändung** einer Geldleistung für Kinder in Höhe des nach § 54 Abs. 5 SGB I pfändbaren Betrags zulässig. Ausgeschlossen ist die Vorpfändung einer Geldleistung für Kinder damit wegen des gesetzlichen Unterhaltsanspruchs eines Kindes in Höhe des weitergehenden, auch von diesem Gläubiger nicht pfändbaren Betrags und in voller Höhe bei der Vollstreckung anderer Unterhaltsansprüche sowie sonstiger (gewöhnlicher) Gläubigerforderungen. Eine unzulässig dennoch für eine nicht pfändbare Geldleistung für Kinder ausgebrachte Vorpfändung wäre wirkungslos.

1.12. Zusammentreffen von Pfändung und anderen Rechtsänderungen

1.12.1. Zusammentreffen von Pfändung und Abtretung

Schrifttum: Denck, Drittschuldnerschutz im Sozialrecht, ZZP 102 (1989) 1; Mümmler, „Lohn"pfändung und Abtretung, JurBüro 1984, 809. D.129

Zulässig ist die Abtretung einer einmaligen Sozialleistung sowie laufender Leistungen nach Maßgabe von § 53 SGB I. Treffen Abtretung und Pfändung zusammen, so gilt das Rdn. B.437 ff., C.531 ff. Gesagte. Durch die Pfändung eines bereits abgetretenen Anspruchs auf eine (einmalige oder laufende) Sozialleistung wird ein Pfändungspfandrecht nicht begründet (Rdn. B.443). Die Abtretung wegen einer Vorleistung (§ 53 Abs. 2 Nr. 1 SGB I) erfordert, dass der Dritte ein Darlehen gegeben oder Aufwendungen gemacht hat, um dem Leistungsberechtigten (Schuldner) für einen Zeitraum, für den ein Sozialanspruch besteht, aber noch nicht ausgezahlt ist (z.B. Rentennachzahlungszeitraum), eine angemessene Lebensführung zu ermöglichen. Mit der Abtretung eines gepfändeten Anspruchs auf Sozialleistung verstößt der Schuldner gegen das Verfügungsverbot des § 829 Abs. 1 S. 2 ZPO. Diese Abtretung ist daher dem Gläubiger gegenüber unwirksam (Rdn. B.446). D.130

Beim Zusammentreffen einer Abtretung an einen Unterhaltsgläubiger (§ 850d ZPO) mit einer Pfändung wegen einer gewöhnlichen Vollstreckungsforderung hat das Vollstreckungsgericht den Anspruch des Unterhaltsberechtigten auf Antrag auf den gem. § 850d ZPO im erweiterten Umfang dem Zugriff unterliegenden Teil des Arbeitseinkommens zu verrechnen (§ 850e Nr. 4 ZPO; siehe deswegen Rdn. C.545, C.583).

1.12.2. Zusammentreffen von Pfändung und Verpfändung

Die Verpfändung einer (einmaligen oder laufenden) Sozialleistung ist nach § 53 SGB I unter den gleichen Voraussetzungen und in gleichem Umfang wie die Abtretung zulässig. Es gilt daher das Rdn. D.130 Gesagte auch für die Verpfändung. D.131

1.12.3. Zusammentreffen von Pfändung und Aufrechnung oder Verrechnung

D.132 Zulässigkeit der Aufrechnung sowie Verrechnung: §§ 51, 52 SGB I. Die Vorschriften lauten:

§ 51 SGB I
Aufrechnung

(1) Gegen Ansprüche auf Geldleistungen kann der zuständige Leistungsträger mit Ansprüchen gegen den Berechtigten aufrechnen, soweit die Ansprüche auf Geldleistungen nach § 54 Abs. 2 und 4 pfändbar sind.

(2) Mit Ansprüchen auf Erstattung zu Unrecht erbrachter Sozialleistungen und mit Beitragsansprüchen nach diesem Gesetzbuch kann der zuständige Leistungsträger gegen Ansprüche auf laufende Geldleistungen bis zu deren Hälfte aufrechnen, wenn der Leistungsberechtigte nicht nachweist, daß er dadurch hilfebedürftig im Sinne der Vorschriften des Zwölften Buches über die Hilfe zum Lebensunterhalt oder der Grundsicherung für Arbeitsuchende nach dem Zweiten Buch wird.

§ 52 SGB I
Verrechnung

Der für eine Geldleistung zuständige Leistungsträger kann mit Ermächtigung eines anderen Leistungsträgers dessen Ansprüche gegen den Berechtigten mit der ihm obliegenden Geldleistung verrechnen, soweit nach § 51 die Aufrechnung zulässig ist.

D.133 **Aufrechnen** kann der Leistungsträger (Drittschuldner) mit einer Forderung gegen den Schuldner auch nach der Pfändung noch, wenn schon bei ihrem Wirksamwerden die Voraussetzungen der Aufrechnung vorlagen (§ 392 BGB). Einzelheiten: Rdn. B.171. Soweit Voraussetzung der Aufrechnung ist, dass die Ansprüche auf Geldleistungen pfändbar sind, fällt die Ermessensausübung dem Leistungsträger zu; dieser hat die nach § 54 Abs. 2 SGB I vorgesehenen Erwägungen zu treffen[158], das Vollstreckungsgericht wirkt bei der Aufrechnung nicht mit. Im Fall des § 54 Abs. 2 SGB I finden die Pfändungsgrenzen für Arbeitseinkommen (§§ 850 ff., insbes. §§ 850c, 850 d und 850f ZPO) keine Anwendung; eine Begrenzung erfolgt lediglich insoweit, als die Verrechnung höchstens bis zur Hälfte der laufenden Geldleistung zulässig ist und keine Hilfebedürftigkeit nach SGB II oder SGB XII eintritt[159]. Nach erfolgter Pfändung ist die Aufrechnung dem Pfändungsgläubiger gegenüber als neuem Gläubiger zu erklären[160].

D.134 Die Möglichkeit der **Verrechnung** trägt der Verpflichtung aller Leistungsträger zur Zusammenarbeit und dem Streben nach Verwaltungsvereinfachung Rechnung. Es ist somit auf die Gegenseitigkeit der aufzurechnenden Forderung verzichtet[161]. Die Verrechnungsbefugnis[162] bestimmt sich mit dieser Besonderheit nach dem für die Aufrechnung Gesagten (Rdn. D.133) mit der Maßgabe, dass an die Stelle einer eigenen Gegenforderung des Drittschuldners die Forderung eines anderen Leistungsträgers und deren Fälligkeit tritt. Auch die Verrechnung erfordert, dass der

---

158 Begründung, BT-Drucks. 8/693, S. 32.
159 LSozG Stuttgart vom 17.5.2018, L 7 R 1498/17, juris.
160 LSozG Mainz vom 5.12.2018, L 6 R 464/16, juris.
161 Begründung, BT-Drucks. 8/693, S. 32.
162 Zur „Rangfolge“ der Pfändung und der mit ihr konkurrierenden Verrechnung siehe BSozG, BSGE 67, 143 = BB 1990, 2049 Leits. = KTS 1991, 182.

Anspruch des anderen Leistungsträgers auf Geldleistung pfändbar ist (Verweisung auf § 51 in § 52 SGB I). Für die Verrechnung mit einer nach § 54 Abs. 4 SGB I pfändbaren Geldleistung gelten daher (sofern nicht ein nach § 51 Abs. 2 SGB I berechtigter Anspruch verrechnet wird) die Pfändungsgrenzen für Arbeitseinkommen (§§ 850 ff., insbes. §§ 850c, 850d und 850f ZPO). Wahrung des Sozialhilfeschutzes und besonderer Bedürfnisse des Schuldners (§ 850f Abs. 1 Buchst. a–c ZPO) hat durch den (verrechnenden) Leistungsträger nach pflichtgemäßen Ermessen zu erfolgen[163].

1.12.4. Zusammentreffen von Pfändung und Ersatzanspruch

Ein nicht erfüllter Anspruch des Schuldners auf eine Sozialleistung kann kraft Gesetzes auf einen anderen Leistungsträger übergehen. Durch die Pfändung eines bereits übergegangenen, dem Schuldner somit nicht mehr zustehenden Anspruchs wird ein Pfändungspfandrecht nicht begründet. Auch nach der Pfändung kann jedoch der Forderungsübergang kraft Gesetzes noch mit der Folge eintreten, dass der Ersatzanspruch gegenüber der Pfändung vorrangig ist. Wenn der Anspruch nicht kraft Gesetzes übergeht, sondern durch schriftliche Anzeige übergeleitet wird (z.B. nach § 93 SGB XII), bestimmt sich das Verhältnis mehrerer Berechtigter nach dem Prioritätsgrundsatz. D.135

1.12.5. Zusammentreffen von Pfändung und Auszahlungsanordnung

Eine Auszahlungsanordnung ermöglicht § 48 SGB I, der lautet: D.136

§ 48 SGB I
Auszahlung bei Verletzung der Unterhaltspflicht

(1) Laufende Geldleistungen, die der Sicherung des Lebensunterhalts zu dienen bestimmt sind, können in angemessener Höhe an den Ehegatten, den Lebenspartner oder die Kinder des Leistungsberechtigten ausgezahlt werden, wenn er ihnen gegenüber seiner gesetzlichen Unterhaltspflicht nicht nachkommt. Kindergeld, Kinderzuschläge und vergleichbare Rentenbestandteile (Geldleistungen für Kinder) können an Kinder, die bei der Festsetzung der Geldleistungen berücksichtigt werden, bis zur Höhe des Betrages, der sich bei entsprechender Anwendung des § 54 Abs. 5 Satz 2 ergibt, ausgezahlt werden. Für das Kindergeld gilt dies auch dann, wenn der Kindergeldberechtigte mangels Leistungsfähigkeit nicht unterhaltspflichtig ist oder nur Unterhalt in Höhe eines Betrages zu leisten braucht, der geringer ist als das für die Auszahlung in Betracht kommende Kindergeld. Die Auszahlung kann auch an die Person oder Stelle erfolgen, die dem Ehegatten, dem Lebenspartner oder den Kindern Unterhalt gewährt.

(2) Absatz 1 Satz 1, 2 und 4 gilt entsprechend, wenn unter Berücksichtigung von Kindern, denen gegenüber der Leistungsberechtigte nicht kraft Gesetzes unterhaltspflichtig ist, Geldleistungen erbracht werden und der Leistungsberechtigte diese Kinder nicht unterhält.

Die Bestimmung beruht auf der Erwägung, dass laufende Geldleistungen zur Sicherung des Lebensunterhalts (Rdn. D.77) nicht nur dem Leistungsberechtigten, D.137

163 LSozG Mainz, Rpfleger 2002, 577.

sondern auch dessen unterhaltsberechtigten Familienangehörigen zugute kommen sollen. Wenn der Leistungsberechtigte seine gesetzlichen Unterhaltspflichten nicht erfüllt, können solche Geldleistungen daher dem Unterhaltsberechtigten ohne Umweg über einen Prozess und Pfändung zufließen. Die Auszahlung an einen unterhaltsberechtigten Angehörigen ordnet der Leistungsträger an. Diese Auszahlungsanordnung bewirkt keine Änderung der Person des Leistungsberechtigten; sie hat nur eine Änderung des Empfängers zur Folge. Da mithin kein Rechtsübergang stattfindet, hat die Auszahlungsanordnung keine Abtretungswirkungen. Demnach muss gelten:

D.138 Durch die Pfändung eines Anspruchs auf laufende Geldleistungen wird **eine bereits getroffene** Auszahlungsanordnung nicht berührt, soweit sie die Rechtsstellung des Pfandgläubigers nicht schmälert. Eine Auszahlungsanordnung kann jedoch keine Wirksamkeit behalten, soweit sie den Pfandgläubiger beeinträchtigt.

Für die Bestimmung der bei Vollstreckung durch einen (anderen) Unterhaltsgläubiger pfandfrei zu belassenden Teile der laufenden Geldleistungen hat das Vollstreckungsgericht zu berücksichtigen, dass mit den Beträgen, die infolge der Auszahlungsanordnung bereits an den Angehörigen geleistet werden, ihm gegenüber Unterhaltspflichten aus laufenden Geldleistungen des Schuldners erfüllt werden. Der für den Leistungsempfänger (Schuldner) nach § 850d ZPO pfandfrei zu stellende Betrag ist mithin entsprechend zu kürzen.

Bei Vollstreckung durch einen **gewöhnlichen** Forderungsgläubiger bleiben **Geldleistungen für Kinder** als Rentenbestandteile bei Berechnung der „wie Arbeitseinkommen" nach § 850c ZPO gepfändeten laufenden Rentenbeträge unberücksichtigt (Rdn. D.97). Der nach der Auszahlungsanordnung empfangsberechtigte Angehörige zählt für die Bestimmung des nach § 850c ZPO pfandfrei bleibenden Betrages als Angehöriger mit, dem Unterhalt (ganz oder teilweise) geleistet wird. Die angeordnete Auszahlung der anteiligen Geldleistung für Kinder (§ 48 Abs. 1 S. 2 SGB I) an ihn wird durch die Pfändung somit nicht berührt. Eine weitergehend angeordnete Auszahlung an ihn kann jedoch nicht aus gepfändeten laufenden Geldleistungen, sondern nur zulasten der pfandfreien Beträge erfolgen.

Beispiel:

Verletztenrente	1.720,00 Euro
Kinderzulage – Höhe unerheblich, da von Pfändung nicht erfasst.	
Die Auszahlung der Kinderzulage ist nach § 48 Abs. 1 SGB I angeordnet.	
Pfändbar nach § 850c ZPO bei Unterhaltspflicht für eine Person	48,92 Euro
Auszuzahlen mithin an	
a) den Leistungsberechtigten	1.671,08 Euro
b) das Kind infolge Auszahlungsanordnung	der Kinderzuschuss
c) den pfändenden Gläubiger	48,92 Euro

Wenn die Auszahlung der Kinderzulage und eines weiteren Betrages von 200,00 Euro an das Kind angeordnet wäre, könnte die Auszahlungsanordnung nicht zulasten des Pfandgläubigers ausgeführt werden. Dann müsste wie folgt verfahren werden:

Auszuzahlen an	
a) den Leistungsberechtigten	1.471,08 Euro
b) das Kind infolge Auszahlungsanordnung	200,00 Euro und die Kinderzulage
c) den pfändenden Gläubiger	48,92 Euro

Dem Leistungsberechtigten kann bei hoher Auszahlungsanordnung weniger bleiben, als er nach § 850c ZPO unpfändbar erhalten würde, wenn für die Bemessung des pfändbaren Betrages keine Unterhaltspflichten zu berücksichtigen wären. Das beruht jedoch auf der dem Unterhaltsgläubiger gegenüber nach § 850d ZPO in erweitertem Umfang bestehenden Haftung mit laufendem Einkommen. Soweit dem Schuldner auch der für seinen notwendigen Unterhalt nach § 850d ZPO gebührende Freibetrag nicht mehr bleibt, kann das nicht zulasten des pfändenden Gläubigers gehen, sondern nur zu einer Kürzung der Empfangsberechtigung des nach § 48 SGB I bestimmten Angehörigen führen. Dies würde eine Änderung der Auszahlungsanordnung erfordern und ermöglichen (siehe § 48 Abs. 1 SGB X).

Nach Pfändung eines Anspruchs auf laufende Geldleistung kann eine Auszahlungsanordnung die Rechtsstellung des Pfandgläubigers gleichfalls nicht schmälern. Es kann daher nur noch die Auszahlung der nach § 850c oder 850d ZPO pfandfreien Einkommensteile angeordnet werden[164]. **D.139**

Eine Auszahlungsanordnung nach § 48 Abs. 1 SGB I ist auch zugunsten von Zählkindern möglich, und zwar nach dem in § 54 Abs. 5 S. 2 SGB I genannten Maßstab. Über Geldleistungen für Kinder kann nach § 48 Abs. 2 SGB I auch zugunsten solcher Kinder eine Auszahlungsanordnung ergehen, denen gegenüber der Leistungsberechtigte nicht kraft Gesetzes unterhaltspflichtig ist. Der Zweckbestimmung dieser Geldleistung wird bereits mit ihrer Unpfändbarkeit Rechnung getragen. Pfändung und Auszahlungsanordnung nach § 48 Abs. 2 SGB I können sich daher nicht überschneiden. **D.140**

2. Kurzarbeitergeld

Für das Kurzarbeitergeld regelt eine Besonderheit **D.141**

§ 108 SGB III
Verfügung über das Kurzarbeitergeld

(1) § 48 des Ersten Buches zur Auszahlung von Leistungen bei Verletzung der Unterhaltspflicht ist nicht anzuwenden.

(2) Für die Zwangsvollstreckung in den Anspruch auf Kurzarbeitergeld gilt der Arbeitgeber als Drittschuldner. Die Abtretung oder Verpfändung des Anspruchs ist nur wirksam, wenn der Gläubiger sie dem Arbeitgeber anzeigt.

(3) …

(4) …

Anspruch auf Kurzarbeitergeld haben Arbeitnehmer bei erheblichem Arbeitsausfall mit Entgeltausfall unter bestimmten weiteren Voraussetzungen (§ 95 SGB **D.142**

---

164 Siehe zum Verhältnis der Abzweigung von angemessenen Beträgen und einer zeitlich früher liegenden Verpfändung (§ 53 Abs. 2 SGB I) SozG Aachen, KKZ 1986, 33. Danach sollen Unterhaltsansprüche (nach §§ 1361, 1601 BGB) auch dann vorrangig zu befriedigen sein, wenn eine Verpfändung von Ansprüchen auf Sozialleistungen vorgenommen ist. Dem ist bei Konkurrenz mit einem pfändenden Gläubiger aber nicht zu folgen, soweit damit zum Ausdruck gebracht sein soll, dass eine Auszahlungsanordnung, die nach zeitlich früherer Pfändung ergeht, auch für die bereits von der Pfändung erfassten Leistungen noch Wirksamkeit erlangt.

III). Ein Anspruch auf **Saison-Kurzarbeitergeld** in der Zeit vom 1.12.–31.3. (Schlechtwetterzeit) kann für Arbeitnehmer bestehen, die in einem Betrieb beschäftigt sind, der dem Baugewerbe oder einem Wirtschaftszweig angehört, der von saisonbedingtem Arbeitsausfall betroffen ist (§ 95 S. 2, § 101 SGB III).

Als ergänzende Leistungen regelt § 102 SGB III **Wintergeld** als

- **Zuschuss-Wintergeld** für Arbeitnehmer in Höhe von bis zu 2,50 € je ausgefallener Arbeitsstunde, wenn zum Ausgleich Arbeitszeitguthaben aufgelöst und die Inanspruchnahme des Saison-Kurzarbeitergeldes vermieden wird (Abs. 2),
- **Mehraufwands-Wintergeld** für Arbeitnehmer auf einem witterungsabhängigen Arbeitsplatz in Höhe von 1 € für jede in der Zeit vom 15. Dezember bis zum letzten Kalendertag des Monats Februar geleistete berücksichtigungsfähige Arbeitsstunde.

Anspruch auf Kurzarbeitergeld können auch **Heimarbeiter** haben (§ 103 SGB III mit Einzelheiten).

Geleistet wird Kurzarbeitergeld von der Agentur für Arbeit (§ 104 SGB III); zu errechnen und auszuzahlen hat die Leistungen jedoch der Arbeitgeber, ggfs. der Insolvenzverwalter (§ 320 Abs. 1 S. 2 SGB III), der deshalb als Drittschuldner gilt (§ 108 Abs. 2 S. 1 SGB III).

Mit Kurzarbeitergeld erhält der Arbeitnehmer keinen Lohn, sondern eine Sozialleistung (siehe Rdn. D.15). Daher ist der Anspruch auf Kurzarbeitergeld nach § 54 Abs. 4 SGB I pfändbar.

D.143 Die Regelung ist nicht glücklich, weil ein Lohnpfändungsbeschluss den Anspruch auf Kurzarbeitergeld nach SGB III nicht erfasst. Kurzarbeitergeld muss vielmehr als solches nach § 54 Abs. 4 SGB I ausdrücklich gesondert gepfändet werden.

D.144 Als laufende Geldleistung ist Kurzarbeitergeld nach § 54 Abs. 4 SGB I **„wie Arbeitseinkommen"** zu pfänden. Jedoch wird ein Rechtsschutzbedürfnis für die Pfändung bei Vollstreckung einer gewöhnlichen Geldforderung durchweg nicht bestehen, weil die laufende Geldleistung unter den Pfändungsfreigrenzen des § 850c ZPO liegen wird. Dienlich sein kann daher nur die Zusammenrechnung mit Arbeitseinkommen bei dessen Pfändung (§ 850e Nr. 2a ZPO; Rdn. C.384 ff.). Für die Pfändung von Kurzarbeitergeld zur Zusammenrechnung mit ungepfändetem Arbeitseinkommen (Rdn. D.123 ff.) kann zumeist ein Rechtsschutzbedürfnis nicht bestehen, weil die unpfändbaren Beträge „in erster Linie" aus dem Kurzarbeitergeld als laufende Geldleistung nach dem SGB zu entnehmen sind, pfändbare Teile des Kurzarbeitergeldes dann somit nicht vorhanden sind.

D.145 Für die Pfändung von Kurzarbeitergeld durch einen Unterhaltsgläubiger (§ 850d ZPO) oder den Gläubiger einer Forderung aus vorsätzlich begangener unerlaubter Handlung (§ 850f Abs. 2 ZPO) stellt sich die Frage, ob ungepfändetes Arbeitseinkommen als weitergehende Einnahme des Schuldners für den Lebensbedarf bei der Festlegung des pfandfreien Einkommensbetrags angemessen zu berücksichtigen ist. Das ist ausgeschlossen, wenn man davon ausgeht, dass Kurzarbeitergeld als laufende Sozialleistung dem Schuldner in Anlehnung an den Grundgedanken des § 850c Nr. 2a ZPO ungeschmälert für seinen Lebensunterhalt und zur Erfüllung gesetzlicher Unterhaltspflichten pfandfrei nach § 850d Abs. 2

S. 2, § 850f Abs. 2 ZPO zu verbleiben hat (Rdn. D.122). Für diesen Regelfall kann somit auch für die Pfändung von Kurzarbeitergeld ein Rechtsschutzbedürfnis nicht bestehen. Möglich ist daher die Pfändung des Kurzarbeitergeldes nur, wenn – ausnahmsweise – das Arbeitseinkommen als wesentliche Grundlage der Lebenshaltung des Schuldners angesehen wird. Dann kann bei der Pfändung des Kurzarbeitergeldes das Arbeitseinkommen auch in der Weise auf den pfandfreien Betrag angerechnet werden, dass der im Pfändungsbeschluss zu bezeichnende Gesamtfreibetrag des Schuldners für seinen notwendigen Unterhalt mit der Maßgabe festgesetzt wird, dass in seiner Höhe Kurzarbeitergeld nur insoweit pfandfrei bleibt, als er nicht bereits durch das Arbeitseinkommen gedeckt ist.

D.146 **Formulierungsvorschlag:**

Gepfändet wird der angebliche Anspruch des Schuldners an … – Drittschuldner – auf fortlaufende Zahlung von Kurzarbeitergeld mit der Maßgabe, dass dem Schuldner für seinen notwendigen Unterhalt so viel zu belassen ist, dass ihm nach Zusammenrechnung mit dem für den jeweiligen Berechnungszeitraum zu zahlenden Arbeitseinkommen ein Freibetrag von monatlich … Euro (wöchentlich … Euro) verbleibt.

Wenn ein Unterhaltsgläubiger oder der Gläubiger einer Forderung aus vorsätzlich begangener unerlaubter Handlung Arbeitseinkommen pfändet, ist Kurzarbeitergeld als weitergehende Einnahme des Schuldners für den Lebensbedarf bei der Festlegung des pfandfreien Einkommensbetrags angemessen zu berücksichtigen (vgl. Rdn. C.322, C.463).

D.147 Weil Kurzarbeitergeld durch den Arbeitgeber ausgezahlt wird, ist es bei der Zusammenrechnung im Ergebnis nicht erheblich, ob unpfändbare Bezüge dem Kurzarbeitergeld oder dem Arbeitseinkommen entnommen werden. Gleichwohl hat es bei der in § 850e Nr. 2a ZPO geregelten Besonderheit zu bewenden, dass vorwiegend die laufende Sozialleistung der Deckung des Lebensbedarfs zu dienen hat.

D.148 Kurzarbeitergeld wird frühestens von dem Kalendermonat an gewährt, in dem die Anzeige über den Arbeitsausfall bei der Agentur für Arbeit eingegangen ist (§ 99 Abs. 2 S. 1 SGB III). Ist dem Arbeitgeber die Auszahlung schuldhaft nicht möglich, weil er die Anzeige unterlassen hat, so hat der Arbeitnehmer einen Schadensersatzanspruch. Dieser ist, ebenso wie der Anspruch auf Kurzarbeitergeld, nach § 54 Abs. 4 SGB I pfändbar[165].

D.149 **Arbeitgeber** können Anspruch auf Erstattung der von ihnen zu tragenden Beiträge zur Sozialversicherung haben, soweit für diese Zwecke Mittel durch eine Umlage aufgebracht werden (§ 102 Abs. 1 SGB III). Die vom Arbeitgeber allein zu tragenden Beiträge zur Sozialversicherung für Bezieher von Saison-Kurzarbeitergeld werden (auf Antrag) erstattet (§ 102 Abs. 4 SGB III). Der Anspruch geht auf einmalige Geldleistungen, kann somit nur gepfändet werden, soweit das der Billigkeit entspricht (§ 54 Abs. 2 SGB I).

165 Es ist dieselbe Behandlung geboten wie bei Schadensersatzansprüchen für Verdienstausfall; dazu siehe Rdn. C.28.

3. Insolvenzgeld

D.150 **Schrifttum** (zum vormaligen Konkursausfallgeld): Denck, Vorfinanzierung und Pfändung von Konkursausfallgeld im Lichte des Schuldnerschutzes, KTS 1989, 263; Hornung, Das Gesetz über Konkursausfallgeld, Rpfleger 1975, 196, 235, 285 (Pfändung S. 238 f.); Huken, Vollstreckungsrechtliche Folgerungen aus dem Gesetz über Konkursausfallgeld, KKZ 1974, 157.

D.151 Geregelt ist die Vollstreckung in Insolvenzgeld wie folgt:

§ 170 SGB III
Verfügungen über das Arbeitsentgelt

(1) Soweit die Arbeitnehmerin oder der Arbeitnehmer vor Antragstellung auf Insolvenzgeld Ansprüche auf Arbeitsentgelt einem Dritten übertragen hat, steht der Anspruch auf Insolvenzgeld diesem zu.

(2) Von einer vor dem Antrag auf Insolvenzgeld vorgenommenen Pfändung oder Verpfändung des Anspruchs auf Arbeitsentgelt wird auch der Anspruch auf Insolvenzgeld erfasst.

(3) Die an den Ansprüchen auf Arbeitsentgelt bestehenden Pfandrechte erlöschen, wenn die Ansprüche auf die Bundesagentur übergegangen sind und diese Insolvenzgeld an die berechtigte Person erbracht hat.

(4) Der neue Gläubiger oder Pfandgläubiger hat keinen Anspruch auf Insolvenzgeld für Ansprüche auf Arbeitsentgelt, die ihm vor dem Insolvenzereignis ohne Zustimmung der Agentur für Arbeit zur Vorfinanzierung der Arbeitsentgelte übertragen oder verpfändet wurden. Die Agentur für Arbeit darf der Übertragung oder Verpfändung nur zustimmen, wenn Tatsachen die Annahme rechtfertigen, dass durch die Vorfinanzierung der Arbeitsentgelte ein erheblicher Teil der Arbeitsstellen erhalten bleibt.

§ 189 SGB III
Verfügungen über das Insolvenzgeld

Nachdem das Insolvenzgeld beantragt worden ist, kann der Anspruch auf Insolvenzgeld wie Arbeitseinkommen gepfändet, verpfändet oder übertragen werden. Eine Pfändung des Anspruchs vor diesem Zeitpunkt wird erst mit dem Antrag wirksam.

D.152 Anspruch auf Insolvenzgeld (Ausgleich des ausgefallenen Arbeitsentgelts) haben auf Antrag (§ 324 Abs. 3 SGB III) Arbeitnehmer bei Zahlungsunfähigkeit ihres Arbeitgebers nach Maßgabe der §§ 165 ff. SGB III. Insolvenzgeld wird als Entgeltersatzleistung von der zuständigen Agentur für Arbeit gezahlt (§ 327 SGB III), die auf Antrag auch einen Vorschuss leistet (§ 168 SGB III).

D.153 Die an dem Anspruch auf **Arbeitsentgelt entstandenen Rechte Dritter** erfassen auch den Anspruch auf das Insolvenzgeld, da es Entgeltersatz ist. Einem Dritten, dem Ansprüche auf Arbeitsentgelt vor der Stellung des Antrags auf Insolvenzgeld übertragen worden sind, steht daher auch der Anspruch auf das Insolvenzgeld zu (§ 170 Abs. 1 SGB III mit Besonderheit in Abs. 4). Ebenso erfasst eine Pfändung oder Verpfändung des Anspruchs auf das Arbeitsentgelt, die vor Stellung des Antrages auf Insolvenzgeld wirksam geworden ist (§ 829 Abs. 3 ZPO) oder vorgenommen wurde, den späteren Anspruch auf das Insolvenzgeld (§ 170 Abs. 2 SGB III mit Besonderheit in Abs. 4). Der Pfändungsbeschluss hat diese gesetzliche Folge der Einkommenspfändung nicht ausdrücklich auszusprechen. Bei der Einkommenspfändung kann einem Antrag auf „Mit“pfändung des Insolvenzgeldes daher nicht entsprochen werden. Der Rang der nach der Einkommenspfändung an dem Insolvenzgeld fortbestehenden Pfandrechte bestimmt sich nach dem Zeitpunkt der Zustellung des Pfändungsbeschlusses an den Arbeitgeber als Drittschuldner

(§§ 804, 829 Abs. 3 ZPO). Die Agentur für Arbeit hat bei Konkurrenz mehrerer Verfügungen (Abtretungen, Pfändungen, Verpfändungen) die Berechtigungsfolge von Amts wegen zu prüfen[166]; bei mehrfacher Pfändung kann sie nach § 853 ZPO hinterlegen. Der von der Pfändung erfasste Teil des Insolvenzgeldes wird durch die im Pfändungsbeschluss für das Arbeitseinkommen festgelegten Pfändungsgrenzen (§§ 850c, 850d oder 850f ZPO) bestimmt. Beim Zusammentreffen eines bevorrechtigten Gläubigers mit einem gewöhnlichen Gläubiger kann ein Verrechnungsbeschluss nach § 850e Nr. 4 ZPO erwirkt werden[167].

Aus dem Grundgedanken, dass die Pfändung des Anspruchs auf Arbeitsentgelt auch den Anspruch auf Insolvenzgeld erfasst, dieser mithin wie das Arbeitseinkommen der Sicherung und Befriedigung des Gläubigers dient, folgt, dass der Pfändungsgläubiger zur Sicherung und Geltendmachung seines am Arbeitsentgelt erlangten Pfandanspruchs auch den **Antrag** auf Gewährung des Insolvenzgeldes **stellen kann**[168] (die Ausschlussfrist des § 324 Abs. 3 SGB III ist zu beachten). Daneben ist der Schuldner als Arbeitnehmer antragsberechtigt[169]. D.154

Wenn der **Antrag auf Insolvenzgeld** vom Schuldner als Arbeitnehmer (oder einem dazu berechtigten Gläubiger) bei der zuständigen Agentur für Arbeit bereits **gestellt ist,** kann der Anspruch auf das Insolvenzgeld wie der Anspruch auf Arbeitseinkommen gepfändet (verpfändet oder abgetreten) werden (§ 171 S. 1 SGB III). Grund: Mit Antragstellung ist der Anspruch auf das Insolvenzgeld wirtschaftlich an die Stelle des Arbeitsentgelts getreten; er kann daher wie der Anspruch auf Arbeitsentgelt vom Arbeitnehmer wirtschaftlich verwertet und demzufolge auch von seinen Gläubigern durch Zwangsvollstreckung in Anspruch genommen werden. Wie Arbeitseinkommen unterliegt der Anspruch auf Insolvenzgeld den **Pfändungsgrenzen** der §§ 850c, 850d oder 850f Abs. 2 ZPO. Das für Mehrarbeitsstunden, eine Weihnachtsvergütung oder eine andere unpfändbare Leistung bestimmte anteilige Insolvenzgeld unterliegt den Pfändungsbeschränkungen des § 850a ZPO. D.155

Im Pfändungsbeschluss ist die Forderung als „Anspruch auf Insolvenzgeld“ zu benennen[170]. Die dem Schuldner nach §§ 850c, 850d oder 850f Abs. 2 ZPO pfandfrei bleibenden Teile des Insolvenzgeldes hat der Pfändungsbeschluss wie bei der Pfändung von Arbeitseinkommen zu bezeichnen. Zusammenrechnung bei Einkommen aus weiterer Arbeit oder bei Bezug von Naturalleistungen: § 850e Nr. 2a, 3 ZPO. Wurde vor der Pfändung bereits ein Teil des Arbeitseinkommens für die Zeit, für die Insolvenzgeld gewährt wird, gezahlt, dann wird von ihr Insolvenzgeld D.156

---

166 Hornung, Rpfleger 1975, 239.

167 So auch Hornung, Rpfleger 1975, 238, der neben der Pfändung auch die Überweisung verlangt und der auch die Frage darstellt, ob zur Auszahlung des von der Pfändung nicht erfassten Teils ein gesonderter Antrag des Arbeitgebers erforderlich ist.

168 Hornung (Fn. 167).

169 Hornung (Fn. 167). Sein Antrag hat die durch Pfändung bewirkte Einziehungsbeschränkung erkennbar zu machen. Der Antrag des Schuldners gibt damit die Grundlage für die Gewährung des Insolvenzgeldes und wahrt die Antragsfrist. Zur Frage, ob die Auszahlung des Insolvenzgeldes in Unkenntnis der Pfändung die Bundesagentur für Arbeit befreit, s. SozG Kassel, ZIP 1981, 1013; Denck, KTS 1989, 263 (268).

170 Hornung, Rpfleger 1975, 239 schlägt folgende Fassung vor: „Anspruch auf Gewährung von Insolvenzgeld als Ausgleich für die rückständige Lohnforderung gegen die Firma … (Arbeitgeber).“

erfasst, soweit es nach der Zusammenrechnung mit den bereits ausgezahlten Beträgen den Freibetrag übersteigt (Behandlung wie bei Nachzahlung, siehe Rdn. C.238). Entsprechendes gilt, wenn der Anspruch auf das Insolvenzgeld nach Zahlung eines Vorschusses an den Schuldner gepfändet wird.

D.157 **Drittschuldner** ist die zuständige Agentur für Arbeit (§ 334 SGB III, abgedruckt Rdn. D.13).

D.158 Die Pfändbarkeit des Insolvenzgeldes muss im Pfändungsantrag schlüssig geltend gemacht werden. Vor der Eröffnung des Insolvenzverfahrens oder Antragsabweisung mangels Masse kann einem Pfändungsantrag daher nur entsprochen werden, wenn geltend gemacht ist, dass der Anspruch mit vollständiger Beendigung der Betriebstätigkeit (§ 165 Abs. 1 Nr. 3 SGB III) und Antragstellung pfändbar bereits besteht. Als künftiger Anspruch kann das Insolvenzgeld vor dem Insolvenztag (Eröffnung des Insolvenzverfahrens oder gleichgestelltes Ereignis) nicht gepfändet werden[171]. Nach der Eröffnung des Insolvenzverfahrens oder Antragsabweisung mangels Masse muss der Gläubiger nicht beweisen, dass Insolvenzgeld beantragt ist; diese Pfändungsvoraussetzung ist vielmehr nur zu behaupten (Rdn. B.68); das sonach notwendige tatsächliche Vorbringen des Gläubigers folgt bereits aus dem Pfändungsantrag, braucht mithin nicht ausdrücklich vorgetragen zu werden. Erweist sich, dass der Antrag noch nicht – wie behauptet – gestellt ist, dann erfasst die Pfändung den Anspruch auf Insolvenzgeld erst vom Zeitpunkt der Antragstellung ab (§ 171 S. 2 SGB III; siehe Rdn. D.160).

D.159 Nach der Stellung des Antrags auf Gewährung von Insolvenzgeld ist – ebenso wie die Pfändung (§ 171 S. 1 SGB III) – auch die Vorpfändung möglich (§ 845 ZPO). Ist die Vorpfändung des Anspruchs auf Arbeitsentgelt erfolgt, wird hiervon nach § 170 Abs. 2 SGB III auch der Anspruch auf Insolvenzgeld erfasst. Wenn dann innerhalb der Monatsfrist des § 845 Abs. 2 ZPO der Antrag auf Insolvenzgeld gestellt wird und dieses damit pfändbar ist, wahrt dessen Pfändung innerhalb eines Monats ab Zustellung der Vorpfändung die Frist des § 845 Abs. 2 ZPO.

D.160 Wenn das Insolvenzverfahren über das Vermögen des Arbeitgebers eröffnet, der Antrag mangels Masse abgewiesen oder die gleichgestellte vollständige Beendigung der Betriebstätigkeit eingetreten (§ 165 Abs. 1 SGB III), **Insolvenzgeld** aber **noch nicht beantragt** worden ist, kann der Anspruch an die Agentur für Arbeit auf Gewährung von Insolvenzgeld selbstständig nicht gepfändet werden (§ 171 S. 1 SGB III). Das schließt auch eine Vorpfändung (§ 845 ZPO) aus. Gegenstand der Zwangsvollstreckung ist zu dieser Zeit nur das aus der Insolvenzmasse zu berichtigende rückständige Arbeitseinkommen; dessen Pfändung (Zustellung an den Insolvenzverwalter als Drittschuldner) erstreckt sich später auch auf das Insolvenzgeld (§ 170 SGB III). Auch durch die Pfändung rückständigen Arbeitseinkommens nach Eröffnung des Insolvenzverfahrens, Antragsabweisung mangels Masse oder Betriebsbeendigung erlangt der Gläubiger das Recht, selbst den Antrag auf Gewährung des Insolvenzgeldes zu stellen (Rdn. D.154).

D.161 Eine vor dem Zeitpunkt der Antragstellung gleichwohl vorgenommene (nach § 171 S. 1 SGB III unzulässige) Pfändung (auch Vorpfändung, § 845 ZPO, soweit sie noch wirksam ist) des Insolvenzgeldes ist nicht nichtig; sie gilt mit der Maßgabe

---

171 LG Würzburg, JurBüro 1978, 1887 = Rpfleger 1978, 388.

als ausgesprochen, dass sie den Anspruch auf Insolvenzgeld erst vom Zeitpunkt der Antragstellung an erfasst (§ 171 S. 2 SGB III). Das schließt die Aufhebung auf Erinnerung (§ 766 ZPO) aus. Diese Pfändung gibt dem Gläubiger aber kein Recht, Insolvenzgeld zu beantragen. Der Rang mehrerer Gläubiger, für die der Anspruch auf Insolvenzgeld bei Antragstellung von diesem Zeitpunkt an von Pfändungen nach Maßgabe des § 171 S. 2 SGB III erfasst ist, kann sich nur nach den für die Pfändung künftiger Forderungen geltenden Grundsätzen bestimmen (siehe Rdn. A.33). Vorrang hat daher der Gläubiger, der den Anspruch auf das Insolvenzgeld vor der Antragstellung zuerst wirksam gepfändet hat. Das folgt aus der für den Fall des (früheren) § 149 Abs. 2 AFG geltenden vergleichbaren Rechtslage, an die sich § 141l Abs. 1 S. 2 AFG anlehnte[172] und der nun § 171 SGB III folgt. Nach diesem Grundsatz wird auch die Rangkonkurrenz zwischen einem Gläubiger, der vor der Antragstellung noch Arbeitseinkommen gepfändet hat, und einem Gläubiger, der vorzeitig bereits Insolvenzgeld gepfändet hat, abzugrenzen sein.

4. Berufsständische Versorgungswerke

Ansprüche auf Versorgungsleistungen gegen ein berufsständiges Versorgungswerk gehören nicht zu den Sozialleistungen, deren Pfändung § 54 SGB I regelt (siehe § 11 SGB I). Jedoch ist landesrechtlich vielfach vorgesehen, dass für die Pfändung § 54 SGB I (dessen Abs. 4) entsprechend gilt[173]. Eine Aussage nur in der Satzung des Versorgungswerks über die Unpfändbarkeit (oder eine eingeschränkte Pfändbarkeit) des Leistungsanspruchs genügt nicht. Ist landesgesetzlich nur bestimmt, dass die Forderungen gegen das Versorgungswerk nicht abtretbar sind, so rechtfertigt das nicht auch die Unpfändbarkeit nach § 851 Abs. 1 ZPO. Bei (einschränkender) verfassungskonformer Auslegung erweisen sich vielmehr die Ansprüche gegen das Versorgungswerk (trotz ihrer Unübertragbarkeit) in den Grenzen von § 850c ZPO (wie im Falle von § 54 Abs. 4 SGB I) als pfändbar[174]. Das muss auch eine Änderung des pfändbaren Betrags nach § 850f Abs. 1 ZPO ermöglichen. D.162

---

172 Siehe Begründung, BT-Drucks. 7/1750, S. 14 („… eine ähnliche Regelung sieht § 149 Abs. 2 Satz 2 AFG … vor …").

173 Die Pfändbarkeit von Ansprüchen gegen ein berufsständisches Versorgungswerk in den Grenzen von § 850c ZPO hat bejaht für das Versorgungswerk für Rechtsanwälte in Baden-Württemberg: BGHZ 160, 197 = BGHReport 2004, 1649 mit Anm. Schuschke = FamRZ 2004, 1963 = MDR 2005, 236 = NJW 2004, 3770 = Rpfleger 2005, 34; aufgehoben damit LG Ravensburg, NJW 2004, 1538; für die (frühere) Versorgungsanstalt der deutschen Bezirksschornsteinfegermeister: BGH FamRZ 2007, 1012 = JurBüro 2007, 380 = MDR 2007, 907 = Rpfleger 2007, 404. – Die frühere Versorgungsanstalt der deutschen Bezirksschornsteinfegermeister wurde zur Versorgungsanstalt der bevollmächtigten Bezirksschornsteinfeger (§ 28 Schornsteinfeger-Handwerksgesetz vom 26.11.2008 [BGBl I 2232]). Das umlagefinanzierte Zusatzversorgungssystem wurde geschlossen (§ 27 SchfHwG). Die am 31.12.2012 festgestellten Versorgungsleistungen werden weiter gezahlt (§ 27 Abs. 2 SchfHwG); Anwartschaften bleiben erhalten (§ 27 Abs. 3 SchfHwG). Übertragung (damit auch Pfändung, § 851 Abs. 1 ZPO) von Versorgungsansprüchen: § 32 Abs. 1 SchfHwG (nur zur Erfüllung gesetzlicher Unterhaltsansprüche). In der gesetzlichen Rentenversicherung sind Bezirksschornsteinfegermeister fortan anderen selbstständigen Handwerkern gleichgestellt.

174 BGH (Fn. 173).

Bei der Vollstreckung eines Unterhaltsanspruchs oder eines Anspruchs aus einer vorsätzlich begangenen unerlaubten Handlung hat das aber auch die weitergehende Pfändbarkeit nach §§ 850d, 850f Abs. 2 ZPO zur Folge.

Das Recht des Mitglieds eines Rechtsanwaltsversorgungswerks, die Mitgliedschaft zu beenden und die Erstattung gezahlter Beiträge zu verlangen, ist unpfändbar[175].

175 BGH, MDR 2008, 469.

Teil E
Pfändung anderer Vermögensrechte
(§§ 857–863 ZPO)

1. Die Pfändung

1.1. Die „anderen Vermögensrechte“

Als „andere Vermögensrechte“ unterliegen alle zum beweglichen Schuldnervermögen gehörenden Vermögensobjekte der Pfändung, die nicht als E.1

- körperliche Sachen, §§ 808 ff. ZPO (diese pfändet der Gerichtsvollzieher),
- Geldforderungen, §§ 829 ff. ZPO (siehe Teile A, C, D, F und H),
- Ansprüche auf Herausgabe oder Leistung von Sachen, §§ 846 ff. ZPO (siehe Teil G),

dem Vollstreckungszugriff unterworfen sind. Andere Vermögensrechte sind rechtlich geschützte Positionen von wirtschaftlichem Wert[1]. Sie müssen als selbstständige Vermögensrechte[2] sonach einen Vermögenswert verkörpern, der zwangsweise zur Befriedigung des Geldanspruchs des Gläubigers erfasst werden kann[3]. Das ist **nicht** der Fall bei

- **höchstpersönlichen Rechten** wie dem Namensrecht, dem Urheberpersönlichkeitsrecht (Rdn. E.366), dem Recht zur Annahme[4] oder Ausschlagung[5] einer Erbschaft,
- **unselbstständigen Rechten** wie der Firma des Kaufmanns (Rdn. E.248), dem Unterlassungsanspruch nach dem UWG (Rdn. E.363),
- **unselbstständigen Nebenrechten** einer Forderung oder eines Schuldnerrechts, die von deren Pfändung erfasst werden (siehe Rdn. B.364), wie der

---

1 Siehe BGHZ 89, 137 (140) = NJW 1984, 484 (485) = Rpfleger 1984, 187. Hubmann stellt in Festschrift für Lehmann (1956) Band II Seite 816, die Vermögensrechte wie folgt dar: „Vermögensrechte im Sinne von § 857 ZPO müssen sich also auf Güter beziehen, die erlaubterweise in Geld umsetzbar sind, die ferner zwangsweise erfasst werden können und deren Verwertung nicht dem Prinzip der Interessenabwägung widerspricht.“

2 Nur solche sind pfändbar, BGH, MDR 1990, 914 = NJW 1990, 2931 (2932). Unselbstständige Ansprüche und Rechte ohne Vermögenswert können nur der Hilfspfändung unterliegen, siehe Rdn. B.371.

3 BGH, JurBüro 2006, 42 = NJW 2005, 3353 = Rpfleger 2005, 678; BGH, MDR 2007, 485 = NJW-RR 2007, 1219 (1220) = Rpfleger 2007, 272 (273); BGH, DGVZ 2012, 162 = NJW-RR 2012, 434 = Rpfleger 2012, 396 Rdn. 23.

4 OLG München, FamRZ 2015, 957 = NJW 2015, 2128 = Rpfleger 2015, 485.

5 BGH, FamRZ 2011, 809 = NJW 2011, 2291 = Rpfleger 2015, 455.

Bürgschaft (Rdn. A.122), einer Vormerkung (Rdn. E.399), dem Anspruch auf Auskunft und Rechnungslegung (Rdn. E.344),

- **unselbstständigen Gestaltungsrechten** wie dem Recht zur Anfechtung, zum Rücktritt, zur Aufrechnung sowie zur Kündigung. Sie sind als Ausfluss der Rechtsstellung des Schuldners als Rechtsinhaber nicht selbstständig zwangsweise in Geld umsetzbar. Daher ist es ohne Belang, ob ein solches Recht zur Geltendmachung isoliert übertragen werden kann (§ 851 Abs. 1 ZPO erlangt somit keine Bedeutung) oder ob ein Dritter wirksam zur Ausübung im eigenen Namen ermächtigt werden kann[6] (§ 185 Abs. 1 BGB). Der Gläubiger erlangt die Befugnis zur Geltendmachung der unselbstständigen Gestaltungsrechte mit der Pfändung der Forderung oder des Schuldnerrechts (zur Anfechtung z.B. Rdn. B.152); vielfach erfordert das auch die Überweisung (zur Kündigung Rdn. B.219, auch § 135 HGB [Rdn. E.151]; zur Aufrechnung Rdn. B.219), gelegentlich auch die Mitwirkung des Schuldners (zum Rücktrittsrecht Rdn. B.158).

Der in einem **selbstständigen Gestaltungsrecht**, so in einem Ankaufs- (Rdn. E.25), Wiederverkaufs- (Rdn. E.419) oder Vorkaufsrecht (Rdn. E.397), aber auch in dem Recht aus einem Vertragsangebot, verkörperte Vermögenswert kann die Gläubigerbefriedigung ermöglichen. Das übertragbare Recht (§ 851 Abs. 1 ZPO) ist daher pfändbar. Doch kann der Gläubiger für den Schuldner rechtsgeschäftlich nicht handeln, damit für ihn eine Erklärung zur Gestaltung der Rechtslage nicht äußern. Befriedigung ermöglicht dem Gläubiger daher nur das bei Gestaltung der Rechtsverhältnisse durch Erklärung des Schuldners fortwirkende Pfandrecht.

1.2. Zwangsvollstreckung in Vermögensrechte

E.2 Die **Zwangsvollstreckung in andere Vermögensrechte** erfolgt nach den für Geldforderungen geltenden Vorschriften der §§ 829 ff. ZPO (§ 857 Abs. 1 ZPO). Bewirkt wird sonach die Pfändung mit der Zustellung des Pfändungsbeschlusses an den Drittschuldner (wegen der Ausnahme bei Reallast, Grundschuld und Rentenschuld siehe § 857 Abs. 6 ZPO und Teil F). Die Vorpfändung eines Vermögensrechts ist zulässig, weil auch § 845 ZPO entsprechend gilt (§ 857 Abs. 1 ZPO). Ist das Recht nicht einziehbar, so sind das Drittschuldnerverbot und das Schuldnergebot des § 829 Abs. 1 ZPO entsprechend abzuändern (siehe Rdn. B.94).

1.3. Unveräußerliche Rechte

E.3 **Unveräußerliche Vermögensrechte**[7] sind, soweit nicht besondere Vorschriften andere Bestimmungen treffen, der Pfändung nur insoweit unterworfen, als die

---

6 Zum Problem BGH, DNotZ 1998, 807 = MDR 1998, 271 = NJW 1998, 896; auch Wirth, MittBayNot 1998, 230.

7 Nur eine gesetzlich bestimmte Unveräußerlichkeit schließt die Pfändung aus, nicht aber auch eine rechtsgeschäftlich vereinbarte Unveräußerlichkeit, § 851 Abs. 2 ZPO und Rdn. A.18.

Ausübung einem anderen überlassen werden kann (§ 857 Abs. 3 ZPO). Gegenstand der Pfändung ist in diesem Fall das Recht selbst, nicht nur ein obligatorischer Anspruch auf seine Ausübung[8]. Wegen der Pfandverwertung in solchen Fällen siehe Rdn. E.19.

1.4. Drittschuldnerlose Rechte

Bei **drittschuldnerlosen Rechten** ist die Pfändung mit dem Zeitpunkt der Zustellung des Verfügungsverbotes an den Schuldner bewirkt (§ 857 Abs. 2 ZPO). Das Zahlungsverbot des § 829 Abs. 1 ZPO entfällt bei dieser Pfändung; wesentlich für die Wirksamkeit der Pfändung eines drittschuldnerlosen Rechtes ist daher das Verfügungsverbot an den Schuldner (siehe Rdn. B.95). Eine Zustellung an den Schuldner im Ausland durch Aufgabe zur Post ermöglicht § 829 Abs. 2 S. 3 ZPO nicht[9]. Diese Zustellung dient der Unterrichtung des Schuldners nach wirksamer Pfändung (Rdn. B.130, B.132), die Zustellung an ihn bei der Pfändung eines drittschuldnerlosen Rechts ist Wirksamkeitserfordernis (§ 857 Abs. 2 ZPO) und daher nicht durch § 829 Abs. 2 S. 3 ZPO vereinfacht. E.4

1.5. Schiffspart

Für die Zwangsvollstreckung in die **Schiffspart** (soweit die Partenreederei vor dem 25.4.2013 entstanden ist und die früheren Vorschriften maßgebend bleiben) gelten besondere Bestimmungen; siehe § 858 ZPO und Rdn. E.349 ff. E.5

1.6. Pfandverwertung

Die **Pfandverwertung** (siehe Rdn. B.191 ff.) erfolgt durch Überweisung des gepfändeten Rechts zur Einziehung und, wenn das Recht einen Nennwert hat, an Zahlungs statt. Zum Verwertungsausschluss bei Sicherungsvollstreckung s. Rdn. B.195. E.6

1.7. Andere Art der Verwertung

1.7.1. Allgemeines zur anderen Art der Verwertung

Eine **andere Art der Verwertung** an Stelle der Überweisung kann das Vollstreckungsgericht auf Antrag (nicht von Amts wegen) anordnen, wenn das gepfändete Recht bedingt oder betagt oder wenn seine Einziehung wegen der Abhängigkeit von einer Gegenleistung oder aus anderen Gründen (z.B. weil der Drittschuldner vorübergehend nicht zahlungsfähig ist oder bereits das Insolvenzverfahren über sein Vermögen eröffnet wurde) mit Schwierigkeiten verbunden ist (§ 844 Abs. 1 ZPO). Diese anderweitige Verwertung kommt nur in Betracht, wenn eine Pfand- E.7

---

8 So für Nießbrauch: BGHZ 62, 133 (136) = JurBüro 1974, 717 = MDR 1974, 664 = NJW 1974, 796.

9 Siehe Zöller/Herget, ZPO, § 829 Rdn. 15a, § 857 Rdn. 4.

verwertung durch Überweisung nicht möglich, zweckmäßig oder wirtschaftlich vertretbar ist[10]. Ob eine anderweitige Verwertung angeordnet werden kann und welche Maßnahme getroffen werden soll, beurteilt sich nicht nur nach dem Interesse des Gläubigers an der alsbaldigen Befriedigung, sondern auch nach dem schutzwürdigen Interesse des Schuldners, der den Pfandgegenstand nicht verschleudert sehen möchte[11]. Daher darf eine Verwertungsanordnung dann nicht ergehen, wenn sie dem Schuldner mit Sicherheit unverhältnismäßig hohen Schaden bringen wird. Demgegenüber kann der Gläubiger allein aus der Tatsache, dass ihm die Überweisung keine Befriedigung gebracht hat oder bringen kann, noch keinen Anspruch auf Erlass der Verwertungsanordnung herleiten. Dass bei Ablehnung des Antrags mit Rücksicht auf schutzwürdige Schuldnerinteressen die Verwertung zunächst scheitert, verpflichtet nicht dazu, dem Antrag auf anderweitige Verwertung stattzugeben[12]. Wenn ein unveräußerliches Recht gepfändet ist, kann das Gericht auch Anordnungen über die Ausübung durch einen anderen treffen (§ 857 Abs. 4 ZPO).

E.8 Den **Antrag** auf anderweitige Verwertung können der Gläubiger und Schuldner stellen, nicht aber der Drittschuldner oder ein Arrestpfandgläubiger, der die Pfandverwertung nicht betreiben kann. Eine Sicherungsvollstreckung (§ 720a ZPO) berechtigt zum Antrag erst nach Verwertungsreife. Zum Antrag ist auch ein nachrangig pfändender Gläubiger berechtigt, und zwar selbst dann, wenn die Forderung (das Recht) dem erstpfändenden Gläubiger schon zur Einziehung überwiesen ist[13]. Nimmt allerdings der nachpfändende Gläubiger den Erlös der Versteigerung ohne Rücksicht auf das Vorzugsrecht des besserrangigen Gläubigers in Empfang, so kann er diesem aus Bereicherung haften[14]. Der Antrag kann auch nach Überweisung zur Einziehung noch gestellt werden. Nach Wirksamwerden der Überweisung an Zahlungs statt[15] darf, soweit diese reicht und damit das Recht aus dem Schuldnervermögen herausnimmt, eine anderweitige Pfandverwertung nicht mehr angeordnet werden. Ausgeschlossen ist die anderweitige Verwertung bei Sicherungsvollstreckung (Rdn. B.195).

E.9 Über den Antrag **entscheidet** in allen Fällen der **Rechtspfleger**. Zuständig ist der Rechtspfleger des Vollstreckungsgerichts im Zeitpunkt der Antragstellung[16], bei Wohnsitzänderung[17] des Schuldners zwischen Pfändung und Antragstellung

---

10 Siehe (für den Fall des § 825 ZPO) LG Freiburg, DGVZ 1982, 186.

11 OLG Düsseldorf, Rpfleger 2000, 400; OLG Stuttgart, DGVZ 1964, 182 = Rpfleger 1964, 179; auch BGH, MDR 2010, 1017 = NJW 2010, 2346 = Rpfleger 2010, 527 Rdn. 18.

12 OLG Düsseldorf (Fn. 11).

13 RGZ 164, 169; RGZ 97, 34 (40); RGZ 87, 324.

14 Siehe dazu RGZ 97, 43.

15 Also nicht schon nach Erlass des noch nicht wirksam gewordenen Überweisungsbeschlusses. Auch dann kann anderweitige Verwertung noch beantragt und angeordnet werden, wenn der Überweisungsbeschluss zwar erlassen und zugestellt ist, aber deshalb keine Wirkungen äußern kann, weil das gepfändete Recht mangels eines Nennwertes einer Überweisung an Zahlungs statt nicht zugänglich ist.

16 RGZ 61, 330 (332); OLG Karlsruhe, JurBüro 2005, 553 (554); Musielak/Becker, ZPO, § 844 Rdn. 2; Stein/Jonas/Würdinger, ZPO, § 844 Rdn. 3; Wieczorek/Schütze/Lüke, ZPO, § 844 Rdn. 6; Zöller/Herget, ZPO, § 844 Rdn. 3.

17 Siehe RGZ 139, 352.

also der Rechtspfleger des neuen Wohnsitzgerichtes. Die Entscheidung durch das örtlich unzuständige Gericht ist als Staatsakt nicht wirkungslos (siehe Rdn. B.417, B.19), aber anfechtbar[18].

Dem Antrag **darf nur stattgegeben werden**, wenn das Wirksamwerden der Pfändung des Rechts nachgewiesen ist[19], die Voraussetzungen der Pfandverwertung vorliegen und eine anderweitige Verwertung nach dem pflichtgemäßen Ermessen des Vollstreckungsgerichts notwendig ist. Einigung des Gläubigers und Schuldners allein erlaubt den Erlass der Anordnung bei Fehlen der sonstigen Voraussetzungen, z.B. bei einer durch Überweisung möglichen Befriedigung des Gläubigers, nicht. **E.10**

Der **Gegner** des antragstellenden Gläubigers[20] oder Schuldners hat in allen Fällen Anspruch auf **rechtliches Gehör** (§ 844 Abs. 2 ZPO). Zu einem neuen Antrag muss der Gegner auch dann gehört werden, wenn er sich zu dem abgelehnten früheren Antrag gleichen Inhalts bereits geäußert hat. Die Anhörung des Gegners ist nur dann nicht erforderlich, wenn sie nicht in angemessener Zeit erfolgen kann, z.B. deshalb, weil er sich im Ausland aufhält und keinen Vertreter hat oder weil sein Aufenthalt unbekannt ist. Da die Anordnung die Interessen des Drittschuldners vielfach berührt, wird auch seine Anhörung notwendig oder doch jedenfalls zweckmäßig sein. **E.11**

Die **Entscheidung** kann ohne mündliche Verhandlung ergehen (§ 764 Abs. 3 ZPO). Der ohne mündliche Verhandlung erlassene Beschluss ist bei Antragsablehnung dem Antragsteller zuzustellen, dem Schuldner formlos mitzuteilen, bei Anordnung der beantragten Maßnahme ist der Beschluss dem Antragsteller, -gegner und Drittschuldner, aber auch den etwaigen sonstigen Beteiligten zuzustellen (§ 329 Abs. 3 ZPO). Der auf Grund mündlicher Verhandlung ergehende Beschluss wird verkündet (§ 329 Abs. 1 ZPO). **E.12**

1.7.2. Die einzelnen Anordnungen

1.7.2.1. Versteigerung des gepfändeten Rechts

Nach §§ 844, 857 Abs. 5 ZPO kann die **Versteigerung** des gepfändeten Rechts angeordnet werden. Durch sie soll bei freiem Wettbewerb der Interessenten ein möglichst dem Verkehrswert des Rechts entsprechender Erlös erzielt werden. **E.13**

Durchgeführt werden kann die Versteigerung nach Anordnung des Vollstreckungsgerichts von einem **Gerichtsvollzieher**, einem Notar oder einem privaten Versteigerer.

---

18 So auch Musielak/Becker, ZPO, § 844 Rdn. 2; Stein/Jonas/Würdinger, ZPO, § 844 Rdn. 3; Wieczorek/Schütze/Lüke, ZPO, § 844 Rdn. 6.

19 Der zugleich mit dem Pfändungsantrag gestellte Verwertungsantrag des Gläubigers muss daher ausgesetzt werden; er kann nur gesondert, d.h. erst nach Wirksamwerden der Pfändung und Anhörung des Schuldners beschieden werden.

20 Auch ein dem Vollstreckungsgericht bekannt gewordener Gläubiger, der mit besserem Rang gepfändet hat.

Ob die Versteigerung vor Ort oder als allgemein zugängliche Versteigerung im Internet zu erfolgen hat, hat die Anordnung des Vollstreckungsgerichts zu bezeichnen. Ist keine Bestimmung getroffen, müsste (herkömmliche) Versteigerung vor Ort angeordnet sein. Auch der Gerichtsvollzieher kann dann eine Wahl nicht treffen. § 814 ZPO kann nicht (entsprechende) Anwendung finden; danach obliegt die Wahl dem Gerichtsvollzieher nur, wenn er für die Pfandverwertung von ihm gepfändeter körperlicher Sachen (§ 808 Abs. 1 ZPO) gesetzlich zuständig ist, nicht dagegen, wenn das Vollstreckungsgericht „eine andere Art der Verwertung" anzuordnen hat; dann hat es auch zu bestimmen, in welcher Weise die „andere" Verwertung im Einzelfall zu erfolgen hat.

E.14 Die Versteigerung durch den Gerichtsvollzieher[21] erfolgt entsprechend den vom Vollstreckungsgericht getroffenen Anordnungen nach §§ 816 ff. ZPO (Internetversteigerung: § 814 Abs. 3 ZPO) oder § 156 BGB[22]. Besondere vom Vollstreckungsgericht getroffene Anordnungen muss der Gerichtsvollzieher beachten. Nach §§ 816 ff. ZPO führt er die Versteigerung durch, wenn das Vollstreckungsgericht keine näheren Anordnungen über die Versteigerungsart festgelegt hat.

Der Übergang des Rechts tritt nicht schon mit dem Zuschlag, sondern erst mit nachfolgender Erklärung des Gerichtsvollziehers ein (siehe § 817 Abs. 2 ZPO)[23]. Es empfiehlt sich aber jedenfalls, als Versteigerungsbedingung klarzustellen, dass der Rechtsübergang vom Ausspruch dieser Rechtsfolge abhängig ist. Durch den Zuschlag kommt dann zunächst nur der Kaufvertrag zustande. Das gibt die Möglichkeit, den Rechtsübergang von der Zahlung des Meistgebotes abhängig zu machen[24]. Die Bestimmung des § 817a ZPO über das Mindestgebot findet bei der Versteigerung keine Anwendung[25]. Das Vollstreckungsgericht kann und soll aber als Versteigerungsbedingung ein Mindestgebot festlegen. Notwendig ist dies, wenn der Wert des Rechts nicht ohne weiteres erhellt oder zwischen den Parteien streitig ist[26]. Die Höhe dieses Mindestgebotes darf das Vollstreckungsgericht selbst bestim-

---

21 Der Gerichtsvollzieher kann die Versteigerung nicht mit der Begründung ablehnen, das Vollstreckungsgericht habe die örtliche Zuständigkeit unrichtig gewürdigt. Er bleibt zuständig, auch wenn der Inhaber des gepfändeten Rechts den Bezirk des Vollstreckungsgerichts verlässt; AG Konstanz, DGVZ 1967, 190; AG Schöneberg, DGVZ 1988, 188.

22 Da das Vollstreckungsgericht die für den Einzelfall erforderlichen Anordnungen nach freiem Ermessen treffen und die Versteigerung auch Privatpersonen übertragen kann, lässt sich nicht annehmen, dass es bei Übertragung der Versteigerung auf den Gerichtsvollzieher nur das Verfahren nach §§ 816 ff. ZPO wählen kann. Vielmehr muss ihm nach den Erfordernissen des Einzelfalls auch die Möglichkeit offenbleiben, eine bestmögliche Verwertung durch Gerichtsvollzieherversteigerung nach bürgerlichem Recht, also nach den für die freiwillige Versteigerung durch den Gerichtsvollzieher geltenden Bestimmungen vornehmen zu lassen.

23 Zöller/Herget, ZPO, § 844 Rdn. 6; Stein/Jonas/Würdinger, ZPO, § 844 Rdn. 9; Wieczorek/Schütze/Lüke, ZPO, § 844 Rdn. 12.

24 Vgl. LG Dresden, JW 1939, 119.

25 LG Berlin, DGVZ 1962, 173; LG Krefeld, Rpfleger 1979, 147; Musielak/Becker, ZPO, § 844 Rdn. 5; Stein/Jonas/Würdinger, ZPO, § 844 Rdn. 9; Wieczorek/Schütze/Lüke, ZPO, § 844 Rdn. 12; **anders** LG Münster, DGVZ 1969, 172; LG Essen, NJW 1957, 108; Petermann, Rpfleger 1973, 387 (Schutz des Schuldners durch Bewertung des Rechts und Beachtung der Mindestgebotvorschrift ist geboten, wenn aus der Sicht des Schuldners die Interessenlage die gleiche ist wie bei der Versteigerung einer Sache).

26 LG Berlin (Fn. 25).

men[27] oder durch einen Gerichtsvollzieher oder Sachverständigen feststellen lassen. Aber auch wenn das Vollstreckungsgericht eine Anordnung über ein Mindestgebot nicht getroffen hat, darf der Gerichtsvollzieher den Zuschlag nicht zu jedem beliebigen Preis erteilen; er muss dann vielmehr selbst ein angemessenes Mindestgebot annehmen[28].

Die Formvorschriften des BGB gelten bei der Versteigerung durch den Gerichtsvollzieher nach ZPO-Vorschriften nicht; einer gerichtlichen oder notariellen Beurkundung, z.B. der Verfügung über einen Nachlassanteil (§ 2033 Abs. 1 BGB und Rdn. E.298) oder der Abtretungserklärung über eine Hypothekenforderung (§ 1154 BGB) und eines Indossaments bei einem Wechsel bedarf es daher nicht; die Übertragung durch den Gerichtsvollzieher ersetzt die für den Rechtsübergang im bürgerlichen Rechtsverkehr vorgeschriebene Form[29].

Die Versteigerung durch einen **Notar** oder **privaten Versteigerer** erfolgt auf privatrechtlicher Grundlage[30], richtet sich somit immer nach § 156 BGB[31]. Auch hier soll das Vollstreckungsgericht die Versteigerungsbedingungen näher regeln. **E.15**

In allen Fällen kann der Gläubiger selbst mitbieten[32]; wird ihm der Zuschlag erteilt, so ist er mit seiner Vollstreckungsforderung in Höhe des (nach Abzug der Verwertungskosten verbleibenden) Versteigerungserlöses, d.h. des Meistgebotes, nicht des Nennwertes des Rechts, befriedigt. **E.16**

1.7.2.2. Freihändiger Verkauf des gepfändeten Rechts

Angeordnet werden kann ein **freihändiger Verkauf** des gepfändeten Rechts oder der Verkauf (Veräußerung) an eine bestimmte Person[33]. Bei dieser Verwertung muss der Gerichtsvollzieher oder der sonst mit der Durchführung der Veräußerung Beauftragte mit dem Erwerber den nach materiellem Recht für den Rechtsübergang notwendigen Vertrag schließen[34]. Das Eigentum geht auf den Erwerber erst mit diesem Vertragsabschluss über. Bedürfen der Verkauf und der bürgerlich-rechtlich notwendige Verfügungsvertrag einer gerichtlichen oder notariellen Beurkundung (z.B. beim Miterbenanteil, § 2033 Abs. 1 BGB), so kann der Gerichtsvollzieher oder sonstige Veräußerer auch zur Abgabe der für die Beurkundung notwendigen Erklärungen ermächtigt werden (§ 822 ZPO analog). Einen Mindestverkaufspreis kann und soll das Vollstreckungsgericht wie bei der Versteigerung festlegen. **E.17**

1.7.2.3. Überweisung an Zahlungs statt

Ferner kann die **Überweisung an Zahlungs statt** zu einem unter dem Nennwert liegenden Betrag (Schätzwert usw.) angeordnet werden. Eine solche Verwer- **E.18**

---

27 LG Krefeld (Fn. 25).
28 Siehe LG Berlin (Fn. 25); LG Hannover, DGVZ 1990, 140; Stein/Jonas/Würdinger, ZPO, § 844 Rdn. 9.
29 So auch Stein/Jonas/Würdinger, ZPO, § 844 Rdn. 9; Wieczorek/Schütze/Lüke, ZPO, § 844 Rdn. 13; Zöller/Herget, ZPO, § 844 Rdn. 6.
30 BGHZ 119, 75 = MDR 1992, 1080 = NJW 1993, 2570 = Rpfleger 1993, 75.
31 BGH, BB 1964, 1063 = DB 1964, 1257 = MDR 1964, 999.
32 KG, HRR 1933 Nr. 964.
33 AG Charlottenburg, DGVZ 1978, 92.
34 RGZ 164, 172.

tung kann notwendig sein, wenn sich das Recht zum Nennwert und auch auf andere Weise nicht veräußern lässt. Das kann insbesondere der Fall sein, wenn die Drittschuldnerleistung befristet oder von einer Gegenleistung abhängig oder ihre alsbaldige oder volle Einbringlichkeit aus sonstigen Gründen nicht zu übersehen ist, das Recht deshalb nicht zum Nennwert verkehrsfähig ist. Wirksamwerden und Wirkungen dieser Überweisung bestimmen sich nach §§ 835, 837a ZPO (siehe Rdn. B.212 ff.); die Befriedigung des Gläubigers tritt jedoch nur in Höhe des vom Vollstreckungsgericht festgesetzten Betrages ein. Die Möglichkeit dieser Überweisung schließt jede sonstige Zuweisung des Rechts an den Gläubiger aus.

1.7.2.4. Ausübung des gepfändeten Rechts durch einen anderen

E.19 Angeordnet werden kann die **Ausübung des gepfändeten Rechts durch einen anderen,** insbesondere die Verwaltung oder Verpachtung des Rechts. Nach § 844 ZPO kann diese Pfandverwertung in allen Fällen angeordnet werden; bei unveräußerlichen Rechten, die gepfändet werden können, weil ihre Ausübung einem anderen überlassen werden darf (§ 857 Abs. 3 ZPO), stellt eine solche Anordnung die einzige Verwertungsmöglichkeit dar.

Die nähere Anordnung für die entgeltliche Ausübung des Rechts durch einen anderen trifft das Vollstreckungsgericht (siehe Rdn. E.308). Ordnet es eine Verwaltung an, dann wird die Pfändung auch durch die zeitlich vor der Zustellung des Pfändungsbeschlusses erfolgte Übergabe der Sache an den Verwalter wirksam (§ 857 Abs. 4 S. 2 ZPO). Die Wegnahme und Übergabe einer zu benutzenden Sache an den Verwalter erfolgt, wenn rechtlicher Zwang erforderlich wird, durch den Gerichtsvollzieher. Dieser wird nach den Bestimmungen über die Zwangsvollstreckung zur Erwirkung der Herausgabe von Sachen auf Grund des Schuldtitels und der Ausfertigung des die Verwaltung anordnenden Beschlusses tätig. Den Verwaltungsüberschuss führt der Verwalter an den Gläubiger ab; bei mehrfacher Pfändung verfährt er nach § 854 ZPO. Die Vergütung des Verwalters setzt der Rechtspfleger des Vollstreckungsgerichts fest.

1.7.2.5. Keine Erweiterung der Gläubigerrechte

E.20 Die aus der Pfändung folgenden Rechte des Gläubigers kann das Vollstreckungsgericht durch eine Anordnung nach § 844 ZPO **nicht erweitern**. Denn die Anordnung kann nur der Pfandverwertung dienen; sie kann in die Rechtsstellung des Schuldners daher nicht weiter als die Pfändung selbst eingreifen. Das Vollstreckungsgericht kann den Gläubiger daher nicht ermächtigen, mit dem Drittschuldner neue Zahlungsbestimmungen[35], insbesondere eine Stundung[36], zu vereinbaren oder einen Vergleich zu schließen.

---

35 Zöller/Herget, ZPO, § 844 Rdn. 2; **a.A.** Stein/Jonas/Würdinger, ZPO, § 844 Rdn. 14; Musielak/Becker, ZPO, § 844 Rdn. 4; Schuschke/Walker, Vollstreckung, § 844 Rdn. 2; siehe dazu Rdn. B.221.

36 Zöller/Herget, ZPO, § 844 Rdn. 2; **a.A.** Falkmann/Hubernagel, Die Zwangsvollstreckung, § 844 Bem. 2b; Musielak/Becker, ZPO, § 844 Rdn. 4.

1.7.3. Rechtsbehelfe

Gegen die Anordnung der anderweitigen Verwertung auf Antrag des Gläubigers hat der Schuldner die sofortige Beschwerde (§ 793 ZPO)[37]. Ergeht die Anordnung auf Antrag des Schuldners, so kann bei Beschwer der Gläubiger, in allen Fällen kann auch der etwa beschwerte Drittschuldner[38] sofortige Beschwerde erheben. E.21

Der den Antrag ablehnende Beschluss kann vom antragstellenden Beteiligten mit sofortiger Beschwerde angefochten werden.

Mit der Ausführung der angeordneten Maßnahme (Beendigung der Zwangsvollstreckung) erlischt das Beschwerderecht; siehe hierwegen Rdn. B.382.

2. Einzelfälle

2.1. Alleinerbe

Als **Alleinerbe** ist der Schuldner alleiniger Vermögensinhaber. In die einzelnen zum Nachlass gehörenden Gegenstände, Forderungen und Rechte kann daher unmittelbar wie in das dem Schuldner sonst allein gehörende Vermögen vollstreckt werden (siehe auch § 778 ZPO). Das schließt eine Rechtspfändung der Erbschaft (Pfändung des Alleinerbrechts[39] oder der Rechtsstellung als Erbe) nach § 857 ZPO aus. **Vor Eintritt des Erbfalls** hat der Schuldner kein Anwartschaftsrecht auf den Nachlass. Seine künftige Erbschaft kann daher als Recht auch dann nicht gepfändet werden, wenn er durch eine den Erblasser bindende Verfügung von Todes wegen eingesetzt ist. E.22

Ansprüche des Alleinerben gegen einen Testamentsvollstrecker (§ 2217 BGB), Nachlasspfleger (§§ 1960 ff., 1915, 1890 BGB) oder Nachlassverwalter (§ 1986 Abs. 1 BGB) auf **Herausgabe des Nachlasses** oder einzelner Nachlasswerte sind als Forderungen oder Rechte pfändbar. Zu pfänden ist die auf Geldzahlung lautende Forderung nach § 829 ZPO, der Anspruch auf Herausgabe einer beweglichen oder unbeweglichen Sache nach §§ 846 ff. ZPO; siehe dazu aber auch Rdn. E.93.

Die Verwalterhaftung des Erben (§ 1991 Abs. 1, § 1978 Abs. 1 BGB) kann der Nachlassgläubiger aus eigenem Recht geltend machen. Einer Pfändung der dem

---

37 Nicht Erinnerung nach § 766 ZPO, weil die Anordnung nicht Vollstreckungsakt, sondern Entscheidung des Vollstreckungsgerichts ist, da sie nach Anhörung des Schuldners unter tatsächlicher und rechtlicher Würdigung des beiderseitigen Vorbringens ergeht; so auch LG Münster, Rpfleger 1962, 215 mit zust. Anm. Petermann; LG Nürnberg-Fürth, NJW 1961, 1977; KG, Rpfleger 1956, 253 m.w.N.; LG Limburg, DGVZ 1976, 88; Gaul, Rpfleger 1971, 43.

38 So auch Stein/Jonas/Würdinger, ZPO, § 844 Rdn. 6; Wieczorek/Schütze/Lüke, ZPO, § 844 Rdn. 21; Schuschke/Walker, Vollstreckung, § 844 Rdn. 5. Die GmbH ist beschwerdeberechtigt bei Anordnung der Verwertung eines gepfändeten GmbH-Anteils, OLG Frankfurt, JurBüro 1977, 103 = Rpfleger 1976, 372.

39 Garlichs, MittBayNot 1998, 149 (150) m.w.N., der die Pfändbarkeit der Alleinerbschaft aber bei Testamentsvollstreckung bejaht. Ebenso ist dem Alleinerben eine dingliche Verfügung über die Erbschaft als Ganzes in einem Akt versagt, BGH, DNotZ 1968, 358 = MDR 1967, 913 Leits.

Nachlass zugeordneten Ansprüche gegen den Erben aus der Verwalterhaftung bedarf es dazu nicht[40]; Pfändung des dem Nachlassgläubiger schon kraft Gesetzes zustehenden Rechts ist damit ausgeschlossen.

Wegen des alleinigen Nacherben siehe Rdn. E.253; wegen des Schlusserben nach Berliner Testament siehe Rdn. E.260.

2.2. Altenteil

E.23 Zum **Altenteil** (Auszug, Leibgeding oder Leibzucht) s. Rdn. C.191. Als Grundstücksbelastung ist das Altenteil kein einheitliches Sachenrecht des BGB, sondern setzt sich aus Dienstbarkeiten und Reallasten zusammen, die wegen ihrer Verbindung durch die Person des Berechtigten und den gemeinsamen wirtschaftlichen Zweck unter einer einheitlichen Bezeichnung in das Grundbuch eingetragen werden können (§ 49 GBO). Weil die beschränkte persönliche Dienstbarkeit (siehe Rdn. E.65) unpfändbar ist, verbietet sich auch die Pfändung des Altenteils als Ganzes[41]. Pfändbar sind daher nur die Einzelansprüche aus den unter der Bezeichnung „Altenteil“ zusammengefassten einzelnen Rechten, soweit diese nach dem Rdn. E.308 ff., E.336. Gesagten in der dort dargestellten Form der Zwangsvollstreckung unterworfen sind. Fortlaufende Einkünfte aus dem Altenteil sind nach § 850b Abs. 1 Nr. 3 ZPO nur in besonderen Fällen pfändbar[42] (siehe dazu Rdn. C.191).

2.3. Anfechtungsrecht

E.24 Das Anfechtungsrecht[43] nach dem AnfG, nach §§ 129 ff. InsO oder nach §§ 119 ff. BGB ist kein selbstständiges Vermögensrecht und daher nicht pfändbar[44]. Die Befugnis zur Geltendmachung eines Anfechtungsrechtes seines Schuldners erlangt der Gläubiger aber mit der Pfändung des Anspruchs oder der Forderung (siehe Rdn. B.152).

2.4. Ankaufsrecht

E.25 Das **Ankaufsrecht** (auch Optionsrecht) ist die schuldrechtliche Befugnis, durch einseitige Willenserklärung mit Zustandekommen eines bereits inhaltlich festgelegten Kaufvertrags die Rechtsstellung eines Käufers und damit den Anspruch auf Verschaffung des Eigentums an einer beweglichen Sache, einem Grundstück oder sonst einem Gegenstand des Immobiliarverkehrs zu erlangen. Dessen Einräumung erfordert bei Grundstücken notarielle Beurkundung (§ 311b Abs. 1 BGB). Das Ankaufsrecht kann sich aus einem Vertragsangebot des Veräußerers oder aus einem

40 BGH, FamRZ 1989, 1070 = MDR 1990, 47 = NJW-RR 1989, 1226.
41 KG, HRR 1931 Nr. 1706.
42 Vgl. KG, MDR 2014, 1310 = Rpfleger 2015, 75.
43 Siehe auch Erbunwürdigkeitsanfechtung.
44 Musielak/Becker, ZPO, § 857 Rdn. 3; Stein/Jonas/Würdinger, ZPO, § 857 Rdn. 4, 13; Wieczorek/Schütze/Lüke, ZPO, § 857 Rdn. 21.

durch die Ausübungserklärung bereits aufschiebend bedingten Kaufvertrag ergeben. Übertragbar ist das Ankaufsrecht, wenn dies vorgesehen oder durch Auslegung feststellbar ist, dass der Anbietende (Ankaufsverpflichtete) mit der Auswechslung des Vertragspartners einverstanden ist[45].

Das **nicht übertragbare** Ankaufsrecht ist nicht pfändbar (§ 851 Abs. 1 ZPO). Als künftiger Anspruch kann jedoch bereits der nach Ausübung des Rechts bestehende Anspruch auf Leistung der beweglichen Sache (§§ 846, 847 ZPO; Rdn. G.5) oder des Grundstücks (oder der sonst unbeweglichen Sache, §§ 846, 848 ZPO, Rdn. G.27) gepfändet werden.

Das **übertragbare** Ankaufsrecht ist pfändbar[46] (siehe Rdn. E.1). Die Rechtspfändung hat nach § 857 Abs. 1 ZPO zu erfolgen. Drittschuldner ist der Verpflichtete. Die Pfändung (samt Überweisung) berechtigt jedoch den Gläubiger nicht zur Ausübung des Rechts, mithin nicht zur Annahme eines Vertragsangebots. Er kann nicht die für das Zustandekommen des Kaufvertrags erforderliche Willenserklärung an Stelle des Schuldners abgeben. Zustandekommen des Vertrags würde für diesen auch Schuldverpflichtungen als Käufer (§ 433 Abs. 2 BGB) begründen. Ein Recht, Verpflichtungen für den Schuldner einzugehen, erlangt ein pfändender Gläubiger jedoch nicht. Das Recht des Schuldners zu rechtsgeschäftlichem Handeln ist höchstpersönlich; durch den Pfandgläubiger kann es nicht wahrgenommen werden. Möglich ist die Veräußerung des (übertragbaren) Rechts (§ 857 Abs. 5 ZPO).

Übt der Schuldner selbst durch Willenserklärung das Ankaufsrecht aus, dann setzt sich das Pfandrecht an dem durch Ausübung entstandenen Recht aus dem Kaufvertrag fort. Es wird dann somit nach §§ 846 ff. ZPO weiter verfolgt. Die nach § 846, 847 ZPO notwendigen Anordnungen können nach Ausübung des Ankaufsrechts nachgeholt werden.

Für die durch (notariell beurkundeten) **Vorvertrag** begründete Verpflichtung, einen Grundstückskaufvertrag (Hauptvertrag) abzuschließen, gilt Entsprechendes. Die Übertragung des Anspruchs auf Abschluss des Hauptvertrags wird regelmäßig wegen Inhaltsänderung ausgeschlossen sein (§ 399 BGB). Der nicht übertragbare Anspruch aus dem Vorvertrag ist auch nicht pfändbar (§ 851 ZPO). Dass der Hauptvertrag vom Verkäufer mit dem Pfändungsgläubiger abzuschließen ist, bewirkt eine gleichwohl erfolgte Pfändung somit nicht[47]. Der (vereinbarungsgemäß) übertragbare Anspruch ist pfändbar (siehe vorst.). Vom Pfändungsgläubiger kann der Hauptvertrag jedoch nicht für den Schuldner abgeschlossen werden[48] (zur Begründung von Schuldverpflichtungen für den Pfändungsschuldner als Käufer [§ 433 Abs. 2 BGB] berechtigt die Pfändung nicht). Ob der Schuldner den Anspruch auf Abschluss des Hauptvertrages (Grundstückkaufvertrag) mit dem Verpflichteten (Drittschuldner) nur mit Zustimmung des Pfändungsgläubigers geltend machen kann (so[49]), ist noch nicht sicher geklärt.

---

45 Schöner/Stöber, Grundbuchrecht, Rdn. 906, 1456; MünchKomm/Busche, BGB, § 145 Rdn. 22; Erman/Armbrüster, BGB, § 145 Rdn. 19.
46 So auch Erman/Armbrüster, BGB, § 145 Rdn. 19; auch LG Koblenz, RNotZ 2001, 391.
47 OLG Stuttgart, NJW-RR 2009, 1312.
48 OLG Stuttgart (Fn. 47).
49 OLG Stuttgart (Fn. 47).

Formulierungsvorschlag:
Gepfändet wird das angeblich dem Schuldner gegen … – Drittschuldner – nach dem Vertragsangebot dieses Grundstückseigentümers zu Urkunde des Notars … vom … Urk.-R. Nr. … zustehende (übertragbare) Ankaufsrecht zum Erwerb des Grundstücks … straße Hs.-Nr. … in …, eingetragen im Grundbuch des Amtsgerichts … für … Gemarkung … Blatt … (Fl.-St. Nr. …).

Es wird angeordnet, dass nach Zustandekommen des Kaufvertrags mit Ausübung des Ankaufrechts das Grundstück an einen auf Antrag des Gläubigers vom Amtsgericht … zu bestellenden Sequester herauszugeben und an ihn als Vertreter des Schuldners aufzulassen ist.

2.5. Anwartschaftsrecht bei Eigentumsvorbehalt und Sicherungseigentum

2.5.1. Eigentumsvorbehalt

E.26 **Schrifttum:** Ascher, Die Pfändung des Anwartschaftsrechts aus bedingter Übereignung – und kein Ende, NJW 1955, 47; Bauknecht, Die Pfändung des Anwartschaftsrechts aus bedingter Übereignung, NJW 1954, 1749, NJW 1955, 451; Berner, Die Pfändung von Anwartschaftsrechten aus bedingter Übereignung, Rpfleger 1951, 165; Frank, Schutz von Pfandrechten an Eigentumsanwartschaften bei Sachpfändung durch Dritte, NJW 1974, 2211; Geißler, Das Anwartschaftsrecht des Vorbehaltskäufers mit seinen Berührungspunkten zur Mobiliarvollstreckung, DGVZ 1990, 81; Haegele, Das Anwartschaftsrecht beim Eigentumsvorbehalt, BWNotZ 1969, 406; Hübner, Zur dogmatischen Einordnung der Rechtsposition des Vorbehaltskäufers, NJW 1980, 729; Kupisch, Durchgangserwerb oder Direkterwerb, JZ 1976, 417 (hier insbes. Abschn. V, S. 425); Lux, Das Anwartschaftsrecht des bedingt Berechtigten in Einzelzwangsvollstreckung und Insolvenz, MDR 2008, 895; Meister, Die Pfändung aufschiebend bedingten und künftigen Eigentums, NJW 1959, 608; Mümmler, Pfändung des Anwartschaftsrechts bei Eigentumsvorbehalt, JurBüro 1979, 1775; Münzel, Grundsätzliches zum Anwartschaftsrecht, MDR 1959, 345; Quardt, Das Recht auf Eigentumsanwartschaft in der Zwangsvollstreckung, JurBüro 1960, 505; Quardt, Eigentumsvorbehalt und Anwartschaftsrecht in der Zwangsvollstreckung, JurBüro 1958, 1; Raacke, Zur „Pfandverstreckung" von Vorbehaltsware, NJW 1975, 248; Reinicke, Zur Lehre vom Anwartschaftsrecht aus bedingter Übereignung, MDR 1959, 613; Sebode, Die Pfändung des Anwartschaftsrechts, DGVZ 1960, 145; Strutz, Pfändung der Eigentumsanwartschaft bei einer beweglichen Sache und Zustellung an den Drittschuldner, NJW 1969, 831; Tiedtke, Die verdeckte Pfändung des Anwartschaftsrechts, NJW 1972, 1404.

2.5.1.1. Übertragung unter Eigentumsvorbehalt

E.27 Die Übertragung des Eigentums (§§ 929 ff. BGB) erfolgt bei der Veräußerung beweglicher Sachen unter **Eigentumsvorbehalt** unter der aufschiebenden Bedingung (§ 158 BGB) vollständiger Zahlung des Kaufpreises (s. § 449 Abs. 1 BGB). Auf den Käufer geht das Eigentum (ebenso wie in allen sonstigen Fällen bedingter Übereignung) mit dem Eintritt der Bedingung (Zahlung des Kaufpreises) ohne weitere Mitwirkung der Beteiligten über. Von da an kann der erworbene Gegenstand von Gläubigern des Käufers nur noch im Wege der Sachpfändung durch den Gerichtsvollzieher gepfändet werden (§§ 808 ff. ZPO).

2.5.1.2. Das pfändbare Anwartschaftsrecht

Vor diesem Eigentumsübergang gehört die Kaufsache nicht zum Vermögen des Käufers. Sie unterliegt daher nicht dem Vollstreckungszugriff seiner Gläubiger. Wenn sie im Schuldnerbesitz gleichwohl gepfändet wird, kann der Vorbehalts**verkäufer** diesem Eingriff in sein noch immer bestehendes Eigentum an der Kaufsache mit Drittwiderspruchsklage (§ 771 ZPO) entgegentreten. E.28

Der Käufer erlangt aber mit der bedingten Eigentumsübertragung ein **„Anwartschaftsrecht“**[50] auf den Eigentumserwerb. Dieses Anwartschaftsrecht unterliegt der Pfändung nach §§ 829, 857 ZPO[51]. Die wirksame Beschlagnahme erfordert jedoch eine Ergänzung dieser Rechtspfändung durch eine Sachpfändung des Gerichtsvollziehers, also die Pfändung der unter Eigentumsvorbehalt stehenden Sache nach §§ 808 ff. ZPO (sog. Doppelpfändung, siehe Rdn. E.31 ff.)[52]. Verbietet sich die Sachpfändung, weil der Gegenstand unpfändbar ist (§ 811 ZPO), so ist auch die Pfändung des Anwartschaftsrechts nicht zulässig[53]. E.29

Die Pfändung des Anwartschaftsrechts mit anschließender Sachpfändung ermöglicht dem Gläubiger die Befriedigung aus dem vom Schuldner durch Teilzahlung des Kaufpreises erworbenen Vermögenswert. Die **Befriedigungsaussichten**, die eine solche Vollstreckung bietet, sind also wesentlich von der Höhe der vom Schuldner bereits geleisteten Zahlungen abhängig. Praktischen Wert hat die Pfändung – weil der Schuldner seiner Zahlungsverpflichtung kaum noch weiter nachkommen wird – letztlich aber nur, wenn der Gläubiger zur Ablösung der Restforderung des Verkäufers bereit und sicher ist, dass an der Sache selbst keine ihm im Rang vorgehenden Rechte Dritter bestehen. E.30

2.5.1.3. Die Pfändung

2.5.1.3.1. Pfändung des Anwartschaftsrechts

Als Drittschuldner wird bei dieser Rechtspfändung derjenige angesehen, der dem Schuldner das Eigentum bedingt übertragen hat, meist also der Vorbehaltsverkäufer[54]. Mit der Zustellung des Pfändungsbeschlusses an ihn wird die Pfändung bewirkt (§ 829 Abs. 3, § 857 Abs. 1 ZPO). E.31

---

50 Zu ihm BGH, MDR 1984, 664 = NJW 1984, 1184 (1185) m.w.N.

51 RGZ 140, 233. Nicht nach § 847 ZPO, weil das für den Eigentumserwerb notwendige Rechtsgeschäft (§ 929 BGB) schon zustande gekommen ist und die Sache sich bereits im Schuldnerbesitz befindet.

52 BGH, NJW 1954, 1325; Ascher, NJW 1955, 46; Reinicke, MDR 1959, 616. Wegen der mehrfach vertretenen abweichenden Ansicht siehe Bauknecht, NJW 1954, 1749; Bauknecht, NJW 1955, 451; Liermann, JZ 1962, 658; Berner, Rpfleger 1951, 169. Für Sachpfändung z.B. Hübner, NJW 1980, 729 (733).

53 LG Berlin, DGVZ 1965, 91; Musielak/Becker, ZPO, § 857 Rdn. 7; Stein/Jonas/Würdinger, ZPO, § 857 Rdn. 85; Wieczorek/Schütze/Lüke, ZPO, § 857 Rdn. 68; Berner, Rpfleger 1951, 167; Quardt, JurBüro 1958, 3; Quardt, JurBüro 1960, 506; **a.A.** Schuschke/Walker, Vollstreckung, § 857 Rdn. 19.

54 Siehe BGH (Fn. 52); OLG Hamburg, MDR 1959, 398; OLG Nürnberg, MDR 1953, 687; Münzel, MDR 1959, 347; Haegele, BWNotZ 1969, 412.

Das ist allerdings zweifelhaft geworden. Der V. ZS des BGH[55] ist der Auffassung, dass die Pfändung der Eigentumsanwartschaft eines Auflassungsempfängers, dessen Umschreibungsantrag beim Grundbuchamt schwebt, mit der Zustellung des Pfändungsbeschlusses an den Schuldner wirksam wird und einer Zustellung an den Veräußerer nicht bedarf. Er hat zwar die Frage offengelassen, ob deshalb der früheren Entscheidung des IV. ZS[56] beigetreten und der Vorbehaltsverkäufer tatsächlich als Drittschuldner angesehen werden kann. Dies wird als Folge des neueren BGH-Beschlusses auch verneint, weil bei der Pfändung zwischen beiden Anwartschaften kein Unterschied bestehen soll. Demgemäß wird jetzt auch der Standpunkt vertreten, dass der Vorbehaltsverkäufer nicht Drittschuldner, vielmehr die Pfändung der Eigentumsanwartschaft an einer beweglichen Sache mit der Zustellung an den besitzenden Vorbehaltskäufer gemäß § 857 Abs. 2 ZPO als wirksam erfolgt zu betrachten ist[57]. Bei der Pfändung muss der Gläubiger daher zu seiner Sicherheit auf sofortige Zustellung des Pfändungsbeschlusses auch an den Schuldner bedacht sein.

E.32 Der Gläubiger erlangt mit dieser Pfändung nur ein Pfandrecht am **Anwartschaftsrecht** selbst, also **keine Rechte an der oder auf die** unter Eigentumsvorbehalt stehende Sache[58]. Er hat daher keinen Anspruch auf Erwerb des Eigentums an der Sache. Bei Eintritt der Bedingung (restliche Zahlung des Kaufpreises) können somit weder das Eigentum an der Kaufsache noch das Anwartschaftsrecht als solches auf den Gläubiger übergehen[59]. (Voll-)Eigentümer wird vielmehr mit Bedingungseintritt allein der Schuldner, ohne dass sein Eigentum mit einem Pfandrecht des Gläubigers belastet wäre; das Pfandrecht am Anwartschaftsrecht wandelt sich mit Eintritt der Bedingung nicht in ein Pfandrecht an der Sache um[60]. Neben der Rechtspfändung ist daher praktisch noch die **Sachpfändung notwendig**[61] (siehe Rdn. E.29, E.37). Solange die Sachpfändung nicht erfolgt ist, kann der Schuldner über die Kaufsache (nicht über das Anwartschaftsrecht, siehe Rdn. E.33) unbeschränkt verfügen. Solche Verfügungen wirken gegen den Gläubiger, der die Sachpfändung nicht bewirkt hat.

E.33 Die mit der Pfändung des **Anwartschaftsrechts bewirkte Verfügungsbeschränkung** des Schuldners verbietet die Übertragung des Rechts auf einen ande-

---

55 BGHZ 49, 197 = MDR 1968, 313 = NJW 1968, 493, 1087 mit Anm. Rose.

56 BGH (Fn. 52).

57 So insbesondere Strutz, NJW 1969, 831; siehe auch Vollkommer, Rpfleger 1969, 411 Fn. 28.

58 Es werden daher bei der Rechtspfändung ein Antrag auf Vollstreckungsschutz nach § 765a ZPO zur Sicherung des Sachgebrauchs durch den Schuldner und Einwendungen (Erinnerung) wegen Unpfändbarkeit der Sache nach § 811 ZPO nicht für zulässig erachtet (LG Lübeck, Rpfleger 1994, 174). Letzteres ist nicht zutreffend. Ebenso wie der Anspruch auf Herausgabe einer nach § 811 ZPO unpfändbaren Sache nicht nach § 846 ZPO gepfändet werden kann (Rdn. G.6), kann auch die Pfändung des Anwartschaftsrechts nicht zulässig sein, wenn die weitere Zwangsvollstreckung in die Sache nach § 811 ZPO ausgeschlossen ist.

59 BGH (Fn. 52); OLG Hamburg, MDR 1959, 398.

60 BGH (Fn. 52); OLG Hamburg (Fn. 59).

61 BGH (Fn. 52); Zöller/Herget, ZPO, § 857 Rdn. 6; Musielak/Becker, ZPO, § 857 Rdn. 7; Stein/Jonas/Würdinger, ZPO, § 857 Rdn. 87; Wieczorek/Schütze/Lüke, ZPO, § 857 Rdn. 62.

ren. Sie hindert den Schuldner aber nicht daran, den Restkaufpreis zu zahlen[62]. Mit dieser Zahlung geht das Anwartschaftsrecht unter. Damit tritt an die Stelle des Anwartschaftsrechts das Eigentum des Schuldners an der Sache, das allerdings mit einem Pfandrecht nicht belastet ist (siehe Rdn. E.32), sondern nunmehr (Ausnahme § 811 ZPO) dem Vollstreckungszugriff und der Pfandverwertung durch den Gerichtsvollzieher zugänglich ist.

Der Gläubiger wird durch die Pfändung des Anwartschaftsrechts in die Lage versetzt, die Rechte des **Schuldners aus der bedingten Übereignung** unabhängig von diesem gegen den Drittschuldner **geltend zu machen**[63]. Insbesondere erlangt der Gläubiger damit die Befugnis, den Restkaufpreis selbst an den Drittschuldner zu zahlen, um damit den für die Sachpfändung bzw. Pfandverwertung durch den Gerichtsvollzieher notwendigen Eigentumsübergang auf den Schuldner herbeizuführen[64]. Ohne diese Rechtspfändung könnte nach § 267 BGB der Vorbehaltsverkäufer die Annahme der Leistung des Gläubigers ablehnen und der Schuldner dieser Leistung widersprechen. Eine Verpflichtung zur Zahlung des Restkaufpreises als Gegenleistung erwächst dem Gläubiger mit der Pfändung aber nicht. **E.34**

Die Pfändung des Anwartschaftsrechts gibt dem Gläubiger außerdem das Recht auf Auskunft nach § 836 Abs. 3 und § 840 ZPO und auf Urkundeherausgabe nach § 836 Abs. 3 ZPO. Durch die Auskunft kann er in Erfahrung bringen, welchen Betrag der Schuldner noch zu zahlen hat, welche Leistung also für die Ermöglichung der Pfandverwertung aufzubringen ist. **E.35**

Eine **Überweisung** des gepfändeten Anwartschaftsrechts an Zahlungs statt verbietet sich[65], weil das Recht keinen Nennwert hat. Nach § 844 ZPO kann das Anwartschaftsrecht jedoch anderweit verwertet werden, da es auch übertragbar ist. Diese Verwertung ist aber praktisch kaum durchführbar, weil das Pfandrecht mit Erlangung des Volleigentums durch den Schuldner untergeht, also für Dritte keinen wirtschaftlichen Wert hat[66]. **E.36**

2.5.1.3.2. Sachpfändung

Die Sachpfändung erfolgt durch den Gerichtsvollzieher nach §§ 808 ff. ZPO, die zur Befriedigung des Gläubigers führende Pfandverwertung nach §§ 814 ff. ZPO. Diese Pfändung der Sache durch den Gerichtsvollzieher kann vor oder nach der Pfändung des Anwartschaftsrechtes und vor oder nach Zahlung der Restkaufsumme erfolgen[67]. **E.37**

---

62 BGH (Fn. 52).

63 Ascher, NJW 1955, 48; OLG Nürnberg, MDR 1953, 687.

64 BGH (Fn. 52); Petermann, Rpfleger 1958, 173; OLG Hamburg, MDR 1959, 398; OLG Celle, MDR 1960, 848 = NJW 1960, 2196.

65 **Anders** – wohl nicht zutreffend – Frank, NJW 1974, 2211 (2212 li.Sp.).

66 Bauknecht, NJW 1955, 451.

67 Die Reihenfolge der Pfändungen ist gleichgültig. Der Rang bestimmt sich immer allein nach der Sachpfändung. Praktisch wird die Sachpfändung meist vor Pfändung des Anwartschaftsrechts erfolgen, weil der Gläubiger erst durch die Vollstreckungsmaßnahme des Gerichtsvollziehers Kenntnis vom Dritteigentum erlangt und so vor die Frage gestellt wird, ob er sein Sachpfandrecht bei Intervention aufgeben oder durch Pfändung des Anwartschaftsrechts und Befriedigung des Vorbehaltseigentümers den Übergang des Eigentums auf den Schuldner herbeiführen will.

Vor der Kaufpreiszahlung kann der Verkäufer der Sachpfändung bei gleichzeitiger Pfändung des Anwartschaftsrechtes nicht nach § 771 ZPO widersprechen, wenn der Gläubiger zur Zahlung des Kaufpreisrestes bereit ist. Die Sachpfändung eines nach § 811 ZPO unpfändbaren Gegenstandes verbietet sich, auch wenn der Gläubiger schon für das Anwartschaftsrecht einen Pfändungsbeschluss erwirkt hat[68]. Die in einem solchen Fall unzulässige Pfändung des Anwartschaftsrechts (siehe Rdn. E.29) ist auf Erinnerung aufzuheben.

E.38 Erst durch diese Sachpfändung erwirbt der Gläubiger ein **Pfändungspfandrecht an der Kaufsache** (§ 804 Abs. 1 ZPO). Für dieses Sachpfandrecht wahrt eine frühere Vollstreckung in das Anwartschaftsrecht keinen Vorrang[69]; letztere ist vielmehr nur „Hilfs"pfändung, die den nicht angreifbaren Vollstreckungszugriff in die Sache selbst ermöglichen und sicherstellen soll. Bei mehrfacher Pfändung der Sache geht daher immer das durch die frühere Sachpfändung begründete Pfandrecht dem später begründeten Pfandrecht ohne Rücksicht darauf vor, ob und in welcher Reihenfolge die Gläubiger auch das Anwartschaftsrecht gepfändet haben (§ 804 Abs. 3 ZPO)[70]. Den Vorrang vor späterer Vollstreckung anderer sichert sich der Gläubiger nur, wenn er schon im Zeitpunkt der Rechtspfändung oder schon vorher die noch im Eigentum des Verkäufers, aber schon im Schuldnerbesitz stehende Sache durch den Gerichtsvollzieher pfänden lässt.

E.39 **Besitzt der Veräußerer** selbst die Sache noch (Eigentumsübertragung durch Besitzkonstitut, § 930 BGB) oder befindet sie sich im Besitz **eines Dritten**, so lässt sich die notwendige Sachpfändung nur mit Einverständnis des Gewahrsamsinhabers durchführen (§ 809 ZPO). Erklärt sich dieser mit der Pfändung nicht einverstanden, so muss der Gläubiger den Herausgabeanspruch nach §§ 846 ff. ZPO (siehe Teil G) pfänden. Diese Pfändung des Herausgabeanspruchs zielt aber nur auf ein Pfandrecht an der Sache, macht also die zur Sicherung des Gläubigers meist notwendige Pfändung des Anwartschaftsrechts mit den Rdn. E.31 ff. dargestellten Wirkungen nicht entbehrlich. Die Pfändung des Anwartschaftsrechts und Herausgabeanspruchs kann in einem Beschluss angeordnet werden.

2.5.1.4. Konkurrenz von Pfändung und Abtretung oder gesetzlichem Pfandrecht

E.40 Über sein Anwartschaftsrecht aus bedingter Übereignung kann der unter Eigentumsvorbehalt Erwerbende (ohne Zustimmung des Veräußerers, der noch Sacheigentümer ist) mit der Maßgabe verfügen, dass der Zessionar, dem der Anspruch abgetreten ist, mit dem Eintritt der Bedingung das Eigentum als Vollrecht

---

68 AG Germersheim, DGVZ 1966, 187; LG Landau, DGVZ 1966, 188.

69 **A.A.** aber Reinicke, MDR 1959, 616; auch Musielak/Becker, ZPO, § 857 Rdn. 7; Stein/Jonas/Würdinger, ZPO, § 857 Rdn. 89; Wieczorek/Schütze/Lüke, ZPO, § 857 Rdn. 65; Schuschke/Walker, Vollstreckung, § 857 Rdn. 16 (Pfandrecht am Recht setzt sich nahtlos an der Sache fort); abweichend außerdem (Schutz des Pfandrechts an der Eigentumsanwartschaft bei Sachpfändung durch Dritte) Frank, NJW 1974, 2211 (2216).

70 Zöller/Herget, ZPO, § 857 Rdn. 6; **a.A.** Stein/Jonas/Würdinger, ZPO, § 857 Rdn. 89; Schuschke/Walker, Vollstreckung, § 857 Rdn. 16.

ohne weiteres erwirbt[71]. Das gibt dem Zessionar als Eigentumserwerber gegen eine nach **Abtretung des Anwartschaftsrechts**, aber vor Eintritt der Bedingung durch einen Gläubiger des Schuldners (= Zedent) vorgenommene Sachpfändung die Widerspruchsklage aus § 771 ZPO[72]. War allerdings das Anwartschaftsrecht im Zeitpunkt seiner Abtretung schon gepfändet, so verstößt die Abtretung gegen das Verfügungsverbot; in einem solchen Fall hat daher der Pfandgläubiger das Vorrecht. Zum Rang bei Sachpfändung vor Abtretung des Anwartschaftsrechts siehe Rdn. E.50.

Das **gesetzliche Pfandrecht** des Vermieters oder Verpächters (§§ 562, 581 BGB) erstreckt sich nicht auf die dem Schuldner nur bedingt übereigneten Sachen. Diese gesetzlichen Pfandrechte gelangen aber mit dem Bedingungseintritt, also bei Eigentumserwerb des Schuldners mit Zahlung des Restkaufpreises, zur Entstehung. Haben in diesem Zeitpunkt auch Gläubiger die Sache im Wege der Zwangsvollstreckung gepfändet (siehe Rdn. E.37), so sollen alle Pfandrechte Gleichrang haben[73]. Immer stärker setzt sich aber heute die Ansicht durch, dass auch hier die Rangfolge sich nur nach dem Prioritätsgrundsatz bestimmen kann, d.h. nach dem Zeitpunkt der Vornahme der Sachpfändung oder Einbringung der Sache in die Mieträume[74]. E.41

2.5.1.5. Restkaufpreis nach Zahlung durch Gläubiger

Ob der **Restkaufpreis**, den der Gläubiger als Gegenleistung an den Drittschuldner zahlt, um den für die Sachpfändung und Pfandverwertung notwendigen Eigentumsübergang herbeizuführen, zu den notwendigen **Zwangsvollstreckungskosten** (§ 788 ZPO) gehört, ist streitig. Die Frage muss aber bejaht werden[75], weil der Aufwand der Kosten für die Durchführung der Zwangsvollstreckung und die Befriedigung des Gläubigers notwendig ist. Die Kosten für die Ablösung des Restkaufpreises können daher vom Versteigerungserlös vorweg abgezogen werden. Zählt man aber den vom Gläubiger aufgebrachten Restkaufpreis nicht zu den Zwangsvollstreckungskosten, so ergibt sich ein Ersatzanspruch des Gläubigers gegen den Schuldner aus §§ 683, 670, 684 Abs. 1, § 812 Abs. 1 BGB. Dieser Ersatzanspruch müsste allerdings mit besonderer Klage geltend gemacht werden. E.42

71 BGHZ 20, 88 = MDR 1956, 593 mit Anm. Reinicke = NJW 1956, 665 = JZ 1956, 413 mit Anm. Blomeyer.

72 BGH (Fn. 71); LG Köln, NJW 1954, 1773 mit Anm. Bauknecht; LG Bückeburg, NJW 1956, 1156 mit zust. Anm. Bauknecht.

73 Siehe RGZ 60, 73.

74 Spindler, MDR 1960, 654; Meister, NJW 1959, 608.

75 Ebenso insbesondere LG Aachen, Rpfleger 1968, 60; LG Bonn, Rpfleger 1956, 44; Petermann, Rpfleger 1958, 173; Schwister, DJZ 1934, 1030; Quardt, JurBüro 1958, 4; Quardt, JurBüro 1960, 508; Hofstetter, BB 1963, 581; Berner, Rpfleger 1951, 169; Zöller/Geimer, ZPO, § 788 Rdn. 13 „Anwartschaft"; Musielak/Becker, ZPO, § 857 Rdn. 7; Schuschke/Walker, Vollstreckung, § 788 Rdn. 27; **Gegenansicht:** Jonas, JW 1936, 632; Stein/Jonas/Würdinger, ZPO, § 857 Rdn. 87; kritisch auch Wieczorek/Schütze/Lüke, ZPO, § 857 Rdn. 67.

E.43 **Formulierungsvorschlag:**

Gepfändet werden das angebliche Anwartschaftsrecht des Schuldners an ... – Drittschuldner – auf den Eigentumserwerb an dem unter Eigentumsvorbehalt verkauften Fernsehgerät, Marke ..., Fabrik-Nr. ...

sowie sein angeblicher Anspruch auf Rückzahlung des nach Aufhebung oder sonstiger Lösung des Kaufvertrags sich ergebenden Guthabens aus dem Abzahlungsgeschäft über dieses Gerät.

2.5.2. Sicherungsübereignung

2.5.2.1. Besitz des Sicherungsnehmers

E.44 Bei der Übertragung des Eigentums an einer beweglichen Sache zu Sicherungszwecken an einen Kreditgeber **(Sicherungsübereignung)** wird dem Sicherungsnehmer vielfach auch der Besitz des Sicherungsgutes eingeräumt. Dem **Schuldner als Sicherungsgeber** steht dann kein Anwartschaftsrecht auf das Eigentum, sondern ein schuldrechtlicher Anspruch auf (Rück-)Übertragung des Eigentums nach Wegfall des Sicherungszwecks zu. Dieser Anspruch betrifft die Leistung einer körperlichen Sache; er ist daher nach §§ 846, 847 ZPO nach dem in Teil G Gesagten zu pfänden. Auch seine Pfändung schließt das Widerspruchsrecht gegen die Leistung der noch geschuldeten Forderung durch den Gläubiger (siehe § 267 Abs. 2 BGB) aus[76]. Ein Auskunfts- oder Rechnungslegungsanspruch ist Nebenrecht, auf das sich die Pfändung erstreckt (siehe Rdn. F.114, E.344).

Mit der Verwertung des Sicherungsgutes besteht der Anspruch auf Rückübertragung des Eigentums als Anspruch auf den nach Befriedigung des Sicherungsnehmers verbleibenden Mehrerlös und daran auch das Pfändungspfandrecht fort (s. Rdn. F.146). Weil das jedoch nicht voll geklärt ist[77], wird die Mitpfändung auch des Anspruchs auf Auszahlung des bei Verwertung verbleibenden Erlösüberschusses für zulässig erachtet.

Wenn eine Bank (Sparkasse) sicherungsübereignete Sachen eines mit ihr in laufender Geschäftsverbindung stehenden Schuldners verwertet, ist dessen Anspruch auf den der Bank (Sparkasse) nicht gebührenden Mehrerlös (in der Regel) kontokorrentgebunden[78]. Der Pfändung unterliegt dann nicht der Anspruch auf den Mehrerlös als einzelner Kontokorrentposten[79], sondern nur der Kontokorrentanspruch nach dem Rdn. A.238 ff. Gesagten.

E.45 **Formulierungsvorschlag:**

Gepfändet werden der nach Tilgung des gesicherten Darlehens von ursprünglich ... Euro oder sonstiger Erledigung des Sicherungszwecks zu erfüllende angebliche Anspruch des Schuldners an ... – Drittschuldner – auf Rückübertragung des Eigen-

76 OLG Celle, Betrieb 1960, 1155 = NJW 1960, 2196.
77 BGH, JurBüro 1982, 853 = MDR 1982, 574 = NJW 1982, 1150.
78 BGH (Fn. 77).
79 OLG Stuttgart, ZIP 1994, 222 (224).

tums an dem dem Drittschuldner sicherungsübereigneten und übergebenen Fotoapparat, Marke …, Modell …, und auf Herausgabe dieses Gegenstandes,

sowie der angebliche Anspruch auf Auszahlung des bei Verwertung dieses sicherungsübereigneten Gegenstandes verbleibenden Erlösüberschusses.

Es wird angeordnet, dass der bezeichnete Fotoapparat an einen vom Gläubiger zu beauftragenden Gerichtsvollzieher herauszugeben ist.

2.5.2.2. Schuldner als Besitzer des Sicherungsgutes

Wenn der **Schuldner unmittelbarer Besitzer** der sicherungsübereigneten Sache E.46
geblieben ist (Eigentumsübertragung durch Besitzkonstitut, § 930 BGB), kann die im Schuldnergewahrsam stehende Sache unmittelbar (§ 808 Abs. 1 ZPO) gepfändet werden. Dann muss aber der Gläubiger zur Abwendung des Widerspruchsrechts des Sicherungseigentümers (§ 771 ZPO) auch den schuldrechtlichen Anspruch auf Übertragung des Eigentums nach Wegfall des Sicherungszwecks pfänden[80]. Es ist mithin dann Doppelpfändung mit den oben Rdn. E.31 ff. dargestellten Wirkungen notwendig. Die Mitpfändung des Anspruchs auf den Verwertungserlös ist für den Fall geboten, dass die Sachpfändung am Widerspruch des Sicherungseigentümers scheitert, insbesondere deshalb, weil die gesicherte Forderung nicht getilgt wird, und die Verwertung des Sicherungsgutes durch den Sicherungsnehmer erfolgt. Unpfändbar ist das Nutzungsrecht des Schuldners an dem sicherungsübereigneten Gegenstand, jedenfalls dann, wenn nicht der Sicherungseigentümer die Zustimmung zur Ausübung des Nutzungsrechts durch Dritte erteilt hat[81].

Formulierungsvorschlag: E.47

Gepfändet werden der nach Tilgung des gesicherten Darlehens von ursprünglich … Euro oder sonstiger Erledigung des Sicherungszwecks zu erfüllende angebliche Anspruch des Schuldners an … – Drittschuldner – auf Rückübertragung des Eigentums an dem dem Drittschuldner sicherungsübereigneten Fotoapparat, Marke …, Modell …,

sowie der angebliche Anspruch auf Auszahlung des bei Verwertung dieses sicherungsübereigneten Gegenstandes verbleibenden Erlösüberschusses.

2.5.2.3. Auflösend bedingte Sicherungsübereignung

Wenn die **Sicherungsübereignung auflösend bedingt** erfolgt ist, fällt das Ei- E.48
gentum mit Wegfall des Sicherungszwecks auf den Schuldner zurück, ohne dass es einer dinglichen Verfügung bedarf. Bei dieser auflösend bedingten Sicherungsübereignung steht dem Schuldner als Sicherungsgeber vor der vollen Erfüllung der gesicherten Forderung ein Anwartschaftsrecht auf das Eigentum (Wiedererwerb des Eigentums) zu[82]. Dieses Anwartschaftsrecht ist wie die Anwartschaft auf den Ei-

---

80 RG, JW 1914, 415 f.; BFHE 119, 377 = BStBl 1976 II 737 = BB 1976, 1350.
81 OLG Schleswig, SchlHA 1990, 55.
82 BGH (Fn. 50) m.w.N.

gentumserwerb bei Eigentumsvorbehalt pfändbar[83]. Es ist also Rechts- und Sachpfändung notwendig (siehe Rdn. E.31 ff.; zum Fall, dass der „bedingte“ Sicherungseigentümer Sachbesitz hat, siehe Rdn. E.39). Als Drittschuldner ist bei dieser Rechtspfändung der „bedingte“ Sicherungseigentümer anzusehen. Die Anspruchspfändung ermöglicht die Geltendmachung der Schuldnerrechte durch den Gläubiger (Zahlung der restlichen Schuld), die Sachpfändung schafft mit dem Pfändungspfandrecht an dem sicherungsübereigneten Gegenstand die Befriedigungsgrundlage (Einzelheiten siehe Rdn. E.29 ff.) Mitpfändung des Anspruchs auf den Verwertungserlös wie Rdn. E.44.

E.49 **Formulierungsvorschlag:**

Gepfändet werden das angebliche Anwartschaftsrecht des Schuldners auf Wiedererwerb des Eigentums an dem zur Sicherung eines Darlehens von ursprünglich … Euro auflösend bedingt an … – Drittschuldner – sicherungsübereigneten Fotoapparat, Marke…, Modell …,

sowie der angebliche Anspruch auf Auszahlung des bei Verwertung dieses sicherungsübereigneten Gegenstandes verbleibenden Erlösüberschusses.

2.5.2.4. Konkurrenz bei Pfändung und Abtretung

E.50 Das durch die Pfändung der im Schuldnergewahrsam stehenden Sache (§ 808 Abs. 1 ZPO) erlangte Pfändungspfandrecht kann durch spätere Abtretung des schuldrechtlichen Anspruchs auf Übertragung des Eigentums nach Wegfall des Sicherungszwecks nicht mehr beeinträchtigt werden[84]. Dem Erwerber des abgetretenen Rechts (Anwartschaft) auf das Eigentum steht aber auch dann kein Widerspruchsrecht (§ 771 ZPO) gegen den vorrangigen Gläubiger der Sachpfändung (§ 808 Abs. 1 ZPO) zu, wenn zwischen dem Schuldner (als Kreditempfänger) und dem Kreditgeber als Sicherungsnehmer vereinbart wurde, dass bei Tilgung des gesicherten Kredits das Eigentum an der sicherungsübereigneten Sache automatisch (ohne besonderen Rückübertragungsakt) wieder auf den Schuldner (als Kreditgeber) übergehen sollte[85]. Zum Rang bei Sachpfändung nach Abtretung des Anwartschaftsrechts siehe Rdn. E.40.

2.5.2.5. Pfändung beim Sicherungsnehmer

E.51 Pfändet ein Gläubiger des Sicherungs**nehmers** bei diesem das Sicherungsgut (Treuhandvermögen), dann steht dem Sicherungsgeber die Drittwiderspruchsklage zu[86] (siehe bereits Rdn. A.546). Jedoch kann der Sicherungsgeber dieser Pfändung des Sicherungsguts nur bis zu dem Zeitpunkt mit Drittwiderspruchsklage widersprechen, von dem an der Sicherungseigentümer die Sache verwerten darf[87]. Wenn

---

83 Musielak/Becker, ZPO, § 857 Rdn. 7; Stein/Jonas/Würdinger, ZPO, § 857 Rdn. 92; Wieczorek/Schütze/Lüke, ZPO, § 857 Rdn. 62.
84 OLG Braunschweig, MDR 1972, 57; dagegen Tiedtke, NJW 1972, 1404.
85 OLG Braunschweig (Fn. 84).
86 BGHZ 72, 141 = MDR 1978, 926 = NJW 1978, 1859; OLG Karlsruhe, NJW 1977, 1069.
87 BGH (Fn. 86) m.w.N.

der Gläubiger des Sicherungsnehmers dessen gesicherte Forderung gegen den Sicherungsgeber pfänden und sich zur Einziehung überweisen lässt, erlangt er am Sicherungsgut keine Rechte (siehe Rdn. B.366); die Sicherungsabrede kann daher auch im Pfändungsbeschluss nicht vermerkt werden. Eine Sachpfändung ist somit neben der Forderungspfändung stets notwendig.

2.5.2.6. Verwertungsübererlös

Der (nicht kontokorrentgebundene; sonst Rdn. E.55) Anspruch auf **Auszahlung des Überschusses** aus der Verwertung von Sicherungsgut (Sicherungseigentum) ist als Geldforderung auch selbstständig pfändbar. Den Anspruch auf Auszahlung (Auskehrung) des Überschusses hat der Schuldner als Sicherungsgeber, wenn der Sicherungsnehmer (= Sicherungseigentümer) bei Verwertung des Sicherungsgutes einen die gesicherte Forderung (samt Kosten usw.) übersteigenden Erlös erlangt hat (zum vergleichbaren Anspruch auf Auskehrung des Mehrerlöses bei Sicherheitsleistung mit einer Grundschuld siehe Rdn. F.146). Der Anspruch folgt aus dem bei Einräumung der Sicherheit mit der (schuldrechtlichen) Sicherungsabrede begründeten Schuldverhältnis oder aus § 812 BGB (zum vergleichbaren Rückgewähranspruch bei Sicherheitsleistung mit einer Grundschuld siehe Rdn. F.107). Er gelangt bereits mit Abschluss des Sicherungsvertrags und durch Hingabe des Sicherungsguts als aufschiebend bedingter Anspruch zur Entstehung[88], ist somit kein künftiger Anspruch. E.52

Der **Pfändungsbeschluss** hat die zu pfändende Forderung auf Auszahlung des Übererlöses bestimmt (konkret) zu bezeichnen (vgl. Rdn. B.85). Das erfordert auch eine hinreichend bestimmte Bezeichnung des Sicherungsgutes (des einzelnen Gegenstandes oder des Gesamtbestands). Eine bestimmbare Bezeichnung muss als ausreichend angesehen werden, weil auch sie die Individualisierung der Forderung ermöglicht; die Anforderungen können nicht an den weitergehenden Erfordernissen für die Bestimmtheit der Einigung zur Sicherungsübereignung und an den strengen Erfordernissen, die für die Bezeichnung der Grundschuld bei Pfändung des Rückgewähranspruchs gelten (Rdn. F.112), gemessen werden. Als nicht genügend anzusehen ist aber z.B. Bezeichnung nur noch als „Anspruch auf Zahlung jeglicher Art aus der laufenden Geschäftsverbindung“[89]. Drittschuldner ist der zur Auszahlung des Überschusses verpflichtete Sicherungsnehmer. E.53

Die Pfändung des schuldrechtlichen Anspruchs auf (Rück-)Übertragung des Eigentums nach Wegfall (Erledigung) des Sicherungszwecks schließt bei Verwertung des Sicherungsguts die Forderung auf Auskehrung des Mehrerlöses ein (Rdn. E.44, E.46; dort auch Hinweis darauf, dass das nicht voll geklärt ist). Die Pfändung durch mehrere Gläubiger einerseits des Rückübertragungsanspruchs und andererseits der Forderung auf Auskehrung des Mehrerlöses erfasst daher keine selbstständigen Ansprüche, sondern nur verschiedene Formen der Erfüllung des mit Abschluss des Sicherungsvertrags und Hingabe des Sicherungsguts entstandenen Anspruchs des Sicherungsgebers (vgl. Rdn. F.146). An der Geldforderung auf Aus- E.54

---

88 OLG Stuttgart (Fn. 79); vgl. auch Rdn. F.107.
89 OLG Stuttgart (Fn. 79).

zahlung des Übererlöses begründen diese Pfändungen daher Rang nach dem Wirksamwerden der Pfändungsbeschlüsse mit Zustellung an den Drittschuldner (§ 829 Abs. 3, § 804 Abs. 3 ZPO). Ob (umgekehrt) die alleinige Pfändung des Anspruchs auf Auszahlung des Überschusses aus der Verwertung von Sicherungsgut sich auch auf den Schuldneranspruch auf Rückübertragung oder Wiedererwerb des Eigentums erstreckt, ist nicht geklärt. Man wird das nicht annehmen können. Die auf den Übererlösanspruch begrenzte Pfändung erfasst diese nach § 829 ZPO zu pfändende Geldforderung; als solche kann sie keine Pfändungswirkungen für den nach §§ 846 ff. ZPO zu pfändenden Sachübereignungsanspruch begründen; die Sachpfändung bei auflösend bedingter Sicherungsübereignung (siehe Rdn. E.48) kann die Forderungspfändung ohnedies nicht ersetzen.

E.55 Besonderheiten ergeben sich, wenn – wie insbesondere bei Geschäftsverbindung mit einer Bank oder Sparkasse – der Anspruch auf Auszahlung (Auskehrung) des Überschusses **kontokorrentgebunden** ist (vgl. bereits Rdn. E.44). Der Pfändung unterliegt dann nicht der Anspruch auf den Mehrerlös als einzelner Kontokorrentposten, sondern nur der Kontokorrentanspruch nach dem Rdn. A.238 ff. Gesagten.

Zum Anspruch auf Auskehrung des dem Sicherungsnehmer nicht gebührenden Mehrerlöses aus einer sicherungshalber abgetretenen Geldforderung siehe Rdn. A.75.

E.56 **Formulierungsvorschlag:**

Gepfändet wird die angebliche Forderung des Schuldners gegen … – Drittschuldner – auf Auszahlung des Erlösüberschusses, der bei Verwertung der sicherungsübereigneten Baumaschinen verbleibt, die sich im Betrieb des Schuldners als Sicherungsgeber befinden oder befunden haben und im Sicherungsvertrag vom … bezeichnet sind.

2.6. Automatenaufsteller

E.57 **Schrifttum:** Noack, Pfändung des Inhalts eines aufgestellten Automaten in einem Geschäftslokal, KKZ 1975, 223; Röder, Pfändung von Spiel- und Warenautomaten und deren Geldinhalt, KKZ 1991, 190; Schmidt, Automatenaufstellvertrag und Zwangsvollstreckung, MDR 1972, 374; Weyland, Automatenaufstellung (1989).

E.58 Der Anspruch des Aufstellers eines **Spiel- oder Verkaufsautomaten** gegen einen Wirt oder sonstigen Gewerbetreibenden auf Herausgabe des in den Gasträumen oder den anderen Gewerberäumen des Vertragspartners aufgestellten Automaten und das Recht, das im Automaten befindliche Geld laufend zu kassieren, sind pfändbar. Die Pfändung des Herausgabeanspruchs muss nach § 847 ZPO (siehe Teil G) erfolgen. Nach Überweisung zur Einziehung kann der Gläubiger die Fälligkeit des Herausgabeanspruchs durch Kündigung unter den Voraussetzungen des Aufstellungsvertrags herbeiführen[90]. Beim Anspruch auf das Geld muss unterschieden werden, ob

---

90 Schmidt, MDR 1972, 374 (378).

- der Vertragspartner (Wirt usw.) den Automaten selbst entleert[91] und dem Automatenaufsteller nur einen anteiligen Betrag des Erlöses hinauszahlt. Dann besteht ein schuldrechtlicher Anspruch des Aufstellers gegen den Vertragspartner auf diesen Anteil an den Einspielergebnissen. Dieser Anspruch ist Geldforderung und als solche nach § 829 ZPO pfändbar[92];
- nur der Automatenaufsteller einen Schlüssel für das Geldfach besitzt und dieses selbst entleert. Dann hat der Automatenaufsteller einen Anspruch an den Vertragspartner als Besitzer des Raumes, dass er ihm Zutritt und Entleerung des Automaten gestattet. In dieses Recht, das in dem Automaten befindliche Geld laufend zu kassieren, kann im Wege der Hilfspfändung vollstreckt werden. Ein Pfandrecht an dem Geld selbst entsteht dann aber erst mit der nachfolgenden Sachpfändung durch den Gerichtsvollzieher[93].

Zahlungsansprüche des Vertragspartners (Wirt usw.) an den Automatenaufsteller, die als Gegenleistung für die Aufstellung und den Betrieb des Automaten in den Räumen des Vertragspartners geschuldet werden, sind als Geldforderungen nach § 829 ZPO pfändbar. Bei Verträgen über die Anbringung oder Aufstellung von Außenautomaten stehen dem Vertragspartner vielfach Ansprüche aus Mietrecht zu[94], die gleichfalls als Geldforderungen nach § 829 ZPO pfändbar sind. **E.59**

Hat sich der Automatenaufsteller einen Raum mietweise beschafft und in diesem eine Automatenspielhalle eingerichtet, so ist er alleiniger Gewahrsamsinhaber. Ansprüche aus Automatenaufstellvertrag gegen einen Dritten bestehen dann nicht. Das in die Automaten eingespielte Geld wird im Besitz des Inhabers der Automatenspielhalle für seine Gläubiger durch den Gerichtsvollzieher gepfändet (§§ 808 ff. ZPO). **E.60**

2.7. Berichtigungsanspruch

Der **Berichtigungsanspruch** des § 894 BGB ist gegenüber dem nicht oder nicht richtig eingetragenen Recht des Schuldners unselbstständig. Befriedigung kann der Gläubiger daher nur durch Zugriff auf das dingliche Recht des Schuldners selbst nach den für die Zwangsvollstreckung in dieses Recht maßgeblichen Vorschriften finden. Der Berichtigungsanspruch als solcher kann nicht selbstständig abgetreten **E.61**

---

91 Pfändung gegen den Vertragspartner (Wirt usw.) als Schuldner dann durch den Gerichtsvollzieher nach § 808 ZPO.

92 So auch Stein/Jonas/Würdinger, ZPO, § 857 Rdn. 82 Fn. 322; Noack, KKZ 1975, 223. Dazu kritisch Schmidt, MDR 1972, 374 Fn. 18, der aber wohl eine andere Form des „Betreuungsvertrags“ im Auge hat.

93 OVG Münster, NJW 1958, 1460; LG Aurich, DGVZ 1990, 136 = JurBüro 1990, 1370 = MDR 1990, 932 = NJW-RR 1991, 192; AG Bonn, MDR 1963, 603; **anders:** Vertragspartner hat das Betreten der Räume und die Öffnung des Automaten durch den Gerichtsvollzieher zu dulden, Schmidt, MDR 1972, 374 (379); Weyland, Automatenaufstellung, S. 141. Siehe hierwegen auch Rdn. E.358 ff. sowie Stein/Jonas/Würdinger, ZPO, § 857 Rdn. 81.

94 Schmidt, MDR 1972, 374 (375). Zur rechtlichen Einordnung des Automatenaufstellvertrags s. BGHZ 71, 81 = MDR 1978, 921 = NJW 1978, 1155.

werden und auch nicht Gegenstand einer Zwangsvollstreckung mit dem Ziel der Befriedigung des Gläubigers durch Pfandverwertung sein.

E.62 Das schließt aber die Ermächtigung eines Dritten zur Geltendmachung des Anspruchs des Schuldners im eigenen Namen nicht aus. Diese Ermächtigung kann auch durch Pfändung und Überweisung ersetzt werden[95]. Diese Pfändung (sog. Hilfspfändung, Rdn. B.371 ff.) ermächtigt den Gläubiger, den dem Schuldner zustehenden Berichtigungsanspruch im eigenen Namen dahin geltend zu machen, dass die Berichtigung auf den Namen des Schuldners als gegenwärtiger wahrer Berechtigter vorgenommen werden soll[96]. Die Berichtigung des Grundbuchs auf seinen eigenen Namen kann der Gläubiger nicht verlangen[97]. Der Berichtigungsanspruch auf Zustimmung zur Löschung ist mit dem Eigentum verbunden und daher allein nicht pfändbar[98]. Ebenso wie der Berichtigungsanspruch kann auch der Anspruch auf Erteilung einer löschungsfähigen Quittung hilfsweise gepfändet werden[99].

Nach Pfändung des Berichtigungsanspruchs kann der Gläubiger auch das Recht seines Schuldners auf Eintragung eines Widerspruchs gegen die Richtigkeit des Grundbuchs (§ 899 BGB) geltend machen (siehe dazu Rdn. E.417).

E.63 **Formulierungsvorschlag:**

Gepfändet wird der angebliche Anspruch des Schuldners an … – Drittschuldner – auf Zustimmung zur Berichtigung des Grundbuchs von …, Blatt … durch

- *Eintragung des Schuldners als Eigentümer des Grundstücks … straße Nr. … in … (Fl.-St. Nr. …)*
- *Eintragung des Schuldners als Gläubiger der Eigentümergrundschuld gewordenen, in Abt. III unter Nr. 1 noch auf den Namen des Drittschuldners eingetragenen Hypothek ohne Brief zu … Euro.*

2.8. Beschränkte persönliche Dienstbarkeit

E.64 **Schrifttum:** Eickmann, Zur Pfändung der Nutzungsrechte in Abteilung II des Grundbuchs, NotBZ 2008, 257; Rossak, Pfändbarkeit, Pfändung und Pfandverwertung von Nießbrauch und Wohnungsrecht, MittBayNot 2000, 383.

E.65 Die beschränkte persönliche Dienstbarkeit (§§ 1090 ff. BGB; sie wird oft in Form eines **Wohnungsrechts** bestellt, § 1093 BGB) ist nicht übertragbar (§ 1092 Abs. 1 S. 1 BGB) und daher auch nicht pfändbar[100] (§ 851 Abs. 1, § 857 Abs. 3 ZPO). Ausnahmsweise übertragbar ist die Dienstbarkeit einer juristischen Person oder rechtsfähigen Personengesellschaft zur Benutzung des Grundstücks insbe-

---

95 BGHZ 33, 76 (83) = DNotZ 1961, 31 = MDR 1960, 833 = NJW 1960, 2093; OLG Köln, Rpfleger 1969, 171; auch BGH, NJW 1996, 3147 (3148 re.Sp.) = Rpfleger 1997, 76.

96 RGZ 112, 260 m.w.N.; siehe außerdem RGZ 64, 168; RGZ 59, 293; RGZ 53, 408; RG, Gruchot 54, 940.

97 RG, JW 1932, 1206; siehe weiter die in Fn. 96 Genannten.

98 RG, Gruchot 54, 940; siehe auch Rdn. E.243.

99 OLG Köln, JMBlNRW 1971, 160 (161) = OLGZ 1971, 151.

100 BGHZ 130, 314 = MDR 1996, 412 = NJW 1995, 2846 (Wohnungsrecht).

sondere für Versorgungsanlagen, Straßenbahn- oder Eisenbahnanlagen; gepfändet werden kann auch diese Dienstbarkeit jedoch nicht (§ 1092 Abs. 3 mit § 1059b BGB).

Die Unpfändbarkeit endet mit dem Erlöschen des Rechts durch Zuschlag in der Zwangsversteigerung (§ 91 Abs. 1 ZVG). Der an die Stelle des erloschenen Rechts mit dem Zuschlag getretene Anspruch auf Wertersatz aus dem Versteigerungserlös (§ 92 ZVG) ist daher als Geldforderung pfändbar[101]. Drittschuldner ist (wie bei Pfändung des Erlösanspruchs aus einer Hypothek etc., siehe Rdn. F.219) der bisherige Grundstückseigentümer, nach Anlegung bzw. Hinterlegung des Deckungskapitals (s. §§ 92, 120, 127 ZVG) (wie beim hinterlegten Erlös, siehe Rdn. F.234) die Hinterlegungsstelle. In das Grundbuch kann die Pfändung des Wertersatzanspruchs nicht eingetragen werden[102]. Als künftiger Anspruch kann der Wertersatzanspruch nicht schon vor Erlöschen des Rechts mit Erteilung des Zuschlags (§ 91 Abs. 1 ZVG) gepfändet werden[103] (wie Rdn. F.229). E.66

Die **Befugnis zur Ausübung** der Dienstbarkeit kann aber **einem anderen überlassen** werden, wenn die Überlassung gestattet ist (§ 1092 Abs. 1 S. 2 BGB). Ist diese Erlaubnis zur Überlassung der Ausübung der Dienstbarkeit erteilt, so kann die Dienstbarkeit zum Zwecke der Ausübung auch gepfändet werden[104] (§ 857 Abs. 3 ZPO). Die Pfändbarkeit erfordert nicht, dass die Gestattung der Überlassung zur Ausübung durch Einigung und Eintragung[105] in das Grundbuch zum Inhalt des Rechts gemacht ist[106]; es genügt auch bereits eine rechtsgeschäftliche Vereinbarung zwischen Eigentümer und Berechtigtem (= Schuldner)[107]; die Eintragung ist nur erforderlich, wenn die Gestattung der Ausübung gegenüber dem Rechtsnachfolger im Eigentum an dem belasteten Grundstück wirken soll. Unzureichend ist jedoch die einseitige Erklärung des Eigentümers[108]. Einseitig gestatten kann der Eigentümer die Ausübung auch nicht, wenn er die Dienstbarkeit selbst pfänden will. E.67

Pfändungs**verfahren** und **-wirkungen** entsprechen der bei Pfändung des Nießbrauchs (Rdn. E.308 ff.) behandelten Rechtslage. Ein Unterschied zeigt sich nur bei der Zulässigkeit der Pfändung insofern, als beim Nießbrauch die Ausübung einem anderen stets überlassen werden kann (§ 1059 S. 2 BGB) und daher Pfändbarkeit gegeben ist, während dies bei der Dienstbarkeit nur der Fall ist, wenn die Überlas- E.68

---

101 BGH (Fn. 100); OLG Schleswig, Rpfleger 1997, 256; LG Frankfurt, Rpfleger 1974, 122 mit Anm. Hoebelt.

102 OLG Schleswig (Fn. 101).

103 OLG Schleswig (Fn. 101).

104 AG Köln, WuM 2003, 314; Rossak, MittBayNot 2000, 383 (386).

105 Die Gestattung muss nicht ausdrücklich in das Grundbuch eingeschrieben sein; sie kann auch durch Bezugnahme auf die Eintragungsbewilligung (§ 874 BGB) eingetragen sein; allgemeine Meinung, BGH, MDR 2007, 296 = MittBayNot 2007, 47 = NotBZ 2007, 58 = RNotZ 2007, 28 = Rpfleger 2007, 34 = ZIP 2006, 2321 mit Anm. Kesseler; KG, JW 1937, 716; Schöner/Stöber, Grundbuchrecht, Rdn. 1215.

106 KG, MDR 1968, 760 = OLGZ 1968, 295 = NJW 1968, 1882; Rossak, MittBayNot 2000, 383 (386).

107 BGH, MDR 1962, 728 = NJW 1962, 1392; BGH, MDR 1964, 51 = NJW 1963, 2319; BGH (Fn. 105); AG Köln (Fn. 104); so wohl auch RGZ 159, 193.

108 BGH, MDR 1964, 51 (Fn. 107).

sung gestattet ist (§ 1092 Abs. 1 S. 2 BGB). Demgemäß gilt auch für die beschränkte persönliche Dienstbarkeit (wegen Einzelheiten siehe Rdn. E.308 ff.):

E.69 Gegenstand der Pfändung ist die Dienstbarkeit selbst (das Stammrecht), nicht nur der Ausübungsanspruch[109]. Drittschuldner ist der Grundstückseigentümer. Grundbucheintragung ist für das Wirksamwerden der Pfändung nicht notwendig, aber berichtigend zulässig (Rdn. E.73).

E.70 Wegen ihrer auch in der Zwangsvollstreckung fortwährenden Unveräußerlichkeit kann die Dienstbarkeit nicht verwertet und daher nicht überwiesen werden. Die Befugnis zur Ausübung der Dienstbarkeit kann jedoch zur Einziehung überwiesen werden; das Vollstreckungsgericht kann die Geltendmachung auch durch besondere Anordnung näher regeln (§ 857 Abs. 4 ZPO).

E.71 Die Pfändung der Dienstbarkeit berechtigt nach Überweisung der Ausübungsbefugnis den Gläubiger, die Dienstbarkeitsrechte auszuüben. Die Ausübung ermächtigt insbesondere dazu, die Befugnisse aus der Dienstbarkeit (auch aus einem Wohnungsrecht, § 1093 BGB) einem Dritten gegen Entgelt zu überlassen. Das Vollstreckungsgericht kann nach § 857 Abs. 4 ZPO zur wirtschaftlichen Nutzung der Ausübungsbefugnis eine Verwaltung anordnen. Bei Besitz des Schuldners hat dieser, wenn er zur Besitzherausgabe verpflichtet ist, die Wegnahme und Übergabe an einen Verwalter durch den Gerichtsvollzieher zu dulden.

E.72 Der Dienstbarkeitsberechtigte (Schuldner) kann nach der Pfändung die Ausübungsbefugnis einem anderen nicht mehr überlassen oder übertragen, ein Dritter diese nicht gutgläubig erwerben. Der Schuldner kann über die Dienstbarkeit (das Stammrecht) ohne Mitwirkung (Bewilligung) des Gläubigers auch nicht mehr durch Verzicht oder Aufhebung verfügen. Ebenso kann der Schuldner nach der Pfändung ohne Gläubigerzustimmung die Vereinbarung, dass die Überlassung zur Ausübung gestattet ist, nicht aufheben. Die Aufhebung der Ausübungsüberlassungsgestattung vor der Pfändung lässt jedoch die Pfändbarkeit der Dienstbarkeit entfallen[110].

E.73 Die Pfändung der Dienstbarkeit kann als Grundbuchberichtigung in das Grundbuch eingetragen werden. Durch die Eintragung kann sich der Gläubiger dagegen schützen, dass in Unkenntnis der Pfändung die Dienstbarkeit ohne seine Einwilligung gelöscht wird. Dem Grundbuchamt muss für diese Eintragung das Wirksamwerden der Pfändung nachgewiesen werden. Dazu gehört, wenn die Gestattung nicht eingetragen ist, auch der Nachweis in grundbuchmäßiger Form (§ 29 GBO), dass die Pfändung wirksam werden konnte, weil die Überlassung gestattet ist (§ 1092 Abs. 1 S. 2 BGB i.V.m. § 22 GBO). Die Eintragungsformel kann lauten:

„*Beschränkte persönliche Dienstbarkeit (Wohnungsrecht) gepfändet für … wegen einer Forderung von … mit Pfändungsbeschluss des Amtsgerichts … vom …*"

---

109 BGH (Fn. 105); BGHZ 62, 133 = JurBüro 1974, 717 = MDR 1974, 664 = NJW 1974, 796 (für Nießbrauch).

110 BGH, MittBayNot 2009, 136 (auch zur Gläubigeranfechtung der Vereinbarung über die Aufhebung).

Formulierungsvorschlag: E.74

Gepfändet wird die für den Schuldner im Grundbuch von ..., Blatt ... in Abt. II Nr. 1 an dem Grundstück ... des Eigentümers ... – Drittschuldner – (angeblich) eingetragene beschränkte persönliche Dienstbarkeit (Kraftfahrzeugeinstellrecht – oder Wohnungsrecht nach § 1093 BGB).

(Evtl. Anordnung der Verwaltung in Anlehnung an Rdn. E.317).

2.9. Dauerwohnrecht, Dauernutzungsrecht

Dauerwohnrecht und Dauernutzungsrecht (siehe § 31 WEG) sind veräußerlich (§ 33 Abs. 1 WEG) und daher auch wie jedes andere Vermögensrecht pfändbar[111]. Die Pfändung erfolgt nach § 857 ZPO. Als Drittschuldner muss der Grundstückseigentümer angesehen werden. Wirksam wird die Pfändung erst mit ihrer Eintragung in das Grundbuch[112]. E.75

Die Verwertung des gepfändeten Rechts erfolgt nach §§ 844, 857 Abs. 5 ZPO. Eintritt des Erwerbers in die Verpflichtungen siehe § 38 WEG, Schicksal der Mietverträge siehe § 37 WEG. Veräußerungsbeschränkungen nach § 35 WEG müssen auch bei dieser Pfandverwertung beachtet werden.

Ansprüche aus einem Miet- oder Pachtverhältnis, das der Inhaber des Dauerwohn- oder Dauernutzungsrechts mit einem Dritten geschlossen hat, sind als Geldforderungen wie Grundstücksmiete oder -pacht pfändbar; siehe deshalb Rdn. A.322 ff. E.76

Der Anspruch des **Grundstückseigentümers** auf das **Entgelt** für ein Dauerwohnrecht ist als Geldforderung pfändbar[113]. Erstreckt sich darauf eine Hypothek, Grundschuld, Rentenschuld, Reallast oder wiederkehrende öffentliche Last (siehe § 40 WEG), so unterliegt der Entgeltanspruch der Forderungspfändung nur, so lange nicht die Beschlagnahme im Wege der Immobiliarvollstreckung, also durch Zwangsverwaltung (oder auf Grund dinglichen Titels) erfolgt ist (§ 865 Abs. 2 S. 2 ZPO; dazu Rdn. A.335 ff.); Besonderheit: § 40 Abs. 2 WEG. E.77

2.10. Design (früher Geschmacksmuster)

Designschutz (§§ 1, 2 DesignG) – früher Geschmacksmusterschutz – entsteht mit Eintragung in das Register für eingetragene Designs (§ 27 Abs. 1 DesignG), das vom Deutschen Patent- und Markenamt geführt wird (§ 19 Abs. 1 DesignG). Regelungen über eingetragene Designs als Gegenstand der Zwangsvollstreckung ge- E.78

---

111 Weil sie das Recht einschließen, die Wohnung nicht nur zu bewohnen, sondern auch in anderer Weise zu nutzen; siehe Diester, NJW 1963, 185.

112 Weitnauer, DNotZ 1951, 497; Flik, BWNotZ 1996, 97 (99); Stein/Jonas/Würdinger, ZPO, § 857 Rdn. 101; Weitnauer/Mansel, WEG, § 31 Rdn. 12; Bärmann/Schneider, WEG, § 31 Rdn. 103.

113 Bärmann/Schneider, WEG, § 31 Rdn. 105; Weitnauer/Mansel, WEG, § 31 Rdn. 13.

gen den Entwerfer, seinen Rechtsnachfolger oder den Arbeitgeber (§ 7 DesignG) treffen §§ 30, 32 DesignG (in Anlehnung an die nach § 29 DesignG gegebene Möglichkeit der „freien“ Übertragung des Rechts). Es lauten:

§ 30 DesignG
Dingliche Rechte, Zwangsvollstreckung, Insolvenzverfahren

(1) Das Recht an einem eingetragenen Design kann

1. Gegenstand eines dinglichen Rechts sein, insbesondere verpfändet werden, oder
2. Gegenstand von Maßnahmen der Zwangsvollstreckung sein.

(2) Die in Absatz 1 Nummer 1 genannten Rechte oder die in Absatz 1 Nummer 2 genannten Maßnahmen werden auf Antrag eines Gläubigers oder eines anderen Berechtigten in das Register eingetragen, wenn sie dem Deutschen Patent- und Markenamt nachgewiesen werden.

(3) …

§ 32 DesignG
Angemeldete Designs

Die Vorschriften dieses Abschnitts gelten entsprechend für die Rechte, die durch die Anmeldung von Designs begründet werden.

Das vor der Anmeldung bestehende Recht auf das eingetragene Design ist ebenso pfändbar, wenn es offenbart ist (§ 5 DesignG; hierzu Rdn. E.320).

E.79 Die Zwangsvollstreckung in das eingetragene Design erfolgt durch (Rechts-)Pfändung nach § 857 (§ 829) ZPO. Zuständig ist das Vollstreckungsgericht, nicht das für Designstreitsachen zuständige Gericht (§§ 52, 53 DesignG; wie Rdn. E.245). Wirksam wird die Pfändung nach § 857 Abs. 2 ZPO mit der Beschlusszustellung an den Schuldner als Inhaber des eingetragenen oder angemeldeten Rechts (§ 7 DesignG). Ein Drittschuldner ist nicht vorhanden. Das Patent- und Markenamt ist nicht Drittschuldner. Entsprechendes gilt für die Zwangsvollstreckung in das durch Offenbarung vor der Anmeldung begründete Recht.

E.80 Rechte begründet die Pfändung wie die Patentpfändung; zu Einzelheiten siehe daher Rdn. E.319 ff. Nach der Registereintragung setzt sich an dem Recht an dem eingetragenen Design das Pfändungspfandrecht fort, das durch die Pfändung der durch Anmeldung begründeten Rechte (§ 32 DesignG) erlangt ist (wie Rdn. E.321). Die Pfändung wird auf Antrag des Gläubigers oder eines anderen Berechtigten in das Register eingetragen, wenn es dem Patent- und Markenamt nachgewiesen ist (§ 30 Abs. 2 DesignG). Die Pfandverwertung erfolgt nach §§ 844, 857 Abs. 5 ZPO. Eine Überweisung zur Einziehung ist nicht zulässig.

E.81 Auf einen nach der Pfändung infolge Verletzung des Designrechts entstandenen Schadensersatz- und Gewinnherausgabeanspruch (§ 42 Abs. 2, § 45 DesignG) dürfte die Pfändung sich erstrecken (Nebenanspruch). Ein bereits vor Pfändung durch Rechtsverletzung entstandener Schadensersatzanspruch wird von der Pfändung nicht erfasst; er ist als Geldanspruch selbstständig pfändbar (Rdn. E.330).

E.82 Eine Vorpfändung ist nach § 845 ZPO zulässig.

E.83 Das Vorbenutzungsrecht eines Dritten ist nicht übertragbar (§ 41 Abs. 2 DesignG mit Einschränkung für Unternehmensübertragung), somit nicht pfändbar (§ 851 Abs. 1 ZPO).

E.84 Wenn ein eingetragenes Design den Charakter eines Kunstwerks hat, verbietet sich gegen den Urheber die Pfändung (§§ 112 ff. UrhG mit Einzelheiten).

2.11. Erbbaurecht, Erbbauzins

E.85 Das **Erbbaurecht** nach dem ErbbauRG ist grundstücksgleiches Recht (§ 11 ErbbauRG). Es unterliegt daher nicht der Rechtspfändung, sondern der Zwangsvollstreckung in das unbewegliche Vermögen (§ 864 ZPO), die durch Eintragung einer Sicherungshypothek für die Vollstreckungsforderung, Zwangsverwaltung oder Zwangsversteigerung erfolgt (§ 866 Abs. 1 ZPO).

E.86 Der dem jeweiligen Grundstückseigentümer zustehende Anspruch auf den **Erbbauzins** (§ 9 ErbbauRG) ist als Recht mit dem Eigentum am Grundstück verbunden; als solches ist er Bestandteil des Grundstücks (§ 96 BGB), von dem er in Ansehung der nicht fälligen Leistungen nicht getrennt werden kann (§ 9 Abs. 2 S. 2 ErbbauRG). Das Recht auf die nicht fälligen Leistungen kann daher nicht, auch nicht nach § 857 Abs. 6 ZPO, gepfändet werden. Ein Vollstreckungszugriff ist vielmehr nur durch Zwangsvollstreckung in das Grundstück möglich (§§ 864, 865 ZPO).

E.87 Fällige (rückständige) Leistungen sind übertragbar (§ 9 ErbbauRG, §§ 1107, 1159 BGB); sie können deshalb von Gläubigern des Grundstückseigentümers auch gepfändet werden. Bewirkt wird die Pfändung mit der Zustellung des Pfändungsbeschlusses an den Drittschuldner (§ 829 Abs. 3 mit § 857 Abs. 6 und § 830 Abs. 3 ZPO). Drittschuldner ist der verpflichtete Erbbauberechtigte.

E.88 **Formulierungsvorschlag:**

Gepfändet wird der angebliche Anspruch des Schuldners als Eigentümer des Grundstücks … gegen den Erbbauberechtigten … – Drittschuldner – auf Zahlung der am … fällig gewesenen Erbbauzinsleistungen für das im Erbbaugrundbuch von … Blatt … eingetragene Erbbaurecht.

E.89 Der **Entschädigungsanspruch** des bisherigen Erbbauberechtigten gegen den Grundstückseigentümer nach Erlöschen des Erbbaurechts durch Zeitablauf (siehe §§ 27 ff. ErbbauRG) kann vor seiner Fälligkeit nicht abgetreten (§ 27 Abs. 4 ErbbauRG) und daher auch nicht gepfändet werden. Die fällige Entschädigungsforderung haftet auf dem Grundstück als dingliches Recht eigener Art (§ 28 ErbbauRG). Dieses ist auf Antrag berichtigend in das Grundbuch einzutragen[114]. Dessen Übertragung erfordert Einigung und Eintragung[115]; die Pfändung erfolgt daher nach § 857 Abs. 6 ZPO[116] (dazu Teil F). Die Rechte der Realgläubiger belasten eine gepfändete Entschädigungsforderung (§ 29 ErbbauRG).

E.90 Der **Heimfallanspruch** des Grundstückseigentümers (§ 2 Nr. 4 ErbbauRG; die zum Inhalt des Erbbaurechts gemachte Verpflichtung des Erbbauberechtigten, das

114 Schöner/Stöber, Grundbuchrecht, Rdn. 1874; Erman/Grziwotz, BGB, § 28 ErbbauRG Rdn. 1; Palandt/Wicke, BGB, § 28 ErbbauRG Rdn. 1; MünchKomm/Heinemann, BGB, § 28 ErbbauRG Rdn. 2; v. Oefele/Winkler/Schlögel, Handbuch des Erbbaurechts, Rdn. 5.237.

115 Erman/Grziwotz, BGB, § 28 ErbbauRG Rdn. 1; v. Oefele/Winkler/Schlögel, Handbuch des Erbbaurechts, Rdn. 5.241.

116 Erman/Grziwotz, BGB, § 28 ErbbauRG Rdn. 1; v. Oefele/Winkler/Schlögel, Handbuch des Erbbaurechts, Rdn. 5.241.

Erbbaurecht bei Eintritt bestimmter Voraussetzungen auf den Grundstückseigentümer zu übertragen) ist nach § 3 ErbbauRG wesentlicher Bestandteil des Grundstücks, mithin für sich allein unübertragbar[117]. Er ist somit auch nicht selbstständig pfändbar.

E.91 Der schuldrechtliche Vergütungsanspruch bei Ausübung des Heimfallanspruchs (§§ 32 f. ErbbauRG) entsteht mit Erfüllung des Heimfallanspruchs durch Einigung und Grundbucheintragung[118]. Als Geldforderung ist der Vergütungsanspruch formlos abtretbar und daher nach § 829 ZPO zu pfänden. Er kann als künftige Forderung jedenfalls von dem Zeitpunkt an gepfändet werden, in dem der Grundstückseigentümer seinen Heimfallanspruch geltend gemacht hat.

E.92 Der Anspruch des Erbbauberechtigten auf **Erteilung der Zustimmung** des Grundstückseigentümers zur Veräußerung eines Erbbaurechts (§ 7 Abs. 3 ErbbauRG) ist zwar ein unveräußerliches Recht. Zu seiner Ausübung kann aber ein Dritter ermächtigt werden. Der Anspruch auf Zustimmung kann daher auch nach § 857 Abs. 3 ZPO gepfändet werden[119]. Die Ersetzung der Zustimmung ist zwar nicht für die Anordnung der Zwangsversteigerung des Erbbaurechts oder die Fortführung des Verfahrens notwendig, muss jedoch vor Erteilung des Zuschlags vorliegen[120]; der Meistbietende kann den Ersetzungsantrag nicht stellen[121]. Es kann jedoch der die Zwangsversteigerung des Erbbaurechts betreibende Gläubiger selbst den Anspruch aus § 7 Abs. 1 ErbbauRG geltend machen und die gerichtliche Ersetzung der verweigerten Zustimmung beantragen[122]. Erforderlich dafür ist nicht, dass er den Zustimmungsanspruch des Erbbauberechtigten pfänden und sich zur Einziehung überweisen lässt[123]. Daher ist auch die Pfändung auf Antrag des selbstständig antragsberechtigten Gläubigers mangels Rechtsschutzinteresse nicht zulässig. Das hat auch für die Ersetzung der Zustimmung des Grundstückseigentümers zur Belastung des Erbbaurechts mit einer Zwangshypothek (§ 866 Abs. 1 ZPO, § 7 Abs. 3 mit § 5 Abs. 2 ErbbauRG) zu gelten. Die Bestimmung darüber, ob eine Belastung des Erbbaurechts im Wege der Zwangsvollstreckung mit Eintragung der Zwangshypothek erfolgen soll, trifft der Gläubiger mit dem Eintragungsantrag (§ 867 Abs. 1 ZPO), nicht der Erbbauberechtigte. Es erscheint daher als dem Sinn der §§ 7, 8 ErbbauRG entsprechend, dem Gläubiger sowohl die Ausübung des nach § 7 Abs. 2 ErbbauRG bestehenden Zustimmungsrechts als auch ein Antragsrecht nach § 7 Abs. 3 ErbbauRG in gleicher Weise zuzugestehen wie dem betreibenden Gläubiger für

---

117 BGH, WM 1980, 938 = ZIP 1980, 652; v. Oefele/Winkler/Schlögel, Handbuch des Erbbaurechts, Rdn. 4.91.

118 BGHZ 111, 154 = MDR 1990, 909 = MittBayNot 1990, 242 = NJW 1990, 2067 = Rpfleger 1990, 350 (in Abweichung von BGH, MDR 1976, 480 = NJW 1976, 895); BGH, MDR 1990, 994 = NJW-RR 1990, 1095 = Rpfleger 1990, 412; BGHZ 116, 161 = MDR 1992, 255 = NJW 1992, 1454 (1455).

119 BGHZ 33, 76 (Fn. 95); OLG Hamm, Rpfleger 1953, 521; OLG Hamm, Rpfleger 1967, 415 mit Anm. Haegele; **a.A.** noch KG, JW 1938, 1039; OLG München, JFG 17, 180.

120 BGHZ 33, 76 (Fn. 95); Stöber, ZVG-Handbuch, Rdn. 319.1

121 OLG Köln, OLGZ 1969, 228 = Rpfleger 1969, 300.

122 BGHZ 100, 107 = MDR 1987, 570 = NJW 1987, 1942 = Rpfleger 1987, 320; OLG Köln (Fn. 121); KG, MDR 1984, 581 = Rpfleger 1984, 282.

123 BGH (Fn. 122).

die Versteigerung des Erbbaurechts[124]. Die Pfändung des Zustimmungsanspruchs erfordert daher in diesen Fällen Darlegung eines (besonderen) Rechtsschutzinteresses. Es kann vorliegen, wenn das zuständige Gericht im Ersetzungsverfahren der hier vertretenen Ansicht nicht folgt und die Pfändung als Antragserfordernis verlangt.

2.12. Erbbeschränkung in guter Absicht (§ 863 ZPO)

Der Anspruch auf die **Nutzungen** oder den jährlichen Reinertrag einer **Erbschaft,** der dem nach § 2338 BGB in guter Absicht beschränkten **Abkömmling** zusteht, unterliegt einem besonderen **Pfändungsschutz**. Er ist nach § 863 Abs. 1 ZPO der Pfändung insoweit nicht unterworfen, als der Schuldner die Nutzungen oder den Reinertrag zur Bestreitung seines standesmäßigen Unterhalts und zur Erfüllung der seinem Ehegatten, seinem früheren Ehegatten oder einem Verwandten gegenüber gesetzlich obliegenden Unterhaltspflicht benötigt. Schutz besteht auch für den Anspruch auf Unterhalt, den der Schuldner nach testamentarischer Bestimmung hat, wenn der Erblasser nicht nur den Nachlass, sondern auch den jährlichen Reinertrag mit Anordnung nach § 2338 BGB der Verwaltung eines Testamentsvollstreckers unterstellt hat[125]. Ein Verstoß gegen diese Pfändungsbeschränkung kann vom Schuldner, Nacherben oder Testamentsvollstrecker[126] mit Erinnerung (§ 766 ZPO) oder Vollstreckungsgegenklage (§ 771 ZPO) geltend gemacht werden. E.93

Nachlassgläubigern gegenüber und bei der Vollstreckung eines auch dem Nacherben oder Testamentsvollstrecker gegenüber wirksamen Rechts besteht diese Pfändungsbeschränkung nicht (§ 863 Abs. 2 ZPO). Ein Unterhaltsgläubiger, der einen bevorrechtigten Anspruch (siehe § 850d ZPO) vollstreckt, kann den für seine Person zu berücksichtigenden Freibetrag pfänden (weil er durch diese Pfändung seiner Zweckbestimmung zugeführt wird), unterliegt aber im Übrigen gleichfalls den Beschränkungen des § 863 ZPO. E.94

Entsprechendes gilt, wenn der Anteil eines Abkömmlings am **Gesamtgut der fortgesetzten Gütergemeinschaft** nach § 1513 Abs. 2 BGB einer Beschränkung unterworfen ist (§ 863 Abs. 3 ZPO). E.95

2.13. Erbunwürdigkeitsanfechtung

Das Recht auf Geltendmachung der Erbunwürdigkeit durch Anfechtung des Erbschaftserwerbs ist höchstpersönlicher Natur und daher unpfändbar[127]. E.96

---

124 So insbesondere Stöber/Keller, ZVG, Einl. Rdn. 308; Schöner/Stöber, Grundbuchrecht, Rdn. 1794; Streuer, Rpfleger 1994, 59; dem zuneigend BayObLGZ 1996, 107 = DNotZ 1997, 142 = NJW-RR 1996, 975 = Rpfleger 1996, 447; **anders** OLG Hamm, MDR 1993, 686 = OLGZ 1994, 12 = Rpfleger 1993, 334 = Rpfleger 1994, 59 Leits. mit abl. Anm. Streuer; v.Oefele/Winkler/Schlögel, Handbuch des Erbbaurechts, Rdn. 4.294.

125 OLG Bremen, FamRZ 1984, 213 = JurBüro 1983, 1572.

126 OLG Bremen (Fn. 125).

127 Falkmann/Hubernagel, Die Zwangsvollstreckung, Anm. 7 zu § 857 (S. 804 unten).

2.14. Erwerbs- und Handelsgeschäft, gewerbliches Unternehmen

E.97 Ein gewerbliches Unternehmen (Handels- oder Erwerbsgeschäft, Betrieb) als Ganzes (als rechtliche Gesamtheit) kann nicht gepfändet werden[128]. Möglich ist nur ein Vollstreckungszugriff in die einzelnen beweglichen und unbeweglichen Vermögenswerte, insbesondere in die Forderungen und Rechte, die alle zu dem Unternehmen gehören, nach den für die einzelnen Zwangsvollstreckungsarten geltenden Vorschriften[129]. In den Kundenstamm besteht keine Vollstreckungsmöglichkeit[130]. Zur Firma Rdn. E.248.

2.15. Gebrauchsmuster

E.98 **Schrifttum:** Göttlich, Die Zwangsvollstreckung in Schutzrechte, MDR 1957, 11.

E.99 Das Recht auf das Gebrauchsmuster (§ 1 GebrMG), der Anspruch auf seine Eintragung und das durch die Eintragung begründete Urheberrecht sind pfändbar[131] (siehe § 22 Abs. 1 GebrMG). Voraussetzung der Pfändbarkeit ist jedoch, dass es sich um ein bereits vorhandenes, übertragbares Vermögensrecht handelt; als reines Persönlichkeitsrecht unterliegt das Urheberrecht vor Eintritt in den Rechtsverkehr keiner Pfändung (siehe dazu Rdn. E.320).

Die Pfändung erfolgt nach § 857 Abs. 2 ZPO durch Beschlusszustellung an den Schuldner als Urheber. Ein Drittschuldner ist nicht vorhanden; das Patentamt ist nicht Drittschuldner[132].

Wegen der Einzelheiten siehe das zur Pfändung eines Patents Rdn. E.319 ff. Gesagte, das entsprechend gilt.

2.16. Gemeinschaft nach Bruchteilen

2.16.1. Miteigentum nach Bruchteilen an unbeweglichem Vermögen

E.100 **Schrifttum:** Furtner, Zwangsvollstreckung in Grundstücksmiteigentum, NJW 1957, 1620; Furtner, Zwangsvollstreckung in Bruchteilseigentum, NJW 1969, 871; Gramentz, Die Aufhebung der Gemeinschaft nach Bruchteilen durch den Gläubiger eines Teilhabers, Bielefeld 1989; K. Schmidt, Prozess- und Vollstreckungsprobleme der Gemeinschaftsteilung, JR 1979, 317.

E.101 Die Zwangsvollstreckung in den Miteigentums-Bruchteil (§§ 741 ff., 1008 BGB) an einem Grundstück, grundstücksgleichen Recht, Schiff oder Schiffsbauwerk erfolgt nach § 864 Abs. 2 ZPO als Immobiliarvollstreckung. Das schließt die

---

128 RGZ 70, 228; RGZ 95, 236; RGZ 134, 98; OLG Hamm, OLGZ 1994, 611 (613) = Rpfleger 1994, 515 (516); siehe auch BGH, BB 1962, 1301 = MDR 1963, 308; zur unzulässigen Sicherungsübereignung BGH, MDR 1968, 211.
129 RGZ 95, 236.
130 OLG Frankfurt, BB 1980, 179 Leits.
131 LG Berlin, WRP 1960, 29; Musielak/Becker, ZPO, § 857 Rdn. 11; Stein/Jonas/Würdinger, ZPO, § 857 Rdn. 22.
132 Hubmann in Festschrift für Lehmann, 1956, Bd. II, S. 831.

Pfändung des Anteils eines Bruchteils-Miteigentümers an einem Grundstück oder anderen Gegenstand der Immobiliarvollstreckung aus.

Als Grundstücksmiteigentümer zu einem Bruchteil (Teilhaber eines anderen Gegenstandes der Immobiliarvollstreckung) kann der Schuldner jederzeit die **Aufhebung der Gemeinschaft** (§ 749 Abs. 1 BGB), insbesondere die Versteigerung des unteilbaren Grundstücks (§ 753 Abs. 1 BGB, §§ 180 ff. ZVG), verlangen und die Zustimmung zu einer den Miteigentumsanteilen entsprechenden Teilung und Auszahlung des außerhalb des Zwangsversteigerungsverfahrens zu verteilenden Erlöses fordern. Dieser Anspruch auf Aufhebung der Gemeinschaft (Versteigerung des ganzen Grundstücks gemäß §§ 180 ff. ZVG) sowie Teilung und Auszahlung des Erlöses kann gepfändet werden[133]. Dem steht nicht entgegen, dass der Anspruch auf Aufhebung der Gemeinschaft allein ohne den Miteigentumsanteil nicht abtretbar, somit nach § 857 Abs. 1, § 851 Abs. 1 ZPO auch nicht pfändbar ist. Denn der Anspruch auf Auseinandersetzung kann jedenfalls demjenigen zur Ausübung überlassen werden (§ 857 Abs. 3 ZPO), dem auch das übertragbare künftige Recht auf den dem Miteigentumsanteil entsprechenden Teil des Versteigerungserlöses abgetreten worden ist[134]. Deshalb kann der Aufhebungsanspruch zwar nicht allein, aber zusammen mit dem künftigen Anspruch auf eine den Anteilen entsprechende Teilung und Auskehrung des Versteigerungserlöses gepfändet werden[135]. Diese Rechtspfändung erfolgt nach § 857 Abs. 1, § 829 ZPO; die Pfandverwertung erfolgt durch Überweisung zur Einziehung (§ 835 ZPO)[136]. Drittschuldner sind die übrigen Miteigentümer. Die Bezeichnung als Gemeinschaftsanteil an einem Grundstück statt richtig an einem Erbbaurecht schadet nicht, wenn sich im Wege der Auslegung, insbesondere infolge genauer Bezeichnung der Erbbaurechts-Grundbuchblattstelle, der Aufhebungsanspruch sicher konkretisieren lässt[137]. E.102

Mit der Pfändung des Aufhebungsanspruchs tritt keine Änderung am Recht des Miteigentumsanteils des Vollstreckungsschuldners ein. Die Pfändung des schuldrechtlichen Anspruchs kann daher auch nicht in das Grundbuch des Gemein- E.103

---

133 BGHZ 90, 207 (215) = MDR 1984, 485 = NJW 1984, 1968 = Rpfleger 1984, 283; BGH, DNotZ 1985, 699 = Rpfleger 1985, 205 = WM 1985, 427; BGH, MDR 1984, 1020 = NJW 1984, 2890 = WM 1984, 843; BGHZ 154, 64 (69) = NJW 2003, 1858 (1859) = Rpfleger 2003, 372; BGH, FamRZ 2006, 410 = MDR 2006, 832 = MittBayNot 2006, 413 mit abl. Anm. Ruhwinkel = NJW 2006, 849 = Rpfleger 2006, 204; OLG Hamm, NJW-RR 1992, 665; OLG Köln, OLGZ 1969, 338 = Rpfleger 1969, 170; LG Aurich, Rpfleger 1962, 413 mit zust. Anm. Berner; LG Bremen, Rpfleger 1955, 107 mit Anm. Berner; Furtner, NJW 1957, 1620; Furtner, NJW 1969, 871; Zöller/Herget, ZPO, § 857 Rdn. 12a; Jaeckel/Güthe, ZVG, § 181 Rdn. 7; OLG Jena, Recht 1907 Nr. 3013; OLG Colmar, DJZ 1909, 1336; KG, OLGE 40, 410; LG Wuppertal, NJW 1961, 785; LG Berlin, JurBüro 1975, 1512; LG Hamburg, MDR 1977, 1019; **a.A.** MünchKomm/K. Schmidt, BGB, § 749 Rdn. 22, 24; KG, NJW 1953, 1832; K. Schmidt, JR 1979, 317.

134 BGHZ 90, 207 (Fn. 133).

135 BGHZ 215, 139 = MDR 2017, 1366 = NJW 2017, 2768 = Rpfleger 2017, 720; BGHZ 90, 207 (Fn. 133); BGH, FamRZ 2006, 410 (Fn. 133); BGH, DGVZ 2011, 120 = MDR 2010, 894 = FamRZ 2010, 810 Leits. = NJW-RR 2010, 1098 Rdn. 6 = Rpfleger 2010, 439; Stein/Jonas/Würdinger, ZPO, § 857 Rdn. 3 (auch Rdn. 17); Schuschke/Walker, Vollstreckung, § 857 Rdn. 21.

136 BGHZ 90, 207 (Fn. 133).

137 LG Aachen, JurBüro 1983, 303 = Rpfleger 1983, 119.

schaftsgrundstücks als „Anteilsbelastung" oder „Verfügungsbeschränkung" eingetragen werden[138]. Der Pfändungsgläubiger wird aber mit der Überweisung kraft Gesetzes ermächtigt, das Recht des Schuldners auf Aufhebung der Gemeinschaft auszuüben[139]. Er kann die Zwangsversteigerung des gesamten Grundstücks zur Aufhebung der Gemeinschaft beantragen (§§ 180 ff. ZVG)[140].

Streitig ist, ob der Pfändungsgläubiger zur Teilungsversteigerung (wegen § 1365 BGB) der Zustimmung des anderen Ehegatten bedarf, wenn der gepfändete Ehegatte sie benötigen würde. Dies wird zu verneinen sein, weil der Pfändungsgläubiger ein eigenständiges Verwertungsrecht erworben hat[141].

Eine (grundbuchersichtliche) Vereinbarung über den **Ausschluss des Aufhebungsanspruchs** steht der Pfändung nicht im Wege (siehe § 751 S. 2 BGB)[142]. Haben die Teilhaber eine **Kündigungsfrist** bestimmt, dann ist der Gläubiger nach Überweisung zur Einziehung auch zur Kündigung berechtigt. Er kann, wenn sein Schuldtitel nicht nur vorläufig vollstreckbar ist, nach § 751 S. 2 BGB die Aufhebung der Gemeinschaft jederzeit ohne Rücksicht auf die Vereinbarung verlangen (siehe hierwegen Rdn. E.289). § 1010 BGB bestimmt lediglich, dass das rechtsgeschäftliche Aufhebungsverbot der Miteigentümer des Grundstücks (die vereinbarte Kündigungsfrist) abweichend von § 751 S. 1 BGB gegen den Sondernachfolger eines Miteigentümers nur wirksam ist, wenn es als Anteilsbelastung im Grundbuch eingetragen ist. Darüber hinaus, dass dingliche Wirkung mit Schutz des Erwerbers gegen ihm unbekannte Vereinbarungen stets (auch) Grundbucheintragung bedingt, hat § 1010 BGB keine weitergehende Bedeutung[143]. Eine Ausnahme auch von § 751 S. 2 BGB, der (bei nicht bloß vorläufiger Vollstreckbarkeit des Schuldtitels) den Schutz des pfändenden Gläubigers vor der Wirkung des Aufhebungsverbots (der Kündigungsfrist) vorsieht, bestimmt § 1010 BGB ebenso nicht wie

---

138 AG Siegen/LG Siegen, Rpfleger 1988, 249 mit zust. Anm. Tröster; Zöller/Herget, ZPO, § 857 Rdn. 12a.

139 **Abweichend** Gramentz, Die Aufhebung der Gemeinschaft nach Bruchteilen durch den Gläubiger eines Teilhabers (Bielefeld, 1989): Pfändung des Anteils oder Erwerb einer Zwangshypothek daran begründen (nach § 751 S. 2 mit § 1258 Abs. 2 S. 2 BGB, analog) zugunsten des Gläubigers einen eigenen, originären (materiell-rechtlichen) Anspruch, dem jeder Teilhaber als Verpflichteter ausgesetzt ist.

140 BGHZ 90, 207 (Fn. 133).

141 BGHZ 143, 356 (361) = FamRZ 2000, 744 = MDR 2000, 703 = NJW 2000, 1947; BGH, FamRZ 2006, 410 (Fn. 133); BGH, FamRZ 2007, 1634 = MDR 2007, 1220 = NJW 2007, 3124 (3126) = Rpfleger 2007, 558; KG, FamRZ 1992, 846 = MDR 1992, 679 = Rpfleger 1992, 211; OLG Düsseldorf, NJW 1991, 851 = Rpfleger 1991, 215; OLG Hamburg, FamRZ 1970, 407 = NJW 1970, 952; OLG Karlsruhe, FamRZ 2004, 629 = Rpfleger 2004, 235; OLG Köln, NJW-RR 1989, 325; LG Bielefeld, Rpfleger 1989, 518; LG Braunschweig, NJW 1969, 1675; AG Schwäbisch Hall, Rpfleger 1991, 520; Stöber/Kiderlen, ZVG, § 180 Rdn. 44; Dassler/Schiffhauer/Hintzen, ZVG, § 181 Rdn. 47; Zimmer/Pieper, NJW 2007, 3104; **a.A.** Böttcher, ZVG, § 180 Rdn. 52 und hier 16. Aufl. Rdn. 1545.

142 LG Mainz, JurBüro 2001, 157. So auch Furtner, NJW 1969, 873; **a.A.** noch Furtner, NJW 1957, 1621, dem aber insoweit nicht beigepflichtet werden kann, weil § 751 S. 2 BGB gerade den pfändenden Gläubiger von der vertraglich vereinbarten Bindung des Schuldners freistellen will.

143 **A.A.** AG Frankfurt/LG Frankfurt, Rpfleger 2011, 684.

rechtsgeschäftliche Beschränkungen der Auseinandersetzung im Insolvenzverfahren keine Wirkung haben (§ 84 Abs. 2 S. 1 InsO).

Nach der Pfändung des Aufhebungsanspruchs kann nach der Rechtsprechung des BGH[144] auch der Schuldner selbst noch einen Antrag auf Teilungsversteigerung des Grundstücks stellen. Die Teilungsversteigerung auf Antrag des Schuldners beeinträchtigt das Recht des Pfändungsgläubigers nicht, weil sich das Pfandrecht des Gläubigers nach Erteilung des Zuschlags am Erlös fortsetzt. Siehe wegen der Rechtsstellung der Beteiligten im Teilungsversteigerungsverfahren Rdn. E.289 ff. E.104

An einer Verfügung über seinen Miteigentumsanteil (dessen Veräußerung) ist der Schuldner durch die Pfändung des Aufhebungsanspruchs zusammen mit dem künftigen Anspruch auf Teilung sowie Auskehrung des Versteigerungserlöses (Rdn. E.102) selbst dann nicht gehindert, wenn der Erwerber Alleineigentümer des Grundstücks wird und damit der gepfändete Anspruch untergeht, das Pfändungspfandrecht somit erlischt[145]; das gilt auch dann, wenn der Gläubiger die Teilungsversteigerung betreibt. E.105

Formulierungsvorschlag: E.106

Gepfändet werden die angeblichen Ansprüche des Schuldners an … – Drittschuldner – auf

- *Aufhebung der Gemeinschaft nach Bruchteilen, die hinsichtlich des Eigentums an dem im Grundbuch von … Blatt … eingetragenen Grundstück … straße Hs.-Nr. … (= Fl.-St. Nr. …) besteht,*
- *Zustimmung zu einer den Miteigentumsanteilen entsprechenden Teilung des Erlöses und*
- *Auszahlung (Auskehrung) des außerhalb des Zwangsversteigerungsverfahrens zu verteilenden Erlöses.*

2.16.2. Miteigentumsanteil an einer beweglichen Sache

Schrifttum: Marotzke, Wie pfändet man Miteigentumsanteile an beweglichen Sachen? Erlanger Festschrift für K. H. Schwab (1990) S. 277. E.107

Die Pfändung des Miteigentumsanteils eines Gemeinschafters zu einem Bruchteil (§§ 741 ff. BGB) an einer beweglichen Sache wird allgemein für zulässig gehalten[146]. Dem ist zu folgen; weil der Schuldner als Teilhaber über seinen Anteil verfügen (§ 747 S. 1 BGB), ihn mithin auch verpfänden (§§ 1273 ff. BGB) kann, ist E.108

---

144 BGHZ 215, 139 (Fn. 135); **a.A.** die 16. Aufl. Rdn. 1546.
145 BGH (Fn. 135).
146 BGH, FamRZ 1993, 668 = NJW 1993, 935 (937) = Rpfleger 1993, 358; BFH, KKZ 2000, 38; Furtner, NJW 1957, 1620; Furtner, NJW 1969, 871 je m.w.N.; BGB-RGRK/v. Gamm, § 747 Rdn. 3; MünchKomm/K. Schmidt, BGB, § 747 Rdn. 36, 37; Palandt/Herrler, BGB, § 1008 Rdn. 7; Stein/Jonas/Würdinger, ZPO, § 808 Rdn. 2, § 857 Rdn. 18; Musielak/Becker, ZPO, § 857 Rdn. 8; Wieczorek/Schütze/Lüke, ZPO, § 857 Rdn. 37; Schuschke/Walker, Vollstreckung § 857 Rdn. 22; **a.A.** Marotzke in Erlanger Festschrift für K. H. Schwab (1990) S. 277.

der Anteil auch der Pfändung unterworfen (§ 851 Abs. 1, § 857 ZPO). Die Anteilspfändung ist Pfändung eines Rechts; sie hat daher nach § 857 ZPO zu erfolgen. Drittschuldner sind die weiteren Miteigentümer der Bruchteilsgemeinschaft[147]. Die Anteilspfändung erfasst nach allgemeiner Ansicht die Ansprüche auf Teilung des Erlöses und Auszahlung des anteiligen Erlöses. Ebenso muss der Pfändungsgläubiger in der Lage sein, den Aufhebungsanspruch seines Schuldners (§ 749 Abs. 1 BGB) zu verfolgen (folgt aus § 751 S. 2 BGB). Gleichwohl empfiehlt es sich, Aufhebungs-, Teilungs- und Auszahlungsanspruch klarstellend ausdrücklich mitzupfänden; dies ist zulässig. Zulässig ist die Pfändung des Aufhebungsanspruchs auch bei Miteigentum an ehelichem Hausrat[148]. Ist der Gegenstand, an dem die Bruchteilsgemeinschaft besteht, der Pfändung nicht unterworfen (§ 811 ZPO), dann können auch Miteigentumsanteil und Aufhebungsanspruch nicht gepfändet werden.

E.109 **Formulierungsvorschlag:**

Gepfändet werden der angebliche Miteigentumsanteil des Schuldners an dem Kraftfahrzeug Marke …, Fabriknr. …, amtl. Kennzeichen …, dessen Eigentümer er zusammen mit seiner Ehefrau … – Drittschuldnerin – nach Bruchteilen je zur Hälfte ist, und seine Ansprüche an die bezeichnete Drittschuldnerin auf

- *Aufhebung dieser Gemeinschaft,*
- *Zustimmung zu einer den Miteigentumsanteilen entsprechenden Teilung des Erlöses und*
- *Auszahlung des anteiligen Erlöses.*

2.16.3. Anteil an einer Forderung (einem Recht)

E.110 In Bruchteilsgemeinschaft (§§ 741 ff. BGB) kann eine **Forderung** (wie auch jedes Recht) dem Schuldner und weiteren Personen zustehen (siehe schon Rdn. A.69). Auch bei einer Forderungs-(Rechts-)Gemeinschaft nach Bruchteilen kann der Schuldner als Gemeinschafter über seinen Anteil frei verfügen (§ 747 BGB). Er kann seinen Anteil somit auch verpfänden (§ 1273 BGB)[149]. Daher kann der Anteil des Schuldners als Gemeinschafter nach Bruchteilen (§§ 741 ff. BGB) an einer Forderung (einem anderen Vermögensrecht) auch **gepfändet** werden (§ 857 ZPO)[150]. Die Pfändung des Gemeinschaftsanteils des Bruchteils-Mitberechtigten an einer Forderung (einem Recht) hat nach den für die Pfändung der ganzen Forderung (des Gesamtrechts) geltenden Vorschriften, mithin nach § 829 ZPO (und etwaigen Sonderbestimmungen für die Rechtspfändung) zu erfolgen (dazu näher Rdn.

---

147 BFH (Fn. 146).

148 Schmidt, NJW 1974, 323 (Anm.); Noack, DGVZ 1974, 81; beide gegen LG Krefeld, DGVZ 1974, 87 = NJW 1973, 2304 = NJW 1974, 323 Leits.

149 BGB-RGRK/v. Gamm, § 747 Rdn. 1.

150 BGB-RGRK/v. Gamm, § 747 Rdn. 3; LG Berlin, JurBüro 1975, 1512; Stein/Jonas/Würdinger, ZPO, § 829 Rdn. 20; Wieczorek/Schütze/Lüke, ZPO, § 857 Rdn. 40; Schuschke/Walker, Vollstreckung, § 857 Rdn. 23.

F.203). Drittschuldner ist daher der Forderungsschuldner[151]; mit der Zustellung an ihn wird die Pfändung wirksam.

Diese Pfändung des Forderungsteils erfasst zugleich die sich aus der dinglichen Mitberechtigung ergebenden schuldrechtlichen Beziehungen zwischen den Teilhabern, weil schon allein die Tatsache der Gemeinschaft das gesetzliche Schuldverhältnis zwischen den Gemeinschaftern begründet. Auf die Ansprüche schuldrechtlicher Art gegenüber den anderen Gemeinschaftern braucht die Anteilspfändung daher nicht ausdrücklich erstreckt zu werden. Hierüber indes besteht keine volle Klarheit. Es empfiehlt sich daher, auch die Ansprüche gegenüber den anderen Gemeinschaftern (den Aufhebungs-, Erlösteilungs- und Erlösauszahlungsanspruch) mitzupfänden (dazu Rdn. F.203). Diese Mitpfändung ist schon deshalb für zulässig zu erachten[152], weil die Forderung bei Wirksamwerden der Pfändung schon eingezogen, mithin die Gemeinschaft nur noch an dem geleisteten Gegenstand bestehen kann und dann eine Anteilspfändung gegenüber den Gemeinschaftern geboten ist (Rdn. A.69). Für die Mitpfändung der schuldrechtlichen Ansprüche an die Gemeinschafter sind Drittschuldner (wie bei der Miteigentumsanteilspfändung, Rdn. E.108) die weiteren Teilhaber der Forderungs-(Rechts-)Gemeinschaft. Die schuldrechtlichen Ansprüche nur an die Gemeinschafter dürften bei Bruchteilsgemeinschaft an einer Forderung für sich allein nicht pfändbar sein.

Bei der Bruchteilsgemeinschaft an einer Forderung ist nicht ausgeschlossen, **E.111** dass die Teilhaber abweichendes vereinbart, insbesondere auch die Forderung dem Schuldner anteilig oder allein zur Einziehung zugewiesen haben. Der Gläubiger, der die Rechtsbeziehungen und Verhältnisse seines Schuldners nicht genauer kennt, wird zu seiner Sicherheit daher vorsorglich auch stets den dem Schuldner etwa zugewiesenen Forderungsbetrag pfänden (dazu Rdn. A.372).

Die Anteilspfändung bei der Gemeinschaft an einer Forderung (auch an einem **E.112** Recht) erlangt Bedeutung bei Mietansprüchen, wenn Bruchteilsgemeinschaft der Vermieter besteht (Rdn. A.371), bei Bruchteilsberechtigung an einer Hypothek, Grundschuld und insbesondere einer Eigentümergrundschuld (dazu Rdn. F.71, F.203) sowie dem darauf entfallenden Versteigerungserlös und am Rückgewähranspruch hinsichtlich einer Sicherungsgrundschuld (Rdn. F.137). Pfändung eines Schuldneranteils bei Anspruch auf Herausgabe oder Leistung einer unteilbaren Sache: Rdn. G.11; Pfändung des Anspruchs auf den Anteil eines Miteigentümers an einem Grundstück: Rdn. G.27.

Formulierungsvorschlag wie Teil F Rdn. F.208.

---

151 In diesem Sinne, wenn auch aus anderer Sicht, auch LG Berlin (Fn. 150): Hinterlegungsstelle ist „neben" dem Gemeinschafter Drittschuldner; **a.A.** Schuschke/Walker, Vollstreckung, § 857 Rdn. 23: „… die übrigen Mitberechtigten einerseits, der Schuldner der Forderung andererseits"; auch Wieczorek/Schütze/Lüke, ZPO, § 857 Rdn. 40: „… die anderen Anteilsinhaber und der Schuldner der Forderung".

152 Auch nach Ansicht des LG Berlin (Fn. 150) schließt die Anteilspfändung eine Mitpfändung des Aufhebungs-, Erlösteilungs- und Auszahlungsanspruchs an die übrigen Gemeinschafter nicht aus.

2.17. Gesellschaftsanteile und -rechte

2.17.1. Gesellschaft nach BGB

2.17.1.1. Die Pfändung

E.113 **Schrifttum:** Becker, Zwangsvollstreckung in die Gesellschafterrechte bei den Personengesellschaften, GmbHR 1959, 133; Behr, Die Vollstreckung in Personengesellschaften, NJW 2000, 1137; Furtner, Pfändung der Miteigentumsrechte bei Personengesellschaften, MDR 1965, 613; Müller, Vorausverfügung über gesellschaftsrechtliche Einzelansprüche und Übertragung der Mitgliedschaft, ZIP 1994, 342; Mümmler, Zwangsvollstreckung in das Gesellschaftsvermögen und in Gesellschaftsanteile der Gesellschafter des bürgerlichen Rechts und der offenen Handelsgesellschaft, JurBüro 1982, 1607; Mümmler, Teilungsversteigerung nach Pfändung eines Anteils an einer Gesellschaft bürgerlichen Rechts, JurBüro 1990, 308; Noack, Die Gesellschaft bürgerlichen Rechts in der Zwangsvollstreckung (Einzelfragen), MDR 1974, 810; Roth, Pfändung und Verpfändung von Gesellschaftsanteilen, ZGR 2000, 187; Rupp und Fleischmann, Probleme bei der Pfändung von Gesellschaftsanteilen, Rpfleger 1984, 223; Schiller, Nießbrauch und Pfandrecht am Anteil einer Personengesellschaft, MittRhNotK 1980, 97; Schmidt, Der unveräußerliche Gesamthandsanteil – ein Vollstreckungsgegenstand? JR 1977, 177; Schönle, Zur Haftung des OHG-Gesellschafters für Gesellschaftsverbindlichkeiten (Abschn. III: Zur Auslegung des § 725 BGB), NJW 1966, 1797.

E.114 Das **Gesellschaftsvermögen** einer **Gesellschaft des bürgerlichen Rechts** (§§ 705 ff. BGB) ist gemeinschaftliches Vermögen der Gesellschafter (§ 718 Abs. 1 BGB). Es gehört als dem Gesellschaftszweck dienendes Sondervermögen den Gesellschaftern zur gesamten Hand. An den einzelnen Gegenständen des Gesamthandsvermögens bestehen für die Gesellschafter keine Anteile. Ein Gesellschafter kann deshalb über einen zum Gesellschaftsvermögen gehörenden Gegenstand nicht verfügen (§ 719 Abs. 1 BGB). Daher ist die „Pfändung des Anteils" eines Gesellschafters an den einzelnen zum Gesellschaftsvermögen gehörenden Gegenständen nicht zulässig (§ 859 Abs. 1 S. 2 ZPO). Ebenso verbietet sich auch die Pfändung eines bestimmten Anteils des Schuldners an einem Kaufpreis, der infolge Veräußerung eines Teils oder des ganzen Vermögens der Gesellschaft dieser geschuldet wird[153].

E.115 Zur Zwangsvollstreckung in das Gesellschaftsvermögen selbst ist ein **Vollstreckungstitel** gegen die (parteifähige) (Außen-)Gesellschaft erforderlich[154]. In das Gesellschaftsvermögen kann ebenso mit einem Vollstreckungstitel gegen alle Gesellschafter aus ihrer persönlichen Mithaftung vollstreckt werden[155] (§ 736 ZPO). Pfändung einer von der Gesellschaft geschuldeten Forderung: Rdn. A.64.

E.116 Um dem **Gläubiger eines der Gesellschafter** Befriedigung aus dessen in der Gesellschaft steckendem Vermögenswert zu ermöglichen, erlaubt § 859 Abs. 1 S. 1 ZPO die Pfändung des **Anteils am Gesellschaftsvermögen**. Diese Pfändung führt zur Befriedigung des Gläubigers aus demjenigen, was dem Schuldner als Gesellschafter bei der Auseinandersetzung und Gewinnverteilung zukommt. Eine (aus-

153 Siehe RGZ 67, 331.
154 BGHZ 146, 341 = DNotZ 2001, 234 mit krit. Anm. Schemann = MDR 2001, 459 mit Anm. Müther = NJW 2001, 1056 = Rpfleger 2001, 246.
155 BGH (Fn. 154).

drückliche) Mitpfändung des Anspruchs auf Gewinnanteile sowie auf dasjenige, was dem Schuldner bei der Auseinandersetzung zukommt, hat daher nicht zu erfolgen[156].

Der Schuldneranteil[157] am Gesellschaftsvermögen ist als **Wertrecht**, das die zum Gesellschaftsanteil gehörenden Vermögensrechte repräsentiert[158], nach §§ 857, 829 ZPO zu **pfänden**[159]. **Drittschuldner** ist nach Ansicht des BGH[160] die „Gesamthand", somit die Gesellschaft. Der Erlass des Zahlungsverbots erfordert deshalb die Bezeichnung der Gesamthand als Drittschuldner im Pfändungsbeschluss; sie hat mit Angabe der Namen der (übrigen) Gesellschafter und des zwischen ihnen bestehenden Gesamthandsverhältnisses zu erfolgen. Name und „Sitz" (auch Zweck) können zur Bezeichnung der Gesellschaft (zusätzlich) hinzugefügt werden; eine Identifizierung durch Benennung der Gesellschafter muss aber ebenso genügen wie für die Grundbucheintragung[161] „Gesellschaft bürgerlichen Rechts, bestehend aus den Gesellschaftern …" (§ 47 Abs. 2 GBO). Zuzustellen ist der Pfändungsbeschluss der Gesamthand als Drittschuldner, „vertreten durch ihren bzw. ihre Geschäftsführer"[162]. Die Entgegennahme des Pfändungsbeschlusses ist Geschäftsführungsmaßnahme, „zumal nur der Geschäftsführer als Adressat für das an den Drittschuldner nach den §§ 857, 829 Abs. 1 Satz 1 ZPO zu erlassende Zahlungsverbot in Betracht kommt"[163]. Die Pfändung wird mit dieser Zustellung wirksam (§ 859 Abs. 1, § 857 Abs. 1, § 829 Abs. 3 ZPO). E.117

Steht die Führung der Geschäfte allen oder mehreren Gesellschaftern gemeinschaftlich zu (§ 709 Abs. 1 BGB), dann muss nach dem für die Passivvertretung geltenden allgemeinen Grundsatz (siehe § 170 Abs. 3 ZPO) die Zustellung an ei-

---

156 Zum Teil abweichend Roth, ZGR 2000, 187 (193 und 194): Mitpfändung schadet nicht bzw. (zu weitgehend) ist zur Klarstellung empfehlenswert.

157 Schmidt, JR 1977, 177 wertet die in § 859 Abs. 1 ZPO zugelassene Pfändung „des Anteils" als globale Pfändung der abtretbaren Forderungen aus dem Gesellschaftsverhältnis.

158 BGHZ 97, 392 = JurBüro 1986, 1505 = MDR 1986, 825 = NJW 1986, 1991 = Rpfleger 1986, 308.

159 Zur Rechtswirksamkeit und Tragweite der Pfändung, wenn der Schuldner mit dem anderen Gesellschafter in zwei Gesellschaften verbunden ist und der Pfändungsbeschluss ungenau „die" Geschäftsanteile des einen Gesellschafters „bei" dem anderen Gesellschafter als gepfändet bezeichnet, siehe BGH JurBüro 1972, 125 = MDR 1972, 414 = NJW 1972, 259 Leits. Zur entsprechenden Anwendung auf die Limited Liability Partnership britischen Rechts siehe BGH, NJW-RR 2019, 930 = Rpfleger 2019, 532; dazu Rapp, IPRax 2019 Heft 6.

160 BGH (Fn. 158); Furtner, MDR 1965, 613; MünchKomm/Schäfer, BGB, § 725 Rdn. 12; Musielak/Becker, ZPO, § 859 Rdn. 3; K. Schmidt, JR 1977, 177 (178 f.); auch Stein/Jonas/Würdinger, ZPO, § 859 Rdn. 3 (die übrigen Gesellschafter in ihrer Eigenschaft als Gesamthänder); Schuschke/Walker, Vollstreckung, § 859 Rdn. 2, 3 (die geschäftsführenden Gesellschafter); kritisch Wieczorek/Schütze/Lüke, ZPO, § 859 Rdn. 8 f. (sämtliche Mitgesellschafter); Mümmler, JurBüro 1982, 1607 (1610); BGB-RGRK/v. Gamm, § 725 Rdn. 2; offengelassen von BGH (Fn. 159).

161 BGHZ 189, 274 Rdn. 12 = DNotZ 2011, 711 = NJW 2011, 1958 = Rpfleger 2011, 483.

162 BGH (Fn. 158); BGH, MDR 1998, 1049 = NJW 1998, 2904 = Rpfleger 1998, 435. Zur Zustellung an die (rechtsfähige) Gesellschaft bürgerl. Rechts auch BGH, DNotZ 2006, 777 = MDR 2006, 1254 = NJW 2006, 2191 = Rpfleger 2006, 478; BGH, DNotZ 2007, 214 = MDR 2007, 667 = NJW 2007, 995 = Rpfleger 2007, 216.

163 BGH (Fn. 158).

nen der geschäftsführenden Gesellschafter genügen[164]. Das gilt auch, wenn die Geschäftsführung allen oder mehreren Gesellschaftern je einzeln zusteht. Eine Zustellung des Zahlungsverbots an alle Gesellschafter erfordert das Wirksamwerden der Pfändung nicht[165]. In jedem Fall aber bewirkt die Zustellung an alle (übrigen) Gesellschafter eine wirksame Pfändung[166]. Diese Zustellung an alle (übrigen) Gesellschafter empfiehlt sich jedenfalls immer; vielfach wird sie schon deshalb geboten sein, weil die Regelung der Geschäftsführung und damit auch der Vertretung (§ 714 BGB) regelmäßig nicht, jedenfalls aber nicht sicher bekannt ist. Es ist auch nicht geklärt, ob der Schuldner als einer der geschäftsführenden Gesellschafter, vor allem jedoch als einziger geschäftsführender Gesellschafter, Adressat für das Zahlungsverbot sein kann und der Pfändungsbeschluss dann mit der Zustellung an ihn wirksam wird; das wird zwar bejaht werden können; doch ist es ratsam, auch in einem solchen Fall den Pfändungsbeschluss allen (übrigen) Gesellschaftern zuzustellen. Das empfiehlt sich auch deshalb, weil gegen die Ansicht, Drittschuldner sei die „Gesamthand“, somit die Gesellschaft, trotz ihrer Rechts- und Parteifähigkeit (Rdn. E.115) ganz erhebliche Bedenken bestehen. Denn es werden nicht Ansprüche gegen die Gesellschaft als solche gepfändet, deren Befriedigung zur Führung der Gesellschaftsgeschäfte gehören würde. Dem Vollstreckungszugriff unterliegen vielmehr Ansprüche (Rechte, siehe § 705 BGB), die den Gesellschaftern gegeneinander zustehen und deren Befriedigung bei der Auseinandersetzung die Mitwirkung aller Gesellschafter erfordert. Diese sind auch nach Ansicht des BGH[167] mitbetroffen, wenn es um die Anteilspfändung geht; damit aber sind sie vollstreckungsrechtlich Drittschuldner (Rdn. A.8). Ihre Drittschuldnerstellung entfällt nicht deshalb (und erfährt auch deshalb keine Einschränkung), weil erst die Kündigung durch den Gesellschaftergläubiger nach § 725 Abs. 1 BGB den entscheidenden Eingriff in das Gesellschaftsgefüge darstellt. Der BGH[168] geht davon aus, dass jedenfalls diese Kündigung gegenüber allen Gesellschaftern zu erklären ist, die Rechte der nicht geschäftsführenden Gesellschafter somit ausreichend geschützt seien. Damit ist jedoch verkannt, dass die Mitgesellschafter von der Pfändung auch „mitbetroffen“ sind, wenn (und solange) der Gesellschaftsgläubiger nicht nach § 725 Abs. 1 BGB kündigt, wie dann, wenn der Gesellschaftsvertrag nach der Anteilspfändung geändert werden soll (siehe z.B. Rdn. E.123, E.130), wenn die Gesellschaft aus anderem Grund endet, insbesondere wenn die Kündigung durch einen Mitgesellschafter erfolgt, oder wenn die Gesellschaft bei der Pfändung bereits aufgelöst ist. Demnach ist es jedenfalls (rechtlich) nicht sicher geklärt, wer Drittschuldner ist. Das ist im Vollstreckungsverfahren auch nicht zu entscheiden. Daher ist es möglich (Rdn. B.67), bei der Pfändung des BGB-Gesellschaftsanteils sowohl die Gesamthand als auch die Gesellschafter selbst als Drittschuldner anzusehen; darauf beruhen die Beschlussbeispiele Rdn. E.140, E.141.

---

164 OLG Celle, OLGR 2004, 502 = Rpfleger 2004, 507; OLG Köln, NJW-RR 1994, 1517 (1518); Musielak/Becker, ZPO, § 859 Rdn. 3; Roth, ZGR 2000, 187 (194).

165 BGH (Fn. 158).

166 BGH (Fn. 158). Zur Zustellung an sie wegen Pfändung der Forderung gegen die einzelnen auch persönlich haftenden BGB-Gesellschafter s. nun BGH, MDR 1998, 1049 (Fn. 162).

167 BGH (Fn. 158).

168 BGH (Fn. 158).

In dieser Weise pfändbar ist der Gesellschaftsanteil auch dann, wenn ein **Grundstück**, ein grundstücksgleiches Recht oder ein Grundpfandrecht (Hypothek oder Grundschuld) zum Gesellschaftsvermögen gehören. Ein Grundstück ist ein Einzelgegenstand des Gesellschaftsvermögens. In der Verfügung über das zum Gesellschaftsvermögen gehörende Grundstück sind die Gesellschafter durch die Anteilspfändung nicht gehindert[169]; denn die Anteilspfändung gibt dem Gläubiger weder die Stellung noch die Rechte eines Gesellschafters, sie sichert ihm nur die Befriedigung aus dem Auseinandersetzungsguthaben. Daher kann die Pfändung nicht zum Schutz des Gläubigers gegen Verfügungen der Gesellschafter (oder auch nur des nach § 714 BGB vertretenden Gesellschafters) berichtigend in das Grundbuch eingetragen werden[170]. **E.118**

Die Pfändung des Schuldneranteils am Gesellschaftsvermögen ist auch zulässig, wenn die Anteilsübertragung im Gesellschaftsvertrag von der Zustimmung der übrigen Gesellschafter abhängig gemacht ist[171]. **E.119**

Der gepfändete Schuldneranteil am Gesellschaftsvermögen kann nur zur Einziehung überwiesen werden[172] (siehe auch Rdn. E.135). **E.120**

2.17.1.2. Wirkungen der Pfändung

Der Gläubiger rückt mit der Pfändung nicht als Mitberechtigter in das Gesellschaftsverhältnis ein. Das Gesellschaftsverhältnis beruht vielmehr auf einem obligatorischen Vertrag, der als solcher schuldrechtliche Rechtsbeziehungen nur zwischen den einzelnen Gesellschaftern schafft. Der Eintritt eines Gläubigers als Dritter in die Gesellschaft ist mit ihrem Wesen unvereinbar. Die Pfändung gibt dem Gläubiger daher weder die Stellung noch die Rechte eines Gesellschafters[173]. Solange die Gesellschaft besteht, kann der Gläubiger deshalb die seinem Schuldner aus **E.121**

---

169 BGH, MDR 2016, 1472 = Rpfleger 2017, 102; BayObLGZ 1990, 306 (311) = NJW-RR 1991, 361 = Rpfleger 1991, 58; OLG Stuttgart, OLGR 2000, 151.

170 BGH, MDR 2016, 1272 = Rpfleger 2017, 19; OLG Hamm, DNotZ 1987, 357 = NJW-RR 1987, 723 = OLGZ 1987, 175 = Rpfleger 1987, 196 (in Klarstellung zu OLG Hamm, JurBüro 1977, 875 = DNotZ 1977, 376 = OLGZ 1977, 283 = Rpfleger 1977, 136); OLG Düsseldorf, NJW-RR 2004, 1111 = RNotZ 2004, 230 = Rpfleger 2004, 417; OLG Stuttgart (Fn. 169) (ein Verfügungsverbot kann auch nicht im Wege der einstw. Verfügung eingetragen werden); OLG Zweibrücken, JurBüro 1982, 1427 = OLGZ 1982, 406 = Rpfleger 1982, 413; OLG Dresden, SeuffA 64, 248; LG Hamburg, Rpfleger 1982, 142 (unter Hinweis auf gleiche Ansicht des OLG Hamburg im Beschluss v. 11.12.1979); LG Hamburg, JurBüro 1988, 788 mit Anm. Mümmler; LG Stuttgart, BWNotZ 1985, 162; AG Ahrensburg, JurBüro 1964, 844 = SchlHA 1964, 197; Schöner/Stöber, Grundbuchrecht, Rdn. 1674; Schuschke/Walker, Vollstreckung, § 859 Rdn. 4; Musielak/Becker, ZPO, § 859 Rdn. 4; Wieczorek/Schütze/Lüke, ZPO, § 859 Rdn. 10; Keller, Rpfleger 2000, 201 (204); **a.A.** KG, DNotV 1928, 575 = HRR 1927 Nr. 2181; Güthe/Triebel, GBO, 6. Aufl., S. 1843; außerdem Rupp und Fleischmann, Rpfleger 1984, 233: wenn der Gesellschaftsvertrag die freie Übertragbarkeit des Anteils vorsieht; diese BGB-Gesellschaft ist in pfändungsrechtlicher Hinsicht einer Erbengemeinschaft gleichzustellen.

171 OLG Köln (Fn. 164); Furtner, MDR 1965, 613; siehe auch Rdn. A.18.

172 Schmidt, JR 1977, 177 (179).

173 BGH (Fn. 169); RGZ 60, 126 (131); OLG Hamm, DNotZ 1987, 357 (Fn. 170); OLG Celle, OLGR 1996, 236.

seiner Stellung als Gesellschafter zustehenden Rechte (damit auch Verwaltungs- und Auskunftsrechte[174]) allein, neben oder zusammen mit diesem nicht ausüben (Ausnahme: § 725 Abs. 2 BGB, siehe Rdn. E.123). Der Gläubiger kann daher kein Stimmrecht ausüben[175], Bücher nicht einsehen oder prüfen und Rechnungslegung nicht verlangen[176]; er hat auch kein Recht auf Mitwirkung bei der Gewinnfeststellung. Alle Gesellschafterrechte (z.B. das Mitverwaltungsrecht, das Recht auf Vertretung und Geschäftsführung oder die Mitwirkung bei ihr, §§ 709 ff. BGB, das Widerspruchsrecht des § 711 BGB, das Nachprüfungsrecht, § 716 BGB) werden vielmehr auch nach der Pfändung wie bisher nur von den Gesellschaftern allein ausgeübt (Ausnahme: § 725 Abs. 2 BGB, siehe Rdn. E.123). Die Gesellschafter können daher ungeachtet des Verfügungsverbots im Pfändungsbeschluss über das Gesellschaftsvermögen weiter verfügen (s. Rdn. E.118).

E.122 Da der Gläubiger nicht die Stellung eines Gesellschafters erlangt, ergeben sich für ihn auch nicht die Pflichten eines solchen. Er kann daher insbesondere nicht mit einer Haftung für Gesellschaftsschulden belastet werden[177].

E.123 Ausnahmsweise ist es, solange die Gesellschaft besteht, dem Gläubiger erlaubt, den Anspruch seines Schuldners auf den **Gewinnanteil** (§§ 721, 722 BGB) geltend zu machen (§ 725 Abs. 2 BGB). Die Höhe des Gewinnanteils bestimmt sich nach den zur Zeit der Pfändung geltenden vertraglichen Abreden oder nach der gesetzlichen Regelung. Eine dem Gläubiger nachteilige Änderung dieser Grundlagen der Gewinnfeststellung würde gegen das in der Pfändung liegende Verfügungsverbot verstoßen, ohne Zustimmung des Gläubigers ihm gegenüber also nicht wirksam sein. Da der Gläubiger ein Recht auf Mitwirkung bei der Feststellung des Gewinns nicht hat, kann er nicht auf Gewinnfeststellung klagen, sondern erst nach der Gewinnfeststellung durch die Gesellschaft selbst den Anspruch des Schuldners geltend machen.

E.124 Der Anspruch auf den **Gewinnanteil** ist selbstständig abtretbar (§ 717 S. 2 BGB); er kann daher auch für sich **allein**, d.h. ohne gleichzeitigen Vollstreckungszugriff auf den Anteil am Gesellschaftsvermögen **gepfändet** werden. Diese Pfändung kann auch erfolgen, wenn der für das Geschäftsjahr auf den Schuldner als Gewinnanteil entfallende Betrag noch nicht festgestellt ist[178]. Hinfällig wird diese Pfändung jedoch mit (zulässiger) Übertragung des Geschäftsanteils des Schuldners (s. Rdn. E.198).

E.125 Die Pfändung des Schuldneranteils am Gesellschaftsvermögen sichert dem Gläubiger – abgesehen vom Anspruch auf den Gewinnanteil – **Befriedigung** aus demjenigen, was dem Gesellschafter bei der **Auseinandersetzung** zukommt[179].

---

174 BGHZ 116, 222 = MDR 1992, 294 = NJW 1992, 830 = Rpfleger 1992, 260 mit Anm. Hintzen = ZZP 105 (1992) 487 mit Anm. Brehm; OLG Celle (Fn. 173); kritisch Roth, ZGR 2000, 187 (196).

175 RGZ 157, 52 (55); RGZ 139, 224 (228); OLG Celle (Fn. 173).

176 RGZ 90, 20; OLG Celle (Fn. 173); siehe auch RGZ 52, 35; KG, OLG 33, 118.

177 RGZ 60, 126 (131).

178 Siehe RG, JW 1919, 933. Dazu auch OLG Celle (Fn. 164); Gewinnanteil an eingezogenem Mietzins.

179 RGZ 95, 231 (233); BGH, NJW-RR 2010, 924 Rdn. 15 = NZI 2010, 220. Bei der durch Vereinbarung der Gesellschafter schon aufgelösten Gesellschaft erfasst die Pfändung die Forderung auf eine vertraglich vereinbarte Abfindung, BGH (Fn. 159).

Um zu dieser Befriedigung zu kommen, muss der Gläubiger in der Lage sein, die Auseinandersetzung herbeizuführen. Daher erlaubt ihm § 725 Abs. 1 BGB die **Kündigung** der Gesellschaft ohne Einhaltung einer Kündigungsfrist. Als „Gläubiger eines Gesellschafters" (siehe § 725 Abs. 1 BGB) wird auch (in Analogie zu § 135 HGB) nur einem **Privatgläubiger** (siehe dazu Rdn. E.153) das Kündigungsrecht zugestanden[180]. Dem ist zu folgen, weil ein Gesellschaftsgläubiger nach § 736 ZPO unmittelbar in das Gesellschaftsvermögen vollstrecken kann und daher den außerordentlichen Rechtsbehelf des § 725 BGB nicht benötigt. Das verbietet jedoch nicht die Pfändung des Geschäftsanteils durch einen Gesellschaftsgläubiger[181]. Die Kündigung ist gegenüber allen Gesellschaftern – auch dem Schuldner gegenüber – auszusprechen, nicht nur gegenüber dem (den) geschäftsführenden Gesellschafter(n).

Voraussetzungen für die Ausübung des **Kündigungsrechts** durch den Gläubiger sind die Überweisung des gepfändeten Anteils[182] und die endgültige (nicht bloß vorläufige) Vollstreckbarkeit des Schuldtitels[183] im Augenblick der Kündigung (nicht der Pfändung). **E.126**

Dass etwa der Gläubiger, der den Anteil nur gepfändet, nicht aber auch überwiesen bekommen hat, bei endgültiger Vollstreckbarkeit seines Titels zur Ausübung des Kündigungsrechts befugt wäre, kann nicht angenommen werden (keine Kündigung vor Überweisung, siehe Rdn. B.150). Denn nur die Überweisung berechtigt zur Geltendmachung der Rechte des Schuldners, d.h. zur alleinigen Verfolgung eines gepfändeten Rechts oder Anspruchs durch den Gläubiger[184]. Davon geht auch die Entstehungsgeschichte zu § 725 BGB aus, die zweifelsfrei zeigt, dass das Kündigungsrecht nur dem Gläubiger zustehen soll, der die Rechte des Gesellschafters pfänden und sich hat überweisen lassen[185]. Vor der Überweisung kann der Gläubiger Rechte aus der Pfändung daher praktisch nicht verwirklichen. Er hat **E.127**

---

180 BGB-RGRK/v. Gamm, § 725 Rdn. 4; MünchKomm/Schäfer, BGB, § 725 Rdn. 16; Roth, ZGR 2000, 187 (194); Schönle, NJW 1966, 1798. Zum Kündigungsrecht des Gesellschafters, der zugleich Privatgläubiger ist, siehe BGB-RGRK/v. Gamm wie vorst. sowie BGHZ 51, 87.

181 **A.A.** Noack, MDR 1974, 811 (813 li.Sp). Auch der Ausschluss des Kündigungsrechts des Gläubigers eines nur vorläufig vollstreckbaren Titels (s. § 725 Abs. 1 BGB) zeigt schon, dass Pfändungsmöglichkeit und Kündigungsrecht nicht gleichgestellt werden können. Für den Gesellschaftsgläubiger, der zugleich einen Titel gegen einen der Gesellschafter hat, folgt die Notwendigkeit zur Anteilspfändung bereits aus dem sich damit ergebenden Recht auf den Gemeinschaftsanteil (§ 725 Abs. 2 BGB) und auf das Auseinandersetzungsguthaben.

182 Das ist auch in § 135 HGB ausdrücklich verlangt; ein sachlicher Unterschied ergibt sich aus dem anderen Wortlaut des § 725 BGB nicht. Wie hier Wieczorek/Schütze/Lüke, ZPO, § 859 Rdn. 12. **A.A.** Stein/Jonas/Würdinger, ZPO, § 859 Rdn. 5; Schuschke/Walker, Vollstreckung, § 859 Rdn. 6; BGB-RGRK/v. Gamm, § 725 Rdn. 3; MünchKomm/Schäfer, BGB, § 725 Rdn. 13; Furtner, MDR 1965, 613 Fn. 19, der allerdings bei Arrestpfändung das Kündigungsrecht ausschließt.

183 Auch ein rechtskräftiges Vorbehaltsurteil erlaubt Kündigung nicht, LG Lübeck, NJW-RR 1986, 836 = Rpfleger 1986, 315; Furtner, MDR 1965, 613; Wieczorek/Schütze/Lüke, ZPO, § 859 Rdn. 12; Stein/Jonas/Würdinger, ZPO, § 859 Rdn. 5; **a.A.** BGB-RGRK/v. Gamm, § 725 Rdn. 3.

184 Siehe Stöber, Rpfleger 1963, 339.

185 Siehe Stöber (Fn. 184); **a.A.** Musielak/Becker, ZPO, § 859 Rdn. 4.

nur Anspruch darauf, dass der Gewinnanteil und – bei einer ohne sein Zutun herbeigeführten Auflösung der Gesellschaft – das in der Auseinandersetzung auf den Schuldner fallende Guthaben hinterlegt werden.

E.128 Auf Grund eines bloß vorläufig vollstreckbaren Schuldtitels ist die Kündigung nicht erlaubt worden, weil sie einen nicht wieder rückgängig zu machenden Eingriff in die Rechtslage des Schuldners als Gesellschafter enthält und die Gesellschaft endgültig zum Erlöschen bringt[186].

E.129 Durch die Kündigung wird die **Gesellschaft aufgelöst**, wenn nicht der Gesellschaftsvertrag bestimmt, dass nur der Schuldner als Gesellschafter ausscheiden, die Gesellschaft aber unter den übrigen Gesellschaftern fortgesetzt werden soll (Fortsetzungsklausel; § 736 BGB). Scheidet der Schuldner aus, so wächst sein Anteil am Gesellschaftsvermögen den übrigen Gesellschaftern an[187]. Diese sind verpflichtet, dem Schuldner dasjenige zu zahlen, was er bei der Auseinandersetzung erhalten hätte (§ 738 BGB). Dieser **Zahlungsanspruch** ist mit dem Pfändungspfandrecht belastet, kann daher nicht an den Schuldner erfüllt, sondern nur an den einziehungsberechtigten Gläubiger geleistet oder (bei fehlender Überweisung) für Gläubiger und Schuldner gemeinsam hinterlegt werden. Durch Gläubigerbefriedigung nach Kündigung kommen die Wirkungen der Auflösung der Gesellschaft nicht in Wegfall. Die Gesellschafter können jedoch – ohne Mitwirkung des befriedigten Gläubigers – die Fortsetzung der Gesellschaft beschließen.

E.130 Wird die Gesellschaft mit Kündigung **aufgelöst**, so findet in Ansehung des Gesellschaftsvermögens die **Auseinandersetzung** unter den Gesellschaftern statt (§ 730 BGB). Diese erfolgt nach den zur Zeit der Pfändung geltenden Bestimmungen, die von den Gesellschaftern allein nicht zum Nachteil des Gläubigers abgeändert werden können[188].

E.131 Auch im **Stadium der Liquidation** ist der Gläubiger nicht in das Gesellschaftsverhältnis eingerückt[189]. Der Gläubiger kann jedoch (nach Überweisung zur Einziehung) das Recht des Schuldners als Gesellschafter auf Durchführung der (aus Gesetz oder Gesellschaftsvertrag abzuleitenden) Auseinandersetzung ausüben[190]. Verwaltet die BGB-Gesellschaft nur einen einzigen Vermögensgegenstand, so kann der Gläubiger nach Kündigung auch unmittelbar auf Duldung der öffentlichen Veräußerung des Gegenstandes und Auszahlung des dem Gesellschafter-Schuldner nach Berichtigung der Gesellschaftsschulden gebührenden Anteils am Reinerlös klagen, wenn die übrigen Gesellschafter ihrerseits keine bessere Art der Verwertung anbieten oder sich jeder Auseinandersetzung widersetzen[191].

E.132 Zur Auseinandersetzung kann der Gläubiger (nach Überweisung zur Einziehung) auch die **Teilungsversteigerung** eines den Gesellschaftern gehörenden

---

186 Protokolle zum BGB, Band II S. 438.

187 Auch zwischen nur zwei Gesellschaftern kann vereinbart sein, dass bei Pfändung dem anderen Gesellschafter das Recht zustehen soll, das Gesellschaftsvermögen mit den dargelegten Folgen zu übernehmen.

188 RGZ 90, 19 (20).

189 RGZ 95, 231 (233 f.).

190 BGH (Fn. 174) in Abweichung von RGZ 95, 231 (233); dazu siehe auch 9. Aufl. Rdn. 1572.

191 BGH (Fn. 174).

Grundstücks beantragen[192]. Ob der Gläubiger den Antrag auf Teilungsversteigerung eines Gesellschaftsgrundstücks stellen kann, war lange Zeit streitig[193]; nun wird das Antragsrecht durchweg bejaht[194]; es folgt aus der Befugnis des Gläubigers (dessen Schuldtitel nicht bloß vorläufig vollstreckbar ist, § 725 Abs. 1 BGB), das Recht des Schuldners als Gesellschafter auf Durchführung der Auseinandersetzung auszuüben (Rdn. E.131). Dass im Einzelfall das Aufhebungsverlangen und damit das vom Gläubiger ausgeübte Antragsrecht ausgeschlossen sind, müssen die Mitglieder der aufgelösten BGB-Gesellschaft im Prozessweg mit Widerspruchsklage geltend machen[195]. Das kann der Fall sein, wenn die Gesellschaft einen umfassenden Zweck und vielerlei Vermögen hat und damit für die Auseinandersetzung unterschiedliche Möglichkeiten bleiben[196]; dann ist die Teilung in Natur und damit die Teilungsversteigerung des Gesellschaftsgrundstücks (§ 731 mit § 753 BGB) nicht der gesetzlich vorrangige Weg der Auseinandersetzung. Auch wenn das Grundstück einziger Vermögensgegenstand der Gesellschaft ist, kann die öffentliche Versteigerung nicht ohne weiteres erstrebt werden[197].

Die Veräußerung des gepfändeten Gesellschaftsanteils (§ 857 Abs. 5 ZPO) verbietet sich, wenn der Anteil selbst unübertragbar ist (§ 719 Abs. 1 BGB). Ist die Übertragbarkeit des Gesellschaftsanteils jedoch vereinbart und nicht an die Zustimmung der übrigen Gesellschafter geknüpft, so kann auch die Veräußerung nach § 857 Abs. 5 ZPO angeordnet werden[198]. **E.133**

Kündigung und Auseinandersetzungsmaßnahmen des Gläubigers können, wenn alleiniger weiterer Gesellschafter der Ehegatte des Schuldners ist, nicht unter Berufung auf § 1365 BGB verhindert werden[199]. **E.134**

Die **Veräußerung** des Gesellschaftsanteils des Schuldners nach § 844 ZPO und **Überweisung an Zahlungs statt** zum Nennwert[200] verbieten sich. Die Anteilsveräußerung wäre eine Verfügung über die Gesellschafterstellung des Schuldners. Pfändbar sind jedoch nicht dessen Gesellschafterrechte, sondern sein „Anteil am Gesellschaftsvermögen“ (§ 859 Abs. 1 ZPO). Die Anteilsveräußerung würde zudem Eingriff in das bestehende Vertragsverhältnis aller Gesellschafter, mithin deren Zustimmung erfordern. Eine Anteilsveräußerung kommt sonach auch für den **E.135**

---

192 Offengelassen von BGH (Fn. 174).

193 Wurde bislang verneint von LG Hamburg, JurBüro 1983, 304 = MDR 1982, 1028 = Rpfleger 1983, 35 mit abl. Anm. Behr; LG Hamburg, Rpfleger 1989, 519 (s. nun aber Fn. 194); LG Lübeck, NJW-RR 1986, 836 = Rpfleger 1986, 315 (nicht als Gläubiger eines Wechsel-Vorbehaltsurteils); Mümmler, JurBüro 1990, 308; hier in 10. Aufl. (diese Ansicht ist aufgegeben).

194 LG Hamburg, Rpfleger 2002, 532 (in Abweichung von früherer Rechtsprechung [zu dieser Fn. 193]); LG Konstanz, NJW-RR 1987, 1023 = Rpfleger 1987, 427; Hintzen, Rpfleger 1992, 262 (Anmerkung); Zöller/Herget, ZPO, § 859 Rdn. 4; Musielak/Becker, ZPO, § 859 Rdn. 4; Stöber/Kiderlen, ZVG, § 180 Rdn. 202; auch Wieczorek/Schütze/Lüke, ZPO, § 859 Rdn. 15.

195 Stöber/Kiderlen, ZVG, § 180 Rdn. 202, § 181 Rdn. 6.

196 BGH (Fn. 174).

197 BGH (Fn. 174).

198 BGH (Fn. 179) Rdn. 15; Furtner, MDR 1965, 613; Wieczorek/Schütze/Lüke, ZPO, § 859 Rdn. 17.

199 OLG Hamburg, MDR 1970, 419.

200 Ebenso Schmidt, JR 1977, 177 (179); siehe schon Rdn. E.120.

Schuldner, der mit einer schon im Gesellschaftsvertrag niedergelegten Zustimmung aller anderen Gesellschafter von diesen ermächtigt ist, eine mit Abtretung seines Gesellschaftsanteils verbundene Änderung des Gesellschaftsvertrags vorzunehmen[201], dem Abschluss eines Rechtsgeschäfts gleich. Wegen der höchstpersönlichen Natur des Schuldnerrechts auf Abschluss eines Rechtsgeschäfts (Rdn. A.138; hier: Änderung des Gesellschaftsvertrags zur Anteilsabtretung) könnte daher auch in einem solchen Sonderfall die Schuldnererklärung nicht durch Zwangsvollstreckungsmaßnahme ersetzt werden. Dies schließt zugleich, zumal der gepfändete „Anteil am Gesellschaftsvermögen" keinen Nennwert hat, die Überweisung an Zahlungs statt aus.

2.17.1.3. Pfändbare Einzelansprüche

E.136 Selbstständig können abgetreten und daher auch gepfändet werden als dem Schuldner aus dem Gesellschaftsverhältnis zustehende Einzelansprüche (siehe § 717 BGB)

- die Ansprüche des Schuldners aus **Geschäftsführung,**
- der Anspruch auf den **Gewinnanteil** (siehe Rdn. E.124),
- der (künftige) Anspruch auf das **Auseinandersetzungsguthaben**, d.h. dasjenige, was dem Schuldner als Gesellschafter bei der Auseinandersetzung nach Auflösung der Gesellschaft oder bei Ausscheiden zukommt.

Wegen der Ansprüche aus Geschäftsführung siehe Rdn. E.139; zum Gewinnanteil Rdn. E.124. Der Anspruch auf das Auseinandersetzungsguthaben ist Vermögensrecht des Gesellschafters. Abgetreten, damit ebenso gepfändet, werden kann dieser Anspruch als künftige[202] Forderung bereits vor seiner Entstehung mit Auflösung der Gesellschaft oder dem Ausscheiden des Gesellschafters (s. Rdn. E.198). Dessen Pfändung gibt aber dem Gläubiger keine Rechte auf den Gewinnanteil, sondern nach dem Rdn. E.125 Gesagten nur einen Anspruch auf Befriedigung aus demjenigen, was dem Schuldner bei der Auseinandersetzung zukommt. Die Pfändung des Auseinandersetzungsguthabens schließt auch das Recht ein, die Auseinandersetzung durch Kündigung herbeizuführen[203]. Hinfällig wird die Pfändung des Auseinandersetzungsguthabens jedoch, wenn der Gesellschafter seine Gesellschafterbeteiligung auf einen Dritten überträgt, bevor der Auseinandersetzungsanspruch in seiner Person entstanden ist[204] (s. Rdn. E.198). Der Auseinandersetzungsanspruch kann dann nur noch in der Person des Zessionars entstehen; eine Vorausabtretung und ebenso die Pfändung des künftigen Anspruchs ist damit ins Leere gegangen.

---

201 Dazu BGHZ 13, 179 (184) = NJW 1954, 1155 (1156); wiederholt BayObLG, zuletzt BayObLGZ 1977, 76 = Rpfleger 1977, 212.

202 BGH, DNotZ 1989, 382 = MDR 1989, 144 = NJW 1989, 453; BGH, MDR 1997, 952 = NJW 1997, 3370 (3371).

203 Stein/Jonas/Würdinger, ZPO, § 859 Rdn. 9; Schmidt, JR 1977, 177 (181); **a.A.** Furtner, MDR 1965, 613; MünchKomm/Schäfer, BGB, § 725 Rdn. 6, 14 m.w.N.

204 BGHZ 88, 205 = MDR 1984, 122 = NJW 1984, 492; BGHZ 104, 351 = DNotZ 1989, 380 = GmbHR 1989, 71 = JZ 1989, 252 mit Anm. Münzberg = MDR 1989, 143 = NJW 1989, 458 (je für GmbH); BGH, MDR 1997, 952 (Fn. 202).

2.17.1.4. Rang mehrerer Pfändungen, Pfändung und Abtretung

Unter mehreren Gläubigern hat der früher pfändende Vorrang (siehe Rdn. B.462). Das vorrangige Pfandrecht am Gesellschaftsanteil besteht für die Auseinandersetzung auch gegenüber solchen Gläubigern, die später den Anspruch auf Herausgabe (oder Abtretung) der dem Schuldner nach dem Auseinandersetzungsbeschluss zustehenden Sachen oder Rechte gepfändet haben[205]. Hat der zuerst vollstreckende Gläubiger einen dem Gesellschaftsanteil entspringenden, bereits entstandenen Einzelanspruch (z.B. nur den Anspruch aus Geschäftsführung) gepfändet, so beschränkt sich sein Pfandrecht und damit auch sein Vorrang auf diesen Einzelanspruch. Dem Gläubiger, der nur das Auseinandersetzungsguthaben pfändet, stehen die Gewinnanteile des Schuldners nicht zu. Wird zuerst der Auseinandersetzungsanspruch abgetreten und dann von einem Gläubiger des Gesellschafters dessen Geschäftsanteil gepfändet, dann erwirbt der Zessionar die Forderung auf das Auseinandersetzungsguthaben belastet mit dem Pfändungspfandrecht[206]. Zum Zusammentreffen einer Vorausverfügung über den (künftigen) Anspruch auf das Auseinandersetzungsguthaben mit einer Pfändung des Schuldneranteils am Gesellschaftsvermögen s. auch das Rdn. E.198 Gesagte. Derjenige, dem der Auseinandersetzungsanspruch abgetreten worden ist, geht demjenigen, der später denselben Anspruch pfänden ließ, vor[207]. E.137

2.17.1.5. Ablösungsrecht; Aufwendungsersatz

Die Mitgesellschafter des Schuldners laufen bei Pfändung Gefahr, durch Kündigung ihre Gesellschafterrechte zu verlieren. Sie sind daher nach § 268 BGB berechtigt, durch Befriedigung des Gläubigers die Auflösung der Gesellschaft abzuwenden[208]. E.138

Wegen der Einziehung eines Gesellschaftsanteils für den Fall der Pfändung siehe Rdn. E.190.

Der Anspruch des Schuldners auf **Aufwendungsersatz** als Geschäftsführer (§§ 713, 670 BGB) kann, soweit er eine Vergütung für Dienstleistungen enthält, Arbeitseinkommen sein und als solches dem Pfändungsschutz der §§ 850 ff. ZPO unterliegen. Dem Pfändungsschutz für Arbeitseinkommen unterliegt insbesondere die Vergütung, die einem Gesellschafter für seine Tätigkeit in der Gesellschaft unabhängig vom Gewinn gewährt wird. E.139

Zur Innengesellschaft siehe Rdn. E.175.

---

205 RGZ 67, 331.
206 OLG Köln (Fn. 164).
207 RGZ 60, 130.
208 Zöller/Herget, ZPO, § 859 Rdn. 4; Musielak/Becker, ZPO, § 859 Rdn. 4; Clasen, NJW 1965, 2141 (2142); Furtner, MDR 1965, 613 (615); K. Schmidt, JR 1977, 177 (178); offengelassen von BGH (Fn. 158).

E.140 **Formulierungsvorschlag (Anteil):**

Gepfändet werden der angebliche Anteil des Schuldners als Gesellschafter an dem Gesellschaftsvermögen der mit folgenden weiteren Personen: … – als Gesellschafter Drittschuldner – bestehenden Gesellschaft bürgerlichen Rechts (§ 705 BGB): … – als Gesamthand Drittschuldnerin – sowie der Anspruch des Schuldners gegen diese Drittschuldner auf die ihm als Gesellschafter aus seiner Geschäftsführung zustehenden Leistungen;

E.141 **Formulierungsvorschlag (Einzelansprüche):**

Gepfändet werden die angeblichen Ansprüche des Schuldners als Gesellschafter der mit folgenden weiteren Personen: … – als Gesellschafter Drittschuldner – bestehenden Gesellschaft bürgerlichen Rechts (§ 705 BGB): … – als Gesamthand Drittschuldner –

- *auf fortlaufende Zahlung des Gewinnanteils,*
- *auf das Auseinandersetzungsguthaben,*
- *auf Zahlung der ihm als Gesellschafter aus seiner Geschäftsführung zustehenden Leistungen.*

2.17.2. Offene Handelsgesellschaft

E.142 **Schrifttum:** Clasen, Vollstreckungs- und Kündigungsrecht des Gläubigers einer OHG gegen Gesellschaft und Gesellschafter, NJW 1965, 2141; Muth, Übertragbarkeit und Pfändbarkeit des Kapitalentnahmeanspruchs von Personenhandelsgesellschaftern, DB 1984, 1761; Roth, Pfändung und Verpfändung von Gesellschaftsanteilen, ZGR 2000, 187 (205–212); Schönle, Zur Haftung des OHG-Gesellschafters für Gesellschaftsverbindlichkeiten, NJW 1966, 1797; Wertenbruch, Die Pfändung von „überziehbaren" Gesellschafterkonten und Entnahmerechten bei der Personengesellschaft, Festschr. Gerhardt (2004) S. 1078; Winnefeld, Übertragung und Pfändung des Kapital-Entnahmeanspruchs i.S. des § 122 Abs. 1 HGB, DB 1977, 897; siehe außerdem die bei Rdn. E.113, E.185 Genannten.

E.143 Die offene Handelsgesellschaft ist eine Sonderform der Gesellschaft des bürgerlichen Rechts (§ 105 HGB). Sie unterliegt daher mit den im HGB geregelten Besonderheiten dem Gesellschaftsrecht des BGB. Somit gilt weitgehend das Rdn. E.114 ff. Gesagte entsprechend. Ergänzend ist zu sagen:

E.144 Zur Zwangsvollstreckung in das **Gesellschaftsvermögen** ist ein gegen die Gesellschaft gerichteter Schuldtitel erforderlich (§ 124 Abs. 2 HGB). Aus diesem Vollstreckungstitel findet die Zwangsvollstreckung gegen die persönlich haftenden Gesellschafter (§ 128 HGB) nicht statt (§ 129 Abs. 4 HGB). Der gegen die Gesellschaft erwirkte Vollstreckungstitel kann auch nicht auf die haftenden Gesellschafter umgeschrieben werden; gegen sie ist vielmehr eine neue Klage nötig.

E.145 Der **Anteil eines Gesellschafters am Gesellschaftsvermögen** der offenen Handelsgesellschaft kann von seinen Gläubigern nach § 857 (mit § 859 Abs. 1), § 829 ZPO gepfändet werden[209], und zwar auch dann, wenn er einen nur vorläufig voll-

---

209 Zum Teil abweichend nur Furtner, MDR 1965, 613, der § 859 ZPO nicht für anwendbar und daher mangels abweichender Vereinbarung den nach gesetzlicher Regel unübertragbaren Anteil am Gesellschaftsvermögen nicht für pfändbar hält.

streckbaren Titel vollstreckt[210]. Diese Pfändung erstreckt sich auf dasjenige, was dem (ausscheidenden, Rdn. E.156) Schuldner bei der Auseinandersetzung zukommt[211]. Da jedoch § 135 HGB das Kündigungsrecht von der Pfändung des **Auseinandersetzungsguthabens** abhängig macht, wird dieses neben dem Gesellschaftsanteil oft ausdrücklich mitgepfändet. Für notwendig ist diese vorsorgliche Pfändung nicht zu erachten, weil dem Gläubiger das Kündigungsrecht unabhängig davon zusteht, ob er den Anspruch auf das Auseinandersetzungsguthaben selbstständig oder durch den Zugriff auf das umfassendere Mitgliedschaftsrecht gepfändet hat.

Drittschuldner ist nach Ansicht des BGH[212] die „Gesamthand", somit die Gesellschaft[213] (Rdn. E.117). Durch die Zustellung des Pfändungsbeschlusses an die Gesellschaft (vertreten durch ihren bzw. ihre geschäftsführenden Gesellschafter, siehe Rdn. E.117) wird die Pfändung demnach bewirkt. Dennoch ist es ratsam, sowohl die Gesellschaft als auch die übrigen Gesellschafter persönlich als Drittschuldner zu behandeln (s. Rdn. E.117). Der Erlass des Zahlungsverbots auch gegen alle übrigen Gesellschafter persönlich als Drittschuldner ist zulässig, wenn man (mit dem BGH) annimmt, dass die Zustellung an alle Gesellschafter in jedem Fall eine wirksame Pfändung bewirkt. E.146

Zu den von der Pfändung des Gesellschaftsanteils **nicht erfassten**, weil unübertragbaren Ansprüchen gehören insbesondere das Geschäftsführungs- und Vertretungsrecht (§§ 114, 116, 125, 126 HGB), das Widerspruchsrecht (§ 115 HGB), das Antragsrecht auf Entziehung der Befugnis zur Geschäftsführung (§ 117 HGB), das Recht auf Unterrichtung, Einsicht der Handelsbücher und Papiere oder Anfertigung einer Bilanz (§ 118 HGB) sowie das Stimmrecht (§ 119 HGB). E.147

Die Pfändung des Gesellschaftsanteils erfasst das Recht auf die **Gewinnanteile**. Der schuldrechtliche Anspruch auf den Gewinnanteil kann auch selbstständig gepfändet werden (Rdn. E.124). Von der Anteilspfändung erfasst wird auch der Gewinn-Entnahmeanspruch des § 122 Abs. 1 HGB; er kann gleichfalls selbstständig gepfändet werden[214]. Nicht von der Anteilspfändung erfasst und nicht selbstständig pfändbar ist der Kapital-Entnahmeanspruch nach § 122 Abs. 1 HGB[215]. E.148

Die Pfändung des Gesellschaftsanteils erstreckt sich insbesondere aber auf dasjenige, was dem (ausscheidenden, Rdn. E.156) Schuldner bei der **Auseinandersetzung** zukommt. E.149

---

210 BGH, MDR 1983, 32 = NJW 1982, 2773. Die Pfändung selbst ist von den Voraussetzungen des § 135 HGB nicht abhängig (Stein/Jonas/Würdinger, ZPO, § 859 Rdn. 13). Der Nachweis der fruchtlosen Vollstreckung kann für Erlass des Pfändungsbeschlusses daher nicht verlangt werden.

211 Zur Auslegung bei Pfändung des Geschäftsanteils siehe BGH (Fn. 158).

212 BGH (Fn. 158).

213 So auch Schuschke/Walker, Vollstreckung, § 859 Rdn. 9, Wieczorek/Schütze/Lüke, ZPO, § 859 Rdn. 20; Schmidt, JR 1977, 177 (178 f.); Noack (für Kommanditgesellschaft), DB 1973, 1158; offengelassen von BGH, JurBüro 1972, 125 = NJW 1972, 259; **a.A.** Mümmler, JurBüro 1982, 1607 (1614); Wertenbruch, Festschr. Gerhardt (2004), 1077 (1086).

214 Stein/Jonas/Würdinger, ZPO, § 851 Rdn. 14; Wertenbruch (Fn. 213); auch RGZ 67, 13 (18).

215 RGZ 67, 15; RG, Recht 1908 Nr. 58; **a.A.** jedoch Winnefeld, DB 1977, 897; Muth, DB 1986, 1761; hierzu auch Stein/Jonas/Würdinger, ZPO, § 851 Rdn. 14.

E.150 Eine Veräußerung des Anteils und seine Überweisung an Zahlungs statt sind nicht zulässig (siehe Rdn. E.135).

E.151 Das **Kündigungsrecht** ist dem Gläubiger in Anlehnung an § 725 BGB durch die Bestimmung des § 135 HGB eingeräumt. Die Vorschrift lautet:

§ 135 HGB

Hat ein Privatgläubiger eines Gesellschafters, nachdem innerhalb der letzten sechs Monate eine Zwangsvollstreckung in das bewegliche Vermögen des Gesellschafters ohne Erfolg versucht ist, auf Grund eines nicht bloß vorläufig vollstreckbaren Schuldtitels die Pfändung und Überweisung des Anspruchs auf dasjenige erwirkt, was dem Gesellschafter bei der Auseinandersetzung zukommt, so kann er die Gesellschaft ohne Rücksicht darauf, ob sie für bestimmte oder unbestimmte Zeit eingegangen ist, sechs Monate vor dem Ende des Geschäftsjahrs für diesen Zeitpunkt kündigen.

E.152 Der Gläubiger soll mithin auf das Gesellschaftsverhältnis nicht einwirken können, solange nicht endgültig feststeht, dass ihm der Schuldner zahlen muss, und offenkundig ist, dass er kein bewegliches Vermögen hat, um seine Schulden zu begleichen[216]. Kündigen kann der Privatgläubiger des Schuldners, wenn der Pfändungs- und Überweisungsbeschluss im **Kündigungszeitpunkt** auf einem rechtskräftigen (sonst endgültig vollstreckbaren, § 794 ZPO) Schuldtitel beruht und nicht früher als sechs Monate, bevor das der Fall ist, erfolglos die Zwangsvollstreckung ins bewegliche Vermögen des Schuldnergesellschafters versucht worden ist. Das ist nicht schon der Fall, wenn der Schuldner vom Gerichtsvollzieher in seiner Wohnung (wiederholt) nicht angetroffen wurde oder deren Durchsuchung (§ 758 ZPO) verweigert hat. Auf die Reihenfolge – Vollstreckungsversuch – Rechtskraft des Schuldtitels – Pfändungs- und Überweisungsbeschluss – kommt es nicht an[217]. Der fruchtlose Vollstreckungsversuch innerhalb der letzten sechs Monate wegen einer Geldforderung braucht nicht von dem pfändenden Gläubiger unternommen worden sein; er kann auch von einem anderen Privatgläubiger des Schuldners betrieben worden sein. Auch die ergebnislose Vollstreckung auf Grund eines nur vorläufig vollstreckbaren Schuldtitels genügt.

E.153 Privatgläubiger ist, wer unabhängig von dem Gesellschaftsverhältnis einen Anspruch gegen den Schuldner hat[218], also nicht der Gesellschaftsgläubiger, der den Schuldner als Gesellschafter für eine Verbindlichkeit der Gesellschaft persönlich in Anspruch nimmt[219]. Auch ein Gesellschafter, der einen außergesellschaftlichen Anspruch gegen einen Mitgesellschafter hat, kann wie ein anderer Privatgläubiger unter den Voraussetzungen des § 135 HGB die Gesellschaft kündigen; jedoch kann er im Einzelfall wegen der gesellschaftlichen Treuepflicht auch gehalten sein, seine privaten Interessen zurückzustellen[220]. Privatgläubiger in diesem Sinne ist auch der Mitgesellschafter als Gläubiger eines Kostenanspruchs, weil die Kostenpflicht des Unterliegenden auch in Verfahren über gesellschaftsrechtliche Ansprüche unabhängig vom Gesellschaftsverhältnis entsteht[221]. Der Gesellschaftsgläubiger kann

216 BGH (Fn. 210).
217 BGH (Fn. 210); OLG Düsseldorf, BB 1981, 2028 = DB 1981, 2600.
218 BGHZ 51, 84.
219 Clasen, NJW 1965, 2141 (2142).
220 BGHZ 51, 84.
221 BGH, DB 1978, 1396 = WM 1978, 675.

bei der Vollstreckung gegen den persönlich haftenden Gesellschafter zwar dessen Anteil pfänden, von den dem Gläubiger nach der Pfändung zustehenden Rechten das Kündigungsrecht aber nicht ausüben[222].

Zugestanden wird das Kündigungsrecht auch einem nachrangig pfändenden E.154
Gläubiger.

Dem Gläubiger des OHG-Gesellschafters steht kein **fristloses Kündigungs-** E.155
recht, sondern nur das Recht zu, die Gesellschaft sechs Monate vor dem **Ende des Geschäftsjahres**[223] für diesen Zeitpunkt aufzukündigen. Aufschluss darüber, ob das Geschäftsjahr dem Kalenderjahr gleich ist oder von ihm abweicht, kann der Gläubiger mit Auskunft des Schuldners nach § 836 Abs. 3 ZPO oder des Drittschuldners nach § 840 ZPO erlangen. Ist die vertraglich vereinbarte Kündigungsfrist kürzer, so kann sich auch der Gläubiger auf sie berufen[224]. Ausgesprochen werden muss die Kündigung gegenüber allen Gesellschaftern, also auch gegenüber dem Schuldner[225]. Die nur einem oder mehreren Gesellschaftern gegenüber erklärte Kündigung wird wirksam, sobald auch die darüber hinaus vorhandenen Gesellschafter (auch der Schuldner) von ihr Kenntnis erlangt haben[226]. Auch in dem Verlangen auf Zahlung des Auseinandersetzungsguthabens unter Hinweis auf den Pfändungs- und Überweisungsbeschluss kann eine Kündigung liegen[227].

Die Kündigung durch den Privatgläubiger führt (anders als bei der BGB-Ge- E.156
sellschaft) zum Ausscheiden des Schuldners als Gesellschafter (§ 131 Abs. 3 Nr. 4 HGB), und zwar auch dann, wenn nur ein Gesellschafter verbleibt[228] (§ 140 Abs. 1 S. 2 HGB, entspr. Anwendung). Eine abweichende vertragliche Regelung kann die Auflösung der Gesellschaft vorsehen[229].

Die für einen Gesellschafter auf **Privatkonto** (Darlehens- oder Verrechnungs- E.157
konto[230]) gebuchten Beträge bilden gewöhnliche Forderungen (Darlehensforderungen); sie gehören nicht zu den gesellschaftsrechtlichen Ansprüchen. Forderungen aus Guthaben auf Privatkonto können daher ohne Einschränkung gepfändet (abgetreten und verpfändet) werden[231]. Da die Pfändung sich nicht auf das Gesellschaft-Mitgliedschaftsrecht, sondern auf einen Anspruch gegen die Gesellschaft als

---

222 So zutreffend Schönle, NJW 1966, 1797; **a.A.** – Kündigungsrecht des Gesellschaftsgläubigers unter Freistellung von allen Beschränkungen des § 135 HGB – Clasen, NJW 1965, 2141.

223 Für das die 6-monatige Kündigungsfrist nach Entstehung des Kündigungsrechts (mit Wirksamwerden der Pfändung) noch nicht abgelaufen ist.

224 So auch Wieczorek/Schütze/Lüke, ZPO, § 859 Rdn. 20.

225 BGH, LM Nr. 7 zu § 142 HGB; BGH (Fn. 158).

226 BGH, MDR 1993, 431 = MittBayNot 1993, 221 = NJW 1993, 1002.

227 RG, Seufferts Archiv 98 Nr. 7. Wegen der Frage, ob die Kündigung mit Befriedigung des Gläubigers ihre Wirkung verliert, siehe RGZ 169, 153.

228 Wieczorek/Schütze/Lüke, ZPO, § 859 Rdn. 21.

229 Dazu Roth, ZGR 2000, 187 (208).

230 Zu diesem BGH, DB 1979, 1792; BGH, DB 1978, 877 = BB 1978, 630 = MDR 1978, 734 = NJW 1978, 1053 Leits.

231 S. BGH, MDR 1973, 296 = NJW 1973, 328 (329 unter 2): auch wenn das Privatkonto nur „gesellschaftsrechtliche Ansprüche“ enthält, ist dem Schuldner als Gesellschafter ein selbstständiges und übertragbares Forderungsrecht gegen die Gesellschaft erwachsen. Zum Privatkonto (zweiten Konto) des Kommanditisten Wertenbruch, Festschr. Gerhardt (2004), 1077 (1087).

solche erstreckt, ist diese Drittschuldner. Auch in diesem Falle wird der Gläubiger aber vorsorglich sowohl die Gesellschaft als auch die Gesellschafter persönlich als Drittschuldner behandeln (siehe Rdn. E.146).

E.158 **Formulierungsvorschlag:**

Gepfändet werden der angebliche Anteil des Schuldners als Gesellschafter an dem Gesellschaftsvermögen der offenen Handelsgesellschaft, deren Firma ist: ... – als Gesamthand Drittschuldnerin – und deren übrige Gesellschafter sind: ... – als Gesellschafter Drittschuldner – unter Einschluss des Auseinandersetzungsguthabens sowie

- *der Anspruch des Schuldners an diese Drittschuldner auf Auszahlung der von ihm der Gesellschaft darlehensweise oder auf Grund anderer Vereinbarung gegebenen oder belassenen Beträge, auch soweit sie auf Privatkonto gebucht sind, und*
- *der Anspruch des Schuldners an diese Drittschuldner auf die ihm als Geschäftsführer aus seiner Geschäftsführung zustehenden Leistungen.*

2.17.3. Kommanditgesellschaft

E.159 **Schrifttum:** Durchlaub, Haftung des Kommanditisten einer GmbH & Co. bei Einlagenrückzahlung, BB 1979, 143; Noack, Die Kommanditgesellschaft (KG) im Prozess und in der Vollstreckung (Abschn. III: Pfändung eines Geschäftsanteils), DB 1973, 1157.

E.160 Auf die Kommanditgesellschaft finden die für die offene Handelsgesellschaft geltenden Vorschriften weitgehend Anwendung (§ 161 Abs. 2 HGB). Für die Pfändung ergeben sich keine Besonderheiten. Siehe daher das Rdn. E.143 ff. Gesagte. Pfändbar sind die Ansprüche sowohl des Kommanditisten als auch die des Komplementärs. Drittschuldner[232] ist (entsprechend der Ansicht des BGH, dazu Rdn. E.117, E.146) die „Gesamthand", somit die Gesellschaft. Durch die Zustellung des Pfändungsbeschlusses an die Gesellschaft (vertreten durch ihren bzw. ihre geschäftsführenden Gesellschafter, siehe Rdn. E.117) wird die Pfändung demnach bewirkt. Es kann nur die Überweisung zur Einziehung erfolgen (siehe Rdn. E.135). Das Kündigungsrecht des Privatgläubigers (§ 135 HGB) besteht auch bei der Pfändung des Privatgläubigers eines Gesellschafters einer Kommanditgesellschaft (auch eines Kommanditisten). Aktiva für einen Kommanditisten und damit Befriedigungsmöglichkeiten für seine Gläubiger können sich z.B. infolge stiller Rücklagen, auch bei passivem Kapitalkonto, ergeben.

E.161 Der Anspruch einer Kommanditgesellschaft an einen ihrer Kommanditisten auf Zahlung der Kommanditeinlage kann – jedenfalls auf einen Gesellschaftsgläubiger – übertragen[233] und von Gesellschaftsgläubigern daher auch gepfändet werden[234]. Ebenso kann der Anspruch der Kommanditgesellschaft auf Zahlung der Komman-

---

232 Siehe auch BFHE 148, 432 = BB 1987, 466 = NJW 1987, 2703: wirksam jedenfalls mit Zustellung an alle Gesellschafter (nicht auch an Schuldner).

233 BGHZ 63, 338 = DNotZ 1976, 232 mit Anm. Recker = MDR 1975, 558 = NJW 1975, 1022.

234 OLG Hamm, GmbHR 1985, 61 (auch dazu, dass die Kommanditgesellschaft nicht mehr über die Einlageforderung verfügen kann).

diteinlage auf einen Erwerber der Einlageforderung übertragen werden, wenn und soweit der Gegenwert in das Vermögen der Kommanditgesellschaft zugeflossen ist[235]; daher kann in einem solchen Fall auch die Pfändung durch einen Gläubiger des Erwerbers der Einlagenforderung erfolgen. Entnahmen des Kommanditisten aus dem Vermögen der Gesellschaft über seine Kommanditeinlage hinaus (auch als Zahlungen aus dem Gesellschaftsvermögen an seine Gläubiger) können der Kommanditgesellschaft als Darlehen oder nach Bereicherungsrecht geschuldet sein. Von Gläubigern der Kommanditgesellschaft können auch solche Zahlungsansprüche an den Kommanditisten (der dann Drittschuldner ist) gepfändet werden[236].

Zur Pfändung des aus einem Gesellschaftsvertrag folgenden Freistellungsanspruchs einer Komplementär-GmbH einer GmbH & Co. KG, die als persönlich haftende Gesellschafterin für eine Gesellschaftsverbindlichkeit der Kommanditgesellschaft in Anspruch genommen wird, gegen die Kommanditisten, siehe Weber/Jansen, NJW 1971, 1679. E.162

2.17.4. Partnerschaft

Die **Partnerschaft** ist eine Gesellschaft, in der sich Angehörige Freier Berufe (nur natürliche Personen) zur Berufsausübung zusammengeschlossen haben (§ 1 Abs. 1 PartGG[237]). Auf die Partnerschaft finden, soweit nichts anderes im PartGG bestimmt ist, die Vorschriften des BGB über die Gesellschaft Anwendung (§ 1 Abs. 4 PartGG). Als Personengesellschaft ist die Partnerschaft damit Sonderform der Gesellschaft bürgerlichen Rechts; subsidiär kommen OHG-Bestimmungen zur Anwendung. E.163

Zur Zwangsvollstreckung **in das Vermögen der Partnerschaft** ist ein gegen diese gerichteter Schuldtitel erforderlich (§ 7 Abs. 2 PartGG mit § 124 Abs. 2 HGB). Aus diesem Vollstreckungstitel gegen die Partnerschaft findet eine Zwangsvollstreckung gegen die dem Gläubiger für Verbindlichkeiten der Partnerschaft als Gesamtschuldner persönlich haftenden Partner nicht statt (§ 8 Abs. 1 S. 2 PartGG mit § 129 Abs. 4 HGB). E.164

Der **Anteil eines der Partner** am Vermögen der Partnerschaft kann von seinen Gläubigern nach § 857 (mit § 859 Abs. 1), § 829 ZPO gepfändet werden. Diese Pfändung erstreckt sich auf dasjenige, was dem Schuldner bei der Auseinandersetzung zukommt. Mitpfändung des Kündigungsrechts (wegen des nach § 9 Abs. 1 PartGG anwendbaren § 135 HGB): wie Rdn. E.145. E.165

Drittschuldner ist (folgt man der Ansicht des BGH, dazu Rdn. E.117, E.146) die „Gesamthand“, somit die Partnerschaft. Durch die Zustellung des Pfändungsbeschlusses an die Partnerschaft (vertreten durch ihren bzw. ihre geschäftsführenden Partner) wird die Pfändung demnach bewirkt. Behandlung sowohl der Partnerschaft als auch der übrigen Partner als Drittschuldner ist dennoch ratsam (Rdn. E.146). E.166

---

235 BGH, MDR 1982, 296 = NJW 1982, 35.
236 Durchlaub, BB 1979, 143.
237 Partnerschaftsgesellschaftsgesetzo vm 25.7.1994 (BGBl I 1744).

E.167 **Pfändungswirkungen:** wie Rdn. E.147 ff. Geltendmachung des Gewinnanteils durch den Gläubiger: Rdn. E.123, E.148. Die §§ 131–144 HGB, somit auch § 135 HGB, sind auf das Ausscheiden eines Partners und die Auflösung der Partnerschaft entsprechend anzuwenden (§ 9 Abs. 1 PartGG mit abweichenden Regelungen in Abs. 3, 4). Die Kündigung durch einen Privatgläubiger eines Partners bewirkt das Ausscheiden des Schuldners, nicht damit die Auflösung der Partnerschaft (Rdn. E.156).

Mitpfändung des Anspruchs auf Auszahlung darlehensweise oder aus sonstigem Grund gegebener Beträge (auch auf Privatkonto) sowie der Leistungen aus Geschäftsführung: wie Rdn. E.158. Pfändung von Einzelansprüchen wie Rdn. E.141.

E.168 **Formulierungsvorschlag:**

Gepfändet wird der angebliche Anteil des Schuldners als Partner an dem Vermögen der Partnerschaft, zu der er sich zur Berufsausübung zusammengeschlossen hat unter dem Namen: ... – als Gesamthand Drittschuldnerin – mit: ... – als Partner Drittschuldner – unter Einschluss des Auseinandersetzungsguthabens.

2.17.5. Europäische wirtschaftliche Interessenvereinigung

E.169 Die Europäische wirtschaftliche Interessenvereinigung[238] (= EWIV) ist der offenen Handelsgesellschaft weitgehend gleichgestellt. Jedoch werden die Geschäfte von Geschäftsführern geführt, die auch vertreten (Art. 19, 20 EWG-VO). Der Anteil eines Mitglieds der Vereinigung am Gesellschaftsvermögen kann von seinen Gläubigern daher nach § 857 (mit § 859 Abs. 1), § 829 ZPO gepfändet werden (wie Rdn. E.145). Drittschuldner: wie Rdn. E.146 (Vertretung jedoch durch Geschäftsführer). Das Kündigungsrecht eines (Privat-)Gläubigers zur Realisierung des gepfändeten Mitgliederanspruchs auf das Auseinandersetzungsguthaben bestimmt sich nach § 135 HGB (Rdn. E.151; anwendbar nach § 1 EWIV-AusfG). Die Kündigung führt nicht zur Auflösung der EWIV, sondern nur zum Ausscheiden des Mitglieds (des Schuldners; wie Rdn. E.156). Der Ausgeschiedene hat Anspruch auf sein Auseinandersetzungsguthaben (vgl. Art. 33 EWG-VO); darauf erstreckt sich die Pfändung (Rdn. E.145, E.149).

2.17.6. Stille Gesellschaft

E.170 Die Stille Gesellschaft entsteht durch Beteiligung eines stillen Gesellschafters an dem Handelsgewerbe eines anderen mit einer Vermögenseinlage (§ 230 Abs. 1 HGB). Da nach außen hin „der andere" Vermögensinhaber ist, kann in das **Gesellschaftsvermögen** nur auf Grund eines gegen ihn lautenden Schuldtitels vollstreckt

---

238 Verordnung (EWG) Nr. 2137/85 des Rates vom 25.7.1985 über die Schaffung einer Europäischen wirtschaftlichen Interessenvereinigung (EWIV) (ABl. EG Nr. L 199 vom 31.7.1985, S. 1); EWIV-Ausführungsgesetz vom 14.4.1988 (BGBl I 514).

werden. Der stille Gesellschafter hat (vor Auflösung des Gesellschaftsverhältnisses) zwar ein Mitgliedschaftsrecht[239], aber keinen Vermögensanspruch[240]. Ein (pfändbarer, § 859 Abs. 1 S. 1 ZPO) Anteil am Gesellschaftsvermögen besteht nicht. Gläubiger des stillen Gesellschafters können daher in seine Ansprüche auf den **Gewinnanteil**[241] und das (künftige) **Auseinandersetzungsguthaben** (s. § 717 BGB) vollstrecken. Diese Ansprüche sind Geldforderungen. Sie werden daher nach § 829 ZPO gepfändet. Drittschuldner ist der Inhaber des Handelsgeschäfts. Die Pfändung dieser Ansprüche schränkt das Überwachungsrecht des stillen Gesellschafters (§ 233 HGB) nicht ein. Das Informations- und Überwachungsrecht des stillen Gesellschafters ist nicht abtretbar[242] und kann daher auch nicht gepfändet werden. Nach Pfändung des Gewinnanspruchs hat jedoch der Gläubiger einen Anspruch auch darauf, dass ihm vom Drittschuldner der errechnete Gewinnanteil der Höhe nach mitgeteilt wird[243].

Die für Geltendmachung des Auseinandersetzungsguthabens notwendige Auflösung der stillen Gesellschaft regelt § 234 HGB. Die Vorschrift lautet: E.171

§ 234 HGB

(1) Auf die Kündigung der Gesellschaft durch einen der Gesellschafter oder durch einen Gläubiger des stillen Gesellschafters finden die Vorschriften der §§ 132, 134 und 135 entsprechende Anwendung. Die Vorschriften des § 723 des Bürgerlichen Gesetzbuchs über das Recht, die Gesellschaft aus wichtigen Gründen ohne Einhaltung einer Frist zu kündigen, bleiben unberührt.

Nach Auflösung der Gesellschaft hat der Inhaber des Handelsgeschäfts das Guthaben (nicht die Einlage) des Schuldners in Geld zu berichtigen (§ 235 HGB). Wegen des Verbots der Zahlung an den Schuldner und des Einziehungsrechts des Gläubigers gelten die allgemeinen Regeln der §§ 829, 835 ZPO. Hinfällig soll auch die Pfändung dieses (künftigen) Auseinandersetzungsguthabens werden (s. Rdn. E.136), wenn der stille Gesellschafter seine Beteiligung auf einen Dritten überträgt, bevor der Auseinandersetzungsanspruch in seiner Person entstanden ist. Dem ist mit Vorbehalt zu begegnen; praktisch wäre damit der in der Mitgliedschaft verkörperte Vermögenswert des stillen Gesellschafters bis zum Entstehen des Auseinandersetzungsanspruchs dem Zugriff seiner Gläubiger entzogen. Das kann nicht hingenommen werden. Wenn auch der stille Gesellschafter vor der Aufhebung der Gesellschaft ein Mitgliedschaftsrecht hat, Zugriff auf den seiner Rechtsstellung entspringenden Vermögenswert aber nur mit Pfändung des Auseinandersetzungsguthabens ermöglicht ist, kann diese durch eine spätere Verfügung nicht wieder geschmälert werden (bei Abtretung mag dies wegen der möglichen isolierten Verfügung anders sein). Der Vollstreckungsgläubiger erlangt mit der Pfändung ein Pfandrecht an dem (künftigen) Auseinandersetzungsanspruch des stillen Gesellschafters, der sein Mitgliedschaftsrecht für die Vollstreckung verkörpert. Die Pfändung des (künftigen) Auseinandersetzungsguthabens ist somit auch auf dieses Mitgliedschaftsrecht zu beziehen; sie schließt jedenfalls bei der stillen Gesellschaft den E.172

239 BGHZ 51, 350 (353) = NJW 1969, 1211; BGH, MDR 1997, 952 = NJW 1997, 3370.
240 BGHZ 51, 350 (353) (Fn. 239).
241 BGH, GmbHR 1976, 37 = MDR 1976, 207 = NJW 1976, 189 Leits.
242 BGH (Fn. 241).
243 So für den Neugläubiger nach Abtretung BGH (Fn. 241).

Zugriff auf die dem Mitgliedschaftsrecht bei Auseinandersetzung innewohnenden Vermögenswerte ein. Der Zessionar des Mitgliedschaftsrechts kann dieses daher nur belastet mit dem Pfandrecht an dem (künftigen) Auseinandersetzungsanspruch erlangen. Die vorrangige Berechtigung hat dem Pfändungsgläubiger daher auch zuzukommen, wenn der durch Pfändung bereits geschmälerte Auseinandersetzungsanspruch des stillen Gesellschafters erst nach Zession entsteht.

E.173 Gläubiger des Inhabers des Handelsgewerbes können seinen Anspruch an den stillen Gesellschafter auf Leistung der Vermögenseinlage pfänden, auch wenn die Vollstreckungsforderung nicht Geschäftsschuld ist. Wenn die Zahlung der Einlage an den Gläubiger aber die Geschäftsfortführung gefährden würde, braucht der stille Gesellschafter nur gegen Sicherheitsleistung zu zahlen.

E.174 **Formulierungsvorschlag:**

Gepfändet werden die dem Schuldner angeblich an … – Drittschuldner – zustehenden Ansprüche auf fortlaufende Zahlung des Gewinnanteils und das dem Schuldner bei der Auseinandersetzung zukommende Guthaben in Geld oder Sachwerten aus seiner Beteiligung als stiller Gesellschafter (als Vermögenswert seiner Mitgliedschaft) an dem vom Drittschuldner unter der Firma … betriebenen Handelsgewerbe.

2.17.7. Innengesellschaft

E.175 Die Innengesellschaft ist eine Gesellschaft des bürgerlichen Rechts (siehe Rdn. E.114) in der Weise, dass ein Gesellschafter nach außen hin als Alleininhaber gilt, während im Innenverhältnis die anderen Gesellschafter mit ihm gleichberechtigt sind. Der Gesellschaft fehlt eine gemeinsame Vertretung; die Geschäfte werden nach außen nur im Namen eines Gesellschafters geschlossen, sie gehen nach innen aber für Rechnung der Gesellschaft. Es fehlt ein Gesamthandsvermögen; der nach außen in Erscheinung tretende Gesellschafter ist aber den übrigen Gesellschaftern schuldrechtlich dahin gebunden, dass das dem gemeinsamen Zweck dienende Vermögen dem Werte nach im Innenverhältnis so behandelt werden soll, als ob es Gesellschaftsvermögen sei. Dieser schuldrechtliche Anspruch auf eine anteilsmäßige Beteiligung am Vermögen besteht auch nach der Beendigung der Gesellschaft fort und führt zu einer Auseinandersetzung, bei der jeder Gesellschafter seinen Anteil an dem Wert des Vermögens erhält.

E.176 **Pfändbar** sind daher die (schuldrechtlichen) Ansprüche des Schuldners auf den Gewinnanteil und auf das Auseinandersetzungsguthaben, d.h. auf dasjenige, was dem Schuldner als Gesellschafter bei der Auseinandersetzung zukommt[244]. Wegen der Pfändung dieser Ansprüche siehe Rdn. E.114 ff., E.170 ff.

E.177 In welcher Weise die **Auseinandersetzung** vorgenommen werden muss, kann nicht allgemein gesagt werden[245]. Sie ist jedenfalls nicht in derselben Weise zu bewirken wie dann, wenn das Gesellschaftsvermögen Gesamthandvermögen gewor-

244 Nach Schmidt, JR 1977, 177 (180) kann auch der Auseinandersetzungsanspruch gepfändet werden. Er sollte jedoch von der Pfändung des Auseinandersetzungsguthabens erfasst sein.

245 Zur Frage der Anwendung des § 725 BGB siehe Schmidt, JR 1977, 177 (181).

den ist. Maßgebend ist vielmehr der – nötigenfalls im Wege der Auslegung zu ergänzende – Gesellschaftsvertrag. In der Regel braucht der Vermögensinhaber bei der Auflösung der Innengesellschaft den anderen Beteiligten nur in Geld abzufinden[246]. Besteht keine abweichende Parteivereinbarung, so ist es sonach dem als Alleininhaber des Vermögens geltenden Gesellschafter überlassen, in welcher Weise er sich die Geldmittel zur Befriedigung der schuldrechtlichen Forderungen der übrigen Gesellschafter beschafft. Wenn diese den Wert ihrer verhältnismäßigen Beteiligung erhalten haben, sind sie befriedigt, ohne dass eine Versilberung des Vermögens und Teilung des Erlöses stattfinden müsste. Diese Rechtslage trifft auch der pfändende Gläubiger an. Die Pfändung des Auseinandersetzungsguthabens gibt ihm daher regelmäßig ein Pfandrecht an der Forderung auf Zahlung des Abfindungsanspruchs in Geld.

2.17.8. Aktiengesellschaft

Schrifttum: Bauer, Die Zwangsvollstreckung in Aktien und andere Rechte des Aktiengesetzes, JurBüro 1976, 869; Bork, Vinkulierte Namensaktien in Zwangsvollstreckung und Insolvenz des Aktionärs, Festschrift für W. Henckel (1995) S. 23. E.178

Inhaber- und Namensaktien (§ 10 Abs. 1 AktG) sind Wertpapiere; sie werden wie bewegliche körperliche Sachen durch den Gerichtsvollzieher gepfändet und aus freier Hand zum Tageskurs verkauft oder versteigert (§§ 808, 821 ZPO, § 105 GVGA)[247]. Bei Vinkulierung (§ 68 Abs. 2 AktG) ist die Verwertung (nicht schon die Pfändung) der Namensaktie zustimmungsbedürftig[248]. E.179

Sind keine Aktienurkunden ausgegeben, dann wird das Anteilsrecht des Aktionärs durch Pfändungsbeschluss nach § 857 ZPO gepfändet und entsprechend verwertet. **Wandel-** und **Gewinnschuldverschreibungen** (§ 221 AktG) sowie **Genussscheine** und **Gewinnanteilscheine** werden als körperliche Sachen durch den Gerichtsvollzieher gepfändet[249] und verwertet (§§ 808, 821 ZPO). Der dem Aktionär vor der Ausgabe der Aktie erteilte **Anteilschein** (sog. Zwischenschein, § 8 Abs. 6 AktG) verbrieft als Wertpapier das Mitgliedschaftsrecht genauso wie eine Aktie; die Pfändung erfolgt daher gleichfalls durch den Gerichtsvollzieher[250].

Der **Gewinnanteil** des Aktionärs (§ 58 Abs. 4 AktG) ist reines Gläubigerrecht. Als solches ist der mit dem Hauptversammlungsbeschluss über Gewinnausschüttung und Festsetzung des Gewinnanteils entstandene Anspruch auch selbstständig E.180

---

246 BGH, FamRZ 1983, 791 = NJW 1983, 2375.

247 Dies gilt auch für gebundene Namensaktien (§ 68 Abs. 2 AktG), zu deren Veräußerung jedoch Zustimmung der Gesellschaft erforderlich sein kann.

248 Bork, Festschrift für W. Henckel (1995) S. 23.

249 Nicht zuzustimmen ist Bauer, JurBüro 1976, 875. Er stellt dar, die Papiere bezeugten nur ein Schuldanerkenntnis, daher sei ein Pfändungs- und Überweisungsbeschluss zu erlassen und Herausgabevollstreckung in das Papier nach § 836 Abs. 3 ZPO durchzuführen. Dies trägt der Tatsache nicht Rechnung, dass Gläubiger der Eigentümer des Papiers ist und Eigentumserwerb nicht durch Abtretung, sondern wie bei beweglichen Sachen stattfindet, weshalb auch Pfändung nach § 808 ZPO zu erfolgen hat. Siehe auch § 104 GVGA.

250 Musielak/Becker, ZPO, § 859 Rdn. 18; **a.A.** Bauer, JurBüro 1976, 875 f., der meint, eine Zwangsvollstreckung in Zwischenscheine nütze dem Gläubiger nichts.

pfändbar[251]. Da der Anspruch auch im voraus abgetreten werden kann, kann er auch als zukünftige Forderung gepfändet werden. Die zur Geltendmachung vorzulegende Aktie kann der Gläubiger nach § 836 Abs. 3 ZPO herausverlangen. Jedoch ist zur Geltendmachung des Gewinnanspruchs zumeist ein Gewinnschein (auch Dividendenschein) ausgestellt. Dessen Vorlegung ist dann zur Ausübung des Rechts notwendig. Er ist Wertpapier (nicht Legitimationspapier[252]), dessen Inhaber der Aktiengesellschaft gegenüber als Gläubiger gilt. Der Gewinnschein (Dividendenschein) und damit der Anspruch, den er verbrieft, wird daher durch den Gerichtsvollzieher gepfändet und verwertet (§§ 808, 821 ZPO).

E.181 Das **allgemeine Bezugsrecht auf neue Aktien** ist untrennbarer Bestandteil der Mitgliedschaft des Aktionärs; es ist kein Sonderrecht, kann mithin nicht selbstständig gepfändet werden[253], und zwar auch nicht als künftiges Recht. Auch für die seinem Pfandrecht unterliegende Aktie kann der Gläubiger das Bezugsrecht bei Erhöhung des Grundkapitals gegen Einlagen nicht ausüben. Bei der Kapitalerhöhung aus Gesellschaftsmitteln erfasst das Pfandrecht an der alten Aktie auch die neu ausgegebene Aktie. Nach wirksam gefasstem Kapitalerhöhungsbeschluss steht dem einzelnen Aktionär der sog. **Bezugsanspruch** zu. Er ist ein persönlicher Anspruch des Aktionärs gegen die Gesellschaft auf Zuteilung neuer Aktien. Dieses Gläubigerrecht ist selbstständig pfändbar. Zu pfänden ist der persönliche Anspruch des Aktionärs gegen die Gesellschaft auf Zuteilung neuer Aktien nach §§ 857, 847 ZPO[254]. Er kann als künftiger Anspruch auch schon vor dem Erhöhungsbeschluss gepfändet werden. Drittschuldner ist die Aktiengesellschaft, gegen die sich der Anspruch richtet, bei mittelbarem Bezugsrecht (§ 186 Abs. 5 AktG) das Kreditinstitut (Unternehmen)[255].

E.182 Zur Pfändung des **Ausgleichsanspruchs** des außenstehenden Aktionärs (§ 304 AktG) s. Geßler/Hefermehl/Eckhardt/Kropff, AktG, § 304 Rdn. 59, 60.

E.183 Die **Einlageforderung** der Aktiengesellschaft an die Aktionäre (§§ 54, 65, § 66 AktG) ist nur pfändbar, wenn die Forderung des Gläubigers der Aktiengesellschaft gleichwertig ist; dazu siehe Rdn. A.476, A.477.

2.17.9. Kommanditgesellschaft auf Aktien

E.184 Gläubiger der Kommanditaktionäre können die Aktien nach dem Rdn. E.179 Gesagten pfänden. Zur Kündigung ist der Gläubiger aber nicht berechtigt (§ 289 Abs. 3 AktG).

Gläubigern des persönlich haftenden Gesellschafters bietet sich die Möglichkeit der Pfändung des Anteils am Gesellschaftsvermögen (des Auseinandersetzungsguthabens) sowie der etwaigen Ansprüche aus Geschäftsführung. Diese Vollstreckung erfolgt ebenso wie die Pfändung der Ansprüche des Gesellschafters einer Kommanditgesellschaft; siehe daher Rdn. E.160 ff. Das Kündigungsrecht bestimmt sich gem. § 289 Abs. 1 AktG ebenfalls nach § 135 HGB.

---

251 So auch Musielak/Becker, ZPO, § 859 Rdn. 18.
252 So auch Musielak/Becker, ZPO, § 859 Rdn. 18.
253 Zöller/Herget, ZPO, § 859 Rdn. 12; Wieczorek/Schütze/Lüke, ZPO, § 857 Rdn. 119.
254 Stein/Jonas/Würdinger, ZPO, § 857 Rdn. 97; Wieczorek/Schütze/Lüke, ZPO, § 857 Rdn. 119.
255 Wieczorek/Schütze/Lüke, ZPO, § 857 Rdn. 120.

2.17.10. Gesellschaft mit beschränkter Haftung

Schrifttum: Baumann, Die Ausschließung von GmbH-Gesellschaftern, MittRhNotK 1991, 271; Behr, Die Pfändung des GmbH-Geschäftsanteils, JurBüro 1995, 286; Bischoff, Zur pfändungs- und konkursbedingten Einziehung von Geschäftsanteilen, GmbHR 1984, 61; Bokelmann, Die Einziehung von GmbH-Anteilen im Falle der Pfändung und des Konkurses, BB 1970, 1235; Buchwald, Verpfändung und Pfändung von GmbH-Anteilen, GmbHR 1959, 254; 1960, 5; Döring, Gesellschafterschutzbestimmungen und Zwangsvollstreckung, BWNotZ 1980, 152; Fischer, Die Pfändung und Verwertung eines GmbH-Geschäftsanteils, GmbHR 1961, 21; Geißler, Statuarische Vorsorge bei der Pfändung eines GmbH-Anteils und der Insolvenz eines Gesellschafters, GmbHR 2012, 370; Gottschling, Gesellschaftsrechtliche Abfindungsklauseln im Zwangsvollstreckungsrecht, GmbHR 1965, 52; Heckelmann, Vollstreckungszugriff und GmbH-Statut, ZZP 92 (1979) 28; Heuer, Der GmbH-Anteil in der Zwangsvollstreckung, ZIP 1998, 405; Kerbusch, Zur Erstreckung des Pfandrechts an einem GmbH-Geschäftsanteil auf den durch die Kapitalerhöhung aus Gesellschaftsmitteln erhöhten oder neu gebildeten Geschäftsanteil, GmbHR 1990, 156; Marotzke, Zwangsvollstreckung in Gesellschaftsanteile nach Abspaltung der Vermögensansprüche, ZIP 1988, 1509; Michalski, Die Zwangseinziehung eines GmbH-Anteils im Falle der Anteilspfändung, ZIP 1991, 147; Noack, Aktuelle Fragen der Zwangsvollstreckung gegen die GmbH, insbesondere in den GmbH-Anteil, DB 1969, 471; Noack, Die Versteigerung von Rechten (§ 844 ZPO), insbesondere eines GmbH-Anteils, MDR 1970, 890; Noack, Pfändung und Verwertung eines GmbH-Anteils – Einzelfragen, JurBüro 1976, 1603; Paulick, Die Einziehungsklausel in der Satzung der GmbH (Zugleich eine Anmerkung zum Urteil des BGH v. 19.9.1977, II ZR 11/76), GmbHR 1978, 121; Petermann, Die Verwertung des gepfändeten GmbH-Anteils, Rpfleger 1973, 387; Pfaff, Zur Pfändung eines GmbH-Anteils, GmbHR 1964, 92; Polzius, Die Versteigerung von GmbH-Anteilen nach der ZPO und dem GmbHG, DGVZ 1987, 17 und 33; Priester, Grundsatzregelung, Wertmaßstäbe und Zahlungsmodalitäten des Einziehungsentgelts für GmbH-Anteile bei Pfändung oder Konkurs, GmbHR 1976, 5; Raabe, Unentgeltliche Einziehung eines GmbH-Geschäftsanteils bei Pfändung und im Konkurs des Gesellschafters, BB 1956, 708; Reiter, Einziehung von GmbH-Geschäftsanteilen gegen wirtschaftlich nicht vollwertiges Entgelt, NJW 1973, 22; Röder, Die Pfändung des GmbH-Geschäftsanteils und Hilfspfändung des GmbH-Anteilsscheins, DGVZ 2007, 81; Roth, Pfändung und Verpfändung von Gesellschaftsanteilen, ZGR 2000, 187 (212–218); Sachs, Zur Einziehung von Geschäftsanteilen wegen Pfändung, GmbHR 1974, 84; Sachs, Das Entgelt bei der Anteilseinziehung wegen Pfändung, GmbHR 1976, 60; Sachs, Neue Rechtsprechung zur Einziehung von Geschäftsanteilen, GmbHR 1978, 169; Schalhorn, Kann bei einer beschlossenen Gründung einer GmbH, die im Handelsregister noch nicht eingetragen ist, ein Gläubiger eines Gesellschafters die Zwangsvollstreckung in das Gesellschaftsvermögen vornehmen? JurBüro 1971, 121; Schneider, Die Sicherung der Familien-GmbH vor dem Eindringen Familienfremder, GmbHR 1964, 219; Schuler, Die Pfändung von GmbH-Anteilen und die miterfassten Ersatzansprüche, NJW 1960, 1423; Schuler, Einziehung gepfändeter GmbH-Anteile, NJW 1961, 2281; Seydel, Zwangsvollstreckung in den Geschäftsanteil einer GmbH, GmbHR 1950, 135; Tiedau, Zur Wirksamkeit gesellschaftsrechtlicher Abfindungsklauseln gegenüber Vollstreckungsmaßnahmen, DNotZ 1964, 94; Vogelmann und Körner, Die Verwertung verpfändeter GmbH-Geschäftsanteile, DNotZ 2018, 485; Weber, Einziehung von GmbH-Anteilen unter Wert bei Pfändung und Konkurs, BB 1969, 425. **E.185**

Der **Geschäftsanteil** des Gesellschafters einer Gesellschaft m.b.H. (§ 3 Abs. 1 Nr. 4, § 14 GmbHG) ist veräußerlich (§ 15 Abs. 1 GmbHG) und daher auch pfändbar, und zwar auch dann, wenn die Veräußerung nur mit Genehmigung der Gesellschaft erfolgen kann[256]. Als Mitgliedschaftsrecht wird der Geschäftsanteil nach § 857 ZPO gepfändet. Ein etwa ausgegebener Anteilsschein ist Beweisurkunde, hindert also die Rechtspfändung nicht und muss zu ihrer Wirksamkeit auch nicht dem Gläubiger übergeben oder vom Gerichtsvollzieher in Besitz genommen wer- **E.186**

---

256 RGZ 70, 64; RGZ 124, 373; Stein/Jonas/Würdinger, ZPO, § 859 Rdn. 20; Wieczorek/Schütze/Lüke, ZPO, § 859 Rdn. 44.

den. Als Urkunde über das Mitgliedschaftsrecht wird der Anteilsschein vom Pfandrecht erfasst (§ 952 Abs. 2 BGB); der Gläubiger kann ihn daher im Wege der Hilfsvollstreckung (§ 836 Abs. 3 ZPO) vom Schuldner herausverlangen[257].

E.187 **Drittschuldner** ist die Gesellschaft m.b.H., weil an ihrem Vermögen das Anteilsrecht besteht, ihre Rechtsstellung mithin von der Pfändung berührt wird und diese sich auf die Gewinnansprüche (Rdn. E.196) sowie das Auseinandersetzungsguthaben erstreckt[258].

E.188 **Mehrere** Geschäftsanteile sind selbstständig (§ 15 Abs. 2 GmbHG). Bei der Pfändung muss daher zum Ausdruck gebracht werden, ob nur einer der Anteile oder alle gepfändet sein sollen. Im Zweifel wird die Pfändung auf alle Anteile zu beziehen sein.

E.189 Da der Geschäftsanteil teilbar ist (§ 46 Nr. 4 GmbHG), kann, wenn der Wert des Geschäftsanteils den Betrag der Vollstreckungsforderung übersteigt, durch **Teil**pfändung und Pfandverwertung des gepfändeten Teils auch seine Teilung herbeigeführt werden. Dieser Teilung, die mit der Veräußerung nach § 844 ZPO bewirkt wird, steht nicht entgegen, dass die Teilung des Gesellschaftsanteils durch den Gesellschaftsvertrag ausgeschlossen oder von der Genehmigung der Gesellschaft abhängig ist[259].

Die Pfändung kann auch auf einen **„Bruch"**teil (z.B. $^1/_2$, $^1/_3$ oder $^1/_4$) des Geschäftsanteils beschränkt werden. In der Pfändung eines Bruchteils liegt keine Teilung des Geschäftsanteils; vielmehr müssen nach der Veräußerung die Mitgliedschafts- und Verwaltungsrechte vom Erwerber und Schuldner gemeinsam ausgeübt werden[260]. Da ein solcher Bruchteil kaum einmal veräußerlich sein wird, empfiehlt sich diese Bruchteilspfändung nicht.

E.190 Die Satzung kann vorsehen, dass der **Geschäftsanteil** bei Pfändung gegen vollwertiges Entgelt **eingezogen** werden kann[261] (§ 34 GmbHG)[262]. Bei Begründung

---

257 Schuler, NJW 1960, 1424; Pfaff, GmbHR 1964, 92; Noack, DB 1969, 471; Röder, DGVZ 2007, 81.

258 Ebenso Zöller/Herget, ZPO, § 859 Rdn. 13; Wieczorek/Schütze/Lüke, § 859 Rdn. 43; Fischer GmbHR 1961, 21; Pfaff, GmbHR 1964, 92; Roth, ZGR 2000, 187 (213); a.A. (Pfändung als drittschuldnerloses Recht nach § 857 Abs. 2 ZPO): Schuler, NJW 1960, 1423; Schuler, NJW 1961, 2281; RGZ 57, 414 (415); OLG Köln, OLGE 13, 206; Noack, DB 1969, 471; Noack, MDR 1970, 891. Zutreffend weist aber Schuler darauf hin, dass die Streitfrage ohne allzu große praktische Bedeutung ist, weil regelmäßig die Gewinnansprüche als Forderung gegen die Gesellschaft als Drittschuldnerin mitgepfändet werden, so dass schon deswegen Zustellung an die Gesellschaft als Drittschuldnerin erforderlich ist.

259 Schuler, NJW 1960, 1425.

260 Schuler, NJW 1960, 1425.

261 Wirksamkeit der Einziehung setzt (in der Regel) voraus, dass die Pfändung bei Beschlussfassung in der Gesellschafterversammlung noch besteht, OLG Hamburg, GmbHR 1996, 610 = ZIP 1996, 962.

262 OLG Frankfurt, BB 1976, 1147 = DB 1976, 1758 = Rpfleger 1976, 372. Wegen aller Einzelfragen bei Einziehung siehe Schuler, NJW 1960, 1426; Schuler, 1961, 2281. Zur Einziehung nach Pfändung und zu Einzelfragen auch Baumann, MittRhNotK 1991, 271 (277), Heuer, ZIP 1998, 405 (411, 413); Geißler, GmbHR 2012, 370. Zur Frage, wann ein Entgelt vollwertig ist siehe LG Berlin, DGVZ 1963, 139. Nicht angemessen ist eine Satzung, die für den Fall des Ausscheidens oder des Ausschlusses eines Gesellschafters zwar ein Abfindungsguthaben nach dem vollen Verkehrswert vorsieht, aber die Fälligkeit auf längstens sechs Jahre ohne Zinsbeilage hinausschiebt, BayObLGZ 1982, 368 = MDR 1983, 407 = MittBayNot 1983, 24.

des Einziehungsrechts[263] besteht der Geschäftsanteil von vornherein nur mit dieser Belastung[264]; das Einziehungsrecht wirkt daher auch gegen den pfändenden Gläubiger[265]. Zulässig dürfte auch die unentgeltliche Einziehung aus anderen im Gesellschaftsvertrag vorgesehenen Gründen (schuldhafte Pflichtverletzung u.a.) sein[266]. Ebenso hindert die Pfändung weder den satzungsgemäßen Austritt aus der Gesellschaft noch den Ausschluss des Schuldners[267]. In allen Fällen setzt sich das am Geschäftsanteil wirksam gewordene Pfandrecht an dem als Abfindung zu zahlenden Entgelt bzw. Auseinandersetzungsguthaben fort.

Nichtig ist jedoch eine Satzungsbestimmung, die die Gesellschaft **nur** für den Fall der Pfändung zur unentgeltlichen oder nicht vollwertigen Einziehung des Geschäftsanteils ermächtigt[268], die mithin darauf angelegt ist, das Pfändungspfandrecht eines Vollstreckungsgläubigers zu vereiteln[269]. Das ist auch der Fall, wenn die Satzungsbestimmung über die nicht vollwertige Einziehung des Geschäftsanteils zwar nicht ausschließlich, aber doch neben der nur theoretisch denkbaren Möglichkeit speziell auf den Fall der Zwangsvollstreckung abgestellt ist[270]. Da diese Nichtigkeit im Hinblick auf das objektiv mangelhafte Entgelt eintritt, ist sie unabhängig davon, ob das Entgelt etwa im Einzelfall die Forderung des Gläubigers deckt[271]. **E.191**

Wirksam kann die Satzung die nicht vollwertige Einziehung des Geschäftsanteils in der Weise regeln, dass sie außer bei Einleitung von Zwangsvollstreckungsmaßnahmen aus wichtigen, in der Person eines Gesellschafters liegenden Gründen vorgesehen wird[272]. Insbesondere ist daher eine Satzungsbestimmung wirksam, die **E.192**

---

263 Rechtsmissbräuchlicher Einziehungsbeschluss, wenn in einer zweigliedrigen GmbH der eine Gesellschafter ein ihm von dem anderen nur zum Schein erteiltes vollstreckbares Schuldanerkenntnis in sittenwidriger Weise zur Vollstreckung und Einziehung des Geschäftsanteils seines Mitgesellschafters benutzt hat, s. BGHZ 101, 113 = DNotZ 1988, 185 = JZ 1987, 1081 mit Anm. K. Schmidt = MDR 1987, 1004 = NJW 1987, 2514.

264 BGHZ 65, 22 = BB 1975, 1177 mit Anm. Mettenheim = GmbHR 1975, 227 = MDR 1975, 1001 = NJW 1975, 1835; Schmidt, JW 1934, 550; Raabe, BB 1956, 708 (709); Schilling, JZ 1960, 475.

265 BGH (Fn. 264); Schilling, JZ 1960, 475. Begründung des Einziehungsrechts mit Satzungsänderung erst nach Anteilspfändung hat dem (nicht zustimmenden) Gläubiger gegenüber jedoch keine Wirkung, LG Gießen, MDR 1986, 155.

266 Schuler, NJW 1960, 1426; **a.A.** Roth, ZGR 2004, 187 (215).

267 Schuler, NJW 1960, 1426.

268 RGZ 142, 373; BGHZ 32, 151 = DNotZ 1960, 331 = JZ 1960, 743 mit Anm. Schilling = LM Nr. 3 zu § 34 GmbHG mit Anm. Fischer = MDR 1960, 565 = NJW 1960, 1053, 1293 mit Anm. Schuler; BGHZ 144, 365 = GmbHR 2000, 822 = MittRhNotK 2000, 349 = NJW 2000, 2819; OLG Hamburg, BB 1970, 1321; Buchwald, GmbHR 1959, 255; Gottschling, GmbHR 1965, 52; Bokelmann, BB 1970, 1236; LG Berlin, DGVZ 1963, 139; **a.A.** Schneider, GmbHR 1964, 219 (unbedenklich bis zur Grenze des Sittenverstoßes oder der Anfechtung); Raabe, BB 1956, 708; Heckelmann, ZZP 92 (1979) 28; zur bedingten Einziehbarkeit gepfändeter GmbH-Geschäftsanteile s. Wolany in Festschrift für H. C. Nipperdey (1965).

269 BGH (Fn. 264).

270 So Tiedau, DNotZ 1964, 94; Knur, DNotZ 1961, 309; LG Hamburg, DNotZ 1964, 110; Fischer, LM Nr. 3 zu § 34 GmbHG; Schmidt, JW 1934, 550.

271 Schuler, NJW 1961, 2281.

272 BGH (Fn. 264); zu diesem Beschluss siehe Priester, GmbHR 1976, 5; Sachs, GmbHR 1976, 60. Ebenso OLG Frankfurt, GmbHR 1978, 172 = OLGZ 1978, 86 = NJW 1978,

bei der Pfändung eines Geschäftsanteils dessen Einziehung gegen ein Entgelt zulässt, das nach den wahren Vermögenswerten der Gesellschaft, aber ohne Ansatz eines Firmenwerts berechnet werden soll, wenn dieselbe Entschädigungsregelung auch für den vergleichbaren Fall der Ausschließung eines Gesellschafters aus wichtigem Grund[273] oder seines Ausscheidens bei Eröffnung des Insolvenzverfahrens[274] gilt. Eine solche Satzungsregelung braucht nicht für alle Fälle des Ausscheidens (z.B. für Ausscheiden des Gesellschafters aus wichtigem Grund ebenso wie für das vom Gesellschafter selbst verschuldete Ausscheiden) das gleiche (nicht vollwertige) Entgelt vorsehen[275]. Erforderlich ist jedoch, dass die Satzung für vergleichbare Fälle die gleiche Regelung trifft, dass sie also für Anteilspfändung gleichermaßen wie für Ausschließung aus wichtigem Grund gilt[276].

E.193 Wenn im Einzelfall die wirtschaftlichen Verhältnisse im Zeitpunkt der Pfändung so liegen, dass der Gesellschafter, etwa unter dem Gesichtspunkt der unzulässigen Rechtsausübung, sich mit dem in der Satzung festgelegten geringen Einziehungsentgelt oder gar mit unentgeltlicher Einziehung nicht zufrieden zu geben braucht, kann darauf sich auch der Pfändungsgläubiger berufen[277].

E.194 Auch eine Pflicht zur Abtretung des Geschäftsanteils bei Pfändung kann durch den Gesellschaftsvertrag begründet werden. Der Erwerber kann den Geschäftsanteil aber nur pfandrechtsbelastet erlangen[278].

E.195 Bis zur **Verwertung** des gepfändeten Geschäftsanteils ändert die Pfändung die Rechtsstellung des Schuldners als Gesellschafter nicht. Sie gibt dem Gläubiger also weder die Stellung noch die Rechte eines Gesellschafters (siehe Rdn. E.121), also insbesondere nicht die Befugnis zur Ausübung des Stimmrechts[279], zur Mitwir-

---

328 = Rpfleger 1977, 444 (auch zur Nichtberücksichtigung der stillen Reserven sowie Bemessung des Entgelts nach der letzten Steuerbilanz und Zahlung des Entgelts in Raten); LG Köln, MittRhNotK 1981, 240. Zur Zulässigkeit der Beschränkung des Abfindungsanspruchs allgemein auch BGHZ 116, 359 = DNotZ 1992, 526 = NJW 1992, 892; Reimann, DNotZ 1992, 472.

273 BGH (Fn. 264); OLG Hamburg, GmbHR 1983, 126 = MittBayNot 1983, 26 (Nichtberücksichtigung von Firmenwert und stillen Reserven).

274 OLG Celle, NJW-RR 1986, 663.

275 BGH (Fn. 264); OLG Hamburg (Fn. 273).

276 BGH (Fn. 264). Man wird aber das Interesse der Gesellschaft, von vornherein ihren Bestand zu sichern, also bereits in einem Zeitpunkt, in dem Zwangsvollstreckungsmaßnahmen überhaupt noch nicht abzusehen sind, nicht verneinen können. Daher müssen Satzungsbestimmungen, die gleichmäßig für alle Fälle einer Einziehung gelten und die Berechnung der Abfindung für einen eingezogenen Geschäftsanteil sowie Art und Weise der Zahlung festlegen, auch dann für wirksam erachtet werden, wenn die Einziehung durch Pfändung ausgelöst wird. Siehe Tiedau, DNotZ 1964, 94; OLG Frankfurt, BB 1974, 100 = DB 1974, 84; so wohl auch Weber, BB 1969, 425; **a.A.** Bokelmann, BB 1970, 1235 m.w.N.; OLG Karlsruhe, GmbHR 1967, 214; OLG Frankfurt (Fn. 262).

277 BGH (Fn. 264).

278 Siehe Baumann, MittRhNotK 1991, 271 (278). Der Gesellschaftsvertrag kann den Wegfall des mit Pfändung erlangten Pfandrechts nicht vorsehen.

279 KG, JW 1932, 757; RGZ 139, 228; RGZ 157, 55; OLG München, JurBüro 1988, 1740; LG Köln, Rpfleger 1989, 511 (Mitpfändung des Stimmrechts daher unzulässig und ohne Wirkung). Zur Frage, inwieweit Gesellschafterbeschlüsse zum Nachteil des Gläubigers gefasst werden können, siehe Buchwald, GmbHR 1960, 6; Wieczorek/Schütze/Lüke, ZPO, § 857 Rdn. 45; Roth, ZGR 2000, 187 (216). Das Stimmrecht ist infolge seines persönlichen Charakters auch nicht selbstständig pfändbar; Noack, DB

kung bei der Kontrolle der Geschäftsführung (§ 46 Nr. 6 GmbHG) oder zur Einberufung der Gesellschafterversammlung (§ 50 GmbHG); er ist nicht informationsberechtigt nach § 51a GmbHG; die Informationsansprüche sind auch nicht pfändbar[280]. Die Kündigung der Gesellschaft durch den Schuldner (§ 60 Abs. 2 GmbHG) ist unzulässige Verfügung über den gepfändeten Geschäftsanteil; sie ist daher nur mit Zustimmung des Gläubigers diesem gegenüber wirksam[281]. Der Schuldner kann ebenso nicht durch Zustimmung zur Einziehung seines Anteils (§ 34 Abs. 2 GmbHG) aus der Gesellschaft ausscheiden[282].

Streitig ist, ob der Anspruch auf Auszahlung der Nutzungen (auf **Gewinnbeteiligung**) von der Pfändung eines Geschäftsanteils erfasst[283] wird oder trotz Pfändung dem Schuldner verbleibt. Daher empfiehlt es sich, dieses Forderungsrecht ausdrücklich mitzupfänden. Der Anspruch des Gesellschafters auf Vergütung für die Leistung persönlicher Dienste und für sonstige Nebenleistungen wird von der Pfändung des Gesellschaftsanteils nicht erfasst[284]. E.196

Bei **Umwandlung der Gesellschaft m.b.H.** in eine Aktiengesellschaft setzt sich das Pfandrecht am Geschäftsanteil an der an seine Stelle getretenen Aktie fort[285]. E.197

Die Pfändung des Geschäftsanteils sichert dem Gläubiger Befriedigung aus demjenigen, was dem Schuldner als Surrogat des Anteils zukommt, also bei der Auseinandersetzung als Liquidationsquote (§ 72 GmbHG)[286], Einziehungsentgelt (§ 34 GmbHG), Überschuss aus dem Verkauf des abandonnierten Anteils (§ 27 Abs. 2 GmbHG), auf die Stammeinlagenrückzahlung im Falle einer Kapitalherabsetzung (§ 58 GmbHG) und als Rückzahlung eines geleisteten Nachschusses (§ 34 GmbHG)[287]. Die (künftige) Forderung auf Abfindung oder das Auseinandersetzungsguthaben[288] und die übrigen Surrogationsansprüche können auch selbststän- E.198

1969, 471. Heuer, ZIP 1998, 405 (409, 413) ist (entgegen der herrschenden Meinung) der Auffassung, dass der Schuldner sein Stimmrecht nur mit Zustimmung des vollstreckenden Gläubigers ausüben kann.

280 BGHZ 197, 181 = MDR 2013, 811 = Rpfleger 2013, 552; BayObLGZ 1988, 349 (355) = NJW-RR 1989, 350 = Rpfleger 1989, 107; anders Heuer, ZIP 1998, 405 (411, 413): Hilfspfändung des Informationsrechts. Zum Auskunftsanspruch gegen den Schuldner siehe aber § 836 Abs. 3 ZPO. Wegen der Auswirkungen der Pfändung auf beabsichtigte Satzungsänderungen siehe Schuler, NJW 1960, 1428; auch LG Gießen (Fn. 265).

281 Schuler, NJW 1960, 1426; Heuer, ZIP 1998, 405 (409, 413); Stein/Jonas/Würdinger, ZPO, § 859 Rdn. 22.

282 Heuer, ZIP 1998, 405 (409, 413).

283 Dies wird z.B. verneint von Schuler, NJW 1960, 1424; Buchwald, GmbHR 1959, 255; Noack, DB 1969, 471; Wieczorek/Schütze/Lüke, ZPO, § 859 Rdn. 50; **a.A.** z.B. Roth, ZGR 2000, 187 (212, 213); Pfaff, GmbHR 1964, 92.

284 Noack, DB 1969, 471.

285 Wegen der Auswirkungen der Kapitalerhöhung aus Gesellschaftsmitteln siehe Kerbusch, GmbHR 1990, 156; Schuler, NJW 1960, 1427.

286 Siehe Schuler, NJW 1960, 1426; wegen der erst nach Ablauf des Sperrjahrs möglichen Auszahlung siehe § 73 GmbHG.

287 Siehe Buchwald, GmbHR 1959, 254; Schuler, NJW 1960, 1427; Hintzen, Forderungspfändung, § 5 Rdn. 35.

288 Die erst mit dem Ausscheiden des Gesellschafters oder der Auflösung der GmbH entsteht, BGHZ 104, 351 (353) = DNotZ 1989, 380 = GmbHR 1989, 71 = JZ 989, 252 mit zust. Anm. Münzberg = MDR 1989, 143 = NJW 1989, 458.

dig gepfändet werden. Drittschuldner ist die Gesellschaft m.b.H.[289]. Hinfällig ist die Pfändung der Auseinandersetzungsforderung jedoch, wenn der Schuldner seinen Geschäftsanteil an einen Dritten abtritt, bevor in seiner Person der Auseinandersetzungsanspruch entstanden ist[290]. Desgleichen kann die (frühere) Pfändung der (künftigen) Forderung auf Abfindung oder das Auseinandersetzungsguthaben nur ein nachrangiges Pfandrecht begründen, wenn danach der GmbH-Geschäftsanteil gepfändet wird, noch bevor der Abfindungs- oder Auseinandersetzungsanspruch entstanden ist[291]. Die Vorausabtretung der Abfindungsforderung wird ebenso hinfällig, wenn der GmbH-Gesellschafter seinen Geschäftsanteil an einen Dritten abtritt, bevor in seiner Person die Abfindungsforderung entstanden ist[292]. Ins Leere geht die Vorausabtretung des (künftigen) Abfindungsanspruchs damit auch, wenn ein Gläubiger des Gesellschafters dessen Geschäftsanteil pfänden und dann auf gerichtliche Anordnung hin versteigern oder freihändig veräußern lässt[293] (§ 844 ZPO). Der Erwerber erlangt einen vollwertigen Geschäftsanteil und der vollstreckende Gläubiger aus dessen Verwertung den Erlös[294]. Wird zuerst der Anspruch auf die Abfindung oder das Auseinandersetzungsguthaben an einen Dritten abgetreten und sodann von einem Gläubiger des Gesellschafters dessen Geschäftsanteil gepfändet und ziehen sodann die GmbH-Gesellschafter den Geschäftsanteil des Schuldners ein, dann erwirbt der Dritte (Zessionar) den an die Stelle des Anteils tretenden Abfindungsanspruch belastet mit dem Pfändungspfandrecht[295]. Die sofort wirksam gewordene (spätere) Pfändung des Geschäftsanteils geht somit der erst mit der Entstehung des Anspruchs auf die Abfindung wirksam gewordenen (früheren) Abtretung vor[296]. Wenn nach Abtretung der Forderung auf Abfindung oder das Auseinandersetzungsguthaben deren Pfändung (oder auch noch Pfändung des Gesellschaftsanteils) durch einen Gläubiger des (bisherigen) Gesellschafters in einem Zeitpunkt erfolgt, in dem der Anspruch auf die Abfindung oder das Auseinandersetzungsguthaben (mit Einziehung des Anteils, Ausscheiden des Gesellschafters oder Auflösung der GmbH) bereits entstanden ist, besteht die angebliche Schuldnerforderung nicht mehr; die Forderung auf Abfindung oder das Auseinandersetzungsguthaben steht infolge der (bereits wirksam gewordenen) Vorausabtretung dem neuen Gläubiger, nicht mehr aber dem Schuldner als (vormaligem) Gesellschafter zu[297], so dass in einem solchen Fall die Pfändung ins Leere geht.

E.199 Ist im Gesellschaftsvertrag die **Kündigung** als Auflösungsgrund vereinbart (§ 60 Abs. 2 GmbHG), so kann das Kündigungsrecht als Nebenrecht (siehe auch

---

289 Vorausabtretung des Auseinandersetzungsguthabens ist zulässig, BGHZ 88, 205 = MDR 1984, 122 = NJW 1984, 492, mithin auch dessen Pfändung (§ 851 Abs. 1 ZPO).
290 BGH (Fn. 289) für Vorausabtretung der Auseinandersetzungsforderung; auch Müller, ZIP 1994, 342 (für Vorausabtretung).
291 Münzberg, JZ 1989, 253 (254).
292 BGH (Fn. 288); auch BGH, DNotZ 2010, 828 = MDR 2010, 774 = NJW-RR 2010, 924 Rdn. 2 = NZI 2010, 220; Armbrüster, NJW 1991, 607; Müller, ZIP 1994, 342. Kritisch zu dem BGH-Urteil Marotzke, ZIP 1988, 1509.
293 BGH (Fn. 288).
294 BGH (Fn. 288).
295 BGH (Fn. 288).
296 BGH (Fn. 288).
297 BGH (Fn. 288).

Rdn. E.238) nach der Überweisung zur Einziehung auch vom Gläubiger ausgeübt werden[298] (siehe Rdn. B.219). Die Verwertung mit Überweisung zur Einziehung ist dann aber gegenüber der Anordnung der Veräußerung (anderen Verwertung, Rdn. E.200) die Besonderheit. Sie kann daher nicht zugleich mit der Pfändung ohne Prüfung angeordnet werden, ob die Veräußerung oder sonstige Verwertung nach § 844 ZPO möglich und günstiger ist[299]. Das Kündigungsrecht kann ausdrücklich **mit**gepfändet werden[300].

In sonstigen Fällen hat der Gläubiger kein eigenes **Kündigungsrecht**. Er kann die Auflösung der Gesellschaft daher sonst nicht betreiben, den Geschäftsanteil also nicht verwerten. Daher verbietet sich in diesen Fällen auch die Überweisung des Geschäftsanteils[301], sofern nicht die Veräußerung nach § 844 ZPO ausscheidet, z.B. deshalb, weil die GmbH aufgelöst oder der Anteil einzuziehen ist[302]. Eine Überweisung kann dann nur für die von der Pfändung erfassten Einzelansprüche, insbesondere den Anspruch auf das Auseinandersetzungsguthaben und den Gewinnanteil, ausgesprochen werden.

Im Übrigen muss der Geschäftsanteil nach § 844 ZPO anderweit **verwertet** E.200
werden[303]. Meist wird die Versteigerung angeordnet[304] (zur Internetversteigerung Rdn. E.13). Diese Anordnung erfordert eine wirksame Pfändung (Rdn. E.10), damit auch den Bestand des gepfändeten (angeblichen) Geschäftsanteils des Schuldners[305]. Der Bestand des gepfändeten Anteils ist für die Versteigerungsanordnung daher jedenfalls dann zu überprüfen, wenn sich ein Beteiligter auf dessen Nichtbestand (z.B. infolge Einziehung nach Pfändung) beruft[306] oder wenn sich sonst Zweifel am Bestand des Geschäftsanteils des Schuldners ergeben[307]. Erfolgt die Versteigerung[308] durch den Gerichtsvollzieher[309] nach § 814 ZPO, so geht der Anteil mit dem Zuschlag auf den Erwerber über[310]. Notarielle Beurkundung ist nicht erforderlich, § 15 Abs. 3 GmbHG findet keine Anwendung (siehe Rdn. E.14,

---

298 LG Berlin, GmbHR 1988, 70 = MDR 1987, 592 = Rpfleger 1987, 379; LG Gießen, JurBüro 1999, 49.
299 LG Berlin (Fn. 298); LG Hannover, DGVZ 1990, 140.
300 Herzig, JurBüro 1968, 1011, der Mitpfändung ausdrücklich für notwendig hält. Nicht zutreffend aber LG Karlsruhe, JurBüro 1968, 1008.
301 KGJ 10, 392; KG, OLGE 10, 392; Schuler, NJW 1960, 1424.
302 Stein/Jonas/Würdinger, ZPO, § 859 Rdn. 22.
303 Verwertung durch Übertragung auf den Gläubiger: AG Mannheim, BB 1953, 129. Das AG Konstanz, DGVZ 1967, 190, hatausnahmsweise auch die Teilung und Übertragung des GmbH-Anteils durch das Vollstreckungsgericht für zulässig erachtet. Das AG Charlottenburg, DGVZ 1978, 92, hat die Bestimmung einer Person, welcher der Erwerb bei freihändiger Veräußerung angetragen werden soll, für zulässig erachtet.
304 Der Verwertungsbeschluss kann auch von der GmbH angefochten werden, OLG Frankfurt, BB 1976, 1147 = DB 1976, 1758 = Rpfleger 1976, 372, und zwar mit sofortiger Beschwerde nach § 793 ZPO, LG Limburg, DGVZ 1976, 88.
305 LG Gießen (Fn. 298).
306 OLG Frankfurt (Fn. 304); LG Gießen (Fn. 298).
307 LG Gießen (Fn. 298).
308 Zu ihr Polzius, DGVZ 1987, 33.
309 Die Abtretung des GmbH-Geschäftsanteils nach der Pfändung ist auf die Versteigerung durch den Gerichtsvollzieher ohne Einfluss, LG Berlin, DGVZ 1964, 187; LG Hannover (Fn. 299).
310 LG Berlin, DGVZ 1965, 156.

E.202). Für die Ausübung der Mitgliedschaftsrechte muss der Erwerber in der in das Handelsregister aufgenommene Gesellschafterliste eingetragen sein (näheres dazu § 16 GmbHG). Mit dem Geschäftsanteil erlangt der Erwerber die Gesellschafterstellung, also nicht nur die Rechte des Schuldners, sondern auch seine auf dem Geschäftsanteil ruhenden Pflichten (§§ 16, 24 GmbHG). Die Übergabe etwa ausgestellter Anteilscheine ist für die Versteigerung nicht erforderlich; der Anteilserwerber kann sie vom Besitzer nach §§ 402, 413 BGB herausverlangen[311]. Versteigerungsort bei der Versteigerung durch den Gerichtsvollzieher ist, wenn das Vollstreckungsgericht keine anderen Anordnungen getroffen hat, der Ort, an dem die Geschäfte der Gesellschaft m.b.H. geführt werden, weil hier die Käufer am besten die Möglichkeit haben, den Wert des Anteils zu beurteilen.

E.201 § 817a ZPO über das Erfordernis eines **Mindestgebotes** gilt bei der Verwertung des GmbH-Anteils durch den Gerichtsvollzieher nur, wenn das Vollstreckungsgericht im Verwertungsbeschluss ein Mindestgebot festgelegt hat[312] (dazu Rdn. E.14). Der Schutz des Schuldners vor Verschleuderung des Pfandgegenstandes gebietet stets eine Bewertung des Anteils und die Beachtung der Mindestgebotsvorschriften (Rdn. E.7). In Ergänzung des Verwertungsbeschlusses kann das Mindestgebot auch nachträglich, insbesondere auf Anregung des Gerichtsvollziehers – nach Anhörung der Beteiligten – bestimmt werden. Das Vollstreckungsgericht kann in entsprechender Anwendung des § 813 Abs. 1 S. 3 ZPO auch eine Bewertung (Schätzung) durch einen Sachverständigen anordnen[313]. Abhängig ist das Mindestgebot vom gemeinen Wert des Anteils, der, soweit er nicht aus Verkäufen abgeleitet werden kann, unter Berücksichtigung des Vermögens und der Ertragsaussichten der Gesellschaft (zur Buchführung und Bilanzierungspflicht der Gesellschaft siehe §§ 41, 42 GmbHG) zu schätzen ist (vgl. § 11 Abs. 2 BewG)[314]. Wesentliche An-

---

311 Isselhorst, JVBl 1935, 23. Zur Wegnahme des Anteilsscheins nach §§ 836, 883 ZPO und zu seiner Hilfspfändung siehe außerdem Noack, MDR 1970, 892.

312 Noack, DB 1969, 472; Noack, MDR 1970, 891; AG Witzenhausen, DGVZ 1995, 174 (Feststellung des Wertes durch das Vollstreckungsgericht, wenn es nur die Anwendung des 817a ZPO angeordnet hat); Petermann, Rpfleger 1973, 387; AG Elmshorn, DGVZ 1993, 190; auch LG Hannover (Fn. 299) (wenn das Vollstreckungsgericht kein Mindestgebot festgesetzt hat, muss der Gerichtsvollzieher zur Erstellung des Mindestgebotes ein Sachverständigengutachten einholen).

313 Petermann, Rpfleger 1973, 388 (389), der auch darstellt, wie dem Sachverständigen durch Hilfspfändung die für eine Schätzung benötigten Unterlagen zugänglich gemacht werden können; vgl. zur Hilfspfändung des Anspruchs auf Auskunfterteilung und anschließende Klage gegen die Gesellschaft als Drittschuldnerin auch Hintzen, Forderungspfändung, § 5 Rdn. 42; dazu (nicht zutreffend) auch LG Essen, Rpfleger 1973, 410.

314 Wegen der Grundsätze für die Bewertung eines GmbH-Geschäftsanteils siehe die Nachweise bei Noack, MDR 1970, 892 (li.Sp.). Nach Petermann, Rpfleger 1973, 388, benötigt der Sachverständige für eine Bewertung des GmbH-Anteils mindestens die Jahresabschlüsse (Bilanz sowie Gewinn- und Verlustrechnung) der drei vorangegangenen Kalenderjahre, u.U. auch Angaben über die Höhe des Gehalts des Geschäftsführers. Zu Wert und Bewertung von GmbH-Anteilen siehe auch Schöne, GmbHR 1975, 121. Zur Bewertung von GmbH-Anteilen außerdem GmbHR 1976, 75, 228; OLG München, GmbHR 1988, 216 = NJW-RR 1988, 751. Zur Bewertung nicht notierter GmbH-Anteile an Familiengesellschaften siehe Stöcker, BB 1975, 1383. Zur Ermittlung des Gegenstandswerts von verkauften GmbH-Geschäftsanteilen zur Bemessung der Anwaltskosten siehe BGH, DB 1975, 1934.

haltspunkte für die Wertermittlung vermag der Feststellungsbescheid des Finanzamtes über die Berechnungsgrundlage für die Bewertung der Geschäftsanteile der Gesellschaft zu geben. Bedeutsam ist auch, ob der Geschäftsanteil voll oder nur teilweise einbezahlt ist und ob dem Geschäftsanteil bei der Verwertung ein Anspruch auf (künftigen) Reingewinn anhaftet, der bilanzmäßig sowie durch einen Gewinnverteilungsbeschluss noch nicht ausgewiesen ist. Bereitet die Feststellung eines Mindestpreises erhebliche Schwierigkeiten, kann eine Verschleuderung des Schuldnervermögens zu besorgen (Rdn. E.7) und daher die beantragte Versteigerung des Geschäftsanteils (bis zur Klärung) abzulehnen sein[315].

Bei freihändiger Veräußerung des GmbH-Anteils – nicht aber bei Veräußerung im Wege der Zwangsvollstreckung durch den Gerichtsvollzieher[316] – bedarf der Vertrag im Hinblick auf § 15 Abs. 3 GmbHG der notariellen Beurkundung[317]. Einer satzungsmäßig vorgesehenen Zustimmung der Gesellschaft bedarf es auch bei Pfandverwertung durch freihändigen Verkauf ebensowenig wie für die Pfändung selbst[318]. Auch Veräußerungsbeschränkungen nach § 15 Abs. 5 GmbHG gelten für die freihändige Veräußerung nicht[319]. **E.202**

Die Gesellschaft, die den Geschäftsanteil nicht einziehen will oder kann, kann dem Eindringen Fremder mit Verwertung durch Befriedigung des Gläubigers nach § 267 BGB begegnen[320]. **E.203**

Vor der Eintragung in das Handelsregister besteht die Gesellschaft m.b.H. als solche nicht (§ 11 Abs. 1 GmbHG). Die mit Abschluss des Gesellschaftsvertrags errichtete Gesellschaft m.b.H. untersteht als im Werden begriffene Gesellschaft m.b.H. (Gründergesellschaft) jedoch bereits einem dem Recht der rechtsfähigen Gesellschaft angenäherten Sonderrecht, soweit es nicht die Eintragung voraussetzt. Geschäftsanteile bestehen aber noch nicht[321]. Daher ist auch ein Gesellschafterwechsel durch Veräußerung eines Gesellschaftsanteils noch nicht möglich[322]. Das hindert auch die Pfändung eines Geschäftsanteils[323]. Zulässig ist jedoch die Pfändung des künftigen Geschäftsanteils des Schuldners[324], der mit der Eintragung der Gesellschaft m.b.H. in das Handelsregister entsteht. Weil auf die Vorgesellschaft die für die Gesellschaft m.b.H. geltenden Regeln anzuwenden sind, muss auch die vom Schuldner als Gründungsmitglied erlangte vermögensrechtliche Mitbeteiligung an einem bereits gebildeten oder noch zu erlangenden Gesellschaftsvermögen der Vor-G.m.b.H. jedenfalls zusammen mit dem künftigen Geschäftsanteil pfändbar sein. Sie ist rechtlich geschützte Position von „wirtschaftlichem Wert" (Rdn. E.1); das rechtfertigt die Pfändung als anderes Vermögensrecht nach § 857 Abs. 1 ZPO. Diese Pfändung sichert dem Gläubiger die Befriedigung aus dem anteiligen **E.204**

---

315 OLG Düsseldorf, Rpfleger 2000, 400.
316 Buchwald, GmbHR 1960, 8.
317 RGZ 164, 162; Buchwald, GmbHR 1960, 8.
318 BGH (Fn. 264); Schuler, NJW 1960, 1424 Fn. 8; Stein/Jonas/Würdinger, ZPO, § 859 Rdn. 23; **a.A.** OLG Hamburg, NJW 1960, 870.
319 Buchwald, GmbHR 1960, 8.
320 Schuler, NJW 1969, 1293; Schuler, NJW 1961, 2281.
321 BGH, MDR 2005, 518 = NJW-RR 2005, 469 = Rpfleger 2005, 198.
322 BGH (Fn. 321).
323 **Anders** (nach früherer Auffassung) Schalhorn, JurBüro 1971, 121.
324 Hierzu auch Stein/Jonas/Würdinger, ZPO, § 859 Rdn. 28.

Vermögenswert, der dem Schuldner bei der Liquidation der Gründungsgesellschaft zukommt. Das durch sie begründete Pfandrecht besteht an dem Anteil des Schuldners an dem Gesellschaftsvermögen der BGB-Gesellschaft oder offenen Handelsgesellschaft fort, in die sich die Vorgesellschaft umwandelt, wenn die Registereintragung nicht mehr erstrebt wird (Rdn. E.206).

E.205 Die **Einmann-GmbH** ist gleichfalls juristische Person. Auch der Geschäftsanteil ihres Gesellschafters ist veräußerlich (§ 15 Abs. 1 GmbHG) und daher pfändbar (Rdn. E.186). Drittschuldner ist auch hier die Gesellschaft m.b.H. (Rdn. E.187). Die an sie zu bewirkende Zustellung erfolgt an ihren Geschäftsführer als gesetzlicher Vertreter (§ 170 Abs. 1 ZPO) auch dann, wenn der Schuldner als Alleingesellschafter zugleich Geschäftsführer ist. Wie der Geschäftsanteil des Alleingesellschafters einer Einmann-GmbH wird auch der Schuldneranteil an einer Einmann-Gründergesellschaft (Rdn. E.204) gepfändet.

E.206 Wird die Registereintragung der Gründergesellschaft (Vor-GmbH) nicht mehr betrieben (aufgegeben) und ist sie auch nicht schon als solche aufgelöst, dann ist die fortbestehende Personenvereinigung nicht mehr Durchgangsstufe zur werdenden Gesellschaft m.b.H. mit körperschaftlicher Struktur. Die Vor-GmbH wandelt sich damit um in eine offene Handelsgesellschaft (wenn ein Handelsgeschäft unter gemeinschaftlicher Firma betrieben wird) oder in eine BGB-Gesellschaft[325]. Eine Anteilspfändung hat dann nach den für diese Gesellschaften geltenden Grundsätzen zu erfolgen. Dementsprechend kann der Gläubiger des Gründers einer Einmann-Vor-GmbH, deren Registereintragung aufgegeben (endgültig zurückgewiesen) worden ist, unmittelbar in die Forderungen und Vermögensrechte vollstrecken[326], die in die Vor-GmbH eingebracht oder von dieser erworben wurden. Entsprechendes gilt, wenn die Gesellschafter gar nicht beabsichtigt haben, die Eintragung der Gesellschaft in das Handelsregister zu betreiben. Es liegt dann eine sog. „unechte Vorgesellschaft“ vor, auf welche die Vorschriften anzuwenden sind, die für die Gesellschaftsform gelten, in der die Personenvereinigung im Einzelfall betrieben wird, nämlich entweder OHG-Recht oder BGB-Gesellschaftsrecht[327].

E.207 Zum Rang bei **Verpfändung** und Pfändung des GmbH-Geschäftsanteils: Rdn. B.449. Das (besserrangige) Vertragspfandrecht begründet kein Drittwiderspruchsrecht (§ 771 ZPO), sondern nur ein Recht auf vorzugsweise Befriedigung (§ 805 ZPO)[328].

E.208 **Bezüge des Schuldners,** die er als Gesellschafter-Geschäftsführer bezieht, sind Arbeitseinkommen (Rdn. C.18). Als solches unterliegen sie dem Pfändungsschutz der §§ 850 ff. ZPO. Sie sind daher nach den für Arbeitseinkommen geltenden Bestimmungen (Teil C) zu pfänden. Dass sie als „Arbeitseinkommen“ gepfändet werden, hat der Pfändungsbeschluss auszuweisen (Rdn. C.65). Die Pfändung des Gesellschaftsanteils als Mitgliedsrecht unter Einschluss des Anspruchs auf Gewinnbeteiligung erfasst arbeitsrechtliche GmbH-Geschäftsführerbezüge nicht.

---

325 BGHZ 143, 314 (319, 320) = MDR 2000, 465 = NJW 2000, 1193 = Rpfleger 2000, 276.
326 LG Berlin, NJW-RR 1988, 1183 = Rpfleger 1987, 460.
327 BGH (Fn. 325).
328 OLG Hamm, NJW-RR 1990, 233.

Von Gläubigern der Gesellschaft m.b.H. kann auf Grund eines gegen diese lau- E.209
tenden Vollstreckungstitels der Anspruch der Gesellschaft m.b.H. gegen ihre Gesellschafter auf Einzahlung der Stammeinlagen gepfändet werden, und zwar auch dann, wenn sich der Anspruch gemäß § 16 Abs. 3 GmbHG gegen einen späteren Erwerber des Geschäftsanteils richtet. Wegen der Einzelheiten siehe Rdn. A.475 ff.

Formulierungsvorschlag: E.210

Gepfändet wird der angebliche Geschäftsanteil des Schuldners – wenn es mehrere sind, werden alle gepfändet – an der … Gesellschaft m.b.H. – Drittschuldnerin – sowie der Anspruch des Schuldners gegen diese Drittschuldnerin auf Auszahlung der fälligen und weiter fortlaufenden Nutzungen (Gewinnbeteiligung).

2.17.11. Genossenschaft

Der **Geschäftsanteil** des Schuldners als Mitglied einer eingetragenen Genossen- E.211
schaft (e.G.) ist nur eine rechnerische Größe; als solche ist er unpfändbar.

Gepfändet werden können jedoch der fortlaufende Anspruch auf **Auszahlung** E.212
des Gewinns (§ 19 GenG) (er ist ein von der Mitgliedschaft lösbares, frei übertragbares Gläubigerrecht) und der Anspruch auf das sog. **Geschäftsguthaben**, d.h. die Forderung auf dessen Auszahlung bei Ausscheiden des Mitglieds (§ 73 GenG) sowie – bei Regelung durch das Statut – der Anspruch auf Auszahlung des Anteils an dem Reservefond (§ 73 Abs. 3 GenG). Bei dem Anspruch des Mitglieds auf Auszahlung des ihm bei der Auseinandersetzung zukommenden Guthabens handelt es sich um eine zukünftige Forderung[329], deren Rechtsgrund bereits mit dem (wirksamen) Beitritt gelegt ist; damit ist sie auch bereits pfändbar[330]. Zu pfänden ist der Anspruch als Geldforderung nach § 829 ZPO[331]. Die Pfändung des Geschäftsanteils wird sich in die Pfändung des Geschäftsguthabens – und ebenso in die Pfändung des Anteils am Reservefond – umdeuten lassen. Die Pfändung auf Auszahlung des Geschäftsguthabens erstreckt sich auch auf den bei Liquidation zu zahlenden Vermögensanteil (§ 91 GenG). Der statutarische Ausschluss der Übertragung des Geschäftsguthabens (§ 76 Abs. 2 S. 1 GenG) schmälert die Möglichkeit der Pfändung nicht.

Drittschuldnerin ist die Genossenschaft. E.213

Die Teilpfändung eines Geschäftsanteils verbietet sich[332]. Ist jedoch der Schuldner E.214
als Mitglied mit mehreren Geschäftsanteilen an der Genossenschaft beteiligt, dann ist auch die Kündigung einzelner Geschäftsteile zulässig (§ 67b GenG). Das ermöglicht auch die Pfändung des Anspruchs auf Auszahlung des nur auf einzelne Geschäftsanteile entfallenden Geschäftsguthabens[333]. Die frühere Ansicht, dass auch die Pfändung einzelner von mehreren Geschäftsanteilen unzulässige Teilpfändung sei[334],

---

329 BGH, NJW-RR 2009, 755 (756) m.N.
330 **A.A.** LG Düsseldorf, NJW 1968, 753: Pfändbar mit Einzahlung auf den Geschäftsanteil.
331 LG Düsseldorf, (Fn. 330); Wieczorek/Schütze/Lüke, ZPO, § 859 Rdn. 19.
332 OLG Dresden, OLGE 40, 203.
333 So auch Stein/Jonas/Würdinger, ZPO, § 859 Rdn. 19.
334 OLG Dresden (Fn. 332).

ist mit Zulassung der Teilkündigung durch § 67b GenG gegenstandslos geworden. Zu empfehlen ist solche Teilpfändung jedoch nicht. Sie führt nicht zum Ziel, wenn es sich um Pflichtbeteiligungen handelt und Teilkündigung nach § 67b GenG daher ausgeschlossen ist. Bei Kündigung nur einzelner Geschäftsanteile kann nach den Umständen des Falles aber auch ein Anspruch auf Auszahlung eines anteiligen Geschäftsguthabens überhaupt nicht bestehen.

E.215 Die Pfändung des Geschäftsguthabens gibt dem Gläubiger nach § 66 GenG das Recht, mittels **Kündigung** den **Austritt** des Schuldners aus der Genossenschaft[335] zu erklären (siehe § 65 Abs. 1 GenG). Auch wenn der Gläubiger den Anspruch auf Auszahlung des Geschäftsguthabens für mehrere Geschäftsanteile voll gepfändet hat, ergibt sich für ihn die Pflicht zur Kündigung nur einzelner Geschäftsanteile nach § 67b GenG, wenn das hierauf entfallende Auseinandersetzungsguthaben zu seiner Befriedigung ausreicht.

§ 66 GenG
Kündigung durch Gläubiger

(1) Der Gläubiger eines Mitglieds, der die Pfändung und Überweisung eines dem Mitglied bei der Auseinandersetzung mit der Genossenschaft zustehenden Guthabens erwirkt hat, nachdem innerhalb der letzten sechs Monate eine Zwangsvollstreckung in das Vermögen des Mitglied fruchtlos verlaufen ist, kann das Kündigungsrecht des Mitglieds an dessen Stelle ausüben. Die Ausübung des Kündigungsrechts ist ausgeschlossen, solange der Schuldtitel nur vorläufig vollstreckbar ist.

(2) Der Kündigung muss eine beglaubigte Abschrift der vollstreckbaren Ausfertigung des Titels und der Bescheinigung über den fruchtlosen Verlauf der Zwangsvollstreckung in das Vermögen des Schuldners beigefügt werden.

Das Vollstreckungsgericht muss bei Erlass des Pfändungsbeschlusses den fruchtlosen Vollstreckungsversuch (dazu Rdn. E.152) nicht prüfen. Eine Zahlungseinstellung ersetzt den fruchtlosen Vollstreckungsversuch nicht. Die Eröffnung des Insolvenzverfahrens über das Vermögen des Mitglieds steht jedoch der fruchtlosen Zwangsvollstreckung gleich.

Die Kündigung findet nur zum Schluss eines Geschäftsjahres statt und muss unter Einhaltung der statutarischen oder gesetzlichen Kündigungsfrist (= mindestens drei Monate vorher) schriftlich erfolgen (§ 65 Abs. 2 S. 1 GenG). Außerordentlich kündigen nach § 65 Abs. 3 GenG kann der Gläubiger nicht. Kündigen kann der Gläubiger, wenn der Pfändungs- und Überweisungsbeschluss im Kündigungszeitpunkt auf einem rechtskräftigen (sonst, insbesondere im Fall von § 794 ZPO: endgültig vollstreckbaren) Schuldtitel beruht und innerhalb der letzten sechs Monate die Zwangsvollstreckung in das bewegliche Vermögen des Schuldners (Mitglieds) fruchtlos verlaufen ist. Auf die Reihenfolge – Vollstreckungsversuch – Rechtskraft des Schuldtitels – Pfändungs- und Überweisungsbeschluss – kommt es nicht an (s. Rdn. E.152). Der fruchtlose Vollstreckungsversuch innerhalb der letzten sechs Monate wegen einer Geldforderung braucht nicht von dem pfändenden Gläubiger unternommen worden zu sein (s. Rdn. E.152). Beigefügt sein muss der Aufkündigung eine beglaubigte Abschrift der vollstreckbaren Ausfertigung des Schuldtitels und der Bescheinigung(en) über die fruchtlose Zwangsvollstreckung (§ 66 Abs. 2

335 Die Auflösung der Genossenschaft hat sie also nicht zur Folge.

GenG). Die Beglaubigung kann nicht von dem Anwalt, der den Gläubiger vertritt, vorgenommen werden (§ 169 Abs. 2 ZPO findet keine Anwendung). Dass der Kündigungserklärung des Gläubigers auch eine beglaubigte Abschrift des Pfändungs- und Überweisungsbeschlusses beigefügt wird[336], kann nicht verlangt werden, weil der Beschluss der Genossenschaft bereits als Drittschuldnerin zugestellt sein muss. Pfändender Gläubiger, dem das Kündigungsrecht zusteht, kann auch die eingetragene Genossenschaft selbst sein. Der Gläubiger kann die Kündigung (wie das Mitglied selbst) zurücknehmen. Wird der Gläubiger nach Kündigung (voll) befriedigt, kann nicht er[337] (die Zwangsvollstreckung ist für ihn beendet), sondern nur der Schuldner (das Mitglied) die Kündigung zurücknehmen. Das Kündigungsrecht des Mitglieds (§ 65 GenG) wird durch Pfändung und das Gläubigerrecht nicht berührt. Dieses Kündigungsrecht selbst ist kein pfändbares (oder mitpfändbares) Recht.

Auch wenn der Schuldner als Mitglied einer Baugenossenschaft eine Wohnung in einem der Drittschuldnerin gehörenden Gebäude bewohnt, kann die Pfändung – oder jedenfalls die Überweisung – nicht von dem Nachweis abhängig gemacht werden, dass kein Wohnungsnutzungsverhältnis mehr besteht[338]. Die Pfändung kann jedoch eine sittenwidrige Härte bedeuten und Vollstreckungsschutz nach § 765a ZPO rechtfertigen[339].

Formulierungsvorschlag: E.216

Gepfändet wird der dem Schuldner als Genosse der … e.G. – Drittschuldnerin – gegen diese Genossenschaft angeblich zustehende Anspruch auf fortlaufende Auszahlung des Gewinns und auf Auszahlung seines Geschäftsguthabens (= des ihm bei der Auseinandersetzung mit der Genossenschaft zukommenden Guthabens) sowie eines Anteils am Reservefonds.

2.18. Grunddienstbarkeit

Die Grunddienstbarkeit (§§ 1018 ff. BGB) ist Bestandteil des herrschenden Grundstücks (§ 96 BGB). Sie kann von diesem nicht getrennt werden; ihre Ausübung kann auf einen anderen selbstständig auch nicht übertragen werden. Wegen dieser Untrennbarkeit vom herrschenden Grundstück kann die Grunddienstbarkeit nicht selbstständig belastet und daher auch nicht gepfändet werden (§ 851 Abs. 1 ZPO). E.217

336 Es empfiehlt sich jedoch, der Kündigung auch die beglaubigte Beschlussabschrift beizufügen.

337 Siehe aber Stein/Jonas/Würdinger, ZPO, § 859 Rdn. 19 Fn. 90 (bis zur Einstellung der Zwangsvollstreckung [§§ 767, 775, 776 ZPO] nur der Gläubiger oder mit dessen Zustimmung).

338 LG Stuttgart, JurBüro 2007, 47.

339 OLG Hamm, WuM 1983, 267 = ZMR 1984, 154; Zöller/Seibel, ZPO, § 765a Rdn. 7. **Anders** BGH, MDR 2010, 49 = NJW-RR 2010, 157 = Rpfleger 2010, 146; dies sollte jedoch Einzelfallfrage sein.

2.19. Gütergemeinschaft (§ 860 ZPO)

E.218 **Schrifttum:** Möhl, Kann die nach § 860 Abs. 2 ZPO bei Beendigung der ehelichen Gütergemeinschaft mögliche Pfändung des Anteiles eines Ehegatten am Gesamtgut ins Grundbuch eingetragen werden? RpfliB 1931, 374.

E.219 Der Anteil eines Ehegatten am **Gesamtgut** der Gütergemeinschaft (§ 1416 BGB) und an den einzelnen dazugehörenden Gegenständen ist unpfändbar (§ 860 Abs. 1 S. 1 ZPO). Die Pfändung ist ausgeschlossen, weil der Anteil nicht übertragen werden (§ 1419 BGB) und als nicht übertragbares Recht auch der Zwangsvollstreckung nicht zugänglich sein kann. Ebenso ist bei der fortgesetzten Gütergemeinschaft (§§ 1483 ff. BGB) der Anteil des überlebenden Ehegatten und jedes Abkömmlings der Pfändung nicht unterworfen (§ 860 Abs. 1 S. 2 ZPO). Es kann auch nicht der **nach späterer Beendigung** der Gütergemeinschaft dem Ehegatten oder Abkömmling zufallende Anteil (= sein **Auseinandersetzungsguthaben**) als künftiges Recht gepfändet werden[340]. Dass er für abtretbar gehalten wird (Rdn. E.224), kann die (selbstständige) Pfändung (ebenso wie die des Auseinandersetzungsguthabens des Miterben, Rdn. E.264) nicht ermöglichen. Auch die Pfändung des Auseinandersetzungsanspruchs selbst verbietet sich[341].

E.220 Nach **Beendigung der Gütergemeinschaft,** aber vor der Auseinandersetzung des Gesamtguts ist der Anteil des Ehegatten oder eines Abkömmlings an dem Gesamtgut zugunsten der Gläubiger des Anteilsberechtigten der Pfändung unterworfen (§ 860 Abs. 2 ZPO). Der Anteil ist zwar auch weiterhin nicht abtretbar; die Pfändung des Gesamtgutanteils im ganzen (nicht eines Anteils an einzelnen Gesamtgutsgegenständen) ist aber gleichwohl zugelassen, weil insbesondere die Gläubiger einer erst nach Beendigung der Gütergemeinschaft entstandenen Forderung vor Rechtsnachteilen bewahrt und deshalb jetzt in der Lage sein sollen, sich alsbald Befriedigung aus dem Gesamtgutsanteil zu verschaffen[342].

E.221 **Drittschuldner** der Anteilspfändung nach Beendigung der Gütergemeinschaft sind die übrigen Mitberechtigten, also der andere Ehegatte oder – bei fortgesetzter

---

340 RG, HRR 1926 Nr. 1362; OLG München, JW 1926, 2470; OLG München, JurBüro 2013, 215 = NotBZ 2013, 194 = NJW-RR 2013, 527; Wieczorek/Schütze/Lüke, ZPO, § 860 Rdn. 2; Stein/Jonas/Würdinger, ZPO, § 860 Rdn. 1; Musielak/Becker, ZPO, § 860 Rdn. 2; Planck, BGB, § 1442 (a.F.) Anm. 4; **a.A.** BayObLG, OLGE 15, 409 = Seufferts Archiv 62 Nr. 183; Blume, JW 1926, 2470, welche die Pfändung des künftigen Rechts für zulässig halten, weil das Interesse der Gemeinschaft lediglich erfordere, dass eine Pfändung bei bestehender Gütergemeinschaft nicht wirksam werde. Diese Pfändung soll damit nur mit Beendigung der Gemeinschaft wirksam werden, das familienrechtliche Verhältnis aber unberührt lassen. Der Gläubiger soll daher durch sie keine Rechte an dem der Pfändung nicht zugänglichen Anteilsrecht erlangen. Vielmehr soll der Schuldner freie Hand in der Entscheidung darüber behalten, ob er in der fortgesetzten Gütergemeinschaft bleiben oder gemäß § 1491 BGB ausscheiden will. Scheidet er durch Verzicht aus, so würde die Pfändung ebenso gegenstandslos bleiben, wie wenn ein Abkömmling während des Bestehens der fortgesetzten Gütergemeinschaft stirbt (siehe hierwegen § 1490 BGB). **Abgetreten** werden kann der Anspruch eines an einer fortgesetzten Gütergemeinschaft Beteiligten auf das, was ihm bei der Auseinandersetzung zusteht, BGH, LM Nr. 1 zu § 1497 BGB = MDR 1966, 750.

341 Ebenso LG Frankenthal, Rpfleger 1981, 241; Stein/Jonas/Würdinger, ZPO, § 860 Rdn. 1.

342 Siehe RG, JR 1926 Nr. 1362.

Gütergemeinschaft – der überlebende Ehegatte oder seine Erben und die übrigen Abkömmlinge. Wirksam wird die Pfändung mit Zustellung des Beschlusses an die Drittschuldner. Die wirksame Pfändung berechtigt zum Antrag auf Auseinandersetzung nach § 373 FamFG.

Durch Eintragung der Pfändung des Anteils an dem Gesamtgut der Gütergemeinschaft im Grundbuch eines Gesamtgutsgrundstücks(-rechtes usw.) kann sich der Gläubiger gegen ihn benachteiligende Verfügungen schützen (dazu Rdn. E.280 ff.). Die Eintragung ist als Grundbuchberichtigung zulässig, weil die Pfändung eine Änderung der Verfügungsbefugnis der Gemeinschafter über die zum Gesamtgut gehörenden Grundstücke (Rechte usw.) zur Folge hat. Die Eintragung erfolgt auf schriftlichen Antrag des Gläubigers, der auch (siehe Rdn. E.283) die vorherige Grundbuchberichtigung durch Eintragung des Schuldners und des oder der Miteigentümer in beendeter Gütergemeinschaft verlangen kann. Da nach § 22 Abs. 1 GBO die Grundbuchunrichtigkeit (Wirksamwerden der Pfändung infolge Zulässigkeit nach § 860 Abs. 2 ZPO) nachgewiesen sein muss, bedarf es neben der Vorlage des Pfändungsbeschlusses mit Zustellungsurkunde(n) auch des Nachweises durch öffentliche Urkunde (§ 29 Abs. 1 GBO), dass die Gütergemeinschaft beendet ist. E.222

Die Eintragungsformel kann lauten:

„Der Anteil des … an dem Gesamtgut der beendeten Gütergemeinschaft ist für … gepfändet wegen einer Forderung von … mit Pfändungsbeschluss des Amtsgerichts … vom …"

Die **Pfandverwertung** erfolgt durch Überweisung zur Einziehung. Ob eine Veräußerung nach §§ 844, 857 Abs. 5 ZPO erfolgen kann, ist streitig, dürfte jedoch zu verneinen sein[343], weil Dritte nicht in die familienrechtliche Liquidationsgemeinschaft einrücken können. Die Überweisung gibt dem Gläubiger das Recht, die Auseinandersetzung in Ansehung des Gesamtguts zu verlangen, also den Auseinandersetzungsanspruch des Schuldners geltend zu machen; es gilt das Rdn. E.289 ff. Gesagte entsprechend. E.223

Eigentums- und Vermögensgemeinschaft besteht für Ehegatten, die am 3.10.1990 in diesem gesetzlichen Güterstand des Familiengesetzbuchs der DDR (§§ 13–16 FGB) gelebt haben, bei (notariell beurkundeter) Erklärung eines Ehegatten bis zum Ablauf von zwei Jahren nach dem Wirksamwerden des Beitritts fort (Art. 234 § 4 Abs. 2 EGBGB mit Einzelheiten). Dann besteht neben Einzeleigentum jedes Ehegatten **gemeinschaftliches Eigentum;** zu diesem gehören (soweit nicht abweichende Vereinbarung über einzelne Gegenstände getroffen ist) die von einem oder beiden Ehegatten während der Ehe durch Arbeit oder aus Arbeitseinkünften (Renten usw.) erworbenen Sachen, Vermögensrechte und Ersparnisse. Verteilung des gemeinschaftlichen Eigentums und Vermögens erfolgt bei Beendigung der Ehe nach §§ 39–40 FGB. Für die Zwangsvollstreckung ist § 860 ZPO entsprechend anzuwenden (§ 744a ZPO). Somit ist während des Bestehens des Güterstands weder der Anteil eines Ehegatten an den gemeinsamen Vermögenswerten E.224

343 Ebenso Stein/Jonas/Würdinger, ZPO, § 860 Rdn. 3.

noch der Anteil eines Ehegatten an den einzelnen zu diesem Vermögen gehörenden Gegenständen pfändbar (§ 860 Abs. 1 ZPO).

Nach Beendigung (Aufhebung) des Güterstandes ist bis zur Teilung[344] der Anteil an dem gemeinschaftlichen Eigentum der Anteilspfändung unterworfen (§ 860 Abs. 2 ZPO). Pfändung und Pfändungswirkungen: wie Rdn. E.221 ff. Solange die Eigentums- und Vermögensgemeinschaft besteht und auch nach deren Beendigung vor der Auseinandersetzung schließen §§ 744a, 860 ZPO die Pfändung eines (künftigen) Anspruchs auf das Auseinandersetzungsguthaben aus. Dass der Anspruch auf das künftige Auseinandersetzungsguthaben aus der fortgesetzten ehelichen Vermögensgemeinschaft für abtretbar gehalten wird[345], kann seine (selbstständige) Pfändung (ebenso wie die des Auseinandersetzungsguthabens eines Miterben, Rdn. E.264) nicht ermöglichen (wie Rdn. E.219).

E.225 **Formulierungsvorschlag:**

Gepfändet wird der angebliche Anteil des Schuldners an dem Gesamtgut der durch

- *rechtskräftige Ehescheidung beendeten Gütergemeinschaft, die mit dem geschiedenen Ehegatten … – Drittschuldner – vereinbart war*
- *Tod der Witwe … beendeten fortgesetzten Gütergemeinschaft. Drittschuldner sind die übrigen gemeinschaftlichen Abkömmlinge, nämlich … und die Erben der vorgenannten Witwe, nämlich …*

2.20. Hinterlegung

E.226 Das Recht des Schuldners, eine von ihm hinterlegte Sache zurückzunehmen (siehe § 376 Abs. 1 BGB), ist der Pfändung nicht unterworfen (§ 377 Abs. 1 BGB). Keiner Beschränkung unterliegen dagegen der **Herausgabeanspruch** nach Ausübung des Rücknahmerechts durch den Schuldner selbst und der Herausgabeanspruch des Hinterlegungsberechtigten[346]. Der durch Ausübung des Rückforderungsrechts dem Schuldner erwachsene Herausgabeanspruch und der Herausgabeanspruch des Hinterlegungsberechtigten gegen die Hinterlegungsstelle unterliegen daher der Pfändung[347]. Zu pfänden ist

- ein Anspruch auf Auszahlung von hinterlegtem Geld als Geldforderung nach § 829 ZPO;
- ein Anspruch auf Herausgabe von Wertpapieren, sonstigen Urkunden und Kostbarkeiten, die unverändert aufbewahrt werden, als Sachherausgabeanspruch nach §§ 846, 847 ZPO.

---

344 Zum Auseinandersetzungsverfahren s. Arnold, DtZ 1991, 80 (85).

345 BGH, DNotZ 2003, 135 = FamRZ 2002, 1468 = MDR 2002, 1316 = NJW 2002, 3320.

346 Auch der Staat kann, wie jeder andere Gläubiger, eine (auch künftige) Rückzahlungsforderung pfänden. Ausgeschlossen ist jedoch die Aufrechnung gegen eine Forderung auf Rückzahlung einer bar hinterlegten Sicherheit (zur Abwendung des Vollzugs eines Haftbefehls), BGHZ 95, 109 = MDR 1986, 30 = NJW 1985, 2820.

347 RG, DR 1940, 454.

Zur Vertretung der Länder als Drittschuldner bei der Pfändung eines Anspruchs auf Herausgabe hinterlegten Geldes oder eines hinterlegten Gegenstandes siehe die landesrechtlichen Bestimmungen im Anhang. Die Bezeichnung des zu pfändenden Auszahlungs- oder Herausgabeanspruchs im Pfändungsbeschluss (Rdn. B.85 ff.) muss so bestimmt erfolgen, dass die Feststellung der Hinterlegungssache gewährleistet ist, in der die Empfangsberechtigung des Schuldners besteht und die Herausgabe zu verfügen ist. Bei der Pfändung eines Anspruchs auf Herausgabe eines hinterlegten Gegenstandes ist auch dieser zu bezeichnen (Rdn. G.7). Nicht hinreichend bestimmt ist die Pfändung, wenn keinerlei nähere Angaben gemacht sind, die eine sichere und zuverlässige Auffindung des Vorgangs der Hinterlegungsstelle ermöglichen[348]. Dem Erfordernis der Bestimmtheit ist daher nicht genügt, wenn als Anspruchsgrundlage ohne nähere Hinweise lediglich ein Herausgabeanspruch „aus sämtlichen den Schuldner betreffenden Hinterlegungsgeschäften“ angegeben ist[349]. **E.227**

Die **Herausgabe** hinterlegten Geldes an den Gläubiger oder einer hinterlegten Sache an den Gerichtsvollzieher (§ 847 Abs. 1 ZPO) **verfügt** die Hinterlegungsstelle auf Antrag, wenn die **Berechtigung** des Empfängers **nachgewiesen** ist. Geführt ist der Nachweis außer bei rechtskräftiger Entscheidung, wenn die Hinterlegungsbeteiligten (nach Eröffnung des Insolvenzverfahrens der Insolvenzverwalter eines Beteiligten[350]) die Herausgabe an den Gläubiger oder den Gerichtsvollzieher als Empfänger bewilligt oder seine Empfangsberechtigung anerkannt haben. Für den Schuldner als Hinterlegungsbeteiligter kann der Gläubiger nach Überweisung zur Einziehung oder an Zahlungs statt die gepfändete Forderung einziehen (§ 836 Abs. 1 ZPO) oder den Herausgabeanspruch geltend machen und daher auch die Herausgabe hinterlegten Geldes an sich (statt an den Schuldner) verlangen und ebenso die Herausgabe einer hinterlegten Sache an den Gerichtsvollzieher bewilligen. Für die Herausgabe gepfändeten Arbeitseinkommens, das der Drittschuldner unter Verzicht auf das Recht der Rücknahme wegen Gläubigerungewissheit (nur) für den Gläubiger und Schuldner als Beteiligte hinterlegt hat, weil (damals) Zweifel an der Wirksamkeit des Pfändungs- und Überweisungsbeschlusses bestanden, genügt daher der Nachweis des Einziehungsrechts des Gläubigers durch wirksame (inzwischen bestandskräftige) Pfändung und Überweisung[351]. Ebenso ist dem Gläubiger der gepfändete Hinterlegungsbetrag nach der Überweisung auch dann herauszugeben, wenn bei der Hinterlegung für nur zwei Hinterlegungsbeteiligte der Herausgabeanspruch des einen von ihnen gegen die Hinterlegungsstelle auf Antrag des anderen gepfändet und ihm überwiesen worden ist[352]. Die Herausgabe an einen Dritten (einen anderen an der Hinterlegung Beteiligten oder sonst einen Dritten) kann der Gläubiger nicht bewilligen (dies wäre keine Einziehungshandlung; Rdn. B.221; Besonderheit jedoch bei Überweisung an Zahlungs statt wegen des Forderungsübergangs). Gläubiger und Schuldner sind vielmehr nebeneinander Hinterlegungsbeteiligte, müssen sonach zusammen die Herausgabe an einen Drit- **E.228**

---

348 KG, JurBüro 1981, 784 = OLGZ 1982, 75 = Rpfleger 1981, 240.
349 KG (Fn. 348).
350 OLG Frankfurt, NZI 2010, 942.
351 OLG Oldenburg, Rpfleger 1994, 265; siehe auch Rdn. B.219.
352 OLG Frankfurt, MDR 1993, 799 = OLGZ 1993, 468 = Rpfleger 1993, 360.

ten bewilligen. Wenn der Auszahlungsanspruch nur gepfändet (nicht auch zur Einziehung oder an Zahlungs statt überwiesen) ist, können Einziehungshandlungen nur Gläubiger und Schuldner gemeinsam ausüben (Rdn. B.150); sie müssen somit beide die Herausgabe bewilligen.

Wegen der Ansprüche bei Hinterlegung einer Sicherheitsleistung siehe Rdn. A.429 ff.

2.21. Internet-Domain

E.229 **Schrifttum:** Berger, Zwangsvollstreckung in „Internet-Domains", Rpfleger 2002,181; Boecker, „de-Domains" – Praktische Probleme bei der Zwangsvollstreckung, MDR 2007, 1234; Hanloser, Die Pfändung deutscher Internet-Domains, Rpfleger 2000, 525; Hanloser, Die „Domain-Pfändung" in der aktuellen Diskussion, CR 2001, 456; Kleespies, Die Domain als selbständiger Vermögensgegenstand in der Einzelzwangsvollstreckung, GRUR 2002, 764; Leeb und Rackl, Die Zwangsvollstreckung in andere Vermögensrechte – Grundlagen zur Vollstreckung in Domains und Markenrechte, RpflStud 2017, 29; Lwowski und Dahm, Zu Übertragbarkeit und Pfändbarkeit von de- und eu-Domains, WM 2001, 1135; Plaß, Die Zwangsvollstreckung in die Domain, WRP 2000, 1077; Schmittmann, Rechtsfragen bei Pfändung einer Domain ..., DGVZ 2001, 177; H. Schneider, Pfändung und Verwertung von Internet-Domains, ZAP Fach 14 Seite 355; Welzel, Zwangsvollstreckung in Internet-Domains, MMR 2001, 131.

E.230 Die Gesamtheit der (schuldrechtlichen) Ansprüche, die dem Inhaber einer Internet-Domain gegenüber der Vergabestelle aus dem der Domainregistrierung zugrunde liegenden Vertragsverhältnis zustehen, ist als „anderes Vermögensrecht" Gegenstand zulässiger Pfändung[353] nach § 857 Abs. 1 ZPO. Die Internet-Domain als Adresse im Internet wird als solche nicht als pfändbares Vermögensrecht angesehen[354] (Auslegung sollte aber selbstverständlich sein). Anspruch hat der Schuldner als Anmelder mit Abschluss des Vertrags über die Registrierung im Internet gegenüber der Vergabestelle[355]

- auf Eintragung der Domain in das Register und den Nameserver,
- nach erfolgter Konnektierung auf Aufrechterhaltung der Eintragungen als Voraussetzung für den Fortbestand der Konnektierung

und daneben insbesondere auf Anpassung des Registers an veränderte persönliche Daten oder ihre Zuordnung zu einem anderen Rechner durch Änderung der IP-Nummer.

Die mit dem Hauptanspruch auf Aufrechterhaltung der Registrierung aus dem Vertragsverhältnis dem Schuldner weiter zustehenden Ansprüche sind als Nebenansprüche nicht einzeln pfändbar und nicht isoliert verwertbar[356]. Daher umfasst

---

353 BGH, MDR 2019, 125; BGH, BGHReport 2005, 1484 mit Anm. Hanloser = JurBüro 2006, 42 = MDR 2005, 1311 = NJW 2005, 3353 = Rpfleger 2005, 678; auch BGHZ 192, 204 Rdn. 29 = GRUR 2012, 417; OLG Frankfurt, CR 2018, 110; LG Mönchengladbach, JurBüro 2005, 47 = MDR 2005, 118 = NJW-RR 2005, 439 = Rpfleger 2005, 38; BFHE 258, 223 = MMR 2017, 675; FG Münster, MMR 2016, 42.

354 BGH, BGHReport 2005, 1484 (Fn. 353); anders noch LG Düsseldorf, JurBüro 2001, 548 mit Anm. Schmittmann; LG Essen, CR 2000, 247 = GRUR 2000, 453 = JurBüro 2000, 213 mit Anm. Schmittmann = MMR 2000, 286 mit Anm. Viefhues = Rpfleger 2000, 168; FG Münster (Fn. 353).

355 BGH, BGHReport 2005, 1484 (Fn. 353).

356 BGH, BGHReport 2005, 1484 (Fn. 353).

auch bereits die Pfändung des Anspruchs auf Aufrechterhaltung der Registrierung alle weiteren aus dem Vertragsverhältnis sich ergebenden Nebenansprüche[357].

Drittschuldner ist die Vergabestelle, für Deutschland die DENIC eG in (60329) Frankfurt am Main, die Vertragspartnerin des Schuldners als Domainberechtigter ist[358]. Bewirkt wird die Pfändung somit durch die Zustellung des Pfändungsbeschlusses an diese Drittschuldnerin (§ 857 Abs. 1 mit § 829 Abs. 2 ZPO). Das Verfügungsverbot untersagt dem Schuldner die Übertragung der Domain auf Dritte. Die Drittschuldnerin darf an einer dem Verbot zuwiderlaufenden Verfügung des Schuldners, etwa einer Umregistrierung aufgrund einer Veräußerung durch den Schuldner, nicht mitwirken[359]. Die Drittschuldnerin ist jedoch nicht gehindert, ein ihr im Zeitpunkt der Pfändung gegenüber dem Schuldner zustehendes Kündigungsrecht auszuüben, die Domain zu löschen und an einen Dritten zu vergeben[360]. Die Befugnis zur Eigennutzung (Weiterbenutzung) durch den Schuldner bis zur Verwertung wird durch das Verfügungsverbot nicht behindert.

Die **Verwertung** kann durch Versteigerung[361] oder freihändige Veräußerung nach § 844 (§ 857 Abs. 5) ZPO (gebietet Wertbestimmung, siehe Rdn. E.14) erfolgen; es kann auch die Ausübung einem anderen (gegen Entgelt) überlassen werden[362] (Domainvermietung). Die Verwertung kann außerdem durch Überweisung an Zahlungs statt zu einem Schätzwert erfolgen (§ 857 Abs. 1, § 844 Abs. 1 ZPO)[363]. Der Gläubiger ist dann befugt, seine Eintragung als Domaininhaber zu verlangen; er kann die Domain auch einem Dritten übertragen[364]. Zur Einziehung überwiesen werden (§ 857 mit § 835 ZPO) kann das Domainnutzungsrecht nicht[365]. **E.231**

Pfändbar sind die Domainansprüche auch, wenn die Domain aus dem bürgerlichen Namen[366] oder der Firma[367] des Nutzungsberechtigten gebildet ist, insbeson- **E.232**

---

357 BGH, BGHReport 2005, 1484 (Fn. 353).

358 BGH, MDR 2019, 125; LG Zwickau, Rpfleger 2010, 34; Schuschke/Walker, Vollstreckung, § 857 Rdn. 9; Zöller/Herget, ZPO, § 857 Rdn. 12c; FG Münster (Fn. 353). Boecker, MDR 2007, 1234 (1235, 1237), stellt das als strittig dar.

359 BVerfG, NJW 2014, 3213.

360 BVerfG (Fn. 359).

361 Zur Versteigerung im Internet durch den Gerichtsvollzieher siehe Rdn. E.13, auch AG Bad Berleburg, Rpfleger 2001, 560; die Versteigerung über ein Internet-Auktionshaus hält das LG Mönchengladbach (Fn. 353) für eine zulässige Verwertungsmöglichkeit. Zur Verwertung auch Berger, Rpfleger 2002, 181 (185).

362 Hanloser, Rpfleger 2000, 525 (529); Hanloser, CR 2001, 344 (345) hält H. Schneider, ZAP Fach 14 Seite 355 (358); Plaß, WRP 2000, 1077 (1085) für wenig praktikabel.

363 BGH, BGHReport 2005, 1484 (Fn. 353).

364 BGH, MDR 2019, 125.

365 Boecker, MDR 2007, 1234 (1236); Hanloser, Rpfleger 2000, 525 (529); H. Schneider, ZAP Fach 14 Seite 355 (358); **a.A.** Lwowski/Dahm, WM 2001, 1135 (1143); Plaß, WRP 2000, 1077 (1084).

366 Berger, Rpfleger 2002, 181 (183); Boecker, MDR 2007, 1234 (1236); Plaß, WRP 2000, 1077 (1083); Kleespies, GRUR 2002, 764 (771); Lwowski/Dahm, WM 2001, 1135 (1140; Namens- und Kennzeichnungsrechte begründen aber materiell-rechtliche Einwände); **a.A.** (Pfändung einer Domain jedenfalls unzulässig, wenn es sich um einen Familiennamen handelt) LG München I, JurBüro 2000, 595 mit Anm. Schmittmann = CR 2000, 620, 703 Leits. mit kritischer Anm. Hanloser.

367 Plaß, WRP 2000, 1077 (1082).

dere diesen oder diese zum Bestandteil hat. Entsprechendes gilt, wenn zur Bildung der Domain eine geschützte Marke[368], geschäftliche Bezeichnung (Unternehmenskennzeichen[369] oder Werktitel[370]) oder geographische Herkunftsangabe (§ 1 MarkenG) benutzt ist. Zwar sind der Name als Persönlichkeitsrecht (Rdn. E.1) und die mit dem Handelsgeschäft verbundene Firma (Rdn. E.248) nicht pfändbar; Unternehmenskennzeichen und Werktitel können unpfändbar sein (Rdn. E.248). Dem kann für die Pfändung der Domainansprüche als Nutzungsrecht aber keine Bedeutung zukommen. Als Adresse im Internet bezeichnet die unter Verwendung des Namens, einer Firma oder geschäftlichen Bezeichnung gebildete Domain den Rechner. Mit der Kennzeichnung zur Erlangung des (übertragbaren) Internet-Nutzungsrechts nimmt der Schuldner Vermögensinteressen wahr. Einem als Namen geschützten Persönlichkeitsrecht (§ 12 BGB), einer mit dem Handelsgeschäft verbundenen Firma (§ 23 HGB) oder einem als Marke begründeten Unternehmenskennzeichen (Rdn. E.248) stehen die (vermögenswerten) Domainansprüche nicht gleich. Für den Schutz des wirtschaftlichen Werts der Domain als Vermögensrecht gibt es keine Grundlage.

E.233 Es kann jedoch der **Unterlassungsanspruch eines Dritten** den Wert der Domainansprüche für Zwangsvollstreckung schmälern. Der Anspruch eines Dritten, die Führung eines Domainnamens zur Adressenbezeichnung im Internet zu unterlassen, kann sich aus Namens- oder Firmenrecht ergeben (§ 12 BGB) oder auf Markenschutz stützen. Dem Unterlassungsanspruch des Dritten ist der Pfändungsgläubiger ebenso wie der Schuldner als Domain-Nutzungsberechtigter ausgesetzt; er kann durch die Pfändung nicht mehr Rechte erlangen als dem Schuldner gebühren. Zwar schmälert der Unterlassungsanspruch eines Dritten die Pfändbarkeit der Domainansprüche nicht[371]. Der Unterlassungsanspruch ist daher auch vom Vollstreckungsgericht bei der Pfändung nicht zu prüfen[372]; Bedeutung kann er jedoch bei der Bewertung der Domain für die Verwertung (Rdn. E.231, E.14) erlangen.

E.234 Als Arbeitsmittel kann die Internet-Domain nach § 811 Abs. 1 Nr. 5 ZPO unpfändbar sein.[373]

E.235 **Formulierungsvorschlag:**

Gepfändet wird die Gesamtheit der (schuldrechtlichen) Ansprüche, die dem Schuldner als Inhaber der Internet-Domain ... gegenüber der DENIC eG in (60329) Frankfurt am Main, ...straße Nr. ... – Drittschuldnerin – aus dem der Domainregistrierung zugrunde liegenden Vertragsverhältnis zustehen (Anspruch auf

---

368 Boecker, MDR 2007, 1234 (1236); Plaß, WRP 2000, 1077 (1082).
369 Für Unpfändbarkeit der Domain, die einem (prioritätsbegründend erworbenen) Unternehmenskennzeichen nach § 5 Abs. 2 MarkenG entspricht, Kleespies, GRUR 2002, 764 (765).
370 Kleespies, GRUR 2000, 764 (765).
371 Berger, Rpfleger 2002, 181 (184). Der Unpfändbarkeit zuneigend H. Schneider, ZAP Fach 14 Seite 355 (356).
372 LG Mönchengladbach (Fn. 353); H. Schneider (Fn. 371).
373 LG Mönchengladbach (Fn. 353); LG Mühlhausen, DGVZ 2013, 56; Berger, Rpfleger 2002, 181 (185); Zöller/Herget, ZPO, § 857 Rdn. 12c.

Aufrechterhaltung der Registrierung nach Eintragung der Domain mit allen Nebenansprüchen).

Der Drittschuldnerin wird verboten, an den Schuldner zu leisten.

Dem Schuldner wird geboten, sich jeder Verfügung über das gepfändete Domain-Nutzungsrecht, insbesondere der Verwertung der Domainrechte, zu enthalten.

2.22. Jagdrecht, Jagdpachtrecht

Das **Jagdrecht** ist eine aus dem Eigentum am Grundstück fließende Nutzungsbefugnis[374]. Es kann nicht als selbstständiges Recht begründet werden (§ 3 BJagdG[375]). Wegen dieser Untrennbarkeit vom Grundstück kann es selbstständig nicht belastet werden und daher auch für sich allein nicht Gegenstand der Zwangsvollstreckung sein; es kann mithin nicht gepfändet werden (siehe § 851 Abs. 1 ZPO)[376]. **E.236**

Das **Jagdpachtrecht** (das verpachtete Jagdausübungsrecht) unterliegt nur dann der Pfändung, wenn der Verpächter dem Pächter die Erlaubnis erteilt hat, es auf eine dritte Person zu übertragen[377]. Bei der Pfandverwertung nach § 857 Abs. 4 ZPO ist dann zu berücksichtigen, dass das Jagdpachtrecht nur von Personen mit Jagdschein (oder Ausnahmegenehmigung) ausgeübt werden kann (siehe § 11 Abs. 5, § 15 BJagdG). Nach § 857 Abs. 4 ZPO kann das Vollstreckungsgericht einen Jagdberechtigten als Verwalter bestellen oder dem Gläubiger gestatten, eine Unterverpachtung vorzunehmen.

2.23. Konzession, Zulassung

Eine öffentlich-rechtliche Erlaubnis (Befugnis) zum Betrieb eines konzessionierten Gewerbes (nach der GewO) oder z.B. als Kraftdroschkenunternehmer, als Gastwirt, ist unpfändbar[378]. Die öffentlich-rechtliche Arzneimittelzulassung (§§ 21 ff. Arzneimittelgesetz; zu diesem Rdn. A.425) ist nicht selbstständig, sondern nur zusammen mit dem privatrechtlichen Vertriebsrecht pfändbar[379]. Nicht pfändbar sind auch die Zulassung als Vertragsarzt und der dem zugelassenen Vertragsarzt zugewiesene „Vertragsarztsitz"[380]. **E.237**

---

374 RGZ 70, 73; BGH, NJW 1982, 2183.

375 Bundesjagdgesetz i.d.F. vom 29.9.1976 (BGBl I 2849).

376 Stein/Jonas/Würdinger, ZPO, § 857 Rdn. 28; Wieczorek/Schütze/Lüke, ZPO, § 857 Rdn. 84.

377 AG Gunzenhausen, BayJMBl 1953,38; Stein/Jonas/Würdinger, ZPO, § 857 Rdn. 30; Wieczorek/Schütze/Lüke, ZPO, § 857 Rdn. 84.

378 KG, OLGE 25, 194; OLG München OLGE 29, 241; **a.A.** KG, OLGE 29, 240. Bei einer Konzession handelt es sich um eine höchstpersönliche Erlaubnis (LG Köln, MDR 1964, 842 zum Betrieb eines Taxigewerbes); die Unpfändbarkeit folgt daher aus § 851 Abs. 1 ZPO.

379 BGH, MDR 1990, 914 = NJW 1990, 2931.

380 LSG Nordrhein-Westfalen, MDR 1997, 756 = NJW 1997, 2477.

2.24. Kündigungsrecht

E.238 Das Kündigungsrecht ist Ausfluss der Rechtsstellung des Gläubigers oder Schuldners und daher als Nebenrecht nicht selbstständig pfändbar[381].

2.25. Landwirtschaftliche Betriebsprämien

E.239 Zahlungsansprüche eines Landwirts nach der Verordnung (EG) Nr. 1782/2003[382] haben einen Markt- und Vermögenswert. Pfändbar sind sie als sonstiges Vermögensrecht nach § 857 ZPO[383]. Die Schutzvorschrift des § 851a ZPO ist auf die Pfändung der Zahlungsansprüche nicht anwendbar[384]. Die Überweisung zur Einziehung ist nur möglich, wenn der Gläubiger das Recht ausüben kann. Das ist der Fall, wenn er Betriebsinhaber im Sinne der Verordnung ist und eine landwirtschaftliche Fläche in der Region bewirtschaftet, für die die Zahlungsansprüche zugewiesen sind. Die Veräußerung des gepfändeten Rechts und die Auskehrung des Erlöses aus dem Verkauf an den Gläubiger kann vom Vollstreckungsgericht nach § 857 Abs. 5 ZPO angeordnet werden.

Auch auf die als staatliche Beihilfe pfändbare Ausgleichszulage in benachteiligten Gebieten ist § 851a Abs. 1 ZPO nicht entsprechend anwendbar[385].

Die einem Landwirt aus der nationalen Reserve nach Art. 42 der EG-Verordnung zugewiesenen Zahlungsansprüche sind innerhalb eines Zeitraumes von 5 Jahren unpfändbar.

2.26. Leibrente

E.240 Die Leibrente (§ 759 BGB) ist ein dem Berechtigten für seine eigene Lebenszeit oder für die Lebenszeit eines anderen Menschen eingeräumtes einheitlich nutzbares Recht, dessen Erträgnisse aus fortlaufend wiederkehrenden gleichmäßigen Leistungen in Geld oder vertretbaren Sachen bestehen[386]. Als selbstständiges Grundrecht ist die Leibrente übertragbar und daher auch pfändbar. Die Pfändung muss, soweit Geldleistungen erfasst werden, nach § 829 ZPO erfolgen; hinsichtlich der Sachleistungen ist nach § 847 ZPO zu pfänden. Wenn die Leibrente Gesamtgläubigern zusteht, gilt das Rdn. A.70 Gesagte[387].

---

381 LG Essen, Rpfleger 1973, 147; LG Hamburg, MittRhNotK 1993, 91.

382 Verordnung (EG) Nr. 1782/2003 des Rates vom 29.9.2003 mit gemeinsamen Regeln für Direktzahlungen im Rahmen der Gemeinsamen Agrarpolitik und mit bestimmten Stützungsregelungen für Inhaber landwirtschaftlicher Betriebe … (ABl. EU Nr. L 270 vom 21.10.2003, S. 1).

383 BGH, MDR 2009, 106 Leits. = NJW-RR 2009, 411 = Rpfleger 2009, 90 auch zur nachfolgenden Darstellung und zu sonstigen Einzelheiten.

384 BGH (Fn. 383); BGH, JurBüro 2012, 494 = MDR 2012, 1252 = Rpfleger 2012, 556.

385 BGH (Fn. 384).

386 RGZ 67, 204 (212); RGZ 111, 286 (287); RGZ 150, 385 (390).

387 Siehe auch BGH, MDR 1979, 1016 = NJW 1979, 2038.

2.27. Lizenzvertrag

Eine Lizenz ist die Überlassung eines geschützten Rechts, insbesondere einer Erfindung (eines Patents), aber auch eines Warenzeichens usw. zur Benutzung (Ausnutzung). Der Lizenzvertrag ist gesetzlich nicht geregelt. Er kommt, da Vertragsfreiheit herrscht, in vielfältiger Form vor. Im Einzelfall kann (nach dem Parteiwillen) eine Lizenz übertragbar[388] (so die ausschließliche Lizenz) oder die Übertragbarkeit ausgeschlossen sein (wie regelmäßig die „einfache" Lizenz[389]). Unübertragbare Lizenzen sind auch unpfändbar. Lizenzen, die übertragbar sind, können gepfändet werden. Für die Pfändung ist der Lizenzgeber Drittschuldner[390]. Die Verwertung einer gepfändeten Lizenz kann nur nach §§ 844, 857 Abs. 5 ZPO möglich sein. Eine Überweisung zur Einziehung verbietet sich. Bei Verwertung durch Versteigerung (zur Internetversteigerung Rdn. E.13), Verkauf usw. wird mit der Lizenz das Recht zur Benutzung (Ausnutzung) des geschützten Rechts erworben. Der Erwerber rückt als Lizenznehmer in das bisherige Rechtsverhältnis seines Schuldners zum Lizenzgeber ein, so dass von ihm auch die Lizenzgebühren zu übernehmen und zu leisten sind. E.241

Lizenzgebühren als Entgelt für die Übertragung urheber-, geschmacksmuster- oder patentrechtlicher Nutzungsrechte können nach der Art der Vertragsgestaltung verschiedenartige Grundlagen haben[391]. Hat der Lizenznehmer nur eine einmalige Lizenzgebühr zu entrichten, können die Bestimmungen über den Verkauf von Rechten (rechtsähnlich) anzuwenden sein. Entsprechendes gilt für Miete oder Pacht, wenn die Lizenz auf Zeit gewährt ist[392]. Als Einkünfte aus (haupt- oder) nebenberuflicher Tätigkeit, für die der Schuldner einen wesentlichen Teil seiner Arbeitskraft aufwendet, können Lizenzgebühren Arbeitseinkommen nach § 850 Abs. 2 ZPO sein. Sie können dann als (wiederkehrendes) Entgelt für persönlich erbrachte Dienstleistungen (u.U.) nur nach § 850c ZPO gepfändet werden[393]. Zumeist werden sie aber als umsatzbezogene (nachträgliche) Teilleistungen für persönlich geleistete Arbeiten oder Dienste anzusehen sein; als solche unterliegen sie dem Pfändungsschutz nach § 850i ZPO[394]. Drittschuldner ist der Lizenznehmer als Schuldner der Lizenzgebühr. Zur Bezeichnung der Forderung im Pfändungsbeschluss s. Rdn. C.65. E.242

---

388 RGZ 134, 91 (96); RGZ 127, 197 (205).

389 Abel, NZI 2003, 121 (122); Cepl, NZI 2000, 357; Schmoll und Hölder, GRUR 2004, 743; Zeising, Mitteilungen der deutschen Patentanwälte 2001, 240 (244).

390 **A.A.** (ein Drittschuldner ist nicht vorhanden) Stein/Jonas/Würdinger, ZPO, § 857 Rdn. 99; Wieczorek/Schütze/Lüke, ZPO, § 857 Rdn. 88; der BGH (Fn. 379) hat die Frage offengelassen.

391 BGH, FamRZ 2004, 790 = MDR 2004, 713 = NJW-RR 2004, 644 = Rpfleger 2004, 361.

392 BGH, FamRZ 2004, 790 (Fn. 391).

393 BGH, FamRZ 2004, 790 (Fn. 391).

394 BGH, FamRZ 2004, 790 (Fn. 391). Enger noch BGHZ 93, 82 = MDR 1985, 407 = NJW 1985, 1031 (darauf verweist BArbG, NJW 2009, 167 [171]); auch Sikinger, GRUR 1985, 785.

2.28. Löschungsanspruch

E.243 Das Recht auf Löschung einer Hypothek oder Grundschuld und der Anspruch des Grundstückseigentümers gegen den als Gläubiger eingetragenen Dritten auf Bewilligung der Löschung einer Eigentümergrundschuld gewordenen Hypothek oder Grundschuld sind Ausfluss des Verfügungsrechts über das dingliche Recht. Durch „Pfändung des Löschungsanspruchs" kann ein Gläubiger diese Verfügungsbefugnis nicht erlangen. Die Pfändung des Rechts oder Anspruchs auf Löschung verbietet sich daher[395]. Unzulässig sind deshalb auch die Pfändung des Berichtigungsanspruchs auf Zustimmung zur Löschung und des Anspruchs auf Eintragung einer Löschungsvormerkung[396] sowie – für sich allein – auf Erteilung einer löschungsfähigen Quittung[397].

Der gesetzliche Löschungsanspruch des § 1179a BGB steht dem jeweiligen Gläubiger des begünstigten gleich- oder nachrangigen Grundpfandrechts zu. Als Inhalt des begünstigten Rechts kann er selbstständig nicht gepfändet werden[398].

2.29. Marken und Kennzeichen

E.244 Schutzfähig als **Marken** können alle Zeichen, insbesondere Wörter einschließlich Personennamen, Abbildungen, Buchstaben, Zahlen, Hörzeichen, dreidimensionale Gestaltungen einschließlich der Form einer Ware oder ihrer Verpackung sowie sonstige Aufmachungen einschließlich Farben und Farbzusammenstellungen sein, die geeignet sind, Waren oder Dienstleistungen eines Unternehmens von denjenigen eines anderen Unternehmens zu unterscheiden (§ 3 Abs. 1 MarkenG[399]). Markenschutz entsteht durch die Eintragung eines Zeichens als Marke in das vom Deutschen Patent- und Markenamt geführte Register, durch die Benutzung eines Zeichens im geschäftlichen Verkehr bei Verkehrsgeltung oder durch die im Sinne des Art. 6bis der Pariser Verbandsübereinkunft zum Schutz des gewerblichen Eigentums notorische Bekanntheit einer Marke (§ 4 MarkenG). Die Inhaberschaft (§ 7 MarkenG) wird durch die Eintragung in das beim Deutschen Patent- und Markenamt geführte Register begründet. Markenschutz durch Verkehrsgeltung oder durch notorische Bekanntheit steht demjenigen zu, zu dessen Gunsten die Verkehrsgeltung oder die notorische Bekanntheit erworben worden ist[400]. Eine Gesellschaft des bürgerlichen Rechts als solche kann nicht Inhaber einer Marke sein[401]. Betriebsgebundenheit ist nicht vorausgesetzt (der Inhaber einer Marke muss nicht Inhaber eines Geschäftsbetriebs sein). Regelungen über die Marke als Gegenstand der Zwangsvollstreckung gegen den Inhaber treffen §§ 29 und 31 MarkenG in Anlehnung an die nach § 27 Abs. 1 MarkenG gegebene Möglichkeit der „freien" Übertragung von Markenrechten[402]. Es lauten:

---

395 RGZ 101, 231 (235); KG, OLGE 10, 390 (392); s. auch RGZ 70, 280.
396 RG, Gruchot 54, 940.
397 OLG Köln, JMBlNRW 1971, 160 (161).
398 Stöber, Rpfleger 1977, 425 (426 f. unter V 4 e).
399 Markengesetz vom 25.10.1994 (BGBl I 3082).
400 Begründung, BT-Drucks. 12/6581, S. 66 re.Sp.
401 Begründung (Fn. 400), S. 69 li.Sp.
402 Begründung (Fn. 400), S. 86.

§ 29 MarkenG
Dingliche Rechte,
Zwangsvollstreckung, Insolvenzverfahren

(1) Das durch die Eintragung, die Benutzung oder die notorische Bekanntheit einer Marke begründete Recht kann

1. verpfändet werden oder Gegenstand eines sonstigen dinglichen Rechts sein oder
2. Gegenstand von Maßnahmen der Zwangsvollstreckung sein.

(2) Betreffen die in Absatz 1 Nr. 1 genannten Rechte oder die in Absatz 1 Nr. 2 genannten Maßnahmen das durch die Eintragung einer Marke begründete Recht, so werden sie auf Antrag eines Beteiligten in das Register eingetragen, wenn sie dem Deutschen Patent- und Markenamt nachgewiesen werden.

§ 31 MarkenG
Angemeldete Marken

Die §§ 27 bis 30 gelten entsprechend für durch Anmeldung von Marken begründete Rechte.

Die **Zwangsvollstreckung** in das durch Eintragung, Benutzung oder die notorische Bekanntheit einer Marke begründete Recht erfolgt durch (Rechts-)Pfändung nach § 857 (§ 829) ZPO. Zuständig ist das Vollstreckungsgericht[403], nicht das Gericht für Kennzeichenstreitsachen (§ 140 MarkenG). Die durch Eintragung, Benutzung sowie notorische Bekanntheit entstandenen Markenrechte (§ 4 Nr. 1–3 MarkenG) können nebeneinander (mit selbstständiger Priorität) bestehen. Bei der Fassung des Pfändungsbeschlusses ist daher darauf zu achten, dass die Beschlagnahme diese Markenrechte insgesamt erfasst. Ob die nach dem Wortlaut des Pfändungsbeschlusses nur für eines der Markenrechte ausgesprochene Pfändung sich nur auf dieses (selbstständige) Recht erstreckt oder im Wege der Auslegung auch auf die beiden anderen Markenrechte nach § 4 MarkenG bezogen werden kann, ist nicht geklärt. E.245

Wirksam wird die Pfändung nach § 857 Abs. 2 ZPO mit Beschlusszustellung an den Schuldner als Inhaber der eingetragenen oder angemeldeten (§ 7 MarkenG) oder der durch notorische Bekanntheit begründeten Marke. Ein Drittschuldner ist nicht vorhanden. Das Deutsche Patent- und Markenamt ist nicht Drittschuldner (vgl. Rdn. E.319). Entsprechendes gilt für die Zwangsvollstreckung in die durch Anmeldung von Marken begründeten Rechte (Markenanwartschaft; § 31 MarkenG).

Fraglich ist, ob sich in Einzelfällen aus allgemeinen Rechtsgrundsätzen Schranken für die Zwangsvollstreckung ergeben, so nach § 12 BGB, wenn die Marke zugleich der Name des Inhabers des Unternehmens ist, oder dann, wenn die Zwangsvollstreckung gerade in die Marke unverhältnismäßig ist[404]. Das jedoch kann nicht angenommen werden. Das Markenrecht ist uneingeschränkt übertragbar (§ 27 Abs. 1 MarkenG) und verpfändbar (§ 29 Abs. 1 Nr. 1 MarkenG); es kann Gegenstand eines sonstigen dinglichen Rechts sein (§ 29 Abs. 1 Nr. 1 MarkenG). Als Vermögensrecht besitzt es damit einen wirtschaftlichen Wert, der als Vermögenswert mit Namensschutz (§ 12 BGB) der zwangsweisen Befriedigung des Gläubigers

---

403 LG Düsseldorf, JurBüro 1998, 493 = Rpfleger 1998, 356 m.w.N. auch zur Gegenansicht.

404 So noch Begründung (Fn. 400), S. 86.

nicht entzogen sein kann. Unverhältnismäßige Zwangsvollstreckung im Einzelfall begründet nicht die Unpfändbarkeit des Vermögensrechts; ihr ist mit Schutz nach vollstreckungsrechtlichen Vorschriften (insbes. § 765a ZPO) zu begegnen.

E.246 Rechte begründet die Pfändung des durch Eintragung, Benutzung oder die notorische Bekanntheit einer Marke entstandenen Rechts sowie der durch Anmeldung einer Marke entstandenen Rechte (§ 31 MarkenG) wie die Patentpfändung; zu Einzelheiten siehe daher Rdn. E.319 ff. Auf einen nach der Pfändung infolge Markenrechtsverletzung entstandenen Schadensersatzanspruch dürfte die Pfändung sich erstrecken (Nebenanspruch); ein bereits vor der Pfändung durch Markenrechtsverletzung entstandener Schadensersatzanspruch wird von der Pfändung nicht erfasst; als Geldanspruch ist er selbstständig pfändbar (Rdn. E.330). Das Pfändungspfandrecht, das durch Pfändung der durch Anmeldung begründeten Rechte (§ 31 MarkenG) erlangt ist, setzt sich nach der Eintragung der Marke an dieser fort (wie Rdn. E.321). Die Pfändung des durch die Eintragung einer Marke begründeten Rechts wird auf Antrag eines Beteiligten in das Register eingetragen (keine Verpflichtung zur Eintragung), wenn sie dem Deutschen Patent- und Markenamt nachgewiesen wird (§ 29 Abs. 2 MarkenG). Ein Recht zur Benutzung der Marke erwirbt der Pfändungsgläubiger nicht (Rdn. E.324). Die Pfandverwertung[405] erfolgt nach §§ 844, 857 Abs. 5 ZPO. Eine Überweisung zur Einziehung ist nicht zulässig.

E.247 Für (angemeldete und eingetragene) Kollektivmarken (Begriff: § 97 Abs. 1 MarkenG), deren Inhaber nur rechtsfähige Verbände oder juristische Personen des öffentlichen Rechts sein können (§ 98 MarkenG), gilt Entsprechendes (§ 97 Abs. 2 MarkenG).

E.248 Als **geschäftliche Bezeichnungen** werden Unternehmenskennzeichen und Werktitel geschützt (§ 5 Abs. 1 MarkenG). Unternehmenskennzeichen sind Zeichen, die im geschäftlichen Verkehr als Name, als Firma oder als besondere Bezeichnung eines Geschäftsbetriebs oder eines Unternehmens benutzt werden (§ 5 Abs. 2 MarkenG mit Einzelheiten). Werktitel sind die Namen oder besonderen Bezeichnungen von Druckschriften, Filmwerken, Tonwerken, Bühnenwerken oder sonstigen vergleichbaren Werken (§ 5 Abs. 3 MarkenG).

Der Erwerb des Schutzes einer geschäftlichen Bezeichnung gewährt ihrem Inhaber ein ausschließliches Recht (§ 15 Abs. 1 MarkenG), das einen Unterlassungsanspruch begründet (§ 15 Abs. 4 MarkenG) und Anspruch auf Schadensersatz auslösen kann (§ 15 Abs. 4 MarkenG). Die Übertragbarkeit und damit auch die Pfändbarkeit geschäftlicher Bezeichnungen regelt das MarkenG nicht[406]. Die Firma eines Kaufmanns (§ 17 Abs. 1 HGB) ist mit dem Handelsgeschäft verbunden (siehe § 23 HGB). Das Recht zur Führung der Firma ist daher nicht pfändbar[407]. Für andere Unternehmenskennzeichen wird Entsprechendes zu gelten haben.

Inhaber eines Werktitels als Name ist der Urheber des Werkes, der es mit dem Titel versehen hat, kann in Sonderfällen aber auch der Verleger oder Übersetzer

---

405 Zur Ermittlung des Verkehrswerts von Marken Repenn, MittdtPatA 1994, 13.

406 Begründung (Fn. 400), S. 84.

407 RGZ 9, 106; RGZ 70, 226 (229); BGH, NJW 1993, 921 (922); Stein/Jonas/Würdinger, ZPO, § 857 Rdn. 26.

sein. Urheberrechtlicher Titelschutz gebietet bei der Zwangsvollstreckung gegen den Urheber (auch Übersetzer) in den Werktitel die Wahrung der persönlichen Bindung zu dem Werk; sie kann daher nur nach § 113 UrhG (für Rechtsnachfolger § 115) UrhG zulässig sein. Gegen den Verleger als Inhaber eines Werktitels (ist nicht betriebsgebunden) wird die Zwangsvollstreckung für zulässig zu erachten sein. Daher wird (nun[408]) ein Zeitschriftentitel als Werktitel des Verlegers als selbstständiges Rechtsgut und damit als Gegenstand der Zwangsvollstreckung anzusehen sein.

2.30. Milchquote

Schrifttum: Hertel, Neuregelung für Milchquoten, DNotZ 2000, 325. E.249

Die Milchquote eines Milcherzeugers[409] ist als Vermögensrecht nach § 857 Abs. 1 ZPO pfändbar[410]. Als Recht des Milcherzeugers, Milch abgabefrei anzuliefern (Anlieferungsquote) oder direkt zu verkaufen (Direktverkaufsquote), hat sie einen Marktwert[411]. Sie ist drittschuldnerloses Recht. Die Pfändung wird daher mit der Zustellung des Beschlusses an den Schuldner bewirkt (§ 857 Abs. 2 ZPO). Verboten ist damit dem Schuldner auch eine Übertragung außerhalb der landesrechtlich eingerichteten Übertragungsstelle (§§ 21 ff. MilchQuotV). Übertragen werden kann die Milchquote (flächen- und betriebsungebunden) gegen Entgelt durch landesrechtlich eingerichtete Übertragungsstellen (damit „börsenpflichtig“). Übernehmer einer Quote kann nur ein Milcherzeuger sein. Ausnahme: § 8 Abs. 2 MilchQuotV. Dazu bestimmt E.250

§ 26 MilchQuotV
Zwangsweise Übertragung

Die zwangsweise Übertragung einer Quote zur wirtschaftlichen Verwertung insbesondere im Rahmen einer Zwangsvollstreckung oder eines Insolvenzverfahrens ist nach Maßgabe der in dieser Verordnung vorgesehenen Übertragungsarten möglich, soweit der Inhaber der Quote seine Quote nicht mehr zur Milcherzeugung benötigt. Die Quote wird insbesondere nicht mehr zur Milcherzeugung benötigt, wenn der Inhaber der Quote über keinen Milcherzeugungsbetrieb verfügt oder sein Milcherzeugungsbetrieb im Rahmen der wirtschaftlichen Verwertung aufgelöst oder zusammen mit der Quote nach § 22 Absatz 1 Satz 1 übertragen wird.

Angeordnet werden kann vom Vollstreckungsgericht die Veräußerung durch die landesrechtliche Übertragungsstelle (zum Verfahren §§ 11–20 MilchQuotV) und Auskehrung des Erlöses an den Gläubiger nach § 857 Abs. 5 ZPO[412]. Eine Pfändung der künftigen Erlösforderung schließt das aus[413]. Eine Überweisung zur Einziehung[414] oder an Zahlungs statt zum Nennwert (§ 835 ZPO) ermöglicht die

---

408 **Anders** früher im Hinblick auf die (nicht mehr bestehende) Betriebsgebundenheit, RGZ 95, 235 (236); BGH, DNotZ 1968, 541 = MDR 1968, 211 = NJW 1968, 392.
409 Milchquotenverordnung i.d.F. vom 3.5.2011 (BGBl I 775).
410 BGH, MDR 2007, 485 = NJW-RR 2007, 1219 = Rpfleger 2007, 272.
411 BGH (Fn. 410).
412 BGH (Fn. 410).
413 Ähnlich BGH (Fn. 410).
414 BGH (Fn. 410).

Einschränkung der Übertragungsmöglichkeit auf ein amtliches Übertragungsverfahren durch landesrechtliche Übertragungsstellen (damit börsengebundene Veräußerung) nicht. Pfändungsschutz entsprechend § 811 Nr. 4 ZPO besteht nicht[415]. Die unmittelbare (besondere) Übertragung außerhalb der landesrechtlich eingerichteten Übertragungsstelle kann erfolgen, insbesondere bei Übergabe eines Betriebs im Wege vorweggenommener Erbfolge zwischen Ehegatten, eingetragenen Lebenspartnern und näheren Verwandten sowie zusammen mit einer dauerhaften Betriebsübertragung (§ 8 Abs. 2, §§ 21 ff. MilchQuotV). In einem solchen Fall ist der Kauf- oder Übernahmepreis Gegenstand des Vollstreckungszugriffs, Pfändung sonach als Geldforderung nach § 829 ZPO geboten.

2.31. Nacherbe

E.251 Vor **dem Tode des Erblassers** ist das Nacherbenrecht unpfändbar, weil keine „Anwartschaft" auf eine künftige Erbschaft besteht.

E.252 Nach diesem Zeitpunkt und vor Anfall der Nacherbschaft (Eintritt der Nacherbfolge) hat der Nacherbe ein **Recht auf Anfall der Erbschaft**[416]. Dieses (veräußerliche) Recht auf die Nacherbschaft kann als solches gepfändet werden[417]. Der Pfändung steht nicht entgegen, dass der Erblasser die Übertragbarkeit des Nacherbenrechts durch letztwillige Verfügung ausgeschlossen[418] hat (§ 851 Abs. 2 ZPO)[419].

E.253 **Mit dem Anfall** der Nacherbschaft (Eintritt der Nacherbfolge) ist der Nacherbe als Rechtsnachfolger des Erblassers unmittelbarer Vermögensinhaber. Die Zwangsvollstreckung gegen ihn bestimmt sich daher nach dem Rdn. E.22 oder Rdn. E.263 ff. Gesagten. Kann eine Sachpfändung wegen des Gewahrsams des Vorerben noch nicht erfolgen (siehe § 809 ZPO), so bietet sich die Möglichkeit der Pfändung des Herausgabeanspruchs (§ 2130 BGB) nach §§ 846 ff. ZPO.

E.254 Ist der Schuldner **alleiniger Nacherbe**, so unterliegt sein Anwartschaftsrecht (Rdn. E.252) der Rechtspfändung nach § 857 ZPO, und zwar auch bei nur bedingter Nacherbeneinsetzung. Die wirksame Pfändung hindert den Schuldner aber nicht, die Nacherbschaft auszuschlagen.

Sehr streitig ist, ob bei dieser Pfändung in der Person des Vorerben ein **Drittschuldner** vorhanden ist[420] oder ob es sich um die Pfändung eines drittschuldner-

---

415 BGH (Fn. 410).

416 Motive zum BGB, Band V S. 81.

417 KG, OLGE 26, 329 (332) m.w.N. Es handelt sich um ein veräußerliches und daher (siehe § 851 Abs. 1 ZPO) pfändbares Recht; siehe RGZ 101, 186 (187) m.w.N.; RGZ 103, 354; KG OLGE 40, 120; KG, JFG 6, 273 (274); BGHZ 37, 319 (326) = DNotZ 1963, 553 = MDR 1962, 894 = NJW 1962, 1910; BGHZ 87, 367 (369) = FamRZ 1983, 882 = NJW 1983, 2244; Haegele, Rpfleger 1967, 161; Stein/Jonas/Würdinger, ZPO, § 857 Rdn. 58; Wieczorek/Schütze/Lüke, ZPO, § 857 Rdn. 74.

418 Zulässig, s. RGZ 170, 163 (168).

419 **Anders** Kessel, MittRhNotK 1991, 137 (138); jedoch handelt es sich nicht um eine gesetzliche Unveräußerlichkeit, für die § 857 Abs. 3 ZPO Bestimmung trifft, sondern um rechtsgeschäftlichen Übertragungsausschluss, der nach § 851 Abs. 2 ZPO zu werten ist.

420 OLG Nürnberg, MDR 1953, 688; Stein/Jonas/Würdinger, ZPO, § 857 Rdn. 98; Wieczorek/Schütze/Lüke, § 857 Rdn. 74.

losen Rechts handelt, die mit Zustellung an den Schuldner wirksam wird[421] (§ 857 Abs. 2 ZPO). Zuzustimmen ist der Ansicht, dass der Vorerbe Drittschuldner ist, weil seine Leistung zur Ausübung des gepfändeten Rechts erforderlich ist, seine Rechtsstellung mithin von der Pfändung berührt wird (siehe Rdn. A.8), und zwar auch insoweit, als er nach der Pfändung die sonst zusammen mit dem Nacherben zulässigen Verfügungen über Nachlassgegenstände nicht mehr treffen kann (siehe Rdn. E.256). Wegen dieses Meinungsstreites ist die Zuziehung des Vorerben als Drittschuldner und die Zustellung des Leistungsverbotes an ihn jedenfalls zu empfehlen.

Wenn der Schuldner als Nacherbe nur **Miterbe** ist, unterliegt sein Anwartschaftsrecht auf den Nachlass-(Miterben-)Anteil der Pfändung. Drittschuldner sind hier die übrigen Nacherben[422]. Ihre Rechtsstellung wird von der Pfändung schon deshalb berührt (Rdn. A.8), weil das Pfandrecht sich mit Eintritt der Nacherbfolge an dem Nachlassanteil des Schuldners als Miterbe fortsetzt (Rdn. E.258). Es ist deshalb unerheblich, dass zwischen den Nacherben vor dem Nacherbfall keine Erbengemeinschaft[423] besteht. Sind weitere Nacherben noch unbekannt (z.B. weil ein noch nicht Erzeugter Mitnacherbe ist), so muss die Pfändung durch Zustellung an den Vorerben als Drittschuldner (Rdn. E.254) genügen. **E.255**

Der **Gläubiger übt nach der Pfändung** neben dem Nacherben alle diesem zustehenden Rechte aus, insbesondere die Rechte aus §§ 2121–2123, 2127–2128 BGB. Verfügungen des Vorerben, die nur mit Zustimmung des Nacherben zulässig sind, bedürfen auch der Zustimmung des pfändenden Gläubigers. **E.256**

Wenn nach § 51 GBO der Nacherbenvermerk in das **Grundbuch** eingetragen ist, kann auch die Pfändung des Nacherbenrechts oder des Rechts des Mitnacherben **eingetragen** werden[424]. Diese Eintragung erfolgt auf schriftlichen Antrag des Gläubigers nach Vorlage des zugestellten Pfändungsbeschlusses, der den nach § 22 GBO notwendigen Unrichtigkeitsnachweis erbringt. **E.257**

Mit dem **Eintritt der Nacherbfolge** setzt sich das Pfandrecht an dem Anspruch des Alleinnacherben auf Herausgabe der zur Nacherbschaft gehörenden Gegenstände (§ 2130 BGB) oder an dem Nachlassanteil des Miterben fort. Für letzteren gilt das Rdn. E.263 ff. Gesagte. Das am Herausgabeanspruch des Alleinerben bestehende Pfandrecht verbietet dem Vorerben die Herausgabe an den Schuldner. Der Gläubiger kann die Herausgabe an einen Gerichtsvollzieher (§ 847 ZPO), Treuhänder (§ 847a ZPO) oder Sequester (§ 848 ZPO) mit den sich aus §§ 846 ff. ZPO ergebenden Folgen und Verwertungsmöglichkeiten verlangen. Die Anordnung dieser Herausgabe kann bereits im Pfändungsbeschluss getroffen oder nachgeholt werden[425]. Dieser Herausgabeanspruch kann nach dem Tode des Erblassers, **E.258**

---

421 KG, OLGE 26, 329 (332) (das den Vorerben nur für die Hilfsansprüche nach §§ 2121 ff. BGB als Drittschuldner ansieht); KGJ 42, 235.

422 KGJ 42 A 241; KG, JFG 6, 273 (274); Stein/Jonas/Würdinger, ZPO, § 859 Rdn. 30; Wieczorek/Schütze/Lüke, ZPO, § 857 Rdn. 74, die bei § 859 Rdn. 42 aber auch den Vorerben als Drittschuldner ansehen. **A.A.** KG, OLGE 26, 333, das auch hier ein drittschuldnerloses Recht annimmt.

423 BGH, DNotZ 1993, 538 = NJW 1993, 1582 = Rpfleger 1993, 404.

424 RGZ 83, 434; Stein/Jonas/Würdinger, ZPO, § 857 Rdn. 59.

425 Siehe Rdn. G.8, G.9; auch Stein/Jonas/Würdinger, ZPO, § 857 Rdn. 59.

aber vor Eintritt des Nacherbfalls auch für sich allein als künftiges Recht gepfändet werden[426].

E.259 **Vor Eintritt** der Nacherbfolge kann der Gläubiger nur durch Veräußerung des gepfändeten Nacherbenrechts[427] nach §§ 844, 857 Abs. 5 ZPO Befriedigung finden. Bei Versteigerung durch den Gerichtsvollzieher nach §§ 816 ff. ZPO (siehe Rdn. E.13 f.) geht das Nacherbenrecht mit dem Zuschlag auf den Meistbietenden über, ohne dass es eines besonderen Übertragungsaktes bedarf[428]. Der Erwerber des Nacherbenrechts tritt mit dem Nacherbfall unmittelbar als Rechtsnachfolger des Erblassers ein[429].

E.260 Der **Schlusserbe** nach dem sogenannten Berliner Testament (§ 2269 BGB) hat vor dem Tode des längstlebenden Ehegatten (Erblassers) kein übertragbares Anwartschaftsrecht[430]. Sein „künftiges" Erbrecht kann daher nicht gepfändet werden (siehe auch Rdn. E.22).

E.261 **Formulierungsvorschlag:**

Gepfändet wird das angebliche Anwartschaftsrecht des Schuldners als

- *Nacherbe auf die Erbschaft nach dem am … in … verstorbenen Erblasser … Als Drittschuldner wird dem Vorerben … verboten … (wie üblich).*
- *Mitnacherbe auf den Nachlass-(Miterben-)Anteil an der Erbschaft nach dem am … in … verstorbenen Erblasser … zusammen mit dem Anspruch auf Auseinandersetzung des Nachlasses. Drittschuldner sind die anderen Mitnacherben, nämlich …*

2.32. Nachlass-(Miterben-)Anteil

2.32.1. Der Nachlass-(Miterben-)Anteil und seine Pfändung

E.262 **Schrifttum:** Bauer, Die Zwangsvollstreckung in einen Nachlassanteil, JurBüro 1958, 95; Behr, Pfändung und Verwertung des Miterbenanteils, JurBüro 1995, 233; Bürger, Kann die Pfändung eines Erbteils in das Grundbuch eingetragen werden, wenn der Erblasser als Eigentümer noch eingetragen ist? JW 1935, 593; Drischler, Die Aufhebung der ungeteilten Erbengemeinschaft durch Zwangsversteigerung des Nachlassgrundstücks, JurBüro 1963, 241, 501; Eickmann, Die Versteigerung eines Erbanteils durch den Gerichtsvollzieher, DGVZ 1984, 65; Ernsthaler, Eigengläubiger des Miterben bei Testamentsvollstreckung, Rpfleger 1988, 94; Haegele, Fragen der Zwangsvollstreckung im Erbrecht, BWNotZ 1975, 129; Hill, Kann ein Miterbe, dessen Miterbenanteil gepfändet ist, im Zwangsversteigerungsverfahren zum Zwecke der Aufhebung der Gemeinschaft einen Einstellungsantrag gemäß § 180 Abs. 2 ZVG stellen? MDR 1959, 92; Holzwarth, Die Versteigerung eines Erbanteils durch den Gerichtsvollzieher, DGVZ 2019, 49; Lehmann, Die Konkurrenz zwischen Vertragspfandrecht und nachrangigem Pfändungspfandrecht am Anteil eines Miterben, NJW 1971, 1545; Liermann, Zweifelsfragen bei Verwertung eines gepfändeten Miterbenanteils, NJW 1962, 2189; Löscher, Grundbuchberichtigung bei Erbteilspfändung, JurBüro 1962, 391; Mümmler, Pfändung eines Miterbenanteils, JurBüro 1983, 817; Rasch, Kann die Pfändung eines Erbteils in das Grundbuch eingetragen werden, wenn der Erblasser als Eigentümer noch eingetragen ist? JW 1935, 593; Richert, Zur

426 KG, OLGE 26, 333.
427 Das Recht ist veräußerlich; siehe die in Fn. 417 genannten RG-Entscheidungen.
428 KG, HRR 1929, 549.
429 RGZ 101, 185 (190).
430 BGHZ 37, 319 (Fn. 417).

Streitfrage der Pfändbarkeit des Miterbenanteils am Nachlass mit dazugehöriger Reichsheimstätte, JurBüro 1970, 1029; Ripfel, Das Pfändungspfandrecht am Erbanteil, NJW 1958, 692; Schiffhauer, Besonderheiten der Teilungsversteigerung (TeilungsZV), ZIP 1982, 526, 660; Stöber, Antrag auf Teilungsversteigerung nach Pfändung eines Miterbenanteils und Einstellungsantrag nach § 180 Abs. 2 ZVG des Pfändungsschuldners, Rpfleger 1963, 337; Stöber, Grundbucheintragung der Erben nach Pfändung des Erbanteils, Rpfleger 1976, 197.

Mehreren Erben (Miterben) gehört das Vermögen des Erblassers (der Nachlass, die Erbschaft) als gemeinschaftliches Vermögen (§ 2032 Abs. 1, § 1922 BGB). Aus diesem Wesen der **Erbengemeinschaft** als Gemeinschaft zur gesamten Hand folgt, dass ein einzelner Miterbe nicht über seinen Anteil an einzelnen Nachlassgegenständen, sondern nur über seinen Anteil an dem Nachlass im gesamten verfügen kann (§ 2033 BGB). Deshalb ist auch eine Zwangsvollstreckung gegen einen Miterben nur in seinen Nachlassanteil im gesamten als Inbegriff von Rechten und Pflichten möglich, nicht aber in den Anteil an einem einzelnen Nachlassgegenstand (§ 859 Abs. 2 ZPO). **E.263**

Neben dem Nachlass-(Miterben-)Anteil besteht ein Anspruch „auf das **Auseinandersetzungsguthaben**" als selbstständiges künftiges Recht nicht[431]. Vielmehr folgt dieser Anspruch aus der Miterbenstellung; er ist daher nur mit dem Miterbenanteil der Zwangsvollstreckung unterworfen, selbstständig aber nicht pfändbar[432]. Eine Pfändung nur des Auseinandersetzungsanspruchs[433] oder des Rechts auf Teilung und (oder) Herausgabe (Ausantwortung) des Erbteils[434] oder nur des Erbrechts[435] oder der Forderung am Nachlass[436] kann aber in die Pfändung des Nachlass-(Miterben-)Anteils umgedeutet werden. Da ein Miterbe seinen Nachlassanteil nur im gesamten übertragen kann (§ 2033 Abs. 1 BGB), nicht jedoch den „Anspruch" auf dasjenige, was ihm bei der Auseinandersetzung zukommt, können mit der Abtretung eines solchen vermeintlichen Anspruchs Rechte eines zeitlich nachfolgenden Pfändungsgläubigers nicht geschmälert werden; das Pfandrecht des Gläubigers, für welchen später der Nachlass-(Miterben-)Anteil gepfändet worden ist, wird durch eine frühere Abtretung des Anspruchs auf dasjenige, was dem Miterben bei der Auseinandersetzung zukommt, nicht berührt[437]. **E.264**

Vor dem Erbfall hat der Schuldner keine „Anwartschaft" auf eine künftige Erbschaft[438]. Ein Miterbenanteil kann daher nicht schon vor dem Tod des Erblassers als künftiges Recht, sondern erst **nach dem Erbfall** gepfändet werden. Zulässig ist diese Pfändung aber auch, wenn der Schuldner die Erbschaft noch nicht angenommen hat. Die wirksame Pfändung hindert den Schuldner dann nicht daran, die Erbschaft auszuschlagen; mit der Ausschlagung wird die Pfändung unwirksam. Für diesen Fall kann mit dem Miterbenanteil (alternativ) auch sogleich der Pflichtteil **E.265**

---

431 Zöller/Herget, ZPO, § 859 Rdn. 15.
432 Siehe RGZ 60, 126 (132); KG, OLGE 12, 374; Wieczorek/Schütze/Lüke, ZPO, § 859 Rdn. 37; **a.A.** jedoch für die Abtretung Sigler, MDR 1964, 372.
433 KG, JW 1931, 1371; OLG Braunschweig, OLGE 19, 373.
434 RGZ 49, 405 (408); OLG Braunschweig, OLGE 19, 156.
435 RGZ 49, 405 (408).
436 OLG Celle, Seufferts Archiv 64 Nr. 120.
437 RGZ 60, 126.
438 Er hat, auch wenn er in einer letztwilligen Verfügung bedacht ist, nur eine bloße Hoffnung oder Aussicht, die unpfändbar ist, weil jede rechtliche Gebundenheit des Erblassers dem Bedachten gegenüber fehlt, siehe RGZ 67, 425 (428).

(als zunächst nur aufschiebend bedingter Anspruch, Rdn. A.388) gepfändet werden (s. Rdn. A.395).

E.266 Nach vollständig durchgeführter Auseinandersetzung (vollständiger Teilung des Nachlasses) oder Ausscheiden aller Miterben bis auf einen im Wege der sog. Abschichtung (zu dieser Rdn. E.268) ist ein Nachlassanteil nicht mehr vorhanden, seine Pfändung also nicht mehr möglich. Auch mit dem Erwerb aller Miterbenanteile durch Erbteilsübertragung endet die Erbengemeinschaft und damit die Möglichkeit der Erbteilspfändung. Ist der Schuldner auf solche Weise Alleineigentümer des Nachlasses geworden, so kann gegen ihn als den alleinigen Vermögensinhaber nur noch unmittelbar in die einzelnen ihm gehörenden Nachlassgegenstände wie in das ihm sonst allein gehörende Vermögen vollstreckt werden.

E.267 Der Nachlass-(Miterben-)Anteil ist **Vermögensrecht** nach § 857 Abs. 1 ZPO. Seine Pfändung erfolgt daher durch Pfändungsbeschluss (§§ 829, 857 Abs. 1 ZPO)[439]. Der Pfändungsantrag muss das pfändbare Recht schlüssig bezeichnen (siehe Rdn. B.25, B.68). Ein Nachweis, dass der behauptete Miterbenanteil des Schuldners auch tatsächlich besteht, ist dem Vollstreckungsgericht nicht zu erbringen.

E.268 **Drittschuldner** sind die übrigen Miterben[440]. Ist allerdings ein Testamentsvollstrecker[441] bestellt, dem auch die Nachlassteilung obliegt, so ist dieser (nicht die anderen Miterben) Drittschuldner[442]. Ebenso wird ein Nachlassverwalter als Drittschuldner angesehen; die Zustellung an die Miterben wäre in solchen Fällen rechtlich bedeutungslos[443]. Der (nicht beschränkte) Nachlasspfleger für den Anteil eines oder mehrerer Miterben ist gesetzlicher Vertreter des oder der unbekannten Erben. Drittschuldner ist oder sind bei Pfändung des Nachlassanteils des bekannten Erben somit auch der oder die unbekannten Miterben, vertreten durch den Nachlasspfleger[444]. Nach Erbteilsübertragung (§ 2033 Abs. 1 BGB) kann als Dritt-

439 Und zwar auch dann, wenn zum Nachlass Grundstücke gehören; OLG Frankfurt, JR 1954, 183 mit Anm. Riedel und Werner; siehe nun außerdem BGHZ 52, 99 = DNotZ 1969, 673 = MDR 1969, 750 = NJW 1969, 1347, 1903 Leits. mit Anm. Wellmann.

440 RGZ 86, 294; RGZ 49, 405; RG, JW 1891, 93; OLG Frankfurt, JurBüro 1979, 1089 = KKZ 1979, 201 = Rpfleger 1979, 205.

441 Die Anordnung der Testamentsvollstreckung nur für den Erbteil eines Miterben (BGH, NJW 1962, 912; BGH, FamRZ 1997, 493 = NJW 1997, 1362 = Rpfleger 1997, 261) berechtigt den Testamentsvollstrecker zur Ausübung aller Miterbenrechte innerhalb der Erbengemeinschaft. Bei der Verwaltung des Nachlasses sowie bei Verfügungen über Nachlassgegenstände sind die (TV-freien) Miterben auf die Mitwirkung des Erbteilstestamentsvollstreckers angewiesen (BGH, FamRZ 1997, 493, wie vorst.). Der Testamentsvollstrecker ist daher für den Miterben, für dessen Erbteil Testamentsvollstreckung angeordnet ist, zusammen mit den weiteren Miterben als Drittschuldner anzusehen. Gleichwohl sollten (bis zur abschließenden Klärung) für Anordnung des Verfügungsverbots und Zustellung sowohl dieser Testamentsvollstrecker als auch der Miterben selbst zusammen mit dem (TV-freien) Miterben als Drittschuldner behandelt werden.

442 RGZ 86, 294; KG, OLGE 23, 221; Stein/Jonas/Würdinger, ZPO, § 859 Rdn. 30; Wieczorek/Schütze/Lüke, ZPO, § 859 Rdn. 33; s. auch OLG Colmar, OLGE 20, 354.

443 KG, OLGE 23, 221.

444 Stein/Jonas/Würdinger, ZPO, § 859 Rdn. 30, MünchKomm/Smid, ZPO, § 859 Rdn. 18; **a.A.** LG Kassel, MDR 1997, 1032 mit Anm. Avenarius (Zustellung an Nachlasspfleger reicht nicht aus); nicht zutreffend auch im Hinblick darauf, dass damit der Anteil des bekannten Miterben der Pfändung praktisch entzogen wäre.

schuldner nur noch der Erwerber des Erbteils (nicht mehr der Miterbe, der über seinen Anteil verfügt hat) angesehen werden[445]; er ist in die Rechte und Pflichten des veräußernden Miterben eingetreten und hat dadurch mit dem Verwaltungs- und Verfügungsrecht alle Rechte und Pflichten auch für die Auseinandersetzung des Nachlasses und Erlösteilung erlangt. Solange die Erbteilsübertragung nicht offengelegt ist (z.B. mit Grundbucheintragung, Anzeige des Erbschaftsverkaufs an das Nachlassgericht nach § 2384 BGB) und der Gläubiger sowie das Vollstreckungsgericht sie daher nicht kennen können, müssen das Verfügungsverbot und die Zustellung an den veräußernden Miterben als Drittschuldner als ausreichend angesehen werden[446]. Ein durch Abschichtung[447] (einverständlich) aus der Erbengemeinschaft bereits ausgeschiedener Miterbe ist nicht mehr Mitglied der Gesamthandsgemeinschaft, damit nicht Drittschuldner. Der Pfandgläubiger eines Miterben hat ein diesen beschränkendes Recht an dessen Nachlassanteil, nicht aber die Stellung eines Miterben; Drittschuldner (zusammen mit dem Schuldner-Miterben oder allein an dessen Stelle) ist er daher nicht.

Der **Pfändungsbeschluss** muss den Nachlass-(Miterben-)Anteil als Gegen- E.269
stand der Pfändung[448] und alle Miterben des Schuldners (ggfs. den Testamentsvollstrecker oder Nachlassverwalter) als Drittschuldner bezeichnen, das Leistungsverbot an die (den) Drittschuldner enthalten und zu seiner Wirksamkeit den übrigen Miterben (dem Testamentsvollstrecker oder Nachlassverwalter) zugestellt werden. Wirksam wird die Pfändung mit der Zustellung an den Drittschuldner, bei mehreren Miterben mit der letzten Zustellung.

Die Pfändung des Nachlassanteils erfolgt auch dann in der vorbezeichneten E.270
Weise, wenn zu dem Nachlass ein **Anteil an einem fremden Nachlass** gehört (z.B. wenn der Ehemann die verstorbene Ehefrau zur Hälfte beerbt hat und dann selbst vom Schuldner und anderen Miterben beerbt worden ist). Denn der Erbanteil eines verstorbenen Miterben an einem anderen, fremden Nachlass bildet in seinem eigenen Nachlass einen einzelnen Nachlassgegenstand, über den beim Vorhandensein mehrerer Erben des Erblasser-Miterben nur diese gemeinsam verfügen können, während der einzelne Erbeserbe über seinen Anteil an diesem Erbteil nicht verfügen kann[449].

2.32.2. Die Wirkungen der Erbteilspfändung

Der Gläubiger erlangt mit Wirksamwerden der Pfändung das Pfandrecht (§ 804 E.271
Abs. 1 ZPO) **an dem Nachlass-(Miterben-)Anteil** als Inbegriff von Rechten und Pflichten mit den sich aus § 1273 Abs. 2, § 1258 BGB ergebenden Wirkungen, nicht

445 Zöller/Herget, ZPO, § 859 Rdn. 16.
446 Dazu Zöller/Herget, ZPO, § 859 Rdn. 16.
447 Bedarf nicht der Form des § 2033 Abs. 1 BGB; BGHZ 138, 8 = DNotZ 1999, 60 mit Anm. Rieder = MittBayNot 1998, 188 mit Anm. Reimann = NJW 1998, 1557 = Rpfleger 1998, 287; **a.A.** Schöner/Stöber, Grundbuchrecht, Rdn. 976b und hier die 16. Aufl. Rdn. 1670 Fn. 16.
448 Siehe RGZ 49, 405 (408); OLG Colmar, OLGE 17, 198.
449 RGZ 162, 397; BayObLGZ 1960, 138 = DNotZ 1960, 483 = MDR 1960, 675 = Rpfleger 1961, 19 mit Anm. Haegele.

aber die Stellung eines Miterben. Deshalb verliert auch der Schuldner mit der Pfändung seine Rechtsstellung als Miterbe nicht. Er ist nur in seiner Mitberechtigung am gesamten Nachlass und damit in der Ausübung seiner Miterbenrechte einschließlich der Verfügungsbefugnis über einzelne Nachlassgegenstände zugunsten des Gläubigers beschränkt. Alle dem Gläubiger nachteiligen Verfügungen über den gepfändeten Nachlass-(Miterben-)Anteil oder einzelne Nachlassgegenstände sind damit dem Schuldner verboten. Seine weitergehende Rechtsstellung als Miterbe hat aber die Pfändung nicht berührt. Bei der rechtsgeschäftlichen Nachlassteilung und ebenso bei einer Verfügung über einzelne Nachlassgegenstände (wie z.B. der Veräußerung eines Grundstücks) muss er daher mitwirken[450] (s. Rdn. E.288); durch die Mitwirkung (Zustimmung) des Gläubigers wird er nicht etwa ausgeschaltet.

E.272 Das **Miterbenrecht** selbst (der Nachlassanteil) kann durch Rechtsgeschäft nur noch mit Zustimmung des Pfandgläubigers **aufgehoben** oder in einer das Pfandrecht beeinträchtigenden Weise **geändert** (übertragen, veräußert, belastet, siehe § 2033 BGB) werden[451]. Ein zum Nachlass gehörender **einzelner Gegenstand** kann ebenso ohne Zustimmung des Gläubigers durch den Schuldner in Gemeinschaft mit den anderen Miterben nicht mehr belastet oder veräußert werden[452]. Damit verbietet sich auch die rechtsgeschäftliche **Aufhebung der Erbengemeinschaft** durch Auseinandersetzung nur zwischen den Miterben. Eine ohne Mitwirkung oder Zustimmung des Pfandgläubigers vorgenommene Auseinandersetzung ist ihm gegenüber unwirksam[453]. Ebenso verbietet sich die einvernehmliche Aufgabe des Mitgliedschaftsrechts des Schuldners (Ausscheiden aus der Erbengemeinschaft im Wege der sog. Abschichtung; zu dieser Rdn. E.268) ohne Mitwirkung (oder Zustimmung) des Pfändungsgläubigers. Eine Abfindung, die dem unter Mitwirkung des Pfändungsgläubigers aus der Erbengemeinschaft ausscheidenden Miterben gewährt wird, ist Entgelt für die Aufgabe der Mitgliedschaftsrechte. Ein Pfandrecht an dieser Abfindung erlangt der bei Abschichtung mitwirkende Gläubiger nicht ohne weiteres[454]. Für seine Befriedigung oder Sicherung hat der (bei Abschichtung mitwirkende) Gläubiger vielmehr selbst Sorge zu tragen. Die Zustimmung des Pfändungsgläubigers erfordert auch einvernehmliches Ausscheiden eines der anderen Miterben (eines der Drittschuldner), weil der Gläubiger den Miterbenschuldner in seiner Mitberechtigung am Nachlass beschränkt, dessen Einverständnis allein somit das Ausscheiden des Miterben nicht bewirkt (Rdn. E.271).

E.273 Die Einziehung einer Nachlassforderung durch einen Miterben (auch den Pfändungsschuldner) mit dem Ziel der Hinterlegung des zu leistenden Geldbetrages für alle Erben (§ 2039 BGB) beeinträchtigt die Rechtsstellung des den Erbteil pfänden-

---

450 OLG Köln, FamRZ 2015, 441 = NJW-RR 2014, 1415 = Rpfleger 2015, 94.

451 BayObLGZ 1959, 50 = NJW 1959, 1780; RGZ 84, 395 (399); OLG Frankfurt, HRR 1937 Nr. 758 = JW 1937, 2129.

452 BayObLG (Fn. 451); OLG Frankfurt (Fn. 451); BGH, MDR 1968, 913 = NJW 1968, 2059.

453 BayObLG (Fn. 451); RGZ 83, 27 (31); RGZ 84, 395 (399); RGZ 90, 232 (236); KG, JFG 17, 40.

454 Die Abfindung ist nicht Gegenstand, der aus der Nachlassmasse zugeteilt wird, so dass sich die Rdn. E.290, E.291 besprochene Frage nicht stellt.

den Gläubigers als solche nicht[455]. Das hinterlegte Geld fällt an Stelle der Forderung zu seinem vollen Wert in den Nachlass; es wird unverändert vom Rechtsinbegriff des Erbteils und damit von seiner Pfändung umfasst. Trotz der Erbteilspfändung kann ein Miterbe daher eine Nachlassforderung in solcher Weise gemäß § 2039 BGB eintreiben[456]. Die Auseinandersetzung des Hinterlegungsbetrages (Aufteilung unter die Erben) ohne Mitwirkung des Pfandgläubigers ist als eine dem Gläubiger nachteilige Verfügung über einen einzelnen Nachlassgegenstand unzulässig.

Der Gläubiger ist auf Grund des Pfändungspfandrechts hinsichtlich des gepfändeten Miterbenanteils in das Gemeinschaftsverhältnis als **dinglicher Mitberechtigter** eingetreten. Er hat dadurch die Befugnis erlangt, alle dem Miterben zustehenden, nicht höchstpersönlichen Rechte **neben** diesem auszuüben. In dieser Weise stehen dem Gläubiger insbesondere das Verwaltungs- und Verfügungsrecht (§§ 2038 ff. BGB), das Recht auf Mitwirkung bei der Auseinandersetzung (§ 2042 BGB) und das Recht auf den anteiligen Auseinandersetzungserlös (§ 2047 Abs. 1 BGB) zu (§ 1273 Abs. 2, § 1248 BGB)[457]. An dem Umfang der einem Testamentsvollstrecker zustehenden gesetzlichen Befugnisse, den Nachlass zu verwalten (§ 2205 S. 1 BGB) und über einzelne Nachlassgegenstände zu verfügen, ändert die Pfändung eines Miterbenanteils nichts[458] (die Verfügungsbeschränkung des Erben, § 2211 Abs. 1 BGB, begrenzt auch die Mitberechtigung des Gläubigers). Der Veräußerung oder Belastung eines Nachlassgrundstücks durch den Testamentsvollstrecker muss der Pfändungsgläubiger daher nicht zustimmen[459]. Der Gläubiger ist im Verfahren zur Außerkraftsetzung letztwilliger Anordnungen des Erblassers auch nicht Beteiligter i.S. des § 2216 Abs. 2 BGB[460]; er ist nicht berechtigt, einen Antrag auf Entlassung des Testamentsvollstreckers (§ 2227 BGB) zu stellen[461]. E.274

Das Recht auf **Auskunft** und **Rechnungslegung** (§§ 2027, 2028, 2215, 2057 BGB) entspringt der Miterbenstellung. Als Nebenrecht wird es von der Pfändung des Nachlassanteils ohne weiteres erfasst[462] (siehe Rdn. B.364, E.344). Der Anspruch kann daher auch von dem in die Stellung des Schuldners als Miterbe eingerückten Gläubiger geltend gemacht werden. Hierfür bedarf es der ausdrücklichen Hilfspfändung des Nebenanspruchs nicht; seine Mitpfändung kann aber auf Antrag in dem den Nachlassanteil pfändenden Beschluss ausdrücklich ausgesprochen werden[463]. E.275

Solange die Miterben sich nicht auseinandergesetzt haben, hat der Pfandgläubiger eines Miterbenanteils auch dann, wenn der Nachlass nur noch aus einer teilba- E.276

455 BGH (Fn. 452).
456 BGH (Fn. 452).
457 RGZ 83, 27 (30); BayObLG (Fn. 451); BayObLGZ 1982, 459 (462) = JurBüro 1984, 277 = Rpfleger 1983, 112.
458 BayObLG (Fn. 457); KG, JFG 22, 122 (für Verpfändung).
459 BayObLG (Fn. 457); KG (Fn. 457).
460 BayObLG (Fn. 457).
461 OLG Stuttgart, BWNotZ 1992, 59.
462 KG, JW 1930, 1014; KG OLGE 12, 362. Es kann aber nicht selbstständig gepfändet werden, siehe Rdn. E.344.
463 KG, JW 1930, 1014; siehe im Übrigen Rdn. E.344; **a.A.** – Mitpfändung muss ausgesprochen werden – Bauer, JurBüro 1958, 95.

ren Forderung besteht, in der Regel kein Recht an einem dem Miterbenanteil entsprechenden Teil der Forderung[464].

E.277 Die in der Pfändung liegende **Verfügungsbeschränkung** hat relative (nicht absolute) Wirkung[465] (siehe Rdn. B.155). Verfügungen über den Nachlass-(Miterben)Anteil, die gegen das Verfügungsverbot verstoßen, sind daher nur dem Gläubiger gegenüber unwirksam und werden mit seiner Zustimmung auch ihm gegenüber wirksam.

E.278 Ein **Dritter,** der das Erbteilspfandrecht nicht kennt, kann bei einer gegen das Verfügungsverbot verstoßenden Übertragung oder Verpfändung des **Nachlassanteils** des Schuldners durch diesen oder bei Bestellung eines Nießbrauchs den Anteil oder das Recht an ihm gutgläubig nicht frei vom Erbteilspfandrecht erwerben. Das Erbteilspfandrecht geht als Belastung des Anteils vielmehr auch auf den gutgläubigen Erwerber über[466].

E.279 Verfügen alle Miterben ohne Mitwirkung des Gläubigers über einen einzelnen **Nachlassgegenstand**, so hat der Gläubiger das Nachsehen, wenn der **Erwerber gutgläubig** war, d.h. das Erbteilspfandrecht nicht gekannt hat, ohne diese Unkenntnis infolge grober Fahrlässigkeit vertreten zu müssen (§§ 932, 936, 892, 1032, 1207 BGB). Mit dem gutgläubigen Erwerb des Dritten erlischt das Pfandrecht, wenn der Nachlassgegenstand übertragen wurde, durch die Verfügung also aus dem Nachlass ausgeschieden ist. Wurde der Gegenstand nur belastet, dann besteht das Pfandrecht mit Nachrang nach dem Recht des gutgläubigen Dritten fort[467].

E.280 Bei Grundstücken, grundstücksgleichen Rechten, Rechten an Grundstücken oder Rechten an solchen Grundstücksrechten, die zum Nachlass gehören, kann sich der Gläubiger gegen solche ihn benachteiligende Verfügungen durch **Eintragung der Pfändung** des Nachlass-(Miterben-)Anteils **im Grundbuch** schützen. Entsprechendes gilt für eine Schiffsregistereintragung. Die Eintragung ist als Grundbuchberichtigung zulässig, weil die Pfändung eine Änderung der Verfügungsbefugnis über die zum ungeteilten Nachlass gehörenden Grundstücke, Grundstücksrechte usw. zur Folge hat[468]. Eintragbar ist auch bereits die Vorpfändung. Sie kann nach Ablauf der Monatsfrist des § 845 Abs. 2 ZPO jedoch dann nicht mehr eingetragen werden, wenn der Nachweis fehlt, dass die Pfändung rechtzeitig bewirkt worden ist.

E.281 Diese **Eintragung** erfolgt auf schriftlichen Antrag des Gläubigers; das Vollstreckungsgericht veranlasst diese Eintragung nicht. Eingetragen wird nur die Pfändung, nicht aber auch die Überweisung[469]. Die Eintragungsformel lautet dahin,

---

464 BGH, JurBüro 1967, 51 = DNotZ 1967, 516 = MDR 1967, 209 = NJW 1967, 200.

465 Siehe BayObLG (Fn. 451).

466 KG, HRR 1934 Nr. 265; BayObLGZ 25, 447; BayObLG (Fn. 451); OLG Celle, Seufferts Archiv 64, 250; OLG Köln, InVo 1997, 78 = OLGR 1997, 37 (Leits.) (auch wenn der Anteil praktisch nur aus einem Grundstück besteht).

467 Wegen der Einzelheiten siehe Ripfel, NJW 1958, 693; wegen der Schadensersatzpflicht der verfügenden Miterben gegenüber dem Gläubiger in solchen Fällen siehe RGZ 83, 31.

468 RGZ 90, 232; RG, HRR 1934 Nr. 1055; KGJ 33 A 226; KG, JFG 17, 40 = DFG 1938, 19; BayObLG (Fn. 451); OLG Frankfurt (Fn. 440); KG, OLGE 12, 366; auch OLG Düsseldorf, FamRZ 2013, 812 = MDR 2013, 119; OLG Hamm, JurBüro 1977, 875 = OLGZ 1977, 283 = Rpfleger 1977, 136; Schöner/Stöber, Grundbuchrecht, Rdn. 1661.

469 Ripfel, NJW 1958, 693; Schöner/Stöber, Grundbuchrecht, Rdn. 1664.

„dass der Miterbenanteil des Schuldners … an dem ungeteilten Nachlass gepfändet ist“[470].

Die Forderung des Gläubigers wird im Eintragungsvermerk nicht bezeichnet[471]. Einer Zustimmung der Miterben bedarf es für diese Eintragung nicht[472].

Für diese Eintragung muss dem Grundbuchamt das Wirksamwerden der Pfän- E.282
dung des Nachlassanteils nachgewiesen werden (Unrichtigkeitsnachweis, § 22 Abs. 1 GBO). Der Nachweis wird durch Vorlage des Pfändungsbeschlusses und der Urkunden über seine Zustellung an die Miterben (den Testamentsvollstrecker oder Nachlassverwalter) als Drittschuldner geführt[473]. Der Nachweis der Zustellung an den Schuldner ist nicht notwendig. Einer Bewilligung der Miterben bedarf es neben der Vorlage des zugestellten Pfändungsbeschlusses nicht.

Wenn im Grundbuch **noch der Erblasser** als Grundstückseigentümer oder E.283
Gläubiger eines zum Nachlass gehörenden Grundstücksrechts **eingetragen ist**, ist für die Eintragung der Erbteilspfändung außerdem die vorherige **Grundbuchberichtigung**, d.h. die Eintragung der Miterben in Erbengemeinschaft als Grundstückseigentümer oder als Gläubiger des zum Nachlass gehörenden Grundstücksrechts erforderlich[474] (§ 39 GBO). Diese Grundbuchberichtigung kann der Gläubiger als unmittelbar Berechtigter nach § 13 Abs. 1 S. 2 GBO beantragen[475]. Der nach § 22 GBO notwendige Unrichtigkeitsnachweis ist durch Erbschein oder Vorlage einer in öffentlicher Urkunde enthaltenen Verfügung von Todes wegen mit Eröffnungsniederschrift zu führen (§ 35 Abs. 1 GBO). Neben diesem Unrichtigkeitsnachweis bedarf es einer Zustimmung der Miterben nicht[476]. Die Erteilung des für den Unrichtigkeitsnachweis notwendigen Erbscheins oder der Abschrift des Testaments mit Eröffnungsniederschrift kann der Gläubiger nach § 792 ZPO, § 357 Abs. 2 FamFG beantragen. Wenn die Pfändung bei einer zum Nachlass gehörenden Briefhypothek (Briefgrundschuld oder Briefrentenschuld)

---

470 RGZ 90, 232 (Fn. 468).

471 RGZ 90, 232 (Fn. 468); Schöner/Stöber, Grundbuchrecht, Rdn. 1664; nach OLG Hamm, JMBlNRW 1959, 110 (für Verpfändung) ist Forderungsbezeichnung unzulässig.

472 RGZ 90, 232 (Fn. 468).

473 OLG Düsseldorf (Fn. 468). Keine Verletzung gesetzlicher Vorschriften, die Eintragung eines Amtswiderspruchs gebieten würde (§ 53 Abs. 1 GBO), wenn das Grundbuchamt die (möglicherweise) unwirksamen Zustellungen des Pfändungsbeschlusses nicht erkennen konnte und daher keine Ermittlungen angestellt hat, ob die an die Drittschuldner zugestellten Beschlussabschriften mit der vorgelegten Ausfertigung des Pfändungsbeschlusses übereinstimmen, BayObLG, Rpfleger 2005, 251.

474 OLG Frankfurt (Fn. 440).

475 Stöber, Rpfleger 1976, 197 m.w.N.; Schöner/Stöber, Grundbuchrecht, Rdn. 1663; Zöller/Herget, ZPO, § 859 Rdn. 18, Stein/Jonas/Würdinger, ZPO, § 859 Rdn. 32; Hahn, JurBüro 1959, 53; Ripfel, NJW 1958, 693; **a.A.** Löscher, JurBüro 1962, 392; OLG Zweibrücken, Rpfleger 1976, 214. Wie hier und gegen Hilfspfändung auch Bürger, JW 1935, 593; Rasch, JW 1935, 1136; der von diesen noch erörterte frühere S. 2 des § 22 GBO ist aufgehoben.

476 Löscher, JurBüro 1962, 392; Ripfel, NJW 1958, 693; Hahn, JurBüro 1959, 53. Die früher gegenteilige Rechtsprechung und die ihr noch heute folgende Rechtslehre sind seit Neufassung des früheren § 22 S. 2 GBO überholt.

eingetragen werden soll, ist dem Grundbuchamt auch der Brief vorzulegen (§§ 41, 42 GBO)[477].

E.284 Kann der Gläubiger trotz § 792 ZPO den für die Grundbuchberichtigung notwendigen Erbschein nicht erlangen, z.B. deshalb nicht, weil er dem Nachlassgericht die nach § 2354 BGB notwendigen Angaben nicht machen kann, so kann er den **Grundbuchberichtigungsanspruch** (siehe § 894 BGB) des Schuldners gegen seine Miterben als Drittschuldner **pfänden**. Nach dieser Pfändung kann, da die Eintragung der Erbengemeinschaft Verwaltungsmaßregel ist, bei der mitzuwirken jeder Miterbe dem anderen gegenüber verpflichtet ist, der Gläubiger die Drittschuldner verklagen, „ihre Eintragung als Miterben zu bewirken und die hierzu erforderlichen Erklärungen abzugeben“[478].

E.285 Die Eintragung der Erbteilspfändung bewirkt **keine Grundbuchsperre**, weil der Gläubiger durch diese Eintragung geschützt ist. Spätere Verfügungen über das Nachlassgrundstück (Veräußerung, Belastung) können daher im Anschluss an den Pfandvermerk auch dann eingetragen werden, wenn eine Zustimmung des Pfandgläubigers nicht nachgewiesen, die Verfügung also ihm gegenüber unwirksam ist[479]. Nur die Löschung eines zum Nachlass gehörenden Rechts (z.B. einer Eigentümergrundschuld) ohne Nachweis der Zustimmung des Pfandgläubigers verbietet sich, weil mit der Löschung auch die Schutzwirkung des eingetragenen Pfandvermerks hinfällig würde[480].

E.286 Das nicht eingetragene, aber **nachgewiesene Erbteilspfandrecht** gibt dem Grundbuchamt kein Recht, Eintragungsanträge zurückzuweisen und zu verlangen, dass vorher oder gleichzeitig die Eintragung des Erbteilspfandrechts im Grundbuch erfolgt[481].

E.287 Gegen die Erteilung eines Erbscheins, der den Vollstreckungsschuldner nicht als Miterben ausweist, kann der Pfändungsgläubiger Beschwerde mit dem Ziel der Einziehung einlegen[482]. Die Beschwerde gegen die Ablehnung der Einleitung eines Amtsverfahrens nach §§ 82 ff. GBO wird dem Gläubiger, der die Erben des eingetragenen Eigentümers kennt, nicht zugestanden[483].

2.32.3. Die Pfandverwertung

E.288 Der gepfändete Nachlass-(Miterben-)Anteil kann zur Einziehung – nicht aber an Zahlungs statt[484] – überwiesen oder nach §§ 844, 857 Abs. 5 ZPO **anderweitig verwertet** werden.

---

477 OLG Frankfurt (Fn. 440); Stein/Jonas/Würdinger, ZPO, § 859 Rdn. 32.
478 Siehe dazu OLG Köln, MDR 1962, 574; Bürger, JW 1935, 593; Rasch, JW 1935, 1136.
479 BayObLG (Fn. 451); OLG Hamm, Rpfleger 1961, 201 mit Anm. Haegele = JMBlNRW 1960, 152; KGJ 25 A 120; KG, HRR 1934 Nr. 1095.
480 BayObLG (Fn. 451); BayObLGZ 1954, 98; OLG Hamm, Rpfleger 1961, 201 mit Anm. Haegele; Schöner/Stöber, Grundbuchrecht, Rdn. 1665; Waldmann, BayNotV 1929, 220.
481 Ripfel, NJW 1958, 694 m.w.N. und insbesondere unter Darstellung der Gegenansicht; Schöner/Stöber, Grundbuchrecht, Rdn. 1665.
482 BayObLGZ 1973, 224 = MDR 1973, 1029 = Rpfleger 1973, 403.
483 OLG Hamm, NJW-RR 1994, 271 = OLGZ 1994, 257 = Rpfleger 1994, 248.
484 Weil er keinen Nennwert hat, Ripfel, NJW 1958, 692.

Mit der **Überweisung**[485] des gepfändeten Nachlassanteils zur Einziehung erlangt der Gläubiger die Befugnis, das Recht seines Schuldners (siehe § 2042 Abs. 1 BGB) auf **Aufhebung der Gemeinschaft** zu verfolgen[486]. Die Auseinandersetzung kann der Gläubiger auch betreiben, wenn der Miterbe selbst den Anspruch nicht geltend machen könnte, weil die Erben vor der Pfändung vertraglich oder der Erblasser durch Verfügung von Todes wegen die Nachlassauseinandersetzung ausgeschlossen oder von der Einhaltung einer Kündigungsfrist abhängig gemacht haben (§ 2044 Abs. 1, § 751 BGB). Voraussetzung ist dann jedoch, dass der Schuldtitel des Gläubigers nicht bloß vorläufig vollstreckbar ist. Unbestimmtheit der Erbteile (§ 2043 BGB) und die Fälle der §§ 2045 1970, 2061 BGB stehen aber auch dem Auseinandersetzungsverlangen des Gläubigers entgegen. Eine Befugnis des Gläubigers, gemeinschaftlich mit den Drittschuldner-Miterben unter Ausschluss des Schuldners über einzelne Nachlassgegenstände zu verfügen, begründet die Überweisung des gepfändeten Miterbenanteils nicht (das Pfandrecht besteht an dem Erbanteil, nicht aber an den einzelnen Nachlassgegenständen; s. Rdn. E.271). E.289

Wirkt der Gläubiger bei der **rechtsgeschäftlichen Aufhebung** der Erbengemeinschaft durch Auseinandersetzung zwischen den Miterben mit, so erlangt er nach herrschender Meinung entsprechend dem Surrogationsgrundsatz ohne weiteres ein Pfandrecht an den Gegenständen (eine Sicherungshypothek an den Grundstücken), die aus der Nachlassmasse dem Schuldner zugeteilt werden[487]. Die Befriedigung des Gläubigers soll dann durch weitere Pfandverwertung in entsprechender Anwendung der §§ 847, 848 ZPO erfolgen[488]. Dieser Ansicht ist auch der BGH[489] beigetreten. Er ist weiter der Meinung, dass für die Verpfändung eines Miterbenanteils nichts anderes gelten könne. Dies erfährt allerdings wieder eine Einschränkung dadurch, dass dies trotz § 1258 Abs. 3 BGB jedenfalls dann zu gelten habe, wenn der Nachlass in Natur geteilt wird. Demgemäß vertritt der BGH den Standpunkt, bei Konkurrenz eines Vertragspfandrechts an dem Miterbenanteil des Schuldners mit einem später entstandenen Pfändungspfandrecht[490] stehe, wenn ein Nachlassgrundstück zum Zwecke der Aufhebung der Gemeinschaft zwangsversteigert werde, der auf den Schuldner entfallende Erlösanteil vorrangig dem Vertragspfandgläubiger zu. E.290

---

485 Nicht schon durch Pfändung allein; siehe Stöber, Rpfleger 1963, 337; Liermann, NJW 1962, 2189; Stein/Jonas/Würdinger, ZPO, § 859 Rdn. 33.

486 OLG Köln (Fn. 450). Da diese Befugnis aus der Rechtsstellung des Pfändungsgläubigers folgt, bedarf es der ausdrücklichen Mitpfändung des Auseinandersetzungsanspruchs nicht (**a.A.** Bauer, JurBüro 1958, 95, 96). Dies wird jedoch teilweise bezweifelt; der Gläubiger wird daher zu seiner Sicherheit diesen Anspruch gleichwohl vorsorglich mitpfänden.

487 Ripfel, NJW 1958, 692; OLG Celle, Seufferts Archiv 64, 252; Liermann, NJW 1962, 2189; beiläufig auch RGZ 60, 133; BayObLG (Fn. 457); einschränkend Stein/Jonas/Würdinger, ZPO, § 859 Rdn. 34.

488 Stein/Jonas/Würdinger, ZPO, § 859 Rdn. 34 (hier aber: §§ 847 f. ZPO sind auch hinsichtlich der Entstehung der Belastung entsprechend anzuwenden); Sydow/Busch, ZPO, § 859 Anm. 3; Liermann, NJW 1962, 2190, der aber verlangt, dass schon bei der Pfändung die Herausgabe der dem Schuldner zustehenden beweglichen Sachen an einen Gerichtsvollzieher (§ 847 ZPO) angeordnet wird.

489 BGH (Fn. 439).

490 Zu dieser Pfandrechtskonkurrenz siehe auch Lehmann, NJW 1971, 1545.

E.291 Dieser Meinung kann über die vom BGH gegebene Beschränkung auf die Erlösteilung in Natur hinaus nicht gefolgt werden[491]. Denn in allen anderen Fällen erlangt auch bei der Erbteilsverpfändung der Gläubiger nicht ohne weiteres kraft dinglicher Surrogation ein Pfandrecht an den dem Schuldner bei der Auseinandersetzung zugewiesenen Gegenständen, sondern nur einen Anspruch auf Bestellung eines solchen Pfandrechts oder einer Hypothek an dem aufgelassenen Grundstück[492]. Ein sachlicher Grund für die unterschiedliche Behandlung der Erbteilspfändung und -verpfändung besteht aber nicht. Insbesondere steht jedoch der Anwendung der §§ 846 ff. ZPO entgegen, dass der Schuldner keinen Rechtsanspruch auf die Zuteilung von Nachlassgegenständen hat, bei der Teilung des Nachlasses ein geschuldeter, mit dem Pfandrecht behafteter Anspruch also nicht erfüllt wird. Nach der gesetzlichen Regel erfolgt vielmehr – abgesehen von den wenigen seltenen Fällen der Teilung in Natur – die Aufhebung der Gemeinschaft durch Verkauf oder Zwangsversteigerung und rechtsgeschäftliche Teilung des Erlöses (§ 2042 Abs. 2, § 753 BGB). Wenn die Miterben demgegenüber eine andere Art der Aufhebung der Gemeinschaft wählen und der Gläubiger dieser Abweichung von der gesetzlichen Regel zustimmt, kann das ihm „gebührende“ Recht (siehe § 1258 Abs. 3 BGB) bei dieser rechtsgeschäftlichen Verfügung bestellt werden. Bei mehrfacher Pfändung oder bei Konkurrenz eines Vertrags- und Pfändungspfandrechts kann der Anspruch aus § 1258 Abs. 3 BGB auf Bestellung des Rechts nur dahin gehen, dass die den einzelnen Gläubigern gebührenden Rechte in der Rangfolge ihrer bisherigen Pfandrechte am Miterbenanteil zu begründen sind. Der BGH geht somit unzutreffend davon aus, das Vertragspfandrecht könnte bei Erlösteilung seinen Rang zulasten eines späteren Pfändungspfandrechts einbüßen. Eine Notwendigkeit, die gesetzlichen Folgen der §§ 846 ff. ZPO eintreten zu lassen, besteht daher nicht. Der Grundsatz der dinglichen Surrogation kann keine Anwendung finden, weil der Nachlassgegenstand kein gesetzlich an die Stelle des gepfändeten Miterbenanteils getretenes Ersatzstück, sondern ein rechtsgeschäftlich zugewiesener Gegenstand ist. Der Gläubiger wird daher in allen Fällen jedenfalls zu seiner Sicherung die Zustimmung zur Erbteilung von der sofortigen Einräumung eines Pfandrechts am zugewiesenen Gegenstand oder einer Sicherungshypothek am Grundstück durch Rechtsgeschäft abhängig machen müssen.

E.292 Kommt eine rechtsgeschäftliche Auseinandersetzung nicht zustande, so kann der Gläubiger die **Durchführung der Auseinandersetzung** nach §§ 2046 ff. BGB **betreiben**. Zum Antrag auf Vermittlung der Auseinandersetzung durch das Nachlassgericht ist er nach § 363 Abs. 2 FamFG befugt[493].

E.293 Den Antrag auf **Teilungsversteigerung** eines zum Nachlass gehörenden Grundstücks kann der Gläubiger nach Überweisung gemäß § 181 Abs. 2 ZVG stellen[494]. Er kann die Teilungsversteigerung jedoch nicht betreiben, wenn ein Testa-

491 So auch Zöller/Herget, ZPO, § 859 Rdn. 17; Wieczorek/Schütze/Lüke, ZPO, § 859 Rdn. 38 (abw. aber Rdn. 41).

492 BayObLG (Fn. 451) m.w.N.

493 Siehe dazu RGZ 95, 231 (232); Stöber (Fn. 485). Dieser Antrag kann auch ohne Überweisung gestellt werden; Stöber wie vorst.; Liermann, NJW 1962, 2189.

494 BGH, DNotZ 1993, 119 = FamRZ 1992, 659 = NJW-RR 1992, 733 (734) = Rpfleger 1992, 361; BGH, MDR 1999, 376 = NJW-RR 1999, 504 = Rpfleger 1999, 140.

mentsvollstrecker ernannt ist, der die Auseinandersetzung zu bewirken hat[495]. Wenn Eheleute im gesetzlichen Güterstand der Zugewinngemeinschaft leben und der erbengemeinschaftliche Grundstücks„anteil“ des Schuldners dessen (nahezu) ganzes Vermögen darstellt, muss der Pfandgläubiger zu dem Antrag auf Anordnung der Zwangsversteigerung zur Aufhebung der Gemeinschaft die Zustimmung des anderen Ehegatten (oder deren Ersetzung durch das Familiengericht) nach § 1365 Abs. 1 BGB nicht beibringen (s. Rdn. E.103)[496]. Der Schuldner kann als Miterbe in diesem Teilungsversteigerungsverfahren Vollstreckungsschutz nach § 180 Abs. 2 ZVG beantragen[497]. Unter den besonderen Voraussetzungen des § 180 Abs. 3 ZVG kann längere Einstellung (bis zu fünf Jahren) im Interesse eines Kindes auch in dem vom Pfandgläubiger betriebenen Verfahren angeordnet werden[498]. Das Antragsrecht des Gläubigers setzt allerdings voraus, dass die Auseinandersetzung des Gesamtnachlasses erstrebt und betrieben wird. Nur auf das Grundstück als einzelnen Nachlassgegenstand kann das Auseinandersetzungsbegehren nicht beschränkt werden[499]. Vor der Überweisung des gepfändeten Miterbenanteils kann der Gläubiger nicht allein, sondern nur gemeinschaftlich mit dem Schuldner als Miteigentümer (oder mit dessen Zustimmung) Antrag auf Teilungsversteigerung stellen[500].

Der **Schuldner**, dessen Nachlassanteil gepfändet ist, kann auch selbst noch den Antrag auf Teilungsversteigerung stellen[501]. Die Teilungsversteigerung auf Antrag des Schuldners beeinträchtigt das Recht des Pfändungsgläubigers nicht, weil sich das Pfandrecht des Gläubigers nach Erteilung des Zuschlags am Erlös fortsetzt. Der Schuldner kann auch das Nachlassauseinandersetzungsverfahren nach §§ 363 ff. FamFG beantragen[502]. **E.294**

Die Pfändung schließt das Recht der **übrigen Miterben** auf Auseinandersetzung nicht aus. Der Auseinandersetzung auf dem gesetzlichen Wege, bei Grundstücken also der Teilungsversteigerung, kann der Gläubiger nicht widersprechen, **E.295**

---

495 BGHZ 181, 127 = DNotZ 2010, 64 = FamRZ 2009, 1321 = JurBüro 2009, 495 = MDR 2009, 949 = MittBayNot 2010, 136 mit Anm. Damrau = NJW 2009, 2458 = Rpfleger 2009, 580.

496 Siehe die Nachweise Fn. 141.

497 Stöber (Fn. 485) mit eingehender Begründung; LG Braunschweig, NdsRpfl 1956, 74; LG Stendal, Rpfleger 1998, 122; LG Wiesbaden, JW 1937, 1745; Stöber/Kiderlen, ZVG, § 180 Rdn. 220; Steiner/Teufel, ZVG, § 180 Rdn. 135; **a.A.** OLG Düsseldorf, MDR 1991, 251 = NJW 1991, 851 = Rpfleger 1991, 215; LG Aschaffenburg, MDR 1959, 135; LG Berlin, Rpfleger 1991, 107; LG Osnabrück, Rpfleger 1960, 409; Hill, MDR 1959, 92; Drischler, JurBüro 1963, 503; Drischler, JurBüro 1964, 476. Vollstreckungsschutz kann der Schuldner auch beantragen, wenn nicht der Gläubiger, sondern ein anderer Miteigentümer die Versteigerung betreibt, so auch Drischler, JurBüro 1964, 476.

498 Stöber/Kiderlen, ZVG, § 180 Rdn. 272.

499 AG Nürtingen, MDR 1961, 606.

500 Stöber (Fn. 485) m.w.N. und unter Hinweis auf die vereinzelt vertretene, unzutreffende Gegenansicht; siehe auch Liermann, NJW 1962, 2189.

501 BGHZ 215, 139 (Fn. 135); OLG Hamm, Rpfleger 1958, 269; LG Wuppertal, NJW 1961, 785; Steiner/Teufel, ZVG, § 180 Rdn. 61, 105; **a.A.** Stöber (Fn. 485) mit eingehender Begründung; Hill, MDR 1959, 92; Riedel, NJW 1958, 692; OLG Hamburg, MDR 1958, 45; LG Frankenthal, Rpfleger 1985, 500; Palandt/Weidlich, BGB, § 2033 Rdn. 17 und hier die 16. Aufl. Rdn. 1696.

502 Stöber (Fn. 485).

weil er nicht mehr Rechte haben kann als der Schuldner selbst und daher wie dieser gezwungen werden kann, an der schuldrechtlichen Auseinandersetzung mitzuwirken[503].

E.296 Durch die Zwangsversteigerung zum Zwecke der Aufhebung der Gemeinschaft wird die Erbengemeinschaft noch nicht auseinandergesetzt, sondern die eigentliche Auseinandersetzung durch Verwertung (Versilberung) des Grundstücks nur vorbereitet[504]. Die Teilung des den bisherigen Miteigentümern verbleibenden **Erlösüberschusses** ist in dem nach Zuschlagserteilung in der Zwangsversteigerung vorzunehmenden **Verteilungsverfahren** (§§ 105 ff. ZVG) nicht gesetzliche Aufgabe des Vollstreckungsgerichts. Diese Teilung und damit auch die Befriedigung des Gläubigers aus dem Erlösanteil des Schuldners ist vielmehr Nachlassauseinandersetzung, kann also nur durch Vereinbarung der Miterben unter Zustimmung des Gläubigers oder Prozessurteil erfolgen[505]. Das gilt gleichermaßen, wenn der Erlös nach Zahlung durch den Ersteher auf Anordnung des Vollstreckungsgerichts bei der Hinterlegungsstelle hinterlegt ist, zum Nachlass mithin nunmehr an Stelle des Grundstücks die Forderung gegen die Hinterlegungsstelle gehört[506].

E.297 Durch **Teilung der Früchte** des Nachlasses kann der Gläubiger – insbesondere bei geringer Vollstreckungsforderung – Befriedigung finden. Die Teilung der Früchte erfolgt zwar erst bei Auseinandersetzung (§ 2038 Abs. 2 BGB). Eine frühere Teilung ist aber bei Einverständnis sämtlicher Miterben unter Einschluss des Gläubigers möglich[507].

E.298 Durch **Verwertung des ganzen Nachlass-**(Miterben-)**Anteils** kann nach §§ 844, 857 Abs. 5 ZPO die Befriedigung des Gläubigers erreicht werden (siehe dazu Rdn. E.7). Diese Verwertung erfolgt durch Veräußerung des Nachlassanteils im Wege des freihändigen Verkaufs oder der Versteigerung. Eine angeordnete Nacherbschaft steht dieser Verwertung an sich nicht entgegen, lässt sie aber untunlich erscheinen. Angeordnet werden darf die Verwertung des Nachlassanteils nur, wenn schutzwürdige Interessen des Schuldners nicht entgegenstehen; hierzu bedarf es eines gesonderten Beschlusses des Vollstreckungsgerichts[508]. Es wird daher ein vorheriger Versuch der gütlichen Auseinandersetzung verlangt werden müssen, wenn nicht ganz besondere Gründe des Einzelfalls die Pfandverwertung durch Überweisung untunlich erscheinen lassen. Bei einer Versteigerung durch den Gerichtsvollzieher geht der Erbteil bereits mit dem Zuschlag auf den Ersteher über. Eine gerichtliche oder notarielle Beurkundung nach § 2033 Abs. 1 BGB ist daher nicht erforderlich[509] (siehe Rdn. E.14).

E.299 Bei Veräußerung des Nachlassanteils zur Befriedigung des Gläubigers aus dem Pfandrecht kann das **Vorkaufsrecht** der übrigen Miterben (§ 2034 BGB) nach

---

503 KG, JFG 17, 41.
504 BGH (Fn. 439); Stöber, ZVG-Handbuch, Rdn. 746.
505 Siehe dazu Stöber, Rpfleger 1958, 73 m.w.N.; BayObLG (Fn. 451).
506 BGH (Fn. 439).
507 RGZ 81, 241.
508 Siehe Rdn. E.7; BGH, FamRZ 2019, 907 = NJW-RR 2019, 970 = Rpfleger 2019, 405; OLG Stuttgart, DGVZ 1964, 182 = Rpfleger 1964, 179; nach OLG Naumburg, FamRZ 2013, 1515 ist der Gläubiger bereits aufgrund der Überweisung zur Einziehung berechtigt, den gepfändeten Anteil eigenhändig zu verkaufen.
509 OLG Frankfurt, JR 1954, 183 mit Anm. Riedel und Werner; KG, HRR 1929 Nr. 549.

§ 512 BGB nicht ausgeübt werden[510]. Das Vorkaufsrecht der übrigen Miterben (§ 2034 BGB) gibt ihnen daher auch kein Ablösungsrecht nach §§ 1249, 1273 BGB[511].

Der Nachlassanteil kann nach §§ 844, 857 Abs. 4 ZPO auch der **Verwaltung** unterworfen werden. Diese bietet sich insbesondere bei angeordneter Nacherbfolge als Möglichkeit der Pfandverwertung an. E.300

Ein **Ablösungsrecht** (§§ 1249, 1273 mit § 268 BGB; entspr. Anwendung) des oder der Drittschuldner-Miterben besteht nicht, wenn der Gläubiger die Nachlassauseinandersetzung betreibt[512]. Angenommen wird jedoch ein Ablösungsrecht der Drittschuldner-Miterben, wenn das Recht der Teilhaber, die Aufhebung der Gemeinschaft zu verlangen, ausgeschlossen ist und der Gläubiger dennoch (§ 751 S. 2 BGB) die Aufhebung der Gemeinschaft verfolgt[513].

2.32.4. Mehrfache Pfändung

Mehrere Gläubiger, die den Nachlass-(Miterben-)Anteil gepfändet haben, haben **Rang** nach dem Zeitpunkt des Wirksamwerdens der einzelnen Pfändungsbeschlüsse durch Zustellung an **alle** Drittschuldner. Der Zeitpunkt einer etwaigen Grundbucheintragung ist nicht entscheidend. Vielmehr wird das wirkliche Rangverhältnis auch in das Grundbuch eingetragen, wenn durch Vorlage der mehreren Pfändungsbeschlüsse mit den Zustellungsnachweisen der Rangnachweis in grundbuchmäßiger Form geführt ist[514]. E.301

Die Veräußerung des Nachlassanteils nach §§ 844, 857 Abs. 5 ZPO kann auch auf **Antrag des nachrangigen** Gläubigers und ebenso bei Konkurrenz mit einem Vertragspfandrecht angeordnet und durchgeführt werden. Nach den entsprechend anwendbaren §§ 1242, 1247 BGB treten in diesem Falle an die Stelle der Pfandrechte am Erbanteil die Pfandrechte am Erlös als Sicherungs- und Befriedigungsmittel[515]. E.302

2.32.5. Vorerbenanteil

Wenn der Schuldner als Miterbe nur **Vorerbe** ist, kann sein Nachlassanteil in gleicher Weise gepfändet werden. Zur Wirksamkeit dieser Pfändung ist Zustellung an den Nacherben nicht erforderlich[516]; Drittschuldner sind die übrigen Mit-Vorerben. Mit dem Vorerben, hinsichtlich dessen Miterbenanteil der Gläubiger in das E.303

---

510 BGB-RGRK/Mezger, § 512 Anm. 2; unentschieden RGZ 167, 298 (300).
511 RG (Fn. 510).
512 RG (Fn. 510) (für den Miterben nach Verpfändung eines anderen Miterbenanteils).
513 OLG Karlsruhe, MDR 1992, 588 = NJW-RR 1992, 713; MünchKomm/K. Schmidt, BGB, § 751 Rdn. 6.
514 Siehe dazu Ripfel, NJW 1963, 693, der allerdings meint, das Grundbuchamt müsse an sich nach § 45 GBO verfahren. Dem ist aber nicht zu folgen, weil dem Grundbuchamt immer das Wirksamwerden der Pfändung und damit auch der Rang der mehreren Pfändungen nachzuweisen ist. Ripfels, Ansicht trifft daher nur bei Rangverschiebungen durch Vorpfändung zu.
515 Siehe dazu im einzelnen RGZ 87, 321; BayObLG (Fn. 451); Ripfel, NJW 1958, 692.
516 Der Nacherbe ist nicht Drittschuldner, Wieczorek/Schütze/Lüke, ZPO, § 859 Rdn. 42.

Gemeinschaftsverhältnis als dinglicher Mitberechtigter eingetreten ist (Rdn. E.274), unterliegt der Gläubiger den Verfügungsbeschränkungen der §§ 2122 ff. BGB. Verfügungen, die der Gläubiger gemeinsam mit dem Schuldner und seinen Mitvorerben über Nachlassgegenstände trifft, sind daher in den Fällen der §§ 2113–2115 BGB bei Eintritt der Nacherbfolge insoweit unwirksam, als sie das Recht des Nacherben vereiteln oder beeinträchtigen würden (zur Befreiung § 2136 BGB). Der pfändende Gläubiger des nicht befreiten Vorerben bleibt deshalb praktisch auf die Nutzungen des Erbanteils beschränkt[517]. Beschränkt ist die Verfügungsmacht des Vorerben und damit seiner Gläubiger jedoch nur in Ansehung einzelner zur Erbschaft gehörender Gegenstände, Sachen und Rechte; der Vorerbteil kann veräußert werden mit der Folge, dass das Recht des Nacherben hiervon unberührt bleibt; damit bleibt der Erbteil auch in der Hand des Erwerbers belastet[518]. Deshalb kann auch der gepfändete Miterbenanteil des Vorerben zur Einziehung überwiesen oder nach §§ 844, 857 Abs. 5 ZPO mit der Maßgabe verwertet werden, dass dadurch das Recht des Nacherben nicht berührt wird[519].

2.32.6. Sonstiges

E.304 Gläubiger, die nach der Eintragung der Erbteilspfändung die **Vollstreckungsversteigerung** eines zum Nachlass gehörenden Grundstücks betreiben wollen, benötigen außer dem gegen alle Miterben lautenden Titel auch die Zustimmung des Pfandgläubigers oder einen gegen ihn gerichteten rechtskräftigen Titel auf Duldung der Zwangsvollstreckung[520].

E.305 Das Pfandrecht am Nachlass-(Miterben-)Anteil ist Nebenrecht der Vollstreckungsforderung des Gläubigers. Von seinen Gläubigern kann es daher nicht selbstständig gepfändet werden (siehe Rdn. B.364). Gepfändet werden kann vielmehr als Hauptrecht nur die Vollstreckungsforderung; ihre Pfändung erfasst ohne weiteres auch das **Pfandrecht am Nachlassanteil**[521].

E.306 **Formulierungsvorschlag:**

Gepfändet wird der angebliche Nachlass-(Miterben-)Anteil des Schuldners an dem Nachlass des am … in … verstorbenen … zusammen mit dem Anspruch auf Auseinandersetzung des Nachlasses. Drittschuldner sind die anderen Miterben (ist der Testamentsvollstrecker, der Nachlassverwalter), nämlich …

---

517 BGB-RGRK/Johannsen, § 2100 Rdn. 4.

518 BGB-RGRK/Kregel/Johannsen, § 2033 Rdn. 7, § 2100 Rdn. 4, § 2112 Rdn. 11; Kessel, MittRhNotK 1991, 137 (140).

519 Anders Haegele, BWNotZ 1976, 129 (132): es darf weder eine Veräußerung des gepfändeten Erbteils nach §§ 844, 857 Abs. 5 ZPO noch dessen Überweisung zur Einziehung angeordnet werden (§ 773 ZPO). Der Nacherbe muss seine Rechte u.U. mit Widerspruchsklage (§ 771 ZPO) geltend machen.

520 OLG Frankfurt, HRR 1937 Nr. 758 = JW 1937, 2129; BayObLG (Fn. 451).

521 Siehe auch Ripfel, NJW 1958, 694.

2.33. Nießbrauch

Schrifttum: Eickmann, Zur Pfändung der Nutzungsrechte in Abteilung II des Grundbuchs, NotBZ 2008, 257; Mümmler, Zur Pfändung eines Nießbrauchrechtes, JurBüro 1984, 660; Panz, Besitzrechtliche Überlegungen im Zusammenhang mit Dienstbarkeiten, BWNotZ; 1992, 43; Rossak, Pfändbarkeit, Pfändung und Pfandverwertung von Nießbrauch und Wohnungsrecht, MittBayNot 2000, 383; Strutz, Probleme bei der Pfändung eines Grundstücksnießbrauchs, Rpfleger 1968, 145. E.307

Der Nießbrauch als solcher (das Stammrecht, §§ 1030 ff. BGB) ist unveräußerlich (§ 1059 S. 1 BGB); das hat auch dessen Unpfändbarkeit zur Folge (§ 851 Abs. 1 ZPO). Ausnahmsweise übertragbar ist der Nießbrauch einer juristischen Person und einer rechtsfähigen Personengesellschaft bei Vermögensübergang im Wege der Gesamtrechtsnachfolge oder Vermögensübertragung (§ 1059a BGB mit Einzelheiten); gepfändet werden kann der Nießbrauch aber auch deswegen nicht (§ 1059b BGB). Die **Ausübung** des Nießbrauchs kann jedoch einem anderen überlassen werden (§ 1059 S. 2 BGB). Deshalb ist der (nicht übertragbare) Nießbrauch (auch der einer juristischen Person oder rechtsfähigen Personengesellschaft) der Pfändung unterworfen[522] (§ 857 Abs. 3 ZPO). Die Pfändung ist auch zulässig, wenn die Überlassung der Ausübung des Nießbrauchs vertraglich mit dinglicher Wirkung (erfordert Eintragung in das Grundbuch) ausgeschlossen worden ist[523]. Gegenstand dieser Pfändung ist der Nießbrauch selbst als dingliches Recht (das Stammrecht, §§ 1030 ff. BGB), also nicht der (obligatorische) Anspruch auf seine Ausübung[524]. Die Bezeichnung des Rechts als „Forderung auf Ausübung des Nießbrauchs" ist jedoch in die Pfändung des Nießbrauchs umzudeuten[525]. Drittschuldner ist der Eigentümer der mit dem Nießbrauch belasteten Sache (des Grundstücks[526]) oder Vermögens; mit der Zustellung an ihn ist die Pfändung bewirkt[527]. Für die Pfändung des Nießbrauchs an einem Recht, kraft dessen eine Leistung gefordert werden kann (s. § 1070 BGB), wird der Gläubiger und Schuldner des Rechts als Drittschuldner anzusehen sein. Eine Grundbucheintragung ist für das Wirksamwerden der Pfändung nicht notwendig; § 857 Abs. 6 ZPO findet keine entsprechende Anwendung[528]. E.308

---

522 BGHZ 130, 314 (318) = MDR 1996, 412 = NJW 1995, 2846 (2847).

523 BGHZ 95, 99 = DNotZ 1986, 23 = MDR 1985, 919 = NJW 1985, 2827; Mümmler, JurBüro 1984, 660; **a.A.** Rossak, MittBayNot 2000, 383 (384).

524 BGHZ 62, 133 = DNotZ 1974, 433 = JurBüro 1974, 717 = MDR 1974, 664 = NJW 1974, 796; BGHZ 166, 1 (3) = FamRZ 2006, 550 = MDR 2006, 949 = NJW 2006, 1124 = Rpfleger 2006, 331; BayObLG, DNotZ 1998, 302 = Rpfleger 1998, 69; OLG Köln, NJW 1962, 1621 (1622); OLG Bremen, NJW 1969, 2147; 1970, 286 mit zust. Anm. Schmidt-Jortzig; KG, MDR 1968, 760 = OLGZ 1968, 295 = NJW 1968, 1882; OLG Frankfurt, MDR 1990, 922 = NJW-RR 1991, 445; LG Bonn, JurBüro 1979, 1725 = Rpfleger 1979, 349; **anders** früher überwiegende Ansicht, so KGJ 40, 254; KGJ 48, 212; KG, JW 1938, 675 = JFG 16, 332 (334) = HRR 1938 Nr. 283; OLG Frankfurt, NJW 1961, 1928; Strutz, Rpfleger 1968, 145 m.w.N.

525 BGHZ 62, 133 (139) (Fn. 524); vom BGH jedenfalls bejaht für die Zeit, in der streitig war, ob die Ausübungsbefugnis oder der Nießbrauch Gegenstand der Pfändung sei.

526 RGZ 74, 78 (83); LG Bonn (Fn. 524); dies lässt der BGH, MDR 2011, 192 = NJW 2011, 1009 Rdn. 17 = Rpfleger 2011, 281 dahingestellt.

527 BGHZ 62, 133 (139 f.) (Fn. 524); BayObLG (Fn. 524); Wieczorek/Schütze/Lüke, ZPO, § 857 Rdn. 91.

528 BGHZ 62, 133 (139 f.) (Fn. 524).

E.309 Seine Unveräußerlichkeit (§ 1059 S. 1 BGB) behält der Nießbrauch auch in der Zwangsvollstreckung. Der Gläubiger kann den Nießbrauch daher nicht zum Zwecke der Befriedigung verwerten; er kann ihn zu diesem Zweck nur ausüben[529]. Das gilt auch für den Nießbrauch, der einer juristischen Person zusteht (§ 1059b BGB)[530]. Die Unveräußerlichkeit des Nießbrauchs schließt die Überweisung des Rechts (§ 835 ZPO) aus[531]. Die Befugnis zur Ausübung des Nießbrauchs kann jedoch zur Einziehung überwiesen werden[532]; das Vollstreckungsgericht kann die Geltendmachung auch durch besondere Anordnung näher regeln (§ 857 Abs. 4 ZPO; siehe Rdn. E.311).

E.310 Die Pfändung des Nießbrauchs berechtigt nach der Überweisung der Ausübungsbefugnis den Gläubiger, den Nießbrauch **auszuüben**, verpflichtet ihn aber auch, die Verpflichtungen des Nießbrauchers zu tragen[533]. Mit der Ausübung macht der Gläubiger die sich aus dem Nießbrauch ergebenden Rechte gegen den Verpflichteten (Drittschuldner) geltend. Der Schuldner hat infolge des Pfändungspfandrechts die Ausübung der Befugnisse aus dem Nießbrauch zu ermöglichen, somit auch die Geltendmachung der aus dem Nießbrauch fließenden Ansprüche zu dulden. Die Ausübung des Nießbrauchs ermächtigt gegenüber dem Drittschuldner dazu, die tatsächlichen und rechtlichen Handlungen vorzunehmen, die zur Gewinnung der Sachnutzungen erforderlich sind, insbesondere also, die belastete Sache zu vermieten oder zu verpachten und hierfür in Besitz zu nehmen[534] (§ 1036 BGB). Die Besitzeinräumung ist vom Drittschuldner mit Klage zu verlangen; auch Klage auf Herausgabe an einen Verwalter kann nur der Gläubiger, nicht jedoch der Verwalter erheben. Die Erträgnisse müssen zunächst in der gesetzlich bestimmten Weise auf die Sache verwendet werden (§§ 1041 ff. BGB). Der dann übrigbleibende Betrag dient der Befriedigung der Forderung des Gläubigers. Gegen den Schuldner gibt die Pfändung des Nießbrauchs keinen (mit Klage) durchsetzbaren Anspruch auf Räumung und Herausgabe des Grundstücks[535]. Zur Besitzübergabe an den Verwalter Rdn. E.311.

E.311 Die Ausübung kann das Vollstreckungsgericht (der Rechtspfleger, § 20 Abs. 1 Nr. 17 RPflG) durch nähere Anordnung regeln[536] (§ 857 Abs. 4 ZPO). Es kann insbesondere eine Verwaltung anordnen; diese setzt den unmittelbaren oder mittelbaren Besitz des Schuldners voraus[537]. Sichergestellt wird durch die Verwaltung, dass der Gläubiger die Nutzungen erhält. Das Verwaltungsverfahren ist in Anlehnung

---

529 BGHZ 62, 133 (136 f.) (Fn. 524); BGHZ 166, 1 (4) (Fn. 524); LG Aachen, JurBüro 1982, 1900 mit Anm. Mümmler.
530 BGHZ 62, 133 (138) (Fn. 524).
531 BGHZ 166, 1 (4) (Fn. 524).
532 BGHZ 166, 1 (4) (Fn. 524); Rossak, MittBayNot 2000, 383 (385).
533 RGZ 56, 388 (390); siehe auch BGHZ 109, 111 (116) = MDR 1990, 229 = NJW 1990, 443: den Nießbraucher trifft bei der Ausübungsüberlassung keine Verpflichtung zur Unterhaltung des Grundstücks.
534 OLG Düsseldorf, Rpfleger 1997, 315 (auch dazu, dass der Gläubiger keinen Anspruch an einen Dritten nach §§ 1065, 985 BGB auf Räumung und Herausgabe des Grundstücks hat); siehe auch BGHZ 166, 1 (4) (Fn. 524).
535 BGHZ 166, 1 (Fn. 524).
536 Dazu auch Rossak, MittBayNot 2000, 383 (385).
537 BGH, NJW 2011, 1009 Rdn. 9 (Fn. 524).

an die ZVG-Vorschriften über die Zwangsverwaltung zu regeln[538]. Bei Besitz des Schuldners kann die Besitzübergabe an den Verwalter nach § 150 Abs. 2 ZVG (entspr. Anwendung) herbeigeführt werden[539]. Wenn der Verwalter ermächtigt ist, sich selbst den Besitz zu verschaffen, kann er bei Widerstand des Schuldners nach § 892 ZPO einen Gerichtsvollzieher zuziehen[540]; Vollstreckungstitel ist der gerichtliche Ermächtigungsbeschluss[541]. Ein Wohnrecht entsprechend § 149 Abs. 1 ZVG kann der Schuldner bei dieser Zwangsverwaltung nicht beanspruchen[542]. Der Verwalter hat die Verpflichtungen des Nießbrauchers als Vermieter (Verpächter) den Mietern (Pächtern) gegenüber zu erfüllen, somit auch die Verpflichtung zur Erhaltung des vermieteten (verpachteten) Grundstücks (oder von Räumen) zu vertragsgemäßem Gebrauch (§ 535 BGB)[543]. Die dem Gläubiger gebührenden Erträgnisse hat ihm der **Verwalter** abzuliefern. Einen für die Verwaltung etwa erforderlichen Vorschuss hat der Gläubiger zu leisten[544]. Die Verwaltung hat der Verwalter zu beenden, wenn die vollstreckte Gläubigerforderung getilgt ist[545]. Einstellung und Aufhebung sonst: §§ 775, 776 ZPO. Verpflichtung des Verwalters zur Rechnungslegung: § 154 S. 2 ZVG (entspr. Anwendung). Die Rechnung ist dem Gläubiger und dem Schuldner vorzulegen, nicht jedoch dem Vollstreckungsgericht einzureichen (es hat bei der Geschäftsführung des Verwalters nicht mitzuwirken); § 153 ZVG findet keine Anwendung. Die Verwaltung muss angeordnet werden, wenn die Ausübungsbefugnis nicht zur Einziehung überwiesen werden kann, weil dann die Erträgnisse der gepfändeten Ausübungsbefugnis zu hinterlegen sind. Mit der Übergabe der zu benutzenden Sache an den Verwalter wird die Pfändung bewirkt, wenn sie nicht durch Zustellung des Beschlusses bereits vorher wirksam geworden ist (§ 857 Abs. 4 Hs. 2 ZPO). An Stelle der Überweisung zur Einziehung und Verwaltung kann das Vollstreckungsgericht auch eine anderweitige Verwertung der Ausübungsbefugnis nach § 844 ZPO anordnen.

Der Nießbraucher **(Schuldner)** kann nach der Pfändung die Ausübungsbefugnis des Nießbrauchers einem anderen nicht mehr überlassen oder übertragen. Ein Dritter, dem nach der Pfändung die Ausübungsbefugnis dennoch übertragen wird, vermag diese auch dann nicht gutgläubig zu erwerben, wenn die Pfändung im Grundbuch nicht eingetragen und dem Dritten unbekannt war[546]. Durch das Verfügungsverbot (§ 829 Abs. 1 S. 2 ZPO) ist der Schuldner auch an der Verfügung über den Nießbrauch selbst gehindert; er kann somit über den Nießbrauch (das Stammrecht) ohne Mitwirkung (Bewilligung) des Gläubigers nicht mehr durch Verzicht oder Aufhebung verfügen[547]. Im Übrigen jedoch ist das Pfandrecht an die Dauer des Nießbrauchs gebunden. Daher erlischt mit dem Nießbrauch das Pfän- **E.312**

---

538 BGHZ 166, 1 (Fn. 524); BGH, (Fn. 526); OLG Düsseldorf, Rpfleger 1997, 315; LG Lübeck, Rpfleger 1993, 360; Rossak, MittBayNot 2000, 383 (385).
539 BGHZ 166, 1 (5) (Fn. 524); BGH (Fn. 526).
540 LG Lübeck (Fn. 538).
541 BGHZ 166, 1 (6) (Fn. 524); LG Lübeck (Fn. 538).
542 BGHZ 166, 1 (6) (Fn. 524).
543 Siehe AG Springe, NdsRpfl 1994, 111: Verpflichtung, für ordnungsgemäße Beheizung zu sorgen.
544 AG Springe (Fn. 543).
545 BGHZ 166, 1 (7) (Fn. 524).
546 BGHZ 62, 133 (140) (Fn. 524).
547 BGHZ 62, 133 (139) (Fn. 524).

dungspfandrecht an ihm mit dem Tod des Schuldners als Nießbraucher oder mit dem Erlöschen der juristischen Person (§ 1061 BGB).

E.313 Die Pfändung des Nießbrauchs kann in das Grundbuch eingetragen werden[548]. Die Eintragung ist Grundbuchberichtigung, weil die Pfändung bereits mit der Beschlusszustellung an den Drittschuldner (§ 829 Abs. 3 ZPO) eine Änderung der Verfügungsbefugnis des Nießbrauchers zur Folge hat. Eintragbar ist auch bereits die Vorpfändung. Durch die Eintragung der Pfändung kann sich der Gläubiger dagegen schützen[549], dass der Nießbrauch ohne seine Einwilligung gelöscht wird[550]. Eingetragen wird die Pfändung auf schriftlichen Antrag des Gläubigers; dem Grundbuchamt muss für diese Eintragung das Wirksamwerden der Pfändung nachgewiesen werden. Schon bisher hat die Praxis im Anschluss an RG[551] die Eintragung der mit der Pfändung verbundenen Verfügungsbeschränkung zugelassen[552]. Diese Eintragung sollte den Schuldner aber nicht am Verzicht auf den Nießbrauch hindern und eine Zustimmung des Gläubigers zur Aufhebung des Nießbrauchs nicht erfordern. Diese Ansicht ist durch die Entscheidung des BGH überholt. Wenn man mit dem BGH davon ausgeht, dass die Pfändung unmittelbar das unveräußerliche Stammrecht erfasst und das Recht zur Verfügung über dieses schmälert, muss auch die Eintragung des Pfandrechts am Nießbrauch in das Grundbuch unbeschränkt zugelassen werden.

E.314 Die Eintragungsformel kann lauten:

„Nießbrauch gepfändet für … wegen einer Forderung von … mit Pfändungsbeschluss des Amtsgerichts … vom …“

E.315 Einem Dritten kann sich der Nießbraucher schuldrechtlich zur Überlassung der Nießbrauchsausübung verpflichtet haben (§ 1059 S. 2 BGB). Der obligatorische Anspruch des Dritten gegenüber dem Nießbraucher darauf, dass ihm die Ausübung des Nießbrauchs überlassen wird, kann dann vom Gläubiger des Dritten gepfändet werden[553].

E.316 Die Möglichkeit, den Nießbrauch zu pfänden, schließt einen Vollstreckungszugriff in die dem Nießbraucher **künftig zufallenden Nutzungen** nicht aus. Das ist auf dem hierfür vorgesehenen Weg möglich (Pfändung der Früchte durch den Gerichtsvollzieher, Pfändung von Mietzinsforderungen, Hypothekenzinsen usw. durch das Vollstreckungsgericht). Er kann aber für einen Gläubiger nicht erfolgen, der bereits den Nießbrauch gepfändet hat.

---

548 BayObLG (Fn. 524); LG Bonn (Fn. 524); Schöner/Stöber, Grundbuchrecht, Rdn. 1389; Panz, BWNotZ 1992, 43 (44); **anders** die früher herrschende Ansicht, siehe z.B. KGJ 48, 212; SchlHolstOLG, SchlHA 1956, 202.

549 Daher ist der Ansicht des KG, HRR 1938 Nr. 283 = JFG 16, 336 = JW 1938, 675 nicht zu folgen, dass der Gläubiger dem Nießbraucher nach Pfändung der Ausübungsbefugnis die Ausübung durch einstweilige Verfügung verbieten lassen könne.

550 BayObLG (Fn. 524). Auch die dem Grundbuchamt bekannte, nicht eingetragene Pfändung schließt jedoch die Löschung des Nießbrauchs ohne Zustimmung des Pfändungsgläubigers aus, BayObLG wie vorst. (Einschränkung, wenn die Aufhebungserklärung schon vor Pfändung bindend geworden ist).

551 RGZ 74, 79 (85).

552 **A.A.** Strutz, Rpfleger 1968, 146 m.w.N.

553 BGHZ 62, 133 (138) (Fn. 524). Zur Pfändung eines Anspruchs auf Bestellung eines Nießbrauchs siehe OLG Bamberg, OLGE 1, 18.

Wenn ein Nießbrauch in der Weise bestellt ist, dass er bei Pfändung erlischt, kann Schuldnerschutz nach § 765a ZPO geboten sein[554].

Mit der Pfändung eines Bruchteilsnießbrauchs tritt der Gläubiger in die Rechtsstellung des Schuldners ein; er übt die dem Schuldner als Nießbraucher zustehenden Rechte und Befugnisse als Teilhaber der Nutzungs- und Verwaltungsgemeinschaft aus, die mit den weiteren Berechtigten des Nießbrauchs besteht[555].

Formulierungsvorschlag: E.317

Gepfändet wird der für den Schuldner im Grundbuch von … Blatt … in Abt. II Nr. 1 an dem Grundstück … des Eigentümers … – Drittschuldner – (angeblich) eingetragene Nießbrauch.

Zum Zwecke der Ausübung des Nießbrauchs durch den Gläubiger wird die Verwaltung dieses Grundstücks angeordnet (§ 857 Abs. 4 ZPO). Zum Verwalter wird … bestellt. Dessen Vergütung wird auf monatlich … Euro festgesetzt.

Der Verwalter wird ermächtigt, sich selbst den Besitz des Grundstücks (im Schuldnerbesitz) zu verschaffen.

Der Verwalter hat die für die Verwaltung entbehrlichen Grundstücksnutzungen in Geld umzusetzen und diesen Erlös an den Gläubiger bis zur Befriedigung seines Anspruchs abzuliefern (für Gläubiger und Schuldner gemeinsam zu hinterlegen). Rechnung hat der Verwalter dem Gläubiger und Schuldner vierteljährlich sowie nach Beendigung der Verwaltung zu legen.

2.34. Patent

Schrifttum: Göttlich, Die Zwangsvollstreckung in Schutzrechte, MDR 1957, 11; Pinzger, Zwangsvollstreckung in das Erfinderrecht, ZZP 60, 415; Schramm, Pfändung und Sequestration ausländischer Patente, GRUR 1958, 480; Schulte, Pfändung eines Patentrechts, GRUR 1961, 527; Tetzner, Gläubigerzugriff in Erfinderrechte und Patentanmeldungen, JR 1951, 166; Tetzner, Gläubigerzugriff in das Erfinderrecht, DJ 1941, 1139. E.318

Ein Patent und eine Patentanmeldung unterliegen der Zwangsvollstreckung[556]. E.319
Pfändbar nach §§ 857, 829 ZPO sind[557] (ebenso wie übertragbar nach § 15 Abs. 1 PatG) das Recht des Erfinders (oder seines Rechtsnachfolgers, § 6 PatG) auf das Patent, der Anspruch auf Erteilung des Patents für die beim Deutschen Patent- und Markenamt schon angemeldete[558] Erfindung (siehe §§ 1, 7, 35 PatG) und das Recht aus dem Patent, das die alleinige Befugnis gibt, gewerbsmäßig den Gegenstand der Erfindung herzustellen, in Verkehr zu bringen, feilzuhalten oder zu gebrauchen (§ 9 PatG). Die Pfändung erfolgt in allen Fällen nach § 857 Abs. 2 ZPO durch Zu-

---

554 OLG Frankfurt, JurBüro 1980, 1899.
555 BGH, MDR 2007, 486 = NJW 2007, 149 = Rpfleger 2007, 85.
556 BGHZ 125, 334 = JZ 1994, 1012 mit Anm. Berger = NJW 1994, 3099 = Rpfleger 1994, 512.
557 BGH (Fn. 556).
558 Die Anmeldung erfolgt schriftlich beim Deutschen Patent- und Markenamt (§ 34 Abs. 6 PatG mit § 3 PatV; dort auch zur elektronischen Anmeldung). Die Pfändung ist bereits vor der Bekanntmachung der Anmeldung möglich.

stellung an den Schuldner[559]. Ein Drittschuldner ist nicht vorhanden. Das Deutsche Patent- und Markenamt ist nicht Drittschuldner[560].

E.320 Das **vor der Anmeldung** bestehende **Recht auf das Patent** (Erfinderrecht) kann, weil es als reines Persönlichkeitsrecht höchstpersönlicher Natur ist, erst gepfändet werden, wenn der Schuldner als Erfinder bestimmt hat, dass die Erfindung aus seinem Persönlichkeitsbereich hinaustreten soll[561]. Das ist der Fall, wenn der Schuldner seinen Willen, die Erfindung als Vermögenswert wirtschaftlich zu verwerten, irgendwie zu erkennen gegeben hat[562]. Der Gläubiger muss dies schlüssig geltend machen; im Streitfall trifft ihn die Beweislast[563]. Die Pfändung gibt dem Gläubiger das Recht, die Erteilung des Patents zu betreiben, insbesondere also das Patent anzumelden. Sein Pfandrecht wandelt sich mit der Anmeldung in ein Pfandrecht am Anwartschaftsrecht und mit der Erteilung des Patents in ein Pfandrecht an diesem um (siehe Rdn. E.321).

E.321 **Nach der Patentanmeldung** ist Gegenstand der Pfändung „der durch die Anmeldung begründete Anspruch auf Erteilung des Patents"[564]. Das ist die gesamte durch die Anmeldung der Erfindung beim Deutschen Patent- und Markenamt begründete (vermögensrechtliche) Rechtsposition[565], nicht nur die Anmeldung als Anspruch des Anmelders auf Prüfung und Patenterteilung[566]. Diese Pfändung bezieht sich auf das gesamte im Entstehen begriffene Patentrecht, mithin auf die Rechte aus der Patentanmeldung und ebenso auf die aus dem künftig entstehenden Patent[567]. Diese Rechtsposition wird im Schrifttum auch als „Anwartschaft auf das Patent" bezeichnet[568].

E.322 Das Deutsche Patent- und Markenamt muss diese Pfändung beachten, sobald sie ihm nachgewiesen ist, darf also das Patent nur noch auf den Namen des bishe-

---

559 BGH (Fn. 556); Bescheid des Präsidenten des Deutschen Patentamts vom 11.2.1950, abgedr. BayJMBl 1950, 89 = GRUR 1950, 46; Tetzner, JR 1951, 166; Stein/Jonas/Würdinger, ZPO, § 857 Rdn. 99; Wieczorek/Schütze/Lüke, ZPO, § 857 Rdn. 78; Göttlich, MDR 1957, 11.

560 Hubmann in Festschrift für Lehmann, 1956, Bd. II S. 831.

561 BGHZ 16, 172 (175) = NJW 1955, 383; OLG Hamm, JMBlNRW 1951, 151; OLG Hamburg, OLGE 5, 133; Tetzner, (Fn. 559); Tetzner, DJ 1941, 1139; Stein/Jonas/Würdinger, ZPO, § 857 Rdn. 20; Wieczorek/Schütze/Lüke, ZPO, § 857 Rdn. 77. Streitig ist, ob vermögensrechtliche Teile des Erfinderrechts bereits mit Fertigstellung und Verlautbarung des Erfindergedankens (auch schon vor Kundgabe der Verwertungsabsicht) gepfändet werden können (so z.B. Zimmermann, GRUR 1999, 121). Mit der h.M. (s. Benkard, PatG, § 6 Rdn. 18 m.w.N.) ist die Auffassung als zutreffend anzusehen, dass eine noch so im Persönlichkeitsbereich des Schuldners ruhende Erfindung der Zwangsvollstreckung nicht unterliegen kann.

562 BGH (Fn. 561); OLG Hamm (Fn. 561); Tetzner (Fn. 561). Diese Verwertungsabsicht muss bei Wirksamwerden der Pfändung in Erscheinung getreten sein. Spätere Willensäußerung des Schuldners heilt nicht; siehe Tetzner, wie vorst. Die Verwertungsabsicht kann zum Ausdruck kommen in eigenen Auswertungshandlungen (auch Vorführung auf Ausstellungen), Verkaufsverhandlungen, Sicherungsübereignung, Verpfändung, usw.

563 Tetzner (Fn. 561); Stein/Jonas/Würdinger, ZPO, § 857 Rdn. 20.

564 Zur Pfändbarkeit nach der Patentanmeldung siehe auch RGZ 52, 227.

565 BGH (Fn. 556).

566 Tetzner (Fn. 559); Präsident des Deutschen Patentamts (Fn. 559).

567 BGH (Fn. 556).

568 BGH (Fn. 556).

rigen Anmelders und des Gläubigers gemeinsam erteilen[569]. Mit der Pfändung des Anspruchs auf Erteilung des Patents erlangt der Gläubiger das Recht auf Akteneinsicht und Erteilung von Abschriften in gleichem Umfang wie der Schuldner als Anmelder selbst[570] (s. §§ 30, 31 PatG). Der Schuldner verliert mit der Pfändung das Recht, allein die Anmeldung wieder zurückzunehmen[571].

Nach Erteilung des Patents setzt sich an diesem das Pfändungspfandrecht fort, das durch Pfändung der durch Anmeldung der Erfindung begründeten Rechtsposition (des „Anwartschaftsrechts") erlangt ist[572], auch wenn diese Pfändung dem Deutschen Patent- und Markenamt unbekannt geblieben ist.

Das Patentrecht verbleibt nach der Pfändung des Rechts aus dem bereits **erteilten Patent** und ebenso nach Erstreckung des vorher erlangten Pfändungspfandrechts auf das erteilte Patent dem Schuldner als Patentinhaber[573]. Das Pfandrecht dient lediglich der Sicherung der Befriedigung des Gläubigers. Deshalb nimmt die Pfändung dem Schuldner als Patentinhaber die Berechtigung zu allen dem Gläubiger nachteiligen Verfügungen. Diesem Verbot widerstreitende Verfügungen des Schuldners als Anmelder und Patentinhaber sind gegenüber dem Gläubiger unwirksam[574]. Erlaubt sind dem Schuldner weiterhin Verfügungen, die der Erhaltung oder Stärkung des Patents dienen[575]. Er bleibt daher auch zur Zahlung der Jahresgebühren (siehe § 17 Abs. 1 PatG) befugt[576] und verpflichtet[577]. **E.323**

Das Recht zur Eigennutzung des Patents durch den Schuldner als Patentinhaber wird durch die Pfändung bis zur Pfandverwertung ebenso wenig eingeschränkt wie der Fortbestand der bereits vor der Pfändung begründeten Lizenzrechte[578]. Der Gläubiger erlangt durch die Pfändung kein eigenes Nutzungsrecht an der Erfindung oder dem Patent, somit auch kein ausschließliches Benutzungsrecht[579]. Er ist daher nicht berechtigt, den Abnehmern des Patentinhabers die Benutzung der von diesem oder dem Inhaber einer fortbestehenden Lizenz erworbenen patentgemäßen Gegenstände zu untersagen[580]. Auf Forderungen aus den vom Schuldner schon vor Pfändung vergebenen **Lizenzen** erstreckt sich das Pfandrecht am Patent nur bei ausdrücklicher Mitpfändung dieser Ansprüche; für diese Pfändung ist der Lizenznehmer Drittschuldner (siehe Rdn. E.242). **E.324**

---

569 Tetzner (Fn. 561).

570 Tetzner (Fn. 561) mit eingehender Stellungnahme zur **Gegenansicht** in dem Bescheid des Präsidenten des Deutschen Patentamts (Fn. 559). Z.T. **a.A.** – bei nicht offengelegten oder bekannt gewordenen Anmeldungen kein Recht des Pfändungsgläubigers auf Akteneinsicht – Benkard, PatG, § 9 Rdn. 29 unter Bezugnahme auf BPatGE 6, 220 (221).

571 Stein/Jonas/Würdinger, ZPO, § 857 Rdn. 20.

572 BGH (Fn. 556); Berger, JZ 1994, 1015.

573 BGH (Fn. 556).

574 BGH (Fn. 556).

575 Schulte, GRUR 1961, 527.

576 Schulte, GRUR 1961, 527.

577 OLG Karlsruhe, OLGR 2004, 283. Wegen der Wiedereinsetzung bei Versäumung der Frist zur Zahlung der Jahresgebühr siehe Schulte, GRUR 1961, 527.

578 BGH (Fn. 556).

579 BGH (Fn. 556).

580 BGH (Fn. 556).

E.325 In das Patentregister (§ 30 PatG; früher Patentrolle) wird das Pfandrecht nach ständiger Übung des Deutschen Patent- und Markenamtes und herrschender Ansicht nicht eingetragen. Die Eintragbarkeit wird aber bejaht werden müssen.

E.326 Die **Verwertung** des Anspruchs auf Erteilung des Patents und des Rechts aus dem Patent erfolgt nach §§ 844, 857 Abs. 5 ZPO. Eine Überweisung zur Einziehung wird nicht für zulässig erachtet[581]. Mit einer Veräußerung (Versteigerung) rückt der Erwerber in die volle Rechtsstellung des Schuldners als Anmelder oder Patentinhaber ein. Auf Antrag wird der Inhaberwechsel im Patentregister vermerkt (§ 30 Abs. 3 PatG). Eine dem Interesse des Schuldners nachteilige Veräußerung kann in geeigneten Fällen durch Verwaltung des Patents mit der Möglichkeit der Vergabe von Lizenzen an Dritte oder Gestattung der Nutzung durch den Gläubiger selbst (§§ 844, 857 Abs. 4 ZPO) abgewendet werden.

E.327 Die **Vorpfändung** ist nach § 845 ZPO zulässig. Die Herausgabe der Patenturkunde kann der Gläubiger nach § 836 Abs. 3 ZPO betreiben[582].

E.328 Das **Vorbenutzungsrecht** des § 12 PatG ist betriebsgebunden (§ 12 Abs. 1 S. 3 PatG). Die Zwangsvollstreckung in das Vorbenutzungsrecht durch Pfändung ist daher nicht zulässig.

E.329 Den Unterlassungsanspruch bei **Patentverletzung** (§ 139 Abs. 1 PatG) kann auch der Pfändungsgläubiger selbstständig verfolgen[583]. Seine Legitimation zur Geltendmachung des Anspruchs ergibt sich aus dem Recht, Sicherungsmaßnahmen zur Erhaltung des Pfandrechts – und damit seines ungeschmälerten Wertes – allein zu betreiben (dazu siehe Rdn. B.152).

E.330 Der vor der Pfändung bereits entstandene **Schadensersatzanspruch aus Patentverletzung** (§ 139 Abs. 2 PatG) ist, ebenso wie der Anspruch aus früher vergebenen Lizenzen, gegenüber dem Recht auf Befriedigung aus dem Patent selbstständig. Von der Pfändung eines Patentrechts wird daher der Ersatzanspruch nicht erfasst. Er ist vielmehr als Geldanspruch selbstständig pfändbar; Drittschuldner ist der Schadensersatzverpflichtete. Ein nach der Pfändung entstandener Schadensersatzanspruch dürfte jedoch als Nebenanspruch zu werten sein, auf den sich die Pfändung erstreckt (siehe Rdn. B.364). Der Anspruch steht dem Erfinder zu, dessen Vermögensrechte durch erschwerte Ausnutzung des Patents verletzt sind. An einem solchen Schadensersatzbetrag kann der Pfandgläubiger daher sein Pfandinteresse geltend machen.

E.331 Zur Pfändung ausländischer Patente siehe Schramm, GRUR 1958, 480.

E.332 **Formulierungsvorschlag:**

Gepfändet wird

- *das angebliche Recht des Schuldners als Erfinder auf das Patent für einen noch nicht angemeldeten, als … beschriebenen Gegenstand (Verfahren)*

– oder –

- *der durch die Anmeldung begründete angebliche Anspruch des Schuldners als Erfinder auf Erteilung des Patents für einen als … beschriebenen Gegenstand*

---

581 Stein/Jonas/Würdinger, ZPO, § 857 Rdn. 109; **anders** Tetzner (Fn. 559).
582 Göttlich, MDR 1957, 12.
583 Von BGH (Fn. 556) offengelassen.

(oder Verfahren) als gesamte durch die Anmeldung der Erfindung begründete (vermögensrechtliche) Rechtsposition („Anwartschaftsrecht“ auf das Patent)

– oder –

- *das Recht aus dem angeblich unter Nr. ... beim Deutschen Patent- und Markenamt eingetragene Patent des Schuldners betreffend ... .*

2.35. Prozessuale Rechte

Prozessuale Rechte und Befugnisse sind keine selbstständigen Vermögensrechte, können allein (selbstständig) also nicht gepfändet werden. Unpfändbar sind daher der Anspruch auf Stellung von **Verfahrensanträgen** oder **Klageerhebung**, **Zurücknahme** eines beim Grundbuchamt gestellten Antrages[584], Erlass eines **Kostenurteils** nach § 269 ZPO[585] oder Stellung eines Kostenfestsetzungsantrags[586], zum Antrag auf Änderung einer **Streitwertfestsetzung**[587] oder zum Antrag auf **Vollstreckungsschutz** und **Vertragshilfe**[588]. Nach wirksamer Pfändung einer Forderung oder eines Rechts seines Schuldners kann der Gläubiger aber den gepfändeten Anspruch selbst gerichtlich geltend machen (siehe insbes. Rdn. B.316 ff.). Kostenurteil, Streitwert- und Kostenfestsetzung kann daher der Gläubiger beantragen, der den Kostenerstattungsanspruch seines Schuldners wirksam gepfändet hat. **E.333**

2.36. Rangvorbehalt

Schrifttum: Jansen, Rangvorbehalt und Zwangsvollstreckung, AcP 152, 508; Quardt, Der Rangvorbehalt in der Zwangsvollstreckung, JurBüro 1959, 58. **E.334**

Der Rangvorbehalt des Grundstückseigentümers (§ 881 BGB) ist allein nicht übertragbar; seine Ausübung kann auch keinem anderen überlassen werden. Er ist daher auch nicht pfändbar[589]. Auch eine so genannte Hilfspfändung kommt nicht in Betracht[590]. Der Gläubiger des Eigentümers kann daher auch eine Zwangshypothek an der vorbehaltenen Rangstelle nicht eintragen lassen[591]. **E.335**

---

584 OLG Danzig, DJ 1938, 1077.
585 OLG München, OLGE 21, 112.
586 BGH, JurBüro 2010, 440 (442).
587 OLG Karlsruhe, JW 1931, 2043 mit zust. Anm. Fischer.
588 LG Dresden, JW 1938, 3062 für den Anspruch auf Schuldenherabsetzung nach dem Schuldenbereinigungsgesetz vom 7.8.1938 (RGBl I 1033).
589 BGHZ 12, 238 = DNotZ 1954, 378 = LM Nr. 1 zu § 881 mit Anm. Johannsen = NJW 1954, 954, 1291 mit Anm. Jansen; OLG Frankfurt, MDR 1953, 243; Jansen, AcP 152, 508.
590 BGH (Fn. 589); **a.A.** noch Fraeb, DR 1939, 532.
591 BGH (Fn. 589). Die früher vertretenen anderen Ansichten sind damit hinfällig geworden.

2.37. Reallast
(§ 857 Abs. 6 ZPO)

E.336 Die zugunsten des jeweiligen Eigentümers eines Grundstücks bestehende **(subjektiv-dingliche)** Reallast kann von dem Eigentum an diesem Grundstück nicht getrennt werden (§ 1110 BGB). Wegen dieser Untrennbarkeit vom berechtigten Grundstück kann die subjektiv-dingliche Reallast nicht gepfändet werden (§ 851 Abs. 1 ZPO)[592]. Diese Unpfändbarkeit des Rechts selbst schließt die Pfändung der Einzelleistungen jedoch nicht aus; hierwegen siehe Rdn. E.339.

E.337 Die zugunsten einer bestimmten Person bestehende **(subjektiv-persönliche)** Reallast kann an sich grundsätzlich übertragen und ebenso gepfändet werden. Eine Ausnahme gilt, wenn der Anspruch auf die Einzelleistungen selbst unübertragbar ist (Fälle der §§ 399, 400, 413 BGB, Art. 115 EGBGB); dann kann auch die Reallast nicht übertragen (§ 1111 Abs. 2 BGB) und nicht gepfändet werden (§ 851 Abs. 1 ZPO). Ist der Anspruch auf einzelne Leistungen übertragbar, derjenige auf andere Einzelleistungen unübertragbar, so ist hinsichtlich der übertragbaren Leistungen auch die Reallast selbst übertragbar[593] und insoweit pfändbar. Bei dieser Pfändung müssen die Teile, die gepfändet werden sollen, für die Grundbucheintragung genau gezeichnet werden[594].

E.338 Die **Pfändung der Reallast** erfolgt in der für die Hypothekenpfändung (siehe Teil F) vorgeschriebenen Form (§ 857 Abs. 6, § 830 ZPO). Die wirksame Pfändung der Reallast erfordert daher einen Pfändungsbeschluss **und** die Eintragung der Pfändung in das Grundbuch, nicht aber dieZustellung des Pfändungsbeschlusses, der nur die Bedeutung nach § 830 Abs. 2 ZPO zukommt. Die Eintragung muss vom Gläubiger unter Vorlage des Pfändungsbeschlusses beim Grundbuchamt beantragt werden; das Vollstreckungsgericht veranlasst die Eintragung nicht. Eine Ausnahme gilt für die **rückständigen** Leistungen; ihre Pfändung wird (wie die Pfändung rückständiger Zinsen einer Hypothekenforderung) nur mit der Zustellung des Pfändungsbeschlusses wirksam (§ 1107 BGB, § 830 Abs. 2, § 857 Abs. 6 ZPO). **Drittschuldner** ist der Eigentümer des mit der Reallast belasteten Grundstücks.

E.339 **Einzelleistungen** aus der Reallast unterliegen rechtlich dem Schicksal von Hypothekenzinsen (§ 1107 BGB). Ebenso wie eine Pfändung auf Hypothekenzinsen beschränkt werden kann, ist daher die alleinige Pfändung einzelner Leistungen aus der Reallast möglich. Da mit Einzelleistungen der fällige oder künftige Anspruch des Berechtigten, nicht aber das Recht selbst gepfändet wird, kann auch auf die Einzelleistungen einer subjektiv-dinglichen Reallast durch Pfändung zugegriffen werden.

E.340 Die Pfändung der Einzelleistungen unterliegt den Formvorschriften der § 857 Abs. 6, § 830 ZPO. Die Pfändung **künftiger** Einzelleistungen kann daher nur durch Pfändungsbeschluss und Grundbucheintragung wirksam werden, während

---

592 RGZ 12, 202.

593 RGZ 140, 60 (64); Schöner/Stöber, Grundbuchrecht, Rdn. 1313; Staudinger/Reymann, BGB, § 1111 Rdn. 5; **a.A.** Meder, BWNotZ 1982, 36 (38); KG, JW 1935, 2439.

594 Vergleiche KG, OLGE 8, 131.

die Pfändung **bereits fälliger** (rückständiger) Einzelleistungen die Zustellung des Pfändungsbeschlusses an den Drittschuldner erfordert[595].

Die Pfändung von Einzelleistungen hindert den Schuldner nicht an der Verfügung (Abtretung, Aufhebung usw.) über die Reallast selbst, auf die sich ein solcher Pfändungszugriff nicht erstreckt. Mit dem Wegfall des Gläubigerrechts des Schuldners durch Verfügung über die Reallast wird die Pfändung der Einzelleistungen hinfällig. E.341

Wegen der Pfändung der Reallastansprüche aus einem Altenteils-, Leibgedings-, Leibzuchts- oder Auszugsrecht siehe Rdn. C.191.

Formulierungsvorschlag: E.342

Gepfändet wird

- *die Reallast, die angeblich für den Schuldner im Grundbuch von … Blatt … in Abt. II Nr. 1 an dem Grundstück … des Eigentümers … – Drittschuldner – eingetragen ist*

– oder –

- *der angebliche Anspruch des Schuldners auf Zahlung der rückständigen und künftigen Geldleistungen von wiederkehrend … Euro aus der Reallast, die angeblich für ihn im Grundbuch … (weiter wie oben).*

2.38. Rechnungslegung, Auskunft

Schrifttum: App, Abrechnungsansprüche des Schuldners bei der Forderungspfändung, JurBüro 2000, 349. E.343

Bestehen kann ein Auskunfts- oder Rechnungslegungsanspruch (siehe Rdn. A.255, B.364) als E.344

- **selbstständiger Anspruch** des Schuldners aus dem seiner Rechtsbeziehung zugrunde liegenden Schuldverhältnis wie der Anspruch des Auftraggebers auf Information (Auskunfts- und Rechenschaftspflicht) nach § 666 BGB, der Auskunfts- und Rechenschaftsanspruch des Geschäftsherrn an den Geschäftsbesorger nach § 675 (mit § 666) BGB;
- **Nebenanspruch** des gepfändeten Hauptanspruchs, der darauf abzielt, Gegenstand und Betrag des Hauptanspruchs zu ermitteln[596];
- **verfahrensrechtlicher** Auskunfts- und Herausgabeanspruch nach § 836 Abs. 3 ZPO (zu diesem Rdn. B.257 ff.).

Der **selbstständige Auskunftsanspruch** ist nicht pfändbar[597]; er kann auch nicht als Nebenanspruch mit einem anderen Anspruch mitgepfändet werden (Rdn. A.255). Auf den Pfändungsgläubiger geht dieser Anspruch nicht über[598]; von diesem kann er nicht geltend gemacht werden. E.345

---

595 KG, JW 1932, 1564 = HRR 1932 Nr. 1003.
596 BGH, MDR 1986, 32 = NJW 1985, 2699 = ZIP 1985, 1315; BGHZ 165, 53 (57, 58) = NJW 2006, 217 = Rpfleger 2006, 140.
597 BGHZ 165, 53 (60) (Fn. 596).
598 BGHZ 165, 53 (57, 58) (Fn. 596).

E.346 Der **Nebenanspruch** ist (als Nebenrecht) für sich allein nicht pfändbar[599] (siehe Rdn. A.255, B.364). Auf ihn erstreckt sich die mit Pfändung des Hauptanspruchs bewirkte Beschlagnahme. Hierfür bedarf es keiner Neben- oder Hilfspfändung des Anspruchs; seine Mitpfändung kann aber auf Antrag in dem das Hauptrecht pfändenden Beschluss ausgesprochen werden[600] (s. auch Rdn. C.83). Wenn diese Anordnung der Mitpfändung unterblieben ist, kann der Pfändungsbeschluss ergänzt, nicht aber nachträglich eine gesonderte Hilfspfändung angeordnet werden.

Von der Pfändung wird der Rechnungslegungsanspruch (als Nebenrecht) auch dann erfasst, wenn nicht in alle der Rechtsstellung des Schuldners entspringenden Ansprüche vollstreckt ist, z.B. dann, wenn nicht alle Ansprüche aus Auftrag und Vollmacht gepfändet sind[601]. Ebenso ermächtigt die **Teilpfändung** einer Geldforderung den Gläubiger zur Geltendmachung des Anspruchs auf Rechnungslegung und Auskunft, weil dieser auch Nebenrecht der gepfändeten Teilforderung bleibt[602]. Ob bei einer Teilpfändung Gläubiger und Schuldner unabhängig voneinander und bei voller Pfändung neben dem Gläubiger selbstständig auch noch der Schuldner Rechnungslegung verlangen kann, ist nicht abschließend geklärt[603]. Dies ist aber zu bejahen, weil die Pfändung dem Schuldner nur die dem Gläubiger nachteiligen Verfügungen verbietet, die Geltendmachung anderer Befugnisse jedoch nicht versagt[604]. Da die zweifache Rechnungslegungspflicht den Drittschuldner lediglich in den Grenzen des Zumutbaren und Notwendigen belasten darf, obliegt ihm nur die Verpflichtung, dem Berechtigten, der den Anspruch später erhebt, eine

599 BGHZ 165, 53 (56, 57) (Fn. 596); BGH, MDR 2004, 114 = NJW-RR 2003, 1555 = Rpfleger 2003, 669. Siehe auch KG, JW 1930, 1014 (keine Pfändung des Rechnungslegungsanspruchs gegen den Testamentsvollstrecker ohne Erbteilpfändung) mit zust. Anm. Herzfelder; RG, JW 1931, 525 (Rechnungslegungsanspruch aus Auftrags- und Vollmachtsverhältnis); BGHZ 104, 369 (371) = NJW 1988, 2729 (keine selbstständige Pfändung des Anspruchs auf Abgabe der eidesstattlichen Versicherung nach § 259 Abs. 2 BGB); LArbG Bremen, BB 1955, 97 Leits. (keine Abtretung des Anspruchs eines Handelsvertreters auf Rechnungslegung ohne gleichzeitige Abtretung der zugehörigen Provisionsforderung); LG Berlin, Rpfleger 1978, 64 (keine Pfändung des vermeintlichen Anspruchs auf „Auskunftserteilung über die Bezeichnung, Nummer und Bestand jedes von dem Schuldner bei dem Drittschuldner geführten Kontos, Sparguthabens und Depots aller Art"); OLG Karlsruhe, Justiz 1980, 143 (keine Pfändung des Auskunftsanspruchs eines Kontoinhabers).

600 BGHZ 196, 62 = DGVZ 2013, 75 = JurBüro 2013, 271 = MDR 2013, 367 = NJW 2013, 539 = Rpfleger 2013, 280; KG, JW 1930, 1014; LG Cottbus, JurBüro 2002, 659; so wird auch BArbG, AP Nr. 3 zu § 87c HGB = NJW 1969, 1735 zu verstehen sein. So auch App, JurBüro 2000, 349.

601 RG, JW 1931, 525.

602 **A.A.** für die Abtretung einer ziffernmäßig bestimmten Forderung aus einer Geschäftsführung RGZ 3, 336; RG, JW 1931, 525. Hieraus können aber für den Fall der Pfändung keine Folgerungen abgeleitet werden, weil bei Teilpfändung nur die Höhe des maximal gepfändeten Forderungsteils, nicht aber der ziffernmäßig geschuldete bestimmte Betrag festliegt. Für den Fall der Provisionspfändung hat das RG, WarnRspr. 1912 Nr. 281 (letzt. Abs.), sich zwar nicht für einen Anspruch auf förmliche Rechnungslegung ausgesprochen, dem Gläubiger aber das Recht auf Erteilung einer Gewinnaufstellung eingeräumt. Ein wesentlicher Unterschied zu der hier vertretenen Ansicht besteht damit nicht.

603 Offengeblieben bei RG, JW 1931, 525.

604 OLG Zweibrücken, JurBüro 1989, 706 = OLGZ 1989, 334.

Abschrift der bereits erstellten Rechnung mitzuteilen[605] und sich gegen jeden Berechtigten auf verschiedene Beanstandungen zu äußern[606].

Eine Ausnahme gilt für den Rechnungslegungs- und Auskunftsanspruch, der einem **Gesellschaftsverhältnis** entspringt. Ein solcher Anspruch ist höchstpersönlicher Natur (§ 717 BGB); der Gläubiger rückt auch mit der Pfändung in das Gesellschaftsverhältnis und das unter den Gesellschaftern bestehende Vertrauensverhältnis nicht ein[607]. Er kann gegen die anderen Gesellschafter den Rechnungslegungs- und Auskunftsanspruch des Schuldners daher nicht geltend machen, und zwar auch nicht nach Beendigung der Gesellschaft zum Zwecke der Ermittlung des Auseinandersetzungsguthabens (siehe Rdn. E.121, E.147). **E.347**

2.39. Schiffspart (§ 858 ZPO)

Schrifttum: Huken, Die Schiffspart, ihre Pfändung und Verwertung in der Verwaltungsvollstreckung, KKZ 1973, 228; Quardt, Schiffsparten in der Zwangsvollstreckung, JurBüro 1961, 271; Röder, Pfändungsmaßnahmen in eine Schiffspart im zivilrechtlichen und öffentlichrechtlichen Vollstreckungsverfahren, DGVZ 2002, 17. **E.348**

Eine **Schiffspart** ist der Gesellschaftsanteil am Reedereivermögen, also ein Anteilsrecht. Eine Reederei besteht, wenn von mehreren Personen ein ihnen gemeinschaftlich zustehendes Schiff zum Erwerb durch die Seefahrt für gemeinschaftliche Rechnung verwendet wird (§ 489 Abs. 1 HGB a.F.). Das Miteigentum an Binnenschiffen begründet keine Schiffspart[608]. Das Institut der Partenreederei ist durch das SeeHRefG[609] abgeschafft worden. Für die bis zum Inkrafttreten des SeeHRefG entstandenen Partenreedereien gelten die bisherigen Vorschriften fort (Art. 71 EGHGB); für die Zwangsvollstreckung ist weiterhin § 858 ZPO in Kraft. **E.349**

Als Anteilsrecht (Teilhaberschaft) wird die Schiffspart durch Pfändungsbeschluss (§§ 857, 858 Abs. 1 ZPO) **gepfändet**[610]. Ein Drittschuldner ist nicht vorhanden[611]. Zuständig ist als Vollstreckungsgericht ausschließlich (§ 802 ZPO) das Amtsgericht, bei dem das Schiffsregister geführt wird (§ 858 Abs. 2 ZPO; Gericht des Heimathafens). **E.350**

---

605 S. auch OLG Zweibrücken (Fn. 604).

606 Siehe RG, JW 1931, 525.

607 BGHZ 197, 181 = MDR 2013, 811 = Rpfleger 2013, 552 für die Informationsrechte des GmbH-Gesellschafters nach § 51a GmbHG.

608 LG Würzburg, JurBüro 1977, 1289; Zwangsvollstreckung in Miteigentum deshalb nach § 864 Abs. 2, § 870a ZPO.

609 Gesetz zur Reform des Seehandelsrechts vom 20.4.2013 (BGBl I 831).

610 Das eingetragene Schiff oder Schiffsbauwerk als Ganzes unterliegt der Zwangsvollstreckung in das unbewegliche Vermögen, § 870a ZPO. Die Zwangsvollstreckung in Bruchteile von Schiffen erfolgt nach § 864 Abs. 2, § 870a ZPO; siehe Stöber/Gojowczyk, ZVG, § 162 Rdn. 6; LG Würzburg (Fn. 608).

611 Zöller/Herget, ZPO, § 858 Rdn. 2; Quardt, JurBüro 1961, 273; **anders** Stein/Jonas/Würdinger, ZPO, § 858 Rdn. 2 (Mitreeder); Schuschke/Walker, Vollstreckung, § 858 Rdn. 2 (Korrespondentreeder, falls ein solcher fehlt: Mitreeder).

E.351 **Wirksam** wird die Pfändung erst mit der **Eintragung in das Schiffsregister** (§ 858 Abs. 3 ZPO). Die Eintragung erfolgt auf Grund des Pfändungsbeschlusses (s. Rdn. F.45).

Dem Schuldner muss der Pfändungsbeschluss für die Wirksamkeit der Pfändung nicht zugestellt werden[612]. Das ergibt sich aus der Notwendigkeit der Registrierung und der gleichen Rechtslage bei Pfändung einer Buchhypothek (siehe Rdn. F.19, F.45).

E.352 Wenn zur Verwaltung der Reedereigeschäfte ein **Korrespondentreeder** (siehe § 492 HGB a.F.) bestellt ist, soll[613] ihm der Pfändungsbeschluss zugestellt werden (§ 858 Abs. 3 S. 2 ZPO). Erfolgt diese Zustellung vor der Eintragung, so gilt dem Korrespondentreeder gegenüber die Pfändung mit der Zustellung als bewirkt (§ 858 Abs. 3 S. 2 ZPO); hierwegen siehe das Rdn. F.80 Gesagte, das entsprechend gilt. Die Zustellung an die übrigen Mitreeder hat diese Wirkung auch dann nicht, wenn kein Korrespondentreeder bestellt ist[614].

E.353 Wenn das Schiff veräußert wird, bleibt das Pfandrecht an dem der Schiffspart entsprechenden anteiligen Versteigerungserlös bestehen.

E.354 Vom Pfandrecht an der Schiffspart werden die dieser Mitgliedschaft entspringenden **Gewinnanteile** erfasst[615]. Die Gewinnverteilung unter den Mitreedern geschieht nach der Größe der Schiffsparten (§ 502 HGB a.F.). Die Stellung oder weiteren Rechte eines Gesellschafters gibt die Pfändung dem Gläubiger nicht (siehe Rdn. E.121). Der Anspruch auf den Gewinnanteil kann auch selbstständig gepfändet werden. Für diese Pfändung ist der Korrespondentreeder und sind, wenn ein solcher nicht vorhanden ist, die Mitreeder Drittschuldner.

E.355 Die gepfändete Schiffspart kann nicht zur Einziehung oder an Zahlungs statt (kein Nennwert) überwiesen werden. **Überweisung** zur Einziehung kann jedoch hinsichtlich der miterfassten Gewinnanteile erfolgen[616]. Diese Überweisung gibt dem Gläubiger das Recht, die mitgepfändeten Nutzungen (Gewinnbeteiligung) einzuziehen.

Im Übrigen kann die Verwertung nur nach § 844 ZPO erfolgen; siehe hierwegen § 858 Abs. 4, 5 ZPO. Zulässig ist auch Anordnung einer Verwaltung der Schiffspart[617] (siehe Rdn. E.19).

E.356 **Formulierungsvorschlag:**

Gepfändet werden die angebliche Schiffspart des Schuldners am Vermögen der Reederei …, die durch Verwendung des gemeinschaftlichen Schiffs … zum Erwerb durch die Seefahrt besteht, sowie der Anspruch des Schuldners gegen … – Drittschuldner – auf fortlaufende Auszahlung der Gewinnanteile (Nutzungen).

---

612 So auch Wieczorek/Schütze/Lüke, ZPO, § 858 Rdn. 5; Quardt, JurBüro 1961, 273; Zöller/Herget, ZPO, § 858 Rdn. 2.

613 Diese Zustellung ist also für die Wirksamkeit der Pfändung nicht erforderlich.

614 Ebenso Quardt, JurBüro 1961, 273; **a.A.** Wieczorek/Schütze/Lüke, ZPO, § 858 Rdn. 5.

615 Das ist allerdings streitig; siehe Rdn. E.196. Daher empfiehlt es sich, dieses Forderungsrecht ausdrücklich mitzupfänden; wie hier Huken, KKZ 1973, 228 (229); Röder, DGVZ 2002, 17.

616 Zöller/Herget, ZPO, § 858 Rdn. 3; Röder, DGVZ 2002, 17.

617 Ebenso Wieczorek/Schütze/Lüke, ZPO, § 858 Rdn. 7; Zöller/Herget, ZPO, § 858 Rdn. 3; Quardt, JurBüro 1961, 274.

2.40. Stahlkammerfach, Schließfach, Schrankfach, Safe

Schrifttum: Noack, Pfändung des Inhalts eines Bankfaches, KKZ 1972, 47 (50); Noack, Pfändung des Inhalts eines Schrankfaches in der Stahlkammer einer Bank, KKZ 1975, 223; Quardt, Die Kontenguthaben-Pfändung in der Zwangsvollstreckung, JurBüro 1959, 390 (Abschn. E Sp. 394: Das Stahlkammerfach in der Zwangsvollstreckung); Quardt, Das Bankstahlfach in der Zwangsvollstreckung, DGVZ 1958, 69; Röder, Pfändung des Inhalts eines Stahlkammerfachs, KKZ 1991, 192. **E.357**

Der **Inhalt** eines Stahlkammerfachs steht im alleinigen **Schuldnergewahrsam.** **E.358** Er kann daher nur nach § 808 Abs. 1 ZPO durch den Gerichtsvollzieher gepfändet werden. Die Bank oder Sparkasse hat selbst dann keinen Mitgewahrsam, wenn das Fach nur von ihr und dem Schuldner gemeinsam geöffnet werden kann[618]. Ein Verwahrungsvertrag ist auch bei Mitverschlussrecht der Bank nicht geschlossen[619]. Dem Schuldner steht daher gegen die Bank kein Anspruch auf Herausgabe der verwahrten Sachen zu, der nach §§ 846 ff. ZPO gepfändet werden könnte[620].

Pfändung des Safeinhalts im **Schuldnergewahrsam** durch den Gerichtsvollzie- **E.359** her ist nach § 808 ZPO ohne weiteres möglich, wenn der Schuldner damit einverstanden ist und den Schlüssel zur Verfügung stellt.

Ohne Einvernehmen und Mitwirkung des Schuldners kann der Gerichtsvollzieher nach § 758 ZPO vorgehen. Das erfordert keine Gewaltanwendung, wenn der Gerichtsvollzieher in den Besitz des Schrankfachschlüssels des Schuldners gelangt ist. **Wegnahme des Schlüssels** im Schuldnerbesitz ist (ebenso wie für Durchsuchung der Behältnisse in der Wohnung des Schuldners) zwangsweise möglich (hilfsweise Wegnahmevollstreckung im Dienste der Forderungsvollstreckung auf Grund des Zahlungstitels). Der Gerichtsvollzieher wird aber auch das Schrankfach gewaltsam öffnen lassen dürfen (§ 758 Abs. 3 ZPO), wenn der Schlüssel nicht beizubringen ist. Eine richterliche Durchsuchungsanordnung (§ 758a ZPO) ist für die Durchsuchung des Bank- oder Sparkassenschließfachs nicht erforderlich[621].

Wenn die Bank oder Sparkasse keinen Mitgewahrsam (sonst § 809 ZPO) und kein Mitverschlussrecht hat, dem Gerichtsvollzieher Zugang zu dem Schrankfach aber nicht gewährt, kann er den Widerstand (ohne Hilfspfändung) mit Gewalt brechen[622].

---

618 Zweck einer solchen Maßnahme ist es nur, eine zusätzliche Sicherung gegen eine unbefugte Offenlegung des Schrankfachs zu schaffen. Mitbesitz über den Safeinhalt ist der Bank (Sparkasse) daher nicht eingeräumt; dazu Canaris, Bankvertragsrecht, Rdn. 2227, Erman/Lorenz, BGB, § 854 Rdn. 4.

619 Der Schrankfachvertrag wird als Mietvertrag angesehen; RGZ 141, 99.

620 Quardt, JurBüro 1959, 394; Quardt, DGVZ 1958, 69; LG Berlin, DR 1940, 1639.

621 Siehe BGH, NJW 2003, 1032 Leits.

622 LG Berlin, DR 1940, 1639 (1640), das darauf hinweist, dass der Fall ähnlich liegt, wie wenn etwa der Vermieter einer Wohnung oder eines Geschäftslokals verhindert, dass der Gerichtsvollzieher zu den Räumen des Mieters Zutritt erhält; Quardt, JurBüro 1959, 395; Quardt, DGVZ 1957, 71; Noack, DGVZ 1956, 185. Anders Canaris, Bankvertragsrecht, Rdn. 2232: „Der Vollstreckungsgläubiger muss sicherstellen, dass die Bank dem Gerichtsvollzieher Zugang zu dem Safe gewährt (und diesen öffnen muss). Das kann er nur erreichen, indem er den Anspruch des Kunden gegen die Bank auf Mitwirkung bei der Safeöffnung gemäß §§ 857, 846 f., 829, 835 ZPO pfändet und sich zur Einziehung überweisen lässt.“ Dann aber müsste bei Weigerung der Bank der Anspruch zunächst mit Klage weiter verfolgt werden.

E.360 Bei Mitverschluss oder alleinigem Verschluss durch die Bank hat der Schuldner gegen diese einen Anspruch auf **Zugang zum Fach und Mitwirkung** bei der (oder Vornahme der) Öffnung. Diese Ansprüche kann der Gläubiger zur Geltendmachung durch den Gerichtsvollzieher pfänden und sich überweisen lassen[623], wenn die Bank dem Gerichtsvollzieher den Zugang zum Fach und die Öffnung oder die Mitwirkung bei der Öffnung verweigert (sonst § 809 ZPO). Die Anspruchspfändung dient dann der Durchführung des Vollstreckungszugriffs des Gerichtsvollziehers in die hinterlegten Sachen, ist also Hilfspfändung (siehe Rdn. B.371) und begründet noch kein Pfandrecht an der Sache[624]. Diese Hilfspfändung erfolgt nach § 857 ZPO; Drittschuldner ist die Bank oder Sparkasse. Wenn sie nach wirksamer Pfändung dem Gerichtsvollzieher weiterhin den Zutritt und die Öffnung des Fachs verweigert, ist der gepfändete angebliche Anspruch mit Klage geltend zu machen[625].

E.361 Auch bei Mitverschluss der Bank oder Sparkasse ermöglicht der Zahlungstitel die **Wegnahme des Schrankfachschlüssels** im Schuldnerbesitz (Rdn. E.359). Es wird auch angenommen, der Pfändungs- und Überweisungsbeschluss bilde die Grundlage der Vollstreckung gegen den Schuldner auf Herausgabe des Schlüssels (§ 836 Abs. 3 ZPO). Der Gerichtsvollzieher wird aber auch hier das Fach für den Schuldner gewaltsam öffnen lassen dürfen; dazu ist er jedenfalls befugt, wenn ein Schlüssel nicht mehr beizubringen ist[626].

E.362 **Formulierungsvorschlag[627]:**

Gepfändet werden die angeblichen Ansprüche des Schuldners als Inhaber eines Stahlkammerfachs (Nr. …) an … – Drittschuldnerin – auf Zutritt zu dem Fach und auf Mitwirkung der Drittschuldnerin bei dessen Öffnung oder Öffnung durch die Drittschuldnerin allein.

Angeordnet wird, dass für die Pfändung des Inhalts ein vom Gläubiger zu beauftragender Gerichtsvollzieher den Zutritt zum Schrankfach zu nehmen hat.

Amtliche Formulierung nach der Zwangsvollstreckungsformular-Verordnung:

Anspruch D (an Kreditinstitute)

[Gepfändet werden die Forderungen des Schuldners an die … Bank – Drittschuldnerin –]

5. *… auf Zutritt zu dem Bankschließfach Nr. … und auf Mitwirkung des Drittschuldners bei der Öffnung des Bankschließfachs bzw. auf die Öffnung des Bankschließfachs allein durch den Drittschuldner zum Zweck der Entnahme des Inhalts*

---

623 LG Berlin, DR 1940, 1640; Quardt, JurBüro 1959, 394; Stein/Jonas/Würdinger, ZPO, § 857 Rdn. 81.

624 Sie ersetzt die Sachpfändung nicht, die erst mit der Gerichtsvollzieherpfändung wirksam wird.

625 Stein/Jonas/Würdinger, ZPO, § 857 Rdn. 81 mit Einzelheiten; **a.A.** Quardt, JurBüro 1959, 395; Quardt, DGVZ 1958, 69.

626 Quardt, JurBüro 1959, 395; Quardt, DGVZ 1958, 70.

627 Siehe LG Berlin, DR 1940, 1639.

2.41. Unterlassungsanspruch

Der Unterlassungsanspruch nach dem UWG kann für sich allein nicht übertragen werden, sondern ist mit dem Geschäftsbetrieb, dessen Schutz er dient, unzertrennlich verknüpft[628]. Ein solcher Anspruch kann daher nicht gepfändet werden. E.363

2.42. Urheberrechte

2.42.1. Zwangsvollstreckung in Urheberrechte

Schrifttum: Berger, Zwangsvollstreckung in urheberrechtliche Vergütungsansprüche, NJW 2003, 853; Hubmann, Die Zwangsvollstreckung in Persönlichkeits- und Immaterialgüterrechte, Festschrift für H. Lehmann, II 1956, S. 812; Röder und App, Pfändung und Verwertung von Nutzungsrechten nach dem Urheberrechtsgesetz (UrhRG) sowie von beweglichen Sachen, an denen ein Urheberrecht besteht, JurBüro 1996, 342. E.364

Die Zwangsvollstreckung wegen einer Geldforderung gegen den Urheber eines Werkes der Literatur, Wissenschaft und Kunst (§ 1 UrhG) oder gegen seine Rechtsnachfolger regelt das Urheberrechtsgesetz (UrhG) in §§ 112 ff. Die Zulässigkeit der Zwangsvollstreckung in ein geschütztes Recht richtet sich nach den allgemeinen Vorschriften, d.h. nach den Bestimmungen der ZPO, soweit nicht das Gesetz in §§ 113–119 UrhG Schutzbestimmungen enthält. Die Vorschriften des UrhG regeln Folgendes: E.365

§ 112
Allgemeines

Die Zulässigkeit der Zwangsvollstreckung in ein nach diesem Gesetz geschütztes Recht richtet sich nach den allgemeinen Vorschriften, soweit sich aus den §§ 113 bis 119 nichts anderes ergibt.

Das **Urheberpersönlichkeitsrecht** als solches kann nicht Gegenstand der Zwangsvollstreckung sein, weil es nicht übertragbar ist (siehe § 857 Abs. 3 ZPO). Auch auf die aus dem Persönlichkeitsrecht erwachsenden einzelnen Rechte des Urhebers, so z.B. das Recht auf den Urhebernamen, auf Schutz gegen Entstellungen, die als höchstpersönliche Rechte nicht abtretbar sind, kann sich ein Zwangsvollstreckungszugriff nicht erstrecken. E.366

Gegenstand der Zwangsvollstreckung können somit die **Nutzungsrechte** (auch **Verwertungsbefugnisse** bezeichnet) des Urhebers sein, das sind alle Rechte zur Vervielfältigung und Verbreitung (auch durch Veranstaltung einer Neuauflage) sowie Wiedergabe des Werkes (siehe § 15 UrhG). E.367

§ 113
Urheberrecht

Gegen den Urheber ist die Zwangsvollstreckung wegen Geldforderungen in das Urheberrecht nur mit seiner Einwilligung und nur insoweit zulässig, als er Nutzungsrechte einräumen kann (§ 31). Die Einwilligung kann nicht durch den gesetzlichen Vertreter erteilt werden.

---

628 RGZ 86, 252 (254).

E.368 Die Zwangsvollstreckung in die Verwertungsbefugnisse des Urhebers ist nur mit seiner Einwilligung zulässig. Das Gesetz wertet damit die persönliche Bindung des Urhebers zu seinem Werk höher als die Vermögensinteressen des Gläubigers. Die Einwilligung kann durch einen gesetzlichen Vertreter nicht erteilt werden. Gegen einen geschäftsunfähigen Schuldner ist daher eine Zwangsvollstreckung nicht möglich. Der in der Geschäftsfähigkeit beschränkte Schuldner kann aber die Einwilligung mit Zustimmung seines gesetzlichen Vertreters erteilen. Der geschäftsfähige Schuldner kann die Einwilligung persönlich erklären oder durch einen Bevollmächtigten erklären lassen. Die Vollmacht muss jedoch zur Abgabe dieser speziellen Erklärung ermächtigen; eine Generalvollmacht genügt allein nicht. Die Einwilligung kann auf bestimmte Befugnisse, z.B. das Vervielfältigungs-, Übersetzungs-, Aufführungs- oder Senderecht beschränkt oder an eine Bedingung (z.B. anonyme oder pseudonyme Veröffentlichung) geknüpft werden. Sie kann nur einem bestimmten Gläubiger erklärt, anderen Gläubigern somit versagt werden.

Die erforderliche Einwilligung ist Voraussetzung der Zwangsvollstreckung; sie muss daher dem Vollstreckungsgericht bei Erlass des Pfändungsbeschlusses nachgewiesen sein. Die ohne Einwilligung erfolgte Pfändung ist als fehlerhaft anfechtbar, als Staatsakt jedoch nicht unwirksam (Rdn. B.416, B.417). Ihre Aufhebung erfolgt nicht mehr, wenn der Schuldner in die bereits erfolgte Pfändung einwilligt; Schweigen des Schuldners auf die Pfändung hin ist jedoch keine Einwilligung. Zum Rang bei Zustimmung des Schuldners erst nach anschließender Pfändung durch einen weiteren Gläubiger mit ordnungsgemäßer Einwilligung s. Rdn. B.418.

Mit der weiteren Einschränkung, dass die Zwangsvollstreckung nur insoweit zulässig ist, als der Urheber Nutzungsrechte einräumen kann (§ 31), ist die Zwangsvollstreckung auf die bekannten Nutzungsarten begrenzt.

E.369 Die Zwangsvollstreckung in das Urheberrecht (die Nutzungsrechte) wird nach § 857 ZPO durchgeführt. Ein Drittschuldner ist nicht vorhanden; wirksam wird die Pfändung daher mit der Zustellung des Gebots an den Schuldner (Urheber), sich jeder Verfügung zu enthalten (§ 857 Abs. 2 ZPO).

E.370 Die **Verwertung** kann durch Überweisung zur Einziehung, nicht aber an Zahlungs statt erfolgen, weil das Recht keinen Nennwert hat. Die Überweisung zur Einziehung ermächtigt den Gläubiger bis zu seiner Befriedigung zur Ausübung der Rechte des Urhebers. Als andere Verwertungsart (§ 844 ZPO) kann das Vollstreckungsgericht insbesondere die Veräußerung des Rechts durch Versteigerung oder freihändigen Verkauf oder die Bestellung eines Verwalters anordnen. Der Verwalter, dem die Nutzungsrechte treuhänderisch zu übertragen sind, hat die erzielten Nutzungen bis zur Befriedigung des Gläubigers an diesen abzuführen. Folge der erforderlichen Einwilligung zur Zwangsvollstreckung ist, dass der Urheber die Einwilligung auf einzelne bestimmte Verwertungsmaßnahmen beschränken und damit andere Arten der Verwertung ausschließen kann.

§ 114
Originale von Werken

(1) Gegen den Urheber ist die Zwangsvollstreckung wegen Geldforderungen in die ihm gehörenden Originale seiner Werke nur mit seiner Einwilligung zulässig. Die Einwilligung kann nicht durch den gesetzlichen Vertreter erteilt werden.

(2) Der Einwilligung bedarf es nicht

1. soweit die Zwangsvollstreckung in das Original des Werkes zur Durchführung der Zwangsvollstreckung in ein Nutzungsrecht am Werk notwendig ist,
2. zur Zwangsvollstreckung in das Original eines Werkes der Baukunst,
3. zur Zwangsvollstreckung in das Original eines anderen Werkes der bildenden Künste, wenn das Werk veröffentlicht ist.

In den Fällen der Nummern 2 und 3 darf das Original des Werkes ohne Zustimmung des Urhebers verbreitet werden.

Die Notwendigkeit der Einwilligung zur Zwangsvollstreckung in das dem Urheber gehörende Original seines nicht veröffentlichten Werkes (mit Ausnahme eines Werkes der Baukunst, § 114 Abs. 2 Nr. 2 UrhG), also durch den Gerichtsvollzieher in die körperliche Sache (§§ 808 ff. ZPO), soll verhindern, dass Werke, die noch nicht vollendet sind oder die der Urheber nicht veröffentlichen will, dem Zugriff der Gläubiger preisgegeben und öffentlich versteigert werden[629]. Die nicht erlaubte Zwangsvollstreckung in das Original eines Werkes schließt auch die Pfändung des Herausgabeanspruchs an den besitzenden Dritten aus. Das Schutzbedürfnis entfällt, wenn der Urheber das Original veräußert oder das Werk veröffentlicht hat, weil sich der Urheber dadurch zu seinem Werk bekannt hat[630]. Ausnahmsweise darf nach § 114 Abs. 2 Nr. 1 UrhG die Zwangsvollstreckung in das Original auch gegen den Willen des Urhebers erfolgen, wenn sie zur Durchführung der Zwangsvollstreckung in ein Nutzungsrecht am Werk notwendig ist. Denn wenn z.B. der Gläubiger die Zwangsvollstreckung mit Einwilligung des Urhebers in das Nutzungsrecht zur Vervielfältigung des Werkes erwirkt hat, so muss er auch die Benutzung der dem Urheber gehörigen Handschrift erzwingen können, soweit dies notwendig ist, um das Werk zu vervielfältigen[631]. In solchen Fällen ist somit die Zwangsvollstreckung zur Urkundenherausgabe (§ 836 Abs. 3 ZPO) und die Pfändung des Herausgabeanspruchs des Urhebers an Dritte zulässig. Die Veräußerung des zur Vervielfältigung weggenommenen Originals ist unzulässig (siehe § 114 Abs. 2 S. 2 UrhG); das Original ist daher nach Gebrauch wieder zurückzugeben. E.371

§ 115
Urheberrecht

Gegen den Rechtsnachfolger des Urhebers (§ 30) ist die Zwangsvolltreckung wegen Geldforderungen in das Urheberrecht nur mit seiner Einwilligung und nur insoweit zulässig, als er Nutzungsrechte einräumen kann (§ 31). Der Einwilligung bedarf es nicht, wenn das Werk erschienen ist.

Der Rechtsnachfolger des Urhebers (Erbe, § 28 Abs. 1 UrhG; Erwerber nach dem Tod, insbesondere auch Vermächtnisnehmer, § 29 UrhG; auch der Miterbe, dem bei der Erbauseinandersetzung ein Urheberrecht zugeteilt wurde) hat, soweit nichts anderes bestimmt ist, alle dem Urheber zustehenden Rechte (§ 30 UrhG). Gegen den Rechtsnachfolger ist die Zwangsvollstreckung in das Urheberrecht daher auch in gleicher Weise wie gegen den Urheber selbst beschränkt, wenn das Werk nicht erschienen ist. Vor Erscheinen des Werkes ist auch gegen den Rechtsnachfolger die Zwangsvollstreckung daher nur mit seiner Einwilligung möglich. E.372

---

629 Begründung, BT-Drucks. IV/270, S. 110.
630 Begründung (Fn. 629).
631 Begründung (Fn. 629).

Diese Beschränkung rechtfertigt sich durch das vom Rechtsnachfolger wahrgenommene persönlichkeitsrechtliche Interesse des Urhebers, unfertige oder sonst nicht für die Öffentlichkeit bestimmte Werke dieser nicht zugänglich zu machen[632]. Wenn das Werk erschienen ist, ist gegen den Rechtsnachfolger die Zwangsvollstreckung ohne Einwilligung zulässig (§ 115 S. 2 UrhG). Auch diese Zwangsvollstreckung ist auf die Verwertungsbefugnisse beschränkt. Bei der Zwangsvollstreckung gegen den Rechtsnachfolger wird die Pfändung des drittschuldnerlosen Rechts mit der Zustellung des Pfändungsbeschlusses (§ 857 Abs. 2 ZPO) wirksam.

§ 116
Originale von Werken

(1) Gegen den Rechtsnachfolger des Urhebers (§ 30) ist die Zwangsvollstreckung wegen Geldforderungen in die ihm gehörenden Originale von Werken des Urhebers nur mit seiner Einwilligung zulässig.

(2) Der Einwilligung bedarf es nicht

1. in den Fällen des § 114 Abs. 2 Satz 1,
2. zur Zwangsvollstreckung in das Original eines Werkes, wenn das Werk erschienen ist.

§ 114 Abs. 2 Satz 2 gilt entsprechend.

E.373 Siehe dazu die Erläuterung zu § 114 UrhG (Rdn. E.371).

§ 117
Testamentsvollstrecker

Ist nach § 28 Abs. 2 angeordnet, daß das Urheberrecht durch einen Testamentsvollstrecker ausgeübt wird, so ist die nach den §§ 115 und 116 erforderliche Einwilligung durch den Testamentsvollstrecker zu erteilen.

E.374 Ist die Ausübung des Urheberrechts einem Testamentsvollstrecker übertragen (§ 28 Abs. 2 UrhG), so steht diesem – nicht dem Erben oder anderen Rechtsnachfolger – auch das Einwilligungsrecht der §§ 115, 116 UrhG zu.

§ 118
Entsprechende Anwendung

Die §§ 113 bis 117 sind sinngemäß anzuwenden

1. auf die Zwangsvollstreckung wegen Geldforderungen gegen den Verfasser wissenschaftlicher Ausgaben (§ 70) und seinen Rechtsnachfolger,
2. auf die Zwangsvollstreckung wegen Geldforderungen gegen den Lichtbildner (§ 72) und seinen Rechtsnachfolger.

E.375 Für die Inhaber dieser verwandten Schutzrechte finden die aus dem Urheberpersönlichkeitsrecht erwachsenden Bestimmungen des Ersten Teils des UrhG entsprechende Anwendung. Da das Urheberpersönlichkeitsrecht Grundlage für die Beschränkung der Zwangsvollstreckung ist, sind auch die Inhaber der verwandten Schutzrechte in gleicher Weise wie der Urheber oder sein Rechtsnachfolger gegen Zwangsvollstreckungsmaßnahmen geschützt.

---

632 Begründung (Fn. 629).

§ 119
Zwangsvollstreckung in bestimmte Vorrichtungen

(1) Vorrichtungen, die ausschließlich zur Vervielfältigung oder Funksendung eines Werkes bestimmt sind, wie Formen, Platten, Steine, Druckstöcke, Matrizen und Negative, unterliegen der Zwangsvollstreckung wegen Geldforderungen nur, soweit der Gläubiger zur Nutzung des Werkes mittels dieser Vorrichtungen berechtigt ist.

(2) Das gleiche gilt für Vorrichtungen, die ausschließlich zur Vorführung eines Filmwerkes bestimmt sind, wie Filmstreifen und dergleichen.

(3) Die Absätze 1 und 2 sind auf die nach den §§ 70 und 71 geschützten Ausgaben, die nach § 72 geschützten Lichtbilder, die nach § 77 Abs. 2 Satz 1, §§ 85, 87, 94 und 95 geschützten Bild- und Tonträger und die nach § 87b Abs. 1 geschützten Datenbanken entsprechend anzuwenden.

Die Bestimmung regelt die Zwangsvollstreckung durch den Gerichtsvollzieher in körperliche Sachen (§§ 808 ff. ZPO), die zur Ausübung des Nutzungsrechts geschaffen sind und neben der urheberrechtlichen Leistung nur einen bedeutungslosen Sachwert verkörpern. **E.376**

2.42.2. Zwangsvollstreckung in Vergütungsansprüche

Von der Zwangsvollstreckung in Nutzungsrechte zu unterscheiden ist die Zwangsvollstreckung in Geldforderungen, die dem Urheber aus der Verwertung seines Werkes entstanden sind. Vergütungsansprüche des Urhebers aus Urheberrechtsverträgen (Honorar, Tantieme), Folgerechte (Anteile am Veräußerungserlös bei Weiterveräußerung des Originals eines Werks der bildenden Kunst oder eines Lichtbildwerks, § 26 UrhG) sowie Schadensersatz- und Bereicherungsansprüche aus Urheberrechtsverletzungen können nach allgemeinen Vorschriften gepfändet werden. Vergütungsansprüche des Urhebers (nicht der Erben) können aber dem Pfändungsschutz des § 850i ZPO unterliegen, gleichgültig, ob die Vergütungen dem Urheber unmittelbar oder durch eine Verwertungsgesellschaft (GEMA usw.) ausbezahlt werden[633]. **E.377**

Die erhöhte Honorarforderung nach § 32 Abs. 1 S. 3 UrhG erfasst die Pfändung jedenfalls, wenn sie nach Vertragsänderung erfolgt ist oder es sich um wiederkehrende Beträge nach § 832 ZPO handelt[634]. Nicht geklärt ist, ob die Pfändung einer einmaligen Vergütung (Pauschalhonorar) auch den danach erhöhten Teil des Vergütungsanspruchs erfasst (wird verneint[635]). Es wird daher empfohlen, die künftig erhöhte Vergütungsforderung (ausdrücklich) mitzupfänden. Der Urheberanspruch auf Erhöhung der vertraglich vereinbarten Vergütung nach § 32 UrhG wird als nicht pfändbares höchstpersönliches Recht angesehen[636]. Die Anwartschaft des Urhebers auf eine weitere Beteiligung für die Einräumung eines Nutzungsrechts (§ 32a UrhG) unterliegt nicht der Zwangsvollstreckung (§ 32a Abs. 3 S. 2 UrhG), der Zahlungsanspruch ist somit erst pfändbar, wenn der Urheber ihn geltend gemacht hat[637].

---

633 Siehe Rdn. C.512; OLG München, ZInsO 2019, 100; KG, MDR 1974, 318 = NJW 1974, 752.
634 Berger, NJW 2003, 853.
635 Berger, NJW 2003, 853 (854, 855).
636 Berger, NJW 2003, 853 (855).
637 Berger, NJW 2003, 853 (855).

2.42.3. Zwangsvollstreckung gegen Dritte

E.378 Die Zwangsvollstreckung in Nutzungsrechte gegen Dritte, die urheberrechtliche Befugnisse durch Abtretung, Vermögensübernahme (s. § 419 BGB a.F.) usw. erworben haben, ist ohne deren Zustimmung zulässig. Die Nutzungsrechte können bei der Zwangsvollstreckung gegen Dritte unbeschränkt gepfändet werden. Einschränkungen ergeben sich aber bei der Verwertung, weil die Rechtsstellung des Urhebers, der nicht Schuldner ist, nicht beeinträchtigt werden darf. Daher ist die Verwertung durch Übertragung auf den pfändenden Gläubiger oder Dritte ohne die nach § 34 UrhG notwendige Zustimmung des Urhebers unzulässig, soweit nicht die Anwendbarkeit dieser Bestimmung ausgeschlossen ist (§ 90 UrhG). Ebenso ist die Zustimmung des Urhebers erforderlich, wenn der Erwerb der urheberrechtlichen Befugnisse durch den Schuldner mit fortlaufenden Zahlungsverpflichtungen an den Urheber verbunden war.

E.379 **Formulierungsvorschlag:**

Gepfändet wird das dem Schuldner als Alleinerbe des Verfassers … angeblich zustehende Urheberrecht an dem im Verlag … unter dem Titel … erschienenen Bildband. Der Pfändung unterliegen insbesondere alle dem Urheberrecht entspringenden Verwertungsbefugnisse, namentlich alle Rechte zur Vervielfältigung und Verbreitung sowie Wiedergabe des Werkes.

2.43. Verein

E.380 Die Mitgliedschaft in einem **eingetragenen Verein** ist nicht übertragbar (§ 38 S. 1 BGB; wegen abweichender Satzungsbestimmungen siehe aber § 40 BGB) und daher auch nicht pfändbar (§ 851 Abs. 1 ZPO). Pfändbar sind dagegen Forderungen, die der Mitgliedschaft entspringen. Gleichgültig ist, ob die Forderung bereits fällig ist oder erst fällig wird. Pfändbare vermögensrechtliche Forderungen sind insbesondere der Anspruch auf einen bereits zahlbaren oder den künftigen Gewinnanteil und auf den künftigen Anteil am Vereinsvermögen (siehe § 45 Abs. 1, 3 BGB); außerdem der Anspruch (insbesondere eines Mitglieds des Vorstands) auf Aufwendungsersatz (§ 27 Abs. 3, § 670 BGB). Dessen Anspruch auf Sitzungsgeld, Aufwandsentschädigung und -erstattung ist mitgliedschaftsrechtlicher Art, daher nicht nach § 850a Nr. 3 ZPO unpfändbar[638].

E.381 Auch der **nicht rechtsfähige** Verein ist Personenverband mit körperschaftlicher Verfassung. Auf ihn findet weitgehend das Vereinsrecht des BGB Anwendung[639]. Beim Ausscheiden eines Mitglieds besteht daher kein Anspruch auf ein Auseinandersetzungsguthaben[640]. Der Anteil eines Mitglieds am Vermögen eines nicht rechtsfähigen Vereins ist daher nicht pfändbar[641].

E.382 Zur Zwangsvollstreckung in das **Vermögen des nicht rechtsfähigen Vereins** genügt ein gegen den Verein lautender Schuldtitel (§ 735 ZPO). Er ermöglicht auch

---

638 AG Leipzig, NJW 2004, 375 (hält aber Schutz nach § 850i ZPO für möglich).
639 Stöber/Otto, Vereinsrecht, Rdn. 1499.
640 Stöber/Otto, Vereinsrecht, Rdn. 1516.
641 BGHZ 50, 325 (329) = MDR 1968, 834 = NJW 1968, 1830.

die Pfändung und Überweisung der Forderungen des nicht rechtsfähigen Vereins. Die nicht entrichteten Vereins-(Mitglieds-)Beiträge sind als Forderungen Bestandteil des Vereins-(Gesellschafts-)Vermögens[642]. Solche Beitragsforderungen können daher von Vereinsgläubigern gepfändet werden[643]. Wenn der Anspruch auf Sachleistung geht, muss die Pfändung nach §§ 846 ff. ZPO (siehe Teil G) erfolgen.

Sind bei Liquidation eines Vereins noch Gläubiger nach Verteilung des Vereinsvermögens an die Anfallberechtigten zu befriedigen oder sicherzustellen, so kann dem Verein gegen den Anfallberechtigten ein Anspruch auf Rückgabe der erlangten Leistung zustehen. Dieser Anspruch des Vereins kann für nicht befriedigte Vereinsgläubiger gepfändet werden[644]. **E.383**

2.44. Vermögens-Rückübertragung

Schrifttum: Keller, Pfändung des vermögensrechtlichen Rückübertragungsanspruchs nach § 3 VermG, VIZ 1992, 389. **E.384**

Vermögenswerte (§ 2 Abs. 2 VermG), die Maßnahmen im Sinne des § 1 VermG[645] unterlagen und in Volkseigentum überführt oder an Dritte veräußert wurden, sind auf Antrag zurückzuübertragen (§ 3 Abs. 1 S. 1 VermG). Der Anspruch eines Berechtigten (§ 2 Abs. 1 VermG) auf Rückübertragung oder Rückgabe von Vermögenswerten oder auf Entschädigung ist pfändbar nach **E.385**

§ 3 VermG

(1) … Der Anspruch auf Rückübertragung, Rückgabe oder Entschädigung kann abgetreten, verpfändet oder gepfändet werden; …

Gepfändet werden kann danach der Anspruch auf Restitution einzelner Vermögenswerte (sog. Singularrestitution). Die Pfändung hat nach den allgemeinen gesetzlichen Vorschriften zu erfolgen[646]. Zu pfänden sind somit eine auf Geldzahlung gerichtete Forderung nach § 829 ZPO, ein Anspruch auf eine bewegliche körperliche Sache nach § 847 ZPO (auf ein Schiff nach § 847a ZPO), der Anspruch auf eine unbewegliche Sache nach § 848 ZPO und der Anspruch auf ein Nutzungsrecht (soweit pfändbar), ein dingliches Recht an einem Grundstück (Gebäude) sowie auf ein gewerbliches Schutzrecht, Urheberrecht und verwandtes Schutzrecht nach § 857 mit § 829 ZPO. Rückübertragungspflichtig und damit für die Pfändung als Drittschuldner anzusehen ist der Verfügungsberechtigte (§ 2 Abs. 3 VermG) oder die Bundesanstalt für vereinigungsbedingte Sonderaufgaben (vormals Treuhandanstalt)[647]. Im Pfändungsbeschluss ist der Rückübertragungsanspruch bestimmt oder bestimmbar zu bezeichnen. Das erfordert die Angabe der Forderung

---

642 RGZ 76, 276 (278).
643 RGZ 76, 276 (279).
644 Stöber/Otto, Vereinsrecht, Rdn. 1152; Sauter/Schweyer/Waldner, Der eingetragene Verein, Rdn. 418.
645 Vermögensgesetz i.d.F. vom 9.2.2005 (BGBl I 205).
646 Begründung, BT-Drucks. 12/103, S. 23, 24.
647 **Anders** Keller, VIZ 1992, 389 (391): das zur Durchführung des Verfahrens nach § 30 VermG zuständige Amt zur Regelung offener Vermögensfragen. Dem ist nicht zu folgen (die für das Verfahren zuständige Behörde „schuldet“ nichts).

oder des Gegenstands (Objekts), die oder der als Vermögenswert der Rückübertragung unterliegt; die nur allgemeine Angabe „Rückübertragungsanspruch des Schuldners“, „alle Ansprüche aus dem VermG“ oder „alle Ansprüche auf Rückübertragung von Grundstücken“ ist ungenügend[648]. Ein Surrogationsanspruch kann gegen den Entschädigungsfond bestehen (§ 10 VermG); er ist als Geldforderung gegen diesen Drittschuldner pfändbar.

E.386 Mit (Unanfechtbarkeit einer) Entscheidung über die Rückübertragung geht das Recht auf den Berechtigten über (§ 34 Abs. 1 VermG; rechtsgestaltende Wirkung der Entscheidung). Das ist als Übertragung des Eigentums zu werten, mit dem der Gläubiger an einem Grundstück (Gebäude) oder Schiff für seine Forderung eine Sicherungshypothek erlangt[649] (§ 848 Abs. 2 S. 2, § 847a Abs. 2 S. 2 ZPO). Für die Eintragung bei der Berichtigung des Grundbuchs kann die Behörde als antragsberechtigt nach § 34 Abs. 2 VermG angesehen werden[650] (dort Satz 2 für die Sicherungshypothek nach § 1287 Satz 2 BGB). Die Pfändung ist daher auch bei dieser zur Berücksichtigung im Verfahren geltend zu machen. Für bewegliche Sachen bleibt es bei der Verpflichtung zur Herausgabe an den Gerichtsvollzieher (§ 847 Abs. 1 ZPO) zur Verwertung[651]; diese ist zulässig, wenn der Vermögenswert mit Entscheidung Schuldnereigentum geworden ist (§ 34 Abs. 1 VermG). Geht der Anspruch auf ein Nutzungsrecht oder dingliches Recht an einem Grundstück (Gebäude), auf ein gewerbliches Schutzrecht oder Urheberrecht, dann erwirbt der Gläubiger mit Leistung (Rechtsübergang) ein Pfandrecht (§ 1287 BGB, entspr. Anwendung; vgl. Rdn. A.76).

2.45. Vertragsstrafe

E.387 Das Recht auf Herabsetzung einer Vertragsstrafe kommt einem selbstständigen und höchstpersönlichen Gestaltungsrecht gleich. Als solches ist es weder abtretbar noch pfändbar[652].

2.46. Verwahrung und Ablieferung durch einen Notar

E.388 **Schrifttum:** Brambring, Kaufpreiszahlung über Notaranderkonto, DNotZ 1990, 615; Ehlenz und Diefenbach, Pfändung von Kaufpreisansprüchen bei Abwicklung über Notaranderkonten, KKZ 1992, 114; Franken, Rechtsprobleme nach Kaufpreishinterlegung auf Notaranderkonto beim Grundstückskauf, RNotZ 2010, 597; Ganter, Notarielle Pflichten und Gläubigerschutz, DNotZ 2004, 421 (429 ff.); Hansmeyer, Zwangsvollstreckungsmaßnahmen gegen Verkäufer oder Käufer während der Abwicklung eines notariellen Kaufvertrages, MittRhNotK 1989, 149; Hoffmann, Die Gefährdung der Abwicklung des Verkaufs eines grundpfandbelasteten Grundstücks durch Pfändung des Kaufpreisanspruchs, NJW 1987, 3153; Lüke, Das notarielle Anderkonto an der Schnittstelle von Privatrecht und öffentlichem Recht, ZIP 1992, 150; Märker, Vollstreckungszugriff bei Zahlung über Notaranderkonto, Rpfleger

648 Keller, VIZ 1992, 389 (390) mit Einzelheiten.
649 Ebenso Keller, VIZ 1992, 389 (395).
650 Ebenso Keller, VIZ 1992, 389 (395), auch zum Rang im Verhältnis zu den wieder einzutragenden Belastungen.
651 So auch Keller, VIZ 1992, 389 (395).
652 LG Hannover, NJW 1959, 1279.

1992, 150; Mümmler, Pfändung von Forderungen aus einem Notar-Anderkonto, JurBüro 1984, 1472; JurBüro 1993, 653; Reithmann, Erfüllungswirkung bei Kaufpreiszahlung auf Notaranderkonto, NJW 1996, 3327; Rupp und Fleischmann, Pfändbare Ansprüche bei notarieller Kaufpreishinterlegung, NJW 1983, 2368; Schneider, Die Zwangsvollstreckung in den beim Notar hinterlegten Kaufpreis, JurBüro 1964, 779; Volhard, Amtspflichten des Notars bei Eingriffen in den Vertragsvollzug, DNotZ 1987, 523; Zimmermann, Weisungen der Beteiligten bei Verwahrungsgeschäften nach § 23 BNotO, DNotZ 1980, 451.

Notare sind auch zuständig, Geld, Wertpapiere und Kostbarkeiten, die ihnen von den Beteiligten übergeben sind, zur Aufbewahrung oder zur Ablieferung an Dritte zu übernehmen (§ 23 BNotO). Die Aufbewahrung und Ablieferung von Bargeld schließt § 54a Abs. 1 BeurkG aus. Die **Entgegennahme zur Verwahrung** auf Notaranderkonto (Sonderkonto für fremde Gelder) und Durchführung der Verwahrung regeln §§ 54a, 54b BeurkG; die Bestimmung über das Verfahren bei Widerruf der Verwahrungsanweisung trifft § 54c BeurkG, das Absehen von Auszahlungen in Ausnahmefällen regelt § 54d BeurkG. Eine Bestimmung über die Verwahrung von Wertpapieren und Kostbarkeiten trifft § 54e BeurkG. Dieses notarielle Verwahrungsgeschäft ist keine Hinterlegung i.S. der §§ 372 ff. BGB[653]. Auch die notarielle Verwahrung von Grundschuldbriefen ist eine Aufbewahrung von Wertpapieren i.S. von § 23 BNotO, mag sie auch durch eine notarielle Urkundstätigkeit veranlasst worden sein[654]. Das Eigentum an Geld, das dem Notar zur Verwahrung und Abwicklung auf Anderkonto überwiesen oder (Ausnahme) bar übergeben worden ist, ist auf ihn als Erwerber übergegangen[655]. Der Anspruch des Hinterlegers (Einzahlers) oder eines anderen Hinterlegungsbeteiligten[656] an den Notar auf Rückzahlung (Auszahlung) empfangenen Geldes[657] und der Anspruch des Hinterlegers oder eines anderen Beteiligten auf Zurückgabe der zur Aufbewahrung übergebenen Wertpapiere oder Kostbarkeiten sind pfändbar. Drittschuldner ist der zur Zahlung oder Herausgabe verpflichtete Notar[658]. Gegen die Bank, bei der auf einem Anderkonto der dem Notar zur Verwahrung und Abwicklung übergebene Geldbetrag angelegt (hinterlegt) ist, hat der Empfangsberechtigte keinen unmittelbaren Zahlungsanspruch[659]; die Pfändung des nicht bestehenden Anspruchs gegen die Bank (als unrichtig bezeichnete Drittschuldnerin) erfasst den Rückzahlungsanspruch an den Notar auch dann nicht, wenn im Pfändungsbeschluss auf das Anderkonto des namentlich genannten Notars hingewiesen ist[660]. Die Pfändung des Anspruchs auf Herausgabe von Wertpapieren oder Kostbarkeiten hat nach §§ 846 ff. ZPO (siehe Teil G) zu erfolgen. E.389

---

653 BGH, DNotZ 1965, 343 = MDR 1964, 836; BGHZ 87, 156 = DNotZ 1983, 549 mit Anm. Zimmermann = NJW 1983, 1605; BGH, DNotZ 1995, 125 mit Anm. Knoche = MDR 1994, 770 = MittRhNotK 1994, 168 mit Anm. Zimmermann = NJW 1994, 1403; BGHZ 138, 179 = DNotZ 1999, 126 = MDR 1998, 682 = MittRhNotK 1998, 175 = NJW 1998, 2134 = Rpfleger 1998, 360.

654 OLG Düsseldorf, DNotZ 1981, 642.

655 BGHZ 76, 9 (13) = MDR 1980, 482 = NJW 1980, 1106.

656 Zum (vereinbarten) „Gläubiger"recht, sich aus einem beim Notar hinterlegten Betrag bei Bestehen der gesicherten Forderung zu befriedigen, siehe BGHZ 143, 397 = MDR 2000, 691 = NJW 2000, 1331.

657 OLG Celle, DNotZ 1984, 256 mit abl. Anm. Göbel.

658 BayObLG, DNotZ 2000, 376 = NJW-RR 2000, 945.

659 BayObLG (Fn. 658).

660 BayObLG (Fn. 658).

E.390 Eine vertraglich vorgesehene (treuhänderische) **„Hinterlegung" eines Kaufpreises** beim Notar führt in der Regel (bis zur Auszahlungsreife[661]) noch nicht zum Erlöschen des Kaufpreisanspruchs[662]. Der Verkäufer hat in einem solchen Fall daher **zwei Ansprüche**[663],

- den gegen den Käufer auf den Kaufpreis und
- den gegen den Notar[664] auf Auszahlung des zur Verwahrung auf Notaranderkonto entgegengenommenen Geldes.

Die **Kaufpreisforderung** an den Käufer ist daher für Gläubiger des Verkäufers weiterhin pfändbar[665]. Drittschuldner ist nur der Käufer, nicht auch der Notar[666]. Wirksam wird die Pfändung des Kaufpreisanspruchs daher mit der Zustellung des Beschlusses an den Käufer (§ 829 Abs. 3 ZPO); die Zustellung an den Notar könnte die Pfändung des Kaufpreisanspruchs nicht bewirken. Weil der Notar nicht Drittschuldner für Pfändung des Kaufpreisanspruchs ist, obliegt ihm insoweit auch keine Auskunftspflicht nach § 840 ZPO[667]. Für die Berücksichtigung der durch Pfändung des Kaufpreisanspruchs erlangten Mitberechtigung des Gläubigers und der Verfügungsbeschränkung des Verkäufers als Schuldner bei Abwicklung des hinterlegten Kaufpreises ist dem Notar jedoch die wirksam gewordene Kaufpreispfändung zur Kenntnis zu bringen; ihm ist somit zur Vermeidung von Nachteilen, die sich mit der Auszahlung in Unkenntnis der Pfändung ergeben könnten, Nachricht von der Pfändung zu erstatten[668]. Die Anzeige setzt den Notar davon in Kenntnis, dass der Verkäufer allein nicht mehr einziehungsberechtigt, die Kaufpreiszahlung an ihn daher nicht mehr möglich ist. Die Pfändung berechtigt auch zur Geltend-

---

661 BGH DNotZ 1995, 125 (Fn. 653).

662 BGHZ 87, 156 (Fn. 653); BGHZ 105, 60 = DNotZ 1989, 235 = MDR 1989, 958 = NJW 1989, 230; BGH DNotZ 1995, 125 (Fn. 653); BGHZ 138, 179 (185) (Fn. 653). Erfüllung nur, wenn die Parteien dies ausdrücklich vereinbart haben. Dazu auch Stein/Jonas/Würdinger, ZPO, § 829 Rdn. 23; kritisch Reithmann, NJW 1996, 3327.

663 BGHZ 105, 60 (Fn. 662).

664 BGHZ 138, 179 (Fn. 653) hat dargestellt, dass sich ein Zahlungsanspruch mit der öffentlich-rechtlichen Pflicht des Notars ergibt, den Kaufpreis bei Auszahlungsreife an den Verkäufer (anderen Empfangsberechtigten) auszukehren. Der abtretbare Auszahlungsanspruch (BGH, wie vorst.) ist daher nach § 829 ZPO zu pfänden. Vordem wurde die Frage unterschiedlich beurteilt, ob der Anspruch gegen den Notar auf Auszahlung (Auskehrung) des auf sein Anderkonto eingezahlten Geldes pfändbar ist und ob es sich dabei um die Pfändung einer Geldforderung nach § 829 ZPO oder um die Zwangsvollstreckung in ein anderes Vermögensrecht nach § 857 ZPO handelt (so OLG Hamm, DNotZ 1983, 61; OLG Hamm, DNotZ 1983, 702; vgl. dazu OLG Celle [Fn. 657]; Rupp und Fleischmann, NJW 1983, 2368; Brambring, DNotZ 1990, 615 (645); Hansmeyer, MittRhNotK 1989, 149 (157). Zutreffend wurde aber bereits angenommen, dass weder die Rechtsnatur des Verwahrungsgeschäfts noch die Tatsache, dass der Anspruch nicht einklagbar ist, es ausschließen, dass der Anspruch gegen den Notar auf Auszahlung (Auskehr) des ohne Erfüllungswirkung hinterlegten Geldbetrags als Geldforderung pfändbar besteht, s. z.B. LG Duisburg, MittRhNotK 1984, 26; LG Wuppertal, MittRhNotK 1984, 149; Brambring, wie vorst.

665 BGH, JurBüro 1985, 708 = JZ 1985, 630 mit Anm. Brehm = MDR 1985, 404 = NJW 1985, 1155 (1157); Rupp und Fleischmann, NJW 1983, 2368; Brambring, DNotZ 1990, 615 (646); s. aber auch bei Fn. 673.

666 Rupp und Fleischmann, NJW 1983, 2368.

667 So auch Ganter, DNotZ 2004, 421 (432).

668 Hierzu auch Hansmeyer, MittRhNotK 1989, 149 (156).

machung der dem Verkäufer gegen den Notar zustehenden Rechte auf Vertragsabwicklung[669]. Das mit der Pfändung des Kaufpreisanspruchs entstandene Pfandrecht erstreckt sich auf den Auszahlungsanspruch des Verkäufers gegen den Notar, der als zur Durchsetzung der Forderung erforderliches Nebenrecht anzusehen ist[670]. Vertragsrechte des Käufers (Drittschuldners) werden durch diese Pfändung jedoch nicht beeinträchtigt. Das Zahlungsverbot untersagt nur Zahlungen, die dem Schuldner (Verkäufer) zugute kommen. Mehr Rechte als dem Schuldner (Verkäufer) nach dem Kaufvertrag zustehen, kann die Pfändung dem Gläubiger nicht verschaffen (siehe auch Rdn. B.169, B.170). Der Gläubiger muss daher auch die Vertragsvereinbarung gegen sich gelten lassen, dass der Kaufpreis (oder Restkaufpreis) auf Notar-Anderkonto zu zahlen ist (bei Pfändung vor „Hinterlegung" des Kaufpreises beim Notar hat nach Überweisung zur Einziehung Zahlung somit nicht an den Gläubiger zu erfolgen) und daraus nicht übernommene Grundpfandrechte abzulösen sind[671]. Vor der Pfändung getroffene Verfügungen und Abreden, demnach auch Tilgungsabreden, muss der Gläubiger mithin gegen sich gelten lassen[672]. Nachträgliche Vereinbarungen über die Kaufpreiszahlung und Kaufpreis„abwicklung" durch den Notar (die Hinterlegungsvereinbarung mit Regelung der Voraussetzungen für Auszahlung durch den Notar als Inhalt des Kaufvertrages) sind, wenn sie den Gläubiger benachteiligen, ihm gegenüber unwirksam (§ 829 Abs. 1 S. 2 ZPO). Die Aufhebung des Kaufvertrags durch Aufhebungsvertrag[673] zwischen Verkäufer (Schuldner) und Käufer (Drittschuldner), ebenso eine den Gläubiger beeinträchtigende Herabsetzung des Kaufpreises durch Änderungsvertrag sind gleichfalls dem Gläubiger gegenüber unwirksam (betreffen den Bestand der gepfändeten Kaufpreisforderung; dazu Rdn. A.41). Nicht erfasst von der Pfändung der Kaufpreisforderung wird der Anspruch des Schuldners auf Schadensersatz wegen Nichterfüllung (s. Rdn. A.218).

Der mit vereinbarter Kaufpreishinterlegung (ohne Tilgungswirkung) entstehende weitere Anspruch des Verkäufers **gegen den Notar** auf Auszahlung (Auskehr) des Kaufpreises (Hinterlegungsgeldes) kann nach Ansicht des BGH[674] nicht wirksam gepfändet werden, wenn der Gläubiger davon absieht, auch die Forderung des Schuldners als Verkäufer gegen den Käufer auf den Kaufpreis zu pfänden. Dem ist nicht beizutreten; Gründe der Rechtssicherheit, die der BGH anführt, gebieten diese Einschränkung nicht. Entscheidend sollte vielmehr bleiben, dass das **E.391**

---

669 Rupp und Fleischmann, NJW 1983, 2368; auch Ganter, DNotZ 2004, 421 (432).

670 BGH, MDR 2016, 1290 = Rpfleger 2017, 40 m.w.N.

671 BGH (Fn. 665); BGH, DNotZ 1998, 626 mit Anm. Albrecht = MDR 1998, 237 (Leits.) = NJW 1998, 746 = Rpfleger 1998, 117 (auch zum Erfordernis einer „treuhänderischen Zweckbindung" der Kaufpreisforderung); Hansmeyer, MittRhNotK 1989, 149 (156).

672 BGH (Fn. 671); Rupp und Fleischmann, NJW 1983, 2368; Brambring, DNotZ 1990, 615 (646).

673 Zur Frage, ob (und in welchem Fall) der Aufhebungsvertrag der Formvorschrift des § 311b BGB unterliegt, siehe Schöner/Stöber, Grundbuchrecht, Rdn. 3118.

674 BGHZ 105, 60 (Fn. 662); so auch BGHZ 138, 179 (Fn. 653); Hansmeyer, MittRhNotK 1989, 149 (156); Brambring, DNotZ 1990, 615 (645). BGHZ 138, 179 (wie vorst.) hält auch eine isolierte Abtretung der Auszahlungsanspruchs gegen den Notar (als Nebenrecht) nicht für zulässig, solange die Kaufpreisforderung noch besteht. Zur Drittschuldnererklärung des Notars, wenn man der Ansicht des BGH folgt, Ganter, DNotZ 2004, 421 (433).

Verwahrgeld in das Eigentum des Notars übergegangen ist, sonach ein Rück- oder Auszahlungsanspruch bestehen kann oder wird[675]. Doch besteht der Anspruch nur als künftiger Anspruch, als Geldanspruch pfändbar somit nur für den Fall, dass die Auszahlungsvoraussetzungen eintreten, sonach die Kaufpreisschuld mit Auszahlungsreife erlischt. Mit Pfändung nur dieses Auszahlungsanspruchs des Verkäufers kann der Gläubiger somit auf die Kaufpreisabwicklung keinen Einfluss nehmen, daher auch nicht sicherstellen, dass das Rechtsverhältnis, das die künftige Auszahlungsforderung begründen soll, nicht schon vor ihrer Entstehung wieder beendet wird oder auf einen anderen übergeht. Der Notar ist durch diese Pfändung daher nicht gehindert, seine aus dem Treuhandauftrag (§§ 54a–54e BeurkG) folgende Amtspflicht gegenüber dem Käufer zu erfüllen, aus dem ihm übergebenen Betrag die Grundpfandgläubiger zu befriedigen[676]. Wie der Schuldner als Verkäufer kann nach der Pfändung auch dessen Gläubiger im Ergebnis nur Rechte auf den Betrag geltend machen, der nach der Ablösung der Grundpfandrechte zur Auszahlung an den Schuldner als Verkäufer übrig bleibt[677]. Die Pfändung nur des Auszahlungsanspruchs an den Notar hindert daher zwar weitere Verfügungen über diesen Anspruch (damit auch den Schuldner daran, die mit dem Treuhandauftrag dem Notar für Auszahlung erteilte Weisung zum Nachteil des pfändenden Gläubigers zu ändern), kann aber eine Verfügung über den Kaufpreisanspruch (Abtretung an Dritte, Verpfändung) nicht unterbinden[678], nach der in der Hand des Schuldners (Verkäufers) ein gepfändeter Auszahlungsanspruch an den Notar nicht mehr entstehen kann[679]. Die Pfändung des Auszahlungsanspruchs des Schuldners als Verkäufer berechtigt (nach Überweisung) nur zur Einziehung des fälligen Anspruchs aus dem Kaufvertrag. Mehr Rechte, als dem Verkäufer (Schuldner) zustehen, erlangt auch der Gläubiger mit Pfändung nicht (siehe bereits Rdn. B.170). Wenn eine vereinbarte Voraussetzung für die Abwicklung des treuhänderisch hinterlegten Kaufpreises (z.B. Eintragung einer Auflassungsvormerkung, Erklärung des Käufers über Behebung der durch Übergabeprotokoll festgestellten Mängel) nicht besteht, kann daher auch der (Pfändungs-)Gläubiger die Auszahlung nicht verlangen und der Notar als Drittschuldner Zahlung an ihn nicht leisten[680]. Drittschuldner für Pfändung des Anspruchs des Verkäufers auf Auszahlung (Auskehr) des beim Notar hinterlegten Kaufpreises ist der Notar, nicht der Käufer, dieser auch nicht, wenn zugleich

675 Anders bei Abwicklung von Versteigerungserlös durch das Zwangsversteigerungsgericht.

676 BGH (Fn. 665).

677 BGH (Fn. 665). Dem Gläubiger kann die Pfändung nicht mehr Rechte verschaffen, als dem Schuldner als Verkäufer zustanden, BGH, DNotZ 1985, 633. Zur Einstellung weiterer Abwicklung des Treuhandnotars auf einseitige Weisung des Käufers, wenn erhebliche Verdachtsgründe dafür bestehen, dass ein Kauf- und Bauvertrag von der Verkäuferin nicht ordnungsgemäß durchgeführt werden kann, sowie dann, wenn die Undurchführbarkeit des Vertrags feststeht, siehe OLG Hamm, DNotZ 1983, 702; OLG Hamm, DNotZ 1987, 574. Zum einseitigen Widerruf von Weisungen auch OLG Düsseldorf, MittRhNotK 1989, 175; OLG Düsseldorf, MittRhNotK 1988, 48; KG, DNotZ 1987, 577 = MittRhNotK 1987, 135 = NJW-RR 1988, 331.

678 Daher kann dem Gebot der Rechtssicherheit die von BGHZ 105, 60 (Fn. 662) zugemessene Bedeutung nicht zukommen.

679 Vgl. Rdn. E.198 und die dort Fn. 289 genannte BGH-Entscheidung.

680 BGH (Fn. 677).

die Pfändung des Anspruchs auf Kaufpreiszahlung erfolgt, für die dann der Käufer Drittschuldner ist (Rdn. E.390). Der Notar ist daher auch zur Auskunft nach § 840 ZPO verpflichtet; seine Amtspflicht zur Verschwiegenheit schränkt diese gesetzliche Drittschuldnerpflicht nicht ein.

Zur Pfändung des Schuldneranteils an der Gemeinschaft (nicht jedoch eines dem Beteiligungsverhältnis entsprechenden [betragsmäßigen] Forderungsanteils), wenn die Kaufpreisforderung und der Auszahlungsanspruch an den Notar mehreren Verkäufern gemeinschaftlich zusteht und nur gegen einen der Gemeinschafter als Schuldner vollstreckt wird, siehe Rdn. A.69, E.110.

Bei Kaufpreishinterlegung (Hinterlegung einer geschuldeten anderen Verbindlichkeit) **mit Erfüllungswirkung** besteht gegen den Notar stets ein als Geldanspruch pfändbarer Auskehranspruch des Verkäufers[681] (sonst Berechtigten). Drittschuldner ist der auszahlungspflichtige Notar[682]. Weil dem Gläubiger die „Hinterlegungs“wirkung nicht sicher bekannt sein kann, ist auch die Pfändung des Kaufpreisanspruchs und zugleich des Auszahlungsanspruchs an den Notar als zulässig zu erachten und geboten. Auch der Rückzahlungsanspruch des Hinterlegers für den Fall der Vertragsaufhebung oder des Widerrufs usw. ist pfändbarer Geldanspruch an den Notar. E.392

Keine rechtliche Wirkung hat der Pfändungsbeschluss, wenn bei der Zustellung an den Notar ein Treuhandauftrag noch nicht besteht. **Vor** der Kaufpreiszahlung an den Notar kann ein Anspruch auf Auszahlung des späteren Hinterlegungsgeldes daher nur als Forderung aus dem späteren (künftigen) Treuhandauftrag gepfändet werden, wenn die Kaufpreisabwicklung über das Notaranderkonto vertraglich bereits vereinbart, eine Zahlung aber noch nicht erfolgt ist. Dass sich die Pfändung auf die Forderung aus dem künftigen Treuhandauftrag erstrecken soll, muss sich dann aus dem Pfändungsbeschluss ergeben (Rdn. B.89). Das wird im Wege der Auslegung auch dann als Inhalt des Pfändungsbeschlusses angenommen werden können, wenn er die Forderung zwar nicht ausdrücklich als solche aus dem künftigen Treuhandauftrag bezeichnet, sie aber als Anspruch auf Auskehrung des Kaufpreises aus einem bestimmten (konkret dargestellten) Kaufvertrag nennt. Vor Abschluss des Kaufvertrags mit Vereinbarung der treuhänderischen Kaufpreisabwicklung durch den Notar (während der Kaufverhandlungen und auch, wenn bereits ein Vertragsentwurf vom Notar gefertigt ist) kann eine rechtliche Grundlage für Pfändung einer zukünftigen Forderung noch nicht angenommen werden (Rdn. A.30); eine Pfändung würde als reine Hoffnung oder Erwartung sonach keine Wirkung äußern, sich insbesondere nicht auf einen späteren (nach späterem Abschluss des Kaufvertrags bestehenden) Auszahlungsanspruch beziehen. E.393

Formulierungsvorschlag: E.394

Gepfändet werden

- *die angebliche Forderung des Schuldners an … – Drittschuldner – auf Zahlung des Kaufpreises (auch soweit er beim Notar zur treuhänderischen Ab-*

---

681 Rupp und Fleischmann, NJW 1983, 2368; Volhard, DNotZ 1987, 523 (544); anders Göbel, DNotZ 1984, 257 (260), der ein drittschuldnerloses Recht annimmt, Pfändung sonach mit Zustellung an den Schuldner (§ 857 Abs. 2 ZPO) als bewirkt ansieht.

682 **Anders** Volhard, DNotZ 1987, 523 (547): der Notar ist nicht Drittschuldner.

wicklung einzuzahlen oder Zahlung an den Notar zur Verwahrung und Abwicklung bereits erfolgt ist) für das am ... zu Urkunde des Notars ... UR-Nr. ... veräußerte Grundstück in ... straße Hs.-Nr. ...,

- *der angebliche (auch künftige) Anspruch des Schuldners als Veräußerer dieses Grundstücks an den Notar ... – Drittschuldner – auf Auszahlung (Auskehr) des diesem (auf Anderkonto oder anderweit) zur treuhänderischen Abwicklung nach dem bezeichneten Vertrag einbezahlten (oder einzuzahlenden) Kaufpreises.*

2.47. Vollmacht, Einziehungsermächtigung

E.395 **Schrifttum:** Vortmann, Pfändung von Kontovollmachten, NJW 1991, 1038.

E.396 Eine Vollmacht ist nicht pfändbar[683]. Sie ist durch Rechtsgeschäft erteilte Vertretungsmacht (§ 166 Abs. 2 BGB), nicht aber Vermögensgegenstand, der der Zwangsvollstreckung unterliegt.

Die bei Abtretung einer Forderung vom Zessionar (Neugläubiger) dem Zedenten (der die Forderung abgetreten hat) erteilte Einziehungsermächtigung ist als Handlungsbefugnis nicht pfändbar[684]. Rechte aus einer Einziehungsermächtigung können jedoch insoweit verwirkt sein, als der Schuldner den abgetretenen Betrag im eigenen Namen und für eigene Rechnung einheben kann[685]. Dann ist die Pfändung der Forderung durch den Gläubiger des Einziehungsberechtigten möglich.

2.48. Vorkaufsrecht

E.397 Das persönliche oder dingliche Vorkaufsrecht ist mangels anderer Vereinbarung nicht übertragbar (§§ 473, 1098 BGB) und auch nicht pfändbar[686] (§ 851 Abs. 1 ZPO). Das (subjektiv-persönliche) Vorkaufsrecht einer juristischen Person oder rechtsfähigen Personengesellschaft ist, wenn die Übertragbarkeit nicht vereinbart ist, für den Vermögensübergang im Wege der Gesamtrechtsnachfolge oder Vermögensübertragung übertragbar (§ 1098 Abs. 3 mit § 1059a BGB mit Einzelheiten). Gepfändet werden kann es deswegen jedoch nicht (§ 1098 Abs. 3 mit § 1059b BGB). Ausgeschlossen ist die Pfändung des subjektiv-dinglichen Vorkaufsrechts (§ 1094 Abs. 2 BGB), weil es Bestandteil des herrschenden Grundstücks ist. Pfändbar als künftiger Anspruch sollte jedoch bereits der nach Ausübung des Rechts bestehende Anspruch aus dem Kaufvertrag (Rdn. E.398) sein. Die nur bei Vereinba-

683 BayObLGZ 1978, 194 = Rpfleger 1978, 372; Stein/Jonas/Würdinger, ZPO, § 857 Rdn. 3; Wieczorek/Schütze/Lüke, ZPO, § 857 Rdn. 23 (mit Ausnahme für Vollmacht zum Vermögenserwerb des Schuldners vom Vollmachtgeber; so auch LG Koblenz, RNotZ 2001, 391); Vortmann, NJW 1991, 1038. Das BayObLG gibt weitere Nachweise und Hinweise auf die Meinung, die die Pfändbarkeit der im Interesse des Bevollmächtigten erteilten Vollmacht bejaht.

684 BAGE 32, 159 = AP Nr. 6 zu § 829 ZPO = DB 1980, 835 = MDR 1980, 522 m.N.

685 BArbG (Fn. 684).

686 BGHZ 154, 64 (68) = MDR 2003, 776 = NJW 2003, 1858 = Rpfleger 2003, 372.

rung der Übertragbarkeit[687] zulässige Pfändung erfolgt nach § 857 Abs. 1 ZPO[688]. Drittschuldner ist der Verpflichtete. Die Pfändung (samt Überweisung) berechtigt jedoch den Gläubiger nicht zur Ausübung des Vorkaufsrechts durch Erklärung gegenüber dem Verpflichteten (§ 464 Abs. 1 BGB). Grund: wie Rdn. E.25 (Ankaufsrecht). Möglich ist die Veräußerung des (übertragbaren) Vorkaufsrechts (§ 857 Abs. 5 ZPO). Übt der Schuldner selbst das Vorkaufsrecht aus, dann setzt sich das Pfandrecht an den durch die Ausübung entstandenen Rechten aus dem Kaufvertrag fort (§ 464 Abs. 2 BGB). Es wird dann somit nach §§ 846 ff. ZPO weiter verfolgt. Die nach § 847 Abs. 1, § 847a Abs. 1, § 848 Abs. 1 ZPO notwendigen Anordnungen können nach Ausübung des Vorkaufsrechts nachgeholt werden.

Die durch **Ausübung des Vorkaufsrechts** schon entstandenen Rechte aus dem Kaufvertrag sind abtretbar[689] und daher auch pfändbar (§ 851 Abs. 1 ZPO). War der Schuldner Vorkaufsberechtigter, so gehen seine Ansprüche auf Eigentumsverschaffung (§ 433 Abs. 1 BGB); die Pfändung erfolgt daher nach §§ 846 ff. ZPO. E.398

2.49. Vormerkung

Die Vormerkung (§ 883 BGB) ist ein unselbstständiger Teil (Nebenrecht) des durch sie gesicherten Hauptanspruchs und daher für sich allein nicht pfändbar (s. auch Rdn. B.364). Gegenstand der Zwangsvollstreckung kann nur der gesicherte Anspruch selbst sein, dessen Pfändung erstreckt sich ohne weiteres auch auf die Vormerkung (siehe Rdn. B.364)[690]. Pfändung nur der „Rechte aus der Vormerkung“ kann aber in die Pfändung des gesicherten Anspruchs umzudeuten sein[691]. Die wirksame Pfändung des Anspruchs kann bei der Vormerkung in das Grundbuch eingetragen werden (siehe auch Rdn. G.47), und zwar auch noch nach Eintragung einer gegen die Vormerkung verstoßenden Verfügung[692]. Die Eintragung ist Grundbuchberichtigung; sie erfolgt auf Antrag, wenn dem Grundbuchamt das Wirksamwerden der Pfändung des vorgemerkten Anspruchs nachgewiesen ist[693]. Des Nachweises, dass der durch die Vormerkung gesicherte Anspruch besteht, bedarf es nicht[694]. Zur Vormerkungswirkung siehe auch Rdn. G.47. Die löschungsfähige Quittung des nach der Überweisung zur Einziehung der Forderung befugten Gläubigers weist das Erlöschen der Forderung und damit auch der (akzessorischen) Hypothekenvormerkung aus (vgl. Rdn. F.55 zur Befugnis des Gläubigers nach Pfändung und Überweisung einer Hypothekenforderung, eine löschungsfähige Quittung zu erteilen), ermöglicht somit (berichtigende, § 22 E.399

---

687 Die Vereinbarung muss beim dinglichen Vorkaufsrecht in das Grundbuch eingetragen sein; Bezugnahme auf die Eintragungsbewilligung ist zulässig; Schöner/Stöber, Grundbuchrecht, Rdn. 1428; OLG Düsseldorf, Rpfleger 1967, 13 mit Anm. Haegele.

688 Wieczorek/Schütze/Lüke, ZPO, § 857 Rdn. 93.

689 RGZ 108, 114; RGZ 115, 176; RGZ 163, 153.

690 Siehe OLG Frankfurt, Rpfleger 1975, 177: die Pfändung des Auflassungsanspruchs ergreift die Rechte aus der Auflassungsvormerkung.

691 Siehe (für den Fall der Abtretung) KG, HRR 1930 Nr. 117.

692 Siehe (für den Fall der Abtretung) KG (Fn. 691).

693 Eintragungsbeispiel für Eintragung der Pfändung bei einer Auflassungsvormerkung: Schöner/Stöber, Grundbuchrecht, Rdn. 1596.

694 KG, HRR 1937 Nr. 246.

GBO) Löschung der Hypothekenvormerkung[695]. Zur Bewilligung der Löschung der Vormerkung ohne gleichzeitige Quittungserteilung ist der Gläubiger, dem die durch die Vormerkung gesicherte Forderung nur zur Einziehung überwiesen ist, nicht befugt (vgl. Rdn. F.55).

2.50. Wahlrecht

E.400 Ein Wahlrecht des Schuldners (siehe § 262 BGB) ist Nebenrecht des schuldrechtlichen Anspruchs, für sich allein also nicht pfändbar. Siehe aber wegen der Ausübung des Wahlrechts durch den Gläubiger nach Pfändung des Hauptanspruchs Rdn. A.35.

2.51. Wertpapierverwahrung

E.401 **Schrifttum:** Erk, Zwangsvollstreckung in sammelverwahrte „Wertrechte", Rpfleger 1991, 236.

E.402 **Wertpapiere,** die einem Verwahrer (namentlich einer Bank oder Sparkasse) zur Verwahrung anvertraut sein können, sind Aktien, Kuxe, Zwischenscheine, Zins- und Gewinnanteil- und Erneuerungsscheine, auf den Inhaber lautende oder durch Indossament übertragbare Schuldverschreibungen, ferner andere Wertpapiere, wenn diese vertretbar sind (mit Ausnahme von Banknoten und Papiergeld) (§ 1 Abs. 1 DepotG[696]). Die Verwahrung kann als Sonderverwahrung (§ 2 DepotG; selten) oder als Sammelverwahrung (§ 5 DepotG; Regel) erfolgen.

E.403 Bei **Sonderverwahrung** (§ 2 DepotG) werden die Wertpapiere unter äußerlich erkennbarer Bezeichnung jedes Hinterlegers gesondert von den eigenen Beständen des Verwahrers und von denen Dritter aufbewahrt. Als Hinterleger bleibt der Schuldner Eigentümer. Er kann die Wertpapiere zurückfordern. Sein Herausgabeanspruch ist als Anspruch, der eine bewegliche körperliche Sache betrifft, durch Pfändungsbeschluss (§ 829 mit § 846 ZPO) unter Berücksichtigung der in §§ 847, 849 ZPO geregelten Besonderheiten zu pfänden[697]. Die Depotnummer muss bei sonst genügend bestimmter Bezeichnung des Anspruchs (siehe Rdn. G.7) im Pfändungsbeschluss nicht genannt sein. Die Verwertung nach der Herausgabe an einen Gerichtsvollzieher erfolgt nach den Vorschriften über die Verwertung gepfändeter Sachen (§ 847 Abs. 2 ZPO), somit nach § 821 ZPO. Einzelheiten zur Pfändung dieses Herausgabeanspruchs Teil G. Bei Herausgabebereitschaft des Verwahrers (§ 809 ZPO) könnten die Wertpapiere auch durch den Gerichtsvollzieher gepfändet werden (Verwertung nach § 821 ZPO). Wenn der Schuldner als Hinterleger für einen Dritten, somit als Treuhänder oder Beauftragter des Eigentümers, fremde Wertpapiere in Sonderverwahrung gegeben hat, ist das die Veräußerung hindernde Recht mit Drittwiderspruchsklage (§ 771 ZPO) zu verfolgen.

---

695 OLG Hamm, Rpfleger 1985, 187.
696 Depotgesetz i.d.F. vom 11.1.1995 (BGBl I 34).
697 LG Münster, DGVZ 2000, 187 = Rpfleger 2000, 506.

Der Verwahrer, dem Wertpapiere unverschlossen zur Verwahrung anvertraut sind (§ 1 Abs. 2 DepotG; offenes Depot), besorgt den **Einzug fälliger Erträge** und sonstiger Ausschüttungen (Einziehung oder Verwertung von Zins- und Gewinnanteilscheinen) sowie der Rückzahlungsbeträge auf fällige oder verloste Stücke (Verwaltungsfunktion des Depotgeschäfts). Es handelt sich um Geschäftsbesorgung i.S. der §§ 675, 611 ff. BGB; nähere Regelung treffen allgemeine Geschäftsbedingungen. Dem Kunden sind demnach die Barausschüttungen, Erlöse und Rückzahlungsbeträge, die der Verwahrer erlangt, herauszugeben. Nach den Geschäftsbedingungen werden sie gutgeschrieben. Der Anspruch auf diese Erlöse ist als Geldforderung pfändbar. Dass sich diese Pfändung auch auf künftige Erträge, Rückzahlungsbeträge usw. erstreckt, muss der Pfändungsbeschluss angeben[698] (Rdn. B.89). Bei Geschäftsverbindung im Kontokorrentverkehr (Rdn. A.238; Regel) kann jedoch ein Anspruch auf selbstständige Auszahlung der Wertpapiererträgnisse als Einzelanspruch nicht gepfändet werden; pfändbar sind somit praktisch nur die Kontokorrentansprüche. **E.404**

Bei **Sammelverwahrung** werden vertretbare Wertpapiere einer und derselben Art vom Verwahrer ungetrennt von eigenen Beständen derselben Art und von solchen Dritter aufbewahrt (§ 5 DepotG). Es entsteht mit dem Zeitpunkt des Eingangs beim Sammelverwahrer für die bisherigen Eigentümer Miteigentum nach Bruchteilen an den zum Sammelbestand des Verwahrers gehörenden Wertpapieren derselben Art (§ 6 Abs. 1 DepotG). **E.405**

Der **Anteil** eines Schuldners als Hinterleger an den im Sammeldepot verwahrten Wertpapieren ist **Bruchteils-Miteigentum** (§ 741 BGB); sein Anteil an dieser Gemeinschaft nach Bruchteilen unterliegt der Rechtspfändung (zur Zulässigkeit der Anteilspfändung an beweglichen Sachen Rdn. E.108). Diese hat nach § 857 ZPO zu erfolgen[699]. Die Angabe der Depotnummer im Pfändungsbeschluss ist (bei sonst bestimmter Bezeichnung) nicht erforderlich[700]. Drittschuldner ist der Verwahrer[701] (die weiteren Miteigentümer der Rechtsgemeinschaft haben wegen der Spezialregeln über das Sammeldepot keine Drittschuldnereigenschaft). Bei Drittverwahrung (Wertpapiere werden vom Verwahrer [sog. Zwischenverwahrer] unter seinem Namen einem anderen Verwahrer anvertraut, § 3 DepotG) ist Drittschuldner der Zwischenverwahrer, der in unmittelbarer Rechtsbeziehung zum Schuldner steht[702]. Ein Anspruch auf Aufhebung der Miteigentumsgemeinschaft und damit auch auf Auszahlung eines anteiligen Erlöses besteht beim Sammeldepot nicht (Rdn. E.407), kann somit auch nicht mitgepfändet werden. **E.406**

---

698 OLG Karlsruhe, NJW-RR 1993, 242; Köndgen, NJW 1996, 558 (562).

699 BGHZ 160, 121 (124) = JurBüro 2005, 211 (212) = MDR 2005, 110 (111) = NJW 2004, 3340 (3341) = Rpfleger 2004, 714; BGH, JurBüro 2008, 211 (212) = MDR 2008, 338 = NJW-RR 2008, 494 (495) = Rpfleger 2008, 266 (267, auch zur Auslegung des Pfändungsbeschlusses).

700 AG Pforzheim, JurBüro 1992, 703 (704).

701 Heinsius/Horn/Than, DepotG, § 6 Rdn. 50; MünchKomm/K. Schmidt, BGB, § 1008 Rdn. 31; Erk, Rpfleger 1991, 236 (237).

702 Heinsius/Horn/Than, DepotG, § 6 Rdn. 50, § 8 Rdn. 8, dort auch zu vereinzelter Ansicht, dass im Falle der Drittverwahrung die Zustellung des Pfändungsbeschlusses sowohl an den Zwischenverwahrer als auch an den Drittverwahrer angezeigt sei.

E.407 Als dinglicher Berechtigter nur an dem Anteil des Schuldners an den im Sammeldepot verwahrten Wertpapieren ist der (Pfändungs-)Gläubiger durch die für Ansprüche des Schuldners als Hinterleger geltenden Besonderheiten der § 6 Abs. 2 S. 1, § 7 DepotG beschränkt (§ 8 DepotG)[703]. Er hat daher kein Recht, die Aufhebung der Gemeinschaft zu verlangen (keine entsprechende Anwendung des § 1258 Abs. 2 BGB). Dafür besteht das **Pfandrecht am Auslieferungsanspruch**[704] aus § 7 DepotG (zu diesem Rdn. E.410). Er ist (pfandbelastetes) Schuldnerrecht, kann somit von dem Gläubiger allein nur geltend gemacht werden, wenn ihm der Sammeldepotanteil zur Einziehung (Verwertung) überwiesen ist (§ 835 ZPO; siehe Rdn. B.150, B.219). Dann zielt die Geltendmachung des Herausgabeanspruchs auf Gläubigerbefriedigung mit Verwertung der herauszugebenden Wertpapiere; der Gläubiger kann daher nur die Herausgabe an einen Gerichtsvollzieher zur Pfandverwertung verlangen (§ 847 ZPO in entsprechender Anwendung). Die Herausgabeanordnung (§ 847 Abs. 1 ZPO) bezieht sich hier auf die Verwertung des Miteigentumsanteils am Sammelbestand, kann somit nur ausgesprochen werden, wenn die Überweisung des gepfändeten Schuldneranteils erfolgt.

E.408 Das Rechtspfand des Gläubigers am Recht des Schuldners als Miteigentümer des Sammelbestands erstreckt sich auch auf dessen Miteigentumsanspruch auf den **Fruchtanteil** (Dividende, Zinsen usw.) und sonstige Erträge (§ 743 Abs. 1 BGB; Rdn. E.404). Wenn eine Überweisung zur Einziehung nicht erfolgt ist, können daher nur Gläubiger und Schuldner gemeinsam die Zahlung der Erlöse (sonstigen Erträge) verlangen (siehe Rdn. B.151); nach Überweisung zur Einziehung kann der Gläubiger den Anspruch allein geltend machen (Rdn. B.219). Gutschrift auf Schuldnerkonto (Rdn. E.404) schließt die Mitberechtigung des Pfandgläubigers aus.

E.409 Jeder Teilhaber am Sammeldepotbestand kann über seinen Anteil frei verfügen (§ 747 Satz 1 BGB). Weil sonach eine Übertragung des Schuldneranteils am Sammeldepotbestand erfolgen kann, ist auch die **Verwertung** des gepfändeten Anteils nach § 844 ZPO (mit § 857 Abs. 1 ZPO) möglich.

E.410 Als Hinterleger kann der Schuldner bei der Sammelverwahrung verlangen, dass ihm aus dem Sammelbestand Wertpapiere in Höhe des Nennbetrags, bei Wertpapieren ohne Nennbetrag in Höhe der Stückzahl, der für ihn in Verwahrung genommenen Wertpapiere ausgeliefert werden (§ 7 Abs. 1 DepotG). An diesem Herausgabeanspruch (Rdn. E.407), nach Erfüllung an den (mit Herausgabe an den Gerichtsvollzieher) erlangten Wertpapieren, setzt sich das am Anteil des Schuldners als Hinterleger erlangte Pfandrecht (Rdn. E.407) fort (Anordnung im Pfändungsbeschluss ist ratsam). Als Anspruch, der eine bewegliche körperliche Sache betrifft, kann dieser Herausgabeanspruch auch einzeln (an Stelle des Miteigentums am Sammelbestand[705]) durch Pfändungsbeschluss (§ 829 mit § 846 ZPO) unter Berücksichtigung der in §§ 847, 849 ZPO geregelten Besonderheiten gepfändet werden. Hierzu siehe das Rdn. E.403 Gesagte.

---

703 Dazu Heinsius/Horn/Than, DepotG, § 8 Rdn. 8.

704 Siehe auch BGH, MDR 1997, 765 = NJW 1997, 2110 wie folgt: „Das (vertraglich begründete) Pfandrecht an einer Inhaberschuldverschreibung setzt sich an dem nach Fälligkeit erzielten Einlösungsbetrag fort.“

705 Heinsius/Horn/Than, DepotG, § 6 Rdn. 50, § 8 Rdn. 8.

Die Verwahrstelle besorgt auch bei Sammelverwahrung von Wertpapieren den **Einzug fälliger Erträge** und sonstiger Ausschüttungen sowie der Rückzahlungsbeträge auf fällige oder ausgeloste Stücke (Rdn. E.404). Als Einzelanspruch ist der Anspruch auf diese Erlöse als Geldforderung (auch als künftige) pfändbar (Rdn. E.404). Bei Geschäftsverbindung im Kontokorrentverkehr (Regel) kann jedoch nicht dieser Einzelanspruch gepfändet werden, sondern Zugriff nur auf die Kontokorrentansprüche erfolgen. E.411

Der Anspruch auf Auslieferung von Wertpapieren aus dem Sammelbestand (§ 7 DepotG; Rdn. E.410) und der Anspruch auf Auszahlung von Erlösen (Rdn. E.411) sind Einzelansprüche des Schuldners als Bruchteils-Miteigentümer an den im Sammeldepot verwahrten Wertpapieren. Der Vorrang eines früher pfändenden Gläubigers (§ 804 Abs. 3 ZPO) besteht hinsichtlich der jeweiligen Einzelansprüche daher auch bei Zusammentreffen mit einem Pfandrecht am Bruchteils-Miteigentum des Schuldners (Rdn. E.406). Hat der zuerst vollstreckende Gläubiger nur den Anspruch auf Auslieferung von Wertpapieren aus dem Sammelbestand (§ 7 DepotG) oder auf Zahlung der Erlöse (sonstiger Erträgnisse) gepfändet, so beschränkt sich sein Pfandrecht und damit auch sein Vorrang auf diesen Einzelanspruch (siehe das Rdn. E.137 Gesagte). Den Auslieferungsanspruch an den Gerichtsvollzieher kann auch ein nachrangiger Pfandgläubiger geltend machen. Die Rangfolge der Pfandrechte an der Sache (§ 804 Abs. 3 ZPO) bestimmt sich nach der zeitlichen Rangfolge der Pfändungen (§ 804 Abs. 3 ZPO, Rdn. G.21). Mit der Verwertung der Wertpapiere endet der Anspruch (auch eines mit Vorrang pfändenden Gläubigers) auf die Erträge. E.412

Beim **Oder-Wertpapierdepot** (vielfach bei Ehegatten üblich) werden die Depotinhaber als Gesamtgläubiger der Rechte aus dem Verwahrungsvertrag (Außenverhältnis) angesehen[706]. Gepfändet werden können daher von Gläubigern jedes der Einzelberechtigten die Ansprüche aus der Sonder- oder Sammelverwahrung (siehe das Rdn. A.469 Gesagte). Für die Ausgleichspflicht zugunsten des anderen Gesamtgläubigers erlangt jedoch die Eigentumslage an den verwahrten Wertpapieren Bedeutung, die von den Rechten aus dem Verwahrungsvertrag unterschieden wird. Über sie gibt die Errichtung des Oder-Depots in der Regel keinen Aufschluss. Für gleiche Anteile der Oder-Depotinhaber stellt § 1006 BGB zwar eine Vermutung und § 742 BGB eine (nur) schwach ausgeprägte Auslegungsregel auf. Sie kommen aber nicht zum Zuge, wenn sich (wie vielfach) aus dem Parteiwillen etwas anderes ergibt oder wenn sie der Sachlage nicht gerecht wird[707]. E.413

Der Anteil des Schuldners an **sammelverwahrten Schuldbuchforderungen** des Bundes und der Länder (Wertrechte[708]) ist als anderes Vermögensrecht (§ 857 Abs. 1 ZPO) wie der Schuldneranteil an den im Sammeldepot verwahrten Wertpa- E.414

---

706 BGH, MDR 1997, 560 = NJW 1997, 1434; OLG Düsseldorf, NJW-RR 1998, 918; OLG Hamm, DB 1991, 380 = FamRZ 1990, 750.

707 BGH (Fn. 706); auch OLG Köln, MittRhNotK 2000, 387. Das OLG Hamm (Fn. 706) nimmt an, dass für das Verhältnis der Gesamtberechtigten untereinander (nach der Auslegungsregel des § 430 BGB) u.U. die Berechtigung nach den unterschiedlich eingebrachten Vermögensmassen zu bemessen sein kann. Das OLG Düsseldorf (Fn. 706) nimmt eine Ausgleichspflicht nach der Regel des § 430 BGB an (gleiche Anteile), sofern nicht eine andere Gestaltung des Innenverhältnisses bewiesen ist.

708 Zum Begriff Erk, Rpfleger 1991, 236.

pieren zu pfänden[709]. Jedoch besteht kein Herausgabeanspruch nach § 7 Abs. 1 DepotG. Daher kann eine Verwertung durch Herausgabe an den Gerichtsvollzieher nicht erfolgen. Die Verwertung ist daher nach § 844 ZPO anderweit durchzuführen[710].

E.415 Ein Vollstreckungstitel auf Übertragung sammelverwahrter (oder globalverbriefter) **Wertpapiere** ist (zur Umbuchung für den zur Eigentumsübertragung notwendigen Akt der Übergabe) nach § 886 ZPO (entsprechende Anwendung) zu vollstrecken[711]. Grundlage für Zwangsvollstreckung wegen Geldforderungen nach §§ 803 ff. ZPO (damit auch §§ 846 ff., § 857 ZPO) bietet dieser Herausgabetitel nicht.

E.416 **Formulierungsvorschlag (Sonderverwahrung):**

Gepfändet wird der angebliche Anspruch des Schuldners an … – Drittschuldner – auf

- *Herausgabe der in Sonderverwahrung für den Schuldner als Hinterleger aufbewahrten folgenden Wertpapiere: …*

  Es wird angeordnet, dass die Wertpapiere an einen vom Gläubiger zu beauftragenden Gerichtsvollzieher herauszugeben sind.
- *Herausgabe aller bei Besorgung der Verwahrungsgeschäfte des Schuldners als Depotkunde eingezogenen oder künftig einzuziehenden fälligen Erträge, Erlöse oder sonstigen Ausschüttungen sowie Rückzahlungsbeträge.*

Zugleich werden gepfändet … (folgt Pfändung der Kontokorrentansprüche, wie Rdn. A.265).

Formulierungsvorschlag (Sammelverwahrung):

Gepfändet wird der angebliche Miteigentumsanteil des Schuldners als Hinterleger an den in Sammeldepot Nr. … bei … – Drittschuldner – verwahrten folgenden Wertpapieren: …

Diese Zwangsvollstreckung in den Sammelbestandsanteil erfasst zugleich

- *den Anspruch des Schuldners als Hinterleger an den Drittschuldner als Sammelverwahrer auf Auslieferung der ihm gebührenden Wertpapiermenge aus dem Sammelbestand;*
- *den (gegenwärtigen und künftigen) Schuldneranspruch auf Bereitstellung und Auszahlung des Fruchtanteils (insbesondere des Gegenwertes von Zins- und Gewinnanteilscheinen) und sonstiger Erträge (unter Einschluss des Gegenwertes fälliger Wertpapiere).*

Zugleich werden gepfändet … (folgt Pfändung der Kontokorrentansprüche, wie Rdn. A.265).

Bei Überweisung auch Herausgabeanordnung; siehe Rdn. E.407.

---

709 Erk, Rpfleger 1991, 236.
710 Dazu Erk, Rpfleger 1991, 236.
711 Dazu näher BGHZ 160, 121 (Fn. 699).

2.52. Widerspruch

Der Anspruch auf Eintragung eines Widerspruchs nach § 899 BGB ist gegenüber dem nicht oder nicht richtig eingetragenen Recht des Schuldners unselbstständig und daher nicht pfändbar. Er kann aber nach Pfändung des Berichtigungsanspruchs (siehe Rdn. E.61) wie dieser vom Gläubiger im eigenen Interesse geltend gemacht werden. Ebenso wie der Berichtigungsanspruch kann auch das Recht auf Eintragung eines Widerspruchs nur dahin verfolgt werden, dass der Widerspruch zugunsten (= auf den Namen) des Schuldners als gegenwärtiger wahrer Berechtigter eingetragen werden soll. **E.417**

2.53. Wiederkaufsrecht

Schrifttum: Stachels, Über die Pfändung und Verwertung eines Wiederkaufsrechts an einem Grundstück, JR 1954, 130. **E.418**

Das Recht zum Wiederkauf (§ 456 BGB), auch Rückkaufsrecht genannt, ist übertragbar[712] und daher auch als Vermögensrecht pfändbar[713]. Nur eine aus einem Gesetz sich ergebende Unveräußerlichkeit, nicht aber das vertraglich vereinbarte Abtretungsverbot, schließt diese Pfändbarkeit aus[714]. Die Pfändung erfolgt nach § 857 Abs. 1 ZPO[715]. Drittschuldner ist der Käufer (= Wiederverkäufer). **E.419**

Die Pfändung (samt Überweisung) berechtigt jedoch den Gläubiger nicht zur Ausübung des Wiederkaufsrechts mit Erklärung gegenüber dem Käufer (§ 497 Abs. l BGB). Grund: wie Rdn. E.25 (Ankaufsrecht). Möglich ist die Veräußerung des (übertragbaren) Wiederkaufsrechts[716] (§ 857 Abs. 5 ZPO). Eine zulässige anderweitige Verwertung soll auch darin bestehen können, dass das Vollstreckungsgericht einen entgeltlichen Verzichts- oder Erlassvertrag des Gläubigers mit dem Drittschuldner genehmigt[717]. **E.420**

Übt der Schuldner selbst das Wiederkaufsrecht aus, dann setzt sich das Pfandrecht an den mit der Ausübung entstandenen Rechten aus dem Wiederkaufverhältnis (§ 497 Abs. 1 BGB) fort. Es wird dann somit nach §§ 846 ff. ZPO weiter verfolgt. Die nach § 847 Abs. 1, § 847a Abs. 1, § 848 Abs. 1 ZPO notwendigen Anordnungen können nach Ausübung des Wiederkaufrechts nachgeholt werden. Dann kann der Gläubiger die Herausgabe der Sache an den Gerichtsvollzieher oder die Rückauflassung des Grundstücks an den Sequester verlangen[718].

---

712 BGH, MDR 1991, 634 = MittBayNot 1991, 74 = NJW-RR 1991, 526 = Rpfleger 1991, 199; BGH (Fn. 686).

713 BGB-RGRK/Mezger, § 497 Rdn. 4; Stein/Jonas/Würdinger, ZPO, § 857 Rdn. 78; Wieczorek/Schütze/Lüke, ZPO, § 857 Rdn. 121.

714 OLG Köln, JR 1955, 225; Stachels, JR 1954, 130; Stein/Jonas/Würdinger, ZPO, § 857 Rdn. 78 Fn. 290.

715 **A.A.** – Pfändung nach §§ 846 ff. ZPO – Stachels, JR 1954, 130. §§ 846 ff. ZPO finden aber erst auf den nach Ausübung des Rechts entstandenen Anspruch Anwendung, treffen daher nicht zu, wenn die Ausübungsbefugnis als solche gepfändet wird.

716 OLG Köln (Fn. 714); Stein/Jonas/Würdinger, ZPO, § 857 Rdn. 111.

717 Siehe dazu Stachels, JR 1954, 130.

718 Zum Teil abweichender Ansicht Stachels, JR 1954, 130, der meint, über das vertragsgemäß unveräußerliche Wiederkaufsrecht könne nur durch Erlassvertrag anderweit verfügt werden. Dem steht aber die ausdrückliche Regelung des § 851 Abs. 1 ZPO entgegen.

E.421 Ist der Wiederkauf schon durch Erklärung des Schuldners zustande gekommen, so gehen seine Ansprüche auf Sachleistung. Ihre Pfändung erfolgt daher nach §§ 846 ff. ZPO (siehe Teil G).

E.422 **Formulierungsvorschlag:**

Gepfändet wird das angeblich dem Schuldner gegen … – Drittschuldner – nach dem Kaufvertrag vom … zustehende Recht zum Wiederkauf des Personenkraftwagens, Marke …, Fabrik-Nr. …, amtliches Kennzeichen …

Zugleich wird angeordnet, dass nach Zustandekommen des Wiederkaufs die Sache an einen vom Gläubiger zu beauftragenden Gerichtsvollzieher herauszugeben ist.

2.54. Wohnungseigentum

E.423 **Schrifttum:** Schuschke, Die Zwangsvollstreckung in Sondernutzungsrechte, NZM 1999, 830.

E.424 Ein mit Gebrauchsregelung der Wohnungseigentümer geschaffenes **Sondernutzungsrecht** zur ausschließlichen Nutzung eines bestimmten Teils des gemeinschaftlichen Eigentums (z.B. eines Kfz-Abstellplatzes im Freien, eines Kellerraums, eines Vor- oder Hausgartens) kann nicht auf einen Dritten (der nicht Mitglied der Wohnungseigentümergemeinschaft ist) übertragen[719], von diesem somit auch nicht gepfändet werden. Die „Übertragung“ auf ein anderes Mitglied der Wohnungseigentümergemeinschaft ist zwar zulässig[720]; dennoch kann das Sondernutzungsrecht auch von einem Mitglied der Gemeinschaft nicht gepfändet werden[721]. Das durch Gebrauchsregelung geschaffene Sondernutzungsrecht beruht auf dem Gemeinschaftsverhältnis der Wohnungseigentümer (§ 10 Abs. 1, § 15 Abs. 1 WEG); selbstständiges Vermögensrecht (§ 857 ZPO) ist es nicht. Es ist als (vereinbarte) Eigentümerbefugnis Inhalt des Sondereigentums[722]. Der Sondernachfolger erlangt es mit Erwerb des begünstigten Wohnungs- oder Teileigentums durch Rechtsgeschäft (Auflassung und Eintragung, §§ 873, 925 BGB) oder Zuschlag in der Zwangsversteigerung (§ 90 Abs. 1 ZVG). Gegenstand der Zwangsvollstreckung ist daher nur das Wohnungs- oder Teileigentum; es unterliegt der Immobiliarvollstreckung[723] (§ 864 ZPO) durch Zwangsversteigerung,

---

719 BGHZ 73, 145 = DNotZ 1979, 168 mit Anm. Ertl = MDR 1979, 299 = NJW 1979, 548 = Rpfleger 1979, 57.

720 BGH (Fn. 719); Schöner/Stöber, Grundbuchrecht, Rdn. 2963.

721 OLG Stuttgart, BWNotZ 2002, 186 = NZM 2002, 884 = Rpfleger 2002, 576; So auch Wieczorek/Schütze/Lüke, ZPO, § 857 Rdn. 29; Zöller/Herget, ZPO, § 857 Rdn. 12b. **Anders** Schuschke, NZM 1999, 830; LG Stuttgart, Justiz 1989, 158, das (unrichtig) in dem Sondernutzungsrecht ein Vermögensrecht i.S. des § 857 ZPO erblickt („am ehesten vergleichbar mit einer beschränkten persönlichen Dienstbarkeit“) und deshalb die Pfändung durch Mitglieder der Wohnungseigentümergemeinschaft für zulässig erachtet.

722 Sofern es nicht überhaupt nur als schuldrechtliche Gebrauchsregelung und damit (nicht pfändbare) Nutzungsregelung nur mit Innenwirkung vereinbart ist.

723 Die abweichende Ansicht des LG Stuttgart (Fn. 721) würde die Pfändung und Verwertung (etwa mit Verwaltung) einer mit Sondernutzungsregelung in der Rechtsform des Wohnungseigentums gebildeten ganzen Doppelhaushälfte (oder eines Reihenhauses; dazu Schöner/Stöber, Grundbuchrecht, Rdn. 2911), die einer Realteilung gleichkommt, ermöglichen und damit unter Umgehung der Zwangsversteigerung oder Zwangsverwaltung für die ausschließliche Eigentümernutzung die Fahrnisvollstreckung gestatten.

Zwangsverwaltung und Eintragung einer Sicherungshypothek (§ 866 Abs. 1 ZPO). Beschlagnahme und Rechtsänderung in dieser Vollstreckung erfassen das Sondernutzungsrecht als für den Rechtsinhalt maßgebliche Gebrauchsregelung der Gemeinschafter. Das Sondernutzungsrecht kann als Miteigentümerbefugnis, die durch Gebrauchsregelung geschaffen ist, durch Vereinbarung der unmittelbar Beteiligten dem Recht eines anderen Wohnungs- oder Teileigentümers derselben Wohnungseigentümergemeinschaft zugeordnet werden[724]. Diese „Übertragung" des Sondernutzungsrechts ist aber „Inhaltsänderung" des Wohnungs- oder Teileigentums (§§ 873, 877 BGB)[725]. Gegenstand der Rechtsänderung ist damit das Wohnungs- oder Teileigentum, dessen Inhaltsänderung erfolgt; es wird nicht über das Sondernutzungsrecht als selbstständiges (beschränkt) veräußerliches Recht verfügt. Das Sondernutzungsrecht ist ebenso auch nicht selbstständiges unveräußerliches Recht, dessen Ausübung einem anderen überlassen werden könnte und das somit nach § 857 Abs. 3 ZPO pfändbar wäre. Das verbietet die Pfändung des Sondernutzungsrechts.

Gebrauchsregelung der Wohnungseigentümer nach § 10 Abs. 1, § 15 WEG ist ebenso der Ausschluss von Miteigentümern vom Mitgebrauch gemeinschaftlichen Eigentums (negative Komponente) bis auf den teilenden (veräußernden) Bauträger (Wohnungseigentümer) mit der diesem vorbehaltenen Befugnis, entsprechende Sondernutzungsrechte (z.B. einen Kfz-Stellplatz) mit einer bestimmten WE-Einheit zu verbinden (positive Komponente)[726]. Als solche ist das durch die Teilungserklärung begründete Recht des teilenden Miteigentümers, Sondernutzungsrechte durch Zuweisung der Gebrauchsbefugnis an einen (einzelne) Miteigentümer zu begründen, ebenfalls nicht pfändbar[727].

Wenn **Sondernutzungsrechte** an Parkplätzen (Garagenstellplätzen) usw. einem Wohnungseigentümer zur **treuhänderischen Verwaltung** für den aus der Eigentümergemeinschaft ausgeschiedenen **Bauträger** zustehen, werden auch die Ansprüche des Bauträgers (als Treugeber) gegen den Treuhänder (Drittschuldner) aus dem Treuhandverhältnis als pfändbar angesehen[728], wie der Anspruch auf Zahlung eines Überschusses aus der Verwaltung des Sondernutzungsrechts (auch auf Abtretung von Entgeltforderungen gegen Mieter eines Gegenstands des Sondernutzungsrechts [Stellplatzmieter]) und der Anspruch auf Herausgabe oder (Rück-) Übertragung (Neuzuordnung) des Sondernutzungsrechts. **E.425**

Fehlen des Sondereigentums (§ 1 Abs. 2, 3 WEG) berührt wirksam (insbes. durch Teilung, §§ 2, 8 WEG) begründetes Wohnungs- oder Teileigentum nicht. Wohnungs- oder Teileigentum besteht damit auch, wenn Sondereigentum nicht hergestellt werden kann (z.B. wegen eines Bauverbots) oder Räume des Sondereigentums (endgültig) nicht gebaut werden oder Räume (wie z.B. ein Heizwerkraum) nicht sondereigentumsfähig sind oder Sondereigentum (wie bei fehlender Abgrenzung der Räume) nicht entstanden ist. In diesem Falle besteht ein **„isolier-** **E.426**

724 BGH (Fn. 719); Schöner/Stöber, Grundbuchrecht, Rdn. 2963.
725 BGH (Fn. 719); Schöner/Stöber, Grundbuchrecht, Rdn. 2963.
726 Zu dieser Regelung Schöner/Stöber, Grundbuchrecht, Rdn. 2913, 2913a.
727 OLG Stuttgart (Fn. 721).
728 BGH, MDR 2010, 1017 = NJW 2010, 2346 = Rpfleger 2010, 527 (mit Einzelheiten).

ter Miteigentumsanteil“[729]. Die Miteigentümer verpflichtet dann das Gemeinschaftsverhältnis, die Wohnungs-/Teileigentumserklärung so zu ändern, dass der isolierte (sondereigentumslose) Miteigentumsanteil entfällt[730]. Die Rechtsänderung kann einen bereicherungsrechtlichen Zahlungsanspruch auf Wertausgleich des Berechtigten des isolierten Miteigentumsanteils begründen[731]. Bis zur Beseitigung mit dinglicher Rechtsänderung ist der isolierte Miteigentumsanteil verkehrsfähig, somit übertragbar und belastbar[732]. Er unterliegt daher als Wohnungs- oder Teileigentum auch der Immobiliarvollstreckung[733]. Der Zwangsvollstreckung ist er deshalb nicht in der Weise zugänglich, dass ein Anspruch gegen die übrigen Miteigentümer auf Übernahme des isolierten (sondereigentumslosen) Miteigentumsanteils gegen Wertausgleich gem. § 857 ZPO gepfändet und zur Einziehung überwiesen werden könnte[734]. In Schuldnereigentum kann die Zwangsvollstreckung nur in der Form bewirkt werden, die für den Gegenstand bei Vornahme der Vollstreckung vorgeschrieben ist. Als Surrogat tritt der Wertausgleich erst mit dinglicher Rechtsänderung an die Stelle des isolierten Miteigentumsanteils. Erst von da an kann der Anspruch auf Wertausgleich daher gepfändet werden. Dann setzen sich aber die Rechte, die am isolierten Miteigentumsanteil bestehen, am Wertausgleich als Surrogat fort. Ein Anspruch auf Wertausgleich kann daher auch nicht als pfändbarer künftiger Anspruch angesehen werden.

E.427 Zur Zwangsvollstreckung gegen die Gemeinschaft der Wohnungseigentümer siehe Rdn. A.583.

2.55. Zwangsversteigerung: Meistgebot

E.428 **Schrifttum:** Krammer und Riedel, Pfändung des Anspruchs aus dem Meistgebot, Rpfleger 1989, 144.

E.429 Dem Meistbietenden in der Zwangsversteigerung eines Grundstücks (§ 81 Abs. 1 ZVG), ggfs. dem Zessionar nach Abtretung des Rechts aus dem Meistgebot (§ 81 Abs. 2 ZVG) oder dem Vertretenen im Falle des § 81 Abs. 3 ZVG, ist der Zuschlag zu erteilen. Der öffentlich-rechtliche Anspruch[735] dieses Berechtigten auf den Zuschlag kann von seinen Gläubigern gepfändet werden[736], jedoch nur bis zum Wirksamwerden des Zuschlags mit Verkündung (§ 89 ZVG) oder Zustellung bei

---

729 BGHZ 109, 179 (184) = DNotZ 1990, 377 = NJW 1990, 447 = Rpfleger 1990, 62; BGHZ 130, 159 (169) = DNotZ 1996, 289 mit Anm. Röll = NJW 1995, 2851 = Rpfleger 1996, 19.

730 BGHZ 109, 179 (185) (Fn. 729); BGHZ 130, 159 (169) (Fn. 729).

731 BGHZ 109, 179 (185) (Fn. 729).

732 Schöner/Stöber, Grundbuchrecht, Rdn. 2834b.

733 Siehe BGHZ 110, 36 = DNotZ 1990, 259 = NJW 1990, 1111 = Rpfleger 1990, 159.

734 **A.A.** jedoch OLG Hamm, DNotZ 1992, 492 = MittBayNot 1991, 163 = Mitt-RhNotK 1991, 12 = NJW-RR 1991, 335 = OLGZ 1991, 27 = Rpfleger 1990, 509.

735 Stöber/Becker, ZVG, § 81 Rdn. 9.

736 BGHZ 111, 14 (16) = DNotZ 1991, 377 = MDR 1990, 989 = MDR 1990, 3141 = Rpfleger 1990, 471; Stöber/Becker, ZVG, § 81 Rdn. 16; Dassler/Schiffhauer/Hintzen, ZVG, § 81 Rdn. 10; Steiner/Storz, ZVG, § 81 Rdn. 8; Mohrbutter und Leyerseder, NJW 1958, 370 (371); Krammer und Riedel, Rpfleger 1989, 144; Wieczorek/Schütze/Lüke, ZPO, § 857 Rdn. 124.

Erteilung erst durch das Beschwerdegericht (§ 104 ZVG); von da an ist der Ersteher Eigentümer des Grundstücks (§ 90 Abs. 1 ZVG), dann erfolgt die Zwangsvollstreckung nur noch in sein Grundstück (§ 864 ZPO). Eine Pfändung des Rechts aus dem Meistgebot ist auch nicht mehr möglich, wenn gegen den Zuschlag Beschwerde eingelegt ist[737]. Die Pfändung erfolgt nach § 857 Abs. 1, 2 ZVG (das Vollstreckungsgericht ist nicht Drittschuldner[738]). Für sein Pfandrecht (§ 804 Abs. 3 ZPO) an dem Anspruch auf Erteilung des Zuschlags erlangt der Gläubiger mit Zuschlag, der dem Meistbietenden (ggfs. dem Zessionar oder Vertretenen) erteilt wird (§ 81 Abs. 1–3 ZVG), eine Sicherungshypothek an dem Grundstück[739] im Rang nach den bestehenbleibenden Rechten (§ 52 ZVG; auch wenn sie infolge Liegenbelassungsvereinbarung nach § 91 Abs. 2 ZVG nicht erlöschen) und nach etwaigen Sicherungshypotheken für übertragene Forderungen (§ 128 ZVG) entsprechend § 848 Abs. 2 S. 2 ZPO (dazu Rdn. G.45). Nach der Pfändung ist eine Abtretung des Rechts aus dem Meistgebot (§ 81 Abs. 2 ZVG) dem Gläubiger gegenüber unwirksam[740]. Folge ist, dass der Zuschlag zwar dem Zessionar erteilt werden kann, sein Recht aus dem Meistgebot aber mit dem Gläubigerpfandrecht (§ 804 Abs. 3 ZPO) belastet bleibt; daher erlangt auch dann der Gläubiger die Sicherungshypothek an dem Grundstück. Die Eintragung der Sicherungshypothek kann nicht den Beteiligten überlassen bleiben[741], sondern hat auf Ersuchen des Vollstreckungsgerichts (§ 130 ZVG) zu erfolgen[742], wenn ihm die Pfändung zur Kenntnis gelangt ist (sonst Grundbuchunrichtigkeit, § 894 BGB, § 22 GBO). Weil das am Meistgebot erlangte Pfandrecht die Erteilung des Zuschlags nicht ausschließt, kann es nach Eigentumsübergang auf den Schuldner (ggfs. den Zessionar) vom Vollstreckungsgericht nicht in der Weise übergangen werden, dass zwar die Eintragung des Schuldners (Zessionars) als Ersteher veranlasst, von der Eintragung des mitberechtigten Pfandgläubigers jedoch Abstand genommen wird. Die Miteintragung der Sicherungshypothek des Pfandgläubigers entspricht zudem dem Grundgedanken des § 848 Abs. 2 S. 3 ZPO.

---

737 LG Köln, NJW-RR 1986, 1058. Anders aber für Gläubiger eines Bieters, wenn Beschwerde mit dem Ziel eingelegt ist, ihm auf sein nicht erloschenes Gebot (an Stelle des Erstehers nach dem angefochtenen Beschluss) den Zuschlag zu erteilen.

738 So auch Krammer und Riedel, Rpfleger 1989, 144 (145 unter 2b); Wieczorek/Schütze/Lüke, ZPO, § 857 Rdn. 124.

739 Stöber/Becker, ZVG, § 81 Rdn. 16; Krammer und Riedel, Rpfleger 1989, 144 (145 zu 3); Wieczorek/Schütze/Lüke, ZPO, § 857 Rdn. 124.

740 Der Gläubiger wirkt bei dieser Erklärung nach § 81 Abs. 2 ZVG nicht mit. Würde er der Abtretung zustimmen, wäre sie auch ihm gegenüber wirksam, sein Pfandrecht damit untergegangen (kein Anspruch mehr im Schuldnervermögen).

741 So aber Krammer und Riedel, Rpfleger 1989, 144 (146 zu 4).

742 So auch Stöber/Becker, ZVG, § 81 Rdn.16.

Teil F
Pfändung der Hypothekenforderungen und Grundpfandrechte
(§§ 830, 857 Abs. 6 ZPO)

1. Hypothekenpfändung (§§ 830, 837a ZPO)

1.1. Allgemeines zu § 830 ZPO

Schrifttum: Haegele, Die Pfändung einer Buchhypothek, JurBüro 1954, 255; Haegele, Die Pfändung einer Briefhypothek, JurBüro 1955, 81; Hahn, Die Pfändung der Hypothek, JurBüro 1958, 161; Pöschl, Vollstreckungsmöglichkeiten bei Hypotheken und Grundschulden, BB 1956, 508; Stöber, Pfändung hypothekarischer Rechte und Ansprüche, RpflJB 1962, 303; Tempel, Zwangsvollstreckung in Grundpfandrechte, JuS 1967, 75, 117, 167, 215, 268; siehe auch das Rdn. F.150 zur Pfändung einer Eigentümergrundschuld genannte Schrifttum. F.1

Die **Hypothek** sichert als Grundstücksbelastung eine **persönliche Forderung** (§ 1113 BGB). Im Rechtsverkehr sind die Forderung und die Hypothek untrennbar miteinander verbunden (siehe § 1153 BGB). Der Gläubiger der Hypothek muss deshalb dieselbe Person sein wie der Gläubiger der gesicherten Forderung[1]. Die Forderung kann daher nur zusammen mit der Hypothek abgetreten oder verpfändet werden. Die Abtretung der Forderung samt Hypothek unterstellt das auf dem Grundbuchsystem beruhende Sachenrecht dem Eintragungsgrundsatz (mit Besonderheit bei der Brief-Hypothek). Zur **Abtretung** der Forderung samt Hypothek sind daher ein Abtretungsvertrag (§ 398, auch § 873 BGB) und F.2

- bei Briefrechten: die Übergabe des Hypothekenbriefes sowie die Erteilung der Abtretungserklärung in schriftlicher Form,
- bei Buchrechten: die Eintragung in das Grundbuch

erforderlich (§ 1154 BGB). Auch die vertragliche Bestellung eines Pfandrechts an einer Hypothek **(Verpfändung)** unterliegt grundsätzlich diesen für die Übertragung geltenden Vorschriften (§ 1274 BGB).

Dieser für die Übertragung und die Verpfändung geltenden Regelung folgt auch § 830 ZPO über die **Pfändung einer Hypothekenforderung**. § 830 ZPO bestimmt abweichend von der Vorschrift des § 829 ZPO über die Pfändung gewöhnlicher Geldforderungen, dass zur Pfändung einer Forderung, für die eine Hypothek besteht, ein gerichtlicher Pfändungsbeschluss **und** F.3

1 BayObLGZ 1958, 164 = DNotZ 1958, 639 = MDR 1958, 771 = NJW 1958, 1917.

- bei Briefrechten: die **Übergabe** des Hypothekenbriefes an den Gläubiger,
- bei Buchrechten: die **Eintragung** der Pfändung in das Grundbuch

(nicht aber die Zustellung des Pfändungsbeschlusses, siehe Rdn. F.19) erforderlich sind. Die Hypothek und die Forderung sind damit auch bei der Pfändung untrennbar verbunden[2]. Dabei ist rechtlich die Forderung das Hauptrecht, die Hypothek als Sicherungsrecht das Nebenrecht[3]. Der Pfändungszugriff richtet sich deshalb auf die Forderung und erfasst mit dieser auch die Hypothek als Sicherungsrecht. Der Pfändungsbeschluss tritt an die Stelle der bei rechtsgeschäftlicher Verfügung über eine Hypothekenforderung erforderlichen Einigung; hinsichtlich des sachenrechtlichen Publizitätserfordernisses der Briefübergabe oder Grundbucheintragung unterscheidet sich der Pfändungszugriff nicht von der rechtsgeschäftlichen Verfügung über ein hypothekarisches Recht.

F.4 Die notwendige Briefübergabe oder Grundbucheintragung stellt eine im öffentlichen Interesse zum Zwecke der Rechtssicherheit im Verkehr mit hypothekarischen Rechten angeordnete **Voraussetzung** der Pfändung dar; ihre **Nichtbeachtung** schließt die Entstehung eines Pfändungspfandrechts aus[4]. Unwirksam ist die Pfändung einer Hypothekenforderung in der einfachen Form des § 829 ZPO auch dann, wenn dem Gläubiger oder dem Vollstreckungsgericht nicht bekannt war, dass für die Forderung eine Hypothek besteht[5]. Eine nicht nach § 830 ZPO erfolgte Pfändung der Hypothekenforderung wird auch nicht nachträglich dadurch wirksam, dass die Hypothekenforderung später zu einer gewöhnlichen Forderung wird, z.B. durch Löschung der Hypothek trotz Fortbestehens der Forderung, Verzicht auf die Hypothek oder Forderungsauswechslung[6]. Vom Wegfall der Hypothek an kann jedoch die Pfändung der fortbestehenden Forderung dadurch wirksam gemacht werden, dass sie in der Form des § 829 ZPO wiederholt, der früher bereits erwirkte (noch auf die Hypothek bezogene) Pfändungsbeschluss also neu zugestellt wird; ein neuer Pfändungsbeschluss muss nicht erlassen werden.

F.5 Pfändung der Hypothekenforderung ist auch zulässig, wenn die Übertragbarkeit der Hypothek rechtsgeschäftlich (§ 399 BGB) ausgeschlossen und dies im Grundbuch eingetragen ist (§ 851 Abs. 2 ZPO). Solange für eine Forderung eine Hypothek noch nicht entstanden ist, weil ein (dinglicher) Erwerbstatbestand noch nicht gegeben ist (z.B. weil die wirksame Einigung oder Grundbucheintragung fehlt, § 873 BGB, oder weil Briefübergabe noch nicht erfolgt ist[7], § 1117 BGB), muss sie in der für gewöhnliche Geldforderungen vorgeschriebenen Form des

---

2 Die Forderung und die Hypothek können daher nicht getrennt gepfändet werden.
3 RGZ 81, 266 (268); siehe auch § 401 Abs. 1 BGB und Rdn. B.364.
4 RGZ 76, 231 (233); BGHZ 127, 146 = LM Nr. 3 zu § 830 ZPO mit Anm. Walker = DNotZ 1995, 139 = MDR 1995, 454 mit Anm. Diepold = NJW 1994, 3225 = Rpfleger 1995, 119 mit Anm. Riedel = ZZP 108 (1995) 250 mit Anm. Henckel; Zöller/Herget, ZPO, § 830 Rdn. 2.
5 So auch BGHZ 127, 146 (Fn. 4); KG, JurBüro 1993, 32 (33).
6 RG (Fn. 4).
7 OLG Hamm, DNotZ 1982, 257 = OLGZ 1981, 19 = NJW 1981, 354 Leits. = Rpfleger 1980, 483.

§ 829 ZPO gepfändet werden (s. auch Rdn. F.10 und F.59). Ein Grundpfandrecht ist, wenn alle anderen Erwerbstatbestände erfüllt sind, aber auch bereits dann Hypothek (sohin nicht mehr nach § 1163 Abs. 2 BGB Eigentümergrundschuld), wenn die Briefübergabe durch Aushändigungsabrede ersetzt ist (§ 1117 Abs. 2 BGB; s. Rdn. F.36).

Ein Anspruch aus **Schuldversprechen** (§ 780 ZPO) kann als selbstständiges Vermögensrecht neben der Hypothekenforderung bestehen. Zu seiner Pfändung Rdn. F.105. **Zwangsvollstreckungsunterwerfung** wegen der durch die Hypothek gesicherten Geldforderung durch den Schuldner persönlich sowie durch den Eigentümer als Besteller der Hypothek wegen des dinglichen Anspruchs auf Zahlung aus dem Grundstück (§ 794 Abs. 1 Nr. 5 ZPO), auch wenn sie gegen den jeweiligen Eigentümer zulässig sein soll (§ 800 Abs. 1 ZPO), begründet keinen selbstständigen (pfändbaren) Anspruch. Ein Anspruch aus der Unterwerfungserklärung kann daher weder gesondert gepfändet noch bei Zugriff auf die Hypothekenforderung mitgepfändet werden. Die Unterwerfungserklärung ist prozessuale Willenserklärung, gerichtet auf das Zustandekommen eines Vollstreckungstitels[8]. Gepfändet werden kann daher nur die Forderung (der Anspruch), über die die Urkunde als Vollstreckungstitel errichtet ist. Eine vollstreckbare Ausfertigung des mit der Unterwerfungserklärung geschaffenen Vollstreckungstitels kann dem Gläubiger, der die Hypothekenforderung gepfändet hat, nur als Rechtsnachfolger erteilt werden (§ 727 ZPO; siehe Rdn. B.330). F.6

Teil F Grundpfandrechte

1.2. Pfändung bestimmter hypothekarischer Einzelansprüche in einfacher Form

Die auf **Rückstände** von (vertraglichen oder gesetzlichen) **Zinsen**, andere **Nebenleistungen** (nicht aber Annuitäten- oder andere Tilgungsbeträge, die Kapitalteile sind) und **Kosten** der Kündigung oder dinglichen Rechtsverfolgung gerichteten Hypothekenansprüche werden ausnahmsweise nach den für die Übertragung von Forderungen geltenden allgemeinen Vorschriften abgetreten (siehe § 1159 BGB). Übereinstimmend damit sieht § 830 Abs. 3 ZPO vor, dass die Pfändung solcher Ansprüche nicht nach den für Hypothekenforderungen geltenden besonderen Formvorschriften, sondern nach der in § 829 ZPO für gewöhnliche Geldforderungen vorgeschriebenen Form, also durch Zustellung des Pfändungsbeschlusses an den Drittschuldner (siehe dazu Rdn. B.77 ff., B.117 ff.), gepfändet werden. Rückständig sind Zinsen und Nebenleistungen, die bei Wirksamwerden der Pfändung, das ist hier die Zustellung des Pfändungsbeschlusses, fällig sind. F.7

Die durch eine **Höchstbetragssicherungshypothek** gesicherte Forderung kann von der Hypothek losgelöst und nach den für die Übertragung von Forderungen geltenden allgemeinen Bestimmungen übertragen werden (§ 1190 Abs. 4 BGB). Ebenso kann auch bei der Pfändung die Forderung von der Hypothek getrennt werden; diese Pfändung der Forderung allein erfolgt nach § 829 ZPO; wegen der Einzelheiten siehe Rdn. F.58. F.8

---

8 BGH, DNotZ 1985, 474 = NJW 1985, 2423; BayObLGZ 1970, 254 (258) = DNotZ 1971, 48 = NJW 1971, 514.

F.9 Forderungen samt den **Sicherungshypotheken aus Schuldverschreibungen** auf den Inhaber, aus Wechseln oder anderen indossablen Papieren werden (mit der Hypothek) wie ungesicherte Forderungen übertragen (siehe § 1187 S. 3 BGB). Solche Forderungen werden zusammen mit der Hypothek überhaupt nicht durch Pfändungsbeschluss, sondern durch den Gerichtsvollzieher gepfändet (siehe §§ 821, 831 ZPO und Rdn. F.57 sowie Teil H).

F.10 Noch keine Hypothekenforderung ist die Forderung, für die nur eine **Hypothekenvormerkung** eingetragen ist (§ 883 BGB). Sie muss daher, wenn bis zur Zustellung des Pfändungsbeschlusses an den Drittschuldner die vorgemerkte Hypothek noch nicht entstanden ist, gleichfalls in der für gewöhnliche Geldforderungen vorgeschriebenen Form des § 829 ZPO gepfändet werden; siehe hierwegen auch Rdn. F.5 und F.59.

F.11 Ist eine Hypothek durch Zuschlag in der Zwangsversteigerung erloschen, so unterliegt nicht mehr diese bisherige Hypothek, sondern nur noch der an ihre Stelle getretene **Anspruch auf Befriedigung aus dem Versteigerungserlös** der Pfändung. Dieser Erlösanspruch ist ebenfalls nach § 829 ZPO zu pfänden (siehe hierzu Rdn. F.217 ff.). Gleiches gilt für das an nicht mitversteigerten Zubehörstücken weiterhaftende Pfandrecht (siehe Rdn. F.87).

1.3. Der Pfändungsbeschluss

F.12 Der **Beschluss**, durch den eine Forderung mit der Hypothek gepfändet wird, muss alle Voraussetzungen erfüllen, die für die Pfändung einer gewöhnlichen Geldforderung bestimmt sind[9]. Der Beschluss muss also insbesondere als Staatsakt die notwendige Klarheit und Bestimmtheit in sich tragen (siehe Rdn. B.77). Da sich der Pfändungszugriff auf die Forderung richtet, muss diese ausreichend bezeichnet sein. Für die Wirksamkeit der Pfändung muss neben der Forderung die Hypothek als solche (und ferner etwa auch noch der Hypothekenbrief) an sich nicht bezeichnet werden[10]. Die Bezeichnung auch der Hypothek ist aber praktisch regelmäßig nicht zu entbehren, weil ohne ihre Benennung weder die zwangsweise Briefwegnahme (siehe Rdn. F.22) noch (siehe § 28 S. 1 GBO) eine Grundbucheintragung erfolgen kann[11]. Im Wege der Auslegung wird man ohne Bedenken davon ausgehen können, dass die ausreichende Bezeichnung der Hypothek auch bei fehlender unmittelbarer Benennung der Forderung den Gegenstand des Pfändungszugriffs genügend klar darstellt.

F.13 Auch den **Drittschuldner** muss der Pfändungsbeschluss bezeichnen (siehe Rdn. B.91). Drittschuldner sind der Schuldner der gesicherten Hypothekenforde-

---

9 RG, Gruchot 72, 224.

10 **Anders** Stein/Jonas/Würdinger, ZPO, § 830 Rdn. 7; BGH, JurBüro 1975, 751 = MDR 1975, 567 = NJW 1975, 980 (betrifft aber den Rückgewähranspruch auf Grundschulden, nicht den durch Angabe der bestimmten Forderung hinreichend klar bezeichneten hypothekarischen Pfandgegenstand). **A.A.** auch Schuschke/Walker, Vollstreckung, § 830 Rdn. 3; Musielak/Becker, ZPO, § 830 Rdn. 3. S. aber auch Stein/Jonas/Würdinger, ZPO, § 830 Rdn. 14.

11 Stöber, Rpfleger 1961, 208.

rung (persönlicher Drittschuldner)[12] und außerdem der von diesem etwa verschiedene Grundstückseigentümer (dinglicher Drittschuldner)[13]. Da die Zustellung des Pfändungsbeschlusses an den Drittschuldner für die Wirksamkeit der Pfändung nicht erforderlich ist, wird seine nicht genaue Bezeichnung weitgehend als unschädlich erachtet[14]. Ein (dinglicher oder persönlicher) Drittschuldner muss aus dem Pfändungsbeschluss aber wenigstens erkennbar sein. Enthält der Pfändungsbeschluss überhaupt keine Drittschuldnerangabe, so fehlt es an einem wesentlichen Erfordernis der Forderungspfändung; der Pfändungsbeschluss ist dann unwirksam[15].

Fehlt das **Verbot an den Drittschuldner**, an den Schuldner zu zahlen, so wird die Pfändung der Hypothekenforderung selbst dann nicht wirksam, wenn der Brief übergeben oder die Pfändung in das Grundbuch eingetragen worden ist[16]. Allein in der Anordnung, dass der Hypothekenbrief an den Gerichtsvollzieher herauszugeben sei, in Verbindung mit dem Ausspruch der Hypothekenpfändung oder in der Überweisung liegt das notwendige Zahlungsverbot nicht[17]. F.14

Der Pfändungsbeschluss muss außerdem auch genau den Anfangszeitpunkt der **Hypothekenzinsen**, die von dem Pfändungszugriff erfasst sein sollen, angeben. Fehlt diese Angabe, so erstreckt sich der Pfändungszugriff nur auf die vom Zeitpunkt des Wirksamwerdens der Pfändung durch Briefübergabe[18] bzw. Grundbucheintragung an laufenden und deshalb nach § 830 Abs. 1 ZPO zu pfändenden Zinsen, nicht aber auf die Rückstände, die nach § 830 Abs. 3 ZPO in der für gewöhnliche Forderungen vorgeschriebenen einfachen Form gepfändet werden. Dann muss aber, wenn die Eintragung der Pfändung des Briefrechts im Wege der Grundbuchberichtigung verlangt wird, dem Grundbuchamt der Zeitpunkt des Wirksamwerdens der Pfändung in grundbuchmäßiger Form (§ 29 GBO, z.B. durch das Wegnahmeprotokoll des Gerichtsvollziehers) nachgewiesen werden[19]. Da dieser Nachweis nur selten erbracht werden kann, sind bei der Pfändung von Briefhypotheken die Angabe des Zeitpunktes, von dem ab Zinsen mitgepfändet sein sollen – und auch die Zustellung des Pfändungsbeschlusses, siehe deswegen Rdn. F.19 –, praktisch nicht zu entbehren. F.15

Wegen des bei **Teilpfändung** weiter notwendigen Inhalts des Pfändungsbeschlusses siehe Rdn. F.67.

Formulierungsvorschlag: F.16

Gepfändet wird die für Veräußerung des Grundstücks ... geschuldete angebliche Kaufpreisrestforderung des Schuldners an ... – persönlicher Drittschuldner –

Teil F Grundpfandrechte

12 OLG Dresden, OLGE 25, 185; Zöller/Herget, ZPO, § 830 Rdn. 3.
13 OLG Dresden (Fn. 12); Stein/Jonas/Würdinger, ZPO, § 830 Rdn. 8; Zöller/Herget, ZPO, § 830 Rdn. 3.
14 OLG Dresden (Fn. 12); Stein/Jonas/Würdinger, ZPO, § 830 Rdn. 8.
15 Siehe RG (Fn. 9) sowie Rdn. B.93.
16 RG (Fn. 9).
17 RG (Fn. 9).
18 So nun auch OLG Oldenburg, NdsRpfl 1970, 114 = Rpfleger 1970, 100; Zöller/Herget, ZPO, § 830 Rdn. 3.
19 Ebenso Bohn, Die Pfändung von Hypotheken etc., N 223, der allerdings nur die für die Zeit ab der Pfändung zu entrichtenden Zinsen als mitgepfändet behandelt.

zusammen mit der angeblich zur Sicherung dieser Forderung im Grundbuch des Amtsgerichts … Grundbuchbezirk … Blatt … in Abteilung III Nr. … auf dem Grundstück …straße Hs.-Nr. … (Flur … Flurstück …)[20] *des … – dinglicher Drittschuldner – eingetragenen*

- *Hypothek, für die ein Hypothekenbrief erteilt ist,* oder
- *Hypothek ohne Brief*

in Höhe von … Euro (mehr oder weniger) nebst den Zinsen seit dem …

Die Pfändung erfolgt auch wegen der noch nachzuweisenden Kosten bis zur Höhe von … Euro für Briefwegnahme und Grundbucheintragung.

Gegebenenfalls ist anzufügen:

- bei Teilpfändung: der Text unten Rdn. F.67,
- bei Briefrechten: die Hilfspfändung des Herausgabeanspruchs; siehe dazu unten Rdn. F.30 ff.

1.4. Die Pfändung der Briefhypothek

F.17 **Wirksamwerden der Pfändung:** Wirksam ist die Pfändung einer Forderung, für die eine Briefhypothek besteht, wenn der Pfändungsbeschluss erlassen und der Hypothekenbrief dem Gläubiger[21] übergeben ist (§ 830 Abs. 1 S. 1 ZPO). Dieser erforderlichen Briefübergabe ist die Wegnahme des Briefes im Wege der Zwangsvollstreckung durch den Gerichtsvollzieher gleichgestellt (§ 830 Abs. 1 S. 2 ZPO). Nur dann wird die Pfändung schon mit der Aushändigung des Pfändungsbeschlusses durch das Vollstreckungsgericht an den Gläubiger wirksam[22], wenn sich dieser bei Erlass des Pfändungsbeschlusses bereits im Briefbesitz befindet[23].

F.18 Die Wirksamkeit der Pfändung **besteht nur fort**, wenn der Briefbesitz des Gläubigers keine Unterbrechung erfährt. Mit der Rückgabe des Hypothekenbriefes an den Schuldner oder an einen Dritten erlischt das Pfändungspfandrecht unwiderruflich (siehe § 1278 BGB) und ohne Rücksicht darauf, ob bei Rückgabe die Absicht der Entstrickung bestand oder nicht[24]. Nur ein unfreiwilliger Verlust des Briefbesitzes ist unerheblich, führt also nicht zum Erlöschen des Pfandrechts[25].

F.19 Der **Zustellung** des Pfändungsbeschlusses (an den Drittschuldner oder Schuldner) bedarf es zum Wirksamwerden der Pfändung nicht. Die Zustellung kann aber dennoch ratsam sein, weil ihr im Rahmen des § 830 Abs. 2 ZPO eine begrenzte Bedeutung zukommt (siehe deswegen Rdn. F.80). Sie erweist sich neben der Briefübergabe als notwendig, wenn sich der Pfändungsbeschluss auch auf Rückstände

---

20 Bezeichnung des belasteten Grundstücks in Anlehnung an § 28 S. 1 GBO übereinstimmend mit dem Grundbuch; siehe Rdn. F.12.

21 Oder seinem Prozessbevollmächtigten als Besitzmittler, siehe Zöller/Herget, ZPO, § 830 Rdn. 4.

22 So die herrschende Meinung, z.B. Zöller/Herget, ZPO, § 830 Rdn. 4; Musielak/Becker, ZPO, § 830 Rdn. 4.

23 Und zwar auch dann, wenn der Gläubiger den Briefbesitz gegen den Willen des Schuldners erlangt und ausgeübt hat; siehe RG, WarnRspr. 1921 Nr. 97.

24 RGZ 92, 265.

25 Stöber, Rpfleger 1959, 87.

von Zinsen, andere Nebenleistungen und Kosten erstreckt, weil die Pfändung dieser Ansprüche nur nach § 829 Abs. 3 ZPO wirksam wird (siehe Rdn. F.7). Den Gläubiger sichert die Zustellung dadurch, dass sie die Pfändung der Forderung für den Fall bewirkt (s. § 829 Abs. 3 ZPO), dass die eingetragene Hypothek tatsächlich nicht entstanden ist, weil ein dinglicher Erwerbstatbestand nicht erfüllt ist (Rdn. F.5). Deshalb ist es auch ratsam, die Vermittlung der Zustellung zu verlangen (siehe Rdn. B.127) und – bei besonderer Dringlichkeit – für die gleichzeitig mit der Zustellung zu betreibende Briefwegnahme beim Vollstreckungsgericht die Erteilung einer weiteren Beschlussausfertigung zu beantragen.

Durch **Grundbucheintragung** kann die notwendige Briefübergabe nicht ersetzt, die Pfändung also nicht wirksam gemacht werden. Erst dann, wenn die Pfändung nach § 830 Abs. 1 ZPO durch Erlass des Beschlusses **und** Briefübergabe wirksam geworden ist, kann sie im Wege der Grundbuchberichtigung (siehe § 894 BGB) in das Grundbuch eingetragen werden (siehe dazu Rdn. F.41). Eine Grundbucheintragung, die – irrigerweise – schon vorher erfolgt, wahrt dem Pfändungsgläubiger keinen Rang. F.20

Wegen der Wahrung der **Arrest**vollziehungsfrist bei Briefwegnahme siehe Rdn. B.513.

Die freiwillige **Übergabe des Briefes** durch den Schuldner oder einen den Brief besitzenden Dritten an den Gläubiger lässt das Pfändungspfandrecht mit dem Augenblick der Übergabe entstehen[26]. Die Einräumung des Mitbesitzes (siehe § 866 BGB), der die alleinige Gewalt des Schuldners nicht beseitigt, genügt nicht[27]. Die Einräumung des qualifizierten Mitbesitzes durch Einräumung des Mitverschlusses beseitigt aber die alleinige tatsächliche Herrschaft des Schuldners, muss also auch entsprechend § 1274 Abs. 1, § 1206 BGB als tatsächliche Übergabe genügen; siehe dazu Rdn. F.25 ff. F.21

Im Wege der Zwangsvollstreckung wird die **Briefwegnahme** auf Antrag des Gläubigers durch den Gerichtsvollzieher bewirkt. Dieser nimmt nach § 883 Abs. 1 ZPO den Brief beim Schuldner weg und übergibt ihn dem Gläubiger. Diese **Wegnahmezwangsvollstreckung** erfolgt auf Grund einer Ausfertigung des Pfändungsbeschlusses[28], die keiner Vollstreckungsklausel bedarf, als Vollstreckungstitel für die Briefwegnahme aber dem Schuldner spätestens bei Beginn der Wegnahmezwangsvollstreckung zugestellt sein muss (§ 750 Abs. 1 ZPO). Mit dem Pfändungsbeschluss muss dem Gerichtsvollzieher auch der ihm zugrunde liegende Schuldtitel vorliegen[29] (§ 122 Nr. 2 GVGA). Dieser ist Vollstreckungsgrundlage, weil die Herausgabevollstreckung im Dienste der Geldvollstreckung steht (vgl. Rdn. F.30), die Übergabe im Wege der Zwangsvollstreckung mithin bei Zwangsvollstreckung der Geldforderung erfolgt. Daher kann der Pfändungsbeschluss allein nicht Grundlage der Zwangsvollstreckung sein, sondern lediglich die zur Vollstreckung der Geldforderung nach § 830 Abs. 1 S. 2 ZPO zulässige Herausgabevollstreckung durch Darstellung des wegzunehmenden Gegenstandes konkretisieren. F.22

---

26 OLG Düsseldorf, OLGZ 1969, 208 = Rpfleger 1969, 65.
27 Zöller/Herget, ZPO, § 830 Rdn. 4.
28 BGH, MDR 2012, 672 = NJW-RR 2012, 782 = Rpfleger 2012, 379.
29 Tempel, JuS 1967, 119; Zöller/Herget, ZPO, § 830 Rdn. 5; Stein/Jonas/Würdinger, ZPO, § 830 Rdn. 14; **a.A.** AG Bad Schwartau, DGVZ 1981, 63 mit abl. Anm. Schriftleitung.

F.23 Ausdrücklicher Feststellung der Verpflichtung des Schuldners zur Herausgabe des Briefes an den Gläubiger bedarf es im Pfändungsbeschluss nicht. Notwendig ist aber eine so genaue Bezeichnung des Briefes, das heißt der Hypothek, für die der Brief erteilt ist, dass ihn der Gerichtsvollzieher nach dieser Bezeichnung beim Schuldner aufsuchen und wegnehmen kann. Ist diese Bezeichnung unzureichend, so kann der Gläubiger die Vervollständigung des Pfändungsbeschlusses beim Vollstreckungsgericht beantragen (§ 122 Nr. 3 GVGA).

F.24 Wenn der Gerichtsvollzieher den Brief beim Schuldner nicht vorfindet, ist dieser zur Versicherung an Eides statt nach § 883 Abs. 2 ZPO verpflichtet. Vollstreckungstitel für dieses Offenbarungsverfahren ist ebenfalls der zugestellte Pfändungsbeschluss, der keiner Vollstreckungsklausel bedarf. Der zugrunde liegende Schuldtitel muss auch hier vorgelegt werden.

F.25 Ob und wie die Pfändung sofort wirksam gemacht werden kann, wenn sich der **Brief im Besitz eines Dritten** (Verwahrer, Treuhänder, Pfandgläubiger, Gläubiger eines Zurückbehaltungsrechts usw.) befindet, ist nicht abschließend geklärt. Es steht jedoch fest, dass die Pfändung jedenfalls dann wirksam wird, wenn der Dritte den Brief dem Gläubiger freiwillig herausgibt (siehe Rdn. F.17, F.21). Der Herausgabe (Übergabe) wird die Hinterlegung gleichgestellt, wenn das Recht des Dritten als Hinterleger auf Rücknahme der hinterlegten Sache ausgeschlossen ist (§ 376 BGB), und zwar auch dann, wenn der Dritte hinterlegt hat, weil ihm wegen des Streites mehrerer Personen der Berechtigte des Herausgabeanspruchs nicht bekannt war (siehe § 372 BGB)[30]. In der Vorlegung des Briefes in einem Zwangsversteigerungs- oder Zwangsverwaltungsverfahren an das Vollstreckungsgericht zur Legitimation des Drittschuldners ist aber eine Übergabe des Briefes an den pfändenden Gläubiger nicht zu erblicken[31].

F.26 Die Herausgabe oder Hinterlegung verbietet sich für den Dritten, wenn er sein eigenes Recht am Brief nicht aufgeben kann, insbesondere wenn er Pfandgläubiger ist, weil dann mit der Briefherausgabe sein Pfandrecht unwiderruflich erlöschen würde (siehe Rdn. F.18). In solchen Fällen erhebt sich die Frage, ob die Pfändung nur wirksam werden kann, wenn der Gläubiger den unmittelbaren Besitz des Briefes erlangt, oder ob auch die Erlangung des mittelbaren Besitzes ausreicht, mit anderen Worten, ob unter der von § 830 ZPO verlangten Übergabe nur die körperliche Übergabe (Aushändigung) des Briefes verstanden werden kann oder ob zur Entstehung des Pfandrechts auch eine Ersatzübergabe ausreicht. Da nicht ersichtlich ist, was bei Briefbesitz eines Dritten und Bereitschaft dieses Dritten oder des Schuldners zur Ersatzübergabe einen sofortigen wirksamen Pfändungszugriff verbieten könnte, ist auch hier die entsprechende Anwendung von Vorschriften des BGB über das Pfandrecht (siehe dazu Rdn. B.149), nämlich § 1274 Abs. 1, § 1205 Abs. 2, § 1206 BGB geboten[32]. Diese Vorschriften lauten:

---

30 RGZ 135, 272 (274).
31 RGZ 59, 313 (318).
32 Ebenso Zöller/Herget, ZPO, § 830 Rdn. 6, sowie, wenn auch zum Teil mit Abweichungen und Einschränkungen (siehe dazu Rdn. F.27 ff.), RG, WarnRspr. 1921 Nr. 97; KG, OLGE 15, 12; KG, OLGE 29, 217 f.; OLG Frankfurt, NJW 1955, 1483; **anders** wohl – aber nur beiläufig – RGZ 135, 272 (275); **a.A.** aber vor allem Stein/Jonas/Würdinger, ZPO, § 830 Rdn. 10.

§ 1274 BGB
Bestellung

(1) Die Bestellung des Pfandrechts an einem Recht erfolgt nach den für die Übertragung des Rechts geltenden Vorschriften. Ist zur Übertragung des Rechts die Übergabe einer Sache erforderlich, so finden die Vorschriften der §§ 1205, 1206 Anwendung.

§ 1205 BGB
Bestellung

(2) Die Übergabe einer im mittelbaren Besitze des Eigentümers befindlichen Sache kann dadurch ersetzt werden, dass der Eigentümer den mittelbaren Besitz auf den Pfandgläubiger überträgt und die Verpfändung dem Besitzer anzeigt.

§ 1206 BGB
Übergabeersatz durch Einräumung des Mitbesitzes

An Stelle der Übergabe der Sache genügt die Einräumung des Mitbesitzes, wenn sich die Sache unter dem Mitverschluss des Gläubigers befindet oder, falls sie im Besitz eines Dritten ist, die Herausgabe nur an den Eigentümer und den Gläubiger gemeinschaftlich erfolgen kann.

Mittelbarer Besitzer (§ 1205 Abs. 2 BGB) ist der **Schuldner** als Gläubiger der zu pfändenden Hypothek und damit Eigentümer des Briefes (§ 952 Abs. 2 BGB), wenn der Dritte den Brief als Nießbraucher, Pfandgläubiger, Verwahrer oder in einem ähnlichen Verhältnisse besitzt, vermöge dessen er dem Schuldner nur auf Zeit zum Besitz berechtigt und verpflichtet ist (§ 868 BGB). Bei entsprechender Anwendung des § 1205 Abs. 2 BGB kann der **Schuldner** als Briefeigentümer die nach § 830 Abs. 1 ZPO notwendige Briefübergabe somit dadurch ersetzen, dass er seinen mittelbaren Besitz durch Abtretung des Herausgabeanspruchs (§ 870 BGB) auf den Gläubiger überträgt[33] **und** dies dem Dritten als unmittelbarem Besitzer anzeigt. Die Anzeige muss der Schuldner als Briefeigentümer vornehmen; der Gläubiger könnte sie nur als Vertreter des Schuldners erstatten (Bevollmächtigung muss daher erfolgt sein). Diese Erlangung des mittelbaren Besitzes genügt für die Entstehung des Pfandrechts aber nur dann, wenn der Gläubiger in der Lage ist, auch als mittelbarer Besitzer sein Pfandrecht zu verwerten, sich also den unmittelbaren Besitz des Briefes von dem zur Herausgabe verpflichteten Dritten zu verschaffen[34]. Das ist der Fall, wenn der unmittelbare Besitzer befugt ist, dem Gläubiger den Brief zu übergeben[35]. Das kann er nicht, wenn ihm der Brief selbst nicht zur Verfügung steht, z.B. weil er zu gerichtlichen Akten vorgelegt und durch einstweilige Verfügung die Rückforderung verboten oder weil er beschlagnahmt ist. Dagegen steht dem Erwerb des Pfandrechts nicht entgegen, dass der Dritte wegen seiner eigenen Rechte am Brief, z.B. weil sein eigenes Pfand- oder Zurückbehaltungsrecht nicht erloschen ist, zeitweilig zur Herausgabe nicht bereit ist und nicht gezwungen werden kann[36]. F.27

Der **Dritte** kann nach § 1206 BGB die Briefübergabe dadurch ersetzen, dass er dem Gläubiger den **qualifizierten Mitbesitz** einräumt (siehe schon Rdn. F.21) oder sich dem Gläubiger gegenüber zur Herausgabe nur an ihn oder an ihn und den F.28

33 So auch KG, OLGE 29, 217 f.; Haegele, JurBüro 1955, 81.
34 RG, WarnRspr. 1921 Nr. 97; OLG Frankfurt (Fn. 32).
35 Siehe RG (Fn. 34).
36 So auch Tempel, JuS 1967, 120.

Teil F Grundpfandrechte

Schuldner gemeinsam verpflichtet. Erforderlich ist im letzteren Fall wiederum, dass der Dritte berechtigt ist, dem Gläubiger den Brief zu übergeben (siehe Rdn. F.27).

Die Mitwirkung des Schuldners als Briefeigentümer, d.h. seine Anweisung an den Besitzer, den Brief nur noch dem Gläubiger und Schuldner gemeinsam herauszugeben[37], ist für diese Verpflichtung nicht notwendig[38]. Denn gegen ihn wird ja gerade durch Vollstreckung rechtlicher Zwang ausgeübt. Infolge der Pfändung wird seine Verfügungsmacht über den Brief daher schon dann beschränkt, wenn der Besitzer sich dem Gläubiger gegenüber wirksam verpflichtet. Auf die andere Rechtslage bei Verpfändung[39] kann nicht verwiesen werden, weil es dort am rechtlichen Zwang fehlt und deshalb eine Bindung des Schuldners nur durch seine rechtsgeschäftliche Erklärung eintreten kann.

F.29 Der **Schuldner** selbst, der den Brief noch besitzt, kann nach § 1206 BGB ebenfalls die Briefübergabe dadurch ersetzen, dass er dem Gläubiger den **qualifizierten Mitbesitz** einräumt (siehe dazu schon Rdn. F.21). In allen Fällen der qualifizierten Mitinhabung des Briefbesitzes durch den Gläubiger müssen die Besitzverhältnisse so gestaltet sein, dass eine unmittelbare und selbstständige (alleinige) tatsächliche Verfügung des Schuldners über den Brief ausgeschlossen ist[40]. Das ist insbesondere bei gemeinsamem Mitverschluss oder Verwahrung des Briefes durch einen gemeinsamen Treuhänder der Fall.

F.30 Wenn weder der Dritte noch der Schuldner bereit sind, nach dem Rdn. F.25 ff. Gesagten eine Ersatzübergabe herbeizuführen, kann der Gläubiger gegen den nicht zur Herausgabe bereiten Dritten, der den Hypothekenbrief besitzt, nur nach einer **Pfändung des Herausgabeanspruchs** des Schuldners vorgehen. Diese Pfändung des Herausgabeanspruchs ist Hilfspfändung (siehe Rdn. B.371). Drittschuldner dieser Hilfspfändung ist der den Brief besitzende Dritte; mit der Zustellung des Pfändungsbeschlusses an ihn wird die Hilfspfändung wirksam.

Als Grundlage dieser Hilfspfändung wird der Pfändungsbeschluss angesehen, nicht der auf Geldleistung lautende Vollstreckungstitel[41], auf Grund dessen der Gläubiger diesen Pfändungsbeschluss erwirkt hat[42]. Dafür wird vorgebracht[43], es handle sich nicht um eine Pfändung nach §§ 808 ff. ZPO, sondern um eine Zwangsvollstreckung zur Herausgabe einer Sache, mithin um eine Hilfspfändung nach § 886 ZPO. Wie für die Wegnahmevollstreckung nach § 883 ZPO (siehe dazu aber Rdn. F.22) soll der Pfändungsbeschluss im Hinblick auf § 886 ZPO auch für die Hilfspfändung des Herausgabeanspruchs Vollstreckungsgrundlage sein.

Wenn diese Ansicht richtig wäre, könnte die Pfändung des Herausgabeanspruchs nicht sogleich mit dem Beschluss verbunden werden, mit dem Forderung und Hypothek nach § 830 ZPO gepfändet werden. Denn als Vollstreckungstitel

---

37 So z.B. unzutreffend KG, OLGE 15, 12 = KGJ 35, 299; KG, HRR 1929 Nr. 1968.
38 So insbesondere auch OLG Frankfurt (Fn. 32); **a.A.** Tempel, JuS 1967, 120.
39 Siehe deswegen RGZ 85, 431 (439).
40 OLG Frankfurt (Fn. 32); RG (Fn. 39); RGZ 136, 422.
41 Wie hier aber Zöller/Herget, ZPO, § 830 Rdn. 6.
42 BGH, MDR 1979, 922 = NJW 1979, 2045 = Rpfleger 1979, 299; Stein/Jonas/Würdinger, ZPO, § 830 Rdn. 14; Schuschke/Walker, Vollstreckung, § 830 Rdn. 4.
43 Siehe z.B. Stein/Jonas/Würdinger, ZPO, § 830 Rdn. 17.

für die Pfändung des Briefherausgabeanspruchs müsste der Pfändungsbeschluss bei Erlass des Beschlusses nach § 886 ZPO ausgefertigt und dem Schuldner zugestellt sein (Rdn. F.22). Das indes kann so wenig gefordert werden, wie (gegen herrschende Meinung und Praxis) eine Zusammenfassung der Hypothekenpfändung und der Pfändung des Herausgabeanspruchs ausgeschlossen werden kann. Bedeutsam ist vielmehr, dass eine Herausgabevollstreckung nur dann ausschließlich nach § 883 Abs. 1 ZPO zu erfolgen hat und daher auf einem Herausgabetitel beruhen muss, wenn der Vollstreckungsanspruch des Gläubigers lediglich in der Herausgabe einer Sache besteht und mit ihrer Herausgabe erfüllt ist. Daher wird dann auch bei Gewahrsam eines Dritten dem Gläubiger der Herausgabeanspruch des Schuldners nach § 886 ZPO nur überwiesen. Diese Überweisung ermöglicht die Geltendmachung nur des Herausgabeanspruchs zu seiner Befriedigung, zielt aber nicht, wie die Pfändung, auf ein Gläubigerpfandrecht.

Demgegenüber steht bei der Vollstreckung einer hypothekarisch gesicherten Geldforderung die Pfändung des Brief-Herausgabeanspruchs **im Dienste der Geldvollstreckung;** sie ist keine auf Verwertung der herauszugebenden Sache zielende Pfändung nach §§ 846 ff. ZPO, sondern dient der Unterstützung der Vollstreckungsmaßnahme (vgl. Rdn. B.371 ff.), die dem Gläubiger ein Pfandrecht (§ 804 Abs. 1 ZPO) an der Hypothekenforderung (§ 830 ZPO) verschaffen soll. Wie für diese Geldvollstreckung durch Pfändung der Hypothekenforderung kann daher auch für die sie unterstützende und mit ihr zu verbindende, ebenso dann aber auch für die nachfolgende Pfändung des Anspruchs auf Herausgabe des Hypothekenbriefes Vollstreckungstitel nur der auf Geldleistung lautende Schuldtitel sein.

Da dies nicht abschließend geklärt ist, empfiehlt es sich, bei der Pfändung des Briefherausgabeanspruchs im Pfändungsbeschluss als Vollstreckungstitel sowohl den Beschluss über die Pfändung der Hypothekenforderung als auch den dieser Vollstreckung zugrunde liegenden Zahlungstitel zu nennen. Auch von der herrschenden Ansicht wird es aber für unschädlich erachtet, wenn bei der Pfändung des Herausgabeanspruchs für einen existenten Beschluss, mit dem eine Hypothekenforderung gepfändet wurde, als „falscher" Vollstreckungstitel der auf Geldleistung lautende Schuldtitel bezeichnet wird[44].

Diese Hilfspfändung **ersetzt** aber die nach § 830 ZPO notwendige **Briefübergabe nicht**, führt also nicht schon zum Wirksamwerden der Hypothekenpfändung[45]. Sie gibt (nach Überweisung des Nebenanspruchs zur Einziehung) dem Gläubiger vielmehr nur das Recht, den Herausgabeanspruch des Schuldners gegen den Dritten geltend zu machen. Das kann nur dann mit Erfolg geschehen, wenn der Herausgabeanspruch erfüllt werden muss, z.B. deshalb, weil der Dritte den Brief ohne Rechtsgrund oder ohne Besitzrecht (§ 986 BGB) besitzt oder weil sonst ein Herausgabeanspruch (Rückforderungsrecht) besteht, z.B. an den Verwahrer (siehe § 695 BGB) oder einen Pfandgläubiger nach Erlöschen seines Pfandrechts (siehe § 1273 Abs. 2, § 1223 BGB). Bei Weigerung des Briefbesitzers, den fälligen Herausgabeanspruch zu erfüllen, muss der Gläubiger den gepfändeten Anspruch mit Klage verfolgen. Der Gerichtsvollzieher kann nicht auf Grund der Hilfspfän- F.31

Teil F Grundpfandrechte

44 BGH (Fn. 42).
45 RGZ 63, 214; KG, OLGE 11, 111; KG, OLGE 29, 217 f.; siehe auch RGZ 59, 313 (318); abw. nur Tempel, JuS 1967, 121 f.

dung, sondern nur auf Grund eines Herausgabeurteils den Brief nach § 883 Abs. 1 ZPO beim Dritten wegnehmen. Erst mit der Briefübergabe oder -wegnahme wird dann die Pfändung der Briefhypothek wirksam.

F.32 Wenn die Pfändung der Hypothekenforderung und ein Beschluss über die Pfändung des gegen einen Dritten bestehenden Anspruchs auf Herausgabe des Hypothekenbriefes erwirkt (letzterer wegen § 829 Abs. 3 ZPO auch zugestellt) worden sind, ist die **Verstrickung des Herausgabeanspruchs** mit der Folge eingetreten, dass ihn der Hypothekengläubiger nicht mehr mit Wirkung gegenüber dem Pfändungsgläubiger abtreten und damit die Hypothek übertragen kann[46].

F.33 Ist der Dritte zur Herausgabe **nicht verpflichtet**, z.B. weil er als Pfandgläubiger besitzt, so kann der Gläubiger den Herausgabeanspruch derzeit nicht geltend, die Pfändung der Hypothek also auch nach der Hilfspfändung zunächst nicht wirksam machen. Der Gläubiger kann den Brief auch nicht erlangen, wenn der besitzende Dritte ein (gesetzliches oder vertraglich vereinbartes) Zurückbehaltungsrecht (§ 273 BGB) hat[47]. Der (pfändende) Gläubiger kann nur den Herausgabeanspruch des Schuldners im eigenen Namen geltend machen, nicht aber weitergehende Rechte verfolgen; ihm kann der besitzende Dritte daher mit Einrede auch sein Zurückbehaltungsrecht entgegenhalten (Rdn. B.170). Ein vertraglich vereinbartes Besitzrecht des Dritten, z.B. zur Sicherung eines (nur mit schuldrechtlicher Wirkung vereinbarten) Verfügungsverbots (§ 137 S. 2 BGB), kann als Gegenrecht dem Gläubiger daher ebenso entgegengehalten werden.

F.34 **Formulierungsvorschlag** (im Anschluss an das Beispiel Rdn. F.16):

Gepfändet wird außerdem der angebliche Anspruch des Schuldners an … – Drittschuldner dieser Hilfspfändung – auf Herausgabe des über die vorbezeichnete Hypothek erteilten Hypothekenbriefes.

F.35 Dem **Grundbuchamt** kann der Hypothekenbrief vorliegen, weil er zwar bereits erteilt, aber noch nicht ausgehändigt oder weil er vom Briefbesitzer für eine spätere Eintragung vorgelegt worden ist (siehe § 41 GBO). Im letzteren Fall ist der Brief dem, der ihn im eigenen Namen eingereicht hat oder in dessen Namen er vorgelegt ist oder der vom Einsender als Empfangsberechtigter bezeichnet ist, zurückzugeben[48]. Hat demnach der Schuldner als Hypothekengläubiger den Briefherausgabeanspruch, so kann sein Anspruch nach Maßgabe des Rdn. F.30 ff. Gesagten gepfändet und dann geltend gemacht werden.

F.36 Den **Anspruch auf Aushändigung** des nach Eintragung der Hypothek erteilten Briefes hat der Eigentümer des Grundstücks (§ 60 Abs. 1 GBO). Das eingetragene Recht ist in diesem Fall als Hypothek noch gar nicht entstanden (siehe § 1117 BGB), sondern Eigentümergrundschuld (§ 1163 Abs. 2 BGB); es kann daher von Gläubigern des eingetragenen Hypothekengläubigers noch nicht gepfändet werden (aber Forderungspfändung durch diese; s. Rdn. F.5), sondern nur von Gläubi-

---

46 BGH (Fn. 42) (für die Grundschuld); dort auch zum Ausschluss gutgläubigen Erwerbs der Grundschuld bei Übertragung mit Abtretung des Briefherausgabeanspruchs in einem solchen Fall.

47 **A.A.** LG Insterburg, JW 1933, 718: das Zurückbehaltungsrecht wirkt nicht gegen den pfändenden Gläubiger.

48 RG, HRR 1932 Nr. 473; KGJ 43, 271.

gern des Eigentümers. Der Eigentümer kann aber mit dem Schuldner als Hypothekengläubiger vereinbart haben, dass er berechtigt sein soll, sich den Brief vom Grundbuchamt aushändigen zu lassen (§ 1117 Abs. 2 BGB), und das Grundbuchamt zur Briefherausgabe an den Schuldner als Hypothekengläubiger angewiesen haben (§ 60 Abs. 2 GBO). Dann ist die Hypothek schon mit der Eintragung, also vor der Briefherausgabe für den Schuldner als eingetragener Hypothekengläubiger entstanden. Sein Anspruch auf Herausgabe des Briefes ist dann ebenfalls nach Maßgabe des Rdn. F.30 ff. Gesagten pfändbar (s. auch Rdn. F.5).

Hat der Eigentümer **nur** die in § 60 Abs. 2 GBO geregelte Anweisung an das **Grundbuchamt** getroffen (öffentlich-rechtlicher Herausgabeanspruch), die Übergabe des Briefes aber nicht durch die Vereinbarung des § 1117 Abs. 2 BGB ersetzt (privatrechtlicher Herausgabeanspruch), dann erwirbt der Schuldner als eingetragener Hypothekengläubiger das Recht erst mit der Aushändigung des Briefes[49]. Solange das Grundbuchamt den Brief noch besitzt, ist das Recht dann Eigentümergrundschuld (siehe Rdn. F.36). Der nur öffentlich-rechtliche Herausgabeanspruch des § 60 Abs. 2 GBO kann daher nicht gepfändet werden. Für die wirksame Pfändung des Herausgabeanspruchs ist vielmehr notwendig, dass ein mit dem öffentlich-rechtlichen Herausgabeanspruch identischer privatrechtlicher Anspruch (§ 1117 Abs. 2 BGB) besteht[50]. Das Grundbuchamt darf nach der Zustellung des Pfändungsbeschlusses den Brief daher nur dann an den pfändenden Gläubiger herausgeben, wenn das Bestehen des privatrechtlichen Anspruchs nachgewiesen ist. F.37

Bei **nachträglicher Erteilung** (siehe § 1116 Abs. 3 BGB) ist der Brief dem Hypothekengläubiger auszuhändigen (§ 60 Abs. 1 GBO). Von seinen Gläubigern kann dieser Herausgabeanspruch nach Maßgabe des Rdn. F.30 ff. Gesagten gepfändet und geltend gemacht werden. F.38

Durch Pfändungsbeschluss und Briefübergabe oder -wegnahme wird die Hypothek auch dann gepfändet, wenn der **Schuldner nicht** als ihr Gläubiger **im Grundbuch eingetragen** ist, weil er das Recht durch Abtretung (§ 1154 BGB) oder Erbfolge erworben hat. Die Abtretungserklärung (gegebenenfalls auch die Abtretungserklärungen vorheriger Gläubiger) kann der Gläubiger nach § 836 Abs. 3 ZPO herausverlangen (siehe deswegen Rdn. B.267 ff.); für die Wirksamkeit der Pfändung ist ihre Übergabe nicht erforderlich. F.39

Die für die Wirksamkeit der Pfändung notwendige Briefübergabe entfällt nicht, wenn der **Brief verloren** gegangen oder vernichtet ist. Insbesondere kann dann die notwendige Briefübergabe nicht durch Eintragung der Pfändung in das Grundbuch ersetzt werden (s. bereits Rdn. F.20). Der Gläubiger muss vielmehr den Hypothekenbrief im Wege des Aufgebotsverfahrens für kraftlos erklären (§ 1162 BGB, §§ 433 ff. FamFG) und dann einen neuen Brief herstellen lassen. Mit der Übergabe des neuen Briefes an den Gläubiger (nicht schon mit der Rechtskraft des Ausschließungsbeschlusses oder mit der Pfändung des Anspruchs auf Bildung und Herausgabe des neuen Briefes) ist die Pfändung bewirkt[51]. Das Recht des Schuldners (als Gläubiger der Hypothek) auf Kraftloserklärung des Briefs (§ 1162 BGB) F.40

49 RGZ 135, 206 (207).
50 KGJ 44, 277.
51 KG, HRR 1931 Nr. 1708.

und auf Erteilung eines neuen Briefs (§ 67 GBO) kann der Gläubiger nach Erlass des Pfändungsbeschlusses geltend machen; einer zusätzlichen Pfändung dieser Rechte bedarf es nicht[52].

F.41 Mit dem Wirksamwerden der Pfändung durch Briefwegnahme wird das **Grundbuch unrichtig**. Der Gläubiger kann daher die Grundbuchberichtigung durch **Eintragung der Pfändung** verlangen (siehe § 894 BGB). Die Eintragung erfolgt auf schriftlichen Antrag des Gläubigers (§ 13 Abs. 1 GBO)[53]. Das Wirksamwerden der Pfändung und damit die Unrichtigkeit des Grundbuchs müssen durch Vorlage des Pfändungsbeschlusses (Ausfertigung) und des Hypothekenbriefes nachgewiesen werden (§ 22 Abs. 1 GBO); einer Eintragungsbewilligung des Schuldners (siehe § 19 GBO) bedarf es nicht. Ein Nachweis über die Zustellung des Pfändungsbeschlusses an den Drittschuldner und Schuldner ist nicht erforderlich (siehe bereits Rdn. F.19); der Vollstreckungstitel muss dem Grundbuchamt nicht vorgelegt sein. Wird der Brief mit dem Eintragungsantrag nicht vorgelegt, so verbietet sich eine Zwischenverfügung nach § 18 GBO. Der Antrag ist sofort zurückzuweisen[54] oder auf Wunsch des Antragstellers mit der Folge auszusetzen, dass er bei Behebung des Mangels, d.h. mit der Briefvorlage, als neu und nunmehr ordnungsgemäß im Sinne des § 13 GBO gestellt gilt[55]. In der Vorlage des Briefes durch den Gläubiger selbst liegt bereits der Nachweis, dass der Brief dem Gläubiger übergeben, die Pfändung also wirksam geworden ist[56]. Dem Grundbuchamt muss daher nicht gesondert nachgewiesen werden, wie der Gläubiger in den Besitz des Briefes gelangt ist. Der Brief muss dem Grundbuchamt aber auch vorgelegt werden, wenn eine Ersatzübergabe (siehe Rdn. F.26 ff.) erfolgt ist (§ 41 Abs. 1 GBO). Da in einem solchen Fall der Dritte den Brief vorlegt, ein Gläubigerbesitz mithin die Wirksamkeit der Pfändung nicht ausweisen kann, muss auch die Ersatzübergabe, die zur Wirksamkeit der Pfändung geführt hat, in grundbuchmäßiger Form nachgewiesen werden (§ 29 GBO). Die damit auftretenden Schwierigkeiten können es vielfach ratsam erscheinen lassen, in solchen besonderen Fällen von der Grundbuchberichtigung abzusehen. Eintragungsvermerk: Siehe Rdn. F.46.

F.42 Wenn der Schuldner nicht als Hypothekengläubiger eingetragen ist, weil er selbst die Hypothek durch Abtretung mit Briefübergabe (§ 1154 BGB) oder durch Erbfolge erworben hat, kann die Pfändung erst nach Voreintragung des Schuldners (§ 39 Abs. 1 GBO) oder Nachweis seines Gläubigerrechts durch öffentlich beglau-

---

52 BGH (Fn. 28); damit ist die früher vielfach vertretene Gegenmeinung hinfällig.

53 Auch die Vollmacht bedarf keiner Form (§ 30 GBO). Hat das Vollstreckungsgericht die Vollmacht bereits geprüft und demgemäß den Gläubigervertreter im Pfändungsbeschluss bezeichnet, so braucht dem Grundbuchamt keine weitere Vollmacht mehr eingereicht zu werden. Die Zurücknahme des Eintragungsantrages bedarf gleichfalls nicht der in § 29 S. 1 GBO vorgeschriebenen Form (§ 31 S. 2 GBO). Das wird auch für die Vollmacht zur Zurücknahme des Antrages gelten müssen.

54 KG, JFG 14, 144; KG, JW 1937, 892.

55 Riggers, Rpfleger 1957, 182 f.; siehe auch KG, JW 1937, 892, das den Antrag als in dem Zeitpunkt, in dem die Pfändung durch Wegnahme des Briefes wirksam geworden ist, im Sinne des § 17 GBO eingegangen behandelt.

56 Bohn, Die Pfändung von Hypotheken etc., N 176; Tempel, JuS 1967, 123. Wenn dem Grundbuchamt ein fehlerhafter Briefbesitz bekannt ist, kann es in der Briefvorlage den Nachweis der Briefübergabe und damit des Wirksamwerdens der Pfändung nicht erblicken.

bigte Abtretungserklärung(en) (§ 1155 BGB, § 39 Abs. 1 GBO) eingetragen werden.

Wegen des bei der Mitpfändung von Zinsen etwa notwendigen weiteren Nachweises siehe Rdn. F.15.

Die eingetragene Grundbuchberichtigung wird auf dem Hypothekenbrief (§ 62 Abs. 1 GBO), nicht aber auf dem Pfändungsbeschluss vermerkt.

Formulierungsvorschlag: F.43

An das Amtsgericht – Grundbuchamt – in …

Im Grundbuch des Grundbuch des Grundbuchbezirks … Blatt … ist auf dem Grundbesitz …straße Hs.-Nr. … (Flur … Flurstück …) in Abt. III Nr. … für meinen Schuldner … eine Hypothek mit Brief für eine Darlehensforderung von … Euro nebst … % Zinsen eingetragen.

Diese Hypothekenforderung wurde mit Beschluss des Amtsgerichts … vom …, Aktenz. M …/…, wegen meiner in diesem Beschluss genannten Ansprüche zu meinen Gunsten gepfändet. Die Pfändung ist durch Übergabe des Hypothekenbriefes an mich als Gläubiger wirksam geworden.

Eine Ausfertigung des Pfändungsbeschlusses und den Hypothekenbrief füge ich bei.

Ich beantrage, die Pfändung in das Grundbuch einzutragen. Die Kosten der Beschlusszustellung haben … Euro, die der Briefwegnahme … Euro betragen. Dass die Pfändung auch wegen dieser Kosten und der Eintragungskosten erfolgt ist, bitte ich bei der Eintragung zum Ausdruck zu bringen.

1.5. Die Pfändung der Buchhypothek

Die Pfändung einer Forderung, für die eine Buchhypothek besteht (Hypothek ohne Brief, § 1116 Abs. 2 BGB), wird durch Erlass des Pfändungsbeschlusses und Eintragung der Pfändung in das Grundbuch bewirkt (§ 830 Abs. 1 S. 3 ZPO). Buchhypotheken, die in dieser Weise zu pfänden sind, sind auch F.44

- die Sicherungshypothek (§§ 1184, 1185 Abs. 1 BGB) unter Einschluss der Zwangs- (§ 866 Abs. 1 ZPO) und Arrestsicherungshypothek (§ 932 ZPO). Siehe aber wegen des Sonderfalls der Sicherungshypothek für verbriefte Forderungen (§ 1187 BGB) unten Teil H.
- die Höchstbetragshypothek (§ 1190, insbesondere Abs. 3, i.V.m. § 1185 Abs. 1 BGB). Siehe aber wegen der hier unter Umständen möglichen Pfändung ohne Grundbucheintragung Rdn. F.58.

Durch Grundbucheintragung wird die Pfändung auch dann wirksam, wenn die Hypothek bei Erlass des Pfändungsbeschlusses Briefhypothek war, die Erteilung des Briefes aber nachträglich ausgeschlossen wurde (siehe § 1116 Abs. 2 BGB), bevor die Pfändung durch Briefübergabe wirksam gemacht werden konnte[57].

---

57 Die Eintragung erfolgt auf Grund des Pfändungsbeschlusses, der weder berichtigt noch neu erlassen werden muss.

F.45 Die **Eintragung** der Pfändung der Buchhypothekenforderung **in das Grundbuch** erfolgt auf Grund des Pfändungsbeschlusses (§ 830 Abs. 1 S. 3 ZPO)[58], der nicht zugestellt[59] sein muss (siehe Rdn. F.19)[60], und nur auf Antrag des Gläubigers (§ 13 Abs. 1 GBO). Das Vollstreckungsgericht kann nicht um Eintragung ersuchen. Der Antrag des Gläubigers bedarf nicht der Form des § 29 GBO (wegen der Vollmacht siehe oben Fn. 53). Wegen der evtl. notwendigen Voreintragung des Betroffenen siehe §§ 39, 40 GBO. Das Antragsrecht des Gläubigers auf Grundbuchberichtigung folgt aus § 14 GBO, sein Recht auf die für den Unrichtigkeitsnachweis (siehe § 22 GBO) notwendigen Urkunden aus § 792 ZPO, § 357 Abs. 2 FamFG und § 2264 BGB[61]. Wegen der bei mangelhaftem Antrag möglichen Zwischenverfügung siehe § 18 GBO. Unzulässig wird die beantragte Eintragung der Pfändung, wenn dem Grundbuchamt ein Beschluss über die Einstellung der Zwangsvollstreckung bekannt wird (§ 775 ZPO).

F.46 Die **Grundbucheintragung**[62] erfolgt in Spalte 7 mit Spalten 5 und 6 der Abteilung III (§ 11 Abs. 6, 8 GBV). Sie erfordert im **Eintragungsvermerk** die bestimmte Bezeichnung der Rechtsänderung mit ihrem gesetzlichen Inhalt, somit die Bezeichnung des Gläubigers (§ 15 GBV) und des Pfandrechts (genügend: „Gepfändet für …") mit Angabe der gesicherten Vollstreckungsforderung. Die Bezeichnung der Vollstreckungsforderung und ihres Geldbetrages[63] kann auch durch Bezugnahme auf den Pfändungsbeschluss erfolgen[64]; üblich ist die Grundbucheintragung nach den Eintragungsbeispielen Anlage 1 GBV Abt. III Nr. 3 und Anlage 2a GBV Abt. III Nr. 4 Spalten 5–7; in diesen ist wohl deshalb noch auf die Eintragungsgrundlage verwiesen, weil die Forderung nur mit ihrem Geldbetrag, nicht aber als konkret bestimmte Vollstreckungsforderung aus einem bezeichneten Vollstreckungstitel eingetragen und mitvollstreckte Kosten der Pfändung selbst (§ 788 ZPO) überhaupt nicht angegeben sind.

F.47 **Formulierungsvorschlag:**

An das Amtsgericht – Grundbuchamt – in …

Im Grundbuch des Grundbuch des Grundbuchbezirks … Blatt … ist auf dem Grundbesitz …straße Hs.-Nr. … (Flur … Flurstück …) in Abt. III Nr. … für meinen Schuldner … eine Hypothek ohne Brief für eine Darlehensforderung von … Euro nebst … % Zinsen eingetragen.

---

58 Die Vorlage des Vollstreckungstitels ist nicht erforderlich, Zöller/Herget, ZPO, § 830 Rdn. 9; Schöner/Stöber, Grundbuchrecht, Rdn. 2455; **a.A.** Tempel, JuS 1967, 118 m.w.N.

59 Die Zustellung kann dennoch ratsam sein, s. Rdn. F.19.

60 Wenn die Geschäftsstelle die Zustellung vermittelt, kann das Vollstreckungsgericht um Erteilung einer weiteren Ausfertigung des Pfändungsbeschlusses ersucht werden. Der Gläubiger kann dann unverzüglich den Eintragungsantrag stellen und so verhindern, dass der Schuldner vielleicht frühzeitig vom Erlass des Pfändungsbeschlusses Kenntnis erlangt und noch rasch über die Hypothek verfügt oder dass andere Pfändungen zuvorkommen; siehe dazu auch Haegele, JurBüro 1954, 255.

61 Haegele, JurBüro 1954, 255.

62 Hierwegen siehe Schöner/Stöber, Grundbuchrecht, Rdn. 2456.

63 Die übliche (und zulässige) Angabe im Eintragungsvermerk dient der Bezeichnung der Forderung, Wirksamkeitserfordernis ist sie bei Bezugnahme nicht.

64 Näher dazu Schöner/Stöber, Grundbuchrecht, Rdn. 2456, 2450.

Diese Hypothekenforderung wurde mit Beschluss des Amtsgerichts ... vom ..., Aktenz. M .../..., wegen meiner in diesem Beschluss genannten Ansprüche zu meinen Gunsten gepfändet.

Eine Ausfertigung dieses Pfändungsbeschlusses füge ich bei.

Ich beantrage, die Pfändung in das Grundbuch einzutragen. Die Kosten der Beschlusszustellung haben ... Euro betragen. Dass die Pfändung auch wegen dieser Kosten und der Eintragungskosten erfolgt ist, bitte ich bei der Eintragung zum Ausdruck zu bringen.

1.6. Die Pfandverwertung

Eine gepfändete Hypothekenforderung kann zur Einziehung oder an Zahlungs statt **überwiesen** werden. Auch ihre **anderweitige Verwertung,** insbesondere ihre Versteigerung, kann angeordnet werden (§ 844 ZPO). F.48

Pfändungs- und Überweisungsbeschluss werden seit jeher (zumeist[65]) **zusammen erlassen** (siehe Rdn. B.198, auch zum Überweisungsbeschluss in dem verbindlich zu nutzenden Antragsformular). Dieses sachgemäße und praktikable Verfahren stellt schon die Begründung des CPO-Entwurfs und nochmals die sog. BGB-Novelle (1898) als zweckdienlich dar (dazu Rdn. B.198); § 314 Abs. 2 AO sieht es ausdrücklich vor. Bedenken dagegen sind nicht begründet (dazu Rdn. B.198, B.251). Gleichwohl hat der BGH[66] dieses bewährte gesetzesmäßige Verfahren bei der Pfändung einer hypothekengesicherten Forderung als unzulässig bezeichnet. Er nimmt an, die Überweisung als eine Form der Pfandverwertung setze das Bestehen eines voll entstandenen Pfändungspfandrechts (§ 804 Abs. 1 ZPO) voraus. Dieses entsteht bei Pfändung einer Hypothekenforderung erst mit der Übergabe des Hypothekenbriefes oder der Eintragung der Pfändung in das Grundbuch[67] (§ 830 Abs. 1 ZPO), somit nach Erlass des zusammengefassten Pfändungs- und Überweisungsbeschlusses. Die Überweisung bereits zusammen mit dem Pfändungsbeschluss sei daher als Überweisung einer nicht gepfändeten Forderung unzulässige Verwertung ohne Verwertungsrecht. Dem ist nicht zuzustimmen[68]. Mit Erlass des Überweisungsbeschlusses wird die Überweisung nicht schon wirksam. Vielmehr wird die Überweisung, die bereits zusammen mit der Pfändung angeordnet wird, nur gleichzeitig mit der Pfändung wirksam (Rdn. B.198). F.49

Der BGH geht demgegenüber davon aus, der Drittschuldner, dem der Überweisungsbeschluss schon vor Wirksamwerden der Pfändung mit Briefübergabe oder Grundbucheintragung zugestellt wurde, werde in seinem Vertrauen auf den F.50

65 Wenn die Pfandverwertung schon bei Erlass des Pfändungsbeschlusses zulässig ist, nicht somit bei der Sicherungsvollstreckung (§ 720a Abs. 1 ZPO) und nicht bei der Arrestvollziehung (§ 930 Abs. 1 ZPO).

66 BGH (Fn. 4). Zu dieser Entscheidung auch Hintzen und Wolf, Rpfleger 1995, 94; Lüke, JuS 1995, 202.

67 Diese Entscheidung und das nachfolgend Ausgeführte beziehen sich somit nicht auf hypothekarische Einzelansprüche, die in der einfachen Form des § 829 ZPO zu pfänden sind (§ 830 Abs. 3 ZPO; dazu Rdn. F.7 ff.); für solche Forderungen siehe das Rdn. F.55 Gesagte.

68 Hierzu (mit eingehender Begründung) Stöber, NJW 1996, 1180.

rechtlichen Bestand des Beschlusses nach § 836 Abs. 2 ZPO[69] geschützt[70]. Das ist gleichermaßen nicht zutreffend. Den Schutz bei Leistung an einen nicht berechtigten hypothekarischen Gläubiger oder den an seiner Stelle zur Einziehung Befugten regelt § 893 BGB, nicht § 836 Abs. 2 ZPO. Geregelt sind Pfändung und Überweisung einer Hypothekenforderung „im Anschluss an das Hypothekenrecht des BGB“[71]. Der Überweisungsbeschluss, nimmt man seine Wirksamkeit mit der (dafür nicht erforderlichen, § 837 Abs. 1 ZPO) Zustellung an, ersetzt daher die förmlichen Erklärungen des Schuldners, von denen nach den Vorschriften des bürgerlichen Rechts die Berechtigung zur Einziehung der Forderung abhängig ist (§ 836 Abs. 1 ZPO). Überweisungswirkungen und Drittschuldnerschutz sind daher der Rechtslage gleich, die sich für den leistenden Forderungsschuldner bei Übertragung oder Verpfändung einer hypothekengesicherten Forderung ergibt[72]. Diese erfordern ebenso wie die Pfändung einen mehraktigen Verfügungstatbestand. Für einen Gläubigerwechsel mit Abtretung (§§ 398, 1154 BGB) und (alleinige) Einziehungsbefugnis des Pfandgläubigers (§ 1282 Abs. 1 BGB) muss zum Abtretungs- oder Verpfändungsvertrag noch Briefübergabe oder Eintragung in das Grundbuch hinzukommen. Einen Schutz des Vertrauens bei Leistung einer Hypothekenforderung an den **allein** in einer (selbst öffentlich beglaubigten) Abtretungs- oder Verpfändungserklärung Bezeichneten gibt es daher nicht[73]. Den Schutz des leistenden Drittschuldners ermöglicht ebenso nicht schon allein der Überweisungsbeschluss, sondern nur der öffentliche Glaube des Grundbuchs (§ 893 BGB).

F.51 Die Praxis wird der BGH-Entscheidung die (unverdiente) Aufmerksamkeit nicht versagen. Selbst das gebietet jedoch den gesonderten, späteren Erlass des Überweisungsbeschlusses nicht. Der BGH stellt unmissverständlich heraus, dass er Drittschuldnerschutz nur angenommen hat, weil der Überweisungsbeschluss „seinem äußeren Anschein nach nicht einmal erkennen (hat lassen), dass die Überweisung vorerst unwirksam ist“, weil „der Drittschuldner im Gegenteil ohne jeden Vorbehalt aufgefordert (wurde), die geschuldete Leistung an den Gläubiger zu erbringen“, er deshalb „dieser Aufforderung gerichtliche Autorität beimessen“ musste. Er führt weiter aus, dass „in einem derartigen Fall das Vertrauen in die Wirksamkeit der Überweisung so lange zu schützen (sei), bis der Drittschuldner Kenntnis davon erlangt, dass zu dem ihm zugestellten Überweisungsbeschluss noch etwas hinzukommen muss, damit die Überweisung wirksam wird“. Erst von da an sei der Drittschuldner nicht mehr schutzwürdig. Das ermöglicht es, durch entsprechenden Vorbehalt im Überweisungsbeschluss hervorzuheben, dass er nur gleichzeitig mit der Pfändung mit Übergabe des Hypothekenbriefes oder (bei einem Buchrecht) mit der Eintragung in das Grundbuch wirksam wird[74].

---

69 Bedeutung erlangt § 836 Abs. 2 ZPO bei der Pfändung einer Hypothekenforderung indes nur, wenn ein zu Unrecht erlassener Überweisungsbeschluss zugleich mit dem Pfändungsbeschluss mit Briefübergabe oder Eintragung der Pfändung in das Grundbuch wirksam geworden ist. Dazu Stöber (Fn. 68 Abschn. V 6).

70 Ähnlich (als Vorinstanz) KG, JurBüro 1993, 32 mit krit. Anm. Jungfermann; dagegen Zöller/Herget, ZPO, § 836 Rdn. 7.

71 Stöber (Fn. 68 Abschn. III) m.w.N.

72 Stöber (Fn. 68 Abschn. IV).

73 Hierzu näher Stöber (Fn. 68).

74 So auch Stöber (Fn. 68); Walker, Anmerkung LM ZPO § 830 Nr. 3.

Formulierungsvorschläge: F.52

- *Die Überweisung der durch Briefhypothek gesicherten Forderung wird nur gleichzeitig mit der Pfändung wirksam. Für diese ist außer dem Pfändungsbeschluss die Übergabe des Hypothekenbriefes an den Gläubiger erforderlich (§ 830 Abs. 1 Satz 1 ZPO). Das gilt nur nicht für die nach § 830 Abs. 3 ZPO in einfacher Form pfändbaren hypothekarischen Einzelansprüche (§ 837 Abs. 2 ZPO).*
- *Die Überweisung zur Einziehung der durch Hypothek ohne Brief gesicherten Forderung wird nur gleichzeitig mit der Pfändung wirksam. Für diese ist außer dem Pfändungsbeschluss die Eintragung der Pfändung in das Grundbuch erforderlich (§ 830 Abs. 1 Satz 3 ZPO). Das gilt nur nicht für die nach § 830 Abs. 3 ZPO in einfacher Form pfändbaren hypothekarischen Einzelansprüche (§ 837 Abs. 2 ZPO)*[75].
- *Die Überweisung an Zahlungs statt der durch Hypothek ohne Brief gesicherten Forderung wird mit der Eintragung der Pfändung (§ 830 Abs. 1 Satz 3 ZPO) und dieser Überweisung (§ 837 Abs. 1 Satz 2 ZPO) in das Grundbuch wirksam. Das gilt nur nicht für die nach § 830 Abs. 3 ZPO in einfacher Form pfändbaren hypothekarischen Einzelansprüche (§ 837 Abs. 2 ZPO)*[76].

Die **Überweisung** (siehe § 835 ZPO und Rdn. B.191 ff.) **zur Einziehung** wird in allen Fällen, das heißt sowohl bei der Forderung, für die eine Hypothek mit Brief besteht, wie auch bei der durch brieflose Hypothek gesicherten Forderung, mit der Aushändigung des Überweisungsbeschlusses an den Gläubiger wirksam (§ 837 Abs. 1 S. 1 ZPO). Das verbietet die Eintragung dieser Überweisung in das Grundbuch[77]. F.53

Ebenso wird auch die **Überweisung an Zahlungs statt** einer Forderung, für die eine Briefhypothek besteht, mit der Aushändigung des Überweisungsbeschlusses wirksam (§ 837 Abs. 1 S. 1 ZPO). Da aber dieser Überweisungsbeschluss die Abtretungserklärung ersetzt (§ 1155 BGB, § 836 Abs. 1 ZPO), kann die Überweisung an Zahlungs statt der Briefhypothekenforderung nach ihrem Wirksamwerden im Wege der Grundbuchberichtigung in das Grundbuch eingetragen werden[78].

Die **Überweisung an Zahlungs statt** einer Forderung, für die eine brieflose Hypothek besteht, wird erst mit ihrer Grundbuch**eintragung** wirksam (§ 837 Abs. 1 S. 2 ZPO). Die Eintragung erfolgt auf Grund des Überweisungsbeschlusses, der nicht zugestellt sein muss, nach schriftlichem Antrag des Gläubigers[79]. F.54

Auch wenn dem Gläubiger die Hypothekenforderung nur zur Einziehung überwiesen ist, kann er allein nach Befriedigung durch den Drittschuldner diesem eine **löschungsfähige Quittung** aushändigen[80]. Zur Bewilligung der Löschung F.55

---

75 Bei Pfändung der Hauptforderung einer Sicherungshypothek für Inhaber- oder Orderpapiere (Fall des § 1187 BGB) ist die Formulierung im Hinblick auf § 830 Abs. 3 ZPO anpassen.

76 Ggf. Anpassung wie Fn. 75.

77 KGJ 33, 276; Schöner/Stöber, Grundbuchrecht, Rdn. 2462, 2484.

78 Dazu Schöner/Stöber, Grundbuchrecht, Rdn. 2484.

79 Siehe auch Schöner/Stöber, Grundbuchrecht, Rdn. 2462.

80 KG, OLGE 3, 392; KG, OLGE 8, 209; KG, OLGE 15, 377; LG Düsseldorf, MittRhNotK 1982, 23; Haegele, JurBüro 1954, 255; s. auch KG, OLGE 41, 179; KG, OLGE 46, 16 (17).

ohne gleichzeitige Quittungserteilung (sog. abstrakte Löschungsbewilligung) ist der Gläubiger, dem die Hypothekenforderung nur zur Einziehung überwiesen ist, aber nicht befugt[81]. Für Gesamtgläubiger (§ 428 BGB) genügt zum Nachweis der Erfüllung die Quittung eines der Berechtigten, somit auch eine löschungsfähige Quittung seines Pfandgläubigers. Die Pfändung des Rechts nur eines der Gesamtgläubiger berührt das Verfügungsrecht des (oder auch der) anderen Gesamtgläubiger nicht (dazu Rdn. A.70); dieser andere Gesamtgläubiger ist jedoch nicht befugt, die Löschung der Hypothek allein zu bewilligen, wenn er damit nicht das gesamte Recht, sondern nur das (gepfändete) Recht des anderen Gesamtgläubigers zum Erlöschen bringen, sein eigenes Recht aber erhalten will[82].

Für Hypothekenforderungen, die nicht nach § 830 ZPO pfändbar sind, sondern auf dem gewöhnlichen Weg des § 829 ZPO gepfändet werden müssen (siehe die Einzeldarstellung Rdn. F.7 ff.), gilt das vorstehend Gesagte nicht. Ihre Überweisung erfolgt wie die Überweisung jeder gewöhnlichen Forderung nach dem Rdn. B.191 ff. Dargestellten, § 835 ZPO (siehe § 837 Abs. 2 ZPO). Wegen der Höchstbetragssicherungshypothek siehe Rdn. F.58.

F.56 Die Anordnung einer **anderen Art der Verwertung,** insbesondere des **freihändigen Verkaufs** oder der **Versteigerung** der gepfändeten Hypothekenforderung, ist nach § 844 ZPO möglich. Bei der Versteigerung durch den Gerichtsvollzieher nach § 816 ZPO bedarf es einer notariellen Beurkundung der Abtretungserklärung (§ 1154 Abs. 1 BGB) nicht, weil schon der Zuschlag des Gerichtsvollziehers den dinglichen Übertragungsvertrag ersetzt (siehe Rdn. E.14). Der Ersteher einer Buchhypothekenforderung kann daher auf Grund des Zuschlags des Gerichtsvollziehers als neuer Gläubiger eingetragen werden. Mit dieser Eintragung vollzieht sich der Übergang des Rechts. Bei der Versteigerung einer Briefhypothekenforderung muss für den Rechtsübergang zum Zuschlag noch die Briefübergabe kommen[83]. Nach dem damit außerhalb des Grundbuchs eingetretenen Erwerb der Hypothekenforderung kann der Ersteher im Wege der Grundbuchberichtigung eingetragen werden. In allen anderen Fällen ist zur wirksamen Vollziehung des Verkaufs oder der Versteigerung die Abtretung der Hypothekenforderung durch den Veräußerer (Versteigerer) an den Erwerber in der Form des § 1154 Abs. 1 BGB notwendig[84]. Auch die vom Vollstreckungsgericht angeordnete Verwertung der Forderung und Hypothek mittels Versteigerung durch eine Privatperson stellt keinen öffentlichen Akt, sondern ein privates Rechtsgeschäft dar. Es finden daher neben § 156 BGB auch hier § 873 Abs. 1, § 1154 BGB Anwendung[85]; die Forderung (samt Hypothek) wird dem Meistbietenden nach Zuschlag (§ 156 BGB) durch den Versteigerer übertragen.

---

81 KG, OLGE 8, 209; KG, OLGE 15, 377; LG Düsseldorf (Fn. 80); Haegele, JurBüro 1954, 255.

82 OLG Bremen, OLGZ 1987, 29.

83 KGJ 31 A 315.

84 BGH, BB 1964, 1063 = LM Nr. 6 zu § 892 BGB = MDR 1964, 999 (auch zur Anwendung der §§ 892 ff. BGB); Haegele, JurBüro 1954, 255.

85 BGH (Fn. 84); siehe dort auch zur Frage der Gutgläubigkeit beim Erwerb einer Hypothek.

1.7. Sonstige Einzelheiten

Die **Sicherungshypothek** für eine Forderung aus einer **Schuldverschreibung** auf den **Inhaber**, aus einem **Wechsel** oder aus einem anderen **indossablen** Papier wird wie eine ungesicherte Forderung übertragen (§ 1187 S. 3 BGB). Eine solche Forderung ist daher nicht nach der Vorschrift des § 830 ZPO über die Hypothekenpfändung zu pfänden (siehe § 830 Abs. 3 S. 2 ZPO). Gepfändet und verwertet werden F.57

- Forderungen aus einer Schuldverschreibung auf den Inhaber samt der Hypothek nach §§ 808, 821 ZPO,
- Forderungen aus Wechseln und anderen indossablen Papieren samt der Hypothek nach §§ 808, 831 ZPO.

Siehe deswegen Teil H.

Die einer **Höchstbetragshypothek** zugrunde liegende Forderung kann **ohne** die Hypothek nach den vereinfachten, für die Übertragung von gewöhnlichen Geldforderungen geltenden Vorschriften (§§ 398 ff. BGB, also nicht nach § 1154 BGB) übertragen werden (§ 1190 Abs. 4 S. 1 BGB). Bei solcher Übertragung löst sich aber die Forderung von der Hypothek. Auf den Gläubiger geht nur die Forderung über (§ 1190 Abs. 4 S. 2 BGB); die Hypothek wird in Höhe der abgetretenen Forderung Eigentümergrundschuld. Entsprechendes gilt in der Zwangsvollstreckung. Wenn die Forderung ohne die Hypothek an **Zahlungs statt** überwiesen wird, kann die Forderung nach § 829 ZPO gepfändet werden. Mit Wirksamwerden des Pfändungs- und Überweisungsbeschlusses, das heißt mit seiner Zustellung an den Drittschuldner, geht dann nur der gepfändete Betrag der Forderung auf den Gläubiger über; in dieser Höhe wird zugleich die Sicherungshypothek Eigentümergrundschuld (§ 837 Abs. 3 ZPO). Diese Trennung von Forderung und Hypothek soll im Pfändungsbeschluss zum Ausdruck gebracht werden. Selbstverständlich kann der Gläubiger aber auch die Pfändung und Überweisung an Zahlungs statt auf die Hypothek ausdehnen. Dann ist aber, ebenso wie bei der Überweisung zur Einziehung, die Pfändung in der Form des § 830 ZPO, die Überweisung in der Form des § 837 ZPO zu bewirken. F.58

Wird erst nach wirksamer Pfändung der **gewöhnlichen Forderung** in der Form des § 829 ZPO für diese eine Hypothek bestellt oder eingetragen, so erstreckt sich das Pfandrecht an der Forderung mit seinem bisherigen Rang ohne weiteres auch auf die Hypothek, die ja Nebenrecht der Forderung ist[86]. Auf die etwa bereits bewilligte, aber noch nicht eingetragene künftige Hypothek muss sich der Pfändungsbeschluss seinem Wortlaut nach nicht beziehen, und zwar auch nicht bei der Pfändung des in einem Kaufvertrag mitbegründeten Anspruchs auf Bestellung der Hypothek[87]. Auch bedarf es zur Wirksamkeit der Pfanderstreckung auf die nachträglich eingetragene Hypothek nicht der Eintragung der Pfändung in das Grundbuch oder der Übergabe des nachträglich ausgestellten Hypothekenbriefes an den pfändenden Gläubiger. Wenn jedoch nach der Forderungspfändung der Eigentümer als Drittschuldner den Hypothekenbrief an den Pfändungsgläubiger heraus- F.59

86 OLG Hamm (Fn. 7).
87 KG, DNotV 1927, 337.

gibt, gelangen die Hypothek in der Person ihres Gläubigers und daran zugleich das Pfandrecht des pfändenden Gläubigers zur Entstehung[88]. Die Pfändung kann auf Antrag des Gläubigers nachträglich in das Grundbuch eingetragen werden, weil die Eintragung der Hypothek ohne das Pfandrecht das Grundbuch unrichtig macht[89]. Für die Eintragung ist dem Grundbuchamt nachzuweisen, dass die Hypothekenforderung bereits vor der Eintragung der Hypothek wirksam gepfändet worden ist. Durch die Eintragung der Pfändung wird ein dem Gläubiger nachteiliger gutgläubiger Erwerb der Hypothekenforderung durch Dritte ausgeschlossen (siehe § 892 BGB). Die Herausgabe des für die nachträglich eingetragene – gepfändete – Hypothek ausgestellten Briefes kann der Gläubiger vom Schuldner nach § 836 Abs. 3 S. 1 ZPO verlangen. Er kann für die Vollstreckung (§ 836 Abs. 3 S. 3 ZPO) die Ergänzung des Pfändungsbeschlusses, in dem die Briefbezeichnung fehlt, beantragen (siehe Rdn. F.23).

F.60 Ein Gläubigerwechsel mit **Abtretung** der Vollstreckungsforderung oder Übergang kraft Gesetzes auf einen Dritten nach Eintragung der Pfändung im Grundbuch bewirkt Grundbuchunrichtigkeit; mit der Vollstreckungsforderung ist auch das an der gepfändeten Hypothekenforderung erlangte Pfändungspfandrecht auf den Neugläubiger übergegangen (§ 1250 Abs. 1, § 1273 BGB, entspr. Anwendung). Die Eintragung des Neugläubigers als Pfandrechtsgläubiger (vgl. Rdn. F.46) ist somit Grundbuchberichtigung[90]. Wenn nur ein **Teil** der Gläubigerforderung abgetreten wurde oder gesetzlich auf einen Dritten übergegangen ist, gilt das für dessen Eintragung als Gläubiger des entsprechenden Forderungsteils.

F.61 Die Pfändung einer Forderung, für die eine **Gesamt-Buchhypothek** besteht (auch als Belastung mehrerer Bruchteilsanteile von Miteigentümern, § 1114 BGB), wird erst mit Eintragung der Pfändung auf den für alle belasteten Grundstücke (oder Grundstücksteile) geführten Grundbuchblättern, also mit der Eintragung auf dem letzten der mehreren belasteten Grundstücke wirksam[91]. Bis zu dieser Eintragung auf jedem Grundstück besteht ein Pfandrecht überhaupt nicht, also auch nicht für die einzelnen Grundstücke, auf denen die Hypothekenpfändung schon früher eingetragen ist. Eine Pfändung der Gesamthypothek nur hinsichtlich einzelner haftender Grundstücke ist unzulässig[92]. Die Pfändung der Gesamthypothek muss aber nicht notwendig durch einheitlichen Beschluss erfolgen; gegen die mehreren Eigentümer als Drittschuldner können auch nacheinander Einzelbeschlüsse ergehen. Dann wird die zunächst nur auf einem Grundstück eingetragene Pfändung mit dem Hinzukommen der Pfändung und Eintragung auf allen mithaftenden Grundstücken wirksam[93].

---

88 OLG Hamm (Fn. 7).

89 KG, JFG 4, 413; BayObLGZ 32, 23; OLG Hamm (Fn. 7).

90 OLG München, NJW-RR 1988, 981.

91 RGZ 63, 74; KG, JW 1936, 887 = DNotZ 1936, 575 = HRR 1936 Nr. 440; KGJ 33 A 300; KGJ 39 A 248; KGJ 44, 187; Zöller/Herget, ZPO, § 830 Rdn. 9.

92 So auch Zöller/Herget, ZPO, § 830 Rdn. 9; Schöner/Stöber, Grundbuchrecht, Rdn. 2454.

93 RG (Fn. 91); KG (Fn. 91); siehe auch Rdn. A.60.

Über eine **Gesamtbriefhypothek** wird nur ein Hypothekenbrief erteilt (siehe §§ 59, 63 GBO). Die Pfändung des Gesamtrechts wird daher mit der Übergabe oder Wegnahme dieses Briefes wirksam. F.62

Bei einer **Teilpfändung** muss der Teilbetrag der Hypothek, der gepfändet sein soll, genau feststehen und im Pfändungsbeschluss ziffernmäßig bestimmt bezeichnet sein[94]. Ein gepfändeter Teil des Hypothekenkapitals erlangt nur dann Vorrang vor dem nicht gepfändeten Rest, wenn dieser Vorrang im Pfändungsbeschluss auf Antrag zuerkannt ist (siehe Rdn. B.432). Die Teilpfändung aller hypothekarischen Rechte wird gleichfalls nur nach Maßgabe des § 830 ZPO wirksam; lediglich die auf Kosten und rückständige Zinsen oder andere der Rdn. F.7 ff. genannten besonderen Ansprüche beschränkte Teilpfändung wird durch Zustellung des Pfändungsbeschlusses an den Drittschuldner bewirkt (§§ 829, 830 Abs. 3 ZPO). F.63

Bei **Buchrechten** ist die Eintragung der Pfändung des ziffernmäßig bestimmten Teils der Hypothek im Grundbuch erforderlich. Dieser Teil steht, wenn auch wegen der zur Vollstreckungsforderung des Gläubigers geschuldeten **Zinsen** gepfändet ist, nur dann fest, wenn seine Höhe nicht von der Forderung des Gläubigers (zu der ja jeweils Zinsen hinzuwachsen) bestimmt wird[95], sondern unabhängig von ihr als Hypothekenteil bestimmt und klar festgelegt ist. Macht der Pfändungsbeschluss („wegen und in Höhe“) die Bestimmbarkeit des gepfändeten Teils von der jeweiligen Höhe der verzinslichen Vollstreckungsforderung abhängig, so kann wegen des im Grundbuchverkehr geltenden Bestimmtheitsgrundsatzes die Pfändung nur als Vollpfändung der ganzen Hypothek angesehen werden[96]. F.64

Die **Teil**pfändung einer Forderung, für die eine **Brief**hypothek besteht, wird mit der Übergabe des Briefes wirksam. Die Briefübergabe kann in der Rdn. F.25 ff. dargestellten Weise ersetzt werden. Dadurch, dass der Schuldner den – ungeteilten – Hypothekenbrief zugleich als Eigenbesitzer für sich selbst und als Fremdbesitzer für den pfändenden Gläubiger besitzt, kann die Briefübergabe nicht ersetzt werden[97]. Der Gläubiger kann auch die Herstellung und Aushändigung eines Teilhypothekenbriefes betreiben. Er hat gegen den Schuldner einen Anspruch auf Vorlage des Briefes beim Grundbuchamt zur Bildung des Teilbriefs[98]. Mit der Herstellung und Aushändigung des Teilbriefs wird das Pfandrecht wirksam[99]. Auch bei freiwilliger Vorlage des Stammbriefes beim Grundbuchamt durch einen briefbesitzenden Dritten „zum Zwecke der Herstellung eines Teilbriefs“ für den Pfandgläubiger kann die Pfändung wirksam werden[100]. F.65

---

94 Stöber, Rpfleger 1961, 208; siehe auch Rdn. B.97.
95 Deren Höhe sich durch das Anwachsen der Zinsen ständig ändert.
96 KG, HRR 1931, 1707 = JW 1931, 2576; KG, HRR 1933 Nr. 964. **A.A.** OLG Oldenburg (Fn. 18): Teilpfändung, aber der Beanstandung des Grundbuchamts, die Gläubigerforderung sei noch unbestimmt, kann dadurch Rechnung getragen werden, dass der Antrag an das Grundbuchamt auf bereits entstandene Zinsen beschränkt wird (entschieden für Teilpfändung einer Briefgrundschuld).
97 So (für Briefübergabe bei Abtretung eines Teils einer Briefgrundschuld) BGHZ 85, 263 = DNotZ 1983, 313 = MDR 1983, 218 = NJW 1983, 568 = Rpfleger 1983, 60.
98 OLG Oldenburg (Fn. 18).
99 OLG Oldenburg (Fn. 18).
100 OLG Oldenburg (Fn. 18).

F.66 Das Recht **auf die künftigen Zinsen** einer Hypothek kann für sich allein, also ohne das Hypothekenkapital gepfändet werden[101]. Auch diese Pfändung muss aber nach § 830 ZPO, somit durch Briefübergabe oder Grundbucheintragung, erfolgen[102]. Bei selbstständiger Pfändung des Rechts auf die künftigen Zinsen bleibt das Zinsrecht vom Fortbestehen der Hauptforderung abhängig und erlischt mit ihr.

F.67 **Formulierungsvorschlag:**

Gepfändet wird in Höhe eines Teils von ... Euro nebst den Zinsen aus diesem Teilbetrag seit dem ... die für Veräußerung des Grundstücks ... geschuldete angebliche Kaufpreisrestforderung ... (usw., wie Rdn. F.16).

Es wird angeordnet, dass der gepfändete Teil der Forderung und der Hypothek Vorrang vor dem nicht gepfändeten Rest hat.

F.68 Der **öffentliche Glaube** des Grundbuchs (§ 892 BGB) steht dem Gläubiger nicht zur Seite, weil er sein Recht durch Zwangsvollstreckung, nicht aber durch Rechtsgeschäft erwirbt[103]. Der Gläubiger kann sich daher nicht darauf berufen, die Forderung sei für den Schuldner im Grundbuch noch eingetragen, wenn die Pfändung deshalb ins Leere stößt, weil die Forderung als solche oder in der Person des Schuldners bereits erloschen, der Schuldner somit nicht mehr Hypothekengläubiger ist.

F.69 Der im Grundbuch eingetragene **Pfändungsvermerk** kann auf Antrag im Wege der Grundbuchberichtigung (§ 22 GBO) gelöscht werden, wenn nachgewiesen wird, dass der Gläubiger nach § 843 ZPO auf sein Pfandrecht verzichtet hat oder das Pfandrecht sonst untergegangen ist wie z.B. dann, wenn der Pfändungsbeschluss auf Erinnerung oder Beschwerde aufgehoben wurde.

F.70 Für eine Klage des pfändenden Gläubigers gegen den dinglichen und persönlichen Schuldner aus der Hypothek und der persönlichen Forderung und auf den Hypothekenbrief ist der **dingliche Gerichtsstand** der §§ 24, 25 ZPO gegeben. Dieser Gerichtsstand besteht auch für die Klage des dinglichen und persönlichen Schuldners gegen einen angeblichen Pfändungsgläubiger auf Feststellung, dass ihm „keine Forderung und kein Recht aus der Hypothek und auf den Hypothekenbrief zustehe“[104]. Der Gerichtsstand des § 24 ZPO gilt aber nicht für den Rechtsstreit zwischen dem Schuldner (als Hypothekengläubiger) und einem seiner Gläubiger über die Rechtswirksamkeit einer Pfändung[105]. Bei Pfändung durch das Finanzamt wegen rückständiger Steuern ist für eine auf Löschung des im Grundbuch eingetragenen Pfändungsvermerks gerichtete Klage, die auf Nichtentstehung oder Tilgung der Steuerschuld gestützt ist, der Rechtsweg zu den ordentlichen Gerichten nicht gegeben[106].

101 RGZ 74, 78 (80).
102 RG (Fn. 101).
103 RGZ 59, 313.
104 RGZ 149, 191.
105 RGZ 51, 231.
106 BGH, MDR 1967, 293 = NJW 1967, 563 (unentschieden, ob Finanzrechtsweg oder Verwaltungsrechtsweg offensteht).

1.8. Bruchteilsgemeinschaft an einer Hypothek

Eine Hypothekenforderung und damit ebenso die Hypothek kann mehreren Gläubigern in Bruchteilsgemeinschaft (§§ 741 ff. BGB) zustehen (siehe Rdn. E.110). Von dem Gläubiger nur eines der mehreren Hypothekengläubiger kann dann der Anteil seines Schuldners als Gemeinschafter nach Bruchteilen an der Hypothekenforderung und damit an der Hypothek gepfändet werden. Die Anteilspfändung hat wie die Hypothekenpfändung nach § 830 ZPO zu erfolgen (Rdn. E.110 und F.203). Als Ansprüche gegenüber den anderen Gemeinschaftern können der Gemeinschaftsaufhebungs-, Erlösteilungs- und Erlösauszahlungsanspruch mitgepfändet werden (siehe Rdn. E.110). **F.71**

1.9. Anschlusspfändung (mehrfache Pfändung)

Auch die Anschlusspfändung wird in der Form der Erstpfändung bewirkt, also nur durch Briefübergabe oder Grundbucheintragung wirksam. **F.72**

Bei **Briefrechten** kann die Briefübergabe in der Rdn. F.25 ff. dargestellten Weise ersetzt werden; die Herausgabe des Briefes durch den erstpfändenden Gläubiger verbietet sich wegen des damit verbundenen Pfandrechtsverlustes. Die Briefübergabe kann also zum Beispiel in der Weise ersetzt werden, dass der erste Gläubiger und der neu pfändende Gläubiger einen Verwahrungsvertrag schließen, vermöge dessen der zuerst pfändende Gläubiger den Brief künftig zugleich auch für den neu pfändenden Gläubiger besitzen soll[107], oder dass ein gemeinsamer Besitzmittler (z.B. Treuhänder) bestellt wird[108]. Sind weder der erste Gläubiger noch der Schuldner bereit, eine Ersatzübergabe herbeizuführen, so gilt das Rdn. F.30 ff. Gesagte[109]. **F.73**

Wird vor der Briefübergabe an den Gläubiger, der zeitlich zuerst einen Pfändungsbeschluss erwirkt hat, ein weiterer Pfändungsbeschluss erlassen, so erwirbt der Gläubiger das **besserrangige Pfandrecht**, dem der Brief zuerst übergeben oder für den die Übergabe zuerst im Wege der Zwangsvollstreckung bewirkt wird. **Gleichrang** besteht bei Übergabe an alle Gläubiger gemeinsam oder bei Hinterlegung zugunsten aller. Treffen die Wegnahmeanträge beider Gläubiger beim Gerichtsvollzieher zusammen, so muss dieser den Brief für alle Gläubiger gemeinsam wegnehmen; die Gläubiger erlangen damit ebenfalls Gleichrang. **F.74**

Der **Gerichtsvollzieher,** der vom zweiten Gläubiger mit der Wegnahme des **Briefes** beauftragt wird, den er nach Vollzug des ersten Wegnahmeauftrags oder deshalb noch **besitzt,** weil er ihm nach § 854 ZPO vorgelegt worden ist, kann das schon bestehende Gewahrsamsverhältnis in Form der Anschlusspfändung (§ 826 ZPO) auf den zweiten Gläubiger ausdehnen[110]. **F.75**

---

107 KG, OLGE 15, 12; OLG Frankfurt (Fn. 32).
108 OLG Frankfurt (Fn. 32).
109 Siehe aber auch Stein/Jonas/Würdinger, ZPO, § 830 Rdn. 32–34.
110 KG, JW 1937, 404; LG Hildesheim, DGVZ 1960, 72; Stein/Jonas/Würdinger, ZPO, § 830 Rdn. 31.

F.76 Haben **mehrere Gläubiger** den Anspruch des Schuldners gegen einen Dritten, der den Brief besitzt, auf **Herausgabe** des Briefes gepfändet, so kann dieser den Brief einem Pfändungsgläubiger nicht mehr aushändigen, ohne sich dem anderen Gläubiger möglicherweise schadensersatzpflichtig zu machen. Der zur Herausgabe verpflichtete und bereite Dritte kann den Brief aber dann in analoger Anwendung des § 854 ZPO für alle Gläubiger dem Gerichtsvollzieher übergeben. Mit dieser Übergabe erlangen die Gläubiger Gleichrang[111].

F.77 Das **Grundbuchamt** muss **mehrere Anträge** auf Eintragung der Pfändung einer Forderung, für die eine **Briefhypothek** besteht, nach der Reihenfolge ihres Eingangs vollziehen (§§ 17, 45 GBO). Dadurch wird aber das außerhalb des Grundbuchs entstandene tatsächliche Rangverhältnis nicht geändert. Dieses Rangverhältnis (ggf. also ein Gleichrang) ist auch einzutragen, wenn es dem Grundbuchamt urkundlich nachgewiesen wird, z.B. durch Vorlage der Gerichtsvollzieher-Wegnahmeprotokolle oder der Vorpfändung[112].

F.78 Bei **mehrfacher Pfändung einer Forderung, für die eine Buchhypothek besteht,** hat der Gläubiger Vorrang, der zuerst die Eintragung seiner Pfändung in das Grundbuch bewirkt hat (Ausnahme bei Vorpfändung, siehe Rdn. F.83). Mehrere Anträge auf Eintragung der Pfändung einer Buchhypothekenforderung vollzieht das Grundbuchamt nach der Reihenfolge ihres Eingangs (§§ 17, 45 BGO). Eine Ausnahme besteht nur dann, wenn dem zweiten Antragsteller infolge einer nachgewiesenen Vorpfändung der Vorrang gebührt[113]. Bei gleichzeitiger Grundbucheintragung erlangen die Pfändungen gleichen Rang.

F.79 Die **Zustellung** eines Pfändungsbeschlusses hat auf das Rangverhältnis mehrerer Pfändungen von Hypotheken (§ 804 Abs. 3 ZPO) keinen Einfluss[114] (Ausnahme nur für die Fälle des § 830 Abs. 3 ZPO; siehe Rdn. F.7 ff.). Es bestimmt sich – nach dem Rdn. F.72 ff. Gesagten – ausschließlich nach der zeitlichen Reihenfolge des Wirksamwerdens der Pfändungen durch Briefübergabe oder Grundbucheintragung (wegen der Ausnahme bei Vorpfändung siehe Rdn. F.82, F.83). Ein dem Drittschuldner noch gar nicht zugestellter Pfändungsbeschluss erhält also durch frühere Briefübergabe oder Grundbucheintragung ohne weiteres Vorrang vor einer Pfändung, die dem Drittschuldner schon zugestellt ist.

F.80 **Nur dem Drittschuldner gegenüber** gilt die Pfändung schon mit der **Zustellung als bewirkt,** wenn der Pfändungsbeschluss ihm vor Übergabe des Hypothekenbriefes oder Eintragung der Pfändung zugestellt worden ist (§ 830 Abs. 2 ZPO). Damit soll verhindert werden, dass der Drittschuldner vor ordnungsgemäß vollzogener Pfändung (d.h. Briefwegnahme oder Grundbucheintragung) noch mit

---

111 So auch Stein/Jonas/Würdinger, ZPO, § 830 Rdn. 30. **A.A.** Frantz, NJW 1955, 169, der meint, der erstpfändende Gläubiger habe vor dem anderen ein Recht auf den Besitz erworben, weshalb ihm der Alleinbesitz zur Durchführung seiner Vollstreckung einzuräumen sei und das Vorrecht gebühre.

112 KGJ 35, 301; Stöber, Rpfleger 1958, 257.

113 Stöber, Rpfleger 1958, 257; Schöner/Stöber, Grundbuchrecht, Rdn. 2461.

114 OLG Düsseldorf, NJW 1961, 1266; Stöber, Rpfleger 1958, 257; Gährs, JW 1933, 1299; **a.A.** – Zustellung bestimmt den Rang – RGZ 97, 223; Bertin, JW 1933, 1988; Simon, JurBüro 1956, 76; Ripfel, DNotZ 1936, 857; Schmidt-Ernsthausen, JW 1933, 668 (der irrig nicht den Tag der Zustellung, sondern den des Erlasses des Pfändungsbeschlusses nennt).

Wirksamkeit gegenüber dem Gläubiger an den Schuldner zahlt oder sonst mit diesem zum Nachteil des Gläubigers verfügt, obwohl das Zahlungsverbot bereits zugestellt ist[115]. Diese Vorschrift bringt damit nur eine Sonderbestimmung gegen den Drittschuldner[116]. Diese ist nicht selbstständige Vollstreckungsmaßregel, sondern nur dem Drittschuldner gegenüber eine Rückdatierung der wirklichen Pfändung; sie kommt deshalb nur dann zur Geltung, wenn die Pfändung wirksam nachfolgt[117]. Bis dahin besteht ein Schwebezustand[118]. Wenn die Wirksamkeit der Pfändung durch Briefübergabe oder Grundbucheintragung eintritt, wird **nur** im Verhältnis zwischen Gläubiger und Drittschuldner die Wirkung der Pfändung auf den Zeitpunkt der Zustellung zurückbezogen[119], nicht aber auch gegenüber dem Schuldner (= Gläubiger der Hypothek) und gegenüber dritten Personen[120]. Über das Zahlungsverbot an den Drittschuldner hinaus hat also die Zustellung des Pfändungsbeschlusses keine rechtlichen Wirkungen. Sie begründet daher insbesondere auch keinen Pfändungsrang (§ 804 ZPO)[121]. Der Schuldner (= Gläubiger der Hypothek) kann deshalb auch noch nach Erlass des Pfändungsbeschlusses und nach dessen Zustellung über die Hypothekenforderung frei verfügen[122] und vornehmlich diese abtreten. Eine Abtretung ist, in gleicher Weise wie andere Verfügungen, dem pfändenden Gläubiger gegenüber gültig, weil sie eine Mitwirkung des Drittschuldners nicht erfordert, dem allein gegenüber zunächst die Pfändung als bewirkt gilt[123]. Im Falle einer solchen Verfügung hat der Gläubiger das Nachsehen[124]. Durch eine Abtretung werden deshalb die pfandrechtlichen Bindungen des Drittschuldners gelöst und der Schwebezustand beendet, der ihm gegenüber durch Zustellung des Pfändungsbeschlusses entstanden ist, weil ein Dritter wirksam ein Recht an der Hypothek erworben hat und damit feststeht, dass der Gläubiger ein wirksames Pfandrecht überhaupt nicht mehr erlangen kann[125]. Gegen solche Verfügungen kann sich der Gläubiger nicht schützen[126]. In gleicher Weise wird der

Teil F Grundpfandrechte

---

115 Siehe OLG Dresden, Seufferts Archiv 68, 343; Predari, Gruchot 71, 573; Stöber, Rpfleger 1958, 257.

116 RGZ 76, 231 (233); OG Danzig, DJ 1938, 1078; OLG Dresden (Fn. 115); Stöber, Rpfleger 1958, 257.

117 RG (Fn. 116); BGH (Fn. 4); BayObLG, OLG 33, 108; Zöller/Herget, ZPO, § 830 Rdn. 11.

118 RG (Fn. 116); Predari, Gruchot 71, 573 spricht von einer relativen Wirksamkeit; ähnlich Mayer, Gruchot 56, 289.

119 RG (Fn. 116); BayObLG, OLGE 33, 108; Predari, Gruchot 71, 573.

120 KG, OLGE 14, 178.

121 OLG Düsseldorf (Fn. 114); OLG Köln, OLGZ 1991, 154 = Rpfleger 1991, 241 mit Anm. Hintzen; Stöber, Rpfleger 1958, 257; Zöller/Herget, ZPO, § 830 Rdn. 11; **a.A.** RGZ 97, 223, dessen Ansicht heute allgemein als unrichtig abgelehnt wird.

122 OLG Düsseldorf (Fn. 114); Tempel, JuS 1967, 118; Zöller/Herget, ZPO, § 830 Rdn. 11.

123 Bohn, Die Pfändung von Hypotheken etc., N. 251.

124 Stöber, Rpfleger 1958, 257; Bohn, Die Pfändung von Hypotheken etc., N. 245.

125 RG (Fn. 116); Predari, Gruchot 71, 573; Mayer, Gruchot 56, 290; Stöber, Rpfleger 1958, 257; Stein/Jonas/Würdinger, ZPO, § 830 Rdn. 28; vgl. auch Korintenberg/Wenz, ZVG, Einführung Kap. 24 II 1, die Verfügungen des Schuldners über die Hypothek nur dann für wirksam halten, wenn der Erwerber das in dem zugestellten Pfändungsbeschluss enthaltene Verfügungsverbot nicht kannte.

126 Siehe dazu Rdn. F.85; OLG Celle, NdsRpfl 1958, 93; Bohn, Die Pfändung von Hypotheken etc., N. 245, 251, 290.

Schwebezustand zuungunsten des Gläubigers mit der Löschung der Hypothek oder dann beendet, wenn das Recht durch einen Zuschlag in der Zwangsversteigerung erlischt[127]. Auch in diesen Fällen sind die Bindungen des Drittschuldners gelöst, weil von da an dann die Übergabe des Briefes oder die Grundbucheintragung unmöglich ist[128].

Zum Recht eines nachpfändenden Gläubigers, mit Erinnerung (§ 766 ZPO) die vorrangige Pfändung auf ihre Wirksamkeit hin überprüfen zu lassen, s. Rdn. B.386.

1.10. Vorpfändung

F.81 **Schrifttum:** Löscher, Die Vorpfändung von Hypotheken, JurBüro 1962, 252.

F.82 Auch bei der Pfändung einer Hypothekenforderung ist eine Vorpfändung nach § 845 ZPO möglich[129]. Für die nur kurzlebige Vorpfändung bedarf es der Briefübergabe oder Grundbucheintragung aber nicht; § 830 ZPO findet daher keine Anwendung[130]. Die Vorpfändung wird vielmehr nach § 845 Abs. 1 ZPO durch die Zustellung an den Drittschuldner (siehe Rdn. B.486) bewirkt. Für die Wirksamkeit der Vorpfändung ist auch bei hypothekarischen Rechten das Nachfolgen einer vollgültigen Pfändung innerhalb der Monatsfrist notwendig, das heißt das Nachfolgen einer solchen Pfändung, die nach § 830 Abs. 1 ZPO gegenüber jedermann, nicht bloß nach § 830 Abs. 2 ZPO dem Drittschuldner gegenüber wirksam ist[131]. Bei der Pfändung einer Buchhypothek ist diese Frist nicht schon durch den Eingang des Eintragungsantrages beim Grundbuchamt, sondern erst durch die Eintragung selbst gewahrt[132].

F.83 Für die Vorpfändung kommt der Zustellung der Pfändungsbenachrichtigung volle Wirksamkeit zu, nicht, ähnlich § 830 Abs. 2 ZPO, nur eine beschränkte im Verhältnis einzelner Beteiligter. Bei Nachfolgen einer vollwirksamen Pfändung gilt diese sonach mit dem Zeitpunkt der Zustellung der Vorpfändung als bewirkt. Nach diesem Zeitpunkt bestimmen sich die Wirksamkeit und vornehmlich der Rang der

---

127 Siehe RG (Fn. 116); wegen einer abweichenden Ansicht siehe Veith, JR 1934, 150, siehe dazu aber Stöber, Rpfleger 1958, 257 Fn. 103; Tempel, JuS 1967, 118.

128 RG (Fn. 116); BayObLG, OLGE 33, 108. Beachte aber KG, JFG 14, 448, das für eine **Löschung** die Zustimmung des Pfändungsgläubigers verlangt, wenn die Pfändung vor Briefübergabe bzw. Grundbucheintragung bereits dem Drittschuldner gegenüber nach § 830 Abs. 2 ZPO als bewirkt gilt. Zu dieser abweichenden Ansicht siehe aber OG Danzig, DJ 1938, 1077.

129 RGZ 71, 179 (183); KG, JFG 3, 441; OLG Hamburg, OLGE 23, 213; Stein/Jonas/Würdinger, ZPO, § 845 Rdn. 25; Zöller/Herget, ZPO, § 830 Rdn. 13; Stöber, Rpfleger 1958, 257; Löscher, JurBüro 1962, 252; zweifelnd Mayer, Gruchot 56, 552.

130 Stein/Jonas/Würdinger, ZPO, § 845 Rdn. 25; Zöller/Herget, ZPO, § 830 Rdn. 13; so wohl auch KG, JFG 3, 442 = OLGE 45, 200. **A.A.** OLG Köln (Fn. 121) im Anschluss an Löscher, JurBüro 1962, 252. Ihm kann aber nicht gefolgt werden. Die von ihm gegebene Begründung überzeugt nicht, weil der Pfändungsrang nicht durch den öffentlichen Glauben des Grundbuchs (der für den pfändenden Gläubiger ja gerade nicht gilt, s. Rdn. F.68), sondern durch die einzelnen Vollstreckungsakte nachgewiesen wird. **A.A.** außerdem Tempel, JuS 1967, 169.

131 OLG Hamburg, OLGE 14, 211; Stöber, Rpfleger 1958, 257; Zöller/Herget, ZPO, § 830 Rdn. 13.

132 KG (Fn. 130); Zöller/Herget, ZPO, § 830 Rdn. 13.

endgültigen Pfändung. Allerdings erfolgt die Vorpfändung vorbehaltlich der Rechte gutgläubiger Dritter. Doch gilt das nicht gegenüber (später) pfändenden Gläubigern, deren Pfandrecht innerhalb der Monatsfrist wirksam wurde, weil es bei Verfügungen im Wege der Zwangsvollstreckung auf den guten Glauben in keinem Falle ankommt (s. Rdn. F.68).

Die Vorpfändung sowohl der Buch- als auch der Briefhypothek kann in das Grundbuch eingetragen werden[133]. Diese Eintragung ist Grundbuchberichtigung; der Eintragungsvermerk kann lauten[134] F.84

„Die Forderung ist zugunsten des ... wegen ... Euro Hauptsache nebst ...% Zinsen seit dem ... und bis zu ... Euro Vollstreckungskosten gemäß § 845 ZPO vorgepfändet. Eingetragen am ...“

Auf andere Weise als durch Vorpfändung, so insbesondere durch Arrest oder einstweilige Verfügung, kann der Gläubiger gegen Verfügungen des Schuldners vor Wirksamwerden der Pfändung durch Briefübergabe oder Grundbucheintragung nicht geschützt werden[135]. F.85

1.11. Erlöschen der Hypothek mit dem Zuschlag in der Zwangsversteigerung

Mit dem Erlöschen der Hypothek durch Zuschlag in der Zwangsversteigerung des belasteten Grundstücks (§ 91 Abs. 1 ZVG) tritt an die Stelle der bisherigen Grundstücksbelastung der Anspruch des Hypothekengläubigers **auf Befriedigung aus dem Versteigerungserlös**. Dieser Befriedigungsanspruch ist kein hypothekarisches Recht mehr; er wird daher nach der für Forderungsrechte geltenden Vorschrift des § 829 ZPO gepfändet. Diese Pfändung ist wegen der praktischen Bedeutung der Pfändung des an die Stelle einer Eigentümergrundschuld getretenen Erlösanspruchs Rdn. F.217 ff. dargestellt. F.86

An **Zubehörstücken**, die der Hypothek haften (siehe § 1120 BGB), besteht diese über ihr Erlöschen am Grundstück mit dem Zuschlag hinaus für den bei der Erlösverteilung nicht befriedigten Gläubiger fort, soweit die Zubehörstücke von der F.87

---

133 OLG Celle (Fn. 126); Stein/Jonas/Würdinger, ZPO, § 845 Rdn. 25; Schöner/Stöber, Grundbuchrecht, Rdn. 2463. Anders Hintzen, Rpfleger 1991, 242, der von einem auflösend bedingten Pfandrecht ausgeht, das nicht eintragbar sei, weil von einer (eintragbaren) Verfügungsbeschränkung erst gesprochen werden könne, wenn sie rechtlich voll wirksam ist. Eine sofortige Sicherung des Gläubigers mit Vorpfändung (§ 845 ZPO) muss aber auch den Schutz vor Rechtsverlust durch gutgläubigen Erwerb Dritter einschließen. Die Grundbucheintragung ermöglicht und rechtfertigt daher der vollstreckungsrechtliche Schutzzweck des § 845 ZPO, den dessen Absatz 2 von der Zustellung der Benachrichtigung an den Drittschuldner an gewährleistet. Diese vollstreckungsrechtliche Besonderheit hat auch zur Folge, dass für die Eintragung bei einem Briefrecht die Briefvorlage nicht gefordert werden kann (Sicherung der Vollstreckungsmaßnahme nach § 845 Abs. 2 ZPO ab Zustellung der Benachrichtigung als speziellere Regelung für diesen Ausnahmefall gegenüber §§ 41, 42 GBO); anders auch insoweit Hintzen, wie vorst.

134 Siehe Löscher, JurBüro 1962, 252.

135 OLG Celle (Fn. 126); **a.A.** Tempel, JuS 1967, 168, der aber einräumt, dass das Verfügungsverbot nur geringen Schutz bietet, weil es ohne Briefvorlage nicht in das Grundbuch eingetragen werden kann.

Zwangsversteigerung ausgenommen wurden, insbesondere durch Einstellung oder Aufhebung des Verfahrens hinsichtlich des Zubehörs (§§ 29–31 ZVG). Dieses am nicht versteigerten Zubehör haftende Pfandrecht unterliegt jedoch keiner Grundbucheintragung mehr; daher findet auch § 1154 BGB keine Anwendung. Das am nicht versteigerten Zubehör fortbestehende Pfandrecht wird deshalb formlos abgetreten[136] und demzufolge auch (ebenso der Erlösanspruch) nur noch nach § 829 ZPO gepfändet[137].

1.12. Zwangsverwaltung

F.88 Zur Hypothekenpfändung während eines Zwangsverwaltungsverfahrens siehe Rdn. A.592 ff.

2. Pfändung einer Grundschuld (§ 857 Abs. 6 ZPO)

2.1. Die Pfändung nur der Grundschuld

F.89 **Schrifttum:** Riedel, Der rechtliche und wirtschaftliche Charakter der Grundschuld (Abschn. 6: Pfändung der Grundschuld), JurBüro 1972, 945 (953); Tempel, Zwangsvollstreckung in Grundpfandrechte, JuS 1967, 75, 167.

F.90 Die **Grundschuld** (§ 1191 BGB) ist nach § 857 Abs. 6 ZPO ebenso wie die Hypothek (richtig: die Forderung, für die eine Hypothek besteht) zu pfänden. Ihre Pfändung muss daher (Ausnahme: § 830 Abs. 3 ZPO, siehe schon Rdn. F.7 ff.) durch Pfändungsbeschluss **und** Übergabe des Grundschuldbriefes (bei Briefrechten) oder Eintragung der Pfändung in das Grundbuch (bei Buchrechten) erfolgen (§ 830 ZPO). Das Rdn. F.2 ff. Gesagte gilt daher entsprechend mit Ausnahme der Ausführungen, die sich auf die mit der Hypothek verbundene Forderung beziehen (wegen der Forderung siehe Rdn. F.91 ff.). Wegen des rein dinglichen Charakters der Grundschuld ist bei ihrer Pfändung **Drittschuldner** nur der Grundstückseigentümer (siehe auch Rdn. F.95).

Nur die Pfändung der **Inhaberbriefgrundschuld** des § 1195 BGB (sie hat keine praktische Bedeutung erlangt) erfolgt ausnahmsweise durch den Gerichtsvollzieher nach §§ 808, 821 ZPO (siehe Teil H).

Wegen der Eigentümergrundschuld siehe Rdn. F.151 ff.

2.2. Sicherungsgrundschuld

F.91 Als Grundstücksbelastung hat die Grundschuld rein **dinglichen** Charakter. Sie verpflichtet schlechthin zur Zahlung einer bestimmten Geldsumme **aus dem Grundstück**; Entstehen und Bestand der Grundschuld sind von einer Forderung

136 RGZ 125, 362 (366).
137 RG (Fn. 136); Wieczorek/Schütze/Lüke, ZPO, § 830 Rdn. 11; Falkmann/Hubernagel, Die Zwangsvollstreckung, § 857 Anm. 7 (S. 811 „unbewegliche Rechte“).

nicht abhängig. Die Grundschuld ist abstrakt; ihrem dinglichen Inhalt nach kann sie mit einer (persönlichen) Forderung nicht verbunden werden (§ 1191 BGB)[138]. Das schließt aber die **schuldrechtliche Abrede**, dass die Grundschuld zur **Sicherung einer Forderung** eingeräumt wird, nicht aus (fiduziarische Zweckbestimmung). Schuldrechtlich kann vereinbart werden (§ 311 Abs. 1 BGB), dass die Grundschuld wirtschaftlich der Sicherung einer Einzel- oder Kontokorrentforderung dienen soll.

Beispiel: Dem Grundstückseigentümer (Drittschuldner) hat der Vollstreckungsschuldner (Gläubiger des Darlehens) ein Darlehen (§ 488 BGB) gewährt. Zur Sicherung des persönlichen Anspruchs (siehe § 241 BGB) des Vollstreckungsschuldners auf Rückzahlung dieses Darlehens (§ 488 Abs. 1 BGB) hat der Eigentümer (Drittschuldner) auf einem ihm gehörenden Grundstück dem Vollstreckungsschuldner eine Grundschuld bestellt.

Beteiligte sind mithin:

- der Vollstreckungsschuldner = Darlehensgläubiger = Grundschuldgläubiger = Sicherungsnehmer,
- der Drittschuldner = Darlehensschuldner = Grundstückseigentümer = Sicherungsgeber.

Schuldrechtliche Beschränkung des Gläubigers der Grundschuld (Sicherungsnehmer) ermöglicht § 137 S. 2 BGB. Die Beschränkung in der Geltendmachung seiner dinglichen Rechtsstellung mit Sicherungsvertrag verpflichtet den Grundschuldgläubiger,

- seine Grundschuld nur insoweit geltend zu machen, als dies zur Befriedigung der gesicherten Forderung nötig ist, als sie mithin durch die zu sichernde Forderung gedeckt (auch „valutiert") ist,
- und damit zu warten, bis die gesicherte Forderung fällig ist.

Für **welche Forderung** der Sicherungsnehmer die Grundschuld demnach in Anspruch nehmen (geltend machen) kann, bestimmt sich nach dem Sicherungsvertrag[139]. Für eine Forderung, die danach nicht gesichert ist, darf der Gläubiger die Grundschuld nicht in Anspruch nehmen.

Auch durch die Sicherungsabrede wird die **sachenrechtliche Selbstständigkeit** der Grundschuld jedoch nicht berührt. Die abstrakte Grundschuld[140] bleibt also auch hier **rechtlich** selbstständig und unabhängig vom Schicksal der gesicherten Forderung. Sie steht dem Grundschuldgläubiger (Vollstreckungsschuldner) daher auch dann zu, wenn die Darlehensforderung wieder erloschen oder vielleicht über-

---

138 Das ist bei der Hypothek grundsätzlich anders; vgl. deswegen den Wortlaut des § 1113 BGB („zur Befriedigung wegen einer ihm zustehenden Forderung") mit § 1191 BGB.

139 Zu Einzelheiten Schöner/Stöber, Grundbuchrecht, Rdn. 2323–2326. Erweiterung des Sicherungszwecks einer (vollstreckbaren) Grundschuld ist (bis zur Pfändung, s. Rdn. F.116) formfrei wirksam, BGH, MDR 1997, 863 = NJW 1997, 2320.

140 Auch der Anspruch auf die Zinsen der Grundschuld ist abstrakt. Er sichert bei der Sicherungsgrundschuld (vorbehaltlich anderer Abrede) alle Haupt- und Nebenforderungen, BGHZ 163, 344 (349) = NJW-RR 2005, 1638 (1640) = NZI 2005, 619 (621) = Rpfleger 2005, 621 (622).

haupt nicht entstanden ist[141]. Eine Eigentümergrundschuld gelangt in diesen Fällen kraft Gesetzes nicht zur Entstehung, § 1163 Abs. 1 BGB findet keine Anwendung[142]. Der Anspruch auf Rückgewähr der Grundschuld verschafft (bis zur Erfüllung) seinem Berechtigten (noch) keine Rechte an der Grundschuld[143]. Mit dem Wegfall der gesicherten Forderung und des Sicherungszwecks darf aber der Grundschuldgläubiger (Vollstreckungsschuldner) die rechtlich ihm weiter gehörende abstrakte Grundschuld nicht mehr behalten. Er ist seinem Sicherungsgeber (im Beispiel dem Drittschuldner) zum Ausgleich der Bereicherung verpflichtet (siehe deswegen Rdn. F.108). Nur wenn die gesicherte Forderung nach Fälligkeit nicht getilgt, das Darlehen also nicht zurückgezahlt wird, hat auf Grund der Sicherungsabrede der Darlehensgläubiger (Vollstreckungsschuldner) das Recht, Befriedigung aus der Grundschuld zu suchen. Zu diesem Zweck kann er die Grundschuld (unter Beachtung der zwischen ihm und dem Sicherungsgeber [Drittschuldner] getroffenen Abreden)[144] einem Dritten abtreten oder freiwillig versteigern lassen und seine Forderung aus dem Erlös decken oder als dinglicher Gläubiger die Zwangsvollstreckung in das Grundstück betreiben und aus dem Zwangsversteigerungs- oder Zwangsverwaltungserlös Befriedigung finden. Wenn der Darlehensgeber die Grundschuld abweichend von der schuldrechtlichen Sicherungsabrede (z.B. vor Fälligkeit der gesicherten Forderung) geltend macht, kann dem der Eigentümer des belasteten Grundstücks mit Einrede auf Grund des zwischen ihm und dem Grundschuldgläubiger bestehenden Rechtsverhältnisses entgegentreten (für den Fall der Rechtsnachfolge siehe § 1157 BGB).

F.92 **Zu unterscheiden ist**, ob pfänden will

- a) ein Gläubiger des Sicherungs**nehmers** (im Beispiel des Vollstreckungsschuldners als Darlehensgeber und -gläubiger) auf Grund eines gegen diesen als Schuldner erwirkten Vollstreckungstitels die Darlehensforderung (des Vollstreckungsschuldners an den Drittschuldner) und die (für den Vollstreckungsschuldner) auf dem Grundstück (des Drittschuldners) eingetragene Grundschuld (siehe Rdn. F.94 ff.) oder
- b) ein Gläubiger des Sicherungs**gebers** (im Beispiel des Drittschuldners) als Grundstückseigentümer dessen mit Wegfall des Sicherungszwecks, insbesondere Tilgung der Darlehensforderung, zu erfüllenden Anspruch auf die Grundschuld (siehe Rdn. F.108 ff.).

---

141 Ausnahme § 17 Abs. 2 S. 2 RHeimstG: mit der Forderung erlischt auch die Grundschuld. Die Vorschrift findet nach Aufhebung des RHeimstG auf die am 1.10.1993 im Grundbuch eingetragenen Rechte weiterhin Anwendung, Art. 6 § 1 Abs. 1 (auch § 2 Abs. 3) RHeimstGAufhG vom 17.6.1993 (BGBl I 912).

142 Siehe hierzu BGH, DNotZ 1957, 602 = MDR 1958, 24 = Rpfleger 1958, 51; RGZ 145, 157; RGZ 78, 65; BGH, NJW 1982, 928 = Rpfleger 1982, 59.

143 BGHZ 108, 237 (246 f.) = DNotZ 1990, 581 = MDR 1989, 147 = NJW 1989, 2536 = Rpfleger 1990, 32; BGHZ 115, 241 (246) = DNotZ 1992, 549 = MDR 1992, 45 = NJW 1992, 110; BGH, DNotZ 1994, 47 = MDR 1993, 755 = NJW 1993, 1919 = Rpfleger 1993, 415.

144 Die Art der Verwertung bestimmt sich nach dem Sicherungsvertrag; zu Einzelheiten Schöner/Stöber, Grundbuchrecht, Rdn. 2327, 2328.

2.3. Die Pfändung der Grundschuld und der Forderung

Schrifttum: Stöber, Pfändung einer Grundschuld und der durch sie gesicherten Forderung, BB 1964, 1457; Huber, Die Pfändung der Grundschuld, BB 1965, 609. **F.93**

Wegen des Ausgangsfalls siehe Rdn. F.92 zu a). **F.94**

Grundschuld und **Forderung** sind auch in der Zwangsvollstreckung **selbstständig.** Wirksam gepfändet werden können daher (von Gläubigern des Vollstreckungsschuldners im Beispiel Rdn. F.91)

- die Grundschuld ohne die Forderung,
- die Forderung allein, also ohne die Grundschuld,
- Grundschuld und Forderung zusammen.

Die Pfändung **nur der Grundschuld** erfolgt nach § 857 Abs. 6, § 830 ZPO (siehe deswegen Rdn. F.90). Durch die (nicht notwendige, aber zulässige) Zustellung des Pfändungsbeschlusses vor der Übergabe des Grundschuldbriefes oder der Eintragung der Pfändung in das Grundbuch wird ein Pfändungsrang (§ 804 Abs. 3 ZPO) nicht begründet (siehe Rdn. F.79, F.80). Drittschuldner ist allein der Grundstückseigentümer, nie der etwa von ihm verschiedene Schuldner der persönlichen Forderung[145]. **F.95**

Die nach der Sicherungsabrede durch die Grundschuld wirtschaftlich gesicherte **Forderung** kann nur nach § 829 ZPO (gegebenenfalls auch nach § 831 ZPO) gepfändet werden. Ihre Pfändung wird also nur mit Zustellung des Pfändungsbeschlusses an den Drittschuldner wirksam. Das ist hier der Schuldner der persönlichen Forderung, der Grundstückseigentümer also nur dann, wenn er nicht nur dinglich haftet, sondern persönlich zugleich auch die Forderung schuldet. **F.96**

Grundschuld und Forderung können aber auch **zusammen** gepfändet werden, weil der Gläubiger gleichzeitig die Zwangsvollstreckung in verschiedene Vermögenswerte seines Schuldners betreiben kann. Der gleichzeitige Pfändungszugriff auf die Forderung und die ihrer Sicherung dienende Grundschuld verstößt nicht gegen das Verbot der Überpfändung[146]. Auch wenn auf Antrag nur ein Pfändungsbeschluss ergeht, liegt nur eine äußerliche Zusammenfassung von zwei rechtlich selbstständig zu beurteilenden Vollstreckungsmaßnahmen vor. Im Pfändungsbeschluss müssen daher sowohl die Grundschuld als auch die Forderung als Pfandobjekte und ebenso sowohl der dingliche Drittschuldner als auch der persönliche Drittschuldner hinreichend genau bezeichnet sein. Die Benennung nur der Grundschuld dürfte auch bei Hinweis auf die Sicherungsabrede für die notwendige Bezeichnung der persönlichen Forderung nicht genügen[147]. Auch bei Erlass nur eines Beschlusses kann die gleichzeitige Pfändung von Grundschuld und Forderung nicht einheitlich wirksam gemacht werden. Die Grundschuldpfändung wird viel- **F.97**

---

145 Stöber, BB 1964, 1457; Tempel, JuS 1967, 167.

146 Stöber, BB 1964, 1457.

147 So auch Tempel, JuS 1967, 168; **a.A.** Kowalski, Die Grundschuld im modernen Grundbuchverkehr (2. Aufl. 1939), S. 59, der die Bezeichnung „die durch die Grundschuld gesicherte persönliche Forderung" für ausreichend hält; siehe dazu aber Stöber, BB 1964, 1458 Fn. 17. „Überweisung" nur der gepfändeten „Forderung" ist nicht auf die mitgepfändete Grundschuld zu beziehen; s. Rdn. B.202.

mehr nur durch die Briefübergabe oder die Grundbucheintragung (siehe Rdn. F.90), die Forderungspfändung nur durch die Beschlusszustellung an den persönlichen Drittschuldner wirksam.

Wegen der Gefahren bei Einzelpfändung[148] (nur der Grundschuld oder nur der Forderung; dazu Rdn. F.98 ff.) ist eine Gesamtpfändung (der Grundschuld und der Forderung; dazu Rdn. F.103) ratsam.

2.3.1. Pfändung nur der Grundschuld

F.98 Der schon fällig bestehende Rückgewähranspruch (siehe deswegen Rdn. F.91, F.108) gibt dem Grundstückseigentümer als Drittschuldner seinem Grundschuldgläubiger gegenüber und damit auch gegen den Pfändungsgläubiger eine dauernde Einrede gegen die Geltendmachung der Grundschuld[149]. Ist die gesicherte Forderung bereits erloschen und hat sich damit der Sicherungszweck schon vor Wirksamwerden der Pfändung erledigt, so kann der Drittschuldner (der Grundstückseigentümer) als Sicherungsgeber den fälligen Rückgewähranspruch als Einrede aus dem zwischen ihm und dem Grundschuldgläubiger (Sicherungsnehmer) bestehenden Rechtsverhältnis auch dem pfändenden Gläubiger gegenüber geltend machen. Das gilt auch, wenn der pfändende Gläubiger vom Bestehen des treuhänderischen Rechtsverhältnisses keine Kenntnis hatte, weil ein gutgläubiger Erwerb, der die Einrede ausschließen würde (s. § 1157 S. 2 BGB), durch Zwangsvollstreckung nicht erlangt werden kann. Die Verpflichtung zur Erfüllung des Rückgewähranspruchs nimmt dem Gläubiger die Möglichkeit, aus einer gepfändeten konditionsreifen Grundschuld Befriedigung zu erlangen. Das gilt auch dann, wenn der Rückgewähranspruch nicht dem Grundstückseigentümer, sondern – infolge Abtretung usw. – einem anderen Berechtigten zusteht. Denn dann kann der berechtigte Dritte die Erfüllung des Rückgewähranspruchs auch vom Pfandgläubiger verlangen oder der Grundstückseigentümer die Einrede erheben, dass die Erledigung des Sicherungszwecks die Verwertung und Befriedigung aus der Grundschuld ausschließt[150]. Bei schon fälligem Rückgewähranspruch bietet deshalb die Pfändung der Grundschuld keine Befriedigungschance.

F.99 **Besteht** bei Pfändung der Grundschuld allein der **Sicherungszweck** noch, ist der Rückgewähranspruch also noch nicht fällig, so gilt Folgendes, wenn **Schuldner** der gesicherten Forderung und **Eigentümer** des mit der Grundschuld belasteten Grundstücks **nicht personengleich** sind:

---

148 Siehe Stöber, BB 1964, 1457; Huber, BB 1965, 609.

149 BGH, LM Nr. 1 zu § 1169 BGB = Rpfleger 1952, 487; BGHZ 22, 128 = NJW 1957, 137. Siehe auch OLG Köln, JMBlNRW 1970, 41 = BB 1970, 1233 mit Anm. Huber, das darlegt, dass bei Abtretung dem bösgläubigen Erwerber der Grundschuld die Einrede der Nichtvalutierung entgegengehalten werden kann; BGHZ 59, 1 = NJW 1972, 1463, wonach der Grundstückseigentümer gegen die Inanspruchnahme durch den Zessionar einer Grundschuld den Rückübertragungsanspruch als Einrede nur dann geltend machen kann, wenn der Zessionar den Sicherungscharakter **und** die Nichtvalutierung der Grundschuld kannte; s. dazu jedoch Lopau, NJW 1972, 2253.

150 Stöber, BB 1964, 1457.

Die Grundschuldpfändung bewirkt keine Pfandverstrickung der gesicherten Forderung[151]. Denn das Zahlungsverbot wirkt nur gegen den Drittschuldner, gegen den es erlassen und wirksam geworden ist (Rdn. B.93). Mit Wirksamwerden der Grundschuldpfändung (§ 830 ZPO) verbietet daher das Verfügungsverbot nur dem Grundstückseigentümer als Drittschuldner Leistungen, nicht aber dem von ihm verschiedenen (Dritt)Schuldner der persönlichen Forderung[152]. Letzterer kann daher die nicht gepfändete persönliche Forderung ungeachtet der Grundschuldpfändung an den (Pfändungs-)Schuldner mit der Wirkung erfüllen, dass der Rückgewähranspruch fällig und auch dem (Pfändungs-)Gläubiger gegenüber durchsetzbar wird[153]. Mit diesem Wegfall der gesicherten Forderung verliert der Gläubiger somit wieder die Möglichkeit, Befriedigung aus der gepfändeten Grundschuld zu erlangen.

Aber auch vor Zahlung der Forderung kann der Gläubiger oft keine Befriedigung aus der gepfändeten Grundschuld erlangen. Denn die Grundschuld ist lediglich Sicherungsrecht der Forderung, das nur nach Maßgabe der in der Sicherungsabrede getroffenen Vereinbarungen verwertet werden darf[154]. Diese sehen aber regelmäßig vor, dass die Verwertung der Grundschuld bis zur Fälligkeit der Forderung und gegebenenfalls sogar bis zu dem Zeitpunkt, in dem die Uneinbringlichkeit der Forderung endgültig feststeht, also solange der Schuldner mit der Erfüllung seiner Verpflichtungen auf die persönliche Forderung nicht in Verzug ist, unzulässig ist. Ein solcher Fall, der das Recht zur Verwertung der Grundschuld gibt, wird jedoch praktisch nur selten einmal vorkommen. Soweit und solange aber keine Befugnis des Schuldners als Sicherungsnehmer zur Grundschuldverwertung F.100

151 So schon RGZ 135, 272, das die umgekehrte Frage verneint, ob die Pfändung der Forderung auch die Sicherungsgrundschuld ergreift. Siehe dazu auch Stöber, BB 1964, 1457; Huber, BB 1965, 609 Fn. 3.

152 Gegen diesen hätte nach § 829 ZPO gepfändet werden müssen.

153 Stöber, BB 1964, 1457; Kowalski (Fn. 147), S. 58; Bohn, Die Pfändung von Hypotheken, Grundschulden usw., N. 189; **a.A.** Huber, BB 1965, 609: der Vollstreckungsgläubiger hat ein einredefreies Pfand- und Einziehungsrecht an der Grundschuld erlangt. Durch die nachträgliche Bezahlung der gesicherten Forderung kann der Eigentümer auf Grund des § 1157 S. 1 BGB eine Einrede gegen den Vollstreckungsgläubiger daher nicht erwerben. Die Erfüllung der Forderung kann daher dem Pfändungsgläubiger nicht entgegengehalten werden. Jedoch ist die Grundschuld, solange die Forderung noch besteht, nicht einredefrei. Der Gläubiger ist vielmehr in der Geltendmachung seiner Grundschuld beschränkt: er darf sie nur insoweit geltend machen, als dies zur Befriedigung der gesicherten Forderung nötig ist (Rdn. F.91). Daher kann auch der Pfandgläubiger kein einredefreies Pfandrecht an der Grundschuld erlangen. Der Rückgewähranspruch besteht als Einrede zudem aufschiebend bedingt bereits seit Abschluss des Sicherungsvertrags (Rdn. F.227). Den Bedingungseintritt kann der Gläubiger mit der Grundschuldpfändung aber nicht ausschließen. Weil das Zahlungsverbot grundsätzlich nur gegen den Drittschuldner wirkt, an den es gerichtet ist, nicht jedoch gegen Dritte (Rdn. B.93), bleibt der Forderungsschuldner auch nach Pfändung (nur) der Grundschuld (sie ist Sicherungsrecht) zur Erfüllung seiner nicht gepfändeten Forderung an ihren Gläubiger weiterhin verpflichtet (und berechtigt). Zum Fall der Abtretung siehe RGZ 91, 218 (225); siehe außerdem RG, WarnRspr. 1914 Nr. 292; RG, JW 1928, 2772, 2784; Friedrich, NJW 1968, 1655; **anders** dagegen OLG Köln, BB 1970, 1233 mit Anm. Huber = JMBlNRW 1970, 41 (43); BGH, BB 1967, 1144.

154 Kowalski (Fn. 147), S. 58.

besteht, kann der dingliche Drittschuldner auch dem pfändenden Gläubiger nach §§ 1157, 1192 BGB die Einrede aus der Sicherungsabrede entgegenhalten[155], die diesem die Möglichkeit der Befriedigung aus der gepfändeten Grundschuld nimmt[156].

F.101 Ist **Schuldner** der gesicherten Forderung und **Eigentümer** des mit der Grundschuld belasteten Grundstücks **die gleiche Person**, so erstreckt sich auch dann die Pfändung der Grundschuld nicht auf die vom gleichen (Dritt)Schuldner geschuldete persönliche Forderung. Das folgt aus der Tatsache, dass der eine Drittschuldner zwei rechtlich grundsätzlich verschiedene Ansprüche schuldet, deren Pfändung nur nach verschiedenen Bestimmungen wirksam werden kann (§§ 829, 830, 857 Abs. 6 ZPO). Der Grundstückseigentümer, der die von ihm ebenfalls geschuldete, nicht gepfändete Forderung an ihren Gläubiger (den Vollstreckungsschuldner) zahlt, verletzt daher nicht das Zahlungsverbot; seine Zahlung auf die Forderung macht deshalb die Grundschuld wiederum dem pfändenden Gläubiger gegenüber kondiktionsreif, so dass er die Möglichkeit der Befriedigung aus der Grundschuld verliert[157]. Man wird auch nicht sagen können, der Drittschuldner verstoße bei solcher Leistung gegen die Grundsätze von Treu und Glauben. Dieser Einwand scheidet jedenfalls dann aus, wenn die Verrechnung aller Zahlungen auf die Forderung vereinbart und nur die Forderung, nicht aber die Grundschuld als Sicherungsrecht, fällig ist.

2.3.2. Pfändung nur der Forderung

F.102 Die Pfändung nur der Forderung gibt nach dem Rdn. F.98 ff. Ausgeführten zwar eine bessere Chance auf Befriedigung. Diese kann aber daran scheitern, dass der Drittschuldner der Forderung zahlungsunfähig wird, so dass nur noch die dingliche Leistung, also die Erfüllung des Befriedigungsanspruchs aus der Grundschuld als Sicherungsrecht, zu erlangen ist. Bei Pfändung nur der Forderung wird jedoch ein Recht an der Sicherungsgrundschuld nicht erlangt[158]. Der Gläubiger, der nur die Forderung gepfändet hat, muss außerdem damit rechnen, dass ihm der Forderungsschuldner (Drittschuldner) sein Zurückbehaltungsrecht entgegenhält. Dieser kann sich auf Grund der Sicherungsabrede darauf berufen, dass er die Forderung, die gegen ihn geltend gemacht ist, nur Zug um Zug gegen Rückgewähr der Grundschuld zu leisten hat[159]. Er kann somit insbesondere die Leistung (Erfüllung der Forderung) von der Herausgabe der zur Löschung der Grundschuld als Sicherungsrecht erforderlichen urkundlichen Unterlagen abhängig machen[160]. Diesem Verlangen kann der Gläubiger, dessen Pfandrecht sich nur auf die Forderung er-

155 Durch Pfändung als Zwangsvollstreckungsmaßnahme „gutgläubig“ kein einredefreier Erwerb, siehe bereits Rdn. F.98.
156 Siehe auch bereits Rdn. F.91 a.E.
157 Siehe dazu des Näheren noch Stöber, BB 1964, 1457; **a.A.** Tempel, JuS 1967, 168.
158 RGZ 135, 272.
159 BGH, MDR 1983, 35 = NJW 1982, 2768; BGH, DNotZ 1992, 35 = MDR 1991, 753 = NJW 1991, 1821.
160 Stöber, BB 1964, 1457; Tempel, JuS 1967, 168.

streckt, aber nicht entsprechen[161]. Auch können dem Gläubiger daraus Schwierigkeiten erwachsen, dass nicht die gepfändete Forderung, sondern die ungepfändete Grundschuld an ihren Gläubiger (den Vollstreckungsschuldner) gezahlt wird. Ob dann die Zahlung auf die Grundschuld zugleich auch das Erlöschen der gesicherten Forderung zur Folge hat, bestimmt sich nach der Sicherungsabrede. Wenn der Grundstückseigentümer auch Forderungsschuldner ist, wird nach dem Sinn und Zweck der Sicherungsabrede im Regelfall davon ausgegangen, dass dann, wenn der Schuldner im Zeitpunkt der Leistung auf die dingliche Schuld berechtigt ist, auch die Forderung zu befriedigen, mit Leistung auf die dingliche Schuld im Umfang dieser Leistung auch die persönliche Schuld erlischt[162]. Auch wenn nach Befriedigung des Sicherungsnehmers aus der (sichernden) Grundschuld die Forderung fortbesteht, kann deren Gläubiger aber die gesicherte Forderung gegen den (persönlichen) Schuldner nicht mehr geltend machen (wenn er dadurch doppelte Befriedigung erlangen würde)[163]. Auch könnte der Vollstreckungsschuldner die ungepfändete Grundschuld an einen gutgläubigen Dritten mit der Folge abtreten, dass dem Grundstückseigentümer (der auch Schuldner der Forderung ist) gar keine andere Wahl als Zahlung der Grundschuld bleibt. In all diesen Fällen bietet die Pfändung nur der Forderung dem Gläubiger keine oder doch nur eine sehr unsichere Befriedigungschance.

Teil F Grundpfandrechte

2.3.3. Pfändung der Forderung zusammen mit der Grundschuld

Diese Vollstreckung bietet nach dem vorstehend Gesagten allein einen risikofreien Pfändungszugriff. Bei Abfassung des Überweisungsbeschlusses ist dann jedoch darauf zu achten, ob dem Gläubiger (zur Einziehung) überwiesen werden soll nur die gepfändete Forderung oder nur die gepfändete Grundschuld oder Forderung und Grundschuld zusammen (hierzu Rdn. B.202). F.103

Oft wird der Gläubiger allerdings nicht oder nicht genau wissen, ob und welche Forderung durch eine Grundschuld seines Schuldners gesichert ist. Aufschluss vermag die Eintragungsbewilligung bei den Grundakten geben (Einsichtsrecht:

---

161 Wegen der Befugnis des Gläubigers, der die Grundschuld gepfändet hat und dem sie überwiesen ist, löschungsfähige Quittung zu erteilen, siehe Rdn. F.55 i.V.m. Rdn. F.90.

162 BGH, DNotZ 1981, 389 = MDR 1981, 38 = NJW 1980, 2198 = Rpfleger 1980, 337; BGH, DNotZ 1987, 502 = MDR 1987, 484 = NJW 1987, 838; BGHZ 105, 154 (157) = DNotZ 1989, 358 = MDR 1988, 1045 = NJW 1988, 2730; Schöner/Stöber, Grundbuchrecht, Rdn. 2330. Aber kein Schutz des leistenden Eigentümers nach § 893 (mit § 1138) BGB, dass die Grundschuld eine bestimmte Forderung sichert, BGH, MDR 1996, 1112 = NJW 1996, 1207; **a.A.** (Zahlung auf die Grundschuld an den nicht berechtigten, aber eingetragenen Gläubiger befreit auch von der persönlichen Verpflichtung), Tiedtke, NJW 1997, 851. Zur Besonderheit, wenn nur ein Miteigentümer (zwei von drei Miterben) auf die gesicherte Forderung zahlt, BGH, FamRZ 1999, 433 = MDR 1999, 376 = MittRhNotK 1999, 52 = NJW-RR 1999, 504 (505) = Rpfleger 1999, 140, und wenn der zahlende Grundstückseigentümer nicht auch persönlicher Forderungsschuldner ist, BGHZ 80, 228 = MDR 1981, 660 = NJW 1981, 1554 = Rpfleger 1981, 286 m.w.N.

163 BGHZ 105, 154 (Fn. 162).

§ 12 Abs. 1 GBO), sofern die Sicherungsabrede in der gleichen Urkunde niedergelegt ist. In sonstigen Fällen kann zunächst nur die Grundschuld gepfändet und durch Zustellung mit der Aufforderung des § 840 ZPO oder mit Schuldnerauskunft nach § 836 Abs. 3 ZPO in Erfahrung gebracht werden, ob durch die Grundschuld eine Forderung gesichert ist und welche. Die gesicherte Forderung kann dann sogleich nach Abgabe der Drittschuldnererklärung oder Schuldnerauskunft gepfändet werden. U.U. kann der Vollstreckungsschuldner zur Vermögensauskunft (§ 807 ZPO) geladen werden.

F.104 **Formulierungsvorschlag:**

Gepfändet werden die angeblich für den Schuldner im Grundbuch des Amtsgerichts … Grundbuchbezirk … Blatt … in Abt. III Nr. … auf dem Grundstück … straße Hs. Nr. … (= Fl. St. Nr. …) des … – (dinglicher) Drittschuldner – eingetragene

- *Grundschuld, für die ein Grundschuldbrief erteilt ist,* oder
- *Grundschuld ohne Brief*

in Höhe von … Euro (mehr oder weniger) nebst den Zinsen seit dem …

zusammen[164] *mit der angeblichen Forderung des Schuldners, deren Sicherung die vorbezeichnete Grundschuld dient, nämlich der Forderung aus dem Darlehensvertrag vom … an … – (persönlicher) Drittschuldner – auf Rückzahlung des Darlehensbetrages von … Euro (mehr oder weniger) nebst … % Zinsen seit dem …*

2.4. Pfändung des Anspruchs aus Schuldversprechen

F.105 Dem Gläubiger der Grundschuld (und der Forderung) ist der Sicherungsgeber vielfach auch persönlich zusätzlich aus abstraktem Schuldversprechen (§ 780 BGB) verpflichtet. Es kommt mit Vertragsschluss zustande, für den der Grundstückseigentümer bei der Grundschuldbestellung „wegen der Ansprüche aus der Grundschuld" zusätzlich die **persönliche Haftung** mit seinem ganzen übrigen Vermögen übernimmt (die Annahmeerklärung des Berechtigten = späteren Schuldners in der Zwangsvollstreckung bedarf keiner Form). Darin liegt ein abstraktes Schuldversprechen in Höhe des Nennbetrags der Grundschuld und sämtlicher Nebenleistungen nach § 780 BGB[165]. Die Grundschuld und der (mit Vertragsschluss) durch das Schuldversprechen begründete Anspruch (§ 780 BGB) sind selbstständige Vermögensrechte[166]. Als eigenes Vermögensrecht des Schuldners unterliegt auch sein durch das Schuldversprechen begründeter Anspruch (§ 780 BGB) gegen den Sicherungsgeber der Pfändung. Dessen Pfändung muss nach § 829 ZPO erfolgen. Die Pfändung (nur) der Grundschuld und (oder) der durch sie gesicherten Forderung erstreckt sich nicht zugleich auf die mit dem Schuldverspre-

---

164 Mitpfändung auch des Anspruchs aus abstraktem Schuldversprechen Rdn. F.105.
165 BGH, DNotZ 1976, 364 = NJW 1976, 567 = Rpfleger 1976, 125; OLG München, MittBayNot 1982, 238.
166 BGH, DNotZ 1992, 657 = MDR 1992, 669 = NJW 1992, 971 = Rpfleger 1992, 193.

chen übernommene persönliche Haftung[167]. Gefordert werden kann der durch Grundschuld und abstraktes Schuldversprechen gesicherte Betrag freilich nur einmal. Soweit der Gläubiger der Grundschuld aus dieser Befriedigung erlangt (oder nicht mehr verlangen kann, weil die gesicherte Forderung erloschen und die Grundschuld zurückzugewähren ist), kann er daher aus dem Schuldversprechen nicht mehr vorgehen[168]; dann kann auch seinem Pfandgläubiger entgegengehalten werden, dass der Anspruch aus dem Schuldversprechen nicht verfolgt werden kann. Es kann aber nach der Sicherungsabrede die Befriedigung aus der Grundschuld erlaubt sein, diese jedoch in der Zwangsversteigerung erlöschen, ohne dass ihr Gläubiger Zahlung aus dem Grundstück erlangt[169] (ausfallendes Recht), oder die Grundschuld mangels Eintragung nicht entstanden (und auch mit einer Eintragung nicht mehr zu rechnen) sein[170]. Dann können die Rechte aus dem Schuldversprechen geltend gemacht, mithin auch vom pfändenden Gläubiger verfolgt werden.

Formulierungsvorschlag: F.106

Gepfändet wird der angebliche Anspruch des Schuldners an … – Drittschuldner – aus dem Schuldversprechen, das mit Übernahme der persönlichen Haftung wegen des Anspruchs aus der als Belastung des Grundstücks … bestellten Grundschuld mit/ohne Brief zu … Euro zu Urkunde des Notars … vom … UR-Nr. … und Vertragsannahme durch den Schuldner begründet wurde.

3. Pfändung des Rückgewähranspruchs durch Gläubiger des Grundstückseigentümers

3.1. Der Rückgewähranspruch

Schrifttum: Capeller, Die Zwangsvollstreckung in die durch den Schuldner zur Sicherheit eines Kontokorrentkredits bestellte Grundschuld, MDR 1953, 153; Dempewolf, Die Pfändung eines Anspruchs auf Rückgewähr einer Sicherungsgrundschuld, NJW 1959, 556; Kesseler, Rückgewähransprüche an Grundschulden in der Insolvenz, NJW 2012, 577; Müller, Der Rückgewähranspruch bei Grundschulden, RNotZ 2012, 199; Reithmann, Zulässiger Ausschluss des Rückübertragungsanspruchs bei löschungsbestimmten Grundschulden, WM 1990, 1985; Ripfel, Zweifelsfragen bei der Grundschuld als Kreditsicherungsmittel, DFG 1938, 185; Schneider, Die Pfändung einer nicht valutierten oder nicht vollvalutierten Sicherungsgrundschuld, JW 1938, 1630; Stöber, Pfändung hypothekarischer Rechte und Ansprüche, RpflJB 1962, 303; Stöber, Die Pfändung des (Rück-)Übertragungsanspruchs bei Sicherungsgrundschulden, Rpfleger 1959, 84; Stöber, Rückgewährs- (insbes. Abtretungs-) und Löschungsvormerkung bei der Sicherungsgrundschuld, RpflJB 1960, 120. F.107

Wegen des Ausgangsfalls siehe Rdn. F.92 zu b). F.108

---

167 Siehe auch LG München II, MittBayNot 1979, 126, wonach die Abtretung der Grundschuld nicht zugleich die Abtretung der Forderung aus dem abstrakten Schuldversprechen beinhaltet.
168 BGH (Fn. 166).
169 BGH, MDR 1991, 339 = NJW 1991, 286 = Rpfleger 1991, 74.
170 BGH (Fn. 166).

Der Anspruch des Sicherungsgebers[171] gegen den Grundschuldgläubiger auf Rückgabe der sicherungshalber bestellten (oder abgetretenen) Grundschuld nach Wegfall des Sicherungszwecks[172] (Nichtentstehen oder Erlöschen der Forderung, siehe dazu Rdn. F.91) folgt aus dem mit Sicherungsvertrag begründeten Schuldverhältnis oder aus § 812 BGB[173]. Dieser schuldrechtliche Anspruch wird allgemein als „Rückgewähranspruch" bezeichnet. Er gelangt bereits mit Abschluss des Sicherungsvertrags als durch Tilgung der gesicherten Forderung aufschiebend bedingter (nicht als künftiger) Anspruch zur Entstehung[174].

Gläubiger des Rückgewähranspruchs ist der Sicherungsgeber immer dann, wenn nicht für den Einzelfall in der Sicherungsabrede der Anspruch einer anderen Person (z.B. einem weiteren Gläubiger des Grundstückseigentümers) zugewiesen und wenn er nicht abgetreten ist. Auf einen Sonderrechtsnachfolger[175] im Eigentum geht der Anspruch eines Grundschuldbestellers nicht ohne weiteres, sondern nur durch Abtretung, die auch stillschweigend geschehen

---

171 Dass der Eigentümer Sicherungsgeber ist, ist der Regelfall. Es kann aber auch so sein, dass ein Dritter mit der für ihn auf dem Grundstück eines anderen eingetragenen Grundschuld durch deren Abtretung an einen seiner Gläubiger diesem Sicherheit leistet. Berechtigter des Rückgewähranspruchs ist dann dieser frühere Grundschuldgläubiger, so dass nur dessen Gläubiger in den Rückgewähranspruch vollstrecken können. Für diesen Fall gelten die dargestellten Grundsätze in gleicher Weise. Das gilt auch, wenn der Anspruch nach Abtretung einem Dritten zusteht (siehe Rdn. F.112) und nun von seinen Gläubigern gepfändet werden soll.

172 Wenn der Gläubiger (nur) die gesicherte Forderung (ohne die Grundschuld) abtritt (isolierte Abtretung), steht dem Sicherungsgeber ein Anspruch auf Rückgewähr der Grundschuld nur dann zu, wenn nach den Gesamtumständen der Sicherungszweck entfallen ist (BGH, MDR 1991, 532 = NJW-RR 1991, 305 = Rpfleger 1991, 105). Das hängt davon ab, dass von den Beteiligten keine Sicherungsabrede (auch nicht stillschweigend) mit der Bestimmung getroffen wurde, dass die bei der isolierten Forderungsabtretung in der Hand des bisherigen Gläubigers verbleibende Grundschuld trotzdem die abgetretene Forderung weiterhin sichert, BGH, wie vorst.

173 BGH, DNotZ 1957, 602 = MDR 1958, 24 = Rpfleger 1958, 51; BGH, MDR 1985, 492 = NJW 1985, 800 = Rpfleger 1985, 103; BGHZ 108, 237 (243) (Fn. 143); BGH (Fn. 172). Siehe dazu auch Weber, AcP 1969, 237.

174 BGH, DNotZ 1958, 383 mit Anm. Hoche = LM Nr. 14 zu § 313 BGB = Rpfleger 1958, 53 (55) mit Anm. Bruhn; BGH, DNotZ 1977, 542 = MDR 1977, 301 = NJW 1977, 247 = Rpfleger 1977, 56 mit Hinweis auf die Gegenmeinung; BGH, MDR 1983, 35 = NJW 1982, 2768; BGH, DNotZ 1983, 42 = NJW 1982, 928 = Rpfleger 1982, 59; BGH, MDR 1987, 137 = NJW-RR 1987, 76 = Rpfleger 1987, 30; BGH, MDR 1989, 238 = NJW-RR 1989, 173 = Rpfleger 1989, 120; BGHZ 106, 375 (378) = DNotZ 1989, 618 = MittBayNot 1989, 143 = NJW 1989, 1349 = Rpfleger 1989, 295; BGH, NJW-RR 1990, 1202; BGH, DNotZ 1992, 35 = MDR 1991, 753 = NJW 1991, 1821; BGHZ 191, 277 = MDR 2012, 56 = NJW 2012, 229 Rdn. 12 = NZI 2012, 17 = Rpfleger 2012, 169; auch Stöber, RpflJB 1960, 123. Nicht klar demgegenüber BGH, MDR 1983, 387 = NJW 1983, 752 im Hinblick darauf, dass dem Eigentümer die Einrede i.S.d. § 1192 Abs. 1, § 1157 S. 1 BGB nur dann zusteht, wenn im Zeitpunkt der Abtretung bereits der gesamte Einredetatbestand verwirklicht gewesen ist. Gegen diese BGH-Entscheidung Wilhelm, NJW 1983, 2917.

175 Zur Einrede aus § 1157 BGB und zum Schicksal des schuldrechtlichen Rückübertragungsanspruchs bei Sonderrechtsnachfolge durch Abtretung der Grundschuld des Sicherungsnehmers an einen Dritten, der nicht in die aus der Sicherungsabrede oder ungerechtfertigter Bereicherung sich ergebende Schuld eintritt, siehe BGH, BB 1967, 1144.

kann[176], über[177]. Nebenrecht eines (begünstigten) nachrangigen Grundpfandrechts ist der Anspruch auf Rückgewähr einer vorrangigen Grundschuld nicht; mit Ablösung (§ 1150 mit § 1192 Abs. 2, § 268 BGB) der nachrangigen Grundschuld des Gläubigers des Rückgewähranspruchs geht dieser daher nicht nach § 401 Abs. 1, § 412 BGB auf den Ablösenden über[178].

Ein Grundstückskaufvertrag ist, wenn der Grundstückserwerber auch die gesicherte Schuld übernimmt, mangels ausdrücklicher anderweitiger Bestimmung dahin auszulegen, dass darin für den Fall der Tilgung der gesicherten Forderung zugleich eine stillschweigende Abtretung des Rückgewähranspruchs gegen den Grundschuldgläubiger aus dem Sicherungsvertrag liegt[179]. Wenn der Grundstückseigentümer (insbesondere ein Bauträger) bei Veräußerung des Grundstücks dem Kreditgeber des Erwerbers zur Sicherung der Kaufpreisforderung eine Grundschuld bestellt, kann aus der Auslegung der Sicherungsabrede die sofortige Entstehung des Anspruchs auf Rückgewähr in der Person des Grundstückserwerbers und neuen Eigentümers folgen[180]. Es kann auch mit Eintritt in den Sicherungsvertrag (erfordert Zustimmung des Sicherungsnehmers) ein Übernehmer des Vertrags als Rechtsnachfolger des bisherigen Vertragspartners (Sicherungsgebers) den Anspruch auf Rückgewähr der Grundschuld erlangt haben[181].

Wenn bei Zwangsversteigerung eines Grundstücks eine Grundschuld bestehen geblieben ist (§ 52 Abs. 1 ZVG) und der Ersteher für die gesicherte (persönliche) Forderung nicht haftet (hierzu § 53 Abs. 2 ZVG), stehen die Rechte aus dem Sicherungsvertrag weiterhin dem Sicherungsgeber zu. Der Ersteher kann dem Grundschuldgläubiger keine Einreden entgegensetzen, die sich aus dem zwischen dem früheren Eigentümer (Sicherungsgeber) und dem Gläubiger (Sicherungsnehmer) abgeschlossenen Sicherungsvertrag ergeben.[182]

Der Anspruch richtet sich (nur) gegen den Grundschuldgläubiger (als Siche- F.109
rungsnehmer), mit dem der Sicherungszweck der Grundschuld verabredet ist, oder denjenigen, der Partei des Sicherungsvertrags war oder der in die schuldrechtlichen Verpflichtungen aus dem Sicherungsvertrag eingetreten ist[183]. Eine stillschweigen-

---

176 Zur unentgeltlichen Zuwendung bei Schenkung eines Grundstücks (Grundstücks-Miteigentumsanteils) BGH, DNotZ 1985, 699 = MDR 1985, 841 = NJW 1985, 2031 Leits. = Rpfleger 1985, 205. Zur Abtretung an einen Dritten im Hinblick auf die „Ablösung" des gesicherten Darlehens s. OLG Schleswig, Rpfleger 1997, 267.

177 BGH, LM Nr. 1 zu § 1169 BGB = Rpfleger 1952, 487; BGH, MDR 1984, 483 = NJW 1983, 2502 (2503); BGHZ 97, 280 = MDR 1986, 930 = NJW 1986, 2108 (2110); Stöber, Rpfleger 1959, 84 m.w.N. in Fn. 9.

178 BGHZ 104, 26 = DNotZ 1988, 778 = MDR 1988, 670 = NJW 1988, 1665 = Rpfleger 1988, 306.

179 BGH, LM Nr. 1 zu § 1169 BGB (Fn. 177); BGH, MDR 1984, 483 (484) (Fn. 177); BGH, DNotZ 1992, 35 (Fn. 174).

180 OLG Hamm, ZIP 1983, 806. Die Pfändung des Rückgewähranspruchs durch einen Gläubiger des Grundstückseigentümers/-veräußerers geht dann ins Leere. Dann aber auch Drittwiderspruchsklage des Gläubigers des Rückgewähranspruchs gegen den Pfändungsbeschluss, der den Rückgewähranspruch als angeblichen Anspruch des Grundstücksveräußerers und bisherigen Eigentümers ausweist; OLG Hamm, wie vorst.

181 BGHZ 97, 280 (Fn. 177).

182 BGHZ 155, 63 = DNotZ 2003, 707 = MDR 2003, 943 = NJW 2003, 2673 = Rpfleger 2003, 522.

183 BGH, MDR 1985, 492 (Fn. 173); BGHZ 108, 237 (243) (Fn. 143).

de Vereinbarung einer Übernahme der Verbindlichkeit aus dem Sicherungsvertrag enthält die Abtretung von Grundschuld und Forderung nicht[184]. Der Eigentümer des Grundstücks hat dann aber einem neuen Gläubiger der Grundschuld gegenüber einen Anspruch nach § 1169 (mit § 1192) BGB darauf, dass er auf die Grundschuld verzichte, wenn ihm die durch den Sicherungsvertrag begründete Einrede aus dem zwischen dem Eigentümer des Grundstücks (als Sicherungsgeber) und dem Grundschuldgläubiger (als Sicherungsnehmer) bestehenden Rechtsverhältnis entgegengesetzt werden kann[185]. Bei einredefreiem (gutgläubigem) Erwerb mit Abtretung der Grundschuld (§ 1157 S. 2, § 892 mit § 1191 Abs. 1 BGB) besteht dieser Anspruch aus § 1169 BGB somit nicht. Gutgläubiger Erwerb der Grundschuld frei von dieser Einrede scheidet jedoch mit Übergang kraft Gesetzes aus, wenn ein nachrangiger Grundpfandgläubiger als Ablösungsberechtigter (§§ 1150, 268 BGB) den Grundschuldgläubiger befriedigt hat[186].

F.110 Erfüllt werden kann der Rückgewähranspruch durch

- Übertragung (= Abtretung) der Grundschuld auf (an) den Anspruchsberechtigten,
- Verzicht auf die Grundschuld (§§ 1168, 1192 BGB),
- Aufhebung der Grundschuld (§§ 875, 1183, 1192 BGB).

Diese drei Leistungen sind wahlweise geschuldet (Wahlschuldverhältnis, § 262 BGB); das Wahlrecht steht aber nicht dem zur Leistung verpflichteten Grundschuldgläubiger, sondern dem berechtigten Sicherungsgeber zu[187]. Eine abweichende Vereinbarung (Wahlrecht des Grundschuldgläubigers) ist zulässig; sie ist üblich.

Wenn der Sicherungsgeber nicht mit dem Grundstückseigentümer identisch ist, darf der Gläubiger nicht ohne Einwilligung des (anspruchsberechtigten) Sicherungsgebers auf die Grundschuld verzichten oder ihre Löschung bewilligen[188] (wäre zum Schadensersatz verpflichtende Pflichtverletzung, weil der [nicht anspruchsberechtigte] Grundstückseigentümer begünstigt wäre). Auch wenn der Eigentümer des Grundstücks mit Zuschlag gewechselt hat (§ 90 Abs. 1 ZVG), die Grundschuld somit bestehen geblieben ist, ist Erfüllung des dem bisherigen Eigentümer als Sicherungsgeber verbliebenen Rückgewähranspruchs durch Verzicht (würde dazu führen, dass der nicht anspruchsberechtigte Ersteher als neuer Grundstückseigentümer die Grundschuld erwirbt, § 1168 mit § 1192 Abs. 1, § 1175 BGB) oder Erteilung der Löschungsbewilligung (Löschung würde das Grundstück des Erstehers entlasten) nicht mehr möglich[189]. Der Rückgewähranspruch kann nur noch durch Abtretung der Grundschuld an den Sicherungsgeber

184 BGH, MDR 1985, 492 (Fn. 173).

185 BGH, MDR 1985, 492 (Fn. 173); BGHZ 108, 237 (243) (Fn. 143).

186 BGH, DNotZ 1986, 342 = MDR 1986, 403 = NJW 1986, 1487 mit abl. Anm. Canaris = Rpfleger 1986, 190; dazu Rimmelspacher, WM 1986, 809; Reinicke und Tiedtke, WM 1986, 813.

187 BGHZ 108, 237 (244) (Fn. 143); BGH, NJW-RR 1994, 847; Stöber, Rpfleger 1959, 84 m.w.N. in Fn. 7; Dempewolf, NJW 1959, 556; OLG Frankfurt, JurBüro 1985, 790 = VersR 1984, 71.

188 BGHZ 106, 375 (379) (Fn. 174).

189 BGHZ 106, 375 (Fn. 174); BGH, MDR 1988, 860 = NJW-RR 1988, 1146 (1148 re.Sp.).

(den sonst Berechtigten des Rückgewähranspruchs) erfüllt werden, es sei denn, dass für die Rückgewähr etwas anderes vereinbart ist[190]. Als abweichende Vereinbarung hält jedoch die Formularklausel eines Kreditinstituts, dem Grundschuldbesteller stehe nur ein Anspruch auf Löschung oder Verzicht – kein Übertragungsanspruch – zu, der Inhaltskontrolle jedenfalls dann nicht stand, wenn die Geltung dieser Klausel nicht ausgeschlossen ist für den Fall, dass im Zeitpunkt der Rückgewähr das Eigentum an dem belasteten Grundstück durch den Zuschlag gewechselt hat[191].

3.2. Pfändung des Rückgewähranspruchs

Der Rückgewähranspruch ist ein **selbstständiges Vermögensrecht** des Sicherungsgebers (oder sonstigen Berechtigten). Als solches unterliegt er dem Pfändungszugriff[192] der Gläubiger des Sicherungsgebers (oder anderen Berechtigten)[193]. F.111

Die **Pfändung** muss nach § 857 Abs. 1, § 829 ZPO durchgeführt werden, weil ein schuldrechtlicher Anspruch[194] und nicht ein dinglicher Anspruch aus der Grundschuld gepfändet wird[195]. Die Grundschuld, auf die sich der gepfändete Rückgewähranspruch bezieht, muss im Pfändungsbeschluss hinreichend bestimmt bezeichnet werden[196]. Das erfordert insbesondere auch eine hinreichende Bezeichnung des belasteten Grundbesitzes[197]. Wirksam wird die Pfändung nur mit Beschlusszustellung an den Drittschuldner. Drittschuldner ist allein der zur Rückgewähr Verpflichtete[198] (zu ihm Rdn. F.109). Wenn die Grundschuld nach Abschluss des Sicherungsvertrags abgetreten wurde, kann das der ursprüngliche Grundschuldgläubiger als Sicherungsnehmer oder sein Rechtsnachfolger sein (Rdn. F.109). Bei Briefrechten ist die Entstehung des Pfandrechts am Rückübertragungsanspruch nicht vom Briefbesitz abhängig[199]. Neben dem Rückgewähranspruch besteht ein Anspruch auf Herausgabe des **Grundschuldbriefes** als pfändbares selbstständiges Vermögensrecht nicht[200]. Auch eine Hilfspfändung des Briefher- F.112

Teil F Grundpfandrechte

---

190 BGHZ 106, 375 (Fn. 174).
191 BGHZ 106, 375 (Fn. 174).
192 Nicht etwa nur einer Hilfspfändung.
193 BGHZ 11, 43 = DNotZ 1954, 185 = JR 1954, 218 mit Anm. Schütz = JZ 1954, 438 mit Anm. Raiser = NJW 1954, 190; BGHZ 108, 237 (242) (Fn. 143); BGH, MDR 1991, 1201 = NJW-RR 1991, 1197 = Rpfleger 1991, 381; OLG Frankfurt (Fn. 187); Hoche, NJW 1956, 145; Linde, NJW 1957, 450; Dempewolf, Der Rückübertragungsanspruch etc., S. 22; Stöber, Rpfleger 1959, 84; Dempewolf, NJW 1959, 556.
194 Daher keine Grundbucheintragung, BGH, MDR 1991, 1201 (Fn. 193).
195 BGH, JurBüro 1959, 511 = DNotZ 1959, 598 = MDR 1959, 571, 755 = Rpfleger 1959, 273; BGH, JurBüro 1961, 390 = MDR 1961, 675 = Rpfleger 1961, 291 mit Anm. Stöber; BGHZ 108, 237 (245) (Fn. 143); Stöber, Rpfleger 1959, 84; Ripfel, DFG 1938, 189.
196 Zu den Anforderungen an die Bezeichnung des Rückgewähranspruchs s. BGH, MDR 1991, 1201 (Fn. 193). Zur Auslegung des Pfändungsbeschlusses, der den „Anspruch auf den Erlösanteil in dem Zwangsversteigerungsverfahren … aus den in Abt. III lfd. Nr. … eingetragenen Rechten“ bezeichnet, BGH, NJW-RR 1992, 612 (614).
197 BGH (Fn. 10).
198 Stöber, Rpfleger 1959, 84; BGHZ 11, 43 (Fn. 193); BGHZ 108, 237 (Fn. 143).
199 Ripfel, DFG 1938, 189; Stöber, Rpfleger 1959, 84; BGH, JurBüro 1961, 390 (Fn. 195); BGH, MDR 1991, 1201 (Fn. 193).
200 So auch LG Berlin, Rpfleger 1978, 331.

ausgabeanspruchs des Sicherungsgebers (Rückgewährberechtigten; zu ihr Rdn. B.371) verbietet sich, weil der Gläubiger zur wirksamen Pfändung des Rückgewähranspruchs nicht in den Briefbesitz gelangen muss. Die Pfändung des Anspruchs auf Rückgewähr der Grundschuld umfasst auch den schuldrechtlichen Anspruch auf Herausgabe des Briefes nicht als unselbstständigen Nebenanspruch[201]. Die Briefübergabe gewährleistet vielmehr das Mitwirkungsrecht des Pfandgläubigers bei Erfüllung des (gepfändeten) Übertragungsanspruchs (Rdn. F.121), während bei Leistung des Verzichts- oder Aufhebungsanspruchs (Rdn. F.119, F.120) der pfändende Gläubiger nicht in den Briefbesitz gelangen kann.

Steht der gepfändete Anspruch dem Schuldner tatsächlich nicht zu, so ist der Pfändungsbeschluss hinfällig[202] (Rdn. B.73). Rechte eines Dritten, dem der Anspruch schon vorher abgetreten worden ist, werden also durch die Pfändung nicht berührt[203]. Ein Zessionar als Gläubiger des Rückgewähranspruchs ist mithin nicht gehindert, Erfüllung zu verlangen. Ein Pfändungspfandrecht wird an dem bereits abgetretenen Rückgewähranspruch auch nicht für den Fall der Rückzession bewirkt[204]. Der abredegemäß nicht abtretbare[205] (§ 399 BGB) Rückgewähranspruch ist mit gleichwohl erfolgter Abtretung aber nicht aus dem Vermögen des Berechtigten ausgeschieden; er kann von seinen Gläubigern daher gepfändet werden (§ 851 Abs. 2 ZPO; s. Rdn. B.440).

F.113 Die Pfändung kann auf **alle drei** der wahlweise geschuldeten Ansprüche ausgedehnt oder auf einen **Einzelanspruch** (z.B. nur den Übertragungsanspruch) beschränkt werden. Ist nur ein Einzelanspruch gepfändet, so kann im Hinblick auf die Einheitlichkeit des Schuldverhältnisses der Pfändungsschuldner die nicht gepfändeten anderen Einzelansprüche nicht mehr geltend machen[206] und der Drittschuldner sie nicht mehr erfüllen[207]. Nach Pfändung des Rückübertragungsanspruchs kann daher ein zweiter Gläubiger, der den Löschungsanspruch gepfändet hat, den Drittschuldner nicht zur Löschung der Grundschuld zwingen, um dadurch die Entstehung des Pfandrechts des erstpfändenden Gläubigers an der Grundschuld selbst mit Erfüllung des Rückübertragungsanspruchs (siehe Rdn. F.121) zu verhindern[208]. Zu empfehlen ist die Pfändung nur eines Einzelanspruchs allerdings nicht; denn im Einzelfall kann durch abweichende Vereinbarung oder durch die bereits vom Schuldner getroffene Wahl das Schuldverhältnis schon auf

---

201 Insoweit anders LG Berlin (Fn. 200).
202 BGH, MDR 1991, 1201 (Fn. 193); BGH, NJW-RR 1992, 612 (613) (Fn. 196); OLG Schleswig (Fn. 176).
203 RGZ 143, 113 (116); BGH, DNotZ 1958, 383 (Fn. 174).
204 Dazu Rdn. B.443; dort Nachweise und Hinweis auf Gegenansicht.
205 Ein die Abtretung des Rückgewähranspruchs betreffender formularmäßiger Zustimmungsvorbehalt einer Bank ist jedenfalls dann wirksam, wenn die Grundschuldsicherheit nicht von dem Grundstückseigentümer gegeben wurde, BGHZ 110, 241 = MDR 1990, 608 = NJW 1990, 1601. Zur Zulässigkeit von Abtretungs-Ausschlussklauseln in Formularverträgen s. auch Reithmann, WM 1990, 1985.
206 Stöber, Rpfleger 1959, 84. Die Pfändung kann aber nicht im Wege der Auslegung des Pfändungsbeschlusses auf die anderen Einzelansprüche – bei Pfändung des Verzichtsanspruchs also nicht auf den Übertragungs- oder Löschungsanspruch – ausgedehnt werden, siehe Stöber, wie vorst. m.w.N.; Dempewolf, NJW 1959, 559.
207 Dempewolf, NJW 1959, 559.
208 Dempewolf, NJW 1959, 559.

einen Einzelanspruch konkretisiert oder aber dem Drittschuldner das Wahlrecht eingeräumt sein. In solchen Fällen bringt die Pfändung des nicht geschuldeten oder zu leistenden Einzelanspruchs dem Gläubiger keine Befriedigung, während die Pfändung der Gesamtansprüche aus dem einheitlichen Schuldverhältnis jedenfalls den zu leistenden Einzelanspruch erfasst und so unter Umständen durchaus noch eine Befriedigungsmöglichkeit sichern kann.

Ein Anspruch auf **Auskunft** oder **Rechnungslegung** ist neben dem Rückge- F.114
währanspruch nicht pfändbar. Daher kann auch ein Anspruch auf „Bekanntgabe der Höhe der persönlichen Forderung" nicht mitgepfändet werden[209]. Wenn der Sicherungsvertrag den Sicherungsnehmer zur Auskunft und/oder Rechnungslegung verpflichtet, ist der Gläubiger, der den Rückgewähranspruch gepfändet hat, berechtigt, auch diesen Nebenanspruch geltend zu machen (dazu Rdn. E.344).

Formulierungsvorschlag: F.115

Gepfändet wird der angebliche Anspruch des Schuldners an ... – Drittschuldner – auf Rückgewähr durch

- *Übertragung (= Abtretung) oder*
- *Verzicht (§§ 1168, 1192 BGB) oder*
- *Aufhebung (§§ 875, 1183, 1192 BGB)*

der im Grundbuch des Amtsgerichts ... Grundbuchbezirk ... Blatt ... in Abt. III Nr. ... auf dem Grundstück ...straße Hs.-Nr. ... (Flur ... Flurstück ...) eingetragenen Grundschuld mit [oder: ohne] Brief in Höhe von ... Euro (mehr oder weniger).

Anzuschließen sind

- die Grundschuldüberweisung (siehe Rdn. F.127),
- die Pfändung der Eigentümergrundschuld (siehe Rdn. F.141).

3.3. Die Wirkungen der Pfändung

Die **Rechte des Grundschuldgläubigers** berührt die Pfändung des Rückge- F.116
währanspruchs nicht. Er kann daher die ein Kontokorrentverhältnis sichernde Grundschuld nach Maßgabe der Sicherungsabrede durch Auszahlung des dem Schuldner zustehenden Kredits weiter ausfüllen[210] (valutieren)[211]. Jedoch kann der Sicherungsvertrag, der den Grundschuldgläubiger in der Geltendmachung seiner dinglichen Rechte auf den Sicherungszweck beschränkt und damit auch bestimmt, für welche Forderung(en) die Grundschuld in Anspruch genommen werden darf, nach Pfändung des Rückgewähranspruchs nicht mehr zum Nachteil des pfändenden Gläubigers abgeändert werden. Die Erweiterung der Berechtigung des Grund-

---

209 **Anders** AG Dorsten, Rpfleger 1984, 424.

210 Entsprechendes gilt bei der nicht oder nicht voll valutierten Höchstbetragssicherungshypothek; siehe daher auch Rdn. F.192.

211 Die Grundschuld sichert nicht nur die im Zeitpunkt der Pfändung gerade bestehende Forderung des Gläubigers, sondern die Forderung aus dem Kontokorrentverhältnis in ihrem jeweiligen Stand; vgl. dazu Capeller, MDR 1953, 153; Ripfel, DFG 1938, 189. **A.A.** nur, aber nicht klar, Schneider, JW 1938, 1631 Fn. 10, der meint, der Eigentümer dürfe weitere Darlehen nicht aufnehmen.

schuldgläubigers als Sicherungsnehmer durch Abrede mit dem Sicherungsgeber (Vollstreckungsschuldner) beeinträchtigt die Berechtigung des Pfandgläubigers. Er muss daher mitwirken[212].

Sein Recht, Befriedigung aus der Grundschuld zu suchen (siehe Rdn. F.91) kann der Grundschuldgläubiger auch nach Pfändung des Rückgewähranspruchs verfolgen; er kann mithin auch die Grundschuld vertragsgemäß im Wege der Abtretung oder freiwilligen Versteigerung verwerten[213].

F.117 Abtreten kann der Grundschuldgläubiger die Grundschuld nach Pfändung des Rückgewähranspruchs auch, wenn die Verfügung nicht zur Verwertung für Befriedigung des Sicherungsnehmers, damit pfandrechtswidrig erfolgt. Als Rechtsinhaber bleibt der Grundschuldgläubiger zur Verfügung über das Grundpfandrecht befugt. Als Drittschuldner ist ihm nach § 829 Abs. 1 S. 1 ZPO nicht die Verfügung über die Grundschuld, sondern (nur) die Erfüllung des Rückgewähranspruchs an den Schuldner verboten. Eine anspruchswidrige Übertragung des Grundpfandrechts an einen Dritten schließt die Pfändung des Rückgewähranspruchs somit nicht aus; die Haftung bei anspruchswidriger Verfügung bestimmt sich nach den allgemeinen Grundsätzen des Schuldrechts. Daher hindert die Pfändung des Rückgewähranspruchs auch die Grundbucheintragung der Abtretung der Grundschuld an einen Dritten nicht[214]. Das Grundbuchamt hat schuldrechtliche Rechtsbeziehungen, damit nach Pfändung des Rückgewähranspruchs auch nicht zu prüfen, ob die Abtretung zur Verwertung der Grundschuld oder anspruchs- und damit pfandrechtswidrig erfolgt[215]. Bei Abtretung einer Briefgrundschuld wird der Rechtsübergang überdies bereits durch Abtretungsvertrag (§§ 398, 413, auch § 873 BGB) mit Abtretungserklärung in schriftlicher Form und Übergabe des Grundschuldbriefes bewirkt (§ 1154 mit § 1192 Abs. 1 BGB); Gläubigerwechsel mit Abtretung bewirkt Grundbuchunrichtigkeit (§ 894 BGB), kann somit nur noch als Grundbuchberichtigung in das Grundbuch eingetragen werden. Für diese Eintragung kann das Grundbuchamt nicht prüfen, ob die Abtretung nach Pfändung des Rückgewähranspruchs etwa anspruchswidrig erfolgt ist. Der Sicherung des gepfändeten (nur) schuldrechtlichen Rückgewähranspruchs gegen eine anspruchswidrige Verfügung über die Grundschuld dient die **Vormerkung** (§ 883 BGB), die auch Rechte des pfändenden Gläubigers wahrt (Rdn. F.126).

F.118 Der **Gläubiger** kann nach Überweisung des Anspruchs zur Einziehung[216] **Erfüllung des Rückgewähranspruchs** verlangen, sobald dieser fällig

212 Siehe BGHZ 75, 221 = MDR 1980, 224 = NJW 1980, 175 (entschieden für Sicherung weiterer Forderungen durch Vorbehaltskäufer nach Übertragung des Anwartschaftsrechts auf Erwerb des Volleigentums an einen Dritten als Zweiterwerber).

213 RGZ 143, 113 (116 f.); OLG Schleswig (Fn. 176); Ripfel, DFG 1938, 189; Hoche, NJW 1956, 146; Stöber, Rpfleger 1959, 86; s. auch Rdn. F.149.

214 Stöber, DNotZ 1999, 742 kritisch zu OLG Hamburg, DNotZ 1999, 740 = NJW-RR 1999, 600; Schöner/Stöber, Grundbuchrecht, Rdn. 2395; Alff, Rpfleger 1999, 373.

215 Stöber, DNotZ 1999, 742 (743); Alff, Rpfleger 1999, 373 (375).

216 Überweisung an Zahlungs statt verbietet sich schon naturgemäß, ist aber auch bei analoger Anwendung des § 849 ZPO unzulässig; siehe auch LG Köln, MDR 1958, 852; **a.A.** aber Dempewolf, NJW 1959, 558, der jedoch verkennt, dass nicht das Grundpfandrecht, das einen Nennwert hat, sondern der Rückübertragungsanspruch, der kein Grundpfandrecht ist, Pfandobjekt ist. **A.A.** außerdem Tempel, JuS 1967, 270; OLG Braunschweig, JurBüro 1969, 439.

ist[217]. Bei der Grundschuld, die ein Kontokorrentverhältnis sichert, tritt die Fälligkeit frühestens mit der Beendigung der Geschäftsverbindung durch Kündigung oder Fristablauf ein[218]. Der pfändende Gläubiger ist zur Kündigung aber nicht berechtigt; er kann das Kündigungsrecht auch nicht pfänden[219]. Ist nach Beendigung des Geschäftsverhältnisses eine gesicherte Forderung nur in Höhe eines Teilbetrages der Grundschuld vorhanden, so folgt daraus noch nicht ohne weiteres eine Verpflichtung des Sicherungsnehmers zur Rückgabe des nicht „valutierten" Grundschuldteils[220]. Doch kann der Pfändungsgläubiger immer die Fälligkeit des Übertragungsanspruchs hinsichtlich der ganzen Grundschuld durch Zahlung der dem Grundschuldgläubiger zustehenden restlichen Forderung herbeiführen[221]. Der geleistete Betrag muss zu den Zwangsvollstreckungskosten (§ 788 ZPO) gerechnet werden[222]. Anspruch auf Freigabe (Rückgewähr) eines Teils der sichernden Grundschuld oder, wenn zur Sicherung mehrere selbstständige Grundschulden bestellt sind, einzelner von ihnen, kann im Einzelfall nach dem Sicherungsvertrag (oder nach vereinbarten allgemeinen Geschäftsbedingungen) bestehen. Jedoch kann bei nur vorläufiger Übersicherung sofortige Rückgewähr des „unvalutierten" Teils einer Grundschuld nicht verlangt werden[223]. Wenn die Übersicherung endgültig ist (die gesicherte Forderung teilweise endgültig nicht entstanden oder erloschen ist) und damit der Sicherungszweck teilweise endgültig entfallen ist, ist (regelmäßig) ein entsprechender Teil der Grundschuld oder die nicht mehr benötigte von mehreren Grundschulden zurückzugewähren[224]. Wenn dann der Drittschuldner (Sicherungsnehmer) berechtigt ist, Sicherheiten nach seiner Wahl (§ 262 BGB) freizugeben[225], soweit er diese nach billigem Ermessen nicht mehr benötigt, muss die Bestimmung der Billigkeit entsprechen (§ 315 Abs. 3 BGB). Dafür trifft den Sicherungsnehmer die Beweislast. Wenn die Bestimmung des Grund-

---

217 Zuschlag des belasteten Grundstücks in der Teilungsversteigerung an einen der Miteigentümer und Sicherungsgeber ermöglicht nicht die Geltendmachung des Anspruchs auf Rückgewähr des nicht valutierten Teils einer bestehengebliebenen Grundschuld, deren Sicherungszweck nicht entfallen ist; BGH, MDR 1987, 137 (Fn. 174). Übernahme der durch die Grundschuld gesicherten Forderung durch einen Dritten (§§ 414, 415 BGB) ohne Zustimmung des Zessionars, dem der Rückgewähranspruch abgetreten ist (damit auch seines Pfandgläubigers), löst Rückgewährreife der Grundschuld nicht aus, BGHZ 115, 241 = DNotZ 1992, 549 = MDR 1992, 45 = JZ 1992, 582 mit zust. Anm. Weber = NJW 1992, 110.

218 Capeller, MDR 1953, 153.

219 Capeller, MDR 1953, 153; siehe außerdem Rdn. F.192.

220 Wegen Einzelheiten s. Capeller, MDR 1953, 154; Dempewolf, Der Rückübertragungsanspruch etc., S. 53 ff. Für Teilrückgewähranspruch OLG Köln, ZIP 1980, 112.

221 Capeller, MDR 1953, 154; Schneider, JW 1938, 1630.

222 Schneider, JW 1938, 1632; siehe dazu aber die gleichliegende Frage, ob ein Restkaufpreis, den der Gläubiger bei Pfändung des Anwartschaftsrechts zahlt, zu den Zwangsvollstreckungskosten gehört, Rdn. E.42.

223 BGH, DNotZ 1990, 592 = MDR 1990, 706 = NJW-RR 1990, 455.

224 BGH (Fn. 223) mit Einzelheiten; BGHZ 191, 277 Rdn. 16 m.w.N. (Fn. 174). Zum Freigabeanspruch (im Falle nachträglicher Übersicherung) bei Globalsicherheiten ohne oder bei ermessensabhängig ausgestalteter Freigabeklausel siehe nun BGH, BGHZ 137, 212 = NJW 1998, 671.

225 BGH, DNotZ 2003, 429 = MDR 2002, 1200 = NJW-RR 2003, 45.

schuldgläubigers der Billigkeit nicht entspricht, wird die Freigabe durch Urteil getroffen[226].

F.119 Die Erfüllung des gepfändeten **Verzichtsanspruchs** bewirkt gemäß §§ 1168, 1192 ZPO, dass die Grundschuld Eigentümergrundschuld[227] wird. An dieser steht dem Gläubiger, der den Rückgewähranspruch gepfändet hat, aber keinerlei Recht zu; das Pfandrecht am Verzichtsanspruch setzt sich insbesondere nicht an der Eigentümergrundschuld fort[228]. Diese kann vielmehr nur in der Form der § 857 Abs. 6, § 830 ZPO (siehe Rdn. F.151 ff.) erneut gepfändet werden[229]. Für diese Pfändung der Eigentümergrundschuld wahrt das Pfandrecht am Rückübertragungs-(Verzichts-)Anspruch keinen Rang. Hat der Schuldner seit Pfändung das Grundstück veräußert, so kann der Gläubiger den Verzichtsanspruch nicht geltend machen[230], weil die Eigentümergrundschuld dem Eigentümer im Zeitpunkt des Verzichts gebührt und der Gläubiger gegen diesen (= den späteren Eigentümer) nicht weiter vollstrecken kann.

F.120 Die Erfüllung des **Aufhebungsanspruchs** führt nach §§ 875, 1192 BGB zum vollständigen Untergang der Grundschuld, nicht aber zur Befriedigung des Gläubigers. Er kann an der Verfolgung des Aufhebungsanspruchs daher vorwiegend nur als gleichzeitiger Gläubiger eines nachrangigen Rechts, das mit Löschung der Grundschuld im Rang aufrückt, interessiert sein[231]. Gegen das Schikaneverbot des § 226 BGB verstößt der Gläubiger, wenn er den Aufhebungsanspruch geltend macht, ohne dadurch für sich einen rechtlichen Gewinn oder wirtschaftlichen Erfolg zu erstreben.

F.121 Bei Erfüllung des **Übertragungsanspruchs**, das heißt mit Übertragung (Abtretung) der Grundschuld an den Schuldner[232], setzt sich mit Abtretung der Grundschuld das am Übertragungsanspruch erlangte Pfändungspfandrecht (mit dem ihm gebührenden Rang) kraft Gesetzes analog § 1287 BGB an der Grundschuld des Pfändungsschuldners fort[233]. Der Drittschuldner darf daher die Rückübertragung nur unter Mitwirkung des pfändenden Gläubigers[234] und unter gleichzeitiger

---

226 Zu alledem BGH, DNotZ 1981, 378 = MDR 1981, 209 = NJW 1981, 571 für Sicherungsgrundschulden über 1,9 Millionen DM bei einer zu sichernden Forderung von nur ca. 600.000 DM. Dazu auch BGH (Fn. 225).

227 Des wahren Eigentümers bei Vorliegen aller Tatbestandsmerkmale des § 1168 BGB (nicht etwa eines Voreigentümers oder eines unrichtig eingetragenen Eigentümers).

228 BGHZ 108, 237 (Fn. 143). **A.A.** OLG Celle, JR 1955, 146; Tempel, JuS 1967, 269, die wie bei Erfüllung des Übertragungsanspruchs dingliche Surrogation annehmen.

229 Stöber, Rpfleger 1959, 84; Schneider, JW 1938, 1632, der insbesondere die Verfolgung des Verzichtsanspruchs eingehend darstellt; Dempewolf, NJW 1959, 560.

230 **A.A.** Tempel, JuS 1967, 269: Gläubiger kann Anspruch mit Zustimmung des Schuldners geltend machen. Wie hier: Huber, Die Sicherungsgrundschuld, S. 207.

231 Einzelheiten zur Geltendmachung des Aufhebungsanspruchs, insbesondere bei Eigentumswechsel, siehe Ripfel, DNotZ 1957, 522.

232 Dass die Grundschuld an den pfändenden Gläubiger abgetreten werde, kann nicht verlangt werden; siehe Dempewolf, NJW 1959, 557; Hoche, NJW 1956, 145; außerdem Rdn. A.76. Dieser hat keinen Anspruch auf das Gläubigerrecht an der Grundschuld, sondern nur einen Anspruch auf ein Pfandrecht an der Grundschuld.

233 Stöber, Rpfleger 1959, 84 (86 ff.); Ripfel, DFG 1938, 189; Hoche, NJW 1956, 145; Wörbelauer, NJW 1958, 1706; OLG Frankfurt, JurBüro 1985, 790 = VersR 1984, 71; OLG Hamm (Fn. 180).

234 Hoche, NJW 1956, 145.

Sicherstellung seines Pfandrechtes an der Grundschuld (also durch Briefübergabe an den Pfändungsgläubiger oder Eintragung des Pfandrechts an einem Buchrecht im Grundbuch) vornehmen. Den Grundschuldbrief darf der Grundschuldgläubiger dem Vollstreckungsschuldner nicht mehr aushändigen; er darf auch nicht mehr die Eintragung der Abtretung der Grundschuld ohne gleichzeitige Bestellung des Pfandrechts bewilligen.

Nach **Überweisung** des Rückübertragungsanspruchs zur Einziehung ist der pfändende Gläubiger berechtigt, die Abtretung ohne Mitwirkung des Schuldners zu bewirken (hierzu auch Rdn. A.76). Er kann dann insbesondere die für die Abtretung materiell-rechtlich erforderliche Abtretungserklärung (§§ 873, 1154, 1192 BGB) an Stelle des Schuldners abgeben und aus eigenem Recht die Eintragung der Abtretung und seines Pfandrechts beim Grundbuchamt beantragen[235]. F.122

Ist der gepfändete Anspruch nicht zur Einziehung überwiesen, so kann der Drittschuldner nur an Gläubiger und Schuldner gemeinsam abtreten (= leisten; siehe Rdn. B.150). Der Gläubiger kann ohne Überweisung zur Einziehung für den Schuldner nicht handeln[236]. Ist der Schuldner nicht bereit, bei der Abtretung mitzuwirken, so hat der Gläubiger gleichwohl das Recht, nach Fälligkeit des Übertragungsanspruchs die Abtretung der Grundschuld vom Drittschuldner zu verlangen. Er kann auch allein diesen Anspruch im Klagewege gerichtlich geltend machen[237]. Da die Mitwirkung des Schuldners bei der Abtretung selbst aber nicht zu entbehren ist, muss ihm hier nach § 848 Abs. 1 ZPO ausnahmsweise ein Sequester bestellt werden[238]. F.123

Durch Mitwirkung des Gläubigers bei der Abtretung ist sichergestellt, dass dieser sofort in den Briefbesitz kommt oder – bei Buchrechten – die Eintragung des mit der Abtretung an der Grundschuld entstehenden Pfandrechts bewirkt und so Verfügungen, die zu einem sein Pfandrecht beeinträchtigenden gutgläubigen Erwerb Dritter führen könnten, ausschließt. Bei Briefrechten entsteht das Pfandrecht an der Grundschuld für den Gläubiger aber auch dann, wenn der Drittschuldner unter Verstoß gegen das Leistungsverbot die Grundschuld allein an den Schuldner abtritt und diesem den Brief aushändigt[239]. Der Gläubiger kann dann gegen den Schuldner die Briefherausgabe nach § 836 Abs. 3 ZPO betreiben und Grundbuchberichtigung durch Eintragung seines Pfandrechts beantragen. F.124

Nach **anderer Ansicht** soll immer § 848 ZPO anwendbar, die Grundschuld also an einen Sequester abzutreten sein[240]. Es wird auch die Meinung vertreten, die Pfändung des Rückübertragungsanspruchs habe nur die Bedeutung einer Hilfspfändung[241]. Diesen abweichenden Ansichten kann nicht beigepflichtet werden[242]. F.125

---

235 Ripfel, DFG 1938, 189; Stöber, Rpfleger 1959, 87.

236 Stöber, Rpfleger 1959, 87.

237 Siehe dazu eingehend Hoche, NJW 1955, 163 f.; siehe ferner Stöber, Rpfleger 1959, 87.

238 Stöber, Rpfleger 1959, 87.

239 Stöber, Rpfleger 1959, 87; Hoche, NJW 1956, 145; **a.A.** wohl Ripfel, DFG 1938, 189.

240 Schneider, JW 1938, 1631; LG Köln, MDR 1958, 852; Dempewolf, NJW 1959, 557. Diese Meinung ist durch BGH, MDR 1998, 1303 Leits. = NJW 1998, 2969 (2970) überholt.

241 Bohn/Berner, Pfändbare und unpfändbare Forderungen, N 197 und Muster 24; für analoge Anwendung des § 1287 BGB oder auch des § 848 ZPO aber Bohn, Pfändung von Hypotheken, Grundschulden usw., N 350.

242 Siehe dazu insbes. Stöber, Rpfleger 1959, 86.

F.126 Die für den Schuldner zur Sicherung seines Rückgewähr- (insbes. Übertragungs-) Anspruchs eingetragene **Vormerkung** (§ 883 BGB)[243] ist Nebenrecht des Anspruchs, wird also von seiner Pfändung erfasst (siehe Rdn. B.358, B.364, E.399). Die wirksame Pfändung des Rückgewähranspruchs kann bei dieser Vormerkung in das Grundbuch eingetragen werden[244]. Da der schuldrechtliche Anspruch auf Eintragung einer Vormerkung ebenfalls Nebenrecht des gepfändeten Rückgewähranspruchs ist, kann der pfändende Gläubiger auch selbstständig verlangen, dass dieser Anspruch für den Schuldner durch Vormerkung gesichert[245] und die Pfändung bei dieser Vormerkung in das Grundbuch eingetragen wird.

3.4. Verwertung des an der Grundschuld erlangten Pfandrechts

F.127 Bezieht sich der **Überweisungsbeschluss** nur auf den Rückübertragungsanspruch, so erledigt er sich mit der Abtretung der Grundschuld. Er erstreckt sich dann nicht auf das mit Erfüllung des gepfändeten Anspruchs entstandene Pfandrecht an der Grundschuld. Der Gläubiger benötigt daher einen neuerlichen, die Überweisung der Grundschuld aussprechenden Beschluss, wenn er deren Pfandverwertung betreiben will[246]. Dieser Überweisungsbeschluss für die Grundschuld kann aber auch schon mit dem Pfändungsbeschluss bezüglich des Rückübertragungsanspruchs verbunden werden. Die Überweisung der Grundschuld kann zur Einziehung oder an Zahlungs statt erfolgen; sie gibt dem Gläubiger das Recht, die Grundschuld gegen ihren Schuldner, also den Grundstückseigentümer geltend zu machen. Auf Antrag kann auch eine andere Art der Verwertung der Grundschuld (§ 844 ZPO) angeordnet werden.

3.5. Mehrfache Pfändung des Übertragungsanspruchs

F.128 Bei mehrfacher Pfändung des Übertragungsanspruchs bestehen nach Abtretung der Grundschuld an dieser die Pfandrechte in der Reihenfolge, in der die Pfändungsbeschlüsse wirksam geworden sind, weil das Pfändungspfandrecht im Sinne des § 804 Abs. 3 ZPO bereits durch die Anspruchspfändung begründet wird[247].

243 Siehe dazu u.a. LG Düsseldorf, NJW 1958, 673 mit Anm. Dempewolf; OLG Düsseldorf, NJW 1957, 1282; OLG Frankfurt, NJW 1957, 1282; KG, OLGZ 1976, 44 = Rpfleger 1976, 128; OLG Hamm, Rpfleger 1957, 379; OLG Hamm, DNotZ 1990, 601 = NJW-RR 1990, 272 = OLGZ 1993, 3 = Rpfleger 1990, 157; OLG Celle, DNotZ 1957, 664 = NJW 1957, 1481; Dempewolf, NJW 1957, 1258; Linde, NJW 1957, 450; Stöber, RpflJB 1960, 126.

244 KG, HRR 1937 Nr. 246; siehe auch Rdn. E.399.

245 LG Freiburg, NJW 1956, 144; siehe außerdem insbesondere Hoche, NJW 1956, 146. Unklar Blumenthal, NJW 1971, 2032, der zu dem Ergebnis kommt, dass „die Pfändung als solche ins Grundbuch eingetragen werden“ müsse; nicht zutreffend LG Karlsruhe, NJW 1971, 2032.

246 Schneider, JW 1938, 1631; Stöber, Rpfleger 1959, 88; Dempewolf, NJW 1959, 558; Bohn, Pfändung von Hypotheken, Grundschulden usw., N 350.

247 Stöber, Rpfleger 1959, 88; Ripfel, DFG 1938, 191; siehe auch OLG Braunschweig, HRR 1935 Nr. 1711.

3.6. Rückgewähranspruch bei Gesamtgrundschuld

Die Gesamtgrundschuld ist **eine** Grundschuld an mehreren Grundstücken (§ 1132 Abs. 1 mit § 1192 Abs. 1 BGB). Gläubiger muss an allen Grundstücken derselbe Berechtigte sein[248] (Erfordernis der Gleichartigkeit). Sicherungsgeber kann ein und derselbe Eigentümer der (aller) belasteten Grundstücke sein; Sicherungsgeber können aber auch mehrere Personen (Grundstückseigentümer) sein. Eine Gesamtgrundschuld besteht auch bei Belastung mehrerer Bruchteile von Miteigentümern eines Grundstücks (§ 1114 BGB), wie insbesondere von Eheleuten, mit einer Grundschuld. Dem Sicherungsgeber begründet die Bestellung einer Gesamtgrundschuld einen Anspruch auf Rückgewähr dieses Gesamtrechts. Die Pfändung dieses Anspruchs erfordert eine hinreichende Bezeichnung auch der (aller) belasteten Grundstücke im Pfändungsbeschluss (Rdn. F.112; bei Ungenauigkeit Auslegung möglich). Der Rückgewähranspruch mehrerer Grundstückseigentümer als Sicherungsgeber besteht als Bruchteilsanspruch (§ 741 BGB). Es kann daher Leistung nur an alle Sicherungsgeber gemeinschaftlich erfolgen und von jedem die Leistung nur an alle gefordert werden (§ 432 Abs. 1 BGB). Die Anteile der Berechtigten haben sich nach dem Verhältnis der Grundstückswerte zu bestimmen (§ 1172 Abs. 2, § 1175 Abs. 1 BGB, entspr. Anwendung). Pfändung, wenn nur gegen einen der Grundstückseigentümer als Sicherungsgeber vollstreckt wird: Rdn. F.137. **F.129**

Erfüllt werden kann der Rückgewähranspruch mit (vgl. Rdn. F.110) **F.130**

- Übertragung (= Abtretung) der Gesamtgrundschuld auf den oder die Anspruchsberechtigten,
- Verzicht auf die Gesamtgrundschuld (§§ 1168, 1192 BGB),
- Aufhebung der Gesamtgrundschuld (§§ 875, 1183, 1192 BGB).

Folgen des Verzichts: Die Gesamtgrundschuld fällt dem Eigentümer oder gemeinschaftlich mehreren Eigentümern der belasteten Grundstücke zu (§ 1175 Abs. 1 S. 1 mit § 1192 Abs. 1 BGB). Vorsicht ist geboten bei Verzicht auf die Gesamtgrundschuld an nur einem der Grundstücke (auch in Form der Pfandfreigabe oder Entlassung aus der Mithaft); denn sie erlischt dann an diesem Grundstück (§ 1175 Abs. 1 S. 2, § 1192 Abs. 1 BGB). Damit kann der Rückgewähranspruch nicht ordnungsgemäß (insbesondere nicht durch Leistung an mehrere Grundstückseigentümer als Sicherungsgeber) erfüllt sein. Dass durch Leistung des Rückgewähranspruchs nicht ein nicht anspruchsberechtigter Grundstückseigentümer begünstigt wird (Rdn. F.110), ist im Hinblick auf die Besonderheiten der Gesamtgrundschuld sorgsam zu beachten.

Für die wahlweise geschuldete Leistung (Übertragung, Verzicht, Aufhebung) steht das **Wahlrecht** (§ 262 BGB), wenn eine abweichende Vereinbarung nicht getroffen ist, mehreren berechtigten Sicherungsgebern (Eigentümern der belasteten Grundstücke) gemeinschaftlich zu. Das Wahlrecht muss daher von allen ausgeübt werden[249]. **F.131**

---

248 Schöner/Stöber, Grundbuchrecht, Rdn. 2239.
249 MünchKomm/Krüger, BGB, § 263 Rdn. 6.

F.132 Die **Berechtigung des Grundschuldgläubigers**, die Gesamtgrundschuld auf die einzelnen Grundstücke zu **verteilen** (§ 1132 Abs. 2 mit § 1192 Abs. 1 BGB), wird durch Pfändung des Rückgewähranspruchs nicht beeinträchtigt. Diese berührt Rechte des Grundschuldgläubigers nicht (Rdn. F.116) und schmälert somit dessen Befugnisse nicht, erfasst mithin auch das Gläubigerrecht nicht, die Gesamtgrundschuld zu verteilen. Fraglich ist jedoch, ob dem Gläubiger Verteilung im Einzelfall erlaubt ist; wenn Rückgewähr durch Übertragung der Gesamtgrundschuld oder Verzicht auf sie geschuldet ist, schließt eine Verteilung durch den Gläubiger (§ 1132 Abs. 2 BGB) Rückgewähr und Erwerb des Gesamtrechts durch den oder die Sicherungsgeber aus. Wenn nicht bereits die Sicherungsabrede (auch bei nachträglichem Einvernehmen hierzu) die Verteilung gestattet, wird nach der Pfändung daher (schuldrechtlich) auch die Gestattung durch den vollstreckenden Gläubiger zur Verteilung zu verlangen sein. Verlangen kann der pfändende Gläubiger die Verteilung vom Gläubiger der Grundschuld nicht. Wenn der Gläubiger die Gesamtgrundschuld jedoch nach Pfändung des Rückgewähranspruchs verteilt hat, kann der gepfändete Anspruch nur noch mit Rückgewähr der mit Verteilung entstandenen Einzelgrundschulden erfüllt werden; er besteht als Anspruch auf diese Leistung nach Verteilung fort. **Nach Verteilung** kann daher der Rückgewähranspruch auch nur als Anspruch auf Rückgewähr einer der Einzelgrundschulden oder aller Einzelgrundschulden gepfändet werden. Das gilt ebenso, wenn Einzelrechte mit Verteilung des Gesamtrechts im geringsten Gebot bei Zwangsversteigerung und Erteilung des Zuschlags auf Einzelausgebote entstanden sind (§ 64 Abs. 1, § 90 Abs. 1 ZVG).

F.133 Ist Rückgewähr der Gesamtgrundschuld geschuldet (Verteilung nach § 1132 Abs. 2 BGB somit nicht erfolgt), kann Zugriff auf nur einen Teilanspruch in der Weise nicht zulässig sein, dass nur ein Anspruch auf Rückgewähr des **an einem** der belasteten Grundstücke (oder der an mehreren, nicht aber an allen belasteten Grundstücken) lastenden Gesamtrechts gepfändet wird[250]. Erfüllung des Übertragungsanspruchs nur hinsichtlich eines des belasteten Grundstücke (oder für nur einige von ihnen) würde Gläubigermehrheit (Aufspaltung des Gläubigerrechts) bewirken; diese ist bei dem Gesamtrecht ausgeschlossen (Rdn. F.129). Dass nach Verteilung (§ 1132 Abs. 2 BGB) die Abtretung des an nur einem der Grundstücke lastenden Einzelrechts möglich wird, erlaubt nicht schon die Einzelpfändung, solange das Gesamtrecht noch besteht. Zu pfänden ist der Rückgewähranspruch als Schuldnervermögen nach seiner Gestaltung zur Zeit der Vornahme der Vollstreckung, sonach als Anspruch auf Rückgewähr des Gesamtrechts. Bei dem späteren Einzelanspruch auf Rückgewähr einer nach Verteilung entstandenen Einzelgrundschuld handelt es sich demgegenüber um keinen selbstständigen künftigen Anspruch und damit auch um keinen bereits einzeln pfändbaren Anspruch (vgl. Rdn. F.229). Entsprechendes hat für Pfändung des Verzichts- und Aufhebungsanspruchs zu gelten. Bezeichnet gleichwohl der Pfändungsbeschluss den Rückgewähranspruch nur hinsichtlich eines der belasteten Grundstücke als gepfändet, so wird die Pfändung im Wege der Auslegung auf den Anspruch auf Rückgewähr des an allen Grundstücken lastenden Gesamtrechts bezogen werden können.

---

250 Zur Pfändung des Rückgewähranspruchs bei einer Gesamtgrundschuld siehe LG Nürnberg-Fürth, BWNotZ 1994, 172 mit Anm. Böhringer.

Bei **Erwerb vom Bauträger** ist das veräußerte Grundstück vielfach mit einer (Gesamt-)Grundschuld (Globalgrundpfandrecht) zugunsten der den Bau finanzierenden Bank des Bauträgers belastet. Den lastenfreien Eigentumserwerb des Käufers sichert die Bank dann oft durch eine sog. Freistellungsverpflichtung. Für den Käufer eines (bereits gebildeten oder durch Teilung zu bildenden) Einzelgrundstücks begründet die Bank damit die Verpflichtung, sein Objekt unter den im Einzelfall festgelegten (von der Makler- und Bauträgerverordnung vorgegebenen) Voraussetzungen aus der Pfandhaft freizugeben (§ 1175 Abs. 1 S. 2 BGB). Dem entspricht das Einvernehmen der Bank als Gläubigerin der Grundschuld und des Bauträgers als Grundstückseigentümer und Sicherungsgeber, dass die Bank als Sicherungsnehmerin der dem Käufer eines Einzelgrundstücks gegenüber eingegangenen Freigabeverpflichtung nach Erfüllung der Käuferpflichten nachkommt. Der Sicherungsvertrag (oder das ihn ergänzende und abändernde vertragliche Einvernehmen) der Bank und des Bauträgers regelt damit als geschuldete Leistung für die Erfüllung des Rückgewähranspruchs auch diese Pfandfreigabe des veräußerten Einzelgrundstücks mit Gläubigerverzicht auf die (Gesamt-)Grundschuld (§ 1175 Abs. 1 S. 2, § 1192 Abs. 1 BGB). Eine Pfändung des Rückgewähranspruchs, die **danach** erfolgt, kann diesen Anspruch des Sicherungsgebers nur noch mit dieser geschuldeten Leistungsverpflichtung erfassen, weitergehende Gläubigerrechte jedoch nicht begründen. Sie kann die Erfüllung der Freigabeverpflichtung daher nicht hindern. Das muss selbst dann gelten, wenn die Sicherungsabrede zur Sicherstellung des lastenfreien Erwerbs vor der Pfändung konkretisiert wurde, der Kaufvertrag und die den lastenfreien Eigentumserwerb sichernde Freigabeverpflichtung aber erst danach vereinbart wurden. **F.134**

Die **Verteilung** der Gesamtgrundschuld **bei Erlösverteilung** in der Zwangsversteigerung (§ 122 ZVG) begründet Einzelberechtigungen auf Befriedigung aus dem Versteigerungserlös. Das mit der Pfändung des Anspruchs auf Rückgewähr der Gesamtgrundschuld erlangte Pfandrecht besteht dann als Pfandrecht an dem Anspruch auf Rückgewähr der Einzelerlöse fort (Wirkung: Rdn. F.143). **F.135**

Ist der Rückgewähranspruch der nur an einem Grundstück lastenden Grundschuld gepfändet, dann kann eine **Gesamtgrundschuld nachträglich** entstehen durch **F.136**

- Teilung des belasteten Grundstücks, wenn nicht der abzuschreibende Grundstücksteil oder das Restgrundstück aus der Mithaft entlassen wird;
- Veräußerung eines Bruchteils des mit der Grundschuld belasteten Grundstücks (§ 1114 mit § 1192 Abs. 1 BGB).

Die Erfüllung des Rückgewähranspruchs durch Übertragung kann dann nur noch durch Abtretung des Gesamtrechts erfolgen (Rdn. F.130).

3.7. Rückgewähranspruch für Schuldner und weitere Berechtigte

Wenn der **Schuldner**, gegen den vollstreckt wird, Grundstücks-Miteigentümer zu einem **Bruchteil** ist (§ 1008 BGB), steht ihm, sofern nichts Abweichendes vereinbart ist, ein selbstständiger Rückgewähranspruch hinsichtlich der Belastung sei- **F.137** nes Miteigentumsanteils zu[251]. Dieser Anspruch kann nach dem Rdn. F.111 ff. Gesagten gepfändet werden[252]. Eine vorherige Auseinandersetzung der Miteigentümergemeinschaft, der der Schuldner angehört, hat weder vor der Pfändung[253] noch vor der Erfüllung des Rückgewähranspruchs zu erfolgen. Die Übertragung (Abtretung. Rdn. F.110) der am Grundstück insgesamt lastenden Grundschuld kann jedoch nur durch Übertragung des Gesamtrechts (Rdn. F.129) an alle Grundstückseigentümer erfolgen (§ 432 Abs. 1 S. 1 BGB; keine Gläubigermehrheit durch Aufspaltung des Gesamtrechts, s. Rdn. F.132). Mit der Erfüllung des Übertragungsanspruchs (Rdn. F.121) setzt sich das Pfändungspfandrecht an der Bruchteils-Mitberechtigung des Schuldners an der Grundschuld fort. Erfüllung des Verzichtsanspruchs nur für den Miteigentumsanteil des Schuldners (Pfandfreigabe dieses Anteils): § 1175 Abs. 1 S. 2 mit § 1192 Abs. 1 BGB. Auch wenn der Schuldneranspruch auf Rückgewähr als Bruchteilsanspruch besteht, kann er als solcher gepfändet werden (hierzu Rdn. E.110). Solche gemeinsame Berechtigung am Rückgewähranspruch hat der BGH[254] für den Fall angenommen, dass bis zum Eintritt der aufschiebenden Bedingung für den Rückgewähranspruch mit Tilgung der gesicherten Forderung ein Eigentümerwechsel stattgefunden hat. Für solche gemeinsame Berechtigung der vormaligen Miteigentümer zu Bruchteilen, die Sicherungsgeber sind, ist mangels besonderer Vereinbarung der Berechtigten auf die Regelung der §§ 741 ff. BGB zurückzugreifen[255]. Bis zur weiteren Klärung empfiehlt sich in allen Fällen die Pfändung sowohl des Rückgewähranspruchs des Schuldners (als selbstständiger Anspruch und/oder als Anspruch eines Gemeinschafters nach Bruchteilen) und der Ansprüche gegenüber den anderen Gemeinschaftern (dazu Rdn. E.110).

Wenn mehrere als Eigentümer zur **gesamten Hand**[256] Berechtigte des Rückgewähranspruchs sind, kann er bei Zwangsvollstreckung gegen alle Schuldner gepfändet werden. Dazu Rdn. A.71.

F.138 Befriedigt ein (Forderungs-)**Gesamtschuldner**, der im Innenverhältnis von einem anderen Schuldner Ausgleichung verlangen kann, den Gläubiger und geht daher die Forderung gegen diesen Schuldner auf ihn über, so kann der leistende

---

251 BGH (Fn. 10). Dagegen für gemeinschaftlichen Anspruch zu (entsprechenden) Teilen BGHZ 97, 280 = MDR 1986, 930 = NJW 1986, 2108; BGH, NJW-RR 1990, 1202 (1203); auch BGH, MDR 1989, 238 (Fn. 174); BGH, NJW-RR 2008, 30 (31; im Außenverhältnis § 432 Abs. 1 BGB); OLG Hamm, DNotZ 1990, 601 (Fn. 243); ähnlich (aber ohne Stellungnahme zur Mitberechtigung) BGH, NJW 1996, 2231 (2233).

252 BGH, DNotZ 1985, 699 = MDR 1985, 841 = NJW 1985, 2031 Leits. = Rpfleger 1985, 205.

253 BGH (Fn. 10).

254 BGH, DNotZ 1983, 42 = MDR 1982, 476 = NJW 1982, 928 = Rpfleger 1982, 59. Siehe außerdem BGH, DNotZ 1985, 551 = MDR 1985, 685 = NJW 1985, 849, dort (für Geltendmachung eines Zurückbehaltungsrechts): der Anspruch auf Abtretung der Grundschuld ist unteilbar; BGHZ 97, 280 (Fn. 251); BGH, NJW-RR 2008, 30 (31). S. außerdem BGH, MDR 1989, 238 (Fn. 174), der für Bruchteilseigentümer nach Versteigerung des Grundstücks die Forderung auf Auszahlung des Übererlöses „gemeinschaftlich je zur Hälfte“ kennzeichnet.

255 BGH, DNotZ 1983, 42 (Fn. 254).

256 Zur Erbengemeinschaft als Gläubigerin des zum Nachlass gehörenden Rückgewähranspruchs siehe BGHZ 167, 150 (154, 155) = NJW 2006, 1969 (1970, 1971).

Schuldner auf Grund entsprechender Anwendung des § 401 BGB vom Gläubiger die Übertragung einer die Forderung gegen alle Gesamtschuldner sichernden Grundschuld, die von dem ausgleichspflichtigen Schuldner gestellt worden ist, verlangen[257]. Auch bei Sicherung einer von Bruchteilsmiteigentümern (§§ 741, 1008 BGB) samtverbindlich geschuldeten Forderung steht einem zahlenden (Forderungs-)Gesamtschuldner im Umfang seines Ausgleichsanspruchs Anspruch auf Rückübertragung der Grundschuld allein auf sich zu[258].

3.8. Löschungsvormerkung (§§ 1179, 1179a BGB) und Pfändung des Übertragungsanspruchs

Eine Löschungsvormerkung nach § 1179 BGB[259] und ebenso der gesetzliche Löschungsanspruch mit Vormerkungswirkungen des § 1179a (auch § 1179b) BGB sichert den Anspruch auf Grundschuldlöschung für den Fall, dass die Grundschuld sich mit dem Eigentum in einer Person vereinigt (Fälle siehe Rdn. F.140). Dadurch, dass die Forderung, zu deren Sicherung die Grundschuld bestellt ist, nicht besteht (nicht entstanden oder wieder weggefallen ist), tritt jedoch eine Vereinigung der Grundschuld mit dem Eigentum in einer Person, die den nach § 1179 BGB vorgemerkten Löschungsanspruch auslöst, nicht ein[260]. Bestand und Rang des Pfandrechts an einem Rückübertragungsanspruch[261] und nach dessen Erfüllung an der Grundschuld werden daher nicht dadurch beeinträchtigt, dass die zu übertragende Grundschuld mit einer Löschungsvormerkung oder mit einem gesetzlichen Löschungsanspruch nach §§ 1179a, 1179b BGB belastet ist[262]. Wurde der Rückgewähranspruch bereits vor Pfändung abgetreten, so kann durch diese ein Pfandrecht nicht erlangt werden[263] (siehe Rdn. B.437). F.139

---

257 BGHZ 80, 228 = JR 1981, 420 mit Anm. Berg = MDR 1981, 660 = NJW 1981, 1554 = Rpfleger 1981, 286.

258 BGH, MDR 1983, 1020 = NJW 1983, 2449 = Rpfleger 1984, 109.

259 In der Fassung bis 31.12.1977 (nur für § 1179 BGB) und ebenso in der ab 1.1.1978 geltenden Fassung, siehe Gesetz vom 22.6.1977 (BGBl I 998); dazu Stöber, Rpfleger 1977, 399, 425.

260 BGHZ 25, 382 = MDR 1958, 91 = NJW 1958, 21; Stöber, ZVG-Handbuch, Rdn. 532.

261 Auch Geltendmachung des Rückgewähranspruchs schließt der Löschungsanspruch des nachrangigen Gläubigers dann nicht aus, wenn die Grundschuld mit dem Eigentum noch nicht in einer Person vereinigt ist, BGHZ 108, 237 (Fn. 143); BGH, MDR 1991, 1201 = NJW-RR 1991, 1197 = Rpfleger 1991, 381.

262 BGH (Fn. 10). **Anders** noch: nach der mit Übertragung der Grundschuld auf den Eigentümer eingetretenen Vereinigung von Eigentum und Grundschuld in einer Person lässt sich eine Löschungsvormerkung nach § 1179 BGB gegen den pfändenden Gläubiger nur dann durchsetzen, wenn sie im Zeitpunkt des Wirksamwerdens der Pfändung des Übertragungsanspruchs schon im Grundbuch eingetragen war, Stöber, Rpfleger 1959, 88; Ripfel, DFG 1938, 190; siehe auch Wörbelauer, NJW 1958, 1708 re.Sp.

263 Siehe auch BGH (Fn. 10): zum Schutz gegen Pfändungen wäre erforderlich, dass zeitlich vor diesen der Rückgewähranspruch abgetreten und durch Vormerkung nach § 883 BGB gesichert wird. Über die Abtretung hinaus kann eine Sicherung aber nicht erforderlich sein. Zur Vorausabtretung eines auf eine künftige Sicherungsgrundschuld bezogenen Rückübertragungsanspruchs siehe BGH, MDR 1985, 492 (Fn. 173).

Bei Eintragung der Löschungsvormerkung nach Pfändung des Übertragungsanspruchs ist der Löschungsanspruch gegen den Gläubiger nur ausnahmsweise dann durchsetzbar, wenn der Vormerkungsberechtigte beim Erwerb gutgläubig war[264].

3.9. Rückgewähranspruch oder Eigentümergrundschuld kraft Gesetzes

F.140 Die Pfändung des Rückgewähranspruchs stößt ins Leere[265], wenn die Grundschuld nicht in Erfüllung dieses Anspruchs rechtsgeschäftlich auf den Vollstreckungsschuldner zu übertragen ist, sondern kraft Gesetzes als Eigentümergrundschuld auf ihn übergeht[266]. Das ist der Fall,

- wenn der Eigentümer[267] den Grundschuldgläubiger befriedigt, also nicht die wirtschaftlich durch die Grundschuld gesicherte Forderung getilgt, sondern die Grundschuld als solche zurückgezahlt (abgelöst) wird[268] (§§ 1142, 1143, 1192 BGB),
- bei sonstiger Vereinigung von Eigentum und Recht in einer Person (§ 889 BGB), zum Beispiel durch Erbfolge, Eigentumserwerb durch den Grundschuldgläubiger usw. (siehe dazu Rdn. F.153),
- bei Verzicht des Gläubigers auf die Grundschuld (§ 1168 Abs. 1, § 1175 Abs. 1 BGB; siehe dazu schon Rdn. F.119),
- bei Ausschluss des unbekannten Gläubigers (§ 1170 Abs. 2, § 1175 Abs. 2 BGB),
- bei nicht erfolgter Briefübergabe (§ 1163 Abs. 2 BGB).

---

264 Wegen der Einzelheiten siehe Ripfel, DFG 1938, 190. Zum gutgläubigen Erwerb einer Vormerkung auch Schöner/Stöber, Grundbuchrecht, Rdn. 1534, 1535.

265 Zur Sorgfaltspflicht und Haftung des Rechtsanwaltes, der wegen mangelhafter Sachaufklärung den Rückgewähranspruch statt richtig die Grundschuld (oder umgekehrt) pfändet, siehe BGH JurBüro 1961, 54 = MDR 1961, 120 = NJW 1961, 601.

266 Stöber, Rpfleger 1959, 85; OLG Celle, JR 1956, 145; Tempel, JuS 1967, 269.

267 Auch ein Miteigentümer, BGH, FamRZ 1999, 433 = MDR 1999, 376 = NJW-RR 1999, 504 = Rpfleger 1999, 140; oder für Rechnung des Eigentümers und mit seiner Zustimmung ein Dritter; BGH, DB 1969, 2127 = JZ 1969, 744 = Rpfleger 1969, 423 m.w.N. Wenn die Eigentümergrundschuld aus einer von einem Dritten (auch einem Miteigentümer) für den Eigentümer getilgten (Sicherungs-)Grundschuld hervorgegangen ist, muss für den Nachweis, dass durch diese Zahlung eine Eigentümergrundschuld entstanden ist, auch dargetan sein, dass dem Dritten kein Ablösungsrecht (§§ 1192, 1150, 268 BGB) zugestanden hat und deshalb die Grundschuld nicht auf ihn übergegangen ist; OLG Saarbrücken, OLGZ 1967, 105.

268 Vgl. RGZ 78, 67 f.; BGH, MDR 2002, 1368 = NJW-RR 2003, 11 (12). Ob Zahlung der persönlichen Schuld oder Grundschuldtilgung vorliegt, ist im Einzelfall oft nur schwer feststellbar. Wegen Einzelheiten siehe Stöber, Rpfleger 1959, 85 m.w.N.; BGH, MDR 1976, 918 = NJW 1976, 2132 m.w.N.; BGH, NJW 1983, 2502 (2503 re.Sp.); BGH, BGHZ 97, 280 (Fn. 251); BGH, DNotZ 1987, 502 = MDR 1987, 484 = NJW 1987, 838; BGH, NJW-RR 1987, 1350; LG Arnsberg, ZIP 1980, 1085 (Zahlung auf Grundschuld trotz Verrechnungsvereinbarung); auch Schöner/Stöber, Grundbuchrecht, Rdn. 2305, 2306. Zahlungen durch den Insolvenzverwalter des Eigentümers werden (grundsätzlich) auf die Grundschuld und nicht auf die durch sie gesicherte Forderung geleistet, BGH, DNotZ 1995, 294 = MDR 1994, 1003 = NJW 1994, 2692 = Rpfleger 1995, 14.

Da die wahre materielle Rechtslage, die immer von den besonderen Umständen des Einzelfalls abhängt, bei der Pfändung oft nur sehr schwer feststellbar ist, kann (und wird) der Gläubiger alle überhaupt nur möglichen Ansprüche, also sowohl den Rückgewähranspruch als auch die etwaige (gegenwärtige oder künftig entstehende) Eigentümergrundschuld pfänden[269]. Diese **doppelte Pfändung** ist auch erlaubt und geboten, weil sich bei Übersicherung, also dann, wenn die Sicherungsgrundschuld die endgültige Forderung übersteigt, die Grundschuld geteilt haben kann. Ein Teil kann Eigentümergrundschuld geworden sein, während der weitere Teil – das ist jedenfalls immer der über die gesicherte Forderung hinausgehende Grundschuldbetrag – in Erfüllung des Rückgewähranspruchs auf den Gläubiger zu übertragen ist[270]. F.141

Die Pfändung – nur – des Rückgewähranspruchs kann auch im Wege der Auslegung **nicht** als Pfändung der infolge Grundschuldtilgung oder aus anderem Rechtsgrunde entstandenen Eigentümergrundschuld gewertet werden[271]. F.142

3.10. Die Wirkungen der Pfändung im Zwangsversteigerungsverfahren

Mit dem **Erlöschen** der Grundschuld in der Zwangsversteigerung (§ 91 Abs. 1 ZVG) ist nach dem Surrogationsgrundsatz (s. Rdn. F.217) an die Stelle des Anspruchs des Schuldners (als Gläubiger des Rückgewähranspruchs) auf Rückgewähr der Grundschuld ein Anspruch auf Rückgewähr des auf diese Grundschuld entfallenden anteiligen Versteigerungserlöses getreten[272]. Das Pfandrecht am Rückgewähranspruch ist damit nicht erloschen; es setzt sich an dem Anspruch des Schuldners auf den Versteigerungserlös fort[273]. Wird der Übertragungsanspruch geschuldet oder geltend gemacht, dann gibt das Pfandrecht an dem Erlösanspruch des Schuldners dem Gläubiger nach der Überweisung zur Einziehung das Recht, die Auszahlung dieses Erlösanteils im Verteilungsverfahren zu verlangen. F.143

Das **Vollstreckungsgericht** kann aber nicht schon allein auf Grund der Pfändung dem Gläubiger den anteiligen Erlösanspruch zuweisen. Der auf die abstrakte Grundschuld fallende Erlösanspruch gebührt vielmehr immer dem Grundschuldgläubiger[274] (das ist hier im Pfändungsverfahren der Drittschuldner). Erst durch seine **rechtsgeschäftliche Erklärung** kann eine Änderung der dinglichen Rechtslage herbeigeführt werden[275]. Eine auf die dingliche Rechtslage bezogene rechtsgeschäftliche Erklärung ist aber darin nicht zu erblicken, dass der Grundschuldgläubiger (= Drittschuldner) nur einen Teil des auf die Grundschuld entfallenden Erlösanspruchs in Anspruch nimmt (= im Verteilungsverfahren anmeldet) und er- F.144

---

269 Stöber, Rpfleger 1959, 85; Schneider, JW 1938, 1630 f.; Tempel, JuS 1967, 269.
270 Stöber, Rpfleger 1959, 85; Ripfel, DFG 1938, 187.
271 Stöber, Rpfleger 1959, 85 Fn. 43; Ripfel, DFG 1938, 188.
272 BGH, MDR 1991, 1201 (Fn. 261); BGH, NJW-RR 1992, 612 (613) m.w.N.
273 BGH, BB 1961, 661 = JurBüro 1961, 390 = MDR 1961, 675 = Rpfleger 1961, 291 mit Anm. Stöber; Stöber, Rpfleger 1959, 274; BGH, DNotZ 1977, 542 (Fn. 174); BGH (Fn. 252).
274 BGH, MDR 1991, 1201 (Fn. 261).
275 BGH, BB 1957, 769 = MDR 1958, 24.

klärt, wegen des Restes eine Valuta nicht gewährt zu haben[276]. Bei solcher Erklärung muss vielmehr gleichwohl die gesamte Grundschuld ihrem Gläubiger (also dem Drittschuldner) zugeteilt werden mit der Folge, dass der pfändende Gläubiger auf den Anspruch auf Auskehrung des Mehrerlöses verwiesen ist (siehe Rdn. F.146).

F.145 Die auf den **Grundschulderlös bezogene Erklärung** muss in Erfüllung des Rückgewähranspruchs[277] auf Übertragung (Abtretung) des nicht valutierten Erlösteils, Verzicht oder Aufhebung des Rechts lauten mit der Folge, dass der pfändende Gläubiger einziehungsberechtigt wird (bei Übertragung), der Erlösanspruch ungepfändetes Eigentümerrecht wird (bei Verzicht) oder wegfällt (bei Aufhebung). Erfüllt der Grundschuldgläubiger den Rückgewähranspruch im Verteilungsverfahren überhaupt nicht, so kann der pfändende Gläubiger die Erfüllung (die Abtretungserklärung, den Verzicht oder die auf Aufhebung zielende Erklärung) mit Widerspruch gegen den Teilungsplan und Widerspruchsklage erzwingen.

F.146 Einen Anspruch auf **Auskehrung des Mehrerlöses** hat der Schuldner (als Gläubiger des Rückgewähranspruchs), wenn der Gläubiger der Grundschuld (= der Drittschuldner) durch freiwillige Leistung des Grundstückseigentümers oder Zuteilung eines Erlösanspruchs in der Zwangsversteigerung[278] einen Betrag erhalten hat, der die gesicherte persönliche Forderung übersteigt, zu ihrer Abdeckung also nicht benötigt wird. Dieser Anspruch auf Auskehrung des Mehrerlöses ist jedoch kein neuer Anspruch; er gründet sich vielmehr ebenfalls auf das bei Gewährung der Grundschuld als Sicherheit entstandene Schuldverhältnis, stellt mithin nur eine andere Form der Erfüllung des ursprünglichen Anspruchs dar. Daher setzt sich das am Rückgewähranspruch erlangte Pfandrecht an dem Anspruch auch dann fort, wenn er in Form der Auskehrung des Mehrerlöses zu erfüllen ist[279]. Dieser Anspruch auf Auskehrung des Mehrerlöses muss bei Bestehen der Grundschuld neben dem auf sie bezogenen Rückgewähranspruch nicht selbstständig gepfändet werden[280]. Ist die Grundschuld schon erloschen und der Mehrerlös dem Dritten bereits zugeflossen, so wird freilich nicht mehr der Rückgewähranspruch, sondern nur noch der Anspruch auf Auskehrung des Mehrerlöses gepfändet.

Wenn die (nur noch teilweise valutierte) Grundschuld bei Zwangsversteigerung des Grundstücks bestehen geblieben ist (§ 52 ZVG) und sodann der Ersteher sie in voller Höhe (einschließlich des nicht valutierten Teils) ablöst, besteht der Rückgewähranspruch als Anspruch auf Rückgewähr des auf den nicht valutierten Teil der

---

276 BGH (Fn. 275).

277 Hierzu näher Stöber, ZVG-Handbuch, Rdn. 446c; auch Stöber, ZIP 1980, 833.

278 Dazu BGHZ 98, 256 (261) = DNotZ 1987, 210 = MDR 1987, 130 = NJW 1987, 319 m.w.N.; BGH, MDR 1992, 470 = NJW 1992, 1620.

279 Stöber, Rpfleger 1959, 274; BGH (Fn. 10); LG Nürnberg-Fürth (Fn. 250).

280 Stöber, Rpfleger 1959, 85 Fn. 43; siehe auch BGH, DNotZ 1959, 598 = JurBüro 1959, 511 = MDR 1959, 571, 755 mit Anm. Thieme. Siehe dazu auch BGH, JurBüro 1965, 617 = MDR 1965, 738 = Rpfleger 1965, 365 (dazu auch BGH, NJW 1982, 1150, 1151 li.Sp.), der im Wege der Auslegung die Pfändung des Anspruchs auf Rückübertragung einer sicherungshalber abgetretenen Forderung auf den Anspruch auf Auszahlung des Überschusses bezog, nachdem der Drittschuldner die ganze Forderung eingezogen hatte. Siehe jetzt auch BGH (Fn. 10); in diesem Urteil vertritt der BGH (nun) im Ergebnis die hier dargestellte Ansicht.

Grundschuld entfallenden „Übererlöses“, den der Sicherungsnehmer (Gläubiger der Grundschuld) erzielt hat, fort[281]. Auch dieser Anspruch steht dem Sicherungsgeber[282] (seinem Rechtsnachfolger) zu. Er kann von seinen Gläubigern gepfändet werden; eine vor Erteilung des Zuschlags oder Ablösung der Grundschuld erwirkte Pfändung des Rückgewähranspruchs setzt sich folglich auch an diesem Anspruch auf Rückgewähr des Übererlöses fort.

Gegen den **Ersteher des Grundstücks**, dem nach Ablösung eines noch valutierten Restes einer bestehen gebliebenen Grundschuld deren Gläubiger eine uneingeschränkte Löschungsbewilligung erteilt hat, hat der frühere Eigentümer wegen der Vereitelung seines Rückgewähranspruchs gegen den Grundschuldgläubiger hinsichtlich des vor Zuschlag und Ablösung bereits nicht mehr valutierten Teils der Grundschuld (s. Rdn. F.118) keinen Bereicherungsanspruch aus § 812 Abs. 1 S. 1 BGB[283]. Dann kann aber der (vormalige) Gläubiger der Grundschuld, der dem Ersteher uneingeschränkte Löschungsbewilligung erteilt hat, auf Schadensersatz haften[284], weil er den nach teilweiser Tilgung des Darlehens bereits geschuldeten (s. Rdn. F.118) Rückübertragungsanspruch nicht erfüllt hat und nach Löschung der Grundschuld auch nicht mehr erfüllen kann; dieser Schadensersatzanspruch ist pfändbar. F.147

3.11. Die auflösend bedingte Grundschuld

Kein Rückgewähranspruch besteht, wenn die Grundschuld auflösend bedingt, insbesondere sicherungshalber unter der auflösenden Bedingung des Erlöschens der „gesicherten“ Forderung bestellt wurde. Dann ist bei Eintritt der Bedingung die Grundschuld als Grundstücksbelastung überhaupt erloschen[285] (§ 158 Abs. 2 BGB). Gläubigern des Grundstückseigentümers als Sicherungsgeber bietet sich in einem solchen Fall nur die Zwangsvollstreckung in das Grundstück. Dass die Grundschuld auflösend bedingt ist, ergibt sich aus dem Grundbuch, weil die Bedingung als solche eingetragen sein muss. F.148

3.12. Erlöschen des Rückgewähranspruchs

Mit **Verwertung** (Abtretung) der Grundschuld, die nach Maßgabe des Sicherungsvertrags zu dem Zweck erfolgt, die gesicherte Forderung aus dem Verwertungserlös zu befriedigen, erlischt der (bedingte) Rückgewähranspruch[286]. Nach Abwicklung des Sicherungsvertrags mit Grundschuldverwertung kann ein Rückgewähranspruch daher nicht mehr gepfändet und nicht mehr durchgesetzt werden. Auch dann hat der Sicherungsgeber gegen den Sicherungsnehmer keinen Rückgewähranspruch mehr, wenn der Sicherungsnehmer die nach dem Sicherungsvertrag F.149

---

281 BGH, MDR 1989, 238 (Fn. 174).
282 BGH, MDR 1989, 238 (Fn. 174).
283 BGH, DNotZ 1994, 47 = MDR 1993, 755 = NJW 1993, 1919 = Rpfleger 1993, 415; BGH, MDR 1975, 45 = NJW 1974, 2279.
284 Vgl. hierzu BGH, MDR 1975, 45 (Fn. 283).
285 Schöner/Stöber, Grundbuchrecht, Rdn. 2300 mit Rdn. 2010.
286 BGH, DNotZ 1979, 497 = MDR 1979, 481 = NJW 1979, 717 = Rpfleger 1979, 128.

ordnungsgemäß zu Verwertungszwecken veräußerte Grundschuld später zurückerwirbt[287].

Wenn ein Rechtsnachfolger des Grundschuldgläubigers die Grundschuld einredefrei erworben hat, weil er den im Grundbuch nicht gesicherten Rückgewähranspruch nicht gekannt hat (§ 1192 Abs. 1, §§ 1157, 892 BGB), kann auch ein Pfandgläubiger den Rückgewähranspruch nicht durchsetzen.

4. Pfändung der Eigentümergrundschuld (§ 857 Abs. 6 ZPO)

4.1. Allgemeines

F.150 **Schrifttum:** Bayer, Zinsen für die Eigentümergrundschuld? AcP 189 (1989) 470; Bertin, Pfändung einer aus einer Briefhypothek herrührenden Eigentümergrundschuld, JW 1933, 1988; Frantz, Die Hilfsvollstreckung zur Erlangung des Briefes zwecks Pfändung einer Brief-Eigentümergrundschuld, NJW 1955, 169; Gadge, Die Pfändung von Eigentümergrundschulden, JurBüro 1956, 235; Gährs, Zur Pfändung von Teilgrundstückspfandrechten, JW 1933, 1299; Hornung, Das Grundbuchrecht aus der Sicht der gemeindlichen Vollstreckungsbehörden (Abschn. VI A 3: Die Zwangsvollstreckung in Ansprüche und Rechte des Grundstückseigentümers aus eingetragenen Grundpfandrechten), KKZ 1973, 204; Mayer, Die Pfändung von Eigentümerhypotheken, Gruchot 56, 265; Mümmler, Die Zwangsvollstreckung in Eigentümergrundpfandrechte, JurBüro 1969, 789; Ricks, Die Pfändung von Hypotheken und Grundschulden und ihre Eintragung in das Grundbuch, JW 1931, 569; Ripfel, Ein Beitrag zur Pfändung von Eigentümerrechten, insbesondere -buchpfandrechten, DNotZ 1936, 672; Röll, Die Pfändung von Eigentümergrundschulden und die Ablösung von Grundpfandrechten durch den Käufer, BayNotV 1964, 365; Schmidt-Ernsthausen, Das nicht voll valutierte Grundstückspfandrecht, seine Pfändung, deren Sicherung und Grundbucheintragung, JW 1933, 668; Simon, Die Pfändung von Eigentümergrundschulden, JurBüro 1956, 73; Sottung, Die Pfändung der Eigentümergrundschuld, Dissertation (Berlin/Köln) 1957 (siehe dazu Rpfleger 1958, 168; DNotZ 1958, 278); Stöber, Zweifelsfragen bei Pfändung von Eigentümergrundschulden und Eigentümerhypotheken, Rpfleger 1958, 251; Tempel, Zwangsvollstreckung in Grundpfandrechte, JuS 1967, 75, 215.

F.151 Die **Eigentümergrundschuld** (zur Eigentümerhypothek Rdn. F.209) gibt dem Schuldner das Recht auf Zahlung einer bestimmten Geldsumme aus seinem eigenen Grundstück (§ 1191 BGB). Als Grundstücksbelastung ist sie ein **vom Eigentum** am Grundstück **verschiedenes Vermögensrecht** des Schuldners, das ihm auch bei Veräußerung des Grundstücks verbleibt und bei Zwangsversteigerung einen Anspruch auf Zahlung des auf die Rangstelle des Rechtes entfallenden Betrages des Versteigerungserlöses gibt. Als selbstständiges Vermögensrecht unterliegt die Eigentümergrundschuld dem Pfändungszugriff. Nach Eintragung einer späteren Auflassungsvormerkung ist die anschließende Pfändung der Eigentümergrundschuld dem Vormerkungsberechtigten gegenüber voll wirksam[288].

---

287 BGH (Fn. 286).

288 So für den vergleichbaren Fall der Abtretung BGHZ 64, 316 = DNotZ 1975, 617 = MDR 1975, 830 = NJW 1975, 1356.

4.2. Offene und verschleierte Eigentümergrundschuld

Die Eigentümergrundschuld kann als solche im Grundbuch **auf den Namen des Schuldners bereits eingetragen** sein (sog. **offene** Eigentümergrundschuld, siehe § 1196 Abs. 1 BGB) oder für ihn kraft Gesetzes **aus einem Fremdrecht**, das heißt noch für einen Dritten eingetragenen Hypothek oder Grundschuld **entstanden sein** (sog. **verschleierte** Eigentümergrundschuld). Aus einem Fremdrecht ist die Eigentümergrundschuld auch dann entstanden, wenn sie aus einer Fremdgrundschuld hervorgegangen ist, die Fremdrecht durch Abtretung einer im Grundbuch auf den Namen des Eigentümers eingetragenen Briefgrundschuld außerhalb des Grundbuchs (durch Briefübergabe und Abtretungserklärung, siehe §§ 1154, 1192 BGB) geworden ist. F.152

Eine verschleierte **Eigentümergrundschuld** ist aus einer **Hypothek** entstanden (wegen der Eigentümerhypothek siehe Rdn. F.209, wegen der aus einer Grundschuld hervorgegangenen Eigentümergrundschuld siehe Rdn. F.140), F.153

- wenn die **Forderung**, für welche auf dem Grundstück des Schuldners einem Dritten eine Hypothek bestellt worden ist (ganz oder teilweise), **nicht zur Entstehung** gelangt ist (§ 1163 Abs. 1 S. 1, § 1177 Abs. 1 BGB); diese Eigentümergrundschuld steht dem wahren Grundstückseigentümer im Zeitpunkt des Entstehens, das heißt der Eintragung des dinglichen Rechts zu,
- wenn die **Forderung**, für welche auf dem Grundstück des Schuldners einem Dritten eine Hypothek bestellt worden ist (ganz oder teilweise), **wieder erloschen** ist (§ 1163 Abs. 1 S. 2, § 1177 Abs. 1 BGB); diese Eigentümergrundschuld steht dem Eigentümer bei Erlöschen der Forderung zu,
- wenn der für die Hypothek erteilte **Brief** dem Gläubiger **nicht übergeben** ist (§ 1163 Abs. 2, § 1192 BGB); diese Eigentümergrundschuld steht dem wahren Grundstückseigentümer im Zeitpunkt des Entstehens, das heißt der Eintragung des dinglichen Rechts zu,
- durch **Verzicht** des Gläubigers auf die Hypothek (§§ 1168, 1192 BGB); diese Grundschuld steht dem Eigentümer im Zeitpunkt des Wirksamwerdens des Verzichtes zu,
- durch **Ausschluss** des unbekannten Gläubigers (§ 1170 Abs. 2 BGB); diese Grundschuld steht dem Eigentümer im Zeitpunkt der Verkündung des Ausschließungsbeschlusses zu[289],
- durch **Konfusion**, das heißt Vereinigung von Eigentum und Gläubigerrecht an der Hypothek in einer Person, zum Beispiel dadurch, dass der Eigentümer den Gläubiger beerbt (oder umgekehrt), die Hypothek dem Eigentümer abgetreten oder das Grundstück vom Gläubiger nach Auflassung erworben wird;

289 Gepfändet werden kann auch das Recht des Schuldners auf Betreibung des Aufgebotsverfahrens gegen den unbekannten Hypothekengläubiger und das Anwartschaftsrecht auf den Erwerb der im Falle des Ergehens des Ausschließungsbeschlusses entstehenden Eigentümergrundschuld. Der nachträglichen Eintragung einer Löschungsvormerkung zugunsten eines anderen Gläubigers steht diese Pfändung nicht entgegen; siehe OLG Frankfurt, NJW 1962, 640.

- bei der Zwangssicherungs- oder Arresthypothek, wenn durch eine vollstreckbare Entscheidung die zu vollstreckende (= der Eintragung zugrunde liegende) Entscheidung aufgehoben oder die Zwangsvollstreckung für unzulässig erklärt oder deren Einstellung angeordnet ist (§ 868 Abs. 1, § 932 Abs. 2 ZPO), ferner, wenn durch eine gerichtliche Entscheidung die einstweilige Einstellung der Vollstreckung und zugleich die Aufhebung der erfolgten Vollstreckungsmaßregel angeordnet oder wenn die zur Abwendung der Vollstreckung nachgelassene Sicherheit oder Hinterlegung erfolgt ist (§ 868 Abs. 2, § 932 Abs. 2 ZPO); diese Grundschuld steht dem Eigentümer im Zeitpunkt des Eintritts der für das Entstehen der Eigentümergrundschuld erforderlichen Voraussetzungen, bei zwischenzeitlichem Eigentumswechsel also dem neuen Eigentümer zu.

Wegen der **Gesamthypothek** siehe §§ 1172–1174 BGB.

F.154 Wenn die Hypothek nach § 1172 Abs. 1 BGB von Eigentümern mehrerer Grundstücke oder von Miteigentümern eines Grundstücks (§§ 1008, 1114 BGB) als Gesamtrecht erworben ist, steht die Eigentümergrundschuld allen Eigentümern in Bruchteilsgemeinschaft zu[290]; die Anteile berechnen sich nach § 1172 Abs. 2 BGB. Der Anteil eines Miteigentümers ist pfändbar. Dazu Rdn. F.202 ff.

F.155 Keine Eigentümergrundschuld entsteht aus der Belastung einer (vormaligen) **Heimstätte** nach Maßgabe des § 17 Abs. 2 S. 2 RHeimstG. Diese Vorschrift findet auf die im Zeitpunkt des Inkrafttretens des RHeimstGAufhG[291] (1. Okt. 1993) eingetragenen Hypotheken und Grundschulden weiterhin Anwendung (Art. 6 § 1 Abs. 1 S. 2 RHeimstGAufhG). Aus einer **Vormerkung** zur Sicherung des Anspruchs auf Einräumung einer Hypothek entsteht ebenfalls keine Eigentümergrundschuld[292]; die Wirkungen der Vormerkung erlöschen vielmehr mit dem gesicherten Anspruch.

F.156 Die Gläubigerstellung des Eigentümers, der eine Eigentümergrundschuld erworben hat, wird von einer **Grundstücksveräußerung** nicht berührt. Auch nach der Veräußerung steht die Grundschuld daher dem vormaligen Eigentümer zu, in dessen Person das Recht entstanden ist. Mit dem Eigentumswechsel hat sich aber die Grundschuld, die dem Veräußerer verblieben ist, vom Eigentum gelöst. Das Recht ist damit keine Eigentümergrundschuld mehr, sondern eine Fremdgrundschuld, die nach dem Rdn. F.98 Gesagten zu pfänden ist.

F.157 Verschleierte Eigentümergrundschulden sind vielfach nur schwer erkennbar, bieten aber eine noch immer lohnende, oft nicht genutzte Befriedigungschance. Oft sind sie auch in kleinen Teilen dadurch entstanden, dass die für den Gläubiger eingetragene Hypothek **teilweise** nicht valutiert wurde oder nach Erlöschen der Forderung nicht mehr valutiert ist. Eine solche (Teil-)Eigentümergrundschuld hat Rang nach dem dem Gläubiger verbliebenen Teil seiner Hypothek (oder Grundschuld) (siehe § 1176 BGB). Teilweise erwirbt der Eigentümer das Recht praktisch

---

290 BGH, NJW-RR 1986, 233 = Rpfleger 1986, 58; BGHZ 179, 146 = NJW 2009, 847 (848); AG Obernburg, MDR 1964, 846.

291 Gesetz zur Aufhebung des Reichsheimstättengesetzes vom 17.6.1993 (BGBl I 912).

292 Siehe auch BayObLG, DB 1980, 212 = Rpfleger 1980, 294.

am häufigsten bei den sogenannten Annuitäten- und Tilgungshypotheken; bei diesen Rechten entsteht immer in Höhe der jeweils getilgten Kapitalbeträge sofort eine Eigentümergrundschuld[293].

4.3. Pfändung trotz Löschungsvormerkung (-anspruchs)

Die Pfändung einer Eigentümergrundschuld verbietet sich nicht deshalb, weil sie mit einer Löschungsvormerkung nach § 1179 BGB[294] belastet oder einem gesetzlichen Löschungsanspruch mit Vormerkungswirkungen nach §§ 1179a, 1179b BGB[295] ausgesetzt ist. **F.158**

Die Eigentümergrundschuld, die mit einer nach § 1179 BGB a.F. (vor dem 1.1.1978)[296] eingetragenen Löschungsvormerkung oder mit einer Löschungsvormerkung zugunsten eines in § 1179 BGB n.F. bezeichneten Berechtigten belastet ist, bietet einem Gläubiger vielfach eine hinreichende Befriedigungsmöglichkeit. Ob die Löschungsvormerkung geltend gemacht[297] wird und zum Erlöschen der Eigentümergrundschuld führt, lässt sich meist erst im Zwangsversteigerungsverfahren absehen. Selbst bei Geltendmachung der Löschungsvormerkung dringt aber der Löschungsanspruch nicht immer durch[298]. Ihm bleibt der Erfolg dann (zumindest teilweise) versagt, wenn sogenannte Zwischenrechte vorhanden sind, das sind Rechte, die rangmäßig zwischen der Eigentümergrundschuld und dem Recht des aus der Löschungsvormerkung Berechtigten stehen und im Verteilungsverfahren ungedeckt bleiben. Beim Vorhandensein von Zwischenrechten bleibt dem Eigentümer vielfach eine Zuteilung aus dem Versteigerungserlös, deren rechtzeitige Pfändung meist übersehen wird[299]. Dass die Eigentümergrundschuld nicht erlischt, also ohne Risiko gepfändet werden kann, wenn ein größeres Zwischenrecht vorhanden ist[300], hat inzwischen der BGH[301] entschieden. **F.159**

---

293 Zur Frage, ob und ggf. wie sich der Käufer eines Grundstücks nach Ablösung von Grundpfandrechten gegen die Pfändung von Eigentümergrundschulden schützen kann, siehe Röll, BayNotV 1964, 365.

294 Siehe Rdn. F.139 Fn. 259.

295 Für das Schiffshypothekenrecht besteht der gesetzliche Löschungsanspruch nicht; dazu Stöber, Rpfleger 1977, 400 bei Fn. 31.

296 Dazu sowie zum Übergangsrecht Stöber, Rpfleger 1977, 431.

297 Sie kann gegen den pfändenden Gläubiger geltend gemacht und durchgesetzt werden; siehe § 888 BGB.

298 Siehe auch die Beispiele bei Stöber, Rpfleger 1977, 425 Fn. 139.

299 Wegen der Einzelheiten wird auf die Abhandlung von Stöber, Rpfleger 1957, 202, insbesondere auf die S. 208 rechte Spalte dargestellten Beispiele, verwiesen.

300 Beispiel im Fall 1 der Abhandlung von Stöber, Rpfleger 1957, 202 (208).

301 BGHZ 25, 382 = DNotZ 1958, 144 = MDR 1958, 91 = NJW 1958, 21 = Rpfleger 1958, 49 mit Anm. Bruhn. Wegen der weitergehenden, einem pfändenden Gläubiger günstigeren Ansicht des BGH bei sonstigem Vorhandensein eines Zwischenrechtes (s. außerdem OLG Düsseldorf, NJW-RR 1989, 599 = Rpfleger 1989, 422: Befriedigung des Gläubigers, der die Eigentümergrundschuld gepfändet hatte, weil Zwischenrechte vorhanden waren und daher der Löschungsanspruch nicht durchgesetzt werden konnte) siehe BGH, MDR 1963, 580 = NJW 1963, 1497 = Rpfleger 1963, 234 mit krit. Anm. Stöber.

F.160 Der **gesetzliche Löschungsanspruch** mit Vormerkungswirkungen (§§ 1179a, 1179b BGB)[302] erlangt Bedeutung, wenn der Eigentümergrundschuld (dem Grundpfandrecht, aus dem sie entstanden ist) Hypotheken, Grund- oder Rentenschulden (oder auch nur ein solches Recht) im Rang nachgehen oder gleichstehen, die nach dem 1.1.1978 in das Grundbuch eingetragen wurden[303]. Deren Gläubiger haben einen gesetzlichen vormerkungsgesicherten Löschungsanspruch auch gegenüber allen vorgehenden Rechten, die vor dem 1.1.1978 eingetragen wurden[304].

F.161 Eine bereits wirksam erfolgte **Pfändung** der Eigentümergrundschuld **vor Entstehen** des vormerkungsgeschützten Löschungsanspruchs wird mit nachfolgender Eintragung des begünstigten nach- oder gleichrangigen Grundpfandrechts (§ 1179a Abs. 1 S. 3 BGB) nicht beeinträchtigt. Denn der Gläubiger hat bereits mit wirksamer Pfändung (durch Briefübergabe bzw. Grundbucheintragung, Rdn. F.167, nicht aber schon durch Erlass des Pfändungsbeschlusses oder Zustellung) sein Pfandrecht an der einem Löschungsanspruch noch nicht ausgesetzten Eigentümergrundschuld erworben (§ 804 ZPO). Diese Zwangsvollstreckungsmaßnahme ist sonach keine vormerkungswidrige Verfügung; das durch sie erlangte Pfandrecht ist daher den Vormerkungswirkungen des § 883 Abs. 2 BGB nicht ausgesetzt[305].

F.162 **Pfändung** der Eigentümergrundschuld **nach** Eintragung eines nach- (auch gleich-)rangigen Grundpfandrechts und damit **Entstehen** des vormerkungsgesicherten Löschungsanspruchs ist dessen Gläubiger gegenüber als Verfügung im Wege der Zwangsvollstreckung nach Maßgabe des § 883 Abs. 2 BGB (relativ) unwirksam. Diese Unwirksamkeit kann der Berechtigte des Löschungsanspruchs gegen den pfändenden Gläubiger als dem vormerkungswidrigen Dritterwerber nach § 888 Abs. 1 BGB geltend machen.

F.163 Die Pfändung einer Eigentümergrundschuld kann aber selbst dann, wenn gleich- oder nachrangige Grundpfandrechte vorhanden sind, dem Gläubiger eine hinreichende Befriedigungsmöglichkeit bieten. Denn im Einzelfall kann sich ergeben, dass ein gesetzlicher Löschungsanspruch nach § 1179a BGB an der Eigentümergrundschuld nicht besteht oder zwar besteht, aber doch nicht durchgesetzt werden kann.

F.164 **Kein** gesetzlicher **Löschungsanspruch** nach § 1179a BGB besteht

- gegenüber der Eigentümergrundschuld[306] aus einem Briefrecht vor Briefübergabe (§ 1179 Abs. 2 S. 2 BGB)[307],

---

302 Dazu, auch zum Übergangsrecht, näher Stöber, Rpfleger 1977, 399, 425; auch Jerschke, DNotZ 1977, 708.

303 Für die vor dem 1.1.1978 beantragten, aber erst danach eingetragenen Rechte (sog. Übergangsrechte) gilt § 1179 a.F. BGB. Das Fehlen des gesetzlichen Löschungsanspruchs war dann von Amts wegen in das Grundbuch einzutragen; Art. 8 § 1 Abs. 2 Gesetz vom 22.6.1977 (BGBl I 998); dazu Stöber, Rpfleger 1977, 432.

304 BGHZ 99, 363 = MDR 1987, 493 = NJW 1987, 2078 = Rpfleger 1987, 238.

305 Stöber, Rpfleger 1977, 425 (426 unter V 3).

306 Zum Fall der Nichtvalutierung siehe § 1179a Abs. 2 S. 1 BGB; dazu Stöber, Rpfleger 1977, 425 (428 unter V 8 b).

307 Dazu Stöber, Rpfleger 1977, 425 (429 unter V 8 c und 430 f. unter VIII).

- gegenüber der ursprünglichen offenen (Brief- oder Buch-)Eigentümergrundschuld, die noch nicht Fremdrecht[308] war (§ 1196 Abs. 3 BGB)[309],
- an Eigentümergrundschulden aus Sicherungshypotheken für Inhaber- oder Orderpapiere (§ 1187 S. 4 BGB) und ebenso nicht an Inhabergrundschulden (§ 1195 BGB),
- für den Gläubiger einer rangschlechteren oder ranggleichen Arrestsicherungshypothek (§ 932 Abs. 1 S. 2 ZPO)[310].

In solchen Fällen bietet sonach die Eigentümergrundschuld stets eine durch Löschungsvormerkungen nachrangiger Grundpfandgläubiger nicht geschmälerte Zugriffsmöglichkeit.

Wenn ein gesetzlicher Löschungsanspruch (§ 1179a, auch § 1179b BGB) besteht, kann seine Geltendmachung im Einzelfall ausgeschlossen sein[311]. Zwischenrechte ohne Löschungsanspruch, die zu der bereits Rdn. F.159 besprochenen Zuteilung auf das Eigentümerrecht führen, werden zwar selten sein. Es kann sich aber ergeben, dass der Gläubiger einer dem Eigentümerrecht zunächst nachfolgenden (ausfallenden) Hypothek seinen Löschungsanspruch nicht verfolgt, ein im Rang nach ihm stehender, mithin weiter nachrangiger Grundpfandgläubiger hingegen seinen Löschungsanspruch geltend macht. Ersterer ist dann Zwischenberechtigter, so dass sich bei der Zwangsversteigerung wiederum die Rdn. F.159 besprochene Zuteilung auf das Eigentümerrecht ergibt. Nachfolgende Löschungsberechtigte können aber auch insgesamt von der Geltendmachung des Löschungsanspruchs absehen. Seine Durchsetzung kann zudem durch eine Einrede verhindert sein; es kann ein Rechtsschutzinteresse an seiner Durchsetzung aber auch nur hinsichtlich eines Teilbetrages der Eigentümergrundschuld bestehen. Bei der Zwangsversteigerung kann dann die Eigentümergrundschuld trotz der nachrangigen Löschungsansprüche (ganz oder teilweise) zum Zuge kommen. Vor allem aber kann der Grundstückseigentümer das Grundstück veräußern; oft ist dann mit Befriedigung bei Kaufpreisabwicklung zu rechnen. F.165

Teil F Grundpfandrechte

Auch wenn nachgehende (oder gleichrangige) Grundpfandrechtsgläubiger mit gesetzlichem Löschungsanspruch vorhanden sind, kann die Pfändung der Eigentümergrundschuld sonach zum Ziele führen. Dies ist freilich nicht sicher abzuse- F.166

---

308 Anspruch auf Löschung besteht, wenn eine für den Eigentümer bestellte vor- oder gleichrangige Grundschuld zur Sicherung künftiger oder bedingter Forderungen abgetreten worden war und nach Erfüllung dieses Sicherungszwecks an den Eigentümer zurückübertragen wurde, BGH (Fn. 304). Jedoch besteht kein Anspruch auf Löschung einer nachträglichen Eigentümergrundschuld, wenn die Grundschuld im Grundbuch vor Eintragung des nachrangigen Grundpfandrechts auf den Eigentümer umgeschrieben worden ist, desgleichen nicht im Falle der nachträglichen, im Grundbuch ausgewiesenen Vereinigung aller bestehenden Grundpfandrechte mit dem Eigentum in einer Person (§ 1196 Abs. 3 BGB, entspr. Anwendung); BGHZ 136, 246 = DNotZ 1998, 289 = NJW 1997, 2597 = Rpfleger 1997, 470.

309 Zu den Besonderheiten, die sich bei der Brief-Eigentümergrundschuld daraus ergeben, dass das Grundbuch keinen Aufschluss darüber gibt, ob das Recht schon einmal Fremdrecht war, siehe Stöber, Rpfleger 1977, 425 (430). Bei der Eigentümergrundschuld kann jedoch nach § 883 BGB eine Aufhebungsvormerkung eingetragen sein.

310 Dazu aber Stöber, Rpfleger 1977, 402.

311 Zur Einrede, die Geltendmachung ausschließt, siehe Stöber, Rpfleger 1977, 430.

hen und vorweg nur schwer zu beurteilen. Der Vollstreckungsgläubiger wird daher stets zur Verstärkung seiner Befriedigungschancen auch die Eintragung einer Zwangshypothek ins Auge fassen[312].

4.4. Die Pfändung

F.167 Als **Grundschuld** ist die Eigentümergrundschuld **nach § 857 Abs. 6 ZPO** wie eine Hypothekenforderung, also nach den Vorschriften des § 830 ZPO zu **pfänden**.

Die wirksame Pfändung der Eigentümergrundschuld erfordert daher gerichtlichen Pfändungsbeschluss **und** (bei Briefrechten) Übergabe des Hypothekenbriefes oder (bei Buchrechten) Eintragung der Pfändung in das Grundbuch. Wegen der in der vereinfachten Form des § 829 ZPO pfändbaren „Grundschuld"ansprüche siehe Rdn. F.7 ff.

Dass § 857 Abs. 6 ZPO auch auf die Pfändung einer Eigentümergrundschuld anwendbar ist, hat das RG[313] in ständiger Rechtsprechung angenommen und ist heute herrschende Meinung[314]. Vereinzelt[315] wird allerdings noch die Ansicht vertreten, die Eigentümergrundschuld sei nach § 857 Abs. 1 und 2 ZPO zu pfänden, also in der für gewöhnliche Forderungen geltenden vereinfachten Form. Diese Pfändung soll, da ein Drittschuldner nicht vorhanden ist, durch Zustellung des Pfändungsbeschlusses an den Schuldner wirksam werden. Dieser abweichenden Ansicht kommt aber angesichts der Rechtsprechung des RG und der ihr im Hinblick auf Entstehungsgeschichte, Wortlaut und Auslegung des § 857 Abs. 6 ZPO folgenden allgemeinen Meinung keine praktische Bedeutung mehr zu.

4.5. Zum Inhalt des Pfändungsbeschlusses

F.168 Die vom Pfändungsbeschluss zu fordernde Klarheit gebietet die bestimmte oder hinreichend bestimmbare **Bezeichnung der Eigentümergrundschuld** (siehe des-

---

312 Damit erlangt er auch selbst zugleich den Löschungsanspruch des § 1179a BGB.

313 RGZ 55, 378; RGZ 56, 10 (13); RGZ 56, 184; RGZ 59, 313; RGZ 61, 374 (376); RGZ 63, 214; RGZ 70, 278; RGZ 97, 223 (226); RGZ 120, 110 (112); RG, Gruchot 54, 1022. Dies scheint auch die Ansicht des BGH zu sein; siehe BGH (Fn. 265); BGH, JurBüro 1979, 1500 = MDR 1979, 922 = NJW 1979, 2045 = Rpfleger 1979, 299.

314 OG Danzig, DJ 1938, 1077; OLG Celle, BWNotZ 1968, 267 Leits. = NJW 1968, 1682; OLG Düsseldorf, DNotZ 1969, 295 = MDR 1969, 490 = OLGZ 1969, 208 = Rpfleger 1969, 65; OLG Frankfurt, NJW 1955, 1483; OLG Köln, NJW 1961, 369 = Rpfleger 1961, 206 mit Anm. Stöber; OLG Köln, JMBlNRW 1971, 160 (161 re.Sp.) = OLGZ 1971, 151; OLG München, MittBayNot 1979, 37; OLG Oldenburg, NdsRpfl 1970, 114 = Rpfleger 1970, 100; OLG Saarbrücken, OLGZ 1967, 105; Zöller/Herget, ZPO, § 857 Rdn. 20; Wieczorek/Schütze/Lüke, ZPO, § 857 Rdn. 99; Staudinger/Wolfsteiner, BGB, § 1163 Rdn. 101; Bertin, JW 1933, 1988; Frantz, NJW 1955, 169; Gährs, JW 1933, 1299; Mümmler, JurBüro 1969, 791; Schmidt-Ernsthausen, JW 1933, 668; Simon, JurBüro 1956, 73; Stöber, Rpfleger 1958, 252; Tempel, JuS 1967, 215.

315 Siehe zum Beispiel LG Frankfurt, NJW 1952, 629; Sottung, Die Pfändung der Eigentümergrundschuld; nur kritischer Hinweis noch bei Stein/Jonas/Würdinger, ZPO, § 857 Rdn. 62.

wegen Rdn. B.77). Ist die Eigentümergrundschuld noch nicht als solche im Grundbuch auf den Namen des Schuldners eingetragen, so gehört zur Bezeichnung auch die Angabe, aus welchem im Grundbuch eingetragenen Fremdrecht sie entstanden sein soll. Wenn in diesem Fall dem Gläubiger nicht genau bekannt ist, in welcher Höhe ein noch eingetragenes Fremdrecht Eigentümergrundschuld geworden ist, kann im Pfändungsbeschluss die Höhe der angeblichen Eigentümergrundschuld offengelassen werden[316]; der Nachweis ist jedoch dem Grundbuchamt zu erbringen (siehe Rdn. F.182).

Ein **Drittschuldner** für ein Zahlungsverbot ist **nicht** vorhanden[317]. Weil demnach eine Einziehung der zu pfändenden Eigentümergrundschuld durch den Schuldner nicht in Frage kommt, heißt das nach § 829 ZPO zur Pfändung gehörende Gebot an den Schuldner, sich jeder Verfügung über die Forderung zu enthalten[318], besser F.169

„Dem Schuldner wird geboten, sich jeder Verfügung über die Eigentümergrundschuld, insbesondere ihrer Aufhebung durch Bewirkung der Löschung oder der Abtretung an einen Dritten, zu enthalten“[319].

Das gilt selbst dann, wenn zugleich eine Hilfspfändung ausgebracht wird und für diese Hilfspfändung ein Drittschuldner, zum Beispiel der zur Herausgabe verpflichtete Briefbesitzer, vorhanden ist[320].

Auf **künftige** Eigentümergrundschulden, das heißt nach der Pfändung Eigentümergrundschuld werdende Teile eines Grundpfandrechts, das Fremdrecht ist, erstreckt sich der Pfändungsbeschluss nur, wenn diese künftigen Eigentümergrundschulden ausdrücklich mitgepfändet sind (siehe dazu Rdn. B.89). F.170

4.6. Pfändung der offenen Eigentümergrundschuld

Die Pfändung der sog. offenen Eigentümergrundschuld (siehe Rdn. F.152) bereitet keine besonderen Schwierigkeiten. Wenn der Schuldner den Grundschuldbrief **in Händen** hat oder als Gläubiger der Grundschuld ohne Brief im **Grundbuch eingetragen** ist, erfolgt die Pfändung ebenso wie die Pfändung einer Hypothekenforderung durch Gläubiger des Hypothekengläubigers. Es gilt daher – ebenso wie für die Pfändung einer Fremdgrundschuld, siehe Rdn. F.90 – das F.171

---

316 Stöber, Rpfleger 1961, 208; Simon, JurBüro 1956, 74; Tempel, JuS 1967, 215; Stein/Jonas/Würdinger, ZPO, § 857 Rdn. 63 Fn. 233.

317 RGZ 43, 427 (429); RGZ 71, 179 (183); OLG Colmar, OLGE 7, 316; Schmidt-Ernsthausen, JW 1933, 668; Bertin, JW 1933, 1988; Stöber, Rpfleger 1958, 252; Stein/Jonas/Würdinger, ZPO, § 857 Rdn. 63; Wieczorek/Schütze/Lüke, ZPO, § 857 Rdn. 100. Zum Teil wird aber die Meinung vertreten, der Eigentümer sei zugleich Pfändungsschuldner und Drittschuldner, so LG Frankfurt, NJW 1952, 629, ebenso Mayer, Gruchot 56, 284 f. Dieser Meinung kommt aber eine Bedeutung nicht zu, denn unter Drittschuldner kann, wie das RG bereits RGZ 43, 429 betont, nur eine vom Schuldner **verschiedene** Person verstanden werden (ebenso Sottung, Die Pfändung der Eigentümergrundschuld, S. 72, 77 f.).

318 Das wegen Fehlens des Drittschuldners einen für die Wirksamkeit der Pfändung wesentlichen Bestandteil des Beschlusses bildet; siehe Rdn. B.95.

319 Schmidt-Ernsthausen, JW 1933, 668; Stöber, Rpfleger 1958, 252.

320 Stöber, Rpfleger 1958, 252.

Rdn. F.2 ff. (= Abschn. 1) Gesagte (mit Ausnahme der Ausführungen, die sich auf die mit der Hypothek verbundene Forderung beziehen) entsprechend. Besitzt ein **Dritter** den Grundschuldbrief, ohne dass ihm das Gläubigerrecht an der Grundschuld abgetreten ist, also zum Beispiel als Verwahrer oder auf Grund eines Zurückbehaltungsrechtes, so kann die Pfändung nach dem Rdn. F.25 ff. Gesagten wirksam gemacht oder der Herausgabeanspruch gepfändet werden (siehe dazu Rdn. F.30 ff.). Wirksam ist eine Pfändung auch, wenn das Grundbuchamt entgegen einer abweichenden Bestimmung nach § 60 Abs. 2 GBO den neu gebildeten Brief freiwillig an den vom Gläubiger beauftragten Gerichtsvollzieher herausgegeben hat[321]. In einem solchen Fall kann das Grundbuchamt den Grundschuldbrief vom Gläubiger (oder Gerichtsvollzieher) nicht zurückfordern[322]. Wenn einem Dritten die Grundschuld abgetreten ist, bleibt die Pfändung wirkungslos[323]; dann kann dem Schuldner aber ein pfändbarer Rückgewährungsanspruch zustehen; dazu siehe Rdn. F.108 ff.

F.172 Ein Anspruch aus **Schuldversprechen** (§ 780 BGB; zu ihm Rdn. F.105) besteht bei der Eigentümergrundschuld nicht, kann somit nicht gepfändet werden. Der Grundstückseigentümer kann zwar auch bei der Bestellung einer Eigentümergrundschuld „wegen der Ansprüche aus der Grundschuld" zusätzlich die **persönliche Haftung** mit seinem ganzen übrigen Vermögen übernehmen und sich auch deswegen persönlich der sofortigen Zwangsvollstreckung unterwerfen[324]. Diese Erklärung allein begründet jedoch keinen Anspruch des Eigentümers als Besteller der Grundschuld; sie stellt lediglich ein Angebot gegenüber dem (späteren) Zessionar der Grundschuld zum Abschluss eines Schuldversprechens nach § 780 BGB dar[325]. Gegenstand der Unterwerfung ist somit ein künftig erst entstehender Anspruch des Erwerbers der Grundschuld. Diesen kann der Eigentümer auch später mit dem Erwerb des Grundpfandrechts eines Dritten als Eigentümergrundschuld (Rdn. F.153) nicht erlangen (Anspruch würde mit Vereinigung von Schuldner und Gläubiger erlöschen). Die Mitpfändung eines Anspruchs aus Schuldversprechen des Eigentümers ist bei Pfändung einer Eigentümergrundschuld daher ausgeschlossen.

F.173 **Formulierungsvorschlag:**

Gepfändet wird die angeblich für den Schuldner im Grundbuch des Amtsgerichts … Grundbuchbezirk … Blatt … in Abt. III Nr. … auf seinem Grundstück …straße Hs.-Nr. … (Flur … Flurstück …) eingetragene

- *Eigentümergrundschuld, für die ein Grundschuldbrief erteilt ist,* oder

---

321 OLG Düsseldorf (Fn. 314).

322 OLG Düsseldorf (Fn. 314); zur Teilpfändung der Eigentümerbriefgrundschuld durch Bildung und Aushändigung eines Teilbriefs und zum Anspruch auf Vorlage des Stammbriefes an das Grundbuchamt zur Herstellung eines Teilbriefes siehe OLG Oldenburg (Fn. 314).

323 BayObLG, MittBayNot 1979, 36; siehe auch Rdn. B.443.

324 Schöner/Stöber, Grundbuchrecht, Rdn. 2361 m.w.N.

325 BGH, DNotZ 1958, 579; BGH, DNotZ 1976, 364 = Rpfleger 1976, 125; OLG Frankfurt, MittBayNot 1981, 121 = MittRhNotK 1981, 42 = OLGZ 1981, 49 = Rpfleger 1981, 59.

- *Eigentümergrundschuld ohne Brief*
in Höhe von ... Euro (mehr oder weniger) nebst den Zinsen seit dem ...

Wegen der Fassung des Verfügungsverbotes siehe Rdn. F.169; wegen der bei Briefrechten gegebenenfalls anzufügenden Hilfspfändung des Herausgabeanspruchs siehe Rdn. F.34; wegen der Pfändung auch für die Kosten der Briefwegnahme und Grundbucheintragung siehe Rdn. F.16.

4.7. Pfändung der verschleierten Eigentümergrundschuld

Die Pfändung der verschleierten Eigentümergrundschuld (siehe Rdn. F.152) bereitet dem Gläubiger oft große Mühe, weil die für das Wirksamwerden der Pfändung notwendige Briefübergabe oder Grundbucheintragung vielfach auf Schwierigkeiten stößt. **F.174**

4.7.1. Briefrechte

Ist das eingetragene Fremdrecht (Hypothek oder Grundschuld) mit Brief in ganzer Höhe Eigentümergrundschuld geworden[326], so ist der Grundstückseigentümer (= Vollstreckungsschuldner) auch Eigentümer des über das Recht ausgestellten Briefes (§ 952 BGB). Hat er den Brief (der noch auf das eingetragene Fremdrecht lautet) selbst in Besitz, so kann ihm der Brief vom Gerichtsvollzieher im Wege der Zwangsvollstreckung weggenommen werden (siehe hierwegen Rdn. F.22). Mit dieser Briefwegnahme oder der freiwilligen Aushändigung des Briefes wird die Pfändung wirksam (§ 857 Abs. 6, § 830 Abs. 1 S. 1, 2 ZPO; siehe auch Rdn. F.17). **F.175**

Gegen einen Dritten, der den Brief besitzt, und damit insbesondere auch gegen den (eingetragenen oder nicht eingetragenen, siehe § 1154 BGB) vormaligen Gläubiger der Hypothek oder Grundschuld, steht dem Schuldner als Inhaber der Eigentümergrundschuld ein dinglicher **Herausgabeanspruch** zu (§ 985 BGB). Dieser Herausgabeanspruch kann nach dem Rdn. F.30 ff. Gesagten im Wege der Hilfsvollstreckung gepfändet und dann vom Gläubiger geltend gemacht werden. **F.176**

Soll die mit der Briefübergabe wirksam werdende Pfändung auch in das Grundbuch eingetragen werden (siehe Rdn. F.41), so kann sich der Gläubiger die notwendigen Unterlagen nach Maßgabe des Rdn. F.184 Gesagten verschaffen. **F.177**

Wenn der vormalige Gläubiger der Hypothek oder ein anderer Dritter oder auch der Schuldner den Brief besitzt, kann die Pfändung auch durch **Ersatzübergabe** wirksam werden (siehe deswegen Rdn. F.25 ff.). **F.178**

Soll die Eigentümergrundschuld aus einer **Grundschuld** entstanden sein, dann muss vom pfändenden Gläubiger[327] geprüft werden, ob der Pfändungszugriff auf die vermeintliche Eigentümergrundschuld auch tatsächlich Aussicht auf Erfolg **F.179**

---

326 Oder ist für den Eigentümergrundschuld gewordenen Teil des Rechts bereits ein Teilbrief hergestellt.

327 Nicht vom Vollstreckungsgericht, das nach dem schlüssigen Antrag des Gläubigers entscheidet.

verspricht oder ob nicht richtig in den sog. Rückgewähranspruch oder gegebenenfalls in beide Vermögensrechte vollstreckt werden muss. Siehe hierwegen Rdn. F.108 ff.

F.180 Wenn **nur ein Teil** des eingetragenen Rechts Eigentümergrundschuld geworden ist, kann der Grundstückseigentümer (= Vollstreckungsschuldner) vom Gläubiger der Hypothek (oder Grundschuld) die Aushändigung des Hypotheken- oder Grundschuldbriefes nicht verlangen (§ 1145 Abs. 1 S. 1 BGB). Ihm stehen dann aber zu

- das Miteigentum an dem Brief (§§ 952, 1008 BGB),
- ein Anspruch auf Aufhebung der Gemeinschaft am Brief (§ 749 Abs. 1, § 752 BGB),
- ein Anspruch auf Vorlage des Briefes bei der zuständigen Behörde (das ist das Grundbuchamt oder ein Notar, siehe § 61 Abs. 1 GBO) zum Zwecke der Herstellung eines Teilbriefes (§ 1145 Abs. 1 S. 2 BGB) und auf Aushändigung dieses Teilbriefes,
- der Grundbuchberichtigungsanspruch (§ 894 BGB).

Diese Ansprüche können im Wege der Hilfspfändung (siehe Rdn. B.371 ff.) gepfändet werden. Nach wirksamer Pfändung kann der Gläubiger den Anspruch auf Vorlegung des Briefes zur Herstellung des Teilbriefes gegen den Dritten gerichtlich, das heißt mit Klage (siehe Rdn. F.31), geltend machen, beim Grundbuchamt oder bei einem Notar den Antrag auf Bildung des Teilbriefes stellen und den Teilbrief in Empfang nehmen. Mit dieser Empfangnahme (Übergabe) des Briefes ist die Pfändung wirksam geworden. Soll sie auch in das Grundbuch eingetragen werden (siehe Rdn. F.41), so kann sich der Gläubiger die notwendigen Unterlagen nach Maßgabe des Rdn. F.184 Gesagten verschaffen.

F.181 Ein Recht auf **Einräumung des Mitbesitzes** am Brief steht dem Eigentümer bei nur teilweiser Umwandlung der Hypothek oder Grundschuld in eine Eigentümergrundschuld nicht zu, kann also auch nicht gepfändet werden. Der Besitzer des Briefes kann aber freiwillig durch Übergabe des ungeteilten (Stamm-) Briefes oder Einräumung des Mitbesitzes nach Maßgabe des Rdn. 1816 ff. Gesagten die Wirksamkeit der Pfändung herbeiführen. Ist der Brief verloren oder vernichtet, so kann auch hier das Antragsrecht zum Aufgebotsverfahren gepfändet werden.

4.7.2. Buchrechte

F.182 Die Pfändung der Eigentümergrundschuld, die aus einem im Grundbuch noch auf den Namen eines Dritten eingetragenen Fremdrecht (Hypothek oder Grundschuld) ohne Brief entstanden ist, kann in das Grundbuch nur eingetragen werden, wenn die Unrichtigkeit des Grundbuchs, also das Entstehen der Eigentümergrundschuld nachgewiesen ist. Dem Vollstreckungsgericht muss dieser Nachweis für den Erlass des Pfändungsbeschlusses nicht erbracht werden. Es pfändet nach dem schlüssigen Vorbringen des Gläubigers die angebliche Eigentümergrundschuld. Eine Eintragung im Grundbuch, dass eine „angebliche" Eigentümergrundschuld gepfändet sei, verbietet sich aber als unzulässig, weil sie gegen den Bestimmtheitsgrundsatz verstoßen würde[328]. Dem Grundbuchamt muss daher der Nachweis in grundbuchmäßiger Form, mithin durch öffentliche oder öffentlich beglaubigte Urkunden (§ 29 GBO) geführt werden. Dieser Nachweis muss, wenn nur ein Teil der Hypothek oder Grundschuld Eigentümergrundschuld geworden ist, diesen Teil nach Betrag und Rang (letztrangiger, erstrangiger Teilbetrag) genau ausweisen. Der Nachweis kann erbracht werden durch

- Vorlage einer Erklärung des eingetragenen Hypothekengläubigers, dass die Hypothekenforderung nicht zur Entstehung gelangt ist und nicht mehr zur Entstehung gelangen wird,
- Vorlage einer löschungsfähigen Quittung (nicht aber einer einfachen Löschungsbewilligung ohne Quittung), die den Zahlenden und, wenn der Eigentümer seit der Hypothekeneintragung gewechselt hat, auch den Zeitpunkt der Zahlung bezeichnen muss[329],
- Vorlage einer Verzichtserklärung (§ 1168 BGB) des eingetragenen Hypothekengläubigers,
- Vorlage eines Ausschlussurteils (§ 1170 Abs. 2 BGB),
- Vorlage des Nachweises, dass der Grundstückseigentümer den Hypothekengläubiger beerbt hat (Erbschein, notarielles Testament mit Eröffnungsniederschrift),
- Vorlage der für die Eintragung der Abtretung der Hypothek an den Grundstückseigentümer erforderlichen Unterlagen (Abtretungserklärung; siehe auch § 39 Abs. 2 GBO).

Die vorherige **Grundbuchberichtigung**, das heißt die Umschreibung der für einen Dritten eingetragenen Hypothek oder Grundschuld[330], die kraft Gesetzes Eigentümergrundschuld geworden ist, auf den Eigentümer ist nicht notwendig[331] (aber immer sehr sachdienlich). Denn der eingetragene Eigentümer ist zugleich auch eingetragener Gläubiger im Sinne des § 39 GBO der Eigentümergrundschulden, die aus den auf seinem Grundstück eingetragenen Hypotheken oder Grundschulden hervorgegangen sind. Die vorherige Grundbuchberichtigung (siehe § 39 GBO) ist daher nur dann erforderlich, wenn der Schuldner als Eigentümer noch nicht eingetragen ist (zum Beispiel weil er das Grundstück von dem noch eingetragenen Eigentümer geerbt hat) oder wenn zwischen Entstehen der Eigentümergrundschuld und Pfandeintragung ein Eigentumswechsel stattgefunden hat. Im letzteren Fall ist aber keine Eigentümergrundschuld gepfändet, weil das eigene Recht des vormaligen Eigentümers diesem verblieben ist, sich also in eine Fremdgrundschuld umgewandelt hat (siehe Rdn. F.156). F.183

---

328 Siehe Ripfel, DNotZ 1936, 674 m.w.N.; KG, JFG 1, 498; OLG Köln, NJW 1961, 368 = Rpfleger 1961, 206 mit Anm. Stöber; OLG Hamburg, JurBüro 1977, 860 = Rpfleger 1976, 371; OLG Celle, NotBZ 2007, 61; Schöner/Stöber, Grundbuchrecht, Rdn. 2468; siehe auch Rdn. F.183, F.184.

329 OLG Köln (Fn. 328) m.w.N. Ebenso Tempel, JuS 1967, 216.

330 Für die Grundschuld: KG, Rpfleger 1975, 136.

331 BGH, MDR 1968, 744 = NJW 1968, 1674; KG, DR 1940, 1575; KG, JFG 1, 487; KG, JFG 8, 386; KG, JFG 11, 251; OLG Köln (Fn. 328); OLG Hamburg (Fn. 328); Ripfel, DNotZ 1936, 854; (wohl auch) Stein/Jonas/Würdinger, ZPO, § 857 Rdn. 66; **a.A.** Tempel, JuS 1967, 216.

F.184 Den **Anspruch auf Grundbuchberichtigung** gegen den eingetragenen Hypotheken- oder Grundschuldgläubiger hat **nach Übergang** des Rechts auf den Eigentümer dieser nach § 894 BGB. Dieser Berichtigungsanspruch und ebenso der Anspruch auf Erteilung einer löschungsfähigen Quittung[332] kann hilfsweise gepfändet und vom Gläubiger gerichtlich geltend gemacht werden (siehe Rdn. E.61 ff. und das dort abgedruckte Muster; wegen der Eintragung eines den gutgläubigen Erwerb Dritter ausschließenden Widerspruchs siehe auch Rdn. E.417). Die Hilfspfändung des Berichtigungsanspruchs und des Anspruchs auf die löschungsfähige Quittung ist jedoch (wie die Pfändung des Eigentümerrechts selbst, dazu Rdn. F.159 ff.) dem Berechtigten einer Löschungsvormerkung (eines Löschungsanspruchs nach § 1179a BGB) gegenüber unwirksam[333]. Vom Schuldner (Eigentümer), der die für den Nachweis des Entstehens der Eigentümergrundschuld oder der Grundbuchunrichtigkeit notwendigen Unterlagen schon selbst im Besitz hat, kann der Gläubiger die Urkunden nach § 836 Abs. 3 ZPO herausverlangen[334]. Diese Herausgabe kann im Wege der Zwangsvollstreckung erwirkt werden (siehe Rdn. B.272). **Vor Übergang** des Rechts auf den Eigentümer kann der künftige Anspruch des Eigentümers auf Berichtigung des Grundbuchs dahin, dass der Eigentümer nach Entstehung einer Eigentümergrundschuld als deren Inhaber eingetragen wird, auf Antrag eines Pfändungsgläubigers nicht durch Vormerkung gesichert werden[335].

F.185 **Formulierungsvorschlag:**

Gepfändet wird die angebliche Eigentümergrundschuld oder Eigentümerhypothek[336]*, in die sich die im Grundbuch des Amtsgerichts … Grundbuchbezirk … Blatt … in Abt. III Nr. … auf seinem Grundstück …straße Hs.-Nr. … (Flur … Flurstück …) auf den Namen von … in Höhe von … Euro (mehr oder weniger) eingetragene*

- *Hypothek, für die ein Hypothekenbrief erteilt ist,* oder
- *Hypothek ohne Brief*

ganz oder teilweise verwandelt hat, mit den Zinsen seit dem … und unter Einschluss der künftig Eigentümergrundschuld oder Eigentümerhypothek werdenden Hypothekenteile.

Gepfändet werden außerdem

- *das Miteigentum des Schuldners an dem Hypothekenbrief,*
- *der Anspruch des Schuldners auf Aufhebung der Gemeinschaft am Hypothekenbrief,*

---

332 OLG Köln, JMBlNRW 1971, 160 = OLGZ 1971, 151.
333 OLG Köln (Fn. 332).
334 Daher fehlt einer Herausgabeklage des Gläubigers gegen den Schuldner das Rechtsschutzbedürfnis; LG Köln, MDR 1963, 935.
335 BayObLGZ 1975, 39 = (mitgeteilt) Rpfleger 1975, 243.
336 Der Gläubiger wird oft nicht wissen, ob ein Recht Eigentümergrundschuld oder -hypothek geworden ist. Daher wird er zu seiner Sicherheit die Pfändung auch auf die mutmaßliche Eigentümerhypothek ausdehnen. Wenn der Drittschuldner (der Schuldner der Forderung; siehe Rdn. F.211) bezeichnet werden kann, empfiehlt es sich, ihn im Pfändungsbeschluss anzugeben und gegen ihn das Zahlungsverbot des § 829 Abs. 1 S. 1 ZPO auszubringen. Siehe dazu im Übrigen Rdn. F.209 ff.

- *der Anspruch des Schuldners auf Vorlage des Briefes an das Grundbuchamt oder einen Notar zur Bildung eines Teilbriefes und sein Anspruch auf Aushändigung des Teilbriefes,*
- *der angebliche Anspruch des Schuldners auf Berichtigung des Grundbuchs und Erteilung (Aushändigung) der für diese Grundbuchberichtigung notwendigen Urkunden in grundbuchmäßiger Form.*

Drittschuldner dieser hilfsweise gepfändeten Ansprüche ist (sind) …

Wegen der bei Briefrechten gegebenenfalls anzufügenden Hilfspfändung des Herausgabeanspruchs siehe Rdn. F.34; wegen der Pfändung auch für die Kosten der Briefwegnahme und Grundbucheintragung siehe Rdn. F.16.

4.8. Vorläufige und künftige Eigentümergrundschuld

Vorläufige (= auflösend bedingte) und **künftige** Eigentümergrundschulden können durch gerichtlichen Pfändungsbeschluss gepfändet werden[337]. F.186

Vorläufige Eigentümergrundschuld ist eine Hypothek, wenn die Forderung, für welche sie bestellt ist, noch nicht zur Entstehung gelangt ist, aber noch entstehen kann, und außerdem die Briefhypothek oder -grundschuld bis zur Briefübergabe (§ 1163 BGB). Als **künftige** Eigentümergrundschuld wird das Recht bezeichnet, das für den Eigentümer als Eigentümerrecht aus einer Hypothek oder Grundschuld entstehen wird, die derzeit einem Dritten zusteht, also Fremdrecht ist.

Die Pfändung einer **vorläufigen Briefeigentümergrundschuld** wird mit der Übergabe des Briefes an den Gläubiger wirksam (§ 830 Abs. 1 ZPO), die Pfändung einer **künftigen Briefeigentümergrundschuld** mit der Briefübergabe und dem Entstehen des Eigentümerrechts. Bei Pfändung der vorläufigen Eigentümergrundschuld kann der eingetragene Hypotheken- oder Grundschuldgläubiger der Briefübergabe durch den Schuldner oder der Briefwegnahme beim Schuldner durch den Gerichtsvollzieher nicht mit der Einrede begegnen, er habe gegen den Schuldner einen Anspruch auf Briefaushändigung[338]. F.187

Das Wirksamwerden der Pfändung einer **vorläufigen oder künftigen** Eigentümergrundschuld **ohne Brief** scheitert praktisch, weil die erforderliche Grundbucheintragung nicht herbeigeführt werden kann[339]. Denn eine Eintragung, dass die im Grundbuch als Fremdrecht eingetragene Post schon als vorläufige oder künftige Eigentümergrundschuld gepfändet sei, ist unzulässig. Ein dahin gehender Eintragungsantrag müsste abgelehnt werden, weil die Pfändung einer Eigentümergrundschuld nur bei Vorlage des Nachweises der Unrichtigkeit des Grundbuchs, das heißt des Entstehens der Eigentümergrundschuld eingetragen werden kann (siehe Rdn. F.182). Diesen Nachweis kann sich aber der Gläubiger hier nicht verschaffen; denn der Berichtigungsanspruch des Eigentümers gegen den einge- F.188

---

337 RGZ 51, 115 (116 f.); RGZ 97, 223 (226); RGZ 120, 110.

338 RGZ 63,14; ebenso Fuchs, RpfliB 1907, 274; **a.A.** Bendix, RpfliB 1907, 189.

339 RGZ 61, 374 (380); RGZ 72, 274 (276); RGZ 75, 250 f.; RGZ 84, 78 (80); RGZ 97, 223; RGZ 120, 110; RG, JW 1935, 2545; BayObLG, JurBüro 1997, 48; OLG Karlsruhe, BWNotZ 2007, 59 = Rpfleger 2006, 182; Stein/Jonas/Würdinger, ZPO, § 857 Rdn. 69.

tragenen Hypotheken- oder Grundschuldgläubiger ist nicht durchsetzbar, solange dem eingetragenen dinglichen Recht das Anwartschaftsrecht des Gläubigers auf die Hypothek anhaftet, die Eigentümergrundschuld also unter der auflösenden Bedingung der Valutierung steht (vorläufige Eigentümergrundschuld) oder solange die Hypothek überhaupt dem Gläubiger noch zusteht (künftige Eigentümergrundschuld).

F.189 Die **nicht erlaubte**, aber dennoch vorgenommene **Eintragung** der Pfändung einer **vorläufigen** Eigentümergrundschuld hält das RG[340] nicht für inhaltlich unzulässig. Durch eine solche Eintragung wird daher die Pfändung wirksam, und zwar auch dann, wenn nur ein Teil der Hypothek vorläufige Eigentümergrundschuld geblieben ist, aus dem Eintragungsvermerk sich aber nicht ergibt, in welcher Höhe die Hypothek tatsächlich gepfändete Eigentümergrundschuld ist[341]. Der pfändende Gläubiger kann aber auch durch diese Eintragung keine weiteren Rechte erlangen als dem Schuldner selbst zustehen. Der gepfändeten vorläufigen Eigentümergrundschuld haftet daher auch weiterhin das Anwartschaftsrecht auf die Hypothek an; die Eigentümergrundschuld bleibt deshalb auch nach Pfändung auflösend bedingt und verwandelt sich mit der Valutierung durch den eingetragenen Hypothekengläubiger in dessen Hypothek. Mit dem Erlöschen der vorläufigen Eigentümergrundschuld fällt auch das Pfandrecht des Gläubigers weg. Es lebt nicht wieder auf, wenn später die Forderung des Hypothekengläubigers untergeht (erlischt). Denn dann entsteht eine neue (künftige) Eigentümergrundschuld, deren Pfändung vorher nicht eingetragen werden und bei unzulässiger Eintragung nicht wirksam werden kann (siehe Rdn. F.190).

F.190 Die **nicht erlaubte Eintragung** der Pfändung einer **künftigen** Eigentümergrundschuld ist inhaltlich unzulässig[342], macht also die Pfändung nicht wirksam.

4.9. Eigentümergrundschuld aus Höchstbetragssicherungshypothek

F.191 Die **Höchstbetragssicherungshypothek** (§ 1190 BGB) ist, soweit jeweils eine Forderung noch nicht entstanden und endgültig festgestellt ist, eine **vorläufige**, durch das Entstehen der Forderung auflösend bedingte Eigentümergrundschuld, die mit der Feststellung der Forderung, soweit diese reicht, in eine Gläubigerhypothek übergeht, im Übrigen aber endgültig Eigentümergrundschuld bleibt[343]. Sie kann als vorläufige Eigentümergrundschuld durch gerichtlichen Pfändungsbeschluss gepfändet werden[344]; diese Pfändung kann aber nicht durch Grundbucheintragung wirksam gemacht werden[345]. Möglich wird die Eintragung erst, wenn der Anspruch des Grundstückseigentümers auf Grundbuchberichtigung nach Feststellung der Forderung bei Beendigung des gesicherten Schuldverhältnisses geltend

---

340 RGZ 120, 110 (112 f.); noch offengelassen RGZ 97, 223 (227).
341 Zum Beispiel bei Eintragung „die Post sei gepfändet, soweit sie nicht valutiert ist und der Grundstückseigentümer einen Anspruch auf Erteilung einer Löschungsbewilligung und auf die Eigentümergrundschuld habe"; siehe RGZ 120, 110 (113).
342 RGZ 145, 343 (353).
343 RGZ 97, 223 (226); RGZ 120, 110; OLG Karlsruhe (Fn. 339).
344 RG (Fn. 343); siehe außerdem Rdn. F.186.
345 RGZ 120, 110 (112); OLG Karlsruhe (Fn. 339); siehe außerdem Rdn. F.188.

gemacht werden kann[346]. Daher muss für die Grundbucheintragung nicht nur das Entstehen einer Eigentümergrundschuld, sondern weiter nachgewiesen werden, dass eine weitere Valutierung nicht mehr erfolgen wird[347], die Grundschuld mithin endgültige Eigentümergrundschuld ist. Zur Frage, welche Wirkung die trotzdem vorgenommene Eintragung hat, siehe Rdn. F.189.

Die Pfändung der einer Höchstbetragssicherungshypothek entspringenden vorläufigen Eigentümergrundschuld beendet oder unterbricht das gesicherte Schuld- (insbesondere Kredit-)verhältnis nicht[348]. Zugunsten des Hypothekengläubigers können also auch nach der Pfändung weitere Forderungen aus dem Kreditverhältnis entstehen. Die **weitere Valutierung** der Höchstbetragssicherungshypothek kann der Gläubiger auch nicht durch die Pfändung des Kündigungsrechts oder der Rechte des Schuldners aus dem Kreditvertrag verhindern[349]. Das gilt auch dann, wenn die Pfändung der vorläufigen Eigentümergrundschuld unerlaubterweise in das Grundbuch eingetragen worden ist (siehe Rdn. F.189). **F.192**

Das Kreditverhältnis hört aber mit der Verteilung des Versteigerungserlöses in der Zwangsversteigerung auf, wenn die Höchstbetragssicherungshypothek durch den **Zuschlag erloschen ist**. Denn mit diesem Zeitpunkt endet für den Sicherungsgläubiger die Möglichkeit, sich aus der Hypothek wegen neuer Forderungen zu decken, weil nun feststeht, welche Forderungen aus dem Grundstück zu befriedigen sind[350]. Die in diesem Zeitpunkt wirksam gepfändete, aus einer Höchstbetragssicherungshypothek hervorgegangene Eigentümergrundschuld dient daher der Befriedigung des pfändenden Gläubigers. **F.193**

Wenn überhaupt keine Forderung entstanden ist, stehen die vorläufige Eigentümergrundschuld und die ihr entspringende endgültige Eigentümergrundschuld dem **Eigentümer bei Bestellung** der Höchstbetragssicherungshypothek zu[351], bei Eigentumswechsel also dem früheren Eigentümer. War die Höchstbetragssicherungshypothek valutiert, so erwirbt bei **Tilgung** der Forderung die Eigentümergrundschuld der Eigentümer im Zeitpunkt des Erlöschens der Forderung[352]. Der wirkliche Inhaber der Eigentümergrundschuld kann ihre Pfändung durch Gläubiger des späteren oder früheren Eigentümers, der die Grundschuld tatsächlich nicht erworben hat, mit Drittwiderspruchsklage bekämpfen. **F.194**

4.10. Die Rechtsstellung des Gläubigers

Die **Überweisung** der Eigentümergrundschuld zur Einziehung gibt dem Gläubiger die Befugnis, sich durch Einziehung des Grundschuldanspruchs zu befriedigen. **F.195**

---

346 RG, JW 1935, 2554.
347 OLG Karlsruhe (Fn. 339). Es genügt die Erklärung des Gläubigers (Form: § 29 GBO), dass er die Sicherungshypothek für etwa noch entstehende Forderungen nicht in Anspruch nehme.
348 RGZ 51, 115; Stein/Jonas/Würdinger, ZPO, § 857 Rdn. 71; siehe auch Rdn. F.116.
349 RG (Fn. 348); RG, JW 1935, 2554; siehe auch Rdn. F.118.
350 RG (Fn. 348).
351 BGB-RGRK/Thumm, § 1190 Rdn. 18; Staudinger/Wolfsteiner, BGB, § 1190 Rdn. 11.
352 Staudinger/Wolfsteiner, BGB, § 1190 Rdn. 11.

F.196 Einen Anspruch auf **Zinsen** kann der Gläubiger jedoch nur in einer Zwangsverwaltung geltend machen (§ 1197 Abs. 2 BGB). Im Übrigen gebühren dem Eigentümer und damit auch dem pfändenden Gläubiger keine Zinsen[353]. In einer Zwangsversteigerung besteht ein Anspruch auf Zinsen für eine mit dem Zuschlag erloschene Eigentümergrundschuld auch nicht für die Zeit vom Zuschlag bis zum Verteilungstermin[354]. Diese Beschränkung des § 1197 Abs. 2 BGB kommt in Wegfall, wenn der Eigentümer das Grundstück veräußert, weil die Grundschuld des bisherigen Eigentümers mit dem Eigentumswechsel Fremdrecht wird. Vom Erwerber des Grundstücks kann daher ab Eigentumswechsel der bisherige Eigentümer, dem die Grundschuld verbleibt, und damit auch sein Gläubiger Zinsen verlangen. Dies gilt auch, wenn die Grundschuld nach Pfändung dem Grundstückserwerber abgetreten ist, in seiner Person also weiterhin Eigentümergrundschuld ist, weil in dieser Abtretung eine gegen das Verfügungsverbot verstoßende und damit dem Gläubiger gegenüber unwirksame Verfügung über das gepfändete Recht liegt.

F.197 Mit dem **Erlöschen** der Eigentümergrundschuld **durch den Zuschlag** in der Zwangsversteigerung wird der Gläubiger, dem das gepfändete Recht zur Einziehung überwiesen ist, Hebungsberechtigter hinsichtlich des der Eigentümergrundschuld zuzuteilenden Erlösanteils (§ 10 Abs. 1 Nr. 4, § 114 ZVG). Die Pfändung muss im Verteilungsverfahren vom Vollstreckungsgericht berücksichtigt werden, wenn sie ihm bis zur Erlösverteilung bekannt geworden ist. Eine Anmeldung des Pfandrechts des Gläubigers vor der Aufforderung zur Abgabe von Geboten (siehe § 37 Nr. 4, §§ 110, 113 ZVG) ist nicht notwendig (aber jedenfalls zweckmäßig, weil die Pfändung dem Vollstreckungsgericht ja unbekannt bleiben kann), weil das Recht auf Befriedigung aus dem Erlös der im Grundbuch eingetragenen Eigentümergrundschuld gebührt und die Pfändung nur die Person des Hebungsberechtigten bestimmt. Wenn die Eigentümergrundschuld nur gepfändet ist, können Gläubiger und Schuldner nur gemeinsam einziehen (siehe Rdn. B.151), den in der Zwangsversteigerung zuzuteilenden Erlösanteil also nur gemeinsam in Empfang nehmen. Hinterlegung für beide muss erfolgen, wenn sie gemeinsam zur Empfangnahme der Zuteilung nicht handeln.

F.198 Der pfändende Gläubiger, dem die Eigentümergrundschuld zur Einziehung überwiesen ist, kann auch selbst die **Zwangsvollstreckung in das Grundstück** betreiben. Er ist der Beschränkung des § 1197 Abs. 1 BGB nicht unterworfen, weil diese nur für den Eigentümer persönlich gilt[355]. Für diese Zwangsvollstreckung in das Grundstück benötigt der Gläubiger einen sogenannten dinglichen Vollstre-

---

353 RGZ 60, 359; Stöber/Nicht, ZVG, § 114 Rdn. 121 m.w.N.; **a.A.** Bayer, AcP 189 (1989) 470 (479–481) m.w.N.

354 Stöber, Rpfleger 1958, 339 (342); Stöber/Nicht, ZVG, § 114 Rdn. 128; **a.A.** Bayer, AcP 189 (1989) 470 (488).

355 BGHZ 103, 30 = DNotZ 1988, 777 = MDR 1988, 395 = NJW 1988, 1026 = Rpfleger 1988, 181; OLG Köln, NJW 1959, 2167; LG Bremen, MDR 1954, 678 = NJW 1955, 184 mit abl. Anm. Horber; LG Hof, Rpfleger 1965, 369 mit zust. Anm. Stöber; Westermann, NJW 1960, 1723; Stöber, Rpfleger 1958, 339, alle unter Anführung der früher herrschend gewesenen Gegenansicht; Stöber, ZVG-Handbuch, Rdn. 104; Stöber/Keller, ZVG, § 15 Rdn. 76. **A.A.** OLG Düsseldorf, NJW 1960, 1723; LG Darmstadt, MDR 1958, 853; Horber, NJW 1955, 184; Schumacher, BB 1961, 273.

ckungstitel[356]. Wenn eine vom Eigentümer bestellte Eigentümergrundschuld (§ 1196 Abs. 1 BGB) gepfändet ist und der Eigentümer sich in der Urkunde auch der sofortigen Zwangsvollstreckung unterworfen hat (§ 794 Abs. 1 Nr. 5 ZPO), kann dem Pfandgläubiger (nach Überweisung) eine vollstreckbare Urkundenausfertigung als Rechtsnachfolger (§ 727 ZPO) erteilt werden[357]. Als Rechtsnachfolger in Ansehung des dinglichen Anspruchs kann dem Pfandgläubiger (nach Überweisung) eine vollstreckbare Ausfertigung der notariellen Urkunde (des sonstigen Vollstreckungstitels) über den dinglichen Anspruch auch erteilt werden (§ 727 ZPO), wenn die Hypothek oder Grundschuld als Fremdrecht für den Gläubiger des vollstreckbaren (dinglichen) Anspruchs entstanden und dann Eigentümergrundschuld geworden ist und gepfändet wurde[358]. Jedoch ist ein Gläubiger, der die durch Nichtvalutierung einer Hypothek bestehende Eigentümergrundschuld (§ 1163 Abs. 1 S. 1 BGB) gepfändet (und überwiesen erhalten) hat, nicht Rechtsnachfolger in Ansehung des dinglichen Anspruchs aus der Unterwerfungserklärung zugunsten des in der Urkunde bezeichneten Hypothekengläubigers (er ist Rechtsnachfolger des Eigentümers, für den die Grundschuld von vornherein entstanden, nicht aber der vollstreckbare Anspruch begründet ist; für den in der Urkunde bezeichneten Gläubiger des vollstreckbaren Anspruchs ist kein Recht entstanden); in einem solchen Fall kann dem pfändenden Gläubiger eine vollstreckbare Urkundenausfertigung daher nicht erteilt werden[359]. Gleiches gilt, wenn eine Hypothek aus anderen Gründen oder eine Grundschuld Eigentümergrundschuld geblieben ist (so insbesondere nach § 1163 Abs. 2 BGB, weil die Briefübergabe nicht erfolgt ist).

Mit der **Überweisung an Zahlungs statt** wird die gepfändete Eigentümergrundschuld auf den Gläubiger übertragen (siehe Rdn. B.212). Das Recht hört damit auf, Eigentümergrundschuld zu sein; der (Neu-)Gläubiger ist deshalb vom Wirksamwerden der Überweisung an Zahlungs statt an von allen Beschränkungen des § 1197 BGB frei. F.199

Für die nach § 844 ZPO mögliche anderweitige Verwertung der gepfändeten Eigentümergrundschuld siehe das Rdn. F.56 Gesagte, das entsprechend gilt. F.200

4.11. Eigentümergrundschuld eines Grundstücksmiteigentümers

Der Grundstücks**anteil** nur eines der Miteigentümer kann für diesen mit einer (offenen oder verschleierten) Eigentümergrundschuld belastet sein (§ 1114 BGB). Deren Pfändung durch Gläubiger des Schuldner-Miteigentümers hat, wie die F.201

356 Stöber, Rpfleger 1958, 339 (341); Holthöfer, JR 1956, 213; Schneider, JW 1938, 1630; LG Münster, JMBlNRW 1956, 4; Stöber, ZVG-Handbuch, Rdn. 104.

357 Stöber, Rpfleger 1958, 339 (342).

358 So auch Schöner/Stöber, Grundbuchrecht, Rdn. 2063a. Anders OLG Hamm, Rpfleger 1987, 297 mit Anm. Knees. Zutreffend liegt Rechtsnachfolge vor, weil der Gläubiger den auf ihn übergegangenen (somit keinen anderen) dinglichen Anspruch (§ 1147 BGB), über den die vollstreckbare Urkunde erstellt ist, im eigenen Namen und eigenen Interesse geltend macht.

359 KG, JW 1936, 2754 mit zust. Anm. Henke = JFG 13, 404; Stöber, Rpfleger 1958, 339 (341); Schöner/Stöber, Grundbuchrecht, Rdn. 2063a.

Zwangsvollstreckung in jede Eigentümergrundschuld, nach § 857 Abs. 6, § 830 ZPO zu erfolgen.

F.202 Die Eigentümergrundschuld, die Bruchteilseigentümer eines Grundstücks (z.B. Eheleute je zur Hälfte) sich selbst am ganzen Grundstück mit den Anteilen bestellen, die für ihr Miteigentum bestehen[360], entsteht als Gesamtrecht (§ 1132 BGB)[361]. Ebenso steht die auf Grundstücksmiteigentum nach Bruchteilen eingetragene Fremdhypothek, sobald sie kraft Gesetzes nach § 1163 BGB Eigentümergrundschuld ist, als solche den Grundstücksmiteigentümern als Gesamt-Eigentümergrundschuld **gemeinschaftlich** zu (§ 1172 Abs. 1 BGB)[362]. Die Gemeinschaft der Eigentümer als Gläubiger solcher Eigentümergrundschulden ist Bruchteilsgemeinschaft nach § 741 BGB[363]. An der nach § 1163 BGB entstandenen gemeinschaftlichen Eigentümergrundschuld bestimmt sich die Höhe der Anteile der einzelnen Miteigentümer im Zweifel (sofern Einzelbelastungen von Anteilen, die der Eigentümergrundschuld im Rang vorgehen, nicht vorhanden sind)[364] nach den Miteigentumsanteilen am Grundstück[365]. Über seinen Anteil[366] an einer solchen Eigentümergrundschuld kann jeder Eigentümer verfügen (§ 747 S. 1 BGB)[367]. Daher kann auch der Gläubiger nur eines der Miteigentümer auf dessen Anteil an der gemeinschaftlichen Eigentümergrundschuld durch Pfändung Zugriff nehmen[368].

F.203 Fraglich ist, **wie die Pfändung** in einem solchen Fall **zu erfolgen hat**. Der Gemeinschaftsanteil ist Schuldnerrecht; das könnte eine Pfändung des Schuldneranteils an der Bruchteilsgemeinschaft als Rechtspfändung nach § 857 ZPO erfordern. Die dem Schuldner nach § 741 BGB mögliche Verfügung über seinen Anteil richtet sich jedoch stets nach den Vorschriften für die Verfügung über das Vollrecht[369]. Die Abtretung des Anteils eines Bruchteilsgemeinschafters an einer Eigentümergrundschuld hat daher nach §§ 873, 1154 BGB zu erfolgen. Nach diesen für die Übertragung geltenden Vorschriften erfolgt auch die Verpfändung (§ 1274 BGB). Entsprechendes muss auch für die Pfändung gelten. Durch Pfändung kann daher auf den Gemeinschaftsanteil eines Miteigentümers an einer Eigentümergrundschuld nur nach den für die Pfändung des ganzen Grundpfandrechts geltenden Vorschriften Zugriff genommen werden[370]. Daher hat die Anteilspfändung wie die Grund-

---

360 Das wird allgemein für zulässig gehalten; LG Nürnberg-Fürth, Rpfleger 1960, 156; Schöner/Stöber, Grundbuchrecht, Rdn. 2355.

361 BGH, NJW 1996, 2231 (2233) m.w.N.; BayObLGZ 1962, 164 = DNotZ 1963, 186 = NJW 1962, 1725; siehe auch (Hypothek als Gesamtrecht) z.B. RGZ 146, 363.

362 OLG Frankfurt, DNotZ 1961, 411; KG, JFG 16, 345 = JW 1938, 230; AG Obernburg, MDR 1964, 846.

363 RG, JW 1938, 3236; OLG Frankfurt (Fn. 362); KG (Fn. 362); AG Obernburg (Fn. 362).

364 Bei Vorhandensein von Einzelbelastungen Anteilsberechnung nach § 1172 Abs. 2 BGB.

365 RG (Fn. 363); RGZ 50, 400; OLG Frankfurt (Fn. 362); KG (Fn. 362); AG Obernburg (Fn. 362).

366 Über das Recht im Ganzen können die Eigentümer als Berechtigte nur gemeinsam verfügen. Die Pfändung der ganzen Eigentümergrundschuld erfolgt daher ebenso nur mit einem Titel gegen alle.

367 KG (Fn. 362).

368 BGH (Fn. 361); BGB-RGRK/v.Gamm, Rdn. 3 zu § 747; AG Obernburg (Fn. 362); s. auch RGZ 59, 180.

369 BGB-RGRK/v.Gamm, § 741 Rdn. 2, § 747 Rdn. 2.

370 Siehe auch Stein/Jonas/Würdinger, ZPO, § 857 Rdn. 63.

schuldpfändung nach § 857 Abs. 6, § 830 ZPO durch Pfändungsbeschluss und Briefwegnahme oder (bei Buchrechten) Grundbucheintragung zu erfolgen.

Da schon allein die Tatsache der Gemeinschaft das gesetzliche Schuldverhältnis zwischen den Teilhabern begründet[371], erfasst dieser dingliche Zugriff auf einen Anteil zugleich die sich aus der dinglichen Mitberechtigung ergebenden schuldrechtlichen Beziehungen zwischen den Teilhabern[372]. Auf die Ansprüche schuldrechtlicher Art gegenüber den anderen Gemeinschaftern braucht die Anteilspfändung daher nicht ausdrücklich erstreckt zu werden. Da hierüber jedoch keine volle Klarheit besteht, empfiehlt es sich, die Ansprüche gegenüber den anderen Gemeinschaftern (den Aufhebungs-, Erlösteilungs- und Erlösauszahlungsanspruch) mitzupfänden (dem entspricht die Rdn. F.208 dargestellte Fassung des Pfändungsbeschlusses). Diese Mitpfändung ist für zulässig zu erachten. Daraus kann jedoch nicht geschlossen werden, dass durch die Pfändung der Gemeinschafterrechte des Schuldners gegenüber den weiteren Teilhabern der Bruchteilsgemeinschaft, also allein mit der Beschlusszustellung an die Gemeinschafter, der Schuldneranteil an der Eigentümergrundschuld wirksam erfasst wäre. Die Pfändung des Anteils eines Bruchteilseigentümers an einer Eigentümergrundschuld kann stets nur nach Maßgabe von § 857 Abs. 6, § 830 ZPO wirksam werden. F.204

Die Pfändung des **Anteils** an einer **brieflosen Eigentümergrundschuld** kann sonach erst mit der Grundbucheintragung wirksam werden (Rdn. F.167). Die Grundbucheintragung bereitet keine Besonderheiten, wenn der Schuldner bereits als Anteilsberechtigter der Eigentümergrundschuld im Grundbuch eingetragen ist. Hat der Schuldner als Grundstücksmiteigentümer die Eigentümergrundschuld aus einem im Grundbuch noch auf den Namen eines Dritten eingetragenen Fremdrecht (Hypothek oder Grundschuld ohne Brief) kraft Gesetzes (§ 1163 BGB) anteilig erworben, dann kann die Pfändung in das Grundbuch nur eingetragen werden, wenn in grundbuchmäßiger Form die Unrichtigkeit des Grundbuchs, also das Entstehen der Eigentümergrundschuld, nachgewiesen ist (dazu Rdn. F.182). Dem Grundbuchamt gegenüber braucht nach herrschender, zutreffender Meinung darüber hinaus der dem Schuldner an der gemeinschaftlichen Eigentümergrundschuld zustehende Anteil nicht weiter nachgewiesen zu werden, sofern sich die Anteile der einzelnen Grundstücksmiteigentümer aus dem Grundbuch ergeben[373], weil sich nach ihnen im Zweifel auch die anteiligen Mitberechtigungen an der Eigentümergrundschuld bestimmen (Rdn. F.202). Schwierigkeiten können sich dann jedoch ergeben, wenn geltend gemacht wird, dass die Eigentümer etwas anderes vereinbart haben[374].Es wird daher empfohlen, „vor der Eintragung der Pfändung auch den dem Pfändungsschuldner zustehenden Anteil an der Eigentümergrundschuld auf … seinen Grundstücks-Miteigentumsanteil zuzuteilen und dadurch eine ihm jetzt allein zustehende Eigentümergrundschuld zu schaffen[375].“ F.205

371 BGB-RGRK/v.Gamm, § 741 Rdn. 12.

372 Dem entspricht z.B. § 751 S. 2 BGB, wonach die Pfändung des Anteils eines Teilhabers die Verfolgung des Anspruchs auf Aufhebung der Gemeinschaft gegen den (die) übrigen Teilhaber ermöglicht.

373 AG Obernburg (Fn. 362); siehe auch KG (Fn. 362).

374 AG Obernburg (Fn. 362).

375 Bohn, Die Pfändung von Hypotheken usw., N. 302.

Auf solche Weise kann die dem Schuldner allein zustehende Eigentümergrundschuld jedoch nur geschaffen werden, wenn die übrigen Miteigentümer bei der Grundbucheintragung mitwirken. Als Miteigentümer hat der Schuldner nach § 1172 Abs. 2 BGB gegen die übrigen Miteigentümer einen Anspruch darauf, dass die Hypothek (Eigentümergrundschuld) an seinem Miteigentumsanteil nach Maßgabe des § 1132 Abs. 2 BGB beschränkt und in dieser Beschränkung ihm zugeteilt wird. Dieser Anspruch bringt damit für die Auseinandersetzung der Gläubigergemeinschaft der Bruchteilsberechtigten der Eigentümergrundschuld eine Abweichung von der Regelung der §§ 742 ff. BGB[376]. Er gehört damit zu den aus der dinglichen Mitberechtigung folgenden schuldrechtlichen Beziehungen der Teilhaber, die von der Anteilspfändung erfasst sind. Der Gläubiger kann daher nach der Anteilspfändung diesen Anspruch gegen die übrigen Gemeinschafter, erforderlichenfalls im Klageweg, ohne weiteres geltend machen[377].

F.206 Die Pfändung des Anteils an einer gemeinschaftlichen **Brief**-Eigentümergrundschuld wird erst wirksam, wenn der für das Recht ausgestellte Brief dem Gläubiger übergeben ist (§ 830 Abs. 1, § 857 Abs. 6 ZPO; dazu Rdn. F.167). Wenn der Brief insgesamt nicht übergeben und auch Mitbesitz daran nicht eingeräumt wird, kann der Anspruch auf Bildung eines Teilbriefes hilfsweise gepfändet und geltend gemacht werden (Rdn. F.185).

F.207 Zur Vollstreckung, wenn die Eigentümergrundschuld Miteigentümern zur gesamten Hand gehört, siehe Rdn. A.61 ff.

F.208 **Formulierungsvorschlag:**

Gepfändet wird der dem Schuldner als Grundstücksmiteigentümer zur Hälfte zustehende Anteil an der angeblichen Eigentümergrundschuld oder Eigentümerhypothek, in die sich die im Grundbuch des Amtsgerichts … Grundbuchbezirk … Blatt … in Abt. III Nr. … als Belastung des gesamten Grundstücks …straße Hs.-Nr. … (Flur … Flurstück …) auf den Namen von … in Höhe von … Euro (mehr oder weniger) eingetragene

- *Hypothek, für die ein Hypothekenbrief erteilt ist,* oder
- *Hypothek ohne Brief*

ganz oder teilweise verwandelt hat, mit den Zinsen seit dem … und unter Einschluss des Schuldneranteils an den künftig Eigentümergrundschuld oder Eigentümerhypothek werdenden Hypothekenteilen.

Gepfändet werden außerdem die angeblichen Ansprüche des Schuldners an den (die) Mitberechtigten … – Drittschuldner – auf

- *Aufhebung der Bruchteilsgemeinschaft an der Eigentümergrundschuld,*
- *Teilung des Erlöses und*
- *Auszahlung des anteiligen Erlöses.*

Folgt hilfsweise Anspruchspfändung wie Rdn. F.185.

---

376 Siehe OLG Frankfurt (Fn. 362); KG (Fn. 362).

377 Nicht voll zutreffend daher Bohn (Fn. 375): diesen Anspruch kann der Gläubiger sich pfänden und zur Einziehung überweisen lassen. Die Pfändung ist klarstellend zulässig, nicht jedoch zur Anspruchsverfolgung notwendig.

5. Pfändung der Eigentümerhypothek

5.1. Die Eigentümerhypothek

Eine **Eigentümerhypothek** entsteht, wenn nach der Vereinigung einer Hypothek mit dem Eigentum in einer Person dem Eigentümer auch die Forderung zusteht (§ 1177 Abs. 2 BGB). Die Rechte des Eigentümers aus dieser Hypothek bestimmen sich nach den für die Eigentümergrundschuld geltenden Vorschriften (§ 1177 Abs. 2 BGB). Die Eigentümerhypothek ist als Grundstücksbelastung wie die Eigentümergrundschuld ein vom Eigentum am Grundstück verschiedenes und daher auch selbstständig pfändbares Vermögensrecht. F.209

Eine Eigentümerhypothek entsteht insbesondere

- bei Befriedigung des Gläubigers durch den nicht als persönlicher Schuldner haftenden Eigentümer (§ 1143 Abs. 1 BGB),
- durch Konfusion, das heißt Vereinigung von Eigentum und Gläubigerrecht in einer Person (siehe Rdn. F.153), wenn der Eigentümer nicht persönlicher Schuldner ist,
- bei der Gesamthypothek im Falle des § 1173 Abs. 2 BGB.

Teil F Grundpfandrechte

5.2. Pfändung

Gegenstand der **Pfändung** einer Eigentümerhypothek ist, wie auch bei der Fremdhypothek (siehe Rdn. F.3), die **Forderung** als Hauptrecht. Die Pfändung muss daher unmittelbar (nicht erst infolge des § 857 Abs. 6 ZPO) nach § 830 ZPO erfolgen[378]. Siehe daher das Rdn. F.2 ff. Gesagte, das entsprechend gilt; zur Pfändung der sogenannten verschleierten Eigentümerhypothek siehe außerdem die auch hier entsprechend geltenden Ausführungen Rdn. F.174 ff. F.210

5.3. Drittschuldner

Da Gegenstand der Pfändung einer Eigentümerhypothek die **Forderung als Hauptrecht** ist, ist in der Person des Schuldners dieser persönlichen Forderung ein Drittschuldner vorhanden[379]. Dieser ist daher im Pfändungsbeschluss zu bezeichnen; gegen ihn ist auch das Zahlungsverbot des § 829 Abs. 1 S. 1 ZPO zu erlassen. F.211

Die Aufnahme der **Bezeichnung dieses Drittschuldners** und des gegen ihn lautenden **Zahlungsverbots** muss für die Pfändung der der Zwangsvollstreckung in der vereinfachten Form des § 829 ZPO unterliegenden Einzelansprüche aus der Eigentümerhypothek (siehe deswegen Rdn. F.7) als unentbehrlich betrachtet werden. F.212

---

378 So auch Musielak/Becker, ZPO, § 857 Rdn. 18; Stein/Jonas/Würdinger, ZPO, § 857 Rdn. 60; Wieczorek/Schütze/Lüke, ZPO, § 857 Rdn. 97.

379 Siehe Stöber, Rpfleger 1958, 252; außerdem Stein/Jonas/Würdinger, ZPO, § 857 Rdn. 60: der Eigentümer hat eine Doppelstellung als Schuldner und – neben dem Drittschuldner der gepfändeten Forderung – als Drittschuldner des dinglichen Rechts.

Fehlt dieser wesentliche Inhalt des Pfändungsbeschlusses, so muss er als unwirksam angesehen werden (siehe Rdn. B.93)[380].

F.213 Dies kann indes für die nach § 830 ZPO zu bewirkende Pfändung der Forderung mit Eigentümerhypothek so nicht gelten[381]. Die Zustellung des Pfändungsbeschlusses ist in diesem Fall nicht erforderlich und ohne Bedeutung. Eine nicht genaue Drittschuldnerbezeichnung wird daher bei der Hypothekenpfändung weitgehend für unschädlich erachtet (siehe Rdn. F.13). Bei der Hypothekenpfändung ist nur erforderlich, dass ein (dinglicher oder persönlicher) Drittschuldner aus dem Pfändungsbeschluss wenigstens erkennbar ist (siehe Rdn. F.13). Diesem allgemeinen Erfordernis wird bei Pfändung einer Eigentümerhypothek schon mit der Bezeichnung des Schuldners und dem Erlass des gegen ihn gerichteten Verfügungsverbotes genügt. Denn dieser ist dinglich haftender Eigentümer. Seine Bezeichnung und das gegen ihn gerichtete Verfügungsverbot muss daher der Bezeichnung des dinglichen Drittschuldners bei der Hypothekenpfändung gleichgeachtet werden und gleich dieser den wesentlichen Erfordernissen der Pfändung genügen. Dessen ungeachtet ist jedoch nachdrücklich zu empfehlen, wenn praktisch nur irgendwie möglich den Schuldner der persönlichen Forderung als Drittschuldner zu ermitteln und zu bezeichnen.

Wegen der **Fassung** des Pfändungsbeschlusses, wenn nicht zuverlässig bekannt ist und beurteilt werden kann, ob eine Eigentümerhypothek oder eine Eigentümergrundschuld entstanden ist, siehe Rdn. F.185 Fn. 336.

6. Pfändung der Rentenschuld (§ 857 Abs. 6 ZPO)

F.214 Die Rentenschuld ist eine in der Weise bestellte Grundschuld, dass in regelmäßig wiederkehrenden Terminen eine bestimmte Geldsumme aus dem Grundstück zu zahlen ist (§ 1199 Abs. 1 BGB). Ihre Pfändung erfolgt daher gleich der Zwangsvollstreckung in eine Grundschuld nach § 857 Abs. 6 ZPO. Die Pfändung der nicht fälligen Leistungen unter Einschluss des Anspruchs auf die Ablösungssumme wird deshalb nur durch Briefübergabe bzw. Grundbucheintragung wirksam (§ 857 Abs. 6, § 830 ZPO). Auf die einzelnen Leistungen finden die für Hypothekenzinsen, auf das Ablösungskapital die für ein Grundschuldkapital geltenden Vorschriften entsprechende Anwendung (§ 1200 Abs. 1 BGB). Daher sind die rückständigen Leistungen nach § 829 (§ 857 Abs. 6, § 830 Abs. 2) ZPO in der für gewöhnliche Forderungen bestimmten einfachen Form zu pfänden. Drittschuldner ist der Grundstückseigentümer.

Im Übrigen siehe Abschn. 2 und 1.

Sichert die Rentenschuld eine Forderung, zum Beispiel eine Leibrente, so gilt auch das in Abschn. 3 für die Sicherungsgrundschuld Gesagte entsprechend.

---

380 Siehe dazu insbesondere auch Stöber, Rpfleger 1958, 253.
381 So im Ergebnis auch Ripfel, DNotZ 1936, 852.

Formulierungsvorschlag: F.215

Gepfändet wird die angeblich für den Schuldner im Grundbuch des Amtsgerichts ... Grundbuchbezirk ... Blatt ... in Abt. III Nr. ... auf dem Grundstück ...straße Hs.-Nr. ... (Flur ... Flurstück ...) des ... – Drittschuldner – eingetragene

- *Rentenschuld, für die ein Rentenschuldbrief erteilt ist,* oder
- *Rentenschuld ohne Brief,*

deren Ablösungssumme ... Euro (mehr oder weniger) beträgt, zusammen mit allen seit ... rückständigen Rentenleistungen.

7. Der Erlösanspruch (die durch den Zuschlag erloschene Hypothek, Grundschuld oder Eigentümergrundschuld)

7.1. Der Erlösanspruch

Schrifttum: Stöber, Zweifelsfragen bei Pfändung von Eigentümergrundschulden und Eigentümerhypotheken, Rpfleger 1958, 51; Busse, Ist die Pfändung eines zukünftigen Anteils an dem Versteigerungserlös eines Grundstücks möglich? MDR 1958, 825; Mümmler, Pfändung erloschener Eigentümergrundschulden im Zwangsversteigerungsverfahren, JurBüro 1983, 1141. F.216

Eine Hypothek oder Grundschuld und ebenso eine Eigentümergrundschuld, die nach den Versteigerungsbedingungen mit dem **Zuschlag** in der Zwangsversteigerung des belasteten Grundstücks erlischt (§ 91 Abs. 1 ZVG), geht nicht ersatzlos unter, sondern wandelt sich in den **Anspruch** des Hypotheken- oder Grundschuldgläubigers oder Eigentümers **auf Befriedigung aus dem Versteigerungserlös** um[382] (Grundsatz der dinglichen Surrogation). An diesem Erlösanspruch bleiben Rechte Dritter bestehen[383]; das schon vor Zuschlagerteilung wirksam gewordene Pfandrecht an der Hypothek, Grundschuld oder Eigentümergrundschuld setzt sich daher mit seinem bisherigen Rang am Erlösanspruch fort. Das Erlöschen des dinglichen Rechts tritt mit der Verkündung des Zuschlags ein (§ 89 ZVG)[384], bei Zuschlagerteilung durch das Beschwerdegericht mit der Zustellung an den Ersteher (§ 104 ZVG)[385]. F.217

---

382 RGZ 63, 214; RGZ 88, 300 (303); RGZ 101, 117 (120); BGH, MDR 1958, 24 = Rpfleger 1958, 51; BGH, BB 1961, 661 = JurBüro 1961, 390 = MDR 1961, 675 = Rpfleger 1961, 291 mit Anm. Stöber; BGHZ 58, 298 (301) = JurBüro 1972, 874 = LM Nr. 12 zu § 857 ZPO Leits. mit Anm. Mormann = MDR 1972, 601 = NJW 1972, 1135; BGHZ 108, 237 (239) = DNotZ 1990, 581 = MDR 1989, 147 = NJW 1989, 2536 = Rpfleger 1990, 32; Stöber, Rpfleger 1957, 206.

383 BGHZ 58, 298 (301) (Fn. 382).

384 RGZ 75, 313 (316).

385 Dazu Stöber/Achenbach, ZVG, § 104 Rdn. 2.

F.218 Dieser **Befriedigungs-(Erlös-)Anspruch** ist kein hypothekarisches Recht mehr; er ist daher nicht nach §§ 830, 857 Abs. 6 ZPO zu **pfänden**, sondern nach §§ 829, 857 Abs. 1, 2 ZPO wie ein gewöhnliches Forderungsrecht[386]. Wirksam wird diese Pfändung sonach mit der Zustellung des Pfändungsbeschlusses an den Drittschuldner bzw. – bei Pfändung des auf eine Eigentümergrundschuld fallenden Erlösanspruches – den Vollstreckungsschuldner[387] in der Zwangsversteigerung als den bisherigen Eigentümer (§ 829 Abs. 3, § 857 Abs. 2 ZPO).

F.219 Allgemein wird als **Drittschuldner** des an die Stelle einer Hypothek oder Grundschuld getretenen Erlösanspruchs nur der bisherige Grundstückseigentümer angesehen[388]; als richtiger Drittschuldner dürfte bei Erlöschen einer **Hypothek** jedoch der vom bisherigen Grundstückseigentümer etwa verschiedene persönliche Schuldner der Forderung anzusehen sein[389]. Dies gilt auch für die Pfändung des an die Stelle einer Eigentümerhypothek getretenen Erlösanspruchs. Der Gläubiger wird daher jedenfalls zu seiner Sicherheit sowohl den persönlichen Schuldner als auch den vormaligen Grundstückseigentümer als Drittschuldner behandeln, insbesondere also beiden den Pfändungsbeschluss zustellen lassen.

F.220 Das **Vollstreckungsgericht ist nicht** Drittschuldner; es schuldet dem Gläubiger der erloschenen Hypothek oder Grundschuld oder dem Grundstückseigentümer auf seine Eigentümergrundschuld nichts, weil es den Versteigerungserlös nur in amtlicher Eigenschaft entgegennimmt und verteilt. Auch der **Ersteher ist nicht** Drittschuldner[390]; zwischen ihm und dem Schuldner als dem Berechtigten des Erlösanspruchs besteht kein Schuldverhältnis, weil letzterer keinen unmittelbaren Anspruch gegen den Ersteher, sondern nur ein Recht darauf hat, nach den für das Zwangsversteigerungsverfahren geltenden Vorschriften im gerichtlichen Verteilungsverfahren befriedigt zu werden. Durch eine Zustellung des Pfändungsbeschlusses an den Ersteher oder an das Vollstreckungsgericht wird daher die Erlöspfändung nicht wirksam und kein Pfändungsrang gewahrt[391].

F.221 Die Pfändung des Erlösanspruchs wird auch dann mit der Zustellung an den Drittschuldner (oder an den Schuldner im Falle des § 857 Abs. 2 ZPO) wirksam, wenn über das Recht, das durch den Zuschlag erloschen ist, ein Hypotheken- oder Grundschuld**brief** ausgestellt ist[392]. Der Briefübergabe bedarf es für das Wirksamwerden dieser Pfändung nicht. Der pfändende Gläubiger muss aber gleichwohl im Verteilungstermin den **Brief vorlegen** oder für die Briefvorlage Sorge tragen, weil das Vollstreckungsgericht den Empfangsberechtigten sonst als unbekannt behan-

---

386 RGZ 55, 260 (264); RGZ 63, 214; RGZ 64, 211 (215); RGZ 70, 278; RGZ 72, 344; RGZ 75, 313 (316); RGZ 88, 300 (304); RGZ 125, 362 (367); BGHZ 58, 298 (302) (Fn. 382); Stöber, Rpfleger 1958, 253.

387 BGHZ 58, 298 (304) (Fn. 382).

388 Siehe hierwegen z.B. Stein/Jonas/Würdinger, ZPO, § 857 Rdn. 53 mit Fn. 208; im Übrigen bei Stöber, Rpfleger 1958, 253; **anders** Tempel, JuS 1967, 77: persönlicher Schuldner und Grundstückseigentümer sind Drittschuldner; Pfändung ist nur bei Zustellung an beide wirksam. Auch Wieczorek/Schütze/Lüke, ZPO, § 830 Rdn. 11: Drittschuldner ist der Hypothekengläubiger bzw. der bisherige Eigentümer.

389 Siehe dazu eingehend Stöber, Rpfleger 1958, 253.

390 BGHZ 58, 298 (302) (Fn. 382); Stein/Jonas/Würdinger, ZPO, § 857 Rdn. 53.

391 Siehe Stöber, Rpfleger 1958, 253 m.zahlr.N.

392 Siehe Stöber, Rpfleger 1958, 254.

deln muss (§§ 126, 135 ff. ZVG). Den Brief kann der Gläubiger beim Schuldner nach § 836 Abs. 3 ZPO (auch vor der Überweisung) im Wege der Zwangsvollstreckung wegnehmen lassen oder von einem Dritten nach Pfändung des Herausgabeanspruchs herausverlangen[393].

Formulierungsvorschlag (Erlösanspruch für eine offene Eigentümergrundschuld): F.222

Gepfändet wird der angebliche Anspruch des Schuldners auf Befriedigung aus dem Versteigerungserlös, in den sich die als Belastung seines Grundstücks …straße Hs.-Nr. … (Flur … Flurstück …) im Grundbuch des Amtsgerichts … Grundbuchbezirk … Blatt … in Abt. III Nr. … eingetragene

- *Eigentümergrundschuld, für die ein Grundschuldbrief erteilt war,* oder
- *Eigentümergrundschuld ohne Brief*

in Höhe von … Euro (mehr oder weniger) mit Erteilung des Zuschlags in dem Zwangsversteigerungsverfahren K …/19 des Amtsgerichts … aufgelöst hat.

Formulierungsvorschlag (Erlösanspruch für eine verschleierte Eigentümergrundschuld): F.223

Gepfändet wird der angebliche Anspruch des Schuldners auf Befriedigung aus dem Versteigerungserlös, in den sich mit Erteilung des Zuschlags in dem Zwangsversteigerungsverfahren K …/19 des Amtsgerichts … die Eigentümergrundschuld in Höhe von … Euro (mehr oder weniger) aufgelöst hat, die angeblich aus der als Belastung des Grundstücks …straße Hs.-Nr. … (Flur … Flurstück …) im Grundbuch des Amtsgerichts … Grundbuchbezirk … Blatt … in Abt. III Nr. … auf den Namen der … bank Aktiengesellschaft mit dem Sitz in … eingetragenen

- *Hypothek, für die ein Hypothekenbrief erteilt war,* oder
- *Hypothek ohne Brief*

in Höhe von … Euro (mehr oder weniger) ganz oder teilweise entstanden ist.

Formulierungsvorschlag (Erlösanspruch bei Erlöschen einer Hypothek für eine Schuldnerforderung): F.224

Gepfändet werden der angebliche Anspruch des Schuldners auf Befriedigung aus dem Versteigerungserlös, in den sich die für eine Kaufpreisforderung gegen … – (persönlicher) Drittschuldner – im Grundbuch des Amtsgerichts … Grundbuchbezirk … Blatt … in Abt. III Nr. … als Belastung des Grundstücks …straße Hs.-Nr. … (Flur … Flurstück …) des … – (dinglicher) Drittschuldner – eingetragene Hypothek ohne Brief in Höhe von … Euro (mehr oder weniger) mit der Erteilung des Zuschlags in dem Zwangsversteigerungsverfahren K … /19 des Amtsgerichts … aufgelöst hat, zusammen mit dieser Kaufpreisforderung an … – Drittschuldner –.

393 Siehe dazu Stöber, Rpfleger 1958, 254 f.

7.2. Ungenaue Fassung des Pfändungsbeschlusses

F.225 Nach der Zuschlagerteilung ist im **Pfändungsbeschluss** nicht mehr die Hypothek, Grundschuld oder Eigentümergrundschuld, sondern nur noch der an die Stelle des Rechts getretene **Anspruch auf Befriedigung aus dem Versteigerungserlös** als gepfändet zu bezeichnen[394]. Nennt der Wortlaut des Beschlusses dennoch das erloschene dingliche Recht als gepfändet, so erstreckt sich die Pfändung aber ohne weiteres auch auf den Erlösanspruch; die **Ungenauigkeit** im Pfändungsbeschluss schadet nicht, weil im Rahmen der zulässigen Auslegung (siehe Rdn. B.103 ff.) über seinen Sinn keine Zweifel obwalten können[395].

7.3. Erlass des Pfändungsbeschlusses vor dem Zuschlag

F.226 Ist der Pfändungsbeschluss schon vor der Zuschlagerteilung erlassen worden, aber nicht mehr durch Briefübergabe oder Grundbucheintragung wirksam geworden, so hört **vom Zuschlag an** die Möglichkeit auf, das Pfandrecht durch Briefübergabe oder Grundbucheintragung zu erlangen[396]. Briefübergabe oder Grundbucheintragung, die dennoch nach Zuschlagerteilung stattgefunden haben, sind ohne rechtliche Wirkung. Damit verliert der bereits erlassene Pfändungsbeschluss aber seine Wirkung nicht. Die Pfändung des an die Stelle des erloschenen, im Pfändungsbeschluss genannten Rechts getretenen Anspruchs auf Befriedigung aus dem Erlös wird vielmehr durch Zustellung dieses Pfändungsbeschlusses **nach** dem Zuschlag wirksam[397]. Durch eine vor dem Zuschlag schon erfolgte Zustellung erlangt der Pfändungsbeschluss keine Wirksamkeit[398]; in diesem Fall ist daher vielmehr nochmalige Zustellung nach dem Zuschlag notwendig[399]. Der Rang der Pfändung bestimmt sich nur nach dieser Zustellung nach dem Zuschlag. Haben andere Gläubiger nach dem Zuschlag vor dieser – eventuell erneuten – Zustellung den Erlösanspruch durch Beschlusszustellung wirksam gepfändet, so gebührt ihnen der Vorrang[400].

F.227 Ist **vor** der Zuschlagerteilung der **Erlösanspruch statt des Eigentümerrechts** selbst im Pfändungsbeschluss bezeichnet, so schadet auch diese Ungenauigkeit nicht[401]. Auch in diesem Falle wird die Pfändung des Rechtes selbst noch vor Zuschlagerteilung wirksam, wenn sie in der Form der §§ 830, 857 Abs. 6 ZPO, also durch Briefübergabe oder Grundbucheintragung vor Zuschlag ordnungsgemäß bewirkt wird. Dies gilt insbesondere auch dann, wenn irrig der Anspruch auf den Versteigerungserlös gepfändet worden ist, obgleich das dingliche Recht bestehen

---

394 RGZ 75, 313 (316); Stöber, Rpfleger 1958, 256.
395 RGZ 71, 179 (183); RG (Fn. 394); Stöber, Rpfleger 1958, 256 m.zahlr.N.
396 Stöber, Rpfleger 1958, 259; siehe aber wegen der Pfändung zwischen Erteilung und Rechtskraft des Zuschlags Rdn. F.228.
397 Stöber, Rpfleger 1958, 259; Tempel, JuS 1967, 77. Die jetzt ungenaue Fassung schadet nicht, siehe Rdn. F.225.
398 RGZ 63, 214 (218); RGZ 76, 231 (233); BayObLG, OLGE 33, 108; Mayer, Gruchot 56, 574; Stöber, Rpfleger 1958, 259.
399 Stöber, Rpfleger 1958, 259.
400 RG (Fn. 398); Stöber, Rpfleger 1958, 259.
401 Stöber, Rpfleger 1958, 256.

geblieben ist[402]. In solchen Fällen können sich in der Praxis vornehmlich bei Briefwegnahme oder Grundbucheintragung Schwierigkeiten ergeben, die sich jedoch durch Berichtigung des Pfändungsbeschlusses (s. Rdn. B.115) ausräumen lassen.

7.4. Pfändung nach Erteilung, aber vor Rechtskraft des Zuschlags

Wird der **Zuschlag** rechtskräftig im Beschwerdeverfahren **aufgehoben**, so ist F.228
ein Erlöschen des dinglichen Rechts nicht eingetreten (siehe § 90 Abs. 1, § 91 Abs. 1 ZVG). Da die Zuschlagaufhebung auch für die Vergangenheit wirkt, muss das dingliche Recht dann so behandelt werden, als wenn der Zuschlag überhaupt nicht erteilt worden wäre[403]. Da nur diese tatsächliche Rechtslage für die Beurteilung der Wirksamkeit des Pfandrechts maßgebend ist, kann eine Pfändung wirksam immer nur durch Briefübergabe oder Grundbucheintragung, also in der Form der §§ 830, 857 Abs. 6 ZPO herbeigeführt worden sein[404]. Eine Pfändung, die nach Zuschlagerteilung und vor Zuschlagaufhebung nach §§ 829, 857 Abs. 2 ZPO nur durch Beschlusszustellung bewirkt wurde, weil das Recht zunächst erloschen war, hat daher keinerlei rechtliche Wirkung. Der Gläubiger wird deshalb zu seiner Sicherheit vor Rechtskraft eines Zuschlagsbeschlusses nicht nur den Erlösanspruch in der Form des § 829 ZPO, sondern auch das dingliche Recht selbst in der Form der §§ 830, 857 Abs. 2 ZPO pfänden. Diese Doppelpfändung ist als Eventualpfändung für zulässig zu erachten[405].

7.5. Der künftige Erlösanspruch

Keine einhellige Ansicht bestand lange Zeit darüber, ob der **spätere Anspruch** F.229
auf Auszahlung des bei einer **demnächstigen Versteigerung** auf die Hypothek, Grundschuld oder Eigentümergrundschuld entfallenden Erlösanspruchs schon vor **Zuschlagerteilung** in der vereinfachten Form der §§ 829, 857 Abs. 2 ZPO gepfändet werden kann. Dies ist jedoch zu verneinen[406]. Bei dem Erlösanspruch handelt es sich nicht um ein selbstständiges künftiges Recht, sondern nur um die künftige Rechtsform der gegenwärtigen Grundstücksbelastung. Denn das Recht auf Befriedigung aus dem Erlös ist Hauptinhalt und Hauptteil des gegenwärtig bestehenden dinglichen Rechts. Es kann nur nach §§ 830, 857 Abs. 6 ZPO gepfändet werden, weil die Zwangsvollstreckung in Vermögensstücke des Schuldners nur in den Formen bewirkt werden kann, die vom Gesetz für die Zwangsvollstreckung in derartige Vermögensstücke nach ihrer Gestaltung zur Zeit der Vornahme der Voll-

402 KG, JW 1936, 887.
403 Jaeckel/Güthe, ZVG, § 90 Bem. 5.
404 Stöber, Rpfleger 1958, 255; Tempel, JuS 1967, 78.
405 Mayer, Gruchot 56, 273 f.; Stöber, Rpfleger 1958, 255.
406 Ebenso die ganze herrschende Meinung, siehe RGZ 70, 278; RG, HRR 1932, 156; RG, JW 1933, 2764; RG, DNotZ 1935, 496 f.; vgl. auch RG, WarnRspr. 1929, 278 f.; Stöber, Rpfleger 1958, 255; Zöller/Herget, ZPO, § 857 Rdn. 30; Legart, JW 1933, 2764; **A.A.** Mayer, Gruchots Beitr. 56, 265 (268); Gährs, JW 1933, 1299; Veith, JR 1934, 150; Busse, MDR 1958, 825.

streckung vorgeschrieben ist[407]. Diese Ansicht vertritt im Ergebnis auch der BGH[408], der entschieden hat, dass, solange eine Hypothek besteht, nur sie, nicht aber, auch nicht bedingt, ein Anspruch auf den ihr zuzuteilenden Anteil am Versteigerungserlös abgetreten werden kann.

7.6. Erlösverteilung und unwirksame Pfändung

F.230 Im gerichtlichen **Verteilungsverfahren** muss ein **nicht wirksam** gewordener Pfändungsbeschluss, gleichgültig, ob er vor oder nach Zuschlagerteilung erlassen worden ist, unbeachtet bleiben. Der Erlösanteil, dessen wirksame Pfändung nicht nachgewiesen ist, muss daher dem Hypotheken- oder Grundschuldgläubiger oder dem Eigentümer für seine Eigentümergrundschuld zugeteilt und ausbezahlt werden. Ein Gläubiger, dessen Pfändung nicht wirksam geworden ist, ist im Zwangsversteigerungsverfahren nicht Beteiligter (§ 9 ZVG). Er kann daher auch keinen Widerspruch gegen den Teilungsplan erheben, und zwar auch nicht mit dem Ziel, die Auszahlung des zugeteilten Geldes hinauszuschieben, um alsbald noch eine wirksame Pfändung des Erlösanspruchs ausbringen zu können[409].

7.7. Der hinterlegte Erlös

F.231 Ist der Gelderlös in Ausführung des Teilungsplans **hinterlegt** (§ 117 Abs. 2 S. 3 ZVG), dann ist die Hinterlegungsstelle[410] Drittschuldnerin[411]. Das Hinterlegungsgeld ist nach den landesrechtlichen Hinterlegungsgesetzen in das Eigentum der Staatskasse übergegangen. Von dieser wird die Herausgabe (Rückzahlung) geschuldet. Der Auszahlungsanspruch steht dem Berechtigen zu, für den hinterlegt wurde. Seine Gläubiger vollstrecken damit nicht mehr in eine Hypothek, Grundschuld oder Eigentümergrundschuld oder in den an die Stelle eines solchen Rechts getretenen Erlösanspruch, sondern in die Herausgabeforderung an die Hinterlegungsstelle[412]. Diese ist damit auch dann Drittschuldnerin, wenn der Erlös nach Zuteilung auf eine Eigentümergrundschuld, also ein drittschuldnerloses Recht, hinterlegt wurde. Drittschuldner wird die Hinterlegungsstelle mit dem Zeitpunkt der Einzahlung des Hinterlegungsgeldes bei der Hinterlegungskasse, nicht erst in dem späteren Zeitpunkt, an dem die Hinterlegungsstelle die Annahmeanordnung erlässt[413].

F.232 Das gilt auch, wenn der auf einen **aufschiebend bedingten** Erlösanspruch zugeteilte Betrag hinterlegt ist (§ 120 ZVG), weil das gesetzliche Verteilungsverfahren auch in diesem Fall abgeschlossen ist[414]. Die Tätigkeit des Vollstreckungsgerichts

---

407 RGZ 70, 278 (281); BGHZ 58, 298 (304) (Fn. 382): „Die Art und Weise der Pfändung bestimmt sich nach dem Vollstreckungsobjekt **im Zeitpunkt der Pfändung.**“
408 BGH, MDR 1964, 308 = NJW 1964, 813 = Rpfleger 1964, 142 mit zust. Anm. Stöber; jetzt auch BGHZ 58, 298 (Fn. 382).
409 Stöber, Rpfleger 1958, 260.
410 Siehe die im Anhang abgedruckten landesrechtlichen Bestimmungen.
411 OLG Posen, OLGE 4, 379; Stöber, Rpfleger 1958, 253 Fn. 27.
412 OLG Posen (Fn. 411).
413 BGHZ 58, 298 (301) (Fn. 382); Stein/Jonas/Würdinger, ZPO, § 857 Rdn. 54.
414 Siehe Dassler/Hintzen, ZVG, § 120 Rdn. 4.

ist mit der Hinterlegung beendet; das hinterlegte Geld wird außerhalb des Zwangsversteigerungsverfahrens nach den Hinterlegungsgesetzen hinausbezahlt. Dem bei Nachweis der Hinterlegungsberechtigung Erstberechtigten steht daher auch hier unmittelbar gegen die Hinterlegungsstelle ein Auszahlungsanspruch zu, so dass diese Drittschuldnerin ist.

Gleiches gilt, wenn der auf ein dingliches Recht zugeteilte Erlös **hinterlegt** wurde, **weil Widerspruch** gegen den Teilungsplan **erhoben** ist (§ 124 ZVG)[415]. Dem steht nicht entgegen, dass das Vollstreckungsgericht die Auszahlung zu veranlassen (= anzuordnen) hat (§ 882 ZPO). Denn seine Anordnung stellt nur das für den Erlass der Herausgabeverfügung der Hinterlegungsstelle notwendige Ersuchen der zuständigen Behörde dar. Die Hinterlegung ist jedoch bereits für die Berechtigten erfolgt (§ 124 Abs. 2, § 120 Abs. 1 ZVG). Für den endgültigen Berechtigten ist damit bereits durch die Hinterlegung ein bedingter Auszahlungsanspruch gegen die Hinterlegungsstelle entstanden; deren Verfügung ist zur Herausgabe an den Berechtigten erforderlich. Für den bereits mit Hinterlegung entstandenen Auszahlungsanspruch des Berechtigten an die Hinterlegungsstelle ist somit diese, nicht das Vollstreckungsgericht, Drittschuldner. F.233

Bei Hinterlegung des **Ersatzanspruchs eines erloschenen Nutzungsrechts** (§ 121 ZVG) wird bestimmt, dass die dem Berechtigten gebührenden einzelnen Leistungen zur Zeit der Fälligkeit der Hinterlegungsmasse zu entnehmen sind. Der Berechtigte erwirbt somit auch hier bereits mit der Hinterlegung einen Auszahlungsanspruch an die Hinterlegungsstelle. Bei Pfändung dieses Auszahlungsanspruchs ist somit die Hinterlegungsstelle Drittschuldnerin (s. dazu auch Rdn. E.66). F.234

Auch bei Pfändung eines für den **unbekannten Berechtigten** (§ 126 ZVG) hinterlegten Geldes wird die Hinterlegungsstelle in gleicher Weise als Drittschuldnerin angesehen werden müssen[416].

Etwas anderes gilt jedoch bei Hinterlegung **vor** Durchführung und Abschluss des gerichtlichen Verteilungsverfahrens. Auf den vor dem Verteilungstermin vom Ersteher hinterlegten Versteigerungserlös (§ 49 Abs. 3 ZVG) erteilt das Vollstreckungsgericht Anweisung (§ 117 Abs. 3 ZVG); pfändbar ist daher auch bei Erlöshinterlegung bis zur Ausführung des Teilungsplans nur der an die Stelle des dinglichen Rechts getretene Erlösanspruch, dem der Hinterlegungsbetrag im Verteilungstermin erst anteilig zugeteilt werden muss[417]. Ein pfändbarer Einzelanspruch an die Hinterlegungsstelle auf die Hinterlegungssumme wird noch nicht durch die Hinterlegung, sondern erst mit der Anweisung auf den hinterlegten Betrag (§ 117 Abs. 3 ZVG) begründet. F.235

7.8. Erlösanspruch bei nicht berichtigtem Bargebot

Wenn der Ersteher sein Bargebot im Verteilungstermin nicht berichtigt, wird der Teilungsplan durch Forderungsübertragung ausgeführt (§ 118 ZVG). Mit der F.236

415 BGHZ 58, 298 (Fn. 382).
416 So auch Mümmler, JurBüro 1969, 800.
417 Ebenso Mümmler, JurBüro 1969, 800.

Teil F Grundpfandrechte

Übertragung durch die gerichtliche Anordnung wird jeder Berechtigte in Höhe des ihm übertragenen Betrags der Forderung gegen den Ersteher neuer Forderungsgläubiger (s. § 118 ZVG). Vom Wirksamwerden dieser Übertragung an besteht daher kein Erlösanspruch des Hypotheken- oder Grundschuldgläubigers (bzw. des Eigentümers als Inhaber einer Eigentümergrundschuld) mehr, sondern nur noch der dem Berechtigten übertragene Teil der Forderung an den Ersteher; über diese Forderung kann der Berechtigte selbst verfügen. Seine Gläubiger können diese Forderung daher nach § 829 ZPO pfänden. Wirksam wird diese Pfändung gemäß § 829 Abs. 3 ZPO mit der Zustellung des Pfändungsbeschlusses an den Ersteher, der (nunmehr) Drittschuldner ist[418]. Ist für die Forderung bereits eine Sicherungshypothek an dem Grundstück mit dem Rang des Anspruchs eingetragen (§ 128 ZVG), dann hat die Pfändung der Forderung samt der (Buch-)Hypothek nach § 830 ZPO zu erfolgen (s. Rdn. F.44).

8. Pfändung einer Schiffshypothek (§§ 830a, 837a ZPO)

8.1. Pfändung als Buchrecht

F.237 Die **Schiffshypothek** ist als Sicherungshypothek (§ 8 Abs. 1 SchRG) immer Buchrecht. Sie (d.h. die Forderung, für welche die Schiffshypothek besteht, siehe Rdn. F.3, F.12) wird daher durch gerichtlichen Pfändungsbeschluss gepfändet. Diese Pfändung wird mit ihrer Eintragung in das Schiffsregister oder Schiffsbauregister wirksam (§ 830a Abs. 1 S. 1 ZPO). Die Eintragung erfolgt auf Grund des Pfändungsbeschlusses. Diese Regelung und die Bestimmung des § 837a ZPO über die Pfandverwertung entsprechen der Bestimmung für Pfändung einer Buchhypothek; siehe daher Rdn. F.2 ff. (= Abschn. 1).

F.238 **Formulierungsvorschlag:**

Gepfändet wird die angebliche Darlehensforderung des Schuldners an … – (persönlicher) Drittschuldner – zusammen mit der angeblich zur Sicherung dieser Forderung im (See-, Binnen-) Schiffs(bau-)register Nr. … des Amtsgerichts … auf dem … genannten Schiff des … – (dinglicher) Drittschuldner – eingetragenen Schiffshypothek in Höhe von … Euro (mehr oder weniger) nebst den Zinsen seit dem …

8.2. Pfändungswirkung gegen Drittschuldner

F.239 Dem Drittschuldner gegenüber gilt die Pfändung schon mit der vor Eintragung erfolgten Zustellung des Pfändungsbeschlusses als bewirkt (§ 830a Abs. 2 ZPO); ebenso § 830 Abs. 2 ZPO; siehe daher Rdn. F.80.

---

418 BGHZ 58, 298 (302) (Fn. 382).

8.3. Vereinfachte Pfändung von Nebenforderungen

Der Form des § 830a ZPO bedarf es nicht für die Pfändung der in § 53 SchRG bezeichneten Leistungen, nämlich F.240

- der Forderung auf Rückstände von Zinsen oder anderen Nebenleistungen,
- der Forderung auf Erstattung von Kosten der Kündigung und Rechtsverfolgung (§ 29 SchRG),
- der Forderung auf Erstattung der Beträge und ihrer Zinsen, die der Schuldner (als Hypothekengläubiger) zur Entrichtung von Prämien oder sonstigen dem Versicherer auf Grund des Versicherungsvertrages gebührenden Zahlungen verwendet hat (siehe § 38 Abs. 2 SchRG).

Solche durch die Schiffshypothek gesicherten Nebenforderungen sind nach der für die Pfändung gewöhnlicher Geldforderungen geltenden allgemeinen Vorschrift des § 829 ZPO zu pfänden. Ihre Pfändung wird daher mit Zustellung des Pfändungsbeschlusses an den Drittschuldner wirksam (§ 830a Abs. 3 ZPO; ebenso § 830 Abs. 3 ZPO, siehe daher Rdn. F.7). F.241

8.4. Schiffshypothek für Inhaberschuldverschreibung usw.

§ 830a ZPO findet ferner auf die Pfändung der Schiffshypothek für eine Forderung aus einer **Schuldverschreibung** auf den Inhaber, aus einem Wechsel oder aus einem anderen **indossablen Papier** keine Anwendung (§ 830a Abs. 3 S. 2 ZPO; ebenso § 830 Abs. 3 ZPO; siehe dazu Teil H). F.242

8.5. Höchstbetragssicherungshypothek

Die **Höchstbetragssicherungshypothek** des § 75 SchRG entspricht der in § 1190 BGB geregelten Höchstbetragshypothek; wegen ihrer Pfändung siehe daher Rdn. F.58 i.V.m. §§ 830a, 837a ZPO. F.243

8.6. Eigentümer-Schiffshypothek

Eine Eigentümer-**Schiffshypothek** entsteht nur in den Fällen der §§ 44, 64 Abs. 2, 69 Abs. 1 S. 2, Abs. 2 S. 1 SchRG. Wegen ihrer Pfändung durch Gläubiger des Eigentümers siehe §§ 830a, 837a ZPO und Rdn. F.209 ff. F.244

Eine Eigentümer-**Schiffsgrundschuld** kennt das SchRG nicht. Der Rangvorbehalt des § 27 SchRG ist nicht pfändbar (siehe auch Rdn. E.335). Die Befugnis des Eigentümers, eine neue Schiffshypothek zu bestellen (§ 57 Abs. 3 SchRG), ist kein dingliches Recht; die Befugnis ist nicht übertragbar (§ 57 Abs. 3 S. 2 SchRG) und daher ebenfalls nicht pfändbar. F.245

9. Registerpfandrecht an einem Luftfahrzeug

F.246 Das **Registerpfandrecht** an einem Luftfahrzeug[419] ist seinem Wesen nach einer Schiffshypothek ähnlich. Seine Pfändung erfolgt daher auch in entsprechender Anwendung der für die Pfändung einer Schiffshypothek geltenden Bestimmungen; siehe daher vorstehend Rdn. F.237 ff. (= Abschn. 8).

F.247 Geregelt ist diese Pfändung in § 99 Abs. 1 LuftFzgG. Diese Vorschrift lautet:

§ 99 LuftFzgG

(1) Die Vorschriften in §§ … 720a, … 830a, 837a, 847a, 855a … der Zivilprozeßordnung gelten sinngemäß mit der Maßgabe, daß an die Stelle des eingetragenen Schiffes das in der Luftfahrzeugrolle eingetragene Luftfahrzeug und an die Stelle der Schiffshypothek das Registerpfandrecht an einem Luftfahrzeug tritt …

Geführt wird das **Register** für Pfandrechte an Luftfahrzeugen beim Amtsgericht Braunschweig als Registergericht (§ 78 LuftFzgG und Verwaltungsanordnung vom 28.4.2003 (BAnz 10593).

F.248 Wegen der Zwangsvollstreckung in eine Forderung, für die ein Recht an einem ausländischen Luftfahrzeug besteht, siehe § 106 LuftFzgG.

419 Siehe das Gesetz über Rechte an Luftfahrzeugen vom 26.2.1959 (BGBl I 57 223).

Teil G
Pfändung des Anspruchs auf Herausgabe oder Leistung einer körperlichen Sache
(§§ 846–849 ZPO)

Ansprüche, die eine **Herausgabe** oder **Leistung** körperlicher beweglicher oder unbeweglicher **Sachen**, von **Schiffen** oder **Schiffsbauwerken** zum Gegenstand haben, unterscheiden sich von Geldforderungen vor allem dadurch, dass nach deren Natur mit ihrer „Einziehung" noch keine unmittelbare Gläubigerbefriedigung verbunden sein kann. Die „Einziehung" eines solchen Anspruchs führt vielmehr erst zur weiteren Zwangsvollstreckung **in** die herausgegebene oder geleistete Sache. Die Zwangsvollstreckung in solche Ansprüche und die Besonderheiten dieses Pfändungsverfahrens sind in den §§ 846–849 ZPO geregelt. G.1

1. Herausgabe oder Leistung einer beweglichen körperlichen Sache (§§ 846, 847, 849, 854 ZPO)

1.1. Der Anspruch

Schrifttum: Noack, Aktuelle Fragen zur Pfändung von Ansprüchen auf Herausgabe beweglicher Sachen gegen Dritte (§§ 847, 886 ZPO), DGVZ 1978, 97. G.2

Einen schuldrechtlichen oder dinglichen **Herausgabeanspruch** (= Anspruch auf **Herausgabe des Besitzes**) hat der Schuldner, wenn er eine ihm gehörende Sache nicht besitzt. Das ist der Fall, wenn er die Sache vermietet (Anspruch nach § 546 BGB), verpachtet (siehe §§ 581, 546 BGB), ausgeliehen (siehe § 604 Abs. 1 BGB), einem Beauftragten überlassen (§ 667 BGB; bei Geschäftsführung ohne Auftrag § 681 BGB), in Verwahrung gegeben (siehe § 695 BGB), verpfändet (siehe § 1254 BGB), an ihr ohne sein Zutun den Besitz verloren (siehe § 985 BGB) oder einen solchen Anspruch mit dem Eigentum durch Abtretung nach § 931 BGB erworben hat[1]. Für die Pfändung eines solchen Anspruchs ist es bedeutungslos, ob G.3

---

1 Zum Herausgabeanspruch, wenn in einem Strafverfahren Geld des Beschuldigten ohne rechtswirksame Sicherstellung oder Beschlagnahme in amtliche Verwahrung genommen ist, siehe OLG München, Rpfleger 1980, 238. Keinen pfändbaren Rückgabeanspruch des Schuldners gegen den Staat begründet es, wenn in einem gegen den Schuldner gerichteten Ermittlungsverfahren bei einem Dritten ein Geldbetrag sichergestellt wird, den dieser vom Schuldner zur Vermögensanlage erhalten hat, BGH, NJW 2000, 3218 = Rpfleger 2000, 505.

der Anspruch bereits fällig ist oder vom Drittschuldner noch nicht erfüllt werden muss, weil bedingte und betagte Ansprüche ebenso wie fällige Ansprüche der Pfändung unterliegen; auch kann der Anspruch von einer Gegenleistung abhängig sein (siehe Rdn. A.29).

G.4 Durch den **Gerichtsvollzieher** können bewegliche körperliche Sachen, die dem Schuldner gehören, sich aber nicht in seinem Gewahrsam (in seiner tatsächlichen Gewalt), sondern im **Besitz eines Dritten** befinden, nur gepfändet werden, wenn der Dritte als Gewahrsamsinhaber zur Herausgabe bereit ist (§ 809 ZPO). Wenn sich der Dritte nicht mit der Herausgabe **einverstanden** erklärt, kann der Gläubiger nur durch Pfändung des Herausgabeanspruchs Zugriff auf die dem Schuldner gehörende Sache nehmen.

G.5 Auf **Leistung** körperlicher Sachen geht der Anspruch des Schuldners, wenn er noch nicht Eigentümer der Sache ist, aber ein obligatorisches (schuldrechtliches, § 241 BGB) Recht auf Übertragung des Eigentums hat. Einen solchen Anspruch hat der Schuldner zum Beispiel als Käufer einer Sache gegen den Verkäufer, der den Kaufvertrag noch nicht erfüllt hat (§ 433 Abs. 1 BGB), oder als Vermächtnisnehmer gegen den Erben, der das Vermächtnis leisten muss (siehe §§ 1939, 2147 ff. BGB). Zu Eigentumsvorbehalt und Sicherungsübereignung siehe Rdn. E.27 ff.

1.2. Unpfändbare Ansprüche

G.6 Die Anspruchspfändung führt zur weiteren Zwangsvollstreckung in die herauszugebende oder zu leistende Sache (siehe Rdn. G.19). Erst ihre Verwertung durch den Gerichtsvollzieher ermöglicht die Befriedigung des Gläubigers aus dem Sachwert, dem Versteigerungserlös. Die Anspruchspfändung setzt daher voraus, dass die herauszugebende oder zu leistende Sache Gegenstand der weiteren Zwangsvollstreckung sein kann, also selbstständig pfändbar ist. Die (selbstständige) Anspruchspfändung findet daher nicht statt in Ansprüche auf Herausgabe **unpfändbarer Sachen** (§ 811 Abs. 1 ZPO)[2] oder von **Sachen ohne eigenen Vermögenswert** (z.B. Beweisurkunden wie Sparkassenbücher, Hypothekenbriefe[3], Schuldscheine, außerdem Kfz-Briefe[4]) oder von Gegenständen, die nach § 865 ZPO der Zwangsvollstreckung in das unbewegliche Vermögen unterliegen (insbes. Zubehör)[5] (siehe aber wegen der Hilfspfändung solcher Ansprüche Rdn. B.371). Nur wenn **wesentliche Bestandteile und Zubehör** eines Grundstücks, die grundsätzlich unpfändbar sind (siehe § 865 Abs. 2 S. 1 ZPO, §§ 93 ff. BGB), mit Erfüllung eines Anspruchs, insbesondere eines Wegnahmerechts, selbstständig werden, steht seiner Pfändung die derzeitige Verbindung der Sache mit dem unbeweglichen

---

2 OLG Celle, JW 1935, 1718; KG, OLGE 37, 202; OLG Düsseldorf, DR 1941, 639; AG Dietz/Lahn, DGVZ 1962, 126; Stein/Jonas/Würdinger, ZPO, § 847 Rdn. 2, Zöller/Herget, ZPO, § 847 Rdn. 1, Schuschke/Walker, Vollstreckung, § 847 Rdn. 1; **a.A.** LG Lübeck, SchlHA 1970, 116, 207 mit abl. Anm. Bürck für den Anspruch auf Rückübereignung einer sicherungsübereigneten Sache.

3 RGZ 74, 78 (79 f.); OLG Dresden, OLGE 16, 308.

4 LG Berlin, DGVZ 1962, 186, KG, JurBüro 1994, 297, 502 = OLGZ 1994, 113.

5 KG (Fn. 2).

Vermögen nicht entgegen[6]. Unpfändbar ist außerdem der Anspruch des getrennt lebenden Ehegatten auf Herausgabe der notwendigen Sachen (§ 1361a BGB), weil er zum Unterhalt gehört[7].

1.3. Der Pfändungsbeschluss

Die **Pfändung** des Anspruchs auf Herausgabe[8] oder Leistung einer beweglichen körperlichen Sache erfolgt nach den für Geldforderungen geltenden, Rdn. B.2 ff. (= Teil B) dargestellten allgemeinen Vorschriften der §§ 829–845 ZPO, also durch gerichtlichen Pfändungsbeschluss. Dieser Pfändungsbeschluss muss den Rdn. B.77 ff. dargestellten Erfordernissen entsprechen. Die demnach notwendige Bezeichnung des zu pfändenden Anspruchs verlangt die ausreichende Benennung der herauszugebenden oder zu leistenden Sache[9]. Zur Frage, ob auch der Rechtsgrund anzugeben ist, auf dem der Herausgabeanspruch beruht, siehe Rdn. G.30. Mit dem Zahlungsverbot des § 829 Abs. 1 S. 1 ZPO wird **„dem Drittschuldner verboten, die Sache an den Schuldner herauszugeben oder zu leisten“.** Bewirkt (§ 829 Abs. 3 ZPO) wird die Pfändung mit Zustellung des Beschlusses an den **Drittschuldner**, das ist derjenige, der an den Schuldner die Herausgabe oder Leistung der Sache schuldet. G.7

Da Befriedigung des Gläubigers nur durch **Verwertung der Sache** erreicht werden kann (s. Rdn. G.20), ist bei der Anspruchspfändung anzuordnen, dass die Sache an einen vom Gläubiger zu beauftragenden **Gerichtsvollzieher herauszugeben** ist (§ 847 Abs. 1 ZPO). Diese Anordnung muss nicht eigens beantragt werden[10]; sie ist vom Vollstreckungsgericht ohne weiteres mit dem Pfändungsbeschluss auszusprechen, und zwar auch dann, wenn eine Überweisung des gepfändeten Anspruchs zur Einziehung nicht erfolgt, also auch bei Arrestpfändung und Sicherungsvollstreckung (§ 720a ZPO). G.8

Wesentliches Erfordernis des Pfändungsbeschlusses ist die **Herausgabeanordnung** nicht; wenn sie **fehlt**, ist deshalb die Wirksamkeit der Anspruchspfändung nicht beeinträchtigt. Die Herausgabeanordnung kann daher **nachgeholt**, also in einem späteren Beschluss gesondert[11] und ebenso auch noch nach Eröffnung des Insolvenzverfahrens[12] ausgesprochen werden. Zuzustellen ist dieser spätere Be- G.9

---

6 Stein/Jonas/Würdinger, ZPO, § 847 Rdn. 1.

7 OLG Bamberg, OLGE 42, 17.

8 Zur Pfändung des durch ein indossables kaufmännisches Orderpapier verkörperten Herausgabeanspruchs siehe aber Rdn. H.2, H.3.

9 BGH (Fn. 1) (Pfändung der Forderung auf Rückgabe „sonstiger beweglicher Sachen“ genügt nicht); LG Münster, DGVZ 2000, 187 = Rpfleger 2000, 506 (Herausgabe von Wertpapieren in Sonderverwahrung); dazu Rdn. E.403; LG Lübeck, SchlHA 1956, 204; Noack, DGVZ 1978, 97. Ungenügend sind insbesondere allgemeine Angaben, wie „Herausgabe der pachtweise überlassenen Gegenstände“; so auch LG Lübeck, wie vorst. Für Rückgewähr von Sicherheiten s. Rdn. B.106.

10 Allgemein herrschende Meinung; s. z.B. Stein/Jonas/Würdinger, ZPO, § 847 Rdn. 4; Zöller/Herget, ZPO, § 847 Rdn. 2.

11 RG, JW 1914, 416 = WarnRspr. 1914 Nr. 347; OLG Köln, JW 1921, 535; Zöller/Herget, ZPO, § 847 Rdn. 2.

12 OLG München, OLGE 19, 11; Stein/Jonas/Würdinger, ZPO, § 847 Rdn. 4.

schluss dem Drittschuldner und Schuldner auf Betreiben des Gläubigers (§ 829 Abs. 2 ZPO analog). Die Auswahl des Gerichtsvollziehers ist Sache des Gläubigers; daher ist ein Gerichtsvollzieher im Beschluss nicht namentlich zu bezeichnen.

G.10 Auch bei der Anspruchspfändung ist eine **Vorpfändung** nach § 845 ZPO möglich (siehe § 846 ZPO). Diese Vorpfändung hat nicht nur wegen ihres Leistungsverbotes an den Drittschuldner, sondern vor allem auch im Hinblick auf die Rangfolge mehrerer Pfandrechte (§ 804 Abs. 3 ZPO) Bedeutung.

G.11 Der dem **Schuldner** und einem **Dritten gemeinsam** (nach Bruchteilen) zustehende Anspruch auf Herausgabe oder Leistung einer unteilbaren Sache kann nur hinsichtlich des Anteils des Schuldners und seines Anspruchs auf Einräumung des Mitbesitzes gepfändet werden. Diese Pfändung des Miteigentumsanteils des Schuldners[13] (Zwangsvollstreckung in den Miteigentumsanteil des Schuldners am Anspruch) hat wie die Anspruchspfändung zu erfolgen, somit gemäß § 846 ZPO nach §§ 829–845 ZPO. Die Herausgabeanordnung muss hier dahin ergehen, dass die Sache an den Gerichtsvollzieher und den Dritten gemeinsam herauszugeben ist[14]. Der mehreren zur gesamten Hand zustehende Anspruch kann nur auf Grund eines zur Vollstreckung in das Gesamthandsvermögen berechtigenden Schuldtitels gepfändet werden (siehe Rdn. A.71).

G.12 Der gepfändete Anspruch kann zur **Einziehung**, nicht aber an Zahlungs statt, **überwiesen** werden, weil er keinen Nennwert hat (§ 849 ZPO). Die Überweisung[15] begründet Schutz des leistenden Drittschuldners nach § 836 Abs. 2 ZPO sowie Auskunfts- und Herausgabepflicht des Schuldners nach § 836 Abs. 3 ZPO.

G.13 Schadensersatzpflichtig wegen Eigentumsverletzung kann der Gläubiger werden, wenn er nicht nach Prüfung eines Widerspruchs des wahren Eigentümers der Sache rechtzeitig auf seine Rechte aus der Pfändung des angeblichen Herausgabeanspruchs seines Schuldners gegen den Drittschuldner verzichtet[16].

G.14 **Formulierungsvorschlag:**

Gepfändet wird der angebliche Anspruch des Schuldners an … – Drittschuldner – auf

- *Herausgabe einer für den Schuldner verwahrten (einer vom Schuldner geliehenen usw.)* oder
- *Leistung, nämlich Übergabe und Übertragung des Eigentums einer vom Schuldner gekauften*

Schreibmaschine, Marke Triumph, Modell Simplex, Fabrik-Nr. … Es wird angeordnet, dass diese Schreibmaschine an einen vom Gläubiger zu beauftragenden Gerichtsvollzieher herauszugeben ist.

---

13 BGH, FamRZ 1993, 668 = NJW 1993, 935 (937) = Rpfleger 1993, 358.
14 RGZ 13, 176, Stein/Jonas/Würdinger, ZPO, § 847 Rdn. 6.
15 Siehe demgegenüber Hoche, NJW 1955, 165: Der Überweisung kommt im Hinblick auf das Rdn. G.18 Ausgeführte keine besondere Bedeutung zu.
16 BGHZ 67, 378 = JurBüro 1977, 941 = MDR 1977, 394 = NJW 1977, 384.

1.4. Die Pfändungswirkungen

Der **Drittschuldner** erfüllt mit der Herausgabe der körperlichen Sache an den Gerichtsvollzieher seine Schuld; er wird damit von seiner Verpflichtung zur Leistung **frei** (§ 362 Abs. 1 BGB). Der **Schuldner** wird mit der Herausgabe **Eigentümer** der Sache, wenn der Drittschuldner diese an den Gerichtsvollzieher in Erfüllung des Anspruchs auf Verschaffung des Eigentums herausgibt. Da der Drittschuldner nur an den Gerichtsvollzieher leisten kann (§ 847 Abs. 1 ZPO), sind die Herausgabe an den Gläubiger selbst oder an Gläubiger und Schuldner gemeinsam oder die Hinterlegung für beide ausgeschlossen. G.15

Ob der **Drittschuldner** zur Leistung **verpflichtet** ist, bestimmt sich nach materiellem Recht. Zur Leistung ist er insbesondere nicht verpflichtet, solange ihm das Recht zum Besitz der Sache zusteht oder solange seine Verpflichtung, den Kaufvertrag zu erfüllen, nicht zu leisten ist. Im letzteren Fall kann aber der Gläubiger der Einrede des nicht erfüllten Vertrages (§ 320 BGB) durch Zahlung des geschuldeten Restkaufpreises oder Leistung der sonst offenen Gegenforderung begegnen. Der Drittschuldner kann diese Erfüllung nicht ablehnen (siehe § 267 Abs. 2 BGB und Rdn. E.34). Wegen der Frage, ob der für die Gegenleistung aufgewendete Betrag zu den Kosten der Zwangsvollstreckung zählt, siehe Rdn. E.42. G.16

Dem Dritten, der nicht freiwillig herausgibt, kann der Gerichtsvollzieher die Sache nicht wegnehmen; der Pfändungsbeschluss ermächtigt ihn nicht, die Herausgabe der Sache gegen den Willen des Drittschuldners zu erzwingen. Der **Herausgabeanspruch** an den Gerichtsvollzieher muss vielmehr gegen den Drittschuldner im Klageweg geltend gemacht werden (Streitverkündung nach § 841 ZPO). Vollstreckt wird das Herausgabeurteil nach den Vorschriften über die Zwangsvollstreckung zur Erwirkung der Herausgabe von Sachen (§§ 883 f. ZPO). G.17

Die **Herausgabeklage** kann sowohl der Gläubiger als auch der Schuldner – nicht aber der Gerichtsvollzieher – erheben. Die Klagebefugnis des Gläubigers entsteht mit der Anordnung, dass die Sache an einen Gerichtsvollzieher herauszugeben sei[17]. Der Überweisung zur Einziehung bedarf es für diese Klagebefugnis nicht[18]. Vom Gläubiger kann der Anspruch deshalb auch schon vor Überweisung, also auch bei Arrestpfändung[19] und Sicherungsvollstreckung (§ 720a ZPO), geltend gemacht werden. Denn die Erfüllung des Anspruchs, nämlich die Herausgabe an den Gerichtsvollzieher, führt noch nicht zur Befriedigung des Gläubigers, sondern nur zur Umwandlung des Pfandrechts am Anspruch in ein solches an der Sache selbst[20]. Der Schuldner kann wegen seines eigenen Interesses und Rechts den Anspruch auf Herausgabe an den Gerichtsvollzieher auch nach der Überweisung selbst geltend machen[21]. G.18

---

17 Hoche, NJW 1955, 164; OLG Köln, JW 1921, 535 mit zust. Anm. Schultz.

18 Hoche, NJW 1955, 153; Stein/Jonas/Würdinger, ZPO, § 847 Rdn. 9; Zöller/Herget, ZPO, § 847 Rdn. 4; Schuschke/Walker, Vollstreckung, § 847 Rdn. 3; OLG München, BayJMBl 1953, 10 m.w.N.; **a.A.** früher RGZ 25, 182 (187); OLG Dresden, OLGE 33, 112; KG, JFG 3, 297; Wieczorek/Schütze/Lüke, ZPO, § 847 Rdn. 9.

19 Stein/Jonas/Würdinger, ZPO, § 847 Rdn. 10.

20 So vor allem Hoche, NJW 1955, 164.

21 So auch Hoche, NJW 1955, 165.

G.19 Mit der freiwilligen oder nach einer Verurteilung des Drittschuldners erzwungenen Herausgabe an den Gerichtsvollzieher verwandelt sich das Pfandrecht am Anspruch auf Herausgabe oder Leistung in ein Pfändungs- (oder Arrest-)**Pfandrecht an der Sache**. Einer neuen Pfändung der Sache selbst bedarf es nicht[22]. Kein Pfandrechtserwerb an der Sache durch einen Gläubiger, der den Anspruch gepfändet hat, findet jedoch statt, wenn der Drittschuldner die Sache hinterlegt[23].

G.20 Die **Verwertung** der dem Gerichtsvollzieher herausgegebenen beweglichen Sache erfolgt nach den Vorschriften über die Verwertung gepfändeter körperlicher Sachen (§ 847 Abs. 2 ZPO), in der Regel also durch öffentliche Versteigerung, die der Gerichtsvollzieher bewirkt (§§ 814 ff. ZPO), oder ausnahmsweise nach § 825 ZPO. Diese Pfandverwertung darf nur erfolgen, wenn der gepfändete Anspruch vor Herausgabe dem Gläubiger zur Einziehung überwiesen wurde oder die Vollstreckungsforderung des Gläubigers zur Einziehung fällig ist. Auch ohne vorherige Überweisung können Pfandverwertung und Auszahlung des Erlöses erfolgen, sobald die Gläubigerforderung nach Herausgabe einziehbar ist. Eine Überweisung erfolgt nach Herausgabe nicht mehr[24]. Da sich das Anspruchspfandrecht in ein Sachpfandrecht umgewandelt hat, entscheidet nur noch der Gerichtsvollzieher, ob Pfandverwertung und Gläubigerbefriedigung zulässig sind. Dies verbietet sich selbst bei Überweisung zur Einziehung durch das Vollstreckungsgericht, wenn die Zwangsvollstreckung zwischenzeitlich eingestellt worden ist (§§ 775, 776 ZPO). Verwertung kann außerdem nicht erfolgen bei Arrestvollziehung, solange nur ein Arrestpfandrecht besteht, das sich noch nicht in ein Vollstreckungspfandrecht umgewandelt hat (siehe hierwegen Rdn. B.516, B.518), und bei Sicherungsvollstreckung (§ 720a ZPO; s. Rdn. B.195). Versteigerung der herausgegebenen Sache (und Hinterlegung des Erlöses) ist bei Arrestvollziehung nur im Rahmen des § 930 Abs. 3 ZPO nach besonderer Anordnung des Vollstreckungsgerichts möglich; das gilt auch für Sicherungsvollstreckung (§ 720a Abs. 2 ZPO).

G.21 Bei **mehrfacher** Anspruchspfändung bestimmt sich die **Rangfolge** der Pfandrechte an der Sache (§ 804 Abs. 3 ZPO) nach der zeitlichen Reihenfolge des Wirksamwerdens der Beschlüsse über die Anspruchspfändung[25]. Herauszugeben ist die Sache an den Gerichtsvollzieher, der für die Herausgabe nach dem zuerst wirksam gewordenen Pfändungsbeschluss zuständig ist. Siehe hierzu und wegen des weiteren Verfahrens bei mehrfacher Pfändung § 854 ZPO.

G.22 **Nach Herausgabe** der Sache findet eine **Anschlusspfändung** nur noch nach § 826 ZPO statt. Einem Beschluss, der nach Herausgabe noch den Anspruch pfändet, kommt keine Bedeutung mehr zu. Liegt dem Gerichtsvollzieher der Auftrag eines anderen Gläubigers zur Pfändung der an ihn herauszugebenden Sache vor, so hat er diese bei der Übernahme gleichzeitig (gemeint ist „sogleich" bei Übernah-

---

22 RGZ 13, 344; RGZ 25, 182 (187); RG, JW 1893, 235; KG, OLGE 37, 202; siehe auch BGH (Fn. 16); BGHZ 72, 334 = JurBüro 1979, 364 = JR 1979, 283 mit Anm. Olzen = MDR 1979, 309 = NJW 1979, 373 = Rpfleger 1979, 59.

23 BGH (Fn. 22).

24 **A.A.** Stein/Jonas/Würdinger, ZPO, § 847 Rdn. 15.

25 RGZ 13, 344; OLG Celle, OLGE 10, 380; KG, OLGE 11, 113.

me) zu pfänden (§ 124 Nr. 7 GVGA). Diese Pfändung folgt der Herausgabe nach, hat also Nachrang[26].

Wenn nach der Pfändung des Herausgabeanspruchs, aber vor seiner Erfüllung durch Herausgabe der Sache an den Gerichtsvollzieher dieser infolge Herausgabebereitschaft des Drittschuldners (§ 809 ZPO) die Sache selbst **für einen weiteren Gläubiger pfändet** (§ 808 ZPO), hat der Gläubiger Vorrang, dessen Pfandrecht nach § 808 ZPO durch unmittelbare Zwangsvollstreckung in die körperliche Sache entstanden ist[27]. Das weitere Verfahren richtet sich in diesem Fall nach § 827 ZPO; zuständig ist das Vollstreckungsgericht, in dessen Bezirk die Herausgabe erfolgt ist[28]. Mit seinem Einverständnis zur Sachpfändung verstößt der Drittschuldner aber gegen das gegen ihn ergangene Verfügungsverbot; er ist daher dem Gläubiger, der den Anspruch schon wirksam gepfändet hatte, schadensersatzpflichtig. G.23

Eine Sachpfändung durch einen Dritten nach Herausgabe des Gegenstandes an den Gerichtsvollzieher hat Rang nach dem Gläubiger der Anspruchspfändung.

Ändert sich der Anspruch auf Herausgabe oder Leistung der Sache nach dem Wirksamwerden der Pfändung, geht er insbesondere in eine Geldforderung auf Schadensersatz oder aus ungerechtfertigter Bereicherung über, so erstreckt sich die Pfändung auf den Ersatzanspruch[29]. G.24

2. Herausgabe eines Schiffs oder Luftfahrzeugs (§ 847a ZPO; § 99 LuftFzgG)

Die Pfändung des Anspruchs, der ein **eingetragenes Schiff** oder ein eingetragenes bzw. eintragbares Schiffsbauwerk betrifft, erfolgt nach § 847a ZPO in gleicher Weise wie die Pfändung des Anspruchs auf eine unbewegliche Sache. Siehe daher Rdn. G.27 ff. Es ist in § 847a ZPO lediglich der Sequester als „Treuhänder" bezeichnet und festgestellt, dass der Gläubiger eine „Schiffshypothek" (siehe § 8 SchRG und Rdn. F.237) erwirbt. Ein sachlicher Unterschied gegenüber § 848 ZPO kommt damit nicht zum Ausdruck. G.25

Ansprüche auf **nicht eingetragene Wasserfahrzeuge** und nicht eintragbare Schiffsbauwerke sind nach § 847 ZPO (Rdn. G.3 ff.) zu pfänden.

Die Pfändung des Anspruchs, der ein in der Luftfahrzeugrolle eingetragenes **Luftfahrzeug** betrifft, erfolgt gleichfalls nach Maßgabe des § 847a ZPO (gilt sinngemäß nach § 99 Abs. 1 LuftFzgG, abgedr. Rdn. F.247).

26 Stein/Jonas/Würdinger, ZPO, § 847 Rdn. 13.
27 RG (Fn. 25); Stein/Jonas/Würdinger, § 847 Rdn. 13; Zöller/Herget, ZPO, § 847 Rdn. 6.
28 Stein/Jonas/Würdinger, ZPO, § 847 Rdn. 17.
29 RG, WarnRspr. 1914, 347.

3. Anspruch auf eine unbewegliche Sache (§§ 846, 848, 849, 855 ZPO)

3.1. Der Anspruch

G.26 **Schrifttum:** Amann, Schutz des Zweitkäufers vor Zwangsvollstreckungsmaßnahmen gegen den Erstkäufer, DNotZ 1997, 113; Hansmeyer, Zwangsvollstreckungsmaßnahmen gegen Verkäufer oder Käufer während der Abwicklung eines notariellen Kaufvertrages, MittRhNotK 1989, 149 (Abschn. B, S. 150); Hieber, Die „dingliche Anwartschaft" bei der Grundstücksübereignung, DNotZ 1959, 350; Hintzen, Pfändung des Eigentumsverschaffungsanspruchs und des Anwartschaftsrechtes aus der Auflassung, Rpfleger 1989, 439; Hoche, Verpfändung und Pfändung des Anspruchs des Grundstückskäufers, NJW 1955, 161; Hoche, Die Pfändung des Anwartschaftsrechts aus der Auflassung, NJW 1955, 931; Hornung, Das Grundbuchrecht aus der Sicht der gemeindlichen Vollstreckungsbehörde (Abschn. VI B: Der Schuldner als Käufer eines Grundstücks), KKZ 1973, 205; Jung, Veränderungen der Vormerkung nach Pfändung des Eigentumsverschaffungsanspruchs, Rpfleger 1997, 96; Knobloch, Zur (Ver-)Pfändung des Eigentumsverschaffungsanspruchs, NotBZ 2011, 17; Löwisch, Das Anwartschaftsrecht des Auflassungsempfängers und die Sicherung des Eigentümers bei rechtsgrundloser Auflassung, JZ 1972, 302; Mümmler, Zur Pfändung des Rückauflassungsanspruchs, JurBüro 1978, 1762; Mümmler, Pfändung des Eigentumsverschaffungsanspruchs an einem Grundstück, JurBüro 1994, 265; Münzberg, Abschied von der Pfändung der Auflassungsanwartschaft? Festschrift für Schiedermair, 1976, Seite 439; Roncke, Zur Pfändung und Verpfändung des mit der Auflassung entstehenden sogenannten dinglichen Anwartschaftsrechts, Festschrift Nottarp (1961) S. 91; Stöber, Verpfändung des Eigentumsübertragungsanspruchs und Grundbucheintragung, DNotZ 1985, 587.

G.27 Wegen des Anspruchs auf Herausgabe (des Besitzes) und Leistung (Übertragung des Eigentums) siehe Rdn. G.3 ff. Der Anspruch betrifft eine **unbewegliche Sache**, wenn er ein Grundstück, den in dem Anteil eines Miteigentümers bestehenden Bruchteil eines Grundstücks (auch als Wohnungs-/Teileigentum), Gebäudeeigentum, Grundstückszubehör (§§ 1120 ff. BGB) oder eine grundstücksgleiche Berechtigung (zum Beispiel ein Erbbaurecht) zum Gegenstand hat (siehe §§ 864, 865 ZPO). Er ist auch bei vereinbartem Abtretungsausschluss (§ 399 BGB) pfändbar (§ 851 Abs. 2 ZPO), nicht aber verpfändbar[30] (§ 1274 Abs. 2 BGB).

3.2. Der Pfändungsbeschluss

G.28 Mit der Pfändung des Anspruchs wird in ein Vermögensrecht des Schuldners, nicht aber unmittelbar in das Grundstück vollstreckt. § 866 Abs. 3 ZPO findet daher keine Anwendung; die Pfändung kann vielmehr auch erfolgen, wenn die Vollstreckungsforderung des Gläubigers 750 Euro und weniger beträgt.

G.29 Zum **Inhalt** des Pfändungsbeschlusses siehe zunächst Rdn. G.7 ff. Die Bezeichnung des zu pfändenden Anspruchs erfordert (in Anlehnung an §§ 846, 848 ZPO) die Benennung als Anspruch auf Herausgabe (seltener) oder Leistung (= Übertragung des Eigentums). Nicht richtig sind die Formulierungen „Ansprüche aus der

30 Zur Verpfändung des Anspruchs auf Eigentumsverschaffung sowie des Anwartschaftsrechts des Auflassungsempfängers eingehend Schöner/Stöber, Grundbuchrecht, Rdn. 1555 ff.

Auflassungsvormerkung"[31] sowie „Anspruch auf Auflassung"[32]. Ob auch sie im Wege der Auslegung auf den Eigentumsübertragunganspruch zu beziehen sind, ist nicht geklärt. Verwechslung mit dem Anwartschaftsrecht aus Auflassung (Rdn. G.72) hat die Bezeichnung auf jeden Fall auszuschließen. Als (gewillkürter) Zustellungsvertreter des Veräußerers (Drittschuldner) kann bei der Pfändung des Anspruchs auf Übertragung des Eigentums (Rdn. G.39) ein Notariatsmitarbeiter nicht schon deshalb angesehen werden, weil ihm Abwicklungsvollmacht erteilt ist[33] (Vollmacht zur Abgabe sämtlicher Erklärungen zur Ergänzung, Abänderung und Durchführung des Vertrags usw.). Die Zustellung des Pfändungsbeschlusses an den Notariatsangestellten mit Abwicklungsvollmacht für den Drittschuldner bewirkt die Pfändung nach § 829 Abs. 3 ZPO damit nicht.

Der Anspruch ist durch Benennung der unbeweglichen Sache (des Grundstücks) **zu konkretisierten**. Wenn eine Grundbucheintragung notwendig wird, erfordert das die Bezeichnung übereinstimmend mit dem Grundbuch (siehe § 28 S. 1 GBO).

Der BGH[34] nimmt weitergehend an, dass auch bei der Pfändung des **Anspruchs** auf Übertragung des Eigentums an einem Grundstück der Rechtsgrund der **angeblichen Forderung** im Pfändungsbeschluss wenigstens in allgemeinen Umrissen anzugeben ist. Bei der Pfändung (nur) eines Herausgabeanspruchs soll das ebenso gelten. Benennung nur der „herauszugebenden" Sache wird als nicht genügend angesehen. Der Pfändungsbeschluss, der nicht angibt, aus welchem Rechtsverhältnis sich die gepfändete „Forderung" ergeben soll, wird als unwirksam angesehen. Das überzeugt nicht[35]. Die Bezeichnung der Forderung als Gegenstand der Zwangsvollstreckung ist bei der Pfändung einer Geldschuld (§ 829 Abs. 1 S. 1 ZPO) geboten, damit die Pfandforderung von anderen Geldforderungen unterschieden werden kann, die Feststellung der Identität somit gesichert ist[36]. Diese Identifizierung ermöglicht bei der Pfändung einer Geldforderung die Bezeichnung der Geldleistung (auch wenn sie mit den gesetzlichen Zahlungsmitteln und einem bestimmten Betrag benannt ist) allein nicht. Die Identifizierung erfordert daher wenigstens in allgemeinen Umrissen (genügend daher vielfach auch Anführung des konkreten Lebenssachverhalts) eine Bezeichnung des Rechtsverhältnisses, aus dem die Forderung hergeleitet wird. Davon zu unterscheiden ist die Pfändung eines **Anspruchs** nach §§ 846–848 ZPO auf Herausgabe oder Leistung einer Sache. In diesem Fall ist der **Anspruch** (§§ 846, 847 Abs. 1, § 847a Abs. 1, § 848 Abs. 1 ZPO) im Pfändungsbeschluss zu bezeichnen. Er ist das Recht, von dem Drittschuldner die Herausgabe G.30

31 Grundbucheintragung mit diesem Wortlaut hat BayObLG, DNotZ 1997, 337 (338) = MittBayNot 1997, 102 = NJW-RR 1997, 1173 als Pfändung des Anspruchs auf Übertragung des Eigentums ausgelegt. Darauf sollte man indes nicht vertrauen.

32 Nach OLG Celle, OLGR 1997, 88 soll die Pfändung des Anspruchs „auf Auflassung" eines Grundstücks als Anspruch auf „Erklärung der Auflassung" zu verstehen und nicht gleichzusetzen sein mit der Pfändung des Anspruchs auf Eigentumsverschaffung.

33 So auch Gutachten DNotI 1995, 170. Es müsste (eindeutig) Vollmacht auch zur Entgegennahme von Zustellungen erteilt sein; siehe Zöller/Schultzky, ZPO, § 171 Rdn. 2.

34 BGHZ 172, 16 = JurBüro 2007, 383 = MDR 2007, 908 = NJW 2007, 3132 = Rpfleger 2007, 405.

35 Zu Folgendem bereits Zöller/Herget, ZPO, § 848 Rdn. 2.

36 BGH (Fn. 34); Zöller/Herget, ZPO, § 829 Rdn. 8.

(Übergabe) oder Leistung (Übertragung des Eigentums) zu verlangen (§ 194 Abs. 1 BGB). Die Bezeichnung des herauszugebenden oder zu leistenden Gegenstands (§ 846 ZPO) bietet daher hinreichende Individualisierung und damit dem Rechtsverkehr genügende Bezeichnung des Anspruchs, die Zweifel ausschließt und ihn auch Dritten bestimmt und unterscheidungsfähig erkennbar macht. Der Sachleistungsanspruch ist sonach mit der Bezeichnung der herbeizuführenden dinglichen Rechtsänderung an der Sache (ungeachtet der schuldrechtlichen Grundlage) bestimmt und unterscheidbar individualisiert. Eine darüber hinausgehende Feststellung und Prüfung auch des (noch dazu rechtlich richtigen) Rechtsgrunds ist dem Gläubiger, der die Verhältnisse des Schuldners nicht genau kennen kann, meist auch gar nicht möglich. Die Angabe eines Rechtsgrunds (Bezeichnung einer Anspruchsgrundlage) könnte zudem bei Anspruchskonkurrenz zur Gefährdung des Gläubigers führen, wenn zweifelhaft wird, ob die Pfändung des Anspruchs auf die zu leistende oder herauszugebende Sache sich auf den (letztlich) im Drittschuldnerprozess festzustellenden Anspruch erstreckt oder doch nur auf den (wenn auch in allgemeinen Umrissen) angegebenen (anderen) Rechtsgrund beschränkt.

In allgemeinen Umrissen ist bei Pfändung des Anspruchs auf Herausgabe eines (bestimmten) Grundstücks oder Übertragung des Eigentums an einem (bezeichneten) Grundstück der „Rechtsgrund“ der gepfändeten (angeblichen) „Forderung“ überdies hinreichend bezeichnet. Dass er mit Angabe (oder doch nur in allgemeinen Umrissen) eines besonderen Rechtsgrundes[37] rechtlich richtig und in Einzelheiten gekennzeichnet wird, erfordert das nicht (Rdn. B.85); verlangt wird eine so bestimmte Bezeichnung, dass der Anspruch von anderen unterschieden werden kann und die Feststellung seiner Identität gesichert ist (Rdn. B.85). Die Bezeichnung des Anspruchs mit Herausgabe eines bestimmt genannten Grundstücks bringt zum Ausdruck, dass der Drittschuldner als Besitzer dem Vollstreckungsschuldner als Gläubiger die Herausgabe des Grundstücks (angeblich) schuldet, die Pfändung des Anspruchs auf Übertragung des Eigentums an einem konkret bezeichneten Grundstück stellt dar, dass der Vollstreckungsschuldner als Gläubiger gegen den Drittschuldner (schuldrechtlich) Anspruch auf Übertragung des Eigentums hat, der durch Auflassung (§ 925 BGB) und Eintragung der Rechtsänderung in das Grundbuch zu erfüllen ist (§ 873 Abs. 1 BGB). Weitergehende Anforderungen können an die Identifizierung des gepfändeten Anspruchs bei lebensnaher Betrachtungsweise[38] jedenfalls nicht gestellt werden. Eine nichtssagende Anführung schuldrechtlicher Anspruchsgrundlagen (Kaufvertrag, Vergleich, Bestätigungsvertrag, Schenkungsversprechen, vereinbarte vertragliche Rückforderung, Erbauseinandersetzung, Vermächtnis usw.) bezeichnet bei verständiger Auslegung Entstehungsgrund und Inhalt, somit den Rechtsgrund, des (angeblichen) Anspruchs jedenfalls nicht zutreffender. Das hat überdies auch der BGH[39] für den Fall so gesehen, dass der Rückgewähranspruch bezüglich einer (bezeichneten) Grundschuld gepfändet war, ohne dass auch noch „wenigstens in allgemeinen Umrissen angegeben war“, aus welchem Rechtsverhältnis sich die gepfändete Forderung ergeben soll.

---

37 Siehe für Pfändung von Arbeitseinkommen Rdn. B.69, C.65.
38 Dies nach BGH, MDR 1991, 1201 = NJW-RR 1991, 1197 (1198) = Rpfleger 1991, 381.
39 BGH (Fn. 38).

Der (nicht überzeugende) Standpunkt des BGH kann zunächst dem vollstreckenden Gläubiger (vorsorglich) Anlass geben, soweit möglich, auch den konkreten Rechtsgrund des Anspruchs (wenigstens in allgemeinen Umrissen, was immer das auch sein mag) anzugeben. Feststellung kann durch Grundbucheinsicht möglich sein, wenn der Auflassungsanspruch durch Vormerkung (§ 883 BGB) gesichert ist. Dann sollte jedoch nicht unbedacht bleiben, dass der Anspruch (nach Ansicht des BGH[40]) erloschen und die Vormerkung ohne Grundbuchberichtigung und inhaltsgleiche Neueintragung wieder zur Sicherung eines neuen deckungsgleichen Anspruchs verwendet worden sein kann. Die Pfändung sollte daher (vorsorglich) auch auf einen neuen durch die Vormerkung wieder gesicherten (deckungsgleichen) Anspruch erstreckt werden.

Anzuordnen ist im Pfändungsbeschluss, dass die Sache an einen auf Antrag des Gläubigers vom Amtsgericht der belegenen Sache zu bestellenden **Sequester** herauszugeben ist (§ 848 Abs. 1 ZPO). Diese Anordnung muss vom Gläubiger nicht eigens beantragt werden (Rdn. G.8); sie ist auch dann auszusprechen, wenn Überweisung des Anspruchs nicht erfolgen kann (Rdn. G.8). Diese Anordnung kann auch nachgeholt werden (Rdn. G.9). G.31

Die Einschaltung des Sequesters sichert die Umwandlung des Pfändungspfandrechts am Auflassungsanspruch in eine Hypothek an dem aufgelassenen Grundstück (siehe Rdn. G.45); sie verbietet eine anderweitige Pfandverwertung, insbesondere die Veräußerung nach § 857 Abs. 5, § 844 ZPO[41]. Die für die Wirksamkeit der Anspruchspfändung nicht wesentliche (siehe Rdn. G.9) Herausgabeanordnung muss auch ergehen, wenn nur der „Auflassungs"anspruch, also nur der Anspruch auf Übertragung des Eigentums gepfändet wird[42]. Der **Sequester** kann schon im Pfändungsbeschluss bestimmt werden, wenn das Vollstreckungsgericht zugleich auch Gericht der belegenen Sache ist. In anderen Fällen muss der Gläubiger die Ernennung des Sequesters beim zuständigen Gericht unter Vorlage des Pfändungsbeschlusses, dessen Zustellung hierfür nicht erforderlich ist, selbst beantragen; das Vollstreckungsgericht ersucht um diese Ernennung nicht. Der Sequester kann auch auf Antrag eines nachpfändenden Gläubigers bestellt werden[43]. Wenn der gepfändete Anspruch verschiedene Grundstücke betrifft, die nicht im gleichen Gerichtsbezirk liegen, kann nach § 36 Nr. 4 ZPO verfahren oder von jedem Amtsgericht ein eigener Sequester bestellt werden.

Über den Antrag auf **Bestellung des Sequesters** entscheidet der **Rechtspfleger** (§ 20 Abs. 1 Nr. 17 RPflG). Er wählt den Sequester aus, ohne an Vorschläge des Gläubigers gebunden zu sein. Auszuwählen ist eine geeignete und zur Übernahme des Amtes bereite Person. Bestellt werden kann auch eine juristische Person, insbesondere eine Treuhandgesellschaft. Zur Übernahme des Amtes ist der Ausgewählte nicht verpflichtet; lehnt er ab, so ist ein anderer Sequester zu bestimmen. Den Beschluss über die Bestellung des Sequesters hat der Gläubiger – wie den Pfändungsbeschluss – dem Drittschuldner und Schuldner zustellen zu lassen (§ 829 Abs. 2 ZPO). Der Sequester kann von der Pfändung und seiner Bestellung G.32

---

40 BGHZ 143, 175 = DNotZ 2000, 639 = NJW 2000, 805 = Rpfleger 2000, 153.
41 Hoche, NJW 1955, 932.
42 OLG Dresden, OLGE 33, 112.
43 OLG Braunschweig, HRR 1935 Nr. 1711.

formlos verständigt werden. Er steht unter Aufsicht des Vollstreckungsgerichts, das über sein Verhalten auf Erinnerung des Beteiligten (§ 766 ZPO) entscheidet und ihn erforderlichenfalls entlassen kann[44].

G.33 Für seine Tätigkeit erhält der Sequester auf Antrag eine **Vergütung**. Diese kann einvernehmlich geregelt werden. Sonst ist sie von dem Gericht der belegenen Sache, das den Sequester bestellt hat (nicht von dem Vollstreckungsgericht) zu bestimmen und durch Beschluss festzusetzen[45] (entsprechende Anwendung von § 153 Abs. 1 ZVG). Zu bestimmen ist sie in entsprechender Anwendung von § 152a S. 2 ZVG (regelmäßig) in Anlehnung an die Vergütung des Zwangsverwalters nach Art, Umfang[46] und Leistung (damit auch Zeitaufwand) des Sequesters. Die Festsetzung erfolgt[47] nach Anhörung der Beteiligten. Der Beschluss ist mit sofortiger Beschwerde (§ 793 ZPO) anfechtbar. Zuständig ist der **Rechtspfleger** (nicht der Urkundsbeamte der Geschäftsstelle). Das folgt aus § 20 Abs. 1 Nr. 17 RPflG, weil die Vergütungsfestsetzung dem Richter nicht vorbehalten ist[48].

G.34 Für die Vergütung des Sequesters haftet der Gläubiger. Gegen ihn kann aber der Sequester aus dem Festsetzungsbeschluss nicht vollstrecken. Er muss daher gegen den Gläubiger, der nicht zahlt, Klage erheben; im Rechtsstreit ist das Prozessgericht wegen der Höhe der Vergütung an den Festsetzungsbeschluss gebunden. Die Staatskasse haftet für die festgesetzte Vergütung nicht. Auch gegen den Schuldner kann der Sequester seinen Anspruch nicht geltend machen. Der Gläubiger kann aber die bezahlte Vergütung vom Schuldner nach § 788 ZPO erstattet verlangen. Für die Beitreibung (oder Kostenfestsetzung) nach § 788 Abs. 1 ZPO ist ein Vergütungsfestsetzungsbeschluss wegen der Höhe der Vergütung bindend; Notwendigkeit nach Maßgabe von § 788 Abs. 1 (mit § 91) ZPO wird jedoch im Erstattungsverfahren nach § 788 Abs. 1 ZPO auch wegen des Vergütungsbetrags geprüft, wenn der Gläubiger die vom Sequester berechnete Vergütung ohne Festsetzung bezahlt hat.

G.35 Auf Antrag des Schuldners oder Drittschuldners (Besonderheit § 855 ZPO) erfolgt die Bestellung des Sequesters nicht. Die Einschaltung des Sequesters dient mit Sicherung der Umwandlung des Pfändungspfandrechts am Anspruch in eine Hypothek an dem Grundstück (Rdn. G.42) dem Fortgang der Zwangsvollstreckung. Diese erfolgt auf Gläubigerantrag[49]; sie kann vom Schuldner oder Drittschuldner nicht betrieben werden, diese können damit auch einen Antrag auf Fortführung der Zwangsvollstreckung mit Bestellung des Sequesters nicht stellen. Wenn ein Se-

---

44 Falkmann/Hubernagel, Die Zwangsvollstreckung, § 848 ZPO Anm. 1b; Noack, JR 1963, 296.

45 BGH, NJW-RR 2005, 1283 = Rpfleger 2005, 549; OLG Celle, Rpfleger 1969, 216; OLG Frankfurt, NJW-RR 1987, 63; OLG Köln, MDR 1986, 768 = Rpfleger 1986, 268; OLG München, Rpfleger 1985, 409.

46 BGH (Fn. 45); OLG Breslau, OLGE 19, 155; OLG Hamburg, OLGE 33, 136; OLG Hamburg, OLGE 43, 167; LG Altona, JW 1935, 2305; LG München I, Rpfleger 1951, 320; LG München I, Rpfleger 1969, 212; Zöller/Herget, ZPO, § 848 Rdn. 3.

47 Die Festsetzung ist unstatthaft, wenn der Antragsteller die vom Sequester berechnete Vergütung schon bezahlt hat; der Anspruch ist dann bereits durch Erfüllung erloschen; OLG Frankfurt, JurBüro 1970, 103.

48 Die Entscheidung des LG München I, Rpfleger 1951, 320 erging vor Inkrafttreten des RPflG; sie hat nach Änderung der einschlägigen Vorschriften insoweit keine Bedeutung mehr.

49 Zöller/Seibel, ZPO, vor § 704 Rdn. 19.

quester nicht bestellt ist[50], kann der Drittschuldner den gepfändeten Anspruch mit Auflassung allein an den Schuldner jedoch nicht erfüllen (Rdn. G.40); der Schuldner kann ebenso Leistung mit Auflassung unter Ausschluss des Gläubigers nicht mehr verlangen (s. Rdn. B.150, B.154). Leisten kann der Drittschuldner nur mehr an Schuldner und Gläubiger gemeinschaftlich (§ 1281 BGB, entspr. Anwendung), verlangen kann der Schuldner Leistung nur an beide (§ 1281 S. 2 BGB). Die Mitwirkung von Schuldner und Gläubiger bei der Einziehung sichert die Berechtigung des Gläubigers mit Umwandlung des Pfandrechts am Anspruch in die Sicherungshypothek am Grundstück. Geltend zu machen ist der nicht vom Gläubiger im Wege der Zwangsvollstreckung verfolgte und daher nicht an einen Sequester zu erfüllende Anspruch des Drittschuldners auf Abnahme (z.B. § 433 Abs. 2 BGB) mit Entgegennahme der Auflassung durch Schuldner und Gläubiger gemeinsam und ebenso der Anspruch des Schuldners auf Eigentumsübertragung mit Auflassung im Klageweg; Vollstreckung; § 894 ZPO. Klage gegen den Gläubiger, Antrag auf Stellung eines Sequesters zu stellen, würde Anspruch erfordern, die Zwangsvollstreckung zu betreiben oder fortzuführen; für Schuldner und Drittschuldner besteht ein solcher Anspruch nicht. § 855 ZPO begründet ein Antragsrecht auf Bestellung des Sequesters für den Drittschuldner nur für den Fall der mehrfachen Pfändung des Anspruchs. In diesem besonderen Fall soll der Drittschuldner nicht das Risiko tragen müssen, für Erfüllung des Anspruchs zur Befreiung von der Verbindlichkeit den bestrangig berechtigten Gläubiger festzustellen.

Formulierungsvorschlag: G.36

Gepfändet wird der angebliche Anspruch des Schuldners an … – Drittschuldner – auf

- *Herausgabe des Besitzes* oder
- *Leistung, nämlich Übertragung des Eigentums (einschl. Erklärung der Auflassung, § 925 BGB)*

an dem vom Schuldner gekauften Grundstück …straße Hs.-Nr. … in …, eingetragen im Grundbuch des Amtsgerichts … Grundbuchbezirk … Blatt … (Flur … Flurstück …).

Es wird angeordnet, dass das Grundstück an einen auf Antrag des Gläubigers vom Amtsgericht … (= Amtsgericht der belegenen Sache) zu bestellenden Sequester herauszugeben und an ihn als Vertreter des Schuldners aufzulassen[51] ist.

(Oder: … an einen Sequester herauszugeben und an ihn als Vertreter des Schuldners aufzulassen ist. Als Sequester wird hiermit Herr … bestellt).

3.3. Die Wirkungen der Pfändung

3.3.1. Herausgabe des Besitzes

Wenn der Sequester den Besitz an der dem Schuldner schon gehörenden unbeweglichen Sache erlangt hat, findet in sie die Zwangsvollstreckung nach den für die G.37

50 Schadenersatzpflicht des Gläubigers bei Verzögerung des Antrags: § 842 ZPO.
51 Siehe hierwegen Hoche, NJW 1955, 163.

Zwangsvollstreckung in unbewegliche Sachen geltenden Vorschriften (§§ 866 ff. ZPO) statt (§ 848 Abs. 3 ZPO). Für eine solche Zwangsvollstreckung ist Schuldnerbesitz und damit die Herausgabe der Sache an den Schuldner kaum einmal notwendig. Eintragung der Sicherungshypothek und Anordnung der Zwangsversteigerung (§ 866 Abs. 1 ZPO) erfolgen unabhängig vom Schuldnerbesitz, wenn der Schuldner eingetragener Grundstückseigentümer oder dessen Erbe ist (§§ 39, 40 GBO, § 17 Abs. 1 ZVG). Der Pfändung des Herausgabeanspruchs kommt daher nur für die Zwangsverwaltung praktische Bedeutung zu. Auch die Anordnung der Zwangsverwaltung erfordert zwar keinen Schuldnerbesitz, sondern nur die Eintragung des Schuldners oder des von ihm beerbten Voreigentümers im Grundbuch (§ 146 Abs. 1, § 17 Abs. 1 ZVG). Die Zwangsverwaltung kann aber scheitern, wenn ein anderer als der Schuldner[52] den Besitz des Grundstücks hat, weil in dieses Besitzverhältnis durch die Zwangsvollstreckung gegen den Schuldner nicht eingegriffen, dem Zwangsverwalter mithin das Grundstück nicht übergeben werden kann[53] (siehe § 150 Abs. 2 ZVG). Dieses Vollstreckungshindernis kann durch Anspruchspfändung und Geltendmachung des Anspruchs gegen den Dritten auf Herausgabe des Besitzes ausgeräumt werden. Pfändung und Verwirklichung des bloßen Herausgabeanspruchs erlangen sonst nur Bedeutung, wenn der Gläubiger im Wege der Mobiliarvollstreckung Früchte auf dem Halm (§ 810 ZPO) oder nach § 865 Abs. 2 ZPO pfänden will, der besitzende Dritte aber nicht zustimmt (§ 809 ZPO).

G.38 Für die nach Herausgabe des Besitzes an den Sequester mögliche Zwangsvollstreckung in das Grundstück (insbesondere für die Zwangsverwaltung) wahrt die Anspruchspfändung keine Anwartschaft, kein Vorrecht und kein Pfand- oder Sicherungsrecht (keinen Rang). Die **Zwangsvollstreckung in die Sache** wird vielmehr als **neue Vollstreckungsmaßnahme** betrieben. Die Herausgabe des Besitzes gibt daher dem Sequester auch kein Recht zur Verwaltung des Grundstücks (Einziehung der Mieten usw.)[54]. Der Sequester kann auch nicht Herausgabeklage gegen den Drittschuldner erheben. Das vom Gläubiger oder Schuldner erwirkte Herausgabeurteil wird auf Antrag des Klägers (nicht des Sequesters) nach § 885 ZPO vollstreckt.

---

52 Nicht aber ein Mieter oder Pächter, weil der Zwangsverwalter in die Verträge eintritt, § 152 Abs. 2 ZVG.

53 Siehe dazu BGHZ 96, 61 = MDR 1986, 140 = NJW-RR 1986, 858 = Rpfleger 1986, 26; Stöber/Drasdo, ZVG, § 146 Rdn. 84; Jaeckel/Güthe, ZVG, Bem. 6 zu § 150.

54 So die herrschende Meinung, siehe Stein/Jonas/Würdinger, ZPO, § 848 Rdn. 4; Zöller/Herget, ZPO, § 848 Rdn. 5; Wieczorek/Schütze/Lüke, ZPO, § 848 Rdn. 7a. Die, wenn auch geringe, praktische Bedeutung der Vollstreckung in den Herausgabeanspruch erweist sich in den dargestellten Fällen der Zwangsverwaltung und Mobiliarvollstreckung. Ausgeschlossen ist Ermächtigung des Sequesters nach § 844 ZPO, das Grundstück zu vermieten und zu verpachten. Wenn der Schuldner nur Besitzer ist, kann in seine aus dem Besitz folgenden obligatorischen Ansprüche (Mietforderungen, Pachtzinsansprüche etc.) vollstreckt werden. Schuldnerbesitz darf aber nicht dazu führen, das Eigentum Dritter der Gläubigerbefriedigung zuzuführen. Selbst als Eigenbesitzer ist der Schuldner nur dem Vollstreckungszugriff der dinglichen Gläubiger ausgesetzt (§ 147 ZVG). Diese Besonderheit erklärt sich mit den besonderen Interessenlagen dieser Gläubiger, deren Befriedigung aus der ihnen verhafteten Sache ungeachtet der tatsächlichen Eigentumsverhältnisse gewährleistet sein muss. Es besteht aber kein hinreichender Grund, der es rechtfertigen könnte, fremdes Eigentum im Hinblick auf einen Schuldnerbesitz der Befriedigung der persönlichen Gläubiger des Schuldners zugänglich zu machen.

3.3.2. Anspruch auf Übertragung des Eigentums

Ist ein Anspruch auf Übertragung des Eigentums geschuldet, zum Beispiel deshalb, weil der Schuldner als Käufer (§ 433 BGB), infolge eines Tauschvertrages (§ 515 BGB) oder ungerechtfertigter Bereicherung (§ 812 BGB), als Beschenkter (§ 518 BGB) oder Vermächtnisnehmer (§§ 1939, 2147 ff. BGB) Anspruch auf Verschaffung des Eigentums am Grundstück hat, so hat die Auflassung (§§ 873, 925 BGB) an den Sequester als Vertreter des Schuldners zu erfolgen (§ 848 Abs. 2 S. 1 ZPO; erfordert gleichzeitige Anwesenheit von Drittschuldner und Sequester). Die Einigung muss dahin gehen, dass der Schuldner Eigentümer werden soll[55]. Auflassung an sich selbst kann der Gläubiger nicht verlangen. G.39

Ein **Pfandrecht** (§ 804 Abs. 1 ZPO) erlangt der Gläubiger mit Pfändung des **Anspruchs** auf Übertragung des Eigentums nur an diesem schuldrechtlichen Anspruch. Diesen kann der Drittschuldner daher mit Auflassung an den Schuldner nicht mehr (mit Wirkung gegenüber dem pfändenden Gläubiger) erfüllen (Rdn. B.163). Es können auch Drittschuldner und Schuldner eine Änderung des Kauf- oder sonstigen Erwerbsvertrags, die die Leistungspflicht (die Übereignungspflicht) des Veräußerers zum Nachteil des Schuldners abändert (Erhöhung oder Stundung des Kaufpreises, Ersetzung der Barzahlung durch Bestellung eines Restkaufpreisgrundpfandrechts; dazu aber auch Rdn. G.50) und die Aufhebung des Kauf- oder sonstigen Erwerbsvertrags nicht mehr vereinbaren (siehe bereits Rdn. A.41 zur Aufhebung eines Leasingsvertrags). Als den Gläubiger beeinträchtigende Verfügung über den gepfändeten Anspruch auf Übertragung des Eigentums ist eine solche Vertragsänderung oder die Aufhebung des Erwerbsvertrags dem Gläubiger gegenüber unwirksam (siehe Rdn. B.154). G.40

Die Befugnis des Drittschuldners (als Schuldner des gepfändeten Anspruchs) zur Verfügung über sein Grundstück (s. § 137 S. 1 BGB) schränkt die Pfändung des (schuldrechtlichen) Eigentumsverschaffungsanspruchs dagegen nicht ein[56]. Für eine Verfügung über das Grundstück (Belastung, Eigentumsübertragung) mit Einigung und Eintragung (§ 873, auch § 925 BGB) erlangen schuldrechtliche Beziehungen keinerlei Bedeutung (Abstraktionsprinzip). Die Pfändung des Anspruchs auf Übertragung des Eigentums schließt daher Grundbucheintragungen zur Verfügung über das Grundstück nicht aus. Deren Grundbuchvollzug erfordert (und ermöglicht) nur die Prüfung der Erfordernisse der Grundbucheintragung (insbesondere § 19 GBO), bei Auflassung auch deren Prüfung (§ 20 GBO), durch das Grundbuchamt,

---

55 BayObLG (23.2.1989, 2 Z 14/89), mitgeteilt Rpfleger 1989, 396.

56 Dazu und zum Folgenden eingehend Stöber, DNotZ 1985, 587, mit Nachweisen und Darstellung anderer Ansicht sowie Stellungnahme dazu. Die bislang abweichende Ansicht des BayObLG ist jedoch fragwürdig geworden. Denn es vertritt nunmehr, dass die „Wirkungen, welche die Vormerkung zur Sicherung des verpfändeten Eigentumsverschaffungsanspruchs gemäß § 883 Abs. 2 und 3 BGB sowie § 888 Abs. 1 BGB äußert, ... auch zugunsten des Pfandgläubigers" eintreten (BayObLGZ 1990, 318 [320] = NJW-RR 1991, 567). Für die Annahme, der durch Vormerkung nicht gesicherte Pfandgläubiger könne bereits mit dem Verfügungsverbot des § 829 Abs. 1 ZPO gegen pfandrechtswidrige Verfügung und Rechtserwerb Dritter geschützt sein, findet sich damit auch nach der (nunmehrigen) Ansicht des BayObLG keine Grundlage mehr. Zur Vormerkung als Schutzmittel für den Pfandgläubiger siehe Schöner/Stöber, Grundbuchrecht, Rdn. 1568 ff.

ermöglicht aber nicht die Prüfung, ob ein geschuldeter Anspruch erfüllt und ob an den richtigen Berechtigten geleistet wird. Schutz gegen Verfügungen des Drittschuldners, die den Anspruch auf Übertragung des Eigentums an einem Grundstück beeinträchtigen, bietet auch dem pfändenden Gläubiger nur die **Vormerkung** (§ 883 BGB; Rdn. G.47). Die Pfändung des Anspruchs verbietet Erfüllung (Leistung) des geschuldeten Anspruchs an den Schuldner als Gläubiger des Anspruchs (Rdn. B.163), gewährleistet aber nicht, dass in Erfüllung des Anspruchs tatsächlich durch Auflassung an den Sequester als Schuldnervertreter geleistet wird, bietet somit auch keinen Schutz gegen andere Verfügung über das Grundstück.

G.41 Den **Drittschuldner**, der die Auflassung an den Sequester nicht freiwillig erklärt, können Gläubiger oder Schuldner (nicht aber der Sequester) auf Auflassung an den Sequester **verklagen**[57] (siehe Rdn. G.17, G.18). Diese Klagebefugnis erfordert keine Überweisung des gepfändeten Anspruchs zur Einziehung (siehe Rdn. G.18). Vor Kaufpreiszahlung erfolgt Verurteilung jedoch nur zur Erfüllung Zug um Zug (näher § 433 mit §§ 320, 322 Abs. 1 BGB); keine volle Erfolgsaussicht hat die Klage somit, wenn bei Kauf (wie regelmäßig) die Auflassung erst nach vollständiger Kaufpreiszahlung zu erklären ist. Die Einrede aus solcher Vereinbarung kann dem Pfandgläubiger des Erwerbers entgegengehalten werden (zur Einrede des Veräußerers Rdn. B.170). Ebenso unterliegt der Pfandgläubiger der Abrede im Erwerbsvertrag, dass eine bereits erklärte Auflassung erst nach Kaufpreiszahlung verwendet werden darf und bis dahin auf das Recht verzichtet ist, eine vollständige Ausfertigung oder beglaubigte Abschrift der (Auflassungs-)Urkunde zu erhalten[58] (§ 51 Abs. 2 BeurkG). Das rechtskräftige Urteil ersetzt die Erklärung des Drittschuldners (§ 894 ZPO), so dass nur noch der Sequester die Auflassung (§§ 873, 925 BGB) in grundbuchmäßiger Form zu erklären und Eintragung schriftlich (§ 13 GBO) zu beantragen hat. Das vorläufig vollstreckbare Urteil ermöglicht die Eintragung einer Auflassungs**vormerkung** (§ 895 ZPO). Vor Urteilserlass kann die Eintragung einer Auflassungsvormerkung durch einstweilige Verfügung nach §§ 883 ff. BGB herbeigeführt werden.

G.42 In das **Grundbuch** wird die Auflassung, die an den Sequester als Vertreter des Schuldners erfolgt ist (§ 848 Abs. 2 S. 1 ZPO), nur auf **Antrag** (§ 13 Abs. 1 GBO) eingetragen. Antragsberechtigt sind der Sequester als Vertreter des Schuldners (Antragsbefugnis kraft gesetzlicher Ermächtigung; damit kann infolge der Pfändung der Schuldner selbst sein Antragsrecht nicht mehr wahrnehmen) und der Drittschuldner (§ 13 Abs. 1 S. 2 GBO), nicht jedoch der (pfändende) Gläubiger[59]

---

57 Gegenüber der Auflassung an den Schuldner ist die Auflassung an den Sequester das Mindere. Der Klageantrag des Schuldners auf Verurteilung zur Auflassung an ihn schließt daher auch den Antrag auf Verurteilung zur Auflassung an den Sequester ein. Diesem letzteren Antrag muss daher auch dann entsprochen werden, wenn die Auflassung an den Sequester nicht ausdrücklich „hilfsweise“ verlangt ist, RG, JW 1935, 3541.

58 Zu diesem Sicherungsmittel zugunsten des Veräußerers s. Stöber/Morvilius, GBO-Verfahren, Rdn. 315.

59 **A.A.** Hintzen, Rpfleger 1989, 439; Meikel/Böttcher, GBO, § 13 Rdn. 53. Der Gläubiger kann als Berechtigter (§ 13 Abs. 1 S. 2 GBO) nur den Antrag auf Eintragung der Sicherungshypothek stellen (Rdn. G.45), zur Berichtigung des Grundbuchs auch dann, wenn die Eintragung des Schuldners (als Eigentümer) erfolgt, die Eintragung der Sicherungshypothek des Gläubigers jedoch unterblieben ist.

(dieser könnte nur das Antragsrecht des Schuldners wahrnehmen, § 13 Abs. 1 S. 2 GBO, das infolge der Pfändung jedoch nur vom Sequester ausgeübt werden kann). Das Antragsrecht des Sequesters folgt (trotz des unzulänglichen Wortlauts) aus § 848 Abs. 2 ZPO. Zweck der Einschaltung des Sequesters ist es demnach, die Umwandlung des Pfändungspfandrechts am Auflassungsanspruch in eine Hypothek an dem aufgelassenen Grundstück zu sichern (Rdn. G.29). Gewährleistet wird das mit Erwerb des Grundstücks „durch“ den Sequester für den Schuldner und (gleichzeitige) Grundbuchberichtigung mit Eintragung der Sicherungshypothek durch den Sequester. Das schließt sachlich die Wahrnehmung des Antragsrechts des Schuldners (§ 13 Abs. 1 GBO; als Verfahrenshandlung) durch den Sequester ein. Die für die Eintragung etwa benötigten Urkunden (z.B. den Erbschein zum Nachweis des Eigentums des Drittschuldners, siehe § 40 GBO) kann der Gläubiger nach § 792 ZPO erhalten. Eingetragen wird als **Eigentümer** des Grundstücks der **Schuldner**, nicht etwa der Sequester.

Wenn die **Auflassung** bei Pfändung des (fortbestehenden; s. Rdn. G.88) Anspruchs auf Übertragung des Eigentums **bereits erklärt** ist (wie vielfach, weil Auflassung sogleich mit dem Erwerbsvertrag beurkundet wird), ist der Drittschuldner zu nochmaliger Leistungshandlung mit Auflassung (jetzt) an den Sequester nach § 848 Abs. 2 ZPO nicht verpflichtet. Leistungserfolg (Erlöschen des Eigentumsübertragungsanspruchs, § 362 Abs. 1 BGB) könnte die Grundbucheintragung jedoch nicht mehr bewirken, weil für die Annahme der Leistung die Verfügungsberechtigung des Schuldners (der Gläubiger des Übereignungsanspruchs ist) als Leistungsempfänger bei Grundbucheintragung (die letztes Tatbestandsmerkmal des für Bewirkung der Leistung, § 362 Abs. 1 BGB, erforderlichen mehraktigen Verfügungstatbestands ist) vorliegen müsste[60]. Die mit der Pfändung zum Schutz des Gläubigers (Rdn. B.154) begründete Beschränkung des Schuldners in der Verfügung **über den Erwerbsanspruch** (§ 829 Abs. 1 mit § 846 ZPO; s. Rdn. G.40) erst nach der Auflassung hat daher zur Folge, dass der Sequester (§ 848 Abs. 1, 2 S. 1 ZPO) noch bei der Leistung mitzuwirken hat[61]. Das erfordert die Genehmigung der dem jetzt (allein) nicht mehr (weiter) berechtigten Schuldner bereits erklärten Auflassung durch den Sequester (§ 362 Abs. 2 mit § 185 Abs. 2 BGB)[62]. Sie hat zur Folge, dass die Auflassung als Leistungshandlung auch dem Pfandgläubiger gegenüber Erfüllungswirkung hat (§ 362 BGB). G.43

Die Grundbuch**eintragung** können, wenn bei Pfändung Auflassung bereits erklärt ist, der Sequester[63] als Vertreter des Schuldners (Antragsbefugnis kraft gesetzlicher Ermächtigung; s. Rdn. G.42) und der Drittschuldner, nicht jedoch der (pfändende) Gläubiger **beantragen** (Rdn. G.42). Der Schuldner selbst kann infolge der Pfändung sein Antragsrecht nicht mehr wahrnehmen. Die Einschaltung des Sequesters, die Umwandlung des Pfändungspfandrechts am Auflassungsanspruch G.44

---

60 Dazu Stöber, DNotZ 1985, 587 (594), dort dargestellt für den gleichliegenden Fall, dass der Erwerbsanspruch verpfändet ist.
61 Dazu Stöber, DNotZ 1985, 587 (595), dort für den Fall der Verpfändung.
62 Dazu Stöber, DNotZ 1985, 587 (595), dort für den Fall der Verpfändung behandelt. So auch OLG Jena, DNotZ 1997, 158 = Rpfleger 1996, 100; **a.A.** Knobloch, NotBZ 2011, 17.
63 Für dessen Antragsrecht auch OLG Jena (Fn. 62); Hintzen, Rpfleger 1989, 439 (440).

in eine Hypothek an dem aufgelassenen Grundstück sichert (Rdn. G.29), bewirkt, dass dieser auch für das Antragsrecht des Schuldners nach § 13 Abs. 1 S. 2 GBO gesetzlich an dessen Stelle tritt.

Schutz gegen eine **pfandrechtswidrige** Verfügung, somit auch gegen den Eigentumserwerb mit Eintragung des Schuldners nach Auflassung an ihn statt an den Sequester (bei Auflassung vor Pfändung: ohne Mitwirkung des Sequesters) gewährleistet die Pfändung des (nur schuldrechtlichen) Anspruchs auf Übertragung des Eigentums indes nicht (Rdn. G.40). Das Grundbuchamt könnte demnach den Vollzug einer allein an den Schuldner erklärten Auflassung nicht ablehnen, wenn ihm die Pfändung (des Anspruchs) bekannt ist. Für die bei der Pfändung bereits erklärte Auflassung kann Schuldnerantrag gleichwohl nicht zur Grundbucheintragung führen, weil hierfür die grundbuchrechtliche Eintragungs**bewilligung** (§ 19 GBO) fehlt. Die nachgewiesene Auflassung (§ 20 GBO) allein ermöglicht Eintragung auf Schuldnerantrag nach Pfändung nicht, weil sie (nach den Umständen zweifelsfrei) Grundlage der Grundbucheintragung nur für die Eigentumseintragung des Schuldners mit Erfüllungswirkung sein, nicht aber eine pfandrechtswidrige Grundstücksverfügung (die dem Pfändungsgläubiger gegenüber keine Erfüllungswirkung hätte) gestatten kann. Für den Grundbuchvollzug der (vor Pfändung ebenso wie der trotz Pfändung unter Verstoß gegen das Verfügungsverbot) allein an den Schuldner erklärten Auflassung auf dessen Antrag (die nicht abgelehnt werden könnte) müsste daher als Eintragungsgrundlage noch eine entsprechende Bewilligung des Veräußerers (§ 19 GBO) vorliegen[64]. Schutz gegen solche anspruchsvereitelnde Verfügung könnte nur die Vormerkung (§ 883 BGB) bieten (s. bereits Rdn. G.40).

G.45 Mit dem Übergang des Eigentums auf den Schuldner durch seine Eintragung nach Auflassung (§ 873 Abs. 1 BGB) hat der Gläubiger eine **Sicherungshypothek** (§ 1184 BGB) für seine Forderung (eingeschlossen die Zwangsvollstreckungsosten[65]) erlangt (§ 848 Abs. 2 S. 2 ZPO), die bei Arrestpfändung Arrestsicherungshypothek im Sinne des § 932 ZPO ist. Diese Sicherungshypothek entsteht kraft Gesetzes, also auch ohne Grundbucheintragung (seltene Ausnahme) und auch für Forderungen unter 750 Euro (siehe Rdn. G.28). Zugunsten des Gläubigers entsteht sie mit dem Eigentumsübergang auf den Schuldner auch dann, wenn die Auflassung nicht an den Sequester, sondern unmittelbar an den Schuldner erfolgt ist; der Sequester kann die Eintragung auch dieser Sicherungshypothek **bewilligen und beantragen**[66]. Bei Pfändung des Anspruchs auf Auflassung mehrerer Grundstücke für die gleiche Forderung entsteht die Hypothek als Gesamthypothek; § 866 Abs. 3 ZPO findet keine Anwendung[67].

G.46 In das **Grundbuch** wird diese Sicherungshypothek auf **Bewilligung** des Sequesters oder mit Unrichtigkeitsnachweis (Pfändungsbeschluss, Zustellungsnachweis, Eintragung des Eigentumsübergangs im Grundbuch) eingetragen (§ 848

---

64 Zur Notwendigkeit der Bewilligung nach der nachgewiesenen Auflassung (§ 20 GBO) in Sonderfällen Schöner/Stöber, Grundbuchrecht, Rdn. 97.
65 Stein/Jonas/Würdinger, ZPO, § 848 Rdn. 7; Zöller/Herget, ZPO, § 848 Rdn. 7.
66 Siehe OLG Bremen, MDR 1954, 559 = NJW 1954, 1689; KG, JFG 7, 343.
67 OLG München, JFG 22, 165; OLG München, DR B 1941 Rsp. 56 Leits.; OLG Düsseldorf, Rpfleger 1981, 199 (200 re.Sp.); Zöller/Herget, ZPO, § 848 Rdn. 7.

Abs. 2 S. 3 ZPO mit § 19 GBO)[68]. Den Eintragungsantrag (§ 13 Abs. 1 GBO) kann der Sequester (als Vertreter des Schuldners) oder der Gläubiger stellen[69]. Die Eintragung ist Grundbuchberichtigung[70]. Sie kann zugleich mit der Auflassung bewilligt, beantragt und vollzogen werden; das ist zur Abwendung von Rechtsverlusten durch gutgläubigen Erwerb Dritter vom Gläubiger praktisch zu erstreben. Bei der Eintragung der Sicherungshypothek muss das Grundbuchamt prüfen, ob das Recht in der einzutragenden Höhe wirksam entstanden, ob also insbesondere der Pfändungsbeschluss durch Zustellung an den Drittschuldner wirksam geworden und das Pfandrecht wegen des von der bewilligten Sicherungshypothek erfassten Betrages erwirkt worden ist (Prüfung der Bewilligungsbefugnis des Sequesters). Wenn die Eintragung der kraft Gesetzes entstandenen Sicherungshypothek unterblieben ist, muss sie bei Verfügungen, die der Schuldner nach Eigentumserwerb über das Grundstück trifft, gutgläubigen Erwerbern weichen (§ 892 BGB), und zwar auch dann, wenn der gepfändete Auflassungsanspruch durch Vormerkung gesichert war[71]. Sie verliert aber auch dann ihren Rang **nicht** vor späteren durch Zwangsvollstreckungsakte erlangten Rechten am Grundstück (z.B. einer nach Auflassung eingetragenen Zwangssicherungshypothek oder Zwangsversteigerungsbeschlagnahme oder einer Sicherungshypothek, die durch nachrangige Pfändung des Auflassungsanspruchs entstanden und eingetragen worden ist), weil es für den Rechtserwerb des nachfolgenden Gläubigers im Wege der Zwangsvollstreckung keinen Schutz guten Glaubens gibt.

Der Anspruch auf Einräumung einer **Auflassungsvormerkung** (§§ 883, 885 BGB) ist Nebenrecht; er kann daher nicht selbstständig gepfändet werden, wird aber von der Pfändung des Anspruchs auf Eigentumsübertragung erfasst (siehe Rdn. B.364). Als Nebenrecht, das der Sicherung dient, kann er vom Gläubiger (auch wenn Überweisung nicht erfolgt ist) geltend gemacht werden (Rdn. B.152). G.47

Eine zur Sicherung des Anspruchs bereits eingetragene **Auflassungsvormerkung** wird als (unselbstständiges) Nebenrecht von der Pfändung erfasst (Rdn. B.364, E.398). Die Auflassungsvormerkung sichert Schuldner (als Vormerkungsberechtigten) und pfändenden Gläubiger zusammen gegen Vereitelung oder Beeinträchtigung des Auflassungsanspruchs, sperrt aber das Grundbuch nicht[72]. Die (wirksame) Pfändung des Eigentumsübertragungsanspruchs (nicht aber die Überweisung) kann auf Antrag (§ 13 Abs. 1 GBO) bei der Auflassungsvormerkung des Schuldners[73] im Wege der Grundbuchberichtigung eingetragen wer-

---

68 OLG Naumburg, KKZ 2014, 184.

69 OLG Naumburg (Fn. 68); siehe RGZ 71, 430; KG JFG 8, 318.

70 OLG Naumburg (Fn. 68); siehe RG (Fn. 69); KG (Fn. 69).

71 KG (Fn. 69).

72 Zöller/Herget, ZPO, § 848 Rdn. 10; näher dazu Stöber, DNotZ 1985, 587; teilweise anders noch BayObLGZ 1985, 332 = DNotZ 1986, 345 mit Anm. Reithmann = MDR 1986, 147 = Rpfleger 1986, 48; siehe zur Sicherung des Pfandgläubigers durch Vormerkung (im gleichliegenden Fall der Verpfändung) außerdem (eingehend) Schöner/Stöber, Grundbuchrecht, Rdn. 1568–1570 und nun auch BayObLG (Fn. 56).

73 Nicht vermerkt werden kann im Grundbuch die Pfändung bei der Auflassungsvormerkung, wenn nach Abtretung des gesicherten Anspruchs die Vormerkung auf einen Dritten umgeschrieben ist; OLG Frankfurt, DNotZ 1997, 731 = JurBüro 1997, 329 = NJW-RR 1997, 1308 = Rpfleger 1997, 152.

den[74] (dazu Rdn. E.398, G.81). Dann setzt die Löschung der Auflassungsvormerkung samt Pfändungsvermerk die Bewilligung (auch) des Gläubigers voraus[75]. Für diesen kann ein Vertreter des Schuldners die Löschung nicht bewilligen, auch wenn ihm Vollmacht (bereits) vor der Pfändung erteilt worden ist. Ein vom Schuldner als Berechtigter der Auflassungsvormerkung bewilligter Rangrücktritt der Vormerkung hinter ein Grundpfandrecht darf, wenn dem Grundbuchamt bekannt ist, dass der durch Vormerkung gesicherte Anspruch wirksam gepfändet ist, ohne Zustimmung des Pfändungsgläubigers nicht mehr vollzogen werden; das gilt auch, wenn glaubhaft gemacht ist, dass der Berechtigte des vortretenden Rechts im Zeitpunkt des Eingangs des Eintragungsantrages beim Grundbuchamt keine Kenntnis von der Pfändung hatte[76]. Die Rangänderung soll jedoch auch ohne Zustimmung des Pfändungsgläubigers eingetragen werden können, sobald der Pfändungsvermerk im Grundbuch eingetragen ist. Das dürfte allerdings nur möglich sein, wenn erkennbar gemacht wird, dass die Rangänderung dem Pfändungsgläubiger gegenüber nicht wirksam ist[77].

G.48 War der gepfändete Anspruch auf Eigentumsübertragung durch **Vormerkung** (§ 883 BGB) gesichert, so gebührt nach Eigentumserwerb durch den Schuldner der Sicherungshypothek Rang vor allen nach der Vormerkung (aber vor Eigentumsübergang) eingetragenen Rechten (siehe § 883 Abs. 2 BGB)[78]. Dies gilt auch dann, wenn das Pfandrecht des Gläubigers bei der Vormerkung nicht eingetragen war, weil diese als Nebenrecht ohne weiteres von der Pfändung des Anspruchs erfasst wurde, sodass ihre Wirkungen auch dem nicht eingetragenen Gläubiger des vorgemerkten Berechtigten zustatten kommen. Dieser Vorrang fällt dem Gläubiger aber nicht ohne weiteres kraft Gesetzes zu. Er kann vielmehr von dem Inhaber des nach der Vormerkung eingetragenen Rechts nur die Zustimmung dazu verlangen, dass seine Sicherungshypothek Rang vor diesem Recht erhalte (§ 883 Abs. 2 BGB, § 888 Abs. 1 BGB; Zustimmung zum Rangrücktritt)[79], und zwar auch dann, wenn der gepfändete Anspruch nicht zur Einziehung überwiesen ist[80]. Ohne diesen Nachweis der Zustimmung darf der Vorrang der Sicherungshypothek in das Grundbuch nicht eingetragen werden[81].

---

74 BayObLG, MittBayNot 1985, 42 = JurBüro 1985, 950 = Rpfleger 1985, 58; BayObLG (Fn. 31); OLG Frankfurt (Fn. 73); Zöller/Herget, ZPO, § 848 Rdn. 10; Schöner/Stöber, Grundbuchrecht, Rdn. 1598 (dort auch Rdn. 1571–1573 für Verpfändung, m.wN.). Zur Fassung des Eintragungsvermerks dort Rdn. 1573.

75 BayObLG, DNotZ 1983, 758 = JurBüro 1983, 1377 = MittRhNotK 1983, 149; Stöber, DNotZ 1985, 587; BayObLG (Fn. 31) (hier auch zur Löschung des Pfändungsvermerks [wegen Grundbuchunrichtigkeit nach Bedingungseintritt], wenn der vorgemerkte Anspruch vom Schuldner zunächst unter einer aufschiebenden Bedingung abgetreten und sodann gepfändet wurde).

76 BayObLG (13.8.1974, 2 Z 27/74), mitgeteilt Rpfleger 1975, 47; **a.A.** Behr, JurBüro 1997, 458; Hintzen, Rpfleger 1991, 439 (zu 2); Jung, Rpfleger 1997, 96: Eintragung nur, wenn dem Grundbuchamt die Zustimmung (auch) des Pfändungsgläubigers nachgewiesen ist.

77 **A.A.** Hintzen (Fn. 76); Jung (Fn. 76).

78 KG (Fn. 69).

79 KG (Fn. 69); BayObLG (Fn. 56).

80 KG (Fn. 69).

81 KG (Fn. 69).

Ein mit seinem Recht **im Rang** hinter die Auflassungsvormerkung **zurückgetretener Gläubiger** steht dem Gläubiger eines nach der Vormerkung eingetragenen Rechtes gleich. Folge der Eintragung des Rangrücktritts ist, dass das zurückgetretene Recht von Anfang an als mit dem Rang nach der Vormerkung entstanden anzusehen ist[82]. Nach dem Eigentumserwerb durch den Schuldner gebührt daher der Hypothek des Pfändungsgläubigers Rang vor dem Recht des im Rang hinter die Auflassungsvormerkung zurückgetretenen Gläubigers[83] (wie Rdn. G.48), und zwar auch dann, wenn das Gläubigerpfandrecht bei der Vormerkung nicht eingetragen war. Der Pfandgläubiger des durch die Auflassungsvormerkung gesicherten Eigentumsverschaffungsanspruchs kann daher von dem mit seinem Recht im Rang hinter die Eigentumsübertragungsvormerkung zurückgetretenen Recht Zustimmung dazu verlangen, dass seine Sicherungshypothek Rang vor diesem Recht erhält[84] (wie Rdn. G.48). G.49

Einem Recht, das dem Drittschuldner in Erfüllung einer im Kauf- oder sonstigen Erwerbsvertrag (oder dem der Auflassung sonst zugrunde liegenden Rechtsverhältnis) begründeten Verpflichtung zur Belastung des Grundstücks zu bestellen ist (so einer **Restkaufgeldhypothek**[85], einem Wohnungsrecht, einer Reallast, einer Dienstbarkeit[86]), gebührt Rang vor der Sicherungshypothek des Gläubigers[87] nach § 848 Abs. 2 ZPO (hierzu auch Rdn. G.78). Denn geltend gemacht und durchgesetzt werden kann der (gepfändete) Anspruch auf Leistung mit Übertragung des Eigentums gegen den Drittschuldner als Veräußerer nur, wenn sichergestellt ist, dass mit der Eintragung des Eigentumswechsels auch die vom Schuldner zu bestellenden Rechte an der bedungenen Rangstelle zur Entstehung (Eintragung) gelangen[88]. Der Gläubiger hat mit Pfändung des Erwerbsanspruchs ein Pfandrecht an diesem durch die Verpflichtung zu gegenseitiger Vertragserfüllung eingeschränkten Anspruch erlangt. Auch die Sicherungshypothek am Grundstück, die nach § 848 Abs. 2 S. 2 ZPO an die Stelle des Pfandrechts an dem mit dieser Beschränkung bestehenden Anspruch tritt, begründet keine weitergehenden Rechte. Die Pfändung des (schuldrechtlichen) Anspruchs auf Übertragung des Eigentums hindert daher nicht die Erfüllung der als Gegenleistung geschuldeten Verpflichtung des Schuldners, das Grundstück mit dem für den Veräußerer (oder einem Dritten) zu bestellenden Recht an der ihm gebührenden Rangstelle zu belasten[89]. Den An- G.50

---

82 BayObLG (Fn. 56).
83 BayObLG (Fn. 56).
84 BayObLG (Fn. 56).
85 LG Frankenthal, BWNotZ 1985, 88 = BWNotZ 1986, 38 (Leits.) mit Anm. Lehmann = Rpfleger 1985, 231.
86 BayObLGZ 1972, 46 = DNotZ 1972, 536 = MittBayNot 1972, 63 = Rpfleger 1972, 182.
87 So auch Stein/Jonas/Würdinger, ZPO, § 848 Rdn. 9; außerdem KG, JFG 4, 339 (346). **A.A.** Just, JZ 1998, 120. Die Sicherungshypothek am Grundstück erlangt der Gläubiger für den gepfändeten Anspruch auf Übertragung des Eigentums. Ist aber dieser Anspruch nicht auf Verschaffung lastenfreien Eigentums gerichtet, kann Erfüllung auch keine Sicherungshypothek an einem lastenfreien Grundstück verschaffen, sonach nicht Rang vor zu übernehmenden oder vereinbarungsgemäß zu bestellenden (geschuldeten) Rechten begründen.
88 BayObLG (Fn. 86); LG Frankenthal (Fn. 85).
89 BayObLG (Fn. 86); LG Frankenthal (Fn. 85).

spruch auf Eintragung eines solchen Rechts mit Vorrang kann der Sequester bei Auflassung erfüllen.

G.51 Das Grundbuchamt hat die Erfüllung der Erwerbspflicht des Schuldners mit vorrangiger Belastung des Grundstücks zugunsten des Veräußerers (oder eines Dritten) jedoch nicht zu prüfen. Es vollzieht mehrere Eintragungen in der zeitlichen Reihenfolge des Eingangs (§ 17 GBO) oder nach anderer Bestimmung des Antragstellers. Die Bestimmung[90] des Antragstellers (auch des Sequesters), dass die Eintragung der Auflassung an den Schuldner nicht ohne Eintragung der nach dem Erwerbsvertrag (sonstigen Erwerbsgrund) geschuldeten Belastung des Grundstücks mit Rang vor der nach § 848 Abs. 2 S. 2 ZPO entstehenden Sicherungshypothek erfolgen soll, ist vom Grundbuchamt stets zu beachten (§ 16 Abs. 2 GBO). Sie gewährleistet Eintragung der vom Schuldner einzuräumenden Belastung des Grundstücks vor der Sicherungshypothek des (pfändenden) Gläubigers. Wenn die Sicherungshypothek des Gläubigers eingetragen, eine in Erfüllung der Erwerbspflicht geschuldete Grundstücksbelastung mit Vorrang jedoch nicht bestellt worden ist, besteht der auch das Pfandrecht des Gläubigers einschränkende Anspruch weiter, das Grundstücksrecht dem Veräußerer (oder Dritten) in Erfüllung der Erwerbspflicht an der bedungenen Rangstelle zu bestellen[91]. Dann muss jedoch bei späterer Bestellung des Rechts auch das Rangverhältnis geändert werden (§ 880 BGB). Dazu ist der Gläubiger der Sicherungshypothek verpflichtet. Gesetzlich (ohne Rangänderung) begründet die Erfüllung der auch die Rechte des Pfandgläubigers einschränkenden Erwerbsverpflichtung zur Bestellung des Rechts für den Veräußerer (oder einen Dritten) den Vorrang vor der (bereits eingetragenen) Sicherungshypothek des Gläubigers nicht.

G.52 Die Sicherungshypothek des (pfändenden) Gläubigers (§ 848 Abs. 2 S. 2 ZPO) hat Rang vor Hypotheken, Grundschulden und anderen Rechten, die der Schuldner vor der Pfändung des Eigentumsübertragungsanspruchs und der Eintragung seines Eigentums ohne Verpflichtung im Erwerbsvertrag bestellt hat (s. Rdn. G.78), damit auch Rang vor einer Auflassungsvormerkung, die der Schuldner einem weiteren Erwerber des Grundstücks bestellt hat (Zweiterwerber, dem das Grundstück bereits vor Eintragung des Schuldners als Eigentümer veräußert wurde)[92].

---

90 Diese Bestimmung bedarf keiner Form; sie kann auch stillschweigend gewollt sein; dazu Schöner/Stöber, Grundbuchrecht, Rdn. 92. Auch den Vorbehalt gleichzeitiger Eintragung der Auflassung und der Kaufgeldresthypothek (oder eines sonstigen Rechts) in der Eintragungsbewilligung (§ 16 Abs. 2 GBO analog) hat das Grundbuchamt zu beachten. Zulässigkeit dieses Vorbehalts: Schöner/Stöber, Grundbuchrecht, Rdn. 103; Kuntze/Ertl/Herrmann/Eickmann, Grundbuchrecht, § 16 GBO Rdn. 17, § 19 GBO Rdn. 32, § 20 GBO Rdn. 8.

91 Anders LG Frankenthal (Fn. 85): Das Grundbuch ist unrichtig (daher Amtswiderspruch). In diesem Fall war jedoch der pfändende Gläubiger mit seinem Antrag dem Eintragungsantrag der Kaufvertragsparteien zuvorgekommen. Sein Antrag hätte Eintragung des Schuldners als Eigentümer und Eintragung der Sicherungshypothek ohne Wahrung des Rechts des Veräußerers auf Bestellung der vorrangigen Kaufgeldhypothek indes gar nicht ermöglicht (siehe Rdn. G.42 und, zum Vorbehalt in der Bewilligung, Fn. 90). Kritisch gegen LG Frankenthal, soweit es Grundbuchunrichtigkeit angenommen und Eintragung eines Amtswiderspruchs zugelassen hat, Lehmann, BWNotZ 1986, 38.

92 OLG Jena (Fn. 62). Zur Möglichkeit, den Zweitkäufer vor Zwangsvollstreckungsmaßnahmen gegen den Erstkäufer zu schützen, siehe Amann, DNotZ 1997, 113.

Zur Beleihung eines verkauften Grundstücks hat vor Eigentumsübertragung der Veräußerer vielfach für die **Kaufpreisfinanzierung**[93] mitzuwirken. Die Belastung des Grundstücks erfolgt dann mit der Bestellung der für die Kaufpreisfinanzierung bestimmten Grundschuld noch durch den Veräußerer; sein Grundstück wird vor Eigentumsübergang durch den Berechtigten auch belastet, wenn der Schuldner als Erwerber (nicht der Sequester) mit Zustimmung (Einwilligung) des Veräußerers (§ 185 Abs. 1 BGB) die Grundschuld bestellt. Die als Belastung des Grundstücks des Veräußerers durch dessen Verfügung als Grundstückseigentümer (nicht als Belastung des Grundstücks durch Verfügung des Schuldners nach Eigentumsübergang) bestellte Grundschuld hat daher Rang vor der Sicherungshypothek, die der pfändende Gläubiger erst mit dem Übergang des Eigentums nach Auflassung des belasteten Grundstücks an den Sequester als Vertreter des Schuldners und Grundbucheintragung erlangt. G.53

Wenn der gepfändete Eigentumsübertragungsanspruch durch **Vormerkung gesichert** ist (§ 883 Abs. 1 BGB), ist die spätere Bestellung der Grundschuld noch durch den Veräußerer (damit auch durch den Schuldner als Erwerber mit Zustimmung des Veräußerers, § 185 Abs. 1 BGB) **vormerkungswidrige Verfügung** im Sinne von § 883 Abs. 2 BGB. Als solche ist jedoch die Belastung des Grundstücks dem vorgemerkten Schuldner als Käufer gegenüber infolge Zustimmung (§§ 182, 185 BGB) wirksam. Unwirksam ist diese Belastung nach Pfändung des Eigentumsübertragungsanspruchs aber dem aus der Vormerkung mitberechtigten Pfandgläubiger gegenüber (§ 883 Abs. 2 BGB). Dann aber kann der Grundschuldgläubiger sein Recht mit Zustimmung des vorgemerkten Schuldners als Käufer gutgläubig frei von den Rechten des mitgesicherten Pfandgläubigers erlangen, wenn dessen Mitberechtigung durch Pfändung im Grundbuch bei der Vormerkung nicht eingetragen ist (§ 892 Abs. 1 BGB)[94]. G.54

Ob der Veräußerer des Grundstücks (als Drittschuldner) nach der Pfändung mit einer Belastung des Grundstücks **gegen** das Zahlungsverbot des § 829 Abs. 1 ZPO (Leistungsverbot, Rdn. G.7) **verstößt**, kann sich nur nach der vertraglichen Ausgestaltung der Verkäuferpflichten bestimmen. Ist im Kaufvertrag vereinbart, dass der Verkäufer für Kaufpreisfinanzierung zur Beleihung des verkauften Grundstücks mitzuwirken hat, geht der Anspruch des Schuldners als Käufer auf Verschaffung des Eigentums (§ 433 Abs. 1 BGB) an dem belasteten Grundstück. Der Gläubiger hat dann ein Pfandrecht nur an diesem durch die Belastungsverpflichtung eingeschränkten Erwerbsanspruch erlangt. Pfändung des (schuldrechtlichen) Anspruchs auf Übertragung des Eigentums kann daher die Erfüllung der Verkäuferverpflichtung zur Belastung des Grundstücks zugunsten des Dritten nicht hindern. Ist im Kaufvertrag eine Verpflichtung zur Belastung des verkauften Grundstücks für Kaufpreisfinanzierung nicht ausbedungen, dann geht der gepfändete Anspruch auf lastenfreie Eigentumsübertragung. Die Belastung des Grundstücks noch durch den Verkäufer (oder mit seiner Zustimmung, § 185 Abs. 1 BGB) ist dann als Verstoß gegen das Drittschuldnerverbot (§ 829 Abs. 1 ZPO) pfandrechtswidrig. Hat gleichwohl der Gläubiger die Grundschuld als Grundstücksbelastung erworben (weil der Auflassungsanspruch nicht durch Vormerkung gesichert war G.55

---

93 Dazu Schöner/Stöber, Grundbuchrecht, Rdn. 3158, mit Einzelheiten.
94 Siehe KG (Fn. 69).

oder gutgläubig, weil die Pfändung bei der Auflassungsvormerkung nicht eingetragen war), dann erlischt der gepfändete Auflassungsanspruch mit Übereignung des belasteten Grundstücks nicht, weil der Gläubiger eine Sicherungshypothek für seine Forderung nur nachrangig erwirbt. Die fortbestehende Verpflichtung des Drittschuldners gegenüber dem pfändenden Gläubiger bestimmt sich dann nach den schuldrechtlichen Vorschriften über den nicht erfüllten Anspruch.

G.56 Weil vor der Kaufpreiszahlung die Erfüllung des Eigentumsübertragungsanspruchs nicht durchgesetzt werden kann (s. Rdn. G.41), wird der Gläubiger praktisch einer für die Kaufpreisfinanzierung verabredeten Beleihung des verkauften Grundstücks vor Eigentumsübertragung seine Zustimmung oft nicht versagen können. Mit der Zustimmung (Einwilligung oder Genehmigung) des Pfandgläubigers ist auch ihm gegenüber die Belastung des Grundstücks nach Pfändung des Eigentumsübertragungsanspruchs stets wirksam (siehe Rdn. B.155 a.E.).

G.57 Wenn der Sequester nicht bereit ist, bei der Auflassung mitzuwirken (Rdn. G.39) oder eine bereits erklärte Auflassung zu genehmigen (Rdn. G.43) oder Grundbucheintragung zu beantragen (Rdn. G.42), muss eine Weisung auf Erinnerung von Gläubiger oder Schuldner (§ 766 ZPO; Rdn. G.32) durch das Vollstreckungsgericht für zulässig erachtet werden (entspr. Anwendung von § 153 Abs. 1 ZVG).

G.58 Nach Auflassung und Eintragung des Schuldners als Eigentümer erfolgt die **Zwangsvollstreckung in das Grundstück** nach den für die Zwangsvollstreckung in unbewegliche Sachen geltenden Vorschriften (§ 848 Abs. 3 ZPO), also durch Zwangsversteigerung oder Zwangsverwaltung (§ 866 ZPO, §§ 1 ff. ZVG). Das Forderungspfändungsverfahren ist mit der Eintragung der Auflassung beendet; die Zwangsversteigerung oder -verwaltung wird daher auf neuen Antrag des Gläubigers vom Vollstreckungsgericht als neues Verfahren angeordnet (§ 15 ZVG). Mit dem Rang seiner Sicherungshypothek (§ 10 Abs. 1 Nr. 4 ZVG) kann der Gläubiger dieses Verfahren nur auf Grund eines neuen, dinglichen Vollstreckungstitels betreiben[95].

G.59 Wegen der Frage, ob zu den **Kosten der Zwangsvollstreckung** (§ 788 ZPO) ein Betrag zählt, den der Gläubiger für eine vom Schuldner noch geschuldete, vor der Auflassung zu erbringende Gegenleistung aufwendet, siehe das Rdn. E.42 Gesagte. Die **Grunderwerbsteuer**, die der Gläubiger für die Eintragung des Schuldners und damit auch seiner Sicherungshypothek verauslagt, gehört zu den notwendigen Kosten der Zwangsvollstreckung[96].

G.60 Bei **mehrfacher Pfändung** des Anspruchs auf Eigentumsübertragung bestimmt sich der **Rang** der Sicherungshypotheken nach der Zeitfolge des Wirksamwerdens der einzelnen Pfändungsbeschlüsse[97], und zwar auch dann, wenn der Sequester auf

---

95 **A.A.** OLG Brandenburg, FGPrax 2017, 200 = MDR 2017, 1388 = Rpfleger 2018, 17: § 867 Abs. 3 ZPO findet analog Anwendung; ebenso LG Stuttgart, 1 T 58/03, juris; Stein/Jonas/Würdinger, ZPO, § 848 Rdn. 12; Wieczorek/Schütze/Lüke, ZPO, § 848 Rdn. 20; Fischinger, WM 2009, 637 (641).

96 Sehr streitig; wie hier Haug, NJW 1963, 1909 mit eingehender und zutreffender Begründung; **a.A.** LG Köln, MDR 1953, 560.

97 OLG Braunschweig, HRR 1935 Nr. 1711; Zöller/Herget, ZPO, § 848 Rdn. 11.

Antrag des nachrangigen Gläubigers bestellt worden ist[98]. Die Sicherungshypotheken werden daher in der Reihenfolge der Pfändungen (gegebenenfalls unter Berücksichtigung der Vorpfändungen) eingetragen.

Zur Rechtsstellung des Drittschuldners bei mehrfacher Pfändung siehe § 855 ZPO.

Sind **mehrere Personen** Gläubiger des Anspruchs auf Übertragung des Eigentums für Erwerb des Grundstücks als Miteigentümer **nach Bruchteilen** (§§ 741 ff. BGB; z.B. Eheleute je zur Hälfte) und wird nur gegen einen dieser Berechtigten (z.B. nur gegen den Ehemann) vollstreckt, so kann sein Anspruch auf Übertragung des Miteigentumsanteils gepfändet werden. Diese Anspruchspfändung ermöglicht (anders als die Rdn. A.69 dargestellte betragsmäßige Abspaltung eines Forderungsteils) die mit Erfüllung des Anspruchs eintretende (zulässige) Anteilsbelastung (siehe § 1114 BGB, § 864 Abs. 2 ZPO). Anzuordnen ist dann, dass das Grundstück an den für den Schuldner als Bruchteilsmitberechtigter zu bestellenden Sequester mit herauszugeben und an diesen als Vertreter des Schuldners mit aufzulassen ist. Die Auflassung hat dann an den Mitberechtigten, dessen Anspruch nicht gepfändet ist, und an den Sequester als Vertreter des Schuldners für den Erwerb mit den Anteilen der Berechtigten in Bruchteilen zu erfolgen. Eine Sicherungshypothek erlangt der Gläubiger für seine Forderung mit dem Übergang des Eigentums an dem Miteigentumsanteil des Schuldners (§ 848 Abs. 2 S. 2 ZPO). Die Eintragung der Sicherungshypothek nur an dem Miteigentumsanteil des Schuldners hat der Sequester nach § 848 Abs. 2 S. 3 ZPO zu bewilligen. G.61

Das BayObLG[99] geht demgegenüber davon aus, dass der Anspruch auf eine unteilbare Leistung geht. Da sonach dem Mitberechtigten (Käufer oder sonst Berechtigten zur Hälfte) kein selbstständiger Anspruch auf Übertragung eines Miteigentumsanteils zusteht (§ 432 BGB), soll ein solcher Anspruch auch nicht pfändbar sein. Der Pfändung unterworfen sein soll der Anteil des Schuldners an der gemeinschaftlichen Forderung, und zwar „gemäß § 857 ZPO als selbstständiges, übertragbares Vermögensrecht (§ 747 S. 1 BGB)“. In diese Pfändung des Hälfteanteils des Schuldners an der gemeinschaftlichen Forderung soll die Pfändung des Anspruchs „auf Übertragung eines Hälfteanteils am Grundstück“ ausgelegt werden können. Bei solcher Pfändung soll es aber nicht der Auflassung an einen Sequester bedürfen; denn sie werde nach § 857 ZPO bewirkt. Dass gleichwohl mit Vollzug der Auflassung eine (im Wege der Berichtigung in das Grundbuch einzutragende) Sicherungshypothek für den Pfändungsgläubiger entsteht[100], soll sich auf die **entsprechende** Anwendung (§ 857 Abs. 1 ZPO) von § 848 ZPO und damit das in § 848 Abs. 2 S. 2 ZPO (und in § 1287 S. 2 BGB) zum Ausdruck kommende allgemeine Surrogationsprinzip gründen.

Dem ist nicht zu folgen. Auch der Anspruch nur eines Teilhabers der in Bruchteilsgemeinschaft Berechtigten ist nach den für das Gesamtrecht geltenden Vorschriften zu pfänden, somit nach § 846 mit § 829 ZPO und damit unter Berücksichtigung der Besonderheiten, die § 848 ZPO regelt. Es wird damit nicht als

---

98 OLG Braunschweig (Fn. 97).

99 BayObLGZ 1992, 131 = NJW-RR 1992, 1369 = Rpfleger 1993, 13.

100 BayObLG (Fn. 99) auch zu dem Fall, dass der Schuldner mit seinem Ehegatten nach Pfändung Gütergemeinschaft vereinbart.

„selbstständiger“ Anspruch ein anteilig (betragsmäßig) abgespaltener Anteil der Gläubigerforderung der Bruchteilsgemeinschafter gepfändet[101]. Gegenstand der Zwangsvollstreckung ist vielmehr der Schuldner-Mitberechtigungs„anteil“ an dem Eigentumsübertragungsanspruch. Dieser bleibt auf Übereignung des „Gesamt“-Grundstücks (damit eine unteilbare Leistung) gerichtet; der Veräußerer kann auch weiterhin nur an die Erwerbsberechtigten zusammen leisten. Über seinen Anteil an diesem Erwerbsanspruch auf Übertragung des Grundstücks kann der Schuldner als Bruchteils-Mitberechtigter verfügen (§ 747 S. 1 BGB). Der anteilige Erwerbsanspruch des Schuldners an diesem übertragbaren Recht kann daher auch verpfändet werden (§ 1273 Abs. 1, § 1274 Abs. 1 BGB). Die (rechtsgeschäftliche) Bestellung eines Pfandrechts erfolgt nach den für die Übertragung geltenden Vorschriften, somit durch Verpfändungsvertrag (§ 1274 Abs. 1 mit § 398 [§ 413] BGB); für dessen Wirksamkeit ist die Anzeige an den Forderungsschuldner erforderlich (§ 1280 BGB). Dem entspricht die Pfändung des Anspruchs auf Übertragung des Miteigentumsanteils nach § 846 (mit § 848) ZPO, die mit der Zustellung des Pfändungsbeschlusses an den Forderungsschuldner als Drittschuldner wirksam wird (§ 829 Abs. 3 ZPO). Der (pfändbare) Anspruch des mitberechtigten Schuldners geht auf Erwerb eines Miteigentums-Bruchteils an einem Grundstück, der einzeln belastbar (§ 1114 BGB) und Gegenstand der Zwangsvollstreckung in das unbewegliche Vermögen ist (§ 864 Abs. 2 ZPO), in den somit die Zwangsvollstreckung auch durch Eintragung einer Zwangssicherungshypothek erfolgen kann (§ 866 Abs. 1 ZPO). Zulässiger Zwangsvollstreckung in den Bruchteil nach Erwerb des Grundstücksanteils entspricht für Zwangsvollstreckung in den Anspruch des Bruchteilsmitberechtigten die Pfändung der Anspruchsberechtigung, die auf Übereignung des Bruchteilsmiteigentums geht. Mit dem Bruchteil eines Grundstücks, der Gegenstand der Immobiliarvollstreckung ist, hat der Anspruch die Leistung einer körperlichen Sache zum Gegenstand. Daher ist der Anspruch nach § 846 mit § 829 und § 848 Abs. 1 ZPO zu pfänden. Folge ist, dass zur Übereignung des Grundstücks an die mehreren Erwerber für den Schuldner die Auflassung an einen Sequester mit zu erfolgen (§ 848 Abs. 2 S. 1 ZPO) und der Sequester auch die Eintragung der Sicherungshypothek zu bewilligen hat (§ 848 Abs. 2 S. 3 ZPO).

Die Anspruchspfändung nach den für die Pfändung des „Gesamt“rechts geltenden Vorschriften erfolgt ebenso bei Bruchteilsgemeinschaft sonst an einer Geldforderung (Rdn. E.110), an einer Hypothekenforderung (Rdn. F.71; damit auch Grundschuld), an einem Rückgewähranspruch (Rdn. F.137) und an einer Eigentümergrundschuld (Rdn. F.154, F.203). Gleiches gilt für die Pfändung eines Anspruchs auf Übertragung eines Grundstücksmiteigentumsanteils.

---

101 Dieser Fall ist Rdn. A.69 behandelt, auf die das BayObLG (Fn. 99) mit Angabe der 9. Aufl. Rn. 62 verweist. Z.B. BGH, MDR 1969, 568 = NJW 1969, 839: Kein Anspruch eines von mehreren Vermietern einer gemeinschaftlichen Sache, einen seiner Beteiligung entsprechenden Teil des Mietzinses einzuziehen. Er hat nur Anspruch auf entsprechenden Teil des Ertrags aus dem Mietverhältnis, der sich gegen die anderen Teilhaber richtet. Daher auch keine Pfändung (und ebenso keine Aufrechnung) eines dem Beteiligungsverhältnis entsprechenden Anteils an der Mietzinsforderung. So auch BGH, MDR 1983, 650 = NJW 1983, 2020: Pachtzinsanspruch einer Bruchteilsgemeinschaft kann als unteilbare Forderung nur an alle Gläubiger gemeinsam geleistet werden (§ 432 Abs. 1 S. 1 BGB).

Wird gegen **mehrere Personen** vollstreckt, die Gläubiger des Anspruchs auf Übertragung des Eigentums für Erwerb des Grundstücks als Miteigentümer **nach Bruchteilen** (§§ 741 ff. BGB) sind, so kann nur der Anspruch jedes dieser Schuldner auf Übertragung eines Miteigentumsanteils gepfändet werden (Grundsatz der Einzelvollstreckung). Bestellung nur eines Sequesters für die mehreren Schuldner und Auflassung an ihn als Vertreter aller Schuldner ist dann für zulässig zu erachten (keine Interessenkollision nach § 181 BGB). Der Gläubiger erlangt eine Sicherungshypothek für seine Forderung mit dem Übergang des Eigentums an dem Miteigentumsanteil des jeweiligen Schuldners (§ 848 Abs. 2 S. 2 ZPO). Auch wenn die Bruchteilsberechtigten samtverbindlich für die ganze Vollstreckungsforderung haften, erlangt der Gläubiger eine Sicherungshypothek für seine volle Forderung an jedem Miteigentumsanteil eines jeden Gesamtschuldners. Die Belastung ist dann jedoch Gesamt-Sicherungshypothek (wie bei rechtsgeschäftlicher Belastung eines Grundstücks, das mehreren zu ideellen Bruchteilen gehört, wie bei Belastung mit einer Zwangshypothek[102] und wie bei Pfändung des Anspruchs auf Auflassung mehrerer Grundstücke, s. Rdn. G.45). Eintragung auch der gesamtschuldnerischen Haftung der Miteigentumsanteile (der Sicherungshypothek als Gesamtrecht) hat der Sequester zu bewilligen. G.62

Der Anspruch nur eines Mitberechtigten auf Übertragung des Eigentums an mehrere Berechtigte in Gesamthandsgemeinschaft (Gesellschaft des bürgerlichen Rechts, Eheleute in Gütergemeinschaft, Miterben in Erbengemeinschaft) ist als Anteil an einem zum Gesamthandsvermögen gehörenden Gegenstand der Pfändung nicht unterworfen. Pfändbar ist jedoch der Gesamthandsanteil (dazu Rdn. E.114 ff., E.263 ff.); Zwangsvollstreckung bei Gesamtgutsansprüchen s. Rdn. A.71. G.63

3.4. Der „vorbehaltene" Rückübertragungsanspruch

Schrifttum: Berringer, Die Pfändbarkeit von Rückforderungsrechten bei Zuwendungen unter Ehegatten, DNotZ 2004, 245; Ellenbeck, Die Vereinbarung von Rückforderungsrechten in Grundstücksübertragungsverträgen, MittRhNotK 1997, 41; Koch und Mayer, Zur Pfändbarkeit des Rückerwerbsanspruchs, ZEV 2007, 55; Meyer und Burrer, Die Pfändung von vertraglichen Rückforderungsrechten nach der Entscheidung des BGH vom 20.3.2003, NotBZ 2004, 383; Münch, Die Pfändbarkeit von Rückforderungsrechten bei ehebezogenen Zuwendungen, ZFE 2003, 269; ebenso FamRZ 2004, 1329; Oertel, Anmerkung RNotZ 2003, 393; Reul, Löschung von Rückauflassungsvormerkungen im Grundbuch, DNotZ 2012, 256. G.64

Der Anspruch auf Übertragung des Eigentums an einem Grundstück (oder anderen Objekt des unbeweglichen Vermögens) wird oft, vornehmlich in einem Übergabevertrag, abhängig davon vereinbart, dass der Schuldner die **Rückübereignung verlangt**. Zur Sicherung dieses (aufschiebend) bedingten Rückübertragungsanspruchs ist zumeist eine (Rück-)Auflassungsvermerkung (§ 883 BGB) bestellt[103]. G.65

102 Dazu BGH, MDR 1961, 673 = NJW 1961, 1352.

103 Zur Zulässigkeit dieser Vormerkung BGHZ 134, 182 = DNotZ 1997, 720 = NJW 1997, 861 = Rpfleger 1997, 208; Schöner/Stöber, Grundbuchrecht, Rdn. 1484 m.w.N.

G.66 Der durch Geltendmachung des Rechts auf Rückübereignung (aufschiebend) bedingte Anspruch auf Übertragung des Grundstückseigentums ist pfändbar (§§ 846, 848 ZPO; s. bereits Rdn. A.28). Wenn der Schuldner vom Eigentümer des Grundstücks als Drittschuldner die Rückübereignung **bereits verlangt** hat, kann auch der pfändende Gläubiger den mit Ausübung dieses Rechts entstandenen Auflassungsanspruch geltend machen (s. Rdn. G.39, G.41).

G.67 Wenn der Schuldner die Rückübertragung **noch nicht verlangt** hat und das Recht, die Rückübereignung zu verlangen, auch weiterhin nicht wahrnimmt, bleibt der Anspruch auf (Rück-)Übertragung des Eigentums unverändert (aufschiebend) bedingt. Seine Pfändung ist dem Gläubiger daher nur nützlich, wenn er auch dieses Gestaltungsrecht pfänden und dann selbst ausüben kann. Eine Pfändung nur des Anspruchs auf Übertragung des Eigentums (§§ 846, 848 ZPO; Rückübertragungsanspruch) erfasst nicht (ohne weiteres) auch das Recht, die Rückübereignung des Grundstücks zu verlangen[104]. Dieses Recht kann jedoch als (nicht akzessorisches) **Gestaltungsrecht** jedenfalls zusammen mit dem (bedingten Rück-)Auflassungsanspruch **gepfändet** und zur Einziehung überwiesen werden[105]. Zu pfänden ist es als (sonstiges) Vermögensrecht nach § 857 Abs. 1, § 829 ZPO. Wirksam wird diese Pfändung daher mit Beschlusszustellung an den Drittschuldner. Drittschuldner ist der zur Rückübereignung verpflichtete Eigentümer des Grundstücks.

G.68 Wenn das dem Schuldner vorbehaltene Rückübereignungsrecht jederzeit ohne Angabe von Gründen („nach freiem Belieben“) geltend gemacht werden kann, kann nach der Pfändung (und Überweisung) der Gläubiger dieses Gestaltungsrecht ausüben; er kann die Rückübereignung des Grundstücks an den Schuldner verlangen und dann infolge Bedingungseintritt den (gepfändeten) Auflassungananspruch geltend machen.

G.69 Zumeist ist das vorbehaltene Recht nicht nur davon abhängig, dass der Schuldner von ihm Gebrauch macht, die Rückübereignung somit verlangt, sondern **noch weitergehend** (damit in zweifacher Weise) aufschiebend **bedingt**: es soll nach seiner vertraglichen Ausgestaltung nur unter bestimmten Voraussetzungen geltend gemacht werden können, so bei Verstoß des Eigentümers gegen ein (schuldrechtliches) Verfügungsverbot (Veräußerungs- und/oder Belastungsverbot), Nichterfüllung einer Bauverpflichtung, Scheidung der Ehe, Zahlungsunfähigkeit oder Vorversterben des Eigentümers. Für den Gläubiger bietet die Pfändung dann keinen realisierbaren Vermögenswert, solange nicht auch diese Bedingung eingetreten ist, auch wenn sie im freien Belieben des Drittschuldners steht[106]. Auch der pfändende Gläubiger kann dann das Recht, die Rückübertragung zu verlangen, nur bei Eintritt einer solchen Bedingung geltend machen, die Rückübertragung des Eigentums somit nicht ungeachtet der Bedingung verlangen. Er kann, wenn nach Bedingungseintritt das Recht des Schuldners, die (Rück-)Übereignung zu verlangen, geltend gemacht werden kann, dieses Gestaltungsrecht wahrnehmen (ausüben) und damit

---

104 BGHZ 154, 64 (67) = DNotZ 2004, 298 = FamRZ 2003, 858 = MDR 2003, 776 = RNotZ 2003, 91 mit Anm. Oertel = NJW 2003, 1858 = Rpfleger 2003, 372.

105 BGH (Fn. 104); auch BGHZ 130, 314 (318) = MDR 1996, 412 = NJW 1995, 2846 (2847); Zöller/Herget, ZPO, § 848 Rdn. 16.

106 Siehe BGH (Fn. 105).

den Eintritt der Bedingung für (volle) Wirksamkeit des (gepfändeten) Anspruchs auf Übertragung des Eigentums herbeiführen.

Für die (notarielle) Vertragsgestaltung stellt sich die Frage, ob das Recht, die (Rück-)Übereignung eines Grundstücks zu verlangen, unpfändbar ausgestaltet werden oder sonst zur Wahrung familiärer und persönlicher Beziehungen sichergestellt werden kann, dass das Grundstück „in der Familie bleibt". Sie wurde im Schrifttum wiederholt erörtert; s. hierwegen die Rdn. G.64 Genannten. Die Begründung des Anspruchs auflösend bedingt in der Weise, dass er bei Pfändung erlischt, wird für zulässig angesehen (Rdn. A.23), ist jedoch (für diesen Fall) nicht unbestritten[107]. G.70

4. Das Anwartschaftsrecht aus Auflassung

4.1. Der Auflassungsempfänger (= Schuldner) hat Umschreibungsantrag beim Grundbuchamt bereits gestellt

Schrifttum: Hansmeyer und Hintzen wie Rdn. G.26; Münzberg, Abschied von der Pfändung der Auflassungsanwartschaft? Festschrift für Schiedermair, 1976, S. 439 ff.; Reinicke und Tiedtke, Das Anwartschaftsrecht des Auflassungsempfängers und die Formbedürftigkeit der Aufhebung eines Grundstücksvertrags, NJW 1982, 2281. G.71

Ist die für den Eigentumsübergang notwendige Einigung (§§ 873, 925 BGB) zwischen Veräußerer und Schuldner (als Erwerber) schon zustande gekommen, die Auflassung also wirksam erklärt, und hat der **Schuldner** den Antrag auf Eintragung als Grundstückseigentümer beim Grundbuchamt bereits gestellt, dann hat der Schuldner als Auflassungsempfänger mit dem **Anwartschaftsrecht aus der Auflassung** ein selbstständiges Vermögensrecht erworben[108]. Dieses Anwartschaftsrecht des Auflassungsempfängers kann selbstständig übertragen, verpfändet und gepfändet[109] werden. Zum Anwartschaftsrecht bereits mit Eintragung einer Auflassungsvormerkung siehe Rdn. G.84. G.72

Die Pfändung des Anwartschaftsrechts des Auflassungsempfängers erfolgt nach § 857 ZPO[110]. Die Pfändung wird mit der Zustellung an den Auflassungsempfänger (= Schuldner) wirksam (§ 857 Abs. 2 ZPO). Der Grundstücksveräußerer ist nicht Drittschuldner; der Zustellung an ihn bedarf es daher nicht[111]. Ein Sequester G.73

107 Koch und Mayer, ZEV 2007, 55 (58) m.w.N.

108 BGHZ 49, 197 = DNotZ 1968, 483 = MDR 1968, 313 = NJW 1968, 493 = NJW 1968, 1087 m. Anm. Rose; BGH, DNotZ 1976, 96 = MittRhNotK 1975, 127 = Rpfleger 1975, 432; BGHZ 106, 108 = MDR 1989, 437 = NJW 1989, 1093 = Rpfleger 1989, 192 (überholt damit LG Fulda, Rpfleger 1988, 252; OLG Frankfurt [mitget.], Rpfleger 1988, 286); BGHZ 128, 184 (187) = NJW 1995, 659 (660); OLG Frankfurt (Fn. 73); Zöller/Herget, ZPO, § 848 Rdn. 13.

109 BGHZ 49, 197 (Fn. 108) m.zahlr.N.; BGHZ 106, 108 (Fn. 108); BGHZ 128, 184 (188) (Fn. 108); OLG Köln, Rpfleger 1975, 20; Stein/Jonas/Würdinger, ZPO, § 857 Rdn. 93.

110 BGHZ 49, 197 (Fn. 108); KG, JFG 4, 339; BayObLG, MittBayNot 1994, 39 = Rpfleger 1994, 162.

111 So eingehend BGHZ 49, 197 (Fn. 108) (wegen der Abweichung von BGH, NJW 1954, 1325 siehe Rdn. E.31); so ferner KG, JFG 4, 339; KG, JFG 14, 13 = JW 1936, 3335; BayObLG, JFG 9, 233 = HRR 1932 Nr. 1389; **a.A.** (noch) LG Wuppertal, NJW 1963, 1255; Hoche, NJW 1955, 931, 933.

wirkt bei dieser Pfändung nicht mit[112]. Die wirksame Pfändung erfordert, dass das angebliche Anwartschaftsrecht (bereits) besteht (Rdn. B.73). Ist das nicht der Fall, entfaltet die Pfändung keine Wirkungen. Daher ist die Pfändung mit Zustellung des Beschlusses an den Auflassungsempfänger nicht wirksam, wenn sie erfolgt, bevor der Schuldner nach der Auflassung beim Grundbuchamt Antrag auf Eintragung als Grundstückseigentümer gestellt hat (oder die Vormerkung eingetragen wurde), weil erst damit (sonach nach Zustellung des Pfändungsbeschlusses) das Anwartschaftsrecht aus der Auflassung entstanden ist[113] (Rdn. G.72).

G.74 **Formulierungsvorschlag:**

Gepfändet wird das angebliche Vermögensrecht, das der Schuldner als Anwartschaftsrecht aus der Auflassung erworben hat, die am … zu Urkunde des Notars … (Urk.-R.-Nr. …) von … als Grundstücksveräußerer und dem (durch Auflassungsvormerkung gesicherten) Schuldner als Auflassungsempfänger zur Übertragung des Eigentums an dem Grundstück …straße Hs.-Nr. … in …, eingetragen im Grundbuch des Amtsgerichts … Grundbuchbezirk … Blatt … (Flur … Flurstück …), erklärt wurde.

G.75 Ein **Pfandrecht** (§ 804 Abs. 1 ZPO) erlangt der Gläubiger mit Pfändung des Anwartschaftsrechts nur an diesem[114], nicht aber auch am (schuldrechtlichen) Eigentumsübertragungsanspruch (Rdn. G.40). Die Anwartschaftspfändung beschränkt zugunsten des Gläubigers (Rdn. B.154) die Verfügungsbefugnis des Schuldners über das Anwartschaftsrecht. Dieser kann über sein Anwartschaftsrecht (voll wirksam) nicht mehr allein (ohne Mitwirkung des Gläubigers) verfügen; er kann es nicht mehr übertragen (der Erwerber könnte nach Übertragung seine Grundbucheintragung beantragen; das Eigentum würde dann unmittelbar vom Veräußerer des Grundstücks auf den Erwerber des Anwartschaftsrechts übergehen) und nicht mehr aufheben (zum Grundbuchverfahren Rdn. G.80). Anspruch auf Erwerb des Eigentums am Grundstück begründet das Pfandrecht am Anwartschaftsrecht nicht. Daher kann der Gläubiger seine Eintragung als Eigentümer nicht betreiben. Das Pfandrecht am Anwartschaftsrecht berechtigt auch nicht zur Geltendmachung des (nicht gepfändeten) schuldrechtlichen Anspruchs auf Übertragung des Eigentums (§ 433 Abs. 1 BGB oder andere Anspruchsgrundlage).

G.76 Das Anwartschaftsrecht wird dem Gläubiger auf Antrag zur Einziehung überwiesen[115] (Bedeutung s. Rdn. G.12). Eine anderweitige Verwertung des gepfändeten Anwartschaftsrechts, insbesondere die Veräußerung nach § 857 Abs. 5, § 844 ZPO, verbietet sich[116].

G.77 Nach (wirksamer) Pfändung der Anwartschaft aus Auflassung entsteht mit der Eigentumsumschreibung auf den Schuldner für den Pfändungsgläubiger kraft Gesetzes eine **Sicherungshypothek** entsprechend § 848 Abs. 2 S. 2 i.V.m. § 857 Abs. 1

---

112 BayObLG (Fn. 110).
113 Insoweit zutreffend OLG Celle (Fn. 32).
114 Hierzu und zum Folgenden siehe Schöner/Stöber, Grundbuchrecht, Rdn. 1590.
115 OLG München, BayJMBl 1953, 10.
116 Hoche, NJW 1955, 931; siehe auch Rdn. G.29.

ZPO[117]. Sie ist Gesamtrecht nach § 1132 BGB bei Pfändung der Anwartschaft aus Auflassung mehrerer Grundstücke[118]. Die Eintragung der Sicherungshypothek in das Grundbuch ist Grundbuchberichtigung (§ 22 Abs. 1 GBO). Sie erfolgt auf Antrag (§ 13 Abs. 1 GBO) des Gläubigers[119] oder Schuldners (= Grundstückseigentümer) bei Nachweis der Grundbuchunrichtigkeit durch Vorlage des Pfändungsbeschlusses mit Zustellungsnachweis[120]; der Mitwirkung eines Sequesters[121] bedarf es nicht[122], weil die Pfändung nicht nach § 848 ZPO durchgeführt wird.

Die Sicherungshypothek geht den im Kauf- oder sonstigen Erwerbsvertrag vereinbarten dinglichen Belastungen des Erwerbsgrundstücks nach, deren Eintragung in Erfüllung der Vertragspflicht aus dem Erwerbsvertrag mit der Auflassung beantragt ist[123] und (wegen § 16 Abs. 2 GBO) gleichzeitig mit dem Eigentumsübergang zu vollziehen ist (s. Rdn. G.50; wegen des „Rang“verhältnisses zu einer geschuldeten, bei Erwerb jedoch nicht mit Vorrang bestellten Grundstücksbelastung s. Rdn. G.51). Das hat auch für Rechte zu gelten, die Dritten nach dem der Auflassung zugrunde liegenden Rechtsverhältnis zu bestellen sind. Die Sicherungshypothek hat aber Rang vor Hypotheken, Grundschulden und anderen Rechten, die **der Schuldner** als Auflassungsempfänger vor der Pfändung und vor Eintragung seines Eigentums einem Dritten (gleiches gilt für Eigentümergrundschuld) bestellt hat[124], ohne dazu auf Grund seines Erwerbsvertrags verpflichtet gewesen zu sein. Gleichgültig ist, ob sie vor oder nach der Pfändung bewilligt[125] wurden. Wenn die Eintragung der kraft Gesetzes entstandenen Sicherungshypothek nicht erfolgt, kann der Berechtigte eines vom Schuldner als Grundstückserwerber bestellten Grundstücksrechts gutgläubig den Vorrang erwerben (siehe Rdn. G.46). **G.78**

Wenn dem Grundbuchamt die Pfändung vor der Eintragung der Auflassung bekannt wird, kann es den Eintragungsantrag nur vollziehen, wenn die Eintragung der Sicherungshypothek für den Gläubiger beantragt ist und gleichzeitig eingetragen werden kann oder wenn die Zustimmung des Gläubigers zu einer anderen Ein- **G.79**

---

117 BGHZ 49, 197 (Fn. 108); BayObLG (Fn. 110); KG, JFG 4, 339; LG Düsseldorf, MittRhNotK 1985, 147 = Rpfleger 1985, 305 mit Anm. Münzberg; LG Essen, NJW 1955, 1401 mit zust. Anm. Horber; LG Wuppertal, NJW 1963, 1255; Hoche, NJW 1955, 931; **a.A.** (der Gläubiger ist hier auf den Antrag zur Eintragung einer Zwangssicherungshypothek nach §§ 867, 932 ZPO verwiesen) BayObLG, HRR 1932 Nr. 1389 = JFG 9, 233.

118 OLG Düsseldorf, DNotZ 1981, 130 = Rpfleger 1981, 199 (200 re.Sp.) m. Anm. Eickmann; s. auch Rdn. G.45.

119 BayObLG (Fn. 110).

120 Das Grundbuchamt muss auch prüfen, ob das gepfändete „angebliche“ Anwartschaftsrecht tatsächlich besteht; OLG Düsseldorf (Fn. 118).

121 Zur Mitwirkung eines gleichwohl bestellten Sequesters siehe BayObLG (Fn. 110).

122 So auch BayObLG (Fn. 110); OLG Düsseldorf (Fn. 118).

123 KG, JFG 4, 339 (346); LG Frankenthal (Fn. 85).

124 BGHZ 49, 197 (Fn. 108); Hoche, NJW 1955, 931; OLG Bremen, MDR 1954, 559 = NJW 1954, 1689. Tlw. anders Böttcher, Rpfleger 1988, 252 (253), Meikel/Böttcher, GBO, § 45 Rdn. 40; Behr, JurBüro 1997, 458 (459): Vorrang auch für Rechte Dritter zur Kaufpreisfinanzierung; abwegig; zutr. dagegen Kerbusch, Rpfleger 1988, 475; Hintzen, Rpfleger 1988, 439 (441).

125 Siehe zur gleichen Rechtslage bei Verpfändung Schöner/Stöber, Grundbuchrecht, Rdn. 1562.

tragung in grundbuchmäßiger Form (§ 29 GBO) beigebracht ist[126]. Die Eintragung der Sicherungshypothek gleichzeitig mit dem Eigentumswechsel kann auch allein von dem Schuldner beantragt werden[127]. Die Eintragung der Auflassung ohne gleichzeitige Eintragung der Sicherungshypothek würde zur Grundbuchunrichtigkeit führen, die vom Grundbuchamt nicht herbeigeführt werden kann[128].

G.80 Dem Eintragungsantrag des Schuldners kann sich der Gläubiger nach wirksamer Pfändung des Anwartschaftsrechts anschließen[129]. Sein Eintragungsantrag ist (hier) als Sicherungsmaßnahme zur Erhaltung des gepfändeten Anwartschaftsrechts zulässig (s. Rdn. B.152). Liegt sein Antrag dem Grundbuchamt vor, so kann der Schuldner die Eintragung der Auflassung nicht mehr durch Rücknahme seines Eintragungsantrages aufhalten.

G.81 Bei einer für den Schuldner[130] als Auflassungsempfänger eingetragenen Auflassungsvormerkung kann die Pfändung des Anwartschaftsrechts eingetragen werden[131]. Die Eintragung ist Grundbuchberichtigung[132]; sie erfordert den Nachweis, dass die Auflassung erklärt ist (s. Rdn. G.84), durch öffentliche oder öffentlich beglaubigte Urkunde (§ 29 Abs. 1 GBO)[133]. Ist noch keine Auflassungsvormerkung eingetragen, so kann der Pfandgläubiger anstelle des Käufers die Eintragung erwirken[134].

G.82 Bei **mehrfacher Pfändung** des Anwartschaftsrechts aus der Auflassung bestimmt sich der **Rang** der Sicherungshypotheken nach der Zeitfolge des Wirksamwerdens der einzelnen Pfändungsbeschlüsse (siehe bereits Rdn. G.60). Die Sicherungshypotheken werden daher in der Reihenfolge der Pfändungen eingetragen. Der Vorrang der Sicherungshypothek des erstpfändenden Gläubigers geht auch nicht dadurch verloren, dass seine Pfändung bei Eintragung der Auflassung und der Sicherungshypothek des zweitpfändenden Gläubigers unbekannt geblieben ist. Durch diese Eintragung hat der zweitpfändende Gläubiger nicht gutgläubig ein vorrangiges Recht erworben (kein Rechtserwerb durch guten Glauben in der Zwangsvollstreckung), so dass auch später die Sicherungshypothek des erstpfändenden Gläubigers im Wege der Grundbuchberichtigung vorrangig einzutragen ist.

---

126 BayObLG, JFG 9, 233 = HRR 1932, 1389; Hoche, NJW 1955, 932; LG Wuppertal, NJW 1963, 1255; siehe auch BayObLG, DNotz 1983, 758 = JurBüro 1983, 1377 = MittRhNotK 1983, 149 (betrifft Verpfändung).
127 Hoche, NJW 1955, 932.
128 Hoche, NJW 1955, 932, behandelt die dem Grundbuchamt bekannte Pfändung als eine zu berücksichtigende Erwerbsbeschränkung des Auflassungsempfängers.
129 Zum Antragsrecht des Pfandgläubigers siehe LG Essen, NJW 1955, 1401; ferner Vollkommer, Rpfleger 1969, 411 m.w.N. in Fn. 33.
130 Nicht somit bei der nach Abtretung des Anwartschaftsrechts für einen Dritten eingetragenen Vormerkung, siehe Rdn. G.47 Fn. 73.
131 Siehe Hoche, NJW 1955, 932 und (für den Fall der Verpfändung) Vollkommer, Rpfleger 1969, 411; Schöner/Stöber, Grundbuchrecht, Rdn. 1600. 1594; Zöller/Herget, ZPO, § 848 Rdn. 13; MünchKomm/Damrau, BGB, § 1274 Rdn. 38; **a.A.** Meikel/Böttcher, GBO, § 20 Rdn. 180.
132 Unzulässig ist daher eine einstweilige Verfügung auf Eintragung eines Widerspruchs zur Auflassungsvormerkung; nicht richtig AG Freudenstadt, MDR 1972, 1033.
133 LG Bonn, Rpfleger 1989, 449; Hintzen, Rpfleger 1989, 439 (441).
134 Vgl. Vollkommer, Rpfleger 1969, 410 (für den Fall der Verpfändung) m.w.N.; siehe auch Rdn. G.47.

Da eine Sicherungshypothek entsprechend § 848 Abs. 2 ZPO nur zur Entstehung gelangt, wenn bei Eigentumsumschreibung die (gepfändete) Anwartschaft besteht, entfällt nach Ansicht des BGH[135] die Wirkung der Pfändung, sobald der Umschreibungsantrag – auch nur erstinstanzlich – zurückgewiesen wird (das gilt nicht, wenn das Anwartschaftsrecht infolge einer Auflassungsvormerkung fortbesteht[136]; s. Rdn. G.84). Die sonach wirkungslos gewordene Pfändung kann dann ein danach mit neuem Umschreibungsantrag neu erwachsenes Anwartschaftsrecht[137] nicht erfassen. G.83

Ein **Anwartschaftsrecht** aus der Auflassung wird unabhängig davon, ob der Auflassungsempfänger den Antrag auf Eigentumsumschreibung gestellt hat, auch bereits anerkannt, wenn die Auflassung erklärt[138] und zugunsten des Auflassungsempfängers eine Auflassungsvormerkung (§ 883 BGB) im Grundbuch eingetragen ist[139]. Bejaht man ein Anwartschaftsrecht auch in einem solchen Fall[140], dann ist es nach Maßgabe des Rdn. G.72 Gesagten pfändbar. Dann kann Eintragung der Sicherungshypothek sogar auch beantragt werden, wenn der Antrag des Schuldners auf Eintragung des Eigentums noch nicht gestellt (oder zurückgewiesen) ist[141]. Die Pfändung auch des Eigentumsverschaffungsanspruchs empfiehlt sich in einem solchen Fall[142] (dazu Rdn. G.90, G.91). G.84

Kein Anwartschaftsrecht begründet die Auflassungsvormerkung, wenn die Auflassung noch nicht erklärt ist[143].

---

135 BGH, DNotZ 1976, 96 (Fn. 108) unter Hinweis auf Mattern, Anm. LM Nr. 9/10 zu § 857 ZPO.

136 LG Düsseldorf (Fn. 117).

137 BGH, DNotZ 1976, 96 (Fn. 108).

138 Ohne Auflassung kein Anwartschaftsrecht, BGHZ 89, 41 (44) = DNotZ 1984, 319 (320) = NJW 1984, 973 (974) = Rpfleger 1984, 143.

139 BGHZ 83, 395 (399) = DNotZ 1982, 619 mit Anm. Ludwig = MDR 1982, 742 = NJW 1982, 1639 = Rpfleger 1982, 271; BGHZ 106, 108 (111) (Fn. 108); OLG Frankfurt (Fn. 73); OLG Hamm, JurBüro 1975, 1514 = DNotZ 1975, 88 = MDR 1975, 758 = NJW 1975, 879. Das setzt auch voraus, dass der gesicherte Auflassungsanspruch besteht (akzessorische Vormerkung ist vom Bestand des gesicherten schuldrechtlichen Anspruchs abhängig); Prüfung durch das Vollstreckungsgericht erfolgt jedoch nicht (gepfändet wird das angebliche Anwartschaftsrecht); Prüfung durch das Grundbuchamt erfolgt nur, wenn Anhalt für Grundbuchunrichtigkeit besteht. Noch weitergehend OLG Düsseldorf (Fn. 118): der Erwerber eines Grundstücks erwirbt ein nach § 857 Abs. 2 ZPO pfändbares Anwartschaftsrecht, wenn die Auflassung erklärt und eine Auflassungsvormerkung zur Sicherung eines wirksam begründeten Eigentumsübertragungsanspruchs bindend bewilligt und beantragt worden ist.

140 Siehe hierzu kritisch Münzberg in Festschrift für Schiedermair, 1976, S. 455 f.; ablehnend zu BGH Reinicke und Tiedtke, NJW 1982, 2281.

141 Dazu und zur Behandlung dieses Antrags durch das Grundbuchamt LG Düsseldorf (Fn. 117) und Münzberg in Anm. dazu. Nicht zulässig ist aber Eintragung des Schuldners als Erwerber und der Sicherungshypothek des Gläubigers auf dessen Antrag unter Verletzung des Anspruchs des Veräußerers auf Bestellung einer vorrangigen Kaufgeldresthypothek; siehe die unrichtige Behandlung des vom LG Frankenthal (Fn. 85) entschiedenen Falls.

142 So auch Münzberg (Fn. 140), S. 444; Münzberg, Rpfleger 1985, 306 (308).

143 BGH, MittBayNot 2000, 245 (246) = NJW 2000, 1268 (1269) = Rpfleger 2000, 221; BFHE 181, 268 (271) = NJW-RR 1997, 399 (400 li.Sp. unten).

4.2. Ein Umschreibungsantrag ist überhaupt noch nicht gestellt oder zurückgewiesen oder nur vom Veräußerer gestellt

G.85 Wenn nach Auflassung ein Umschreibungsantrag noch überhaupt nicht oder nur vom Veräußerer gestellt ist oder wenn ein vom Auflassungsempfänger (= Schuldner) gestellter Umschreibungsantrag vom Grundbuchamt (wenn auch nur erstinstanzlich) zurückgewiesen ist und auch eine Auflassungsvormerkung nicht im Grundbuch eingetragen ist (Rdn. G.84), hat der Auflassungsempfänger kein übertragbares und damit kein pfändbares Anwartschaftsrecht[144].

G.86 Pfändung einer **zukünftigen**, durch die Stellung bzw. Wiederholung des Eintragungsantrags oder mit Aufhebung der Antragszurückweisung durch das Beschwerdegericht entstehenden Auflassungsanwartschaft kann nicht erfolgen, weil der Auflassungsanspruch (Eigentumsverschaffungsanspruch) als gegenwärtig pfändbarer Anspruch besteht und die Art und Weise der Pfändung sich nach dem Vollstreckungsobjekt im Zeitpunkt der Pfändung bestimmt[145] (siehe hierzu Rdn. F.229).

G.87 Umdeutung (Auslegung) der Pfändung der noch nicht begründeten („ungesicherten" oder „schwächeren") Anwartschaft in eine Pfändung des Eigentumsübertragungsanspruchs ist nicht für zulässig zu erachten. Für solche Auslegung[146] des Pfändungsbeschlusses, der die (sog. „schwächere") Anwartschaft als gepfändet bezeichnet, in die Pfändung des Eigentumsverschaffungsanspruchs kann nicht schon allein genügen, dass der Beschluss auch an den veräußernden Eigentümer als Drittschuldner zugestellt ist[147]. Weil der Veräußerer für die Pfändung des Eigentumsübertragungsanspruchs Drittschuldner ist, muss der Pfändungsbeschluss vielmehr das an ihn gerichtete, für die Wirksamkeit wesentliche Leistungsverbot enthalten (Rdn. B.94). Dieses Leistungsverbot würde bei Bezeichnung des Pfandgegenstands als Anwartschaftsrecht zugleich auch dann einen eine Umdeutung rechtfertigenden wesentlichen Anhaltspunkt ausweisen; freilich kommt dann der Inhalt des Pfändungsbeschlusses schon einer Doppelpfändung näher als der durch Auslegung zu ermittelnden Pfändung nur des Eigentumsübertragungsanspruchs. Eine Pfändung der noch nicht begründeten („ungesicherten" oder „schwächeren") Anwartschaft geht somit ins Leere[148].

---

144 BGHZ 106, 108 (Fn. 108); BGH, DNotZ 1976, 96 (Fn. 108); OLG Jena (Fn. 62); außerdem BGHZ 45, 186 = DNotZ 1966, 673 = MDR 1966, 489 = NJW 1966, 1019. Zur früher abweichenden Ansicht, dass die Rechtsstellung des Auflassungsempfängers als sog. „schwächere (auch ungesicherte) Anwartschaft" bereits ein der Pfändung unterliegendes Vermögensrecht begründe, s. 8. Auflage Rdn. 2067 mit Nachw.

145 Darauf deutet auch Münzberg (Fn. 140), S. 444 hin. So außerdem OLG Jena (Fn. 62).

146 Siehe zur Auslegung des Pfändungsbeschlusses allgemein Rdn. B.101 ff. und hinsichtlich der Bezeichnung der zu pfändenden Forderung Rdn. B.104 ff.

147 So aber – nur allgemein gehalten – wohl Münzberg (Fn. 140), S. 445.

148 BGHZ 106, 108 (111) (Fn. 108); OLG Jena (Fn. 62).

4.3. Fortbestehen des Eigentumsübertragungsanspruchs nach Auflassung

Die Auflassung (§ 925 BGB) führt nicht zum Erlöschen des schuldrechtlichen Eigentumsübertragungsanspruchs[149]. Er besteht fort, bis mit Eigentumsübergang Erfüllung eingetreten ist. Der schuldrechtliche Eigentumsübertragungsanspruch besteht nach Auflassung neben dem (pfändbaren) Anwartschaftsrecht (Rdn. G.72), kann somit selbstständig gepfändet werden. Besonderheiten zeigen sich, weil die Pfändung des schuldrechtlichen Eigentumsübertragungsanspruchs mit Beschlusszustellung an den Veräußerer als Drittschuldner wirksam wird (Rdn. G.7), während das Anwartschaftsrecht aus Auflassung als drittschuldnerloses Recht durch Zustellung des Pfändungsbeschlusses an den Schuldner gepfändet wird[150], außerdem, weil § 848 Abs. 2 ZPO bei Pfändung des Eigentumsübertragungsanspruchs die Mitwirkung eines Sequesters gebietet, während bei der Anwartschaftspfändung ein Sequester nicht eingeschaltet ist. G.88

Die Pfändung der Anwartschaft und des fortbestehenden Eigentumsübertragungsanspruchs stehen dem Gläubiger **wahlweise** zur Verfügung[151], Rechts- und Anspruchspfändung können auch gemeinsam (in einem Beschluss) erfolgen[152]. G.89

Die Pfändung des Eigentumsverschaffungsanspruchs empfiehlt sich auch, wenn das Anwartschaftsrecht bereits gepfändet ist oder gleichzeitig gepfändet wird. Die Pfändung der Anwartschaft ermöglicht dem Gläubiger nur die Befriedigung aus der durch Auflassung erlangten Rechtsposition des Schuldners als Grundstückserwerber. Auf Rechtsbeziehungen zu dem schuldrechtlich zur Eigentumsübertragung verpflichteten bisherigen Grundstückseigentümer erstrecken sich die Wirkungen dieser Pfändung nicht. Wenn der Antrag auf Auflassung vom Grundbuchamt zurückgewiesen wird, insbesondere wenn die Auflassung unwirksam wird (oder ist), sowie bei einer Auflassung, zu der ein Umschreibungsantrag des Schuldners nicht gestellt ist, und weiter, wenn der Veräußerer das Grundstück weiter veräußert, führt die Pfändung nur des Anwartschaftsrechts daher nicht oder nicht in dem erstrebten Ausmaß zum Erfolg. Insbesondere kann der Gläubiger bei Pfändung nur der Anwartschaft, bei der der Veräußerer nicht Drittschuldner ist, gegen diesen keine Ansprüche verfolgen, so nicht den Anspruch auf Wiederholung einer nichtigen oder zurückgewiesenen Auflassung. Auch hat der Gläubiger in diesem Fall keine Befriedigungsmöglichkeit aus dem wegen Nichterfüllung gegen den Veräußerer bestehenden Schadensersatzanspruch (siehe Rdn. B.367). G.90

---

149 BGH, DNotZ 1995, 47 = NJW 1994, 2947 = Rpfleger 1995, 101; RGZ 113, 403 (405); BayObLGZ 1985, 332 = Rpfleger 1986, 48; BayObLG, DNotZ 1997, 337 (338) = NJW-RR 1997, 1173; KG, DNotZ 1971, 418 (420) = OLGZ 1971, 457 = Rpfleger 1971, 312 (313) mit Anm. Haegele; OLG Düsseldorf, MittRhNotK 1989, 252; OLG Frankfurt (Fn. 73); OLG Jena (Fn. 62); OLG München, NotBZ 2010, 469 = Rpfleger 2010, 365; Vollkommer, Rpfleger 1969, 409 (414); Vollkommer, Rpfleger 1972, 18. Offengelassen noch von BGHZ 49, 197 (204) (Fn. 108).

150 Da bei Anwartschaftspfändung ein Drittschuldnerverbot fehlt, ist auch ihre Umdeutung in die Pfändung des Eigentumsverschaffungsanspruchs im Wege der Auslegung des Pfändungsbeschlusses ausgeschlossen.

151 Vollkommer, Rpfleger 1969, 413; LG Essen, NJW 1955, 1401 mit zust. Anm. Horber; KG, JFG 4, 339; s. außerdem Rdn. G.84.

152 BayObLG, DNotZ 1997, 337 (338) (Fn. 149); OLG Frankfurt (Fn. 73).

G.91 Die Pfändung nur des Anwartschaftsrechts erfasst nicht zugleich auch den Eigentumsübertragungsanspruch (und umgekehrt); es handelt sich um selbstständige Vermögensrechte, die jeweils gesondert gepfändet werden müssen[153]. Die Pfändung des Anwartschaftsrechts kann daher auch nicht als Pfändung auch des Eigentumsübertragungsanspruchs ausgelegt werden, desgleichen (umgekehrt) die Pfändung des Eigentumsübertragungsanspruchs nicht als Pfändung des Anwartschaftsrechts. Es handelt sich um verschiedene (selbstständige) Vermögensrechte; bei Pfändung muss daher jedes Einzelrecht als solches bestimmt bezeichnet werden. Überdies fehlt bei Anwartschaftspfändung ein Drittschuldnerverbot, so dass sie nicht im Wege der Auslegung als Pfändung (auch) des schuldrechtlichen Anspruchs mit Drittschuldnerverbot (oder umgekehrt) angesehen werden kann.

G.92 Wenn eine Pfändung des Eigentumsübertragungsanspruchs (wirksam geworden vor oder nach Auflassung) und eine Pfändung der Anwartschaft zusammentreffen, gilt der Grundsatz der Priorität (§ 804 Abs. 3 ZPO). Ein Vorrang des Pfandrechts an der Anwartschaft besteht auch dann nicht, wenn der Eigentumsübertragungsanspruch erst nach der Auflassung (aber vor der Anwartschaft) gepfändet wurde. Die Sicherungshypotheken bestimmen sich also nach der zeitlichen Reihenfolge der Entstehung der Pfandrechte am Anspruch oder an der Anwartschaft. Für dieses Rangverhältnis der mit dem Eigentumsübergang entstehenden Sicherungshypotheken ist also bedeutungslos, ob sie aus einem Pfandrecht am Eigentumsübertragungsanspruch oder am Anwartschaftsrecht hervorgegangen sind[154].

G.93 Die Grundbucheintragung auf Schuldnerantrag nach der Pfändung des Anspruchs auf Übertragung des Eigentums oder des Anwartschaftsrechts aus Auflassung (ohne gleichzeitige Eintragung der Sicherungshypothek für den Gläubiger) kann mit Zustimmung des Gläubigers (Form: § 29 Abs. 1 GBO) erfolgen (nur relative Wirkung der Pfändung).

---

153 OLG Hamm, FamRZ 2008, 1075 = Rpfleger 2008, 190; OLG München (Fn. 149); Zöller/Herget, ZPO, § 848 Rdn. 15.

154 Vollkommer, Rpfleger 1969, 413.

Teil H
Zwangsvollstreckung in Forderungen aus Wechseln, anderen indossablen Papieren usw. (§ 831 ZPO)

1. Wechselforderungen und durch Orderpapiere verbriefte Forderungen

1.1. Wechsel und indossable Papiere

H.1 **Schrifttum:** Geißler, Die vollstreckungsrechtliche Behandlung der Order-Papiere des § 831 ZPO, DGVZ 1986, 110; Hezel, Zwangsvollstreckung in Wertpapiere unter Beachtung der Grundsätze des Vollstreckungs- sowie materiellen Rechts, Rpfleger 2006, 105.

H.2 Die Pfändung von **Forderungen aus Wechseln** (§§ 1 ff. WG) und anderen Papieren, die durch **Indossament übertragen** werden können, hat durch den Gerichtsvollzieher zu erfolgen (§ 831 ZPO). Andere Papiere, deren verbriefte Forderungen durch Indossament übertragen werden, können über die Leistung von Geld, Wertpapiere oder andere vertretbare Sachen (Warenforderungen) ausgestellt sein. Es sind dies die handelsrechtlichen Papiere des § 363 HGB, wenn sie an Order lauten, somit die kaufmännische Anweisung, der kaufmännische Verpflichtungsschein, Konnossemente der Verfrachter[1], Ladescheine der Frachtführer, Lagerscheine sowie Transportversicherungspolicen. Zu unterscheiden von diesen indossablen Papieren sind die **Wertpapiere** (Inhaber- und Namenspapiere, die durch Indossament oder auch durch Abtretung und Übergabe der Papiere übertragen werden[2]). Diese werden bei Zwangsvollstreckung wegen Geldforderungen wie bewegliche körperliche Sachen behandelt, mithin nach § 808 (auch § 809) ZPO durch den Gerichtsvollzieher gepfändet[3] und nach §§ 821–823 ZPO verwertet (Rdn. H.15).

1.2. Pfändung

H.3 Bei Forderungen aus Wechseln oder anderen indossablen Papieren ist der Drittschuldner nur zur Zahlung an den durch das Papier legitimierten Gläubiger ver-

---

1 Siehe zur Schiffsladung, über die ein Orderkonnossement ausgestellt ist, BGH, DB 1980, 1937 = MDR 1980, 1016.
2 Zöller/Herget, ZPO, § 821 Rdn. 2–4a.
3 Hezel, Rpfleger 2006, 105.

pflichtet. Die **Pfändung** der Forderung aus einem solchen Papier erfordert deshalb die Sicherstellung des verbrieften Rechts durch **Zugriff auf das Papier**; sie erfolgt daher – wie bei körperlichen Sachen – dadurch, dass der **Gerichtsvollzieher** das Papier in Besitz nimmt (§§ 831, 808 Abs. 1 ZPO). Ein Pfändungsbeschluss ist nicht erforderlich; er hätte keinerlei Wirkungen[4]. Wenn aber der durch ein indossables kaufmännisches Orderpapier verkörperte Herausgabeanspruch[5] durch Pfändung des Herausgabeanspruchs gepfändet wird und daraufhin die Herausgabe an den Gerichtsvollzieher erfolgt ist, ist die Pfändung nur fehlerhaft, aber nicht wirkungslos und nichtig[6].

Der Gerichtsvollzieher pfändet Forderungen aus Wechseln und anderen indossablen Papieren regelmäßig nur auf ausdrückliche Anweisung des Gläubigers oder wenn er ausreichende sonstige Pfandstücke nicht vorfindet, weil die Zahlungsfähigkeit des Drittschuldners meist nicht feststeht (§ 123 Abs. 2 GVGA).

H.4 Durch den Gerichtsvollzieher erfolgt die Pfändung auch, wenn sich das indossable Papier im **Gewahrsam des Gläubigers** oder eines zur Herausgabe bereiten **Dritten** befindet (§ 809 ZPO). Wenn der Dritte nicht herausgabebereit ist, muss der Anspruch auf Herausgabe nach § 847 ZPO mit der Maßgabe gepfändet werden, dass der Wechsel oder das sonstige indossable Papier an den Gerichtsvollzieher herauszugeben ist[7]. Mit der Herausgabe an den Gerichtsvollzieher ist dann der Wechsel oder das sonstige Papier mit dem Pfandrecht behaftet; die Verwertung erfolgt anschließend nach § 835 ZPO.

H.5 Eine **Anschlusspfändung** erfolgt nach § 826 ZPO.

Wegen der Pfändung der Forderung aus einem indossablen Papier, für die eine **Sicherungshypothek** eingetragen ist (§ 1187 BGB), siehe auch Rdn. F.9, F.57.

1.3. Pfandverwertung

H.6 Die **Pfandverwertung** eines nach § 831 ZPO vom Gerichtsvollzieher gepfändeten Wechsels oder Anspruchs aus einem sonstigen indossablen Papier erfolgt nach §§ 835 ff. ZPO. Eine Versteigerung nach §§ 814 ff. ZPO wäre ungültig[8].

H.7 Der **Überweisungsbeschluss** oder die Anordnung einer anderen Art der Verwertung ergehen auf Antrag des Gläubigers (nicht des Gerichtsvollziehers) durch das Vollstreckungsgericht. Örtlich zuständig ist das Amtsgericht, in dessen Bezirk der Schuldner seinen allgemeinen Gerichtsstand hat, nicht das Vollstreckungsgericht, in dessen Bezirk der Gerichtsvollzieher gepfändet hat[9] (siehe Rdn. B.8). Dem Vollstreckungsgericht sind mit dem Antrag die für den Beginn der Zwangsvollstreckung erforderlichen Urkunden vorzulegen (siehe Rdn. B.39); der Nachweis der

---

4 RGZ 61, 330 (331).
5 Im entschiedenen Fall eine Schiffsladung, über die ein Orderkonnossement ausgestellt war.
6 BGH (Fn. 1).
7 KG, JW 1926, 2111.
8 RGZ 35, 75.
9 Letzteres ist aber zuständig für Erinnerungen gegen das Pfändungsverfahren des Gerichtsvollziehers, siehe § 764 Abs. 2 ZPO.

wirksamen Pfändung des Papiers kann durch Bezugnahme auf das Pfändungsprotokoll des am Sitz des Vollstreckungsgerichts tätigen Gerichtsvollziehers oder durch Vorlage einer beglaubigten Abschrift dieses Pfändungsprotokolls geführt werden.

Formulierungsvorschlag: H.8

Die Rechte aus dem vom Gerichtsvollzieher … in … am … gepfändeten Wechsel über … Euro, der von … ausgestellt, von … als Bezogener angenommen und am … in … zahlbar ist, werden hiermit in Höhe von … Euro Hauptsache nebst … % Zinsen hieraus und … Euro Kosten auf Grund des vollstreckbaren Urteils des Amtsgerichts … vom …, Aktenz.: … dem Gläubiger zur Einziehung überwiesen.

Die **anderweitige Verwertung** kann nach § 844 ZPO erfolgen; dazu siehe Rdn. E.7. Dabei genügt für die Übertragung der Rechte aus dem Wechsel die Übergabe der Urkunde[10]; ein weiterer Übertragungsakt ist nicht notwendig. Ein Indossament wird nicht für zulässig gehalten[11]. Als Verwertung im Wege des freihändigen Verkaufs kann insbesondere die Diskontierung des Wechsels angeordnet werden[12]. H.9

1.4. Urkundenverwahrung

Die weggenommenen **Urkunden verwahrt der Gerichtsvollzieher** so lange, bis das Vollstreckungsgericht sie einfordert oder bis ihm ein Beschluss des Vollstreckungsgerichts vorgelegt wird, durch den die Überweisung der Forderung an den Gläubiger ausgesprochen oder eine andere Art der Verwertung angeordnet wird (siehe § 123 Abs. 4 GVGA). Werden gepfändete Wechsel zahlbar, bevor eine gerichtliche Entscheidung über ihre Verwertung ergangen ist, so sorgt der Gerichtsvollzieher in Vertretung des Gläubigers für die rechtzeitige Vorlegung, eventuell auch für die Protesterhebung. Wenn der Wechsel bezahlt wird, hinterlegt der Gerichtsvollzieher den bezahlten Betrag (§ 123 Abs. 5 GVGA). An diesem Hinterlegungsbetrag setzt sich das Pfändungspfandrecht des Gläubigers fort; die Überweisung ist sodann auf den Hinterlegungsbetrag zu beziehen. H.10

1.5. Herausgabe körperlicher Sachen

Geht die durch das Papier ausgewiesene Forderung auf **Herausgabe von körperlichen Sachen** (siehe § 363 HGB), so ist bei der Überweisung die Herausgabe an einen vom Gläubiger zu beauftragenden Gerichtsvollzieher anzuordnen (§ 847 ZPO). Die herauszugebende Sache wird von der Pfändung erst mit ihrer Herausgabe an diesen Gerichtsvollzieher erfasst. Ihre Verwertung bestimmt sich gemäß § 847 Abs. 2 ZPO nach den Vorschriften über die Verwertung von Sachen, die der Gerichtsvollzieher gepfändet hat (siehe Rdn. G.20). H.11

---

10 RGZ 61, 330 (332).
11 Stein/Jonas/Würdinger, ZPO, § 844 Rdn. 9.
12 OLG Hamburg, OLGE 29, 221.

1.6. Blankowechsel

H.12 **Schrifttum:** Feudner, Die Zwangsvollstreckung in Blankowechsel, NJW 1963, 1239; Schmalz, Die Zwangsvollstreckung in Blankowechsel NJW 1964, 141; Weimar, Rechtsfragen zum Blankowechsel, MDR 1965, 20; Weimar, Die Zwangsvollstreckung in Wertpapiere und sonstige Urkunden, JurBüro 1982, 357.

H.13 Das **Ausfüllungsrecht** beim Blankowechsel ist als Befugnis, den Wechsel nach vertraglicher Abrede oder mangels solcher in verkehrsüblicher Weise zu einem Vollwechsel zu ergänzen, ein Vermögensrecht[13]. Als solches wird es zusammen mit der Blanketturkunde (= dem nicht voll ausgefüllten Wechsel) nach § 831 ZPO dadurch gepfändet, dass der **Gerichtsvollzieher die Blanketturkunde in Besitz nimmt**[14]. Ein Pfändungsbeschluss muss und kann daneben nicht erwirkt werden[15], er ist daher unzulässig.

H.14 Die **Verwertung** erfolgt durch Überweisung zur Einziehung des gepfändeten Ausfüllungsrechts und der mit Ausfüllung bestehenden Wechselforderung nach § 835 ZPO, also durch Überweisungsbeschluss[16]. Eine Überweisung an Zahlungs statt verbietet sich mangels Nennwert[17]. Durch den Überweisungsbeschluss wird dem Gläubiger das Recht gegeben, das dem Schuldner zustehende Ausfüllungsrecht auszuüben[18] und in Höhe seiner Vollstreckungsforderung die mit der Ausfüllung entstandene Wechselforderung beim Wechselschuldner einzuziehen.

2. Andere Wertpapiere, Scheck

2.1. Wertpapiere

H.15 **Wertpapiere** (s. Rdn. H.2) werden bei der Zwangsvollstreckung wie bewegliche körperliche Sachen behandelt. Diese Papiere werden durch den Gerichtsvollzieher gepfändet (§ 808 Abs. 1, auch § 809 ZPO) und verwertet (§§ 821–823 ZPO), ohne dass es eines Überweisungsbeschlusses bedarf. Hierher gehören auch indossable Papiere, die nicht Forderungspapiere sind, vornehmlich also Papiere, die ein Mitgliedschaftsrecht verbriefen wie insbesondere Namensaktien (siehe § 61 AktG). Sonstige Wertpapiere sind z.B. Inhaberaktien, Kuxe, Schuldverschreibungen auf den Inhaber, Inhaber-Grundschuldbriefe, ausländische Banknoten sowie die sogenannten kleinen (unvollkommenen) Inhaberpapiere (§ 807 BGB) wie Lotterielose, Eintrittkarten[19] und Briefmarken[20].

---

13 Schmalz, NJW 1964, 141 m.w.N.

14 LG Darmstadt, DGVZ 1990, 157; Schmalz, NJW 1964, 141; Weimar, MDR 1965, 20; Weimar, JurBüro 1982, 357 (358); Geißler, DGVZ 1986, 110 (112); Zöller/Herget, ZPO, § 831 Rdn. 5; Stein/Jonas/Würdinger, ZPO, § 831 Rdn. 3; Wieczorek/Schütze/Lüke, ZPO, § 831 Rdn. 3.

15 So die ganze herrschende Meinung; **a.A.** Feudner, NJW 1963, 1239, der das Papier nach § 831, die Ausfüllungsbefugnis daneben nach § 829 ZPO (analog) pfänden will (Doppelpfändung); siehe dazu aber Schmalz, NJW 1964, 141.

16 Schmalz, NJW 1964, 141 m.w.N.; LG Darmstadt, (Fn. 14).

17 Schmalz, NJW 1964, 141

18 Schmalz, NJW 1964, 141 m.w.N.; Zöller/Herget, ZPO, § 831 Rdn. 5.

19 BGHZ 178, 63 Rdn. 49 = NJW 2009, 1504; OLG München, NJW-RR 2011, 1359.

20 BGHZ 164, 286 = NJW 2006, 54 = ZIP 2005, 2197.

2.2. Scheck

Schrifttum: Höppner, Bearbeitung und Pfändung von Schecks durch den Vollstreckungsbeamten, KKZ 1991, 64; Prost, Die Pfändung und zwangsweise Verwertung von Schecks im Inlandverkehr, NJW 1958, 1618. H.16

Ein vom Aussteller schon unterschriebener, aber noch **nicht begebener Scheck** ist nicht pfändbar, weil das „Recht auf Vorlage" kein pfändbares Recht im Sinne des § 857 ZPO ist[21]. Dem Gläubiger bietet sich jedoch die Möglichkeit, das Bankguthaben nach dem Rdn. A.238 ff. Gesagten zu pfänden. H.17

Einen **Scheck**, den ein **Dritter ausgestellt** und dem Schuldner ausgehändigt hat, pfändet der Gerichtsvollzieher durch Wegnahme des Papiers (§ 123 Nr. 1 GVGA)[22]. Der auf eine bestimmte Person zahlbar gestellte Scheck kann indossiert werden (Art. 14 Abs. 1 ScheckG); er ist mithin nach § 831 ZPO zu behandeln. Der auf eine bestimmte Person zahlbar gestellte Scheck mit dem Vermerk „nicht an Order" kann nicht indossiert werden (Art. 14 Abs. 2 ScheckG); er ist somit nach §§ 821–823 ZPO zu verwerten. **Inhaberschecks** (dazu gehört auch der Scheck, in dem der Name des Zahlungsempfängers mit dem Zusatz „oder Überbringer" angegeben ist, Art. 5 Abs. 2 ScheckG) können zwar indossiert werden. Das Indossament hat hier aber nur Garantiefunktion, macht jedoch den Scheck nicht zum Orderpapier. Daher ist auch der Inhaberscheck nach §§ 821–823 ZPO zu verwerten. In allen Fällen dürfte aber Verwertung nach §§ 825, 844 ZPO sachdienlicher sein[23]. Der Gerichtsvollzieher kann bei dieser Verwertung angewiesen werden, den Gegenwert des Schecks durch Vorlage bei der bezogenen Bank einzuziehen und alsdann den Gläubiger zu befriedigen. Weil die Pfändung den Gerichtsvollzieher in die Lage versetzt, den Scheck (auch einen Verrechnungsscheck) der bezogenen Bank vorzulegen und den durch die Einlösung erlangten Betrag unmittelbar dem Gläubiger auszuhändigen, wird auch diese Verwertung für zulässig erachtet[24]. Die Einlösung scheitert aber, wenn der Aussteller den Scheck sperren lässt. H.18

Ein auf die **Deutsche Bundesbank** gezogener und bestätigter Scheck ist nach dem vorstehend Gesagten zu pfänden und zu verwerten, gleichgültig, ob der Schuldner oder ein Dritter Aussteller ist[25]. H.19

3. Anteilscheine (Investmentzertifikate)

Schrifttum: Berner, Die Pfändung von Investmentzertifikaten und ihre Verwertung, Rpfleger 1960, 33. H.20

Anteilscheine, die Anteile an Sondervermögen (Investmentfonds) einer Kapitalanlagegesellschaft[26] verbriefen, können auf den Inhaber oder auf den Namen H.21

21 Prost, NJW 1958, 1618.
22 Prost, NJW 1958, 1618; LG Göttingen, DGVZ 1984, 9 = NJW 1983, 635; siehe auch OLG Hamm, NJW-RR 1988, 379.
23 Prost, NJW 1958, 1618, hält nur diese Verwertung als die richtige Lösung.
24 LG Göttingen (Fn. 22).
25 Prost, NJW 1958, 1618.
26 Siehe dazu das Kapitalanlagegesetzbuch (KAGB) vom 4.7.2013 (BGBl I 1981).

lauten (§ 95 KAGB). Beide Arten sind vollkommene Wertpapiere[27]. Gepfändet werden

- **Inhaber**anteilscheine durch den Gerichtsvollzieher nach § 808 ZPO[28]. Verwertet werden diese Inhaberpapiere durch den Gerichtsvollzieher nach § 821 ZPO;
- **Namens**anteilscheine durch den Gerichtsvollzieher nach § 808 ZPO[29]. Sie werden nicht nach § 831 ZPO, sondern durch den Gerichtsvollzieher nach § 821 ZPO durch Veräußerung aus freier Hand zum Tagespreis verwertet[30]. Das Indossament bzw. die Abtretungserklärung des § 822 ZPO stellt der Gerichtsvollzieher an Stelle des Schuldners aus, nachdem er vom Vollstreckungsgericht (Rechtspfleger, § 20 Abs. 1 Nr. 17 RPflG) dazu ermächtigt worden ist[31].

---

27 Berner, Rpfleger 1960, 33.
28 Berner, Rpfleger 1960, 33 m.w.N.; Viertelhausen, DGVZ 2000, 129 (130).
29 Siehe Fn. 28. Auch ein Immobilien-Zertifikat, das als Namenspapier oder auf den Namen lautendes Investment-Zertifikat ausgegeben ist, ist durch den Gerichtsvollzieher zu pfänden, LG Berlin, DGVZ 1970, 170 = Rpfleger 1970, 361.
30 Siehe Fn. 28.
31 Berner, Rpfleger 1960, 33.

Anhang: Vertretungsanordnungen

1. Bund

a) Anordnung über die Vertretung der Bundesrepublik Deutschland im Geschäftsbereich des Bundesministeriums der Justiz (BMJ-Vertretungsanordnung – BMJVertrAnO)

vom 1.2.2013 (BGBl I 167)

§ 2 Vertretungsbefugnis

(1) Die Bundesrepublik Deutschland wird durch die Bundesministerin oder den Bundesminister der Justiz vertreten.

(2) Innerhalb des Bundesministeriums der Justiz richtet sich die Vertretung der Bundesministerin oder des Bundesministers nach den Bestimmungen der Gemeinsamen Geschäftsordnung der Bundesministerien und des Geschäftsverteilungsplans.

(3) Den Leiterinnen und Leitern der Gerichte und Behörden, die zum Geschäftsbereich des Bundesministeriums der Justiz gehören, wird die Vertretungsbefugnis in folgenden Fällen übertragen: …

3. in Vollstreckungsverfahren, die die Bundesrepublik Deutschland als Drittschuldnerin betreffen, insbesondere nach den §§ 828 bis 863 der Zivilprozessordnung oder den §§ 309 bis 321 der Abgabenordnung, soweit das Gericht oder die Behörde die Zahlung der Bezüge oder die Bewirkung der sonst geschuldeten Leistung anzuordnen hat; …

§ 4 Zustellungen

(1) Wird an eine nicht zur Vertretung der Bundesrepublik Deutschland befugte Person zugestellt, so unterrichtet diese unverzüglich die Absenderin oder den Absender.

(2) Ist die zur Vertretung befugte Person offenkundig und zweifelsfrei feststellbar, kann das zugestellte Dokument dorthin weitergeleitet werden; hierüber ist die Absenderin oder der Absender zu unterrichten.

b) [für den Bereich des Bundesministeriums der Verteidigung:] Vertretung des Bundes als Drittschuldner; Mitteilung über Abtretungserklärungen, Pfändungs- und Überweisungs- sowie Insolvenzbeschlüsse an die personalbearbeitenden Dienststellen[1]

Zentrale Dienstvorschrift vom 18.11.2015 (GMBl 1348)

1 Grundsätze

101. Bei der Zustellung von Pfändungs- und Überweisungsbeschlüssen (§ 829 der Zivilprozessordnung – ZPO), Pfändungsbenachrichtigungen (§ 845 ZPO) sowie sonstigen Pfändungs- und Überweisungsentscheidungen oder -benachrichtigungen wird der Bund als Drittschuldner bei Forderungen gegenüber den Angehörigen oder den ehemaligen Angehörigen des Geschäftsbereichs des Bundesministeriums der Verteidigung (BMVg) oder den ehemaligen Angehörigen der Nationalen Volksarmee (NVA) wie folgt vertreten:

a) bei der Pfändung von Bezügen der Soldatinnen und Soldaten nach § 1 Absatz 1 des Wehrsoldgesetzes (WSG) durch

die für die Wehrsoldzahlung der Soldatin oder des Soldaten zuständige Stelle,

das Bundesamt für Infrastruktur, Umweltschutz und Dienstleistungen der Bundeswehr (BAIUDBw), wenn die Soldatin oder der Soldat einer Dienststelle im Ausland angehört (Anschrift siehe Abschnitt 4);

b) bei der Pfändung von Dienstbezügen der Soldatinnen und Soldaten, Beamtinnen und Beamten, Richterinnen und Richter, von Unterhaltszuschüssen der Beamtinnen und Beamten auf Widerruf im Vorbereitungsdienst, von Versorgungsbezügen der Soldatinnen auf Zeit und Soldaten auf Zeit sowie ihrer Hinterbliebenen, von Entgelt der Arbeitnehmerinnen und Arbeitnehmer sowie Auszubildenden, von nicht in die gesetzliche Rentenversicherung überführten Versorgungsleistungen nach der geschlossenen Versorgungsordnung der NVA an ehemalige Angehörige der NVA (Dienstbeschädigungsausgleich, Übergangsrente)

durch diejenige Organisationseinheit des Bundesverwaltungsamtes (BVA), die die Zahlung dieser Bezüge anzuordnen hat (Anschriften siehe Nr. 401 c));

c) bei der Pfändung von Versorgungsbezügen der Berufssoldatinnen und Berufssoldaten sowie ihrer Hinterbliebenen nach dem zweiten Teil des Soldatenversorgungsgesetzes, der Beamtinnen, Beamten, Richterinnen und Richter sowie ihrer Hinterbliebenen nach dem Beamtenversorgungsgesetz

durch das Service-Center der Generalzolldirektion, das die Zahlung dieser Bezüge anzuordnen hat (Anschriften siehe Nr. 401 d));

d) bei der Pfändung sonstiger Ansprüche

durch die Stelle, die die geschuldete Leistung, insbesondere die Auszahlung des geschuldeten Geldbetrages, anzuordnen hat.

---

1 Siehe zu den früheren Fassungen der Verwaltungsanordnung die Abhandlungen von Doerr, NJW 1960, 1094; Laeger, NJW 1960, 2328; Goosmann, KKZ 1980, 38.

2 Verfahren

201. Wird ein Pfändungs- und Überweisungsbeschluss oder ein sonstiges der in Nr. 101 genannten Schriftstücke einer Stelle zugestellt, so hat sie auf dem zugestellten Schriftstück den Zeitpunkt des Eingangs nach Tag, Stunde und Minute zu vermerken und dann sofort zu prüfen, ob sie zur Entgegennahme der Zustellung zuständig ist.

202. Ist an eine Stelle zugestellt worden, die nach Abschnitt 1 zur Vertretung des Bundes nicht zuständig ist, so hat sie das Schriftstück dem Gläubiger unverzüglich mit einem entsprechenden Anschreiben zurückzusenden. Hierüber ist ein Vermerk zu den Akten zu nehmen. Im Anschreiben an den Gläubiger ist der Grund der Rücksendung anzugeben. Kann die zur Vertretung des Bundes zuständige Stelle im Geschäftsbereich des BMVg zweifelsfrei ermittelt werden, so ist sie dem Gläubiger zu benennen. Keinesfalls darf eine Stelle, die zur Vertretung des Bundes in der Angelegenheit nicht zuständig ist, das Schriftstück an die zuständige Stelle weiterleiten.

203. Ist eine Stelle außerhalb des Geschäftsbereichs des BMVg zur Vertretung des Bundes als Drittschuldner zuständig und steht diese zweifelsfrei fest, bleibt die Pfändung wirksam. In diesem Fall ist der Pfändungs- und Überweisungsbeschluss mit den sonstigen die Pfändung betreffenden Unterlagen an die zuständige Stelle weiterzuleiten.

4 Anschriften der Vertretungsbehörden

401. Im Nachfolgenden sind die Anschriften der Vertretungsbehörden aufgelistet:

a) Für die freiwillig Wehrdienst leistenden Soldatinnen und Soldaten, vgl. Nr. 101 a)

   das jeweils zuständige Bundeswehr-Dienstleistungszentrum.

b) Für die bei einer Bundeswehr-Dienststelle im Ausland beschäftigten Soldatinnen und Soldaten:

   das Bundesamt für Infrastruktur, Umweltschutz und Dienstleistungen der Bundeswehr, Fontainengraben 200, 53123 Bonn.

c) Für Soldatinnen und Soldaten, Beamtinnen und Beamte, Arbeitnehmerinnen und Arbeitnehmer sowie für Empfängerinnen oder Empfänger von Dienstzeitversorgung als ehemalige Soldatin auf Zeit oder ehemaliger Soldat auf Zeit oder deren Hinterbliebene, von Dienstbeschädigungsausgleich oder von Übergangsrente nach der geschlossenen Versorgungsordnung der ehemaligen NVA, vgl. Nr. 101 b)

Bundesverwaltungsamt	Bundesverwaltungsamt
Außenstelle Hannover	Außenstelle Stuttgart
Hans-Böckler-Allee 16	Heilbronner Straße 186
30173 Hannover	70191 Stuttgart

Bundesverwaltungsamt
Außenstelle Kiel
Feldstraße 234
24106 Kiel

Bundesverwaltungsamt
Außenstelle Düsseldorf
Wilhelm-Raabe-Str. 46
40470 Düsseldorf

Bundesverwaltungsamt
Außenstelle Wiesbaden
Moltkering 9
65189 Wiesbaden.

Bundesverwaltungsamt
Außenstelle München
Dachauer Straße 128
80637 München

Bundesverwaltungsamt
Außenstelle Strausberg
Prötzeler Chaussee 25
15344 Strausberg

d) Für Empfängerinnen oder Empfänger von Versorgungsbezügen aus einem Dienstverhältnis als Beamtin, Beamter, Richterin, Richter, Berufssoldatin oder Berufssoldat oder deren Hinterbliebene, vgl. Nr. 101 c)

Generalzolldirektion
Service-Center Düsseldorf
Wilhelm-Raabe-Straße 46
40470 Düsseldorf

Generalzolldirektion
Service-Center Stuttgart
Heilbronner Straße 186
70191 Stuttgart.

2. Baden-Württemberg

Anordnung der Landesregierung über die Vertretung des Landes in gerichtlichen Verfahren und förmlichen Verfahren vor den Verwaltungsbehörden
vom 17.1.1955 (GBl 8),
zuletzt geändert durch Anordnung vom 25.9.2001 (GBl 552)

§ 2

Bei der Entgegennahme von Pfändungs- und Überweisungsbeschlüssen oder bei Benachrichtigungen von einer bevorstehenden Pfändung (§ 845 ZPO) wird das Land als Drittschuldner vertreten:

a) bei der Pfändung von Dienstbezügen der Beamten, Angestellten und Arbeiter sowie bei der Pfändung von Versorgungsbezügen durch das Landesamt für Besoldung und Versorgung, soweit die Festsetzung dieser Bezüge dem Landesamt für Besoldung und Versorgung obliegt; im Übrigen durch die Kasse, welche die Bezüge auszahlt;
b) bei der Pfändung eines Anspruchs auf Auszahlung hinterlegter Gelder oder auf Herausgabe hinterlegter Wertpapiere, sonstiger Urkunden und Kostbarkeiten durch die Hinterlegungsstelle;
c) bei der Pfändung von Ansprüchen aus Bauleistungen für das Land durch die Kasse, die den geschuldeten Betrag auszahlt;

d) bei der Pfändung von Ansprüchen im Sinne der Buchstaben a) und c), für deren Auszahlung eine Landeskasse nicht zuständig ist, oder bei der Pfändung sonstiger Ansprüche durch die Behörde, die die Bewirkung der geschuldeten Leistung, insbesondere die Auszahlung eines geschuldeten Geldbetrags anzuordnen hat.

3. Bayern

Verordnung über die gerichtliche Vertretung des Freistaates Bayern (Vertretungsverordnung – VertrV)

i.d.F. vom 4.10.1995 (GVBl 733),
zuletzt geändert durch Verordnung vom 26.3.2019 (GVBl 98)

§ 5
Vertretung des Freistaates Bayern als Drittschuldner und als Vertreter eines Drittschuldners bei Pfändungen von Forderungen oder anderen Vermögensrechten

(1) Als Drittschuldner wird der Freistaat Bayern bei Zustellung eines Pfändungs- und Überweisungsbeschlusses (§§ 829 ff. der Zivilprozessordnung), bei Zustellung einer Benachrichtigung nach § 845 der Zivilprozessordnung und bei Abgabe der in § 840 der Zivilprozessordnung vorgesehenen Erklärungen vertreten

1. bei der Pfändung von Besoldungs-, Versorgungs- und Arbeitnehmerbezügen sowie Ausbildungsvergütungen durch die Dienststelle des Landesamts für Finanzen, die für die Abrechnung der Bezüge zuständig ist; soweit nach der Verordnung über Zuständigkeiten für die Festsetzung, Anordnung und Abrechnung der Bezüge von Bediensteten und Versorgungsempfängern die Abrechnung bei einer anderen Stelle erfolgt, ist diese zuständig,
2. bei der Pfändung von Bezügen und Eigengeldern der Gefangenen durch die Leitung der Justizvollzugsanstalt, in der die Freiheitsstrafe oder die sonstige Haft zum Zeitpunkt der Zustellung des Pfändungs- und Überweisungsbeschlusses vollzogen wird,
3. bei der Pfändung sonstiger Geldforderungen durch die Leitung der Kasse, der die Auszahlung der Forderung obliegt,
4. bei der Pfändung von Forderungen, die weder auf Geld noch auf Herausgabe oder Leistung körperlicher Sachen gerichtet sind, oder von anderen Vermögensrechten (§ 857 der Zivilprozessordnung) durch die Leitung der Behörde, die den gepfändeten Anspruch zu erfüllen hat.

(2) In Fällen, in denen der Rechtsbestand der Forderung gegen den Freistaat Bayern zweifelhaft ist oder sonst Bedenken gegen die Auszahlung bestehen, ist die Entscheidung der zuständigen Prozeßvertretungsbehörde einzuholen.

(3) Als Vertreter eines Drittschuldners wird der Freistaat Bayern bei Zustellung eines Pfändungs- und Überweisungsbeschlusses (§§ 829 ff. der Zivilprozessordnung), bei Zustellung einer Benachrichtigung nach § 845 der Zivilprozessordnung

und bei Abgabe der in § 840 der Zivilprozessordnung vorgesehenen Erklärungen vertreten

1. bei der Pfändung von Versorgungsbezügen nach dem Bundesgesetz zu Art. 131 des Grundgesetzes und nach dem Gesetz zur Regelung der Wiedergutmachung nationalsozialistischen Unrechts für Angehörige des öffentlichen Dienstes durch die Dienststelle des Landesamts für Finanzen, die für die Abrechnung der Bezüge zuständig ist,
2. bei der Pfändung von Geldforderungen, die von Behörden der Landwirtschaftsverwaltung bewilligt und von Bundeskassen ausgezahlt werden, durch die Leitung der Staatsoberkasse Bayern in Landshut,
3. bei der Pfändung sonstiger Geldforderungen durch die Behörde, die die Auszahlung der Leistung anordnet,
4. bei der Pfändung von Forderungen, die weder auf Geld noch auf Herausgabe oder Leistung körperlicher Sachen gerichtet sind, oder von anderen Vermögensrechten (§ 857 der Zivilprozessordnung) durch die Leitung der Behörde, die den gepfändeten Anspruch zu erfüllen hat.

Absatz 2 gilt sinngemäß.

§ 6
Vertretung des Freistaates Bayern als Drittschuldner und als Vertreter eines Drittschuldners bei Pfändungen von Ansprüchen auf Herausgabe oder Leistung körperlicher Sachen

(1) Wird der Freistaat Bayern gemäß § 846 der Zivilprozessordnung als Drittschuldner von Ansprüchen auf Herausgabe oder Leistung körperlicher Sachen in Anspruch genommen, so wird er in den in § 5 Abs. 1 genannten Fällen vertreten

1. durch die Landesjustizkasse Bamberg, wenn die Sache nach dem Bayerischen Hinterlegungsgesetz (BayHintG) vom 23. November 2010 (GVBl S. 738, BayBS 300-15-1-J) hinterlegt ist,
2. durch die verwahrende Stelle in Fällen anderer amtlicher Verwahrung,
3. in allen sonstigen Fällen durch die Behörde, aus deren Verhalten der Anspruch auf Herausgabe oder Leistung der Sache hergeleitet wird.

Satz 1 gilt sinngemäß, wenn der Freistaat Bayern einen Drittschuldner vertritt.

(2) Von der Zustellung eines Pfändungs- und Überweisungsbeschlusses oder einer Benachrichtigung von einer bevorstehenden Pfändung ist in den Fällen von Abs. 1 Satz 1 Nrn. 1 und 2 diejenige Stelle, die über die Fortdauer Verwahrung zu entscheiden hat, unverzüglich in Kenntnis zu setzen. In gleicher Weise wird in den Fällen des Abs. 1 Satz 1 Nr. 3 die Stelle benachrichtigt, bei der sich die Sache befindet.

Anhang

4. Berlin

Anordnung über die Vertretung des Landes Berlin im Geschäftsbereich der Senatsverwaltung für Justiz, Verbraucherschutz und Antidiskriminierung
vom 1.11.2017 (Amtsbl 5556)

V. Drittschuldnervertretung

§ 15
Grundsatz

(1) Der Generalstaatsanwalt in Berlin vertritt das Land Berlin als Drittschuldner, soweit es den Geschäftsbereich der für Justiz zuständigen Senatsverwaltung angeht, bei der Entgegennahme von Pfändungstiteln (Pfändungs- und Überweisungsbeschlüsse, Pfändungs- und Einziehungsverfügungen usw.) oder Benachrichtigungen von bevorstehenden Pfändungen, bei der Abgabe von Drittschuldnererklärungen sowie bei der übrigen Sachbehandlung im Pfändungsverfahren nach Maßgabe der nachfolgenden Vorschriften.

(2) Die Vertretungsbefugnis erstreckt sich auch auf Forderungspfändungen, die nach Durchführung strafprozessualer Maßnahmen von der Polizeibehörde verwahrte Gegenstände oder verwahrtes Geld betreffen.

§ 16
Behandlung durch eine unzuständige Stelle

Ist der Pfändungstitel oder die Benachrichtigung von einer bevorstehenden Pfändung einer anderen Justizbehörde als dem Generalstaatsanwalt in Berlin zugestellt worden, so hat die unzuständige Stelle das Schriftstück unverzüglich an den Generalstaatsanwalt in Berlin weiterzuleiten und der Gläubigerin oder dem Gläubiger die Abgabe unter Hinweis auf die richtige Zuständigkeit und unter Nennung des § 189 ZPO mitzuteilen.

5. Brandenburg

Anordnung über die Vertretung des Landes Brandenburg im Geschäftsbereich des Ministers der Justiz (Vertretungsordnung JM Brdbg).
AV des Ministers der Justiz vom 9.6.1992 (JMBl 78),
zuletzt geändert durch AV vom 21.11.2017 (JMBl 116)

III. Drittschuldnervertretung

Bei der Entgegennahme von Abtretungserklärungen, Pfändungs- und Überweisungsbeschlüssen, Pfändungsverfügungen (z.B. nach § 309 AO) und Benachrichtigungen von einer bevorstehenden Pfändung (§ 845 ZPO) sowie bei Abgabe von Erklärungen nach § 840 ZPO oder von entsprechenden Erklärungen nach anderen gesetzlichen Bestimmungen (z.B. § 316 AO) wird das Land als Drittschuldner vertreten bei der Pfändung und Abtretung

1. eines Anspruchs auf Auszahlung hinterlegten Geldes oder auf Herausgabe hinterlegter Sachen durch die Hinterlegungsstelle,
2. sonstiger Ansprüche

durch den Leiter der Behörde, die die geschuldete Leistung, insbesondere die Auszahlung des geschuldeten Geldbetrages, anzuordnen hat, und zwar auch nach dieser Anordnung.

6. Bremen

Allgemeine Verfügung des Senators für Justiz und Verfassung über die Delegation von Aufgaben im Zusammenhang mit der Pfändung von Ansprüchen gegen die Freie Hansestadt Bremen

vom 15.4.2019 (ABl 381)

I.

(1) Werden Ansprüche gegen die Freie Hansestadt Bremen aus dem Geschäftsbereich des Senators für Justiz und Verfassung gepfändet, so wird die Freie Hansestadt Bremen nach Artikel 120 Absatz 1 Satz 2 der Landesverfassung von dem Senator für Justiz und Verfassung vertreten.

(2) Mit der Wahrnehmung der in diesem Zusammenhang anfallenden Aufgaben der Freien Hansestadt Bremen als Drittschuldnerin beauftrage ich je für ihre Dienststelle:

a) Die Präsidentin oder den Präsidenten des Hanseatischen Oberlandesgerichts in Bremen,
b) die Präsidentin oder den Präsidenten des Landgerichts Bremen,
c) die Präsidentin oder den Präsidenten des Amtsgerichts Bremen,
d) die Präsidentin oder den Präsidenten des Amtsgerichts Bremerhaven,
e) die Direktorin oder den Direktor des Amtsgerichts Bremen-Blumenthal,
f) die Präsidentin oder den Präsidenten des Oberverwaltungsgerichts der Freien Hansestadt Bremen,
g) die Präsidentin oder den Präsidenten des Verwaltungsgerichts der Freien Hansestadt Bremen,
h) die Direktorin oder den Direktor des Sozialgerichts Bremen,
i) die Präsidentin oder den Präsidenten des Finanzgerichts Bremen,
j) die Direktorin oder den Direktor des Arbeitsgerichts Bremen-Bremerhaven,
k) die Präsidentin oder den Präsidenten des Landesarbeitsgerichts Bremen,
l) die Generalstaatsanwältin oder den Generalstaatsanwalt der Generalstaatsanwaltschaft Bremen,

m) die Leitende Oberstaatsanwältin oder den Leitenden Oberstaatsanwalt der Staatsanwaltschaft Bremen sowie die Leiterin oder den Leiter der Zweigstelle Bremerhaven der Staatsanwaltschaft Bremen für diese Zweigstelle,
n) die Leiterin oder den Leiter der Justizvollzugsanstalt Bremen sowie die Leiterin oder den Leiter der Teilanstalt Jugendvollzug.

(3) Die beauftragten Stellen sind insbesondere befugt,

1. die Zustellung von Pfändungsbeschlüssen entgegenzunehmen und zu bescheinigen,
2. die Erklärung nach § 840 ZPO abzugeben,
3. sonstige Erklärungen gegenüber der Pfändungsgläubigerin oder dem Pfändungsgläubiger oder dem Vollstreckungsgericht abzugeben.

(4) Die beauftragten Stellen verwenden im Schriftverkehr den Kopfbogen der senatorischen Dienststelle und zeichnen im Auftrag des Senators für Justiz und Verfassung.

(5) Soweit

a) nicht eindeutig erkennbar ist, welche Dienststelle betroffen ist, oder
b) die Geschäftsbereiche mehrerer Dienststellen betroffen sind, oder
c) die Sozialen Dienste der Justiz betroffen sind, oder
d) das Landessozialgericht Niedersachsen-Bremen betroffen ist,

verbleibt es bei der Wahrnehmung der Aufgaben durch meine Behörde.

(6) Die Regelung dieser Allgemeinen Verfügung gelten sinngemäß auch in den Fällen, in denen über die im Absatz 1 genannten Ansprüche in anderer Weise als im Wege der Pfändung verfügt wird.

7. Hamburg

Anordnung über die Vertretung der Freien und Hansestadt Hamburg im Geschäftsbereich der für die Justiz zuständigen Behörde

AV der Behörde für Justiz und Gleichstellung vom 16.2.2012 (JVBl 11), zuletzt geändert durch AV vom 16.11.2012 (JVBl 2013, 2)

Teil A III. Drittschuldnervertretung

Bei der Entgegennahme von Abtretungserklärungen, Pfändungs- und Überweisungsbeschlüssen, Pfändungsverfügungen (z.B. nach § 309 AO, § 57 HmbVwVG) und Benachrichtigungen von einer bevorstehenden Pfändung

(§ 845 ZPO) sowie bei Abgabe von Erklärungen nach § 840 ZPO oder von entsprechenden Erklärungen nach anderen gesetzlichen Bestimmungen (z.B. § 316 AO, § 64 HmbVwVG) wird die Freie und Hansestadt Hamburg als Drittschuldner vertreten bei der Pfändung und Abtretung

1. eines Anspruchs auf Auszahlung hinterlegter Gelder oder auf Herausgabe hinterlegter Wertpapiere, sonstiger Urkunden und Kostbarkeiten

   durch die Hinterlegungsstelle,

2. sonstiger Ansprüche
durch die für die Justiz zuständige Behörde – Justitiariat.

8. Hessen

Anordnung über die Vertretung des Landes Hessen im Geschäftsbereich des Ministeriums der Justiz

vom 20.3.2012 (StAnz 411),
zuletzt geändert durch Anordnung vom 19.4.2018 (StAnz 632)

§ 5
Vertretung als Drittschuldner und bei Abgabe von Pfandfreigabeerklärungen

(1) Bei der Entgegennahme von Pfändungs- und Überweisungsbeschlüssen, bei der Benachrichtigung von einer bevorstehenden Pfändung und bei der Abgabe von Pfandfreigabeerklärungen wird das Land Hessen vertreten

1. bei der Pfändung von Bezügen der Bediensteten und der Versorgungsempfängerinnen und Versorgungsempfänger, für deren Zahlung die Hessische Bezügestelle zuständig ist, durch die Hessische Bezügestelle,
2. bei der Pfändung eines Anspruchs auf Auszahlung hinterlegter Gelder oder Herausgabe hinterlegter Wertpapiere, sonstiger Urkunden und Kostbarkeiten durch die Hinterlegungsstelle,
3. bei der Pfändung sonstiger Ansprüche und bei der Abgabe von Pfandfreigabeerklärungen durch die Leitung der Behörde, die die geschuldete Leistung, insbesondere die Auszahlung eines geschuldeten Geldbetrags anzuordnen hat, jedoch durch die Gerichtskasse bei der Abgabe von Pfandfreigabeerklärungen im Rahmen ihrer Zuständigkeit nach § 3 Abs. 1 Nr. 2.

(2) Die Hessische Bezügestelle unterrichtet vor Abgabe der Drittschuldnererklärung die Beschäftigungsbehörde oder die für die Zahlungsanordnung zuständige Behörde schriftlich von der Pfändung.

9. Mecklenburg-Vorpommern

Vertretung des Landes Mecklenburg-Vorpommern

Verwaltungsvorschrift des Ministerpräsidenten vom 17.12.2012 (Amtsbl 2013, 3)

§ 4
Drittschuldnervertretung

Bei der Zustellung von Pfändungs- und Überweisungsbeschlüssen oder der Benachrichtigung von einer bevorstehenden Pfändung gemäß § 845 der Zivilprozessordnung oder bei der Abgabe von Erklärungen nach § 840 der Zivilprozessordnung wird das Land als Drittschuldner vertreten:

1. bei der Pfändung von Bezügen der Beamtinnen, Beamten, Arbeitnehmerinnen, Arbeitnehmer und von Versorungsbezügen durch das Landesbesoldungsamt Mecklenburg-Vorpommern,
2. bei der Pfändung von Bezügen, wenn der Schuldner keiner Behörde angehört, durch diejenige Stelle, welche die Auszahlung der Bezüge anzuordnen hat,
3. bei der Pfändung sonstiger Ansprüche durch die Behörde, die die geschuldete Leistung, im Besonderen die Auszahlung eines geschuldeten Geldbetrages, anzuordnen hat.

10. Niedersachsen

Vertretung des Landes Niedersachsen
Gem. RdErl. d. StK u. sämtl. Min. v. 12.7.2012 (MBl 578),
zuletzt geändert durch Verwaltungsvorschrift vom 15.9.2017 (MBl 1288)

IX. Drittschuldnervertretung

Das Land wird bei der Entgegennahme von Pfändungs- oder Überweisungsbeschlüssen oder bei der Benachrichtigung über eine bevorstehende Pfändung (§ 845 ZPO) als Drittschuldner vertreten

1. bei der Pfändung von Bezügen (Gehalt, Vergütung und Lohn) und Versorgungsbezügen (Ruhegehalt, Witwen- oder Witwergeld usw.) durch die Behörde, die die Auszahlung anzuordnen hat;
2. bei der Pfändung eines Anspruchs auf Auszahlung hinterlegter Gelder oder auf Herausgabe hinterlegter Wertpapiere, sonstiger Urkunden und Kostbarkeiten durch die Hinterlegungsstelle;
3. bei Pfändung sonstiger Ansprüche durch die Behörde, die die geschuldete Leistung, insbesondere die Auszahlung eines geschuldeten Geldbetrages, anzuordnen hat.

11. Nordrhein-Westfalen

Anordnung über die Vertretung des Landes Nordrhein-Westfalen im Geschäftsbereich des Justizministeriums (Vertretungsordnung JM NRW)
AV d. JM vom 27.7.2011 (JMBl 232),
zuletzt geändert durch AV vom 18.6.2013 (JMBl 148)

A. Vertretung
III. Drittschuldnervertretung

Bei der Entgegennahme von Abtretungserklärungen, Pfändungs- und Überweisungsbeschlüssen, Pfändungsverfügungen (z.B. nach § 309 AO, § 40 VwVG NW) und Benachrichtigungen von einer bevorstehenden Pfändung (§ 845 ZPO) sowie bei Abgabe von Erklärungen nach § 840 ZPO oder von entsprechenden Erklärungen nach anderen gesetzlichen Bestimmungen (z.B. § 316 AO, § 45 VwVG NRW) wird das Land als Drittschuldner vertreten bei der Pfändung und Abtretung:

1. von Bezügen der Richter-, Beamtenschaft, der Rechtspraktikanten, Beschäftigten (einschl. Auszubildenden und Praktikanten), Versorgungs- und Unterstützungsempfänger, soweit für die Zahlbarmachung das Landesamt für Besoldung und Versorgung zuständig ist,

   durch die Direktorin oder den Direktor des Landesamtes für Besoldung und Versorgung,

2. eines Anspruchs auf Auszahlung hinterlegten Geldes oder auf Herausgabe hinterlegter Sachen,

   durch die Hinterlegungsstelle, diese vertreten durch die Leiterin oder den Leiter des Amtsgerichts,

3. sonstiger Ansprüche,

   durch die Leiterin oder den Leiter der Behörde, die die geschuldete Leistung, insbesondere die Auszahlung des geschuldeten Geldbetrages, anzuordnen hat, und zwar auch nach dieser Anordnung.

12. Rheinland-Pfalz

Landesverordnung über die Zuständigkeit zur Vertretung des Landes im Geschäftsbereich des Ministeriums der Justiz (Vertretungsordnung Justiz)

vom 22.8.1997 (GVBl 331),
zuletzt geändert durch Verordnung vom 17.10.2018 (GVBl 2019, 1)

Abschnitt 2
Vertretung des Landes in außergerichtlichen Verfahren

§ 4
Entgegennahme und Abgabe von Erklärungen bei Abtretungen und Pfändungen

Bei der Entgegennahme von Abtretungserklärungen, Pfändungs- und Überweisungsbeschlüssen, Pfändungsverfügungen, Benachrichtigungen von einer bevorstehenden Pfändung (§ 845 der Zivilprozessordnung) sowie bei Abgabe von Erklärungen nach § 840 der Zivilprozessordnung oder entsprechenden Erklärungen nach anderen gesetzlichen Bestimmungen, wird das Land wie folgt vertreten:

1. bei Ansprüchen auf Auszahlung hinterlegter Gelder oder auf Herausgabe hinterlegter Wertpapiere, sonstiger Urkunden und Kostbarkeiten

   durch die Hinterlegungsstelle,

2. bei sonstigen Ansprüchen

   durch die Justizbehörde, die die geschuldete Leistung zu erbringen, insbesondere die Auszahlung eines Geldbetrages anzuordnen hat.

Anhang

13. Saarland

Bekanntmachung über die Vertretung des Saarlandes im Bereich der Justizverwaltung

AV des MdJ vom 24.7.1992 (Amtsbl 841)

I B. Drittschuldnervertretung

Bei der Entgegennahme von Pfändungs- und Überweisungsbeschlüssen oder Benachrichtigungen von einer bevorstehenden Pfändung wird der Minister der Justiz wie folgt vertreten:

1. bei Pfändung eines Anspruchs auf Auszahlung hinterlegter Gelder oder auf Herausgabe hinterlegter Wertpapiere, sonstiger Urkunden und Kostbarkeiten

   durch die Hinterlegungsstelle,
2. bei Pfändung von Ansprüchen aus Rechtsgeschäften

   durch den Leiter der Behörde, die gemäß Abschnitt II Nr. 1 zur rechtsgeschäftlichen Vertretung befugt ist,
3. bei Pfändung sonstiger Ansprüche,
   a) wenn es sich um Ansprüche von Gefangenen handelt,

      durch den Leiter der Justizvollzugsanstalt, in deren Gewahrsam sich der Gefangene befindet,
   b) im Übrigen durch den Referenten für Haushaltssachen beim Ministerium der Justiz; der Gemeinsame Erlass betr. die Vertretung des Saarlandes bei Pfändung und Abtretung von Bezügen der Angehörigen des Öffentlichen Dienstes vom 21. Dezember 1978 (Amtsbl. 1979 S. 33 – JVVS 5002 – 21. 12. 1978) bleibt unberührt.

14. Sachsen

Verordnung der Sächsischen Staatsregierung [usw.] über die Vertretung des Freistaates Sachsen in gerichtlichen Verfahren (Vertretungsverordnung – VertrVO)

i.d.F. vom 10.4.2013 (GVBl 240),
zuletzt geändert durch Verordnung vom 9.5.2017 (GVBl 270)

Abschnitt 2
Vertretung als Drittschuldner
§ 9
Entgegennahme von Beschlüssen, Benachrichtigungen

(1) Bei der Entgegennahme von Pfändungs- und Überweisungsbeschlüssen sowie von Pfändungs- und Überweisungsverfügungen und bei der Benachrichtigung von einer bevorstehenden Pfändung wird der Freistaat Sachsen als Drittschuldner vertreten

1. durch das Landesamt für Steuern und Finanzen, wenn die Besoldung, das Entgelt, die Versorgungsbezüge oder Rentenansprüche der Bediensteten oder Auszubildenden zu pfänden oder zur Einziehung zu überweisen sind,
2. durch die Hinterlegungsstelle, wenn ein Anspruch auf Auszahlung hinterlegter Gelder oder auf Herausgabe hinterlegter Wertpapiere, sonstiger Urkunden und Kostbarkeiten Gegenstand der Vollstreckung ist, oder
3. durch die Behörde, die die Bewirkung der geschuldeten Leistung, insbesondere die Auszahlung eines geschuldeten Geldbetrages, anzuordnen hat, wenn Forderungen im Sinne der Nummer 1, für deren Auszahlung die Staatskasse nicht zuständig ist, oder sonstige Ansprüche Gegenstand der Vollstreckung sind.

15. Sachsen-Anhalt

Vertretung des Landes Sachsen-Anhalt
Erl. des MP, Beschl. der LReg., Gem. RdErl. d. StK und der Ministerien vom 9.4.2013 (MBl 204),
zuletzt geändert durch RdErl. des MI vom 11.12.2018 (MBl 484)

Teil 1 Kapitel 4 Abschnitt 4
Drittschuldnervertretung

Im Zusammenhang mit der Entgegennahme von Pfändungs- oder Überweisungsbeschlüssen oder bei der Benachrichtigung von einer bevorstehenden Pfändung (§ 845 der Zivilprozessordnung) wird das Land als Drittschuldner vertreten bei der Pfändung von

1. Bezügen der Beamten, Richter und Beschäftigten durch die für die Berechnung und Zahlbarmachung der Bezüge zuständigen Stelle und, wenn der Schuldner keiner Behörde angehört, durch die Behörde, die die Auszahlung der Bezüge anordnet;
2. Versorgungsbezügen, insbesondere Ruhegehalt und Witwengeld, durch die Behörde, die die Auszahlung anordnet;
3. Ansprüchen auf Auszahlung hinterlegter Gelder oder auf Herausgabe hinterlegter Wertpapiere, sonstiger Urkunden und Kostbarkeiten durch die Hinterlegungsstelle;
4. sonstigen Ansprüchen durch die Behörde, die die geschuldete Leistung, insbesondere die Auszahlung eines geschuldeten Geldbetrages, anordnet.

16. Schleswig-Holstein

Vertretung des Landes Schleswig-Holstein

Erlass des Ministerpräsidenten – Staatskanzlei – vom 20.7.2010 (Amtsbl 526)

II. Drittschuldnervertretung

Bei der Entgegennahme von Pfändungs- und Überweisungsbeschlüssen oder der Benachrichtigung von einer bevorstehenden Pfändung wird das Land Schleswig-Holstein vertreten:

a) bei Pfändung von Dienstbezügen der Beschäftigten

durch die Leiterin oder den Leiter der Behörde, die die Auszahlung der Bezüge anzuordnen hat; die Leiterin oder der Leiter der Beschäftigungsbehörde ist über die Pfändung zu informieren,

b) bei Pfändung von Versorgungsbezügen

durch die Leiterin oder den Leiter der Behörde, die die Auszahlung anzuordnen hat,

c) bei Pfändung sonstiger Ansprüche

durch die Leiterin oder den Leiter der Behörde, die die geschuldete Leistung, im Besonderen die Auszahlung eines geschuldeten Geldbetrages, anzuordnen hat.

17. Thüringen

Vertretung des Landes Thüringen im Geschäftsbereich des Justizministeriums (Vertretungsordnung Justiz)

Verwaltungsvorschrift des Thüringer Justizministeriums vom 25.8.2004 (JMBl 66), zuletzt geändert durch Verwaltungsvorschrift vom 21.12.2017 (JMBl 2018, 45)

1 Soweit durch Rechtsvorschrift nichts anderes bestimmt ist, wird das Land im Geschäftsbereich des für Justiz zuständigen Ministeriums vertreten: …

1.4 bei der Entgegennahme von Abtretungserklärungen, Pfändungs- und Überweisungsbeschlüssen, Pfändungsverfügungen, Benachrichtigungen von einer bevorstehenden Pfändung (§ 845 der Zivilprozessordnung) sowie bei der Abgabe von Erklärungen nach § 840 der Zivilprozessordnung oder entsprechenden Erklärungen nach anderen gesetzlichen Bestimmungen betreffend

a) Ansprüche auf Auszahlung hinterlegter Gelder oder Herausgabe hinterlegter Wertpapiere oder sonstiger Urkunden und Kostbarkeiten

durch die Hinterlegungsstelle;

b) sonstiger Ansprüche

durch den Leiter der Behörde, die die geschuldete Leistung zu erbringen, insbesondere die Auszahlung eines Geldbetrages anzuordnen hat; …

Sachverzeichnis

Die Fundstellen verweisen auf die Kapitel (Buchstaben) und Randnummern (Ziffern) entsprechend den Angaben im Werk.

B

Q

R

T